OSTPREUSSEN
Biographie einer Provinz

Königsberg, Juli 1945

„An einem dieser prächtigen Tage ging ich über die menschenleere Hagenstraße. Ein Wägelchen rollte an mir vorbei. Zwei Kinder hatten die Händchen an der Deichsel und trotteten den Weg nach Juditten. Auf dem Gefährt aber lag eine Kiste, groß genug, um den Leib eines kleinen Kindes aufzunehmen, ein Strauß Feldblumen auf ihr. Daneben war noch Platz für den Spaten. Zwei Kinder schickten sich an, ein drittes zu beerdigen. Weit und breit kein Erwachsener!"

Paul Ronge

Hermann Pölking

OSTPREUSSEN

Biographie
einer Provinz

be.bra verlag

Mehr Informationen im Internet unter
www.ostpreussen-buch.de

Bibliografische Information der Deutschen Nationalbibliothek
Die Deutsche Nationalbibliothek verzeichnet diese Publikation in der Deutschen Nationalbibliografie; detaillierte bibliografische Daten sind im Internet über http://dnb.d-nb.de abrufbar.

KulturBrauerei Haus 2
Schönhauser Allee 37, 10435 Berlin
post@bebraverlag.de
Lektorat: Gabriele Dietz, Berlin
Korrektorat: Anne-Maria Kittel, Berlin / Silke Pachal, Berlin
Umschlag: ansichtssache, Berlin
Satz: RAW-Design Rolf-Andreas Wienbeck, Bremen
Schrift: Swift EF 9/13
Druck und Bindung: Friedrich Pustet, Regensburg
ISBN 978-3-89809-094-0

www.bebraverlag.de

INHALT

Königsberg 57km
1
Gumbinnen 56 km
Insterburg 31 km
138
1

Als dieses Bild der Hohen Lauben im Jahr 1915 in Marienburg entsteht, gehört die Kreisstadt noch zum Bezirk Marienwerder der Provinz Westpreußen. Der Ort, mit dessen Namen die meisten Deutschen „Ostpreußen" assoziieren, kommt erst 1920 zu Ostpreußen.

„Nun steht der Vollmond am blauschwarzen Winterhimmel. Der Wind schweigt, der Frost steigt aus den Lüften, und alles Land um den Strom liegt geduckt und schläft. Nur die Memel schläft nicht, sie knurrt wie ein böser Hund, sie stöhnt, und manchmal brüllt sie in verhaltenem Zorn."[1]

Eugen Kalkschmidt

Panorama einer Provinz

Die Menschen und die Verhältnisse

Ein Land, das ferne leuchtet

„Ich schiebe den Vorhang beiseite, und wir sehen ein kleines ostpreussisches Städtchen. Kleine Lerchen gehen geschäftig ihrem Werkeltag nach; sie glauben, dass der liebe Gott das ganze Weltall expreß für sie allein gemacht hat."[2] Der hier den Blick auf die Bühne seines Lebens gewährt, ist ein kräftiger, sinnenfroher Mann, geboren im Jahr 1858 in Tapiau im nördlichen Ostpreußen. Er malt das Wesentliche. „Ich erhielt den Namen: Franz Heinrich Louis Corinth. Mein Vater war Bürger von Tapiau und meine Mutter eine geborene Buttcher, verwitwete Opitz. Meine Paten waren außer den Geschwistern meines Vaters der Kaufmann William Bauer, welcher an der Deime eine Dampferstation nebst einem Kolonialwarenladen inne hatte"[3], erinnert sich Lovis Corinth 1924 in seiner Autobiographie *Meine frühen Jahre*. Ostpreußen konnte seine Menschen prägen, stellt Corinths Frau Charlotte nach dem Tod des Malers fest, denn „im Grunde war sein Wesen ernst." Und weiter: „Seine Heimaterde gab ihm Melancholie und Schwerblütigkeit. Aber sie gab ihm auch eine gewaltige Kraft, sein Lebenswerk auszuführen, das hohe Ziel zu erreichen, welches er seinen Gaben gesetzt hatte: dass aus dem kleinen ostpreußischen Gerbermeisterssohn ein großer deutscher Maler werde. Auch strotzende Sinneskraft gab ihm die Heimaterde."[4] Durch die Heimaterde von Corinths Geburtsort fließen Deime und Pregel, die Deime zweigt in Tapiau vom Pregel ab. Der Pregel mündet hinter Königsberg ins Frische Haff, die Deime ins Kurische Haff, sie hat über den Großen Friedrichsgraben auch eine Kanalverbindung zur Memel. Tapiau ist ein Ort, an dem Dampfer Station machen können. Hier beginnt unser Panorama eines in die Geschichte entschwundenen Landes.

Impressionistisch erinnert sich der Schriftsteller Siegfried Lenz an seine masurische Heimat: „Keine leuchtende Wachsamkeit, kein heller Traum liegen in diesen Bildern, die Heiterkeit wirkt nicht nutzlos, und das Licht enthält keine Herausforderung: Genügsamkeit, Bescheidung, Ergebenheit, frageloses Einverständnis geben sich überall zu erkennen."[5] Nicht die satte Agrarlandschaft um Tapiau hat der in Lyck im kärglichen masurischen Süden Ostpreußens geborene Lenz vor Augen. „Ich denke an tief an den Boden geduckte Strohkaten, an die viel erwähnte Unberührtheit der Seeufer. Ich denke an eingeschneite Höfe inmitten terroristischer Winter, an den zögernden Wuchs genügsamer Kiefern, an lautlose Heide und an unentmutigende Armut auf sandigen Feldern. Rauchfahnen von kleinen, altmodischen Schleppern stehen in der Luft, behäbige Fahrzeuge, die große Flöße über die Seen manövrieren. Treidelfischer wuchten mit harten Rufen die Leinen des Hauptnetzes unter der Eisdecke entlang. Die Stille schilfbestandener Buchten, das flimmernde Geheimnis der Moore, der quietschende Treck der Pferdewagen zu den Märkten, das trübselige Schweigen zahlreicher Kriegerdenkmäler: all dies gehört zur Landschaft Masurens. (...) Und es gehören zu ihr Bilder einer gern photografierten Schwermut des Feierabends: wehende, zerrissene Netze vor armseligen Fischerhütten, alte, reglose Männer auf schiefen Holzbänken, Kinder in dürftigen Kitteln, die sich mit lebendigem Spielzeug begnügen müssen, mit Hahnche, Huhnche und Ferkelchen, sowie kahle, holprige Marktplätze, niedergebrannte Holzfeuer der Flößer und die unvermeidlichen Erntewagen."[6]

Es muss etwas Besonderes gewesen sein an den ostpreußischen Landschaften. Noch inmitten des Krieges schreibt eine 22-Jährige, die es als Lehrfräulein in die östlichste Provinz verschlagen hat: „Hier in Ostpreußen habe ich das Gefühl, freier atmen zu können."[7] Noch ist die Provinz eine Idylle. „Das Land ist still, schön, weit – die Städte haben große Marktplätze und kleine Häuser und meistens sehenswerte alte Backsteinkirchen."[8] Im Mai 1942 schreibt Marianne Günther an ihre Eltern in Köln aus dem kleinen Ort, in dem sie ihre erste Lehrerstelle angetreten hat: „Von meinem Fenster habe ich einen wunderbaren Blick. Durch die sattgrünen Wiesen schlängelt sich die Nehne, und am Horizont hebt sich der Wald scharf und dunkel in den Himmel. Seit ein paar Tagen ist die Wiese übrigens übersät von Sumpfdotterblumen und sieht von weitem wie ein gelbes Meer aus. Dazu ertönt den ganzen Tag das ‚Kuckuck-Kuckuck' aus dem Wald."[9] Am Abend zeigt sich ihr das Land von einer dunklen Seite: „Soeben kam ich nach Haus. Der Sturm heult. Der Mond steht im ersten Viertel, da war es nicht ganz so dunkel. Die Wolken jagten dahin, und sehr geheimnisvoll hob sich der schwarze Wald vom etwas helleren Himmel ab. Wie ich so dahinradelte, fühlte ich mich recht glücklich.“[10] Alt Gertlauken, der Ort dieser Idylle im Landkreis Labiau, hat zu dieser Zeit etwa 800 Einwohner.

Die Ehefrau des Freiherrn Guido von Kaschnitz-Weinberg nennt sich als Schriftstellerin Marie Luise Kaschnitz. Auf sonntäglichen Fahrten und Fußwanderungen entdeckt die Tochter eines Offiziers, die in Berlin und Potsdam aufgewachsen ist, in ihren fünf Königsberger Jahren „die kargste Gegend“. Sie kennt Italien, Griechenland, den Orient und Nordafrika. In ihren im Jahr 1973 erscheinenden „Aufzeichnungen“ mit dem Titel *Orte* denkt Marie Luise Kaschnitz noch einmal an Ostpreußen zurück: „Ein Land ohne Wein, ohne Nußbäume, Kastanien und Platanen, dafür betrachtet man einen Halm Strandhafer mit ebenso gespannter Aufmerksamkeit wie die treibenden Wolken über dem Feld. Das blendende Märzlicht, die schmelzenden tropfenden Eiszapfen zwischen Winter und Winter, von denen man sieben zählte zwischen Oktober und Mai. Dann der kurze heftige Sommer, Jasmin, Flieder, Kastanien, Tulpen und Rosen, alles auf einmal in Blüte und schon der Frucht zutreibend, die Johannisbeeren schon rot und schwarz. Die Rohrdommeln, die fetten weißen Maiglöckchen, die großen Raubvögel niederstoßend, die jungen Pferde auf den Koppeln, und hinter den Buchenwäldern der lange weiße menschenleere Strand.“[11]

In der Großstadt Königsberg geboren und aufgewachsen ist Immanuel Birnbaum. In den 1920er und 1930er Jahren lebt und arbeitet er als Journalist in Warschau. Birnbaum ist Jude und Sozialdemokrat, bei Kriegsbeginn 1939 flieht er aus Polen nach Schweden. Der Schüler Birnbaum kommt zur damaligen Kaiserzeit aus seiner Heimatprovinz nur einmal heraus, ins benachbarte Westpreußen, und entdeckt nicht das östliche Land der sattgrünen Felder, der dunklen Nadelwälder und kristallenen Seen, sondern ein anderes: „Immerhin unternahm ich eine einsame Fußwanderung am Frischen Haff entlang bis nach dem westpreußischen Danzig, das ein so ganz anderes, von bürgerlichen Bauherren geprägtes Stadtbild bot als das vom alten Herzogsschloß beherrschte Königsberg. Schon auf dem Weg durch das katholische Ermland mit seinen Kruzifixen am Straßenrand und seinen Domkirchen in den Bischofsstädten Braunsberg und Frauenburg traten mir völlig neue Eindrücke entgegen. Auch die Natur veränderte sich in der Landschaft zwischen Braunsberg und Elbing. Statt der Kiefernwälder und der Birken, statt der Sanddünen und Steilküsten sah ich auf dieser Wanderung zum ersten Mal Buchenwald ohne Unterholz und mit hohem Laubdach, das mir vorkam wie eine Kirchenwölbung.“[12]

Birnbaum leitet von 1953 bis 1972 das Ressort Außenpolitik der *Süddeutschen Zeitung*. Zur Zeit der Ostpolitik Willy Brandts ist er stellvertretender Chefredakteur, ein Vordenker der Aussöhnung mit den östlichen Nachbarn Deutschlands. Noch vor Ausbruch des Ersten Weltkriegs hält es ihn ebenso wenig in der Heimat wie Lovis

Corinth. Der ist als 22-Jähriger von der Kunstakademie Königsberg nach München an die dortige Akademie gewechselt. Birnbaum geht zum Jurastudium in die bayerische Residenz. „Die Schule war ich mit der Reifeprüfung los. Nun wollte ich mich auch des Elternhauses mit seinen – letzten Endes religiösen – Spannungen entziehen und schließlich aus dem deutschen Kolonialgebiet, als das ich die ostpreußische Heimat mit ihrer Ordensromantik und ihren Grenzlandproblemen immer empfand, endlich einmal hinaus ‚ins Reich' kommen, wo Romanik und Gotik ihre Bauten nicht aus Ziegeln, sondern aus Stein gewölbt hatten."[13]

Der Redakteur und Schriftsteller Paul Fechter stammt aus dem westpreußischen Elbing. Die Stadt am Frischen Haff gehört wegen ihrer rein deutschsprachigen Einwohnerschaft von 1920 bis 1939 zu Ostpreußen, nachdem als Folge der Verträge von Versailles der größte Teil der Provinz Westpreußen polnisch geworden ist oder zur Freien Stadt Danzig gehört. Von 1937 bis 1939 ist Fechter Redakteur des *Berliner Tageblatts*, 1933 bis 1942 gibt er die literarische und wissenschaftliche Zeitschrift *Deutsche Rundschau* mit heraus. In seiner Literaturgeschichte aus dem Jahre 1941 äußert er sich opportunistisch-emphatisch zu Hitlers *Mein Kampf*, nach 1945 schreibt er für das Feuilleton der *Zeit*. Für Fechter ist die Heimat strahlend schön und geschichtslos: „Das Land zwischen Weichsel und Memel lag so herrlich gegenwartsnah, so völlig auf zeitloses Sein gestellt unter den großen Himmeln des Ostens, dass die Vergangenheit machtlos blieb neben dem Glanz und der strahlenden Sonne der Gegenwart. Vielleicht sprach auch eine Art von Raumgefühl mit: auch die Geschichte war für uns im Westen lokalisiert. Alles Wesentliche, was wir auf der Schule lernen mussten, von Karl dem Großen bis zu den Stauferkaisern, von Luther bis zu Schiller und Goethe, hatte sich weit jenseits der Weichsel abgespielt, auf dem Boden des Reichs, das für unser schlummerndes Denken eben im Westen lag. Bei uns war's schön; Geschichte geschah woanders."[14]

Viele müssen so empfunden haben, Künstler, Publizisten, Architekten, Wissenschaftler. Käthe Kollwitz, Lovis Corinth, Hermann Sudermann, die Brüder James und Arthur Hobrecht, Bruno und Max Taut sowie Erich Mendelsohn, Hannah Arendt und viele andere in Ostpreußen Geborene machen sich auf zu einer Karriere im „Reich". „Wenn wir Ostpreußen nach Berlin reisten, hieß es: ‚Wir fahren ins Reich.' Im Gegensatz zum Reich lebten wir ‚in der Provinz'"[15], erinnert sich Marion Gräfin Dönhoff. Der auf Gut Neucken im Landkreis Preußisch Eylau geborene Magnus Freiherr von Braun, 1932/33 Minister in den konservativ-reaktionären Kabinetten von von Papen und Schleicher und Vater des Raketenpioniers Wernher Freiherr von Braun, im Rückblick: „Gewohnheitsmäßig sagte man in meiner Jugend noch, wenn man an eine westliche Universität ging: Ich studiere ‚im Reich'."[16]

Ein Lübecker aus München gibt im August 1929 in einem Gespräch mit der *Königsberger Allgemeinen Zeitung* seine Sicht der Ostpreußen wieder. 1929 ist der Autor der *Buddenbrooks* von Rauschen im Samland mit dem Dampfer auf die Kurischen

Nehrung nach Nidden gereist, einige Wochen später bekommt er den Literaturnobelpreis verliehen. 1930 baut er sich von diesem Geld ein Sommerhaus in Nidden. Thomas Mann: „Der Ostpreuße ist so anders, so einmalig in seiner Art. Vielleicht, dass unbewusst in diesen Herzen und Hirnen ein fremder großer Mythos lebt."[17] Im Urlaub an der Samlandküste, dem Haff und auf der Nehrung stellt er fest: „... hier finde ich die Brücke zum slawischen Kulturkreis. Ich muß immer an Tolstoi denken."[18]

Der Ostpreuße hat häufig nicht reichsdeutsch klingende Namen. In den *Suleyken*-Geschichten von Siegfried Lenz heißt der immer lesende Großvater Hamilkar Schaß. Ein „magerer, aufgescheuchter Mensch (...) der Zeit seines Lebens nicht mehr gezeigt hatte als zwei große rosa Ohren" ist der Adolf Abromeit. Es treten in *So zärtlich war Suleyken* noch auf die beiden etwas tumben Vettern Urmoneit, der wagemutige Schneider Edmund Vorz, der gemütliche Gendarm Schneppat und mit seinen drei Söhnen von drei Frauen der leicht kriminelle Binnenschiffer Alec Puch. Solche Menschen machen keine große Geschichte, ihnen wird mitgespielt. In der Nachbemerkung zu den 1955 erschienenen Geschichten aus dem fiktiven masurischen Dorf Suleyken spricht Lenz seinem erdachten Personal die Eigenschaften seiner Landsleute zu: „Gleichgültig und geduldig lebten sie ihre Tage, und wenn sie bei uns miteinander sprachen, so erzählten sie von uralten Neuigkeiten, von der Schafschur und vom Torfstechen, vom Vollmond und seinem Einfluß auf neue Kartoffeln, vom Borkenkäfer oder von der Liebe. Und doch besaßen sie etwas durchaus Originales – ein Psychiater nannte es einmal die ‚unterschwellige Intelligenz'."[19]

Die Bürger des Deutschen Reichs denken bei Ostpreußen weniger wie Thomas Mann an Tolstoi als an Sibirien. Fast 50 Jahre lang reicht hinter der Stadt Memel, 22 km längs der Reichsstraße Nr. 132, das Bismarck-Reich als schmaler Streifen nordöstlich auslaufend bis an das Kurhaus des Kaufmanns und Hoteliers Willy Karnowsky (Spezialität: Krebsgerichte!)[20]: „In Nimmersatt, wo das Deutsche Reich sein Ende hat", weiß der Volksmund. Am Schlagbaum zwischen Nimmersatt und Polangen im russischen Kurland stehen bis zum Ausbruch des Ersten Weltkriegs Kosaken des Zaren und schützen Russland vor germanischen Einfällen.

Geht es Thomas Mann in Ostpreußen um geistige Nahrung, bei Willy Karnowsky in Nimmersatt um feine Krebsspeisen, assoziiert der ungebildete Kenner mit der Landschaft jenseits der Weichsel gerne Getränke. „Es trinkt der Mensch, es säuft das Pferd, in Pillkallen ist es umgekehrt", wird über Stadt und Land im äußersten Nordosten der Provinz gedichtet: Ostpreußen, ein Trakehner- und Trinker-Land! Der aus Frankfurt stammende letzte Feuilletonchef der Königsberger *Hartungschen Zeitung*, Erich Pfeiffer-Belli, gestattet diese Verallgemeinerung: „Der Reim paßte endlich auf jede ostpreußische Stadt, man war weit fort von allem, von Berlin zumal, lebte in Isolation, die in manchem Punkt splendid, in vielen anderen Punkten das Gegenteil davon war."[21] Pfeiffer-Belli sieht in ostpreußischer Trunksucht einen metaphysischen Ausgleich für die Strenge des Lebens dort: „Die Ostpreußen lebten ihr Leben viel intensiver, viel hingegebener an Tag und Stunde. Sie wußten viel stärker von dem widerrufbaren Geschenk des Daseins, weil ihr Kampf um dieses Dasein viel härter war als anderswo. Sie genossen darum auch anders, feierten tollere Feste, gingen mit dem Alkohol recht großzügig um, und ihre Mahlzeiten waren ausgedehnt."[22]

Rudolf Nadolny, der in Groß Stürlack im masurischen Kreis Lötzen geboren ist, in Lötzen und Rastenburg zur Schule geht, gewinnt als Diplomat auf Botschafterposten beim Völkerbund, in Schweden, der Türkei und der Sowjetunion Weltsicht. Er hat eine Erklärung für die einmalige Art der Menschen, die nicht nur aus der Andersartigkeit der Landschaft und des Klimas kommt. „Ostpreußen ist ungefähr ebenso Siedlungsland wie Amerika. Seine Einwohnerschaft stammt in derselben Weise von Einwanderern aus vielen Ländern, die im dreizehnten und vierzehnten Jahrhundert dem Ruf des Deutschen Ritterordens folgten oder auch noch später einwanderten oder dort angesiedelt wurden. Nur dass die noch im Lande verbliebenen alten Preußen keine Rothäute waren, sondern als ein baltischer Stamm ebenso Indoeuropäer wie die Einwanderer, dass sie sich, soweit sie den Prozess der Unterwerfung und Bekehrung überstanden, entweder mit den Einwanderern vermischten oder auch bis heute als altpreußische Familien erhalten haben."[23] Auch Nadolny hat Ostpreußen den Rücken gekehrt, für den Juristen ist hier im Jahr 1902 keine Karriere zu machen. Er steigt in Berlin für kurze Zeit zum Leiter des Büros des Reichspräsidenten Friedrich Ebert auf.

Der 1905 geborene Königsberger Max Fürst, der es vom Schreiner zum Schriftsteller bringen wird, durchstreift zu Beginn der Zwanzigerjahre als Leiter einer bündischen jüdischen Jugendgruppe fast die gesamte ostpreußische Heimat. 1925 zieht es ihn nach Berlin; 1935 muss er nach Palästina emigrieren. Im dazwischen liegenden Jahrzehnt besucht er immer wieder die Provinz. „Dann begann mein Herz doch schneller zu schlagen, als der Zug in Dirschau über die lange Weichselbrücke donnerte. Ich brauchte nicht aus dem Fenster zu sehen, die Namen der aufgerufenen Stationen und der kleineren Orte, an denen der Zug nicht hielt, wusste ich auswendig und sah auch die Landschaft im Dunkeln." Er passiert im Zug die Marienburg, die Stadt Elbing mit der Schichau-Werft, die Besitzungen des Fürsten Dohna in Schlobitten, endlich Braunsberg und Heiligenbeil. Dann sieht der Heimkehrer erstmals das Frische Haff. „Es ist doch seltsam, wie das Herz schlägt, wenn man der Heimat näher kommt. Man kennt schon jeden Baum, jeden Pfad, Ponarth mit neuen Fabriken, Gärtnereien und der Brauerei. Jetzt schnell alles zusammenpacken, und dann stand ich alleine auf dem Bahnhof in Königsberg."[24]

Dem Literaten Fechter aus Elbing, dem Diplomaten Nadolny aus Masuren, dem kurzzeitigen Reichsminister von Braun, dem sozialdemokratischen Journalisten Birnbaum und zwei Millionen anderer einst heimischer Ostpreußen bleiben die Erinnerungen. Sie haben überlebt. Aber heimatlos zu werden ist ein schweres Schicksal. Der Schriftsteller Peter Härtling schreibt im Januar 2004 über eine Erfahrung seines da schon verstorbenen jüdischen Freundes Max Fürst, der 1978 fern von Königsberg, in Stuttgart, gestorben ist: „Er hat lernen müssen, wie leicht ein Land aus einem Leben verloren geht."[25] Und er zitiert Fürst: „Es ist leicht, über Ostpreußen zu schreiben, ich sehe es klar vor mir, es ist mein Orplid, versunken in Geschichtslosigkeit."[26] Max Fürst aus Königsberg hat es schmerzhaft erleben müssen: „Auch heute noch kann es geschehen, dass ein Land aus den Schlagzeilen verschwindet und keine Versammlung der Heimatvertriebenen es in die Aktualität zurückholen kann."[27]

Auch dieses Buch kann das nicht. Dieser Rückblick ist nicht sentimental, es will wenig Bekanntes und Vergessenes in der Geschichte verorten, durch Nachrichten, aus Zeugnissen und Erinnerungen – damit Ostpreußen unvergessener Teil der deutschen Geschichte bleibt.

Eine preußische Provinz

Was meint Ostpreußen? Was ist Ostpreußen bis zu seinem Ende im Jahr 1945? Eine Landschaft? Ein deutsches Land? Eine deutsche Provinz?

Eine Landschaft ist es nicht. Dafür ist das Land von der samländischen Steilküste zu den masurischen Seen, von den Wüstendünen der Kurischen Nehrung über die Kiefernwälder der Johannisburger Heide bis zu den satten Wiesen der Elbinger Niederung zu vielgestaltig. Ostpreußen ist auch nie ein deutsches Land wie etwa Bayern, Sachsen oder Anhalt. Und es ist auch keine „deutsche", sondern eine Provinz Preußens.

Im Jahr 1837 zählt das Gebiet der Provinz Ostpreußen neben zwei Dritteln deutschsprachigen Einwohnern ein Drittel polnisch- und litauischsprachige Einwohner.[28] Vom Zweiten Thorner Frieden 1466 bis zum Vertrag von Wehlau im Jahr 1657 bzw. dem Vertrag zu Oliva im Jahr 1660 untersteht das Gebiet des einstigen Ordensstaates und ab 1525 eines weltlichen „Herzogtums Preußen" der Oberhoheit eines polnischen bzw. eines polnisch-litauischen Staates. Bis zum Zusammenschluss deutscher Staaten zum Norddeutschen Bund im August 1866 ist Ostpreußen auch nie Teil eines Deutschen Bundesstaates. Zu „Deutschland" als Staat gehört es erst seit der Kaiserproklamation in Versailles 1871. Mit ihr entsteht das von Bismarck geschaffene zweite Deutsche Reich. Aber es ist auch keine „Provinz" dieses Deutschlands.

Ostpreußen ist das, was sein Name sagt: der Osten des Staates Preußen. Zu ihm gehört es als Provinz. Preußen ist ein Staat, seit 1701 regiert von einem König. Bis zum Ende des Heiligen Römischen Reiches Deutscher Nation um 1803/1806 gehören viele „Seiner Majestät Staaten" zu diesem „Reich Deutscher Nation". Aber nicht alle. Und nie die „Provinz Preußen".

Noch in der ersten Hälfte des 19. Jahrhunderts gilt Ostpreußen als fernes Land. *„Litauische Geschichten"*, Romane und Theaterstücke verfasst der „Richter und Dichter"

Ernst Wichert. Der in Insterburg geborene, in Pillau und Königsberg aufgewachsene Autor, im Hauptberuf Jurist, erinnert sich in seinen 1899 erschienenen Memoiren an die Gründe: „Denn über die erste Hälfte dieses Jahrhunderts hinaus blieb die östliche Provinz von dem Körper der Monarchie entlegen, nicht nur politisch in besonderer Stellung, sondern auch wirtschaftlich auf sich selbst gewiesen, vielleicht in regerem Verkehr mit dem Auslande – über See –, als mit dem Westen Preussens. Brauchte man doch, bevor die Eisenbahn Mitte der fünfziger Jahre eröffnet wurde, zur Reise von Königsberg bis Berlin in der Schnellpost drei Tage und zwei Nächte, und von Litauen oder Masuren aus auf schlechten Wegen erst Königsberg zu erreichen, war auch nicht zu jeder Jahreszeit leicht. So wars nur ein kleiner Teil der Bewohner, der über die Weichsel hinauskam."[29]

Ein Ostpreußen gibt es dem Namen nach seit 1773. König Friedrich II. („der Große") erhält mit der ersten Polnischen Teilung Gebiete, die bis 1466 zum Staat des Deutschen Ordens gehörten und seitdem als „Königliches Preußen" dem polnischen König unterstanden. Seine Beamten nennen die neu gewonnen Territorien „Neu-Preußen". Friedrich verordnet am 31. Januar 1773 per Kabinettsordre ein neues Namensverzeichnis: „Übrigens finde Ich die Benennung Meiner aquirirter dortigen Provinzen unter dem Namen von Neu-Preußen, da das Wort ‚Neu' nur vor neu aufgefundenen Ländern gebraucht zu werden pfleget, garnicht schicklich und dahero, daß ins künftige Meine alte preußische Provinzen Ost-Preußen und die aquirirte West-Preußen genannt werden sollen."[30] Noch setzt sich Ostpreußen im Sprachgebrauch nicht durch. Bis 1824 spricht man allgemein von der „Provinz Preußen", wenn im Sinne Friedrichs „Ost-Preußen" gemeint ist.

Der Name Ostpreußen tritt im Jahre 1815 als geographische Bezeichnung in neuer Verwendung auf. In der am 30. April 1815 erfolgten Verordnung über die verbesserte Einrichtung der Provinzialbehörden werden in der bisherigen Provinz „Preußen" wie auch in „Westpreußen" zwei Regierungsbezirke gebildet. In (Ost-)Preußen sind es der Bezirk „Litauen" mit der Hauptstadt Gumbinnen und ein Bezirk „Ostpreußen" mit der Hauptstadt Königsberg. Im Jahre 1824 werden die Provinzen Preußen und Westpreußen zu einer Provinz mit dem Namen „Preußen" vereinigt. Bei der erneuten Teilung 1877 wird nicht mehr nur ein Regierungsbezirk, sondern gleich der ganze östliche Teil der Provinz Ostpreußen genannt. In ihr existieren fortan die Regierungsbezirke Königsberg und Gumbinnen. 1905 geben diese Regierungsbezirke Kreise an einen neuen Bezirk Allenstein ab.[31]

Von 1806 bis 1866 ist Preußen als „Königreich" völlig souverän, denn der Deutsche Bund, dem es angehört, ist ein Staatenbund und „Westpreußen", „Posen" und die „Provinz Preußen" sind nicht Teil des Deutschen Bundes. Von 1866 bis 1871 dann ist das Königreich Preußen ein Teilstaat des Norddeutschen Bundes, seit 1871 des Deutschen Kaiserreichs. Jetzt hat es zwar noch Staatlichkeit (wie heute die Länder der Bundesrepublik Deutschland), aber keine Souveränität mehr. Noch bis 1937 wird

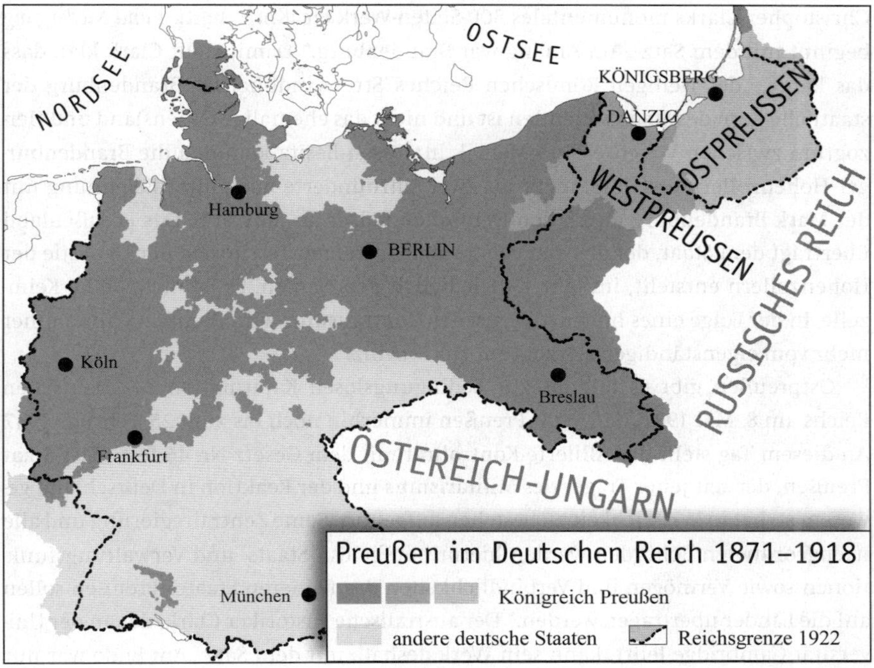

eine „Preußische Staatsbürgerschaft" in den Pässen, die die deutschen Länder ausstellen, ausgewiesen. Mit ihr ist man ab 1871 automatisch auch „Deutscher". Allerdings kann der vorbestrafte Tilsiter Wilhelm Voigt, später bekannter als Hauptmann von Köpenick, noch 1906 aus dem mecklenburgischen Wismar „als ein für die öffentliche Sicherheit und Moralität" gefährlicher „Ausländer" in den Staat abgeschoben werden, dessen Staatsbürger er allein ist: Preußen.

Der Verlust der Souveränität kann den Herrschenden in Preußen egal sein, denn Preußen ist die dominierende Macht im deutschen Kaiserreich. Der Reichskanzler ist – mit einer kurzen Ausnahme – immer zugleich preußischer Ministerpräsident. Auch zu Zeiten der Weimarer Republik nennt sich der Staat, zu dem Preußen jetzt als „Freistaat Preußen" gehört, noch Deutsches Reich. Als sich die Demokratie zur Einparteien-Diktatur unter einem „Führer" wandelt und dieser das „Dritte Reich" proklamiert, wird Preußen nicht aufgelöst. Von 1933 bis 1945 übt formal der Reichskanzler Adolf Hitler selbst die Geschäfte eines „Reichsstatthalters" in Preußen aus, die er nach dem „Führerprinzip" in den deutschen Ländern an die Stelle der Parlamente gesetzt hat. Die Befugnisse des Reichsstatthalters in Preußen hat er auf Hermann Göring übertragen. Der ist in der Nazi-Diktatur vieles; neben dem Reichsluftfahrtminister und Präsident des gleichgeschalteten Reichstags auch noch preußischer Ministerpräsident.

Christopher Clarks monumentales 800-Seiten-Werk *Preußen – Aufstieg und Niedergang* beginnt mit dem Satz „Am Anfang war Brandenburg." Damit stellt Clark klar, dass das karge, „des Heiligen Römischen Reiches Streusandbüchse" Brandenburg der staatliche Kern des Staates Preußen ist und nicht das ehemalige Ordensland und Herzogtum zwischen Weichsel und Memel. In dessen Besitz kommen die Brandenburger Hohenzollern erst 1618, mehr als zwei Jahrhunderte nach ihrer Belehnung mit der Mark Brandenburg durch den Deutschen Kaiser im Jahr 1415. Das Preußenland überträgt dem Staat, der aus den verstreuten einzelnen Territorien der Dynastie der Hohenzollern entsteht, im Jahr 1701 lediglich den Namen. Es ist nicht seine Keimzelle. In der Folge eines hohenzollernschen Zentralismus wird Preußen dann immer mehr vom eigenständigen Herzogtum zur Provinz.

Ostpreußen gibt es nur bis zur bedingungslosen Kapitulation des Deutschen Reichs am 8. Mai 1945, den Staat Preußen immerhin noch bis zum 25. Februar 1947. An diesem Tag stellt der Alliierte Kontrollrat mit dem Gesetz Nr. 46 fest: „Der Staat Preußen, der seit jeher Träger des Militarismus und der Reaktion in Deutschland gewesen ist, hat in Wirklichkeit zu bestehen aufgehört. Seine Zentralregierung und alle nachgeordneten Behörden werden hiermit aufgelöst. Staats- und Verwaltungsfunktionen sowie Vermögen und Verbindlichkeiten des früheren Staates Preußen sollen auf die Länder übertragen werden." Der australische Historiker Clark, der an der Universität Cambridge lehrt, kann sein Werk deshalb mit dem Satz „Am Ende war nur noch Brandenburg" beenden. Tatsächlich ist Ostpreußen im Februar 1947 gänzlich von der Landkarte gelöscht. Von der Provinz Pommern bleibt Deutschland immerhin der vordere Teil, von Schlesien noch ein Zipfelchen um Görlitz. Ostpreußen aber entschwindet 1945 gänzlich in die Geschichte.

Ostpreußische Mischung

1928 tritt die Studienassessorin Ida Kunigk vor eine Klasse der Tilsiter Königin-Luisen-Oberschule für Mädchen in der Saarstraße. Die gebürtige Insterburgerin hat gerade in Königsberg ihr Staatsexamen gemacht. Die 28 Oberschülerinnen sind der neuen Lehrerin unbekannt, und so wirft sie einen Blick ins Klassenbuch. Sie stößt auf ein wahres namentliches Vielvölkergemisch: „Auch von Königsberg her kenne ich manchen dieser Namen, aber so massiert kommen die Kosgalvies, Skripstakies, Prapolinat, Zaggaurs, Gestigkeit nicht vor. Bei Treinatis stutze ich."[32] Die junge Studienassessorin glaubt in diesem Namen eine Verbindung zwischen litauischem und griechischem Sprachgut zu entdecken. „Der griechische Name Mamatis, der mir vertraut ist, klingt rhythmisch genau wie Sobilatis, Treinatis, Freinatis. Ein aschblondes Mädchen mit Zöpfen heißt Kairies. Das ist wenigstens kürzer. (...) Es ist richtig erleichternd, dass die nächste einen niederdeutschen Namen trägt: Löschke, dass eine andere Berlin heißt. Dann wird es französisch: Courvoisier. Hugenotten haben wir selbst in der Familie, da kenne ich mich aus. Dann erhebt sich die Frage: Soll ich nun Irmgart Dujart sagen oder den Namen französisch aussprechen? Leichter ist es mit dem offensichtlich litauischen Namen Schulmeistrat. Die Dora Bastian gar, deren Namen nun wirklich kein Rätsel aufgibt, wird in ihrem Paß Bastinas genannt. Sie kommt täglich über die Brücke aus Übermemel zur Schule."[33] Neun Mädchen haben einen litauisch klingenden Namen, in Tilsit keine Überraschung. Schon „Übermemel" jenseits des Flusses gehört zu „Kleinlitauen" – dem Memelgebiet. „Dann stutze ich bei Katja Gorbunoff. Ein Blick in das Klassenbuch bestätigt meine Vermutung: griechisch-orthodox. Also russischer Abstammung. Bei dem Namen Manglitz ist das nicht so einfach." Später wird Gretel Manglitz der Lehrerin erzählen, dass ihre Großmutter beim Vornamen „Benyna" gerufen wird. Jetzt weiß Ida Kunigk, dass die Vorfahren des Mädchens aus dem Baltikum kommen. „Andere Namen, die auf ‚ski' endigen, sind eindeutig aus dem Polnischen. Die dreisilbigen, die auf ‚er' endigenden Namen, wie Scharfetter, Spießhöfer, Schweighöfer stammen großenteils aus dem Salzburgischen; auch ein Teil der zweisilbrigen läßt diese Herkunft vermuten. Die Ebnöthers aber sind Schweizer, die Wallners und Wittwers auch. Dagegen die Witts kommen aus Holland, sind noch Mennoniten. Bei dem Namen Schattauer gerät man vollends ins Schwimmen: Ich tippe auf Salzburger Herkunft, der Kollege, der ihn trägt, leitet ihn von ‚chateau' also aus dem Französischen her. Die Problematik des Namens John liegt ähnlich. John hießen die Engländer, die mit ausgeprägtem Geschäftssinn und Pferdeverstand hierher kamen, nachdem die Provinz zum Land der Pferde geworden war."[34]

Spross einer Familie, deren Vorfahren aus vielen Völkern stammen, ist auch der Schriftsteller Ernst Wiechert, der als Sohn eines Försters in Kleinort im masurischen Kreis Sensburg aufwächst. „Von den Eltern meiner Mutter habe ich nur ihren Vater gekannt. Sein Familienname war französischen Ursprungs, und ich schließe nicht nur daraus und aus seinem dunklen Haar, dass hier ein fremdes Blut durch viele Schicksale seinen Weg in unsre masurische Verschlossenheit gefunden hat."[35] Wiecherts Großvater lebt als Gastwirt in der Einsamkeit des Waldes der Johannisburger Heide am Ufer der Kruttina, die in den Beldahn-See in der Masurischen Seenplatte mündet. „Mein Großvater heiratete dann ein paar Jahre später ein zweites Mal, und dadurch wurden wir mit einer Familie verbunden, die sicherlich, nicht nur ihrem Namen nach, polnischen Ursprungs war. Und so kann ich, auch mit bescheidener Phantasie, mir denken, dass germanisches, slawisches und romanisches Blut sich in mir vereinigt hat. (...) Am Rande meiner Erinnerung erscheint schließlich noch eine dritte Familie als ein blutverwandter Zweig, die meiner Heimat viele tüchtige Lehrer geschenkt hat, die ohne Zweifel litauischen Ursprungs war und die mich durch ihr hervorragendes Mitglied, meine Tante Veronika, von Kind an mit der Fülle der Märchen, Sagen und Geschichten beschenkt hat, die von jeher ein Merkmal dieses Volksstammes gewesen sind."[36]

Die Familie des Malers Lovis Corinth ist alteingesessen und bodenständig. „Vater wie Mutter waren ostpreußische Autochthone, arbeiteten und sparten den Pfennig zum Gulden und zum Thaler. Seit Generationen hatte sich Enthaltsamkeit und eiserner Fleiß nebst einem ausgesprochenen Eigensinn und Sucht nach Erwerb entwickelt. Der Vater meines Vaters war Bauer, der wohl in die Pregelniederung gezogen war, um neues Land zu kolonisieren. Der Vater meiner Mutter war ein Tapiauer Schuhmachermeister und Besitzer mehrerer Häuser in der Altstraße von Tapiau."[37]

Der Schriftsteller Hermann Sudermann stammt aus dem Kreis Heydekrug, der ab 1920 zum Memelgebiet gehört. Seine Familie ist nicht autochthon, sondern zugezogen. Dass Sudermann zum Memelländer wird, liegt am Lauf der großen Welt- und einer kleinen Familiengeschichte. Seine Vorväter sind niederländische Täufer, Mennoniten, die sich im 16. Jahrhundert im zum damals zur polnischen Krone gehörenden Weichsel-Nogat-Delta niedergelassen haben. Sudermanns Vater Johann wächst in der Elbinger Niederung auf. Die gehört zu jener Zeit schon zu Westpreußen und damit zum preußischen Staat. Im Staate Preußen dürfen Mennoniten kein Land neu erwerben, deshalb wandern viele landlose Mennoniten nach Russland aus. Johann Sudermann ist kein Hoferbe und macht sich so nach Osten auf. Der Weg führt ihn über See und zu Land nach Memel. Bevor er nach Riga weiterreisen kann, gerät er bei Memel in einen heftigen Schneesturm und muss die Reise unterbrechen. Er bleibt im Memelland, heiratet hier die protestantische Tochter eines auf See verschollenen Seemanns aus Pillau und wird Bierbrauer im kleinen Dorf Matzicken in der Nähe von Heydekrug. „Darum bin ich ‚zwischen den Wäldern' geboren, darum ist das Memelland (...) meine Heimat geworden. Wäre jenes Schneetreiben nicht gewesen, so würde ich heute wohl ein Deutschrusse sein"[38], stellt Sudermann 1922 fest.

Dass es lange noch Ostpreußen gibt, die das prußische Erbe ihrer Vorfahren betonen, zeigt das Beispiel der gräflichen Familie Kalnein im Kreis Bartenstein. Die Grafen Kalnein stammen von prußischen Edlen ab, die sich früh mit der Herrschaft des Deutschen Ordens arrangiert und daher Besitz und Stellung behalten haben. Der vorletzte Eigentümer des Kalneinschen Besitzes, der 1928 stirbt, hört auf den doch heidnisch klingenden Namen Natango Weidewuth Graf von Kalnein.[39]

Eine multi-ethnische Herkunft schützt nicht vor nationalen Ressentiments, erfährt der junge Max Fürst. Die Fürsts sind keine sehr reiche, aber als Einzel- und Großhändler gut etablierte Familie jüdischer Herkunft in Königsberg. „Mein Onkel Felix, der das Geschäft in der Wassergasse erbte, war der älteste Sohn. Er heiratete Ida – ich habe ihren Mädchennamen vergessen – aus Marggrabowa, einer ostpreußischen Grenzstadt zu Russisch-Polen. Eine sehr agile und lebenslustige Frau. Ich glaube nicht, dass meiner Großmutter Ida genehme war, weil sie mit ihrem polnischen Namen und ihrer Geburtsstadt nicht in unsere deutsche Familie hineinpasste."[40] Die Heimatstadt der angeheirateten Ida Fürst ist die Kreisstadt von Oletzko im Regierungsbezirk Gumbinnen. Marggrabowa als Geburtsort kommt selbst einer Königs-

Eine Mädchenklasse in der oberländischen Kreisstadt Osterode (Opr.) im Jahr 1925. Der Kreis Osterode kann aus sprachlichen Gründen auch zu Masuren gezählt werden, denn im Süden wird in den Dörfern auch in den 1920er Jahren vielfach noch polnisch gesprochen.

berger Hausangestellten der Familie Fürst noch zu polnisch vor. Max Fürst über deren Reaktion auf das neue Familienmitglied: „Lockalein, das ewige Dienstmädchen (...) prägte auf sie den berühmten Satz ‚fremd bleibt fremd'. Das war vernichtend."[41]

Otto Schneidereit wird im Dorf Praßlauken geboren. Die Familie übersiedelt dann in das 100-Einwohner-Dorf Ackmonienen, das zum Kirchspiel Pillupönen im Landkreis Stallupönen gehört. Dort arbeitet der Vater als Landbriefträger. 1922 zieht die Familie weiter ins Dorf Perkuhnlauken, das später nach Gumbinnen eingemeindet wird. Schneidereit ist ein guter Schüler. Trotzdem kommt der Lehrer der Dorfschule nicht auf die Idee, den Sohn eines Landbriefträgers für eine höhere Schule in der Stadt vorzuschlagen. Vier Jungen aus seiner Klasse sollen auf das Realgymnasisum im nahen Gumbinnen. Ihre Familien sind alle „besser gestellt", und sie haben typisch deutsche Namen: „Nur Kurt Buttgereit (...) trug einen nichtdeutschen Namen, wie fast alle Schüler unserer Klasse. Unser Klassenlehrer tröstete uns manchmal: Ihr seid zwar allesamt nicht germanischer Abstammung, könnt aber von großem Glück sagen, dass ihr jetzt zur deutschen Nation gehört."[42]

Doch gibt es noch höhere Hürden zu überwinden als die sprachlichen. „Die Schranke der Konfession war vor dem 19. Jahrhundert wirksamer als die Gemeinsamkeit der Sprache", konstatiert der Historiker und Archivar Kurt Forstreuter.[43] Deshalb empfinden lutherische Kleinlitauer im Norden Preußens und katholische

Großlitauer im Zarenreich, Masuren in Ostpreußens Süden und Polen im angrenzenden Masowien kaum Gemeinsamkeiten. Die Sprache könnte verbinden, aber die Konfession trennt Ostpreußen mitten im Leben wie auch im Tod.

Der Kreis Stallupönen ist wie 32 der 37 ostpreußischen Landkreise zu mehr als 95% protestantisch. Die Protestantin Erna Wallrath aus Oschnaggern, am Grenzfluss Lepone zum katholischen Litauen gelegen, erinnert sich an die dörflichen Beerdigungen in den 1920er und 1930er Jahren: „Natürlich ging das ganze Dorf, der Verstorbenen die letzte Ehre zu erweisen. Auch Frau Kaukas gehörte zur Trauergemeinde. Die Familien Kaukas und Propolinat waren katholisch. Üblicherweise mischten sich die Konfessionen nicht, doch wie stark das auf einzelne Bereiche zutraf, hing doch von den jeweiligen Leuten persönlich ab. Frau Kaukas zum Beispiel meinte, wie alle, zur Dorfgemeinschaft zu gehören, unabhängig von der Konfession, und ging selbstverständlich zur Beerdigung. Frau Prapolinat jedoch ging nicht."[44]

Die Prapolinats sind im 18. Jahrhundert aus dem damals mit Polen verbundenen Litauen wenige Kilometer über die Grenze nach Oschnaggern zugezogen. Spätere Generationen haben auch in den Nachbardörfern Plimballen, Wanaikischken und Woynothen gesiedelt. In Litauen wie in Polen hat die katholische Gegenreformation gesiegt, in Ostpreußen mit Ausnahme des Ermlandes das Luthertum. Alle Litauer jenseits der Grenze sind im 18. Jahrhundert katholisch, die Litauer in Ostpreußen Protestanten. Tatjana Hetzel hat die Geschichte der Familie ihrer Mutter Erika Prapolinat erforscht. Sie entstammt einer kleinen Minderheit litauischer Ostpreußen, die fremd bleiben unter preußischen Litauern – Katholiken litauischer Abstammung. Ein Teil der Verwandtschaft von Erika Prapolinat – Oma Eva, Onkel Georg und Tante Berta Prapolinat – lebt in Plimballen, Kreis Stallupönen. „Die Prapolinats waren die einzigen Katholiken im Dorf. So war es schwierig, entsprechende Ehepartner zu finden. (...) So kam es vor, dass man entweder gar nicht heiratete, obwohl ein nettes Mädchen, das einem auch gut gesonnen war, gegenüber wohnte, aber evangelisch war, oder man zog in die Ferne und kümmerte sich nicht um konfessionelle Traditionen und um elterliche Bedenken. So kam es, dass Georg und Berta unverheiratet blieben und mit der Mutter zusammen den Hof bewohnten und bewirtschafteten bis zur Flucht, auf der Oma Eva 85-jährig bei Preußisch Eylau starb."[45]

Fünf Jahreszeiten und kein Sommer

„Die Stadt ließ einen die Nähe Rußlands besonders stark empfinden, vor allem an den Winterabenden, wenn hoher Schnee lag, der Wind ohne Unterbrechung aus Nordosten blies und den sternenübersäten Himmel von Wolken reinhielt"[46], schreibt Erich Pfeiffer-Belli über Königsberg. Ostpreußen kann ein kaltes Land sein. Der Schriftsteller Horst Biernath ist in Lyck geboren, aufgewachsen aber in Königsberg und

Braunsberg. Zur deutschen Sprache hat er ein geflügeltes Wort beigetragen: „Vater sein dagegen sehr.“ Biernath ist vom leichten Fach. Er erinnert sich an ein Bonmot: „Es gab Leute, die vom ostpreußischen Jahresablauf zu behaupten wagten, es gebe hier neun Monate Winter und drei Monate keinen Sommer.“[47]

Das Urteil eines Mannes aus Korsika fällt etwas gnädiger aus, als dieser sich auf St. Helena an seine Zeit in Ostpreußen vom Februar bis Juli 1807 erinnert: „Sieben Monate Winter und kein Sommer.“ Napoleon Bonaparte zieht sich angesichts des langen Winters oft mit seiner Geliebten, der polnischen Gräfin Maria Walewska, in die Federbetten des Schlosses Finckenstein des Burggrafen zu Dohna-Schlobitten zurück. Das ungewohnte, dem Kaiser der Franzosen bald verhasste nordische Klima und der unabsehbare Winter mit den vielen Witterungsumschlägen gefährden auf Monate nicht nur seine eigene Behaglichkeit, sondern auch die Kriegstüchtigkeit seiner Armee. Napoleon hat 1807 in Ostpreußen seine Lektion nicht gelernt, sonst wäre er nur sechs Jahre später nie nach Moskau gezogen. Lovis Corinth über die Kälte: „Dort im Norden ist ein Winter ein ganz anderer Zeitraum, als man es sich im übrigen Deutschland denkt. Der Wind von Russland läßt Flüsse und eigentlich alles erstarren.“ Bei strengen Minusgraden wurde es nur für die Schulkinder gemütlich: „Die Schule gab, wie im Sommer bei zu großer Hitze, ebenso bei allzu großer Kälte, oft sogar mehrere Tage hintereinander, Kälteferien.“[48]

Ostpreußen hat lange, strenge Winter, einen schnellen Frühlingsübergang, kurze heiße Sommer und schöne, im Innern der Provinz häufig ausdauernde Herbstwochen. Für den Kreis Lötzen in Masuren gilt wie für die ganze Provinz: „Der Juni bringt in der zweiten Hälfte sehr warme Tage und damit einen schroffen Übergang zum Sommer. Juli und August haben die höchsten Wärmegrade aufzuweisen. Die hohen Durchschnittstemperaturen in diesen Monaten bleiben hinter denen Mittel- und Westdeutschlands nicht zurück; überhaupt ist der Sommer in Ostpreußen gegenüber den westlichen Gebieten Deutschlands durch eine sehr viel intensivere Sonnenbestrahlung gekennzeichnet. So hatte Lötzen im Jahr 1935 eine Sonnenscheindauer von 1 675 Stunden, Königsberg 1 577, Aachen 1 140 Stunden.“[49]

Für Erich Pfeiffer-Belli ist Königsberg am schönsten im Sommer. „Dann spürte man die nahe See, und das bunte glückliche Treiben auf den Bahnsteigen, von denen aus man an den Strand fuhr, war von unbeschwerter Jugendlichkeit. Königsberg genoß seinen Sommer mit den hellen Nächten, die der laute Schlag des Sprossers quälend-sehnsüchtig durchlärmte.“[50]

Das mittlere Klimabild Ostpreußens im Jahresverlauf weist gegenüber der Mitte und dem Westen Deutschlands erhebliche Unterschiede auf. In Memel scheint die Sonne am häufigsten im Deutschen Reich. Die Stadt hat 400 Stunden Sonnenschein mehr als Aachen[51] und kann sich mit dem Schweizer Tessin messen. „1926–1937 wurde im Durchschnitt eine Sonnenscheindauer von über 1 700 Stunden jährlich ermittelt, wobei auf die Monate Mai bis September 1 169 Stunden entfielen. Kopenhagen hatte in der gleichen Zeit nur 1 200 Stunden Sonnenschein im Jahr, in den Sommermonaten sogar nur 825 Stunden. Lugano (Tessin) kommt zwar auf 2 227 Stunden Sonnenschein jährlich, hat aber von Mai bis September auch nur 1 200 Stunden und damit etwas mehr als Memel.“[52] 68 Tage im Jahr wird in Memel eine Durchschnittstemperatur von 15 Grad gemessen. An durchschnittlich 160 Tagen im Jahr regnet es.

Beständiger als in anderen Teilen Deutschlands ist das Wetter im Herbst. Er beginnt zumeist mit mehreren schönen Wochen von Anfang September bis Mitte Oktober; überhaupt ist der September in Ostpreußen der wetterbeständigste Monat. In Königsberg herrscht ein anderes Wetter als im Innern der Provinz. Marie Luise Kaschnitz erlebt 1938 in ihrem sechsten Jahr in Königsberg ihren ersten Herbstanfang im Samland: „Der Herbst ist nicht wie in Baden ein farbiger leuchtender Aufschwung zum Ende hin. Die Traurigkeit des Novembers ist schon in den grauen, windigen Tagen, die Blätter sind nicht golden, sondern braun, müde, verknittert.“[53] Ab Mitte Oktober verschlechtert sich die Witterung, es wird feuchtkalt. „Zum Monatsende künden vereinzelte Schneeschauer schon den nahenden Winter. Trübe, regnerisch, mitunter auch stürmisch zeigt sich der November. Frostperioden folgen auf Tauwetter in raschem Wechsel. Erst um Weihnachten herum trifft beständiges Frostwetter ein.“[54] Die Lehrerin und Schriftstellerin Agnes Harder kann in Preußisch Holland im Oberland die Winter – „ritsche, ratsche!“ – hören, „denn knirschte die Säge, so wusste ich, der Winter kam bald. Dann wurde das Tor aufgemacht und die Fuhre Torf hereingebracht, und mein Vater ging herunter und beobachtete, wie der Bauer in seinem Pelz den Torf in die großen grünen Weidenkörbe zählte und 100 nach 100 in den Stall gebracht wurden.“[55]

Im ostpreußischen Winter hat Alexander Fürst zu Dohna-Schlobitten festgestellt, dass der Pferdeschlitten dem Kraftwagen noch lange überlegen ist. „Es gab unangenehme Schlittenfahrten bei eisigem Wind oder auch bei Schneesturm, der mitunter meterhohe Schneefälle auftürmte. Meist fuhr man über diese bizarren Gebilde einfach hinweg; das Durchschaufeln der Schneewehen wurde erst mit dem zunehmenden Autoverkehr in den zwanziger Jahren erforderlich. Vor dem Ersten Weltkrieg ließen die wenigen Autobesitzer aus dem Lande ihre Wagen im Winter stehen.“[56] „Schlittenfahrten waren andererseits für alle Beteiligten sehr reizvoll. Die Pferde bekamen für Schlittenfahrten stets eine Glocke an das Sielzeug gebunden. Das helle Gebimmel der Glocken war in solcher Winterzeit weit über die verschneite Landschaft zu hören“[57], erinnert sich Alfred Schiedat, der Sohn eines Kleinbauern, in seiner Geschichte des ostpreußischen Dorfes Bumbeln im Kreis Gumbinnen. „Bei regelmäßigem, reichlichem Schneefall in unserer Gegend waren (...) alle Straßen und Wege in Bumbeln schwer zu befahren. Ohne Schlitten war an eine Beförderung von Lasten, z.B. Dungfahrten, nicht zu denken.“[58]

Sind Ostpreußen zu Scherzen aufgelegt, behaupten sie, es gebe in ihrer Provinz nur einen einzigen garantiert frostfreien Monat, den Dezember. Denn üppiger

Schneefall und starker Frost setzen meist erst nach Weihnachten ein.[59] Januar und Februar sind dann die kältesten Monate.[60] Flüsse und Seen bedeckt monatelang, oft bis in den April hinein, eine feste Eisdecke. Schneestürme fegen über Wiesen und Felder. Aber das Frostwetter ist trocken und beschert den Menschen auch schöne klare Tage mit Sonnenschein.[61] Der Südosten Masurens ist über 100 Tage mit einer Schneedecke bedeckt. In Westdeutschland liegt nur etwa 20 Tage, an der Oder etwas über 50 Tage Schnee.

Marggrabowa im Kreis Oletzko im nordöstlichen Masuren ist die kälteste Stadt Deutschlands. 155 Tage im Jahr fallen die Temperaturen unter null Grad, in Königsberg nur an 111 Tagen. Klausen im Kreis Lyck hat 54,7 Eistage, an denen die Temperatur ständig unter dem Gefrierpunkt bleibt – gemessen über einen Zeitraum von 20 Jahren – Königsberg aber nur 43,4 Tage. In Marggrabowa liegt die Jahresmitteltemperatur bei 5,7 Grad, in Königsberg bei 6,7 Grad. München hat ein Jahresmittel von 7,4 Grad, Berlin sogar von 9,0 Grad.[62]

Während in Masuren bereits kontinentales Klima herrscht, beschert die Ostsee Königsberg, dem Samland, dem flachen Norden bzw. Nordwesten der Provinz ein milderes Seeklima. Dass der Kreis Goldap im Osten ein anderes Klima als die Küstenregion hat, erfährt die Bahnverwaltung in jedem Winter, wenn sich die Lokomotiven auf der Bahnstrecke von Blindgallen nach Szittkehmen in der Rominter Heide festgefahren haben: „Wegen der Höhenlage einerseits und der langen Einschnitte andererseits war sie im Winter sehr schnell verschneit. Wenn die Eisenbahndirektion in Königsberg von uns hörte, dass auf dieser Strecke schon Vorspannlokomotiven und Schneepflüge eingesetzt wurden, wunderte man sich dort sehr, da sonst nirgends in Ostpreußen solche Schwierigkeiten so früh auftraten."[63] Aber auch im samländischen Königsberg kann das Wetter extrem werden. Der in Pillau und Königsberg aufgewachsene Dichter Ernst Wichert erinnert sich an kalte Zeiten und kindliche Winterfreuden in den 1840er Jahren: „In einem Winter stellte sich überraschend so starker Frost ein, dass das Tief bis weit in die See hinaus gefror, was seit Menschengedenken nicht geschehen war und sich auch meines Wissens seitdem nicht wiederholt hat. Drei Tage lang war das Eis so haltbar, dass man nach der Nehrung hinübergehen und auf der spiegelblanken Fläche Schlittschuh laufen konnte. Ganz Pillau war auf dem Eise."[64]

Unvergessen ist der „Eiswinter 1929". Am 9. Februar 1929 werden in Marggrabowa (Treuburg) minus 42,0 Grad gemessen, der ewige Kälterekord in Deutschland. Der Jahrhundertwinter beginnt in Ostpreußen spät, erst am 15. Januar 1929. An diesem Tage hat der Rechtsanwalt und spätere Vertriebenenfunktionär Linus Kather in der Nähe von Gerdauen eine Treibjagd auf Hasen mitgemacht. „Unser Glück war es, daß wir gegen die Gewohnheit das Schlüsseltreiben ziemlich früh verließen, denn unterwegs begann es derartig zu schneien, daß wir für die beiden letzten Kilometer vor Königsberg drei Stunden gebraucht haben. So schafften wir es, während hunderte von Kraftwagen damals monatelang in der Provinz festgehalten wurden."[65] In der großen und anhaltenden Kälte mit mehr als 40 Grad unter Null verlieren die Rehe in Kathers eigenem Revier im Hegewald bei Seeburg im Kreis Rößel die Scheu vor den Menschen und suchen in ihrer Nähe Hilfe. Von den 400 Rehen, die Kather im von ihm gepachteten Hegewald vermutet, werden 65 erfroren gefunden.[66]

Auch der Pfarrer des Seebades Kahlberg auf der Frischen Nehrung, Ernst Froese, erinnert sich an den Eiswinter: „Für die Fischer war der Winter 1928/29 ein sehr großer Fehlschlag. Bis zum Neujahrsfest war der Fang nur mäßig. Nach dem 1. Januar 1929 setzte langanhaltender, sehr scharfer Frost ein. Nicht bloß das Haff fror zu, sondern auch die See. Wir erleben fast jedes Jahr, dass die See am Rande voll Eis liegt, das aus der Weichsel bei Weststrom herübergetrieben wird und sich am Rande festsetzt. Diesmal aber geschah etwas, worauf sich die ältesten Leute nicht besinnen konnten, dass sie's schon einmal erlebt hätten. Die See fror zu. Anfangs vielleicht nur ½ km breit, so dass man hinten noch das offene Wasser sehen konnte. Dann verschwand auch dieser Wasserstreifen und, soweit das Auge sehen konnte, war eine weiße tote Masse, wo sonst die Wellen und Wogen ihr lustiges Spiel treiben. Das blieb wohl 10 Wochen lang so, – immer dasselbe starre Bild, – weiß – tot. Es konnte einem Angst werden vor diesem Wintertod. Die Fischer standen manches Mal auf den Dünen und schauten, ob nicht Bewegung käme in diese Eismassen. Sie rührten sich nicht. Die Räuchereien standen still und verlassen, kein Schornstein rauchte, kein Gesang der arbeitenden Mädchen war zu hören. Der Winter hielt alles in seinem strengen Bann."[67] Am Frühlingsanfang 1929 liegt das Eis des Haffs noch ganz fest, erst allmählich fängt es an, sich zu rühren. Es schiebt sich zu Eisbergen. Dann wird es nach einigen Tagen vom Südwind fortgetrieben und der Strand eisfrei. Die Fischer von Kahlberg und Tolkemit können ihren Beruf wieder ausüben.

In der Memelniederung hat man eine eigene fünfte Jahreszeit. Für sie haben die Menschen im Memelland und in der Elchniederung ein besonderes Wort: „Schaktarp". Die Dokumentarfilmerin, Journalistin und Autorin Ulla Lachauer erklärt: „Das heißt ‚zwischen den Zweigen' und ist ein Bild für den Zwischenzustand – nicht fest, nicht flüssig, nicht gangbar, nicht schiffbar. Das Wort kommt aus dem Litauischen, ist wohl auch mit einem altpreußischen verwandt."[68] „Schaktarp" ist der Zustand der „Wegelosigkeit", die man beim russischen Nachbarn „Rasputiza" nennt. Noch gegen Ende des 19. Jahrhunderts kommen bei Hochwasser und „Schaktarp" jedes Jahr Menschen ums Leben.

Im Frühjahr sind im Memeldelta die Überschwemmungen abhängig von der Schmelzwassermenge, die in das Haff fließt. Bei viel Schmelzwasser ist das schmale Memeler Tief nicht imstande, die Wassermassen in die Ostsee abzuführen. Der Pegel im Haff steigt an und überschwemmt große Teile der Niederung. Höher gelegene Bauernhöfe ragen dann wie Inseln hervor, andere stehen unter Wasser. Die Bewohner müssen während dieser Zeit auf ihre Dachböden ziehen, die Möbel und auch die

Schlittschuhläufer auf der Alten Gilge in Kaukehmen (Kuckerneese), Kreis Niederung in den 1920er Jahren. Kuckerneese liegt im Norden des Kreises Elchniederung, zwischen Rußstrom und Gilge, zwei Mündungsarmen der Memel.

Tiere im Stall „hochstellen". In der Niederung ist man dafür gerüstet und hat vorgesorgt für Mensch und Tier. Das einzige Verkehrsmittel ist jetzt der Kahn, den jeder Haushalt besitzt. „Das war die Zeit, in der die Bewohner der uneingedeichten Niederung ihr Vieh auf den Heuboden aufgestallt hatten, nur mit Booten zu ihrem Häusern gelangen konnten und deren obere Stockwerke beziehen mussten, da in den unteren Räumen das Wasser stand. In Ruß wurden auf dem Dachboden der Kirche für diese Zeit auch Särge bereitgehalten."[69]

Wenn bei diesen Überschwemmungen leichter Frost einsetzt und sich eine dünne, unbegehbare Eisdecke bildet, ist es nicht mehr möglich, mit dem Kahn zu fahren. Jetzt wird das Wetter bedrohlich, denn die Bewohner sitzen auf ihren Höfen fest. Im Notfall kann kein Arzt und keine Hebamme helfen, die Toten können nicht beerdigt werden. Oskar Krueger über die Winter in der Elchniederung: „Und dann kam der Eisgang. Ein imposanter Anblick, wenn der gegenüber niedrigstem Wasserstand um sieben Meter angestiegene Strom in voller Breite über alle Vorländer hinweg die Eisschollen oft in großen Tafeln dicht gedrängt herantrug, dass sie an den Brückenpfeilern sich aufbäumten und diese erzittern ließen."[70] Meistens dauert der Schaktarp nur kurze Zeit, aber er kann auch Wochen anhalten, wenn die Sonne am Tag das Eis zum Schmelzen bringt und es bei Frost nachts wieder gefriert. Das Tauwetter bringt die Flut. „Nach dem dem Eisgang unmittelbar folgenden Hochwasser mit Wassermengen bis 6000 m^3/sec fiel das Wasser wieder, und es folgte etwa zwei Wochen später die sogenannte eisfreie Baumflut, die nicht die Höhe der ersten Flutwälle erreichte und ihren Namen daher hatte, dass sie von dem später in den Strom gelangenden Schmelzwässern der Wälder erzeugt war."[71]

In Ostpreußen ist die Vegetationsperiode auf drei bis dreieinhalb Monate beschränkt, im Westen Deutschlands hält sie sechs bis sieben Monate an. Besonders ungünstig wirkt sich der späte Einzug des Frühlings aus, er bleibt drei bis vier Wochen hinter Westdeutschland zurück. März und April sind meteorologisch unbeständig. Kühles, trübes, regnerisches Wetter und selbst Schneetreiben wechseln sich mit wärmeren, sonnigen Tagen ab. Erst um den 15. Mai zieht der Frühling ein. Dann blühen Kirsch-, Apfel- und Birnbäume. Witterungsschäden sind in Ostpreußen größer als in anderen Gegenden Deutschlands. „Bis spät in den Mai und Juni hinein wird die schnell sich entfaltende Vegetation von Kälterückfällen bedroht, die den jungen Kulturen vor allem der Baumblüte oft schweren Schaden bringen. Das in der Regel kalte und nasse Frühjahr hat zur Folge, dass der Bauer erst spät mit der Feldbestellung anfangen kann. Ihm stehen für die Frühjahrsbestellung nur etwa dreißig Tage zur Verfügung, während im Rheintal sich diese Arbeit auf siebzig Tage verteilt."[72] Karl Ehlers, Gutsbesitzer im Kreis Lötzen, erinnert sich 1960, dass sich auf seinem Gut Ranten die Feldarbeiten „außerordentlich zusammendrängen, da die Bestellung fast niemals vor dem 10. April beginnen konnte und die Bestellungsarbeiten für die Wintereinsaat spätestens am 17. September beendet sein mussten. Ein Überschreiten dieses Termins bedeutete erfahrungsgemäß ein außerordentlich großes Risiko."[73] Im Mai und Juni droht eine überdurchschnittliche Trockenheit sowie zu starker Niederschlag im August.[74] In manchen Jahren aber herrscht wirklich „sieben Monate Winter und kein Sommer".

Die Dorfchronik von Tharau weiß von einigen Wetterkatastrophen zu berichten. „Kantor Boldt nennt neben den verregneten Ernten 1902 und 1907 das schreckliche Jahr 1867, in dem es von Juni bis September nur drei regenlose Tage gab."[75] Hermann Sudermann hat das „schreckliche Jahr 1867" in Matzicken erlebt: „Und dann kam das schwerste aller Jahre – dann kam das Notstandsjahr. Das war im Sommer '67, da gab es überhaupt keine Sonne mehr. Vom Juni an Tag für Tag nichts wie sickernder, suppender, trommelnder Regen. Das Erdreich weichte auf, der Roggen reifte nicht, die Erntefelder sahen aus wie Lehmtennen, denn alle Halme lagen glatt und braun und feuchtglänzend am Boden. Und das Schlimmste von allem: die Kartoffeln verfaulten. (...) Erst gegen Mitte September stellte zugleich mit dem Herbstreif blauer Himmel sich ein – aber da war schon alles verloren. Das hieß Hungern, und unter Umständen hieß es Verhungern."[76]

Auch in der Elchniederung regnet und stürmt es in diesem Sommer fast ohne Unterbrechung. Das ohnehin feuchte Gelände versumpft noch mehr. Heerscharen von hungrigen Wanderratten flüchten vor den Wassermengen. Sie fallen selbst

Tiere und Menschen an und fressen Felder und Scheunen leer und dringen in Wohnhäuser ein, deren Fugen nicht sorgfältig abgedichtet sind. Es kommt zu einer Hungersnot. Otto Graf von Keyserling, Besitzer der Grafschaft Rautenburg, beteiligt sich an der Bekämpfung des Notstandes. Obwohl das Gebiet der Grafschaft selbst schwer geschädigt ist, richtet er auf seine Kosten ein Magazin mit 9 000 Scheffel Brotgetreide ein.[77] Der Transport des Getreides erweist sich als nahezu unmöglich, weil die abgemagerten Pferde die schweren Wagen kaum über die unpassierbaren Wege ziehen können.

Ein Notruf ergeht nach Westen, aber aus Deutschland kommt zu wenig und zu späte Hilfe. Vor allem Alte und Kinder sterben hungers. In normalen Jahren exportiert Ostpreußen sein Korn auf die britischen Inseln. Jetzt wird dort für Ostpreußen gesammelt. Über England dringt die Kunde von der Wetterkatastrophe in alle Welt, Hilfe kommt selbst aus Afrika. Die *Wöchentlichen Anzeigen des Fürstenthums Ratzeburg*, die im Großherzogtum Mecklenburg-Strelitz erscheinen, wissen am 18. März 1868 zu melden: „In Ostpreußen steigt Noth und Krankheit, täglich erschallen neue Hülferufe. Sie hallen wieder bis Egypten, wo das Concert einer edlen Frau (Zachmann) den armen Ostpreußen 720 Thlr. gebracht hat."[78] Eine warme afrikanische Gabe für ein 1867 besonders feuchtes und kaltes Land.

Den Strömen das Land

Auf Ostpreußens großem Fluss, der Memel, sollte man sich in „grundloser Schwermut" auf Flößen treiben lassen, empfiehlt der Dichter Ernst Wiechert. „Gut ist es, still zu liegen auf dem duftenden Holz, die Hände unter dem Kopf verschränkt, und darüber zu treiben wie in den Bildern eines Traumes, an Wiesen und Haus, an Schilf und Moor, an Liedern und Schweigen. Sterne heben sich auf und sinken herab, der Sprosser schlägt aus dem Ufergebüsch und eine grundlose Schwermut hüllt dies alles ein, das Floß, den Strom, das Land."[79]

In Deutschland erinnert man sich der Memel aus der heute ungesungenen ersten Strophe der Nationalhymne. Wer aber weiß noch, woher sie wohin fließt? Was ihr zufließt, wie sie sich verzweigt? Wer kennt heute noch die anderen Flüsse des einst östlichsten Deutschlands? Weichsel, Nogat, Pregel – das zählt sich noch auf wie Elbe, Weser, Ems. Aber wie klingt Lepone, Pissa oder gar Scheschuppe? Die Schlachten des 19. und 20. Jahrhunderts, die Fluchtbewegungen von 1914 und 1944/45 in Ostpreußen sind nicht lokalisierbar, wenn man zur Orientierung nicht den Verlauf von Flüssen nennt. Für die Angreifer sind sie Hindernisse, für die Verteidiger ein Schutz. Aber die Flüchtenden fürchten sie, denn der Krieg zerstört als Erstes ihre Brücken.

Bis 1920 stimmt, was *Meyers Konversationslexikon 1885–1892* verzeichnet: „Die Memel (...) entspringt in Rußland, tritt als ein schiffbarer Fluß bei Schmalleningken ins preußische Gebiet.“[80] Der auf einem Gut bei Memel aufgewachsene Schauspieler und spätere Kunstkritiker Eugen Kalkschmidt sieht den Fluss hier preußisch exerziert: „Er hat eine weite Reise hinter sich von Minsk, Wilna und Kowno her, es ging so glatt und lustig durch die dunklen Wälder, an den Sandbänken und Untiefen in Litauen vorüber. Doch nun an der Grenze bei Schmalleningken wird die Reise schwieriger. Hier beginnt die preußische Zucht, die Erziehung zu geregeltem und anständigem Lebenslauf. Hier engen die bewaldeten Moränenhügel den Willen des Stromes ein, und die Buhnen und ‚Spickdämme' tun das auch. Hier knirschen die Schollen und drängen sich, damit sie an den steinernen Brückenpfeilern vorüberkommen. So was haben sie überhaupt noch nicht kennengelernt unterwegs.“[81]

Ab 1920 gehört das Dorf Schmalleningken im Memelland zu Litauen. Die Grenze verläuft jetzt in der Mitte der Memel. Vorbei sind die Zeiten des regen Holzexports aus dem Zarenreich. „Riesige Mengen von Holzstämmen, zu Triften zusammengebunden, kamen aus den Wäldern Litauens und Polens, die damals unter russischer Herrschaft standen, auf dem Wasserweg (Memel, Jura und Scheschuppe). Es waren zum großen Teil Riesenstämme mit Durchmessern von 1 bis 2 Meter zum Stammende. Ungeheure Mengen dieser Stämme wurden überall, wo Platz war, aufgestapelt.“[82] An beiden Flussufern blüht ein lebhafter Holzhandel. In Sägewerken wird das Holz zu Brettern geschnitten, die Masse des Schnittholzes geht weiter an die Städte flussabwärts und von dort ins Reich. Viele Kilometer ziehen sich nach Eintritt auf ostpreußisches Gebiet an beiden Seiten der Memel große Forstgebiete hin. Im Norden liegt der Jura-Forst, auf dem ostpreußischen Ufer der Trappöner Forst, bei Willkischken durchbricht der Fluss einen kleinen Höhezug. Die als Bauholz im Walde geschlagenen Bäume werden auf Langholzwagen zur Memel transportiert und dort zu Triften zusammengestellt. Die Fichtenstämme werden noch im Wald geschält und in einen Meter lange Stücke geschnitten. Boydaks heißen die langen, flach gebauten Frachtkähne, die auf der Memel verkehren. Auf ihnen wird das Schnittholz abgefahren.[83] Bei Tilsit ist die Memel 250 m, das Tal der Memel 1,5 km breit. Bei Ragnit hat der Fluss malerische Ufer, die vor und hinter Tilsit zunehmend flacher werden.

Die Memel hat auf ostpreußischem bzw. memelländischem Gebiet zwei bedeutende Zuflüsse: die Jura von Norden und die Scheschuppe von Süden. Die Jura legt knapp ein Viertel ihres 177 km langen Laufes im Memelgebiet zurück. Ihre Quelle, der Ober- und Mittellauf befinden sich in Litauen.[84] Sie fließt noch vor Tilsit in die Memel. Die Scheschuppe entspringt nördlich Suwalki in Polen und durchfließt dann litauisches Gebiet. Bei dem Städtchen Schirwindt hat sie sich mit dem gleichnamigen Fluss vereinigt, der auch aus dem Litauischen kommt. 35 km lang ist die Lepone, die noch vor dem Zusammenfluss von der Schirwindt aufgenommen wird. Auf 22,9 km bildet das Flüsschen die Grenze zwischen Litauen im Osten und Ostpreußen im Westen. Die Lepone entspringt etwa 20 km nördlich des Wystiter Sees und

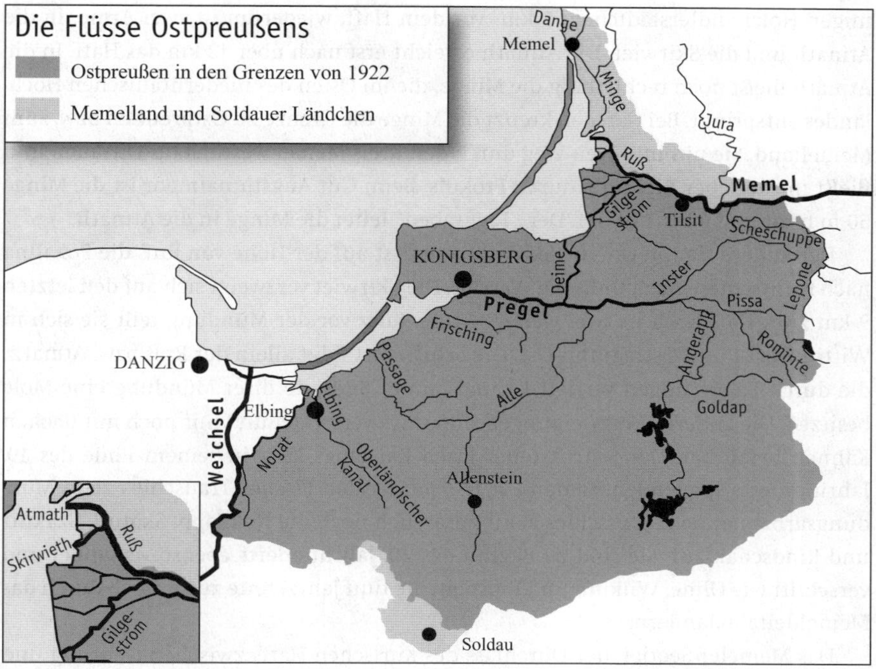

fließt dann nach Norden der Schirwindt zu. In einem großen Bogen umklammert die Scheschuppe den Kreis Pillkallen im Osten und Norden. Von Schirwindt bis zum Dorf Schillehnen markiert die Scheschuppe auf einer Länge von 53 km die deutsch-russische, später die deutsch-litauische Grenze. Vor der Stadt Ragnit bei Raudszen mündet sie in die Memel. Ihr Flussgebiet liegt bis zu 59 m über dem Meeresspiegel, die Mündung der Scheschuppe in die Memel nur 6,7 m darüber.

Ostpreußische Flüsse machen sich gern breit. Während Oder, Elbe, Weser und Ems immer nur zusammenfließen, teilen sich die beiden Hauptflüsse Memel und Weichsel in Ost- und Westpreußens Niederungen in viele Arme. Auch die Memel mäandert in einem großen Delta dem Meer entgegen,[85] sie erschafft jetzt die Niederung, ein reiches Bauernland mit satten Wiesen, geschlossenen Waldflächen und Mooren. Dazu Ernst Wichert: „Es ist ein gar merkwürdiger Strich Landes, der sich, entlang dem Kurischen Haff, zwischen den Ausflüssen des mächtigen Memelstromes (...) dahinzieht. Der Nemonien, die Gilge, die Ruß sind selbst breite Ströme, und durch das Flachland zwischen ihnen ziehen sich in großer Zahl andere Wasserläufe, teils ebenfalls in das Haff einmündend, teils jene miteinander verbindend, teils mit breitem Anlauf sich abzweigend und plötzlich in einem Schilfsee stagnierend."[86]

Bei Kallwen, 8 km unterhalb von Tilsit, spaltet sich die Memel in ihre Hauptarme Gilge und Ruß. Der eine Hauptarm, der Ruß, teilt sich nach 35 km beim gleichnamigen Holzhändlerstädtchen, 5 km vor dem Haff, wiederum in zwei Arme, in die Atmath und die Skirwiet. Die Atmath erreicht erst nach über 12 km das Haff. In die Atmath fließt noch rechtsseitig die Minge, die im Osten des niederlitauischen Hochlandes entspringt. Bei Garsden kreuzt die Minge die Grenze zu Ostpreußen bzw. zum Memelland. Sie nimmt ihren Weg durch den Kreis Memel westlich bis Dittauen und fließt in südlicher Richtung durch Prökuls. Beim Gut Augstumalmoor ist die Minge 50 m breit und 6 bis 7 m tief. Der „Taggraben" leitet die Minge in die Atmath.

Der andere Hauptarm, die Skirwiet, entlässt auf der Höhe von Ruß die Pokallna nach rechts, diese nach links die Warruß. Die Skirwiet verzweigt sich auf den letzten 9 km zum Haff noch in zwei weitere Arme. Kurz vor der Mündung teilt sie sich in Wittinnis-Ost und Ostraginnis-Ost. Die Schifffahrt folgt allein der Ruß bzw. Atmath, die durch Baggerungen vertieft ist und an der Südseite ihrer Mündung eine Mole besitzt.[87] Die anderen Verzweigungen sind stark versandet und nur noch mit flachen Kähnen befahrbar. Der Schriftsteller Erich Karschies lässt in seinem Ende des 19. Jahrhunderts spielenden Roman *Der Fischmeister* den Fischer Trauschies zehn Mündungsarme nennen. Trauschies zählt zusätzlich noch die Neukopp, Skatull, Szakutt und Rindschak auf. Sie sind zu Beginn des 20. Jahrhunderts ebenso versandet und verschilft wie Ulme, Wilkinn und Rußneit, die fünf Jahrzehnte zuvor noch durch das Memeldelta mäandern.

Das Memeler Seetief, der Durchlass des Kurischen Haffs zwischen Nehrung und der Stadt Memel, ist der Sammelpunkt für die Güter des Stromgebietes. Außer dem Holz aus polnischen und weißrussischen Wäldern werden von hier auch Teer, Hanf, Flachs und Getreide von diesseits und jenseits der Grenze umgeschlagen.[88] Das wohlhabende Ruß ist 1869 mit 2200 Einwohnern der größte Ort im Kreis Heydekrug. Das Geschäft ist hier zu einem großen Teil in der Hand jüdischer Sägewerksbesitzer, Kaufleute, Holzmakler, Gastwirte und Händler. Doch im Spätherbst, im Winter und zu Beginn des Frühjahrs ruht der Schiffsverkehr auf der Memel. Oskar Krueger in *Die Wasserstraßen der Elchniederung* im Heimatbuch des Kreises: „Da der Memelstrom etwa auf dem 55. Breitengrad und zwischen dem 21. und 22. Grad östlicher Länge verläuft, waren die Winter hart und ausgedehnt. Im allgemeinen konnte man von Ende November bis Ende März mit ununterbrochener Eissperre rechnen, wobei natürlich Abweichungen nach beiden Seiten und Unterbrechungen des Eisstandes um Weihnachten herum vorkamen."[89]

Die Gilge fließt in vier Mündungen durch die Elchniederung ins Kurische Haff. Links der Gilge liegt das Dorf Alt-Lappienen ungefähr auf halber Strecke zwischen Memel und Haff. Hier wie überall in der Niederung lebt man an und mit den vielen Flussarmen. „Die Schuljungen hielten sich tagsüber am Strom auf. Schon auf dem Gang zur Schule benutzten sie oft nicht den kürzesten Weg die Straße entlang, sondern den Treidelweg am Strom. Der Treidelweg war in jedem Fall der Heimweg. Der Treidelweg war ein festgetretener Steg dicht am Ufer des Stromes. Die Fischer hatten ihn ausgetreten, wenn sie ihre Kähne an langen Leinen stroman zogen. Bei Rücken- und Seitenwind segelten sie, doch bei Gegenwind mußte getreidelt werden, was sicher recht schwer war."[90]

Die Dorfjungen am Fluss sind gute Schwimmer. Im Frühling und Sommer wird in der Gilge gebadet, geangelt wird von den Triften aus: „Die Holztriften bestanden aus langen Baumstämmen, die mit Stangen und Draht zu breiten Tafeln zusammengefügt waren. 7 oder 8 solcher Tafeln hintereinander gebunden, bilden eine Trift. Unzählige Holztriften kamen bis zum ersten Weltkrieg aus den russischen Wäldern die Memel, den Russstrom und die Gilge herunter. In Rauterskirch (Alt-Lappienen) oder Seckenburg übergaben die Russen die Flöße an Deutsche."[91]

Über die Gilge besteht eine Verbindung für die Binnenschifffahrt von der Memel zum Pregel und damit nach Königsberg. Eildampfer der Königsberger Reederei Meyhöfer, Tourendampfern der Ostdeutschen Grenzschifffahrt aus Tilsit und viele Schleppzüge nutzen bei Eisfreiheit den stark befahrenen Schifffahrtsweg.[92] Von der Abzweigung der Tawelle an führt die Gilge den Namen Seckenburger Kanal. Geradlinig verläuft sie in südwestlicher Richtung bis Marienbruch. Dort wird sie wieder zu einem natürlich gewundenen Wasserlauf. Beim Fischerdorf Gilge mündet sie ins Haff.[93] Von Marienbruch geht es für die Binnenschifffahrt weiter durch den Seckenburger Kanal in südlicher Richtung zum Wasserkreuz mit dem Nemonien; der Nemonien fließt weiter zum Haff. Vom Wasserkreuz führt der Große Friedrichsgraben zur Deime. Der 1689 fertig gestellte Kanal verläuft parallel zur Küstenlinie des Kurischen Haffs durch das Große Moosbruch und endet bei Labiau. Die Deime aufwärts geht es dann weiter zum Pregel. Der fließt nach Königsberg und von dort ist ein Weg frei „über das Frische Haff, die Nogat, Weichsel, den Bromberger Kanal, die Netze, Warthe, Oder, den Oder-Spree-Kanal und die Spree nach Berlin."[94]

Südlich der Memelarme strömt in das Kurische Haff noch die Deime, nördlich die Dange, die wie der Nemonien nicht zum Flusssystem der Memel gehört. Die Dange, deren Mündung den ursprünglichen Hafen von Memel gebildet hat, besitzt bei ihrer Mündung in das Frische Haft eine Tiefe von sieben Meter, verliert jedoch bald stromaufwärts ihre Schiffbarkeit und ist knapp 20 km landeinwärts an der deutsch-litauischen Grenze nur noch ein schmaler Bach. Die Minge tritt auf der Höhe Memels in das Memelgebiet ein und mündet nach 50 km in das Mündungsdelta der Atmath. Bis Lankuppen, 20 km landeinwärts, ist die Minge schiffbar; kurz vor Lankuppen erreicht der im Jahre 1873 fertig gestellte König-Wilhelm-Kanal die Minge. Dieser Kanal verbindet den Memeler Hafen mit dem Mündungsdelta des Memelstroms unter Umgehung des Kurischen Haffs. Er ist 25,3 km lang, 28 m breit und 2,3 m tief.[95]

Der Pregel entsteht westlich von Insterburg aus dem Zusammenfluss von Inster und Angerapp. In Tapiau zweigt von ihm die Deime ab. Sie fließt in das Kurische Haff, während der nur 118 km lange Pregel durch Königsberg dem Frischen Haff zustrebt. Kurz vor Tapiau, in der Kreisstadt Wehlau, ist die Alle in den Pregel gemündet, die im südlichen Masuren im Kreis Neidenburg ihr Quellgebiet hat. Sie nimmt ihren 264 km langen Verlauf über Allenstein, Guttstadt, Heilsberg, Bartenstein und Friedland.

Ein Quellfluss des Pregel ist auch die Angerapp, die ebenfalls in Masuren entspringt. Beim Dorf Buddern mündet die Goldap in die Angerapp. Die verlässt bei Angerburg den Mauersee im nördlichen Masuren, durchfließt den Kreis und die Stadt Darkehmen. Kurz vor Insterburg vergrößert sich die Angerapp mit der Einmündung der Pissa. Die Pissa wird 1938, im Zuge der Abschaffung preußischer, litauischer und polnischer Orts-, Flur- und Gewässerbezeichnungen ab Gumbinnen in Rominte umgetauft; ihr Oberlauf heißt jetzt Rossbach. Die Scheschuppe wird 1938 zum „Ostfluss".

Drei weitere kleinere Flüsse vereinen sich in Ostpreußen nicht mit Memel oder Weichsel, sie fließen direkt in das Frische Haff, das durch das Pillauer Seetief mit der Ostsee verbunden ist. Die Frisching ist Hauptfluss im nördlichen Teil des Kreises Preußisch Eylau. Sie ist nur 65 km lang und schlängelt sich in fast westlicher Richtung durch fruchtbare Landschaft. Die Passarge entspringt auf dem Preußischen Landrücken nördlich von Hohenstein bei dem Dorf Grieslienen. Sie mündet nach 120 km unterhalb von Braunsberg in das Frische Haff. Von Braunsberg an ist sie schiffbar.

Elbing, Sorge, Nogat und Weichsel sind eigentlich westpreußische Flüsse, aber von 1920 bzw. 1922 an durchfließen oder berühren sie das Territorium der Provinz Ostpreußen. Die 14,5 km lange Elbing kommt aus dem rund 18 km^2 großen Drausensee. Ihre Hauptzuflüsse sind Fischau, Hommel und Thiene. Die Elbing ist auf ihrer gesamten Länge schiffbar, sie verbindet als Seeschifffahrtsstraße den Seehafen Elbing über das Haff mit der Ostsee. Ihr Ursprung, der Drausensee, einer der Oberländischen Seen, ist sehr flach und stark verlandet. Der Oberländische Kanal mit einer 20 m breiten und 2 m tiefen Rinne führt mitten durch seine Schilffelder. In den Drausensee ist zuvor die Sorge geflossen, sie kommt aus dem Sorgensee im Oberland. Am Fluss liegt die Stadt Christburg. Von Baumgarth ab ist die Sorge reguliert und deshalb für kleinere Schiffe befahrbar. Bis 1918 ist die Sorge die Grenze zwischen den Provinzen Ost- und Westpreußen.

Nach den Gebietsveränderungen 1922 wird die Nogat streckenweise Grenzfluss. Sie entspringt in der Gegend der Stadt Riesenburg im Kreis Rosenberg , wendet sich zuerst west- und dann südwärts nach Marienwerder, wo sie in einen u-förmigen Lauf nach Norden abknickt. Fortan fließt sie parallel zur Weichsel nordwärts in Richtung Weißenberg im Kreis Stuhm. Hier gabelt sich auch die Weichsel. Die Nogat nimmt über einen abzweigenden Flussarm Wasser der Weichsel auf, danach strebt sie an der Marienburg vorbei nach Nordosten. Etwas nordwestlich von Elbing mündet sie in den Südwestteil des Frischen Haffs. Nördlich von Weißenberg bildet die Nogat ab 1922 die Grenze zwischen Ostpreußen und der Freien Stadt Danzig. Bei Weißenberg liegt an Weichsel und Nogat ein Dreiländereck von Freier Stadt Danzig, Polen und Ostpreußen.

Die Weichsel ist der Fluss der Nachbarprovinz Westpreußen. Nach Donau, Rhein und Elbe – die ist nur 20 km länger – ist die Weichsel für die Deutschen im Kaiserreich bis 1920 ihr viertgrößter Fluss. Sie entspringt in den galizischen Westkarpaten. Von Südosten kommend, bahnt sich die Weichsel über Thorn, Kulm, Neuenburg, Mewe und Dirschau bei Danzig den Weg zur Ostsee. Auf 232 seiner insgesamt 1047 km fließt der Strom durch Westpreußen. Kurz vor dem Danziger Dünenrücken verzweigt sich auf natürliche Weise der Hauptstrom der Weichsel in die Elbinger oder Königsberger Weichsel, die wie die Nogat ins Frische Haff mündet und bis Anfang des 19. Jahrhunderts der Hauptstrom der Weichsel ist. Für die Ostpreußen ist die Weichsel eine mentale Grenze. Jenseits der Weichsel liegt „das Reich", alles auf dem rechten Weichselufer ist aus deutscher Sicht exponiertes Grenzland. Wenn ein Ostpreuße bei der Heimreise die große Eisenbahnbrücke bei Dirschau passiert, stellen sich erste Heimatgefühle ein, auch wenn zunächst noch ein gutes Stück Westpreußen vor ihm liegt.

Als nach dem Ersten Weltkrieg der größte Teil Westpreußens als Polnischer Korridor zu Polen geschlagen wird, ein Teil zur Freien Stadt Danzig und östlich der Weichsel einige Landkreise und Elbing zur Provinz Ostpreußen, verläuft die deutsch-polnische Grenze nicht wie bei Grenzflüssen üblich in der Mitte der Weichsel. Im Kreis Marienwerder kommt es so zu einer ungewöhnlichen Staatsgrenze: „Dabei ließ man die Grenze nicht etwa gleich bleibend im Vorgelände des schützenden Deichs (also zwischen Strom und Deich) verlaufen, sondern verbreiterte an drei Stellen diesen Uferstreifen im Grenzverlauf zwischen den beiden genannten Kreispunkten zu einer Art von ‚Brückenköpfen', an denen die Grenze je zweimal den Deich überschritt; in diesen Abschnitten war der Deich also polnisch. Größtenteils gehörte der Deich zu Deutschland (...) aber zwischendurch auch streckenweise zu Polen."[96] Zwischen Weichsel und Deich patrouillieren polnische Zöllner und Soldaten. Polen kann durch diese Regelung die Weichsel ungehindert als Transportweg zur Ostsee nutzen.

Nach dem Willen der Siegermächte des Ersten Weltkriegs soll Deutschland in Kurzebrack bei Marienwerder einen ungehinderten Zugang zur Weichsel erhalten. Kurzebrack, eigentlich der Hafen der Stadt Marienwerder, befindet sich nun in polnischer Hand. Ein „ungehinderter Zugang" besteht in einer vier Meter breiten Straße, die durch jetzt polnisches Gebiet führt. Mittels komplizierter Passierschein- oder Passregelungen sowie zeitlichen Einschränkungen entwickelt sich so nur ein unregelmäßiger und geringfügiger Schiffsfrachtverkehr über Weichsel, Nogat und Haff nach Königsberg. Ende 1932, Anfang 1933 trifft die Königsberger Reederei Ivers & Arlt ein Übereinkommen mit der polnischen Regierung zur Beförderung von Fracht auf der Weichsel nach Ostpreußen. Davon sollen besonders die Städte Marienburg und Marienwerder profitieren. Der Hafen Kurzebrack wird jetzt in der eisfreien Zeit unter polnischer Zollkontrolle geöffnet. Ivers & Arlt kann ihren bisher schon von Königsberg über das Frische Haff nach Marienburg bestehenden Schiffsfrachtverkehr bis Marienwerder verlängern. Bei der Passage der Schiffe durch polnische Hoheitsgewässer wird die Schiffsladung der beiden eingesetzten Motorschiffe MS ‚Stadt Marienburg' und MS ‚Stadt Marienwerder' vom polnischen Zoll unter Verschluss genommen.[97]

Im August 1939 ist der Weichselhafen Kurzebrack dann einer der zentralen Aufmarschpunkte für den Angriff auf Polen.

Die fremden Nachbarn

Im Sommer 1891 besucht der elfjährige Elbinger Schüler Paul Fechter das Pfarrerehepaar Girkon, „Onkel Fritz und Tante Suse", im Dorf Budwethen. Von Budwethen im Landkreis Tilsit bis zur russischen Grenze sind es noch gut 30 km. Obwohl der Sextaner nicht einen Blick über die Grenze zu Russland werfen wird, spürt er den Magnetismus des riesigen Landes: „Es war nur da, drüben, jenseits der Grenze, und es war auf der Landkarte, die an der Wand hing. Da sah man, wie groß das Land war im Vergleich zu unserm."[98] Fechter hat einen Onkel in Königsberg, der Werftbesitzer ist. Der Onkel macht Geschäfte mit den Russen und muss großzügig zu russischen Geschäftsfreunden sein. „Für die Leute dieses Landes kaufte Onkel Gustav Zigarren für eine Mark das Stück, während Vater nur fünfzehn Pfennige für seine deutschen Freunde ausgab. Ich habe die ganzen Wochen hindurch die seltsam ziehende Nähe des großen, fremden Landes gespürt. Ich wollte von ihm hören oder lesen – es gab aber nichts. Von Russland wusste keiner, es gab auch keine Bücher im Hause, obwohl es doch so nahe und so groß war."[99]

Dabei kann manchem manches an Ostpreußen russisch vorkommen. Am 1. November 1928 schreibt die nach Königsberg zugezogene Marta Worringer den ersten Brief an ihre Freundin Louise Dumont in Düsseldorf: „Nein, die Stadt ist mir noch ganz fremd und unheimlich. Ich kann nur staunen über dieses arge Anderssein. Das ist nicht mehr Deutschland, aber auch nicht Rußland. Zwar oft meine ich, in Rußland zu sein. Gestalten und Dinge sieht man hier täglich in den Straßen, die ich bisher nur vom russischen Film her kannte."[100]

Der *Führer durch Memel und Umgebung* von 1913 beschreibt, wie man damals als Tourist leicht den östlichen Nachbarn „in seinen für das Grenzleben charakteristischen Landstädtchen kennenlernen" kann. Von Memel aus besucht man einfach Russisch-Krottingen, Garsden und das Seebad Polangen. Man benötigt eine Grenzkarte, die auf dem Polizei-Meldebüro Memel gegen eine Gebühr von zehn Pfennig für den dreimaligen Grenzübertritt ausgestellt wird. Der Reiseführer weist auf den spätnachmittaglichen Grenzschluss hin: „Um bei der Rückkehr nicht den Schluss des Grenzverkehrs zu versäumen, sei ausdrücklich auf den Unterschied der russischen Zeitrechnung aufmerksam gemacht." Und das Buch verspricht seinen Lesern: „Nach Ueberschreiten der Grenze ist noch eine Wegstrecke durch braune, steinbesäte Heide von etwa 15 Minuten bis zum russischen Städtchen zurückzulegen. Schon von Ferne leuchtet es mit seinen kleinen schindelgedeckten Häusern und schönen Kirchen, welche terrassenartig auf dem linken Ufer der Dange gebaut sind, dem Wanderer malerisch entgegen. Auf dem viereckigen Marktplatz stehen die griechisch-katholische, dahinter die evangelische Kirche. Rund um den Markt liegen das Zollgebäude, das Offizierskasino der Grenzbrigade, das Militärlazarett, die Apotheke und das einzig annehmbare Gasthaus von Katzenellenbogen." Letztlich wird aber vom dem Besuch von Russisch-Krottingen und auch Garsden abgeraten und Polangen empfohlen: „Polangen besitzt saubere, pfannengedeckte Häuser, ein Villenviertel für Badegäste, ein Kurhaus mit Theater und wohlgepflegtem Kurgarten, ein Progymnasium und eine neue Kirche. (...) Angenehm berührt es, dass hier weniger Armut und aufdringliches Bettelwesen herrschen als in Krottingen, obwohl beide Städte nur 10 km voneinander entfernt liegen."[101] Der Autor des Reiseführers, Artur Bittens, nennt den Grund, der den Unterschied ausmacht: Krottingen gehört zu einer polnischen Gubernĭja (Gouvernement), Polangen zur Gubernĭja „Kurland", weil es bis 1915 ein Teil des lettischen Russland ist. In der einen herrscht nach Bittens Meinung „polnische Wirtschaft", im andern noch ein Rest von baltendeutscher Zucht und Ordnung.

Der kommunistische Aktivist und langjährige Chefredakteur der in der DDR erscheinenden Literaturzeitschrift *Sinn und Form*, Wilhelm Girnus, ist in Allenstein geboren und wächst in Tilsit auf. Zu Ostern 1913 macht der Siebenjährige mit seinem Vater zu Fuß einen Ausflug in das 30 km entfernte Tauroggen. „Haargenau an der Grenze war die Chaussee abgeschnitten wie mit einem Messer, ein Sandweg führte zur Stadt, einige Kopfweiden an der Seite. Die Häuser mit Schindeln oder Stroh gedeckt, nicht ein einziges Steinhaus außer der weiß getünchten Kirche. Der Gasthof, der den stolzen Namen ‚Hotel de Tilsit' führte, auch aus Holz, innen nach Fichtenharz und Juchten duftend."[102] Hinter der Grenze liegt Russland. In Girnus' „unvollständigen Bericht über eine Lebenserfahrung" heißt es weiter: „Es roch nach etwas gänzlich Unbekanntem, nach einer Paarung von Strenge und Süßem. Die russischen Grenzsoldaten, der Zöllner, der Gasthof, der Markt, das Innere einer Kirche. Nach Juchten, hatte der Vater erklärt, als er ihn danach gefragt hatte, Juchtenleder werde mit Birkenteeröl gefettet, daher dieser würzige Duft. In Russland gebe es eben viele Birken und viel Leder. Und gegerbt werde das Leder nicht mit der herben Eichenrinde wie bei uns, sondern mit der milden von der Weide. Aber es mischt sich da auch noch der Duft von Bienenwachs, altem Holz und frischem Leinen. Rund um die Kirche allerdings stank es nach Urin. Wonach würde für diese Menschen wohl alles bei uns riechen?"[103]

Seit dem Wiener Kongress von 1815 grenzen das Kaiserreich Russland und das Königreich Preußen auf 1 322 km aneinander. Für die Menschen im Kreis Pillkallen im nordöstlichen Ostpreußen ist die Grenze mehr als eine Staatsgrenze. Im Heimatbuch des Kreises Schlossberg heißt es 1962: „Nur zu deutlich konnte man beiderseits der Reichsgrenze völlig anders geartete Kulturlandschaften feststellen. Das traf sowohl für die Bodenbearbeitung wie für die Lebensgewohnheiten der jeweiligen Bevölkerung zu."[104]

An der gesamten langen grünen Grenze steht auf russischer Seite bis 1914 etwa alle 2 km ein weißgetünchtes Blockhaus, für jeweils eine Gruppe von zehn Soldaten bestimmt. Zehn solcher Unterkünfte bilden eine sogenannte Sotnie, die ein Kosaken-„Kapitan" im Rang eines Hauptmanns oder ein Rottmeister befehligt.[105] Hunderte solcher weißer Blockhäuser bilden den Grenzkordon Russlands zu Preußen und somit zum Deutschen Reich. Der Wystiter See nördlich von Goldap liegt an der östlichen Grenze. Genau am östlichen Ufer beginnt Litauen und damit bis zum Ersten Weltkrieg das Zarenreich. In engen Abständen wacht das grenznah stationierte russische Militär. Johannes Mignat, einst Kreisoberinspektor im Landkreis Goldap: „An schönen, ruhigen Sommerabenden schallten dann oft genug die vielstimmigen fremdartigen Gesänge der russischen Besatzung des ‚Kordons' zu uns herüber."[106] Manchmal bilden Flüsse wie die Scheschuppe, die Lepone oder Orschütz (Orzyc) die Grenze, manchmal sind es nur Gräben.

Im südlichen Masuren kommen Russen täglich über die Grenze. Die Kreisstadt Lyck liegt keine 15 km von der ostpreußischen Südgrenze entfernt. Vor dem Ersten Weltkrieg ist die Kleinstadt ein Einkaufsparadies für polnische Fabrikanten und zaristische Offiziere. 1939 erinnert man sich wehmütig der guten alten Zeiten: „Täglich kamen 40–50 Personen, meist russische Offiziere und Beamte von jenseits der Grenze, vornehmlich von den Garnisonsstädten Grajewo und Bialystok, ja sogar aus Grodno, um hier Einkäufe zu machen. Z.B. war der Landrat von Bialystok mindestens zweimal wöchentlich in Lyck. In der Hauptsache wurden Textilwaren, Kleider, Mäntel, Luxuswaren und Schmuck erstanden, die Offiziere kauften nach Waffen, Stahlwaren, Bestecke u.a., aber auch Werkzeuge und Möbelbeschläge."[107] In Bialystok entstehen vor dem Ersten Weltkrieg großartige Häuser, erbaut von dortigen Handwerkern. Das Baumaterial zu den Villen, die sich die Teppichfabrikanten errichten, aber kommt aus Lyck. Auch die Möbel und andere Einrichtungsgegenstände werden in Ostpreußen gekauft. Lycker Handwerker sind jenseits der Grenze beschäftigt. „Dazu kam noch eine besondere Einnahmequelle für Prostken und Lyck; polnische Auswanderer hielten sich hier mehrere Tage auf, bevor sie mit dem Norddeutschen Lloyd von Hamburg nach Übersee auswanderten."[108]

Osznaggern an der Lepone im Kreis Stallupönen hat einen Dorfkrug. Er steht in der Mitte des Dorfes, nicht weit vom Grenzfluss entfernt. Bei Kartenspiel und Umtrunk geht es dort an manchen Abenden hoch her. „In der Osznaggerner Gastwirtschaft pflegten die russischen Grenzer in der Regel ihren Bedarf an Schnaps zu decken. Dabei kam es manchmal auch zu Ausschreitungen betrunkener Russen,

Grenzübergang von Prostken (Kreis Lyck) zum russischen Polen. Der Grenzort war schon immer Pass- und Zollstation an der Straße Lyck-Grajewo. Er wächst schnell mit dem Bau der Südbahn, die 1871 bis Prostken verlängert wird.

die man dann einfach verprügelte und über den Grenzfluss beförderte."[109] Minna Wiemer kann sich noch nach acht Jahrzehnten erinnern: „An einem späten Abend soll ein Teil der Bauern mit den beiderseitigen Grenzposten wieder einmal schwer gebechert haben. Dabei habe man einen solchen Lärm gemacht, dass keiner der Grenzhüter etwas davon bemerkte, wie in der Dunkelheit eine große Viehherde über den Fluss getrieben wurde, obwohl dies in der Stille der Nacht kilometerweit zu hören gewesen sein soll."[110]

Das masurische Grenzdorf Prostken ist bis 1871 ein verschlafenes Nest mit 200 Einwohnern. Dann werden die Gleise der von Königsberg kommenden Ostpreußischen Südbahn bis hier verlegt und kurz darauf ins russisch-polnische Grajewo verlängert. Mit der Bahn verändert sich das Leben. Die Bevölkerung verzehnfacht sich, in Prostken entstehen umfangreiche Bahnanlagen, ein Hauptzollamt, eine Post und neue Wohngebäude für die zuziehenden Bahnbeamten, Rampenarbeiter und Kaufleute – und eine Bahnhofswirtschaft. Die Eltern von Horst Biernath leben bis 1913 in Lyck. Sie machen mit Freunden und dem Achtjährigen einen Ausflug zum Grenzbahnhof: „Zum Grenzübertritt brauchte man weder Paß noch Visum. Während die Herren sich auf der großen Glasveranda der Bahnhofswirtschaft in Prostken niederließen und den Durst mit einem Bierchen löschten, machten die Damen einen kleinen Ausflug in das große russische Reich und kehrten nach einer knappen Stunde wohlbehalten und von keinem russischen oder deutschen Zöllner belästig nach Prostken zurück. In geheimen Frauenverstecken, nach denen kein Grenzer bei Damen zu forschen gewagt hätte, brachte jede von ihnen ein kleines Fässchen mit großkörnigem, köstlichen Malossol-Kaviar mit, der bald darauf, auf Eis serviert, von der kleinen Gesellschaft nach russischer Art mit schwarzem Brot und Wodka löffelweise verzehrt wurde. Mir schob Vater ab und zu ein Löffelchen in den Mund und weckte in mir damit eine Leidenschaft, die mich in meinem späteren Leben eine Menge Geld gekostet hat."[111]

Nach dem Ende des Ersten Weltkriegs ist Russland bzw. sein Nachfolgestaat Sowjetunion kein Nachbar von preußischer Provinz und Deutschem Reich mehr. Die neuen Nachbarn heißen Litauen, Polen und Freie Stadt Danzig. Den deutschen Behörden fällt die Sicherung der Grenze jetzt schwer, sie wird von Litauern und Polen nicht wie zur Zarenzeit flächendeckend mit einem Gürtel Militärs gesperrt. Der deutschen Schutzpolizei ist eine bewaffnete Grenzsicherung nach dem Willen der Siegermächte des Ersten Weltkriegs ab 1923/24 untersagt,[112] man fürchtet unter dem Deckmantel des Grenzschutzes eine heimliche Wiederaufrüstung. Ostpreußens Landgrenze ist jetzt in ihrem gesamten Verlauf Staatsgrenze. „Hinter dem kleinen Dorf Pillkoppen die Grenze. Es war Litauen, aber für uns Memelland. Wir pflegen in Deutschland verlorene Kriege nicht wahrzunehmen", bemerkt Max Fürst. Die Grenze nach Litauen, vor allem zum Memelland, empfindet Fürst Mitte der 1920er Jahre als nicht sonderlich einschneidend, hat sich doch auf dem litauischen Teil der Nehrung mit der Grenzziehung wenig geändert: „Mit einem ‚Bädervisum' konnten wir bei Pillkoppen die Grenze überschreiten, waren im Ausland und waren doch in Deutschland, denn es hatte sich nichts geändert außer den Uniformen der wenigen Polizisten."[113]

Mit der Fähre setzt Max Fürst Mitte der Zwanzigerjahre mit seinen Freunden über das Memeler Seetief zur Stadt Memel über und wandert weiter durch das nördliche Memelland. „Hinter Memel endete Deutschland. Mit den Grenzen von 1918 endete dort auch radikal, was deutsche Kultur und Zivilisation war. Es war unglaublich, dass man ein paar Schritte weiter tief in Russland war. ‚Steinerne Häuser, steinerne Herzen', sagten die Litauer, und es gab von nun an nur noch Holzhäuser. Was auf der Nehrung noch museal wirkte, die schön geschnitzten Giebel und Dachfirste, die Strohdächer, wurde selbstverständlich, der Typ der Menschen hatte sich kaum gewandelt. Die Chaussee verwandelte sich in eine Sandpiste mit tief ausgefahrenen Radspuren, breit nebeneinander, und der Wald wurde nun wirklich zum Urwald. Alles, was wir in Ostpreußen liebten, war hier noch liebenswerter, noch ursprünglicher."[114]

Über die Grenze hinweg wird weiter Handel betrieben, allerdings nur noch eingeschränkt, denn das Deutsche Reich schützt seine krisengeschüttelte Landwirtschaft durch Zölle vor billigen Einfuhren aus den osteuropäischen Agrarstaaten. Jeden Herbst ist Gänsebörse im Grenzort Eydtkuhnen. Dann kommen Wagenladungen litauischer Gänse an, die im Deutschen Reich in der Umgebung von Großstädten wie Berlin und Frankfurt/Main noch von einheimischen Bauern zur Weihnachtsgans gemästet werden. Der Spediteur Walter Kohner erinnert sich 1955: „Unübersehbar waren die Scharen der heranwatschelnden weißen und grauen Vögel; ein scharfer, eigentümlicher Geruch stieg in die Nase, die Eydtkuhner kannten ihn und nannten ihn Gänseduft." Die Gänse werden in Wirballen aus den litauischen Geflügeltransportwaggons entladen. „Sowie die litauischen Zollbeamten die Gänse freigegeben hatten, wurden die riesigen Herden über die Grenze bis zur Abfertigungsstelle in Eydtkuhnen (Eydtkau) getrieben. Eine Beförderung von Geflügel in Waggons nach Deutschland war von der Veterinäraufsicht untersagt, daher trafen Gänse, Enten, Hühner und Puten im Fußmarsch bei uns ein. Es durfte nur eine bestimmte Straße benutzt werden. Ein solcher Gänsemarsch wirkte recht drollig. Höchst putzig mutete die Einhaltung der Marschordnung an, die Gänse marschierten in Viererreihen über die Grenzbrücke von Litauen in Deutschland ein."[115]

Die Danziger empfinden die Ostpreußen wie die Memelländer weiterhin als Landsleute. Max Fürst mag keine „seltsam ziehende Nähe" für das kleine Litauen spüren, aber er lehnt das Land nicht ab wie den neuen großen Nachbarn Polen. „Königsberg war eine Grenzstadt, doch sagt der geographische Ort wenig über ihre Mentalität aus. Offen nach dem weiten Osten, und ohne eine natürliche Grenze, war Ostpreußen eine Insel, und während wir nach Norden und Osten die Nähe der Grenze eher als einen Vorteil ansahen, war die Grenze nach Süden, nach Polen, doch immer ein Ärgernis."[116]

Die Versailler Verträge haben ein Land geteilt, Nachbarn und Familien getrennt. Die Existenz einer Grenze ist für die West- und Ostpreußen noch ungewohnt und ein „ewiges Ärgernis". Jeder, so berichtet das Heimatbuch des Kreises Marienwerder, der Verwandte im Raum Mewe besuchen will, muss einen Pass, einen gültigen, vorschriftsmäßigen Ausweis oder einen Grenzüberschreitungsschein zur Hand haben, um die Grenze ungehindert passieren zu können. „Öfter wurden aus nichtigen Gründen Schwierigkeiten gemacht, vor allen Dingen, wenn die Grenze mit Pferd und Wagen oder mit dem PKW überschritten werden sollte."[117] Nicht nur wegen des Korridors und Danzig sind die ostpreußisch-polnischen Grenzverhältnisse verwirrend. Für einen Bauern an der Weichsel aus der Ortschaft Großweide in der Marienburger Unterniederung beginnt Polen gleich hinter der Hintertür: „So hatte besonders der Bauer Schulz viel Ärger, wenn er seinen Obst- und Gemüsegarten aufsuchen wollte. Zu diesem Zweck mußte er den hinter seinem Haus fließenden, die Grenze bildenden Bach (die Katrinke) überqueren (...) und dabei stets einen gültigen, von den Polen genehmigten Ausweis bei sich führen. Hatte er ihn einmal vergessen, konnte es zu Schwierigkeiten kommen."[118]

Gerhard Szczesny studiert in Königsberg und Berlin und promoviert 1940 in München. Von 1941 bis 1945 ist er Soldat, 1961 gründet er die Humanistische Union.

Er beschreibt die Ignoranz gegenüber den jetzt in eigenen Nationalstaaten lebenden Nachbarn in seiner Jugendzeit in Königsberg: „Am Löbenichtschen Realgymnasium in Königsberg gab es zwar bis 1938/39 die Möglichkeit, Russisch zu lernen, aber zu keiner Zeit ein Angebot für die polnische oder litauische Sprache. Und wir absolvierten die Schule fast ohne jede Kenntnis der litauischen und polnischen Geschichte und Kultur. Niemand reiste nach Polen, und die einzigen Slawen, die uns begegneten, waren die wenigen in Ostpreußen hängengebliebenen zaristischen Flüchtlinge."[119] Szczesny sieht in der Ablehnung eine Selbstverleugnung. „Die rigorose Verdrängung und Ablehnung alles Polnischen und Litauischen durch eine Bevölkerung, die – wie große Teile der ostpreußischen Einwohnerschaft – polnische und litauische Vorfahren hatte, war nicht nur absurd, sondern auch gefährlich, weil sie sowohl Bestandteile des eigenen Wesens verleugnete und deformierte, als auch diese Selbstverkennung in antislawische Affekte umsetzte."[120] Max Fürst nennt den Preis, den die Ostpreußen für ihre Ablehnung der sie umgebenden Völker zahlen. „Ich muß immer und immer wieder darauf zurückkommen, wie sehr diese Lügen und Einstellungen uns vergiftet haben und wie sehr diese Unfähigkeit, auch das Recht des anderen zu sehen, dazu beigetragen hat, dass Königsberg zerstört wurde und Ostpreußen verloren ging."[121]

Bereisung einer Provinz

Das Oberland

Der Hunger hat die Mutter von Gerhard Szczesny im Sommer 1918 ins ostpreußische Oberland vertrieben, wo ihr Bruder im Ersten Weltkrieg an einer Dorfschule unterrichtet. Auf dem Land ist die Versorgung mit Lebensmitteln besser als in der Stadt. Gerhard Szczesny kommt im Juli 1918 in einem kleinen Dorf im Norden des Kreises Osterode in der Nähe der Stadt Liebemühl zur Welt. Er wird dort einige Jahre aufwachsen und oft seine Sommerferien verbringen. „Sallewen war ein ostpreußisches Bilderbuchdorf. Es bestand aus einem Gutshof und kaum mehr als einem Dutzend Gehöften, die in der Mehrzahl um einen großen, ovalen Teich gruppiert waren. An seinem Nordostende lag eine winzige Schmiede, aus der tagsüber Hammerschläge schallten und Funken sprühten. Gleich dahinter, auf einer kleinen Anhöhe, befand sich die Schule, ein stabiles Gebäude, das – wie viele Amtsbauten in Preußen – aus roten Ziegeln errichtet war."[122]

Sallewen liegt im Oberland. Das Oberland bildet zwischen Allenstein, Osterode und Deutsch Eylau bis 1922 den Westen der Provinz Ostpreußen. „Oberland" ist zunächst ein allgemeiner geographischer Begriff; bei vielen mittelalterlichen Territorien wird von „oberen" und „niederen" Gebieten gesprochen. Auch im Ordensstaat und Herzogtum Preußen wird seit dem 15. Jahrhundert ein „Oberland" von einem „Niederland" unterschieden, das Niederland ist die Niederung der Weichsel- und Nogatmündung.

Ostpreußen ist seit der Herzogzeit im 15. Jahrhundert bis zur Mitte des 18. Jahrhunderts in drei große Verwaltungskreise unterteilt: den Samländischen, den Natangischen und den Oberländischen Kreis. 1527 sind einem herzoglichen „Kreis Oberland" Gebiete des Bistums Pomesanien angeschlossen worden. Fortan bilden zwölf sogenannte Hauptämter und drei Erbämter einen Oberländischen Kreis, zu dem auch masurische und später westpreußische Gebiete gehören. Um eine flächendeckende, effiziente Verwaltung zu gewährleisten, erfolgt ab 1752 eine Neuordnung Ostpreußens. Die noch aus der Ordenszeit stammenden Hauptämter werden durch zehn ostpreußische Kreise ersetzt.[123]

Bei der Aufteilung Preußens in die Provinzen Ost- und Westpreußen wird der Oberländische Kreis zerschnitten. Die 1818 gebildeten Kreise Elbing, Rosenberg und Marienwerder gehören zu Westpreußen, Preußisch Holland, Mohrungen und Osterode zu Ostpreußen. Das ostpreußische Oberland ist also im 19. und 20. Jahrhundert keine politische Einheit mehr, sondern eine Landschaftsbezeichnung. Es umfasst die an den Regierungsbezirk Westpreußen anschließenden drei Kreise Preußisch Holland, Mohrungen und Osterode; die beiden ersten gehören zum Regierungsbezirk Königsberg, Osterode seit 1905 zum Regierungsbezirk Allenstein. Im Oberland liegen die Städte Preußisch Holland, Mühlhausen, Mohrungen, Saalfeld, Liebstadt sowie Osterode, Hohenstein, Liebemühl und Gilgenburg.

Den Kreis Mohrungen, den Süden des Kreises Preußisch Holland und den Norden des Kreises Osterode prägt eine hügelige und waldreiche Landschaft mit den Oberländischen Seen, von Geographen auch als „Hockerland" bezeichnet. Es fällt um etwa 100 m gegen die Küste bei Elbing hin ab, die Kernsdorfer Höhe (313 m hoch), etwa 15 km südlich von Osterode und dem Drewenzsee gelegen, ist sein höchster Punkt. Die Ostgrenze des Oberlandes zum Ermland bildet der Fluss Passarge. Der Norden des Kreises Preußisch Holland gehört landschaftlich noch zur Niederung, der Süden des Kreises Osterode mit sandigen Böden und Kiefernwäldern ähnelt schon dem Landschaftsbild Masurens.

Im Oberland wie in Masuren machen Seen einen bestimmenden Teil der Landschaft aus. Die Oberländischen Seen um die Stadt Liebemühl mit dem Drewenz-, Schillings-, Geserich-, und Röthlossee liegen zentral im Oberland, der Drausensee bereits in der Niederung, die Seen im Norden des Kreises Osterode gehören zur Eylauer Seenplatte. Die Seen fördern eine starke Wolkenbildung, die der Landschaft einen charakteristischen Reiz verleiht. Überall beherrschen Wälder, Baumgruppen und -reihen das Landschaftsbild; besonders schöne Wälder gibt es bei Döhlau, Grasnitz, Jablonken, Taberbrück, Liebemühl, Raudnitz, Finckenstein, Bestendorf, Reichertswalde, Lamitten, Stollen, Schlobitten, Schlodien, Lauck, Födersdorf, Stellienen und Cadinen. Auf den guten Böden des Oberlandes gedeiht hervorragend die Rotbuche, und so sind viele Wälder hier lichtdurchflutete Buchenmischwälder, dazwischen Getreidefelder mit tragenden Ähren und saftigen Wiesen. Wo der Wald durch die Ackerfläche verdrängt ist, zeugen Bäume und Gebüsche an den Fluss- und Bachläufen von seinem früheren Vorkommen. Auch Rotbuchenhecken zur Feldbegrenzung prägen die Landschaft. Wenn es nicht mit Wald bestanden ist, bleibt wegen der großen Fruchtbarkeit kaum ein Stück Land unkultiviert. Selbst die höchsten Erhebungen werden landwirtschaftlich genutzt, auch wenn sie als eiszeitliche Moränen aus leichteren Böden bestehen. Die Fruchtbarkeit des Bodens erklärt auch die große Zahl der Ortschaften. Dicht beieinander liegen große Bauerndörfer, zwischen ihnen verstreut die Einzelgehöfte und die sehr zahlreichen großen Güter.[124] Der südliche Teil des Oberlandes im Kreis Osterode unterscheidet sich von dem nördlichen auch durch die Bodenbeschaffenheit. Hier herrscht leichterer, mit Sand gemischter Boden vor.[125]

Das ostpreußische Oberland kennen im Deutschen Reich wenige, doch eine bestaunte und auch touristisch erschlossene deutsche Ingenieurleistung ist der Oberländische Kanal, der die oberländischen Kreise mit Elbing am Frischen Haff und somit mit der Ostsee verbindet und dem Oberland durch günstigen Transport über den Seehafen Elbing die Märkte im Westen Preußens erschließen soll. Sie können bis zum Bau der Eisenbahn nur über See erreicht werden. Das wichtigste Exportgut ist das Holz der Mischwälder. Holz und landwirtschaftliche Erzeugnisse werden bis zur Indienststellung des Kanals auf Pferdefuhrwerken über schlechte Sandwege in die Seehäfen befördert, da es noch keine Eisenbahnen gibt. Im Oberland hat eine Endmoräne eine lange Talrinne zurückgelassen, die als Seenkette aus Pinnausee, Samrodtsee, Röthloffsee, Bärtingsee, Thardensee und Schillingssee besteht. Beim Röthloffsee beginnt zudem mit dem Krebssee, Zopfsee, Zopkesee, Groß Eylingsee, Pillaukersee und Drewenzsee eine weitere Seenkette. Den Planern des Kanals bietet sich an, die Seen zwischen Elbing und Osterode mit Hilfe von Kanälen zu einer durchgehenden Wasserstraße auszubauen. Die Seenkette kann aber nur für den Wassertransport genutzt werden, wenn es gelingt, den beachtlichen Höhenunterschied von 99 m auf einer Distanz von circa 90 km zwischen dem Wasserspiegel des Drausensees bei Elbing und dem Drewenzsee bei Osterode zu überwinden. Bei dem damaligen System der Schleusung hätte man dafür 32 Schleusenkammern benötigt, also alle 2800 m eine Schleuse. Die Fahrten wären zu teuer und zu zeitraubend geworden.

Der Kanal ist das Werk des Königsberger Architekten und Wasserbauingenieurs Georg Jakob Steenke. Schon 1833 baut Steenke auf den Besitzungen des Grafen Keyserling in der Grafschaft Rautenberg (Elchniederung) den Seckenburger Kanal. Danach wird er Deichinspektor in Elbing. Planung und Ausführung des neuen Gesamtprojekts im Oberland verschlingen 5,5 Mio. Goldmark. Nach siebenjähriger

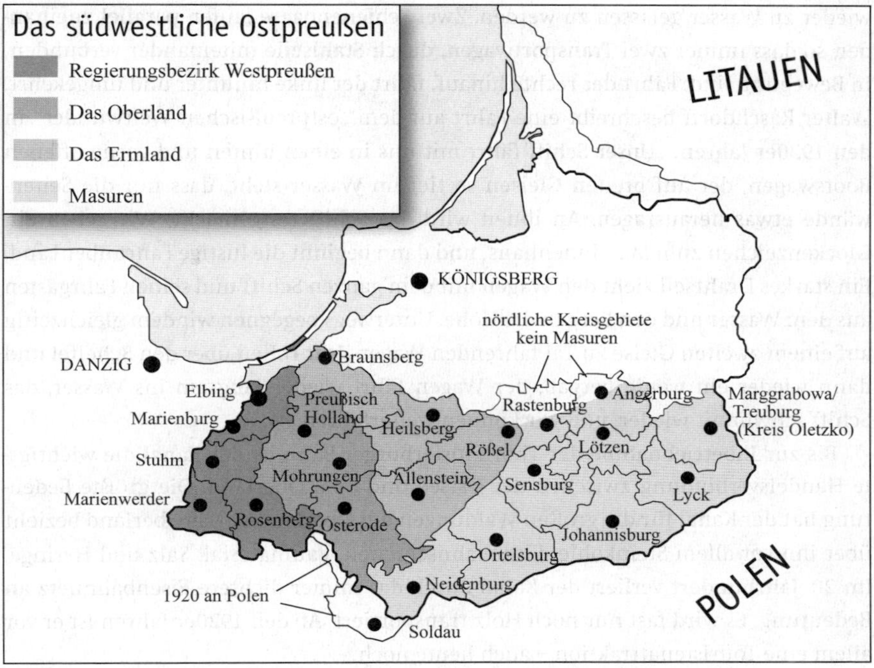

Planungs- und Genehmigungsphase und 16-jähriger Bauzeit wird der Oberländische Kanal am 31. August 1860 eröffnet.

Der Oberländische Kanal verbindet den Drausensee im Kleinen Marienburger Werder mit den großen Seen auf der Höhe des Oberlandes, dem Geserich- und dem Drewenzsee. Aus dem Drausensee führt er durch die lange Seenreihe zwischen Mohrungen und Saalfeld, tritt bei Liebemühl durch eine 3 m hohe Schleuse in die Liebe und verzweigt sich hier in zwei Arme. Der eine, mit einer Schleuse bei Grünort, folgt dem Bett der Liebe nach Süden zum Drewenz-, der andere zum Geserichsee und gabelt sich hier über den Weinsdorfer Kanal zum Gehl- und Ewingsee. Bei Buchwalde werden 20 m Höhenunterschied überwunden. Nach 375 m folgt Kanthen mit einer Differenz von 19 m, nach weiteren 2,6 km Schönfeld mit 24 m Höhendifferenz. Die Entfernung bis nach Hirschfeld beträgt 1,9 km, der Höhenunterschied 22 m. Die restlichen 14 m werden bei Neu-Kußfeld genommen. Die Mindesttiefe des Kanals liegt bei 1,50 m.[126]

Angeregt durch Vorbilder in den USA und in Holland, will Steenke eine Höhendifferenz von jeweils 20 m durch geneigte Ebenen überwinden, durch einen Schrägaufzug mit Trockenförderung, auch Schiffseisenbahn genannt. Die Schiffe werden „trocken" mit Transportwagen, die auf Schienen laufen, aus dem Wasser herausgezogen und auf die nächst höhere bzw. niedrigere Ebene transportiert, um dann wieder zu Wasser gelassen zu werden. Zwei Schienenpaare laufen parallel zueinander, so dass immer zwei Transportwagen, durch Stahlseile miteinander verbunden, in Bewegung sind: Fährt der rechte hinauf, fährt der linke hinunter und umgekehrt. Walter Raschdorff beschreibt eine Fahrt auf dem „ostpreußischen Weltwunder" in den 1920er Jahren: „Unser Schiff fährt mit uns in einen hinten und vorne offenen Bootswagen, der auf breiten Gleisen so tief im Wasser steht, dass nur die Seitenwände etwas herausragen. An ihnen wird das Schiff festgemacht. Wir geben ein Glockenzeichen zum Maschinenhaus, und dann beginnt die lustige Fahrt über Land. Ein starkes Drahtseil zieht den Wagen mit dem ganzen Schiff und seinen Fahrgästen aus dem Wasser und den Berg in die Höhe. Unterwegs begegnen wir dem gleichzeitig auf einem zweiten Gleise zu Tal fahrenden Wagen. Wir rollen über den Scheitel und dann wieder ein wenig bergab, der Wagen fährt wieder langsam ins Wasser, das Schiff schwimmt wieder, und wir können weiterfahren."[127]

Bis zur Inbetriebnahme der Thorn-Insterburger Bahn ist der Kanal die wichtigste Handelsverbindung zwischen der Ostsee und dem Oberland. Die größte Bedeutung hat der Kanal für die großen Waldungen des Oberlandes. Das Oberland bezieht über ihn vor allem Steinkohle, Eisenbahnschienen, Baumaterial, Salz und Heringe. Im 20. Jahrhundert verliert der Kanal durch das immer dichtere Eisenbahnnetz an Bedeutung. Es wird fast nur noch Holz transportiert. Ab den 1920er Jahren ist er vor allem eine Touristenattraktion – auch heute noch.

Das Ermland

Im Herbst 1945 und Frühjahr 1946 durchstreift Hans Graf von Lehndorff das sowjetisch und polnisch besetzte ostpreußische Oberland. Hin und wieder wird der Arzt auch von jenseits der Passarge zur Hilfe gerufen. Noch im Untergang Ostpreußens sind die Unterschiede von Land und Leuten frappierend. „Rechts der Passarge, im sogenannten Ermland, sind viel mehr Menschen zurückgeblieben als auf der linken Seite. Die Leute sind dort durchweg katholisch, sprechen etwas Polnisch und glaubten vielleicht, dadurch mehr Chancen bei Russen und Polen zu haben."[128]

Als Ermland wird das Gebiet des früheren Fürstbistums bezeichnet, das einst der Bischof als Landesherr regiert hat. Es unterscheidet sich deutlich von den anderen mehrheitlich katholischen Gebieten der preußischen Ostprovinzen Schlesien und Posen. Dazu der Historiker Hartmut Boockmann: „Die im 19. Jahrhundert üblich werdende Gleichsetzung von katholischer Konfession und polnischer Nationalität galt im Ermland nicht. Nachdem das Land 1772 bei der ersten Teilung Polens an Brandenburg-Preußen gefallen war, kam es rasch zu einer Integration. Die katholischen Ermländer verstanden sich sehr bald ebenso als Preußen und als Deutsche wie ihre evangelischen Landsleute aus dem alten Herzogtum."[129] Seit seiner Zugehörigkeit zum Königreich Preußen ist das Ermland keine Verwaltungseinheit mehr. Es definiert sich nur aus seiner Geschichte und dem Unterschied der Konfession zur restlichen Provinz Ostpreußen. Die beiden nördlichen Kreise Braunsberg und Heilsberg gehören zum Regierungsbezirk Königsberg, die beiden südlichen Allenstein-Land und Rößel sowie Allenstein-Stadt zum Regierungsbezirk Allenstein. Sitz des Regierungspräsidenten ist Allenstein. In der Stadt mit 43 000 Einwohnern (1933) sind 36 % der Bevölkerung Protestanten, im umgebenden Kreis nur 6 %; in den Kreisen Rößel und Heilsberg sind es ebenfalls nur 6 %, im Kreis Braunsberg 12 %.

Der Verlauf von Reformation und Gegenreformation und die Trennung vom Deutschen Orden mit einer Anlehnung an das Königreich Polen machen das Ermland zu einer katholischen Enklave in protestantischer Umgebung. Das Ermland ist ein Herrgottswinkel in protestantischer Nachbarschaft, den man nach Meinung des katholischen Pfarrers von Süßenberg, Gerhard Fittkau, auch optisch von der protestantischen Nachbarschaft unterscheiden kann: „Jedes Bauernhaus hatte seine religiösen Bilder und Statuen; Wegkreuze und kleine Kapellen standen am Rand der Straßen und Feldwege, und überall ragten die roten Ziegeltürme der alten, gotischen Backsteinkirchen in den Himmel."[130]

Bis 1772 ist Ermland ein Fürstbistum, sein Bischof zugleich weltlicher Herrscher. Schon zu Zeiten des Ordensstaates hat das Bistum Ermland eine Sonderstellung. Seit dem Ende des 12. Jahrhunderts werden hier nur noch Bischöfe und Kapitelherren berufen, die nicht Mitglieder des Deutschen Ordens sind. Das Bistum entzieht sich so weitgehend der Herrschaft des Ordens.[131] Im Jahr 1512 wird das Bistum Ermland kirchenrechtlich als „exemtes" Bistum direkt dem Papst in Rom unterstellt, wird also nicht Teil der polnischen oder später der deutschen Kirche. Das bleibt so bis ins 20. Jahrhundert.

1525 wird der preußische Ordensstaat ein weltliches Herzogtum und nimmt das lutherische Bekenntnis an. Bischof und Domkapitel des Ermlandes halten aber am katholischen Glauben fest. Nichtkatholiken wird der dauerhafte Aufenthalt im Bistum untersagt. In dieser Zeit wirkt im Ermland Nikolaus Kopernikus. Kopernikus, für die Polen Mikołaj Kopernik, ist einer der bedeutendsten Astronomen und Mathematiker der Neuzeit. Er wird im westpreußischen Thorn vermutlich als Niclas Koppernigk geboren. Der Bruder seiner Mutter ist Lucas Watzenrode, ab 1489 Fürstbischof des Ermlands. Als Kopernikus' Vater stirbt, nimmt Watzenrode den Zehnjährigen zu sich und sorgt für seine Ausbildung. Kopernikus studiert von 1491 bis 1494 in Krakau Mathematik und Astronomie; in dieser Zeit latinisiert er seinen Namen zu „Copernicus". Er verbringt eine längere Zeit mit dem Studium der Medizin und Rechtswissenschaft in Italien, 1503 schließt er seine Studien mit einer Promotion in Kirchenrecht ab. In dieser Zeit wird sein Interesse für die Geographie und Astronomie geweckt. Er begibt sich 1507 zurück ins Ermland und ist in Heilsberg bei seinem Onkel als Sekretär und Leibarzt tätig. Nikolaus Kopernikus übersetzt poetische Werke vom Griechischen ins

Lateinische und wirkt als Arzt und Wissenschaftler, vor allem aber als Mathematiker und Astronom. Zwischen 1507 und 1517 hält er seine Vorstellungen über ein neues Weltsystem in den *Commentariolus* fest. Er ist der Annahme, dass die Sonne das Zentrum bildet, um den sich die Planeten in kreisförmigen Bahnen fortbewegen. Die Erde, so glaubt er, dreht sich täglich um ihre eigene Achse und jährlich einmal um die Sonne.

Als sein Onkel stirbt, begibt sich Kopernikus 1512 als Domherr nach Frauenburg. Er wird 1510, 1519, 1525 und 1528 zum Kanzler des Ermländer Domkapitels gewählt. In Frauenburg beginnt er sein Hauptwerk *Über die Kreisbewegungen der Weltkörper (De revolutionibus orbium coelestium)*, das er 1530 weitgehend beendet. Kopernikus, von dem man nicht weiß, ob er Polnisch sprach, ist ein loyaler Untertan des polnischen Königs. Seit dem 19. Jahrhundert gibt es einen leidenschaftlichen Streit zwischen Deutschen und Polen um die Frage, welche Nation den ermländischen Domherrn für sich reklamieren kann. Dazu noch einmal Hartmut Boockmann: „Daß der in Thorn geborene Copernicus in einem deutschsprachigen Milieu aufwuchs, daß er Deutsch sprach und auch Deutsch schreiben konnte, daß es kein Zeugnis dafür gibt, daß er sich der polnischen Sprache bedient habe, wird sich wohl nicht leugnen lassen. Dennoch führt die Frage, ob er denn nun ein Deutscher oder ein Pole gewesen sei, in die Irre. Die Sprache, in der sich Copernicus normalerweise schriftlich ausdrückte, war das Lateinische, denn er war ein Gelehrter. Die Rechtsverhältnisse, an denen er sich orientierte und in denen er als ein Repräsentant des ermländischen Domkapitels wirkte, waren die im Jahre 1466 geschaffenen. Im Konflikt zwischen dem Ermland, das zur Krone Polen gehörte, und dem Herzogtum Preußen stand Copernicus selbstverständlich auf der ermländischen und insofern auf der polnischen Seite."[132]

Den völligen Verlust seiner staatlichen Souveränität erleidet das Ermland 1772 mit der ersten Polnischen Teilung, in der es an das Königreich Preußen fällt. Eine Sprachgrenze separiert das Ermland in einen deutschsprachigen nördlichen und einen polnischsprachigen südlichen Teil. Das Polnische im südlichen Ermland unterscheidet sich deutlich vom Masurischen. Bis zu Beginn des 14. Jahrhunderts ist auch der Süden des Ermlandes von Deutschsprachigen besiedelt, die die noch ansässige prußische Bevölkerung zu assimilieren beginnen. Nach der Schlacht bei Tannenberg 1410 und bis zur Umwandlung des Ordenslandes in ein Herzogtum 1525 wird das Ermland immer wieder von feindlichen Einfällen heimgesucht. Ganze Gebiete, besonders im Süden, werden entvölkert. Da keine deutschen Siedler mehr zu gewinnen sind, werben Bischof und Domkapitel Einwanderer aus dem polnischen Masowien. Von Süden kommend, dringen sie und damit das Polnische aber nur wenig über eine Linie Dietrichswalde–Allenstein–Wartenburg–Bischofsburg vor. Diese Einwanderung verläuft parallel zur Besiedlung Masurens mit einer polnischsprachigen Bevölkerung, die später wie das ganze Herzogtum Preußen protestantisch wird.[133]

Der in Danzig geborene Kirchenhistoriker Hans Schmauch, von 1937 bis 1966 Vorsitzender der Historischen Kommission für das Ermland, erklärt die sprachlichen Differenzen aus dem Verlauf der Landesgeschichte. „Erst das Zeitalter der Gegenreformation hat wahrscheinlich diese Differenzierung begründet. Der nun einsetzende scharfe religiöse Gegensatz zwischen den lutherischen Masuren und ihren katholischen Nachbarn zerriß den Zusammenhang mit den Stammesgenossen sowohl im polnischen Herzogtum Masowien wie auch im Ermlande. Die Folge davon war, daß die Sprache der Masuren an der Weiterentwicklung des polnischen Idioms nicht teilnahm, sondern auf der mittelalterlichen Entwicklungsstufe stehen blieb. Anders im südlichen Ermland (...) So blieb die slawische Bevölkerung in Südermland ständig mit dem übrigen Polen in Verbindung, und ihre Sprache entwickelte sich in ähnlicher Weise wie dort, nur bildete sich hier eine vom Hochpolnischen abweichende Sondermundart heraus."[134] Die sprachliche Trennungslinie zwischen dem nördlichen, rein deutsch- und dem südlichen, zum Teil polnischsprachigen Gebiet besteht 400 Jahre. Im südöstlichen Ermland ist das Polnische bis 1945 auf dem Lande vorherrschend.

Schon im frühen 19. Jahrhundert ist der demonstrative Katholizismus der deutschen und polnischen Ermländer eine Provokation für den ostpreußischen Protestantismus. Der Theologe Friedrich Salomo Oldenburg benennt in seinem 1865 veröffentlichten Bericht für den Berliner Central-Ausschuß für Angelegenheiten der Inneren Mission, was nach seiner Meinung diesen Katholizismus zu einer Bedrohung des Protestantismus in Masuren macht: Es ist die Verwurzelung im ermländischen Bauernstand. „Diese sind dort die eigentlichen Träger des bigotten Katholizismus. Aus ihrem Schooße rekrutirt sich der ermländische Klerus. Der größte Theil seiner Glieder sind Bauernsöhne. Die Priester sind daher mit den Bauern, die Bauern mit den Priestern aufs engste liirt. Sie sind ein Fleisch und Blut." Oldenburg unterstellt, dass sich dieser wirtschaftlich gut gestellte Bauernstand dank finanziell ausreichend ausgestatteter zweiter und dritter Söhne durch den Aufkauf protestantischer Höfe nach Masuren ausdehnen wird. Er traut schließlich dem polnischen Wesen der für ihn nur oberflächlich mit Luthers Gedanken geimpften Masuren nicht: „Und wenn die Glocken erst läuten und die Weihrauchgefäße geschwungen werden und die schöne Musik erschallt: (der Masur müßte nicht der Masur sein) wenn das Alles ihn nicht mit magnetischer Gewalt zu jenen Altären hinziehen sollte." Und weiter: „Der Ermländer hängt mit allen Fasern seines Herzens an den religiösen Gebräuchen seiner Kirche. Die Gotteshäuser sind an den Sonn- und Feiertagen stets gefüllt."[135] Nach der Reichsgründung 1871 verschärfen sich die Konflikte zwischen Katholiken und Protestanten, weil der Bismarckstaat alle Katholiken wegen ihrer grenzüberschreitenden politischen Verbindungen zum Papsttum und zur katholischen Großmacht Habsburg-Österreich als latente Staatsfeinde Preußens und seines Deutschen Reichs ansieht. Die beiden ermländischen Reichstagswahlkreise sind eine Hochburg der katholischen Zentrumspartei.

Das Kirchspiel Regerteln liegt im Westen des Kreises Heilsberg, schon in Nachbarschaft zum oberländischen Kreis Mohrungen. Im 400-Einwohner-Dorf Regerteln sind die beiden Konfessionen etwa gleich stark, hier halten sich bei den Reichstagswahlen von 1898 bis 1913 die Stimmen für die katholische Zentrumspartei und die Konservative Partei ungefähr die Waage. Anders sehen die Ergebnisse in den anderen zum Kirchspiel gehörenden Dörfern aus: „Bis zum Ersten Weltkrieg wählten die Bewohner von Beiswalde und Lauterwalde, abgesehen von einigen Anhängern der Konservativen Partei, geschlossen Zentrum, das vornehmlich die Partei der Katholiken Deutschlands war. Wenn wir einst im Ermländerlied sangen ‚Hier gilt noch Sitt' und Treu, nicht Trug und Heuchelei', so dachten wir dabei nicht nur an die unwandelbare Ergebenheit gegenüber dem deutschen Vaterlande, sondern auch an die Treue, die wir der Kirche schuldeten. Diese 'Treue' bewährte sich einst, als ein Konflikt zwischen der Reichsregierung und der katholischen Kirche, der sogenannte Kulturkampf (1871–1887), ausbrach. Von nun ab war es auch für die katholischen Wahlberechtigten in Beiswalde und Lauterwalde eine Selbstverständlichkeit, geschlossen – man rechnete mit 95 bis 98 v. H. aller abgegebenen Stimmen – Zentrum zu wählen.“[136]

„Aber nicht minder tief als die religiöse Gesinnung ist die Vaterlandsliebe und die Anhänglichkeit an das preußische Herrscherhaus. Der Sozialdemokratie wird es in den dortigen Dörfern und kleineren Städten kaum jemals gelingen, festen Fuß zu fassen“[137], behauptet Ambrassat 1912. Bismarcks Kulturkampf hat die Ermländer zwar auf die Probe gestellt, ihre monarchistische Einstellung allerdings nicht aufheben können. Die Sozialdemokratie spielt tatsächlich – mit Ausnahme der Stadt Allenstein, wo sie aber auch nie 10 % erreicht – keine Rolle. Allerdings erringen polnische Wahllisten in den Kreisen Rößel und Allenstein vor 1914 zwischen 25 % und 34 %. Nach dem Anschluss an Preußen dürfen sich im Ermland auch Protestanten und Juden niederlassen. In Bischofsburg entsteht 1792 die erste evangelische Gemeinde des Ermlandes.

Der Gymnasiallehrer Curt Rosenberg, seine Familie ist jüdischen Glaubens, studiert in Berlin, kehrt aber in seine Heimatstadt zurück und unterrichtet am Gymnasium für Jungen. 1933 wird er im KZ Sachsenhausen interniert, 1939 wandert er nach London aus.[138] In Ostpreußen ist es üblich, dass die jüdischen Kinder die Schule der religiösen Minderheit besuchen, die Juden im Ermland also die evangelische Volksschule. Bei der Niederschrift seiner Bilder aus einem Leben im Jahr 1947 im englischen Exil beschreibt Rosenberg Auseinandersetzungen unter Schulkindern vor 1900: „Das Verhältnis der wenigen jüdischen Schüler zu den christlichen Kameraden war ausgezeichnet; die Zugehörigkeit zur anderen Religion spielte keine Rolle. Wohl gab es Hänseleien zwischen den katholischen und evangelischen Kindern, besonders, wenn sie sich nach Schulschluß auf der Straße trafen, wo sich die solange zurückgehaltene Energie in irgendeiner Weise austoben mußte. So hörte ich eines Tages, wie protestantische Schüler den katholischen zuriefen:

Speicher am Fluss Passarge im ermländischen Braunsberg vor dem Ersten Weltkrieg. Die Passarge ermöglicht die Einrichtung eines verkehrsgünstig gelegenen Hafens. Dadurch entwickelt sich Braunsberg zum ermländischen Fernhandelszentrum.

‚Die Katholiken haben Nicken, wenn sie in die Bibel kieken', und die Erwiderung: ‚Martin Luther hat Hosen ohne Futter, hat Stiefel ohne Sohlen, mag ihn der Teufel holen'. Sogleich verstummten aber die katholischen Schüler, wenn ihnen die evangelischen triumphierend zuriefen: ‚Aber unser Kaiser ist evangelisch!' Dieses Argument war durchschlagend."[139]

Historischer Sitz der ermländischen Bischöfe ist bis 1945 der Dom von Frauenburg. Die Stadt im Kreis Braunsberg hat 1939 weniger als 3000 Einwohner. Das Lyceum Hosianum in Braunsberg bildet bis 1945 katholische Priesteramtskandidaten, vornehmlich aus dem Ermland, aus. Seit 1912 trägt es den Namen „Staatliche Akademie Lyceum Hosianum". Anders als eine Universität verfügt das Lyceum Hosianum weder über Selbstverwaltungsrechte noch über Akademische Freiheit. Für die Priesterausbildung bietet es aber den vollwertigen Ersatz eines Universitätsstudiums.

Das Ermland ist Bauernland. Große Güter gibt es kaum. Gerhard Fittkau, der Pfarrer von Süßenberg, erkennt, dass seine Bauern auch im nördlichen Teil nicht durchweg gut situiert sind. „Die Höfe des abgelegenen Dorfes waren mit wenigen Ausnahmen klein und wegen des hügeligen Geländes und des lehmigen und sandigen Bodens schwer zu bewirtschaften. Obwohl viele kleinere Bauern ihre Einkünfte durch einen ihrem Ruf nicht immer sehr zuträglichen Pferdehandel zu verbessern suchten, wechselten die bescheidenen Anwesen recht häufig den Besitzer."[140]

Noch bescheidener als im Norden ist es aber im Süden des Ermlandes. Der Lehrer Franz Diegner erinnert sich: „Ich war 1932 von schwerer Krankheit genesen, und der Arzt verordnete mir Ausspannen und Ruhe. Die Regierung kam diesem Wunsche buchstäblich nach und versetzte mich auf die entlegenste Stelle des Ermlandes, noch hinter Kaletka, das immer das Schreckgespenst aller Lehrer war, nach Sombien. Soll ich die Lage dieses Dorfes schildern, so brauche ich nur anzuführen: im Dorf gab es weder Fleischer noch Bäcker, weder Kolonialwarengeschäft noch Gastwirtschaft, weder Post noch Anschluß an die Chaussee, nur sandige Feldwege bildeten die Verbindung zu den Nachbardörfern, die Kirche war 3 km (Nußtal), die nächste Stadt, Hohenstein, 18 km und die Kreisstadt Allenstein auf der Chaussee sogar 28 km entfernt. Die elektrische Leitung ging nicht in diese Einöde, Petroleum war Trumpf, bei uns sagte man ‚beim Deiwel auf de Rinn'. Und doch habe ich in diesem entlegensten Nest die schönsten Jahre meines Lebens verbracht. Soviel Natürlichkeit und Herzlichkeit habe ich später oft vermißt."[141] Bis 1938 trägt das Nachbardorf Nußtal den schönen polnischen Namen Orzechowo. Wie Sombien liegt es am Südufer des Lansker Sees, 13 km südwestlich des Dorfes Wuttrienen, das immerhin schon mehr als 700 Einwohner hat.[142] „Entlegen" ist die Gegend mitten in Ostpreußen, weil sie konfessionelles Grenzland ist. Die Stadt Hohenstein gehört bereits zum masurischen und damit protestantischen Kreis Neidenburg. Die Konfessionsgrenze isoliert von der Nachbarschaft wie sonst eine Staatsgrenze.

In Masuren

Unter dem Pseudonym P. Rosenwall gibt der Königsberger Arzt Gottfried Peter Rauschnick *Bemerkungen eines Russen über Preußen und dessen Bewohner* heraus, angeblich gesammelt auf einer Reise im Jahr 1814. Rauschnick ist zur Zeit der Veröffentlichung im Jahr 1815 schon ein weit gereister Reiseschriftsteller, Autor von Erzählungen sowie historischen Abhandlungen; er betätigt sich auch als Journalist. Seinen „Russen" lässt er auch nach Masuren kommen: „Der Landstrich, der preußisch Masovien oder Masuren heißt, begreift die Städte Sensburg, Lötzen, Johannisburg, Nikolaiken, Neidenburg, Ortelsburg, Willenberg, Passenheim, Rhein, Arys, Lyck, Olotzko, also den südöstlichen Theil von Preußen in sich, und gehöret theils zum königsberger, theils zum lithauer Regierungsbezirk. Die Landschaft zeichnet sich durch viele Bergge, viele und sehr große Landseen, und einen durchweg schlechten Boden aus, daher auch kein anderes Getraide, als Roggen, Haber und Haidekorn gebauet wird. Vieh und Pferde sind nur klein; die Schafe aber gedeihen sehr gut auf diesen Bergen."[143]

Rauschnicks Reisende gelangen in die ärmsten und abseits gelegensten Gegenden Masurens. Sie übernachten bei einem Müller in dessen Mühle in der Johannisburger Heide – einem „deutschen freundlichen Wirth". Dort treffen sie einen evangelischen

Pfarrer. „Er war, wie der versicherte, schon über zwanzig Jahre in Masuren Pfarrer, und lebte recht zufrieden mit seiner Lage; aber er gestand: nur ein Pfarrer, oder ein Amtsmann können mit diesem rohen Völkchen auskommen; für einen andern Deutschen wäre es unter diesen Naturkindern ein unangenehmer Aufenhalt."[144] Um dem Bild des Landes, den Sitten und dem Charakter der Bewohner ein klares, ungeschöntes Bild geben zu können, versteckt sich der Reiseschriftsteller Rauschnick gleich dreimal: hinter einem Pseudonym, dem Bericht eines fiktiven Reisenden und den Aussagen eines einheimischen Pfarrers: „Ueber ihren Karakter und über ihre Sitten gab er mir folgende Aufschlüsse. Die Masuren, ein altpreußischer Völkerstamm, sind sparsam, ernsthaft, mäßig, standhaft und fleißig; aber auch halsstarrig, misstrauisch, eigennüzzig und eigenwillig. Sie haben wenige und nicht heftige Leidenschaften, werden nicht leicht gereizt, und selbst ihre Freude hat nicht das lachende Gewand ihrer Nachbaren, der deutschen Preußen. Ihr Fleiß schützt sie vor Mangel, aber er wird ihnen nie die Quelle des Reichthums, denn er war nie durch den Wunsch, ihren Zustand zu verbessern, angespornt; der schlechte Boden, dem sie nur einen kümmerlichen Ertrag abtrozzen können, macht sie eigennüzzig, doch betrügen sie nie. Heirathen aus Liebe gehören bei ihnen unter die Seltenheiten (...) Sie stehen nun schon so viele Jahrhunderte unter einer deutschen Regierung, aber doch sprechen sie noch nicht deutsch, obgleich ihre Sprache ein so elendes Gemengsel ist, dass selbst die nächsten Nachbarn sie nicht verstehen. Nächst dem Könige, von dessen Würde und Macht sie aber nur sehr dunkle Begriffe haben, sind ihnen der Pfarrer und der Amtmann die vornehmsten Personen in der Welt."[145] So berichten in jener Zeit Afrika- und Orientreisende von eingeborenen Völkern.

Das Wissen über die Masuren ist 1814/17 bescheiden: „Wie sie zu der polnischen Sprache gekommen sind, die sie, wie schon gesagt, höchst verderben, und mit deutschen Wendungen, auch mit deutschen Wörtern untermengt sprechen, ist nicht wohl zu enträthseln, denn sie sind nie unter polnischem Szepter gewesen, auch sind ihre Geschlechtsnamen alle altpreußisch."[146] Wahrscheinlich wissen die Masuren wirklich schon nicht mehr, wie sie zu ihrer polnischen Sprache gekommen sind, und auch nicht, dass ihre Familiennamen wohl eher polnischen Ursprungs sind. Der zitierte Pfarrer (und damit der Autor Rauschnick) hält sie noch für einen „altpreußischen Volksstamm". Rauschnick hätte vermutlich auch nicht definieren können, was Masuren ist.

Die Definition ist kompliziert. Masuren ist ein geographischer Begriff, der aus der Schnittmenge eines polnischen Dialekts und einer christlichen Konfession einem Siedlungsraum eine Landschaftsbezeichnung zugewiesen hat. 1876 schreibt der Königsberger Gymnasiallehrer Friedrich Krosta eine Abhandlung über Land und Volk; es ist die Zeit starker nationaler Auseinandersetzungen mit den in Preußens Ostprovinzen Schlesien, Posen und Westpreußen lebenden Polen. Diese Auseinandersetzungen drohen auf den Süden Ostpreußens überzugreifen. Krosta grenzt die

Masuren klar von anderen polnischsprachigen Ostpreußen ab. Er macht eine starke Distanz zwischen den Bewohnern des südlichen Ermlandes und den Masuren aus: „Der katholische Ermländer polnischer Zunge steht dem Polen Westpreussens und des alten Königreichs Polen weit näher als dem Masuren."[147] Krosta gibt 1876 eine klare Definition von Masuren. „Soweit (...) der masurische Dialect von einer evangelischen Bevölkerung gesprochen wird, ist Masuren."[148] Nach Krosta ist der Name Masuren wahrscheinlich litauischen Ursprungs. In der litauischen Sprache bezeichne das Wort „mazuras" einen von Natur nicht großen, untersetzten, stämmigen Menschen.

Drei Generationen der Familie Matull, der Großvater Wilhelm, der Vater und der Enkel Wilhelm, haben kurze Lebenserinnerungen hinterlassen. Von Pletzarken im Kreis Angerburg und Bisdohnen im Kreis Stallupönen führt der Weg der Lehrerfamilie nach Königsberg. Der Sohn Wilhelm besucht in den 1880/90er Jahren ein Lehrerseminar in Lötzen. „Die Bevölkerung Lötzens und seiner Umgebung war sprachlich noch fest vom Masurischen beherrscht. Auf den Wochenmärkten hörte man von der Landbevölkerung nur dieses Idiom. Die Kleidung der Menschen war einfach und bestand aus selbstgewebtem Stoff. Die Haustiere, selbst Pferd und Rind, waren unansehnlich. Die Gefährte erinnerten an den russischen Panjewagen. Mann und Frau huldigten oft dem Branntwein."[149]

Nach allgemeiner Auffassung, die sich bei der Definition Masurens auf die Schnittmenge von polnischer Sprache und protestantischer Religion geeinigt hat, gehören Ende des 19. Jahrhunderts die Kreise Johannisburg, Sensburg, Lyck und Lötzen auf jedem Fall zu Masuren, aber auch die Kreise Oletzko, Ortelsburg und Neidenburg.[150] In kleineren Teilen der Kreise Goldap, Rastenburg und Angerburg hält sich ebenfalls noch der masurische Dialekt.[151]

Im Jahr 1870 ist im Kreis Oletzko noch das Polnische vorherrschend. 1870 berichtet der Landrat von Oletzko, Julius Theodor Frenzel, wie die polnische Sprache zurückgeht; er setzt in seinem Bericht den Sprachgebrauch mit der Nationalität gleich. Das Jahr 1839 weist von 28347 Einwohnern noch 22074 (78%) als Polen aus, eine Zählung von 1867 hingegen bei jetzt 39593 Einwohnern des Kreises nur 58% (22919). Frenzel konstatiert ein typisches Gefälle zwischen Stadt, Gütern und Landgemeinden. In der Stadt Marggrabowa gibt es bei 4149 „Deutschen" nur 76 „Polen", das sind weniger als 2%. In den Gutsbezirken des Kreises leben 3206 Deutsche und nur 542 (14%) Polnischsprachige: In den Landgemeinden des Kirchspiels Czychen dominieren die 3189 (61%) „Polen" die 1998 Deutschen.[152] Im Kreis Oletzko nimmt die polnischsprachige Bevölkerung damals weiterhin stark ab. Bis 1914 verwenden die Kirchen- und Verwaltungsbehörden im Übrigen wie selbstverständlich noch den Begriff „Polen" für die masurische Bevölkerung. Erst mit dem zunehmenden deutsch-polnischen Konflikt im Zuge der „Ostmarkenpolitik" setzt sich der politisch verwendete Begriff Masuren für protestantische polnischsprachige Bewohner des südlichen Ostpreußens durch.[153]

Nach Krostas Definition umfasst Masuren etwa 12000 km², wäre also halb so groß wie das heutige Mecklenburg-Vorpommern. Zu Masuren zählen rund 32 % der Fläche der Provinz Ostpreußen. Hier leben um 1875 etwa 266000 Polnisch- und etwa 134000 Deutschsprachige[154]; die Deutschsprachigen vor allen in den Kleinstädten, in der Mitte und im Norden der Kreise Goldap und Angerburg sowie im äußersten Norden der Kreise Lötzen und Sensburg. Aber schon am Ende des 19. Jahrhunderts dringt die deutsche Sprache immer mehr in Ostpreußens Süden vor. Krosta schreibt 1875: „Auffallend schnell ist an der Grenze von Sensburg gegen Rastenburg in Rudwangen, Wilkendorf, Prangenau das Polnische fast ganz geschwunden. Vor 20 Jahren wurde dort überwiegend polnisch gesprochen, heute vereinzelt."[155]

In Masuren gibt es wenige landwirtschaftliche Großbetriebe. Diese liegen – wie der herrschaftliche Besitz Steinort der Grafen Lehndorff auf der Halbinsel Jez im Mauersee – vor allem im Norden Masurens oder im Südwesten im Kreis Neidenburg. Hier sitzen auf den Gütern auch polnischsprachige, in der Regel katholische Besitzer, die sich schon vor 1914 zur polnischen Nation bekennen.

Der nördliche Teil Masurens liegt im Preußischen Höhenrücken, einem eiszeitlichen Endmoränengürtel. Dessen höchste Erhebung ist mit 309 m der Seesker Berg. Nördlich einer Linie Ortelsburg–Nikolaiken (Kreis Sensburg)–Lyck liegt das „Hügellandmasuren" mit Seen und Wäldern und südlich davon das „Heidelandmasuren" mit ausgedehnten Sandflächen. Sie sind Ablagerungen eiszeitlicher Schmelzwasserströme, von Kiefernwäldern bestandene Heidesandgebiete. Zu ihnen gehören das Waldgebiet der Johannisburger Heide und die Ortelsburger Heide.

In den 1920er Jahren durchstreift der in Königsberg lebende Lehrer und Schriftsteller Willy Kramp mit seinen Schülern die Seenlandschaft um Nikolaiken, das zu dieser Zeit zum Touristenziel wird. Kramp entdeckt Seen, „die wie Augen zum Himmel aufblickten". Abends bitten er und seine Begleiter auf einem großen Hof um ein Nachtquartier. Die Bäuerin winkt die Gruppe wortlos an den reich gedeckten Tisch. „Der Bauer war gesprächig; aber er sprach wie zu sich selbst. Danach saßen wir mit unseren Gastgebern zusammen vor der Tür, bis in der klaren Höhe die Sterne aufgingen. Als wir in unseren Betten lagen, hörten wir draußen die Hunde gegen die Einsamkeit anbellen."[156]

Von seiner Kindheit und Jugend in der Einsamkeit Masurens im Kreis Sensburg schwärmt 1936 der Lehrer und Schriftsteller Ernst Wiechert. Schon Wiechert weiß, dass die unberührte masurische Natur auch eine Folge der Rückständigkeit ist: „Überall ist noch ein wunderbar wildes Land, über dem die Adler schweben und die wilden Schwäne brausen, wo die Menschen eine fremde Sprache sprechen und russische Wilddiebe aus den Philipponendörfern zu Kampf und Abenteuer locken. Noch ist überall Raum und Größe und die unendliche Einsamkeit, die bald ein Märchen sein wird in unserem Land."[157] Der masurische Landrücken weist eine Fülle an Seen und Bächen auf, wie sie sonst nur noch Finnland besitzt.[158] Es gibt etwa 2700 Seen mit einer Größe von über einem Hektar; alle Seen zusammen nehmen 7% der Fläche Masurens ein. Die beiden größten Seen der Masurischen Seenplatte sind der Spirdingsee (113,8 km^2) und der Mauersee (104 km^2). Der Spirding ist nur etwa 4 km^2 kleiner als die Müritz, heute der größte deutsche Binnensee.

Für das Kind Rainer Barzel, den in Braunsberg geborenen späteren bundesdeutschen CDU-Vorsitzenden, werden Masurens Seen im Winter eine Wunderwelt. „Eine andere frühe Erinnerung: Masurische Seen im Winter: Zugefroren. Das Eis glitzerte in Sonne und Frost. Manche zogen mit ihren Schlittschuhen anmutige Kurven darauf, gefielen sich, in harmonischen Bögen kunstvoll zu gleiten."[159] Auch Ernst Wiechert kann dem masurischen Winter mehr abgewinnen als der Sommerhitze: „Und dann im Winter die große Einsamkeit der tiefverschneiten, lautlosen Wälder. Eine dicke Schneedecke ließ für Monate die kleinen, verstreuten Dörfer in der Weite der Landschaft verschwinden. Glitzernde, von den Schlittenkufen blankpolierte Wege, krachender Frost, Pelzmützen und Filzstiefel."[160]

Der aus Marienburg stammende Historiker Max Toeppen grenzt in seiner 1870 in Danzig erschienenen *Geschichte Masurens. Ein Beitrag zur preußischen Landes- und Kulturgeschichte* den Kreis Neidenburg aus Masuren aus und führt dafür sprachliche Gründe an. In den Kreisen Ortelsburg, Neidenburg und im südlichen Teil des Kreises Osterode werde das Polnische härter artikuliert als im eigentlichen Masuren. Friedrich Krosta kommentiert Toeppens Definition folgendermaßen: „Eine Linie etwa von der Südspitze Ermlands gegen Neidenburg südwärts gezogen lasse deutlich eine Sprachgrenze verfolgen, von welcher östlich der masurische, westlich der grosspolnische Dialekt gesprochen werde. Diese Grenze bilden die noch masurischen Dörfer Kurken, Lindenwalde, Seelesen; westlich von ihnen, also das ganze Gebiet von Neidenburg, Hohenstein, Gilgenburg, Soldau ist nicht Masuren. Aber was würde wohl ein Soldauer oder Gilgenburger sagen, wenn man ihm erzählen wollte, er wohne nicht in Masuren?"[161] Die Bewohner des Kreises Neidenburg, zu 86% evangelisch, hätten 1870 energisch widersprochen.

Die masurische Sprache weicht von der polnischen in der Aussprache deutlich ab. In den Mitteilungen der Literarischen Gesellschaft Masovia von 1903 werden die Unterschiede mit klarer Absicht hervorgehoben: Der Masure soll kein Pole sein. „Vor allem verhärtet der Masure die ursprünglich weichen slavischen Konsonanten völlig nach germanischer Art." Dafür werden linguistische Beispiele angeführt: „Statt die Gaumenmittellaute cz, sz, ż, dż gebraucht er die Zischlaute c, s, z, dz; der Mitlauter rz klingt im Masurischen rein aus; das e wird fast durchweg wie in oder en gesprochen, am Ende wie ę; das e hört man häufig als é oder y; den Nasenlaut ą spricht der Masure häufig wie um oder o: dumb statt dąb (Eiche), wziol statt wziął (er nahm); das y klingt sehr oft wie i: ziłá für żyła (Sehne); das ą am Ende immer wie o. Das lange ó, wie es sich z.B. in pochylone (gebückt) findet, kommt im Masurischen häufiger als im Polnischen vor: zóna statt źona (Ehefrau)."[162]

Besonders die Germanismen führen deutsche Sprachwissenschaftler an, wenn sie – was seit Ende des 19. Jahrhundert zunehmend geschieht – das masurische Polnisch vom Hochpolnischen trennen wollen, um es aus politischen Gründen als eigene Sprache zu etablieren. Je näher die Masuren an der deutschen Sprachgrenze leben, desto mehr hat, so Krosta 1875, „der Masure viele deutsche Worte in Gebrauch genommen, indem er den deutschen Stamm ohne Weiteres mit einer polnischen Endung versah."[163] Krosta nennt schon damals Beispiele wie messerki, gafelki, fensterladki (Messer, Gabel, Fensterladen).

Auch Russisch wird in Masuren gesprochen. Der preußische König Friedrich Wilhelm III. gestattet um 1830 einer Gruppe von Altgläubigen, einer von der orthodoxen russischen Kirche abgespaltenen Glaubensrichtung, die Ansiedlung in Preußen unter der Bedingung, sich auf bisher unkultiviertem Boden niederzulassen. Die Siedlungsinsel der Philipponen liegt inmitten des masurischsprachigen Teils von Ostpreußen und reicht nirgends in Gebiete hinein, in denen die deutsche Sprache überwiegt. In den Dörfern leben die Phillipponen zunächst abgeschlossen für sich. Dann aber geraten sie mit ihrer masurischen und deutschen Nachbarschaft in Konflikte, denn sie praktizieren zu Beginn noch, so glaubt man zumindest in Aweyden, 18 km südlich der masurischen Kreisstadt Sensburg, eine gewalttätige Tradition ihres Glaubens. Noch im Jahr 2008 berichtet eine Aweyden-Chronik: „Aufgrund ihrer religiösen Überzeugung erkannten sie einen offiziellen Akt der Eheschließung nicht an, sondern raubten einfach erwählte Frauen und brachten sie in ihre eigenen Häuser. Es blieb nicht aus, dass sie ihre Methoden auch auf die christlichen Dörfer ausweiteten. Dieser Art von Eheschließung konnte und wollte Pfarrer Rutkowski nicht den Segen Gottes erteilen. Für die Philipponen blieb es nicht aus, dass sie ihre Art in der neuen preußischen Heimat dem Recht und der Ordnung des deutschen Staates angleichen mussten. Viele, die die Meinung vertraten, das nicht zu können, wanderten weiter; die weitaus kleinere Zahl der Gebliebenen vermischte sich nunmehr häufig mit ihren evangelischen Nachbarn. Zum Teil fügten sich auch evangelische Mädchen in die philipponischen religiösen Bräuche."[164]

Die Altgläubigen in den masurischen Wäldern haben schon immer das Interesse von Volkskundlern geweckt. Die Angehörigen der Kolonie sind für ihre deutschen Nachbarn die neugierig wie befremdet beäugten Vorboten russischen Reichs auf deutschem Boden, das bis 1918 im Norden, Osten und Süden Ostpreußens beginnt. Für die Historiker markieren sie das Ende einer ostpreußischen Tradition: „Die Philipponen bildeten im 19. Jahrhundert das letzte Glied der langen Kette der Glaubensflüchtlinge – von den französischen Hugenotten über die schottischen Calvinisten, Salzburger Protestanten bis zu den niederländischen Mennoniten –, die nach Preußen kamen."[165]

Die Vorfahren der altgläubigen Einwanderer stammen hauptsächlich aus den nordrussischen Gebieten um Nowgorod und Pleskau am Weißen Meer. Im 17. Jahrhundert verlassen sie Russland, nachdem der damalige russisch-orthodoxe Patriarch Nikon die liturgischen Bücher und Riten der Orthodoxen Kirche reformiert. Sie lassen sich im damals noch selbstständigen polnisch-litauischen Königreich in Kurland, Livland, Litauen und der Gegend um die Städte Suwalki und Augustow nieder. Dort können sie ihren Glauben, ihre Kultur, Sitten und Bräuche zunächst bewahren. Vor den Teilungen im 18. Jahrhundert schätzt man ihre Zahl im polnisch-litauischen Königreich auf etwa 100000.

In den Zwanzigerjahren des 19. Jahrhunderts kommt es unter den Altgläubigen im jetzt zaristischen Polen zu einem Streit um das Verhältnis zum Militärdienst und um die Einführung von Kirchenbüchern. Ein Teil der Glaubensgemeinschaft will sich nicht fügen und beschließt unter ihrem Führer Jefim Borissow, nach Ostpreußen auszuwandern. Borissow aber stirbt, bevor er sein Vorhaben umsetzen kann. Seinem Plan folgt trotzdem eine große Gruppe von Anhängern – die Gründer von Altgläubigen-Kolonien in Masuren. Wie der nach Polen geflohene, besonders strenggläubige Teil der Altgläubigen, von denen die ostpreußischen abstammen, zu dem Namen Philipponen kommen, ist nicht eindeutig geklärt. Die Philipponen orientieren sich an Überlieferungen der Kirchenväter und ihrer Interpretation der Bibel, sie lehnen das Amt des Popen und eine Priesterweihe ab, treten für die freie Predigerwahl ein, verwerfen Eid, christlich gestiftete Ehe, Kriegsdienst, die Führung von Geburts- und Totenregistern sowie das Gebet für die Herrscher. Kaffee, Tee, Tabak und andere Genüsse sind verboten. Sie sind gegen medizinische Hilfen. Die Gemeindemitglieder sollen nicht mit Andersgläubigen verkehren.

Die Verhandlungen mit preußischen Behörden über die Bedingungen der Übersiedlung von russischen Altgläubigen beginnen schon 1825. Preußen ist an der wirtschaftlichen Erschließung der letzten unkultivierten Waldgebiete Masurens interessiert. Der erste Ansiedler ist dann Onufrij Jakwolew aus Pogorzelec. 1830 gründet er das Altgläubigendorf nördlich von Rudczanny (Niedersee), zwischen dem Beldahn- und Warnoldsee. Das Dorf wird nach ihm Onufrigowen genannt. Jefim Borissows Bruder Sidor und seine Anhänger siedeln 1830 in Eckertsdorf, das zum religiösen Zentrum der masurischen Altgläubigen wird. 1838 leben in der Kolonie 829 Altgläubige. Die preußischen Behörden gewähren ihnen Privilegien wie Steuerfreiheit für sechs Jahre oder die Befreiung vom Wehrdienst für die erste Generation der Kolonisten. In der Ausübung ihrer Religion werden sie nicht behindert, 1842 jedoch führen die preußischen Behörden auch in diesen Gemeinden den Zwang zur Führung von Kirchenbüchern ein. 1843 beginnt die Einberufung zum Militär der Jahrgänge, für die die Befreiung nicht mehr gilt. Ab 1847 gilt eine Schulpflicht für Mädchen. Der größere Teil der Altgläubigen kann sich damit nicht abfinden und wandert weiter.

1867 schickt die russisch-orthodoxe Großkirche aus Warschau einen Popen nach Masuren, um die Altgläubigen wieder für die „Eingläubigkeit“ zu bekehren. Mit der

Typisch masurisches Wohnhaus im Dorf Mingfen im Kreis Ortelsburg in den 1920er Jahren. Im Ersten Weltkrieg werden zahlreiche dieser Holzhäuser zerstört. Danach werden die neuen Höfe fast immer im typisch preußisch-deutschen roten Backstein errichtet.

Zeit gewinnt er einige hundert Gläubige. Das führt dazu, dass es bald neben den altgläubigen Philipponen eine russisch-orthodoxe Kolonie in Masuren gibt.[166]

1897 durchstreift der sächsische Gymnasiallehrer Fritz Tetzner die masurischen Dörfer der Altgläubigen. Tetzner kann die Philipponen eindeutig von den Masuren unterscheiden: „Die Gestalt ist groß und kräftig, die Haarfarbe blond, die Augen sind blau, die Haut ist zartrot. Die Kinder und Mädchen sehen aus wie Milch und Blut. Die Masuren dagegen sind klein, braun, von kräftiger Hautfarbe."[167]

Am Ende des 19. Jahrhunderts sind die Altgläubigen in Masuren dreisprachig. Im Alltag mit ihrer masurischsprachigen Umgebung sprechen sie Polnisch in seiner Regionalvariante aus dem Masurischen oder dem Polnischen des Suwalki-Distrikts. Unter sich und in der Religionsausübung verwenden sie eine russische Mundart aus der Gegend von Nowgorod und Pleskau. Im Laufe der Zeit entlehnen sie viele Worte aus den Sprachen der Völker, mit denen sie auf ihrer Wanderung verkehrt haben: aus dem Polnischen, Litauischen und aus dem Deutschen. Wenn sie „sich aufregen", sagen sie: „aufregawat'sia". Wenn sie „etwas gebrauchen", sprechen sie von „brukawat", abgeleitet vom niederdeutschen „bruke" für „brauchen". Im Gespräch mit Deutschen und den ostpreußischen Behörden verwenden sie die masurische „wasserpolnische" Variante des Hochdeutschen. Der Einfluss der deutschen Schule, des preußischen Militärdienstes und das im Ersten Weltkrieg bahnbrechende Gefühl der Gemeinschaft mit der deutschen Nation führen dazu, dass sich die masurischen Altgläubigen in den 1920er Jahren für „Deutsche altslawischen Bekenntnisses" halten. Trotz des starken Assimilationsprozesses leugnen sie ihre Wurzeln und den Sondercharakter ihres Glaubens nicht. Während der Volksabstimmung 1920 wird in den Philipponen-Dörfern keine einzige Stimme für Polen abgegeben.

Preußisch-Litauen

Der 19-jährige Alfred Meschenmoser hat sich am 7. Februar 1941 um 16 Uhr im Berliner Restaurant Tiergartenhof einzufinden. Der Angestellte der Deutschen Hollerith Maschinen AG ist nach Abschluss der Lehre zum Reichsarbeitsdienst eingezogen und muss sich bei seinem RAD-Führer melden. „Im Saale sind viele Leidensgefährten. Mit Lärm ordnen sich die Haufen. Wohin geht es eigentlich? Bei dem einen steht ‚Cottbus' als RAD-Meldeamt, beim anderen ‚Schillfelde'. Die mit ‚Cottbus' freuen sich, denn den Ort kennt man, der liegt nahe bei Berlin. ‚Schillfelde' – nie gehört, wo liegt dieses verdammte ‚Schillfelde'? Die Wahrheit sickert durch: Schillfelde liegt in Ostpreußen, nahe der russischen Grenze. Mein Gott."[168]

Die Arbeitsdienstler steigen im nahen Bahnhof Zoo in einen Sonderzug. Über das brandenburgische Küstrin, die seit dem Polenfeldzug „Großdeutschland" wieder einverleibten westpreußischen Orte Konitz und Dirschau geht es gen Osten. „Es wird immer kühler, je weiter wir nach Osten kommen. In Berlin war die Temperatur noch gemäßigt, jetzt sind schon Eisblumen am Fenster. Durch die Wandritzen zieht ein eiskalter Wind. (...) Es wird Tag, wir sind in Ostpreußen. (...) In Schloßberg umsteigen in eine Kleinbahn."[169] Die jungen Arbeitsdienstler aus Berlin sitzen jetzt in einem Zug der Schloßberger Kleinbahn. Schloßberg heißt bis 1938 Pillkallen und ist die Kreisstadt des gleichnamigen Kreises im äußersten Nordosten Ostpreußen. Das Streckennetz der Kleinbahn umfasst 81 km, die Spurbreite beträgt 1 000 mm. Die langsame Fahrt geht über die 16,4 km der Hauptstrecke von Pillkallen nach Pasloepen, Uszpiaunen Domäne, Uszpiaunen Dorf, Wiltauten, Uszballen, Grumbkowkaiten, Wingern, Patilszen (Insterwalde) nach Kiauschen. Hier zweigt eine Strecke über Szardehlen, Kischen bis nach Schillehnen ab. In Schillehnen, das jetzt Schillfelde heißt, sind die Arbeitsdienstler stationiert. Die Großstädter wissen nicht, dass die kurvenreiche Streckenführung so gewählt ist, damit viele Orte einen gemeinsamen Haltepunkt haben. Die Kleinbahn dient auch weniger dem Personenverkehr als dem Transport landwirtschaftlicher Produkte zum nächsten Fernbahnhof Pillkallen. Von ihm erreicht man mit der Reichsbahn die Provinzhauptstadt Königsberg über Stallupönen, Gumbinnen, Insterburg und Wehlau in 3 Stunden und 54 Minuten.

Das Bähnchen könnte die Arbeitsdienstler noch vier weitere Kilometer über Eydgymmischken bis nach Doristhal bringen. Jetzt sind es nur noch 2 km bis nach

Nowischken, das seit 1933 Braemerhusen genannt wird. Von der Terrasse des dortigen Gutshauses blickt man über den Park bis zur nahen Scheschuppe, dem Grenzfluss zu Litauen. Die meisten Güter der Gegend wie Groß Kummetschen, Doristhal, Tannenwalde und Nowischken gehören der hier seit 1818 ansässigen Familie Braemer.

Ein Endhaltepunkt der Pillkaller Kleinbahn ist Schirwindt. Das Grenzstädtchen mit seinen 1090 Einwohnern (1939) ist nicht nur nach Garnsee die zweitkleinste Stadt Ostpreußens, sie ist auch die östlichste Stadt des Deutschen Reiches. Sie liegt 22,64 Grad Ost und damit etwa auf dem Längengrad des finnischen Turku oder von Sparta auf der griechischen Halbinsel Peloponnes. Auf dieser Länge verläuft heute auch die polnische Ostgrenze. Nördlich von Schirwindt und noch ein wenig östlicher liegt das Dorf Schilleningken mit 142 Einwohnern, 1938 in Ostdorf umbenannt.

Kalte Winter, prußisch-litauische Ortsnamen, Grenzland – wir sind im „nordöstlichen Ostpreußen". Eine markantere Bezeichnung wie Oberland, Ermland, Masuren oder Samland haben Deutsche und Ostpreußen im 20. Jahrhundert nicht für das Gebiet, das heute den größten Teil des Oblasts („Bezirks") Kaliningrad der Russischen Föderation ausmacht – den 300 Jahre gebräuchlichen Namen „Litauen" für die Landschaft verwendet man im 20. Jahrhundert aus nationalistischen Gründen nicht mehr.

1898 veröffentlicht der Oberlehrer des Königlichen Luisen-Gymnasiums zu Memel, Albert Zweck, das Buch *Litauen – Eine Landes- und Volkskunde*. Er meint damit nicht das katholische Litauen im Zarenreich, sondern das protestantische vor seiner Memeler Haustür. „Den äußersten Nordosten der Provinz Ostpreußen nimmt die Landschaft Litauen ein, im Süden durch den Goldapfluss von Masuren geschieden, im Westen bis zur Alle und Deime reichend. Von der Deimemündung bis Cranz bildet der Südrand des Kurischen Haffes die Grenze gegen das Samland; im Nordwesten rollen die Wogen der Ostsee gegen die Dünenketten der Kurischen Nehrung, die ebenso wie das Haff der litauischen Landschaft zuzurechnen ist. Im Südwesten ziehen wir die Grenzlinie von der Goldapmündung über Nordenburg und Gerdauen nach Friedland und greifen der natürlichen Abrundung zu Liebe ein wenig über das eigentlich litauische Gebiet hinaus. Im Osten bildet gegen Russland die Szeszuppe auf kurze Erstreckung eine natürliche Grenze."[170] Ein deutscher Oberlehrer benutzt für den nordöstlichen Teil Ostpreußen ganz selbstverständlich den Namen „Litauen".

„Seit dem 18. Jahrhundert war der Begriff ‚Preußisch-Litauen' ganz geläufig (...) Erst seit 1919 hat man sich in Deutschland aus verständlichen politischen Gründen rasch abgewöhnt, die Landschaft im nordöstlichsten Winkel des Deutschen Reiches ‚Litauen' zu nennen"[171], schreibt Dietmar Willoweit, 1936 in Memel geboren und Professor in Würzburg mit Forschungsschwerpunkt deutsche Verfassungsgeschichte vom 12. bis zum 19. Jahrhundert. Im preußischen Staat wird die Region mit überwiegend litauischer Bevölkerung seit dem 18. Jahrhundert „Litthauen" oder auch „Preußisch-Litauen" genannt.[172]

Bei einer Visitationsreise des damals 25 Jahre alten Königs Friedrich Wilhelm I. im Jahr 1714 in den entlegenen und inzwischen fast menschenleeren östlichen Teil seines Reiches verfügt dieser, den Regierungsbezirk Königsberg in zwei Amtskammern aufzuteilen, in eine preußisch-deutsche mit Königsberg und eine preußisch-litauische mit Tilsit. 1815 erhält das ehemalige Ordensland und Herzogtum im Königreich Preußen eine neue Verwaltungsordnung. Damit wird auch das bis dahin bestehende Litthauische Kammer Departement aufgelöst. In der „Provinz Preußen“ entstehen durch königliche Verordnung der Regierungsbezirk Ostpreußen mit der Hauptstadt Königsberg und der Regierungsbezirk Litauen mit der Hauptstadt Gumbinnen. Mit der Gebietsreform von 1815 gehören dem Regierungsbezirk die zehn 1818 gebildeten „litauischen“ landrätlichen Kreise Memel, Heydekrug, Niederung, Tilsit, Ragnit, Pilkallen, Insterburg, Gumbinnen, Stallupönen und Darkehmen sowie die Kreise Angerburg, Goldap und masurische Kreise an.

Der Ausbruch der Pest zu Beginn des 18. Jahrhunderts trifft Preußisch-Litauen und Masuren besonders hart. In den damals ethnisch nichtdeutschen Regionen Ostpreußens sind nach „der Pestepidemie von ehemals 1 830 litauischen Dörfern lediglich noch 3 ausschließlich von Litauern bewohnt (...) Erst die Neuansiedlung deutschsprachiger Kolonisten veränderte die ethnische Struktur, sodaß die Litauer nur noch in wenigen Kreisen dominierten; 1736 lebten im Kreis Tilsit 92 Prozent, in Ragnit 69 Prozent und in Insterburg 52 Prozent Litauer“[173], schreibt Andreas Kossert. Südlich der Memel assimiliert sich die litauische Bevölkerung immer mehr an die Neusiedler, sodass bald auch auf dem Land das Hoch- und Niederdeutsche beherrschend wird. Nördlich der Memel bleibt das Litauische vorherrschend.

Zum 1. April 1878 wird die Provinz Preußen wieder in West- und Ostpreußen geteilt. In der neuen Provinz „Ostpreußen“ heißt der Regierungsbezirk Ostpreußen jetzt Regierungsbezirk Königsberg, der ehemalige Regierungsbezirk Litauen wird zum Regierungsbezirk Gumbinnen. Vier Jahrzehnte später, 1919, wird Magnus von Braun sein Regierungspräsident. 1880 ist Gumbinnen noch ein 9 530-Einwohnerstädtchen. Bei von Brauns Ankunft hat es 19 000 Einwohner. „Bädecker, der unfehlbare Reiseführer, schrieb bei Gumbinnen: ‚Lohnt das Aussteigen nicht‘. Hier aber irrte er. Gumbinnen, an der Pissa gelegen, die die Nazis in ihrem nie versagenden Zartgefühl in ‚Rominte‘ umgetauft haben, war zwar keine schöne Stadt, war aber doch der Mittelpunkt jenes herrlichen Landes, in dem Pferd, Rothirsch und Elch den Ton angeben, ja in weiterem Sinne das Leben und Denken der Menschen beherrschen.“[174] Ernst Wiechert kommt als Offiziersanwärter im Jahr 1916 durch das „herrliche Land“ um Gumbinnen. Er kann der Empfehlung des Baedecker nicht folgen, er muss aussteigen und gewinnt einen schlechten Eindruck. „Von Gumbinnen aus, einer der gottverlassensten Kleinstädte an der russischen Grenze (...) fuhr ich dann ins Warthelager.“[175]

Im Kaiserreich sind in der Stadt Insterburg vor allem Kavallerie- und berittene Artillerie-Einheiten wie das Litthauische Ulanen-Regiment Nr. 12, das Jäger-Regi-

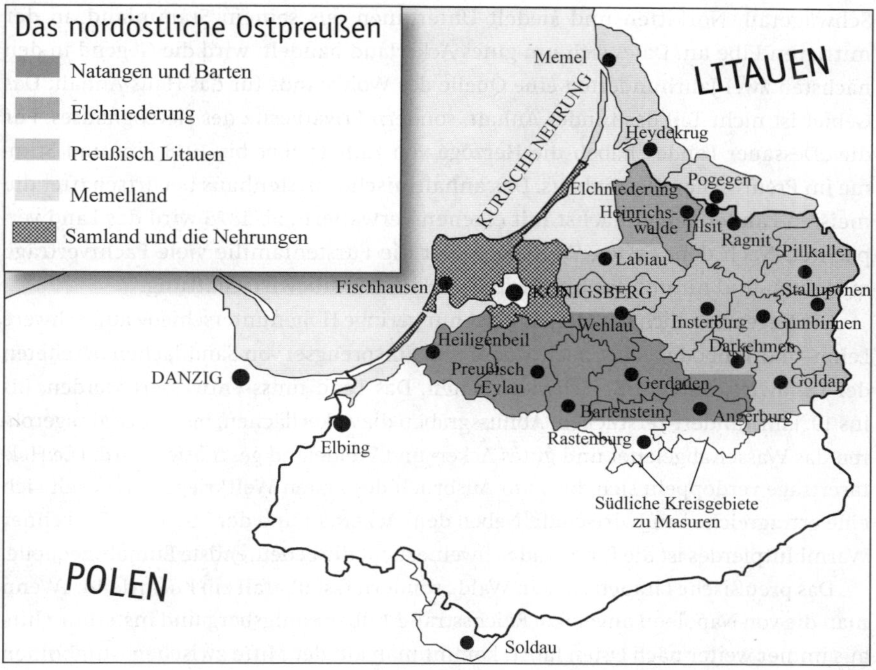

ment zu Pferde Nr. 9, das Feldartillerie-Regiment „Prinz August von Preußen" (1. Litthauisches) Nr. 1 und 2. Litthauisches Feldartillerie-Regiment Nr. 37 stationiert. Den Namen „Litthauisch" behalten sie bis 1918 in ihrem Namen. Die seit 1902 kreisunabhängige Stadt an der Angerapp, die sich 2 km unterhalb mit der Inster vereinigt und dann Pregel genannt wird, beherbergt in den 1930er Jahren bei 43 000 Einwohnern 6 000 Angehörige der Wehrmacht.[176] Insterburg wird umgeben vom gleichnamigen Kreis, in dem auch das Dorf Norkitten liegt, Hauptsitz der „Herrschaft Norkitten" südlich des Pregel zwischen Insterburg und Wehlau. Diese Herrschaft, auch die „Dessauischen Lande" genannt, ist ein schmales, aber etwa 30 km langes Gebiet mit 125 km² Fläche, doppelt so groß wie das preußische Staatsgestüt Trakehnen. Die „Dessauischen Lande" bestehen aus einer Vielzahl von Dörfern, Gütern und Domänen. Sie gehören noch 1945 dem ehemaligen Fürstenhaus des Herzogtums Anhalt.

Im Jahr 1721 bereist König Friedrich Wilhelm I. zusammen mit Fürst Leopold von Anhalt-Dessau, dem „Alten Dessauer", das von der Pest und einer Pockenepidemie heimgesuchte Ostpreußen. Der Fürst aus dem kleinen Anhalt-Dessau ist ein erfolgreicher Heerführer im Dienste des Soldatenkönigs; er ist Reorganisator der preußischen Armee, führt dort den Gleichschritt und den eisernen Ladestock ein. Fürst Leopold I. von Anhalt-Dessau erwirbt auf Wunsch des Königs zur Wiederbelebung Ostpreußens zwischen 1724 und 1726 unter anderen die Güter Bubainen,

Schwägerau, Norkitten und siedelt Untertanen aus seinem Stammland an der mittleren Elbe an. Da es sich um gutes Ackerland handelt, wird die Gegend in den nächsten zwei Jahrhunderten eine Quelle des Wohlstands für das Haus Anhalt. Das Gebiet ist nicht Teil des Landes Anhalt, sondern Privatbesitz des Herzoghauses: Für die „Dessauer Lande" haben die Herzöge von Anhalt aber bis 1918 Sitz und Stimme im Preußischen Herrenhaus. Das anhaltinische Fürstenhaus bewirtschaftet die meisten Ländereien zunächst mit eigenen Verwaltern, ab 1875 wird das Land verpachtet. Nach dem Ersten Weltkrieg lässt die Fürstenfamilie viele Pachtverträge auslaufen und nimmt das Land wieder in die Selbstbewirtschaftung.

Die Gegend südlich der Memel weist nur geringe Höhenunterschiede auf. Schwere Lehm- und Tonböden, aber auch Moore und Einsprengsel von Sandflächen bereiteten der Landwirtschaft große Schwierigkeiten. Das Land muss entwässert werden. Bis ins 19. Jahrhundert zerstückeln Abflussgräben die Ackerflächen, bis mit Drainagerohren das Wasser abgeleitet und gutes Acker- und Weideland geschaffen wird. Die Hektarerträge verdoppeln sich, bis zum Ausbruch des Ersten Weltkriegs entwickelt sich eine ertragreiche Landwirtschaft. Neben dem Ackerbau und der Zucht des Trakehner Warmblutpferdes ist die Rind- und Schweinezucht die bedeutendste Einnahmequelle.

Das preußische Litauen ist kein Wald-, sondern fast überall ein Kulturland: „Wenn man die von Napoleon angelegte Reichsstraße 1 über Königsberg und Insterburg hinaus immer weiter nach Osten fährt, kommt man auf der Mitte zwischen Gumbinnen und Stallupönen an eine Stelle, wo sich die Straße um einige Meter aus der sonst völlig flachen Landschaft heraushebt. Von dort fällt der Blick nach Süden über ein weites, grünes, parkartig mit Bäumen bestandenes Land, das bis an den Horizont reicht. Hier haben göttliche Schöpferkraft und menschlicher Gestaltungswille gemeinsam ein Werk zustandegebracht, wie es nur selten gelingt."[177] Zwölf Jahre alt ist Hans Graf von Lehndorff, als sein Vater zum Landstallmeister des preußischen Hauptgestüts ernannt wird und die Familie 1922 hierher zieht: „Es ist Trakehnen, die Heimat der edlen ostpreußischen Pferde."[178]

Ebenso bekannt wie Trakehnen ist die Rominter Heide im Südosten des preußischen Litauens in den Landkreisen Goldap und Stallupönen. Das Waldgebiet ist ein beliebtes Jagdgebiet vieler preußischer Landesherren. Sein letzter Oberforstmeister Walter Frevert schreibt: „Die Größe der Rominterheide betrug rund 26 000 ha, davon waren rund 25 000 ha im Gatter. Als Teil der ‚Großen Wildnis' beherbergte sie ursprünglich fast alles europäische Wild, als Nutzwild also Ur- und Auerochsen, Wisent, Wildpferd, Elch, Rotwild, Sauen, Rehwild, Biber, Hase, Auerwild, Birkwild, Haselwild, Rebhuhn, Wasserwild dann an Raubwild Bär, Wolf, Luchs, Fuchs, Dachs, Wildkatze, Otter, Marder, Iltis, Wiesel sowie die Tag- und Nachtraubvögel, darunter auch den Uhu."[179]

Die Rominter Heide ist ab Mitte der 1850er Jahre vor allem berühmt für ihre kapitalen Hirsche. „Es gelang dann dem damaligen Forstmeister von Szittkehnen,

Frhr. v. Nordenflycht, über den Burggrafen Dohna, den späteren Fürsten Dohna-Schlobitten, die Aufmerksamkeit des Kaiser Wilhelm II. auf Rominten zu lenken, und so wurde die Rominter Heide zum kaiserlichen Hofjagdrevier erklärt. Im Herbst 1890 kam der Kaiser zum ersten Mal nach Rominten und wohnte in der Gastwirtschaft Theerbude."[180] Wilhelm II. baut sich hier in „Kaiserlich Rominten" ein kleines Jagdschloss im norwegischen Stil. Walter Frevert ist als Oberforstmeister ab 1938 für alle vier Forstämter der Rominter Heide zuständig. Er erinnert sich: „Der Kaiser war im Herbst bis zu drei Wochen in Rominten und schoß persönlich bis zu 30 Hirsche in dieser Zeit. Er schoß nicht nur die starken, sondern auch die Abschusshirsche, die er bekommen konnte. Es war in den Jahren 1889 bis 1913 leichter, den Schwarzen Adlerorden, mit dessen Verleihung der erbliche Adel verbunden war, zu bekommen, als in Rominten auf einen Hirsch eingeladen zu werden."[181]

Nach Abdankung des Kaisers wird aus „Kaiserlich Rominten" die Ortschaft „Jagdhaus Rominten". In der Weimarer Republik wird das Waldgebiet ein Staatsjagdrevier des Freistaats Preußen. Dessen aus Königsberg stammender Ministerpräsident Otto Braun weilt dort häufig zur Jagd. Otto Braun –„der ein ausgezeichneter Jäger war und sehr viel für das deutsche Waidwerk getan hat (Frevert)", erlässt für sein Preußen zahlreiche Bestimmungen zum Schutz und zur Schonung des Wildes.[182] Im Nationalsozialismus wird die Rominter Heide von „Reichsjägermeister" Hermann Göring in Beschlag genommen.

Das Memelland

„Wer als preußischer Litauer über die Grenze blickte, konnte eigentlich nur feststellen, daß er in einem vergleichsweise komfortablen Land zu Hause war. Und der Bauer blickte oft über diese Grenze. Man muß sie sich wohl als ziemlich durchlässig und lebhaft vorstellen. Seit 1422, seit dem Frieden vom Melnosee, schied sie zwar zwei Herrschaftsgebilde voneinander, aber im Laufe der Jahrhunderte war aus dem Streifen Wildnis eine leidlich bevölkerte Gegend geworden. Von Ost und West waren die Siedlungen aufeinanderzugewachsen, und die Grenzorte hüben und drüben lagen nicht zufällig vis-à-vis."[183] Die nördliche Grenze Ostpreußens ist 500 Jahre lang keine natürliche, etwa durch Gebirgskämme und Flussverläufe gewachsene. Als die letzten Wälder gerodet sind, siedeln hier im 17. Jahrhundert sprachverwandte Menschen in Nachbarschaft.

Die Autorin Ulla Lachauer hat einen unverblendeten Blick auf die Menschen beiderseits der grünen Grenze: „Viele lebten vom grenzüberschreitenden Handel; ebenso blühte der Schmuggel. Der memelländische Bauer kaufte Lederwaren in Gargsdai oder Taurage, ließ Wolle dort färben, erstand preiswert Gänse und Schweinefleisch. Wer auf der anderen Seite wohlhabender war, kaufte im

Preußischen Manufakturwaren, Schnaps, Kaffee und ließ sich mit der Kutsche nach Heydekrug zum deutschen Doktor fahren."[184]

Die im Zarenreich lebenden Litauer sind den Menschen nördlich der Memel nicht fremd, aber für die meisten auch nicht eng verwandt. „Die Grenze gehörte für viele Memelländer zum Alltag. Sie wußten genau, wie es jenseits aussah, daß dort nicht ‚Asien' begann, wie die deutschnationale Propaganda Ende des 19. Jahrhunderts behauptete. Aber sie empfanden auch deutlich das Trennende."[185] 1920 liegen im Norden des preußischen Litauens nicht mehr Grenzorte vis-à-vis und der preußische Litauer blickt hier über keine Grenze mehr. Er soll jetzt kein Preuße und nur noch Litauer sein.

August Ambrassat, dessen Nachname eine litauische Herkunft verrät, beschreibt die Preußisch-Litauer in seinem 1911 erstmals erscheinenden ostpreußischen *Handbuch der Heimatkunde*: „Die Litauer bilden im allgemeinen einen elastischen, kräftigen, gut gewachsenen und recht temperamentvollen Menschenschlag. Mut, Tapferkeit, Vaterlandsliebe zeichnen sie aus. Ihre Hand ist geschickt. Der richtige Litauer ist sein eigener Stellmacher, Tischler, Zimmermann, Maurer. (...) Als Soldat wird er gerne im Heer gesehen. Bei der Arbeit ist er treu und gewissenhaft. Dem Fremden gegenüber zeichnen sich die Litauer durch Gutmütigkeit, Biederkeit und große Gastfreiheit aus." So in ein gutes Licht gestellt, muss auf die Nicht-Deutschen doch auch ein Schatten fallen: „Leider ist auch das Volk der Litauer nicht ohne große Schwächen. Bei der ärmlichen Bevölkerung fehlt fast ganz der Sinn für Ordnung, Reinlichkeit, Sauberkeit. Groß ist auch die Neigung zum Trunke. Sie findet sich nicht nur bei Männern, sondern leider auch bei Frauen." Und weiter: „Holzdiebstahl und Wilddieberei hält der einfache Litauer für kein Vergehen. Wald und Wild hat nach seiner Meinung, der liebe Gott für alle geschaffen. Recht häufig zeigt sich bei ihm die Neigung zu betrügen, am deutlichsten beim Pferdehandel."[186]

Der Artikel 99 des Vertrages von Versailles bestimmt 1919, das Land nördlich der Memel zum Januar 1920 von Ostpreußen und damit vom Deutschen Reich abzutrennen. „Dieser Vertrag hatte das Memelgebiet überhaupt erst geschaffen", stellt Hartmut Boockmann fest. Das Memelgebiet, ein 140 km langer und bis zu 20 km breiter Landstreifen nördlich der Memel, ist von 1923 bis 1939 autonomes Gebiet unter der Souveränität Litauens. Die Amtssprachen sind Litauisch und Deutsch. Vor Beginn der Konferenz von Versailles ist „Memelland" auch in Deutschland kein gebräuchlicher Landschaftsbegriff. Das Gebiet hat nie zuvor eine eigene staatliche Identität besessen und ist nie eine Verwaltungseinheit gewesen. Um aus deutsch- und litauischsprachigen Memelländern Litauer zu machen, reichen 19 Jahre autonomes Memelland nicht aus. Aber sie schaffen doch eine Identität, die nach 1945 noch im Westen Deutschlands deutsch- und litauischsprachige Flüchtlinge, Vertriebene und Aussiedler zu „Memelländern" verbindet. Nördlich der Memel ist auf dem Land Litauisch noch die Alltagssprache. Mitte des 19. Jahrhunderts kann der im Flecken

Prökuls im Kreis Memel amtierende Kreisrichter und spätere Dichter Ernst Wichert berichten: „Die ganze Landbevölkerung in diesem nördlichsten Winkel Preussens war litauisch, wenn es auch zerstreut einige deutsche Besitzer gab, welche Bauerländereien zusammengekauft und zu grösseren Gütern vereinigt hatten, die sie mit litauischen Knechten und Mägden bewirtschafteten.“[187] Spracherhebungen im Kaiserreich müssen mit Vorsicht interpretiert werden. Bei Zweisprachigkeit wird, auch wenn das Deutsche die weniger beherrschte Sprache ist, der Befragte schnell zum Deutschsprachigen klassifiziert.

Die erste Sprachzählung in Preußen findet 1817 im Regierungsbezirk Gumbinnen statt; sie erfasst Deutsch, Litauisch und Masurisch. Bei dieser Zählung wird auch die Muttersprache der Schulkinder erhoben, in welcher der Religions- und der Leseunterricht erteilt wird. Bei der nächsten Zählung 1835 gibt die Regierung in Gumbinnen die Anweisung an die Landräte, nicht die Verkehrssprache, sondern die in den Familien gebräuchliche Sprache zu erfassen. Die Ergebnisse sind umstritten; der Historiker Manfred Klein nennt die Gründe: „Das zentrale Problem war in dem Moment geboren, als auch explizit Sprache mit der Nationalität der Befragten verbunden wurde. Zwar hatte sich der Leiter des statistischen Büros Preußens, Ernst Engel, anläßlich der Volkszählung in der ganzen Monarchie von 1861 noch relativ vorsichtig ausgedrückt mit seinem Hinweis, die Sprache sei in gewissem Grade gleichbedeutend mit der Nationalität, doch wurden in der Folge in den statistischen Auswertungen Sprache und Nationalität meist bedingungslos gleichgesetzt.“[188] Wenn „litauisch Sprechende“ auch nicht automatisch „Litauer“ sind, klassifizieren doch selbst die so erhobenen Daten vor dem Ersten Weltkrieg 48 % der Bewohner nördlich der Memel als Litauischsprachige – auf dem Land eine deutliche Mehrheit.

Die Siegermächte des Ersten Weltkriegs behaupten in Versailles aufgrund von Sprachbanden eine strittige Verbindung; sie übersehen, dass Religion und Assimilation an „deutsche Kultur“ mehr preußisch-protestantische von russisch-katholischen Litauischsprachigen trennen, als die gemeinsame Sprache verbindet. Obwohl die Mehrheit der Bevölkerung im Memelland litauisch spricht, fühlt sie sich doch deutsch.

Der Begriff „Memelland“ wird von Litauern selten benutzt. Sie nennen nach dem Ersten Weltkrieg das Gebiet „Kleinlitauen“, auch wenn Kleinlitauen in ihrem Verständnis noch weit nach Süden über die Memel greift. Schon die Statistiken heutiger litauischer Historiker zeigen deren andere Sicht auf das autonome „Kleinlitauen“ der Jahre 1923 bis 1939. „Das Memelland war klein. Es umfaßte 2 848 km². Es bildete 5,1 % der gesamten Fläche Litauens. Nach der Volkszählung von 1925 lebten im Lande 141 645 Einwohner oder 6,0 % der Gesamtbevölkerung Litauens. Von der gesamten Bevölkerung bildeten Litauer zusammen mit Memelländern 71 963 oder 50,8 %, die Deutschen 59 845 (45,2 %), die anderen 10 817 (4,0 %). In der Stadt Klaipėda wohnten 35 845 Menschen, davon 10 817 (30,3 %) Litauer, 20 716 Deutsche (57,8 %), und 4 283 (11,9 %) andere. Nach der Religion haben sich die Einwohner so verteilt: Evangelische Lutheraner 91,7 %, Katholiken 5,3 %, Israeliten 1,7 %, andere Religionen 1,3 %."[189]

Die drei preußischen Kreise Ragnit, Tilsit und Heydekrug liegen beiderseits der Memel, nur der Landkreis Memel als Ganzes nördlich. Als die Memel zum Grenzfluss wird, schrumpfen die Kreise Tilsit und Ragnit. Der Kreis Tilsit verliert 84 % seiner Fläche und 78 % seiner Bewohner, der Kreis Ragnit 22 % bzw. 16 %. Aus den Gebieten dieser Kreise entsteht im Memelland ein neuer „Kreis Pogegen". Das Landratsamt hat ab 1920 seinen Sitz in dem gleichnamigen Kirchspiel mit nur 1 400 Einwohnern. Pogegen wächst aus zwei kleinen Dörfern zu einem ansehnliches Verwaltungszentrum mit den Praxen von Ärzten, Dentisten und Veterinären, einem Kino, einem eigenen Elektrizitätswerk, einer Polizeistation und einer Kaserne der litauischen Armee, deren Soldaten in der Öffentlichkeit aber nicht in Erscheinung treten. In Pogegen entstehen auch eine evangelische und eine katholische Schule und das litauischsprachige Donalitius-Gymnasium. Der Kreis Pogegen ist ein lang gestrecktes Gebilde von 60 km, das im Osten und Norden bis zur alten deutsch-russischen Grenze, im Süden bis an den Memelstrom und im Westen bis zur Grenze des Kreises Heydekrug reicht. Mit 93 900 ha nimmt der neue Kreis 40 % des gesamten Memellandes ein. Die Bewohner des Landkreises sind weiter stark nach Tilsit orientiert. Der größte Teil des Gebietes kann im sogenannten kleinen Grenzverkehr mit einer Grenzkarte ohne Visa besucht werden. In dem gegenüber Tilsit liegenden Pogegen laufen alle Eisenbahnen und Chausseen zusammen, hier gabelt sich nicht nur die von Tilsit kommende Eisenbahn nach Memel und Tauroggen; Pogegen ist auch die Endstation einer Kleinbahn in das 55 km östlich liegende Schmalleningken. Von Tilsit kann man mit der Zweigbahn über die Memel fahren und im Dorf Mikieten auf die Kleinbahn nach Schmalleningken umsteigen.

Der Schriftsteller Johannes Bobrowski wird 1917 als Sohn des Eisenbahnbeamten Gustav Bobrowski geboren. Seine Mutter Johanna ist eine geborene Witzke aus dem Dorf Motzischken, nördlich der Memel im Kreis Tilsit – ab 1920 Pogegen – gelegen. Bobrowskis Vorfahren väterlicherseits sind eingewanderte Hugenotten, die sich zunächst im westpreußischen Kulmerland niederlassen und später im nördlichen Masuren siedeln. Bobrowskis Großeltern leben dann als Bauern im Kreis Rastenburg, seine Großmutter mütterlicherseits übersiedelt nach Willkischken, später nach Motzischken im Memelland. Der Vater des Schriftstellers wird im Frühjahr 1919 ins westpreußische Graudenz versetzt. Ein Jahr später, nach der Abtretung Westpreußens an Polen, kehrt die Familie nach Tilsit zurück, 1925 zieht sie nach Rastenburg in Masuren, wo Johannes Bobrowski ab Ostern 1927 aufs Gymnasium geht. Nach Umzug im Oktober 1928 nach Königsberg besucht Bobrowski dort das Gymnasium bis zum Abitur.[190] In Motzischken verbringt er zwischen 1929 und 1939 seine Ferien.

Der Eisenbahnersohn Bobrowski nimmt es in seinem Werk mit Zugverbindungen genau. In seinem im Memelland spielenden Roman *Litauische Claviere* von 1965 fah-

Kreis Heydekrug. Eine Fischerfamilie vom Kurischen Haff vor dem Ersten Weltkrieg. Ein Sohn dient in der Preußischen Armee. Das ist ungewöhnlich, denn die jungen Fischer von Nehrung und Haff werden in der Regel zur Kaiserlichen Marine eingezogen.

ren der Professor Voigt und der Konzertmeister Grawuhn am Vortag des Johannisfestes 1936 von Tilsit im elektrischen Triebwagen über die Memel. „Aber wir sind, wie gesagt, in der Gegend von Prussellen, eigentlich schon ein Stück darüber hinaus, in diesem Wiesenland, Grün in Grün, in dem die Ortschaften, die Einzelhöfe sowieso, beinahe verschwinden, auch das langgestreckte Gewässer, das sich von Prussellen, an Schakeningken vorbei, in einem Bogen nach Süden wendet, ein früheres Flussbett der Memel, die ganz schön herumgewirtschaftet hat, als ihre Ufer noch nicht befestigt waren. Wir sind schon kurz vor Mikieten, hier hält die Bahn länger, hier steigt, wer im Triebwagen saß, in den Pogegener Zug um, der vier Wagen hat und zwei Viehwaggons dazu und schon auf dem anderen Gleis wartet, auf Fahrgäste und den zweiten Wagen, den er dem Tilsiter Triebwagen abnimmt."[191]

In Gesellschaft deutscher Honoratioren fahren der Professor und der Konzertmeister in der Kleinbahn über Lompönen, Polompen, Kerkutwethen, Willkischken weiter nach Motzischken. Hier wird ausgestiegen und in die Gastwirtschaft Brenneisen am Kleinbahnhof eingekehrt. Bobrowskis Schwägerin Marie Luttkus erinnert sich 1985: „Der Bahnhof Motzischken war der beliebteste, vielleicht auch deshalb eben, weil die Gastwirtschaft Brenneisen direkt am Bahnhof war und man dort gemütlich einkehren konnte, wenn man warten mußte. Wenn der Zug da etwas länger hielt, lief manch einer hinein, um schnell einen guten Tropfen zu nehmen. Oft ist auch der Schaffner mal schnell in die Wirtschaft gegangen, um den Durst zu stillen und mit ihm mancher Fahrgast. Der Lokführer hatte dann seine liebe Not, sie wieder rauszubekommen. Er musste oft lange pfeifen, aber die Zeit musste eingehalten werden."[192] In Bobrowskis Roman werden am nächsten Tag im nahen Bittenen, direkt am Berg Rombinus, die nationalen Vereine der Deutschen und Litauer jeweils eigene Feste feiern. Sie enden im Streit.

Die Kleinbahn fährt weiter über Szagmanten, Nettschunen, Schustern, Wolfsgrund, Riedelsberg, Wischwill Ost und West, Endruschen, Wittkehnen nach Schmalleningken. Ihr Endhaltepunkt Schmalleningken liegt direkt an der Memel und ist bis zum Ersten Weltkrieg Grenzort zum Russischen Reich. Die Kleinbahn Pogegen–Schmalleningken ist eine meterspurige Schmalspurbahn, eröffnet im Jahr 1902. In Schmalleningken geht ein längeres Anschlussgleis zum besseren Umladen bis Memelhafen. Im Winterhalbjahr oder bei Hochwasser, wenn die Schifffahrt auf dem Memelstrom ruht, transportiert die Kleinbahn die Güter weiter. Der Grenzort hat zu der Zeit einen beachtlichen Güterverkehr. Vor allem Getreide, Vieh und Holz aus dem russischen Hinterland kommt über die Grenze.

Mit der Abtrennung des abgelegenen Memellandes vom Deutschen Reich im Jahr 1920 endet seine positive Entwicklung. Schmalleningken ist kein Grenzort mehr. Besonders schmerzlich wirkt sich der Wegfall der russischen Importe aus, der Verkehr über Schmalleningken sinkt fast auf Null. Der sich nördlich an Pogegen anschließende Kreis Heydekrug verliert 30 Dörfer südlich des Memelarms Ruß mit etwa 8000 Einwohnern, unter anderem Ackmenischken, Schakuhnen, Kallingken, Karkeln, Schillgenken und Skirwiet. Sie kommen zum Kreis Niederung der Provinz Ostpreußen. Vom Kreis Niederung werden am 27. Januar 1920 die nördlich der Ruß liegenden Gemeinden Groß Schilleningken, Klein Schilleningken, Heinrichsfelde und Leitgirren dem Memelland zugeschlagen und dort dem Kreis Heydekrug angeschlossen.

Noch vor dem Ersten Weltkrieg ist der Kreissitz Heydekrug mit dem Nachbarort Szibben vereint und darf sich seitdem mit seinen 4000 Bewohnern Stadt nennen. In Heydekrug kreuzen sich viele Verkehrswege, was den Ort zum Marktflecken macht. Heinrich A. Kurschat: „Die auch für die Dampfer befahrbare Sziesze, die guten Straßen, die Eisenbahn und Kleinbahn fördern den Güteraustausch zwischen den Fischern und Bauern, aber auch zwischen den Händlern und den Produzenten. Der Dienstagmarkt auf dem großen Marktplatz zwischen Germania-Hotel und Szieszehafen war das große Ereignis der Woche, nicht nur für die Heydekruger selbst, nein, auch für den ganzen Kreis. Von weither rollten die Bauernwagen mit Butter, Eiern und Geflügel, mit Holz, Kartoffeln und Getreide. Die Gemüsekähne aus Minge und die Fischerkähne von der Nehrung stellten sich ein. Stände wurden aufgeschlagen, an dem Brot und Käse, Fleisch und Wurst angeboten wurden."[193]

Nur 12% der Fläche des Memellandes sind mit Wald bedeckt, darunter die großen Staatsforsten bei Klooschen, Norkaiten, Dingken, Wischwill, Schmalleningken und der Nehrungswald bei Nidden. In der Land- und Forstwirtschaft arbeiten 48 % der Beschäftigten. Das Memelland ist arm an Gütern, der bäuerliche Besitz umfasst 84 % der bebaubaren Fläche, auf Großbetriebe entfallen nur 16 %. Hauptstadt ist das gleichnamige Memel.

Der Heimatkundler Heinrich A. Kurschat muss 1968 rückblickend eingestehen, dass Memel für viele Reichsdeutsche als preußisches Sibirien galt. „Aurich in Ostfriesland und Memel waren die Verbannungsorte, die einem Staatsbeamten bei irgendwelchen Verfehlungen drohten. Wer auf dem kleinstädtischen Bahnhof weit außerhalb des Stadtkerns ankam, ließ alle Hoffnung fahren."[194] Als Hauslehrer eines baltischen Barons hält sich Ernst Wiechert 1906/1907 auf einem Gut bei Memel auf. „In dieser kümmerlichen, nur auf das Geldverdienen angelegten Stadt" in Nachbarschaft des Gutes ist er ungern. [195] Der andere Schriftsteller mit Namen Wichert ist 50 Jahre zuvor voll des Lobes über die Stadt: „Sie machte auf mich den günstigsten Eindruck wegen ihrer schönen Lage an dem breiten Seetief und wegen ihrer originellen Bauart in den nicht durch die grosse Feuersbrunst vernichteten älteren Teilen und Vorstädten."[196] Ein Brand hat 1854 die Altstadt fast völlig zerstört. „So fehlen die Patrizierhäuser, die Danzig auszeichnen. Selbst die Speicher haben nicht das stolze Gesicht, das sie in Königsberg zur Schau tragen. So sind auch die öffentlichen Bauten ohne Prunk und Schönheit, rein auf den Zweck hin errichtet. Und doch gab es auch in Memel einen Zauber, dem sich kaum ein Besucher entziehen konnte. Davon wissen alle zu berichten, die zunächst unfreiwillig und mit Widerstehen nach Memel kamen – als Beamte, als Schauspieler, als Soldaten, als Journalisten. Es waren die Schönheiten des zweiten Blicks und die Atmosphäre, die sie zu Liebhabern Memels werden ließen. Der erste Blick enttäuschte – der zweite aber entflammte", schreibt Kurschat über seine Heimatstadt.[197] Die Stadt Memel ist bis 1920 nicht die nördlichste Grenze des Memellands, Ostpreußens und des Deutsche Reichs. Kurschat führt uns noch weiter nach Norden: „Arm sind die Dörfer im Norden der Stadt. Der sandige Boden gibt nicht viel her. Wie ein Symbol ist es, dass das nördlichste Dorf des Deutschen Reiches bis 1920 Nimmersatt heißt."[198]

Die Elchniederung

In der zweiten Hälfte des 19. und im 20. Jahrhundert ist die fruchtbare Niederung des Elchlandes, die sich westlich von Tilsit über 50 km Breite zum Haff und 80 km tief zwischen Memel und Deime erstreckt, ein reiches Bauernland. Sie gehört zu den Kreisen Tilsit, Heydekrug, Niederung und Labiau.

Paul Schnabel ist 23 Jahre alt und hat gerade das Lehrerseminar in Ragnit abgeschlossen, als er sich im September 1936 in seinem DKW von Tilsit zu seiner ersten Stelle aufmacht. Die Fahrt geht im Frühherbst 30 lange Kilometer so leidlich über die Kopfsteinpflasterstraßen der Elchniederung. Neukirch, Alt Lappienen und Groß Krauleiden werden passiert, dann gelangt der junge Lehrer zur Elchförsterei Kurrenberg, wo ihn sein Lehrerkollege erwartet. Ende der 1960er Jahre erinnert Schnabel sich: „Dann begann die eigenartigste Fahrt meines Lebens. Kollege Berg fuhr mit seinem NSU-Motorrad voran, ich folgte mit dem Auto. (...) Links und rechts bemerkte ich Moorwassergräben, die mit Mummelblättern und Schilf fast zugewachsen waren. Ab und zu blickte schwarzes mooriges Wasser hervor. Es blinkte wie Öl. Nur unsere Motoren störten die unheimliche Stille in diesem Naturschutzgebiet, in dem die Elche ihre Heimat hatten. Ein Fahrzeug durfte uns möglichst nicht entgegenkommen, und es kam auch keins. Herr Berg fuhr in Schlangenlinie vor mir her, stützte ab und zu mit den Beinen ab, rutschte mehrfach hinten weg, denn der Herbstregen hatte eine Menge Pfützen auf dem Kiesweg zum Jagdschloß Pait hinterlassen."[199] Bis Pait ist Schnabel mit dem Weg zum ersten Arbeitsort trotz der vielen Pfützen und bedrohlichen Wassergräben zur Rechten und zur Linken einigermaßen zufrieden. „Der Weg wurde nicht sehr oft von Autos befahren, aber die paar Lastwagen, der Bierwagen, das Fleischerauto oder ein Mietauto, das den Arzt befördert, dazu der täglich einspännig mit überdecktem Panjewagen fahrende Postmann Gronau, diese Fahrzeuge richteten den Moorweg derart zu, dass er im Herbst, im Frühling und im Sommer nach Regenwetter einer Schlammstraße glich. Die Natur wirkte urwild auf mich, der Weg bestand nur aus Moorerdepudding. Ich habe ähnliche Wege als Soldat in Polen gesehen. In Deutschland war mir dieser Weg von Pait nach Inse eine Sensation. Eine solche Pfützen-, Moor-, Moos-, Schilf-, Weiden-, Schlammstraße hatte ich noch nirgendwo gesehen. Menschliche Ansiedlungen gab es nicht mehr. Ich fühlte mich verloren und meinte, am Weltende zu sein."[200] Das Weltende heißt Inse und ist ein Fischerdorf am Kurischen Haff im Kreis Niederung. Hier mündet ein gleichnamiger kurzer Fluss direkt hinter dem Dorf ins Haff.

1937 ist die Straße gepflastert, denn 1935 weilt Reichsjägermeister Hermann Göring zu einer Elchjagd in der Gegend. Göring, preußischer Ministerpräsident, verspricht den Bewohnern: „Die Haffdörfer bekommen elektrisches Licht und eine Chaussee." In Paul Schnabels zweitem Jahr in Inse hält der Fortschritt Einzug. „Im Sommer 1937 leuchteten noch überall in den niedrigen Fischerstuben die Petroleumlampen. Sehr schnell standen dann die Leitungsmasten, und im Herbst 1937 erstrahlte in allen Haffdörfern das elektrische Licht."[201]

Starrischken, Klischen, Drawöhnen, Kinten, Ackminge, Szauken, Warruß, Karkeln, Loye, Inse, Tawe, Gilge, Nemonien, Agila und Juwendt heißen die Haffdörfer. Ihre Bewohner leben vom Fischfang. Das Kurische Haff gilt als das fischreichste Gewässer Deutschlands. Um 1920 fischen auf ihm 450 große „Kurenkähne", die, nach einem besonderen Fangnetz, auch „Keitelkähne" genannt werden. Ein Teil von ihnen hat seinen Heimathafen auf der Kurischen Nehrung. Typisch für die Kurenkähne werden seit der zweiten Hälfte des 19. Jahrhunderts die „Kurenwimpel". Sie sind das

Erkennungszeichen des Herkunftsortes und des Fischers. Seit 1844 muss jeder Kahn zur Vermeidung illegaler Fischerei durch eine „Ortsfarbentafel" seinen Herkunftsort anzeigen. Die königliche Regierung zu Königsberg verordnet die Kennzeichnung der Fischereikähne durch Farbtafeln am Mast.[202] Für die Fischerdörfer am Haff ist festgelegt: Schwarz-Weiß für die Orte auf der Nehrung, Blau-Gelb für die Südseite des Haffs im Samland und Rot-Weiß für die Ostseite in der Niederung. Die Ortsfarben finden sich später in den Wappen der Wimpel wieder, die zunehmend farbig und durch Schnitzereien, die Adler, Anker, Elche, Herze oder Schiffe zeigen, ausgeschmückt werden.

Der Autor Hans Karallus erinnert sich einiger Fischerdörfer der Niederung in den Kreisen Memel und Heydekrug: „Diese waren sehr fischreich und lieferten hervorragende Fänge. Die Ufer schilfumsäumt, dazwischen Wasserrosen. Liebliche Flüßchen der Wiesengegend. Ein Dorf weltverloren. Einige Gehöfte ganz am Haff. Dort wohnten Pieper und Ginsel, Geiszus. Nicht weit das große Tyrus-Moor. Im Frühjahr zur Zeit des Hochwassers Verkehr zur Außenwelt nur mit dem Boot. Der Schrei der Wildgänse war hier Tag und Nacht zu hören. Einsame Gehöfte in der Klischub. Wiesen überall, bis zum Haff."[203]

Das idyllisch gelegene Karkeln kommt 1920 vom Kreis Heydekrug zum Kreis Niederung und verbleibt deshalb beim Deutschen Reich. Durch das 900-Einwohner-Dorf fließt der Karkelstrom und mündet hier ins Haff. Ursela Maertin, geborene Weiß, aus Rostock beschreibt ihren Geburtsort, der im Sommer ein beliebter Ausflugsort ist, weil von hier zweimal täglich ein Raddampfer über das Haff nach Rossitten oder Nidden fährt: „Im Dorf gab es viele Möglichkeiten zur Erholung. Man konnte mit dem Motorboot oder mit einem Handkahn zur Badeinsel, genannt ‚der Weinberg', gelangen, um dort im Haff zu baden. Es gab auch einen Aussichtsturm, von dem man bis zur Kurischen Nehrung sehen konnte."[204] Auch die langen Wintertage sind für die Karkelner Kinder erlebnisreich. Sie laufen Schlittschuh und rodeln. Oder sie begleiten wie Ursela Weiß ihren Vater, der im Winter mit dem Pferdeschlitten das Heu von den Wiesen jenseits des Karkelstroms holt. Diese „Wasserwiesen", auch Lynkerort genannt, sind im Sommer nur mit dem Kahn zu erreichen. Die Familie Weiß besitzt in den Wasserwiesen eine größere Fläche. Die Heuernte findet in der Ferienzeit statt und die Kinder dürfen die Erwachsenen begleiten.

Die Wiesen der Niederung am Ufer des Haffs sind im Hochsommer auch das Ziel der Fischer der Nehrung. Auf der sandigen Nehrung wächst kaum Gras für die wenigen Kühe in den Ställen der Fischer. Etwa Mitte Juni beginnen die ersten Fischer, ihre Pferde, die Erntegeräte, Brennholz und alte Segel zum Überdecken des Bootes, einen Herd und Küchengerät einzuschiffen. Dann segeln die Familien, oft noch ein Boot im Schlepp, die 25 km zur anderen Seite des Haffs, nach Lynkerort, wo ihre Wiesen liegen. Die Männer ziehen die Boote an Land und kippen sie um. Mit Segeln und frisch geschnittenem Schilf bedeckt, bieten sie Schutz gegen das Wetter und nachts gegen die Mückenschwärme. Innerhalb von wenigen Tagen verwandeln sich die Haffwiesen in ein riesiges Lager.

Um Mitternacht, wenn die Luft klar und trocken ist, beginnen die Fischer der Niederung und die Bewohner der Haffdörfer mit dem Mähen. In den hellen Nächten sind die Kühle und das Fehlen der Bremsen für Mensch und Tier angenehmer als die stickige Tageshitze. Zudem ist das Gras schnittfester. Die meisten Familien schneiden noch mit der Sense. „Das war eine schwere Arbeit, wenn in einzelnen Fällen bis zu zwei Morgen Gras pro Tag gemäht werden mußten. Manche Fischer hatten sieben Morgen, manche bis zu 30 Morgen Wiesenland als Eigentum.“ [205] Bereits am Nachmittag kann das frisch geschnittene Gras gewendet und bald darauf abtransportiert werden. Mit riesigen Fudern beladen, schwanken dann die Wagen zum Ufer. Am Ufer wird das Heu in die Kähne verladen, die bis zu 60 Zentner Heu aufnehmen. Am Abend, wenn nach Sonnenuntergang der Ostwind einsetzt, segeln die Fischer zurück zur Nehrung. Sie sind zu Hause, bevor am Vormittag Flaute herrscht.

Das berühmteste der Haffdörfer ist Gilge im Kreis Labiau. Der Verkehr zum Dorf spielt sich auf dem Haff und auf den Wasserstraßen ab, erst 1927 erhält Gilge eine befestigte Straßenverbindung zum Nachbarort Nemonien. Die Erwerbsbasis des Dorfes ist zwar die Fischerei, Gilge und das benachbarte Nemonien sind im 20. Jahrhundert aber auch beliebte Ausflugsziele.

Der Lehrer Paul Schnabel hat schon die Nehrung bereist, bevor es ihn nach Inse verschlagen hat. „Die Fischerleute am Kurischen Haffe kannte ich doch schon von der Kurischen Nehrung her ganz gut. Ich wusste, dass sie diesseits und jenseits des Haffes aus dem gleichen Holz geschnitzt waren. Sie hießen auf der Nehrung Gulbis, Lascheit, Lyszus, Szameit, Pallut, Paralenings; Lauzening, Boywit, Engelke, Petereit, Link, Bickeleit, Gudat, Plonus, Bumbulies, Kukulies, Szeimies, Grasteit, Broszeit. Die gleichen Namen fand ich in Inse, Tawe und Loye. Alle waren dort miteinander verwandt. Verschwägert, versippt. Sie waren fromm und überfromm. Die Sekten existierten hier auch, der Aberglaube war äußerst lebendig.“[206] Zu den Aufgaben eines „Präzentors“ gehört es noch in den 1930er Jahren, den Pfarrer zu vertreten. Das ist keine leichte Aufgabe, für einen Junglehrer wie Schnabel schon gar nicht. Er hat in Vertretung die Grabrede zu halten, wenn dem Pfarrer durch Eis und Schnee die Anreise aus dem Nachbarort verwehrt ist. Der Friedhof von Inse liegt 6 km entfernt in der Nähe des Jagdhauses Pait auf einer befestigten Anhöhe. Bei Eisfreiheit werden der Sarg und die Trauergemeinde mit Kähnen befördert. „Im Winter zogen vier Männer auf Schlittschuhen den Sarg per Schlitten auf dem Eis des Inse- und Paitflusses. Das war ein gespenstiges Bild, wenn die Trauergemeinde etwa im Dreivierteltakte auf Schlittschuhen mit Pelzmützen bedeckt hinter dem Sargschlitten daherzog.“[207]

Ende des 19. Jahrhunderts war in der Niederung das Hoch- und Niederdeutsche nicht die beherrschende Sprache. Ernst Wichert beobachtet noch 1880: „Der Grundstock der Bevölkerung ist lettisch und litauisch, aber seit zwei Jahrhunderten

Neben der 1891 bis 1896 gebauten evangelischen Kirche von Seckenburg (Groß Kryszahnen) steht vor der Niederlassung der Niederunger Mühlenwerke GmbH aus Groß Skaisgirren in den 1920er Jahren ein Brennabor Automobil.

sind auch viele deutsche Kolonisten angesiedelt und als Ackerbauer, Stromschiffer, Holzflösser, Händler tätig. Man spricht beide Sprachen gleich geläufig. In den Schulen wird deutsch unterrichtet, und auch die Amtssprache ist deutsch; aber Geistliche, Schullehrer, Förster und Fischmeister wissen sich bald auch litauisch mit den Leuten zu verständigen, mit denen sie täglich zu verkehren haben."[208]

Nicht alles Land der Niederung ist fruchtbar, es gibt auch Moorgebiete. Das größte ist das Große Moosbruch im Kreis Labiau. Bis 1928 unterstehen der Bruch und auch seine zahlreichen Kolonien der preußischen Forstverwaltung. Sie gehören zu den Forstämtern Nemonien, Schnecken, Mehlauken und Pfeil. Das Große Moosbruch wird von mehreren Kanälen, darunter dem Großen Friedrichsgraben, durchquert. Sie dienen der Entwässerung, sind aber auch Binnenschifffahrtswege. Vor allem die Niedermoorbereiche und teilweise auch das dahinter liegende Übergangsmoor werden kultiviert, das zentrale Hochmoor bleibt nahezu unberührt.

Das Große Moosbruch liegt im Mündungsgebiet zwischen den Flüssen Laukne und Timber, die in den Nemonien münden. Die Fläche des größten deutschen Hochmoores beträgt um die 10 000 ha. Bereits Friedrich der Große hat die Kultivierung veranlasst. Die ersten Kolonistendörfer werden in der zweiten Hälfte des 18. Jahrhunderts an den Moorrändern im Niederungsmoor gegründet. Es entstehen die sogenannte Erbpachtkolonien wie Alt Heidlauken, Schenkendorf, Alt Sussemilken, Timher und

Alt Heidendorf. Von 1838 ab werden von der Preußischen Forstverwaltung zahlreiche Zeitpachtkolonien gegründet; sie sollen die Moorkultivierung vorantreiben und auch dem Mangel an Arbeitskräften abhelfen. Angesiedelt werden ausgediente Soldaten, aber auch ehemalige Strafgefangene, die hier in harter Arbeit das Moor urbar machen.

Da die Wasserläufe die zunächst einzigen Verkehrswege sind und an ihren Ufern auch das wertvollste, wenn auch hochwassergefährdete Moor liegt, entstehen die Kolonien als Reihendörfer längs der Flüsse. Jedes Kolonat muss am Wasser liegen und braucht zudem eine genügend große Fläche des hochwasserfreien Hochmoores als Ackerland. Die einzelnen Gehöfte grenzen deshalb in langer Reihe direkt aneinander. Das dazugehörige Land ist ein bis 800 m langer Streifen, der oft nur eine Breite von 20 m hat. Die Häuser der Kolonisten müssen wegen des nachgiebigen Baugrunds leicht sein und werden deshalb aus Holz erbaut und teilweise auf Pfahlroste gesetzt.

Die Landwirtschaft auf dem Moosbruch hat viele Besonderheiten; sie ist wenig mechanisiert und braucht viele Arbeitskräfte. „Der Kinderreichtum war daher nur erwünscht", bemerkt Hans Kramer und beschreibt die arbeitsintensive Existenzgrundlage der Moorkolonisten: „Ihr Haupterzeugnis war die Kartoffel, die sogenannte Moosbruch-‚Blanke', die sich wegen ihrer Güte besonderer Beliebtheit erfreute und auch höhere Preise als die Kartoffeln vom Mineralboden erzielte."[209] Die Moorbauern entwickeln eine besondere Form des Kartoffelanbaus, die viel Stalldung erfordert. Das zwingt zur Viehhaltung. Weiden sind aber in Nähe der Höfe, vor allem in den frühen Jahren, nicht vorhanden, und so ist die dauernde Stallhaltung des Rindviehs die Regel. Das notwendige Heu und Gras wächst auf den großen, vom preußischen Staat durch Trockenlegung gewonnenen Wiesen. Deren Schnitt wird alljährlich an die Zeitpächter versteigert. Weil kein Getreide angebaut wird, gibt es im Moosbruch keine Scheunen. Heu und Streu wird in Vorratshaufen auf Holzgerüsten meist über den Gräben aufgesetzt. „Oft sah man dabei alte Mütterchen hoch oben thronen und diese schwierige Arbeit verrichten. Um ein Einregnen zu verhüten, wurde das jeweils gebrauchte Heu durch Zupfen von unten entnommen, so daß die Haufen schließlich die Form von Pilzen annahmen."[210]

Die tief im Elchrevier liegende Försterei Pait wird erstmals 1886 in der einschlägigen Jagdliteratur erwähnt. Zunächst gibt es an ihrer Stelle noch ein kleines Dorf, dessen Häuser aber allmählich vom Forstfiskus angekauft bzw. gegen anderes Land eingetauscht werden. Letztendlich bleibt nur eine Försterei mit einer Waldarbeitersiedlung übrig. Der Kaiser errichtet sich hier ein bescheidenes Jagdhaus; hält sich Wilhelm II. in Pait auf, kommt er mit dem Schiff über das Haff in Inse an. Wilhelm II. jagt nachweislich in den Jahren 1904, 1907 und 1911 in Pait. Der angrenzende Forst Tawellningken im Kreis Labiau ist das bedeutendste Elchrevier, vor 1914 stehen dort etwa 500 Elche. Im Chaos nach dem Ersten Weltkrieg ziehen Jagdfrevler durch die Wälder und dezimierten den Bestand so stark, dass die Ausrottung des Elchs im Deutschen Reich bevorsteht. Nur noch 40 Tiere werden zu dieser Zeit gezählt. Häufige Überschwemmungen behindern die Erholung der Bestände, schließlich verbessert man die Eindeichung und schafft im Sumpfwald sogenannte Elchberge als Zufluchtsorte für die großen Tiere bei Hochwasser.

Der erste Jagdgast nach dem Ersten Weltkrieg ist der preußische Ministerpräsident Otto Braun. Er setzt Schutzbestimmungen für die letzten Elche des Deutschen Reiches durch. In der Chronik des Kreises Elchniederung heißt es bedauernd: „Leider konnte dieser große Gönner des ostpreußischen Elchwildes infolge seiner vielfältigen Inanspruchnahme nur selten als Jagdgast in der Elchniederung weilen, und das Schicksal wollte es, dass die wirklichen Früchte der von ihm so erfolgreichen Hegemaßnahmen von anderen geerntet wurden. Im Herbst 1933 erschien Göring in Tawellenbruch (Taellningken). Auf Anhieb erlegte er gleich drei starke Elchschaufler."[211] Im Herbst 1934 schießt Göring einen kapitalen 24-Ender. Das Tier geht als der „Großmächtige von Gilge" in die deutsche Jagdgeschichte ein.

Auch in den Zwanzigerjahren ist in der Niederung trotz Chausseebau, Klein- und Fernbahn das Dampfschiff noch das wichtigste öffentliche Verkehrsmittel. Von Tawellninken am Fluss Tawelle beispielsweise gibt es eine Raddampferverbindung über Gilge und Memel nach Tilsit. In Alt Lappienen wird Halt gemacht. „Jeden Morgen 15 Minuten von 5 Uhr erklang der Dampfton des ‚Schnell' und mahnte säumige Leute zur Eile. Am Hotel ‚Deutsches Haus' befanden sich die Anlegestelle und die Dampfer-Expedition. Dort gab man die Waren auf nach Tilsit und Königsberg. Budeweg (Neuhof-Reaktischken), Sköpen, Neuschleuse (Jedwilleiten) und Schanzenkrug waren stromauf die weiteren Stationen. Wollte man nach Tilsit, dann war es gut, dass der Dampfer ‚Schnell' sich so früh auf die Reise machte. Man war kurz nach 8 Uhr in der Stadt und hatte Zeit für Einkäufe und sonstigen Besorgungen. Wenn der ‚Schnell' am Nachmittag die Rückfahrt machte, war man selben Tag zu Hause."[212]

Das Samland

Käthe Kollwitz, die bedeutendste bildende Künstlerin des 20. Jahrhunderts in Deutschland und 1919 als erste Frau Mitglied in der Preußischen Akademie der Künste, stammt aus Königsberg. Ihr Vater, Carl Schmidt, studierter Jurist, ist in Königsberg ein erfolgreicher Bauunternehmer und später Vorsteher der freikirchlichen Evangelischen Gemeinde. Die Mutter Katharina ist die Tochter von Julius Rupp, der in Königsberg diese Freie Evangelische Gemeinde gegründet hat. Käthe Kollwitz ist das fünfte Kind des Ehepaares.

1875 machen Carl und Katharina Schmidt eine Reise durch das Samland, bis hin zum Fischerdorf Rauschen. Kurz zuvor sind mehrere Fischer des Ortes bei einem großen Sturm auf See ertrunken. Die Witwe des einen finden „die Eltern teilnahmslos vor sich hinbrütend auf der Schwelle ihres Hauses sitzen." Das Haus hat eine Lage, die, so Käthe Kollwitz in ihren Erinnerungen, „die Eltern entzückte". Sie mieten das Haus. Später kaufen sie das Bauernhäuschen der unversorgten Witwe mit zwei Töchtern ab; die Witwe darf mit ihren Kindern weiterhin im Haus wohnen. Von 1876 an ist die Familie der Künstlerin jeden Sommer an der Samlandküste. Die Fahrt nach Rauschen dauert fünf Stunden. Eine Eisenbahn gibt es nicht, man reist mit einer Journaliere, einem großen, mit vier oder fünf Sitzreihen versehenen, bedeckten Wagen. „Welche Wonne, wenn erst die Journaliere vor dem Hause stand, alles aufgeladen war, Mutter, Mädchen, wir Kinder (der Vater kam meist nach) auf den Vordersitzen verstaut waren, der Kutscher sich auf seinen vorderen Extrasitz schwang, die drei, manchmal vier Pferde anzogen, und es losging durch die engen Königsberger Straßen, durch das hallende Tragheimer Tor und dann quer durchs ganze Samland."[213]

Durch das Samland führen sternförmig auf Königsberg zulaufende Chausseen, entstanden zwischen 1815 und 1850 als Provinzstraßen. Einige von ihnen werden nach 1934 Reichsstraßen, so die Reichsstraße 143 nach Rauschen, die Reichsstraße 131 nach Pillau und die Reichsstraße 128 nach Cranz. 12 km vor Cranz liegt westlich der Reichsstraße der Ort Rudau. Hier wird 1863 als Sohn des Riemers und Krügers Friedrich Kollwitz und seiner Frau Dorothea Johannes Karl Kollwitz geboren. Die Mutter Dorothea stammt aus einer eingesessenen Familie, die zunächst Gutsbesitzer in Laptau und seit 1906 Besitzer des Gutes Sandhof bei Rudau ist. Karl Kollwitz hat acht Geschwister, von denen nur er und seine Schwester Lisbeth überleben. Die Schwester wird mit der Königsberger Familie Schmidt manchen Sommer in Rauschen verbringen und ihren Bruder in die Familie seiner späteren Frau Käthe einführen.

Das Samland erstreckt sich zwischen Pregel, Kurischem Haff, dem Pillauer Seetief, der Ostsee und dem Frischen Haff. Vom ihm geht die Kurische Nehrung ab; etwa 46 der 98 km dieser Landzunge gehören verwaltungsmäßig zum Samland. Das Samland ist in seinem östlichen Teil vorwiegend eben, im westlichen hügelig. Es umfasst den Kreis Fischhausen, den nördlichen Teil des Landkreises Königsberg und einen westlichen Teil des Kreises Labiau. Im Südosten grenzt es bei Tapiau an den Kreis Wehlau. Das Samland ist von Ost nach West etwa 75 km lang und zwischen Königsberg und Cranz etwa 33 km breit.

Wenn man das Frische Haff als Meer bezeichnen würde, wäre das Samland eine Halbinsel. Sieht man aber in den Gewässern mit geringem Salzgehalt hinter der Frischen und der Kurischen Nehrung nur Lagunen oder Strandseen, so ist das Samland ein Landvorsprung in der Ostsee. Der höchste Punkt dieses Landvorsprungs ist im Alkgebirge der 111 m hohe Galtgraben. Ende der 1920er Jahre wird er als Skigebiet genutzt, es wird sogar eine Skisprungschanze, die Ostpreußenschanze, errichtet.

Im Westen und Norden hat das Samland bis zu 60 m hohe Steilküsten. An der äußersten nordwestlichen Festlandspitze liegt, 50 km von Königsberg entfernt,

34 m über dem Meer Brüsterort mit einem weit sichtbaren Leuchtturm. Die nördliche Ostseeküste des Samlandes mit zahlreichen Schluchten zwischen Brüsterort und Cranz mit den Bädern Warnicken, Georgenswalde, Rauschen und Neukuhren heißt Samlandküste, die westliche Küste bis Pillau wird auch Bernsteinküste genannt.

Erst kurz hinter Rauschen, vor Sassau, können die Kinder der Familie Schmidt bei der Anreise aus Königsberg zum ersten Mal die See sehen. „Die See ist mir niemals und nirgends mehr, auch nicht die Ligurische See, auch nicht die Nordsee, das gewesen, was die samländische See war. Diese unaussprechliche Erhabenheit der Sonnenuntergänge von der hohen Küste aus! Dieses Ergriffensein, wenn man zum ersten Male sie wieder nah sah, den Seeberg runterrannte, Schuh und Strümpfe auszog und die Füße wieder das Gefühl des kühlen Seesands hatten! Dieser metallische Schall der Wellen! Die schwärmerische Seeliebe wuchs, je mehr man in die empfindsamen Jahre hineinkam. Aber damals war Rauschen ein unbekannter Ort, nur aufgesucht von Naturschwärmern, da war man noch allein bei Sonnenuntergang, war die Küste unbebaut."[214]

Als die Eltern von Käthe Kollwitz 1875 die Sommerfrische in Rauschen entdecken, hat das Badefieber die Ostpreußen schon seit vier Jahrzehnten erfasst. Am meisten besucht sind zunächst Cranz und Neukuhren, aber den Pionieren des Badespasses wird es dort bald zu voll: „Als sich hier schon jährlich eine grössere Gesellschaft zusammenfand, Promenaden angelegt, städtische Wohnungen hergerichtet, Hotels erbaut und feste Badebuden aufgestellt wurden, war's einigen Familien, namentlich der Universitätsprofessoren, Lehrer und höheren Beamten, da nicht mehr still und ‚gemütlich' genug, und sie zogen deshalb weiter nach Westen"[215], schreibt Ernst Wichert in seinen Erinnerungen.

Den westlichen Teil des Samlandes bildet bis 1939 der Kreis Fischhausen, er nimmt den gesamten Landvorsprung zwischen Frischem und Kurischem Haff ein. Zum Kreisgebiet gehören auch die Dörfer Sarkau, Rossitten und Pillkoppen auf der Kurischen Nehrung, Sitz der Kreisverwaltung ist seit 1818 der kleine Ort Fischhausen am Fischhauser Wiek, einer großen Bucht des Frischen Haffs. Zum 1. April 1939 wird der Kreis Fischhausen mit dem Landkreis Königsberg zum neu gebildeten Landkreis Samland vereint. Der Landkreis hat damit 120 000 Einwohner; Kreissitz wird Königsberg, das aber nicht zum Kreisgebiet gehört.

Die größte Stadt des Samlands nach Königsberg ist die Hafenstadt Pillau, der Vorhafen von Königsberg. Erst 1479 führt ein schwerer Sturm hier zu einem Durchbruch der Frischen Nehrung. Nach einem weiteren Sturm im Jahr 1510 versandet das Tief bei Lochstädt, das Pillauer Tief dagegen wird befahrbar und die Stadt zum Seehafen. Seit 1813 steht als Wahrzeichen ein roter Leuchtturm nach Entwürfen der Werkstatt Karl Friedrich Schinkels am Pillauer Tief. Pillau hat zu Beginn des 20. Jahrhunderts über 8 000 Einwohner, im Jahr 1939 sind es 12 000. In der Mitte des 19. Jahrhunderts bringt die Industrialisierung Pillau neuen Aufschwung. Der Warenumschlag steigt, der Hafen wird erheblich erweitert. Durch den Bau einer großen Kaserne wird der eisfreie Hafen der Stadt ein bedeutender Marinestandort.

Zu Beginn der 1870er Jahre besucht Hermann Sudermann, damals Student, seine verwitwete Großmutter. Die alte Frau, deren Ehemann auf See verschollen ist, wohnt auf dem Schwalbenberg bei Pillau. „Und stieg man ein paar Schritte hoch bis zur Landmark, die auf dem Gipfel des Berges thronte, dann lag die Welt, die man bezwingen wollte, in einladener Demut einem zu Füßen. Das gelbe Haffe und das grasgrüne Meer und die leuchtende Nehrung dazwischen. Und Schiffe gingen und kamen, Barken und Schoner und stolze Dreimaster, mit turmhoher Leinwand bekleidet, und schwarze, hohltutende Ungetüme, die hier im Hafen ausladen mussten, weil die Rinne des Pregels für die Weiterfahrt nach Königsberg zu flach und zu schmal war. Die kamen von Pourtsmouth und Glasgow und gar von Kingston oder Batavia."[216]

Zu einem Badeurlaub im Samland gehört Anfang des 20. Jahrhunderts die Besichtigung der Bernsteinwerke in Palmnicken zwischen Pillau und Brüsterort, ein Tagebau, der zerstörerisch in die Landschaft eingreift. Für die Menschen im technikverliebten und fortschrittsgläubigen Deutschen Kaiserreich stellt das kein Problem dar. An der samländischen Küste wird schon seit den Zeiten des Deutschen Ordens Bernstein gesammelt. Der Orden besitzt eine Art Handelsmonopol, das sogenannte „Bernsteinregal", gemäß dem ihm alle Fundstücke gegen eine geringe Vergütung ausgehändigt werden müssen. Auch die nachfolgenden Herrscher, die Hohenzollern als Machthaber des weltlichen Herzogtums Preußen, behalten das Monopol auf die Förderung und den Handel mit Bernstein. Um 1690 verlegt man das Strandamt und die Bernsteinkammer, bei der die Funde abgegeben werden müssen, von Germau im Hinterland nach Palmnicken an die Küste. Palmnicken ist ein einsam gelegener Gutshof, dessen Bedienstete jetzt neben ihrer eigentlichen Arbeit Bernstein sammeln. Hier werden die Funde sortiert und zur Weiterverarbeitung nach Königsberg versandt; zuvor gingen sie in der Regel per Schiff nach Danzig. Obwohl der preußische Staat ein Monopol im Bernsteinhandel hat, ist ein Gewinn nicht garantiert, denn der Schutz des Monopols ist mit beträchtlichem bürokratischem und polizeilichem Aufwand verbunden. 1805 veräußert der preußische Staat das Gut Palmnicken an den damaligen Pächter, im Jahr 1811 verzichtet Preußen auf sein Monopol und erlaubt Privatpersonen gegen eine Gebühr die Sammlung und den Verkauf des Bernsteines. 1837 überlässt der preußische König Friedrich Wilhelm III. die gesamte Bernsteinnutzung von Danzig bis Memel gegen die Summe von 30 000 Mark den Gemeinden des Samlandes.

Bis Mitte des 19. Jahrhunderts gewinnt man im Samland den Bernstein durch Auslesen der von der See ausgeworfenen Stücke oder geht ins Wasser, um ihn mit Netzen zu „schöpfen". Nach einer Sturmnacht im Jahr 1862 werden von den Stränden Palmnickens 4 400 kg Bernstein gesammelt. Nachdem man entdeckt hat, dass Bernstein auch unter dem Meeresboden zu finden ist, geht man Mitte des 19. Jahrhunderts dazu über, die Bernsteinvorkommen maschinell und mit Kapitaleinsatz auszubeuten. Pioniere auf diesem Gebiet sind der Gastwirt Friedrich-Wilhelm Stantien und der Kaufmann Moritz Becker, die 1858 in Memel ihre Firma Stantien & Becker gründen. Sie beginnen zunächst im Kurischen Haff bei Schwarzort in der Nähe des Memeler Tiefs systematisch mit Nassbaggern zu schürfen. Vor 1890 arbeiteten hier fast 1000 Menschen mit 22 Baggern. Zwischen 1860 und 1890 werden durchschnittlich 75000 kg Bernstein pro Jahr gewonnen, danach gehen die Funde zurück. Ab 1890 verpachtet der preußische Staat die Schürfrechte im Haff nicht mehr, obwohl noch große Mengen Bernstein auf dessen Grund vermutet werden.[217]

An der sturmgefährdeten Bernsteinküste ist Nassbaggern nicht möglich. Um 1865, inzwischen ist der Taucheranzug erfunden worden, lässt Stantien & Becker auf einem Steinriff bei Brüsterort mit großem Erfolg nach Bernstein tauchen. Um diese Zeit werden im Boden unmittelbar am Strand bei Palmnicken und auch im Wasser große Vorkommen ausgemacht. Der Freiherr von der Goltz-Kallen überlässt der Bergwerksgesellschaft Stantien & Becker die Bernsteinrechte auf seinem Gut für einen Tagebau. 1875 errichtet das Unternehmen bei Palmnicken das weltweit erste Bernsteinbergwerk.

Nachdem der Kaufmann Moritz Becker 1871 alleiniger Eigentümer der Gesellschaft geworden ist, kauft er dem Freiherrn von der Goltz-Kallen das Gut Palmnicken für 170000 Taler ab, dazu weitere Ländereien in Kraxtepellen und Groß Hubnicken. Beckers Ländereien haben danach einen Umfang von 1500 ha. 1899 veräußert er seine sämtlichen Unternehmungen an den preußischen Staat, auch das Gut Palmnicken; das Werk gehört in der Folgezeit zur Preußische Bergwerks- und Hütten-Aktiengesellschaft. Der 1899 zum Staatsbetrieb gemachten Bernsteinförderung sind zur Versorgung der Belegschaft drei Gutsbetriebe unterstellt, die ein Verwalter bzw. Pächter betreibt. Die Güter versorgen die Mitarbeiter mit Lebensmitteln, die sie neben Barlohn als Deputat erhalten. 1922 wird der Untertagebau in Palmnicken eingestellt, 1937 werden von etwa 700 Beschäftigten noch 650 Tonnen Rohbernstein gefördert. In Palmnicken werden zu dieser Zeit 94% des Weltvorkommens an Bernstein abgebaut. 1926 entsteht in Ostpreußen die weltgrößte Manufaktur für Bernsteinbearbeitung, die Staatliche Bernstein-Manufaktur Königsberg (SBM), in der bis 1945 künstlerische Produkte und Gebrauchsgegenstände gefertigt werden.

Königsberg

Karl und Käthe Kollwitz verbringen nicht ihr Leben in der Provinz. Die Absolventin der Königsberger und Münchener Kunstakademie und der junge Arzt ziehen in Preußens Hauptstadt Berlin, die auf viele ehrgeizige Menschen aus den Ostprovinzen in jenen Jahrzehnten eine starke Anziehung ausübt. Geboren ist Käthe Kollwitz in Königsbergs Stadtteil Sackheim östlich des Alten Pregel. „Wir lebten damals auf dem Weidendamm Nr. 9 in Königsberg. Ich erinnere mich dunkel an eine Stube, in der ich tuschte, deutlich aber besinne ich mich auf Höfe und Gärten. Durch einen kleinen Vorgarten kamen wir auf einen großen Hof. Der bis zum Pregel reichte. Dort hielten die flachen Ziegelkähne, und die Ziegel wurden auf dem Hof abgeladen und geschichtet, so dass Hohlräume blieben, in denen wir Kinder spielten. Links an den Hof schloß sich ein ebenfalls zum Pregel reichender Garten."[218]

Käthe Kollwitz ist ein Stadtkind, das einmal im Jahr in die Sommerfrische zieht. Ein Stadtkind, gebürtiger Königsberger des Jahrgangs 1928, ist auch Michael Wieck. „Fast schon eine Kindertraumstadt, mit einem imposanten Schloß im Zentrum. Davor stand ein gekrönter, säbelhochreckender, überlebensgroßer Kaiser Wilhelm I. Im viereckigen Schloßhof war ein Weinkeller mit dem schauereinflößenden Namen ‚Blutgericht'. Gar nicht weit davon entfernt konnte man auf einem lieblichen Schloßteich, mit Schwänen und Enten, Boote für eine Spazierfahrt mieten. Überall spannten sich malerische Brücken über den Fluß Pregel; Ziehbrücken, die uns oftmals zu spät in die Schule kommen ließen und die auf eine im Stadtzentrum gelegene Insel führten."[219]

Der Schriftsteller Willy Kramp, als Sohn eines preußischen Bahnbeamten in Mülhausen im Elsass geboren, studiert in den 1920er Jahren in Königsberg. Bis in die Kriegsjahre lebt er mit seiner Familie dort und im Samland. Über sein geliebtes Königsberg schreibt er: „Soll ich sagen so häßlich, daß da schon wieder Schönheit im Spiel war? Jene Art von Schönheit, die aus dem Charakter kommt?"[220] Kramp listet auf, was Königsberg charakterisiert: „Die Universität auf dem Kneiphof: Kants Universität. Und die Universität mit dem Paradeplatz davor; auf dem Paradeplatz das Denkmal des königlichen Reiters (das Pferd mit dem falschen Galopp, für Reiter bemerkenswert). Gegenüber der Universität die Buchhandlung von Graefe und Unzer, die größte Buchhandlung Europas. Das strenge Viereck des Schloßhofes mit den Weinkellern des ‚Blutgerichts'. Was noch? Der Schloßteich mit den Kaffeeterrassen. Und der Oberteich weiter draußen, den schon die Ordensritter angelegt haben sollen. Weiter, was noch? Der im Sumpf einsinkende Dom. Die Ziehbrücken über dem Pregel. Und die hohen schmalen Fachwerkmagazine (‚wie alte Herren in karierten Westen')."[221] Später sehnt er sich zurück nach der nördlichen Stadt am Meer: „Meerwind wehte von der Küste her. In den Sommernächten wurde es nicht mehr dunkel."[222]

„Königsberg ist Seestadt", stellt Erich Pfeiffer-Belli bei seiner Ankunft 1928 fest. „Das spürte man gleich, wenn man nach einer Nachtfahrt den Berliner D-Zug verließ. Die Luft ist Seeluft, der stetige Wind, der durch die Straßen streicht, ist Wind von der See, hart, frisch." Und doch: „Es war keine ‚schöne' Stadt."[223] Die Seestadt Königsberg ist eine Stadt am Fluss. Mit zwei Armen, Alter und Neuer Pregel genannt, fließt er von Wehlau und Tapiau von Westen her der Stadt zu. Seine Arme vereinen sich, streben dann aber wieder auseinander und bilden eine Insel, den Kneiphof,

Königsberg: Speicher an der „Lastadie am Hundegatt", dem letzten Stück des alten Pregels gelegen. Die Speicherstadt mit Fachwerkgiebeln aus dem 16. bis 19. Jahrhundert ist ein oft fotografiertes Motiv. Im Hintergrund der Schlossturm.

der Flussinsel und zugleich Binnen- und Seehafen der Stadt Königsberg ist. Um den Kneiphof liegt der Alte Hafen. An der Insel landen die unterschiedlichsten Schiffe und Kähne an, auch Fuhrwerke, später Automobile und Lastwagen aller Art, befahren sie. Alle Brücken des Kneiphofs sind als Klappbrücken gebaut, damit Segelschiffe passieren können. Der Schriftsteller und Dramaturg Martin A. Borrmann beschreibt das Treiben hier in den 1930er Jahren: „Das Hundegatt mit der Lastadie im Westen der Insel bildete den alten Seehafen. Im Norden zwischen Krämer Brücke und Schmiedebrücke war der Untere Fischmarkt. Hier boten die Fischer ihren Seefischfang aus dem Frischen Haff vor den Kulissen der Handels-, Kontor- und Wohnhäuser feil. Den Seefischen waren tiefe Holzbottiche vorbehalten. Die Fischfrauen priesen den Räucheraal und geräucherte Flundern in Holzkisten zumeist am Unteren Fischmarkt (zwischen Schmiedebrücke und Hoher Brücke) an."[224] In den zahlreichen Kneipen des Kneiphofs wie in den berühmten Fleckkellern wird die Spezialität der Stadt serviert, die kräftige saure Kuttelsuppe „Königsberger Fleck".

Haben sich die Arme des Flusses hinter dem Kneiphof erneut vereinigt, fließt der Pregel weiter nach Osten und hinter der Stadt, südlich des Schlosses Holstein und des Ortes Juditten, in das Frische Haff. Auf den Höhen des hier verengten Urstromtals breitet sich die Stadt auf dessen Uferhöhen aus. Im Norden und Westen grenzt Königsberg an die Halbinsel Samland, im Osten und Süden an die Pregelniederung.

Die Landschaft um Königsberg ist durch weite Ebenen geprägt, die bisweilen von Hügeln, Moränen unterbrochen werden. 7 km liegt Königsberg vom Frischen Haff entfernt. Der zwischen 1894 und 1901 angelegte, mit Molen geschützte 34 km lange „Seekanal" verbindet über das nördliche Frische Haff Königsberg mit der Hafenstadt Pillau. Die 30 m breite Fahrrinne ermöglicht ab 1901 das Anlaufen von großen Seeschiffen mit 6,7 m Tiefgang. Der Seekanal kann auch im Winter offen gehalten werden, sodass fortan die Häfen Königsberg, Elbing und Braunsberg das ganze Jahr über angelaufen werden können.

Käthe Kollwitz erinnert sich an die Ziegelkähne, die dem Bauunternehmer Carl Schmidt in den 1870er Jahren das Baumaterial aus dem östlichen Hinterland Königbergs auf den Bauhof am Pregelufer liefern. Eine Generation später trifft Immanuel Birnbaum auf weißrussische Flößer am Pregelufer: „Die Flößer, die in kleinen primitiven Zelten auf den langen Holz-,Driften' hausten, wie sie im Sommer vom Memelstrom her über einen Kanal zum Pregelfluß gelangten, wo ihre Floßbäume in die Königsberger Sägewerke wanderten, sangen weißrussische Lieder, deren Melodien mein Vater gelegentlich notierte."[225] Max Fürst streift Anfang der 1920er Jahre in den Morgenstunden durch die Stadt am Fluss. „Die großen Überseedampfer füllten beinahe den ganzen Pregelarm, und die Männer auf Deck standen mit mir in gleicher Höhe. Da die Schiffe wieder vertäut waren, bis die nächste Brücke geöffnet war, gab es manchmal Unterhaltungen, und es wurde in vielen Sprachen geradebrecht, bis das Riesenhaus sanft entglitt."[226] Während seiner Tischlerlehre hat Fürst manchmal Holz im Hafen zu laden. „Wenn dann die Wagen mit der schweren Holzlast in die Werkstatt fuhren, hatte ich Zeit, in der Sägemühle herumzustrolchen, von den Flößen aus im Pregel zu baden, die Dampfer, die aus Litauen das Holz brachten, zu inspizieren, in der Nase den Geruch von leicht fauligem Wasser, Teer, frisch geschnittenem Holz und Wiese. Von den hohen Holzstapeln konnte ich weit flussaufwärts über die weite Ebene sehen, wo sich Holzplatz an Holzplatz reihte bis zu der großen Zellstofffabrik; oder ich legte mich auf die harzig duftenden Planken, ein König weit über der Welt, träumte meine Träume und blinzelte in den blauen Himmel mit seinen weißen Wölkchen."[227]

Königsberg ist die einzige Großstadt der Provinz Ostpreußen. Mit 192,76 km² Fläche ist die Provinzhauptstadt 1939 in etwa so groß wie heute Braunschweig. 1875 hat sie 122636 Einwohner, 1939 sind es 360577; jeder siebte Ostpreuße lebt jetzt in der Provinzhauptstadt. In diesem Jahr nimmt Königsberg hinter Wuppertal und vor Bremen den 18. Rang unter den deutschen Städten ein. 1880 liegt man hinter Köln und Frankfurt noch auf dem 8. Rang. 88 % ihrer Bewohner sind evangelisch. 1925 machen die etwa 4000 Bewohner jüdischen Glaubens 1,4 % der Bevölkerung aus.

Königsberg wird 1254 vom Deutschen Orden als Burg gegründet. Die sich zu Füßen der Burg entwickelnde städtische Siedlung wird bald nach dem böhmischen König Ottokar II. genannt, der sich an einem Kreuzzug gegen die Prußen beteiligt hat. Ab 1256 angelegt; wird diese älteste von Deutschen bewohnte Siedlung 1262 bei einem Aufstand der Prußen zerstört und nicht wieder aufgebaut. Der Orden gründet zwischen Burg und Pregel eine neue Stadt, die Altstadt, die planmäßig mit gitterförmigem Straßennetz angelegt wird. Landmeister Konrad von Thierberg bestätigt ihr 1286 in einer „Handfeste" genannten Urkunde ihre Rechte. Gegen Ende des 13. Jahrhunderts entwickelt sich im Osten der Ordensburg eine zweite Stadt, die zunächst Neustadt genannt wird. 1338 leitet sie aus einem hier liegenden prußischen Dorf Lipnick ihren Namen Löbenicht ab. Ihre Rechte werden schon 1300 in einer weiteren Handfeste des Deutschen Ordens bestätigt. Eine dritte Stadt, Kneiphof, entsteht auf der Pregelinsel Vogtswerder; sie erhält ihre Handfeste 1327. Im Ostteil der Insel wird zwischen 1325 und 1380 der Dom als dreischiffige Hallenkirche mit den zwei Türmen der Westfassade erbaut. Er ist Bischofs- und Pfarrkirche. Alle drei Städte haben eine günstige Verkehrslage. Jede besitzt eine eigene Verfassung, ein eigenes Marktrecht und eine eigene Stadtbefestigung, wird vom alten Handelsweg, der „Bernsteinstraße", durchquert und ist Ausgangspunkt ins westlich und nördlich liegende Samland und damit zum offenen Meer, nach Litauen und nach Polen. Bis zu ihrer Vereinigung im Jahre 1724 entwickeln sich die Altstadt, der Löbenicht und der Kneiphof nach ihren Besonderheiten.

Erich Pfeiffer-Belli empfindet 1928 die Königsberger als „konservativ wie die behäbigen wohlsituierten Gutsherren im Land ringsum." Der Lebensstil hier und in der Provinz sei kärglicher als sonstwo im Deutschen Reich: „Man spürte auf Schritt und Tritt das Vorposten-mäßige, fast Improvisatorische dieser Gründung, die weniger auf Kultur- und Lebensgenuß ausgerichtet war als vielmehr auf Kolonisation, Verteidigung und Kampf."[228]

Zu einem geistigen Mittelpunkt der Ostseeregion zwischen Reval und Greifswald wird Königsberg durch Gründung der Universität Albertina durch Herzog Albrecht im 1544. In den ersten Jahrhunderten hat von den vier Fakultäten die evangelische Theologie die Vorherrschaft, ist doch die Verbreitung des evangelischen Glaubens die Intention ihres Gründers.

Die drei Städte des späteren Königsberg wachsen im Laufe der Jahrhunderte über ihre Mauern hinaus. Sie haben sich um Vorstädte erweitert. Neben der Burganlage entwickeln sich die Stadtquartiere Tragheim, der Sackheim, der Roßgarten und die Neue Sorge. Vorstädte der Altstadt sind der Steindamm, die Laak, die Lomse, der Neue Rößgarten und die Hufen, zur Stadt Kneiphof gehören die Vordere und die Hintere Vorstadt und der Haberberg. Als sich der Handel immer mehr ausweitet, erbauen die Königsberger Kaufleute außerhalb der Stadtmauern am Pregel und auf den Stadtwiesen Viertel mit mehrstöckigen Fachwerkspeichern. Diese Viertel sind bis zur Zerstörung 1944 Mittelpunkte des städtischen Warenumschlags und des Handels.

Nach dem verlorenen Krieg gegen das französische Kaiserreich 1807 ist Königsberg in den Jahren 1808/1809 Hauptstadt des preußischen Staates, weil hierher die preußische Königsfamilie flieht. Die königliche Familie wohnt nicht im ehemaligen Ordensschloss, in dem seit 1701 die preußischen Könige gekrönt werden. Königin Luise findet es „grässlich" und bevorzugt mit ihrer Familie das Luisenhäuschen im Park von Luisenwahl im Stadtteil Hufen.

Königsberg ist der Handelsmittelpunkt des östlichen Preußen und des Ostseeraums. Bis zum Ende des 19. Jahrhunderts wächst die Stadt dank der guten Verkehrslage und seines Handels mit dem immer mächtigeren Russland so sehr, dass immer neue Wohn-, Geschäfts- und Industrieviertel entstehen. 1905 werden die außerhalb der Festungsanlagen liegenden ehemaligen kleinen Dörfer und Güter Kosse, Ratshof, Amalienau, Mittelhufen, Vorderhufen, Tragheimsdorf, Maraunenhof, Löben, Ziegelhof, Karolinenhof, Kalthof, Mühlenhof, Rosenau und Ponarth, insgesamt 2530 ha mit 27000 Einwohnern, nach Königsberg eingemeindet.[229] Bis zum Jahre 1939 sind Königsberg im Norden die Siedlung Tannenwalde und die Orte Samitten, Adlig Sudau, Stiegehnen und Quednau angeschlossen worden. Im äußersten Westen liegen Metgethen, Groß-Friedrichsberg, Moditten und das Mündungsgebiet des Pregel mit Holstein und Haffstrom. Die südliche Peripherie der Stadt bilden jetzt Kalgen, Prappeln, Aweiden, Schönfließ und Seligenfeld. Im Osten, südlich des Pregels, liegen noch Adlig Neuendorf, der Flughafen Devau und Lauth innerhalb des Stadtgebiets. Martin A. Borrmann über die in der ersten Hälfte des 20. Jahrhunderts allmählich ins Samland ausufernde Stadt: „Wir schauen vom Schlossturm noch einmal nach Süden, diesmal über den Haderberg bis Rosenau und Ponarth, nach Norden und Nordwesten auf die Oberstadt und darüber hinaus nach Rothenstein, Maraunenhof, Tragheimer Palve, Vorder- und Mittelhufen. Gewaltig gewachsen war die Stadt in den vier Jahrzehnten, die Vororte schoben sich allmählich zusammen und zugleich weiter ins grüne Land."[230]

Die Kurische Nehrung

Nach den Ostverträgen der Jahre 1970 bis 1972 hat die Mehrheit der Deutschen akzeptiert und begriffen: Die Ostgebiete – Ostpreußen, Hinterpommern, die Neumark und Schlesien – werden nie wieder deutsch sein. In dieser Zeit veröffentlicht Marie Luise Kaschnitz ihr Buch *Orte – Aufzeichnungen aus fünf Jahrzehnten*. In den 1970er Jahren beginnt, selbst bei den Kindern der Flüchtlinge, Vertriebenen und Aussiedler die Erinnerung an die Heimat der Vorfahren zu verblassen. „Ob sich noch jemand an die Nehrung erinnert, diesen wie ein Vogelflügel ausgespannten Sandstreifen zwischen Ostsee und Kurischem Haff?"[231], fragt die Autorin, und weiter: „Wer jetzt dort wohnt, in den wenigen Häusern am Hang der Dünen? Wo einmal die Professoren der Königsberger Universität sich ergingen, unbekleidet übrigens, und dann in die Wellen liefen, nackt? Von Kirgisen, Kalmücken war die Rede."[232]

Die Familie Kaschnitz ist in ihrer Königsberger Zeit oft im Gasthof von Hermann Blode in Nidden eingekehrt und hat dort Königsberger Freunde getroffen. Sie ist mit dem Schiff über das Haff nach Nidden gefahren, hat Elche gesehen, im weißen Sand gesessen, auf die Ostsee geschaut und die Nehrung von der See zum Haff durchquert. „Die Dünen, dieser wandernde Wüstensand, waren goldgelb, afrikanisch, und der Himmel afrikanischblau. Jemand muß sich doch erinnern an die frischen Winde, die einfallenden Zugvögel, die kurischen Wimpel und das kurische Platt."[233]

Die Kurische Nehrung ist eine 98 km lange Halbinsel zwischen dem Memeler Tief gegenüber der Stadt Memel und dem Fischerdorf Sarkau an ihrem Übergang in das Samland. Dort an der sogenannten Süderspitze bei dem Ausflugsort Sandkrug fließen Haff und See zusammen. Ihre mit 3,8 km breiteste Stelle befindet sich beim Bullwikscher Haken, 4 km nordöstlich von Nidden, die schmalste bei ihrem westlichen Ende, bei Sarkau. Dort ist die Nehrung nur 380 m breit.. Diese „Ausgleichsküste" wird von Meeresströmungen gebildet, die parallel zur Küste verlaufen. An Landvorsprüngen reißen die Strömungen der Küste Erdreich ab und lagern es Buchten vor; diese Buchten werden so nach und nach vom Meer abgeschnürt. Wenn viele Flüsse in die Buchten münden, werden sie zu Binnengewässern mit Süßwasser.[234] Am Ausgang des Haffs bei Memel entsteht Brackwasser. Der Salzgehalt des Haffs verliert sich sehr bald schon nach Süden zu. Die Binnengewässer der beiden ostpreußischen Nehrungen nennt man Haffe.

Im Sommer 1809 reist Wilhelm von Humboldt auf dem Weg von Königsberg nach Sankt Petersburg drei Tage auf der Kurischen Nehrung. Humboldt ist seit Februar des Jahres Geheimer Staatsrat und Direktor der Sektion für Kultus und Unterricht im preußischen Ministerium des Inneren. Da die Preußische Regierung ihrem König nach Ostpreußen gefolgt ist, amtiert Humboldt bis zur Rückkehr der Regierung nach Berlin im Herbst 1809 einige Monate in Königsberg. Für die Reise nach Sankt Petersburg wählt er die historische Poststraße auf der Nehrung, der als Grund teilweise das Sandufer der Ostsee dient. Immer am Ostseestrand entlang, wird die Fahrt auch in einer mondhellen Nacht nicht unterbrochen. Noch bis 1945 stehen von Memel bis Cranz im Abstand von 500 m auf der Vordüne perforierte, im Boden fest verankerte Eisentafeln mit der Kilometerzahl. [235] „Die Kurische Nehrung ist so merkwürdig, dass man sie eigentlich ebenso gut als Spanien und Italien gesehen haben muss, wenn einem nicht ein wunderbares Bild in der Seele fehlen sollte."[236] Nachdem im Jahr 1831 eine 120 km lange „Kunststraße" von Königsberg bis Tilsit gebaut worden ist, verliert die Poststraße über die Nehrung nach Memel ihre strategische Bedeutung. Die Nehrung entschwindet dem Blickfeld der preußischen Behörden und wird eine Angelegenheit Bildungsreisender auf der Suche nach Exotik.

Der Jurist, Reiseschriftsteller und Übersetzer Louis Passarge bereist die Kurische Nehrung häufig. Er publiziert 1878 das Buch *Aus Baltischen Ländern. Studien und Bilder*[237] und widmet sich darin auf fast 150 Seiten der Kurischen Nehrung. Vom Fischerdorf

Nidden – „ein langhin gestreckter Ort, nur nothdürftig gegen die Dünen durch einen Wald geschützt, besser durch den menschlichen Fleiß, welcher den Sand mit unsäglicher Mühe durch Bepflanzen zum Stehen gebracht hat" – berichtet es auf über 50 Seiten. Und das Buch nennt den Besitzer einer Niddener Herberge, die es später zu einiger Berühmtheit bringen wird: „Er tischte das Mögliche, und oft selbst Unmögliches auf: den feinsten Stöhr, gebratene Hähnchen und vortrefflichen Thee. Jeden Morgen erschien ein Teller des fettesten Gebäcks und auf dem Grunde der gemalten Platte las ich immer mit Genugtuung den freundlichen Wunsch: ‚Jeden Morgen ohne Sorgen'. Das Sopha bildete allerdings einen entschiedenen Kontrast zu dem weichen Dünensande."[238] Der Besitzer des Sofas heißt Friedrich Blode, Vater von Hermann Blode, der um 1885 das Haus übernimmt, das unter seiner Ägide zu einem Domizil von Künstlern wird.

Vier Dinge machen die „Kurische Nehrung" berühmt: Die sommerliche Künstlerkolonie im Fischerdorf Nidden, die Vogelwarte im Fischerdorf Rossitten, die Dünenlandschaft und die Fischer vom Volk der Kuren.

Die Kuren sind die eingesessene Bevölkerung rund um das Frische Haff. Sie leben vom Fischfang. Der ist ein staatliches Monopol, der Betrieb eines Fischerkahns nur Berechtigten erlaubt. Die Berechtigung beruht in der Regel auf dem Besitz eines Grundstücks, „auf dem schon immer eine Fischerhütte steht". Will sich ein Fischer einen Kahn bauen lassen, muss er das Recht zur Fischerei von einem berechtigten Fischer pachten. Verlegt ein Fischer seinen Wohnsitz, so kann das Recht auf seinen neuen Wohnsitz übergehen. Ruht die Fischerei 40 Jahre, so erlischt die Berechtigung.[239] Das Fischen, besonders die Durchlässigkeit der Netze, wird durch den staatlichen Fischmeister überwacht. Wohl jeder Fischer versucht, ihn zu hintergehen.[240] Richard Pietsch, Sohn eines kurischsprachigen Fischers, sieht in dieser Haltung eine Charakterfrage: „Demut kannten die Fischer nur vor Gott. Das Kriecherische haßten sie. Was gesagt werden mußte, wurde gesagt, auch vor der Obrigkeit, trotz allem Respekt."[241]

Die Fischer der Nehrung haben ihre wichtigsten Fanggründe im Haff. Nur einige von ihnen fischen auf der weit gefährlicheren Ostsee und dort fast nur unter Land, um bei aufkommenden Stürmen schneller das Ufer erreichen zu können. Es werden Lachse, Lachsforellen, Flundern, Steinbutte, Schollen und im Spätsommer und Herbst Strömlinge, Aale, Maifische und Dorsche gefangen, in frühen Jahren auch der Stör.[242] Die Fischer fischen vor allem im Frühjahr, im Herbst und im Winter und wenden je nach Fangsaison unterschiedliche Methoden an. Die Kurenfischerei beginnt im August; es fischen immer zwei Kähne zusammen. Die Männer bleiben bis zu einer Woche auf dem Haff und müssen entsprechend Proviant mitführen. In den späteren Monaten des Jahres ist der Fang ergiebiger als im August, in dem vor allem schlecht verkäufliche Barsche ins Netz gehen. Danach besteht die Ausbeute aus Bleien, Brassen, Hechten, Quappen, Zärten, Zander, Ziegen und Schnepel.[243] Der in der sogenannten Klippfischerei gemachte Fang im Spätherbst, Kleinfische wie Stinte,

Kaulbarsche etc., werden an die Bauern der Niederung als Schweinefutter verkauft.[244] Die Winterfischerei beginnt, wenn das Eis hält. Es gibt verschiedene Fangmethoden mit Netzen unter dem Eis, das mit Pferdeschlitten befahren wird, um Netze und Fang zu transportieren. Kleinere Risse im Eis werden von den Pferden im Galopp übersprungen. Es kommt aber auch vor, dass die Pferde im Eis versinken.[245]

Der Verkauf der Fische ist die Aufgabe der Frauen, Hauptabsatzort ist der Markt von Memel, aber auch die Märkte in Heydekrug und Prökuls werden besucht. Im Herbst stellen die Dampfschiffe ihren Linienverkehr zur Nehrung ein. Nur die Marktdampfer fahren, bis der Eisgang einsetzt, noch nach Memel. Die Fremden haben die Nehrung verlassen, die Bewohner sind wieder auf die alte Poststraße angewiesen.[246] In ihren Dörfern erhalten sie trotz anhaltendem Frost und einer dichten Schneedecke Besuch. Richard Pietsch: „Wenn der Winter streng war und der Schnee hoch lag, zogen Elche bis in Dorf hinein. Dort wo noch Heuhaufen draußen standen, machten sie es sich bequem und ließen sich nur ungern vertreiben."[247]

Die Nehrung besteht ausschließlich aus Sand. Waldbrände, Sturmfluten, vor allem aber starke Abholzungen, besonders während des Siebenjährigen Krieges, lassen den Sand, getrieben vom Wind, in riesigen Dünen wandern. Er erstickt die Wälder und begräbt immer wieder ganze Ortschaften unter sich. Die Großmutter von Richard Pietsch, 1842 in Pillkoppen geboren, erzählt ihrem Enkel von einem Experiment, das schon vor ihrer Geburt begann. Bevor der alte Friedhof in Pillkoppen ganz versandet, graben im Jahr 1839 Männer mitten auf dem Friedhof senkrecht eine Eisenstange ein. Sie wollen so festzustellen, wie weit eine Düne wandert. Richard Pietsch: „1936 starb meine Großmutter. Die Eisenstange war aber noch immer nicht zu sehen."[248] Der Kampf gegen die Wanderdünen wird systematisch erst im 19. Jahrhundert aufgenommen; erst in der zweiten Hälfte gelingt es, sie zu stabilisieren.

Wilhelm Franz Epha[249] gilt als der Bezwinger der ostpreußischen Wanderdünen; seine Maßnahmen haben die heutige landschaftliche Gestalt der Kurischen Nehrung geformt. Epha, 1828 in Goldap geboren, wird im Forstamt Nassawen in der Rominter Heide zum Forstgehilfen ausgebildet. Wie alle Angehörigen des preußischen Forstdienstes tritt er in ein Jägerbataillon ein. Nach dem Ausscheiden aus dem Militär wird er 1857 von der Memeler Kaufmannschaft als Forstschutzbeamter angestellt. Das spätere Seebad „Försterei" entsteht nördlich der Stadt Memel auf einem von ihm aufgeforsteten Dünengelände. 1864 wird Franz Epha zum Königlichen Dünen-Plantagen-Inspektor und Badekommissar nach Cranz berufen. Zu dieser Zeit bedrohen Wanderdünen fast alle Nehrungsdörfer, die Haff-Fischerei, die Poststraße auf der Nehrung und die Durchfahrt durch das Memeler Tief stehen auf dem Spiel. Landschaftsschutz um der Landschaft willen sind Ephas Maßnahmen deshalb nicht.

Schon zu Beginn des 19. Jahrhunderts ist von seinen Vorgängern am Ostseestrand eine bis zu 10 m hohe künstliche Vordüne errichtet worden. Durch die Errichtung etwa 70 cm hoher Strauchzäune fängt sich der Flugsand und bildet einen ständig wachsenden Sandwall. Ist nach einiger Zeit der Zaun verschüttet, legt man auf dem Wall neue Reihen von Strauchzäunen an. Dazwischen werden Sandgräser, meist Strandhafer und Strandroggen, gepflanzt. Sie sind anspruchslos und erreichen mit ihren tiefen Wurzeln das Grundwasser. Gleichzeitig versucht man, mit einer herkömmlichen Methode auch die großen Dünen zu bepflanzen, zunächst mit Strandhafer und anderen Sandgräsern, anschließend mit Stranddisteln. Zwischen diesen Gewächsen bildet sich Moos, das den Grund für die Krüppelkiefer vorbereitet. Dieser Prozess kann sich über Jahrzehnte hinziehen, und so viel Zeit hat Epha nicht. Deshalb entwickelt er die zuvor eingesetzten Methoden weiter: Er lässt auf den Dünen rechtwinklig sich kreuzende, etwa 30 cm hohe Strauchzäune aus Reisig und Rohr anlegen. In deren Kammern werden Zwergkiefernpflänzchen gesetzt. Später pflanzt er Bergkiefern hinzu, die vor allem in die Breite wachsen. Rund die Hälfte des 79 km langen Dünenwalls bleibt unbepflanzt, sodass zwischen Sarkau–Rossitten, Rossitten–Pillkoppen, Pillkoppen–Nidden und Perwelk–Schwarzort vier große Dünengebiete erhalten bleiben.

1877 beginnt Epha mit der Festsetzung der 48 m hohen Bruchberge bei Rossitten. 1887 bis 1892 gelingt ihm seine größte Leistung: Vor Pillkoppen mit seinen 18 Wohnhäusern und 123 Einwohnern bringen seine Pflanzungen den bedrohlich über der Ortschaft hängenden, 61 m hohen Petschberg zum Stillstand; der Berg hat zu dieser Zeit bereits die ersten Häuser erreicht. Im Laufe seiner Tätigkeit werden Epha immer mehr Ämter übertragen; er wird Düneninspektor, Oberbademeister, Oberfischmeister und Strandvogt der Nehrung. Der langjährige Feuilletonchef der Königsberger *Hartungschen Zeitung*, Ludwig Goldstein, hat Epha noch gekannt: „Sein Machtwort reichte weit, bisweilen vielleicht weiter, als es gut war. Die ihm wohlwollten, nannten ihn im Scherz, halb auch im Ernst, den König der Nehrung.“[250] Franz Epha tritt 1903 im Alter von 76 Jahren in den Ruhestand und stirbt 1904 in Rossitten.

Die Kurische Nehrung wird im Herbst auf dem Flug nach Süden und im Frühjahr zum Rückflug nach Norden von Zugvögeln aller Art passiert. Die Vögelschwärme fallen auf der stillen Nehrung zur Rast ein, um Nahrung aufzunehmen und Kraft für den Weiterflug zu sammeln. Im Jahr 1896 besucht der aus Thüringen stammende Vogelforscher Johannes Thienemann zum ersten Mal die Kurische Nehrung und das Fischerdorf Rossitten. Thienemann ist zu dieser Zeit nur Hobby-Ornithologe, studiert hat er Theologie. Bei seinem Besuch erlebt einen „Vogelzug, so gewaltig, wie er bisher noch nie in Deutschland beobachtet worden war“. Er erkennt, dass der schmale Landstreifen zwischen Meer und Haff eine hervorragende Möglichkeit zur Beobachtung der Vogelwelt, besonders des Vogelzuges, bietet.[251] 1900 hält er auf der Jahresversammlung der Deutschen Ornithologischen Gesellschaft in Leipzig einem Vortrag über „Zwecke und Ziele einer ornithologischen Beobachtungsstation in Rossitten“. Er kann seine Zuhörer überzeugen, in dem Haffdorf eine Vogelwarte zu betreiben; die Gründung erfolgt zum 1. Januar 1901. Rossittens Vogelwarte ist die

Der französische Leutnant Paul Joly mit seiner Familie vor der „Großen Düne“ in Nidden im Jahr 1922. Die Düne auf der Kurischen Nehrung ist eine der größten in Europa. Westlich der Düne verläuft seit 1920 die Grenze des Memellands zur Provinz Ostpreußen.

erste derartige ornithologische Forschungsstation der Welt. Thienemann wechselt nach seiner zweiten theologischen Prüfung in Leipzig nach Rossitten und beginnt in Königsberg ein Zoologiestudium. An der Albertina promoviert er im Jahr 1906 und wird 1910 zum Professor ernannt. Der Aufbau der Vogelwarte Rossitten ist sein Werk; vor allem durch das „Vogelberingungsexperiment“ und Thienemanns unermüdliche Öffentlichkeitsarbeit wird sie schon bald weltberühmt. 1921 wird sie von der Kaiser-Wilhelm-Gesellschaft zur Förderung der Wissenschaften, der heutigen Max-Planck-Gesellschaft, übernommen.

Lovis Corinth reist schon 1879 als Schüler der Königsberger Kunstakademie mit Studienfreunden in die Fischerdörfer der Kurischen Nehrung. Nicht er, sondern der Maler Heinrich Krüger entdeckt aber die Kurische Nehrung für die Künstlerwelt. Mitte der 1880er Jahre erwandert Krüger erstmalig von Rossitten aus die Dünen und beginnt dort zu malen. Krüger ist in Gumbinnen geboren, in Königsberg aufgewachsen und besucht dort die Kunstakademie. Ein Professor dort lenkt ihn auf sein Spezialgebiet, die Tiermalerei, und Krüger beginnt für die ostpreußischen Züchter deren berühmte Hengste zu malen, so für das Gestüt Gudwallen. Krüger zieht 1888 seinen Kommilitonen Ernst Bischoff und später seinen Vetter, den Landschaftsmaler Eduard Anderson, auf die Nehrung. Ein Genrebild des damals noch naturalistisch malenden Ernst Bischoff macht Nidden 1888 in Königsberger Künstlerkreisen bekannt.

Eines unterscheidet Nidden von anderen Kolonien wie Worpswede bei Bremen und Willingshausen in Kurhessen: Die Kurische Nehrung ist eine nicht nur spröde, sondern auch spektakuläre Landschaft. Dazu der Kunsthistoriker Jörn Barford: „Das Bedeutsamste für die Maler auf der Kurischen Nehrung war die Einsamkeit, die Formenhärte und das besondere Licht der Landschaft, der Dünen, des Strandes und des Wassers. Hinsichtlich Menschen und Natur gewann das Elementare ihrer Erscheinung, das Ursprüngliche und Urtümliche Relevanz in der künstlerischen Darstellung."[252]

Zu den frühen Malern der Nehrung gehört auch der aus Memel stammende Maler Benno Becker, Sohn des Kaufmanns Moritz Becker, einem der Gesellschafter der Firma Stantien & Becker, die bei Schwarzort im Kurischen Haff nach Bernstein schürft. Benno Becker ist später Professor an der Münchener Akademie und Gründer der dortigen Sezession. Nach Nidden reist auch regelmäßig der Marinemaler Robert Gleich. Der Duisburger Wilhelm Eisenblätter kommt als Theatermaler über Berlin nach Königsberg und verschreibt sich bald ganz der Landschaftsmalerei; auf der Kurischen Nehrung malt er um die Jahrhundertwende.

Die Künstler der ersten Koloniegeneration leben in Königsberg oder, wie Ernst Bischoff-Culm, in Berlin und kommen im Sommer auf die Nehrung. Unter den vier Kirchdörfern Sarkau, Rossitten, Schwarzort und Nidden entwickelt sich letzteres zum stärksten Anziehungspunkt für die Künstler. Die Maler kehren in Nidden in dem seit 1867 bestehenden Gasthof von Hermann Blode ein, der früheren Posthalterei. Bei Blode wohnt schon 1890 Lovis Corinth. Im Sommer 1893 malt er den *Fischerfriedhof von Nidden*, eines seiner bekanntesten Gemälde, das seit 1954 in der Münchener Pinakothek hängt.[253]

Hermann Blode wird mit der Zeit zum wichtigsten Mäzen der Maler werden und sein ehemals kleines Gasthaus die Keimzelle der entstehenden Künstlerkolonie. Im Sommer treffen sich am Abend die Künstler bei Blode. Beim Schein kleiner Petroleumlampen – elektrischen Strom gibt es auf der Nehrung erst in den 1920er Jahren – wird getrunken und diskutiert. Der Herbergsvater wird zum Sammler von Bildern, die auf der Nehrung entstehen; manche Künstler unterstützt Blode, indem er ihre Bilder in Zahlung nimmt.

1914 findet in Königsberg eine erste „Nehrungsausstellung" statt. Das Fischerdorf Nidden ist in der Provinz jetzt als Malerparadies zu einem Begriff unter Künstlern geworden; schon vor dem Ersten Weltkrieg verbringen die Schriftstellerin Agnes Miegel und der Komponist Engelbert Humperdinck den Sommer hier. 1907 schreibt Miegel die Ballade *Die Frauen von Nidden* über das Schicksal von sieben Niddener Fischerfrauen in den Jahren der großen Pest. Bei Blode verkehrt auch der Dirigent Paul Scheinpflug, der von 1909 bis 1914 in Königsberg tätig ist und später Chefdirigent der Dresdner Philharmoniker wird. Den Nidden-Pionieren folgen vor allem die Lehrer für Landschaftsmalerei der Kunstakademie Königsberg und ihre Meisterschüler.

Die nachhaltigste Bedeutung für die Künstlerkolonie Nidden haben die fünf oft mehrere Monate währenden Besuche des Expressionisten Max Pechstein in den Jahren von 1909 bis 1920. Im Jahre 1908 kommt der gebürtige Zwickauer Pechstein zum ersten Male auf die Kurische Nehrung. Er will hier sein liebstes Motiv, bewegte Gestalten am Wasser, malen und hat die Landschaft auf der Landkarte entdeckt – oder ist durch die in der Berliner Session ausgestellten Arbeiten Bischoff-Culms inspiriert. Die mehrmonatigen Aufenthalte Pechsteins in Nidden in den Sommern 1911 und 1912 erbringen seinen künstlerischen Durchbruch[254], doch wird er nie zum typischen „Nidden-Maler“: „Pechstein hat die Nehrung nicht ostpreußisch empfunden; nicht als schauerliche Einöde. So sieht er sie nur, wo sie zum Fischerschicksal in Beziehung steht. Ihm war sie ein wunderbares Land, ein Samoa der Farbe, die erste Erfüllung seines Kindertraumes von fremden, farbigen Ländern und eine Station auf dem Weg zur Südseeinsel Palau“[255], schreibt der aus Königsberg stammende Schriftsteller Walther Heymann.

Von Pechsteins Begeisterung angesteckt, entschließt sich auch sein Freund Karl Schmidt-Rottluff, den Sommer 1913 in Nidden zu verbringen. Er reist nur wenige Tage nach der Selbstauflösung der Künstlergruppe „Brücke“ an. Ernst Bischoff-Culm und Hans Beppo Borschke malen – vor allem unter dem Einfluss Pechsteins – jetzt ebenfalls farbenstark mit einem unverkennbaren Einschlag ins Expressionistische.

Der Kunststudent Ernst Mollenhauer stammt aus Tapiau. Er beginnt bereits als Kind mit dem Zeichnen, doch sein wohlhabender Vater will ihm den Wunsch, die Königsberger Kunstakademie zu besuchen, zunächst nicht erfüllen. Als der Vater jedoch seinem inzwischen berühmten Jugendfreund Lovis Corinth ein paar Zeichnungen des Sohns vorlegt und dieser die Begabung des jungen Mollenhauer erkennt, gibt der Vater schließlich seine Einwilligung. Mollenhauer studiert ab 1913 an der Königsberger Kunstakademie. In den Akademieferien 1913 und 1914 besucht er erstmals für kürzere Zeit die Kurische Nehrung. 1914 unterbricht der Krieg seine Ausbildung; wie viele Künstler der Niddener Künstlerkolonie wird er Soldat. 1918 setzt Mollenhauer sein Studium an der Königsberger Akademie fort, ab 1920 als Meisterschüler.

Den Künstlern der Kolonie schließt sich vor dem Ersten Weltkrieg auch der expressionistische Lyriker Walther Heymann an. Heymann ist der zweite Sohn des jüdischen Königsberger Kaufmanns Richard Heymann; sein jüngster Bruder, Werner Richard Heymann, ist in den 1920er und frühen 1930er Jahren ein bekannter Komponist von Film- und Unterhaltungsmusik. Von ihm stammen u.a. die Melodien aus dem Film Die Drei von der Tankstelle („Ein Freund, ein guter Freund“, „Liebling, mein Herz lässt dich grüßen“).

Walther Heymann studiert an der Königsberger Albertina, in Freiburg, Berlin und München Jura, gibt aber seine juristische Laufbahn auf. 1905 veröffentlicht er die ersten Gedichte. Im Jahr 1909 porträtiert Ernst Bischoff-Culm den Dichter bei einer Wanderung auf der Kurischen Nehrung. 1912 wird Heymann in Königsberg

Mitarbeiter der *Hartungschen Zeitung* und setzt sich in deren Feuilleton für expressionistische Maler wie Max Pechstein ein. Als 1914 der Erste Weltkrieg ausbricht, meldet sich Walther Heymann sofort als Freiwilliger. Im Januar 1915 fällt er vor Soisson in Frankreich. Walther Heymann und Hans Beppo Borschke fallen im Krieg, Ernst Bischoff-Culm verliert bei einer schweren Verwundung in Frankreich beide Hände und nimmt sich das Leben. Zu ihrem Andenken wird Ernst Mollenhauer 1925 ein schlichtes Denkmal auf dem Blodeberg errichten.

Max Pechstein besucht im Jahr 1919 Nidden zu einem vierten und längsten Aufenthalt, er flieht aus dem Gewirr der aggressiven politischen und künstlerischen Auseinandersetzungen der Revolutionsjahre in die Abgeschiedenheit Ostpreußens. Als 1920 Nidden mit dem Rest des Memellandes unter französische Verwaltung gerät und schließlich 1923 litauisch wird, sucht sich Pechstein in Ostpommern eine ähnliche Landschaft als Ersatz.[256] Nach dem Anschluss des Memellandes an das Deutsche Reich im März 1939 kehrt der 56-jährige Maler, in Deutschland als „entartet" bezeichnet, noch ein Mal auf die Kurische Nehrung zurück.[257]

Als Max Fürst und seine jugendbewegten Wanderfreunde die berühmte Haffterrasse der Gastwirtschaft Blode entdecken, ist der Ruhm Niddens und von Blodes Haus schon nach Königsberg gedrungen: Jedes Mal, wenn sie sich nach Nidden aufmachen, führt der erste Weg der „schwarzen Schar" jüdischer Königsberger Jugendbündler zu Blode, um alte, schon bekannte und neue Bilder zu bewundern. „Von der Dorfstraße aus war Hermann Blode ein Gasthaus wie alle anderen. Am Eingang der Dorfladen, dann kam der Gastraum, ziemlich dunkel, eine Schenke wie jede andere. Daß der Besitzer schon immer eine Liebe zur Kunst gehabt hatte, bewies ein großes Jägerbild, echt Öl, wie wir sagten. Dann aber kam man auf die Terrasse, die auf Pfählen schon im Haff stand, jeder Tisch mit einer kleinen Petroleumlampe mit buntem Schirm. Dort saß man am Abend und hatte das Haff vor sich und konnte herrliche Gerichte bestellen – wenn man Geld hatte. Bei uns reichte es immer nur zu einer Tasse Kaffee. Aber die Wände waren voll mit Bildern von Pechstein, Schmidt-Rottluff, Nolde und anderen Malern. Es war die köstlichste Ausstellung, die ich je gesehen habe. Es stimmte alles auch noch, als zu unserem Leidwesen die Petroleumlampen durch elektrische ersetzt wurden. Wie konnte solch ein Wunder geschehen?"[258]

In den 1920er Jahren gibt es in den Dörfern im deutschen und dem litauischen Teil der Nehrung schon einen regen Fremdenverkehr. Nidden zählt in den Jahren vor dem Ende des Zweiten Weltkriegs 100 000 Übernachtungen. Die Fischer räumen im Sommer ihre Häuser und ziehen in improvisierte Hütten, die sie sich auf den Grundstücken errichten. In Nidden ist das Nacktbaden ab den 1920er Jahren erlaubt, man darf 500 m nördlich und 500 m südlich vom Ort am Haffstrand unbekleidet in die Fluten steigen, ebenso am Ostseestrand 50 m südlich und 50 m nördlich der Badeanstalt. Die südliche Badestelle nennen Gäste und Einheimische den „Garten Eden", die nördliche „das Paradies".[259]

Natangen und Barten

Es gibt neben Königsberg und Tannenberg einen weiteren Ort in Ostpreußen, in dem Weltgeschichte geschrieben wurde: Preußisch Eylau. Hier fand am 7. und 8. Februar 1807 ein Kampf statt, den Napoleon noch im Exil auf Sankt Helena die blutigste aller seiner Schlachten nannte. Und den er wenn nicht verloren, so zumindest doch nicht gewonnen hat.

Die Schlacht von Preußisch Eylau fand in der typischen, leicht welligen Landschaft im Zentrum Ostpreußens statt. Dieses Zentrum bilden die Kreise Wehlau, Gerdauen, Bartenstein, Heiligenbeil und Preußisch Eylau. Wie für das Ermland (auch Warmia, Warmien genannt) haben sich hier die historischen Bezeichungen aus der Prußenzeit erhalten. Die Landschaften der Kreise nennt man Natangen und Barten, wobei Natangen – die Betonung liegt auf der ersten Silbe – oft für beide Gebiete Verwendung findet.

Auch Barten ist eine der historischen Landschaften in der Mitte der Provinz. Das Gebiet ist ursprünglich von dem prußischen Stamm Barta bewohnt. Das Stammesgebiet der Barta liegt südlich der historischen Landschaften von Natangen und Nadrauen, nordwestlich von Galinden und nordöstlich von Pogesanien. Zu Barten gehören die Kreise Bartenstein, Gerdauen, die südlichen Teile der Kreise Wehlau und Königsberg-Stadt sowie der Norden des Kreises Rastenburg. Westlich von Barten liegt Natangen, neben Barten, Nadrauen, Warmien und dem Samland einer der alten prußischen Gaue. Das prußische Natangen umfasste in etwa die späteren Kreise Heiligenbeil und Preußisch Eylau; es ist eine Binnenlandschaft, die weder den Pregel noch das Frische Haff berührt.

Vom Haff kommend, sind die Landschaften Barten und Natangen, wie in der norddeutschen Tiefebene üblich, flach. Erst nach etwa 60 km steigt das Land an und wird hügeliger. Die abwechslungsreiche weiträumige Gegend um die Städte Domnau, Preußisch Eylau, Landsberg, Mehlsack, Heiligenbeil und Zinten nennt sich Stablack. Geologisch gilt der Stablack als Endmoränenlandschaft, er steigt unvermittelt aus der Ebene auf und ist in seinem Zentrum eine Ansammlung von Hügeln. Die Moränen haben sich zwischen den Mittellauf der Alle, dem Unterlauf der Passarge sowie ihren Nebenflüssen Drewenz und Frisching geschoben, zwischen die Hügel drängen sich vermoorte Senken und Seen. Höchste Erhebung ist mit 215,5 m der Schlossberg.

Stablack ist ab 1936 auch der Name des – neben Arys – zweiten großen Truppenübungsplatzes in Ostpreußen. Im Sommer 1934 beginnt die Reichswehr auf einer Fläche von 10 000 ha den Platz anzulegen. 1934 werden in der Nähe des Warschkeiter Sees zwei Kasernen für eine große Garnison gebaut. Auf dem Gelände des Truppenübungsplatzes entsteht ab Herbst 1935 zwischen den Flüsschen Liebe und Rogoßel auf den Flächen des Dorfes Domtau und der Güter Grundfeld und

Waldkeim ein „Lager Nord" und die vor allem von Militärs bewohnte Gartenstadt Stablack. Bei Kriegsbeginn ist die vorgesehene Planung noch nicht vollständig umgesetzt, die Gartenstadt zählt 1939 einschließlich Militär aber schon 2 730 Einwohner. Sie fällt bei Kriegsende ohne große Kampfhandlungen in die Hände der Roten Armee, die vor allem die Kasernenanlagen weiter nutzt. Die Militärstadt heißt heute Dolgorukowo. Etwas abseits von Stadt und Lager Nord, zwischen Schlauthienen und Jerlauken, zum Teil auf dem Waldgelände von Wackern, wird ab 1935 die Heeresmunitionsanstalt „Muna" mit Verwaltungsgebäude, Kantinen und Baracken angesiedelt. Die „Muna" hat einen eigenen Güterbahnhof, ab Dezember 1937 auch einen Personenbahnhof der Strecke Rositten–Stablack–Preußisch Eylau. Zwei große Barackenlager für ledige weibliche und männliche Mitarbeiter werden beim Gut Jerlauken errichtet.

Während des gesamten Zweiten Weltkriegs ist der Truppenübungsplatz mit Militär belegt. Im September 1939 werden hier die ersten polnischen Kriegsgefangenen interniert; bald sind es mehr als 50 000. Später sind im Kriegsgefangenenlager Stablack auch Belgier, Franzosen und Sowjetsoldaten inhaftiert.

Viele Ortschaften in Natangen und Barten sind Gründungen aus der Frühzeit der Herrschaft des Deutschen Ordens. Im Jahr 1238 sendet der Orden in Livland zwei Schiffe ins Frische Haff, um einen Platz für eine Burg zu erkunden. Gefunden wird er in einer Pruzzenfestung, dem späteren „Balga". Die Eroberung Ostpreußens durch den Deutschen Orden geht von dieser Burg Balga auf der gleichnamigen Halbinsel im Frischen Haff aus. 1238 werden die Ordensritter von den Pruzzen noch verlustreich zurückgeschlagen; erst 1239 kann der Orden die Festung endgültig einnehmen und als Stützpunkt ausbauen. 1241 wird die Ordensfeste Cruceburg gebaut, aus der sich das Städtchen Creutzburg, später Kreuzburg, entwickelt.

Cruceburg ist eine planmäßige Stadtanlage des Deutschen Ritterordens, die Stadt wird im rechteckigen Grundriss mit dem Markt in der Mitte und einem gitterförmigen Straßennetz errichtet. Die Kirche dient auch der Verteidigung, die Burg liegt außerhalb der Stadtmauer und ist später der Sitz des Kammeramtes Kreuzburg der Komturei Brandenburg. Kreuzburg stagniert lange, auch weil es zu spät an das Eisenbahnnetz angeschlossen wird. Am 1. August 1901 ist eine neue ostpreußische Eisenbahnlinie von Königsberg über Löwenhagen, Uderwangen und Neu-Waldeck durch den Kreis Preußisch Eylau und weiter über Domnau nach Angerburg durchgängig in Betrieb genommen. Kreuzburg ist tiefste Provinz, die Stadt wird auch jetzt nicht an die preußische Ostbahn, angeschlossen. 1908 verbindet nur eine 14 km lange Kleinbahn den Bahnhof Tharau der Südbahn Königsberg–Prostken mit Kreuzburg; erst mit ihrer Inbetriebnahme stellt die letzte Postkutsche des Kreises Preußisch Eylau ihren Betrieb ein.[260] Viermal täglich verkehrt nun die Kleinbahn.

Auch Landsberg im Kreis Preußisch Eylau ist eine planmäßige Gründung des Deutschen Ritterordens. Im Jahr 1848 erhält die Stadt eine Chausseeverbindung

Marktplatz in Zinten (Kreis Heiligenbeil) in den 1930er Jahren. Die Kleinstadt, die schon 1913 die Stadtrechte erhält, wird planmäßig mit einem regelmäßigen Straßennetz angelegt. Das Rathaus steht mitten auf dem Marktplatz.

nach Preußisch Eylau und Königsberg, etwas später auch nach Heilsberg. 1898 folgt der Eisenbahnanschluss der Strecke Königsberg–Zinten–Landsberg–Heilsberg. Landsberg besitzt mit der Wollspinnerei Kirstein ein wenig Industrie, dazu eine Molkerei, eine Mühle und zwei Sägewerke. 1939 hat der Ort 3 120 Einwohner. Die Gemeinde liegt heute als Gorowo Ilaweckie in der Wojewodschaft Olsztyn (Allenstein) in Polen.

Selbst die Kreisstadt Preußisch Eylau ist nur eine der für Ostpreußen typischen Beamten- und Handwerkerstädte, aber doch das Einzelhandelsszentrum des Kreises. Schon 1585 hat sie die vollen Stadtrechte verliehen bekommen, mit um das Jahr 1600 knapp 1 000 Einwohnern ist sie Sitz des gleichnamigen „Hauptamtes“ und eines „Wildnisbereiter“ genannten Oberförsters. Im von 1752 bis 1818 bestehenden ostpreußischen Kreis Brandenburg ist die Stadt Sitz eines Domänenamtes und eines Stadtgerichts, 1818 wird sie Kreisstadt. Entlang sich kreuzender Verbindungsstraßen entwickelt sie sich langsam zu einem kleinstädtischen Gemeinwesen. Fast das gesamte 18. Jahrhundert hindurch ist sie mit einer starken Garnison belegt. Seit 1831 verbindet eine Chaussee Preußisch Eylau mit Königsberg, ab 1848 eine weitere befestigte Straße nach Landsberg. Im September 1866 erhält die Stadt durch die Eisenbahnlinie Königsberg–Preußisch Eylau–Bartenstein eine weitere gute Verkehrsverbindung. Preußisch Eylau gehört seit 1945 zum sowjetischen Teil von Ostpreußen und ist als Bagrationowsk Verwaltungssitz des Rayons Bagrationowsk des Oblast Kaliningrad.

Der Kreis Heiligenbeil liegt am Frischen Haff; von seinen 1137 km^2 Gesamtfläche sind 229 km^2, also ein Fünftel, Haff. Der westlichste Punkt des Kreises liegt westlich von Alt Passarge, der östlichste von Robitten an der Grenze zum Kreis Preußisch Eylau, die südlichste Spitze reicht fast bis zum ermländischen Kreis Heilsberg. Im Kreis mit 1939 über 53 207 Einwohnern gibt es zwei Städte und in 17 Kirchspielen 111 Landgemeinden.

Die Stadt Heiligenbeil liegt an der Jarft, einem kleinen Nebenfluss der bei Mehlsack entspringenden Bahnau, die ins Frische Haff mündet. Da die Stadt selbst keinen Zugang zum Haff hat, dient das nahe gelegene kleine Rosenberg als Hafen. Um 1700 gibt es in Heiligenbeil 150 Braustellen, noch um 1900 existieren zwei Brauereien. Heiligenbeil besitzt zu dieser Zeit ein im Ostseeraum renommiertes Unternehmen, die „Ostdeutsche Maschinenfabrik", die aus einer von Rudolf Wermke gegründeten kleinen Pflugschmiede hervorgegangen ist. Ab 1882 betreibt Wermke die erste ostpreußische Maschinenfabrik mit Dampfmaschinenbetrieb. Nach dem frühen Tod des Gründers entwickelt sich die „Ostdeutsche Maschinenfabrik vorm. Rud. Wermke AG" kontinuierlich weiter. Ihre Produkte werden vornehmlich nach Russland, Rumänien und Ungarn, auch nach Italien und Südamerika exportiert.

Die Kleinstadt Zinten gehörte ursprünglich zum Ermland, blieb aber bei der Teilung 1466 nach dem Zweiten Thorner Frieden beim Ordensstaat und wird seither zur Landschaft Natangen gerechnet. Die Stadt ist planmäßig mit einem regelmäßigen Straßennetz angelegt. Das Rathaus steht mitten auf dem Marktplatz, auf einer Anhöhe die Kirche aus dem Jahr 1741. Zinten prägen im 20. Jahrhundert einige mittelständische Betriebe; ab dem Jahr 1936 gibt es im Ort einen Pferderennplatz und eine Ski-Schanze, ab 1938 ist der Ort Garnisonsstadt eines Panzerregiments.

Der Kreis Gerdauen ist mit etwas mehr als 844 km^2 Fläche und 35 013 Einwohnern im Jahr 1939 einer der kleinsten ostpreußischen Landkreise. Zu ihm gehören 69 Landgemeinden sowie die Städte Gerdauen und Nordenburg. Moderne Verkehrsverhältnisse entstehen erst mit dem Bau einer Chaussee nach Angerburg Mitte der 1850er Jahre. 1871 wird Gerdauenan die Bahnlinie Thorn–Insterburg angeschlossen, 1898 eine Bahnstrecke nach Königsberg eröffnet. 1901 erfolgt die Anbindung an die Linie nach Friedland und Löwenhagen, 1917 wird eine Kleinbahnverbindung nach Rastenburg geschaffen. Durch die günstigen Verkehrsanbindungen entwickelt sich Gerdauen zu einem bedeutenden Zentrum des Getreidehandels.

Im Ersten Weltkrieg werden die Städte im Kreis Gerdauen stark zerstört, viele Bürger leben danach in Baracken. Ein Kriegshilfsverein im Berliner Villenviertel Grunewald spendet für den Wiederaufbau der Stadt Nordenburg; mit Hilfe der Patenstädte Budapest und Berlin-Wilmersdorf und Schwedens wird Gerdauen wieder aufgebaut.

Die Umgebung von Nordenburg ist durch die großen Güter von adeligen Familien wie der von Platen-Katzborn, von Dunker Mally-Park, Edler von Gräve-Kurkenfeld, der von Belo-Raudischken und der von Wrangel-Waldburg geprägt. Im Kreis liegt der

Nordenburger See, der dem zeitweise in Deutschland bekannten Naturschriftsteller Walter von Sanden-Guja Quelle der Inspiration ist. Nach dem Ersten Weltkrieg beginnt die Provinzialverwaltung im Kreis mit dem Bau des Masurischen Kanals. Er soll eine Verbindung der Masurischen Seenplatte mit der Alle und Pregel nach Königsberg herstellen. Der Bau zieht sich hin, ist auch zu Beginn des Zweiten Weltkriegs nicht fertig und bleibt unvollendet.

Seit dem Ende des Zweiten Weltkriegs verläuft die Grenze zwischen Russland und Polen mitten durch den ehemaligen Kreis Friedland/Bartenstein. Der ist im Jahr 1818 mit der preußischen Verwaltungsreform und der Kreisstadt Friedland als Teil des Regierungsbezirks Königsberg geschaffen worden. Neben der Stadt Friedland gehören zu ihm auch die Städte Bartenstein, Domnau und Schippenbeil. Da sich in den nächsten Jahrzehnten Bartenstein zur größten Stadt des Kreises entwickelt, verlegt man 1902 den Landratssitz hierher. Mit den preußischen Verwaltungsreformen des Jahres 1927 nennt sich der Kreis Bartenstein.

Das Städtchen Friedland liegt an der Alle. Wie Preußisch Eylau ist es bekannt durch eine Schlacht: Am 14. Juni 1807 besiegt Napoleon hier die verbündeten Preußen und Russen vernichtend und macht damit die Scharte von Preußisch Eylau wett. Noch im heutigen Prawdinsk wird das Andenken an die Schlacht bei Friedland lebendig gehalten: In der Hauptstraße vom Markt in Richtung Süden erinnert ein gepflegter Grabstein an dort bestattete russische Soldaten. Auch eine historische Kanone und eine Büste des Generals Kutusow sind der Erinnerung an den preußisch-russischen Kampf gegen Napoleon gewidmet.

Im Jahr 1885 hat Friedland 3 182 Einwohner, zu Beginn des Zweiten Weltkrieges sind es 4 410. In den Jahren 1921 bis 1923 wird durch das Alletal bei Friedland ein 850 m langes und bis zu 93 m breites Sperrwerk mit Erddamm gezogen, das in einem 30 km langen Staubecken, das bis zu 20,2 Mio m^2 Wasser fasst, das Allewasser auffängt. Wasserturbinen und Generatoren erzeugen elektrische Energie, die vom Friedländer Ostpreußenwerk aus einen großen Teil Ostpreußens mit Elektrizität versorgt.

Friedland heißt heute Prawdinsk und hat knapp 4 500 Einwohner. Viele Häuser zeigen zwar großen Sanierungsbedarf, doch gehört der Ort zu den am besten erhaltenen Städten der Oblast Kaliningrad. Die im 14. Jahrhundert auf dem Wollberg erbaute spätgotische Hallenkirche St. Georg überragt auch heute die Altstadt und zählt zu den besterhaltenen Kirchenbauten im Kaliningrader Gebiet. Als St. Georg 1994 der Russisch-Orthodoxen Kirche übergeben wird, ist es nur eine verfallene Ruine. Zu Sowjetzeiten wird das wuchtige Backsteinbauwerk als Kulturhaus und Lagerhalle genutzt und verfällt. Heute wird hier russisch-orthodoxer Gottesdienst gefeiert.

Im Laufe ihrer 700-jährigen Geschichte ist Domnau bis auf die Kirche siebenmal völlig abgebrannt.[261] 1818 ist die Stadt dem Kreis Friedland eingegliedert worden; bis 1902 ist Domnau und nicht Friedland Sitz des Landratsamtes. Einen Eisenbahnanschluss erhält Domnau nie, der nächste Bahnhof befindet sich noch zu Beginn des Ersten Weltkriegs im 5 km entfernten Preußisch Eylau. So entwickelt sich der Ort nicht und verliert auch den Kreissitz. Die Domnauer gelten ihren Landsleuten als einfältige, aber feierfreudige Schildbürger. „Quer wie ein Domnauer" ist in der Provinz eine abwertende Klassifizierung für wenig intelligente Menschen.

Obwohl Schippenbeil an einem wichtigen Übergang über die Alle liegt, bleibt die Stadt die Jahrhunderte hindurch klein. Die Ostpreußische Südbahn von Bartenstein in Richtung Rastenburg führt ab 1867 an der Stadt mit damals 2 400 Einwohnern vorbei, ohne Station zu machen – auf Druck der ansässigen Fuhrleute hatte die Stadtverwaltung einen Anschluss abgelehnt. Die Einwohnerzahl Schippenbeils erreicht 1871 mit 3 250 ihren Höchststand, sinkt aber bis zum Ersten Weltkrieg wieder auf 2 400.

Die Kreisstadt Bartenstein gehört heute zu Polen und heißt Bartoszyce. 1902 wird sie anstelle von Domnau Sitz des Landratsamtes und kann auch viele andere Behörden in die Stadt ziehen. Bartenstein liegt an der Linie Pillau–Prostken der Ostpreußischen Südbahn. Das führt zur Ansiedlung einer Eisengießerei, einer Maschinen- und einer Wagenfabrik, auch ländliche Industrien wie eine Bierbrauerei, Mühlen für Getreide und Öl entwickeln sich; es wird mit Eichenholz, Getreide und Flachs gehandelt. 1939 hat Bartenstein 11 268 Einwohner. Das ist viel für eine ostpreußische Provinzstadt.

Die Stadt Wehlau liegt am Einfluss der Alle in den Pregel. Hier berühren sich die ehemaligen prußischen Stammesgebiete Samland, Nadrauen und Natangen. Wehlau wird wegen seiner niedrigen Lage bis zum Bau einer Pregelbrücke 1880 und moderner Eindeichungen oft von Überschwemmungen heimgesucht. Im ganzen Deutschen Reich bekannt ist die Kreistadt durch den Pferdehandel. Am ersten Dienstag im Juli wird in Wehlau der größte Pferdemarkt Europas abgehalten. Im Juli 1895 stehen auf den Wehlauer Schanzenwiesen mehr als 7 500 Pferde zum Verkauf, über 2 000 sind in Privatstallungen untergebracht oder werden auf den Straßen verhandelt. In jedem Jahr finden sich nicht nur Käufer aus Ost- und Westpreußen zum Markt ein, sondern auch aus Berlin, Hannover, Westfalen, Posen, Schlesien, Sachsen, natürlich aus dem nahen Russland sowie aus Dänemark, Schweden und sogar aus Serbien und Österreich-Ungarn.

Westpreußen in Ostpreußen

„Als mein Vater sich mit meiner Mutter verlobt hatte, war Großmutter, seine Mutter, todunglücklich, dass er ihr ‚die Fremde' ins Haus brachte: die Tochter des Professors Retzlaff stammte aus dem Ausland, aus Ostpreußen, aus Königsberg."[262] Als Paul Fechter in seinen Lebenserinnerungen zu Beginn der 1950er Jahre Westpreußen von Ostpreußen abgrenzt, ist auch der deutsch gebliebene Rest des „Landes Westpreußens" verschwunden. Dieser Rest ist zwischen 1922 und 1939 der „Regierungsbezirk Westpreußen" in der Provinz Ostpreußen.

„Westpreußen" entsteht 1772 mit der ersten Teilung Polens. Friedrich der Große bildet aus dem immer zum Herzogtum gehörenden oberländischen Kreis Marienwerder mit dessen Hauptämtern Riesenburg, Marienwerder, Preußisch Mark und dem Erbamt Schönberg und den neu von Polen errungenen Gebieten eine neue Provinz des Königsreichs Preußen. In der zweiten Polnischen Teilung 1793 wird diese Provinz um Danzig und Thorn erweitert, nach dem Wiener Kongress von 1815 wird Danzig ihre Hauptstadt.

Die Provinz Westpreußen ist ab 1818 in die beiden Regierungsbezirke Danzig und Marienwerder eingeteilt. Im Jahr 1900 hat sie eine um ein Viertel geringere Einwohnerzahl als Ostpreußen, nämlich etwa 1 564 000. 1910 geben 65 % der Provinzbewohner Deutsch als Muttersprache an, 28 % Polnisch und 7 % Kaschubisch. 1 % erklärt sich zudem für zweisprachig.

Außerhalb der Weichsel-, Nogat- und Haffniederung liegen die westpreußischen Kreise Ostpreußens auf demselben Hochplateau wie große Teile Ostpreußens. Friedrich Wilhelm Ferdinand Schmitt grenzt das Gebiet 1870 vom übrigen Westpreußen ab: „Das östlich der Weichsel gelegene Plateau ist ein Theil der preußischen Seeplatte, welche vom Meere, der Weichsel und der polnisch-litthauischen Ebene begrenzt wird. Der Westrand desselben erhebt sich gleich über die Meere in steilen Anhöhen und zieht sich parallel mit der Nogat und Weichsel in südwestlicher resp. südlicher Richtung bis Ostromecko (Ostrometzko, Kreis Kulm, d. Verf.) hin."[263] Das östliche Westpreußen ist eine zugige Gegend. Schmitt weiß zu berichten: „Westpreußen wird von Winden mehr als ein anderes Land gepeitscht. Zu jeder Jahres- und zu jeder Tageszeit kann man in Westpreußen das Geräusch des Windes hören; und wie man von England sagen kann, dass ‚der Regen dort regnet jeglichen Tag', so kann man von Westpreußen mit Recht behaupten, daß ‚der Wind dort alle Tage pfeift.' Wer im Lande geboren ist, dem pflegt diese unangenehme Eigenschaft weniger aufzufallen."[264]

Danzig wird 1920 mit einem erweiterten Hinterland unter dem Schutz des Völkerbundes Freie Stadt mit Sonderrechten Polens. Die im Westen der Provinz Westpreußen gelegenen Kreise Deutsch Krone und Schlochau sowie der Restkreis Flatow werden 1922 Teil einer neuen preußischen Provinz Grenzmark Posen-Westpreußen. Der flächenmäßig größte Teil der Provinz mit den Städten Thorn, Kulm, Graudenz, Schwetz, Konitz und Dirschau kommt ohne Befragung der Bevölkerung zur neuen Republik Polen. In Deutschland wird er „polnischer Korridor" genannt.

Schon mit Inkrafttreten des Versailler Vertrages am 10. Januar 1920 werden der östlich der Nogat gelegene Teil des Kreises Elbing und die Stadt Elbing an die Provinz Ostpreußen angeschlossen. Zu Ostpreußen kommt bis auf die drei Nehrungsorte Bodenwinkel, Vogelsang und Schortland auch der westliche Teil der Frischen Nehrung von Pröbbernau bis zur Försterei Grenzhaus, der bis dahin zum Kreis Danziger Niederung gehört hat. Die östlich der Weichsel liegenden Gebiete der westpreußischen Kreise Marienburg, Stuhm, Marienwerder und Rosenberg/Wpr. werden

1920 für kurze Zeit der „Interalliierten Kommission für Regierung und Volksabstimmung“ in Marienwerder unterstellt. Bei der Abstimmung am 1. Juli sprechen sich mehr als 92 % der Bevölkerung der vier Kreise für eine Zugehörigkeit zu Ostpreußen und damit für ein Verbleiben bei Deutschland aus. Nach diesem eindeutigen Votum werden am 16. August 1920 die Kreise endgültig der Verwaltung der Provinz Ostpreußens unterstellt.

Erst nachdem endgültige Regelungen über die Aufteilung der Provinz Westpreußen getroffen worden sind, werden die vier Kreise des Abstimmungsgebietes am 1. Juli 1922 förmlich in die Provinz Ostpreußen eingegliedert. Gemeinsam mit der Stadt und dem Kreis Elbing bilden sie einen Regierungsbezirk. Der Sitz des Regierungspräsidenten ist Marienwerder. 1925 hat der Regierungsbezirk Westpreußen knapp 265 000 Einwohner, das sind 12 % der Bevölkerung Ostpreußens. 76 % der Bevölkerung sind evangelisch, 23 % katholisch. Im Kreis Marienburg beträgt der Anteil der Katholiken 31 %, im Kreis Stuhm haben sie mit 58 % die Mehrheit. Am geringsten ist der Anteil der Katholiken im Kreis Roseberg/Wpr. mit 9 %. Juden machen nur 0,5 % der Bevölkerung aus.

Marienwerder hat 1925 knapp 14 000 Einwohner. Dank des Regierungspräsidiums ist sie eine Beamtenstadt, Sitz vieler Behörden, unter anderem des Oberlandesgerichtes; bis 1919 ist Marienwerder auch Garnisonstadt. Die Altstadt prägen eine mächtige Burg und mittelalterliche Häuser. Die Kleinstadt verfügt Ende des 19. Jahrhunderts über eine Eisengießerei, eine Maschinen-, Zucker- und Essigfabrik sowie eine Dampfsägemühle. Die Böden des Kreises Marienwerder sind, vor allem in der Weichselniederung, fruchtbar, und die intensive landwirtschaftliche Nutzung spiegelt sich im Wohlstand des Kreises wider.

Im einwohnerstärksten Kreis Rosenberg gibt es neben der Kreisstadt vier weitere Städte: Bischofswerder, Freystadt, Riesenburg und Deutsch Eylau. Mit mehr als 11 000 Einwohnern 1925 ist Deutsch Eylau viermal so groß wie die Kreisstadt Rosenberg. Die Kleinstädte sind Bezugspunkte für die umliegenden Dörfer und die Güter: Hier finden die Markttage statt, aus den Städten kommt der Arzt, hier gibt es weiterführende Schulen.

Der Kreis Rosenberg ist das Musterbeispiel für das Land der „ostelbischen Junker“: Einige der berühmtesten von ihnen haben ihren Besitz um Rosenberg, so die Dohna auf Finckenstein, die Finckenstein auf Schönberg, der Kammerherr von Oldenburg auf Januschau und die Grafen von Brünneck in Groß Bellschwitz. Deutsch Eylau im Jahr 1925 liegt eingebettet in die Wälder der Grafschaft Schönberg am Geserich-See. In der Stadt gibt es neben einer Zementfabrik drei Sägewerke; das Holz wird über den Oberländischen Kanal verschifft. Die Stadt ist landwirtschaftlich orientiert und Standort einer großen Garnison, in der vor dem Ersten Weltkrieg 3 000 Militärangehörige stationiert sind. Auch Rosenberg, Riesenburg und Stuhm sind Standorte der 41. Division; für die verschiedenen Truppenteile entstehen ab

1898/99 zahlreiche Kasernen. Freystadt zählt 3000 Einwohner. Es liegt auf einem kleinen Bergrücken zwischen dem Stadtsee und dem Fluss Gardenga, das Gut Neudeck derer von Beneckendorf und von Hindenburg gehört zur unmittelbaren Nachbarschaft. Der Ort ist ein typisches Ackerbürgerstädtchen mit lokalem Handwerk und Handel.

Riesenburg hat im Jahr 1890 fast 4 600 Einwohner, 1939 sind es etwa 6000. Das Provinzstädtchen besitzt etwas Industrie, zwei Maschinen- und eine Zuckerfabrik sowie einen Mühlenbetrieb. Nach dem Ersten Weltkrieg wird Riesenburg zu einem Bahnknotenpunkt. Die Linien Deutsch Eylau–Marienburg, Marienwerder–Miswalde und Riesenburg–Freystadt treffen sich hier. Eine Belebung der wirtschaftlichen Lage erfolgt 1928 durch den Bau der großen Provinzial-Heil- und Pflegeanstalt, in der etwa 2000 Kranke betreut werden. Sitz der Kreisverwaltung ist Rosenberg mit im Jahr 1890 etwa 2900 Einwohnern. Die Umgebung von Rosenberg gehört zu den fruchtbarsten Gebieten West- und Ostpreußens, sie ermöglicht den Anbau von Zuckerrüben, die zur Zuckerfabrik nach Riesenburg geliefert werden.

Die Stadt Marienburg an der Nogat mit der gleichnamigen Ordensburg des Großmeisters des Deutschen Ordens und ihren romantischen Laubenhäusern in der Altstadt ist schon im 19. Jahrhundert ein beliebtes Reiseziel. In ihrer Umgebung gibt es guten Lehmboden, der eine ertragreiche Land- und Viehwirtschaft ermöglicht, und so hat sich gegen Ende des 19. Jahrhundert in Marienburg eine ländliche Kleinindustrie mit Zuckerfabrik, Mühlenbetrieben und Fleischverarbeitung entwickelt. Daneben existieren eine Maschinen-, eine Tonwaren- und Wattefabrik und Ziegeleien. Es gibt einen intensiven Handel mit Getreide, Holz und Leinwand und einen starken Einzelhandel. Marienburg verdoppelt zwischen 1890 und 1925 seine Einwohnerzahl von 10279 auf 21039.

In der mehrheitlich katholischen Kreisstadt Stuhm mit ihren um 1939 rund 7400 Einwohnern bekennen sich 1933 nur noch 4% zur polnischen Sprache. Die zweite Stadt im Landkreis Stuhm ist Christburg. Der Ort Rehhof entsteht erst im 19. Jahrhundert durch die Zusammenlegung mehrerer Dörfer. Rehhof hat 1943 um die 2 900 Einwohner und ist damit nach Stuhm und Christburg die drittgrößte Gemeinde des Kreises.

1892 weiß die aktuellste Ausgabe von *Meyers Konversationslexikon*, dass Elbing, die „wichtige Handels- und Hafenstadt", 8 km von der Mündung des Flusses Elbing ins Frische Haff liegt. Elbing „in freundlicher Gegend, besteht aus der Altstadt, Neustadt, der Speicherinsel und drei innern und elf äußern Vorstädten." Paul Fechter: „Nachbarstädte von Elbing waren hier Riga und Petersburg, Kopenhagen und Stockholm, weil man sie zu Wasser erreichen konnte. Königsberg lag näher als Danzig, weil es zu Wasser viel schneller zu erreichen war."[265] Die Handelsstadt ist in den 1890er Jahren schon zur Industriestadt geworden.[266] 1912/13 werden die umliegenden Gemeinden eingemeindet, das Stadtgebiet vergrößert sich so um 46%.

Die Stadt Elbing haben die Alliierten in Versailles nicht in ihr Abstimmungsgebiet einbezogen, weil nach den ihnen vorliegenden Informationen der Charakter der Stadt und ihrer Umgebung rein deutsch ist. Elbing ist zwar durch den Kraffohlkanal mit der Nogat und damit auch den Schifffahrtswegen der Weichsel verbunden, zum offenen Meer aber hat die Stadt nur Zugang über das Haff. Das ist bei Pillau leicht zu sperren. Elbing ist als Hafen für das neue Polen deshalb nicht von Interesse.

Ab 1579 unterhält Elbing enge Handelsbeziehungen zu England und viele englische und schottische Kaufleute werden Bürger von Elbing; Familiengräber mit Namen wie Ramsay, Slocombe etc. kann man noch bis 1945 auf dem St.-Marien-Friedhof in der Altstadt Elbings finden, Familiennamen wie Lamberts, Paynes, Lardings und Wilmsons halten sich bis Ende des Zweiten Weltkrieges.

Der Kreis Elbing bietet drei Landschaftsräume – die Höhe, die Niederung und die Nehrung. Die Elbinger Höhe ist eine teilweise schön bewaldete Hügelgruppe, die ihren höchsten Punkt im Butterberg bei Trunz hat. Paul Fechter streift als Junge durch diese Welt von „Einsamkeit und Größe“: „Die Stadt Elbing liegt am Ostrande des Weichseltals, wenn man so sagen darf, am Fuß der Höhen, die im Osten das weite Delta von Weichsel und Nogat ebenso begrenzen wie im Westen die Höhen von Danzig. Diese Höhen beginnen unmittelbar am Rande der Stadt, ziehen sich nordwärts bis zum Haffe, im Süden bis zur Ebene des Drausensees hin, erheben sich bis zu 300 Meter über den Spiegel der Ostsee, so dass in den Ernten oben und unten im Tal sich ein Zeitunterschied bis zu drei Wochen ergibt. Wälder und Seen, Schluchten, Dörfer und Gutshöfe, weit schwingendes, wechselndes Land.“[267]

Die Elbinger Niederung ist ein Teil des Weichseldeltas und im Wesentlichen im Lauf der Jahrtausende aus den Sinkstoffen der Weichsel und der Nogat gebildet worden. Paul Fechter und seine Jugendfreunde schätzen sie als eine „Gegend ohne Berge und ohne Aussichte“ nicht sonderlich. „Eine Ausnahme machten wir nur im Winter, das heißt eigentlich im Herbst, im November, wenn der erste Frost kam. Dann hielt der Elbing zwar noch nicht, wohl aber trug das Eis auf den Gräben der Niederung, und dann kamen wir sogar nach Thiensdorf.“[268] In Thiensdorf leben auch Ende des 19. Jahrhunderts noch vornehmlich Mennoniten (Täufer). Im Jahre 1534 beginnt die Einwanderung niederländischer Mennoniten über Danzig in das Gebiet der Weichselniederungen und besonders in das Weichsel-Nogat-Delta.

Vor dem Anschluss des Regierungsbezirks Westpreußen gibt es nur wenige Mennoniten in Ostpreußen; im Jahr 1792 besteht die Königsberger Gemeinde aus 139, im Jahr 1804 aus 158 Gläubigen.[269] Der Vertrag von Versailles teilt Westpreußen und damit auch dessen große Mennoniten-Gemeinde: Zwei Drittel der preußischen Mennoniten werden nach dem Ersten Weltkrieg Bürger des Freistaates Danzig, denn ihre Höfe in den Kreisen des Weichseldeltas werden dem Freistaat zugeschlagen. Einige südlich gelegene Gemeinden gehen an den neu entstandenen polnischen Staat. Mit dem Anschluss von Stadt und Kreis Elbing 1920 und des Kreises Marienburg 1922

Straßenansicht von Marienburg im Jahr 1910 mit dem um 1370–1380 im gotischen Backsteinstil errichteten Alten Rathaus und den Lauben. Die Stadt Marienburg hat zu dieser Zeit fast 13 000 Einwohner und wirkt anders als viele ostpreußische Landstädte urban.

kommt ein größerer mennonitischer Bevölkerungsteil zur Provinz Ostpreußen. Im westpreußischen Elbing hat die Mennoniten-Gemeinde in den 1920er Jahren etwa 1 000 Mitglieder, sie heißen Goosen, van Riesen, Regier, Wiebe, Wiens, Pauls, Siebert oder Sudermann und betreiben Geschäfte wie Feinkost Penner; Colonialwaren Dyck oder Spedition Janzen. Auch auf dem Land gibt es Gemeinden der „Täufer", so im kleinen Marienburger bzw. Elbinger Werder, einem Teil der fruchtbaren Weichselniederung. Die Zahl der Mennoniten im Deutschen Reich beträgt 1925 etwa 7 600, etwa 4 000 von ihnen leben im ostpreußischen Regierungsbezirk Westpreußen.

Die Glaubensgemeinschaft der Mennoniten befürwortet die Erwachsenentaufe. Bereits 1525 hält eine „Täufergemeinde" ihre erste Taufe und Abendmahlsfeier ab. Ihre Anhänger in Flamen, Holland, West- und Ostfriesland sowie der Schweiz werden verfolgt und mit dem Tode bedroht. Im Jahr 1536 findet der katholische Priester Menno Simons zu den Täufern und sammelt in Holland und Norddeutschland weitere Anhänger um sich. Von ihm erhält schon zu seinen Lebzeiten die Gemeinschaft ihren Namen. Der Glaube der „Wiedertäufer" wendet sich gegen die Verbindung von Staat und Kirche, der religiöse Eid und der Kriegsdienst werden abgelehnt. Ihre Lehrer sind Laienprediger, die von den Gemeinden selbst gewählt werden. Wie die Kalvinisten führt ihr ethischer Aktivismus sie zu sprichwörtlichem Fleiß und lässt sie besondere berufliche Leistungen erbringen.

Aufgrund ihrer Herkunft aus Flamen, Holland, West- und Ostfriesland sind die Mennoniten nicht nur tüchtige Bauern, sondern auch Experten im Deichbau, in der Trockenlegung und Gewinnung von Land. Sie werden in dem Teil Preußens aufgenommen, der damals zur polnischen Krone gehört. Wohl um das Jahr 1534 beginnt die Einwanderung niederländischer Täufer über Danzig.

Nördlich von Elbing, in Richtung Tolkemit, beginnt hügeliges Land. Auch hier, vor allem im Fischerdort Tolkemit, leben Glaubensflüchtlinge, nachdem das Gebiet 1772 an Preußen gefallen ist. Hier werden, um einen Ausgleich für die durch mehrere Epidemien stark reduzierte Bevölkerung zu schaffen, Emigranten aus Österreich, Holland, Frankreich und der Schweiz angesiedelt.

Die leichten Erhebungen in der sonst flachen Landschaft sind auf gewaltige Tonlager zurückzuführen, die sich längs der gesamten Küste des Haffs bis zum Samland hin erstrecken. An der Haffküste reiht sich Ziegelei an Ziegelei und die Tonlager sind die Basis dieser ländlichen Industrie. Über das Haff, aber auch über die Haffuferbahn haben die Ziegeleien gute Transportmöglichkeiten nach Danzig und Königsberg. 1899 lässt Wilhelm II. eine moderne Dampfziegelei im Ort Cadinen auf halber Strecke zwischen Elbing und Tolkemit errichten. Ein Jahr zuvor hat er das Gut Cadinen erworben.

Louis Ferdinand Prinz von Preußen, der Enkel von Wilhelm II., ist ab 1951, nach dem Tod seines Vaters, des ehemaligen Kronprinzen, „Chef" des Hauses Hohenzollern. Von 1940 bis zum Januar 1945 bewirtschaftet er das Privatgut Cadinen der Familie. „Landschaftlich war Cadinen ein kleines Paradies. Wälder, Hügel, Felder, das Frische Haff und die Ostsee bildeten eine so reizvolle Umgebung, wie sie kaum anderswo in Deutschland zu finden ist. Das Schloß, wie es bei den Einheimischen hieß, war nur ein Gutshaus mittlerer Größe."[270] Cadinen besteht neben der Landwirtschaft aus größerem Waldbesitz mit jagdbarem Wild und besitzt Tonvorkommen und eine Ziegelei. Der Elbinger Paul Fechter hält sich in seiner Jugend oft hier auf. „Cadinen war ein Gut am Fuß der Rehberge. Es hatte dem Landrat Birkner gehört, der eine riesenhafte große Frau von gewaltigem Umfang besaß, die immer selbst ihren Wagen oder Schlitten nach der Stadt kutschierte: der Mann konnte das Gut nicht halten und schenkte es kurz entschlosssen dem Kaiser. Der übernahm es gegen Erfüllung der nicht eben kleinen Verpflichtungen, die auf Cadinen ruhten, machte aus der Ziegelei ein Majolikawerk, das nachher die Kempinski-Säle an der Leipziger Straße mit herrlich grünen Kacheln belieferte, und ließ im übrigen alles beim alten."[271]

Mit dem Kaiser beginnt eine Blütezeit für Cadinen. Das kleine Cadinen bekommt ein Postamt und eine Krankenstation mit Altersheim für die auf dem Gut tätigen Menschen. Zehn Jahre, ab 1899, verbringt die kaiserliche Familie hier vor allem mit den jüngeren der sieben Kinder die Sommer am Haff. Bekannt ist Cadinen durch eine künstlerische Neigung des Kaisers: Er lässt 1902 den Cadiner Ton von der Königlichen Porzellanmanufaktur Berlin untersuchen, die ihn als für die Herstellung von

Kunstkeramik geeignet beurteilt. Der Kaiser will den von Arbeitslosigkeit bedrohten Töpfern der Gegend neue Arbeitsmöglichkeiten verschaffen und lässt eine Manufaktur für Terrakotta und Majolika einrichten, die Königlichen Majolika-Werkstätten Cadinen. 1903 beginnt in Cadinen die Herstellung der unglasierten roten Terrakotta, 1904 der farbig glasierten Majolika. Die Ziegelei wird später erweitert, 1936 eine Klinkerfabrikation errichtet.

Die Stadt Tolkemit liegt zwischen den Städten Elbing und Braunsberg direkt am Frischen Haff und gehört zum westpreußischen Landkreis Elbing. 1943 hat sie etwa 3 900 Einwohner. Eine bedeutende Rolle spielen seit den frühesten Zeiten der Fischfang und die Frachtschifffahrt. Die Tolkemiter segeln mit ihren kleinen Schonern (zwei Masten) und Lommen (ein Mast) weite Strecken, so bis nach Schweden und Rügen. 1862 wird mit dem Bau des Hafens begonnen, der 1883 erweitert wird, was einen Aufschwung der Frachtschifffahrt mit Tolkemiter Lommen zur Folge hat, die auf den ortsansässigen Werften gebaut werden. Vor dem Ersten Weltkrieg werden in Tolkemit noch 120 Schiffe registriert, in der Folge der Wirtschaftskrise besteht Tolkemits Flotte in der Mitte der 1920er Jahre nur noch aus 25 Schonern, 15 Lommen und drei Kurenkähnen.

Von Tolkemit aus kann man auf die Frische Nehrung übersetzen, Dampferverkehr existiert seit 1904. Auf der Nehrung verbringen die besseren Kreise aus Danzig, aber auch gut situierte Bewohner Ostpreußens seit Mitte des 19. Jahrhunderts ihre Sommerfrische, auch die Dohnas aus Schlobitten, die in den Jahren vor dem Ersten Weltkrieg mehrmals im Seebad Kahlberg Urlaub machen: „Von Behlendorf aus ging es erst mit der ‚großen' Eisenbahn nach Elbing, dann mit der ‚kleinen', ständig bimmelnden Haffuferbahn nach Tolkemit. Dort bestieg man einen bescheidenen Dampfer und war nach einer halben Stunde Fahrt über das Haff in Kahlberg. Bis auf eine Fahrrinne von Elbing nach Pillau war das Haff sehr flach und daher an manchen Stellen von Schilfrohr bestanden, wo sich viel Wassergeflügel tummelte. Der noch nicht ausgebaute Hafen von Kahlberg begrüßte einen mit Schlamm- und Fischgeruch. Als Kurgast ließ man das Fischerdorf links liegen und wanderte auf einem Sandweg bergan, vorbei an kleinen Holzbauten, in denen man Postkarten, Bonbons und Andenken kaufte oder auch stehend etwas zu sich nahm. Oben lag die Villenkolonie; von dort ging der Blick über hohen Kiefernwald hinunter zum Strand oder Ostsee. Auf einem vorgelagerten, etwa hundert Meter breiten Sandstreifen sonnten sich die wenigen Familien, die hier, ähnlich wie wir, die Ferien verbrachten."[272]

Der Elbinger Werftbesitzer Ferdinand Schichau und der Mohrunger Rechtsanwalt Max von Forkenbeck, damals Präsident des preußischen Abgeordnetenhauses, später Reichstagspräsident und 14 Jahre Oberbürgermeister von Berlin, initiieren 1871 eine Aktiengesellschaft Seebad Kahlberg. Diese Gesellschaft kauft einige bereits vorhandene Hotels und Ländereien auf; es werden Molen gebaut, eine Seewasser- und eine Warmbadeanstalt, weitere großzügige Hotels errichtet und Tennisplätze angelegt.

Die Frische Nehrung trennt das Frische Haff von der offenen Ostsee. In einer Länge von 56 km verläuft sie in nordöstlicher Richtung von Bodenwinkel am Fuße der Nehrung nach Neutief gegenüber der Hafenstadt Pillau. Sie ist nur wenige hundert Meter breit, an ihrer breitesten Stelle 1,8 km. Die höchste Erhebung der Nehrung ist der sogenannte Kamelrücken mit 49 m. Das Frische Haff ist ein flaches Gewässer von etwa 80 km Länge. Seine größte Breite beträgt 30 km, die geringste bei 7,5 km. Es nimmt 861 km^2 ein und ist damit nur etwas kleiner als das heutige Berlin. Alle Dörfer der Nehrung liegen auf der Haffseite im Windschatten der Nehrungshöhen. Ein Streifen fruchtbarer Schlickablagerungen erlaubt den Bewohnern eine gewisse landwirtschaftliche Nutzung.

Schon seit der Ordenszeit führt eine große Straße über die Nehrung von Danzig nach Königsberg. An ihr liegen Gasthäuser, Krüge genannt, und später bei Kahlberg und Narmeln zwei Poststationen für die vierspännige Post. Die nächste Station nach Danzig ist Stutthof, bedeutendster Ort auf der Nehrung das Seebad Kahlberg. Zu Beginn des 19. Jahrhunderts ist Kahlberg noch klein, 1814 wohnen dort nur vier Fischerfamilien. 1880 verbindet eine Telegraphenleitung Pillau mit Kahlberg. 1908 werden die schlechten Wegeverhältnisse teilweise beseitigt: Die Festungsbauverwaltung der Reichsmarine in Pillau lässt vom Grenzhaus bei Narmeln bis zum Fischerdorf Vöglers bei Neukrug einen 3 m breiten Kiesweg aufschütten. Kurz vor dem Ersten Weltkrieg wird er gepflastert und so zu einer Chaussee ausgebaut. Diese Chaussee wird zwischen Januar und April 1945 der wichtigste Fluchtweg aus Ostpreußen.

Vaterland und Muttersprachen

Das Astpraißische

32 Jahre alt ist der katholische Geistliche Gerhard Fittkau, als er 1944 auf eine Pfarrstelle im ermländischen Süßenberg, Kreis Heilsberg, versetzt wird. Ende Januar 1945 zieht sich die Wehrmacht aus dem 500-Einwohner-Dorf zurück. Ihr folgt die Rote Armee. Die wenigsten Bewohner Süßenbergs sind geflohen, mit ihnen bleiben viele masurische Flüchtlingsfamilien im Dorf zurück. Einheimische und Flüchtlinge erleiden die schlimmsten Kriegsverbrechen. Eine der Flüchtlingsfrauen aus Masuren schildert dem ermländischen Pfarrer, was geschehen ist, im „wasserpolnischen Dialekt“: „Kam sich Ruß, brillt ‚Uhrr, Schnaps, daitsche Soldat!‘, alte Mann kriegt Gnuffs mit Schißepriegel, Ruß schubst ihm am Geldschaff. Brillt Ruß: ‚Mach auf! Job tuoj matj!‘ Alte Mann nerväs, fingert um Schlisselloch. Ruß schießt, ein Schuß, alte Mann kaput, andre Schuß Marie im Brust. Flucht Ruß, rennt weg – o mein liebes Jottchen!‘[273]

„O mein Jottchen!" Da ist es, das „ostpraisische" Diminutiv, das noch den großen Gott klein und vertraut macht, aber auch die Herrschaft. Marion Gräfin Dönhoff ist so eine Herrschaft. „Die Dorfleute – jedenfalls die, zu denen ein besonders enges und herzliches Verhältnis bestand, beispielsweise zu Frau Ott, der Frau des Milchkutschers, die meine älteren Schwestern Weben und meine Mutter Spinnen gelehrt hatte – sagten ‚Exzellenchen', denn in Ostpreußen wurde an alles, was man gern hatte, das Diminutiv angehängt; so wurden die Hausmädchen mit Bertchen, Annchen, Fredchen angeredet."[274]

Auf ein Diminutivchen verzichten weder Groß- noch Kleinstädter, auch nicht die Menschen, die in litauischer oder polnischsprachiger Umgebung aufgewachsen sind. In den plattdeutschen Landstrichen oder den Gegenden, in denen man eine mitteldeutsche Mundart spricht, benutzen ihn die Menschen ebenfalls – immer. Schon im Hauptwerk des Königsberger Barockdichters Simon Dach, der *Klage über den endlichen Untergang und Ruinierung der Musikalischen Kürbis-Hütte und Gärtchens* von 1641, findet sich ein warmherziger Diminutiv, der die Jahre zu Jahrchen verkleinert „Jetzt muß es sein ein Garte / Der Ruh und Freude bringt; drei Jahrchen gehen vorbei / Und Du beschenkst uns schon mit Blumen mancherlei."[275]

Eine Inflation des Diminutivs verzeichnet die Alltagssprache im Dorf Bößau im nördlichen Teil des Kreises Rößel. In der lokalen mitteldeutschen Mundart hört sich das dann so an: „Du'che, heeast? Mach nuschte, nei? – Tonache, heerst nich? Lasses Kalbche in Ruh! – Kommche, nimm ‚es Korbche un bring dene dis Kleinmittag aufes Feld. Was'che? Jou, die Hundche kannst mitnehme.'"[276] Das will übersetzt werden, auch wenn – ins Schriftdeutsche übertragen – Gefühlswelt und Stimmung verloren gehen: „Du, hör mal her! Treib keinen Unfug, nein? – Anton, hörst du nicht? Laß das Kalb in Ruhe! – Komm her, nimm den Korb und bringe den anderen das zweite Frühstück auf das Feld. Was? Ja, den Hund darfst du mitnehmen."[277]

Die Ostpreußen verniedlichen nicht nur, sie haben auch jenseits der Dialekte und Idiome einen regionalen Sprachschatz entwickelt. Die Miegel-Biographin Anni Piorreck nennt Beispiele: „‚Hab auch schön eingekachelt, denn draußen graupelt der Schlacker-Schnee'– Nur in Ostpreußen sagt man es so, und auch nur hier heißt es: ‚der bloß kommt, wenn um Lichtmeß selbst die Ostsee befriert.' Die Verben ‚befrieren' und ‚abträumen' gehören ebenso zum ostpreußischen Sprachschatz wie das Wort ‚Zarm' für den ‚Leichenschmaus'."[278]

In der eigentümlichen Wortwahl steckt wohl eine in allen Schichten gesprochene, Identität stiftende Ausdrucksweise. Otto Gebauer schreibt zu Beginn der 1970er Jahre ein Beispiel für den Jargon nieder, der in Stadt und Kreis Gumbinnen zu hören war: „Nachher kam Mienetante, sie war auch auf Turgus. Sie brachte im Leschke einen Lechel voll Milch mit, Kochkäse und Rauchwurst aus reinem Schweinefleisch. Sie war ein bischen dämpgsch und hätte ein Kopftuch tragen müssen, aber sie war feinstreifig, und sie trug so einen Kakedaksch, eine Art Hut auf dem Kopf. Nachher schlurpsten sie mit Mutter den Kaffee und aßen die Kropfen, und dann brachte Mutter noch Kirschkreide mit Schmand. Die Kinder grapschten in den Teller mit den Stücken von zerschlagenem Zuckerhut und bibberten, dass sie belapst würden. Auschche hatte gesagt, sie kommen ins Pallochem, wie sie bedrückt werden. Der Vater stand in der Tür und grifflachte über den Hut der Tante, und auch die Kinder gegnitterten sich mal für mal."[279]

Der ostpreußische Landwehrmann Stanislaus Katczinsky ist der eigentliche Held in Erich Maria Remarques Antikriegsroman *Im Westen nichts Neues*. Der Bestseller der späten 1920er Jahre wird 1930 in Hollywood verfilmt. Da viele Kinos zu dieser Zeit noch nicht auf den Ton umgestellt sind, kommt der Film sowohl in einer Stummfilm- als auch in einer Tonfilmfassung heraus – er ist einer der ersten, der für den deutschen Markt synchronisiert wird. Dem Katczinsky gibt der deutsche Schauspieler Erich Dunskus seine Stimme. Dunskus stammt aus Pillkallen, und so spricht sein Katczinsky das Idiom des nordöstlichen Ostpreußen, nicht das Masurische, das Remarque der Figur eigentlich zugeschrieben hat. Dunskus als Katczinsky hören nur noch gelegentlich Cineasten, wenn die deutsch synchronisierte Originalfassung der Remarque Verfilmung auf Festivals läuft.

Die Melodie des Ostpreußischen geht den Deutschen langsam aus dem Sinn. Aber noch in den 1970er Jahren ist sie unüberhörbar, wenn sich gebürtige Ostpreußen treffen. Im Deutschen Bundestag erklingt sie, wenn Herbert Ehrenberg an das Rednerpult tritt. Der Sozialdemokrat aus Kollnischken ist von 1976 bis 1982 Bundesminister für Arbeit und Sozialordnung im Kabinett von Bundeskanzler Helmut Schmidt. Er kann seine Herkunft aus dem Kreis Goldap auch nach vielen Jahrzehnten in Friesland nicht verleugnen.

Nicht nur dank der Debattenbeiträge Ehrenbergs ist Ostpreußisches zwischen 1960 und 1980 im deutschen Fernsehen zu hören. Wenn in den 1970er Jahren der Berliner Peter Frankenfeld seine gesamtdeutsche Wettervorhersage in den Dialekten aller deutschen Regionen spricht, fehlt ein Ausflug ins Ostpreußische nicht. „Erbarmung, was haben wir in Kainigsberg een Wätterchen! Na, wenn ich Ihnen sach! Also, wir haben kainen Sandsturm nuscht nicht. Nai, nai, wir haben gar nischt, kaine Springflut, kain Gefrier und so gar nuscht. Es is en richtich Pumucklkopfwetters, richtich, ja. Also, ich waiß nich, wir reden oft übers Wätterchen, aber zur Zeit, man waiß nich, worüber man überhaupt noch raiden soll!"

Die von Frankenfeld imitierte phantastische Sprache hält der Ostpreuße für Hochdeutsch. Aber selbst dieses „verkommene" Hochdeutsch wird in der Provinz noch zu Beginn des 20. Jahrhunderts nicht vom Kindesalter an gesprochen. Lovis Corinth: „Bei uns wurde nur plattdeutsch gesprochen und alle Menschen, welche uns umgaben, waren von der primitivsten Schulbildung."[280] Bildung genießen heißt um 1880, Hochdeutsch sprechen lernen, wie Corinth feststellt: „Jeder halbwegs Weitgereiste sprach anstatt der plattdeutschen Heimatsprache, die jeder verachtete und nur für das niedrige Volk da war, ein phantastisches Hochdeutsch. Mein Halbbruder Julius, dessen ‚Indiefremdegehen' sich bis Frankfurt an der Oder erstreckte, war kaum bei seiner Rückkehr vor lauter Hochdeutsch zu verstehen gewesen."[281]

Im Nordosten der Provinz schiebt sich das Niederdeutsche über die Jahrhunderte über das Litauische bis an die Grenze vor. Es hat hier im ostpreußischen Nordosten einen starken hochdeutschen Einschlag, denn in dem Gebiet sind in der ersten Hälfte des 18. Jahrhunderts zahlreiche mittel- und oberdeutsche Siedler – Salzburger, Pfälzer, Nassauer – angesiedelt worden und auch französischsprachige Schweizer. Durch den hochdeutschen Einschlag wandelt sich das Plattdeutsche hier von einer Sprache zum Dialekt. Wie sich Sprachen vermengen und überlagern, berichtet die memelländische Bäuerin Lena Grigoleit aus Bittehnen: „Mit vier Jahren konnte ich perfekt Deutsch und Litauisch. Wir sprachen mal so, mal so. Die Eltern redeten uns mehr auf deutsch an, die Großeltern mehr auf litauisch. Mit dem Gesinde ging es auf litauisch, die Kasuhne und der Vytas und wie sie alle hießen verstanden meistens nichts anderes. Viele andere Menschen im Memellande konnten nur Deutsch. Wenn die auf den Hof kamen, fielen uns gleich die deutschen Worte auf die Zunge."[282] An der Sprache kann die Bäuerin erkennen, in welchem Zustand jemand ist: „Wenn der Karl von nebenan litauisch sang, war er bestimmt besoffen. Nüchtern sprach er immer deutsch. Beten wiederum mochte er lieber auf litauisch."[283] Lena Grigoleit hat noch erlebt, wie das Niederdeutsche gemächlich beim „niedrigen" Bauernvolk einwandert. „Oder der alte Burblies, der Schneider, wo im Winter immer zum Nähen kam, solche wie er liebten das Platt. Diese Mundart war nicht so besonders gut angesehen, jedoch konnten wir natürlich ebenfalls Brocken davon. Und es wäre unehrerbietig gewesen, wenn wir nicht auch mit ‚Daaach' gegrüßt hätten."[284]

Das Niederdeutsche ist kein Dialekt des Deutschen, sondern eine eigene Sprache, darauf legen Linguisten Wert. Natangen (die Gegend um Heilsberg) und Barten (das Gebiet um die Stadt Bartenstein) sind seine ostpreußischen Kernlandschaften. Von hier hat es sich mit den deutschen Siedlern auch in die Gebiete ausgebreitet, die zunächst mehrheitlich von Prußen oder Litauern bevölkert waren. Nördlich von Natangen und Barten wird das Samländische gesprochen. „Käslauisch" genannte niederdeutsche Dialekte, hervorgegangen aus dem Lübeckischen, sind die Alltagssprache in der Umgebung der Städte Rößel, Bischofsstein, Mehlsack, Braunsberg und Frauenburg. Im nördlichen Ermland, in Richtung Elbing, geht die Mundart in das weichselländische Platt über.

Das preußische Oberland ist zusammen mit dem mittleren Ermland eine mitteldeutsche Sprachinsel im niederdeutschen Ostpreußen. Es wird früh mit deutschsprachigen Einwanderern aus Schlesien und der Mark Meißen „überbesiedelt", deren Vorfahren zunächst im Kulmer Land ansässig gewesen und dann weitergezogen sind. Die Vorfahren vieler Ermländer stammen ebenfalls aus Schlesien, deshalb sprechen viele Ermländer einen mit dem Breslauischen verwandten Dialekt. Die mitteldeutsche

Sprachinsel besteht historisch aus den Kreisen Preußisch Holland, Mohrungen, Rosenberg und Marienwerder sowie Teilen der Kreise Elbing-Land und Osterode.

Die in Ostpreußen gesprochenen Formen des Mitteldeutschen sind eine Mundart des Hochdeutschen. In der *Mohrunger Kreiszeitung* erinnert sich der 1917 zugezogene Wilhelm Dobbek im Jahr 1944 an einen sprachlichen Eindruck: „Im Oberland und besonders in Mohrungen wird ‚Mauhrungsch' gesprochen. ‚Saie Se aus Mauhrunge?' fragt man, und wenn es ein Mohrunger ist, wird er antworten ‚Jauje, jau.' Zunächst fordert man ihn dann auf: ‚Na, setze Se sich e Kornsche.'"[285] E Kornsche? Auch hier im mitteldeutschen Dialekt ist es wieder da – das ostpreußische Dimunitiv.

Wie kompliziert und fragmentiert in der Provinz Ostpreußen das Sprachliche sein kann, beschreibt ein Ermländer in dem Beitrag *Von Land und Leuten am Bößauer See* im Heimatbuch des Kreises Rößel. „In Bößau gab es in der ersten Hälfte dieses Jahrhunderts nur noch wenige, meist ältere und alte Leute, die den polnischen Dialekt sprachen. Abgeschliffen durch das immerwährende über drei Jahrhunderte dauernde Aneinanderreihen des Polnischen und des Niederdeutschen, und seit zwei Jahrhunderten befördert durch das regelmäßige und kräftige Fließen des Schulunterrichts, war ein Käslauisch zurückgeblieben, das weitgehend dem Hochdeutschen angeglichen war, in breiter preußischer Klangfarbe."[286] In den Gemeinden des Amtsbezirks Groß Bößau hat also das Niederdeutsche über das Polnische obsiegt, ist aber von einer Sprache zum ostpreußischen Idiom des Hochdeutschen verkommen. „Drei Familien waren, wie man bezeichnenderweise sagte, ‚aus dem Daitsche' zugezogen, also hörte man auch Breslausch in Bößau. Dieses ‚Daitsche' – das betonte ai war nachspottend dem Breslauschen entnommen – dieses Daitsche also lag in der nordwestlichen Richtung, irgendwo hinter Seeburg, ja eigentlich gehörte schon das nahe Elsau dazu, aber ganz und gar Frankenau und Siegfriedswalde. Aus alldem ist bereits ersichtlich, dass man das ‚Daitsche' als geographischen, allenfalls noch sprachlichen Begriff sah, keinesfalls aber als ethnischen oder gar nationalistischen. Das Gegenstück dazu, genauso gemeint, war ‚im Polnische' (‚im Poulsche'), das war die Gegend südlich und südwestlich von Bischofsburg – von Almoyen über Raschung ins Allensteinische."[287]

Dass Sprache wenig über Herkunft und Volkszugehörigkeit sagt, zeigen einige Kuriosa in dieser Völkermischung am Bößauer See: „Da waren noch in den zwanziger Jahren Familien mit polnischen Namen, die seit Generationen schon kein Wort Polnisch mehr verstanden, und solche mit deutschem Namen, die des Deutschen nur mit einem kräftigen polnischen ‚touch' mächtig waren."[288]

In Possessern, Kreis Angerburg, wird 1893 Alfred Sager geboren. Er wächst „dreisprachig" auf: Mit den Eltern redet er das masurische Polnisch, mit den Jungen auf der Straße niederdeutsch und in der Schule hochdeutsch. Zu den Vorfahren gehören Litauer, Salzburger und ein Franzose, der beim napoleonischen Rückzug aus Russland in Ostpreußen geblieben ist.[289] Von den schon länger hochdeutsch-

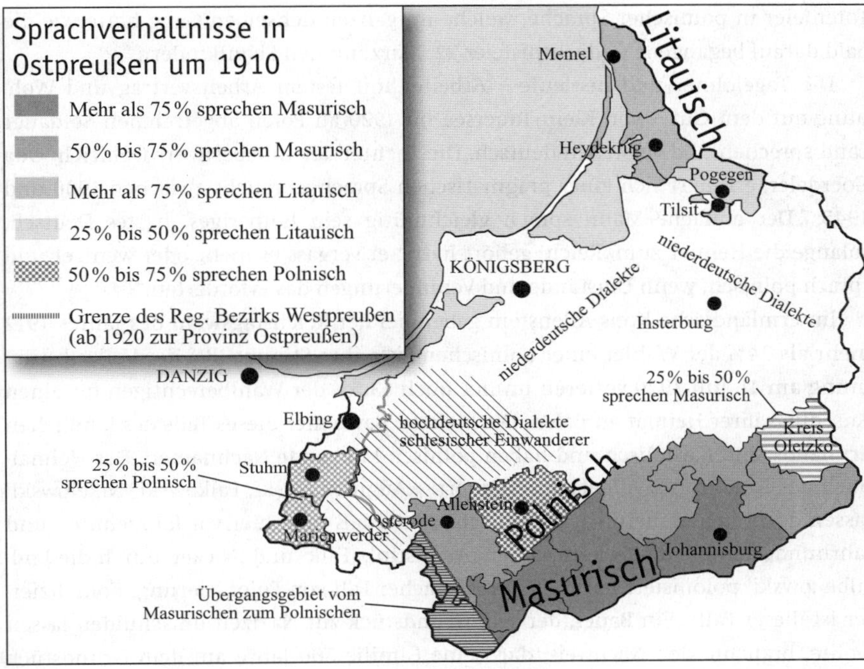

sprachigen Kleinstädten Masurens ausgehend, setzt sich nach dem Ersten Weltkrieg im Süden Masurens die hochdeutsche Umgangssprache durch.[290]

Lena Grigoleit berichtet von der Deutschmacherei nördlich der Memel in den Jahrzehnten vor dem Ersten Weltkrieg. „Mein Vater hieß eigentlich Jurgis. In seinem Paß zu der Kaiserzeit mußte er Georg sein. Das Deutsche war besonders im offiziellen Umgang gefragt. "[291] Aber die Vater- und Muttersprache kommt durch. „Abends, am großen Tisch, wenn Alte und Junge bei uns zusammensaßen, war es am gemütlichsten, wenn alle sich auf litauisch unterhielten. Das war so gang und gäbe. Das war ganz leicht, die Sprache hat die Menschen nicht auseinander gebracht, damals."[292]

Masuren, Polen oder Preußen?

In der Schulchronik des Dorfes Roggen aus dem Jahr 1888 berichtet der Lehrer Gottschewski von einem Ereignis, das die Bewohner seines Dorfes erschüttert hat. Es ist der Tod „Seiner Majestät des Kaisers Wilhelm I." Die Reaktion der königstreuen Masuren im Süden des Kreises Neidenburg überrascht nicht; allein in welcher Sprache die Roggener um ihren Kaiser trauern: „Am Sonntage, dem 18. März, hielt der Schreiber dieses (Berichts) mit der Schulgemeinde in der Schule eine erhebende

Totenfeier in polnischer Sprache, welche im ganzen denselben Gang hatte wie die bald darauf begangene Gedächtnisfeier 22. März mit den Schulkindern."[293]

Die Tagelöhner und Instleute – Arbeiter mit festem Arbeitsvertrag und Wohnung auf dem Gut – von Klein Tauersee im 1920 an Polen abgetretenen Soldauer Land sprechen und verstehen deutsch. Die Tochter des Gutsbesitzers Oehlrich, Oda Goerdeler, erinnert sich eines pragmatischen Sprachgebrauchs zwischen 1900 und 1945: „Der einfache Mann sprach gleichmütig sein holperiges, hartes Deutsch, solange die Heimat zum ‚Reich' gehört hatte; er vergass es mehr oder weniger und sprach polnisch, wenn Umstände und Veränderungen das erforderten."[294]

Im ermländische Kreis Allenstein geben bei der Reichstagswahl des Jahres 1912 mehr als 34 % der Wähler einer polnischen Liste ihre Stimme. Bei der Volksabstimmung am 11. Juli 1920 votieren immer noch 13,5 % der Wahlberechtigen für einen Anschluss ihrer Heimat an Polen. Die meisten Bewohner dieses Teils des ländlichen Ermlands sind katholisch und haben polnisch klingende Nachnamen. Das Heimatbuch des Landkreises Allenstein erläutert: „‚Augustinowski, Falkowski, Nikelowski' lassen doch augenscheinlich darauf schließen, daß man hier vor Jahrzehnten und Jahrhunderten die deutschen Namen ‚Augustin', ‚Falk' und ‚Nickel' durch die Endsilbe ‚owski' polonisiert hatte."[295] Ein einfacher Fall von Polonisierung. Komplizierter ist dieser Fall: „Ein Bauer, der sein Grundstück zur Nazizeit umschulden lassen wollte, brauchte den Nachweis, daß seine Familie 300 Jahre auf dem Grundstück saß. Beim Durchsuchen der Kirchenbücher von Wuttrienen fand man, daß vor ca. 200 Jahren der jetzige Name ‚Wroblewski' aus dem Namen Wrobel geworden war und weitere 100 Jahre vorher der deutsche Name ‚Sperling" ins Polnische übersetzt war und der Besitzer darum Wrobel genannt wurde. So war also aus dem deutschen Namen ‚Sperling" ein Wrobel-Sperling geworden, und dann hatte man die Silbe ‚ewski" noch heraufgehupft und darum hieß die Familie heute ‚Wroblewski'."[296]

Im 19. und frühen 20. Jahrhundert leben viele Nationen noch nicht in Nationalstaaten. Ein deutscher Nationalstaat entsteht 1871, die polnischen und litauischen erst als Folge des Ersten Weltkrieges, ebenso ein finnischer und ein tschechoslowakischer. Die Entstehung dieser Nationalstaaten im 19. und 20. Jahrhundert beruht in der Regel auf dem Konzept einer identitätsstiftenden vereinheitlichten Nationalsprache. Dazu der in Wien lehrende Romanist Georg Kremnitz: „Die meisten Staaten versuchten, bestimmte Sprachen durchzusetzen und alle ihre Sprecher unter ihrer Hoheit zu sammeln. Der Normierungsdruck ging noch weiter, indem gewöhnlich nur bestimmte Varietäten offiziell anerkannt wurden und die Bürger sich entweder an dieses Modell anpassen mußten oder Gefahr liefen, aus der nationalen Gemeinschaft ausgegliedert zu werden"[297] Die Sprachwissenschaftlerin Ferdinande Knabe hat eine Folge dieses Prozesses zugespitzt formuliert: „Der Nationalstaat produziert erst Minderheiten."[298] In Ost- und Westpreußen ist das ab 1815, verstärkt 1848 und endgültig 1871 geschehen: Es entstehen ethnische Minderheiten. Wenn Teile von ihnen nach einem Staat für ihre Ethnie streben wie viele polnischsprachige Katholiken, verstehen sie sich als „nationale“ Minderheit.[299]

Warum ist jemand Deutscher, Pole oder Litauer, solange er sich nicht über die Angehörigkeit zu einem Nationalstaat definieren kann? Ist jemand schon Litauer, weil Litauisch seine Muttersprache ist? Und macht die Sprache die Sprechenden zu Angehörigen einer Nation? Werden die litauisch sprechenden Ostpreußen durch den Zusammenschluss des Königreichs Preußens mit anderen „deutschen“ Staaten zu einem „Deutschen Reich“ „Deutsche“, auch wenn sie die eigene Sprache bewusst bewahren wollen? Kann man Polnisch als Muttersprache sprechen und sich zur deutschen Nation bekennen, oder ist man durch die Sprache, ob man es will oder nicht, Angehöriger einer polnischen Nation? Ist überall da, wo in bestimmten Regionen die Mehrheit der Menschen – zum Beispiel in Ostpreußen – polnisch oder litauisch spricht, Polen und Litauen?

Der Historiker Hartmut Boockmann hat eine zehnbändige *Geschichte der Deutschen im Osten Europas* herausgegeben, den Band *Ostpreußen und Westpreußen* selbst geschrieben. Über Polen, Kaschuben, Masuren und Litauer im Osten Deutschlands heißt es: „Um 1900 konnte man in Ostpreußen den Eindruck haben, mitten in Deutschland zu leben. Aber auch in weiten Teilen Westpreußens hatte man es im täglichen Kontakt nur mit Deutschen zu tun. Wo es zu Beginn des 19. Jahrhunderts noch polnische Minderheiten gegeben hatte, waren diese fünf Jahrzehnte später vielfach durch Assimilierung verschwunden. Dennoch gab es in Westpreußen eine große nichtdeutsche Bevölkerung, Kaschuben und Polen, und für Ostpreußen galt das in geringerem Maße angesichts der litauischen und masowischen Bewohner des Landes ebenfalls.“[300]

Polnischsprachige Masowier leben schon seit dem 15. Jahrhundert in großer Zahl im herzoglichen, später brandenburgisch-hohenzollerischen Ostpreußen. Nicht nur die Einwanderung aus Polen ist bedeutsam, es gibt auch eine beträchtliche Binnenwanderung von Polnischsprachigen innerhalb Ostpreußens. Im 17. Jahrhundert hat sich die Sprachgrenze des Polnischen am weitesten nach Norden ausgedehnt. Polnisch wird nicht nur in den masurischen und in den ermländischen Kreisen Allenstein und Rößel gesprochen, sondern auch in den Kreisen Rastenburg, Darkehmen, Gerdauen und Goldap. Andreas Kossert berichtet, dass zwischen 1607 und 1646 in Insterburg, in Zinten zwischen 1543 und 1630 polnisch gepredigt wird, ebenso in den Städten Bartenstein und Saalfeld.[301]

Das Preußen des 18. Jahrhunderts ist kein Nationalstaat. Der polnische Historiker Janusz Mallek: „Die Einwohner Preußens hielten sich für Untertanen des preußischen Königs und betonten ihre Verbundenheit mit dem Staat und der herrschenden Dynastie. In den Schulen wurde in deutscher, polnischer oder litauischer Sprache unterrichtet, je nach der ethnischen Zusammensetzung der jeweiligen Gemeinschaft.“[302] Im südlichen Ostpreußen stellen die Polnischsprachigen bis in die letzten Jahrzehnte des 19. Jahrhunderts die Mehrheit.

Im Königreich Preußen und später im Deutschen Reich, in dem Preußen aufgeht, lebt seit der Eroberung Ober- und Niederschlesiens 1742 und vor allem den drei Teilungen Polens zwischen 1772 und 1795 eine bedeutende polnische Minderheit. Die Polnischen Teilungen werden durch den Wiener Kongress 1815 modifiziert, im Prinzip aber bestätigt. Der Wiener Kongress verpflichtet Russland, Österreich und Preußen, ihren polnischen Untertanen eigene Institutionen zu gewähren, durch die das Fortbestehen einer polnischen Nation gesichert werden soll. Preußen toleriert für einige Jahre die polnische Nationalität in der Provinz Posen, die bis 1830 den Status eines Großherzogtums hat und sich Provinz Großherzogtum Posen nennt. In Westpreußen arbeitet der preußische Staat sofort auf eine Assimilierung der Polen und Kaschuben hin. Theodor von Schön, seit 1816 Oberpräsident von Westpreußen, nach der Zusammenlegung 1824 mit Ostpreußen bis 1842 der Provinz Preußen, fasst in seinen *Autobiographischen Fragmenten* sein Programm wie folgt zusammen: „Aus den ehemaligen Sklaven und Slawen sollen Menschen und Deutsche gemacht werden."[303] Schöns Programm ist in Ostpreußen staatspolitisch nicht notwendig, wie Hartmut Boockmann festgestellt hat: „Die Masuren waren weder selbst der Meinung, Polen zu sein, noch wurden sie polnischerseits als solche in Anspruch genommen. Die Litauer im nördlichen Ostpreußen waren loyale Untertanen des preußischen Königs."[304] Allein im südlichen Ermland, in den Kreisen Rößel und Allenstein-Land, artikuliert sich ab Mitte des 19. Jahrhunderts eine nennenswerte polnische Nationalbewegung.

Seit 1816 werden in Preußen Volkszählungen durchgeführt. Sie finden bis 1867 alle drei Jahre, später alle fünf bzw. zehn Jahre statt. Nach der konfessionellen Zugehörigkeit, nach Sprache und Nationalität wird zum ersten Mal bei einer Zählung im Jahr 1843 gefragt. Die so entstehenden Statistiken enthalten aber wesentliche Fehler – sie erhöhen den Anteil der Deutschsprachigen, den der Anderssprachigen reduzieren sie. In den Jahren 1831, 1852 und 1861 sind unter „deutschsprachig" alle Personen erfasst, die die deutsche Sprache beherrschen, also auch viele Zweisprachler mit der Muttersprache Polnisch. Auch wegen weiterer methodischer Ungenauigkeiten sind die Angaben zu den Polnischsprachigen für diese Jahre allenfalls als Mindestwert anzusehen. In den Jahren 1890, 1900 und 1910 dann wird die Muttersprache gesondert erhoben. Allerdings sind auch hier trotz einer verbesserten Methodik Fehlerquellen wahrscheinlich: Vor dem Hintergrund starker Auseinandersetzungen zwischen dem preußischen Staat und der polnischen Nationalbewegung neigen die Erheber vor Ort dazu, Manipulationen zugunsten der deutschen Sprachgruppe vorzunehmen. Die Zweisprachigen werden in der Regel gänzlich der Gruppe der Deutschsprachigen zugerechnet.

Im Jahr 1900 gehören von den mehr als 56 Millionen Einwohnern des Deutschen Reichs 5,9 % zur polnischsprachigen Minderheit. Von ihren 3,4 Millionen Angehörigen sprechen etwa 100 000 „kaschubisch" und 140 000 „masurisch".[305] Im Königreich Preußen stellen zehn Jahre später die Polnischsprachigen 9,9 %, die etwa 94 000 Litauer 0,3 % der preußischen Bevölkerung. Die Statistik von 1905 weist 19,5 % der

Ostpreußen als nicht-deutschsprachig auf. Sie differenziert zwischen Polen (7,6 %) und Masuren (6,4 %). Der Anteil Litauer an der Bevölkerung beträgt 5,4 %. Die Gruppe der rund 155 000 Ostpreußen, die sich als Polen bezeichnet, korreliert mit dem Anteil der etwa 270 000 Katholiken in der Provinz. Wenn von diesen die circa 100 000 Katholiken der beiden rein deutschsprachigen nördlichen ermländischen Kreise Braunsberg und Heilsberg abgezogen werden, hat man sie zu 85 % erfasst. Die polnischsprachigen Katholiken leben in den ermländischen Kreisen Allenstein-Land, Rößel, in Allenstein-Stadt und mit Anteilen von etwa 15 % in den südlichen Gebieten der Kreise Osterode, Ortelsburg und Neidenburg.

Ostpreußen ist kaum in die Nationalitätenkämpfe verstrickt, die sich nach den Einigungskriegen 1864 bis 1866 verstärken und nach der Reichsgründung in stark von Polen bewohnten Gebieten der sonstigen preußischen Ostprovinzen ausbrechen. Nach der Gründung des Deutschen Reiches 1871 unter preußischer Führung sollen unter Einfluss einer starken deutschen Nationalbewegung dessen Bürger jenseits der Konfessionen und Traditionen kulturell, politisch und symbolisch stärker miteinander verbunden werden. Das Mittel hierfür ist die deutsche Sprache. Diese „Germanisierung" führt dazu, dass ethnischen und linguistischen Gruppen wie den Sorben, Litauern, Dänen und Polen der Minderheitenstatus verweigert wird; ihre Sprachen und kulturellen Traditionen genießen keinen Schutz. In einem Prozess der Assimilierung passen sich Sorben und Litauer zunehmend an die deutsche Umwelt an. Aktiv betrieben und am Ende scheitern wird der Prozess einer aggressiven Akkulturationspolitik, eines Hereinwachsens unter Druck in das vorherrschende Deutschtum, bei den in Nordschleswig lebenden Dänen und den Polen.

Die 13 polnischen Abgeordneten im neuen gewählten Deutschen Reichstag protestieren 1871 gegen die Reichsgründung. Im Deutschen Reich sind die Polnischsprachigen nun nicht mehr nur Bürger des in sprachlicher und nationaler Hinsicht Jahrhunderte lang – zumindest nominell – neutralen Preußen. Sie gehören jetzt als sprachliche Minderheit einem sich deutsch verstehenden Staat an. Schon bald sehen sie sich in vielen Bereichen einer gezielten staatlichen Ausgrenzung ausgesetzt. Ihnen wird der Zugang zu Bildung in ihrer eigenen Sprache versperrt. Es ist verboten, im öffentlichen Leben etwas anderes als Deutsch zu sprechen. 1872/73 erlässt die preußische Regierung erste Maßnahmen auf dem Gebiet der Schul- und Sprachpolitik, 1876 wird für das Königreich Preußen ein „preußisches Geschäftssprachengesetz" erlassen. In dessen erstem Paragraph heißt es: „Die Deutsche Sprache ist die ausschließliche Geschäftssprache aller Behörden, Beamten und politischen Körperschaften des Staats. Der schriftliche Verkehr mit denselben findet in Deutscher Sprache statt." [306] Es gelten zunächst noch Übergangsbestimmungen, Ausnahmen werden zugelassen. So wird bei Gerichtsverhandlungen auf der deutschen Sprache Unkundinge Rücksicht genommen und ein vereidigter Dolmetscher für notwendig erklärt. Doch dies Gesetz und ein im Jahr 1877 erlassene Reichsgerichtsverfassungsgesetz haben zur Konsequenz, dass Bürger Preußens und des Deutschen Reichs, die nur Polnisch, Litauisch oder eine andere Minderheitensprache sprechen, in ihren Rechten behindert sind. Auch bei der Ausübung der Pflichten, zu der vor allem die Wehrpflicht gehört: Damit die fremdsprachigen Staatsbürger des Deutschen Reichs in den national gemischten oder in rein anderssprachigen Gebieten ihren Rechten und Pflichten nachkommen können, sind sie gezwungen, in den Schulen – und die jungen Männer spätestens beim Militär – Deutsch zu lernen.[307]

In die stark von Polen bewohnten Gebiete entsendet der preußische Staat bewusst deutschsprachige und national zuverlässige Beamte. Bismarck schlägt seinem Kriegsminister Albrecht Graf von Roon schon im Februar 1872 in einem Memorandum vor, polnischsprachige Rekruten in deutschsprachige Einheiten einzuziehen.[308] In Preußens Armee wird damals ein „Verstreuungsverfahren" etabliert, das auch auf deutschsprachige elsässische, französischsprachige lothringische und dänischsprachige schleswigsche Rekruten angewendet wird. Theoretisch sollen alle Polen ihren Militärdienst „außerhalb der polnischen Landesteile" ableisten, „um bessere Gewähr zu haben, dass sie in den drei Jahren der Dienstzeit der deutschen Sprache vollständig Herr werden."[309] Bei den Polen wird das Verstreuungsverfahren konsequent erst nach 1890 angewendet; die Armee will sie so auch den „Einwirkungen der schlechten polnischen Presse" entziehen.[310]

Die masurischen Rekruten werden zu den Einheiten des I. preußischen Armee-Korps eingezogen, ab 1910 zum neuen XX. Armee-Korps mit Sitz in Allenstein. Jens Boysen hat in seiner Untersuchung *Preußische Armee und polnische Minderheit* nicht eindeutig feststellen können, wie mit ihnen verfahren wird, er vermutet, dass sie anders als die katholischen Polnischsprachigen behandelt werden: „Vielmehr zählten sie wohl – zumal sie eine recht hohe Aushebungsrate auswiesen – zu der ‚zuverlässigen Grundmasse', aus der nicht zuletzt zahlreiche Unteroffiziere genommen wurden."[311] Boysen sieht einen Beleg dafür, dass die polnische Umgangssprache der Masuren, anders als bei den „echten" Polen, kein Politikum ist, darin, dass er für das Jahr 1872 eine Versorgung mit polnischsprachigen evangelischen Gesangbüchern nachweisen kann.

Nach Ansicht von Robert Trabas in einem Aufsatz über die nationale und soziale Reaktion der Ermländer auf die gesellschaftliche Modernisierung im 19. Jahrhundert geht sowohl die polnische wie auch deutsche historische Literatur heute davon aus, dass der polnische Bevölkerungsanteil im Ermland zu dieser Zeit bei etwa 60 000 Personen liegt. „Nur die Hälfte davon hat sich mit der polnischen Nation identifiziert, 20 % unterlagen Germanisierungsprozessen, 30 % besaßen keine bestimmte nationale Identität", wagt Traba eine Aussage, die er jedoch relativiert: „Im Grenzgebiet gab und gibt es (...) gewisse Schwankungen im Nationalgefühl."[312]

Die polnische Bevölkerung dominiert eindeutig in den Dörfern des Kreises Allenstein. Im Ermland trägt die katholische Religion zu einer gewissen Verbundenheit zwischen Deutschen und Polen bei. Sie wurzelt im Gefühl der gemeinsamen

Glaubensgemeinschaft und ab 1871 in der Bedrohung durch die staatliche preußische Kirchenpolitik. Der polnische Bevölkerungsteil im Deutschen Reich organisiert sich nicht nur in Wahlvereinen, sondern auch in einem vielfältigen Vereinswesen. Gerade in Vereinen übt der niedere katholische Klerus einen großen Einfluss aus, in Posen und in Westpreußen auch der katholische polnische Landadel. Einige der in der polnischen Bewegung aktiven Adelsfamilien in Westpreußen wie die Familien Donimirski-Brochowicz (Grafen von Donimirski) in Klein Ramsen und Sierakowski (Grafen von Sierakowski) in Groß Waplitz im Kreis Stuhm verfügen über beträchtliche Vermögen.

Aber nicht diese polnischen Aktivitäten führen zur Politik der Germanisierung. Hartmut Boockmann nennt die Gründe: „Die wachsende Bereitschaft preußischer Behörden, die polnischen Untertanen des Königs zu diskriminieren, hatte ihre wichtigste Ursache in den nun beginnenden Verschiebungen der Bevölkerungsverhältnisse und der wirtschaftlichen Strukturen. Die westlich der Elbe so rasch fortschreitende Industrialisierung zog Einwanderer aus den östlichen Teilen des Reiches an, während Zuwanderer aus dem russischen Polen über die Grenze ins östliche Preußen zogen. So kam es zu der – scheinbar – paradoxen Situation, daß sich die Deutschen in den östlichen Provinzen Preußens ungeachtet der Tatsache, daß sie die Regierung und deren Behörden auf ihrer Seite hatten, in einer bedrohlichen Lage wähnten."[313] Die Zuwanderungsbewegung führt dazu, dass der polnische Grundbesitz in Westpreußen, aber auch in einigen südlichen Kreisen Ostpreußens wie Osterode und Neidenburg, zunimmt.

Mit dem 1894 gegründeten Deutschen Ostmarkenverein, deren Aktivisten nach den Anfangsbuchstaben ihrer führenden Mitglieder auch „Hakatisten" genannt werden, hat die antipolnische Haltung der preußischen Regierung und der meisten deutschen Reichskanzler eine einflussreiche politische Lobby. Eine starke Minderheit innerhalb dieses Vereins fordert durch Umsiedlungen und Enteignungen eine „Bereinigung" der Nationalitätenverhältnisse in den Ostprovinzen. Mit der Agitation des Ostmarkenvereins „wurde nun das Tor zu einer von rechtsstaatlichen Bedenken freien Politik aufgestoßen. 1908 wurde der preußischen Regierung erlaubt, ‚zur Stärkung des Deutschtums in den Provinzen Westpreußen und Posen' Grundbesitz zu enteignen", so Boockmann.[314] Eine 1886 eingeführte „Ansiedlungskommission" ist formal im ganzen Deutschen Reich bis 1919 tätig. Sie wird ins Leben gerufen, um polnischen Eigentümern ihren Grund und Boden abzukaufen und an Deutsche weiterzugeben. Von der Ansiedlungskommission werden Siedlerstellen von 15 bis 120 ha geschaffen. So werden etwa 22000 deutsche Familien angesiedelt. Gut organisierte polnische Gegenmaßnahmen gegen die deutsche Landnahme wie die Schaffung von Parzellierungs-Genossenschaften erschweren die Durchsetzung der Pläne erheblich.

Die im Kreis Oletzko lebende adelige Familie von Lenski hat polnische Wurzeln, identifiziert sich aber völlig mit dem Königreich Preußen. Die von Lenskis dienen im preußischen Offizierskorps und stellen zeitweise auch den Landrat im Kreis. Um 1900 ist der Gutsbesitzer von Czymochen, Richard von Lenski, durch Auszahlung der zahlreichen Söhne und Töchter aus zwei Ehen in finanzielle Bedrängnis geraten. Er muss das Gut Czymochen, das direkt an der Grenze liegt, zum Verkauf stellen. Richard von Lenski erhält sofort ein sehr gutes Angebot, aber die Tatsache, dass der Kaufinteressent nicht versucht, die geforderte Summe von 1 176 Mio. Goldmark herunterzuhandeln, und die Eile, mit der er auf einen Abschluss drängt, machen den Handel verdächtig. Es stellt sich heraus, dass der Kaufinteressierte der deutsche Strohmann einer Gruppe des polnischen Adels und der hohen katholischen Geistlichkeit ist. Sie wollen auch mit dem Kauf von Czymochen der Germanisierungspolitik Bismarcks entgegenwirken. Längst sind die von Lenskis nicht nur überzeugte Preußen, sondern auch deutschnational eingestellt. Richard von Lenski erklärt feierlich im Vollgefühl nationaler Überheblichkeit: „Ich bin Deutscher und verkaufe an keinen Polen!“[315] Die nationale Haltung kommt die Familie teuer zu stehen: Es findet sich kein deutscher Käufer. So erwirbt am Ende der preußische Staat für 333 000 Goldmark das Gut und macht es zur staatlichen Domäne. Der Kaufpreis reicht gerade aus, um die in den Erbschaftsangelegenheiten aufgenommenen Hypotheken abzulösen. Richard von Lenski darf als Pächter in Czymochen bleiben.[316]

Der katholische Geistliche Ludwik Józef Jażdżewski (Ludwig von Jazdzewski) aus Schroda vertritt seit 1890 den 8. Posenschen Wahlkreis Schroda/Pleschen im Reichstag und gehört auch dem preußischen Abgeordnetenhaus an. In einer Sitzung des Abgeordnetenhauses am 15. Januar 1901 schildert er die Behandlung der Polen durch die preußische Regierung und auch die Maßnahmen der Ansiedlungskommission, die Deutschen den Erwerb von Grund und Boden erleichtert. „Ich will ihnen nur kursorisch eine kurze, lange nicht erschöpfende Zusammenstellung dessen vorlegen, was alles dieser unserer Bevölkerung in den letzten Zeiten widerfahren ist, um sie aufzureizen und zu schädigen. Althergebrachte Namen, die eine tausendjährige Geschichte haben, werden durch die von Landräten, den Regierungen und dem Ministerium vorgeschlagenen und Allerhöchst genehmigten Anträge einfach beseitigt; Familiennamen werden vielfach durch Behörden verfälscht: jede fachmännische Versammlung wird polizeilich überwacht; jede Versammlung unter freiem Himmel wird untersagt: Aufzüge mit Musik werden verboten; polnische Theateraufführungen werden meistens verboten oder verhindert. Was tut nicht alles die Ansiedlungskommission, um die Bevölkerung zu kränken?“ Jażdżewski argumentiert, dass die nationale Agitation nicht von den Polen ausgeht. „Meine Herren, vor Gericht darf kein Pole seine Sache in eigener Sprache vertreten: vor den Verwaltungsbehörden findet er kein Gehör in seiner Muttersprache. Kurz und gut, auf jedem Gebiet wird der Pole zurückgedrängt, auf jedem Schritt und Tritt wird er gekränkt; und nachdem das tagtäglich geschieht, klagt man über Agitation, über Unruhe und über eine polnische Gefahr und spricht von der Bedrängung des Deutschtums!“[317]

Honoratioren in einem städtischen Elektrobus in Passenheim im Kreis Ortelsburg im Jahr 1922. Das Städtchen, inmitten der Allensteiner Seenplatte auf einer Landenge zwischen Kalben- und Lehleskersee gelegen, hat im gleichen Jahr ein Elektrizitätswerk erhalten.

Die politischen Erfolge des Ostmarkenvereins in Gesetzgebung und Verwaltungspraxis untergraben mit ihrer Willkür gegen die Minderheit das Rechtssystem und -empfinden im Deutschen Reich, führen aber zu keinem Erfolg. In Oberschlesien, Posen und Westpreußen können sich die Vorkämpfer der polnischen Nation behaupten.

Das deutsche Rastenburg nennen die Polen nach 1945 in Rastembork um. Ab 1950 heißt die Stadt Kętrzyn, benannt nach dem in Lemberg (Österreich-Ungarn) lehrenden Historiker Wojciech Kętrzyński. Er ist der Sohn eines preußischen Offiziers kaschubischer Herkunft und heißt bei seiner Geburt Adalbert von Winkler. Nach der Entdeckung seiner polnischen Ursprünge setzt Kętrzyński alles daran, historisch zu belegen, dass die Masuren Angehörige der polnischen Nation sind. Als nationalistischer Propagandist fordert Kętrzyński die Polen im Zarenreich, in Österreich-Ungarn und in Preußen auf, die Masuren für das Polentum zurückzugewinnen. Von einem polnischen Masurentum will er auch die Masuren selbst überzeugen, die aber nicht von diesen Ideen zu begeistern sind.[318]

Der in Allenstein lehrende Historiker Gregorz Jasinski teilt in seinem Aufsatz *Zur Problematik der Assimilation der masurischen Bevölkerung im preußischen Staat*, der die Zeit von 1815 bis 1914 untersucht, die Masuren für die Phase bis 1914 in drei Kategorien ein. Die erste Kategorie beherrscht nur Deutsch und hat ein preußisch-deutsches

Bewusstsein, sie unterscheidet sich nicht von den übrigen Bewohnern Preußens und des Deutschen Reiches. Zwei andere Gruppen der masurischen Bevölkerung sind einander sehr ähnlich, entstammen demselben Milieu und haben ähnliche Traditionen, Sitten und Werte – sie unterscheiden sich nur in der Beherrschung der deutschen Sprache. Die eine Gruppe ist zweisprachig, die andere beherrscht das Deutsche kaum oder gar nicht. „Die sprachlichen Unterschiede waren nicht stark genug, um das Verbindende zu zerstören. Beide Gruppen besaßen ähnliche nationale Vorstellungen, nämlich ein masurisches Preußentum. Dabei war die Liebe zur Heimat untrennbar mit preußischem Staatsbewußtsein verbunden. Letzteres war dabei auf das Herrscherhaus bezogen. Das Masurentum und in hohem Maße auch das Preußentum waren mit der evangelischen Konfession verknüpft."[319] Nach Jasinski verringert sich allmählich die Distanz, die diese beiden Gruppen von der nur deutschsprachigen Bevölkerung trennt, auch wenn die Masuren in der deutschen Gesellschaft noch lange nicht völlig akzeptiert sind. Auch Jasinski sieht unter den polnischsprachigen Masuren nur eine kleine Gruppe, die sich der polnischen Bewegung zugehörig fühlt.

Aus dem südlichen Masuren wandern viele Katholiken nach der vom Völkerbund für 1920 festgelegten Abstimmung über die Zugehörigkeit zu Polen oder Deutschland nach Polen aus, vor allem in ehemals westpreußische Gebiete. In Ostpreußen wird die polnischsprachige Bevölkerung weiter schrittweise von der deutschen Gemeinschaft absorbiert. Dazu beigetragen hat auch die intensive Fronterfahrung der masurischen und ermländischen Soldaten im Ersten Weltkrieg und die deutschnationale Agitation im Zuge der Abstimmung von 1920. Dieser Prozess der Assimilation verstärkt sich ab 1933, dauert aber bis 1945 an, als es höchstens noch 100 000 polnischsprachige Masuren und Ermländer gibt.[320]

Der langjährige Redakteur der *Zeit*, Haug von Kuenheim, ist schon Pensionär, als er im Oktober 2005 in seiner Zeitung das Buch von Andreas Kossert *Ostpreußen – Geschichte und Mythos* bespricht. Der 1934 in Königsberg geborene Journalist greift zur Feder, um an Kosserts Buch zu loben, was noch die Arbeit von Boockmann ein Jahrzehnt zuvor vermissen lässt. Während die deutsche Geschichtsschreibung Ostpreußens bis dahin durch eine auf das Deutschtum konzentrierte Sichtweise geprägt sei, lenke Kossert die Sicht des Lesers auf ein multiethnisches Land. „Und das ist nun wirklich das Faszinierende an seinem Buch: Mit einer Fülle von Details und einer tief angelegten Sonde steigt er ein in das Neben- und Miteinander von Deutschen, Polen und Litauern in jener preußischen Ostregion."[321] Der Fernsehjournalist Klaus Bednarz, dessen Großvater in Ukta im masurischen Kreis Sensburg lebte, ist durch Bücher und Filme über Ostpreußen hervorgetreten. Im Jahr 2001 hat er sich, ebenfalls in der *Zeit*, zu einem anderen Buch Kosserts geäußert, zu *Masuren – Ostpreußens vergessener Süden:* „Es gibt Bücher, bei deren Erscheinen man sich verwundert fragt, warum sie erst jetzt geschrieben wurden. Die Antwort ist simpel und vielsagend zugleich: weil vorher die Zeit noch nicht reif war."[322]

Mit Kosserts Masuren- und Ostpreußen-Buch beginnt sich ein Bild der Provinz durchzusetzen, dessen sich die Generationen der deutschen Flüchtlinge, Vertriebenen und Aussiedler, vor allem aber ihre Funktionäre, nicht erinnern wollen, oder das Historiker wie Boockmann zu einseitig deutsch gezeichnet haben. Haug von Kuenheim fasst in seiner Besprechung Kosserts Sicht auf Ostpreußens Geschichte zusammen: „Nationale Strömungen bemächtigten sich auch Ostpreußens. Die eine versuchte, den urdeutschen Charakter des Landes zu beweisen, die andere vereinnahmte die polnisch Sprechenden als reine Polen und machte aus Masuren und dem Ermland ‚urpolnisches' Land. Es entsprach ganz offensichtlich dem Zeitgeist, dass auch in Ostpreußen das Nationale in den Vordergrund trat und mit den Jahren, vor allem nach der Reichsgründung von 1871, eine rigorose Germanisierungspolitik in Gang gesetzt wurde, der die polnisch sprechenden Masuren und litauischen Ostpreußen in besonderem Maße ausgesetzt waren."

Was Kossert beschreibt und belegt und Kuenheim zusammenfasst, ist auch der historischen Publizistik der Bundesrepublik nicht neu. In vielen Lebenserinnerungen von Ostpreußen, Regional- und Lokalgeschichten ist das Mit-, Neben- und Durcheinander der Sprachen und Volkskulturen in der Provinz beschrieben. Fast immer wird es aber nur folkloristisch oder humoristisch in Anekdoten betrachtet. Johannes Bobrowski, Siegfried Lenz und Arno Surminski haben den gleichen ethnischen und sprachlichen Topos literarisch beschrieben, häufig ebenfalls mit Humor, aber die Identität ihres fiktiven Personals ernst genommen. Mit Andreas Kosserts Büchern wird es von der Geschichtswissenschaft neu belegt, interpretiert, gewichtet – und vor allem öffentlich beachtet.

Welche Folge hat die Neuinterpretation der Geschichte Ostpreußens? Für die Politik keine. Die Grenzen in Europa sind anerkannt. Historische Begründungen für die heutigen nationalen Tatsachen im ehemaligen Ostpreußen will und kann Kosserts Analyse und Darstellung nicht liefern. Auch Polen, Russland und Litauen brauchen sie nicht, denn die heutigen Grenzen gründen in dem von Deutschland ausgegangenen Zweiten Weltkrieg. Einem Krieg, für den alle Bewohner der preußischen Ostprovinzen – Litauer, Masuren, Kaschuben, Schlesier und Polen – einen weit höheren Preis zu zahlen haben als die West- und selbst die Mitteldeutschen. Keine ernstzunehmende Kraft in Deutschland stellt die Grenzen in Frage; das Land zwischen Weichsel und beiderseits der unteren Memel wird polnisch, russisch und litauisch bleiben. Für eine zukünftige Politik könnte die wieder freigelegte Sicht vielleicht aber Bedeutung gewinnen: Aus der Geschichte der Deutschen im Osten Europas können Lehren für die multiethnische Gesellschaft der heutigen Bundesrepublik, aber auch Polens, Litauens und Russlands gezogen werden.

Haug von Kuenheim benennt eine Erkenntnis nach Andreas Kosserts von Mythen bereinigter Geschichte: „Was die Deutschtümler nicht verstanden: ‚Die polnische Sprache machte die Masuren nicht zu Sympathisanten Polens, im Gegenteil, sie wurden nicht selten zu den eifrigsten Gefolgsleuten Hitlers.'"[323] Für die ostpreußischen Litauer lässt sich diese Feststellung nicht so deutlich in Zahlen messen. Sie leben zu den Zeiten von Hitlers Wahlerfolgen im teilautonomen Memelland innerhalb Litauens. Aber eine Interpretation der Wahlergebnisse im Memelgebiet zwischen 1919 und 1938 zeigt, dass sie in ihrer großen Mehrheit nie Sympathisanten Litauens wurden, ab 1935 aber wahrscheinlich des Nationalsozialismus waren.

Bobrowski, Lenz, Surminski, auch Kossert, von Kuenheim und Boockmann nutzen die Bezeichnung Litauer und Pole, Masure und Kaschube, um Anderssprachige von den deutschsprachigen Bewohnern Ost- und Westpreußen abzugrenzen. Der polnische Historiker Janusz Mallek zitiert in einem Aufsatz *Preußisches Nationalbewusstsein im 19. und 20. Jahrhundert* den Pädagogen Heinrich Kahle, der 1871 geschrieben hat, „man müsse, wenn man genaue Informationen über die Nationalität erhalten wolle, die Einwohner Preußens fragen, in welcher Sprache sie zu Hause beteten."[324] Hartmut Boockmann spricht von der Koexistenz der Nationalitäten in West- und Ostpreußen. Sind aber Menschen, die ihr Gebet auf Litauisch, auf Polnisch oder dessen Dialekten beten anderer Nationalität als die, die es auf Hochdeutsch tun? Wenn sie einer anderen Nation anzugehören glaubten, wie erklärt sich dann ihre Begeisterung für Hitler und seinen extrem rassistischen Nationalismus? Der nationalsozialistische Rassismus hat in Polen und Balten „rassisch minderwertige" Menschen gesehen. Erst wenn die polnische oder litauische Muttersprache aus einem Ostpreußen noch keinen Polen oder Litauer gemacht hätte, würde erklärbar, warum eine multiethische Gesellschaft in Masuren, dem Regierungsbezirk Westpreußen und im nordöstlichen Ostpreußen eine extrem deutschnationale und an ihrem Ende eine rassistische Politik mitgetragen und mitzuverantworten hat.

Dass mehr dazu gehört als die Sprache, in der man betet, um sich als Teil einer Nation zu betrachten, begründet das Essay *Was ist eine Nation?* des französischen Religionswissenschaftlers und Historiker Ernest Renan. Die 1880er Jahre sind eine Hochzeit des Nationalismus, der sich in Frankreich an der Frage von Elsass-Lothringen entzündet. Die Menschen im Elsass sprechen einen deutschen Dialekt, bekennen sich aber in ihrer Mehrheit zur franzosischen Nation. Renans schlüssige Definition einer Nation stützt zwar den Anspruch Frankreichs auf das seinerzeit deutsche Reichsland Elsass-Lothringen. Viele andere Ansprüche seiner Landsleute bestreitet sie aber. Der Autor widerlegt Argument für Argument alles, was die meisten Politiker und Historiker der Zeit für nationenbildend halten. „Doch was ist eine Nation? Warum ist Holland eine Nation, während Hannover oder das Großherzogtum Parma es nicht sind?"[325] Renan stellt einfache Fragen, beantwortet sie mit Gegenfragen und zieht Argumente aus Geographie, Philosophie und Geschichte heran. „Wie kommt es, daß die Schweiz mit drei Sprachen, zwei Religionen, drei oder vier Rassen eine Nation ist, während beispielsweise die so homogene Toskana keine ist? Warum ist Österreich ein Staat, aber keine Nation?"[326] Und er belegt, dass sich das Nationalitätenprinzip von dem der Rasse unterscheidet: „Heute begeht man einen noch schwerer wiegenden Fehler: Man verwechselt die Rasse mit der Nation und spricht den ethnischen oder besser den sprachlichen Gruppen eine Souveränität nach dem Muster der wirklich existierenden Völker zu.“[327] Den Begriff der „Rasse“ verwenden die Europäer im Zeitalter des Kolonialismus und im Bewusstsein einer biologischen Überlegenheit noch ohne Bedenken. Sechs Jahrzehnte vor Auschwitz ist er noch wenig belastet.

Der Bielefelder Professor für Ästhetik und Kommunikation Manfred Klein hat sich mit der sozialen Kultur litauischer Dörfer beschäftigt. In einem 1993 erschienenen Aufsatz zum deutsch-litauischen Gegensatz im Memelgebiet zwischen 1920 und 1939 sieht er eine„ethnische“ Gemeinschaft völlig anders begründet als ein „Nationalbewusstsein“. Die Sprache ist seiner Meinung nach nicht das entscheidende Kriterium für die Zugehörigkeit zu einer Nation: „Ethnos bildet sich unmittelbar am Lebenszentrum der Menschen, in und mit ihrer lokalen Gruppe, das heißt für die hier angesprochenen Verhältnisse, im Dorf und im Pfarrsprengel. Gewiß spielt für die Herausbildung der Gruppenidentität die Sprache eine nicht zu vernachlässigende Rolle, doch orientiert sich die Identitätsfindung mindestens genau so stark, wenn nicht entschiedener, an anderen kulturellen Mustern sozialer und auch wirtschaftlicher Provenienz. Gleiche berufliche Tätigkeit z.B., gemeinsame Religion und deren Ausübung beim sonntäglichen Gottesdienst in der Kirche, gemeinsamer Erfahrungshintergrund im gesellschaftlichen und praktischen Leben – das alles formiert eine ethnische Gruppe weit vor jeder Entwicklung zur Nation. Vor allem ist diese Verhaftung am lokalen und überschaubaren Kulturhorizont außerordentlich dauerhaft und widerstandsfähig. Die Sprache läßt sich wechseln, es gibt oft gute Gründe dafür; wie weit die ethnische Identität davon tangiert wird, ist eine offene Frage.“[328] Der deutsche Historiker Hagen Schulze hat in seinem Buch *Staat und Nation in der europäischen Geschichte* die Ansicht Renans pointiert und das Irreale eines Nationalbewusstseins betont: „Nationen beruhen auf Nationalbewußtsein. Nationen erkennen sich in einer gemeinsamen Geschichte, in gemeinsamem Ruhm und gemeinsamen Opfern wieder – man muß hinzufügen, daß diese gemeinsame Geschichte in aller Regel von begrenzter Realität ist, in aller Regel mehr erträumt und konstruiert als wirklich.“[329]

Die Erkenntnisse des Franzosen Renans und des deutschen Historikers Schulze erklären, warum die preußisch-deutsche Germanisierungspolitik in weiten Teilen Oberschlesiens und Westpreußens und vor allem in der Provinz Posen scheitert. Eine große gemeinsame Geschichte, aber auch großes Leid haben eine polnische Nation geschaffen, die eine dreifache Zerstückelung über fast 150 Jahre übersteht und sich nach dem Ersten Weltkrieg einen Nationalstaat schafft. Aber „ein gemeinschaftliches Erbe von Ruhm und von Reue“ in der preußischen Geschichte verbindet auch die protestantischen Litauer und Masuren, die deutschsprachigen katholischen Einwohner des Ermlandes mit den anderen Bewohnern Ostpreußens. In einer manchmal unverständlichen Loyalität erinnern sie sich, unter den Hohenzollern mit Menschen, die sich als Deutsche begreifen, „gemeinsam gelitten, sich gefreut, gehofft" – wie Renan schreibt – zu haben. Auch nach 1920 wollen sie noch „in der Zukunft ein gleiches Programm verwirklichen". Sie sind in ihren größten Teilen immun gegen den Wunsch der litauischen und polnischen Nationalbewegung auf Vereinnahmung.

Ostpreußen ist eine multiethnische und multikulturelle Gesellschaft. Multinational ist sie nur in Bezug auf eine relativ kleine Gruppe katholischer Polen, deren Größe historisch keine Ansprüche Polens rechtfertigt. Die national bewusste Minderheit der Polen nimmt im Kaiserreich mutig ihre demokratischen Rechte wahr und organisiert sich 1920 in den Abstimmungsgebieten, danach im Bund der Polen in Deutschland und im Verband nationaler Minderheiten in Deutschland. Viele ihrer führenden ostpreußischen Vertreter werden dafür nach dem Beginn des Zweiten Weltkrieges in die Konzentrationslager verschleppt und ermordet.

Die Ostpreußen wissen wenig von den Polen und ihrer Geschichte. Der 1939 aus seiner Heimat vertriebene jüdische Königsberger Rainer Radok hat in seinem Buch über die eigene Vertreibung *Von Königsberg nach Melbourne* bei seinen ostpreußischen Landsleuten im Jahre 1939 die „Unwilligkeit, irgendeine Notiz von (...) den kulturellen und wissenschaftlichen Leistungen der Polen zu nehmen", beklagt. Das „allgemeine offizielle Denken" in Ostpreußen habe auf bornierten Vorurteilen gegenüber den Polen basiert.[330]

Welche vorurteilsgeprägte Haltung die Verbrechen nach 1933 möglich gemacht hat, zeigt sich an der Haltung der aus Ostpreußen stammenden Lehrerin und späteren Schriftstellerin Agnes Harder zu ihren ostpreußischen litauischen und masurisch-polnischen Landsleuten. Schon 1927 spricht sie völlig unbefangen aus: „Litauer und Polen waren mir Todfeinde von Kind auf und sind es noch heute. Meine Mutter, die aus Masuren gebürtig, von klein auf mit ihnen in Berührung gekommen ist, hat wohl unwillkürlich dieses Gefühl genährt."[331] In diesen Worten offenbart sich der Geist, dem Ostpreußen sein Verschwinden in die Geschichte verdankt.

Die Litauisch und Kurisch sprechen

Heinrich A. Kurschat hat 1968 eine umfangreiche „Heimatkunde eines deutschen Grenzlandes" geschrieben. *Das Buch vom Memelland* ist seitdem in mehreren Auflagen erschienen. Der Autor konstatiert eine Eigenart der Memelländer, die er nicht nur auf die 19 Jahre selbstständige Geschichte von 1920 bis 1939 zurückführt. Er geht immer wieder auf das litauische Element im Memelland ein, aber er billigt dem litauischsprachigen Teil der Bevölkerung doch keine „litauische Kultur" zu. „Der preußische Litauer wurde nicht durch die Übernahme der deutschen Sprache zum Deutschen – er war dies schon viel früher durch die Übernahme der deutschen Kultur geworden."[332] Der litauischsprachige Bewohner Ostpreußens ist also Deutscher.

Der Autor hält es da für besser, wenn der Litauer seine Sprache nicht mehr pflegt: „1872/73 wurde endlich der Schulunterricht in litauischer Sprache abgeschafft, da er entbehrlich geworden war.“[333]

Wolfgang Toerner hat Slawische Philologie und Osteuropäische Geschichte studiert. Er stammt aus Königsberg, als Kind hat er im nördlichen Ostpreußen von 1945 bis 1947 dank der Hilfe von Litauern jenseits der Memel überlebt; er kennt die litauische Sicht auf die Geschichte Ostpreußens. Toerner macht in einem Festvortrag *Ostpreußen und Litauer – 700 Jahre gemeinsame Geschichte* im März 2003 seinen ostpreußischen Landsleuten bei einem Treffen der Kreisgemeinschaft Tilsit-Ragnit klar, dass man im heutigen Litauen eine eigene litauische Sicht auf die Geschichte des nördlichen Ostpreußen hat. „Dass Preußen ursprünglich von dem baltischen Volk der Prußen besiedelt war, ist gewiss. Nach litauischer Überzeugung zeigen die wenigen erhaltenen Schriften in prußischer Sprache, dass dieses Volk mit den Litauern eng verwandt gewesen sei, enger jedenfalls als heute Litauer und Letten. Daher dränge sich die Annahme auf, dass die in der Neuzeit im nordöstlichen Ostpreußen siedelnden Litauer dort stets auch wohnhaft gewesen sind.“[334]

Für die Litauer ist Preußisch-Litauen ihr „Kleinlitauen“: „Das Gebiet der Litauer im Staate Preußen umfaßte, nach deutschen statistischen Angaben, 9 022 km² (als Vergleich Schleswig-Holstein: 15 677 km²). Die von Litauern verwendeten statistischen Daten klingen anders, sie sprechen von 17 000 bis 18 000 km². Ihre Lebensräume seien folgende Flußbecken gewesen: der Unterlauf der Memel, der Mittel- und Oberlauf des Pregel, dann von der Stadt Memel aus bis Goldap/Geldape und von hier die Strecke bis Sventapilis (Heiligenbeil, d.Verf.) am Rande des Aistmeeres (Frisches Haff, d.Verf). Den Kern Klein-Litauens hätten die Bezirke Tilsit, Ragnit, Insterburg und Labiau gebildet.“ Dazu Toerner: „Nun, die Wahrheit darüber wird auch hier irgendwo in der Mitte gelegen haben.“ [335]

Die sprachliche und geographische Nähe der Litauer zu den westbaltischen Prußen führt im Zeitalter des Nationalismus zu einem Streit, ob Teile der baltischen Stämme der Schalauer, Nadrauer und Sudauer im Grenzgebiet zwischen der prußischen und der litauischen Siedlung zu den Litauern zu rechnen seien. Für litauische Nationalisten steht das außer Zweifel; sie begründen damit später die litauischen Forderungen nach der Angliederung ganz Nordostpreußens. Deutsche Forscher stellen nach 1919 die Behauptung auf, die Stämme seien prußisch gewesen und hätten nur in engen Kontakt zu litauischen Stämmen gestanden. Andreas Kossert bemerkt: „Diese Fragen werden sich wohl nicht mehr klären lassen und eine Glaubenssache bleiben.“[336]

Weitgehend unbesiedelte, wildnisartige Gebiete zwischen verschiedenen Stämmen sind in der baltischen Region zur Zeit des Deutschen Ordens normal. Die große „Wildnis“ zwischen den Siedlungen der Stämme der Schalauer, Nadrauer und Sudauer und dem Gebiet der Litauer hat während der ein Jahrhundert andauernden Kriegsführung des Deutschen Ordens gegen die Litauer zugenommen. Kriegszüge sind im Mittelalter mit der Zerstörung des feindlichen Landes verbunden und haben in besonders betroffenen Gebieten eine weitgehende Entvölkerung zur Folge. Mittlerweile scheint gesichert, was lange zwischen deutschen und litauischen Historikern umstritten ist: Die litauische Einwanderung in das preußische Litauen bzw. Kleinlitauen hat erst nach der Christianisierung Litauens im 15. Jahrhundert begonnen. Die Religion erfordert dann keine Abgrenzung der Völker mehr, weil von der Reformation auch die eingewanderten Litauer erfasst und wie ihre deutschen Nachbarn protestantisch werden. „Die deutsche Forschung hat schon längst festgestellt, dass Litauer seit dem Frieden von 1422 eher eingesickert als förmlich eingewandert sind. Diese Einwanderung habe den Charakter einer Landnahme unter Duldung der Obrigkeit gehabt, da neue Steuerzahler willkommen waren. Die einmal sesshaft gewordenen Litauer haben dann, bei ungestörter Bevölkerungsvermehrung, auch Binnenkolonisation betrieben, also selbst wieder gerodet und Siedlungen gegründet."[337]

Konflikte mit deutschen Siedlern gibt es im späten Mittelalter nicht. Der in Memel geborene Verfassungsrechtler und -historiker Dietmar Willoweit in einem Vortrag bei den Memelländischen Kulturtagen in Düsseldorf im Jahr 2006: „Um diese litauische Siedlungsbewegung zu verstehen, muss man wissen, dass die deutsche Besiedlung des preußischen Ordenslandes nur bis zur Deime, also bis in die Gegend von Labiau und bis Insterburg vorgedrungen war. Das Land östlich davon bis zur litauischen Grenze war, abgesehen von einer Siedlungsinsel um Tilsit und Ragnit, weitgehend menschenleer."[338] Litauer lassen sich nur in geringem Umfang in den Städten nieder. Bis zur großen Pest 1709/10 bilden sie dort fast ausschließlich die Landbevölkerung, während die Deutschen vorwiegend in den Städten leben. 1902 stellt der sächsische Gymnasiallehrer und Völkerkundler Fritz Tetzner fest, dass auch in litauischer Umgebung die größeren Städte immer noch fast rein deutschsprachig sind. „Das (...) litauische Sprachgebiet hat einige rein deutsche Inseln; in jeder der drei größeren Städte Tilsit, Memel und Ragnit besteht neben der deutsch-litauischen Landgemeinde eine rein deutsche Stadtgemeinde."[339] Toerner beschreibt, dass für heutige Litauer die einst in Ostpreußen lebenden Dichter, Philosophen und die rege litauische Buchproduktion die Lebenskraft einer ursprünglich litauischen Kultur bis ins 20. Jahrhundert beweist. So gäbe es beispielsweise eine Landkarte Ostpreußens, die sämtliche Städte mit litauischen Namen verzeichnet. Nach litauischer Überzeugung seien die Deutschen als Eroberer ins Land gekommen, hätten die einheimische Kultur unterdrückt und eine Fremdherrschaft errichtet. Die Einwanderung der deutschen Siedler sei spät erfolgt, insbesondere durch die Salzburger Protestanten im frühen 18. Jahrhundert. „Zuweilen liest man in Publikationen aus Litauen sogar, dass die ersten Deutschen im Nordosten Preußens erst im 19. Jahrhundert in Erscheinung getreten seien. Nach diesen Vorstellungen muss auch die Geschichte der Stadt Klaipeda (Memel, d. Verf.) von Litauen geprägt gewesen seien."[340]

Buchbinderei, Buchdruckerei und Papierhandlung „Rytas“ AG in der Memeler Simon-Dach-Straße Mitte der 1920er Jahre. Im Verlag gibt der Verleger Martin Kurschat u.a. die litauischsprachige Zeitung „Klaipedos Zinios“ (Memeler Nachrichten) heraus.

Das Geschichtsbild im heutigen Litauen und das des memelländischen Heimatgeschichtlers Kurschat vermittelte – es wurde lange von den Funktionären der Memelländer in der Bundesrepublik vertreten – sind zwei sich ausschließende Sichtweisen. Sie erklären sich aus der jeweiligen Nationalgeschichte; von heutigen Baltisten aus Deutschland und Litauen und jüngeren deutschen Historikern wie Andreas Kossert sind beide nachhaltig korrigiert worden. Kurschat hat sein Buch vom Memelland geschrieben, bevor sich als Folge einer großen Ausstellung 1981 im West-Berliner Martin-Gropius-Bau nach und nach eine neue Sicht auf Preußen durchzusetzen begann. Die Ausstellung *Preußen - Versuch einer Bilanz* und die sie begleitenden Publikationen haben ein liberales Preußen gezeigt, das fortan nicht mehr auf die Rolle als Vorläufer und Kern eines deutschen Nationalstaats reduziert wurde. Und es wurde wieder ins deutsche Bewusstsein gerufen, dass Preußen bis zu den Einigungskriegen 1864 bis 1871 kein „deutscher“, sondern ein multiethnischer Staat war. Selbst Kurschat berichtet über das 18. Jahrhundert: „Die deutschen Pfarrer mussten die litauische Sprache erlernen und in den Dorfkirchen litauisch predigen. In den später entstehenden Dorfschulen gab es ebenfalls nur litauischen Unterricht. In einer Zeit, der nationalistisches Denken fremd war, in der der König französisch, die Kronprinzessin englisch sprach, erkannte man den Untertan nicht an seiner Sprache, sondern nur an seiner Loyalität. Der Litauer war zum Preußen geworden, ehe er deutsch sprechen lernte."[341] So ein Preuße ist nicht zwangsläufig ein Deutscher. Andreas Kossert nennt ein Beispiel für eine aktive multiethnische Politik des preußischen Staates vor der Reichsgründung: „Trotz erster Germanisierungsbestrebungen herrschte in Ostpreußen vorerst noch der multiethnische Konsens. In dieser Tradition erfolgten die Gründungen litauisch- und polnischsprachiger Lehrerseminare, etwa 1811 in Karalene bei Insterburg für litauischsprachige Lehrerkandidaten, dann in Ragnit, Memel und Pillkallen."[342] Kossert erinnert daran, dass, während in Ostpreußen über Jahrhunderte auf Litauisch unterrichtet wird, in Russisch-Polen an der Universität Wilna bis 1885 kein Litauisch angeboten wird.

Mit der endgültigen Anerkennung der Grenzen des geeinten Deutschlands im Jahr 1990 können deutsche Autoren eine unverblendete Sicht auf die sprachlichen und ethnischen Verhältnisse im Norden Ostpreußen bzw. des Memellandes werfen. Das Eingeständnis von historischen Tatsachen weicht keine Rechtsposition und Ansprüche mehr auf. Wolfgang Toerner relativiert die Nähe der preußischen Litauer zur deutschen Kultur in einem Vortrag im Jahr 2003: „Man muss anerkennen, dass sie ein Leben nach durchaus eigenen Maßstäben geführt haben und daran sehr konservativ festhielten."[343] Und Dietmar Willoweit gibt im Jahr 2006 seinen Landsleuten zu bedenken: „Die Frage, ob und in welchem Maße sich die litauischen Einwanderer deutscher Kultur angenähert haben, ist nur mit äußerster Vorsicht zu beantworten."[344]

Für die Zeit der litauischen Einwanderung um 1525 konstatiert Kurschat: „So kam es, dass innerhalb von kaum zwei Jahrhunderten das nördliche und östliche Ostpreußen eine starke litauische Bevölkerung erhielt, die in den Wildnisbereichen die einzige Bevölkerung überhaupt war. Das Memelland bekam entlang der Grenze eine dichte Reihe von Dörfern, in denen es zunächst keinen einzigen Deutschen gab."[345] Fritz Tetzner stellt in seinem 1902 erschienenen Buch *Die Slawen in Deutschland*, für das er im nördlichen Ostpreußen empirische Erhebungen macht, zur Verbreitung der litauischen Sprache fest: „Gegen Ende des 17. Jahrhunderts gehörte noch alles Land nördlich vom Pregel bis nach Königsberg hin zum Sprachgebiet; und vom heutigen Regierungsbezirk Gumbinnen die Kreise Darkehmen und Goldap und was nördlich davon lag. Alle und Deime galten als Grenze."[346]

Ein kurfürstlicher Rezess aus dem Jahr 1638 hält für die Ämter des nördlichen Ostpreußens offiziell fest, dass sie von Litauern besiedelt sind. Historische Quellen nennen eine Sprachgrenze, die über Scharkau, Schacken, Labiau, Wehlau, Nordenburg, Engelstein, Angerburg bis Dubeningken verläuft. Der aus Elbing stammende preußische Historiker Max Toeppen und der deutsche Philologe und Baltist Adalbert Bezzenberger umreißen dagegen ein kleineres litauisches Sprachgebiet. Nach ihrer Ansicht verlief die Sprachgrenze zum Litauischen einst nördlicher von Labiau die Deime entlang, danach den Pregel aufwärts bis zur Alle und hier entlang der Alle und den kleinen Fluss Aschwoene über Nordenburg, Angerburg, Goldap und Dubeningken bis zur Grenze nach Polen-Litauen.[347]

Dass heute anerkannt werden muss, dass die kulturelle Assimilation der preußischen Litauer an ihre deutsche Umgebung – wenn und wo überhaupt – erst spät geschehen ist, zeigt sich in der Geschichte der litauischen Literatur – und die beginnt in Ostpreußen. So nimmt es nicht wunder, dass auch im heutigen Litauen die ostpreußische Geschichte zu einem Teil der eigenen Nationalgeschichte erklärt wird.

Von 1569 bis 1919 gibt es keinen unabhängigen litauischen Staat. Die katholischen Großlitauer sind erst mit den Polen verbunden, dann dem Russischen Reich zwangseingegliedert. Die protestantischen Kleinlitauer leben südlich einer Grenze, die schon im Jahr 1422 (Frieden von Melnosee) das Preußenland von Litauen trennt. Vom 16. bis zum 20. Jahrhundert ist der litauische Sprachraum politisch und konfessionell zweigeteilt in einen zum Großfürstentum gehörenden größeren und einen kleineren, zum Herzogtum Preußen gehörenden. In beiden entwickeln sich mit der Reformation nicht nur Unterschiede in der Konfessionszugehörigkeit, sondern auch in der Denk- und Lebensweisen.

Die Litauischsprachigen verbindet seit der Reformation wenig mehr als eine gemeinsame Sprache, und diese ist Jahrhunderte lang nicht durch eine Schrift- oder Kanzleisprache genormt. Eine Standardisierung des Litauischen erfolgt durch den vom katholischen Teil Litauens ausgehenden Nationalismus des späten 19. Jahrhunderts. Diese Hochsprache ist zu großen Teilen vom in Ostpreußen gesprochenen Litauischen beeinflusst.

Herzog Albrecht von Hohenzollern-Ansbach macht das Herzogtum zu einem einflussreichen Zentrum des neuen protestantischen Glaubens im Norden Europas. Sein politischer und konfessioneller Einfluss reicht nicht nur in das gesamte Baltikum, sondern durch seine Heirat mit Dorothea von Holstein-Dänemark im Jahr 1526 auch bis Skandinavien. Die Reformation in Preußen bewirkt, dass die vom Volk gesprochenen Sprachen zu einem der wichtigsten Mittel der Verbreitung der Reformation werden. Herzog Albrecht erteilt Prußen, Litauern und Polen das Privileg, am Königsberger Gymnasium (1541) und an der 1544 gegründeten Königsberger Universität zu studieren.

Um die Forderung Martin Luthers zu erfüllen, das Christentum in der Sprache des Volkes zu predigen, lässt der preußische Herzog für die in seinem Land lebenden Prußen, Litauer, Deutschen und Polen Bücher in deren Muttersprache drucken. Das erste Buch in deutscher Sprache, ein Katechismus, erscheint in Königsberg im Jahre 1524, in polnischer Sprache 1543, in altpreußischer Sprache 1545. Unter Albrechts Regierung wird die Stadt Königsberg zu einer Stätte des Buchdrucks in deutscher, polnischer, litauischer, lettischer und altpreußischer Sprache.

Die Mehrheit der überlieferten frühen litauischen Bücher sind kirchliche Texte, die ins Litauische übersetzt wurden. Die ältesten bis jetzt bekannten litauischen Texte sind drei handschriftliche Gebete („Vaterunser", „Ave Maria" und „Credo") auf dem letzten Leerblatt des 1503 in Straßburg edierten *Tractatus sacerdotalis* von Nicolaus de

Blony, die heute im Besitz der Universität Wilna sind. Das erste litauische Buch ist der Katechismus des Martynas Mažvydas[348], lateinisiert Martinus Mossuid, gedruckt 1547 in Königsberg.

Die Geschichte der litauischen Drucksprache beginnt im Großfürstentum Litauen fast 50 Jahre später als in Preußen. 1570 wird in Vilnius (Wilna) ein Jesuitenkollegium gegründet, das 1579 zur östlichsten Universität Europas wird. Das erste gedruckte Buch auf Litauisch im Großfürstentum Litauen ist der katholische Katechismus des spanischen Jesuiten Jakob Ledesma, der 1595 in Vilnius in der Übersetzung von Mikalojus Dauksa erscheint. Das erste Wörterbuch übersetzt 1620 litauische Begriffe ins Polnische und Lateinische.

Kristijonas Donelaitis, latinisiert Christian Donalitius, gilt als Begründer der litauischen Nationalliteratur. Mit seinem ausgeprägten Bekenntnis zur litauischen Sprache und seinem bewussten Litauertum ist er dem kulturellen Bewusstsein der Litauer im Großfürstentum Litauen ein Jahrhundert voraus. Der Dichter und Pfarrer Donalitius wird 1714 in Lasdinehlen (Gut Altkrug) bei Gumbinnen als litauischer Preuße geboren. Er ist Sohn eines Freibauern auf eigenem Grund. Von 1732 bis 1737 studiert er mit einem Stipendium am Seminarium Lituanicum der Theologischen Fakultät der Albertina in Königsberg. Deutsch ist die Sprache, in der er sich bildet, als Theologe beherrscht er außerdem Latein und Griechisch. 1740 geht Donalitius als Kantor und Rektor nach Stallupönen. Drei Jahre später übernimmt er die Pfarrstelle in Tollmingkehmen im Nordwesten der Rominter Heide (im späteren Kreis Goldap); beide Kirchspiele werden damals von Deutschen und Litauern bewohnt. Er heiratet die Witwe seines Amtsbruders in Stallupönen, Anna Regina Ohlefant, eine Deutsche. Seinem Nachfolger im Amt in Stallupönen hinterlässt er „Allerley zuverlässige Nachrichten" über seine ersten Jahre nach dem Studium: „Anno 1740 kam ich als Cantor nach Staluppenen; dieses geschähe mit dem Ende des Julius. Anno 1742 wurde ich daselbst Rector und Ao. 1743 bekam ich die Vocation nach Tolm. vor Pfingsten. Aus Mitleyden gegen die Schuljugend blieb ich in Stalupp. bis an die Hundstage; und den ersten Hundstag ging ich nach Königsberg. Den 17. Oktober wurde ich examiniert; den 21. ordinirt; den 24. November am 24. Sonntag nach Trin. wurde ich in Tolm. introducirt; den 1. Advent trat ich in der alten Kirche mein Amt an. Den 11. Oktob. 1744 heiratete ich. Ich hatte keine Kinder, worüber ich mich immer gefreut habe, denn der Dienst ist mitelmäßig schlecht."[349]

Pfarrer in Tollmingkehmen bleibt Donalitius 36 lange Jahre bis zu seinem Tode 1780. Er predigt als Pfarrer deutsch und litauisch. Die litauischen Bauern seines Kirchdorfes schult er im Gartenbau und betätigt sich handwerklich und naturwissenschaftlich. Mit den Amtmännern des Königs streitet er um seine Pfarrländereien und um den Bau eines Witwenhauses. Anna Regina Donalitius überlebt ihren Mann um 18 Jahre und lebt bis zu ihrem Tode im erstrittenen Witwenhaus. Dem Leben seiner Scharwerksbauern hat Donalitius seine Versdichtung *Metai* gewidmet, die

Jahreszeiten: „Freuden des Frühlings", „Arbeiten des Sommers", „Gaben des Herbstes", „Sorgen des Winters". Es sind Bilder in antiken Hexametern, entstanden vermutlich in den Jahren 1760 bis 1775; herausgegeben werden sie jedoch erst 38 Jahre nach dem Tode des Dichters. Donalitius schildert darin das Leben der preußisch-litauischen Bauern. Das ganze Jahr über arbeiten sie, kämpfen gegen Hunger und Kälte. Sie sind größtenteils arm und fromm und besuchen regelmäßig die Kirche; intensiv feiern sie die wichtigsten Ereignisse ihres Lebens wie Hochzeit bzw. Taufe, wobei viel gegessen und getrunken wird. Sie kritisieren ihre deutschen „Herren", gleichzeitig sind sie dem preußischen König treu ergeben.

Zu Beginn des 19. Jahrhunderts, nur fünf Jahrzehnte nach Donalitius Tod, erstirbt in Tollmingkehmen das Litauische. Der Volkskundler und Slawist Fritz Tetzner erwähnt die Wirkungsstätte des Pfarrers Donalitius: „Als Beispiel sei Tolminkemen erwähnt, das ja seit einigen Jahrzehnten völlig germanisiert ist", und nennt weitere Beispiele: „Zu Muldszen im Gerdauischen erlosch die litauische Predigt im vorigen Jahrhundert, ebenso in den Stranddörfern von Fischhausen und Königsberg-Land. Dasselbe Ereignis vollzog sich um 1890 zu Bailethen im Darkehmischen und zu Plibischken im Wehlauischen. Plibischken hatte um 1800 noch 1 000 litauische Kommunikanten. Im Gumbinnischen wurde 1883 zu Niebudszen das letzte Mal litauisch gepredigt."[350] Im Kirchspiel Szittkehmen im Kreis Goldap sind im Jahre 1847 von 4 100 Bewohnern noch 1 163 Litauer.[351]

Fritz Tetzner ermittelt für die Wende vom 19. zum 20. Jahrhundert eine Südgrenze des Litauischen in Ostpreußen. „Es gehören also zum litauischen Sprachgebiet hinsichtlich der Kirchensprache vollständig die fünf Kreise Memel, Heydekrug, Tilsit, Ragnit, Niederung; teilweise aber die fünf Kreise Pillkallen (ohne Warningken!), Labiau Ost, Insterburg Nord, Stallupönen Nordost, Goldap Ost."[352] 1910 zählen Statistiker noch knapp 100 000 Bürger litauischer Muttersprache. Nur in den Kreisen hinter der Memel gibt bei Befragungen noch etwa die Hälfte der Familienväter das Litauische als Haussprache an. Die Journalistin Ulla Lachauer: „Praktisch bedeutete das Zweisprachigkeit, zumindest in den zwei jüngeren Generationen, eine – wie man in Südtirol sagte – ‚lingua del cuore' für drinnen und eine ‚lingua del pane'."[353]

Nach der Abtrennung des Memellandes 1919 bietet nur noch die evangelische Kirche dem Litauischen in Ostpreußen ein letztes Refugium. Ab 1919 werden in der Provinz litauische Gottesdienste regelmäßig noch in den Orten Tilsit, Pillkallen, Skaisgirren, Inse, Pokraken, Jurgaitschen und Ragnit abgehalten. Nach 1933 wird der litauische Gottesdienst auch dort eingestellt. Nur noch zu besonderen Anlässen wird in Tilsit und Ragnit bis 1944 auf Litauisch gesungen und gepredigt.[354]

Richard Pietsch stammt aus Nidden auf der Kurischen Nehrung und war als Letzter des Nehrungskurischen mächtig. Der sächsische Autor Jens Sparschuh hat im Jahr 2001 ein Radio-Feature über Richard Pietsch produziert: *Der letzte Elch*. Mit seinem Tod 2008 ist die kurische Sprache erloschen. Sie war das kleinste im

Deutschen Kaiserreich gesprochene Idiom und wohl mehr ein lettischer Dialekt als eine eigene Sprache.

In seinen 1825 erscheinenden Nachrichten über die Kurische Nehrung berichtet der Kant-Schüler und -Biograph Reinhold Bernhard Jachmann, dass gleich hinter Cranz, an ihrem südlichen Ende, die Bewohner der Nehrung eine antiquierte Sprache sprechen: „In Sarkau fängt auch die kurische Sprache an und erstreckt sich über die ganze Nehrung, jedoch untermischt mit deutsch und littauisch, wodurch die Kultivirung der Einsassen sehr erschwert wird. Sie wird für ein Ueberbleibsel der altpreußischen Sprache gehalten."[355] Der Jurist und Schriftsteller Louis Passarge bereist 1868 die Kurische Nehrung. Auch er weiß noch wenig von den Kuren und ihrer Sprache, sieht in ihr aber einen lettischen Dialekt. Schon damals ist der Assimilierungsdruck stark,[356] die deutsche Sprachgrenze hat sich bis Pillkoppen vorgeschoben. Auch von Norden, von Sandkrug und von Schwarzort, nähert sich Deutsch als Hauptsprache der Mitte der Nehrung. Die Kuren passen sich nach Passarges Meinung zu willig allem Deutschen an: „Sie haben kaum ein Bewußtsein ihrer Nationalität und noch weniger das Verlangen, sie zu bewahren; das Deutsche vertritt ihnen die Kultur, die Vornehmheit; sie hören diese Sprache in den Städten. So lernen sie es gern und freudig."[357] Für Passarge ist das Kurische dem Untergang geweiht, was er 1867 im Übrigen für die nahe Zukunft auch dem Litauischen in Preußen prophezeit. Da viele kurische Männer litauische Frauen aus den Haffdörfern heiraten, ist auf der Nehrung die Familiensprache oft nicht Kurisch und die Sprache wird deshalb im 20. Jahrhundert häufig nur noch von Männern gesprochen. Die meisten von ihnen sind Fischer in Nidden, Perwelk und Preis. Das Kurische wird von ihnen als derbe Fachsprache genutzt. Nur in einigen Dörfern in dem von 1923 bis 1939 litauischen Teil der Kurischen Nehrung wird von allen Familienmitgliedern noch Kurisch gesprochen. Richard Pietsch, ihr letzter Sprecher, ist das vierte von fünf Kindern einer alten Niddener Fischerfamilie. Beide Eltern und die Fischer der Nachbarfamilien sprechen in seiner Kindheit und Jugend vorwiegend Kurisch. Der Journalist Henning Sietz in einem Artikel der *Frankfurter Allgemeinen Zeitung* über Richard Pietsch: „Überall wurden die Kuren im Laufe der Jahrhunderte assimiliert, nur auf der einsamen Kurischen Nehrung konnten sie sich gegen die deutsche und die litauische Sprache behaupten. In den Nehrungsdörfern Nidden, Karwaiten und Kunzen lebten die meisten von ihnen, später auch in den neuen Dörfern Preil und Perwelk, wo fast alle Familien, wie sich Richard Pietsch erinnert, Kuren waren. Sie lebten auf einer Sprachinsel, von Kurland getrennt durch litauisches Gebiet". Pietsch schätzt im Jahr 1982, dass in Nidden 139, in Preil 45, in Perwelk 30 sowie in Schwarzort 43 Familien am Ende des Zweiten Weltkriegs noch Kurisch sprachen.[358]

Das Nehrungskurische ist ein Dialekt des Mittellettischen, in dessen livländischem Verbreitungsgebiet auch die heutige lettische Hochsprache entstanden ist. Die ursprünglich baltische Sprache Altkurisch hat sich früh an die lettische angelehnt.

Die auf der Nehrung, um das Kurische Haff herum und im Memeldelta lebenden Kuren sind wohl im 16. Jahrhundert als Fischer aus Kurland eingewandert.[359] Ihre Sprache unterliegt dann der raschen Veränderung, da sie viele litauische und deutsche Begriffe aufnimmt.[360] Der Journalist Henning Sietz hat im Jahr 2002 Richard Pietsch in dessen Heidelberger Seniorenstift besucht und in seinem Artikel *Nur Richard Pietsch beherrscht noch das Kurische* in der *Frankfurter Allgemeinen Zeitung* auf die zum Sterben verurteilte Sprache aufmerksam gemacht. „Lange zweifelte man, ob das Kurische überhaupt eine baltische Sprache sei. Man schob es als Dialekt zwischen den westbaltischen und ostbaltischen Sprachen hin und her, bis man sich auf die ostbaltische Gruppe einigte, einer gewissen Ähnlichkeit mit dem Lettischen wegen. Andere sahen es als Übergangsdialekt zwischen der litauischen und der lettischen Sprache." [361] Der in Münster lehrende Baltist Friedrich Scholz weist sie im Jahr 1982 eindeutig dem Lettischen zu: „Nach dem heutigen Stand der Forschung bildete das Kurische einmal eine selbständige baltische Sprache, die dem Lettischen wohl aber von Anfang an sehr nahe stand. Es hat sich im Lauf der Geschichte schon früh dem Lettischen in einem Maße angeglichen, daß es schon bald als eine lettische Dialektgruppe anzusehen war."[362] Die kurische Sprache hatte einen seltsam geheimnisvollen Klang. Henning Sietz in der *Frankfurter Allgemeinen Zeitung*: „Wenn man Richard Pietsch zuhört, könnte man meinen, Kurisch habe etwas mit Kroatisch gemein. Baltische und slawische Sprachen sind zwar verwandt und in der baltoslawischen Familie des indogermanischen Sprachenraums zusammengefaßt, aber so eng ist die Verwandtschaft nicht. Der Grund könnte in den kurzen und langen Betonungen des Kurischen liegen, die auch mal aufwärts gerichtet sind oder abwärts schwingen: eine sehr musikalische Sprache." Sietz nennt ein Beispiel: „Hand heißt kurisch ‚ruoak', lettisch ‚ruoka', litauisch ‚ranka', russisch ‚ruka'."[363]

Unabhängig von der staatlichen Zugehörigkeit zu Litauen betrachtet sich die ethnisch kurische Bevölkerung in der ersten Hälfte des 20. Jahrhunderts als deutsch. Deshalb flüchtet nahezu die gesamte Bevölkerung der Nehrungs- und Haffdörfer Ende 1944 in Richtung Westen. Nicht wenige kommen bei Flucht, Vertreibung und Verschleppung nach 1945 um. Die wenigen auf dem litauischen Teil der Nehrung verbliebenen kurischen Fischer siedeln ab Mitte der 1950er Jahre in die Bundesrepublik und die DDR um. Hier gehen die Nachbarschaften und Familienzusammenhänge verloren, und mit den Alten stirbt die Sprache aus. In den litauischen Haffdörfern bleiben wenige Kuren zurück, die aber die Sprache nicht beherrschen und heute völlig an ihre litauische Nachbarschaft assimiliert sind.

Richard Pietsch stirbt im Sommer 2008 in Heidelberg. Seine Urne wird von seinem jüngsten Sohn nach Nidden überführt. Der letzte Kure wird neben seiner Mutter und seiner Großmutter, deren Grabeinfassungen kurisch hellblau gestrichen sind, bestattet. In Deutschland erinnern nur noch kurische Familiennamen wie Bojahr, Kur, Perkuhn, Sakuth, Schekahns und Sprie an sie.

Blick vom linken Ufer der Nogat auf die Marienburg im letzten Jahrzehnt des 19. Jahrhunderts. Zu dieser Zeit ist die Burg nicht mehr nur ein Symbol der Herrschaft des Deutschen Ordens, sondern auch schon von der Hohenzollern-Geschichte usurpiert worden.

„Die Vergangenheit ist eine sonderbare Sache. Sie liegt in der Mitte, zwischen Wirklichkeit und Traum; anhand von Erinnerungen, von alten Bauten, Aufzeichnungen, den Namen geschichtlicher Familien greift ihre Wirklichkeit konkret in unsere Zeit, greift in die Landschaft, durch die wir gehen, und durch die einst merkwürdige Truppen dahinrasten. Gleichzeitig ist sie ein Traum, da sie sich gütig an die Phantasie schmiegt, sich alle erwünschten Kleider überwerfen kann, es gibt keine geschichtlichen Fakten, die man nicht in jede beliebige Richtung umstilisieren könnte. Die Geschichte ist das Reich der wahren Lügen.“[1]

Antal Szerb

Vom Stammesland zur Provinz

Prußen und Preußen

Auf Mission im Prußenland

Im Jahr 1226 ermächtigt der Kaiser des Heiligen Römischen Reiches Friedrich II. in der „Goldbulle von Rimini“ den Deutschen Orden, einen Eroberungskrieg an der östlichen Küste der Ostsee zu beginnen. In der Urkunde wird das zur Eroberung für die Christenheit freigegebene Land lateinisch als „confinia Prutenorum“ (Grenzgebiet der Prußen) und als „partes Pruscie“ (prußische Gegend) bezeichnet.

Die Kunde von den Völkern im Land des im Mittelmeerraum bekannten und beliebten Bernsteins ist nachweislich der Schrift eines zwischen 100 und 175 nach Christus in Alexandrias berühmter Bibliothek wirkenden Mathematikers und Geographen in der Spätantike bekannt. Das *Lexikon der Sprachen des europäischen Ostens* nennt als Quelle: „Die wohl früheste Erwähnung zweier prußischer (oder den Prußen nahestehender Stämme) aus der Mitte des 2. Jh unserer Zeitrechnung findet sich bei Klaudius Ptolemais, der in seiner ‚Geographie‘ von den Γαλίνδαι ηαι Σονδινοί (‚Galindai hai Sondinoi‘), d.h. den späteren Galindern und Sudauern, spricht.“[2]

Erst am Ende des 10. Jahrhundert n. Chr. beginnt für den Raum östlich der Oder die schriftliche Überlieferung. Nach diesen frühen Quellen lassen sich in den slawischen und baltischen Völkerfamilien einzelne Ethnien unterscheiden. Die Pomoranen siedeln zwischen Ostsee, Oder, Netze und Weichsel, südlich davon die Polanen.[3] Die baltischen Bewohner, im unteren Weichseltal und östlich beheimatet, die vom römischen Schriftsteller Tacitus um 100 n. Chr. „Ästier", vom angelsächsischen Seefahrer Wulfstan um 890 n. Chr. „Tasten" genannt wurden, erhalten bleibende Namen. Aufgetaucht ist der Klang ihres späteren Namens zum ersten Mal in einem Reisebericht aus dem Jahre 965 oder 966, den ein Gesandter des Kalifen von Córdoba namens Ibrahim ibn Yakub verfasst hat.

Ibrahim kommt Ende des 10. Jahrhunderts nur bis Magdeburg, weiß aber über weiter östlich gelegene Länder zu berichten. Er nennt eines „Brus". Dieser Name wird weitere Male genannt, darunter in den Lebensbeschreibungen des heiligen Adalbert, des Bischofs von Prag, der versucht, die „Prußen" zu missionieren. 997 findet der Bischof bei einer Missionsreise den Tod.[4] Der Domherr und Chronist Adam von Bremen spricht in der zweiten Hälfte des 11. Jahrhunderts über „Sembi vel Pruzzi", also von Samen oder Prüssen.[5] In den nächsten Jahren, Jahrzehnten und Jahrhunderten finden sich die Namensformen Pruzze, Pruci, Pruzi, Pruzzi, Prusi, Pruteni, Prutones für die Bewohner der Küsten der östlichen Ostsee. Der bayerische Dichter des deutschen Rolandsliedes erwähnt um 1130 „di Prussen".

Die Prußen sprechen eine baltische Sprache; baltische Sprachen sind ein Zweig der indogermanischen Sprachenfamilie. Die baltische Sprachgruppe umfasst das Prußische, Kurische[6], Lettische und Litauische. Bis ins 16. Jahrhundert wird keine Schriftsprache entwickelt, erst mit Übersetzungen des lutherischen Katechismus ins Prußische unter Herzog Albrecht von Preußen erfolgte die Umsetzung der Laute in Lettern.[7] Anders als Litauisch und Lettisch sind die übrigen baltischen Sprachen im 17. Jahrhundert ausgestorben.

Wegen des Fehlens einer Schriftsprache beruhen alle Informationen über die Prußen auf archäologischen Funden und deren Interpretation oder sind Überlieferungen der Nachbarvölker und Eroberer. Die Prußen gliedern sich in kleinere Teilstämme. Sie verehren Naturgottheiten. Sie kennen weder Bauten aus Stein noch Städte, doch weisen bei Ausgrabungen gefundene Schmuck- und Gebrauchsgegenstände auf eine entwickelte Kultur hin. Ihre Gesellschaft ist vielschichtig, neben den Stammesfürsten, die über größeren Landbesitz verfügen, gibt es Freie, Bauern und Sklaven.[8] Die Prußen pflegen die Pferdezucht, sie handeln mit Bernstein und Pelzen und bauen Getreide und Flachs an, halten Rinder und Schweine. Üblich ist die Viel- und Verwandtschaftsehe.

Zur Zeit der Inbesitznahme des Landes durch den Deutschen Orden gibt es zwölf prußische Stämme in den verschiedenen Landschaften (Gauen). Die prußischen Bezeichnungen der Gaue lauten Barta (Rastenburg), Chelmo (Kulmerland; Kulm), Notanga (Natangen; Preußisch Eylau), Pamede (Pomesanien; Marienburg), Sasna (Tannenberg), Lubava (Löbau, Strasburg), Suduwa (Lyck; Suwalki), Galinda (Masurische Seen), Nadruwa (Nadrauen; Insterburg), Pagude (Pogesanien; Heilsberg), Semba (Samland), Skalwa (Schalauen; Tilsit) und Warme (Ermland; Braunsberg). Das prußische Siedlungsgebiet erstreckt sich zwischen der unteren Weichsel und der unteren Memel, wobei die Flüsse keine feste Begrenzung darstellen. Im Norden wird das Gebiet der Prußen durch die Ostsee begrenzt, im Süden schließt sich das slawische Masowien an. Nördlich der Memel siedeln baltisch sprechende Litauer und verwandte Völker, westlich der Weichsel und in deren Mündungsgebiet slawisch sprechende Pommern bzw. Kaschuben.

Zu Beginn des 13. Jahrhunderts wird ein weiterer Versuch zur Christianisierung des Landes der „Brus" unternommen. Im Jahre 1209 ruft der Papst zu einem Kreuzzug gegen die Prußen auf. Anstifter ist der slawische Herzog Konrad von Masowien, der schon einmal ohne Erfolg versucht hat, prußisches Land zu erobern. In Rom wird 1215 der Abt des Zisterzienserklosters Łekno, Christian zum Bischof für die Prußenmission geweiht. Im Jahr 1217 initiiert Papst Honorius III. erneut vergeblich einen Kreuzzug gegen die Prußen.[9] Die Kreuzzüge scheitern am Widerstand der Prußen.

Konrad von Masowien gibt die Versuche, sein Herrschaftsgebiet um das heutige Warschau auf das Land der Prußen zu erweitern, nicht auf. Es gelingt ihm 1220 zunächst, das nördlich von Masowien gelegene Land an der mittleren Weichsel, das spätere Kulmerland, zu erobern. Die Prußen schlagen ihn jedoch zurück; es entwickelt sich ein Jahre währender Grenzkrieg, in dessen Verlauf die Prußen nicht nur das Kulmerland zurückerobern, sondern wiederholt in Masowien einfallen. Konrad benötigt militärischen Beistand und beruft sich dabei auf die Christenpflicht zur Missionierung. Im Jahre 1226 bietet er dem Deutschen Orden das ihm unterstehende Land an der mittleren Weichsel an, damit dieser es auf sich nimmt, das Land der Prußen zu erobern.[10] Der Deutsche Orden wird dem Ruf folgen. Seine Eroberungen sind nachhaltig, aber löschen doch nicht sofort prußische Kultur und Sprache aus.

Die altpreußische (prußische) Sprache ist noch im 16. Jahrhundert bei der großen Masse der bäuerlichen Bevölkerung Ostpreußens, besonders im Samland, weit verbreitet. Ins ländliche westliche Samland dringt die deutsche Dorfsiedlung nicht vor, hier bleibt die Bevölkerung geschlossen prußisch. Auch das östliche Samland bis zur Deime wird erst spät und dann nur dünn mit deutschen Dorfsiedlungen durchsetzt. Noch bei der Einführung der Reformation müssen den deutschen Predigern überall besondere Dolmetscher, Tolken genannt, zur Seite gestellt werden. Sie übersetzen die deutschen Predigten ins Altpreußische. 1545 und 1561 wird Herzog Albrecht von Brandenburg-Ansbach den Katechismus ins Altpreußische übersetzen lassen gemäß des Gebots des Reformators Martin Luther zur Predigt und Verbreitung des Wortes Gottes in der jeweiligen Landessprache.

Erst im Laufe des 17. Jahrhunderts erlischt als Folge der Verschmelzung der prußischen und deutschen Bauernschaft die altpreußische Sprache. Der Historiker Reinhard Wenzkus führt zu den Umständen der Verschmelzung von deutscher und prußischer Bauernschaft aus: „Wie neuere Untersuchungen zeigen, war durch die verheerenden Kriege dieser Periode so viel Land wüst geworden, dass die prußischen Bauern ihren Landbesitz so weit vergrößern konnten, dass er jetzt den Umfang des deutschen Bauernlandes erreichte. Da sich nun andererseits die Lage der deutschen Bauern durch die Durchsetzung der Schollengebundenheit und größere Scharwerksleistungen rechtlich verschlechterte, glich sich die Lage beider Bevölkerungsgruppen stark an. Das war die Voraussetzung der Eindeutschung des prußischen Bauerntums, das, schon im 16. Jahrhundert auf kleine Sprachinseln beschränkt, im 17. Jahrhundert zu bestehen aufgehört hatte."[11]

1684 erwähnt der preußische Historiker und Kartograph Christoph Hartknoch in seiner Schrift *Altes und Neues Preussen*, dass es hier und da noch vereinzelte Leute gäbe, die die altpreußische Sprache verstünden.[12] „Nach der Hunger- und Pestkathastrophe von 1709 bis 1711 waren im Preußenland Sprache und Ethnos der autochthonen Bevölkerung endgültig erloschen."[13] Es sind rund 1 800 Worte der prußischen Sprache schriftlich überliefert.

Das Reich der Polen und Piasten

An Ostpreußen grenzen in den über 700 Jahren seiner deutschen Geschichte nur drei Nachbarstaaten, wenn einmal von kurzzeitigen Eroberungen der Schweden im 17. und 18. Jahrhundert abgesehen wird. Diese Staaten sind Litauen, Polen und Russland, wobei letzterer erst mit der ersten Polnischen Teilung 1772 Nachbar des brandenburgisch-preußischen Königreichs wird.

Die frühe und mittlere, aber auch die jüngere Geschichte Ostpreußens kann zwei, drei- oder mehrere Male unterschiedlich geschrieben werden: Je nachdem, ob sie von Litauern, Polen, national oder freiheitlich-demokratisch gesinnten Deutschen erzählt wird, ist sie in eine bestimmte Richtung stilisiert worden. Noch heute pflegt jede Nation und jede Ideologie ihren Traum und will von der Sicht der jeweils anderen möglichst wenig wissen. So wissen selbst geschichtskundige Deutsche wenig über die Vergangenheit Litauens oder Polens und können ihre einstige Macht und Größe, ihre Bedeutung für Mitteleuropa kaum ermessen. Welche Bedeutung haben Pommern, Preußen, Schlesien für Polen? Wo liegen Klein-Litauen, Klein- und Großpolen, ganz zu schweigen von Masowien, Krakowien, Kujawien, Galizien oder gar Wolhynien?

Der Philosoph Gerhard Szczesny reflektiert das den Schülern in den 1930er Jahren in Königsberg vermittelte Geschichtsbild: „Unser Geschichtsunterricht war strikt nach Westen und auf das ‚Reich' ausgerichtet. Die Polen, die Litauer und die Russen, mit denen der Ordensstaat, Brandenburg und Preußen durch die Jahrhunderte in Frieden und Krieg verbunden waren, kamen nur vor, soweit sie als Objekte oder unverständig-barbarische Widersacher deutscher Befriedungspolitik dargestellt werden konnten.“[14]

Die westlichen Polanen sind der mächtigste der westslawischen Stämme auf dem Gebiet des heutigen Polen. Ihr Name entstammt dem Ursprungswort „Polan“, was im Altwestslawischen so viel wie „Feldbewohner“ heißt. Im 7. bis 9. Jahrhundert schreitet die Differenzierung der Gesellschaft auf polnischem Boden rasch voran. Ein staatlicher Mittelpunkt von längerer Dauer entsteht etwa Ende des 9. Jahrhunderts. Der Hauptort der Polanen, Gnesen, wird vermutlich Anfang des 8. Jahrhunderts gegründet. Für dieses Gebiet bürgert sich der Name „Kleinpolen“ ein.

In der mächtigen Burgsiedlung Gnesen herrscht die Dynastie der Piasten. Als Nachfolger seiner Vorfahren und als erster in den Quellen genannter piastischer Fürst erringt im Jahr 960 Herzog Mecislaus I. (seine Regierungszeit währt bis 992) die Macht über das Land der Polanen. Aus den von den Piasten kontrollierten Gebieten entwickelt sich das polnische Staatswesen.[15] Die Christianisierung des piastischen Polens wird durch die Ehe Mecislaus I. mit der böhmischen Prinzessin Dobrawa im Jahr 965 erleichtert. Der Taufakt des Herzogs im Jahr 966 konsolidiert die Macht der Piasten. Zu Ostern 973 nimmt Mecislaus I. auf Einladung des Kaisers mit anderen slawischen Fürsten am Reichstag in Quedlinburg teil. 990 festigt Mecislaus I. die Verbindung zwischen dem Papsttum und Polen, indem er sein Land dem Papst unterstellt.[16]

Nach Mecislaus I. Tod erringt der älteste Sohn Boleslaus I. die Herrschaft. Die piastische Macht erreicht unter seiner Regentschaft ihren ersten Höhepunkt. Die Piasten erweitern ihre Gebiete bedeutend. Sie erobern das Land zwischen den Flüssen Warthe und Pilitza bzw. der oberen Bzura, einem Nebenfluss der Weichsel, und verleiben ihrem Staat auch Pommerellen, die Kaschubei und Masowien ein.

Für das Land westlich der unteren Weichsel und im Weichseldelta an der Ostsee haben die deutsche und polnische Geschichtsschreibung zwei Namen. Ältere polnische Chroniken unterscheiden nicht zwischen „Ostpommern“ und dem späteren Vor- und Hinterpommern. Eine genaue Grenze zu diesem „Westpommern“ ist auch in der frühen deutschen Geographie nicht genau festgelegt. Die polnische Geographie erfasst die gesamte Danziger Gegend am linken wie am rechten Ufer der unteren Weichsel unter dem Namen „Danziger Pommern“. Die meisten deutschen Historiker nennen Ostpommern „Pommerellen“, eine Verkleinerungsform von „Pommern“. Im Lateinischen, noch in der Renaissance die Sprache der Juristen, Historiker und Geographen, wird von Pomesania gesprochen.

Die Grenze zwischen Pomoranen und Prußen kann nur unscharf gefasst werden, doch ist das Gebiet westlich der unteren Weichsel im 10. Jahrhundert zum großen Teil slawisch besiedelt. Die Bevölkerung wird seit etwa dem Jahre 1000 zu den Pomoranen gerechnet, ein Teil davon seit dem 13. Jahrhundert Kaschuben genannt.

Das Gebiet Ostpommerns/Pommerellens wird zeitweilig durch Herzog Mecislaus I. oder seinen Sohn Boleslaus I. erobert. Als um 1035 ein heidnischer Aufstand eine

Staatskrise in Polen auslöst, können sich die Pomoranen durch einen Aufstand wieder aus dem polnischen Staatsverband lösen. Nach dem Ende der Krise um 1040 stellen die Piasten ihre Hoheit über die Pommern 1042 erneut her. Die Pomoranen bleiben aber für fast weitere 100 Jahre heidnisch, sie sind unter ihren Herzögen immer bemüht, so unabhängig wie möglich zu leben.[17]

In drei Feldzügen in den Jahren 1116, 1119 und 1121 unterwirft der polnische Herzog Boleslaus III. das Gebiet um die Odermündung und Hinterpommern mit den Hauptburgen Cammin und Stettin. Sein Nachfolger, Herzog Wartislaus I., unterstellt sich und sein Land 1121 Polen, leistet Tributzahlungen und verspricht die Christianisierung. Er ist der erste bekannte Pommernherzog aus der Dynastie der „Greifen", die bis zu ihrem Aussterben 1637 in Pommern regiert. Im Beisein Wartislaus' I. nimmt der Adel des Landes 1128 auf einer Versammlung in der Burg Usedom das Christentum an.

1147 führt der Wendenkreuzzug deutsche und polnische Kreuzfahrer in das doch bereits christlich gewordene Pommern. Nach der Schlacht bei Verchen im Jahr 1164 bringt Heinrich der Löwe die Fürsten Bogislaus I. und Kasimir I., die Söhne Wartislaus I., in seine Abhängigkeit, 1180 schließen sich die beiden Herzöge dem Heiligen Römischen Reich an. 1181 erhebt Kaiser Friedrich I. Barbarossa Herzog Bogislaus I. von Pommern in den Rang eines Reichsfürsten. Im 12. und 13. Jahrhundert wird Pommern massiv und systematisch von deutschen Siedlern bevölkert und schließlich Teil des niederdeutschen Sprachraums.

Der piastische Herzog Boleslaus I. nimmt 1002 elbslawische Grenzmarken des Reiches in Besitz und erobert Böhmen. Drei große Kriege gegen die Ansprüche des deutschen Kaisers Heinrich II. in den Jahren 1004 bis 1005, 1007 bis 1013 und 1015 bis 1018 enden im Frieden von Bautzen erfolgreich für Polen. 1018 gelingt Herzog Boleslaus I. in einem Feldzug gegen die Rus (Waräger) die Einnahme Kiews.

Das Herrschergeschlecht der Piasten geht durch Heiraten Verbindungen mit zahlreichen Familien wie den böhmischen Przemysliden, den ungarischen Arpaden und den sächsischen Wettinern ein und erringt so einen bedeutenden Platz unter den europäischen Mächten. Am Ende seines Lebens lässt Boleslaus I. sich 1025 zum ersten König von Polen krönen. Nach Boleslaws Tod können seine Söhne die errungene Stellung nicht wahren. Sie müssen die Königskrone abgeben und sich 1033 wieder dem Kaiser des Heiligen Römischen Reichs unterordnen. 1038 überfallen die Böhmen das Piastenland und besetzen Schlesien.

1076 versucht zum dritten Mal ein Piast als König von Polen anerkannt zu werden: Als Kaiser Heinrich IV. sich zum Gang nach Canossa rüstet, lässt sich Boleslaus II., ältester Sohn des 1058 verstorbenen Fürsten Kasimir, zum König krönen. Die Nachfolger Boleslaws II. setzen die Christianisierung weiter fort, streben aber nicht mehr nach dem Königstitel. Das Testament von Boleslaw III. stellt den Versuch eines Kompromisses zwischen dem Absolutismus der Dynastie der Piasten und der von den polnischen Feudalherren angestrebten Dezentralisierung dar. Auf diese Art sollen die immer wieder ausbrechenden Bruderkriege um die Macht beendet werden. Nach dieser „Senioratsverfassung“ erhält der jeweils Älteste des Hauses der Piasten hinsichtlich der Verwaltung, Gericht, Münze und Heerführung die Herrschaftsrechte. Unmittelbar beherrschen soll er über Krakowien (die Gegend um Krakau) und das südliche Großpolen, zudem soll er die Oberhoheit über Pommern erhalten. Die übrigen polnischen Provinzen – Großpolen, Kleinpolen, Schlesien und Masowien – werden unter die anderen Piasten-Söhne aufgeteilt. Damit beginnt in Polen das Zeitalter der Teilung in Provinzen.

Das Fehlen einer Zentralgewalt schwächt den Staat. Wenn Polen trotz der Zersplitterung in Territorien unabhängig bleibt, so liegt das an der Schwäche seiner Nachbarn. Das Römisch-Deutsche Kaiserreich und das Großfürstentum Kiew machen einen ähnlichen Auflösungsprozess in Territorialgewalten durch; die jetzt für fast ganz Europa charakteristische feudale Zersplitterung wird auf polnischem Boden fast 200 Jahre dauern.

Wann Masowien erstmals unter die Herrschaft Kleinpolens kommt, ist nicht gesichert. Es könnte schon zwischen 960 und 990 während der Regierungszeit Mecislaus I. geschehen sein. Masowiens Zentrum ist zunächst Plock, Bischofssitz seit 1075, noch nicht Warschau. Erst zwischen 1281 und 1321 wird das masowische Warschau erstmals urkundlich erwähnt. Um 1138 ist Masowien mit Kujawien (das Land um die Städte Bromberg und Thorn) sowie der Region um die Städte Schieratz und Lentschitza in Mittelpolen zu einem Herzogtum vereinigt. Herzog Konrad I. von Masowien hat von 1199 bis 1247 und in den Jahren 1229 bis 1232 und 1241 bis 1243 auch das Herzogtum Kleinpolen und damit das Amt des polnischen Seniorherzogs inne. Er versucht, die nördlich benachbarten baltischen Prußen zu unterwerfen, was jedoch deren heftige Gegenwehr hervorruft. Dem um Hilfe gebetenen Deutschen Orden überlässt Konrad von Masowien das Kulmerland an Drewenz und Weichsel, das dem Orden als Keimzelle einer eigenen Staatsgründung dient. Als 1295 die Königskrönung Primislaus II. den polnischen Partikularismus beendet, bleibt Masowien zunächst noch unabhängig.[18] Erst 1351 wird Masowien wieder polnisches Lehen. Nach dem Aussterben der männlichen masowischen Linie der Piasten im Jahr 1526 fällt Masowien an die polnische Krone und wird nicht wieder als Lehen vergeben. Gegen Ende des 16. Jahrhunderts wird das masowische Warschau an Stelle von Krakau zur polnischen Hauptstadt. Hier tagt der Sejm, das Adelsparlament.

In der ersten Hälfte des 13. Jahrhundert bedroht das Mongolische Reich der Söhne Dschingis Khans Europa. Die Mongolen vernichten mit ihren tatarischen Kriegern 1240 die Stadt Kiew, 1241 greifen sie Ungarn an. Ein Teil des Mongolenheeres stößt bis über Polens Grenzen vor; Chmielnik (nordöstlich von Krakau), Sandomir, Krakau und Breslau gehen in Flammen auf. Danach ziehen sich die Mongolenfürsten zurück. In Groß- und Kleinpolen treten nach dem Mongolensturm an die Stelle der vernichteten polnischen Siedlungen neue Städte; die wieder aufgebauten Städte Krakau und Posen erhalten deutsches, zumeist Magdeburger Stadtrecht und sind vorwiegend von Deutschen bewohnt.

Die Fürstentümer der Piasten werden im 13. Jahrhundert durch häufige weitere Teilungen immer kleiner. Zum Fürsprecher einer Wiedervereinigung Polens unter der Bedingung völliger Selbstbestimmung machte sich der Herzog Wladislaus IV. der wegen seiner geringen Körpergröße den Beinamen „Ellenlang" erhält. Nach seiner Krönung zum König nennt er sich Wladislaus I.[19] Eine Niederlage erlebt Wladislaus im Herzogtum Pommerellen. Dort ist nach dem Aussterben der Herrscherlinie ein Erbschaftsstreit zwischen dem Markgrafen von Brandenburg und den pommerschen Herrschern entbrannt. Während Polen nach dem Lehensbrief Kaiser Friedrich Barbarossas von 1181 über das Herzogtum der Greifen nach damaliger Rechtsauffassung keinerlei Vorherrschaft mehr hat, untersteht das ostpommersche Herzogtum Pommerellen bis 1227 weiterhin polnischer Oberhoheit, die nach der Regel des polnischen Seniorats an den Seniorherzog fällt. Durch den Tod seines Onkels wird Herzog Mestwin II. aus dem pommerschen Geschlecht der Samboriden im Jahr 1271 Herrscher über ganz Pommerellen. Im Kampf gegen seine Verwandten verbündet er sich kurzzeitig mit den askanischen Markgrafen aus Brandenburg; mit den Polen setzt er sich wenig später gegen die Brandenburger zur Wehr, die in der Zwischenzeit Danzig erobert haben. Gefolgsleute Wladislaus' I. bitten mit dessen Zustimmung den Deutschen Orden um Unterstützung und versprechen ihm dafür die Erstattung der Kriegskosten. Ritter des Ordens vertreiben 1308 die Brandenburger aus Stadt und Burg Danzig und besetzen ein Jahr später ganz Pommerellen, ohne auf nennenswerten Widerstand zu stoßen. Da Polens König die Kriegskosten nicht bezahlen kann, behält der Orden die eroberten Gebiete. Die strittigen brandenburgischen Ansprüche kauft der Orden dem Markgrafen Waldemar ab. Danzig bleibt fast 150 Jahre im Besitz des Deutschen Ordens.

Das erklärte Ziel des polnischen Herrschers Wladislaus I. ist es, Pommerellen für Polen wieder diplomatisch oder militärisch zu gewinnen. Seine weiteren militärischen Anstrengungen und eine Klage beim päpstlichen Gericht bleiben ergebnislos; er verbündet sich mit dem heidnischen Litauen. Im Jahr 1325 heiratet sein Sohn Kasimir eine Tochter des Litauerfürsten Gedimin. Der Orden geht dagegen Bündnisse mit dem von der Dynastie der Luxemburger regierten Königreich Böhmen, mit der Mark Brandenburg und mit masowischen Fürsten ein.

Auf den Thron folgt Wladislaus I. sein Sohn Kasimir I. als fünfter polnischer König. Als Herzog nennt er sich Kasimir III. Ihm gelingt es auf diplomatischem Wege, sich 1348 mit dem Friedensvertrag von Namslau sowie durch Kriegszüge zwischen 1340 und 1366 bedeutende Gebiete im damals ukrainischen Galizien anzugliedern. Kasimir I. verfügt über politisches und diplomatisches Geschick. Ihm gelingt die innere Einigung Polens, indem er das Verwaltungs-, Währungs-, und Steuersystem sowie das Rechts- und Gerichtswesen der Provinzen anpasst und vervollkommnet. 1349 kommt es zu einer Emigrationswelle der Juden aus Deutschland. Kasimir I. bringt ein Gesetz heraus, das die Juden schützt. In der Folge entwickelt sich in Polen die größte jüdische Gemeinde der Welt. Nach dem Tod König Kasimir I. im Jahr 1370 wird ein Neffe als König Ludwig I. König von Polen. Zu dieser Zeit ist dieser schon seit 28 Jahren König von Ungarn.

Ludwig I. ist Sohn des Königs Karl I. Robert von Ungarn aus dem Haus Anjou und seiner Frau Elisabeth, einer Schwester von König Kasimir. Schon vor seinem Herrschaftsantritt gewährt Ludwig 1355 dem polnischen Adel das Königswahlrecht. Er verzichtet auf das Recht, außerordentliche Steuern zu erheben, und auf andere königliche Rechte. Dadurch verfügt er nach seiner Krönung zum König über eine wesentlich schwächere Position als seine Vorgänger. Um die Durchsetzung seiner Herrschaftsrechte bemüht er sich kaum; er bleibt in Ungarn und überträgt die Regentschaft in Polen seiner Mutter Elisabeth.

An Polen ist Ludwig erst interessiert, als er es als Mitgift für eine seiner Töchter nutzen will. Allerdings steht dies im Widerspruch zu der 1339 geschlossenen Vereinbarung, dass lediglich männliche Nachkommen in Polen erbberechtigt sein sollen. 1374 gelingt es Ludwig I. mit dem Privileg von Kaschau, beim polnischen Adel die Einwilligung in die weibliche Erbfolge zu erlangen. Das Privileg senkt die Steuerlast des Adels erneut ab und verbietet die Einsetzung von Ausländern in Verwaltungsämter. Es verpflichtet den König, Polen als eigenständiges Königreich zu erhalten. Das Privileg wird zur Grundlage der späteren Adelsdemokratie in Polen. Das Privileg ermöglicht auch die Verbindung von Polen und Litauen, die fast 400 Jahre währt.

Der Deutsche Orden

Der Deutsche Orden ist ein Ritterorden, während der Kreuzzüge als Bruderschaft aus einem im Heiligen Land bei der Belagerung Akkons im Heiligen Land (1189–1191) gegründeten Spital hervorgegangen. Sein vollständiger Name lautet: Brüder des Hospitals der Heiligen Maria der Deutschen in Jerusalem. Die Bruderschaft ist von Anbeginn an eine Vereinigung vor allem von „Deutschen“, obwohl ihr Regelwerk deren alleinige Aufnahme nicht vorschreibt. Die Bruderschaft wächst schnell und wird wenige Jahre später in einen Ritterorden umgewandelt. Wie seine älteren Vorbilder, die Johanniter und Templer, soll er als ständige Truppe in Friedenszeiten zwischen den Kreuzzügen die Eroberungen der Kreuzfahrerheere im Heiligen Land sichern.[20] Dem Orden gehören nicht nur Adlige an. Der Historiker Hartmut Boockmann schreibt: „Erst im späten 15. Jahrhundert wurde der formale Nachweis adliger Herkunft zur Bedingung für die Aufnahme eines Ritters in den Orden. So trifft man, von den Priesterbrüdern und den Mitgliedern minderen Ranges, den dienenden Brüdern und den

Ordensschwestern ganz abgesehen, unter den Ritterbrüdern des Deutschen Ordens Männer unterschiedlicher sozialer Herkunft: Söhne von Fürsten, von Adligen, von Ministerialen und von Stadtbürgern."[21]

Die Orden der Kreuzritter benötigen Besitz und Vermögen. Nicht alles, was sie an Grundeigentum, Einnahme- und Herrschaftsrechten sowie nicht zuletzt an Bargeld erhalten, kann in Kreuzzugunternehmen investiert werden. Also bewirtschaften die Kreuzritterorden ihre Besitzungen, um mit den Erträgen die Kreuzfahrerheere auszurüsten. Die Verteidigung von Besitz erfordert Macht. „Wollten die Orden sich gegen den Zugriff Mächtiger wehren, so mußten sie selbst mächtig sein. Wurden sie mächtig, so bestand aber die Gefahr, daß die Macht zum Selbstzweck wurde. Das sollte sich an der Geschichte des Deutschen Ordens sehr bald erweisen", stellt Hartmut Boockmann fest.[22]

Seit dem Wendenkreuzzug von 1147 wird der Krieg gegen die „Heiden" nicht nur im Heiligen Land geführt, sondern auch im nördlichen Europa. „Mission und Unterwerfung waren in Mecklenburg, im westlichen Pommern und in der Mark Brandenburg kombiniert worden, und nach Pommerellen, also in das Preußen benachbarte Land, wurden deutsche Siedler ebenso gerufen wie nach Schlesien."[23] 1184/1185 wird das Zisterzienserkloster Oliva bei Danzig gegründet und mit deutschen Mönchen besetzt. Seit den 1220er Jahren wirken deutsche Kaufleute in Danzig.

Der Bitte des Herzogs von Masowien auf Entsendung eines Heeres folgt die Ordensführung um den vierten Hochmeister des Deutschen Ordens, Hermann von Salza, 1230 nicht uneigennützig. Der Orden braucht eine breite sichere Basis außerhalb des Heiligen Landes. Der Hochmeister trifft deshalb nicht nur mit dem masowischen Herzog Konrad eine Vereinbarung, er sichert sich rechtlich sowohl beim Papst als auch beim Kaiser ab. In der Goldbulle von Rimini erhebt Kaiser Friedrich II. 1226 den Hochmeister des Ordens in den Stand eines Reichsfürsten und spricht ihm alle Eroberungen im Gebiet der Prußen zu.[24]

Das zu erobernde Preußenland wird kein Teil des mittelalterlichen Heiligen Römischen Reiches Deutscher Nation. „Heute weiß man mit einiger Sicherheit, daß das nicht der Fall war. Die Stellung eines Reichsfürsten wird in der Urkunde nur im Sinne eines Vergleichs genannt. Der Hochmeister wurde kein Reichsfürst und Preußen kein Teil des Reichs."[25] 500 Jahre später wird dies von Bedeutung sein. Im Deutschen Reich, dem „Heiligen römischen Reich deutscher Nation", gibt es nur einen deutschen König, der fast immer zugleich römisch-deutscher Kaiser ist. „Andernfalls", so Hartmut Boockmann, „hätte der brandenburgische Kurfürst Friedrich III. im Jahre 1701 schwerlich König werden können."[26]

Mit einer weiteren Bulle, der Bulle von Rieti, bestätigt 1234 Papst Gregor IX. dem Deutschen Orden die Herrschaft über das Kulmer Land östlich der unteren Weichsel, sowie über alle weiteren, vom Deutschen Orden in Preußen eroberte Ländereien „zu ewigem und freiem Besitz". Der Orden soll dabei ausschließlich der Hoheit des

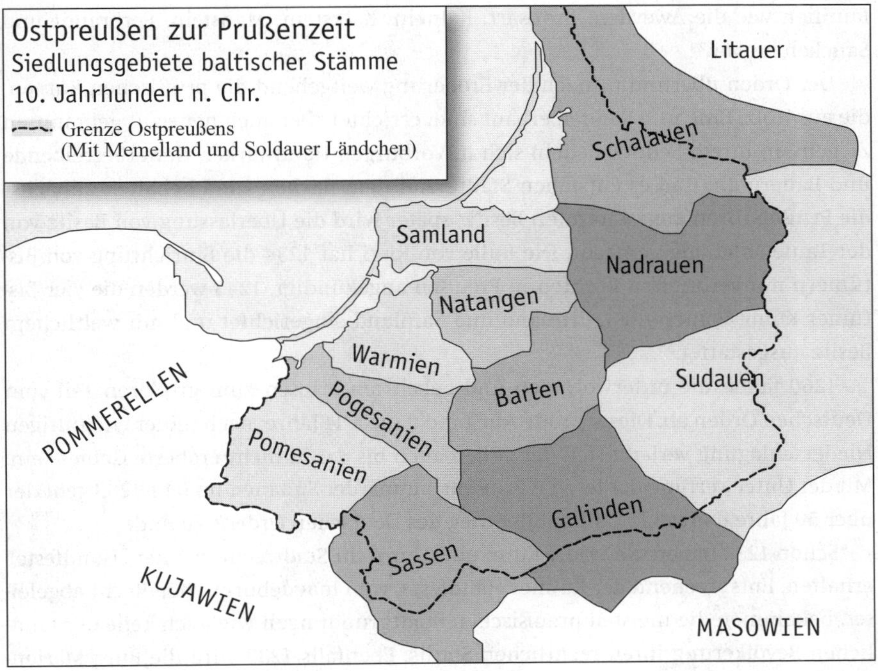

Papstes, aber keiner weiteren Lehnsherrschaft unterworfen sein. Erst fünf Jahre nach der Goldbulle von Rimini beginnt der Orden den Krieg gegen die Prußen. In wenigen Jahren gelingt es ihm, an der mittleren Weichsel, im Kulmer Land, Fuß zu fassen. Von hier aus erobert er flussabwärts einen breiten Streifen auf dem rechten Ufer der Weichsel. Weil die Kräfte des Ordens für die Eroberungen nicht ausreichen, werden die Prußen-Kriege zu Kreuzzügen erklärt. So gelingt es dem Orden, die Kreuzzugsprivilegien zu nutzen und Kreuzfahrer aus dem Reich zu gewinnen.[27] Es ist nicht bekannt, wie viele Ordensritter damals das Land erobern. Sie werden, so Boockmann, „nach Hunderten und nicht nach Tausenden gerechnet"[28] werden müssen.

Da sich die prußischen Teilstämme nicht zu einem gemeinsamen Vorgehen gegen den Orden zusammenschließen und den gepanzerten Rittern in ihrer Waffentechnik unterlegen sind, scheitert ihr Abwehrkampf; spätere Aufstände können niedergeschlagen werden. Die militärische und organisatorische Überlegenheit der Ritter zwingt die prußischen Stammesfürsten zu Verhandlungen, und auch der Orden ist daran interessiert, Verbündete unter den Prußen zu finden. Das gelingt, aber immer wieder fallen diese Verbündeten in Aufständen vom Orden ab. Erfolgreich verhandelt wird mit Stammesfürsten, die man mit dem Versprechen gewinnen kann, niemand werde zur Taufe gezwungen. Aus diesen ursprünglich prußischen Stammesfürstenfamilien gehen einige der bedeutendsten ostpreußischen Adelsfamilien wie die Aweyden, Bronsart, Kalnein, Kalkstein, Manstein, Perbrandt und Saucken hervor.[29]

Der Orden übernimmt nach der Eroberung weitgehend die prußischen Burgen, die aus Holz, Erde und Steinen erbaut sind, errichtet aber auch neue aus gebrannten Ziegeln. In ihrem Schutz siedeln sich in Vorburgen Handwerker, Gewerbetreibende und Bauern an, und es entstehen Städte. Auf dem flachen Land behalten zunächst die Prußen ihren angestammten Besitz; später wird die Überlassung von Besitz von der Taufe abhängig gemacht. Die Bulle von Rieti hat 1234 die Einrichtung von Bistümern mit verbrieften Rechten in Preußen angekündigt. 1243 werden die vier Bistümer Kulm, Pomesanien, Ermland und Samland eingerichtet und mit weltlichem Besitz ausgestattet.[30]

1260 fallen die unterworfenen und bekehrten Prußen zum größeren Teil vom Deutschen Orden ab. Dieser große Aufstand dauert 14 Jahre; nach seiner endgültigen Niederschlagung verleibt sich der Orden auch bis dahin nicht eroberte Gebiete ein. Mit der Unterwerfung des letzten Prußenstamms, der Sudauer, im Jahr 1283 geht der über 50 Jahre dauernde Landnahmekrieg des Deutschen Ordens zu Ende.

Schon 1233 haben die Städte Kulm und Thorn ihr Stadtrecht in einer „Handfeste" erhalten. Entsprechend der Kulmer Handfeste, vom magdeburgischen Recht abgeleitet, bekommen die meisten preußischen Stadtgründungen wie auch Teile der ländlichen Bevölkerung ihren rechtlichen Status. Ebenfalls 1233 wird die Burg Marienwerder gegründet, 1237 die Stadt Elbing. Vier Jahre danach hat der Orden die Küste der Ostsee erreicht, 1239 schafft er sich mit der Gründung der Burg Balga im Norden des Frischen Haffs einen Zugang zum offenen Meer. Die Stadt Lübeck schlägt 1242 die Gründung einer Seehandelsstadt auf einer Erhebung oberhalb der Mündung des Flusses Pregel in das Frische Haff vor. Der Orden stimmt dem Plan zu, mit der Ausführung wird 1246 begonnen. Das Land um das spätere Königsberg ist durch Lübecker Kaufleute zur Besitznahme bereits vorbereitet, als König Ottokar II. von Böhmen als Verbündeter des Ordens während eines Kreuzzugs im Januar 1255 in das Land der Prußen vordringt und seine Truppen in das Samland führt. Christian Krollmann, zeitweise Archivar des Fürsten Dohna in Schlobitten, seit 1917 Stadtbibliothekar und ab 1924 Leiter der Stadtbibliothek und des Stadtarchivs von Königsberg, hat die Entstehung der Stadt Königsberg aus hansestädtischen Ratsprotokollen rekonstruiert: „Im ganzen dauerte der Feldzug König Ottokars im Samland bestenfalls drei Tage. Die Gründung der Burg Königsberg wird ihm zugeschrieben, und sicher hat sie ihm zu Ehren den Namen erhalten. Aber die Wahl des Platzes auf der Höhe über den Pregel ist sicher keine zufällige gewesen, sondern beruhte auf genauer Ortskenntnis, die der König bei seinem kurzen Aufenthalte gar nicht gewinnen konnte. Bestenfalls hat er die Wahl des Ordens gebilligt. Die Namensgebung war lediglich ein Höflichkeitsakt gegenüber dem einflussreichen und mächtigen Verbündeten."[31]

Die erste Königsberger Siedlung wird 1263 zerstört, aber die Gemeinde bleibt bestehen und Neusiedler lassen sich an einer sicheren Stelle nieder. 1286 erhalten sie die Stadthandfeste.[32] Was später die Stadt Königsberg wird, besteht zunächst aus den selbstständigen städtischen Siedlungen Altstadt (1286), Löbenicht (1300) und Kneiphof (1327). Erst 470 Jahre später, 1724, werden sie zu einer Stadt, der Königlich preußischen Haupt- und Residenzstadt Königsberg, vereinigt.[33]

Nach der Eroberung Pommerellens mit dem Hauptort Danzig in den Jahren 1308/09 und der Schaffung einer Landverbindung mit Pommern und damit zum Römischen Reich Deutscher Nation, verlegt der Orden seinen Hochmeistersitz von Venedig in die Marienburg.[34] Die Marienburg an der Nogat wird für fast anderthalb Jahrhunderte das Zentrum des Deutschen Ordens[35], er ist damit auf dem Höhepunkt seiner Macht.[36] Im Norden fällt an der Ostsee 1328 noch ein Streifen Landes mit der Burg Memel an den preußischen Besitz des Ordens. Dieses Land ist bis dahin dem livländischen Zweig des Deutschen Ordens und dem Bischof von Kurland untertan und reicht fast bis zur kurländischen Halbinsel.[37] Es wird aber nie eine Landverbindungen zu den kurländischen und livländischen Besitzungen des Ordens hergestellt.[38]

Der Deutsche Orden kann den Aufbau seiner Herrschaft auch deshalb ohne Rücksicht auf ältere Strukturen vornehmen, weil das Land zum Zeitpunkt der Eroberung nur dünn besiedelt ist; die Bevölkerungszahl ist im 12. und 13. Jahrhundert stark zurückgegangen. Als der Orden seine Eroberungen beginnt, sind einige Landschaften nahezu entvölkert. Wohl nur ein etwa 120 km von der Küste ins Land reichender Streifen ist überhaupt nennenswert bewohnt, dahinter beginnt die später sogenannte „Wildnis". In deren Wälder und Sümpfe eingeschlossen ist das besiedelte Sudauen, zwischen Memel, Wyschtiter See und dem Lyck See gelegen.[39]

Alle von Historikern genannten Bevölkerungszahlen beruhen auf Schätzungen. Dazu der Historiker Boockmann: „Solchen Schätzungen zufolge betrug die Bevölkerung Preußens vor Beginn der Eroberung des Landes durch den Deutschen Orden 140 000 Köpfe. Um 1400 dürfte die prußische Bevölkerung im Ordensstaat ebenso stark gewesen sein – zu ihr kamen etwa 103 000 Deutsche und gegen 27 000 Polen, vor allem im Kulmer Land. Das würde für die prußische Bevölkerung bedeuten, daß die Verluste aus der Eroberungszeit wieder ausgeglichen waren."[40] Im Preußenland gehören dem Orden, den vier Bischöfen und deren vier Domkapiteln alles Land.[41] Bis zur Mitte des 14. Jahrhunderts gründen sie an die 100 Städte. Bei den Prußen hat es vermutlich keine Siedlungen mit einer Konzentration von Handel und Handwerk gegeben; alle Städte in Preußen sind somit kolonialen Ursprungs. Von den Bistümern sind drei de facto Teil des Ordens – das Ermland nicht. Im Preußen des 13. und 14. Jahrhunderts gibt es noch keinen Adel im mittelalterlichen Sinne des Wortes, es existiert kein auf Lehenvergabe beruhendes Adelsgut. Der Orden besitzt alle Burgen, es existieren keine aus seiner Herrschaftsordnung ausgenommenen Städte oder Klöster. „Abgesehen von den in Pommerellen bestehenden Niederlassungen der

Zisterzienser und Prämonstratenser hatte der Orden nur in einigen Städten Dominikaner und Franziskaner zugelassen. Auf ihnen – und nicht etwa auf den Priesterbrüdern des Ordens – ruhte die Hauptlast der Mission."[42]

Die Bischöfe haben ein Drittel ihres Landes den Domkapiteln übertragen; im Mittelalter sind die Mitglieder der Domkapitel überwiegend zu Priestern geweihte nachgeborene Söhne adeliger und ritterlicher Familien. Die Domkapitel haben das Recht zur Bischofswahl. Es vollzieht sich damit eine Inkorporation, die förmliche Ver- oder Einbindung bestimmter Territorien. Der Deutsche Orden inkorporiert die Domkapitel der Bischöfe von Kulmsee (1264), Pomesanien (1284) und Samland (1285/94). Deren Domherren gehören danach als Priesterbrüder dem Orden an und unterstehen dem Hochmeister. Weil die Inkorporation des Domkapitels des Ermlands in den Orden nicht gelingt, wird das Ermland einen eigenen historischen Weg gehen.[43]

Ebenso wie die Ordensbesitzungen im Reich ist auch der Ordensstaat Preußen in Bezirke gegliedert. Diese heißen im Reich Balleien, in Preußen Komtureien, Vogteien oder Pflegen. Die Komturei, das heißt der von einem Komtur geleitete Ordenskonvent, wird zur wichtigsten regionalen Verwaltungseinheit. Der gut gegliederte Verwaltungsaufbau des Ordenslandes ermöglicht die unmittelbare Herrschaft über die Bevölkerung. Die Komture und die Brüder ihres Konvents lassen das Land vermessen, beauftragen Lokatoren und verfolgen genau die Entwicklung der neuen Dörfer.[44] Der Orden vergibt Land an die Inhaber von Gütern und an Bauern, gründet Städte und bewirtschaftet große Gebiete in eigener Regie. Auf den Dienstgütern des Ordens wird in der Regel Getreide produziert; ein beträchtlicher Teil dieses Korns wird über eine eigene Handelsorganisation exportiert. Der Orden entsendet auswärtige Vertreter, Schäffer und Lieger genannt, vor allem in die Niederlande. Auch in Königsberg und Marienburg amtieren zwei Ordensritter als Großschäffer.[45]

Die Ritter des Ordens in Preußen stammen in ihrer überwiegenden Mehrheit aus dem Reich, zu einem großen Teil aus Sachsen und aus Thüringen, aus Westfalen und vom Niederrhein. Im 15. Jahrhundert wird der schwäbische und fränkische Südwesten zu einer wichtigen Rekrutierungsregion. Söhne von Familien, die im Lande selbst über größere Güter verfügen und sich im 15. Jahrhundert immer mehr als Adlige verstehen, werden zwar auch als Ritter in den Orden aufgenommen, gelangen aber nie in führende Ämter. Anders als die Ritter stammen die Priesterbrüder und mit ihnen auch die Domherren der vier Domkapitel und fast alle Bischöfe aus Preußen.[46]

Eine erfolgreiche Siedlungspolitik kann erst nach Niederwerfung des Prußenaufstands in der zweiten Hälfte des 13. Jahrhunderts begonnen werden. Durch den Ausbau der bäuerlichen Siedlung und durch die Gründung von Städten wird die wirtschaftliche Leistungskraft gesteigert. Die Schaffung und Vermehrung von Dienstgütern stärkt die militärische Macht des Staates. Inhaber von Dienstgütern können Prußen, Polen oder auch Deutsche sein. Sie alle sind persönlich frei, aber dem Orden zu Kriegsdienst und Burgenbau verpflichtet.[47] Im Mittelalter löst eine starke Bevölkerungszunahme im westlichen Europa eine verstärkte Ostsiedlung aus. Im Landesausbau erschließen Siedler zunächst ungenutzte Landflächen im bisherigen Siedlungsgebiet. Im Laufe der Zeit setzt daneben eine Wanderungsbewegung deutscher Siedler in die schwächer besiedelten Zonen im Osten Europas ein – auch in das Land Preußen.[48] In den ersten Jahrzehnten des 14. Jahrhunderts gewinnt der Deutsche Orden eine große Zahl deutscher Einwanderer sowohl aus Thüringen und Schlesien als auch aus dem niederdeutschen Sprachraum. Diese Zuwanderung lässt immer mehr nach und endet nach 1350.

Für den weiteren Landesausbau werden keine westeuropäischen Bauern mehr benötigt; das Bevölkerungswachstum im Lande selbst ermöglicht das Voranschreiten der Besiedlung. Herangewachsene Kinder der Siedler, für die das gewonnene Land keine ausreichende Versorgung bietet, wandern weiter. Das nordöstliche Ostpreußen erlebt eine letzte Welle der Dorfsiedlung noch um 1400. Dazu der Mediavist Klaus Conrad: „Zum anderen hat sich aber auch die alteingesessene prußische Bevölkerung von den großen Verlusten erholt, die sie während der Aufstände erlitten hatte, und sich stark vermehrt. Und angewachsen ist auch die polnische und kaschubische Bevölkerung des Kulmerlandes und Pommerellens. So beteiligten sich zunehmend auch die prußischen und slawischen Bevölkerungsteile am Landesausbau.“[49]

Folge eines die Jahrhunderte dauernden Siedlungsprozesses ist auch, dass sich nicht nur Fürsten und Adlige, sondern auch Angehörige der unteren Stände nun als Deutsche sehen: „Die Ostsiedlung hat dazu beigetragen. Wer im 13. Jahrhundert aus Sachsen oder Thüringen nach Preußen ging, tat das gewiß nicht, weil er sich als Deutscher verstand, aber es konnte ihm geschehen, daß man ihn dort, wo er sich nun ansiedelte, als Deutschen ansprach. Aufgebrochen war er als Sachse oder Westfale; im neuen Siedlungsgebiet konnte er lernen, daß er ein Deutscher sei“[50], heißt es bei Boockmann.

Mit der Dorfgründung wird durch den Orden jeweils ein Lokator betraut. Hat er die Bedingungen der Dorfgründung ausgehandelt, wird ihm vermessenes Land für seine Gründung übergeben. Er wirbt die Bauern an und weist ihnen ihren Anteil an der Dorfflur zu. In Preußen sind dies in der Regel zwei („flämische“ oder auch „kulmische“) Hufen. Eine solche Hufe umfasst 16,8 ha. In der Regel legen die Lokatoren die Dörfer auf bisher unbebautem Land an, meist in Waldgebieten; zunächst ist der Wald zu roden und in Ackerland umzuwandeln. Diese Arbeit nimmt gewöhnlich mehr als ein Jahrzehnt in Anspruch. Der Lokator erhält für seine Bemühungen das Schulzenamt und als Schulzengut ein Zehntel der Gesamthufenzahl. Das Amt ist zins- und scharwerksfrei, der Lokator ist jedoch zum Kriegsdienst verpflichtet. Die angeworbenen Bauern sind persönlich frei; die Abgaben und Leistungen bemessen sich nach dem bewirtschafteten Boden, nicht nach der Person. Die Bauern besitzen ihr Land zu Erbzinsrecht, in denen sie von Abgaben und Dienstleistungen frei sind. Boockmann: „Und sie konnten ihre Höfe vererben und verkaufen. Sie brauchten also nicht zu befürchten, daß diese Güter ihnen oder ihren Söhnen genommen werden würden. Diese ‚kölmischen' Bauern lebten unter Bedingungen, die denen eines modernen Landwirts ähnlich waren. Sie konnten selbständig wirtschaften, und die Abgaben machten nur einen geringen Teil dessen aus, was sie erarbeiteten."[51]

Die Prußen wirtschaften im Wesentlichen für den Eigenbedarf und betreiben vor allem Viehwirtschaft, doch mit den entwickelten Methoden der neuen Siedler verlagert sich das Schwergewicht der Landwirtschaft in Preußen auf den Getreideanbau. Die Situation der prußischen Bauern ist nicht so günstig wie die der Neusiedler. Sie bewirtschaften in der Regel Höfe von zwei Haken, also von 20 ha Größe, die Neusiedler dagegen Höfe von 33 ha. Auch im Erbrecht sind die prußischen Bauern schlechter gestellt. Die Deutschen besitzen in den nach kulmischem Recht angelegten Dörfern Selbstverwaltungsrechte; die Dorfältesten, in den prußischen Siedlungen und in Pomesanien in der Regel mit einem slawischen Wort „Starosten" genannt, haben keine Mitwirkungsrechte.

Die vom Landesherrn eingerichteten Kammerämter, die etwa 15 bis 45 prußische Dörfer umfassen können, sind Gerichts- und Verwaltungsbezirke. Der vom Orden eingesetzte Kämmerer, meistens ein Pruße, hat ähnliche Aufgaben wie der Schulze in den deutschen Dörfern.[52] Außerhalb der Dörfer siedeln die Besitzer von Einzelhöfen, „Freie" genannt und unterschieden in „große" und „kleine" Freie.[53] Kleine Freie sind Prußen. Sie besitzen meist nicht mehr Land als die prußischen Bauern und sind von Abgaben befreit. Stattdessen leisten sie dem Orden Reiterdienst mit leichten Waffen und stellen somit einen Teil des militärischen Aufgebots des Landes. Häufig handelt es sich bei ihnen um die Nachfahren jener Prußen, die sich frühzeitig dem Orden unterworfen haben und später nicht von ihm abgefallen sind. Doch können sich auch unfreie prußische Bauern freikaufen und so zu kleinen Freien aufsteigen.[54] Hartmut Boockmann: „Von den kleinen unterschieden sich die großen Freien dadurch, daß sie Reiterdienst mit schweren Waffen zu leisten und nicht selten – je nach der Größe ihrer Dienstgüter – mehr als einen Reiter zu stellen hatten. Diese Güter ließen sich bäuerlich nicht mehr bewirtschaften. Die großen Freien waren also Grundherren. Ihr Besitz bestand aus Dörfern und Höfen, in denen Bauern wirtschafteten."[55] Bei den Besitzungen der großen Freien handelt es sich um verliehene Güter und nicht um freies Eigentum. Die Inhaber zahlen einen Rekognitionszins an den Orden.

Die Besitzer der Dienstgüter sind zunächst keine Adligen, doch gleicht sich ihre Lebensform der des Adels an. Wie adlige Lehnsleute leisten sie berittene Kriegsdienste, wie adlige Grundherren haben sie abhängige Bauern. Sie stehen Grundherrschaften vor, die sich über Dörfer und Höfe vieler Bauern erstrecken. Im frühen 15. Jahrhundert tritt denn auch ein Wandel des Selbstverständnisses dieser großen Freien ein. Als der Orden das Erbrecht der Dienstgüterinhaber verschlechtern und die Güter in seinen unmittelbaren Besitz bringen will, führt das zu Konflikten. Die Herausbildung einer selbstbewussten Oberschicht Preußens ist nicht zuletzt auf einen

Statuswandlung der kleinen und großen Freien in einen preußischen Landesadel zurückzuführen – und dieser Landadel wird dem Deutschen Orden im Jahr 1454 den Gehorsam aufkündigen.

100 Jahre nach seiner gewaltsamen Landnahme hat der Deutsche Orden das Land der unterworfenen Prußen von Grund auf verwandelt. Der Historiker Klaus Conrad beschreibt die Machtstellung, die er dadurch gewann und die ihn für fast zwei Jahrhunderte zu einem Faktor der europäischen Politik werden ließ: „Ein namentlich in seinem prußischen Teil ganz dünn besiedeltes, kaum entwickeltes Land war mit einem Netz von Siedlungen, Dörfern und Städten überzogen, und es erwirtschaftete große agrarische Überschüsse. Der Landesherr war durch die Einkünfte, die er aus dem Land gewann, zu einem der finanzkräftigsten in Nordeuropa geworden; und er konnte sich jetzt auf ein militärisches Potential aus dem Lande selbst stützen, das ihm eine bedeutende Machtstellung sicherte."[56]

Die Litauerkriege

Nach der Unterwerfung der Prußen wendet sich der Orden der gewaltsamen Christianisierung des letzten heidnischen Volkes in Europa zu, der Litauer. Die litauischen Fürsten lehnen die Taufe und den Übertritt zum Christentum ab. Die „Heidenmission" liefert dem Orden den Vorwand, sich Schamaiten, die litauischen Gebiete jenseits der Memel, einzuverleiben.

Die Litauerkriege beginnen 1303 und dauern bis 1410, also über ein Jahrhundert an. Der Kriegsverlauf ist von Scharmützeln, Belagerungen und Verfolgung gekennzeichnet, Kampfhandlungen größerer Heere bleiben die Ausnahme. Große Schlachten gibt es 1311, 1348, 1370 und im Jahr 1410. Der Orden wird durch adlige Kreuzzügler aus dem Reich und aus Westeuropa unterstützt; zeitweise gehört es in der ritterlichen Gesellschaft des Spätmittelalters zum guten Ton, als „Preußenfahrer" in den Osten aufzubrechen. Insgesamt unternimmt der Deutsche Orden von 1303 bis 1410 um die 300 Einfälle nach Litauen. Als Antwort auf diese Angriffe stoßen die Litauer mit ihren Heeren oft ins Ordensland vor. 1370 steht ein großes litauisches Heer tief im Samland. In der Schlacht bei Rudau gelingt es dem mit seiner gesamten Streitmacht versammelten Orden unter schweren Verlusten, das zahlenmäßig überlegene Heer der Litauer zu besiegen und zurückzudrängen.[57] Aber der Orden kann das zu dieser Zeit weit nach Osten in Gebiete des heutigen Weißrusslands und der Ukraine ausgedehnte Litauen auch jetzt nicht unterwerfen, und so verbleibt Preußen in den Grenzen, die seit dem Sieg über die Prußen bestehen.[58]

Unter Hochmeister Winrich von Kniprode, einem geschickten Diplomaten, erreicht der Orden im späten 14. Jahrhundert den Höhepunkt seiner Macht.[59] Doch mit der politischen Union des Königreichs Polens mit dem Großfürstentum Litauen treten die beiden wichtigsten Gegner des Ordens seinen Ansprüchen entschlossen entgegen.

Mit der Umwandlung Litauens in einen christlichen Staat im Jahr 1386 wird dem Orden seine Stiftungsaufgabe, die Möglichkeit des Heidenkampfes, in der Region genommen. Es ist ihm nicht gelungen, den in seinen Augen nun nur vermeintlich christlichen Staat Litauen zu zerschlagen[60]; König und Papst müssen die Christianisierung Litauens anerkennen. 1395 verbietet der deutsche Kaiser Wenzel dem Deutschen Orden den Heidenkampf, 1403 spricht Papst Bonifaz IX. ein entsprechendes Verbot aus. Im Mai 1409 kommt es zum offenen Kampf Polen-Litauens mit dem Orden. Der Hochmeister Ulrich von Jungingen geht gegen einen Aufstand im von Litauern bewohnten Schamaiten vor. Zunächst hat er Erfolg; am 15. Juli 1410 aber unterliegt im westlichen Masuren auf einem Feld zwischen den beiden Dörfern Tannenberg (Stębarg) und Grünfelde (Grunwald) der Deutsche Orden einem Heer unter der Führung des polnischen Königs Wladislaus II. Jagiello und des litauischen Großfürsten Vitold (Vytautas). Die genaue Lokalisierung des Ortes in dem weiten Gebiet um Tannenberg und Grünfelde – nach dem die Schlacht polnisch nach Grunwald benannt wird –, an der die Heere zusammenstießen, ist nicht gesichert, und auch der Verlauf der Schlacht ist nur in Umrissen zu rekonstruieren. „In der deutschen Forschung rechnet man meistens mit einem Ordensheer von 12 000 bis 15 000 Kämpfern und mit einem polnisch-litauischen Heer von 20 000 bis 25 000 Mann. Die Schätzungen in den polnischen Arbeiten liegen etwas höher."[61] Einig sind sich alle Quellen darin, dass das polnisch-litauische Heer größer als das des Ordens gewesen ist. Auf beiden Seiten kämpft eine große Zahl von Söldnern.[62] Die große Feldschlacht – „also das, was in den Kriegen des Mittelalters die Ausnahme war und gerade auch beim Deutschen Orden nur selten vorkam"[63] – wird für den Orden zu einer Katastrophe. Der Großmeister fällt, mit ihm sterben die meisten der führenden Ordensritter. Insgesamt dürften bei Tannenberg etwa 200 Ritterbrüder erschlagen worden sein. Das ist ein Drittel der Ordensritter, die zu Beginn des 14. Jahrhunderts in Preußen stationiert sind.[64]

In der Folge der Schlacht von Tannenberg treten die Spannungen in den Beziehungen zwischen dem Orden und den „Ständen" des Landes – den Städten und dem sich herausbildenden Adel – offen zutage. Die Untertanen halten die Sache des Ordens für verloren, seine Macht für gebrochen, das Land unterwirft sich unmittelbar nach der Schlacht den polnisch-litauischen Siegern. Die meisten Ordensburgen werden nicht verteidigt, die Bischöfe, die Inhaber der Güter und die Städte huldigen dem polnischen König.

Nach Tannenberg kann der Orden in Preußen nur deshalb weiter existieren, weil es ihm gelingt, die Marienburg zu verteidigen. Das siegreiche polnisch-litauische Heer ist auf das Machtzentrum des Ordens vorgerückt, aber der Vormarsch geht nicht zügig voran. Dem Komtur von Schwetz, Heinrich von Plauen, gelingt es, mit

3 000 Mann in die Marienburg zu ziehen und diese verteidigungsbereit zu machen. Im September 1410 sind die polnisch-litauischen Belagerer gezwungen, sich erfolglos zurückzuziehen. Die territorialen Verluste als Resultat von Vertragsverhandlungen im Ersten Thorner Frieden sind unbedeutend.[65] Er gibt das litauische Samlaiten auf und zahlt eine hohe Entschädigung von 260 000 Gulden[66], behält aber Pommerellen, das Gebiet um Danzig, auf das Polen immer einen Anspruch erhoben hat. Der litauisch-polnische Herrscher Jagiello räumt die besetzten Gebiete. Andreas Kossert: „Materiell konnte der polnische König von dem Sieg nicht profitieren, aber es gelang ihm ein gewaltiger Prestigegewinn, während der Orden politisch und moralisch nachhaltig geschwächt wurde."[67]

Nach dem Ersten Thorner Frieden des Jahres 1411 kommt es immer wieder zu Kriegshandlungen zwischen dem Orden und Polen-Litauen, die 1422 im Frieden von Melnosee (Meldensee) beendet werden. Der Deutsche Orden hat weitere Gebietsabtretungen hinzunehmen, kann aber die Gebiete westlich der Weichsel halten. Im Vertrag wird die Grenze zwischen Preußen und dem Großfürstentum Litauen nördlich des Flusses Memel bis zur Stadt Memel festgelegt. Sie wird fast 500 Jahre, bis nach dem Ersten Weltkrieg, Bestand haben.

Der Preußische Bund

Die Schwäche des Deutschen Ordens, die Einschränkung seiner finanziellen Möglichkeiten und das wachsende Selbstbewusstsein seiner Untertanen, vor allem der großen Freien und der Bürger in den Städten, zeigen Wirkung. Hartmut Boockmann stellt fest, „daß sich eine abschüssige Bahn ergibt, deren Stationen Tannenberg 1410, die Gründung des Preußischen Bundes 1440 und die Kriegserklärung der Untertanen 1454 heißen sowie der Zweite Frieden von Thorn 1466, die Säkularisation des preußischen Ordensstaates 1525."[68]

In Preußen formulieren im 15. Jahrhundert wie überall in Europa durch Reichtum und arrondierten Landbesitz selbstbewusst gewordene Städte und Adelsfamilien Ansprüche an ihren Landesherrn. Es bilden sich Stände heraus, die festgeschriebene Mitbestimmungsregelungen und „landständische" Vertretungen einfordern. In Preußen werden die Konflikte dadurch verschärft, dass sich 200 Jahre nach der Kolonisation der im Land entstandene überwiegend ethnisch deutsche Adel und die Stadtbewohner als „einheimisch" verstehen. Die Ordensritter aber sind landfremd.[69]

Der Deutsche Orden ist nach dem Ersten Frieden von Thorn gezwungen, große Summen an Polen zu zahlen, und erhebt deshalb zusätzliche Steuern von den preußischen Ständen. Daraufhin fordern diese ein Mitspracherecht bei der Regierung des Ordensstaates. Das lehnt der Orden ab. Am 14. März 1440 schließen sich mehr als 50 Adlige und 19 Städte, darunter Königsberg, Löbenicht, Kneiphof, Elbing, Thorn und

Danzig, im Preußischen Bund gegen den Deutschen Orden zusammen, um „getreulich einander beizustehen ... die Gewalt und das Unrecht, das ihnen in früheren Zeiten geschehen, abzuwerfen".[70] Zunächst bemüht sich der Orden unter seinem Hochmeister Konrad von Erlichshausen um einen Ausgleich mit den Ständen. Aber sein Nachfolger Ludwig von Erlichshausen will mit Unterstützung des Papstes und des Kaisers den Preußischen Bund durch den Nachweis der Illegalität juristisch zerschlagen lassen. 1453 entscheidet der Kaiser im Streit zu Gunsten des Ordens; daraufhin kündigt der Preußische Bund dem Hochmeister den Gehorsam auf und erklärt am 4. Februar 1454 dem Orden den Krieg. Am 6. März 1454 unterstellt er sich in einem Bündnis dem König von Polen, Kasimir II.[71] Kasimir inkorporiert das gesamte Ordensgebiet seinem Königreich. Es kommt zum Dreizehnjährigen Krieg.

Der Orden kann sich zunächst behaupten; noch im September des ersten Kriegsjahres gelingt es einem aus dem Reich kommenden Söldnerheer des Ordens, das polnische Heer vor der pommerellischen Stadt Konitz zu schlagen. Ein Teil des Landes fällt an den Orden zurück. Doch der Sieg vor Konitz ist der letzte des Ordens. Der Krieg zerfasert in viele kleine Operationen, die weite Teile des Landes verwüsten. Der Orden kann seine gedungenen Kämpfer nicht mehr bezahlen und muss den Söldnerführern Burgen, Städte und Güter als Ausgleich für ausgebliebene Soldbeträge überlassen. Einige der in den nachfolgenden Jahrhunderten für Ostpreußen prägenden Adelsfamilien wie die Dohna, Eulenburg oder Schlieben kommen auf diese Weise zu Land und erwerben in dieser Zeit den Grundstock ihrer späteren Besitzungen. Damit entstehen in Preußen mächtige und selbstbewusste Adelsgeschlechter, die mit den Besitzern der Dienstgüter, die sich ebenfalls als adlig begreifen, zu einem landeseigenen Adelsstand zusammenwachsen.[72]

In einem Vertrag vom 9. Oktober 1454 hat der Orden eine Reihe von Burgen an seine Söldner verpfändet. Da er die Zahlungstermine nicht einhalten kann, verkaufen Söldnerführer die Marienburg und fünf andere Burgen im August 1456 an den polnischen König und den Preußischen Bund. Der Hochmeister räumt die Marienburg im September 1456 und residiert fortan in Königsberg. Die Marienburg wird polnische Königsburg.

Der Orden verliert in den Kämpfen Pommerellen mit Danzig und den Westen des Landes mit Thorn, Graudenz und Kulm. Zwar gelingt ein entscheidender Sieg keiner Seite, doch werden im Verlauf des Krieges auch geographisch die Konturen der Länder sichtbar, die der Frieden dann festschreibt. Am 19. Oktober 1466 wird der Zweite Friede von Thorn geschlossen, dessen Bestimmungen beträchtliche Gebietsabtretungen des Ordens zur Folge haben. So verliert er Pommerellen und das Kulmer Land östlich der Weichsel um die Städte Kulm und Thorn, von dem einst seine Landnahme ausging, an Polen. Die Verbindungen zwischen dem Orden und dem Bistum Kulm werden gelöst und die Territorien des Bischofs und seines Kapitels dem König von Polen unterstellt. Östlich der Weichsel verzichtet der Orden auf einen Teil seines

Kernlandes, das Land um Marienburg, Stuhm, Elbing und Christburg. Das Bistum Ermland betreibt schon lange eine eigenständige Politik, jetzt wird es ebenfalls der Oberhoheit der polnischen Krone unterstellt. Ermland ist damit eine fast gänzlich vom verbleibenden Ordensstaat umschlossene Enklave.[73] Die beim Orden verbliebenen Gebiete haben einen anderen Status als bisher. Der Hochmeister wird polnischer Reichsfürst, muss dem König von Polen einen Treueid schwören und ist ihm zur Heerfolge verpflichtet – der Ordensstaat ist somit juristisch dem polnischen Reich inkorporiert.[74] Hochmeister Ludwig von Erlichshausen schwört den Lehnseid; seine Nachfolger geben den Versuch, den Schwur zu vermeiden, nach einiger Zeit immer wieder auf. Erst die beiden letzten Hochmeister in Preußen weigern sich. Markgraf Albrecht von Brandenburg-Ansbach allerdings nur so lange, als er sich als geistlicher Hochmeister und nicht als weltlicher Herzog von Preußen versteht. Als solcher unterstellt er sich 1525 in aller Form dem polnischen König. Die Folge des Zweiten Vertrages von Thorn ist, so sieht es Hartmut Boockmann, die „vage formulierte Eingliederung Preußens in das polnische Reich".[75] Deutschnationale Historikergenerationen werden das entschieden bestreiten.

Der Dreizehnjährige Krieg hinterlässt starke Verwüstungen in den preußischen Dörfern und Städten. Das dem Orden verbleibende Land ist zu einem beträchtlichen Teil dünn oder gar nicht besiedelt; fast der ganze Norden und Osten gilt als sogenannte „Wildnis". Die wenigen hier bestehenden Siedlungen sind häufig von den Bauern verlassen worden. Eine Folge sind beträchtliche neue Einwanderungen. Wie schon in früheren Zeiten wandern in den Süden, nach Masuren, Adlige und Bauern aus Masowien ein. In den Norden des Landes ziehen Litauer.[76]

In den nächsten Jahrzehnten bemüht sich der Orden, die Ergebnisse des Zweiten Thorner Friedens von 1466 zu überwinden. Seit jeher steigen nicht nur Reichsritter, sondern auch Reichsfürsten zu Hochmeistern auf. Jetzt werden gezielt Angehörige mächtiger Fürstengeschlechter zum Eintritt in den Orden bewogen, um sie anschließend sofort zu Hochmeistern zu wählen. 1498 wird Herzog Friedrich von Sachsen der 36. Hochmeister des Deutschen Ordens, ihm folgt 1510 ebenfalls der Sohn eines Reichsfürsten, Albrecht von Brandenburg-Ansbach. Doch der Orden ist zu dieser Zeit bereits politisch am Ende. Zehn Jahre später zählt er nur noch etwa 50 Ritter. Als Hochmeister Albrecht 1525 den Orden in Preußen säkularisiert, gehören ihm in Preußen nur noch sechs Brüder an.

Das Großreich der Litauer

Die ersten baltischen Stämme leben bereits ab 700 vor Christus auf dem jetztigen Territorium Litauens. Abgeschieden durch die Pripjetsümpfe, durch die litauischen und masurischen Seen, durch Flüsse, nasse Niederungen und dichte Wälder, werden sie von den Völkerwanderungen kaum berührt.[77] Bis ins 9. Jahrhundert leben die litauischen Stämme unter kleinen Fürsten, strenge Kasten teilen sie in Priester, Fürsten, Krieger, Grundbesitzer, freies Volk und Leibeigene; wichtigste Lebensgrundlage ist der Ackerbau. Erst 1009 wird der Name Litauen als „Litua" erstmals in den Quedlinburger Annalen erwähnt. Dem ersten litauischen Großfürst Ringold gelingt es um 1204, die wichtigsten litauischen Stämme unter seiner Herrschaft zu einigen.[78] Anfang des 13. Jahrhunderts vereinigt sein Sohn Mindaugas die litauischen Siedlungsgebiete zu einem Staat. Von allen europäischen Ländern wird Litauen als letztes christianisiert. Mindaugas lässt sich 1251 taufen und 1253 vom Kulmer Bischof Heidenreich im Auftrag des Papstes zum König krönen[79]; nach seinem Tod kehrt das litauische Volk aber zum heidnischen Glauben zurück. Immer wieder fallen in den nächsten 20 Jahren die Litauer in den Herrschaftsbereich des Deutschen Ordens ein. Ab 1283 nimmt der Orden mit Kreuzzügen nach Litauen blutige Rache.

Das Großfürstentum Litauen entwickelt sich zu einer bedeutenden Macht im Ostseeraum. In den Jahren 1316 bis 1341 regiert der Großfürst Gedimin. Unter ihm beginnt eine lange Expansion Litauens in die Gebiete der Ostslawen. Nach dem Einfall der Tataren in Osteuropa und der Zerschlagung des Reichs der Kiewer Rus (Waräger) schließen sich viele ostslawische Fürsten dem Großfürstentum Litauen an oder werden Litauen tributpflichtig.[80] Zwei Söhne des Großfürsten, Olgerd und Kenstut, treten die Nachfolge ihres Vaters an und etablieren eigene Herrschaften.[81] Unter Olgerd expandiert Litauen nach Südosten. Kenstuts Herrschaftsgebiet erstreckt sich in die westlichen Gebiete Litauens, darunter Schamaiten. Ein Wandel im Kriegsgeschehen setzt 1377 mit dem Tod des Großfürsten Olgerd ein. In Litauen entbrennt ein Machtkampf zwischen den Söhnen von Olgerd und seinem Bruder Kenstut sowie dessen Sohn Vitold (Vytautas). Olgerds Haupterbe Jagello (polnisch Jagiello) überwirft sich nach 1379 in einem bewaffneten Konflikt mit dem bisher mitregierenden Bruder seines verstorbenen Vaters, seinem Onkel Kenstut.[82] Jagello wird 1381 sogar gefangen und abgesetzt. Anlass des Konflikts ist ein geheimer Vertrag zwischen Jagello und dem Deutschen Orden, der Kenstut ausdrücklich ausschließt. Aber Jagello kommt wieder frei.

1387 gilt als Jahr der endgültigen Christianisierung Litauens, wobei Teile Niederlitauens erst 1413 zum Christentum übertreten. Der Hintergrund dieser Christianisierung ist eine dynastische Hochzeit. Jagello bietet sich dem polnischen Adel als Anwärter um den vakanten polnischen Thron an. Dafür muss er um die Hand der gekrönten 14-jährigen Königin Hedwig von Anjou anhalten und zur römisch-katholischen Kirche übertreten. Zu Beginn des Jahres 1386 wird Jagello (Jagiello) getauft. Hartmut Boockmann: „Er hatte den Hochmeister eingeladen, sein Pate zu sein, doch der war dieser Einladung nicht gefolgt. Der Orden behauptete vielmehr, die Taufe sei nur eine Täuschung, Litauen sei weiterhin ein heidnisches Land, und er selbst müsse den Heidenkrieg gegen die Litauer auch künftig führen."[83] Jagello wird im

Jahre 1386 als Gemahl Hedwigs I. in Krakau zum König von Polen gekrönt und damit Ahnherr des Herrscherhauses der „Jagiellonen". Mit ihm beginnt eine mehr als 400-jährige gemeinsame Geschichte Litauens und Polens – eine Verbindung, die die Geschichte Ostpreußens entscheidend beeinflusst. Die Jagiellonendynastie regiert in Polen und Litauen von 1386 bis 1572.

Seine höchste Glanzzeit erlebt Litauen unter dem Großfürsten Vitold. Da der litauische Adel Ende des 14. Jahrhunderts noch auf Eigenständigkeit besteht, hat der neue polnische König Jagello seinem mit ihm gemeinsam herrschenden Vetter Vitold zusätzliche Befugnisse in Litauen eingeräumt. Vitold stoppt das Vordringen des Deutschen Ordens nach Osten und kann sich nach Süden und Osten orientieren und das Herrschaftsgebiet Litauens bis an die Ufer des Schwarzen Meeres ausdehnen. Als Vitold 1430 kinderlos stirbt, setzt Jagello 1434 seinen eigenen Sohn Kasimir als litauischen Großfürsten ein. In den folgenden 100 Jahren verstärkt sich der polnische Einfluss auf Litauen.[84]

Der litauische Adel behält das Privileg, sich einen Großfürsten zu wählen, der, um die Personalunion des Herrschers mit Polen zu sichern, zum König der Polen gewählt werden soll. So wird die Selbstständigkeit Litauens gewahrt, der litauische Adel aber gerät nach und nach in den Sog einer Polonisierung.[85] Der litauische Großfürst und polnische König Kasimir IV. ist der letzte der Jagiellonen, der noch Litauisch spricht. In Litauen-Polen rückt die polnische Sprache immer mehr in den Vordergrund und verdrängt auch das Weißrussische, die Kanzleisprache. Litauen wird zu einem multiethnischen Staat.[86]

In der sogenannten Realunion von Lublin, einem Vertrag, der die Beziehungen zwischen den beiden Staaten regelt, kommt es 1569 zur faktischen Einigung von Polen und Litauen unter der Führung Polens. Mit der Realunion entsteht eine Adelsrepublik zweier Völker mit einem König, der auch als Großfürst Litauens fungiert.[87] Das Adelsparlament Sejm ist die gemeinsame gesetzgeberische Instanz. Doch mit eigenem Schatzamt, Geld, eigenen Gesetzen und Streitkräften bleibt die staatliche Souveränität Litauens erhalten.

Das Königliche Preußen im polnisch-litauischen Staat

Ab 1466 ist Preußen zweigeteilt. Neben dem Ordensstaat und späteren Herzogtum existiert in der Zeit vom Zweiten Thorner Frieden 1466 bis zur ersten Teilung Polens 1772 das „Königliche Preußen". Ist dieses Königliche Preußen ein Teil Preußens, ein Teil Polens oder ein eigenes Land? Deutsche und Polen geben auf diese Frage verschiedene Antworten.

Am Anfang der Teilung steht die Unzufriedenheit mit der Ordensherrschaft, die zur Gründung des „Preußischen Bundes" führt. Im Februar 1454 kündigt der

Bund dem Orden den Gehorsam und beginnt einen 13 Jahre dauernden Krieg gegen den Orden. Nach dem Staats- und Rechtsverständnis der Mitglieder des Preußischen Bundes braucht Preußen jetzt einen neuen Schutzherrn. Der Kaiser des Heiligen Römischen Reiches Deutscher Nation und der Papst kommen nicht in Betracht, weil sie den Bund für rechtswidrig erklärt haben. Die Fürsten Friedrich von Brandenburg, Albrecht von Österreich, Ladislaus von Ungarn und Christian von Dänemark lehnen die Schutzherrschaft ab, weil sie nicht in den Konflikt hineingezogen werden wollen. Der Bund wendet sich daraufhin 1454 an einen mächtigen Herrscher, der auf den Deutschen Orden keine Rücksicht nehmen muss und will: König Kasimir IV. von Polen.

Ergebnis der Verhandlungen sind ein Staatsvertrag in Form einer Königsurkunde vom 6. März 1454 und eine Bundesurkunde vom 15. April 1454. Sie geht als „Inkorporationsprivileg“ in die preußisch-polnische Geschichte ein. Dieses Privileg und der am 19. Oktober 1466 geschlossene Vertrag zum Zweiten Thorner Frieden zwischen König Kasimir IV. und Hochmeister Ludwig von Erlichshausen bilden die Rechtsgrundlagen des Königlichen Preußen. Zu diesem Königlichen Preußen gehören jetzt das Kulmer Land, Pommerellen und Gebiete auf dem rechten Weichselufer mit Marienburg und Elbing sowie das bischöfliche Ermland. Sein Gebiet umfasst etwa 23 900 km^2. Der Deutsche Orden behält ein Gebiet von etwa 32 000 km^2.[88]

Die polnische und deutsche Geschichtsschreibung streiten sich lange darum, ob die Formulierung im Inkorporationsprivileg von 1454, „Preußen werde mit dem Königreich Polen wiedervereinigt“, bedeutet, dass Preußen ein Teil von Polen wird. Hartmut Boockmann markiert die beiden Extrempositionen: „Die Deutschen waren von 1466 bis 1795, so die deutsche Sicht, im späteren Westpreußen nicht nur unterdrückt, sondern auch rechtswidrig behandelt worden. Auf polnischer Seite bemühte man sich darum, diese Rechtswidrigkeit zu bestreiten und die Geschichte dieser Gebiete in der in Rede stehenden Zeit als ein Kapitel der polnischen Geschichte zu verstehen, das sich nur wenig von anderen abhob. In dieser Perspektive waren die dem Deutschen Orden 1466 verlorenen Gebiete zu Polen nun so zurückgekehrt, wie sie 1919 nach abermaliger Fremdherrschaft wiederum zurückgekehrt waren.“[89]

Nach Auffassung der deutschen Geschichtsschreibung wird 1454 mit dem Königlichen Preußen keine polnische Provinz geschaffen und es findet keine Vereinigung mit Polen statt. Gemäß der im 19. Jahrhundert entwickelten deutschen Argumentation sind viele Teile des Königlichen Preußens wie Marienburg vor 1454 nie Teil eines polnischen Staates gewesen. Polnische Rechte an Pommerellen seien seit mehr als 100 Jahren erloschen gewesen, das Kulmer Land habe zuvor dem Herzog von Masowien, aber nie der polnische Krone unterstanden. Mit dem Inkorporationsprivileg und den Regelungen des Zweiten Thorner Friedens wird der westliche Teil Preußens für die Mehrheit der deutschen Historiker kein Teil Polens, sondern ein selbstständiger Staat unter Schutzherrschaft des polnischen

Königs und fortan als Königliches Preußen, Polnisch-Preußen oder Preußen Königlichen Anteils bezeichnet und umfasst ungefähr das spätere Westpreußen und das Ermland. Im Ermland mobilisieren Bischöfe, auch diejenigen polnischer Herkunft, sowie das Domkapitel alle Kräfte, um die Unabhängigkeit des Landes zu bewahren und den Einfluss der polnischen Krone auf ein Minimum zu begrenzen. Das Domkapitel untersagt im Ermland so beispielsweise 1663 das Soldatenwerben für die polnische Armee.

Mit Ausnahme des Bistums Ermland wird das „Preußen Königlichen Anteils" in drei Wojewodschaften Pommerellen, Kulm und Marienburg eingeteilt. Die Wojewoden werden ebenso wie die ihnen beigegebenen Kastellane und Kämmerer vom polnischen König ernannt. Ernannt werden dürfen nur Landeseinwohner, und so kommen die Wojewoden und die anderen königlichen Amtsträger bis zur Mitte des 17. Jahrhunderts immer aus den Adelsfamilien des Landes. An der Spitze des Staates „Preußen Königlichen Anteils" stehen hierarchisch ein Statthalter (Gubernator), dann ein Capitaneus Generalis (Vorsitzender) und schließlich der Bischof von Ermland. Die Staatsgewalt geht jedoch nicht vom König aus, sondern von den Ständen. Das Königliche Preußen ist ein Ständestaat.

Sigismund II. August ist der letzte Jagiellone auf dem polnischen Königsthron. Am 1. Juli 1569 beschließt der vom König einberufene Sejm, das Parlament des Königreichs, die Umwandlung der bis dahin in Personalunion miteinander verbundenen Staaten der Dynastie – Königreich Polen, Großfürstentum Litauen, Königliches Preußen und ein livländischer Besitz – in einen einheitlichen Staat mit einem Parlament und einem König. So wird 1569 auch das Königliche Preußen Teil eines neuen Staates Polen-Litauen[90] – eine „Republik der polnischen Krone und des Großfürstentums Litauen". Diese Erklärung des polnischen Reichstages zur Einheit des Staates aber erkennen die Stände des Königlichen Preußen nie an.

Nach dem Tod des letzten Jagiellonen Sigismund II. August wird Alexandre-Édouard, Herzog von Anjou (auch Henri von Valois genannt) vom Adelsparlament als Heinrich I. zum König und Großfürst von Polen-Litauen gewählt. Nach seinem Tod bricht ein Streit über die Nachfolge unter den polnischen Adligen aus. Der Sejm wählt ab jetzt fast immer Angehörige ausländischer Dynasten zu polnischen Königen – sie verfügen über keine Hausmacht im Land und sind so vom Wohlwollen des Hochadels abhängig. Die polnische Monarchie ist eine „Adelsrepublik", der gesamte Adel, auch der des Königlichen Preußen, ist über den Sejm an der Königswahl und allen grundlegenden Entscheidungen des Königs beteiligt.

Im 16. Jahrhundert herrscht in Polen noch religiöse Toleranz, eine Folge des seit Jahrhunderten bestehenden Nebeneinanders verschiedener christlicher Konfessionen im polnisch-litauischen Staat. Dieser Staat erstreckt sich von der Ostsee bis nahe ans Schwarze Meer, in ihm leben auch verschiedene Völker orthodoxer Konfession. Kaufleute und Studenten bringen Luthers Schriften früh auch nach Polen; bereits

1518 werden erste lutherische Predigten in Danzig gehalten. Ab 1522, noch vor ihrer Einführung im Herzogtum Preußen, beginnt mit dem evangelischen, aus der Stadt stammenden Prediger Jacob Hegge in Danzig die Reformation. Sie wird drei Jahre später vom polnischen König Sigismund unterdrückt.

Die reformatorischen Ideen verbreiteten sich im Polnischen Königreich nicht nur unter Gelehrten, Bürgern und dem Adel, sondern bald auch in Teilen der Bevölkerung. Lutheraner und Kalvinisten erreichen eine Mehrheit der Abgeordneten im polnischen Sejm, der Gesetze zur Konfessionsfreiheit und der Aufhebung der kirchlichen Zensur erlässt. Zwischen 1550 und dem Einsetzen der Gegenreformation um 1580 erreicht der Protestantismus in Polen seine größte Verbreitung, bleibt aber immer die Konfession einer Minorität des polnischen Volkes. Die meisten adligen Familien im Königlichen Preußen kehren ab dem späteren 16. Jahrhundert zum katholischen Glauben zurück. Doch ist die konfessionelle Entscheidung kein nationales Votum; auch die Angehörigen von Familien wie der von der Goltz oder die kaschubischen von Krockow, die beim Luthertum bleiben, treten in den Dienst des polnischen Königs.[91]

Die Amtsträger des polnischen Königs versuchen nicht, in Städten wie Danzig die deutsche Sprache zu verdrängen. „Sprachenpolitik in diesem Sinne gab es damals schlechterdings nicht. Danzig war völlig unangefochten eine deutschsprachige Stadt – doch heißt das nicht, daß es deshalb eine deutsche Stadt im nationalen Sinne gewesen wäre. Danzig war eine Stadt, um deren Unabhängigkeit sich diejenigen, die hier politische Macht ausübten, bemühten."[92] Im Laufe der Zeit jedoch geht in den kleinen Städten des Königlichen Preußen und auf dem Land die Zahl der deutschsprachigen Einwohner beträchtlich zurück.[93]

Die polnische Adelsrepublik stürzt im 17. und 18. Jahrhundert in eine dauerhafte Krise, die durch zahlreiche Kriege, fehlende politische Reformen und innere Unruhen gekennzeichnet ist. Es kommt zur Bildung von adeligen Konföderationen, die ihre Interessen gegen die des Gesamtstaates stellen. 1669 setzt der Sejm Johann II. Kasimir ab und wählt an seiner Stelle ein Mitglied des Hochadels zum König. Doch Michael Korybut Wiśniowiecki, ein litauisch-ruthenischer Adeliger, ist ein schwacher König, der von einem Großteil des Adels nicht anerkannt wird. Johann III. aus dem Adelsgeschlecht der Sobieskis ist bereits seit 1668 Feldmarschall der Polnischen Krone, als er 1674 zum König von Polen und Großfürst von Litauen gewählt wird. Am 12. September 1683 führt Johann III. Sobieski seine 27 000 königlich-polnischen Soldaten gemeinsam mit 19 000 habsburgischen, 10 500 bayerischen, 9 000 sächsischen und 9 500 Soldaten südwestdeutscher Fürstentümer in die Schlacht am Kahlenberg bei Wien. Mit dem Sieg über die dreifache Übermacht der osmanischen Belagerungsarmee vor Wien endet die osmanische Bedrohung Mitteleuropas. Doch Polen ist nach den Kämpfen des Krieges gegen die Osmanen militärisch erschöpft – ein zukünftiger Gegner, Österreich, geht gestärkt aus den Türkenkriegen hervor. In der Innenpolitik entfernen sich Polen und Litauen voneinander, Polens militärische Macht verfällt. Selbst bevölkerungsarme Länder wie Brandenburg oder Schweden unterhalten am Ende des 17. Jahrhunderts Armeen von 70 000 bis 100 000 Soldaten, während Polen-Litauen nur etwa 40 000 Söldner bezahlen kann.[94]

Sobieskis Nachfolger wird der sächsische Kurfürst August Wettin, bekannt als August der Starke. Friedrich August I. ist bei seiner Krönung zum polnischen König August II. bereits seit 1694 Kurfürst von Sachsen. Wie bei allen folgenden Wahlen wird am Hof und im Sejm heftig intrigiert und bestochen. Um polnischer König werden zu können, muss der lutherische Kurfürst zum katholischen Glauben konvertieren. Mit August II. beginnt eine von 1697 bis 1763 reichende Personalunion des Kurfürstentums Sachsen mit Polen-Litauen.

Das Herzogtum Preußen

Der Staat Preußen, der die deutsche Geschichte über zwei Jahrhunderte bis 1945 entscheidend beeinflusst, ist eine Schöpfung des 18. Jahrhunderts, entstanden aus dem Herrschaftswillen einer Dynastie und vielen von ihr genutzten Gelegenheiten. Nur seinen Namen hat er vom Staat des Deutschen Ordens. Ansonsten gilt, was Hartmut Boockmann feststellt: „Man kann sich den Ordensstaat Preußen aus der Entstehungsgeschichte der brandenburgisch-preußischen Monarchie – die dann freilich anders heißen müßte – ohne weiteres fortdenken."[95]

Im Jahr 1511 wählt das Ordenskapitel Albrecht von Brandenburg aus der jüngeren Hohenzollern-Linie Ansbach zum Hochmeister. Der neue Hochmeister ist zugleich Reichsfürst. Für Albrecht spricht, dass er ein Neffe des polnischen Königs Sigismund I. ist. Seit 1506 ist er Domherr von Köln. 1519 unternimmt Albrecht von Brandenburg-Ansbach einen letzten militärischen Versuch, seinen Deutschordensstaat von der seit 1466 bestehenden Vormundschaft Polens zu befreien. Der Staat des Ordens hat zu dieser Zeit etwa 200 000 Einwohner, das Reich des polnischen Königs mehrere Millionen. Aber Polen ist nicht so überlegen, wie es die Bevölkerungszahlen vermuten lassen. Der Orden hat in Ostpreußen und im Reich hohe Einnahmen, mit denen Söldner angeworben werden. Der sogenannte Reiterkrieg beginnt mit dem Überfall der Truppen des Hochmeisters auf die ermländische Stadt Braunsberg am 31. Dezember 1519. Die Polen fallen daraufhin in den noch zum Orden gehörenden Teil Pomesaniens ein. Während der vierzehnmonatigen Kampfhandlungen kommt es nie zu einer offenen Feldschlacht beider Heere. 1521 sind beide Seiten erschöpft; am 21. März tritt ein vierjähriger Waffenstillstand in Kraft. Er fixiert den Zustand, der zu Beginn des Krieges bestand.[96]

Albrecht nutzt die im Jahr 1517 einsetzende Reformation für seine Interessen. Sie findet im Reich, das sich jetzt schon als von „deutscher Nation" versteht, schnell

Anhänger, auch in Franken, woher der Hochmeister stammt und wo er sich immer wieder aufhält. Albrecht beginnt eine intensive Korrespondenz mit Luther. Ende November 1523 findet in Wittenberg eine Begegnung mit Martin Luther statt, die für Preußen weitreichende Folgen hat. Albrecht hatte dem Reformator im Juni geschrieben, ihm scheine es, dass sein „Orden einer Reformation notdürftig"[97] sei. Er hatte um ein Gutachten gebeten, wie man „ohn Ärgernis und Empörung" die Geistlichkeit des Landes auf einen christlichen Weg bringen, also die Reformation einführen könne.[98] Die letzten adeligen Vertreter des Deutschen Ordens sind, wie alle Priester und Mönche, zur Keuschheit verpflichtet. Luther rät 1523 in der Schrift *An die Herren des Deutschen Ordens. Ermahnung, daß sie falsche Keuschheit vermeiden und sich zur richtigen, natürlich ehelichen, entschließen*, den Ordensstaat in ein weltliches Territorialherzogtum umzuwandeln und der Krone Polens zu unterstellen.[99] Der Literaturwissenschaftler Jürgen Manthey charakterisiert in seinem Buch über Königsberg die Entscheidung des Hochmeisters: „1525, im Jahr, in dem auch Luther heiratete, wandelte Albrecht den Ordensstaat in das Herzogtum Preußen um und trat – blieb – an dessen Spitze. Genaugenommen verließ er den Orden und nahm gleich das ganze Land Preußen mit."[100]

Die Säkularisation des Preußischen Ordensstaates durch Albrecht ist nichts anderes als ein Staatsstreich, ein gegen das bestehende Recht, wie es sich in fast drei Jahrhunderten entwickelt hat, gerichteter Umsturz, der die gesamte Staatsgewalt in Preußen von einer Ordensgemeinschaft auf die Person überträgt, die zum Zeitpunkt des Umsturzes herrscht. Gegen diesen Staatsstreich gibt es von außerhalb und auch in Preußen kaum Widerstand[101] – zu geschwächt durch Konfessionsspaltung und Bauernaufstände sind die Gegner, als dass sie im weit entfernten Preußen eingreifen könnten.

1525 gelingt so die Säkularisierung des preußischen Ordensstaates. Die Vorbereitung des Ereignisses findet im Geheimen statt. Am 8. April 1525 wird in Krakau zunächst ein preußisch-polnischer Friedensvertrag geschlossen. Am 10. April 1525 schwört der bisherige Hochmeister und nunmehrige Herzog von Preußen dem polnischen König Sigesmund I., dem Bruder seiner Mutter, auf dem Krakauer Marktplatz den Lehnseid – das neu geschaffene Herzogtum Preußen ist somit ein Lehen des polnischen Königs, Herzog Albrecht dessen Lehnsmann. Das dem Herzog übertragene Lehen ist erblich, das Erbrecht gilt nicht nur für ihn selbst und für zukünftige Söhne: „Auch die drei Brüder Albrechts, die damals lebten und weltlichen Standes waren, wurden belehnt. So wurde gesichert, daß das neue Herzogtum für die nächste Zeit in der Familie Albrechts bleiben würde. Aber es war doch eindeutig ein Teil Polens und sollte, wenn die Nachkommen der damals Belehnten aussterben sollten, an den polnischen König zurückfallen."[102] Der Krakauer Vertrag von 1525 ist keine Niederlage Albrechts von Brandenburg-Ansbach gegen das Königreich Polen, er ist ein machtpolitischer Kompromiss. Er wird möglich, weil Polen auch jetzt nicht mächtig und entschlossen genug ist, sich den verbliebenen Ordensstaat zu unterwerfen.[103]

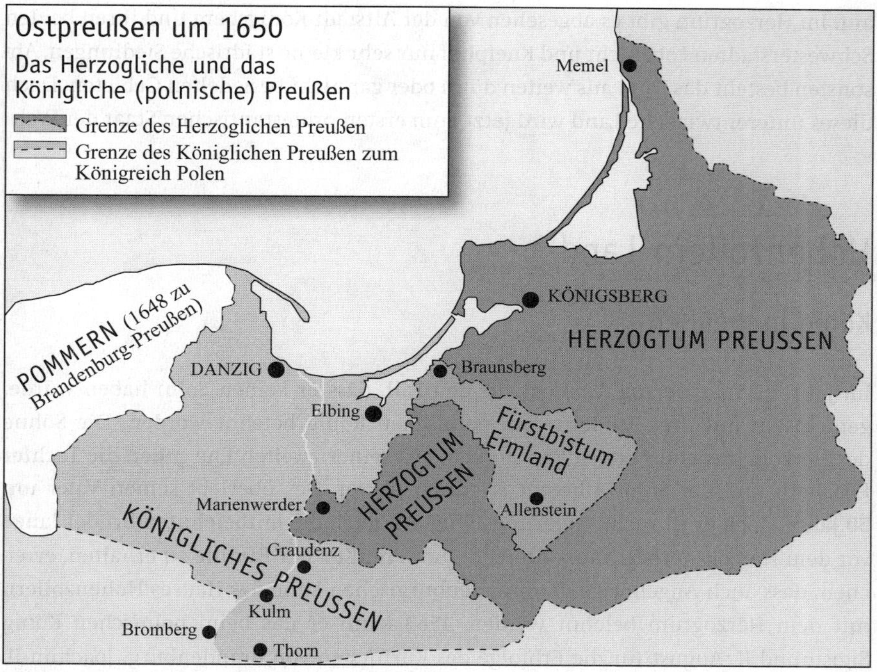

Mit der Entmachtung und Enteignung im Preußenland tritt der Deutsche Orden aus der preußischen Geschichte aus, aber nicht aus der europäischen. Er besteht weiter. In Deutschland, Österreich, Tschechien und den Niederlanden hinterlässt er auch in den nächsten Jahrhunderten Spuren. Er besitzt im Deutschen Reich bis 1803 umfangreichen Grundbesitz, „Kommenden" genannt, die in 13 „Balleien" zusammengefasst sind. Oberster Amtsträger des Ordens im Reich ist jetzt der Deutschmeister, zunächst noch mit Sitz auf der Burg Horneck am Neckar, in der Stellung eines Reichsfürsten. Die Zersplitterung der Territorien des Ordens aber führt dazu, dass er keine starke Machtposition mehr aufbauen kann. Zu keinem Zeitpunkt findet man sich mit dem „Landraub" der Hohenzollern ab. Noch 1701 protestiert der Hochmeister Franz Ludwig von Pfalz-Neuburg gegen die Anerkennung der Erhebung des Kurfürsten von Brandenburg zum „König in Preußen" durch Kaiser Leopold I.

1805 wird im Frieden von Preßburg bestimmt, dass die Besitzungen des Deutschen Ordens und das Amt des Hoch- und Deutschmeisters erblich an das Haus Habsburg-Lothringen übergehen. Der Orden ist jetzt nicht mehr souverän, sondern untersteht dem Habsburger Reich.

Albrechts Herzogtum ist der weniger entwickelte Landesteil. Der Teil Preußens, der 1466 direkt der Krone Polens unterstellt wird, Pommerellen und das Kulmer Land, auch das Ermland, sind wohlhabender und weisen mehr städtische Siedlungen auf. Im Herzogtum gibt es abgesehen von der Altstadt Königsberg und ihren beiden Schwesterstädten Löbenicht und Kneiphof nur sehr kleine städtische Siedlungen. Ansonsten besteht das Land aus weiten dünn oder gar nicht besiedelten Gebieten. Doch dieses unterentwickelte Land wird jetzt zum ersten protestantischen Staat der Welt.

Hohenzollern-Land

König in Preußen

Im Jahr 1525 ist Herzog Albrecht für den Fall, dass er keinen Sohn haben würde, gemeinsam mit drei Brüdern vom polnischen König belehnt worden. Die Söhne des Herzogs aus einer ersten Ehe sterben, aus seiner zweiten Ehe gehen die Tochter Elisabeth und der Sohn Albrecht Friedrich hervor. Der überlebt seinen Vater um 50 Jahre, doch er ist nicht regierungsfähig. Als auch die mitbelehnten Brüder lange vor dem Herzog sterben, muss Albrecht, um Preußen der Familie zu erhalten, erreichen, dass auch Angehörige der brandenburgischen Linie des Hauses Hohenzollern mit dem Herzogtum belehnt werden. 1563 kann er das beim polnischen König Sigismund II. August für die Erbfolge des Kurfürsten von Brandenburg, Joachim II. Hector und zwei von dessen Söhnen durchsetzen.

Der preußische Adel ist seit der Umwandlung des Ordensstaates in ein Herzogtum bestrebt, die führende politische Kraft im Staat zu werden. Es gelingt ihm nicht nur, seine Machtposition gegenüber dem Landesherrn zu festigen, er macht sich auch immer größere Teile der Bauernschaft untertan. 1577 initiiert der Adel eine neue preußische Landesordnung, mit der die Schollenbindung der Bauern festgeschrieben wird. Die abhängigen Bauern dürfen ihren Wohnsitz nicht mehr ohne Erlaubnis des Gutsherrn verlassen. Kleine Freie und andere von der Scharwerkspflicht befreite ehemals freie Bauern verlieren immer mehr Rechte.[104]

Die Nachfolge von Albrecht tritt nach dessen Tod 1568 sein 15-jähriger geistig behinderter Sohn Albrecht Friedrich an. Er bleibt formal 50 Jahre Herzog von Preußen. Faktisch regiert wird das Herzogtum von einer kleinen Gruppe von Ständevertretern, Repräsentanten des Adels und der Königsberger Städte Altstadt, Kneiphof und Löbenicht. Verwandte des brandenburgischen Kurfürsten erneuern ihre Ansprüche auf Preußen. Eine Tochter des regierungsunfähigen Herzogs, Anna von Preußen und Jülich-Kleve-Berg, wird 1594 mit dem brandenburgischen Kurfürsten Johann Sigismund verheiratet. Die Brandenburger Hohenzollern sind auch so nach dem Tode des Herzogs im Jahr 1618 in der Erbfolge Preußens abgesichert.

Preußens Geschichte verbindet sich über die Hohenzollern für 300 Jahre endgültig mit der brandenburgischen. Doch nur aus der historischen Rückschau erscheint dies selbstverständlich: „Daß die Verbindung zwischen dem Kurfürstentum und dem Herzogtum Bestand haben sollte, war damit aber nicht abzusehen. Im Gegenteil hatte der folgende Kurfürst, Georg Wilhelm, nicht geringe Schwierigkeiten, diese Verbindung in den für die Mark Brandenburg schwierigen Jahren des Dreißigjährigen Krieges aufrechtzuerhalten", bemerkt Hartmut Boockmann.[105] Anna von Preußen und Jülich-Kleve-Bergs Verbindung mit dem brandenburgischen Kurfürsten bringt den Hohenzollern ein weiteres Erbe ein, nämlich neue Gebiete am Niederrhein. 1614 wird Kurfürst Johann Sigismund im Vertrag von Xanten aus den Erbrechten seiner Ehefrau das Herzogtum Kleve und die westfälische Grafschaft Ravensberg zugesprochen. Die Herrschaft seines Sohnes Georg Wilhelm fällt in die Zeit des Dreißigjährigen Krieges, in dem große Teile des Landes verwüstet werden, das Herzogtum Preußen im Osten Europas durch den Krieg jedoch nur durch die schwedische Besetzung von Pillau betroffen ist. Im August 1638 flüchtet Georg Wilhelm vor den Verwüstungen des Krieges mit dem gesamten Hofstaat nach Königsberg in das Herzogtum Preußen. Hier stirbt er 1640 und wird als einziger brandenburgischer Hohenzollernherrscher im Chorraum des Königsberger Domes bestattet. Auf Georg Wilhelm folgt dessen Sohn Friedrich Wilhelm I. von Brandenburg, später der Große Kurfürst genannt. Seine entschlossene und reformfreudige Regierungspolitik macht den Doppelstaat Brandenburg-Preußen zur Großmacht in Deutschland und Mitteleuropa.

Die Landesteile des Hohenzollern-Staates, zu dem das Herzogtum Preußen ab 1618 gehört, sind weit verstreut. Es wird fast 250 Jahre dauern, bis nach zahlreichen Eroberungen ein zusammenhängendes Staatsgebiet entsteht. Dazu Hartmut Boockmann: „Die Ländermasse, die der brandenburgische Kurfürst nach dem Ende des Dreißigjährigen Krieges besaß, stellte in der Tat ein bizarres Gebilde dar. Sie reichte vom Herzogtum Kleve im niederrheinisch-niederländischen Grenzgebiet bis Memel im heutigen Litauen. Zwar waren zu den verstreuten Territorien im Westen, zur Mark Brandenburg in der Mitte und dem östlichen Preußen im Frieden von Münster und Osnabrück die Bistümer Minden, Halberstadt und der Anspruch auf das Erzbistum Magdeburg hinzugekommen, doch lagen auch jetzt viele andere Territorien zwischen den weitverstreuten Gebieten der brandenburgischen Hohenzollern."[106]

Die Politik der Stärke, die der Große Kurfürst betreibt, verschlingt beträchtliche Mittel. Ein Teil der Steuereinnahmen des Herzogtums steht aber noch unter der Aufsicht der Stände. Schon sein Vater Georg Wilhelm hat deshalb einen zweiten „Haushalt" geschaffen – die Schatulle, in die Einnahmen aus dem direkten Besitz des Königs fließen. Das sind neben verpachteten Domänen, hervorgegangen aus den Gütern, die einst der Deutsche Orden bewirtschaftete, Einnahmen aus den Waldgebieten, die der herzoglichen Verwaltung unterstehen. Siedler zahlen für die Bewirtschaftung des Landes Zinsen in die Schatulle. Diese „Schatullkölmer" oder „Schatullbauern" sind häufig Masuren und Litauer. Kurfürst Friedrich Wilhelm hat im Übrigen eine tiefe Abneigung gegen sein „undeutsches", das heißt prussisch-, litauisch- und polnischsprachiges Landvolk. Eine 1681 erlassene Kleiderordnung beispielsweise verbietet es Litauern, sich wie Deutsche zu kleiden. Sie dürfen auch nicht den gleichen Lohn erhalten wie deutsche Siedler.[107]

Dem Großen Kurfürsten ist es gelungen, aus seinen Territorien einen starken Staat zu formen. Sein seit 1688 regierender Sohn und Nachfolger Friedrich III. entschließt sich, König zu werden, als die Hohenzollern von ihrem Herzogtum Preußen im Vertrag von Labiau mit dem Königreich Schweden 1656 und im Vertrag von Oliva 1660 mit dem deutschen Kaiser, Schweden und der polnischen Krone die Lehnsherrschaft endgültig abgeschüttelt haben. Es ist die Zeit des Absolutismus, in dem Protokollfragen auch Machtfragen sind. Als Könige könnten die Hohenzollern mit den Herrschern von England, der Niederlande, Frankreichs und Polens von gleich zu gleich verkehren.

Seit 1697 trägt der sächsische Kurfürst Friedrich August I. (der Starke) die Krone des polnischen Wahlkönigtums. Der Regent von Hannover besitzt kurfürstlichen Status und damit das Recht zur Königswahl im Deutschen Reich seit 1692 und ist damit im Rang den Brandenburger Hohenzollern gleichgestellt. Er hat in der Erbschaftsfolge den englischen Thron zu erwarten und wird ihn 1714 besteigen. Auch andere Kurfürsten wie der bayerische und der kurpfälzische streben nach der Königskrone, werden sie aber im 16. und 17. Jahrhundert nicht erreichen. Im Deutschen Reich gibt es nur einen König. Der stammt fast immer aus dem Hause Habsburg und lässt sich zum „römischen Kaiser" ausrufen, um seine herausragende Stellung unter den Königen Europas zu betonen.

Im „Königreich Deutschland" kann es nur einen König geben. Hartmut Boockmann erklärt den protokollarischen Aufstieg der Hohenzollern: „Die Erhöhung eines Reichsfürstentums zum Königreich sollte erst nach dem Ende des Alten Reichs (1803/1806, d. Verf.) möglich werden. Zuvor kam es demzufolge auf die Chancen außerhalb der Reichsgrenzen an. Der brandenburgische Kurfürst Friedrich III. besaß ein solches Territorium, das nicht zum Reich gehörte. Nur damit hatte er eine Chance, König zu werden. Da diese Chance nicht an ein Reichsfürstentum gebunden war, bedurfte er für seine Königswürde nicht der Erlaubnis des Kaisers, aber er legte Wert auf dessen Anerkennung, und die erhielt er, weil Kaiser Leopold I. angesichts des bevorstehenden Spanischen Erbfolgekriegs an Verbündeten interessiert war und zudem die Stimme des brandenburgischen Kurfürsten für die nächste Kaiserwahl binden wollte."[108]

Am 17. Januar 1701 krönt Friedrich III. sich im Königsberger Schloss selbst zum „König Friedrich I. in Preußen". In – nicht von Preußen. Er legt so den Grundstein für den Einheitsstaat, der sich irgendwann nur noch Preußen nennen wird. Die preußischen Herrscher regieren zunehmend absolutistisch und beschneiden nach und nach die Rechte des Adels und der Städte. Der Nachfolger Friedrichs I., sein Sohn Friedrich Wilhelm I., (der Soldatenkönig), rüstet die Armee auf und macht das starke stehende

Heer zum Rückgrat des Staates. Die Armee wird das Medium der Identifikation, „das sozialgeschichtliche Charakteristikum des brandenburgisch-preußischen Staates werden." Hartmut Boockmann: Vor allem der brandenburgische, der pommersche und der preußische Adel lieferten dem preußischen König nun die Offiziere."[109]

Ännchen von Tharau

Im Jahr 1723 schreibt der Tharauer Pfarrer Anton Pfeiffer in der handschriftlichen Chronik seines Kirchspiels nieder, was er über die familiären Verhältnisse eines seiner Vorgänger in Erfahrung bringen konnte: „Der Pfarrer Andreas Neander hat von seiner Ehefrau, gebohrenen Sperberin, nebst einem Sohn eine von Gestalt angenehme Tochter Nahmens Annam hinterlassen, welche die Anke von Tharau ist, von der das bekanndte Lied oder Aria ‚Anke van Tharaw äß dec my gefällt' herrühret, so in Alberti Arien gedruckt zu finden ist und von dem berühmten preußischen Dichter Simon Dach zu deroselben Hochzeit gemachet worden."[110] Anton Pfeiffer ist seit 1697 Pfarrer in Tharau. Das Dorf liegt südlich von Königsberg am Fluss Frisching in der Landschaft Natangen. Er kennt die Tochter des Pfarrers Andreas Neander, weil er mit Elisabeth Schütz, verwitwete Portatius, verheiratet ist. Der erste Mann von Elisabeth Schütz, der Pfarrer an der Martin-Luther-Kirche zu Insterburg war, ist der älteste Sohn der Anke von Tharau. Anke von Tharau ist nicht vergessen, weil ihr der Tonsetzer Heinrich Albert und der Dichter Simon Dach eine „Aria" gewidmet haben. Berühmt wird sie als „Ännchen von Tharau" durch die Nachdichtung von Johann Gottfried Herder und die Neuvertonung Friedrich Silchers.

Die „von Gestalt angenehme" Anna Neander hat noch 400 Jahre nach ihrem Tod viele Verehrer. Einer stammt aus Danzig und versteht etwas von Dichtung und Liebe: Günter Grass. Danzig ist schon nicht mehr Provinzhauptstadt von Westpreußen, sondern Freie Stadt, als Grass dort 1927 als Sohn eines protestantischen, deutschsprachigen Lebensmittelhändlers und einer katholischen Mutter kaschubischer Abstammung geboren wird. 80 Jahre und vier Tage später, an einem Sonnabend im Oktober 2007, wird dem Autor in der Göttinger Lokhalle ein Ständchen gebracht. Helene Grass, eine seiner Töchter, ist Schauspielerin. Gemeinsam mit dem Vater trägt sie ein Duett vor: Günter Grass deklamiert die Strophen des Liedes *Ännchen von Tharau*, Helene Grass singt die Melodie und lässt wie in einem Kanon die Worte des Vaters widerhallen. Das Publikum ist bewegt.

Käm alles Wetter gleich auf uns zu schlahn,
Wir sind gesinnet bei einander zu stahn.

Rührung kommt immer auf, wenn deutsche Sangeslust zum *Ännchen von Tharau* anhebt. Kaum ein gemischter Liederkreis oder Männerchor, der es nicht im Repertoire hat. Verfasst worden ist das Lied ursprünglich in der niederdeutschen Mundart des Samlandes als *Anke van Tharaw*. 1778 dichtet Johann Gottfried Herder die ersten zehn Strophen im Hochdeutschen nach. Das Lied klingt wie eine Weissagung des Schicksals, das drei Jahrhunderte später ganz Ostpreußen ereilen wird. 1945 ziehen durch „Wälder, durch Meer, durch Eisen, durch Kerker, durch feindliches Heer" die Bewohner der Provinz, ohnmächtige Heimatliebe im Gepäck.

So wird die Lieb' in uns mächtig und groß
Durch Kreuz, durch Leiden, durch allerlei Noth.

Die Verse sind Brauttanz zu einer Hochzeit, die im Spätsommer des Jahres 1637 in einem Festsaal der Königsberger Bürgerschaft stattfindet. Als im Dom zu Königsberg der aus Reinerz in Niederschlesien stammende Pfarrer Johann Portatius die 18-jährige Pfarrerstochter Anna Neander aus Tharau heiratet, wird Europa vom Dreißigjährigen Krieg verheert.

Krankheit, Verfolgung, Betrübnis und Pein
Soll unsrer Liebe Verknotigung sein.

Krankheit, Betrübnis und Pein wird das Leben dem Paar bringen. Die Pest hat die Eltern von Anna Neander 1629 dahingerafft; allein 1620 hat die Krankheit in Königsberg 11 425 Tote gefordert, im Jahr 1629, in dem Anna Neander von Tharau nach Königsberg umsiedelt, sind es am Pregel 4 113 und noch zwei Jahre nach ihrer Hochzeit weitere 1 262. Ostpreußen gilt im Europa des 17. Jahrhunderts als eines der am stärksten von der Pest heimgesuchten Länder.

Den Dreißigjährigen Krieg kennt der Dichter Simon Dach aus eigener Erfahrung. 1605 als Sohn eines Tolken, eines Gerichtsübersetzers für Litauisch, Lettisch und Polnisch, in Memel geboren, besucht er dort die Elementarschule. Im Alter von 14 Jahren wandert er über die Kurische Nehrung nach Königsberg und lernt dort an der Domschule. Vor der Pest weicht er 1620 nach Wittenberg aus, besucht dort drei Jahre lang die städtische Lateinschule und wechselt für weitere drei Jahre an das Gymnasium in Magdeburg. 1626 flüchtet Dach vor Pest und Dreißigjährigem Krieg aus Mitteldeutschland über Lüneburg, Hamburg und Danzig zurück nach Königsberg. Dort studiert er an der Albertina Theologie und Philosophie, ist zunächst Hauslehrer bei einem Ratsherrn in Kneiphof und ab 1633 Lehrer an der Domschule. Er bringt es an dieser „Kathedralschule" bis zum Konrektor.

Königsberg wird gerade zu dieser Zeit zu einem Mittelpunkt deutschen Geisteslebens, unter anderem auch wegen des Königsberger Dichterkreises. Seine beiden bekanntesten Mitglieder sind Simon Dach und Heinrich Albert.[111] Dach gilt als einer der Ersten im deutschen Sprachraum, der in seiner Muttersprache und nicht in Latein dichtet. 1639 wird er zum Professor für Poesie an der Königsberger Universität ernannt, fünfmal amtiert er an der Albertina als Dekan, 1656 wählen ihn die Kollegen zum Rektor. Seit 1644 lebt er mit Frau und Kindern in der Magistergasse auf der Kneiphofinsel, in der später auch Kant logieren wird. Seine Wohnung hat ihm der Rat der Stadt auf Lebenszeit zur Verfügung gestellt. Dach stirbt im April 1659.

Heinrich Albert, geboren im thüringischen Lobenstein, ein Vetter des frühbarocken sächsischen Komponisten Heinrich Schütz, hat in Leipzig Rechtswissenschaften studiert, wendet sich aber in Königsberg ganz der Musik zu und wird 1630 Domorganist.[112] Mit Dach ist er seit seiner Studienzeit befreundet – eine Freundschaft, die ein Leben lang halten wird. Im verwilderten Garten des Domorganisten Heinrich Albert auf der Königsberger Flussinsel Lomse, an der Einmündung des Lindengrabens in den Pregel, versammelt sich in den 1630er Jahren an schönen Tagen ein Kreis früher Bildungsbürger.[113] Nahezu jeder in der Gruppe kann Verse schmieden; die „Poeterei" lehren damals die Lateinschulen und die Kunstfakultäten der Universitäten. Der Kreis um Albert und Dach hinterlässt Texte, die vielfach vertont werden. So komponiert Johann Sebastian Bach die Motette *Jesu, meine Freude* auf den Text des Dach-Freundes Johann Franck. Vom Dichterkreis-Mitglied Georg Weißel stammt der Text des Adventsliedes *Macht hoch die Tür*.

Das verwilderte Grundstück für den Garten hat Albert 1630 oder 1632 vom Rat der Stadt Kneiphof erhalten. Jede der drei Königsberger Städte führen zwölf „Ratsverwandte", denen ein Bürgermeister vorsteht. Ihr Kollegium ergänzt sich bei Vakanzen durch Kooptation, durch Zuwahl durch die Verbleibenden. In der Regel wird aus dem Kreis der „Schöffen" hinzu gewählt, die das städtische Gericht bilden. Schöffen und somit Ratsherrn müssen den großbürgerlichen Zünften der Kaufleute oder der Mälzenbräuer, der Bierbrauer, angehören. In Königsberg ist das Privileg der „Braugerechtigkeit" an bestimmte Häuser gebunden; durch Erbschaft oder Verkauf des Hauses kann es an Angehörige anderer Berufe übergehen, und so gibt es unter den Brauern auch Kaufleute, Beamte und selbst Professoren, die die Arbeit durch fachkundige Braugehilfen verrichten lassen. Im Jahr 1700 haben noch etwa 250 Häuser in den drei Städten das Braurecht, davon 45 im Kneiphof.[114] An der Stadtregierung außerdem beteiligt sind die kurfürstlichen Beamten, die Gelehrten der Universität und der Lateinschulen, Ärzte und Apotheker.[115]

Die Stadt Kneiphof hat 1622 rund 900 Bürger, das heißt Familienvorstände mit Bürgerrecht. Im Jahr 1635 bringt der Kneiphof 2 000 wehrfähige Männer auf, was auf etwa 6 000 Bewohner der Kneiphof-Insel schließen lässt. In allen drei Städten, ihren Vorstädten und den sogenannten „Freiheiten" dürften es insgesamt 30 000 bis 40 000 Stadtbewohner gewesen sein.[116] Die drei Städte sind also dicht bewohnt und die Wenigsten auf dem Kneiphof besitzen einen Garten.

Wenn Simon Dach am späten Nachmittag in Heinrich Alberts grüner Oase eintrifft, ist der dort schon lange mit Gartenarbeit beschäftigt. Die Freunde sitzen dort des Abends in der Kürbishütte, einem von Zierkürbissen berankten Gartenhaus. Man nimmt ein kühles Bad im Pregel, beobachtet die Pferde an der Tränke, sieht den Schiffen zu, die mit Getreide und anderen Waren aus Russland beladen vorbeigleiten[117], und schneidet Verse und Epigramme in die Schale der Kürbisse.[118] Günter Grass hat die Geschichte der Königsberger Poetenfreunde für sein fiktives *Treffen in Telgte* recherchiert: „Kürbishüttengesellschaft nannten sich die Freunde im Scherz, wissend, daß man im Vergleich mit anderen Gesellschaften, etwa mit dem Fruchtbringenden Palmenorden oder der Aufrichtigen Tannengesellschaft der Straßburger, selbst mit den Nürnberger Pegnitz-Schäfern, nur ein Zweiglein war im Geäst der deutschen, überall betriebsamen Poeterei."[119]

Die Königsberger Gartenfreunde singen und musizieren nicht nur zu ihrem Vergnügen, Poeten in jenen Jahren nehmen Aufträge von wohlhabenden Bürgern an. In den so entstehenden Versen wird meist das Alltägliche festgehalten, das jedem im Leben widerfährt, wie die Geburt eines Kindes, Geburtstage, Konfirmation, die Hochzeit, ein Amtsantritt, eine weite Reise, Begräbnisse. *Ännchen von Tharau* ist solch ein typisches barockes Gelegenheitsgedicht. Es ist ein „Hochzeitscarmen", ein Brauttanz, und besteht in seiner Urfassung aus 17 plattdeutschen Zweizeilerstrophen. Simon Dach schreibt für gewöhnlich hochdeutsch; in seiner niederdeutschen Fassung bildet er deshalb viele Endungen falsch. Die Braut aus Tharau und auch die Königsberger Hochzeitsgäste aus dem Löbenicht werden im Alltag das Niederdeutsche verwendet haben.[120]

Anna Neander ist Dachs Ännchen. Als ihre Eltern 1629 an der Pest sterben, wird die elfjährige Waise von ihrem Taufpaten und Vormund, dem Löbinichter Brauer Stolzenberg, mit einem einfachen Brauwagen ab- und in dessen Haus geholt und wächst in Königsberg auf.[121] Der wohlhabende Stolzenberg dürfte auch der Auftraggeber des Hochzeitsgedichts gewesen sein. Der Bräutigam, Johann Portatius, ist als junger Mann zum Studium der Theologie nach Königsberg gekommen. Das junge Paar zieht 1637 nach Trempen im Kreis Darkehmen. 1641 wird Johann Portatius Pfarrer in Laukischen im Kreis Labiau. Er stirbt nach nur neunjähriger Ehe. Es gibt damals selbst im Kirchendienst keine Witwenversorgung. Hedwig von Lölhöffel, letzte Besitzerin des Gutes Tharau, benennt 1987 in ihrer Dorfgeschichte das pragmatische Verhalten in Lebens- wie Liebesdingen in einer Zeit des oft frühen und plötzlichen Todes: „Pensionsgeld für Pfarrwitwen war noch nicht erfunden. Der junge Nachfolger mußte die Witwe im Hause behalten und samt Kindern versorgen. Welcher junge Geistliche wollte und konnte schon zwei Familien ernähren? Zwischen zwei Frauen konnte das Leben zur Hölle werden trotz aller guten Vorsätze, trotz der Lehren eines braven Poeten. So entschloß sich denn mancher Amtskandidat, um die Witwe seines Vorgängers zu werben. Ein solcher war Christoph Gruben, gebürtiger Königsberger. Anna verlor ihn schon nach vier Jahren."[122] Ihr dritter Mann Johann Melchior Beillstein ist als Student von Saarbrücken nach Königsberg gewandert. Als Pfarrer lebt er 22 Jahre mit seiner Frau in Laukischken.[123]

Mit drei Männern hat Anna Neander wahrscheinlich 14 Kinder, von denen aber nur drei das Erwachsenenalter erreichen. Als sie zum dritten Mal Witwe wird, holt sie ihr ältester Sohn Friedrich Portatius, jetzt selber Pfarrer, 1676 in sein Insterburger Pfarrhaus.[124] Das Ännchen von Tharau stirbt am 28. September 1689 im Alter von

74 Jahren. Sie wird auf dem Insterburger Friedhof am Kruschkeberg neben ihrem ein Jahr zuvor verstorbenen Sohn beerdigt.[125] Im heutigen Tschernjachowsk erinnert ein wieder aufgestellter Gedenkstein an sie.

Kantograd

Der Königsberger Kneiphof ist eine Insel im Fluss Pregel, zugleich der Binnen- und Seehafen der Stadt. Über die Straßen und die zum Kneiphof führenden Brücken rattern bei Tag ununterbrochen die Fuhrwerke. Im Norden der Flussinsel, vor der Kulisse von Handels-, Kontor- und Wohnhäusern, preisen resolute Fischfrauen den Fang aus dem Frischen Haff und noch lebende Süßwasserfische wie Hechte, Zander und Barsch an. Die Körper der Frauen sind durch Geburten und Schwerstarbeit gezeichnet. Den Königsbergern gelten diese kräftigen Marktfrauen als „die gröbsten Handelsvertreterinnen auf der ganzen Welt".[126]

Kneiphof ist neben Altstadt und Löbenicht eine der drei historischen Städte, die sich 1724 auf Druck von König Friedrich Wilhelm I. zur „Königlichen Preußischen Hauptstadt Königsberg", einer Stadt von damals 40 000 Einwohnern, zusammenschließen. Das geeinte Königsberg ist zu dieser Zeit doppelt so groß wie das brandenburgische Berlin. Am 22. April 1724 wird in der zum Kneiphof gehörenden Vorderen Vorstadt ein Mann geboren, der zu den größten Philosophen der Geschichte gezählt werden muss: Immanuel Kant.

Der Kaufmann Gustav Adolf Miegel führt seine Tochter Agnes oft durch die alten Straßen Königbergs. An Werktagen vernehmen sie gegen 9 Uhr 15 auf dem Markt im Kneiphof einen Ruf, der von Stand zu Stand weitergegeben wird. In niederdeutscher Mundart heißt es dann: „Is Kandis Tied!". Die „Kandis Tied" ist den Fisch- und Gemüsehändlerinnen zur festen Redensart für ihr zweites Frühstück geworden. Miegel erklärt der Tochter, was die Händlerinnen, die die „Kandis Tied" – „Kants Zeit" – ausrufen, vermutlich nicht einmal ahnen: Es ist die Zeit, in der viele Jahrzehnte zuvor, pünktlich auf die Minute, der schon zu Lebzeiten berühmte Professor Immanuel Kant, blauäugig, von schmaler Gestalt, mit großem Schädel, in Schnallenschuhen, die gepuderte weiße Perücke auf dem Kopf, nach einer zweistündigen Vorlesung in seine Wohnung zurückkehrt.

Heinrich Heine hat in seiner 1834 erschienenen Schrift *Zur Geschichte der Religion und Philosophie in Deutschland* den wohlgeordneten Lebensverlauf des alten Kant zu einem lustlosen Professorendasein in der Provinz umgedichtet: „Er lebte ein mechanisch geordnetes, fast abstraktes Hagestolzenleben, in einem stillen abgelegenen Gäßchen zu Königsberg, einer alten Stadt an der nordöstlichen Grenze Deutschlands. (...) Aufstehn, Kaffeetrinken, Schreiben, Kollegienlesen, Essen, Spazierengehn, alles hatte seine bestimmte Zeit, und die Nachbarn wußten ganz genau, daß die

Glocke halb vier sei, wenn Immanuel Kant, in seinem grauen Leibrock, das spanische Röhrchen in der Hand, aus seiner Haustüre trat, und nach der kleinen Lindenallee wandelte, die man seinetwegen noch jetzt den Philosophengang nennt."[127]

Ein verwachsener, mit einem kleinen Buckel, schiefen Schultern und eingefallener Brust geschlagener, 157 cm kleiner Mann macht Königsberg zu der Stadt, in der die moderne Philosophie erfunden wird. Eine nicht ganz ein Vierteljahrhundert jüngere Zeitgenossin Kants, die französische Schriftstellerin und Deutschlandkennerin Baronin Anne Louise Germaine de Staël-Holstein – allgemein bekannt als Madame de Staël –, hat in ihrem 1809 erschienenen Buch *Über Deutschland* den Königsberger Denker gewürdigt: „Inmitten der Eisfelder des Nordens hat er sein ganzes Leben damit zugebracht, über die Gesetze des menschlichen Verstandes nachzudenken. Vermögens eines unermüdlichen Arbeitseifers hatte er Kenntnisse aller Art erworben. Die Wissenschaften, die Sprachen, die Literatur, alles war ihm geläufig; und ohne den Ruhm zu suchen, den er erst sehr spät genoß – denn erst in einem hohen Alters vernahm er den Widerhall seines berühmten Namens –, begnügte er sich mit dem stillen Vergnügen der Reflexion. In seiner Einsamkeit betrachtete er die Seele mit Andacht. Die Erforschung des Gedankens gab ihm neue Kräfte zur Unterstützung der Tugend; und ob er gleich mit den glühenden Leidenschaften der Menschen nie etwas zu schaffen hatte: so hat er doch die Waffen für die geschmiedet, welche zur Bekämpfung derselben berufen sein können."[128] Ein Blick auf das Leben dieses Mannes ist auch ein Bericht über Königsberg im 18. Jahrhundert.

In seinen knapp 80 Lebensjahren hat Immanuel Kant, Sohn eines Riemers aus Kantweinen (Kantvoniai) nördlich der Memel, Königsberg selten, Ostpreußen nie verlassen. In einer Fußnote zur 1796/97 verfassten und 1798 als letzte von Kant selbst herausgegebenen Schrift, der *Anthropologie in pragmatischer Hinsicht*, äußert er über die Heimatstadt: „Eine große Stadt, der Mittelpunkt eines Reichs, in welchem sich die Landescollegia der Regierung desselben befinden, die eine Universität (zur Kultur der Wissenschaften) und dabei noch die Lage zum Seehandel hat, welche durch Flüsse aus dem Inneren des Landes sowohl, als auch mit angrenzenden entlegenen Ländern von verschiedenen Sprachen und Sitten einen Verkehr begünstigt, – eine solche Stadt, wie etwa Königsberg am Pregelflusse, kann schon für einen schicklichen Platz zu Erweiterung sowohl der Menschenkenntnis als auch der Weltkenntnis genommen werden, wo diese, auch ohne zu reisen, erworben werden kann."[129]

Der Pfarrer Ludwig Ernst Borowski, 1829 zum Erzbischof der evangelischen Kirche Preußens ernannt, 1831 von König Friedrich Wilhelm III. geadelt, hat in seiner in Kants Todesjahr 1804 erscheinenden *Darstellung des Lebens und Charakters Immanuel Kants* festgestellt: „Kant ist nie aus der Provinz, nicht einmal bis nach dem nahe gelegenen Danzig gekommen. Die weiteste seiner Reisen war zum General von Lossow, der ihn auf sein Gut eingeladen hatte; er sehnte sich bald wieder zurück."[130] Diese weiteste Reise Kants zum Gut Kowalken des Garnisonchefs von Goldap, Friedrich von

Lossow, findet im Winter 1765/66 statt. Zuvor haben drei Anstellungen als Hauslehrer, diverse Besuche des Gutes Groß Wohnsdorf (Kreis Bartenstein) des Freiherrn Friedrich Leopold von Schroetter und Ausflüge mit dem aus England stammenden Julius Green nach Pillau den Philosophen kurzzeitig aus seiner Heimatstadt geführt.

13 Jahre ist Kant alt, als seine Mutter 1737 stirbt. Die Familie ist so mittellos, dass es nur zu einem Armenbegräbnis reicht. Das ist auch beim Tod des Vaters im Jahr 1746 so. Der junge Immanuel besucht acht Jahre lang das Königliche Collegium Fridericianum. Mit 16 verlässt er 1740 die Schule und geht an Universität in Königsberg. 1748 unterbricht Kant sein Studium und nimmt eine Stelle als Hauslehrer in Judtschen bei Gumbinnen an. Sein erster Arbeitgeber ist der reformierte Prediger Daniel Ernst Andersch. Die Familie spricht zumeist Französisch, das Kant verstehen, aber nicht sprechen kann. Er bleibt in der Stellung bis 1751, danach unterrichtet er bis 1754 auf dem Gut Groß Arnsdorf bei Saalfeld, Kreis Mohrungen, die drei älteren Söhne des Majors Bernhard Friedrich von Hülsen. Seine dritte Stelle findet er auf dem Schloss Waldburg-Capustigall nahe Königsberg bei der Familie von Keyserlingk. Durch sie erlangt er Zugang zur höheren Gesellschaft Königsbergs.

1754 von der Tätigkeit als Hauslehrer aus der Provinz nach Königsberg zurückgekehrt, beendet er 1755 sein Studium. Im April reicht Kant seine Dissertation zum Erwerb des Magistergrades in Philosophie ein. Sie trägt den Titel *Knappe Darstellung einiger Gedanken über das Feuer*. Im Juni wird Kant promoviert, bereits im September erfolgt seine Habilitation. Die erste Bewerbung auf einen Lehrstuhl der Königsberger Universität, den für Logik und Metaphysik, im Jahre 1759 ist nicht erfolgreich, einem Ruf auf den Lehrstuhl für Dichtkunst will er 1762 nicht folgen. Er hält Vorlesungen als Privatdozent. In den Jahren von 1766 bis 1772 arbeitet er als Unterbibliothekar der königlichen Schlossbibliothek. Es ist seine erste feste Anstellung. 1766 zieht Kant aus seiner ersten Dozentenwohnung im Löbenicht in die sich lang und schmal durch den Kneiphof ziehende Magistergasse in der Nähe der Universität.

Die Berufung auf einen Lehrstuhl als ordentlicher Professor für Logik und Metaphysik erfolgt nach 15 langen Jahren des Wartens erst 1770. Da ist Kant schon 46 Jahre alt. Danach erreicht ihn immer wieder der Ruf auf besser bezahlte Stellen an größeren und zentraler gelegenen Universitäten wie Erlangen, Jena und Halle, doch er bleibt zu den finanziell schlechteren Bedingungen in Königsberg.[131] Seine Vorlesungen sind populär; es ist schwer, einen Platz zu bekommen. Seine Hörer stammen nicht nur aus den Kreisen der Universität, auch Offiziere, Beamte und Kaufleute kommen, um ihn über Philosophie und Anthropologie, Logik und Metaphysik sprechen zu hören.

Kant heiratet nie, Liebesbeziehungen sind nicht überliefert. In jungen Jahren könnte ein im Pietismus des Elternhauses anerzogenes Verantwortungsgefühl dafür verantwortlich gewesen sein, im Alter hat er Besseres zu tun. Er selbst nennt wirtschaftliche Gründe: „Da ich eine Frau brauchen konnte, konnt' ich keine ernähren;

und da ich eine ernähren konnte, konnt' ich keine mehr brauchen."[132] Wenn ein Hagestolz ein Junggeselle aus Überzeugung ist, so hat Heinrich Heine ihm zu Recht ein „Hagestolzenleben" nachgesagt.

Aus der lärmenden Magistergasse zieht es Kant zurück in den Löbenicht, und er ist für acht Jahre Mieter beim Buchhändler Johann Jakob Kanter, dem Herausgeber der *Königsbergschen Gelehrten und Politischen Zeitungen*, der das ansehnliche frühere Rathaus der Stadt Löbenicht besitzt. Die Wohnung ist geräumig genug, um darin Vorlesungen abzuhalten. 1784 verlässt Kant den Löbenicht und bezieht sein eigenes Haus in der Prinzessinstraße 3/3a. Er wird dort 20 Jahre bis zu seinem Tod am 12. Februar 1804 wohnen und lehren. Kants Schüler und Biograph, Reinhold Bernhard Jachmann, zu Lage und Aussicht: „Das Haus selbst, welches acht Stuben in sich faßte, war für seine Lebensart bequem eingerichtet. Im untern Stock war auf dem einen Flügel sein Hörsaal, auf dem anderen die Wohnung seiner alten Köchin; im obern Stockwerk auf dem einen Flügel sein Eßsaal, seine Bibliothek und Schlafstube. Auf dem anderen sein Visitenzimmer und seine Studierstube. In einer kleinen Dachstube wohnte sein Bedienter. Die Studierstube lag nach Osten und hatte eine freie Aussicht über mehrere Gärten."[133] Es ist ein Zimmer mit Aussicht auf das Schloss und die Löbenichtsche Kirche. Weil im Laufe der Jahre die Krone einer Pappel Kants gewohnten Blick auf den Turm dieser Kirche verdeckt, bittet er seinen Nachbarn, Matthias Friedrich Nicolovius, der auch sein Verleger ist, den Baum zu kappen. Der Verleger folgt der Bitte seines schon berühmten Autors. In der Prinzessinstraße in Königsberg entstehen Immanuel Kants wichtigsten Werke.

„Die menschliche Vernunft hat das besondere Schicksal in einer Gattung ihrer Erkenntnisse: daß sie durch Fragen belästigt wird, die sie nicht abweisen kann, denn sie sind ihr durch die Natur der Vernunft selbst aufgegeben, die sie aber auch nicht beantworten kann, denn sie übersteigen alles Vermögen der menschlichen Vernunft."[134] Mit dieser Feststellung beginnt Immanuel Kants 1781 erscheinende *Kritik der reinen Vernunft*, sein philosophisches Hauptwerk. In diesem Werk legt er dar, dass dem menschlichen Denken bestimmte Formen wie Raum und Zeit vorgegeben und damit Grenzen gesetzt sind. Worüber Menschen nachdenken, also philosophieren können, sind nur „Erscheinungen"; die „Dinge an sich" bleiben ihnen unerkannt. Über die Grundstrukturen der Erfahrungswelt kann man in Kants Augen aber aus den Erfahrungen der Menschheit in ihrer Geschichte substanzielle Erkenntnisse gewinnen. „Was die Dinge an sich sein mögen, weiß ich nicht und brauche es nicht zu wissen, weil mir doch niemals ein Ding anders als in der Erscheinung vorkommen kann."[135] Der Mensch ist zwar in seiner Subjektivität befangen, aber dank der Gabe des Denkens mit Vernunft ausgestattet. Auf sie kann er sich berufen, wenn er ergründen will, was die Welt ist und wie er sich in ihr verhalten muss. Dank der Vernunft ist er nicht auf eine höhere, von Gott gegebene Ordnung angewiesen. Kant bietet eine Lösung an, die die philosophische Wahrheitsfindung neu deutet. Im Schlusskapitel seiner *Kritik der praktischen Vernunft* formuliert er: „Zwei Dinge erfüllen das Gemüt mit immer neuer und zunehmenden Bewunderung und Ehrfurcht, je öfter und anhaltender sich das Nachdenken damit beschäftigt: Der bestirnte Himmel über mir, und das moralische Gesetz in mir."[136]

Ein Extrakt seiner Erkenntnisse sind die Aussagen des „kategorischen Imperativ": „Handle so, dass die Maxime deines Willens jederzeit zugleich als Prinzip einer allgemeinen Gesetzgebung gelten könne. Handle so, als ob die Maxime deiner Handlung durch deinen Willen zum allgemeinen Naturgesetze werden sollte. Handle so, dass du die Menschheit, sowohl in deiner Person als in der Person jedes andern, jederzeit zugleich als Zweck, niemals bloß als Mittel brauchest."[137] Selbst den Königsberger Fischfrauen ist diese moralische Aufforderung bekannt, auch wenn sie nicht wissen, dass sie nicht aus der Bibel, sondern aus Kants Werken stammt. Der Volksmund benennt die Dinge einfacher: „Was du nicht willst, das man dir tu, das füg' auch keinem andern zu."

Einblick in den Alltag des Gelehrten gibt Kants Tischgenosse Johann Gottfried Hasse, Professor der orientalischen Sprachen und der Theologie: „Trat man in das Haus, so herrschte eine friedliche Stille, und hätte einen nicht die offene und nach Essen riechende Küche, ein bellender Hund oder eine miauende Katze, Lieblinge seiner Köchin (...) eines andern überzeugt, so hätte man denken sollen, dies Haus sey unbewohnt. Stieg man die Treppe hinauf, so zeigte sich freylich der beym Tischdecken geschäftige Bediente; jedoch gieng man durch das ganz einfache, unverzierte, zum Theil räuchrige Vorhaus in ein größeres Zimmer, das die Putz-Stube vorstellte; aber keine Pracht zeigte. (...) Und so drang man durch eine ganz einfache, armselige Thür, in das eben so ärmliche Sans-Souci, zu dessen Betretung man beym Anpochen, durch ein frohes ‚herein' eingeladen wurde. (...) Das ganze Zimmer athmete Einfachheit und stille Abgeschiedenheit vom Geräusche der Stadt und Welt."[138]

Kants Tagesablauf ist penibel festgelegt, Störungen duldet er nicht. Um fünf Uhr in der Früh steht er auf. Sein Diener Lampe hat ihn eine Viertelstunde zuvor geweckt. Von fünf bis sieben Uhr bereitet er im Schlafrock seine Vorlesungen vor, raucht dabei eine Pfeife Tabak und trinkt zwei Tassen Tee. Anschließend hält er zwei Stunden Vorlesung.

Als er diese noch nicht im eigenen Hause abhalten kann, ist seine Rückkehr von der Universität die Zeit, die bei den Marktfrauen des Kneiphofs bald „Kandis Tied" heißen soll. Den Rest des Vormittags schreibt er. Um Viertel vor eins kleidet er sich an. Um ein Uhr betritt er das Esszimmer zu der einzigen Mahlzeit, die er am Tag einnimmt. Er hat stets Gäste, die er an der Tür empfängt. Das Mahl, von der Köchin bereitet, vom Diener vorgelegt, ist nicht opulent, aber die Mahlzeit zieht sich bis etwa 16 Uhr hin, bisweilen bleiben die Gäste auch länger. Es schließt der Nachmittagsspaziergang an, der etwa eine Stunde, bei schönem Wetter auch länger dauert. Kant wünscht keine Begleitung, da er sich keinem anderen Tempo anpassen und nicht ins Schwitzen geraten will. Bei bewölktem Himmel läuft Diener Lampe seufzend mit dem Schirm hinter ihm.

Kant ist bekannt, er wird begrüßt und grüßt nach allen Seiten. Auf diesen Gängen, so bekennt er, habe die *Kritik der reinen Vernunft* allmählich die Gestalt gewonnen, die es ihm schließlich ermöglicht habe, das Werk in kurzer Zeit niederzuschreiben. Wieder zu Hause, liest er Zeitungen, Reisebeschreibungen und andere Bücher, empfängt auch zu dieser Zeit noch Besucher. Nach der Lektüre steht er am Ofen und schaut aus dem Fenster auf den Löbenichtschen Kirchturm. Um 22 Uhr geht Kant zu Bett, wickelt sich in eine Decke und erwartet den Schlaf.[139]

Am 12. Februar 1804 stirbt Immanuel Kant. Er wird in ein Sterbegewand gehüllt und im großen Speisezimmer seines Hauses aufgebahrt. Viele Königsberger Bürger und Besucher der Stadt erweisen dem Toten mit einem kurzen Besuch die letzte Ehre. Das Kneiphöfische Kirchenbuch, heute aufbewahrt im Geheimen Staatsarchiv Berlin, enthält den Sterbeeintrag: „Der Professor Kant starb am 12t Febr. 1804 mittags um 11 Uhr, 79 Jahr 10 Monate alt an eigentlicher Entkräftung, begraben am 28ten Febr. im Professorengewölbe." Der Maler Andreas Knorre nimmt noch am Todestag die Totenmaske des kahl geschorenen Hauptes ab. Zwei Abgüsse bleiben in Königsberg, einer kommt später nach Berlin an die neue Friedrich-Wilhelm-Universität Unter den Linden. Seit 1587 haben alle Professoren der Königsberger Universität von Königsberg das Privileg, an der Nordwand des Doms in einer offenen Arkadenhalle beigesetzt zu werden. Immanuel Kant ist einer der Letzten, der hier bestattet wird; 1809 wird der Brauch polizeilich untersagt und der Friedhof am Dom eingeebnet. 1809/10 erhält der Philosoph am östlichen Ende der Arkadenhalle eine eigene Grabstätte. Über dem Zugang zum Arkadengang werden die Worte „Stoa Kantiana" angebracht.

Robert Motherby, Sohn des Arztes und Kant-Freundes William Motherby, gibt ein Jahr nach dem Tode Kants die Anregung zu einem Erinnerungsmahl. Alljährlich am Geburtstag Kants sollen sich dessen Tischfreunde zum „Bohnenmahl" versammeln. Verstorbene Tischgenossen werden nach und nach durch Zuwahl ergänzt. Die Tradition und das Verfahren halten sich auch nach 1945. Heute versammeln sich die Freunde Kants regelmäßig am 22. April in Göttingen.

Nach der Großen Pest

Der Große Kurfürst Friedrich Wilhelm I. beabsichtigt Ende des 17. Jahrhunderts, bei der Besiedlung der Wildnis und entvölkerter Gebiete an den Grenzen des Herzogtums, die „nationes nicht untereinander zu confundieren". Er will sie getrennt in Kolonien siedeln lassen. Im Jahr 1836 wird im preußischen Regierungsbezirk Litauen in einer „Consignation der angesetzten Kolonisten" ein Überblick über die Zahl und die Herkunft der in den jeweiligen Ämtern und Dörfern ansässigen Bevölkerung gegeben. Der Königsberger Sprachforscher Otto Natau kann in den 1930er Jahren auf Basis dieser Listen Zahlenangaben über die Herkunft der Amtsbauern in den Dörfern des Südens des Kreises Pillkallen machen.[140] Für den Kreis gilt, dass im dichter besiedelten Süden die neu eingewanderten Deutschen überwiegen, während im Norden eingewanderte Litauer die Mehrheit bilden.

Das Dorf Klein-Warningken im Amt Dörschkehmen weist 23 Amtsbauern aus. Im Jahr 1836 sind davon 16 Deutsche und sieben Litauer. Von den „Deutschen" stammen acht aus Salzburg, je zwei aus der Gegend um Halberstadt südlich von Magdeburg, aus Franken und aus anderen preußischen Provinzen, je einer aus Hessen und aus Braunschweig. Das Dorf Deinen ist Mitte des 19. Jahrhunderts ein ausgesprochenes Nassauerdorf. Sieben der zehn Bewohner stammen aus dem Siegerland im Fürstentum Nassau, die anderen drei Siedlerfamilien aus Salzburg, Ansbach und Sachsen. Jodeglienen hat außer einem zugewanderten Litauer fünf Nassauer, drei Halberstädter, einen Magdeburger Bauern. Nataus Beschreibung zeigt, dass die Politik des Großen Kurfürsten, die „Nationen" getrennt siedeln zu lassen, gescheitert ist. Nicht nur im Kreis Pillkallen befinden sie sich in buntem Durcheinander.[141] Klaus Peter Jurkat hat in seinen *Gedanken und Fakten zur Bevölkerungsentwicklung in Ostpreußen* berechnet, dass in den Einwanderungsgebieten im Nordosten und Süden Ostpreußens bis 1945 etwa 63 % der Siedler der Sprache nach Nachkommen von Litauern oder Polen sind, von Siedlern aus den deutschen Territorialstaaten, der Schweiz und Frankreich immerhin rund 37 % der Bevölkerung abstammen.[142]

Ende des 17. Jahrhunderts hat eine dritte Einwanderungswelle nach Ostpreußen eingesetzt, die in den nächsten 50 Jahren Wallonen, französisch- und deutschsprachige Schweizer, Nassauer und Salzburger in das östliche Preußen bringt. Die Zahl der deutsch- und französischsprachigen Neusiedler geht nicht in die Hunderttausende. Aber die Hauptphase ihres Zuzugs datiert nach einer großen Pestepidemie, die vor allem die litauische Bevölkerung von Ostpreußens Norden dezimiert.

Die erste Einwanderergruppe stammt aus der Pfalz. Die meisten von ihnen sind sogenannte „Jungpfälzer", reformierten Glaubens und französischsprachig. Ihre Familien waren zur Zeit der erneuten Umsiedlung seit etwa 100 Jahren in der Pfalz ansässig und stammen ursprünglich aus Wallonien, von wo sie aus Glaubensgründen geflüchtet sind, und werden deshalb in Ostpreußen auch als Wallonen bezeichnet. Die Jungpfälzer folgen ab 1698 einem Einladungsschreiben des preußischen Kurfürsten. Es preist ihnen die Gegend als Land, „in dem alles gedeiht außer Wein".[143]

Das 1701 zum Königreich erhobene Herzogtum Preußen befindet sich im ersten Jahrzehnt des 18. Jahrhunderts in einer kritischen Lage, eine Folge der großen Pest der Jahre 1709 bis 1711. Neben Bevölkerungsverlust und Landverödung durch Epidemien hat die schlechte wirtschaftliche Lage der ostpreußischen Bevölkerung auch soziale und fiskalische Ursachen. Der Adel ist von steuerlichen Abgaben befreit, die

Steuerlast liegt allein auf den Schultern der einfachen Bevölkerung. Beim Eintreiben der Abgaben gehen die preußischen Amtshauptleute unnachgiebig vor. Seit 1702 sind sie als Pächter mit der wirtschaftlichen und juristischen Leitung der Schulzenämter betraut; da sie selbst vom Staat nur unregelmäßig und allein von den Erträgen des Amtes besoldet werden, erhöhen sie die Abgaben eigenmächtig zum eigenen Nutzen. Die Folge ist ein stetiger Anstieg der Abgabenforderungen, zwischen 1700 und 1708 steigen die Steueranforderungen um 65 %. Trotz Krisenzeiten müssen viele freie Bauern für ihre Äcker bereits doppelt so viele Steuern zahlen als eine Verpachtung des Grundes erbringen würde, und geraten so an den Rand des Existenzminimums. Aus Furcht vor den rigorosen Eintreibern und der Exekution, der gewaltsamen Zwangsvollstreckung, sehen schon ab den 1670er Jahren viele Bauern den einzigen Ausweg in der Flucht ins nahe gelegene Polen.[144]

Ende des 17. Jahrhunderts erbringen die Einwohner Ostpreußens, die damals einen Anteil von 38,4 % an der gesamten brandenburgisch-preußischen Bevölkerung stellen, nur 16,4 % an der gesamtstaatlichen Steuerleistung der hohenzollerschen Besitzungen. Das zeigt die wirtschaftliche Schwäche Preußens in diesen Jahrzehnten. Der lange, harte Winter von 1708/09, der als „Le grand hiver" in die europäische Geschichte eingeht, verschlechtert die Lage nach Missernten in den Jahren 1706 und 1707 weiter. Die Brunnen sind bis auf den Grund eingefroren, die Wintersaat wird völlig vernichtet, Saatgut dient der Ernährung. 1709 kommt es zu zahlreichen Fällen von Hungertyphus und Ruhr.

Die mangelnde Hygiene ist der Nährboden der Pest. Der Mist liegt in Dörfern und Städten wochenlang auf den Straßen, in denen Schweine und Hunde streunen. Der Abfall wird aus Bequemlichkeit vor die Haustür geschüttet; trotz einer Landesverordnung, die dies verbietet, stehen an und in den Straßen Schweineställe. Eine Kanalisation gibt es nicht, Unrat und Dreck ziehen die Ratten an. Vom Südwesten her dringt die Pest ins nördliche Ostpreußen vor. Im August 1709 ist die Hauptstadt Königsberg erreicht: Im Amt Königsberg sollen im Jahr 1709 18 000 Menschen gestorben sein.[145] Im September 1709 gelangt die Pest in die Ämter Memel, Tilsit, Ragnit und Insterburg in Preußisch-Litauen im Norden des Landes. In einigen Gebieten kommt die Pest zu Beginn des Jahres 1710 zum Stillstand; so gilt Königsberg im März 1710 als frei von neuen Ansteckungen. Doch im Sommer 1710 bricht die Epidemie, diesmal vom nördlichen Ostpreußen her, wieder und noch heftiger aus. Der harte Winter und eine schlecht ausgefallene Ernte führen zu einer Hungersnot; Hunger und Epidemie haben ein Massensterben zur Folge.

Das Ausmaß der Epidemie in Ostpreußen lässt sich am Beispiel der Sterbedaten im nordostpreußischen Amt Tilsit darstellen. 1707, einem Jahr ohne Hungersnot und Epidemie, sterben 808 Menschen. 1709, als die Pest im Herbst das Amt Tilsit erreicht, sind es 6 640 Menschen. Im Jahr 1710, dem Höhepunkt der Epidemie im nordöstlichen Ostpreußen, sollen ihr im Amt Tilsit 17 226 Menschen zum Opfer gefallen sein.

1711, als die Seuche abgeklungen ist, sterben nur noch 241 Erkrankte. Die vier Ämter Memel, Tilsit, Ragnit und Insterburg weisen 126 000 Pesttote aus. Im Juli 1711 gilt die Pest in Ostpreußen mit 9 300 verstorbenen Personen im gesamten Jahr als erloschen.[146] Insgesamt sterben in Ostpreußen durch die Pest von 1709 bis 1711 nach Schätzungen zwischen 200 000 und 245 000 Menschen. Bei einer ursprünglichen Bevölkerung von 600 000 Personen bedeutet das einen Verlust zwischen 30 % und 40 %.[147]

Die Zustände im kleinen Kammeramt Jurgaitschen, im späteren Kreis Ragnit gelegen, gibt ein Bericht des dortigen Kammermeisters vom 17. Juli 1710 wieder. Bis zum 18. August 1710 zählt das Amt 2 060 Bewohner. Jetzt, so schreibt der Kammermeister an „Eure Königliche Majestät", seien nur noch 150 am Leben, teilweise auch schon infiziert. „Es ist kein einziges Dorf in diesem Kammeramte, das nicht angestecket und in dem die meisten ganz ausgestorben. Alle Krüge sind menschenleer, und die noch wenigen Lebenden liegen an der Pest. Die Mühle und Ziegelscheune ist ganz ausgestorben. Die Köllmer und Freyen sind tot. Die Hofmütter und alle Gärtnerweiber und Hirten sind verstorben und ist nicht eine Seele lebend. Das liebe Vieh geht meistens in der Irre und ist kein Volk, dass es kann ausgemolken werden." Niemand bestellt die Felder, auch nicht auf den königlichen Vorwerken. Der Schreiber über seine eigene Lage: „Meine liebe Ehegattin ist gestern gestorben mit drei Kindern und sechs Gesind. Ich gehe nur noch mit meinen kleinen Würmchen herum und warte mit Furcht und Zittern auf den grausamen Pesttod. E. K. M. werden sich landesväterlich erbarmen, wo von meinen kleinen unerzogenen Würmchen welche überbleiben sollten, denselben Gnade wider fahren zu lassen; denn ich auch schon durch das Brot und Salz austeilen angesteckt bin."[148] Angeordnet vom König, beginnt nach der Großen Pest eine Neubesiedlung. Bereits 1711 bemüht sich Friedrich I. mit einer erfolgreichen Politik des „Retablissement" um eine schnelle Wiederbesetzung verlassener Hofstellen. Noch im selben Jahr gelingt es, für die westlichen Gebietsteile des Landes überwiegend deutsche Siedler ins Land zu holen. Viele der verlassenen Höfe sind Staatsbesitz, aus ihm werden die Neuankömmlinge mit Land ausgestattet. Wie schon im 16. Jahrhundert kommen die meisten Zuwanderer im Nordosten und Süden aus den Nachbarländern Litauen und Polen. Schon Ende 1711 sind 39 % der 10 800 wüsten Bauernhöfe Ostpreußens wieder besetzt. Ortschaften wie Stallupönen und Pillkallen erhalten jetzt Stadtrecht.

Dass es zur Ansiedlung von Schweizern in Ostpreußen kommt, ist wohl ein Verdienst von Alexander Burggraf und Graf zu Dohna-Schlobitten, dem Stammvater der Linie Dohna-Schlobitten und Erbauer der dortigen Schlossanlage der Familie. Er hat auch schweizerische Wurzeln; 1661 wird er auf Schloss Coppet am Genfersee geboren. Sein Vater ist zu dieser Zeit Gouverneur des Fürstentums Orange, damals noch Teil des Heiligen Römischen Reiches Deutscher Nation, das er für das Haus Nassau-Oranien verwaltet. Noch 1945 besitzen die Dohnas aus der Linie Schlobitten deshalb neben der deutschen die Staatsbürgerschaft der Schweiz.

Alexander Burggraf und Graf zu Dohna-Schlobitten wird Vorsitzender jener königlichen Kommission, die nach der großen Pest die Wiederbesiedlung der verödeten Landstriche betreibt. Der Burggraf schätzt *„die Schweitzerische Nation, alß die Eintzige, die einen Überfluß an Volck hat, und die sich nicht zu opponieren pfleget, wann man Ihre Einwohner an sich zu ziehen suchet."*[149] Es ist zu vermuten, dass über ihn Kenntnis der großzügigen Ansiedlungspraxis des preußischen Königs bis in die entlegendsten Schweizer Alpentäler gelangt.

Die etwa 1 500 km lange Reiseroute von 34 Schweizer Familien aus dem Münstertal mit ihren etwa 130 bis 140 Personen ist im Gegensatz zum Zug der Salzburger Auswanderer von 1732, die bis ins Einzelne nachweisbar ist, nur ab Berlin dokumentiert. Von Berlin gehen sie über Müncheberg in Brandenburg weiter über Küstrin durch die Neumark bis zur Grenze bei Arnswalde. Von der Grenze wird die Gruppe von preußischen Beamten durch das Königreich Polen bis an die Weichsel geleitet. Vor dort geht es weiter über Marienwerder, Riesenburg und Preußisch Holland die Ostseeküste entlang über Heiligenbeil nach Königsberg. Von Königsberg marschieren die Einwanderer nach Insterburg und von dort ins nördlich gelegene Dorf Pieragienen. Hier werden die Auswanderer auf andere Orte aufgeteilt.

Das Leben in der neuen Umgebung ist nicht einfach. Die Auswirkungen der Pest sind noch nicht überall überwunden, es sterben sogar noch Neuansiedler an ihr. Die Landschaft unterscheidet sich stark von der Heimat. Die Dörfer, in denen die Schweizer angesiedelt werden, sind kleiner, die Bauernhäuser dagegen größer und robuster. Über die Regelung der Ansetzungsverträge, die Befreiung von Scharwerk- und Spanndiensten und eine geringere Steuerpflicht versprechen, kommt es häufig zu Streit. Einige Siedler erhalten bessere, andere schlechtere Böden oder zeigen nicht so viel Geschick wie ihre Nachbarn. Nicht alle Zusagen über die Höhe der Steuern werden von den königlichen Beamten eingehalten.

Um 1720 setzt eine verstärkte Anwerbung insbesondere von Pfälzern, Nassauern und von Siedlern aus dem Magdeburger Raum ein. Die meisten nassauischen Einwanderer in Ostpreußen entstammen den rechtsrheinischen Besitzungen des Fürstentums Nassau-Siegen. Sie wandern aus aufgrund wirtschaftlicher Notlage, die sich aus der Enge der Heimat im Siegerland ergibt, teils aber auch um ihrer religiösen Überzeugung willen. Als das katholische Fürstenhaus von Nassau-Siegen am Ende des 17. Jahrhunderts massiv die Gegenreformation fördert, wenden sich die reformierten Siegener an den mächtigsten reformierten Fürsten im Reich, den König von Preußen. In den Jahren zwischen 1712 bis 1732 kommen auf seine Einladung hin kleinere Gruppen von ihnen nach Ostpreußen, besonders zahlreich siedeln die Nassauer im Kreise Gumbinnen.[150]

Eine Abwanderung von den zugewiesenen Bauernstellen ist den Neusiedlern verboten. Bei einer Desertion von seiner Hufstelle wird ein Kolonist wie ein Einheimischer mit dem Tod bestraft. Manche der Neusiedler hoffen, durch einen nochmaligen

Ortswechsel ihre Lebensbedingungen verbessern zu können, einige ziehen mit Genehmigung der Obrigkeit in andere Kreise Ostpreußens oder eine andere Provinz. Das ist vom Staat zwar nicht erwünscht, aber möglich. Das ungenehmigte Verlassen des preußischen Herrschaftsgebiets dagegen wird in Ostpreußen als Verbrechen angesehen: Als Missachtung der königlichen Macht, weil der Untertan sich seiner von Gott gegebenen Obrigkeit entzogen hat. An den Grenzen Ostpreußens patrouillieren Husarenstreifen. Ist die Flucht trotzdem gelungen, versucht die Regierung mit allen Mitteln, die Entlaufenen zur Bestrafung heranzuziehen. Kann ein Entflohener nicht gefasst werden, wird sein Name „als infam an den Galgen geschlagen".[151]

Preußens erster König Friedrich I. wünscht die „Einführung der teutschen Wirthschaft" im nordöstlichen Ostpreußen. In der Randbemerkung eines Verhandlungsprotokolls seiner Domänenverwaltung notiert er: „... je mehr teutsche Leute hingehn, je lieber (...) ist es, damit mus man die Litauer austauschen da die Litauer keine Wirthe sein".[152] Es kommen viele „Teutsche". Klaus Peter Jurkat hat in den Quellen 1 682 Nassauer, 1 335 Pfälzer und 1 949 Schweizer Neusiedler zwischen 1711 und 1740 ermittelt. Aus der Pfalz, Franken, Anhalt, Braunschweig, Magdeburg, Halberstadt, Pommern, der Grafschaft Mark und der Mark Brandenburg kommen nach seinen Recherchen rund 7 500 weitere deutschsprachige Einwanderer. Auch einige hundert Angehörige der Glaubensgemeinschaft der Waldenser aus den norditalienischen Gebirgstälern und den württembergischen Waldenser-Dörfern lassen sich in Ostpreußen nieder.[153]

Wegen der Verfolgungen durch die katholische Kirche wandern aufgrund der Verfügung des Erzbischofs vom Oktober 1731 rund 30 000 Protestanten aus dem Salzburger Gebiet aus. Etwa 20 000 von ihnen folgen dem Angebot des Preußenkönigs Friedrich Wilhelm I., sich in seinem Land niederzulassen. Von April 1732 bis Mai 1733 passieren 33 Gruppen Salzburger mit insgesamt 20 794 Menschen die preußischen Grenzen. Die ersten Auswanderer treffen am 29. April 1732 in Potsdam ein und werden im Schlossgarten vom König und seiner Gemahlin begrüßt. In Berlin werden die Emigranten zu Transporten über den Land- oder Seeweg zusammengestellt. Die meisten gelangen über See von Stettin nach Königsberg.

Jede Gruppe wird von einem Beauftragten des Königs geleitet, der für die Versorgung und die Zahlung der Tagegelder an die Mittellosen verantwortlich ist. Viele Emigranten versterben auf der Reise, allein 515 auf der Schiffsreise kurz vor dem Ziel. Im Juni 1732 ziehen die ersten ausgeschifften Salzburger von Königsberg weiter nach Gumbinnen[154]; in „Preußisch-Litthauen" werden über 10 000 Salzburger angesiedelt. Die königlichen Beamten regeln ihre Ansiedlung bis in Detail. In Gumbinnen, dem Zentrum ihrer Ansiedlung, müssen im September 1732 alle Amtsleute mit vierspännigen Wagen erscheinen, um die Familien in die Winterquartiere in den zugewiesenen Dörfern zu bringen. Von den Winterquartieren aus erfolgt im nächsten Jahr die allmähliche Ansiedlung auf kostenlos zur Verfügung gestelltem Land.

Dem Wunsch, in Gruppen zusammenzubleiben, kann nicht immer entsprochen werden. Mutlosigkeit und Heimweh führen zu Krankheiten und Todesfällen. In den ersten zwei Jahren stirbt jeder vierte Salzburger Einwanderer."[155]

Auf den einheimischen Bauern lasten hohe Steuern und Frondienste, während die Salzburger die ersten Jahre keine Steuern zu zahlen und nur geringe Dienste zu erbringen haben. So werden die eingewanderten Salzburger wohlhabend, während die alteingesessenen Bauern unter einer hohen Abgabenlast leiden und nicht selten ihre Höfe verlassen müssen, um sich als Scharwerker zu verdingen. Das führt zu Spannungen innerhalb der Landbevölkerung.

Die Neuansiedlung deutsch- und französischsprachiger Kolonisten verändert die ethnische Struktur im Nordosten Preußens. Die Litauer bilden fortan nur noch in wenigen Kreisen südlich der Memel die Bevölkerungsmehrheit, die französischsprachigen Schweizer assimilieren sich an die amtliche Sprache Deutsch und nicht an das Litauische. Nach und nach verschwinden die wallonischen, norditalienischen und französischen Namen der ostpreußischen Bevölkerung. Das ist selten Folge einer bewussten Eindeutschung wie bei polnischen und litauischen Namen im späten 19. und im 20. Jahrhundert. Die Eindeutschung ist auch Folge der Hilflosigkeit deutschsprachiger Amtsschreiber, die des Französischen nicht mächtig sind. Sie schreiben die Namen phonetisch so nieder, wie sie es verstanden haben. Erinnert der Name an das Deutsche, wird er verdeutscht. Aus Bandelier wird „Bandler", aus Camplair „Kampler" und aus einem Précoz ein „Brekau". Die Nachfahren der Gossin aus Crémines beispielsweise nennen sich ab Mitte des 19. Jahrhunderts „Gossing". Dass diese Änderung um 1850 stattfindet, könnte auch mit dem ab 1813 erwachten Nationalismus erklärt werden. Ein „Johann Gossing" wird bei seiner Geburt im Jahr 1841 im Taufregister noch „Gossain" geschrieben, in der Verwundetenlisten seines Regiments im Preußisch-Österreichischen Krieg 1866 aber als G(r)ossing geführt.[156]

Der Siebenjährige Krieg

Reisende nähern sich im Jahr 1756 den Mauern der Stadt Mohrungen im preußischen Oberland durch ein Gewirr von Feldscheunen, den Magazinen eines Dragonerregiments und den kleinen Häusern der Offiziersfamilien und erreichen dann das Städtchen mit damals 1100 Einwohnern. Seine Bewohner nutzen in jenen Jahren die Gräben und Wallanlagen vor der Stadtmauer schon als Gärten. Über dem Durchlass des Polnischen Tors aber hängt noch ein Fallgatter, das zur Verhinderung von „Steuerhinterziehungen" und Desertionen der im Städtchen in Quartier liegenden Soldaten jeden Abend hinuntergelassen wird. In einem kleinen Wachhaus versehen Torwächter und Torschreiber ihren Dienst. An dem Tor sind der preußische Adler und das Stadtwappen angebracht, hinter dem Tor lädt der Stadtkrug zum Aufenthalt. An der inneren Stadtmauer lehnen viele „Mauerbuden". In ihnen wohnen die „Mauerbündner". Mit abgestuften Giebeln in langer Front nebeneinander stehen am Marktplatz die „Ganzerbenhäuser" der großen Kaufleute. In ihrer Mitte liegt das Rathaus, über dem sich der kurz zuvor, im Jahr 1753, neu errichtete achteckige Rathausturm erhebt. Neben dem Rathaus stehen die „Hakenbuden", in denen die Stadtwache und Stadtwaage untergebracht sind. Im Osten des Städtchens befinden sich die Gassen der Handwerker mit ihren Halberbenhäusern. Sie sind nach Zunftzugehörigkeit geordnet und benannt.

Am 25. August 1744 wird Johann Gottfried Herder in Mohrungen geboren. Eines der Halberbenhäuser ist das Elternhaus von Herders Mutter Anna Elisabeth, geborene Peltz. Geht man vom Marktplatz in die parallel verlaufende Große Kirchengasse, befindet man sich in einem stillen Kirchenwinkel.[157] Gegenüber dem Spritzenhaus liegt dort in der Großen Kirchengasse das Halberbenhäuschen von Herders Vater Gottfried. Gottfried Herder kann den Betrieb seines Vaters, des Tuchmachers Christoph Herder, nicht übernehmen und ist deshalb seit 1735 Leiter der Mohrunger Mädchenschule, zugleich noch Kantor und Glöckner der St.-Peter-Paul-Kirche. Wahrscheinlich noch vor seiner Heirat im Jahr 1738 hat er das Haus in der Großen Kirchengasse (später die „Herderstraße") erworben. Herders Geburtshaus ist ein schmales, kleines Haus mit dem Giebel nach der Straße. Im Erdgeschoss und im Obergeschoss hat es je zwei Räume; das Vorderzimmer im Erdgeschoss ist an einen Lehrer der Lateinschule vermietet. Im Hinterzimmer unterrichtet der Vater seine Schülerinnen, in den beiden oberen Räumen wohnt die Familie Herder mit zeitweise fünf Kindern. Johann Gottfried ist der Drittgeborene.[158] Er verbringt in diesem Haus in seiner Heimatstadt eine ärmliche Jugend. Aber er erhält in der ostpreußischen Provinz doch eine gute humanistische Bildung.[159]

Elf Jahre ist Herder alt, als im Mai 1756 der Siebenjährige Krieg, auch Dritter Schlesischer Krieg genannt, beginnt, in den alle großen europäischen Mächte hineingerissen werden. Auf Seiten Englands steht Preußens König Friedrich II. (der Große) auf dem Kontinent fast ganz allein – er hat in Deutschland nur kleinere Staaten wie Braunschweig-Wolfenbüttel und die Landgrafschaft Hessen-Kassel an seiner Seite – gegen Frankreich, Österreich und Sachsen-Polen, vor allem aber das erstarkte zaristische Russland. Zum ersten Mal in der Geschichte kämpfen Russen und Preußen im Siebenjährigen Krieg gegeneinander und betreten russische Truppen preußischen Boden.

Die Verteidigung Ostpreußens hat Friedrich II. dem Generalfeldmarschall Johann von Lehwaldt übertragen, der 30 000 Mann kommandiert. Er verteidigt gegen eine fast 100 000-köpfige russische Armee. Ende Juni 1757 rücken die Russen in drei Kolonnen in Ostpreußen ein; die Festung Memel fällt am 5. Juli. Aber Desertionen und Krankheiten dezimieren die siegreichen Regimenter. Als sich die drei russischen Kolonnen am 13. August in Insterburg vereinen, sind sie nur noch 55 000 Mann stark.

Ihr Kommandant will einen besseren russischen Nachschub über den Seeweg sicherstellen und deshalb Königsberg besetzen, die Preußen wollen die Einnahme der Stadt unter allen Umständen verhindern. Nach einer verlustreichen Schlacht ziehen sich die preußischen Truppen geordnet über den Pregel zurück. Aber erst im Januar 1758 gerät Ostpreußen unter russische Hoheit. Das Land ist zu dieser Zeit von preußischen Truppen geräumt. Am 21. Januar 1758 wird nach kurzem Widerstand die Kapitulation Königsbergs von den Russen angenommen.

Die russischen Besatzer bleiben bis Mitte September 1762. Ostpreußen ist nicht nur besetzt, die russische Zarin gliedert Ostpreußen ihrem Reich als „Generalgouvernement" ein. Das hat zur Folge, dass Ostpreußen und Königsberg nicht geplündert werden. Der baltendeutsche Generalleutnant Freiherr Nikolai von Korff fungiert 30 Monate lang als Gouverneur der jetzt „kaiserlich russischen" Stadt Königsberg. An den öffentlichen Gebäuden verschwinden die preußischen Adler und werden durch den russischen Doppeladler ersetzt.

Am 5. Mai 1762 schließt Russland mit Preußen den Sonderfrieden von St. Petersburg. Zwar löst Katharina die Große später das Bündnis mit Preußen wieder auf, belässt es aber beim Friedensschluss. Am 15. Februar 1763 wird der Frieden von Hubertusburg zwischen Preußen und seinen Gegnern geschlossen. Nach sieben Jahren Krieg sind zwar nur die Verhältnisse, die vor seinem Beginn herrschten, wiederhergestellt, aber Preußens Großmachtstellung in Europa ist bestätigt.

Der Siebenjährige Krieg fällt in die Jugendzeit von Johann Gottfried Herder. Seit 1758 ist Herders Heimatstadt Mohrungen von russischen Soldaten besetzt. Um die St.-Peter-Paul-Kirche gegenüber von Herders Elternhaus breitet sich ein Friedhof aus. Über ihn führt den jungen Herder jeden Tag der Schulweg zur alten, engen und wackeligen Lateinschule des Rektors Grimm, die versteckt hinter der Kirche in der Stadtmauer liegt. Herder kommt auf dem Schulweg an dem Fachwerkhaus des Diakonus Sebastian Friedrich Trescho, dem zweiten Pfarrer der Gemeinde, vorbei. Diakone haben in der evangelischen Kirche die Aufgabe, für die Armen, Bedürftigen und Kranken zu sorgen und sich um die Verwaltung zu kümmern. Der Kleinstadtgelehrte sieht sich eher als Schriftsteller denn als praktizierender Theologe, in seinem Haus befindet sich eine umfangreiche Bibliothek.[160] Mit 16 Jahren wird Herder vom Diakon als Famulus (Gehilfe) angestellt. Er kopiert für Trescho Texte und korrigiert dessen theologische Schriften. Herder bleibt genug Zeit, in der Pfarrbibliothek die poetischen und philosophischen Werke der Zeit zu studieren und die Bücher der griechischen und römischen Autoren zu lesen, die sein Arbeitgeber besitzt.

Der 17-jährige Herder beginnt zu schreiben. Trescho erkennt die Fähigkeiten seines Gehilfen und will ihn in Königsberg studieren lassen. Er bittet Königsberger Bürger um Unterstützung. Die Königsberger Freunde Treschos haben noch nicht reagiert, da hilft Herder ein Glücksfall weiter. Ein aus dem Siebenjährigen Kriege heimkehrendes russisches Regiment bezieht 1761 in Mohrungen Winterquartier.

In diesem schmalen Haus (links) in der Herderstraße (einst Große Kirchengasse) in Mohrungen wird Johann Gottfried Herder als Sohn des Kantors und Lehrers Gottfried Herder und dessen zweiter Ehefrau Anna Elisabeth am 25. August 1744 geboren.

Am 5. Januar 1762 stirbt die Zarin Elisabeth. Ihr Nachfolger wird ihr Neffe Peter III., der Mann der späteren Zarin Katharina II. Der neue Zar ist ein Bewunderer des Preußenkönigs und wird bald aus der Allianz der Gegner Friedrichs II. ausscheiden. In dieser Zeit des Umbruchs liegt mit dem Regiment dessen Regimentsarzt Johann Christian Schwartz-Erla in Mohrungen in Quartier. Das Mohrunger Heimatbuch beschreibt, wie das Schicksal 1762 spielt: „Ein geschickter Arzt von freundlicher Wesensart und literarisch interessiert, verkehrte er im Hause Treschos und wurde dort auf den jungen Herder aufmerksam. Er erklärte sich bereit, ihn nach Königsberg mitzunehmen, dort sein durch eine Tränenfistel entstelltes Auge zu heilen und ihn unter Umständen in Petersburg Medizin studieren zu lassen."[161] Im Sommer 1762 verlässt Herder als Begleiter von Schwartz-Erla Mohrungen. In Königsberg erkennt Herder bald, dass er für den Beruf des Chirurgen ungeeignet ist: Bei der ersten Leichenöffnung wird er ohnmächtig. Herder schreibt sich als Student der Theologie an der Universität Königsberg ein.

Während die Hohenzollern in Ostpreußen wieder die Macht übernehmen, hört der junge Johann Gottfried Herder in Königsberg auch Vorlesungen bei Immanuel Kant. Der hatte während der Besetzung der Zarin Elisabeth schriftlich gehuldigt: „An die Kaiserin Elisabeth von Rußland, Allerdurchlauchtigste Großmächtigste Kayserin, Selbstherrscherin aller Preußen, Allergnädigste Kayserin und große Frau.

Ich ersterbe in tiefster devotion Ew. Keyserl. Majestät allerunterthänigster Knecht Immanuel Kant."[162]

1764 wird der 22-jährige Herder als Aushilfslehrer an die Domschule nach Riga berufen und kann sich so dem in Preußen drohenden Militärdienst entziehen. Erst fern der Heimat wird Johann Gottfried Herder der Theologe, Philosoph und Dichter, dessen Schriften wesentlich die deutsche Klassik und Romantik beeinflussen und die deutsche Sprach- und Geschichtswissenschaft mitbegründen. Seit Oktober 1776 wirkt er in Weimar; neben Goethe, Schiller und Wieland zählt er zu den vier bedeutenden Persönlichkeiten der Weimarer Klassik. Der Kurfürst von Bayern verleiht ihm 1802 ein Adelsdiplom. Als Johann Gottfried von Herder stirbt er am 18. Dezember 1803 in Weimar. Er hat Mohrungen nie wiedergesehen.

Die drei Teilungen Polens

Polen-Litauen ist Mitte des 18. Jahrhunderts immer noch ein riesiges Reich, dessen Grenzen sich bis vor Smolensk und Kiew erstrecken und das damit große Teile des Baltikums, Weißrusslands und den Osten der heutigen Ukraine umfasst. Die Bauern im polnischen Königreich sind fast völlig land- und rechtlos. Gerade in aufgeklärten deutschen Kreisen sieht man die Politik der polnischen Adelseliten als egoistisch und auch untugendhaft an. Dieses Verhalten, dazu die politische Schwäche Polens, das jahrzehntelange Geschacher um die Königskrone und die Konflikte der Adelsfraktionen führen bei den Deutschen im Reich und in Preußen zum abschätzigen Urteil von der „polnischen Wirtschaft", seitdem im Deutschen Synonym für chaotisches, ineffizient organisiertes Handeln. Es prägt das Polenbild im Deutschland von der späten Neuzeit bis tief ins 20. Jahrhundert.

Stanislaus II. August ist nach dem Tod Friedrich August II. im Jahr 1763 ab 1764 bis zu seiner Abdankung 1795 als König von Polen und Großfürst von Litauen gewähltes Staatsoberhaupt von Polen-Litauen. Er entstammt dem Adelsgeschlecht der Poniatowskis und heißt eigentlich Stanisław August Poniatowski. Nach dem Tod des letzten Wettiners auf dem Polnischen Thron wird Stanislaw Poniatowski mit massiver Unterstützung von russischer Seite 1764 König von Polen und Großfürst von Litauen. Die Herrschaft der sächsischen Wettiner in Polen von 1697 bis 1763 hat zu einer bleibenden Schwächung der polnischen Wahlmonarchie geführt. Eine wirtschaftliche Depression, große gesellschaftliche Rückständigkeit und die Verarmung der unteren Schichten der polnischen Gesellschaft sind die Folge.

Die Versuche des neuen Königs, diesen großen, durch verschiedene Hochadelsfraktionen zerrissenen Staat zu reformieren, werden durch eine permanente russische Beeinflussung unterlaufen. Der Adel versucht seine weitgehenden Freiheiten und Privilegien gegen außenpolitische Einflussnahme zu sichern. 1768 entsteht mit der „Konföderation von Bar“ gegen diese Poltik ein Zusammenschluss oppositioneller Adliger. Ihre Anhänger wollen die innere und äußere Unabhängigkeit Polens sichern. Ihre Politik richtet sich sowohl gegen König Stanislaus II. August als auch gegen die Einmischung Russlands in die Angelegenheiten Polens. Eine andere Gruppe hoher Adeliger, die sich an Russland anlehnt, organisiert sich in der „Konföderation von Radom“. Sie ist gegen jede Reform des polnischen Staates. Die Adelspartei der „Konföderation von Bar“ schürt gegen diese Verhältnisse einen Aufstand. Es kommt zu einem vierjährigen Bürgerkrieg, in den auch andere europäische Mächte einbezogen werden. Gleichzeitig erheben sich ukrainische Bauern unter der Führung von Kosaken. Am Ende unterliegt die „Konföderation von Bar“ den Russen und ihren Unterstützern. Die Folge der Niederlage ist die erste Polnische Teilung von 1772.

Der Plan zu einer Teilung Polens geht von Friedrich dem Großen aus und wird von den Russen unterstützt, die sich so polnisch-litauisches Territorium aneignen können. Polen verliert im Jahr 1772 fast 30 % seines Territoriums. Russland bekommt Gebiete an den Flüssen Düna und am Dnjepr in Weißrussland, Österreich erhält kleinpolnische Gebiete südlich der Weichsel, die später Galizien genannt werden. Preußen schließt sich das Fürstbistum Ermland, große Teile des „Königlichen Preußen“ (noch ohne Danzig und Thorn) und den Netzedistrikt mit der Stadt Bromberg an. Es erhält auch Gebiete, die schon im 14. und 15. Jahrhundert einmal zur brandenburgischen Neumark gehört hatten wie zum Beispiel die Stadt Deutsch Krone.

Friedrich der Große hat schon vor der Annexion Erkundungen über die Leistungskraft der Gebiete, die Preußen zufallen sollen, eingezogen. 1772 werden genaue Erhebungen über die Zahl der Haushalte und der Einwohner angestellt und damit zum ersten Mal statistisch zuverlässige Daten über das zukünftige Westpreußen gewonnen. Im Ermland und im einstigen polnischen „Königlichen Preußen“ werden 414951 neue preußische Untertanen gezählt. [163] Die Aufhebung der Leibeigenschaft erscheint dem König noch wenig sinnvoll, denn die Polen, so Friedrich, würden „die ihnen zugedachte Woltat der aufgehobenen Leibeigenschaft nicht nach ihrem wahren Wert einsehen und erkennen. (...) Das sicherste Mittel, um diesen sklavischen Leuten bessere Begriffe und Sitten beizubringen, wird immer sein, solche mit der Zeit mit deutsche zu mehren und wenn es auch nur anfänglich mit 2 oder 3 in jedem Dorfe geschehen kann.“[164]

Der preußische König lässt seine Beamten auch die sozialen Verhältnisse in den neu erworbenen Gebieten untersuchen. In ihren Berichten finden sich Anzeichen der Entrüstung über die wirtschaftlichen und vor allem rechtlichen Verhältnisse, die sie vorfinden. Dem preußischen Oberpräsidenten von Domhardt wird 1773 berichtet, die Bauern würden auf den adligen Gütern als „wahre Sklaven gehalten“, über ihre Person und ihr Eigentum würde „willkürlich disponiret“.[165] Im Jahre 1781 taucht in einer Kabinetts-Order vom 2. Oktober an den Kammerdirektor von Korckwitz in Marienwerder erstmals in einer preußischen Amtsschrift die Wendung „polnsche

Wirtschaft“ auf. Als Begründung für eine Strafmaßnahme gegen polnische Adelige heißt es: „Das ist allein die liederliche polnsche Wirtschaft der dortigen Edelleute Schuld, die sich nicht zur Ordnung gewöhnen wollen.“[166]

Der Forscher, Weltreisende und frühe deutsche Republikaner Georg Forster, in Nassenhuben südöstlich von Danzig im Weichseldelta geboren, ist dann der Erste, der im deutschsprachigen Raum öffentlich die Zustände in Polen so benennt. Ein Brief Forsters vom 7. Dezember 1784 aus Wilna an den Berliner Verleger Johann Carl Philipp Spener spricht von „der polnischen Wirtschaft, von der unbeschreiblichen Unreinlichkeit, Faulheit, Besoffenheit und Untauglichkeit aller Dienstboten“.[167] Und 1785 heißt es in einem Brief Forsters an seine Frau Therese Heyne: „Doch ganze Bogen reichten nicht zu, um Ihnen einen Begriff von dem zu geben, was in den angrenzenden Gegenden Deutschlands, mit einem emphatischen Ausdruck, polnische Wirthschaft genannt wird.“[168]

Friedrich II. bemüht sich, Zuwanderer für die von Polen abgepressten Gebiete zu gewinnen, gibt aber Anweisung, keine Polen anzusiedeln: „Bei Ansetzung von Colonisten ist auf Sachsen und thüringische Leute, auch auf teutsche Polen zu sehen, aber auf keine Stockpolen, denn die taugen gar nichts; und da es zwischen Driesen bis nach Fordon herauf sehr an Obst fehlet, so muss man suchen, einige Pfälzer da hin zu ziehen, die wissen damit Bescheid und können Baumschulen von allen Sorten Obst anlegen.“[169] Von 1772 bis zu Friedrichs Tod im Jahr 1786 kommen 11 000 bis 12 000 deutsche Siedler in das gewonnene Gebiet, 30 % von ihnen stammen aus Württemberg.[170]

Friedrich erlässt Grundsätze für die Verwaltung der von Polen gewonnenen Gebiete. Im Ermland werden Kammerämter in Domänenämter, die Vorwerke des Domkapitels in preußische Domänen umgewandelt.[171] Für die neuen Gebiete um Elbing und Marienburg, das Kulmerland und Pommerellen wird eine neue Kriegs- und Domänenkammer in Marienwerder gebildet. Der umfangreiche Kirchenbesitz kommt in staatliche Verwaltung. Im Januar 1773 ordnet Friedrich II. per Kabinettsordre an, die „aquirirte“ neue Provinz „West-Preußen“ zu nennen.[172]

Längst sieht man die Hohenzollern-Herrscher als Könige eines brandenburgisch-preußischen Gesamtstaates. Bis 1772 sind die Brandenburger offiziell aber noch immer nur „Könige in Preußen“, also noch nicht einmal „von Preußen“. Neben ihrem Herrschaftsgebiet gibt es noch das polnische „Königliche Preußen“, das der polnischen Krone untersteht. Der polnische König hat auch noch das Recht, die dynastische Abstammung jedes zukünftigen preußischen Königs vom Großen Kurfürsten Friedrich Wilhelm I. zu überprüfen. Obwohl Danzig mit seiner Umgebung und Thorn als königlich-preußische Gebiete 1772 noch nicht an die Hohenzollern fallen, will Friedrich II. jetzt die Einschränkungen, die seit 1701 mit dem Königstitel verbunden sind, in aller Form überwinden. Entsprechend lässt er sich im Abtretungsvertrag von 1773 als „König von Preußen“ titulieren. In dem Vertrag wird auch das letzte einstige polnische Lehnsrecht des polnischen Königs, die die Überprüfung der direkten dynastischen Erbfolge, beseitigt.[173]

Russische Truppen marschieren im Mai 1792 in Polen ein, es kommt zu einem weiteren russisch-polnischen Krieg. Die polnische Niederlage führt zur Zweiten Teilung von 1793. 1793 muss der von russischen Truppen umstellte Sejm in Grodno in einer Sitzung der abermaligen Abtretung von Gebieten zustimmen. Russland erhält die restlichen Territorien im heutigen Weißrussland, weitere Gebiete im Nordwesten der Ukraine (Wolhynien) und in der Südwestukraine. Erstmals hat es jetzt in Galizien eine Grenze zum Habsburger Reich. Preußen bekommt mit den Städten Danzig und Thorn den Rest des königlichen Preußens sowie „Großpolen", das Gebiet um Posen. Nach der Annexion nennt es dieses großpolnische Gebiet „Südpreußen". Es wird später zur Provinz Posen.

Polen ist jetzt nur noch ein Reststaat von rund 230 000 km^2 mit etwa 4,4 Mio. Einwohnern. Er zieht sich lang und schmal von Kurland durch das heutige Litauen mit Wilna bis nach Lublin und Krakau, die Hauptstadt Warschau liegt im äußersten Westen.

Unter dem adeligen General Tadeusz Kościuszko kommt es nach der zweiten Teilung Polens 1794 zu einem Volksaufstand gegen die Aufhebung der zu dieser Zeit sehr liberalen polnischen Verfassung und die Vereinbarung, dass Polen nur noch eine Armee von 15 000 Mann unterhalten darf. Kościuszko siegt mit wenigen regulären Truppen und einem Kontingent rasch aufgebotener Bauern in der Schlacht von Raclawice überraschend gegen die Russen, wird jedoch am 10. Oktober 1794 in der Schlacht bei Maciejowice südöstlich von Warschau vernichtend geschlagen. Einen Monat später kapituliert das von russischen Truppen eingeschlossene und schon teilweise besetzte Warschau. Der letzte polnische König Stanisław August II. (Poniatowski), der immer auf der Seite des russischen Zarens stand, unterzeichnet nach der Niederschlagung eines Aufstandes gegen die Besatzer die Verträge zur dritten Teilung des Landes.

Mit der jetzt in einem österreichisch-russischen Teilungsvertrag, dem sich Preußen später anschließt, erfolgenden dritten Teilung, verschwindet Polen als selbstständiger Staat für 130 Jahre von der Landkarte. In einem Zusatzvertrag einigen sich die Teilungsmächte 1797, auch den Namen „Polen" auszuradieren. Österreich, das an den Kämpfen 1794 nicht teilgenommen hat, erhält in einem europäischen Länderschacher den Hauptteil „Kleinpolens" um Krakau, den Westen Galizien mit Sandomir, Lublin und Radom. Russland bekommt die Gebiete östlich von Bug und Njemen (Memel). Preußen erhält Territorien im Süden Ostpreußens und um Warschau, sowie östlich von Oberschlesien Gebiete um Tschenstochau als Neuschlesien. Alle in der dritten Polnischen Teilung von Preußen errungenen Territorien gehen in den bald folgenden napoleonischen Kriegen wieder verloren und werden auch bei der Neuordnung Europas durch den Wiener Kongress 1815 nicht wieder preußisch.

Im Westen des Kontinents stürzen schon vor der letzten Polnischen Teilung die siegreichen Armeen des revolutionären Frankreichs die staatlichen und gesellschaftlichen Verhältnisse. In Königsberg schreibt im selben Jahr Immanuel Kant nicht zufällig die Schrift *Zum ewigen Frieden*.

Krieg und Sieg

Der Feldzug Napoleons

Hermann Sudermanns Großmutter mütterlicherseits verbringt in den 1860er Jahren ihren Lebensabend im Elternhaus des Schriftstellers in Matzicken im Memelland. 1922 erinnert sich der Dramatiker an die Erzählungen der Großmutter in Kindertagen. „Wenn abends der Wintersturm die Nordwand des Hauses anheulte und die Gardinen vom kalten Zuge sich blähten, dann war ihre Zeit gekommen, dann lauschten wir ängstlich der traurigen Mär von Preußens Unglücksjahren und ahnten nicht, dass wir selber einst größeres Unglück erleben sollten."[174] Die Erinnerung an Königin Luise von Preußen und Kaiser der Franzosen Napoleon sei der Großmutter damals noch ganz gegenwärtig gewesen. „Erzählen konnte sie wundervoll. Sie hat mit ihren eigenen Augen Napoleon gesehen, und vor dem Donner der Schlacht von Friedland hat sie sich sehr gefürchtet und die Ohren voller Watte gestopft."[175]

Sudermanns Großmutter hat das Leben einfacher Leute in Pillau geteilt, stammt aber aus einem gutbürgerlichen Hause; ihre Vorfahren waren Kantoren und Ärzte. Eine ihrer Jugendfreundinnen ist die „Tante" Ulrike von Yorck, eine Nichte des Generals Johann Graf von Yorck. Sagengleich begleiten Preußens Unglücksjahre zwischen 1806 und 1813 die gesamte Kindheit Sudermanns. In Preußen regiert in dessen Jugendzeit König Wilhelm I., der zweite Sohn der Königin Luise von Preußen.

Am 9. Oktober 1806 hat Preußen dem französischen Kaiserreich den Krieg erklärt. „Preußens Unglück" beginnt mit der Niederlage in der Doppelschlacht bei Jena und Auerstedt am 14. Oktober 1806: Preußen wird vernichtend geschlagen. Die französischen Truppen besetzen daraufhin schnell die preußischen Gebiete. Am 27. Oktober zieht Napoleon in Berlin ein, am 4. November sein Marschall Louis-Nicolas Davoût in Posen. Am 16. Dezember 1806 erobern Napoleons Soldaten das zu dieser Zeit preußische Warschau.

In Königsberg ist man sich lange über die Bedeutung der preußischen Niederlage nicht im Klaren. Den Ernst der Lage erkennt man erst, als Königin Luise mit den Kindern am 9. November 1806 in Königsberg eintrifft, der König einen Tag später. In Königsberg erkrankt die Königin schwer am „Nervenfieber", wie man Typhus damals nennt. Napoleons Truppen rücken auf die Stadt vor. Als die kranke Königin trotz der Winterkälte am 3. Januar ihr Exil verlässt, ahnen auch die Königsberger, dass ihnen Gefahr droht.[176] Um dem Kaiser der Franzosen nicht in die Hände zu fallen, flieht Luise weiter nach Memel. Bei starkem Frost und Schneetreiben legt die schwerkranke Königin mit ihren Kindern und in Begleitung ihres Leibarztes Christoph Wilhelm Hufeland den Weg über die alte Poststraße auf der Kurischen Nehrung nach Memel, in die nördlichste Stadt ihres Königreiches, zurück. Die Poststraße ist zu jener Zeit im Winter kaum passierbar. Hufeland schreibt: „Wir brauchten drei Tage und drei Nächte, die Tage teils in den Sturmwellen des Meeres, teils im Eise fahrend, die Nächte in elendsten Nachtquartieren zu."[177] Der Berliner Volksmund hat zu jener Zeit über den nicht sehr beliebten König gehöhnt: „Unser Dämel ist nach Memel!"[178] Hartmut Boockmann zitiert zeitgenössische Quellen: „Der König residierte nun in Memel, bald darauf in Königsberg. Wilhelm von Humboldt fand Königsberg ,häßlich, kleinstädtisch, teuer, geschmacklos', und die Königin klagte gar über das ,infame Schloß' in Königsberg. ,Aber wenigstens sind die Räume weit und tief, und die Zugluft kann einen nicht im Bett töten wie hier in Memel, wo die Häuser aus Papier und die Fenster nur zum Spott da sind.'"[179]

Im Oktober 1806 sind die Russen mit einem starken Hilfskorps in Ostpreußen eingerückt; zum Jahresende greifen sie auf Preußens Seite in den Krieg ein. Doch am 25. Dezember 1806 fällt Soldau, einen Tag später Neidenburg an die Franzosen. Das preußische Korps in Ostpreußen, die letzten Truppen des Königs, beginnt den Rückzug über Ortelsburg, Sensburg und Rastenburg auf Angerburg. Nach Gefechten in Zentralpolen und dem überaus harten Wintereinbruch weichen die russischen Truppen in das südliche Ostpreußen aus. Am 31. Dezember 1806 ziehen die Franzosen in Ortelsburg ein. Über Passenheim gelangt Napoleons Armee am 3. Februar 1807 nach Allenstein. Ende Januar 1807 führen die Russen eine Offensivbewegung gegen die in Winterquartieren liegenden Truppen Napoleons durch und verharren dann bei Preußisch Eylau, um durch einen Schlachtensieg Königsberg zu schützen.

Der 8. Februar 1807 ist ein Sonntag. Tiefer Schnee bedeckt die Felder um Preußisch Eylau, die bittere Kälte des Vortages hat nachgelassen. Schneewolken verfinstern den Himmel. Es stehen sich die russische Armee mit 70 000 Soldaten und 450 Geschützen und die französische Armee mit ebenso vielen Soldaten und 400 Geschützen gegenüber. In zwei Kolonnen geht das französische Korps gegen 9 Uhr über die Ebene beiderseits der Straße nach Bartenstein vor und durchquert eine Senkung, die sich ostwärts von Preußisch Eylau entlangzieht. Jetzt setzt das starke Schneetreiben ein, das für die Franzosen fast zur Katastrophe wird. Bei eisigem Nordwind waten die Soldaten bis zu den Knien im Schnee, sie können keine 20 Schritte weit sehen. Das französische Korps verirrt sich und trifft auf die russische Infanterie, weicht aus und macht so das Schussfeld frei für die großen russischen Batterien. 70 russische Geschütze mähen mit Kartätschengarben die bis auf 80 Schritte herangekommene französische Infanterie nieder. Man rät dem Kaiser zum Rückzug. Aber der hat erkannt, dass der russische Angriffschwung erlahmt ist.[180] Die Russen halten nur noch ihre Stellungen. Als am Mittag ein französischer Angriff frischer Divisionen gegen den linken Flügel beginnt, scheint sich das Kriegsgeschehen zugunsten Napoleons zu wenden. Aber in einem Eilmarsch ist das preußische Korps unter seinem Generalquartiermeister, dem Obersten Gerhard von Scharnhorst, mit 8 000 Mann auf das Schlachtfeld gelangt. 6 000 Mann, acht Bataillone, 28 Schwadronen der Kavallerie und zwei reitende Batterien greifen noch in den Kampf ein, der Rest bleibt als Sicherung zurück.[181] Die Preußen stoßen in die rechte Flanke der Franzosen. Dadurch kann der linke russische Flügel standhalten. Die Franzosen gehen endgültig zurück. Die Erschöpfung der Truppen und die einbrechende Dunkelheit machen der Schlacht ein Ende.

Am 9. Februar reitet Napoleon das Schlachtfeld ab. Bei den Russen betragen die Verluste etwa 25 000 Mann, davon 7 000 Gefallene und 18 000 Verwundete. Bei den Franzosen sind es 4 893 Tote, 23 598 Verwundete und 1 152 Vermisste und Gefangene.[182] Es wird angenommen, dass von den Verwundeten beider Seiten mehr als die Hälfte noch in der kalten Winternacht erfrieren. Beide Parteien nehmen einen Sieg für sich in Anspruch. Der französische General Michel Ney erklärt den Ausgang der Schlacht für unentschieden und stellt entsetzt fest „Welch ein Massaker und ohne jedes Ergebnis!“[183]

Nach der Schlacht bei Preußisch Eylau kommt in Ostpreußen wieder Siegeszuversicht auf. In Königsberg aber müssen in den öffentlichen Gebäuden, in Kirchen, Logen, Schulen, Junkerhöfen und auch in Privathäusern zunächst 12 000 verwundete und erkrankte Russen untergebracht werden. Königsbergs Bürgerschaft hilft aus christlicher Nächstenliebe, aber auch aus einem jetzt erwachenden nationalen Patriotismus heraus.[184]

Napoleon muss Winterquartiere in Ostpreußen beziehen. In der Gegend von Osterode, zwischen Döhringen und Schildeck, lässt er für 15 000 Mann ein festes Lager errichten. Noch in der Verbannung auf St. Helena lobt er dessen militärische und hygienische Ordnung als eine seiner glänzendsten Leistungen. Der Kaiser der Franzosen verlässt den Ort am 1. April 1807 und wohnt fortan in Finckenstein, einem Schloss der Grafen Dohna. Das Schloss, im frühen 18. Jahrhundert erbaut, entlockt dem Kaiser beim ersten Anblick ein oft zitiertes Lob: „Enfin un château!“

Nach der Schlacht bei Preußisch Eylau versucht Napoleon, Friedrich Wilhelm III. zu einem Friedensschluss zu bewegen. Der preußische König lehnt ab und verbündet sich stattdessen im April 1807 erneut mit dem russischen Zaren. Im „Vertrag von Bartenstein“ verpflichten sich Preußen und Russland, bis zum endgültigen Sieg über Napoleon zusammenzustehen.

Der Pfarrer Christian Friedrich Müller ist wahrscheinlich im Jahr 1764 in Königsberg geboren. 1782 legt er dort am Kneiphöfschen Gymnasium das Abitur ab, 1787 beendet er an der Albertina ein Theologiestudium. Seit Februar 1805 ist er Pfarrer des Bauerndorfs Klein Schönau in der Landschaft Natangen im späteren Kreis Bartenstein. 1807 werden Pfarrer Müller und seine Gemeinde in die schicksalhafte Auseinandersetzungen ihres Staates mit dem napoleonischen Kaiserreich einbezogen.

Klein Schönau liegt nur etwa 6 km nördlich von Friedland an der Strasse des Städtchens nach Tapiau.[185] Am 13. Juni 1807 stoßen am Fluss Alle bei Friedland 80 000 Franzosen und ihre Verbündeten auf 60 000 Russen und Preußen. Der russische Oberkommandierende von Benningsen leitet die Schlacht vom Friedländer Kirchturm aus, Napoleon hat seinen Gefechtsstand im nahen Park des Guts Postehnen eingerichtet. Die Russen werden über den Fluss gedrängt, die zaristische Armee zieht sich zurück. Sie hat über 20 000 Mann verloren, die französische 8 500. Friedländer Bürger finden nach der Schlacht den Leichnam des Kommandeurs des Petersburger Grenadierregiments, General Makovskij: Er ist auf Befehl französischer Offiziere erstochen und nackt auf die Straße geworfen worden. Makovskij wird mit anderen Gefallenen von den Friedländern auf dem St. Lorenz-Friedhof begraben und eine Sandstein-Pyramide mit russischer und deutscher Inschrift errichtet. Dieses Denkmal soll Friedland im Jahr 1914 davor bewahrt haben, von der Zarenarmee in Brand gesteckt zu werden.[186]

Die Bewohner von Klein Schönau wenige Kilometer entfernt können sich kein Bild der Schlacht machen. Die Berichte durchreisender Zivilisten, aber auch der Eindruck versprengter preußischer Dragoner und russischer Infanterie lassen nichts Gutes ahnen. Am Abend des 14. Juni 1807 notiert Pfarrer Müller: „Hier war schon alles auf den Beinen, Angst und Furcht drückten sich auf allen Gesichtern aus. Man hörte nichts als die Worte: Was wird das werden? Wie wird es uns gehen? Auch sagte man, dass die hiesigen Bauern die ganze Nacht hindurch ihre Habseligkeiten im Wald in Sicherheit gebracht hätten. Man sah beinahe von allen Regimentern einzelne Russen mutlos, marode, zerlumpt, mit und ohne Gewehr, durch unser Dorf kommen. Sie erkundigten sich nach Wehlau, wie weit diese Stadt noch entfernt sei und ob die Meilen kurz oder lang wären. Man konnte, weil wir der Sprache unkundig waren, aus ihren abgebrochenen Worten nichts entnehmen; aber aus ihren Mienen schloss man nicht ohne Grund, dass die Sache nicht zum besten für uns ausgefallen sein müsste. Auch verwundete Pferde wurden an diesem Tage hier durchgebracht, von welchen eins mitten im Dorf von den Russen mit 3 Schüssen erschossen wurde. Dieser Durchzug währte beinahe bis gegen Abend."[187]

Nach den Russen kommen die Franzosen. Am Ende des Durchzugs ist das Dorf geplündert, Frauen sind vergewaltigt, Menschen erschlagen worden. Die Dörfler, auch die Pfarrersfamilie, fliehen mit der letzten Habe in die Wälder. Dort hungert die Gemeinde wochenlang. Der Pfarrer muss erleben, wie angesichts der eigenen Not die Nächstenliebe hinten ansteht und selbst Nachbarn sich gegenseitige Hilfe verweigern. Erst Mitte Juli wagen sich die Menschen wieder in ihre Häuser und Höfe.

Drei Tage nach der Schlacht von Friedland, am 16. Juni 1807, haben Napoleons Truppen auch Königsberg besetzt. Die Russen räumen Ostpreußen. Ihre Niederlage bei Friedland führt zum Frieden von Tilsit zwischen Zar Alexander I. und Napoleon. Als Waffenstillstandslinie haben Russen und Franzosen die Memel vereinbart. Napoleon lässt ein Floß bauen, das in der Mitte der Memel verankert wird. An diesem neutralen Ort beginnen am 25. Juni die Verhandlungen zwischen dem Kaiser von Frankreich, dem Zaren Alexander I. und Preußens König Friedrich Wilhelm III. Der mit Preußen am 9. Juli 1807 in Tilsit geschlossene Friedensvertrag hat den Charakter eines Diktatfriedens, aber er lässt Preußen, wenn auch verkleinert und auf Gebiete östlich der Elbe beschränkt, weiter bestehen. Das Königreich Preußen verliert die Hälfte seines Territoriums, muss die daraus hervorgegangenen französischen Satellitenstaaten, darunter das Herzogtum Warschau, anerkennen und bleibt solange französisch besetzt, bis hohe Kriegskontributionen gezahlt sind. Erst im Dezember 1808 ziehen sich französische Truppen aus den Städten und Dörfern Preußens zurück, halten aber die Festungen Stettin, Küstrin und Glogau weiter besetzt. Die in der zweiten und dritten Polnischen Teilung gewonnenen polnischen Gebiete hat Preußen verloren; in Polen konstituiert sich mit Unterstützung Napoleons ein neues Staatsgebilde, das später „Herzogtum Warschau" heißen wird. Das Wort „Polen" wird im Staatsnamen vermieden, aber die Amtssprache ist polnisch. Als erblicher Herzog von Warschau ist der König von Sachsen, Friedrich August, von Napoleon eingesetzt worden.[188] Eine Rückkehr der preußischen Königsfamilie von Memel nach Berlin gestattet Napoleon nicht; sie darf aber nach Königsberg umziehen.

Die Jahre nach Preußens Niederlage sind in Ostpreußen eine Zeit der Not. Während der französischen Besetzung 1806 bis 1809 werden überall auf dem Land Häuser, Speicher und Ställe geplündert, Zäune verbrannt, Saaten zertreten, Strohdächer abgedeckt. Wenn die Fouragetrupps sich den Dörfern nähern, flüchten die Bewohner in die Wälder. Im Dorf Tharau raffen im Jahr 1807 der Hunger und Infektionskrankheiten wie Typhus und Ruhr alte und junge Dorfbewohner dahin. „Zwanzigmal soviel Gemeindemitglieder wie in jedem der vorhergehenden Jahre wurden jetzt auf dem Kirchhof gebettet"[189], berichtet Hedwig von Lölhöffel in ihrer Chronik. Auch im Kreis Heilsberg kehren Not und Tod ein. Noch 100 Jahre später ist das Elend im Ermland nicht vergessen: „Beiswalde hatte im Frühjahr 1807 nur noch zwei Pferde, so daß die Menschen sich selber vor den Pflug spannen mußten. Eine Hungersnot herrschte; die Menschen mischten Baumrinde und Kleespreu unter das Brot und bereiteten sich aus Nesseln, Sauerampfer und allerlei Kraut einen Brei. Die Ruhr trat auf, der viele Menschen (...) erlagen. Totengerippe, die um 1900 beim Bau des Müllschen Kellers gefunden wurden, sollen aus der Zeit jenes Massensterbens stammen."[190]

Pfarrer Christian Friedrich Müller über seine Gemeinde Klein Schönau: „Im ganzen Dorf blieben nur 3 Stück Vieh am Leben. Aber obwohl beinahe kein Haus ohne Kranke war, hat Gott mich beschützt, ich gab Sterbenden das letzte Abendmahl, hätte mich anstecken können, aber blieb mit den Meinen gesund. 111 mal hat 1807 die Totenglocke geläutet! Angst trieb manchen zur Verzweiflung: der Krugwirt aus Karschau und ein Ackerwirt aus Dietrichswalde erhängten sich."[191]

Kämpfen und Hunger folgt eine Viehseuche, die fast den gesamten Viehbestand und damit den Wohlstand der ländlichen Bevölkerung vernichtet. Das von Napoleon erzwungene Ausfuhrverbot für ostpreußisches Getreide nach England bringt die wichtigste Einnahmequelle der Provinz zum Versiegen. Die von Napoleon verhängte Kontinentalsperre macht auch die Einfuhr englischer Waren unmöglich, worunter vor allem die Hafenstadt Königsberg leidet.[192]

Was Napoleons Kriegszüge in der Provinz anrichten, zeigt das Beispiel des ermländischen Dorfes Plausen im Kreis Rößel: „Als nun in den Jahren 1806 bis 1812 die Kriegsfurie auch über das Ermland dahinbrauste, wurde Plausen nicht verschont. Die Zahl der Dorfbewohner verringerte sich im Lauf der ereignisreichen Jahre von 382 auf 53, 86 % der gesamten Bevölkerung starben!"[193]

Erst im Dezember 1809 darf das preußische Königspaar, jetzt sogar auf Wunsch Napoleons, nach Berlin zurückkehren.

Regulierung und Separation

Anfang Oktober 1807 wird Reichsfreiherr von und zum Stein vom preußischen König zum leitenden preußischen Minister mit weitreichenden Vollmachten ernannt. Mit der Aufhebung der Erbuntertänigkeit der Bauern, mit der Städteordnung und der Verwaltungsreform beginnt er in Königsberg sein großes Reformwerk – von Ostpreußen also nehmen die Reformen des preußischen Staates ihren Ausgang. Das liegt nicht nur an der erzwungenen Präsenz von Hof und Regierung in Königsberg. Hartmut Boockmann nennt als Grund dafür auch einen „Königsberger Geist der Aufklärung": „Führende Reformer wie Hermann von Boyen, Graf Alexander Dohna, Johann Gottfried Frey und vor allem Theodor von Schön waren durch Geburt und Karriere eng mit dem Land verbunden. Boyen, Frey und Schön hatten in Königsberg Kant und Christian Jakob Kraus gehört. Die Königsberger Aufklärung wurde durch diese Männer zu einem Fundament des für die nächsten Jahrzehnte so charakteristischen ostpreußischen Liberalismus."[194]

In den ostpreußischen Dörfern kommt es in den Jahren 1807 bis 1821 auf der Grundlage der preußischen Reformen zu einer Neuverteilung des Landes. Da ist auch schon einmal Bestechlichkeit im Spiel. Für das Kirchspiel Regerteln im Kreis Heilsberg im katholischen Ermland werden Anstifter und Täter, aber auch das Opfer genannt: „Es ist begreiflich, daß mancher mit Butter, Eiern und Speck um die Gunst der maßgebenden Männer warb. Der Feldmesser (Kondukteur) Runge wurde z.B. von seinem Quartiergeber Knoblauch sehr gut aufgenommen und mit Braten und

Getränken bewirtet. Der Gast zeigte sich dafür erkenntlich, indem er dem Bauern den Plan unmittelbar am Dorf zuschnitt und ihm als Zugabe noch die 2 ½ Morgen große ‚Gassenwiese' verschaffte, die vor den Gärten anderer Bauern lag. Aber der stille Bauer Teichert bekam das sandige Land vor und hinter dem ‚Grund' an der Regerteler Grenze, auf dem noch Gestrüpp und Kuseln standen."[195]

Bei der Neuordnung der Agrar- und Rechtsverhältnisse im Königreich Preußen nimmt Ostpreußen eine Vorreiterrolle ein. Ein „Oktoberedikt" vom 9. Oktober 1807 steht am Beginn der Stein'schen Reformpolitik in Preußen. Der preußische Oberpräsident Theodor von Schön lässt in dem „Edikt den erleichterten Besitz und den freien Gebrauch des Grund-Eigenthums sowie die persönlichen Verhältnisse der Land-Bewohner betreffend" seinen König Friedrich Wilhelm III. verkünden: „Mit dem Martini-Tage Eintausend Achthundert und Zehn hört alle Unterthänigkeit in Unseren sämtlichen Staaten auf. Nach dem Martini-Tage 1810 gibt es nur freie Leute."[196] Das Edikt bewirkt in ganz Preußen die Aufhebung der Ständeordnung und führt bis zum 11. November 1810 zur vollständigen Befreiung aller Bauern von der Erbuntertänigkeit. Es gewährt ihnen das Recht der freien Berufswahl und gestattet die Freiheit des Güterverkehrs. Bauern können jetzt in die Städte abwandern, Bürgerliche dürfen Landgüter erwerben. Adeligen, die zuvor nur „standesgemäßen" Tätigkeiten nachgehen können, ist es nun möglich, bürgerliche Berufe zu ergreifen.

Die Agrarreformen sind das Kernstück der preußischen Staatsreformen: Die Bauern werden persönlich frei. Bauern mit besserem Besitzrecht wie in Ostpreußen die Kölmer verlieren die Erbuntertänigkeit sofort, Dienste und sonstige feudale Verpflichtungen werden aufgehoben. Nach der persönlichen Befreiung ist der zweite Schritt die Übertragung des Eigentums an den bewirtschafteten Flächen an die Bauern. Das Eigentum an einem Teil des Landes, das sie bewirtschaftet haben, wird ihnen übertragen; sie sind nun Besitzer dieses verkleinerten Hofs. Von ihren bisherigen Abgaben und Frondiensten an den Grundbesitzer können sie sich freikaufen. Am 14. September 1811 tritt das Regulierungsedikt in Kraft. Hartmut Boockmann: „Es legte fest, daß die Gutsherren im Falle erblicher Besitzverhältnisse für die von ihnen bisher genutzten Rechte mit einem Drittel des von den Bauern bewirtschafteten Bodens entschädigt werden sollten. Bei nichterblichen Besitzverhältnissen sollte die Hälfte an sie fallen."[197]

Um das Entstehen von zu kleinen bäuerlichen Besitzungen zu verhindern, wird 1816 das Recht der Ablösung durch Landabgabe auf größere Höfe beschränkt. Die kleineren Besitzungen bleiben damit von der „Allodifikation", der Aufhebung der Abhängigkeit von einem Grundherrn, ausgeschlossen. Sie sind zwar ebenfalls nicht mehr erbuntertänig, können aber ihre Höfe nicht in Besitz nehmen. Im Dorf Aussaunen im Kreis Gerdauen betrifft die Einschränkung 2/3 der Bauernstellen. Bis zum Jahre 1816 werden 17 Höfe eingezogen. Es bleiben nur noch acht Hofstellen.[198] Der Wert der bisher zu leistenden Fron- und Naturaldienste, das Scharwerk, wird ermittelt und im Juni 1821 gesetzlich festgelegt, dass diese Ablösung den Wert des Fünfundzwanzigfachen dessen betragen sollte, was bisher im Jahr zu leisten gewesen war.[199]

Heinrich Kurschat nennt Beispiele dafür, was das Regulierungsedikt für die Bauern nördlich der Memel bedeutet: „Der Bewerber mußte außer dem Domänenzins ein Scharwerksbefreiungsgeld, ein Rauchgeld an den Förster, Befreiungsgeld für Hand- und Spanndienste usw. leisten. Ein königlicher Bauer mit 4 Hufen (etwa 30 ha, der Verf.) im Kreise Memel hatte ein Kapital von 439 Talern aufzubringen."[200] Im Memelland sind viele Bauern mit der neuen Verantwortung überfordert. Sie überlassen ihr Land dem Gutsbesitzer, „weil sie sich damit aller finanziellen Sorgen entledigen konnten."[201] Sie werden „Losleute", Tagelöhner, die auf einem Gutshof arbeiteten, und ein kleines Stück Land zur Eigenversorgung pachten.

Für die Bauern, die ihr Land als Eigentum übernehmen, ziehen sich die Entschädigungsverfahren vielfach bis in die Mitte des Jahrhunderts hin. Im Kirchspiel Regerteln im ermländischen Kreis Heilsberg zahlen die Bauern drei Generationen lang Entschädigungen. „Die in den Grundbuchblättern als Ablösung eingetragene Rentenschuld wurde in fast 100 Jahren, bis gegen 1910, durch halbjährliche Tilgungsraten abgetragen. Für das 1815 gleichzeitig abgeschaffte Scharwerk wurde noch 1851 für Beiswalde je Hufe ein Scharwerksbefreiungsgeld in Höhe von 3 Talern 12 Groschen erhoben."[202] Ein Großteil der Allmende, des von allen zu nutzenden Landes, fällt als Entschädigung an die Gutsbesitzer, weniger als ein Sechstel bleibt den Bauern. In der Folge verlieren viele Kleinbauern ihre Existenzgrundlage und müssen ihr überschuldetes Land an die Grundherren verkaufen. Sie vergrößern so weiter ihren Besitz, auch diese ehemaligen Bauern werden zumeist Instleute oder Landarbeiter.

Überall in Ostpreußen folgt auf die Übertragung der Eigentumsrechte bzw. die Einziehung durch den Grundherrn ein Landtausch, die Separation. Sie hat in vielen Gebieten Ostpreußens schon zurzeit Friedrich des Großen begonnen und wird jetzt konsequent verwirklicht. In der Separation erhält jeder Bauer seinen bleibenden, feststehenden Besitz. Das Land jedes Hofes wird in möglichst wenige Flurstücke zusammengefasst, damit lange Anfahrten zur Bearbeitung der Areale entfallen. Dadurch müssen Bauern auch aus dem Dorf ausgesiedelt und ihre Höfe in der Mitte ihrer Flächen gesetzt werden."[203] Da es keine gemeinsame Dorfweide mehr gibt, muss das Vieh jedes Hofes ab sofort vom eigenen Besitz versorgt werden.[204]

Erst nach vielen Streitigkeiten und Prozessen ist alles vermessen und in Grundbüchern amtlich gemacht. So auch im 500-Einwohner-Dorf Plausen im ermländischen Kreis Rößel: „23 ansässige Bauernnamen waren fein säuberlich eingetragen, die ihnen gehörenden Landstreifen, die fächerartig vom Dorfmittelpunkt bis zur Gemeindegrenze liefen, waren deutlich eingezeichnet. Etwa zwei Jahre dauerte die Vermessung und Neuaufteilung. Im Dorf selbst blieben nur die beiden ehemaligen Schulzengrundstücke, der Krug und zwei Bauern. Die Vergebung der einzelnen

Grundstücke erfolgte durch das Los. Wer außerhalb des Dorfes nun seine Wirtschaftsgebäude neu errichtete, bekam mehr an Land als derjenige, der im Dorf selbst sein Wohnhaus und die Wirtschaftsgebäude behielt."[205] Auch im Kreis Angerburg verändert sich die Struktur der Dörfer völlig – und damit das Bewusstsein der jetzt Land Besitzenden: „Das geschlossene Dorfbild lockerte sich allmählich. Zahlreiche Bauern errichteten ihre Gehöfte außerhalb des Dorfes inmitten ihres Besitztums, es entstanden die Abbauten. Die bisherige Hofstelle wurde entweder verpachtet oder den Instleuten zugewiesen. Der Bauer verfügte nun über einen abgegrenzten Besitz, der ihm erb- und eigentümlich gehörte. Er begann sich als freier Mann auf freier Scholle zu fühlen."[206]

Die Agrarreformen haben in Ostpreußen erhebliche soziale Folgen. Die Vergrößerung des Gutslandes führt dazu, dass noch bis in die zweite Jahrhunderthälfte hinein die Zahl der Güter wächst. Außer einem nicht sehr großen bäuerlichen Mittelstand profitieren vor allem die Großgrundbesitzer von der Reform, weil sie auf diese Weise ihren Landbesitz mehren können. Die Zahl der Bauernhöfe bleibt in etwa gleich. Die vor der Bauernbefreiung nicht spannfähigen kleinen Bauern, also diejenigen, die ihr Höfe nicht mit eigenem Vieh bewirtschaften können, bleiben von der Ablösung ausgeschlossen. Sie haben weiterhin Handdienste zu tun und verschiedene „Gefälle" zu zahlen. Bis 1850 sind schon viele von ihnen nach Bränden, Viehseuchen, Missernten und Krankheiten in Bedrängnis geraten und „ausgekauft" worden. Sie bilden jetzt die ländliche Unterschicht der Instleute und Tagelöhner. So hat der masurische Kreis Sensburg 1839 nur noch ein Drittel der Bauernstellen von 1811. Der Besitz des Grafen von Lehndorff in Steinort am Mauersee hatte im Jahr 1795 noch 86 selbstständig wirtschaftende Bauern, 1830 sind es nur noch zehn Bauern und zwölf bäuerliche Pächter. Am Ende des 19. Jahrhunderts gibt es in Steinort nur noch Instleute.[207] Obwohl die Reformer in guter Absicht handeln, vergrößert sich als Folge der Reformen doch die besitzlose ländliche Unterschicht aus Instleuten, Gesinde, Losleuten (Tagelöhnern) und Kätnern.

Gegen die nach 1806 eingeleiteten Reformmaßnahmen gibt es erhebliche Widerstände aus dem Adel, denn auch für die Rittergutbesitzer verändern die Steinschen Reformen die Bedingungen des Wirtschaftens völlig. Von einer Grundherrschaft, die sich aus Zinsen, Abgaben und Dienstleistungen der Lehnsabhängigen finanziert, wird sie zur Gutswirtschaft, auf welcher der Besitzer jetzt selbst agrarisch tätig ist. Ist bis dahin der Besitz durch einen Administrator verwaltet worden, werden die Großgrundbesitzer nun Unternehmer. Marion Gräfin Dönhoff hat das für ihre reich begüterte Familie beschrieben. Ihr Vater August Graf von Dönhoff-Friedrichstein ist schon ganz Landwirt, während der Großvater August Heinrich Graf von Dönhoff noch hauptsächlich preußischer Offizier, Diplomat und Politiker war. „In unserer, der 18. Generation, war der Gutsherr eine Art landwirtschaftlicher Unternehmer. Nie hatte einer der bisherigen Eigentümer eine Ahnung von Fruchtfolge, Viehzucht,

Futteranalysen und Düngungsversuchen gehabt. Jetzt wurde dies anders. Bald bedeckten Statistiken und graphische Darstellung die Wände des Büros, in dem der Chef dieses Unternehmens saß und sich in immer neue Gebiete einarbeitete: Steuergesetze, Bodenmeliorationen, Mechanisierung. Die Wissenschaft hielt Einzug auf den Gütern."[208]

Gewirtschaftet wird jetzt mit angestelltem Personal, doch gibt es auf den Gutshöfen zunächst noch nicht genug Wohnhäuser für die Instleute und Tagelöhner. Auch an Ställen und Scheunen für das Nutzvieh mangelt es, ausreichend Pferdegespanne für die Feldarbeit sind nicht vorhanden. So bleiben in den ersten Jahren die jetzt freien Bauern noch verpflichtet, Baumaterialien anzufahren. Für den Kreis Gerdauen gilt, dass sie in den ersten zwölf Jahren nach der Regulierung jährlich acht einspännige Gespanne und zehn Mannestage als Hilfsdienste zu leisten haben. Seit Mitte des 18. Jahrhunderts sind viele adelige Güter stark verschuldet und befinden sich im Pfandbesitz ihrer Gläubiger. Den oft alteingesessenen Familien droht die Gefahr, den Familienbesitz zu verlieren. Damit diese Familien, die zu dieser Zeit noch keine bürgerlichen Berufe ausüben dürfen, ihren Besitz und damit ihre Existenz behalten, ist schon König Friedrich der Große um die Beseitigung der „Kreditnot" bemüht. Er führt in seinen Provinzen landwirtschaftliche Kreditsysteme ein. Sie sollen den Kapitalmarkt mit allein auf ihren Vorteil achtenden Kapitalgebern ausschalten, dem adeligen Grundbesitz günstigen Kredit gewähren und zugleich Kapitalbesitzern eine sichere Anlageform bieten.[209]

Zu diesem Zweck ist 1788 die „Ostpreußische Landschaft" gegründet worden, eine Art landwirtschaftliche „Rentenbank" mit Sitz in Königsberg. Der Historiker Wolfgang Hertz-Eichenrode: „Wie die Landwirtschaftskammer war die Ostpreußische Landschaft ein vom Staat beaufsichtigtes Selbstverwaltungsorgan; es hatte die Aufgabe, den Grundbesitz mit langfristigem Kredit zu versorgen."[210] Ursprünglich können nur Besitzer adligen Bodens Mitglieder der Landschaft sein[211], ab 1849 dürfen auch Besitzer von bäuerlichem Boden von einer gewissen Steuerklasse aufwärts der Landschaft angehören. Hertz-Eichenrode: „An der Spitze der Landschaft stand der Generallandschaftsdirektor, der lange Zeit nur aus den bekanntesten Adelsfamilien wie der Dohna, Auerswald und Kanitz gewählt wurde. 1877 nahm zum erstenmal ein bürgerlicher Gutsbesitzer diesen Posten ein, und das wiederholte sich bis 1924 ununterbrochen, so dass die schwindende Vorherrschaft des Adels in der Landschaft auch nach außen hin sichtbar wurde."[212]

Nicht nur Bauern, auch viele adelige Rittergutbesitzer scheitern an den neuen Verhältnissen nach der Separation. Dazu Hartmut Boockmann: „Schon vor der Einführung des freien Güterverkehrs waren viele Adlige nicht in der Lage gewesen, ihre Güter in einer Zeit des raschen wirtschaftlichen Wandels zu halten. Obwohl 1825 das alte Kreditsystem erneuert wurde, war die Zahl der Gutsbesitzer, die ihre Betriebe aufgeben mußten, hoch. So kam es zum Beispiel 1824 zum Zwangsverkauf von ungefähr zwei Fünfteln der Güter, die damals durch Kredite der Landschaften gestützt worden waren."[213]

In den Jahren 1829/30 werden von 256 im Bezirk des Oberlandesgerichtes Königsberg gelegenen Rittergütern 111 zwangsversteigert. Vor allem reiche bürgerliche Kaufleute erwerben Rittergüter aus adeligem Besitz; einige, so Pellen und Wesselshofen im Kreis Heiligenbeil, fallen an jüdische Kaufleute aus Königsberg. Im Jahr 1885 befinden sich nur 7 % aller ostpreußischen Güter länger als 50 Jahre im Besitz der derselben Familie. Das Gut Klein Tauersee mit seinen 1 532 ha beispielsweise gehört mehr als 200 Jahre der Familie von Kownacki. Oskar von Kownacki verkauft es an Alfred Ferdinand Oehlrich, der mit seiner Firma A. Oehlrich & Co. in der kaukasischen Mineralölindustrie ein Vermögen gemacht hat und große Raffinerien in Riga und Baku besitzt. Neben Klein Tauersee gehört ihm auch das benachbarte Gut Bialutten mit 2 385 ha. Für Großunternehmer wie Oehlrich ist der Kauf von Großgrundbesitz eine relativ sichere Kapitalanlage. Eine solche Anlage kann gut vererbt werden, zumal wenn in der Folgegeneration das unternehmerische Talent nicht ausgeprägt ist.

An einige Rittergüter in Ostpreußen ist – wie überall in Preußen – ein Privileg gebunden: Wer immer es mehr als 50 Jahre im Besitz hat, ist, ob adelig oder bürgerlich, für einen der den Rittergutsbesitzern zustehenden Sitze im Preußischen Herrenhaus wählbar und wahlberechtigt. Das Gesetz von 1854, das das Herrenhaus als Teil der Legislative neben das Abgeordnetenhaus stellt, enthält eine Matrikel, in der sämtliche für die Wahl zum Herrenhaus in Frage kommenden Rittergüter aufgezählt sind. Dem Widerstand des Adels gegen die Reformen ist der preußische Staat in verschiedenen Punkten entgegenkommen. So sind 1807 bis 1821 nicht alle feudalen Rechte beseitigt worden: Die Polizei- und Gerichtsrechte des Gutsherrn werden zwar staatlich stärker kontrolliert, aber ebenso wenig völlig abgeschafft wie Kirchen- und Schulpatronate, Jagdrechte und Steuervorteile des Großgrundbesitzes. Erst 1851 verlieren die Gutsbesitzer oder die von ihnen eingesetzten Juristen die Gerichtsbarkeit über die Gutsbezirke. Die Polizeigewalt geht sogar erst 1872 durch eine neue Kreisordnung auf den Staat über. Die Gutsbezirke weisen jedoch auch nach 1872 automatisch den Gutsherrn als Ortsvorsteher aus. Bis weit in die Jahre der Weimarer Republik hinein verbleibt die niedere Exekutivgewalt, mit der man beispielsweise Störer der öffentlichen Ordnung festsetzen kann, bei den Gutsherren.[214]

Der Russlandfeldzug und die Befreiungskriege

Der in Stallupönen geborene spätere preußische Generalmajor Robert Freiherr von Eberstein wächst in Gumbinnen auf. Im Jahr 1860 gibt er Erinnerungen an seine Jugendjahre in Druck. In ihnen berichtet er von einer Völkerwanderung unter babylonischem Stimmengewirr, die im Juni des Jahres 1812 Gumbinnen heimsucht:

„Es waren dieses Soldaten aller Nationen, wovon die Franzosen mir durch ihr hübsches Singen, von den Rheinbündlern die Bayern durch ihren auffallenden Dialekt, die Portugiesen durch ihre braunen Montierungen, durch ihre schwarzen, glänzenden Haare, judenhafte Physiognomie usw. auffielen (...) Die schlimmste Einquartierung waren die Süddeutschen, Bayern und Württemberger, da sie grob, brutal und mit nichts zufrieden waren; die Portugiesen waren die schmuddeligsten und voller Ungeziefer. Daß auch Holländer, Italiener, selbst Spanier durch Gumbinnen marschierten weiß ich aus eigener Erinnerung sehr wohl, besinne mich aber nicht mehr ihrer Eigentümlichkeiten."[215]

Obwohl das wesentliche Aufmarschgebiet für Napoleons Russlandfeldzug – mit dem er seinen letzten potentiellen Gegner auf dem europäischen Kontinent, den Zaren, ausschalten will – das polnische Herzogtum Warschau ist, rückt ein Teil von Napoleons Truppen durch Ostpreußen vor. Am 13. April 1812 bezieht in der Umgebung der Stadt Saalfeld im Kreis Mohrungen das 2. französische Chasseur-Regiment mit mehr als 1 000 Mann und fast 1 100 Pferden Quartier. Drei Wochen später kommt noch die 3. französische Division unter dem Brigadegeneral Charles-Etienne Graf Gudin de la Sablonnière mit 11 500 Mann in die Gegend. Als sie ab Anfang Juni das Oberland verlassen, requirieren sie auf den Dörfern zum Transport des Trosses alle auftreibbaren Pferde und Wagen, Bauern haben als Fuhrknechte die Wagen zu lenken. Für je 30 Fuhrwerke muss als Aufseher ein Dorfschulze den Tross begleiten. Den Bauern wird versprochen, dass sie den Fuhrdienst aus dem Oberland nur bis zur „Wildnis", zur Grenze nach Litauen, leisten müssen, dann aber wird der Weiterzug über die Grenze befohlen. Schließlich werden Pferde und Wagen zu französischem Eigentum erklärt und nicht mehr zurückgegeben. Auch ein Teil der zum Dienst gezwungenen Begleitmannschaften kehrt nie wieder in die Heimat zurück.[216]

Im Mai 1812 marschieren auf vier Routen Truppen durch den Kreis Preußisch Eylau in Richtung Russland. Zunächst kommt das 60 000 Mann starke I. Korps, ihm folgen unmittelbar das II. Korps mit 40 000 Mann und nach dem Feldzugbeginn im Juli 1812 die 40 000 Mann Reserve des IX. Korps. Für alle diese Soldaten muss entlang des Aufmarschweges Quartier gemacht, Verpflegung für Mensch und Tier gestellt werden. Getreide, Vieh, Futter für die Pferde und Fuhrwerke für den Tross werden rücksichtslos in Stadt und Land beschlagnahmt, obwohl Preußen seit dem Vertrag von Tilsit 1807 Verbündeter des französischen Kaiserreichs ist. Im Aufmarschgebiet mahlen alle Mühlen Tag und Nacht für den Truppenbedarf. In der Gegend von Preußisch Eylau backen fünf Feldbäckereien in Kreuzburg sowie je vier in Preußisch Eylau und Landsberg für die „Grande Armée". Allein das I. Korps beschlagnahmt für seine Versorgung in der Umgebung von Preußisch Eylau 2 394 Ochsen.[217] Die Einwohner der kleinen Stadt Allenburg, die südlich von Wehlau am Fluss Alle liegt, sind beim Durchmarsch der Franzosen Opfer von Gewalttaten. Aber auf ihrem Marsch nach Russland üben die jungen Soldaten in den bunten Uniformen doch einen besonderen Reiz auf die weibliche Bevölkerung aus. Im Taufregister des Jahres 1813 klagt der Pfarrer die verlotterten Sitten an: „Mit einiger Betrübnis bemerke ich, dass 130 uneheliche Kinder geboren sind: O Krieg, du zerstörst alle Gesetze!“[218]

Napoleon weilt vom 12. bis 16. Juni 1812 im Schloss von Königsberg. Tag für Tag ziehen Regimenter aus vielen Nationen den Schlossberg hinauf und weiter durch das Sackheimer Tor über Tapiau nach Insterburg. Der Kaiser beobachtet vom Schlossfenster aus den Vorbeimarsch der Infanterie und verfolgt mit seinem Fernrohr den endlosen Zug der Artillerie und der Trosse, die auf der Chaussee nach Neuendorf Richtung Osten marschieren. Das Königreich Preußen muss widerstrebend ein Hilfscorps für Napoleons Armee stellen. Ihm gehören 20 000 der zu dieser Zeit noch 40 000 preußischen Soldaten an. Im Juni 1812 sammeln sich in Königsberg und den Ortschaften des Samlands die beiden Divisionen, die beim Einmarsch in Russland als X. Korps gemeinsam mit polnischen, bayerischen und westfälischen Divisionen die linke Flanke der französischen Armee bilden sollen. Im Juni bricht das X. Korps mit seinen preußischen Truppen zum Vormarsch über Tilsit auf. Es wird am 24. Juni, die Memel überschreitend, bis Riga vorrücken und dort verharren, bis Napoleon zum Rückzug aus Moskau gezwungen ist.[219]

Am 22. Juni 1812, kurz vor Mitternacht, haben beim litauischen Kaunas (Kowno) die ersten Einheiten der Grande Armée die Memel, die hier noch Njemen heißt, überschritten. Von den über 560 000 Mann des bis dahin größten Heeres der Weltgeschichte stammen 335 000 Mann aus dem damaligen Frankreich, das zu dieser Zeit mit seinen neuen Departements über Belgien, die Niederlande und Norddeutschland bis Lübeck reicht. Die übrigen Soldaten stellen die verbündeten Länder, die größten Kontingente dabei das Herzogtum Polen mit 90 000 und das Königreich Bayern mit 30 000. Der Rest wird aus den großen und kleinen Rheinbundstaaten, Portugal und dem Königreich Neapel rekrutiert, die von Frankreich abhängig sind; die Österreicher bilden mit 40 000 Mann im südlichen Polen als eigenes Hilfskorps den rechten Flügel. Durchschlagende Unterstützung ist von den österreichischen wie auch den preußischen Hilfstruppen nicht zu erwarten. Es fehlt die Motivation, für Napoleon gegen einen ehemaligen Verbündeten Russland zu kämpfen.

Am 14. September hat Napoleons Armee Moskau erreicht. Sie hat sich zugrunde gesiegt. Auf den ostpreußischen Heerstraßen ziehen immer noch kleinere oder größere Nachschubeinheiten nach Osten; im Kreis Heiligenbeil am Frischen Haff sind es jeden Monat noch an die 20 000 Mann mit mehreren tausend Pferden. Am 19. Oktober verlässt Napoleon das brennende Moskau. Noch im November 1812, als sich seine Arme bereits im ungeordneten Rückzug befindet, marschiert noch ein Bataillon spanischer Pioniere, ein Bataillon des französischen Geniekorps und württembergische Kavallerie durch den Kreis Heiligenbeil in sein Verderben.[220] Ende November gelingt versprengten Teilen der französischen Armee auf dem Rückzug unter großen Verlusten der Übergang über den Fluss Beresina. Michel Ney, den Napoleon den

Fähranleger der Königlichen Trajektanstalt über die Memel, um 1900. Tilsit besitzt bis zur Indienststellung der Luisenbrücke im Jahr 1907 nur eine Schiffsbrücke, die zweimal täglich für den Schiffsverkehr ausgeschwenkt wird. Im Winter verkehren nur Fähren.

„Tapfersten der Tapferen" genannt hat, ist seit dem Abend des 7. September, dem Tag der Schlacht von Borodino, „Fürst von der Moskwa". Ohne ihn hätte kaum ein Soldat Napoleons den Feldzug überlebt. Er war während des Rückzuges ständiger Nachhutführer. Nach dem Übergang über die Beresina sammelt Ney bei Wilna die letzten 3 000 kampffähigen Männer und deckt mit ihnen die Flucht der Reste der Armee.

Napoleon verlässt seine sich auflösende Armee am 5. Dezember 1812 und reist nach Paris. Die Ankunft der geschlagenen Armee Napoleons in Ostpreußen ist legendär. Die in den Kirchen, im Magazingebäude und im Salzburger Hospital in Gumbinnen eingerichteten Lazarette reichen nicht aus, die Verwundeten und Kranken aufzunehmen, viele von ihnen werden in Wohnhäusern untergebracht. Selbst französischen Generalen und Marschällen ist kein besseres Los beschieden. Ohne sein von ihm kommandiertes Korps steht der Herzog von Belluno und Marschall Frankreichs Claude Victor-Perrin mit einem Bündel Stroh vor der Hütte eines Gumbinner Flickschusters und bittet um ein warmes Plätzchen.[221] Eine andere Gumbinner Anekdote berichtet, Marschall Ney sei als allerletzter Franzose knapp vor den nachstreifenden Kosaken im preußischen Gumbinnen eingetroffen. Im dortigen französischen Offizierskasino erkennt man den völlig Verfrorenen und Verwahrlosten nicht und will ihn nicht einlassen. Daraufhin Ney zu den Wachen: „Gemach, Messieurs. Erkennen Sie mich nicht? Ich bin die Nachhut der Großen Armee – ich bin Michel Ney."

Die Russen machen in der Verfolgung der Franzosen zunächst an der preußischen Grenze halt. Erst nach sieben Tagen, am 20. Dezember, dringen sie nach Gumbinnen vor. Am Morgen des ersten Weihnachtstages dann rücken Kosaken in die Stadt ein.

Das X. Korps der Grande Armée mit seinem preußischen Hilfskorps befindet sich noch in Russland, als sich der Rest von Napoleons Hauptkräften nach Ostpreußen zurückzieht. Es marschiert von der Düna über Schaulen nach Tilsit. Die Division Grandjean des Korps erreicht Preußen mit noch 6000 der einstmals 12500 Männer, überwiegend Polen, Bayern und Westfalen. Das preußische Korps hat noch 15000 seiner vormals 20000 Soldaten. Beim Erreichen der ostpreußischen Grenze schließt sein Befehlshaber, General Ludwig von Yorck, mit dem russischen General Hans Karl Friedrich Anton von Diebitsch im Dezember 1812 im litauischen Tauroggen nahe der Grenze eigenmächtig eine „Konvention" ab, in der er sein preußisches Kontingent für „neutral" erklärt[222] und sich zur Aufstellung seiner Truppen zwischen dem Kurischen Haff und den Städten Memel und Tilsit verpflichtet. Am 8. Januar 1813 greift Yorck auf Seiten Russlands in den Krieg gegen Napoleon ein. Der preußische General ist kein Reformer, aber er hofft auf einen Sturz der französischen Herrschaft über Preußen. Deshalb wirkt er mit den Repräsentanten der Reform zusammen, vor allem mit dem Freiherrn von Stein, der jetzt, nach seiner Entlassung aus preußischen Diensten, als Beauftragter des Zaren in Ostpreußen eintrifft. Gemeinsam mit den russischen Truppen rückt Yorck auf Königsberg vor und besetzt die Stadt. Ende Januar 1813 folgen Elbing und Marienburg.[223] Während die Generale von Diebitsch und von Yorck von Nordosten beginnen, die Franzosen aus Ostpreußen zu vertreiben, marschiert Zar Alexander I. von Südosten in Masuren ein. Die erste Stadt, die er hier erobert, ist am 19. Januar 1813 Lyck. Er wird als Befreier gefeiert.

Der preußische König und seine Regierung zögern weiterhin, sich von Napoleon loszusagen. Aber die ostpreußischen Stände drängen ihn, eine allgemeine Erhebung gegen Frankreich zu befehlen. Im Klima einer nationalen Aufwallung handeln die Vertreter Ostpreußens, ohne auf eine Entscheidung des Monarchen zu warten. Graf Alexander zu Dohna-Schlobitten war von 1808 bis 1810 Nachfolger des Freiherrn vom Stein als preußischer Innenminister und leitet nun im Februar 1813 in Königsberg einen „Ostpreußischen Landtag". Einhellig fasst die Ständeversammlung den Beschluss, alle zur Verfügung stehenden Kräfte gegen Frankreich zu mobilisieren.[224]

Früher als in allen anderen preußischen Provinzen wird in Ostpreußen eine Landwehr aufgestellt. Ihr gehören alle waffenfähigen Männer zwischen 18 und 45 Jahren außer Geistlichen und Lehrern an. Der Eintritt in die Landwehr soll möglichst freiwillig sein; sie besteht in Ostpreußen aus 20 000 Mann und einer halb so großen Reserve. Da nicht alle wehrfähigen Männer eingezogen werden können, entscheidet das Los. Derjenige, den es getroffen hat, kann einen Vertreter stellen; die Dörfer, Städte und königlichen Domänen müssen die Kosten für ihren Unterhalt aufbringen. Gegen den Widerstand des traditionellen Offizierskorps werden die Offiziere der Landwehr gewählt. An die Spitze einer Generalkommission, die die Landwehr aufzubauen hat, tritt Graf Alexander zu Dohna-Schlobitten, der in den kommenden Monaten zugleich als Zivilgouverneur an der Spitze Ostpreußens steht. Im Sommer wird neben der Landwehr noch ein Landsturm aufgestellt, in dem alle Männer zwischen 18 und 60 Jahren dienen. Er soll im Kriegsfall nur in der Heimat kämpfen.[225] Erst am 16. März 1813 erklärt Preußen Frankreich den Krieg. Einen Tag später wendet sich König Friedrich Wilhelm III. mit einem Aufruf „An Mein Volk!" von Breslau aus an seine Untertanen. Den Text hat der aus Gerdauen stammende preußische Staatsrat Theodor Gottlieb von Hippel entworfen. Neben Brandenburgern, Schlesiern und Pommern spricht der König darin „Preußen" und „Litthauer" direkt an.

Die Chronik des kleinen Dorfes Abscherningken erzählt, wie sich Ostpreußen immer mehr militarisiert: „Am 11. April rückten 200 Mann von den Twerschen-Landwehr-Kosacken unter Obristen Baltin aus der Gegend um Danzig ein, die hier neu montiert wurden und am 5. August wieder zur Armee abgingen. Am 26. und 28. Mai marschierten wieder 7000 Mann Russen aus dem entferntesten Asien hier durch zur Armee. Am 10. May wurden die Landwehrmänner von mehreren umliegenden Ämtern und aus der Stadt in der Kirche vereinigt, wobei die Prediger Anreden hielten. Die Stadt Goldap stellte 94 Landwehrmänner, welche am 14. May zur Armee abgingen."[226]

Am 1. Juni wird das russische Belagerungsheer vor Danzig durch 8000 Mann preußischer Landwehr unter Graf Alexander zu Dohna-Schlobitten verstärkt. Ein englisches Geschwader beschießt die Stadt von See. Am 24. August übernimmt der in russischen Diensten stehende Herzog Alexander von Württemberg, der Onkel des Zaren, den Oberbefehl über die Belagerungstruppen und kann Ende Oktober den Widerstand der Franzosen brechen. Am 17. November kapituliert die französische Garnison zum 1. Januar 1814.

Die Verluste der regulären ostpreußischen Regimenter, aber auch der Landwehr und Freikorps in den Befreiungskriegen von 1813 bis 1815 sind hoch. Gegen Ende des Jahres 1814 dienen rund 10 % der männlichen Bevölkerung Ostpreußens in der Armee, in Landwehr und Landsturm. Der Handel liegt in Stadt und Land völlig danieder. Im Kreis Gerdauen stehen nur Verwundete, Kriegsgefangene, Frauen und Alte für die Feldarbeit zur Verfügung. Da fast alle Pferde eingezogen sind, kann die Ernte nur unter größten Schwierigkeiten eingebracht und die Winterbestellung nur zum Teil ausgeführt werden. Die Versorgung der Bevölkerung im Winter 1814/15 ist katastrophal.[227] Erst Ende März 1814 marschieren nach vielen weiteren Schlachten die Russen, Österreicher und Preußen in Paris ein. Napoleon ist geschlagen.

Auch in Ostpreußen glaubt man, dieser Krieg sei zu Ende. Christian Friedrich Müller registriert im Taufregister von Klein Schönau unter dem Datum des 10. September 1814: „Seit 14 Tagen rücken ununterbrochen die Russen hier durch in ihre Heimat. Es waren noch einmal Tage der Unruhe."[228] Die durchziehenden Verbände richten in der Provinz großen Schaden an. Nach dem Krieg stellt die Stadt

Schippenbeil für die Verwüstungen, die sie durch die russischen Truppen bei deren Verfolgung der Franzosen erlitten hat, an die russische Regierung eine Forderung von 86 872 Thalern, 11 Groschen und 1 Pfennig.

Aus den Befreiungskriegen kehren viele ost- und westpreußische Männer nicht nur siegreich, sondern als Krüppel oder erblindet zurück. Für Letztere wird in Marienwerders Vorhafen an der Weichsel, in Kurzeback, eine Militär-Blindenanstalt errichtet. Der Dank des Vaterlandes ist für den einfachen Soldaten stets ungewiss und immer bescheiden: Die Kriegsblinden erhalten einen Leierkasten und einen „freien Konsens zum Herumziehen", wenn sie sich verheiraten wollen zusätzlich noch einen Taler „Gnadengehalt".

Nach dem auf dem Wiener Kongress beschlossenen Frieden ist Russland im Norden und Osten Ostpreußens einziger und mächtiger Nachbar. Polen, unter Napoleon als Herzogtum Warschau für sieben Jahre wiedererstanden, existiert erneut nicht mehr. Die Teilungsmächte Preußen, Russland und Österreich beanspruchen und erhalten die Gebiete zurück, die sie vor der Gründung des Herzogtums Warschau durch Napoleon besessen haben. Nur das als Neuostpreußen 1795 an Preußen gekommene polnische Gebiet mit Warschau als Zentrum bildet jetzt den größten Teil eines „Königreichs Polen"; es ist in Personalunion mit dem russischen Reich verbunden und steht unter dessen „Protektion". Der russische Zar ist König dieses „Kongresspolen".[229] Andere ehemalige Gebiete Polen-Litauens, vor allem die von Litauern bewohnten, werden als drei russische Gubernien direkt dem Zarenreich angegliedert. Die Habsburger bilden aus ihren einst polnischen Gebieten ein „Königreich Galizien und Lodomerien". Die alte Königsstadt Krakau wird zur „Freien Republik" erklärt und bleibt bis 1846 symbolische Hauptstadt einer verschwundenen Nation.

In Preußen entsteht wieder „West-Preußen" als Provinz mit Kulm, Thorn und Danzig. Als „Großherzogtum Posen" kommen die Gebiete „Großpolens" an die Hohenzollern, die schon 1793 als „Südpreußen" preußisch geworden waren. Das Großherzogtum Posen, aber auch die „Provinz West-Preußen" und die „Provinz Preußen", gehören nicht zum nach dem Wiener Kongress 1815 entstehenden Deutschen Bund, in dem Österreich eine Vormachtstellung hat. Sie sind damit nach Ansicht der damals herrschenden Kräfte in Europa kein Teil „Deutschlands".[230]

Vom Liberalismus zum Nationalismus

Die liberale Provinz

Am 10. September 1840 begibt sich der damals neunjährige Ernst Wichert mit seinen Eltern von Pillau nach Königsberg. Mit vielen tausend Anderen zwängt sich die

Familie in den inneren Hof des Königsberger Schlosses. Es gilt, einer Huldigung beizuwohnen. Nach fast 43-jähriger Regentschaft ist im Juni des Jahres in Berlin der preußische König Friedrich Wilhelm III. gestorben. Sein Sohn Friedrich Wilhelm IV. hat auf einen feierlichen Krönungsakt verzichtet, nimmt aber, wie seit den Zeiten seines Urgroßvaters König Friedrich I. jeder neue preußische König, nach einem Thronwechsel die Huldigung des Volkes entgegen. Die Stände des Landes haben als „Volksvertreter“ einen Treueid zu schwören, der Regent wiederum hat die Privilegien der Stände seines Königreichs zu bestätigen. Als die Vertreter zum Treueid anheben, ist aus einem Zimmer des Schlosses der Ruf einer Frau zu hören: „Schwört nicht!“ Auch wenn es angeblich die Worte einer Wahnsinnigen sind; noch fast sechs Jahrzehnte später erinnert sich Ernst Wichert an das Ereignis, „das meine Phantasie sehr stark beschäftigte und mir noch jetzt ganz gegenwärtig ist.“[231]

1840 muss ein Ruf an die Bürger Ostpreußens, keinen Schwur zu leisten, nicht die Tat einer Wahnsinnigen sein. Der sicher kleinere Teil der Bewohner der Provinz, der sich mit großer und kleiner Politik beschäftigt, ist seit den Zeiten Kants und in seinem Geist aufgeklärt liberal gesinnt. Liberal ist nicht nur die Mehrheit des Bürgertums in der Stadt Königsberg, das sich diese Haltung bis zum Ende des Kaiserreichs erhalten wird. Auch ein großer Teil der Großgrundbesitzer und der Großbauern denkt so. Er findet sich repräsentiert durch einen Mann, der fast 35 Jahre der Provinz Ostpreußen Impulse gibt: Theodor von Schön.

Im Jahr 1788 stellt Immanuel Kant einem jungen Studenten der juristischen Fakultät der Königsberger Universität für das erste Semester einen Studienplan zusammen. Der damals 16-Jährige stammt aus Schreitlauken, einem Domänendorf 7 km südöstlich des Berges Rombinus, in der Nähe der Mündung des Flusses Jura in die Memel gelegen. Sein Vater ist in diesem Dorf Amtsrat, sein Großvater war Pächter der gleichnamigen Domäne. Im Kant'schen Geist wird der Kant-Schüler in Ostpreußen nachhaltige Spuren hinterlassen. Als Oberpräsident der unter ihm 1824 vereinigten Provinzen West- und Ostpreußen ist Theodor von Schön ein typischer Vertreter jenes ostpreußischen Liberalismus, der die Provinz in der ersten Hälfte des 19. Jahrhunderts prägt.

Theodor von Schön ist nur die Verwaltungsspitze eines Beamtenstandes, von dem Ernst Wichert noch 1899 schwärmt, als die meisten Ostpreußen wie das ganze Königreich schon obrigkeitshörig und bis zur Obsession königs- und kaisertreu, in Wicherts Worten „absolutistisch“, gesinnt sind: „Der alte preussische Beamtenstand war liberal. Man darf sagen, er hatte begriffen, dass er an die Stelle der früheren politischen Körperschaften getreten war, die über das Volksrecht zu wachen die Aufgabe hatten, und dass es dem fürstlichen Absolutismus gegenüber verpflichtet war, das Gesetz unverbrüchlich zu halten.“[232]

Wichert ist am Ende dieser Epoche selbst Kreisrichter. Er bezieht sein Urteil für diese Jahrzehnte auch auf die sich zur dritten Kraft im Staate entwickelnde Recht sprechende Gewalt. „Es gab nicht nur liberale Landräte, sondern auch Regierungspräsidenten, und unter den Richtern war überall wenigstens ein starkes Unabhängigkeitsgefühl lebendig, das zur Opposition neigte.“[233]

Theodor von Schön tritt 1793 in den preußischen Staatsdienst ein und wird in Berlin, in „Neuostpreußen“ und in Königsberg als Beamter eingesetzt. Er gehört ab 1806 zu den jüngeren Mitarbeitern des Freiherrn vom Stein und entwickelt sich nach den preußischen Niederlagen des Jahres 1807 zu einem der entschiedensten preußischen Reformer. Er ist der Initiator des Plans zur Aufhebung der Leibeigenschaft. 1816 wird von Schön Oberpräsident der neu gebildeten Provinz Westpreußen, 1824 wird die Verwaltung der Provinzen Westpreußen und Preußen unter dem Oberpräsidenten von Schön zusammengefasst. Am 3. Dezember 1829 werden beide Provinzen auch formell zu einer Provinz vereinigt: zu der von 1829 bis 1877 bestehenden „Provinz Preußen“. Im Jahr 1820 liegt ihre Einwohnerzahl bei mehr als einer Million Menschen.

Wie jede der preußischen Altprovinzen haben Ost- und Westpreußen auch einen ständischen Landtag. Zwischen 1824 bis 1845 tritt dieser neunmal zusammen, sein Tagungsort ist wechselnd Königsberg oder Danzig. Der Landtag der Provinz Preußen setzt sich aus Vertretern der drei Stände zusammen, der Ritterschaft, der Städte und der Landgemeinden. Die Ritterschaft stellt mit 45 Abgeordneten fast die Hälfte der Deputierten. Nach der Agrarreform und dem durch die preußischen Reformen erfolgten Verkauf vieler Güter an Bürgerliche gehören dieser Ritterschaft nicht mehr nur Adelige an. Die Städte vertreten 28 Abgeordnete, die Landgemeinden 22. Die Abgeordneten werden nun gewählt.[234]

Die Wahlen zum Landtag sind im heutigen Sinne nicht demokratisch, und das Gremium besitzt nicht die Vollmachten heutiger Parlamente. Aber seit 1820 verfügt er über ein Mitwirkungsmittel. Wollen der preußische König und die von ihm ernannten Regierungen die Staatsschulden erhöhen, benötigen sie die Zustimmung eines vereinigten gesamtpreußischen Landtages aller Provinzen. Damit dieses Mitwirkungsrecht nicht zu einer schleichenden Parlamentarisierung seines Landes führt, lässt der König diesen gesamtpreußischen, „vereinigten Landtag“ 27 Jahre nicht zusammentreten. Erst 1847, als der König die preußische Ostbahn von Berlin nach Eydkuhnen bauen will und dafür neue Schulden machen muss, beruft er ihn ein. Der Landtag ist unbotmäßig und bewilligt die Schuldaufnahme nicht.[235]

Als Oberpräsident führt Theodor von Schön die Aufsicht über die „Regierung“ seiner Provinz und ist der Vertreter der preußischen Zentralgewalt. Er reformiert die gesamte innere Verwaltung des Landes, lässt neue Verkehrswege erschließen und das Schulwesen verbessern. Unter ihm entstehen und festigen sich die Verwaltungsstrukturen, mit denen in den nächsten 100 Jahren Ostpreußen regiert werden kann. Jürgen Manthey lobt den bedeutenden deutschen Reformer, dessen Name mit dem Verschwinden Ostpreußens aus der deutschen Kollektiverinnerung zu verblassen droht, in seiner *Geschichte einer Weltbürgerrepublik*: „Die Verdienste des im Königsberger Schloß residierenden Oberpräsidenten um die Stadt und die Provinz Ostpreußen waren unübersehbar und hatten zur Folge, dass selbst jene, die politisch radikalere Ziele verfolgten als er, nicht zu seinen Kritikern wurden."[236] Theodor von Schön, so heißt es weiter, habe zu seiner Zeit Ostpreußen zu einer liberalen Insel im Meer der preußischen Restauration gemacht: „Unter Schön ist in Ostpreußen der Druck, den das ‚Beamtenregime' auf die Bürger ausübte, unter allen Provinzen Preußens der am wenigsten spürbare gewesen."[237]

Von Schön toleriert die Mehrsprachigkeit der Bevölkerung und gestattet weiterhin litauischen und polnischen Sprachunterricht in den Schulen. Er belässt schon 1809 im Rahmen einer Bildungsreform die litauischen und polnischen Seminare an der Universität Königsberg. Unter ihm besteht weiterhin das Lehrerseminar in Karalene bei Insterburg, das auch Lehrer für die litauischen Volksschulen ausbildet und bis 1882 Kurse für litauische Sprache anbietet. Erst 1873 wird in Ostpreußen die litauische Sprache als Unterrichtsfach endgültig aus den Schulen verbannt. Unterricht allein in einer nichtdeutschen Sprache gibt es aber nirgendwo in der Provinz. 1843, von Schön ist schon abgesetzt, wird angeordnet, dass in den Elementarschulen der Religionsunterricht ganz in der Muttersprache zu erteilen ist, der Leseunterricht zu einem Viertel bis zur Hälfte der Stundenzahl. Jeder andere Unterricht hat in deutscher Sprache zu erfolgen.[238] 1866/67 sind im Königreich Preußen nur noch 3,8 % der zum Militär Eingezogenen Analphabeten. In West- und Ostpreußen sind es noch 12,1 %. Wo die Statistiken zwischen nicht-deutschsprachigen und deutschsprachigen Analphabeten unterscheiden, ist zu erkennen, dass überwiegend die nicht-deutschsprachigen Rekruten Analphabeten sind.[239]

Konfliktbeladen sind die Aufgaben des liberalen Oberpräsidenten im Bereich der Religionspolitik, vor allem in Westpreußen, wo Katholiken und Protestanten in etwa gleich stark sind. Eine nationale Haltung ist nach den Befreiungskriegen fast immer Ausdruck fortschrittlicher Gesinnung; der aufgeklärte Liberalismus Königsberger Prägung, wie ihn Theodor von Schön in Politik umsetzt, hat eine starke deutschnationale Komponente.

National gesinnt ist die große Mehrheit der Deutschsprachigen in West- und Ostpreußen, obwohl nach der Bundesakte vom 8. Juni 1815, die den „Deutschen Bund" konstituiert hat, die Gebiete nicht einmal zum lockeren Zusammenschluss des „Deutschen Bundes" gehören. „Daß man nicht zum Deutschen Bund gehörte, hat man in Ost- und Westpreußen in den nächsten Jahrzehnten fast nicht wahrgenommen", erläutert Hartmut Boockmann: „Der größere Lebensbereich war der preußische Staat. Nach diesem aber kam nicht so sehr der Deutsche Bund als vielmehr Deutschland, und das wurde nicht durch die Bundesakte begrenzt, sondern durch das im Kampf gegen Napoleon gewachsene Nationalbewußtsein sowie auch durch die Selbstverständlichkeit der Kommunikation innerhalb des deutschen Sprachgebiets oder genauer: innerhalb jener Region, in der sich die Eliten auf deutsch verständigten."[240] Zu diesem Gebiet gehört auch das Baltikum.

Die Toleranz gegenüber der polnischen Sprache, die von Schön in seiner Doppelprovinz noch lange gelten lässt, erstreckt sich nicht auf eine Tolerierung des nationalen Bewusstseins, das jetzt auch die Polnischsprachigen, vor allem in Westpreußen, artikulieren und das häufig seine größte Unterstützung in der katholischen Geistlichkeit findet. Trotzdem stellt Boockmann fest: „Eine konsequent antipolnische Politik hat Theodor von Schön nicht verfolgt. Indirekt hat er das vor allem durch seine antikatholische Kirchenpolitik getan."[241]

Im benachbarten Königreich Polen, seit 1815 von Russland beherrscht und vom Zaren in Personalunion regiert, entwickelt sich zu Schöns Zeiten als Oberpräsident der polnische Nationalismus, der die Zeiten der polnisch-litauischen Adelsrepublik verklärt. Es gibt noch eine königlich-polnische Armee, die dem Zaren untersteht. Seit 1825 herrscht in Russland Zar Nikolaus I.. Er garantiert zunächst den Status des selbstständigen Königreichs Polen. Die östlichen weißrussisch und ukrainisch besiedelten Gebiete der alten polnischen Adelsrepublik betrachtet der Zar aber bereits als Teile Russlands.[242]

Am 29. November 1830 versucht eine Gruppe von polnischen Offiziersschülern den als Vizekönig amtierenden Bruder des Zaren, Großfürst Konstantin, gefangen zu nehmen und die russischen Soldaten zu entwaffnen. Das misslingt, aber man erreicht die militärische Kontrolle über die Hauptstadt. Im Laufe des Dezembers 1830 und Januars 1831 schließen sich alle polnischen Provinzen dem Aufstand an. Eine nationale Regierung wird gebildet, die Armee des Königreichs Polen unterstützt die Aufständischen. Als der Zar die Kapitulation der Aufständischen fordert, erklärt der Sejm, das polnische Parlament, am 25. Januar 1831 Nikolaus I. und die „Dynastie der Romanows" für abgesetzt. Im Februar 1831 befiehlt der Zar die militärische Niederschlagung des Aufstandes. Können die Polen zunächst widerstehen, sind sie doch im Spätsommer 1831 geschlagen. Nach und nach wird das Königreich Polen jetzt Teil des Zarenreichs. Die Verwaltung wird der russischen angeglichen, Russen steigen in hohe Verwaltungsfunktionen auf, das russische Strafrecht wird eingeführt. 50 000 Polen, vor allem aus dem Kleinadel der polnischen Westgebiete, werden zwischen 1832 und 1849 in das Innere Russlands zwangsumgesiedelt.[243]

Im preußischen Großherzogtum Posen ist der Aufstand mit viel Sympathie verfolgt worden. Preußen befürchtet aber ein Übergreifen auf seine polnischen Landesteile und lässt schon im Dezember 1830 ein Korps an der Grenze zu Russisch-Polen aufmarschieren. Nach der Übergabe Warschaus an die russische Armee am 8. September 1831 führt der polnische General Matthias Rybinski mehr als 20 000 Mann über Modlin und Plock an die ostpreußische Grenze und überschreitet sie am 5. Oktober, um so der Gefangenschaft zu entgehen. Die polnischen Truppen werden entwaffnet und danach im Lande einquartiert. So hat beispielsweise die Stadt

Im Jahr 1906 besucht Kaiser Wilhelm I. die Marienburg. Die Marienburg ist vom Kaiser wie die Hochkönigsburg in den Vogesen, die Burg Hohenzollern auf der Alb und das Kaiserschloss in Posen längst zu einer Repräsentanz hohenzollerscher Macht erklärt worden.

Rastenburg 43 polnische Offiziere und 37 einfache Soldaten unterzubringen.[244] General Rybinski lebt einige Zeit im westpreußischen Marienwerder und geht dann wie die meisten der insgesamt 50 000 polnischen Flüchtlinge ins französische Exil. Nach dem Novemberaufstand in Kongresspolen wird die Sonderstellung des Großherzogtums Posen innerhalb des preußischen Staatswesens weitgehend beseitigt. Deutsch wird auch dort 1830 einzige Amtssprache. Das „Großherzogtum Posen" wird rechtlich nach und nach in eine normale preußische Provinz umgewandelt.[245]

Erst in diesen Jahrzehnten verbinden die Hohenzollern ihre Geschichte in Preußen mit der des Deutschen Ordens, die sie bis dahin nicht für sich reklamiert haben. Die Marienburg wird der sichtbarste Ausdruck dieses Bekenntnisses. Die Burg ist das östlichste Objekt einer deutschlandweiten Denkmalbewegung – das westlichste ist der Kölner Dom. Die Restauration der Marienburg unter Theodor von Schön in den Jahren 1817 bis 1842 ist zugleich Ausdruck eines romantischen Volksbegriffes, der sich mit dem Königsberger Liberalismus einen schwärmerischen „deutschen" Nationalismus teilt. Für Schön geschieht die Wiederherstellung der Marienburg nicht nur aus Sorge um die stetig verfallende alte Ordensburg. Sie symbolisiert für ihn vielmehr die 1772 bis 1795 in den Polnischen Teilungen wiedergewonnene Einheit des alten Preußens der Jahre vor 1466 und damit die Einheit Ost- und Westpreußens. Der noch im Jahre 1840 zum Staatsminister ernannte von Schön wird 1842 als

Oberpräsident vom preußischen König Friedrich Wilhelm IV. entlassen, weil er – zu recht – fürchtet, Männer wie von Schön könnten einen Souverän von Gottes Gnaden zu einem konstitutionellen Monarchen beschneiden. 1841 hat Schön die Schrift *Woher und wohin? Oder der preußische Landtag im Jahre 1840* veröffentlicht. Es geht in ihr um die Forderung, den im Jahre 1815 zugesagten provinzübergreifenden Landtag der Stände im Königreich Preußen einzuberufen und eine Volksrepräsentation zu schaffen. Von Schön formuliert: „Die Zeit der so genannten väterlichen oder Patrimonialregierung, für welche das Volk aus einer Masse Unmündiger bestehen und sich beliebig leiten und führen lassen soll, läßt sich nicht zurückführen. Wenn man die Zeit nicht nimmt, wie sie ist, und das Gute daraus ergreift und in seiner Entwicklung fördert, dann straft die Zeit."[246] Nach dem Erscheinen der Schrift wird von Schön aus seinem Amt entlassen. Der preußische König mildert die Entlassung von Schöns durch dessen Ernennung zum „Burggrafen von Marienburg". Er überträgt ihm die Regelung aller mit der Marienburg zusammenhängenden Fragen.

Theodor von Schön besitzt das Landgut Arnau 8 km östlich von Königsberg, wohin er sich nach seiner Entlassung zurückzieht. 1844 gründet er in Arnau den „Ostpreußischen Landwirthschaftlichen Centralverein" und übernimmt dessen Vorsitz, 1848 amtiert er als Alterspräsident bei der ersten Sitzung der preußischen Nationalversammlung. Von Schön prägt Ostpreußen in seiner Regierungszeit – aber seinen liberalen, aufgeklärten Nationalismus überlagert bald ein autoritärer nationaler Chauvinismus.

Das Erstarken dieses Chauvinismus lässt sich auch an Biographien einfacher Menschen ablesen. Friedrich Wilhelm Voigt wird 1849 als Sohn eines Schuhmachers in Tilsit geboren. In seinem „Lebensbild" verortet er sein Geburtsjahr in die Zeit, in der „mein Vater unter dem nachmaligen Kaiser Wilhelm I. in Baden focht."[247] Der spätere Kaiser Wilhelm I. ist der jüngere Bruder der Preußenkönigs Friedrich Wilhelm IV., Sohn von Friedrich Wilhelm III. und der noch zu Herrschaftszeiten Napoleons verstorbenen Königin Luise. Voigt verklärt den konsequenten Antidemokraten, denn der Schustersohn, der nicht bei seinen Leisten bleiben wird, weiß, wie das Preußen funktioniert, das der von ihm verehrte Kaiser verkörpert. Es speist sich aus den Mythen der Befreiungskriege 1813/15.

Auch eine Schusterfamilie aus Tilsit, deren Familienvorstand Tilsiter mit Bürgerrecht war – „damals eine Auszeichnung, deren nicht jeder teilhaftig wurde"[248], wie sich der Sohn bei der Niederschrift seines Lebensbildes sechs Jahrzehnte später erinnert –, ist von den Mythen und Sagen der Befreiungskriege geprägt: „Gespräche zwischen meinen beiden Großvätern und meinem Vater bildeten meine ersten Kindheitseindrücke. Die Großväter hatten die Feldzüge 1813/14/15 mitgemacht."[249] Wilhelm Voigts Generation wird nicht vom ostpreußischen Liberalismus, sondern vom preußischen Militarismus geprägt. Der Schustersohn aus Tilsit wird diesen Militarismus im Jahr 1906 als Hauptmann von Köpenick aller Welt vorführen.

Revolution und Revolutionäre

In Prökuls und in seiner Umgebung sprechen die Bauern und Landarbeiter in der Mehrheit litauisch. Das Dorf im Kreis Memel am Fluss Minge hat 1848 noch keine 500 Einwohner, aber es ist Sitz eines Kreisgerichts. 1848 proben auch hier seine litauischen Bewohner eine Revolution. Ihre Opfer sind die deutschsprachigen Vertreter des preußischen Staates.

Eine für die dörflichen Verhältnisse große Volksmenge zieht am 29. März zum Justizamt. Wie es sich für eine Revolution gehört, wird es vollständig demoliert. Die Akten werden zerrissen und das Mobiliar des Justizamtmannes Cramer vernichtet. Dann ziehen die Revolutionäre zum Steuereintreiber Liedke weiter, der angeblich zu hohe Steuern erhoben hat. Die revolutionäre Gerechtigkeit verlangt, dass seine Wohnung und sein Laden geplündert werden. Ihr wird ausgiebig Genüge getan und der Steuererheber selbst bis zur Mingebrücke mitgeschleppt. Im Mingekrug ist das Ziel der Menge der Krugbesitzer und Posthalter Mittelstädt. Auch sein gastliches Haus wird gründlich demoliert. Bei der Plünderung des Gasthof Görkes und des Mingekrugs hat man sich fässerweise mit Schnaps eingedeckt. So endet in Prökuls der erste Tag der Revolution in einem Besäufnis.

Noch in der Nacht werden 15 Rädelsführer von der preußischen Obrigkeit verhaftet, unter ihnen der Landreiter von Prökuls, der Dorfgendarm. Er wird später aus dem Dienst entlassen und zu zwei Jahren Zuchthaus verurteilt werden. Als am nächsten Tag das aufgebrachte Volk droht, die Gefangenen zu befreien, werden 50 Mann Militär aus dem nahen Memel herbeibefohlen. Zu ihnen stoßen später noch 25 Dragoner aus Tilsit, die bald auf 40 Mann verstärkt werden. Damit ist am 30. März 1848, ihrem zweiten Tag, die Revolution in Prökuls niedergeschlagen. Aber in anderen Dörfern jenseits der Memel gärt es weiter. So in Dawillen. Die revolutionäre Unruhe dauert bis Dezember an, wenn sie auch nicht mehr offen zum Ausbruch kommt. Aus Prökuls sind die Soldaten schon am 3. Mai abgezogen.

Das Geschehen im preußischen Litauen ist Teil einer europäischen Revolutionsbewegung. Bereits im Januar des Jahres 1848 erheben sich italienische Revolutionäre gegen die Herrschaft der österreichischen Habsburger im Norden und der spanischen Bourbonen im Süden Italiens. Nach Beginn der französischen Februarrevolution werden auch die deutschen Länder Teil dieser Erhebungen gegen die herrschenden Mächte der Restauration. In Wien kommt es am 11. März zu Unruhen und am 13. März zur Revolution, in Berlin am 18. und 19. März 1848. Hartmut Boockmann konstatiert für Ost- und Westpreußen: „In der Revolution der Jahre 1848/1849 kam der Provinz Preußen, anders als bei den Verfassungsdebatten zu Beginn des Jahrzehnts, keine führende Rolle zu.“[250] Die revolutionären Ereignisse haben im Gebiet des Deutschen Bundes ihren Mittelpunkt in Berlin und in Wien, im Rheinland und im Südwesten, dort vor allem in der Pfalz und in Baden. Boockmann zitiert eine

Untersuchung, die Protestaktionen während der Jahre 1847 bis 1849 in 15 größeren Städten nebeneinander stellt und in Beziehung zur Größe der Bevölkerungszahl setzt. Sie zeigt, dass es in Trier am unruhigsten ist. Auf 10 000 Einwohner kommen dort 7,4 Konfliktfälle. Königsberg steht in dieser Liste erst an elfter Stelle.[251]

Der bekannteste Vertreter freiheitlicher Gesinnung in Ostpreußen im „Vormärz“; den Jahren zwischen 1830 und 1848, ist der Königsberger Arzt Johann Jacoby. Der Sohn eines jüdischen Kaufmanns ist aktives Mitglied der Jüdischen Gemeinde Königsberg und ein Vorkämpfer der Judenemanzipation. Im Gegensatz zu den allermeisten ostdeutschen Juden, die irgendwann in den Westen des Reichs oder nach Berlin abwandern, bleibt Jacoby seiner Heimatstadt treu.[252] Der Arzt ist ein Vorbild für viele junge Akademiker Königsbergs. Er ist Mitglied in der zwischen 1820 und 1829 entstehenden Verbindung Corps Littuania, der sich vor allem deutsch- und litauischsprachige Studenten aus dem Nordosten Ostpreußens anschließen. Studenten aus dem Süden Ostpreußens treten in die Burschenschaft Corps Masovia ein, ein Zeichen der Identifizierung mit ihrer Heimat, auch wenn sie nicht polnisch bzw. masurisch sprechen.

Zwar nimmt Jacoby schon seit Anfang der 1830er Jahre öffentlich zu politischen Fragen Stellung, doch als Radikaldemokrat und Republikaner gibt er sich erst Anfang der 1840er Jahre zu erkennen und wird in der Folge zur Stimme eines radikalen Königsberger Liberalismus. Nur wenige Monate nach der Thronbesteigung König Friedrich Wilhelms IV. erinnert Jacoby den neuen preußischen König in einer zunächst anonymen Streitschrift *Vier Fragen, beantwortet von einem Ostpreußen!* daran, dass der Vater des regierenden Königs dem Volk eine Verfassung versprochen hatte.[253] Der Historiker Helmut Neubach in seiner Studie über Jüdische Politiker aus Ost- und Westpreußen zur Reaktion auf Jacobys Forderung nach verfassungsmäßigen Verhältnissen in Preußen: „Es zeugt von der gereizten Atmosphäre des Vormärz, daß der König und die preußische Regierung in Jacobys Schrift Majestätsbeleidigung und sogar Hochverrat erblickten und daher den Verfasser zunächst zu einer Freiheitsstrafe verurteilen wollten, die sie später (1843) jedoch – gewiß unter dem Druck der öffentlichen Meinung – in einen Freispruch umwandelten.“[254] Überraschend finden Ostpreußens radikale Demokraten, die im Vormärz die politischen Debatten in der Provinz beherrscht haben, nur wenig Rückhalt in den Wahlen zur deutschen Nationalversammlung, die ab März 1848 erstmals in der Paulskirche in Frankfurt am Main tagt. Sie gewinnen nicht in dem Maße Einfluss, wie sie gehofft hatten. Dabei ist es nicht selbstverständlich, dass dem Paulskirchen-Parlament überhaupt Abgeordnete aus der Provinz Preußen angehören. Wäre in den Grenzen des Deutschen Bundes gewählt worden, hätte die Provinz Preußen keine Abgeordnete entsenden können.

Am 3. April 1848 haben sich die Provinzialstände in Königsberg an König Friedrich Wilhelm IV. gewendet. Sie erbitten die Aufnahme Preußens in den Deutschen Bund und führen als Gründe dafür an: „Die Provinz Preußen als Deutschlands Grenzwächter gegen Osten kann diese vorgeschobene gefährliche Stellung mit unbeschränkter Hingebung nur in dem Bewußtsein behaupten, daß sie auch staatsrechtlich dem großen deutschen Vaterlande angehöre, mit welchem sie durch Sprache, Bildung und Gesinnung in der weit überwiegenden Zahl ihrer Bewohner geistig schon vereinigt ist. Das Königreich Preußen ist deutsch und will deutsch bleiben!"[255]

Auch im sogenannten „Frankfurter Vorparlament" wird darüber diskutiert, ob die Provinz Preußen in dem zu wählenden Parlament vertreten sein soll. Zur Diskussion steht die nationale Frage: Preußisch und damit deutsch? Oder polnisch? Einer der führenden Vertreter des süddeutschen Liberalismus, Karl Theodor Welcker, sieht die Geschichte der preußischen Ostprovinzen als deutsche: „Es ist unrichtig, wenn behauptet wird, daß das ganze Ost- und Westpreußen und Posen von Gott und Rechtswegen zu Polen gehöre. Denn wenn wir in die Geschichte zurückgehen, so finden wir, daß diese Länder von Deutschen besetzt waren (...) ich appelliere an die großen Prinzipien der Nationalität und Freiheit. Wollen die Männer in Ost- und Westpreußen Deutsche sein, so sind sie es so gut wie wir."[256]

1848 ist Jacoby zwar Mitglied des Vorparlaments, wird aber zunächst nicht in die Nationalversammlung in der Paulskirche gewählt. Er hat die Wahlkreisarbeit in Königsberg vernachlässigt und sich im Vorparlament und auch in einem Schreiben an den preußischen Innenminister polenfreundlich geäußert. Das honorieren die ostpeußischen Wähler nicht und wählen einen anderen. Doch Jacoby gehört seit Juni 1848 der preußischen Nationalversammlung an, gewählt in einem Berliner Wahlkreis, wo man seine radikale Position mehr schätzt, als das im Königsberger Bürgertum der Fall ist. Die preußische Nationalversammlung tagt vom 22. Mai bis September 1848 im Gebäude der Sing-Akademie zu Berlin, von September bis November im Schauspielhaus am Gendarmenmarkt. In Berlin wird Jacoby doch noch als Vertreter des Historikers Friedrich von Raumer in das Paulskirchen-Parlament gewählt.

Auch wenn es in Königsberg nicht zu Barrikadenkämpfen wie in Wien und Berlin kommt; die Stimmung in der Stadt ist im Jahr 1848 doch revolutionär. Der Vater der Dichterin Agnes Miegel besucht damals die traditionsreiche Burgschule am Burgkirchplatz in unmittelbarer Nähe der reformierten Burgkirche. Die Schüler der oberen Klassen tragen ein Käppchen in den Schulfarben, bis zur Revolution die Farben Preußens: „Als Schulfarben hatten wir schwarz-weiß, und zwar trugen wir schwarze Mützen mit weißer und schwarzer Kante. Im Jahre 1848 publizierte aber die Prima ‚schwarz-rot-gold', und mit solchen farbigen Fahnen zog die ganze Schule zum Sommerfest nach Wilky (Waldförsterei bei Königsberg, d.Verf.) hinaus. Die Freude dauerte aber, wie manches Schöne in der Welt, nicht lange."[257] Noch im Jahr 1849 wird das Tragen von „Schwarz-Rot-Gold" verboten und den Primanern befohlen, in Zukunft blau-rot zu tragen.

1846 ist im Großherzogtum Posen ein geplanter polnischer Aufstand gegen die preußische Vorherrschaft aufgedeckt worden. Der Aufstandsversuch wird im

Keim erstickt, der Anführer, der polnische Offizier Ludwik Mieroslawski, gefangen genommen. Im Dezember 1847 in Berlin zum Tode verurteilt, wird er mit sieben anderen vor Ausbruch der Revolution am 11. März 1848 zu lebenslänglicher Haft begnadigt. Nach den Märzkämpfen 1848 in Berlin werden 90 polnische Revolutionäre, unter ihnen auch Mieroslawski, aus dem Gefängnis entlassen. Als auch in der Provinz Posen zur „deutschen" Nationalversammlung in Frankfurt gewählt werden soll, kommt es unter Führung Mieroslawskis zu einem erneuten Aufstand in Posen. Die Aufständischen wollen verhindern, dass ein Teil von Polen in einen deutschen Nationalstaat inkorporiert wird; als Ziel wird eine Vereinigung ganz Polens angestrebt. Die Revolution in Posen zielt damit auch auf die Befreiung des sogenannten „Kongresspolens", das als Provinz unter direkter russischer Herrschaft steht. Im Anfangsstadium der Märzrevolution herrscht unter den deutschen Revolutionären noch eine polenfreundliche Haltung vor, die aber mit dem Posener Aufstand einer deutschnationalen, antipolnischen Stimmung weicht. Preußen will keinen Konflikt mit Russland riskieren und schlägt im Mai 1848 den Aufstand der Posener Polen nieder. Mieroslawski wird erneut verhaftet, auf Intervention des revolutionären Frankreichs aber nach kurzer Zeit begnadigt und nach Frankreich ausgewiesen. Im Juni 1849 ernennt ihn die republikanische Revolutionsregierung in Baden im Range eines Generals zum Oberbefehlshaber ihrer Truppen.

In den 16 ostpreußischen Wahlkreisen zur Nationalversammlung werden vor allem Kräfte gewählt, die man später als „nationalliberal" bezeichnet. Ihr bedeutendster Vertreter ist der Jurist Eduard Simson. Er gewinnt den 16. Wahlkreis Königsberg und gehört vom Mai 1848 bis Mai 1849 der Frankfurter Nationalversammlung als Abgeordneter an. Sein Bruder Georg Bernhard Simson wird für den westpreußischen Wahlkreis Preußisch Stargard als Abgeordneter der Nationalversammlung gewählt. Von Dezember 1848 bis Mai 1849 steht Eduard Simson dem Parlament als Präsident vor und reist in dieser Eigenschaft Anfang April 1849 an der Spitze von 32 Abgeordneten nach Berlin, um König Friedrich Wilhelm IV. von Preußen im Namen der Nationalversammlung die deutsche Kaiserkrone anzutragen. Der König aber will diese Krone nicht. Eduard Simsons Weg als Parlamentarier beginnt 1846 mit seiner Wahl in die Stadtverordnetenversammlung von Königsberg. Zwischen 1849 und 1867 ist der gemäßigt Liberale mit Unterbrechungen Mitglied des preußischen Abgeordnetenhauses, von 1867 bis 1877 Mitglied des norddeutschen bzw. des deutschen Reichstags. 1867 wird Eduard Simson zum Präsidenten des Reichstags des Norddeutschen Bundes gewählt, 1871 erreicht er dieses Amt auch im Reichstag des Deutschen Reiches. Im Jahr 1888 wird er in den erblichen Adelsstand erhoben. Zu diesem Zeitpunkt ist er schon seit neun Jahren Präsident des Reichsgerichts in Leipzig. Er bleibt es bis 1891.

Im Königreich Preußen gewinnt ab September 1848 die Gegenrevolution an Einfluss. Am 13. September ernennt der König den General Friedrich Freiherr von

Wrangel zum „Oberkommandierenden in den Marken" mit dem Ziel der militärischen Durchsetzung der Gegenrevolution. Im November kommt es zu Unruhen in Berlin, die von Wrangel niederschlagen lässt. Am 1. November ernennt der König unter dem Ministerpräsidenten Graf von Brandenburg ein klar antirevolutionäres Kabinett, am 9. November 1848 wird auf Weisung des Königs der Sitz des preußischen Parlaments in die Stadt Brandenburg verlegt. Nach der Ernennung des Grafen Brandenburg zum preußischen Ministerpräsidenten schickt die Berliner Nationalversammlung 25 Deputierte zum König, die ihn bitten, diese Ernennung rückgängig zu machen. Unter ihnen ist Johann Jacoby. Da der König den Bittstellern seine unverhüllte Verachtung zeigt und nach dem Verlesen der Bitte ohne Erwiderung den Raum verlassen will, tritt ihm Jacoby in den Weg und spricht den Satz, der zu einem geflügelten Wort wird. „Das ist das Unglück der Könige, daß sie die Wahrheit nicht hören wollen." In Preußen aber ist nicht erst an diesem Tag die Revolution gescheitert.

Im Mai 1849 befiehlt der preußische König die preußischen Abgeordneten der Deutschen Nationalversammlung nach Preußen zurück. Johann Jacoby tritt am 24. Mai 1849 unbotmäßig sein Mandat als Nachrücker für den auf Weisung seines Königs zurückgekehrten von Raumer in Frankfurt an. Neben Preußen haben auch alle größeren Monarchien wie Österreich, Bayern, Sachsen und das Königreich Hannover ihre Abgeordneten abberufen. Viele gemäßigt liberale Abgeordnete legen ihr Mandat angesichts des Scheiterns der Nationalversammlung und des Ausbruchs von Aufständen in Baden, Sachsen und der Pfalz nieder. In der Frankfurter Paulskirche verbleiben im Laufe des Mai 1849 fast ausschließlich – wie Johann Jacoby – dem linken Flügel zuzurechnende Abgeordnete. Die Freie Stadt Frankfurt bereitet auf preußischen Druck die Ausweisung der restlichen Abgeordneten aus der Stadt vor, und so siedelt die Nationalversammlung in die Hauptstadt Württembergs, nach Stuttgart, um. Auch diesem Rumpfparlament gehört Jacoby an. Es tagt vom 6. Juni bis zu seiner gewaltsamen Ausweisung am 18. Juni 1849. Jacoby flieht in die Schweiz; nach seiner freiwilligen Rückkehr im Oktober 1849 wird er in Königsberg des Hochverrats angeklagt, da er am Rumpfparlament teilgenommen hat. Jacoby verteidigt sich damit, dass er für die Teilnahme am Rumpfparlament nur der Nation, seinen Wählern und seinem Gewissen Rechenschaft ablegen müsse. In allen Ländern mit repräsentativer Verfassung bestehe parlamentarische Immunität der Abgeordneten. Seine politische Haltung dürfe daher nicht zum Gegenstand der Anklage gemacht werden. Jacoby wird von den Geschworenen frei gesprochen.

Der Revolution von 1848/49 folgt eine Phase reaktionärer Politik in Deutschland. Fast alle Errungenschaften der Revolution werden zurückgenommen. Die Bundesversammlung des Deutschen Bundes in Frankfurt erklärt am 3. Oktober 1852, dass die Provinz Preußen und die Provinz Posen nicht zum Deutschen Bund gehören.[258]

In allen Teilen Polens entsteht in diesen Jahren eine starke Nationalbewegung. Polnische Nationalisten wollen den polnischen Staat nicht nur in den Grenzen der bis 1772 bestehenden Adelsrepublik entstehen lassen, sondern überall dort, wo Polnisch gesprochen wird. Dieser „Sprachennationalismus" beansprucht schon früh weite Teile Pommerns, Schlesiens und Masurens für die polnische Nation, auch wenn diese Gebiete schon Jahrhunderte zuvor aus dem polnischen Königreich ausgeschieden sind. Der polnische Sprachennationalismus liefert allerdings litauischen, weißrussischen und ukrainischen Nationalisten Argumente für das Bestehen auf einem eigenen Nationalstaat. Letztlich gärt der innerpolnische Konflikt zwischen „piastisch" eingestellten Polen, die nur in Gebieten, die in deutlicher Mehrheit von Polnischsprachigen bewohnt werden, und „jagellionisch" denkenden Polen, die möglichst weite historisch begründete Grenzen für ein zukünftiges Polen anstreben, noch um 1918. Der polnische Sprachennationalismus aber wird bei den Abstimmungen in Schlesien, Masuren und Westpreußen 1920 eine Niederlage erleiden.

Johann Jacoby gehört neben dem Arzt Raphael Korsch schon 1849 wieder dem Preußischen Abgeordnetenhaus an. Bis zu seinem Tod 1872 erringt Korsch immer ein Mandat im Wahlkreis Königsberg; wie Jacoby praktiziert er weiter als Arzt in der Stadt. Jacoby muss sich aber einen Wahlkreis außerhalb Ostpreußens suchen. Er findet ihn in Berlin als Kandidat der linksliberalen „Fortschrittler".[259] Die Liberalen spalten sich am Ende der 1850er Jahre im Streit um die Heeresreform, der sich zu einem die Grundlagen des preußischen Staates erschütternden Verfassungskonflikt ausweitet. Am Ende des Jahrzehnts bildet sich der Deutsche Nationalverein, dem Liberale und radikale Demokraten angehören. Aus ihm entsteht im Juni 1861 in Preußen die radikalliberale Fortschrittspartei, die für Preußen ein parlamentarisches System nach englischem Muster anstrebt. An der Bildung und der Führung der Partei sind Ost- und Westpreußen an führender Stelle beteiligt, besonders Vertreter aus Tilsit, Elbing und Danzig. Aus Königsberg gehört nur Johann Jacoby ihrer Führungsspitze an.

Nach dem Tod des kinderlosen Friedrich Wilhelms IV. hat im Januar 1861 sein Bruder Wilhelm den preußischen Thron bestiegen. Am 18. Oktober 1861 findet in Königsberg die Krönungszeremonie, nicht nur eine Erbhuldigung statt. Wilhelm setzt sich selbst die Krone aufs Haupt und nimmt das Zepter, den Reichsapfel und das Reichsschwert vom Altar. Danach krönt er seine Frau zur Königin und bekundet: „Von Gottes Gnaden tragen Preußens Könige seit 160 Jahren die Krone. Nachdem durch zeitgemäße Einrichtung der Thron umgeben ist, besteige ich ihn als König. Aber eingedenk, dass die Krone nur von Gott kommt, habe ich durch die Krönung an geheiligter Stätte bekundet, dass ich sie in Demut aus freien Händen empfangen habe."[260] Acht Wochen nach der Krönung, im Dezember 1861, antworten die Wähler des in drei Klassen gewählten preußischen Abgeordnetenhauses diesem Gottesgnadentum mit einem triumphalen Sieg der Fortschrittspartei. Sie erringt etwa 100 Sitze und damit die Mehrheit, ebenso bei den folgenden Wahlen im Mai 1862. Haben bisher die Königsberger immer auch gemäßigte Liberale wie Eduard Simson ins Abgeordnetenhaus entsendet, so wählen sie jetzt neben dem alten Demokraten

Korsch im Jahr 1862 auch Julius Rupp, den Großvater von Käthe Kollwitz, der für die Fortschrittspartei gegen Simson kandidiert hat.[261]

Mit den Wahlsiegen von 1861 und 1862 ist der Streit um die Heeresreform in Preußen nicht entschieden. Zu ihrer Durchsetzung ernennt der neue König den Grafen Otto von Bismarck zum Ministerpräsidenten. Seine Taten und Erfolge werden schon bald den die erste Hälfte des 19. Jahrhunderts in Ostpreußen herrschenden politischen Liberalismus in eine Minderheitsrolle drängen.

Die deutschen Einigungskriege

In den Ortschaften des Kirchspiels Regerteln leben im Jahr 1920 noch Veteranen der deutschen Einigungskriege von 1864, 1866 und 1870/71. Sie heißen Andreas Bach, Ferdinand Karbaum, Ferdinand Krause, Josef Kuhn, Anton Rippholz, Franz Ruhnau und Josef Schator. Seit ihrem vollendeten 70. Lebensjahre erhalten sie monatlich zehn Mark Kriegsrente. Wie die Chronik von Regerteln berichtet, sind alle bis an ihr Lebensende große Patrioten.[262] Die Dorfgemeinschaft bringt ihren alten Kriegern vorbehaltlos Respekt entgegen, „selbst dann noch, wenn einer von ihnen beim Erzählen seiner Kriegserlebnisse der Phantasie etwas zu sehr die Zügel schießen ließ.“[263] Das ganze Kirchspiel ist beim Tod eines der Veteranen ehrfürchtig ergriffen. Mit Marschmusik, der Melodie vom guten Kameraden, mit wehenden Fahnen und einem Ehrensalut über das Grab hinweg wird den Teilnehmern der Befreiungskriege die letzte Ehre erwiesen.

Der Siebenjährige Krieg, die Napoleonischen Kriege, der Erste und der Zweite Weltkrieg betreffen und verheeren Ostpreußen direkt. Der deutsch-dänische Krieg von 1864, der deutsch-deutsche von 1866 und der deutsch-französische von 1870/71 werden nicht auf seinem Boden ausgetragen. Aber die ostpreußischen Regimenter und Ostpreußens Landwehr ziehen auf die Schlachtfelder in Schleswig, Böhmen und Frankreich.

Seit 1860 besitzt die aus Mecklenburg stammende Familie Rose das 3 000 ha große Gut Döhlau in der Nähe des später dort errichteten Tannenberg-Denkmals. Im April 1862 wird in Döhlau Frieda Rose, später Frieda Unterberger, geboren. Die Gutsbesitzertochter wird nach der Flucht 1945 in Potsdam auf Bitten der Enkeltochter die Ereignisse ihres Lebens aufschreiben und darin behaupten: „Meine Erinnerung geht mit kleinen Dingen bis ins Kriegsjahr 1864 zurück, dem sieghaften preußisch-österreichischen Krieg gegen Dänemark, was von vielen Seiten angezweifelt wird.“ [264] Ganz sicher ist sie sich an ihrem Lebensabend, dass sie der Krieg 1866 sehr bewegt habe.

Im Krieg gegen Dänemark sind Preußen und Österreich noch verbündet. Zwei Jahre später sind sie Kriegsgegner, denen sich jeweils die mittleren und kleineren deutschen Staaten mehr oder weniger freiwillig anschließen. Der Krieg gegen Österreich im Jahr 1866 ist in der Provinz unpopulär; viele Menschen in Ostpreußen empfinden ihn in ihrer aus den Befreiungskriegen und den Revolutionsjahren 1848/49 geprägten schwarz-rot-goldenen Gesinnung als Bruderkrieg. Die liberalen Gegner Bismarcks sehen sich in ihrer Befürchtung bestätigt, dass der neue autoritäre Ministerpräsident den preußischen Staat ins Verderben führt. Die militärische Stärke Österreichs wird hoch eingeschätzt, allgemein die Niederlage Preußens vorausgesagt. Die Pfandbriefe der Ostpreußischen Landschaft fallen 1866 auf 50 % ihres Wertes. Die in der Provinz zum Kriegsdienst einberufenen Reservisten und Landwehrmänner leisten zwar den Stellungsbefehlen Folge, ihre Stimmung aber ist schlecht. In der Löbenischtschen Volksschule in Königsberg demolieren eingezogene Landwehrmänner das Mobiliar, um ihrem Unmut Ausdruck zu verleihen.

In Döhlau ist man von Anbeginn patriotisch. Die Frauen bemühen sich, mit Handarbeiten das Militär zu unterstützen. In einem Raum im Erdgeschoss des großen Gutshauses werden Liebesgaben für die Soldaten im Feld gesammelt. Aus Bergen von weißer Leinwand zupfen die Gutsherrin, die Frauen der Gutsbediensteten und weibliches Personal Charpie, Verbandsmittel für die Verwundeten, und stricken Strümpfe. Frieda Unterberger erinnert sich: „Doch wenn der Gendarm auf dem Hof erschien, schwiegen alle Dreschflegel, und wir horchten auf, denn er brachte immer das Schreiben vom Landrath, und so händigte er damals auch den Gestellungsbefehl dem zwanzigjährigen Fritz Opatka aus. Es folgte ein kurzer Händedruck des Einberufenen an die Arbeitskameraden, und gleich ging es zu Muttern zum letzten Lebewohl.“[265]

Die im Allgemeinen in Ostpreußen mürrische Kriegsstimmung schlägt um, als die ersten Nachrichten vom Sieg bei Königsgrätz am 3. Juli 1866 bekannt werden. Bald schon führen Soldaten 3000 österreichische Gefangene durch Königsberg. Königsbergs Stadtarchivar der Jahre 1938 bis 1945, Fritz Gause, sieht mit dem Sieg bei Königsgrätz eine dauerhafte Zäsur in der Haltung der Ostpreußen, nicht nur zum Politiker Bismarck, sondern auch zum fortschrittlichen Liberalismus: „Nach Königsgrätz wandelte sich die politische Haltung der Bevölkerung in Königsberg wie in ganz Preußen. Die Linksliberalen blieben Gegner Bismarcks, aber ihre Zahl ging zurück. Königsberg schloß mit dem erfolgreichen Staatsmann Frieden.“[266]

Schon vier Jahre später ist wieder Krieg. Die Stimmung ist besser, aber die Kriegsbegeisterung immer noch getrübt. Der zwölfjährige Lovis Corinth geht zu dieser Zeit in Königsberg zur Schule. Bei Beginn des deutsch-französischen Krieges im Juli 1870 ist er in den Ferien in Labiau. „So fuhr ich eines Tages mit meinem Vater, als der Fuchs hinten an den Wagen gebunden wurde, nach Wehlau auf den Remontenmarkt. Die Kommission konnte aber das Pferd nicht gebrauchen. Das ärgerte natürlich meinen Vater, welcher glaubte, ein schönes Stück Geld mit dem Verkauf des Pferdes zu verdienen. Mißmutig fuhr er dann wieder heim, aber ringsherum wimmelte es von

In diesem Haus in Tapiau wird der Maler Lovis Corinth am 21. Juli 1858 geboren. Seine Eltern Heinrich und Wilhelmine Corinth betreiben eine Gerberei sowie als Ackerbürger Landwirtschaft. Das Haus ist in Gwardeisk erhalten geblieben.

betrunkenen Ausgehobenen. Es war besser, diesen, welche Händel suchten gegen die, welche zu Hause bleiben durften, aus dem Wege zu gehen. Überall trafen wir diese halbwegs Verzweifelten."[267]

Bei der Einberufung der Landwehr kommt es in Osterode zu Ausschreitungen. Die Kreischronik verharmlost das Durchgreifen der Militärbehörden: „Es bedurfte guten Zuredens und sonstiger Anregungen, um Dienstfreudigkeit zu erzeugen und den Abmarsch auf Liebemühl am 26. Juli zu bewirken." [268] In Osterode werden später die täglichen Kriegsdepeschen am Hause Lewinsohn, Alter Markt 1, angeschlagen, die bald eintreffenden zahlreichen Siegesnachrichten auf dem Markt verlesen. Abends wird die Kreisstadt nach siegreichen Tagen erleuchtet, Fackelzüge ziehen durch die Straßen. Die örtlichen Handwerker haben eine Stadtkapelle gebildet, die mit klingendem Spiel den Marsch begleitet. Preußen und seine Verbündeten siegen, und Osterode feiert: „Auch ruhige und haushälterische Bürger ließen sich von dem Strudel ergreifen, scheuten keine Ausgabe und keinen Trunk. Man kam aus dem Feiern schier nicht mehr heraus."[269]

In den Schlachten und Kämpfen bei Weissenburg, Spichern, Mars la Tour, Gravelotte, Sedan, Straßburg, Metz, Verdun, Artenay und Orléans siegen die Armeen der Preußen, Badener, Bayern und Württemberger. Über 600 000 deutsche Soldaten stehen in Frankreich. Paris haben sie seit dem Oktober 1870 eingeschlossen und hungern die Stadt aus. Aber Frankreich, seit der Niederlage seines Kaisers Napoleon III. bei Sedan eine Republik, kann immer wieder neue Armeen stellen.

An der Belagerung von Paris sind auch zahlreiche preußisch-litauische Regimenter wie das Litthauische Dragonerregiment Nr. 1 Prinz Albrecht von Preußen beteiligt. Der Großteil der etwa 120 000 Männer, die als Besatzungs- und nicht als Kampftruppen dienen, sind preußische Landwehrmänner. Nicht wenige ostpreußische Landwehrbataillone sind auch im Januar 1871 noch aktiv in große Gefechte verwickelt.

In der Osteroder Stadtkirche erinnern bis 1945 Namenstafeln an die 30 Gefallenen des Osteroder Landwehrbataillons, Teil des dritten Ostpreußischen Landwehr-Regiments Nr. 4. Die Landwehrmänner Alscher, Bader, Bader, Böhm, Döhring, Förstemann, Grolla, Hardt, Heinrich, Katzner, Keispritzki, Komstell, Kurreck, Lowitz, Nehm, Piepans, Piontek, Oniewaß, Roßner, Salewski, Schaal, Schmidt, Schultz, Steckel, Soßnowski, Strauße, Tesmer, Ulanowskis, Wichert und Zielinski sind fast alle bei einem der verlustreichsten Gefechte des gesamten deutsch-französischen Krieges gefallen. Theodor Fontane hat im vierten Band seines Geschichtswerk *Der Krieg gegen Frankreich* dieses „Nachtgefecht von Villersexel" – das, so Fontane, „bei etwa neunstündiger Dauer zu den hartnäckigsten Kämpfen dieses Krieges zählt"[270] – im Detail beschrieben. Am 10. Januar endet das Gefecht mit einem französischen Sieg. Aber die deutsche Armeeführung erreicht ihr Ziel, den Vormarsch der französischen Ostarmee zum Stehen zu bringen. Mit einem Vorsprung von zwei Tagen können sich die deutschen Truppen am Fluss Lisaine zwischen den französischen Kräften und Belfort festsetzen.

Die Schlacht an der Lisaine vom 15. bis 17. Januar 1871 gewinnen die preußischen Truppen. Die französische Ostarmee beginnt einen verlustreichen Rückzug auf die Schweizer Grenze und wird in der Schweiz entwaffnet. 87 000 Soldaten mit 12 000 Pferden werden interniert. Am 16. Februar 1871 kapituliert auch die belagerte Festung von Belfort. Frankreich hat den Krieg verloren. Einen Tag nach dem Ende der Kämpfe an der Lisaine, am 18. Januar 1871, ist in Versailles das Deutsche Kaiserreich proklamiert worden. Die Heimat der Landwehrmänner aus West- und Ostpreußen gehört jetzt auch staatlich zu einem „Deutschen Reich".

Eine Folge des Krieges ist eine Cholera-Epidemie, die letzte in der Geschichte Ostpreußens bis 1945. Vom Juli bis zum Oktober 1871 erkranken in der Provinz 3 741 Menschen, 1 790 sterben.[271]

In Königsberg hat man von den Kämpfen in Frankreich nach dem Abmarsch der Truppen nur etwas durch die bald über 10 000 französischen Kriegsgefangenen gespürt, die in der Stadt untergebracht sind. Sie werden, wie Chronisten berichten, sehr gut behandelt. Die Offiziere dürfen sich in Zivil frei bewegen, das Theater und Vorlesungen der Universität besuchen. Schon wenige Wochen nach der Unterzeichnung des Friedensvertrages im Mai 1871 reisen die letzten Gefangenen ab.

In der Kaserne Herzogsacker in Königsberg inhaftiert sind auch einige politische Internierte: welfenfreundliche und hohenzollernfeindliche Hannoveraner und dänische Nordschleswiger. Sie gelten als unzuverlässig. Die beiden Königsberger Sozialdemokraten, der Arzt Johann Jacoby und der Gutsbesitzer Max Herbig, die sich auf einer Versammlung gegen die geplante Annexion Elsaß-Lothringens ausgesprochen haben, werden zusammen mit dem Hamburger Sozialdemokraten August Geib und Vertretern der Braunschweiger Sozialdemokratie zwei Monate in der Feste Boyen inhaftiert. Der inhaftierte Johann Jacoby protestiert höflich in einem Brief an den Kanzler Bismarck gegen das Vorgehen der preußischen Behörden. Bismarck nimmt sich die Zeit, den Brief zu beantworten, und veranlasst die Freilassung Jacobys.[272]

Für das Kaiserreich der Hohenzollern wird der deutsch-französische Krieg zum Gründungsmythos. Im Gedenken an die Schlacht bei Sedan 1870 wird der 2. September zum nationalen Feiertag. An ihm gibt es nicht nur in allen Schulen, sondern auch organisiert durch die Kriegervereine, denen alle überlebenden Teilnehmer des Feldzuges angehören, in fast jeder Ortschaft „Sedanfeiern".

Im Dorf Kerschken im Kreis Angerburg leben weniger als 300 Menschen. Mit großem Aufwand und unter Beteiligung der umliegenden Ortschaften wird in den Jahren nach 1871 der Ablauf der Sedanschlacht am Sedantag nachgespielt. Das ganze Jahr freut man sich im Landkreis auf dieses Volksfest, aus einem weiten Umkreis strömen am 2. September die Zuschauer herbei. Verkaufsbuden bieten Getränke und Erfrischungen an. Die mitwirkenden Kriegsteilnehmer erscheinen in ihren alten Uniformen, die nebst Gewehr und Platzpatronen aus der Goldaper Garnison entliehen werden, und stellen ein groß angelegtes Bild der Schlacht nach. Das Heimatbuch des Kreises berichtet: „Da knatterten die Gewehre, und es donnerten die Kanonen. Das waren auf Wagenachsen aufmontierte Baumstämme, in die man Löcher eingestemmt hatte, in denen Böllerschüsse und Kanonenschläge abgebrannt wurden. Bengalisches Feuer half noch, das Bild eindrucksvoller zu gestalten. Unter Trompetensignalen griff die Infanterie auf der ganzen Linie an mit schallendem Hurra und fliegenden Fahnen. Auf einer Anhöhe hielt mit weißem Backenbart auf seiner schwarzen Stute König Wilhelm und beobachtete den Fortgang der Schlacht. Bei ihm und gleichfalls beritten befanden sich seine Paladine Bismarck, Moltke und Roon."[273]

Die Rolle des Königs ist in Kerschken bald erblich. Die Generäle werden von den Mitwirkenden gewählt, besetzt werden aber immer die einmal bewährten Spieler. Für ihre ländlichen Nachbarn werden die Darsteller mit den angeklebten Backenbärten eins mit den von ihnen dargestellten Figuren; sie verlieren im Volksmund ihre bürgerlichen Namen und werden nur noch nach ihrer Rolle benannt.

Die Kreischronik beschreibt, dass es in Kerschken patriotisch hieß: „König Wilhelm hat heute Mist gefahren! Der Moltke will seinen braunen Wallach verkaufen! Bei Bismarck gibt es am Sonntag Kindtaufe!"[274]

Damen und Herren mit Sportgerät, Marienburg um das Jahr 1900. Die Stadt hat zu dieser Zeit etwa 10 000, der gleichnamige Kreis 60 000 Einwohner. Stadt und Kreis gehören noch zur Provinz Westpreußen und kommen erst 1920 zu Ostpreußen.

„Gestern vor einem Jahr war mein Examenstag. Ich war nachts vorher in diesem Jahr auf den Hufen. Der Vollmond leuchtete groß und kalt, blaue Schatten und gelbes Licht färbten den weißen Schnee. Gegen den fast stahlblauen Frosthimmel und sein Mondschild hoben die schwarzen Bäume die starken Spitzzweige wie Lanzen. Durcheinanderstoßend und drohend emporstarrend, sich um Knäuel wie Stacheln um Morgensterne sammelnd. Und hinter den schweigenden Wällen atmete und summte Königsberg.“[1]

Walther Heymann

Die Provinz im Kaiserreich

Teil des Reiches

Kühn nach Deutschland

Vier Onkel von Magnus von Braun haben in den Kriegen von 1866 und 1870 für Preußen ihr Leben gelassen. Die Familie auf Gut Neucken im Kreis Preußisch Eylau empfindet streng preußisch bis in den Tod: „Das aus dem Lehnsverhältnis stammende Treueverhältnis zwischen König und Adel war jeder Diskussion enthoben – wie jeder lebendige Glaube. Daß der König von Preußen außerdem das Oberhaupt der evangelischen Kirche war, gab – wenn auch vielfach unbewußt – seiner Stellung einen religiösen Hintergrund. (...) Es war wohl kein Zufall, daß das Eiserne Kreuz jeweils I. und II. Klasse von 1814, von 1870 und von 1914 die Brust der Besitzer von Neucken zierte. Von den Anwärtern auf das Erbgut fiel mein Neffe Gotthard 1941 unmittelbar vor der Verleihung der Ersten Klasse, mein Bruder Siegfried starb im Felde (im Ersten Weltkrieg, der Verf.), mit der Ersten Klasse und dem Hohenzollerischen Hausorden mit Schwertern ausgezeichnet.“[2]

Das alte Preußen, das Familien wie die von Brauns verkörpern, beginnt mit der Reichsgründung von 1871 zu verschwinden. Es geht im neuen Deutschen Reich auf; nicht plötzlich, sondern über die Jahrzehnte hinweg. Der Dramatiker Hermann

Sudermann meint damals, ein „Brausen in den Seelen" seiner ostpreußischen Landsleute verspürt zu haben, weil sie begannen, „von unverwelklichem Ruhm und für die Ewigkeit errichteter Größe"[3] eines jetzt „deutschen" und nicht mehr preußischen Reiches zu träumen. „Das Wort ‚Preußen' verschwand aus Rede und Schrift, und ein anderes stieg, schüchtern erst und mit dem Zagen des allzu Kühnen behaftet, dann ernsthaft, herrscherhaft, jedes Lächeln besiegend, an seine Stelle. ‚Deutschland' hieß das Wort. Mahnung, Forderung, ungestühmer Wille lag darin. Wer es aussprach, dessen Auge leuchtete, dessen Herz wurde weit, dessen Phantasie jagte sich mit den Raben des Kyffhäuserbergs."[4] Fritz Gause findet in seiner Geschichte der Stadt Königsberg große Worte für das, was sich in diesem Prozess in der ostpreußischen Krönungsstadt wandelt: „Königsberg war von Anfang an eine deutsche Stadt, aber erst rund 600 Jahre nach der Gründung ging die Sehnsucht der Bürger in Erfüllung, zu einem deutschen Reich zu gehören."[5]

Von Dezember 1829 bis April 1878 sind Ost- und Westpreußen zu einer Provinz vereinigt. Sie wird per Gesetz vom 19. März 1877 zum 1. April 1878 wieder in Westpreußen und Ostpreußen getrennt. Der Wunsch nach der Trennung der beiden Preußen geht von den beiden großen westpreußischen Städten Danzig und Elbing aus. Sie erhoffen sich eine eigene westpreußische Verwaltung, die stärker auf die Bedürfnisse ihrer wachsenden Industrie eingeht.[6]

Von 1870 bis 1913, 43 Jahre lang, existiert Ostpreußen als Teil des Königreichs Preußen friedlich im geeinten Deutschland. Wilhelm Matull, 1903 in Königsberg als Sohn und Enkel eines Volksschullehrers aus kaisertreuer Familie geboren, wird den Weg zur SPD finden. Noch im Alter weiß er, wie viele seiner Zeitgenossen sich im 43. Jahr fühlten: Zukunftsgläubig, denn, so Matull, „noch leuchtete die Sonne eines fortschrittsgläubigen Jahrhunderts, die Menschen waren noch ohne Barbareien, man glaubte an den Sieg der Vernunft und fühlte sich jahrhundertweit über die Dämonen eines ‚finsteren Mittelalters' erhaben. Es war wirklich eine Lust zu leben."[7] 1914, das 44. Jahr, bringt einen ersten Weltkrieg nach Ostpreußen. Sein Ausbruch ist der Beginn von Ostpreußens Untergang.

Politik und Parteien

Die Familie von Elard Kurt Maria Fürchtegott von Oldenburg-Januschau lebt erst seit dem Ende des Siebenjährigen Krieges 1763 in Ostpreußen. Der Rittergutsbesitzer, Großagrarier und konservative Politiker aus dem westpreußischen Kreis Rosenberg ist der Prototyp des ostelbischen Großgrundbesitzers. Der Adel hat im Königreich Preußen, aber auch noch im vom 1918 bis 1933 existierenden Freistaat Preußen erheblichen politischen und gesellschaftlichen Einfluss. Oldenburg-Januschau bekennt sich im Deutschen Reichstag, dem er lange angehört, immer wieder als

Anti-Demokrat: „Das Gift der Demokratie, der mangelnden Ein- und Unterordnung, vernebelte wie kein zweites Verstand und Herz der Menschen.“[8] Am 29. Januar 1910 sorgt er während der Reichstagsdebatte über den Militäretat für großes Aufsehen, als er fordert: „Der König von Preußen und der deutsche Kaiser muß jeden Moment imstande sein, zu einem Leutnant zu sagen: Nehmen Sie zehn Mann und schließen Sie den Reichstag!“[9] Diese Freude an der undiplomatischen Aussprache undemokratischer Ansichten, die im Bismarck-Reich wohl die große Mehrheit der ostpreußischen Großgrundbesitzer hegt, sorgt nicht nur im deutschen Parlament, sondern reichsweit für Empörung unter Deutschlands Demokraten. Für sie gibt Oldenburg-Januschau fortan das reaktionäre Feindbild schlechthin ab.

Ostpreußen ist bis 1918 eine schroffe Klassengesellschaft. Der Schriftsteller, Jurist und Lehrstuhlinhaber an der Albertina Felix Dahn ist in München aufgewachsen. Von 1872 bis 1888 lehrt er in Königsberg. Er vergleicht bayerische Gleichmacherei mit ostelbischem Standesdünkel: „Von der Kluft, die im Nordosten den Beamten, den Kaufmann (...) von dem Handwerker, dem Dienstboten, dem Arbeiter trennt, hat man bei uns im Süden gar keine Vorstellung. Als ich einem geheimräthlichen (...) Amtsgenossen erzählte, dass in München während der Bockzeit im Archazgarten Geheimrath neben Dienstmann, Minister neben Tagelöhner am selben Tische sitzen, wäre mir der unnahbar hoch Stehende beinahe ohnmächtig in die Arme gefallen.“[10]

Mitte des 19. Jahrhunderts ist Ostpreußen noch eine Bastion der liberalen Fortschrittspartei, die sich in Opposition zur preußischen Regierung befindet. Die Liberalen stützen sich vor allem auf die größeren und mittleren Gutsbesitzer und auf das Groß- und Bildungsbürgertum. Sie sind besonders stark im Regierungsbezirk Gumbinnen vertreten, auch im Gebiet nördlich der Memel.[11] Noch 1863 wählt Ostpreußen mit Ausnahme des Ermlandes durchweg fortschrittlich liberal und nicht konservativ. Auch 1871 kann Freiherr Leopold von Hoverbeck auf Adlig Quetz bei Guttstadt im Kreis Allenstein bei den Reichstagswahlen noch den Wahlkreis Sensburg/Ortelsburg für die Fortschrittspartei gewinnen. Hoverbeck hat 1860 mit Max von Forckenbeck und anderen die Fraktion „Jung-Litthauen“ gegründet. Sie heißt so, weil von den 19 Abgeordneten, sie sich ihr anschließen, neun aus Ostpreußen stammen. Aus ihr geht ein Jahr später die Fortschrittspartei hervor, die in der Auseinandersetzung mit dem neuen Reichskanzler Bismarck rasch an Profil gewinnt.

Für den Kreis Angerburg trifft wie für das gesamte ländliche, protestantische Ostpreußen zu: „Gegen Ende des Jahrhunderts ebbten die politischen Gegensätze ab. Die wirtschaftlichen Erfolge der konservativen Staatsführung (...) ließen die liberalen Wählerschichten stark schmelzen und zu Beginn des neuen Jahrhunderts bedeutungslos werden. Die Söhne der alten liberalen Gutsbesitzer bzw. ihre Besitznachfolger waren nun konservativ.“[12] Gibt es bis in die 1860er Jahre auch unter den bürgerlichen Rittergutsbesitzern, die zahlreicher sind als die adeligen, noch viele liberal Gesinnte, so ändert sich das mit den Erfolgen der Bismarck'schen Politik.

Im Sommer besucht Kaiser Wilhelm II. gern Graf Richard Wilhelm zu Dohna-Schlobitten auf seinen Gütern. Für die Zeitschrift Simplizissimus zeichnet der Illustrator und Karikaturist Eduard Thöny im Jahr 1912 den sehr beleibten Großgrundbesitzer und sehr konservativen Politiker mit Windhund bei Fuß und Reitpeitsche in typischer Haltung des Herrenmenschen. Durch die Gunst des Kaisers wird Richard Wilhelm zu Dohna-Schlobitten Hofjägermeister sowie „Master" der königlichen Parforcejagden im Grunewald; er macht seinen Monarchen auf das ostpreußische Jagdrevier Rominter Heide aufmerksam. Wiederholt zieht er für die Konservative Partei als Abgeordneter der Wahlkreise Goldap und Fischhausen in den Reichstag ein. Sein Enkel Alexander Fürst zu Dohna-Schlobitten über die vielfältigen Verpflichtungen des Großvaters: „Außerdem war er noch erbliches Mitglied des preußischen Herrenhauses und bis zu seinem Tod 1916 Vorsitzender des Provinziallandtages in Königsberg. Wenn die Landräte der Kreise Preußisch Holland und Mohrungen abwesend waren, vertrat er sie. Da er es mit allen seinen Ämtern sehr genau nahm, war er viel unterwegs." [13] 1912 verliert Richard Wilhelm zu Dohna-Schlobitten, von dem sein Enkel behauptet, er habe den Ausgleich zwischen den Menschen geliebt, seinen Wahlkreis an einen Sozialdemokraten. Wer vermag zu sagen, ob seine Instleute und Gutsarbeiter ihn mehr geliebt oder mehr gefürchtet haben?

Den Memelländer Eugen Kalkschmidt hat es nach Thüringen, Sachsen und Hamburg und dann für immer nach Bayern verschlagen. Aus der geographischen und auch aus einer zeitlichen Distanz erkennt er deutlich die soziale Ordnung der ostpreußischen Gesellschaft: „Auf dem kolonialen Boden des deutschen Ostens haben sich die sozialen Gegensätze in anderen Formen entwickelt als im Altreich. Herren und Knechte stehen weiter voneinander geschieden. Auch die Demokratie, die in Ostpreußen gesinnungsmäßig verbreitet war, bedingte hier eine mehr horizontale als vertikale Schichtung der Klassen, sie beherrschte die Haltung des Bürgertums und der Freibauern. Die ‚kleinen' wie die ‚feinen' Leute standen als Sonderklasse von jeher für sich." [14] In Gutsdörfern hat der Gutsherr das Sagen, in den Kreisen mit überwiegendem Großgrundbesitz haben die Großagrarier den entscheidenden Einfluss. Margarete Schmidt aus Tollmingkehmen im Kreis Goldap berichtet, wie sich die Machtverhältnisse noch in den 1930er Jahren darstellen: „Das war die Herrschaft. Das waren die gnädige Frau und der gnädige Herr. Da musste man einen Diener oder einen Knicks machen. Die waren wie Götter. Wir waren eben die Untertanen. Die regierten das Dorf." [15]

Im Kirchspiel Regerteln, Kreis Heilsberg ist das anders. Nicht weil die Mehrheit seiner Bewohner katholisch ist, gibt es weniger Oben und Unten. Das Kirchspiel besteht durchweg aus reinen Bauerndörfern. Das beeinflusst das Sozialverhalten, wie sich Robert Teichert erinnert: „In unseren Dörfern gab es keinen Standesdünkel. Bauern, Arbeiter, Handwerker und Beamte achteten und halfen einander, wo sie nur konnten. Dieser Gemeinschaftsgeist äußerte sich sogar über die Grenzen des eigenen Dorfes hinaus; man konnte also selbst das Kirchspiel noch, wenn auch mit Einschränkungen, als eine ländliche Lebenseinheit ansprechen.[16]

Der aus dem Kreis Lötzen stammende Diplomat Rudolf Nadolny weiß, warum in fast allen protestantisch geprägten, ländlichen Reichstagswahlkreisen Ostpreußens Konservative, im seltenen Fall Nationalliberale und keinesfalls Sozialdemokraten gewinnen: „Die Wahlen gingen so vor sich, dass die Gutsarbeiter mit Leiterwagen ins Dorf geschickt wurden und einen bestimmten Kandidaten zu wählen hatten. Und abends nach gelungener Wahl gab es Freibier."[17] Bei den Wahlen zur zweiten Kammer des preußischen Landtags, dem Abgeordnetenhaus, braucht es diese Maßnahmen nicht. Der Historiker Hagen Schulze in seiner Biographie des ostpreußischen SPD-Politikers Otto Braun: „Das Abgeordnetenhaus (...) wurde gewählt; allerdings auf Grund eines Wahlrechts, das so infam ausgeklüngelt und auf die Vorrechte des Besitzes abgestellt war, dass in diesem Parlament der Volkswille nie zum Ausdruck kommen konnte." Nach dem preußischen Dreiklassenwahlrecht werden die Wähler je nach den Steuern, die sie zahlen, in drei Klassen eingeteilt. Diese Drittelung, die nicht auf Landesebene, nicht einmal auf Ebene des Wahlkreises erfolgt, sondern in jedem Abstimmungsbezirk durchgeführt wird, führt zu gänzlich undemokratischen Ergebnissen. „Oft standen den 5 bis 6 Wählern in der ersten Klasse 500 bis 600 Wähler der dritten Klasse gegenüber, dazwischen vielleicht 50 bis 60 Wähler in der zweiten Klasse. Jede Klasse wählte die gleiche Anzahl Wahlmänner, die dann im Wahlkreis zu einem einheitlichen Wahlkörper zusammentraten, um den Abgeordneten zu wählen. Dabei war die Stimmabgabe wie bei der vorausgegangenen Vorwahl öffentlich, d.h. der Abstimmende mußte dem Leiter der Wahlhandlung mündlich erklären, wen er wähle. Es ist klar, dass dadurch die wirtschaftlich Abhängigen, besonders auf dem Lande und in den kleinen Städten, gehindert wurden, ihrer politischen Gesinnung gemäß eventuell gegen die herrschende konservative Clique zu stimmen, denn der Terror dieser herrschenden Partei war erbarmungslos. Für die zahlreiche Beamtenschaft war das ganz ausgeschlossen."[18]

Der preußische Landtag hat auch eine erste Kammer, das sogenannte „Herrenhaus", das sich auf Basis einer königlichen Verordnung vom Februar 1847 konstituiert. Die Mitgliedschaft in ihm ist entweder erblich, hängt an einem Amt oder wird durch den König verliehen. Diese „erste Kammer" des preußischen Parlaments – dem englischen Oberhaus vergleichbar – hat 115 erbliche Mitglieder. Im Jahr 1907 sind zudem auf „allerhöchstes königliches Vertrauen" 88 Mitglieder auf Lebenszeit ernannt. Die anderen 184 der 387 Mitglieder repräsentieren Verbände und „Landschaften". Sie werden von einer kleinen Zahl von wahlberechtigten Adeligen oder auch nicht-adeligen Rittergutsbesitzern als deren Vertreter gewählt.

Dem Herrenhaus gehören in seiner „Herrenkurie" – deren Mitglieder die Ämter erben – aus Ostpreußen die drei Oberhäupter der Familien der Dohna, die Besitzer des „Fideikommiß und Majorats" Lauck, der „Fideikommisse Schlobitten und Prökelwitz" und des „Fideikommiß Schlodien-Karwinden" sowie die Besitzer der Grafschaft Rautenberg in der Elchniederung, die Grafen von Keyserlingk, an. Durch „besonderes königliches Vertrauen" erhalten 1861 der Besitzer der Fideikommissherrschaft Friedrichstein, August Karl Graf Dönhoff-Friedrichstein, seit 1862 der Besitzer der Fideikommissherrschaft[19] Sanditten, Georg Graf von Schlieben und seit 1901 auch Graf zu Eulenburg-Prassen und Konrad Graf Finck von Finckenstein auf Lebenszeit einen Sitz im Preußischen Herrenhaus. 1904 gewährt Kaiser Wilhelm II. auch den Besitzern des Burggräflich und Gräflich zu Dohnaschen Fideikommisses Finckenstein und 1907 denen des Graf zu Dohna-Dönhoffstädtischen Familienfideikommiss eine Mitgliedschaft im Herrenhaus.

Den „Ostpreußischen großen Landesämtern" stehen neun Sitze zu. Durch Wahl aus dem Kreis der Standesgenossen berufen werden auf „Präsentation der Verbände des alten und des befestigten Grundbesitzes" je zwei Vertreter der Landschaftsbezirke Littauen, Masuren, Samland mit Natangen, Oberland und einer des Landschaftsbezirks Marienburger Land. Als gewählte Vertreter finden so weitere Angehörige der großen Adelssippen Ostpreußens einen Sitz im Preußischen Herrenhaus wie Alfred von Sanden (Launingken), Julius Graf von Mirbach (Sorquitten), Walter Rogalla von Bieberstein (Rosoggen), Ulrich von Kalckstein (Wogau bei Posmahlen), Adolf Tortilowicz von Batocki-Friebe (Bledau bei Cranz), Ernst von Kuenheim-Spanden (Spanden bei Schlodien) und Arthur Freiherr von Buddenbrock (Klein Ottlau bei Marienwerder). Die ostpreußischen Städte Königsberg und Memel entsenden ihre Oberbürgermeister, ebenso die Stadt Elbing. Auch der Universität Königsberg steht, wie den anderen preußischen Traditionsuniversitäten, ein Sitz zu.

Die politischen Verhältnisse in den drei ostpreußischen Regierungsbezirken sind unterschiedlich. Im Regierungsbezirk Königsberg sind die Linksliberalen fast genauso stark wie die Konservativen; hier liegt die SPD wegen ihrer vielen Wähler in der Stadt Königsberg und im Kreis Gerdauen bei über 20 %. Im Regierungsbezirk Allenstein dominiert ganz eindeutig die Konservative Partei, gefolgt von den Nationalliberalen und dem Zentrum, das in den vier Kreisen Allenstein, Braunsberg, Heilsberg und Rößel und in der Stadt Allenstein führend ist. In diesem Regierungsbezirk kommt die Polenpartei auf über 10 % der Stimmen. Im Reichstagswahlkreis Allenstein-Rößel werden 1903 24,6 % der Stimmen für einen polnischen Kandidaten abgegeben, im Jahr 1912 sind es sogar 34,6 %.[20] Die SPD und die linksliberalen Fortschrittler sind hier praktisch bedeutungslos.[21]

Im Gebiet nördlich der Memel, in dem Litauischsprachige die Mehrheit bilden, gibt es zur Zeit des Kaiserreichs drei politische Richtungen: Konservative, Nationalliberale und Sozialdemokraten. Im Rest des Bezirks Gumbinnen ist die rechtsliberale Nationalliberale Partei nach den Konservativen die stärkste politische Kraft. Hier treten auch litauische Kandidaten bei Wahlen an. Die erste politische Aktivität der preußischen Litauer zeigt sich in einer von dem in Gronau aufgewach-

Dorffest zu Beginn der 1920er Jahre an der schiffbaren Minge in Prökuls im Landkreis Memel. Die Stadt ca. 15 km vor Memel hat als Marktflecken für die umliegenden Dörfer und die Hafffischer einige Bedeutung. Die Gymnasiasten und Realschüler tragen noch Schulmützen.

senen Sprachforscher Dr. Georg Sauerwein initiierten Petition an Kaiser Wilhelm I. Sauerwein bereitet eine Delegation aus vier Männern und zwölf jungen Mädchen für ihren Besuch bei Kaiser Wilhelm I. im Dezember 1878 vor. Die Delegation bekundet dabei ihr Begehren nach litauischem Unterricht in den Schulen[22] – erfolglos. Aber Sauerwein begeistert sich nicht nur für die litauische Sprache, er initiiert eine litauische Nationalbewegung in Preußen, vor allem mit der Gründung kultureller Vereinigungen wie dem nationalen Kulturverband „Birutė“ (1885–1914 in Tilsit) und dem „Verband der Litauer in Preußen“ (1901–1906 in Tilsit). Innerhalb der Deutschkonservativen Partei entsteht das „Litauisch Konservative Komitee“, das versucht, in den von vielen Litauern bewohnten Kreisen Tilsit, Niederung, Memel, Heydekrug, Ragnit und Pillkallen aus den Reihen der Konservativen Partei eigene Kandidaten aufstellen zu lassen.

Im Jahr 1890 initiiert Sauerwein einen „Litauischen Wahlverein“, der überraschend eng mit der linksliberalen Freisinnigen Partei kooperiert. Neben Sauerwein der führende Vertreter dieser Organisation ist der in Groß Trumpeiten bei Kaukehmen in der Elchniederung geborene Jonas Smalakys. Smalakys gelingt es nach zwei erfolglosen Wahlperioden, 1898 als erster und einziger Kandidat des Wahlvereins in den Reichstag einzuziehen. Im Wahlkreis Memel-Heydekrug tritt er gegen den konservativen Kandidaten General Graf Alfred von Waldersee an. Smalakys erringt im ersten Wahlgang 3 504 Stimmen und damit 23 %, Graf Waldersee 5 557 (36 %) und der rechtsliberale Kandidat 21 %.[23] Da auch Waldersee keine absolute Mehrheit erhalten hat, kommt es zu einem zweiten Wahlgang. Jetzt unterstützen auch die Rechtsliberalen und die Sozialdemokraten den litauischen Kandidaten. Smalakys gewinnt mit 60 % und 7 800 Stimmen Vorsprung.[24] Im Amtlichen Reichstags-Handbuch für die zehnte Legislaturperiode 1898/1903 lässt er als Fraktionszugehörigkeit „Littauer“ eintragen und bleibt faktisch fraktionslos.[25]

1878 erringt die Deutschkonservative Partei 15, 1884 dann 14, 1898 noch zwölf, 1903 und 1907 jeweils 13 der insgesamt 17 auf die Provinz entfallenden Reichstagsmandate. 1912 sind es nur noch neun[26] – die westpreußischen Wahlkreise Marienburg-Elbing und Marienwerder-Stuhm gewinnen die Freikonservativen, die Partei des Hochadels und der hohen Regierungsbeamten. Diese Partei ist weniger als die Deutschkonservativen dem alten Preußen und mehr dem Reichsgedanken verpflichtet.

In Masuren beginnt sich in den Jahren 1851 bis 1870 ein Regionalbewusstsein zu entwickeln. Pfarrer und Lehrer sind hier die einzige nennenswerte Gruppe von Intellektuellen; sie fangen an, sich für Landschaft, Geschichte, ethnische Unterschiede und die besondere Kultur Masurens, aber auch der gesamten Provinz Ostpreußens zu interessieren. Für diese „intellektuelle Elite“ „waren die Masuren polnisch sprechende Preußen, welche sich der religiösen Rolle ihrer Sprache bewußt waren und sich durch Loyalismus und Regalismus auszeichneten. Diese Gefühle versuchten sie zu stärken“[27], schreibt der polnische Historiker Grzegorz Jasinski. Seit den 1880er Jahren entdeckt die polnische Nationalbewegung die protestantischen Masuren als Ziel ihrer Agitation für einen polnischen Nationalstaat.[28] 1883 bis 1884 erscheint in Osterode die polnischsprachige Zeitung Mazur. Ab 1896 gibt es dann wieder eine polnische Zeitung Masurens: die Gazeta Ludowa mit Sitz in Lyck. Ihre Auflage ist nie höher als 2 500 Exemplare. Im Jahr 1887 wird eine Masurische Volkspartei (MVP) gegründet[29], die Aktivitäten dazu gehen von nationalpolnischen Aktivisten in der Provinz Posen und im russischen Warschau aus. Die Partei gewinnt aber auch masurische Bauern als Funktionäre und Kandidaten. Andreas Kossert schätzt ihren Mitgliederstand für ganz Masuren auf wenige hundert Personen, andere Historiker gehen davon aus, dass es sich bei diesen Aktivitäten „lediglich um Bemühungen Einzelner, die bei den Masuren keinen Widerhall fanden“, gehandelt hat.[30]

Zur Reichstagswahl 1898 stellt die Masurische Volkspartei in den Wahlkreisen Oletzko-Lyck-Johannisburg und Ortelsburg-Sensburg Kandidaten auf. Während die Partei im ersten Wahlkreis nur ganze 229 Stimmen erringt, kann sie in Ortelsburg-Sensburg 5 874, ein Drittel aller Stimmen, auf sich vereinigen. Auch bei den nächsten Reichstagswahlen entscheiden sich noch einmal über 4 000 Wahlberechtigte für sie. Im masurischen Reichstagswahlkreis Ortelsburg-Sensburg kommt ein polnischer Kandidat im Jahr 1903 auf 23,1 % der Stimmen, im Landkreis Osterode-Neidenburg im Jahr 1912 auf immerhin 5 %.[31] Ortelsburg ist somit die Hochburg einer nationalpolnischen Bewegung in Masuren. Dennoch entwickelt diese Bewegung zu keinem Zeitpunkt wirklich Massenwirksamkeit. Die preußischen Behörden unterdrücken die Aktivitäten der Masurischen Volkspartei (MVP), anderer nationalpolnischer Organisationen und der Zeitung. Die protestantischen Masuren bleiben der nationalpolnischen Bewegung gegenüber misstrauisch, da sie sie als „katholisch" ansehen[32] – sie wollen nicht für eine katholische Sache vereinnahmt werden.

1912 treten die linksliberalen Parteigruppierungen reichsweit geschlossen in einer „Fortschrittlichen Volkspartei" zur Reichstagswahl an. Spitzenergebnisse erreichen die vereinten Linksliberalen in diesem Jahr in Tilsit-Niederung mit 65 %, in Kreis Gumbinnen-Insterburg mit 58 %, in Königsberg-Fischhausen mit 54 % und in Königsberg mit 43 %. Sie kommen somit auf drei Reichstagsmandate. Die Nationalliberale Partei gewinnt 1912 wieder in ihrer Hochburg Memel-Heydekrug mit 60 % und diesmal auch mit 410 Stimmen Vorsprung knapp den nordmasurischen Wahlkreis Angerburg-Lötzen mit etwas mehr als 50 % der Stimmen. Der Wechsel der kleinstädtischen Wähler von den Konservativen zu den Rechtsliberalen gibt hier den Ausschlag.[33] Eine Bastion des Zentrums ist wie immer der Wahlkreis Braunsberg-Heilsberg mit 96 % für die katholische Partei. Auch im Wahlkreis Allenstein-Rößel, in dem die ebenfalls katholische Polenpartei kandidiert, ist das Zentrum mit 62 % noch sehr stark.[34]

Die Sozialdemokraten erreichen im Jahr 1898 im Regierungsbezirk Gumbinnen 10 % aller Stimmen, im Regierungsbezirk Königsberg 24 %. Obwohl ihre Erfolge bei den gleichen und geheimen Reichstagswahlen immer größer werden, schlägt sich das dank des Mehrheitswahlrechts bei der Mandatsverteilung nicht nieder. Bei der letzten Reichstagswahl im Kaiserreich im Jahr 1912 haben die Sozialdemokraten ihren größten Stimmenanteil im Stadtkreis Königsberg mit 52 %. Im Kreis Königsberg-Fischhausen erreicht die SPD immerhin 28 %, in Tilsit-Niederung 25 % und in Memel-Heydekrug 21 %. In Königsberg erringen sie damit das Reichstagsmandat.

Der 1898 geborene spätere KPD-Politiker Max Reimann wächst in der Industriestadt Elbing auf. Sein Vater ist Bauarbeiter, eigentlich aber gelernter Böttcher, die Mutter vor der Ehe Magd auf einem Rittergut. Die Reimanns haben acht Kinder, die zehnköpfige Familie bewohnt in einer Mietskaserne ein kleines Zimmer. Keine der 21 Familien im Haus hat weniger als sechs Kinder; die Familienväter sind oft monatelang arbeitslos. Es gibt noch kein Arbeitslosengeld, nur eine Armenunterstützung von Kirche oder Stadt. Die Reimanns hungern oft. Zweimal in der Woche kann sich die Mutter bei der Kirche ein warmes Essen holen. Max Reimann schildert seine Kindheit: „Viele Kinder mußten betteln gehen. Schuhe haben wir nicht gekannt. Wir liefen in Holzpantoffeln, im Sommer barfuß. Die Strümpfe waren eigentlich gar keine Strümpfe, sondern oft nur zusammengenähte Flicken. So sind die Kinder im Winter – und der war kalt dort oben! – zur Schule gegangen. Betten im üblichen Sinne hat's für die Kinder nicht gegeben. Die kleineren Kinder schliefen im Zimmer auf Säcken, die mit Laub gefüllt waren; die älteren in einer Dachkammer, auch auf Strohsäcken. Federbettdecken kannte man in den Familien kaum, mit alten Sachen deckten wir uns zu. Wir hatten einen Ziegelofen, der mit Holz geheizt wurde. Gekocht wurde auf einem Dreibein, auf dem der Kochtopf stand."[35] Max Reimann wird angesichts dieser Verhältnisse Sozialdemokrat und begeistert sich später für kommunistische Ideen.

Das liberale Königsberg

Für die Ostpreußen vom Lande ist das Königsberg der Kaiserzeit immer noch eine große Stadt. Der spätere sozialdemokratische Redakteur Wilhelm Matull aber sieht seine Heimatstadt realistisch. In der zweiten Hälfte des 19. Jahrhunderts habe sie in einer Zeit, in der Großstädte an den Standorten der Industrie und der wichtigsten Verkehrsadern wie Pilze aus dem Boden geschossen seien, den Anschluss verloren. Die Stadt sei zu einer provinziellen Mittelstadt herabgesunken: „Königsberg verwaltete zwar ehrwürdige Überlieferungen und ein achtbares geschichtliches Erbe, war aber um 1900 nicht mehr als der östlichste Verwaltungssitz des Deutschen Reiches und eine provinzielle Beamten- und Bürgerstadt."[36] Im Jahr 1864 hat Königsberg die 100 000-Einwohner-Grenze überschritten. Durch zahlreiche Eingemeindungen steigt die Bevölkerungszahl der Stadt bis 1910 auf 246 000 Menschen an.

Der Professor der Rechtswissenschaften Felix Dahn, von 1872 bis 1888 Ordinarius in Königsberg, ab 1888 in Breslau, hat etwa 30 000 bedruckte Seiten Fachbücher, Sachbücher, Dramen und Romane veröffentlicht. Sein größter literarischer Erfolg ist der Roman *Kampf um Rom*; Bismarck soll ihn zweimal gelesen haben. Dahn hat das Buch, das noch 1968 aufwändig verfilmt wird, 1876/78 in Königsberg, im Haus Vorderrossgarten 19, von 1878 bis zu seinem Fortgang von Königsberg nach Hintertragheim geschrieben. Dahn nennt das „liebe alte Nest", in dem er die produktivste Zeit seines Lebens verbringt und dem seine „dankbarsten Erinnerungen gelten", in seinen fünfbändigen Erinnerungen despektierlich „die Stadt der reinen Vernunft und der schmutzigen Straßen".[37]

Dahn lehrt an der Albertina, wo Hermann Sudermann in den 1870er Jahren ein verbummeltes Studentenleben führt. Sudermann berichtet: „Die Mediziner waren durch das Physikum und die praktischen Kurse am ehesten gehalten, sich den Forderungen ihres Studienganges zu fügen. Wurde es ernst, dann gingen sie ins ‚Reich' oder sie ließen sich inaktiv schreiben und wurden dann nur selten noch gesehen, die Juristen aber leisteten an Zeitvergeudung Ungeheuerliches. Was sie, um den Referendar zu ‚schmeißen', schlechterdings gelernt haben mußten, wurde dem ‚Einpauker' überlassen, dessen Kunst sie schließlich durchs Examen schleifte, nachdem sie fünf bis sechs Semester lang das Universitätsgebäude nur gesehen hatten, wenn ein Couleurbummel sie über Königsgarten führte."[38] Hermann Sudermann gehört der

Landsmannschaft „Littuania“ an. In den grün-weißen Farben dieser schlagenden Verbindung bummelt er gerne durch die Straßen, treibt es allerdings nicht so schlimm wie die Juristen: „Wir Philologen hielten die Mitte. Mit Ach und Krach kamen die meisten ans Ziel, und wer gegen das achte Semester hin einsah, daß das späte Büffeln nichts mehr nutzen konnte, der stürzte sich in die Hauslehrerei, um sich derweilen auf das Mittelschulexamen vorzubereiten, das ihm dann schließlich gelang.“[39]

Den preußischen Kultusminister Adalbert Falk, der 1878 nach sozialdemokratischen Umtrieben innerhalb der Königsberger Studentenschaft fragt, kann der Königsberger Universitätsrektor beruhigen: Seine Studenten hätten eine „nüchterne und ruhige Auffassung der Dinge, Stetigkeit, Fleiß und das Bewußtsein des Zweckes ihres Aufenthaltes auf der Universität“. Und weiter: „Fast durchweg fällt bei unseren Studierenden eine gewisse Unbeholfenheit, Schwerfälligkeit, Zurückhaltung und der Mangel an dem Vermögen, sich Fremdes zu assimilieren, sowie die Unmöglichkeit, auf neue Ideen und Anschauungen einzugehen, nicht angenehm auf.“[40] Solche Bildungseliten werden nicht sozialdemokratisch.

Viele der Königsberger Studenten wohnen in den schmalen Häusern der Magisterstrasse und der Altstädtischen Wassergasse; gewöhnlich mieten zwei zusammen ein Zimmer. In der Nähe liegen die Fechtböden der studentischen Verbindungen. Das viele „Kneipen“, wie die Verbindungsstudenten ihre ritualisierten Zechgelage nennen, bringt nicht nur einen permanenten Kater mit sich, sondern auch eine große Nachlässigkeit in der Ausbildung. Dazu noch einmal Sudermann: „Und schließlich machte man‘s, wie man‘s die anderen machen sah: man schlief sich morgens erst einmal aus, dann ging man auf die Kneipe, sich ein Paar warme Würstchen samt einem Kümmel zu vergönnen, und hierauf strebte man dem Fechtboden zu, um den steifen Gliedern das nötige Gelenkschmalz zu erarbeiten. Nachmittags drosch man in der Steinerschen Konditorei bei Kaffee und Likören einen Viermännerskat oder begab sich zu einem Bummel nach den ‚Hufen’, wo man ‚naturkneipte’ und Bier dazu trank, und abends tat man dasselbe, wobei es der Natur überlassen blieb, sich mittels geöffneter Fenster durch Bierdunst und Tabaksqualm hindurch bemerkbar zu machen.“[41] So geht Sudermanns Studentenleben einige Semester, er verbringt sie fast uneingeschränkt im Suff und mit studentischem Fechten. Dann ist das Geld der Familie verbraucht, auch das persönlich zu Wucherzinsen geborgte. Er muss sein Bummeldasein abbrechen und verschuldet in die engen häuslichen Verhältnisse nach Matzicken im Memelland zurückkehren. Aus ihnen bricht er nach einigen trübsinnigen Monaten aus, um in Berlin Journalist zu werden.

Fast zur selben Zeit wie Sudermann studiert auch Lovis Corinth in Königsberg, nicht an der Albertina, sondern an der Kunstakademie. Er wird in seiner Biographie feststellen: „Diese Zeit war die schönste meiner Jugend.“ Er wohnt in „anständiger Wohnung“ bei seinem Vater, der jetzt Witwer ist und als Rentier in Königsberg lebt. Auch ohne Mitgliedschaft in einer Verbindung „kneipt“ Corinth: „Ich muß vorausschicken, daß zu jener Zeit der Genuß alkoholischer Getränke denkbar am höchsten gestiegen war und nun gar in meiner Heimat, wo der ostpreußische Maitrank weltberühmt war. Kein Student und kein Soldat konnte in den Augen seiner Mitmenschen für tüchtig gelten, wenn er nicht auch ein berüchtigter Trinker war. Diese Trunksucht wurde bald von uns zu großer Meisterschaft gebracht."[42] Mit Kommilitonen zieht Corinth über die Dörfer des Samlandes. Wenn man am Abend nach Königsberg zurückkehrt, muss man sich nach den Mühen der Landpartie in einer der vielen Stammkneipen stärken. 1887 verlässt Corinth, noch ein Maler ohne Erfolg, Königsberg und zieht nach Berlin, 1888 kehrt er noch einmal in die Stadt zurück. Er pflegt seinen schwerkranken Vater, der im Januar 1889 stirbt. Als der Erfolg einsetzt, lebt der Maler aus Tapiau schon in München-Schwabing.

Magnus Freiherr von Braun ist Anfang des 20. Jahrhunderts Student in Königsberg und beendet sein Studium 1902 mit dem ersten und 1905 mit dem zweiten juristischen Staatsexamen. Er gesteht: „Die Bälle in der alten Königshalle, zu denen die Töchter des Landes herbeiströmten, die Jagden auf Hasen, Enten und Fasanen auf den Landgütern, die Abende in den Offizierskorps der Wrangelkürassiere und des Grenadierregiments Kronprinz, dessen Chef von alters her der Kronprinz von Preußen war, und dann die tägliche Mittagsgesellschaft im Theaterrestaurant, an der mein Altersgenosse, der Dichter Otto Freiherr von Taube, die Brünnecks, Seherr-Thoß und andere teilnahmen, ließen keine Einsamkeit aufkommen."[43] Der junge Jurist besucht Kammermusikkonzerte und zählt sich zu den Stammkunden der Buchhandlung „Gräfe und Unzer".

Auf die Großbuchhandlung „Gräfe und Unzer" kommen viele zu sprechen, die über Königsberg schreiben oder über ihr Leben dort berichten. Das Unternehmen, 1722 in Königsberg gegründet, firmiert ab 1831/32 unter seinem bekannten Namen. 1873 bezieht die Buchhandlung ein neues Ladengeschäft gegenüber der Universität, wo sie bis 1945 ihren Sitz hat. Das „Haus der Bücher" wechselt 1878 aus den Händen der Familie Gräfe in den Besitz der Königsberger Buchhändler Richard Dreher und Botho Stürtz, 1898 ist Hugo Pollakowsky ihr Alleininhaber. In der Weimarer Republik wird sie Europas größte und modernste Sortimentsbuchhandlung sein. „Gräfe und Unzer" betreibt auch einen bekannten Buchverlag.

Auf dem Paradeplatz finden am Sonntag die Platzkonzerte der Militärkapellen der in Königsberg kasernierten Regimenter statt.[44] Königsberg ist nach Berlin und Metz die bedeutendste Garnison im Deutschen Kaiserreich, zu ihr zählen mehr als 14 000 Offiziere, Unteroffiziere und Mannschaften. Ihre Uniformen bestimmen das Stadtbild. Die jungen Offiziere bevölkern wie die Studenten die Kaffeehäuser und die – ihnen erlaubten – Gasthäuser und zeigen sich auf der nordöstlich des Roßgärter Tores gelegenen Pferderennbahn.

Zur in Königsberg stationierten 1. Infanteriedivision gehören einige der Traditionsregimenter der preußischen Armee wie das 1. Ostpreußische Grenadierre-

Königsberg im Jahr 1911. Blick über den Alten Pregel zum Viehmarkt. Der Alte Pregel ist bis zu den holzverarbeitenden Fabriken am Viehmarkt schiffbar. Im Hintergrund der 1910 fertiggestellte Bau der Lutherkirche am Friedländer Torplatz.

giment Nr. 1 Kronprinz. Dessen Angehörige werden in der Stadt schlicht die „Ersten Grenadiere" genannt. Die Kapelle des Infanterieregiments leitet der erste schwarzhäutige Kapellmeister der preußischen Armee, Gustav Sabac el Cher, im Deutschen Kaiserreich ein berühmter Militärmusiker. Der Königsberger Kunstmaler Emil Doerstling malt Gustav Sabac el Cher umschlungen mit einer blassen Ostpreußin; das Gemälde *Preußisches Liebesglück* ist heute im Besitz des Deutschen Historischen Museums. Das Grenadier-Regiment König Friedrich Wilhelm I. Nr. 3 ist mit sieben weiteren Grenadierregimentern eines der besonders traditionsreichen „alten preußischen Regimenter" in der nach 1812 entstehenden neuen preußischen Armee. In Königsberg werden seine Soldaten die „Dritten Grenadiere" genannt. Als weiteres ist in Königsberg das Infanterie-Regiment Herzog Karl von Mecklenburg-Strelitz (6. Ostpreußisches) Nr. 43 stationiert. Es wird erst 1860 als kombiniertes Infanterieregiment aus diversen Landwehr-Stammbataillonen aufgestellt. Nach 1866 wird Königsberg zu seiner Garnison, es bezieht die Infanterie-Kaserne am Steindamm. Das Regiment hat einen Paukenhund, ein nachgefragtes Postkartenmotiv. Seit 1741 ununterbrochen in Königsberg in Garnison liegt das Kürassier-Regiment Graf Wrangel (Ostpreußisches) Nr. 3. Zu diesem schweren Kavallerieregiment kommen noch die Artilleristen des 1. Ostpreußischen Feldartillerie-Regiment Nr. 16 und des 2. Ostpreußischen Feldartillerie-Regiment Nr. 52 sowie das Pionier-Bataillon Fürst Radziwill (Ostpreußisches)

Nr. 1 und das Samländische Pionier-Bataillon Nr. 18. Darüber hinaus bevölkern die Stadt Königsberg auch die Stäbe der Reservebataillone und der Landwehr.

Wilhelm Matull unterliegt als Knabe der Faszination dieser „schimmernden Wehr" mit den phantastischen Uniformen der Infanteristen, Kavalleristen, Artilleristen und Pioniere. Jedes Jahr zum 27. Januar, zu Kaisers Geburtstag, ziehen die Einheiten der Garnison und einiger in der Nähe stationierter Regimenter durch die Stadt: „Was war das für ein imposantes Schauspiel, wenn die Wrangelkürasiere hoch zu Roß, voran ihr schnurrbärtiger Kesselpauker, dahinter ihr schwarzhäutiger Kapellmeister und dann die Reiter in ihren weißen Uniformen mit der blauen Paspellierung, den blitzenden Kürassen, wuchtigen Pallaschen und bewimpelten Lanzen vorüberritten. Dann sah man die Tschapkas der Ulanen oder die Dragoner mit ihren kleinen Helmen, und ab und zu war auch ein schwarzer Totenkopfhusar oder ein roter oder gelber darunter. Dazwischen rückten Infanterie und Artillerie mit ihren verschiedenfarbigen Helmbüschen vorbei. War einmal ein Angehöriger vom Garde du Corps, der kaiserlichen Leibgarde, dabei, dann konnte er sicher sein, daß er Mittelpunkt eines ständigen Auflaufs war."[45] Unter all die Uniformen mischt sich die „Couleur" der Farben tragenden Studenten von Corps wie Baltia, Littuania und Masovia, der Burschenschaften und Landsmannschaften wie der Germania oder der Marko Natangia sowie der Verbindungen der katholischen Studenten. Uniformen tragen nicht nur die Soldaten, sondern auch die meisten Staatsbeamten.[46]

Wer von den vielen Uniformen auf den Königsberger Straßen liest, von der Begeisterung der Jugend für alles Militärische, und um den konservativen Geist der Provinz weiß, ist erst einmal überrascht, dass in den letzten 25 Jahren des Kaiserreichs bei den geheimen und gleichen Reichstagswahlen in der Provinzhauptstadt in der Regel linksliberale Fortschrittler und die SPD um die Mehrheit der Wähler ringen. „Die Königsberger Liberalität stand im Gegensatz zur junkerlichen Gesamtstruktur Ostpreußens und zum tiefkonservativen Nationalismus der Provinz"[47] stellt Andreas Kossert fest. Der Sohn des einstigen SPD-Vorsitzenden und Gründers der USPD Hugo Haase, Ernst Haase, sieht 1928 allerdings kaum einen Unterschied zum kaisertreuen Bürgertum überall im Reich: „Das liberale Bürgertum Königsberg hatte kaum noch einen Hauch von Achtundvierzigergeist, obwohl in Königsberg ein Johann Jacoby gelebt und gelehrt hatte. Der Freisinn hatte längst mit dem preußischen Gottesgnadentum Friede geschlossen, vertrat rein kapitalistische Interessen und stand in erbittertem Kampfe gegen die Sozialdemokratie."[48]

Den Nationalliberalen neigen in Königsberg zwar einige der bedeutendsten Großkaufleute und Bankiers zu. Während die Mehrheit des deutschen Bürgertums nach 1866 die nationalliberale Partei und die Politik Bismarcks unterstützt, bleibt die Großzahl des Königsberger Bürgertums aber den liberalen Vorstellungen, wie sie die Fortschrittspartei vertritt, treu. Königsbergs Bürgertum beruft sich mit Stolz auf seine Glanzzeiten in der ersten Hälfte des 19. Jahrhunderts.[49] In den ersten drei

Wahlen in den 1870er und 1880er Jahren kann die auf nationaler Ebene zunehmend einflusslosere Partei ihre Königsberger Abgeordneten in den Reichstag schicken, zweimal sogar mit absoluter Mehrheit. Nur in den Jahren 1878 und 1887 gelingt es einem Wahlbündnis aus Nationalliberalen und Konservativen, in Königsberg einen gemeinsamen Kandidaten durchzubringen.[50]

Die bürgerlichen Schüler der Oberrealschule an der Burg sind um die vorletzte Jahrhundertwende zwar nicht direkt politisiert, aber sie opponieren. Zu ihnen gehört Ernst Wiechert aus dem Kreis Sensburg, der als Schüler in Königsberg in Pension lebt. Der später entschiedene Gegner der Novemberrevolution und konservative Autor ist selbstverständlich kein Sozialdemokrat, damals aber „antiautoritär". Er gesteht in seinen 1936 erscheinenden Jugenderinnerungen: „Auch darüber wird man sich nicht wundern, dass wir in jener Zeit des Sturmes und Dranges im Politischen glühende Sozialisten waren als ein wirres und querköpfiges Geschlecht, zu Widerspruch und Leugnung immer bereit. Aber auch dafür lagen die Gründe nicht in uns allein, sondern auch in unserer Zeit. Wir hatten früher als manche Erwachsene das Hohle und Fassadenhafte der letzten Kaiserzeit erkannt."[51] Wiechert wird für eine gewisse Zeit Sympathie für die „nationale Revolution" Adolf Hitlers haben, der den unbequemen Mitläufer 1938 im KZ Dachau inhaftieren lässt. In seiner Jugendzeit in Ostpreußen aber ist Wiechert querköpfig und wirr revolutionär: „So war es kein Wunder, dass wir, als geborene Revolutionäre, uns zur Opposition schlugen. Und da Politik als solche unsrer Generation völlig fremd war, so bestand diese Opposition eben nur in einer grundsätzlichen Haltung in theoretischen Erörterungen".[52]

Wiechert verlässt im Jahr 1905 die Oberrealschule an der Burg mit der Reifeprüfung und beginnt ein Studium an der Albertus-Universität, dass er 1911 mit dem ersten Staatsexamen abschließt. Er arbeitet als Hauslehrer auf Gütern. In jener Zeit gewinnt in Berlin bereits die Wandervogelbewegung unter der Jugend an Einfluss, in den Kunstakademien und Literatur-Cafés gelangt wenig später der Frühexpressionismus zu einer ersten Blüte. Die Jugend von Königsberg hält sich noch abseits. „Damals, in den ersten Jahren unseres Jahrhunderts, war zu den äußersten Grenzen Ostelbiens noch keine Kunde von dem gedrungen, was an den Grenzen Berlins als eine Revolution der Jugend sich zu gestalten begann"[53], schreibt Wiechert 1936.

In den Jahren unmittelbar vor Ausbruch des Krieges hat der Wandervogel aber auch die östlichste Provinz erreicht. Der Elbinger Bernhard Heister, der später Schriftsetzer bei der Elbinger Zeitung wird, hat eine Beschreibung der antibürgerlichen Kluft ihrer männlichen Mitglieder gegeben: Sie tragen eine feste kurze Rippelsamthose, einen farbigen Kittel oder ein Hemd mit Schillerkragen, dazu Lodenjacke, Lodenhut, Lodenmantel und kräftige Nagelschuhe. Gehen sie in Wald und Wiese schnallen sie eine Militärzeltbahn auf ihren Rucksack und hängen sich die Instrumente um. „Jede Uniformierung wurde aber vermieden. So waren wir für Sommer und Winter, für Tag und Nacht zweckmäßig und kleidsam ausgerüstet. Wanderfexen wurden nicht geduldet. Alkohol und Tabak wurden freiwillig, aber selbstverständlich auch im Privatleben gemieden."[54] Das ist ein deutlich anderes Lebensgefühl als das der trinkfesten Dorfjugend der Provinz. Auf einer Ferienfahrt im Jahre 1913 hört Heister, wie sich in einer Wirtschaft eine schon ältere Dame über diese aus der ostpreußischen Art geschlagene Jugend wundert: „Nei, diese Wahndaveejl! Nu ässn se das chrobe Kommissbrot und trinken dazu das eeiskalte Wahssa, und denn jehn se bei der Hitze. Ich mejchd doch da nich mitgehn."[55]

Wiecherts Freiheit endet 1911 als Studienrät mit den Fächern Deutsch und Naturwissenschaft am Königlichen Hufengymnasium in Königsberg. Er beginnt ein bürgerliches Leben: „Das bürgerliche Zeitalter umfing uns mit seinen ruhigen Armen, und wenn wir auch den Bürger verachteten, so wußten wir doch nicht recht, was wir an seine Stelle hätten setzen können. Der Geburtstag des Kaisers wurde mit Reden und Deklamationen gefeiert, die Stadt wurde illuminiert, es wurde noch mehr getrunken als sonst. Aber an jedem Monatsersten gab es das Gehalt, die Kirchen waren gefüllt, die Züge fuhren nach ihren Fahrplänen, und mit jeder Militärkapelle lief die Straßenjugend mit."[56]

Staatsaufgaben

Ostpreußens Militär

Alljährlich im September, nachdem die Felder abgeerntet sind, ist im Deutschen Reich die Zeit der Kaisermanöver. Vor ihrem Oberbefehlshaber, dem Kaiser, erproben sich dann zwei oder mehr Armeekorps im Kriegsspiel gegeneinander. Reservisten füllen die aktiven Truppenteile auf oder werden zu Reservedivisionen formiert.

Im Jahr 1894 beobachtet der junge Paul Fechter aus Elbing die Kaisermanöver, die in der Weichselniederung, im Oberland und im Ermland stattfinden. Es treten gegeneinander an das XVII. (westpreußische) Armee-Korps mit Sitz in Danzig und das I. (ostpeußische) Armee-Korps aus Königsberg. Kaiser Wilhelm II. führt die Ostpreußen. Paul Fechters Vater als überzeugter Westpreuße freut sich, dass am Ende des Manövers der kommandierende General des Danziger Korps, August von Lentze, die Kaiserlichen ins Haff abdrängen kann. An den Abenden der Manövertage ist es Zeit zum Zapfenstreich. Der spätere Schriftsteller und Journalist Fechter: „Überall brannten die Feuer auf den Feldern, überall lagen und standen die Gruppen der Männer – und dann erhob sich die militärische Nachtmusik, die wir seitdem nicht mehr vergaßen: ihr preußischer Rhythmus hat uns durch die ganzen Jahre bis zum Kriege begleitet, in dem wir ihr dann als aktiv Beteiligte wieder begegneten. Am schönsten aber war es, wenn das Kommando kam: ‚Helm ab zum Gebet!' und die Musik einsetzte: ‚Ich bete an die Macht der Liebe!' Seltsam feierlich und getragen wanderten die Klänge über die abendlichen Felder; etwas von der Stimmung des Chorals von Leuthen stieg auf, und wir empfanden ahnend ein wenig von der feierlichen Größe des Krieges, der sonst für uns ferne Geschichte, Schulgegenstand, nicht Wirklichkeit war."[57]

Paul Fechter wird noch sechs Jahre warten müssen, bis er zu den Soldaten kommt. Wie viele, aber längst nicht alle in West- und Ostpreußen wird er als Rekrut einrücken müssen. Das preußische Kriegsministerium ist bestrebt, einen höheren Anteil Rekruten aus ländlichen Gebieten einzuziehen: Ihre Einstellung wird als konservativer und damit staatstreuer angesehen. So stammen im Jahr 1911 64,0 % der ausgehobenen Rekruten der preußischen Armee aus den nur 40,0 % der Reichsbevölkerung umfassenden Landgemeinden von unter 2000 Einwohnern. 22,5 % aller preußischen Rekruten sind vor ihrer Einberufung in kleineren Landstädten beheimatet, in denen 25,0 % der Bevölkerung wohnt. Aus Mittelstädten (13,0 %) treten nur 7,5 % und aus Großstädten (22 %) nur 6 % eines Jahrgangs als Wehrpflichtige in die Armee ein.[58] Für einen Elbinger und Königsberger Arbeiter- und Handwerkersohn ist es also viel weniger wahrscheinlich als für einen jungen masurischen Landarbeiter oder einen Bauernsohn von der Memel, in der preußischen Armee dienen zu müssen.

Die preußische Wehrpflicht ist eine Errungenschaft der Befreiungskriege von 1813–15. Jeder im Königreich Preußen geborene junge Mann ist nach Vollendung des 20. Lebensjahres zum Wehrdienst verpflichtet. Mit der preußischen Landwehr von 1813 ist die Idee eines nationalen Volksheeres verwirklicht, in dessen Reihen der Tagelöhner neben dem Gutsbesitzersohn, der Handwerker neben dem jungen Beamten oder Professor steht. Angehörige früher schroff voneinander getrennter sozialer Gruppen vereint jetzt ein patriotisches Gemeinschaftsgefühl. Am 3. September 1814 vollendet der preußische Kriegsminister Generalmajor Hermann von Boyen, aus Kreuzburg im Kreis Preußisch Eylau stammend, das Werk der preußischen Heeresreform, indem die allgemeine Wehrpflicht nun auch in Friedenszeiten Gesetz wird.

Die bewaffnete Macht stützt sich auf ein stehendes Heer, in dem aber nur ein Teil der Wehrpflichtigen eines Jahrgangs dienen kann, denn in Friedenszeiten bleibt aus Kostengründen die Zahl der Regimenter begrenzt. Die Dienstzeit der Wehrpflichtigen beträgt bis 1893 im stehenden Heer drei Jahre, danach „mit Beurlaubung" zwei Jahre bei der Reserve. Die Gedienten gehören daraufhin der Landwehr an; und zwar vom vollendeten 26. bis zum 32. Lebensjahr in ihrem 1. Aufgebot zur Unterstützung der Feldarmee im Kriege, bis zum 40. Lebensjahr im 2. Aufgebot als Garnisonstruppe und zu Besatzungszwecken. Unter den Tauglichen entscheidet das Los, wer einrücken muss. Der Rest der Ersatzpflichtigen kommt als Reserve- bzw. Landwehrrekruten zu den Stämmen der Landwehrbataillone. Dort werden die Männer statt drei Jahren nur bis zu sechs Wochen notdürftig ausgebildet. Die Landwehrbataillone werden regional in den preußischen Landkreisen aufgestellt, ihr Unterhalt ist von den Kreisen zu zahlen. Die militärische Bedeutung der Landwehr wird in den Jahren zwischen 1816 und 1858 immer mehr zu Gunsten des stehenden Heeres, der „Linienregimenter", ausgedünnt, aber in den deutschen Einigungskriegen 1864 bis 1871 kommen viele ihrer Bataillone noch geschlossen zum Einsatz. So stehen im Landwehrbataillon Tilsit 1870 die gedienten Männer der Landkreise Tilsit und Ragnit im Feld, die ihren Wehrdienst bei der Infanterie abgeleistet haben.[59]

Ab 1893 beträgt die Wehrpflicht in der preußischen Armee zwei Jahre. Im Deutschen Reich gibt es neben der preußischen Armee noch die Armeen der Königreiche Sachsen, Württemberg und Bayern. Nur die „Reichs"-Marine und die Truppen in den Kolonien sind militärische Einheiten des Reiches. Eugen Kalkschmidt aus Memel wird sich, obwohl Preuße und in Thüringen in der Buchhandelslehre – und damit zur preußischen Armee „gestellungspflichtig" –, freiwillig zur königlich-bayerischen Armee melden. Sie scheint ihm gemächlicher zu sein. Kalkschmidt dient als einfacher Soldat zwei Jahre in einer Münchener Kaserne.

Wehrpflichtige haben ihre Wehrpflicht vom 20. bis zum 25. Lebensjahr abzuleisten. Die Feldregimenter bestehen so maximal aus acht Jahrgängen, zwei davon „in Reserve", und aus drei an die „Landwehr des 1. Aufgebots" übergebenen „Reservisten". Alle gedienten Soldaten bleiben so auch nach dem Ende der „aktiven Dienstzeit", bei der sie dann maximal 27 Jahre alt sind, noch in das preußische Heerwesen eingebunden. Sie werden als Angehörige des „Wehrstandes" in regelmäßigen Abständen wieder einberufen, hauptsächlich durch die Übungen sowie die sogenannten Kontrollversammlungen in den Amtsbezirken, Dörfern und Städten. Jeder Reservist hat an insgesamt zwei Übungen teilzunehmen, die etwa acht Wochen dauern. Nach dem 32. Lebensjahr sind alle Landwehrangehörigen, die jetzt das sogenannte „2. Aufgebot" bilden, davon praktisch freigestellt. Die ungedienten und deshalb militärisch nicht ausgebildeten Tauglichen zwischen dem 17. und dem 45. Lebensjahr sind rechtlich Angehörige des Landsturms, dem auch alle aus der Landwehr ausscheidenden Männer bis zum 60. Lebensjahr zugeteilt werden. Der Landsturm wird nur aufgeboten, wenn der Feind im Land steht. Diese „Ersatzreserve" führt seit einer Heeresreform von 1893 aus Kostengründen keine Übungen mehr durch. Deshalb dient auch ein (kleinerer) Teil der tauglichen ostpreußischen Männer niemals in Friedenszeiten. In Ostpreußen ist zwar nicht jeder Mann irgendwie Soldat, aber außerhalb der großen Städte sind es doch die meisten. Die Gesellschaft ist militarisiert.

Der spätere Kunstkritiker Eugen Kalkschmidt beginnt Anfang der 1890er Jahre eine Buchhandelslehre in Tilsit, einer Stadt mit stattlicher Garnison. Dem Sohn eines verarmten Gutsbesitzers fallen hier der Standesdünkel, die abgeschotteten Lebensformen und die unzeitgemäßen Ehrbegriffe einer gesellschaftlichen Oberschicht auf, die sich mittlerweile ganz an militärischen Idealen orientiert. Die in Tilsit stationierten Offiziere führen ein Eigenleben in ihrem Kasino; sie dürfen nur in bestimmten Wirtshäusern verkehren, auf der Straße zeigen sie sich nur mit ihresgleichen oder mit Akademikern. „Der Respekt vor dem Militär verstieg sich zu

1913 wird die noch westpreußische Kreisstadt Stuhm Garnisonsstadt. Nach Stuhm wird das III. Bataillon des Infanterie-Regiments 152 des XX. Armee-Korps verlegt. Empfang der etwa 800 Männer des Bataillons unter ihrem Kommandanten Major Mayer auf dem Marktplatz.

der sonderbaren Sitte, den älteren und ältesten Gutsbesitzern bei der Anrede mit den Leutnantstiteln zu begegnen, den sie vielleicht vor einem Menschenalter beim Manöver als ‚Sommerleutnants' erworben hatten. Keiner, der etwas auf sich hielt und ‚dazu gehören' wollte, schien an dieser lächerlichen Sitte Anstoß zu nehmen."[60]

In allen ostpreußischen Kreisstädten übt ein „Stammoffizier" als Landwehrkommandeur die Kontrolle über die sogenannten „Angehörigen des Beurlaubtenstandes" aus. In jedem Kreis übernehmen die Bezirkskommandos die Militärpflichtigen schon vor dem aktiven Dienst. Sie führen den Rekrutenersatz durch, sind also für Musterungen zuständig. Ebenso betreiben sie die „Nachsorge" durch die Abhaltung der halbjährlichen Kontrollversammlungen für die Reservisten und die Organisation der Übungen von Reserve und Landwehr. Die Bezirkskommandos bilden die untere Ebene des preußischen Ersatzwesens. Sie sind die Basis der klaren, auf die Kriegsverhältnisse ausgerichteten Friedensgliederung der preußischen Armee in Armee-Korpsbezirke. Den Bezirkskommandos übergeordnet sind die Infanterie-Brigadebezirke. Vier von ihnen bilden einen Ersatzbezirk. Diese Ersatzbezirke sind die bis 1867 acht, dann elf Armee-Korpsbezirke.[61] Im Jahr 1900 existieren 17 preußische Armee-Korps, dazu die Korps der drei anderen deutschen Armeen. Einem Armee-Korps unterstehen in der Regel zwei Divisionen und einige kleinere Einheiten der Kavallerie und der technischen Waffengattungen wie der Artillerie und der Pioniere. Die Gesamtstärke eines solchen Korps beträgt etwa 45 000 Mann. Jeder Wehrpflichtige dient so heimatnah in den Garnisonen seines regionalen Armee-Korps, Infanteristen haben es vom Wohnort bis zu ihrer Garnison in Ostpreußen nie weit. Das Gardekorps erhält den Ersatz aus allen Bezirken. Zu ihm eingezogen zu werden ist für viele ostpreußische Bauernsöhne eine besondere Ehre. Wer – wie viele Masuren – zwischen der Wehrerfassung und dem Stellungsbefehl beispielsweise zur Arbeit im Bergwerk in das Ruhrgebiet auswandert, muss damit rechnen, zur Ableistung des Wehrdienstes in die alte Heimat befohlen zu werden.

Seit dem Februar 1894 legt eine Leitlinie des preußischen Kriegsministeriums fest, dass in keiner preußischen Einheit mehr als 5 % polnischsprachige Rekruten eingesetzt werden dürfen. Das haben auch die ostpreußischen Wehrersatzkommandos zu berücksichtigen, wobei evangelische Masuren offenbar nicht als Polen gelten. Deshalb werden katholische polnischsprachige Rekruten aus den Provinzen Westpreußen und Posen in andere Armee-Korps „verstreut" und landen auch in ostpreußischen Verbänden.[62] Für litauischsprachige Rekruten gibt es entsprechende Bestimmungen nicht. In ostpreußischen Kompanien finden sich auch viele Elsass-Lothringer. Der spätere Vorsitzende der westdeutschen kommunistischen Partei, Max Reimann aus Elbing, wird 1916 eingezogen und in seiner Heimatstadt ausgebildet. „In meiner Gruppe war ich der einzige Preuße; alle anderen waren Elsässer und Lothringer. Es war bewußt so organisiert in der kaiserlichen Armee, daß die Elsässer und Lothringer möglichst weit von ihrer Heimat Militärdienst machen mußten. Denen traute man nicht. Man bezeichnete sie als ‚unsichere Kantonisten'."[63] Die Rekruten aus dem 1871 annektierten „Reichsland" stehen unter dem Generalverdacht nationaler Unzuverlässigkeit.

Die Kavallerie soll im Kriegsfall nicht nur aufklären, sondern auch die Angriffsspitze bilden. Sie ist deshalb im besonders exponierten Ostpreußen in Garnisonen nahe der Grenze zum Zarenreich konzentriert. Im Norden stehen in Königsberg und Tilsit Kürassiere und Dragoner, im Osten in Gumbinnen, Insterburg und Goldap Ulanen und Jäger zu Pferde, im Süden Masurens wieder Dragoner.

Die Offiziere der Linienregimenter, in den Brigade-, Divisions- und Korpsstäben sind Berufsoffiziere, schon als Kinder haben sie häufig die preußischen Kadettenanstalten besucht. Auch die Unteroffiziere sind, mit Ausnahme der Einjährig-Freiwilligen, die ihr Ausbildungsjahr als „Wachtmeister" abschließen und später durch Übungen zum „Leutnant der Reserve" aufsteigen können, Berufssoldaten. Bis 1858 verpflichteten sie sich auf 19 Jahre, dann wird ihre Dienstzeit auf zwölf Jahre bis zum 32. Lebensjahr verkürzt. Unteroffiziere, die aus den Mannschaftsgraden über die zwei- bis dreijährige Dienstpflichtzeit aufgestiegen sind, werden nur in Einzelfällen zum Leutnant befördert. Nach ihrem Ausscheiden wechseln sie wie die Wehrpflichtigen in die Reserve. Ihre Militärdienstzeit ist die Qualifikation für den Beruf, den sie anschließend bis zur Pensionierung im Staatsdienst ausüben werden.

Die Garnison mit ihren Offizieren ist nicht nur ein wichtiger gesellschaftlicher Faktor für die Kleinstädte und den sie umgebenden Kreis, sondern auch ein wirtschaftlicher. Die Städte tragen die Kosten für die Errichtung der Kasernen. Zur Steigerung der Kaufkraft stellen sie auch Kasernengelände und Exerzierfelder gerne.

Eisenbahnen und Chausseen

Zu Beginn des 20. Jahrhunderts erinnern sich die Alten im Dorf Beiswalde im Kreis Heilsberg noch gut daran, wie die Eisenbahn ein halbes Jahrhundert zuvor ihr Leben verändert hat. 1840 muss der Bauersohn August Wein seine Militärdienstpflicht in Köln ableisten. Den 1 000 km langen Weg legt er noch in einem mehrere Wochen dauernden Marsch zu Fuß zurück. Um diese Zeit ist der nächste überregionale Markt für das angebaute Getreide und den Flachs der Beiswalder Bauern die Stadt Braunsberg. Die 60 km dahin werden mit dem Fuhrwerk bewältigt.[64] Die Wege, auf denen August Wein aus Ostpreußen abmarschiert, sind häufig noch bis ins 20. Jahrhundert durch die jahrhundertelange Nutzung durch Fuhrwerke und das abfließende Regenwasser in das Gelände eingeschnittene Hohlwege. Eingefahrene und teilweise sogar passierbare Fahrwege hat es zum ermländischen Dorf Plausen schon in den vorhergegangenen Jahrhunderten gegeben. Eine richtige Chausseeverbindung erhält das Dorf aber erst im Jahr 1885.[65]

Durch die moorigen und sumpfigen Niederungen Westpreußens an Weichsel und Nogat führen zunächst nur Knüppeldämme. Mit dem Anschluss an Preußen werden solche Wege wegen der Kosten des hohen Holzverbrauchs 1796 verboten. Die preußische Verwaltung zieht den Bau von massiven Dämmen vor, die gleichzeitig zum Ausgangspunkt von Moorkultivierungen werden.[66] Im masurischen Kreis Sensburg wird die erste „Kunststraße" schon Ende der 1840er Jahre gebaut. Vor dieser Zeit sind für den Durchgangsverkehr nur sogenannte Land- und Heerstraßen vorhanden. Sie verbinden Städte miteinander und dienen als Poststraßen. Der preußische Staat verlangt von den anliegenden Gemeinden, sie stets in Stand zu halten, beteiligt sich aber an ihren Unterhaltungskosten. Alle weiteren – lokalen – Wege müssen von den Gemeinden und Gütern allein unterhalten werden. Da diese dazu oft finanziell nicht in der Lage sind und weil der Wert guter Verkehrswege bei den Einheimischen noch nicht erkannt wird, sind die Kreis- und Gemeindestraßen oftmals in einem kaum befahrbaren Zustand.[67] Durch das Dorf Himmelforth beispielsweise führt die Straße von Preußisch Holland über Kahlau, Mohrungen, Eckersdorf und Locken nach Allenstein. Sie ist auf einer Seite mit einer Schotterdecke befestigt worden, die andere Seite ist ein Landweg geblieben, „Sommerweg" genannt. 1898 ist die Straße noch als Landweg klassifiziert, 1899 wird sie Kreisstraße, zum 1. Mai 1930 geht sie in die Unterhaltspflicht der Provinz über und wird im Jahr 1933 zur Reichsstraße Nr. 133.

Im Dorf selbst ist die Straße in ihrer gesamten Breite gepflastert. Vor dem Gasthof Korth können 1933 immer noch Pferde an einem Holzbalken festgebunden werden.[68]

Ostpreußens Wege sind im Vergleich zur Unwegsamkeit im zaristischen Kongresspolen paradiesisch, denn auf den sandigen Wegen Polens brennt die Sommersonne ungehindert auf Mensch und Tier. In Ostpreußen werden die – wenn auch schlechten Chausseen – von mächtigen Laubbäumen, meist Linden, gesäumt.

Auf den großen Landstraßen wird bis zur Mitte des 19. Jahrhunderts ein Straßenzoll erhoben. Der Chronist von Tharau, der Dorfkantor Paul Boldt, schildert eine Fahrt der sparsamen Dorfbewohner im Fuhrwerk ins 20 km entfernte Königsberg: „In Ludwigswalde wurde Straßenzoll erhoben. In weiser Voraussicht stiegen dann mitfahrende zahlungsunlustige Leute eine kurze Strecke vorher ab, um die gefährliche Stelle zu Fuß zurückzulegen. Dann bemühten sie sich, den Wagen wieder einzuholen, und fuhren, befriedigt über das Gelingen ihrer List, fröhlich weiter."[69]

Als der 14-jährige Wilhelm Voigt, der spätere „Hauptmann von Köpenick", 1863 in Königsberg wegen „Landstreicherei" seine erste Haftstrafe erhält, hat er nach ihrer Verbüßung innerhalb von 48 Stunden die Stadt zu verlassen und sich in seine Heimatstadt Tilsit zu begeben. Die Justizbeamten drücken ihm 25 Pfennige in die Hand, damit er sich beköstigen und Nachtquartiere bezahlen kann, denn der Heimmarsch in das 97 km entfernte Tilsit hat zu Fuß zu erfolgen und wird drei Tage dauern.[70] Zwei Jahre später hätte Voigt die Strecke in zwei Stunden mit der Bahn fahren können – wenn seine 25 Pfennig denn für ein Billett IV. Klasse gereicht hätten.

An den Bau einer Eisenbahnverbindung nach Ostpreußen wird schon wenige Jahre nach der Inbetriebnahme der ersten deutschen Eisenbahn von Nürnberg nach Fürth im Jahr 1835 gedacht. Das preußische Militär wünscht aus strategischen Gründen eine Eisenbahnlinie bis an die russische Grenze. In Berlin und Königsberg erkennt man zwar, dass die Eisenbahn ein Mittel zur Erschließung des strukturschwachen West- und Ostpreußen sein könnte, Eisenbahnbau ist zu dieser Zeit aber überall auf der Welt noch die Sache von kapitalkräftigen privaten Investoren. Für eine Bahnverbindung in den Osten des Königreichs Preußen lassen sich keine finden. Mangels privater Interessenten werden deshalb 1845 von Seiten der preußischen Staatsregierung die Vorplanungen zum Bau der Ostbahn „auf Rechnung der künftigen Gesellschaft" eingeleitet. Aber jetzt verhindert eine fortschrittliche politische Gesinnung der Mehrheit im vereinigten Landtag des Königreichs Preußen den Bau einer modernen Verkehrsverbindung. Der Regierung wird von den ständischen Vertretern der Provinzen die Aufnahme einer Staatsanleihe nicht bewilligt. Sie wollen durch diese Verweigerung von zusätzlichen Haushaltmitteln Druck auf den Monarchen ausüben, der eine Verfassung bewilligen soll. 1847 werden die Vorarbeiten für eine Bahn nach Ostpreußen erst einmal eingestellt.

Die Märzrevolution im nächsten Jahr bringt wieder Bewegung in die Planungen. Dem preußischen Kabinett gehören jetzt Kaufleute, Industrielle und Bankiers an. Preußischer Handelsminister und damit verantwortlich für den Ausbau des Eisenbahnnetzes ist der Bankier August Freiherr von der Heydt. Im August 1849 legt er einen Gesetzesentwurf über den Bau der „Ostbahn" vor, der im Dezember 1849 verabschiedet wird. Der Bau wird durch einen „Eisenbahnfond" finanziert; schon im November 1849 ist die „Königliche Direktion der Ostbahn" in Bromberg in der Provinz Posen eingesetzt worden. Sie ist als Behörde zunächst für den Bau, später dann für die Verwaltung des Unternehmens und die Betriebsführung verantwortlich. Zusammen mit der Berlin-Stettiner Eisenbahn ermöglicht sie auf ihrem Streckennetz den Anschluss der ostpreußischen Hauptstadt Königsberg an Bromberg und damit an Berlin.[71] „Ostbahn" wird häufig die Hauptstrecke der Verbindung von Berlin über Königsberg bis zum Grenzbahnhof Eydtkuhnen genannt. Diese führt zunächst über Bromberg, ab 1873 dann zwischen Schneidemühl und Dirschau auch auf noch kürzerem Weg über das westpreußische Konitz nach Eydtkuhnen. Die „Königliche Ostbahn" umfasst ein bis zum Jahr 1880 auf über 2 200 km angewachsenes Streckennetz.[72]

Die erste Eisenbahn in Ostpreußen verkehrt am 2. August 1853 von Königsberg nach Braunsberg. Nach und nach werden die anderen Streckenabschnitte der Ostbahn fertiggestellt, und schließlich erfolgt auch der Bau von Eisenbahnbrücken über Weichsel und Nogat. Vor diesen Brückenschlägen dauert die Reise von Königsberg nach Berlin mit der Bahn 26 Stunden, weil das Umsteigen und Umladen auf die Weichselfähren viel Zeit beansprucht. Bei Eisgang müssen die Reisenden stunden- und tagelang warten, bis ein Übersetzen möglich ist. [73] Der Vater von Marion Gräfin von Dönhoff, August Heinrich Graf Dönhoff, reist als Mitglied des Preußischen Herrenhauses regelmäßig von seinem Gut Friedrichstein nach Berlin. Als schließlich 1857 auch die Weichselbrücke fertiggestellt ist, schreibt er beglückt: „Was sind diese Brücken für ein unberechenbarer Gewinn für unsere arme Provinz. Nur wenn man in seiner Jugend die Reise nach Berlin in acht Tagen und acht Nächten ununterbrochen mit den größten Anstrengungen und Schwierigkeiten zurückgelegt hat, kann man den ungeheuren Fortschritt der Gegenwart ermessen."[74]

Auch östlich von Königsberg nähert sich der Schienenstrang zügig der russischen Grenze. Im Juni 1860 reicht er 142 km weit bis Stallupönen, im August 1860 kommen die restlichen 11 km bis zur Staatsgrenze bei Eydtkuhnen hinzu. Hier schließt die Strecke an das Netz der russischen Eisenbahnen an. 1862 wird die durchgehende Linie vom russischen Grenzort Wirballen nach St. Petersburg eröffnet; etappenweise geht 1861/62 auch der Abzweig in Richtung Thorn–Otlotschin–Grenze mit Anschluss an die russische Strecke über Alexandrow nach Warschau in Betrieb. Jetzt ist die „Königliche Ostbahn" Teil einer bedeutenden internationalen Verkehrverbindung von Paris nach Moskau oder St. Petersburg.[75]

Nach 1867 wird die Ostbahn auf der gesamten Strecke nach und nach zweigleisig ausgebaut. Zweig-, Parallel- und Abkürzungslinien entstehen. Ende 1872 ist der Abschnitt Berlin–Schneidemühl zweigleisig befahrbar. Ende 1876 reicht das zweite

Gleis bereits bis Eydtkuhnen.[76] In mehreren Etappen wird in den Jahren 1871 bis 1873 die Parallellinie von Thorn über Deutsch Eylau, Allenstein und Korschen nach Insterburg in Betrieb genommen. 1875 ist unter Nutzung der bereits vorhandenen Tilsit-Insterburger Eisenbahn auch Memel angeschlossen. Eine Zweigstrecke führt in Ostpreußen seit 1878/79 von Insterburg nach Lyck und hat von hier Anschluss an die russische Breitspurstrecke nach Grajewo und weiter nach Brest.[77]

Bereits 1865 ist eine Eisenbahnverbindung vom Hafen Pillau nach Königsberg eröffnet worden, finanziert von den Königsberger Bankiers Oppenheim und Warschauer. Wichtig für den damaligen Handel der Königsberger Kaufleute ist ihr Weiterbau zu einer „Südbahn" über Königsberg durch die ganze Provinz bis Prostken an der russischen Grenze. Die Südbahn ist ein Privatunternehmen: Die „Ostpreußische Südbahngesellschaft" finanzieren englisches Kapital und das Königsberger Bankhaus J. Simon Witwe & Söhne, der englische Eisenbahnunternehmer Joseph Bray beginnt den Bau, „Eisenbahnkönig" Barthel Heinrich Strousberg führt ihn weiter.

Strousberg, 1823 als Barthel Heinrich Straußberg im masurischen Neidenburg in einer „Schutzjuden-Familie" geboren, geht 1836 als 13-Jähriger nach dem Tod seiner Eltern von Königsberg zu Verwandten nach England. Nachdem er fast 20 Jahre in London gelebt und sich dort hat taufen lassen, zieht er 1855 nach Berlin. Nach vielseitigen Handelsgeschäften stößt er durch Zufall auf das Eisenbahnwesen und erfindet eine riskante, aber zunächst erfolgreiche Finanzierungsart, mit der er privates Kapital für den Eisenbahnbau gewinnen kann. Vor allem diesem Finanzsystem verdankt Strousberg seinen rasanten Aufstieg. Er führt die Position eines Generalunternehmers ein, der den Bau von Bahnen sukzessive vorfinanziert, organisiert und ausführt. Sein Durchbruch ist der Bau der privaten Eisenbahnlinien Tilsit–Insterburg und der Südbahn Königsberg–Lyck als Generalunternehmer mit englischem Kapital zwischen 1861 und 1863.[78] Nach dem deutsch-deutschen Krieg von 1866 beginnt Strousberg mit der Verlängerung der Eisenbahn Insterburg–Tilsit nach Memel. Deren technisch schwierigstes Teilstück über die Memel vom Dorf Pogegen bleibt zunächst ausgespart; Waren und Reisende müssen von Pogegen mit Pferdefuhrwerken bis zum Tilsiter Bahnhof geschafft werden. Als der preußische Staat die Bahnlinie übernimmt, wird sofort die Projektierung des fehlenden Mittelstückes in Angriff genommen. In den Jahren 1874 und 1876 werden die schwierigen Arbeiten beendet.[79]

In den Jahren 1864 bis 1870 erwirbt Strousberg in Deutschland und Österreich-Ungarn zahlreiche Landgüter mit einer Größe von insgesamt fast 47 300 ha. Hiervon entfallen auf Güter in Ost- und Westpreußen über 10 000 ha; in Ostpreußen sind im Kreise Preußisch Eylau die Rittergüter Groß Peisten, Egdeln, Schwadtken, Sienken, Worienen und Wiecherts in Strousbergs Besitz.[80] Der „Rittergutsbesitzer Dr. Strousberg" geht auch in die Politik. Er gehört für den Wahlkreis Allenstein-Rößel dem Deutschen Zollparlament an. Für den Reichstag des Norddeutschen Bundes bewirbt er sich gleich in zwei Wahlkreisen und gewinnt den in Allenstein-Rößel.[81]

Ein Zug der Pillkaller Kleinbahn am Endbahnhof Schirwindt. Die Kleinstadt an der litauischen Grenze ist Endstation der Zweigstrecke von Grumbkowkaiten (Grumbkowsfelde). Seit den 1920er Jahren fährt die Bahn, die den Grenzkreis erschließt, auf 1 000 mm-Spurbreite.

Strousberg investiert als Generalunternehmer in den Bau weiterer Eisenbahnlinien im Deutschen Reich, in Russland, Polen, Belgien, Rumänien, Frankreich und Österreich-Ungarn. Er betreibt Lokomotivenfabriken, besitzt Walzwerke, Hochöfen und Bergwerke, die für seine Bahnen arbeiten. Zeitweise beschäftigt er über 100 000 Arbeiter. Er verkehrt in den ersten Kreisen der Gesellschaft. Dann verlässt ihn das Glück: Die überhitzte Konjunktur nach dem Krieg gegen Frankreich 1870/71 und der Wiener Börsenkrach von 1873 schwächen den Aktienmarkt, Strousbergs riskante Finanzierungen platzen. In den Konkurs treibt ihn schließlich ein anderes Projekt: In seiner böhmischen Herrschaft Zbirow will er eine Montanindustrie aufbauen, die eine russische Bank finanzieren soll. Diese Bank kollabiert, Strousberg selbst kommt wegen „Bankrotts" in russische Haft. Nur mit Glück übersteht er 1876 den spektakulären Prozess gegen sich und seine Geschäftspartner. Bis zu seinem Tod 1882 lebt er bescheiden in Berlin und betätigt sich wie in seiner Londoner Zeit als Journalist.

Das zunächst skeptisch beurteilte Verkehrsaufkommen auf der durch weites Agrarland führenden Ostbahn übertrifft die Erwartungen. Die Bahnlinie ermöglicht es West- und Ostpreußen, ihre landwirtschaftlichen Erzeugnisse besser zu verwerten und vor allem den Berliner Markt zu beliefern. Ab 1862 verkehrt einmal wöchentlich ein Viehsonderzug von Dirschau zum Niederschlesisch-Märkischen Bahnhof in Berlin, dem späteren Ostbahnhof. Er benötigt für die Strecke etwa 19 Stunden.[82]

Zunächst ist die Zahl der Reisenden in Ostpreußen nicht sehr groß. Auch die Fernreise will für die meisten erst gelernt sein, und die Billetts sind für die unteren Schichten schier unerschwinglich. Einen Aufschwung bringt die allgemeine Einführung der IV. Wagenklasse im Jahr 1858. Aber auch noch zwei Jahrzehnte später sind West- und Ostpreußen eher reiseunlustig. Paul Fechter aus Elbing erinnert sich in den 1950er Jahren an die Jahrzehnte vor 1900: „Die Welt der achtziger Jahre war vor allem im Osten noch vollkommen statisch, wie man heute sagen würde. (...) Man fuhr auch mit der Eisenbahn nur, wenn man unbedingt mußte, und wenn man es vermeiden konnte, so vermied man es: Sie war eigentlich Sache der Geschäftsreisenden – zu Berufszwecken. Die einzigen für den Osten passenden und gern benutzten Fortbewegungsmittel waren die Dampfer zu Wasser und das Pferdefuhrwerk zu Lande. Mein Vater ist in den Jahren zwischen 1880 und 1900 niemals aus der Provinz herausgekommen. Er ist, ungern, gelegentlich nach Königsberg gefahren."[83]

Nachdem die Familie von Eugen Kalkschmidt ihr Gut bei Memel verloren hat, kommt der Sechzehnjährige im Jahr 1890 zu einer Schwester nach Berlin. Dort soll er eine Einzelhandelslehre beginnen. Der junge Kalkschmidt nimmt die Bahn. „Eine Reise vom Memelland nach Berlin war eine kleine Weltreise – sie dauerte im Personenzug volle vierundzwanzig Stunden. (...) Meine Reisegenossen im Wagen vierter Klasse waren durch solche Erwägungen nicht beunruhigt. Frauen, Mädchen und jüngere Arbeiter, russisch-polnische Juden und litauische Auswanderer erfüllten den engen Raum mit dem vielstimmigen Lärm ihrer lebhaften Unterhaltung."[84]

Ganz anders reisen die besseren Kreise – in Ostpreußen sind sie meistens auf der Durchreise. Zwischen Berlin und St. Petersburg verkehren seit dem 1. März 1867 Nachtzüge mit komfortablen Salonwagen, in denen bei Bedarf Schlafplätze eingerichtet werden können. Ein Luxus, den das verwöhnte Publikum auch erwartet, denn man verbringt eine oder gar zwei Nächte im Zug: Auch nach einer 1890 eingetretenen Beschleunigung der Schnellzüge dauert die Fahrt auf der Strecke Berlin–St. Petersburg zwischen 33 und 48 Stunden. In Eydtkuhnen wird umgestiegen.[85] Der von Ostende und Paris kommende Luxuszug der Schlafwagengesellschaft Compagnie Internationale des Wagons-Lits et des Grands Express Européens verbindet ab Mai 1896 Berlin über Eydtkuhnen in rund 30 Stunden mit St. Petersburg. Die Strecke Berlin–St. Petersburg steht mit allem Komfort von 1902 bis 1906 dreimal pro Woche, danach bis 1914 noch zweimal wöchentlich im Fahrplan.[86]

Der Grenzort Eydtkuhnen wächst dank der Ostbahn schnell, die Zahl seiner Einwohner steigt von etwa 3 200 im Jahre 1875 auf mehr als 5 500 im Jahre 1910. Gleise der russischen Breitspurbahn führen auf die Nordseite des Bahnhofs, wo die Reisenden umsteigen und die Waren umgeladen werden müssen. 1914 passieren täglich 36 Personenzüge und 22 Güterzüge die deutsch-russische Grenze.[87] Zu den Reisenden, die sich während des Zugwechsels hier aufhalten, gehören Kaiser, Zaren, Könige, Großfürsten und Diplomaten. Der 1900 geborene Schriftsteller Paul Brock beschreibt die Atmosphäre auf dem Grenzbahnhof in seiner Kindheit: „Aus einem Dorf an der Memel kommend, stand ich unversehens mitten im Atem der großen Welt. Der Zug aus Berlin war angekommen, mit Kurswagen aus Genf und Paris. Es waren nicht sonderlich viele Leute, die ausstiegen, Herren und Damen waren dabei, ein Knabe meiner Größe, aber die Luft um uns schien sich verändert zu haben. Uniformierte Bedienstete eilten von der russischen Seite herbei, um das Gepäck hinüberzutragen. Die Reisenden nahmen sich Zeit; sie begaben sich in das Bahnhofsgebäude, das mir wie ein Palast vorkam, da gab es mehrere Speiseräume, vom Wartesaal vierter Klasse bis zum ‚Fürstenzimmer' jedem Stand angemessen."[88]

Dem Personenbahnhof schließt sich nördlich ein umfangreicher Güterbahnhof an. Hier werden die Produkte Russlands in Waggons mit deutscher Normalspur und deutsche Industrieerzeugnisse und Maschinen in Waggons mit russischer Breitspur umgeladen. Eingeführt werden in großen Mengen Weizen, Hülsenfrüchte, Ölfrüchte, Flachs, Hanf und Holz, Millionen von Eiern für Berlin, Butter aus Sibirien in Kübeln, Wild und Kaviar aus Astrachan am Kaspischen Meer und Pelzwerk. Der Lagerung der Waren dienen große Speicher und Lagerhallen der Bahn und der Speditionen. Auch die Post leitet ihre Sendungen von und nach Japan und Persien über Eydtkuhnen.[89]

Neben einigen wenigen bedeutenden Fernbahnen existiert eine Vielzahl einfacher Nebenbahnen, die für die Wirtschaftsentwicklung der landwirtschaftlich ausgerichteten Provinz von entscheidender Bedeutung sind. Die Stadt Hohenstein im Kreis Osterode an der Grenze zum Kreis Neidenburg hat durch die Jahrhunderte kaum Verkehrsverbindungen zu den Nachbarkreisen. Erst als im Jahre 1856 der Kreis die „Kunststraße" Osterode–Reichenau–Hohenstein–Neidenburg baut, hört die für viele ostpreußische Kleinstädte typische Isolierung auf. Gänzlich beendet ist sie mit der Fertigstellung der Bahnstrecke Allenstein–Hohenstein im Jahr 1887. 1888 wird diese Strecke bis Soldau verlängert, 1894 erfolgt die Inbetriebnahme der Eisenbahnlinie Osterode–Geierswalde–Hohenstein. Über die Kreisstadt Osterode besteht nun eine bequeme Verbindung nach Elbing, somit auch direkt zur Ostbahn und damit nach Berlin und in alle Welt.[90]

Der Eisenbahnbau hat in Ostpreußen zugleich den Straßenbau gefördert. Die Provinz ist sehr arm an Steinen, die neben Schotter für den Unterbau der Chausseen und Landstraßen benötigt werden. Man führt sie zu einem großen Teil aus Schweden ein und befördert sie mit hohem Aufwand zu den Baustellen. Die Eisenbahn ermöglicht jetzt über größere Strecken einen preiswerten Massenguttransport.[91] Von Lovis Corinths Heimatstadt Tapiau verkehrt man in den 1860er Jahren nach den Nachbarstädten Labiau, Wehlau und auch Königsberg immer noch mit dem Fuhrwerk, wie sich der Maler erinnert: „Wenn Getreide oder Leder auf den Märkten oder an die Händler verkauft werden sollte, so belud man einen großen Leiterwagen, spannte drei Pferde nebeneinander und fuhr dorthin."[92] Das erste Auto in Königsberg fährt im Jahr 1900 der Kaufmann Arthur Migeod. Er eröffnet 1904 auf dem Steindamm auch das erste Autogeschäft und wird Mitbegründer eines „Ostdeutschen Automobilklubs". Dessen langjähriger Präsident ist der Gutsbesitzer Hermann Bartels aus Margen im Samland. Er führt 1909 die ersten Autodroschken in Königsberg ein.[93] Sein Sohn, der Vorsitzende der Ostdeutschen Maschinenfabrik in Heiligenbeil, Frederick Bartels, kauft im Jahr 1907 das erste Auto im Kreis Heiligenbeil, einen Zweizylinder mit Reibradgetriebe der Nürnberger Firma „Maurer Union". Mit ihm besucht er die Händlerschaft der Landmaschinenfabrik. „Das brachte mir für meine Reisen Annehmlichkeiten und eine große Zeitersparnis. Ich konnte damit drei bis vier Städte an einem Tag besuchen, während ich vorher mit der Eisenbahn nur ein bis zwei Städte am Tage schaffte."[94]

Der Eisenbahnbau führt überall zu einem deutlich höheren Verkehrsaufkommen, wodurch auch in Ostpreußen die Ansprüche an die Zubringerstraßen steigen, zum Beispiel zu Kleinstädten, die zunächst noch nicht an das Bahnnetz angeschlossen sind. Neue und ausgebesserte Chausseen werden aufwändig projektiert. Sie führen auf kürzestem Weg durch die Landschaft und schmiegen sich möglichst deren Oberflächen an. Längere Geraden wechseln mit flachen Kurven, Kuppen werden abgetragen, Vertiefungen aufgefüllt, um ein mäßiges Längsgefälle zu erreichen, denn Steigungen müssen in der Regel noch per Pferdekraft bewältigt werden. Die Fahrbahn ist mit Packlage und Schotter befestigt und hat eine Breite von 4 m. Neben der befestigten Fahrbahn läuft ein wenn möglich bekiester Sommerweg. Die Provinzstraßen sind Alleen; Linden, Birken und Vogelkirsche wechseln je nach den Standortverhältnissen. Die im Laufe von Jahrzehnten herangewachsenen starken Bäume geben mit ihren breiten Kronen und in der Farbe wechselndem Laub der ostpreußischen Landschaft ein besonderes Gepräge.[95]

Wo es auf den Äckern und in den Wäldern Feldsteine gibt, sieht man noch in den 1920er Jahren bei Fahrten über Land an den Straßenrändern Steinschläger. Sie behauen die Feldsteine zu Pflastersteinen. Der Schwiegervater von Otto Schneidereit aus dem Kreis Gumbinnen hat jahrzehntelang diese schwere körperliche Arbeit verrichtet. „Ihr einziger Schutz gegen Wind und Wetter war ein mit Sackleinwand bespannter Holzrahmen, den sie in die Windrichtung stellten. Ein großer Stein diente als Amboß. Die größeren Steine knackte man mit dem Possekel und die kleineren mit dem Vorschlaghammer."[96]

Im masurischen Kreis Sensburg werden in den 1920er Jahren mit finanzieller Unterstützung des Kreises die Dorfstraßen gepflastert, im Verlauf der Überlandstraßen steile Berge abgetragen und Hohlwege verbreitert. Kleinere, noch hölzerne Brücken und solche aus Findlingssteinen können durch Betonbrücken ersetzt werden. An den Kreuzungen und Abzweigungen werden Wegweiser aufgestellt; bis dahin gibt es oft nur die alten preußischen Meilensteine. 1928 macht der Kreis Sensburg schon die ersten Versuche mit Asphaltbelag. Bei Beginn des Zweiten Weltkrieges haben aber erst die Reichs- und Landstraßen Sensburg–Rastenburg; Sensburg–Lötzen, Sensburg–

Johannisburg und Sensburg-Bischofsburg eine Asphaltdecke, und auch die noch nicht überall.[97]

Um das Jahr 1875 gibt es in Ostpreußen auf etwa 1 500 km Länge Staatschausseen. Bis zum Jahr 1925 erhöht sich die Länge dieser „Provinzialstraßen" nur auf 1 794 km. Daneben bestehen 1925 genau 10 849 km Kreisstraßen. Erst in den 1920er Jahren nimmt der Ausbau des Straßennetzes deutlich zu, vor allem durch Verbesserung bis dahin schlecht ausgebauter Wege. Im Jahr 1939 gibt es in der Provinz Ostpreußen 2 338 km Reichsstraßen, 4 493 km Landstraßen 1. Ordnung und 5 493 km Landstraßen 2. Ordnung. In ihrem technischen Ausbaugrad bleiben Ostpreußens Straßen aber gegenüber dem sonstigen Reichsgebiet deutlich zurück. Der Anteil der Straßen mit „staubfreier Decke" beträgt nur 40,8 % gegenüber 55,3 % im Reichsdurchschnitt.[98] Der größte Teil der Straßen sind also noch Sandwege und Schotterpisten. Massenhaftes Verkehrsaufkommen, das mit unseren heutigen Vorstellungen vergleichbar ist, gibt es auch auf den ausgebauten ostpreußischen Straßen in den 1930er Jahren nie. In den Jahren 1936 bis 1938 wird von Elbing bis Königsberg sogar ein Stück Autobahn mit 96,3 km Länge durchgehend einbahnig fertiggestellt.

Der Schriftstellerin Marie Luise Kaschnitz ist es in ihrer Königsberger Zeit Mitte der 1930er Jahre ein Freizeitspaß, im Familienauto zügig über die Küstenstraßen des Samlandes zu fahren: „So war das einmal, als Autofahrer hatte man die Straßen fast ganz für sich, zumal in Ostpreußen, wo man nur sonntags abends auf die Betrunkenen achtgeben mußte, die sich auf die Straße legten und schliefen."[99]

Vom Schnee geräumt werden die Straßen in Ostpreußen erst seit Ende der 1920er Jahre. Auf dem Land spannt man die Pferde vor die Schlitten. So auch Alexander Fürst zu Dohna-Schlobitten: „Es gab unangenehme Schlittenfahrten bei eisigem Wind oder auch bei Schneesturm, der mitunter meterhohe Schneefälle auftürmte. Meist fuhr man über diese bizarren Gebilde einfach hinweg; das Durchschaufeln der Schneewehen wurde erst mit dem zunehmenden Autoverkehr in den zwanziger Jahren erforderlich. Vor dem Ersten Weltkrieg ließen die wenigen Autobesitzer aus dem Lande ihre Wagen im Winter stehen."[100]

Öffentliche Dienste

In Beiswalde im Kreis Heilsberg geht man zur Winterszeit früh schlafen. Solange die Sonne noch Licht spendet, haben auf den Höfen die Knechte mit dem Flegel gedroschen. Dann, nach 14 Stunden Arbeit, sind sie müde. Sie haben abgefüttert und legen sich im Stall in ihre Verschläge. Die Mägde stellen die Spinnräder zur Seite und begeben sich in ihre ungeheizten Kammern. Auch der Bauer ist schon in seinem Bett verschwunden. Still, wie ausgestorben liegt das Dorf. Alles schläft. Alles schläft? Nein. Bis zur Jahrhundertwende hat selbst das Bauerndorf Beiswalde noch einen Nachtwächter. Der „getreue Quarid", wie ihn Robert Teichert in seiner Dorfchronik nennt, wandert einsam durch die Straßen und engen Gassen. „Seine Ausrüstung besteht aus einer 20 cm langen hölzernen Pfeife, der er von Zeit zu Zeit melodische Töne entlockt, ferner einer Holzscharre, seinem Alarmgerät, das er durch eine Schleuderbewegung furchtbar kreischen lassen könnte, wenn etwa ein Feuer ausbräche, und endlich einem kleinen Feuerhaken, den er gegen alle Feinde richten würde, die die sanft schlummernden Dorfbewohner bedrohen, gegen das Feuer und die Diebe, aber auch gegen die ihn zuweilen neckenden jungen Burschen."[101]

Noch in den 1860er Jahren stapft auch in Tapiau der Nachtwächter mit Laterne, Pikhaken, umgehängtem Feuerhorn und Stundenpfeife durch die nächtlichen Gassen. Ab 20 Uhr ruft er mit der Pfeife die Stunden bis Mitternacht aus. Sein Triller um 22 Uhr ist für die Gaststätten das Zeichen zu schließen, denn es gibt eine Polizeistunde. Wenn ein Brand ausbricht, alarmiert der Nachtwächter die Feuerwehr.[102] Durch die Nacht eilen dann die Männer der Freiwilligen Feuerwehr in Tapiau zum Spritzenhaus.

Und in den kleinen Dörfern? In Tuppen im Kreis Pillkallen steht das Spritzenhäuschen am Dorfanger. Die stets blank geputzte Spritze wird von den freiwilligen Helfern des Tuppener Feuerwehrhauptmanns Manglitz einsatzbereit gehalten. Manglitz ist zugleich der Schmied des Dorfes und hat auch das Amt des Fleischbeschauers inne. Hildegard Rauschenbach, 1926 als Hildegard Mischke im Nachbardorf Dickschen geboren, berichtet, wie seit Generationen der Feueralarm ausgelöst wird: „In jedem der umliegenden Dörfer Tuppens, das zentral lag, hatte ein Mann ein Feuerhorn und die Aufgabe, durch Blasen des Horns einen ausbrechenden Brand zu melden. Schaurig war es, wenn das Feuerhorn ertönte." Dreimal hintereinander, dann eine kurze Pause und wieder dreimal und wieder dreimal, bis alles in Bewegung ist, wird rings um Tuppen in das Horn geblasen. „Der Ruf des Hornes pflanzte sich von Dorf zu Dorf fort und rief die Feuerwehrleute zusammen. Genauestens war eingeteilt, welcher Bauer die Pferde zum Spritzenhäuschen bringen mußte und wer die Wassertonnen vom Kiewenschuppen zur Brandstelle zu schleifen hatte. Vierspännig und im Galopp rasten die Pferde mit der Spritze, auf dem die Feuerwehrleute saßen, die sandigen Dorfstraßen und gegebenenfalls die Feldwege entlang, aus allen Richtungen kamen die Gespanne mit den Wassertonnen, aber – sie kamen immer zu spät."[103]

Die Gründung freiwilliger Feuerwehren geht in der Provinz Ostpreußen in den meisten Fällen von den Turnvereinen aus, die zwischen 1820 und 1848 entstanden sind. In der Stadt Preußisch Holland im Oberland initiiert der „Turn- und Sportverein von 1865" im Jahr 1893 die Aufstellung einer Wehr. An der Gründungsversammlung nehmen 29 Personen teil, hauptsächlich Turner. Die Mitglieder des Vorstandes sind der Kreisbaumeister, zwei Kaufleute, ein Kupferschmiedemeister, ein Schornsteinfeger, die Glasermeister und ein Maler.[104] Auch in Christburg entsteht 1882 aus dem Turnverein die Feuerwehr der Ortschaft. Vorher sind in der Stadt im Kreis Stuhm die

Die Freiwillige Feuerwehr von Prökuls, Memelland, im Jahr 1918. Im Dorf mit etwa 500 Einwohnern, von denen nur wenige deutschsprachig sind, wird die Wehr im Jahr 1900 gegründet. Zweisprachigkeit gibt es in deutscher Zeit nicht, erst unter Litauens Herrschaft.

Spritzen auf die einzelnen Innungen verteilt. Die Christburger Freiwillige Feuerwehr ist schon bald voll motorisiert. Das Haus des Kaufmanns Freytag teilt den Marktplatz in zwei Hälften. Chronist Otto Piepkorn über einen Löscheinsatz im Jahr 1906, der der Stadt einen großzügigen Marktplatz beschert: „Als es brannte, löschte man immer da, wo es noch nicht brannte, ganz nach Vorschrift. So kam Christburg zu seinem übersichtlichen Marktplatz."[105]

In Plausen im Ermland steht in der Dorfmitte ein Spritzenhaus. Den Kindern aus dem Dorf ist es stets etwas unheimlich. Das Spritzenhaus dient als Leichenhaus für Selbstmörder oder auf der Durchreise Verstorbene. Die Ortsansässigen und die christlich Verstorbenen werden in ihren Häusern aufgebahrt. Zudem wird das Feuerwehrhaus zum Arrestlokal, wenn ein Straftäter nicht sofort aus dem Dorf abtransportiert werden kann.[106]

Bis 1925 schreitet im Städtchen Bischofswerder im westpreußischen Kreis Rosenberg der Stadtwachtmeister Hugo Lange bei Verfehlungen ein. Als städtischer Beamter ist er dem Bürgermeister oder auch dem Landrat unterstellt. „Stolz ging er als wohlbestellter Beamter seinem Dienst nach; zur Sommerszeit in langen weißen Hosen, den Polizeisäbel unter das unvergeßliche blaue Tuch seines Uniformrockes geschnallt, den Helm auf dem Kopfe, aus dem zwei gütige Augen auf die ihn begleitenden Kinder blickten, die ihm stets folgten (...), wenn er von Straße zu Straße mit seiner Klingel die Bürger vor die Haustür rief, um ihnen die Verordnungen des Magistrats bekanntzugeben."[107] Die Städte Neidenburg und Soldau im Süden Masurens kommen damals ebenfalls mit geringen Polizeikräften aus. Ihre städtischen Polizeisergeanten sind wie üblich aus dem aktiven Heeresdienst in den Dienst der beiden Städte getreten, der jeweilige Bürgermeister ist ihr direkter Vorgesetzter. Auch ihre Aufgabe besteht vornehmlich darin, im Stadtgebiet Streife zu gehen und dabei auf alle vorkommenden Ordnungswidrigkeiten zu achten. Vor allem leisten sie Dienst in den Nachtstunden. Stationiert sind sie in den Rathäusern, wo ihnen ein Raum als sogenannte Wache zur Verfügung steht. Ein weiterer Raum dient als Arrestzelle.[108]

Im Kreisgebiet von Neidenburg untersteht wie überall in Preußen in den dörflichen Gemeinden die Polizei dem Landrat. Obwohl der Kreis ein Grenzbezirk ist, werden nur wenige Polizeikräfte benötigt. Im ganzen Kreisgebiet sorgen etwa zehn Landgendarmen, „Wachtmeister" genannt, für Ordnung und Sicherheit.[109] In der Zeit von 1919 bis 1934 heißen die Gendarmen bzw. Wachtmeister dann „Landjäger". Die Bezeichnung hat sich bei der Bevölkerung kaum eingebürgert, da wird sie 1934 aufgehoben, als die Polizei eine Angelegenheit der Länder und dann des Reiches wird. Als aus den „Landjägern" Polizisten werden, stellen sie immer weniger Hühnerdieben nach, sondern sind oft ein Instrument der nazistischen Gewaltherrschaft.[110]

Während die Russen die Grenze zu Ostpreußen mit einem „Kordon" aus befestigten Stellungen abriegeln, wird von deutscher Seite wenig zu ihrer Sicherung getan. Wenn, dann beschränkt man sich auf fiskalische Angelegenheiten, die seit 1871 einer Reichsbehörde, dem Zoll, obliegen. Die Zollbeamten kontrollieren eher stichprobenartig an den Grenzübergängen und patrouillieren; ihre vorgesetzten Bezirkszollkommissare und einige Beamte in weiter von Städten entfernten Zollaufsichtsstellen sind beritten.[111]

Die Zollbeamten sind entlang der Grenze, in der Regel in der Nähe von Straßenübergängen, stationiert und wohnen mit ihren Familien in reichseigenen Zollgebäuden, Zwei- und Dreifamilienhäuser aus rotem Backstein, unmittelbar an der Grenze. Zu jedem Haus gehören ein kleiner Stall und Gartengrundstücke von etwa 500 bis 800 m² Größe. Die Beamten betreiben hier Kleintierzucht und Gemüseanbau und füttern sogar Schweine. Der Dienst an der ländlichen ostpreußischen Grenze ist bei Zollangehörigen nicht sehr beliebt.

In Wyszupönen im Amtsbezirk Kallweitschen, Kreis Goldap, sind die Winter besonders lang. Sie dauern von Ende November bis Anfang April. Es liegt tiefer Schnee und es herrscht starker Frost mit durchschnittlich -18 Grad. Aber auch bei diesem Wetter hat der kaiserliche Postbeamte seine Pflicht zu tun. Die Wegstrecken von einem Gehöft zum anderen sind nicht vom Schnee geräumt, die Postboten bahnen sich den Weg querfeldein zu Fuß. Die meisten Adressaten wohnen nicht im kleinen Ortskern, sondern in den sog. „Abbauten", Aussiedlerhöfen, im Durchschnitt 300 bis 400 m von einander entfernt, die Ortschaft zieht sich etwa 2 bis 3 km auseinander.

15 km lang ist die Wegstrecke der Postboten, die sie jeden Tag bei Sonne, Regen und Sturmwetter zurücklegen müssen, was nur im Sommer mit dem Fahrrad möglich ist. Zugestellt werden Briefe, Zeitungen, Zahlungsanweisungen und Päckchen. Auf der Tour wird auch Briefpost mit Portoentgeld mitgenommen, Pakete haben die Empfänger von der Postnebenstelle selbst abzuholen. Die Zustellung beginnt etwa um 8 Uhr und endet im Sommer gegen 15 Uhr. Im Winter dauert je nach Schneelage die Tour schon mal bis 18 Uhr. Es kommt auch vor, dass ein Bezirk vom Boten nicht an einem Tage abgelaufen werden kann. Er wird dann nur zur Hälfte bewältigt, in der anderen Hälfte wird am folgenden Tag zugestellt.[112]

Eine Art Post gibt es in Ostpreußen schon seit den Zeiten des Deutschen Ordens. Lange aber verbindet sie nur die wirklich großen Städte. So wird erst im Jahr 1822 Hohenstein im Kreis Osterode durch eine regelmäßige Botenpost mit Osterode verbunden und damit an das mitteleuropäische Postnetz angeschlossen. Um 1840 besteht mit wöchentlich zweimaliger Postzustellung eine Postverbindung von Berlin nach Liebemühl mit Anschluss nach Hohenstein.[113]

Der Bau eines immer engeren Eisenbahnnetzes hat auch in Ostpreußen den Postverkehr entscheidend beschleunigt. Eine Postkarte aus Hamburg ist im Jahr 1914 in ein kleines ostpreußisches Dorf nicht länger als 25 Stunden unterwegs. Seit Mai 1871 gibt es die Kaiserliche Post, hervorgegangen aus der Norddeutschen Post, in die wiederum 1867 die Preußische Postverwaltung aufgegangen ist. Jedes „Kaiserliche Postamt" übergibt seinen nicht lokalen Brief- und Paketverkehr auf dem nächsten Bahnhof der Bahnpost. Der Bahnpostdienst ist überregional organisiert und richtet sich nach dem Streckenlauf und der Umlaufplanung, den die Eisenbahnlinien vorgeben. Auf der 742 km langen Strecke Berlin–Dirschau–Königsberg–Eydtkuhnen hätten die Postbediensteten mehr als zwölf Stunden im fahrenden Zug zu arbeiten. Das Personal wird deshalb auf dieser langen Strecke in Dirschau ausgewechselt.[114] Die Zahl der „Postanstalten" in Ostpreußen wächst von 177 im Jahr 1850 um das zehnfache, auf 1867 im Jahr 1913. Für politisch oder sonstwie auffällig gewordene „Postassistenten" im Westen des Reichs sind abgelegene ostpreußische Landpostämter bevorzugte Ziele von Strafversetzungen.[115]

Die Stadt Bartenstein im Kreis Friedland hat im Jahr 1897 um die 6 500 Einwohner; sie ist zu dieser Zeit noch nicht Kreisstadt. Allerdings sind einige landwirtschaftliche Fabriken und ein Gericht ansässig. Die Zustellung der Tageszeitung Bartensteiner Anzeiger am Ort des Erscheinens besorgen eigene Boten des Verlages. Etwa 400 Exemplare des Anzeigers werden durch Vermittlung der Post bezogen, überwiegend von Bewohnern der ländlichen Nachbarschaft und der weiteren Umgebung. Eine Chronik des Postamtes Bartenstein, das zusätzlich auch die umliegenden Landgemeinden versorgt, weist für das Jahr 1897 nach, dass auf dem Postwege zusätzlich 194 verschiedene auswärtige Zeitungen in 1 080 Exemplaren in Bartenstein ausgeliefert werden. Genannt werden 21 Zeitungen, von denen viele in der Reichshauptstadt erscheinen und mit einem Tag Verspätung in der tiefen Provinz eintreffen. Die Berliner Morgenpost zum Beispiel wird in Bartenstein in 79, das Berliner Tageblatt in 14 Exemplaren gelesen. Aus der Provinzhauptstadt kommen 115 aktuelle Exemplare der konservativen Königsberger Allgemeinen Zeitung und 75 der liberalen Hartungschen Zeitung. Durch den postalischen Bezugsweg erhält die preußische Pressezensur einen guten Überblick über missliebige Abonnements. Zeitungen politischen Inhalts unterliegen dem Postzwang und müssen seit 1852 mit der Post befördert werden.

Die „gelbe Post" wird durch eine moderne Verkehrsinfrastruktur stark beschleunigt, bleibt aber ein „altes" Kommunikationsmittel. Das erste Medium der modernen Kommunikationstechnologie, das Ostpreußen erreicht, ist die Telegraphie. Die erste elektrische Telegraphenlinie nach Ostpreußen führt von Berlin über Bromberg nach Königsberg, wo am 20. Juli 1853 eine Telegraphenstation eröffnet wird.[117] Der Ausbau des Leitungsnetzes in Ostpreußen erfolgt zügig; Bartenstein beispielsweise hat schon 1861 ein Telegraphenamt.[118] 1875 sind praktisch alle Kreisstädte in Ostpreußen in das Telegraphennetz einbezogen. Kleinere Telegraphiestationen werden zumeist von Privatpersonen verwaltet. Sie üben die Tätigkeit nebenberuflich aus.

Telegraph und Telefon verändern das Landschaftsbild. Die Streckenführung der Telegraphenleitungen folgt häufig den Landstraßen, geht aber auch durch freies Gelände. Mit dem fortschreitenden Eisenbahnbau verlegt man die Telegraphenlinien wenn möglich neben die Bahnstrecken. Die oberirdischen Leitungen sind angesichts der ostpreußischen Witterungsverhältnisse besonderen Risiken ausgesetzt; Eisbildung an den Leitungen und Schneelasten führen im Winter häufig zu Streckenbruch. Ein erstes unterirdisches Telegraphenkabel wird 1880 von Danzig nach Königsberg verlegt. In Masuren müssen auch häufig Seekabel verwendet werden, um Seen, Flüsse und Kanäle zu durchqueren.

1881 werden in Berlin und Hamburg die beiden ersten öffentlichen Telefonortsnetze errichtet, mit 48 bzw. 94 Teilnehmern. Schon zwei Jahre später hat Königsberg ein Ortsnetz mit 25 Teilnehmern. Die Zahl der Telefonteilnehmer in Königsberg steigt nur langsam an, erst nach fünf Jahren erreicht sie 143, nach zehn Jahren 563 Anschlüsse. 1893 werden im Jahresdurchschnitt täglich 6677 Gespräche vermittelt. 1887 gehen in Elbing, 1888 in Memel und 1889 in Pillau eigene Netze in Betrieb. 1894 wird Königsberg mit dem Hafen Pillau und dem Seebad Cranz über Land verbunden; mit den 32 km nach Cranz und den 59 km nach Pillau ist mit zusammen 91 km Länge das erste Fernnetz in Ostpreußen geschaffen. Als erste Fernleitung erreicht Ostpreußen über Posen, Bromberg, Danzig, Elbing, Königsberg, Insterburg und Tilsit weiter nach Memel eine Verbindung aus Berlin.[119] Selbst Dörfer wie Plausen im Ermland haben schon vor dem Ersten Weltkrieg Anschluss an das deutsche Fernsprechnetz.[120]

In den Gutsbezirken, Dörfern und Städten definiert bis zu Beginn des 19. Jahrhunderts der Sonnenhöchststand am jeweiligen Ort eine „Lokalzeit". Diese „astronomische" Zeit wird mit Sonnenuhren gemessen, mechanische Uhren werden danach gestellt. Da die Sonne nicht auf einer runden, sondern auf einer elliptischen Form läuft, kann die Sonnenzeit im jährlichen 24-Stunden-Rhythmus um -14,3 bis +16,4 Minuten von der mittleren Tageszeit abweichen. Zwischen 1780 und 1810 wird in vielen europäischen Hauptstädten wie Berlin darum eine „mittlere Sonnenzeit" bestimmt und die Differenz von astronomischer und mittlerer Sonnenzeit in tabellarischen „Zeitgleichungen" veröffentlicht. Eine solche mittlere Sonnenzeit wird auch für die kleineren Städte errechnet. So weicht in Maldeuten im oberländischen Kreis Mohrungen die Zeit von der mittleren Berliner Zeit um +24½ Minuten ab.[121]

Noch das ganze 18. Jahrhundert hindurch werden öffentliche Uhren in Ostpreußens Städten nach der mittleren lokalen Sonnenzeit gestellt. In einer Zeit, da die Welt lokal ausgerichtet ist, die Menschen sich nach Sonnenauf- und Sonnenuntergang, höchstens nach dem Datum im Kalender richten, spielt die genaue Uhrzeit eine geringe Rolle. Eine übereinstimmende Zeit wird zunächst für das Postwesen, später für den überregionalen Verkehr unentbehrlich. In Preußen wird im Jahr 1825 die Uhr des Berliner General-Post-Amtes („nach der Berliner Normaluhr") zur maßgeblichen Zeit für das ganze Königreich.[122] Bis zum Anschluss an das Telegraphennetz bringt der Postillion, wo er von der Bahnpost noch nicht vertrieben ist, mit seinem Eilpostwagen diese Zeit in die Städte und Kirchspiele der Provinz. Er zeigt seine verschlossene „Cours-Uhr" bei seiner Durchfahrt durch den Ort dem Bürgermeister oder dem Pfarrer vor, die dann die Rathaus- oder Kirchturmuhr nach ihr stellen. Mit Einführung des Telegraphen erfolgt die Zeitansage mit Durchgabe eines Morse-Signals, dessen Ende eine genau definierte Uhrzeit anzeigt, nach der dann die örtlichen Uhren gestellt werden.

Bis zum Jahr 1893 gelten in den einigen Ländern des deutschen Reiches individuelle Zeiten. In Bayern beispielsweise richtet man sich nach der Münchener Ortszeit, die gegenüber der in ganz Preußen geltenden Berliner Zeit einen Versatz von sieben Minuten hat. Im Deutschen Reich wird zum 1. April 1893 eine „Mitteleuropäische Zeit" als Einheitszeit festgelegt. Es ist die Zeit des 15. Meridian, das heißt, auf ihm entspricht die MEZ der Ortszeit. Die Stadt Görlitz an der Neiße liegt auf diesem Längengrad. Schirwindt, die östlichste Stadt Ostpreußens und damit des Deutschen Reichs, liegt auf 22,64 Grad Ost. Bei 22,5 Grad Ost verläuft die Ostgrenze der mitteleuropäischen Zeitzone. Es wird also in Ostpreußen deutlich früher hell und dunkel als in der Mitte und im Westen des Deutschen Reichs.

Schüler und Schulmeister

Im Jahr 1959 hat der Lehrer Willy Hanemann seine Erlebnisse in der Dorfschule von Widitten, einem 350-Einwohner-Dorf am Frischen Haff im Kreis Samland, niedergeschrieben. 1928 wird er auf eigenen Wunsch von Schülzen im Kreis Rastenburg nach

Viditten versetzt. Einige Tage vor Schuljahresbeginn fährt Hanemann mit einem Lastwagen die Möbel seiner Familie zum Schulhaus. In Marschenen, einem Ort vor Widitten, kommt er am 2. April 1928 erst um 2 Uhr in der Nacht an. Zu seinem Schrecken erfährt er dort, dass Widitten wegen des Dünensandes auf den Wegen von Kraftfahrzeugen nicht angefahren werden kann. Er muss das Auto zurücklassen und erst einmal die 2 km zum Dorf zu Fuß zurücklegen.

Hanemann improvisiert eine Übernachtung auf den Bänken des Gasthauses von Widitten. „Am anderen Morgen waren sämtliche Bauern mit Fuhrwerken und Leuten zur Abfuhr da. Um 10 Uhr war alles im Schulhaus. Zwar war manches entzwei gegangen, wie der große Ankleidespiegel, aber die Leute waren hilfsbereit und zuvorkommend gewesen. Sie wurden alle im Gasthaus zu einem Umtrunk eingeladen, und dabei trugen die Männer ihrem neuen Lehrer sofort den Vorsitz im Kriegerverein an." Hanemann weigert sich, Ämter zu übernehmen. „Ich hätte mit der Schule genug zu tun, und außerdem sei ich abstinent. Ich wisse aber, wie es bei solchen Vereinen zugehe. So errichte ich eine neue Mauer, die niederzureißen mich später größte Mühe kostete."[123]

Die Unterhaltung der Schulgebäude ist überall in Preußen die Angelegenheit der Gemeinden. Sie wird zumeist lustlos von den Amtsvorstehern und Gemeinderäten erledigt. Die zweiklassige Volksschule von Widitten besuchen mehr als 80 Kinder. In jedem Klassenraum werden von den beiden Lehrern vier Jahrgangsstufen unterrichtet. Manchmal visitiert der junge Pfarrer von Großheidekrug die Religionsstunde, ansonsten wird Hanemann von vorgesetzten Behörden in Ruhe gelassen. Der Lehrer, der sich 1959 Vorwürfe macht, vor dem Krieg die Kinder auch häufig geschlagen zu haben, gestaltet einen abwechslungsreichen Unterricht. Einmal spricht in der Schule ein Hausierer vor. Er bietet Mausefallen zum Kauf an. „Es stellte sich heraus, dass er ein arbeitsloser Artist war. In der Klasse hat er die Kinder zwei Stunden lang mit nie gehörten oder gesehenen Dingen unterhalten. So setzte er sich an das Pult und unterhielt sich mit einer Person, die anscheinend im Keller saß."[124] Der Mann ist Bauchredner.

Mit einer Königlichen Verordnung führt der Soldatenkönig Friedrich Wilhelm I. 1717, im vierten Jahr seiner Regentschaft, die Schulpflicht für alle Kinder von fünf bis zwölf Jahren zum 28. September im Königreich Preußen ein. Die Verordnung gilt damals ausschließlich für die königlichen Domänen, den adligen Grundbesitzern kann der König nur nahelegen, in ihren Herrschaftsgebieten ähnlich zu verfahren. Der Unterricht erfolgt in der jeweiligen Muttersprache, d.h. bei deutschen Kindern in deutscher, bei litauischen Kindern in litauischer und polnischen in polnischer Sprache. Litauischsprachige und polnischsprachige Kindern müssen ab 1739 Deutsch als zweite Sprache lernen.[125] Mit dem General-Landschulreglement von 1763 durch Friedrich II. wird die preußische Schulpflicht noch einmal festgeschrieben. Nun soll in Preußen jedes Kind von fünf bis zwölf Jahren zur Schule gehen. Das preußische

Kreis Memel, vor dem Ersten Weltkrieg. Drei Jungen auf dem Schulweg. Die Straßen sind unbefestigt, die Kinder gehen barfuß. In den kalten Jahreszeiten werden sie an den Werktagen Holzschuhe getragen haben, nur an Sonn- und Feiertagen das einzige Paar Lederschuhe.

Allgemeine Landrecht von 1794 verpflichtet dann generell alle Kinder zum achtjährigen Schulbesuch. Allerdings gibt es Ausnahmen, etwa für diejenigen Kinder, „welche wegen häuslicher Geschäfte die ordinairen Schulstunden, zu gewissen nothwendiger Arbeit gewidmeten Jahreszeiten, nicht mehr ununterbrochen besuchen können."[126] Das sind z.B. Hütejungen.

Der Schulbetrieb darf den Staat und die Dorfgemeinschaften möglichst nichts kosten. Deshalb müssen die Lehrer neben dem Unterricht ihren Unterhalt selbst verdienen. Gern werden Handwerker, vor allem Schneider und Schuhmacher, und Veteranen der königlichen Armee zum Schuldienst eingestellt; häufig ist der Schulmeister auch der Küster bzw. Kantor des Dorfes. Der Küster muss nicht nur die Gottesdienste betreuen und die Orgel spielen, er ist auch Laufbursche für den Pfarrer. Der Dorfpfarrer hat die Aufsicht über den Schulbetrieb, auf der Ebene der Provinzen später das Konsistorium. Erst nach der Revolution im November 1918 hebt der Staat Preußen die geistliche Schulaufsicht per Gesetz auf.[127]

Auf dem Lande ist die einklassige Schule mit manchmal über 100 Kindern ohne jede Differenzierung nach Alter und Lernfortschritt die Regel. Unterrichtet werden vor allem Religion, Lesen, Schreiben, Rechnen. Noch 1779 muss Friedrich II. ausdrücklich von seinen Lehrern verlangen, selbst des Lesens, Schreibens und Rechnens fähig zu sein. Bis in die 1930er Jahre ist in Ostpreußen auf dem Land die einklassige

Volksschule die häufigste Schulform. Ihre Lehrer müssen alle Fächer und Altersstufen unterrichten. In den ländlichen Schulen lernen Jungen und Mädchen zudem gemeinsam. Die Ausbildung der Lehrer erfolgt – wenn überhaupt – bis zum Beginn des 19. Jahrhunderts in der Form einer „Meisterlehre“. In ihr bilden die Lehrer ihre eigenen Nachfolger als „Schulgehilfen“ aus. Dann entsteht in Preußen ein Lehrerausbildungssystem für Volksschulen: Nach ihrer – zumeist achtjährigen – Schulzeit besuchen begabte Schüler drei Jahre eine „Präparandenanstalt“, vom 18. bis ins frühe 20. Jahrhundert hinein die untere Stufe der Volksschullehrerausbildung. Der Besuch des Lehrerseminars endet mit einer Staatsprüfung, ihr folgt nach zwei bis drei Jahren Schulpraxis eine zweite staatliche Examinierung.

Der 1873 geborenene Wilhelm Matull hat bei der Niederschrift seiner Lebenserinnerungen in den 1920er Jahren in Erinnerung, dass im Kaiserreich der Mensch „erst mit dem Offizier, dem Akademiker, dem Großgrundbesitzer und dem Adligen“ anfing. Ein Volkschullehrer gehört nicht zu diesen angesehenen Kreisen. „Wie gering man den Volksschullehrer einschätzte, konnte man auch daraus ersehen, daß man ihm nicht einmal die Berechtigung für den ‚einjährigen Dienst‘ beim Militär zusprach. Einen Volksschullehrer zum Reserveoffizier zu machen, war bis kurz vor dem 1. Weltkrieg undenkbar.“[128]

Man kann davon ausgehen, dass noch Ende des 18. Jahrhunderts in den östlichen Provinzen Preußens auf dem Lande nach Ende der Schulpflicht, mit oder ohne Schulbesuch, fast jeder Analphabet ist. Noch 1872 liegt die Analphabetenquote in der „Provinz Preußen“ (Ost- und Westpreußen) bei 32,5 %, während sie zu dieser Zeit in den Westprovinzen Rheinland und Westfalen nur 5 % und 7 % beträgt.[129] Sicher lesen, schreiben und rechnen können in abgelegenen Dörfern nur die Kinder der Gutsbesitzer- und Pfarrerfamilien. Kinder des Adels und von bürgerlichen Gutsbesitzern gehen häufig nicht auf öffentliche Schulen. Sie werden von Hauslehrern unterrichtet.

Schon vor dem Jahr 1717 gibt es im späteren Ostpreußen Schulen in Form von Gymnasien. Das „Kneiphöfische Gymnasium“ in Königsberg in der Nähe des Doms im Stadtteil Kneiphof ist die älteste Schule Ostpreußens. Das als Domschule gegründete Gymnasium wird 1304 erstmalig erwähnt. 1528 wird die Schule als Folge der Reformation dem Rat der Stadt unterstellt und 1534 in eine evangelische Gelehrtenschule umgewandelt. 1810 nur eine „Höhere Bürgerschule“, wird die Lehranstalt 1831 im Rahmen des Königsberger Schulplans ein humanistisches Gymnasium, das zum Abitur führt. 1862 zieht das Gymnasium in einen Neubau in den Nordosten des Kneiphofs um. 1923 kommt es zur Vereinigung mit dem Altstädtischen Gymnasium zum „Stadtgymnasium Altstadt-Kneiphof“. Das Altstädtische Gymnasium ist das zweitälteste Gymnasium Königsberg und wird als „gelehrte Lateinschule“ 1525 gegründet. Ab 1811 öffnet es nach den humanistischen Reformideen des „Königsberger Schulplans“ Wilhelm von Humboldts neu. Das Gymnasium gilt ab diesem Zeitpunkt wegen seiner humanistischen Bildungsideale als eine Eliteinstitution der Provinz.

Neben dem Verlagsgebäude der Hartungschen Zeitung befindet sich am Münchenhofplatz auch der von 1855 bis 1859 im Tudorstil errichtete Neubau des „Löbenichtschen Realgymnasiums". 1441 wird sie erstmals als die „Löbenichtsche Stadtpfarrschule" urkundlich erwähnt, 1525 zudem eine Lateinschule in Löbenicht. 1811 wird die zuvor von der Kirchengemeinde getragene Schule von der Stadt übernommen. Das viertälteste Gymnasium der Provinzhauptstadt ist die „Burgschule". Am 17. August 1664 verleiht Kurfürst Friedrich Wilhelm I. der reformierten Kirchengemeinde in einer Schenkungsurkunde für eine neue Schule einen Landbesitz von 100 Hufen. Diese Schule wird 1813 in eine Höhere Bürgerschule umgewandelt, die 1819 die Bezeichnung „Burgschule" erhält. 1827 wird die Burgschule für den Abgang in bestimmte Berufe den Gymnasien gleichgestellt. Im Jahre 1859 gibt man ihr den neuen Status einer „Realschule I. Ordnung". 1902 lautet der offizielle Name der Schule „Königliche Oberrealschule auf der Burg". 1930 zieht die Burgschule vom Burgkirchplatz in unmittelbarer Nähe der Burgkirche zum Landgraben.

Das Königliche Collegium Fridericianum ist die Schule, die Immanuel Kant besucht. Sie heißt nach Friedrich I., dem Kurfürsten von Brandenburg und ersten König in Preußen. 1701 erhält das Collegium Fridericianum vom preußischen König Friedrich I. aus Anlass seiner Krönung das Privileg „königlich". Johann Gottfried Herder verdient von 1762 bis 1764 an ihr seinen Lebensunterhalt als Hilfslehrer. Im Oktober 1810 wird die Schule feierlich als erstes „Königliches Gymnasium" Preußens neu eröffnet. Sie ist jetzt nach den neuen humanistischen Reformideen Wilhelm von Humboldts organisiert und ausgerichtet; Humboldts „Königsberger Schulplan" gehört zu den zentralen Quellen der deutschen Pädagogik.[130] Um das Jahr 1900 ist das Collegium Fridericianum, kurz „Friedrichs-Kolleg", die höhere Bildungsanstalt des gehobenen christlichen wie jüdischen Königsberger Bürgertums.

Das „Königliche Wilhelms-Gymnasium", benannt nach Kaiser Wilhelm I. (nach 1918 nur noch „Wilhelms-Gymnasium" genannt), ist die Schule für die Kinder des gehobenen Bürgertums, der höheren Beamten und des Adels. Die Kinder der Kaufleute und des Bürgertums besuchen das Altstädtische und das Kneiphöfische Gymnasium. Es entsteht 1874. 1879 wird ein Schulgebäude in Hintertragheim, an der Nord-Ost-Seite des Schlossteiches, bezogen. Im Stadtteil Hufen liegt das „Königliche Hufengymnasium", eine Gründung des Jahres 1905. Etwa zehn Jahre später zieht das Gymnasium in das im neoklassizistischen Stil errichtete Schulgebäude in der Tiergartenstraße um. Im Jahr 1926 hat das Hufengymnasium etwa 750 Schüler, darunter 670 evangelischen, 30 katholischen und 48 jüdischen Glaubens. Sein bekanntester Lehrer ist Ernst Wiechert, der hier von 1920 bis 1930 Deutsch und Englisch unterrichtet.

Mitte des 19. Jahrhunderts gibt es in fast allen Kreisstädten der Provinz Ostpreußen Gymnasien oder Oberrealschulen, die zum Abitur führen. Neben den vier Gymnasien, des Realgymnasiums und der Oberrealschule in Königberg weist Ostpreußen um 1900 zwölf Gymnasien in Allenstein, Bartenstein, Braunsberg, Memel,

Osterode, Rastenburg, Rößel, Wehlau, Gumbinnen, Insterburg, Lyck, Tilsit aus; dazu ein Progymnasium in Lötzen (bis zur Klasse 10), zwei Realgymnasien (Realschulen I. Ordnung) in Insterburg und Tilsit sowie ein Real-Progymnasium in Pillau. Zu dieser Zeit existieren in den Städten Neidenburg, Wormditt, Angerburg und Goldap noch öffentliche „Höhere Knabenschulen", die aus Lateinschulen hervorgegangen sind.[131]

In Lyck wird 1472 eine Kirchenschule gegründet, die man 1546 zur Lateinschule ausbaut. Die Schule hat die Aufgabe, begabte männliche Schüler auf das Studium von Theologie, Medizin und Jura in Königsberg vorzubereiten. Aus ihr geht 1813 das Lycker Gymnasium hervor. Seit 1573 hat auch Neidenburg eine Lateinschule und sogar schon 1579 eine Mädchenschule. Die 1613 in Goldap entstandene Lateinschule wird 1904 durch ein Reform-Realgymnasium ersetzt. 1812 wird in Gumbinnen die „Friedrichsschule", eine Lateinschule, zum Gymnasium erhoben. Ihr Rektor, der Schulreformer Clemens Reinhold, gibt im Jahr 1811 den Anstoß zur Begründung der Gumbinner „Cecilienschule", der ältesten höheren Mädchenschule Ostpreußens.

In Allenstein existiert erst seit 1877 ein Humanistisches Gymnasium. Es ist die erste nicht konfessionelle Schule Ostpreußens. An die Braunsberger katholische Priesterausbildungsstätte „Lyceum Hosianum" angeschlossen, ist das seit der Humboldtschen Bildungsreform von 1811 reorganisierte humanistische Gymnasium in Braunsberg. Dieses „Königliche Akademische Gymnasium" heißt nach 1918 nur noch „Gymnasium Hosianum". In den frühen 1920er Jahren besucht es Konrad Zuse, der im Jahr 1941 in Berlin mit dem „Z3" den ersten Computer der Welt bauen wird.

In Himmelforth im Kreis Mohrungen ist das Schulgebäude mit zwei Klassen aus rotem Backstein in den 1920er Jahren noch genauso ausgestattet, wie es die preußischen Schulbestimmungen von 1872 gefordert haben: „Rechts vom Eingang stand ein großer Kachelofen, der im Winter von einer Dorfbewohnerin gegen Entgelt frühmorgens geheizt wurde, so dass der Raum bei Unterrichtsbeginn schon warm war. Ebenfalls an der Eingangsseite waren die ‚Knaggen' für Mützen, Mäntel usw. angebracht; an der Stirnseite des Klassenzimmers hing eine Wandtafel, außerdem standen eine Schultafel mit Gestell, ein Schrank für Hefte, Kreide etc. sowie das ca. 15 cm hohe Katheder mit einem Tisch und Stuhl für den Lehrer."[132] Der Himmelforther Willy Binding darüber, was in die Schule mitzubringen ist: „Der Tornister enthielt: Fibel, Schiefertafel mit je einem an Kordeln befestigtem trockenen und nassen Lappen oder Stoffkissen (später Schwämme), Griffelkasten und ein Schönschreibeheft; später kamen Lesebuch, Lineal, Diarium und Atlas hinzu."[133]

Max Landowski aus Tillendorf, Kreis Stuhm, bleibt nie sitzen. Er ist der zweitbeste Schüler seiner Klasse. „Ich durfte als Zweiter hinten sitzen, oben. Das ging noch nach der Reihenfolge der Leistungen. Der Beste saß hinten oben, ganz hinten. Der ganz Schlechteste saß vorne – oder in der vordersten Bank. (...) Daß der immer in Reichweite war zum Lehrer. Alle drei Lehrer ham zum Rohrstock gegriffen, aber je jünger sie waren, um so weniger. Der älteste, der Hauptlehrer, der hat, glaub ich, am meisten zum Rohrstock gelangt."[134] Landowski wird mit guten Noten aus der Schule entlassen. Trotzdem kann er, wie seine Vorfahren, nur Landarbeiter werden.

Wie überall auf dem Land wohnt auch in Bumbeln im Kreis Gumbinnen der Lehrer in einer Dienstwohnung im Schulgebäude. In dessen Klasse sitzen, nach Jahrgängen gestaffelt, die Mädchen links und die Jungen rechts. Beim Abfragen des Einmaleins pflegt der Lehrer durch die Bankreihen zu gehen. Dabei stellt er quer durch die Reihen der Schüler seine Fragen. Alfred Schiedat hat in Fritz Schachtner einen Lehrer vom alten Schlag: „Ungehorsam, Unaufmerksamkeit oder Unwissen beim Abfragen des Einmaleins bestrafte er unweigerlich mit dem Rohrstock. Während wir Jungens uns dazu über die erste Bank legen mußten, bekamen die Mädchen die Schläge mit dem Rohrstock auf die ausgestreckte Hand. Wer sein Unwissen ahnte, versuchte vorher noch schnell seinen Hintern mit ein oder zwei Schulheften ‚auszupolstern'."[135]

Das optimale Wissen vermitteln ostpreußische Dorfschullehrer auch in den 1930er Jahren noch nicht. Mit der 5. Klasse kommt der Gutsbesitzersohn Klaus Krech 1937 auf das Gymnasium von Treuburg (Marggrabowa). Er merkt sogleich, dass das ihm in der Dorfschule von Wronken beigebrachte Wissen in dieser Welt vor Unwissenheit nicht schützt. „In der Deutschstunde sprach der Lehrer von Deklination und Konjugation, von Nominativ, Genitiv und Dativ. Was ist ein vollständiger Satz, wollte er wissen? ‚Subjekt – Prädikat – Objekt' wollte er hören. Ich wusste gar nicht, wovon die Rede war und glaubte mit Leuten von einem anderen Stern zusammen zu sein." In Mathematik beherrscht der Elfjährige kaum die vier Grundrechenarten. Sein Studienrat Dr. Boy spricht vom Dividieren, Multiplizieren, Addieren und Subtrahieren. „Mir wurde im Kopf von alledem so dumm, als ging mir ein Mühlrad in ihm herum. Wieder wusste ich nicht, was gemeint war. Für mich, aus dem kleinen Dorf am Wald, waren das alles ‚Böhmische Dörfer'!"[136]

Wirtschaftliche Verhältnisse

Die Landwirtschaft

Bei manchem ostpreußischen Groß- oder Kleinbauern ersetzt die Schweinezucht den Kleinkredit, denn auf den Höfen fragen immer wieder unangemeldet Schweinstreiber nach schlachtreifem Vieh. Das Gut von Eugen Kalkschmidts Vater ist Mitte der 1880er Jahre heruntergewirtschaftet, und so wird der Vater immer wieder schwach, wenn die Männer in ihren grünen Joppen seinen Hof bei Memel aufsuchen und das Geld in der Tasche „siegesgewiss" klingen lassen: „In schlechten Zeiten klingt diese Musik dem Bauern verlockend genug, und auch der Gutsherr ist nicht unempfindlich gegen sie. In der Regel aber zieht er bei dem Handel den

Kürzeren, weil er über den gültigen Marktpreis nicht so im Bilde ist wie die Aufkäufer. Immerhin, Bargeld lacht. Und so kam der Schweinstreiber auch zu uns oft wie gerufen."[137]

Die Familien Chomontowki und Paraknings sind 1907 in der Hoffnung auf ein freieres und leichteres Leben aus Gronsken im masurischen Kreis Lyck und aus Roßthal, Kirchspiel Georgenburg im Kreis Insterburg, ins Ruhrgebiet ausgewandert. Gudrun Nositschka hat aus Familienüberlieferungen und Recherchen die Geschichte ihrer Ur- und Großeltern rekonstruiert. Ihre Großmutter Henriette Paraknings bringt die neunköpfige Familie von Instleuten vor der Umsiedlung ins Ruhrgebiet auch mit Schweineaufzucht durch. Ihr Mann August ist nicht sehr geschäftstüchtig und fällt auf die Schweinstreiber herein. „Pro Jahr zog die Familie zwei Schweine für den Eigenbedarf auf. Nach dem Schlachten gab es Blut-, Grütz- und Leberwurst. Das Fleisch wurde durch Räuchern haltbar gemacht. Die Läuferschweine dagegen wurden im Sommer an Schweinehändler verkauft. Henriette bat August nur einmal, Schweine zum Verkauf nach Insterburg zu bringen. Gutmütig wie er war, ließ er sich die Tiere schon auf dem Weg nach Insterburg von Händlern abschwatzen, die den Landbewohnern entgegenkamen, damit diese auf dem Markt keine Preisvergleiche anstellen konnten."[138] Die resolute Frau treibt ihre Läufer in Zukunft wieder selbst zum Markt.

In der Operette *Der Zigeunerbaron* von Johann Strauss, die 1885 im Theater an der Wien Premiere hat, singt der Schweinezüchter Zsupán: „Mein idealer Lebenszweck ist Borstenvieh, ist Schweinespeck". Für die Ostpreußen ist Borsten- und Milchvieh, Pferdezucht, Getreideanbau und Holzeinschlag der „Lebenszweck". Das Land ist vor allem eine Agrarprovinz. 1890 wohnen etwa 75 % der ostpreußischen Bevölkerung auf dem Lande. Der durchschnittliche Anteil der Landbevölkerung im Deutschen Reich beträgt 46 %.[139]

In den Jahren von 1847 bis zu seinem Tode 1882 ist Wilhelm von Saltzwedel Landrat des Kreises Sensburg. Als guter preußischer Beamter hat er genaue statistische Angaben über diesen masurischen Kreis hinterlassen, in dem er 35 Jahre im Auftrag seines Königs waltet. Die Gesamteinwohnerzahl des Kreises ist von 20 847 im Jahre 1818 auf 46 218 im Jahre 1867 gestiegen. Die Kreisstadt Sensburg hat damals 3 065 Einwohner, die zweite Stadt im Kreis, Nikolaiken, 2 183. 1867 arbeitet die übergroße Zahl der Sensburger in der Landwirtschaft. Mit Ackerbau beschäftigen sich insgesamt 28 222 Personen, davon als Eigentümer oder Pächter 3 092 Landwirte mit 13 264 Angehörigen. Für diese Eigentümer und Pächter sind 11 866 Dienstleute tätig. Handwerk und Industrie beschäftigen dagegen nur 1 375 Menschen.[140]

Nur 68 % der Fläche der Provinz sind Agrarland.[141] In der Provinz Preußen, also in West- und Ostpreußen, besitzen 1852 etwa 25 % der landwirtschaftlichen Betriebe weniger als 1,25 ha. Die Besitzer können sie nur im Nebenerwerb bewirtschaften und sind als Instleute auf den Gütern beschäftigt oder bewirtschaften als Ackerbürger

„Schweizer" mit ihren Kühen auf dem Gut Purpesseln bei Stannaitschen im Kreis Gumbinnen in den 1930er Jahren. Zu dieser Zeit bringen Ostpreußens Kühe die höchste Milchleistung aller preußischen Provinzen und deutschen Länder.

der Kleinstädte nebenbei etwas Land. 23 % der Betriebe haben eine Größe zwischen 1,25 und 7,5 ha. Ist der Boden fruchtbar, mögen die Besitzer von mehr als 5 ha schon ein Auskommen gehabt haben.

Die Masse der Bauern (etwa 48 %) verfügt über 7,5 ha bis 75 ha. Diese 83 616 Betriebe umfassende mittelgroße Gruppe von Hofbesitzern ist typischer für die Provinz Preußen als die nicht ganz 5 % der Großgrundbesitzer.[142] Vor dem Ersten Weltkrieg gibt es 226 995 landwirtschaftliche Betriebe in West- und Ostpreußen. Damals werden 30 % der landwirtschaftlichen Fläche von Höfen mit mehr als 200 ha bewirtschaftet. Die 500 größten landwirtschaftlichen Betriebe der beiden Provinzen verfügen über rund 15 % der bewirtschafteten Fläche.[143] Im Kreis Gerdauen beispielsweise haben die Güter Klein Gnie, Kinderhof, Skandau und Willkamm jeweils mehr als 2 000 ha, Groß Gnie, Arklitten, Sechserben und Truntlack mehr als 1 000 ha.[144]

Der später an der Freien Universität Berlin Neuere Geschichte lehrende Historiker Dieter Hertz-Eichenrode hat 1969 seine Dissertation über Politik und Landwirtschaft in Ostpreußen in den Jahren 1910 bis 1930 publiziert, ein faktenreiches Standardwerk zur Gesellschaft Ostpreußens jener Jahre. Sie korrigiert das Bild, Ostpreußen sei ein Land der Großagrarier. Die Provinz sei sowohl in wirtschaftlicher als auch sozialer Hinsicht nicht einseitig ausgerichtet gewesen, schreibt Hertz-Eichenrode. Fast rein bäuerlich geprägte Kreise wie Braunsberg im Ermland oder Elbing hätten sich mit mehrheitlich großagrarischen wie Rosenberg, Heiligenbeil und Mohrungen abgelöst. Manchmal habe die bessere Bodenqualität kleinerer Betriebe die absoluten Größen ausgeglichen.[145]

Ostpreußen ist als landwirtschaftliches Überschussgebiet darauf angewiesen, einen Teil seiner Agrarproduktion auf dem innerdeutschen Markt abzusetzen – Berlin, Mitteldeutschland, das industrialisierte Sachsen, aber auch West- und Süddeutschland sind die Märkte der ostpreußischen Bauern. Die Lage der Provinz ist mit langen Transportwegen und hohen Transportkosten verbunden. Das drückt die Verkaufspreise in Ostpreußen unter die der jeweiligen Absatzmärkte. Der Getreidepreis zwischen Königsberg und Berlin differiert nur um annähernd 5 % zu ungunsten Ostpreußens. Am auffälligsten ist der Preisunterschied beim Schlachtvieh. Dessen Berliner Marktpreis liegt bis zu 20 % über dem Stallpreis in der Provinz.[146]

Mit den Jahren wächst die Bedeutung der Schweinehaltung in Ostpreußen. Ursache hierfür ist der vermehrte Kartoffelanbau, der mit Beginn des 19. Jahrhunderts einsetzt und von der preußischen Regierung seit den Zeiten Friedrich II. gefördert wird. Im Kreis Lyck hat in den Jahren vor dem Zweiten Weltkrieg für die Kleinbauern die Schweinehaltung die größte wirtschaftliche Bedeutung, mit ihren Erlösen bezahlen die Landwirte ihre Steuern und Abgaben. Auch die überall in den 1930er Jahren einsetzende Siedlungstätigkeit führt neben der Verbesserung der Zuchtergebnisse zu einer vermehrten Schweinehaltung, die „Ackerproduktion in Schweine“ verwandelt: „Bauern und Siedler, Deputanten und Instleute halten Schweine, meist Zuchtsauen, und verkaufen 6-8 Wochen alte Ferkel. Nichtlandwirte selbst in Lyck und Prostken ziehen sich von Abfällen und, Überbleibseln' des Haushalts diese auf und verwerten sie selbst.“[147]

Der „bestgestellte“ (Hertz-Eichenrode) Teil der ostpreußischen Landwirtschaft befindet sich im Westen der Provinz mit den Kreisen Osterode, Mohrungen, Preußisch Holland, Braunsberg und Heiligenbeil sowie den ab 1920 hinzukommenden fünf westpreußischen Kreisen Elbing, Marienburg, Stuhm, Marienwerder und Rosenberg. Dass es der Landwirtschaft in diesen Gebieten besser als anderswo in der Provinz geht, sieht man am geringeren Verschuldungsgrad der Betriebe.[148] Landwirtschaftliches Krisengebiet Ostpreußens ist Masuren. Der hier weit verbreitete minderwertige Sandboden schmälert die Leistungsfähigkeit der Höfe. Dieter Hertz-Eichenrode: „Eine statistische Erhebung aus dem Jahre 1902, die sich für Ostpreußen auf 41 865 Eigentümer land- und forstwirtschaftlicher Grundstücke stützte, hat ermittelt, dass nur 5,5 % der Betroffenen unverschuldet waren, hingegen bei 35 % die Schulden mehr als die Hälfte des vorhandenen Vermögens wettmachten.“[149]

Durch die Verbesserung der Weidewirtschaft und die Einkreuzung fremder Rinderrassen fallen in Ostpreußen Mitte des 19. Jahrhunderts Mengen von Milch an, die in traditioneller Weise in der Provinz selbst nicht mehr abzusetzen sind. Als Ausweg bietet sich die Käseherstellung an. Der Käse kann mit dem neuen Transportmittel Bahn zügig verteilt werden. Die fehlenden Fachkräfte für die Milchgewinnung und die Käseproduktion holen sich die Gutsbesitzer aus der Schweiz. Nicht alle Schweizer, die sich im 19. und frühen 20. Jahrhundert nach Ostpreußen anwerben lassen, gehen freiwillig. Das Bergland ist damals noch ein Armenhaus Europas, und fast immer ist es wirtschaftliche Not, die die jungen Käser und Melker in den Osten treibt. Viele stammen aus der Ostschweiz, dem Thurgau und dem Kanton St. Gallen. Die Schweizer Melker und Käser sind es gewohnt, ihre Kühe umfassend zu pflegen und zu betreuen. Sie erlangen als „Schweizer" bald eine hohes Ansehen in der Landwirtschaft Ostpreußens und in der Hierarchie der Gutswirtschaft eine besondere Stellung. Am Anfang versuchen die Schweizer mit der Herstellung von „Emmentaler" zum Erfolg zu kommen – der aber stellt sich erst richtig ein, als sie den „Tilsiter" für sich entdecken. Bis zur Jahrhundertwende werden in Ostpreußen viele Käsereien gegründet. Nicht wenige Schweizer steigen zu selbständigen Molkereibesitzern auf und bringen es bis zu Flucht und Vertreibung 1945 zu Wohlstand.

Das etwa 120 ha große Gut Birjohlen des Landbaumeisters Braun liegt zwischen Tilsit und Ragnit in der Nähe des kleinen Ortes Paskalwen nicht weit von der Memel. Eingewanderte Mennoniten siedeln seit 1713 in der Memeler Niederung, sie stellen in großen Mengen ihren „Mennonitenkäse" nach Limburger Art her und verkaufen ihn. Die zugewanderten Salzburger verbessern die Käseherstellung. In Birjohlen wird zwischen 1790 bis 1800 ein rindenloser schwerer Weichkäse, der „Brioler", hergestellt. Vermutlich zufällig – aufgrund feuchter Gutskeller – entwickelt sich der Braun'sche „Brioler" zu einem ungepressten Käse mit Oberflächenschmiere weiter. Zu dieser Zeit beschäftigt das Gut ein junges Fräulein Klink als Wirtschafterin. Die ersinnt eine Verbesserung des Herstellungsverfahrens und legt noch in Birjohlen Normen für die Herstellung, den Geschmack und das Aussehen fest. Im Jahr 1822 heiratet das Fräulein den Glasermeister August Westphal aus Tilsit und wird so Frau Westphal. Die Birjohler Käserei wird durch die Familie Westphal nach Tilsit verlegt. Die Westphals verarbeiten in Tilsit zunächst die Milch aus Gütern der Tilsiter Umgebung. Die junge Frau, deren Vornamen Heimatforscher und Käseexperten bis heute nicht ermitteln konnten, ist offensichtlich geschäftstüchtig; ihr Mann bringt es immerhin zum Besitzer des vornehmen Tilsiter „Hotel de Russie" in der Hohen Straße. Frau Westphal hält in Tilsit das Verfahren zur Zubereitung ihrer Käsespezialität schriftlich fest, gibt das Rezept in Druck und macht es so als „Tilsiter" bekannt. Der Käse von der Memel wird nach ihrer Vorgabe aus Rohmilch, später auch aus pasteurisierter Milch, gekäst. Er besitzt eine dünne, bräunliche Rinde und enthält nach der Reifung in der Trockenmasse 30 % bis 60 % Fett. Noch in der Mitte des 19. Jahrhunderts ist der „Tilsiter" ausschließlich zwischen Memel und Pregel beheimatet, die Herstellung dringt jedoch von dort aus stetig weiter nach Westen vor.

In Ostpreußen entstehen als Teil einer ländlichen Kleinindustrie überall Molkereien. Sie werden sowohl von Privatunternehmern wie auch zunehmend in Form von Genossenschaften betrieben und können in den wenigen Städten jedoch nur einen Teil der Milchprodukte absetzen und sind auf den überregionalen Absatz angewiesen. Im Kreis Pillkallen werden den 1930er Jahren nur noch etwa 5% der Milchanlieferung als Frischmilch oder Molkereiprodukte selbst verbraucht, etwa 95% der Erzeugung gehen über den Großhandel nach Mittel- und Westdeutschland, vor allem nach Berlin. Von den Molkereien werden fast ausschließlich Markenbutter und Tilsiter Markenkäse ausgeliefert.

Auf dem Hof von Erich Weszkalnys in Cziunken im Kreis Pillkallen steht in den 1930er Jahren „Coralle". Die Milchkuh ist bekannt unter deutschen Rinderzüchtern, denn sie erbringt ohne besondere Fütterung eine Jahresleistung von mehr als 10 000 kg Milch. Weszkalnys Kuh Fee ist mit 10 378 kg Milch bei 3,71 % Fettanteil für längere Zeit die beste Kuh Deutschlands.[150] Der Rindviehbestand des Kreises Pillkallen wird vor 1945 von keinem anderen deutschen Kreis übertroffen. Vor dem Zweiten Weltkrieg beträgt die Milchleistung je Kuh und Jahr in Polen 1 230 kg, in Schweden 2 390 kg, im Deutschen Reich ohne Ostpreußen 2 529 kg, in Ostpreußen 3 148 kg und im Kreis Pillkallen 3 424 kg. Nach 1936 unterstehen alle Herden über fünf Milchkühe den Milchkontrolleuren des 1910 gegründeten „Verbandes der Milchkontrollvereine für die Provinz Ostpreußen".

Die Rinderzucht ist eine tragende Säule der ostpreußischen Landwirtschaft. Vor dem Zweiten Weltkrieg hat die Rindviehhaltung 51 % Anteil am Wert der landwirtschaftlichen Exporte, die Schweinhaltung 27%, der Getreideanbau 14%, die Pferdehaltung aber nur 5,5%. Die erste Herdbuchgesellschaft für das „schwarzbunte" Niederungsvieh überhaupt wird 1662 in Ostpreußen gegründet. Alle Kühe einer Rasse in einer Region werden durch die Gesellschaften als eine „Herde" definiert und registriert. Im Jahr 1892 erfolgt die Bildung der „Ostpreußischen Holländer Herdbuchgesellschaft". In ihr schließen sich seit 1882 landwirtschaftliche Betriebe zu einem Rinderzuchtverband zusammen. Die noch im 19. Jahrhundert vorherrschende alte west- und ostpreußische Rinder-Landrasse ersetzen die Züchter durch reinblütige Rinderrassen bzw. Kreuzungen. Bevorzugt werden schwarzbunte Holländer. Die Ostpreußische Herdbuchgesellschaft kontrolliert als mit etwa 6 000 Mitgliedern größte deutsche Züchtervereinigung im Jahr 1936 rund 180 000 Rinder.[151]

In Ostpreußen grasen die schwarzbunten Rinder auf satten Wiesen. Das Weideland ist gut bewässert und steht nicht mehr die meiste Zeit des Jahres unter Wasser. In der Zeit von 1869 bis 1905 werden durch Genossenschaften, oft von Landräten initiiert, in Ostpreußen insgesamt 900 Meliorationen (Trockenlegungen) für etwa 400 000 ha Land mit einem Kostenaufwand von circa 900 Millionen Mark durchgeführt. In der zweiten Hälfte des 19. Jahrhunderts beginnt man auch privat mit Drainagearbeiten; gegen Ende des Jahrhunderts wird der Wiesenkultivierung eine steigende Sorgfalt zugewendet. Dauerweiden werden geschaffen und auch in Ostpreußen, wie überall im Reich, zusätzlich Moorflächen kultiviert.[152]

Ein Teil der Belegschaft der Meierei Kleinhof-Tapiau im Kreis Wehlau vor dem Ersten Weltkrieg. Die Meierei von Kleinhof produzierte Käse, vornehmlich Tilsiter. Bis 1910 ist ihr eine milchwirtschaftliche Versuchsstation und eine Molkereifachschule angeschlossen.

Bei der Drainage werden in Ostpreußen Tonrohre in eine Tiefe von etwa 40 cm in den Boden eingelegt. Das Wasser dringt durch die Poren des Tons, wird in größere Rohre geleitet, dann in Gräben oder direkt in die „Vorfluter", in fließende natürliche Gewässer. Schon das Anlegen der Gräben ist dörfliche Gemeinschaftsarbeit, die allerdings von der Verwaltung der Kreise koordiniert wird. Ganz Ostpreußen verfügt bis 1945 über ein ausgeklügeltes System von Drainagerohren, Gräben, Kanälen, Pumpen und Hebewerken, die das überschüssige Wasser in die Flüsse ableitet.

Die Felder werden in Ostpreußen in Fruchtwechselfolge bestellt. Auf dem Gut Klein Tauersee, im Süden des Kreises Neidenburg, das Herbert Oehlrich von seinem Vater Alfred Oehlrich geerbt hat, geht man dabei nach Plan vor. Da dieser Plan sich über Jahrzehnte bewährt, wird er in der Regel eingehalten, kann aber bei guten Gründen variiert werden: „In regelmässigen Zeitabständen sollte jeder Acker natürlichen Stalldung erhalten: Hatte auf einer Fläche Roggen gestanden, so setzte man im nächsten Jahr beispielsweise die Hackfrucht mit einer Dunggabe drauf, bestellte im übernächsten das Feld mit Gerste oder Hafer, später mit Sommerweizen oder Hülsenfrüchten, gab ‚Gründüngung' (Lupine oder Seradella, die Stickstoff an den Wurzeln bilden) oder Kunstdünger dazu."[153]

Die Landwirtschaft in Ostpreußen ist noch im 20. Jahrhundert personalintensiv und der größte Arbeitgeber in der Provinz. Der Bauer Gustav Galka aus Mislicken in der Nähe der Stadt Bialla im masurischen Kreis Johannesburg besitzt einen 65 ha großen Hof. Noch zu Beginn der 1930er Jahre benötigt er zu dessen Bewirtschaftung die Mitarbeit seiner zwei Töchter und der beiden Söhne. Er beschäftigt einen „Gehilfen" und eine „Gehilfin", wie man damals Knecht und Magd zu nennen beginnt. Die Bäuerin versorgt den Haushalt.[154]

In Prökuls im Memelland gibt es noch zu Beginn des 20. Jahrhunderts zwischen Weihnachten und Silvester einen „Gesindemarkt" für die Vermittlung von Mägden und Knechten. Gerhard Jankus in seiner Prökuls-Chronik: „Dann kamen zu den Klängen einer Bauernkapelle Mägde, Kutscher, Knechte und Arbeiter zusammen, um sich für einen neuen Arbeitsplatz feilzubieten. Als Vermittler wurden sogar Frauen tätig, um den Interessenten die gewünschten Arbeitskräfte zuzuschanzen. Handschlag und Handgeld besiegelten das Geschäft. Bis zum frühen Morgen spielte die Kapelle, und es floß eine Unmenge Alkohol durch die Kehlen."[155]

Nach der Jahrhundertwende zieht überall nach und nach der maschinelle Fortschritt in die Landwirtschaft ein. Jede Bauernwirtschaft verfügt über „Maschinen" zum Dreschen. Diese werden zunächst durch Göpel, mit Pferdekraft angetriebene stationäre Laufwerke, auf den Gütern später durch Dampflokomobile und nach der Elektrifizierung, die aber bis 1945 nicht jeden abseits gelegenen Hof erreicht, durch Elektromotoren. So hat in den 1920er Jahren das Ostpreußische Überlandwerk im Kreis Osterode einen Zweigbetrieb in der Kreisstadt eingerichtet und die Dörfer in zunehmendem Maß elektrifiziert. Auf den großen Gütern bestehen vielfach schon eigene elektrische Anlagen, ganz besonders dann, wenn in eigenen Brennereien die Energie für die Verbrennungsmotoren selbst destilliert werden kann.[156] Einzelne Gutsanlagen überragt in den 1920er Jahren auch ein Windrad, das einen elektrischen Dynamo antreibt.

Der Gutsbesitzer Walter Rekittke in Himmelforth, Kreis Mohrungen, nutzt auf seinem fast 200 ha großen Hof schon vor dem Ersten Weltkrieg die Naturkraft Wind. Hinter dem Gutshof auf einem Hügel steht ein Windmotor. Er liefert einem Schöpfwerk elektrische Energie, das über einen betonierten Vorratsbehälter den ganzen Hof bis 1945 preiswert mit Grundwasser versorgt.[157]

Drillmaschinen zum Säen und Gras- und Getreidemäher sind häufig die ersten Maschinen für die Feldarbeit. Sie werden noch von Pferden gezogen. Im Dorf Regerteln gibt es vor 1939 schon 14 solcher Sämaschinen. In den 1930er Jahren setzen die Bauern Lange, Klaffki, Braun, Werner und Conrad bereits Mähbinder ein, wie die Chronik berichtet. Acht Bauern und ein Lohndreschunternehmer besitzen in Regerteln schon vor der Durchführung der Elektrifizierung Dreschmaschinen. Eine hat noch einen Dampflokomobilantrieb, acht werden bereits von Benzinmotoren angetrieben. Die früher schwere und zeitraubende herbstliche Kartoffelernte wird durch die Verwendung des Kartoffelroders wesentlich erleichtert. Aufgelesen werden müssen die Kartoffeln aber noch von Hand.

Im Kreis Osterode gibt es 1939 nur 100 Motorschlepper, vielseitig verwendbare Trecker finden selbst in den Großbetrieben nur zögernd Eingang und sind auch erst in den späten 1930er Jahren betriebssicher. Solange das nötige Personal vorhanden ist, behält man die althergebrachte Gespannarbeit zu zwei oder vier Pferden bei; auf manchen Gütern werden die Pferde vom Sattel aus gelenkt. Ackerwagen mit Gummibereifung halten etwa gleichzeitig mit den Treckern auf den Höfen Einzug. Aber sie sind noch so selten, dass den meisten Bauern 1944 und 1945 nur hölzerne Leiterwagen zur Flucht zur Verfügung stehen.

Nicht Sprache und Nationalgefühl bestimmen in Ostpreußen den sozialen Status – es ist vor allem der Besitz. Es kommt nicht oft, aber immer wieder einmal vor, dass sich in West- und Ostpreußen die Herrschaft polnisch und die Landarbeiterschaft deutsch fühlt. Die Grafen von Sierakowski sind bis zu Beginn der 1930er Jahre neben dem Hauptgut Groß Waplitz noch Eigner der Nebengüter Ellerbruch, Reichandres und Tillendorf. Graf Stanislaus von Sierakowski ist Präsident des am 27. August 1922 in Berlin gegründeten Bundes der Polen in Deutschland. Für den Landarbeiter Max Landowski aus Tillendorf im Kreis Stuhm ist sein Graf ein kleiner Herrgott: „Die Gutsherren selbst, ich meine, die lebten ja wie so'n kleiner Herrgott. Bedient wurden die von vorn und hinten. Die brauchten nichts mehr zu machen. Die haben nur mit'm Finger gezeigt: das und das wird gemacht, und dann mußte das so gehen. Man kriegte 'n Grafen überhaupt nicht zu sprechen. Der hat nur vom Fahrzeug aus alles beguckt. Der Graf, der fuhr nur mit vier Pferden vor der Kutsche. Vier Pferde, und da war ein Kutscher dabei, und noch ein Diener."[158]

Der Freiherr Magnus von Braun bestätigt diese Einsicht eines Landarbeiters aus der Sicht des Freiherrn auf Gut Neucken, Kreis Preußisch Eylau: „Kaufmännisches Denken war in meiner Jugend unter den Landwirten noch wenig bekannt. Als junger Mensch sagte ich einmal zu unserem Nachbarn, dem Grafen Ernst von Platen-Hallermund, daß mein Vater vielleicht zu wenig Kaufmann sei. Er erwiderte darauf: ‚Lassen Sie es gut sein, dafür ist er uns Jüngeren allen das Vorbild eines Edelmannes.' Da fast alle Gutserben zuerst Offiziere wurden, so mußte darunter die Ausbildung in landwirtschaftlicher Technik leiden."[159]

Nicht nur Aristokraten wirtschaften aus Dünkel, Dummheit oder weil sie sich zu wenig um den Besitz kümmern, schlecht. Der Vater von Eugen Kalkschmidt ist erst seit Anfang der 1860er Jahre ein „Gutsherr". Er hat die Höfe von drei litauischen Bauern zu einem Hofgut vereint, das später durch den Zuwachs eines abseits gelegenen Vorwerks etwa 250 ha Land umfasst. An ostpreußischen Gütern gemessen, ist das fast ein kleiner Besitz. „Immerhin zählte mein Vater, von Hause aus ein armer Bauernsohn aus der Tilsiter Niederung, durch das ansehnliche Heiratsgut meiner Mutter zu den ‚Gutsbesitzern' der Gegend, ein Rang, der ihm verhängnisvoll wurde, weil das ‚Herrentum', das mit ihm verbunden war, zum Müßiggang verführte."[160] Müßiggang und Schicksalsschläge enden nach zwei Jahrzehnten im Verlust des Hofes.

Viele Güter gehen auch verloren, weil sie mit zu wenig Eigenkapital finanziert sind. Frederick Bartels berichtet, dass sein Vater Hermann Bartels im Jahr 1886 das etwas über 250 ha große Rittergut Margen, 15 km von Königsberg entfernt am Frischen Haff gelegen, für 150 000 Mark kauft. „Er hatte dieses Gut – in äußerst schlechtem Zustand übernommen – als achter Besitzer in zehn Jahren. Alle Vorbesitzer waren entweder Pleite gegangen oder hatten es kurz davor noch schnell verkauft. Das Gut stand in dem Ruf, überhaupt nicht ertragsfähig zu sein. Mein Vater besaß zur Zeit der Übernahme nur 10 000 Mark.“[161] Da mit Pfandbriefen der Landschaft nur zwei Drittel des Wertes finanziert werden können, dürfte sich der neue Besitzer noch bei Banken oder privaten Kreditgebern verschuldet habe. Der Amerika-Heimkehrer Hermann Bartels macht trotz geringen Eigenkapitals mit „Tüchtigkeit, Fleiß und Sparsamkeit“ das Gut ertragreich.[162]

Man sollte den biographischen Quellen misstrauen, wenn es um die Beurteilung der sozialen Beziehungen zwischen Oben und Unten, Arm und Reich in Ostpreußen geht. Die übergroße Mehrheit der Lebenserinnerungen hinterlassen Menschen, die in die Oberschicht hineingeboren sind oder die sich durch Bildung und Fleiß in sie hinaufgearbeitet haben und oft erst in der zweiten und dritten Generation auch gesellschaftlich anerkannt sind. Von „unten“, vom Leben der Dienstboten, Landarbeiter und Instleute, berichten wenige Quellen. Diese zeichnen ein ganz anderes Bild als die Grafentochter Marion Gräfin Dönhoff auf Schloss Friedrichstein im Pregeltal. Sie vergleicht die Verhältnisse im Westen Deutschlands mit denen in den preußischen Ostgebieten und meint sagen zu können, es war „im Osten paternalistischer, wenn man so will, serviler, aber auch enger und herzlicher als im Westen. Man war eben stärker aufeinander angewiesen; überdies kannten sich Oben und Unten ziemlich genau in jeder Generation, was eine merkwürdige Mischung von institutioneller Distanz und persönlicher Vertrautheit ergab.“[163]

Wie groß die Distanz ist, bestimmt die Herrschaft. Hans Graf von Lehndorff hat in seinen Kindheits- und Jugenderinnerungen *Menschen, Pferde, weites Land* nicht nur Trakehnen, sondern auch seinem Großvater mütterlicherseits, Elard von Oldenburg-Januschau, ein Denkmal gesetzt. Dieser ist trotz des Bildes, das er abgibt, keine schlichte Karikatur eines ostpreußischen Junkers und Reaktionärs, sondern kann ein sehr einnehmender Mensch sein: „Der Großvater (war) korpulent, lebenssprühend, emotional, schnell reagierend, schlagfertig, immer zu Späßen aufgelegt, sehr mitteilsam und kontaktfreudig, stets bewegt von den Ereignissen des Tages in Politik und Wirtschaft.“[164] Schlagfertig im wahrsten Sinne des Wortes ist von Oldenburg-Januschau auch noch in den 1920er Jahren. Da ist die preußische Gesindeordnung, die Züchtigungen des Personals erlaubt, seit zwei Jahren aufgehoben. Seit 1810 bestimmt sie in ihrem §77: „Reizt das Gesinde die Herrschaft durch ungebührliches Betragen zum Zorn, und wird in selbigem von ihr mit Scheltworten oder geringen Tätlichkeiten behandelt, so kann es dafür keine gerichtliche Genugtuung fordern.“[165]

Der auch körperlich mächtige Elard von Oldenburg-Januschau auf seiner gescheckten Stute im Innenhof seines Gutes Januschau, Kreis Rosenberg/Westpr. im Jahr 1930. Der Gutsbesitzer ist vielen Zeitgenossen der Inbegriff eines ostelbischen Reaktionärs.

Der alte Januschauer, wie ihn Freund und viel Feind nennen, ignoriert die Abschaffung der Gesindeordnung und viele andere Errungenschaften der Novemberrevolution von 1918. Sein Enkel: „Auch in Januschau blieb mein Großvater in seinen letzten Lebensjahren morgens meistens im Bett, bis der Gutsinspektor und andere Leute aus dem Ort oder von auswärts mit ihren Wünschen und Sorgen bei ihm gewesen waren. Wer schmutzige Stiefel anhatte, zog sie vor der Tür aus und kam auf Socken herein. Wer etwas pexiert hatte, wurde gelegentlich mit einer Ohrfeige bedacht, zu deren Empfang er sich herunterbeugen mußte. Diese Methode war allen lieber als eine Geld- oder Freiheitsstrafe oder womöglich eine Kündigung. Die Sache war damit erledigt."[166]

Die preußische Gesindeordnung ist auch nach allen ihren Reformen bis 1918 von der Unterwerfung des Gesindes unter die Willkür der Herrschaft gekennzeichnet. In ihr wird rechtlich unterschieden zwischen Haus- und Hofgesinde. Das unverheiratete Gesinde wird entlohnt mit Wohnung beim Dienstherrn, freier Kost und Kleidung und wenig Bargeld. Die Dienstboten haben der Herrschaft vollständig zur Verfügung zu stehen. Vorgesehen ist zwar alle 14 Tage das Recht auf einen Sonntagsausgang, der aber jederzeit aufgehoben werden kann.

Arbeiter bindet man durch Jahreskontrakte, die nach der Ernte „auf Martini" (11. November) abgeschlossen und in die zum folgenden 1. April bei Beginn der Aussaat gegen Deputat und Bargeld bei 3, 6 oder 12 Monaten Kündigungszeit eingetreten wird. Das Deputat aus Wohnung, Naturalien, Brennholz, Weidenutzung für Kuh, Schweine und Schafe bildet rechnerisch 50–80 % des Gesamtlohns, nur der Rest wird in Bargeld ausgezahlt. Diese Deputanten oder Instleute, vielfach auch nur „Leute" genannt, verpflichten sich nicht allein. Auf dem Gut Klein Tauersee ist es wie überall: „Nun besass der Instmann das Wohnrecht in einem der Dorfhäuser für sich und seine Familie. Doch – nicht nur er allein war damit zur Arbeit auf dem Gut verpflichtet. Er war gehalten, zwei arbeitsfähige Scharwerker zu stellen, die bei ihm wohnten – das mochten nun eigene Familienangehörige sein, Freundschaft, Männer oder Mädchen."[167] Die Ehefrau arbeitet auf Verlangen in der Ernte, beim Waschen, Melken und am Schlachttag gegen extra Barlohn. Als „Instleute" werden auch die Handwerker des Gutes eingestuft, der Schmied und der Stellmacher. Bei besonderen Fähigkeiten können sie vertragliche Zulagen vereinbaren. Ehrenstellungen, die das Vertrauen des Gutsherrn bedingen, haben der Kutscher, der Futtermeister, der Schweizer, verantwortlich für das Milchvieh, und der Kämmerer inne. Die privilegierten Stellungen führen nicht überall zu besserer Bezahlung.[168]

Die Arbeitszeit eines verheirateten Landarbeiters ist nicht nur im Kreis Tilsit-Ragnit wie folgt geregelt: Sie beträgt im Dezember sechseinhalb Stunden, im Januar sieben, im Februar und November acht. In der ersten März- und in der zweiten Oktoberhälfte werden neun, in der zweiten März- und der ersten Oktoberhälfte, ebenso im April und September zehn Stunden gearbeitet. Im Mai, Juni, Juli und August beträgt die Arbeitszeit täglich elf Stunden und richtet sich nach den Lichtverhältnissen der Jahreszeit. Sie beginnt im Sommer um 6 Uhr morgens; für die Männer, die das Vieh füttern und die Pferde versorgen, früher. Mit einer längeren Mittagspause und einer kürzeren zur Kaffeezeit dauert sie im Sommer dann zwölf Stunden. Der Arbeitstag fängt hingegen im Winter nicht vor acht Uhr an – allerdings ist schon vorher das Vieh versorgt worden – und geht mit einer kurzen Frühstückszeit bis in den frühen, schon dämmernden Nachmittag.[169] Der Sonntag ist arbeitsfrei, aber auch dann muss das Vieh versorgt werden. Das Hauspersonal und der Kutscher arbeiten selbstverständlich auch an diesem Tag.

Auf Gütern und großen Bauernhöfen gibt es noch Freiarbeiter, die nur mit Bargeld entlohnt werden, weil sie etwa als Büdner, also Kleinstellenbesitzer, Kätner und Kossäth ein eigenes Stück Land mit einem kleinen Häuschen haben. Gearbeitet wird von den Freiarbeitern häufig im Akkord. Die vierte Gruppe des „Gesindes" sind die Wander- oder Saisonarbeiter. Sie stammen als „Fremdarbeiter" häufig aus den polnischen Gebieten Russlands und Österreich-Ungarns, kommen in Gruppen oder Arbeiterkolonnen, häufig mit der Bahn in sogenannten „Judenzügen". Die nennt man so, weil die Saisonarbeiter von Juden in der polnischen Provinz angeworben werden. Die Anwerber sind wegen ihrer jiddischen Muttersprache oft des Deutschen mächtig und begleiten die von ihnen geworbenen Arbeitskräfte.[170] In Klein Tauersee braucht man sie. „Auf vielen Gütern schaute man schon zur Getreideernte nach ihnen aus. Wenn der Herbst sich ankündigte, mit den ersten Regengüssen, Wind und frühe Nachtfröste sich einstellten, Kälte und klamme Nässe (im frühen Oktober die Regel), dann begann die Kartoffelernte. Die Saisonarbeiter rückten ein. Sie kamen in Scharen, in Trupps von zehn bis zwanzig. Das Gut konnte ihrer hundert gebrauchen. Es waren Kleinstbauern, Häusler, die vom eigenen Anwesen recht und schlecht lebten."[171] Die Saisonarbeiter werden immer dann eingestellt, wenn das auf dem Gut wohnende Personal die arbeitsintensiven Aufgaben nicht mehr allein bewältigen kann. Die Wanderarbeiter wohnen in Sammelunterkünften, Schnitterkasernen genannt. Vor der Einführung von Erntemaschinen werden auch noch Schnitterkolonnen im Juli und August angeheuert. Zwischen Ernte und Aussaat kehren sie in ihre Heimatorte in Polen und Österreich-Ungarn zurück und bringen mit den verdienten Reichsmark ihre Familien über den Winter.

Der Gutsbesitzer hält für seine festen Arbeitskräfte Leutehäuser vor. Die Quartiere sind elend, was auch in den meisten biographischen Erinnerungen aus Gutsbesitzerkreisen mehr oder weniger beschämt eingestanden wird. Hedwig von Lölhöffel von Löwensprung, geborene von Olfers, erbt 1935 im Alter von 22 Jahren von ihrem Onkel Manfred von Batocki das Gut Tharau. Die Tochter der Heimatschriftstellerin Erminia von Olfers-Batocki veröffentlicht 1987 ein Buch über Tharau, das Dorf und seine Menschen. Sie gesteht: „Die Wohnungen lagen in Tharau im argen."[172] Die Bewohner von Schlössern mit fast immer mehr als 20 Zimmern entschuldigen den Zustand mit Mangel an barem Geld, die junge Frau mit den bald beginnenden Kriegszeiten, in denen sie keine Abhilfe schaffen kann.

Gudrun Nositschka beschreibt ein solches Leutehaus, in dem ihre Großmutter Emma Paraknings 1891 in Roßthal, Kreis Insterburg, geboren wird: „Gleichgültig, auf welches Gut die Familie zog, die Enge der zugewiesenen Wohnung war überall gleich. Das Gebäude für die Scharwerker oder Landarbeiter war eine Aneinanderreihung von acht Katen, mit einem zusätzlichen Raum für alle, in dem der Backofen stand, ein Rauchfang und die Feuerstelle für die Wäsche waren. Jede dieser Katen bestand aus einem großen Raum, der gleichzeitig als Wohn- und Schlafstube diente, und einer schmalen Kammer, in der auch das Geräucherte hing."[173] An der einen Kammerwand stehen die Tonne mit Salzheringen, das Sauerkrautfass, ein Pflaumenmustopf sowie mehrere Säcke mit Mehl. Die Paraknings besitzen einen Kleiderschrank, eine Waschkommode und eine Truhe für die Wäsche. Über der Truhe hängen Küchenborde für Geschirr und Töpfe. Auf ihren wenigen Besitz ist die Deputatenfamilie stolz. Als Urgroßvater August Paraknings noch auf einem anderen Gut die Schafherde hütete, gehört ihm fast gar nichts. „Jede Kate hatte einen separaten Eingang. Unmittelbar am Eingang war eine Grube für den Wintervorrat eingelassen, in der Kartoffeln, Wurzeln (Möhren), Rote Bete, Runkeln und Steckrüben lagerten. Der größte Teil der Kartoffeln, das Hauptnahrungsmittel der Familie, lagerte außerhalb der Kate in einer Miete. Unterhalb des Daches am Eingang war ein kleiner Boden für Stroh."[174]

In den bis zu sechs Monaten Winter wird es in der Kate eng. Es ist wenig Arbeit zu erledigen, die Dunkelheit bricht früh herein. Oft genug müssen bei großer Kälte auch die Ferkel, Hühner und der Hütehund in den Wohnraum geholt werden. Die Hühner sperrt August Paraknings – mit einem Drahtgitter davor – unter das Ehebett. Auch der Platz für die Ferkel wird abgegrenzt. „In der Dunkelheit saß die Familie beim Schein des geöffneten Steinofens beisammen. Die große Petroleumlampe mit dem blanken Schirm hing an einem Balken über dem Tisch und wurde nur beim Essen, Nähen oder Flicken angezündet. Nur an den Wintertagen hatten die Eheleute Zeit für ihre Kinder. "[175]

Die Tochter des Gutsbesitzers von Klein Tauersee, Oda Goerdeler, geborene Oehlrich, hat festgestellt: „Selten erreichten die Dorfleute ein hohes Alter. Früh zog die Arbeit ihnen den Rücken krumm, verbrauchte ihre Kraft. Wer jedoch lange rüstig blieb und Lust zur Tätigkeit verspürte, konnte Leichtarbeit übernehmen, aufpassen bei einem kranken Tier im Stall, Zutragen. Das ländliche Motiv des berühmten Liebermann fand man bei uns überall lebend: mit einer Ziege am Strick geht eine Frau übers Wiesengrund."[176]

Ab dem Jahr 1846 ist dem Gesinde vorgeschrieben, mit Erreichen des 16. Lebensjahres ein „Gesindedienstbuch" zu führen. „Bei Entlassung des Gesindes ist von der Dienstherrschaft ein vollständiges Zeugnis über die Führung und das Benehmen in das Gesindebuch einzutragen." Bei Unstimmigkeiten zwischen „Herrschaft" und „Gesinde" wird die Gesindepolizei eingeschaltet, in den Städten vertreten durch die Person des Bürgermeisters, in den Landgemeinden durch den Amtsvorsteher. 1854 verschärft das Gesetz betreffend die Verletzungen der Dienstpflichten des Gesindes und der ländlichen Arbeiter die Strafvorschriften bei Vertragsbruch. Der preußische Gesetzgeber will die Landflucht und den zunehmenden „Leutemangel" bekämpfen. „Hartnäckiger Ungehorsam oder Widerspenstigkeit gegen die Befehle der Herrschaft oder der zu seiner Aufsicht bestellten Personen" werden mit Geldstrafen oder Gefängnis bis zu drei Tagen geahndet. Die Strafe ist häufig im Gewahrsam des Gutsherrn abzuleisten, denn bis 1871 obliegt den Rittergutsbesitzern die gutsherrliche Polizeigewalt in ihren Gutsbezirken. Dann geht sie durch eine neue Kreisordnung auf den königlichen Landrat über. Strafvorschriften bei Verletzung der Dienstpflicht durch die Herrschaft gibt es nicht.

Vor 1935 haben Landarbeiter keinen Anspruch auf Urlaub. Nach einem neuen Tarif, den 1935 die Deutsche Arbeitsfront aushandelt, ist dann ein bezahlter Urlaub von sechs Werktagen vorgesehen. Dieser wird von den meisten Landarbeitern jedoch nicht genommen und von den Arbeitgebern durch Geldzahlung abgegolten. Auch nach dem Landarbeitertarif von 1935 besteht der Lohn einer Landarbeiterfamilie hauptsächlich aus Naturalien. Der Barlohn auf ihrem Gut sei eigentlich nur ein

Taschengeld gewesen, erinnert sich Hedwig von Lölhöffel: „Es war verwunderlich, wie Männer und junge Leute mit 15 bis 30 Reichsmark monatlich auskamen. Daß sie reichten, war der Wirtschaftskunst der Mütter zu verdanken."[177]

Nicht nur im Kreis Gerdauen wechseln die Namen der Besitzer bäuerlicher Höfe häufig. In der Regel liegt das nicht an einem wirtschaftlichen Scheitern. „Die Bauern starben oft jung, die Witwen verheirateten sich wieder, oft wurden auch die Höfe den Töchtern übergeben."[178] Auch in adeligen Kreisen mangelt es manchmal an einem männlichen Nachfahren, sodass das Gut durch Erbschaft an einen anderen, in der Regel adeligen Namensträger übergeht. Am Anfang des 19. Jahrhunderts sind wahrscheinlich nur etwa 15 % der Güter im Besitz von Bürgerlichen, vielleicht sogar weniger. Im Lauf des Jahrhunderts tritt jedoch bei den Rittergütern ein starker Wandel in den Eigentumsverhältnissen ein. Ernst Opgenoorth, der bis 2001 als Professor für Neuere Geschichte an der Rheinischen Friedrich-Wilhelms-Universität Bonn lehrt, stellt fest: „Die Adelsfamilien waren die großen Verlierer, nicht etwa der Reformen unmittelbar, sondern der dadurch bedingten zusätzlichen Einflüsse der neuen Marktverhältnisse. Bis in die achtziger Jahre des 19. Jahrhunderts verloren etwa 80 bis 85 v. H. der landbesitzenden adligen Familien aus der Zeit um 1815/1820 ihren Besitz, meistens durch Verkäufe wegen Überschuldung. Der überwiegende Teil dieses Besitzes wurde von Nichtadligen aufgekauft, so dass am Ende des 19. Jahrhunderts etwa zwei Drittel aller Rittergutsbesitzer nichtadlig waren."[179]

Im Jahr 1912 publiziert ein ehemaliger Regierungsrat im Reichsamt des Innern in Berlin, Rudolf Martin, in 20 Bänden die Einkommenshöhen deutscher Staatsbürger, die „Millionäre" sind. Er ordnet seine Auflistung nach den deutschen Ländern, in Preußen nach dessen Provinzen. Die Bände 1 bis 4 behandeln alle außerpreußischen Staaten, die Bände 5 bis 20 die preußischen Provinzen. Martin bezieht sich bei seinen Angaben als Quelle auf seine Einschätzungen der amtlichen preußischen Statistik der Vermögens- und Einkommenssteuer des Jahres 1911. Zudem geben die angefragten Millionäre dem Verfasser in Selbsteinschätzung ergänzende Hinweise, die er in das Handbuch aufnimmt. Die von Martin angeführten Zahlen sind deshalb nicht rein amtlich, können aber als Näherungswert dienen. Nahezu 10 000 Millionäre nach Einkommen und Vermögen werden genannt.[180] In den beiden Provinzen West- und Ostpreußen gibt es nach Martins Recherchen 115 von ihnen. Die meisten sind von Adel. Ihr Reichtum beruht auf einem erfolgreich bewirtschafteten Landbesitz, dem häufig schon ländliche Industrien angeschlossen sind.

Die größten landwirtschaftlichen Vermögen besitzt nach Rudolf Martins *Jahrbuch des Vermögens und Einkommens der Millionäre in den Provinzen Ost- und Westpreußen* der Fürst Richard zu Dohna-Schlobitten im Kreis Preußisch Holland. Sein ostpreußischer Grundbesitz beträgt 9 017 ha, sein Vermögen schätzt Martin auf 7 bis 8 Mio. Mark. Es wirft eine jährliche Rendite von 4,3 % ab und führt zu einem Jahreseinkommen von 300 000 Mark. Um es auf heutige Kaufkraftverhältnisse zu transkribieren, müsste man die Zahlen in etwa mit dem Faktor 25 multiplizieren. Nur wenig geringer ist das Vermögen seines Vetters, des Burggrafen und Grafen Friedrich zu Dohna-Lauck und von August Graf Dönhoff auf Friedrichstein im Kreis Königsberg. Auch Albrecht Graf zu Stolberg-Wernigerode, der Besitzer der Grafschaft Dönhofstädt im Kreis Rastenburg, wird von Martin auf ein ähnliches Vermögen taxiert.

Ein Land der Pferde

Sigrid von Wagner wird 1899 als Tochter eines baltendeutschen Barons auf dem Gut Ilsensee in Kurland geboren. Im letzten Jahr des Ersten Weltkriegs lernt sie den dort stationierten jungen Oberleutnant des Dragoner-Regiments Prinz Albrecht von Preussen Litthauisches Nr. 1, Joachim Reisch, kennen. Noch vor Kriegsende verloben sich die jungen Leute, 1918 heiraten sie. Joachim Reisch wird das Gut eines Onkels erben und mit seiner Frau und den bald fünf Kindern bis zur Flucht 1944 erst im Nebengut Marienthal und dann, nach dem Tod des Erbonkels, in Perkallen leben. Der Onkel Konrad Reisch und später sein Neffe Joachim sind führend in der Zucht des Trakehner Pferdes; Reisch-Perkallen ist bei Pferdezüchtern in Ostpreußen ein Begriff. Sigrid Reisch von Wagner hat schon bald nach ihrem Einleben im ländlichen Ostpreußen eine Erkenntnis gewonnen: „Auf einem ostpreußischen Bauernhof stand an erster Stelle der Bauer und ‚sine Stutt' und dann kam die ‚andere Stutt' und dann erst Frau und Kinder. Die Geburt eines Fohlens war das wichtigste Ereignis, auch dann, wenn zufällig gleichzeitig der erste Junge zur Welt kam."[181]

West- und Ostpreußen gelten im Kaiserreich als das größte zusammenhängende Pferdezuchtgebiet der Welt, sein Zentrum liegt im Regierungsbezirk Gumbinnen. In Ostpreußen kommt statistisch vor 1918 auf 100 ha landwirtschaftliche Nutzfläche ein Besatz von 19 Pferden, der Reichsdurchschnitt liegt bei elf Pferden. Das preußische Militär deckt vor allem hier seinen immensen Bedarf. Neben den landwirtschaftlichen Überschusserträgen ist die Pferdezucht ein bedeutender Wirtschaftsfaktor. Ihre Nachzüchtungen decken nicht nur den hohen Eigenbedarf der Provinz, sondern können auch in beträchtlicher Zahl ausgeführt werden. Noch in den 1920er Jahren gehen jährlich etwa 30 000 Tiere, Trakehner, aber auch viele Kaltblüter, über die Landesgrenze. In den 1930er Jahren werden im Durchschnitt 88 % der Pferdenachzucht aus Ostpreußen ausgeführt.[182] Während im Norden und Nordosten fast ausschließlich Warmblüter Trakehner Abstammung gezogen und gehalten werden, gibt es in der Mitte und im Süden Ostpreußens Zuchtgebiete, die nicht reinblütig sind. Im Kreis Gerdauen werden Trakehner Warmblüter ebenso gehalten wie das ostpreußische Kaltblutpferd oder entsprechende Kreuzungen.[183]

Die erste Phase der Mechanisierung der Landarbeit erfordert mehr Pferdekraft vor den Säern und Mähern, aber auch bei Kultivierungsarbeiten auf den feuchten

Abendliche Heimkehr der gemischten Stutenherde in das Gestüt Trakehnen in den 1930er Jahren. Im Gestüt werden in eigenen Herden Rappen, Braune, Hellbraune und Füchse gehalten, dazu gibt es die gemischte Herde mit den unter Trakehnern seltenen Schimmeln.

Böden. Deshalb entsteht in Ostpreußen neben der Warmblut- auch eine bedeutende Kaltblutzucht. Schon nach den Befreiungskriegen in den ersten Jahrzehnten des 19. Jahrhunderts kommen Hengste der schweren französischen Rassen Percherons und Boulonnais nach Ostpreußen, gefolgt von britischen Shires und Clydesdales. Mit ihrer Hilfe versuchen die Bauern eine Umzüchtung ihrer Stutenstämme zu einem ruhigeren, schwereren Arbeitspferd zu erreichen. Hauptzuchtgebiet des ostpreußischen Kaltbluts sind die nördlichen Kreise des Ermlandes mit ihren bäuerlichen Wirtschaften. Hier entsteht durch systematische Zucht im 20. Jahrhundert eine eigenständige Kaltblutrasse, der Ermländer.[184] Seit dem Jahr 1890 gibt es in Braunsberg das Ermländische Gestüt für Kaltblutpferde; im Jahre 1914 kommt es in Königsberg zur Gründung des „Ostpreußischen Stutbuch für schwere Arbeitspferde".

Seit 1931 leitet – strafversetzt – Siegfried Graf von Lehndorff das Braunsberger Gestüt. Er hat festgestellt, dass die meisten Bauern Mischblüter den reinen Kalt- oder Warmblütern vorziehen, da „die etwas besser traben können und weniger Futter brauchen, und diese wurden wieder, besonders von den Landwirten, die keine eigene Zucht hatten, den reinen Ostpreußen vorgezogen, hauptsächlich wegen ihres ausnahmslos phlegmatischen Temperaments."[185] Von Lehndorff beschreibt auch ein typisches Gespann in der ostpreußischen Landwirtschaft: „In den Gespannen in Ostpreußen, wo nur vierspännig gefahren wurde, sah man fast immer als Hinterpferde zwei Mischblüter, als Vorderpferde zwei von der Remonte-Kommission zurückgewiesene Warmblüter."[186] Die Vorderpferde, als Trakehner nicht gut genug für das Militär, setzen die Befehle des Kutschers um, die Mischblüter als Hinterpferde ziehen vor allem die Lasten.

In der Provinz gibt es eine Vielzahl großer Gestüte, darunter die vier Gestüte des preußischen Staates in Georgenburg, Rastenburg, Braunsberg und Marienwerder. Auf den Gestüten werden die Zuchtziele festgesetzt und die Hengste aufgezogen, die nach ihrer Körung, der Zuchteignungsprüfung, in die im ganzen Land verstreuten Hengstdepots eingestellt werden. Die Hengsthaltung des preußischen Staates im Rahmen einer staatlichen Gestütverwaltung ermöglicht es auch den kleinen Züchtern, die nur ein oder zwei Stuten besitzen – „sine Stutt und die andere Stutt" – wertvollste Vatertiere zu benutzen.

Das größte staatliche Gestüt Preußens befindet sich in Trakehnen, Kreis Stallupönen. Es wird 1732 auf Anordnung von König Friedrich Wilhelm I. gegründet, um den staatlichen Einfluss auf die Pferdezucht zu garantieren. Seit 1725 verfolgt Friedrich Wilhelm auf Anraten des Fürsten von Dessau die Absicht, sämtliche verstreut liegenden königlichen Gestütsabteilungen in einem großen Gestüt zu vereinigen.[187] Erst nach dem Tode Friedrichs II. wird Trakehnen ein Staatsgestüt. Die Elchschaufel als Brandzeichen wird 1787 eingeführt.

Zuchtziel in Trakehnen ist ein elegantes, leichtes und drahtiges Galoppierpferd. Grundlage der Zucht sind bodenständigen „Schweiken", eine Pferderasse, die schon seit der Zeit der Prußen im Land beheimatet ist. Gezielte Einzucht von arabischem und englischem Vollblut führt rasch zur Veredelung; in der zweiten Hälfte des 19. Jahrhunderts wird erneut englisches Blut zugeführt. „Zieht man die Hengste in Betracht, die in Trakehnen seit seiner Begründung verwendet worden sind, so ergibt sich, dass das Vollblut den Hauptbestandteil des Trakehner Stammes bildete, einen sehr viel kleineren Anteil hat das orientalische Blut und einen noch geringeren das englische Halbblut, während die übrigen Rassen kaum noch zur Geltung gekommen sind"[188], schreibt Siegfried Graf von Lehndorff, der Trakehnen von 1922 bis 1931 leitet.

Das Hauptgestüt umfasst bis 1944 mehr als 6000 ha und 16 Vorwerke. Trakehnen ist ursprünglich Moorgebiet; auf Veranlassung des Preußenkönigs wird es in fruchtbares Weideland verwandelt. Siegfried Graf von Lehndorff über die Größe des Gestüts zu seiner Amtszeit: „In Trakehnen, dem größten preußischen Gestüt, spielte sich alles in großem Ausmaß ab. Das Gestüt hatte rund 3000 Einwohner, 9 Schulen mit 14 Lehrern, einen eigenen Arzt und eine Apotheke. Als ich nach Trakehnen kam, gab es dort ungefähr 2200 Stück Deputatvieh, da alle Beamten mehrere Kühe hielten und jeder Landarbeiter 2, später allerdings nur noch eine."[189]

Alles in allem zählt Trakehnen gegen Ende des Zweiten Weltkrieges, im Herbst 1944, genau 1115 Pferde, darunter 20 Deckhengste und 378 Mutterstuten. Schon im Oktober 1944 werden sämtliche Trakehner Pferde abtransportiert. Zunächst geht es per Fußmarsch zu dem Landgestüt Georgenburg bei Insterburg, dann weiter mit der Bahn nach Graditz an der Elbe (Provinz Sachsen), Neustadt an der Dosse (Brandenburg) oder Perlin in Mecklenburg. Als sich die Rote Armee diesen Gestüten nähert, versucht man, die Pferde in die britische Zone zu verlegen. Das widerspricht aber den Abkommen von Jalta und wird deshalb von den Briten nicht gestattet. Kurz bevor die Sowjetunion von den Briten das Gestüt Perlin übernimmt, lässt ein britischer General 27 Stuten, einige Fohlen und zwei Hengste in den Kreis Lauenburg bringen – die einzigen Pferde aus dem Gestüt Trakehnen, die in die Westzonen gelangen.[190] Von den mehr als 25000 Zuchtstuten und 800 Zuchthengsten Trakehner Abstammung, die 1944 im Deutschen Reich insgesamt registriert sind, gelangen nach Flucht und Vertreibung nur etwa 700 Stuten und 60 Hengste in die Westzonen. Diese wenigen Tiere begründen die neue Zucht in Westdeutschland.

Die Industrialisierung

Louis Passarge wird 1825 in Wolittnick am Frischen Haff, Kreis Heiligenbeil, als Sohn des Gutsbesitzers Karl Passarge und seiner Frau Dorothea geboren. Der spätere geheime Justizrat, Reiseschriftsteller und Ibsen-Übersetzer erzählt in seinen Erinnerungen und Kulturbildern aus seiner Kindheit und Jugend: „Die Landleute, wenn Bauern, verwahrten ihr Geld meist in großen Strümpfen, ein Gutsbesitzer in leinenen Beuteln. Ausgeliehen, gar auf Zinsen, wurde es nicht. Brauchte ein Nachbar Geld, so erhielt er die gewünschte Summe ohne Widerrede und zahlte sie seinerzeit prompt zurück. An einen Schuldschein oder sonstige Sicherheit dachte niemand."[191]

Das mag auf dem Land so sein, in Königsberg gibt es im 19. Jahrhundert schon international tätige Bankhäuser, die Wechsel akzeptieren, Akkreditive ausstellen und Kredit gewähren. Die bedeutendsten Bankiers sind die Gebrüder Samuel und Moritz Simon und dessen Schwiegervater Marcus Warschauer. Die Simons haben das Bankhaus Simon Witwe und Söhne von ihrem Vaters geerbt und zur Blüte gebracht. Sie erwerben Zeitungen, engagieren sich in den Vertretungen der Kaufmannschaft und fördern mit ihrem Vermögen Kunst, Sport und Volksgesundheit.[192] Heimann Jolowicz, der Historiograph des frühen Judentums in Königsberg[193], berichtet: „Das Bankiergeschäft der jüdischen Firma J. Simon Witwe und Söhne erfreut sich eines großen Ansehns und Vertrauens an allen europäischen Handelsplätzen und dem Unternehmungsgeist seiner Chefs hat der Königsberger Handel das Institut der Privatbank, den Bau der ostpr. Südbahn und den Fortbestand manches Industriezweigs zu danken."[194] Moritz Simon wird 1866 zum preußischen Geheimen Kommerzienrat ernannt, sein Bruder Samuel ist bereits mehrere Jahre Stadtrat der Provinzhauptstadt. Die einzige Schwester der beiden Bankiers, Pauline Simon, ist die Großmutter des Schriftstellers Walther Heymann und des Komponisten Werner Richard Heymann.

Auch wenn nur wenige ein größeres Kapital brauchten, aber mancher doch eines im Strumpf oder unter dem Bett hat, wird in Elbing bereits im Jahre 1822 die Elbinger Städtische Sparkasse gegründet. Auf Beschluss des Kreistages wird in Louis Passarges Heimatkreis noch in dessen Jugendzeit, im Februar 1841, das Statut einer „Kreis Communal-Sparkasse" angenommen.[195] Im Kreis Mohrungen entsteht eine Kreissparkasse erst vier Jahrzehnte später, im April 1885. In dieser Zeit werden in Ostpreußen auch die ersten Genossenschaftsbanken gegründet. Während die Sparkassen auf Ebene der kreisfreien Städte und Kreise entstehen, sind bei den Genossenschaftsbanken oft die Bewohner kleinster Ortschaften die Gründer. Der Gutsbesitzer Heller aus Peitschendorf, Kreis Sensburg, dem Geburtsort von Ernst Wiechert, initiiert 1890 den Spar- und Darlehenskassenverein Aweyden, zu dem Peitschendorf gehört. Ein Jahr später bildet sich nur für Peitschendorf ein Raiffeisen-Darlehenskassen-Verein. Im Kreis Pillkallen beginnt ein geordnetes Kredit- und Sparwesen im September 1871 mit der Gründung des „Vorschußvereins Pillkallen", einer eingetragenen Genossenschaft mit unbeschränkter Haftung. 1884 wird auch im Kreis Pillkallen durch den Kreistag eine Sparkasse gegründet, die 1885 ihren Betrieb aufnimmt. Später hat sie in den Kirchdörfern Lasdehnen, Schillehnen, Kussen, Mallwischken und in der Stadt Schirwindt Einzahlungsstellen. In Schirwindt und Mallwischken gibt es auch selbstständige „Raiffeisenkassen", wie sich die meisten dörflichen Genossenschaftsbanken nennen.

Reichster Mann in den Provinzen West- und Ostpreußen ist ein Bürgerlicher, der Geheime Kommerzienrat und Ingenieur Carl H. Ziese. Ziese ist Besitzer der Schichau-Werke in Elbing, Danzig und Pillau. Rudolf Martin schreibt 1912 in dem von ihm herausgegebenen *Jahrbuch des Vermögens und Einkommens der Millionäre in den Provinzen Ost- und Westpreußen*: „Niemand in Berlin, weder an der Börse noch in den großen Banken, dürfte davon Kenntnis gehabt haben, dass das Einkommen des Inhabers der Schichau-Werft fast doppelt so groß war als das Einkommen des Wirkl. Geh. Rats Ernst von Mendelssohn-Bartholdy, des reichsten Mannes der Stadt Berlin." Martin hat aufgrund der zwar anonymisierten, aber öffentlich zugänglichen Steuerakten entschlüsselt, dass Carl H. Ziese im Jahr 1907 ein Einkommen 5,7 Mio. Mark versteuerte, der „Wirkliche Geheime Rat" und Bankier Ernst von Mendelssohn-Bartholdy aber nur 3,08 Mio. Mark.

Nach Ziese, dessen Unternehmen vor allem in Westpreußen tätig sind, ist der reichste Mann der Provinz Ostpreußen und ihr reichster Grundbesitzer der Freiherr Karl von Gamp-Massaunen, Besitzer der Fideikommisse Massaunen, Kreis Friedland und Hebron-Damnitz im Kreis Stolp in der Provinz Pommern sowie der Güter Worienen und Glomsienen, Kreis Preußisch Eylau. Mit 11 bis 12 Mio. Mark gibt Martin dessen Vermögen bei einem Jahreseinkommen 1911 von 640 000 Mark an. Der Freiherr wird 1846 unter dem Namen Karl Gamp geboren. Schon in den 1870er Jahren erwirbt er die ersten Rittergüter, so Klein Peisten und Worienen. Er ist ein geschickter

Landwirt und darf bald den Titel eines Geheimrats führen. Als Abgeordneter der Freikonservativen Partei zieht er 1884 in den Preußischen Landtag ein, dem er bis zu seinem Tod 1918 angehört. Im Reichstag vertritt er den westpreußischen Wahlkreis Deutsch-Krone. 1907 wird Karl Gamp als Freiherr von Gamp-Massaunen in den Adelsstand erhoben. Rudolf Martin: „Freiherr von Gamp-Massaunen ist von Hause aus sehr wohlhabend und verfügt seit seiner Heirat über ein bedeutend größeres Vermögen seiner Ehefrau, welches er nach dem preußischen Einkommenssteuergesetz und Vermögenssteuergesetz zugleich versteuert."[196] Seine Ehefrau Clara ist eines der fünf Kinder von Friedrich Bayer, einem der beiden Gründer der Bayer Werke; Karl Freiherr von Gamp-Massaunen ist stellvertretender Vorsitzender des Bayer-Aufsichtsrats.[197]

Der Reichtum der meisten ostpreußischen Millionäre beruht auf ererbtem Grundbesitz. Ausnahmen, die Martin nennt, sind der Direktor der Norddeutschen Kreditanstalt in Königsberg, George Marx, der im russischen Mineralölhandel zu Reichtum gelangte Alfred Oehlerich, jetzt Besitzer der Rittergüter Klein Tauersee und Bialutten im Kreise Neidenburg, der Kommerzienrat Elias Radok, Leiter und Mitbesitzer der Union-Gießerei, der Elbinger Fabrikbesitzer Franz Komnick und Wilhelm Krauseneck, Eigner von Krausenecks Verlag und Buchdruckerei G.m.b.H in Gumbinnen.

Im Jahre 1907 beträgt der Anteil der Erwerbstätigen in Industrie, Bergbau und Handwerk an der Bevölkerung im Deutschen Reich 43 %, in der Provinz Ostpreußen dagegen nur 20 %, also weniger als die Hälfte.[198] Großindustrie gibt es nur in Königsberg und im westpreußischen Elbing. In den beiden Städten existieren mit Schichau, Komnick, der Union-Gießerei und der Waggonfabrik Steinfurt bedeutende Unternehmen der Metallverarbeitung und mit der Zigarrenfabrik Loeser & Wolff in Elbing auch ein führender Markenartikel-Produzent. Überregional bedeutend ist neben diesen fünf Unternehmen nur noch die holzverarbeitende Industrie der Provinz, darunter die Zellulose-Fabriken an der Memel und im Samland. Sie können ihren natürlichen Rohstoff ohne übermäßigen Transport- und damit Kostenaufwand per Schiff aus Wäldern Osteuropas beziehen und, zu Schnittholz, Bauholz und Zellulose verarbeitet, auf den Märkten im Westen verkaufen.

Carl H. Ziese, reichster Mann in der Provinz, ist der Schwiegersohn von Ferdinand Schichau. Schichau, in Elbing geboren, gründet nach seinem Ingenieursstudium in Berlin, im Rheinland und Großbritannien 1837 in seiner Heimatstadt eine Maschinenbau-Anstalt, die spätere F. Schichau Maschinen- und Lokomotivfabrik, Schiffswerft und Eisengießerei GmbH. Sie wird die Keimzelle eines Unternehmens, das sein Schwiegersohn zur vollen Blüte bringt. Schichaus Vater Gottlob Ferdinand Schichau ist vom Land in die Stadt Elbing gezogen. Der gelernte Maurer wird in Elbing selbstständiger Gelbgießermeister – Hersteller von Messingteilen – und Mechanikus beim Eichamt; er kann nicht lesen und schreiben, ist aber tüchtig und angesehen. Nach dem Besuch der Elementarschule gibt er den Sohn in eine Schlosserlehre, um ihn so auf die Übernahme des väterlichen Betriebes vorzubereiten. Ferdinand Schichau aber ist ambitionierter. Noch als Lehrling baut er ein betriebsfähiges Modell einer Dampfmaschine. Sein Meister ist von dieser Leistung so beeindruckt, dass er im November 1831 die Vorführung der kleinen Maschine im Gewerbeverein der Stadt Elbing veranlasst. Die Herren des Elbinger Gewerbevereins sind fasziniert und erstaunt. Sie erbitten mit Erfolg bei König Friedrich Wilhelm III. für Ferdinand Schichau ein Freistudium am Königlichen Gewerbeinstitut in Berlin. Im Herbst 1837 kehrt der 23-Jährige nach einem Aufenthalt in Großbritannien nach Elbing zurück und macht sich auf dem väterlichen Grundstück in der Altstädtischen Wallstraße selbständig.

Seine Maschinenbau-Anstalt beginnt mit acht Arbeitern und baut Arbeitsmaschinen für ländliche Industrien wie Wasserräder und Pferdegöpel, hydraulische Pressen für Ölmühlen, Einrichtungen für Zuckerrübenfabriken und das Brauereigewerbe sowie Sägen für die Holzindustrie. Die Schichauische Maschinenbauanstalt fertigt auch hydraulische Maschinen, Bagger und ab 1854 kleinere Schiffe. Ferdinand Schichau beteiligt sich ab 1866 an Elbinger Reedereien, 1886 übernimmt er die „Elbinger Dampfschiffahrts Aktiengesellschaft" und ist jetzt auch als Reeder tätig.[199]

50 Jahre nach der Firmengründung wird Ferdinand Schichau der Titel eines Geheimen Kommerzienrats und die Ehrenbürgerwürde der Stadt Elbing verliehen. Die angebotene Erhebung in den Adelsstand lehnt er höflich ab. Er stiftet im Laufe seines Lebens viel Geld für soziale Einrichtungen und sportliche Anlagen in Elbing. Als er 1896 stirbt, haben die florierenden Schichaubetriebe rund 4000 Beschäftigte. Sein Nachfolger und Schwiegersohn Carl H. Ziese wird als Generalbevollmächtigter in das Unternehmen aufgenommen. Ziese sorgt für eine starke Expansion der Firma und führt sie zu Weltgeltung. Keiner der leitenden Ingenieure stammt, im Gegensatz zu Ferdinand Schichau, aus West- und Ostpreußen. Es gibt in den beiden Agrarprovinzen keine akademischen Ausbildungsstätten im technischen Bereich. Die Verbindung von Maschinen- und Schiffbau ist ein wesentlicher Faktor für den Erfolg der Schichau-Werften, gut ausgebildete Facharbeiter und Ingenieure sind ein weiterer. Die Schichau-Werke haben allerdings Probleme, qualifiziertes Personal in West- und Ostpreußen sesshaft zu machen. Viele bei Schichau ausgebildete Werkmeister und Arbeiter verlassen nach der Lehre ihre Heimat in Richtung Westen, weil dort wegen der Konkurrenz auf dem Arbeitsmarkt der Verdienst besser ist.[200]

Der spätere KPDler Max Reimann ist vierzehn, als er im Jahr 1912 die Schule beendet. „Meine erste Arbeitsstelle war die Schichau-Werft. Das war klar. Im Ruhrgebiet ging man in den Pütt, in Elbing ging man zur Werft."[201] Der Mann, der die Arbeiter einstellt, ist ein ehemaliger Marineoffizier, noch in voller Uniform. „Wir waren für den Marineoffizier Arbeitsvieh. Nicht mehr. Wenn man durch solch eine Mühle geht, kann man verstehen, daß zum Klassenbewußtsein, das schon im Herzen war, noch mehr hinzukam. So ist das auch auf der Werft geblieben."[202]

Ab 1889 entstehen im ostpreußischen Pillau die zu Schichau gehörenden Reparaturwerkstätten Pillau, die 1892 ihren Betrieb aufnehmen. Dort können nun auch

Elbing: Stadtansicht vom anderen Ufer der Elbing auf die Stadt im Jahr 1900. Der Fluss Elbing ist auf seiner gesamten Länge schiffbar und verbindet als Seeschifffahrtsstraße den Seehafen der damals westpreußischen Stadt mit dem Frischen Haff.

größere Schiffe gewartet und gebaut werden, für die die Fahrrinnen des Frischen Haffs und des Hafens von Elbing nicht tief genug gewesen wären. Bald weltweit führend im Bau von Torpedobooten, stößt die Schichau-Werft in Elbing an Kapazitätsgrenzen. Aufgrund der guten Auftragslage und weil dort Schiffe mit mehr Tiefgang gebaut werden können, wird zu Beginn er 1880er Jahre im benachbarten Danzig eine große Schiffswerft errichtet, die Danziger Schichau-Werft. 1885 werden auf der Werft in Danzig rund 2000 Personen beschäftigt, 1891 sind es fast doppelt so viel. Auf der Danziger Werft entstehen große Fracht- und Fahrgast- sowie Marineschiffe.

Die Komnick-Werke sind in den 1910er und 1920er Jahren neben Schichau der größte industrielle Betrieb in West- und Ostpreußen. Franz Komnick wird 1857 in dem Dorf Trappenfelde, Kreis Marienburg, im Großen Werder geboren. Sein Vater ist Huf- und Waffenschmiedemeister, und auch Franz Komnick lernt das Schmiedehandwerk. Nach der Lehrzeit geht er für neun Jahre als Geselle auf Wanderschaft. Im Alter von 26 Jahren kehrt er nach Westpreußen zurück und macht sich als Schmiedemeister im Landstädtchen Ladekopp, damals Kreis Marienburg, mit einer kleinen Maschinenwerkstatt in gemieteten Räumen selbstständig. Aufsehen erregt er mit der Konstruktion einer Kreiselpumpe, die sich nach einem verheerenden Dammbruch, der die Weichsel- und Nogat-Niederungen überflutet hat, im Ausschöpfen des Wassers bewährt. Da der Betrieb in Ladekopp 1890/91 nicht mehr ausbaufähig ist, übernimmt Komnick gemeinsam mit einem Partner eine Maschinenreparaturwerkstatt in der Provinz Posen. Der Betrieb dort wird bald um eine Eisengießerei erweitert, es werden landwirtschaftliche Maschinen und Dampfkessel gebaut. Aus der Schmiede ist schließlich eine kleine Fabrik mit 150 Mitarbeitern geworden. Schon hier fertigt Komnick neben den bewährten Wasserhebewerken Lokomobile, Dampfdreschmaschinen und nicht zuletzt große Dampfpflüge.

1898 erwirbt der Unternehmer in Elbing die Hotopsche Maschinenfabrik, die zu dieser Zeit 40 Mitarbeiter beschäftigt. Die Konjunktur ist gut in diesen Jahren, und unter Komnicks Leitung nimmt die Maschinenfabrik „F. Komnick, vormals Hotop" sehr bald einen starken Aufschwung. Sie ist vor allem eine Landmaschinenfabrik, die den Bedarf West- und Ostpreußens an Dreschmaschinen, Häckselmaschinen, Schrotmühlen usw. deckt und auch die Fabrikation von Dampfkesseln aufnimmt. 1906 kauft Franz Komnick ein rund 100 000 m^2 großes Gelände in Elbing, um darauf eine Automobilfabrik zu errichten. Die nächstgelegene Automobilfabrikation betreiben die Stoewer-Werke im fast 400 km entfernten Stettin. Bereits 1907 wird bei Komnick der erste PKW gebaut. Komnick-Wagen finden einen guten Absatz, vor allem in Elbing selbst und in den Großstädten Königsberg und Danzig; so sind beispielsweise die ersten Königsberger Autodroschken Erzeugnisse der Elbinger Werke. Ab 1908 wird die Produktion um einen Kraft- oder Motorpflug erweitert. Angesichts der hohen Transportkosten und um unabhängig zu sein, wird bei Komnick möglichst auch alles Zubehör selbst hergestellt.[203]

Für die gesteigerte Produktion bietet das Gelände nach und nach nicht mehr genug Platz, ein Grundstück nach dem anderen wird in das Firmengelände einbezogen. So bilden die Komnick-Werke mit den Sanitäts- und Fürsorgeeinrichtungen, den dazugehörigen Wohnhäusern für Arbeiter, Beamte und Angestellte in Elbing zwischen Bahnhofstraße und Neustädtischer Wallstraße schließlich ein eigenes Viertel. 1913 beginnt Komnick mit dem Bau von Kleinlastern, die fast ausschließlich an das preußische Militär gehen. Die Komnick-Werke bestehen somit vor dem Ersten Weltkrieg aus einer Maschinenfabrik mit großer Eisengießerei und Dampfkesselfabrik, der Automobilfabrik, die außer Personenwagen auch Lastkraftwagen, Motorpflüge und Kraftschlepper herstellt und Eisenbahnlokomotiven repariert, und einer Dampfpflug-Lokomotivenfertigung.

Die Schichau-Werft, die Komnick-Werke und andere, kleinere Betriebe der Elbinger Maschinenbauindustrie haben einen steigenden Arbeitskräftebedarf. Familienväter und ihre Söhne können hier Arbeit finden. Aber die Arbeiterfamilien wären in den Westen Deutschlands abgewandert, gäbe es nicht auch eine große Zahl Arbeitsplätze für Frauen. Junge Mädchen und unverheiratete Frauen aus Elbings unteren Schichten gehen zu Loeser & Wolff. Es ist ein beeindruckendes Bild, wenn sich um 1900 zum Feierabend in der Front der Zigarrenfabrik in der Königsberger Straße in Elbing die Fabriktore öffnen. Mehr als 2 000 Frauen und Mädchen streben nach einem langen Arbeitstag, meist, wie die Quellen berichten, lachend und fröhlich, heimwärts. Dieses Bild hunderter „Loesermädchen“ zeigt den Erfolg eines Unternehmens, das in Elbing produziert und das jeder in Deutschland kennt.

Eine erste Tabakfabrik nimmt in Elbing schon um 1809 ihren Betrieb auf. Bedeutend aber wird die Tabakfabrikation in der Stadt erst durch den Berliner Kaufmann Bernhard Loeser[204], der im Juli 1865 mit seinem Partner Karl Wolff am Berliner Alexanderplatz ein Zigarren-Handelsgeschäft errichtet. Karl Wolff ist für den Einzelhandel zuständig, Bernhard Loeser soll auf Reisen Großabnehmer gewinnen. Auf einer seiner Reisen kommt er nach Elbing und lernt dort die Zigarrenfabrik Kohlweck & Co. kennen, in die er im Januar 1874 als Teilhaber eintritt – er will die Waren für die Berliner Firma, die inzwischen fünf Filialen hat, selbst herstellen und benötigt eine Produktionsstätte. Die Fabrik in der Königsberger Straße ist nur 300 m^2 groß und beschäftigt nur 39 Mitarbeiter. Noch 1874 wird der erste Neubau errichtet, 1878 erwirbt Loeser sie vollständig. Mit Zustimmung seines Partners nennt er die Elbinger Firma jetzt Zigarrenfabrik Loeser & Wolff. Die Produktion beträgt 1874 nur 26 700 Zigarren, womit der Bedarf der Filialen nicht gedeckt werden kann. Es werden mehr Arbeitskräfte eingestellt, die Betriebsflächen in den Jahren 1880, 1881 und 1882 durch Neubauten immer wieder vergrößert. Die Zigarren werden von Frauen in Handarbeit in der Fabrik gewickelt und nicht wie anderswo in Heimarbeit hergestellt.

Ursache für die gewaltige Expansion ist eine gute Qualität bei niedrigem Preis und das breite Angebot von Zigarren in allen Preislagen und Geschmacksrichtungen. Franz Biberkopf kann in Alfred Döblins Roman Berlin Alexanderplatz noch Ende der 1920er Jahre die Geschmacksrichtungen und Marken loben: „Loeser und Wolff mit dem Mosaikschild haben sie abgerissen, 20 Meter weiter steht er schon wieder auf, und drüben vor dem Bahnhof steht er nochmal. Loeser und Wolff, Berlin-Elbing, erstklassige Qualitäten in allen Geschmacksrichtungen, Brasol, Havanna, Mexiko, Kleine Trösterin, Liliput, Zigarre Nr. 8, das Stück 25 Pfennig, Zigarillos Nr. 10, unsortiert, Sumatradecke, eine Spezialleistung in dieser Preislage, in Kisten zu hundert Stück, 10 Pfennig.“[205]

Als in Elbing der Lehrlingsbedarf nicht mehr gedeckt werden konnte, gründet Loeser im 50 km entfernten Braunsberg 1885 eine Zweigfabrik; die Kapazitäten der beiden Fabriken reichen dann weitgehend für die folgenden zwei Jahrzehnte aus. Im Jahr Dezember 1911 wird ein zweites Zweigwerk im westpreußischen Marienburg und im gleichen Jahr ein drittes in Preußisch Stargard, ebenfalls in Westpreußen, in Betrieb genommen.

Im Mai 1901 stirbt Bernhard Loeser in Berlin und wird auf dem jüdischen Friedhof in Weißensee beerdigt. In diesem Jahr bestehen 66 Loeser & Wolff-Geschäfte allein in Berlin; die ostpreußischen Fabriken produzieren mehr als 2 000 000 Zigarren in der Woche. 1902 verstirbt Carl Wolff; seine Witwe Cäcilie und Loesers Schwiegersohn Alfred Sommerguth führen die Firma weiter. Im Kriegsjahr 1916, vor Beginn einer

Tabakbewirtschaftung, arbeiteten bei Loeser & Wolff in Elbing 3 740 Menschen, in Braunsberg gibt es nie mehr als 500 Beschäftigte, in Marienburg um die 200.

Die Unternehmen Schichau, Komnick und Loeser & Wolff haben bis 1920 in der Provinz Westpreußen ihren Sitz. Erst 1920 werden sie mit der Mittelstadt Elbing ostpreußisch. Die einzige Großstadt der Provinz ist Königsberg, das sich im 19. Jahrhundert zur einzigen Industriestadt Ostpreußens entwickelt, auch wenn Verwaltung und Handel eine gleichgewichtige Rolle spielen. 1914 gibt es hier aber nur zwei industrielle Großunternehmen: die Union-Gießerei und die Waggonfabrik Steinfurt.

Im Jahr 1764 erhält der Schutzjude Daniel Itzig aus Berlin von König Friedrich II. ein Patent zur Errichtung einer Silbergießerei auf einem Grundstück an der Oberlaak in Königsberg. 1826 kauft Christine Hughes das Grundstück in der Butterbergstraße Nr. 3. Christine Hughes stammt aus der Königsberger Kaufmannsfamilie Schnell und ist die Ehefrau von Charles Hughes aus Birmingham. Damals existiert in Königsberg bereits die Eisengießerei „Vulkan". Sie kann sich in der Agrarprovinz halten, weil die Lieferung von Gusseisenwaren für die Eisenkonstruktionen von Brücken und für Schiffsbauten aus dem Rheinland bzw. Westfalen oder aus England zu kostspielig ist. Mit dem Erwerb des Grundstückes durch Christine Hughes beginnt die Geschichte der Union-Gießerei.

Die drei wohlhabenen Königsberger Familien Laubmeyer, Dultz und Schnell gründen mit erspartem Kapital am 1. Mai 1828 in Königsberg eine Eisengießerei, die ab 1845 den Namen Union-Gießerei trägt. Es ist ein Familienunternehmen; die Gründer Gustav Schnell, Friedrich Laubmeyer und Carl-August Dultz sind Schwager. 1833/1835 werden an der Oberlaak weitere Grundstücke erworben. Charles Hughes, der die Leitung des Unternehmens übernimmt, lässt vor allem Eisengusswaren herstellen. Die Gründer investieren 17 Jahre lang, bis zum Jahr 1845, erhebliche Mittel in das Unternehmen, ohne Gewinne zu entnehmen. So steht die Eisengießerei auf einem gesunden Fundament, als Hughes 1839 stirbt und die Gesellschafter nach Nachfolgern suchen.

Der 33-jährige Maschinenbauer Gottfried Ostendorff, der von einem westfälischen Bauernhof bei Kamen stammt, hat – wie wohl alle Industriepioniere Ostpreußens – einen längeren Aufenthalt auf den britischen Inseln hinter sich, wo er Erfahrungen im Bau von Schiffsmaschinen und Lokomotiven sammeln konnte. Ostendorff wird 1845 bei der Gießerei eingestellt und schon 1846 mit der Leitung betraut. Im darauf folgenden Jahr heiratet Ostendorff eine Tochter von Gustav Schnell und ist jetzt den Eignerfamilien verwandtschaftlich verbunden. Bei seinem Eintritt beschäftigt die Fabrik etwa 100 Arbeiter; Ostendorff führt den Schiff- und Schiffsmaschinenbau ein; in der Gießerei werden jetzt auch Hochdruckkessel sowie Pumpen mit allem Zubehör, Mühlen und Dampfwalzen für den Chausseebau hergestellt. 1852 ziehen sich die drei Gründer aus der gemeinsamen Leitung der Fabrik zurück. Ostendorff erhält weitgehende Vollmachten und wird als Miteigner aufgenommen.

Um 1854 fertigt die Union-Eisengießerei neben Dampfmaschinen vornehmlich noch Maschinen für Ostpreußens Landwirtschaft wie Lokomobile, Dreschmaschinen, Rostwerke, Häcksel- und Kartoffelschneidemaschinen, Schrotmühlen, Kleehau- und Getreidequetschmaschinen, Pflüge, Kopierpressen, Pumpen, Mühlen und Walzen aller Art, Pferdestalleinrichtungen und Meiereianlagen. Das Angebot reicht von technischen Einrichtungen für Brennereien, Brauereien und militärische Großbäckereien über Ziegelstreichmaschinen und hydraulische Aufzüge bis zu eisernen Öfen, Grabkreuzen und Gittern. 1851 nimmt die Union-Gießerei als eines der ersten Werke in Deutschland den Lokomotivbau auf; er wird über die Jahre und Jahrzehnte hinweg der bei weitem wichtigste und umfangreichste Produktionsbereich des Unternehmens. Die Union-Gießerei liefert 1855 die erste Dampflokomotive an die Ostbahn. Die hundertste Lokomotive verlässt das Werk 1878, die fünfhundertste 1890, die tausendste 1899. Zu dieser Zeit produziert die Union Gießerei neben Maschinen aller Art auch Schiffe und Brücken, einschließlich der neuen Klappbrücken Königsbergs. Im Jahre 1869 wird Ostendorff in Berlin von Albert Borsig auf einen erst 28 Jahre alten Ingenieur aufmerksam gemacht, der sich durch Intelligenz und Tüchtigkeit schon bei Borsig ausgezeichnet hat. Ostendorff kann den Oberingenieur Elias Radok zur Union-Gießerei holen. Mit dessen Eintritt beginnt die glanzvollste Zeit des Werkes, die bis zum Ersten Weltkrieg andauert.

Elias Radok wird 1840 im böhmischen Kalladey als Sohn jüdischer Eltern geboren. Er studiert an der deutschen Technischen Hochschule in Prag Maschinenbau. Sein erstes bedeutendstes Werk ist der Bau des ersten Schwimmdocks in Deutschland für die preußische Marine, mit dessen Ausführung Radok von der Firma A. Borsig betraut wird. Nach Ostendorffs Tod im Jahr 1876 führt Radok die Union-Gießerei; nach dem frühen Tod dessen Sohnes, Arthur Ostendorff, im Jahre 1891 wird Radok alleiniger Direktor der Gießerei. Elias Radok ist bei seinem Tode im Jahr 1910 in Königsberg ein wohlhabender und hoch geachteter Mann. Sein Begräbnis, das größte in Königsberg in jenen Jahren, vereinigt alle Arbeiter und Angestellten der Union-Gießerei mit vielen anderen Einwohnern Königsbergs beim Trauerzug zum Altstädtischen Friedhof an der Alten Pillauer Landstraße.

Das stete Wachstum des Unternehmens macht in den Boomjahren um die Jahrhundertwende eine Verlegung der Fabrik aus der Innenstadt an das Pregelufer notwendig. Schließlich wird auf dem südlichen Pregelufer stromabwärts bei Contienen ein größeres Gelände erworben, 4 km von Königsberg entfernt, auf dem sich die Fabrik in den Jahren 1910 bis 1914 bedeutend vergrößert. Hier entsteht auch eine Schiffswerft neu. Im Ersten Weltkrieg erhält die Union-Gießerei schon 1914 Aufträge zum Umbau von Binnenschiffen zu Kriegszwecken, schließlich Aufträge für Neubauten der Kaiserlichen Marine, vor allem für Minensuchboote.[206]

Der Eisen- und Metallguss, die Herstellung von Gesenkschmiedestücken als Massenartikel, der Bau von Karosserien, Transport- und Ackerwagen sind Produkte des

Unternehmens, das Leopold Steinfurt in Königsberg als Eisengießerei und Maschinenbauanstalt 1830 in Königsberg gründet. Seit dem Jahr 1865 werden auch Eisenbahnwaggons für Normal- und Schmalspurbahnen produziert, die das Unternehmen zur bedeutenden „Eisenbahn-Waggon-Fabrik, L. Steinfurt" für Güter-, Personen- und Spezialwagen wachsen lassen. Ab 1906 firmiert es als Aktiengesellschaft, die Produktpalette ist jetzt um Ofen- und Herdguss erweitert. Die Stellmacherei ist die Keimzelle einer Holzbearbeitungsindustrie, die auch Schulmöbel fertigt.[207]

Holz gibt es in Ostpreußen im Überfluss. Was in den Handel kommt, stammt aber zu großen Teilen aus Russland. Über die Memel gelangt es in die Provinz. Überall entstehen an der Memel Sägewerke und Holzhandlungen. Neben Königsberg und Memel gibt es in Tilsit mit Kisten, Fass-, Zellstoff-, Zellulose- und Papierfabriken sowie Sägemühlen eine bedeutende holzverarbeitende Industrie. Am Ende des Ersten Weltkrieges existieren an der Memel 38 Dampfschneidemühlen. Allein auf Tilsit entfallen acht Sägewerke, die sich längs des Stroms hinziehen; in Übermemel am Nordufer liegen vier weitere. Die Tilsiter versenden den größten Teil ihrer Bretter, Bohlen und Grubenhölzer auf Boydaks, den typischen Memelkähnen, nach Memel oder Königsberg. Nach 1920 erlebt die Tilsiter Sägewerkindustrie in Folge der Grenzziehung und der Behinderung der Memelschifffahrt durch Polen einen Niedergang.[208]

Ein großer Teil der aus den Wäldern Weißrusslands und Litauens über die Memel verschifften Hölzer wird in den Zellstofffabriken Tilsit und Ragnit verarbeitet. Die Zellstofffabrik Tilsit, seit 1907 fusioniert mit der Zellstofffabrik Waldhof, liegt westlich der Eisenbahnbrücke und zieht sich rund 1 km am Strom entlang. Mit ihren riesigen Holzplätzen, Fabrik- und Hafenanlagen nimmt sie in den 1920er Jahren eine Fläche von rund 5 ha ein und beschäftigt etwa 1 500 Arbeiter.

Die Zellstofffabrik Ragnit A.G. entsteht 1909 mit einem Aktienkapital von 2 Mio. Mark, das vor dem Ersten Weltkrieg noch einmal um 1,5 Mio. Mark erhöht wird. 1912 wird die Produktion mit einer Belegschaft von 250 Mann aufgenommen, die nach dem Ersten Weltkrieg im Jahr 1926 sogar auf 1 000 Mann steigt. Weitere Zellstofffabriken befinden sich in Königsberg (die Norddeutsche Zellulose AG im Stadtteil Kosse und die Königsberger Zellstoff-Fabrik A.-G. auf dem Sackheim) und in Memel (AG für Zellstoff- und Papierfabrikation).

Die Hölzer der masurischen Staatsforste wandern nicht in Zellulose- und Papierfabriken. Der Autor Georg Anders lobt in seinem Beitrag über die Holzindustrie des Kreises Sensburg für das Heimatbuch die Eigenschaften der heimischen Bäume: „Die masurische Stammkiefer ist wegen ihres geraden Wuchses und der geringen Beästelung ein gefragter Artikel. Sie geht ab Mai mit Bahn fast ausschließlich an Holzhändler und Möbelfabrikanten Westdeutschlands und auch in den Export."[209] Nach dem Einschnitt der hochwertigen Stammkiefer im März/April beginnt in den Wäldern der Einschnitt von Bauholz, von Hölzern für Eisenbahnschwellen, Hölzern für den Waggon- und Wagenbau.[210]

In Lyck und Johannisburg existieren Sperrholzplattenfabriken, in Lyck auch eine Zigarrenkistenproduktion. Größere Sägewerke gibt es außer in Johannisburg und Lyck in Rhein, Passenheim, Prostken, Drygallen, Eckersberg, Dlottowen und Goldap. Die meisten masurischen Sägewerke treiben ihre Sägen noch mit Wasserkraft an. Schon 1843 errichten in Rastenburg die Brüder Reschke auf der sogenannten „Freiheit" eine Eisen- und Glockengießerei. Im Jahr 1863 entsteht, ebenfalls auf der Freiheit, die Lenzsche Maschinenfabrik. Sie beschäftigte bald bis zu 650 Arbeiter; erst im Jahr 1925 geht sie als Folge der Inflation in Konkurs. In Rastenburg siedeln sich nach und nach weitere Industrien wie Holz-, Leder- und Seifenfabriken an.[211]

Auf Kleinindustrie trifft man überall in Masuren. Neidenburg ist eine Töpferstadt mit Ofenkachelproduktion; auch um Sensburg und in Bialla findet man Steinindustrie. In Rhein und Johannisburg siedelt sich etwas Maschinenbau an; in Lyck befinden sich Landmaschinenreparaturbetriebe und Zementfabriken. Im Grenzort Prostken werden Krebse aus Russland bezogen und in der Krebskonserven-Fabrik „Triumph" verpackt.

Der Königsberger Handel ist weitgehend ein grenzüberschreitender Warenaustausch zu Lande und zur See. Er beruht am Vorabend des Ersten Weltkrieges noch auf vier Säulen und bedient sich dreier Transportmöglichkeiten. Da ist zunächst der Warenaustausch mit der Provinz. Er macht mehr als ein Drittel des Königsberger Gesamtumschlags aus und erfolgt mit der Eisenbahn und dem Binnenschiff. In Königsbergs Handel und Umschlag dominieren aber ausländische Im- und Exporte. Mit der Eisenbahn werden Getreide und Hülsenfrüchte aus Russland bezogen sowie Steinkohle aus Oberschlesien. Die Holzimporte gelangen anschließend mit dem Binnenschiff über die Memel und ihr Fluss- und Kanalsystem nach Königsberg. Die landwirtschaftlichen Produkte der Provinz und die Importgüter aus Russland, teilweise an der Memel schon zu Schnittholz und Zellulose veredelt, gehen mit Seeschiffen in das übrige Reichsgebiet, nach Skandinavien und zu den Britischen Inseln. Aus England und Schottland kommt auch die Hälfte der mit Seeschiffen bezogenen Kohle, die andere Hälfte aus dem Ruhrgebiet.[212]

Der Güterverkehr Königsbergs überragt bei Weitem den von Danzig. Die Einfuhr steigt von 1872 bis 1913 von 620 000 t auf 3 410 000 t, also um das Fünffache. Die Ausfuhr vervierfacht sich von 450 000 t auf 1 862 000 t. Der Handel über See ist mit 960 000 t Einfuhr und 912 000 t Ausfuhr ausgeglichen. Die wichtigsten Einfuhrgüter sind Massengüter wie Steinkohle, Metalle, Chemikalien, Düngemittel und Edelhölzer sowie Heringe, Kolonialwaren, Salz und Reis. Königsberg ist der Welthandelsplatz für Hülsenfrüchte wie Linsen, Erbsen und Bohnen und der größte deutsche Getreideausfuhrhafen. Ausgeführt werden zudem Sämereien und Mühlenfabrikate, Zellstoff, Flachs, Hanf, Bier und Stückgüter der Industrie.[213] Der bedeutendste Handel in Königsberg ist der mit Getreide und Heringen. Große neue Lagerhäuser am Pregel beweisen die Bedeutung dieses Handelszweiges für die Wirtschaft. Die Königsberger

Importeure führen im letzten Friedensjahr 1913 fast 600 000 Fässer Heringe ein; 80 % gehen mit der Bahn nach Russland. Die Namen der Handelshäuser wie Castell, Holldack & Thran, Gizycki & Schröter, Schröder & Tresselt, Blell, Dinesmann kennt auch um die Jahrhundertwende jedermann in der Stadt.

Der Königsberger Hafen kann vor dem Ersten Weltkrieg nicht ausgebaut werden, da Königsberg Festungsstadt ist – jenseits der Festungsanlagen darf nicht gebaut werden, um der Festungsartillerie freies Schussfeld zu gewähren. Die Anlage des Seekanals von Pillau nach Königsberg in den Jahren 1894 bis 1901 verbessert aber seine Erreichbarkeit entscheidend. Das Fahrwasser wird auf 6,5 m Wassertiefe gebracht, Eisbrecher halten es auch im Winter offen. Die hölzernen Bohlen der Kais ersetzt man durch steinerne Kaimauern.[214]

Memel gerät als Hafen- und Handelsstadt im 19. Jahrhundert immer mehr ins Hintertreffen, ist aber weiterhin ein nicht unbedeutender Hafen und Sitz von Reedereien. Die beachtliche Stellung der Memeler Reederei in den 1870er Jahren zeigt die Reichsstatistik. Danach nimmt Memel noch 1874 nach der Anzahl der Schiffe unter den 39 deutschen Häfen den zwölften Platz ein, nach dem Rauminhalt in Registertonnen den Achten. Vor dem Ersten Weltkrieg betreiben die Memeler Reedereien hauptsächlich das Frachtgeschäft nach Rotterdam, aber auch nach Hamburg und Emden. Nach Rotterdam befördern sie von Memel Zellulose und Getreide und verschiffen auf der Rückfahrt Kohlen und Düngemittel.

Zur jahrhundertealten Konkurrenz des Hafens Memel mit Königsberg kommen gefährliche Rivalen im Osten. Das Zarenreich fördert den Ausbau seiner Häfen in Reval, Riga und Libau und versucht, den Handel vom Fluss Memel fort und damit an Preußen vorbei zu lenken. Libau zieht mit der Zeit einen Großteil des russischen Holzexports an; Memel ist unversehens zwischen Ost und West in einen toten Winkel geraten. Zwar sind 1880 in Memel 16 Fluss- und Schleppdampfer beheimatet, 1899 sogar 23 motorisierte Binnenschiffe für die Frachtschifffahrt[215], doch zu Land wird die Stadt abgehängt. 1833 gibt man die alte Poststraße über die Kurische Nehrung auf, die Transporte nach St. Petersburg gehen jetzt über Tilsit und Tauroggen. Das preußische Chausseennetz endet vorläufig an der Memel. Auch die Eisenbahn reicht lange nur bis Tilsit. Im Winter ist Memel auf dem Landwege völlig abgeschnitten. Schließlich wird ab 1874 die Eisenbahn doch über den Fluss bis nach Memel geführt, ein Jahr später ist die Memel mit einer Eisenbahnbrücke überquert.

Der Handel mit Russland, der vor allem über Memel abgewickelt wird, unterliegt starken politischen Einflüssen. Je nachdem ob nationalliberal eingestellte Industrielle oder konservative Großagrarier in Berlin das Ohr der Regierung finden, schottet sich Deutschland mit Schutzzöllen gegen die agrarischen Importe aus Russland ab bzw. reagiert Russland seinerseits mit Protektionismus. Hohe Zölle der jeweiligen Seiten verteuern Ex- und Importe, dass sie nicht mehr konkurrenzfähig sind. So belebt sich mal das Geschäft in Memel, mal stagniert es oder geht zurück.[216]

Der Apotheker C. Schmidt in seiner königlich-privilegierten Apotheke am Markt 13 in Wehlau. In der Kleinstadt in der ostpreußischen Provinz hielt es den Berliner nur von 1894 bis 1896, dann verkaufte er die Apotheke und ging nach Berlin zurück.

Neben dem großen gibt es in der Provinz natürlich überall kleinen Handel. Die Kreisstadt Lötzen ist mit etwa 210 Ladengeschäften vor dem Ersten Weltkrieg Einkaufsort für das Kreisgebiet. Hier gibt es gewerbliche und industrielle Erzeugnisse, vor allem aber „Kolonialwaren", also Dinge, die in Haus und Hof nicht selbst angebaut und hergestellt werden. Da die Bauern des Kreises ihren Bedarf fast ausschließlich in der Stadt decken, entwickelt sich in den Dörfern kein bedeutender Einzelhandel. Außer einem, manchmal zwei Gasthöfen, die mit Lebensmittelgeschäften verbunden sind, haben sie kaum Geschäfte aufzuweisen. Die Warenlager der Dorfkaufleute sind zudem nicht sonderlich reichhaltig.[217]

Groß Skaisgirren im wohlhabenden Kreis Niederung zählt bei weniger als 2000 Einwohnern zur Kaiserzeit zwölf Kolonial-, Eisenwaren- und Lebensmittelgeschäfte, fünf Manufakturwarengeschäfte mit Herren- und Damenkonfektion, Hüten und Mützen, zwei Geschäfte mit Damenhüten und Modeartikeln, zwei Schuhläden, vier Fleischereien, drei Bäckereien, eine Mehlhandlung, zwei Schreibwarengeschäfte, zwei Drogerien, zwei Zigarrengeschäfte, zwei Möbelhandlungen, eine Meierei, eine Apotheke und eine Gärtnerei mit Blumen- und Kranzbinderei. Zwei Uhrmacher und zwei Kürschner verkaufen in eigenen Geschäftslokalen, drei Malerbetriebe, drei Schneider sowie zwei Frisöre bieten als Selbstständige handwerkliche Dienstleistungen an. Es praktizieren drei Allgemeinmediziner, drei Zahnärzte, ein Tierarzt, drei

Rechtsanwälte und ein „Rechtsberater“. Einkehren können Gäste in drei Hotels, vier Gaststätten mit Übernachtungsmöglichkeiten und einem Kaffeehaus.[218]

Auf dem Land kommt der Händler mit dem Hökerwagen auf die Höfe, so auch nach Döhlau im Kreis Neidenburg, wo Frieda Unterberger aufwächst. „Man kaufte damals auf dem Lande nur in der Hökerei ein, in der es alles gab, von der grünen Schmierseife bis zu Kleidung und Schuhzeug, wo neben dem Faß mit Salzheringen das Faß voll Petroleum stand, aus dem geschöpft wurde. Flaschen brachte man mit, aber Tüten für das Eingekaufte waren Mangelware, sie wurden je nach Größe aus Zeitungspapier gedreht. Die Honig-Bonbons klebten darin leicht fest, wenn man sich manchmal heimlich dorthin schlich, ein oder zwei Kreuzer in der Tasche.“[219]

Glaubensangelegenheiten und Überzeugungen

Protestanten und Erweckte

In seinem Lebenslauf eines Ostpreußen schreibt der Philosoph, Publizist und Journalist Gerhard Szczesny auch über die religiösen Überzeugungen seiner in Königsberg lebenden Familie. Der in der Provinz jahrhundertelang intensiv gelebte Protestantismus ist in der ersten Hälfte des 20. Jahrhunderts in den Städten, vor allem in Königsberg, im Niedergang begriffen. Ob und was sein Vater glaubt, behauptet Szczesny, habe er nie erfahren. Seine Mutter sei ein- oder zweimal im Jahr in die Kirche gegangen. Sie habe sich, so Szczesny, „einen sentimentalen Restbestand von christlichen Überzeugungen und Lebensregeln bewahrt.“[220] Die Großmutter mütterlicherseits gehört zu einer aus Hessen-Nassau eingewanderten Sippe und ist deshalb reformiert. Ebenso wenig wie ihr Mann nimmt sie am Kirchenleben teil. „Die ganze Familie war das Produkt eines das Ende des neunzehnten und den Beginn des zwanzigsten Jahrhunderts bestimmenden Säkularisierungsschubs, der die christliche Überlieferung endgültig ihres spirituellen Inhalts beraubte und auf die Beteiligung an ein paar Gebräuchen und Ritualen und die Anerkennung allgemeiner moralischer Grundsätze beschränkte.“[221] Auch wenn sich bei der städtischen protestantischen Bevölkerung die Bindung an die Kirche lockert, Ostpreußen ist ein evangelisches Land.

Bis zur Revolution von 1918 steht in Preußen der König als oberster Bischof (Summus Episcopus) der Kirche vor; in dem von ihm beherrschten Territorium übt er das landesherrliche Kirchenregiment aus. Das findet ein Ende mit den Bestimmungen des Artikels 137 der Weimarer Reichsverfassung zum Selbstbestimmungsrecht der Kirche: Die Kirchenleitung geht nun auf gewählte Synoden über. Die preußische Landeskirche wird unabhängig vom Staat, nennt sich fortan „Evangelische Kirche der altpreußischen Union“ und gibt sich 1922 eine eigene Verfassung.

Das Verhältnis zwischen Lutheranern und Kalvinisten ist in Preußen nicht spannungsfrei. Am 27. September 1817 erlässt der preußische König Friedrich Wilhelm III. einen Aufruf zur Vereinigung („Union") der reformierten und lutherischen Gemeinden zu einer „unierten" Kirche. Die kollektiven nationalen Erfahrungen der Befreiungskriege lassen die bisherigen Abgrenzungen zwischen den evangelisch-reformierten und den evangelisch-lutherischen Protestanten unzeitgemäß und die Unterschiede in den Lehrauffassungen marginal erscheinen. Gemeinsame Abendmahlsfeiern werden möglich, es wird eine einheitliche kirchliche Verwaltung geschaffen und – trotz heftiger Proteste vieler Gemeinden – eine einheitliche Gottesdienstordnung. Schnell wird eine gemeinsame Leitung und Verwaltung für die beiden protestantischen Konfessionen in Preußen installiert, das lutherische oder reformierte Bekenntnis der einzelnen Gemeinden aber bleibt unangetastet. An wenigen einzelnen Orten kommt es zu förmlichen Vereinigungen von Gemeinden lutherischer und reformierter Konfession, die sich nun als „uniert" bezeichnen. So auch in Goldap.

In den Kreis Goldap haben französische und schweizerische Kolonisten, Nassauer und Pfälzer den reformierten Glauben gebracht. Die reformierte Gemeinde in Goldap wächst, als 1715 gleich 55 nassauische Familien zuziehen, die ausnahmslos reformiert sind. Sie halten ihre Gottesdienste in Goldap in der lutherischen Kirche ab[222], später bauen sie sich ein eigenes Gotteshaus. Am 31. Oktober 1817 findet als Folge des Aufrufs des Königs zur Union in der Stadt Goldap eine feierliche Vereinigung beider Konfessionen statt. Durch Handschlag versprechen sich die Prediger der beiden Kirchspiele, jeden im Besitz seiner Rechte zu lassen. Die Lutheraner sind gewillt, die Union zu praktizieren, die Reformierten aber halten sich in ihrer eigenen Kirche getrennt. Erst als 1840 der reformierte Pfarrer stirbt, werden die beiden Kirchspiele zusammengelegt. Im Jahr 1890 gibt es noch etwa 100 reformierte Gläubige in Goldap.[223]

Geistliche Leiter der Evangelischen Kirche in Preußen sind Generalsuperintendenten, die geistlichen Vorgesetzten der Pfarrerschaft. Der für Ostpreußen zuständige Superintendent hat seinen Sitz in Königsberg. Die wichtigste Institution des landesherrlichen Kirchenregiments ist bis zu dessen Aufhebung 1918 das Konsistorium als Kirchenaufsichtsbehörde. Es besteht in etwa gleichgewichtig aus Theologen und Juristen. 1850 wird in Berlin als oberste Kirchenbehörde für den Staat Preußen ein „Oberkonsistorium" errichtet, in Königsberg gibt es für die Provinz Ostpreußen ein „Königliches Konsistorium". Die Pfarrer sind in Preußen Beamte des Staates.

In Lovis Corinths Geburtsstadt Tapiau zeigen in dessen Jugendjahren einige Familien eine starke Frömmelei, aus ihren Häusern hört Corinth häufig Kirchengesänge und Predigten.[224] „Sonst herrschte eigentlich überall eine natürliche, gesunde Frömmigkeit, d.h. Respekt vor der Kirche, welche aber nicht die Kirchenbesucher abschreckte, Kritik zu üben, namentlich über die komödienhaften Gesten des Superintendenten."[225] Corinths Mutter Wilhelmine praktiziert wie der Vater Heinrich im Alltag praktische Nächstenliebe: „Zum einfachen Almosengeben wurde ich von ihr stets angehalten ohne jegliche Sentimentalität. Den ganzen Vormittag kamen alte Männlein und Weiblein angehumpelt, hustend und bettelnd. Meine Mutter spann fortwährend an ihrem Wocken. Jedem mußte ich dann einen Pfennig und ein Stück Brot aus dem Mauerschrank geben.[226]

Corinth berichtet, dass er auf seinen Studienreisen auf der Kurischen Nehrung in den 1870er Jahren häufig auf Wanderprediger getroffen sei, die von jedermann respektvoll angesehen wurden: „Etwa so, wie ein Bettelmönch in den katholischen Ländern."[227] Die Prediger ziehen über Land und rufen ihre Anhänger zum Gebet zusammen. Sie sind Vertreter einer religiösen Erweckungs- und Gemeinschaftsbewegung unter der litauischen Bevölkerung Ostpreußens, die später auf Masuren übergreift und sich mit der Arbeitsemigration bis nach Berlin und in das Ruhrgebiet ausbreitet. Nirgendwo im Deutschen Reich ist um 1900 das religiöse Vereins- und Sektenwesen so entwickelt wie in Ostpreußen, nirgends zeigt es sich so offen. Ihre Anhänger nennt man in Preußisch „Maldininker" oder „Surinkimininker". Das Wort Maldininker ist abgeleitet von litauisch „malda" (Gebet), Surinkimininker von „surinkimas" (Versammlung). Der erste Ausdruck wird spöttelnd gebraucht und wird von den Anhängern der Erweckungsbewegung selbst nicht benutzt. In Masuren werden sie „Stundenhalter" und „Gromadki" (polnisch-masurisch für Häuflein) genannt.

Der Volkskundler Fritz Tetzner nimmt Ende der 1890er Jahre an einer Missionsfahrt der puritanischen Maldininker auf einem Memelschiff von Tilsit nach Schwarzort auf der Kurischen Nehrung teil. „In schwarzer Tracht, Landpastoren ähnelnd, kamen sie zusammen, reichten sich die Hände und küßten sich. Sie waren auf einer Missionsfahrt von Tilsit nach Ruß und Schwarzort begriffen."[228] Um 10 Uhr am Morgen steht Tetzner in Ruß am Anleger: „Schon in der Frühe kamen von allen Himmelsrichtungen zu Fuß und zu Floß, Wagen und Boote die Litauer, um am Feste teilzunehmen. ½ 12 Uhr langte der gemietete Dampfer aus Tilsit an, war aber bereits so mit Anhängern überladen, daß niemand mehr mitbefördert werden sollte. Nun zogen die stundenweit Herbeigeeilten ergeben in ihr Los nach Hause. Ich aber drängte mich vor, die seltene Gelegenheit nicht zu versäumen. Kein Mensch konnte sitzen und sich bewegen, so war das Schiff vollgestopft. Heute waren viele Litauerinnen aus Minge und Kinten, Skirwith und Inse, Heydekrug und Loye in ihrer Tracht erschienen."[229]

Im Gespräch mit jungen Mädchen und Jungen auf dem Schiff stellt der Volkskundler fest, dass viele nicht der Bekehrung, sondern des schönen Ausfluges wegen mitfahren. „Sie hatten einen guten Grund, um sich von zu Hause loszureißen, hörten dem Missionsgottesdienste einige Minuten zu und gingen dann, befreundet oder verliebt, in die schönen Anlagen Schwarzorts, die vom Haff bis zum Baltischen Meere die Düne durchqueren."[230] Der Missionsgottesdienst findet auf einer Waldwiese inmitten alter Föhren und Fichten statt. Etwa 800 Männer und Frauen haben sich um einen Predigttisch versammelt.

Die Anfänge dieser religiösen Bewegung reichen bis in die Mitte des 18. Jahrhunderts und sollen durch das Auftreten von Wanderpredigern der pietistischen Herrnhuter Brüdergemeinde inspiriert sein. Ihre ersten Versammlungen sind noch Treffen von Bekannten und Nachbarn. Die Bewegung wächst zu Beginn des 19. Jahrhunderts, als preußische Litauer, die von Gott Berufene zu sein glauben, beginnen, als Prediger aufzutreten.[231] Einer der bekanntesten Prediger ist Klimkus Grigelaitis aus dem Dorf Paaschken, Teil des Kirchspiels Prökuls.[232] Fritz Tetzner berichtet 1902: „Ein Schiffer aus der Memeler Gegend, Klimkus Grygolait, wurde auf einer Reise nach England ‚erweckt'. Er hatte Visionen, sagte, Gott hätte ihn zu seinem Rüstzeug auserwählt, daß er seinem Volke Buße predige. 1807 zog er in die Grenzgegend zwischen Memel und Schmalleningken, in die Ortschaften um Wischwill und Eydtkuhnen. An der Scheschuppe und am Njemen wurden Gebetsversammlungen abgehalten, die Klimkenaten wuchsen täglich an Zahl."[233] Klimkus Grigelaitis gründet eine eigene Bewegung, deren Anhänger man „Klimskiškai" nennt.

Die Haltung der Staatskirche und der preußischen Behörden zu den Gemeinschaftsbewegungen ist zunächst zwiespältig. Die anfänglichen Hausgebetskreise innerhalb der Familie sind nicht genehmigungspflichtig, doch mit einer Order aus dem Jahre 1834 wird die Tätigkeit der Bewegung und ihrer Prediger praktisch verboten. Eine religiöse Versammlung von Gläubigen darf nur mit der Genehmigung durch das Konsistorium erfolgen. Stundenhalter, die außerhalb ihres Dorfes wirken, geraten in Konflikt mit den Polizeibehörden.

Die später entstehende Bewegung der ‚Jurkunisskai' ist liberaler und toleranter als die der „Klimskiškai", sie wird Mitte des 19. Jahrhunderts vom Stundenhalter Jurkūnas (Jurkschat) aus dem Dorf Piktupönen inspiriert. Trotz einiger Einigungsversuche bestehen beide Richtungen nebeneinander, bis die Gemeinschaftsbewegung nach der Entstehung des Ostpreußischen Evangelischen Gebetsvereins durch Christoph Kukat aus Lasdehnen neu organisiert wird. Kukat vertritt eine buchstäbliche Inspiration der Bibel. Er setzt nicht vorgebildete Reiseprediger ein und schreibt feste Gebetsformen vor. Eigenarten der Kukatianer sind das kniende Gebet und die Ablehnung von Chorgesang im Gottesdienst sowie die Distanz zu weltlichen Vergnügungen. Die Stunden des „Ostpreußischen Evangelischen Gebetsvereins" werden von 70 bis 80 Stundenhaltern durchgeführt, von denen etwa 25 Litauer und etwa je 30 Deutsche und Masuren sind. Diese Gemeinschaftsbewegung ist ein aktiver Protest gegen den kirchlichen Rationalismus und organisatorische Probleme der evangelischen Kirche. Deren Ursachen liegen oft in der mangelhaften Seelsorge, eine Folge des Pfarrermangels und der geringen Kenntnis des Polnischen und Litauischen der ausgebildeten Theologen.[234]

Anfang des 18. Jahrhunderts wird das offizielle religiöse Leben der litauischen Bevölkerung durch zugewanderte Glaubensflüchtlinge beeinflusst. Sie wecken unter den Litauern die Wertschätzung religiöser Traktate und Schriften. Pietistische Kreise in Königsberg fördern eine litauischsprachige Buchproduktion, in geringem Umfang auch für die polnischsprachigen Masuren.[235] Den Gläubigen steht neben der Bibel und den Gesangbüchern nur diese religiöse Literatur in ihrer Landessprache zur Verfügung. Sie vor allem prägt mit ihren einfachen Inhalten von Gut und Böse, Himmel und Hölle die Vorstellungen der Gläubigen und hat einen Furcht erregenden Einfluss auf die ungebildete Leserschaft.

Der polnische Historiker Grzegorz Jasinski sieht die Ursachen für den Erfolg der Bewegung in einer spezifischen Religiosität der Masuren und Litauer. „Auf der einen Seite verneigten sie sich vor der Größe Gottes und sahen in ihm die höchste Autorität, auch vor den kirchlichen Instanzen hatten sie größere Achtung als ihre deutschen Nachbarn. Andererseits war ihre Religiosität ganz volkstümlich, in größerem Maße nicht ‚reif'. Sie war mehr auf Intuition als auf das genaue Verständnis der Glaubensregeln ausgerichtet; ein besonderer Akzent lag auf den äußeren Formen des Kultes. Bei den Masuren fiel die Idee der Gemeinschaftsbewegung auf fruchtbaren Acker, da sie mit dem tief verwurzelten polnisch-slawischen Empfinden der Frömmigkeit und emotionalen Kategorien zusammentraf, zum Beispiel mit der dem Protestantismus fremden Neigung, den Glauben nach außen zu zeigen."[236]

Später und weniger übersichtlich als im litauischen Ostpreußen entwickelt sich die Bewegung in Masuren. Die erste bekannte Stundenhalter-Organisation in Masuren, die Christliche Gemeinschaft, wird 1848 in Ortelsburg gegründet. Dazu Grzegorz Jasinski: „Zwischen Ortelsburg und Hohenstein lockte die Gänsemagd Gottliebe die Zuhörer mit ihrer Kenntnis des gesamten masurischen Gesangbuchs und großen Teilen der Heiligen Schrift, und unter der gelittenen Billigung des Konsistoriums organisierte Jan Jenczio in Markowsken (Kreis Oletzko) religiöse Treffen. Gemeinschaftsgruppen existierten auch im Nordosten (Goldap, Angerburg, Oletzko)."[237] Mitte der 1870er Jahre hat die religiöse Erweckungsbewegung auch in Masuren fast überall Fuß gefasst. Die Gromadki treffen sich in Privathäusern, Scheunen oder eigens errichteten Betsälen. Sie stammen ausschließlich aus dem polnischsprachigen Masurentum und leben ein asketisches Leben. Auf Tabak- und Alkoholkonsum wird verzichtet. Das ist in Masuren ungewöhnlich.[238]

Die Gromadki fühlen sich der Forderung der Reformation verpflichtet, das Evangelium in der Muttersprache zu verkünden. „Der Staat und dessen Herrscher, der Summus episcopus der Amtskirche, verwehrten den Masuren dagegen eine der elementaren Errungenschaften der Reformation. Unter diesen Umständen war es kein Wunder, dass sich immer mehr Masuren der Gromadki-Bewegung anschlossen."[239] Andreas Kossert sieht in der Erweckungsbewegung der Gromadki auch einen Widerstand gegen den Verrat des protestantischen Königreichs Preußen an Luthers Lehre. „Was der deutsche Nationalismus der Kaiserzeit nicht hoch genug halten konnte, das heilige Recht auf die Muttersprache, wollte man denen nicht zugestehen, deren Muttersprache nicht Deutsch war. Dem stellten sich die Gromadki als Protestbewegung,

Ramutten, zehn Kilometer nordöstlich von Heydekrug, Memelland. Grundsteinlegung der evangelischen Kirche im Jahr 1928. Die evangelischen Gemeinden des Memellandes gehören auch von 1920 bis 1939 zur „Evangelischen Kirche der altpreußischen Union".

wenn auch reichlich heterogen, entgegen. Dabei ging es ihnen nicht in erster Linie um den Widerstand gegen die Germanisierungspolitik, sondern um die Verteidigung der polnischen Sprache als Lingua sacra der Verkündigung."[240] Zahlen über die Anhänger der Gromadki in Masuren liegen nicht vor. Kossert schätzt aber, dass bis 1914 ein Viertel der masurischen Gesamtbevölkerung zu ihrer Anhängerschaft gezählt werden muss.

Die Katholiken – Glaube, Politik, Nation

Der spätere Redakteur der katholischen Ermländischen Zeitung in Braunsberg und spätere Studiendirektor am Kölner Humboldt-Gymnasium Hans Preuschoff verbringt als Neunjähriger 1914 seine Osterferien bei Verwandten im westpreußischen Dirschau an der Weichsel. Am letzten Ferientag steckt man den Jungen in einen D-Zug, der ihn in seine Heimatstadt Braunsberg bringen soll. Als der Zug in Elbing hält und ein Zeitungshändler am Zug entlanggeht, ersteht der Knabe eine Zeitung, die Danziger Neuesten Nachrichten: „Ich breitete sie auf meinem Platz aus, so daß ich völlig hinter ihnen verschwand und nicht die gewiß amüsierten Gesichter der Mitreisenden im Kupee, wie man damals sagte, sehen konnte. Meine Eltern, die mich am

Braunsberger Ostbahnhof in Empfang nahmen, waren ob meines Mitbringsels eher erzürnt." Zum einen, weil die Zeitung 10 Pfennig gekostet hat, vor allem aber, „weil ich eine Zeitung gekauft hatte, die nicht unseres Glaubens war wie die brave Ermländische."[241] Die ist katholisch und schreibt so, wie die katholischen Bischöfe denken.

Die Minderheit der Katholiken Ostpreußens lebt vor allem in dem Gebiet, in dem sie eine Mehrheit bildet – dem Ermland – in einem eigenen Milieu. Auch dort, wo ihr prozentualer Anteil wie im Regierungsbezirk Westpreußen und im äußersten Süden Masurens noch deutlich zweistellig ist, richten die Katholiken ihr alltägliches Leben nicht nur nach religiösen, sondern auch nach eigenen politischen und kulturellen Gepflogenheiten aus. Dazu gehört seit der zweiten Hälfte des 19. Jahrhunderts das Lesen der katholischen Tagespresse und die Wahl der katholischen Zentrumspartei. Die Minderheit unter den Katholiken, die sich als Polen fühlt, liest bis 1914 katholische Zeitungen polnischer Sprache und unterstützt die Kandidaten der Polenpartei.

Nur 15 % der Einwohner Ostpreußens sind im Jahr 1925 katholisch. In ganz Preußen sind es mehr als 31 %, im Deutschen Reich etwas mehr als 32 %. Eine deutliche Mehrheit bilden die Katholiken in den vier Kreisen des Ermlandes und in der Stadt Allenstein: Hier leben fast 66 % der knapp 340 000 Katholiken Ostpreußens. In den 1920er Jahren machen die Katholiken im Kreis Allenstein 93 %, im Kreis Braunsberg 87 %, im Kreis Heilsberg 93 % und im Kreis Rößel 89 % der Bevölkerung aus. In der kreisfreien Bezirkshauptstadt Allenstein stellen sie 62 % der Bevölkerung. Im westpreußischen Kreis Stuhm haben sie mit 58 % die Mehrheit, im Kreis Marienburg mit 31 % noch eine starke Minderheitsposition, im Kreis Marienwerder liegt mit 17 % ihr Anteil hoch. In der Stadt Elbing machen die Katholiken noch 17 % der Bevölkerung aus während sie in Königsberg nicht einmal 5% der Bevölkerung stellen, im umgebenden Samland sogar nur 1,4 %. Vor dem Ersten Weltkrieg zweifeln nationale Kreise an der „vaterländischen" Gesinnung der Katholiken außerhalb der beiden rein deutschsprachigen ermländischen Kreise Braunsberg und Heilsberg – ihnen wird generell Sympathie mit der nationalpolnischen Bewegung unterstellt. Ab 1929 decken sich die Grenzen der Diözese Ermland mit denen der preußischen Provinz Ostpreußen; im Jahre 1940 leben in diesem Bistum Ermland 375 394 Katholiken und 2 084 241 Nichtkatholiken.

In den Jahren zwischen 1871 und 1878 kommt es im Deutschen Reich, vor allem in Preußen, zu einem „Kulturkampf" zwischen der katholischen Kirche und der Regierung unter Reichskanzler Otto von Bismarck. Es ist ein politischer Machtkampf, denn mit der Reichsgründung haben sich die Katholiken in einer Partei politisch organisiert. Diese neue Partei, das Zentrum, vereint in sich den katholischen Klerus, den katholischen Landadel in Rheinland, in Westfalen und in Süddeutschland, die Honoratioren des katholischen Mittelstandes, die katholische Bauernschaft und die katholische Arbeiterbewegung. Das Zentrum deckt auf dieser Basis zwar ein heterogenes breites Spektrum ab, kann aber im politischen Handeln das katholische Milieu bündeln. Es fordert die Unabhängigkeit kirchlicher Institutionen und die Selbstständigkeit der Kirche vom Staat und macht sich stark gegen eine Zivilehe. Die Konfessionsschulen und die kirchliche Schulaufsicht sollen nach Vorstellung der Partei erhalten bleiben, der neue Nationalstaat, in dem die Katholiken eine Minderheit bilden, soll eine stärkere föderale Ordnung haben. Bei der Wahl zum ersten deutschen Reichstag am 3. März 1871 erringt das Zentrum 18,6 % der Stimmen und 63 Mandate und stellt damit nach den Nationalliberalen, auf die sich Bismarck vor allem stützt, die zweitstärkste Fraktion. Bismarck sieht in den Katholiken Feinde des Reichs, zumal auch die reichsfeindlichen Minderheiten der Polen und Elsaß-Lothringer katholisch sind. Dem politisch organisierten Katholizismus wirft Bismarck vor, vom Papst ferngesteuert zu sein. Der katholische Klerus will die Zivilehe verhindern und die Aufsicht über die katholischen Schulen behalten. Er macht Bismarck streitig, was nach dessen Meinung – und auch aus der Sicht des Liberalismus – „des Staates" ist. Um die Macht des Katholizismus zu brechen, aber auch um Liberale und Konservative hinter sich zu vereinen, beginnt Bismarck den „Kulturkampf".

In den ersten Jahrzehnten nach 1871 spielt der katholische Klerus in der Zentrumspartei eine herausragende Rolle. Robert Traba hat in seinem Aufsatz *Die nationale und soziale Reaktion der Ermländer auf die gesellschaftliche Modernisierung im 19. Jahrhundert* auf die Rolle der Geistlichen im Ermland hingewiesen: „Eine sozial beherrschende Funktion behielt die katholische Geistlichkeit. Keine andere Gesellschaftsgruppe war bis 1914 imstande, ein starkes katholisches Zentrum weltlichen Charakters zu bilden, welches die lokale Bevölkerung zu beeinflussen vermochte. Dafür gab es objektive Gründe: den Mangel an höheren weltlichen Schulen und an einer organisierten Intelligenz sowie das Fehlen einer bedeutenden Arbeiterschicht."[242]

Die als Kulturkampf bezeichnete Auseinandersetzung zwischen Reichsregierung und Katholizismus wird vom Staat mit einem Bündel von Gesetzen und Verordnungen geführt. Im „Kanzelparagraphen" wird den Geistlichen verboten, mit Verlautbarungen den „öffentlichen Frieden" zu gefährden, was bedeutet, dass sie sich in den Kirchen nicht mehr politisch äußern dürfen. Dem Jesuitenorden wird untersagt, in Deutschland Klöster und Niederlassungen zu unterhalten. Die geistliche Schulaufsicht wird durch eine staatliche ersetzt. Ein Gesetz vom Mai 1873 stellt die Ausbildung und Einstellung von Geistlichen unter die Kontrolle des Staates – eine Maßnahme, die die Katholiken betrifft, denn die großen protestantischen Kirchen sind ja schon „Staatskirchen". Ab 1875 ist nur noch die Eheschließung des Standesamtes gültig; wer kirchlich heiraten will, darf dies erst nach der standesamtlichen Trauung.

Die Gesetze führen auch im Bistum Ermland zu scharfen Konflikten. Der Chronist Georg Kellmann beschreibt in seiner Heimatchronik 1993 die Auswirkungen im Kreis Allenstein: „Wenn durch den Tod des Pfarrers eine Pfarrei vakant wurde, erschien alsbald der Landrat des Kreises, um die Kirchenbücher und das Kirchenvermögen mit Beschlag zu belegen, und bestellte einen Verwalter, der z.B. wie auch in

Klaukendorf – freilich vergeblich, die Kalende einzutreiben versuchte. Unter Protest des Kirchenvorstandes geschah dies im Dezember 1874 in Klaukendorf und im März 1877 in Groß Kleeberg unter dem Protest von Kaplan Kiszporski gegen den Eingriff in das Eigentum der Kirche."[243] Auf diese staatlichen Übergriffe bereiten sich die Katholiken vor. Wenn ein Pfarrer im Sterben liegt, werden Kirchenbücher und Wertsachen von Gemeindemitgliedern in Gewahrsam genommen, sodass die staatlichen Beamten keine Unterlagen über die Gemeinde und ihre Mitglieder vorfinden und nicht agieren können.[244] Nach Gesetzen des Jahres 1873 werden jetzt auch die jungen Kapläne zum Wehrdienst mit der Waffe eingezogen. Baugenehmigungen für Kirchen werden nicht oder nur schleppend erteilt.

Bismarck erreicht seine politischen Ziele nicht, doch er provoziert eine spürbare Staatsverdrossenheit der Katholiken. Das Zentrum erhält in dieser Zeit mehr Wählerzulauf als zuvor. Ab 1878 mildert die Reichsregierung den Kulturkampf ab, Preußen arrangiert sich nach und nach mit dem Vatikan. 1886 und 1887 erlassene „Friedensgesetze" führen schließlich zur Beilegung des Konflikts. Allmählich gelingt die Integration der deutschen Katholiken in die nationalstaatliche deutsche Gesellschaft. Später trägt die Zentrumspartei, die – mit einer Ausnahme – bei den Wahlen zwischen 1871 und 1913 immer beide ermländischen Reichstagswahlkreise gewinnt, die Politik im Königreich Preußen und im Deutschen Reich mit. Das aber führt zu einer Distanz zwischen deutschsprachigen und polnischsprachigen Katholiken. Die pro-polnische Minderheit unter den Katholiken des Ermlands schafft sich 1886 mit der Tageszeitung Gazeta Olsztytiska ein Sprachrohr, das bis 1939 besteht. Letztlich bleiben die pro-polnischen Ermländer aber immer eine Minderheit.

Überall wo sie nicht die Mehrheit stellen, leben Katholiken in der „Diaspora". Ihre Glaubensbrüder geistig und vor allem materiell zu unterstützen, ist die Pflicht der Katholiken in ihren Hochburgen. Im Kreis Rastenburg liegt der Anteil der Katholiken bei nur 5%, die 2000 Mitglieder der katholischen Gemeinde sind zudem im ganzen Kreisgebiet verstreut. Einen katholischen Gottesdienst in der Stadt Rastenburg gibt es erst am Ende des 19. Jahrhunderts. Er wird im Pfarrhaus in der Königsberger Straße 11 abgehalten. Im Erdgeschoß wohnt der Pfarrer, in der ersten Etage ist ein Gottesdienstraum eingerichtet. 1895/96 wird in einer Art neugotischem Stil die große Katharinen-Kirche mit einem reich geschmückten Innenraum erbaut. Wie kann sich die kleine Diaspora-Gemeinde solch ein Gotteshaus leisten? Es ist ein Geschenk der Katholiken des benachbarten Ermlandes. Die Rastenburger Katholiken stammen vielfach aus dem katholischen Nachbarkreis und haben sich als Staatsbeamte, Arbeiter und Angestellte der Post und der Militärverwaltung im Kreis angesiedelt. In diesem masurischen Kreis befindet sich auch der größte Wallfahrtsort der ostpreußischen Katholiken. Das 430-Einwohner-Dorf Heiligenlinde (Święta Lipka) mit seiner monumentalen Wallfahrtskirche und einem Kloster liegt allerdings nur 2 km entfernt vor der Kreisgrenze zum ermländischen Rößel.

Ein zweiter Wallfahrtsort ist Dietrichswalde (Gietrzwald) im Kreis Allenstein. Zwischen dem 27. Juni und dem 16. September 1877 soll der 13-jährigen Justyna Szafrynski und der 12-jährigen Barbara Samulowski hier in einem Ahornbaum und in ihrem elterlichen Wohnhaus in Woritten mehrmals die Mutter Gottes erschienen sein. Das erste Mal habe Justyna Szafrynski die Gottesmutter gesehen, als sie mit ihrer Mutter von der Prüfung vor der Erstkommunion zurückkehrt sei. Am nächsten Tag habe auch Barbara Samulowski während des Rosenkranzgebets die „Leuchtende Frau" mit dem Jesuskind inmitten der Engel auf einem Thron sitzend in dem Ahornbaum vor der Kirche erblickt. Die beiden Mädchen stammen aus armen polnischsprachigen Familien. Die Gottesmutter habe sich an die Kinder – wie der Domkapitular Franz Hipler berichtet – „in der Sprache, die man in Polen spricht", gewendet.[245]

Schon am 8. September 1877 pilgern 50 000 gläubige Menschen nach Dietrichswalde. Während des dreimonatigen Erscheinungszyklus im Jahr 1877 besuchen eine halbe Million Menschen den Ort. Die örtliche Verwaltung, die deutsche Presse und ein Teil des deutschen Klerus halten die Erscheinung und ihre Offenbarungen nicht nur für Betrug und Aberglaube, sondern auch für eine nationalpolnische Demonstration. Gegen polnischsprachige Pilger und Priester und vor allem gegen den Ortspfarrer Augustin Weichsel werden verschiedene Strafen wie Gefängnis, Geldstrafen und die Suspendierung von der Ausübung der Seelsorge verhängt.

Der ermländische Bischof Philipp Krementz fordert von Weichsel einen ausführlichen Bericht an, dann entsendet er Domherren nach Dietrichswalde, die an den Rosenkranzandachten teilnehmen. Sie beobachten die beiden Mädchen während des Zeitraums der Erscheinungen, protokollieren ihre Aussagen und sammeln Eindrücke von Pilgern und Geistlichen. Die Untersuchungen des ermländischen Bischofs fallen zwar im Sinne der Wundergläubigen positiv aus, eine offizielle Anerkennung der Erscheinung aber unterbleibt, um den preußischen Staat nicht herauszufordern. Eine neuerliche Untersuchung 1920 bringt ebenfalls keine Anerkennung, obgleich nach Auffassung der Kirche nichts gegen sie spricht. Zu dieser Zeit finden im südlichen Ermland die Abstimmungen zur Zugehörigkeit zu Deutschland oder Polen statt, die es dem hohen deutsch gesinnten katholischen Klerus nicht ratsam erscheinen zu lassen, eine zwei Polinnen erschienene Gottesmutter zu kanonisieren.

Für die Menschen im südlichen Ermland wird Dietrichswalde ein Identifikationspunkt, auch als nach 1918 die polnische Sprache, die hier bis 1914 50 % der Bevölkerung sprechen, immer mehr zurückgeht. Erst die polnische katholische Kirche erkennt 1977 die Marienerscheinungen offiziell an. Barbara Samulowski ist später in den Orden der Barmherzigen Schwestern eingetreten und in der Mission tätig gewesen. Im Jahr 2005 wird in Gietrzwald ein Seligsprechungs-Tribunal eingesetzt, das den Seligsprechungsprozess einleitet.

Ostpreußens Juden

Der Großvater des sozialdemokratischen Redakteurs Wilhelm Matull, 1845 geboren, lebt in den Jahren vor dem Ersten Weltkrieg als Leiter der Dorfschule in Bisdohnen, Kreis Stallupönen. Er hat die Angewohnheit, nach dem Mittagessen die „Chaussee zu walzen", das heißt er macht aus Gesundheitsgründen einen Spaziergang. Sind die Enkel aus Königsberg zu Besuch, dürfen sie ihn begleiten. „Eines Tages tauchte eine seltsame Gestalt auf: etwas gebückt, aber fest ausschreitend, mit scharf blickenden Augen und einem langen Patriarchenbart. Vor dem Bauch trug er einen sogenannten Bauchladen, angeflickt mit Garnen, Nadeln, Knöpfen, Kämmen und dergleichen, an einem Stock hatte er einen ‚Pungel' über den Rücken geschoben, der seine Einkäufe enthielt. So klapperte er alle zwei bis drei Monate die Gehöfte ab." Die Matulls können nicht einschätzen, wie alt er ist. Als sie einmal nachfragen, gibt er eine unglaubwürdige Auskunft: „Werd ich sein an die 70 Jahr." Die Nachbarin der Matulls behauptet, das habe er schon erzählt, als sie noch junges Mädchen gewesen sei. Der ambulante Händler ist der „Jude Wydubski". Er kehrt gerne im Lehrerhaus von Bisdohnen ein. Dort bietet er zunächst seine Waren an – „Neenadelkes, Scheere, Meeserkes, Zweern", auch Kopftücher und Schürzen. Immer findet er Absatz. Er selbst kauft Felle und Buntmetall an. Die Matulls pflegen ihn zum Essen einzuladen. „Bei Tisch führten Großvater und Wydubski ernsthafte religiöse, mitunter auch makabre Gespräche. Aus der ein wenig geöffneten Tür des Nebenzimmers hörten wir dann, wie Wydubski etwas beleidigt äußerte: ‚Weerd der Herr Rektor machen mit mir e Spoaß?', aber beim Abschied hieß es doch: ‚Herr Rektorche, meeje der liebe Gott jebe, daß Sie noch lange gesund lebe!'"[246]

In Ostpreußen sind Menschen, die selbst mosaischen Glaubens sind oder deren Vorfahren es waren und die allgemein – auch wenn sie preußische und damit deutsche Staatsbürger sind – Juden genannt werden, eine kleine Minderheit. In der russisch-polnischen Nachbarschaft aber bilden sie eine große Minderheit. Nur 2 km von der Grenze zum Kreis Johannisburg und 7 km von der masurischen Kleinstadt Bialla entfernt liegt das polnische Städtchen Szczuczyn. Es ist ein typisch osteuropäisches „Stetl", von seinen knapp 5000 Bewohnern sind 3300 Juden. Große Gemeinden mit einem hohen Anteil orthodoxer Juden gibt es auch in anderen Grenzstädten. Schon Garsden und Kudirkos Naumiestis in unmittelbarer Grenzlage zum Memelland und Schirwindts Nachbarstadt Naumiestis haben einen jüdischen Bevölkerungsanteil von deutlich mehr als 20 %.

En detail oder en gros, sehr viele Juden Ostpreußens leben vor allem vom Handel. So auch im Grenzdorf Prostken, dem Eisenbahnübergang im Kreis Lyck. Die Geschichte des Kreises Lyck aus dem Jahr 1981 weist „unseren jüdischen Mitbürgern" eine Sonderstellung in der Gesellschaft des schnell wachsenden Fleckens zu. „Der gesamte Grenzhandel lag in jüdischen Händen, die Züge mit Hunderttausenden von

Gänsen, die in Prostken auf den Flusswiesen einige Erholungstage verbrachten, die Krebszüge, die über die Grenze kamen, Tausende von Pferden, die auf dem Landweg eingeführt wurden. Ein Dutzend von Spediteuren sorgte für Weiterleitung der Ein- und Ausfuhr. Agenten leiteten die vielen Tausende polnischer und jüdischer Auswanderer."[247] Nach Prostken hat sie die Eisenbahn gelockt. Vor dem Ersten Weltkrieg sind ihre deutschen und masurischen Mitbürger noch neugierig und interessiert an ihren religiösen Bräuchen und Sitten: „Sie kamen ausnahmslos aus dem polnischen Judentum und wohnten bestenfalls in der zweiten Generation in Deutschland, lebten auch restlos in ihren jüdisch-religiösen Formen. Das jüdische Laubhüttenfest brachte der gesamten Dorfjugend die Freude an den ‚Mazen', großen, dünnen kreisrunden Scheiben ungesäuerten Weizengebäcks, dem ‚ungesäuerten Brote' der Bibel."[248]

Seit der zweiten Hälfte des 19. Jahrhunderts existiert im Kreis Tilsit-Ragnit eine größere, nachbarschaftlich zusammenlebende jüdische „Kolonie". Die Juden siedeln sich vor allem in den Dörfern Groß Kakschen (17 Familien) und Klein Kakschen (20 Familien) an, einige auch in Abschruten, Lengeninken und Unter Eißeln. Zur jüdischen Kolonie zählt auch das schon zum Nachbarkreis Pillkallen gehörige Dorf Groß Rudminnen, wo acht jüdische Familien wohnen. Die jüdische Familie Neumark unterhält in Groß Kakschen ein „Kaufhaus" mit angeschlossener Gastwirtschaft. Hier können Textilwaren, Herren- und Damenkonfektion, Schuhwaren, Kolonialwaren, Eisenwaren, Baustoffe, Kunstdünger und Kohlen gekauft werden. Andere Bewohner dieser jüdischen Kolonie handeln mit Pferden oder von Haustür zu Haustür mit Haushaltswaren ziehend. Sie kaufen Felle, Lumpen und Alteisen auf.[249]

Am niedrigsten ist in späteren Jahrzehnten der Anteil der Juden im Ermland. In der Monatsbeilage der in Braunsberg erscheinenden Ermländischen Zeitung vom Juni 1914 wird beschrieben, wie sich aber auch hier die Juden wirtschaftlich etablieren. Nach dem Anschluss des Ermlandes an Preußen beginnt langsam eine jüdische Einwanderung. Nach und nach arbeiten sie sich in ihrer katholischen Umgebung hoch. Viele ziehen zunächst zu Fuß von Dorf zu Dorf und kaufen landwirtschaftliche Produkte auf. Später reisen sie mit Pferd und Wagen übers Land. Sie können sich häufig noch auf Polnisch verständigen, mit den rein deutschsprachigen Ermländern verkehren sie auf Jiddisch. Der in Bischofsstein geborene Lehrer und Chronist des Ermlandes Aloys Sommerfeld über die Reaktion der Dorfbevölkerung: „Tauchten sie in den Dörfern auf, zogen sich die Kinder ängstlich zurück; der lange, schwarze Kaftan, die hohen Stiefel, die fremdartige hohe Kopfbedeckung, das lange Kopf- und Barthaar, dazu der gefürchtete Sack auf dem Rücken ließ sie gar so sehr als der ‚Schwarze Mann', der gefürchtete Kinderschreck, erscheinen. Allgemein werden sie als fromme Leute beschrieben. Bot man ihnen etwas zum Essen an, lehnten sie wohl aus Sorge, sie könnten ihre religiösen Speisegesetze verletzen, ab. Auch weigerten sie sich zumeist, Almosen von Christen anzunehmen. Sie waren anspruchslos und sparsam."[250] Bald besuchen die Juden auch die Jahrmärkte. Dort bieten sie vor allem Bekleidung,

Lederwaren und Haushaltsgeräte an. Schließlich eröffnen sie in den Städten Läden. „Mit sicherem Blick wußten sie, gute Geschäftslagen auszumachen. Auch wandten sich einzelne einem Handel mit landwirtschaftlichen Produkten zu."[251] Die Juden Ostpreußens beginnen, sich in Gemeinden zu organisieren. Wenn die Zahl der Gläubigen oft auch noch klein ist und sich auf wenige Familien beschränkt, werden doch überall in den ostpreußischen Kleinstädten Rabbiner eingestellt und es entstehen Synagogen. Auch jüdische Friedhöfe werden angelegt.

Der Vater von Curt Rosenberg ist Getreidehändler in der Kreisstadt Heilsberg im Ermland.[252] Rosenberg berichtet, dass fast täglich arme Juden aus Russisch-Polen in das Städtchen kommen: „Selbst einen bescheidenen Lebensunterhalt konnten sie in ihrem Geburtsland nicht erwerben und waren somit gezwungen, die Hilfe ihrer glücklicheren Glaubensgenossen – wie der Ausdruck damals hieß, nicht Stammes oder Volksgenossen; diese Worte waren von den deutschen Juden verpönt, da sonst, was Gott verhüten möge, an ihrem Deutschtum gezweifelt werden könne! – im benachbarten Ostpreußen zu erbitten. Es waren zu meist Männer in den 50er und 60er Jahren, die da kamen."[253] Sie gehen niemals zu christlichen Deutschen, um eine Gabe zu erbitten, sie erfragen die Adressen der Juden, die in der Stadt wohnen, und wenden sich an diese. Die polnischen Juden sprechen jiddisch.[254] Rosenberg erinnert sich, dass sich manches Mitglied der jüdischen Gemeinde in Heilsberg der Einwandernden schämt. „Dennoch bestand – so empfand ich es wenigstens – zwischen ihnen und den Fremdlingen eine Verbindung. Was war das? Es konnte nicht nur die Religion sein, auch nicht die Sprache. Mein Vater, der fast nie den Dialekt der Landschaft sprach, sondern nur hochdeutsch, bemühte sich, ihre Sprache zu sprechen oder richtiger gesagt zu radebrechen, was mich stets ungemein belustigte. Und doch empfand ich schon damals, daß die Sprache der Gäste etwas Echtes, Urwüchsiges hatte; für mich hatte das ‚Jiddisch' nichts Abstoßendes, Verächtliches, im Gegenteil; als ich vom Vater erfuhr, daß es deutsche Sprache sei, die vor mehr als 500 Jahren gesprochen wurde, bewunderte ich diese Anhänglichkeit der Nachkommen gegenüber den Sitten vergangener Zeiten."[255] Die fremden Juden essen gemeinsam mit den Rosenbergs und nehmen an den Gesprächen teil, die meist religiöse Themen behandeln. Sie sind keine Bettler, sondern zurückhaltend und bescheiden, sie beherrschen das Hebräische. „Die Gabe, meist ein Geldstück, nahmen sie als etwas Selbstverständliches an. Vielleicht hing das auch mit dem Begriff der Wohltätigkeit zusammen, den die Juden aus ihrer Religion kennen, die für Gerechtigkeit, auch soziale, und Wohltätigkeit ein und dasselbe Wort ‚Zdakah' hat. Durch Betätigung dieser ‚Zdakah' wird gleichsam die gestörte soziale Ordnung wiederhergestellt."[256]

Seit wann Juden in Ostpreußen ansässig sind, lässt sich nicht sicher feststellen. Unmittelbar nach der ersten Polnischen Teilung 1772 gibt es im ehemaligen „königlichen Preußen", dem dann Westpreußen genannten neuen Gebiet des Königreichs Preußen, nur 39 Familien von „Schutzjuden". Ein von der jetzt preußischen

Den grenzüberschreitenden Handel mit Federvieh organisieren bis 1933 häufig Händler jüdischen Glaubens aus Ostpreußen und Russland, später aus Litauen und Polen. Gänse zur Mast in Deutschland werden um 1920 über die Grenze bei Eydtkuhnen getrieben.

Regierung geschützter Jude muss 1 000 rheinische Taler besitzen. Er darf im preußischen Staat, im Gegensatz zu den Gebieten unter der polnischen Krone, nur in den Städten Handel treiben. Bettel- und Hausierjuden sollen allmählich wieder nach Polen ausgewiesen werden. Das gelingt der preußischen Verwaltung bis zum Jahr 1812, in dem Juden den anderen preußischen Untertanen gleichgestellt werden, nur teilweise.[257] Im Jahre 1786 werden in ganz Ostpreußen nur etwa 400 Juden gezählt, die meisten von ihnen leben in Königsberg. Die Obrigkeit duldet sie nur in wenigen Städten, sie unterliegen Sondergesetzen, die ihre Bewegungsfreiheit einschränken und ihnen Sondersteuern auferlegen. Da die Ansiedlung von Juden in Ostpreußen jahrhundertelang eingeschränkt ist, bilden Zuwanderer aus „Großpolen", der Landschaft um die Stadt Posen, die ab 1793 preußisch ist, und aus dem benachbarten Polen-Litauen den Kern der frühen jüdischen Gemeinden. Ostpreußen ist dann im 19. Jahrhundert eine erste Anlaufstation für russische und polnische Juden, die vor Pogromen in Russisch-Polen flüchten.[258]

Erst als Folge der preußischen Reformen der Jahre 1808 bis 1812 kommen Juden 1812 in den Genuss der meisten bürgerlichen Rechte. Zwischen 1817 und 1861 wächst die jüdische Gemeinschaft in Königsberg von 953 auf 2 572 Personen an. Sie nimmt etwa alle fünfzehn Jahre um etwas mehr als 40 % zu, die Gesamtbevölkerung der Stadt aber wächst im gleichen Zeitraum nur um jeweils etwa 25 %. So steigt der Anteil der jüdischen Bevölkerung von 1,4 % um das Jahr 1800 auf 2,7 % sechs Jahrzehnte später.[259] Dieses Anwachsen erklärt sich vor allem durch Zuwanderung. Die polnischen Juden kommen über die südliche Grenze Masurens in die ostpreußischen Kleinstädte, und haben sie Erfolg im Handel, werden sie dort sesshaft. Einige sehr Erfolgreiche zieht es nach Königsberg oder auch direkt ins Reich. Die im Im- und Exporthandel tätigen russischen Juden kommen über die Memel, den zunächst wichtigsten Handelsweg, nach Königsberg, und organisieren von dort den Russlandhandel.

Der Pathologe Bernhard Naunyn lehrt von 1872 bis 1888 an der Königsberger Albertus-Universität, von 1884 bis 1886 ist er dort Prorektor. In seinen Erinnerungen beschreibt er auch, wie der Hafen von Königsberg in den 1870er Jahren Händler, Binnenschiffer und Hilfesuchende anzieht: „Der Hafen unterhalb der Grünen Brücke und im Hundegatt lag voll von Wittinnen, die an den Bollwerken vor den altertümlichen hohen Speichern das Getreide ausluden, und von Dampfern, die es holten. So dicht lagen die Schiffe nebeneinander, dass man oft trockenen Fußes den Hafen hätte überschreiten können. Auf den Straßen war ein Treiben, wie es lebhafter schwer zu finden ist. Die Reihen der schweren vierspännigen Lastfuhrwerke, die Getreide aus den Speichern zur Eisenbahn schafften, sperrten oft die Fahrstraße. Dieser Getreidehandel wurde zu einem großen Teil vermittelt durch jüdische Agenten, die in Königsberg ihren Wohnsitz hatten, oder, wie die Wittinnenführer, mit ihrer Ware aus Russland kamen. Mit ihnen kamen zahlreiche Glaubensgenossen, um in Königsberg ärztlichen Rat zu suchen, tief aus dem Innern Russland, aus Odessa und Astrachan. Typische Gestalten, die russischen Urjuden, die damals die Straßen Königsbergs bevölkerten. Nicht selten schön gewachsene Männer. Haarfarbe schwarz, aber auch rotblond. Lange, spitz auf die Brust auslaufende Bärte und Peisacks – so heißt die an der Schläfe vor dem Ohr lang bis fast zur Schulter herabfallende, schön gedrehte Locke. Langer Kaftan bis auf die Stiefelschäfte, oft ungeschwärzt, über die Hosen gezogen; dies nicht selten lediglich schmutzige leinene Unterhosen, die von dem verhältnismäßig langen Rock vollständig verdeckt war. Ein oft verhältnismäßig neuer Zylinderhut oder eine große Mütze mit auffallend breiten Schirm vervollständigen das recht eigenartige Aussehen.“[260]

Noch Max Fürst kann in den 1920er Jahren die Spuren der „Urjuden“ in Königsberg ausmachen. Das jüdische Altenstift liegt in der Synagogenstraße gegenüber der alten, orthodoxen Synagoge. „Dort und in der Seitenstraße der Kaiserstraße war das alte jüdische Getto. Hier hatten auch die Eltern meines Vaters gewohnt. Hier begegnete man Juden aus den polnischen und russischen Gettos mit Kaftan und Peies.“ Der Zionist Fürst empfindet Abwehr: „Wir verstanden kein Jiddisch, und der Gedanke war peinlich, dass unsere Ahnen auch so ausgesehen haben sollten.“[261]

Die jüdische Gemeinde Ostpreußens hat bis 1880 ein stetiges Wachstum zu verzeichnen. Ostpreußen weist aber noch im Jahre 1871 mit 0,8 % den geringsten jüdischen Bevölkerungsanteil aller preußischen Ostprovinzen (Schlesien, Posen,

Pommern, West- und Ostpreußen) auf. 1871 lebt mehr als ein Viertel aller ostpreußischen Juden in der Hauptstadt. Die Zunahme des Russlandhandels im ersten Jahrzehnt nach der Reichsgründung lässt Königsberg für viele ostpreußische Juden und Juden aus dem Zarenreich attraktiv werden.

Der Handel der Königsberger jüdischen Kaufleute bekommt jede Verschlechterung in den Beziehungen des Deutschen Reichs zu Russland zu spüren. Der ehemalige Königsberger Stadtarchivar Fritz Gause: „In den ersten Friedensjahren gedieh der Handel gut, zumal die russische Regierung die Eisenbahnen, die in Prostken und Eydtkuhnen den Anschluß an das deutsche Eisenbahnnetz herstellten, früher baute als die nach den eigenen Häfen. Dann aber hatte der Königsberger Hafen mit der Konkurrenz von Libau und Odessa, die die russische Regierung tarif- und frachtmäßig begünstigte, zu kämpfen. Die politische Entfremdung der beiden Staaten nach dem Berliner Kongress 1878 und der Übergang Deutschlands zum Schutzzoll führten zu einem Handelskrieg, der dem Königsberger Handel schweren Schaden zufügte.“[262] In den 1880er Jahren wird der häufig auf familiären Beziehungen beruhende Handel zusätzlich durch staatliche Maßnahmen jäh unterbrochen. Während der Auseinandersetzung mit polnischen Nationalisten lässt Reichskanzler Bismarck 1884/85 etwa 30000 russische und österreichische Staatsangehörige ausweisen. Diese Maßnahme richtet sich gegen politisch aktive Polen, die im Deutschen Reich leben, aber nicht die Staatsbürgerschaft eines seiner Länder besitzen. In Königsberg trifft sie ausschließlich russische Juden, unter ihnen viele Kommissionäre und Agenten, die Russisch und gut Deutsch sprechen. Sie sind für die Wirtschaft der Stadt unentbehrlich, die Abnehmer der über Königsberg importierten Waren im Zarenreich sind ebenfalls jüdischen Glaubens.[263]

1885 gibt es etwa 150 jüdische Kommissionäre in Königsberg. Die städtische Kaufmannschaft versucht über ihre Handelskammer, diese Geschäftsmittler zu schützen, und einige Juden können sich trotz der behördlichen Schikanen halten. An die Stelle der Ausgewiesenen treten neue. 1894 sind wieder 128 jüdische Kommissionäre im Russlandhandel tätig. Sie werden nicht reich, aber können sich beruflich etablieren.[264] Vom Rückschlag durch die Ausweisungen erholt sich die Königsberger jüdische Gemeinde zahlenmäßig nicht mehr; der Anteil der Juden an der Gesamtbevölkerung der Stadt reduziert sich zwischen 1871 und 1910 prozentual um fast die Hälfte. Die jüdische Gemeinde erreicht erst kurz vor dem Ersten Weltkrieg wieder die absolute Größe, die sie vor den Ausweisungen hatte.

In Königsberg spielen einige Juden als Fabrikanten in der Industrie eine herausragende Rolle. Max Magnus gründet 1872 die Königsberger Maschinenfabrik, die vor allem landwirtschaftliche Nutzfahrzeuge herstellt. Magnus ist auch in der Königsberger Lokalpolitik aktiv. Elias Radok übernimmt 1875 die Leitung der schon 40 Jahre bestehenden Union-Gießerei und baut sie zu einem der größten Industriebetriebe Ostdeutschlands aus.[265]

„Ein großer Teil der Medizinstudierenden in den neunziger Jahren waren Juden, die sich allmählich zu einer Plage entwickelten." [266] Dieser Satz steht noch in der 1955 in Neuauflage erscheinenden Geschichte der Albertus-Universität zu Königsberg in Preußen von Götz von Selle, die 1944 erstmals gedruckt wird. Sie spricht von den Glaubensbrüdern des jüdischen Philosophen Moses Mendelssohn, die um 1790 die ehrwürdige Albertina besuchen, als „Rassegenossen". „Mendelssohn selbst war auch, bereits 1776, hier gewesen, hatte Kants Vorlesungen besucht, sich aber außerhalb des Kreises seiner Rasse keiner bedeutenden Zuneigung erfreut. Mancher machte schlechte Erfahrungen mit ihm", heißt es in der Festschrift weiter. Der erste jüdische Student promoviert 1781 an der Albertina. „In dem rücksichtslosen Drange vorwärts zu kommen, war den Juden jedes Mittel recht, auch das Studium", so von Selle. Aus der Festschrift spricht noch zehn Jahre nach dem Ende der Nazi-Herrschaft der Geist, der den Holocaust ideologisch vorbereitete.

Zu Beginn des 20. Jahrhunderts studieren in Königsberg viele jüdische Studenten aus den nahen russischen Provinzen, darunter auch junge Frauen. Sie schreiben sich, wie sich ihr Kommilitone Ernst Wiechert erinnert, fast ausschließlich in den Fächern Medizin oder Chemie ein. „Die meisten waren Juden, mit scharfen, fremdartigen Zügen, denen das schwarze, reiche Haar in die Stirne fiel, die unaufhörlich russische Zigaretten rauchten und unaufhörlich mit leidenschaftlicher Gebärde Probleme diskutierten, die mir wegen ihrer Sprache fremd blieben."[267]

Der Aufstieg der Juden in die Königsberger Mittelschicht und ihre gesellschaftliche Anpassung an die christliche Mehrheit lässt sich auch an den Traditionsgymnasien der Stadt ablesen. Schon 1870 zählt das Altstädtische Gymnasium neben 333 evangelischen nur sechs katholische, aber 146 jüdische Schüler, das Kneiphöfische Gymnasium 326 evangelische, 14 katholische und 86 jüdische Schüler. Eine Anekdote, die der Sozialdemokrat Wilhelm Matull aus der Zeit des Ersten Weltkriegs erzählt, ist bezeichnend: „Als unser Botaniklehrer Studienrat Vogel seine Klasse übernahm, begann er die Überschau auf die ihm nun Anvertrauten mit dem Ruf: ‚Mal aufstehen – die Katholen!' 6 oder 7 erhoben sich. Er fuhr fort: ‚Jetzt hoch die Protestanten!' Es waren 9 oder 10. Vogel schloß: ‚Und nun aufstehn die Mosäen!' Gewaltig rumorte es, es donnerten die Klappsitze, fast die halbe Klasse, 15 oder 16, erhoben sich lachend und stolz."[268]

Die Sozialdemokratie

In den Jahren um 1883/84 herrscht im Deutschen Reich eine gute Konjunktur. Der Sägewerkbesitzer Fechter in Elbing steigert die Zahl seiner Beschäftigten auf bis zu 50 Arbeiter. Sohn Paul ist dabei, als der Vater von der Belegschaft mit einer neuen Zeit konfrontiert wird: „Ich besinne mich auf einen Vormittag im Sommer; da kamen zwei von den alten Leuten und einer von den neuen und fragten, ob sie Vater sprechen könnten. Er ließ sie in sein Kontor kommen, ich saß bei ihm – und sie forderten Lohnerhöhung. Bei der schweren Arbeit und ihrer langen Dauer müssten sie mehr haben. Vater nickte: ‚Sicher, das kann ich verstehen, dass ihr mehr haben möchtet. Ich möchte das auch: aber ich bekomme es auch nicht. Und darum weiß ich nicht, wie ich das machen soll.' Sie standen vor ihm; er saß auf der Platte seines Arbeitstisches. Sie drehten die Mützen und überlegten: ja – dann müssten sie streiken. Sie sagten ‚strieken', das Wort war ihnen noch nicht so geläufig wie später."[269]

In Elbing ist die Arbeiterschaft in diesen Jahren politisch und gewerkschaftlich schon gut organisiert. Mit den Schichau-Betrieben und der Zigarrenfabrik von Loeser & Wolff gibt es Großbetriebe in der Stadt. Neben den bei Schichau Beschäftigten sind vor allem Elbings Bauarbeiter klassenbewusst. Der spätere Vorsitzende der westdeutschen KPD, Max Reimann, anerkennend: „Ich habe solch ein Klassenbewußtsein in meiner späteren Tätigkeit eigentlich nur noch in den Großstädten im Ruhrgebiet oder in Hamburg oder in Leipzig angetroffen. Dort in Elbing hatte sich das Klassenbewußtsein auf Grund des enormen Drucks der Rittergutsbesitzer auf dem Lande und der Kapitalisten in der Stadt und unter Einwirkung der sozialdemokratischen Partei entwickelt."[270]

1866 ist Johann Jacoby aus der Fortschrittspartei ausgetreten. Noch im Alter von 67 Jahren schließt er sich 1872 den sozial-demokratisch gesinnten Lassalleanern, einer Vorläuferpartei der SPD, an. Dabei ist er im Alter kein Marxist – wie es fast alle damaligen Sozialdemokraten – geworden, sondern hat aus seinem Interesse für die soziale Frage zu der jungen Partei gefunden. Die frühen führenden Königsberger Sozialdemokraten sind wie Jacoby bürgerlicher Herkunft, sie engagieren sich aus sozialem Verantwortungsbewusstsein für die Interessen der Arbeiterschaft. Eine sozialdemokratische Parteiorganisation gibt es in Königsberg bereits 1871. Ihr erster Vorsitzender ist Emil Arnoldt, ihm folgt Max Herbig, Gutsbesitzer in Maraunenhof. 1874 wird die Partei kurzzeitig verboten, 1878 dann, unter den Sozialistengesetzen, ein zweites Mal, gleich für zwölf Jahre. Max Herbig betätigt sich während dieser Zeit führend in der Königsberger Sozialdemokratie. Später geht er in die USA, bewirtschaftet aber im Alter das Gut Gortitzen im Kreis Lyck.[271]

Der erste sozialdemokratische Führer aus dem Arbeiterstand in Königsberg ist der Schlossermeister August Godau. Im Februar 1887 wird Godau sowohl in Königsberg wie auch in Elbing zum Kandidaten für den deutschen Reichstag aufgestellt. In Königsberg erringt er 7987 und in Elbing 1434 Stimmen, ein erster Achtungserfolg, der aber nicht zum Einzug in den Reichstag reicht. August Godau stirbt 1888 an einem Lungenleiden.[272]

In Königsberg stoßen aber nicht nur in der Frühphase Menschen aus besseren Kreisen wie der Arzt Jacoby und der Gutsbesitzer Herbig zur Sozialdemokratie. Der Bauunternehmer und Prediger Carl Schmidt, Vater von Käthe Kollwitz, tritt noch

1887 in die SPD ein. Sein Sohn Konrad Schmidt besucht im gleichen Jahr in London Friedrich Engels, und auch er schließt sich der SPD an. Konrad Schmidt studiert Nationalökonomie, kann aber als Sozialist und religiöser Dissident keine Universitätslaufbahn einschlagen. Als Journalist ist er zeitweilig für das SPD-Blatt *Vorwärts*, ab 1908 für die *Sozialistischen Monatshefte* tätig. 1897 übernimmt er in Berlin die Leitung der von ihm 1890 mitbegründeten Freien Volksbühne. Die linken Sozialdemokraten beschimpfen Konrad Schmidt und eine um ihn entstehende Gruppe wenig revolutionärer Sozialdemokraten als „Kathedersozialisten", da ihre theoretischen Positionen denen des „Reformisten" Eduard Bernstein entsprechen.

Bernsteins „reformistische" Ansichten gelangen durch ein Abonnement der Sozialistischen Monatshefte auch in das Königsberger Haus des Ingenieurs Paul Arendt und seiner Frau Martha. Die Monatshefte stehen im Mittelpunkt einer Königsberger Diskussionsgruppe, der auch Martha Arendt weiter angehört, nachdem ihr Mann Paul Arendt 1913 gestorben ist.[273] Martha und Paul Arendt sind die Eltern von Hannah Arendt. 1906 noch in Hannover-Linden geboren – beide Großelternpaare sind Königsberger Juden – wird die bedeutende Philosophin ihre Kindheit und Jugend im rechtssozialdemokratischen, bürgerlich geprägten Milieu Königsbergs verbringen.

Aus Berlin, wo er nach den Bestimmungen des Sozialistengesetzes ausgewiesen wird, ist der Schlosser Carl Schultze nach Königsberg gekommen. Dort lässt er sich als Gastwirt und Zigarrenhändler nieder. Er kandidiert 1888 in Königsberg-Stadt gegen den späteren nationalliberalen Königsberger Bürgermeister Hermann Hoffmann, der von 1893 bis zu seinem Tode im Jahr 1902 in diesem Amt ist. Im ersten Wahlgang am 20. Februar 1890 erreicht Schultze 12370 Stimmen und kommt so in die Stichwahl. Am 8. März 1890 kann er seine Stimmen auf 13010 steigern und siegt über seinen Gegenkandidaten. Er zieht als erster ostpreußischer Sozialdemokrat in den Reichstag ein.[274]

In Königsberg entwickelt sich die Arbeiterbewegung schnell, aber die Stadt hat nicht viele Großbetriebe und es fehlt ein starkes Industrieproletariat. Kleinbetriebe herrschen vor, deren Arbeiter oft noch in den Traditionen des Handwerks stehen. Die sozialdemokratische Agitation erfolgt deshalb in den einzelnen Berufsorganisationen, bei den Buchdruckern, Holzarbeitern usw. Immer wieder wandert aber ein bedeutender Teil der bereits von der Sozialdemokratie agitierten Arbeiterschaft des besseren Verdienstes wegen in die Industriegebiete des Reichs ab. Die vom Land nachrückenden Arbeiter müssen erst wieder für die Ziele der Partei gewonnen werden.[275]

Schon 1872 streiken in Königsberg die Droschkenkutscher, die Maurer, Sackträger und die Gesellen der Schumacher, Friseure und Schmiede, 1891 dann die gut organisierten Buchdrucker. Der größte Streik in Königsberg beginnt um die Jahreswende 1912/13 unter den Arbeitern der Union-Gießerei. Die Arbeitskämpfe werden von Streikkomitees organisiert, in denen die Sekretäre der Freien Gewerkschaften großen Einfluss haben. Ihre Organisation ist eng mit der sozialdemokratischen Par-

Familie eines Stellmachers in Skoppen, ab 1938 Reichenstein, in den frühen 1930er Jahren. Das Dorf gehört zur Stadt- und Landgemeinde Rhein im Kreis Lötzen. Stellmacher (Wagenbauer) findet man bis 1945 noch in allen Dörfern und auf den Gütern Ostpreußens.

tei verbunden. Erster Vorsitzender der ostpreußischen Freien Gewerkschaften ist der aus Tilsit stammende Schumachermeister Ferdinand Mertins. Er wird auch Stadtverordneter in Königsberg und Mitglied des Preußischen Abgeordnetenhauses.[276]

Max Reimann beschreibt, woran ein Sozialdemokrat zu erkennen ist: „Typisch für die Bauarbeiter war, daß sie einen großen schwarzen Hut trugen, der als Bebel-Hut bezeichnet wurde. Bebel hatte nämlich auch so einen Hut getragen. Dazu kam die unvermeidliche rote Krawatte. Wohin sie auch gingen, die rote Krawatte war ihr Zeichen und mit Stolz haben sie sie getragen."[277]

Ostpreußen ist nie so konservativ gewesen, wie die kollektive Erinnerung der Deutschen das Land verortet hat. Die Provinz bringt bedeutende Sozialdemokraten hervor, von denen einige ab den 1910er Jahren in der Sozialdemokratie und im Staat in hohe Ämter aufsteigen. Im Geheimen Preußischen Staatsarchiv gibt es eine Fotographie, die die fünfköpfige Führung der ostpreußischen Sozialdemokratie im Jahr 1905 zeigt. Vier der fünf Abgebildeten stammen aus Königsberg: Alfred Gottschalk, Hugo Haase, Otto Braun und Arthur Crispien. Nur Adolf Hofer lebt nicht in der Provinzhauptstadt. Seiner Familie, die von Salzburgern abstammt, gehört seit 1753 ein Rittergut in Groß Skaisgirren in der Elchniederung. Ab 1893 ist er Besitzer des Gutes, das er bis zum Verkauf im Jahr 1913 selbst bewirtschaftet. Alfred Hofer tritt 1889 im Alter von 21 Jahren in die SPD ein. Ab 1898 kandidiert er für seine Partei in verschiedenen Wahlkreisen des Regierungsbezirks Königsberg aussichtslos als sogenannter Zählkandidat. Im Jahr 1913 wird er Mitglied des Preußischen Abgeordnetenhauses. Deren sozialdemokratische Fraktion schließt ihn im Januar 1917 wegen seiner Nähe zur USPD aus. In der USPD ist er Beisitzer im zentralen Parteivorstand. Für sie leitet er (gemeinsam mit Otto Braun von der Mehrheitssozialdemokratie) vom November 1918 bis Anfang Januar 1919 im preußischen Rat der Volksbeauftragten das preußische Landwirtschaftsministerium.

Hofer setzt wie der Armenarzt Alfred Gottschalk, der ebenfalls der Führung der ostpreußischen SPD angehört, den Schwerpunkt seiner politischen Tätigkeit in der Provinz. Gottschalk ist jüdischer Herkunft und gelangt wie der Rittergutsbesitzer aus Idealismus, aber auch aus seiner alltäglichen beruflichen Erfahrung zur Sozialdemokratie.[278] Er ist viele Jahre lang Vorsitzender des Königsberger Ortsvereins der SPD und der Stadtverordnetenfraktion. Alfred Gottschalk wird kurz vor dem geplanten Abtransport nach Theresienstadt 1944 im Königsberger Polizeigefängnis sterben.

Hugo Haase ist der wohl bedeutendste Politiker, den Ostpreußen hervorgebracht hat. Er wird als ältestes von zehn Kindern 1863 in Allenstein geboren, seine Eltern Nathan und Pauline Haase sind Juden. Der Vater versucht in Allenstein als Schuhmacher seinen Lebensunterhalt zu bestreiten. Als er damit seine Familie nicht mehr ernähren kann, siedelt er nach Wormditt um und beginnt einen Flachshandel, „einen mühseligen und namentlich in der Strenge des ostpreußischen Winters harten und aufreibenden Beruf“[279], wie sein Enkel Ernst Haase berichtet. Später wird Nathan Haase Kaufmann. In Wormditt besucht der Sohn Hugo die Volksschule. Als er im elften Lebensjahr auf einer der Volksschule angeschlossenen „Bestenklasse“, die auf eine universitäre Bildung orientiert ist, nicht versetzt werden soll, da er in Latein nicht genügt, schickt ihn der Vater nach Rastenburg zum Besuch des Gymnasiums. Hier macht er als Klassenbester sein Abitur.[280]

Schon als Primaner will Hugo Haase Anwalt werden. Er schreibt sich an der juristischen Fakultät der Königsberger Universität ein, hört aber auch Vorlesungen der Philosophie und Nationalökonomie.[281] An der Universität kommt er erstmals mit marxistischen Ideen in Kontakt. 1887 tritt Haase in die SPD ein, 1888 eröffnet er in Königsberg als erster Sozialdemokrat in Ostpreußen eine Anwaltskanzlei. Er ist bald ein gesuchter Vertreter in Zivilprozessen und auch einer der bekanntesten Strafverteidiger, häufig in politischen Prozessen. 1894 wird Haase der erste und einzige Sozialdemokrat in der Königsberger Stadtverordnetenversammlung.

Der Parteigenosse und spätere Reichswehrminister Gustav Noske lernt Haase in seinen Königsberger Jahren gut kennen. Ab 1917, der Abspaltung der Unabhängigen von der SPD, gehen sie getrennte Wege und nehmen manchmal feindliche Positionen ein. Dennoch äußert Noske über Haase: „Von den wenigen in der sozialdemokratischen Bewegung hervorragenden Männern in Ostpreußen war Hugo Haase der als Führer weit überragende Kopf. Es nahm ihm kein Arbeiter in noch so kümmerlicher

Lebenshaltung übel, dass der vielbeschäftigte Rechtsanwalt eine gutbürgerliche Existenz führte, denn der Idealist Haase war von unerschöpflicher Hilfsbereitschaft gegenüber allen Bedürftigen."[282]

1897 stirbt der ostpreußische sozialdemokratische Reichstagsabgeordnete Carl Schultze. Für die Königsberger Sozialdemokraten ist es da schon selbstverständlich, Hugo Haase als ihren Kandidaten aufzustellen. Das System der Direktwahl in Wahlkreisen zwingt zur Aufstellung von Kandidaten mit Profil. Die antisemitische Deutschsoziale Reformpartei (DSRP) schickt gegen den Juden Haase einen eigenen Gegenkandidaten ins Rennen und entsendet die Parteispitze zur Agitation nach Königsberg. Ihr Kandidat kann bei der Wahl 1898 nur 421 bzw. 1,6 % der Stimmen gewinnen. Dank der Stimmen der Königsberger Arbeiterschaft erringt Haase gleich im ersten Wahlgang einen klaren Sieg. Auch bei allen folgenden Reichstagswahlen wird er wiedergewählt, mit einer Ausnahme: Bei den Reichstagswahlen vom 13. Januar 1907, den sogenannten „Hottentottenwahlen", verliert die SPD ihr einziges ostpreußisches Mandat, weil sich alle bürgerlichen Parteien gegen sie verbünden.

Große Wahlversammlungen kann die SPD in Königsberg nicht durchführen, da ihr nur ein einziges Lokal mit einem knapp 300 Personen fassenden Saal zur Verfügung steht. Alle anderen Lokalitäten will man ihr nicht vermieten. Politische Versammlungen auf öffentlichen Plätzen sind verboten. Schon bei Haases erster Kandidatur muss der zur Wahlhilfe angereiste SPD-Vorsitzende Paul Singer vor den Anhängern und Mitgliedern der Partei eine große Wahlrede im Wald halten.[283] Die jährlichen Maifeiern, eine Manifestation des Kampfes für einen 8-Stunden-Tag, finden in weit außerhalb der Stadt gelegenen Ausflugslokalen statt.[284]

Am 6. März 1910 kommt es auch in Königsberg – wie in Berlin – zu einem der in der Arbeiterbewegung berühmten Wahlrechtsspaziergänge. „Während die Polizei in den Arbeiterbezirken die Demonstranten erwartete, erschollen plötzlich in der hauptsächlich von der Bourgeoisie bewohnten Gegend des Steindamms Hochrufe auf das allgemeine, gleiche, geheime und direkte Wahlrecht; die Arbeiter hatten, von der Partei heimlich verständigt, sich zu gewaltigem Zuge zusammengeschlossen; an 4 000 Personen marschierten durch die Stadt. Einige Zeit später gelang ein zweiter Streich. Nach streng geheim gehaltener Order fanden sich sämtliche Funktionäre und Vertrauensleute der Partei Sonntags mittags auf dem Paradeplatz ein, gerade als das sonntäglich geputzte Bürgertum zu den Klängen der Platzmusik promenierte, und brachte Hochrufe auf das Wahlrecht aus."[285] Hugo Haase wird, als er angesichts der gelungenen Aktion einem Freund zuwinkt, als „Rädelsführer" verhaftet. Man scheut sich aber, ihn anzuklagen.

Zwischen 1897 und 1907 pendelt Haase zur Zeit der Reichstagssitzungsphasen im Herbst, Winter und Frühjahr in nächtlichen Eisenbahnfahrten zwischen Berlin und Königsberg. Er betreibt seine Kanzlei, führt Prozesse, hält Vorträge, schreibt Flugblätter und wissenschaftliche Aufsätze und leitet Parteisitzungen.[286] 1904 wird er als politischer Strafverteidiger reichsweit bekannt: Im sogenannten Königsberger Geheimbundprozess verhilft er unter anderem Otto Braun zum Freispruch. 1907 verteidigt Haase erfolgreich Karl Liebknecht, der nach Veröffentlichung seiner Programmschrift *Militarismus und Antimilitarismus* wegen Hochverrats angeklagt ist.

1911 hat sich der Ruf von Haase in der deutschen Sozialdemokratie so verfestigt, dass er nach dem Tod Paul Singers auf dem Jenaer Parteitag neben August Bebel zum Vorsitzenden der Partei gewählt wird. Die Wahl in den Parteivorstand macht seine Übersiedlung von Königsberg nach Berlin notwendig.[287] Ab 1912 ist Haase wieder für den Wahlkreis Königsberg gewähltes Mitglied des Reichstages. Als 1913 nach Bebels Tod Friedrich Ebert neben ihm zum weiteren Vorsitzenden gewählt wird, erhält dieser 433, Haase aber 467 von 473 Stimmen.[288] Im gleichen Jahr übernimmt Hugo Haase mit Philipp Scheidemann den Vorsitz der SPD-Fraktion im Reichstag.

Haase ist Pazifist. Noch im Juli 1914 versucht er mit allen Mitteln, das Abgleiten der Mehrheit seiner Partei in eine Kriegsbefürwortung zu verhindern, erringt aber für seine Positionen keine Mehrheit. Der Parteidisziplin unterworfen, begründet er am 4. August 1914 mit dem berühmt gewordenen Zitat: „Wir lassen in der Stunde der Gefahr das eigene Vaterland nicht im Stich" die Zustimmung der SPD zu den Kriegskrediten. Weiteren Krediten für die Fortsetzung des Krieges will er im Gegensatz zur Fraktionsmehrheit jedoch nicht zustimmen. Er tritt konsequent gegen Annexionen auf, für die sich immer mehr rechte Sozialdemokraten aussprechen. Da seine Bemühungen um eine einheitliche Linie der Fraktion scheitern, trennt er sich im März 1916 von der SPD und gründet mit Eduard Bernstein und anderen die „Sozialdemokratische Arbeitsgemeinschaft", aus der im April 1917 die Unabhängige Sozialdemokratische Partei (USPD) hervorgeht.[289] Der größte Teil der Parteimitglieder in Königsberg schließt sich der USPD an.

Die Novemberrevolution bringt Haase für wenige Woche in eine der mächtigsten Positionen im Deutschen Reich. Die Mehrheitssozialdemokraten und die USPD bilden am 10. November 1918 eine provisorische Reichsregierung, den Rat der Volksbeauftragten. Ihm gehören Friedrich Ebert, Philipp Scheidemann und Otto Landsberg für die MSPD sowie neben Hugo Haase als weitere USPD-Politiker Wilhelm Dittmann und Emil Barth an. Haase hat den stellvertretenden Vorsitz und sowie das Ressort Äußeres inne. Nach den Berliner Weihnachtsunruhen vom Dezember tritt er mit den anderen USPD-Mitgliedern aus dem Rat der Volksbeauftragten aus. Beim USPD-Parteitag im März 1919 gewinnt Haase für seine gemäßigten Positionen zwar keine Mehrheit, wird am Ende aber gemeinsam mit dem Königsberger Arthur Crispien zum Vorsitzenden gewählt. Bei den Wahlen zur Nationalversammlung schneidet die USPD mit 7,6 % der Stimmen schlecht ab. In Ostpreußen erringt sie nur 5 % der Stimmen, im Regierungsbezirk Königsberg 8,2 %.

Am 8. Oktober 1919 wird Haase von einem angeblich geistesgestörten österreichischen Arbeiter durch mehrere Schüsse schwer verletzt und stirbt wenige Wochen später im Alter von 58 Jahren an den Folgen des Attentats. Gustav Noske, der Haase politisch und menschlich oft angefeindet hat, trauert um einen Idealisten: „Während des Krieges war seine Haltung diktiert von dem Wunsche nach einem wahrhaften Völkerbund, nach der Beendigung des Kampfes. Er hat die Menschen und die Völker für besser und klüger gehalten, als sie sind. Das war die Tragik im Leben dieses Mannes, der seine Ideale dahinschwinden sah und elendiglich an der Kugel eines Idioten starb."[290]

Gustav Noske zieht es 1897 nach der Zusicherung eines Gehaltes von monatlich 160 Mark vom lokalen SPD-Blatt seines Geburtsorts Brandenburg fort nach Königsberg in die Leitung der Redaktion der dreimal wöchentlich erscheinenden Parteizeitung Tribüne.[291] Hier lernt er Otto Braun kennen: „Gewissermaßen Rücken an Rücken gelehnt fechtend, haben Braun und ich, unterstützt von wenigen anderen jüngeren Parteigenossen, um die Jahrhundertwende die Parteiorganisation in Königsberg und darüber hinaus in Ostpreußen, ja auch in Westpreußen, zum Teil neu aufgebaut."[292] Fünf Jahre bleibt Noske in Ostpreußen, dann zieht er weiter nach Chemnitz. Aussichtslos kandidiert er zweimal als Reichstagskandidat im ostpreußischen Kreise Labiau-Wehlau für die SPD.

Alle in Ostpreußen führenden Sozialdemokraten, Hugo Haase, Arthur Crispien, vor allem aber Otto Braun, haben sich zu dieser Zeit die Landarbeiteragitation auf die Fahnen geschrieben. Otto Braun wird durch seine theoretische Beschäftigung mit diesem Thema und seinen praktischen Einsatz im großagrarischen Ostpreußen unter den deutschen Sozialdemokraten bekannt. Bei Versammlungen in den litauischen Dörfern erlebt Gustav Noske interessante Episoden, die das, so seine Aussage, „geistige Niveau großer Teile der ostpreußischen Arbeiterschaft gegen Ende des vorigen Jahrhunderts" illustrieren. Oft ist er als Agitator wenig erfolgreich: „Weil entsetzlich viel Schnaps getrunken wurde, unternahmen wir einen Redefeldzug gegen den Alkohol. In Memel sprach ich in einer sehr gut besuchten Versammlung gegen die Branntweintrinkerei und fand stürmischen Beifall. In dem Versammlungssaal durfte kein Ausschank von Getränken stattfinden. Als ich nach der Versammlung den Schankraum der Wirtschaft betrat, hatten sich je drei oder vier Männer einen Liter Schnaps gekauft und aus verschiedenen Gruppen wurde mir – wohl aus Anerkennung meiner rednerischen Leistung – ein gefülltes Glas hingehalten. Grundsätzlich trank ich damals nicht einen Tropfen Branntwein in einem Lokal. Ob der Wirkung meines Vortrages war ich sehr betroffen."[293]

Arthur Crispien stammt aus Königsberg. Er ist zunächst Theatermaler und besucht die Kunstschule, ohne aber einen Abschluss zu machen. 1894 beginnt er mit der politischen und gewerkschaftlichen Arbeit und wird Mitglied der SPD. Von 1904 bis 1906 ist er Redakteur bei der Königsberger Volkszeitung und der Volkswacht, später arbeitet er für die Parteipresse in Westpreußen und in Württemberg, verliert aber wegen seiner Haltung gegen den Krieg 1914 seine Parteistelle. Er schließt sich 1917 wie Haase der USPD an. Nach der Novemberrevolution wird Crispien 1918 als Vizepräsident Mitglied der provisorischen württembergischen Regierung und für einige Monate auch Innenminister. 1919 wählt man ihn in den württembergischen Landtag, im gleichen Jahr wird er einer der beiden Vorsitzenden der USPD. Im Oktober 1920 stimmt Arthur Crispien auf dem USPD-Parteitag in Halle gegen einen Beitritt zur Komintern und damit das Zusammengehen mit der KPD und bleibt bis zur Wiedervereinigung mit der SPD 1922 Vorsitzender der Rest-USPD. Nach dem Rückübertritt des Großteils der USPD zur SPD ist er einer der beiden Parteivorsitzenden der vereinten Sozialdemokratie. Crispien ist trotz dieser hohen Parteiämter nie besonders einflussreich und konzentriert sich deshalb auf die Arbeit in der Sozialistischen Internationale. Von Juni 1920 bis 1933 gehört er dem Deutschen Reichstag als Abgeordneter des Wahlkreises Berlin an. An der Abstimmung über Hitlers Ermächtigungsgesetz im Reichstag am 23. März 1933 nimmt er nicht teil – er ist zu diesem Zeitpunkt, als schon neun SPD-Abgeordnete in Konzentrationslagern inhaftiert sind, bereits ins Schweizer Exil gegangen. Dort stirbt er im November 1946 im Alter von 71 Jahren.

Wenn Arthur Chrispien in Ostpreußen auf ländliche Agitationstouren geht, begibt er sich in Gefahr. Fährleute werden in der Provinz daran gehindert, Sozialdemokraten über die Flüsse zu setzen, Gastwirte verweigern ihnen eine Übernachtungsmöglichkeit, die Pfarrer predigen von der Kanzel gegen die Verderbtheit der Sozialdemokratie. Crispien wird mehrmals von „gedungenen Subjekten“ überfallen und mit Schusswaffen bedroht. Immer wieder erwartet ihn bei seinem Einzug in ein Dorf eine von den konservativen Gutsbesitzern aufgeputschte Menge von Bauern und Landarbeitern mit Dreschflegeln, Knüppeln und Heugabeln. Auf den Gütern werden die Hunde von den Ketten gelassen: „Wir mussten froh sein, mit gesunden Gliedern wieder in zivilisierte Gegenden zu kommen.“[294]

Bei einer Landagitation wird Otto Braun im Jahr 1893 von einem Besitzer vom Hof gewiesen. Als er auf der öffentlichen Straße vor dem Hof stehen bleibt und Flugblätter verteilt, wird er angezeigt. Das Königsberger Amtsgericht gesteht dem Gutsbesitzer das Hausrecht auch über die Straße zu und verurteilt Braun im November 1893 wegen Hausfriedensbruchs zu zehn Tagen Gefängnis.[295]

Otto Braun wird am 28. Januar 1872 in Königsberg geboren und wächst in ärmlichsten Verhältnissen auf. Sein Vater, einst selbstständiger Schuhmacher, ernährt die Familie als Bahnarbeiter. Der Sohn Otto erlernt das Steindruckerhandwerk; die Lithographen gehören wie die Schriftsetzer und Drucker zur Arbeiteraristokratie. Bereits im Alter von 16 Jahren engagiert Braun sich illegal in der unter dem Sozialistengesetz verbotenen SPD. Eine Bildungsstätte für Führungskräfte der Sozialdemokratie wird zu dieser Zeit der „Leseklub Kant“, gegründet vom Königsberger Uhrmachergesellen Ludwig Quessel. Quessel gelingt es, durch Selbststudium an die Universität zu gelangen, 1903 wird er in Zürich zum Doktor der Staatswissenschaften promoviert. In Quessels Klub bilden sich Otto Braun, aber auch der neun Jahre ältere Hugo Haase.

Beim Torfstechen in der Nähe von Tapiau, Kreis Wehlau, im Jahr 1920. In den nördlichen Kreisen Ostpreußens gibt es zahlreiche Hochmoore wie das Große Moosbruch im Kreis Labiau und die Moore im Kreis Heydekrug.

Otto Braun bringt es schnell zum Vorsitzenden des Arbeiter-Wahlvereins Königsberg, der damaligen Organisationsform der Partei. 1892 erhält er eine zweimonatige Haftstrafe wegen Majestätsbeleidigung. Ohne Startkapital, mit wenig Unterstützung der Parteiführung, etabliert er ab 1893 gemeinsam mit Hugo Haase die Königsberger Volkszeitung. In Ostpreußen sind zuvor alle Versuche der SPD gescheitert, eine Parteizeitung zu schaffen, doch Braun hat organisatorisches Talent, finanzielles Geschick und ist hartnäckig im Vertrieb der Zeitung. 1898 wird der erfolgreiche Verleger Vorsitzender der SPD Ostpreußens. 1900 erringen die Freien Gewerkschaften die Mehrheit in der Ortskrankenkasse und stellen Braun als deren Geschäftsführer ein, ein Jahr später wird er auch Mitglied des Stadtrates von Königsberg. 1904 wird gegen Braun und andere Sozialdemokraten ein Verfahren wegen Hochverrats eingeleitet. Sie werden beschuldigt, anarchistische und zum Sturz des Zaren aufrufende Schriften nach Russland eingeführt zu haben. Brauns Verteidiger ist Hugo Haase. Die Beweise der Anklage werden vom Gericht als nicht stichhaltig angesehen.

1911 rückt Braun als Hauptkassierer in den Reichsvorstand der SPD auf, dem er bis 1917 angehört. Ab 1913 sitzt er für die SPD im Preußischen Abgeordnetenhaus. Nach dem Ersten Weltkrieg wird der Schuhmachersohn mehr als ein Jahrzehnt lang Preußischer Ministerpräsident sein – ein republikanischer Nachfolger von Hochmeistern, Herzögen, Kurfürsten und Königen an der Spitze des preußischen Staates.

Heimatkunde

Verlorene Menschen

Neben Hugo Haase, Otto Braun und Arthur Crispien ist noch ein vierter ostpreußischer Sozialdemokrat in bedeutende Staats- und Parteiämter aufgestiegen: Gustav Bauer. Der heute fast vergessene Politiker ist vom 21. Juni 1919 bis zum 26. März 1920 Ministerpräsident beziehungsweise Kanzler des Deutschen Reichs. Zuvor hat er dem Kabinett Scheidemann als Arbeitsminister angehört. In die Zeit seiner Kanzlerschaft fällt die Unterschrift unter den Versailler Vertrag. Bauer muss nach dem Kapp-Putsch im März 1920 zurücktreten, weil er ebenso wie der Reichswehrminister seines Kabinetts, Gustav Noske, das Vertrauen seiner Genossen verloren hat. In die hohen Ämter gelangt der rechte Sozialdemokrat durch sein organisatorisches Talent, vor allem aber dank seiner Freundschaft zu Friedrich Ebert. 1925 ist er in einen Skandal verwickelt, der ihn seine Parteiämter kostet. Gustav Bauer stirbt 1944 in Berlin.

Gustav Bauer ist in Ostpreußen nie politisch hervorgetreten. Seine Politisierung, sein Aufstieg in den Gewerkschaften und der SPD beginnt als Emigrant in Berlin. Bauer steht für viele Hunderttausende, die in der zweiten Hälfte des 19. und in den ersten Jahrzehnten des 20. Jahrhunderts Ostpreußen nach Berlin verlassen, vor allem aber in die Industriestädte an Rhein und Ruhr.

Über keinen deutschen Kanzler ist so wenig zu ermitteln wie über Gustav Bauer. Er hinterlässt fast keine persönlichen Auskünfte. Geboren wird er 1870 in Darkehmen, einer Kreisstadt mit zu dieser Zeit nicht einmal 3 000 Einwohnern. Seine Vorfahren sind 1731/32 aus Süddeutschland eingewandert. Der Vater, ein Gerichtsvollzieher, stirbt früh; auf sich gestellt, zieht die Mutter mit dem Sohn und der Tochter nach Königsberg, wo Gustav Bauer die Volksschule besucht. Wegen einer Amputation des Unterschenkels wird er nicht zum Militärdienst eingezogen und beginnt eine Tätigkeit als Rechtsanwaltsgehilfe. Sein Biograph Karlludwig Rintelen: „Wo und wie lange im einzelnen ist nicht bekannt. Es scheint, als sei Bauer mit Mutter und Schwester Anfang der neunziger Jahre nach Berlin gekommen. Vielleicht über die Zwischenstation Breslau.“[296] Am 1. November 1891 tritt Bauer in Berlin der SPD bei. Von 1893 bis 1902 ist er Bürovorsteher beim seinerzeit bekannten Strafverteidiger Fritz Friedmann und wird Mitglied der Lokalorganisation der freigewerkschaftlichen Freien Vereinigung der Bureau-Angestellten Berlins und Umgebung, aus der 1895 der Zentral-Verein der Bureau-Angestellten Deutschlands hervorgeht. Bauer wird auf der konstituierenden Versammlung zu deren Vorsitzendem gewählt. Er ist 25 Jahre alt und beginnt seine politische Karriere. Nach Ostpreußen bestehen keine persönlichen Beziehungen mehr.

Frieda Unterberger, aufgewachsen als Gutsbesitzertochter auf Gut Döhlau im Kreis Neidenburg, beschreibt in ihren Lebensaufzeichnungen die sozialen Probleme am Ende des 19. Jahrhunderts. Viele vor allem junge Menschen beginnen ihre Heimat auf der Suche nach besseren Chancen im Leben zu verlassen. „Es waren die Intelligentesten, die auswanderten, und die Unzufriedenheit der Zurückbleibenden wuchs.“[297] Wer die Sterbeorte berühmt gewordener Ostpreußen liest, wird sich der These anschließen, dass vielleicht die Besten die abgelegene Provinz verlassen haben, um im Westen, im „Reich“, erfolgreich zu sein und berühmt zu werden. Das betrifft nicht nur konservative, liberale und sozialdemokratische Politiker und zwangsläufig die Militärs, sondern auch Unternehmerpersönlichkeiten. Sie machen häufig im Reich ihr Vermögen.

Die künstlerisch Begabten, verlassen – wenn nicht durch biographischen Zufall schon in der Kindheit – nach der Schule, spätestens nach dem Studium in Königsberg die Heimat. Ihre Kunst soll nicht provinziell werden. Der Maler Lovis Corinth, die Schriftsteller Hermann Sudermann, Louis Passarge und Ernst Wichert haben ihren künstlerischen Durchbruch nicht in Ostpreußen. Die Malerin Käthe Kollwitz, gestorben 1945, wäre wohl auch nach 1945 nicht ins Samland zurückgekehrt. Ernst Wiechert kommt bis 1939 nur selten zu Besuch nach Masuren. Beim Eisenbahnersohn Johannes Bobowski ist bekannt, wie eng sein Verhältnis zu den Herkunftsorten seiner Familie war. Vielleicht wären in das Land der Jugend heimgekehrt. Er kann das Arkadien seiner Kindheit nach 1945 nicht mehr aufsuchen.

Als wirklich bekannte, wenn auch wegen ihrer Distanzlosigkeit zum Nationalsozialismus heute weitgehend abgelehnte Künstlerin verbringt nur die Balladendichterin Agnes Miegel fast ihr gesamtes Leben in der Heimat. In ihren 1951 erschienenen Erinnerungen *Die Meinen* gibt es eine Passage, die erklärt, warum sie Ostpreußen nicht verlässt. Im Haus der Familie Miegel in der zum Kneiphof gehörenden Vorderen Vorstadt arbeitet Miegels Amme Lina, später auch deren jüngere Schwester Hanne als Hausmädchen. Die beiden stammen aus der Elchniederung. Die Schwestern zieht es in den 1880er Jahren aus der Dienstbotenstellung bei den Miegels in die Hauptstadt Berlin in die Dienste einer neuen Herrschaft. Agnes Miegel beschreibt die „übermächtige Versuchung für uns Hinterwäldler“, die „Berlin“ bedeutete: „Berlin – das sagten wir, wie unsere Altvorderen einmal Rom sagten und Byzanz. Das meinte ewigen Sonntag, fremdartigen Luxus, von dem wir uns erzählten mit glühenden Backen. In Berlin gab's in den himmelhohen Häusern Marmortreppen mit Spiegeln, mit Palmen und dicken Teppichläufern, für die es besondere Leute, Portiers, zum Reinigen gab. Unten knipste man auf einen Kopf an der Haustür – und das ganze Haus war hell! In jeder Wohnung gab's Badezimmer und zum Kochen brauchte man bloss eine Gasflamme anzuzünden. (...) Wer keine Kutsche hatte, der konnte in einem langen Glaswagen auf roten Plüschpolstern für einen Groschen rund um Berlin reisen – um diese schöne, lockende, wachsende Stadt, die täglich ein paar hundert Leute aus unserm Osten einsog in ihrem unersättlichen Goldschlund.“ Und sie konstatiert: „Ein Mahlstrom war es, dem keiner widerstand.“[298]

Der Rechtsanwaltsgehilfe Gustav Bauer und die Amme Lina sind zwei typische Beispiele für die Abwanderung von Ostpreußen nach Berlin. Sie ist bis zur endgültigen Fertigstellung der Ostbahn von Berlin nach Königsberg und Eydtkuhnen – anders als der Zuzug aus Schlesien – für die Reichshauptstadt unbedeutend. Eine Volkszählung im Jahr 1864 (die erste, bei der nach dem Geburtsort gefragt wird) ergibt in Berlin nur knapp 15 000 gebürtige „Preußen", also Ost- und Westpreußen.[299]

Mit der Ostbahn gibt es ab 1857 für landlose Ostpreußen eine bequeme und relativ kostengünstige Möglichkeit, den bedrückenden Lebensverhältnissen im heimatlich ländlichen Krisengebiet zu entkommen. Viele entscheiden sich für den industrialisierten Zuwanderungsort Berlin, den Endpunkt der Ostbahn. 1871 gehen mehr Bewohner der Provinz „Preußen" als aus der Provinz Posen in die Hauptstadt, 1880 wird die Zuwanderung aus der preußischen Provinz Sachsen (Magdeburg/Halle) und aus Pommern von den Ost- und Westpreußen, 1890 sogar die aus Schlesien übertroffen.[300]

Das bei den nach Berlin Zuwandernden vorherrschende Alter liegt zwischen 15 und 40 Jahren mit Schwerpunkt bei den 18- bis 22-Jährigen. Die ostpreußischen Einwanderer gehen nach Berlin, anders als ins Ruhrgebiet, einzeln und fast ohne Mittel. Ihre Schulbildung ist gering, denn in der Heimat wurden sie nur als einfache Hilfskräfte gebraucht und ausgebildet. Die weiblichen ostpreußischen Zuwanderinnen kommen fast durchweg aus der Land- und Hauswirtschaft und gehen auch in Berlin fast alle „in Stellung". In Annoncen suchen „Herrschaften" neben Schlesierinnen vor allem Ostpreußinnen, weil ihre Arbeitskraft und Dienstwilligkeit geschätzt wird. Die Arbeitsbedingungen sind hart, die Gründerjahre kennen wenig soziales Mitgefühl. Viele Zuwanderinnen straucheln. Ein Drittel der unehelichen Kinder Berlins hat ehemalige Dienstmädchen zu Müttern. Viele von ihnen geraten in die Prostitution.

Obwohl die Sozialstrukturen gleich sind, weist Ostpreußen, anders als die preußischen Provinzen Westpreußen, Pommern und Posen, keine ausgeprägte Auswanderung nach Nordamerika aus. Trotzdem trägt auch sie mit etwa 20 % zum Bevölkerungsverlust der Jahre 1850 bis 1932 bei. Die Vermittlung der Auswanderung nach Amerika und Kanada wird von Agenten betrieben, deren Tätigkeit von staatlicher Seite argwöhnisch beobachtet wird. In den zehn Jahren von 1871 bis 1881 verlieren Ost- und Westpreußen – die meiste Zeit da noch vereint als „Provinz Preußen" – zusammen um die 100 000 Einwohner durch Auswanderung nach Übersee. Zwischen 1887 und 1890 machen sich von Ostpreußen nur noch etwa 8 000 Auswanderer auf nach Amerika. Hertz-Eichenrode gibt die Zahl der Auswanderer nach Übersee für den Zeitraum von 1871 bis 1932 mit rund 300 000 an.[301] Die Ostpreußen, vor allem die Masuren und die Landbevölkerung aus dem Regierungsbezirk Gumbinnen, zieht es nicht in die Ferne, sie locken die deutschen Industriegebiete.

Von 1816 steigt die Bevölkerung der Provinz Preußen, also von Ost- und Westpreußen, von 1 596 000 auf über 2 406 000 im Jahr 1843 und 3 136 000 im Jahr der Gründung des Deutschen Reichs 1871.[302] Das Bevölkerungswachstum trifft Ostpreußen

Auch in der Kleinstadt Rosenberg im Landkreis Rosenberg mit damals rund 3 000 Einwohnern holen zu Beginn des 20. Jahrhunderts die Bewohner ihr Wasser noch von einer Pumpe auf dem Marktplatz. Im Hintergrund der gotische Backsteinbau der St. Antonius-Kirche.

aber in einer Phase des wirtschaftlichen Niedergangs als Spätfolge der napoleonischen Kriege. Die Städte sind durch Kontributionen an die Franzosen ruiniert; die Stadt Königsberg zahlt erst zum 1. Januar 1901 ihre letzten Schulden aus den Jahren 1807/08. Die Landwirtschaft hat noch nach Jahrzehnten die Verluste an Gebäuden und vor allem Vieh nicht überwunden. Ab 1822 ist der bisherige wichtigste Absatzmarkt für den ostpreußischen Weizen, die britischen Inseln, durch das britische Korngesetz von 1815 praktisch verschlossen. Das lässt die Getreidepreise fallen.

Die Landarbeiter nennen als Gründe für ihre Abwanderung bei Befragungen nicht die harten Arbeitsbedingungen des 16-Stunden-Tages im Sommer und nur selten die mangelhaften Wohnverhältnisse. Sie beklagen sich über die schlechte Behandlung durch die Gutsbesitzer und ihre Inspektoren. „Der Ostpreuße dient, will aber nicht Knecht sein", schreibt der Jurist Alex Horn 1886 in seinen *Culturbildern aus Ostpreußen.*[303] Mit einer neuen Kreisordnung für die Ostprovinzen ist die niedere Gerichtsbarkeit in Preußen neu geregelt worden. Über die verfügt jetzt zwar nicht mehr der Gutsbesitzer direkt, aber indirekt doch fast immer, denn sie wird vom Vorsteher der Amtsbezirke ausgeübt – und das ist fast immer ein Gutsherr. Als Zeichen der Gerichtsmacht werden in vielen Amtsbezirken neue Amtsgefängnisse errichtet, in Ostpreußen „Klusen" genannt. Schon bei kleinsten Vergehen können die Amtsvorsteher – die Gutsbesitzer – widerspenstige Landarbeiter ins Gefängnis bringen.[304]

In der Schulchronik des Jahres 1908 beklagt der Lehrer der Schule von Roggen im Kreis Neidenburg nicht in erster Linie die mangelnde Sittlichkeit – die „wird langsam besser“ –, sondern den Mangel an musikalischen jungen Leuten. Fast den ganzen Sommer habe der Posaunenchor nicht proben und auftreten können: „Die Bläser wechseln des Fortzugs nach Westfalen wegen sehr. Kaum daß die jungen Leute das Blasen mäßig erlernt haben, wandern sie nach Westfalen, so daß der Chor niemals etwas Tüchtiges leisten kann, auch ist die Sache jetzt schon allgemein bekannt und übt auf die Jünglinge keinen Reiz mehr aus, weshalb es sehr schwer ist, die nötigen Bläser zusammenzubekommen.“[305] In den Jahren zwischen 1895 und 1910 gehen bis 30 % der von den ostpreußischen Landschulen Entlassenen nach Westdeutschland und Berlin, in den Kreisen Lyck, Osterode und Neidenburg beträgt der Fortzug sogar über 40 %.[306]

Die Massenabwanderung aus dem ländlichen Ostpreußen hat soziale Ursachen. Die liegen neben der abhängigen Rechtsstellung der Landarbeiter in erster Linie in den schlechten, oft unzumutbaren Arbeits- und Lebensbedingungen der Landarbeiterschaft und der nicht erbberechtigten Söhne. Den Hof, ob groß oder klein, erbt fast immer der älteste Sohn. Viele der übrigen Kinder bleiben auf dem Hof und helfen mit. Als Knechte können sie aber keine Familie gründen. Die Söhne kinderreicher Bauernfamilien finden in der Heimat in der Regel auch kein Unterkommen in anderen Berufen. Zudem setzt die zunehmende Mechanisierung ab den 1890er Jahren ländliche Arbeitskräfte frei. Andreas Kossert stellt fest, dass der polnischsprachigen Unterschicht im preußischen Osten ein gesellschaftlicher „vertikaler“ Aufstieg verwehrt und sie deshalb in eine „horizontale“ Mobilität gezwungen wird. Das bedeutet Abwanderung. „Eine Abwanderung war unvermeidlich, da an einen sozialen Ausgleich, das heißt die Neuordnung der Besitzstrukturen, nicht zu denken war.“[307]

Zugleich gibt es einen deutlichen Geburtenüberschuss. Die Geburtenziffer liegt beispielsweise im Kreis Lyck in den Jahren von 1900 bis zum Beginn des Ersten Weltkrieges bei jährlich durchschnittlich 40 Geburten auf 1 000 Einwohner (zum Vergleich die Bundesrepublik Deutschland 2008: 8,2 auf 1 000). Allerdings steht dieser hohen Geburtenrate auch eine hohe Kindersterblichkeit mit 24 bis 25 auf 1 000 Einwohner, besonders im frühen Kindesalter, gegenüber. Trotzdem ist der Bevölkerungsüberschuss groß.[308]

Die ostdeutsche Zuwanderung an den Rhein und an die Ruhr ist in den 1860er Jahren noch spärlich. Im Jahr 1868 erkundigt sich das preußische Handelsministerium „zur Linderung der außerordentlich großen Noth in der Provinz Preußen“ bei den preußischen Oberbergämtern nach Arbeitsmöglichkeiten in den Industrierevieren, um so in den Krisenjahren den ländlichen Arbeitsmarkt zu entlasten. Es gelingt zwar erstmals, größere Gruppen der ländlichen Bevölkerung zur Abwanderung in den schlesischen Bergbau zu bewegen, aber die über den lokalen Bergbauverein an die Grubendirektoren des Ruhrgebiets gerichtete Anfrage stößt dort noch auf Ablehnung. Eine umfangreiche Wanderung von deutschsprachigen Arbeitskräften

Markttag in Seckenburg um das Jahr 1928. Der Ort an der Gilge ist ein selbstständiges Kirchspiel. Seckenburg, bis 1923 Groß Kryszahnen, liegt verkehrsgünstig am Knotenpunkt mehrerer Straßen, Flüsse und Kanäle und ist ein vielbesuchter Marktplatz.

aus Ost- und Westpreußen, der Provinz Posen und Schlesien in das Ruhrgebiet beginnt erst in den Jahren 1870 bis 1873. Um 1880 nehmen die Belegschaften der Bergwerke um mehr als ein Viertel zu. Erst jetzt folgen den ersten deutschsprachigen Arbeitsemigranten z.B. aus Nordhessen die ab der Jahrhundertwende das Gesicht des nördlichen Ruhrreviers prägenden polnisch- und masurischsprachigen Arbeiter aus der Provinz Posen und aus dem Süden Ostpreußens.

Viele Arbeitsemigranten kommen durch persönliche Beziehungen in die wachsenden Industriestädte an Rhein, Ruhr und Emscher. Das hat zur Folge, dass sie auch im Westen zusammenbleiben, und so gibt es im Ruhrgebiet so etwas wie masurische Ghettos. Die Ortelsburger, Allensteiner und Neidenburger sammeln sich in Gelsenkirchen, die Soldauer und ebenfalls viele Neidenburger gehen nach Wattenscheid, die Osteroder nach Bochum, die Lötzener nach Wanne.[309] In Eickel lebende Ostpreußen stammen häufig aus den Kreisen Osterode, Ortelsburg, Neidenburg, Sensburg und Lyck. Die Herkunftsorte der ostpreußischen Zuwanderer in der Stadt Herne liegen in den masurischen Kreisen Oletzko, Johannisburg, Lyck, Neidenburg und Ortelsburg und dem oberländischen Kreis Osterode sowie in den Kreisen Königsberg, Insterburg und Stallupönen.[310] Gelsenkirchen wird zu einer Art Ostpreußen-Verteilstelle für Neuankömmlinge.[311] Hier steigt in nur drei Jahrzehnten die Einwohnerzahl von 10 000 im Jahr 1873 auf insgesamt 138 048 Einwohner im Jahr 1903.

Um das Jahr 1900 erreicht die Abwanderung ins Ruhrgebiet ihren Höhepunkt. Gehören in den Jahren von 1902 bis 1908 in Herne zwischen 25 % und 28 % aller polnischsprachigen Einwohner zur masurischen Bevölkerungsgruppe, sind es 1908 im Bergarbeiterdorf Sodingen etwas mehr als ein Drittel, im Dorf Börnig 14 % und in Wanne mehr als die Hälfte. In den Orten gibt es auch hohe Zahlen von Zuwanderern aus dem nordöstlichen Ostpreußen. Von den aus dem Osten angeworbenen Arbeitern der Zeche „Pluto-Thies" in Röhlinghausen bei Herne hat der größte Teil in Masuren und der Provinz Posen seine Heimat. Die Auswertung von Belegschaftslisten der Jahre 1901 bis 1907 ergibt, dass nahezu die Hälfte aller Belegschaftsmitglieder der Zeche aus dem Posenschen (25 %) und aus Ostpreußen (23 %) stammt. Von den 23 % Ostpreußen wiederum sind 20 % Masuren. Aus Westpreußen wurden 6 % und aus Schlesien 5 % der Gesamtbelegschaft angeworben. Bis 1907 sind rund 500 000 Menschen aus dem Osten ins Ruhrrevier gezogen, darunter zwischen 220 000 bis 240 000 Ostpreußen. Bis 1924 wandern noch weitere 70 000 Ostpreußen zu.[312]

Noch mit 53 beziehungsweise 54 Jahren ziehen August und Henriette Paraknings mit drei von ihren sechs Kindern 1907 von Insterburg fort nach Gladbeck. Die zwei älteren Töchter Lene und Bertha hat es schon mit ihren Männern ins Ruhrgebiet verschlagen. Auch Henriettes unehelicher ältester Sohn Gustav Seidenburg lebt bereits in Essen. Die Paraknings reisen wie fast alle Arbeitsemigranten mit der Eisenbahn; die Familie ist zwei Tage und zwei Nächte unterwegs und fährt über Berlin nach Wanne. Wanne ist, neben Essen, eine Umsteigestation für die Menschen, die ins Ruhrgebiet strömen. Dort wird die Reisegruppe von den Schwiegersöhnen erwartet. Sie begleiten sie auf der Bahnfahrt über Gelsenkirchen-Bismarck nach Gladbeck. Die Familie hat die Heimat Ostpreußen im April verlassen, als das Land noch mit Eis und Schnee bedeckt ist. In Westfalen zeigen die Bäume das erste Grün. Emma Paraknings, damals ein junges Mädchen, erinnert sich ein Leben lang: „Es war mir, als wäre ich aus dem Winter in den Frühling gefahren."[313]

Vor dem Ersten Weltkrieg leben 180 000 Masuren in der Provinz Westfalen – das sind 36 % der masurischen Bevölkerung. Von ihnen sprechen 1908 schätzungsweise 120 000 bis 130 000 Masuren noch das masurische Polnisch.[314] „Bis 1914 gelang der Akkulturationsprozeß nur bedingt, da die Ghettoisierung der masurischen Gemeinschaft stark ausgeprägt war", stellt Andreas Kossert fest. „Die deutsche Sprache und Kultur drangen erst allmählich in den inneren Lebenskreis der Masuren ein. Das zeigt vor allem ihre treue Verbundenheit zur polnischen Muttersprache im kirchlichen Bereich. Auch wenn die Masuren im Ruhrgebiet mit Nachbarn und Kollegen deutsch sprachen, bedeutete dies keine innere Übernahme."[315]

Die ostpreußischen Einwanderer organisieren sich in Vereinen mit kirchlich-karitativem Charakter, die Vereine haben eine bedeutende Funktion als Mittelpunkt ihres gesellschaftlichen Lebens. Hier knüpfen sie Kontakte zu den eigenen Landsleuten, sprechen in der heimatlichen Sprache und pflegen das heimische Brauchtum.

Markt in Ortelsburg um 1910. Nach der Volkszählung von 1900 sprechen 43,4 % der Kreisbewohner „masurisch“ und 31,1 % „polnisch“. In der Kreisstadt selbst dürften, wie in allen Kleinstädten Masurens, die Deutschsprachigen schon die Mehrheit gestellt haben.

Gegenseitige Hilfe unter den Landsleuten leisten die Vereine durch die Einrichtung von Unterstützungskassen, die durch den Staat genehmigt werden müssen.[316] Im Gebiet der heutigen Stadt Herne gründen 1890 ostpreußische Zuwanderer in Baukau den Evangelischen Arbeiterunterstützungsverein Herne-Nord, dem 310 Mitglieder, überwiegend Bergleute, angehören. Im selben Jahr wird in Herne der Evangelisch-ostpreußische Unterstützungsverein ins Leben gerufen, dem 110 Personen beitreten. Bis zum Beginn des 20. Jahrhunderts folgen weitere Vereinsgründungen, so in Sodingen, Wanne und Röblinghausen. Viele der ostpreußischen Vereine schließen sich bald zu kleinen Verbänden zusammen, die im Dezember 1920, nach der nationalen Aufwallung in Folge der Völkerbundabstimmungen in Masuren und Westpreußen, im Rheinisch-Westfälischen Provinzialverband Heimattreuer Ost- und Westpreußen vereinigt werden.[317] Den Gewerkschaften und der Sozialdemokratie fällt es schwer, die Masuren zu organisieren. Wenn überhaupt, dann schließen sie sich den Ostpreußischen Arbeitervereinen an, die von den Arbeitgebern und der evangelischen Kirche initiiert werden und den Nationalliberalen nahe stehen.

Die polnische, masurische, kaschubische oder litauische Herkunft vieler Menschen des Ruhrgebiets kann heute nicht mehr unbedingt an den Familiennamen nachgewiesen werden. Der Volkskundler Eberhard Franke hat festgestellt, dass von 1880 bis 1935 rund 30 000 Bewohner des Ruhrgebiets die Genehmigung zur

Namensänderung erhalten haben, darunter rund 14 000 Ostpreußen bzw. Masuren. Franke schätzt, dass damals schon jeder vierte ostdeutsche Zuwanderer oder dessen Nachkommen an Stelle des ursprünglichen slawischen oder litauischen einen „deutschen“ Familiennamen trägt.[318] Ein Beispiel für die „Eindeutschung“ von Namen ist die Familie Baginski. Sie stammt ursprünglich aus Warschallen im Kreis Neidenburg und zieht nach Klein Przesdzienk im Kreis Ortelsburg. 1865 wird dort Gottlieb Baginski geboren. Noch vor dem Jahr 1890 wandert er nach (Gelsenkirchen-)Buer ab und arbeitet dort auf der Zeche Hugo. 1891 heiratet er die Bergmannswitwe Marie Hinz, geborene Guth, aus Olschienen im Kirchspiel Klein Jerutten bei Willenberg. Im Jahr 1909 sind noch Gottlieb Baginskis Brüder Gustav, Wilhelm und Adolf im Ruhrgebiet ansässig. Der Bruder August ist da bereits wieder nach Masuren zurückgekehrt.

Der jüngste Bruder Adolf lebt wie Gottlieb Baginski in Buer. Er stellt am 30. September 1909 einen Antrag auf Änderung des Familiennamens. Am 20. Januar 1910 erhält der Bergmann Adolf Baginsky vom Königlichen Regierungs-Präsidenten zu Münster Genehmigung, an Stelle des Familiennamens Baginsky fortan den Namen Höfer zu führen. Sowohl die Brüder wie auch die preußischen Behörden schreiben im Übrigen den alten Familiennamen in Briefen und Urkunden mal Baginski, Baginsky, Bagienski oder Bagenski. Im September 1919 beantragt auch Gottlieb Baginski eine Namensänderung. Der Regierungspräsident gestattet am 20. November 1919 diesem Zweig der Baginskis „an Stelle des Familiennamens Baginski fortan den Namen Bömke zu führen“. So werden aus Masuren Westfalen.[319]

Wohl jede auf dem Land lebende masurische Familie hat Verwandtschaft im westlichen Reichsgebiet. Das verändert auch die Sprachverhältnisse bei den in der Heimat Gebliebenen: „Diese Binnenmigration hatte eine enorme Bedeutung für den Assimilierungsprozeß der Masuren in ihrer Heimat, da sie durch die Ruhrmasuren vielfältige Kontakte zum deutschen Sprachraum erhielten.“[320] Auch dieser „Rückkanal“ ist verantwortlich für den Rückgang polnischen Sprache in Masuren.

Der Auswanderung nach Amerika und der Abwanderung ins Reich steht in Ostpreußen keine vergleichbare Zuwanderung gegenüber, der Wanderungsverlust wird bis 1945 für Ostpreußen zu einer dauernden Erscheinung. Von 1897 bis 1900 liegt er jährlich bei 14 %. Der an sich hohe Geburtenüberschuss kann das nicht ausgleichen, die Bevölkerungsbilanz ist negativ. Dieter Hertz-Eichenrode hat für den Zeitraum von 1871 bis 1933 einen Gesamtverlust von mehr als einer Millionen Menschen errechnet.[321] Der Verlust vor allem an arbeitsfähigen Menschen betrifft einseitig die Landgemeinden, und die Abwanderung verändert den Altersaufbau der ostpreußischen Bevölkerung. Menschen über 60 Jahre sind im Vergleich zur Gesamtbevölkerung des Deutschen Reichs mit 6 % überrepräsentiert.

Die masurische Bevölkerung im Ruhrgebiet behält einen engen Kontakt zur Heimat. Viele planen eine spätere Rücksiedlung. Besonders in wirtschaftlich schwierigen Zeiten wie in den Jahren von 1919 bis 1923 kommt es zu massiven Rückwanderungen nach Ostpreußen, die Provinz wird wegen des landwirtschaftlichen Charakters mit den Möglichkeiten der Selbstversorgung für kurze Zeit attraktiv.[322] Oft kann noch mit dem ersparten Geld ein kleines Anwesen gekauft werden, auf dem dann wieder Landwirtschaft betrieben wird.[323] Kornelia Mammen hat die Geschichte ihrer Urgroßeltern Baginski/Bömke in Masuren und im Ruhrgebiet recherchiert.[324] Sie hat dabei festgestellt, dass Gottlieb Bömke alias Baginski am 3. August 1925 nach Olschienen, dem Heimatsort seiner Frau, rücksiedelt. Erst im Mai 1926 folgt ihm die Ehefrau. 1928 oder 1929 stirbt Gottlieb Bömke. Er wird in Masuren begraben. Seine Frau kehrt nach dem Tod ihres Mannes in das Ruhrgebiet zurück. Sie lebt zunächst kurz in Oberhausen, von 1929 bis 1946 in Buer und von 1946 bis zu ihrem Lebensende im Jahre 1954 in Warstein im Sauerland. Begraben wird sie in Sundern, fast 1 000 km von ihrem Ehemann entfernt. Gottlieb Baginski-Bömke ruht in jetzt polnischer Erde.

Schwere Zeiten

Die Autorin Ulla Lachauer hat das bewegte Leben der Bäuerin Lena Grigoleit aus dem kleinen Dorf Bittehnen an der Memel aufgezeichnet und in dem anrührenden Buch *Paradiesstraße* veröffentlicht. Die Autorin lernt die Bäuerin 1989 kennen, als sie Bittehnen als Schauplatz von Johannes Bobrowskis Roman *Litauische Claviere* aufsucht. Da ist Lena Grigoleit die letzte „Deutsche" im Dorf. Im Gespräch mit Lachauer erinnert sie sich an fast alles in ihrem Leben, auch an die Roggenernte. Es ist sehr heiß. „Der Schweiß rinnt, alles klebt, das Tuch rutscht." Die Bauersleute und ihre Erntehelfer sind erschöpft. „Alle waren müde und mürrisch. Besonders der Kutscher und das Mädchen. Wenn die nachts geschlafen hätten, wäre das nicht so schlimm gewesen. Aber der Kutscher hatte da im Dorf eine Paninka und verbrachte die Nacht dort. Das Mädchen fand meistens auch irgendeinen zum Poussieren. Wenn die Saisonarbeiter bei uns waren, war so allerhand los. Und morgens, wenn die Arbeit einsetzte, waren sie alle im Mostrich nicht zu genießen. Dann sagte der Kutscher immer zu unserer Mutter: ‚Ja, ja, die Roggenerte ist die schwerste Zeit, Madamche.'"[325]

Eines von den Mädchen, die bei der Ernte helfen, ist die Mutter des Schäfers August Paraknings, Catharina Paraknings. 1823 geboren, wächst sie mit zwei – wie sie unehelich geborenen – Brüdern auf. Die Mutter der Geschwister, Juliane Paraknings, arbeitet im Kreis Insterburg als Dienstmagd. 1811 hat sie auf dem Gut Neuteich und 1818 auf dem Gut Budwethen ihre Söhne zur Welt gebracht. Wo die Tochter Catharina zur Welt kommt, hat ihre Ururenkelin Gudrun Nositschka in Kirchenbüchern nicht ermitteln können.[326] Catharina Paraknings zieht jeden Sommer von Gut zu Gut. „Sie arbeitete in der Erntezeit als Garbenbinderin, jeweils mit einem Schnitter zusammen. Schnitter und Binderin wurden nur gemeinsam auf dem Gesindemarkt angemietet. Meistens arbeiteten sie nur einen Sommer zusammen und schliefen gemeinsam in Heuschobern mit anderen Schnitterpaaren, die alle nicht miteinander verheiratet waren. Nach der Getreideernte kehrten sie in der Regel einzeln in ihre Heimatdörfer zurück.“ Catharina Paraknings Sohn August leidet unter dem sommerlichen Treiben der Schnitter und Binderinnen auf den Heuschobern. „Er und seine jüngere Halbschwester wußten auch nicht, wer ihre Väter waren.“[327]

Die Ernte macht müde. Da hält manch junger Mensch sein Liebesleben noch im Zaun. Wenn aber nach der Roggenernte das alljährliche Erntefest gefeiert wird, beflügeln gutes Essen und scharfe Getränke. Eugen Kalkschmidt berichtet: „Dann wurde getanzt und gesungen nach Herzenslust. Ehrentänze mit der Herrschaft eröffneten den Reigen, die Alten wurden wieder jung, oft übermütiger als die Jugend, die natürlich die Nacht bis zum Morgengrauen als Freinacht gründlich auszunutzen wusste. Die Folgen pflegten dann freilich nach neun Monaten nicht auszubleiben, aber das galt im Memelland als eine lässliche Sünde. Seid fruchtbar und mehret euch, dieses biblische Gebot auch ohne den Segen der Kirche eifrig zu erfüllen, ließ sich der Litauer angelegen sein. Die Kinder kamen eben als Geschenke vom lieben Gott, sie waren keine Sünde.“[328]

Der Schulmeister des Dorfes Roggen vermerkt in seiner Chronik des Jahres 1907: „Die Sittlichkeit der Bewohner wird langsam besser, da der Besuch der Schänke sehr abnimmt. Uneheliche Geburten: 2.“[329] Immerhin kann der Chronist in diesem Jahr vier Hochzeiten und 15 Geburten festhalten. Damit liegt Roggen auf gutem masurischem Niveau. „Soweit ich habe ermitteln können, kommen in den masurischen Städten auf 100 Geburten 13 uneheliche, auf dem platten Lande auf 100 8–10“[330] schreibt Friedrich Salomo Oldenburg in seinem Bericht für den Central-Ausschuß für Angelegenheiten der Inneren Mission. In Masuren kümmert man sich aber im 19. Jahrhundert oft schon vor der Ehe um das andere Geschlecht. Für den Prediger Oldenburg ist das verwerflicher Unfug: „Sehr gebräuchlich ist der Unfug der ‚Probehochzeiten'. Der Mann nimmt eine Frau oder die Frau den Mann auf Probe, natürlich ohne Trauung. Ein paar Wochen lebt man zusammen und gefällt man sich nicht, so geht man wieder auseinander. Heirathslustige stellen 2 bis 3 solcher Proben an, bis sie endlich gefunden, was sie festhalten mögen.“[331]

Bei den Bauern gibt es etwas zu vererben, deshalb spielt die Liebe hier nur eine Nebenrolle. Josef Lischewski beschreibt 1939 im Rößeler Tageblatt, wie Jahrzehnte zuvor im Dorf Robaben Ehen arrangiert werden: „Auf dem Land war die Liebe nicht ausschlaggebend, das Heiratsgut spielte ein große, oft entscheidende Rolle.“[332] „Geld muss zu Geld“, und deshalb sind die Eltern die Herren des Verfahrens. Wird ein Kandidat ins Auge gefasst, inspizieren die Eltern der Braut den Hof des Erwählten. Es kommt zu einem hartnäckigen Handel zwischen den Elternpaaren. Sind sich die Eltern einig, so ist „der Verspruch“ fertig. Der Bräutigam überreicht der Braut ein Geschenk oder auch gleich den Ring. Sofort wird beim örtlichen Pfarrer das Aufgebot bestellt. Der verkündet die beabsichtigte Heirat an drei aufeinander folgenden Sonn-

Die Wilhelmstraße in Gumbinnen vor ihrer Zerstörung im Ersten Weltkrieg um 1910. Der Sitz eines preußischen Regierungspräsidiums ist mit weniger als 20 000 Einwohnern nur die viertgrößte Stadt des Bezirks, an der Kreuzung von drei Linien aber ein Eisenbahnknoten.

tagen von der Kanzel. Geheiratet wird nur bei zunehmendem Mond, so abergläubisch sind dort selbst die streng katholischen Bauern noch. „Nun zog der Hochzeitsbitter von Haus zu Haus, stattlich anzusehen mit seinem langen ‚Scheeßkeroch', in der roten Weste mit den Silberknöpfen und dem langen Seidenband an der linken Brustseite. Den großen breitrandigen Hut schwenkte er schon von weitem, und kam er als Abgesandter seiner reichen Bauerntochter, so sah man ihn hoch zu Roß."[333]

In Tillendorf im westpreußischen Kreis Stuhm sind die Landarbeiter vorwiegend katholisch. „An Familienplanung haben die nicht gedacht. Die Sachen waren früher auch gar nicht bekannt! Größtenteils hatten die Arbeiter viele Kinder. Also unter vier Kindern gab's keinen"[334], bilanziert der Landarbeiter Max Landowski. Kindersegen gebiert Armut: „Aber man konnte dann schon den Unterschied in den Familien sehen, wo wenig Kinder waren und wo viel Kinder waren. Denen mit wenig Kindern ging's etwas besser."[335]

Werden in Ostpreußen Gäste erwartet, hat bei Arm und Reich die Hausfrau schon Tage zuvor zu tun. „Denn man aß in Ostpreußen sehr gut. War doch alles so billig"[336], weiß Agnes Harder. Gutes und reichliches Essen ist den Ostpreußen nicht nur bei Hochzeiten, Taufen und Konfirmationen wichtig. Auch Agnes Harders Mutter, die Frau eines Richters in der Kleinstadt Preußisch Holland, verlässt sich dabei nicht auf andere: „In den kleinen Städten setzten die Hausfrauen noch ihre Ehre darein, alles selbst zu machen: Spickgans, Pökelfleisch, Schinken einsalzen und räuchern, kurz, Vorräte zu haben. Es wäre das vielleicht auch damals nicht mehr so notwendig gewesen, denn es gab Schlächter genug am Ort; doch hätte es jeder für eine Schande gehalten, sich ein halb Pfund Aufschnitt zu holen. Das Haus war nicht nur die Burg des Friedens, es war auch, wenn auch nicht mehr im Sinne unserer Großmütter, der Produktionsherd des Genusses."[337]

Gegessen wird immer. In München schreibt Eugen Kalkschmidt 1947 in mageren Zeiten seine Erinnerungen. Es sind Rückblenden auf das Leben im Memelland, die dem Großstädter in den Nachkriegsjahren traumhaft erscheinen müssen: „Im Osten an der See lebt man ja immer deftiger als im Binnenlande, außer den drei Hauptmahlzeiten des Tages gibt es noch gegen zehn Uhr das ‚Klein-Mittag' mit pikantem Fischgericht und kurzer Küche, und dann am Spätnachmittag hinter dem Kaffee das sogenannte ‚Schweinevesper', dessen nahrhafte und vielseitige Bestandteile der Name schon genugsam andeutet."[338]

Nach dem 1. Advent beginnt in Ostpreußen die Hausschlachterei. Jetzt dringt überall aus den Häusern und Höfen das Quieken der Schweine. Auch bei den Fischern auf der Kurischen Nehrung ist jetzt Schlachttag. Dichter Dampf steigt aus den Haustüren, wenn die Schweine vor dem Zerlegen abgebrüht und saubergemacht werden. Der Fischersohn und Briefträger Richard Pietsch weiß noch Jahrzehnte später Details zu berichten: „Verschiedene Wurstsorten wurden hergestellt, Sülze mußte geschnitten und gekocht werden. Sogar den Kindern machte es Spaß, jetzt im Haus zu bleiben und mitzuhelfen. Die Männer, soweit sie zu Hause waren, schafften die Speckseiten und Schinken zu den Häusern, die noch einen offenen Rauchfang hatten. Dort hingen schon zentnerweise alle möglichen Fleischsorten. Das Beheizen der dort stehenden Herde mit Kiefernzapfen und Kienholz gab dem Rauch eine besondere Note, dessen Würze sich dem dort hängenden Fleisch mitteilte."[339] Schon zu Martini geht es am 11. November den ersten fetten Gänsen ans Leben.

Das Essen kommt vom Hunger, der Durst vom Trinken. Er begleitet fast jede ostpreußische Geschichte, die dem vollen und wahren Leben verpflichtet ist. Eugen Kalkschmidt, der Ostpreuße in Bayern, konstatiert ein deutsches Nord-Süd-Gefälle in der Trinkkultur: „Der Alkohol spielt in allen Nordländern seine angestammte Rolle, und zwar in seiner gefährlich konzentrierten Form. Es gibt bekanntlich Bier-, Wein- und Schnapsländer – je höher zu Norden und weiter zum Osten, desto stärker die alkoholische Dosierung der Getränke." Die Ostpreußen bevorzugen schwere Weine wie Portwein, Tokajer und Burgunder und schätzen daneben den wärmenden Grog, „und wer sich den teueren Rum oder Kognak nicht leisten konnte, der hielt sich an Schnaps in allen seinen Spielarten, Bier zählte eigentlich nicht mit, es galt als ‚kalt und naß', es wärmte nicht so recht. Man genoß also am liebsten umschichtig Schnaps, auf eine Lage Bier wurde eine Runde Branntwein gelegt – ein Wechsel, der einen zünftigen Biertrinker wie den Bayern in Staunen und Abscheu zu erfüllen pflegt; er würde auch der Wirkung dieser Mischung unmöglich gewachsen sein."[340] Gründe zum Trinken gibt es in West- und Ostpreußen auch ohne Feste und Feiertage. Das Vereinsleben ist nicht gelegentlicher Anlass zum Umtrunk, der Umtrunk ist häufig ein Teil des Vereinszwecks. Horst Biernath erlebt es in Lyck, Königsberg und Braunsberg: „Hinterher fand man sich – und das war wohl der Hauptzweck aller Vereine, wie sie auch immer heißen mochten – in fröhlicher Runde zusammen, um ein Fässchen Bier anzustechen und, da man das Bier doch nicht so trocken herunterwürgen konnte, die Gurgel kräftig mit Schnaps zu ölen. Kurzum, es wurde schwer gesoffen von Kindesbeinen an, denn schon die Tertianer und Sekundaner, Bürschchen von dreizehn bis sechzehn Jahren, hatten ihre Zirkel, in denen man nach studentischem Comment zu trinken begann und in einem jammervollen Besäufnis endete."[341]

Es wird in Ostpreußen auch Wasser getrunken. Wenn die Miegels in den 1890er Jahren in ihrem alten Königsberger Giebelhaus Besuch von der ländlichen Verwandtschaft bekommen, erwähnen die unverheirateten Schwestern des Vaters an geeigneter Stelle, dass man schon eine Wasserleitung in der Küche habe. Und auch die Amme Lina zeigt jedem Besucher aus ihrer ländlichen Heimat das „Wasser aus der Wand". Das hat ein Beschwernis der alten Zeit beseitigt: „Noch standen hier und da in den Höfen grosse, im Winter dick mit Stroh umwickelte Holzpumpen, an denen die Frauen, die grün gestrichene Peede auf dem Rücken, ihre Eimer füllten ... So hatte auch Lina es tragen müssen auf allzu jungen Schultern, bis sie für immer wie gebückt ging. Es war gut, dass man jetzt an den Kran gehen und Wasser zapften konnte, soviel man zum Scheuern brauchte. Nur trinken wollte man es nicht. Wenn die Augusthitze über den engen Straßen brütete, dann holte Lina den alten Tolkemitter Wasserkrug vom Boden und ging durch die abendstillen Straßen zu dem kleinen Brunnen im Schlosshof, um für sich und Tante Lusche Trinkwasser zu holen. ‚Von dem andern bekommt man die Cholera', sagten die beiden, die noch die furchtbare letzte Epidemie in schlimmen Andenken hatten."[342]

Das Wachstum Königbergs führt nicht nur zur Notwendigkeit einer städtischen Trinkwasserversorgung, sondern zwingt auch zur Abwässerentsorgung. In Königsberg geschieht das mit der Rieselfeldtechnologie. Das Abwasser wird, möglichst großflächig, auf durchlässigen, sandigen, wenn möglich kiesigen Böden „verrieselt". Letztlich bieten Rieselfelder eine landwirtschaftliche Verwertung der Abwässer, die damals noch nicht so stark wie heute durch chemische, schwer abbaubare Substanzen verunreinigt sind. Zur Verwertung der Königsberger Abwässer entsteht die Samländische Rieselfelder Genossenschaft. Sie kauft in den später 1890er Jahren die Sandflächen des Metgehter Waldes, lässt ihn abholzen und dort auf 124 ha ab 1899 Rieselfelder anlegen. Schnell wächst die Fläche der Genossenschaft bis auf etwa 1 742 ha im Jahre 1930. Die ersten Erfolge übersteigen weit die gehegten Erwartungen, die Sandböden bringen jetzt üppige Ernten hervor. So schließen sich zahlreiche Melorations- und Eindeichungsgenossenschaften der Rieselfelder Genossenschaft an.

Geheizt wird auf dem Lande in der Regel mit Brennholz, in den großen Städten mit Kohlen oder Briketts, die mit dem Schiff aus England oder aus dem Ruhrgebiet stammen. Wenn Holz nicht genügend zur Verfügung steht – denn Ostpreußen ist ja längs nicht überall ein Land der Wälder –, wird Torf gestochen und getrocknet. Die Familie Schneidereit aus Perkuhnlauken bei Gumbinnen hat im Moor einen eigenen Torfbruch gepachtet. Aus ihm holt die Familie ihr Heizmaterial für den Winter. „Zu Beginn des Sommers, wenn der Wasserstand nicht mehr so hoch war, machte sich am Sonntag die ganze Familie auf zum Torfstechen. Meistens trafen wir dort schon einige Interessenten an." Mit einer Stechmaschine wird der Torf abgegraben, dann mit Schubkarren auf eine Wiese gekarrt und dort ausgebreitet. „Wir Kinder mussten barfuß den Torf kräftig durchtreten, und diese breiige, ca. acht Zentimeter dicke Schicht blieb auf der Wiese liegen. Am anderen Sonntag wurde die Schicht mit einer Latte oder Eisenstange kreuz und quer in ziegelgroße Stücke geteilt. Wenn nach einigen Wochen die Oberseite betrocknet war, mußte alles gewendet werden. Später bauten wir aus den Torfstücken kleine Türmchen, die bis zum Spätsommer stehen blieben und dann als Wintervorrat in die Schuppen geholt wurden."[343]

Ernst Mey ist 31 Jahre alt, als er 1903 sein Amt als Bürgermeister der Kreisstadt Ortelsburg antritt. Noch schöpft man in der 5 000-Einwohner-Stadt auf Straßen und Höfen das Wasser aus Grundwasser- und Röhrenbrunnen, eine Kanalisation gibt es nicht. Des Nachts leuchten wenige Petroleumlampen in den Straßen.[344] Bereits ein Jahr nach seinem Amtsantritt kann der junge Bürgermeister das von der Firma Carl Franke, Bremen, gebaute Gaswerk eröffnen; im Juli 1908 geht ein städtisches Wasserwerk in Betrieb. Es entsteht ein weit verzweigtes Leitungs- und Kanalisationsnetz. Mit der Gründung eines städtischen Schlachthofs werden die hygienischen und gesundheitlichen Verhältnisse weiter verbessert.[345] Ortelsburg ist nicht untypisch für die Kleinstädte Ostpreußens, deren tüchtige Bürgermeister und Magistrate die Errungenschaften Königsbergs kopieren. Aber Dörfer und Einzelhöfe erreichen diese Neuerungen, wenn überhaupt, erst ein Vierteljahrhundert später. „Wasser aus der Wand" gibt es in den Häusern der Landarbeiter auf dem Gut Klein Tauersee im Soldauer Ländchen auch in den 1930er Jahren noch nicht. Ida Goerdeler, geborene Oehlrich, berichtet: „In mässiger Entfernung von den Wohnstätten standen an der Dorfstraße die Pumpen (was heisst hier mässig, wer die Wassereimer tragen muss, zählt die Schritte). Sie lieferten bestes Quellwasser".[346]

Wasser wird auch in Blöcken herangefahren. Da man nur in modernen Brauereien und städtischen Schlachthöfen eine elektrische Kühlung besitzt, legt man sich im Winter überall einen gewaltigen Vorrat an Eis zu. Ida Goerdeler: „Verrückt – mitten im Winter schaute man nach Frost aus, möglichst klirrendem Frost von -20° und mindestens eine Woche lang. Eis sollte gehackt werden, Eis für den kommenden Sommer, als Kühlung für Milch oder geschlachtetes Vieh, dessen Fleisch einige Wochen reichen sollte."[347] Die Gastwirte in Jesziorowsken und Kruglanken im Kreis Angerburg

Der Markt von Allenstein. Im Jahr 1909 ist die Stadt mit 33 000 Einwohnern seit vier Jahren Sitz eines dritten Regierungspräsidiums. Aus den Bezirken Gumbinnen und Königsberg wurden ihm masurische und ermländische Kreise und der oberländische Kreis Osterode zugewiesen.

ernten bis Ende der 1920er Jahre jedes Jahr Eis auf dem Goldapsee vor ihrer Haustür. „Die mit staatlicher Genehmigung aus der Eisdecke geschnittenen Stücke wurden abgefahren und in einen Eiskeller gebracht. Auf dem festgestampften Lehmboden wurde das Eis gestapelt und mit Hafer- oder Gemengestroh zugedeckt. So hielt es sich sommerüber. Das geschah etwa bis zum Jahre 1928. Dann brachten die Brauereiautos in Stangen gefrorenes künstliches Eis, und man ersparte sich die eigene Ernte."[348] Wenn das Eis nicht in Eiskeller kommt, wird es in tiefen Gruben, bedeckt mit Stroh und einer Sandschicht, vergraben oder in Mieten eingelagert. Diese Mieten sind mächtige, langsam vom Frühling bis zum nächsten Winter zusammensinkende Halden, ebenfalls mit Stroh isoliert und mit einer Sandschicht verschlossen.

Die Wohnungen werden zwar nicht mehr von Kerzen, sondern von Petroleumlampen erleuchtet, aber auch ihre Entzündung ist eine Prozedur. Einen Fortschritt bringen da Zündhölzer. „Die Streichhölzchen werden auch immer noch als Erleichterung angepriesen, wenn Mutter abends, nachdem es endlich genügend dunkel geworden ist, den Zylinder klirrend von der Hängelampe abnimmt und die Flammen entzündet, die erst langsam, in ein paar Minuten zu voller Leuchtkraft emporbrennt und den Abend über vorhält"[349], erinnert sich Paul Fechter. Beim Einsetzen der Dämmerung lockt die Petroleumlampe alle Bewohner der Häuser an den Tisch, auf dem sie erhöht in der Mitte steht.[350] Licht spenden seit der vorletzten Jahrhundertwende in den Wohnungen nicht mehr nur Kerzen, Petroleumlampen und Gas, sondern auch – dank der beginnenden Stromversorgung – Glühlampen.

Das Gut Klein Tauersee besitzt seit den frühen Zwanzigerjahren eine kleine elektrische Anlage, die mit dem hochprozentigen Alkohol der Brennerei betrieben wird.[351] Sie erleuchtet das Gut und treibt landwirtschaftliche Kleinmaschinen an. Als im Ersten Weltkrieg das Petroleum knapp wird, lässt Graf Reinhard zu Stolberg-Wernigerode, Sohn des langjährigen Präsidenten des Deutschen Reichstags Graf Udo zu Stolberg-Wernigerode, auf seinem Gut Dönhoffstädt einen Windmotor aufstellen. Die mit dem Windrad erzeugte Energie wird in Akkumulatorenbatterien gespeichert. Wegen der ungünstigen Windverhältnisse wird die Anlage 1919 durch einen starken Dieselmotor ersetzt. 1923 legt man im zum Gut gehörenden Vorwerk Pomnick eine Wasserturbine und einen Generator an und leitet den so gewonnenen Strom durch ein Aluminiumkabel 2 km weit nach Dönhoffstädt und in das Dorf Groß Wolfsdorf. 1937 werden diese Orte an das Überlandwerk Ostpreußen angeschlossen.[352]

In Christburg im Kreis Stuhm wird ein städtisches Gaswerk im Jahre 1907 in Betrieb genommen. Es versorgt 48 Laternen, mit 122 Anschlüssen bei 100 Gasmessern schon 882 „private Flammen“, 43 Gaskocher, einen Motor und sechs Öfen. Im Jahre 1920 gibt es im Ort 218 Anschlüsse mit 419 Gasmessern. Das Gas speist 2723 Leuchtflammen, 339 Gaskocher, elf Motoren und 44 Öfen.[353] Als Notzentrale wird 1915 ein Elektrizitätswerk in Bartenstein eingerichtet. 1917 entsteht dort das Wasserwerk, eine Kanalisation lässt die Stadt 1919/20 anlegen.[354] Im Kreis Preußisch Eylau ist die Stadt Landsberg Vorreiter der Modernisierung. Sie erbaut 1905 den Schlachthof, 1908 die Gasanstalt und 1910 das Wasserwerk. Die Stadt Preußisch Eylau erhält 1905 eine Gasanstalt, 1911 einen Schlachthof und 1912 ein Wasserwerk. Im gleichen Jahr wird als modernste Errungenschaft eine Leitung für Strom aus Königsberg an die Stadt herangeführt.[355] Bei Beginn des Ersten Weltkriegs ist Ostpreußen aber in der Versorgung mit Elektrizität noch weit hinter anderen Provinzen zurück.

Das Hotel „Deutsches Haus“ liegt in günstiger Lage in der Stadtmitte von Angerburg am Alten Markt. Es hat eine gute Küche, einen wohlsortierten Weinkeller und deshalb immer viele Gäste. Die kommen von nah und fern. Das Hotel gehört der Familie Werner. Wie in ostpreußischen Provinzhotels üblich, steht auch die Frau des Besitzers Werner im „Deutschen Haus“ der Küche vor. Frau Werner ist die Tochter des Bäckermeisters Klee, dessen Bäckerei dem Hotel „Deutsches Haus“ gegenüberliegt. Im Hotelrestaurant der Werners trifft sich die Oberschicht des Kreises Angerburg. Hier verkehren vor allem die eingesessenen Gutsbesitzer wie der unkonventionelle Graf Carol Meinhard von Lehndorff aus Steinort am Mauersee. Nach Erledigung ihrer Geschäfte speisen sie im „Deutschen Haus“, besprechen landwirtschaftliche Fragen oder politisieren bis spät in die Nacht hinein beim Grog oder den guten Bordeaux-Weinen aus Werners Keller. Ihre Kutscher sitzen derweil in der Kutscherstube auf dem Hof in der Nähe der Stallungen für die ausgespannten Pferde. „Alle Kutscher trugen einen Backenbart à la Wilhelm I., steife Kutschermützen und meist dunkelblaue, uniformähnliche Mäntel mit blanken, silbernen Knöpfen. Wenn sie so in beschaulicher, würdevoller Ruhe in ihrer bescheiden eingerichteten Kutscherstube dasaßen, sah es aus, als weile der Marschall Blücher mit seinen Offizieren im Feldquartier. Wahrlich, es wäre ein schönes, malerisches Motiv gewesen, würdig eines Adolph von Menzel“[356], beschreibt der Autor Gerhardt Freund die Zusammenkünfte.

Die auswärtigen Hotelgäste des „Deutschen Hauses“ sind zumeist reisende Kaufleute und Vertreter aus größeren Städten wie Königsberg oder Berlin. Sie können erst ab 1898, als endlich ein Bahnanschluss geschaffen wird, mit der Stichbahn nach Angerburg anreisen und sind in der Regel gezwungen, am Ort ihrer Kundschaft zu übernachten und in ihrem Hotel auch das Essen einzunehmen. Mit der Zeit kennen sich die Herren gut; am Abend tauschen sie in den Restaurants ihre Erfahrungen aus. Man muss sich das Publikum als sich weltläufig gebende Handelsreisende, Honoratioren der Kleinstadt und Rittergutsbesitzer, oft Offiziere der Reserve, vorstellen. Sie alle sitzen am Abend behaglich im Qualm guter Zigarren, loben die Provinz, prahlen von der Großstadt und dämmern einer wohligen Trunkenheit entgegen.

Ostpreußens Gastwirte müssen sich vor den Regierungspräsidenten der Provinz in Acht nehmen, wenn sie eine weibliche Bedienung beschäftigten, die nicht zur Familie gehört. Am 18. Juni 1901 erlässt der Königsberger Regierungspräsident eine Polizei-Verordnung über die Ausübung des Gast- und Schankwirthschaftsgewerbes mit Kellnerinnenbedienung, die am 1. September 1901 in Kraft tritt. Sie regelt in Paragraph 7, dass die im Schankgewerbe tätigen Kellnerinnen „durchaus unauffällige“ Kleidung zu tragen haben: „Die Kleider müssen insbesondere am Halse geschlossen sein und mindestens bis zum Fußgelenk herabreichen.“ Paragraph 8 verbietet jede Art von absichtlicher und unabsichtlicher Animation: „Den Kellnerinnen ist verboten, in unanständiger oder auch nur auffälliger Weise an den Fenstern oder Thüren der Schankräume oder an den Hausthüren zu verweilen, oder durch Worte, Gebärden oder andere Zeichen Personen in die Schankräume anzulocken.“ Und Paragraph 9 fordert: „Die Kellnerinnen dürfen weder für sich noch für andere Speisen oder Getränke von den Gästen erbitten, noch Gäste zum Trinken auffordern oder bereden.“[357]

Hermann Sudermann tritt 1872, nach einer abgebrochenen Lehre, in das Realgymnasium in Tilsit ein. Die Tilsiter Oberprimaner bringen es in Walzer, Polka und Rheinländer zur Meisterschaft. „Die für Ballettleistungen ganz besonders Begabten wagten sich sogar an den ‚Galopp mit Touren‘, und ich muß sehr bitten, nicht zu lächeln, wenn ich verrate, dass das Chassieren in der Diagonale quer durch den großen Kasinosaal eine Sache war, um die ich von den Mitstrebenden heiß beneidet wurde.“[358]

Den Namen dieses Meisters im Chassieren hört der 23 Jahre jüngere Paul Fechter in seinem Elternhaus. „Da gab es neben dem verpönten Zola einen jungen Mann namens Sudermann, das mußte der Abgrunde von Unanständigkeiten sein; in dessen Stücke liefen sie alle hin. Romane schrieb er auch; ‚aber wissen Sie, ich verstehe ja nicht, dass so etwas möglich ist.' Dann gab es noch einen, der hieß Halbe, der stammte auch aus unserer Gegend; der Sudermann soll sogar in Elbing auf unserm Gymnasium gewesen sein, aber er war bloß Realschüler, Gott sei Dank." Der gleichfalls naturalistisch schreibende Max Halbe stammt aus Güttland bei Danzig. Paul Fechter: „Der Halbe hatte ein Stück geschrieben, das hieß Jugend, das wäre so gegen die Katholiken. Wie das neulich im Theater war, hier in Elbing, ist der Cajetan Hoppfe, aus der Schmiedestraße, der Goldschmied, mit 'nem großen Hausschlüssel reingegangen, und als es dann so ganz schlimm wurd', hat er laut auf dem Hausschlüssel gepfiffen und andere auch, und dann haben sie sie rausgeworfen, und die andern haben geklatscht. Ist das nicht schrecklich?"[359]

1886 hat Hermann Sudermann, schon in Berlin, seine erste Novellensammlung *Im Zwielicht* veröffentlicht, sein erster, stark autobiographischer Roman *Frau Sorge* erscheint ein Jahr später. Den Durchbruch erlebt er 1889. Am 29. November wird am Berliner Lessingtheater Sudermanns sozialkritisches Stück *Die Ehre* uraufgeführt. Der beispiellose Erfolg macht den 32-jährigen Autor über Nacht berühmt und reich. Über hundertmal spielt das Lessingtheater die erste Inszenierung vor ausverkauftem Haus; in 65000 Exemplaren wird das Stück gedruckt. Alle bedeutenden deutschen Theater, auch das Königsberger, spielen diesen Erfolg der Saison; Die Ehre wird in seiner ersten Spielzeit an 151 und in der zweiten Spielzeit an 61 Theatern inszeniert. Vier Jahre später kann Sudermann den Erfolg mit seinem Schauspiel *Heimat* noch übertreffen. Das Stück, in dem es um einen Konflikt zwischen den Vorstellungen einer überkommenen Moral, die der Vater vertritt, und dem Wunsch nach Selbstbestimmung der Tochter als Frau und Künstlerin geht, bringt Sudermann auch die internationale Anerkennung. Die Buchausgabe von *Heimat* erreichte innerhalb des ersten Jahrzehnts nach Erscheinen mehr als 30 Auflagen. Der Sohn eines kleinen Brauers aus Matzicken ist um 1900 einer der bekanntesten deutschen Schriftsteller.

Der Tod stört das Leben nicht

Hedwig von Lölhöffel von Löwensprung kennt die Krankengeschichten und Sterbefälle ihres Dorfes Tharau aus den Gesprächen der Dorfbewohner und aus den Kirchenbüchern. „Erschütternd ist in der Rubrik ‚Ursache des Todes' die häufige Wiederkehr des Wortes ‚Kindbett'."[360] Bis zur Einführung der gesetzlichen Schutzimpfung im Jahr 1874 sind die am häufigsten notierte Todesursache allerdings die Pocken. Bis in das 20. Jahrhundert verlaufen auch Erkrankungen an Masern, Scharlach und Diphtherie tödlich. „Schwindsucht", „Dörrsucht", „Blutsturz" und „hektisches Fieber", hinter diesen Bezeichnungen dürfte sich als Todesursache die Lungentuberkulose verbergen. Krebs hat damals häufig die Bezeichnung „Geschwulst". Auch im Süden des Kreises Neidenburg sind es die Infektionskrankheiten, die die Menschen auf das

Pfingsten 1891. Die fröhliche Runde einiger Honorationen in Groß Kryszahnen, Kreis Niederung. Schon vor dem Ersten Weltkrieg werden Ortsteile um die Kleinbahnstation „Seckenburg" genannt. 1923 erhält ganz Groß Kryszahnen diesen Namen.

Sterbelager werfen. Das ganze 19. Jahrhundert noch suchen verheerende Seuchen die Städte und Dörfer Ostpreußens heim. In Hohenstein im Kreis Osterode wütet 1831 die Cholera. 1839 folgen die Pocken. 1848 und 1852 tritt wiederum die Cholera auf. 1867 grassiert eine Typhus-Epidemie und 1873 erneut die Cholera.[361]

Das Memelland ist im 19. und im 20. Jahrhundert das einzige Gebiet Deutschlands, in dem die Lepra aufgetreten ist. Für die Übertragung ihres Erregers bedarf es eines dauerhaften Kontakts mit einem Infizierten. 1848 bringt eine aus dem russischen Litauen angeworbene Magd die Krankheit nach Aschpurwen im Kreis Memel. Unmittelbar in Nachbarschaft zur Stadt Memel entstehen so 36 Krankheitsfälle. Ein zweiter Herd bildete sich um Wittauten, hier gibt es 15 Kranke. 1863 schleppt ein Händler die Lepra in das Fischerdorf Bommelsvitte am Haff ein und 1880 ein Knecht aus Russisch-Litauen nach Karkelbeck. Als 1886 auch zwei Kinder in der Memeler Schule erkranken, werden Obrigkeit und medizinische Fachwelt aufmerksam. Im September 1886 bereist der Mediziner und Mikrobiologe Robert Koch den Kreis Memel, um den Grad der Ausbreitung der Krankheit festzustellen. Er empfiehlt dringend, ein Leprosorium, ein Lepraheim, zu gründen. Es entsteht auf der Nordspitze der Nehrung in der Nähe einer bereits dort gelegenen Quarantänestation. Bei der Einweihung im Juli 1899 werden 15 Kranke aufgenommen. Hier, in der „Plantage", werden die Patienten in strikter Isolation gehalten, betreut von Königsberger

Diakonissinnen. Im Kreis Memel breitet sich die Krankheit nicht weiter aus; in das Lepraheim werden später Kranke aus ganz Deutschland, häufig Menschen, die aus den Tropen zurückkehren, gebracht. 1944 befinden sich noch fünf Patienten dort. Sie werden nach Königsberg evakuiert.[362]

Auf den Gütern Klein Guja im Kreis Angerburg und Launingken im Kreis Darkehmen ist seit den 1920er Jahren der Naturforscher und Schriftsteller Walter von Sanden-Guja Gutsherr. Die Herrschaft ist für die Krankenerstversorgung und den Krankentransport verantwortlich: „Wenn die Ärzte bei schweren Krankheiten Überführung in das Krankenhaus anordneten, war es bei tief verschneiten Wegen, zwanzig Grad Kälte und Sturm eine verantwortungsvolle Sache, solch einen Transport zu machen. Der beste Gespannführer wurde ausgewählt, ein großer Hehlkasten vom Rübenfahren auf einen Schlitten gestellt. Viel Stroh, große Pelzdecken und Kissen kamen hinein und zuletzt der Kranke in seinen Betten mit Wärmflaschen an den Seiten und einer Pelzdecke darüber. So ist immer alles gut gegangen, und die Kranken, die sich gefürchtet hatten, bekamen Lebensmut, wenn sie warm und geschützt abfuhren."[363] In der Kreisstadt Angerburg gibt es in den 1920er Jahren ein öffentliches Krankenhaus. Seit 1905 besitzt auch Christburg im Kreis Stuhm ein städtisches Krankenhaus. Es hat im Jahre 1905 eine Belegungszahl von 196 Kranken.

Der Tod lauert überall. Seen und Flüsse finden ihre Opfer zur Sommers- und zur Winterszeit. Kinder, aber auch Erwachsende, brechen beim ostpreußischen Volksvergnügen Schlittschuhlaufen ein, ertrinken oder erfrieren. In Bittkehnen geht Lena Grigoleit mit ihren Geschwistern im Sommer jeden Abend zum Schwimmen an die Memel. Mädchen und Jungen baden an verschiedenen Stellen. Für ihre Mutter ist das Badevergnügen der Kinder eine Zeit der Unruhe: „Mama hat immer auf der Treppe gesessen und gewartet, bis alle nach Hause kamen. Es war kein Sommer, ohne dass jemand ertrank. Plötzlich hörtest du ein Geschrei. Dann hieß es, die Herta oder der Friedloff ist ertrunken. Immer in der heißen Jahreszeit, im Juli, August, holte die Memel ihre Opfer."[364] Hildegard Rauschenbach aus Dickschen im Kreis Pillkallen berichtet: „Hirschbecks hatten an einem Sommertag drei Töchter verloren, sie waren beim Baden in der Szeszuppe ertrunken. Angefaßt an den Händen sprangen sie im Wasser umher und waren plötzlich vor den Augen der anderen badenden Kinder verschwunden. Von einer, unter Wasser liegenden, Sandbank ging es steil hinunter in tiefes Wasser, und die Strömung hatte sie herabgezogen."[365]

Typisch für den ostpreußischen Bauernstand ist das „Altsitzerwesen". Der Bauer übergibt, wenn mit zunehmendem Alter die Kräfte ermatten, den Hof an den ältesten Sohn oder, wenn nur Töchter im Haus sind, an einen Schwiegersohn, und bezieht mit seiner Frau sein Altenteil. Das besteht aus freier Wohnung, freiem Brennholz oder Torf, einem Deputat Milch, einer festgelegten Menge von Kartoffeln und Getreide, einem Schwein im Herbst und anderem mehr. Auch ein wenig Bargeld ist vorgesehen. Manchmal leben die Generationen unter diesen beim Notar niedergelegten Bedingungen mehr oder weniger harmonisch. Das ist aber nicht immer so. Oft nährt der Hof nicht drei Generationen, vor allem wenn Hypotheken drücken, mit deren Auszahlung andere Geschwister abgefunden worden sind. Der Erbe kann die Vereinbarungen mit dem Altsitzer dann nur schwer einhalten. Dafür gibt es an den Stammtischen den Ausdruck: „Er hat zu teuer übernommen." Aus den wirtschaftlichen Schwierigkeiten entstehen persönliche Streitigkeiten. Am Ende hasst man sich.

Paul Ronge ist schon vor 1945 in Ostpreußen ein bekannter Rechtsanwalt. Er hat in Insterburg und Königsberg Fälle übernommen, in denen solche Erbfolge tödlich endet. „Das schlimmste ist, daß es ein Ereignis gibt, das die persönlichen Ärgernisse, die wirtschaftlichen Schwierigkeiten mit einem Schlag endet. Das ist der Tod des Altsitzers. Kommt er nicht von selbst, so gibt es einen Ausweg: Man kann nachhelfen. Altsitzermord ist ein Tattyp. Er ist in Ostpreußen endemisch."[366]

Schon der Richter Ernst Wichert berichtet aus den 1860er Jahren von diesem offenbar weit verbreiteten Verbrechen. Das chemische Element Arsen hat in der Provinz einen eigenen Namen: „Altsitzergift". Der es einsetzt, erklärt Ronge, sei nicht leicht zu entdecken. „Man muß sich das praktisch vorstellen. Bei einem alten Mann oder einer alten Frau ist das Ende durch Altersschwäche plausibel. Bei dreißig Grad Kälte kommt der Arzt zur Leichenschau zwanzig Kilometer gefahren. Er muß erst mit zehn Grogs aufgetaut werden. Warum soll er Sektion anordnen, wenn er dafür gar keinen besonderen Anhaltspunkt hat?"[367] Auf Mord steht die Todesstrafe. Sie wird in Ostpreußen bis 1945 an Männern und Frauen vollstreckt.

Im Jahr 1932 stirbt der Großvater von Hildegard Rauschenbach im Alter von 67 Jahren. Sechs Wochen ist er bettlägerig, bevor er begraben wird – ohne dass ein Arzt hinzugezogen wird, als er auf dem Krankenlager liegt. „Der Tod gehörte zum Leben und wurde als etwas Selbstverständliches hingenommen, und es war auch selbstverständlich, daß in der Sterbestunde eines Familienmitglieds die ganze Familie am Sterbebett versammelt war." Als der Großvater stirbt, werden die Kinder von der Mutter ins Sterbezimmer geholt: „‚Kinder, komnt schnell 'rüber, der Opa stirbt'. Da stand ich dann am Fußende des Bettes und sah wie Opas Gesicht sich allmählich fahl-gelblich verfärbte und die Kinnlade nach unten fiel."[368]

Vom Schriftsteller Willy Kramp stammt der auf Ostpreußen gemünzte Satz: „Ungern nur ließ sich dortzulande das Leben durch den Tod stören."[369] Kramp ist vom ernsten literarischen Fach, der Schriftsteller Horst Biernath vom leichten. Bei ihm heißt es: „Ja, es war ein fröhliches Land, es war so fröhlich, dass gegen diesen Frohsinn vor Seiten der Behörden eingeschritten wurde, da nicht nur bei Hochzeiten, Taufen, Geburtstagsfeiern und christlichen Festen, sondern sogar bei Begräbnissen gesoffen und getanzt wurde."[370] Und 1936 schreibt der Königsberger Historiker Walter Franz über die Masuren: „Von Leichtlebigkeit spricht das Beieinanderwohnen von Trauer und Freude. Ein würdiges Begräbnis endet bisweilen in einem Gelage, bei dem man den ernsten Anlaß völlig vergisst."[371]

Der Tod, so Franz, gilt den Masuren als etwas Notwendiges und Naturgemäßes, und er nennt dafür ein Beispiel: „Daher beschafft er sich, sobald er kann, seinen Sarg, den er auf dem Boden der Kirche, mit seinem Namen in Kreideschrift versehen, aufstellt. Das geschieht nicht etwa aus Sentimentalität, sondern aus dem Wunsche, als Toter ein angemessenes Behältnis zu haben."[372] In Nidden auf der Nehrung hat man den älteren Menschen die Sterbekleider, dunkle Gewänder, schwarze Strümpfe und ein weißes Hemd, schon bei Lebzeiten anfertigen lassen. Auch hier ist der Sarg häufig bereits zu Lebzeiten gezimmert. Er steht auf dem eigenen Dach- oder dem Kirchenboden.[373]

Viele über die Jahrhunderte entstandene Beerdigungssitten erhalten sich bis in die 1920er und 1930er Jahre. Richard Pietsch beschreibt, dass bei den Fischern der Kurischen Nehrung zur Todesstunde die Uhr angehalten und die Spiegel verhängt werden. „Der Verstorbene wurde von den Nachbarn gewaschen und auch angezogen. Unter sein Kinn wurde ein Gesangbuch gelegt."[374] In den Sommermonaten erfolgt die Beerdigung rasch. Bis dahin hält man die Leiche durch das Unterstellen von Kübeln mit Eis unter der Bahre frisch.[375]

Stirbt ein Mensch nach einem bis in Alter gelebten Leben, hat die Trauer der Hinterbliebenen ihre Grenzen. Aber noch in den beiden Friedensjahrzehnten zwischen den Weltkriegen sterben viele im Kindesalter. Willy Kramp hat eine bewegende Beschreibung einer Leichenfeier in seinem samländischen Wohnort in den 1930er Jahren hinterlassen: „Nach alter ostpreußischer Sitte wurde das tote Kind aufgebahrt; und am ‚Wachabend', dem Abend vor der Beerdigung, versammelten sich die Mitbewohner und Nachbarn als Gäste der trauernden Familie um den Sarg, in dem der Dreijährige wächsern-friedlich sein spitzes Näschen in die Luft streckte. Es roch nach Flieder und nach jenem undefinierbar Süßlichen, das sich für mich seit meiner Kindheit mit allen Leichenbegräbnissen und Leichenhallen verbindet; ein paar Kerzen waren angezündet, die Hausgemeinde saß auf Stühlen und Schemeln rund um den offenen Sarg wie um den Weihnachtsbaum. Man sang Lieder aus dem Gesangbuch, wahllos und mit lauter Stimme, wobei besonders die älteren Frauen einen wilden Eifer entwickelten. Man las Gebete vor, die zu dem Anlaß paßten, Tränen wurden vergossen, und dies alles dauerte ziemlich lange. Dann erzählte einer der Verwandten, wie lieb das Kind immer gewesen sei; andere wieder meinten, manchmal sei es doch auch ein Schalk gewesen und habe diesen und jenen Unfug angestellt. Man lächelte im Kreise. Der Vater des Kindes, jener hagere bleiche Arbeiter, gab mit unbewegter Miene Bericht von einigen niedlichen Ungeschicktheiten des Jungen, etwa wie er sich aus seinem eigenen Nachttopf den Mund beschmiert habe, das sei ein drolliger Anblick gewesen; und nun lachten wir schon richtig. Wir sahen nach dem geschmückten weißen Sarg hin, als ob auch der kleine Tote mitlachen müßte. Rundherum entwickelte sich angeregtes Gespräch. Noch drehte sich alles um die kurze Erdenzeit des toten Kindes; aber dann ging man über zu den Eigenheiten seiner Geschwister, zu den lieben und argen

Nur etwa 200 Einwohner hat der kleine Ort Neufrost bei Neukirch (Joneykischken) in der Elchniederung zu Beginn der 1930er Jahre; genug, um unter Nachbarn und Kameraden des Kriegervereins Sargträger für einen letzten Dienst am Toten zu finden.

Eigenschaften von Kindern überhaupt, und zuletzt gab es ein lautes Durcheinander von Stimmen und Gelächter." Jetzt bringt die junge Hausfrau vorbereitete Platten mit Schnitten. Es wird bis tief in die Nacht hinein getrunken. „Das Leben hatte den Tod eingeholt und beiseitegeschoben; auf der Woge der Stimmen und des Gelächters schwamm das tote Kind mit seinem kümmerlichen Wachsgesicht."[376]

Gustav Grannas hat in den 1920er und 1930er Jahren nicht nur ostpreußische Sagen und Volksmärchen aufgeschrieben, sondern auch die Volkssitten erforscht. In Groß Strengeln im Kreis Angerburg wird ihm zufolge der Tod des Bauern oder der Bäuerin auch allen Haustieren angesagt, selbst den Bäumen im Garten. Der Tote wird in einer Kammer auf Sand gebettet und mit Wacholderzweigen und Tannenästen zugedeckt, das Sterbezimmer mit Wacholder ausgeräuchert. Hier stehen die Särge noch nicht auf dem Dachboden der Kirchen für den letzten Weg bereit. Den Sarg fertigt der Tischler nach dem Ableben auf Maß an. Er wird ins Haus gebracht, der Tote zumeist festlich angezogen hineingebettet. Am „Bewachabend", dem Abend vor dem Begräbnis, versammeln sich Verwandte, Freunde und Nachbarn um den offenen Sarg. Man singt Begräbnislieder und erzählt von dem Leben des Toten; es wird gegessen und getrunken. „Nach der Bestattung zögerte man, als erster den Friedhof zu verlassen, weil nach altem Glauben der Tote den als nächsten nachholt. So war es gewöhnlich der Pfarrer, der als erster durch das Friedhofstor schritt."[37]

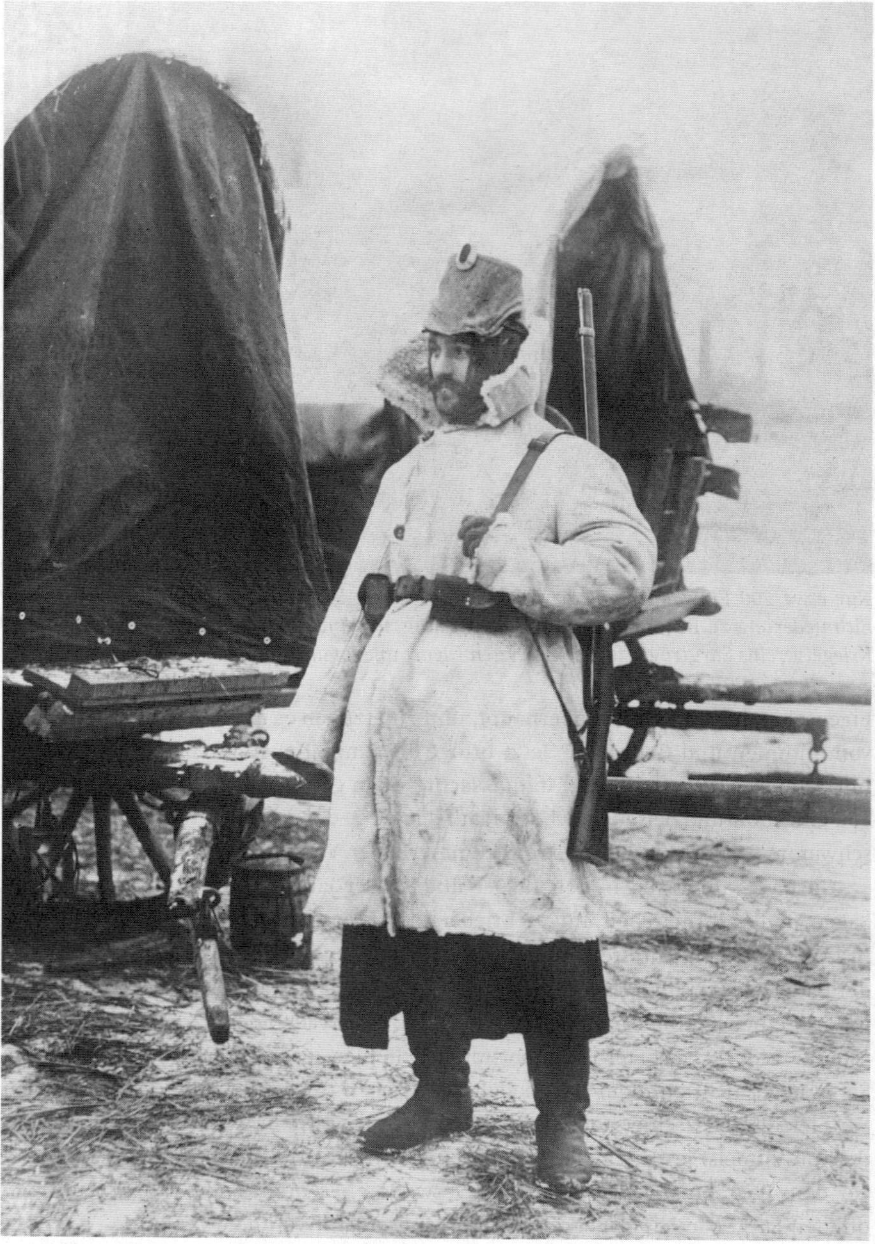

Ein ostpreußischer Landsturmmann auf Posten an den Masurischen Seen. Von November 1914 bis Februar 1915 ist auch in Ostpreußen die Front zum Stellungskrieg erstarrt. In der „Winterschlacht in Masuren“ werden die russischen Truppen aus Ostpreußen vertrieben.

Glänzender Sieg. Aber was glänzt an einem Sieg? Schlieffen sagte: Meist ist die Rückzugsstraße staubig oder regnerisch. Abmühen, den Gegner am Entkommen hindern, ist nie glänzend; oft sind die Beteiligten so müde, dass sie gar nicht hinsehen.

Alexander Kluge[1]

Der Erste Weltkrieg

Der Krieg im Osten Deutschlands

August 1914

Die Nachricht von der Ermordung des österreichischen Thronfolgers hat, wie Minna Wiemer berichtet, ihr Grenzdorf Osznaggern am Grenzfluss Lepone im Kreis Stallupönen schon am 28. Juni 1914 erreicht. In den letzten Tagen des Juli 1914 hören die Dorfbewohner dann von Truppenansammlungen jenseits der Grenze. Die russischen Offiziere und Grenzsoldaten kehren zwar noch immer gerne im Dorfkrug ein, der nicht weit von dem schmalen Grenzflüsschen entfernt liegt, aber sie sind gereizt.[2] Auch am 27. Juli erscheinen wieder russische Soldaten und verlangen Schnaps. „Doch dass sie sich diesmal ganz außergewöhnlich herausfordernd benahmen, in der Gaststube wüteten, Flaschen und Gläser zerschlugen und dann beim Abziehen die Gebärde des Schießens machten und ‚Prussak, morgen puff-puff' grölten, war schon mehr als beunruhigend."[3] Die Dorfbewohner in Osznaggern ahnen, dass über die Lepone bald ein Krieg zu ihnen kommen wird.

Anlass für den Ausbruch des Ersten Weltkriegs ist die Ermordung des österreichischen Thronfolgers, des Erzherzogs Franz Ferdinand, durch serbische Nationalisten in Sarajewo am 28. Juni 1914. Ursache sind die gegensätzlichen imperialistischen

Interessen der mächtigen europäischen Staaten Deutschland, Frankreich, Österreich-Ungarn, Russland, Italien und Großbritannien. Österreich-Ungarn, durch Nationalitätenkämpfe geschwächter Verbündeter des Deutschen Reichs, macht Serbien für das Attentat verantwortlich. Sein Generalstab sieht einen Vorwand, den unbequemen Nachbarn, der nationale Gegensätze in der Doppelmonarchie schürt, militärisch zu disziplinieren – der Anfang einer Kettenreaktion, die in den Weltkrieg führt.

Österreich-Ungarn stellt Serbien unannehmbare Forderungen. Zuvor hat es sich der Bündnistreue des Deutschen Reichs versichert. Serbien sichert sich die Unterstützung des Zarenreichs. Am 23. Juli setzt Österreich-Ungarn Serbien ein Ultimatum, der österreichischen Justiz Vollmachten zur Verfolgung der Hintermänner des Attentats in Serbien zu gewähren, am 26. Juli weist es die serbische Antwort als unzureichend zurück. Am 28. Juli erklärt es Serbien den Krieg und beschießt dessen direkt an der Grenze liegende Hauptstadt Belgrad. Die Historikerin Barbara Tuchmann hat in ihrem Buch *August 1914* die diplomatischen und strategischen Mechanismen beschrieben, die zum Krieg führen: „Die Regierungen drehten und wandten sich in jähem Schrecken, um ihn fernzuhalten. Es nützte nichts. Agenten an den Grenzen meldeten jede Kavalleriepatrouille als Vorspiel der ersten kriegerischen Handlungen. Erbarmungslos von ihren Zeitplänen gehetzt, warteten die Generalstäbe voller Ungeduld auf das Signal zum Aufbruch, um nur ja dem Feind keine Stunde Vorsprung zu lassen."[4] In diesen Strudel wird auch Ostpreußen gerissen.

Die im Deutschen Reich herrschenden konservativen Kräfte pflegen Angst und Feindbilder. Franzosen, Polen, immer mehr auch „das internationale Judentum" mit seinem „zersetzerischen" Wirken sind Gegenstand solcher Phobien. Obwohl das Königreich Preußen seit den Polnischen Teilungen nicht zuletzt aus machtpolitischen Gründen militärischer Verbündeter des Zarenreichs ist, zählt auch Russland zu den deutschen Feindbildern – ein Erbe der bürgerlichen Freiheitsbewegung des frühen 19. Jahrhunderts. Damals hat man erlebt, wie die militärische Macht des Zaren überall in Ost- und Mitteleuropa freiheitliche Bestrebungen unterdrückte.

Die innenpolitische Integrationskraft der Feindbilder Franzosen, Polen und Juden ist begrenzt; sie erreichen nicht das sozialdemokratische Milieu, dem nach den Ergebnissen demokratischer Wahlen ein Drittel der Deutschen zuzurechnen sind. Der Historiker Peter Jahn, ehemals Leiter des Deutsch-Russischen Museums Berlin-Karlshorst, begründet, warum das Zarenreich dennoch als Drohpotential für die Arbeiterbewegung taugt: „In die Feindschaft gegen zaristische Despotie ließen sich auch Sozialdemokraten einbinden. Hatte doch August Bebel verkündet, dass er in einem Krieg gegen Russland noch selbst das Gewehr auf den Buckel nehmen wollte. Damit stand er in älterer linker Tradition: 1848 hatte Karl Marx in der Neuen Rheinischen Zeitung den Krieg gegen Russland gefordert, ‚auf dass das deutsche Volk die Propaganda der Zivilisation mit dem Opfer seiner Söhne erkauft und sich nach innen frei macht, indem es nach außen befreit.' Zwar wurde in der sozialdemokratischen

Agitation vordergründig zwischen despotischer Herrschaft und unterdrückten Volksmassen unterschieden, das in Deutschland verbreitete Überlegenheitsgefühl gegenüber allem Russischen wurde aber auch von der Sozialdemokratie geteilt."[5]

Die US-amerikanische Historikerin Barbara Tuchmann hat in ihrem 1963 mit dem Pulitzer-Preis ausgezeichnetem Buch *August 1914* bildhaft geschildert, wie im Sommer 1914 ein Kontinent in einen Weltkrieg stürzt. Eines der Räder ist die Angst, die Deutsche, Österreicher und Ungarn vor der scheinbar unüberwindlichen Militärmacht des Zarenreichs, der „russischen Dampfwalze", haben. Barbara Tuchmann: „Man stellte sich dieses Heer als eine riesenhafte Masse vor, die, nach anfänglicher Lethargie plötzlich energisch in Bewegung gesetzt, unerbittlich vorwärts rollen würde, ohne Rücksicht auf Verluste – endlose Menschenwogen, mit denen die Plätze der Gefallenen sich immer wieder ausfüllten."[6] Die Armee des Zarenreichs hat in Friedenszeiten 1,4 Mio. Mann unter Waffen. 3,1 Mio. Mann werden im Fall einer Mobilmachung zusätzlich einberufen. Aufgefüllt werden kann das 4,5-Mio.-Mann-Heer durch zwei Millionen ausgebildete Landwehrmänner und Rekruten.

Für den Fall eines Krieges gegen das Deutsche Reich hat der russische Generalstab zwei Feldzugspläne erarbeitet. Welcher zum Einsatz kommt, soll davon abhängen, was die Deutschen tun werden. Wirft Deutschland seine Hauptmacht gegen Frankreich, wird Russland die Masse seiner Kräfte gegen Österreich einsetzen. In diesem Falle sollen vier Armeen gegen Österreich und zwei gegen Deutschland aufmarschieren. Im Habsburgerreich, dem deutschen Verbündeten, sieht man den schwächeren Gegner.[7] Der russische Plan für die deutsche Front geht von einer zangenförmigen Invasion Ostpreußens durch zwei russische Armeen aus. Die eine soll im Norden, die Zweite im Süden der Masurischen Seen vorgehen.

Seit dem Jahr 1905 plant der preußische Große Generalstab die militärischen Operationen für den Fall eines Zweifrontenkrieges, der mit der Entente zwischen England, Frankreich und Russland wahrscheinlich geworden ist. Der von Generalfeldmarschall Alfred Graf von Schlieffen aufgestellte „Schlieffen-Plan" sieht vor, zunächst die Masse des Feldheeres im Westen einzusetzen und dort eine schnelle militärische Entscheidung zu suchen. Erst danach soll die Masse der Truppen so schnell wie möglich nach Osten verlegt werden. Der Historiker Hartmut Boockmann: „Man hoffte auf schnelle Siege, und so glaubte man, der Gefahr des Zweifrontenkrieges dadurch begegnen zu können, daß auf einen raschen Sieg über Frankreich, dank einer Konzentration aller militärischen Kräfte auf den Westen, im zweiten Schritt der Kampf mit dem Gegner im Osten folgen könne."[8] Die Pläne seines eigenen Generalstabs für den Kriegsfall sind weder dem preußischen Kriegsminister bekannt, noch der Kaiserlichen Marine und schon gar nicht den Politikern im Reichstag und der Reichsregierung. Schlieffen soll aber Kaiser Wilhelm II. als seinen obersten Feldherrn informiert haben. Militärhistoriker bezweifeln, dass dieser den Plan verstanden hat.

Gegen Russland steht nach diesen Plänen zunächst nur eine der acht deutschen Armeen, die 8. Armee. Sie hätte vor allem die weit nach Russland hineinreichende Provinz Ostpreußen zu verteidigen. Aber in der Provinz, in der fast jeder gedient hat und militärische Fragen in jeder Herrenrunde diskutiert werden, sehen selbst Laien eine Gefahr für ganz Ostpreußen und etwa ein Drittel von Westpreußen. Es hat im Süden und Osten, von Thorn bis Nimmersatt nördlich von Memel, eine fast 600 km lange Grenze zum Zarenreich – länger als die Linie von Basel bis Calais, die man 1914 im Westen wird verteidigen müssen.[9]

Es gilt, den Feind im Westen um jeden Preis vom Überschreiten der Grenze abzuhalten. Die industrialisierten Regionen des Reiches dürfen nicht besetzt werden. Der zeitweilige Verlust der östlichen Provinzen kann in Kauf genommen werden. „Was sich anhand von Bevölkerungszahlen und Wirtschaftsdaten erweist – der Osten Preußens und des Reichs war zu einer Region zweiten Ranges geworden –, wird durch die strategischen Planungen bestätigt. Der im August 1914 beabsichtigte Rückzug hinter die Weichsel hätte gut dazu gepaßt“[10], urteilt Hartmut Boockmann. Als grundsätzliche Verteidigungslinie im Osten sehen seinerzeit alle Fachleute die Weichsel. Den Deutschen bieten sich damit zwei Möglichkeiten, der überlegenen zaristischen Streitkraft zu begegnen: Sie können sich entweder auf die Weichsel und ihre Festungen zurückziehen oder, wenn sich eine Gelegenheit bietet, den einen Flügel der Russen vor dem anderen angreifen. Dieses „Vorwärtsgehen“ soll, wenn möglich, keine durch Offensiven hinhaltende Verteidigung sein. Es soll die Chance bieten, aus der Bewegung einen getrennt aufmarschierenden überlegenen Gegner jeweils einzeln zu schlagen. Schlieffen plant für diesen Fall also eine Vernichtungsschlacht. Die deutschen Generalstäbler wissen, dass ihre Armee im Osten gegen einen überlegenen Feind aushalten muss.

Für diese Aufgabe ist die etwa 240000 Mann starke 8. Armee bestimmt. Von ihren Verbänden sind nur die drei aktiven Armeekorps, ferner das I. Reserve-Korps, die 3. Reservedivision und die 1. Kavalleriedivision für den Kampf im freien Feld vollwertig ausgerüstet, alle übrigen Verbände können wegen mangelhafter Ausrüstung nicht als Feldtruppen Verwendung finden. „Es fehlten ihnen Maschinengewehre, Feldküchen, Beobachtungs- und Fernsprechgerät, sowie leichte Kolonnen der Feldartillerie, Brückentrains, Sanitätsformationen und Munitions- und Verpflegungskolonnen.“[11] Diese Truppen haben im Mobilisierungsfall die Verteidigungslinien zu besetzen und die Festungen zu verstärken.

Die Operationen der 8. Armee sollen möglichst viele russische Verbände binden, um den österreichisch-ungarischen Verbündeten zu entlasten. Doch die offensiven Optionen des Schlieffen-Plans im Osten bergen eine Vielzahl von Unwägbarkeiten und Risiken. Um nicht vabanque zu spielen, sieht der Plan deshalb für den Notfall den Rückzug auf die Befestigungen an der Weichsel vor, also die Aufgabe von Preußen östlich der Weichsel. Die Weichsel soll die 8. Armee solange halten, bis sie durch weitere Kräfte verstärkt werden kann.[12] Die Vernichtung der 8. Armee darf bei der geplanten offensiven Verteidigung in Ostpreußen auf keinem Fall riskiert werden – bis Berlin würden keine weiteren Armeen den Russen entgegentreten können.[13]

Die Franzosen rechnen damit, dass die deutschen Armeen sich zuerst auf Frankreich werfen werden. In der Erinnerung an die Einkreisung der französischen Armeen vor Sedan und Metz im Krieg von 1870/71 rechnet sich der preußische Generalstab vermutlich gute Chancen aus, Frankreichs Heer schnell auszuschalten. Ein früher Angriff der Russen im Osten, so die Überlegungen von Frankreichs Generalität, wird die Deutschen davon abhalten, alle Kräfte im Westen zu konzentrieren. Die Franzosen wissen, dass die ganze „russische Dampfwalze" nicht schon am 15. Mobilisierungstag, wie von ihnen gewünscht, zum Angriff fähig sein wird. Aber sie verlangen, dass an diesem Tag mit allen schon zur Verfügung stehenden Kräften von den Russen angegriffen wird.

Der Kommandierende General des XVII. (westpreußischen) Armee-Korps, der General der Kavallerie August von Mackensen, schreibt am 1. Juli 1914 an seinen Sohn in dessen Schweizer Ferienort Chamonix. In diesem Brief rangiert das Attentat von Sarajewo hinter allerlei Privatem und Unbedeutendem. Mackensen weiß als Generaladjutant des Kaisers aber zu beklagen, dass Wilhelm II. mit Franz Ferdinand „seinen besten Freund unter den Fürsten verloren hat. Keiner stand ihm so nahe."[14] Trotzdem nimmt Mackensen zu diesem Zeitpunkt nicht im Entferntesten an, dass ein großer Krieg bevorstehen könnte. Der General plant in seinem 65. Lebensjahr vielmehr einen geruhsamen Lebensabend mit seiner bedeutend jüngeren Frau in Danzig-Oliva. Erst am 27. Juli, nach dem Ultimatum Wiens an Serbien, notiert er: „Die politische Lage wird ernst."[15] Am 30. Juli, als Russland bereits mobil macht, sieht er die Situation „kritischer". Am 31. Juli ist ihm die Dramatik der Stunde bewusst: „Was werden die nächsten Stunden bringen?! Das Gewitter, das über Europa liegt, muß sich entladen. Die seit einigen Tagen herrschende politische Schwüle ist nicht lange mehr zu ertragen. Eine befreiende Tat muß geschehen."[16]

Walter von Sanden-Guja ist im Juli 1914 gerade 26 Jahre alt. Schon seit drei Jahren leitet er die elterlichen Güter in Launingken, Kreis Darkehmen, und Klein Guja, Kreis Angerburg. Am Abend des 29. Juli sendet ihm „jemand, der Einblick hatte", ein Telegramm. Es enthält die warnende Mitteilung, dass es wohl keine Hoffnung mehr auf eine Erhaltung des Friedens gibt. „Im Haus war es schwül. Der Tag war heiß gewesen. Zwischen Wald und See zog ein Gewitter auf. Bleigrau war der See, schwarz die Kante des Waldes und fast weiß das reife Roggenfeld davor. Darüber ballten sich höher und höher die Wolken. Mit jedem zur Erde zuckenden Blitz nahm der Donner zu. Ängstliche Stille lag über dem Land. Noch regte sich kein Wind. Unstet glitten Schwalben durch den Garten, flogen über unser Haus und suchten ihre Nester in den Ställen. Wir sprachen nicht viel. Was soll man sagen, wenn Furchtbares ungewiß über einem droht?"[17]

Der Kommandeur des I. (ostpreußischen) Armee-Korps, Generalleutnant Hermann von François, unternimmt in diesen Tagen mit mehreren hohen Offizieren einen taktischen Erkundungsritt nördlich der Memel entlang der russischen Grenzen. Er will die Stimmung in den Garnisonen erfassen. 1919 schreibt er rückblickend: „Die Bevölkerung erwartete allerorts den Kriegsausbruch und war sehr verängstigt. Als ich am 29. Juli abends in Memel eintraf, empfing mich ein Telegramm des Generalkommandos mit dem Inhalt: ‚Drohende Kriegsgefahr'. Ich brach den Übungsritt ab, entließ die Herren, von denen mancher nach wenigen Wochen in vaterländischer Erde sein Heldengrab fand, zu den Regimentern und kehrte im Auto nach Königsberg zurück."[18] Brücken und Bahnlinien findet der Generalleutnant auf der Rückfahrt bereits von Landsturmposten besetzt. Sie berichten ihm von herumstreifenden Kosakenpatrouillen. „In Königsberg kribbelte es wie in einem aufgeschreckten Ameisenhaufen. Alles war in Bewegung und rüstete zum Kriege."[19]

Die Familie von Minna Wiemer erkennt am Abend des 30. Juli, dass Schlimmes bevorsteht. Die Russen stecken ihre der Grenzwacht dienenden Blockhäuser in Brand und ziehen sich von der unmittelbaren Grenze zurück.[20] Im Widerschein des Feuers brechen die ersten Bewohner von Osznaggern am nächsten Tag zur Flucht Richtung Stallupönen auf. Am 31. Juli um 15.30 Uhr stellt das Deutsche Kaiserreich Russland ein auf nur zwölf Stunden befristetes Ultimatum zur Rückgängigmachung seiner Mobilmachung vom 29. Juli. Gleichzeitig wird an Frankreich eine auf 18 Stunden befristete Anfrage gerichtet, wie das Land sich im Falle einer deutsch-russischen Auseinandersetzung zu verhalten gedenke. Die Anfrage ist mit der Zumutung verbunden, Deutschland als Sicherheit für die französische Neutralität in der Zeit seines Krieges gegen Russland die Festungen Toul und Verdun zu überlassen – letztlich eine vorweggenommene Kriegserklärung. Der 31. Juli 1914 ist ein Freitag. An diesem Tag wird mit der „Erklärung der drohenden Kriegsgefahr" für das deutsche Reichsgebiet der Kriegszustand ausgerufen. Ab jetzt übernehmen die Militärbefehlshaber der Armeebezirke das Kommando im Land.

Am 31. Juli trifft auch in Albrechtshof im Süden des Kreises Preußisch Eylau die Nachricht von der Erklärung des drohenden Kriegszustandes ein. Am nächsten Vormittag werden durch Eilbriefe zunächst die etwa zwölf Reservisten des Dorfes einberufen. Am Nachmittag wird an die Postagentur der Befehl zur Mobilmachung telegrafiert. Nach Erhalt des Mobilmachungsbefehls werden die Depeschen mit den Stellungsbefehlen ausgefüllt und in den Dörfern der Umgebung zugestellt, eine Depesche wird am Schulhaus angeschlagen, Militärfahrpläne werden ausgehängt. Als am Abend des 1. August 1914 der Kriegszustand erklärt wird, öffnet der Ortsvorsteher nach entsprechender Anweisung die Geheimakten, die für diesen Fall bereit liegen. Die Glocken der Kirche läuten. Verschlossen lagern im Pfarramt noch die Mobilmachungsbefehle für Landwehr und Landsturm des Postbezirks. Gegen 20 Uhr erreicht den Albrechtsdorfer Pfarrer Hermoneit der Befehl, die Mobilmachung der Landwehr

II. Aufgebot auszuführen. Deren Männer können bis zu 39 Jahre alt sein. Sechs reitende Boten führen den Befehl aus.[21] Im gesamten Deutschen Reich bleiben in den nächsten Tagen die Postämter bei Nacht geöffnet.

Ernst Wiechert, jetzt Lehrer in Königsberg, verbringt seine Sommerferien in den tiefen Wäldern um Kleinort im masurischen Kreis Sensburg, wo sein Vater als Rentner lebt. Auch die gedienten Männer in den abgelegen Walddörfern werden zeitig zu den Waffen gerufen. „Ich komme von meinem Vater durch den großen, sommerlichen Wald, in dem es nach Erdbeeren duftet, und treffe das Fuhrwerk mit einem Ortsvorsteher, und neben ihm auf dem Sitz liegt der Stapel mit den großen Plakaten. ‚Gott sei uns gnädig, junger Herr ...' sagt er und dann hebt er die Peitsche auf über seinem kleinen Pferd. Der Krieg ist da, und keine Macht der Erde kann das rollende Rad aufhalten."[22]

Wie überall in Ostpreußen erhalten im Kirchspiel Locken im Kreis Osterode am 1. August die Reservisten mit der Frühpost die Einberufung zu einer „Übung". Am Nachmittag um 16 Uhr wird in Locken bereits die allgemeine Mobilmachung bekannt gegeben. Daraufhin lässt Ortspfarrer Kopkow eine Stunde lang die Glocken seiner Kirche läuten. Am selben Tag tritt in Berlin um 17 Uhr ein Offizier vor das Schlosstor und teilt einer riesigen Menschenmenge die allgemeine Mobilmachung mit. Die Kriegserklärung wird vom deutschen Botschafter Graf Pourtalès am 1. August 18 Uhr abends in Petersburg dem russischen Außenminister Sasonow übergeben.

Am gleichen Tag feiert die Ostdeutsche Maschinenfabrik in Heiligenbeil ihr jährliches Sommerfest im Schützenhaus. Die Belegschaft marschiert in Begleitung der Frauen und Kinder, angeführt von der betriebseigenen Musikkapelle, hinter der Fabrikfahne durch die Stadt. An der Spitze des Umzuges des Unternehmens, das landwirtschaftliche Geräte, vor allem Pflüge herstellt, gehen ihr Generaldirektor Bartels, der Oberingenieur Plückhahn und der Prokurist Held. Auf dem Festgelände werden Wettkämpfe aller Art durchgeführt, für die Kleinen gibt es ein Karussell. Dann setzt man sich zur Kaffeetafel in den Garten des Schützenhauses. Die Musikkapelle spielt, der Männergesangsverein der Fabrik singt. In die gesellige Runde hinein überbringt der Heiligenbeiler Bürgermeister Louis Schröder die Nachricht von der Mobilmachung. Der Generaldirektor Frederick Bartels erinnert sich: „Ich ließ einen Tusch blasen, hielt eine kleine Ansprache und gab diese Mitteilung bekannt. Das Fest mußte abgebrochen werden, da viele Teilnehmer zu den Waffen eilen mußten. So endete dieses letzte Fabrikfest vor dem Ersten Weltkriege. Alle gingen mit sorgenvollen Gesichtern nach Hause."[23]

In Stuhm liegt das III. Bataillon des Infanterie-Regiments 152. Einer seiner Offiziere, der Hauptmann Höhne, berichtet über die Kreisstadt am 1. August 1914: „In dem sonst so stillen Stuhm herrschte reges Leben. Kriegsfreiwillige kamen und baten um Einstellung. In Trupps kamen Gestellungspflichtige, patriotische Lieder singend. Ersatztransporte kamen in strammer Ordnung und tadellosem Marsch unter dem

Gesang ‚Die Wacht am Rhein' begeistert und jubelnd zur Kaserne."[24] In Stadt und Kreis heben Kommissionen des Regiments Pferde aus, ergänzen den Fuhrpark aus Privatbesitz, richten Baracken und ein Reserve-Lazarett ein.

Am frühen Morgen des 1. August 1914 läutet es in Königsberg zweimal kurz und scharf an der Tür der Familie Colpet in der Schnürlingstraße. Der damals neunjährige Max Colpet läuft zur Tür und öffnet. „Draußen stand ein Polizist in Uniform mit blanker Pickelhaube und dem damals typischen, an den Ecken hochgezwirbelten Kaiser-Wilhelm-Schnurrbart, der seinem Auftreten die nötige Autorität verlieh."[25] Der Polizist fragt: „Sind deine Eltern da?" Der Vater, der hinter seinem Sohn steht, antwortet. „Jawohl! Was wünschen Sie?" Der Polizist erklärt, die Familie habe binnen 24 Stunden die Festung Königsberg zu verlassen. Die Eltern von Max Colpet, beide Juden, sind in Russland geboren. In Königsberg hat sich der Vater als Kaufmann niedergelassen, beide Eltern haben aber die Staatsbürgerschaft des Zarenreichs behalten. „Er sprach Deutsch ohne jeden Akzent, war geachtet und beliebt. Keiner fragte danach, ob er Russe oder Deutscher war. Bis zu jenem verhängnisvollen Tag, als der Krieg ausbrach."[26] Der Familie wird Thüringen als Aufenthaltsort zugewiesen. Nach dem Ersten Weltkrieg kehren die Colpets nicht wieder nach Königsberg zurück.[27]

Wilhelm Matull erlebt den Kriegsausbruch als Elfjähriger in Königsberg. „Der Gang in die Stadt war über alle Maßen erregend. Extrablätter wurden verteilt. Vor den Banken und Sparkassen standen lange Schlangen von Menschen, die Ihr Geld abheben wollten. Jeder kaufte dann schnell etwas, um für eine zu erwartende Belagerung der Festung Königsberg gesichert zu sein. Wir brachten zwanzig Pfund Salz und einen Sack Mehl heim; anderes gab es nicht mehr."[28]

Sofort bei Beginn des Krieges wird die Eisenbahnverbindung über Eydtkuhnen nach Russland gesperrt und für Russland bestimmte Fracht beschlagnahmt. In Ostpreußen wie überall im Reich untersagen die Militärbehörden und Gutsbesitzer den bei Kriegsbeginn auf deutschen Gütern tätigen Polen russischer Staatsangehörigkeit als „feindlichen Ausländern" die Rückkehr ins Russische Reich. Ihre Arbeitsverträge werden zwangsweise verlängert. So werden die polnischen Saisonarbeiter die ersten zivilen Zwangsarbeiter des 20. Jahrhunderts in Europa.[29] Die Saisonarbeiter aus dem österreichischen Galizien werden generalstabsmäßig in ihre Heimat transportiert, da fast alle in der Armee der verbündeten Habsburger wehrpflichtig sind.

Die ersten Schüsse des Weltkriegs von deutscher Seite werden im Grenzdorf Prostken, dem Bahnübergang nach Russland, abgefeuert. Ein Zug des in der nahen Kreisstadt Lyck kasernierten 2. Masurischen Infanterie-Regiments Nr. 147 unter einem Leutnant von Knobelsdorff wird schon am 1. August in einen Schusswechsel verwickelt.[30] Zwei Stunden nach der Übergabe der deutschen Kriegserklärung in Petersburg besetzt eine kleine russische Kosakenabteilung die deutsche Poststelle in Klein Zwalinnen, Amtsbezirk Kumilsko, Kreis Johannisburg. Eine andere Kosakenstreife hat beim Dorf Illowo, einem Grenzübergang an der Bahnlinie Danzig–

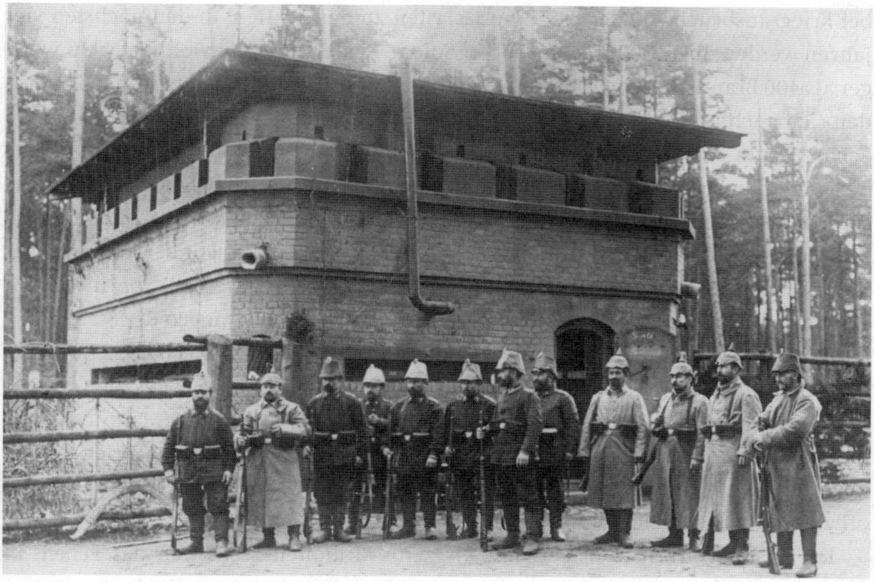

Eine Gruppe von Landwehrmännern (mit Pickelhaube) und Angehörigen des Landsturms Erstes Aufgebot (mit Tschako) vor einem Blockhaus der Verteidigungslinien zwischen den Masurischen Seen im Herbst 1914.

Warschau, die Grenze überquert und die grenznahen Dörfer Sczepka und Bialutten passiert. Sie wird am Morgen des 2. August auf deutschem Gebiet, 20 km südöstlich von Soldau beim Dorf Sochem, von Kavalleristen des Kürassier-Regiments Graf Wrangel Nr. 3 in Kämpfe verwickelt.[31] Am 1. August brennen auf dem russischen Grenzbahnhof bereits große Öltanks, die Bahnstation, die Zollstelle und die Post.

Befehlsgemäß aber beginnt der Krieg im Westen des Deutschen Reichs. Am 1. August hat um 19 Uhr eine in Trier stationierte Kompanie des 7. Rheinischen Infanterie-Regiments Nr. 69 unter dem Kommando von Leutnant Feldmann in Automobilen die Grenze zum Großherzogtum Luxemburg überfahren und in Ulflingen (Troisvierges) den Bahnhof und eine Telegraphenstation unterhalb der Stadt besetzt. In Ostpreußen überschreiten ab dem 2. August zahlreiche Aufklärungspatrouillen der preußischen Kavallerie die Grenze zum Zarenreich und reiten tief in Feindesland hinein. Die russische Kavallerie stößt mit Aufklärungstrupps von Soldau bis Tilsit auf deutsches Gebiet vor und versucht durch Unterbrechung der Bahnverbindungen die Mobilmachungen und den Aufmarsch zu stören.[32]

Am Tilsiter Realgymnasium wird ein großer Teil der Lehrer zum Kriegsdienst einberufen. Aber auch die oberen Klassen leeren sich schnell durch den Abgang der Kriegsfreiwilligen. 13 Schüler legen noch 1914 die Kriegsreifeprüfung ab. Sechs kriegsfreiwillige Schüler werden im ersten Kriegsjahr fallen. [33] In Braunsberg eilen bei Kriegsausbruch 100 der 347 Gymnasiasten zu den Waffen. In den nächsten vier Jahren werden über 3 000 Braunsberger Soldat – jeder vierte Einwohner. Nicht weniger als 400 Braunsberger sterben an der Front.[34] Wie überall im Deutschen Reich melden sich auch in Königsberg die männlichen Mitglieder der jüdischen Gemeinde in Scharen zum Militärdienst. Besonderes Aufsehen erregen 82 Söhne aus russisch-jüdischen Königsberger Familien mit deutscher Staatsbürgerschaft, die sich freiwillig stellen. Insgesamt werden 820 Mitglieder der Königsberger jüdischen Gemeinde zum Militärdienst einberufen. Bis 1917 fallen 52 von ihnen.[35] Ein Bericht der Königsberger Kommission für Kriegsstatistik vermeldet im Oktober 1917 die Zahl von insgesamt 136 mit hohen Orden ausgezeichneten jüdischen Kriegsteilnehmern der Stadt.[36]

Das I. und II. Bataillon des Deutsch-Ordens-Infanterie-Regiments Nr. 152 hat seine Kasernen im westpreußischen Marienburg. Am 8. August rückt es als Teil des XX. (masurischen) Armee-Korps in den Süden Masurens ab. Etwa 2600 Mann des Regiments, das zu dieser Zeit auch in Stuhm kaserniert ist, ziehen in den Krieg. In den nächsten vier Jahren werden 2257 Soldaten der Mannschaftsdienstränge, 211 Unteroffiziere und 81 Offiziere und Fähnriche des Regiments fallen.[37]

Der Erste Weltkrieg kostet mehr als zehn Millionen Menschen das Leben. Er zerstört die Lebensentwürfe von weit mehr Menschen. Für einige bedeutet er eine Lebenswende, so für viele Mächtige des 20. Jahrhunderts wie Churchill, Lenin, Mussolini, Hindenburg und Hitler. Andere werden für ihr ganzes Leben von den Erfahrungen der ersten Kriegswochen geprägt. So auch Felix Steiner aus Stallupönen in Ostpreußen. Seine Vorfahren sind protestantische Glaubensflüchtlinge aus Salzburg. Nachdem er am Gymnasium in Königsberg die Reifeprüfung abgelegt hat, tritt er im März 1914 in das seit 1860 bestehende Infanterie-Regiment Nr. 41 „von Boyen“ (das 5. ostpreußische) in Tilsit als Fahnenjunker ein. Steiner ist mit seinem Regiment an den Gefechten um seinen Heimatort und dann an allen großen Kämpfen im Norden und Süden Ostpreußens beteiligt, bis er bei der Verfolgung russischer Einheiten im November 1914 schwer verwundet wird. Er liegt bis Anfang 1916 im Lazarett, wo er noch im Januar 1915 zum Leutnant befördert wird. Nach seiner Genesung kämpft er, hoch dekoriert, bis Anfang 1918 im Baltikum. Felix Steiner ist im Dritten Reich hochrangiger SS-General.

In Loye bei Heinrichswalde im Kreis Niederung lebt 1914 Otto Grau. Der Krieg wendet das verpfuschte Leben des Vierzigjährigen. Grau war einst Lehrer, ist aber wegen Trunkenheit aus dem Schuldienst entlassen worden. Nach dem 20. August besetzen die Russen auch die Niederung, es kommt zu zahlreichen Truppendurchzügen. Vereinzelt hält sich noch deutscher Landsturm in den Dörfern. In Heinrichswalde glauben russische Einheiten, von Heckenschützen beschossen worden zu sein. Sie erhalten von der Kommandantur in Tilsit den Befehl, als Repressalie sämtliche noch in Heinrichswalde verbliebenen Männer zu erschießen. Als deren Frauen und Mütter eindringlich um Gnade flehen, verspricht der verantwortliche

Offizier, alle Männer am Leben zu lassen, wenn sich einer von ihnen freiwillig zur Exekution bereit fände. Otto Grau tritt vor und bietet sein Leben an. Von solchem Opfermut überwältigt, lässt der Offizier alle Männer ziehen, auch Grau. Als Anerkennung für seine Tat wird dieser nach 1918 wieder als Lehrer eingestellt.[38]

Die Hauptmacht des russischen Heeres marschiert in den ersten Kriegstagen nicht gegen Ostpreußen, sondern mit vier Armeen gegen die österreichische Grenze östlich der Weichsel auf. Das westliche Polen ist von stärkeren Kräften geräumt.

Gegen Ostpreußen formieren sich am Narew, einem Nebenfluss der Weichsel, von Grodno bis südwestlich Lomsha fünf russische Korps, siebeneinhalb Kavalleriedivisionen und eine Reserve-Division, die russische 2. Armee, auch Narew-Armee genannt. Sie soll mit 190 000 Soldaten, fast 700 Geschützen und mehr als 400 Maschinengewehren von Süden her westlich der Masurischen Seen in Richtung Norden vorgehen. Am Mittellauf der Memel, die die Russen Njemen nennen, zwischen Kowno (Kaunas) und Grodno, ziehen die Russen wie erwartet ihre vier Korps, eineinhalb Kavalleriedivisionen und eine Reserve-Division der russischen 1. Armee (Njemen-Armee) zusammen. Ihre etwa 196 000 Soldaten mit mehr als 636 Geschützen und etwa 320 Maschinengewehren werden nördlich der Masurischen Seen in westlicher Richtung vorstoßen. Beide Armeen koordiniert das sogenannte Oberkommando Nordwestfront. Im Ganzen rechnen die Deutschen in Ostpreußen mit mindestens 20 Infanterie- und zehn Kavalleriedivisionen der Russen. Nach Einschätzung des deutschen Generalstabes vom 30. Juli 1914 werden die beiden russischen Armeen in etwa dieser Stärke schon am russischen 16. Mobilmachungstag, dem 15. August, einsatzbereit sein.[39]

Die Russen greifen früher als von den Deutschen erwartet an. Der Oberbefehlshaber der russischen Streitkräfte, Großfürst Nikolai Nikolajewitsch Romanow, ein Cousin des Zaren, verspricht dem französischen Botschafter, schon am 14. August in Ostpreußen eine energische Offensive zu beginnen – ohne den vollständigen Aufmarsch seiner Truppen abzuwarten – und damit den versprochenen Termin, den 15. Mobilisierungstag, einzuhalten.[40] Das russische Eisenbahnnetz ist weitmaschig und aus Angst vor Invasionen nicht nahe an die Grenzen geführt worden. Die motorisierten Beförderungsmittel sind knapp, jeglicher Nachschub ist ab dem Ausladebahnhof auf Pferdefuhrwerke angewiesen. Noch größer sind die Kommunikationsprobleme. Kein Kommandierender kann sich darauf verlassen, dass seine Befehle auch zugestellt werden, es herrscht Mangel an Telefondraht, an Telegraphenausrüstung und geschultem Nachrichtenpersonal. Eine präzise oder schnelle Nachrichtenübermittlung ist unmöglich.[41] Ostpreußen dagegen verfügt bereits über ein gut ausgebautes Telegraphen- und Telefonnetz. Die Zerstörung der deutschen Fernmeldeanlagen wird deshalb von russischer Seite systematisch und zielstrebig betrieben. Bereits die ersten Kavalleriepatrouillen sind mit Äxten, Sägen und Drahtscheren bewaffnet, um die Anlagen wirksam ausschalten zu können.[42]

Die für die Verteidigung des Ostens vorgesehene deutsche 8. Armee besteht nach den geheimen Kriegsplänen aus drei aktiven Armee-Korps (I. Armee-Korps Königsberg, XVII. Armee-Korps Danzig, XX. Armee-Korps Allenstein), aus dem I. Reserve-Korps, der in Pommern aufgestellten 3. Reserve-Division, einer Landwehr-Division, drei Landwehr-Brigaden und Festungstruppen. Das Oberkommando der 8. Armee tritt am 8. August in Posen zusammen. Den Oberbefehl übernimmt auf Anweisung seines Freundes, des Kaisers, Generaloberst Max von Prittwitz und Gaffron, der das Hauptquartier in die Marienburg verlegt. Von Prittwitz kommandiert mit der 8. Armee sechs Infanteriedivisionen, drei Reservedivisionen, eine Kavalleriedivision, vier Divisionen Landwehr und Ersatztruppen, die zumeist aus älteren Landsturmmännern bestehen. Zu Kriegsbeginn sind das insgesamt 175 000 Soldaten – und nicht, wie von Schlieffen geplant, 240 000 Mann – mit fast 800 Geschützen und mehr als 300 Maschinengewehren. Sie operieren in 158 Infanterie-Bataillonen, 78 Kavallerieschwadronen und 140 Artilleriebatterien.

Der Grenzschutz ist Aufgabe der aktiven Armee-Korps, die im Grenzgebiet stationiert sind. In Ostpreußen sind dies für den Norden und Osten das I. Armee-Korps in Königsberg und für den Südosten und Süden das XX. Armee-Korps in Allenstein. Das (Danziger) XVII. Armee-Korps sichert den Süden Westpreußens. Die Provinzen Schlesien und Posen verteidigen nur schwache deutsche Kräfte, hier verlässt man sich auf die Armee Österreich-Ungarns. Auf deutscher Seite kommt es zu Differenzen zwischen dem Oberkommando der 8. Armee und dem kommandieren General des ihm unterstellten I. Armee-Korps, Generalleutnant Hermann von François, dessen Truppen mit dem Grenzschutz im Norden und Nordosten Ostpreußens beauftragt ist. Bewusst missinterpretiert Generalleutnant von François seine Aufgabe; er will die Russen, wo immer sie sich in Grenznähe zeigen, angreifen. Seine eigenwilligen Entscheidungen der ersten Kriegswochen kommen Befehlsverweigerungen nahe. Er postiert das I. Armee-Korps gegen die ausdrückliche Weisung seines Vorgesetzten von Prittwitz und Gaffron direkt an der Grenze, das Oberkommando der 8. Armee aber hat die Bereitstellung am Fluss Angerapp und bei Gumbinnen-Insterburg, etwa 60 km westlich, angeordnet. Das jedoch hätte die Aufgabe eines großen Teils des nordöstlichen Ostpreußens bedeutet.

Schon in der Nacht vom 3. zum 4. August gehen bei Reuß im Kreis Oletzko einige Kosaken über die Grenze, erkundigen sich bei deutschen Zivilisten aber nur nach deutschen Truppen. Bei Tagesanbruch folgen ihnen größere Abteilungen. Die zünden Getreidestaken an, um so den Grenzverlauf zu markieren, vor allem aber zerstören sie Fernsprechleitungen. Am 5. August dringen etwa 100 Kosaken in Reuß ein, unterbrechen die Telefonleitungen in der Post und auch in den Zoll- und Privathäusern alle Fernsprechverbindungen. Am 9. August besetzen 400 Mann russische Kavallerie Mierunsken.[43] Am 11. August verwickeln die Russen das zur 2. Infanteriedivision des I. ostpreußischen Armee-Korps gehörende und in Goldap stationierte

Infanterie-Regiment „Graf Dönhoff“ (7. Ostpreußisches) Nr. 44 bei Mierunsken direkt an der Grenze im Kreis Oletzko in heftige und verlustreiche Kämpfe.

Bei den Grenzorten Mierunsken und Reuß hat das deutsche Oberkommando einen Einmarsch für wahrscheinlich gehalten, weil hier ausgebaute „Kunststraßen“ bis an die Grenze heranführen und auch auf der russischen Seite eine Straße an die Grenze reicht.[44] Am 12. August 1914 steht die 1. Kavalleriedivision der Russen unter ihrem General Wassili Romeiko-Gurko, unterstützt von einer Infanteriedivision, als Vorausabteilung vor der ostpreußischen Kreisstadt Marggrabowa, 8 km hinter der Grenze. Die Schützenlinien seiner Kavalleristen rücken, ab und zu einen Schuss abgebend, „unaufhaltsam gegen die Gärten der hübschen und sauber aussehenden Stadt Marggrabowa“[45] vor. Marggrabowa wird die erste in diesem Krieg besetzte deutsche Stadt. Wassili Romeiko-Gurko in seinen Kriegserinnerungen: „Die Stadt bot an und für sich ein völlig friedliches Bild. Allerdings waren fast alle Kaufläden geschlossen, aber die Fensterläden waren nicht heruntergelassen. Man sah, dass der Handel in ihnen soeben erst eingestellt worden war. Gleichzeitig blickten aus vielen Fenstern Neugierige, meist Frauen. Auf die an sie gerichteten Fragen nach dem Telegraphen-, Post- und Fernsprechamt gaben sie bereitwillig eingehende Antworten. Es erwies sich, dass alle diese Gebäude sich auf dem einzigen Marktplatz der Stadt befanden. Es gibt wohl kaum eine kleine deutsche Stadt, die nicht ihren Marktplatz besäße.“[46] In den nächsten Tagen dringen die Russen im Kreis Oletzko weiter nach Norden vor. Die Bewohner von Marggrabowa beobachten täglich Truppendurchzüge. Wenn es auch zu Plünderungen und Zerstörungen kommt, geht das Leben doch recht ruhig weiter. In den Schulen wird unterrichtet, die Lokalzeitung erscheint.

Weil mit der Besetzung von Marggrabowa der Feind „im Land steht“, kann Kaiser Wilhelm II. entsprechend des Wehrpflichtgesetzes vom 11. Februar 1888 den Landsturm einberufen. Das Reichsgesetzblatt veröffentlicht am 15. August 1914 seine Königliche Verordnung betreffend den Aufruf des Landsturms, die auch die Unterschrift des Reichskanzlers Theobald von Bethmann Hollweg trägt. Die aufgerufenen gedienten ostpreußischen Männer über 40 Jahren melden sich mit ihren Militärpapieren bei den Ortsvorstehern der Gutsbezirke und kleinen Landgemeinden oder bei den Magistraten der Stadt. Sie werden sofort zu ihren Gestellungsorten beordert.[47]

Die Schlacht bei Gumbinnen

Zu den ersten Kampfhandlungen größerer Verbände kommt es in Ostpreußen am 17. August 1914. Zwischen der Grenze und Stallupönen entwickelt sich ein Gefecht gegen die Njemen-Armee des Generals von Rennenkampff, das sich auch auf den Kreis Pillkallen erstreckt. In die Kämpfe sind die ostpreußischen Elitetruppen, die in Königsberg, Pillau, Tilsit und Memel stationierte 1. Infanteriedivision und die in

Darkehmen, Goldap, Gumbinnen, Insterburg und Rastenburg in Garnison liegende 2. Infanteriedivision sowie die 1. Kavalleriedivision verwickelt.

Am 16. August hat das I. Armee-Korps unter General von François sein Hauptquartier in Gumbinnen aufgeschlagen. Es plant, gegen den Protest des Oberkommandierenden der 8. Armee, mit seinem gesamten Korps weiter auf die Grenze vorzurücken. Die anderen Armee-Korps und Einheiten der 8. Armee können es dabei nicht sichern. Beiderseits des Schoreller Forstes, eines großen Waldgebiets im Landkreis Pillkallen, rücken russische Einheiten, die über die Scheschuppe gekommen sind, vor. Die deutsche 1. Kavalleriedivision muss dieser Übermacht weichen und den Grenzschutz aufgeben. Sie übernimmt nun die Aufgabe, die linke Flanke des I. Armee-Korps zu decken, geht dabei bis hinter Stallupönen zurück und lässt in Front zu den Russen nur eine dünne Sicherungskette stehen. Am Morgen des 17. August überschreitet die Njemen-Armee auf einer Breite von 40 km in voller Stärke die Grenze zu den Kreisen Pillkallen und Stallupönen. Sie attackiert die Vorpostenkette der 1. Infanteriedivision zwischen Dopönen, 8 km südlich von Stallupönen, und Bilderweitschen.[48]

Die Russen wollen durch ihren Vormarsch die Masurischen Seen von Norden her umgehen. Ihr Kommandeur von Rennenkampf weiß, dass er für die nächsten sechs Tage allein gegen die Deutschen stehen wird. Zwei Tage früher als vorgesehen, hat er seine Truppen zur Grenze vorgeschoben und zum Angriff formieren können. Am 17. August erteilt General Rennenkampf seinen zwei Kavallerie-Korps den Auftrag, nicht nur an den Flanken den Vormarsch abzuschirmen, sondern auch die grenznahen Eisenbahnlinien im nordöstlichen Ostpreußen zu blockieren. Er will verhindern, dass die Deutschen ihr Material aus den Positionen der Grenzsicherung abziehen.[49]

Wassili Romeiko-Gurkos Kavalleriedivisionen sind aus dem Kreis Oletzko abgezogen worden. Auch sie gehen über die Scheschuppe ein zweites Mal ins Feindesland: „Bei dem geringsten Anzeichen unseres Anmarsches entfernte sich die gesamte örtliche Bevölkerung, die schon vorher ihre kostbarsten Habseligkeiten auf Wagen verladen hatte, in westlicher Richtung. Diese Auswanderung war eine so allgemeine Erscheinung, dass sie (...) auf eine Anordnung der deutschen Behörden zurückgeführt werden muß", mutmaßt Romeiko-Gurko in seinen Erinnerungen. Doch hier an der Grenze erfolgt die Flucht spontan; tiefer in der Provinz geht sie oft von den preußischen Behörden aus. Die deutschen Militärs sind gegen die Flucht der Zivilisten, weil Flüchlingskolonnen die Vor- und Rückmarschstraßen verstopfen. Romeiko-Gurko: „Die Flucht der Bevölkerung war so überstürzt, dass nicht selten unsere vordersten Truppen beim Betreten von Wohnstätten noch nicht erloschene Herdfeuer, ein anderes Mal nicht ganz aufgegessene Speisen und sehr häufig mit Ketten in ihren Ständen angebundenes Vieh vorfanden."[50]

Entlang der Bahnlinie Eydtkuhnen–Königsberg marschiert das russische III. Korps, das schon bald den anderen Truppenteilen vorauseilt. Ein paar Kilometer östlich von Stallupönen trifft es auf die Vorhut der Deutschen. Es kommt zum Gefecht.

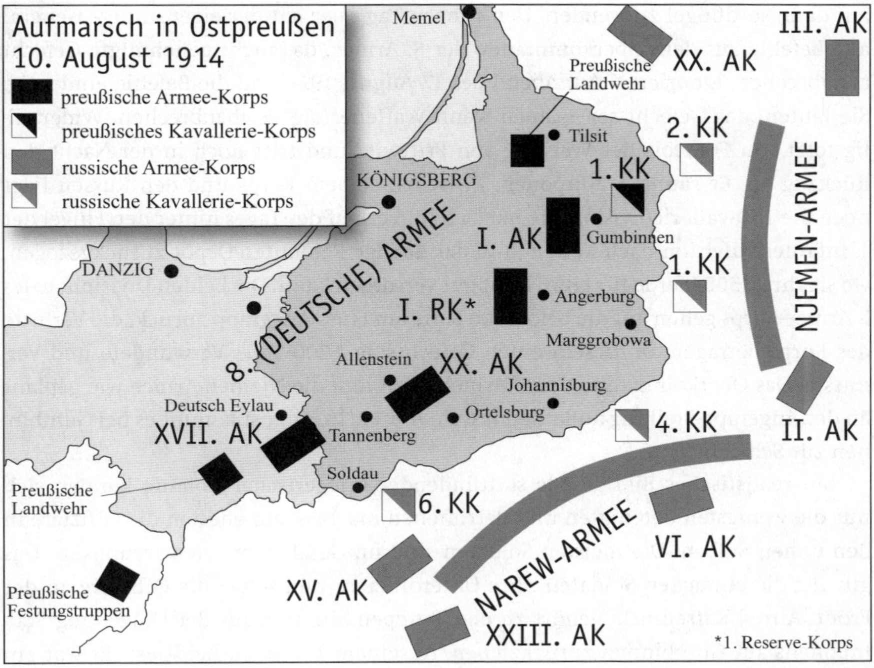

Wilhelm Matull ist Lehrer und bereits 69 Jahre alt, als die Kämpfe sich seinem Wohnort Bisdohnen nähern und die Familie fliehen muss. Schon am 2. August 1914 waren erste russische Patrouillen durch den Ort gezogen. „Schaurig dröhnte der Kanonendonner aus den Gefechten von Göritten und Stallupönen zu uns herüber. Grell leuchteten des Nachts die ringsum brennenden Dörfer." Kurz vor dem Einrücken der Russen in Bisdohnen verlässt am 17. August die Familie Matull das Schulhaus. „Großmutter und Mutter, mit der schwer kranken kleinen Gerda im Wäschekorb, saßen zwischen den Federbetten des hoch gepackten Leiterwagens, an den die Kuh gebunden war. In der Egglenischker Schule fanden wir kaum Schlaf, am nächsten frühen Morgen ging es weiter mit dem Flüchtlingstreck im ‚Schunkeltrab' bis zu den Verwandten Heimbucher in Noruschatschen bei Gumbinnen. Zu anstrengend war die Fahrt auf dem Leiterwagen und den holprigen Wegen, und wir waren froh, als wir beide in Gumbinnen mit dem Zug nach Königsberg fahren konnten."[51]

Die deutsche 1. Infanteriedivision muss sich nach verlustreichen Kämpfen zurückziehen, kann sich aber in Auffangstellungen sammeln. Teile der 1. Brigade halten weit vorgeschoben eine Vorpostenstellungen bei Bilderweitschen. Der Sieg auf dem linken Flügel hat die kommandierenden Generale des 1. Armee-Korps zuversichtlich gemacht. General von François und die Kommandeure seiner beiden Infanteriedivisionen sind überzeugt, dass es am folgenden Tag gelingt, die kritische Lage auf dem Nordflügel zu wenden. Den ganzen Tag über hat der eigensinnige General alle Befehle aus dem Oberkommando der 8. Armee, das nicht genehmigte Gefecht abzubrechen, ignoriert.[52] Am Abend des 17. August 1914 sind die Befehle eindeutig. Sie lauten, das Gefecht sei – „auch wenn Waffenerfolg" – abzubrechen. Widerwillig folgt von François der Weisung von Prittwitz und tritt noch in der Nacht den Rückzug an. Er räumt Stallupönen. Zwischen seinem Korps und den Russen liegt noch die 1. Kavalleriedivision. Sie hat sich im Verlauf des Tages hinter den Flügel der 1. Infanteriedivision nach Kattenau in das dortige Remonten-Depot zurückgezogen, wo sie ihre 2500 Pferde für eine Nacht gut versorgen kann. Die beiden Divisionen des I. Armee-Korps gehen auf die befohlene Linie am Fluss Angerapp zurück; die Verluste des Korps betragen an diesem einen Gefechtstag 1200 Tote, Verwundete und Vermisste. Das Oberkommando der 8. Armee kann nun die Njemen-Armee wie geplant an der Angerapp-Stellung auflaufen lassen. Am 19./20. August kommt es bei Gumbinnen zur Schlacht.

Ein realistisches Bild gerade stattfindender kriegerischer Abläufe können sich nur die wenigsten Beteiligten und Betroffenen machen, am ehesten die Offiziere in den hohen Stäben. Die meisten Soldaten sind im Geschehen orientierungslos. Das gilt für die einfachen Soldaten, ihre Unteroffiziere und selbst die Offiziere an der Front. Alfred Katschinski gehört zu den Truppen, die sich aus der Umgebung Stallupönens auf Gumbinnen zurückziehen. In seinem Tagebuch heißt es: „Es war ein regelrechter vollständiger Rückzug. Obgleich wir die Russen geschlagen und ihnen eine Menge Gefangene abgenommen hatten, mussten wir doch wieder zurück. Denn im Norden und Süden unserer Provinz sollten sie weiter im Lande sein. Es zog denn der unabsehbare Menschenstrom ins Land zurück. Alle Truppengattungen und zahllose Flüchtlinge gingen, ritten, fuhren nacheinander und nebeneinander in Ruhe und Ordnung vorbei. Viele Frauen weinten. Die Kleinen, die noch der Mutterarm tragen musste, schliefen und schrien. Das Vieh in den Weidegärten brüllte, drängte sich an den Menschenstrom und lief mit."[53]

Auch am 18. August schreibt Oberbefehlshaber August von Mackensen seinen täglichen Feldbrief an seine Frau in Danzig. Am nächsten Tag werden seine Truppen auf die Russen stoßen. „Ich bin bereit, sie zu bewillkommnen mit Truppen, die darauf brennen, mit ihnen abzurechnen. Wir müssen sie schlagen (...) Die nächsten Tage werden im Osten und Westen entscheidend sein für den Gang der Weltgeschichte."[54]

Am Morgen des 19. August 1914 greift die russische Njemen-Armee an mehreren Stellen die nördlich der Masurischen Seen entlang des Flusses Angerapp formierten deutschen Kräfte der 8. Armee an. Hier stehen zwei Drittel der Verbände der 8. Armee, etwa 130000 Mann.[55] Die Schlacht bei Gumbinnen beginnt. Sie tobt östlich der Bezirkshauptstadt und weiter nach Süden an der Rominte, im sich anschließenden Höhengelände und endet nach zwei Tagen mit einer deutschen Niederlage. Für den größten Teil des nordöstlichen Ostpreußens folgt eine Wochen dauernde Besetzung.

Am 19. August um 9 Uhr früh verlässt der Verpflegungsoffizier des III. Bataillons des Füsilier-Regiment Graf Roon (Ostpreußisches) Nr. 3, der Leutnant der Reserve Heinrich Glage, die Kaserne des Regiments in Gumbinnen, um bei Mallwischken zum Bataillon zu stoßen. „Unterwegs lange Kolonnen von russischen Gefangenen, ihre eigenen M.G. und Geschütze ziehend, Wagenzüge mit stöhnenden Verwundeten, Meldereiter, einzelne, sich zu Fuß fortschleppende Verwundete, Automobile, kurz, das übliche Bild des Getriebes unmittelbar hinter der Kampflinie, bis dann die Chaussee sich immer mehr leerte und schließlich unter Artilleriefeuer lag."[56] Glage kommt ein Zug mit Unteroffizieren und einigen Füsilieren seines Regiments und dem gefallenen Regimentskommandeur des Regiments, Oberst von Fumetti entgegen. Im brennenden Mallwischken hat ihn die Kugel eines russischen Scharfschützen durchbohrt. Glage erhält den Befehl, den Toten nach Gumbinnen zu bringen. „Also zurück. Der Oberst wird in den Wagen gesetzt, ein Soldat legt ein paar grüne Zweige dazu."[57] Der Oberst war bei seinen Männern beliebt. Glage erlebt bei der Abfahrt ein spontanes militärisches Ehrungsritual: „Die Leute präsentieren."[58]

Walter von Seydlitz-Kurzbach ist Leutnant im westpreußischen Feldartillerie-Regiment Nr. 36 in Danzig und wird Mitte August aus der Grenzsicherung bei Thorn mit der Bahn nach Insterburg verladen. Das Regiment biwakiert im Kreis Darkehmen, in der Nacht vom 19. auf den 20. August marschiert es in Richtung Walterkehmen. Wie alle Angehörigen der Feldtruppen weiß auch die Einheit des Leutnants wenig über die Feindlage und die Absichten der eigenen Führung. Am Nachmittag des 19. August marschiert das Regiment in Mackensens XVII. westpreußischem Armee-Korps nach Osten in Richtung Rominte. Nach einem Nachtmarsch von 25 km erreicht es noch vor Sonnenaufgang seine Bereitstellungsräume. Im Schutz der Nacht haben die Truppen den Fluss überschritten. Bis zum Bach Schwentischke geht der Vormarsch der deutschen Truppen über flache und übersichtliche Geländewellen, dann aber begrenzt der Höhenrand östlich des Baches den Blick. Dahinter beginnt ein hügeliges und uneinsehbares Gelände, in dem viele Einzelhöfe liegen. Die Russen haben im Gelände befestigte Positionen bezogen. Sie eröffnen als Erste das Feuer.

Der sonnige 20. August 1914 ist für den jungen Leutnant von Seydlitz-Kurzbach die erste Feindberührung seines Lebens: „Wir alle waren voll höchster Erwartung und Spannung".[59] Das Regiment glaubt auf der Straße Gumbinnen–Sodehmen–Trakehnen große russische Verbände, die scheinbar fluchtartig nach Osten Richtung Grenze ausweichen, zu beobachten. Es ist aber nur auf russische Vortruppen gestoßen, die sich in die gut vorbereiteten Hauptstellungen zurückziehen: „Wir standen also plötzlich vor der bis dahin anscheinend auch unserer Führung unbekannten Hauptstellung des Feindes und wurden mit vorbereitetem Infanterie-, Minenwerfer- und Artilleriefeuer derart überschüttet, dass in unseren Reihen zunächst große Verluste und Verwirrungen entstanden."[60] In dem beginnenden Gefecht wird von Seydlitz-Kurzbach am Kopf verwundet, bleibt aber als Abteilungs-Adjutant in der

II. Batterie. Die hat eine günstige Position auf einer Höhe. Auf diese haben sich die Russen aber eingeschossen. Sein damaliger Batteriechef, Hauptmann Dreßler, im Gefechtsbericht: „Die Verluste mehrten sich rasch. Zugführer I. Vizewachtmeister Weite, fiel durch Halsschuß an meiner Seite. An seine Stelle trat Ltnt. d. Res. Domke, Ordonanz-Offizier beim Abt.-Stab. Zugführer II, Ltnt. d-.Res. Penner, fiel durch Arm und Brustschuß aus. Zugführer III., Ltnt. der Res. Barczewski, erhielt einen Oberschenkelschuß. Alle behielten aber das Kommando ihrer Züge, obwohl sie körperlich sehr behindert waren. Ich selbst erhielt noch zwei Streifschüsse und einen Steckschuß in die rechte Wade sowie einen Kopfstreifschuß. Die Schrapnellkugel blieb zwar in der Schuppenketten-Rosette des Helmes stecken, raubte mir aber Gehör und Stimme."[61] Weitere Offiziere fallen direkt neben von Seydlitz-Kurzbach. Als ein Munitionswagen einen Volltreffer erhält, wird von Seydlitz-Kurzbach ein drittes Mal verwundet. Jetzt ist er endgültig kampfunfähig.

Das westpreußische XVII. Armee-Korps erlebt auf den Höhen östlich der Schwentischke ein Desaster. Walter von Seydlitz-Kurzbach, der 1942 bei Stalingrad eine Division kommandieren wird: „Der Strom der Verwundeten nach rückwärts in Richtung Gumbinnen hatte zu der Zeit erschreckende Formen angenommen. Kompanie-, ja bataillonsweise marschierten Kolonnen leichter Verwundeter zu Fuß zurück. Auf allen möglichen Bauernfahrzeugen, ja in einem endlosen Zug, folgten die schwer Verwundeten. (...) Wer all das erlebt hatte, erschrak nicht, wenn er später aus den offiziellen Verlustlisten des XVII. Armeekorps erfahren mußte, dass am 20. August 1914 bei Gumbinnen 200 Offiziere und 8 000 Unteroffiziere und Mannschaften gefallen waren oder verwundet wurden."[62]

Um 15 Uhr am 20. August 1914 haben die ersten Rückzugsbewegungen bei den Deutschen eingesetzt. Das Generalkommando des XVII. Armee-Korps unter General von Mackensen kommt zu der Überzeugung, dass es mit einem starken Feind im Kampf steht und das Korps allein den Angriff nicht weiter durchführen kann. Vom I. Armee-Korps im Norden und dem I. Reserve-Korps im Süden ist keine Hilfe zu erwarten. Mackensen befiehlt, die gewonnene Linie zu halten und zu befestigen. Bei den unter Feuer liegenden Truppen östlich von Grünweitschen aber kommt es zu „fluchtartigen Rückzugsbewegungen", die sich nach Norden fortpflanzen. Barbara Tuchmann: „Am Nachmittag gab Mackensens 35. Division unter dem Feuer nach. Eine Kompanie warf die Waffen weg und begann zu laufen; eine weitere wurde von der Panik erfaßt, dann ein ganzes Regiment, dann die Nachbarn dieses Regiments. Bald waren Wege und Felder mit rückwärts flutenden Bataillonen bedeckt, Stabs- und Divisionsoffiziere selbst sausten in Autos quer über die Front und versuchten die Flucht aufzuhalten."[63] Mackensen, der die ausbrechende Panik erkennt, versucht die Flucht seiner Soldaten zu stoppen, aber die zurückflutenden Truppen können nicht zum Halten gebracht werden. Teile des Korps gehen bereits wieder hinter die Rominte zurück.

Die Russen machen 1000 Gefangene. August von Mackensen spricht in seinen Erinnerungen von diesem Tag als dem eines „Massenmords" und einer „Massenschlächterei". Später kann man an einem weiten Kranz von großen und kleinen Friedhöfen, die die Toten des XVII. Armee-Korps bergen, den Verlauf der Kämpfe ablesen. Überall, wo gekämpft wurde, hat man die Toten dort, wo sie gefallen sind, bestattet. Der Soldatenfriedhof beim Waldhaus Mattischkehmen in der Nähe von Klein Trakehnen beherbergt 648 deutsche und 438 russische Soldaten; er ist der zweitgrößte Gefechtsfriedhof Ostpreußens. Auch die Friedhöfe beim Gut Waldaukadel und Budszedehlen im Kreis Goldap sowie von Austinlauken, Grünweitschen, Jodzuhnen, Samelucken, Schwiegseln an der Schwentischke, bei Sodinehlen und Walterkehmen im Kreis Gumbinnen sind Zeugnisse der blutigen Kämpfe vom 19. und 20. August 1914.[64]

Schon am 20. August gegen 17 Uhr erwägt Generaloberst von Prittwitz und Gaffron, die Schlacht bei Gumbinnen abzubrechen und sich zurückzuziehen. Die Kämpfe haben sich zu einer lang ausgedehnten Frontalschlacht ohne einen richtigen Schwerpunkt entwickelt. Auf beiden Flügeln erzielen die Deutschen zwar Erfolge, können sie aber an den zwei Tagen nicht bis zur vollen Entscheidung durchkämpfen. In der Mitte ist die Front durch die Russen eingedrückt und könnte durchbrochen werden.[65] Der Oberkommandierende sieht seine Armee gefährdet, wenn die Narew-Armee mit ihren 200000 Mann, nur aufgehalten durch das XX. masurische Armee-Korps mit 40000 Mann, im Süden in der Flanke seiner Truppen auftauchen würde. Würde man nicht aufgerieben, müsste man auf die Festung Königsberg zurückgehen und wäre dann im Samland eingeschlossen, die Russen könnten nahezu ungehindert nach Berlin marschieren. Ein zügiger und entscheidender Erfolg gegen die Njemen-Armee wäre nach Ansicht des Oberkommandierenden zwar nicht unmöglich, aber doch keineswegs wahrscheinlich oder gar sicher.

Da von Prittwitz von der Obersten Heeresleitung unter Generaloberst Moltke die Anweisung erhalten hat, auf keinen Fall den Verlust seiner 8. Armee zu riskieren und sich nicht auf die Festung Königsberg abdrängen zu lassen, entschließt sich der Generaloberst, die Schlacht am nächsten Tag nicht wieder aufzunehmen. Um die 8. Armee zusammenzuhalten, sieht Prittwitz jetzt den einzigen Ausweg in einem geordneten Rückzug. Seine Truppen sollen sich kampflos vom Feind lösen. Um der Gefahr der Umklammerung bzw. eines Angriffs in seinem Rücken durch die Narew-Armee zu umgehen, befiehlt er diesen Rückzug hinter die Weichsel. Das bedeutet die Aufgabe Ostpreußens und eines großen Teils von Westpreußen. Der Rückzug ist aber durch die Weisungen der Obersten Heeresleitung gedeckt.

Oberstleutnant Max Hoffmann hat für das Oberkommando der 8. Armee einen Rückzugsplan erarbeitet, der auch die Basis des Erfolgs bei Tannenberg in den nächsten Tagen wird. Wenn die Njemen-Armee unter von Rennenkampf die Verfolgung nicht aufnimmt, soll sich das ostpreußische I. Armee-Korps aus dem Gefecht lösen. Zur Verstärkung des masurischen XX. Armee-Korps wird es dann über die am weitesten nördlich verlaufenden Bahnverbindungen der preußischen Ostbahn an die Südfront an der Grenze zwischen Russland, Ost- und Westpreußen befördert. Zielbahnhof ist das westpreußische Graudenz. Das ostpreußische I. Armee-Korps nimmt dann die Stellung an der rechten Seite des masurischen XX. Armee-Korps ein. Dort steht es der Weichsel am nächsten. Die jetzt kampferprobten ostpreußischen Truppen würden den am meisten gefährdeten Abschnitt verteidigen müssen. Die 3. Reservedivision, die bei Gumbinnen kaum im Kampf gestanden hat, rückt auf einer anderen, südlich verlaufenden Bahnlinie Tilsit–Thorn ebenfalls zur Unterstützung des XX. Armee-Korps an. Diese Umgruppierungen erfordern eine logistische Meisterleistung; soweit die Verbände nicht mit der Bahn nach Westen transportiert werden können, weist man ihnen Rückmarschstraßen möglichst weit nördlich an. Sie sollen auf jeden Fall einer Berührung mit dem Feind ausweichen. Am Abend des 20. August gehen alle Truppen ins Biwak und werden von ihren Truppenführern für den nächsten Tag formiert.

Das Füsilier-Regiment Graf Roon (Ostpreußisches) Nr. 3 versammelt sich am 21. August um 4 Uhr in der Frühe bei Jodzuhnen im Kreis Gumbinnen. Der Marsch geht zunächst durch das von den Kämpfen schwer gezeichnete Mallwischken, dann nördlich der Inster über Pelleningken nach Westen. „Niederdrückend muß es auf die Stimmung der Truppen wirken, dass auch hier die fliehende Bevölkerung neben der Marschkolonne fuhr und den Füsilieren vorwurfsvolle Blicke zuwarf, als ob diese ihre Pflicht nicht getan hätten.“[66] Wie ein Menetekel tritt jetzt in die gedrückte Stimmung ein besonderes Naturschauspiel: Am Mittag kommt es zur Sonnenfinsternis. „Aus strahlendem Himmel entwickelte sich ein seltsames, gespensterhaftes Grau, das nach und nach die Landschaft mit einem eigenartigen Schleier bedeckte.“[67] Von Kraupischken her reitet eine russische Kavalleriedivision in die Flanke des abmarschierenden Regiments, wagt aber in der mittäglichen Dunkelheit keine Attacke.

Das 2. Litthauische Feld-Artillerie-Regiment Nr. 37 marschiert über Pelleningken und Georgenburg im Landkreis Insterburg am 23. August nach Tapiau im Kreis Wehlau. Dort wird das Regiment im Divisionsverband der 2. Infanteriedivision verladen. Die Fahrt geht über Königsberg, Elbing, Marienburg, Deutsch Eylau zum Bahnhof des Guts Montowo im westpreußischen Kreis Löbau, wo ausgeladen wird. Nach drei anstrengenden Tagesmärschen bei großer Hitze kommen die Füsiliere des Regiments Graf Roon (Ostpreußisches) Nr. 3 am 23. August in Tapiau an und biwakieren dort auf der großen Wiese in der Nähe des Bahnhofs. Am gleichen Tag gehen sein I. Bataillon, der Regimentstab und die Maschinengewehr-Kompanie auf die Bahn, am folgenden Tag sein II. und III. Bataillon. Das Ziel ist den Mannschaften, Bataillonskommandeuren und Kompaniechefs unbekannt. Die Fahrt geht auch hier über Königsberg, Elbing und Marienburg und von dort weiter auf südöstlichem Kurs.[68] Nur die 1. Kavalleriedivision und die Hauptreserve Königsberg mit etwa 15000 Mann sollen als dünner Schirm gegen die fast 200000 Mann der Njemen-Armee zurückbleiben. Sie würden einen Vormarsch der Russen und eine Vereinigung mit der russischen Narew-Armee, die nach dem 20. August auf breiter Front die ostpreußische Südgrenze überschreitet, nicht aufhalten, sondern nur verzögern können.[69]

Die Oberste Heeresleitung in Koblenz ist der Ansicht, dass dieser Rückzug übereilt befohlen wird. Sie hat lange keine zutreffenden Nachrichten über die Lage im Osten, der schwere Rückschlag mit den Fluchtbewegungen beim XVII. Armee-Korps wurden ihr noch nicht gemeldet. In Koblenz steht man am 21. August unter dem Eindruck, dass ein durchaus aussichtsreicher Kampf abgebrochen wird; die eingehenden Meldungen deuten darauf hin, dass die 8. Armee schon in vollem Rückzuge zur Weichsel sei und dabei ihre an sich schon schwachen Kräfte noch weiter zersplittert. Dass der Rückzug auch eine Umgruppierung zu einer neuen Schlacht ist, erfährt der Generalstab nicht. Durch technische Unzulänglichkeiten bedingt, kommt erst am 21. August eine durchgehende Telefonverbindung zwischen dem Hauptquartier in Koblenz und der 8. Armee zustande. In den Tagen zuvor werden telefonische Nachrichten in Berlin „umgesprochen“, also durch Dritte übermittelt. Am 21. August telefoniert von Prittwitz und Gafron mit dem Generalstabschef von Moltke. In diesem Telefonat äußert der Kommandierende der 8. Armee Zweifel, die Weichsellinie halten zu können. „Wie soll ich mit der Handvoll Truppen die Weichsel halten, sie kann ja überall durchwatet werden“[70] soll er Moltke gesagt haben. Moltke gewinnt im Telefonat den Eindruck, von Prittwitz wäre der Situation nicht mehr gewachsen.

Während sich im Süden Ostpreußens die 8. Armee für eine neue Schlacht formiert, rückt die Njemen-Armee langsam nach Nordwesten nach. Sie vermeidet einen Vorstoß auf Königsberg, das man für eine starke Festung hält. Die Familie von Ernst-August Brenneisen hat Osznaggern verlassen, gelangt aber nur bis unmittelbar vor Insterburg. Die Brenneisens stehen mit ihren Flüchtlingswagen auf den Pregel- und Insterwiesen und müssen zurückweichende deutsche Einheiten die Brücke passieren lassen. „Als die deutschen Truppen die Brücke passiert hatten, gab es einen fürchterlichen Knall. Frauen und Kinder schrien auf, wildgewordene Pferde gingen durch und zerbrachen Wagen und Geschirr. Es entstand große Panik. Was war geschehen? Die deutschen Pioniere hatten die Insterbrücke gesprengt.“[71] Die Brenneisens sind in den Rückzug des I. Armee-Korps geraten und werden jetzt von den Russen überrollt. Die befehlen der Familie, heimzukehren und ihre Feldarbeit wieder aufzunehmen. In Osznaggern aber ist der Hof der Brenneisens bereits von Russen requiriert. Der Vater wird als Spion verdächtigt und mit Nachbarn auf die nächste russische Kommandantur befohlen. Die liegt schon auf litauischer Seite, in Willkawitschke. Hier werden er und andere Männer verhört. Die Frauen werden freigelassen, die Männer aber als Zivilgefangene nach Sibirien abtransportiert. Der damals 40-jährige Ernst-August Brenneisen kommt in das sibirische Dorf Nowouda in der Nähe von Irkutsk.[72] Insbesondere auf dem Lande kommt es zu rücksichtslosen Verhaftungen und Verschleppungen. Vor allem trifft es die zurückgebliebene wehrfähige männliche Bevölkerung. Aus dem Kreis Pillkallen werden rund 700 Zivilpersonen, darunter auch 120 Kinder, verschleppt. Der Autor Fritz Külow über ihr Schicksal: „Schlecht bekleidet und verpflegt, sind viel dieser Unglücklichen auf den Transporten, die meist über Schirwindt und Ebenrode (Stallupönen, d. Verf.) nach dem nördlichen Russland gingen, ums Leben gekommen. Manche, die den Verhaftungen gerade noch entgehen konnten, versteckten sich in den Waldungen und erlitten in der winterlichen Kälte schwere Erfrierungen."[73] Aus Ostpreußen werden rund 13 600 Zivilisten, vor allem an Wolga, Don und nach Sibirien, deportiert. 4 000 von ihnen kehren nicht zurück.[74]

Zu Plünderungen kommt es nicht nur durch russische, sondern auch durch deutsche Truppen. Der Rückzug auf neue Stellungen, dessen Ziele der einfache Soldat nicht einmal kennt, hat die Disziplin geschwächt. Auch Flüchtlinge nehmen sich einfach, was sie zu brauchen glauben. Der 24. August ist ein heißer, sonniger Sommertag, ein Montag. Die Narew-Armee stößt schon in die Mitte Ostpreußens vor. Die Mittelschullehrerin Konstanze Nadrowski beobachtet in Gerdauen, wie große Viehherden durch die Straßen getrieben werden, die unzählige Wagen mit Flüchtlingen passieren. „Ich sah selbst, wie leider gleich die Plünderung einsetzte. Soldaten brachen vor meinen Augen die Tür eines Zigarren- und Weinladens auf, der bis zum Abend ausgeleert war. Flüchtlinge schlugen die Schaufenster eines Kolonialwarengeschäfts ein und holten, was sie brauchten."[75]

Am 26. August erlebt Konstanze Nadrowski in Gerdauen den Einzug von Soldaten der Njemen-Armee. Eine „Bekanntmachung allen Einwohnern Ostpreußens" verkündet im Namen „von Rennenkampf, General-Adjutant Seiner Kaiserl. Majestät, General der Kavallererie" allen „friedlichen" Einwohnern die Schonung. Jeder Widerstand solle aber schonungslos bestraft werden. „Orte, in denen auch nur der kleinste Anschlag auf das russische Heer verübt, würden sofort niedergebrannt werden. Der kleinste Dienst aber würde reichlich belohnt und bezahlt werden. Die Ortschaften sollten verschont und das Eigentumsrecht würde gewahrt bleiben."[76] Erfahrungen wie diese werden im Winter 1945 das Verhalten der Landbevölkerung in Ostpreußen beeinflussen. Nicht wenige glauben beim Einmarsch der Roten Armee, es würde vielleicht nicht so schlimm werden und man müsse dann eben mit den Russen leben.

„Die ersten Monate des Krieges waren für uns Kinder ganz besonders schön", gesteht Max Fürst. Er ist erst neun Jahre alt, als die Russen seiner Heimatstadt Königsberg bedrohlich näher kommen. Die große Schwester Helene und das Hausmädchen Anna schleifen die Brotmesser, um Vergewaltiger abzuwehren. „Nur gut, dass wir einen Oberleutnant als Einquartierung hatten, der uns beschützen wollte. In der Schule wurden die Klassen merklich leerer, und der Unterricht wurde etwas nebensächlicher behandelt, denn was sollte das alles, wenn ‚die Welt den Atem anhält'. Wir Kinder fanden das alles furchtbar spannend; die vielen Soldaten und die leeren Straßen, und der Tiergarten war beinahe für uns allein geöffnet."[77] Ein großer Teil der Beamten wird mit ihren Familien evakuiert. Auch die wohlhabenden Bürger

Obwohl dem XVII. (westpreußischen) Armee-Korps unterstellt, wird das 1. Leib-Husaren-Regiment nicht Teil der 8. Armee, sondern rückt am 3. August 1914 an die Westfront ab. Das Foto des Königsberger Fotografen Kühlewindt zeigt die Husaren noch in Westpreußen.

schicken Frauen, Kinder und Alte „ins Reich". „Leider muß ich gestehen, dass wir uns als Helden fühlten und die Fortgehenden als Feiglinge verdammten."[78]

Tausende von noch nicht ausgebildeten Rekruten und Kriegsfreiwillige werden aus Königsberg in Kähnen über das Frische Haffe nach Danzig gebracht. Auch der Inhalt von Banktresoren und Kunstschätze werden nach dem Westen verlagert. Flüchtlinge aus den Grenzkreisen werden in Massenquartieren versorgt und dann ebenfalls in Kähnen über das Haff abtransportiert.[79] Allein vom 16. bis 31. August werden 12 000 Flüchtlinge nach Danzig verschifft. Viele Transporte gehen weiter nach Pommern und Brandenburg, einige sogar nach Schleswig-Holstein.[80]

In die Stadt Lyck marschieren Russen des II. Korps der Narew-Armee am 19. August ein, ohne Gewalttätigkeiten, wie sie vielfach auf dem Lande vorkommen. Der neunjährige Horst Biernath verbringt gerade seine Sommerferien bei den Großeltern in der Kreisstadt. „Als die Russen kamen, geschah das fast ohne Lärm und ohne viel Geschrei. Am Vorabend hörte man Schüsse und manchmal auch aus weiter Ferne das Grollen von Geschützen. In der Nacht rötete sich der Himmel von Bränden, einige Bauernhöfe und Scheunen mit Erntevorräten gingen in Flammen auf, und in den Morgenstunden, noch vor Tagesanbruch, rumpelten Geschütze und schwere Munitionstransporte durch die Straßen, und über das Pflaster dröhnten Pferdehufe und der Marschtritt von endlosen Infanteriekolonnen. Großvater, der einzige Mann im

Hause, der Erfahrungen aus dem siebziger Krieg besaß, hatte alle Bewohner in den Keller beordert."[81] Die disziplinierten Truppen gehören zum russischen II. Armee-Korps der Narew-Armee. „Es wurden, um Plünderungen zu verhüten, vor die öffentlichen Gebäude und die Geschäfte Posten gestellt. Zur Unterbringung der Russen dienten die Kasernen, das Seminar und die Stadtschule. Was nicht Platz fand, lagerte auf freien Plätzen unter Zelten und auf den großen Höfen der Umgebung. Einige Offiziere waren in Gasthäusern oder bei Bürgern einquartiert.[82] Die Russen beziehen Kommandostellen, beispielsweise im Kreishaus, das Rathaus erhält eine militärische Wache. Die Polizeibeamten dürfen weiter Dienst tun. Post, Proviantamt und Bahnhof bleiben im Betrieb.[83] Die übrigen staatlichen und städtischen Gebäude werden von den Russen nicht beansprucht. Im deutschen Reservelazarett arbeiten deutsche und russische Ärzte und Pfleger zusammen.

In den ersten vier Wochen des August 1914 befindet sich ein großer Teil der ostpreußischen Bevölkerung auf der Flucht vor dem Kriegsgeschehen. Vereinzelt werden Zivilisten Opfer von Kampfhandlungen, auch private Gebäude und anderes Eigentum werden zerstört. Frauen werden vergewaltigt. Die Quellen berichten von Plünderungen. Bei Verdacht der Teilnahme an Kampfhandlungen werden Männer von den Russen als Geiseln genommen und auch exekutiert. Dazu kommen Verschleppungen und Internierungen. Der Historiker Peter Jahn: „Die völkerrechtlichen Bestimmungen (...) sind 1914 in Ostpreußen zwar in etlichen Fällen schwer verletzt worden, aber selbst die von den Wertvorstellungen des Kaiserreichs geprägte Darstellung des deutschen Reichsarchivs über die Befreiung Ostpreußens, in der Übergriffe umfassend dargestellt werden, gestand der militärischen Führung der russischen Armee Sorge um die Disziplin und strenge Ahndung von Übergriffen zu. Der Terror, unter dem die Bevölkerung Ostpreußens zu leiden hatte, besaß zwar eine spezifische Prägung – an erster Stelle Exzesse marodierender Soldaten –, die ihn als Terror aus Disziplinlosigkeit kennzeichnen, er forderte jedoch eher kleinere Opfer als etwa der disziplinierte Terror der deutschen Besatzung in Belgien."[84]

Tannenberg

Erich Ludendorff und Paul von Hindenburg

Am Abend des 22. August 1914 besteigt in Koblenz Generalmajor Erich Ludendorff einen Sonderzug, der ihn in das westpreußische Hauptquartier der 8. Armee bringen soll. Generaloberst Helmuth von Moltke, der Chef des Generalstabs des Feldheeres, hat vor sechs Tagen sein Berliner Hauptquartier nach Koblenz verlegt, um so dem Geschehen an der Hauptfront im Westen näher zu sein. In Koblenz hält sich seit dem

16. August auch der Oberste Kriegsherr Kaiser Wilhelm II. auf. Dessen Generalstab kann von hier die Lage auf dem östlichen Kriegsschauplatz kaum übersehen. Die Fernsprechverbindungen nach Ostpreußen sind mangelhaft. Die wenigen Meldungen der Kommandeure der 8. Armee über die Stimmung der Truppe und die Erfolgsaussichten klingen zwar positiv, die Fakten aber – ein abgebrochenes Gefecht, eine verlorene Schlacht, der Rückzug der eigenen und Einmarsch der feindlichen Truppen – lassen die Befehlshaber im Generalstab eine andere Lage vermuten.

Angesichts der unklaren Nachrichten aus Ostpreußen ist jede Entscheidung Moltkes, das Oberkommando der 8. Armee neu zu besetzen, riskant. Trotzdem schlägt er dem Kaiser vor, den bisher kommandierenden Generaloberst Max von Prittwitz und Gafron abzulösen und als Oberbefehlshaber der 8. Armee den General der Infanterie außer Dienst Paul von Beneckendorff und von Hindenburg einzusetzen.[85] Chef seines Generalstabes soll an Stelle des bisherigen Generalstabschefs Georg Graf von Waldersee Generalmajor Erich Ludendorff werden. Am Mittag des 22. August mittags vollzieht der Kaiser die beiden vorgeschlagenen Ernennungen.[86] Kurz vor seiner Abreise nach Marienburg erhält Ludendorff die Mitteilung, dass Paul von Hindenburg den Oberbefehl angenommen habe. Hindenburg lebt seit 1911 als Pensionär in Hannover. Am Samstag, den 22. August, erreicht ihn eine Anfrage aus dem Großen Hauptquartier, ob er bereit zur sofortigen Verwendung sei. Er telegrafiert zurück: „Bin bereit." Noch bevor sein Rücktelegramm in Koblenz eingetroffen sein kann, erhält er von dort ein zweites. Man teilt ihm mit, dass sich ein Generalmajor Ludendorff bei ihm melden werde. In weiteren Telegrammen wird angeordnet, dass er als Armeeführer sogleich nach dem Osten abzugehen hätte.

In der Nacht des 23. August hält auf dem Hauptbahnhof von Hannover ein Sonderzug aus Koblenz. Ludendorff trifft hier zum ersten Mal seinen Oberbefehlshaber Hindenburg. Die beiden Männer, die an diesem frühen Morgen in den Zug steigen, werden in die Geschichte eingehen. Sie werden sie verändern. Hindenburg und Ludendorff tragen entscheidend dazu bei, den gerade erst begonnenen Krieg zu einem „totalen Krieg" zu machen. Man wird ihre Handlungen verklären, sie selbst werden für viele deutsche Zeitgenossen zu mythisch überhöhten Gestalten. Und die beiden tragen auch Verantwortung dafür, dass zwei Jahrzehnte später in Deutschland diktatorische Kräfte die Macht erringen und das Land in einen zweiten Weltkrieg stürzen, der zum Untergang Ostpreußens führen wird. Aber lange werden Hindenburg und Ludendorff den Ostpreußen als ihre Retter erscheinen.

Erich Ludendorff wird 1865 in Kruszczewina in der Provinz Posen als Sohn eines Rittergutsbesitzers bzw. Domänenpächters geboren. Der Vater bestimmt, dass Erich Ludendorff die Offizierslaufbahn einschlagen soll. Nach seiner Ausbildung im Kadettenkorps von Plön und in der Hauptkadettenanstalt in Berlin-Lichterfelde in den Jahren 1877 bis 1882 tritt er als junger Leutnant zunächst in das Infanterieregiment 57 (8. Westfälisches) ein. 1887 wird er zur Marineinfanterie versetzt und dient unter anderem auf mehreren Schiffen der Reichsmarine. Von 1890 bis 1893 durchläuft Ludendorff eine Generalstabsausbildung. Nachdem er sich umfassende Sprachkenntnisse angeeignet hat, wird er 1894 als Militärbeobachter nach Russland entsandt. Nach seiner Rückkehr erfolgen die Beförderung zum Hauptmann und die Ernennung zum Generalstabsoffizier. Von 1896 bis 1901 ist er Kompaniechef, danach in Stabsstellen tätig. 1904 wird er erneut in den Generalstab berufen, den er 1906 verlässt, um Dozent an der Kriegsakademie zu werden. Ab 1908 wirkt er als Oberstleutnant und ab 1911 als Oberst wiederum im Generalstab. 1913 beeinflusst er Generalstabschef von Moltke, durch eine neue Militärvorlage das Heer zu vergrößern. Kriegsministerium und Militärkabinett, die bei dieser Entscheidung übergangen werden, rufen ihn aus dem Generalstab ab und machen Ludendorff zum Regimentskommandeur. Sie stufen ihn damit faktisch zurück.

1912 wird er als Kommandeur des Füsilierregiments 13 nach Düsseldorf versetzt, 1914 zum Generalmajor befördert und zum Kommandeur der 85. Infanteriebrigade in Straßburg ernannt, wo er im August 1914 den Kriegsausbruch erlebt. Seinen Kriegsdienst beginnt er als Oberquartiermeister der 2. Armee in Aachen. Nach den Plänen des Großen Generalstabs, an denen Ludendorff mitgearbeitet hat, soll gleich zu Beginn des Krieges versucht werden, eine der größten Festungen der damaligen Zeit im belgischen Lüttich zu erobern. Als das durch eine tollkühne Tat Ludendorffs spektakulär gelingt, verleiht der Kaiser ihm als erstem deutschen Soldaten im Weltkrieg den höchsten preußischen Tapferkeitsorden „Pour le mérite". Dem Generalstab, in dem der so Dekorierte vielen schon lange als Genius gilt, ist Ludendorff deshalb in frischer Erinnerung, als sich am 20. August in Ostpreußen eine Krise abzeichnet.[87] Generalstabschef Helmuth von Moltke und sein Generalquartiermeister Hermann von Stein sind der Ansicht, dass nur Ludendorff die Lage im Osten wenden könne. „Vielleicht retten Sie im Osten noch die Lage", schreibt ihm von Stein.[88] Da Erich Ludendorff im Dienstalter jünger ist als alle an der Ostfront kommandierenden Generale, muss ihm nach preußischen Gepflogenheiten ein rangälterer General beigegeben werden – der bereits pensionierte, 18 Jahre ältere Paul von Hindenburg.

Hindenburg entstammt einem alten preußischen Adelsgeschlecht. Er wird 1847 als Sohn des preußischen Offiziers und Gutsbesitzers Hans Robert Ludwig von Beneckendorff und von Hindenburg und seiner bürgerlichen Ehefrau Luise auf Gut Neudeck, Kreis Rosenberg in Westpreußen, geboren. Von 1859 bis 1866 besucht er die Kadettenanstalt im schlesischen Wahlstatt, ab 1863 die Hauptkadettenanstalt in Berlin. 1866 nimmt er am Deutschen Krieg teil, 1870/1871 am Deutsch-Französischen Krieg. Am 18. Januar 1871 darf er als Abgesandter seines Garderegiments der Kaiserproklamation im Spiegelsaal des Schlosses von Versailles beiwohnen. Von 1873 bis 1876 besucht er die Kriegsakademie in Berlin; 1881 wird er für drei Jahre zum Generalstab der 1. Infanteriedivision nach Königsberg versetzt. In den 1890er Jahren ist er unter anderem im preußischen Kriegsministerium in Berlin tätig. 1891 wird er Oberstleutnant, 1894 Oberst und 1897 Generalmajor. Im Jahr 1900 erfolgt die Beförderung zum Generalleutnant und Kommandeur der in Karlsruhe stationierten 28. Infanteriedivision. Am 27. Januar 1903, dem Geburtstag des Kaisers, erhält Hindenburg die Ernennung zum Kommandierenden General des IV. Armeekorps in Magdeburg, einem der wichtigsten Posten im preußischen Heer. Die Stellung eines Kommandierenden Generals gilt im Kaiserreich als dem Rang eines preußischen Ministers gleichgestellt. Hindenburg wird jetzt mit „Seine Excellenz der Herr Kommandierende General" angesprochen. 1911 nimmt er im Alter von 64 Jahren seinen Abschied aus dem aktiven Dienst, ohne zur Wiederverwendung im Kriegsfall vorgesehen zu sein. Er zieht nicht nach Westpreußen, in die Nähe des Familiensitzes, auf dem seine Eltern begraben liegen, sondern nach Hannover. Hindenburg fühlt sich zu gesund und rüstig für das Leben eines Pensionärs.

Schon in den letzten Julitagen 1914 bricht der General der Infanterie von Hindenburg seinen Sommeraufenthalt in Groß-Justin bei Kolberg auf dem pommerschen Gut der verheirateten Tochter ab und kehrt nach Hannover zurück. Er hat zwar auch im Frühjahr 1914 keine Mobilmachungseinteilung mehr erhalten, wie sie mancher General außer Dienst jährlich zugestellt bekommt, aber er will erreichbar sein. Doch niemand ruft ihn. Der Kaiser beordert zunächst Prinzen aus fürstlichen Geschlechtern auf frei werdende oder neue Posten, dann werden auch Generale im Ruhestand reaktiviert. Hindenburg in einem Brief an seine Tochter: „Mit welchem Gefühl ich jetzt meine Altersgenossen ins Feld ziehen sehe, während ich unverschuldet zu Hause sitzen muß, können Sie sich denken. Ich schäme mich, über die Straße zu gehen."[89] Schließlich bittet er am 12. August in einem Brief den Generalquartiermeister Hermann von Stein um Verwendung. Zehn Tage später erinnert man sich an ihn.[90]

1919 verfasst Hindenburg seine Memoiren *Aus meinem Leben*. In ihnen beschreibt er die geschichtsträchtige Stunde in der Nacht vom 22. auf den 23. August 1914 auf dem Bahnhof in Hannover: „Gegen 3 Uhr nachts fuhr ich, in der Eile nur unfertig ausgerüstet, zum Bahnhof und stand dort erwartungsvoll in der mäßig beleuchteten Halle. Meine Gedanken rissen sich von dem heimischen Herde, den ich so plötzlich verlassen mußte, erst völlig los, als der kurze Sonderzug einfuhr."[91] Es ist 4 Uhr, als der Sonderzug mit Ludendorff hält. Es kommt zu einer historische Begegnung zweier sich bis dahin Fremder, die Erich Ludendorff in seinen Kriegserinnerungen äußerst knapp beschreibt: „In Hannover war der General auf dem Bahnhof. Ich meldete mich bei ihm. Wir sahen uns dabei zum erstenmal."[92] Hindenburg erinnert sich, Ludendorff sei dem Zug „mit frischem Schritte" entstiegen. Ludendorff klärt von Hindenburg über die Lage bei der 8. Armee auf, so wie sie ihm Generalstabschef von Moltke am Tag zuvor geschildert hat. Das Gespräch dauert kaum mehr als eine halbe Stunde. Dann legen sich die beiden Männer schlafen. In einer ihm wohl eigenen stoischen Gelassenheit wird von Hindenburg auch in dieser Nacht – wie immer – gut schlafen.

Am Mittag des 23. August kommen von Hindenburg und Ludendorff in der Marienburg an, in der der Stab der 8. Armee Quartier bezogen hat. Die nicht ausgetauschten Stabsoffiziere unter Oberquartiermeister Generalmajor Paul Grünert melden sich bei ihren neuen Vorgesetzten. Das Reichsarchiv der Republik von Weimar hat in seiner offiziellen Darstellung des Ersten Weltkriegs die jetzt auf Rat Ludendorffs, Grünerts und Hoffmanns erfolgenden Anweisungen des neuen Oberkommandierenden zusammengefasst: „Diese Anordnungen des Generals v. Hindenburg am Nachmittag und Abend seines Eintreffens in Marienburg setzten fast die gesamten östlich der Weichsel verfügbaren Streitkräfte, soweit sie für eine Verwendung im freien Feld nur irgendwie in Frage kamen, zum Angriff auf die Narew-Armee in Bewegung. Zum 26. August sollten sie, wie am 23. Abend der Obersten Heeresleitung gemeldet wurde, beim XX. Armeekorps zum umfassenden Angriff vereinigt werden.“[93] In drei Tagen wird die 8. Armee angreifen. Der Plan zum Angriff stammt vom 1. Stabsoffizier der 8. Armee, Oberstleutnant Max Hoffmann, ist in Szene gesetzt von Ludendorff und mitgetragen von Hindenburg. Der Hindenburg-Biograph und Historiker Wolfram Pyta: „Hindenburgs Anteil an den Planungen tendiert gegen null.“[94]

Am Abend des 23. August macht Paul von Hindenburg auf dem westlichen Nogatufer einen Spaziergang. Jenseits der Nogat liegt die Marienburg in der Abendsonne. Der General denkt über sein Handwerk, den Krieg, nach: „Gedanken an die Vergangenheit hehrer Ritterzeit mischten sich unwillkürlich mit Fragen an die verschleierte Zukunft. Der Ernst der Stimmung wurde erhöht durch den Anblick vorüberziehender Flüchtlinge meiner Heimatprovinz. Eine traurige Mahnung, daß der Krieg nicht nur den wehrhaften Mann trifft, sondern daß er durch Vernichtung der Daseinsbedingungen Wehrloser zur tausendfachen Geißel der Menschheit wird.“[95]

Aufmarsch zur Schlacht

Wenn der Landrat des Kreises Allenstein, Georg Graf von Brühl, Anfang der 1930er Jahre im Allensteiner Kreiswald auf Pirsch geht, passiert er an dem Waldweg, der nach Waschetta im benachbarten Kreis Osterode führt, ein Soldatengrab, damals halb versteckt von einer mannshohen Kiefernschonung. Der Name des hier ruhenden Soldaten ist unbekannt, man weiß nur, dass er Husar war. Die Kreisbewohner nennen seine letzte Ruhestätte deshalb „das Husarengrab“. Immer liegen Blumen auf dem Grabhügel. „Man hatte ihn auf der damals noch kahlen Hochebene im Schatten eines wilden Birnbaums und einer Birke zur ewigen Ruhe gebettet. Ein einfaches Holzkreuz und eine kleine Bank luden den Wanderer zur Rast und zum Gebet für den für das Vaterland als einsamer Patrouillenreiter gefallenen Krieger.“[96] Er ist einer der rund 10 000 Soldaten, darunter 3 400 deutsche, die in der bis dahin größten Kesselschlacht der Weltgeschichte ihr Leben lassen.

Paul von Hindenburgs Stab. Auf diesem Foto aus dem Spätherbst 1914 ist Hindenburg schon zum Generalfeldmarschall befördert. Neben ihm (links) Erich Ludendorff, während des gesamten Kriegs sein Stabschef. Rechts neben Hindenburg Oberstleutnant Max Hoffmann.

In den letzten Tagen des August 1914 ist Ostpreußen in chaotischer Bewegung. Die Männer tragen Uniform und sind Soldat. Über 800000 Zivilisten sind auf der Flucht. In Personenzügen, aber auch im Viehwaggon, mit Pferdewagen oder Handkarren flüchten vor allem Alte, Frauen und Kinder. Sie entkommen dem Feind, oder sie werden von ihm überrollt und müssen heimkehren in ihre Häuser, die häufig schon Ruinen sind. Am 28. August haben die Russen 60 % der Provinz besetzt.

Die Eisenbahnlinien sind für Zivilisten und deutsche Armeen die Hauptschlagadern der großen Menschen-Rochade, Kopfstein-Chausseen, Schotter- und Waldwege ihre Arterien. Der angreifende Feind versucht überall, die eisernen Schlagadern der deutschen Verteidiger zu durchtrennen und an den strategisch wichtigen Straßenkreuzungen und an den Brücken die Arterien des Landes zu öffnen. 30 bis 35 km lang ist ein mobiles Armee-Korps in gewöhnlicher Marschordnung mit 36000 bis 40000 Mann, 12000 Pferden, über 300 Geschützen und oft 2000 Fahrzeugen. Mehr als ein Dutzend dieser militärischen Organismen, deutsche und russische, haben sich in Ostpreußen auf den Weg gemacht. Eine deutsche und zwei russische Armeen, 550000 Mann, belauern sich, werden verfolgt und sind plötzlich die Verfolger. Die beweglichen Truppen berühren sich in Scharmützeln, Gefechten und Schlachten. Fast alle der zu Kriegern gewordenen Männer haben in den zurückliegenden zwei Wochen zum ersten Mal die existentielle Erfahrung der Begegnung mit gewaltsamem

Tod und schwerster Verwundung gemacht. Sie wissen jetzt, dass gegen moderne Artillerie und das Dauerfeuer der Maschinengewehre das im harten Drill Gelernte der Kasernenhöfe wenig hilft. Ihnen ist zur Gewohnheit geworden, in verschmutzter und verschwitzter Kleidung zu schlafen und zu essen – wenn es denn zu essen gibt. Ihre kommandierenden Offiziere verfügen manchmal über falsche Informationen, häufig über gar keine. Sie führen aus, was ihnen unverständlich ist. Oder improvisieren ohne Befehl, wozu sie der oft unsichtbar lauernde Feind zwingt. Die Gehöfte, Häuser, Dörfer oder Städte Ostpreußens, durch die der Krieg zieht, bieten den Verteidigern Schutz und den Angreifern ein Ziel. Wo die Kämpfe stattfinden, geht in Minuten in Flammen auf, was in Jahrzehnten geschaffen wurde. Am Ende der Schlacht stehen auch die Sieger in Ruinen und schlafen auf dem nackten Boden.

Das alles geschieht unter herrlichster Sommersonne. Den Soldaten erscheint sie nicht gnädig, sondern nach einem Fünfzig-Kilometer-Marsch als Gottesstrafe. Im August muss in Ostpreußen häufig noch die Ernte eingebracht werden, und so geht es vor und zurück durch wogende Getreidefelder. In Masuren, wo zwei der drei Armeen aufeinanderprallen, gibt es endlose sandige Kiefernwälder und baumlose Flächen, die in der Augustsonne zu Steppen geworden sind. Den Straßenverlauf in diesen sandigen Ebenen zeigen Alleebäume an. Den Marschierenden bieten sie Schatten, aber kaum Deckung. In den dichten Wäldern aber lässt sich nur langsam vorwärtskommen. Noch weniger kann über die Waldwege ausreichend Nachschub an Munition und Nahrung herangeführt werden und die Artillerie im Gehölz Stellung beziehen. Jede Erhöhung in dieser Landschaft wird zum Feldherrnhügel.

Wenn uns mit heutigem Wissen das Geschehen beschrieben wird, gewährt der Autor dem Leser eine Obersicht und setzt das Geschehen in den fünf Tagen zwischen dem 26. und dem 30. August zum Gesamtbild einer Schlacht zusammen, die weitreichende geschichtliche Folgen für Deutsche, Russen, Litauer und Polen hat, vor allem für die Bewohner Ostpreußens. Für die Soldaten und Zivilisten im Gebrüll der Geschütze, inmitten der Panik der Pferde, im Staub der Straßen und mit der schlagenden Todesangst in der Brust, zerfällt das Geschehen damals in viele kleine und kleinste Ereignisse. Später können die Überlebenden sagen, sie seien dabei gewesen, als an Eisenbahnknoten, auf den Chausseen, in den Wäldern zwischen den masurischen Seen, vor brennenden Dörfern und Städten eine Völkerschlacht geschlagen wurde.

In der Schlacht von Tannenberg vom 26. bis 30. August 1914 schlägt die deutsche 8. Armee die russische 2. Armee, die nach ihrem Aufmarschgebiet Narew-Armee genannt wird, befehligt von General Alexander Wassiljewitsch Samsonow. Samsonow kommandiert zehneinhalb Infanteriedivisionen und drei Kavalleriedivisionen in 166 Bataillonen, 111 Kavallerie-Schwadronen und 88 Artillerie-Batterien mit zu Beginn des Angriffs 636 Geschützen – insgesamt mehr als 190 000 Mann.

Vor der fünffachen Übermacht der Narew-Armee weichen am 20. August die Grenztruppen des XVII. westpreußischen Armee-Korps zurück. Zu ihm gehört auch die 2. Eskadron des Dragoner-Regiments König Albert von Sachsen. Die Kavalleristen werden am 18. August von jenseits der Grenze, wo sie einige Tage gestanden hatten, wieder in das große Grenzdorf Friedrichsthal verlegt. Flieger melden den Anmarsch starker Feindverbände.[97] Die preußische Eskadron zieht sich auf die Windmühlen-Höhe des nahen Wystemp zurück. „Als die Eskadron die Höhe von Wystemp besetzt hatte, überschritten gerade die Anfänge der russischen Marschkolonnen die Grenze und kurze Zeit darauf stand der ganze Horizont in Rauch und Flammen."[98] Jetzt fliehen auch die Optimisten unter den Grenzbewohnern aus den masurischen Grenzkreisen. Dem auf den Feind vorrückenden 2. Ermländische Infanterie-Regiment Nr. 151 kommen am 22. und 23. August die Flüchtlinge aus dem besetzten Neidenburg und seiner Umgebung entgegen: „Die Erntewagen hochbepackt mit dem Notwendigsten, als was der eine den Kaninchenstall, der andere vielleicht die Nähmaschine ansah. Obenauf thronend die Großmutter mit dem jüngsten Enkelkind. (...) An langer Kette widerwillig folgend die beste Kuh oder einzige Ziege. Meist ältere Männer, die anderen waren bei der Fahne, Frauen und Kinder dabei, von dem wenigen Mitgenommenen zehrend, lagerten des nachts in verlassenen Ortschaften oder im Freien. Oft rücksichtslos von der Straße verwiesen, um diese für die marschierende Truppe freizuhalten. Und dann ringsherum der Widerschein brennender Ortschaften."[99]

Der Roman *August vierzehn* des russischen Literaturnobelpreisträgers Alexander Solschenizyn bezieht sich über weite Strecken auf historische Quellen und greift auf die Erfahrungen des Vaters des Autors, der in Ostpreußen gekämpft hat, und anderer Kriegsteilnehmer zurück. Am 18. August 1914 führt der Roman die Soldaten der Narew-Armee an die ostpreußische Grenze. „Sie waren durch Polen marschiert – das war ein gewöhnliches Land, dort ließ man die Zügel schleifen, aber hinter der deutschen Grenze war alles wie verwandelt: die Saat, die Straßen, die Gebäude – alles anders, wie aus einer anderen Welt."[100] Als sie bei Chorzele in Ostpreußen einmarschieren, heißt es: „Deutschland zeigte sich als ein so ungewöhnliches, ein so besonderes Land (...) Nicht nur die seltsamen steilen Dächer von der halben Höhe des Hauses, die beim ersten Blick fremdartig auffielen, sondern auch die Dörfer mit den zweistöckigen Backsteinhäusern! Gemauerte Ställe! Betonierte Brunnen! Elektrische Straßenbeleuchtung (sogar in Rostow gab es das nur auf wenigen Straßen)! Elektrische Leitungen in den Wirtschaftsgebäuden! Telephone in Bauernhäusern! Ein heißer Tag – und keine Fliegen und keine stinkenden Misthaufen!"[101]

Als die ersten russischen Truppen der Narew-Armee in die Schlacht treten, haben sie schon ihren zehnten Marschtag hinter sich. Die Verbände sind bereits tief im eigenen Hinterland aus den Eisenbahnwaggons ausgeladen worden. Den Rest des Weges haben die Soldaten zu Fuß zurückzulegen. Das russische Oberkommando der Nordwestfront in Wolkowysk, das die Njemen- und Narew-Armee koordinieren soll, ist etwa 190 km Luftlinie östlich vom Einmarschgebiet entfernt. Es kann sich kein Bild vom Zustand der Narew-Armee beim Einmarsch in Ostpreußen machen.

Der eigentlichen Schlacht von Tannenberg gehen schwere Gefechte bei den Ortschaften Lahna, Orlau und Frankenau nördlich der Stadt Neidenburg voraus. Seit dem 22. August stehen die Truppen des XX. masurischen Armee-Korps im Süden Ostpreußens zur Abwehr der eindringenden Russen bereit. Hier an der Südgrenze Ostpreußens befehligt der Kommandierende General des XX. westpreußischen Armee-Korps, Friedrich von Scholtz. Sein Armee-Korps wird unterstützt von Truppen aus den westpreußischen Weichselfestungen und durch die 70. Landwehr-Brigade. Die Deutschen haben in den Grenzkreisen Lyck, Johannisburg, Ortelsburg, Neidenburg und Osterode, also nicht direkt an der Grenze, Stellung bezogen. Die Truppen der Narew-Armee haben deshalb zu diesem Zeitpunkt schon die grenznahen Orte Soldau, Neidenburg und Lyck besetzen können. Kavallerie-Einheiten der Narew-Armee stehen am 23. August auch vor Johannisburg und Ortelsburg.

Auf dem rechten, westlichen deutschen Flügel versammeln sich südlich Gilgenburg im Kreis Osterode Festungstruppen aus Thorn, Kulm, Graudenz und Marienburg, ungefähr 8000 Mann, hauptsächlich ältere Jahrgänge der Landwehr und des Landsturms. In der Mitte hat bis zum Kownatken-See die zum XX. Armee-Korps gehörende 41. Infanteriedivision mit vier Infanterie- und zwei Kavallerie-Regimentern Stellung bezogen; die Soldaten stammen aus den Provinzen Posen, West- und Ostpreußen. Diese Division wird von allen deutschen Einheiten in den nächsten Tagen die schwersten Verluste erleiden. Ihr zugeteilt ist eine Hälfte der 70. Landwehrbrigade, bestehend aus Ermländern und Masuren. Den linken deutschen Flügel bilden Regimenter aus dem masurischen Sensburg, aus Lyck und Lötzen sowie dem ermländischen Allenstein und Bischofsburg. Unter den Soldaten sind viele Rekruten und Reservisten, die im Ruhrgebiet leben.

Der russische Angriff beginnt am Nachmittag des 23. August gegen die deutschen Stellungen östlich des Kownatken-Sees. Bei Lahna und Orlau dringen sie nach schweren Kämpfen am Abend weit vor und besetzen Höhen nördlich der Alle. Sie halten Lahna, beide Seiten aber erleiden in den dichten Wäldern im Artillerie- und Maschinengewehrfeuer schwere Verluste. Die deutschen Truppen bei Frankenau und Orlau werden, um sie weiteren feindlichen Angriffen zu entziehen, zurückgenommen. Dieses freiwillige Zurückgehen der 37. Infanteriedivision deuten die Russen als allgemeinen deutschen Rückzug.[102] General Samsonow gibt den Befehl zur Verfolgung. Die Russen funken den Befehl unchiffriert. Die Deutschen fangen ihn auf.[103]

Sieger und Besiegte

Am 24. August operiert auf ostpreußischem Territorium die Narew-Armee mit zweieinhalb Armee-Korps als Angriffszentrum. Ihr Ziel ist Allenstein. Das russische VI. Korps auf ihrem rechten Flügel bewegt sich südlich der masurischen Seen in nordöstlicher Richtung. Auf der linken Seite wird das I. Korps der Narew-Armee an der Grenze westlich Soldaus zurückgehalten, es soll die Flanke der aufmarschierenden Narew-Armee decken. Der Oberkommandierende Samsonow dringt bei den Kommandeuren auf einen schnellen Vorstoß der Korps und Divisionen. Das aber trennt die Truppen im Zentrum von ihrer westlichen Flanke. Ein Viertel der Narew-Armee ist so von den angreifenden Kräften in der Mitte und dem rechten Flügel südlich der masurischen Seen isoliert.

Am 23. August hat das ostpreußische I. Armee-Korps gerade den schwierigen Verladeprozess auf fünf Bahnhöfen zwischen Insterburg und Königsberg abgeschlossen. Es befindet sich auf weit nördlich geführten Strecken nun auf dem Weg ins ostpreußische Osterode und in die angrenzenden westpreußischen Kreise Löbau und Graudenz. Mit dem Transport, mit spontanen Verschiebungen und der ebenso komplizierten Ausladung von mehr als 35 000 Menschen, vielen Tausend Pferden und schweren Waffen werden noch zwei weitere Tage vergehen. Erst am Abend des 25. August ist die Masse des Armee-Korps einsatzbereit. Die 3. Reservedivision bewegt sich auf südlicheren Bahnstrecken dem gleichen Einsatzraum zu. Das westpreußische XVII. Armee-Korps und das I. Reserve-Korps sind bereits einige Tage marschiert. Am 23. August legen sie einen Ruhetag ein; sie haben sich jetzt 50 km von der Njemen-Armee abgesetzt. Jederzeit aber können die Russen den beiden Korps in den Rücken fallen. Diese Korps wären verloren, wenn die russische Armee ihnen folgen würde.

Oberst Max Hoffmann drängt darauf, dass die Korps unter ihren Befehlshabern von Mackensen und von Below sofort den Marsch fortsetzen. Ludendorff ist unschlüssig. Er ist, so Barbara Tuchmann, „als Neuling in eine Situation geraten, in der jede Entscheidung schicksalhaft werden konnte und die er zu verantworten hatte. Hindenburg wiederum, der noch vor vierundzwanzig Stunden außer Dienst gewesen war, verließ sich auf Ludendorff."[104] Ludendorff und Hindenburg übernehmen auch jetzt die Pläne Hoffmanns. Paul von Hindenburg hat die Pläne zur Schlacht bei Tannenberg nicht gemacht. In späteren Jahren, wenn er die Schlacht aus den Dispositionen erklärt, klingt es, als sei das Geschehen jener Tage als Drehbuch am Kartentisch erdacht worden. Der Verlauf der Schlacht von Tannenberg jedoch ist auch das Ergebnis schwerer gegnerischer Fehler, von Eigenmächtigkeiten eines untergebenen deutschen Kommandeurs und von vielen weiteren Zufällen. Doch in Hindenburgs Bericht klingt der Zusammenprall 350 000 bewaffneter Männer wie ein Schachspiel mit dem gegnerischen Oberkommandierenden: „Wir stellen zunächst der dichten Masse Samsonoffs eine dünne Mitte gegenüber. Ich sage dünn, nicht schwach. Denn Männer sind es mit stählernem Herzen und stählernem Willen. In ihrem Rücken die Heimat, Weib und Kind, Eltern und Geschwister, Hab und Gut. Es ist das XX. Korps, brave West- und Ostpreußen. Mag diese dünne Mitte unter dem Drucke der feindlichen Massen sich auch biegen, wenn sie nur nicht bricht."[105] Es ist glaubhaft, dass Hindenburg die Heimatverbundenheit seiner Soldaten einplanen kann.

„Während diese Mitte kämpft, sollen zwei wuchtige Gruppen an deren beide Flügel zum entscheidenden Angriff heranrücken. Die Truppen des I. Armeekorps, durch Landwehr verstärkt, auch alles Kinder des bedrohten Landes, werden von rechts her aus dem Nordwesten, die Truppen des XVII. Armeekorps und I. Reservekorps zusammen mit einer Landwehrbrigade werden von links her aus dem Norden und Nordosten zur Schlacht herangeholt. Auch die Soldaten des XVII. Armeekorps und I. Reservekorps, ebenso wie die Männer der Landwehr und des Landsturms haben alles, was das Leben lebenswert macht, in ihrem Rücken."[106]

Ludendorff und Hindenburg führen alle in Ost- und Westpreußen stehenden Kräfte in den Süden Ostpreußens an die Narew-Armee heran. Die Gefechte und Schlachten der letzten drei Wochen haben die 8. Armee aber schon fast 20 000 Mann gekostet. Zwar wird aus Schleswig-Holstein per Bahn eine hanseatische Landwehr-Brigade zur Verstärkung angefordert, aber ihr Eingreifen in die Kämpfe kann erst am 27. August erwartet werden. Hindenburg hält seine Truppen zahlenmäßig unterlegen: „Berechnen wir die gegenseitigen Stärken, zählen wir zu der unserigen auch die beiden Landwehrbrigaden (...), so gibt ein Vergleich mit den wahrscheinlichen russischen Kräften immer noch große Verschiedenheiten zu unseren Ungunsten, auch wenn Rennenkampf nicht marschieren, nicht mitkämpfen will."[107] Hindenburg sieht seine Soldaten auch physisch und psychisch im Nachteil: „Dazu kommt, daß in unseren vordersten Reihen viel Landwehr und Landsturm fechten muß. Alte Jahrgänge gegen beste russische Jugend. Ferner spricht gegen uns, daß die Mehrzahl unserer Truppen und, wie es die Lage fügt, gerade alle, die voraussichtlich den entscheidenden Stoß führen müssen, aus schweren und verlustreichen Kämpfen herankommen. Hatten sie doch den Russen das Schlachtfeld von Gumbinnen überlassen müssen."[108]

Das Oberkommando der 8. Armee wird am 24. August von Marienburg nach Riesenburg vorverlegt. Hindenburg begibt sich mit seinem engeren Stab in Automobilen zum Generalkommando des XX. Armee-Korps und passiert an diesem Tag einen Ort in der Nähe des Städtchens Hohenstein, von dem die bald entbrennende Schlacht ihren Namen erhalten wird: „Tannenberg. Ein Wort schmerzlicher Erinnerung für deutsche Ordensmacht, ein Jubelruf slawischen Triumphes, gedächtnisfrisch geblieben in der Geschichte trotz mehr als 500 jähriger Vergangenheit. Ich hatte bis zu diesem Tage das Schicksalsfeld deutscher östlicher Kultureroberungen noch nie betreten. Ein einfaches Denkmal zeugt dort von Heldenringen und Heldentod."[109] In Tannenberg hat am 15. Juli 1410 der deutsche Orden gegen das vereinigte Heer der Litauer und Polen gekämpft und ist vernichtend geschlagen worden. Tannenberg markiert das Ende der Vormachtstellung des Deutschen Ordens im baltischen Raum.

Das XVII. westpreußische Armee-Korps unter August von Mackensen und das Reserve-Korps unter Otto von Below marschieren in Eilmärschen auf dem rechten östlichen Flügel der Deutschen der Narew-Armee entgegen. Das um Landwehrtruppen verstärkte masurische XX. Armee-Korps bezieht bei Allenstein eine Verteidigungsstellung. Auf der linken, westlichen Flanke an der Grenze von West- und Ostpreußen, dem I. russischen Korps gegenüber, sollen sich die zwei Elite-Divisionen des ostpreußischen I. Armee-Korps positionieren. Bei deren Bahntransport kommt es zu zahlreichen Verzögerungen, deshalb erreichen die Einheiten nicht in der vorgesehenen taktischen Reihenfolge und mit 22 Stunden Verspätung ihre Aufmarschräume. Die Kavallerie, die zur Aufklärung gebraucht wird, fährt erst am Schluss. Die russischen Stäbe wähnen diese Einheiten allerdings auf dem Rückzug im Norden Ostpreußens.

Der 24. August ist der Tag, an dem noch einmal starke Zweifel das deutsche Oberkommando befallen. Sollte man wirklich alle Kräfte gegen die Narew-Armee werfen und Rennenkampfs Njemen-Armee bei den Entscheidungen ausblenden? Besonders Ludendorff schwankt angesichts des Risikos. Hindenburg erinnert sich, dass Ludendorff an diesem Tag von „schweren Zweifeln“ gequält ist und dass in diesem Augenblick er es war, der seinem Stabschef den Rücken stärkt. „Sollten wir nicht doch gegen Rennenkampf uns wieder verstärken und lieber gegen Samsonoff nur halbe Arbeit tun? Ist es nicht besser, gegen die Narewarmee die Vernichtung nicht zu versuchen, um die eigene Vernichtung sicher zu vermeiden? Wir überwinden die Krisis in uns, bleiben dem gefaßten Entschlusse treu und suchen weiter die Lösung mit allen Kräften im Angriff.“[110] Ludendorff bemerkt, so wird berichtet, dass die Narew-Armee eine Linksschwenkung mit dem Drehpunkt beim Dorf Usdau im äußersten Süden des Kreises Neidenburg begonnen hat. Usdau haben die Russen mit starken Kräften besetzt und sich auf den angrenzenden Höhen verschanzt. Das Oberkommando der 8. Armee erkennt, dass hier der Schlüssel für die Schlacht liegen könnte. Hindenburg erteilt am 25. August vormittags auf seinem Gefechtsstand bei Montowo im westpreußischen Kreis Löbau General von François persönlich den Befehl, mit seinem I. Armee-Korps die Höhenstellung von Usdau am Morgen des 26. August zu nehmen.[111]

Von den vier in der Mitte mit Hauptrichtung Allenstein operierenden russischen Armee-Korps zieht eines, das VI. Armee-Korps, nach Norden, in Richtung auf Bischofsburg. Es isoliert sich so von den drei anderen russischen Korps der Mitte. Und seine Führer wissen nicht, dass sie bald auf einen ihnen zweifach überlegenen Gegner treffen werden. Das westpreußische XVII. Armee-Korps und I. Reserve-Korps haben am Abend des 25. August die Gegend nördlich des Städtchens Bischofsburg im Süden des Kreises Rößel erreicht. Das XVII. Armee-Korps ist von Friedland über Schippenbeil die 50 km in glühender Augusthitze marschiert.

Für die Bewohner von Bischofsstein im Norden des Kreises Rößel ist an diesem 25. August nicht erkennbar, was die Truppenbewegungen zu bedeuten haben. In aller Eile schaffen sie Trinkwasser, Obst, Zigarren und Wäsche herbei und verteilen sie an die Vorüberziehenden. Die Offiziere geben den zurückgebliebenen Bewohnern den Rat, umgehend nach Norden in Richtung Heilsberg zu fliehen, denn sie rechnen damit, dass es in der Nähe von Bischofsstein zur Schlacht kommen wird. Tatsächlich findet einen Tag später bei Lautern ein schweres Gefecht statt.

Am 25. August 1914 gibt Erich Ludendorff den deutschen Verbänden für 5 Uhr am Morgen des 26. August den Befehl zum Angriff. Hermann von François verklärend über den Beginn einer der größten Schlachten der Weltgeschichte: „Die Strahlen der Augustsonne brannten heiß auf der Landschaft, hohe Staubwolken standen über den Straßen, auf denen die langen, feldgrauen Kolonnen in die Schlacht zogen. Deutsche Flieger surrten über Wald und Feld, alle zogen sie nach Süden, um nach den Russen Ausschau zu halten. Am 26. August begann die Schlacht."[112] Die Schlacht beginnt allerdings ohne François' I. Armee-Korps. Der Kommandant folgt Ludendorffs Anweisungen zum Angriff auf die Höhen von Usdau am 26. August nicht. Er begründet sein Innehalten damit, dass seine Artillerie noch nicht nah genug an die Ausgangsstellungen herangerückt sei. Dem Korps würden noch drei Viertel der Feldartillerie, seine schwere Artillerie, die Kavallerie und alle Munitionskolonnen der Artillerie und der Infanterie fehlen.[113] Bei einem Besuch von Ludendorff auf François' Gefechtsstand am 27. August wiederholt er seine Bedenken. Ludendorff schneidet den Vortrag des Generals durch eine unmissverständliche Wiederholung des Angriffbefehls ab.[114] Am 27. August greift auch das I. Armee-Korps an. François' Eigenmächtigkeit hat zur Folge, dass die russischen Truppen in der Mitte – in Unkenntnis der Gefahr, die ihrem linken Flügel durch das I. Armee-Korps droht – immer weiter ins Innere Ostpreußens Richtung Allenstein vorrücken. Sie besetzen zwischen dem 24. und dem 27. August das Seen- und Waldgebiet südlich von Allenstein. In dieser „dünnen Mitte" der deutschen Front biegt sich das XX. masurische Armee-Korps unter dem Druck der russischen Truppen. Es weicht zurück, aber, wie es der Schlachtplan gefordert hat: Es bricht nicht.

Das russische VI. Korps ist am weitesten in ostpreußisches Territorium vorgedrungen. Nach Samsonows Befehl hätte es nur den Vormarsch der in Richtung Allenstein marschierenden Korps zu decken gehabt. Seine Kommandeure sind nicht darauf vorbereitet, auf den Gegner zu treffen. Das russische VI. Korps stößt aber auf das anrückende westpreußische XVII. Korps und das I. Reserve-Korps. Auch wegen des Überraschungsmoments gelingt es den Deutschen am 26. August bei Lautern im Kreis Rößel, die hier zu diesem Zeitpunkt herrschende Überlegenheit auszunutzen und das russische Korps zu einem ungeordneten Rückzug unter hohen Verlusten zu zwingen. Vor allem August von Mackensen erkennt jetzt die Chance, durch einen Sieg gegen das russische Korps die Masse der Narew-Armee umfassen und vernichten zu können. Da zum Armee-Oberkommando um Hindenburg kein Kontakt mehr besteht und sich das Kampfgeschehen auf ein Gebiet von über 100 km Länge erstreckt, handelt er auf eigene Verantwortung und befiehlt seinen Truppen, in Richtung Ortelsburg vorzustoßen. Das XVII. westpreußische Armee-Korps zieht seit dem 27. August kämpfend über Wartenburg und Bischofsburg, an Passenheim vorbei, bis Ortelsburg. Das I. Reserve-Korps attackiert die Russen bei Allenstein und sichert die westliche Flanke des westpreußischen Korps.

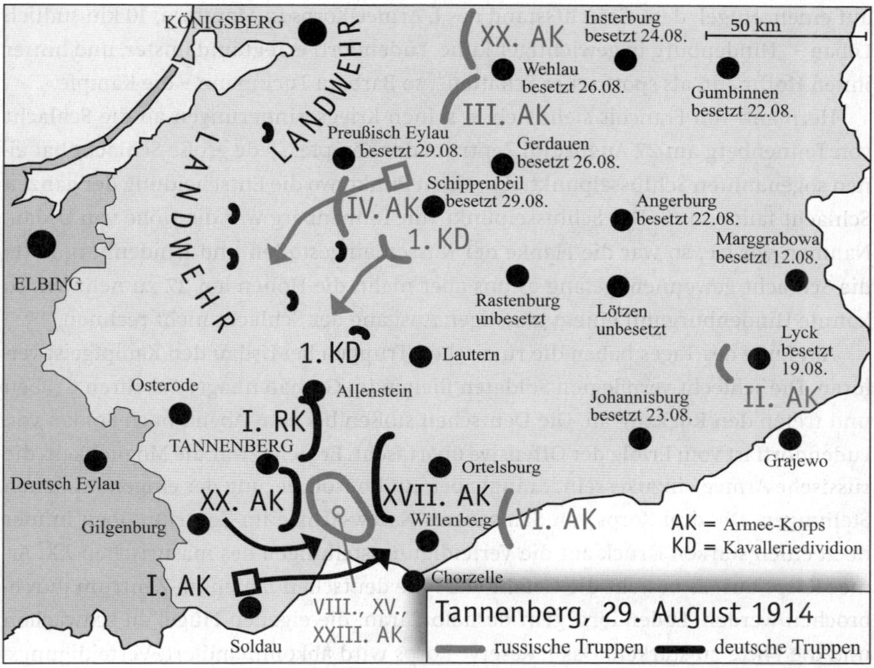

Seit dem 26. August, dem Beginn der Schlacht, hat die russische Truppenkoordination versagt. Das Zentrum der russischen Streitkräfte steht getrennt von seinen Flanken, die Kommunikation der einzelnen Truppenverbände funktioniert nicht. Trotzdem gehen die im Zentrum postierten russischen Korps zum Angriff über. Am 26. August um 17 Uhr ist erstmals eine russische Kavallerie-Patrouille in der Stadt Allenstein erschienen. Sie wird noch von deutschen Ulanen verfolgt. Am frühen Morgen des 27. August reitet erneut eine russische Patrouille in Allenstein ein, um 11 Uhr beginnt der Einmarsch großer russischer Truppenkontingente aller Gattungen von Süden und Osten in die Stadt. Es ist eine ganze russische Division. Schon in der Nacht zum 28. August zieht die Hauptmacht der Russen wieder nach Süden in die masurischen Wälder ab. Die Russen wissen nicht, dass sie in der Falle sitzen. Am Abend des 26. August ist die Artillerie des deutschen I. Armee-Korps auf den Entladebahnhöfen eingetroffen und auf Usdau vorgerückt. Am frühen Morgen des folgenden Tages um 4.00 Uhr befiehlt von François seinem Korps den Angriff. Es ist noch dunkel, als die Ostpreußen mit der Überlegenheit ihrer Artillerie die Stellungen des unvorbereiteten russischen I. Korps, das sich nur wenig über die ostpreußische Grenze in die Kreis Osterode und Neidenburg geschoben hat, mit einem Granathagel überziehen.

Das deutsche Oberkommando hat sein etwa 30 km vom Hauptkampfgeschehen entferntes Hauptquartier beim westpreußischen Löbau verlassen und beobachtet auf einem Hügel, dem Gefechtsstand des I. Armee-Korps in Montowo, 10 km südlich Löbau – „Hindenburg in gewichtiger Ruhe, Ludendorff erregt und finster, und hinter ihnen Hoffmann als spöttischer Schatten", so Barbara Tuchmann – die Kämpfe.

Hermann von François sieht sich in seinen Kriegserinnerungen an die Schlacht von Tannenberg am 27. August im Zentrum der Kämpfe: „Jede große Schlacht hat einen sogenannten Schlüsselpunkt, d.h. einen Punkt, wo die Entscheidung der ganzen Schlacht fallen muß. Der Schlüsselpunkt von Tannenberg war die Höhe von Usdau. Nahmen wir sie, so war die Flanke der Russen eingestoßen und Hindenburg hatte die Schlacht gewonnen; gelang es uns aber nicht, die Höhen am 27. zu nehmen, so konnte Hindenburg mit einem günstigen Ausgang der Schlacht nicht rechnen."[115]

Am Ende des Tages haben die russischen Truppen bei Usdau den Kampfgeist verloren. Die schlecht verpflegten Soldaten fliehen im Granatenhagel aus ihren Gräben und treten den Rückzug an. Die Deutschen stoßen bis zum Abend nach Soldau vor. Ludendorff ist vom Erfolg der Offensive überrascht. Er sieht zwar die Möglichkeit, die russische Armee einzukesseln, drängt aber auf Konsolidierung der eingenommenen Stellungen. Die drei Korps von Samsonows Narew-Armee im Zentrum üben immer noch einen starken Druck auf die Verteidigungsstellungen des masurischen XX. Armee-Korps aus. Es besteht die Gefahr, dass die deutschen Linien im Zentrum durchbrochen werden. Ludendorff geht deshalb daran, die eigenen Flügel zu schwächen und die Mitte zu stärken. Das I. Reserve-Korps wird abkommandiert, Verteidigungsstellungen in der Mitte einzunehmen. Nur noch das XVII. westpreußische Korps soll weiterhin an der Umfassung arbeiten.

Das Füsilier-Regiment Graf Roon (Ostpreußisches) Nr. 33 kämpft am 28. August bei der Chaussee Rontzken–Neidenburg nicht weit von Lahna. Ihm steht eine russische Elitetruppe, das Warschauer Leibregiment des Kaisers von Österreich, gegenüber. Das russische Garderegiment ist zwar zum ersten Mal im Gefecht und nicht kampferprobt, aber glänzend ausgerüstet. „Im Tornister hatte jeder Mann einen besonders schmuck aussehenden Anzug. Auf unsere verwunderte Frage, was es damit für eine Bewandtnis habe, sagten die Gefangenen, diese Uniform sei für den Einzug in Berlin bestimmt gewesen!"[116]

Am 28. August erreicht die aus Nordschleswig abgestellte Landwehrdivision von der Goltz nach einem Tagesmarsch von 30 km ihr Einsatzgebiet bei Hohenstein. Diese Landwehrtruppen sind deutlich schlechter ausgerüstet als die regulären und die Reserve-Einheiten. Sie sind den russischen Divisionen in der Kampfkraft weit unterlegen. Die Division dringt deshalb nur sehr langsam vor und hat starke Verluste. Entscheidend für den Sieg bei Hohenstein an diesem Tag sind Erfolge der 3. Reservedivision, die auf südlichen Bahnlinien herangeführt wurde und seit zwei Tagen das masurische XX. Korps verstärkt. Ihre Mannschaften stammen aus Pommern. Um 12.30 Uhr dringen die Pommern in das brennende Hohenstein ein. Der russische Widerstand hat hier immer mehr nachgelassen. Gleichzeitig sind von Norden her die Truppen der Landwehrdivision von der Goltz bis auf 500 m an die Stadt herangekommen. Die Landwehrmänner aus den Hansestädten Hamburg, Bremen und Lübeck vertreiben mit den Pommern der 3. Reservedivision die Russen aus Hohenstein.

An diesem Tag wird bei Hohenstein der Hauptmann im Landwehr-Infanterieregiment Nr. 31 Alfred Gustav Möller schwer verwundet. Der 46-jährige Kompanieführer ist im Zivilleben promovierter und habilitierter Direktor der Realschule in Hamburg-Rothenburgsort. Bei Kriegsbeginn ist er als Hauptmann der Reserve wieder in sein Infanterie-Regiment „Graf Bose" (1. Thüringisches) Nr. 31 in Hamburg-Altona eingetreten. Er ist dann der hanseatischen Landwehr zugeteilt worden. Er stirbt am 29. August in Hohenstein im Feldlazarett. Weil Möller nicht im Felde gestorben ist, wird seine Leiche nicht wie die direkt im Kampf Gefallenen vor Ort beerdigt, sondern nach Hamburg überführt. Möller, ein Opfer der Schlacht bei Tannenberg, liegt noch heute auf der Kriegsgräberstätte des Friedhofs Hamburg-Ohlsdorf in der Endgrablage Block J8 Grab 167.

Das ostpreußische I. Armee-Korps unter General von François erhält am 27. August von Ludendorff Order, seinen Vormarsch einzustellen und Truppen an den zentralen Abschnitt abzutreten. Wieder ignoriert von François als untergeordneter Kommandeur kommentarlos einen Befehl. Während sich die zentralen Hauptkräfte der Russen noch immer weiter ins Landesinnere vorwärtskämpfen, werden sie, zunächst von ihnen unbemerkt, von François' Einheiten eingekesselt. Der Spitze des I. Armee-Korps, den Elitetruppen des Jägerregiments zu Pferde 10, folgt eine vom XX. Armee-Korps abgegebene Abteilung unter dem Generalleutnant von Schmettau. Diese Abteilung ist in der Nacht vom 27. auf den 28. August aus sechs beweglichen Einheiten der 41. und 37. Division des XX. masurischen Armee-Korps zusammengestellt worden.[117] Sie wird entscheidenden Anteil an der Einkesselung der Narew-Armee haben.

François befiehlt nun dem Kommandeur des Jägerregiments zu Pferde Nr. 10, Oberstleutnant Berring, südlich des von den Russen besetzten Neidenburg auf die Stadt Willenberg vorzugehen. Zunächst sollen nur die feindlichen Nachschubeinheiten angegriffen werden. Die Abteilung Schmettau folgt den berittenen Jägern, besetzt Neidenburg und stößt bis Muschaken auf dem halben Weg nach Willenberg vor. In den Nachmittagsstunden des 29. August erreicht Schmettau dann mit seiner Abteilung Willenberg.[118] Die Kavalleriespitze, die Jäger zu Pferde, reitet weiter nach Norden bis Schiemanen. Dort hat sie Anschluss an die Vorhut des westpreußischen XVII. Armee-Korps, Regimenter der 35. Infanteriedivision. Das ist der Moment, in dem die Masse der Narew-Armee eingekesselt ist.

Etwa 10 km nördlich der russischen Grenze, von Neidenburg bis Willenberg, im Süden des Kreises Ortelsburg, ist der nur von der Abteilung Schmettau gebildete Einschließungsring jedoch sehr dünn, er besteht nur aus 3000 bis 4000 Mann. Die Truppen genügen aber, um die aus den Wäldern herausstürmenden Russen abzufangen.[119] Die Abteilung Schmettau meldet am 29. August, dass sie 92 russische Offiziere und rund 12 000 Unteroffiziere und Mannschaften gefangen und 25 Geschütze erbeutet habe.[120] Die in der Mitte der Narew-Armee agierenden russischen Korps, die eigentlich den Deutschen den Rückzug abschneiden sollten, sind jetzt in dem Wald- und Seengebiet zwischen Hohenstein, Allenstein, Ortelsburg, Willenberg und Neidenburg eingeschlossen und vom Nachschub getrennt. Die Nachricht, dass deutsche Verbände den Rückzugsweg versperren, verbreitet sich unter den russischen Soldaten. Da sich die russischen Einheiten im Zuge der Kampfhandlungen verstreut und in den Wäldern teilweise die Orientierung verloren haben, wirkt der Schock dieser Nachricht besonders stark.

In diesem Moment des greifbaren Sieges erreicht das Oberkommando der deutschen 8. Armee die Nachricht, die Njemen-Armee Rennenkampfs befände sich auf dem Vormarsch in Richtung Westen und habe mit dem Südflügel Rößel und Bischofstein erreicht. Das russische XX. Korps und weitere eineinhalb Kavallerie-Divisionen liegen am 28. August allerdings noch nördlich des Pregel, das russische III. und IV. Korps und die 5. Schützenbrigade bei den Städten Wehlau, Allenburg und Friedland. Vom Kavalleriekorps des Generals Chan Hussein Nachitschewanski steht die 1. Garde-Kavalleriedivision mitten in der Provinz, vor Domnau im Kreis Bartenstein, die 2. und 3. Kavalleriedivision erscheinen vor Schippenbeil. Die 1. Kavalleriedivision der Russen hat den Eisenbahnknoten Korschen im Kreis Rastenburg besetzt.[121]

Das Reichsarchiv in seinem Standardwerk über den Ersten Weltkrieg zu den Kräften, die sich der Njemen-Armee im Nordosten und Nordwesten Ostpreußens in den Weg stellen: „Die nur noch zwei Brigaden starke deutsche 1. Kavalleriedivision war auf die bei Lautern stehende Infanterie der 6. Landwehr-Brigade ausgewichen. Guttstadt, Wormditt, Mehlsack, vielleicht auch Heilsberg und Zinten, wusste man noch von deutschem Landsturm besetzt; zwei Danziger Ersatz-Bataillone hatten Braunsberg erreicht. Das war alles, was Generaloberst v. Hindenburg den russischen Reitermassen entgegenzustellen hatte."[122] In der Nacht vom 28. auf den 29. August ist das nächste Korps der Njemen-Armee im Biwak noch immer über 30 km von Bischofsburg entfernt, dem Ort, an dem das russische VI. Korps zwei Tage zuvor in die Flucht geschlagen worden ist. Im Feindesland bewegt sich die Njemen-Armee deutlich langsamer als die deutschen Verteidiger. Rennenkampfs Armee wird bis zum Abend des 29. August nur noch etwa 15 km weiter nach Westen vorstoßen, nicht jedoch nach Süden. Es gelingt ihr nicht, eine Verbindung mit der Narew-Armee herzustellen.[123]

Tod eines Feldherrn

Der russische Oberkommandierende General Samsonow hat sich am frühen Morgen des 28. August von seinem Hauptquartier in Neidenburg aus zur Front begeben. Er erlebt noch mit, wie deutsche Soldaten im Morgennebel unerwartet bei Waplitz in russisches Maschinengewehrfeuer geraten und zu Hunderten sterben. Am selben Tag fährt der britische Generalmajor Alfred Knox, Verbindungsoffizier der Entente, über die Grenze. Er passiert Neidenburg, das an diesem Tag noch in russischer Hand ist. Je weiter er sich von der Kreisstadt entfernt, desto deutlicher bemerkt er an Einschlägen und brennenden Dörfern, dass er sich mit seinen Begleitern einer Front nähert. Er findet Samsonow und seinen Stab südöstlich von Jedwabno an der Grenze zum Kreis Ortelsburg, auf dem Boden hockend und über Karten gebeugt.

Nach dem deutschen Vorstoß auf Ortelsburg, den Kämpfen bei Hohenstein und nachdem deutsche Kavallerieeinheiten in der Nähe von Neidenburg gemeldet wurden, erkennt der russische Kommandierende im Verlauf des 28. August, dass ihm eine Niederlage bevorsteht. Mit einem Entlastungsangriff durch die Njemen-Armee ist nicht zu rechnen. Seine Truppen sind schlecht verpflegt und demoralisiert und häufig in die Wälder abgedrängt worden. Bei einer Besprechung in der Etappe erklärt Samsonow, das Einzige was für ihn noch zu tun sei, wäre, seinen Truppen in der Schlacht zur Seite zu stehen. Er telegraphiert an das Oberkommando der Nordwestfront, er breche an die Kampffront auf. Er will in einem Gefecht noch einmal persönlich das Kommando übernehmen. Dann ordnet er an, das Gepäck und die Funkgeräte seines Stabes nach Russland zurückzuschicken und schneidet damit seine rückwärtige Verbindung ab.[124] In der sich abzeichnenden Niederlage fühlt sich Generalmajor Alfred Knox bei Samonows Opfergang fehl am Platze. „Es war meine Pflicht, meine Regierung auf dem Laufenden zu halten und ich wusste genug über den russischen Charakter, dass durch die Gegenwart eines Ausländers in dieser kritischen Situation die Nerven der Stabsoffiziere überspannt wurden."[125]

Samsonow nimmt einer Kosaken-Schwadron acht Pferde ab. Knox erinnert sich an so etwas wie seine letzten Worte für die Geschichtsbücher: „An einem Tag lacht dem Feind das Glück, uns wird es an einem anderen Tag zulachen."[126] Knox verlässt das Schlachtfeld und begibt sich an andere Fronten. Samsonow und seine Begleiter reiten auf den requirierten Pferden, gefolgt von der Schwadron, davon, zunächst zum XV. Korps des General Martos, das in den viertägigen Kämpfen schwere Verluste erlitten hat. Samsonow und seine Männer reiten hinter der Mitte des Korps, das gerade bei Waplitz 1 300 Gefangene der deutschen 41. Division eingebracht hat. Den Stab des leicht verwundeten General Martos findet er im Wald bei Nadrau, er wird hier durch eine Infanterie- und Pionier-Kompanie gedeckt. Doch plötzlich feuert die Artillerie in die eigenen Reihen, die Bedeckungskompanien beginnen sich gegenseitig zu beschießen. Samsonow muss erkennen, dass hier Chaos herrscht. Er und seine Männer reiten über Orlau zum im Kampf stehenden XIII. Korps des General Klujew. Obwohl der Armee-Oberbefehlshaber eingetroffen ist, tritt hier gerade in diesem Moment ein Regiment einen fluchtartigen Rückzug an. Samsonow enthebt dessen Kommandeur seines Postens und ersetzt ihn durch einen jungen Oberstleutnant der Pioniere. Dieser führt die Männer wieder nach vorn. Aber das Regiment gibt zum zweiten Mal nach und flutet zurück. Nach vergeblichen Versuchen, seine Truppen zum Stehen zu bringen, erschießt sich der Oberstleutnant in Gegenwart von Samsonow.

Am späten Abend des 28. August berät sich Samsonow mit seinen Generalen. Nach Rücksprache mit General Martos wird der Rückzug beschlossen. Die auf dem linken Flügel des Korps Martos befindliche Division erhält den Marschbefehl in Richtung Frankenau mit Ziel Neidenburg. Der Rest der Korps von Martos und Klujew soll nach Südosten ausbrechen. Vom I. Korps, dass bei Usdau geschlagen wurde, und dem VI. Korps, das bei Bischofsburg unterlegen war, fehlt jede Nachricht.[127] Eine Führung der Narew-Armee gibt es nicht mehr. Samsonow selbst schließt sich den Teilen des Korps Martos an, die in Richtung Willenberg ziehen.[128] Auf ihrem Rückzug am 29. August verirren sich Samsonow und sein Stab, begleitet von einer starken Eskorte, in den Wäldern zwischen Neidenburg und Willenberg. Sie versuchen, wieder nach Neidenburg und von dort über die Grenze zu gelangen. Neidenburg ist aber an diesem Tag von den Deutschen zurückerobert worden. Als Samsonow erkennt, dass er hier nicht mehr die Grenze überschreiten kann, schlägt er mit seinem Stab und der Eskorte aus drei Schwadronen Kosaken den Weg ostwärts nach Willenberg ein.

An der 35 km langen Chaussee von Neidenburg nach Willenberg, am westlichen Ausgang des Dorfes Reuschwerder, sind als Teil der „Abteilung Schmettau" 40 Mann einer Maschinengewehrkompanie des deutschen Jäger-Bataillons Graf York von Wartenburg (Ostpreußisches) Nr. 1 postiert. Sie befinden sich auf einem Streifzug gegen zurückweichende russische Train-Einheiten. Ihr Anführer, Oberleutnant Erich Balla, sieht, wie die Einwohner des Dorfes Reuschwerders den deutschen Soldaten aufgeregt mit Armen und Tüchern Zeichen geben. Balla berichtet weiter: „Auf der Chaussee bei Puchalowen kommt eine wirbelnde Staubwolke mit rasender Geschwindigkeit herangebraust. Anreitende Kavallerie!"[129] Die Jäger hören das Donnern der Pferdehufe und die Rufe der Reiter. Hektisch brüllen die Deutschen Befehle und machen die vier MGs gefechtsklar. Keine Minute später sind die Russen in ihrem Schussfeld. „Es geht alles handwerkmässig mechanisch zu, wie auf dem Exerzierplatz. Jetzt erkennt man bereits die Gesichter der vordersten Reiter, die in doppelter Marschkolonnen mit eingelegten Lanzen heranrasen."

Ahnungslos reiten die Kosaken in das Maschinengewehrfeuer. „Die Wirkung ist entsetzlich. Die vorderste Staffel des Feindes bricht wie ein Sturzbach von Menschen und Pferdeleibern auf die Straße nieder. Die folgenden Reiter können bei dem Höllentempo, in dem sie sich befinden, ihre Pferde nicht halten. Einige versuchen rechts und links von der Straße abzuspringen. Es glückt nicht. Alles muß unerbittlich heran an die kleine Stelle, auf die der Tod ununterbrochen mit dürren Fingern einhämmert. Dort verspritzt alles Leben im Bruchteil von einer Sekunde. Einen Moment noch wälzen sich die Leiber in fürchterlichem Chaos, dann wird es still. Man hört nur noch ein vereinzeltes Röcheln und ab und zu den Todesschrei eines Pferdes. Drei feindliche Schwadronen starben am 29. August dicht bei Reuschenwer-

Ende August 1914. Eine der wenigen Kampfaufnahmen aus der Schlacht bei Tannenberg. Leichte deutsche Feldartillerie feuert auf ein von Russen besetztes Dorf südlich von Allenstein. Jeder Felddivision der Preußischen Armee ist ein Artillerieregiment zugeteilt.

der den Soldatentod. Entkommen ist fast niemand."[130] Hier irrt der Schreiber der Bataillonsgeschichte.

Später ermittelt der Landrat von Ortelsburg, Victor von Poser, dass die Jäger die drei Schwadronen der Eskorte niedergemetzelt haben, die ihrem Oberkommandierenden Samsonow und seinem Stab den Weg zur Grenze freimachen sollten. Samsonow und seine Männer überleben und fliehen in die Wälder. Als es dunkelt, wird das Vorwärtskommen im Wald zu Pferde schwierig. Samsonow und die Offiziere seines Stabes geben den Plan auf, zu Pferd die Grenze zu erreichen. Sie reißen sich Schulterstücke und Orden herunter, vergraben sie und ziehen sich einfache Kosakenmäntel an. Karten besitzen sie nicht mehr, nur noch einen Kompass.[131] Hintereinander gehend ziehen sie durch die Wälder zunächst nach Osten weiter, auf Groß Dankheim zu. Sie überqueren unentdeckt die Bahn und die Chaussee nach Willenberg. Als die Männer am Abend hinter der Försterei Karolinenhof schon fast an das südliche Ende des großen Forsts bei Willenberg gekommen sind, sondert sich Samsonow, der als Letzter geht, in der Dunkelheit unbemerkt von seinem Stab ab. Seine Begleiter hören bald darauf einen Schuss. Es ist Mitternacht. Als Todestag von Samsonow gilt deshalb der 30. August 1914. Sein Stab erreicht die Grenze und entgeht der Gefangenschaft.[132]

Am 30. August entdeckt der Waldarbeiter Jedamski aus Klein Piwnitz im Forst bei Willenberg die Leiche eines Russen. Es muss die eines höheren Offiziers sein, denn er trägt eine goldene Uhr. Jedamski nimmt die Uhr und ein Medaillon, das wohl die Frau und Kinder des Toten zeigt, an sich. Der Waldarbeiter und andere Dorfbewohner bestatten den Toten ohne Sarg am Fundort bei der Försterei in einem Einzelgrab. Die Uhr lässt Jedamski später durch den Dorflehrer beim Generalkommando der XX. Armee in Allenstein abliefern. Das Medaillon behält er zunächst.[133] Am selben Tag finden 25 km von Karolinenhof entfernt noch schwere Kämpfe statt. Als die russischen Soldaten nirgends mehr einen Ausweg aus der Umklammerung finden, stauen sich ihre Marschkolonnen an allen Wegen, die zwischen Neidenburg und Willenberg aus dem Waldgebiet nach Süden führen. Die Masse der Russen strebt den Grenzübergängen nach Chorzelle und Janowo zu, dorthin, von wo die Truppen eine Woche zuvor über die Grenze gekommen sind. Nun versuchen sie mit Gewalt, den Durchbruch zu erzwingen.

Das Füsilier-Regiment Graf Roon (Ostpreußisches) Nr. 33 dringt am 29. August von Süden kommend nördlich von Neidenburg in das Waldgebiet beim Gut Salusken und den Dörfern des Amtsbezirks Lahna Rondzken, Salusken, Sierokopaß, Littfinken ein. Hier haben fünf Tage zuvor verlustreiche Kämpfe zwischen dem XX. masurischen Armee-Korps und der Narew-Armee und am 28. August heftige Abwehrkämpfe der Russen stattgefunden. Der Regiments-Adjutant: „In Sierokopaß muß wohl ein russischer Verbandsplatz gewesen sein; alle Häuser waren mit Stroh ausgelegt, darauf Tote und Verwundete. Unsere feinfühligen Pferde waren nicht in das Dorf hineinzubringen, so widerlich war der Blut-, Medizin- und Leichengeruch."[134]

Das Füsilier-Regiment Nr. 33 dringt am 30. August weiter östlich Richtung Malgaofen in das Waldgebiet vor. Kurz vor Ulleschen wird eines seiner Bataillone vom Waldrand her von heftigem Infanteriefeuer attackiert. Ehe der befohlene Bajonettangriff beginnt, ergeben sich die Russen, die sich in einem Kartoffelacker eingegraben haben. Noch aber beschießt eine am Wegedreieck einen Kilometer östlich von Ulleschen offen im Gelände stehende russische Batterie unentwegt das Füsilier-Bataillon, das starke Verluste erleidet. Dann tritt das Bataillon zum Sturm an. Die russische Batterie, die sich bis zum letzten Mann wehrt, wird genommen.

Nach kurzer Mittagsrast wird der Vormarsch auf Malgaofen durch das Bataillon wieder aufgenommen.[135] Bei Kannwiesen und Puchallowen müssen die deutschen Füsiliere durch dichtes Unterholz vorgehen. Sofort fallen die ersten Schüsse. Das Bataillon ist auf russische Einheiten gestoßen, die einen Durchbruch nach der Grenze erzwingen wollen. Die Maschinengewehre werden freigemacht. Die Batterie fährt auf und macht die Geschütze gefechtsbereit. Das Bataillon schwärmt aus, greift gestaffelt an und bringt die erste feindliche Schützenlinie im Bajonettangriff zum Weichen. Jetzt kommt es zu einem archaischen Kampf, wie er so einst vielleicht im Teutoburger Wald oder noch bei Waterloo ausgefochten wurde. Im wegearmen, unübersichtlichen Waldgelände ist eine geordnete Gefechtsführung unmöglich. Die russische Artillerie schießt aus naher Entfernung, es kommt zu einem Kampf Mann gegen Mann. Die Regimentsgeschichtsschreiber gestehen, den Verlauf „nur schwer mit einiger Klarheit schildern" zu können: „Bald war das Bataillon in einzelne Gruppen aufgelöst, die auf eigene Faust kämpften. Hier Russen, dort Deutsche – es war ein wildes durcheinander. Der Wald hallte wider von fürchterlichem Geschrei und Geschieße, es herrschte ein Höllenlärm und Getöse, das weiche Gemüter verzagen ließ und die schon müde gemachten Russen vollends erschütterte, so dass sie sich, wo sie irgend konnten, ergaben. Gellend ertönten ohne Aufhören unsere Hornsignale, bald ‚das ganze Halt', bald ‚Vorgehen', bald ‚Sammeln', von den Russen aufgenommen, was die Verwirrung noch erhöhte."[136] Die Offiziere versuchen vergebens, Ordnung zu schaffen. „So ging es stundenlang. Die beginnende Dämmerung mußte das Entsetzen steigern."[137] Das Gros der Narew-Armee kapituliert desorganisiert und demoralisiert. Kleineren Gruppen – wie Samsonows Begleitern – gelingt die Flucht aus dem Kessel über die nahe Grenze.

Die Masse der Gefangenen fällt dem I. Armee-Korps an der Straße Neidenburg–Willenberg in die Hände. Schon am 29. August und in der folgenden Nacht werden über 7000 Gefangene gemacht. Das Reichsarchiv in seiner Weltkriegsgeschichte: „Am 30. August früh ergaben sch bei Reuschwerder nach schwachen nächtlichen Durchbruchversuchen einem einzigen deutschen Bataillon, dem III. Bataillon des ostpreußischen Infanterie-Regiments Herzog Karl von Mecklenburg-Strelitz Nr. 43, 17000 Russen mit 30 Geschützen. Dabei befanden sich der Kommandierende General des russischen XIII. Korps, Generalleutnant Klujew, und 8 weitere russische Generale."[138]

Der Kommandant des I. Armee-Korps, Hermann von François, begibt sich am Mittag des 30. August auf die Schlachtfelder seiner 1. Infanteriedivision zwischen Neidenburg und Willenberg. Überall liegen in großer Zahl tote Russen und Deutsche, Pferdekadaver, ganze Gespanne, noch angeschirrt, über- und nebeneinander. Auch ungeborgene Verwundete sieht von François. Noch am Morgen ist hier gekämpft worden. François trifft auch Klujew und seine Schicksalsgenossen und zeigt sich im Sieg generös: „Nicht enden wollen die langen Züge der Gefangene, die anrücken. Bei Muschaken, Puchallowen und Reuschwerder große Gefangenenlager, Geschütz- und Fahrzeug-Parke. Auf einem Leiterwagen kamen neun russische Generale, die ich begrüße und in meinen Begleitautos nach Neidenburg sende."[139]

Das 2. Litthauische Feld-Artillerie-Regiment Nr. 37 operiert am 31. August 1914 in nächster Nähe der russischen Grenze im Süden des Kreises Neidenburg. Um 16 Uhr flauen die Kämpfe ab, das Regiment darf in Quartiere in das Dorf Bartoschken abrücken. Zur Freude der Kanoniere macht dabei die 2. Batterie einen kleinen Umweg, sie fährt ein Stück des Weges durch das Russische Reich: „So war man zum ersten Mal in Feindesland gewesen! Das weite Schlachtfeld mit den brennenden Gehöften, mit den Toten, die oft grauenhaft verstümmelt überall umherlagen, mit dem Vieh und den Pferden, die teils getötet, teils verbrannt waren, bot einen schaurigen Anblick. Der Krieg zeigt sein tiefernstes Antlitz als Geißel der Menschheit."[140]

An der Spitze seiner 1. Kavalleriedivision der Njemen-Armee unternimmt General Wassili Romeiko-Gurko am 31. August vom Eisenbahnknoten Korschen im Kreis Rastenburg aus über Wartenburg einen Vorstoß auf Allenstein. Der Oberkommandierende der Nordwest-Front, General Schilinski, hatte vier Divisionen der russischen Kavallerie den Vormarsch befohlen, um Nachrichten über die Narew-Armee zu erlangen, von der man seit dem 27. August nichts gehört hatte. Bald nach Beginn des Vormarsches gehen Gegenbefehle ein, die die Umkehr befehlen. Sie erreichen drei Divisionen, gelangen aber nicht zu Romeiko-Gurko. Gegen Mittag trifft eine Offizierspatrouille des nördlich zwischen Domnau und Schippenbeil operierenden zusammengesetzten Kavalleriekorps des Chan Hussein Nachitschewanski auf Gurkos Division. „Das Kavalleriekorps war, nach Aussage dieser Offiziere, gleichfalls im Vormarsch auf Allenstein, aber vom Norden her. Seiner Berechnung nach musste es bald Allenstein erreichen. Das erhöhte natürlich unseren Vorwärtsdrang und veranlasste uns, schneller auf Allenstein vorzurücken, von dem wir noch durch eine, unseren Weg schneidende, Eisenbahnlinie getrennt waren.“[141]

Weder Romeiko-Gurko noch die Kavalleristen Chans wissen zu diesem Zeitpunkt etwas von der verheerenden Niederlage der Narew-Armee. „Zufällig fanden meine Leute hier in der Nähe der Straße ein fortgeworfenes, aber völlig gebrauchsfähiges Maschinengewehr, und zwar russischer Anfertigung. Das bewies uns klar, dass in dieser Gegend russische Truppen gewesen waren, und gefochten hatten – was das aber für Truppen gewesen waren und wann sie hier gewesen, das verriet uns das Maschinengewehr natürlich nicht.“[142] Das Maschinengewehr hat wohl einer Kompanie des russischen VI. Korps gehört, das hier fünf Tage zuvor überraschend auf Mackensens und Belows Korps gestoßen und geschlagen worden war. Schon im Angesicht der Stadt Allenstein kehrt Romeiko-Gurko nach einem kurzen Feuergefecht mit der 6. Landwehr-Brigade bei Possesern mit seiner Kavalleriedivision um.[143] Wären seine Reiter drei Tage zuvor eingetroffen, wären sie den Deutschen in den Rücken gefallen und hätten die Schlacht zu Gunsten der Russen entscheiden können.

Die Schlacht von Tannenberg wird im Zweiten Weltkrieg Folgen haben: Der frühe Sieg über den zuvor überschätzten russischen Gegner führt 30 Jahre später dazu, die militärische Macht der Sowjetunion zu unterschätzen. Der Historiker Peter März: „Die Deutschen, die während des gesamten Ersten Weltkrieges gegenüber den russischen Streitkräften technisch und taktisch überlegen waren, eigneten sich vielfach, entgegen den Vorkriegsannahmen, die hybride Vorstellung an, Russland sei ein Koloss auf tönernen Füßen, den man auch bei zahlenmäßiger Unterlegenheit nicht fürchten müsse. In Verbindung mit der nationalsozialistischen Rassenlehre und antibolschewistischen Ideologemen ergab sich aus diesen (Schein)erfahrungen ein Vierteljahrhundert später jene Verkennung des sowjetischen Potenzials, die in die Katastrophe des deutschen Überfalls auf die Sowjetunion vom 22. Juni 1941 mündete.“[144]

Im Oktober 1914 wird Victor von Poser Landrat in Ortelsburg. Zu diesem Zeitpunkt haben die Gendarmen von Ortelsburg und Neidenburg bereits den Befehl erhalten, nach dem Grab des Oberbefehlshabers Samsonow zu forschen. Doch die Suche verläuft ergebnislos. Unangemeldet erscheint am 21. September 1915 die Frau Samsonows in Begleitung eines Majors des deutschen Kriegsministerium, des Freiherrn von Boenigk, im Dienstzimmer von Posers. Das Deutsche Kaiserreich und das Zarenreich sind an einer vom Baltikum bis in die Südkaparten reichenden Front in verlustreiche Kämpfe verwickelt, aber unter Offizieren sind noch noble Handlungen möglich. Frau Samosonow hat das Deutsche Kriegsministerium um Hilfe bei der Suche nach der Leiche ihres Mannes ersucht und überbringt neue Informationen über dessen letzte Stunden. Sie geben dem Landrat einen Ansatz. „Wenn ich auch zur Zeit der Schlacht von Tannenberg noch nicht in Ortelsburg gewesen war, so wusste ich doch zufällig, dass der Lehrer Passauer aus Rodefeld (Czenzel) damals in seinem Wohnort verblieben war. An diesen verwies ich Boenigk, dem Passauer nach einigem Überlegen erzählte, dass er einmal mit dem Hegemeister Russius aus Karolinenhof dort an einem Einzelgrab vorbeigekommen sei und ihm dieser hierbei gesagt hätte, hier müsste wohl ein höherer Offizier liegen, da dieser eine goldene Uhr gehabt hätte, die er dem Generalkommando in Allenstein abgeliefert hätte.“[145] Der deutsche Major und die Witwe des russischen Generals fahren zu der nur aus wenigen Häusern bestehenden Ortschaft Klein Piwnitz und treffen hier den Waldarbeiter Jedamski. Er zeigt der Witwe das Medaillon, sie erkennt auf den Bildern sich und ihre Kinder.

Seine Frau beantragt, ihren Mann nach Petersburg überführen zu dürfen. Nach Auslieferungsverhandlungen erscheinen am 9. November 1915 Frau Samsonow und Major von Boenigk mit einem Sarg des Instituts Grieneisen in Ortelsburg. Man begibt sich zum Forst. Der Landrat hat die Stätte inzwischen herrichten lassen. Die Witwe betet vor der Öffnung am Grab; während der Exhumierung hält sie sich in der Försterei auf. Victor von Poser: „Als dann das Grab in meiner Gegenwart vorsichtig geöffnet wurde, fanden wir zu unserer Überraschung die Leiche des Generals in dem trockenen Sandboden ohne die geringsten Verwesungserscheinungen vor. Er lag friedlich – er war ja ohne Sarg beerdigt worden – mit seinem großen Vollbart in seinem Kosakenmantel vor uns, als ob er erst vor wenigen Tagen beerdigt worden wäre.“[146]

Der Transport der Leiche erfolgt über die neutralen Länder Dänemark und Schweden nach Russland. Auf der ehemaligen Grabstätte lässt von Poser einen Holzzaun mit einem russischen Doppelkreuz setzen. Später errichten der Kreis Ortelsburg und die preußische Staatsforstverwaltung an der Stelle aus Findlingen einen großen Gedenkstein. Er steht noch heute und trägt die Inschrift:

„General Samsonow,
der Gegner Hindenburgs,
gef. in der Schlacht bei Tannenberg,
30.8.1914“[147]

Der Krieg im Osten und die Revolution

Die östlichste Front

Der aus dem Kreis Tilsit stammende Erwin Katschinski schreibt – wie sein Bruder Alfred – während der ersten sechs Monate der Kämpfe an der Ostfront Tagebuch. Noch in der Niederschrift der Tagebuchnotiz vom 14. September 1914 erschaudert Katschinski vor der heftigen Gegenwehr der Russen in der „Schlacht an den Masurischen Seen". Am 11. September 1914 nimmt die Einheit des Unteroffiziers an Kämpfen bei den Orten Trempen, Szabienen und Gawaiten in den Kreisen Darkehmen und Goldap teil. Am 11. September erobert sein Regiment eine russische Stellung 9 km vor Angerburg. „Es war ein schreckliches Gemetzel. Die Wut überstieg alle Grenzen. Ein Trupp vor uns warf die Waffen weg und wollte sich ergeben. Ein Führer, ein junger Leutnant, schrie sie an und schlug und schoss dazwischen. Aber schon waren wir heran. Mit einem unbeschreiblich verächtlichen und todesmutigen Ausdruck in seinem männlichen Gesicht riß der Leutnant seinen Degen heraus und schlug um sich wie ein Wahnsinniger. Er blutete schon. Barhäuptig stand er auf dem Fleck und schlug immer wilder um sich, bis auch ihn das Bajonett traf und hinstreckt."[148]

Die Nachricht vom völligen Zusammenbruch der Narew-Armee hat die russische Führung gezwungen, den Plan eines Vorstoßes „tief nach Deutschland hinein" aufzugeben. Der Oberbefehlshaber der Nordwestfront, General Jakow Schilinski, befiehlt der Njemen-Armee am 31. August, sich nördlich der Masurischen Seen hartnäckig zu verteidigen. Die Einheiten der Njemen-Armee unter ihrem Kommandierenden von Rennenkampf haben zu diesem Zeitpunkt in der Nähe von Wormditt im Süden des Kreises Braunsberg den westlichsten Punkt ihres Vordringens in Ostpreußen erreicht. Im Nordosten der Stadt, in der Nähe von Krossen, kommt es am 31. August zu einem Gefecht zwischen einem russischen Reiterregiment und deutschen Truppen. Die weit ins Innere Ostpreußens in die Kreise Braunsberg, Preußisch Eylau und Bartenstein vorgestoßenen russischen Regimenter ziehen sich Anfang September hinter die Flüsse Deime und Omet, einem Nebenfluss der Alle, zurück.[149]

Vom 6. bis zum 15. September kämpft die inzwischen verstärkte deutsche 8. Armee bei den Masurischen Seen gegen die Njemen-Armee. General von Rennenkampf unterstehen bei Beginn der Schlacht über 14 Divisionen Infanterie, von denen er acht und eine halbe nördlich der Seen in der Front einsetzt. Er hat Stellungen bis kurz vor Königsberg inne und hält so eine Linie von Labiau über Allenburg bis Angerburg. Die Elchniederung und Städte wie Tilsit, Insterburg, Darkehmen, Gumbinnen, Stallupönen, Pillkallen, Goldap, Lyck und Marggrabowa sind durch russische Truppen besetzt, in Kreis und Stadt Memel sind die Russen nicht einmarschiert. Rennenkampf rechnet mit einem deutschen Angriff aus Richtung Königsberg. Er konzentriert seine Verbände nordwestlich gegen die nur schwach mit Truppen gesicherte Provinzhauptstadt. Nach dem Plan der deutschen Armeeführung soll ein Stoßverband des I. Armee-Korps, für die Russen unerwartet, südlich der Seen die Masse der Njemen-Armee einkreisen. „Der frontale Angriff ging nicht vorwärts, dagegen brachte die Umfassung des Generals v. François die Entscheidung", schreibt Max Hoffmann. „Er warf in einer Reihe von Gefechten, am 7. bei Johannisburg, am 8. bei Arys, am 9. nördlich Widminnen die russischen Detachements zurück, öffnete dem 17. Armeekorps des Generals von Mackensen den Ausmarsch aus Lötzen und brachte durch seinen umfassenden Druck gegen den Südflügel Rennenkampf zum Entschluß, zurückzugehen."[150]

Die Kavallerie in der deutschen Angriffsspitze kommt zunächst gut voran und kann auf dem linken russischen Flügel fast 30000 Gefangene machen. Sie erbeutet die gesamte Artillerie der angegriffenen Divisionen. Am 11. September wird Goldap von sächsischen Kavalleristen der 8. Kavalleriedivision erreicht, am Nachmittag folgt ihr schon die 1. Infanteriedivision. Bei der weiteren Umgehung treffen die Kavallerieverbände des I. Armee-Korps in der Gegend zwischen Nordenburg und Goldap aber auf heftige Gegenwehr russischer Infanterie. Hier und im Waldgebiet der Rominter Heide, das die deutsche Kavallerie durchqueren muss, erlahmt der deutsche Vorstoß. Der Versuch einer erneuten Einkreisungsschlacht ist so früh gescheitert.

Die Hauptreserve Königsberg überrumpelt am 12. September die schwache russische Besatzung von Tilsit, die die Rückzugsbefehle nicht erreicht hat; die russischen Bagagen stehen noch bespannt und marschfertig auf den Kasernenhöfen. Während in den Straßen noch gekämpft wird, öffnen sich die Fenster aller Häuser. Die Bevölkerung winkt den deutschen Soldaten zu. „Schwarz-weiß-rote Fahnen entfalteten sich und stießen an den Flaggenstöcken hoch. Vor den Häusern staute sich die freudetrunkene Bevölkerung und jubelnd pflanzte sich von Straße zu Straße das brausende Hurrah fort, mit dem die dankbare Bevölkerung ihre Befreier von dreiwöchiger Russenwillkür begrüßte. Blumen regneten über die Kämpfer, Kränze wurden ihnen umgehängt, Wein, Würste und Leckerein wurden ihnen in die Hand gedrückt, bis die Brotbeutel nicht mehr faßten."[151]

Die beiden deutschen Kavalleriedivisionen jedoch kommen auch am 13. September in der Gegend der Rominter Heide nicht in der erwünschten Weise vorwärts. Regen hat eingesetzt. Der aufgeweichte Lehmboden und sich heftig zur Wehr setzende russische Nachhuten verzögern die Bewegungen. 12 km südlich von Wilkowischki am Wystiter See bleiben am Abend schließlich beide Kavalleriedivisionen stehen. Links neben der Kavallerie – und damit weiter nördlich – erreicht das ostpreußische I. Armee-Korps die Gegend südlich des litauischen Städtchens Wirballen, am nächsten Tag dringt es weiter auf russisches Gebiet vor. Ebenfalls am 13. September stehen die Kasseler Infanteristen der 22. Division, die aus dem Westen abgezogen jetzt der 8. Armee zugeteilt ist, vor Stallupönen, das im Häuserkampf genommen werden muss.

Überall nördlich der Rominter Heide überschreiten die deutschen Verbände nun die deutsch-russische Grenze. Das Füsilier-Regiment Graf Roon Nr. 33 geht am

13. September erstmals um 12.57 Uhr mittags bei schlechtem Wetter nördlich des Wystiter Sees zwischen Dumbeln im Kreis Goldap und Wystiten über die Grenze.[152] Das 2. Litthauische Feld-Artillerie-Regiment Nr. 37 rückt am selben Tag, ebenfalls zur Mittagszeit, aber etwas weiter nördlich beim Gut Baibeln im Kreis Stallupönen im Dauerregen nach Russisch-Litauen ein. Den Artilleristen fällt auf, dass auf deutscher Seite die Häuser meistens zerstört, in Russisch-Litauen die Gehöfte fast sämtlich unversehrt sind. Östlich von Wystiten begegnet dem Artillerie-Regiment sächsische Kavallerie. Sie kommt aus einem verlustreichen Gefecht mit den Russen, in ihrer Marschkolonne transportiert sie zahlreiche Verwundete. Im Erinnerungsblatt des Regiments heißt es: „Russische Bauern mit ihren Frauen waren auf dem Feld damit beschäftigt, die toten Russen in Massengräbern zu bestatten."[153] Im Nordosten, auf dem linken deutschen Flügel, hat das I. Reserve-Korps die Verfolgung der Russen fortgesetzt. Es besetzt die östlichen Teile des Kreises Pillkallen. Am Mittag des 14. September wird mit entrollten Fahnen und unter dem Gesang vaterländischer Lieder der Grenzfluss Scheschuppe durchwatet. 30 Jahre später, am 17. August 1944 werden hier Angehörige eines russischen Stoßtrupps als erste alliierte Soldaten des Zweiten Weltkriegs den Boden des Deutschen Reichs betreten.

Am 12. September ist auch Klein Guja im Kreis Angerburg nach 21 Tagen russischer Besetzung befreit. Der 53-jährige Gutsbesitzer Alfred von Sanden, wie alle Deutschen im besetzten Teil Ostpreußens abgeschnitten von jeglichen Informationen über den Kriegsverlauf, hat einige Tage zuvor Nachricht vom deutschen Sieg bei Tannenberg erhalten. Ein kleiner Junge hat im Auftrag eines Gutsnachbarn unbemerkt vom russischen Militär die Allensteiner Zeitung vorbeigebracht, die von einem deutschen Flieger abgeworfen worden ist.[154] Einige Tage, nachdem die Russen Guja verlassen haben, darf sich der Sohn des Gutsbesitzers, Walter von Sanden-Guja, für kurze Zeit von seiner in der Nähe stehenden Einheit absetzen und nach Hause kommen. „Unser Haus zerschossen, mit großen Granatlöchern in Dach und Wänden, zerpickt von Infanteriekugeln. Die alten Bäume, von denen wir jeden einzelnen geliebt hatten, gefällt und zu sperrigen Astverhauen verflochten. Über allem der Hauch der Verwesung von Leichen, toten Pferden und schwelender Brände."[155]

Kämpfe finden auch im Südosten Ostpreußens statt. Die entkommenen Einheiten der Narew-Armee ziehen sich über die Grenze zurück, wo sie aufgefrischt und später an andere Fronten verlegt werden. Zuvor greifen sie am 9. September noch einmal an der Grenze südlich von Ortelsburg an. Ihnen stehen nur Verbände der Landwehr gegenüber; als diese sie trotz ihrer Unterlegenheit am 14. September auf der Linie Soldau–Willenberg attackieren, ziehen sich die Russen am 15. September wieder hinter die Grenze zurück. Damit haben sie ganz Ostpreußen vorläufig geräumt. Die Deutschen stoßen auch hier einige Kilometer auf russisches Gebiet vor, die deutschen Truppen erreichen bis zum 18. September Ciechanów und Przasnic. Auch bei Lyck haben die Russen mit frischen, aus Sibirien herangeführten Truppen

Insterburg. Noch am 3. September 1914 paradiert die Njemen-Armee vor der Lutherkirche am Alten Markt – da ist die Narew-Armee schon seit fünf Tagen vernichtend geschlagen. Am 11. September räumen die Russen Insterburg.

noch einmal einen Angriff versucht. Sie werden von einer hanseatischen Landwehr-Division und Truppen der Festung Lötzen abgewehrt und bis zum 13. September aus dem Land gedrängt. In Ostpreußen kehrt ein Teil der aus den Dörfern geflüchteten Landbevölkerung schon jetzt wieder in ihre Höfe und Häuser zurück. Zu früh.

Ein großer Teil der Njemen-Armee ist in Unordnung und Auflösung über die Grenze gelangt, die Truppen müssen in Weißrussland bis hinter die Memel zurückgeführt werden. Zur Wiederherstellung ihrer Kampfkraft werden einige Wochen benötigt. Russische Quellen geben später die Verluste der Njemen-Armee mit 70000 Toten und Verwundeten und 30000 Gefangenen an. Dem steht in der „Schlacht bei den Masurischen Seen" auf deutscher Seite ein Verlust von etwa 9000 Mann gegenüber.[156] Ist die Tannenberg-Schlacht gegen die Narew-Armee ein strategischer Sieg, gelingt den Deutschen in der „Schlacht an den Masurischen Seen" nur ein taktischer Erfolg, wie sich in den folgenden Wochen zeigt. Das Deutsche Oberkommando lässt Ostpreußen ohne ausreichenden Schutz. Russische Armee-Korps kommen noch im September so überraschend wieder über die Grenze, dass viele Grenzbewohner nicht fliehen können. Entsprechend dem Wunsch der anderen Ententemächte hat der russische Frontstab unter General Schilinski direkt nach dem Rückzug eine Gegenoffensive befohlen. Bereits im Oktober 1914 betreten auch wieder Einheiten der Njemen-Armee ostpreußischen Boden, halten aber zunächst nur zwei schmale

Grenzstreifen im Osten und Südosten der Provinz besetzt, darunter auch die Grenzstadt Schirwindt. Mit jedem erneuten Einfall der Russen, dem wieder ein Rückschlag folgt, registriert die ostpreußische Bevölkerung, dass sich das Verhalten der russischen Soldaten verschärft. Die Zahl der Plünderungen, Gewalttaten und Brandschatzungen nimmt zu.[157]

Nach der erfolgreichen Abwehr der russischen Offensive gegen Ostpreußen im August/September 1914 verlagern sich die Kämpfe zunächst nach Südpolen. Paul von Hindenburg erhält am 17. September den Oberbefehl über die nördlich von Krakau neu aufzustellende 9. Armee, bleibt aber bis auf weiteres Oberbefehlshaber der nun durch Abgabe von Divisionen geschwächten 8. Armee, die weiterhin in Ostpreußen steht. Zum Chef des Stabes der 9. Armee wird Erich Ludendorff ernannt. Ludendorff bleibt also auch in der neuen Position – wie den gesamten Krieg über – „Chef" unter dem Kommando Hindenburgs.

Zur Unterstützung für die ab dem 10. November bei Łódź stattfindenden Kämpfe sind von der 8. Armee Truppen abgezogen worden. Sie hat jetzt mit zehneinhalb Infanteriedivisionen und einer Kavalleriedivision an der ostpreußischen Ostgrenze eine etwa doppelt so große russische Übermacht abzuwehren. Das führt zu Konflikten zwischen Hindenburg und Ludendorff mit General Hermann von François, der jetzt das Kommando über die 8. Armee hat. Das Reichsarchiv in seiner offiziellen Kriegschronik: „Als aber General v. François von seinen an sich schon sehr schwachen Kräften in den ersten Novembertagen drei Divisionen nach Thorn abgeben sollte, sah er keine Möglichkeit mehr, die fast 100 Kilometer lange Front an der Grenze zu halten. Es blieb nichts anderes übrig, als auf die bei Lötzen und hinter der Angerapp vorbereitete Abwehrstellung zurückzugehen."[158] Von François fasst am 2. November den Entschluss zum Rückzug auf die Angerapp-Stellung. Vor dem Rückzug will er sich mit seinen Truppen noch einmal den Russen „im freien Felde" zum Gefecht stellen.

Zu dieser Zeit nimmt die 1. Reservedivision als Teil des I. Reserve-Korps den Grenzschutz bis östlich von Stallupönen wahr. Aber vor dem allgemeinen Rückzug soll auf Anweisung François' diese Division den eindringenden Russen einen empfindlichen Schlag versetzen. Am 7. November kommt es bei Göritten östlich von Trakehnen zu einem schweren Gefecht, das die Deutschen für sich entscheiden. Am 8. November räumt die 1. Reservedivision trotzdem Stallupönen und marschiert nach Gumbinnen. Am selben Tag ist die Königsberger Landwehr noch einmal bis Eydtkuhnen vorgedrungen. Dann beginnt auch hier der allgemeine deutsche Rückzug.[159]

Der Oberbefehlshaber der 8. Armee Hermann von François erhält den Befehl, drei Divisionen sowie das ihm zu diesem Zeitpunkt unterstehende XXV. Reserve-Korps und die 36. Reservedivision nach Thorn abzugeben. Nach Einleitung der Bewegungen geht am 3. November in der Frühe bei der 8. Armee ein Telegramm vom Oberbefehlshaber Ost ein, in dem von der 8. Armee ausdrücklich „kampfkräftige, zur Offensive befähigte Truppenkörper" angefordert werden. François antwortet, die Lage im

Nordosten Ostpreußens gestatte das Herausziehen anderer Truppen nicht.[160] Nach einem persönlichen Telefongespräch mit Ludendorff wird Hermann von François – „auf seinen eigenen Antrag, der mit dem gleichzeitigen Antrage des Oberbefehlshabers Ost zusammentraf"[161] – am Abend des 7. November von der Führung der 8. Armee in Ostpreußen enthoben. Schon beim Abschluss der mit dem Rückzug zusammenhängenden Kämpfe am 8. November hat er nicht mehr das Oberkommando in Ostpreußen.[162] Neuer Oberbefehlshaber der 8. Armee wird General Otto von Below.

Am Morgen des 16. November wird die deutsche Front in neue Verteidigungsstellungen zurückgenommen. Die Russen folgen den Deutschen langsam, sie dringen bis Stallupönen und Goldap, später bis Darkehmen und Insterburg vor. Zum ersten Male erstarrt jetzt an der Ostfront der Bewegungskrieg zum Stellungskrieg. Nördlich und östlich von Lötzen kommt es in den nächsten drei Monaten zum Stellungskampf.

In der Gegend von Reuß und Mierunsken im Kreis Oletzko ist es auch im Oktober häufig zu Kämpfen gekommen. Die Erfahrungen des ersten Einfalls der Russen führen dazu, dass die Bewohner der umkämpften und bedrohten Gebiete ihre Dörfer fast restlos verlassen. Am 3. November kommt der Befehl zur Räumung der Stadt Marggrabowa. Die Städter, die sich schon sicher gewähnt haben, und die in die Stadt geflüchtete Landbevölkerung werden mit Bergungszügen ins Innere des Deutschen Reiches gebracht. Am 6. November besetzen die Russen erneut Marggrabowa und am 7. November Lyck.[163] Wenn auch die Räumung nicht ausdrücklich angeordnet wird, so ist doch die Flucht der Bevölkerung jetzt so umfassend, dass die von den Russen besetzten östlichen Teile des Landes fast menschenleer sind. 350 000 Einwohner verlassen das Gebiet; ihre Evakuierung ist von den Behörden diesmal gut organisiert. Die Russen verwüsten und zerstören systematisch.

Die neue Front verläuft von Darkehmen nördlich der großen masurischen Seen entlang der Angerapp in nordöstlicher Richtung, Gumbinnen noch umschließend, zur Memel. Nördlich der Seen bis zum Pregel ist schon vor der Schlacht von Gumbinnen mit der Anlage von Stellungen längs der Angerapp begonnen worden. Sie bieten den Verteidigern jetzt festen Halt. In die Gräben der ausgebauten Verteidigungslinie rückt Landsturm ein, auch Landsturmmänner des II. Aufgebots, die vor mehr als zwei Jahrzehnten das letzte Mal Uniform getragen haben. Für die von der ostpreußischen Front berichtenden Fotografen sind diese Männer ein beliebtes Motiv. Im Spätsommer und Herbst 1914 sind sie noch gut genährt, ihre Bäuche sprengen fast ihre weit geschnittenen Uniformen. Sie dienen in Landsturmbataillonen, ihr Einsatz erfolgt zunächst in der Nähe ihrer Wohnorte.

Heute noch existiert – verwildert, aber doch so, dass einige Kreuze freigemacht wurden – beim masurischen Dorf Cierzpiety auf dem Berg an der Spitze des Buwelno-Sees (Martinshagener See) der Soldatenfriedhof Seehöhe. Marion Gräfin Dönhoff und ihre Cousine Sißi von Lehndorff haben ihn im September 1941 bei ihrem Ritt durch Masuren besucht. Damals hat die Wehrmacht auf den alten, kaum eben verwachsenen Befestigungen des Ersten Weltkriegs schon mächtige Panzersperren einer neuen Verteidigungslinie aufgebaut. „Beim Dorf Seehöhe, das am Beginn des etwa 15 Kilometer langen, nur wenige 100 Meter breiten Martinshagener Sees liegt, verzeichnet unsere Karte 158 Meter Höhe. Wir erklimmen den höchsten Punkt, und das ist wahrlich eine Feldherrnposition – weit sieht man über das Land, dessen Konturen in der blauen Ferne mit dem Horizont verschwimmen. Links vor uns liegt ein riesiges Moorgebiet und hinter uns am Rande einer bewaldeten Höhe der Heldenfriedhof von Seehöhe, unendlich abseitig und einsam."[164] Hier in Seehöhe im Kreis Johannisburg – das 300-Einwohner-Dorf heißt bis 1905 Czierspienten –, in der Nähe der Festung Lötzen, greifen am 18. November 1914 sibirische Truppen des III. Korps der 10. Armee die deutschen Verteidigungsstellungen an. Die Deutschen gehen zurück und können nur unter schweren eigenen Verlusten einen Durchbruch verhindern. In Masuren hat schon der Winter begonnen. Aber auch die sibirischen Truppen haben noch keine warme Kleidung.[165] In der Nacht zum 30. November attackieren die Russen bei Darkehmen und nördlich davon. Hier aber hält die deutsche Front. An diesem Tage ist Kaiser Wilhelm II. zu einem Besuch bei der 8. Armee eingetroffen; seit Beginn des Krieges ist es das erste Mal, dass der Kaiser in Ostpreußen weilt.[166] Sein kaiserliches Jagdrevier in der Rominter Heide ist zu dieser Zeit von den Russen besetzt.

Es wird Winter, und der Winterkrieg bringt in Ostpreußen schwerste Strapazen mit sich. Die deutschen Gefechtsverluste der Operationen an der Ostfront zwischen dem 10. November und dem Jahresende 1914 gibt das Reichsarchiv mit rund 100 000 Mann an, darunter 36 000 Gefallene.

Heftige Kämpfe im Stellungskrieg finden vor allem gegen einen deutschen Brückenkopf bei Darkehmen und auf dem rechten deutschen Flügel auf den Paprodtker Bergen im Kreis Lötzen zwischen Spirding und Löwenthin-See statt. Bis zur Brust im eisigen Wasser durchwaten in der Morgenfrühe des Heiligen Abends 1914 Teile des III. sibirischen Armee-Korps das Sumpfgelände des Nietlitzer Bruchs östlich des Jagodner See. Sie rechnen damit, dass die deutschen Landwehr- und Landsturmmänner an diesem Tag weniger wachsam sind. Das Reichsarchiv zum Verlauf der Kämpfe am 24. Dezember: „Der Versuch kostete sie dieses Mal 3 000 Mann, davon 1 100 Gefangene; am 27. Dezember wurde ihnen ein zweistündiger Waffenstillstand bewilligt, um die in den Drahthindernissen zurückgebliebenen Leichen zu bergen."[167]

Die Geschichte des Füsilier-Regiment Graf Roon Nr. 33 berichtet vom Geschehen am 24. Dezember 1914 bei Höhe 147: „Die beiden Parteien, Russen und Deutsche, verließen ihre Gräben und fanden sich in Scharen in der Mitte des Niemandslandes zusammen. Es war sonderbar zu sehen, wie sie, die sich noch soeben beschossen, friedlich beieinanderstanden, sich gegenseitig anstaunten, dann aber auch bald Tabak und allerhand Gegenstände austauschten. Punkt 3 Uhr war alles wieder in den Gräben."[168] Der aus Hannover stammende Friedrich Grelle liegt am 27. Dezember 1914 im Schützengraben bei den Paprodtker Bergen östlich des Jagodner See. Er schreibt an seine Verlobte vom Geschehen am Tag zuvor: gegen Mittag „ist bei uns mit den Russen Waffenstillstand gewesen von 1-3, damit sie ihre Toten (etwa 40), die sie bei dem nächtlichen Angriff verloren hatten, bestatten konnten. Da hat dann eine große Verbrüderung stattgefunden. Deutsche u. Russen haben sich gegenseitig mit Cigaretten u. Zucker beschenkt. 2 hat es so gut bei uns gefallen, dass sie gleich dageblieben sind. 3 andere haben die Russen nur mit Gewalt zurückbringen können. Die dtsch. u. russ. Offiziere haben sich sogar zusammen photographiert. Wenn wir doch nur endgültig so weit wären!“[169] Doch so weit ist es noch lange nicht. Am 7. Februar 1915 beginnen die deutschen Truppen mit dem gleichzeitigen Angriff zweier Armeen eine groß angelegte Offensive.

Der Königsberger Landsturmmann Wilhelm Matull spürt in der Angerapp-Stellung, dass das deutsche Oberkommando wieder eine Entscheidungsschlacht sucht: „Bei Beginn der Winterschlacht änderte sich alles. Jüngere Truppen, die für den Angriff bestimmt waren, lösten uns ab. Für uns begann eine Zeit ungewohnter Strapazen. Die Märsche im knietiefen Schnee werde ich nicht vergessen. Der Tornister war zum Platzen gestopft, denn bei längerem Stellungskrieg wächst das Drum und Dran. Wir marschierten nach Norden und wurden in der Nähe des Schoreller Forsts bereitgehalten. Der Russe wich. Die alten Truppenteile mussten hauptsächlich die Wege vom Schnee räumen und eine schnellere Verfolgung, ja Einkesselung möglich machen.“[170]

Die neu aufgestellte und nach Ostpreußen verlegte deutsche 10. Armee stößt am nördlichen Ende der russischen Linie südlich der Memel vor, während die 8. Armee dasselbe Manöver im Süden durchführt. Da beide Großverbände jeweils am äußersten Rand der russischen Flanken operieren, finden sie zunächst wenig Widerstand. Bereits am 9. Februar kann im Norden ein Durchbruch erzielt werden. Am 11. Februar dann bricht der Widerstand der Russen im Norden Ostpreußens zusammen, die russischen Truppen weichen auf ganzer Linie zurück. Am 15. Februar wird Tilsit erneut befreit. Die Verbände der 10. Armee setzen sich Richtung Pillkallen und Lasdehnen in Bewegung, um die Russen, die noch im Raum von Pillkallen, Gumbinnen und Stallupönen Stellungen halten, dort zu umfassen.

Fast sieben Monate lang leben Ernst-August Brenneisen, seine Geschwister und seine Mutter im Dorf Oschnaggern im Kreis Stallupönen unter russischer Besetzung. Auf ihrer Flucht hatte sie die Njemen Armee im August 1914 eingeholt und zur Rückkehr in die Heimat gezwungen. Für einige Wochen befreien die Deutschen ihr Heimatdorf, im Oktober aber wird Oschnaggern erneut besetzt. Selbst hier, direkt an der Grenze, sind überall in den Dörfern Bewohner zurückgeblieben, fast ausschließlich alte Männer, Frauen und Kinder. Sie haben monatelang keine Nachrichten über den Kriegsverlauf erhalten. Ernst-August Brenneisen: „Vom Februar 1915 an wurden die Russen nervös und unruhig. Den Grund wußten wir zuerst nicht. Eines Tages hörten wir ganz in der Ferne Kanonendonner, der in den nächsten Tagen immer näher kam. Eines Abends sahen wir russische Truppenbewegungen in Richtung russische Grenze ziehen. Wir waren sehr aufgeregt. Sollten wir doch befreit werden? Einen Tag später bekamen wir russische Einquartierung. Wir wurden alle in einem Zimmer zusammengetrieben. Die anderen Räume nahmen die Russen ein. Sie machten einen sehr müden Eindruck und legten sich auch sofort schlafen. Nach zwei Stunden brachen sie aber schon wieder sehr hastig auf. Die Deutschen müssen ihnen wohl sehr auf den Fersen gewesen sein."[171] Bevor die Russen abziehen, zünden sie in Oschnaggern und den Nachbardörfern noch viele Bauernhöfe an. Bis auf das Wohnhaus brennt auch der Hof der Brenneisens ab. Um den 16. oder 17. Februar 1915 kommt noch einmal ein Trupp Russen von 50 bis 60 Mann auf den Hof der Familie. Die Soldaten haben ihre Rucksäcke und Waffen schon fortgeworfen. „Sie waren so müde, daß sie nicht mehr weitergehen konnten oder auch nicht wollten. Sie zogen sich in einen Stall zurück, um sich gefangennehmen zu lassen. Aus unserem Zimmer, das zwei Fenster hatte, konnten wir die Straße und auch den Hof beobachten. Auch hier waren schon die Scheune und ein Stall abgebrannt. Nach einigen Stunden kamen zwei deutsche Ulanen vorsichtig von der Stallecke her an den Hof heran. Sie hielten sich stets in Deckung. Der erste schien nichts zu bemerken und ritt in den Hof ein. Der andere blieb in Deckung. Aber als der erste die Mitte des Hofes erreicht hatte, stürmten alle Russen mit erhobenen Händen aus dem Stall und ließen sich widerstandslos gefangennehmen."[172]

Am 15. Februar rücken die Deutschen in Lyck ein. Auch der Kaiser ist vor Ort; er beobachtet die Kampfhandlungen in Grabnick, nordwestlich von Lyck in Richtung Lötzen gelegen.[173] Der Heeresbericht vermeldet: „Seine Majestät der Kaiser war am 13. Februar in Lötzen eingetroffen, um zunächst jene Stellungen zu besichtigen, die seine Truppen – vorwiegend Landsturm und Landwehr – in ununterbrochenen drei Monate langen Kämpfen erfolgreich verteidigt hatten. Am Nachmittag traf Seine Majestät dann auf der Höhe westlich des Dorfes Grabnik ein, an dessen Ostausgang die deutschen Geschütze donnerten, während die Infanterie bei lebhaftem Gewehr- und Maschinengewehrfeuer im fortschreitenden Angriffe gegen Woszczellen lag. Mit gespannter Aufmerksamkeit verfolgte der Allerhöchste Kriegsherr, an dessen Aufstellungsorte die Kaiserstandarte gehißt war, die einzelnen Phasen des Kampfes bis zur einbrechenden Dunkelheit. Leichter Regen rieselte vom Himmel – die strenge Kälte der letzten Tage hatte sich in Tauwetter verwandelt –, als der Feuerkampf allmählich einschlief. Nur um die Enge von Woszczellen wurde noch weiter gekämpft und diese am Abend vom Füsilier-Regiment Nr. 33 erstürmt. Kurz vor der Abfahrt nach Lötzen, wo der Hofzug des Kaisers stand, konnte die Meldung von diesem Erfolge, der mit der Gefangennahme von 300 Russen geendet hatte, überbracht werden."[174]

Ein kriegsentscheidender Sieg gelingt den deutschen Truppen unter Hindenburg und Ludendorff in der Winterschlacht in Masuren jedoch nicht. Schneestürme und starker Regen erschweren das weitere Vorrücken und vor allem den Transport der schweren Geschütze. Der Großteil der russischen Einheiten kann entweichen. Die russische 10. Armee ist zwar geschlagen, entgeht aber einer Einkesselung. Und doch ist die Winterschlacht in Masuren ein deutscher Sieg, der im Deutschen Reich überschwänglich gefeiert wird.

Stadt und Kreis Memel mit den Orten Heydekrug und Prökuls bleiben lange unbesetzt. Völlig unerwartet fallen Mitte März 1915 doch noch russische Truppen ein. Läden und Gastwirtschaften der Stadt in den Hauptverkehrsstraßen werden geplündert und verwüstet. Am Abend singen die Russen auf dem Alexanderplatz unter dem Kaiser-Wilhelm I.-Denkmal Siegeslieder. Im Postamt der Stadt Memel hat in dieser Nacht in der Fernsprechvermittlung die Telegraphengehilfin Erika Roestel Dienst. Das Postamt mit dem Fernmeldeamt liegt etwas abseits und ist völlig verdunkelt. So wird das Gebäude in den ersten Stunden der Besetzung nicht entdeckt. Erich Ludendorff berichtet in seinen Kriegserinnerungen, wie er zu dieser Stunde in Memel anruft und mit den örtlichen Militärdienststellen verbunden werden will. Erika Roestel erklärt dem Anrufer, der sich ihr nicht vorstellt, die Lage in der Stadt. Sie kann ihre bei vorangegangenen militärischen Telefonaten aufgeschnappten Informationen weitergeben. Ludendorff will ihr trotzdem nicht glauben, dass russische Truppen schon in die Stadt eingedrungen sind und bereits plündern. Die Telefonistin öffnet daraufhin das Fenster und legt den Telefonhörer auf das Fensterbrett. So kann der Anrufer die Gewehrschüsse und das Freudengeschrei der russischen Besatzer hören. Erst jetzt gibt sich Ludendorff zu erkennen. Bei einem weiteren Anruf hat das Fräulein vom Amt wieder militärische Fragen zu beantworten. Ein drittes Telefonat mit dem Oberkommando Ost muss Erika Roestel abbrechen: Ein russisches Kommando hat das Postgebäude entdeckt, bricht die Türen auf und durchsucht das Gebäude. Es findet auch die Fernsprecheinrichtung und macht sie unbrauchbar. Die Telefonistin und einige weitere anwesende Postangehörige werden unbehelligt nach Hause entlassen.[175]

Das II. pommersche Armee-Korps muss zur Rückeroberung Memels ein Ersatzbataillon schicken, weil die 8. und die 9. Armee über keinerlei einsatzbereite Truppen mehr verfügen. Am 21. März dringen die pommerschen Kompanien, von Prökuls und dem Dorf Königlich Schmelz kommend, durch das Steintor in die Stadt Memel ein. Die Russen ziehen sich durch das Libauer Tor aus der Stadt zurück und nehmen 2000 Bewohner als Geisel. Am 22. März stellen die deutschen Verfolger bei Bajohren und Deutsch-Krottingen die abziehenden russischen Einheiten und befreien die meisten der Verschleppten. 485 Menschen aber geraten in Gefangenschaft und werden viele Jahre in Russland interniert sein. Wie jetzt überall auf dem östlichen Kriegsschauplatz, zerstören russische Truppen auf dem Rückzug Gebäude, treiben Pferde, Kühe, Schweine und Schafe fort und fahren das Getreide ab.[176]

Die Front entfernt sich immer weiter in Richtung Libau und Riga, bald verläuft sie östlich von Riga und Lemberg. Nach dem März 1915 bleibt Ostpreußen im Ersten

Weltkrieg von Kampfhandlungen verschont.[177] Ludendorff lässt an der gesamten deutschen Ostgrenze von Schlesien bis zur Ostsee nördlich von Memel für einen später geplanten weiteren Stellungsausbau einen Stacheldrahtzaun ziehen.[178]

Was vom Krieg bleibt

Die Kämpfe hinterlassen bleibende Spuren. Überall auf den Dorffriedhöfen, auf eingefriedetem Privatbesitz und auch auf offenem Feld finden sich Gräber von Opfern der Kämpfe von 1914/15. Zahlreiche große und kleine Soldatenfriedhöfe liegen in der Gegend von Lahna, Orlau und Frankenau, einer von ihnen auf einem Hügel in einem Tannenhain auf dem Weg von Frankenau nach Gutfeld. Terrassenartig steigt er an. Rechts liegen 131 Deutsche, links 224 Russen, die meisten Opfer der Kämpfe des Waldgefechtes vom 23. und 24. August 1914. Die Gedenksteine geben Auskunft, dass hier 122 Mann des 1. Ermländischen Infanterie-Regiments Nr. 150 aus Allenstein und neun des ebenfalls in Allenstein stationierten 1. Masurischen Feldartillerie-Regiments Nr. 73 bestattet sind.[179]

Aus den beiden Kirchspielen der Stadt Goldap fallen im ersten Weltkrieg 292 Soldaten, 202 weitere aus den Kirchspielen des Kreises. Wie überall in Ostpreußen werden ihre Namen auf den Ehrentafeln in den Kirchen verewigt.[180] Die Gemeinde Unter Eißeln an der Memel pflanzt am Eingang zur Heide für jeden der mehr als 30 Gefallenen des Dorfes eine Eiche und errichtet ein Gefallenendenkmal, auf dessen Tafel die Namen der Toten eingemeißelt wurden. Der Heldenhain ist immer gepflegt.[181] Klein Tauersee und die Umgebung des Gutes gehören nach 1919 zu Polen. Versteckt im Wald liegen dort lange kleine Soldatenfriedhöfe, mit Zäunen aus weißen Birkenstämmen eingefasst. Erst nach 1945 sind sie grün überwuchert und in den Wäldern nicht mehr zu erkennen.

Besondere Kommandos der Truppen haben sofort nach den Gefechten für die Bestattung der Toten gesorgt. Wenn die Möglichkeit besteht, werden sie auf nahe liegenden Friedhöfen vorgenommen. Sind es sehr viele Gefallene, wird ein provisorischer Friedhof angelegt und später zu einem „Heldenfriedhof" umgestaltet. Finden die Bestattungskommandos oder auch Zivilisten einzelne Tote, so begräbt man sie an Ort und Stelle und markiert die Gräber mit einem Holzkreuz. Unmittelbar nach Beendigung des Krieges, aber auch noch in späteren Jahren wird versucht, die Gefallenen in diesen verstreuten Einzelgräbern auf vorhandene Soldatenfriedhöfe umzubetten. Hierbei geraten die zuständigen preußischen Landratsämter in Konflikt mit den Eignern der Felder und Wälder, auf und in denen die Einzelgräber liegen. Die Besitzer wollen die Gräber, die sie und ihre Familien bisher aufwendig gepflegt haben, nicht aufgeben. Fast immer kann sich die Landbevölkerung gegen die Behörden durchsetzen.[182]

Diese Flüchtlinge in der Ruine der Kirche von Lyck sind zu früh heimgekehrt. Die masurische Kreisstadt ist Ende September 1914 durch deutsche Truppen rückerobert worden. 165 Häuser, die Kirche und das Rathaus werden dabei zerstört.

Schon im Frühjahr 1915 beginnt in Ostpreußen der Wiederaufbau. Die verbliebenen Bewohner von Haarschen im Kreis Angerburg sind beim russischen Einmarsch auf Leiterwagen nach Augustowo transportiert worden. Der dortige russische Kommandant behält einige junge Männer als Gefangene, die erst nach dem Krieg zurückkehren. Die übrigen Haarschener schickt er mit ihren Fahrzeugen nach Czychen im Kreis Oletzko, wo diese bleiben, bis sich die Russen im März 1915 auch von dort zurückziehen. Ein weiterer Teil der Haarschener Familien, dem im August 1914 über Lötzen die Flucht nach Norden gelungen ist, kann im unbesetzten Teil Ostpreußens bei Verwandten unterkommen. Im Frühjahr 1915 kehren auch sie wieder in ihre Heimat zurück. Im Dorf beginnt man sofort mit dem Wiederaufbau. Auf den Feldern müssen die militärischen Stellungen beseitigt werden, kleinere Schäden an den Gebäuden werden noch in den Kriegsjahren repariert. Zwei Jahre nach dem Krieg sind im Dorf alle Ruinen verschwunden.[183] In der Kirchenchronik von Bilderweitschen berichtet der Pfarrer Theodor Schmökel, dass, wie in Osznaggern, von 23 Ortschaften des Kirchspiels 21 zerstört sind und in vier Orten kein einziges Wohnhaus, in anderen nur je ein bis drei Häuser stehen geblieben sind.

Die in den deutschen Medien heroisch herausgestellten Erfolge der „Winterschlacht in den Masuren", vor allem aber die Tatsache, dass der Erste Weltkrieg ab jetzt endgültig nicht mehr auf deutschem Boden stattfindet, nährt endgültig den

Heldenmythos Hindenburgs und Ludendorffs. Schon am 29. August 1914, nach dem Sieg bei Hohenstein/Tannenberg, hat sich der Kaiser in einem Telegramm an Hindenburg gewandt: „Durch den in dreitägiger Schlacht errungenen vollen Sieg über die russische Übermacht hat die Armee sich für immer den Dank des Vaterlandes erworben. Mit ganz Deutschland bin Ich stolz auf diese Leistung der Armee unter Ihrer Führung."[184] Am 31. August 1914 wird bekannt, dass der Kaiser den damals noch weitgehend unbekannten General Paul von Hindenburg zum Generalobersten ernannt und ihm das Eiserne Kreuz 1. Klasse verliehen hat. Am 1. September darf ein Bericht in den Zeitungen erscheinen, der erstmals das wahre Ausmaß des militärischen Erfolges in Zahlen fasst: „Wie amtlich bekanntgegeben wird, ist die Zahl der Gefangenen bei der Schlacht von Ortelsburg, Gilgenburg und Tannenberg noch größer, als bisher angenommen worden ist. Die Zahl der Gefangenen beläuft sich, wie jetzt festgestellt werden konnte, auf insgesamt 70 000, darunter 300 Offiziere."[185] Jede dieser neuen Nachrichten ist ein Baustein mehr für die Entstehung eines Mythos. Dazu der Historiker Hartmut Boockmann: „Zu dem nahezu mythischen Rang, in den Hindenburg und Ludendorff nach ihrem Sieg aufstiegen, trug auch der Name bei, den der große Sieg über die Narew-Armee erhielt. In dem ausgedehnten Schlachtgelände hätte eine ganze Reihe von Ortsnamen zur Verfügung gestanden. Gewählt wurde Tannenberg, also der Bezug auf die Niederlage des Ordens 1410, die damit als ausgeglichen erscheinen konnte."[186]

Hindenburg und auch Ludendorff werden zu „Befreiern deutschen Landes" stilisiert. Ihr Charisma, besonders das des „treuen Kärrners" Hindenburg, überstrahlt bald das des Kaisers; Hindenburg scheint in seiner Bescheidenheit die Reinkarnation des alten Kaisers Wilhelm I. zu sein, nur dass der General und insbesondere Ludendorff bald zusätzlich die alte Bismarck'sche Rolle einnehmen und sich in die Politik einmischen werden. Ihre – vorgeblichen rein militärischen – Forderungen bestimmen künftig auch das politische Handeln. Die Politiker wagen es wegen der ungeheuren Popularität Hindenburgs nicht, den Forderungen des Militärs zu widersprechen. Als nach Verdun und der Schlacht an der Somme die deutschen Armeen im Westen vor einer Niederlage stehen, übernehmen Paul von Hindenburg und Erich Ludendorff Ende August 1916 auch die Oberste Heeresleitung (OHL). Ludendorff fordert jetzt im Namen der OHL die Mobilisierung aller in der Heimat noch vorhandenen Reserven an Menschen und Material für die Kriegsführung. Mit dieser als „Hindenburg-Programm" bezeichneten Mobilmachung zum „totalen Krieg" – einer von Ludendorff gewählten Bezeichnung – beginnt sich die Oberste Heeresleitung zu einer Militärdiktatur zu entwickeln.

Um Hindenburg entsteht schon ab 1914 ein vielfältiger Personenkult. Der „Generalfeldmarschall" wächst über die Rolle des „Retters von Ostpreußen" und des „Russenschrecks" hinaus und wird der „Heros der Deutschen". Die ihm zugeschriebenen Siege in Ostpreußen werden zu Ersatzsiegen für den ausbleibenden, den Krieg entscheidenden Sieg im Westen stilisiert. „Tannenberg“ ist der Ausgangspunkt des Hindenburg-Mythos. Tannenberg und Hindenburgs folgende „Siege“ erhalten ein besonderes Gewicht, weil ihnen der Schrecken eines Krieges auf deutschem Boden mit Massen von Flüchtlingen, brennenden Städten und Dörfern und Verschleppungen vorangeht.[187] Der Historiker Peter Jahn nennt die historischen und sozialen Hintergründe für die Wirkkraft: „Der unlösbare Zusammenhang von Heimsuchung und Triumph trug zweifellos wesentlich zu dem herausragenden Platz dieser Episode im Bewusstsein der deutschen Kriegsöffentlichkeit bei. Die russische Okkupation Ostpreußens war eine notwendige Vorbedingung für den Hindenburg-Mythos, der durch bedeutende militärische Erfolge in preußischer Tradition und eine patriarchale Autorität gekennzeichnet war, die vermeintlich über den innergesellschaftlichen Konfliktlinien stand.“[188]

Unmittelbar nach Kriegsende 1919 dienen die Anfangssiege im Osten militärischen Kreisen dazu, den verloren gegangenen Weltkrieg in einen scheinbaren Erfolg umzuschreiben.[189] Der auf ost- und südosteuropäische Geschichte spezialisierte Münchener Historiker Frithjof Benjamin Schenk[190] zitiert Kurt Tucholsky, der über die nationalen Kreise, die den Hindenburg-Kult betreiben, geschrieben hat: Sie „haben sich erst eine historische Größe zurechtgemacht, um nachher gebildet vor ihr zu erschauern.“[191]

Nach Hindenburg werden schon zu dessen Lebzeiten Straßen und Plätze benannt. Am 21. Februar 1915 beschließt die zur Großstadt herangewachsene Landgemeinde Zabrze im oberschlesischen Industriegebiet sich zu Ehren Hindenburgs in „Hindenburg O.S.“ umzubenennen. Ludendorff und auch der Mann, in dessen Schatten der wahre Schlachtenlenker schon bald gänzlich steht, haben großen Anteil am Erstarken nationalkonservativer und völkischer Kräfte in den Jahren der Weimarer Republik. Hindenburg trägt zudem Verantwortung dafür, dass die Nationalsozialisten die Macht erringen können.

Kriegsalltag und Wiederaufbau

Ostpreußen zahlt einen hohen Preis für den Krieg. 1914 melden sich die meisten Studenten der Königsberger Albertina freiwillig. Alle studentischen Korporationen verkünden stolz die Namen ihrer Mitglieder, die „unter die Waffen treten“. Diejenigen, die ihr Studium zunächst fortsetzen, stellen sich zur Einbringung der Ernte zur Verfügung und schließen sich einer Kriegsturnerschaft an, um sich für die spätere Aufgabe als Offiziere zu ertüchtigen. Von weniger als 500 an der Universität eingeschriebenen Studierenden fallen in den vier Jahren des Krieges über 300.[192]

Nicht alle in Friedenszeiten in der Provinz kasernierten Einheiten werden auf Dauer an der Ostfront eingesetzt. Als im Jahr 1915 die Infanteriedivisionen von vier auf drei Regimenter verkleinert werden, scheidet das in Insterburg stationierte Infanterie-Regiment 43 aus dem Verband der 1. Brigade der ostpreußischen 1. Infanteriedivision aus. Es wird an die Westfront verlegt. Dort erleidet es schwere Verluste bei der Einnahme des Fort Vaux der Festung Verdun. Im Kriegsfall liegt die Personalstärke eines preußischen Regiments bei etwa 3300 Offizieren, Unteroffizieren und Mannschaften. Am Ende des Krieges gebührt dem Infanterie-Regiment 43 der traurige Ruhm, mit 6 790 gefallenen Offizieren, Unteroffizieren und Musketieren die höchsten Verluste eines deutschen Regiments im gesamten Ersten Weltkrieg erlitten zu haben.[193]

Die nördlichen und südlichen Teile der Provinz sind im Frühjahr 1915 stark ausgeplündert. Auf ihren Vormärschen haben die Russen bei den Bauern das Vieh requiriert oder nach Russland fortgetrieben. Ostpreußen verliert so 135000 Pferde, 250000 Kühe und 200000 Schweine. Das führt zu einer katastrophalen Versorgungslage, besonders in Königsberg, doch mit Hilfe einer Kriegsentschädigung und der Lieferung von Pferden, Vieh, Stroh, Heu und Saatgetreide aus dem Reich fassen die landwirtschaftlichen Betriebe auch in den zerstörten Regionen der Provinz wieder Fuß. Die in Russland auf dem Vormarsch wiedergewonnenen Maschinen werden ihren Besitzern zurückgebracht. Wenn auch verspätet, gelingt im Mai und Juni 1915 noch die Bestellung der Felder. Im Kreis Oletzko werden so, wenn auch notdürftig, drei Viertel der sonst bestellten Fläche eingesät.[194] Die Dürre in diesem Jahr führt jedoch zu einer Missernte. Es mangelt an Saatgetreide für das nächste Jahr, die Preise für landwirtschaftliche Produkte steigen. Auch in Ostpreußen werden Lebensmittel knapper, besonders Kartoffeln, die die Nahrungsgrundlage der Stadtbevölkerung bilden. Im Winter 1915/1916 behindert starker Frost den Transport der landwirtschaftlichen Produkte.[195] Dennoch bleibt Ostpreußen auch im Ersten Weltkrieg ein landwirtschaftliches Überschussgebiet. So kann der Kreis Memel im Jahr 1917 fast 5000, 1918 noch über 4000 Rinder an die Schlachthöfe der Großstädte liefern, in den Jahren 1917/18 auch noch insgesamt 3200 Kälber und 1500 Schweine.[196]

Auf dem ostpreußischen Land, dort, wo die Menschen Selbstverbraucher sind, wirkt sich die Ernährungskrise nicht allzu stark aus. Es besteht zwar Erfassungs- und Ablieferungspflicht, aber sie wird umgangen. In den Klein- und Mittelstädten, besonders in Königsberg, ist die Nahrungsmittelkrise allerdings spürbar. Es wird gehungert, wenn der Lebensmittelmangel nicht durch familiäre Beziehungen zur Landbevölkerung gemildert werden kann. Im Januar 1915 wird die Bewirtschaftung von Brotgetreide mit einer Brotkarte eingeführt, etwas später werden Ablieferungs- und Gebrauchsregelungen von Gerste, Hafer, Hülsenfrüchten, Kartoffeln, Milch, Butter, Eiern, Fleisch, Zucker und Gemüse erlassen. In den späteren Kriegsjahren erfolgt eine Bezugsregelung von Textilien und Schuhen und eine Zuteilung von Kohlen und anderen Brennstoffen sowie von Petroleum, mit dem noch viele Häuser erleuchtet werden.[197] In Stadt und Land wird Altmetall gesammelt, 1917 werden die Kirchengemeinden zur Ablieferung ihrer Glocken aufgefordert. Auch die Roggener im Kreis Neidenburg trifft es. Sie haben zwar kein Gotteshaus, aber drei Glocken in einem Turm auf ihrem Friedhof. Der Lehrer beklagt in der Schulchronik: „Am 12. August 1917 wurden die Glocken nach vorhergehender Andacht in der Umgebung des Glockenstuhles zum letzten Male geläutet. Am Tage darauf wurden sie heruntergenommen, damit ihr Metall laut Anordnung zu Kriegszwecken verwendet werde. Nur eine Stahlglocke blieb uns noch, die die Menschen nun zur Andacht laden und die Toten beklagen sollte. Der Abschied von den liebgewordenen Glocken wurde der Versammlung recht schwer, und man sah fast kein Auge tränenleer."[198] Opfer wie dieses werden überall in der Provinz gefordert und erbracht. Die evangelische Gemeinde von Bartenstein muss die Schallbecher der Rohrwerke (Trompete, Posaune und Dulcian) ihrer Stadtkirchen-Orgel, die aus Zinnlegierungen bestehen, abliefern. Sie werden erst 1931 unter großen Schwierigkeiten wieder ersetzt sein.[199]

„Kriegsnagelungen" sind eine der zahlreichen Sammelaktionen im Ersten Weltkrieg, mit denen Geld für die Unterstützung von Kriegshinterbliebenen und -verwundeten von der Bevölkerung erbeten wird. Da die staatliche Hinterbliebenen- und Invalidenversorgung unzureichend ist, gehört es in der Heimat zur vaterländischen Pflicht, durch das Einschlagen eines Nagels, den man zuvor gekauft hat, in ein patriotisches Symbol aus Holz Solidarität mit den Soldaten an der Front zu beweisen. In Königsberg steht auf dem Paradeplatz solch ein „eiserner Hindenburg". Max Fürst: „Der eiserne Hindenburg war natürlich aus Holz, und daneben war ein Stand, wo man, wenn man patriotisch war, schnell einen Nagel aus Eisen, Silber oder aus Gold (Motto: Gold gab ich für Eisen) kaufen und einschlagen konnte. Eine Platte kostete allerdings 15 Mark, so dass die ganze Schulklasse hinging, wenn das Geld zusammen war. Der Krieg dauerte zwar sehr lange, doch nicht lange genug. Denn als er zu Ende war, hatte Hindenburg noch immer kahle Stellen."[200]

Wegen der Mobilmachung – bei Ende des Krieges sind fast 600 000 ostpreußische Männer im Kriegseinsatz – herrscht starker Arbeitskräftemangel.[201] Seit dem Frühjahr 1915 kommen kriegsgefangene Russen im Kreis Preußisch Eylau zum Arbeitseinsatz. Anfangs werden sie nur zögernd angefordert; noch wirkt die Russenfurcht der ersten Kriegswochen nach. Die Kreischronik von Preußisch Eylau: „Doch als sich dann herausstellte, dass diese Gefangenen größtenteils gutmütige und willige Arbeiter waren, konnte man sie überall antreffen."[202] Für die Gefangenen werden in den Orten besondere Lager mit vergitterten Fenstern eingerichtet. Hier werden sie am Abend von einem Posten eingeschlossen und am Morgen herausgeholt. Anfangs dürfen sie wegen Fluchtgefahr nicht allein arbeiten, später wird dieses Verbot größtenteils stillschweigend ignoriert.[203] In die vom westlichen Kriegsschauplatz weit entfernte Provinz werden auch französische Kriegsgefangene verlegt. Die ersten beiden Jahre zahlt der Staat für jeden beschäftigten Kriegsgefangenen ein Tagegeld von einer Mark. Die Zahlung entfällt 1917.

1917/18, im letzten Kriegsjahr, verschlechtert in Ostpreußen ein extrem kalter Winter die Versorgungslage zusätzlich. Schon im Oktober setzt starker Fronst ein, im November beginnt lang andauernder Schneefall. Zu Weihnachten ist in Plausen im Ermland die Schneedecke bereits über einen Meter hoch, Wege und Straßen sind unpassierbar geworden. Auf der Chaussee lassen nur aus dem Schnee hervorragende Baumspitzen die Fahrbahn erkennen. Die Temperaturen liegen regelmäßig bei -20 bis -30 Grad, die Wasserleitungen der Gehöfte sind durch den Frost unbrauchbar geworden. Die mit Stroh umwickelten Pumpen bleiben noch bis in den März 1918 eingefroren. Für Plausen gilt wie für viele Gebiete der Provinz: „Im Frühjahr ist die Saat unter den Schneemassen erstickt, nur einige wetterfeste Sorten haben ihr Leben behalten können."[204]

Nach dem Einfall der russischen Armeen im Jahre 1914 sind in Ostpreußen 39 Städte und über 1900 Ortschaften zerstört, 40000 Gebäude verbrannt und weitere 60000 beschädigt. Beim zweiten Einfall der russischen Truppen im September und Oktober 1914 sind teilweise planmäßig Hausrat und Möbel aus den besetzten Gebieten nach Russland abtransportiert worden. In Berlin und in der Provinz sieht man die Gefahr, dass die Kriegsfolgen die Abwanderungstendenzen verstärken werden. Um einer weiteren „Entvölkerung" Ostpreußens entgegenzuwirken, soll deshalb der Wiederaufbau zügig und großzügig erfolgen.[205] Bereits im August 1914 weist deshalb der Kaiser die Preußische Staatsregierung an, „durchgreifende Hilfsmaßnahmen" für Ostpreußen zu treffen. Das Preußische Finanzministerium stellt daraufhin zunächst 400 Mio. Reichsmark zur Verfügung. Diese finanziellen Mittel werden durch die sich im November desselben Jahres konstituierende „Kriegshilfskommission" in Königsberg unter der Leitung des Oberpräsidenten der Provinz für erste Hilfs- und Wiederaufbaumaßnahmen verwendet. Zu den ersten Maßnahmen der Kommission gehört es, die Bestellung der Felder vor Einbruch des Winters sicherzustellen.[206]

Die Winterkämpfe in Masuren sind nicht beendet, da regt im Februar 1915 Kaiser Wilhelm II. in einem Telegramm aus Lötzen an Reichskanzler Bethmann Hollweg eine reichsweite „Ostpreußenhilfe" an.[207] Im befreiten Lyck fordert der Kaiser am 17. Februar 1915 die deutschen Städte auf, in Partnerschaft Wiederaufbauhilfe für die ostpreußischen Städte und Landkreise zu leisten.[208] Im ganzen Deutschen Reich sollen Kriegshilfsvereine als Paten für ostpreußische Städte und Landkreise wirken und neben finanzieller Hilfe auch Anteilnahme am Schicksal der Landsleute in Ostpreußen zeigen. Auf dem Höhepunkt der Aktivitäten haben sich 61 Hilfsvereine zur „Ostpreußenhilfe" zusammengeschlossen und die Patenschaft über einen kriegszerstörten Kreis, ein Dorf oder eine Stadt übernommen.[209] Ein „Kriegshilfsverein" des damals noch selbstständigen Charlottenburg bei Berlin spendet Mittel für den Wiederaufbau von Soldau, ein ähnlicher Verein im Berliner Villenviertel Grunewald für Nordenburg im Kreis Gerdauen. Berlin und selbst die österreichische Hauptstadt Wien engagieren sich in Ortelsburg, Breslau im Kreis Pillkallen und Kassel im Kreis

Der Marktplatz von Neidenburg nach dem abgeschlossenen Wiederaufbau Ende der 1920er Jahre. Das zerstörte Rathaus und das Hotel Hennig (rechter Bildrand), sind wieder aufgebaut, die Häuserzeile (links) ist neu entstanden.

Stallupönen. Lübeck wird Patenstadt von Heydekrug und Bremer Kaufleute finanzieren einen Teil des Wiederaufbaus von Schirwindt. Vor dem Kriegseintritt der USA auf Seiten der Entente im Frühjahr 1917 spenden Deutsch-Amerikaner hohe Beträge zur Errichtung von Siedlungen im Kreis Ragnit und für weitere Siedlungsvorhaben in den Kreisen Ortelsburg, Neidenburg. Angerburg, Lötzen, Sensburg und Bartenstein. In Wien, in Ungarn und Schweden werden Hilfsaktionen für Ortelsburg, Budwethen und Gerdauen initiiert.

Die „Ostpreußenhilfe" wird zu einer erfolgreichen Spenden- und Hilfsaktion. Bereits im Mai 1916 ist es gelungen, mehr als 12 Mio. Mark zu sammeln. Diese Mittel werden über Spenden und Stiftungen, aber auch durch den Verkauf sogenannter Wohlfahrtspostkarten und Gedächtnisteller erbracht. 44 unterschiedliche Teller dieser Art werden von der Königlich-Preußischen Porzellan-Manufaktur für die Patenschaftsvereine angefertigt. Die Spender erhalten sie für größere Geldbeträge zur Erinnerung.[210]

Ein „Kriegsausschuß der Vereine vom Roten Kreuz in (Berlin-)Schöneberg-Wilmersdorf" hat bereits im Oktober 1914 für die stark zerstörte Stadt Gerdauen eine Patenschaft übernommen. Urheber und Motor dieser Idee ist der Polizeipräsident von Berlin-Schöneberg, Bernd Freiherr von Lüdinghausen. Seine Initiative soll anderen Städten ein Vorbild sein. Der Jurist von Lüdinghausen ist von 1900 bis 1907 Landrat des Kreises Gumbinnen, bevor er 1908 das Amt des Polizeipräsidenten von Schöneberg und Wilmersdorf übernimmt, damals noch selbständige Großgemeinden vor Berlin. Er besitzt seit 1917 in Sillginnen, Kreis Gerdauen, ein Gut.[211] Von Lüdinghausen hat auch entscheidenden Anteil daran, dass beim Wiederaufbau Ostpreußens architektonisch und städtebaulich neue Wege beschritten werden. Sein Sohn Reinhold von Lüdinghausen erinnert sich: „In Ostpreußen waren Vater schon immer die vielen hässlichen Bauten aus der Zeit 1880–1910 ein Gräuel gewesen. Für den Wiederaufbau wollte er den heimischen Baumeistern Anleitungen geben, wie diese, anknüpfend an frühere Bauepochen, zweckmäßig, praktisch und schön bauen sollten."[212]

Der „Reichsverband Ostpreußenhilfe" und der Schöneberger Kriegshilfsverein leisten planerische Vorarbeiten für den Wiederaufbau. Für die Stadt Gerdauen stellen sie Berechnungen für den Kauf und die Größe von Grundstücken und Häusern an.[213] In den Satzungen fast aller Kriegshilfsvereine findet sich die Bestimmung, dass die Vereine auf eine bessere Gestaltung des Ortsbildes der wieder aufgebauten Städte hinwirken wollen, so in der Satzung des Kriegshilfsvereins Bremen für Schirwindt: „In den Rahmen der Vereinstätigkeit fallen vornehmlich Maßnahmen zur besseren Gestaltung des Wohnungswesens, der Stadtanlage und des Stadtbildes, unter Berücksichtigung der Bestrebungen des Heimatschutzes."[214]

Auch das Wiederaufbauprogramm der Kriegshilfekommission setzt ab Mitte 1915 in großem Stil Mittel zum Wiederaufbau ein. Von ihr werden neben der besseren Gestaltung des Wohnungswesens eine Verbesserung der sanitären Anlagen sowie die Versorgung mit Elektrizität als Ziel vorgegeben, besonders für kinderreiche Familien, Kriegsinvaliden und Kriegswitwen sollen Wohnsiedlungen entstehen. Die staatliche Kriegshilfekommission hat ebenfalls „reformbewegte" Architekten in die Wiederaufbauplanungen einbezogen. Unter den zahlreichen Planern, die diese Aufbauarbeit leisten, befinden sich Architekten und Städtebauer, die später zur Avantgarde der 1920er Jahre gehören, wie beispielsweise der Allensteiner Erich Mendelsohn, der Königsberger Bruno Taut oder Walter Gropius. Über 500 Architekten und Bauingenieure werden vom Oberpräsidium der Provinz Ostpreußen dienstverpflichtet, unter ihnen auch Hans Scharoun. Von 1912 bis 1914 hat er an der Technischen Hochschule in Berlin-Charlottenburg studiert und nebenbei in dem Baubüro von Paul Kruchen gearbeitet. Als Scharoun 1915 zum Kriegsdienst nach Ostpreußen einberufen wird, reklamiert ihn Kruchen – auch er als Architekt zum Wiederaufbau dienstverpflichtet – sofort für seine Tätigkeit im Bezirk Gumbinnen. Scharoun übernimmt im April 1918 in Insterburg als freier Architekt das ehemalige staatliche Büro von Paul Kruchen. Er wirkt bis 1924 in Ostpreußen und erhält Aufträge für den Wiederauf- und Neubau von Gutshäusern, Gehöften und Kirchen. Seine Notkirche in Walterkehmen steht, stark baufällig, noch heute.

Den Architektur-Reformern bietet sich in der ostpreußischen Ruinenlandschaft die Chance, ihre Ideen in großem Stil zu realisieren. Was aus den Trümmern neu entsteht, soll eine Abkehr von der Stilmaskerade der Gründerzeit sein. Heimische Bautraditionen müssen aber berücksichtigt und die Architektur in die Landschaft eingebunden werden, die Berufung auf regionale Bautraditionen soll bewusst zu einer „deutschen Bauart“ führen. Der Stil hat einfach und schlicht zu sein und dabei anheimelnd zu wirken.

Für den Wiederaufbau Ostpreußens wird schließlich die Form eines biedermeierlichen, kleinstädtischen Bürgerhauses verbindlich – das allerdings hat mit den ostpreußischen einheimischen Bautraditionen, in der zum Beispiel die Verwendung von Holz typisch ist, nur wenig zu tun. Über die Anwendung der Vorgaben wachen in den Regierungsbezirken „Bauberatungsämter“. Hier müssen die Bauherren, wollen sie die zugesagte Entschädigung vom Staat bekommen, alle Entwürfe einreichen. Die Ämter entscheiden, ob ein Bauwerk in die ostpreußische Landschaft oder in das hergebrachte Stadtbild passt.

Von etwa 32 000 zerstörten Gebäuden in Städten und Dörfern der Provinz sind 1919 bereits 19 000 wieder errichtet. Überall weichen nun die alten Holzhäuser modernen Massivbauten. Moderne Technik hält Einzug. Aber auch die Geldanlagen der Vereine der Ostpreußenhilfe sind nach 1920 von der Inflation betroffen. Viele geplante Projekte können nach dem Krieg nicht mehr realisiert werden, doch Mitte der 1920er Jahre ist dank staatlicher und privater Hilfe der vollständige Wiederaufbau der durch den Krieg zerstörten Städte und Ortschaften gelungen.[215] Besonders im Süden der Provinz hat sich das Landschaftsbild verändert: Statt stroh- und reetgedeckter Holzhäuser dominiert jetzt roter Backstein die landwirtschaftlichen Gebäude. Wer heute von Warschau kommend in das ehemalige Ostpreußen reist, bemerkt das Überschreiten der ehemaligen Grenze an diesem sonst für den Norden Preußens typischen Baustil, der erst mit dem Wiederaufbau nach dem Ersten Weltkrieg nach Masuren gekommen ist.

Die Novemberrevolution

Der 9. November 1918 ist für den 13-jährigen Königsberger Gymnasiasten Horst Biernath ein großer Tag. Er notiert ein ihn bewegendes großes Ereignis in sein Tagebuch: „Bin Obergeograph geworden!!! Freue mich sehr! In den Stunden von Dr. Hüttermann (Geschichte, Erdkunde, Latein) sitze ich ganz vorn und habe jede Stadt und jedes Land, von dem gerade die Rede ist, auf der Karte aufzuzeigen.“[216] Ein halbes Jahrhundert später und mit dem Wissen um den Fortgang der Geschichte versteht Biernath die damalige Wahrnehmung nicht: „Seltsam, dass in der Schule niemand von dem Zusammenbruch all dessen, was man uns gelehrt hatte und wofür wir erzogen worden waren, sonderlich Notiz zu nehmen schien.“[217] Dabei hat der Gymnasiast die Extrablätter der Zeitungen mit der Nachricht des Tages von der Abdankung des Kaisers und seiner Flucht nach Holland wahrgenommen. Er erinnert sich an die überall in den Straßen verteilten Aufrufe, einer der sozialdemokratischen Parteien beizutreten.

Am 9. November 1918 enden auch in der Provinz Königsberg nach mehr als vier Jahren Krieg die 47 Jahre des Bismarck-Reichs. Ein Kaiserreich wird zur Republik. Ob eine parlamentarische oder eine Republik der Räte, ist auch in Ostpreußen anfangs nicht entschieden – und steht dort wohl auch nicht zur Entscheidung. Der Königsberger Stadthistoriker Fritz Gause stellt fest: „Im November 1918 ist keine Initiative von Ostpreußen ausgegangen. Die Ereignisse in Königsberg folgten denen in Berlin und wiederholten sie in schwächerer Form."[218]

Mit der Revolution erreicht Ostpreußen auch die dritte Welle der Spanischen Grippe. Die von der iberischen Halbinsel kommende Epidemie, die bis 1920 weltweit wüten wird, ist die wahrscheinlich opferreichste Ausbreitung einer Infektionskrankheit seit Mitte des 14. Jahrhunderts. Im Deutschen Reich erkranken 15 % der Bevölkerung, etwa zehn Millionen Bürger, 186 000 Menschen sterben im Jahr 1918. Rechnet man die Opfer von 1919 und 1920 hinzu, so ergibt sich eine Zahl von knapp 300 000 Grippe-Toten in Deutschland. In Königsberg wütet die Epidemie von November 1918 bis Februar 1919 inmitten der schlimmsten Revolutionswirren.

Während die Grippe wütet, erreichen die revolutionären Ereignisse auch die Stadt Königsberg. Noch einmal Horst Biernath: „An vielen Häusern wehten rote Fahnen. Manche waren so schmal, dass man ihnen ansah, die schwarzen und weißen Streifen waren gerade erst abgetrennt worden. Aber das Rot, selbst wenn es schon ein wenig verwaschen und durch die vielen Siege ausgebleicht war, gab der grauen Stadt unter dem grauen Novemberhimmel in meinen Augen eine festliche Note."[219] Im November 1918 ist Wilhelm Matull 15 Jahre alt. Er und seine Freunde stürzen sich in die neue Zeit. „Für die Generation vor uns brach wie unter einem Erdbeben eine Vorstellungswelt zusammen: der Prunk und der anscheinend sichere Untergrund der Vorkriegszeit. Die Blüte des Volkes lag in den Gräbern. Wir waren jetzt die kommende Generation. Wir trugen rote Fahnen und sangen: ‚Nie, nie wolln wir Waffen tragen, nie, nie wolln wir wieder Krieg!' Wir waren wie die reinen Toren."[220]

Der aus einer bürgerlichen Königsberger Familie stammende Erich Wollenberg ist bis Ende Januar 1919 einer der Führer der Revolution in der Provinz. Als der Krieg ausbricht, ist er Medizinstudent in München. Wollenberg meldet sich als Kriegsfreiwilliger, wird fünfmal verwundet, wiederholt mit Orden dekoriert und zum Leutnant der Reserve befördert. Als er im November 1918 auf Genesungsurlaub in seiner Heimatstadt ist, fragt er im Gewerkschaftshaus nach, welche Vorbereitungen für den Fall revolutionärer Ereignissen getroffen seien. Die Gewerkschaftssekretäre teilen ihm mit, „man habe schon zusammen mit der SPD ‚Ordnungsbinden' vorbereitet, weiße Binden mit der schwarzen Aufschrift ‚Ordnungsdienst' und Stempel von USPD und SPD." Die Funktionäre der Gewerkschaften, der linken und rechten Sozialdemokraten stellen sich eine Revolution eher wie eine Parteiversammlung oder Kundgebung vor. Als am 9. November die Nachricht vom Ausbruch der Revolution in Kiel, Hamburg und München auch Königsberg erreicht und es zu Massenkundgebungen von Soldaten auf Straßen und Plätzen kommt, kann solch ein Ordnungsdienst die revolutionäre Gewalt nicht aufhalten. Erich Wollenberg in seiner Schilderung der Ereignisse in Königsberg am 9. November 1918: „Ein gewaltiger Zug zog vom Generalkommando zum Militärgefängnis. Ich schloß mich, um Blutvergießen zu vermeiden, in Leutnantsuniform dem Zug an; die Soldaten schoben mich an die Spitze. Wir nahmen Kaserne um Kaserne, morgens gegen 2 Uhr das Generalkommando. Ein Oberst mußte die Abdankung des Gouverneurs von Hinkeldey unterschreiben."[221]

Noch in dieser Nacht bilden die revolutionären Soldaten im Generalkommando einen „Dreizehnerrat". Für den nächsten Tag werden Wahlen zu einem Soldatenrat angesetzt. Wollenberg führt am 10. November die Züge der aufständischen Soldaten vom Königsgarten an und leitet die Kolonnen zum Walter-Simon-Platz um. Dort wird ein Vollzugsrat von sieben Mitgliedern („Siebenerausschuss") gewählt. Erich Wollenberg wird zum Chef des Sicherheitsdienstes des Soldatenrates der Garnison Königsberg und der Provinz Ostpreußen mit Sitz im Schloss ernannt. Er ist bald auch Chefredakteur der in Königsberg erscheinenden Roten Fahne des Ostens. Ende Januar 1919 geht Wollenberg zurück nach München, um sein Medizinstudium fortzusetzen, wird dort aber nicht Arzt, sondern einer der militärischen Führer der bayerischen Räterepublik. Nach dem Sieg der Reaktion zu zwei Jahren Festungshaft verurteilt, wird er nach seiner Entlassung in der Sowjetunion Offizier in der Roten Armee, bricht später aber mit dem Stalinismus.

Der in Königsberg gebildete Arbeiter- und Soldatenrat nimmt für sich in Anspruch, Inhaber der vollziehenden Gewalt für die gesamte Provinz zu sein. Der damalige Oberpräsident Ostpreußens, der Großgrundbesitzer Adolf von Batocki-Friebe aus Bledau bei Cranz, beugt sich diesem Anspruch und unterstellt die preußische Verwaltung dem Arbeiter- und Soldatenrat. Am 17. November 1918 veröffentlichen alle ostpreußischen Zeitungen bindende Richtlinien für Arbeiter-, Soldaten- und Bauernräte und ihr Verhältnis zu den Verwaltungsbehörden.

Mit erstaunlicher Geschwindigkeit breitet sich die Revolution auch im entlegenen Ostpreußen aus, und überall wird sie von den Soldaten initiiert. Auch in Marienburg erhebt sich die Garnison. Am Nachmittag des 9. November trifft hier die Nachricht von der Abdankung des Kaisers ein. Sofort ertönt auf den Kasernenhöfen der Ruf: „Es lebe die Freiheit!" Die bestehende militärische Ordnung löst sich auf, es kommt zu Ausschreitungen. Am Abend plündern Soldaten die Marienburger Ladengeschäfte unter den Lauben und in der Langgasse. Man hat es vorwiegend auf Lebens- und Genussmittel abgesehen, bald aber auch auf Bekleidung und Schmuck. Unter den marodierenden Soldaten sind viele Verwundete und Erkrankte aus den Lazaretten der Stadt. Gegen 23 Uhr befreien auch in Marienburg Soldaten die Militäruntersuchungsgefangenen, danach die Insassen des Frauengefängnisses.

Die Befreiten schließen sich den plündernden Soldaten an. Am Vormittag des folgenden Tages gelingt es einem inzwischen gebildeten „Soldatenrat" durch Einsatz von Streifen und Wachen, die Ordnung wiederherzustellen. Die Sozialdemokraten initiieren einen Arbeiterrat. Das Neue Marienburger Heimatbuch bilanziert die Revolution in der Deutschordensstadt: „Der entstandene Schaden wurde auf 1,4 Millionen Mark angesetzt. Dafür hatte die Stadt aufzukommen."[222]

In Heiligenbeil beginnt die Revolution am Abend des 12. Novembers; sie findet zunächst im Kornschen Saale als ausgesprochen friedliche Volksversammlung statt. In der führen, so der Rektor Max Bendzko in seinem Buch Heiligenbeil im Weltkrieg, ihm „bis dahin ziemlich unbekannte Leute" das Wort. „Am folgenden Tage, dem 13. November, wurde in Heiligenbeil Revolution gemacht. Um die Mittagszeit sammelte sich auf dem Platze vor der Südtreppe des Stadtschulgebäudes eine große Volksmenge. Auf der Treppe standen einige feldgraue Soldaten mit schussbereitem Gewehr, daneben einzelne Männer in Zivil und Beamte der Stadt- und Kreisverwaltung. Einer von den Soldaten, ein Abgeordneter des Braunsberger Soldatenrates, sprach zu der versammelten Menge und verkündete die neue Zeit unter der Regierung des Volkes. Er ermahnte auch zur Ruhe und Ordnung. Leben und privates Eigentum sollten geschützt, die Ernährung sichergestellt werden."[223] Der Vertreter der revolutionären Braunsberger Soldaten fordert die Menge auf, sich nach Berufsgruppen zu sammeln und Vertrauensmänner für den Arbeiterrat vorzuschlagen. Das geschieht. Der Versammlung, die mehrheitlich aus Frauen besteht, werden die Nominierten dann zur Annahme oder Ablehnung vorgestellt. Fast alle werden angenommen. Unter den Gewählten sind auch der Bürgermeister der Stadt und der Landrat des Kreises. Die 30 Gewählten treten im Konferenzraum der Schule zusammen, sechs Männer werden in einen Ausschuss gewählt. Sie sollen den eigentlichen Arbeiterrat bilden und die weiter Dienst tuende Verwaltung in Stadt und Kreis beaufsichtigen; den Vorsitz führt ein Prokurist der Ostdeutschen Maschinenfabrik. Dem Rat gehören ferner ein Kaufmann, ein Lehrer, ein Gutsbesitzer, ein Schriftsetzer und ein Werkmeister an.

Erich Wollenberg organisiert in Königsberg einen polizeilichen Sicherheitsdienst. Weil er sich hierfür Unteroffiziere von den Gewerkschaften benennen lässt, dominieren den Sicherheitsdienst bald die Mehrheitsozialdemokraten. Am 29. November 1918 bildet sich in Königsberg unter Wollenbergs Leitung eine „Republikanische Armee und Marine-Volkswehr". Ihre etwa 1000 im Schloss liegenden Männer gehören zumeist der USPD an oder sind Sympathisanten des kommunistischen Spartakus-Bundes. Erich Wollenberg hält es mit den Kommunisten.

Zwischen der Marine-Volkswehr und dem von rechten Sozialdemokraten dominierten Sicherheitsdienst kommt es des Öfteren zu bewaffneten Auseinandersetzungen.[224] Dazu Wilhelm Matull: „Angesichts der Profillosigkeit vieler Soldatenräte, widerstreitender politischer Strömungen in den aufgestellten Sicherheitswehren, aber auch durch das Eindringen krimineller Elemente, begannen sich Zucht und

Ordnung aufzulösen. Am 2. Dezember 1918 mußte der Arbeiter- und Soldatenrat in der Tagespresse appellieren, Ordnung zu halten, Waren und Postgut vor Beraubung zu schützen."[225]

Alexander Fürst zu Dohna-Schlobitten hat sich sofort nach seiner Entlassung aus der Armee dem Ostpreußischen Heimatbund angeschlossen. „Der Heimatbund war als Verein zu Pflege der Vaterlandsliebe getarnt, zum Vorsitzenden hatte man Herrn von Hassel bestimmt, der als Oberregierungsrat beim Oberpräsidium in Königsberg das Wohlwollen der Regierung besaß. Bei möglichen Aufständen sollte der Verein zusammen mit der Polizei Ruhe und Ordnung wiederherstellen. Die Furcht vor dem Kommunismus, die auch bei mir und meinen Freunden tief eingefleischt war, brachte dem Heimatbund starken Zulauf von Mitgliedern, vor allem auf dem Land. Die linken Parteien standen ihm entsprechend argwöhnisch gegenüber."[226]

Schon im November 1918 ist Max Reimann von der Westfront in seine Heimatstadt Elbing zurückgekehrt. „Dort war schon ein Arbeiter- und Soldatenrat gebildet worden. Viele kannten mich. Ich reihte mich ein und half mit, in Elbing die Revolution durchzuführen und für die Macht der Arbeiter- und Soldatenräte zu sorgen. Das war in Elbing nicht allzu schwer, denn Elbing hatte (...) eine revolutionäre Arbeiterschaft. Schnell beherrschten wir die Stadt. Wir setzten ein vorläufiges Parlament ein und eine richtige Kommunalverwaltung, die für Verpflegung und Arbeit sorgte, damit das Leben weitergehen konnte."[227]

Reimann, Jahrgang 1898, hat sich schon als Soldat dem Spartakus-Bund angeschlossen. Er wird wegen unerlaubten Entfernens von der Truppe verhaftet, denn er gehört einem der Jahrgänge an, der noch nicht demobilisiert wurden. Im Dezember 1919 wird er wegen Fahnenflucht zu einem Jahr Festungshaft verurteilt und sitzt in Königsberg ein. Anfang des Jahres 1919 haben in Königsberg noch linke Revolutionäre die Macht. Trotzdem wird Max Reimann nicht aus der Militärhaft entlassen oder befreit. Sein Jahr in der Festungshaft nutzt er zur Agitation unter den mitgefangenen Soldaten. Am 15. Januar 1920 wird er entlassen und geht im Auftrag der KPD-Parteileitung ins Ruhrgebiet. „Die Fahrt war vom Arbeitsnachweis bezahlt worden, denn bei uns in Elbing gab es keine Arbeit. Die Schichau-Werft war stillgelegt. Die meisten Arbeiter gingen ins Ruhrgebiet."[228]

Revolutionäre wie Reimann fürchten Alexander zu Dohna-Schlobitten und seinesgleichen. Anfang des Jahres versammelt sich der Fürst mit etwa 200 anderen Mitgliedern des Heimatbundes an der Ausfallstraße von Preußisch Holland nach Elbing. Sie erwarten die Besetzung ihrer Güter durch revolutionäre Arbeiter der Elbinger Schichau-Werft und wollen sie notfalls mit Gewalt aufhalten. „Bewaffnet waren wir mit Jagdgewehren und Waffen, die wir aus dem Krieg mit nach Hause gebracht hatten; es gab sogar ein oder zwei Maschinengewehre, die unter der Hand von der Reichswehr zur Verfügung gestellt waren. Zum Glück wurde der Marsch der Elbinger Arbeiter wegen Kälte und schlechten Wetters vorzeitig abgebrochen."[229]

„Das Jahr 1918 hat uns eine schreckliche Zeit gebracht" berichtet die Schulchronik von Roggen. Sie vermerkt den Waffenstillstand im Westen und den Ausbruch der Revolution im Deutschen Reich, aber: „Hier im Orte haben wir ja fast gar nichts davon gemerkt. Es verlief alles ruhig. Jeder Mensch ging wie gewöhnlich an seine Arbeit. Es fanden weder Versammlungen noch Ausschreitungen irgendwelcher Art statt. Zum Weihnachtsfeste waren schon viele Krieger aus dem Felde zurückgekehrt. Ein Freudenfest war es aber nicht, da auf allen Gemütern der Ausgang des Krieges wie ein schwerer Alp lastete."[230]

Trotz seines Alters hat der 63-jährige Elard von Oldenburg-Januschau es im Ersten Weltkrieg zum Befehlshaber eines Infanterie-Regiments gebracht. Nachdem er diese Position 1917 aufgeben hat, arbeitet er in der Militäradministration der besetzten russischen Gebiete. Erschüttert über den Erfolg der Revolution und den Untergang der alten Ordnung, kehrt er im Dezember 1918 auf seine Güter zurück, „um wenigstens dort in den mir gezogenen Grenzen für Zucht und Ordnung zu sorgen." In Januschau teilt ihm sein Diener mit, dass es auch auf dem Gut Aufruhr und Auflehnung gegeben habe. „Einer meiner Knechte habe sich nicht ohne drohende Worte gegen mich zum Herrn von Januschau erklärt. In dem Gefühl, dass hier auf meinem eigenen Grund und Boden schnell, persönlich und kräftig gehandelt werden müsse, nahm ich einen handfesten Knochenstock und begab mich auf das Feld, wo auch der erwähnte Knecht arbeitete. Ich trat auf ihn zu, nahm ihn beim Ohr und fragte ihn: ‚Wer regiert in Januschau?' Als er nicht antwortete, schrie ich ihn an: ‚Ich haue dich in die Fress', dass du Kopp stehst.' Diese Sprache verstand er. Sein Mut verließ ihn, und er bezeichnete mich als den Herrn. Das gegenseitige Vertrauensverhältnis war wieder hergestellt. Er arbeitet nach wie vor mit der gewohnten Gewissenhaftigkeit in meinem Betriebe. Damit war die Revolte in Januschau erledigt."[231]

Im Verlauf der Revolution setzen sich zunehmend die gemäßigten Kräfte der Mehrheitssozialdemokratie durch. Schon am 19. Januar 1919 wird auch in West- und Ostpreußen nach den Regeln einer freien und geheimen Wahl, zu der erstmals auch Frauen zugelassen sind, die Nationalversammlung gewählt. In Ostpreußen erreichen die Mehrheitssozialdemokraten 46,1 % der Stimmen, die USPD nur 5 %. Zweistärkste Partei werden die Linksliberalen mit 18,8 %, gefolgt von den Deutschnationalen mit 11,9 %, dem Zentrum mit 10 % und den Rechtsliberalen mit 7,9 %. Die drei demokratischen Parteien der späteren Weimarer Koalition haben bei dieser Wahl also gemeinsam fast eine Zweidrittelmehrheit in der Provinz. Ein ähnliches Ergebnis erbringt die Wahl zum Preußischen Landtag eine Woche später. Aus den Wahlen zur Königsberger Stadtverordnetenversammlung am 2. März 1919 dagegen geht die USPD als stärkste Fraktion hervor. Sie gewinnt 29 Mandate, die SPD 21, die rechtsliberale DVP 20, die linksliberale DDP 17 und die Deutschnationalen acht. Auch eine „Angestelltenliste" und das Zentrum erringen Mandate.[232] Die Bürokratie funktioniert während der Revolution weiter, denn die Mehrheitssozialdemokraten mit ihrer Mehrheit

Russische Kriegsgefangene, bewacht vom preußischen Landsturm Zweites Aufgebot, in einem Kriegsgefangenenlager auf dem Truppenübungsplatz Arys im Kreis Johannisburg. Wegen des Ausbruchs der Revolution kehren viele erst 1920 in ihre Heimat zurück.

in den Arbeiter- und Soldatenräten setzen auf die alten Eliten. Fritz Gause: „Mit ihnen arbeiteten die Männer des alten Systems zusammen, denen daran lag, Volk und Staat vor dem völligen Zerfall zu bewahren. So blieben der bewährte Oberpräsident von Batocki und auch die hohen Militärs in ihren Ämtern."[233]

Die Revolution selbst ist auch in Ostpreußen von Ersatztruppen, Verbänden der Etappe und Geneseneneinheiten sowie den Matrosen der Marine getragen worden. Die Gegenrevolution hält oft mit den Feldtruppen Einzug. In Allenstein gibt es am 30. Dezember zwei Tote und 16 Verletzte, als Rote Volkswehr auf das heimkehrende Feldartillerie-Regiment 73 schießt. Die Truppen hatten durch ihre Ablehnung roter Fahnen gezeigt, dass sie die sich jetzt radikalisierende Revolution ablehnen.

Als die Revolution in Königsberg ausbricht, stehen die deutschen Truppen noch weit in Russland. Sie halten noch das Baltikum besetzt, fast ganz Weißrussland und die Ukraine, weil das revolutionäre Russland zu schwach ist, die Deutschen zu vertreiben. In Russland tobt ein Bürgerkrieg, in dem sich langsam die Bolschewisten durchsetzen. In Litauen und Polen gelangen Nationalbewegungen an die Macht, die für ihre jetzt entstehenden Staaten nach ethnischen Gesichtspunkten festgelegte Grenzen fordern. Nicht nur nationale Kreise, Großagrarier und die Mehrheit des Bürgertums sehen das „deutsche" Ostpreußen von diesen Bewegungen bedroht. Da die kaiserliche Armee demobilisiert wird und sich zwischen Dezember 1918 und März 1919 auflöst, scheinen die Grenzen vielen in der Provinz ungeschützt. Ab Januar 1919 werden in den Zeitungen Forderungen erhoben, durch Freiwilligenverbände einen Grenzschutz zu organisieren. Am 12. Januar 1919 demonstrieren Teile der Königsberger Bevölkerung für die Bildung von Freiwilligen-Formationen zum Schutze Ostpreußens. In die Kundgebung, die eine eindeutig antirevolutionäre Stimmung zeigt, schießt die revolutionäre Marine-Volkswehr. Es gibt zwei Tote.

Am 8. Januar 1919 tagen in Insterburg die „Vereinigten Arbeiter- und Soldatenräte Ostpreußens" und beschließen die Bildung einer freiwilligen Volkswehr. Die Arbeiter- und Soldatenräte wählen einen „Ostpreußischen Provinzial-Arbeiter- und Soldatenrat" mit zwölf Mitgliedern. Er steht, anders als die Mehrheit in den „Vereinigten Arbeiter- und Soldatenräten", noch unter dem Einfluss der in Königsberg starken USPD, die sich für ein Rätesystem ausspricht. Dafür gibt es aber auf einem weiteren Kongress Arbeiter- und Soldatenräte Anfang Februar in Königsberg keine Mehrheit.

Der spätere sozialdemokratische Journalist Wilhelm Matull sieht zu Beginn des Jahres 1919 in Ostpreußen die Gefahr eines kommunistischen Umsturzes: „Bolschewistische Gruppen zeigten sich an der Grenze, Marodeure trieben ihr Unwesen über die Reichsgrenzen hinweg. Am 11. Januar 1919 wurde daher ein ‚Aufruf zur Verteidigung Ostpreußens' erlassen."[234] Unterschrieben wird der Aufruf vom Ostpreußischen Provinzialrat, dem Königsberger Vollzugsrat des Soldatenrats des 1. Armee-Korps, vom Königsberger Arbeiterrat, von Generalmajor Max Hoffmann und Oberpräsident von Batocki-Friebe. Am 17. Januar 1919 erscheinen die ersten Ausführungsbestimmungen zur Bildung eines Ostpreußischen Freiwilligenkorps, ab dem 18. Januar 1919 werden in Ostpreußen freiwillige Wehrverbände aufgestellt. Jedem alten Regiment des einstigen I. ostpreußischen Armee-Korps wird ein Kreis der Provinz als Aushebungsgebiet zugeteilt. Die Regimenter bestehen aus Freiwilligen der zurückgekehrten Feldtruppen, aber auch aus wehrpflichtigen Soldaten des Jahrgangs 1898. Von Beginn an werden die Freiwilligenkorps von den Mehrheitsozialdemokraten, die jetzt in Berlin allein regieren, und der alten preußischen Verwaltung auch als innenpolitisches Machtinstrument benutzt. Bis zu ihrer Aufstellung ist die Marine-Volkswehr im Königsberger Schloss die einzige starke bewaffnete Macht in Ostpreußen. Um die Soldaten der Freiwilligenverbände jedem revolutionären Einfluss zu entziehen, werden die Einheiten grundsätzlich nicht in den Garnisonen, sondern in größeren Dörfern, den Remonte-Ämtern der preußischen Armee und anderen Unterkunftsmöglichkeiten stationiert.

Die Revolution wird blutig, als sich die Kräfte der Gegenrevolution formieren. Am 25. Januar 1919 ist ein Reichskommissar für die Provinz eingesetzt worden. Er soll die Zentralmacht, vor allem repräsentiert vom „Rat der Volksbeauftragten" in Berlin, in Königsberg vertreten. Der erste Reichskommissar August Winnig stammt aus Blankenburg im Harz, von Beruf ist er Maurer. Er engagiert sich schon als Achtzehnjähriger in Gewerkschaftsbewegung und Sozialdemokratie, in Hamburg gründet er einen

Ortsverband der Maurergesellen; 1904 wird er Mitarbeiter, später Chefredakteur einer Gewerkschaftszeitschrift und 1913 für die SPD in die Hamburger Bürgerschaft gewählt. 1912 ist er 2. Vorsitzender des Deutschen Bauarbeiterverbandes. Bei Ausbruch des Ersten Weltkriegs unterstützt er ohne Vorbehalt die Politik des Burgfriedens des SPD-Parteivorstandes. Im Oktober 1918, unter der kurzen, schon parlamentarischen Regierung des Prinzen Max von Baden, wird Winnig Reichsgesandter und nach Beginn der Revolution in Deutschland im November Generalbevollmächtigter für die besetzten baltischen Länder. Hier vertritt er deutlich die Interessen der baltendeutschen Minderheiten in Estland und Lettland und bekennt sich zum „Deutschtum im Osten". Wegen seiner nationalen Äußerungen verringert sich seine Popularität in Teilen der SPD, er wird für die Partei aber noch in die Nationalversammlung gewählt. Winnig hat ein gutes Verhältnis zu Friedrich Ebert und Philipp Scheidemann.[235] Der Sozialdemokrat Winnig wird sich mit den Kräften der Gegenrevolution verbinden, die jetzt von den alten Eliten der Provinz formiert werden.

Im März 1919 existieren noch in vielen Orten Ostpreußens Arbeiter- und Soldatenräte neben der alten preußischen Verwaltung. Soldaten, die auf sich gestellt in die Heimat zurückkehren, haben sich bei diesen Räten zu melden und ihre Entlassung zu bestätigen. Anfang März 1919 kehrt auch das Bataillon der Yorck'schen Jäger unter ihrem Hauptmann in seine Garnison nach Ortelsburg zurück. Victor von Poser, seit 1914 Landrat im Kreis Ortelsburg, berichtet: „Einen bedauerlichen Zwischenfall gab es im März 1919, als das Jägerbataillon in alter Form unter Hauptmann Frank zurückkehrte. Das Bataillon war vor dem Rathaus auf dem Markt aufmarschiert, und Frank hatte gerade mit seiner Ansprache begonnen, als ihn ein Mitglied des Soldatenrats unterbrach und seinerseits das Bataillon mit einer Ansprache begrüßen wollte. Frank gab den Befehl, ihn von dem Podest des Kriegerdenkmals herunterzuholen, worauf einige Jäger mit gefälltem Bajonett gegen ihn vorgingen. Das Mitglied des Soldatenrats zog seinen Revolver, plötzlich fiel ein Schuß, den, wie sich später herausstellte, ein Offizier auf ihn abgegeben hatte. Die Kugel traf aber das Kind eines Stadtsekretärs, das kurz darauf starb."[236] Einige Wochen später marschiert in Ortelsburg ohne Kampf die konterrevolutionäre Allensteiner „Freiwillige Jägerschar Gerth" ein. Der Soldatenrat wird aufgelöst und, so von Poser: „Geordnete Verhältnisse setzten sich wieder durch."[237]

Das will Reichskommissar August Winnig auch in Königsberg erreichen. Er beschließt, die Volksmarinedivision in der Stadt mit Hilfe der Freikorps zu entmachten. Die Unterstützung der Reichswehr und der von ihr kommandierten Freikorps hat sich Winnig am 19. Februar 1919 bei einem Besuch in deren ostpreußischem Hauptquartier in Bartenstein gesichert, deren Kommandeure Hans von Seeckt und Ludwig von Estorff kennt er noch aus Riga.[238] Zu ihrer Sicherheit verlassen Winnig und der noch amtierende Oberpräsident von Batocki-Friebe am Vorabend der Niederschlagung der Revolution in einem einfachen Einspänner Königsberg. Sie haben sich als Landbewohner verkleidet, passieren unerkannt die Posten der Volksmarinedivision und verbringen die Nacht auf einem samländischen Gut – sie wollen in der Stunde der Niederschlagung der Revolution nicht in Königsberg sein. Am nächsten Morgen fahren sie weiter zu einem Forsthaus in den Waldungen von Batockis großem Besitz am Kurischen Haff. Dort bleiben sie bis zum Abend. Dann begeben sie sich wieder nach Königsberg.[239] „Der Weg war lang und die Nacht sternenlos, in Stille und Finsternis schlich unser Wagen vorwärts, mühsam die Fahrbahn haltend, und in uns bohrten sorgenvolle Fragen in schwarze Ungewißheit hinein. Wir sprachen wenig."[240] Einheiten des Ostpreußischen Freiwilligenkorps sind derweil in die militärischen Anlagen Königsbergs eingerückt, ausgerüstet mit Geschützen und Minenwerfern. Sie besetzen unbemerkt Forts, Munitionslager und die Pregelbrücken. Im Morgengrauen des nächsten Tages, dem 4. März 1919, lässt Winnig, in Abstimmung mit dem sozialdemokratischen Reichswehrminister Gustav Noske, die etwa 400 Mann starken Freikorps gegen die etwa 1 500 starke Marinedivision aufmarschieren. Weitere von der Reichswehr zugesagte Truppen haben Königsberg nicht erreicht.

Die Volksmarinedivision steht unter dem Kommando des Siebenerausschusses, der im Schloss residiert. Winnig kommen Zweifel, ob seine konterrevolutionären Truppen reichen. Er überlässt von Estroff die letzte Entscheidung, was geschen soll: „‚Was wollen Sie tun?' fragte ich ihn mit erzwungener Ruhe. ‚Wir greifen an', sagte er. So geschah, wie geplant war; nur eine Viertelstunde verzögerte sich der Angriff. Um dreiviertel sechs wirbelten vor allen Quartieren der Matrosen die Trommeln und überall wurden die Matrosen aufgefordert, in einer Viertelstunde ohne Waffen draußen anzutreten. Die kleineren Belegschaften fügten sich ohne Widerstand und wurde zur Stadt hinaus zum Fort Stein geführt, wo sie einstweilen festgehalten wurden. Im Schlosse jedoch, wo der Siebenerausschuß saß, gab man der Aufforderung keine Folge. Bald läutete bei uns der Fernsprecher, es war ein Mann des Siebenerausschusses namens Sadowski, der Auskunft verlangte, ob die Entwaffnung von der Regierung angeordnet sein. Hauptmann Griese bestätigte es ihm, doch genügte das nicht, Sadowski wollte es von mir hören."[241] Winnig gibt Sadowski 15 Minuten Bedenkzeit; darauf bricht dieser die Verhandlungen ab. Die außerhalb des Schlosses stationierten Soldaten leisten den Freikorps keinen Widerstand. Die Matrosen im Schloss aber kapitulieren noch nicht.

Max Fürst wohnt mit seiner Familie Am Schloß Nr. 2, die Wohnung liegt dem Schloss unmittelbar gegenüber: „Eines Morgens wachte ich plötzlich auf. Es gab einen furchtbaren Knall. (...) Ich lief ins Kinderzimmer und sah auf unserem Balkon Soldaten der Reichswehr, die mit Maschinengewehren auf das Schloß schossen."[242] Dazu August Winnig in seinen Erinnerungen: „Schlag sechs eröffnete ein am Schlossteich aufgestelltes Geschütz das Feuer. Was sich darauf im Schlosse abgespielt hat, ist nie bekanntgeworden. Es hieß, der Siebenerausschuß sei zum Widerstand entschlossen gewesen, und ein Teil der Matrosen habe sogar einen Ausfall gefordert, andere aber seien von den zwei Kanonenschlägen so eingeschüchtert worden, dass sie keinen Widerstand geduldet hätten. Jedenfalls kam es auch am Schloß zu keinem ernsthaften Kampfe, nur war es unserer kleinen Abteilung dort, die etwa sechzig Mann zählte, nicht möglich, alle Ausgänge des Schlosses zu sperren, so dass von den fünfhundert Matrosen ein guter Teil entkam. Um acht erhielten wir die Meldung, dass das Schloß besetzt sei."[243]

Eine Gruppe Matrosen leistet in einer Schule Widerstand und hält zeitweise Winnigs Stellvertreter Josef Lübbring, ein Mitglied des Arbeiter- und Soldatenrats in Königsberg, gefangen. Der gelernte Maurer, wie Winnig vor dem Krieg im Deutschen Bauarbeiterverband tätig, wird es im Juli 1919 zum Polizeipräsidenten von Königsberg bringen. Lübbring hat durch sein hartes und gewalttätiges Vorgehen gegen die Revolutionäre entscheidenden Anteil an der Niederschlagung der Revolution in Königsberg. Erst nach seiner Freilassung lässt Winnig nun dem Militär freie Hand. Das schießt mit Minenwerfern auf die Matrosen, denen sich viele aus dem Schloss Geflohene angeschlossen haben: „Diese Schule war nun ein Trümmerhaufen, aus dem zwanzig Tote hervorgeholt wurden. Zwei unbeteiligte Menschen, eine Schülerin und ein Angestellter der Königsberger Allgemeinen Zeitung, waren von den Matrosen erschossen."[244] Im Stadtteil Haberberg südlich und nördlich des Pregel setzen sich die Kämpfe fort, hier fallen zwei Mitglieder des Freikorps. Die Kämpfe in Königsberg fordern 48 Tote, darunter 26 Zivilisten.[245] Die Macht der Räte ist in Ostpreußen mit diesem Tag gebrochen. Am 7. März beenden die Freikorps auch in Pillau und Sensburg die Herrschaft revolutionärer Kräfte. Am 28. Juni 1919 wird August Winnig zum Oberpräsidenten der Provinz Ostpreußen ernannt.

Zwischen 1917 und 1922 kehren die aus Ostpreußen verschleppten und überlebenden Zivilisten und Kriegsgefangenen zurück, Mitte 1919 werden die russischen Kriegsgefangenen nach Hause geschickt. „Das war schlecht für uns, weil wir Arbeitskräfte auf unserem Hof brauchten", erinnert sich Ernst-August Brenneisen. Es können von den deutschen Bauern auch keine Litauer aus den Grenzgebieten mehr angeworben werden – die Litauer haben jetzt einen eigenen Staat und lassen ihre jungen Männer nicht ausreisen. Die Brenneisens beschäftigen aber noch für zwei Jahre litauische Mädchen als Haushaltshilfe.[246]

Viele Kriegsheimkehrer in den Frontkämpferverbänden und Kriegervereinen halten die Erinnerung an die Kriegsjahre wach. Verklärt – wie die Befreiungskriege von 1813 bis 1815 und die Einigungskriege zwischen 1864 und 1871 – wird der verlorene Krieg aber von den meisten nicht. Der Arbeitersohn Otto Schneidereit spürt noch als Jugendlicher Mitte der 1920er Jahre, dass die Schrecken des Krieges bei den einfachen Menschen unvergessen sind: „Die Blicke der meisten Erwachsenen verfinsterten sich jedoch, wenn vom Krieg die Rede war. Noch gab es zu viele trübe Erinnerungen, und Bitterkeit klang an in Erzählungen, die nicht von Heldentaten zu berichten wussten, sondern vom Grauen der Kriegsschlachten, von Toten und Verwundeten."[247]

Blick durch das Markttor auf den Alten Markt von Elbing. Die Stadt wird 1237 gegründet. Die Hansestadt kommt 1466 zum polnischen „königlichen Preußen“. Seit 1772 ist die Stadt unter der Herrschaft der Hohenzollern, ab 1920 gehört Elbing zur Provinz Ostpreußen.

„In der Gegenwart ruht die Vergangenheit, im Jetzt, was werden wird."

Willem Bilderdijk

Königsberger Republik

Ostpreußen, Westpreußen und Polen

Das neue Polen

Bei Ausbruch des Ersten Weltkriegs haben weder das Deutsche Reich noch Österreich-Ungarn und Russland feste Vorstellungen davon, wie mit der polnischen Frage umzugehen sei. Mit zunehmender Dauer des Krieges aber werden die polnischen Nationalisten ein eigenständiger Faktor in dem Konflikt. Als Gegenleistung für die militärische Stärkung durch polnische Truppen aus dem besetzten russischen Polen betreiben noch während des Krieges die Mittelmächte Deutschland und Österreich-Ungarn die Gründung eines polnischen Staates auf dem Territorium des zaristischen Polen, das sogenannte „Regentschaftskönigreich Polen". Dieses Königreich soll nach einem Sieg der Mittelmächte eher ein Satellitenstaat der beiden Kaiserreiche sein, militärisch und wirtschaftlich eng an Deutschland gebunden.

Durch die Niederlage Deutschlands und Österreichs im Herbst 1918 und die Schwäche des in einen Bürgerkrieg verwickelten Russland erlangt Polen bei Kriegsende 1918, nach 123 Jahren der Teilung und der Fremdherrschaft, seine volle Souveränität zurück.[1] Der Sieg der Entente-Mächte Großbritannien, Frankreich, Italien, Japan und USA ermöglicht es dem sich konstituierenden neuen polnischen Staat, auch die Gebiete einzufordern, die in den Polnischen Teilungen 150 Jahre zuvor an Preußen und Habsburg gefallen sind. Der führende polnische Nationaldemokrat Roman Dmowski will das zukünftige Polen zudem nicht in historische, ethnische und sprachliche Grenzen gezwängt sehen. Noch 1915 schreibt Dmowski zwar, dass die ethnische Frage die Grundlage für die Bestimmung der Grenzen des polnischen Königreichs sein soll, ergänzt aber, „(...) bei der Bezeichnung der Westgrenze wird es notwendig sein, diese Grundregel zu verlassen und die strategischen Möglichkeiten und die geographischen Einzelheiten zu berücksichtigen.“[2] Der Panslawist Dmowski meint damit die Beendigung der deutschen Herrschaft zwischen Memel und Weichsel, um so Polen einen Zugang zum Meer zu verschaffen und den „deutschen Drang nach Osten“ zu stoppen.

Die Wiederherstellung des polnischen Staates in den Gebieten „mit unbestreitbar polnischer Bevölkerung“ ist am Ende des Ersten Weltkrieges auch zu einem Kriegsziel der Alliierten geworden. Frankreich sieht zudem in Polen einen Ersatz für seinen in der Oktoberrevolution verlorenen Verbündeten Russland.[3] Der amerikanische Präsident Woodrow Wilson hat 1917 im Punkt 13 seiner 14-Punkte-Erklärung zur Beendigung des Krieges die Errichtung eines polnischen Staates gefordert, eines Staates unabhängig von Deutschland oder Russland und mit Zugang zum Meer. Wilsons Forderung an die Bedingungen für einen Frieden deckt so auch die polnischen Ansprüche auf die Gebiete, die nicht mehrheitlich von Polen besiedelt sind. Eigentlich aber wollen die Siegermächte in Osteuropa die neuen Grenzen nach den Bevölkerungsmehrheiten ziehen.

Die sind aber gerade im Osten des Kontinents oft unklar. Die Völker der Region haben ein unterschiedliches Verständnis ihrer Geschichte und leben mit eigenen nationalen Postulaten. So erheben die Polen für sich das Recht auf einen Zugang zum Meer. Der Breslauer Historiker Wojciech Wrzesiński: „Die Polen sahen keine anderen Möglichkeiten zur Befriedigung der nationalen Postulate des Zugangs zum Meer als durch den Anschluß Danzigs an das polnische Territorium. Bei der Formulierung dieses Postulats waren den Polen der ethnische Status, die wirtschaftlichen Verbindungen Danzigs mit den Gebieten des damaligen Preußens und das in seinem Alltag dominierende deutsche kulturelle Profil bewusst.

Die polnischen Postulate gegenüber Danzig basierten auf historischen Argumenten, geopolitischen Urteilen sowie auf der Anerkennung der Funktion der Stadt für die Verwirklichung der Unabhängigkeitsaktivität des preußischen Teilungsgebietes.“[4] Es wird den Siegern des Ersten Weltkriegs in Anbetracht solcher Vorstellungen unmöglich, die Grenzen entsprechend ihres eigenen Anspruchs an ein Selbstbestimmungsrecht der Völker „objektiv“ zu ziehen. Auch fehlen ihnen vielfach Kenntnisse der tatsächlichen sprachlichen und ethnischen Verhältnisse. So kommt es mit dem Kriegsende in Osteuropa zu heftigen und folgenreichen Nationalitäten- und Volkstumskämpfen.

Ein Aufstand in der preußischen Provinz Posen, der „Großpolnische Aufstand" vom 27. Dezember 1918 bis zum 16. Februar 1919, schafft schon vor den endgültigen Regelungen im Friedensvertrag von Versailles Fakten. Er endet mit einem militärischen und politischen Sieg der polnischen Aufständischen, der Hauptteil der bisherigen preußischen Provinz wird so noch vor dem Inkrafttreten der territorialen Bestimmungen des Versailler Vertrages von Deutschland abgetrennt. Die polnischen Ansprüche gehen jedoch über das im Dezember 1918 in Posen militärisch Erreichte hinaus. Die polnische Delegation auf der Friedenskonferenz in Versailles überreicht am 25. Februar 1919 der „Kommission für polnische Angelegenheiten" einen Forderungskatalog, der mit 84 198 km² fast ganz Oberschlesien und Teile Mittelschlesiens umfasst, dazu weite Gebiete in Westpreußen mit der Stadt Danzig, Teile Ostpommerns und des südlichen Ostpreußens.[5]

Längst nicht alle polnischen Ansprüche werden in Versailles erfüllt. Zwar wird als Ergebnis der Verhandlungen die Unabhängigkeit Polens 1919 im internationalen Rahmen bestätigt. Die Stadt Danzig aber, die mit ihrer immer mehrheitlich deutschen Bevölkerung auch in der polnischen Adelsrepublik ein hohes Maß an Autonomie behauptet hatte, wird mit einigen Landkreisen der Umgebung zur „Freien Stadt" – ein Kompromiss zwischen der polnischen Forderung nach einem leistungsfähigen, zu Polen gehörenden Seehafen und dem Faktum einer hier unbestreitbar ansässigen deutschen Bevölkerungsmehrheit von mehr als 90 %.

Mit der „Freien Stadt Danzig" hat die Provinz Ostpreußen nunmehr ein einmaliges und ungewöhnliches völkerrechtliches Staatsgebilde als neuen Nachbarn. Sein Territorium geht über das Danziger Stadtgebiet hinaus; es besteht aus Teilen der ehemaligen westpreußischen Kreise Berent, Dirschau, Karthaus, Neustadt (Westpr.), Elbing-Land, Marienburg, Danziger Höhe, Danziger Niederung und Stadtkreis Danzig und umfasst eine Flächen von 1 892 km² mit im Jahr 1920 rund 384 000 Einwohnern.[6] Die „Freie Stadt Danzig" gliedert sich in die zwei Stadtkreise Danzig und Zoppot sowie die drei Kreise Danziger Höhe, Danziger Niederung und Großes Werder. Es gibt in ihr vier Städte und 258 Landgemeinden. 70 % der Bevölkerung leben in Danzig und Zoppot; rund 55 % sind evangelisch, 39 % katholisch und etwa 2,5 % jüdischen Glaubens.[7] 1923 geben als ihre Muttersprache 95,0 % Deutsch, 3,3 % Polnisch, Kaschubisch oder Masurisch an. Zweisprachig sind 0,4 %, und 1,2 % sprechen eine andere Sprache. Die „Freie Stadt" wird aber wirtschaftlich an Polen angeschlossen.[8]

Nordwestliche Randgebiete des historischen Großpolen in den Provinzen Posen und Westpreußen belassen die Sieger wegen ihrer zum übergroßen Teil deutschen Bevölkerung beim Deutschen Reich. Die so bei Deutschland verbleibenden westlichen Teile der Provinz Westpreußen, die Kreise Deutsch Krone, Flatow und Schlochau, werden 1922 mit dem weiter zum Deutschen Reich gehörigen Rest der Provinz Posen, der Stadt Schneidemühl und den Kreisen Bomst, Fraustadt, Meseritz, Schwerin (Warthe) und Netze zu einer neuen, kleinen preußischen Provinz, der „Grenzmark Posen-

Westpreußen" vereinigt. In anderen Gebieten, die teilweise außerhalb der Grenzen vor der ersten Polnischen Teilung liegen, nun aber von Polen beansprucht werden und in denen den Siegermächten die ethnische und sprachliche Zugehörigkeit nicht klar ist, werden Volksabstimmungen anberaumt – so für den Juni 1920 im ostpreußischen Regierungsbezirk Allenstein, im Kreis Oletzko des Regierungsbezirks Gumbinnen, in den östlichen Teilen des westpreußischen Regierungsbezirks Marienwerder und in Oberschlesien.

In Oberschlesien lösen die Abstimmungen das Problem nicht. Im Juni 1921 einigen sich nach drei kurzen, aber blutigen Kriegen um Oberschlesien die deutsche Reichsregierung und die Ententemächte auf die Räumung Oberschlesiens, das zu dieser Zeit noch deutsche militärische Freikorps-Verbände besetzt halten. Der Völkerbundrat in Genf empfiehlt dann im Oktober 1921 die Teilung der Provinz; die Empfehlung wird mit einer zahlenmäßigen Überlegenheit der polnischsprachigen Bevölkerung in den meisten Städten des Gebiets begründet. Insgesamt ist aber der sich deutsch fühlende Bevölkerungsanteil größer. Nach dem Teilungsvorschlag gehen zwei Drittel Oberschlesiens an Deutschland, ein Drittel an Polen. Beim Deutschen Reich verbleibt der eher agrarisch geprägte Teil des Abstimmungsgebiets. Der Kern des oberschlesischen Industriegebiets um Kattowitz geht an Polen.

Insgesamt tritt das Deutsche Reich 42 927 km² seines einstigen Staatsgebietes mit drei Millionen Einwohnern an Polen ab. Alle Gebiete haben vorher zu Preußen gehört. Der Osteuropa-Historiker Manfred Alexander zur Aufnahme dieser Abtretungen in der deutschen Öffentlichkeit: „Die Gebietsverluste an Polen hat die deutsche Öffentlichkeit tief erregt und verbittert, weil hier – anders als beim Verlust Elsaß-Lothringens und anderer Gebiete im Westen – das deutsche Prestigedenken verletzt worden war. Die Grenze zu Polen galt als eine ‚blutende Grenze'."[9]

Mehr als 30 % der Bevölkerung im neuen polnischen Staat sind ethnisch keine Polen. Nach einer polnischen Volkszählung von 1921 stellen Ukrainer 14,3 %, Juden – Menschen jüdischer Religion und oft jiddischer Sprache – 7,8 %, Weißrussen 3,9 % und Deutsche ebenfalls 3,9 % der Bevölkerung. Diese Zahlen korrelieren zu großen Teilen auch mit den religiösen Verhältnissen: Im polnischen Staat sind nur 64 % der Bevölkerung katholisch, aber 22 % russisch-orthodox oder uniert. Orthodoxe und unierte (griechisch-katholische) Christen sind in der Regel Ukrainer oder Weißrussen, während Katholiken überwiegend Polen – aber auch Litauer – gewesen sein werden.[10] Manfred Alexander: „Die Deutschen waren über das Land verstreut, und auch ihre Zahl von 1,06 Millionen (3,9 %) wird als zu niedrig angesehen; im Zensus von 1931 war ihre Zahl auf 741 000 zurückgegangen (2,3 % der Bevölkerung). Der größte Teil dieser in den Westgebieten oft wohlhabenden Landbesitzer gehörte der protestantischen Kirche an."[11] Anders als in Oberschlesien findet im größten Teil Westpreußens keine Volksabstimmung statt. Im an Polen kommenden Teil der Provinz haben zwar die großen Städte Thorn, Kulm und Graudenz eine deutliche deutsche Mehr-

Wohn- und Geschäftshäuser gegenüber dem Rathaus der Stadt Marienwerder. Die westpreußische Kreisstadt kommt 1920 zu Ostpreußen und bleibt Sitz eines Regierungspräsidiums. Ihr Regierungsbezirk heißt nun nicht mehr „Marienwerder" sondern „Westpreußen".

heit, aber insgesamt ist das Zahlenverhältnis zwischen Deutschen und Polen bzw. Kaschuben hier in etwa ausgeglichen.

Der Exodus der deutschen Bevölkerung aus den ehemaligen Provinzen Posen und Westpreußen beginnt sofort nach der Abtretung. So verlassen allein im April 1920 23 000 Deutsche das Land. Je nach Quellen wird in den Jahren von 1918 bis 1926 von einer deutschen Auswanderung von einer halben bis zu einer Million Menschen ausgegangen. Die Differenzen in den Angaben gehen darauf zurück, dass nur etwa 500 000 sich in Deutschland als Umsiedler registrieren lassen.[12]

In Deutschland werden die an Polen gehenden Gebiete Westpreußens jetzt der „Polnische Korridor" genannt. Um das Jahr 1930 leben in diesem Gebiet etwa zwei Millionen Menschen. 78 % von ihnen sind Polen oder Kaschuben, 19 % Deutsche und 3 % von der Religion her Juden, die häufig Deutsch als Muttersprache sprechen. Die deutsche und jüdische Minderheit wohnt überwiegend in den Städten und stellt in der Industrie und im Gewerbe die Mehrheit der Beschäftigten der Region. 94 % der Bevölkerung sind römisch-katholisch. Besonders in Thorn (Toruń) ist die Bevölkerung ethnisch, sprachlich und konfessionell stark durchmischt. Dort stellen evangelische Deutsche und deutschsprachige Juden die Mehrheit.

Beamte, darunter viele Lehrer und evangelische Pfarrer, und natürlich Berufsmilitärs sind in der Regel die ersten Emigranten. Ihnen folgen diejenigen, für die

die deutsche Sprache und Kultur entscheidend für die Berufsausübung ist, wie zum Beispiel die Rechtsanwälte. Aber auch die selbstständigen Kaufleute, die oft kein Polnisch sprechen, wandern ins Reich ab. Ihnen schließen sich bald auch Angestellte und Industriearbeiter an, denn das Lohnniveau ist im neuen Staat deutlich niedriger als im Reich. Es bleiben vor allem Landwirte, auch die deutschsprachigen adeligen Großgrundbesitzer Pommerellens und Westpreußens und selbstständige Unternehmer. Die deutsche Stadtbevölkerung geht so um etwa 85% zurück. Juden, die sich stark mit der deutschen Nation identifizieren, zieht es ebenfalls ins Reich: Den Antisemitismus der Polen fürchten viele damals noch mehr als den der Deutschen.[13]

Der Verlust eines südlichen Zipfels Ostpreußens wird erst mit Überreichung der Friedensbedingungen an die deutsche Friedensabordnung in Versailles am 7. Mai 1919 im vollen Umfang in der Provinz bekannt.[14] Ohne eine Volksabstimmung wird zum 10. Januar 1920 im Süden des Kreises Neidenburg ein 501 km² großes Gebiet um die zweitgrößte Stadt des Kreises, Soldau, mit 24767 Einwohnern an die Republik Polen abgetreten. In diesem Teil des Kreises liegt der Anteil der polnischen Bevölkerung nach Spracherhebungen zur Vorkriegszeit bei etwa 20%.[15] Als „polnisch" wird dabei von deutschen Statistikern nur die katholische Bevölkerung betrachtet; polnischsprachige evangelische Christen gelten als Masuren. Soldau, das nie direkt zum Königreich Polen gehört hat, wird Polen von den Siegermächten aus strategischen Gründen zugesprochen: Die Stadt liegt an der wichtigen Bahnstrecke Danzig–Marienburg–Mlawa–Warschau. Diese Bahn soll nach den Entscheidungen der Friedenskonferenz an Polen fallen.[16]

Am 10. Januar 1920 tritt der Versailler Vertrag in Kraft. Am 17. Januar verlassen die deutschen Truppen Soldau. Polnisches Militär und polnische Polizei rücken nach. Auch das Gut der Familie Oehlrich in Klein Tauersee im Amtsbezirk Heinrichsdorf liegt jetzt in Polen. Die Tochter des Besitzers Herbert Oehlrich schreibt in ihren Erinnerungen: „Am 20. Januar zogen im Städtchen Soldau – es lag etwa 16 km von uns entfernt – die Polen ein. Die Abtretung war damit zur vollzogenen Tatsache geworden. Abgesehen von allen anderen Problemen und Schwierigkeiten, die sich von diesem Zeitpunkt an für alle Deutschen des Gebiets (...) erhoben, sollte man an das denken, was man heute ‚Sprachbarriere' nennt. Muss man nicht eigentlich mit Erstaunen zur Kenntnis nehmen, dass im gesamten ostdeutschen Grenzgebiet (...) die Sprache des nebenan wohnenden Nachbarn auf Schulen kaum gelehrt wurde?"[17]

Unmittelbar nach dem Anschluss an Polen setzt die Abwanderung der Beamten, auch vieler Lehrer, aus Soldau ein. Die evangelischen Geistlichen bleiben aber in ihren Gemeinden. Auch viele Arbeiter, die im Wiederaufbau der in den Kämpfen 1914 und 1915 beschädigten Häuser und Höfe Beschäftigung gefunden haben, wandern nach Norden ab, oft nur bis Neidenburg. In Ostpreußen sind nicht nur die Löhne höher, die Arbeitszeit beträgt dort jetzt acht, in Polen noch zehn Stunden täglich.[18] Oda Goerdeler sieht neben den Arbeitern vor allem die beamteten gebildeten Eliten fortgehen, die kleinen Angestellten und die Selbstständigen bleiben. „Den ansässigen kleinen Beamten von Bahn und Post, die vielfach das Polnische beherrschten, wurde das Bleiben leichter; teilweise wurden sie übernommen und versahen einen ähnlichen Dienst – schließlich hatte der Staat ja eine Beamtenschaft nötig, die wenigstens in den unteren Dienstgraden erfahren war. Die Kaufleute, Gewerbetreibenden, Fabrikanten, Apotheker, Gastwirte und Ärzte spürten bald ein anderes Klima. Bei ihnen wirkte sich eine Politik der kleinen und großen Schikanen aus."[19]

Zu Beginn des Jahres 1920 ist die Masse der mit Deutschland sympathisierenden Soldauer Bevölkerung noch in der Heimat geblieben, und so erleiden die Polen bei den ersten Wahlen zum Sejm am 2. Mai 1920 im Soldauer Ländchen eine Niederlage. Im Amt Soldau werden 4838 deutsche gegen nur 1511 polnische Stimmen abgegeben. Der deutsche Kandidat, Superintendent Ernst Barczewski, zieht mit fast 75% der Stimmen als Abgeordneter in den Sejm ein.[20] Er gehört ihm bis zum Jahr 1922 an, von 1928 bis 1930 ist er einer der fünf deutschen unter den 111 Senatoren der Zweiten Polnischen Parlamentskammer, gewählt für den „Block Nationaler Minderheiten" im Wahlkreises Graudenz in der polnischen Provinz Pommern.[21]

Wie früher Preußen in seinen polnischsprachigen Regionen betreibt jetzt die Republik Polen auch in ihrem Territorium um Soldau eine aktive Politik der Assimilierung und setzt dabei an vier Stellen an: in der Kirche, der Schule, dem Vereinswesen und der Wirtschaft. Die wenigen deutschsprachigen Katholiken lassen sich polonisieren. Oda Goerdeler: „Dieser Halt, den die evangelischen Deutschen besassen, fehlte den Katholischen – und das ist einzusehen. Ihre Pastoren, in den meisten Fällen aus dem Polnischen stammend, hatten schließlich die Pflicht, Gläubige beiderlei Volkstums zu betreuen; in ihren Gemeinden waren die Deutschen eine Minderheit, eine, die nun durchaus schwankend werden konnte und auch ihren Frieden mit polnischen Verhältnissen leichter schloss."[22]

Obwohl die Polen sich bemühen, die masurischsprachigen Protestanten beispielsweise durch die Einrichtung eines evangelischen Lehrerseminars in Soldau für sich zu gewinnen, scheitert der Versuch. Die „Evangelisch-Augsburgische Kirche in Polen" umwirbt vor allem die protestantische masurische Landbevölkerung. Die Protestanten im Soldauer Gebiet schließen sich jedoch ebenso wenig wie die im Posenschen und im ehemaligen Westpreußen verbleibende evangelische Bevölkerung dieser „polnischen Kirche" unter ihrem Bischof Juliusz Bursche an. Sie halten sich an ein sich in Posen konstituierendes deutsches Konsistorium. Der ehemalige Königsberger Stadtarchivar und Historiker Fritz Gause hat auch eine Geschichte des Amtes und der Stadt Soldau geschrieben. Darin heißt es: „Die Gottesdienste fanden wie bisher in beiden Sprachen statt, aber die masurischen Gottesdienste wurden immer weniger besucht. Es war ein stummer, aber beredter Protest gegen alle Polonisierungsversuche, dass die Masuren je länger je mehr dem masurischen Gottesdienst fernblieben und lieber den deutschen Gottesdienst besuchten, auch wenn sie, was namentlich auf die Jugend zutrifft, die keine deutsche Schulbildung mehr empfing, von der deutschen Predigt nur wenig verstanden.“[23]

In Russland hat im November 1917 die sozialistische Revolution gesiegt und die Partei der Bolschewisten an die Macht gebracht. Ein sich anschließender fast vierjähriger Bürgerkrieg schwächt das Land, Territorien des ehemaligen Zarenreichs werden zu selbstständigen Staaten. Die „Russische Sozialistische Förderative Sowjetrepublik“ ist im Jahr 1920 ein durch Revolution und Bürgerkrieg ausgelaugtes Land. Im April 1920 beginnt die polnische Armee mit dem Einmarsch in die weißrussischen und ukrainischen Gebiete der Sowjetunion und wird dabei unterstützt von Frankreich. Doch die Okkupation scheint zunächst in einem Desaster für die Polen zu enden. Nach wechselvollen Kämpfen steht eine sowjetische Armee Mitte August 1920 vor Warschau, eine weitere unter der waghalsigen Führung ihres Reitergenerals Budjonny vor Lemberg. Spitzen der Russen dringen über Soldau bis Graudenz und Strasburg/Westpreußen weit nach Westen vor. Nicht wenige Deutsche in Polen begrüßen die Russen als Befreier von der polnischen Herrschaft und hissen sogar die alten deutschen Fahnen. In Soldau werden Einheiten der Roten Armee am 3. September 1920 mit Blumen begrüßt.[24] Für kurze Zeit träumt die deutsche Bevölkerung von der Rückgabe des gesamten polnischen Korridors an Deutschland, die Sowjetrussland für den Fall eines Sieges ankündigt hat. Dem polnischen Marschall Pilsudski gelingt es aber im August 1920, die Russen durch ein riskantes Umfassungsmanöver bei Warschau zu schlagen.

Nach diesem überraschenden polnischen Sieg, dem „Wunder an der Weichsel“, treten die Russen den Rückzug an. Die Polen drängen die sowjetische Armee in der Folge bis in die Ukraine zurück; die weit nach Westen vorgedrungenen Verbände der Roten Armee müssen vor den nachdrängenden polnischen Verbänden auf ostpreußisches Gebiet flüchten.

Die Schulchronik von Roggen berichtet, dass bei dem Dorf am 22. August 1920, von Wolka kommend, 4000 Russen über die Grenze gehen: „Schon frühmorgens um 4½ Uhr zog der erste Trupp durch das Dorf. Am Hause des Gemeindevorstehers Fanelsa wurden sie von unserer Sicherheitspolizei entwaffnet. Sie ließen es gerne zu. Ihre Waffen, Gewehre, Karabiner, Revolver, Pistolen und Maschinengewehre wurden nebst Säbeln auf große Haufen auf der Straße zusammengeworfen, ebenso die verschiedene Munition. Am Nachmittage dieses Sonntags kam der Haupttrupp über die Grenze. Das ganze Dorf war von Russen voll, die sehr friedlich waren und nur um Speise, besonders um Brot baten. Sie wurden alle nach Puchallowen transportiert. Dort wurde an der Roggener Chaussee etwa 200 m vom Bahnhof entfernt ein Lager gebildet. Hunderte von Pferden bedeckten die Puchallower Felder.“[25] In den nächsten Tagen werden die Waffen der Russen abgefahren, vernichtet und dann als Altmetall verkauft. Die Soldaten werden im Lager des Truppenübungsplatzes Arys interniert und danach mit der Bahn ins von Frankreich und Belgien besetzte Ruhrgebiet trans-

Auch die Einwohner des Dorfes Milucken im Kreis Ortelsburg wollen nicht polnisch sein. Viele der 15 Hofstellen des masurischen Dorfes sind so klein, dass der Altenteiler nicht mit Pferd und Wagen, sondern nur im Ochsengespann zum Fest des Kriegervereins gefahren werden kann.

portiert. Dort bleiben sie einige Monate inhaftiert, bis sie im Frühjahr 1921 in die Sowjetunion zurückkehren können.

Ein Bündnisvertrag vom 19. Februar 1921 und ein zwei Tage später geschlossenes Militärabkommen sind die Grundlage für eine enge Anlehnung Polens an Frankreich.[26] Danach wird im Friedensvertrag von Riga im März 1921 Polens Ostgrenze etwa 250 km östlich der ursprünglich geplanten Linie festgelegt. Die ursprüngliche Linie hatte noch die östliche Grenze des geschlossenen polnischen Siedlungsgebietes markiert, in dem neu Polen zu geschlagenen Gebiet sind mehrheitlich nur die Städte polnisch, das Land ist überwiegend weißrussisch und ukrainisch. Nach dem Frieden von Riga hat Polen ein Territorium von über 380 000 km² und eine Bevölkerung von mehr als 27 Mio. Menschen. Polen besetzt nach der Flucht der Roten Armee wieder Soldau und auch die ehemals westpreußischen Gebiete. Der „Landesverrat" seiner Neubürger bleibt nicht ungesühnt. Es kommt zu Denunziationen und auch Ausschreitungen gegen die deutsche Minderheit, was die Flucht weiterer Deutscher nach Ostpreußen zur Folge hat. Das Verhältnis der Volksgruppen ist so zerrüttet, dass der ostpreußische Oberpräsident Ernst Siehr den Polen einen förmlichen und umfassenden Austausch der Minderheiten vorschlägt.[27]

Im August 1921 zieht ein polnischer Regierungskommissar, der aus Wolhynien stammende sozialistische Redakteur und Schriftsteller Antoni Beaupré, eine Zwischenbilanz der misslungenen Integration Soldaus in die Republik: „Der Kreis Soldau, das einzige Stückchen masurischen Landes, das Polen im Versailler Vertrag zuerkannt wurde, hat eine Bevölkerung, die gegenüber Polen so eingestimmt wie das übrige Masuren ist. Man kann dort nicht von irgendeinem polnischen Patriotismus sprechen und ist auch überhaupt nicht vertraut mit der polnischen Regierung. Die Geistlichen und Lehrer, die am Ort geblieben sind, nähren systematisch die Abneigung gegen Polen. Jeder Schritt der polnischen Regierung wird dort sofort arglistig und falsch gedeutet und dient als Grundlage für antipolnische Agitation."[28]

Die Mehrheit der deutsch gesinnten Bevölkerung Soldaus verlässt bis 1932 das Soldauer Ländchen. Etwa 13 000 wandern nach Ostpreußen und ins Reich ab. Die 7 000, die bis 1939 bleiben, geraten nach und nach durch eine Zuwanderung von Polen in die Minderheit.[29]

Die Volksabstimmungen

Der Vertrag von Versailles sieht vor, in den südlichen Kreisen Ostpreußens, den östlich der Weichsel gelegenen Teilen Westpreußens und in Oberschlesien in Volksabstimmungen die Bevölkerung über die weitere staatliche Zugehörigkeit der Gebiete entscheiden zu lassen. Bei der Friedenskonferenz von Versailles hat die polnische Delegation vorgeschlagen, ganz Ostpreußen bis auf geringe Landstriche um Königsberg an Polen zu geben. Das Gebiet sei ethnisch polnisch. Deutschland bestreitet das. Wojciech Wrzesiński über die polnische Positionen: „Die polnischen territorialen Postulate während der Pariser Friedenskonferenz präzisierend, forderte die polnische Delegation die Liquidierung der deutschen Souveränität in Ostpreußen. Dies sollte durch den Anschluß des südlichen Teils an Polen passieren und aus Königsberg und Umgebung sollte eine Freie Stadt entstehen. (...) Auf diese Weise wollten sie die Voraussetzungen zum allmählichen, natürlichen, friedlichen Hereinwachsen Königsbergs – den Staatsgrenzen zum Trotz – in den lebendigen Organismus der polnischen Zweiten Republik schaffen."[30]

Nach den Entscheidungen der alliierten Sieger soll in Ostpreußen in neun Kreisen des Regierungsbezirks Allenstein (Lötzen, Sensburg, Lyck, Johannisburg, Ortelsburg, Neidenburg, Osterode, Allenstein, Rößel), in der Stadt Allenstein und im Kreis Oletzko des Regierungsbezirks Gumbinnen über die nationale Zugehörigkeit abgestimmt werden. Zum „Abstimmungsgebiet Marienwerder" in Westpreußen gehören nur vier der 26 westpreußischen Kreise (Marienburg, Marienwerder, Rosenberg und Stuhm) und von diesen vier nur deren östlich von Weichsel und Nogat gelegenen Gebiete. Die Grenzziehung von Versailles durchtrennt nicht nur Kreise, sondern auch Städte. So liegt der Stadtteil Kalthof von Marienburg westlich der Nogat und kommt ohne Abstimmung zum Freistaat Danzig. Mit dem Inkrafttreten des Versailler Ver-

Offiziere aus Polen, Deutschland, Frankreich und Italien in Marienwerder. Vor allem die Italiener, auffällig in ihren Bersaglieri- und Alpini-Uniformen, überwachen dieses Abstimmungsgebiet. Sie sind bei der deutschen Bevölkerung durchaus beliebt.

trages am 10. Januar 1920 gehen, ebenfalls ohne Abstimmung, die östlich der Nogat gelegenen Teile des westpreußischen Kreises Elbing (circa 75 %) und die Stadt Elbing an Deutschland. Da die Provinz Westpreußen ihr gesamtes Territorium verliert und deshalb nicht mehr existiert, werden Kreis und Stadt Elbing am 28. November 1920 zusammen mit einem kleinen Teil des Kreises Danziger Niederung auf der Frischen Nehrung dem Oberpräsidenten der Provinz Ostpreußen in Königsberg unterstellt.

Nach den Regelungen des Versailler Vertrags werden die Abstimmungsgebiete entmilitarisiert. Jedes Gebiet wird von einer dem Völkerbund unterstehenden Abstimmungskommission verwaltet. Am 14. und 17. Februar 1920 übernehmen „Interalliierte Kommissionen" die Aufsicht in den Abstimmungsgebieten Marienwerder und Allenstein. Ihnen werden britische und italienische Truppen zur Überwachung zugewiesen. Alle bestehenden deutschen Gesetze und Verordnungen, die einer neutralen Durchführung der Abstimmung widersprochen hätten, werden außer Kraft gesetzt. Im Abstimmungsgebiet dürfen sich keine Militärs und andere bewaffnete Kräfte aufhalten. Die bestehende Polizei wird auf- und durch eine „Volksabstimmungs-Polizei" und „Volksabstimmungs-Grenzpolizei" abgelöst. Sie untersteht nur der Kommission; Angehörige beider Nationalitäten können sich zum Dienst bewerben, die nach der Abstimmung wieder aufgelöst werden soll. Den amtierenden preußischen Landräten werden polnische Beigeordnete zugewiesen, die berechtigt sind, alle Entscheidungen, von denen sie glauben, dass sie die Interessen der polnischen Bevölkerung beeinträchtigen, den alliierten Kommissionen anzuzeigen.[31]

Wahlberechtigt in den beiden Abstimmungsgebieten sind alle Einwohner des Abstimmungsgebiets, die älter als 20 Jahre sind, dort seit dem 1. Januar 1914 ihren Wohnsitz oder gewöhnlichen Aufenthaltsort haben sowie die dort vor dem 1. Januar 1905 Geborenen.[32] Dies hat zur Folge, dass zahlreiche Masuren und Westpreußen, die im Rahmen der Industrialisierung insbesondere in das Ruhrgebiet abgewandert sind, an der Abstimmung teilnehmen dürfen. Es lassen sich knapp 100 000 geborene Ostpreußen, die nicht mehr in der Provinz leben, registrieren.[33] Polnische Quellen nennen 157 000 anreisende Wähler (37 % aller Wahlberechtigten), die letztlich wohl fast alle für Deutschland gestimmt haben werden.[34] Zuerst in Gelsenkirchen, dem Zentrum der masurischen Auswanderung, dann auch in anderen deutschen Städten beginnt man ab dem Sommer 1919, möglichst alle Abstimmungsberechtigte ausfindig und auf ihre vaterländische Pflicht zur Teilnahme an der Abstimmung aufmerksam zu machen. „Geschäftsstellen für Volksabstimmung" übernehmen es, Sammellisten der abstimmungsberechtigten Personen aufzustellen, um diesen die Legitimationspapiere zu beschaffen. Sie organisieren die freie Hin- und Rückfahrt, die Unterkunft am Abstimmungsort und eine Entschädigung für den Arbeitsverdienst.[35]

Die Wahlbedingungen erfüllen beispielsweise in der Stadt Marienburg 11 438 Abstimmungsberechtigte, von denen 7 899 in der Stadt selbst und 3 539 außerhalb wohnen.[36] In der Abstimmung werden in Marienburg nur 9 806 Stimmen abgegeben. Wahlberechtigt sind auch Frauen, die im Zuge der Novemberrevolution im Deutschen Reich das Wahlrecht erhalten haben. Im Sommer 1920 sind die Frauen auch in Ostpreußen schon wahlerfahren. Sie haben am 19. Januar 1919 die Nationalversammlung gewählt, am 26. Januar 1919 die Preußische Landesversammlung und auch an Wahlen zu Kommunalparlamenten teilgenommen.

Deutsche und Polen entfalten intensive Kampagnen, um für die jeweilige nationale Zugehörigkeit zu werben. Die Polen zeigen zeitweise, so Wojciech Wrzesiński, einen „irrationalen Optimismus": „Es wurde die Hoffnung geäußert, dass die nahe Nachbarschaft des wiederhergestellten Polens in der Zeit vor dem Plebizit Einfluß auf die nationale Einstellung der Masuren und Ermländer ausüben würde, daß sich die Sprachgemeinschaft mit den Polen jenseits der Grenze in ein Gefühl nationaler und politischer Verbundenheit umwandeln würde."[37] Nach der Wahl konstatiert der polnische Historiker und Publizist Stanisław Zieliński: „Das Polentum der Masuren hat leider nur einen sprachlichen Charakter. Der masurische Bauer gehört im Gegenteil zu den treusten politischen Untertanen des Preußischen Königs. Kein Wunder. Durch die Jahrhunderte allein gelassene Masuren verfügten über keine eigene Intelligenz, Polentum lernten sie nur über die Repräsentanten kennen, mit denen sie einen Kontakt hatten, d.h. über einen armen Saisonarbeiter und jüdischen Händler aus der Gegend von Grajewo und Mlawa. Polentum war etwas niedriges, Deutschtum war ein Synonym für Kultur. Es gibt auch keine Ressentimentsgefühle gegen Deutsche wegen einer gesetzlichen Unterdrückung, weil es keine gegeben hat. Die Deutschen (...) ließen auch die Sprache des (masurischen) Volkes in Ruhe und betrachteten es als ein unschuldiges Spielzeug in den Händen der treuesten Söhne des Preußischen Königreichs."[38]

Die polnische Seite gründet im November 1919 in Warschau das „Masurische Abstimmungskomitee", ein „Volksrat für Masuren" entsteht in Ortelsburg. Doch die Polen finden in Masuren wenig Unterstützung, sie müssen auf Agitatoren aus Großpolen zurückgreifen. Die sind nicht nur ortsfremd, sondern teilweise auch katholisch. Günstiger sieht es für die polnische Sache in den beiden Kreisen des südlichen Ermlands aus, wo eine katholische, teilweise pro-polnisch eingestellte Minderheit in den Dörfern lebt und sich auch artikuliert.[39] Die Polen gründen in Allenstein einen „Volksrat für das Ermland" mit Sitz im „Reichshof" in der Bahnhofstraße. Er beginnt seine Tätigkeit, nachdem die Interalliierte Kommission am 12. Februar 1920 in Allenstein eingezogen ist.[40] Die leitenden Köpfe im „Volksrat für das Ermland" sind die katholischen Pfarrer von Braunswalte, Wuttrienen, Groß Kleeberg und Klaukendorf.[41] Der Pfarrer von Wuttrienen, Wladislaw Osinski, gehört zu dieser Zeit dem Ostpreußischen Provinzlandtag an. Nach dem Braunswalder Pfarrer Walenty Barczewski wird 1946 die Stadt Wartenburg in Barczewo umbenannt werden. Barczewski ist bis 1925 der einzige polnische Abgeordnete des ostpreußischen Provinzlandtages.

Wer sich im Abstimmungskampf und in den Volksabstimmungsausschüssen engagiert, profiliert sich eindeutig national. Die Entente garantiert zwar, dass auf niemanden Druck aufgrund seines Engagements und Abstimmungsverhaltens ausgeübt werden soll[42], aber das ist vor allem für Polnischgesinnte in der aufgeheizten Atmosphäre ein Problem: „In diesem kleinmaschigen System bedurfte es gewiß des Mutes, sich öffentlich für Polen auszusprechen"[43], stellt Hartmut Boockmann fest. Und Wojciech Wrzesiński merkt an: „Gleichberechtigung im Engagement der Kräfte auf beiden Seiten war schwierig. Die Stimmabgabe für Polen erforderte einen tiefen Patriotismus und großen Mut."[44] Nicht alle deutschen Behörden werden sich an ihre Zusagen vor der Abstimmung halten.

Am 14. Juli 1919 gründet sich der „Masuren- und Ermländerbund", um für den Verbleib bei Deutschland zu werben. Schon am 1. Oktober 1919 zählt er 1 046 Vereine mit 206 314 Mitgliedern. Georg Graf von Brühl, damals im Rang eines Regierungsassessors Landrat im Kreis Allenstein, erinnert sich: „Auch im Landkreis Allenstein gab es bald kein Dorf mehr ohne einen rührigen, deutschen Heimatverein. Seine Heimatfeste, Familienabende usw. mit Gesang und Tanz, die naturgemäß die ganze heranwachsende Dorfjugend anzogen, machten Propaganda für das Deutschtum im besten Sinne des Wortes. Wer nicht mitmachte, galt als Pole, und das wollte niemand sein."[45] Für den Fall eines Verbots der Organisation hat man alle wichtigen Stellen geheim doppelt und dreifach besetzt.

In den vier westpreußischen Kreisen sind – anders als im Abstimmungsgebiet Allenstein – Arbeitsgemeinschaften der politischen Parteien die Träger der deutschen Agitation und keine Heimatvereine auf parteipolitisch neutraler Grundlage. In der Agitation halten sich in Westpreußen die bürgerlichen Parteien DNVP und DVP in Gebieten mit einer großen katholischen polnischsprachigen Landbevölkerung zurück und überlassen die Agitation dem Zentrum und den Mehrheitssozialdemokraten.[46] Als polnische Interessenvertretung hat sich in Marienwerder der Oberste Polnische Volksrat gebildet. Er setzt vor allem „Wanderredner" ein. Die Gazeta Polska, die als Tageszeitung in polnischer Sprache in Marienburg erscheint, agitiert täglich für den Anschluss an Polen.[47]

Die von den Ententemächten angesetzte Abstimmung findet in einer für beide Nationen schwierigen Zeit statt. Polens Armee ist im polnisch-sowjetischen Krieg in der Defensive; seit Juni 1920 belagert die Rote Armee Lemberg und marschiert in Richtung Warschau. Für Masuren, Ermländer und die polnischsprachigen Westpreußen ist es wenig attraktiv, Teil eines Staates zu werden, auf dessen Territorium ein Krieg tobt, der sich zudem langsam der ostpreußischen Grenze nähert. Das Deutsche Reich hat erst einige Monate zuvor den Kapp-Putsch, in der Folge den größten Streik seiner Geschichte und bürgerkriegsartige Kämpfe überstanden. In Ostpreußen hat man die Spitzen der meisten Verwaltungen, die mit den Putschisten sympathisiert hatten, ausgetauscht. Die wirtschaftliche Lage ist im ersten Halbjahr 1920 in beiden Ländern katastrophal, allerdings gewährt das Deutsche Reich in Ostpreußen großzügige Kredite zur Behebung der im Krieg entstandenen Zerstörungen, liefert Lebensmittel und Rohstoffe. Um das Ergebnis der Abstimmung nicht zu gefährden, setzt die Reichsregierung im Mai 1920 sogar die reichsweite Erhöhung der Brot- und Mehlpreise in den Abstimmungsgebieten aus.[48]

Der evangelische Pfarrer Bruno Rathke organisiert in der Stadt Lyck die deutsche Agitation. Was er in der Zeitschrift *Sudauen. Blätter zur Heimatgeschichte des Kreises Lyck* beschreibt, dürfte die Stimmung im Vorfeld der Abstimmung in Masuren treffend wiedergegeben: „Man glaubte nicht an Polens Leistungsfähigkeit und traute dem durch Krieg und Revolution so arg mitgenommenen deutschen Volke mehr zu als dem von Glück begünstigten Polen da drüben. Auch fühlte man sich durchaus als Preuße und Deutscher, wohnend in einem Lande, welches zwar Polens Nachbar, niemals Polens Untertan gewesen ist. So schroff und mit einem Unterton der Verachtung wurde die Abneigung gegen das fremde Volk ausgesprochen, dass ein polnischer Geistlicher als Beobachter des kirchlichen Lebens der Masuren über die Grenze und auch in den Kreis Lyck gekommen, zu einem Milkener Pfarrer erstaunt und beunruhigt sagte: ‚Ich begreife nicht Ihren Haß gegen Polen.'"[49]

Obwohl die Familie des 15-jährigen Horst Biernath im Jahr 1920 in Bartenstein lebt, das nicht zum Abstimmungsgebiet gehört, nimmt sie den sich immer mehr in eine nationale Euphorie steigernden Abstimmungstrubel wahr: „Denn von über-

Für den Tag der Abstimmung am 11. Juli 1920 hat sich das Sägewerk im Großdorf Rehhof, Kreis Stuhm geschmückt. Die Festgirlande schmücken die ersten Worte der dritten Strophe der neuen Nationalhymne: „Einigkeit und Recht und Freiheit für das deutsche Vaterland (...)“

all her, aus Berlin, aus Breslau, aus Bremen und sogar aus Gelsenkirchen kamen Verwandte angereist, um ihr Stimmrecht auszuüben und im Anschluß an die Abstimmung alte Familienbande neu zu knüpfen. Mutter mußte viele Handarbeiten opfern, um die ausgehungerte Verwandtschaft satt zu kriegen. Sie fraßen Mutters Speisekammer ratzeputze leer und schieden in der Überzeugung, dass wir in Ostpreußen wie die Maden im Speck lebten.“[50] Biernaths Vater selbst darf als in Masuren Geborener in seinem Geburtsort Arys im Kreis Johannisburg seine Stimme abgeben.

Einige Tage vor der Abstimmung treffen auch in Garnsee im Kreis Marienwerder die ersten anreisenden Wahlberechtigungen ein. Sie werden in geschmückten Wagen vom Bahnhof abgeholt und in die Quartiere eingewiesen. Überall führt die Ankunft der Gäste zu Familienfesten und Nachbarschaftsfeiern. Auch in Garnsee sind es strahlend blaue Sommertage. Die Häuser der Städte sind geschmückt, bis in die kleinsten Gässchen hinein hängen Fahnen und Girlanden von Fenster zu Fenster. Am Vorabend der Abstimmung findet in Garnsee im Saalbetrieb „Prinz von Preußen“ eine Treuekundgebung statt.[51] Auch der 11. Juli 1920, der Tag der Abstimmung, ist überall in Westpreußen und Masuren ein heißer Sommertag. In Marienburg rufen am Morgen wie überall die Kirchenglocken beider Konfessionen zu besonderen Gottesdiensten. Für die Stimmabgabe sind 29 Wahllokale eingerichtet. In ihnen prüfen jeweils zwei Deutsche und zwei Polen die Ausweise.[52] Entscheiden müssen sich die

Abstimmenden zwischen „Ostpreußen“ und „Polen“. Dass nicht „Deutschland“ auf dem Wahlzettel steht, geht auf einen Wunsch der Polen zurück, dem die Entente-mächte entsprochen haben.[53] In Garnsee sind an diesem Tag Gäste und Einheimische schon früh auf den Beinen. „Schon vor acht Uhr morgens standen die Abstimmler vor dem Rathaus, still und ohne Gedränge. Kein Unfriede, kein Geschimpfe kam auf, keine Unruhe störte den Wahlakt. Ein jeder warf seinen Stimmzettel in die Urne. Wie in einem aufgerührten Bienenkorb schwärmten die Einwohner unseres Städtchens und ihre Gäste in den Straßen, bis die Abstimmungsergebnisse bekannt wurden.“[54] In der Stadt Garnsee stimmen 98 % für „Ostpreußen“.

Auch der Diplomat Rudolf Nadolny reist zur Abstimmung in seinen Geburtsort Groß Stürlack im Kreis Lötzen. Er fragt im Abstimmungslokal, ob es auch polnische Stimmzettel gibt. „Lächelnd zeigte man auf ein Päckchen. Da lagen sie unberührt, und niemand konnte sie lesen.“[55] Im Dorf Plausen im Kreis Rößel werden insgesamt 506 Stimmberechtigte ermittelt, 491 machen von ihrem Recht Gebrauch. 489 Männer und Frauen stimmen für „Ostpreußen“ und damit dem Verbleib bei Deutschland. Zwei Stimmen sind ungültig. Für Polen wird nicht eine einzige Stimme abgegeben.[56] In Marienburg entfallen von 9 806 abgegebenen gültigen Stimmen 9 641 auf Ostpreußen, 165 auf Polen. Im Kreisgebiet werden 17 996 Stimmen abgegeben, davon 17 805 für Ostpreußen und 191 für Polen.[57]

Im Städtchen Freystadt im westpreußischen Kreis Rosenberg sind die Katholiken eine kleine Minderheit. Der Pfarrer der katholischen Gemeinde, Pater John Mazella, bekennt sich zum Polentum. Am Tag der Abstimmung hängt er eine große polnische Fahne aus dem Fenster seines Hauses. Von den 1 875 in Freystadt abgegebenen Stimmen gelten aber nur 26 Polen. Noch 1963 beschreibt das Heimatbuch des Kreises mit kaum verhohlener Schadenfreude die Reaktion eines Teils der deutschen Mehrheit auf das Ergebnis: „Nach Beendigung der Wahl mußte der Pfarrer unter nicht gerade freundlicher Mithilfe seine Fahne zum Marktplatz bringen, wo sie unter Absingen des Deutschlandliedes dem Scheiterhaufen übergeben wurde.“[58] Die Formulierung „nicht gerade freundliche Mithilfe“ verschweigt, dass der katholische Pfarrer mit vorgehaltener Waffe gezwungen wird, die polnische Fahne zu verbrennen.[59] Noch im gleichen Jahr geht Mazella in die Republik Polen. Sein Nachfolger, Pfarrer Rehfeld, ist dann „deutsch gesinnt“.

Im Abstimmungsgebiet Allenstein werden bei einer Wahlbeteiligung von 87,31 % für „Ostpreußen“ 363 209 Stimmen (97,89 %) und 7 980 Stimmen (2,11 %) für Polen abgegeben. Im ermländischen Kreis Allenstein votieren 4 871 Wahlberechtigte für Polen, das sind 11,71 % der Stimmen. In Rößel sind es nur 2,1 %, in der Stadt Allenstein 2 %. Im Abstimmungsgebiet Marienwerder erhalten die Polen immerhin 8 018 Stimmen (7,64 %). Von den Westpreußen entscheiden sich 96 923 (92,36 %) für „Ostpreußen“. Im Kreis Stuhm optieren 4 904 Wahlberechtigte für Polen, das sind 17,6 %. In diesem Kreis, der von allen das für Polen beste Ergebnis hat, gibt es in 102 Ort-

Wie hier auf dem Bahnhof von Allenstein im Juli 1920 bewirtschaftet die alte Heimat überall in Masuren und dem westpreußischen Abstimmungsgebiet die aus dem Westen Deutschlands anreisenden masurischen und westpreußischen Abwanderer äußerst gastfreundlich.

schaften eine deutsche Mehrheit, aber nur in 22 eine polnische. Im Kreis ist kein Ort ohne deutsche, dagegen sind 28 Orte ohne polnische Stimme geblieben. Selbst in Groß Waplitz, dem Sitz der pro-polnischen Grafen von Sierakowski, erringen die Polen keine Mehrheit.[60]

Im Kreis Stuhm haben in 13 Ortschaften des Kreises mehr Ausgewanderte als Ansässige abgestimmt. Das ist das Ergebnis einer starken Emigration in den letzten 50 Jahren. Der westpreußische Regierungspräsident erklärt denn auch das Zahlenverhältnis mit einer besonders hohen Abwanderungsquote polnischsprachiger Landarbeiter in den Westen des Deutschen Reichs.[61] In den Kreisen Marienburg und Rosenberg gibt es keine Gemeinden mit polnischer Stimmenmehrheit. Im Kreis Marienwerder stimmen aber in fünf von insgesamt 97 Gemeinden mehr Wähler für Polen als für Deutschland. Im Kreis Oletzko werden sogar nur zwei von 28 627 Stimmen für Polen abgegeben. Aus diesem Grunde verzichtet die Stadt Marggrabowa am 21. Dezember 1928 auf ihren Namen polnischer Herkunft und nennt sich programmatisch in „Treuburg" um.

Der oberländische Kreis Osterode muss als Ergebnis der Abstimmung die drei Landgemeinden Klein Lobenstein, Klein Nappern und Groschken zum 31. Oktober 1920 an Polen abtreten. Bei der Abstimmung erklärt sich hier eine Mehrheit für Polen. Die drei Gemeinden liegen direkt an der Grenze. Weitere 25 Gemeinden mit einer polnischen Mehrheit bei der Abstimmung bleiben beim Deutschen Reich, weil sie sonst polnische Exklaven in Ostpreußen gebildet hätten.

Die alliierte Botschafterkonferenz in Versailles legt am 12. August 1920 fest, dass auch die fünf auf dem rechten, östlichen Ufer der Weichsel gelegenen Orte des Kreises Marienwerder – Johannesdorf, Außendeich, Neuliebenau, Kramersdorf, Kleinfeld – und Marienwerders Hafen Kurzback an Polen fallen. Nur Außendeich und Neuliebenau hatten bei der Abstimmung eine polnische Stimmenmehrheit, die anderen Orte werden gegen den Willen der Mehrheit der Bewohner abgetrennt, um Ostpreußen völlig von jedem direkten Zugang zur Weichsel abzuschneiden.[62]

Andreas Kossert stellt fest, dass die Abstimmung eine fatale Wirkung zeigt. „Nichts blieb, wie es war. Polen, der ungeliebte östliche Nachbar des Reiches, wurde zum Objekt des Hasses. Wer sich als Pole zu erkennen gab, wurde angefeindet. Bald hörte man die polnische Sprache nur noch ungern, was dem Deutschen endgültig zum Durchbruch verhalf."[63] 1922 gründet sich in Berlin der „Bund der Polen in Deutschland", der bald 60 000 Mitglieder hat. Sein erster Vorsitzender ist von 1922 bis 1931 Graf Stanislaus Sierakowski aus Groß Waplitz.[64] Vom 15. November 1920 bis zum 30. Mai 1922 kommen im Soldauer Ländchen 101 polnischsprachige Übersiedler aus den Abstimmungsgebieten Ostpreußens an. Über die Hälfte von ihnen gibt an, verfolgt worden zu sein, da sie öffentlich für Polen optiert und agiert hätten.

Am 16. Juni 1925 wird im Deutschen Reich eine Volkszählung durchgeführt. Sie ergibt, dass in Ostpreußen der Anteil der fremdsprachigen Minderheiten an der Bevölkerung nun nicht mehr als 5 % bis 6 % der Gesamtbevölkerung beträgt. Es werden noch etwa 20 000 Einwohner mit ausschließlich polnischer Sprache ermittelt und circa 24 000 mit polnisch-deutscher Muttersprache – das sind 0,9 % bzw. 1,0 % der Bevölkerung. Noch immer differenzieren die Reichsstatistiker aber zwischen Masurisch und Polnisch. Sie stellen etwa 50 000 Menschen mit masurischer und 31 000 mit masurisch-deutscher Muttersprache (2,2 % bzw. 1,4 %) fest. Nach der Abtretung der Gebiete nördlich der Memel wird auch eine relativ kleine litauische Minderheit mit 4 200 Angehörigen registriert, die rein litauischer Muttersprache ist, dazu 3 200 Menschen, die litauisch-deutscher Muttersprache sind. Selbst in den Zentren dieser Minderheiten in Westpreußen, Masuren und der Umgebung der Stadt Tilsit erreichen sie nirgends ein Gewicht, das ihnen im politischen und sozialen Leben der Provinz Einfluss gewährt.[65]

Danzig und der Korridor

Als Folge der Beschlüsse von Versailles wird die Provinz Ostpreußen eine Exklave des Deutschen Reichs. Den Teil der ehemaligen Provinz Westpreußen, der an Polen fällt und bei dem einstigen Fischerdorf Gdingen in einer Länge von 35 km an die Ostsee reicht, nennt man in Deutschland den „Polnischen Korridor". Dieser „Korridor" ist ein Gebietsstreifen von 80 bis 100 km Breite. Im Norden des „Korridors" liegt die Freie Stadt Danzig.

Der aus Königsberg stammende Philosoph Gerhard Szczesny konstatiert, dass das nach 1919 sehr ausgeprägt deutschnationale politische Klima in der „Insel Ostpreußen" ein Resultat vor allem der geographisch-geopolitischen Lage ist: „Die Abtrennung vom ‚Reich' durch den (...) ‚Polnischen Korridor' verstärkte das Bewusstsein, Bollwerk des Deutschtums zu sein (und hätte notabene einen solchen Effekt auch bei jeder anderen Nation gehabt). Und unabhängig von allen nationalen und nationalistischen Tendenzen erweckte dieses geschlossene, aus einer kultur- und sprachfremden Umgebung scharf herausgegrenzte, leicht überschau- und charakterisierbare Land ein besonders intensives Heimatgefühl."[66]

Kurzzeitig gibt es vom November 1918 bis zur Etablierung der deutschen Nationalversammlung in Weimar in nationalen Kreisen Ost- und Westpreußens um den ostpreußischen Oberpräsidenten Adolf Tortilowicz von Batocki-Friebe sogar die Idee der Gründung eines (vorübergehend) unabhängigen deutschen „Oststaates". Wie sich der aus Ostpreußen stammende Diplomat Rudolf Nadolny später erinnert, soll er sich vom Deutschen Reich, dass damals durch die Novemberrevolution erschüttert wird, lösen „und das in Ostpreußen unter General von Estorff vorhandene Militär für den neuen Staat (...) vereinnahmen. Mit diesem wollten wir dann den eingedrungenen Polen entgegentreten und sie wieder nach dem russischen Polen zurückjagen."[67]

Nadolny hat gute Kontakte zu Friedrich Ebert, ab 1920 ist er Chef des Büros des Reichspräsidenten. Nach Nadolnys Aussagen ist Ebert in die Pläne eingeweiht. August Winnig, Reichskommissar für Ostpreußen und als Oberpräsident Nachfolger von Batocki-Friebe, hat Verständnis für den kurzlebigen ostpreußischen Separatismus: „Der ihm eigene Gedankengang war etwa dieser: Ein abgetrenntes Ostpreußen allein kann sich nicht halten. Ostpreußen muß sich selbständig machen und mit Litauen und Kurland, möglichst auch mit Livland zusammen einen baltischen Bund bilden, der zusammen den gemeinsamen Feind Polen niederhält. (...) Dieser Separatismus wollte nicht Deutschheit preisgeben, sondern Deutschheit retten."[68] Als Winnig dies 1927 schreibt, ist er wegen seiner Unterstützung des Kapp-Putsches aus der SPD ausgeschlossen worden. Zwar treffen sich die Reichstagsabgeordneten der Nationalversammlung aus Schlesien, Posen, West- und Ostpreußen im Remter, dem Hauptsaal der Marienburg, aber sie können sich nicht auf die Gründung eines Oststaates und die Einsetzung einer separatistischen Ostregierung einigen. Letztlich verweigert sich auch das ostpreußische Militär dem Plan. Ein letztes Mal findet am 27. Mai 1919 ein Treffen eines „Aktionsausschuß Nord" in der Marienburg statt. Nadolny: „Wir kamen später, als der Versailler Vertrag in Weimar beraten wurde, dort noch einmal zusammen, aber es wurde beschlossen, von dem Vorhaben Abstand zu nehmen und das allgemeine deutsche Los zu teilen."[69]

Ostpreußen bleibt beim Reich, ist aber geographisch isoliert. „Mehr als die Schmälerung ihres eigenen Gebiets hat die Provinz den Verlust der westlichen Landbrücke zum Inneren Deutschlands als eine Katastrophe angesehen, mit der ein modus vivendi unmöglich sei."[70] Der Historiker Dieter Hertz-Eichenrode sieht indes in Versailles einen sicheren und garantierten Zugang zur Exklave Ostpreußen geschaffen. Man hätte in Ostpreußen faktisch mit den neuen Verhältnissen konstruktiv leben können und wäre nicht „daran zugrunde gegangen". Der Versailler Vertrag gesteht dem Deutschen Reich ausdrücklich das Recht zur ungehinderten Durchfahrt über polnisches Staatsgebiet nach Ostpreußen zu. Konkrete vertragliche Regelungen zwischen Deutschland und Polen fehlen aber zunächst. Ende 1920 wird dann in Warschau ein provisorisches Abkommen über den Transitverkehr nach Ostpreußen abgeschlossen und am 21. April 1921 durch ein endgültiges Abkommen ersetzt.[71]

Für den deutschen Eisenbahnverkehr von und nach Ostpreußen werden sieben Transitstrecken festgelegt, eine achte kommt 1922 hinzu. Im Gegenzug erhält Polen das Recht auf zwei Transitstrecken über ostpreußisches Gebiet, macht von dieser Möglichkeit aber nur kurzzeitig Gebrauch. Kürzeste und zugleich bedeutendste Transitstrecke nach Ostpreußen ist die „Ostbahn" im Abschnitt Firchau-Konitz (Chojnce)–Dirschau (Tczew)–Marienburg, die zweitwichtigste Verbindung im östlichen Teil die frühere Parallellinie über Thorn (Toruń). Beide stehen sowohl dem Güter- als auch dem Personenverkehr zur Verfügung.[72] 67 % der Eisenbahntransporte dienen der Energieversorgung Ostpreußens. Sie transportieren Kohle aus dem beim Reich verbliebenen Teil des oberschlesischen Industriegebiets für Industrie, Gewerbe, Haushalte und die Stromerzeugung in die Provinz.

Für die Fahrgäste ist die Transitfahrt weder mit einer Pass- noch mit einer Zollkontrolle verbunden, das Ein- und Aussteigen auf polnischem Gebiet aber ist untersagt. Um den polnischen Grenzbehörden die Überwachung der Transitzüge bei der Durchfahrt durch Polen zu erleichtern, dürfen in ihnen nur Wagen mit Durchgangsmöglichkeit verwendet werden. Das Öffnen der Fenster ist in den ersten Jahren nur während der Fahrt und nur auf der Gangseite erlaubt.[73] Reisende Angehörige der Wehrmacht dürfen keine Schusswaffen mitführen, sie müssen im Gepäckwagen abgegeben werden. Die östlichsten Zielbahnhöfe sind Königsberg (Hauptbahnhof), Allenstein (Hauptbahnhof), Tilsit, Memel und Eydtkuhnen. Kurswagenverbindungen gibt es u.a. nach Danzig, Lyck und bis nach Riga.

Als schnellster Zug bewältigt der „Fernschnellzug 5" im Sommer 1939 die 589,7 km lange Strecke von Berlin nach Königsberg in 6 Stunden 38 Minuten, was einem Schnitt von 89 km pro Stunde entspricht.[74] Die von Polen erhobenen Streckennutzungsgebühren betragen im Jahr 1935 rund 76 Mio. Zloty. In den Jahren 1935/36 bleibt die Reichsbahn wegen der kritischen Devisenlage des Reiches mit ihren Zahlungen im Rückstand. Um die Gebühren zu entrichten, überweisen die deutschen Behörden die an Zloty fehlenden Beträge monatlich in Reichsmark. Polen sieht darin zu

Recht einen Vertragsbruch. Die Polnische Staatsbahnen AG schließt zur Strafe nach einer kurzfristigen Ankündigung zu Beginn des Jahres 1936 eine Bahnverbindung nach der anderen und schränkt auch die Anzahl der Züge auf den Reststrecken ein. Zu dieser Zeit sind Reisezüge auf den meisten Transitstrecken im Durchschnitt nur zu 30 % besetzt und damit für die Deutsche Reichsbahn nicht rentabel. In den letzten Jahren vor dem Zweiten Weltkrieg verkehren im Transit von und nach Ostpreußen täglich noch etwa 20 Güterzugpaare und neun Reisezugpaare in jede Richtung.[75]

Für die Binnenschifffahrt und den Kraftwagenverkehr sind die Regelungen des Pariser Abkommens nicht so praktikabel wie im Bahntransit. Der Kraftwagenverkehr unterliegt im vollen Umfang dem Pass- und Sichtvermerkszwang und der Zollkontrolle. Es ist eine Straßen- und Brückenbenutzungsgebühr zu zahlen, die Durchfahrt ist an bestimmte Transitstraßen gebunden. Das Verlassen der Transitstraßen wird mit Polizeistrafen belegt. Schäden an Fahrzeugen oder Unfälle bei der Durchfahrt sind auch deshalb gefürchtet, weil zu ihrer Behebung Zloty und damit Devisen ausgegeben werden müssen. Im Deutschen Reich herrscht aber seit 1933 eine strenge Devisenbewirtschaftung, die auch für Privatreisen gilt. Der Flugverkehr über polnisches Staatsgebiet, der im Pariser Abkommen noch nicht geregelt wurde, wird erst nach langwierigen Verhandlungen im Jahre 1929 aufgenommen. Es werden Überflugkorridore festgelegt, die aber nur von regelmäßig verkehrenden Flugzeugen auf den Strecken Berlin-Königsberg und Berlin-Danzig benutzt werden dürfen. Einzelne Maschinen benötigen eine für jeden Einzelfall auf diplomatischem Wege einzuholende Fluggenehmigung oder müssen den Korridor über See umfliegen.

Vor dem Ersten Weltkrieg gab es keinen Passagierdampferverkehr zwischen Pommern und Ostpreußen. Die Ostbahn war seit Mitte des 19. Jahrhunderts der übliche Verkehrsweg für Reisen nach Berlin und in den Rest des Reichs geworden. Im Jahr 1920, nachdem die deutschen Behörden Danzig und den Korridor räumen müssen, wird zwischen Pillau und Swinemünde auf Usedom ein ständiger Passagierdampferverkehr eingerichtet. Den „Seedienst Ostpreußen" unterhält ab Januar 1920 das Reichsverkehrsministerium, um so den Landweg über den Polnischen Korridor zu umgehen. Der „Seedienst" ist eine kombinierte Personen- und Frachtschiffverbindung, sie bringt es bereits im ersten Jahr auf eine Rekordpassagierzahl. 183 021 Fahrgäste reisen über See in die Provinz, unter ihnen viele, die an der Abstimmung in Westpreußen und Masuren teilnehmen. Im Jahr 1938 wählen noch 146 599 Fahrgäste die jetzt viel komfortableren Schiffe des „Seedienst Ostpreußen" als Reiseweg. In Pillau ist direkt am Kai als Endstation der Eisenbahnstrecke Königsberg–Fischhausen–Pillau der Seedienstbahnhof errichtet worden.

Die Insellage Ostpreußens hat auch Auswirkungen auf die Postbeförderung. Innerhalb des Deutschen Reichs findet sie über die weite Distanz in der Regel noch mit Nachtzügen statt. Wenn es auch in den folgenden Jahren zu vertraglichen Regelungen über Post- und Telekommunikation mit Polen kommt, sieht man in Deutschland in den über Land geführten Verbindungen ein Risiko. Der Briefverkehr nach Ostpreußen wird deshalb weitgehend als Luftpost zugestellt, den Transport von Paketen übernehmen die Schiffe des Seedienstes. Für den eiligen Telegrammverkehr ist Ostpreußen an den Standorten Elbing und Königsberg an das deutsche Inlandsfunknetz angeschlossen. Den Telefonverkehr sichern drei „Ostpreußenkabel" durch die Ostsee, die später auch Rundfunkleitungen aufnehmen.

Volkstumskämpfe

Bis Ostern 1925 heißt der „erste Lehrer" der zweiklassigen Schule des Grenzdorfes Roggen im Kreis Neidenburg Oskierski, dann wird der über Sechzigjährige in den Ruhestand versetzt. Es kommt ein neuer Lehrer in das Dorf. Er ist nach 17 Jahren Dienstzeit auf eigenen Wunsch von der einklassigen Schule in Reuschwerder, einem Nachbardorf im gleichen Amtsbezirk, nach Roggen versetzt worden. In der Schulchronik stellt er sich vor: „Zu meinen Personalien möchte ich folgendes bemerken: Mein Name ist Eduard Kluwe, ich bin 41 Jahre alt, habe 21 Dienstjahre und stamme aus dem Kreise Darkehmen her, wo meine Eltern Grundbesitzer sind."[76] Kluwe ist also kein Masure und vermerkt eigens: „Der masurischen Sprache bin ich nicht mächtig." Seine Vorgänger sprachen sie noch. Überall in Ostpreußen erstirbt jetzt das Polnische und Masurisch-Polnische. Der alltägliche Gebrauch der deutschen Sprache wird die Regel.

Nach den bald „Volkstumskämpfen" genannten Auseinandersetzungen in der Folge des Versailler Vertrages ist das Verhältnis zwischen Polen und Deutschen von offener Ablehnung bis hin zu Feindlichkeit geprägt. Ostpreußens Ministerpräsident, der Königsberger Otto Braun, glaubt, kein „Polenfeind" zu sein. Er habe die auf gewaltsame Germanisierung gerichtete altpreußische Polenpolitik stets bekämpft. Allerdings gesteht er ein, wenig von den Polen zu wissen; ihm seien in seiner Zeit als Landagitator in Ostpreußen nur polnische Landarbeiter begegnet: „Viel Achtung konnten einem diese auf recht niedriger Kulturstufe stehenden polnischen Proletarier und Kleinbauern nicht einflößen. Bewunderung hat mir aber immer das unverwüstliche Nationalbewusstsein eingeflößt, das sich diese im Laufe der Geschichte mehrfach seiner Staatlichkeit beraubte, schwer misshandelte und unterdrückte Volk bewahrt hatte."[77]

Das Deutsche Reich wird in den Verträgen von Versailles nicht an eine verfassungsmäßige Regelung des Minderheitenschutzes gebunden. Lediglich in einer diplomatischen Mantelnote verpflichtet es sich, die Minderheiten auf seinem Gebiet nach den gleichen Grundsätzen zu behandeln, wie sie im Minderheitenschutzvertrag mit Polen festgelegt seien.[78] In Artikel 113 der Weimarer Reichsverfassung sind die Minderheiten rechtlich abgesichert: „Die fremdsprachigen Volksteile des Reiches

So sieht der ostpreußische Zugang zur Weichsel bei Kurzebrack aus. Kurzebrack war der Weichselhafen von Marienwerder und ist ab 1920 polnisch. Hier soll eigentlich ein ungehinderter Zugang zu dem Fluss gewährt werden. Der Zugang besteht aus einer 4 m breiten Straße.

dürfen durch Gesetzgebung und Verwaltung nicht in ihrer freien, volkstümlichen Entwicklung, besonders nicht im Gebrauch ihrer Muttersprache beim Unterricht sowie bei der inneren Verwaltung und der Rechtspflege beeinträchtigt werden." Die Formulierung „fremdsprachige Volksteile" soll zum Ausdruck bringen, dass auch diejenigen nicht nur deutsche Staatsbürger, sondern Teil eines „deutschen Volkes" sind, deren Muttersprache nicht Deutsch ist. Für die Angehörigen der nationalen Minderheiten gelten die allgemeinen staatsbürgerlichen Grundrechte, wie sie die Verfassung für alle deutschen Staatsbürger festschreibt. Nach der schon damals gültigen Rechtsauffassung demokratisch gesinnter deutscher Juristen heißt es in der Weimarer Republik: „Minderheit ist, wer will." Es sollen also nicht Merkmale wie Abstammung, Sprache oder gar „Rasse" die Zugehörigkeit zu einer Minderheit bestimmen, sondern eine Selbstdefinition. Nach den Vorgaben der amtlichen Statistik gehören zu den fremdsprachigen Volksteilen diejenigen, deren Angehörige im Besitz der deutschen Staatsbürgerschaft sind, aber eine nichtdeutsche Erstsprache angeben.

Die Vertreter der Minderheiten der Dänen, Friesen, Sorben/Wenden, Polen und Litauer organisieren sich 1924 im „Verband der nationalen Minderheiten in Deutschland". Die Polen vertritt im Verband der 1922 gegründete „Bund der Polen in Deutschland". Von 1922 bis 1931 ist Graf Stanislaus von Sierakowski aus Waplitz Vorsitzender des Bundes, in dem zeitweise 60 000 deutsche Staatsbürger polnischer

Sprache organisiert sind. Vertretungen der Minderheiten der Tschechen in Schlesien und der Masuren schließen sich dem Verband nicht an. Die Mitglieder des Verbandes haben von der Bedeutung ihres Status als Minderheit eine andere Auffassung, als die, die in den Gesetze und Ausführungsbestimmungen der Republik von Weimar zum Ausdruck kommen. Sie sehen sich zwar als Staatsbürger des Deutschen Reichs, aber keineswegs als „Deutsche" in einem ethnisch-völkischen Sinn.[79] Sie distanzieren sich mit ihrer Auffassung von der Formulierung des Artikel 113 der Reichsverfassung. Für die auf preußischem Territorium lebenden Minderheiten gilt außer dem Artikel 113 der Reichsverfassung auch die Verfassung des Freistaates Preußen vom 30. November 1920. Der Artikel 73 legt die Rechte der fremdsprachigen Volkstumsgruppen fest. Danach können die Provinziallandtage durch ein Provinzialgesetz eine andere Unterrichtssprache für mehrheitlich fremdsprachige Volksteile zulassen. In diesem Fall ist für den Schutz deutscher Minderheiten zu sorgen. Für gemischtsprachige Gebiete kann auch eine zusätzliche Amtssprache festgelegt werden.[80]

1922 werden zwei Vertreter der polnischen Minderheit für die Polnisch-Katholische Volkspartei in den Preußischen Landtag gewählt. Die Wahl wird ermöglicht, weil die Stimmen der Partei in Ostpreußen und Oberschlesien zusammengezählt werden. Aus Ostpreußen ziehen Jan Baczewski, geboren in Grieslienen im Kreis Allenstein, der sich als Ermländer bezeichnet, und auch Graf Stanislaus Sierakowski in den Landtag ein. 1928 erreicht die polnische Liste nicht mehr die nötige Stimmenzahl für ein Mandat und scheidet aus dem preußischen Landtag aus.

Aus Sicht der polnischen Abgeordneten im preußischen Landtag bestimmt die Sprache die Zugehörigkeit zum polnischen Volkstum, nicht die freie individuelle Entscheidung. Deshalb reklamieren die polnischen Abgeordneten in den Debatten auch die Masuren für ihr Volkstum, worüber es zu heftigen Auseinandersetzungen mit den Vertretern der anderen Parteien kommt. Das rechte Lager reagiert zudem heftig auf polnische Kritik an der Behandlung der polnischen Volksgruppe. Die Parteien der Weimarer Koalition wie SPD und Zentrum zeigen Verständnis für die Anliegen der polnischen Minderheit, aber auch sie verweisen in den Debatten immer wieder auf die schlechte Behandlung der deutschen Minderheit in Polen.[81]

Mit der nach einer Abstimmung neu gezogenen Grenze zu Dänemark, der Abgabe der Städte Eupen und Malmedy an Belgien, der Abtretung Elsass-Lothringens an Frankreich und der auf das Jahr 1935 datierten Festlegung einer Volksabstimmung für das Saarland über die Zugehörigkeit zu Deutschland arrangiert sich die deutsche Außenpolitik in der Weimarer Republik. Alle ihre Regierungen, egal ob sie von Sozialdemokraten, Zentrumspolitikern, Liberalen oder Parteilosen geführt werden, streben aber eine Rücknahme der Grenzziehungen zu Polen an. Obwohl die Grenzen militärisch nicht zu ändern sind, verzichtet keine politische Partei der Weimarer Republik auf die Forderung nach ihrer Revision. Das militärische Kräfteverhältnis zwischen Deutschland und Polen macht jeden deutschen Versuch einer gewaltsamen Grenzveränderung illusorisch: Dem deutschen auf 100 000 Mann beschränkten Heer steht eine polnische Armee von 265 000 Mann gegenüber.[82] Polen kann zudem jederzeit mit der Unterstützung seines französischen Verbündeten rechnen.

Ein deutsch-polnischer Vertrag vom 27. Januar 1926 regelt die Grenzverhältnisse zwischen dem Deutschen Reich und der Republik Polen. Die vertragsschließenden Parteien verpflichten sich, die Grenzlinie in ihrer gesamten Ausdehnung übersichtlich zu halten. Neue Bauwerke dürfen in einem Abstand von weniger als fünf Meter beiderseits der Grenzlinie nur mit gemeinsamer Zustimmung errichtet werden. Wo die Grenze durch Waldungen oder Gebüsch verläuft, muss beiderseits der Grenzlinie ein Geländestreifen von je einem Meter Breite dauernd von Bäumen und Sträuchern ausgelichtet sein. Mit der Sicherstellung und Unterhaltung der Grenze werden auf deutscher Seite die preußischen Landräte, in Polen die Starosten beauftragt.

Die ostpreußischen Abstimmungsgebiete bleiben bei aller Pragmatik von Regelungen in Fragen der Grenzen, der Verkehrswege und gemeinsamen Eigentums im politischen Feld Zonen eines jetzt sogenannten „Volkstumskampfes". Wie das Deutsche Reich die neuen Grenzen, so akzeptiert Polen die Abstimmungsniederlagen in Westpreußen und Masuren nicht als bleibende Entscheidung. Mit propagandistischen Maßnahmen ist man bestrebt, seinen Einfluss unter den Polnisch- und Masurischsprachigen zu erhöhen. Wichtiges Anliegen der polnischen Minderheit in Ostpreußen ist die Einrichtung von polnischen Minderheitenschulen. Der polnische Abgeordnete Baczewski ist Vorsitzender des im November 1921 gegründeten Schulvereins „Polsko-Katolickie Towarzystwo Szkolne na Warmii". Gemeinsam mit dem Bund der Polen in Ostpreußen engagiert er sich für die Einführung von polnischsprachigem Religionsunterricht in Verbindung mit Lese- und Sprachunterricht in den Regierungsbezirken Allenstein und Westpreußen.[83] 1926 finden Deutschland und Polen einen Status quo auf dem Gebiete des Schulwesens. Nach diesem können im Freistaat Preußen polnische Minderheitenschulen eingerichtet werden, wenn wenigstens sieben Kinder für sie angemeldet werden. Verpflichtet sich der polnische Staat zur vollen Übernahme der Sach- und Personalkosten, muss nach diesem Abkommen der deutsche Staat die Eröffnung einer polnischen Minderheitsschule zulassen. Im Kreis Allenstein und an einem Ort des Kreises Rößel kommt es an zwölf Orten zur Einrichtung einer solchen Schule.[84] Im März 1926 wird im südlichen Ermland der katholische Religionsunterricht und teilweise Lese- und Schreibunterricht in polnischer Sprache in Neu Kaletka, Schönfelde und Wemitten aufgenommen. Im Juli 1927 teilt die Regierung in Allenstein dem Oberpräsidenten mit, dass der polnische Unterricht in Dietrichswalde eingerichtet worden sei.

Zum 31. Dezember 1928 setzt die Preußische Staatsregierung eine „Ordnung zur Regelung des Schulwesens für die polnische Minderheit" in Kraft. Diese „Ordnung" ermöglicht Minderheitenschulen in drei Abstufungen. Private Volksschulen mit geringer Kinderzahl erhalten keine staatliche Unterstützung, bei größerer Schülerzahl wird solchen Schulen ein staatlicher Zuschuss gewährt. Öffentliche Minderheiten-Volksschulen werden eingerichtet, wenn mindestens 40 volksschulpflichtige Kinder während dreier aufeinanderfolgender Jahre eine Schule besucht haben.[85] Die Lehrer für die polnischen Schulen haben in Polen studiert und dort ihr Examen abgelegt. Sie unterstehen einem Polnisch-Katholischen Schulverein für Deutschland in Berlin, der die Schulen auch finanziert. Sein Vorsitzender ist bis 1934 Jan Baczewski, der auch die Lehrer aussucht.[86] In der Stadt Allenstein entsteht noch 1934 eine Schule mit 55 Kindern. Alle Versuche, ein polnisches Gymnasium in Allenstein zu gründen, bleiben ohne Erfolg, doch kann nach vielen Schwierigkeiten in Marienwerder 1937 ein polnisches „Realgymnasium" eingerichtet werden. Im Schuljahr 1937/38 werden in elf polnischen Schulen im Landkreis Allenstein noch 126 Kinder unterrichtet.[87]

Wie kompliziert die nationalen Verhältnisse sein können, zeigt das Beispiel einer masurischen evangelischen Familie aus dem Süden des Kreises Neidenburg. In den 1930er Jahren zieht die Familie Szczuplinski aus dem Soldauer Ländchen in das jetzt polnische Neumark. „Name und Herkunftsgegend zeigen, daß sie Masuren waren. Obwohl alle Familienglieder die deutsche Sprache beherrschten, sprachen sie zu Hause polnisch." Der spätere evangelische Pfarrer Helmut Steege berichtet, die Deutschen im westpreußischen Neumark hätten noch keine Erfahrungen mit Masuren gehabt und seien der Familie mit Misstrauen begegnet. „Dies geschah schon deshalb, weil sie einen polnischen Schwiegersohn hatte, der zur Grenzbewachungstruppe gehörte." Die Szczuplinskis kaufen einem jüdischen Tierarzt, der nach Deutschland ausgewandert ist, sein Haus ab. Der Grenzbeamte, der Mann der ältesten Tochter, heißt Biallas. Er wird nach der deutschen Besetzung Polens und der Rückgliederung von Neumark in das Deutsche Reich im Jahr 1940 verhaftet und kommt in ein KZ. Der Sohn der Biallas hatte „einen polnischen Vater und eine deutsche Mutter. Deshalb haben die deutschen ‚Rassensachverständigen' ihn als Deutschen anerkannt. Dann kam das Jahr 1945 und der fluchtartige Rückzug der deutschen Truppen. Auch die Konzentrationslager wurden evakuiert. Wie es sich im Leben fügt und wie die Lebensschicksale im deutsch/polnischen Grenzgebiet sind: Vater und Sohn begegnen sich im Rückzugschaos." Der Vater steckt beim Räumungstransport seines Lagers in der Kleidung eines KZ-Häftlings. Der Sohn trägt mittlerweile die Uniform der Waffen-SS. „Der Vater hatte Schwierigkeiten, den Sohn zu erkennen: ‚Bist du mein Sohn?'"[88]

Die meisten der Krieg, Flucht und Vertreibung überlebenden Angehörigen der masurischen Familie Szczuplinski, die es einst nach Westpreußen verschlagen hatte, leben später in der DDR. Ihr polnischer Zweig, die Familie Biallas, kehrt nach 1945 nach Neumark zurück. „Der Sohn mußte sich vor einem polnischen Gericht verantworten und bekam eine Strafe zudiktiert. Der Vater wollte nachher mit Deutschen nichts zu tun haben. Die Mutter starb in Löbau und wurde durch einen evangelischen Geistlichen polnischer Nationalität bestattet." Helmut Steege nennt diese Familiengeschichte „Menschenschicksale im deutsch-polnischen Schacherwinkel."[89]

Große und nicht so große Politik

Litauen und das Memelland

In der Mitte der 1930er Jahre besucht der junge Königsberger Gerhard Szczesny die deutsche Hälfte der Kurischen Nehrung. Eine Grenze verläuft jetzt zwischen dem deutsch gebliebenen Pillkoppen und dem litauisch gewordenen Nidden. „Ich bin nur ein einziges Mal in ihre Nähe gekommen und habe im Gedächtnis behalten: ein Stück Heidelandschaft mit einzelnen Birken in völliger Einsamkeit und Stille. Und ein Gefühl des Unbehagens.“[90]

Einsam ist es an heißen Sommertagen nicht am Flüsschen Schirwindt, das Bartzkehmen im Kreis Stallupönen vom litauischen Dorf Stanaize trennt. Den Dorfbewohnern bereitet die deutsch-litauische Grenze eher behagliche Gefühle. Die Kinder baden in dem dicht an der Schule vorbeifließenden Fluss. In der Schirwindt schwimmen auch die litauischen Kinder vom Ostufer. Jeder in den Landgemeinden des Amtsbezirks Sodargen, in Ambraskehmen, Bartzkehmen, Gudweitschen, Kosakweitschen, Oßnaggern, Radßen, Rußen, Schwiegupönen und Wabbeln spricht auch ein wenig Litauisch. Man kann sich beim gemeinsamen Badevergnügen, an dem auch schon mal die litauischen Zöllner teilnehmen, verständigen.[91] Obwohl – wie an der Schirwindt – über die Grenzen hinweg Verbindungen bestehen, ist das Verhältnis Ostpreußens und des Deutschen Reichs auch zu dem litauischen Nachfolgestaat des Zarenreichs belastet. Hauptproblem ist der Konflikt um das Memelland.

Publikationen deutscher – auch solcher, die nicht eine deutschnationale, chauvinistische Position vertreten – und litauischer Historiker und Publizisten machen deutlich, dass die jeweilige Nation die Geschichte Preußisch-Litauens deutlich unterschiedlich darstellt. Das von der jeweils anderen Seite angeführte Faktische wird, wenn nicht gleich angezweifelt, doch zumindest anders interpretiert. Dabei geht es vor allem um die Fragen vornationaler ethnischer und geographischer Zuordnungen. Und um verschiedene Antworten auf die Frage, was Nation und nationale Identität ausmacht.

Schon in den Spannungen vor Beginn des Ersten Weltkriegs im Sommer 1914 setzt sich die litauische Nationalbewegung in Russland und im US-amerikanischen Exil für den Zusammenschluss des zum Zarenreich gehörenden (katholischen) Großlitauen und großer nordöstlicher Teile Ostpreußens ein, die die litauischen Nationalisten „Kleinlitauen“ nennen. Sie wehren damit exilpolnische Ansprüche ab, die in einem neu entstehenden Polen die Union von Litauen und Polen vor der Zeit der Zarenherrschaft fortsetzen möchten. 1914 ist es noch unvorstellbar, dass sich das kleine Volk der Litauer von der Herrschaft des Zaren würde befreien können.[92]

Die litauische Nationalbewegung macht sich zunächst Illusionen über die Loyalität der ostpreußischen „Kleinlitauer“ muss aber nach Kriegsausbruch registrieren, dass preußisch-litauische Politiker wie der Abgeordnete Wilhelm Gaigalat öffentlich erklären, „dass sich die Preußisch-Litauer niemals von Preußen trennen werden“[93]. Am deutlichsten wird der Abgeordnete des Preußischen Abgeordnetenhauses in einer Schrift über Litauen aus dem Jahre 1917: „Die preußischen Litauer sind eine der national gleichgültigsten Völkerschaften, die mit Ausnahme einiger Weniger sich ihrer Nationalität nie recht bewußt geworden sind, jedenfalls sie nie energisch vertreten haben und wohl auch kaum je vertreten werden. Ihnen fehlt der nationale Idealismus; dafür nimmt der Materialismus bei ihnen eine wichtige Stelle ein.“[94] Wilhelm Gaigalats Äußerung dürfte wenn nicht taktisch, dann zumindest resignierend gemeint gewesen sein. An der Ostfront siegt das Deutsche Reich. Es ist unvorstellbar, dass das Reich jemals Gebiete an einen litauischen Staat abgibt.

Während des Krieges unterstützt – um Russland zu schwächen – das Deutsche Reich die litauische Nationalbewegung[95], hat aber die klare Vorstellung, dass ein neu entstehender litauischer Staat Satellit des Deutschen Reiches sein müsse. Am 11. Dezember 1917 erklärt die litauische Volksversammlung Taryba die Wiederherstellung des „unabhängigen“ Staates Litauen mit einer Hauptstadt Wilnius und Bindungen an das Deutsche Reich. Da dieses jedoch die Anerkennung hinauszögert, verkündet die Taryba am 16. Februar 1918 erneut die Souveränität Litauens, nun aber ohne jegliche Bindungen an andere Staaten. Die deutsche Regierung erhebt Einspruch gegen die republikanische Verfassung und verlangt engste Bindungen des immer noch von deutschen Truppen besetzten Landes an das Reich. Erst nachdem die Taryba entsprechende Beschlüsse fasst und Litauen sich zur konstitutionellen Monarchie erklärt, erfolgt die volle Anerkennung durch Kaiser Wilhelm II. Die Taryba wählt im Juli 1918 aus diplomatischen Gründen ein Mitglied des deutschen Hochadels, den württembergischen Herzog Wilhelm von Urach zum litauischen König Mindazigas II.[96] Das neue Litauen soll nach den Vorstellungen der treibenden Kräfte der Unabhängigkeit – der bürgerlichen, demokratisch gesinnten Intelligenz und der Sozialdemokraten Litauens – ein Nationalstaat innerhalb ethnographischer Grenzen sein, die auch mit „historischen Rechten“ begründet werden und damit sprachliche und ethnisch-kulturelle Grenzen überschreiten.[97]

Der Bielefelder Kommunikationswissenschaftler Manfred Klein hat sich eingehend mit der ländlichen Kultur Litauens beschäftigt und festgestellt, eine siedlungsgeographisch eindeutige Grenzziehung zwischen Litauern und ihren Nachbarethnien sei auch vor 100 Jahren aus historischen Gründen nirgends möglich gewesen: „Überall an den Rändern hatte sich gemischtethnische Besiedlung herausgebildet, waren Siedlungsinseln bis weit in das jeweilige Hinterland hinein entstanden.“[98]

Das Ende des Ersten Weltkriegs bringt am 16. Februar 1918 die Gründung der „Ersten Litauischen Republik“. Litauen baut eine eigene Armee auf und muss mit ihr kurz nach seiner Erklärung der Unabhängigkeit eine Invasion sowjetrussischer Truppen abwehren. Im Dezember 1922 wird Litauen auch von den Mächten der Entente

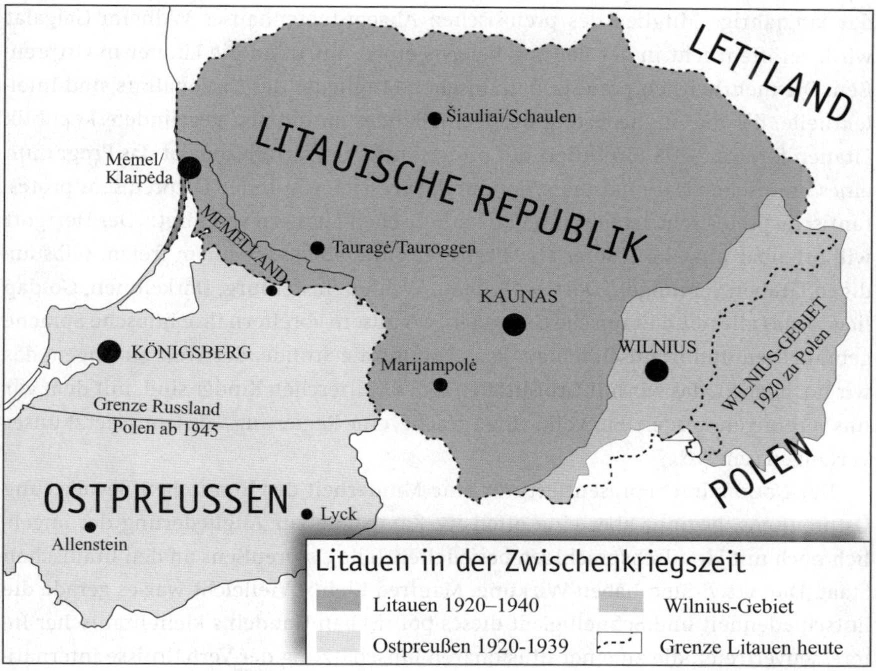

de jure anerkannt, in den Völkerbund ist es bereits im September 1921 aufgenommen worden.[99] Der junge Staat kann sich gegen Sowjetrussland, nicht aber gegen die territorialen Ansprüche Polens wehren. Historisch litauische, jetzt aber stark von Polen bewohnte Gebiete Litauens rund um das fast rein polnische Wilnius, werden 1920 im Polnisch-Litauischen Krieg von polnischen Soldaten besetzt. Litauen unterliegt in diesem Konflikt und verliert Wilna und das die Stadt umgebende Gebiet. Der Völkerbund erkennt die polnische Annexion de facto an.

Je mehr sich der junge litauische Staat von der deutschen Besatzungsmacht unabhängig machen kann, desto deutlicher formuliert er seine Ansprüche auf die litauischsprachigen Gebiete Ostpreußens. Die Ansprüche Litauens richten sich nicht nur auf das Gebiet nördlich Memel, in dem auf dem Land die Bevölkerung mehrheitlich noch litauisch spricht, sondern auf den gesamten nordöstlichen Teil Ostpreußens. Eine dem Vorsitzenden der Pariser Friedenskonferenz am 24. März 1919 vorgelegte Note, das „Revendications Lithuaniennes“, wünscht einen litauischen Staat von 125 000 km² mit 6 Mio. Einwohnern. Zu dieser Zeit gibt es aber nur 2,5 Mio. Litauer aus dem Territorium des ehemaligen Zarenreichs und in Ostpreußen; von Ostpreußen sollen etwa 8 000 km² mit ungefähr 400 000 Einwohnern abgegeben werden.

Auch einige preußische Litauer sprechen sich für den neuen Nationalstaat aus. Ein im November 1918 gebildeter Nationalrat für Preußisch-Litauen, dessen Präsident das langjährige Mitglied des preußischen Abgeordnetenhauses Wilhelm Gaigalat wird, veröffentlicht in der Zeitung Keleivis einen Aufruf an die Litauer in Ostpreußen. Die mehrheitlich preußisch-litauischen Mitglieder des Nationalrats sind Intellektuelle, die die Angliederung des Memellandes an die neu gegründete Republik Litauen fordern. 1918 formuliert der protestantische Pfarrer Gaigalat das Programm eines litauischen Nationalstaats, der durch Sezession von Teilen Ostpreußens protestantische preußische Litauer mit den katholischen Litauern vereinigt: „Der Herrgott will offenbar uns alte Litauer als Mitglieder eines Volkes zu einem freien, selbständigen Litauen vereinigen. Dort, wo Labiau, Wehlau, Insterburg, Darkehmen, Goldap liegen, das alles sind litauische Gegenden, wo unsere Voreltern ihre hübsche Sprache gebrauchten und litauisch lebten. Jetzt kommt die Stunde, der Welt zu zeigen, das wir noch leben, das wir mit Großlitauen eines Mutterchen Kinder sind, mit dem wir uns vereinigen werden. Ein Volk, eine Sprache, eine Regierung – das muss jetzt unser Verlangen sein.“[100]

Der Nationalrat repräsentiert nur eine Minderheit der litauischen Bevölkerung Ostpreußens, beginnt aber eine offensive Kampagne zur Angliederung der angeblich noch mit Litauischsprachigen besiedelten Teile Ostpreußens an den litauischen Staat. Die Aktivitäten haben Wirkung. Manfred Klein: „Vielleicht war es gerade die Entschiedenheit und Schnelligkeit dieses politischen Handelns klein-litauischer Interessenvertreter, die zu einer illusionären Einschätzung der Verhältnisse international wie auch in Litauen beitrugen. Man hielt eine Gruppierung und deren Haltung für repräsentativ, die nicht nur formal ohne ausdrückliches Mandat handelte, sondern offenbar auch ohne die Gefolgschaft einer Mehrheit blieb.“[101]

Die Entscheidungen über die Zukunft der Litauischsprachigen in Ostpreußen werden auf der Friedenskonferenz von Versailles getroffen. Der litauische Delegationsleiter Augustinas Voldemaras lässt dem Vorsitzenden der Versailler Konferenz ein Memorandum des Nationalrates der preußischen Litauer zukommen, den sogenannten „Akt von Tilsit“. Auch dieses Memorandum stellt fast das ganze nordöstliche Ostpreußen vom Südufer des Kurischen Haffs bis zur Pregellinie als litauisch besiedelt dar. Der Nationalrat bittet um Vereinigung dieses Gebietes mit Litauen. Die Polen propagieren hier zunächst noch einen polnisch-litauischen Gesamtstaat.

Amerikaner, Briten, Franzosen, Italiener und Japaner haben nur wenig Kenntnis von den sprachlichen, kulturell-religiösen und historischen Verhältnissen im Nordosten Ostpreußens. Sie akzeptieren letztlich gegen polnischen Widerstand die Existenz eines selbständigen Litauens und gestehen dem sich formierenden Nationalstaat Litauen – wie Polen mit dem Korridor – einen schiffbaren Zugang zum Meer zu. Die Mächte, die in Versailles die neue Reichsgrenze an der Memel festlegen und ein in der Konferenzsprache Französisch „Territoire de Memel“ genanntes Gebiet von Ostpreußen abtrennen, argumentieren ethnographisch: Das Land nördlich der Memel sei „seinem Ursprung nach vorwiegend litauisch“ und nur die Stadt Memel wirklich

Der Marktort Prökuls im Kreis Memel im Jahr 1919 liegt zwischen der Kreisstadt und Heydekrug. Von 1860 bis 1863 war der Schriftsteller Ernst Wichert hier Kreisrichter und begann seine „Litauischen Geschichten". Im nahen Dorf Kantweinen lebte der Großvater von Immanuel Kant.

deutsch. In den südlich der Memel gelegenen Gebieten haben die Ententemächte aber erkannt, dass die Bevölkerung in großer Mehrheit deutsch oder nachhaltig germanisiert ist und belassen sie bei Ostpreußen.[102] Die deutsch gesinnte Mehrheit der Memelländer appelliert an Reichspräsident Friedrich Ebert, an die Reichsregierung und an deren Außenminister, Graf Brockdorff-Rantzau, um zu erreichen, dass, wenn eine Änderung des Friedensvertrages nicht möglich sei, das Memelgebiet den Status eines „Freistaats" wie Danzig erhalten möge.

Da auch Polen Anspruch auf den Hafen Memel erhebt, schafft man für das Memelland einen vorläufigen Sonderstatus. Das nördlich der Memel gelegene Territorium der Provinz Ostpreußen wird auf der Grundlage des Artikels 99 des Versailler Vertrages ohne Abstimmung vom Deutschen Reich abgetrennt und dem Mandat des mit Abschluss des Vertrages gegründeten Völkerbundes unterstellt. Wegen der unklaren politischen Lage in Litauen und Polen wird das Memelgebiet im Namen der Ententenmächte zunächst von Frankreich verwaltet. Das „Territoire de Memel" wird für zwei Jahre praktisch ein Freistaat unter der Oberhoheit des Völkerbundes.[103] Mit der Unterzeichnung des Versailler Vertrags verzichtet das Deutsche Reich auf alle Rechte im „Memelgebiet". Die Unterschrift beinhaltet auch die völkerrechtlich verbindliche Akzeptanz der Existenz Litauens. Deutschland erklärt sich im Artikel 99 bereit, eine später von den Ententemächten zu treffende staatliche Zugehörigkeit des

Gebiets anzuerkennen. Die französische Republik übernimmt auch den diplomatischen Schutz der Memelländer. Während der gesamten Existenz des „Territoire de Memel“ bleibt dort, trotz anfänglicher Bedenken des Direktoriums der Deutschen Reichsbank, die Reichsmark das gültige Zahlungsmittel.[104] Fast alle Deutschen empfinden den Versailler Vertrag und auch die Regelungen zum Memelgebiet als „Diktat“.

Ursprünglich ist eine Stationierung französischer Truppen in den umstrittenen Gebieten von den Entente-Mächten nicht beabsichtigt, die Besatzungssoldaten sollen Amerikaner und Briten stellen. Die Franzosen springen ein, nachdem die USA 1919 aus den Reihen der Entente ausscheiden. Auch die Briten ziehen sich aus der Mission zurück. Daraufhin nehmen die Franzosen ihren Platz im Memelgebiet ein. General Dominique Odry amtiert bis zum Mai 1921 als Hochkommissar des Memelgebiets, auf ihn folgt der Zivilkommissar Jean Gabriel Petisné.

Auf die Frage nach ihrer Familiensprache geben auf dem „Territoire de Memel“ bei einer Befragung durch die Entente (mit Ausnahme der Kurischen Nehrung) 71 156 Personen an, Deutsch, 67 259 Litauisch, 126 Polnisch, acht Masurisch und 169 eine andere Sprache zu sprechen.[105] Im März und April 1921 führen die Franzosen eine Befragung zur Muttersprache der memelländischen Schüler durch. Nur im Kreise Memel ergibt sich mit 61,9 % noch eine Mehrheit Litauisch Sprechender. Im Kreis Heydekrug sind noch 38,8 % litauischsprachig, im neuen Kreis Pogegen 23,9 %.[106]

Unter der französischen Verwaltung verfestigt sich die Idee der Gründung der „Freistaats Memelland“ unter französischem Protektorat. Eine „Arbeitsgemeinschaft für den Freistaat Memel“, die auf Initiative des „Deutsch-Litauischen Heimatbundes“ gegründet wird, führt eine von den Franzosen genehmigte Befragung in Form einer Unterschriftenaktion durch. Der Heimatbund wird sich später zum Memelländischen Kulturbund wandeln, dem dann rund 50 000 Mitglieder angehören.[107] Von 71 856 Wahlberechtigten sprechen sich 54 429 für einen Freistaat und damit gegen einen Anschluss an Litauen aus, sicher auch, weil nach der damaligen politischen Lage eine Rückkehr nach Deutschland nicht absehbar ist. Die in Memel erscheinende deutschsprachige Presse agiert offen für die Idee. In der Pariser Botschafterkonferenz am 3. und 4. Oktober 1922 verlangt die Delegation des „Nationalrates der Kleinlitauer“, die Idee eine „Freistaats Memelland“ zu verwerfen und einen Anschluss an Litauen, weil andernfalls mit Aufständen prolitauischer Kräfte zu rechnen sei.

Solange Litauen von den Siegermächten des Ersten Weltkriegs noch nicht definitiv anerkannt ist, verfügt der junge litauische Staat kaum über einen Handlungsspielraum. Dies änderte sich mit der völkerrechtlichen Anerkennung der Staatlichkeit Litauens am 20. Dezember 1922.[108] Um das Memelgebiet zu gewinnen, handelt Litauen jetzt schnell. Es werden bewaffnete Kräfte im Memelland aufgestellt. Die Mehrheit des „Nationalrates der Kleinlitauer“ lehnt aber einen bewaffneten Aufstand ab, weil man mit einem Scheitern rechnet. Die Gruppe unter Erdmonas Simonaitis (Erdmann Simoneit), einem Gutsbesitzer aus Juschka-Spötzen, die den

Soldaten aus Frankreich, Italien und Großbritannien, drei der vier alliierten Hauptmächte (die Japaner fehlen), die die „Memelkonvention" von 1925 und damit die Autonomie des Memellandes garantieren, in Kretinga (Deutsch-Krottingen) nördlich von Memel (Klaipėda) 1930.

bewaffneten Aufstand gegen die Freistaats-Lösung wagen will, bildet trotzdem eine bewaffnete Streitmacht in Kompaniestärke. Die Gruppe um Simonaitis bittet den Leiter der paramilitärischen litauischen „Schützenverbände", den Schriftsteller Vincas Krėvė-Mickevičius, in Kaunas um Unterstützung. Am 16. November 1922 sagen die litauischen Schützen ihre Unterstützung einer militärischen Aktion zu. Die Planer des Aufstandes nehmen mit dem amtierenden Ministerpräsidenten Litauens Ernestas Galvanauskas Kontakt auf. Sie überzeugen ihn, dass ein schnelles Handeln notwendig ist, will Litauen das Memelgebiet nicht an einen „Freistaat Memel" unter letztlich polnischem Einfluss verlieren. Der Generalstab der Litauischen Armee, die Leitung des litauischen Geheimdienstes und auch der konsularische Vertreter Litauens im Memelgebiet werden am 3. Januar in die Aufstandspläne eingeweiht.

Am 9. Januar 1923 geht das „Oberste Komitee zur Rettung von Kleinlitauen" mit dem Aufruf „Litauer, Bewohner des Memelgebietes!" an die Öffentlichkeit. Es gibt die Übernahme der Macht im Memelgebiet, die Bildung eines neuen Landesdirektoriums unter Erdmonas Simonaitis als Landespräsident bekannt und mobilisiert seine Unterstützer, etwa 300 Mann aus dem Memelgebiet. Sie sollen vor allem die Polizeistationen überwachen, die Landespolizei entwaffnen und die Behörden und Ämter besetzen. In der Nacht zum 10. Januar 1923 überschreiten die litauischen Unterstützer in Zivilkleidung die Grenze. Unter den 455 litauischen Schützen sind etwa 300 Gymnasiasten der oberen Klassen, mit ihnen marschieren 40 Offiziere und 584 erst im letzten Moment eingeweihte „freiwillige" Soldaten der regulären litauischen Armee ein.[109] Die französischen Truppen sind auf zuletzt 200 Soldaten und sechs Offiziere reduziert worden; der Großteil der Mannschaften besteht aus jungen Rekruten, die erst seit zwei Monaten ihren Dienst tun. Die litauischen Verbände dagegen sind kampferprobt. Fünf Tage lang werden Scheingefechte, aber auch wilde Schießereien registriert, in deren Verlauf die Litauer fast das gesamte Territorium unter ihre Kontrolle bringen, ohne auf ernsthaften Widerstand zu stoßen. Am 15. Januar 1923 lässt der Leitende Kommissar der Franzosen, Jean Gabriel Petaisné, die weiße Fahne hissen und beendet damit die alliierte Präsenz im Memelgebiet.[110]

Obwohl die litauische Regierung mehrere Ultimaten tatenlos verstreichen lässt und ihre Armeeangehörigen nicht aus dem Memelgebiet zurückzieht, arrangieren sich die Ententemächte mit der neuen Situation. Diplomatisch überzeugt Litauen die Entente davon, dass es sich um einen Aufstand örtlicher litauisch gesinnter Kräfte gehandelt hat, die den Anschluss an Litauen suchen. Einen Einfluss auf das Geschehen bestreitet die litauische Regierung. Der Historiker Joachim Tauber zur Rolle des Deutschen Reichs: „Der (...) ‚Aufstand' im Januar 1923 erfolgte, wie neuere litauische Forschungen zeigen, mit geheimer deutscher Billigung, denn in Berlin hielt man eine litauische Herrschaft, verglichen mit einer polnisch-französischen Einwirkung, für das ‚kleinere Übel'."[111]

Mit der im Mai 1924 von Litauen und Großbritannien, Frankreich, Italien und Japan unterzeichneten Memelkonvention verbinden sich Großlitauen und „Kleinlitauen" (das Memelgebiet) erstmals in einem souveränen Staat. Trotz der Umbrüche und Katastrophen in der litauischen Geschichte zwischen 1924 und 1990 wird sich diese Verbindung als dauerhaft erweisen und mit dem Beitritt Litauens zur EU letztmalig von Deutschland anerkannt. Litauen erhält aber 1924 nur eine stark eingeschränkte Souveränität über das Memelgebiet. Es muss der Schaffung einer Autonomie-Regierung, einer eigenen Volksvertretung und der Gleichberechtigung der deutschen und der litauischen Sprache zustimmen. Nach den Vereinbarungen der Memelkonvention wählen die Memelländer in demokratischer Wahl einen Landtag, der die Gesetze beschließt. Der Präsident der Republik Litauen ernennt für das Memelgebiet einen Gouverneur, der die vom Landtag beschlossenen Gesetze verkündet; der Gouverneur hat ein Vetorecht, wenn diese Gesetze die Grenzen der Autonomie überschreiten. Der Gouverneur beruft auch den Präsidenten des Landesdirektoriums, der der eigentlichen Regierung des Memelgebietes vorsteht. Das Landesdirektorium insgesamt benötigt das Vertrauen der Mehrheit des Landtags.[112]

Die Autonomierechte betreffen die kommunale Selbstverwaltung, Kompetenzen für das Religions- und Unterrichtswesen, das Gesundheitswesen und das Sozial- und Arbeitsrecht, sie sehen für das Memelgebiet ein eigenes Justizwesen, Steuerrecht und eine eigene Landespolizei vor. Die Kompetenzen der Republik Litauen im Me-

Der Kommissar der litauischen Regierung für das Memelland, Antanas Smetona, trifft am 20. Januar 1923 in Memel (Klaipėda) ein. Einen Tag zuvor sind die Franzosen abgezogen. Smetona, der die Klaipėda-Revolte wohl geleitet hat, wird 1926 Litauens Präsident.

melgebiet sind damit stark beschränkt, ihr obliegen die auswärtigen Beziehungen, die Landesverteidigung, die Staatssicherheit, das Nachrichtenwesen, die zentralen Verkehrfragen, die Erhebung von Zöllen und Steuern, die Pressezensur und die innere Sicherheit betreffende Fragen des Versammlungsrechts.[113]

Mit wenigen Ausnahmen bleiben die deutschen Gesetze zum Verwaltungsrecht, zur Gerichtsbarkeit und zum Bildungssystem gültig, und auch die ehemals preußische niedere und mittlere Beamtenschaft sowie viele ökonomisch und kulturell weiter mit Deutschland verflochtene Einrichtungen und Organisationen bleiben bestehen. Über sie üben das Reich und die Provinz Ostpreußen weiterhin großen Einfluss im Memelland aus.

Deutsche, die am 30. Juni 1924 ihren Wohnsitz im Memelgebiet haben, jedoch nicht litauische Staatsbürger werden wollen, müssen für Deutschland optieren und innerhalb von zwei Jahren ausreisen. Durch Migration und Emigration verändern sich die nationalen Kräfteverhältnisse. Von 1923 bis 1937 wandern etwa 13 000 Memelländer in das Deutsche Reich ab, vor allem Beamte und Arbeiter.[114] In der gleichen Zeit ziehen rund 21 000 Litauer in das wirtschaftlich besser entwickelte Memelgebiet, vor allem in die wachsende Stadt Memel (litauisch Klaipėda). Die Bevölkerung des Memellandes erhält litauische Pässe mit dem Eintrag „Bürger des Memelgebiets“ als Bezeichnung der Nationalität. Die offizielle litauische Statistik unterscheidet im Memelgebiet zwischen Litauern, Memelländern („klaipėdiškiai"), die ihre Identität mit der memelländischen Region verbinden, und Deutschen, die ihr Volkstum bewusst von der deutschen Kultur und deutscher Abstammung ableiten. Bei litauischen Umfragen im Memelgebiet im Jahr 1925 gibt es die Möglichkeit eines differenzierten Bekenntnisses zu diesen Gruppen der Volkszugehörigkeit: 43,5% der Bevölkerung bezeichnen sich als Deutsche und 27,6 %, vor allem auf dem Lande, als Litauer.[115] Eine beachtliche Gruppe sieht sich nicht als „Deutsche" an, will sich aber auch nicht als „Litauer" bekennen. Sie erklärt sich als „Hiesige". In der litauischen Statistik werden sie als „Memelländer" („klaipėdiškiai") ausgewiesen. Dieser Gruppe ordnen sich 25,1 % der Befragten zu. Die jüdische Bevölkerung stellt die Mehrheit der 4,4 % der Memelländer, die sich keiner der drei ethnischen Gruppen zuordnet.

Im Parlament des Memellandes, dem Landtag, sind zwei Gruppen von Parteien vertreten. Als „deutsche" Parteien gehören ihm von 1925 bis 1935 die Memelländische Volkspartei (MVP), die Memelländische Landwirtschaftspartei (MLP), die Sozialdemokratische Partei des Memelgebietes (SPM) und die Kommunistische Partei des Memelgebietes, die sich ab 1930 „Arbeiterpartei des Memellandes" nennt, an. Die „Memelländische Volkspartei" entspricht im deutschen Parteienspektrum der Weimarer Republik den Deutschnationalen, die beiden Linksparteien den beiden deutschen Arbeiterparteien. Die Landwirtschaftspartei ist eine konservative Partei, die vor allem die ländlich agrarischen Interessen der Bauern und Großagrarier vertritt. Die Parteien der litauischen Seite bilden quasi die deutschen Parteien ab.

Vor den Wahlen zum 1. Landtag am 19. Oktober 1925 schließen sich die deutschen Parteien zu einer Einheitsfront gegen die litauischen zusammen. Bei den ersten Landtagswahlen im Memelgebiet 1925 erhält diese Einheitsfront über 90 % der Stimmen; in allen sechs Landtagen bis 1938 erringen die deutschen Parteien mehr als 80% der Mandate. Die prodeutschen Parteien werden offensichtlich auch von der überwiegenden Mehrheit der litauischsprachigen Memelländer gewählt.

Die Regelungen der Memelkonvention lassen sich in der Regierungspraxis schlecht umsetzen. Der Gouverneur des Memelgebietes ernennt den Regierungschef, den Präsidenten des Landesdirektoriums. Der Präsident des Direktoriums kann zwei oder drei weitere Mitglieder in seine „Regierung" berufen. Es werden von Litauen zunächst nur Direktoren ernannt, die der litauischen Staatsführung genehm sind. Sie können sich aber oft im Landtag nicht auf eine politische Mehrheit stützen. Diese „oktroyierten" Regierungen scheitern jeweils nach kurzer Zeit, während die „parlamentarischen", die sich auf eine „deutsche" Mehrheit im Landtag stützen können, nach einigen Monaten vom Gouverneur abgesetzt werden. In vier Wahlperioden des Landtags vom Oktober 1925 bis zum März 1939 kommt es zu zwölf Regierungen, von denen nur vier eine parlamentarische Mehrheit hinter sich haben.

1928 schließen Litauen und das Deutsche Reich einen deutsch-litauischen Grenzvertrag, 1929 einen neuen deutsch-litauischen Handelsvertrag. Die vor den Völkerbund gebrachten litauischen Eingriffe in die Autonomie des Memellandes verschlechtern ab 1932 dann die Beziehungen zwischen beiden Staaten. Unter Landespräsident Otto Böttcher (Otonas Betcheris), der von Januar 1931 bis Februar 1932 amtiert, eskalieren die Spannungen zu einem Verfassungskonflikt. Im Dezember 1931 reist der memelländische Regierungschef nach Berlin. Er will dort im Reichsernähungsministerium und im Auswärtigen Amt Einfuhrerleichterungen für memelländische landwirtschaftliche Produkte erreichen. Der litauische Gouverneur betrachtet dies als eine außenpolitische Aktion und damit als eine Verletzung des memelländischen Autonomiestatuts. Er fordert Böttcher auf, zurückzutreten. Als dieser sich weigert, erklärt er dessen Absetzung. Der Landtag spricht dagegen Böttcher das Vertrauen aus und erklärt, er sei weiter im Amt. Die litauische Regierung beharrt auf dem Standpunkt, dass – wie seinerzeit fast noch überall auf der Welt – ein Regierungschef das Vertrauen des jeweiligen Staatsoberhauptes haben müsse, in diesem Fall des litauischen. Die alliierten Signaturmächte der Memelkonvention folgen im März 1932 der Argumentation der deutschen Mehrheit des memelländischen Landtags. Der Landtag spricht einem neuen, vom Gouverneur eingesetzten Präsidenten des Landesdirektoriums ausdrücklich das Misstrauen aus. Die Alliierten erheben jetzt Klage gegen Litauen vor dem internationalen Gerichtshof in Den Haag. Der Gerichtshof sieht aber Litauen im Recht, ein großer diplomatischer Erfolg für das Land.[116]

Die politischen Auseinandersetzungen haben Auswirkungen auf den Export ins Deutsche Reich. Fast die gesamte agrarische Ausfuhr nicht nur des Memelgebiets sondern auch Litauens geht seit der zweiten Hälfte der 1920er Jahre nach Deutschland. Die deutsche Reichsregierung arbeitet darauf hin, Litauen vollständig in den deutschen Wirtschaftsraum einzugliedern und eine Zollunion mit ihm herzustellen.[117] Jetzt bleiben die Bauern des Memellandes auf ihren hohen Überschüssen an landwirtschaftlichen Produkten sitzen. Die Erzeugerpreise fallen ins Bodenlose. Der mütterlicherseits einer alteingesessenen Memeler, väterlicherseits einer Königsberger Kaufmanns- und Juristenfamilie entstammende Historiker Karl-Heinz Ruffmann in seinen Überlegungen eines Historikers: „Landwirte mußten ihre Wagenräder mit Butter schmieren, kurische Fischer ihre vollen Fangnetze wieder ins Haff kippen, deutsche wie litauische Beamte und Angestellte einen Teil ihrer Gehälter in Naturalien (darunter in Enten und Gänsen) entgegennehmen."[118]

In Deutschland und Ostpreußen betrachtet man das Memelland als nur zeitweilig vom Vaterland entrissenes Territorium und strebt die „Revision" der Abspaltung an. Im Memelland konkurrieren deshalb das Deutsche Reich und Litauen um wirtschaftlichen und damit auch politischen Einfluss. Litauen versucht, die Wirtschaft des Memellandes ökonomisch mit der Großlitauens zu verflechten. Es fördert die Ansiedlung von Industrien in der Stadt Memel und den Ausbau des Hafens.

Um das Jahr 1931, nachdem sich die Verhältnisse in Litauen stabilisiert haben, entsteht neben der bereits aus der deutschen Zeit existierenden Industrie eine litauische.

Die alten deutschen Industrien sind die großen Holz verarbeitenden Betriebe wie Zellulose- und Papierfabriken, Furnierfabriken, Sägewerke und Möbelwerkstätten, aber auch die Werft Lindenau & Co. Sie werden weiter nach deutschem Handelsrecht geführt und von deutschen Banken finanziert. Neben den lokalen memelländischen und deutschen sind auch staatliche litauische Banken in der Stadt Memel vertreten. Etwa 70 % aller Kredite werden aber von deutschen Banken gewährt.

Die Eisenbahnverwaltung, das Fernmeldewesen, die Verwaltung der Wasserstraßen des Memelgebietes und die Verwaltung des Memeler Hafens unterstehen dem litauischen Verkehrsministerium in Kaunas. Neue Eisenbahnen und Straßen verbinden den Hafen mit den anderen Regionen Litauens. Von 1925 bis 1929 baut der litauische Staat eine neue Bahnstrecke von Schaulen (Siauliai) nach Memel und erschließt damit auch den Norden Litauens für den Memeler Hafen. In den Jahren 1923 bis 1938 werden im Memeler Hafen die Hafenbecken auf bis zu 8 m vertieft und die Kais verlängert. Das Hafengebiet wird um zehn Hektar vergrößert. Schon im Jahr 1932 wird die Mehrheit des litauischen Warenumschlags über den Hafen von Memel, nicht mehr über Libau oder Königsberg, abgewickelt.

In Memel fördert der litauische Staat das Entstehen eines neuen Industriezweiges, der Textilindustrie. In der Textilindustrie und in der Nahrungsmittelindustrie arbeiten vor allem aus Großlitauen zuziehende Arbeiter, deren Lohn 10 % bis 25 % unter dem der Memelländer liegt. Die Einwohnerzahl der Stadt Memel verdoppelt sich zwischen 1910 und 1938 fast auf rund 38 000. 1938 bekennen sich fast 39 % der Bevölkerung der Stadt Memel als „Litauer", im selben Jahr sind fast 10 000 Menschen in Industrie und Großhandwerk des Memelgebiets beschäftigt. Seine Industrieproduktion macht 26,9 % des Gesamtwertes der litauischen Industrieproduktion aus, wobei das Memelgebiet über weniger als 5 % der Fläche verfügt und auch weniger als 5 % der Bevölkerung Litauens stellt.

Dass nach 1918 nicht mehr das riesige Russland, sondern nur noch das kleine Litauen der Nachbar ist, spüren auch die Grenzspediteure in Eydtkuhnen. Zunächst führt der große Nachholbedarf an Waren aller Art in Litauen zu einem erneuten Aufblühen des Grenzhandels. Bald haben sich in Eydtkuhnen wieder 80 Speditionsfirmen, vier deutsche Großbanken sowie sechs weitere Banken etabliert. Die im Krieg zerstörten Gebäude werden wieder aufgebaut. Im Jahr 1922 hat der Grenzort etwa 10 000 Einwohner und wird im gleichen Jahr zur Stadt erhoben. Aber die Blüte währt nur kurze Zeit. Der in der Hyperinflation sichtbare wirtschaftliche Niedergang Deutschlands, die baldige Sättigung des litauischen Marktes und die Unterbrechung der Fernbahnstrecke Eydtkuhnen–Kowno–Wilna–Moskau führen zu einem Rückgang des Grenzhandels, von dem sich Eydtkuhnen nie mehr erholt.[119] Der Personenverkehr über Eydtkuhnen geht von 1913 bis 1933 um mehr als 35 % zurück. Der Güterverkehr sinkt im Empfang und Versand von 598 476 t im Jahre 1913 auf 31 150 t im Jahr 1933. 1939 weist das Fernsprechbuch für Eydtkuhnen nur noch acht Grenz-

Schlange vor einem Wahllokal zu den Wahlen des Memelländischen Landtags am 19. Oktober 1925 vor den Verlagsräumen des „Memeler Dampfboots", der deutschen Tageszeitung der Stadt. Das Wahlsystem als reine Persönlichkeitswahl ist äußerst kompliziert.

spediteure nach. Und doch werden im Spätsommer und Herbst immer noch 25 000 Gänse aus Litauen über die Grenze getrieben.[120]

Kapp – ein Putschist aus Ostpreußen

Der aus Niederschlesien stammende Ferdinand Friedensburg ist von Dezember 1946 bis Februar 1951 als CDU-Politiker stellvertretender Oberbürgermeister Groß-Berlins. In den 1920er Jahren gehört er der linksliberalen DDP an. Nach dem Kapp-Putsch wird er Landrat des westpreußischen Kreises Rosenberg, der nach der Volksabstimmung an Ostpreußen gekommen ist. In seinen Lebenserinnerungen von 1969 beklagt er das Scheitern des demokratischen Staates von Weimar im Osten Deutschlands und macht dafür zu allererst dessen alte Eliten verantwortlich: „Der östliche Deutsche ist nach meinen Erfahrungen menschlicher als der West- und Süddeutsche, der vielleicht liebenswürdiger ist, der aber zu seiner Obrigkeit, oder richtiger gesagt, zu deren Trägern niemals in so persönlicher Beziehung steht wie der Ostpreuße oder Schlesier. Kein Wunder, daß die unter ihnen lebenden Grafen, Freiherren und sogar die bürgerlichen Großeigentümer gerade auch nach 1918 soviel Einfluß hatten, und es ist ein Jammer, daß sie mit diesem unverdienten Geschenk so wenig verantwortungsvoll umgegangen sind."[121]

Der Historiker Christian Rohrer nennt die einflussreichen Personengruppen in der Provinz und die Basis ihres Einflusses: „Im dominierenden ländlich-protestantischen Milieu Ostpreußens kam dem Dorfpfarrer, dem Dorflehrer sowie den Gutsbesitzern bzw. Großbauern die Funktion der Meinungsführer zu. Einem fürsorglich auftretenden Gutsbesitzer etwa, der ökonomisches und soziales Zentrum eines Gutsdorfes war, wurde in der Regel von seinen Mitarbeitern hohe Autorität zugebilligt."[122] Friedensburg sieht aber auch Versäumnisse der demokratischen Parteien in Preußen, die oft genug ungeeignetes Personal auf ihre Machtpositionen gebracht hätten.[123] Chancen, in Ostpreußen konsequent nur zur Republik loyale Personen in Machtpositionen zu bringen, hätten sich in der Folge des Kapp-Putsches geboten.

Der Kapp-Putsch im März 1920 ist eines der zentralen Ereignisse in der deutschen Geschichte der ersten Hälfte des 20. Jahrhunderts. Wolfgang Kapp, einer seiner drei Anführer, wäre im Falle eines Erfolgs diktatorischer Reichskanzler und preußischer Ministerpräsident geworden. Geboren 1858, tritt Kapp 1886 in den preußischen Staatsdienst ein. Während seiner Beamtenlaufbahn spezialisiert er sich schon früh auf landwirtschaftliche Fragen. Durch seine Heirat mit der Tochter des bürgerlichen Besitzers eines großen Rittergutes im Kreis Preußisch Eylau im Jahr 1884 kommt er mit Ostpreußen und dessen großagrarischen Kreisen in Kontakt. 1890 wird er selbst zum Rittergutsbesitzer: Im Kreis Preußisch Eylau erwirbt er das 500 ha große Rittergut Pilzen.[124] Nach verschiedenen Posten in preußischen Provinzial- und Zentralverwaltungen wird Kapp 1900 zum Vortragenden Rat im preußischen Landwirtschaftsministerium ernannt, 1903 ist er Oberregierungsrat.[125] Dann stockt seine Karriere. Er beschließt im Jahr 1906, aus dem Dienst im Ministerium auszuscheiden und nutzt seine ostpreußischen Verbindungen. Durch Vermittlung seines Freundes Elard von Oldenburg-Januschau hat er das Angebot erhalten, Generaldirektor der „Ostpreußischen Landschaft" zu werden. Kapp akzeptiert die gut dotierte Stelle und tritt seine Tätigkeit in der landwirtschaftlichen Rentenbank im Juni 1906 an.[126] Der Generallandschaftsdirektor leitet die im Jahr 1788 gegründete „Ostpreußische Landschaft". Wolfgang Kapp ist also so etwas wie ein Direktor einer öffentlichen Bank, als er im März 1920 in Berlin einen Putsch versucht.

In den Tagen vor Ausbruch des Putsches sind Ostpreußens Oberpräsident August Winnig, Landeshauptmann Manfred Graf von Brünneck-Bellschwitz, Wolfgang Kapp und sieben weitere politische Vertreter Ostpreußens in Berlin, um von der Reichsregierung und der preußischen Regierung Unterstützung für Ostpreußen zu erbitten. August Winnig erinnert sich an Kapps merkwürdiges Verhalten: „Es war nach meiner Erinnerung am 10. März, als Kapp vorzeitig aus einer Sondersitzung der Abordnung aufbrach und dadurch unser Weitertagen unmöglich machte. Ich machte ihm Vorhaltungen wegen dieser Störung. Er entschuldigte sich mit der Verabredung, an die er selbst gebunden sei."[127] Kapp trifft an diesem Tag den Oberkommandierenden der Reichswehrtruppen in Berlin und Umgebung, Walther von Lüttwitz.

Demonstration gegen den Putsch von Kapp und Lüttwitz in Berlin am Sonntag, den 13. März 1920. Wolfgang Kapp, nach dem der Putsch von Freikorps-Verbänden genannt wird, ist bis dahin „Generallandschaftsdirektor" einer öffentlichen Bank in Ostpreußen.

Der rechtsgerichtete Kapp-Putsch gegen die Weimarer Republik, von den Historikern richtiger Kapp-Lüttwitz-Ehrhardt-Putsch genannt, beginnt am 13. März 1920 mit einem Marsch der Brigade Ehrhardt vom Truppenübungsplatz Döberitz nach Berlin und scheitert nach fünf Tagen. Er bringt Deutschland an den Rand eines Bürgerkrieges. Neben Kapp wird er von Walther von Lüttwitz und dem Freikorpsführer Korvettenkapitän Hermann Ehrhardt geleitet, unterstützt von Erich Ludendorff und der Deutschnationalen Volkspartei. Die rechtsliberale Deutsche Volkspartei von Gustav Stresemann verhält sich abwartend. Auslöser ist die Entlassung von General von Lüttwitz durch Reichswehrminister Gustav Noske. Lüttwitz hatte sich geweigert, wie von der Entente gefordert, weitere Freikorps, die nach der Revolution aufgestellten Freiwilligenverbände, zu demobilisieren.

Fast überall im Deutschen Reich ist absehbar, dass der Putsch bald scheitern wird. Die Gewerkschaften bringen mit einem Generalstreik das öffentliche Leben zum Erliegen, selbst viele Beamte schließen sich ihm an. Die meisten Mitarbeiter der Ministerien in Berlin verweigern sich den Putschisten, die mit der „Marine-Brigade-Ehrhardt" nur wenig mehr als die Innenstadt von Berlin kontrollieren. Die Reichswehr in den östlichen und nördlichen Teilen Deutschlands jedoch spricht sich für Kapp aus. Die süddeutschen Verbände bekennen sich dagegen zur Regierung des SPD-Kanzlers Gustav Bauer und zum Präsidenten Friedrich Ebert.

Am 12. März 1920 fährt August Winnig, der sozialdemokratische ostpreußische Oberpräsident, der vermutlich nicht in die Putschpläne eingeweiht ist, mit dem Nachtzug nach Königsberg. „Nach sechzehnstündiger Fahrt traf ich in Königsberg ein. Dort fand ich Nachrichten vor, die telephonisch von Danzig gekommen waren. Die Ehrhardtbrigade sei in Berlin eingerückt, die Reichsregierung sei geflohen und Kapp habe eine neue Regierung gebildet."[128] Am 13. März 1920 wird August Winnig zum obersten Militär in Ostpreußen, Ludwig von Estorff, gebeten: „Es war zwischen zehn und elf Uhr abends, als ein Offizier eintraf und mir eine Einladung des Militärbefehlshabers zu einer Besprechung überbrachte. Ich fuhr zum Wehrkreiskommando und traf dort den General mit seinem ganzen Stabe. Er erhob sich und sagte, dass er sich soeben unter dem Eindrucke der nach eingegangenen Nachrichten für die Kappregierung erklärt habe."[129] Telegramme stellen den Putsch in Berlin als Erfolg dar und behaupten, es wären Verhandlungen zur Bildung einer Koalitionsregierung unter Einschluss sozialdemokratischer Politiker aufgenommen worden. Die Militärs bitten Winnig um Unterstützung. Später wird Winnig behaupten, er habe in diesen Stunden um des lieben ostpreußischen Friedens willen seine Genossen verraten: „Frieden unter allen Umständen, damit wir bei der Volksabstimmung Masuren für Deutschland behaupten! Wir konnten es nur behaupten, wenn die Provinz ihren Frieden behielt – wir würden es verlieren, wenn der Abstimmung ein Bürgerkrieg vorausging. Vor dieser Einsicht wich alles andere zurück. Da erklärte ich, dass ich Kapp und seine Genossen zwar nicht als Regierung anerkennen würde, aber ich wollte anerkennen, dass sie im Besitz der tatsächlichen Gewalt seien."[130]

In Kapps Heimatprovinz sind die Putschisten im März 1920 sofort erfolgreich. Die agrarischen Kreise, die konservative Beamtenschaft und das in der Provinz stationierte Militär sehen Ostpreußen in Grenzauseinandersetzungen und Volkstumskämpfe verstrickt. Man will eine autoritäre Regierung in Berlin, die die Verteidigungsfähigkeit des Landes stärkt und die Errungenschaften der Revolution rückgängig macht. General Ludwig von Estorff unterstellt die Reichswehrtruppen in Ostpreußen der Putsch-Regierung in Berlin. Winnig weist die Beamtenschaft an, den Anweisungen Kapps zu folgen. In Ostpreußen schließen sich in den nächsten Tagen alle höheren Verwaltungsbeamten mit Ausnahme des Königsberger Oberbürgermeisters Hans Lohmeyer dem Putsch an. In Ostpreußen kommt es auch zu keinem Generalstreik für die Weimarer Demokratie. In den wenigen Großbetrieben in Elbing und Königsberg ist zu dieser Zeit ein Großteil der Belegschaft wegen Arbeitsmangels entlassen.[131]

Trotz der Unterstützung in Ostpreußen gelingt es den Putschisten nicht, sich an der Macht zu halten. Am 17. März flieht Kapp nach Schweden und kehrt nach zweijährigem Exil freiwillig zurück und stellt sich dem Reichsgericht in Leipzig. Im Juni 1922 stirbt er in der Untersuchungshaft in Leipzig an einer Krebserkrankung. Sein Gut Pilzen erbt sein Sohn Friedrich Kapp. Der verkauft es an den Kreis Preußisch Eylau, der Kreis gibt es an die Reichswehr weiter. Die Wehrmacht wird es später mit anderen Gütern und Dörfern der Umgebung von Groß Stablack zu einem Truppenübungsplatz machen.[132]

Nach dem Scheitern des Putsches ersetzt die preußische Regierung amtierende konservative Kräfte durch republiktreue Beamte.[133] August Winnig wird von seiner Partei gezwungen, um die Entlassung aus seinen Ämtern als Reichskommissar und Oberpräsident zu bitten. General von Estorff wird seines Amtes enthoben, die SPD schließt Winnig aus. Beide werden aber nie vor Gericht gestellt.[134] Neben dem Oberpräsidenten und Reichskommissar werden in Ostpreußen drei der vier Regierungspräsidenten und die meisten Landräte entlassen. Im Amt bleiben Königsbergs Oberbürgermeister Lohmeyer und der Allensteiner Regierungspräsident von Oppen sowie die Landräte von Bartenstein, Rastenburg, Preußisch Eylau und Neidenburg. Nachfolger Winnigs als Reichs- und Staatskommissar wird – bis das Amt im Mai aufgehoben wird – der Königsberger SPD-Stadtrat Albert Borowski.

Borowski stammt aus dem Dorf Rhesau im Kreis Angerburg. Er hat eine Schlosser- und eine Sattlerlehre absolviert und ist schon früh zur Arbeiterbewegung gestoßen.[135] Angesichts der am 11. Juli 1920 in geplanten Völkerbundabstimmungen geht Albert Borowski sehr zurückhaltend gegen die konservativen und reaktionären Kräfte vor.[136] Wegen dieses wenig energischen Umganges mit der monarchistisch-reaktionär gesinnten Beamtenschaft der Provinz stößt er in der SPD auf Kritik, und nicht zuletzt deshalb wird das Amt des Reichs- und Staatskommissar für die Exklave Ostpreußen im Mai 1920 abgeschafft. Borowski bleibt beamteter Stadtrat in Königsberg, von 1926 bis 1932 ist er zudem Mitglied im preußischen Staatsrat. Nach dem Beginn der nationalsozialistischen Herrschaft wird er aller Ämter enthoben. Den Achtzigjährigen und seine Frau werden im Januar 1945 Sowjetsoldaten in ihrem samländischen Wohnort Rudau erschlagen.[137]

Die Parteien der Provinz

In den Jahren der Weimarer Republik ist Ostpreußen neben dem Freistaat Mecklenburg und der kleinen preußischen Provinz Grenzmark Posen-Westpreußen das am schwächsten besiedelte Gebiet Deutschlands[138], mit 37000 km² aber die drittgrößte preußische Provinz hinter den nur wenig größeren Provinzen Brandenburg und Hannover, größer als heute Länder wie Baden-Württemberg und Nordrhein-Westfalen. Im Juni 1925 zählt die Provinz Ostpreußen 2,26 Mio. Einwohner. Die Bevölkerungsdichte liegt mit 61 weit unter dem Reichsdurchschnitt von 134 Einwohnern je km².

Auch die Verteilung der Einwohner auf Stadt- und Landgemeinden weicht vom Reichsdurchschnitt ab. Im Deutschen Reich leben im Jahre 1925 36 % der Bevölkerung in ländlichen Gemeinden, die 2000 oder weniger Einwohner zählen, und 64 % in größeren Gemeinden oder Städten. In Ostpreußen ist das Verhältnis nahezu umgekehrt: 61 % wohnen in Gemeinden mit weniger als 2 000 Einwohnern. Fast ein Drittel der Stadtbevölkerung Ostpreußens, 280 000 Menschen, ist in Königsberg ansässig. Königsberg ist die einzige Großstadt der Provinz.[139] Nur 1,1 % der Gemeinden haben über 2 000 Einwohner (reichsweit: 5,4 %).

Neben der einzigen Großstadt der Provinz, Königsberg, gibt es wenige Mittelstädte wie Elbing mit 68 000 und Tilsit mit 51 000 Einwohnern. Allenstein, Gumbinnen und Marienwerder als Sitz von Regierungspräsidien sind mit etwa 38 000, 19 000 oder 14 000 Einwohnern eher Kleinstädte. Insterburg zählt etwa 39 000 Bewohner. Der Landkreis Niederung hat 1925 fast 56 000 Einwohner, sein Kreissitz Heinrichswald aber ist mit 2 600 Einwohnern noch nicht einmal eine Stadt. Zum Kreis gehören zu dieser Zeit 228 Gemeinden, viele davon haben weniger als 200 Bewohner. Bereits im Kaiserreich sind mehrere Gemeinden, in der Regel drei bis vier, zu Amtsbezirken unter einem Amtsvorsteher zusammengefasst worden. Im Kreis Bartenstein gibt es neben fünf Städten 35 dieser Amtsbezirke, die aus 120 Gemeinden mit 421 Ortsteilen gebildet wurden. Der Kreis Friedland (Bartenstein) hat 1925 43 189 Einwohner.[140]

Grundsätzlich gehört jedes Grundstück zu einer Stadt, Gemeinde, einem Guts- oder Forstbezirk. In den Städten und Landgemeinden werden die Einwohner an der Selbstverwaltung beteiligt, im Kaiserreich nach dem Dreiklassenwahlrecht, in der Weimarer Republik nach dem allgemeinen Wahlrecht. In den Gutsbezirken übt bis 1929 der Gutsbesitzer auf Grund seines Besitztitels als Gutsvorsteher ohne Beteiligung der anderen Bewohner amtliche Funktionen aus. Mit Wirkung vom 30. September 1929 wird die Eigenständigkeit fast aller Gutsbezirke aufgehoben. Sie werden den benachbarten Landgemeinden zugeordnet.

In der Weimarer Republik gilt für die Wahl zum Reichstag ein Verhältniswahlrecht in „Reichstagswahlkreisen". Es gibt 35 Reichstagswahlkreise, die wiederum zu Wahlkreisverbänden zusammengefasst sind; in Ostpreußen sind Wahlkreis und Wahlkreisverband deckungsgleich. Dadurch gilt in der Provinz unmittelbar, was das Wahlrecht der Weimarer Republik festlegt: Der Liste einer Partei im Wahlkreis wird für je 60 000 Stimmen ein Sitz im Reichstag zugeteilt. Da die Wahlbeteiligung schwankt, entsendet Ostpreußen zwischen elf (Wahl vom 20. Februar 1921) und 18 Abgeordnete (Wahl vom 5. März 1933) in den Reichstag. Die Nationalversammlung besteht 1919 aus 421 Mitgliedern, wovon 14 aus Ostpreußen kommen.

Andreas Kossert verortet Gesellschaft und Politik in Ostpreußen während der Weimarer Republik als von deutschnationaler Selbstüberschätzung und einer Grenzland-Paranoia geprägt: „Grenz- und Heimatwehren, Freikorps und nationalistische Verbände schürten die Angst vor einer bolschewistischen oder polnischen Invasion, vor der nur sie das Land bewahren würden."[141] Und weiter: „Der ‚Abwehrkampf' erfaßte die gesamte Provinz und überwand konfessionelle wie ethnische Barrieren."[142]

Am 11. April wird der aus Heinrichswalde im Kreis Niederung stammende und der DDP angehörende Ernst Siehr kommissarisch, am 27. Juli 1920 endgültig zum ostpreußischen Oberpräsidenten ernannt und verbleibt zwölf Jahre an der Spitze der Verwaltung. Im Amt moderiert er zwischen der preußischen Staatsregierung und den Selbstverwaltungsorganen des Landes. Seine Stellung ist kompliziert, weil der Linksliberale Siehr bald nicht mehr die Mehrheit der politischen Kräfte in Ostpreußen repräsentiert. Die tonangebenden ostpreußischen Parteien stehen rechts von den drei Parteien der Weimarer Koalition (SPD, Zentrum, DDP), die bis 1932 fast immer die preußische Staatsregierung stellen.[143] Durch Reden und Gespräche sucht Siehr trotzdem zu einem gemeinsamen Auftreten der Politik Ostpreußens gegenüber Preußen, dem Reich und den Nachbarstaaten der Provinz zu kommen.

Während Ernst Siehr sich zwölf Jahre im Amt hält, stürzt seine Partei, die DDP, in Ostpreußen bei Wahlen stark ab und versinkt am Ende in der Bedeutungslosigkeit. Bei der Wahl zur Nationalversammlung im Januar 1919 hat die DDP noch 18,8 % der Stimmen erreicht. Bei den Wahlen im November1932 sind es nur noch 0,55 %.

Bei den Wahlen zur Nationalversammlung am 19. Januar 1919 hat die in Königsberg starke Unabhängige Sozialdemokratische Partei Deutschlands (USPD) in der Provinz Ostpreußen nur 5 % der Stimmen erhalten. Eine Mehrheit der USPD im Reich beschließt 1920, sich der unter Lenin gegründeten Kommunistischen Internationale (Komintern) anzuschließen. An dieser Frage spaltet sich die Partei im Oktober 1920; ein großer Teil ihrer Mitglieder geht zur KPD, die erst durch diesen Zufluss zur Massenpartei wird. Die Minderheit – und die deutliche Mehrheit der Funktionäre – bleibt in der Partei. Zwei Jahre später, am 29. September 1922, vereinigt sich eine Mehrheit dieser Rest-USPD unter ihrem aus Ostpreußen stammenden Parteivorsitzenden Arthur Crispien mit der SPD.

Der Stimmenanteil der ostpreußischen SPD liegt in den Jahren zwischen 1922 und 1929 immer zwischen von 24 % und 26 %. Sie ist damit nach den Deutschnationalen in der Provinz die zweitstärkste Partei. Wegen der Schwäche der Linksliberalen und der besonderen Rolle des Zentrums in Ostpreußen fehlt es den Sozialdemokraten aber an geeigneten Bündnispartnern im Provinziallandtag wie in den meisten Kreistagen. Obwohl sie z.B. im für sie guten Wahljahr 1929 etwa 27 % aller Kreistagssitze gewinnt, verfügt sie in keinem ostpreußischen Kreistag jemals über eine absolute Mehrheit. Sie hat in der Provinz nur wenige Hochburgen; am ehesten sind dies noch die Kreise Fischhausen, Angerburg und Gerdauen. Hier erringt sie auf Kreisebene zwischen 40 % und 50 % der Mandate. In allen übrigen Kreisen ist sie mit drei bis acht Sitzen deutlich in der Minderheit. Von den in Königsberg, Elbing, Tilsit, Allenstein und Insterburg bei den Wahlen zu den Stadtverordnetenversammlungen vergebenen 221 Sitzen hat die SPD im Jahr 1929 53 inne, das sind 24 %. Den Grund für ihre Schwäche hier zeigt ein Blick auf das Ergebnis der KPD: Sie erreicht 16 %. In Ostpreußen scheinen sich die einstigen USPD-Wähler den Kommunisten zugewandt zu haben. Die Arbeiterparteien kommen aber in keiner Stadt zu einer rechnerischen Mehrheit. In Königsberg, Elbing und Insterburg stellt die SPD jeweils die stärkste Fraktion.[144]

Im Reich und in Preußen koalieren in den 1920er Jahren SPD, DDP und Zentrum häufig miteinander, einige Male sogar unter Einbindung der rechtsliberalen DVP. In Ostpreußen aber übernimmt das katholische Zentrum im Provinziallandtag und einigen Kreistagen die Funktion der Mehrheitsbeschafferin für die DNVP und die DVP. Das Zentrum ist hier wegen seiner rein ländlichen Hochburgen im Ermland deutlich konservativer als z.B. im Rheinland, wo eine katholische Gewerkschaftsbewegung in der Partei Einfluss hat[145], es verfügt über 8 % aller Kreistagssitze. Diese statistische Zahl sagt aber wenig über die Machtteilnahme der Partei aus. In den Kreisen Braunsberg, Heilsberg und Rößel gewinnt das Zentrum immer absolute Mehrheiten.

Immer wieder kommt es in den nächsten Jahren zwischen den konservativen politischen Institutionen Ostpreußens und der bis 1932 von Sozialdemokraten und Zentrumspolitikern geführten Preußischen Regierung zu erheblichen Spannungen. Dabei steht die meiste Zeit mit dem Sozialdemokraten Otto Braun ein Ostpreuße an der Spitze des Freistaats Preußen.

Die Mehrheit der Führung der antidemokratischen Deutschnationalen stammt in Ostpreußen aus dem Adel, doch nimmt der direkte Einfluss des alten Adels auf das politische Leben Ostpreußens nach 1918 ab. In den konservativ-nationalen Kreisen haben gleichwohl noch immer die Großagrarier die Meinungsführerschaft inne. Der bis 1919 amtierende Oberpräsident Adolf von Batocki-Friebe, Bledau (Grundbesitz 3 315 ha) bleibt im Hintergrund einer ihrer einflussreichste Führer. Manfred Graf von Brünneck-Bellschütz (2 393 ha) ist für die DNVP bis 1928 Landeshauptmann und Leiter der provinzialen Selbstverwaltung. Friedrich Graf von Eulenburg-Prassen (5 255 ha), Mitglied der DNVP, sitzt im Provinzialausschuss, steuert als Generallandschaftsrat die Vergabe des ostpreußischen Agrarkredits und ist als Kreisführer des Landwirtschaftsverbandes an der agrarischen Interessenpolitik maßgebend beteiligt. Elard von Oldenburg-Januschau (8 576 ha) zieht 1930 nochmals als Abgeordneter, diesmal für die DNVP, in den Reichstag ein. [146] Vorsitzender der DNVP ist der Besitzer des Gutes Lindenau bei Braunsberg, Horst von Restorf. Er ist Mitglied des Preußischen Staatsrats und von 1926 bis 1932 Reichstagsabgeordneter.[147] Bei den Reichstagswahlen kann sich die DNVP in den drei Wahlgängen von 1921 bis 1929 mit Ergebnissen zwischen 31 % und 39 % als stärkste Partei in Ostpreußen etablieren. Im Provinziallandtag ist sie allerdings auf die rechtsliberale DVP und das Zentrum angewiesen, um eine Mehrheit für ihre konservativ-nationale Politik zu erreichen.[148]

Die Deutsche Volkspartei (DVP) hat sich in Ostpreußen eng mit der DNVP verbunden. In den Selbstverwaltungsgremien der Provinz koaliert sie ebenso mit den Deutschnationalen wie bei den Kommunalwahlen, häufig sogar in gemeinsamen Wahlvorschlägen. Diese Listen tragen – wie z.B. bei den Kreistagswahlen 1925 – Bezeichnungen wie „Preußenblock“, „Ordnungsblock“, „Hindenburgwähler“ oder gleich „Tannenberg“. Der demokratiefeindliche Wehrverband „Stahlhelm – Bund der Frontsoldaten“ steht den Deutschnationalen nahe, obwohl er sich offiziell als überparteilich darstellt. Mit reichsweit etwa 500 000 Mitgliedern ist er der stärkste paramilitärische Verband im Deutschen Reich. Der ostpreußische Landesverband zählt zu den größten Regionalorganisationen. Er verfügt über ein gut ausgebautes Organisationsnetz sowie über einen erheblichen Personalstamm. Im Oktober 1929 hat er in Ostpreußen rund 17 900 Mitglieder.[149]

Bei den Wahlen 1924 kandidiert der Landrat des Kreises Rosenberg, Ferdinand Friedensburg, für die DDP zum Reichstag. In Ostpreußen erringt seine Partei kein Mandat mehr. Schon bei diesen Wahlen gelten in den ostpreußischen Kleinstädten nicht länger demokratische Umgangsformen: „Wie leidenschaftlich die Stimmung in den Rechtskreisen war, hatten mir die Wahlversammlungen in den kleineren Landstädten gezeigt. Mehrfach bin ich lange Zeit überhaupt nicht zu Wort gekommen, weil die Mehrheit der Erschienenen meinen Vortrag durch fortgesetztes Absingen des Deutschlandliedes unmöglich zu machen versuchte."[150]

Der aus Neustadt in Westpreußen stammende Friedrich Samel lebt seit 1920 als Verwaltungsangestellter des Kreises in Fischhausen. In seinem Lebensbuch notiert er ein großes Ereignis, die Ankunft eines bedeutendes Mannes im Samland: „Es war wohl auch im Sommer 1922, als auf dem Seewege über Pillau der besonders von den Ostpreußen hochverehrte Generalfeldmarschall v. Hindenburg nach Ostpreußen kam. Er besuchte auch Fischhausen, und wir erlebten einen großen Tag. Die Stadt war festlich geschmückt. Die Schulen und Vereine waren zur Begrüßung angetreten, und der Gesangverein sang einige Lieder."[151]

Die Person Paul von Hindenburgs ist der Kulminationspunkt national-konservativer Politik in Ostpreußen; Hindenburgs Verhältnis zur Provinz ist das Kapital, aus dem diese Kreise politischen Gewinn schlagen. Hindenburg verfügt in Ostpreußen über einen weitläufigen Bekanntenkreis, zu dem der zu Beginn der 1920er Jahre in nationalen Kreisen schon mythisch verklärte Feldmarschall im Ruhestand gerne Kontakt hält. Gelegentlich organisieren diese Kreise für den wieder in Hannover lebenden Feldmarschall im Ruhestand Besuchsreisen in „seine" Provinz.

Der sozialdemokratische Reichspräsident Friedrich Ebert ist erstmals am 11. Februar 1919 von der Nationalversammlung zum Reichspräsidenten gewählt worden. Zwar sieht die Weimarer Verfassung eine Direktwahl des Reichspräsidenten vor, aber am 27. Oktober 1922 verlängert der Reichstag wegen der Krise nach der Ermordung des Reichsaußenministers Walter Rathenau durch ein verfassungsänderndes Gesetz seine Amtszeit bis zum 30. Juni 1925. Nach Eberts Tod im Februar 1925 findet am 29. März im Deutschen Reich die erste unmittelbare Wahl eines Reichspräsidenten statt. Im ersten Wahlgang kandidieren sieben Bewerber, keiner erreicht die erforderlich absolute Mehrheit. Für den zweiten Wahlgang am 26. April, in dem eine einfache Mehrheit den Sieger bestimmt, einigen sich SPD, Zentrum und DDP auf den rheinländischen Zentrumspolitiker Wilhelm Marx als gemeinsamen Kandidaten. Sein Sieg scheint mit den Stimmen aus dem Lager des politischen

Katholizismus, der sozialdemokratischen Arbeiterbewegung und des linksliberalen Bürgertums sicher.

Zum zweiten Wahlgang stellt überraschend das rechte Parteienspektrum Paul von Hindenburg auf. Unter dem gemeinsamen Dach eines „Reichsblocks“ haben sich DNVP, DVP, die katholische Bayerische Volkspartei – in Bayern kandidiert das Zentrum nicht – und die Splitterparteien „Bayerischer Bauernbund“, „Wirtschaftspartei“ und Deutsch-Hannoversche Partei (Welfen) zusammengefunden. Bei den letzten Reichstagswahlen haben sie zusammen weniger als 36 % der Stimmen erreicht. Aber der zu diesem Zeitpunkt 78-jährige, bescheiden auftretende „Sieger von Tannenberg“ genießt auch bei vielen Anhängern der demokratischen Parteien große Popularität. Da die Kommunisten ihren Kandidaten Ernst Thälmann beim zweiten Wahlgang nicht zurückziehen, gewinnt Hindenburg mit 14,6 Mio. Stimmen (48,3 %) knapp vor Marx (45,3 %) und wird neuer Reichspräsident.

In Ostpreußen erreicht Hindenburg mit 66,9 % nach den Wahlkreisen Pommern (71,1 %) und Niederbayern (68 %) das drittbeste Ergebnis im Reich. Marx dagegen erringt in Ostpreußen nur 28,3 %, Thälmann 4,7 %. In den katholischen Gebieten mit Ausnahme der Stadt Allenstein bleibt Marx zwar stets deutlich vor Hindenburg, ein beachtlicher Teil der katholischen Wählerschaft votiert dennoch für Hindenburg.[152] Die Wahlbeteiligung liegt mit 81,4 % deutlich höher als im Reich (77,6 %).

Hindenburg, der aus seiner monarchistischen Gesinnung nie ein Hehl macht, leistet zwar den Eid auf die Weimarer Verfassung, doch verschieben sich im Deutschen Reich mit seiner Wahl die politischen Gewichte aus dem Parlament hin zum Reichspräsidenten und zu den bald einflussreichen Beratern in seiner Umgebung. Otto Braun steht von März 1920 bis März 1921, von November 1921 bis Januar 1925 und von April 1925 bis Mai 1932 als Ministerpräsident Preußens an der Spitze des mit Abstand bevölkerungsreichsten Landes der Weimarer Republik. Sein Regierungsstil ist so autoritär, dass er selbst von Parteifreunden als „Zar von Preußen“ bezeichnet wird. Unter seiner Regierung profiliert sich der Freistaat aber als demokratisches Bollwerk des Deutschen Reichs. Gewählt von einer Mehrheit des preußischen Abgeordnetenhauses, ist Otto Braun im Prinzip nicht vom mächtigen Reichpräsidenten abhängig. Aber sieben Jahre müssen Hindenburg und Braun eng zusammenarbeiten. Er erinnert sich: „Bei meinem ersten Besuch, bei dem ich Hindenburg zum ersten Male begegnete, war ich erschreckt über die völlig unpolitische Einstellung und geistige Schwerfälligkeit dieses Mannes, in dessen Hände das deutsche Volk die Macht gelegt hatte, die die Reichsverfassung dem Reichspräsidenten verleiht. Ein Mensch von soldatischem Pflichtgefühl, erfüllt von ehrlichem Willen, den Eid auf die republikanische Verfassung zu halten. Das war mein erster Eindruck. Klar wurde mir auch, dass für seine Amtsführung alles auf gute politische Berater ankam, deren erster der die Politik des Reiches bestimmte Reichskanzler sein mußte.“[153] 1932 wird Hindenburg den Einflüsterungen des Reichskanzlers Franz von Papen erliegen.

Reichspräsident Paul von Hindenburg im Sommer 1930 zu Gast bei seinem Nachbarn, Elard von Oldenburg-Januschau. Der Gutsherr von Januschau ist ein einflussreicher deutschnationaler Politiker, dem Zeitgenossen einen großen Einfluss auf Hindenburg nachsagen.

Die Unterstützung des Reichpräsidenten ermöglicht es von Papen, am 20. Juli 1932 im sogenannten „Preußenschlag" den Ministerpräsidenten Braun und seine amtierende Regierung zu entmachten.

Seit der Vereinigung mit dem Großteil der USPD sind die Kommunisten eine „Massenpartei". Bei den Wahlen zwischen 1924 und 1920 erreichen sie jeweils zwischen 8 % und 11 % der Stimmen in der Provinz, im November 1932 sogar fast 14 %. Damit liegen die Kommunisten in Ostpreußen nicht weit unter dem Reichsdurchschnitt von etwa 17 %. Ihre Wähler finden sie vor allen in den Städten.[154] Bei den Kommunalwahlen des Jahres 1919 hat die USPD in Königsberg mehr Stimmen als die Mehrheitsozialdemokratie errungen. Die Kommunisten profitieren in den nächsten Jahren von dieser Wählerbasis, sie überflügeln mit überdurchschnittlichen Stimmenanteilen bei den Königsberger Stadtverordnetenwahlen bis 1927 die SPD. Ab diesem Jahr liegen die beiden Parteien der Arbeiterbewegung in Königsberg mit jeweils über 20 % in etwa gleich.[155] Obwohl die Kommunisten auf dem Land schwach sind, unternehmen sie im Umfeld von Städten wie Insterburg, Tilsit und Gumbinnen doch Agitationsversuche. Das Proletariat, das sie erreichen wollen, ist in Ostpreußen ein ländliches, Landarbeiter, Waldarbeiter und Instleute.

Otto A. Schneidereit tritt Mitte der 1920er Jahre der kommunistischen Jugendorganisation in Gumbinnen bei. An Wochenenden fahren die Städter, oft unterstützt von Genossen aus der Provinzhauptstadt, mit LKW zur Landagitation per Zeitungsverkauf: „In den Dörfern selbst konnten wir nur vorsichtig agieren. Es war den Organisatoren zwar nicht verboten, ihre Zeitungen zu verkaufen, doch konnte es passieren, dass Gendarmen aus lauter Schikane wegen fehlender Gewerbegenehmigung die Zeitungen beschlagnahmten. Es war auch nicht ratsam, Gutsbesitzern oder Großbauern zu begegnen, die sich manchmal ihre Gesetze selbst machten. (...) Selbst bei Mittelbauern lohnte ein Zeitungsverkauf kaum. Wenn sie noch mit dem Stahlhelm liiert waren, konnte man riskieren, mit dem Hund vom Hof gejagt zu werden."[156]

In Ostpreußen wird zwischen Januar 1919 und März 1933 achtmal die Nationalversammlung bzw. der Reichstag gewählt, fünfmal der Preußische Landtag und viermal der Ostpreußische Provinziallandtag. Diese siebzehn Wahlen verteilen sich auf zwölf Wahltermine; bis auf die letzte stellen sich immer auch Listen und Parteien der Minderheiten zur Wahl. Polnische Listen bzw. Parteien kandidieren bei sechzehn Wahlen, eine ‚masurische' Partei kann sechsmal gewählt werden, ebenso häufig eine litauische.[157]

Die Kandidaten der polnisch gesinnten Katholiken erringen bei der Reichstagswahl am 20. Februar 1921 nur 12594 Stimmen und damit 1,3 %. Ihre Hochburgen sind die Regierungsbezirke Allenstein mit 3,3 % (7427) und Westpreußen mit 4,3 % (5158). Im südlichen Ermland wählen bei der Reichstagswahl am 4. Mai 1925 im Kreis Allenstein-Land 27,7 %, im Kreis Rößel 4,8 %, und in Allenstein-Stadt 2 % der Wähler die Polen. [158] Danach sinkt die absolute Zahl der für polnisch gesinnte Kandidaten abgegebenen Stimmen bei den Wahlen kontinuierlich. Bei der letzten wirklich freien Reichstagswahl am 6. November 1932 bekennen sich im Kreis Allenstein-Land, ihrer Hochburg, noch 5,7 % der Wähler zur polnischen Partei.[159] Auch die polnisch gesinnten Protestanten und Katholiken finden nicht zusammen. Die kleine Gruppe der polnisch gesinnten Masuren hat eine eigene kleine Partei. Sie heißt zunächst „Masurische Vereinigung", seit 1925 „Masurische Volkspartei". Bei der Wahl zum Provinziallandtag am 29. November 1925 holt sie in ganz Ostpreußen 1366 Stimmen (0,2 %). Ihre Hochburg ist mit 214 Stimmen der Kreis Ortelsburg (1 %).[160]

Die Litauische Volkspartei, später Preußisch-Litauische Volkspartei, kandidiert nur in Ostpreußen. Die Mehrheit ihrer wenigen Stimmen verzeichnet diese Partei außerhalb des eigentlichen ehemaligen litauischen Sprachgebiets, also nicht im Regierungsbezirk Gumbinnen. Bei der Wahl zum Provinziallandtag werden für sie 1929 Stimmen (0,2 %) gezählt, davon im Bezirk Gumbinnen 817 (0,4 %). Ihre besten Ergebnisse hat sie im Kreis Niederung mit 227 (1,19 %) für sie gezählte Stimmen.[161]

Polen, Masuren und Litauer sind sprachliche Minderheiten, von denen sich ein kleiner Teil auch ethnisch bzw. national von den „deutschen" Ostpreußen abgrenzt. Die Juden sind eine religiöse Minderheit, die in ihrer übergroßen Mehrheit national deutsch gesinnt ist und sich nicht abgrenzen will. Diese Minderheit aber wird in den 1920er Jahren durch einen zunehmend offenen Rassismus ausgegrenzt.

In der Nacht vom 8. auf den 9. November 1923 erhält der Landrat des Kreises Rosenberg, Ferdinand Friedensburg, einen Anruf. Ein jüdischer Einzelhändler aus der kleinen Stadt Freystadt, knapp 20 km südwestlich von Rosenberg, teilt ihm mit, dass auf dem Marktplatz der Stadt eine große Menschenmenge versammelt ist und Geschäfte plündere. „Viel mehr konnte ich nicht erfahren; die Straßenlaternen seien gelöscht, so daß man nichts sehen könne, und von der städtischen Polizei – sie bestand aus einem braven alten Mann – sei nichts zu hören."[162] Friedensburg ruft seinen Chauffeur und alarmiert den in Rosenberg stationierten Landjägermeister. Gemeinsam holen die drei zwei weitere Landjäger aus ihren Wohnungen. Zu fünft rasen sie in dem für vier Personen ausgelegten Kreiswagen nach Freystadt. Eine halbe Stunde nach dem Notruf treffen sie in dort ein. „Die Stadt war pechdunkel; im Scheinwerferlicht des Kraftwagens sah man auf dem Marktplatz eine durcheinanderwogende Menschenmenge, und immer wieder hörte man das dumpfe Krachen von Schaufensterscheiben und Rolläden. Ich ließ die Landjäger ihre Schußwaffen bereithalten, versuchte nun zunächst den Bürgermeister als Träger der örtlichen Polizeihoheit und seinen Stadtpolizisten hervorzuholen." Stadtpolizist und Bürgermeister sind nicht zu finden. Friedensburg fährt in die Mitte des Marktplatzes und schreit dreimal laut „Hier ist der Landrat als Kreispolizeichef. Geht sofort nach Hause! Wer trotz dieser Aufforderung auf dem Platz bleibt, macht sich des Landfriedensbruchs schuldig und wird schwer bestraft!"[163] Er erreicht, dass die Angriffe auf die Geschäfte aufhören. Die drei Landjäger stürzen sofort in Richtung jeden Geräusches, das eine weitere Sachbeschädigung vermuten lässt. „Jetzt kam auch der zitternde Bürgermeister, um sich zu entschuldigen, er sei mit seinem einzigen Polizisten zu schwach gewesen, um einzugreifen. Auf meine Frage, warum er mich denn nicht angerufen hätte, wußte er keine Antwort."[164] Die nun vier bewaffneten Polizisten verhindern trotz der anhaltenden Dunkelheit – alle Lampen sind zerschlagen worden – weitere Gewalttaten.

Friedensburg rechnet jederzeit mit einem neuen Auflauf und der Wiederaufnahme der Plünderungen. „Da die jüdischen Mitbürger, die sich jetzt allmählich aus verrammelten Läden und Wohnungen hervorwagten, eindringlich um zuverlässigen Schutz baten, forderte ich die in Deutsch-Eylau stationierte Schutzpolizei-Hundertschaft an, die mir für Einsatzfälle unterstand."[165] Sie trifft gegen Mitternacht in ihren Bereitschaftswagen mit Karabinern bewaffnet ein und treibt auf Anordnung des Landrats alle sich noch auf den Straßen aufhaltenden Leute mit Kolbenstößen auseinander. Nach wenigen Minuten herrscht Ruhe. Die Schutzpolizei verbleibt im Rathaus, der aus Marienwerder herbeigerufene Staatsanwalt nimmt seine Ermittlungen auf. „Da in der kleinen Stadt jeder jeden kannte, waren die Täter rasch festgestellt, und in ihren Wohnungen konnte auch der größte Teil der geplünderten Waren geborgen werden."[166] In derselben Nacht beginnen in München Erich Ludendorff und Adolf Hitler ihren Putschversuch. Auch im ostpreußischen Ortelsburg und Neidenburg kommt es im November 1923 zu Plünderungen jüdischer Geschäfte.

1923 ist der Braunsberger Hans Preuschoff 18 Jahre alt. In seiner Heimatstadt ist dank seines Vorsitzenden Fritz Puschke der „Rasensportverein“ nicht nur ein Sammelbecken von Fußballfreunden, sondern zunehmend auch von Antisemiten. Hans Preuschoff zu den Folgen: „Jeder Fußballfreund weiß, wie rar nach der damaligen Spielanlage gute Linksaußen waren. Der Rasensportverein hatte einen, aber er hieß Cohn und war ein Jude, und so trennte man sich eines Tages von ihm, in ‚gütlichem Einvernehmen', wie man zynisch verlauten ließ.“[167] Wo beginnt Antisemitismus? In Braunsberg gehören bis auf eines die Konfektionsgeschäfte jüdischen Kaufleuten. Nichtjüdisch ist nur der Kaufmann Bernhard Wiehert. Dort kaufen die Eltern von Hans Preuschoff, nur gelegentlich auch bei dessen jüdischen Konkurrenten Jacob Klein und den Geschwistern Schachmann. „In meinem Braunsberger Elternhaus konnte ich, wenn ich es richtig ausdrücke, eine gewisse Zurückhaltung gegenüber den Juden spüren. Wirklich abfällige oder gar gehässige Bemerkungen über die Juden vermeine ich von meinen Eltern nicht vernommen zu haben.“[168]

Vor dem Ersten Weltkrieg haben antisemitische Parteien in Ostpreußen keine Wahlerfolge erzielt; die Hochburgen dieser Parteien liegen in protestantisch-pietistischen Gebieten in Norddeutschland, im Königreich Sachsen und im Großherzogtum Hessen. Bereits 1921 ist es in Ostpreußen in den großen Städten wie Allenstein, Elbing und Königsberg zu ersten Zusammenschlüssen von Nationalsozialisten gekommen, noch vor 1923 gibt es in der Provinz auch erste Formationen der „Sturmabteilung“ SA. Am 15. November 1922 wird die NSDAP in Preußen und einer Reihe weiterer Länder nach der Ermordung des Reichsaußenministers Walter Rathenau verboten. Das Verbot behindert den Aufbau der Parteiorganisation. Wie überall im Reich schließen sich die Nationalsozialisten in Ostpreußen jetzt paramilitärischen Verbänden wie dem Stahlhelm sowie deutschvölkischen Gruppierungen an, so etwa dem „Preußenbund“, dem „Bund Oberland“ und dem „Deutschvölkischen Schutz- und Trutzbund“.[169] Vor allem die Zusammenarbeit mit der Deutsch-Völkischen Freiheitspartei (DVFP) ermöglicht es den Nationalsozialisten, in Ostpreußen in organisierter Form weiterhin politisch tätig zu sein. In der Provinz erzielt das „Vereinigte Liste der Deutsch-Völkischen Freiheitspartei und der NSDAP“ genannte Wahlbündnis bei den Reichstagswahlen vom 5. Mai 1924 mit 8,6 % ein gutes Ergebnis. Innerhalb weniger Jahre hat sich die Provinz zu einer Hochburg antisemitischer Parteien entwickelt.

Nach dem Hitler-Ludendorf-Putsch im November 1923 wird Adolf Hitler im April 1924 wegen „Hochverrats“ zu fünf Jahren Festungshaft verurteilt, die NSDAP reichsweit verboten. Nach der frühzeitigen Haftentlassung Hitlers und der Aufhebung des Parteiverbots wird die NSDAP am 27. Februar 1925 neu gegründet. Am 1. März 1925 entsteht auch in Königsberg wieder eine Ortsgruppe. Die Königsberger Gründer fordern in einer Annonce in der Königsberger Allgemeinen Zeitung alle Parteimitglieder in der Provinz auf, ihnen ihre Adressen mitzuteilen. Es melden sich Parteizellen und Gruppen aus Insterburg und Tilsit sowie einige Einzelmitglieder. Am 5. April 1925 kommt es in Insterburg, wo die NSDAP zu dieser Zeit am stärksten ist, zur Gründung eines „Gau Ostpreußen".

Die ostpreußische NSDAP ist bis Mitte des Jahres 1928 innerhalb der NSDAP-Reichsorganisation ohne Einfluss. Bei der Reichstagswahl vom Mai 1928 erreicht sie in der Provinz nur 0,8 % der Stimmen, auf Reichsebene 2,6 %. In keinem anderen der 35 Wahlkreise schneidet die Partei so schlecht ab. Ein noch konkurrierender völkisch-nationaler Block erringt bei dieser Reichstagswahl – anders als in anderen Wahlkreisen, wo er praktisch ohne Bedeutung ist – in Ostpreußen 4% der Stimmen.[170]

Gregor Strasser ist von Hitler am 30. Juni 1926 als Reichspropagandaleiter der NSDAP eingesetzt worden und reorganisiert in den folgenden Jahren die gesamte Struktur der Partei. So auch in Ostpreußen. Die von ihm vertretene Richtung eines anti-bürgerlichen „nationalen Sozialismus" wird bis in die Mitte der 1930er Jahre auch die ostpreußische Parteiorganisation bestimmen. Bei einer Gau-Tagung in Königsberg am 18. März 1928 bemängelt Strasser das Versagen der regionalen Gauleitung und nennt den Mangel an Führungspersönlichkeiten als Ursache für den ausbleibenden Erfolg. Für die Position des Gauleiters, die jetzt hauptamtlich besetzt werden soll, bringt er schon damals den Namen Erich Koch ins Spiel.[171] Unter Koch wird die Partei schon bald die führende politische Kraft in der Provinz und Ostpreußen eine Hochburg der Nationalsozialisten.

Wirtschaft, Alltag und Kultur

Im wirtschaftlichen Notstandsgebiet

In den 1920er Jahren hat die Stadt Zinten im Kreis Heiligenbeil fast 4 000 Einwohner. 1921 löst der Konditormeister Fritz Pelikahn die Fußballabteilung aus dem traditionsreichen MTV Zinten heraus und gründet den Sportverein Zinten. In dem neuen Verein ist Fußball die bedeutendste Sportart, bis dahin ist die englische Balltreterei in der Kleinstadt fast unbekannt. Der SV Zinten muss zunächst auf dem abschüssigen Sportplatz am Wasserturm spielen, doch dann schafft sich der junge Verein einen eigenen Platz an. Das Geld für den Kauf des Geländes und den Ausbau des Platzes leiht der Vorsitzende Fritz Pelikahn dem Verein. Der zahlt die Summe im Jahr 1923 zurück. Da herrscht im Deutschen Reich eine Hyperinflation. Gemäß dem Grundsatz „Mark gleich Mark" können Kredite mit entwertetem Geld abgelöst werden. Schulden verschwinden so aus den Büchern. Der Konditor kann sich für sein Darlehen, das zwei Jahre zuvor einen Sportplatz finanziert hat, gerade eine Schachtel Streichhölzer kaufen.[172] Pelikahn bleibt trotzdem Vereinsvorsitzender bis 1932.

In welchem Ausmaß die Inflation Geldvermögen vernichtet, zeigt die Abwertung der gesamten Kriegsschulden des Deutschen Reichs, die es über Kriegsanleihen bei seinen Bürgern aufgenommen hat. Die 164 Milliarden Mark belaufen sich bei der Währungsumstellung am 15. November 1923 auf gerade einmal 16,4 Pfennige. In Ostpreußen sind die Sparer ihr Geld los, aber auch viele Grundeigentümer ihre Belastungen durch Hypotheken. Mit einem Bestand von 5,67 Billionen Mark Gesamteinlagen geht die Kreissparkasse Mohrungen aus der Inflation hervor. Nach der Währungsumstellung erreichen Ende 1923 ihre Einlagen eine Höhe von 32050,35 Rentenmark. Die Spareinlagen haben nur noch den Wert von 423,84 Mark.[173]

Die Inflation hat die Provinz Ostpreußen in einer schwierigen Umbruchsituation getroffen. Durch die Abtretung der Provinz Posen und des größten Teils Westpreußens sind ihr Absatzgebiete für pflanzliche und tierische Erzeugnisse verloren gegangen. Viele landwirtschaftliche Betriebe werden unrentabel, sie leben von der Substanz und verschulden sich sofort nach der Inflation neu. Der früher so lebhafte Handel mit Russland geht stark zurück. Westdeutsche Industrielle erwerben in Ostpreußen zwar billig Gutsbesitz, mit wenigen Ausnahmen hüten sie sich aber, in der „Insel Ostpreußen" industriell zu investieren. Den einheimischen Unternehmern fehlt für Investitionen das Kapital.

Für Königsberg sind trotz der politischen und wirtschaftlichen Krisen die Jahre der Weimarer Republik eine gute Zeit. Der Königsberger Schriftsteller und Theaterdramaturg Martin A. Borrmann verschafft sich in den 1960er Jahren in seinem Aufsatz *Sieben Hügel, sieben Brücken und die Linie Sieben* noch einmal einen Überblick über Königsberg: „Wir schauen vom Schlossturm noch einmal nach Süden, diesmal über den Haderberg bis Rosenau und Ponarth, nach Norden und Nordwesten auf die Oberstadt und darüber hinaus nach Rothenstein, Maraunenhof, Tragheimer Palve, Vorder- und Mittelhufen. Gewaltig gewachsen war die Stadt in den vier Jahrzehnten, die Vororte schoben sich allmählich zusammen und zugleich weiter ins grüne Land".[174] Borrmann, Sohn eines evangelischen Pfarrers aus Rößel, ist von 1928 bis 1933 Dramaturg am Schauspielhaus und wird nach der Machtergreifung des Nationalsozialismus entlassen. Er schlägt sich als freier Schriftsteller u.a. mit Arbeiten für den Reichssender Königsberg durch.

Königsberg wächst, modernisiert in den 1920er Jahren seinen Wohnungsbestand und seine Infrastruktur. Die Stadt geht unter ihrem Oberbürgermeister Hans Lohmeyer und dem Bürgermeister Carl Friedrich Goerdeler, seinem Stellvertreter bis zum Jahr 1930, neue Wege in der kommunalen Verwaltung. Sie gründet eine Holding-GmbH, deren alleinige Gesellschafterin sie ist. Die städtische Gesellschaft hält wiederum 100% der Anteile an Unternehmen, die durch Umgründung und dann Einbringung der kommunalen Eigenbetriebe entstehen, so die „Königsberger Werke und Straßenbahn GmbH", die „Reinigungs- und Fuhr GmbH", die „Schlacht- und Viehhof GmbH", die „Stiftung für gemeinnützigen Wohnungsbau GmbH", die

„Königsberger Hafengesellschaft mbH“ und schon 1921 die „Stadtbank“. Die städtischen Unternehmen werden nicht mehr wie Behörden, sondern nach privatwirtschaftlichen Grundsätzen geführt.[175] Dieses „Königsberger System“ ist ein Vorbild für viele deutsche Städte und heute allgemein üblich. Den steten Geldverfall zwischen 1919 und 1923 nutzt die Königsberger Verwaltung mit Hilfe ihrer Stadtbank aus: Mit dem immer wertloser werdenden Geld legt sie sich einen großen Bestand an Grundbesitz und Sachwerten zu. Nach Ende der Inflation ist die Stadt Königsberg schuldenfrei. Zielgerichtet wird mit eigenen Mitteln und Zuwendungen die Infrastruktur verbessert und in den kommunalen Wohnungsbestand investiert.

Königsberg bleibt zwar eine relativ große Garnisonsstadt, aber viele Kasernen stehen jetzt leer. Sie werden vom Militärfiskus freigegeben und von der Stadt zu Wohnungen und Schulen umgebaut.[176] Ist die Königsberger Arbeitslosenziffer in den ersten Nachkriegsjahren noch eine der höchsten unter allen deutschen Großstädten, so schaffen kommunale Wohnungsbauprogramme und der Rückbau der Festungsanlagen in der Stadt kurzfristig zahlreiche Arbeitsplätze.[177] Die Festungsanlagen werden in einen Grüngürtel mit zahlreichen Parks umgewandelt. An Stelle ihrer bisherigen Bahnhöfe Königsberg-Süd und Königsberg-Ost stellt die Reichsbahn im September 1929 im Bereich der ehemaligen Stadtbefestigungen den schon vor dem Ersten Weltkrieg begonnenen Neubau des „Königsberger Hauptbahnhofs“ in Dienst. Im Bereich des ehemaligen Truppenübungsplatzes in Devau 1919 wird der erste zivile Flughafen Deutschlands in Betrieb genommen.

Auf Initiative des Königsberger Oberbürgermeisters Lohmeyer und mit Unterstützung des Oberpräsidenten Ernst Siehr wird seit 1920 im Königsberger Tiergarten die Deutsche Ostmesse Königsberg veranstaltet. Siehr und Lohmeyer ist es gelungen, die Reichs- und die preußische Staatsregierung von der Bedeutung Königsbergs für den Handel mit Russland und den Randstaaten zu überzeugen und zur Unterstützung der Messe zu bewegen.[178] Die Messe wird bis zum Jahr 1928 jährlich im Februar und im September abgehalten, ab 1928 gibt es nur noch in der zweiten Augusthälfte eine Messe pro Jahr. Die erste „Ostmesse“ eröffnet im September 1920 Reichspräsident Friedrich Ebert. Sie ist zunächst eine landwirtschaftliche Investitions- und Verbrauchsgütermesse. Angeboten werden Eisen- und Stahlprodukte, Kohlen, andere Brennstoffe, Holz- und Holzprodukte, Baumaterialien und Eisenwaren. Es werden Flachs, Hanf, Häute, Felle und Leder, aber auch Kolonial- und Textilwaren ausgestellt und gehandelt, später auch Industrieprodukte und Maschinen. Für diese neuen Branchen errichtet man 1925 das „Haus der Technik“.[179] 1930 kommen 120 000 Besucher, davon sind 2 500 Ausländer.[180]

In den Jahren 1927 bis 1929 werden zahlreiche umliegende Amts- und Gutsbezirke nach Königsberg eingemeindet. Die Stadt wächst in der Einwohnerzahl um 30 %, von 279 926 im Jahr 1925 auf 360 577 im Jahr 1939; in der Fläche auf das Doppelte. Selbst das starke Wachstum in den 1930er Jahren wird diese eingemeindeten Gebiete jedoch nicht mehr urbanisieren; außerhalb der schon erweiterten Stadtgrenzen entstehen aber in reizvoller Lage neue Gartenstädte in Metgethen, Tannenwalde, Quednau und Neuhausen.[181]

Die Lohnkosten sind lange ein Standortvorteil für die Industrie, das Handwerk und das Gewerbe der Provinz. In Ostpreußen sind die Löhne in der Industrie im Vergleich zu den westdeutschen und oberschlesischen Industriezentren niedrig und gleichen bis zu einem gewissen Grade die hohen Bezugskosten für Roh- und Hilfsstoffe und die Zusatzkosten der Marktferne aus. Sie konnten lange niedriger sein, weil vor dem Ersten Weltkrieg in der Agrarprovinz Ostpreußen die Lebenshaltungskosten deutlich unter denen im Rest des Reiches lagen. Allerdings sind die effektiven Arbeitsleistungen der oft unzureichend geschulten Arbeitskräfte in Quantität und Qualität nicht so hoch wie in den klassischen Industrieregionen.[182] Durch die insulare Lage Ostpreußens nach dem Inkrafttreten des Versailler Vertrages gleichen sich aber die Preise für Verbrauchsartikel denen des Reichs an. Die Kosten steigen auch beim wichtigsten Faktor der Lebenshaltungskosten, dem Heizbrand. In der Regel kam die Kohle bis 1920 aus Oberschlesien, jetzt kommt sie aus dem Ruhrgebiet. Die Nahrungsmittelpreise bleiben in den beiden Städten mit Industrie, Königsberg und Elbing aber niedriger als im Reich. Da die gewerblichen Arbeitslöhne Mitte der 1920er Jahre jedoch das Reichsniveau erreichen, sind vor allem die Großbetriebe durch den Transportkostennachteil nicht mehr konkurrenzfähig.

Die Bedeutung des Königsberger Hafens wächst mit der Abtrennung der „Freien Stadt Danzig“ und des Memelgebiets. Drei neue Hafenbecken entstehen, und der Seekanal durch das Frische Haff wird auf 8 m vertieft, der Pregel bis Insterburg für Binnenschiffe schiffbar gemacht. Der Hafen erhält ein Kühlhaus, neue Lagerhäuser und Speicher, damals die größten Europas. Ein neuer Hafenbahnhof verbessert den Umschlag. Drei Eisbrecher halten die Fahrrinne im Winter offen.[183]

Der Wegfall der Konkurrenz von Danzig und Memel gleicht nicht aus, was dem Hafen mit dem Ausfall des Handelspartners Russland verloren gegangen ist. Der Import von Holz geht als Folge der Sperre der Memel durch Polen auf einen Bruchteil zurück. Die Mühlen im Königsberger Hafengebiet leiden darunter, dass die nordischen Staaten während des Krieges eine eigene Mühlenindustrie aufgebaut haben. Nur durch die vermehrte Einfuhr von Kohle und Rohstoffen für die Zellstoffwerke steigt der Umschlag des Hafens bis 1929 gegenüber dem Friedensjahr 1913 leicht an, doch profitiert die Königsberger Kaufmannschaft nicht davon. Dieser Import spielt sich innerhalb des Stinnes-Konzerns ab.[184] Unmittelbar nach dem Ende des Ersten Weltkriegs, im Mai 1919, beginnt das Engagement des Ruhrindustriellen Hugo Stinnes in der Königsberger Wirtschaft. Er übernimmt die Kohlenimport- und Steinkohle-Brikettfabrik AG.

Als Folge des Versailler Vertrags ist ein großer Teil des oberschlesischen Steinkohlereviers an Polen gegangen und zudem die Weichsel als günstiger Transportweg

Kähne aus dem Ort Tawe vor der Mündung des Flusses Tawelle ins Kurische Haff. Die Bewohner des Fischerdorfs aus der Elchniederung verkaufen im Jahr 1920 von ihren Kähnen aus in Königsberg Zwiebeln. Sie sind über Deime und Pregel in die Stadt gesegelt und getreidelt.

nach Ostpreußen ausgefallen. Hugo Stinnes versucht, die Ruhrkohle in Ostdeutschland durchzusetzen. In Königsberg und dem Memelgebiet hat Stinnes außerdem zwei Zellstofffabriken übernommen. Er vereinigt sie mit anderen Werken zur Koholyt A.G. Auf Stinnes' Initiative entsteht die „Ostpreußische Maschinengesellschaft m.b.H.", ihr gliedert er die 1891 von ostpreußischen Landwirten gegründete Maschinengenossenschaft an und baut die alte Fabrik zum „Odinwerk" im Königsberger Stadtteil Rosenau aus, einer der größten Maschinenfabriken und Gießereien in Ostdeutschland.

Für den Transportbedarf seiner ostpreußischen Unternehmen schafft der Ruhrindustrielle eine eigene Flotte. Die Kohlen-Import AG, wie das Kohlehandelsunternehmen nun genannt wird, übernimmt von befreundeten Unternehmern und Töchtern des Konzerns einige Schlepper. Stinnes gründet die Reedereien „Poseidon" in Königsberg und „Artus" in Danzig. Damit beginnt das Königsberger Reedergeschäft der Hugo Stinnes AG. Ihr Hauptfahrgebiet ist zunächst der Kohletransport über Rhein, Nordsee und Ostsee nach ostdeutschen Häfen. Zu den ersten Schiffen der beiden Königsberger Reedereien gehören kleine Schleppdampfer und Seeleichter. Stinnes will mit ihnen die Kohleversorgung Ostpreußens aus den Stinneszechen via Rotterdam sicherstellen. Als Rückfracht verschifft er Grubenholz aus Masuren und dem Oberland ins Ruhrgebiet und Zellstoffprodukte in die Nordseehäfen. Die „Poseidon" wird zur größten deutschen Ostseereederei, als sie die alte Königsberger Firma Kleyenstüber nach deren Konkurs übernimmt.

Zu Beginn der 1920er Jahre arbeiten für Stinnes europaweit in 1 664 selbstständigen Unternehmen und an 2 890 Produktionsstätten und Firmenniederlassungen rund 600 000 Beschäftigte. Die „Hugo Stinnes AG" ist das größte Wirtschaftsimperium Deutschlands. Da er seinen Konzern weitgehend mit Krediten zusammengekauft hat, gehört er zu den Hauptprofiteuren der Inflation. Stinnes stirbt 1924 erst 54-jährig an den Folgen einer Gallenblasenoperation. Bereits ein Jahr nach seinem Tod beginnt der Zerfall seines Firmenimperiums. Seine sieben Kinder, allen voran Hugo Hermann Stinnes, können nur einen kleinen Teil des Vermögens, insbesondere den Seehandel, für die Familie retten, die meisten der Königsberger Stinnes-Unternehmen werden mit neuen Gesellschaftern selbstständig: Die Zellstoffwerke gehen in den Besitz der englischen Inveresk Paper Co. Ltd. über und werden von ihr 1930 an den Feldmühle-Konzern weiterveräußert.[185] Hugo Hermann Stinnes löst die Probleme des Restkonzerns durch eine Anleihe amerikanischer Banken in Höhe von 25 Mio. Dollar. In New York wird die Hugo Stinnes Corporation gegründet, einer ihrer bedeutenden Unternehmensbereiche ist die Schifffahrt. Eine „Kohlen-Import & Poseidon Schiffahrt A.G." bündelt in Königsberg jetzt alle Schifffahrtsaktivitäten des Restkonzerns. Die Hochseeschiffe der Hugo Stinnes Corp. werden bis in die Jahre des Zweiten Weltkrieges hinein von Königsberg aus bereedert.

Die Beschränkungen des Schiffbaus in den ersten Jahren der Weimarer Republik und die starke Begrenzung der deutschen maritimen Rüstung durch den Versailler Vertrag treffen die Schichau-Werften in Danzig, Elbing und Königsberg in ihrer Substanz. Nach dem Tod Carl H. Zieses hat im Jahr 1917 Zieses einziger Schwiegersohn, der Schwede Carl Carlson, die Leitung bei Schichau übernommen. Nach Carlsons Tod 1924 führt zunächst seine Witwe Hildegard die Firma weiter, ab 1927 leiten die Werke ihre zwei Kinder. Mit dem Jahr 1925 verschlechtert sich die Lage des Unternehmens rapide. Es kann nur durch Staatskredite des Deutschen Reiches und des Freistaats Preußen vor dem Konkurs bewahrt werden. Da die Reichsregierung das größte Schiffbauunternehmen im Osten nicht aufgeben will, werden die Schichau-Werke bis zum Jahr 1929 in ein Staatsunternehmen umgewandelt. Ein schwieriges Unterfangen, denn die größte Produktionsstätte des deutschen Staatsunternehmens befindet sich im Ausland – in der „Freien Stadt Danzig".

Im Ersten Weltkrieg waren die Elbinger Komnick-Werke mit dem Bau leichter und mittelschwerer Lastkraftwagen für 3 t und 5 t Nutzlast für militärische Zwecke hoch ausgelastet. Nach dem Krieg entfallen die öffentlichen Aufträge. Die Komnick-Fahrzeuge werden in ihrer zivilen Version weitgehend unverändert weitergebaut, erst 1922 wird das Produktionsprogramm modernisiert. 1921 beschäftigt Komnick noch 5000 Arbeiter. Auf 120 000 m² werden Motorwagen, Lokomotiven und Maschinen montiert. Die Absatzmärkte von Komnick liegen überwiegend im strukturschwachen Ostpreußen. 1922 wird die Automobil- und Lastwagenproduktion in eine „Franz Komnick und Söhne AG“ überführt, an der die Familie Komnick noch zwei Drittel der Anteile hält. Die Auftragslage der Unternehmen von Komnick ist bis Ende der Zwanzigerjahre nicht schlecht, in Elbing wird jedoch unrationell produziert. Die jährlich hergestellte Menge von 300 bis 600 Fahrzeugen ist auch für damalige Verhältnisse zu gering. Bei der Konkurrenz wird zu dieser Zeit schon die Fließbandproduktion eingeführt. Die Produktionskosten bei Komnick liegen über den Erlösen. Die Geschäftsjahre werden mit Verlust abgeschlossen.

Seit 1924 bemüht man sich um staatliche Unterstützung in Form von Bürgschaften und Krediten. Wegen Zweifeln an der nachhaltigen Sanierungsfähigkeit und anhaltend hohen jährlichen Verlusten werden sie am Ende nicht gewährt. Im April 1930, auf dem Höhepunkt der Weltwirtschaftskrise, kommt es zum Konkurs der AG. Der Maschinenbau geht an die verstaatlichten Schichau-Werke und wird dort in einer F. Komnick GmbH fortgeführt.[186] Die Lastwagenproduktion übernimmt die Braunschweiger Heinrich Büssing AG und hält zunächst noch als „Büssing-NAG Werk Ost“ (Elbing) den Betrieb aufrecht. Franz Komnick selbst wagt einen Neubeginn. Das ihm verbliebene Vermögen, Hausbesitz in Elbing und Berlin, zwei Kalksandsteinfabriken im Regierungsbezirk Westpreußen und in Hannover sowie ein Maschinenpark sind die Basis der neuen Firma F. Komnick & Söhne Familien-GmbH. Neben der regionalen Vertretung anderer Automobilfabriken sind die Autogroßreparatur, insbesondere im Auftrag der Reichspost, der Bau von Dampfmaschinen, Rohölmotoren, Schrotmühlen und Herstellung von LKW-Spezialaufbauten Geschäftszweige des neuen Komnick-Unternehmens.[187]

Die Kriegsjahre waren die erfolgreichste Zeit der Zigarrenfabrik Loeser & Wolff. 1916 waren bei Loeser & Wolff fast 5 000 Mitarbeiter beschäftigt, davon allein in Elbing 3 740. Die höchste Wochenproduktion während des Krieges lag bei vier Millionen Zigarren. Nach Kriegsende wird das Zweigwerk im westpreußischen Preußisch Stargard polnisch. 1922 sind in Elbing noch 2 411 Personen beschäftigt, in Braunsberg 505 und in Marienburg 204.[188] Ein großer Teil des Tabaks stammt wegen der deutschen Devisenschwäche jetzt aus heimischer, auch ostpreußischer Produktion. In der Inflation gerät das Unternehmen in Schwierigkeiten; 1922/23 ist die Produktion monatelang gestoppt, erholt sich aber wieder. 1930 soll nach Vorstellung der Reichsregierung der Tabakzoll verfünffacht werden, nach den Plänen des Reichsrats, der Ländervertretung, immerhin noch um das zweieinhalbfache. Wegen dieser geplanten Erhöhung richtet die Stadt Elbing einen dramatischen Appell an die Politik. Die Elbinger Wirtschaft ist zu dieser Zeit durch die Krise bei Schichau, den Zusammenbruch von Komnick und weiterer Unternehmen wie des Emaillierwerks Neufeld, der Zementfabrik Körner, des Sägewerks und der Stuhlfabrik Wittkowski schwer erschüttert.[189] Die Erhöhung des Tabakzolls fällt am Ende niedriger als geplant aus. In den 1930er Jahren erholt sich das Unternehmen Loeser & Wolff wieder.

Wirtschaftlich ist die Stimmung in der Exklave Ostpreußen immer schlechter als die tatsächliche Lage. Im Jahre 1913 beträgt das Volkseinkommen in Ostpreußen 64 % des Reichsdurchschnitts, 1928 hat es sich auf 69 % gesteigert, 1936 sogar auf 73 %. Insgesamt steigt es in 20 Jahren um mehr als 16 %, während es in anderen deutschen Regionen, zum Beispiel in Schlesien oder in Westfalen, sinkt.[190]

Die Mutter von Otto A. Schneidereit in Perkuhnlauken bei Gumbinnen wirtschaftet sparsam. Aber das Geld, das ihr Mann als Arbeiter bei der Post und die Söhne in der Ausbildung nach Hause bringen, reicht für den Lebensunterhalt nicht aus. „Vor den Zahltagen war kein Pfennig mehr im Haus, dann hieß es anschreiben lassen. Ich weiß noch, wie bedrückt ich war, wenn ich nach dem Einkauf mit zitternden Händen dem Kaufmann das bewusste Heftchen hinhielt, mit der Bitte, er möge das anschreiben. An seinem unwilligen Gesicht sah ich, dass er das nicht gern machte."[191] Heute würde man sagen, die Schneidereits nehmen zum Monatsende einen Konsumentenkredit auf. In Königsberg entsteht in den Jahren der Weimarer Republik ein neuer Zweig des Kreditgewerbes. Der in Königsberg geborene Jurist Walter Kaminsky etabliert den Konsumentenkredit, den Anschaffungskredit. 1922 tritt Kaminsky als Prokurist in das väterlichen Einzelhandelsunternehmen ein. Dort ist er bis 1927 tätig. In dieser Zeit wird er Mitbegründer und stellvertretender Vorsitzender des Einzelhandelsverbandes sowie Vorstand der Königsberger Industrie- und Handelskammer. Die Idee, Privatpersonen für kleinere und mittlere Anschaffungen Darlehen zu gewähren und so den Absatz zu finanzieren, stammt nicht von ihm, er setzt sie aber mit der Gründung der Kundenkredit GmbH 1926 konsequent um. Diese „Bank" unterstützt im Gegensatz zu allen bisherigen Bankgeschäften nicht die Händler, sondern die Endverbraucher. Die alteingesessenen Königsberger Banken, die Kaminsky um die Finanzierung seines Kundenkreditgeschäfts bittet, lehnen strikt ab. Die Anteile an der Bank halten 20 Königsberger Einzelhändler. Walter Kaminsky ist Vorsitzender des Aufsichtsrates. In der Anfangsphase werden Kredite nur für wertbeständige Konsumgüter wie Winterkleidung und Hausrat vergeben; die Kredithöhe ist begrenzt. Da nur die die Bank tragenden Unternehmen die Kredite abwickeln, ist das Risiko minimiert. Trotz der bald ausbrechenden Wirtschaftskrise liegen die Ausfallrisiken der neuen Bank unter 1 %. Das Ausfallrisiko minimiert auch die Begrenzung des Kredits auf 2 000 Reichsmark.

Noch im Jahr 1926 werden in Hamburg und Berlin-Spandau Kundenkreditanstalten nach dem Königsberger Modell errichtet. Kaminsky gründet 1935 je eine Kundenkreditbank in Düsseldorf und Dortmund. Da er bei den „Arisierungen" unter nationalsozialistischer Herrschaft keine angemessenen Abfindungen für die ausgeschlossenen jüdischen Gesellschafter durchsetzen kann und für seine Bemühungen als Landesverräter beschimpft wird, legt er 1936 den Aufsichtsratsvorsitz der Bank in Königsberg nieder und ist nun nur noch im Rheinland tätig. Seine Banken sind auch in der Nachkriegszeit erfolgreich, sie entwickeln sich 1968 zur Vollbank für

Privatkunden. Kaminskys Unternehmen sind heute, nach vielen Wechseln des Unternehmensnamens, der Kern der Targobank AG & Co. KGaA und noch immer in Deutschland Marktführer bei Konsumentenkrediten.

Mit der im Oktober 1929 beginnenden Weltwirtschaftskrise setzt in Ostpreußens Industrie ein großes Firmensterben ein. Es betrifft vor allem die von der Landwirtschaft abhängigen Betriebe und Großhandlungen, den Landmaschinenbau und alle Bereiche der eisenverarbeitenden Industrie. Ostpreußen als Agrarland ist zwar weniger betroffen als die Industrieregionen des Reichs, doch hat die Weltwirtschaftskrise Folgen für den ohnehin schwach entwickelten Industriesektor, hier vor allem für die wenigen Großbetriebe, von denen die meisten nicht sehr rationell arbeiten. 1927 erhält die schon kriselnde Union-Gießerei in Königsberg zusammen mit dem zweiten ostpreußischen Lokomotiven-Hersteller Schichau zur Stützung Staatsaufträge für neue Lokomotivbaureihen. Aber das kann das Unternehmen nicht retten. 1929 wird die letzte Lokomotive aus diesem Auftrag ausgeliefert. Die Union-Gießerei, einst größtes Industriewerk Ostpreußens, muss die Produktion einstellen. Im März 1930 beteiligt sich die staatliche F. Schichau GmbH, 1931 übernimmt sie die Union ganz und führt sie als F. Schichau G.m.b.H. Abt. Königsberg weiter.

Von 1929 bis 1933 gehen in Königsberger 513 Firmen in Konkurs. Darunter befindet sich auch das Eisenhandelsunternehmen von Martin Beerwald, dem Stiefvater von Hannah Arendt. Beerwalds Unternehmen hat noch nach dem Ersten Weltkrieg floriert und ist in den Inflationsjahren nicht zusammengebrochen. Die Eisenindustrie, zu der auch Beerwalds Handel gehört, trifft die Krise 1929 besonders hart. Die Steinfurter Maschinenfabrik unter der Leitung von Fritz Radok, dem Sohn des Gründers Elias Radok, übersteht sie. Die Maschinenfabrik liefert im Jahr 1930 den 30 000. Eisenbahnwagen ab.[192] In derselben Zeit legt die Feldmühle AG ihr Zellulosewerk in Königsberg-Sackheim vorübergehend still.

Am Jahresende 1931 gibt es in Königsberg 33 000 Arbeitslose. Die Zahl der Wohlfahrtsempfänger beträgt im März 1932 rund 13 000. Einschließlich der Kleinrentner, Sozialrentner, Kriegsbeschädigten und deren Familienangehörigen leben in Königsberg 1932 etwa 93 000 Menschen, das heißt ein Viertel der Einwohnerschaft, von staatlicher Unterstützung.[193] Schon im März 1928 offenbart der Bürgermeister der Stadt Bartenstein seinen Stadtverordneten, dass etwa ein Fünftel der erwachsenen Bevölkerung der Kreisstadt irgendeine Art öffentlicher Unterstützung erhält.[194] In der Provinz steigt die Zahl der Arbeitslosen von 30 000 im Jahr 1929 über 43 000 im Jahr 1930 und 82 000 im Jahr 1931 auf 102 000 im Jahr 1932.[195]

In Ostpreußen beginnt die Wirtschaftskrise als Krise der Landwirtschaft. Der schwachen Kaufkraft in den Absatzgebieten Mittel- und Westdeutschlands steht eine Überproduktion entgegen; billige Agrarimporte, vor allem aus den USA, reduzieren die Absatzmöglichkeiten auch der ostpreußischen Landwirtschaft. Die ostpreußischen Getreidepreise liegen um 5 % unter dem Reichsdurchschnitt, der Preis für

Schlachtvieh um 20 % unter den in Berlin und in Westdeutschland erzielbaren. Für Maschinen und Kunstdünger sind aber 5 % bis 10 % mehr als in Mittel- und Westdeutschland zu zahlen. Der ehemalige Landrat des Kreises Fischhausen Klaus von Groeben macht deshalb auch Versailles für die Krise verantwortlich: „Infolge der Bestimmungen des Friedensvertrages hatte sich die Spanne zwischen Einnahmen und Ausgaben, die vor dem Kriege immerhin noch die persönlichen Bedürfnisse deckte und die Zahlung auch der Zinsen in gewisser Höhe gestattete, weiter verringert und war 1930 schon bei Roherträgen bei 0 angekommen, so dass für den Schuldendienst kein Gewinn mehr zur Verfügung stand."[196]

Manch wirtschaftliche Ursache der ostpreußischen Krise ist speziell. Weil der Versailler Vertrag dem republikanischen Deutschen Reich eine Verkleinerung seines Heeres auf 100 000 Mann vorschreibt, gehen den ostpreußischen Pferdezüchtern ihre bedeutendsten Abnehmer verloren, nämlich die Remontedepots des preußischen Heeres. Die bäuerlichen und großagrarischen Züchter im Regierungsbezirk Gumbinnen stellen sich zu spät um. Sigrid Reisch von Wagner aus Perkallen nennt ein drastisches Beispiel: „Das Überangebot wurde so groß, dass unverkaufte Füllen auf dem Marktplatz einfach sich selbst überlassen wurden, bis sie dem Rossschlächter anheimfielen."[197]

Dass es auch die agrarischen Fleischproduzenten Ostpreußens treffen kann, wenn sich die Arbeiter und Angestellten die Wurst auf dem Brot nicht mehr leisten können, erleben die Bauern aus dem Dorf Sommerau an der Ossa im Kreis Rosenberg/Westpreußen: „In den zwanziger Jahren ist es vorgekommen, dass die Bauern auf dem Markt in Dt-Eylau trotz niedriger Preise keine Ferkel verkaufen konnten, so dass sie einigen Marktbesuchern Ferkel schenkten, um sie loszuwerden. Einem anderen Bauern ging im Steinersdorfer Wald ‚von ganz alleine' die hintere Schütze des Wagens auf, und als er nach Sommerau kam, war der Wagen leer, der Wildbestand des Forstes aber hatte sich vermehrt."[198]

Viele der durch die Inflation schuldenfrei gewordenen landwirtschaftlichen Betriebe verschulden sich erneut. Sie investieren in Maschinen und Gebäude, um so den Produktionsrückstand aufzuholen bzw. durch Rationalisierung die geringeren Erträge ausgleichen zu können. Klaus von der Groeben: „Neue Wirtschaftsmethoden, Meliorationen und Entwässerungen – alles kam fast wie ein Rausch über den stagnierenden Unternehmungsgeist und verführte zu neuen Plänen, neuen Anlagen und Investitionen. Daß hier und da auch weniger seriöse Gründe für eine Kreditaufnahme vorhanden gewesen sein mögen, kann die Gewichte nicht verschieben."[199] Was von der Groeben mit „weniger seriösen Gründen" meint, ist das auf Kredit gelebte, großzügige herrschaftliche Leben vieler großagrarischer Familien. Gewirtschaftet, ob gut oder schlecht, wird aus reinem Erwerbsstreben auch bei den Finckensteins im Kreis Rosenberg: „Aber am Schloßberg konnte man es bemerken, daß einfach alles falsch war. Nicht nur die Preise, nicht nur die Osthilfe, die den schlechtesten Landwirt be-

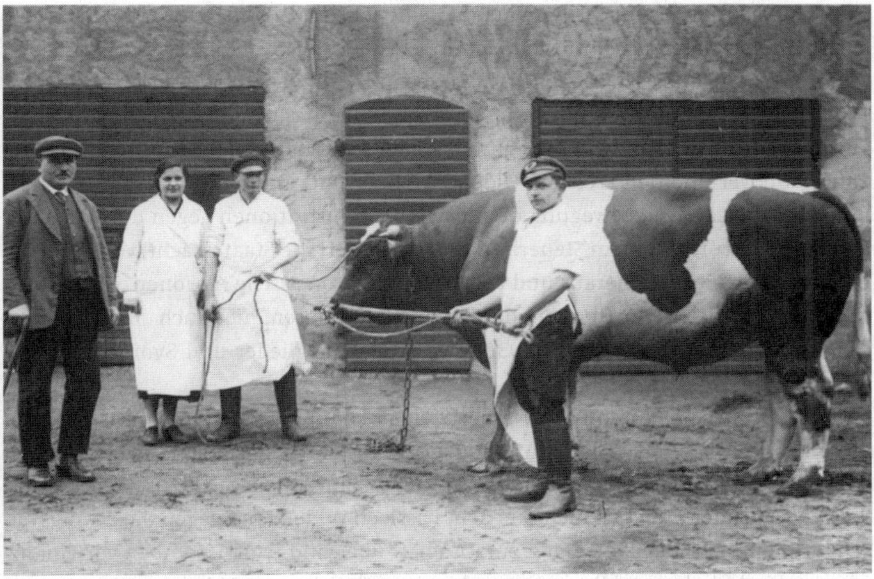

Viehhändler, Schlachtergesellen und Verkäuferin in den 1930er Jahren auf dem Hof der Fleischerei Max Günther in Kaukehmen (Kuckerneese). Der Ort liegt nahe der Memel im Kreis Niederung. Das meiste Rindvieh wird lebend an Schlachthöfe im Westen geliefert.

lohnte, anstatt die guten zu stützen, nicht nur ihre üblen Machenschaften. Auch das Gutsleben als solches war nicht mehr sinnreich, der Riß zwischen Herrenhaus und Insthaus wurde immer größer, je mehr der Besitzer sein Gut nicht als Vermächtnis mitsamt der ansässigen Arbeiter, sondern als Fabrik auffasste."[200]

Industrielle Produktion bedingt betriebswirtschaftliches Denken. Klaus von der Groeben: „Es ist dem Fehlen einer modernen Betriebsberatung zuzuschreiben, dass damals mehr in einer Art Aufbruchstimmung als nach rechnerischem Kalkül gehandelt wurde. Man lebte in der Erwartung, dass es den offiziellen Stellen gelingen würde, die kriegs- und nachkriegsbedingten Ungleichgewichte der Produktionsgrundlagen abzubauen und auszugleichen und auch das Kreditwesen zu normalisieren. Als sich herausstellte, dass die ungünstige Absatzlage, die hohen Transportkosten, der Mangel an Kunstdung und modernem Ackergerät, schließlich einige miserable Ernten eine Rentabilität sogar schuldenfrei gedachter Betriebe nicht mehr gewährleisteten, war es bezüglich einer Zurückhaltung bei der Verschuldung bereits zu spät."[201] Die ersten neuen Pfandbriefemissionen der Ostpreußischen Landschaft nach der Inflation müssen mit 10 % verzinst werden. Dieser Zinsdienst kann fast nirgendwo aus den Erträgen aufgebracht werden. Die Zinsen werden mit weiteren Krediten getilgt, die jetzt zumeist schon zweistellig verzinst werden und nicht mehr auf den Betrieb abgestellt sind, sondern persönlich verbürgt werden.[202] Ab etwa 1928 können viele

Gutswirtschaften Zins und Tilgung nicht bedienen. Das gilt auch für manch bäuerlichen Mittelbetrieb und selbst Kleinbauern, beispielsweise auf den schlechten Böden Masurens. Es gelangen Betriebe jeder Größe zur Zwangsversteigerung.

Anfang des Jahres 1928 führt die Absatz- und Kapitalkrise in der Landwirtschaft zur Entstehung der Landvolkbewegung in Schleswig-Holstein. Sie greift auf die Provinz Hannover und den Freistaat Oldenburg über und erreicht im Herbst 1929 Ostpreußen. Die Landvolkbewegung organisiert Demonstrationen gegen die Weimarer Republik. Sie ruft zu einem Steuerboykott auf, fordert die Staatsmacht, vor allem die preußische Regierung, heraus und begeht auch terroristische Aktionen. Nach Christian Rohrers Ansicht dürfte sie in der Provinz Ostpreußen, hier auch „Bauernnotbewegung" genannt, im Frühjahr 1930 etwa 40 000 Mitglieder und Sympathisanten, vor allem Jungbauern, gehabt haben.[203]

Der Berliner Jungkommunist Herbert Crüger kennt die Bewegung in Ostpreußen aus eigener Erfahrung: „Die preußische Regierung unter der sozialdemokratischen Führung hatte den Aktionen der Bauern nichts anderes entgegenzusetzen als ihre Polizei. Die Bauern blieben nicht bei dem passiven Widerstand gegen die Zwangsversteigerung ihrer Höfe. Sie gingen zum Angriff über und legten Bomben vor Finanzämtern, Bankfilialen und Regierungsgebäuden."[204] Crüger, 1931 bei der Hitlerjugend und seit 1932 beim kommunistischen Jugendverband in Berlin-Neukölln aktiv, bekommt über einen Freund Kontakt zu jungen Männern, die früher dem „Freikorps Oberland" angehört haben und jetzt in den nationalrevolutionären und antidemokratischen Kreisen um das ehemalige USPD-Mitglied Ernst Niekisch tätig sind. Sie unterwandern die Landvolkbewegung in Ostpreußen. Crügers Freund findet über diese Kontakte in den Sommersemesterferien Arbeit auf Bauernhöfen in Ostpreußen. „Ich ließ mich kurz entschlossen für zwei Monate von meiner Funktion im Neuköllner Untergau der Roten Jungfront beurlauben. Anfang Juli setzten wir uns auf unsere Fahrräder, fuhren nach Stettin und von dort mit einem Passagierschiff über Danzig nach Königsberg/Pillau. (...) Von Königsberg ging es auf dem Fahrrad weiter in das kleine Dorf Samelucken im Kreis Gumbinnen. Dort sollten wir uns bei einem Bauern namens Doepner melden."[205]

Friedrich Doepner ist einer der Führer der Bauernnotbewegung in Ostpreußen. Weitere sind der Gutsbesitzer Max Haedge-Medicus aus Peitschendorfswerder im Kreis Sensburg und der Musterlandwirt Hans Zerrath aus Legitten im Kreis Labiau. Doepner, ein ostpreußischer Großbauer mit etwa 200 ha Land, ist der Herausgeber der Zeitung Kämpfendes Landvolk. Crüger und sein Freund arbeiten für 30 Mark Lohn im Monat bei ihm. Sie erhalten freie Unterkunft im Haus des Großbauern und Verpflegung und lernen die Struktur der ostpreußischen Landvolkbewegung kennen. Acht bis zehn zum Kreis um Niekisch gehörige ehemalige Freikorps-Männer sind als Agitatoren an der Landvolkbewegung in Ostpreußen als Funktionäre beteiligt.[206] Crüger erlebt die Aktionen der ostpreußischen Bauern im Sommer 1932 mit.

„War eine Zwangsversteigerung angekündigt, so erschienen einige hundert Bauern, alle mit ihren Krückstöcken und verhinderten, oft allein schon durch ihr Dabeistehen, jedes Gebot. Wenn ihre Anwesenheit einen mutigen Bieter nicht abhalten konnte, so halfen sie mit ihren Krückstöcken nach. Die Sache blieb nicht spontan, sie nahm organisiertere Formen an, und es entwickelte sich die ‚Landvolkbewegung'."[207]

Crüger selbst verschweigt gegenüber den nationalrevolutionären Aktivisten und dem Großbauern nicht, dass er Kommunist ist. Doepner und seine Frau, wie auch die Nationalrevolutionäre und ihr Anführer Niekisch, sind entschiedene Gegner des Nationalsozialismus. Doepner bietet nach Ende der Erntezeit im September 1932 dem arbeitslosen Jungkommunisten an, als Zeitungswerber und Instrukteur im Kreis Gumbinnen zu arbeiten. Crüger kehrt zunächst zurück nach Berlin und informiert dort die Leitung der KPD über seine Kontakte. Nach einigen Diskussionen wird er nach Ostpreußen zurückgeschickt, um das Angebot anzunehmen. Die Kommunisten wollen so Erkenntnisse über die radikale politische Bewegung erhalten, die im Herbst 1932 aber schon ihren Höhepunkt überschritten hat. Crüger fährt ab November 1932, nun quasi als Geheimagent der KPD, mit dem Fahrrad als Agitator der Landvolkbewegung durch den Kreis Gumbinnen und kassiert Abonnementsgelder für die Zeitung Kämpfendes Landvolk. Oft können die Bauern nicht mit Bargeld bezahlen und begleichen ihre Schulden mit zwei oder drei Zentner Getreide. Nach der Übernahme der Regierung durch Adolf Hitler am 30. Januar 1933 wird seine Arbeit für die Landvolkbewegung schwieriger. „Wenn auch im Februar die Zeitung ‚Kämpfendes Landvolk' noch unangefochten erscheinen konnte, so ging doch der Einfluß der Landvolkbewegung spürbar zurück. Die Masse der Bauern erhoffte sich von den Nazis eine schnelle Verbesserung ihrer wirtschaftlichen Situation."[208]

Crüger kehrt nach Berlin zurück und arbeitet illegal für den Nachrichtendienst der KPD innerhalb der SA. 1934 wird er enttarnt und verhaftet, kann aber fliehen und emigriert in die Tschechoslowakei, wo er wieder für den KPD-Nachrichtendienst tätig ist. Von 1937 bis 1938 ist er Mitarbeiter des Nachrichtendienstes der Spanischen Republik in Barcelona, den Zweiten Weltkrieg verbringt er interniert in der Schweiz. In der Nachkriegszeit ist er Mitglied der KPD in Westdeutschland, 1951 geht er in die DDR. Dort ist er von 1958 bis 1961 als Dissident im Zuchthaus Bautzen inhaftiert. Die SED nimmt ihn nie wieder auf. 1990 tritt er der PdS bei.

Im Jahr 1927 geht Reichspräsident Paul von Hindenburg unter die Großlandwirte. Zu seinem 80. Geburtstag wird ihm das Familiengut Neudeck im Landkreis Rosenberg übergeben. Seine Schwägerin Lina von Hindenburg hatte den Familiensitz nicht halten können, überschuldet stand er zur Zwangsversteigerung an. Auf Initiative Elard von Oldenburg-Januschaus beginnen Kriegervereine die Sammlung eines „Hindenburgpfennigs" zum Kauf des Gutes, das dem Reichspräsidenten zum Geschenk gemacht werden soll. Am Ende bringen nicht Kleinbeträge der Kriegsveteranen, sondern Großspenden rheinischer Industrieller die Summe zusammen. Hindenburg übernimmt den Besitz und lässt in den nächsten zwei Jahren das Herrenhaus vergrößern und erweitern. Auf Gut Neudeck in Westpreußen hält sich der Reichspräsident auf, wenn er glaubt, seine Anwesenheit sei in Berlin nicht erforderlich. Und das ist häufig der Fall. Hindenburg, ein Leben lang nur Offizier und nie Agrarier, geriert sich jetzt gern als Landwirt. Otto Braun hat das oft erleben müssen: „Ich habe das bald im persönlichen Verkehr mit dem Reichspräsidenten gemerkt, der mir einmal in bewegten Worten klagte, dass er für den Zentner Roggen nicht einmal mehr acht Mark bekäme."[209]

Auch die preußische Staatsregierung unter Otto Braun sieht, dass sich die allgemeine Wirtschaftskrise in Ostpreußen verheerender als im übrigen Deutschland auswirkt: „Dem hatten Preußen und das Reich auch längst Rechnung getragen durch bevorzugte Behandlung der abgelegenen Provinz auf den verschiedensten Gebieten der Wirtschaft, natürlich ohne besondere Begünstigung der dort dominierenden Großagrarier. Da diese aber in der Hinsicht durch das Vorkriegsregime verwöhnt waren, steckten sie sich hinter Hindenburg, der als Gutsherr von Neudeck auch wirtschaftlich zu ihnen gehörte, und überzeugten ihn von der Notwendigkeit einer besonderen, großzügigen Hilfsaktion für Ostpreußen."[210]

Am 18. Mai 1929 beschließt das vom sozialdemokratischen Kanzler Hermann Müller geführte Reichskabinett mit dem „Ostpreußengesetz", die ostpreußische Landwirtschaft durch Siedlungskredite, Zinszuschüsse und staatliche Garantien zu unterstützen. Im Juli 1930 wird das Gesetz vom Nachfolgekabinett Heinrich Brüning durch eine „Notverordnung des Reichspräsidenten" verstärkt. Die Hilfsgelder in Höhe von 200 Mio. Reichsmark kommen neben Ostpreußen auch Schlesien und Pommern zugute. Von der „Ostpreußenhilfe" profitieren jedoch nur 12 % der Bauern. Von den über 100 000 Kleinbetrieben der Provinz erhalten lediglich 11 % einen Kredit, aber 38,6 % der fast 3 500 Großbetriebe. Zahlreiche weitere Gesetze, Verordnungen, Richtlinien und amtliche Erlasse werden später unter dem Namen „Osthilfe" zusammengefasst. So bringt das Kabinett Heinrich Brüning im März 1931 ein förmliches „Osthilfegesetz" zur Entschuldung der landwirtschaftlichen Betriebe heraus. Es umfasst ein mit 1,1 Milliarden RM dotiertes Subventionspaket. Trotz der Hilfe durch das Gesetz können sich viele Großbetriebe nicht retten.

Ende Mai wird deshalb mit der Ansiedlung von Kleinbauern auf dem Land bankrott gegangener Großgrundbesitzer begonnen. Die Lobby der Großagrarier wirft dem konservativ-katholischen Kanzler Brüning deshalb „Agrarbolschewismus" vor und führt eine Kampagne zu seinem Sturz. Schon im Jahr 1919 hat im Kreis Mohrungen eine rege Aufsiedlung von Gütern in bäuerliche Familienbetriebe begonnen; in den Krisenjahren ab 1928 zielt die Aufsiedlung vor allem auf die überschuldeten landwirtschaftlichen Großbetriebe, vielerorts organisiert von der „Ostpreußischen Landgesellschaft", einem als GmbH betriebenen gemeinnützigen Siedlungsunternehmen der öffentlichen Hand. Bis 1933 sind rund 15,3 % der landwirtschaftlich genutzten Fläche des Kreises Mohrungen der Besiedlung zugeführt.[211] Im Regierungsbezirk Westpreußen werden auf ehemaligem Gutsland vor allem Umsiedler aus dem polnisch gewordenen Teil der Provinz angesiedelt. So werden z.B. die Güter Groß und Klein Herzogswalde, Straden und Cölmsee aus der Schönberger Begüterung der Finckensteins und die den Fürsten Reuß gehörenden Domänen und Güter Gramten, Groß Sehren, Groß Jauth, Groß Babenz, Goldau, Jakobau, Michelau, Klein Liebenau, Traupel und Raudnitz im Kreis Rosenberg geteilt und in bäuerlichen Besitz gegeben.

Die Besiedlung von Raudnitz bei Deutsch Eylau im Kreis Rosenberg erfolgt von 1929 bis 1931. Das Gut liegt 8 km östlich von Deutsch Eylau nahe der Provinzialstraße von Deutsch Eylau nach Osterode. Aus einem bis dahin typischen Gutsdorf wird ein Bauerndorf. Bildete das „Dorf" früher nur der Gutsbezirk mit Kirche, Schule, Post, Gasthaus, Brennerei, den Verwaltungs,- Wohn- und Wirtschaftsgebäuden und in einiger Entfernung den Insthäusern der Hofleute, Kämmerer und Deputanten, so vergrößern sich durch die neuen Bauernstellen die ehemaligen Gutsdörfer beträchtlich.

Wer von den früheren Instleuten des Gutes eine eigene Landwirtschaft betreiben will, kann je nach finanziellen Möglichkeiten 2 bis 5 ha Land erwerben. Die Insthäuser der neuen Landwirte werden durch Neubauten von Stall und Scheune erweitert. Etwa 20 ehemalige Instleute aus Raudnitz werden so zu selbstständig wirtschaftenden Kleinbauern. Die anderen Siedler kommen aus ganz Ostpreußen oder sind „Rückwanderer" aus Westpreußen. Da sie in der Regel über mehr Kapital als die ansässigen Landarbeiter verfügen, sind ihre Höfe mit 12 bis 16 ha deutlich größer. Wohn- und landwirtschaftliche Gebäude müssen für diese Betriebe neu errichtet werden. Nach der Aufsiedlung werden in Raudnitz 128 Haushaltungen bei etwa 600 Einwohnern gezählt, davon sind immerhin 47 Neusiedlerstellen. Am Weg zum Bahnhof, der abseits des Gutes liegt, entstehen mehrere neue Bauernhöfe. Das „Schloss" wird zum Gemeindehaus. Den alten Gutshof erwirbt, als Restgut mit 42 ha, der Landwirt Willy Wollenberg.

Moderne Zeiten, Kultur und Un-Kultur

Der Bauernsohn Hermann Langanke aus dem Dorf Schönbruch im Kreis Bartenstein verkriecht sich gerne in das Geäst eines Baumes. Die Leidenschaft seiner Jugendzeit in den späten 1920er Jahren ist die Radiotechnik. Mit Hilfe einer Spule, die er aus Kupferdraht und einer Garnrolle hergestellt hat, und einem Bleiganzkristall baut er sich einen Detektor. „Mit einem Silberdraht suchte er auf dem festgeklemmten Kristall einen Sender. Er konnte sogar Radio Budapest hören."[212] Später, Ende der 1930er Jahre, baut er dann für seine Familie ein einfaches Radio. Wie einst der Vater in seiner Jugend, lauschen jetzt seine Tochter Ilsa und deren Geschwister gerne mit dem Kopfhörer kratziger ungarischer Musik.

Das Dorf Tharau wird von der „Deutschen Elektrizitätsgesellschaft“ aus Königsberg mit dieser großen Leidenschaft einer neuen Zeit infiziert. In den Jahren 1921 bis 1923 elektrifiziert sie Teile des Ortes, so das Guts- und Pfarrhaus und auch die Schule. Der Direktor des Elektrizitätsunternehmens wirbt unter den Bewohnern für einen Anschluss an das Stromnetz, indem er 1924 einen Radiodetektor mit Kopfhörer zu Tharaus Bürgermeister Hübner bringt. „Ein großer Tag meines Lebens war es, als ich dortselbst am 23. Juni 1924 Musik aus Königsberg vernahm“, notiert der Dorfchronist Paul Boldt.[213] Das Dorf Kosakweitschen im Kreis Stallupönen hat in den 1920er und 1930er Jahren noch keinen Stromanschluss. Aber Familie Prapolinat besitzt bereits ein Radio, das sie mit einem Akku betreibt. Wenn der leer ist, läuft oder fährt man in das nahe Schirwindt und lässt ihn dort aufladen. Die Stadt hat Stromanschluss.[214]

Am 2. Januar 1924 wird in Königsberg die Ostmarken Rundfunk AG (ORAG) gegründet. Einige Geschäftsleute um die Elektrofirma des Ingenieurs Walter Zabel haben sich zur „Errichtung einer Sendestation und der Wiedergabe von Konzerten und Vorträgen jeglicher Art auf drahtlosem Wege“ zusammengefunden. Sie bringen 300 000 RM in das Unternehmen ein. Noch im April 1924 baut die Firma Dr. Erich F. Roth GmbH auf dem Zabel'schen Fabrikgelände auf den Altstädtischen Holzwiesen am Pregel die erste Sendeanlage. Am 10. Mai 1924 wird ein Versuchsbetrieb aufgenommen. Das Kapital der Gesellschaft ist schnell erschöpft, doch die Stadt Königsberg, damals vielfältig unternehmerisch tätig, springt ein. In ihrem Auftrag übernimmt die städtische Messeamt Königsberg Pr. GmbH das gesamte Stammkapital. Zwei Zimmer im Königsberger Stadttheater sind nun die Sendestudios; der Erfolg des Senders erfordert im Dezember 1926 seine Verlegung nach Amalienau in das Messegebäude. Hier wird später auch der Reichssender Königsberg sein Funkhaus haben. Die technische Ausrüstung liegt in der Verantwortung der Deutschen Reichspost.[215]

Zunächst ehrenamtlich gestalten beim Königsberger Sender Persönlichkeiten aus dem kulturellen und publizistischen Leben der Stadt das Programm mit. Der Rundfunk nimmt aber schnell für Königsberg und dann nach und nach auch für den Rest der Provinz eine bedeutende Rolle ein. Im Sendegebiet, zu dem auch Hinterpommern gehört, sind Ende 1924 genau 13 193 Hörer registriert. Ende 1929 sind es schon 64 856 und zum Jahreswechsel 1932 sogar 112 500.[216] Nach und nach bildet sich in Königsberg ein Kreis von Radiomachern heraus, der bald hauptberuflich tätig ist. Es entstehen unter einem Programmbüro Abteilungen genannte Redaktionen für Literatur, für Hörspiel, für Unterhaltung, Musik und Schallplatten. Dazu kommen bald der Schulfunk, ein Kinder- und Frauenfunk und ein Sprecherdienst. Der Dirigent Hermann Scherchen formt aus einem Kammerensemble nach und nach ein Königsberger Rundfunkorchester, das sich durch die Aufführung der Werke zeitgenössischer Komponisten profiliert. Das Opernhaus-Orchester Königsberg mit seinen rund 68 Mitgliedern wird vertraglich an den Sender gebunden. Der Komponist und Orchesterleiter Erich Börschel ist seit 1931 Arrangeur, Pianist und später als Kapellmeister

Dieses Empfangsgerät bei der Familie Gottaut in Plibischken am Pregel im Kreis Wehlau sieht fast noch aus wie ein Detektor-Empfänger. Anfang der 1930er Jahre ist der Radioempfang in den ostpreußischen Dörfern ein technisches Abenteuer.

im Programm verantwortlich für die populäre Musik und leitet auch das Tanz- und Unterhaltungsorchester des Senders. Zusammen mit dem Dirigenten Eugen Wilken macht er Ende der 1930er Jahre im ganzen Deutschen Reich das „Spatzenkonzert" bekannt. Die Sendung ist nach einem Foxtrott-Intermezzo benannt, das Börschel komponiert und zu dem der Wiener Peter Igelhoff den Text verfasst hat. Es ist im Jahr seines Erscheinens das meistgespielte Stück deutscher Tanzmusik.

Mit Wetternachrichten, Markt- und Preisberichten und weiteren besonderen Sendereihen für Land- und Forstwirtschaft weckt der Ostmarken-Rundfunk das Interesse der Landbevölkerung, aber auch von Kleingärtnern und Hausfrauen. „Schimkat ist der Ansicht ..." ist der Titel der Landfunksendung und wird in Ostpreußen rasch zum geflügelten Wort. Hinzu kommen Programme für die Schulen und auch eine neue Kunstform, das Hörspiel. Mit den der Dienstbotin Hanne Schneidereit angedichteten „Marjell-Geschichten" ist die Hörspiel-Autorin und Kabarettistin Marion Lindt in ganz Deutschland bekannt, wird doch das Programm des Reichssenders Königsberg – so der Name ab 1934 – über die Ostpreußen-Kabel an andere deutsche Sender geliefert. Natürlich werden auch Fremdproduktionen übernommen. Im Jahr 1938 wird aber noch mehr als die Hälfte des künstlerischen Programms selbst produziert.[217]

Bis in die Mitte der 1930er Jahre ist der Besitz eines Radios in der Provinz die Ausnahme; 1928 haben in Berlin noch fast siebenmal mehr Menschen ein Radio als in Ostpreußen. „Offensichtlich erst nach dem Ende der Weltwirtschaftskrise und der folgenden Deflationsperiode konnte dieser relative Rückstand annähernd aufgeholt werden. Das Verhältnis der Hörerdichte in Ostpreußen zum Reich verbesserte sich von 46,4 % (1928) auf 78,7 % (1938)“[218], schreiben Gerhardt Brandtner und Ernst Vogelsang in ihrer Geschichte der Post in Ostpreußen. Auch wird in der voll elektrifizierten Großstadt Königsberg immer deutlich mehr dem Radio gelauscht als zum Beispiel im ländlichen Regierungsbezirk Gumbinnen.

Das Radio ist ein junges Medium, die Zeitung ein altes. In der Provinz Ostpreußen erscheinen in den 1920er Jahren 62 Tageszeitungen, darunter seit 1660 die Königsberger Hartungsche Zeitung. Die Hartungsche ist damit eine der ältesten Zeitungen der Welt. Die politische Ausrichtung des in ganz Deutschland geachteten Blattes ist liberal; sie erscheint, wie viele Tageszeitungen damals, zweimal am Tag. Ihr Feuilletonredakteur von 1929 bis 1933, Erich Pfeiffer-Belli: „Sie war das Intelligenzblatt der Stadt, die Auflage war gering, das Defizit trug das Tageblatt.“[219] Die Schwesterzeitung, die Boulevardzeitung Königsberger Tageblatt, ist die erfolgreichere, sie erreicht 1930 eine Auflage von fast 60 000 Exemplaren. Die liberale, pro-demokratische Ausrichtung dieser beiden Zeitungen der Provinz ist eher eine Ausnahme. Nach Christian Rohrer sind Ende der 1920er Jahre 32 von 62 ostpreußischen Tageszeitungen als „national“ bzw. „deutschnational“ einzuschätzen, dagegen nur 20 als überparteilich und unabhängig. Zwei Tageszeitungen sind sozialdemokratisch. Die vielen politisch rechts stehenden Zeitungen erscheinen zumeist auf Kreisebene in kleiner Auflage. Selbst im Ermland ist die Mehrheit der Tageszeitungen nicht zentrumsnah, sondern national-konservativ eingestellt.

Königsberger Tageblatt und Hartungsche erscheinen in einer Gesellschaft, deren Aktien vornehmlich im Besitz von jüdischen Kapitaleignern sind. Beide Zeitungen bekämpfen vor 1933 konsequent die erstarkende NSDAP. Nach der Machtübernahme gerät die Herausgeberin in wirtschaftliche Schwierigkeiten und schließlich in Konkurs. Die Blätter werden unter dubiosen, äußerst günstigen Bedingungen von der Königsberger Verlagsanstalt GmbH übernommen. Die GmbH gehört zur „Erich-Koch-Stiftung“ und gibt das NSDAP-Blatt Preußische Zeitung heraus. Mit der *Hartungschen Zeitung* wird zum 31. Dezember 1933 eine Königsberger Institution eingestellt, die noch auf die aufklärerischen und liberalen Traditionen der Stadt im 18. und 19. Jahrhundert zurückgeht.

Ist im ländlichen Ostpreußen der liberale Geist schon im Bismarck-Reich einem strengen Konservatismus gewichen, bleibt Königsberg doch lange von einem bürgerlich-liberalen Milieu beherrscht. Mit dem Ende des Ersten Weltkrieges tritt hier ein Wandel ein. Als Hauptstadt des durch den Versailler Friedensvertrag abgeschnürten Landes zieht die Stadt national gesinnte Kräfte an, die hier das Deutschtum „gegen den Osten“ verteidigen wollen.[220] Nach der Erfahrung des Einfalls zaristischer Truppen im August 1914 hat ein „Bollwerksyndrom“ die ostpreußische

Bevölkerung erfasst. Viele in der Provinz sehen die Heimat als deutschen Vorposten in einer slawischen und baltischen Nachbarschaft, hinter der der Bolschewismus lauert. Die Niederlage im Ersten Weltkrieg trotz der großen Siege an der Ostfront ist ein unverarbeitetes Trauma. Gerade in der militaristisch ausgerichteten Gesellschaft Ostpreußens wird die in Versailles verordnete Wehrlosigkeit gegenüber Polen als Angriff auf die nationale Würde gewertet, zumal in chauvinistischer Überheblichkeit die Polen und ihr Staat als auf anderer Kulturstufe stehend gesehen werden. Selbst in Königsberg weicht jetzt die liberale Toleranz Vorbehalten gegenüber Minderheiten, vor allem der jüdischen, aber auch gegenüber Polen, Russen und Litauern.[221]

National gesinnte Studenten aus dem Reich bekennen sich zwischen den Weltkriegen durch ein „Ostsemester" an der Königsberger Universität zur „bedrohten Provinz". Die Universität sieht sich zunehmend als „Grenzlanduniversität", die in den polnischen und baltischen Kulturraum ausstrahlen will.[222] Die konservativ und national gesinnten Studenten aus dem Reich werden angezogen von einer Professorenschaft, die in ihrer Mehrheit ebenfalls nationale Positionen bezieht. Allerdings beruft die preußische Regierung immer wieder liberale Bewerber auf Lehrstühle, so den Kunsthistoriker Wilhelm Worringer. Seine Frau Marta schreibt an eine Freundin: „Ob es anderswo ähnlich ist wie hier? Nein, die Dinge liegen hier bestimmt krasser wie im Westen. Nicht auszudenken, daß drüben solches Kriegsgeschrei wie hier ist. Nicht auszudenken, daß man dort seit 1914 so wenig gelernt hat wie hier. Wir sind todtraurig über diese vergiftete Luft."[223] Schon früh wird sich eine Mehrheit der Königsberger Studenten auch dem Nationalsozialistischen Studentenbund zuwenden.[224] Im Jahr 1928 stimmen 60 % der immatrikulierten Studenten der Universität bei Wahlen zu den studentischen Gremien für völkische Listen.[225]

Die wirtschaftlichen Folgen des Ersten Weltkrieges, wie zum Beispiel das Ende des Russlandhandels, treffen die jüdische Bevölkerung der Provinz in besonderer Weise. 1925 leben in Königsberg fast 40 % aller ostpreußischen Juden[226], in der Stadt sind mehr als 61 % der Juden in Industrie und Handwerk sowie Handel und Verkehr tätig. Sie sind vom Rückgang des Außenhandels und der Geldentwertung überproportional stark betroffen. Viele Angehörige der jüdischen Gemeinde Königbergs verarmen. Dies und die sich zunehmend verstärkende antisemitische Stimmung in Königsberg führen zu einer starken Abwanderung, vor allem nach Berlin. Der Anteil der jüdischen Einwohner an der Gesamtbevölkerung der Provinzhauptstadt sinkt zwischen 1910 und 1933 von 1,8 % auf 1 %.

Seit 1908 hat der in Elbing geborene Fritz Litten an der Königsberger Universität den Lehrstuhl für Römisches und Sachsenrecht inne, zeitweilig ist er Dekan der juristischen Fakultät und Rektor der Königsberger Universität. Litten ist jüdischer Abstammung und national-konservativ eingestellt, er hat sich vom Judentum abgewandt und taufen lassen. [227]Fritz Litten und seine Frau Irmgard haben drei Söhne, Hans, Heinz und Rainer. Hans Litten wird in den Jahren 1928 bis 1933 der bekannteste linke Strafverteidiger Deutschlands. Im Berliner „Eden-Prozess“ von 1930, der einen Überfall der SA auf das gleichnamige Tanzlokal zum Gegenstand hat, wird Litten Adolf Hitler in einer Zeugenvernehmung blamieren und sich so die nachhaltige Feindschaft der Nationalsozialisten zuziehen. Er wird am 28. Februar 1933 in Berlin in „Schutzhaft“ genommen und sitzt in zahlreichen Konzentrationslagern der Nationalsozialisten ein. Im Februar 1938 nimmt er sich im KZ Dachau das Leben.

Hans Litten ist nur drei Jahre älter als Johanna Arendt, die sich als Politologin und Philosophin Hannah Arendt nennt. Im Alter von 14 Jahren liest Hannah Arendt Kants Kritik der reinen Vernunft und Texte zeitgenössischer Philosophen. 1920 geht ihre Mutter Martha Arendt ihre zweite Ehe mit dem Kaufmann Martin Beerwald ein. Der bringt zwei Töchter mit in die Ehe, mit denen sich Hannah Arendt nie besonders gut versteht. Martin Beerwald vertritt eher konservative Anschauungen, in der Familie führt er sich wie ein wilhelminischer Patriarch auf – „stilecht mit Bismarckschem Schnurrbart und Morgenmantel“, skizziert ihn die Arendt-Biographin Elisabeth Young-Bruehl. Aber dank seiner kaufmännischen Erfolge geht es seiner Familie in den Inflationsjahren gut. Im Hause Beerwald in der Busoldstraße, in dem jahrelang musiziert und nie politisiert wurde, finden sich Martha Arendts sozialdemokratische Genossen und zunehmend auch die progressiven Freunde der erwachsen werdenden Tochter Hannah ein.[228] Hannah Arendt ruft 1923, nachdem sie von einem Lehrer ihres Judentums wegen beleidigt worden ist, von ihrer Mutter unterstützt, zum Boykott der Luisen-Schule auf und wird von der Einrichtung verwiesen. Sie geht daraufhin nach Berlin; zurück in Königsberg, besteht sie dort 1924 als externer Prüfling mit Bravour das Abitur, ein Jahr vor ihren Altersgenossen. Solange Hannah Arendt noch in Königsberg lebt, verkehrt im Hause Beerwald ein Kreis sich philologisch bildender Königsberger Intellektueller um den in Tilsit geborenen und in Königsberg aufgewachsenen Philosophiestudenten und späteren Lektor an der Königsberger Universität Ernst Grumach sowie den Königsberger Felix Grayeff. Er macht sich später als Philosoph und Historiker in der englischsprachigen Welt einen Namen. Grayeff, der nach der Emigration auch in Neuseeland lehrt, ist im selben Jahr geboren wie Arendt. Beider Mütter sind früh zu Witwen geworden und freunden sich auch deshalb an. Grayeff: „Ich lernte Hanna kennen als kleines Mädchen von vielleicht sieben oder acht. Sie spielte ‚Hopsen‘ vor den vor 8.00 Uhr noch geschlossenen Toren ihrer Schule, die ich jeden Morgen auf meinem Schulweg passieren mußte.“[229]

Anfang der 1920er Jahre sind die beiden 15-Jährigen wieder befreundet. Sie besuchen gemeinsam eine Aufführung von Frank Wedekinds „Erdgeist“. Die Freundschaft hält nur einige Wochen. „Ich hatte versäumt, sie nach einem kleinen Streit wieder anzurufen. Daraufhin schrieb sie mir einen Brief, den der Postbote mir direkt in die Hand drückte. Ich las ihn auf dem Weg zur Schule. Für eine lange Zeit habe ich diesen Brief aufbewahrt, aber am Ende meiner Umzüge habe ich ihn verloren. Ich bedaure den Verlust immer noch. Es war ein ungewöhnlicher Brief für ein Mädchen von vierzehn oder fünfzehn. Sie teilte mir in ihm mit, ich sei im Nietzsche'schen Sinn träge im Geiste. Ich glaube es ging darum, dass ich die Gleichberechtigung von Männern und Frauen nicht anerkannt hatte. Dann ging es um irgendetwas anderes, wahrscheinlich ging es um unseren Streit, und dann schloss sie ihren Brief damit, dass sie sagte, sie jedenfalls könne nicht mit einer Person befreundet sein, die Nietzsche noch nicht gelesen habe."[230]

Hannah Arendts studentische Königsberger Freunde sympathisieren mit dem linken Flügel der Sozialdemokratie. Mit dem Aufkommen des Nationalsozialismus wenden sich weitere jüdische Intellektuelle wie Kurt Sabatzky, Gerhard Birnbaum, Erwin Lichtenstein und Benno Eisenstädt der SPD zu.[231]

Auch in den 1920er Jahren verlassen junge Intellektuelle wie Hannah Arendt die Provinz, um ihren Weg im Westen, im Reich, zu gehen. Dazu Gerhard Szczesny: „In einer Provinzstadt, auch wenn es sich um die Landeshauptstadt handelt, hat das kulturelle Leben einen anderen Stellenwert als in einer Groß- oder Weltstadt. Es wird vom Geschmack, vom Bildungs- und Unterhaltungsbedürfnis des beflissenen Bürger- und Kleinbürgertums, nicht von Kennern und Gourmets bestimmt, die Spitzenleistungen und Experimente erwarten."[232]

Zwei große literarische Talente sieht Königbergs Stadtarchivar der 1930er Jahre, Fritz Gause, in den 1920er in der Provinzstadt wirken. „Es lebten damals zwei begnadete deutsche Dichter in Königsberg, beide Ostpreußen und ihrer Heimat auf tiefste verbunden in ihrem Wesen und Schaffen, doch beide von so verschiedener Art, dass sie kaum etwas miteinander zu tun hatten und sich auch wenig begegnet sind, Agnes Miegel und Ernst Wiechert."[233] Gause stellt bedauernd fest, dass sich Wiechert bald von Königsberg getrennt hat und nach Berlin gegangen ist. „Eine Art literarische Institution, die es anfänglich zu respektieren galt, war der Schriftsteller Ernst Wiechert, Lehrer am Hufengymnasium und erfolgreicher Romanautor"[234], klassifiziert ihn Erich Pfeiffer-Belli. Wiechert ist bis 1929 Deutsch- und Englischlehrer. Er bleibt an seiner Schule ein Außenseiter, genießt aber aufgrund seines literarischen Ruhmes eine gewisse Narrenfreiheit. In einer Abiturrede fordert er die Schulabgänger zum Entsetzen der Erwachsenen auf, nicht zu werden wie „diese da". Dabei weißt er mit dem Finger auf die versammelte Lehrerschaft.[235] Ab 1932 gehört Wiechert zu den meistgelesenen Autoren im Deutschen Reich, seine Werke erreichen Millionenauflagen. Die Erlebniswelt seiner Jugend in Masuren und Königsberg, die Welt des Krieges, den er zunächst als einfacher Soldat und dann als Offizier der Reserve erlebt, schlägt sich in seinen ersten Romanen nieder. Wiechert, in dessen Werk schwermütig erzählt, das „einfache" Leben gefeiert und in ethischem und religiösem Sinn gesucht wird, ist ein durch und durch konservativer Autor –, aber doch unangepasst, intuitiv „antiautoritär" und vom Nationalsozialismus nicht zu vereinnahmen.

Den literarischen Ruhm der Königsberger Schriftstellerin Agnes Miegel haben ihre Bücher *Gedichte* (1901), *Balladen und Lieder* (1907) sowie *Gedichte und Spiele* (1920) begründet. Die zeitgenössische Literaturkritik feiert sie als größte deutsche Balladendichterin, manche Kritiker sehen in ihr gar die größte lebende deutsche Lyrikerin. 1916 erhält sie den Kleist-Preis. Agnes Miegel lebt bis 1945 in Königsberg; 1924 verleiht ihr die Universität Königsberg anlässlich des 200. Geburtstages von Kant die Ehrendoktorwürde, „weil sie, fest verwurzelt in ostpreußischem Wesen, reiche Lebensfülle und tiefe Heimatliebe mit meisterhafter Kraft gestaltet“[236] habe. Jürgen Manthey hat das provinziell-konservative Verhältnis der Miegel zu ihrer Heimat klassifiziert, die für sie ein „ständisch gegliedertes, sozial stillgestelltes Reservat“[237] gewesen sei: „Ihrer ‚Vaterstadt Königsberg' vermag die Dichterin nichts von ihrer großen Vergangenheit als Hochburg von Aufklärung und Liberalismus abzumerken, nichts der über sie hinausweisenden weitbürgerlichen Utopie abzugewinnen“.[238]

„Königsberg war eine große Theaterstadt, und viele große Schauspieler und Regisseure waren dort, bevor sie berühmt wurden“[239], stellt Max Fürst fest. Von 1915 bis 1919 leitet Leopold Jessner die bedeutendste Bühne der Stadt, das Neue Schauspielhaus. Danach wird der gebürtige Königsberger von 1919 bis 1928 Intendant des Staatlichen Schauspielhauses in Berlin, anschließend leitet er bis 1930 die Schauspielbühnen des Staatstheaters Berlin, der führenden Bühne der Weimarer Republik. Jessner steht für eine expressionistische Regie und ein zeitgenössisches politisches Theater. Sein Vertrag als Generalintendant wird 1930 in einen Regievertrag umgewandelt und 1933 von den Nationalsozialisten aufgelöst. Leopold Jessner ist Vorstandsmitglied des Central-Vereins deutscher Staatsbürger jüdischen Glaubens. Sein Vetter und Schwager Fritz Jessner ist ab 1925 Intendant am Neuen Schauspielhaus in Königsberg. Auch er fördert avantgardistisches Theater. Königsbergs Theater in den 1920er Jahren ist keineswegs provinziell. Max Fürst: „Ich merkte erst viel später, wie autark Königsbergs Kunstleben war, als ich 1926 in Hannover lebte. Das war eine große und in vielen Dingen viel prächtigere Stadt, aber man konnte sich ausrechnen, wie lange es dauern würde, bis ein Stück, das in Berlin Erfolg hatte, in Hannover aufgeführt wurde. Es war wohl eine Folge des polnischen Korridors, dass Königsberg nie ein Satellit von Berlin wurde.“[240] 1933 wird Fritz Jessner entlassen. 1936 emigriert er in die Schweiz, 1940 in die USA. Leopold Jessner verlässt bereits 1934 Deutschland.

Auf dem Land findet Kultur, wenn überhaupt, im Gasthaus statt. Im 600-Einwohner-Dorf Himmelforth im Kreis Mohrungen betreiben Anna und Otto Korth seit 1920 einen Gasthof, dem ein Kolonialwarenhandel angegliedert ist. Willy Bindung atmet noch 50 Jahre später die Atmosphäre solch ländlicher Einkaufswelten: „Ich sehe noch das hohe Holzfächer-Regal und die Schubladen mit den weißen Glas- oder Email-Schildchen, auf denen in schwarzer Schrift der Inhalt angegeben war. Die verschiedenen Bonbons befanden sich in großen, durchsichtigen Gläsern mit Glasstöpseln. Auch die hinter der Theke stehenden Fässer mit Sauerkraut und Salzheringen (um 1930 kostete das Stück 6 Pfennige) habe ich nicht vergessen. Petroleum wurde aus einem Stahlblechfaß über einen mit Meßmarken versehenen Glaszylinder mittels ei-

Bauern aus der Elchniederung vor der Gastwirtschaft Semlies in Jodgallen im Kreis Niederung im Jahr 1927. Das Dorf Jodgallen liegt am Nemonien, hat 384 Einwohner und wird 1938 in Grünhausen umbenannt.

ner Handpumpe dem Käufer in seinen mitgebrachten Petroleumkrug gepumpt. Alles zusammen ergab einen eigentümlichen Geruch, ohne den der Verkaufsraum nicht denkbar gewesen wäre."[241] Im Saal der Korths finden die Tanzvergnügen statt, hier wird „gefeiert, gelacht, gescherzt, gestritten, gesungen, getanzt und sich des Lebens gefreut."[242] In den 1920er Jahren ist der Tanz auf dem Saal nicht mehr die einzige Unterhaltung. Ab 1927 zeigt das Mohrunger Wanderkino bei den Korths von Zeit zu Zeit Filme – „zuerst waren es Stummfilme, zu denen der Vorführer mehr oder weniger in Komik oder Dramatik seine den Film begleitenden Erklärungen abgab."[243] 1932 wird Anna Korth Witwe, betreibt aber Gastwirtschaft, Saalbetrieb und Kolonialwarenhandel weiter. Sie wird bei Kriegsende nach Zentralrussland verschleppt und stirbt im April 1945 im Lager Stalinagorsk bei Tula.

Mit dem Radio kommt die Kultur der Großstadt, kommen Bildung, Literatur und Nachrichten aus aller Welt auch in abgelegene ostpreußische Dörfer. Widitten am Frischen Haff in der Caphorner Heide ist so abgeschieden nicht, und doch stellt der Lehrer Willy Hanemann bei seiner Versetzung in das Dorf fest, wie überschaubar der Lebenskreis mancher Menschen Ende der 1920er Jahre noch ist: „Es gab Leute in Widitten, die schon 50 Jahre alt waren und noch nie das Meer gesehen hatte, das doch nur 16 km entfernt war. Ihr Leben ging hin zwischen Mühen und Arbeit, und sonntags waren sie froh, wenn sie sich einmal ordentlich ausschlafen konnten.

Mußten sie einmal zur Stadt, so nahmen sie den Dampfer nach Königsberg. Die Fahrt war billiger als die Bahnfahrt und die Station Großheidekrug nur halb so weit wie Powayen. So gab es auch Leute, die noch nie eine Eisenbahn gesehen hatten, höchstens hatten sie bei günstigem Wind den Zug pfeifen hören."[244]

Aber doch ist es die Eisenbahn, die Land und Stadt zusammenbringt. Jeden Morgen gegen 9 Uhr treffen auf dem Bahnhof Mohrungen die Züge aus vier Richtungen ein, aus Marienburg, Allenstein, Osterode und Wormditt. „Ein Menschenschwarm ergießt sich auf den Bahnhofsvorplatz und pilgert zur Stadt. Meistens sind es Leute vom Lande, die in der Stadt ihre Einkünfte tätigen wollen oder bei den zahlreichen Behörden der Kreisstadt ihre Geschäfte zu erledigen haben"[245], heißt es in einem Artikel der Mohrunger Kreiszeitung aus dem Jahr 1944, der auf die frühen 1920er Jahre zurückblickt.

Die Kleinstädte sind Verwaltungssitz, Schul- und Einzelhandelsstandort. In einer ostpreußischen Mittelstadt wie Insterburg mit etwa 50 000 Einwohnern kann es in den 1920er Jahre wenig abwechslungsreich sein, wenn man alleinstehend ist, die Arbeit am Nachmittag schon erledigt hat und keine Besorgungen zu machen sind. Gut, dass es in Insterburg das Hotel „Rheinischer Hof" gibt. Das Hotel hat einen besonderen Vorteil: Es hat eine Veranda. Von der aus kann der junge Referendar Paul Ronge in der Reiterstadt, die neben Berlin-Karlshorst den damals größten Hindernisparcours Deutschlands besitzt, jeden Nachmittag das Treiben „auf der Rennbahn" beobachten. „Diese ‚Rennbahn' war keineswegs eine pferdesportliche Angelegenheit, sie hatte auch mit Rad und Auto nichts zu tun. Sie war der frühabendliche Bummel, an dem nicht nur die Jugend, repräsentiert durch die blaubemützten Gymnasiasten und grünbemützten Landwirtschaftsschüler, teilnahm, sondern eigentlich jeder Mann, jede Frau, jeder Junge und jedes Mädchen in Insterburg. Es gab Habitus, nach deren Erscheinen man die Uhr stellen konnte. Es gab Stammgäste, deren Fehlen mit der besorgten Frage quittiert wurde, ob sie krank geworden wären. Fiel der Abend über die Stadt herab, dann löste sich die Gesellschaft auf der Rennbahn auf."[246] Die meisten Promenierenden gehen heim, einige in die Kinos. Viele aber begeben sich täglich um diese Zeit zum Bahnhof. „Warum denn Bahnhof? Sie wollten sehen, wer mit dem um diese Zeit einlaufenden Zug aus Berlin in Insterburg ankam. Das waren die Sensationen der Kleinstadt, die noch schlief, wie sie vor dem Ersten Weltkrieg geschlafen hatte."[247]

Der militärische Geist ist in Ostpreußen von der Katastrophe des Ersten Weltkriegs nicht weggeblasen worden. Zwar hat die neue Armee die ostpreußischen Traditionsregimenter der Preußischen Armee der Form nach 1918 ausgemustert. Die „Reichswehr" hat mit ihren 100 000 Mann in 21 Infanterie-Regimentern nur noch ein Achtel der Stärke der alten deutschen Armeen und ist in kleinsten Verbänden auf viele Orte verteilt. Etliche ostpreußische Städte verlieren ihre Garnison, in Insterburg aber sind in den 1920er Jahren aber fast 5 % der Soldaten der Deutschen Reichswehr, zwischen 4000 und 6000 Mann stationiert. Das gibt der Stadt einen besonderen Charakter – ist man hier doch noch nationaler, konservativer und undemokratischer eingestellt als in der ohnehin schon obrigkeitshörigen Provinz. Sonntags ist der Kirchenbesuch für die Einheiten der Insterburger Garnison verbindlich. Zum Gottesdienst gehen selbst die Kavalleristen zu Fuß, wenn zur reformierten Kirche auf dem Markgrafenplatz, der Garnisonskirche, marschiert wird. Vor dem Gotteshaus wird dem Standortkommandanten bzw. dem dienstältesten Offizier die Vollzähligkeit der teilnehmenden Soldaten gemeldet. Die Predigt verschlafen die meisten Soldaten.

Im Frühjahr üben die Einheiten der Insterburger Garnison noch auf den Truppenübungsplatz Arys. „Wenn der Wind über die Stoppelfelder strich, nahte die Manöverzeit.“[248] Im Herbst finden Manöver überall in der Provinz statt. Für die Nacht wird bei Bauern und Gutsbesitzern Quartier bezogen. „Unsere Landsleute nahmen ihre Soldaten immer gerne auf. War es doch eine willkommene Abwechslung von dem täglichen Einerlei. Jede Menge Kuchen wurde gebacken, Bärenfang angeboten und den Höhepunkt bildete der Manöverball, der meist nicht ohne ‚blaue' Augen oder Beulen abging.“[249] „Aber auch ‚Manöverkinder' soll es 9 Monate später gegeben haben“[250], erinnert sich der Artillerist Reinhard Hartmann. In den ländlichen Manöverquartieren der Soldaten gibt es weder elektrisches Licht noch Telefon, das Wasser kommt vom Brunnen auf dem Hof. Das häusliche Leben der Bauern- und Landarbeiterfamilien spielt sich auch in den 1920er Jahren noch hauptsächlich in der Küche ab. Sie ist im Winter der einzige warme Ort, die Stube wird nur bei ganz besonderen Gelegenheiten geheizt. Die Fenster der Höfe der Landarbeiter sind einfach verglast und deshalb schlecht isoliert. Im Winter werden oft zusätzlich Extrafenster eingesetzt.[251]

Wie primitiv die ländlichen Wege- und Wohnverhältnisse noch sein können, erlebt Otto A. Schneidereit im Spätherbst 1929. Für den Kommunistischen Jugendverband soll er 6 km nordöstlich von Gumbinnen eine Versammlung durchführen. Die Veranstaltung findet heimlich in der Wohn- und Schlafstätte eines jungen Pferdeknechtes statt. „Die Bretterwand, die sie von einem Pferdestall trennte, wies einige Ritzen auf, durch die die Ausdünstungen der Pferde ungehindert eindringen konnten. Sein Bett, nur mit einer Strohschütte ausgestattet, war wie Tisch und Bank nur aus rohen Brettern zusammengeschlagen. An den Schrank kann ich mich nicht erinnern. Hier war die Zeit stehengeblieben – einige hundert Jahre.“[252] Die jungen Landarbeiter erzählen dem entsetzten Agitator, solche Wohnverhältnisse wären auf dem Land üblich. Sie wären froh, so unmittelbar neben den Pferden schlafen zu könne, deren Körperwärme würde im Winter Minusgrade verhindern. „Da hätten es manche Mägde noch schlechter, die in ungeheizten Dachkammern schlafen mussten.“[253]

Die Winter sind ungemütlich, nicht nur für die Menschen, selbst für die Tiere. Im „Eiswinter“ 1928/29 werden im ermländischen Plausen 32 Grad minus gemessen. „Schulkinder haben angefrorene Nasen, Ohren und Waden, sind aber im allgemeinen pünktlich zum Unterricht zur Stelle. Die Schneemassen auf den Straßen zwingen dazu, nebenbei auf den Feldern zu fahren. Metertief ist der Frost in den Boden eingedrungen. Tote Vögel liegen auf den Straßen; Hasen und Rebhühner kommen, von Hunger getrieben, auf die Höfe, wo sie versuchen, etwas Fressbares zu finden"[254], berichtet Anton Greifenberg aus dem Dorf Plausen im Kreis Rößel.

Als Jugendlicher hört Kurt Gotthard Langanke aus Schönbruch im Kreis Bartenstein nicht nur auf Bäumen Radio. Er schießt auch mit dem Luftgewehr auf Krähen. Er jagt nicht aus jugendlichem Übermut oder erwachender Leidenschaft fürs Waidwerk. Die Schießerei ist eine geschäftliche Unternehmung. „In der vornehmen Gesellschaft in Königsberg wurden sie dann als Delikatesse unter dem Namen Saathähnchen zubereitet"[255], verrät seine Tochter Ilsa.

Königsberger werden auch Wilhelm und Marta Worringer. Sie sind 1928 vom Rhein an den Pregel gezogen. An Sylvester 1928 registrieren die Rheinländer entsetzt 17 Grad minus. Marta Worringer schreibt an eine Freundin: „Theoretisch finde ich einen intensiven Winter herrlich und an jedem Morgen bin ich von neuem begeistert, wie herrlich diese vereiste und verschneite Welt aussieht. Aussieht – aber sie fühlt sich fürchterlich an."[256] Jede Begeisterung der Neu-Königsberger ist aber im Februar 1929 vorbei, als das Thermometer minus 34 Grad anzeigt. Da habe sie alle eine jämmerliche Lebensangst ergriffen. „Jeder von uns hat mal an dem Punkt gestanden, wo er fühlte: ein Schritt weiter und Leben ist nicht mehr möglich."[257] Dabei wohnen die Worringers komfortabel auf 170 m^2 in der Probstheidastraße 6. Sie haben das oberste Stockwerk des dreistöckigen Gebäudes gemietet. Die Worringer-Biographin Helga Grebing beschreibt die gutbürgerliche Melange einer solchen Königsberger Wohnlage: „Unter ihnen wohnte ein buntes mittelständisches Gemisch – von unten angefangen: der Bezirksschornsteinfegermeister, ein Obergerichtsvollzieher, ein Rittmeister a. D., Kaufleute, darunter die jüdische Familie Amnson, die ein großes Pelzgeschäft in Königsberg besaß. Zeitweilig lebten im Haus auch noch der Dirigent Hermann Scherchen und seine damalige Frau, die Schauspielerin Gerda Müller."[258]

Selbst in der Wirtschaftskrise der späten 1920er Jahre wird auf den großen Gütern noch in aristokratischer Weise gefeiert. Zu den großen Diners werden von den Damen lange Abendkleider getragen, die Herren erscheinen zumindest im Smoking. Die Kutscher der Herrschaften servieren in Livree. Die Damen des Hauses machen sich mit ausufernder Gastlichkeit Konkurrenz und versuchen sich im Raffinement des Gebotenen gegenseitig zu übertreffen. In ihrer großbürgerlichen Variante findet Marie Luise Kaschnitz 1932 diese Kultur der Gastlichkeit bei vielen Königsberger Universitätskollegen ihres Mannes vor. Auch die Akademiker statten sich Besuche ab und geben feierliche Abendessen, die Professorenfrauen tischen in mehreren Gängen Suppen, Braten und Süßspeisen auf, „alles von einem ländlichen Mädchen herumgereicht und von den ängstlichen Blicken der Hausfrau verfolgt. Nach Tisch blieben, wie in England, die Männer sitzen, während die Damen der Frau des Hauses in den Salon folgten."[259] Marie Luise Kaschnitz hat diese Sitte einmal durchbrochen. Sie

Das sieht doch mehr nach jugendbewegter Lebensreformbewegung und neuem Zeitgeist aus als nach Sport in der Großvätersitte. Eine weibliche Jugendgruppe in Tapiau, Kreis Wehlau, Mitte der 1920er Jahre.

ist nach Aufhebung der Tafel dem Literaturhistoriker Paul Hankamer gefolgt und hat sich mit ihm allein in ein Zimmer gesetzt. Das, so erinnert sie sich, habe ihrem Gastgeber Walter Wreszinski – „dessen Frau die beste Küche führte" – ein „außerordentliches Vergnügen" gemacht. Dem Ägyptologen Wreszinski wird 1934 wegen seiner jüdischen Herkunft die Professur entzogen. Als „er in unserem ersten Königsberger Jahr starb, wagten es nur noch wenige Kollegen, im Trauerzug mit auf den Friedhof zu gehen", schreibt die Kaschnitz. „Seine Frau habe ich Jahrzehnte später in Sao Paulo getroffen, nie mehr seine Kinder, die zuerst nach Rom emigrierten und dort mit der größten Sehnsucht vom Samland und besonders von einem Ort Vorderelend sprachen."[260]

In den 1920er Jahren herrscht in vielen Orten der Provinz Wohnungsnot. Ihr wird wie in Königsberg auch in den Kleinstädten mit kommunalen Wohnungsbauprogrammen begegnet. Eine Folge schlechter Wohnungen ist auch die hohe Säuglingssterblichkeit. Im Jahr 1927 zählt man in Ostpreußen 115 Sterbefälle auf 1000 Lebendgeborene, im Freistaat Preußen sind es zur gleichen Zeit nur 97. Doch noch immer gibt es in der Provinz einen hohen Geburtenüberschuss.[261]

Die ostpreußischen Kleinstädte erreichen jetzt alle technischen Errungenschaften der Zeit. Als in Christburg im Kreis Stuhm 1926 noch einmal eine Typhusepidemie auftritt, wird in der Stadt eine öffentliche Wasserversorgung eingerichtet.

Einige Hauptstraßen erhalten zur gleichen Zeit elektrische Straßenbeleuchtung, der Christburger Marktplatz und einige wichtige Straßen werden neu gepflastert, das Rathaus wird modernisiert. Zum vor der Stadt gelegenen Bahnhof fährt bei Ankunft und Abfahrt von Zügen eine Omnibuslinie.[262] Auch die Deutsche Reichspost richtet jetzt Busverbindungen ein. Die erste Linie verbindet Ragnit mit Schillehnen.[263]

In den 1920er Jahren setzt sich auch in Ostpreußen das Telefon als Kommunikationsmittel durch. In Klein- und in Mittelstädten sowie in Königsberg stellt die Reichspost öffentliche Fernsprechhäuschen auf. Da sich das in vielen kleinen Landorten nicht rentiert, werden von den Gemeinden öffentliche Sprechstellen geschaffen. Die Gemeinde sorgt für die gut zugängliche Unterbringung eines Fernsprechers und garantiert eine Mindesteinnahme für die Post. Das Telefon wird so auch für viele Landbewohner ein Kontakt zur weiten Welt.[264] In Ostpreußen gibt es auf 10 km^2 eine öffentliche Sprechstelle bzw. auf 624 Einwohner ein öffentliches Telefon – die Zahl liegt damit über dem Reichsdurchschnitt mit 815 Einwohnern. Nach und nach verdrängt das Telefon den Telegrammverkehr.[265]

Der beginnende Tourismus entdeckt nach der Inflation die Reize der masurischen Seenlandschaft. Die größte touristische Attraktion Masurens ist das von Reichspräsident Paul von Hindenburg am 18. September 1927 – seinem 80. Geburtstag – eingeweihte Tannenberg-Denkmal. Der Bau des Denkmals, offiziell „Tannenberg-Nationaldenkmal“ und nach 1935 „Reichsehrenmal Tannenberg“ genannt, wird im Jahr 1924 begonnen. Der Entwurf dieses größten deutschen Kriegsdenkmals stammt von den Berliner Architekten-Brüderpaar Walter und Johannes Krüger. Ende der 1920er und in den 1930er Jahren gehört ein Besuch des Tannenbergdenkmals, verbunden mit einem Besuch von Hindenburgs Feldherrnhügel bei Frögenau, des Samsonow-Steins bei Willenberg und zumindest eines der vielen verstreuten Ehrenfriedhöfe zum Bestandteil einer jeden Ostpreußen-Reise.

Weite Reisen zur Erholung und zum Vergnügen sind bis dahin den obersten Schichten vorbehalten, allerdings kennen bürgerliche ostpreußische Normalfamilien wie die, aus der der Königsberger Gerhard Szczesny stammt, die „Sommerfrische“: „In Ostpreußen verbrachte man sie auf dem Lande oder an der Ostsee. Fremde Länder waren tatsächlich noch fremd und unvorstellbar weit entfernt. Vom Pregel aus gesehen schienen bereits Bayern oder der Schwarzwald exotische Regionen. Die bevorzugten Ziele unserer heimatlichen Wanderfahrten waren die Kurische Nehrung und Masuren.“[266] Der Gymnasiast Szczesny lernt neben dem Samland, der Kurischen Nehrung und dem Masuren innerhalb des Städtedreiecks Johannisburg–Bialla–Arys auch die Seen des Oberlandes kennen.

Sommerfrische bieten den Städtern nicht nur die Küsten des Samlandes und der beiden Nehrungen, sondern auch die Haffe. In Karkeln am Kurischen Haff, das seit 1920 zum Kreis Niederung gehört, steigt der Fremdenverkehr von Jahr zu Jahr. Erst 1883/84 hat das Fischerdorf einen Chausseeanschluss erhalten; bis dahin war der Kahn das wichtigste Transportmittel des Ortes. Als die Chaussee nach Tilsit eine Asphaltdecke erhält und die Fremdenverkehrslinie Tilsit–Rossitten eingerichtet wird, wächst die Zahl der Feriengäste in Karkeln erheblich. Viermal täglich verkehren die Busse auf der Tilsit–Karkeln-Linie und zweimal täglich von hier Dampfer nach Rossitten auf der Nehrung. Die im Haff gelegene Badeinsel Weinberg erfreut sich bei gutem Wetter regen Besuchs. Die Besitzer der drei Gasthöfe des Ortes, Fritz Ereom, Gustav Nebjokat und Georg Scheidemann, investieren und bieten bald auch anspruchsvollen Gästen Komfort.[267]

Am 15. August 1930 berichtet die Wiener Neue Freie Presse in einem Korrespondentenbericht unter der Überschrift „Thomas Mann, ganz privat, Ernsthaftes Feriengespräch mit dem Dichter“ aus Nidden: „Dieses kleine Nidden, gestern noch nicht viel mehr als kostbares, kleines Ausflugsziel zwischen Königsberg und Memel, ist heute ein literarischer Begriff. Eine literarische Angelegenheit, um es in der Sprache der Berliner Literaturcafés auszudrücken, die sich hier eingenistet hat. Hier verbringt, in seiner eben fertiggestellten Villa, der deutsche Dichter Thomas Mann einen geraumen Teil des Jahres. Infolgedessen sind die Gasthöfe, die sich etwas übertrieben Hotels nennen, die Saison über von Bewunderern überfüllt (...) Im Kramladen sind, zwischen Bücklingskisten und Heringsfässern, die ‚Buddenbrooks' zu Hauf gestapelt, und jedes Kind im Dorfe vertreibt außer gepflückten Himbeeren und frischen Flundern Thomas-Mann-Photografien.“[268]

Den Sommer 1929 haben der Schriftsteller, seine Frau Katja und die beiden jüngsten Kindern noch im samländischen Seebad Rauschen verbracht. Die Familie kommt, dessen ist sich Thomas Mann bewusst, in ein vom Vaterland „abgeschnürtes Gebiet, in das die geistigen Säfte Deutschlands nur spärlich dringen, ein leider wohl langsam verödendes deutsches Land. Ein deutsches, versteht sich – politisch ist man auf seiner Hut. Seelisch jedoch, gefühlsmäßig, liegt etwas in der Luft wie Unglaube, Gleichgültigkeit, Verzicht. Das ist nicht gut, das ist falsch. Man soll sich um Ostpreußen kümmern – nicht nur politisch und allenfalls wirtschaftlich, sondern mit den Sinnen, dem Herzen. Es soll in Betracht kommen, wenn der Deutsche ans Reisen denkt.“[269] Thomas Mann macht mit seiner Familie also aus nationaler Überzeugung Urlaub in der isolierten Provinz, wie er hier in einem Beitrag für die *Königsberger Allgemeine Zeitung* erläutert. Er bedauert gegenüber dem Königsberger Blatt: „Unter geborenen Deutschen ist die Kenntnis Ihrer Provinz aus eigener Anschauung recht selten, wie mir scheint.“[270]

In Rauschen schreibt Thomas Mann an der Novelle Mario und der Zauberer, ganz gegen seine Gewohnheit zuweilen sogar im Strandkorb. Ansonsten fühlen sich die Manns im überlaufenen Rauschen geistig wenig angeregt. Die Familie beschließt einen Ausflug nach Nidden auf der Kurischen Nehrung. An einem schwülen Sommertag verschlägt es sie nach kurzer Überfahrt über das Haff in den Gasthof von Hermann Blode. Das jetzt erste Haus am Platze ist für einen gerade mit dem

Nobelpreis ausgezeichneten Literaten das einzig angemessene Etablissement im Dorf. Nidden wird für die Manns eine Liebe auf den ersten Blick. Am 1. Dezember 1931 hält Thomas Mann vor dem Rotary-Club in München nach seinem zweiten Sommer auf der Kurischen Nehrung den Vortrag *Mein Sommerhaus*. Ein Spaziergang nach dem Essen bei Blode hatte die Manns 1929 zufällig auf den nur einen Steinwurf vom Gasthaus entfernten „Schwiegermutterberg" geführt. Dort bemerkt Thomas Mann den „erstaunlich südlichen Einschlag" der Landschaft.[271] Der Berg gewährt einen Blick zwischen an Pinien erinnernden Kiefern hindurch auf das mittelmeerblaue Haff. Seinen Münchener Vortrag beginnt Thomas Mann mit der Frage: „Kennen Sie die Dünen bei List auf Sylt? Man muß sie sich verfünffacht denken, man glaubt, in der Sahara zu sein. Der Eindruck ist elementarisch und fast beklemmend, weniger wenn man sich auf den Höhen befindet und beide Meere sieht, als in den tiefen geschlossenen Gegenden. Alles ist weglos, nur Sand, Sand und Himmel. Immer wieder überkommt mich hier der Eindruck des Elementarischen, wie ihn sonst nur das Hochgebirge oder die Wüste hervorruft. Die Farbenpracht ist unvergleichlich, wenn der Osthimmel das Feuerwerk des westlichen widerspiegelt." [272] Die Manns sind von der Eigenart dieser Natur so ergriffen, dass sie sich entschließen, sich im von aller Welt entlegenen Nidden einen festen Sommersitz zu schaffen.

Die litauische Forstverwaltung stellt Mann sofort einen Pachtgrund auf dem „Schwiegermutterberg" für 99 Jahre zur Verfügung. Der Memeler Architekt und Grafiker Herbert Reissmann wird mit dem Bau eines Sommerhauses im Stil der Niddener Fischerhäuser beauftragt. Nach einem Jahr ist es fertig. Im Juli 1930 reist das Ehepaar Mann mit den jüngsten Kindern Michael und Elisabeth sowie einer Haushälterin an: Man fährt um 8 Uhr von Königsberg nach Cranz, dort hat man Anschluss an den Postdampfer der Memel-Cranzer-Dampfschifffahrtsgesellschaft. Das neue Haus lässt sich schon lange vor der Ankunft vom Haff aus sehen. Die Einwohnerschaft Niddens wartet am Anlegesteg auf die neuen Mitbürger, eine Kutsche für die prominenten Gäste steht bereit. Manns bescheidenes Sommerdomizil ist strohgedeckt. Das Dach zieren heidnisch gekreuzte Pferdeköpfe, die genau wie die Fenster in einem leuchtenden Niddener Blau gestrichen sind.

Drei Sommer erholen sich die Manns hier. 1931 kommt auch Klaus Mann, der älteste Sohn, zu Besuch. Klaus Mann, allen Süchten der Großstadt erlegen, schreibt nach seiner Rückkehr nach Berlin im September im dortigen Acht-Uhr-Abendblatt: „Nirgends in Europa war ich je so weit fort von Europa. Afrika, ich erinnerte mich ganz stark der gelben Härte Deiner fernen Horizonte, gegen die, verzweifelt gekrümmt, ein einzelner Baum steht. Gelbliche Weite, geheimnisvoll ruhend und geheimnisvoll bewegt, wie die Weite des Meeres. Saharalandschaft, ja, Saharalandschaft hat dieser Fleck auf der Nehrung. Und mit welcher schmerzenden Schönheit die ungeheure Zeremonie des Sonnenuntergangs in diesem schweigenden Tal sich vollzog. Rosig Gewölk, in Smaragdgrün schwimmend; leichtester Wolkenschaum, der sich immer noch einmal anders verteilt und wieder gruppiert und sich noch einmal verfärbt, bis er die gewaltige Sonne endlich hinuntergeleitet."[273]

Gerhard Szczesny ist zu jung, um in den 1920er Jahren zum „Wandervogel" zu werden, Klaus Mann zu großstadtsüchtig und snobistisch. Beide reisen noch mit den Eltern. In den 1920er Jahren ist diese Wandervogelbewegung, gesellschaftlich, organisatorisch und politisch stark ausdifferenziert. Bernhard Heister wächst in Elbing auf. Er gehört dem „BK" an, dem „Bibelkreis für höhere Schüler", einer protestantischen Gruppierung der Wandervogelbewegung. In Elbing gibt es damals den „Wandervogel e.V.", den „Altwandervogel", die „Reichspfadfinder", die katholische Pfadfinderschaft St. Georg, die völkisch geprägten „Adler und Falken – Deutsche Jugendwanderer e.V.", den „Bund der Wandervögel und Kronacher", die „Kolonialpfadfinder" (die ihre Mitglieder auf die Auswanderung in Kolonien vorbereiten wollen) und die „Marine-Jugend Vaterland". Heister nennt noch die aus dem „DHV – dem Deutschnationalen Handlungsgehilfenverband" – hervorgegangenen „Vaganten", die völkischen „Fahrenden Gesellen", die Jugendorganisation der Guttempler, den Jugendstahlhelm, die Reichsbanner-Jugend, die „SAJ – Sozialistische Arbeiter-Jugend", die „Roten Falken" (wie die SAJ und Reichsbannerjugend SPD-nah), die „Naturfreunde" und die „KAJ – Kommunistische Arbeiter-Jugend" auf. Die jüdische bündische „Schwarze Schar", der Max Fürst und Hans Litten angehören, gibt es in Elbing nicht.

Wilhelm Matull wird 1925, im Alter von 22 Jahren, Vorsitzender der Sozialistischen Arbeiterjugend in Königsberg. Schon vorher fühlt er sich einer Jugendbewegung zugehörig, die großen Wert auf ein Leben in und mit der Natur legt. „Wir hatten unser Wanderheim in der Nähe des samländischen Kirchortes Germau, ‚klotzten' dorthin auf Nachtfahrten an die vierzig Kilometer zu Fuß und spukten am hügeligen Großen und Kleinen Hausen oder im Bernsteinwerk Palmnicken umher, schwärmten romantisch an Lagerfeuern oder sangen sentimentalische Löns-Lieder, aber auch angeblich echte Landsknechtsmelodien."[274] Max Fürst gehört der sozialrevolutionären jüdischen Jugendgruppe „Schwarzer Haufen" an. „Wir waren übermütig vor Jugend", sagt er über die Jungen und Mädchen seiner Königsberger Gruppe. „Fast schäme ich mich aufzuschreiben, wie schön meine Jugend oft war, wenn wir sonnentoll durch das Schilf brachen, wie eine Horde Elefanten uns Wege schufen, nicht der Quaddeln achtend, die wir an den Beinen und im Gesicht von Stechmücken und Bremsen hatten. Oder zu Ostern, wenn wir das dünne Eis auf den Bächen zerbrachen und uns im kalten Wasser wälzten wie die Wildschweine im Dreck."[275] Fürst, sein Jugendfreund Hans Litten und die anderen der Gruppe wandern und zelten an der Samlandküste und am Strand der Kurischen Nehrung und halten sich oft in der Umgebung von Königsberg wie dem Kobbelbuder Forst auf. „Oft fuhren wir in die Groß-Heydekruger Gegend, wo wir auf das Haff, das Frische Haff, stießen und die durch den Seekanal schwimmenden großen Frachter noch mit unserer Sehnsucht beluden."[276]

Königsberg in den 1930er Jahren. Der Kaiser-Wilhelm-Platz unterhalb der Schlossterrasse an der Südwestecke des Königsberger Schlosses. Der Platz war der Nullpunkt aller Königsberger Chausseen und Mittelpunkt des Königsberger Straßenbahnnetzes.

„Ich hörte Adolf Hitler zum ersten Male am 16. Juli 1932 in Osterode; im Gegensatz zu den ostpreußischen Gutsbesitzern aus der Umgegend, mit denen ich den Vortrag besuchte, fand ich ihn weder interessant noch faszinierend. Ich hätte nach dem Eindruck seiner Persönlichkeit, wie ich ihn gewonnen hatte, ihn eher für einen Schwätzer gehalten als für einen Mann, der skrupellos über Leichen ging."[1]

Helmuth von Glasenapp

Ostpreußen im Nationalsozialismus

Die Herrschaft der NSDAP

Ein Gau und sein Leiter

Am 12. November 1986 stirbt im ermländisch-masurischen Barczewo (Wartenburg) im Alter von 91 Jahren Erich Koch – drei Jahre vor dem Mauerfall und dem Ende der DDR. Anders als der Selbstmord des 93-jährigen Rudolf Heß fünf Monate später ist Erich Kochs später Tod den Deutschen und der Welt kaum eine Nachricht wert.

Koch ist seit 1950 in Polen inhaftiert. Er hat sich nach seinem Untertauchen im Mai 1945 in Hasenmoor im Kreis Segeberg, Schleswig-Holstein, eine Identität als „Rolf Berger", ehemaliger Major der Reserve, zugelegt. Seinen Lebensunterhalt verdient er sich durch Vertretungen und als Landarbeiter, er bewirtschaftet auch eine kleine Gartenparzelle. Seine Enttarnung ist die Folge seiner eitlen Teilnahme an einer öffentlichen Versammlung von Flüchtlingen in Schleswig-Holstein. Am 24. Mai 1949 wird „Rolf Berger" bei dieser Versammlung, bei der er sich sogar zum Versammlungsleiter hat wählen lassen, erkannt und angezeigt. Noch am selben Abend wird er unter dem Verdacht verhaftet, der gesuchte Kriegsverbrecher und ehemalige NSDAP-Gauleiter von Ostpreußen zu sein. Bei seiner Festnahme besitzt Koch noch zwei Giftampullen. Er unternimmt keinen Versuch, sie zu benutzen. Als er dem Haftrichter vorgeführt wird, offenbart er sofort seine wahre Identität. Er weist darauf hin, dass er nach den Bestimmungen des drei Tage zuvor in Kraft getretenen Grundgesetzes als Deutscher nicht an das Ausland ausgeliefert werden dürfe.[2]

Koch wird an das Spruchgericht Bielefeld überstellt, eine höhere Gerichtsinstanz für die Verfolgung nationalsozialistischer Verbrechen in der Britischen Zone. Die Bielefelder Behörden untersuchen zunächst nebensächliches strafrechtliches Geschehen in Ostpreußen, Kochs mörderische Besatzungspolitik in Polen und in der Ukraine hat in den Akten noch kaum Niederschlag gefunden. Die Briten, die offensichtlich Kritik an den deutschen Ermittlungen haben, machen deshalb am 2. Juli 1949 polnische Behörden auf die Verhaftung Kochs aufmerksam und stellen die Auslieferung des Gefangenen in Aussicht. Polen richtet am 24. Juni einen entsprechenden Antrag, die Sowjetunion einen weiteren am 6. August an die britischen Besatzungsbehörden. Die lassen sich Koch von den Bielefelder Behörden am 7. Oktober 1949 rücküberstellen.[3]

Im Dezember 1949 fordern die Briten Polen auf, Koch im Auslieferungsgefängnis in Werl abzuholen. Um seine Auslieferung zu verhindern, tritt Koch am 31. Dezember 1949 in einen Hungerstreik. Die Öffentlichkeit wird auf den Fall aufmerksam. In der Zeit meldet sich Marion Gräfin Dönhoff zu Wort: „Noch nie seit 1945 ist irgendein Auslieferungsantrag so berechtigt gewesen wie dieser, und niemand hat den sicheren Tod, der ihn im Osten erwartet – und den unser Strafgesetz nicht mehr vorsieht –, so tausendfältig verdient wie Erich Koch.“[4] Trotzdem fordert sie wie viele ostpreußische Flüchtlinge und Vertriebene: „Wir verlangen, daß Koch vor ein deutsches Gericht gestellt wird – zunächst einmal haben wir mit ihm abzurechnen.“[5] Selbst die weitsichtige Zeit-Herausgeberin unterliegt damals der Überschätzung der Verbrechen der Nazi-Führung an der eigenen Nation – angesichts der Verbrechen des Nationalsozialismus besonders in den osteuropäischen Staaten eine Selbsttäuschung.

Die Briten übergeben Koch an Polen. Am 10. Januar 1950 wird er über Helmstedt und Küstrin nach Warschau gebracht. Erich Koch ist chronisch krank und kann mit Hilfe seiner polnischen Anwälte den Prozessauftakt über Jahre verschleppen. Im Herbst 1957 stellt er mehrere Gnadengesuche. Einzelne Anklagepunkte werden aufgrund eines Amnestiegesetzes fallen gelassen. Acht Jahre vergehen so bis zum Prozessbeginn. Das polnische Gericht beschränkt sich zudem darauf, nur Verbrechen Kochs auf polnischem Territorium zu verhandeln. Am 20. Oktober 1958 beginnt die Hauptverhandlung, die bis zum 9. März 1959 dauert. Koch ist angeklagt, als Oberpräsident im Bezirk Ciechanów (Zichenau) und als „Chef der Zivilverwaltung im Bezirk Bialystok“ die – Zitat der Anklageschrift – „elementaren Rechte und moralischen Grundsätze des Zusammenlebens der Menschheit“ verletzt zu haben. Er habe bei seinen Verbrechen häufig aus eigener Initiative gehandelt oder sei den als verbrecherisch zu erkennenden Anweisungen der Führung des Dritten Reichs gefolgt. Koch habe zudem „durch Planung, Vorbereitung, Organisation, Anstiftung und Hilfeleistung Verbrechen gegen die Menschheit, Kriegsverbrechen und Verbrechen gegen den Frieden begangen", besonders durch Massen- und Einzeltötungen, Ausrottungsaktionen in Lagern, Misshandlungen und Verfolgungen aus politischen, nationalen und rassischen Gründen, Verschleppung in Konzentrationslager, Gefängnisse und Ghettos sowie zur Zwangsarbeit, und Massenaussiedlungen durch Verbrennen von Häusern."[6] Die Taten Kochs als „Reichskommissar für die Ukraine" werden nur behandelt, um Erkenntnisse über seine Persönlichkeit zu gewinnen oder falls sie Auswirkungen auf sein Vorgehen auf polnischem Gebiet gehabt hatten.[7]

Das Gericht befindet den ehemaligen Gauleiter im Sinne der Anklage für schuldig, zudem wird er wegen der Beteiligung an den Vorbereitungen des „verbrecherischen Überfalls" auf Polen verurteilt. In der Urteilsbegründung werden zahlreiche in Polen begangene Verbrechen aufgezählt, für die der Angeklagte verantwortlich oder zumindest mitverantwortlich gewesen sei.[8] Erich Koch wird zum Tode verurteilt. 1960 wird das Urteil in lebenslange Haft umgewandelt, da Koch an Krebs leidet – die Hinrichtung bleibt ihm erspart, da Todesurteile in Polen nur an Gesunden vollstreckt werden. 1965 wird Koch in das Gefängnis in Barczewo (Wartenburg) überstellt, wo er die letzten 20 Jahre seines Lebens auf ehemals ostpreußischem Gebiet verbringen wird. In der westdeutschen Öffentlichkeit gerät er mehr und mehr in Vergessenheit; anders als der in Spandau einsitzende Rudolf Heß wird er als im Rang zweithöchster noch einsitzender Nazi-Verbrecher von der deutschen Rechten nicht zur Ikone stilisiert.[9] Das liegt auch daran, dass Koch von den organisierten ostpreußischen Vertriebenen verabscheut wird: Sie lasten ihm die verspätete Evakuierung der Zivilbevölkerung bei Kriegsende an.

Der Freiburger Historiker Ralf Meindl hat im Jahr 2007 eine politische Biographie über den NSDAP-Gauleiter von Ostpreußen veröffentlicht, der, so Meindl, „verhasstesten Figur in der ostpreußischen Geschichte".[10] Für viele Ostpreußen, die Flucht, Vertreibung und Zwangsaussiedlung überlebt haben, ist Koch der Dämon, der, wenn nicht sogar für fast alles zwischen 1933 und 1945, dann doch für das katastrophale Ende der Provinz verantwortlich ist. Meindls umfassende Darstellung zeigt Koch im geistigen, sozialen und machtpolitischen Gefüge des Nationalsozialismus und der Provinz Ostpreußen. Der Gauleiter erscheint dabei eher als ein menschliches Chamäleon, das die Interessen seiner vom nationalen und chauvinistischen Geist geprägten Umgebung aufspürt und brutal umzusetzen vermag. Meindl beschreibt einen widersprüchlichen Koch, der abhängig von seinem Umfeld agiert: „Koch gerierte sich während seiner gesamten Karriere als Antisemit, von der Vernichtung der Juden sprach er vor 1939 aber nicht. Die Slawen bewertete er während dieser Jahre sehr unterschiedlich, auch positiv. In erster Linie betrachtete er sich jedoch nicht als ‚Rassenkämpfer', sondern als Sozialrevolutionär, dem das Wohlergehen der Menschen am Herzen liege. Die ‚rassischen Maßstäbe', nach denen er in Polen und der Ukraine entschied, wer Mensch und es deshalb wert war, zu leben, waren in seinen früheren Äußerungen ebenso wenig zu finden wie die Forderung, die ‚Untermenschen' ‚auszumerzen'. Dieses Denken hatte er von Hitler übernommen, und er scheute in seinem Bemühen, diesem zu gefallen, nicht davor zurück, in Anlehnung an eher beiläufig geäußerte Führerworte bedenkenlos Hunderttausende töten zu lassen."[11] Nach Meindl gehört Koch „zu den mediokren Geistern ohne Potential zu originärem schöpferischen Wirken"[12]; im Leben des Gauleiters sieht der Historiker vor allem einen auf Machterwerb und -erhalt gerichteten Aktivismus.

Meindl stellt fest, dass Erich Koch aber über Charakterzüge verfügt, die ihm den Aufstieg in der jungen Partei erleichtern. „Er war ehrgeizig und durchsetzungsfähig, ein begabter Redner und ein instinktsicherer und gewandter Machtpolitiker. Er konnte entgegenkommend und schmeichelnd sein und scheint über ein gewisses Charisma verfügt zu haben. Er war intelligent, aber ohne jeden Bezug zum Intellektuellen, weshalb er nicht in der Lage war, eine eigene Weltanschauung zu formulieren, sondern sich immer an den Ideen Anderer orientierte."[13] Koch hat sich gleichwohl eine eigene Ideologie zurechtgebogen und zu einem Buch verfassen lassen. Das erscheint Anfang 1934 unter dem Titel *Aufbau im Osten*. Christian Rohrer: „Preußen, so war in ‚Aufbau im Osten' zu lesen, Ostpreußen habe die rassischen Elemente der östlichen Kolonisationsgebiete mit Ausnahme der jüdischen aufgenommen, den rassischen Vorposten des Reiches gebildet und diesem damit neues, wertvolles Blut zugeführt. Auf der Grundlage des Führerprinzips, das der preußisch-sozialistischen Mentalität Ostpreußens vollkommen entspreche, solle mit der ‚Arbeitsschlacht' und dem Industrialisierungsplan für Ostpreußen das ‚Gesicht des deutschen Volkes vom kapitalistischen Westen zum sozialistischen Osten' gewendet werden."[14]

Erich Koch ist kein geborener Ostpreuße. Er kommt 1896 in Elberfeld (heute Wuppertal) als Sohn eines Werkmeisters zur Welt. Nach Mittel- und Handelsschule macht er eine kaufmännische Lehre und wird Anwärter für den mittleren Dienst bei der Preußischen Staatsbahn. Im Sommer 1915 gelangt er als Soldat erstmals nach Ostpreußen; er wird zu einem Infanterieregiment im ostpreußischen Allenstein beordert und danach an der Ostfront eingesetzt. Als Telegraphist kämpft er selten in vorderster Front; Koch bleibt die ganze Zeit über einfacher Soldat, wird nie verwundet, erkrankt jedoch an der Ruhr.[15] 1921 beteiligt er sich als Mitglied des Freikorps „Sturmkompanie von Killinger" an den Kämpfen um den Annaberg in Oberschlesien. Er kehrt nach Elberfeld zurück und nimmt seinen Beruf als Reichsbahnbeamter wieder auf. Schon 1922 tritt Erich Koch der NSDAP bei. Er soll das Parteibuch Nr. 90 gehabt haben und gilt damit als „alter Kämpfer". Koch ist in verschiedenen Funktionen in der Gauleitung Ruhr tätig; während des Ruhrkampfes gehört er zum Kreis von Albert Leo Schlageter und ist an zahlreichen terroristischen Sabotageakten beteiligt. Nach der Neugründung schließt er sich wieder der NSDAP an und wird wegen seiner politischen Tätigkeit von der Deutschen Reichsbahn entlassen. 1927 wird er Bezirksführer der NSDAP in Essen, später stellvertretender Leiter des NSDAP-Gaues Ruhr.

Der sozialdemokratische Redakteur Wilhelm Matull hat Ende der 1970er Jahre seine *Erlebte Geschichte zwischen Pregel und Rhein* aufgeschrieben. Darin schildert er auch den Aufstieg der NSDAP in Ostpreußen, den er als 25-jähriger Redakteur des ostpreußischen SPD-Blattes Königsberger Volkszeitung in den Jahren 1928/29 miterlebt. Der junge Matull hat damals die Nazis nicht ernst genommen. „Was war denn das auch für ein Gemisch? Engstirnige Kleinbürger, ruhelose Landsknechtsnaturen und wirklich Unterprivilegierte? In Ostpreußen zählten zur Führungsgarnitur der Bäckermeister Magunia, der Baumeister Oppermann, der Schnapsvertreter Großherr, ein paar beschäftigungslose Bauernsöhne, ja auch einige stellungslose Junglehrer."[16] Die Situation ändert sich, als die NSDAP 1928 einen neuen Leiter bekommt. „Als der in Wuppertal-Elberfeld wegen seiner Beteiligung an völkischen Aktionen während des passiven Ruhrwiderstandes aus dem Amt gejagte Eisenbahner Koch als Gauleiter nach Ostpreußen kam, braute er bald eine gepfefferte Suppe zusammen. Anfänglich lachte man über Aufmärsche, Versammlungen mit Zwischenfällen und Schlägereien, bald sollte es sich zeigen, daß man weder die dahinter stehende Ideologie, noch die wilde Entschlossenheit ihrer Vertreter richtig eingeschätzt hatte."[17] Koch übernimmt auf Vermittlung vom damaligen Organisationsleiter der NSDAP, Gregor Strasser, die Führung des NSDAP-Gaus Ostpreußen. Christin Rohrer sieht im jetzt steilen Aufstieg der NSDAP in Ostpreußen weitgehend seinen Erfolg.

Basis der politischen Macht Erich Kochs in seinem Gau wird die im Juli 1929 erstmals erscheinende Zeitung Ostdeutscher Beobachter. Die Zeitung finanziert Koch durch die Ausgabe unverzinslicher Anteilsscheine, die von jedem NSDAP-Bezirk an finanzstarke Unterstützer zu verkaufen sind. Von jedem Mitglied wird nicht nur der Kauf des Blattes, sondern auch die Anwerbung von je zwei neuen Lesern verlangt.[18] Die Zeitung erscheint im Sturm-Verlag, deren alleiniger Gesellschafter Erich Koch ist. Am 1. Januar 1931 ändert sie ihren Namen in Preußische Zeitung und kommt jetzt an jedem Wochentag heraus. Ab Januar 1934 wird sie von der „Erich-Koch-Stiftung" herausgegeben. Sie ist die wirtschaftliche Basis eines Konzerns, der nach und nach zum größten Unternehmen Ostpreußens wachsen wird.

Am 25. Mai 1929 spricht Adolf Hitler zum ersten Mal in der Provinz, am folgenden Tag wagt es die SA, provokativ durch Königsberg zu marschieren. [19] Ende 1929 kommt auch Hermann Göring als Redner, der bis zur Machtübernahme 1933 zwölf Mal in Ostpreußen aufgetreten sein soll.[20] Im Herbst 1929 beteiligt sich die NSDAP reichsweit an der Kampagne gegen den Young-Plan, sie arbeitet jetzt erstmals mit der deutschnationalen DNVP und dem Frontkämpferverband „Stahlhelm" zusammen. Öffentlichkeitswirksam sind die Gewaltexzesse der NSDAP mit bewusst initiierten Saalschlachten bei Versammlungen und Veranstaltungen der Partei. In die Auseinandersetzungen werden besonders Anhänger der ebenfalls mit großer Gewaltbereitschaft vorgehenden ostpreußischen KPD verwickelt, aber auch Sozialdemokraten und unbeteiligte Zuhörer.[21]

Am 17. November 1929 wird erstmals nach der Übernahme des Gaues durch Erich Koch zum Provinziallandtag und zu den Kommunalparlamenten gewählt. In den Landtag der Provinz zieht die Partei mit 4,3 % der Stimmen. Bei dieser Wahl kandidiert die DNVP allein und nicht auf einer Liste mit der DVP und bekommt mehr als 31 %. Wie stark das Parteienspektrum in Bewegung geraten ist, zeigen jedoch die Kommunalwahlen vom gleichen Tag. Bei den rechten und den bürgerlichen Parteien kommt es zu Umgruppierungen. Im Kreis Lyck erringt die SPD fünf Mandate, die KPD nur eines. Die größte Fraktion stellt eine „Notgemeinschaft des Landkreises Lyck" mit elf Kreistagsmitgliedern. Eine „Einheitsliste für Wirtschaft und Ordnung" entsendet vier Abgeordnete, die „Vereinigte Wirtschaftsliste der Mieter und Kriegsbeschädigten" einen. Jeweils einen Sitz haben auch eine „Gruppe der Mitte", eine „Beamtenliste" und die „Ostpreußische Bauernschaft". Bei der nächsten Kommunalwahl am 12. März 1933 erhält im Kreistag von Lyck die NSDAP 18 Mandate, die anderen Parteien und Listenverbindungen kommen nur noch auf insgesamt sieben.[22]

Die ersten Wahlerfolge lassen die Mitgliedschaft der NSDAP steigen, ja für die ostpreußische NSDAP beginnt ein rasanter Aufschwung. Ende 1929 hat sie in 60 Ortsgruppen insgesamt 1961 Mitglieder[23], am 1. Mai 1930 existieren im Gau 14 Bezirke. Mit dem Freistaat Danzig und dem Memelgebiet gehören nach einer neuen Bezirkseinteilung zunächst noch zwei Gebiete zum Gau, die außerhalb des Deutschen Reichs liegen. Zum Zeitpunkt der nächsten Reichstagswahl am 14. September 1930 hat die NSDAP in Ostpreußen 2799 Parteimitglieder in 218 Ortsgruppen bzw. Stützpunkten. Es zeichnen sich Hochburgen wie Insterburg, Tilsit, die Kreise des Nordostens, die Grenzkreise Masurens und Königsberg ab.[24] In Königsberg sind es auch Akademiker und die Studenten der Universität, die in der einstigen Stadt des liberal gesinnten Bürgertums mit ihrem Radikalismus die gesetzten liberalen und deutschnationalen Parteien auszehren.

Am Ende der 1920er Jahre sind die Deutschnationalen noch immer stärkste politische Kraft in Ostpreußen. Im Reich regiert ein maßgeblich von ihr ins Amt beförderter Reichspräsident, dessen Berater noch dafür sorgen, dass Hindenburg sich weitgehend an den Wortlaut und auch an den Geist der Verfassung hält. Der greise Präsident Paul von Hindenburg ist zudem Gutsbesitzer im Kreis Rosenberg. Lange galt es unter Historikern als unbestritten, dass er dort zunehmend dem Einfluss seines Nachbarn Elard von Oldenburg-Januschau und einer gleichgesinnten deutschnationalen Kamarilla unterliegt – eine Tatsache, die heute vielfach als weniger gravierend bewertet wird, als sie damalige Zeitgenossen wahrgenommen haben wollen. Preußens Ministerpräsident Otto Braun 1939 im Schweizer Exil: „Dieser Junker von Oldenburg-Januschau (...) wusste sein freundnachbarliches Verhältnis zu Hindenburg mit der Zeit sehr zu intensivieren, ihn stark zu beeinflussen und seinen reaktionären Zwecken dienstbar zu machen."[25] Elard von Oldenburg-Januschau ist unter den Großagrariern und Landwirtschaftsfunktionären noch immer eine Autorität. Alexander

Der 80-jährige Feldmarschall August von Mackensen besucht 1930 die Stadt Passenheim im Kreis Ortelsburg anlässlich der Einweihung der „Mackensenschule". Mackensen hält sich für den wirklichen Sieger von Tannenberg. Er wird bald eine Symbolfigur des Nationalsozialismus.

zu Dohna-Schlobitten: „So bin ich als entfernter Nachbar einige Male bei Elard von Oldenburg-Januschau gewesen, der mich zur Begrüßung stets auf beide Backen küsste, was mir nicht angenehm war. Groß, mit dickem Bauch, spärlichen Haaren und weißem Spitzbart, so ist er mir noch im Gedächtnis. Der joviale Rittergutsbesitzer, Wortführer der ostelbischen Großagrarier, war ein Meister im Erzählen amüsanter Anekdoten. Politisch kannte er nur einen Gegner: die Linke."[26] Oldenburg-Januschau gehört nach den Wahlen vom 14. September 1930 noch einmal dem Reichstag an. Der 75-Jährige ist in Ostpreußen der Spitzenkandidat der Deutschnationalen.[27]

Mit den Reichstagswahlen vom 14. September 1930 beginnt der schnelle Aufstieg der NSDAP. Im Wahlkampf kommt ein massives Aufgebot von Nazi-Größen nach Königsberg. Hitler redet im Haus der Technik vor 10 000 Menschen; auch Hans Frick, Joseph Goebbels und Franz Xaver Ritter von Epp ziehen Massen an.[28] Zwar bleibt die SPD reichsweit mit erheblichen Verlusten stärkste Fraktion, ihr folgt aber mit 18,3 % bereits die NSDAP, die aus allen Bevölkerungskreisen Zulauf erhält. Christian Rohrer: „War das linke Lager bei Gewinnen für die KPD einigermaßen fest, die kleinen bürgerlichen Parteien halbwegs stabil, so wurde der Anteil der DNVP mehr als halbiert."[29]

In Ostpreußen hat die DNVP ein Drittel ihrer Stimmen verloren und erreicht nicht ganz 20 %. Die neue agrarisch-konservative Partei „Christlich-Nationale Bauern- und Landvolkpartei" (Deutsches Landvolk), die bei der Reichstagswahl 1930 3,2 % der Stimmen erringt, tritt in Ostpreußen nicht an, sie ist eine politische Vertretung westelbischer Landwirte. In Ostpreußen nimmt ihre Rolle der „Christlich-Soziale Volksdienst" (CSVD) ein, hervorgegangen 1929 aus einer Abspaltung der Deutschnationalen. Im Osten Deutschlands ist Ostpreußen die einzige Hochburg dieser Partei, die mit 14 Abgeordneten in den Reichstag einzieht. In der Provinz erringt die protestantisch-konservative Partei 4,4 % der Stimmen. Bei den Wahlen zum Provinzlandtag am 17. November 1930 kommt der CSVD auf 3 % der Stimmen und ist jetzt in etwa so stark wie die DDP. Er unterstützt im Reich die Regierung von Heinrich Brüning. Mit dessen Scheitern schwindet auch die Bedeutung des CSVD, seine Wähler laufen bei der Reichstagswahl am 31. Juli 1932 zur NSDAP über.

Die NSDAP wird bei der Reichstagswahl im September 1930 mit 22,5 % die stärkste Partei in Ostpreußen, ihre Zugewinne kommen von fast allen Parteien mit Ausnahme des Zentrums und der Kommunisten. Sie sammelt die Stimmen der Splitterparteien, absorbiert alle Stimmen des völkisch-nationalen Spektrums, gewinnt hinzu von den Deutschnationalen, den beiden liberalen Parteien und wohl auch von der Sozialdemokratie. Die SPD verliert ein Fünftel ihrer Wähler und erhält nur 21,1 %. Die beiden Arbeiterparteien zusammen büßen etwa 4 % der Wähler ein und erreichen gemeinsam nicht ganz 33 %.

Die Kreise des Regierungsbezirks Gumbinnen sind mit im Durchschnitt rund 29 % der Stimmen die Hochburgen der NSDAP. Den provinzweiten Durchschnitt von 22 % erreicht die Partei im Regierungsbezirk Allenstein, dessen masurische Grenzlandkreise wie Ortelsburg und Lyck weisen aber schon Ergebnisse von über 30 % auf. Stark ist die NSDAP auch in Königsberg mit 25,1 %, wo sie vor KPD (21,6 %) und SPD (21,1 %) liegt. Ein Einbruch in das katholische Milieu gelingt der NSDAP jedoch kaum: Die katholisch geprägten Kreise des Ermlandes und der Kreis Stuhm in Westpreußen sind mit jeweils deutlich unter 10 % für die NSDAP fast eine Diaspora. Der Wahlerfolg von 1930 führt zu einem sprunghaften Wachstum der ostpreußischen NSDAP. Ihre Mitgliederzahl steigt von etwas mehr als 2800 im September 1930 auf 18105 bis Ende 1931.[30] Christian Rohrer billigt der ostpreußischen NSDAP ab diesem Zeitpunkt zu, nicht nur die „Volksgemeinschaft" propagiert zu haben, sondern eine echte Volkspartei geworden zu sein, die sich aus allen Schichten der Bevölkerung – „vom Fischer bis zum Kaufmann" – zusammengesetzt habe.[31]

Im Mai 1931 startet die NSDAP unter Führung von Erich Koch eine dreimonatige Propagandakampagne. Mit dem massiven Einsatz aller Kräfte soll Ostpreußen restlos „erobert" werden. Der Völkische Beobachter berichtet, in 60 Tagen seien mit Gau- und Reichsrednern – allen voran von Erich Koch – rund 2000 Versammlungen abgehalten worden, im großen Saal ebenso wie im ländlichen Wirtshaus und in der Scheune. Die Studentenschaft der Albertina hat die Partei früh für sich gewonnen. „An der Königsberger Universität erreichte der Nationalsozialistische Deutsche

Studentenbund bei den Studentenwahlen vom Juli 1931 fast 1600 und damit über 52 % der abgegebenen Stimmen, mehr als an vielen anderen Hochschulen."[32]

Otto A. Schneidereit, damals aktiver Jungkommunist im Kreis Gumbinnen, hat miterlebt, mit welch hohem persönlichen Einsatz sich die Nationalsozialisten auf die ostpreußischen Dörfer begeben. „Im Erntesommer 1931 wurden ganze Scharen von SA-Leuten, vor allem nationalsozialistisch eingestellte Studenten, in Ostpreußen als Erntehelfer eingesetzt. Sie hatten nicht nur die Ernte einbringen helfen, sondern – und das war das verhängnisvollste – auch ihre Propaganda ungehindert in alle Dörfer tragen können."[33] Auch im 400-Einwohner-Dorf Praßlauken, Amtsbezirk Walterkehmen, Kreis Gumbinnen, ist Ende August mit Hilfe von nationalsozialistischen Freiwilligen die Getreideernte so gut wie beendet. Jetzt haben die Bauern Zeit, eine Parteiversammlung der NSDAP im Saal des Dorfgasthauses zu besuchen. Schneidereit nimmt zum ersten Mal an einer Veranstaltung der Nazis teil: „Die Erntehelfer, braungebrannt und gut genährt, säumten den Saal. Der Redner zog alle Register: ‚Brechung der Zinsknechtschaft, Tilgung der Schmach von Versailles, deutsches Grenzland im Osten, Erbhofbauern auf eigner Scholle'. Die Bauern, fast ausnahmslos Mittelbauern, Salzburger Abstammung, sparten nicht mit Beifall. (...) Dann zog der Redner die letzte Karte, sein ‚Trumpfas': ‚Wenn wir an die Macht kommen, das verspreche ich euch, werden die Praßlauker Bauern keine Steuern mehr zahlen!' Einen triumphaleren Abgang hat selten ein Redner gehabt." Der Jungkommunist beginnt zu ahnen, was auf Ostpreußen und Deutschland zukommt: „In einem einzigen Erntesommer hatten die Nationalsozialisten die Sympathie der ostpreußischen Bevölkerung im Sturm erobert."[34]

Der jugendlichen Dynamik der NSDAP, die in Ostpreußen einen sehr jungen Funktionärsapparat hat, hat die rechtsreaktionäre DNVP nicht viel entgegenzusetzen. Alexander zu Dohna-Schlobitten: „Wir Jungen gelangten allmählich zu der Überzeugung, dass die überalterte Führung der Deutschnationalen Partei abtreten müsse, weil ihre Politik viel zu konservativ sei und den veränderten Verhältnissen Anfang der dreißiger Jahre nicht Rechnung trage."[35]

Fritz Graf von der Schulenburg, ein Vetter von Dohnas Frau, tritt der NSDAP bei. Der Schriftsteller Willy Kramp kennt von der Schulenburg, er scheint ihm später ein Beispiel dafür zu sein, dass die Nationalsozialisten „nicht nur Rabauken, Totschläger und idiotische Kleinbürger" anzogen. Auch deshalb sind sie erfolgreich. Kramp über den Grafen: „Zu den Nationalsozialisten war Schulenburg schon früh gestoßen, weil er etwas grobschlächtigen Vorstellungen von nationaler Ehre und sozialer Erneuerung anhing. Eine Neigung zu politischem Radikalismus überhaupt kam hinzu, erstaunlich genug bei einem Mann seiner Herkunft." Kramp sieht bei Fritz von Schulenburg die „unselige deutsche Grundstimmung des ‚Alles oder nichts!'" Dessen spätere Beteiligung am konservativen Widerstand erklärt Kamp damit, dass er seinen „ursprünglichen politischen Idealen nicht untreu zu werden"[36] gedachte.

Fritz Graf von der Schulenburg ist als Jurist im Winter 1930 nach Ostpreußen versetzt worden. Nach seinem Parteieintritt wirkt er als Aktivist beim Aufbau des NS-Landvolks mit. Er gilt als Anhänger des „norddeutschen", sich sozialrevolutionär gebenden Nationalsozialismus und liegt damit auf der Linie von Erich Koch. Im März 1933 wird er zum Regierungsrat in Königsberg ernannt und gewinnt sowohl als Beamter als auch als Mitglied der NSDAP immer mehr an Einfluss. Während des Krieges nähert er sich der militärischen Opposition gegen Hitler an, gehört 1944 zum inneren Kreis der Widerstandskämpfer um Stauffenberg und ist aktiv an der Planung der „Operation Walküre" beteiligt. Er wird am 10. August 1944 in Berlin-Plötzensee gehängt.

Die ostpreußische NSDAP wird ab 1931 zunehmend attraktiv für Vertreter des ostelbischen Establishments. Klaus von der Groeben ist der Sohn des Kurators und Verwalters der Güter der von der Groeben'schen Familienstiftung in Langheim, Kreis Rastenburg. Nach Staatsexamen und anschließender Referendarzeit wird der Jurist 1932 Referent in der Landstelle des Kommissars für die Osthilfe in Königsberg. Weil ihm „das tatenlose Beiseitestehen wenig lag", ist das spätere CDU-Mitglied, das es in Schleswig-Holstein zum Staatssekretär im Innenministerium bringen wird, im Januar 1931 Mitglied der NSDAP geworden, denn, so von der Groeben, „offenbar (war), daß die Staatsautorität zerbröckelte".[37] Ganz wohl fühlt sich der Junkersohn unter seinen sich noch nationalrevolutionär gebenden Parteifreunden nicht. „Unüberhörbar war dabei allerdings die ‚sozialistische Note', zugleich mit einem Feindbild der ‚Reaktion' in der Provinz. Übrigens waren wir Jüngeren auch bereit, an der Veränderung verkrusteter gesellschaftlicher Strukturen mitzuwirken, wenn auch ich persönlich mir das gewiß nicht als die Gewaltkur vorgestellt habe, wie sie (...) sich in den Gewalttaten im Juni 1932 niederschlug."[38] Trotz mörderischer Gewalt bleibt von der Groeben bis zum Ende 1945 in der NSDAP. 1936 steigt er mit 34 Jahren zum Landrat des Kreises Königsberg-Land auf. In seinen späteren Publikationen wird er sein Engagement stets bagatellisieren oder anekdotenhaft verharmlosen.

Von der Groeben ist nicht der einzige ostpreußische Adelige, der mit den Nationalsozialisten sympathisiert. Im Gegenteil. Der vorletzte Besitzer des Schlosses Finckenstein, Hermann Graf von Dohna, verlässt die DNVP und schließt sich der NSDAP an. Alexander Fürst zu Dohna-Schlobitten bleibt im Sommer 1932 noch seinem deutschnationalen Milieu treu, nach der Machtübernahme allerdings wird er vom Chef des „Persönlichen Stabes Reichsführer-SS", seinem Jugendfreund Karl Wolff, für die SS geworben. Dem Druck, Parteimitglied zu werden, kann er ausweichen, indem er die Mitgliedschaft in der Eliteorganisation des Nationalsozialismus wählt.

Im März und April 1932 werden die Deutschen zur Reichspräsidentenwahl aufgerufen. Für den amtierenden nationalkonservativen Präsidenten Hindenburg sprechen sich die Parteien der Mitte (die SPD, das Zentrum, die Deutsche Staatspartei, früher DDP) sowie die DVP und andere moderate Rechtsparteien wie die katholische Bayerische Volkspartei, die Wirtschaftspartei und der CSVD aus. Noch wählt Fürst Alexander von Dohna-Schlobitten nicht nationalsozialistisch. „Als 1932 die Wiederwahl Hindenburgs zur Debatte stand, war die Entscheidung für uns um vieles problematischer als sieben Jahre zuvor. Immerhin war Hindenburg bereits 85 Jahre alt. Wir trauten ihm jedoch zu, dass er sich gute Ratgeber suchen, und setzten darauf, dass er an der Regierung Brüning festhalten würde.“[39] Die DNVP und der „Stahlhelm“ unterstützen im ersten Wahlgang den Stahlhelm-Kandidaten Theodor Duesterberg und verraten damit ihr ehemaliges Idol, den „Sieger von Tannenberg“. In Ostpreußen stimmen am 13. März 1932 beim ersten Wahlgang 34,5 % (Deutsches Reich: 30,1 %) für Hitler, beim zweiten Wahlgang am 10. April gar 43,8 % (Deutsches Reich 36,8 %).[40] Theodor Düsterberg erhält im ersten Wahlgang 11,5 % der Stimmen. Er verzichtet im Zweiten Wahlgang zugunsten von Hindenburgs. Paul von Hindenburg erreicht in seiner Heimatprovinz im ersten Wahlgang 43,8 % und im zweiten Wahlgang nur 48,6 %. Reichsweit kommt er auf 53,1 %. In beiden Wahlgängen entscheiden sich in Ostpreußen für den KPD-Vorsitzenden Ernst Thälmann 10 % bzw. 10,2 % der Wähler. Die großbürgerlich-konservative Vossische Zeitung empört sich in einem Kommentar über die vielen ostpreußischen Stimmen für Hitler. „Die norddeutschen Landwirte haben nicht den preußisch-deutschen Landwirt Hindenburg. sondern den österreichischen Proletarier Hitler, die Protestanten den Katholiken gewählt.“[41]

Gaupropagandaleiter von Ostpreußen ist seit 1932 der erst 20-jährige Rastenburger Hans-Joachim Paltzo. Er hat sich schon früh der Hitlerjugend und dem NS-Schülerbund angeschlossen und ist als 18-jähriger in die Partei eingetreten. Koch und Paltzo lassen im Frühjahr und Sommer 1932 wiederholt mehrere SA- und Partei-Ortsgruppen in kurzen Märschen durch die Orte ziehen und öffentliche Veranstaltungen mit geschulten Rednern aus dem Gau oder dem Reich durchführen. Die Aufmärsche suggerieren auch im kleinsten Dorf eine Stärke der Partei, die sie oft noch gar nicht hat. Am 19. April 1932 absolviert Adolf Hitler in Masuren einige Wahlkampfauftritte. Er fliegt während seines zweiten „Deutschlandfluges“ am Morgen von Schlesien über den Korridor und das Frische Haff nach Königsberg und steigt dort in eine kleinere Maschine nach Alleinstein um. „In schlechten Autos und auf noch schlechteren Straßen“ beginnt nach dem Bericht seines Pressebeauftragen Otto Dietrich eine Triumphfahrt Hitlers durch Masuren: „Auf dieser Fahrt aber schien es uns, als stünde das ganze Masurenland unter dem Hakenkreuz. Hier war der ärmste Sohn des Volkes auch der getreueste. Hakenkreuze an allen Bäumen der Landstraße, Hitlerbilder an allen Häusern, und Girlanden und Ehrenpforten an allen Dorfeingängen; Hoffnung und Hingabe überall!“[42] Hitler ist zum ersten Mal in Masuren: „Hier, in diesem bedrohten, armen Lande, das den Führer niemals gesehen hatte, hatte die nationalsozialistische Idee am tiefsten Wurzel geschlagen“[43], schreibt der nationalsozialistische Propagandist Dietrich.

Hitler besucht Tannenberg und Hohenstein und spricht anschließend, im Wagen stehend, in Neidenburg auf dem Marktplatz. Dann geht es weiter. Noch einmal Otto Dietrich: „Immer schärfer wird unser Tempo, immer schlechter die Straße. Es ist uns hinten, die wir Fühlung halten müssen, eine Fahrt auf Leben und Tod. Wir erreichen Willenberg, dann Ortelsburg, Johannisburg und schließlich Lyck. Um 11 Uhr nachts treffen wir in diesem Landstädtchen ein, wo von weither fast fünfmal so viele Menschen zusammengeströmt sind, als der Ort Einwohner hat."[44] An der begeisterten Zustimmung im abgelegenen Masuren habe sich Hitler und seiner Umgebung „offenbart", dass der kommende Sieg des Nationalsozialismus bevorstehe, schreibt Dietrich. Hitlers „Masurische Offenbarung" in Lyck am 19. April 1932 wird Teil der offiziellen Legendenbildung der NSDAP.[45]

Gerhard Szczesny ist im Sommer 1932 noch ein „national eingestimmter Knabe". Die Euphorie des sich rasch ausbreitenden Nationalsozialismus erfasst in Königsberg wie selbstverständlich ihn und seine Familie. „Der Nationalsozialismus schien spätestens 1932 auch jenen bürgerlichen Familien, die bislang die ‚Deutsche Volkspartei' oder die ‚Deutschnationale Volkspartei' bevorzugt hatten, allein noch imstande zu sein, die nationalen und sozialen Versprechungen, die die Parteien der Rechten und der Mitte gemacht, aber unerfüllt gelassen hatten, einzulösen." Und weiter: „Ich erinnere mich an eine Massenkundgebung in Königsbergs größtem Versammlungslokal, dem ‚Haus der Technik' am Wallring. Es sprach der ‚Führer'. Ich stand ganz weit hinten, eingeklemmt in eine dichte Menschenmenge, die auf den Sitzbänken keinen Platz mehr gefunden hatte. Als die zwei- bis dreitausend Menschen nach dem Ende der Veranstaltung aufstanden und das Horst-Wessel-Lied sangen, rieselte es mir den Rücken hinunter. Ich habe die Szene mit den vielen auf mich eindringenden Geräuschen und sich schubsenden Menschen auf dem weit vorne pathetisch gestikulierenden und immer wieder drohend seine Stimme hebenden Hitler, dem Scharren und dumpfen Rauschen und der plötzlichen Stille vor dem Einsetzen der Marschmusik noch heute vor Augen und im Gefühl. Sie schüchterte mich ein, und sie enthusiasmierte mich."[46]

Bei den Wahlen zum preußischen Landtag am 24. April 1932 holt die NSDAP in Ostpreußen 45,6 % der Stimmen, die Deutschnationalen erreichen 9,5 %. Im Freistaat Preußen sind es 36,3 % für die NSDAP, für die DNVP 9,1 %. NSDAP und KPD zusammen erringen im Freistaat 219 Sitze, alle anderen Parteien nur 204. Die sogenannte „Preußenkoalition" aus SPD, Zentrum und Deutscher Demokratischer Partei verfügt mit 163 nur noch über 39 % der Mandate; ohne eine der extremen Parteien kann in Preußen keine Regierung mit einer parlamentarischen Mehrheit mehr gebildet werden. Es kommt auch keine zustande. Entsprechend der Landesverfassung bleibt deshalb die Regierung unter Otto Braun im Amt.

Seit dem 1. Juni 1932 ist das ehemalige Zentrumsmitglied Franz von Papen als Nachfolger von Heinrich Brüning Reichskanzler. Er steht einem „Kabinett der

Die Straße von Gauleden nach Starkenberg im Kreis Wehlau, von einem Lehrer aus seinem neuen Wagen im Frühling Mitte der 1930er Jahre aufgenommen. So müssen wir uns heute die Verhältnisse auf den meisten Kreisstraßen der Provinz vorstellen.

Barone" vor, dem mit Magnus Freiherr von Braun und Wilhelm Freiherr von Gayl auch zwei DVNP-Mitglieder aus Ostpreußen angehören. Schon am 14. Juli 1932 hat Reichspräsident Paul von Hindenburg per geheimer Notverordnung von Papen als Reichskommissar für Preußen eingesetzt. Damit kann die geschäftsführende preußische Regierung jederzeit abgesetzt werden. Papen hat Vollmacht erhalten, seine Ernennung zu einem ihm passend erscheinenden Zeitpunkt bekannt zu geben und dann die Absetzung der preußischen Landesregierung in die Tat umzusetzen. Er wählt dazu den 20. Juli 1932. Papen gibt den verfassungsmäßigen preußischen Landesministern den Inhalt der Hindenburg-Verordnung zur Einsetzung eines Reichskommissars und die Absetzung der geschäftsführenden Regierung bekannt. Ministerpräsident Otto Braun ist zu dieser Zeit erkrankt. Der Reichspräsident begründet die Absetzung, die tatsächlich ein Staatsstreich ist, damit, dass „die öffentliche Sicherheit und Ordnung in Preußen nicht mehr gewährleistet erscheine". Hindenburg hat im größten Land des deutschen Reichs die demokratischen Kräfte entmachtet, die ihm erst wenige Monate zuvor eine zweite Amtszeit ermöglicht hatten. Die Regierung Braun weicht am Ende der Gewalt, denn Papen droht mit dem Einsatz der Reichswehr. Hindenburg setzt von Papen als Reichskommissar ein, der jetzt faktisch Preußen regiert. Vor Gericht siegen drei Monate später die demokratischen Kräfte. Nach einem Beschluss des Preußischen Staatsgerichtshofs vom

25. Oktober 1932 behält die Regierung Braun ihre staatsrechtliche Stellung gegenüber Landtag, Reichstag, Reichsrat und Reichsregierung. Das bleibt jedoch ohne Folgen, denn sie dirigiert nicht mehr den Beamtenapparat, vor allem nicht die bis dahin republiktreue preußische Polizei. Beide unterstehen weiterhin der Reichsregierung.

Bei den Reichstagswahlen vom 31. Juli 1932 erreicht die NSDAP mit 47,1 % in der Provinz den Kulminationspunkt ihrer guten Wahlergebnisse seit dem April 1932. Jetzt gibt es nur wenige Gebiete in Ostpreußen, in denen sich eine andere Partei vor der NSDAP platzieren kann. Die vier Kreise des Ermlandes sind mit Anteilen zwischen 34,9 % und 60,3 % weiterhin eine Domäne des Zentrums. Den Kreis Gerdauen führt mit 39,2 % die SPD an, doch in 18 Kreisen haben die Nationalsozialisten die absolute Mehrheit, ihr Spitzenergebnis mit 70,6 % wird aus Lyck gemeldet. Sämtliche Kreise an der Süd- und Ostgrenze der Provinz weisen absolute Mehrheiten der NSDAP aus. Dort, wo die NSDAP die meisten Stimmen erringt, ist die wirtschaftliche und soziale Krise besonders stark.[47] In der Stadt Königsberg erreicht bei dieser Reichstagswahl die NSDAP mit 44,5 % mehr Stimmen als SPD (22,3 %) und KPD (20,0 %) zusammen. Bei den Reichstagswahlen im November 1932 wird die NSDAP in Königsberg wieder erheblich verlieren und auf einen Stimmenanteil von 36,2 % kommen.[48]

In der Nacht nach der Reichstagswahl am 31. Juli 1932 beginnt die ostpreußische SA in Königsberg mit Billigung, vermutlich aber auch unter Beteiligung der Gauleitung eine Terror-Kampagne. Nicht gesichert ist, ob die ostpreußische NSDAP die Absage dieser zunächst überall im Deutschen Reich geplanten SA-Terrorkampagne nicht erhalten oder einfach ignoriert hat.[49] Vor allem aus Studenten bestehende SA-Trupps werfen eine Bombe auf die Zentrale der SPD, Brandsätze in Pressehäuser und stürmen Privathäuser von politischen Gegnern. Sie zünden Tankstellen an, dringen in Waffenhandlungen ein und zerstören in Königsberg die Schaufenster der Geschäfte der jüdischen Kaufleute Lachmannski, Sommerfeld und Grunewald. Der Königsberger Stadtverordnete der KPD Gustav Sauff wird in seinem Bett durch zwei Kopfschüsse und einen Schuss in die Brust ermordet, zwei SPD-Politiker, darunter der Chefredakteur der Königsberger Volkszeitung Otto Wyrgarsch, und der der DVP angehörende, gerade abgesetzte Regierungspräsident Max von Bahrfeld werden durch Schüsse schwer verletzt. Mordversuche an dem KPD-Reichstagsabgeordneten Walter Schütz und an Kurt Sabatzky, dem Syndikus des Central-Vereins deutscher Staatsbürger jüdischen Glaubens, schlagen fehl. Beide befinden sich nicht in ihren Wohnungen, als die Täter eindringen.[50]

In den nächsten Tagen und Wochen breiten sich die pogromartigen Zusammenrottungen über die ganze Provinz aus. Kommunisten, Sozialdemokraten, Gewerkschaftler und Juden und deren Eigentum werden angegriffen. Die Arbeiterparteien SPD und KPD, die mit dem „Reichsbanner Schwarz-Rot-Gold“ und dem „Roten Frontkämpferbund“ ebenfalls über paramilitärische Verbände verfügen, werden in zahlreiche gewalttätige Auseinandersetzungen mit Stahlhelm und SA verwickelt.[51] In Lötzen wird der lokale Führer des Reichsbanners Kotzahn ermordet. Als mutmaßlicher Täter wird Ende August der SA-Mann Otto Illas aus Widminnen ermittelt.[52] Auch andere an der Tat Beteiligte nimmt die Polizei fest, sie werden noch vor den Reichstagswahlen vom November 1932 verurteilt. Auch in Norgau im Samland und in Tilsit werden Arbeiter ermordet. In Elbing greift die SA Arbeiterviertel an. In Rößel sind zwei Angehörige der Zentrumspartei Opfer von Anschlägen. Die Anhänger der ostpreußischen KPD schrecken ebenfalls nicht vor Morden an Nationalsozialisten zurück.

Auch Nidden im litauischen Memelland erreicht die Radikalisierung der politischen Verhältnisse. Die Königsberger Geschehnisse um die Reichtagswahl 1932 veranlassen den eher nationalliberal eingestellten Thomas Mann in seinem Sommerdomizil zu energischem Protest. Eine seiner letzten publizistischen Arbeiten in Nidden ist die Denkschrift *Was wir verlangen müssen*. Am 24. August 1932 dankt Thomas Mann Erich Pfeiffer-Belli in einem Brief für seine Reportage in der Hartungschen Zeitung und schließt mit den Worten: „Auf Wiedersehen nächstens."[53] Am 4. September 1932 besteigt die Familie Mann letztmalig den Dampfer nach Cranz. Sie werden ihr Sommerparadies nie wieder sehen.

Eigentlich hätten spätestens nach den Gewaltexzessen von 1932 alle konservativprotestantischen Kreise der Provinz das verbrecherische Potenzial des Nationalsozialismus erkennen müssen. Alexander Fürst zu Dohna-Schlobitten gesteht in seinen Erinnerungen von 1989 immerhin ein, verblendet gewesen zu sein: „Hatten meine Frau und ich im Juli 1932 noch deutschnational gewählt, so stimmten wir bei den Wahlen vom 6. November gleichen Jahres nach einigem Zögern für Hitler. Auch wir waren also dem Trugschluß erlegen, mit einer Regierungsübernahme durch die NSDAP würden sich die politischen und wirtschaftlichen Verhältnisse stabilisieren."[54]

Bei der Reichstagswahl am 6. November 1932 scheint die NSDAP auch in Ostpreußen ihren Kulminationspunkt überschritten zu haben. Nach den vielen Wahlkämpfen des Jahres in finanzieller Not, erreicht sie jetzt noch 39,7 % – ein Ergebnis über dem Reichsniveau von 33,6 %, doch sind die Verluste in der Provinz höher als im Reichsdurchschnitt.[55] Mit 14,4 % gewinnen die Deutschnationalen mit fast 5 % einen Teil der Stimmen zurück, die sie zuvor an die Nationalsozialisten verloren haben. Mit den Wahlerfolgen des Jahres 1932 ist die Zahl der NSDAP-Mitglieder in der Provinz nochmals enorm auf 27 403 angestiegen.[56]

Die Macht erringt die NSDAP im Deutschen Reich nicht durch eine Wahl, sondern durch Intervention konservativ-nationaler Kreise beim Reichspräsidenten. Am 30. Januar 1933 überträgt Hindenburg die Regierungsgewalt einem Kabinett unter Führung von Adolf Hitler. Es wird auch von der deutschnationalen DNVP getragen. 1932 ist Marie Luise Kaschnitz ihrem Mann Guido Freiherr von Kaschnitz-Weinberg, der eine Professur für Archäologie an der Albertina angenommen hat, nach Königsberg gefolgt. Erst 1933 wird sie mit *Liebe beginnt* den ersten Roman veröffentlichen. Um etwas über die Vorgänge in Berlin zu erfahren, begibt sich das Ehepaar, das noch keinen Rundfunkempfänger besitzt, am 30. Januar von seiner Wohnung im Königsberger Hufenviertel in die Innenstadt. Es ist sich bewusst, dass etwas Schreckliches seinen Anfang nimmt. „Wir gehen auf der breiten Holzbrücke über den Schloßteich und treten in ein Lokal, aus dem uns Rauchschwaden und Glühweinbrodem und die Lautsprecherstimme aus Berlin entgegendringen. Die Stimme bringt die Nachricht von der Machtübernahme durch die Nationalsozialistische Partei, Hitler von Hindenburg zum Reichskanzler eingesetzt, Hitler von der auf der Wilhelmstraße wartenden Menge und einem Fackelzug begeistert begrüßt. Der Jubel der Berliner, dieses abgehackte und drohende Sieg-Heil, Sieg-Heil, mischt sich mit dem Jubel der Zuhörer in Königsberg: während wir heimgehen, brennen auch hier Fackeln, und die Stiefelschritte der SA lassen die alte Holzbrücke erdröhnen. Wir konnten nicht einstimmen, jeder, der damals anderen Sinnes war, wird sich an das Gefühl des ohnmächtigen Zornes, des völligen Alleinseins in der allgemeinen Hochstimmung erinnern."[57]

Am 28. Februar 1933 brennt in Berlin der Reichstag. Jetzt beginnt in Preußen und im Reich die gezielte Verfolgung von Kommunisten und Sozialdemokraten. Bei der für den 5. März 1933 angesetzten Reichstagswahl kommt die NSDAP unter dem Einsatz des nun von der NSDAP ohne Rücksicht auf Recht und Gesetz beherrschten Staatsapparats reichsweit auf 43,9 %.[58] In keinem Reichstagswahlkreis erringt sie so viele Stimmen wie in Ostpreußen: 56,5 % der Wähler haben sie bei einer Wahlbeteiligung von 85,7 % gewählt.[59] Hitler gewinnt auf Kosten aller Parteien, auch der Stimmenanteil für die Deutschnationalen von 11,3 % in der Provinz muss als Votum für eine Bestätigung seiner Regierung gesehen werden, denn die Partei koaliert mit der NSDAP. So haben sich in Ostpreußen mehr als zwei Drittel der Wähler für Hitler entschieden.

Im Kreis Neidenburg wählen 81 % der Wähler die Nationalsozialisten, im Kreis Lyck 80,4 %, im Kreis Johannisburg 76,6 %, im Kreis Oletzko 74,5 %, im Kreis Osterode 74,2 %, im Kreis Lötzen 72,5 % und im Kreis Sensburg 69 %. In Masuren muss die Partei also auch unter vielen noch Polnischsprachigen eine große Anhängerschaft haben. In den nordöstlichen Grenzkreisen Stallupönen (66,3 %), und Pillkallen (61,6 %) liegen die Wahlerfolge nicht ganz so hoch. Dagegen überrascht mit 51 % das Ergebnis der Partei in Königsberg. SPD und KPD erringen hier gemeinsam noch knapp ein Drittel der Stimmen. Am geringsten ist der Erfolg der NSDAP im Kreis Braunsberg mit 29,2 %. Auch die anderen katholischen Kreise Heilsberg (mit 36,8 %) und Rößel (mit 38,7 %) haben ein deutlich unter dem Landesschnitt liegendes Ergebnis.

Die NSDAP entmachtet nun zügig die nicht kooperationswilligen Politiker des bürgerlichen Lagers wie den Königsberger Oberbürgermeister Lohmeyer und den von der DNVP gestellten Oberpräsidenten Wilhelm Kutscher. Noch 1933 werden in den 36 Landratsämtern 18 Landräte ersetzt. Die Abberufung erfolgt fast immer aus „politischen Gründen", sie betrifft vor allem die sozialdemokratischen Landräte, aber auch solche von Zentrum, DVP und DNVP. Es bleiben aber nicht wenige konservative Landräte im Amt, vor allem in den masurischen Kreisen, einige sogar bis 1945.[60]

Der 29-jährige Max Fürst hat bereits 1925 Königsberg verlassen. In Berlin baut er eine jüdische Jugendgruppe auf und gründet die Beratungsstelle „Jugend berät Jugend". 1933 kommt er zusammen mit seiner Frau Margot in Gestapohaft, später wird er in das KZ Oranienburg eingeliefert. Nach der Entlassung ist er zwischen Weihnachten und Neujahr 1933/34 mit seiner Frau noch einmal auf der Nehrung. Sie stapfen durch hohen Neuschnee; „... die Wüste war vollkommen", erinnert er sich. Sie übernachten in Rossitten, das noch zum Deutschen Reich gehört. „Am Morgen die Bemerkung der Wirtin, dass es ja wohl gut sei, dass Hitler gekommen war, er habe auch den Schieber Thomas Mann aus Nidden vertrieben. Wir antworteten nichts. Ich sehe noch heute das Gesicht vor mir. Es war das ovale Gesicht der litauischen Bauersfrau mit schmalem Mund, starker Nase, braunen Augen und glattem, braunen Haar. Ein Gesicht, das wir immer geliebt hatten. Der Rückweg glich schon mehr einer Flucht. Er schien endlos, der Schneematsch wollte unsere Füße nicht loslassen."[61] 1935 gelingt Max Fürst mit seiner Frau und den Kinder die Flucht nach Palästina. 1938 wird der Familie Fürst die deutsche Staatsangehörigkeit aberkannt. Sie kehrt 1950 nach Deutschland, in die Bundesrepublik, zurück.

Ganz anders Agnes Miegel. Die Schriftstellerin tritt 1933 der NS-Frauenschaft bei und wird zu einer bekennenden Verehrerin Adolf Hitlers. Im Oktober 1933 gehört sie mit Gottfried Benn, ihrem Förderer Börries Freiherr von Münchhausen und dem Königsberger Komponisten Herbert Brust zu den 88 deutschen Künstlern, die das „Gelöbnis treuester Gefolgschaft" für Adolf Hitler unterzeichnen. Marie-Luise Kaschnitz hält am 7. November 1936 in ihrem Tagebuch fest, was ihr Martha (Maruschka) Jenisch, Tochter des Schauspielers Paul Wegener und Angehörige eines Kreises von Oppositionellen, über Agnes Miegel mitgeteilt hat: „Sie hat von einem Tag auf den andern mit ihren jüdischen Freunden gebrochen."[62]

Agnes Miegel darf in der Zeit des Nationalsozialismus ohne Einschränkungen publizieren, sie wird zu einem literarischen Aushängeschild des NS-Regimes. Ihre Einstellung wird auch an glorifizierenden Hymnen auf Adolf Hitler (so in dem Gedicht *An den Führer* von 1938) und einer Hinwendung zu Blut- und Boden-Themen deutlich. 1936 spricht ihr die Johann-Wolfgang-Goethe-Stiftung den Herder-Preis, 1940 die Stadt Frankfurt den Goethe-Preis zu. 1940 tritt Miegel in die NSDAP ein. Trotzdem wird noch nach 1945 Agnes Miegel im konservativen Milieu und gerade unter vielen Heimatvertriebenen als „Mutter Ostpreußens" geradezu verehrt werden.

Hochburg des Nationalsozialismus

Alexander Fürst zu Dohna-Schlobitten erhält im Sommer 1933 Besuch von Christian Prinz zur Lippe und dessen Frau Hedwig-Maria, geborene von Trotha. Der Prinz ist schon am 1. Februar 1931 der NSDAP beigetreten, später wird er SS-Obersturmbannführer. „Um unseren Gästen Ostpreußen zu zeigen, unternahmen wir mehrere Autofahrten durch das Land; Christian hob immer wieder die Hand zum Hitlergruß, und überall auf den Feldern und Ortschaften grüßten die Leute mit strahlenden Gesichtern zurück. Alle schienen befreit von diesem lang anhaltenden Druck, und auch meine Frau und ich wurden von diesem Gefühl angesteckt und grüßten froh mit allen anderen mit. Man wähnte sich in einer großen Gemeinschaft, aber dieser Glaube währte nur kurze Zeit."[63] Zu der neuen großen Gemeinschaft wollen sich auch Vertreter des alteingesessenen Adels zählen. Klaus von der Groeben, selbst seit 1931 NSDAP-Mitglied, leugnet in seinen Erinnerungen die Verstrickung seiner ostpreußischen Standesgenossen in den Nationalsozialismus nicht. „Hier ist etwa Graf Hermann Dohna, Fideikommißherr auf der berühmten Herrschaft Finckenstein ... zu nennen, der als von Göring ernannter Staatsrat auch Mitglied des Provinzialrates der Provinz war, dann auch vielleicht die Reichertswalder Dohnas oder Bogislaw Dönhoff, Diplomat und Kurator der Stiftung Quittainen."[64]

Der ehemalige Jungkommunist Otto A. Schneidereit berichtet über den Ort Lasdehnen: „Neu war, dass es keine jüdischen Geschäfte mehr gab, die befanden sich in ‚arischen' Händen."[65] Der Guts- und Ziegeleibesitzer Wilhelm Danielczick ist zuvor der Stahlhelmführer des Ortes, jetzt Sturmführer der SA. Auch einige andere Gutsbesitzer und Inhaber großer Sägewerke gehören nun der NSDAP an. „Der Übergang mußte beinahe nahtlos erfolgt sein. Die Führer der bürgerlichen Parteien, einschließlich des Stahlhelms, die auch vorher das Sagen hatten, waren zum Teil schon vor der Machtübernahme zu den Nazis übergewechselt, konnten ihre alten Funktionen weiter ausüben oder übernahmen neue Posten."[66]

Im Dorf Rohmanen im Kreis Ortelsburg wird erst nach Adolf Hitlers Ernennung zum Reichskanzler eine SA-Gruppe gegründet. Der Bürgermeister Michael Kownatzki wird ihr Gruppenführer. Viele angesehene Männer des Ortes treten ihr bei, auch der Vater von Gustav Rattay: „Bei Versammlungen war die SA in Uniform angetreten, um für Ruhe und Ordnung zu sorgen. Wer versucht hat, Unruhe zu stiften, egal aus welchem Grunde, wurde aufgefordert, den Saal zu verlassen, andernfalls wurde er mit Gewalt entfernt." Ein Lehrer wird zum politischen Leiter ernannt, seine Frau zur Leiterin der NS-Frauenschaft, der andere, jüngere Lehrer führt die Hitler-Jugend. Der Bauer Wilhelm Both wird Ortsbauernführer. Die Dorfgemeinschaft, so Gustav Rattay in seinen Lebenserinnerungen, bekam „nach und nach ein anderes Gesicht."[67]

Von Ende Januar 1933 bis Ende 1934 steigt die Mitgliederzahl der NSDAP im Reich von rund 850 000 auf rund 2,5 Millionen, im Gau Ostpreußen von 27 526 auf 86 281.[68] Um dem Mitgliederansturm entgegenzutreten, verhängt die Parteiführung am 19. April 1933 eine reichsweite, zeitlich unbegrenzte Aufnahmesperre, ausgenommen sind Angehörige der Hitler-Jugend, die das 18. Lebensjahr vollenden, Angehörige der Nationalsozialistischen Betriebsorganisation (NSBO) und Angehörige der SA und der SS. Viele Eintrittswillige weichen deshalb auf die Nebenorganisationen der Partei aus.

Die Zahl der Mitglieder SA-Gruppe Ostland steigt bis Anfang 1934 auf 105 000.[69] Der NS-Frauenschaft gehören 1935 in Ostpreußen 35 4474, der Hitlerjugend fast 117 000 Mitglieder an.[70] Ende September 1935 hat der Gau Ostpreußen der NSDAP fast 90 800 Parteimitglieder, was heißt, dass 3,7 % der ostpreußischen Bevölkerung der Partei angehören. Das entspricht der durchschnittlichen Durchdringung der Bevölkerung mit Parteimitgliedern im Deutschen Reich.[71]

Der 23-jährige Lehrer Paul Schnabel ist 1936 in das Fischerdorf Inse am Haff versetzt worden.[72] Als Mann, der gut lesen und schreiben kann, wird er bedrängt, Posten und Ämter in Gemeinde und Partei zu übernehmen. Er lehnt ab. Schnabel will so schnell wie möglich seine zweite Lehrerprüfung ablegen und dann durch Versetzung der abgelegenen Moorgegend entfliehen.[73] Da in dem Dorf mit 540 Einwohnern die Pfarrstelle unbesetzt ist, muss der Dorflehrer aber doch Organisationsarbeit im nationalsozialistischen Sinne übernehmen: „Ich hatte in jenen trüben Herbstmonaten die alten Kirchenbücher zu wälzen, um nach Ahnen für die ‚arische' Abstammung zu suchen, und stellte Geburtsurkunden und Sterbeurkunden aus, die ich in alle Gegenden des deutschen Vaterlandes schicken mußte."[74]Schnabel kann sich 1969 noch an eine der typischen primitiven Reden des Inser Ortsgruppenleiters erinnern: „Schluß mit die polnischen Saiselonarbeiter, Schluß mit dem politischen Katholizismus. Laßt die Franzosen ihre Marßelaise, wir werden mit Stolz unser Deutschland- und Horst- und Wessellied singen" [75], heißt es in dessen Ansprachen.

Am 2. Juni 1933 wird Erich Koch durch den Preußischen Ministerpräsidenten Hermann Göring zum Nachfolger des der DNVP-nahestehenden Oberpräsidenten Wilhelm Kutscher ernannt.[76] Als preußischer Oberpräsident bekleidet Koch das höchste staatliche Amt der Provinz. Seine Macht reicht aber nicht so weit wie die der Reichsstatthalter in den deutschen Ländern. Im Freistaat Preußen übt Adolf Hitler diese Funktion formal aus, praktisch hat sie Hermann Göring inne. Kochs Funktion als Oberpräsident räumt ihm eine Stellung zwischen einem Reichsstatthalteramt und der Funktion der Ministerpräsidenten ein.[77] Er erhält ein Informationsrecht über alle Landes- und Reichsbehörden seiner Provinz und im „Ausnahmefall" ein auf ihn persönlich übertragenes Weisungsrecht. Aber die Staatspolizei (Gestapo) ist dem Zugriff der Oberpräsidenten entzogen.[78]

Zu Beginn des Jahres 1934 tritt der Machtfülle Erich Kochs in Ostpreußen ein Mann entgegen, der im NS-Staat mit seiner besonderen Skrupellosigkeit Karriere machen wird. Zum 1. Februar 1934 wird Erich von dem Bach-Zelewski neuer SS-Obergruppenführer des SS-Oberabschnitts Nordost und leitet zugleich auch die Staatspolizeistelle in Königsberg. Von dem Bach-Zelewski wird dank der Rückendeckung von Heinrich Himmler zum machtvollen Gegenspieler Kochs. Gerade aus dieser Art von Personalunion geht nach und nach im Deutschen Reich die institutionelle Verbindung von SS und Geheimer Staatspolizei hervor. Noch führt Heinrich Himmler nur die Politische Polizei, später wird er die gesamte deutsche Polizei befehligen.[79]

Von dem Bach-Zelewski ist mit dem Auftrag Himmlers nach Ostpreußen gekommen, der politischen Korruption in der Provinz entgegenzutreten.

Erich von dem Bach-Zelewski, als Erich von Zelewski geboren, entstammt dem kaschubischen Landadel. Im Ersten Weltkrieg ist er der jüngste deutsche Freiwillige, der sich meldet. Seit 1925 nennt er sich „von dem Bach-Zelewski", ab 1940 nur noch „von dem Bach". Der ehemalige Freikorpskämpfer ist ein wegen seiner republikfeindlichen Gesinnung aus der Reichswehr entlassener Berufssoldat und verdingt sich nach seinem Zwangsabschied als Gelegenheitsarbeiter, bevor er in Berlin ein Taxiunternehmen eröffnet. Mit dem verdienten Geld kann er 1928 in der Neumark in Dühringhof, Kreis Landsberg an der Warthe, ein Landgut erwerben. Das ehemalige Mitglied des Stahlhelm tritt schon 1930 der NSDAP bei. Aktiv wird er nur in der SS. Bereits im Dezember 1931 ist er SS-Sturmbannführer.

Von dem Bach-Zelewski ist nach Reinhard Heydrich der vielleicht effektivste Mann Heinrich Himmlers, dem er ab 1934 als Staatspolizeistellenleiter in Ostpreußen dient. Christian Rohrer sieht ihn als ideologischen Überzeugungstäter: „Sein Werdegang und sein Handeln in Ostpreußen wie auch später im Zweiten Weltkrieg sprechen in der Tat dafür, dass er in hohem Maße durch das ideologische Gedankengebäude der SS beeinflusst war."[80] Ihm unterstehen als SS-Obergruppenführer Nordost drei SS-Abschnitte, von denen zwei in Ostpreußen liegen. Bis Ende 1934 gibt es in Ostpreußen rund 9800 SS-Männer – im Vergleich zu anderen NSDAP-Gauen überproportional viele. Im ganzen Deutschen Reich sind es rund 165000. Die allgegenwärtige Bedrohung durch die Gestapo ist allerdings ein zur Abschreckung wohl gepflegter Mythos. Als Staatspolizeistellenleiter dürfte von dem Bach-Zelewski 1934 Vorgesetzter von kaum mehr als insgesamt 100 Personen gewesen sein.[81]

Die als „Röhm-Putsch" bezeichnete Ermordung des Stabschefs der SA, Ernst Röhm, und seiner unmittelbaren Umgebung zwischen dem 30. Juni und dem 2. Juli 1934 hat in Ostpreußen wenig Folgen. Eine Ausnahme aber erregt in der Provinz großes Aufsehen, der Mord an einem ehemaligen Mitglied des Stabes von dem Bach-Zelewskis. Der SS-Funktionär und Besitzer des Gutes Dulzen bei Preußisch Eylau, Freiherr Anton von Hohberg und Buchwald, wird wahrscheinlich am 2. Juli 1934 im Rauchersalon seines Gutes auf Weisung von dem Bach-Zelewskis durch einen SS-Obersturmführer und Bach-Zelewskis Chauffeur erschossen. Anton von Hohberg ist das einzige aktive SS-Mitglied im Deutschen Reich, das während des Röhm-Putsches ermordet wird. Von dem Bach-Zelewski werden für die Tat rein persönliche Motive unterstellt. Hohberg hatte sich mit seinem Vorgesetzten aufgrund von persönlicher Rivalität entzweit und ist am 14. Mai 1934 als SS-Oberabschnittsreiterführer entlassen worden. Hintergrund der Röhm-Putsch-Morde sind die Versuche der SA, mehr Macht innerhalb des NS-Staates zu erlangen. Verhaftet und erschossen werden bei dieser Gelegenheit außer SA-Funktionären auch rechte Oppositionelle aus Politik und Kirche.

Juli 1933: Gauparteitag in Königsberg. Rechts neben dem Hitler-Stellvertreter Rudolf Heß (links außen) Gauleiter Erich Koch, dann dessen Stellvertreter Ferdinand Grossherr. In SS-Uniform Ostpreußens Gestapo-Chef SS-Brigadeführer Erich von dem Bach-Zelewski, Kochs Widersacher.

Während des „Röhm-Putsches" soll wahrscheinlich auch der „nationale Sozialist" Erich Koch entmachtet werden. Christian Rohrer: „Möglicherweise war Koch, der ja über ein weit verzweigtes Kontaktnetzwerk gerade auch zur Staats- und Parteiführung verfügte, von den bevorstehenden Aktionen unterrichtet, doch kann das nicht nachgewiesen werden."[82] Koch bleibt unbehelligt und versichert Hitler noch am 30. Juni 1934 die Loyalität Ostpreußens. Wie viele andere „alte Kämpfer" in der NSDAP ist der Gauleiter, der im Röhm-Putsch mit Gregor Strasser seinen politischen Mentor und auch guten Freund verliert, jedoch von den Mordaktionen geschockt.

Von dem Bach-Zelewski ist um den 25. Juni 1934 in Berlin von Himmler über das bevorstehende Vorgehen gegen die SA instruiert worden. Er soll auch in Ostpreußen auf ein Stichwort hin mit der SS hohe SA-Dienststellen und von SA-Führern geleitete staatliche Behörden anhand von Listen, die vom Sicherheitsdienst (SD) erstellt werden, durchsuchen. Er wird ermächtigt, Personen hinzurichten oder nach Berlin bringen zu lassen. Christian Rohrer: „Doch von dem Bach-Zelewski kam offenbar mit Oberst Hoepner, dem Stabschef der 1. Division, zu dem Ergebnis, dass in Ostpreußen von der SA ebenso wenig wie von der PO (Politische Organisation der NSDAP, der Verf.) eine Gefahr ausginge. Lediglich Koch sei wegen seiner ideologischen Haltung als nationaler Sozialist verdächtig. Am 30. Juni in Königsberg eingegangene Anweisungen für Exekutionen und Verhaftungen führte von dem Bach-Zelewski weitestgehend nicht durch."[83] Er lässt aber nach eigenem Gutdünken 100 SA-Funktionäre in Haft nehmen, die jedoch kurz darauf nach einer Belehrung wieder freigelassen werden. Und er befiehlt die Ermordung von Hohbergs. Ansonsten bleibt es in Ostpreußen vom 30. Juni bis zum 2. Juli 1934 ruhig.

Mit dem Röhm-Putsch haben sich die nationalsozialistischen Machthaber jetzt auch gegen das deutschnationale und rechtskonservative Milieu gewandt. Der Königsberger Rechtsanwalt Paul Ronge stellt fest: „In ganz Ostpreußen war man über die Tötung des Rittergutsbesitzers von Hohberg und Buchwald empört. Sein Mörder, der SS-Gruppenführer von dem Bach-Zelewski, war unangefochten im Amt. Niemand hatte Zweifel an der Täterschaft, keiner glaubte an politische Gründe. Trotzdem blieb er unverfolgt."[84]

Die Vorgänge führen zu einer tiefen Feindschaft zwischen Gauleiter und SS-Führer. Erich Koch beschwert sich bei Himmler über zahlreiche Verfehlungen und Eigenmächtigkeiten von dem Bach-Zelewskis, er droht mit Kündigung der Zusammenarbeit zwischen SS- bzw. Gestapo und der ihm unterstehenden Zivilverwaltung in Ostpreußen. Als Himmler nicht reagiert, wendet sich Koch an Hermann Göring. Dieser unterstützt den Gauleiter und setzt sich gegen Himmler durch. Von dem Bach-Zelewski wird abgelöst, er übernimmt die gleiche Dienststellung im SS-Oberabschnitt Südost (Schlesien).

Im Zweiten Weltkrieg plant und organisiert von dem Bach-Zelewski im Auftrag Himmlers das Konzentrationslager Ausschwitz und organisiert die Massenexekutionen von Slonim, Mogilew und Minsk. Im September 1944 wird er mit der Niederschlagung des Warschauer Aufstandes betraut. Die Verbände von dem Bachs wüten unter der Zivilbevölkerung und sorgen für die totale Zerstörung der Stadt. Erich von dem Bach-Zelewski wird erst 1961 von der bundesdeutschen Justiz angeklagt, und zwar nicht wegen seiner Verbrechen an Juden, in Polen und der Sowjetunion, sondern allein wegen des Mordes an von Hohberg und Buchwald. Er wird zu einer lebenslänglichen Haftstrafe verurteilt, erhält aber 1972 Haftverschonung. Er stirbt wenige Tage nach seiner Entlassung.

Vielfältige Aktivitäten entwickeln die ostpreußischen Nationalsozialisten, damit das Deutsche die polnische Sprache in Masuren, im südlichen Ermland und im Regierungsbezirk Westpreußen endgültig verdrängt.[85] Ihr Hauptinstrument dabei ist der „Bund Deutscher Osten" (BDO). Der Bund wird 1933 gegründet und nimmt durch Vereinigung am „Tag des deutschen Ostens", dem 27. Mai 1933, unter anderem den „Heimatbund Ostpreußen", die „Jungpreußische Bewegung", den „Reichsbund der Schlesier" und den schon 1894 in Posen entstandenen Deutschen Ostmarkenverein auf. Er entwickelt sich neben dem „Verein für das Deutschtum im Ausland" (VDA) zu einer der wichtigsten Säulen der NS-Volkstumspolitik und will „das deutsche Volk mit den geistes- und raumgeschichtlichen Fragen des Ostens vertraut" machen. Er verfolgt von Anfang an die Politik des NS-Regimes auf Revision der Grenzen im

Osten und überwacht und bespitzelt auch pro-polnisch und pro-litauisch eingestellte Ostpreußen und meldet ihre Aktivitäten an die Gestapo.

Einige Jahre lang ist der spätere Minister im Kabinett Konrad Adenauers Theodor Oberländer Reichsleiter des BDO. Oberländer beginnt im Winter 1923 in München ein Studium der Landwirtschaft; im Wintersemester 1923 nimmt Oberländer mit dem Freikorps Gilde Greif – nach eigenem Bekunden „eher zufällig" – am gescheiterten Hitler-Ludendorff-Putsch teil. Früh ist er Mitglied der SA und erreicht in ihr den Rang des Obersturmbannführers. Nach Abschluss seines Studiums in München geht er nach Königsberg und studiert dort Volkswirtschaftslehre. 1929 promoviert er in Berlin zum Doktor der Agrarwissenschaften und 1930 in Königsberg zum Doktor der politischen Wissenschaften. Ebenfalls in Königsberg habilitiert er sich im Jahr 1933 und wird Direktor des „Instituts für Osteuropäische Wirtschaft" der Universität. Seit dem 1. Mai 1933 ist Oberländer Mitglied der NSDAP.

Andreas Kossert nennt ein Beispiel für die Sprach- und Volkstumspolitik des Bundes unter Oberländers Vorsitz: „In Verbindung mit dem Evangelischen Konsistorium erhob der BDO in allen Kirchspielen Masurens Statistiken über den Gebrauch der ‚masurischen' Sprache in Gottesdiensten. Ziel dieser Erhebung war die Vorbereitung der endgültigen Verbannung der masurisch-polnischen Sprache aus dem öffentlichen Leben Masurens."[86] Kossert zitiert den Kreisleiter der Sensburger NSDAP, der anders als die Funktionäre des BDO glaubt, dass der Gebrauch des Masurischen ideologisch unbedenklich ist: „Wenn aber mal paar Schnäpse getrunken sind, sind Befehle leicht vergessen und der innerlich treudeutsch gesinnte Masure gebraucht dann ebenso den heimischen Dialekt, wie es bei ähnlichen Gelegenheiten der Berliner oder Kölner auch macht. Dieser masurische Dialekt ist aber noch lange nicht ausgestorben, wie man im Reiche vielfach wähnt. Er lebt im Familienkreise, im Kruge und auf den Märkten."[87]

Seit der Mitte des 19. Jahrhunderts kommt es zu einzelnen Umbenennungen polnisch-masurischer Namen von Orten, Fluren und Seen. 1877 beginnen in Masuren die Eindeutschungen alter und regionaltypischer Ortsnamen. Andreas Kossert nennt Beispiele: „1877 erfolgte die Umbenennung von Dziurdziau in Thalheim, Krzywonoggen in Krummfuß und Trzianken in Rohrdorf. Dann fielen nach und nach mit Napiwodda (Grünfließ, 1890), Zimnawodda (Kaltenborn, 1893), Groß Przesdzienk (Groß Dankheim, 1900) und Opalenietz (Flammberg, 1904) schöne Ortsnamen der Germanisierung zum Opfer."[88] In den Jahren 1933 bis 1937 werden vermehrt Namensänderungen vorgenommen, doch erst mit einem Befehl Erich Kochs vom August 1937 beginnt eine systematische und flächendeckende Umbenennungsaktion. Koch lässt zu ihrer Vorbereitung durch das Preußische Ministerium für Wissenschaft, Erziehung und Volksbildung eine Expertenkommission zur „Verdeutschung fremdsprachiger Ortsnamen in Ostpreußen" unter Leitung des Ministerialrats Heinrich Harmjanz einsetzen. Das NSDAP-Mitglied Harmjanz, zuvor an der Universität

Königsberg lehrend, ist von 1937 bis 1943 Sachbearbeiter im Amt Wissenschaft des Reichswissenschaftsministeriums und ab 1939 Leiter der Abteilung Volksforschung und Volkskunde im Amt Ahnenerbe der SS. Der ostpreußischen Kommission gehören Historiker, Baltisten, Germanisten und Slawisten, unter anderem die Königsberger Professoren Karl Heinz Meyer (Slawist) und Walter Ziesemer (Germanist) sowie als „Kenner der dokumentarisch festzustellenden historischen Bezeichnungen aus der Ordenszeit" Max Hein, Direktor des Königsberger Staatsarchivs, an.

Alle nichtdeutschen, oft typisch baltischen und slawischen Bezeichnungen vieler Dörfer, Seen und Flüsse sollen durch germanisch-deutsche Namen ersetzt werden. Am 16. Juli 1938 treten die Umbenennungen von über 1 500 Orten in Kraft. In Masuren sind, je nach Landkreis, bis zu 70 % aller historischen Ortsnamen von der Maßnahme betroffen. Umbenannt werden größere Orte, darunter drei Kreisstädte. Aus Pillkallen wird „Schlossberg", aus Darkehmen „Angerapp" und aus Stallupönen „Ebenrode". Die kleine Stadt Bialla im Kreis Johannsburg muss sich jetzt Gehlenburg nennen, Alt Lappienen wird zu „Rauterskirch", aus Groß Skaigirren „Kreuzingen". Das Gutsdorf Launingken im Kreis Darkehmen/Angerapp deutscht man nach der adeligen Gutsbesitzerfamlie zu „Sanden" um, Mierunsken im Kreis Oletzko/Treuburg heißt fortan Merunen. Das nahe am Dreiländereck zu Litauen und Polen liegende Szittkehmen in der Rominter Heide im Kreis Goldap ist fortan „Wehrkirchen", die östlichste Gemeinde des Deutschen Reichs, das 142-Einwohner-Dorf Schilleningken nördlich von Schirwindt, wird „Ostdorf". Den Fluss Pissa macht man 1938 zum „Rossbach", weil er nahe an Trakehnen vorbeifließt. Die wilde Scheschuppe wird, wo sie aus Litauen nach Deutschland einfließt, zum „Ostfluß". Im Deutschland des Jahres 1938 gibt es gegen die Umbenennungen kaum öffentlich geäußerten Widerstand. Der positive Umgang der Vertriebenenorganisationen mit den deutschtümelnden Kunstnamen nach 1945 zeigt, dass sie von großen Teilen der Bevölkerung wohl akzeptiert wurden. Die Kreisgemeinschaften und die ostpreußische Landsmannschaft verwenden die neuen Namen bis heute.

Schon in der Weimarer Republik wird das einstige kaiserliche Hofjagdrevier Rominter Heide preußisches Staatsjagdrevier. Nach der Machtergreifung ist Hermann Göring Preußischer Ministerpräsident und kann die Rominter Heide für sich reklamieren[89], ab 1934 ist er auch Reichsforstmeister, Reichsjägermeister und Oberster Beauftragter für den Naturschutz im Reich. 1933 wird ihm durch den im niederländischen Exil lebenden Wilhelm II. die Nutzung von dessen Jagdschloss verweigert. Im September 1935 veranlasst Göring daraufhin den Bau eines „Reichsjägerhofs Rominten" 15 km nordöstlich von Goldap im Bereich des Forstamtes Nassawen, nicht weit vom alten kaiserlichen Jagdschloss. Im September 1936 ist der Hof fertig. Im Dezember 1936 wird der Forstmeister Walter Frevert, zu diesem Zeitpunkt schon ein relativ bekannter Jagdschriftsteller, vom Forstamt Battenberg in Nordhessen zum Forstamt Nassawen versetzt. Im Jahr 1933 tritt Frevert der NSDAP und bald auch der

SA bei, ist aber in beiden Organisationen nicht sonderlich aktiv.[90] Nichtsdestotrotz pflegt er eine enge Verbindung zu Hermann Göring.[91]

Seit 1991 lebt der Schweizer Forstwissenschaftler Andreas Gautschi im polnischen Żytkiejmy (Szittkehmen). Im Jahr 2005 veröffentlicht er ein Buch über Frevert. Gautschi erkennt waidmännische Leistungen Freverts an, spart aber die enge Verbindung zu Göring und Freverts Verstrickung in Kriegsverbrechen während des Zweiten Weltkriegs nicht aus. Ab April 1938 wird Frevert zusätzlich Forstinspektionsbeamter für alle vier Forstämter der Rominter Heide und hat damit wohl die attraktivste waidmännische Stellung im Deutschen Reich inne. Während der Brunft der Rothirsche von Mitte September bis in die erste Oktoberwoche hält sich Göring immer in der Rominter Heide auf. Frevert hat im Buch *Rominten*, unter Jagdliebhabern noch heute ein Bestseller, seine Strecke beschrieben. „Göring selbst schoß im Jahr etwa fünf Hirsche, er hat von 1933 bis 1944, also in zwölf Hirschbrunften, 55 Geweihe erlegt, davon waren drei geringe Abschusshirsche, die aus hegerischen Gründen geschossen wurden, drei Hirsche waren falsch geschossen, die übrigen 49 Hirsch waren vorher bekannt und bestätigt und waren sämtlich kapital und hochkapital."[92] Göring lädt auch hohe Staatsgäste zur Hirschjagd ein, denen er aber nur ungern die kapitalsten Hirsche gönnt. „Außerdem wurden von Jagdgästen des In- und Auslandes jährlich etwa acht bis zehn Hirsche gestreckt, die je nach der Stellung des Gastes jagdbar bis kapital und in einigen wenigen Fällen hochkapital waren."[93]

Göring ist häufig in Ostpreußen, Adolf Hitler zwischen 1933 und dem Angriff auf die Sowjetunion hin und wieder. Im Sommer 1935 besucht Hitler Elbing und besichtigt die neue „Erich-Koch-Siedlung" zwischen dem Heimstätten-Park und der Königsberger Straße. Von Elbing aus kommend, fährt er auch durch Braunsberg. Die Braunsberger erinnern sich damals noch, wie einst Kaiser Wilhelm II. von seinem Gut Cadinen aus durch Braunsberg zur Rominter Heide fuhr. Der damals 30-jährige Journalist Hans Preuschoff bei der noch katholischen Ermländischen Zeitung über den unterschiedlichen Auftritt von Kaiser und „Führer": „Wilhelm II. saß hoch im Wagen, Hitler stand in ihm, wesentlich tiefer, aber auch nicht zu tief. Der Kaiser ließ den Wagen rasen, Hitler gebot ihm einen langsamen Gang."[94] Die Partei hat dafür gesorgt, dass die Menschen am Straßenrand stehen und grüßen. Der „Führer" ist der bessere Herrscherdarsteller: „Hitler grüßte zurück. Die Linke umfaßte das Koppelschloß der betont schlichten Uniform, mit der Rechten schlenzte er markigen Blickes den deutschen Gruß auf seine Art abwechselnd nach der rechten und linken Straßenseite zu seinem Volk oder was er dafür hielt. Das war auf seine todsichere Wirkung tausendmal geübt."[95]

Gerhard Szczesny macht im März 1937 als Neunzehnjähriger am Löbenichtschen Realgymnasium sein Abitur. Im April des Jahres muss er den seit Juni 1935 für Männer verpflichtenden sechsmonatigen Arbeitsdienst ableisten. Die sechsmonatigen Erdarbeiten in einem abgelegenen Gelände in der Nähe von Goldap sind für ihn eine harte Zeit. „Die ungewohnte körperliche Anstrengung erschöpfte mich bis zur Depression; vor allem deprimierte, dass wir in dem einsam am Waldesrand errichteten Land völlig den Launen von Arbeitsdienstführern ausgeliefert waren, die sich zum überwiegenden Teil aus sonst nirgendwo mehr erwünschten früheren Berufsunteroffizieren und allerlei sonstigen gescheiterten Existenten rekrutierten."[96]

Auch für Mädchen gibt es einen Arbeitsdienst. Er ist freiwillig. Ein Mädchen im Lager Wolfsee im Kreis Lötzen beneidet die männlichen Arbeitsdienstler: „Die Arbeitsmänner sangen beim Marschieren: ‚Fünfundzwanzig Pfennig Reinverdienst, ein jeder will zum Arbeitsdienst.' Wir erhielten aber nur 20 Pfennige. Die Männer bekamen Uniformen und feste Stiefel. Wir erhielten ein paar Schuhe aus ungefärbtem, hartem Leder und den Stoff für zwei Kleider, die wir erst selber nähen mußten."[97]

Fünf Mädchen des freiwilligen weiblichen Arbeitsdienstes im Lager Drygallen, Kreis Lyck, bietet der August 1934 ein ganz besonderes Erlebnis. Sie machen sich auf den Weg nach Tannenberg. „Wir erfuhren erst im letzten Augenblick, daß fünf von uns fahren durften, die Räder besaßen und genug Körperkraft. Einige andere wollten mit dem Zug nachkommen. In einer Stunde hatten wir die Rucksäcke gepackt und die Räder in Ordnung gebracht. Wir fuhren in Richtung Johannisburg. (...) In Schwentainen konnten wir bei den Eltern einer Kameradin übernachten. Am nächsten Tag ging es über Ortelsburg nach Allenstein."[98] In Tannenberg wollen die Arbeitsdienstlerinnen an der Beerdigung des Reichspräsidenten Paul von Beneckendorff und von Hindenburg teilnehmen.

Der Reichspräsident verfällt im Verlauf des Jahres 1934 zusehends geistig und körperlich. Mit dem Ermächtigungsgesetz vom 23. März 1933 ist seine Macht geschwächt worden: Ein Paragraph des Gesetzes hebt die Mitwirkung des Präsidenten an der Gesetzgebung auf. Paul von Hindenburg hält sich jetzt fast nur noch auf seinem Gut Neudeck im Kreis Rosenberg auf, umgeben von engen Vertrauten. Am Morgen des 2. August 1934 senkt sich die blau-weiße Fahne am Gutshaus herab, das gelbe Standartentuch geht auf Halbmast. Goebbels teilt über alle deutschen Rundfunksender theatralisch mit: „Reichspräsident Generalfeldmarschall von Hindenburg ist in die Ewigkeit eingegangen." In der nahen Kleinstadt Freystadt setzt das Postamt die Trauerfahnen. Auf den Straßen Ostpreußens nehmen die Menschen ihre Kopfbedeckungen ab.

In seinem Testament hat Hindenburg festgelegt, dass er in Neudeck beerdigt zu werden wünscht. Über diesen Wunsch setzt sich Hitler mit Zustimmung von Hindenburgs Sohn Oskar hinweg und bestimmt das Tannenberg-Ehrenmal als Grabstätte. Die Beerdigung des Reichspräsidenten wird zu einer gigantischen Inszenierung, im Rundfunk mit Übertragungen begleitet, von der Wochenschau gefilmt, von den Zeitungen in Sonderbeilagen festgehalten, um den Mythos Hindenburg und dessen durch die Wahlen 1932 legitimierte Macht auf seinen designierten Nachfolger Hitler zu übertragen.

7. August 1934. Der Innenhof des Tannenbergdenkmals während der Beisetzung des Reichspräsidenten Paul von Hindenburg. Adolf Hitler spricht. „Toter Feldherr, geh' nun ein in Walhall!", schließt er seine Rede.

Die Leiche Hindenburgs wird bis zum Abend des 6. August in Neudeck aufgebahrt. In dieser Zeit besuchen unter anderem Göring und Himmler das Gutshaus. Bei Einbruch der Dunkelheit tragen sechs Offiziere der Reichswehr den Sarg durch das Portal des Hauses und setzen ihn auf eine Lafette. Sechs weitere Offiziere greifen in die Zügel der Pferde, die vor die Lafette gespannt sind, zwei Kapitänleutnants treten neben den Sarg. Der Chef des Stabes der 1. Division trägt den Galastab des Marschalls aus Gold und blauer Emaille, Stabsmajore führen auf Kissen die anderen Orden und Ehrenzeichen hinter dem Sarg her. Die Familie folgt. An der Spitze des Trauerzugs marschiert eine Ehrenkompanie mit Traditionsfahnen. Der Trauerzug passiert ein Spalier der Gutsleute und schwenkt dann auf die Chaussee nach Deutsch Eylau ein.

Nach ein paar Kilometern wird der Sarg auf ein Motorgeschütz gehoben. Gegen Mitternacht passiert der Zug Deutsch Eylau, wo die Straßenlaternen umflort sind. Durch Osterode kommt er am 7. August um 2.30 Uhr. Die ganze Stadt ist auf den Beinen, in den Fenstern brennen Kerzen. Der Zug hält kurz vor „Kühl's Hotel", einem Stabsquartier Hindenburgs während der Schlacht von Tannenberg. Von Osterode biegt der Weg nach Stüben ab und passiert die alten Schlachtfelder. In den Dörfern steht die Bevölkerung betend vor ihren Häusern. Bei Tagesanbruch erreicht die Lafette die Höhe von Frögenau. Sie hält drei Minuten vor Hindenburgs Gefechtsstand vom 28. August 1914. Der Sarg wechselt jetzt auf eine Lafette der Feldartillerie, der Begleitzug bildet sich neu. Um 5 Uhr morgens melden„Wächter“ auf den acht Wehrtürmen des Tannenbergdenkmals mit ihren Hörnern das Nahen des Trauerzuges. Die Glocken von Hohenstein läuten. Der Zug durchquert die Stadt und bewegt sich über die Allee zum Denkmal.

Die fünf Arbeitsdienstlerinnen aus Drygallen sind in der Nacht schon um 1.30 Uhr ohne Gepäck mit ihren Rädern in Allenstein aufgebrochen, um rechtzeitig in Hohenstein zu sein. „Wir (...) stellten die Räder bei einem Bauernhof ab und gingen zu Fuß durch Hohenstein Richtung Tannenberg-Denkmal. Zu beiden Seiten der Straße stand die SS Spalier. Etwa 500 m vor dem Denkmal stellten wir uns hinter das Spalier. Um ½5 Uhr kam der Zug. Es war dies der Höhepunkt unserer ganzen Fahrt. Kavallerie, die Leibstandarte, Marine und dazwischen die Lafette mit dem Sarg: nur eine Fahne darüber und darauf Helm und Degen; zur Seite acht Offiziere.“[99]

Zwölf Offiziere des Heeres und der Marine tragen den Sarg in den Feldherrnturm. Die Trauerfeier findet im Burghof statt, das Reichskabinett, das diplomatische Korps und die Größen der NSDAP sind versammelt. Hitler begrüßt demutsvoll die tief verschleierte Margarete von Hindenburg, die Frau von Hindenburgs Sohn Oskar. „Toter Feldherr, geh’ nun ein in Walhall!“, schließt Hitler seine Rede.

Das Kabinett Hitler, dem immer noch viele Deutschnationale angehören, hat schon einen Tag vor Hindenburgs Tod eine Volksabstimmung über die Zusammenlegung des Amtes des Reichskanzlers und des Reichspräsidenten in der Person des „Führers“ Hitler beschlossen. Am 19. August 1934 wird im Deutschen Reich darüber entschieden. Am Tag vor der Abstimmung wirbt Oskar von Hindenburg in einer Rundfunkrede für Hitler als einzig legitimen Nachfolger seines Vaters. An dem Präsidialplebiszit nehmen 95,7 % der Wahlberechtigten teil, 89,9 % stimmen mit Ja.

Gegner und Opfer, Täter und Mitläufer

Mitwisser und Bekenner

Wo der Widerstand gegen den Nationalsozialismus in vielen Fällen endet, ist bekannt: in Konzentrationslagern, vor dem Erschießungskommando, auf dem Schafott, unter dem Galgen. Aber wo beginnt Widerstand?

Max Landowski besucht im Jahr 1933 in Tillendorf, Kreis Stuhm, noch die Volksschule. Sein Lehrer möchte sich den neuen Verhältnissen nicht einfach anpassen. Die schwarz-rot-goldene republikanische Fahne der Schule will er retten; nicht nur aus Überzeugung, sondern wohl auch aus Sparsamkeit: „Da erschienen einmal vier SA-Männer. Die wollten diese schwarz-rot-goldene Fahne abholen zum Verbrennen.

(...) Da sagt der Lehrer: ‚Nein, die Fahne geb' ich nicht. Die Mädchen haben hier eine Handarbeit. Da kauf ich eben weißen Stoff zu. Kommt das Gelbe raus, und wir setzen Weiß rein. Damit haben sie sich auch zufrieden gegeben und gingen wieder los."[100] Die Nationalsozialisten hissen nur noch die rote Fahne mit dem schwarzen Hakenkreuz im weißen Kreis. Schwarz-weiß-rot gestreift ist die Farbe des untergegangenen deutschen Kaiserreichs. Die schwarz-weiß-rot gestreifte Fahne, die die Mädchen schneidern werden, ist der NSDAP nicht genehm.

Wilhelm Matull, in den letzten Jahren der Weimarer Republik nach abgebrochenem Studium Redakteur bei der sozialdemokratischen Königsberger Volkszeitung, versucht mit einigen Parteimitgliedern nach dem März 1933 illegal die Parteiarbeit fortzusetzen. Man gibt sich der Illusion hin, dass der Nationalsozialismus bald abwirtschaften wird. „Vorstandssitzungen wurden in Privatwohnungen abgehalten, Funktionärsversammlungen in der Schwemme des Gewerkschaftshauses, doch war hier stets die politische Polizei, eifrig notierend, zugegen. Wir stellten nach Dienstschluß in Büroräumen der vielfach auf Neutralitätsdistanz gegangenen Gewerkschaften Mitteilungen im Abzugsverfahren her, versuchten bei den treu gebliebenen Mitgliedern Beiträge zu kassieren, unterstützten die Angehörigen Verhafteter und beschafften illegales Material aus dem Freistaat Danzig."[101] Über Danzig werden noch bis 1936 mit Hilfe der intakten Organisation der Danziger Arbeiterbewegung die mittlerweile verbotene sozialdemokratische Zeitung Neuer Vorwärts und anderes Propagandamaterial nach Ostpreußen geschmuggelt und dann verbreitet. Die Exil-SPD in Prag versorgen die Königsberger Sozialdemokraten mit Informationen.

An dieser Arbeit sind auch die Sozialdemokraten Gerhard Brandes, ein in Leipzig geborener Gewerkschaftsfunktionär (er wird 1965 in Hamburg Finanzsenator), Max Sommerfeld (nach dem Krieg im DGB tätig) und Alfred Metz beteiligt. Am 1. Juli 1933 werden Matull, Brandes und andere wegen Verdachts der illegalen Parteiarbeit verhaftet und ins Königsberger Polizeigefängnis eingeliefert.[102] „Im Polizeipräsidium angekommen, wurde ich in eine größere Gefängniszelle eingeschlossen. Ich fand nicht nur den SPD-Vorstand wieder, sondern auch Reichsbannerführer, Gewerkschaftssekretäre, Deutschnationale und jüdische Mitbürger. Mein Nachbar auf der Holzpritsche war der bereits im Ruhestand befindliche Gewerkschaftskämpe Ferdinand Mertins; ihn hatte man mit dem Reichstagsabgeordneten Arthur Mertins verwechselt. (...) Über die Behandlung konnten wir nicht klagen, da alte Beamte unsere Wächter waren. Eines Abends fragte mich einer: ‚Ist es hier nicht zu heiß?' Als ich mit ‚nein' antwortete, erwiderte er in gekünstelt barschem Ton: ‚Wenn ich Ihnen sage, hier ist es zu heiß, dann ist es eben zu heiß. Unter diesen Umständen kann ich es nicht verantworten, die Zellentüren geschlossen zu lassen.' Auf diese Weise konnten wir nachts von Zelle zu Zelle huschen und bei den ‚Neuzugängen' das Neueste erfragen."[103]

Wie überall im Deutschen Reich verfolgt nach der „Machtübernahme" auch in Ostpreußen die Polizei mit Unterstützung ihrer ‚Hilfspolizei' aus Verbänden der SA und SS die politischen Gegner. Dies sind nicht nur die Mitglieder und Anhänger der Arbeiterparteien SPD und KPD, sondern auch ‚reaktionäre' Gruppierungen, katholische Verbände und Juden bzw. jüdische Einrichtungen. In Königsberg fungiert seit 1931 der SA-Standartenführer Karl-Siegmund Litzmann als „SA-Führer Ostland". Ab Ende Februar 1933 ist er Sonderkommissar des Obersten SA-Führers Röhm und dient als Verbindungsmann zwischen den Behörden und der SA. Er veranlasst in den Monaten von Februar bis September 1933 selbstherrlich Verhaftungen und gestattet seinen Männern Folterungen, schwere Körperverletzungen und Morde. Die meisten der Verhafteten werden ins Königsberger Stadtgefängnis oder ins Lager Fort Quednau eingeliefert. Dieses Konzentrationslager besteht nur für kurze Zeit.[104] Bereits nach dem Reichstagsbrand im Februar 1933 ist der KPD-Reichstagsabgeordnete Walter Schütz verhaftet worden. Ende März stirbt er in der Haft, mit hoher Wahrscheinlichkeit aufgrund von Misshandlungen und Folter. Seine Leiche wird an unbekanntem Ort verscharrt. Neben Schütz werden drei weitere KPD-Mitglieder ermordet. Etwa 100 Königsberger Kommunisten nimmt man fest.

Der Terror der Nationalsozialisten richtet sich in der Folge vor allem gegen die Juden. Am 7. März werden in Königsberg auf die Alte Synagoge, zwei Tage später auf einige jüdische Geschäfte Brandanschläge verübt. Noch sind nicht alle städtischen und preußischen Dienststellen gleichgeschaltet. Als sich Kurt Sabatzky im Namen der Jüdischen Gemeinde beschwert, sichert Polizeipräsident Berner den jüdischen Geschäftsleuten Schutz zu. Einige Tage später muss er diese Zusage zurücknehmen – er hat nicht mehr die Macht, sie durchzusetzen. Berner rät Sabatzky dringend, Königsberg noch am gleichen Tag mit seiner Familie zu verlassen. Die Polizei könne für seine Sicherheit nicht mehr garantieren. Da der Syndicus der Jüdischen Gemeinde dem Rat folgt, kann er sein Leben retten.

In den folgenden Tagen verübt die SA mehrere Morde. Als erstes jüdisches Opfer der Nazi-Diktatur in Königsberg wird der ehemalige Kinoverwalter Max Neumann am 13. März im neuen Hauptquartier der SA im ehemaligen Otto-Braun-Haus sadistisch misshandelt. Er erliegt seinen Verletzungen wenige Tage später. Schwer verletzt wird der Bäckermeister Rubinstein, dessen Geschäft zuvor Ziel eines Brandanschlags war. Auch der Vizepräsident der Bnei-Brith Loge in Deutschland und Vorsitzende des Verbandes der Synagogengemeinden Ostpreußens, Arthur Cohn, wird von der SA misshandelt. Da seine Verschleppung durch die SA beobachtet worden ist, kann der Polizeipräsident Schlimmeres verhindern.

Einer Verhaftungswelle der SA Ende März fallen linke jüdische Rechtanwälte zum Opfer: Max Lichtenstein rettet sich vor seiner Verhaftung nach Danzig. Sein Kollege Peter Caspary wird derart gefoltert, dass er versucht, sich in der Haft das Leben zu nehmen. Julius Levinsohn, der wie Caspary für die Rote Hilfe gearbeitet hat, gerät in Polizeigewahrsam; sofort nach der Entlassung wandert er aus. Im Sommer 1933, nach dem Verbot bzw. der Selbstauflösung der Parteien, wird gemeinsam mit anderen Königsberger Lokalpolitikern der jüdische SPD-Politiker und Arzt Alfred Gottschalk im Fort Quednau interniert. Unter den Inhaftierten befinden sich auch politisch nicht aktive jüdische Bürger. Sie werden allerdings nach kurzer Zeit wieder entlassen.[105]

Königsberg ist eine der 22 deutschen Hochschulstädte, in denen es am 10. Mai 1933 im Rahmen der Aktion „Wider den undeutschen Geist“ zu Bücherverbrennungen durch nationalsozialistische Studenten kommt. In Königsberg werden auf dem Trommelplatz auch schwarz-rot-goldene Fahnen der Weimarer Republik verbrannt.

Die meisten inhaftierten Sozialdemokraten werden im September 1933 wieder freigelassen. Sie stehen aber weiterhin unter der Aufsicht der Polizei. Fast alle verlieren ihre Arbeit. Wilhelm Matull und Max Sommerfeld berichten, dass ab 1936 bis 1939 nur noch ein loser Zusammenhalt der ehemaligen Sozialdemokraten aufrecht erhalten werden kann. Bis Kriegsende hätten Kontakte mit der Exil-SPD, zu bürgerlichen und kirchlichen Oppositionskreisen bestanden, doch ein fester Zusammenschluss von Anhängern und ehemaligen Funktionären sind diese Kontakte nicht. In halb privaten Treffen hält man marxistische Ideen und die Traditionen der Arbeiterbewegung lebendig. „Nicht spektakuläre Einzelaktionen, sondern die Hoffnung auf die Wirkung politischer Überzeugungsarbeit und der längerfristig ausschlaggebenden gesellschaftlichen Widersprüche des NS-Systems bestimmten diese Form illegaler Arbeit“[106], schreibt der Historiker Christian Tilitzki, der die geheimen Lageberichte der Königsberger Justiz ausgewertet hat. In den Deutschland-Berichten der Exil-SPD findet sich für den Zeitraum 1936 bis 1939 kein Hinweis auf sozialdemokratische Widerstandstätigkeit in Ostpreußen.

Nach Hitlers Rede zum Ermächtigungsgesetz, der Zustimmung der katholischen Zentrumspartei und nach Abschluss des Reichskonkordats zeigt sich in katholischen Kreisen für kurze Zeit eine große Bereitschaft zur Kollaboration mit dem Nationalsozialismus. Im Juli 1933 bietet der Bischof von Ermland, Maximilian Kaller, in einem enthusiastischen Schreiben den Nationalsozialisten die Zusammenarbeit der katholischen Kirche an.[107] Die Nationalsozialisten nehmen in den nächsten Jahren eine gewisse Rücksicht auf die konfessionelle Besonderheit des Ermlands. Die Kreise Allenstein, Braunsberg, Heilsberg und Rößel werden weiter von katholischen Landräten geführt, während die übrigen Landräte in Ostpreußen wohl ausnahmslos protestantischer Konfession sind.[108] Im bäuerlich-katholischen Ermland kann die NSDAP im ersten Jahr nach der „Machtübernahme“ weder ideologisch noch organisatorisch Fuß fassen.[109] In der Auseinandersetzung um den Erhalt des Einflusses auf die Gläubigen, der auch über ein enges katholisches Vereinswesen ausgeübt wird, verschärfen sich die Gegensätze zwischen katholischer Kirche und NSDAP. Das katholische Milieu mit Bischof Kaller an der Spitze distanziert sich in Ostpreußen öffentlich immer deutlicher vom Nationalsozialismus. Die Verfolgungsorgane des NS-Staates, vor allem die Gestapo, verschärfen den Druck auf die Katholiken und ihren Bischof.[110]

Demonstrativ nimmt Kaller trotzdem 1935 an einer Wallfahrt nach Dietrichswalde teil. Der Marienwallfahrtsort ist für die polnischsprachige Minderheit im Ermland ein Identifikationsort, den Kallers Vorgänger Andreas Thiel und Augustinus Bludau in Kaiserreich und Weimarer Republik zu besuchen vermieden haben. Schon im September 1934 hat Kaller dort die Kirchweihpredigt auf Deutsch und nach der Messe auf Polnisch gehalten. Eine im November 1934 auf Polnisch gehaltene Predigt, die er mit den Worten „Geliebtes polnisches Volk“ beginnt, sorgt für eine Beschwerde des Gauleiters Erich Koch in Berlin. Im Jahr 1937 wird ein Hirtenwort Kallers zur Fastenzeit beschlagnahmt. Die Druckerei der Ermländischen Zeitung wird enteignet, nachdem dort 30 000 Exemplare der Enzyklika *Mit brennender Sorge* von Papst Pius XI. gedruckt worden sind. In ihr bezeichnet der Papst Politik und Ideologie des Nationalsozialismus als unchristlich. Im weiteren Verlauf des Jahres kommt es zu Verhaftungen und Verurteilungen von Geistlichen und Laien des Bistums; alle katholischen Vereine Ostpreußens werden verboten.

Besonderen Verfolgungen sind die katholischen Pfarrer der Diözese Ermland ausgesetzt, die sich aktiv zum Polentum bekennen. Bronislaus Sochaczewski wird 1886 in der Kaschubei geboren. Nach Absolvierung des Priesterseminars in Braunsberg wird er 1913 in Frauenburg zum Priester geweiht. Als Kaplan beginnt er seine Tätigkeit in Pestlin in Westpreußen, 1920 wechselt er nach Marienwerder und engagiert sich im Abstimmungskampf stark für die polnische Seite. Wohl aus politischen Gründen wird er 1923 zunächst in den Wallfahrtsort Heiligenlinde und 1924 nach Groß Lemkendorf versetzt. Im Jahre 1931 wird Sochaczewski zum Pfarrer von Schönwiese im Kreis Stuhm ernannt. Die Gemeinde ist überwiegend polnisch gesinnt. Unmittelbar nach dem Machtantritt der Nationalsozialisten wird eine Haussuchung bei dem Pfarrer durchgeführt, wegen kritischer Predigten verhört ihn die Gestapo. Im August 1935 ermittelt das Sondergericht Elbing gegen Sochaczewski, im Mai 1939 wird er aus Ostpreußen ausgewiesen. Für einige Zeit kommt er bei den Grauen Schwestern in Elbing unter. Sie raten ihm, nach Berlin weiterzufahren, doch Sochaczewski unterbricht die Reise für einen längeren Aufenthalt bei Bekannten im Polnischen Korridor. Dort wird er vom Überfall auf Polen überrascht und flieht vor den deutschen Truppen nach Warschau. Nach seiner Rückkehr in das Gebiet um Thorn wird er im Oktober 1939 von der Gestapo verhaftet und in das KZ Stutthof bei Danzig eingeliefert. Im April des folgenden Jahres verlegt man ihn in das KZ Sachsenhausen. Im Mai 1940 wird er dort von drei SS-Scharführern an mehreren Tagen bis zur Bewusstlosigkeit misshandelt. Am 13. Mai 1940 stirbt der ermländische Pfarrer Bronislaus Sochaczewski an den Folgen dieser Torturen.[111]

Schon bald nach der Machtübernahme des Nationalsozialismus entbrennt innerhalb des deutschen Protestantismus ein „Kirchenkampf“. Bis etwa zum Beginn des Zweiten Weltkriegs wird er zwischen den evangelischen Christen der „Bekennenden Kirche“ und den „Deutschen Christen“ aktiv ausgetragen. Während des Krieges nehmen die Auseinandersetzungen ab, auch weil viele evangelische Pfarrer zur Wehrmacht eingezogen werden. Noch in der Weimarer Republik ist die nationalreligiöse Bewegung „Deutsche Christen" entstanden, die 1933 die Machtergreifung des Nationalsozialismus begrüßt. Die Deutschen Christen treten ein für eine Gleichschaltung der Kirche, die Amtsenthebung nicht systemkonformer Geistlicher und die Anwendung des Arierparagraphen in der Kirche; das Alte Testament sowie alle „artfremden" Bräuche sollen in einer neuen deutschen Religion außer Kraft gesetzt sein. Die Deutschen Christen rufen eine Reichskirche aus, in der alle damaligen deutschen evangelischen Landes- und Konfessionskirchen aufgehen sollen. Im Mai 1933 wird das Amt eines Reichsbischofs installiert; der erste Amtsinhaber Friedrich von Bodelschwingh tritt aber bereits im Juni 1933 wieder zurück. Sein Nachfolger wird Ludwig Müller. Müller, von 1926 bis 1933 Wehrkreispfarrer in Königsberg, ist Landesleiter der Deutschen Christen in Ostpreußen und schon 1931 in die NSDAP eingetreten. Im April 1933 wird er Vertrauensmann Hitlers für Kirchenfragen, im August 1933 zum Landesbischof der „Kirche der Altpreußischen Union" gewählt und im September 1933 zum Reichsbischof ernannt.

Er versucht, seinen Einfluss auf möglichst alle 28 Landeskirchen der Deutschen Evangelischen Kirche (DEK) auszudehnen. Zahlreiche Landeskirchen werden schon von Kirchenleitungen unter dem Einfluss der „Deutschen Christen" verwaltet. Während der ostpreußische Protestantismus in der „Kirche der Altpreußischen Union" von den Deutschen Christen dominiert wird, können sich die drei Landeskirchen von Württemberg, Bayern und Hannover der Herrschaft der Deutschen Christen entziehen und bleiben „intakt". Letztlich aber scheitert Müller mit dem Versuch, eine „Deutsche Reichskirche" zu gründen.

Im September 1933 hat sich in Wittenberg ein „Pfarrernotbund" unter Martin Niemöller formiert, in dem sich bis zu ein Drittel der evangelischen Pfarrerschaft organisiert. Seine Angehörigen lehnen eine Anpassung der christlichen Verkündigung und Kirchenordnung an die Programmatik der „Deutschen Christen" ab. Auf Initiative von Kirchengemeinden und Pfarrern versammeln sich auch in Ostpreußen Kirchenmitglieder und Pfarrer zu „Freien Bekenntnissynoden". Reichsweit schließen sich die innerkirchlichen Oppositionskräfte im März 1934 zur „Bekenntnisgemeinschaft der DEK" zusammen und beauftragen einen „Reichsbruderrat" mit ihrer Leitung. Dieser erhebt bei einem Treffen in Ulm am 22. April den Anspruch, „rechtmäßige Evangelische Kirche Deutschlands" zu sein. Vom 29. bis 31. Mai 1934 findet in Barmen die „1. Bekenntnissynode" statt, zu der Lutheraner, Reformierte und Unierte ihre Gemeindevertreter entsenden. Damit haben sich die bekenntnistreuen Kirchenvertreter unter Berufung auf ein „Notrecht" von der offiziellen Kirche getrennt. Da Mitgliedern der „Bekennende Kirchen" die staatlichen Ausbildungseinrichtungen versperrt sind, gründet man zur Ausbildung von Pfarrern kirchliche Hochschulen und – getarnte – Predigerseminare.

Die bekenntnistreuen evangelischen Christen sammeln sich in Ostpreußen in der „Kirchlichen Arbeitsgemeinschaft", die im Februar 1934 an die Stelle des ostpreußischen Pfarrernotbundes tritt. Am 21. Oktober konstituiert sich in Königsberg die „Freie Evangelische Bekenntnis-Synode" mit einem eigenen Bruderrat. Von ihr wird die Barmer Theologische Erklärung und der Führungsanspruch Martin Niemöllers nicht in gleichem Maße akzeptiert wie in anderen Teilen Deutschlands: 25 ostpreußische Theologen und zehn Laien unterzeichnen aber ein Dokument, das auf die alleinige Grundlage von Bibel und Bekenntnis für das christliche Leben hinweist und sich einreiht in „die Front bekennender Gemeinden und des kämpfenden Luthertums".[112] Die ostpreußischen Protestanten sind fortan gespalten – das Konsistorium in Königsberg, oberste Kirchenbehörde der Provinz, steht auf Seite der Deutschen Christen.

Der aus Schlesien stammende Hans-Joachim Iwand ist der bedeutendste Theologe der Bekennenden Kirche in Ostpreußen. Nach dem Examen wird er 1923 als Studieninspektor an das Lutherheim in Königsberg berufen; in Königsberg promoviert und habilitiert er sich, 1928 legt er sein zweites theologisches Examen ab. Im November 1934 wird Iwand an das Herder-Institut in Riga berufen. Da ist er schon an herausragender Stelle am Kirchenkampf in Ostpreußen beteiligt. Von 1935 bis 1937 leitet er die (illegalen) Predigerseminare der Bekennenden Kirche auf dem Gut Blöstau (Kreis Königsberg) und in Jordan (Neumark, Provinz Brandenburg). Als Höhepunkt dieser ersten Phase des Kampfes der Bekennenden Kirche in Ostpreußen gilt die II. Ostpreußiche Bekenntnissynode in Königsberg vom 2. bis 7. November 1936. Zu ihr reist Martin Niemöller an und predigt im Königsberger Dom. Schon 1936 ist Hans-Joachim Iwand ein Redeverbot für das gesamte Reichsgebiet auferlegt worden, 1937 wird er wegen „staatsfeindlichen Verhaltens" aus Königsberg ausgewiesen. Als sich vom 18. bis 19. August des Jahres 130 Synodale zur III. Ostpreußischen Bekenntnissynode treffen, sind in Ostpreußen bereits 70 Pfarrer verhaftet. Im Oktober und November lässt die Staatspolizei den gesamten etwa 30-köpfigen Ostpreußischen Bruderrat und weitere 73 ostpreußische Pfarrer inhaftieren. 1938 werden die meisten Pfarrer und Mitglieder des Bruderrates überraschend aus den Gefängnissen entlassen. Erneute Verhaftungen bleiben aus. Von 581 Pfarrstellen in Ostpreußen sind bei Kriegsbeginn 496 besetzt. Von deren Pfarrern werden, neben allen Hilfspredigern und Vikaren, wiederum 254 zur Wehrmacht eingezogen oder hilfsdienstverpflichtet.[113]

Die großen Religionsgemeinschaften geraten mit dem Nationalsozialismus wegen seines totalitären Machtanspruchs, der nicht nur auf ihre Organisationen, sondern auch auf ihre Glaubensinhalte übergreift, in Konflikt. Bei kleineren christlichen Glaubensgemeinschaften, die häufig kompromisslos die Unterwerfung der Menschen unter Gottes Wort fordern, ist ein Konflikt unter jeder autoritären Staatsform fast unausbleiblich. So verfolgt der Nationalsozialismus die Glaubensgemeinschaft der „Zeugen Jehovas in Deutschland" vor allem wegen ihrer Ablehnung des Militärdienstes brutal.

Pregelstraße 1933 im Fahnenschmuck. „Auf vielen Gesichtern lag Freude, Hoffnung, Vertrauen, auf nicht wenigen aber auch Skepsis, Beklommenheit und Staunen über das, was da vor sich ging", beschreibt das Heimatbuch die Stimmung in Wehlau bei Hitlers „Machtergreifung".

1911 wird Josef Rehwald in Königsberg als Kind überzeugter und aktiver „Ernster Bibelforscher" – so nennt sich die Glaubensgemeinschaft der „Zeugen Jehovas" bis 1931 – geboren. Die Mutter nimmt Josef Rehwald, seine drei Brüder und die zwei Schwestern häufig mit zu den Zusammenkünften der Bibelforscher. Allerdings entfremden sich Josef und seine Schwester Lisbeth mit der Zeit von ihrer Glaubensgemeinschaft. 1933 findet der Zwanzigjährige zu ihr zurück: „Zu dieser Zeit arbeitete ich in einer großen Autoreparaturwerkstatt in Königsberg (Ostpreußen). Der Hitlergruß wurde eingeführt, und ich erhielt die Aufforderung, an einer paramilitärischen Ausbildung teilzunehmen. Jetzt musste ich mich entscheiden: Auf welcher Seite wollte ich stehen! Ich wusste sehr wohl, dass ‚Heil', also ‚Rettung', nicht von Hitler, sondern nur von Jesus Christus zu erwarten sei. Mein Entschluss lautete daher: Verweigerung des Hitlergrußes und Absage der paramilitärischen Ausbildung."[114] In den Jahren 1936 und 1937 werden Rehwalds Mutter, seine Schwester Helene und zwei seiner Brüder wegen der Ausübung ihres Glaubens verhaftet. Jetzt erst recht stehen Josef Rehwald und seine Schwester Lisbeth zum Glauben ihrer Kindheit. Wegen seiner Weigerung, Militärdienst zu leisten, wird Rehwald in Rastenburg zu einem Jahr Gefängnis verurteilt. „Ich kam in Einzelhaft ins Gefängnis Stuhm (Westpreußen). Kurz danach traf ich in diesem Gefängnis meine drei Brüder wieder, die ebenfalls dort inhaftiert waren. Nach Ende meiner Haftzeit wurde ich wiederholt von der

Gestapo verhört und kam schließlich – weil ich an meiner Überzeugung festhielt – ins Konzentrationslager Sachsenhausen."[115]

Die Mutter und alle Geschwister bis auf die Schwester Lisbeth sind während der gesamten Kriegszeit in Zuchthäusern und Konzentrationslagern inhaftiert. Die Brüder weigern sich standhaft, Militärdienst zu leisten; Josef Rehwalds Bruder Ernst wird nach vier Jahren Gefängnis im Juli 1941 in Berlin enthauptet, im Februar 1943 wird der Bruder Hans Rehwald nach fünf Jahren im Gefängnis in Quednau bei Königsberg erschossen. Josef Rehwald über den Tod des Bruders: „Sein unerschütterlicher Glaube – er erbat sich als letzten Wunsch, ein lautes Gebet sprechen zu dürfen – beeindruckte die Soldaten im Erschießungskommando so sehr, dass sie, in ihrem Gewissen tief berührt, den Befehl verweigerten. So kam es, dass der kommandierende Offizier den Befehl eigenverantwortlich ausführte."[116] Josef Rehwald kommt 1943 in das Männerlager des KZ Ravensbrück. Hier trifft er seine Mutter, die Schwester Helene und die Frau seines hingerichteten Bruders Hans wieder. Die Mutter überlebt die Befreiung durch sowjetische Soldaten am 5. Mai 1945 nur um wenige Tage. Josef, Paul und Helene Rehwald aus Königsberg überstehen die Folterungen, den Hunger und Gewaltmärsche der KZ-Haft. „Zusammengerechnet haben die sechs Glieder unserer Familie, die verhaftet waren, dreiundvierzig Jahre in Haft zugebracht, zwei wurden hingerichtet. Auch meine Schwester Lisbeth hielt an ihrer Überzeugung bis zu ihrem Tod im Jahre 1945 treu fest."[117]

Ursprünglich ist der Ort Carlshof bei Rastenburg ein freiherrlicher Altensitz. Am 4. November 1881 hat ihn der Rastenburger Superintendent Christian Klapp im Auftrag der ost- und westpreußischen Provinzialsynode der Evangelischen Kirche erworben. Er errichtet dort nach Um- und Ausbauten eine „Anstalt für Fallsüchtige", wie Epileptiker damals genannt werden. Sie nimmt bei ihrer Eröffnung im Oktober 1882 die ersten 36 Patienten auf. Faktisch sind die „Carlshöfer Anstalten" eine evangelische kirchliche Anstalt, nur ein evangelischer Pfarrer darf die Anstalt leiten. Bei Beginn des Ersten Weltkrieges leben in den „Carlshöfer Anstalten" über 1 500 Kranke und Bedürftige, in der Mehrheit Epileptiker, aber auch Geisteskranke, Alkoholiker und an Tuberkulose erkrankte Menschen. Daneben werden Obdachlose und etwa 200 Fürsorgezöglinge eingewiesen. Etwa 100 Bedienstete der Provinzialkirche betreuen die Insassen. In Carlshof ist nach dem Vorbild von Bethel nach und nach eine große Landwirtschaft mit vier Wirtschaftshöfen von über 500 ha entstanden, mit der sich die Anstalt selbst versorgt. Für Arbeitlose und Fürsorgezöglinge ist eine Arbeitsgelegenheit vorhanden. Ein Ausbildungshaus für männliche „Diakonissen", ein Arbeitslosenheim und ein größeres Krankenhaus kommen nach und nach hinzu. Die männlichen Diakonissen bilden die „Carlshöfer Bruderschaft".

Nach dem Ersten Weltkrieg wird Carlshof auch zum Sitz eines Predigerseminars. 1934 muss die Anstalt ihr Vorwerk Wilhelmsdorf unter Zwang verpachten, hier entsteht ab 1935 ein Flugplatz der Luftwaffe. Am 6. März 1939 erscheint die Gestapo in

Carlhof, erklärt ohne Begründung die Mitglieder des Kuratoriums und den leitenden Pfarrer Heinz Dembowski für abgesetzt und überträgt zunächst Vertretern des Provinzialverbandes die Leitung der Anstalt.[118] Der Sohn des Anstaltsleiters, Hermann Dembowski, erinnert sich: „Die Anstalten wurden aufgelöst und nach Kriegsanfang geräumt. Die Patienten kamen in staatliche Anstalten. Ein großer Teil fiel dem Euthanasieprogramm zum Opfer. Ich wusste davon und sehe noch die Eisenbahnwaggons auf unserer kleinen Station, die im Frühsommer 1940 kranke Patienten aufnehmen. Am selben Tag wurden sie in polnische Gebiete gefahren."[119] Mehr als 1 000 der zuletzt etwa 1 400 Insassen aus Carlshof werden in das „Durchgangslager Soldau" „evakuiert" und dort im Rahmen einer „Euthanasie"-Aktion 1940 ermordet.[120]

Während des Zweiten Weltkrieges wird in den geräumten Gebäuden der Anstalt ein Militärkrankenhaus eingerichtet, nach Beginn des Krieges gegen die Sowjetunion zieht auch eine SS-Schule ein. Diese ist aber nur eine Tarnung zur Stationierung der Leibstandarte Adolf Hitler, die im nahen Wald Görlitz das Führerhauptquartier „Wolfsschanze" schützt, in das Hitler mit dem Oberkommando des Heeres im Juni 1941 zieht. 1944 ist Carlshof auch das Lazarett für die Verwundeten des Stauffenberg-Attentats. Vom Flughafen bei Wilhelmsdorf startet das Flugzeug des Attentäters Claus Schenk Graf von Stauffenberg.

Die Schriftstellerin Marie Luise Kaschnitz gesteht in *Orte, Aufzeichnungen,* keinen Widerstand gegen den Nationalsozialismus geleistet zu haben: „Ich, von Natur feige und mit einer quälenden Vorstellungskraft ausgestattet, hielt den Mund."[121] Im Juni 1938 ist das Ehepaar von Kaschnitz-Weinberg zu einem üppigen Dinner mit Sekt und Erdbeerbowle auf dem Gut der Familie Müller von Steegen in Klein Steegen, Kreis Preußisch Eylau, eingeladen. Bei Tisch erzählt der Hausherr Otto Oskar von Steegen von einem politischen Fauxpas bei der Hochzeitsgesellschaft seines Nachbarn Boto-Kyrill von Oldenburg, dem Besitzer des Gutes Beisleiden. Der Neffe des ein Jahr zuvor gestorbenen Elard von Oldenburg-Januschau lässt zu, dass an der Hochzeitstafel erst an zweiter Stelle ein „Hoch" auf den Führer ausgebracht wird. Als die Partei von dieser „Zurücksetzung" erfährt, wird Offizieren für die Zukunft jeder gesellschaftliche Verkehr im Haus Oldenburg-Beisleiden verboten. Dem seit 15 Jahren amtierenden Landrat des Kreises, Herbert Neumann, macht man zum Vorwurf, nicht sofort unter Protest den Saal verlassen zu haben. Er wird strafversetzt.[122]

Helmuth von Glasenapp beobachtet, dass sich in den intellektuellen Kreisen Königsbergs Menschen, die Distanz zum System halten, angesichts des allgemeinen Spitzelwesens privat umso fester zusammenschließen. „Solche Mittelpunkte waren die Ärzte Piontek und Weisenberg mit ihren Frauen sowie der große Kunsthistoriker Wilhelm Worringer. Vor allem aber gedenke ich hier der verwitweten Musikhistorikerin Lina Jung und ihrer Schwester Claire Ritzki, in deren Wohnung ich oft zu Gast war und wo man in Kreisen Gleichgesinnter offen reden konnte."[123] In diesen Kreisen verkehrt auch Liesa von Küchler. Ihr Mann Georg von Küchler ist seit April 1937

Kommandierender General des I. Armee-Korps in Ostpreußen. „Von unabhängigem Urteil, äußerte sie ihr Mißfallen an der nationalsozialistischen Politik so unbefangen, daß man ständig in Sorge war, sie würde von der Geheimen Staatspolizei abgeholt werden."[124] Alle Distanz der Familie von Küchler zum Nationalsozialismus wird nicht verhindern, dass der spätere Generalfeldmarschall im Zweiten Weltkrieg für Kriegsverbrechen verantwortlich sein wird und ihn 1949 die Alliierten in Nürnberg deshalb zu 20 Jahren Haft verurteilen werden.

Antisemitismus und Judenverfolgung

Der Alltag in der Provinz Ostpreußen unterscheidet sich in den Jahren des „Dritten Reichs" nicht wesentlich vom Geschehen in anderen Regionen, er weist dieselben Merkmale der nationalsozialistischen Herrschaft auf. Ein Merkmal ist der jetzt mit staatlicher Unterstützung praktizierte Terror aus rassistischen Gründen gegen die jüdische Minderheit.

In der Kreisstadt Angerburg leben im Jahr 1937 nur noch 35 Juden. Im Jahr 1885 waren es noch 65, nach dem Ersten Weltkrieg 40. Angerburgs Juden sind in der Regel Gewerbetreibende. Otto Sadlack hat 1973 ihre berufliche Tätigkeit und gesellschaftliche Stellung bei der Machtübernahme des Nationalsozialismus im Angerburger Heimatbuch genau beschrieben: „In der Königsberger Straße, Ecke Alter Markt, besaß Max Radinowski das wohl größte Textilgeschäft ‚E. Jaruslawsky'. Am Alten Markt lag das Schuhgeschäft seines Bruders Albert Radinowski. Beides waren alt eingeführte Geschäftsunternehmen. Albert R. war aktives Mitglied der Schützengilde. Alfred Simon besaß einen Schuhwarenladen, der auch in der Königsberger Straße lag. Bis in die dreißiger Jahre bestand das Manufakturwarengeschäft von Simon Cohn, Inh. Georg Cohn. Die Gattin von Georg C. sang als Sopranistin im Frauenchor und wirkte bei der Aufführung großer Chorwerke in der Evangelischen Kirche mit. Ihr Mann hatte das Geschäft von seinem Vater übernommen. Dieser war bis in den Ersten Weltkrieg hinein Ratsherr und eine geachtete Persönlichkeit unserer Stadt. Sein ältester Sohn Felix, als Offizier hoch ausgezeichnet, fiel schon in der ersten Zeit des Ersten Weltkrieges. Ein Geschäft für Berufsbekleidung besaß gleichfalls in der Königsberger Straße Kurt Katzki. Am Holzmarkt betrieb Isidor Arschinowitz einen ambulanten Textilhandel. Joseph Lehmann, Bahnhofstraße, betätigte sich als Pferdehändler. Das gleiche gilt von Daniel Friedmann, Gumbinner Straße, einem sehr patriotisch gesonnenen Mann, mit seinem weißen Haar eine würdige Erscheinung, der daneben auch mit Rohprodukten handelte. Weiter ist Siegmund Karl zu nennen, der ebenfalls Produktenhändler war. Als Dentist wirkte am Markt Charles Levy."[125] In den Dörfern des Kreises gibt es nur noch drei weitere jüdische Familie. In Rosengarten lebt die Kaufmannsfamilie Bohm, sie betreibt ein Ladengeschäft. Ein solches hat auch die

Familie Pscherowski in Possessern. In Jorkowen besitzt die Familie Löwenstein einen Kolonial- und Manufakturkleinhandel.[126]

Seit 1918 ist Erich Schober Bürgermeister des 1 700-Einwohner-Städtchens Gilgenburg im Kreis Osterode. 1930 wird er nochmals für zwölf Jahre gewählt, aber 1933 aus seinem Amt entfernt. Er kennt 40 Jahre später noch die Namen Benjamin, Heymann, Kamnitzer, Lewin, Löwenberg, Marcus, Rappoport, Salomon, Salomonsohn und Wolf – der in seiner Stadt ansässigen jüdischen Bürger: „Es waren anständige, fleißige Menschen, größtenteils Kaufleute, die durch ihr Handelstalent viel zur Belebung der Stadt beigetragen haben, da sie mit der Landbevölkerung guten Kontakt hielten." Ab etwa 1928 mit dem Auftauchen der ersten Nationalsozialisten in Gilgenburg schlägt die Stimmung um. Häuser von Juden werden schon vor 1933 mit Hakenkreuzen beschmiert. „Da sich die Verhältnisse gegenüber den Juden immer mehr zuspitzten, haben einige von ihnen es vorgezogen, im Laufe der Zeit die Stadt zu verlassen. Andere, die noch Besitztum hatten, verhielten sich abwartend, bis sie 1941 verhaftet, abtransportiert und sehr wahrscheinlich mit vergast wurden, wie ich seiner Zeit von zuverlässiger Seite erfahren hatte."[127]

Bei einem Besuch am 12. Juli 1933 in Osterode stellt der Syndikus des Landesverbands Ostpreußen des Central-Vereins deutscher Staatsbürger jüdischen Glaubens, Dr. Max Angerthal, fest, dass es in Osterode fast sämtlichen jüdischen Geschäftsleute wirtschaftlich schlecht geht. Insbesondere die städtische Kundschaft bleibe fort. Angerthal ist am Abend des 12. Juli zu einer Versammlung des örtlichen Central-Vereins eingeladen, die aber auf Wunsch eines Teils der lokalen Mitglieder abgesagt wird. Angerthal in einem Bericht an die Berliner Zentrale des Verbandes: „Die jüdische Bevölkerung vermeidet ängstlich eine auch noch so harmlose Ansammlung."[128]

Die Eltern von Fritz Radok, Elias Radok, des Leiters und Mitbesitzers der Königsberger Union-Gießerei, und seine Frau Jenny, sind von ihrer Herkunft jüdischen Glaubens. Die Familie lässt sich im Jahr 1902 taufen und ist seitdem protestantisch. Fritz Radok ist mit Gertrud Vageler verheiratet, deren Familie aus Holstein nach Ostpreußen gezogen ist. Sie wächst auf dem Familiengut Maeken im Kreis Preußisch Holland auf. Der Industriellensohn Fritz Radok ist damals eine der „besten Partien" der Provinz. Das frisch vermählte Ehepaar geht 1913 für ein Jahr nach Deutsch-Ostafrika. Die Familie lebt auch nach ihrer Rückkehr nach Königsberg im Jahr 1914 in gesicherten Verhältnissen, die Radoks sind wirtschaftlich in 1920er und 1930er Jahren so gut gestellt, dass viele Reisen ins Ausland unternommen werden und die Sommer häufig in Nidden verbracht werden können.

Niemals hätte sich Fritz Radok vorstellen können, einmal nicht mehr als „Deutscher" angesehen zu werden. Sein Sohn Rainer beschreibt den Vater als einen überzeugten deutschen Patrioten. „Sein Nationalismus entstand aus dem seines Vaters, der in jeder Richtung ein Preuße wurde, und seinem eigenen natürlichen Heimatgefühl, das so stark bei allen Menschen ist."[129] Fritz Radok legt seine Anhänglichkeit an die Hohenzollernmonarchie nie ab; in den 1920er Jahren lässt er an nationalen Feiertagen neben der Republikflagge die alte Reichsflagge aus dem oberen Stockwerk seiner Villa flattern. Der Antisemitismus nationaler Kreise nach 1933 ist ihm unbegreiflich: „Noch immer kann Vater nicht glauben, daß er von der ‚Wiedergeburt Deutschlands' ausgeschlossen sein soll, denn in seinem Herzen unterstützt er viele der nationalistischen Ideen dieser Zeit".[130]

„Deutsche! Wehrt Euch! Kauft nicht bei Juden!" – unter Parolen wie dieser beginnt am 1. April 1933 um 10 Uhr reichsweit ein zuvor angekündigter Boykott jüdischer Geschäfte, Ärzte und Rechtsanwälte. Angehörige der SA und der SS hindern Passanten unter Androhung von Gewalt am Betreten jüdischer Läden. Am Vormittag dieses Tages will der Königsberger Rechtsanwalt Paul Ronge in seine Stammkonditorei gehen. „Wer steht in der Tür der kleinen Konditorei? Der Herr Wirt persönlich, der Inhaber des Café Corso, Herr Barthold. Nicht um uns, seine Stammgäste, persönlich zu begrüßen, sondern um Juden fortzukomplimentieren. Jahrelang hatten seine jüdischen Gäste seinen Laden florieren lassen. Jetzt waren sie keinen Kaffee mehr wert."[131] Viele Königsberger sind an diesem Tag auf den Beinen. „In der Stadt war Trubel! Aber nicht Begeisterung, sondern Neugierde. Jeder wollte sehen, wie der Boykott aussah. Schilder an der Ladentür, beklebte Schaufensterscheiben, überall SA-Posten."[132] Vor den Geschäften haben sich Fotografen postiert. Will jemand ein jüdisches Geschäft betreten, heben sie die Kamera, bereit, ein Foto zu schießen. „Die sich nicht beirren ließen, sahen ihr Foto am nächsten Tag im ‚Stürmerkasten' in der Poststraße."[133] Es gibt große und auch kleine Gesten der Solidarität mit den jüdischen Mitbewohnern. Die damals 15-jährige Lucinde Worringer, jüngste Tochter von Wilhelm und Marta Worringer, geht am Boykott-Tag zu der in der Probstheidastrassse 6 unter der Familie wohnenden jüdischen Familie Aronsons und bringt ihr einen Blumenstrauß.[134]

Letztlich ist die Boykott-Aktion vom 1. April 1933 reichsweit ein Fehlschlag. Das Ausland wird auf die Verhältnisse aufmerksam und auch im Land selbst regt sich noch ein gewisser Protest. Menschen kaufen an den Tagen zuvor vermehrt bei Juden ein, nicht wenige demonstrativ am Tage selbst. Der Kreisleiter von Allenstein empfiehlt in einem Tätigkeitsbericht für die Zukunft eine andere Strategie, denn: „Die jüdischen Geschäfte waren an beiden vorhergehenden Tagen direkt überfüllt."[135]

Die Eltern von Jerry Lindenstrauss, Louis und Lilly Lindenstrauss, sind relativ wohlhabend. Sie besitzen in Gumbinnen in Königsstraße Nr. 1, Ecke Hindenburgstraße, gemeinsam mit dem Bruder des Vaters ein gut eingeführtes, im Jahr 1883 gegründetes Textilgeschäft. Die Ehe von Louis und Lilly Lindenstrauss ist schon vor der Machtergreifung der Nationalsozialisten gescheitert, Lilly Lindenstrauss hat einen anderen Mann kennengelernt. Das rentable Unternehmen, in dem außer Konfektionsbekleidung und Modewaren auch Stoffe, Sportartikel und Spielzeug verkauft werden, hat circa 50 Angestellte.[136] In Gumbinnen leben vor 1933 etwa 50 jüdische Familien. Das gesellschaftliche Leben der jüdischen Gemeinde findet bei privaten Festen

Die Königsbergerin Gertrude Rubenstein, ihre 1937 geborene Tochter Ruth Marion und das Kindermädchen, ca. 1939. Während das Kindermädchen im Holocaust ermordet wird, tauchen die Rubensteins in Belgien unter, überleben und wandern 1948 in die USA aus.

und Feierlichkeiten statt. „Als Mitglieder eines wohlhabenden deutsch-jüdischen Mittelstandes hatten wir in Gumbinnen ein gutes Leben. Unser Haus lag im besten Viertel der Stadt. Wir betrachteten uns vor allem als Deutsche, obwohl die meisten unserer gesellschaftlichen Beziehungen mit anderen jüdischen Familien gepflegt wurden."[137] In Gumbinnen herrscht unmittelbar nach der Machtübernahme des Nationalsozialismus schon eine stark antijüdische Stimmung. Jerry Lindenstrauss: „Wir wurden gezwungen, unser Geschäft und die zwei Häuser an Walter Kraft, einen späteren Luftwaffenpiloten, für einen Bruchteil des Wertes zu verkaufen."[138]

Systematisch entrechtet die NSDAP durch Gesetze und Verordnungen im Reich die jüdische Minderheit, um sie in die Emigration zu treiben. Begleitet werden diese staatlichen Maßnahmen durch Terror auf der Straße. Am 22. Juli 1935 berichtet Max Angerthal an die Leitung des Central-Vereins nach Berlin einen Vorfall in Osterode. Dort hat am Samstag, den 20. Juli 1935, vormittags eine größere Gruppe von 8- bis 10-jährigen Kindern die Schaufenster sämtlicher jüdischer Geschäfte dicht mit Zetteln mit der Aufschrift „Du bist ein Judenknecht" beklebt: „Meistens rissen sie die Ecke des Zettels mit der Silbe ‚knecht' fort, sodass die Inschrift lautete: ‚Du bist ein Jude'."[139] Der jüdische Lederhändler Wittenberg läuft den Jungen, die sein Schaufenster beklebt haben, nach, um sie zur Rede zu stellen. Daraufhin wird ihm vorgeworfen, einen Jungen geschlagen zu haben. Vor dem Laden von Wittenberg erscheint ein älterer Angehöriger der Hitler-Jugend mit der Drohung, man werde ihn erdolchen oder totschlagen, da er sich an einem „deutschen Jungen" vergriffen habe. „Der Junge zog auch den Dolch. Dann trat eine Anzahl ebenfalls älterer HJ-Angehöriger auf. Die Jungen überwältigten W. in seinem Laden, warfen ihn zur Erde und schrien, sie wollten ihn totschlagen. Dann aber ließen die Jungen von ihm ab und verschwanden."[140]

Nach diesem Vorfall wird das Haus des Lederhändlers unausgesetzt von kleinen Jungen umlagert. Wittenberg fährt mit seinem Auto zum Bahnhof, er will Osterode für einige Zeit verlassen. Die Jungen verfolgen ihn bis in den Schalterraum. Trotz des anfänglichen Einspruchs des Oberbahnvorstehers setzen die Kinder durch, dass Wittenberg kein Billet kaufen kann. Er fährt daraufhin mit einem Auto in seine Wohnung zurück. „Hier wurde er gegen 15 Uhr von einer Anzahl Jungen, die unter Führung eines Zivilisten und eines SA-Mannes standen, abgeholt und etwa eine Stunde unter Fußtritten durch die Stadt geführt. Man hatte W. ein Plakat umgehängt mit der Aufschrift: ‚Dieser dreckige Jude hat einen deutschen Jungen geschlagen!'"[141] Als der Zug in die Nähe des Osteroder Kreiskrankenhauses gelangt, kann der misshandelte Kaufmann kaum noch gehen. Die aufgehetzte Meute will ihn daraufhin in einem großen Blechgefäß auf einem Karren weiterführen, was durch einen eintreffenden Polizeibeamten verhindert wird. Der erklärt, er nehme Wittenberg „zu seinem Schutz in Haft", kann sich aber nicht gegen den Mob durchsetzen. Auf dem Markt soll der Kaufmann zum Dauerlauf gezwungen werden, doch vier Polizeibeamte gebieten dem Treiben jetzt Einhalt. Wittenberg wird mit zur Wache genommen, am Abend entlässt man in aus der Schutzhaft. Die Meute zieht an diesem Tag noch zu anderen „jüdischen" Häusern und Geschäften. Sie verwüsten das Büro eines Mühlenbetriebes und führen den Mühlendirektor Kallmann ebenfalls durch die Straßen Osterodes bis zur Polizeiwache. Dort wird auch er in Schutzhaft genommen und erst am Abend wieder freigelassen.

Innerhalb der ostpreußischen Bevölkerung gibt es zu dieser Zeit offenkundig immer noch Vorbehalte, die gewalttätigen Boykottaktionen zu unterstützen. Die Gestapo Königsberg notiert in ihrem Bericht für den Juli 1935, dass es vor allem auf dem Lande noch der Aufklärungsarbeit bedürfe: „Das Gefühl für die Schädlichkeit des Judentums fehlt sowohl in der einfachen Landbevölkerung als auch noch häufig in der Stadtbevölkerung. Dieses liegt auch vor allem daran, daß die Bevölkerung gewohnt ist, in den jüdischen Geschäften stets Entgegenkommen, Kredit und eine unterschiedslose Freundlichkeit zu finden, während im Gegensatz dazu bei den arischen Kaufleuten vielfach das Standesgefühl und die Gleichgültigkeit und geldliche Korrektheit den einfachen Menschen ärgern."[142]

In der Nacht vom 6. auf den 7. Oktober 1936 finden in Bischofstein im Kreis Rößel Ausschreitungen gegen die jüdische Bevölkerung statt. Auch hier werden Schaufenster, Wände und Türen jüdischer Geschäfte mit Farbe beschmiert. Über eine Straße wird ein Transparent mit der Aufschrift „Juden raus" gespannt. Noch wird hier niemand verletzt, keine Wohnung gestürmt. Der aus dem Ermland stammende Aloys Sommerfeld ist Zeuge der Aktion: „Die Juden waren zutiefst deprimiert, die Christen empört, und einige Leute stießen Worte der Entrüstung aus, wie der Verfasser, an jenem Morgen zufällig mit seiner Mutter in der Stadt, es hörte."[143] Im selben Jahr erlebt auch Bischofsburg ähnliche Ausschreitungen.

Die mal mit Eingreifen, mal ohne Anstiftung der Partei entfesselte Gewalt beinhaltet auch Gefahren für das Regime, wie der Historiker Michael Wildt feststellt, „denn zum einen unterhöhlte sie das zentrale Gewaltmonopol, zum anderen provozierte die offene Brutalität möglicherweise Distanz zum Regime innerhalb der Bevölkerung."[144] Wild zitiert einen Bericht der Staatspolizeistelle Königsberg vom Juli 1935: „So erfreulich es ist, daß allmählich das Verständnis für die Gefährlichkeit des Juden in immer weitere Schichten dringt, haben doch auch andererseits die zahlreichen wilden Aktionen gegen jüdische Geschäfte usw. im weiten Kreise der Bevölkerung erhebliche Erregung verursacht und Ablehnung gefunden. Es wird von diesen Kreisen betont, daß die Regelung der Judenfrage allein Aufgabe des Staates und der Bewegung sei, daß aber nicht jeder einzelne Volksgenosse nach eigenem Gutdünken und, ohne etwaige Auswirkungen zu übersehen, handeln könne."[145]

Um den Terror zu kanalisieren, lässt Adolf Hitler zum Nürnberger Reichsparteitag von 1935 eine gesetzliche Regelung zum Verhältnis von „Ariern" und „Nichtariern" ausarbeiten. Am 15. September werden das „Reichsbürgergesetz" und das „Gesetz zum Schutze des deutschen Blutes und der deutschen Ehre" verabschiedet. Diese „Nürnberger Gesetze" machen die jüdischen Deutschen zu Menschen minderen Rechts. Das „Blutschutzgesetz" verbietet Eheschließungen zwischen Nichtjuden und Juden und stellen auch den Geschlechtsverkehr zwischen Juden und Nichtjuden unter Strafe. Für den außerehelichen Geschlechtsverkehr lautet die Strafbestimmung im § 5(2): „Der Mann [...] wird mit Gefängnis oder Zuchthaus bestraft." Die Bestimmung, dass nur der Mann einer Bestrafung unterliegt, soll auf eine Anweisung Hitlers eingefügt worden sein. Die Höhe der Strafe reicht von einem Tag Gefängnis bis zu 15 Jahren Zuchthaus.

Im Frühjahr und Sommer 1935 mehren sich neben gewalttätigen Boykottaktionen auch Anprangerungen von Liebesbeziehungen zwischen Juden und Nicht-Juden als sogenannte „Rasseschande".[146] Paul Ronge vertritt 1936 den jüdischen Kaufmann Rarraweg in einem „Rasseschande"-Verfahren vor dem Königsberger Schöffengericht. Der Kaufmann, stellvertretender Vorsitzender des Verbandes jüdischer Frontsoldaten, hat schon vor dem Erlass der Nürnberger Gesetze eine Beziehung zu einer eleganten älteren Dame. In dem Verfahren zeigen die Richter und die Beisitzer, dass sich in ihren konservativen Kreisen noch einige Standesgepflogenheiten aus wilhelminischer Zeit erhalten haben. Einer der Schöffen ist aktiver Kavallerieoffizier in der Preußischen Armee gewesen, ein anderer Wachtmeister bei den Dragonern. Anwalt Ronge sorgt dafür, dass die im Ersten Weltkrieg verliehenen Orden, das goldene

Verwundetenabzeichen und auch ein Armeebefehl, der den Angeklagten mit Namen nennt, dem Gericht vorliegen. „Die Szene wurde ungeheuerlich; als der Angeklagte aufgerufen wurde und vor den Richtertisch kam, machte er die kleine Verbeugung, wie sie damals in den Offizierskasinos der alten Welt üblich gewesen war. Er klappte nicht mit den Hacken – natürlich nicht –, aber er stand ganz aufrecht da und sah sich seine Richter genau an. Und es geschah genau das, was kommen mußte. Die Herren Richter und der Schöffe, der als Offizier aktiv gedient hatte, verbeugten sich ebenso chevaleresk. Es sah fast so aus, als ob sie bleich wurden. Es entstand sogar eine Minute benommenen Schweigens."

Hier sei man „unter sich" gewesen, konstatiert Ronge: „Die Richter und der Angeklagte, man gehörte zusammen, man hatte sich weit über ein Jahrzehnt als zusammengehörig betrachtet, und jetzt sollten die Herren, die da saßen, den vor ihnen stehenden Kameraden wegen etwas verurteilen, das es doch im Grunde gar nicht gab?"[147] Das Gericht erlässt eine milde Strafe.

Am Jahrestag des gescheiterten Münchener Hitler-Putsches von 1923 wird die Braunsberger SA zu einem Sonderdienst auf dem alten Kasernenhof befohlen. Es ist der 9. November 1938. An diesem Tag erfolgt die Ernennung von Hans Preuschoff zum Rottenführer, einem einfachen Mannschaftsgrad der SA, der bei der Armee dem Rang eines Obergefreiten entsprechen würde. Nach Ende des Dienstes werden die SA-Mannschaften entlassen, Mitgliedern ab dem Rang „Scharführer" (Unteroffizier) aufwärts wird befohlen zu bleiben. Diesen Rang haben zumeist langjährige Mitglieder der SA. Mit zwei weiteren SA-Mitgliedern begibt sich Preuschoff daraufhin in den „Rheinischen Hof", um ein Bier zu trinken. Danach geht er nach Hause. Die anderen Braunsberger SA-Männer werden in dieser Nacht einen „furchtbaren Frevel" (Preuschoff) begehen. Vom Fenster seines Wohnzimmers sieht er einen Feuerschein. „Ich überlegte, wo's brennen konnte, kümmerte mich aber nicht weiter drum, weil ich zu müde war. Am Morgen erfuhr ich, daß es die Synagoge war und auch sehr bald, daß sie von SA-Männern angezündet war. Dazu also hatte man sie dabehalten."[148]

Am 7. November 1938 hat der 17-jährige polnische Jude Herschel Grynszpan in der Deutschen Botschaft in Paris auf den Legationssekretär Ernst Eduard vom Rath geschossen. Dieser erliegt am 9. November seinen Verletzungen. Die Nachricht vom Attentat erreicht die deutsche Öffentlichkeit am 8. November 1938 durch die Tagespresse. Die NS-Führung nimmt das Attentat zum Anlass, länger geplante antijüdische Exzesse auszulösen.

Nach Aussagen des Osteroder Kriminalkommissars Ludwig Brosda wird in der Kreisstadt schon am Abend des 9. November ein großer Teil der Einwohner jüdischen Glaubens durch die SA festgenommen, auf Kraftwagen geladen und in das Gerichtsgefängnis eingeliefert. „Der von mir herbeigerufene zuständige Amtsgerichtsrat Dr. Dörmer hat mit meiner Unterstützung dann die Freilassung erwirkt, ohne dass es zu weiteren Ausschreitungen gekommen ist."[149] Mit „Ausschreitungen" kann der Kriminalist nur schwere Sachbeschädigungen, Plünderungen und Körperverletzungen meinen, denn nach der Freilassung durchsucht die SA die Wohnungen der jüdischen Bevölkerung. „Den zu Haussuchungen bestimmten SA-Kolonnen wurde je ein Kriminalbeamter beigegeben, der etwaige Übergriffe durch die SA an Ort und Stelle rügte. Die Kreisleitung und auch die Gauleitung rügten zwar scharf diese Maßnahmen (der Kriminalpolizei, der Verf.), aber sie hatten Erfolg."[150] Brosda muss aber eingestehen: „Die Vernichtung der Synagoge ist dagegen durch Brandstiftung gelungen."[151]

1937 ist Karl Wilhelm Biegemann, Oberwachtmeister bei der preußischen Polizei, aus dem Dorf Marienfelde nach Osterode versetzt worden. Sein Sohn Karl-Heinz, damals 9 Jahre alt, geht am Morgen des 10. November wie gewöhnlich zur Hindenburgschule in der Ludendorfstraße. Sein Schulweg führt an der Synagoge in der Gartenstraße vorbei: „Als ich die Kirchhofstraße herunterging, brannte die Synagoge ... Das war ein Erlebnis und ich schaute bestimmt eine halbe Stunde mit anderen Schaulustigen zu. Ich wußte nicht, daß es eine Brandstiftung der SA war. Jetzt dachte ich wieder an meine Schule, stürmte in die Klasse und rief: ‚Die Judenkirche brennt.' Der Klassenlehrer Steiner sagte zu mir: ‚Setz dich bitte hin'."[152]

Franz Salewsky, 1932 in Neidenburg geboren, ist später in Nordrhein-Westfalen und nach 1990 in Brandenburg als Polizei- bzw. Kriminalbeamter tätig. Als Rentner beschäftigt er sich kritisch mit der Geschichte seiner Heimatstadt. Aus Erzählungen seiner Eltern kennt er Details des Geschehens in Neidenburg in der Reichspogromnacht. Der Pferdehändler Aron Zack ist ein Nachbar der Salewskys in der Straße Töpferberg. Nach Einbruch der Dunkelheit überfallen die sechs Neidenburger SA-Männer Ernst Kubin, Fritz Reckstein, Emil Schudwitz, Wilhelm Strysic, Max Uhlich und Max Tybussek die Familie Zack: „Meine Mutter und unsere Nachbarin, Frau Grabowski, standen an dem zum Töpferberg 2 gerichteten Fenster der Wohnung Grabowski (Ecke Hindenburgstraße 32 und Töpferberg 1) und beobachteten das Massaker. Der alte Herr Zack wurde offenbar mit einem SA-Dolch verletzt. Frau Zack wurde erstochen und aus dem Fenster ihrer Wohnung auf die Straße geworfen. Später wurde ihre Leiche mit einem Lastwagen der Müllabfuhr abtransportiert."[153] Die beiden Söhne der Familie, Helmut und Kurt Zack, werden durch Stiche verletzt, können aber fliehen. Franz Salewskys Mutter, die mit Anna Zack gut befreundet war, versteckt die Jungen im Keller unter ihrer Küche.

Während des Geschehens spielt der Vater von Franz Salewsky in der nahegelegenen Gaststätte Marchlowitz Skat. Als die Synagoge zu brennen beginnt, laufen die Gäste des Lokals zum Emil-Schulz-Platz, wo sie beobachten, wie SA-Männer aus der benachbarten Schlosserei Rexin in Eimern Benzin holen und in die Flammen schütten. Am nächsten Tag erscheint einer der SA-Männer bei der Familie Salewsky und droht ihr im Falle einer Aussage das gleiche Schicksal wie den Zacks an. Frau Salewsky kennt diesen SA-Mann noch aus der Zeit vor 1933, als sie und der Mann im SPD-nahen „Reichsbanner Schwarz-Rot-Gold" und in der „Eisernen Front" aktiv waren.[154]

In der Pogromnacht vom 9. auf den 10. November 1938 werden in der Provinz Ostpreußen über 40 Synagogen und jüdische Gebetssäle niedergebrannt oder geschändet, auch die große Neue Synagoge in der Königsberger Lindenstraße.[155] Die eingedrungen SA-Männer zertrümmern die Bänke, zerren die Tora-Rollen aus dem Schrein und zerreißen die Gebetbücher. In der Mitte des Raums stapeln sie ihre Beute und zünden sie an. „Währenddessen spielte ein Parteigenosse auf der Synagogenorgel das Horst-Wessel-Lied. Es erklang noch, als der Haufen in Flammen aufging. Erst als das Feuer auch das Instrument erfasste, hatte der Spuk ein Ende."[156]

Seit August 1937 ist Dr. Wichard von Bredow Landrat des Kreises Pillkallen. Am 9. November 1938 erhält er den Befehl, sich am Niederbrennen der Synagoge in der kleinen Grenzstadt Schirwindt zu beteiligen. Er zieht seine Uniform als Wehrmachtsoffizier der Reserve an, verabschiedet sich von seiner Frau und kündigt an, die Synagoge zu retten. Als SA vor der Synagoge eintrifft, steht von Bredow mit geladenem Revolver da und verhindert unter Androhung von Waffengewalt die Brandstiftung.[157] Die SA-Männer trauen sich nicht, den Landrat in Wehrmachtsuniform zu attackieren und ziehen ab. Die Synagoge in Schirwindt wird das einzige jüdische Gotteshaus im Regierungsbezirk Gumbinnen sein, das diese Nacht unversehrt übersteht. Von Bredow wird im Übrigen für seine Tat niemals offiziell gemaßregelt und bleibt bis zum Vormarsch der Russen 1944 Landrat von Pillkallen.

Der Landarbeiter Max Landowski bestätigt, dass sich spätestens nach dem November 1938 jeder über den Charakter nationalsozialistischer Herrschaft im Klaren gewesen sein muss: „Daß es Konzentrationslager gegeben hat, hat man wohl gehört. Da bei uns in Stutthof. Auch daß die Juden wegkamen, in Niklaskirchen schon, diese Kristallnacht – daß die weggekommen sind, hat man mitgekriegt."[158]

Die sechs Neidenburger SA-Männer werden noch im Tatjahr 1938 wegen des Mordes an dem Ehepaar Zack angeklagt. Allerdings nicht von einem ordentlichen Gericht, sondern dem obersten Parteigericht der NSDAP. Im Januar 1939 wird das Verfahren eingestellt, weil die Männer bei ihrer Tat „an einen Befehl der Gauleitung zu blutiger Rache geglaubt und nur in Ausübung dieses vermeintlichen Befehls gehandelt haben." Dass sie wirklich geglaubt hätten, auf Befehl zu handeln, ergebe sich aus der Tatsache, dass sie die Getöteten nicht näher gekannt hätten – „irgendein persönliches Haß- oder Rachegefühl hat bei keinem von ihnen vorgelegen", stellen die NSDAP-Richter fest.[159] Lediglich dem Kreisleiter Richard Liedtke wird vorgehalten, er habe die Verantwortung für die weiteren Vorgänge und die Pflicht gehabt, angesichts der erregten Stimmung der unter dem Einfluss von Alkohol stehenden SA-Männer in unmissverständlicher Weise vor Ausschreitungen zu warnen und alles zu tun, um sie zu verhindern.[160] Die Volkszählung vom 17. Mai 1939 stellt im gesamten Kreis Neidenburg nur noch 23 Juden fest.

1962 wird der Neidenburger Mord vor einem bundesrepublikanischen Gericht verhandelt. Mehrere der SA-Männer haben sich vor dem Paderborner Landgericht für

Die Neue Königsberger Synagoge steht an der Ostseite der Lindenstraße, gegenüber der Honigbrücke zur Dominsel in einer Aufnahme von 1914. Ihre Gemeinde ist religiös liberal. Links neben der Synagoge das Jüdische Waisenhaus.

das Verbrechen zu verantworten und erhalten mehrjährige Haftstrafen. 1992 wird der Fall erneut aufgerollt. Jetzt hat sich Fritz Reckstein, der bis dahin in der DDR gelebt hat und dort gerichtlich nicht verfolgt wurde, wegen des Mordes an Minna Zack zu verantworten. Der zu diesem Zeitpunkt 83-Jährige erhält eine Freiheitsstrafe von zwei Jahren auf Bewährung wegen Beihilfe zum Totschlag.[161]

1936 wird Fritz Radok als Geschäftsführer der Steinfurter Maschinenfabrik entlassen. Nach den Nürnberger Gesetzen von 1935 ist er nicht mehr Reichsbürger und darf deshalb kein Unternehmen dieser Größe mit vielen arischen Mitarbeitern leiten. Nur schwer kann er sich mit dem Gedanken anfreunden, dass seine Familie Ostpreußen und Deutschland verlassen muss. Der ehemalige Geschäftsführer der Steinfurter Maschinenfabrik hält sich am 9. November in Berlin auf, um Fragen der Auswanderung zu klären. Als er hört, dass in Königsberg die Gestapo nach ihm sucht, bleibt er in Berlin. Bis Weihnachten 1938 sind in Königsberg alle arretierten Juden entlassen. Fritz Radok kehrt jetzt nach Königsberg zurück. Mit Ausnahme des inzwischen in Glasgow lebenden Sohnes Uwe versammelt sich noch einmal die ganze Familie in ihrer großen Villa in der Ottokarstraße 27. Die protestantische Familie mit jüdischen Wurzeln hat Weihnachten immer groß gefeiert. Jetzt bereitet sie sich auf die Emigration vor. Sohn Rainer Radok spürt die zunehmende Heimatlosigkeit: „Nach dem Abendbrot am Heiligabend verlasse ich das Haus und wandere durch die stillen, tief verschneiten Straßen. Am Pregelfluß beobachte ich an einem Loch im Eis einige Vögel, die jetzt auch ein schweres Leben haben und auf Fische warten. Es fängt an zu schneien. Auf dem Weg nach Hause sehe ich durch die Fenster in das Wohnzimmer meines Freundes Lothar Dyck, wo seine Familie um ihren Weihnachtsbaum versammelt ist. Ich klingele nicht an, da ich schon lange nicht mit ihm gesprochen habe."[162] Im Dezember 1938 hat Rainer Radok auf der Fahrt von München nach Königsberg im Zug die englische Sängerin Norah Trangmar kennengelernt. Mit ihrer Hilfe organisiert er – unabhängig von den Eltern, der Schwester Gundula und dem ältesten Bruder Christoph – erfolgreich seine Auswanderung nach Großbritannien. Im Juli 1939 kommt er in England an.

Im Sommer 1939 hat die Mehrheit der Juden Ostpreußen verlassen. Die meisten sind ausgewandert, andere in die Anonymität westlich gelegener Großstädte wie Berlin ausgewichen. Die jüdische Gemeinde in Königsberg, die durch vermehrten Zuzug von Juden aus Russland im Jahr 1880 auf rund 5000 Mitglieder angewachsen war, verliert zwischen Juni 1933 und Oktober 1938 von ihren 3170 Mitglieder 1084.[163] 1939 leben noch etwa 1500 Menschen jüdischer Herkunft in Königsberg.[164] In ganz Ostpreußen gibt es am 17. Mai 1939 noch 3169 Juden, darunter 258 Getaufte. Zunächst fühlen sich viele bei Verwandten in westdeutschen Großstädten sicher. Dort scheint es, anders als in den ostpreußischen Kleinstädten, noch Rückzugsmöglichkeiten zu geben.[165] Eine trügerische Hoffnung.

Wirtschaft und Alltag

Gewerbe, Landwirtschaft und Siedlung

„Die Tagesverpflegung im Rucksack strebten Arbeiter und Handwerker auf Fahrrädern ihren Arbeitsstellen zu. Waldarbeiter mit geschulterten Äxten, Sägen und Spaten schritten auf Abkürzungspfaden dem Walde entgegen. Aus allen Richtungen kamen in nicht immer gehobener Stimmung die kleinen Steppkes, die größeren Lorbasse und die Marjellchen in Richtung Schule gepilgert. Hühnergackern, Enten- und Gänsegeschnatter und ohrenzerreißendes Quietschen der Schweine begleiteten die den Hausfrauen obliegenden Arbeiten." [166] Was der Autor Walter Broszeit hier beschreibt, ist ihm und seinen Nachbarn in der Nähe des Trappener Forst nördlich der Scheschuppe im Kreis Tilsit-Ragnit so oder ähnlich mit Flucht und Vertreibung verloren gegangen. Aus seiner Schilderung der frühen Morgenstunden in einem Bauerndorf des Kirchspiels Wedereitischken (Sandkirchen) spricht die Sehnsucht nach einem ländlichen Leben in vertrauter Umgebung, das die meisten heimatlosen Ostpreußen nach 1945 in der Fremde nicht mehr leben können. In der Erinnerung wird Idylle, was doch oft noch archaische Arbeit ist: „Auf den Feldern, je nach Jahreszeit, stampften dampfende Pferde vor der blanken Pflugschar, der Egge, der Drillmaschine; stemmten sich in die knarrenden Sielen vor einem Dungwagen oder einem hochbeladenen Erntewagen. Aufmunternde Rufe und Peitschenknallen begleiteten das Geschehen auf den Feldern und Wiesen. Knatternde Gras- und Getreidemähmaschinen, quietschende Heurechen und klappernde Kartoffelroder waren die Begleitmusik der Ernte. Vereinzelt ertönte noch der viele Generationen bekannte Klang des Wetzens einer Sense und das schrille Pfeifen des Wetzsteins über dem Sensenrücken, wenn der letzte Roggenhalm gefallen war."[167]

Hildegard Rauschenbach beschreibt eine Roggenernte im Dorf Dickschen im Kreis Pillkallen – weniger schwärmerisch, wohl weil hier der „Klang des Wetzens einer Sense" noch überall zu vernehmen ist: „Am Abend, bevor am anderen Tag die Ernteschlacht begann, wurden wir schon akustisch auf das große Ereignis eingestimmt, die Sensen wurden gedengelt. Weithin konnte man in der beginnenden Abenddämmerung den hellen Klang vernehmen. Die meisten Kleinbauern haben ja bis zuletzt noch das Getreide mit Sensen gemäht, nur auf den Gütern oder den großen Bauernhöfen wurden Selbstbinder eingesetzt."[168]

Sicher ist das Landleben in Ostpreußen auch für die Einverstandenen, Mitläufer, Wegschauer und Unpolitischen in den Jahren nach 1933 nicht so einfach, wie es aus diesen Erinnerungen erscheint. Aber einen weit verbreiteten Optimismus, einen wirtschaftlichen Aufschwung und ein materiell besseres Leben wird es für die meisten Ostpreußen zwischen 1933 und 1939 gegeben haben.

Am 5. Juli 1933 findet in Berlin unter Teilnahme Adolf Hitlers eine Konferenz des Gauleiters Erich Koch mit einer Reihe von Reichsministern bzw. Staatssekretären und Vertretern der Reichswehr statt. Koch wird von Männern seines Stabes begleitet. Die Konferenz ist der Anstoß zum „Ostpreußenplan", auch „Erich-Koch-Plan" genannt. Hitler verpflichtet alle militärischen und zivilen Dienststellen zur Mitwirkung an dessen Zielen. Eine wirtschaftliche Stärkung der Provinz soll ihre politische Gefährdung, die eine „ständige Kriegsursache" sei, beseitigen. Noch im Juli 1933 segnet das Reichskabinett den „Ostpreußenplan" ab. Ein „Ostpreußenausschuss" unter Vorsitz des Reichswirtschaftsministers koordiniert in Zukunft in Berlin alle Maßnahmen.[169]

Gauleiter Koch präsentiert den Ostpreußenplan als seine Initiative. Geistiger Vater ist aber Hans-Bernhard von Grünberg, Leiter des Instituts für Ostdeutsche Wirtschaft und Professor für Staatswissenschaft an der Königsberger Universität. Er tritt schon 1931 der Partei bei und ist für die ostpreußische NSDAP in der Gauleitung und bei ihrer Preußischen Zeitung tätig. Seine Pläne für eine planvolle Industrialisierung Ostpreußens hat er mit einem „Königsberger Kreis" national gesinnter Intellektueller schon zu Beginn der 1930er Jahre entwickelt.[170] 1937 wird Hans-Bernhard von Grünberg zum Rektor der Königsberger Universität ernannt. Neben seiner Lehrtätigkeit ist er ab 1938 noch Gauamtsleiter der NSDAP.

Grünberg ruft zum 1. August 1933 beim Oberpräsidenten eine Landesplanungsstelle ins Leben und steht ihr bis 1935 vor. Die Landesplanungsstelle hat die Abteilungen Gewerbeförderung und Raumordnung. Aus ihr entstehen zwei neue selbständige Behörden, das Landesgewerbeamt und die Landesplanungsgemeinschaft Ostpreußen.[171] Die Umsetzung der Pläne obliegt dem Landesgewerbeamt, einer Dienststelle des Oberpräsidenten, einer Art Amt für Wirtschaftsförderung.[172] Grünberg und sein Kreis wollen aus Ostpreußen kein schwerindustrielles Gebiet machen – die Industrie soll sich aus den Gegebenheiten der Provinz entwickeln. Da keine nennenswerten Bodenschätze vorhanden sind, sollen auf Basis der Wälder weitere Papierfabriken entstehen, Möbel gebaut und Verpackungsmaterialien hergestellt werden. Die Agrarprodukte sollen zu Konserven verarbeitet werden, das angebaute Getreide zu Mehlprodukten. Die Landmaschinenindustrie soll gestärkt und – da weibliche Arbeitskräfte vorhanden sind – eine Textilindustrie aufgebaut werden. Die Reichsregierung soll durch Steuererleichterungen, günstige Frachtraten und sonstige Sonderbedingungen die Ansiedlung von Unternehmen weiterer Branchen erleichtern.[173] Der Wirtschaftsaufbau soll Nachfrage erzeugen, diese Nachfrage wiederum den Markt und die Preise der landwirtschaftlichen Erzeugnisse Ostpreußens stabilisieren.

In den ersten Jahrzehnten des 20. Jahrhunderts ist in Ostpreußen die Geburtenziffer gesunken. Hatte es im Jahre 1900 noch fast 36 Lebendgeborene auf 1 000 Einwohner gegeben, ist diese Zahl 1925 auf 26 und 1933 auf 20 zurückgegangen. Nach der Machtübernahme Hitlers steigt sie wieder deutlich an, im Jahr 1937 auf 24 Lebendgeborene pro 1 000 Einwohner. Auch die Eheschließungen nehmen zu. Aus diesen Zahlen kann durchaus ein neuer Optimismus nach der Behebung der größten Wirtschaftsnöte in den ersten Jahren des Nationalsozialismus gelesen werden.

Noch zwischen 1925 und 1931 wandern im Durchschnitt jährlich fast 12 000 Einwohner aus Ostpreußen ab. In den Jahren 1931 und 1932 hört diese Abwanderung fast ganz auf, die Provinz hat jetzt eine positive Wanderungsbilanz. Die Ursachen liegen in der Weltwirtschaftskrise, in der auch in den westlichen Industriegebieten Arbeitsplätze verloren gehen. Es gibt Rückwanderer, die in einem Agrargebiet wie Ostpreußen die Erwerbslosigkeit besser zu überstehen hoffen. Auch in den Jahren nach 1933 bleibt die Wanderungsbilanz für die Provinz für wenige Jahre positiv, 1936 kehrt sie sich erneut ins Negative. Im Jahre 1937 verlassen wieder 10 769 Menschen mehr die Provinz, als Zuwanderer kommen. Dabei gibt es in Ostpreußen einen großen Bedarf an Arbeitskräften für die Landwirtschaft:[174] 1937 fehlen 19 000 Erntehilfskräfte und 23 000 Dauerarbeitskräfte. Doch diese Arbeitsplätze sind nicht sonderlich lukrativ, da sie ebenso wie die Arbeitsplätze im Baugewerbe witterungsabhängig sind und die Tätigkeit von November bis Februar mehr oder weniger ruht. Viele Landarbeiter sind in andere Beschäftigungen wie den Tiefbau und die ländliche Ziegeleiindustrie abgewandert. Die Großbetriebe können ihren Arbeitskräftemangel nur beheben, weil sie die Landarbeiter als Deputanten durch alle Jahreszeiten an sich binden.[175]

Die Landflucht aus Ostpreußen ist für nationale Kreise nicht nur ein wirtschaftliches Problem. Klaus von der Groeben, ab 1936 Landrat in den Kreisen Samland und Königsberg: „Die Frage, wie man der Landflucht Herr werden könne, war das eigentliche Problem Ostpreußens. Schon den Industrialisierungsplänen Goßlers und Batockis hatte der Alpdruck zugrundegelegen, wie man den deutschen Osten gegen den Bevölkerungsdruck der slawischen Nachbarvölker schützen könne. Jetzt hatte der Gauleiter Koch das Problem aufgegriffen. Der Ostpreußenplan stellte eine Reihe von Maßnahmen zusammen, die geeignet sein sollten, den ostpreußischen Menschen in seiner Heimat festzuhalten."[176]

Ostpreußen zählt am 1. Januar 1933 genau 129 520 Arbeitslose, jeder fünfte Arbeiter und Angestellte hat keine Beschäftigung. Über Notstandsarbeiten, finanziert durch die Arbeitslosenfürsorge, durch Darlehen der Rentenbankkreditanstalt und der seit 1930 bestehenden „Deutschen Gesellschaft für öffentliche Arbeiten" werden umfassende Projekte im ländlichen Straßenbau, für Bodenverbesserungen und Flussregulierungen in Gang gebracht. Sie schaffen zunächst rund 60 000 Arbeitsplätze.[177] Viele jugendliche männliche und weibliche Arbeitslose tauchen durch den noch freiwilligen Arbeitsdienst nicht mehr in der Arbeitslosenstatistik auf. Schon ab 1934 können die meisten bisher mit „Spatenarbeit" beschäftigten Menschen wieder Arbeitsstellen in ihren Berufen finden. Günstige Kredite und Entschuldungsprogramme verbessern die Liquidität der ostpreußischen Bauern und Großagrarier und ermöglichen Neuinvestitionen. Die Landwirtschaft Ostpreußens profitiert nachhaltig von der NS-Agrarpolitik mit ihrer Absatzgarantie zu festen Abnahmepreisen, weil ein sicherer Kalkulationsspielraum gewährleistet ist. Im Jahr 1935 kann der Bedarf an Arbeitskräften, vor allem im Wohnungsbau und in der Landwirtschaft, nicht mehr mit ostpreußischen Beschäftigten gedeckt werden. So werden im Reichsgebiet 18 000 Landhelfer und 12 000 Facharbeiter angeworben.[178]

Christian Rohrer bilanziert, dass, gemessen an den Zielen, die Agrarpolitik der ostpreußischen NSDAP wenig erfolgreich ist: Weder sei die landwirtschaftliche Beschäftigung angestiegen, noch sei es in großem Stil zur Siedlung und damit zur propagierten „Neubildung deutschen Bauerntums" gekommen, der Großgrundbesitz trotz vollmundiger Ankündigungen Erich Kochs praktisch unangetastet geblieben. „Enteignungen waren dagegen sehr viel häufiger, wenn Boden für militärische Zwecke bereitgestellt werden musste."[179] Der Historiker erkennt aber an, dass die Bauern und Landwirte Ostpreußens wirtschaftlich nun besser gestellt sind als in der Zeit vor 1933: „Die ‚Krise der Landwirtschaft' wich einer ab 1934 anhaltenden Ertragssteigerung, die sinkende Preise und Investitionskosten ausglich. Sie stabilisierte die ostpreußische Landwirtschaft für längere Zeit und gab ihr ihre Rentabilität zurück."[180]

An der Straße von Bartenstein nach Domnau liegt das Dorf Schönbruch. Von Süden kommend, links vor einer lang gezogenen Kurve, liegt der Hof von Hermann Langanke, um die 22 ha groß und nach dem Reichserbhofgesetz vom September 1933 ein Erbhof.[181] Per Gesetz sind jetzt nur noch Erbhofeigentümer Bauern, alle anderen werden als „Landwirte" bezeichnet. Ein Erbhof darf nur ungeteilt vererbt, nicht veräußert und auch nicht mit Grundschulden belastet werden. Bis 1943 können Frauen nicht Erbhofbäuerinnen werden, auch wenn es nur weibliche Erben gibt.

Kurt Gotthard Langanke wird den Hof im Jahr 1941 von seinen Eltern, Hermann und Helene Maria Wilhelmine Langanke, geborene Norgall, erben. Als „Annehmer" darf er nach dem Reichserbhofgesetz seine Schwester Ulrike, die auf dem Hof lebt, nur mit einer bestimmten Summe, die die Wirtschaftskraft des Hofes nicht übersteigt, auszahlen. Seinen Eltern hat er ein lebenslängliches „Ausgedinge" zu gewähren. Dazu gehören unter anderem freie Wohnung, Wäsche, Licht und Heizmaterial, ein sonntägliches Fuhrwerk zur Kirche, jährlich ein fettes Schwein, vier fette Gänse, vier fette Enten, bestimmte Mengen an Milch, Butter und Eiern, ein monatliches Taschengeld von 20 RM, dazu freie Arztbesuche, Pflege im Alter und bei Krankheit. Im Todesfall ist ein standesgemäßes Begräbnis mit Trauermahl, Grabstein und Grabpflege zu gewährleisten.[182] Anders als viele Höfe im Süden Ostpreußens, wo die Böden sandig und deshalb schlecht sind, hält Kurt Gotthard Langankes Tochter Ilsa den Hof der Familie mit seinen 22 ha für „stattlich". Im Deutschen Reich und Ostpreußen gehen Agrarökonomen und -politiker davon aus, dass etwa 7,5 ha eine bäuerliche Familie ernähren können. Der Langanke-Hof hat eine für die damalige Zeit moderne Einrichtung. Er verfügt über fließendes Wasser, noch im Jahr 1944 erhält er Stromanschluss. Bereits bei Kriegsausbruch stehen auf dem Hof zur Arbeitserleichterung Maschinen zur Verfügung. Die Tochter Ilsa zählt sie in ihrer Familiengeschichte auf: Ein „Motordreschsatz, eine Schrotmühle, eine Kreissäge, eine Getreidereinigungsmaschine, ein Düngerstreuer, ein Bindemäher, ein Grasmäher, ein Pferderechen, ein Rübenschneider, ein Kartoffelroder, eine Kartoffelsortiermaschine, ein Kartoffeldämpfer und ein Vielfachgerät, das auch zum Kartoffelaussetzen verwandt wurde. Außerdem standen im Schuppen eine Hobelbank, eine Schneidebank, eine Sattlerbank und anderes Handwerkszeug."[183]

Der Großvater Hermann Langanke und der übernehmende Sohn Kurt Gotthard bestellen die Äcker nach den festen Regeln der Achtfelderwirtschaft. Jedes achte Jahr wird die gleiche Frucht auf dem gleichen Acker angebaut. Die Fruchtfolge sieht nach Erinnerung der Tochter folgendermaßen aus: 1. Jahr Winterung mit Herbstsaat von Roggen oder Weizen; 2. Jahr Sommerung (Aussaat im Frühjahr mit Hafer, Gerste mit Rotklee und Gräsern); 3. Jahr Klee I (Rotkleesaat); 4. Jahr Klee II (Gräseransaat); 5. Jahr Winterung; 6. Jahr Sommerung (mit 2/3 Grünkleeansaat), 7. Jahr Vorfrucht (1/3 Wicke, 2/3 Grünkleeansaat), 8. Jahr Hackfrucht (Rüben und Kartoffeln).

Das Einsäen des Sommergetreides beginnt Mitte April. Kurt Gotthard Langanke schreitet dann feierlich mit der Saat über die Felder. „Um den ersten Mai herum, wenn es weniger Niederschläge gab und eine Periode schönen Wetters begann, wurden die Kühe und das Jungvieh auf die frischen, grünen Weiden ausgetrieben.

Moderne Landwirtschaft 1939: Dreschen mit Dreschmaschine im Dorf Hochzehren bei der Kleinstadt Garnsee im Kreis Marienwerder. Von den mehr als 2600 Höfen im Kreis Marienwerder verfügen 1938 nur 10 % über eine Fläche größer als 50 ha.

Unzählige Störche waren nun wieder aus dem Süden zurückgekehrt, begrüßten sich mit lautem Geklapper und richteten auf den Hausdächern, den Telegraphenmasten und sogar auf Bäumen ihre Nester her."[184] Im Juni erfolgt die erste Heuernte. Zwischen der Heuernte und der ersten Getreideernte, der des Roggens Mitte Juli, gibt es auf dem Hof weniger zu tun. „Doch inzwischen war das Getreide gereift, und nach der Heuaust begann die Kornaust, so nannte man das Kornanhauen. Schon früh morgens spannte mein Vater die Pferde vor den Bindemäher und mähte die goldgelben Halme von Weizen, Gerste, Hafer oder Roggen, je nachdem, welches Getreide im letzten Herbst oder in diesem Frühjahr zur Aussaat kam. Aber zuvor schnitt er mit der Sense die Ähren am Feldrain."[185]

Arbeitsintensiv ist auch die Zeit nach der Getreideernte. Am 15. September sollen im Kreis Bartenstein der Winterroggen und zehn Tage später der Weizen ausgesät sein. Danach werden die Hackfrüchte eingebracht. „Nun kam der Kartoffelroder zum Einsatz, und alle halfen mit, die Kartoffeln aufzusammeln. Auf dem Hof wurden Berge von Kartoffeln mit der Kartoffelsortiermaschine nach Größen sortiert und eingemietet. Auch die Rüben wurden geerntet und später zum Verfüttern mit dem Rübenschneider zerkleinert."[186] Nach dem Abernten der Felder wird der schwere Boden tief gepflügt. Vier Pferde müssen den Pflug ziehen. Die Langankes pflügen auf den Stoppelfeldern die Gründüngung unter; die Arbeit muss Mitte November erledigt sein, da dann der Frost einsetzen kann. Der Winterfrost tut dem Boden gut, er macht ihn mürbe. Im Winter kommt der Schmied auf den Hof, um die Pferde zu beschlagen.[187]

Familie Langanke aus Schönbruch im Kreis Bartenstein geht es in der Zeit des Nationalsozialismus wirtschaftlich besser als in der Jahren der Weimarer Republik: „Meine Eltern profitierten vom wirtschaftlichen Aufschwung Ostpreußens, der durch den Ostpreußenplan aus dem Jahr 1933 ausgelöst wurde. Sie konnten wegen der festgelegten Absatzgarantie und den festen Abnahmepreisen zukunftsorientiert planen. Auch günstige Kredite für Neuinvestitionen und die Modernisierung der Landwirtschaft durch die Einführung neuer Techniken verhalfen zu Wohlstand."[188]

Bereits im ersten Jahr der nationalsozialistischen Herrschaft kann sich Erich Koch als besonders tatkräftiger und erfolgreicher Führer eines „Mustergaus" präsentieren. Ralf Meindl in seiner Koch-Biographie: „Die dem wirtschaftlichen Aufschwung der Provinz zugrundeliegenden Pläne stammten zwar nicht von Koch, der Erfolg wurde aber dennoch ihm zugeschrieben. Dadurch erwarb er sich nicht nur große Sympathien in der Bevölkerung, es gelang ihm auch, in den Kreis der bedeutendsten Gauleiter aufzusteigen."[189]

Wenn auch viele Ostpreußen der Aufschwung erreicht, darf das nicht über die tatsächlichen Verhältnisse an vielen Orten und bei den untersten Schichten hinwegtäuschen. Im Dorf Dickschen, Post Ußballen, gibt es keine Einkaufsmöglichkeiten. Im Nachbardorf Tuppen holt sich die Familie Mischke die Dinge des täglichen Bedarfs wie Zucker, Hefe und das Petroleum für die Lampen. Sie kaufen im Laden von Sterkau oder bei Links. „Bei Sterkaus stand gleich neben der Tür das Heringsfaß und daneben die Petroleumlampe. Trat man durch die Eingangstür, atmete man Petroleum-Heringsluft, die dann weiter im Laden sich vermischte mit dem Tabaksqualm der Bier und Korn trinkenden Bauern und mit den Gerüchen eines schlecht belüfteten Lebensmittelladens."[190] Die nächst größere Möglichkeit zum Einkaufen besteht für die Familie Mischke im 10 km von Dikschen entfernten großen Dorf Lasdehnen.

Otto A. Schneidereit lebt seit 1935 als Schriftsetzer in Lasdehnen, zuvor hat er als Notstandsarbeiter an der Grenze zu Litauen Gräben ausgehoben. „Wer damals in ein Dorf hereinkam, meinte sicher, dass die meisten Einwohner hier ein eigenes Häuschen besaßen, aber der erste Eindruck täuschte. Zumindest in einem größeren Ort wie Lasdehnen, wo es schon größere Betriebe wie Sägewerke, Ziegeleien, Molkereien, sogar ein Gaswerk gab, wohnten viele Einwohner zur Miete, das heißt, sie besaßen außer dem Mobiliar kein persönliches Eigentum, auch kein Stückchen Land – sie gehörten zum Proletariat. Nur beim näheren Hinsehen merkte man, wo überall Leute zur Miete wohnten, manche in Dachkammern, die kaum bewohnbar schienen."[191]

Noch zu Beginn der 1920er Jahre besitzt Graf Stanislaus von Sierakowski, der langjährige Ehrenvorsitzende des Bundes der Polen in Deutschland und führender Repräsentant der polnischen Minderheit in Westpreußen, im Kreis Stuhm mit Groß Waplitz und den Nebengütern Reichandres, Tillendorf und Ellerbruch 3 224 ha Land.[192]

Aber auch seine Betriebe sind Ende der 1920er Jahre überschuldet. Um den Hauptbesitz der Familie, Groß Waplitz, zu retten, verkauft er die Nebengüter, die dann aufgesiedelt werden. Der große Waldbesitz geht zum großen Teil an die Ostpreußische Landgesellschaft. Aber die Verschuldung auch des Restgutes mit rund 1 200 ha ist zu stark. 1936 wird das Gut der British and Polish Trade Bank AG aus Danzig übernommen. Sie setzt Zbignew von Donimirski aus Klein Ramsen als Eigentümer ein. Die polnisch-britische Bank will so verhindern, dass auch Groß Waplitz in „deutschen" Besitz übergeht. Die Reichsregierung genehmigt den Kauf, weil er in eine Phase des Ausgleichs mit Polen fällt, setzt aber für die Zukunft ein Vorkaufsrecht eines „deutschen" Treuhänders durch. Mit dem Piłsudski-Hitler-Pakt, einem Nichtangriffsabkommen, haben sich Polen und Deutschland für wenige Jahre arrangiert. Polen könnte als Partner Deutschlands an einem Eroberungszug gegen die Sowjetunion teilnehmen, sind die Überlegungen der führenden Nationalsozialisten.

Der Christburger Otto Piepkorn hat 1962 eine Heimatchronik *Land am Sorgefluß* geschrieben. Sie ist stark von den nationalen Auseinandersetzungen des Jahres 1920 geprägt und zeigt keinerlei Verständnis für die nationalen Interessen der polnischen Minderheit. Piepkorn aber muss eingestehen: „Der neue Besitzer von Groß Waplitz war tüchtig."[193] Der Vater des neuen Besitzers, Witold Brochowicz-Donimirski, wird am 6. Dezember 1939 im Konzentrationslager Sachsenhausen sterben, wo er als aktiver Vertreter der polnischen Minderheit in Deutschland inhaftiert ist. Zbignew von Donimirski geht nach dem deutschen Überfall auf Polen in den Untergrund. Graf Stanislaus von Sierakowski hat nach 1936 Deutschland verlassen und ist nach Polen gegangen. Am 20. Oktober 1939 wird er in Rypin, etwa 50 km östlich von Thorn, durch den „Volksdeutschen Selbstschutz" verhaftet und inhaftiert. Er wird mehrere Tage gefoltert und wie seine Frau Helena, seine Tochter und sein Schwiegersohn am 26. Oktober 1939 ermordet.

Das Gut Malleszewen in der Gemeinde Barannen, ehemals im Besitz des Reichstagsabgeordneten Hermann Reck, ist 1934 bereits aufgesiedelt. Eine junge freiwillige Arbeitsdienstlerin aus Königsberg geht hier 1934 vom Arbeitsdienstlager auf dem Gut täglich als Haushaltshilfe zu einer masurischen Siedlerfamilie. Ihr erster Arbeitstag ist für die Großstädterin ein Schock: „Bis dahin hatte ich soviel Armut noch nicht gesehen. Die Familie bestand aus Vater, Mutter und sechs Kindern. Rinder und Jungvieh nächtigten in einem Raum. Die Küche war Aufenthalts-, Spiel-, Schularbeits- und Kochraum. Meine Arbeit war hier vor allem im Haushalt. Das Mittagessen war schnell gekocht: viel Kartoffeln und ein kleines Stückchen Speck, fertig. Einmal während meiner Zeit gab es Rhabarber und Kartoffelpuffer, ein Festessen für alle!"[194] Auch im Nationalsozialismus bleibt Masuren arm.

Im Rahmen von Arbeitsbeschaffungsmaßnahmen, aber auch durch von den Landräten initiierte Genossenschaften, werden in den 1930er Jahren überall in der Provinz Meliorationen von Mooren und Sumpfgebieten durchgeführt. In 25 Ortschaften des Kreises Ortelsburg, die vor allem an der polnischen Grenze liegen, führt man ab 1932 bis zum Kriegsausbruch in größerem Umfange Entwässerungsmaßnahmen durch. 1939 werden in diesen Orten schon über 31 % mehr Flächen landwirtschaftlich genutzt als 1932, und auch die bisher bereits bewirtschafteten Flächen haben sich erheblich verbessert. Das Grenzdorf Baranowen hat 1932 eine nutzbare Fläche von etwa 830 ha, 1938 sind es mehr als 1 100 ha.[195] Aus der bisher ärmsten Gegend um Willenberg ist bis 1938 der wohlhabendste Teil des Kreises Ortelsburg geworden. Im gesamten Kreis steigt die erzeugte Milchmenge durch die Landkultivierung von acht Millionen Litern im Jahre 1934 auf 30 Mio. l im Jahr 1940 an.[196]

Die infrastrukturellen Maßnahmen werden in Ostpreußen zentral von Königsberg aus gelenkt, die Landesplanungsgemeinschaft fasst zur gemeinsamen Planung NSDAP-Organe, Staats- und Selbstverwaltungsbehörden, berufsständische und wirtschaftliche Organisationen sowie wissenschaftliche Einrichtungen zusammen. Sie ist der Reichsstelle für Raumordnung unterstellt. Der Provinzbehörde arbeiten Stadt- und Kreisplaner zu, ihr Vorsitzender ist der Oberpräsident Erich Koch. Nach einem „Führererlass“ vom März 1935 hat die Reichsstelle für Raumordnung darüber zu wachen, dass der deutsche Raum in einer den Notwendigkeiten von Volk und Staat entsprechenden Weise gestaltet wird. Für Ostpreußen bedeutet das Entflechtung und Streuung der Industrie. Neu zu gründende gewerbliche Betriebe und die in der Folge benötigten Wohnsiedlungen sollen sich über die Provinz bis in die Grenzregionen verteilen. Klaus von der Groeben: „Industriesiedlungen hatten sich in den Städten Königsberg und Elbing gestaut. Die Landeshauptstadt mit einem sternförmig auf sie zulaufenden Verkehrsnetz war ein wirtschaftlicher und bevölkerungspolitischer Anziehungspunkt geworden, während sich an der Peripherie der Provinz halbkreisförmig die Grenzgebiete lagerten, deren wirtschaftliche, verkehrsmäßige und kulturelle Kraft nach den Grenzen zu immer mehr abnahm und dort die schwächste und ärmste Ausbildung besaß. Hier galt es also, einen Ausgleich zu schaffen.“[197] Geplant ist eine Industriepolitik sowie Grenzschutz und Volkstumspolitik.

Nach den Planungen sollen in Ostpreußen keine weiteren städtischen Verdichtungsgebiete mit Mietskasernen entstehen, sondern entsprechend der nationalsozialistischen Ideologie der Bodenbindung des deutschen Volkes „bodengebundene Wohnformen“ in „zentralen Orten“ niederen und höheren Ranges. Von der Groeben räumt ein, dass bei der Raumplanung auch militärische Erwägungen eine Rolle spielen: „Königsberg, als Brückenstadt, See- und Binnenschifffahrtshafen, war in den letzten Jahrzehnten durch Binnenwanderungen stark angewachsen und hatte mit 350 000 Einwohnern eine hohe Wohndichte erreicht. Eine weitere Zusammenballung erschien, auch aus wehrpolitischen Gründen, unerwünscht.“[198]

Der sogenannte „Samlandplan“ zeigt die Zielrichtung der Planungen. Er sieht eine „Auflockerung“ der Königsberger Bevölkerung entlang von zwei Achsen vor, neue Wirtschaftsachsen sowie eine Wohn- und Erholungsachse sollen sich in das benachbarte Samland erstrecken. Die Wirtschaftsachsen sind entlang des Königsberger Seekanals und der Straße Königsberg–Fischhausen–Pillau geplant. Schwerpunkt bildet ein Wirtschafts- und Industriehafen mit Industriegelände in den am Seekanal gelegenen Ortschaften Peyse und Zimmerbude. Daran soll sich eine stärkere Besiedlung der Stadt Fischhausen anschließen. Eine Nordachse soll Königsberg mit dem Seebad Cranz verbinden; an ihr sollen wissenschaftliche Institute und neue Bauten für die Universität, vor allem für deren Klinikum entstehen. Um das Dorf Fritzen sind Wohnsiedlungen geplant.

Bis Ende 1938 entstehen in Ostpreußen zwar nur rund 18 000 neue gewerbliche Arbeitsplätze, Christian Rohrer aber stellt fest: „Die Zusammenarbeit von Wehrmachtssowie Gau- und Provinzführung in Ostpreußen in Fragen wirtschaftlicher Aufbaumaßnahmen beschränkte sich dabei nicht auf die Verlautbarung gemeinsamer Interessen im wirtschaftlichen Bereich, sondern ist auch bei der Durchführung ganz konkreter Maßnahmen zu beobachten. Solche Maßnahmen zeigten inzwischen erste Wirkungen.“[199] Auch die militärische Aufrüstung kann als eine Art Infrastrukturmaßnahme gelten, sie bringt Menschen in Arbeit und fördert das öffentliche Bauwesen.

Andreas Kossert erkennt neben den materiellen auch die – im Sinne des Nationalsozialismus – ideellen Erfolge der Agrar- und Wirtschaftspolitik in Ostpreußen: „Den Aufschwung verspürte auch das mittelständische Gewerbe der Städte und Marktflecken, das von der ländlichen Kundschaft lebte. Die Kommunalbehörden erfreuten sich höherer Steuereinnahmen, die zur Verbesserung der Infrastruktur eingesetzt wurden. Mit Hilfe des RAD fanden selbst entlegene Dörfer über neue Straßen und Chausseen Anschluß an die lokalen Wirtschaftszentren. Erstmals nahm die Bevölkerung ökonomische und soziale Anreize wahr und registrierte ein offenkundiges Interesse des Staates am Schicksal seiner Bürger.“[200] In der Darstellung der nationalsozialistischen Propaganda ist der „Erich-Koch-Plan“ überaus erfolgreich. Die Menschen in Ostpreußen spüren 1933/34 einen Rückgang der Arbeitslosigkeit und schreiben diesen Erfolg der nationalsozialistischen Wirtschaftspolitik zu. Dabei kommt den Nationalsozialisten auch der allgemeine Aufschwung nach der Weltwirtschaftskrise zugute, der sich schon 1932 angekündigt hatte.[201]

Ökonomische Anreize zur Stärkung einer bäuerlichen Wirtschaft, schon 1929 in die Wege geleitet, haben das Dorf Raudnitz geschaffen. Hier im Kreis Rosenberg, direkt an der polnischen Grenze, entsteht ab 1931 auf Gutsland ein „deutsches Dorf“ mit für den ostpreußischen Süden typischen Attributen: „Raudnitz war ein schönes Dorf und die breiten Fahrwege mit ihren schattigen Linden und die Waldstücke mit ihren wuchtigen Baumstämmen luden die Bevölkerung an schönen Tagen oft zu Spaziergängen im eigenen Dorf ein, das sowohl ein Denkmal für die Gefallenen als auch einen Gedenkstein für den Abstimmungstag vom 11. Juli 1920 besaß.“[202]

Das Dorf gehört zum gleichnamigen Amtsbezirk, der elf Gemeinden umfasst. Da Raudnitz früher nur ein Gut war, hat es noch keine eigene kommunale Verwaltung, der Amtsvorsteher hat seinen Sitz im Nachbardorf Groß Schönforst. Willy Wollenberg, der Besitzer des Restguts, des größten Hofes, berichtet: „Wenn auch die Siedler aus verschiedenen Landesteilen gekommen waren, so fanden sie sich doch bald zu einer guten dörflichen Gemeinschaft zusammen. Das Dorf hatte Bahn und Post, Kirche und zweiklassige Schule, Gemeinschaftsraum und Sportplatz, Gasthaus und Warenladen, Gewässer und naturschöne Flecken, einen schönen Dorfplatz im ‚Dreieck' neben der Kirche."[203]

Fast überall in Raudnitz ist die Bodenqualität gut, viele Siedler treiben neben Ackerbau Pferde- und Schweinezucht. Die landwirtschaftlichen Erzeugnisse gehen überwiegend an die Großhandelsgesellschaften und Mühlen in Deutsch Eylau; die dortige Flockenfabrik nimmt die Kartoffeln ab. Raudnitz erhält für wenige Jahre eine eigene Molkerei, eine Nebenstelle der großen Genossenschaftsmolkerei in Deutsch Eylau. Die Bauern aus den Dörfern Raudnitz, Montig, Gramten und aus Schönforst liefern hier ihre Milch ab, die unter anderem zu Tilsiter Käse verarbeitet wird. Um die überschüssige Molke zu verwerten, wird neben der Meierei eine Schweinemastanlage eingerichtet, in der die Tiere mit Molke und Kraftfutter in kürzester Zeit schlachtreif aufgefüttert werden. Kurz vor Kriegsbeginn wird der Betrieb stillgelegt, da die Milch in der modernen Molkerei in Deutsch Eylau effizienter verarbeitet werden kann.

Die Bauern aus Raudnitz, Gramten, Schönforst, Frödenau und Tillwalde gründen eine Warenbezugs-Genossenschaft mit Sitz in Raudnitz. Zu diesem Zweck wird die frühere Brennerei entsprechend umgebaut; in ihr werden Lagerräume eingerichtet, in denen Kohlen, Kunstdünger und andere benötigte Materialien lagern. Die Genossenschaft ist bald ein großes und rentables Unternehmen. Neben den Lagerräumen wird eine Getreidereinigungsanlage errichtet, in der das Getreide nicht nur nachgetrocknet, sondern auch gebeizt werden kann. In der Erntezeit und bis spät in den Herbst hinein ist die Anlage fast ununterbrochen in Betrieb. Im Dorf gibt es eine Schmiede, zwei Stellmachereien, einen Herrenschneider, eine Großimkerei und Fischer. Im Winter wird im Labenzsee Eis geschlagen und Schilfrohr geerntet.

Im Dorf gründen sich ein Gesangsverein, eine Spielschar sowie ein Kleinkaliberschützenverein, der jährlich einen Schützenkönig ermittelt. Die männliche Jugend spielt Fußball; wie überall in Ostpreußen gibt es eine freiwillige Feuerwehr, die auch für zahlreiche Festlichkeiten verantwortlich zeichnet. Feste wie das Erntefest, die nationale 1.-Mai-Feier, die Stiftungsfeste der Vereine und so weiter werden auf einer Freitanzfläche auf dem Dorfanger gefeiert. 1939 ist Raudnitz ein Vorzeigedorf.

Nach den schnellen Erfolgen der Arbeitsbeschaffungsmaßnahmen des Jahres 1935 verliert Koch das Interesse am Ostpreußenplan und konzentriert sich zunehmend auf seine „Erich-Koch-Stiftung". Diese Stiftung ist zunächst nur die Eigentümerin des NSDAP-Gauorgans Preußische Zeitung, dessen Geschäftsanteile zuvor Erich Koch gehört haben. Alleiniger Vorstand auf Lebenszeit ist laut Satzung Erich Koch, er kann über die Stiftungserträge verfügen, ist formal allerdings an den Stiftungs-

Etwa 1 000 Einwohner hat Kraupischken (Breitenstein) im südöstlichen Teil des Kreises Tilsit-Ragnit im Jahr 1933. Am „Feiertag der nationalen Arbeit", dem 1. Mai, haben sich die Mitarbeiter des Post- und Fernmeldeamts für ein Foto vor dem Postamt versammelt.

zweck sowie an die Beratung eines Verwaltungsrates gebunden. Mehr und mehr wird die Stiftung für die privaten finanziellen Bedürfnisse des Gauleiters in Anspruch genommen und entwickelt sich zu einem unübersichtlichen Konzern, der bürgerliche Zeitungsverlage übernimmt, arisierte Betriebe schluckt und bei Kriegsbeginn in den besetzten Gebieten vor allem durch Raub und Rechtsbrechung riesige Vermögenswerte ansammelt.[204]

Szenen des Alltags

Die Frau eines Zollbeamten, der in den 1930er Jahren nach Osterode versetzt wird, stellt nach ihrer Ankunft in der Provinz fest: „Hier gibt es ja richtige Häuser! Und sogar ein Kino, eine Konditorei und ein Theater! Ich habe geglaubt, hier gäbe es nur Lehmhütten."[205] Es gibt in Ostpreußen kaum noch Lehmhütten, dafür aber Tingeltangel auf jedem Niveau. Der 1909 in Königsberg geborene Wilhelm Lintorf ist ab 1936 Musiker beim Luftwaffen-Musikkorps in Insterburg. In einer Nebentätigkeit verbindet er den soldatischen Erstberuf mit der Verkaufsförderung von Konditoreierzeugnissen. Seine militärische Tätigkeit in der Kaserne beginnt er jeden Werktag um 6.30 Uhr und sie dauert bis 14.30 Uhr. Dann legt er die Uniform ab, zieht eilig einen Smoking an und fährt um 15 Uhr mit dem Bus in das Insterburger „Café Vidal". Dort spielt Lintorf zur Unterhaltung der Gäste auf. Das bringt ihm zusätzlich zu seinem Sold 300 RM monatlich ein. „Wir waren in vier Kapellen aufgeteilt. Diese wurden wechselweise eingesetzt. Ich begann meine Unterhaltungsmusik beim Café Alt-Wien, Hindenburgstraße/Ecke Belowstraße. Nach weiteren sechs Monaten wurde ich in's Tivoli, Neuer Markt, abkommandiert." Lintorf geigt auch im „Strandbad Zieger", einem am Fluss Angerapp gelegenen Ausflugslokal, und besonders gerne im „Casino" in der Hindenburgstraße. „Da verkehrten nur Offiziere, musikalisch hochgebildete Herren. Da hat es mir Spaß gemacht, Musik zu machen. Keine billigen Schlager wurden gespielt, sondern ausgesprochene Konzertmusik."[206]

Königsberg ist auch in den 1930er Jahren ganz anders als die sonstigen Städte der Provinz, auch wenn einige – wie Insterburg – sich schon großstädtisch geben. Marie Luise Kaschnitz hat staccatohafte Aufzeichnungen eines Streifzuges durch Königsberg in der zweiten Hälfte der 1930er Jahre hinterlassen und darin ihren Weg in die Stadt beschrieben. Er führt „von der Hardenbergstraße in die Hufenallee, die so hieß, gewiß, obwohl ich mich an Bäume nicht erinnere, nur an helle Häuser, mehrere leichte Krümmungen, das Fahnengeschäft, viele Fenster voll roter Hakenkreuzfahnen, rechts das Warenhaus Epa, Plattenmusik und feuerrote Dekorationen, Einheitspreise, etwas von Hammer und Sichel, vom nahen Sowjetstaat, und die Käufer in Stiefeln und Kopftuch, aus der Provinz."[207]

Marie Luise Kaschnitz verfasst in Königsberg ihren ersten Roman: *Liebe beginnt.* Er hat autobiographische Züge; sie schreibt ihn anlässlich eines Preisausschreibens des Berliner Verlags Cassirer. Von dem Preisgeld für den ersten Platz in Höhe von 1 000 RM kaufen sie und ihr Mann sich das erste Familienauto. Von einer Honorarabrechnung nach verkauften Exemplaren hätte sie diese Anschaffung nicht machen können. Ihr schriftstellerischer Erfolg wird sich erst nach dem Krieg einstellen.

Gelesen wird in der Provinz Ostpreußen anderes. Die Kreisbücherei Rastenburg teilt im Jahresbericht 1933 mit, sie habe auf Grund der „Schwarzen Listen" 69 nicht mehr erwünschte Bücher aus ihrem Bestand ausgeschieden. Etwa ein Drittel aller im Jahr 1933 angeschafften Bücher würden Ereignisse, Personen und Probleme der nationalsozialistischen Revolution behandeln. Von diesen Büchern werden nach Angaben der Kreisbücherei am stärksten verlangt: Hitlers *Mein Kampf*; Bücher über Hitler, Karl Aloys Schenzingers *Hitlerjunge Quex* und Hans F. K. Günthers *Deutsche Rassenkunde*.

In 45 Orten des Kreises Rastenburg stellt in diesem Jahr die Kreisbücherei zwischen 30 und 50 Bände zur Entleihe bereit. Weitere 350 ihrer Bände gehen an Bibliotheken für die weiblichen und männlichen Lager des Arbeitsdienstes im Kreise. Für das Reichsarbeitsdienstlager in Rastenburg ist eine Liste der am meisten gelesenen Bücher übermittelt. Hitlers *Mein Kampf* steht dort erst an 17. Stelle. Gern gelesen wird von den jungen Männern der Autor Edwin Erich Dwinger: *Die Armee hinter Stacheldraht* steht auf Platz 5, sein Buch über den russischen Bürgerkrieg *Zwischen Weiß und*

Rot auf Platz 6. Den ersten Platz nimmt Karl Brögers *Bunker 17. Geschichte einer Kameradschaft* ein, den zweiten Platz Armin Steinarts *Der Hauptmann. Eine Erzählung aus dem Weltkriege* und den dritten Platz Ernst Jüngers *In Stahlgewittern*. Den 9. Platz teilen sich Gustav Freytags in der Tendenz antisemitischer Roman von 1855 *Soll und Haben* und der Roman des Ostpreußen Ernst Wichert *Der Große Kurfürst* in Preußen.[208]

Der Kreis Preußisch Holland unterhält seit Ende der 1920er Jahre ein „Kreiswanderkino". Es werden 15 Vorführorte so ausgewählt, dass von jeder Schule die Schüler den Vorführsaal gut zu Fuß erreichen können. Die Filmvorführer, die ja noch mit feuergefährlichem Nitrofilm hantieren, haben wie überall im Reich eine Prüfung abzulegen. Gezeigt werden naturwissenschaftliche Lehrfilme und „Kulturfilme", ausgewählt vom Schulrat zur Lehrplanbereicherung. Märchenfilme bilden den Schluss einer filmischen Unterrichtsstunde, sie werden durch Erläuterungen des Filmvorführers Martin Büttner ergänzt, der nach Schulschluss vor Ort bleibt. Büttner ist Leiter der Jugend- und Kulturpflege im Kreis Preußisch Holland. „Am Abend wurde für die Öffentlichkeit in den Gasthaussälen ein abendfüllender Kultur- und Unterhaltungsfilm vorgeführt. Die Auswahl der Filme war mir überlassen und wurde in Königsberg auf wiederholt angesetzten Kulturfilmtagen getroffen. Bei den Abendveranstaltungen wurde ein Eintrittsgeld von 50 Pfennig erhoben. Die Filmabende waren immer gut besucht."[209] Kommunale und kommerzielle Wanderkinos gibt es überall in den größeren Dörfern der Provinz. In Kraupischken (Breitenstein) im Kreis Tilsit-Ragnit betreibt August Jonuscheit einen Groß- und Einzelhandel für Kolonialwaren, Eisen- und Bauwaren, einen Kohlenhandel, eine Tankstelle, ein Restaurant und ein Hotel mit Saalbetrieb. Auch in Jonuscheits Saal zeigt ein Wanderkino Spielfilme.

Nicht nur in den Groß- und Mittelstädten bestehen schon vor dem Ersten Weltkrieg „Lichtspielhäuser" und „Filmtheater". Sie sind Nachfolger der frühen „Kinomatographen-Theater", die eher noch an Jahrmarktsattraktionen erinnert haben, und heißen, wie in Tilsit und Memel, häufig „Capitol-Theater". In Tilsit eröffnet Albert Mack in der Hohen Straße Nr. 62 im Oktober 1912 unter diesem Namen in einem modernen Geschäftshaus mit Läden und Mietwohnungen ein Lichtspielhaus. Mit Einführung des Tonfilms 1929 wird die technische Einrichtung erneuert und zugleich das Gebäude in Richtung Gartenstraße erweitert. Die große Zeit des Kinos beginnt in Ostpreußen wie überall im Reich in den 1930er Jahren. In Königsberg entsteht am Steindamm/Ecke Wagnerstraße ein multifunktionales Büro- und Geschäftshaus mit dem Kino „Alhambra" als Anziehungspunkt. Der Architekt des großräumiges Saals und des Konzert-Cafés ist Hans Manteuffel, der Büro- und Geschäftstrakt stammt vom Muthesius-Schüler Kurt Frick. In seiner Großzügigkeit ist dieses Kino revolutionär und kann als früher Vorgänger der heutigen Multiplex-Kinos angesehen werden.

Im Jahr 2005 erinnert sich Karl-Heinz Biegemann an die Lieblingsbeschäftigung seiner Osteroder Jungenzeit: Der 1929 geborene Sohn eines Polizisten geht leidenschaftlich gerne ins Kino. Bis 1945 hat er über 100 Filme in den zwei Kinos der Kreisstadt gesehen: „Im Deutschen Theater hatten wir meistens kein Geld für die Eintrittskarte. Also sammelten wir. Wenn wir 20 Pfennig zusammen hatten, wurde eine Karte gekauft. Einer ging rein und öffnete das Toilettenfenster. Dann stiegen wir oft – bis zu 10 Jungen – hindurch und setzten uns im dunklen Kino vor der Bühne auf die erste Bank. Die Platzanweiserin – Frau Grünberg – wußte wohl, wie wir reingekommen waren. Sie haute uns mit dem Rohrstock jedem eins über und ließ uns dann sitzen."[210] Im Sommer bevölkert Biegemann mit seinen Freunden die städtische Badeanstalt. Der Eintritt kostet 5 Pfennig, eine Jahreskarte 50 Pfennig. „Viele Nachmittage und in den Ferien auch ganze Tage gingen wir zum Pausen-See. Hier lagen viele Flöße und darauf machten wir es uns bequem. Wir angelten und badeten."[211]

Gebadet und geangelt wird auch in Karkeln. Das idyllisch am Haff gelegene Fischerdorf mit etwa 900 Einwohnern gehört bis zur Abtrennung des Memellandes von Ostpreußen zum Kreis Heydekrug. Da es südlich des Memelmündungsarms Skirwieth liegt – der ab 1920 die Grenze zum Memelgebiet bildet –, kommt es zum Kreis Niederung. Durch das Dorf fließt der Karkelstrom, der hier ins Kurische Haff mündet. An beiden Seiten des Flusses stehen schmucke, farbenfroh gestrichene Holzhäuser mit weißen Fensterläden und schönen, gepflegten Vorgärten. Die Verbindung zwischen den Häuserreihen längs des Stroms wird durch eine Fähre gewährleistet, die auch Pferdewagen und Autos befördern kann, der Fährmann bedient die Fähre im Handbetrieb an Seilen. Karkeln ist seit 1911 die Endstation einer Kleinbahn, der Niederungsbahn nach Groß Brittanien. Im Sommer ist das Dorf ein beliebter Ausflugsort, zweimal täglich fährt von hier ein Raddampfer über das Haff zur Kurischen Nehrung nach Rossitten oder Nidden. Im Sommer kommen täglich Gäste mit der Kleinbahn, nehmen den Dampfer zur Nehrung und kehren am Abend wieder zurück.

Im Mai und Juni 1939 dreht in Karkeln die Berliner Majestic-Film GmbH mit Regisseur Veit Harlan den Spielfilm *Die Reise nach Tilsit* nach dem Roman von Hermann Sudermann. Sudermanns Dramen, Romane und Geschichten wie *Der Katzensteg*, *Heimat*, *Frau Sorge* und eben *Die Reise nach Tilsit* sind beim Theaterpublikum bekannt und werden deshalb mehrfach zur Grundlage von Filmdrehbüchern. Für die in Karkeln geborene und aufgewachsene Ursela Maertin, geborene Weiß, und ihre Jugendfreundinnen sind die Dreharbeiten mit Harlans Ehefrau ein besonderes Erlebnis: „Die Außenaufnahmen für den bekannten Film ‚Die Reise nach Tilsit' mit Christina Söderbaum (...) wurden auf dem Karkelstrom und auf dem Haff gedreht. Wir konnten die Schauspieler bei ihren Dreharbeiten ganz nahe beobachten."[212] Weitere Außenaufnahmen entstehen in den Memelmündungsarmen, im Fischerdorf Pillkoppen auf der Kurischen Nehrung, in Tilsit, aber auch auf der Insel Wollin im Stettiner Haff und in einem Wellenbad in Leipzig, die Innenaufnahmen macht Harlan in Ateliers in Berlin-Halensee und Berlin-Johannisthal. Die Uraufführung des Films findet am 2. November 1939 im Kino Capitol in Tilsit statt, die Premiere zwei Tage später im Berliner Capitol. Harlans Film ist schon ganz von der Blut-und-Boden-Ideologie des

Das Kino Alhambra auf dem Steindamm in Königsberg ist eines der ersten multifunktionalen Gebäude des 20. Jahrhunderts überhaupt. 1931 ist der Geschäftstrakt vom Architekten Kurt Frick, das großräumige „Lichtspielhaus" von Hans Manteuffel entworfen worden.

Nationalsozialismus geprägt. In seinem melodramatischen Werk ist die Verführerin des jungen Fischers, der seine Frau ermorden will, um mit seiner Geliebten zu leben, ganz im Sinne der rassistischen Propaganda der Zeit eine zwar attraktive, aber finstere Polin. Die beeindruckenden, am Haff entstandenen Landschaftsaufnahmen sind im Stil der Zeit gefilmt und erinnern an die Ästhetik Leni Riefenstahls.

1936 engagiert die Regisseurin Leni Riefenstahl für den Prolog ihres Olympia-Films *Fest der Völker* den avantgardistischen Filmemacher Willy Zielke. Seine Aufgabe ist es, die Schönheit des menschlichen Körpers, die Heroisierung seiner Bewegungen und eine mythische Einführung in die Geschichte weiblicher und männlicher Athletik filmisch sichtbar zu machen. Während in Berlin in der ersten Hälfte des August 1936 die olympischen Wettkämpfe ausgetragen werden, dreht Zielke für den siebenminütigen Prolog an den historischen olympischen Stätten in Griechenland Tempelruinen und griechische Skulpturen. Nach Deutschland zurückgekehrt, schlägt er direkt an der Grenze zum litauischen Teil der Kurischen Nehrung in der Nähe des Parniddener Berges nördlich von Pillkoppen ein Filmlager auf. Hier, im sogenannten „Tal des Schweigens", werden die klassischen Disziplinen Diskuswerfen, Kugelstoßen, Speerwerfen und Gymnastik inszeniert.[213] Leni Riefenstahl nennt in ihren Memoiren die Gründe für Zielkes Wahl des Drehortes: „Für seine besonderen Aufnahmen brauchte er Ruhe und Abgeschiedenheit, vor allem deshalb, weil die Mädchen, die die Tempeltänzerinnen darstellen sollten, unbekleidet waren, in damaliger Zeit im Film alles andere als alltäglich. Er wünschte sich keine Zuschauer. Auch benötigte er für diese Szenen weite, baumlose Sandflächen und sehr viel Himmel."[214] Die Spiele sind noch nicht beendet, da bestellt Zielke telegraphisch bei Riefenstahl mehrere Kilometer Stacheldraht – „um ungestört arbeiten zu können."[215]

Nach Beendigung der Dreharbeiten in Berlin reist auch Riefenstahl mit einigen engen Mitarbeitern auf die Nehrung. In Pillkoppen werden sie vom Aufnahmeleiter Rudolf Fichtner mit einem alten Motorboot abgeholt: „Wir tuckerten durch die Ostsee und blieben dabei einige Male auf Sandbänken stecken."[216] Als die Regisseurin am Drehort erscheint, sind nur noch die bloßen Körper der männlichen Athleten und komplizierte Trickeinstellungen zu filmen. „Eine andere wichtige Szene konnten wir hier in idealer Weise stellen – das Entzünden des Olympischen Feuers auf einem antiken Säulenstumpf, wozu wir in Griechenland keine Gelegenheit gehabt hatten." Auf der Kuppe einer Düne baut der Filmarchitekt einen dorischen Tempel naturgetreu nach. Auf der Nehrung finden die Filmleute ein besonderes Licht, das lange Schatten wirft. „Das schräg einfallende Sonnenlicht, das es in südlichen Ländern nicht gibt, schuf eine Atmosphäre, die nicht idealer hätte sein können."[217] Noch im August sind die Arbeiten beendet. Die Baracken für das technische Gerät und die Entwicklung vor Ort und die Zelte werden abgebrochen, der Stacheldraht eingerollt.

In Ostpreußen hat sich nie eine Filmindustrie entwickelt, hier wird nur gedreht, wenn es der Stoff verlangt. Das ist bei historischen Themen und auch bei Literaturverfilmungen ostpreußischer Autoren der Fall, ansonsten sind Dreharbeiten in der entlegenen Provinz zu kostspielig. Filmtechnik und Kostüme müssen herangeschafft werden. Spezialisierte lokale Filmhandwerker, Schauspieler und Mitarbeiter im Produktionsstab gibt es nicht. Weil die Landschaft in seinem Werk eine wichtige Rolle spielt, dreht Heinz Paul im südöstlichen Masuren den Film Tannenberg. 1934 verfilmt der Österreicher Rolf Randolf den ebenfalls im Süden der Provinz spielenden Wilderer-Roman von Richard Skowronnek *Die Sporck'schen Jäger*. Die vermeintliche ostpreußische Kleinstadt stellt in dieser Romanverfilmung aber Prenzlau in der Uckermark dar, das von den Berliner Filmemacher bequemer zu erreichen ist. Für *Henker, Frauen und Soldaten* muss sich 1935 Hans Albers nach Ostpreußen begeben. Er spielt auch in der Verfilmung des Romans *Ein Mannsbild namens Prack* von Fritz Reck (der Autor der Vorlage nennt sich nach seinem Geburtsort im Kreis Lyck Reck-Malleczewen) den Rittmeister Michael von Prack.

Gustav Knuth ist der Hauptdarsteller im Melodram *Heimweh* von 1937. Der Film spielt im nicht genannten Nidden auf der Kurischen Nehrung und in New York. Regisseur Jürgen von Alten bedient das Genre Heimatfilm mit Bildern von Haff und Dünen, die kurischen Fischerinnen und Fischer, der Dorfwirt und Dorfpfarrer sprechen allerdings bestes Hochdeutsch. Mit Aufnahmen in Tolkemit am Frischen Haff, im ermländischen Frauenburg und in Wehlau sowie dem ostpreußischen Idiom einiger Darsteller schafft der Komödienregisseur Carl Boese im Lustspiel *Steputat & Co* ostpreußische Atmosphäre. Die Dreharbeiten in Wehlau sind 1938 ständig von Trauben von Jugendlichen belagert; später aber wird außer einigen längeren Szenen vom berühmten Pferdemarkt nicht viel von der Kleinstadt zu sehen sein. *Steputat & Co* ist die Geschichte eines kleinen Lageristen, dem der Zufall einen Lottogewinn beschert und der daraufhin von seinem Chef verklagt wird, der glaubt, selber einen Anspruch auf den Gewinn zu haben. Den Landhändler Steputat spielt der 1890 in Pillkallen geborene, füllige Darsteller Erich Dunskus. Er wirkt so echt und spricht auch wie seine Landsleute, dass die die Aufnahmen beobachtenden Wehlauer nicht glauben wollen, in Dunskus einen Schauspieler vor sich zu haben. Ein großer Teil des im Jahre 1941 gedrehten Jugend-Propagandafilms *Jungens* wird in den Nehrungsdörfern Nidden, Perwelk und Preyl, aber auch in Königsberg gedreht. Da Königsberg dem Regisseur Robert A. Stemmle nicht idyllisch genug ist, wird auch der Lange Markt in Danzig zur Filmkulisse. Zwar wirken die Memeler Marine-HJ, Memeler Jungmädel und der HJ-Gebietsmusikzug Königsberg mit, die heldenhaften jugendlichen Hitlerjungen stammen aber aus Mecklenburg und von der „Adolf-Hitler-Schule" in der bayerischen Ordensburg Sonthofen.

Wenn es in der Provinz auch keine Filmindustrie gibt, so beginnt doch eine Filmkarriere in Königsberg. „Bis zu meinem 16. Lebensjahr hatte ich für die Natur und ihre Tiere nicht mehr, auch nicht weniger Interesse als jeder normale Junge. Niemand hätte mir vorausgesagt, und ich selbst am wenigsten, dass später das Beobachten und Filmen der Tiere mein Lebensberuf sein würde. Ich weiß nicht, wie es kam, aber sicher hat meine ostpreußische Heimat den Anstoß dazu gegeben. Bis vor die Tore Königsbergs, wo ich aufgewachsen bin, dehnten sich Wälder, Wiesen und sumpfige Niederungen mit vielfältigem Tierleben. Die Fortschritte der Zivilisation hatten sich noch nicht nachhaltig ausgewirkt. Zu Fuß und mit dem Fahrrad kam man sehr rasch ins Reich der Natur."[218] Heinz Sielmann heißt der Junge, der mit 16 Jahren sein Interesse an der Naturbeobachtung entdeckt. Er wird zu einem der international bedeutendsten Tierfilmer. Schon als Schüler begeistert er sich für Tierbeobachtungen, vor allem die Wiesenvögel faszinieren ihn. Im Sommer 1935 freundet er sich beim Fotografieren von Sumpf- und Wasservögeln auf der Kurischen Nehrung mit dem Forstmeister Horst Siewert an. Siewert, Leiter der „Forschungsstelle Deutsches Wild", macht damals Filmaufnahmen vom Leben der Elche. „Er war der Pionier eines neuen Stils von Tierfilmen, die das Leben der Tiere ohne Vermenschlichungen nach den Erkenntnissen der modernen Verhaltensforschung zeigten", lobt Sielmann sein Vorbild.[219] Siewert führt Sielmann in seine Arbeitsweise ein.[220]

Weil seine schulischen Leistungen unter dem Hobby leiden, verfolgt der Vater die Leidenschaft des Sohnes zunehmend mit Sorge. Die Mutter unterstützt ihn weiter, sie kauft ihm einen Feldstecher und eine Spiegelreflexkamera mit Teleobjektiv. So gerüstet, dokumentiert Heinz Sielmann das Leben der Schnepfenvögel mit

Bildern, die vorher nie in dieser Form gemacht worden sind. Auch die Lehrer von Sielmann befürworten das ungewöhnliche Hobby des Jugendlichen. Sie gewähren ihm sogar verlängerte Herbstferien, die er auf der Vogelwarte Rossitten auf der Kurischen Nehrung verbringen darf.[221] Nach dem Abitur schenken die Eltern ihm 1938 seine erste Filmkamera. Heinz Sielmann soll zum Arbeitsdienst einrücken, hat aber schon so viele einflussreiche Förderer, dass er für drei Monate zurückgestellt wird. In diesem Jahr beobachtet der Neunzehnjährige die Schnepfenvögel in seinem ersten Film *Vögel über Haff und Wiesen*. Der Stummfilm bringt ihm in der Fachwelt und beim Publikum große Anerkennung ein; er zeigt sein Werk von einer Stunde Laufzeit den „Freunden des Zoologischen Museums" in Königsberg und auf der Jahresversammlung der Deutschen Ornithologischen-Gesellschaft in Berlin-Dahlem: „Mit knapp 19 Jahren war ich eine ‚Zukunftshoffnung des Tierfilmens' geworden und konnte mich der wohlwollenden Beratung anerkannter Forscher erfreuen."[222]

Neben dem Kino ist in den 1930er Jahren der Fußball eine der großen Leidenschaften der Menschen, seine Spiele ziehen mehr noch als politische Großkundgebungen die Massen an. Wie die Provinz, so Ostpreußens Fußball – hier heißen die Vereine nicht nur VfB, SC, SpVgg, SV oder VfL, manche haben markige oder militärische Namen wie „Hindenburg Allenstein", „RV Ostmark Goldap", „Preußen Gumbinnen", „Lituania Tilsit", „MSV von der Goltz Tilsit", „Richthofen Neukuhren", „Freya Memel", „Masovia Lyck" oder „Yorck Boyen Insterburg". Fußball wird in Ostpreußen im Rahmen des „Baltischen Sport-Verbandes" (Baltischer Rasen- und Wintersport-Verband/BRWV) gespielt, dem regionalen Fußballverband für den Bereich Nordostdeutschland. Zu seinem Verbandsgebiet gehören Ostpreußen und Westpreußen und von 1911 bis 1930 auch Pommern, später die Freie Stadt Danzig und bis 1923 das Memelland. Gegründet wird der Verband 1908 als „Baltischer Rasensport-Verband (BRV).

Nach dem Ersten Weltkrieg ist der BRV zeitweise in acht gleichrangige Ligen eingeteilt, die mit den Jahren reduziert werden. Die erste Endrunde um die baltische Meisterschaft findet im Frühjahr 1908 statt. Mitte der 1920er Jahre entsteht die Ostpreußenliga, auch „Bezirksliga" und „Liga Ostpreußen" genannt. 1933 heißt die oberste Spielklasse der Provinz und des Gebiets der Freien Stadt Danzig „Gauliga Ostpreußen" und ist eine der 16 obersten Fußballligen des DFB. In ihr wird der ostpreußische Teilnehmer an der Endrunde zur deutschen Meisterschaft ermittelt. Die Gauliga Ostpreußen hat bei ihrer Einführung 1933 zwei Staffeln, in denen jeweils sieben, später acht Mannschaften um die Teilnahme an der Endrunde der deutschen Meisterschaft spielen. Die Staffelsieger treten in Hin- und Rückspielen gegeneinander an und ermitteln den Gaumeister. 1935 tragen die jeweiligen besten zwei Mannschaften der Staffeln in einer Endrunde die Gaumeisterschaft aus. Noch 1938 wird eine einzügige Liga eingeführt. Für die Gauliga Ostpreußen können sich auch die besten Mannschaften der Bezirksliga der Freien Stadt Danzig qualifizieren. 1934 wird „Preußen Danzig" Gaumeister.

Der VfB Königsberg ist die erfolgreichste Fußballmannschaft Ostpreußens. Der Verein wird am 7. Juli 1900 als „FC 1900 Königsberg" gegründet und 1907 in VfB Königsberg umbenannt. Bis 1930 gewinnt er zwölfmal den nordostdeutschen bzw. baltischen Meistertitel, bis 1945 nimmt der VfB Königsberg insgesamt fünfzehnmal an der Endrunde um die deutsche Fußballmeisterschaft teil. Star der VfB-Elf ist ihr in Königsberg geborener Torhüter Paul Gehlhaar, dem Wagemut und akrobatische Fähigkeiten nachgesagt werden. Mit dem VfB Königsberg kommt er 1923 bis ins Halbfinale um die deutsche Meisterschaft, wo man knapp – 3:2 – gegen den Hamburger SV verliert. Der HSV wird anschließend deutscher Meister. 1927 erreicht Gehlhaar mit dem VfB nur das Achtelfinale, wird aber reichsweit unter Fußballfreunden bekannt. 1928 heuert er bei Hertha BSC an und wird mit den Berlinern 1930 und 1931 Deutscher Meister. Gehlhaar kommt zu zwei Einsätzen in der Nationalmannschaft.

Neben dem VfB ist der SV Prussia-Samland Königsberg der zweite bedeutende Verein Königsbergs. Der Verein wird 1904 als „FC Prussia 1904 Königsberg" gegründet und fusioniert 1908 mit dem „Sportzirkel Samland 1904 Königsberg". Beheimatet ist Prussia-Samland auf dem Sportplatz Steffeckstraße im Stadtteil Amalienau. 1910 wird Prussia-Samland erstmals Meister des Baltischen Rasensport-Verbandes. Im Spieljahr 1912/13 können die Königsberger erneut den Titel des baltischen bzw. nordostdeutschen Meisters erringen, in den Jahren 1913/14, 1930/31 und 1932/33 feiert die SV Prussia-Samland noch drei weitere Male den Gewinn des Regionaltitels, kann sich in der Endrunde zur deutschen Meisterschaft jedoch nie durchzusetzen. Nach Einführung der Gauliga Ostpreußen 1933 vermag der Verein mit dem innerstädtischen Konkurrenten VfB sowie den immer stärker werdenden Militärvereinen aus Allenstein und Insterburg nicht mehr mitzuhalten. Der bekannteste Fußballspieler der SV Prussia-Samland Königsberg ist der in Bialla geborene, auf jeder Position einsetzbare Fritz Ruchay. Er wechselt von der SpVgg ASCO Königsberg zu SV Prussia-Samland Königsberg, geht später in die Reichshauptstadt und spielt dort bei Tennis Borussia Berlin. Daneben arbeitet er als Sprecher beim Reichsrundfunksender. Ruchay tritt einmal für die deutsche Nationalmannschaft an: Als Außenläufer kommt er am 13. Oktober 1935 vor 14 000 Zuschauern in Königsberg beim 3:0-Sieg über Lettland zum Einsatz. Andere Königsberger Vereine, in denen Fußball gespielt wird, sind die SpVgg ASCO Königsberg, Concordia Königsberg, der Rasensport-Preußen Königsberg, der FC Preußen, der Königsberger STV, MTV Ponarth und Reichsbahn Königsberg.

Yorck Boyen Insterburg wird 1921 als „SV Yorck Hindenburg" gegründet. Er fusioniert 1934 mit dem „Militär SV von Boyen 1923 Tilsit" zum „MSV Yorck Boyen Insterburg" – der Name nennt so zwei preußische Generäle, Johann David Ludwig Graf Yorck von Wartenburg und Hermann von Boyen. Auch dieser vom Militär getragene Verein hat seine beste Zeit in den 1930er Jahren: 1935 und 1938 wird er Gaumeister und qualifiziert sich zur Deutschen Fußballmeisterschaft. Mit Beginn des Zweiten Weltkrieges 1939 nimmt der Militärsportverein nicht mehr am Spielbetrieb teil.

Die 1930er Jahre sind die beste Zeit von „Hindenburg Allenstein". Der Verein wird 1921 als „SV Hindenburg Allenstein" gegründet. 1933 beginnt die erfolgreichste Periode der Allensteiner: 1936, 1937 und 1939 erringt der Verein die Meisterschaft der Gauliga Ostpreußen und qualifiziert sich so für die Meisterschafts-Endrunden. Mit Beginn des Zweiten Weltkrieges 1939 verabschiedet sich der unter dem Namen „Standort MSV Hindenburg" zum Militärsportverein gewordene Klub vom Spielbetrieb. Von Juli 1935 bis Juni 1937 spielt bei „Hindenburg Allenstein" der Mittelfeldspieler Erich Goede. Er absolviert am 3. Dezember 1939 gegen die Slowakei ein Länderspiel für Deutschland.

Bei Gründung der Gauliga 1933 gehört auch der FC Preußen Gumbinnen der obersten Spielklasse an, wird aber wegen des Einsatzes eines nicht spielberechtigten Spielers nach der Saison 1933/34 in die Bezirksklasse versetzt. 1935 steigt er wieder auf und kickt dann drei Spielzeiten in der Gauliga. Von 1933 bis 1939 spielt auch die Spvgg Masovia Lyck in der höchsten ostpreußischen Spielklasse. Beste Mannschaft aus Elbing ist der SV Viktoria Elbing. Vor 1914 hat der Elbinger SV 05 größere Erfolge, schafft es aber nach 1933 nie in die Gauliga.[223]

In den 1920er Jahren bilden sich im Memelland, vor allem in der Stadt Memel, das zu dieser Zeit nicht mehr zum Reich, sondern zu Litauen gehört, eine Reihe von Fußballvereinen. Die beiden bedeutendsten sind die SpVgg Memel und der VfB Freya Memel. Die SpVgg bleibt unter Berufung auf die den Deutschen zugestandene Kulturautonomie im Baltischern Sport-Verband. Obwohl es nach 1923 auch im Memelgebiet einen Fußballverband gibt, der sich den litauischen Dachverbänden angeschlossen hat, richtet die SpVgg Memel ihr Hauptaugenmerk auf den Meisterschaftsbetrieb in den Ligen des Baltischen Sport-Verbandes. Sie zählt zu den ostpreußischen Spitzenteams und spielt zweimal, 1927/28 und 1928/29, in der Endrunde. Einmal reicht es zum fünften, einmal zum dritten Platz.

Unter dem Namen „Spielvereinigung Klaipėda" nimmt der Verein zusätzlich am litauischen Spielbetrieb teil, vor allem um seinen unteren Mannschaften durch die Teilnahme an der litauischen Fußballmeisterschaft mehr sportlichen Wettbewerb zu sichern. Die gleichzeitige Teilnahme an den Rundenspielen in Ostpreußen und in Litauen will die Republik Litauen auf Dauer nicht akzeptieren, zunehmend werden dem Verein durch hohe Pass- und Visumsgebühren Schwierigkeiten gemacht. Manches Spiel der SpVgg in der Ostpreußenliga kann nicht stattfinden, weil die Litauer die Einreise der Gastmannschaft bzw. die Ausreise der SpVgg verweigern. Unter Berufung auf die FIFA-Satzungen, die einen Spielbetrieb innerhalb von Landesgrenzen vorschreiben, belegt der litauische Fußballverband Anfang 1931 sämtliche SpVgg-Mannschaften mit einem einjährigen Spielverbot: Der Club hat sich geweigert, freiwillig aus dem Baltischen Rasensportverband auszutreten. Fortan spielt er nicht mehr in ostpreußischen Ligen. Als im März 1939 das Memelland wieder an das Deutsche Reich angeschlossen wird, kommt nicht die Spielvereinigung, sondern der VfR

Noch echte Pionierjahre erlebt die Fußballjugend von Friedrichsdorf bei Allenburg, Kreis Wehlau, im Jahr 1935. In den 1930er Jahren hat auch in der Provinz schon der „englische" Sport bei den Jungen über die deutschen Sportarten wie Faust- und Schlagball triumphiert.

Freya Memel in die Gauliga Ostpreußen. In der Gauliga erleidet der Verein dann in der Saison 1940/41 in zwölf Spielen zwölf Niederlagen bei einem katastrophalen Torverhältnis von 6:63. Freya Memel ist 1922 als Arbeitersportverein gegründet worden; die Arbeitersportbewegung versteht sich als streng vom bürgerlichen Sport getrennt. In der „litauischen Zeit" des Memellandes nimmt ab der Saison 1924 Freya Memel unter dem Namen „Freya Klaipėda" am Spielbetrieb des litauischen Verbandes in der Klaipėda-Gruppe teil. Seinen größten Erfolg erringt der Verein in der Spielzeit 1925, als er Meister der Gruppe wird. Als 1931 erstmals eine einzügige Nationalliga in Litauen an den Start geht, ist „Freya" ihr einziger „deutscher" Club. In der ersten Spielzeit sichert er sich mit dem 3. Rang seine beste Platzierung. In der folgenden Saison tritt der Verein nach der Fusion mit dem VfR (Verein für Rasensport) Memel als „Freya-VfR Klaipėda" an. Als Liga-Siebter steigt er ab und kehrt nie wieder in die höchste litauische Spielklasse zurück.

Die Spielstärke der Vereine im deutschen Nordosten ist nicht sonderlich hoch; im Vergleich zu den Clubs aus den Metropolen und Industriezentren im Westen sind die erfolgreichsten Mannschaften im Nordosten bestenfalls zweitklassig. Die Ursachen hierfür liegen sicher in der dünnen Besiedelung mit nur sehr wenigen Großstädten, den weiten Entfernungen und den schlechten Verkehrsverbindungen. Erst in der Saison 1919/20 übersteht der Meister der Baltenliga erstmals die Vorrunde zur

Deutschen Meisterschaft. In der Saison 1932/33 erreicht mit dem „SV Hindenburg Allenstein" ein ostpreußischer Verein das Viertelfinale: Allenstein siegt im Achtelfinale über Hertha BSC überraschend mit 4:1, muss sich aber im Viertelfinale mit einem 2:12 bei der Eintracht Frankfurt geschlagen geben.

Trotzdem spielen in den 1930er Jahren masurische Spieler den besten Fußball im Deutschen Reich. Die leben allerdings nicht mehr in Masuren. Sie wurden als Kinder von Arbeitsemigranten im Ruhrgebiet geboren und lernen vor allem im Gelsenkirchener Stadtteil Schalke die Hohe Kunst der Balltreterei. Die erfolgreichsten Jahre des FC Schalke 04 fallen in die Zeit des Nationalsozialismus. Zwischen 1934 und 1942 steht der Verein in jedem Jahr in mindestem einem Meisterschafts- oder Pokalfinale und gewinnt die Meisterschaft sechsmal. Die Erfolge der Mannschaft werden von den Nationalsozialisten ideologisch ausgeschlachtet, wobei besonders der Kampf- und Teamgeist der Spieler betont wird. Vor dem Hintergrund des Rassismus des Regimes ist das absurd – angesichts der vielen Spieler mit masurischen, Posener und oberschlesischen Vorfahren lässt die Mannschaftsaufstellung von Schalke 04 eher einen Verein in einer polnischen als in einer deutschen Liga vermuten.

Viele der Exil-Masuren und ihre Nachfahren „auf Schalke" sind früh fußballbegeistert. In den Zechensiedlungen beginnt der Siegeszug des Fußballs auf den Straßen, und auch die Keimzelle des FC Schalke 04 ist eine Straßenmannschaft – das Image eines Proletenvereins haftet Schalke wegen seiner Herkunft aus einem Arbeiterviertel an. Viele der Spieler arbeiten noch unter Tage. Zum „Polackenverein" wird er in den 1920er Jahren gestempelt, als etliche seiner Leistungsträger polnisch klingende Namen haben. August Sobotka, Wilhelm Gorziza, Alfred Jaczek, Walter Badorek und Adam Zurawski, der sich damals schon Zurner nennt, spielen in einer Mannschaft, die zunächst regional in Westdeutschland Aufsehen erregt.

Die Historikerin Britta Lenz hat sich 2005 mit diesem Spezialaspekt des Lebens „polnischer Einwanderer im Ruhrgebiet zwischen der Reichsgründung und dem Zweiten Weltkrieg" und der Frage „Polen deutsche Fußballmeister?" befasst. Sie beantwortet die selbst gestellte Frage mit „Jein", denn ihre fußballmeisterlichen Polen aus Gelsenkirchen sind mehrheitlich Masuren: „Der Gelsenkirchener Stadtteil Schalke wies einen besonders hohen Anteil masurischer Einwanderer auf und diese masurischen Einwanderer ließen sich auch unter den Leistungsträgern des FC Schalke 04 finden."[224] Zwischen 1920 und 1940 können in der ersten Mannschaft von Schalke 04 mehr als 30 Spieler masurischer Herkunft ausgemacht werden. Drei von ihnen sind sogar noch in Masuren geboren.

Schalke 04 als Gewinner der Deutschen Fußballmeisterschaft wird 1934 noch immer als „Polackenverein" verunglimpft. Die Spieler wehren sich dagegen in einer offiziellen Erklärung im Fußballfachblatt Kicker vom 7. August 1934. Sie weisen darauf hin, dass ihre Eltern alle im „heutigen oder früheren Deutschland geboren" sind und sie selber auch keine Immigranten seien. Dies entspricht der Wahrheit.

Die Vorfahren von zehn Fußballern der Meisterelf stammen aus den preußischen Ostprovinzen, die seit 1871 zum Deutschen Kaiserreich gehörten. Ein Spieler der Meisterelf, Emil Rothardt, ist als Emil Czerwinski geboren, der Stürmer „Valentin", der damals schon wie heutige Brasilianer mit Künstlernamen kickt, ist ein geborener Valentin Przytulla. In der gleichen Elf stehen noch Ferdinand Zajons, Otto „Ötte" Tibulski, Ernst Kalwitzki und Adolf „Ala" Urban sowie zwei Ausnahmespieler: Ernst „Clemens" Kuzorra und Fritz Szepan.

Ernst Kuzorra und sein Schwager Fritz Szepan sind in den späten 1920er, den 1930er und frühen 1940er Jahren das Herz der Schalker Elf. Kuzorra wird 1905 als Sohn eines Bergmanns in Gelsenkirchen geboren. 1919 bestreitet er in einer Jugendmannschaft sein erstes Spiel für Schalke; schon mit 17 Jahren gehört er regelmäßig zur ersten Mannschaft. Er wird ihr bestimmender Spieler, stellt bald die Mannschaft auf, engagiert und entlässt die Trainer und kümmert sich um Verstärkungen. Die Eltern beider Spieler stammen aus Masuren – Szepans Eltern aus dem Kreis Neidenburg, Kuzorras Eltern aus dem Kreis Osterode – und sind um 1890 ins Ruhrgebiet eingewandert. Kuzorras Mutter soll kein Wort Deutsch gesprochen und auch sein Vater diese Sprache nur bruchstückhaft beherrscht haben.[225] Fritz Szepan spielt von 1929 bis 1939 vierunddreißigmal für Deutschland und erzielt dabei acht Tore, mit der Nationalmannschaft nimmt er an zwei Fußballweltmeisterschaften teil. Szepan wird als Kapitän der deutschen Fußballnationalmannschaft zum deutschen Vorzeigeathleten und auch geschäftlich und beruflich, wie einige andere Schalker Spieler auch, ein Nutznießer des Systems. Er übernimmt in Gelsenkirchen 1938 das Kaufhaus eines zuvor durch die Nationalsozialisten enteigneten Juden.[226]

Schalkes „masurische Spieler" sind in Deutschland populär. Als der Linksaußen Adolf „Ala" Urban, der einundzwanzigmal für Deutschland gespielt hat, 1943 an der Ostfront bei Staraja Russa schwer verletzt wird und trotz intensiver Bemühungen der Ärzte im Lazarett stirbt, bringt diese Nachricht selbst die britische BBC, um so aller Welt zu zeigen, welch hohen Preis der Krieg von den Deutschen fordert.

Nationalsozialistische Expansionspolitik

Die Heimsuchung des Memellandes

Das Memelland ist bis zum März 1939 zwar keine Insel der Freiheit, aber man kann in seiner eingeschränkten Autonomie, noch immer überwacht von den Signaturmächten der Memelkonvention, gleichwohl freier leben als in Deutschland und freier als im sonstigen Litauen, das autoritär regiert wird. Als im Januar 1933 im Deutschen Reich die Nationalsozialisten an die Macht kommen, werden nicht zuletzt deshalb die Ferienorte der Kurischen Nehrung für wenige Jahre ein Rückzugsgebiet für Künstler und andere Intellektuelle, besonders aus Königsberg, aber auch aus Berlin. Die Historikerin Helga Grebing schildert in ihrer Biographie des Königsberger Künstlerehepaars Wilhelm und Marta Worringer[227] auch deren Aufenthalte im litauischen Memelland. Nidden wird das Ferien-Mekka der Familie. Die Worringers sind in Königsberg bereits vor 1933 Teil eines Kreises von Gegnern und später teilweise Verfolgten des Nationalsozialismus und finden im litauischen Nidden einen gewissen politischen Freiraum. Sie treffen hier auf Gleichgesinnte wie den Maler Ernst Mollenhauer und den Niddener Bürgermeister Richard Trotzky, der von Beruf Musiker ist. Zu den Worringers und den Königsberger Freunden gesellt sich in Nidden eine vornehmlich aus Berlin stammende intellektuelle Szene aus Malern, Schauspielern, Regisseuren, Professoren, Pfarrern, Schriftstellern, Journalisten und sogar Berufsoffizieren. In den Sommerferien wird hier „Bildungsbürgerlichkeit als bewusster Protest gegen den Nationalsozialismus" gelebt, wie Helga Grebing formuliert. Die Historikerin beschreibt den in diesen Kreisen herrschenden Geist: „Nidden wurde zu einer Stätte der leisen, aber nicht minder deutlichen Befreiung, zeitlich beschränkt gewiss, vom Staub und Schrecken des Nationalsozialismus – das ‚Tal des Schweigens' wurde hier im doppelten Sinne durchschritten, faktisch und moralisch."[228]

In Nidden treffen sich regelmäßig die Schriftstellerin Marie Luise Kaschnitz und ihr Mann, der Berliner Staatsschauspieler Paul Bildt, seit 1908 verheiratet mit der Schauspielerin Charlotte Friedländer, die jüdischer Herkunft ist, der Schauspieler Bernhard Minetti, der Königsberger Dramaturg Karl Pempelfort (er wird später einige Jahre die Ruhrfestspiele leiten), der Schriftsteller und Literaturwissenschaftler Paul Fechter, der Schriftsteller und Kritiker der Königsberger Hartungschen Zeitung Erich Pfeiffer-Belli (nach 1945 für die Süddeutsche Zeitung tätig) und der Orgelvirtuose und Leiter des Leipziger Gewandhaus-Orchesters und des Thomaner-Chores Günther Ramin. Auch Königsberger Professoren wie der aus Kassel stammende Historiker Hans Rothfels, ein Konservativer jüdischer Herkunft, der 1936 zwangsweise entlassen und 1939 zur Emigration gezwungen wird, sowie der Altphilologe Walter F. Otto gehören zu dieser Gruppe Intellektueller.

Die 19-jährige Lucinde Worringer erholt sich 1937 mit den beiden Söhnen der Familie Jenisch im Nacktbadebereich am Ostseestrand von Nidden. Die spätere Schauspielerin und Ehefrau des Journalisten und marxistischen Theoretikers Fritz Sternberg, der 1933 als Sozialist und Jude emigriert und US-Bürger geworden war, ist die Anführerin einer Horde von Jugendlichen, deren Eltern wie Erich Jenisch und dessen Frau Martha, eine Tochter des Schauspielers Paul Wegener, der zum Nationalsozialismus in Distanz stehenden intellektuellen Schicht Königsbergs angehören.[229] Erich Jenisch ist Assistent am Lehrstuhl für Neuere deutsche Literaturgeschichte der Albertina. Er wird 1939 aus dem Universitätsdienst entlassen und nach dem Krieg Professor in Würzburg. Zum Kreis der Worringers gehören auch der Königsberger

Pfarrer Hugo Linck; der dem Bruderrat der Bekennenden Kirche angehört, sowie Ludwig Goldstein, jüdischer Herkunft, bis 1933 Leiter des Feuilletons der Königsberger *Hartungschen Zeitung* und Gründer und Leiter des Königsberger Goethe-Bundes. Er ist mit einer „Arierin“ verheiratet und bleibt so geschützt, als die Juden aus Königsberg deportiert werden. Goldstein stirbt 1943 in Berlin. Auch der aus Sachsen stammende, in Berlin lebende und vom Nazi-Regime verfolgte Zeichner und Karikaturist Erich Ohser (Schöpfer von Vater und Sohn), der 1933 mit Arbeitsverbot belegt, 1944 wegen eines defätistischen Witzes angezeigt und verhaftet wird, kommt regelmäßig nach Nidden. Ohser nimmt sich später im Gefängnis das Leben. Nidden entdeckt hat auch die Kabarettistin Isa Vermehren. Sie wird das KZ Ravensbrück überleben und 1951 Ordensfrau werden. Ihr Leben verlieren wird die in Nidden verkehrende Tänzerin und Bildhauerin Oda Schottmüller. Sie schließt sich der Widerstandsgruppe „Rote Kapelle“ an, wird 1943 zum Tode verurteilt und hingerichtet.

Der 1936 in Memel geborene Würzburger Staatsrechtler Dietmar Willoweit verbringt die Sommer seiner Kindheit in der familieneigenen Badebude in Sandkrug auf der Kurischen Nehrung, das der Stadt Memel direkt gegenüberliegt.[230] Weit zieht es die Familie auch sonst nicht in die ländliche Umgebung. „In meiner eigenen Familie, unter den Nachbarn und Freunden ist mir niemand in Erinnerung, den es außer zum Beeren- und Pilzesammeln – wofür die heißgeliebte Kleinbahn gut war – hinaus aufs Land getrieben hätte. Man lebte in der kleinen Stadt am Haffausgang in einer ganz und gar städtischen Gesellschaft, mit dem Rücken nach Osten gleichsam.“ Die Deutschen in Memel bleiben unter sich. „Ich hatte keine Ahnung davon, dass in der Umgebung der Stadt eine überwiegend litauischstämmige, oft noch zweisprachige Bevölkerung wohnte.“[231] Nur ein einziges Mal fährt Dietmar Willoweit aufs Land, nach Wilkieten. „Ich habe viele Einzelheiten dieser für mich ungewöhnlichen Reise im Gedächtnis behalten: der kleine Bahnhof mit den wenigen Häusern daneben und gegenüber, die auf die Ankömmlinge wartenden kleinen Bauerngespanne und die anschließende Fahrt über das flache Land nach Osten, wo sich die so charakteristischen Einzelhöfe dieser Landschaft mit ihren Gärten und dem Vieh unter mächtigen alten Bäumen duckten – jedes dieser Anwesen wie eine kleine Welt für sich, völlig verschieden von allem, was ich bis dahin kennengelernt hatte.“[232]

Durch den staatlicherseits geförderten Zuzug von Litauern aus Großlitauen hat die Stadt Memel Mitte der 1930er Jahre ihren einst fast rein deutschen Charakter eingebüßt. Der aus Memel stammende Historiker Karl-Heinz Ruffmann berichtet, dass man jetzt häufig auf Litauer und auch auf Soldaten der litauischen Garnison trifft. Nach seiner Erinnerung findet zwischen memeldeutschen und litauischen Familien kein gesellschaftlicher Verkehr statt, es kommt auch kaum zu Eheschließungen über die Sprach- und Volksgrenzen hinweg.[233] Trotzdem konstatiert Ruffmann aufgrund eigenen Erlebens im Alltag kaum Auseinandersetzungen zwischen deutsch- und litauisch-gesinnten Memelländern.

Bereits 1928 gründet sich in der Stadt Memel ein geheimer Ableger der NSDAP.[234] Die Bevölkerung des Memelgebietes unterscheidet sich in den nächsten Jahren in ihrer Affinität zum Nationalsozialismus offensichtlich wenig von den Deutschen im Reich. Karl-Heinz Ruffmann gesteht ein: „Nichts zu beschönigen ist an dem letztlich entscheidenden Sachverhalt, daß wir Memelländer ab 1935 mehr oder weniger rasch der Anziehungskraft des Dritten Reiches erlagen und die wahren Absichten Hitlers und seiner Bewegung nicht erkannten, obwohl uns – nach 1933 – bessere und kritischere Informationsquellen als im Reich zur Verfügung standen."[235]

Eine dieser möglichen Quellen ist die in Memel in einem litauischen Verlag erscheinende deutschsprachige Zeitung Baltischer Beobachter. Sie vertritt zwar politisch die Interessen der litauischen Politik, ist in ihrer Berichterstattung über Deutschland aber unabhängig. Die Zeitung trägt den Untertitel „Litauische Zeitung in deutscher Sprache" und ist aus den Memeler Neuesten Nachrichten hervorgegangen. Sie erscheint an sechs Tagen in der Woche und hat 1937 eine Auflage von 4000 Exemplaren. In der Redaktion finden deutsche Emigranten und Juden Arbeit, die gemeinsam mit memeldeutschen und kleinlitauischen Journalisten über die politischen Entwicklungen im Memelland und im Deutschen Reich informieren. Ihr Chefredakteur ist Jonas Grigoleitis.

Im Sog der nationalsozialistischen „nationalen Revolution" im Reich entstehen im Memelland rasch zwei nationalsozialistische Parteien. Sofort nach der Machtergreifung Hitlers bildet sich die nazistische Partei Christlich-Sozialistische Arbeitsgemeinschaft des Memelgebiets (CSA) unter der Leitung des evangelischen Pfarrers Theodor Freiherr von Saß, die ihre Basis im kleinbürgerlichen städtischen Beamtentum findet.[236] Theodor Freiherr von Saß leitet die Memeler Hafengemeinde der Englischen Kirche und ist streng antisemitisch eingestellt. Bei der Wahl zum Stadtparlament von Memel im Mai 1933 gewinnt Saß' Liste mit 9360 von insgesamt 19140 Stimmen fast die Hälfte der Stimmen – sie kann nicht alle errungenen Mandate besetzen, weil zu wenig Kandidaten aufgestellt wurden. Die vereinigten bürgerlichen Parteien erhalten nur 3584 Stimmen. Der Anteil der Sozialdemokraten und der Kommunisten geht stark zurück.

Von Saß und seine CSA sehen im nationalen Sozialismus Georg Strassers ihr Vorbild. Sie geben sich radikal und revolutionär und verschrecken damit die bürgerlichen deutschen Honoratioren der Stadt Memel. So spaltet sich deshalb wenig später, im Juni 1933, eine weitere nationalsozialistische Partei, die Sozialistische Volksgemeinschaft des Memelgebiets (Sovog), von der CSA ab. Die „Sovog" dehnt sich sofort auf das ganze Memelgebiet aus; hinter ihrer Gründung stehen Kreise, die zuvor die bürgerliche Landwirtschaftspartei unterstützt haben. Die Initiatoren der Parteigründung suchen eine Persönlichkeit, die es mit dem populistischen Pfarrer von Saß aufnehmen kann – und finden sie im Tierarzt des Kreises Memel Dr. Ernst Neumann. Neumann tritt zurückhaltender auf als Saß und ist beliebt bei der

Wahlplakat der „Memeldeutschen Liste" vom 29./30. August 1935. Die deutsche Einheitsliste führt der Parteivorsitzende der Sovog Ernst Neumann an. Die Liste erringt mit 81 % der Stimmen 25 der 29 Sitze des Memelländischen Landtags. Vier Sitze gehen an litauische Parteien.

ländlichen Bevölkerung.[237] Die Sovog wird von Anbeginn an von der NSDAP-Gauleitung in Königsberg unterstützt.[238] Um eine außenpolitische Konfrontation mit Litauen zu vermeiden, setzt man dort zu dieser Zeit auf eine weniger konfrontative Politik im Memelland. Der Historiker Ernst-Albrecht Plieg in seiner Dissertation *Das Memelland 1920–1939*: „Die Gauleitung Ostpreußen rief v. Sass und Dr. Neumann mit einigen Anhängern und dazu den Führer der Landwirtschaftspartei, Conrad, nach Königsberg. Sie ließ dort erklären, die NSDAP werde in die Entwicklung im Memelgebiet nicht eingreifen, verbot jede Fühlungnahme mit Reichsstellen und sprach nicht v. Sass, sondern Dr. Neumann das Vertrauen der NSDAP aus."[239] Theodor Freiherr von Saß beugt sich der Entscheidung der ostpreußischen Gauleitung nicht. Plieg: „Es begann eine Fehde zwischen den beiden Parteien, die zunächst geheim geführt wurde, dann aber immer mehr an die Öffentlichkeit drang."[240]

Die bürgerlichen deutschen politischen Parteien verlieren ihre Mitglieder- und Wählerbasis an CSA und Sovog und gehen letztlich in ihnen auf. Mit fast 6000 Mitgliedern ist die gemäßigter auftretende Sovog schnell stärker als die Partei von Saß. Obwohl sich beide Gruppierungen deutlich am Vorbild der deutschen NSDAP orientieren, besteht zwischen ihnen eine erbitterte Feindschaft. Ohne die Unterstützung der deutschen NSDAP sucht die CSA eigenständig zu wirken und hat, als sie am 13. Juli 1934 von der litauischen Regierung verboten wird, immerhin 2258 Mitglieder.

Die Anhänger beider Gruppen treten in der Öffentlichkeit nach dem Vorbild anderer faschistischer Parteien uniformiert auf. Der Historiker Joachim Tauber stellt fest, dass „beide Parteien Plagiate der NSDAP waren“[241]. Seiner Meinung nach ist es umstritten, ob die schließlich aus dem Machtkampf als Sieger hervorgehende Sovog nur „nationalsozialistischen Einflüssen“ unterlegen oder sich nicht zumindest in Teilaspekten von der NSDAP distanziert habe. Tatsächlich wirkt die Partei auf die Memelländer vermutlich weniger radikal. Ernst-Albrecht Plieg: „Die Judenfrage war für Dr. Neumann und seine Partei indiskutabel. Diese religiöse, rassische und nationale Toleranz verschafften der Sovog in dem Gebiet (...) weitgehende Sympathien, so daß auch Memelländer ihr beitraten, die keineswegs überzeugte Nationalsozialisten waren, und sogar Litauer, die zum Teil dem Schützenverband ‚Saulu Sajunga' angehörten.“[242]

Im Oktober 1933 erringt Neumanns Partei bei den Wahlen zur Landwirtschaftskammer des Memelgebiets 27 von 37 Sitzen, Saß' CSA nur noch 9 Sitze, einer fällt an einem litauischen Kandidaten.[243] Der Bruderkampf wird nun kurz entschlossen vom Reich entschieden: Rudolf Heß und der ostpreußische Gauleiter Erich Koch machen sich für Neumann stark. In Memel fordert der neue Vizekonsul Dr. Strack Saß-Anhänger mit der Waffe auf, zu Neumann zu wechseln.[244] Saß wird durch das Königsberger Konsitorium wegen „Ungehorsam und Wortbruchs“[245] vorläufig seines Amtes als Pfarrer enthoben und verliert sogar seine Pension.

Die Aktivitäten der Sovog und der CSA sind gegen die international verbürgte litauische Souveränität im Memelgebiet gerichtet und zielen faktisch auf eine „Heimkehr“ in das Deutsche Reich. Die CSA fordert dies auch in ihrem Programm. Litauen und das Memelgebiet stehen seit einem Putsch im Jahr 1926 des das Land als Präsident autoritär und ohne Parlament regierenden Antanas Smetona unter Kriegsrecht. Die Sovog und ihr Führer Neumann wollen den litauischen Kriegskommandanten nicht provozieren. Neumann behauptet für seine Partei Loyalität zum Memelstatut und propagiert die Rückkehr ins Deutsche Reich nicht offen.[246]

Da die nationalsozialistische Bewegung auch durch eine personelle Aufstockung der litauischen Sicherheitsorgane, verschärfte Grenzkontrollen und andere Maßnahmen nicht unter Kontrolle zu bringen ist, entschließt sich die litauische Regierung zu einem radikalen Schritt. Sie verabschiedet am 8. Februar 1934 das Gesetz „Zum Volks- und Staatsschutz“. Bereits 24 Stunden nach seiner Verabschiedung verhaften litauische Sicherheitsbehörden die Vorsitzenden und führende Mitglieder der Sovog und der CSA, andere Mitglieder der Parteien werden unter Polizeiaufsicht gestellt. Am 12. Juli 1934 verkündet der Kriegskommandant eine Ergänzung zu den „Sonderbestimmungen betreffend den Staatsschutz“. Am Tag darauf werden die Sovog, die CSA und dazu die Landwirtschaftspartei als staatsgefährdende Verbände verboten. Die Büros der beiden NS-Ableger werden geschlossen.[247] Zwischen Dezember 1934 und März 1935 organisiert die Republik Litauen in Kaunas vor dem Obersten Litauischen Kriegsgericht einen Prozess gegen die aktivsten Mitglieder der beiden Parteien.

Von den Angeklagten sind nur 33 Mitglieder der radikaleren CSA, 93 gehören der Sovog an. Unter den insgesamt 126 angeklagten Personen sind viele hohe Beamte der Selbstverwaltungen des autonomen Memellandes. Das Kriegsgericht tagt im Sitzungssaal des litauischen Parlaments, die Anklage lautet auf Planung eines bewaffneten Aufstandes. Die Verteidigung bietet über 200 Zeugen, die Staatsanwaltschaft 297 Zeugen und dazu 15 Sachverständige auf.[248]

Noch heute ist zwischen litauischen und deutschen Historikern umstritten, ob die Vorwürfe der litauischen Ankläger zutreffen. „Während deutsche Darstellungen (und selbst Interviews von Beteiligten aus den 90er Jahren) diesen Vorwurf vehement in Abrede stellen, geht die litauische Forschung von der Stichhaltigkeit der Anklage aus. Obwohl einiges für die deutsche Position spricht, ist es nicht ausgeschlossen, dass, ähnlich wie später im Herbst 1938 und Frühjahr 1939, ostpreußische Parteistellen aus eigener Initiative ‚Aufstandspläne' verfolgten."[249] Als Drahtzieher hinter den Aktivitäten der Parteien werden aber im Prozess die Nationalsozialisten deutlich. 87 Personen werden verurteilt, vier sogar zum Tode. Es gibt 37 Freisprüche. Die zum Tode Verurteilten werden nicht hingerichtet. Ab 1936 werden die ersten Verurteilten des Kaunas-Prozesses amnestiert, weitere nach und nach aus dem Zuchthaus entlassen,[250] 1938 kehren die letzten Verurteilten ins Memelgebiet zurück[251], unter ihnen Ernst Neumann. Er empfängt seine Anweisungen nun unmittelbar aus Berlin.

Im Memelland entbrennt der „Volkstumskampf" nach dem Prozess in voller Schärfe. Der in Memel lebende 37-jährige Justizbeamte Herbert Friedrich Kittel wird aus nichtigem Anlass von der litauischen Sicherheitspolizei verhaftet. Man lässt ihn zwar nach einigen Tagen frei, da man ihm keine Verfehlungen zur Last legen kann, er wird aber aus dem litauischen Staatsdienst entlassen. Litauen versucht durch solche Maßnahmen, deutsch-memelländische Staatsbedienstete durch großlitauische zu ersetzen. Herbert Friedrich Kittel bleibt bis Ende 1938 arbeitslos. Sein Sohn Wilhelm, damals 15 Jahre alt, erinnert sich: „Wir lebten von der Hilfsbereitschaft der Bekannten und Freunde. Vielen anderen Familien mit ähnlichem Schicksal wurde auf gleiche Weise geholfen. Bei uns sah das so aus, dass der Hauseigentümer keine Miete nahm und der Kaufmann anschrieb. Selbst der Inhaber eines Konfektionsgeschäfts, ein Jude, kleidete uns mit dem Notwendigsten auf Kredit. Butter, Eier und Sahne waren ebenfalls Gaben von Kleinbauern oder Händlern."[252] Der Familie ist damals nicht bekannt, dass Herbert Friedrich Kittel vom Deutschen Konsulat finanziell unterstützt wird. Nach der Rückgliederung des Memellandes an das Deutsche Reich werden die Schulden der Personen, die durch litauische Repressalien ihre Arbeit verloren haben, vom Deutschen Reich übernommen.

Dem Prozess in Kaunas folgt eine scharfe Reaktion der Reichsregierung; im Deutschen Reich werden Proteste gegen die „Bluturteile" inszeniert. Hitler droht Litauen öffentlich. Dann ändert er seine Taktik, lockt mit einem Handelsabkommen und bietet einen Nichtangriffspakt gegen Zugeständnisse in der „Memelfrage" an. Auch die alliierten Signaturmächte verlangen ein litauisches Entgegenkommen. Der von der litauischen Regierung eingesetzte Gouverneur im Memelland Jonas Navakas, der auf das Erstarken der Nationalsozialisten mit einer Litauisierungskampagne reagiert hat, wird im April 1935 abberufen.

Die Wahlen zum Memelländischen Landtag am 30. August 1935 stehen ganz unter dem Eindruck der Urteile von Kaunas. Eine „Deutsche Einheitsliste" erringt bei einer Wahlbeteiligung von über 91 % mehr als 81 % der Stimmen und 24 der 29 Sitze. Die sozialdemokratische Partei des Memelgebietes und die kommunistische Arbeiterpartei, die 1932 noch 7,8 % bzw. 8,2 % der Stimmen erreicht haben, treten nicht mehr an und unterstützen so die Einheitsliste. Ursprünglich stehen an der Spitze der Liste der ehemalige Landespräsident des Memellandes Ottomar Schreiber sowie der seit 1931 als Bürgermeister von Memel amtierende Wilhelm Brindlinger. Beide werden vom Gouverneur aus den Wahlvorschlägen gestrichen und ihrer memelländischen Staatsangehörigkeit für verlustig erklärt. Weitere 11 000 memelländische Pässe werden durch eine litauische Sonderkommission als ungültig bezeichnet und ihre Inhaber von der Wahl ausgeschlossen. Auch 8 000 Mitglieder der mittlerweile verbotenen CSA und Sovog dürfen nicht wählen. Gleichzeitig erteilen die litauischen Behörden mehr als 10 000 Litauern die memelländische Staatsbürgerschaft.[253]

Für die Wahlen zum Memeler Landtag hat die litauische Regierung ein besonders zeitraubendes Wahlverfahren eingeführt. Die insgesamt 187 Namen der Kandidaten der memelländischen Einheitsliste und der sechs litauischen Listen werden, nach dem Alphabet geordnet, aber ohne Angabe der Partei, in einem Zettelblock vereinigt. Aus diesem Block hat jeder Wähler 29 Zettel – für jeden zu vergebenen Sitz einen – mit seinen Kandidaten abzutrennen, die er dann in der Wahlkabine in die Urne werfen kann. Durchschnittlich brauchen die Wähler dafür zehn bis 20 Minuten. So bilden sich am Wahltag lange Schlangen vor den Wahllokalen, die Wahl muss sogar um einen Tag verlängert werden. Karl-Heinz Ruffmann erlebt das Wahlprozedere als Dreizehnjähriger mit: „Wir besuchten per Fahrrad unsere Angehörigen in der endlosen Warteschlange, versorgten sie mit Eßbarem und munteren Reden; und einer von uns gelangte sogar klammheimlich in eine Wahlkabine, wo er einer alten Frau, die verzweifelt einen noch fehlenden memeldeutschen Kandidaten herauszufinden suchte, altpreußisch laut zurief: ‚Muttchen, du hast dem Buttgereit vergessen!'"[254] Der Ausruf wird im Memelland in den nächsten Jahren zu einem geflügelten Wort.

Litauen und das Memelgebiet werden Ende der 1930er Jahre zu einem Spielball der internationalen Politik. Am 25. März 1938 übergibt das Deutsche Reich der Republik Litauen einen elf Punkte umfassenden Forderungskatalog: Litauen soll den Kriegszustand und die Pressezensur aufheben, seine Sicherheitspolizei zurückziehen, auf das Vetorecht des Gouverneurs verzichten, die Aufsichtskontrolle über die Schulen rückgängig machen, den Gebrauch der deutschen Sprache in seinen staatlichen Einrichtungen gesetzlich festlegen und anderes mehr. Die Regierung Li-

Die „Preußen" der Stettiner Reederei Braeunlich in Klaipėda im Jahr 1938 im Hafen von Memel. Der vom Reichsverkehrsministerium getragene „Seedienst Ostpreußen" läuft Memel/ Klaipėda fahrplanmäßig an, um so die Bindungen zum Reich zu stärken.

tauens leistet dem nach und nach Folge; binnen kurzem entstehen im Memelgebiet fast reichsdeutsche Verhältnisse. Am 14. Oktober 1938 wird als Massenorganisation der nationalsozialistisch beeinflusste „Memeldeutsche Kulturverband" gegründet, es entstehen „Sturmabteilungen" mit 6000 Mitgliedern. Nach dem Vorbild der SS wird ein 2000 Mann starker „Ordnungsdienst Deutschland" installiert. Die deutschen Gewerkschaften in Memel organisieren sich im Stil der Deutschen Arbeitsfront.

Als am 4. Juni 1938 die im Ostpreußischen Seedienst verkehrende „Tannenberg" der Reederei Hamburg-Amerika-Linie auf einer Pfingstfahrt ins Baltikum den Hafen von Memel anläuft, erwartet sie am Pier eine große Menschenmenge. Von Bord übertragen die Megaphone „deutsche Lieder", die die Menge begeistert mitsingt. Beim Auslaufen des Schiffes kommt es nicht nur zum üblichen Rufen und Winken, sondern – ausgelöst wohl durch Jugendliche auf dem Schiff – auch zu deutsch-nationalen Sprechchören. Als am 21. Juni die „Preußen" der Stettiner Reederei Braeunlich auf der Fahrt nach Helsinki den Hafen von Memel anläuft, sperrt die litauische Hafenpolizei mit einem Seil die versammelte Menschenmasse vom Anleger aus. Heinrich A. Kurschat: „Das Seil wurde durchschnitten, und die Memeler stürzten bis zum Zollgitter vor. Diesmal waren sie es, die zur ‚Preußen' hinaufriefen: ‚Ein Volk – ein Reich – ein Führer!' Das Horst-Wessel- und das Deutschlandlied wurden gesungen."[255] Es gibt 15 Verletzte, 50 Demonstranten werden verhaftet.

In seiner Rede während der Sudetenkrise um den Fortbestand der Tschechoslowakei im Berliner Sportpalast am 26. September 1938 bezeichnet Hitler die Forderung nach der Abtretung des Sudetenlandes an das Reich ausdrücklich als seine letzte Forderung nach territorialer Revision. Als Folge dieser Erklärung hebt Litauens Präsident Smetona zum 1. November 1938 das Kriegsrecht für das Memelgebiet auf. Die Verhältnisse ändern sich spürbar: Der damals 15-jährige Wilhelm Kittel: „Es erfüllte uns mit Stolz, in dieser Zeit ein Deutscher zu sein. Ich weiß, heute ist so ein Satz vielleicht unverständlich. Ich glaube, es lag einfach an der Erziehung und der damaligen Zeit. Man lief, marschierte und sang mit, und wir hatten oft im Chor mit den Kameraden zusammen ‚Wir wollen heim ins Reich' gerufen."[256] Der 15-Jährige bemerkt den seit Monaten sichtbaren Exodus der jüdischen Bevölkerung. „Wir hatten langjährige Schul- bzw. Klassenkameraden jüdischen Glaubens, in Försterei hatten wir zeitweise sogar jüdische Nachbarn, wir kauften unsere Textilien in einem jüdischen Geschäft und oft auch konsultierten die Eltern mit uns einen bekannten jüdischen Arzt. Und dennoch muss ich gestehen, dass ich in der Zeit des politischen Umbruchs das Verschwinden dieses Teils der Bevölkerung überhaupt nicht bewusst zur Kenntnis genommen habe. Heute frage ich mich oft, wieso bemerkten wir das nicht?"[257]

Die genaue Zahl der Juden, die um 1938 im Memelland gelebt hat, lässt sich heute nicht mehr ermitteln. Fest steht, dass nach 1923 eine starke Einwanderung von Juden aus Großlitauen eingesetzt hat. Quellen nennen Zahlen zwischen 4000 und 8000. Nach den Novemberpogromen in Deutschland setzt 1938 eine jüdische Abwanderung aus dem Memelland ein. Bis Anfang 1939 verlässt über die Hälfte der Memeler Juden die Stadt. Die meisten ziehen in die großlitauischen Städte Polangen, Garsden, Russisch-Krottingen (Kretinga), Darbenai, Georgenburg (Jurbarkas) und Tauroggen, die direkt an der Grenze zum Memelgebiet liegen und eine große jüdische Gemeinde haben, oder nach Schaulen und Kaunas. Neben den nach 1923 Zugezogenen emigrieren auch alteingesessene Juden.[258]

Hitler lehnt zu diesem Zeitpunkt einen Anschluss des Memelgebiets noch ab, weil er das zu dieser Zeit gute Verhältnis zu Polen nicht verschlechtern will.[259] Zu Beginn des Jahres 1939 ist diese Option gescheitert und Hitler entschließt sich zur „Lösung" der Memelfrage. Als er im März 1939 nach dem Memelland greift, ist das Gebiet schon fest in nationalsozialistischer Hand. Ernst Neumann ist mittlerweile zum „Führer" der Memelländer aufgebaut worden; im Dezember 1938 hat Hitler ihn empfangen und mit der Zusicherung beruhigt, der „Anschluss" des Memellandes werde im Frühjahr des kommenden Jahres erfolgen. Die britische Regierung teilt der Reichsregierung mit, dass man sich einer Annexion des Memelgebietes nicht widersetzen würde. Als Hitler am 15. März 1939 die „Resttschechei" – das Sudetenland ist an Deutschland gegangen, die Slowakei als Satellitenstaat des Deutschen Reichs selbstständig geworden – und deren Hauptstadt Prag besetzen lässt, werden in Memel Hakenkreuzflaggen gehisst. Am 20. März 1939 zitiert Deutschlands Reichsaußenminister Joachim von Ribbentrop seinen litauischen Kollegen Urbsys nach Berlin und fordert ihn ultimativ zur „freundschaftlichen Rückgabe" des Memelgebiets auf, oder die deutsche Wehrmacht werde nach Litauen einmarschieren. Joseph Goebbels hat über die Stunden, die dem Anschluss des Memelgebiets an das Deutsche Reich vorausgehen, am 21./22. März 1939 eine Tagebuchnotiz hinterlassen: „Beim Führer zu Mittag. Ribbentrop hat dem litauischen Außenminister in ziemlich ultimativer Form des Führers Forderung auf Rückgabe des Memellandes überreicht. Aus Kowno kommt ein Kommuniqué-Vorschlag. Der ist so unbrauchbar. Wir redigieren ihn vollkommen um. Aber noch keine endgültige Entscheidung. Unterdes veröffentlicht Kowno das von ihm vorgeschlagene Kommuniqué, und dann gehen die Minister dort schlafen. Nun schlägt's aber dreizehn. Unser Gesandter wird beauftragt, sie aus den Betten zu holen und ihnen die Pistole auf die Brust zu setzen. Entweder – oder. Diese kleinen Ganoven von Versailles müssen nun den Raub herausrücken. Sonst gibt's Saures."[260] Litauische Sondierungen bei den Westmächten bleiben erfolglos, das Land ist international isoliert. Am 22. März muss die litauische Regierung das deutsche Ultimatum annehmen und unterzeichnet einen Vertrag zur Abtretung des Memellandes. Das deutsche Ultimatum verletzt eindeutig den Artikel 99 des Versailler Vertrages und andere Dokumente der Abtretung des Memellandes an Litauen.

Noch während die Minister in Berlin verhandeln, besteigt Hitler mit Gefolge am 22. März in Swinemünde den Panzerkreuzer „Deutschland" und nimmt Kurs Richtung Memel. Der „Führer" lässt von Bord ungeduldig per Funk in Berlin anfragen, ob die Litauer den Abtretungsvertrag schon unterzeichnet hätten oder er sich etwa „die Einfahrt freischießen müsse". Noch in der Nacht zum 23. März 1939 beginnt die litauische Armee den Abzug aus dem Memelgebiet. 18 000 Litauer werden evakuiert. Sofort werden alle wichtigen Gebäude in Memel von nationalsozialistischer Miliz besetzt. Über die Tilsiter Luisenbrücke rücken drei grenznah stationierte Bataillone der Wehrmacht sowie Polizei- und NS-Einheiten ins Memelgebiet ein.

Mit dem Panzerschiff „Deutschland" legen ein Dutzend weitere Schiffe der deutschen Kriegsmarine im Memeler Hafen an. Am Morgen des 23. März gegen 8 Uhr verkündet der Reichssender Königsberg: „Litauen hat freiwillig auf das Memelgebiet verzichtet."

Für den Schüler Wilhelm Kittel ist der 23. März zunächst ein normaler Schultag: „Ich ging zur Schule, wie jeden Morgen von der Rosenstraße her, über den Kurzinnaplatz, am Gymnasium vorbei, über die Töpferstraße in die Polangenstraße. Und dort hörte ich plötzlich aus den geöffneten Fenstern des Landratsamtes laute Marschmusik. War das schon ungewöhnlich, so war ich noch überraschter, als ich aus den Fenstern des daneben liegenden Polizeigebäudes die Polizisten die deutsche Nationalhymne singen hörte. Gleichzeitig wurden hier und da Hakenkreuzfahnen aus den Fenstern nach außen gehängt. Es durchfuhr mich wie ein Blitz: ‚Es ist so weit, Hitler hat uns heimgeholt!'"[261] Zu dieser Zeit füllt sich der Theaterplatz mit Einheiten der verschiedenen Wehrmachtsteile und den Uniformen der NS-Verbände. Hitler fährt im Triumphzug durch die Stadt und spricht vom Balkon des Stadttheaters.

Schon am 23. März 1939 erlässt das Deutsche Reich ein Gesetz, nach dem Memelländer, die am 30. Juli 1924 litauische Staatsangehörige geworden sind und ihren Wohnsitz am 22. März 1939 im Memelgebiet oder in Deutschland haben, wieder die deutsche Staatsangehörigkeit erhalten. SS und Gestapo nehmen ihre Tätigkeit auf. Das Gebiet wird an die Provinz Ostpreußen angeschlossen, die nationalsozialistischen Organisationen werden in die NSDAP überführt. Am 25. April 1939 wird Ernst Neumann für das Memelgebiet Mitglied des nationalsozialistischen Reichstags, das er bis zum Ende der NS-Herrschaft im Frühjahr 1945 im „Parlament" des Deutschen Reiches vertritt. Zudem wird er Mitglied im Reichsbauernrat und Generallandwirtschaftsdirektor. Der „Führer der Memeldeutschen" wird nach 1945 im Entnazifizierungsverfahren nur als „Mitläufer" eingestuft. Die Spruchkammern bescheinigen ihm, dass er nicht für Hitler, sondern nur „für Deutschland" war.

Diejenigen Memelländer, die sich während der litauischen Souveränität nicht klar zur deutschen Seite bekannt haben, sind Repressionen und Diskriminierungen ausgesetzt.[262] Fünf Jahre KZ-Haft erleidet der Chefredakteur des Baltischen Beobachters Jonas Grigoleitis. Die westdeutsche Nachkriegsjustiz wird Grigoleitis nicht als Nazi- Gegner, sondern lediglich als „Nationalgeschädigten" anerkennen – sein Widerstand gilt da noch als „deutschfeindlich" und pro-litauisch motiviert. Joachim Tauber benennt weitere Fälle: „Anna Wehlus aus Russ etwa wurde ein Grunderwerb vom Landrat untersagt, weil die NSDAP sie als politisch unzuverlässig einschätzte, da sie ihre Söhne auf litauische Schulen geschickt habe. Als Frau Wehlus Widerspruch gegen die Entscheidung erhob, legte die Kreisleitung nach: die Ortsgruppe Kinten wusste zu berichten, dass beide Söhne von Anna Wehlus der litauischen Kulturorganisation ‚Santara' angehört hätten, der jüngere Sohn gar im März 1939 für Litauen optiert habe und ausgewandert sei. Unglücklicherweise hatte Frau Wehlus in ihrem Gesuch berichtet, dass ihr Sohn als Litauendeutscher 1941 ins Reich zurückgekehrt sei, was nunmehr eine NSDAP-interne reichsweite Anfrage nach dem Aufenthaltsort und der Tätigkeit des jungen Mannes auslöste, die ein aus nationalsozialistischer Sicht ‚skandalöses' Ergebnis erbrachten: Der junge Wehlus hatte sich in Thüringen freiwillig zur Waffen-SS gemeldet! Die Heydekruger Nationalsozialisten setzten die Entlassung von Wehlus aus der SS durch."[263]

Mit dem Memelland fallen auch die Fischerdörfer auf der Kurischen Nehrung wieder an das Deutsche Reich. In der Niddener Idylle ändert sich alles. Der damalige Bürgermeister Richard Trotzky über die Folgen der Rückgliederung des Memellandes für den exponierten Maler Ernst Mollenhauer: „Die auch von ihm sehnlichst erwartete Rückgliederung des Memellandes erbrachte für ihn als expressionistischen Maler ein Ausstellungsverbot und die damit verbundenen Auflagen für seine künstlerische Arbeit."[264] Mollenhauers Weigerung, sein Haus der NSDAP zu öffnen, führt zur stän-

23. März 1939. Begeisterte junge Mädchen erwarten im Memeler Hafen das Einlaufen des Panzerkreuzers „Deutschland“ mit Adolf Hitler an Bord. Hitler spricht nach seiner Ankunft vom Balkon des Stadttheaters zu einer riesigen Menschenmenge und reist gleich wieder ab.

digen Bedrohung einer Verhaftung durch die Gestapo. Die große Gemäldesammlung im Hause Hermann Blodes soll zweimal von entarteter Kunst gesäubert werden. Dem widersetzt sich Mollenhauer erfolgreich mit allen Mitteln. Unter den Künstlern, die zu dieser Zeit im Sommer oder ganzjährig in Nidden arbeiten, gibt es neben Ernst Mollenhauer weitere „Entartete“ wie Marta Worringer. Als unerwünscht gilt auch Alfred Partikel. Zu Fritz Burmann und Richard Birnstengel, Malern der Neuen Sachlichkeit, stehen die Nationalsozialisten ambivalent.

Das Thomas-Mann-Haus wird 1939 von Reichsjägermeister Herrmann Göring als „Jagdhaus Elchwald“ dessen Besitzungen zugeschlagen. Göring hält sich aber nie in Nidden auf. Statt des Reichsmarschalls wird Rüstungsminister Albert Speer oft dort gesehen. Der Versuch des Gauleiters der NSDAP von Ostpreußen, Erich Koch, aus Nidden ein „Kraft-durch-Freude-Bad“ zu machen, können Mollenhauer und Trotzky durch eine Intervention bei Albert Speer verhindern. Mollenhauer zeigt Speer die Wälder, in denen der Elch steht; und redet ihm das Vorhaben aus, das Fischerdorf zu einem zweiten „Prora“[265] zu machen.

Die „Freie Stadt Danzig“, Ostpreußens Nachbar im Westen, bleibt bis zu ihrem Ende ein fragiles völkerrechtliches Gebilde. Es ist ein Teil Polens mit weitreichender innerer Autonomie unter dem Schutz und der Aufsicht des Völkerbundes. Insbesondere das Verhältnis zur Republik Polen, aber auch die Danziger Innenpolitik überwachen seine wechselnden Hohen Kommissare. Danzig wird fast ein autonomer Staat und ist in staatsrechtlicher Beziehung von Polen völlig unabhängig. Allerdings wird durch den Versailler Vertrag bestimmt, dass Polen entsprechend den Wünschen und Anträgen Danzigs dessen auswärtige Angelegenheiten vertritt, ebenso den Schutz der Danziger Staatsangehörigen im Ausland. Polen wird in den Verträgen von Versailles ohne jede Einschränkung der freie Gebrauch und die Benutzung der Wasserstraßen, Docks, Hafenbecken, Kais und sonstigen Anlagen im Gebiet der Freien Stadt Danzig zugesichert, es übernimmt die Überwachung der Wasserstraße Weichsel und des nicht-lokalen Bahnnetzes.

Nach der Verfassung wird Danzig von einem 20-köpfigen Senat regiert, dem ein Präsident als Chef der Exekutive vorsteht. Der Präsident und sieben Senatoren amtieren hauptamtlich und werden auf vier Jahre vom Parlament, dem Volkstag, gewählt. Schon 1919 ist der aus Anklam in Pommern stammende Heinrich Sahm Oberbürgermeister der Stadt Danzig geworden. Der parteilose, deutschnational eingestellte Politiker wirkt von November 1920 bis Januar 1931 ununterbrochen durch drei Senatslegislaturen als Senatspräsident der Freien Stadt. Sahm ist bestrebt, den deutschen Charakter des Gebiets zu erhalten und polnische Ansprüche abzuwehren. Er regiert die ersten zwei Legislaturperioden mit Unterstützung der Deutschnationalen, des katholischen Zentrums und der liberalen Parteien. Danach sind für eine Wahlperiode auch die Sozialdemokraten an der Regierung beteiligt. Nach den im November 1927 abgehaltenen Wahlen zum Volkstag, der vier Jahre amtierenden Volksvertretung der Freien Stadt, regiert in Danzig ein Senat aus SPD, Zentrum und Liberalen und betreibt insbesondere in den Jahren 1928/1929 eine Politik der Entspannung gegenüber Polen.[266] In dem zunächst 120 Sitze starken Volkstag stellen bis 1931 die Sozialdemokraten mit Ausnahme der Wahlen von 1923 die stärkste Fraktion, gefolgt von den Deutschnationalen. Die Kommunisten erreichen oft um die 10 % der Wählerstimmen, polnische Parteien nie mehr als 6 %. Mit jeder Wahl fällt die Zahl der polnischen Stimmen. Zunehmend sehen sich die demokratischen Parteien Danzigs, die weitgehend dem Parteienspektrum der Weimarer Republik entsprechen, unter dem Druck demokratiefeindlicher nationaler und völkischer Kräfte. Der Kampf der Deutschnationalen und ihrer Verbündeten gegen die angebliche „Verständigungspolitik" des Senats führt zur Vereinigung aller oppositionellen nationalen Kräfte. Sie erreichen schließlich 1930 den Sturz der Danziger Koalition und des Präsidenten Heinrich Sahm. Für den „Danziger Staatsbürger" Sahm ist es danach ohne Probleme möglich, wieder deutscher Beamter zu werden und im April 1931 auf den Posten des Berliner Oberbürgermeisters zu wechseln.

Im Sommer 1930 kommt Hermann Göring nach Danzig, um der zu diesem Zeitpunkt noch bedeutungslosen Partei NSDAP neues Leben einzuflößen. Göring empfiehlt Hitler, den Franken Albert Forster als Gauleiter zu entsenden. Im Oktober 1930 kommt Forster in der Stadt an. Damit beginnt in Danzig der Aufstieg der NSDAP.

Schon am 16. November 1930 erringt sie bei Wahlen zum Volkstag 16 % der Stimmen, bei den Wahlen 1933 mehr als 50 %. Nach der Danziger Verfassung ist Forster Ausländer, trotzdem kann er 1933 und 1935 die Wahllisten seiner Partei anführen. Nach und nach übernehmen zwischen 1933 und 1936 trotz Hohem Kommissar und Völkerbund und trotz Widerstands der demokratischen Parteien die Nationalsozialisten in der Freien Stadt die Macht. Auch in Danzig erfolgt, wie im Deutschen Reich, eine „Gleichschaltung" durch die Gesetzgebung, Verwaltungsverordnungen, Terror und Gewalt. Bei den Wahlen von 1935 erringt die NSDAP mehr als 59 % der Stimmen. Im Oktober wird die Sozialdemokratische Partei der Freien Stadt Danzig mit allen ihren Organisationen aufgelöst und verboten. Die etwa 11 000 Personen umfassende jüdische Gemeinde sieht sich zunehmend Repressionen ausgesetzt. Beschwerden beim Hochkommissariat des Völkerbundes bleiben wirkungslos. Nur der internationale Status Danzigs verzögert die Einführung der antijüdischen Nürnberger Gesetze in der Freien Stadt. 1937 verlassen 4000 jüdische Danziger die Freie Stadt.

Eigentlich ist Danzig entmilitarisiert. Polen wird aber zugestanden, auf der Westerplatte an der Mündung der Alten Weichsel ein Munitionsdepot anzulegen; es wird militärisch befestigt. Polen ist berechtigt, zu dessen Schutz auf der Westerplatte eine militärische Besatzung zu stationieren. Die Westerplatte untersteht zwar weiterhin den Danziger Behörden, darf aber nur nach vorheriger Anfrage inspiziert werden. Die Republik Polen versucht in den Jahren nach 1920, sich Danzig in einer Folge vieler kleiner Schritte einzuverleiben. So beginnt Polen, eine Vielzahl von Behörden im Freistaat einzurichten. Ab Juni 1920 existiert eine eigene „Post- und Telegraphenverwaltung Danzig", Polen wird aber zugestanden, im Danziger Hafen einen eigenen Postdienst einzurichten. Nach Auseinandersetzungen zwischen Danzig und Polen trifft der Völkerbundsrat 1925 die Entscheidung, dass in einem genau umgrenzten Gebiet, das den Hafen und die gesamte Danziger Innenstadt umfasst, polnische Postkästen aufgehängt werden dürfen. Die Polen unterhalten am Heveliusplatz ein Polnisches Postamt. Westernplatte und Polnisches Postamt werden die beiden ersten Ziele des deutschen Angriffs am Morgen des 1. September 1939 sein.

Aufrüstung und Wehrmacht

Wegen des Verbots durch den Versailler Vertrag bildet die Reichswehr noch im Jahr 1932 in aller Heimlichkeit Rekruten aus. Hierzu greift sie, wie überall im Deutschen Reich, in Ostpreußen vor allem auf sich freiwillig meldende Oberschüler und Studenten zurück. Otto Mertens beschreibt in seiner Darstellung der Geschichte des Insterburger Infanterie-Regiments 43, wie eine Kompanie seines Regiments deren Ausbildung improvisiert. Ein Unteroffizier und zwei Gefreite des Berufsheeres werden zu einem bestimmten Tag an einen Ort der Provinz, in der Regel in eine Gastwirtschaft oder einen Gutshof, befohlen. Dort wird den freiwillig antretenden jungen Männern Waffen- und Geländekunde beigebracht. Die Lehrgänge werden zweimal im Monat an den Wochenenden durchgeführt, sie sind aber nicht sehr erfolgreich. Deshalb wird in den Gebäuden des aufgegebenen Landgestüts Gudwallen eine „Geländesportschule" – so die Tarnung – eingerichtet. Hier erhalten Freiwillige in vier Wochen eine militärische Grundausbildung.

Die in der Weimarer Republik heimlich begonnene Wiederbewaffnung, toleriert von den Parteien der Weimarer Koalition, wird forciert seit der Machtübernahme der NSDAP am 30. Januar 1933, insbesondere seit dem Austritt des Deutschen Reichs aus dem Völkerbund im Oktober 1933. Zunächst werden nach Einstellung von freiwilligen Mannschaften zum 1. April und 1. Oktober 1934 die vorhandenen Truppenteile über ihre Sollstärke aufgefüllt. 1934 werden die erbenden Söhne der Erbhofbauernhöfe in Ostpreußen für ein Jahr zum Wehrdienst eingezogen. Dieser Wehrdienst ist eine der Bedingungen für die Gewährung des „Erbbauernhofes"-Status an eine Bauernfamilie. Diese Ausbildung der Wehrpflichtigen findet in Gudwallen statt.[267]

Bis 1934 verfügt die Reichswehr nur über sieben Divisionen, die aber im Oktober 1934 auf 21 neu gebildete Divisionen aufgestockt werden. Jede Infanteriedivision der Reichswehr stellt zwei weitere, jedes Infanterie-Regiment ein weiteres auf. Die deutschen Divisionen bestehen so zunächst nur aus zwei statt drei Infanterie-Regimentern, die Stärke der Artillerie wird vervierfacht. Die übrigen Spezialverbände der Divisionen verdreifachen ihre Einheiten. Im ostpreußischen Wehrkreis I entstehen drei Divisionen.[268] Die bisherigen Divisionsstäbe der sieben alten Reichswehrdivisionen bilden die ersten sieben Armee-Korps, die Divisionskommandeure werden zu Kommandierenden Generälen der jeweiligen Korps ernannt, in Personalunion sind sie auch Befehlshaber des jeweiligen Wehrkreises. Das Gebiet des Deutschen Reiches wird in Reichsverteidigungsbezirke, die Wehrkreise, eingeteilt, die jeweils für die Rekrutierung und die Ausbildung verantwortlich sind. Die preußische Provinz Ostpreußen bildet den „Wehrkreis I" mit Sitz des Hauptquartiers in Königsberg. Der Wehrkreis Ostpreußen gliedert sich in die Wehrersatzbezirke Königsberg, Allenstein und Elbing. In jedem Wehrkreis gibt es Dienststellen, die für den Rekrutenersatz, die Ausbildung und die Versorgung der Heeresteile zuständig sind. Nirgendwo im Deutschen Reich werden, im Verhältnis zur Bevölkerung, in den Kriegsjahren mehr Soldaten ausgehoben als in der Provinz Ostpreußen.

Ab dem Jahrgang 1909 sind die Memelländer im litauischen Heer wehrpflichtig. Karl-Heinz Ruffmann ist Jahrgang 1922 und somit 17 Jahre alt, als das Gebiet wieder an das Deutsche Reich angeschlossen wird. Wie alle Jungen hat er die Jahre zuvor die in der Garnison Klaipėda / Memel stationierten Soldaten der litauischen Armee beobachtet. „Wie die meisten jungen Memelländer erinnerten auch mich diese Soldaten immer aufs neue mit Schrecken an den uns bevorstehenden, seit 1933 von vielen bereits abgeleisteten Dienst in der litauischen Armee, mit Schrecken unter anderem deshalb, weil jeder kareivis (lit. Soldat) seine gesamte Dienstzeit mit kahlgeschorenem Kopf absolvieren mußte."[269]

Kahl geschoren wird auch der Memeler Erich Kussau. In der zweiten Hälfte des Jahres 1911 geboren, zieht er Anfang Mai 1934 mit einer verschließbaren Holzkiste zur Memeler Kaserne. Mit Marschmusik geht es für die Wehrpflichtigen seines Jahrgangs dann zum Bahnhof. Begeistert sind sie nicht.[270] Seinen zweijährigen Wehrdienst leistet Kussau in einer Garnison in Westlitauen ab. Er stellt schnell fest, dass die litauische Armee schlecht gerüstet ist. Die Ausbildung entspricht den Traditionen der zaristischen Armee, nicht nur was die Haarlänge der Rekruten anbelangt. In der Kaserne trifft Kussau neben anderen Deutschstämmigen auch auf Angehörige der jüdischen, russischen und polnischen Minderheit Litauens. Litauisch spricht der Städter Kussau nicht, er kann gerade eben die Befehle der Offiziere verstehen. „Es war uns nie verboten, in der Freizeit deutsch zu sprechen, ebenso wenig habe ich als Deutscher irgendeine Diskriminierung erlebt, auch nie etwas Derartiges von anderen Einheiten erfahren."[271] Im Jahr von Kussaus Einberufung beginnt in Kaunas der Prozess gegen die Aktivisten der nationalsozialistischen Bewegung im Memelgebiet. Trotzdem stellt Kussau fest, dass Deutschland den Rekruten nicht als Feindbild vermittelt wird.[272] „Das Feindbild war Polen. Obwohl es so gut wie keinen Unterricht gab und das Heer nie dem polnischen gewachsen gewesen wäre, sangen wir fast täglich aufhetzend: ‚Nach Wilna, nach Wilna, alle, die wir es können, schauen wir nicht auf die Zahl der weißen Adler, nach Wilna, nach Wilna, in das geliebte Land, zu Gediminas, zu unsern Brüdern'."[273]

Am 9. März 1935 verkündet Hermann Göring in seiner Funktion als Reichsminister für Luftfahrt die Existenz einer durch den Versailler Vertrag verbotenen deutschen Luftwaffe. Als massive Proteste aus dem Ausland ausbleiben, proklamiert Hitler am 16. März 1935 die Wehrhoheit für das Deutsche Reich, kündigt die Wehrpflicht mit einjähriger Dienstzeit an und setzt die Heeresstärke zu Friedenszeiten auf zwölf Armeekorps zu insgesamt 36 Divisionen fest. Die Dauer des Wehrdiensts beträgt zunächst ein Jahr und wird im August 1936 auf zwei Jahre verlängert. Anders als im Rest des Reichs gilt in Ostpreußen die Wehrpflicht nicht bis zum 45, sondern bis zum 55. Lebensjahr.[274] Jedes Bataillon der Wehrmacht bildet jetzt seine wehrpflichtigen Rekruten selbst aus; bei der Reichswehr geschah dies noch in besonderen „Ausbildungsbataillonen". Die neue Regelung führt zu einer radikalen Umstellung der Ausbildung. „Standen bisher mit der Grundausbildung versehene Freiwillige zur Verfügung, mußten nun Gerade und Krumme, bauernschlaue und gutmütige Jungen vom Lande in einem Jahr zu einsatzfähigen Soldaten gemacht werden. Dazu fehlte es an Ausbildern, denn Abgaben an die Stämme der im Geheimen entstehenden Einheiten der nicht vorhandenen Waffengattungen häuften sich. Offiziere waren Mangelware und die meisten nur in der Person des Kompaniechefs anzutreffen."[275]

Mit dem „Gesetz über den Aufbau der Wehrmacht" wird die Reichswehr in „Wehrmacht" umbenannt. Das deutsche Heer soll in Friedenszeiten aus insgesamt 580000 Soldaten bestehen; bis 1939 soll es nach Hitlers internen Anweisungen an die Generäle fähig sein, einen Krieg zu führen. Die Umwandlung der Landespolizeikräfte in Armeeeinheiten und die Erweiterung der Ausbildungs-Bataillone zu eigenen Infanterie-Regimentern ermöglicht es, die Infanteriedivisionen wieder aus drei Regimentern bestehen zu lassen. Auch Otto Lasch, 1945 als General der Infanterie-Kommandant der „Festung Königsberg", wechselt so 1935 von der ostpreußischen Landespolizei in Allenstein zur Wehrmacht. Der Aufbau und die Erhöhung der Truppenstärke wirken sich in Ostpreußen wirtschaftlich positiv aus.[276] Überall werden Kasernen gebaut, zudem der neue Truppenübungsplatz Stablack. Berufsoldaten mit ihren Familien werden in Deutschlands fernen Osten versetzt.

Nach und nach werden die Divisionen der Wehrmacht motorisiert und es entstehen erste Panzer-Divisionen. In der Wehrmacht bleibt nur eine Kavallerie-Brigade erhalten, die in Ostpreußen stationiert ist und im Oktober 1936 in „1. Kavallerie-Brigade" umbenannt wird. Sie besteht aus den Reiter-Regimentern 1 in Insterburg und 2 in Angerburg mit je sechs Schwadronen, der Reitenden Artillerie-Abteilung in Insterburg mit drei Batterien und der „Radfahr-Abteilung 1" in Tilsit mit vier Schwadronen und sowie je einer Pionier- und Versorgungskompanie. Diese Brigade wird nach dem Krieg gegen Polen im Oktober 1939 zur 1. Kavalleriedivision erweitert.

Für die in Ostpreußen stationierten Einheiten des Heeres reicht die Zahl der Wehrpflichtigen der Provinz nicht aus. So erhält beispielsweise das Reiter-Regiment 1 in Insterburg etwa 30 % des Mannschaftsersatzes aus dem Industriegebiet um Krefeld und Recklinghausen. Es werden auch Städter und Fabrikarbeiter zur Kavallerie eingezogen. Ihnen muss zwar zunächst das Reiten beigebracht werden, aber sie gelten als geistig beweglicher: „Unsere Westfalen und Rheinländer (...) brachten viel Schwung und Leben in die Schwadronen und ergänzten unsere treuen, aber oft etwas langsamen Ostpreußen besonders gut. So bewährte sich diese Vermischung der Landsmannschaften, zumal auch die Westdeutschen auf diese Weise ein Land mit seinen Schönheiten zu sehen bekamen, von dem sie häufig die Auffassung vom finstersten Sibirien mitgebracht hatten."[277]

Die Kavallerie-Brigade gehört zu den 36 Divisionen der sogenannten „Ersten Welle". Die Divisionen bestehen im Mobilmachungsfall zu 78 % aus Berufssoldaten und nur zu 12 % aus voll ausgebildeten Reservisten. 10 % ihrer Stärke stellen im Mobilisierungsfall Reservisten mit einer Kurzausbildung oder ältere Offiziere und Mannschaften mit Kriegserfahrung im Ersten Weltkrieg. Noch vor Kriegsbeginn im September 1939 ist die Aktivierung weiterer 40 Heeresdivisionen vorgesehen, die in drei „Wellen" aufgestellt werden sollen. Die „zweite Welle" besteht aus „Reservedivisionen" mit 83 % voll ausgebildeten jüngeren Reservisten und 6 % aktiven Offizieren und Unteroffizieren und können im Sommer 1939 innerhalb weniger Tage kampffähig

Im Forsthaus Lieblacken bei Tapiau, Kreis Wehlau, hat die Försterfrau Elchkälber aufgezogen. Hermann Göring ist aus dem nahen Reichjägerhof angereist und bedankt sich. Er ist neben preußischem Ministerpräsident noch Reichstagspräsident und auch „Reichsjägermeister".

gemacht werden. Bei den 20 Divisionen der „dritten Welle" handelt es sich um Landwehrdivisionen, die zu 99 % aus nicht-aktiven Soldaten, vor allem älteren Reservisten, bestehen. Auch ihre Offiziere sind in der großen Mehrheit Reserveoffiziere. Sie sind erster Linie zum Einsatz in den Abwehrstellungen, z.B. am Westwall, bestimmt und wären im Mobilisierungsfall zunächst noch einige Wochen auszubilden.

Schon vor dem Jahr 1933 hat es in den ostpreußischen Grenzkreisen von der Reichswehr illegal mit Ausrüstung und Ausbildern unterstützte Grenzschutzverbände gegeben. Ihre Mitglieder rekrutieren sich vor allem aus Angehörigen des Frontkämpferbundes Stahlhelm. Nach Einführung der Wehrhoheit im März 1935 wird der Grenzschutz legalisiert und in „Grenzwacht" umbenannt. Er verheimlicht seine Übungen jetzt nicht mehr. SA- und NSDAP-Mitglieder versuchen sich in der Grenzwacht als Führer festzusetzen. Das misslingt jedoch zumeist, da die Wehrmacht das Entstehen einer Nebenarmee – wie später der Waffen-SS – nicht duldet. Weil es in Ostpreußen eine „Grenzwacht" gibt, werden in der Provinz keine Divisionen der „vierten Welle" aufgestellt. Die entstehen in anderen Wehrkreisen ab dem Jahr 1938 aus den Ausbildungseinheiten des Friedensheeres, in denen die drei- bis viermonatige Kurzausbildung der ungedienten sogenannten „weißen Jahrgänge" der Jahre vor 1908 durchgeführt wird. Der Bauer Ernst-August Brenneisen, Jahrgang 1908, gehört einer Grenzwachtkompanie des Kreises Stallupönen an.

Er erinnert sich: „Alle wehrpflichtigen Männer bis zu 35 Jahren waren in Grenzschutzkompanien eingeordnet. Wir haben schon seit 1937 kurzfristige Wehrdienstübungen mitmachen müssen. Im Winter 1938/39 wurden wir eingekleidet. Jeder bekam seine Uniform und ein Gewehr mit nach Hause, wofür man auch verantwortlich war. Die Troßwagen für die Kompanie standen bei dem großen Bauern Oberpichler in Wabbeln bereit. Die Pferde für die Wagen waren schon lange vorher von der Wehrmacht für diesen Zweck gemustert worden. Meine Eltern mußten auch zwei Pferde stellen. Unsere Vorgesetzten waren alles Leute, die bei der früheren Reichswehr 12 Jahre gedient hatten. Sie waren Oberfeldwebel, Leutnant und Oberleutnant. Mehrere waren beim Zoll angestellt."[278] Die Einheiten sind in Grenzwacht-Regimenter bzw. Grenzschutz-Abschnitts-Kommandos aufgeteilt, die dem Kommandeur der Grenzbefestigungen im Wehrkreis I mit Sitz in Allenstein unterstehen. Ein Grenzwacht-Regiment besteht aus drei Bataillonen, jeder Grenzkreis der Provinz stellt ein Bataillon zu vier Kompanien. Offiziere und Mannschaften werden jeweils lokal rekrutiert. So wird bei Kriegsbeginn das Bataillon des Kreises Osterode von dem Gutsbesitzer Rogalla aus Lindenau, Amtsbezirk Rauschken, geführt, die Pionier-Kompanie steht unter der Führung des Osteroder Studienrats Dr. Wolfgang Kowalski.[279]

In Ostpreußen entstehen zwischen 1934 und 1939 einige der kampfstärksten Verbände der Wehrmacht. In Königsberg, Gumbinnen und Tilsit ist die 1. Infanteriedivision kaserniert. Sie wird 1939 in Polen kämpfen und 1940 durch Holland, Belgien und Frankreich bis südlich von Bordeaux marschieren, 1941 stößt sie im Verband der Heeresgruppe Nord durch Litauen, Lettland und Estland bis vor Leningrad vor. In den nächsten zwei Jahren steht sie an der Newa, verteidigt im Wolchow-Kessel und in den Schlachten am Ladoga-Seee. 1944 erfolgt ihr Einsatz in der Ukraine.[280] Die 11. Infanteriedivision entsteht ebenfalls 1935 nach Einführung der Wehrpflicht aus der 1. Reichswehrdivision und ist in Alleinstein, Bartenstein, Bischofsburg, Heilsberg, Lötzen, Lyck, Ortelsburg, Rastenburg und Sensburg kaserniert. Neben Ostpreußen und Ermländern dienen in ihr vor allem Rheinländer und Westfalen. Auch sie kämpft in Polen; an der Westfront marschiert sie durch Holland, Belgien und Nordfrankreich bis zum Atlantik, zieht dann 1941 mit der Heeresgruppe Nord zum Ilmensee und liegt bis 1943 im Stellungskrieg bei Nowgorod. 1943 ist sie an den Abwehrkämpfen am Wolchow und bei Leningrad beteiligt. Verlustreiche Rückzüge führen nach Kurland. Im Kurland-Kessel geraten ihre letzten Männer am 9. Mai 1945 in Gefangenschaft.[281]

In Elbing, Braunsberg, Deutsch Eylau, Marienwerder, Marienburg, Mohrungen, Osterode und Preußisch Eylau sind die Regimenter, Bataillone und Kompanien der 21. Infanteriedivision stationiert. Ihre Infanterie-Regimenter sind aus Teilungen des 3. (Preußischen) Infanterie-Regiments der 1. Division der Reichswehr gebildet worden. Beim Angriff auf Polen im September 1939 überschreitet die Division den Grenzfluss Ossa, erobert im Verband des XXI. Armee-Korps Graudenz und rückt über den Narew vor. Im Verband des I. Armee-Korps marschiert die 21. Infanteriedivision dann weiter über Białystok in den Raum Wolkowysk, an der Westfront 1940 durch Luxemburg und Südbelgien bis Chalon-sur-Saone in Frankreich. Auch sie stößt nach dem Überfall auf die Sowjetunion als Teil des I. Armee-Korps in der 18. Armee im Verband der Heeresgruppe Nord bis an die Bahnlinie Leningrad–Moskau vor. Die Rückzugskämpfe führen sie 1944 über Riga und Tauroggen bis an die Memel nach Tilsit.[282]

Die 61. Infanteriedivision entsteht am 8. August 1939 in Insterburg als „Übungs-Division" des Wehrkreises 1. Als Division der „zweiten Welle" erfolgt ihre Mobilmachung am 26. August 1939, mit der Mobilmachung erhält sie aus dem aktiven Personal der Divisionen der „ersten Welle" Mannschaften und Offiziere. Zur Auffüllung werden voll ausgebildete Reservisten, aber auch „Reservisten II" mit Kurzausbildung und ältere Landwehrpflichtige aktiviert. Die 61. Infanteriedivision verbleibt immer im Verband der Heeresgruppe Nord und wird bei Beginn des Zweiten Weltkrieges in Polen eingesetzt. Im Westen marschiert sie im Mai 1940 über Maastricht durch Flandern zum Ärmelkanal bei Dünkirchen, beim Vormarsch auf Leningrad besetzt sie 1941 die Ostseeinseln Dagö, Moon und Ösel. 1944 zieht sie sich nach Kurland zurück, wird von dort nach Gdingen (Gotenhafen) verschifft und nach Auffrischung in 61. Volks-Grenadier-Division umbenannt. Ab November 1944 steht sie bei Gumbinnen und begleitet den Rückzug in den Kessel von Heiligenbeil, sie kämpft schließlich noch im Samland bei Königsberg und Pillau.[283]

Der 16. August 1939 ist der Gründungstag der 206. Infanteriedivision. Sie wird als „Übungs-Division", ab dem 26. August 1939 als Division der „dritten Welle" durch den Landwehr-Kommandeur Insterburg aufgestellt. Die Angehörigen der Division entstammen zum größten Teil den ostpreußischen Kreisen Labiau, Elchniederung, Tilsit, Ragnit, Pillkallen, Fischhausen, Königsberg, Wehlau, Insterburg, Gumbinnen, Stallupönen, Darkehmen und Goldap, später kommen Westfalen, Schwaben und Franken dazu. Die Stärke der 206. Infanteriedivision beträgt bei Kriegsbeginn 18 427 Offiziere, Beamte, Unteroffiziere und Mannschaften, sie verfügt über 7 241 Pferde und 593 Kraftfahrzeuge. Zur Division gehören, wie bei allen Divisionen der „dritten Welle", drei Infanterie-Regimenter, ein Artillerie-Regiment, ein Pionier-Bataillon, jeweils eine Panzerjäger-Abteilung, Aufklärungs-Abteilung und Nachrichten-Abteilung, hinzu kommen Einheiten des Divisionsstabes sowie der Sanitäts- und Versorgungstruppen.[284] Die Division nimmt am Krieg in Polen teil und hat in Nordfrankreich vor allem Besatzungsaufgaben. Im Juli 1940 kehrt sie in ihre ostpreußischen Garnisonen zurück und wird von August 1940 bis zum April 1941 beurlaubt. Nach dem Wiederaufruf wird sie der Heeresgruppe Nord zugeführt und ab August 1941 der Heeresgruppe Mitte unterstellt. Die in den Rückzugskämpfen bereits stark geschwächte Division wird im Juni 1944 als Teil der 3. Panzerarmee bei den Kämpfen um Witebsk vernichtet und im August 1944 aufgelöst.

Die 291. Infanteriedivision wird im Februar 1940 als Division „achten Welle" auf dem Truppenübungsplatz Arys aufgestellt. Ihre Stammmannschaften und der Kern ihres Unteroffiziers- und Offizierskorps kommen aus den aktiven ostpreußischen Divisionen, der 1., 11. und 21. Infanteriedivision sowie aus der im August 1939 aus den gleichen Verbänden aufgestellten 61. Infanteriedivision. Zwei Drittel der Soldaten werden aus diesen vier Divisionen überstellt, nur ein Drittel der Mannschaften wird ihr von den Ersatztruppen neu zugewiesen. Die Soldaten sind so zunächst vorwiegend Ostpreußen und werden dann mit Westfalen und Rheinländern gemischt; im Verlauf des Krieges kommt ihr Ersatz auch aus reichs- und „großdeutschen" Regionen.[285] Die Division kämpft in Polen und Frankreich, sie wird bei den Heeresgruppen Nord, Mitte und Süd an der Ostfront eingesetzt, bis sie 1945 in Südpolen und Schlesien aufgerieben wird.

Am 25. Oktober 1939 wird die 1. Kavallerie-Brigade unter Verstärkung durch die am 7. Dezember 1939 aufgestellte „Reiter-Brigade 2" zur 1. Kavalleriedivision erweitert. Innerhalb der Armeen der Heeresgruppe B kämpft sie in Frankreich, beim Überfall auf die Sowjetunion gehört sie zur Heeresgruppe Mitte. Die Division rückt auf Minsk vor und ist an der Eroberung von Kiew und Brjansk beteiligt. Im November 1941 werden die Kavalleristen auf dem ostpreußischen Truppenübungsplatz Stablack und dann im besetzten Frankreich durch Umgliederung unter Verwendung sämtlicher Einheiten zur „24. Panzer-Division" umgeformt. Als Teil der 4. Panzerarmee zieht sie im Juni 1942 unter ihrem aus Czymochen im Kreis Lyck stammenden Kommandeur Generalleutnant Arno von Lenski in Richtung Don und Wolga. Im August wird die Panzer-Division der 6. Armee unterstellt. Mit ihr geht sie bei Stalingrad unter. Da sie aus Traditionsregimentern hervorgegangen ist und um das Ausmaß der Niederlage bei Stalingrad zu kaschieren, wird die „24. Panzer-Division" aus Urlaubern, Genesenen und in andere Truppenteile Versprengte sowie aus Angehörigen des Ersatz-Regiments im Raum Lisieux in Frankreich neu aufgestellt. Der Ersatz des wiedererstandenen Truppenverbandes an Mannschaften stammt zu einem großen Teil immer noch aus Ostpreußen. Die neue Division kommt in Italien, in Ungarn und der Slowakei zum Einsatz, in den letzten Monaten des Krieges wird sie nach Ostpreußen verlegt und dort am Frischen Haff aufgerieben. Reste erreichen die Nehrung und dann per Schiff Schleswig-Holstein.

Die deutsche Aufrüstung ist überall in Ostpreußen zu spüren. 1934 entsteht im Kreis Preußisch Eylau im Hügelland am Warschkeiter See zwischen Rositten und Preußisch Eylau der Truppenübungsplatz Stablack. Er verfügt, wie der zweite ostpreußische Truppenübungsplatz Arys im Kreis Johannisburg, über einen Schießplatz, auf denen in den Sommermonaten als Höhepunkt der Ausbildung der Rekruten die Schießausbildung stattfindet. Die Ausbildung auf den Truppenübungsplätzen ist sehr unbeliebt, denn sie bedeutet Lagerleben. Es gibt keinen geregelten Dienst mehr wie in den Garnisonen. In Arys ausgebildet wird auch die „Reitende-Artillerie-Abteilung 1" aus Insterburg. Der Zahlmeister der Reitenden Artillerie Heinz Meyer: „Was aber gerade Arys so reizvoll machte, war seine herrliche Landschaft, Masuren.

Am Rand der Johannisburger Heide, inmitten blauer Seen und dunkler Wälder, lag diese kleine Stadt, in die wohl jeder ostpreußische Soldat einmal in seinem Leben gekommen ist. Wie gern schwammen die Soldaten nach heißen Tagen durch den schimmernden, kristallklaren Arys-See, den auch die Pferde sehr schätzten."[286] Auf den Truppenübungsplätzen werden durch die Regimenter nun vermehrt Reserveoffiziere und Reserveoffiziers-Anwärter zu Übungen einberufen.[287]

Otto Mertens hat für das in Insterburg kasernierte „Infanterie-Regiment 43" eine Veränderung in der Ausbildung zwischen Reichswehr und Wehrmacht festgestellt: „Stand bis zum Jahr 1928 Verteidigung, hinhaltender Widerstand und die Ausbildung zum Infanteriepionier im Vordergrund, galt ab diesem Zeitpunkt der Angriff als die beste Verteidigung. Hierbei wurde das Hauptziel des Angriffs in der überholenden Verfolgung gesehen. Dabei wurden von der Truppe Marschleistungen gefordert, die mit der schweren Ausrüstung nur von gesunden und an derartige Leistungen gewöhnten Soldaten zu erbringen sind."[288]

Während der Manöver werden die Soldaten auf Bauernhöfen und Gütern untergebracht. Heinz Meyer: „Manchmal ergaben sich auch plötzliche Einquartierungen, und die Frau des Hauses war in schrecklicher Verlegenheit, wenn sie nicht wußte, was sie den hungrigen Vaterlandsverteidigern vorsetzen könne. Bratklopse mit Schmandsoße haben die Soldaten immer zufrieden gestimmt."[289] Angehörige der „Reitenden-Artillerie-Abteilung 1" aus Insterburg erinnern sich: „Es gab Tage, an denen man gar nicht zum Essen kam. Es wurde geritten und geritten, ob es Tag war oder Nacht, ob die Sonne brannte oder Regen die Männer aufweichte. Die Reiterei mußte überall sein. Was waren schon 60 Kilometer oder 70? Eine Übung fing in der Gegend um Ragnit an, führte in drei Tagen bis Angerburg und endete auf dem Gut Tarputschen. Eine andere begann bei Prostken und brachte die Brigade bis Heilsberg und wieder zurück."[290] Die Übungen des Kavallerie-Korps führen die Divisionen 1937 in die Mitte von Ostpreußen und enden mit einer großen Parade in der Nähe von Königsberg. „Die politische Führung wollte mit dieser Truppenschau wohl der Bevölkerung und auch dem Ausland die Stärke und Schlagkraft der neugeschaffenen Wehrmacht vor Augen führen."[291] In den Jahren 1936,1937 und 1938 ist für die Wehrpflichtigen nach den Herbstmanövern die Dienstzeit beendet. Nach der Rückkehr in die Kasernen werden sie entlassen.[292]

Schon zum 1. April 1934 beginnt auch in Ostpreußen der Aufbau der Luftwaffe, zunächst noch unter dem Tarnnamen „Gehobenes Luftamt I", das bald, analog zum Wehrkreis des Heeres, in „Luftkreis-Kommando I" umbenannt wird. Ab Februar 1938 ist seine Bezeichnung dann „Luftwaffenkommando Ostpreußen", im April 1939 wird es in die „Luftflotte 1" eingegliedert. Zu Beginn des Krieges gibt es vier Luftflotten, die Luftflotte 1 ist für Nordostdeutschland zuständig. Aufgabe der Kommandos ist sowohl die Luftverteidigung wie der Luftangriff. Für besondere Verteidigungsaufgaben werden höhere Kommandeure der Flakartillerie zugewiesen.

Auch in Insterburg gibt es seit dem Jahr 1936 einen „Fliegerhorst", einen Militärflugplatz, auf dem unter anderem eine Aufklärungstruppe stationiert ist. Im Mai 1937 wird der Fähnrich Paul Blös, 1914 in Lübeck geboren, nach Insterburg kommandiert. Er soll dort erste fliegerische Erfahrungen sammeln, vor allem den Flug im Verband. Die Ausbildung erfolgt auf Heinkel 45- und Heinkel 46-Maschinen. 1938 gehört Blös zu den Schlachtfliegern in Tutow in Pommern, die während der Sudetenkrise im September 1938 und dem Einmarsch ins Sudetenland im Oktober 1938 nach Brieg in Schlesien verlegt werden. Im Herbst 1938 wird das Geschwader von Blös auf dem Insterburger Fliegerhorst stationiert. Die Heinkel können nicht über die Ostsee einfliegen, da sie für einen Flug über See nicht ausgerüstet sind, und benötigen deshalb eine besondere Genehmigung der polnischen Regierung für den Überflug des Polnischen Korridors. Paul Blös über die Ankunft der Flieger in Insterburg: „Am 18. November 1938 war es soweit. Mit dreißig Henschel 123 fielen wir in Insterburg ein, natürlich nicht, ohne die Stadt durch einen Sturzflug mit heulenden Motoren zu begrüßen. Die Empfindungen der Insterburger waren bei dem Lärm, den wir vollbrachten, sicher zwiespältig"[293].

Kriegsgefahr spüren die Ostpreußen erstmals während der Sudetenkrise im Spätsommer 1938. In Königsberg macht Rainer Radok ein Praktikum in der Eisenbahnwerkstatt der Reichsbahn. Der Direktor ruft die Belegschaft in einer großen Montagehalle zusammen und spricht über die allgemeine Lage: „Er deutet an, daß ‚Ruhe die erste Bürgerpflicht' sei, und jeder sich auf das Schlimmste vorbereiten soll. Als er die Versammlung schließt, verlassen alle die Halle mit gesenkten Köpfen und in die eigenen Gedanken versunken. Ganz sicher gibt es dieses Mal keine Kriegsbegeisterung, wie sie den Ausbruch des Ersten Weltkrieges begleitet haben soll."[294]

Im April 1939 kündigt die Reichsregierung wegen der Auseinandersetzungen um den Polnischen Korridor und Danzig den deutsch-polnischen Nichtangriffspakt vom Januar 1934. Am 20. Juni 1939 hat der NSDAP-beherrschte Senat der Stadt offiziell eine „Heimwehr Danzig" (auch „SS-Heimwehr Danzig" genannt) als paramilitärische Streitmacht aufgestellt. In dieser neuen Einheit werden auch Teile des berüchtigten Danziger SS-Wachsturmbanns „Eimann", so genannt nach dessen Kommandeur, einbezogen, dem später das KZ Stutthof unterstellt wird. Am 23. August 1939 setzt der Danziger Senat den Danziger Gauleiter der NSDAP, Albert Forster, als Staatsoberhaupt der Freien Stadt Danzig ein. Die Verhältnisse in Danzig spielen eine entscheidende Rolle in Hitlers Plänen, einen Krieg gegen Polen zu provozieren.

Noch wollen die meisten Deutschen und Ostpreußen nicht glauben, dass Hitler um jeden Preis einen Krieg gegen Polen will. Der spätere Oberst Lothar von Corvin-Wiersbitzki dient 1939 als Major im Reiter-Regiment 1 in Insterburg. In seinen Aufzeichnungen notiert er die Stimmung in Ostpreußens größter Garnison: „Schon im Frühsommer 1939 merkte jeder Reitersmann in der alten Garnisonstadt Insterburg, daß besondere Ereignisse in der Luft lagen. Die politische Lage war außerordentlich ernst. Die Gegensätze zwischen Deutschland und Polen verschärften sich immer mehr. Der Dienstbetrieb war schärfer denn je, er wurde immer mehr auf den Ernstfall ausgerichtet. Insterburg, schon vorher eine starke Garnison, glich einem Heerlager. Besonderer Wert wurde u.a. auf Übungen in der Wegnahme von Bunkern gelegt. Offiziell geschah dieses alles für die Teilnahme an einer großen Tannenberg-Parade mit anschließendem Manöver, doch glaubten das nur wenige."[295]

Vor allem die Kavalleristen prägen das Bild Insterburgs. In Georgenhorst bei Insterburg entsteht in den 1920er Jahren ein großzügiger Turnier- und Rennplatz. In seiner Großräumigkeit und der landschaftlichen Lage ist er in Deutschland einmalig. In ganz Deutschland begründen die Leistungen der reitenden Militärs im Pferdesport den Ruf der 49 000-Einwohner-Stadt. Auf dem Turnierplatz findet außer den kleineren und größeren Turnier- und Rennveranstaltungen jährlich ein großes mehrtägiges, seit 1934 internationales Reit- und Fahrturnier statt.

Von Anfang bis Mitte August 1939 sind die Insterburger Kavallerie-Regimenter wieder stark in das internationale Jubiläumsturnier eingespannt; aus ihrer Mitte wird eine Mannschaft für den Preis der Nationen zusammengestellt. An dem Turnier nehmen Mannschaften unter anderem aus Skandinavien, Italien, Ungarn und Rumänien teil. Im Jahr zuvor hat die polnische Equipe den Preis geholt. Im August 1939 treten die Polen nicht mehr an, aber das Turnier wird durch einen Auftritt der Spanischen Hofreitschule Wien mit ihren Lippizanern unter Oberst Podhajse aufgewertet. Österreich, die „Ostmark", ist seit anderthalb Jahren Teil des Großdeutschen Reichs. In diesem Jahr werden während des Turniers brennende Fragen diskutiert: „Ich entsinne mich aber einer Äußerung des rumänischen Equipenchefs, der bei seiner Fahrt nach Trakehnen das Regiment an irgendeiner Stelle bei einer Gefechtsübung gesehen hatte. Er fragte mich, ob es Krieg gäbe, und bemerkte auf meine Verneinung, Deutschland hätte nur eine Kavallerie-Brigade, Polen jedoch sehr viel Kavallerie."[296] Noch überschätzen die leidenschaftlichen Reiter unter den europäischen Militärs die Schlagkraft der einstigen Elite der Armeen, der Kavallerie. Hitlers Militärstrategen setzen bereits auf Panzer.

Der große Sieger des letzten Insterburger Nationenpreises ist der von 1934 bis 1939 bei der „Reitenden Artillerie-Abteilung I" dienende Major der Kavallerie Willi Nelke, einer der besten und bekanntesten deutschen Springreiter. Er tritt für Deutschland mit seinen beiden Trakehnern „Neudeck" und „Libelle" an. Vor seinen Ritten führt die italienische Mannschaft mit nur sehr wenigen Fehlerpunkten; ohne ein Wunder ist das Ergebnis von der zuletzt startenden deutschen Mannschaft nicht mehr zu unterbieten. Nelke vollbringt das Wunder. Mit nur vier Fehlerpunkten bei beiden Pferden ist er der beste Einzelreiter und gewinnt auch den Preis der Nationen für die deutsche Mannschaft. „Man sah einen strahlenden Mann vom Platz reiten. Er hatte den größten Sieg seines Reiterlebens errungen. Daß es auch sein letzter sein sollte, ahnte von den vielen Zuschauern auf dem Turnierplatz niemand."[297]

Überraschend weit ist die 3. Weißrussische Front Mitte Oktober 1944 schon bis Gumbinnen vorgestoßen. Die Eroberung der Stadt verhindern noch improvisierte deutsche Alarmeinheiten. Ein abgeschossener russischer T-34-Panzer in der Aufnahme eines Wehrmachtssoldaten.

„Das Leben steht an einem Schlachtentag noch lange nicht still; die Geschichte macht nur eine kleine Pause, bis auch sie, vom herrischen Leben bedrängt, vorwärtseilen muß."

Robert Walser[1]

Ostpreußen im Zweiten Weltkrieg

Der Krieg gegen den Nachbarn

Der Überfall auf Polen

Die Mobilmachung des Insterburger Reiterregiments 1 läuft ab dem 1. Juli 1939 planmäßig an. Das Regiment aktiviert einen Teil der Reservisten und Reserve-Offiziere und stellt neue Kompanien und Tross-Einheiten auf. Im April des Jahres hat Oberstleutnant Wachsen das Reiter-Regiment übernommen. Er berichtet von keinerlei Begeisterung für einen kommenden Krieg unter seinen Soldaten, „aber jeder fügte sich in das unvermeidliche und versuchte, das beste daraus zu machen."[2] In Perkallen bekommen fast alle Männer in diesen Tagen ihre Stellungsbefehle. Auch Joachim Reisch, der Besitzer der Pferdezucht von Perkallen und im Ersten Weltkrieg Oberleutnant, wird am 15. August als Rittmeister zum Reiterregiment 1 einberufen.

In der Nacht vom 15. auf 16. August 1939 reiten aus der Garnison Insterburg Vorkommandos ab. Das ganze Regiment rückt im Laufe des 16. August feldmarschmäßig mit scharfer Munition aus. Der Regimentskommandant Wachsen: „Ich werde jenen frühen Sommermorgen in Ostpreußen bei aufgehender Sonne nicht vergessen, wie beim Ausrücken des Regiments die Straßen Insterburgs mit den zurückbleibenden Angehörigen, von Frauen und Kindern, Eltern und Geschwistern, Freunden und

Bekannten gesäumt waren, die mit ernster Miene ihren Angehörigen und unseren Reitern einen letzten Gruß zuwinkten, stand man doch vor der großen Ungewißheit, was die Zukunft bringen würde."[3] Am 21. August erreicht das Regiment den Raum nördlich von Allenstein und schlägt sein Lager am Wadangsee auf. Am 24. August erhält die gesamte Kavallerie-Brigade den Befehl zum Vormarsch an die Grenze. In einem forcierten Marsch über rund 60 km besetzt sie in der Nacht vom 24. zum 25. August den Bereitstellungsraum bei Friedrichshof südlich Ortelsburg direkt an der polnischen Grenze.[4]

Im deutschen Reich werden in der letzten Augustwoche 1939 polnische Institutionen, Vereine und Zeitungen aufgelöst. Führende Aktivisten polnischer Organisationen verhaftet die Gestapo.[5] Am 25. August 1939 schließen die deutschen Behörden in Marienwerder das polnische Realgymnasium, die 162 Schüler werden mit ihren Lehrern gewaltsam von der Polizei und Gestapo aus dem Gebäude geholt und in den Lagern Grünhof und Strohbienen interniert. Während die jüngeren Schüler nach Hause entlassen werden, wird ein Teil der älteren zum Reichsarbeitsdienst eingezogen. Die polnischen Lehrer werden ins KZ Hohenbruch, die weiblichen Angestellten ins Zentralgefängnis nach Königsberg gebracht. Von den 15 Lehrern überleben nur sieben die KZ-Haft.[6] Am 31. August 1939 durchsuchen Polizisten die Wohnung des Lehrers der polnischen Schule in Woritten im Kreis Allenstein, Franciszek Piotrowski, und beschlagnahmen dort Bücher. Der Lehrer fährt daraufhin ins „Dom Polski", der Zentrale der propolnischen Bewegung in Allenstein. Hier haben sich schon die Lehrer der anderen Minderheitsschulen versammelt. In Allenstein erlebt Piotrowski auch den Kriegsausbruch. Die Gestapo erteilt den Menschen im „Dom Polski" zunächst Hausarrest. Später kommen einige von ihnen ins Lager Hohenbruch im Kreis Labiau, andere ins Lager Sachsenhausen. Zehn dieser Lehrer werden von den Nationalsozialisten in den nächsten Jahren ermordet.[7]

Das Oberkommando des Heeres hat seine Angriffsplanungen für den Krieg gegen Polen (Codename „Fall Weiß") bis zum 15. Juni 1939 abgeschlossen. Die Vorbereitungen werden als Manöverübungen, Bau von Grenzbefestigungen und Paraden getarnt. Angeblich auch zur 25-Jahr-Feier der Schlacht bei Tannenberg in Ostpreußen werden eine zusätzliche Infanterie- und eine Panzerdivision aus dem Reich nach Ostpreußen verlegt. Die eigentliche Generalmobilmachung beginnt verdeckt aber erst am 25. August 1939. Die Wehrmacht will aus drei Richtungen angreifen.

Eine Heeresgruppe Süd unter Generaloberst Gerd von Rundstedt verfügt in drei Armeen über 886 000 Mann. Sie sollen von Schlesien und der Slowakei aus die polnischen Grenzbefestigungen in Ostoberschlesien einnehmen. Eine ihrer Armeen unter dem General der Artillerie Walter von Reichenau soll den Hauptangriff auf Warschau führen, wofür ihr die meisten motorisierten Verbände zugeteilt werden. Der Hauptangriff soll mit Operationen an der nördlichen und südlichen Flanke in Galizien und in Großpolen, der Gegend um Posen und Gnesen, gedeckt werden. Von

Niederschlesien, der brandenburgischen Neumark und der Grenzmark bei Schneidemühl sind keine Angriffe geplant. Hier hat, wie auch in Ostpreußen, schlecht ausgebildete und ausgerüstete Grenzwacht die Grenzen zu sichern.

Die Heeresgruppe Nord besteht aus zwei Armeen, der 3. Armee und der 4. Armee. Ihre 630000 Männer werden von Generaloberst Fedor von Bock kommandiert. Sie sollen die polnischen Streitkräfte im Polnischen Korridor zerschlagen, um eine Verbindung zwischen Ostpreußen und dem Hauptgebiet des Deutschen Reiches herzustellen. Die 4. Armee hat sich in Hinterpommern versammelt und soll in Richtung Korridor und Ostpreußen operieren. Sie besteht aus drei Korps und zwei der Armee direkt unterstellten Infanteriedivisionen als Reserve und dem I. (pommerschen) Grenzschutzkorps. Ihr XIX. Armeekorps setzt sich aus zwei motorisierten Infanteriedivisionen und einer Panzerdivision zusammen. Dieses Korps wird von dem in Kulm geborenen Generalleutnant Heinz Guderian befehligt. Guderian ist der Erfinder der die Blitzkriege der nächsten Jahre prägenden Panzerwaffe, in der hoch mobile, gepanzerte Motorfahrzeuge in Divisionen und Korps zusammengefasst und nicht – wie etwa in der französischen und britischen Armee – mit wenigen Einheiten auf Infanterie-Regimenter und Divisionen verteilt sind. Die Wehrpflichtigen und Reservisten dieser Korps und Divisionen stammen vor allem aus Schleswig-Holstein, Mecklenburg, Brandenburg und Pommern. Die 4. Armee hat den Auftrag, den Polnischen Korridor zu nehmen und auf diese Weise eine Verbindung von Ostpreußen mit dem übrigen Gebiet des deutschen Reiches zu schaffen.

Die 3. Armee steht unter dem Kommando des Generals der Artillerie Georg von Küchler in Ostpreußen. Ihr direkt zugeteilt sind zur besonderen Verwendung die Königsberger 1. Infanteriedivision, die Insterburger 1. Kavallerie-Brigade und die als Division der 3. Welle am 26. August in Allenstein mobilisierte 217. Infanteriedivision. Der Armee unterstehen zwei Korps aus vornehmlich ostpreußischen Verbänden, das I. Armee-Korps (Königsberg) und das XXI. Armee-Korps (Elbing/Westpreußen). Die deutschen Truppen in der Exklave Ostpreußen bedrohen den Korridor und den polnischen Norden. Die 3. Armee hat Befehl, Polen aus Ostpreußen anzugreifen. Die eine Hälfte soll aus den westpreußischen Kreisen zur Unterstützung der 4. Armee in den Korridor Richtung Graudenz und dann südwärts nach Modlin vorstoßen, die andere Hälfte aus Südostpreußen Richtung Narew marschieren.

Der 1919 in Marienwerder geborene Abiturient Karlheinz Herzberg ist im Sommer 1939 Offiziersanwärter in der 2. Kompanie des 1. Bataillons des in seiner Heimatstadt stationierten Infanterieregiments 45. Am 25. August ist Herzbergs Kompanie bereits aus der Garnison ausgerückt und biwakiert in der Nähe zum Polnischen Korridor im Schlosspark von Ottlau bei Garnsee im Kreis Marienwerder. Herzberg rückt an diesem Tag mit seinen Kameraden aus. „Wir mussten vor Mitternacht antreten und marschierten in geschlossener Ordnung bis Garnsee, dann entfaltete sich die Kompanie zum Durchschreiten des Städtchens in zwei Schützenreihen; die

Fahrzeuge scherten aus. Es sollte alles leise vonstatten gehen, doch die dreihundert benagelten Soldatenstiefel verursachten auf dem Pflaster einen Höllenlärm und werden manchen Einwohner geweckt haben. Hinter der Jugendherberge ging es links ab durch Gärten und über Zäune. Die Zugführer führten die Züge zum Ortsrand von Garnseedorf, die Gruppenführer wiesen jedem Mann einen Platz zu. Jeder grub eine Schützenmulde (flaches Deckungsloch) und legte sich hinein."[8] Die Infanteristen sind in ihren Schützenlöchern direkt an der Grenze zum Korridor gerade eingeschlafen, als der Zugführer Herzberg wachrüttelt. Er soll ihn zum Kompaniechef begleiten. „Auf dem Kompaniegefechtsstand erfuhren wir, der Angriffsbefehl sei aufgehoben, wir sollten nach Klein Ottlau zurück, aber im Schutze der Dunkelheit. Da es am östlichen Horizont bereits hell war, auch Regen drohte, wollte der Chef uns den Tag über in Gransee in festen Unterkünften lassen."[9]

Eigentlich hatte Hitler den Überfall auf Polen für den 26. August um 4.30 Uhr geplant, der Angriffsbefehl für eineinhalb Millionen deutsche Soldaten war bereits unterschrieben. Tage zuvor sind heimlich Truppen in die „Freie Stadt Danzig" eingeschleust worden. Doch am Abend des 25. August schreckt Hitler plötzlich zurück. Fieberhaft versuchen seine Offiziere, rechtzeitig alle Heeresteile über den Meinungsumschwung ihres Oberbefehlshabers zu unterrichten. Hitler ist verunsichert. Er denkt zwar nicht daran, im vorgeschobenen Konflikt mit Polen um eine exterritoriale deutsche Autobahn durch den Polnischen Korridor einzulenken. Aber er will einen Keil in die Allianz von Großbritannien, Frankreich und Polen treiben.

Nach der Zerschlagung der Tschechoslowakei im Frühjahr 1939 sieht sich die Republik Polen praktisch von drei Seiten vom Deutschen Reich und seinem engen Verbündeten, der Slowakei, eingekesselt. In der Freien Stadt Danzig hat die NSDAP paramilitärische Verbände einer „Heimwehr" und der SS aufgestellt. Mit dem Hitler-Stalin-Pakt steht am 23. August 1939 auch im Osten ein Verbündeter Hitlers im Rücken der polnischen Armee.

Bei Kriegsausbruch kann die polnische Armee fast eine Million Soldaten mit 2 800 Geschützen, 500 Panzern und 400 Kampfflugzeuge mobilisieren. Sie ist damit nicht nur personell, sondern auch an Ausrüstung, vor allem aber in der Beweglichkeit der Wehrmacht weit unterlegen. Obwohl die polnische Staats- und Armeeführung von den deutschen Kriegsvorbereitungen und vom massiven Aufmarsch der Wehrmacht an der Grenze unterrichtet ist, wird sie vom Angriff in den frühen Morgenstunden des 1. September 1939 überrascht.

Während der Mobilmachung berufen die deutschen Wehrmeldeämter vom 25. bis 28. August wie überall in Ostpreußen auch im Kreis Preußisch Eylau weitere ungediente Jahrgänge ein. Kuriere bringen den Bürgermeistern der Gemeinden namentliche Gestellungsbefehle, die durch Boten den Einberufenen zugestellt werden. Auf diesen Gestellungsordern ist immer noch von einer „mehrwöchentlichen Übung" zu lesen. Die Einberufenen, überwiegend Angehörige der ungedienten Jahrgänge 1901 bis 1910, müssen sich zum größten Teil in Orten des Kreises wie Hanshagen, Groß Peisten, Benschen und Beisleiden zur Arbeit in provisorischen Straßenbau-Kolonnen, Nachschubverbänden oder ähnlichen Formationen stellen. Die einberufenen Mannschaftsgrade versehen noch etwa zwei Wochen ihren Dienst in Zivil. Dann erhalten sie Wehrmachtsuniformen.[10]

Um 20 Uhr am 29. August 1939 erhält die Stallupöner Grenzwachtkompanie, der Ernst-August Brenneisen angehört, den Stellungsbefehl. „Er lautete: Innerhalb 2 Stunden feldmarschmäßig in Wabbeln antreten! Das war wie ein Schlag mit dem Holzhammer! Die Ernte war in vollem Gange; man war müde." Brenneisens Frau Charlotte ist kränklich. Die Familie, die direkt an der litauischen Grenze lebt, ist schockiert. „Wir konnten keinen klaren Gedanken fassen. In großer Aufregung und Panik zog ich mir meine Uniform an. Das Abendessen schmeckte nicht mehr. Wie sollte es nun zu Hause weitergehen; Charlotte war noch nicht so gesund, daß sie voll hätte einsteigen können? Nach einem traurigen Abschied ging ich in der Hoffnung, daß wir eine nicht so gut ausgebildete Truppe wären, die nicht in vorderster Front kämpfen könnte. Als ich so gegen 22.00 Uhr auf dem Bauernhof ankam, herrschte hier schon ein reges Leben. Die Kameraden strömten alle herbei, auch meine beiden Brüder. Bruder Willy brachte die beiden Pferde vom elterlichen Hof mit, die bereits für den Troßwagen gemustert worden waren. Willy wurde als Führer dieses Wagens abgestellt. Man mußte diese Organisation bewundern, die es fertigbrachte, eine Kompanie in 3 Stunden gefechtstüchtig aufzustellen. Um 1 Uhr marschierten wir dann von Wabbeln bis nach Tarpupönen, etwa 3 km entfernt."[11]

Helmut Steege im jetzt polnischen Dorf Petzelsdorf beim westpreußischen Neumark registriert, dass im Sommer der deutsche Mühlenbesitzer Georg Schneider aus dem Dorf Brattian (poln. Bratian) in ein polnisches Lager gebracht worden ist. Einige jüngere Deutsche sind schon angesichts des aufflammenden Nationalitätenhasses über die „grüne Grenze" nach Ostpreußen geflohen. Zu ihnen gehören auch die drei Söhne der Familie Schielke aus dem Petzelsdorf benachbarten Tillitz. Daraufhin werden in deren Elternhaus die Fensterscheiben eingeschlagen.[12] Petzelsdorf wird täglich von einem deutschen Postflugzeug überflogen. „Der Kurs des Flugzeuges war eine Route vom Westen her in Richtung Ostpreußen. Es muß hierüber eine mir unbekannte Abmachung zwischen Polen und Deutschland gegeben haben. Am 31. August flog es nicht mehr. Nachbar Rosinski sagte: ‚Jetzt gibt es bestimmt Krieg'."[13]

Seit 1934 ist der Flugplatz Elbing-Eichwald ein militärischer Fliegerhorst, auf ihm sind Ausbildungsstaffeln, aber auch Sturzkampfbomber stationiert. Im Sommer 1939 beginnen auch hier die Kriegsvorbereitungen. Im Süden des Flugfeldes werden riesige Mengen Munition und Bomben gestapelt und mit Zeltplanen abgedeckt. Um den 25. August landen ganze Schwärme von Flugzeugen auf dem Horst, fliegen am 26. August aber wieder ab. Am 30. August sind sie, jetzt nahezu 200, wieder zurück. In der Nacht zum 1. September hören die Flugplatzanwohner ein starkes Dröhnen.

Als sich der Nebel gelichtet hat, beginnt vom Flugplatz Elbing-Eichwalde der erste Stuka-Angriff des Weltkrieges. Sein Ziel sind die Weichselbrücken bei Dirschau.

Um die Brücken bei Dirschau zu erreichen, müssen 18 km Strecke auf dem Gebiet des Freistaates Danzig durchquert werden. Die Eisenbahn- und Zollhoheit hier hat Polen; die Bahnhöfe von Marienburg bis zu den Weichselbrücken im Freistaat Danzig – Kalthof, Simonsdorf und Liessau – sind mit polnischem Personal besetzt. Die Bevölkerung des Gebiets ist fast hundertprozentig deutsch gesinnt. Das polnische Militär ist sich der strategischen Bedeutung der Weichselbrücken bewusst. Bereits im Mai 1939 werden die beiden Brücken bei Dirschau zur Sprengung vorbereitet. Die in Uniformen der polnischen Staatsbahn agierenden polnischen Pioniere unter Leutnant Norbert Juchtmana täuschen Reparaturen vor und bringen dabei TNT-Ladungen an den Brückenpfeilern an. In Dirschau ist das 2. polnische Schützenbataillon mit einem Spezialtrupp Pionieren stationiert. Es hat den Auftrag, im Falle eines Krieges mit Deutschland die Brücken zu zerstören.

Oberst Gerhard Freiherr von Medem ist als Kommandeur der Pioniere des in Königsberg befindlichen I. Armee-Korps mit der Einnahme der Dirschauer Weichselbrücken beauftragt. Ihm unterstehen entsprechende Truppenteile, ein Panzerzug sowie eine Gruppe Sturzkampfflugzeuge. Hitler misst dem Unternehmen größte Bedeutung bei und behält sich die Leitung persönlich vor.[14] Für die Ausschaltung der polnischen Bahnstationen auf dem Danziger Gebiet ist ein Sonderkommando „Post" der Abwehr der Wehrmacht zuständig. Es besteht überwiegend aus ortskundigen Freiwilligen, die zum großen Teil der SA des Freistaates Danzig angehören. Die Besatzungen der Sturzkampfbomber fahren in der Vorbereitungsphase mehrmals mit dem Transit D-Zug Berlin–Königsberg über die Brücke und stellen dabei fest, dass die Zündleitungen für die Brückensprengung an der Südseite des Bahndammes zwischen Bahnhof und Brücke verlaufen. Ihr Auftrag lautet, die dicht neben dem Bahnhof liegenden Zündstellen zu treffen, um die vorbereiteten Sprengungen zu verhindern. Die Luftwaffe soll zudem die polnischen Verteidiger niederhalten, bis Oberst Medem die Brücken in Besitz hat.

Um 4.26 Uhr am Morgen des 1. September startet der aus Gumbinnen stammende Oberleutnant Bruno Dilley als Führer der eigentlich in Insterburg stationierten 3. Staffel im Sturzkampfgeschwader 1 mit insgesamt drei Stuka-Flugzeugen vom Typ Ju 87 B in Eichwald. Er soll die Zündstellen der Weichselbrücke bei Dirschau ausschalten. Um 4.34 Uhr, elf Minuten vor Hitlers offizieller Kriegserklärung an Polen, fliegen die drei Maschinen in 10 m Höhe über der Weichsel auf den Bahndamm neben der Brücke zu. Dort stehen die polnischen Pioniere des Leutnants Juchtmana neben den Zündapparaten. Kurz vor dem Ziel lösen die Stukas ihre Bomben aus. Sie treffen genau. Doch die polnischen Pioniere können die zerfetzten Zündleitungen flicken.

Parallel zum Stuka-Angriff soll hinter einem von den Deutschen gekaperten Güterzug ein getarnter Panzerzug die Brücken nach Dirschau einnehmen, um die dort befindlichen Sprenganlagen zu zerstören. Vom polnischen Bahnhof in Dirschau wird von Marienburg aus der Transitgüterzug Nr. 963 als – angeblich wie immer leerer Zug – zur Abholung angeboten. An diesem Tag ist eigens ein Zug mit 65 Güterwagen in einer Gesamtlänge von 600 m zusammengestellt worden. In ihm befinden sich versteckt deutsche Pioniere, die auf der Brücke die Pfeiler besetzen und die Sprengladungen entschärfen sollen. Am 31. August um Mitternacht verlässt die polnische Lokomotive mit einem Mechaniker und einem Gehilfen den Dirschauer Bahnhof. Wie geplant, werden die beiden in Marienburg verhaftet und müssen ihre Uniformen abgeben. Der Zug verlässt den Ort mit einer Stunde Verspätung mit deutschen Lokführern. Kurz bevor er abfährt, wird noch die Besatzung eines entgegenkommenden polnischen Zuges festgenommen, ebenso polnische Zollbeamte, die kurz vor Marienburg den verdächtigen Konvoi bemerken.[15] Doch andere polnische Zöllner und Eisenbahner durchschauen den Angriffsplan und lenken den Panzerzug in Simonsdorf (Szymankowo) auf ein Nebengleis. In Dirschau wundert sich der für die Verkehrssicherheit zuständige polnische Eisenbahnbeamte Jan Ernst über das Ausbleiben des Transitzuges und ruft im Bahnhof Simonsdorf an. Seinem dortigen Kollegen gelingt es noch durchzugeben: „Passt auf! Ich kann euch nicht mehr sagen, ich werde bewacht, er ist gerade rausgegangen."[16] Der Leiter der Simonsdorfer Zollstelle, Stanislaw Szarek, schießt aus dem Fenster seiner Stationswohnung eine rote Rakete als Warnsignal für den Militärposten an der Dirschauer Brücke ab. Szarek stirbt noch im Fenster in einer Karabinersalve.

Da jetzt keine Verbindung mehr mit Simonsdorf herzustellen ist, lässt Jan Ernst die Brückenzufahrt sperren. Um 6.10 Uhr, 85 Minuten nach Beginn des Stuka-Angriffs, sprengen Juchtmanas Pioniere den Liessauer Brückenkopf und ziehen sich auf das Westufer zurück. Dort zerstören sie um 6.40 Uhr die zweite Brücke über die Weichsel. Zwischen der polnischen Brücken- und der mittlerweile eingetroffenen deutschen Zugbesatzung entspinnt sich ein heftiger Kampf, während die deutsche Luftwaffe die Stadt Dirschau bombardiert. Erst gegen Mittag gelingt den deutschen Pionieren das Übersetzen auf Flößen. Ein zweiter Luftangriff unterstützt gegen Abend das jetzt angreifende Danziger Heimwehr-Bataillon. Dirschau wird am 2. September um 5.30 Uhr genommen. Noch in der Nacht zum 1. September sind in Simonsdorf 13 polnische Bahnbeamte samt zweier Familienmitglieder, unter ihnen eine schwangere Frau, und fünf oder sechs Zollbeamte aus Rache für den misslungenen Handstreich von der SA (und wohl auch Angehörigen des Pionierbataillons 41) ermordet worden.[17]

Am 31. August marschiert, wieder vor Mitternacht, Karlheinz Herzberg mit seiner Kompanie von Ottlau ab und gräbt sich wie die übrigen Infantristen erneut in den Gärten von Garnseedorf ein. „Am Freitag, dem 1. September um 4.45 Uhr, im ersten Büchsenlicht, hieß es Marsch, und zum Gefecht entwickelt ging die Kompanie links der Chaussee, die nach Graudenz führte, in leichtem Bodennebel nach Süden vor.

Zugleich eröffnete die eigene Artillerie auf breiter Front das Feuer, was die jungen Soldaten in Schrecken versetzte, weil sie bisher Artilleriefeuer nicht erlebt hatten, und schon gar nicht von eigenem überschossen worden waren. Viele Stunden lang behelligte uns kein Feind. In weiter Entfernung stieg hier und da Rauch über brennenden Gehöften oder Strohmieten auf. Auf den Feldern arbeitete kein Mensch, das friedlich weidende Vieh kam neugierig herangelaufen. Die über uns hinwegjaulenden Granaten zogen weit, das über uns kreisende Aufklärungsflugzeug brummte gleichförmig. Die Sonne schien, ein typischer Altweibersommer-Sonnentag."[18] Südlich von Marienwerder, von Garnsee aus, marschiert die 21. Infanteriedivision in polnisches Staatsgebiet mit Zielrichtung Graudenz ein. Mit Hilfe anderer Einheiten wird Graudenz unter eigenen Verlusten eingenommen.

Die Dörfer des Amtsbezirks Stradem liegen um die Stadt Deutsch Eylau im Kreis Rosenberg, ein Gebiet, das sich als Vorsprung nach Polen hinein schiebt. Hier im Grenzland sind die Bauernfamilien am 1. September wie immer in aller Frühe aufgestanden, um die Kühe zu melken und die Milch für die Molkerei fertig zu machen. Ein undurchdringlicher Nebel bedeckt an diesem Tag das hügelige Land. Der Heimatchronist Richard Wollschläger: „Da dröhnte westlich des Karraschsees schwerer Kanonendonner herüber. Als der Morgen klarer geworden war, stiegen Männer auf die Höhen von Klein Radem, um einen Blick auf das ferne Schlachtfeld zu werfen. Aber sie konnten nichts erkennen."[19] Die II. Abteilung vom Artillerie-Regiment 57, in dem viele Männer des Kreises Rosenberg dienen und das in Friedenszeiten in Elbing kaserniert ist, hat ab 4.45 Uhr auf polnische Grenzstellungen gefeuert. Südwestlich von Freystadt und Bischofswerder überschreitet die Wehrmacht in diesen Stunden die Grenze. Auch die II. Abteilung des Artillerie-Regiments 57 rückt über den Fluss Ossa vor, der hier teilweise die Grenze markiert. In den Nachmittagsstunden des 1. September wird von ihr Störungsfeuer auf die in Polen liegenden ehemaligen westpreußischen Orte Melno, Schwetz, Nitzwalde und Brutta geschossen. In den Mittagsstunden des 2. September 1939 können die Artilleristen gemeinsam mit dem Marienburger Infanterie-Regiment 45 die Ossa überschreiten.

Wilhelm Matull ist am 1. September, dem Tag, an dem in Danzig mit einem Feuerschlag der Schiffsartillerie des Linienschiffs „Schleswig-Holstein" um 4.45 Uhr offiziell der Zweite Weltkrieg beginnt, auf der Elbinger Schichau-Werft. „Vom Dach des Verwaltungsgebäudes der Schichauwerft – bei der ich an diesem Tag meinen Dienst aufgenommen hatte – konnte man in Richtung Danzig das Aufblitzen des Mündungsfeuers der Artillerie bemerken, welche die Westerplatte beschoß. Nachts mußte alles Licht abgeschaltet werden, die Fenster wurden verdunkelt. Es kam aber kein polnisches Flugzeug nach Elbing. Bald hörten wir von der Einnahme Dirschaus. Unsere Kaufmannsfrau trug plötzlich Trauerkleid; ihr Mann war dort gefallen."[20]

Am 1. September geht Helmut Steege aus Petzelsdorf bei Neumark im ehemaligen Kreis Löbau wie gewöhnlich zu seiner Arbeitsstelle beim polnischen Nachbarn

Anfang September 1939, bei Beginn des Polenfeldzugs nahe der Kleinstadt Rosenberg in Oberschlesien, errichten Infanteristen der Wehrmacht eine Absperrung. Selten markieren, wie die Weichsel, große natürliche Hindernisse den Grenzverlauf. Die Grenze ist offen.

Rosinski. „Ich zog mit den Arbeitern aufs Feld. Da hörten wir Kanonendonner und sahen auf dem Feldwege von Weidenau (Maszanowo) Flüchtlingsfahrzeuge. Der Krieg war da. Wir fuhren zum Gehöft zurück und ich begab mich nach Hause."[21] Am Nachmittag macht Steege einen Spaziergang aufs Feld. „Ich sah von dem höherliegenden Acker auf der Straße Flüchtlingstrecks, in der Luft Flugzeuge, deren Nationalität ich nicht erkennen konnte. Aus der Ferne beobachtete ich die Sprengung der Weidenauer Drewenzbrücke. Bei meinem Spaziergang kam ich an die Ackergrenze zum Nachbarn Rosinski. Wir trafen uns dort rein zufällig. Auch ihn beherrschten Angst und Ungewißheit im Blick auf die nächsten Stunden. Wir trafen folgende Vereinbarung: Ich sollte bei ihm übernachten. Wir würden uns gegenseitig Schutz gewähren. Er mir, wenn die Polen mir etwas anhaben sollten, und ich ihm, wenn die Deutschen kämen und ihn belästigten. Flüchten wollte er nicht. Wir trennten uns dann."[22] Steege wird noch am selben Tag von polnischen Hilfspolizisten interniert. In langen Kolonnen zieht er mit anderen Volksdeutschen und Juden, abwechselnd bewacht von polnischer Miliz und Polizei, über Graudenz und Thorn Richtung Warschau.

Der 14-jährige Gymnasiast Klaus Krech ist schon am frühen Morgen auf den Feldern des Gutes Wronken (Fronicken) im Kreis Treuburg (Oletzko), das seiner Mutter und seinem Stiefvater gehört. Es herrscht Altweibersommerwetter. „Mich erreichte die Nachricht am frühen Morgen auf dem Feld, denn ich wollte den starken

Raupenschlepper beim Pflügen sehen. Diese schweren Lehmböden waren nur mit Hilfe einer Kettenzugmaschine zu beackern. Plötzlich mischte sich in das Motorengeräusch am Boden fernes Flugmotorenbrummen am Himmel ein. Da flog in großer Höhe eine Staffel (12 Flugzeuge) Sturzkampfbomber JU 87 (Stukas) gen Süden, nach Mlawa, um den hartnäckigen Widerstand der Polen in den Grenzbefestigungen zu brechen."[23] Krech erinnert sich, dass die Gutsarbeiter vom Kriegsausbruch tief betroffen sind, da hier in Grenznähe die Erinnerungen an das Jahr 1914 noch nicht verblasst sind.

Sofort bei Beginn der Kämpfe flüchten am 1. September die polnischen Bewohner aus der Stadt Soldau (Dzialdowo), in der Nacht zum 2. September ziehen die letzten polnischen Soldaten ab. Gegen 3 Uhr nachts sprengen sie die Brücken über die Neide bei Kyschienen und die Eisenbahnbrücke bei Soldau. Am 2. September gegen 11 Uhr rücken ohne Kampf und unter dem Jubel der deutschen Bevölkerung Wehrmachtstruppen in die Stadt ein. In einer improvisierten Feier vor dem Rathaus singen Soldaten und Bevölkerung das Deutschlandlied.[24] Nur mit geringem zeitlichem Abstand folgen den Truppen 15 ostpreußische Postbeamte. Sie tragen, da einberufen und militärisch organisiert, „Postschutzuniform", übernehmen das polnische Postgrundstück mit allen Räumlichkeiten und bereiten sofort die Betriebsaufnahme vor. Umgehend werden Volksdeutsche, die im Polen der Zwischenkriegszeit in staatlichen Einrichtungen nicht eingestellt worden waren, ausgebildet. Gleichzeitig beginnen die Postschutzmänner mit dem Austausch, der Zuführung und Ableitung von Feldpostsendungen. Am 1. November 1939 ist das Soldauer Ländchen postalisch in die zivile Reichspost integriert.[25]

In der Frühe des 1. September geht die 1. Kavallerie-Brigade aus ihren Aufmarschräumen in den Wäldern des Kreises Ortelsburg südlich der Kleinstadt Willenberg beim 770-Einwohner-Dorf Flammberg über die Grenze in Richtung Chorzellen (Chorzele) an der Orschütz (Orzyc). Dabei kommt es im Królewskie Forst in der Nähe des polnischen Grenzdorfs Krzynowloga Mala zu einem Aufeinandertreffen von deutschen und polnischen Kavalleriepatrouillen. Bei einem Aufklärungsritt stoßen Kavalleristen des polnischen 11. Ulanen-Legionärs-Regiments unter Leutnant Wladyslaw Kossakowski auf einen berittenen Posten der berittenen Artillerie der 1. Kavallerie-Brigade. Kossakowski entscheidet sich zu einem Nahkampf, bei dem die polnischen Ulanen neben Säbeln auch ihre Lanzen einsetzen werden. Wladyslaw Kossakowski in seinen Erinnerungen: „Gegen Ende unserer Erkundung, am Rande einer kleinen Waldlichtung, sahen wir eine kleine deutsche Kavallerie-Einheit postiert. Sie sah uns nicht (...) Wir formierten uns zum Angriff und mit ‚Hurra!' attackierten aus dem Wald heraus. Der Überraschungsangriff war erfolgreich – aber was für eine Überraschung – diesmal ergriff die deutsche Kavallerie keine Panik ..., vielmehr griff sie uns ebenfalls mit gezückten Säbeln mit ebensolchem ‚Hurra!' an. Zwei tapfere Reihen Kavallerie begannen schreiend, die Säbel schwingend, in den

Sätteln stehend sich die Köpfe einzuschlagen. Nach ein paar Sekunden erreichten wir sie und sie uns. Zwei Kavallerie-Formationen prallten aufeinander, aber unser Schwung war größer. Tatsächlich gerieten wir nur kurz aneinander – aber es gab Tote auf beiden Seiten. Ich erinnere mich, das Korporal Juckiewicz einen deutschen Kavalleristen mit seiner Lanze durchbohrte. Der deutsche Soldat stöhnte kurz auf und starb. Nach diesem heftigen und blutigen Kampf galoppierten wir in unsere Richtung und die überlebenden Deutschen in ihre weiter."[26]

Am 1. September fällt in einem Kavalleriescharmützel im Alter von 38 Jahren in den Wäldern bei Chorzellen als Major bei der „Reitenden Artillerie-Abteilung I" der „1. Kavallerie-Brigade" Willi Nelke, einer der besten deutschen Springreiter. Zwei Wochen zuvor hat er in Insterburg noch mit dem besten Einzelergebnis den Preis der Nationen für Deutschland gewonnen.

Der Vorstoß des deutschen Heeres verläuft weitgehend nach Plan. Vor allem das wirkungsvolle Zusammenspiel von Luftwaffe und Heer bestimmt in Polen sowie auch im weiteren Verlauf des Zweiten Weltkriegs die taktischen Konzeptionen des Oberkommandos der Wehrmacht (OKW). Auf deutscher Seite kommen im Krieg gegen Polen über 1,5 Mio. Soldaten, 9000 Geschütze, 2500 Panzer und knapp 2000 Kampfflugzeuge zum Einsatz.

Mit dem Beginn der Offensive dringt der rechte Flügel der deutschen 3. Armee zur Unterstützung der 4. Armee aus den Kreisen Marienwerder und Rosenberg nach Graudenz vor, wo er in schwere Kämpfe gerät. Die aus Pommern und Ostpreußen vorstoßende Heeresgruppe Nord stellt am 3. September die erste Landverbindung zwischen beiden Gebieten her. Ein Teil der 4. Armee stößt weiter südlich durch Pommerellen vor und verbindet sich mit anderen deutschen Truppen bei Warschau. Zugleich stockt der von Südostpreußen ausgehende Angriff der 3. Armee schon bald vor der polnischen Mlawa-Stellung. In einem zweiten Angriffskeil greift die Heeresgruppe Süd aus Schlesien und der Slowakei an. Unterstützt von zwei Luftflotten mit insgesamt 1107 Maschinen dringen ihre 57 Divisionen in einer umfassenden Zangenbewegung konzentrisch in Richtung Warschau vor.

Dr. Fritz Ewalt Quittschau ist seit 1934 Dompfarrer in Königsberg. Er gehört der Bekennenden Kirche an, im Jahr 1938 hat er den Eid auf Hitler verweigert. Der 3. September 1939 ist der erste Sonntag nach dem Überfall auf Polen. An diesem Tag predigt Quittschau im überfüllten Königsberger Dom über das Evangelium nach Matthäus, Kapitel 5,1–7,29: „Selig sind die Sanftmütigen; denn sie werden das Erdreich besitzen." Quittschau behandelt schon seit einigen Sonntagen die Bergpredigt; der Passus des Evangeliums, der sich gegen Gewaltanwendung wendet, ist zufällig an diesem Tag an der Reihe. In der Predigt flicht Quittschau aber eine theologische Ausführung über Jesus Bedeutung gegenüber dem Gesetz und eine Erörterung über die Zehn Gebote ein. Theologische Relativierungen des Tötungsverbots in Kriegszeiten schließen sich in Quittschaus theologischer Sicht aus. Hugo Linck, Pfarrer an der

Löbenichtschen Kirche und einer der führenden Vertreter der Bekennenden Kirche Ostpreußens, berichtet, dass die Mehrzahl der Zuhörer im Dom an diesem Tag kein Verständnis für die pazifistische Predigt hat.[27] Am 12. Oktober 1939 wird der Dompfarrer vom evangelischen Konsistorium zwangsbeurlaubt; der Gemeindekirchenrat der Domgemeinde lehnt die weitere Zusammenarbeit mit ihm ab. Obwohl später sowohl der evangelische Oberkirchenrat und das Reichsministerium für die kirchlichen Angelegenheiten versuchen, Quittschau Brücken zu bauen, widerruft er seine theologische Sicht auf das Tötungsverbot nicht.[28] Der Dompfarrer bleibt den gesamten Krieg über beurlaubt.

Am 3. September, nach Ablauf eines Ultimatums zur Einstellung der Kämpfe und zum Rückzug, erklären Großbritannien und Frankreich dem Deutschen Reich den Krieg. Entlastungsangriffe im Westen Deutschlands unterbleiben jedoch. Das mit Polen verbündete Rumänien verkündet angesichts des raschen deutschen Vorrückens und ausbleibender Eingriffe der Westmächte am 6. September seine Neutralität. Damit ist Polen militärisch vollständig isoliert.

Die ehemalige westpreußische Stadt Neumark südlich von Bischofswerder wird am 3. September von deutschen Truppen eingenommen. Helmut Steege, zu dieser Zeit bereits von den Polen verschleppt, erfährt nach seiner Rückkehr Mitte September, dass nach dem Einmarsch der Wehrmacht in Neumark eine größere Zahl polnischer Männern arretiert und abtransportiert worden ist. Auch die drei katholischen Geistlichen werden verhaftet, die Neumarker Juden festgenommen und im Hause der jüdischen Kultgemeinde neben der Synagoge interniert. Wenige Tage später erfolgt ihr Abtransport mit einem Pferdefuhrwerk in Richtung Strasburg. Steege: „Die Begleitperson soll auf Anfrage den Bürgern erklärt haben, daß den Abtransportierten kein Haar gekrümmt würde. In Neumark hat man nie wieder etwas über das Ergehen dieser Menschen erfahren. Wie war ihr Ende?“[29]

Unmittelbar nach Kriegsbeginn werden wahrscheinlich mehr als 5 000 Angehörige der deutschen Minderheit in Polen ermordet. In dieser Zahl sind auch die deutschen Opfer des „Bromberger Blutsonntags“ enthalten. In der Stadt Bromberg werden am 3. September 1939 polnische Truppen, die sich durch die Stadt zurückziehen, beschossen – für diese Schüsse werden Angehörige der deutschen Minderheit verantwortlich gemacht. Als Reaktion darauf töten polnische Soldaten und Zivilisten in Bromberg und in der Umgebung der Stadt deutschstämmige Einwohner. Nach neuesten Erkenntnissen des Polnischen Instituts des Nationalen Gedenkens beträgt die Zahl der deutschen Opfer dieser Übergriffe allein im Bromberger Stadtgebiet zwischen 100 und 300 Personen, deutsche Quellen gehen von bis zu 1 500 Opfern aus.

Am 5. September rückt die Wehrmacht zusammen mit einem Teilkommando der „Einsatzgruppe 4“ in die Stadt ein. Die örtliche polnische Bürgerwehr leistet in den ersten Tagen noch erbitterten Widerstand. Das Kriegstagebuch des in Meseritz in der Provinz Grenzmark-Westpreußen aufgestellten Grenz-Infanterie-Regiments 122 vom 5. September 1939 notiert: „Der Angriffsstreifen des Regiments führte mitten durch Eisenbahner- und Arbeiterviertel. So ist naturgemäß hier der Widerstand am stärksten. Die Erbitterung ist bei den Kompanien über diese hinterlistige Kampfweise sehr groß. Wer Widerstand leistet, wird erschossen (...) Großstadtproletariat übelster Sorte – darunter auch Fanatiker – die mit unbegreiflicher Zähigkeit aushalten.“[30] Die deutsche Propaganda verzehnfacht die Zahl der von Polen im September 1939 ermordeten Volksdeutschen. Hartmut Boockmann: „Die ermittelte Zahl jener Deutschen, die im September in Polen umgekommen waren oder seitdem vermißt wurden, wurde zur Rechtfertigung dessen, was nun geschah, auf 58000 verzehnfacht. Neben dem Terror, den SS, Wehrmacht und staatliche Behörden ausübten, traten nicht autorisierte, aber nicht unerwünschte Racheakte.“[31]

Der schnelle Vorstoß der deutschen Verbände macht die polnische Strategie einer Verteidigung an den Grenzen zunichte. Das polnische Oberkommando befiehlt schon nach fünf Tagen den Rückzug hinter die geplante Verteidigungslinie an den Flüssen Weichsel, Narew, Bug und Bzura; die polnische Regierung setzt sich nach Brest-Litowsk ab. Das deutsche Oberkommando des Heeres wiederum glaubt, die Masse des polnischen Heeres nicht mehr westlich der Weichsel zerschlagen zu können, und befiehlt der 3. Armee, sich in Ostpreußen umzugruppieren. Die 3. Armee geht jetzt nicht mehr in südwestliche Richtung gegen Mlawa, sondern in südöstlicher zum Narew vor.

In der Nacht vom 6. auf den 7. September sollen alle deutschen Waffengattungen über den Narew gehen. Die 4. Schwadron des Insterburger Reiter-Regiments 1 wird in dieser Nacht von polnischen Einheiten angegriffen und eingekesselt. Der Fahnenjunker Arist Reisch von der 1. Schwadron wird in einer Feuerpause als Melder zum Regiment geschickt, um die Verbindung zur eingeschlossenen 4. Schwadron herzustellen. Polnische Truppen sind zu diesem Zeitpunkt auf dem Bahnhof des Dorfes Kunin entladen worden und haben unmittelbar darauf in die Kämpfe eingegriffen. Arist Reisch gerät zwischen die Linien. Als sich die Polen zurückziehen, wird er durch die Handgranate eines polnischen Oberstleutnants schwer verwundet. Ein Unteroffizier der Schwadron findet ihn noch lebend auf, aber jede Hilfe kommt zu spät. Der 18-Jährige wird am 7. September mit mehreren Kameraden im Kiefernheidegebiet bei Rozan in einem Massengrab beerdigt.[32]

Sein Vater Joachim Reisch befindet sich mit seiner Einheit in unmittelbarer Nähe der Todesstelle seines Sohnes und erhält noch am selben Tag von der Besatzung eines Trossfahrzeugs des Regiments die Nachricht von seinem Tod. Er darf die Leiche in die Heimat überführen. Sigrid Reisch von Wagner: „Nach langem Suchen auf einem verlassenen Schlachtfeld fand mein Mann ein frisch aufgeworfenes Grab, das sich dunkel von einer Sumpfwiese abhob und mit einem Birkenkreuz versehen war, auf dem die Namen der hier Gefallenen mit Tintenschrift verzeichnet waren, darunter unser Sohn Fahnenjunker Arist Reisch. Es ist unbeschreiblich, wie furchtbar für meinen

Mann als Vater diese verzweifelten Stunden waren."[33] Mit Hilfe anderer Soldaten gräbt Joachim Reisch die Leiche seines Sohnes aus und hüllt sie in eine Zeltbahn. In einer 400-km-Fahrt, den toten Sohn neben sich im engen Militärfahrzeug, bringt Joachim Reich bei großer Hitze den Toten nach Hause. Als er am 9. September in Perkallen eintrifft, weiß die Familie noch nichts vom Tod des Jungen. Arist Reisch wird im Park von Perkallen bestattet.

Nach den Kämpfen im Korridor ist das Potsdamer Infanterie-Regiment 9 als Divisionsreserve längs der Weichsel über Schwekatowo (Świekatowo) im ehemaligen Kreis Schwetz nach Norden vorgerückt. Es hat am 8. September 1939 bei Mewe (Gniew) über die Weichsel gesetzt und Ostpreußen erreicht. Per Bahn geht es quer durch Ostpreußen nach Lyck, von dort marschieren die Infanteristen auf Białystok. Das sind die Truppen, deren endlosen Zug der junge Siegfried Lenz in seinem Heimatort Lyck beobachtet: „Während von der nahen Grenze der Geschützdonner zu uns herüberdrang, dem meine Großmutter mit erbitterten Chorälen antwortete, stand ich im erregten Spalier der Lycker und beobachtete die Soldaten, die heiter das Nachbarland überfielen, die fröhlich und selbstgewiß, aber auch hochmütig vorbeizogen, beschenkt und mit Blumen dekoriert, siegessicher wie alle Soldaten zu Beginn, wohlgenährt, rasiert natürlich. Panzerwagen zogen drohend vorbei – zum phantastischen Rendezvous mit der besessenen polnischen Kavallerie. Pioniere mit Sturmbooten und Pontons zogen vorbei. Flugzeuggeschwader flogen südwärts über die Stadt."[34]

Erst nach dem Vormarsch der Panzer des XIX. Armeekorps der 4. Armee und der 3. Armee in ihrer rechten Flanke zieht sich die polnische „Armee Modlin" zurück. Sie sammelt sich jedoch wieder in der Festung Modlin und am Bug. Am 9. September hat die Heeresgruppe Nord die Festung Modlin und Warschau von Norden her eingeschlossen. Helmut Steege aus Petzelsdorf bei Neumark ist mit vielen anderen verschleppten Deutschen, von polnischer Miliz und Polizei bewacht, in Richtung Warschau marschiert. Bevor die Verschleppten am 9. September nach Łódź einziehen sollen, lagern sie auf den Wiesen des Weichselzuflusses Bzura. An diesem Tag werden Steege und seine deutschen Begleiter von Wehrmachtstruppen befreit. „Mit zwei verschiedenen Menschen habe ich hier gesprochen. Einer von ihnen war ein Jude, der mit uns im Verschlepptenzuge marschiert war. Er stand vor einer schweren Entscheidung. Wohin sollte er gehen, zusammen mit uns zu den Deutschen, oder bei den Polen Unterschlupf suchen? Die Polen waren ja ebenfalls starke Antisemiten. Ich riet ihm, mit uns zu gehen. Die Deutschen wären ja schließlich keine Unmenschen, würden ihm nichts Böses tun. Der zweite Gesprächspartner war ein Pole, ein Geschäftsmann aus Posen, durch das Geschehen nach hierher verschlagen. Auch er hatte Angst vor den Deutschen. Ich versuchte sie ihm zu nehmen. Sagte ihm Ähnliches, wie ich es dem Juden gesagt hatte. Ich sagte es beiden aus voller Überzeugung. Drei Wochen später hätte ich das, was ich den beiden gesagt hatte, nicht mehr sagen können."[35] Einige der Verschleppten wollen sich an ihren polnischen Bewachern

September 1939: Polnische Gefangene in einem ostpreußischen Lager während der Essenausgabe. Nur für Ausland! hat die Propagandastelle des Oberkommandos der Wehrmacht dieses Bild, das Berge von Brot und damit großzügige Kameradschaft zeigt, freigegeben.

rächen. Steege hat das verhindern können. „Wir sammelten uns auf einer Bzurawiese. Pfarrer Buse aus Leipe (Lipno) hielt einen Dankgottesdienst. Wir sangen das Lied ‚Nun danket alle Gott'."[36]

Christel Wels, geborene Faust, erlebt als 14-Jährige den Kriegsausbruch in ihrem Dorf Groß Pöppeln. Während sich im Radio die Erfolgsmeldungen überschlagen, ist die Stimmung im Dorf im Kreis Labiau trüb. Dabei spürt man hier nur daran, dass die jungen Männer fort sind, dass Krieg ist. „Es gab Zeiten, in denen wir uns auf den Briefträger gefreut hatten, doch jetzt, da der Briefträger nichts Gutes zu bedeuten hatte, waren wir froh, ihn nicht zu sehen."[37] Im Deutschen Reich werden seit dem 27. August Lebensmittel bewirtschaftet. Die Zuteilung erfolgt auch in Groß Pöppeln über die Gemeinden auf Lebensmittelkarten. „Weil wir alles selbst hatten, wie Fleisch, Mehl, Milch, Butter, und Brot wurde selbst gebacken, konnte Mutter sogar zwei Lebensmittelkarten verschenken. Dann aber wurden die Rationen für Lebensmittelkarten von Monat zu Monat immer weniger."[38]

Am 12. September kapitulieren 60 000 polnische Soldaten im Kessel bei Radom. Bis zum 17. September reibt die Heeresgruppe Süd die eingeschlossene Armee Posen auf. 170 000 Polen geraten in Gefangenschaft. Am 18. September vereinigen sich Verbände des XIX. Armeekorps der 4. Armee mit den Truppen der 14. Armee der Heeresgruppe Süd südlich von Brest-Litowsk. Damit ist die Masse der polnischen

Armee umfasst. Nur im äußersten Südosten Polens, in Richtung der damaligen rumänischen Grenze, sind etwa 100000 polnische Soldaten nicht eingeschlossen. Als sie sich nach Rumänien zurückziehen wollen, werden sie in den Schlachten um Lemberg und Rawa Ruska aufgerieben.

Warschau ist schon seit dem 9. September weitgehend eingeschlossen. Deutsche Panzer dringen am 10. September erstmals in die Stadt ein, müssen sich jedoch nach Verlusten wieder zurückziehen. Die Luftwaffe beginnt mit heftigen Angriffen. Am 15. September eröffnen die Artilleristen der 3. Armee unter General Georg von Küchler das Feuer auch auf die Warschauer Innenstadt. Am 17. September besetzt die Rote Armee mit 620000 Soldaten, 4700 Panzern und 3200 Kampfflugzeugen Ostpolen, das bis auf das Grenzschutz-Korps militärisch unverteidigt ist. Die Regierung in Warschau, die gerade ihre Flucht nach Rumänien vorbereitet, ist auf den sowjetischen Einmarsch nicht vorbereitet. Ab dem 19. September ist die Bevölkerung in Warschau wegen Überfüllung der Friedhöfe gezwungen, die Toten in Grünanlagen zu bestatten. Vier Tage später bricht die Strom- und Wasserversorgung zusammen.[39]

In Warschau werden etwa 26000 Zivilisten getötet, am 28. September kapitulieren die verbliebenen 120000 Verteidiger der Hauptstadt. Am 29. September ergibt sich auch die Festung Modlin, am 1. Oktober die kleine Besatzung der Halbinsel Hela. Polens letzte Feldtruppen stellen am 6. Oktober nach der Schlacht bei Kock, nördlich von Lublin, die Kampfhandlungen ein. Etwa 100000 Angehörige der polnischen Armee entkommen der deutsch-sowjetischen Umklammerung auf dem Landweg und per Flugzeug nach Ungarn und Rumänien oder über die Ostsee nach England und ins neutrale Ausland. Eine offizielle Kapitulation des polnischen Oberkommandos, der Regierung oder des Staates bleibt aus. Polen hat mehrere Wochen lang erhebliche deutsche Kräfte gebunden. Briten und Franzosen haben aber diesen Vorteil nicht zu einem Angriff im Westen genutzt.

Die Angaben über die deutschen Gefallenen des „Polenfeldzugs" schwanken. Heute geht man von rund 14000 gefallenen oder verschollen gebliebenen deutschen Soldaten aus. 674 deutsche Panzer und 319 gepanzerte Wagen werden bei den Kämpfen zerstört oder erheblich beschädigt, 230 Kampfflugzeuge abgeschossen. Die polnischen Verluste an Gefallenen und Verschollenen betragen rund 70000 Soldaten, 420000 geraten in deutsche Gefangenschaft. Die Verluste im Kampf mit der Roten Armee belaufen sich auf 6000 bis 7000 Gefallene und Verschollene, etwa 250000 polnische Soldaten gehen in sowjetische Gefangenschaft. Nahezu alle Offiziere unter ihnen werden auf Befehl Stalins im Frühjahr 1940 in Katyń, Charkow und Twer ermordet.

Die Wehrmacht geht im Krieg gegen Polen rücksichtslos vor. Der Chef des Generalstabes des Heeres, Franz Halder hat in seinem privaten Tagebuch unter dem Punkt: „Forderungen des Führers an die militärischen Führer" die Ziele dieses Krieges festgehalten. Er notiert: „Vernichtung Polens = Beseitigung seiner lebendigen Kraft. Es handelt sich nicht um Erreichen einer bestimmten Linie oder einer neuen

Grenze, sondern um Vernichtung des Feindes, die auf immer neuen Wegen angestrebt werden muss."[40] Und weiter: „Mittel gleichgültig. Der Sieger wird nie interpelliert, ob seine Gründe berechtigt waren. Es handelt sich nicht darum das Recht auf unserer Seite zu haben, sondern ausschließlich um den Sieg."[41]

Nicht erst der Angriff auf die Sowjetunion im Juni 1941, bereits der Angriff auf Polen im September 1939 bildet den Auftakt zum deutschen Vernichtungskrieg in Osteuropa, schon der Krieg gegen Polen weist wesentliche Merkmale des Vernichtungskrieges auf. An diesem Vernichtungskrieg ist die Wehrmacht beteiligt. Sie erschießt in Polen 1939 eine große Zahl Kriegsgefangene sowie polnische und jüdische Zivilisten. Und sie lässt den Einsatzgruppen der Sicherheitspolizei und der SS beim Morden im Interesse der NS-„Volkstumspolitik" freien Lauf.[42] Nach Schätzungen der Hauptkommission zur Untersuchung der Naziverbrechen in Polen fordern Exekutionen durch Wehrmachtsverbände allein im September 1939 weit über 10000 Todesopfer. Übergriffe von Wehrmachtsangehörigen richten sich im September 1939 nicht nur gegen die polnische Bevölkerung allgemein, sie zielen auch auf die jüdische Bevölkerung. Die brutale Prozedur des gewaltsamen Bartscherens wird von Wehrmachtssoldaten beim Vormarsch überall im Land praktiziert. Juden werden gezielt durch Zwangsrekrutierungen zu Aufräumarbeiten, zum Ausheben von Gräben oder zu schikanösen Säuberungsaktionen herangezogen und dabei misshandelt.

Unkontrollierte Ausschreitungen gehen Hand in Hand mit der systematischen Verfolgung von Juden und der polnischen Intelligenz; Einsatzgruppen der Sicherheitspolizei haben die Angehörigen der polnischen Eliten und Aktivisten aus der Zeit der Posener und Oberschlesischen Aufstände 1918 bis 1933 im Visier. Vor allem in Südpolen brennen schon im September 1939 überall die Synagogen. Himmler sieht sich zum Eingreifen genötigt: In der zweiten Kriegswoche verfügt er per Fernschreiben, zumindest die Synagogen in Krakau, Łódź und Warschau zu verschonen.[43]

Schon im Krieg gegen Polen beginnen deutsche Soldaten mit dem, was später Hunderttausende ost- und mitteldeutsche Frauen erleiden müssen. So rauben drei Wehrmachtssoldaten mehrere Tage hintereinander die Wohnungen jüdischer Familien aus und vergewaltigten deren Frauen. Einer von ihnen ist von seinen beiden Kameraden mit dem Argument überredet worden, dass es nicht strafbar sei, Verbrechen gegen Juden zu begehen. Der Fall wird bekannt, weil auf die Anzeige einer der geschädigten Familien hin kriegsgerichtliche Ermittlungen eingeleitet werden. Bei der Untersuchung wird besonderes Interesse der Frage gewidmet, ob bei den Vergewaltigungen der Geschlechtsakt tatsächlich vollzogen worden sei und die Delinquenten sich über die Bestimmungen der Nürnberger Rassegesetze im Klaren gewesen seien. In der Anklageschrift werden sie dann nicht nur der Vergewaltigung, Erpressung, Plünderung, sondern auch der „Rassenschande" beschuldigt.[44] Im Oktober wird den drei Vergewaltigern wie allen von Kriegsgerichten verurteilen Wehrmachtssoldaten durch eine Generalamnestie die Strafe erlassen.

Soldau, Stutthof, Zichenau

Große Teile des westlichen Polens, die teilweise vor 1920 zu Preußen gehört haben, werden dem „Großdeutschen Reich“ als neue „Gaue“ angegliedert oder mit preußischen Provinzen vereinigt. In diesem Eingliederungsprozess muss die Provinz Ostpreußen Gebiete abgeben, erhält aber auch bisher polnische Territorien. Nach der Besetzung Polens im September 1939 wird am 26. Oktober 1939 ein neuer „Reichsgau Westpreußen“ gebildet, später in „Reichsgau Danzig-Westpreußen“ umbenannt. Der neue Gau umfasst den größten Teil der früheren preußischen Provinz Westpreußen – die polnische Woiwodschaft Großpommerellen bis zur Netze – und auch das Gebiet der Freien Stadt Danzig. Der „Regierungsbezirk Westpreußen“ der Provinz Ostpreußen wird dem „Reichsgau“ eingegliedert. Zu „Danzig-Westpreußen“ kommen auch Gebiete, die vor dem Versailler Vertrag von 1919 zur preußischen Provinz Posen gehört hatten wie die Stadt und der Landkreis Bromberg und der Landkreis Wirsitz. Der „Reichsgau Westpreußen“ wird nicht dem Land Preußen als neue Provinz angegliedert. Er untersteht, wie das Sudetenland und die österreichischen Gaue, als „Reichsgau“ direkt dem Deutschen Reich. Am 26. Oktober 1939 hat der Danziger NSDAP-Gauleiter Albert Forster den neugeschaffenen Reichsgau als NSDAP-Gauleiter und Reichsstatthalter übernommen.

Schon am 8. Oktober 1939 unterzeichnet Adolf Hitler Gesetzentwürfe, nach denen zum 1. November 1939 die Militärverwaltung in den nicht vom Deutschen Reich annektierten polnischen Territorien, dem sogenannten „Generalgouvernement“, durch eine Zivilverwaltung zu ersetzen sei. Das Inkrafttreten wird auf den 26. Oktober 1939 vorgezogen. Die deutsche Militärführung geht Hitler nicht rücksichtslos und skrupellos genug gegen Polen vor; gegenüber General Wilhelm Keitel äußert Hitler, die Wehrmacht solle es begrüßen, wenn sie mit Verwaltungsfragen nicht befasst wäre. Die neue Zivilverwaltung habe die Durchführung eines harten Volkstumskampfes zu gewährleisten, der „keine gesetzlichen Bindungen“ gestatte.

Den Soldaten der Wehrmacht folgen unmittelbar die Mordkommandos von SS und Polizei. Oda Goerdeler erlebt sie in ihrer Heimat im Soldauer Ländchen, das wieder dem Kreis Neidenburg angegliedert worden ist, zu dem es bis 1920 gehört hat. „Hinter der Wehrmacht, die das Land einnahm, entfalteten ihre Tätigkeit des ‚Ordnung machens‘ jene, die braune oder schwarze Uniformen trugen. Sie nahmen fest: Ärzte und Grossgrundbesitzer und Kaufleute, ja auch Priester und Nonnen, soweit sie polnische waren. 41 polnische Lehrer unseres Bezirks ereilte ihr Schicksal, denn besonders auf die Intelligenz des Nachbarvolkes hatte man es abgesehen.“[45] Manchmal machen sich die Wehrmachtssoldaten mit den Mördern gemein, manchmal protestieren die Offiziere.

Mit dem Polenfeldzug beginnt das NS-Regime die gezielte, organisierte Massenvernichtung polnischer Zivilisten. Sie wird bis 1945 andauern. Fünf von Heinrich

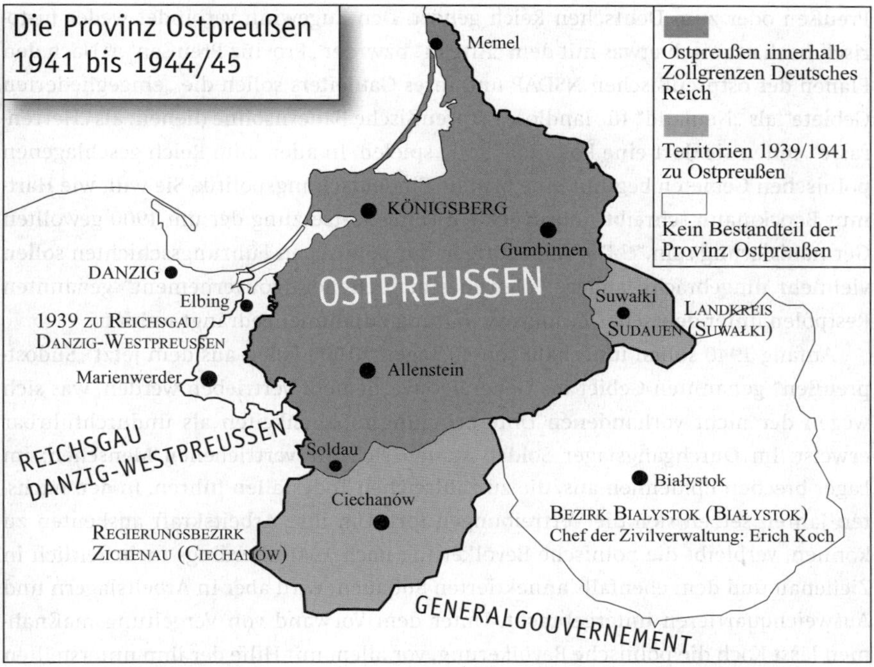

Die Provinz Ostpreußen 1941 bis 1944/45

Himmler, u.a. als „Reichskommissar für die Festigung deutschen Volkstums“ für die Eindeutschung der besetzten Gebiete Polens zuständig, aufgestellte Einsatzgruppen der Sicherheitspolizei und des Sicherheitsdienstes (SD) begleiten die fünf Armeen der Wehrmacht. Eine sechste Einsatzgruppe ist im Gebiet von Posen tätig. Ihr gemeinsamer Auftrag ist die „Bekämpfung aller reichs- und deutschfeindlichen Elemente“ im eroberten Territorium sowie die weitgehende „Vernichtung der polnischen Intelligenz“. Nach vorbereiteten Fahndungslisten ermorden die Einsatzgruppen bis Ende 1939 etwa 60 000 polnische Staatsbürger, darunter Lehrer, Ärzte, Juristen, Professoren, katholische Priester und Bischöfe sowie Vertreter von Parteien und Gewerkschaften der polnischen Arbeiterbewegung. Diesen Massakern fallen auch etwa 7 000 polnische Juden zum Opfer. Mit ihrer Ermordung will man die jüdische Bevölkerung Polens zur Flucht in den sowjetisch besetzten Teil Polens zwingen. Etwa 200 000 Juden fliehen tatsächlich vor den Deutschen in das sowjetisch besetzte Ostpolen.

Ostpreußens Gauleiter Erich Koch hat mit der Stadt Elbing, den Landkreisen Elbing, Marienburg, Marienwerder, Stuhm und Rosenberg einen Teil seines Gaus abgeben müssen, wird aber großzügig mit polnischen Gebieten entschädigt, die am 26. Oktober 1939 zur Provinz Ostpreußen geschlagen werden. Die Territorien des neuen ostpreußischen Regierungsbezirks Zichenau (Ciechanów) in Nordmasowien, die bis knapp an Warschau heranreichen, haben niemals längere Zeit zu

Preußen oder zum Deutschen Reich gehört. Den Zugewinn verbindet weder historisch noch ethnisch etwas mit dem „Altgau" bzw. der „Provinz Preußen".[46] Nach den Plänen der ostpreußischen NSDAP und ihres Gauleiters sollen die „eingegliederten Gebiete" als „Neuland" für landlose ostpreußische Bauernsöhne dienen; als „Herrenrasse" sollen sie dort eine koloniale Rolle spielen. In allen zum Reich geschlagenen polnischen Gebieten beginnt eine brutale Eindeutschungspolitik. Sie will, wie Hartmut Boockmann schreibt, „ausdrücklich keine Fortsetzung der um 1900 gewollten Germanisierung sein."[47] Die Angehörigen der polnischen Führungsschichten sollen vielmehr umgebracht, andere Polen in einem „Generalgouvernement" genannten Restpolen unter deutscher Zwangsverwaltung zusammengedrängt werden.

Anfang 1940 sollen innerhalb von 40 Tagen 70 000 Polen aus dem jetzt „Südostpreußen" genannten Gebiet ins Generalgouvernement vertrieben werden, was sich wegen der nicht vorhandenen Unterbringungsmöglichkeiten als undurchführbar erweist. Im Durchgangslager Soldau stauen sich die vertriebenen Menschen; im Lager brechen Epidemien aus, die zu zahlreichen Todesfällen führen. In den nächsten Jahren setzen sich die Vertreibungen fort. Um ihre Arbeitskraft ausbeuten zu können, verbleibt die polnische Bevölkerung nach 1941 allerdings mehrheitlich in Zichenau und dem ebenfalls annektierten Sudauen, wird aber in Arbeitslagern und Ausweichquartieren untergebracht. Unter dem Vorwand von Vergeltungsmaßnahmen lässt Koch die polnische Bevölkerung, vor allem mit Hilfe der ihm unterstellten Standgerichte, permanent terrorisieren.

Der Historiker Christian Tillitzky zitiert den polnischen Historiker Czeslaw Madajczyk, der im Rahmen seiner umfangreichen Untersuchung zur deutschen Okkupationspolitik erwähnt habe, wie dicht nebeneinander Zerstörungs- und Aufbauwerk in den Ostpreußen eingegliederten Gebieten betrieben wurden sei. Nachkriegspolen habe vom Ausbau der Verkehrswege genauso profitiert wie von der Entwicklung der Viehzucht oder der verbesserten Struktur der landwirtschaftlichen Höfe nach der Beseitigung der Kleinbauernstellen.[48] Ein infrastruktureller Fortschritt, ermöglicht durch eine Jahre dauernde deutsche Terrorherrschaft.

Mit der Übernahme der Deutschen Gemeindeordnung werden in „Sudauen" und „Zichenau" deutsche Verwaltungsstrukturen, Reichsrecht und preußisches Landesrecht eingeführt. Zwar wird die Zollgrenze bis an das Generalgouvernement vorgeschoben, die Polizeigrenze aber verläuft weiterhin längs der alten Reichsgrenze.[49] Passrechtlich bleiben Zichenau und Sudauen also praktisch Ausland, das ohne behördliche Genehmigung weder betreten noch verlassen werden darf. Auf einer solchen Regelung besteht Heinrich Himmler, um die geplanten Umsiedlungen und auch das Willkürregime von Polizei und SS besser abschirmen zu können.[50]

Der ostpreußische Oberlandesgerichtpräsident Max Draeger gewinnt bei seinem ersten Besuch in Zichenau den Eindruck, die Provinz Ostpreußen habe den „elendsten" polnischen Bezirk zugesprochen bekommen. Die polnische Nachbarregion ist tatsächlich unter der zaristischen Herrschaft vernachlässigt worden und auch die Republik Polen hat wenig zur Entwicklung dieser Region getan. 40 % der Bevölkerung leben hier schon vor der Okkupation in Einraumwohnungen, häufig ländlichen Holz- und Lehmhütten. Es dominieren Kleinbetriebe mit weniger als 5 ha; die Landwirtschaft ist unmodern, die Rinder- und Schweinezucht unterentwickelt.[51]

Im Juli 1942 besucht die 22-jährige Lehrerin Marianne Günther aus Gertlauken im Kreis Labiau in ihren Sommerferien auf dem Weg zum Arbeitseinsatz mit einem Trupp junger Ostpreußinnen eine einst polnische Kleinstadt. Nasielsk liegt im Landkreis Ostenburg (Pułtusk) im Bezirk Zichenau. Das Gebiet, in das sie reist, ist jetzt schon 21 Monate „deutsch" und Teil von Ostpreußen. Mit Datum vom 14. Juli 1942 schreibt Marianne Günther an ihre Eltern in Köln: „Am Montag fuhren wir ab. Ich gehörte zu einem Trupp, der nach Joniec ging. Die Fahrt führte über Zichenau nach Nasielsk. An Häusern und Feldern erkennt man sofort, wo früher die deutsch-polnische Grenze verlief."[52] Von Nasielsk fahren die Landhelferinnen in einem Bummelzug weiter in den Landkreis Plöhnen (Płońsk). Sie steigen im Städtchen Wkra, 20 km westlich von Zichenau, aus und laufen die 2, 3 km bis zum Dorf Joniec, wo sie in der Schule untergebracht werden. In dem Backsteingebäude finden sie nagelneue Bettgestelle und Strohsäcke, auch eine Küche, einen Waschraum und eine Turnhalle vor. Für die Lehrerin erwähnenswert: Alles ist „blitz-sauber". „Im Dorf leben etwa fünfzig polnische und vier deutsche Familien, ähnlich ist es in der ganzen Umgebung. Die Häuser der Polen sind einfache Holz- und Lehmhütten." Die Einheimischen sind rechtlos in ihrer Heimat. Die deutschen Erntehelfer spüren Hass und Ablehnung.[53] Marianne Günther arbeitet bei einer Familie Restau, volksdeutschen Umsiedlern vom westlichen Bug in Wolhynien. Die Junglehrerin spürt das Unrecht von Zwangsumsiedlungen und Vertreibungen: „Sie haben ihre Heimat am oberen Bug verlassen und dachten, in einem deutschen Dorf angesiedelt zu werden. Nun leben sie unter Polen. Die Polen mußten ihre Höfe an die Deutschen abtreten." Die Deutschen aus Wolhynien hat der Krieg eingeholt: „Eine fünfzehnjährige Tochter lebt hier, die Söhne stehen im Feld."[54]

Marianne Günther reist im Juli 1942 mit ihrer Lagerführerin in die Kreisstadt Plöhnen (Płońsk), sie will dort einen Rock beim Schneider abholen. Noch auf der Rückfahrt mit der Bahn schreibt sie ihren Eltern von den Erlebnissen des Tages: „Stellt Euch vor, Ihr geht durch Straßen, vorbei an Häusern, wo alle Fenster und Türen von außen dick mit Brettern vernagelt sind, und doch herrscht dahinter ein unentwegtes Geräusch – Gemurmel und Bewegung. Dann kommt zwischen den Häusern ein langer Bretterzaun, der nicht ganz bis zur Erde reicht, und darunter sieht man Füße, zahllose Füße, nackte, in Pantoffeln, in Sandalen, in Schuhen. Das Stimmengewirr schwillt an, es riecht nach vielen Menschen, und wenn du dich auf die Zehen stellst und über den Zaun blickst, siehst du kahle Köpfe. Dann geht es einem plötzlich auf, daß das ein Getto ist und die zusammengepferchten Menschen dahinter Juden sein müssen."[55] Schnell gehen die jungen Frauen zum Schneider. Er erzählt ihnen, dass er auch Jude sei. Das Ghetto darf er nur tagsüber zum Arbeiten verlassen.[56]

Die deutsche Besatzungspolitik zielt auf möglichst rasche „Kolonisierung" der annektierten Teile Polens ab. Bis Ende 1939 werden etwa 90000 Juden und Polen aus den annektierten Gebieten in das Generalgouvernement vertrieben, in den nächsten vier Jahren weitere 900000. An ihrer Stelle und für die bald systematisch ermordeten Juden werden unter Druck und Zwang insgesamt etwa 400000 „Reichsdeutsche" aus dem „Altreich" und 600000 „Volksdeutsche" aus ganz Osteuropa in den besetzten Teilen Polens angesiedelt. Die Ansiedlungsmaßnahmen werden an vielen Orten von Massenerschießungen begleitet.

Im „Arbeitserziehungslager Lager 615a Hohenbruch" im Großen Moosbruch im Kreis Labiau werden im August 1939 zunächst 200 bis 300 Deutsche, darunter auch Deutsche jüdischer Abstammung gefangen gehalten. Das Konzentrationslager liegt in einem Wald, 3 km vom Dorf entfernt. Nach dem Überfall auf Polen werden hier vor allem Mitglieder und Aktivisten des „Bundes der Polen in Deutschland", Vertreter der polnischen Intelligenz aus dem Ermland und aus Masuren, aus Danzig, Warschau und Kujawien inhaftiert. Viele der Inhaftierten sind Lehrer, Priester, Zollinspektoren sowie Studenten der Königsberger Universität. Jüdische Häftlinge werden in Hohenbruch besonders diskriminierend gequält. Die polnischen Häftlinge setzt die Lagerleitung vorwiegend bei der Moorentwässerung ein. Bis zum Jahr 1944 steigt die Zahl der Gefangenen auf 3000. Später gehören zu den hier Inhaftierten neben Juden aus verschiedenen Ländern Russen, Litauer, Tschechen und andere. In Hohenbruch werden viele Häftlinge erschossen, so auch am 24. Februar 1940 der Herausgeber und Redakteur der Allensteiner Zeitung (Gazeta Olsztyńska), Seweryn Pieniężny. In der Frage, wann das Lager Hohenbruch aufgelöst wird, widersprechen sich die Quellen.[57] Einige geben an, das Lager sei 1944, bei Annäherung der Roten Armee, aufgelöst worden. Andere berichten, die Gefangenen seien Ende Januar 1945 in Richtung Königsberg getrieben und Kranke und Schwache wären auf Anweisung des Kommandanten an Ort an Ort und Stelle erschossen worden.

Nachdem Reinhard Heydrich, Leiter des Reichssicherheitshauptamtes, entschieden hat, in Hohenbruch inhaftierte Polen als Vergeltung für den „Bromberger Blutsonntag" zu liquidieren, befiehlt er im Januar 1940 dem Chef des SD und der Sicherheitspolizei in Königsberg, SS-Brigadeführer Otto Rasch, 170 Polen in den Regierungsbezirk Zichenau zu bringen. Sie sollen dort von einem SS-Kommando exekutiert werden. In Zichenau gibt es in der Zwischenzeit aber schon eine deutsche Zivilverwaltung, und damit scheint Rasch die Geheimhaltung der Mordaktionen fraglich. Er verlegt die Gefangenen nach Soldau, um sie dort zu ermorden.

Otto Rasch hat im Januar/Februar 1940 im Einvernehmen mit Heydrich in einer ehemaligen polnischen Militärkaserne das „Durchgangslager" Soldau geschaffen. Dieses „Durchgangslager" wird zu einem Haft- und Vernichtungslager für in „Schutzhaft“ genommene Polen. Nach einer späteren Aussage Raschs entsteht es „eigens zu dem Zweck, die notwendig werdenden Liquidationen unauffällig zu bewirken“[58]. In Soldau stellen Reservisten der Schutzpolizei das Wachpersonal, die auf Befehl des Höheren SS- und Polizeiführers Nordost vom Kommando der Ordnungspolizei in Königsberg abgeordnet werden.[59] Lagerkommandant von Soldau ist der SS-Hauptsturmführer Hans Krause. In Soldau werden in den nächsten Monaten des Jahres 1940 Angehörige der polnischen Intelligenz, Juden, pro-polnische Masuren sowie geistig Behinderte interniert und größtenteils ermordet. Ab Februar 1940 überweisen die Gestapo-Stellen Zichenau und Allenstein weitere Polen in das Lager. Auf Grundlage von Polizeistandgerichtsurteilen werden sie hier auf Befehl Krauses erschossen. Auch nach der vorübergehenden Einstellung der Standgerichtsbarkeit geht die Einlieferung von polnischen „Staatsfeinden, Verbrechern und Asozialen“ weiter. Über deren Erschießung entscheidet Otto Rasch nach Vortrag des Lagerleiters Hans Krause.[60] Auf Befehl des Höheren SS- und Polizeiführers in Ostpreußen Wilhelm Redieß tötet das „Sonderkommando Lange“ unter Leitung des Kriminalkommissars Herbert Lange in der Zeit vom 21. Mai bis zum 8. Juni 1940 in Soldau 1 558 behinderte Deutsche aus den ostpreußischen Provinzialanstalten und mindestens 250 behinderte Polen aus dem angegliederten Gebiet Zichenau.

Das Lager Soldau, das zeitweise auch als Durchgangslager für die in Zichenau und Sudauen betriebene Umsiedlung der polnischen Bevölkerung dient, wird vermutlich von allen ostpreußischen Gestapostellen bis 1944 als sogenanntes Arbeitserziehungslager genutzt. Die Staatspolizei Zichenau liefert polnische Häftlinge ein, die zum Weitertransport in Konzentrationslager oder zur Exekution im KZ Stutthof bestimmt sind.[61] Insgesamt durchlaufen etwa 200 000 Menschen das Lager, von denen mindestens 10 000 hier ermordet werden. Die Getöteten werden in Massengräbern in der Umgebung von Soldau verscharrt; so etwa 300 in drei dicht zusammenliegenden Massengräbern in einem etwa 200 ha großen Waldgebiet des etwa 17 km östlich von Soldau gelegenen Dorfes Bialutten (Biatuty).[62] Im Februar, März und April 1944 werden diese Toten zur Vertuschung der deutschen Mordtaten in der „Aktion 1 005“ exhumiert und anschließend zur Beseitigung der Spuren verbrannt.

Im Soldauer Ländchen, im neuen „Südostpreußen“, in Westpreußen-Danzig, aber auch im jetzt „Wartheland“ genannten Gebiet der bis 1919 preußischen Provinz Posen sowie in Oberschlesien wird nicht nur kolonisiert, es wird auch „germanisiert“. Dies geschieht durch Eintragung in eine „Deutsche Volksliste“. Sie wird am 28. Oktober 1939 zunächst im „Wartheland“ eingerichtet, um „Deutsche“ und „Polen“ zu unterscheiden. Am 4. März 1941 wird die „Deutsche Volksliste“ auf alle annektierten westpolnischen Gebiete ausgeweitet. Dabei katalogisiert man die Bevölkerung in vier Gruppen mit unterschiedlichen Rechten. In einem entwürdigenden Verfahren werden vor allem das politische Verhalten vor dem deutschen Angriff und die Abstammung überprüft. In die „Volksliste 1“ werden die sogenannten „Bekenntnisdeutschen“ aufgenommen, die sich vor dem Krieg für das „deutsche Volkstum“ eingesetzt haben, unabhängig davon, ob sie eine „deutsche Abstammung“ nachweisen konnten. Angehörige dieser Gruppe dürfen beispielsweise der NSDAP beitreten. Der „Volksliste 2“ gehören Menschen an, die zwar nicht Mitglieder in den Organisationen der deutschen Minderheiten gewesen sind, aber an deutscher Sprache und Kultur festgehalten haben. In die „Volksliste 3“ werden entweder sogenannte „Stammesdeutsche“ oder Mitglieder einer „nationalen Zwischenschicht“, also Kaschuben oder die in Oberschlesien lebenden Schlonsaken, eingereiht. Viele der so klassifizierten „Stammesdeutschen“ sprechen kein Deutsch mehr. In die Volksliste 4 geraten die sogenannten Renegaten, Menschen, die nach Auffassung der deutschen Zivilverwaltung zwar „deutscher Abstammung“ sind, sich aber zum Polentum bekannt haben. Sie erhalten die „Anwartschaft auf die deutsche Staatsangehörigkeit auf Widerruf“ und sind zunächst von der Wehrpflicht ausgenommen. Für alle Angehörigen der Volkslisten gilt deutsches Recht.

In Danzig-Westpreußen und Oberschlesien verfahren die Gauleiter großzügig mit der Eindeutschung: Jeweils rund 60 % der einheimischen Bevölkerung werden eingetragen, die überwiegende Mehrheit in die Abteilung 3. Im Wartheland sind es nur 10 %, im Regierungsbezirk Zichenau und im Kreis Sudauen werden nur etwa 46 500 Personen germanisiert. 92 000 Bewohner werden zu rechtlosen „polnischen Schutzangehörigen“ des deutschen Reichs. In Klein Tauersee hat sich ein Großteil der Landarbeiter bis 1939 als Polen gefühlt. „Wer nur irgend wollte von den Landarbeitern in unserem Dorf, konnte Volksdeutscher werden, und viele verstanden sich dazu. Der Gutsherr riet zu, man überschaute die Lage ja noch nicht völlig, und er befürchtete Nachteile für alle übrigen“[63], erinnert sich die Tochter des Gutsbesitzers Herbert Oehlrich. Die meisten in Tauersee geraten in die Volkslisten 2 und 3.[64]

Der Ort Stutthof liegt etwa 35 km östlich von Danzig in der Marschlandschaft des Danziger Werders. Hier geht das Schwemmlandgebiet in die bewaldete, sandige Frische Nehrung über. Im Norden liegt die Ostsee, im Süden das Frische Haff. Stutthof gehört bis zum 1. September 1939 noch zum Freistaat Danzig. Nur 2 km entfernt beginnt die Provinz Ostpreußen. Am 3. Juni 1939 wird in Danzig aus Angehörigen der Danziger SS-Standarte 36 der SS-Wachsturmbann „E“ aufgestellt. Kommandant dieser SS-Einheit ist der SS-Sturmbannführer Kurt Eimann, der auch die Danziger SS-Standarte leitet. Faktisch ist der Wachsturmbann „E“ („E“ für Eimann) eine Einheit des SS-Sicherheitsdienstes; sie ist dem Danziger Polizeipräsidenten unterstellt. Stabsführer ist Max Pauly. Noch im Juni 1939, Danzig ist noch Freie Stadt und untersteht der Aufsicht des Völkerbundes, beginnen Bautrupps der Danziger SS und des Wachsturmbanns in den ländlichen Gebieten der Freien Stadt Danzig verschiedene „provisorische Internierungslager“ zu errichten, darunter auch Stutthof. Die vom Wasser umschlossene Lage des Ortes soll Fluchtversuche aussichtslos machen. Mitte August 1939 beginnt eine Gruppe von etwa 500 Danziger Gefängnisinsassen

Die Bewohner des Kreisaltersheims Stutthof im Jahr 1938. Im August 1939 richten die Danziger Nationalsozialisten in diesem Altenheim ein zunächst provisorisches Konzentrationslager ein. Bis zum 9. Mai 1945 werden hier über 110 000 Häftlinge inhaftiert.

unter dem Kommando des SS-Obersturmführers Erich Gunst, in den Anlagen eines geräumten Altenheims bei Stutthof ein „SS-Sonderlager" anzulegen. Sie stellen Baracken auf und zäunen das Gelände ein.[65]

Schon 1936 haben die Nationalsozialisten in der Freien Stadt Danzig mit der Erstellung von Listen mit „unerwünschten polnischen Elementen" begonnen, die im Konfliktfall interniert werden sollen. So vorbereitet, verhaften Kommandos sofort am 1. September 1939 1 500 Danziger, in der Mehrzahl Polen. Schon am 2. September werden 150 Danziger Juden nach Stutthof gebracht. In den nächsten Wochen wird Stutthof ein Lager für Polen aus dem ganzen Ostseeraum und aus Warschau. Bis zum November 1941 gilt Stutthof als Zivilgefangenenlager, dann wird es ein SS-Sonderlager. Nach einem Besuch Heinrich Himmlers im Januar 1942 wird es offiziell zum staatlichen KZ erklärt. Die Polen-Expertin Brigitte Jäger-Dabek stellt fest: Der „Status des Lagers war für den Häftling dabei vollkommen egal, in Stutthof wurde zu allen Zeiten gestorben, vom ersten bis zum letzten Tag."[66] Ab 1942 werden nach Stutthof vor allem Bürger der Sowjetunion, Norweger, Franzosen, Holländer, Belgier, Tschechen, Litauer, Letten, Dänen sowie Sinti und Roma deportiert.

Zu Stutthof gehört eine Reihe von Satellitenlagern, die über ganz Ost- und Westpreußen verteilt sind. Die größten Außenlager befinden sich in Thorn und Elbing (bei der Schichau-Werft) mit am Ende je etwa 5 000 jüdischen Frauen. Sechs der etwa

30 Außenstellen von Stutthof liegen in der Provinz Ostpreußen, viele Außenlager in Verbindung mit Industriebetrieben wie der Waggonfabrik Steinfurt in Königsberg oder bei Betrieben der Luftfahrtindustrie in Nachbarschaft zu Militärflughäfen.[67] In Stutthof selbst sind Anfang 1942 durchschnittlich etwa 3 000 Häftlinge, zu Beginn des Jahres 1944 schon 8 000 und Ende 1944 über 20 000 Häftlinge interniert. Zusammen mit den über 100 Außenkommandos beläuft sich die Häftlingszahl damals auf über 52 000, darunter mehr als 33 000 Frauen. Stutthof ist in erster Linie Arbeitslager. Die meisten Häftlinge arbeiteten in Nachbarschaft des Lagers als Zwangsarbeiter in SS- Betrieben und in der Landwirtschaft.

Die hohe Sterblichkeit in Stutthof ist nicht das Resultat organisierter Vernichtung, sie ist das Ergebnis der hygienischen Zustände, der katastrophalen Unterbringung und der völlig unzureichenden Ernährung. Immer wieder brechen Epidemien aus. Juden dürfen nicht behandelt werden. Kranke und völlig entkräftete Insassen werden im Krankenrevier mit Gift- oder Benzinspritzen getötet. Erschießungen, auch mit einer eigens entwickelten Genickschussanlage, und die täglichen Misshandlungen tragen zum großen Sterben bei. Im Frühjahr 1944 wird in Stutthof eine Gaskammer gebaut. Sie ist allerdings so klein, dass immer wieder Häftlinge auch in besonders abgedichteten Eisenbahnwaggons der ins Lager führenden Kleinbahn vergast werden. Etwa 110 000 bis 120 000 Häftlinge durchlaufen das Lager bis zum 9. Mai 1945. Von ihnen sterben mindestens 65 000, vielleicht sogar 80 000.[68]

Esther Gräfin von Schwerin, die Ehefrau des Besitzers des großen Besitzes von Wildenhoff im Kreis Preußisch Eylau, sagt deutlich: „Jeder, der den Hitlerstaat nicht bekämpft hat, hat ihm eigentlich gedient." Sie selbst habe gesehen, wie angesehene jüdische Bürger von der Stadtverwaltung in Königsberg gezwungen worden seien, Schnee zu schippen – „rasch ging man vorbei – und ich wußte seit 1943, daß durch Staßfurt Autobusse mit verhangenen Fenstern fuhren und die Menschen sich zuraunten: ‚Das sind Irre, die werden fortgeschafft, wer weiß, wohin!' Ich habe gehört, wie die im Morgengrauen aus Königsberg ausziehenden Truppen Lieder sangen mit dem Refrain: ‚Die Juden schickt ins Meer, die Wogen schlagen zu, die Welt hat Ruh.' – Da schauerte uns in unserem gemütlichen Stadtquartier. Aber dabei blieb es."[69]

Der Feldzug im Osten

Hauptquartiere im Wald

Den Osten und Süden des Kreises Rastenburg bedecken große Forste, ein Teil davon ist im Besitz der Stadt Rastenburg. Das etwa 250 ha große Gebiet heißt „Görlitz", ein Mischwald aus Laubbäumen und Nadelgehölz. Beim Bau der Bahn nach Angerburg und der Kleinbahn nach Sensburg entstehen im Stadtwald Görlitz und in Bürgersdorf Haltestellen, im Jahr 1911 lässt die Stadt Rastenburg in der Görlitz ein Kurhaus errichten, das als Ausflugslokal nicht nur im Sommer beliebt ist. Hier finden auf den umgebenden Wiesen Vereinsfeiern, Theateraufführungen, Schlittenfahrten und Schulfeste statt. Im Zweiten Weltkrieg wird die Görlitz Schauplatz der Weltgeschichte.[70]

Nach Beendigung des Feldzuges in Frankreich im August 1940 erhält Dodo Freiherr von und zu Knyphausen, ehemaliger Landrat des Kreises Rastenburg, Besuch auf seinem östlich der Kreisstadt gelegenen kleinen Gut Görlitz. Sein Besucher ist Regierungsbaurat. Er kündigt dem Gutsherrn an, seine Behörde brauche für militärische Zwecke einen Großteil des Stadtforstes und auch vom Gut Görlitz müsse man einen kleinen Teil in Anspruch nehmen. „Über Zweck und Art der Anlage dürfe er keine Auskunft geben, das Gelände sei jedoch vom Reichsminister Todt persönlich vom Flugzeuge aus ausgesucht, der Ausbau der Anlage solle sofort in Angriff genommen und möglichst noch im Herbst, spätestens im Frühjahr 1941 fertig werden." [71] Bald darauf wird in der Stadt Rastenburg unter dem Decknamen „Chemische Werke Askania" ein großes Betriebsbüro eingerichtet. Dem Freiherrn bleibt keine Wahl. Er muss verkaufen.

Im Herbst 1940 erscheint ein Kommando der Organisation Todt in der Görlitz. Angeblich legt es am Bahnhof Görlitz, etwa 8 km östlich von Rastenburg, eine Munitionsfabrik an, die Chemischen Werke Askania. Die eingleisige Bahnstrecke Rastenburg–Angerburg wird sofort für den zivilen Verkehr gesperrt. Die Organisation Todt errichtet Baracken und gut getarnte Bunker, betoniert das Straßennetz und erstellt die Gebäude und Anlagen des Flugplatzes Wilhelmsdorf.[72] In der Görlitz entsteht ein Komplex mit schließlich fast 80 Bunkern, Gebäuden und Baracken, hervorragend gegen Luftaufklärung getarnt. Das Areal ist durch einen breiten Sperrgürtel vor unerwünschten Besuchern geschützt. In aller Heimlichkeit ist im Stadtwald von Rastenburg ein „Führerhauptquartier" für den geplanten Russlandfeldzug entstanden. Der bei den Rastenburgern bis dahin so beliebte Stadtwald mit seinem Kurhaus wird zum Sperrgebiet und ist nur noch mit Sondergenehmigung betretbar.

Am 24. Juni 1941 bezieht Hitler das neue Hauptquartier in Ostpreußen. Im eigentlichen „Führerhauptquartier Wolfsschanze" sind er und sein unmittelbares Gefolge sowie das Oberkommando der Wehrmacht mit dem Wehrmachtführungsstab untergebracht. Reichsleiter Martin Bormann als Leiter der Parteikanzlei, Dr. Otto Dietrich als Reichspressechef, Rüstungsminister Albert Speer sowie eine Vielzahl von Verbindungsstellen zu den Wehrmachtsteilen und den Ministerien kommen direkt in der Wolfsschanze unter.[73] Das Oberkommando des Heeres befindet sich seit dem 23. Juni 1941 nur 18 km nordöstlich vom neuen Führerhauptquartier, an der Landstraße Angerburg–Rosengarten im Mauerwald am Westufer des Mauersees. Im „Feldlager Mauerwald" sind, verteilt auf die drei Lager „Fritz", „Quellen" und „Anna", bald 1 500 Angehörige des Heeres in etwa 120 Baracken und Luftschutzbauten tätig.

In der rund um die Uhr streng gesicherten Anlage setzen sie Hitlers Weisungen für die Kriegsführung in Befehle an die Truppe um.[74]

Wäre es zum erhofften Blitzsieg über die Sowjetunion gekommen, wäre die Wolfsschanze nur eines der wechselnden Hauptquartiere Hitlers nahe der diversen Fronten des Zweiten Weltkriegs gewesen. Angesichts des Verlaufs des Krieges wird sie bis zum November 1944 zum Mittelpunkt der deutschen Staats- und Wehrmachtsführung. Da neben der militärischen Führung bald auch die wichtigsten Regierungs- und Verwaltungsgeschäfte und auch Staatsbesuche in der Wolfsschanze abgewickelt werden, siedeln sich alle wichtigen Entscheidungsträger des Nationalsozialismus in seiner Nähe und somit in Ostpreußen an. In den nächsten dreieinhalb Kriegsjahren wird sich Hitler überwiegend in der Görlitz aufhalten.

Der Reichsführer SS Heinrich Himmler hat seine Residenz im spätklassizistischen Gutshaus von Gansenstein im Kreis Angerburg. Sein Stab ist in der „Feldkommandostelle Hegewald“ stationiert, einem Waldstück bei Possessern/Großgarten an der Straße von Lötzen nach Angerburg. Für die Unterbringung seiner Mitarbeiter wird das ehemalige Erholungsheim Hegewald mit angeschlossener Jugendherberge requiriert.[75] Für Heinrich Lammers, den Chef der Reichskanzlei, ist ebenfalls im Wald bei Possessern/Großgarten nördlich des Dobensees ein Quartier errichtet worden. Hier steht auch sein Sonderzug, geschützt durch ein weitläufiges Sicherheitssystem. Neben der Schutzpolizei sind auch Einheiten der Waffen-SS und Flak in oder um Großgarten untergebracht. Noch bevor im September 1944 die ersten Evakuierungsmaßnahmen in Großgarten getroffen werden, hat der Sonderzug von Lammers den Ort bereits verlassen.[76] Reichsaußenminister Joachim von Ribbentrop zieht in das Schloss Steinort des Grafen Heinrich von Lehndorff.[77] Eine Abteilung des Auswärtigen Amtes hat sich auf dem Gut Numeiten von Paula Hagen bei Angerburg einquartiert. Alle Söhne der Witwe sind zu dieser Zeit bereits eingezogen. Zwei der vier Söhne der Gutsbesitzerin werden an der Ostfront fallen.[78] Zwei Abwehrdienststellen von Admiral Wilhelm Canaris' „Ausland/Abwehr“ und „Abteilung ‚Fremde Heere Ost'“ residieren in der Feste Boyen bei Lötzen, eine weitere Abteilung der Abwehr ist bis zum Herbst 1944 in Nikolaiken untergebracht.[79]

Hitler zeigt sich in den Jahren des Krieges der Bevölkerung Ostpreußens nie. Er verlässt die Wolfsschanze nur, um zu den immer seltener werdenden Frontbesuchen, zum Empfang von Staatsgästen, zum Aufenthalt nach Berchtesgarden und um mit Bahn und Flugzeug nach Berlin zu reisen. Der Tagesablauf in der Wolfsschanze folgt bald einem eingespielten Ritual. Gegen Mittag empfängt Hitler die Generäle Alfred Jodl und Wilhelm Keitel zu einer ersten Lagebesprechung. Nach dem Tee, gegen 18 Uhr, ist eine zweite Lagebesprechung angesetzt, nach Mitternacht gibt es eine weitere, knapp halbstündige Besprechung. Um 14 Uhr wird das Mittagessen eingenommen, um 19.30 Uhr das Abendessen. Nach der nächtlichen Kurzbesprechung setzt sich Hitler noch einmal mit den Adjutanten und Sekretärinnen zusammen. Sein Leibwächter

Rochus Misch: „Er machte dann gewissermaßen Feierabend, und es war strengstens verpönt, irgendein politisches oder militärisches Thema anzusprechen. Wir Kameraden zogen uns deshalb häufig ins Kasino zurück, um uns über die neuesten Meldungen von der Front zu unterhalten."[80] An seinen militärischen Erfolgen lässt Hitler auch ausländische Verbündete teilhaben.[81] Es kommen unzählige Staatsgäste in das Hauptquartier. Hitler empfängt hier Botschafter, ausländische Heerführer, deutsche Feldmarschälle und Generale und dekoriert Ritterkreuzträger. So besuchen ihn in der Wolfsschanze unter anderem Benito Mussolini, der französische Premier Pierre Laval, König Boris III. von Bulgarien, der ungarische Reichsverweser Admiral Miklós Horthy, Rumäniens Diktator Ion Antonescu und weitere ausländische Staatsmänner. Sie werden zumeist in dem schön gelegenen Gästehaus in Jägerhöh am Mauersee, in Gut und Burg Partsch der Familie Schenk von Tautenberg oder in dem auf dem Bahnhof in Görlitz stationierten, getarnten und stets fahrbereiten Sonderzug untergebracht.[82] Die Einquartierungen der Spitzen des Reichs haben für die Bewohner der Kreise Rastenburg, Angerburg, Johannisburg und Goldap manche Unbequemlichkeiten zur Folge, so die Sperrung von Bahnlinien und Waldgebieten, führen aber in den nächsten drei Jahren zu einigen wirtschaftlichen Vorteilen. Im Kreis Angerburg asphaltiert die Heeresverwaltung z.B. einige Straßen.[83] In Rastenburg, Angerburg und ihrer näheren Umgebung beginnt ein reges gesellschaftliches Leben.

Besondere Hauptquartiere bestehen für Hermann Göring, seit Juli 1940 auch „Reichsmarschall". Während er sich in seinem Jagdhaus in Rominten aufhält, ist sein Stab beim Militärkomplex der Luftwaffe in Breitenheide im Kreis Johannisburg untergebracht. Das bevorzugte Verkehrsmittel des Reichsluftfahrtministers ist nicht das Flugzeug, sondern ein mit allem Komfort ausgerüsteter Sonderzug mit dem Decknamen „Asien". Ankunftsort und Abstellplatz in der Nähe von Rominten ist die kleine Bahnstation Schackumnien, etwa 10 km nördlich des Reichsjägerhofes an der Bahnstrecke, die um die Rominter Heide herumführt. Etwas abseits des Bahnhofes hat man entlang des Haltegleises eine lange Rampe gebaut, hier kann der Sonderzug an das Stromnetz und das Telefonnetz angeschlossen werden. Weilt Göring in der Rominter Heide, stehen sein Sonderzug und der stets vorausfahrende Vorzug – „Bombenräumer" genannt – ständig unter Dampf auf der Bahnstation. Während dieser Zeit ist die Bahnstrecke für den übrigen Zugverkehr gesperrt. Bewacht werden die Sonderzüge, in denen die Angehörigen des militärischen Stabes auf Reisen wohnen und arbeiten, von Soldaten der Wachkompanie.

Bahn und Post treffen aufwändige Maßnahmen, wenn die Züge von Hitler oder anderen Spitzen des Dritten Reiches nach Ostpreußen fahren. Zugfunk gibt es im Reichsgebiet nicht, deshalb halten die Regierungszüge an bestimmten Bahnhöfen, um mit ihren Zentralen Verbindung aufzunehmen. Ein solcher Haltebahnhof ist Allenstein. Vor Eintreffen eines Sonderzugs wird der Bahnhof von Militär- und Zivilpersonen geräumt und durch Sicherungsorgane abgeriegelt; bei Einfahrten des

Hitler-Zugs wird sogar Fliegeralarm gegeben. Ein Bautrupp der Post hat an bereits eingerichteten Kabelschächten die Leitungsanschlüsse vorzubereiten und einzumessen. Bei Einfahrt des Zuges werden unverzüglich die Verbindungen zum Vermittlungswagen des Zuges hergestellt und bis zu seiner Weiterfahrt aufrechterhalten.[84]

Dem Generalstab der Luftwaffe steht ein weiterer Sonderzug zur Verfügung, der den Decknamen „Robinson" trägt. Bei Anwesenheit Görings in Rominten ist er auf der Strecke Groß Trakischken (Hohenrode)–Goldap in einem kleinen Wäldchen unweit von Groß Kummetschen am Westufer des Goldaper Sees abgestellt. Entlang des Haltegleises ist eine Holzrampe errichtet worden; auch sie enthält technische Vorrichtungen, mit denen der Zug an das Stromnetz und die nötigen Fernmeldeverbindungen angeschlossen werden kann. Mit Beginn des Russlandfeldzuges wird der kleine Haltepunkt zum festen Standort der mobilen Befehlszentrale der Luftwaffenführung.[85] Der Bahnverkehr auf der Strecke wird durch Omnibusse ersetzt.

Hermann Göring, den zweitmächtigsten Mann im Dritten Reich, zieht es auch während des Russlandfeldzuges immer wieder zur Jagdsaison in seinen Reichsjägerhof. Dort frönt er seiner Jagdleidenschaft und feiert „imposante Feste". Die verschiedenen Abteilungen seines persönlichen Stabes haben im Forstmeisterhaus beim Jägerhof und im Rominter Gasthaus „Zum Hirschen" Quartier bezogen, ab 1944 nutzt Görings Umgebung auch das dortige Kaiserliche Jagdschloss. Der Reichsmarschall hat es im Herbst 1942 nach langwierigen Verhandlungen vom „Hause Hohenzollern" erworben.[86]

Joachim Reisch und seine Frau Sigrid Reisch von Wagner, denen das nicht weit entfernt liegende Gut Perkallen gehört, sind hin und wieder im ehemaligen kaiserlichen Jagdschloss zu Gast. Eines Abends während der Hirschbrunft im Oktober 1941 erleben sie Göring mit großem Gefolge auf seinem Reichsjägerhof. „Riesige Fackeln ringsum, in der Mitte die Strecke: acht bis zehn Geweihe, davor Göring, sein Gesicht auf den Jagdstuhl gestützt, glotzt mit stieren Augen auf seine Trophäen – ein grausiger Anblick. Lautes Verblasen der Jäger: ‚Hirsch tot'. Der stille, schöne Wald hallt wider – leise schleichen wir von dannen."[87]

Der Krieg gegen die Sowjetunion

Der Musik-, Literatur- und Theaterkritiker Joachim Kaiser, Jahrgang 1928, lebt 1941 mit seiner Familie in Tilsit. „Den Pakt von Hitler und Stalin begriff 1939 in Tilsit kein Mensch"[88], stellt er noch 65 Jahre später fest. „Im Osten gab es seit jeher eine tiefe Urangst vor dem ‚Bolschewisten'. Tilsit lag nur dreißig Kilometer von der russischen Grenze entfernt, und Grenzvölker reagieren einerseits patriotischer, verkehren in Friedenszeiten mit den Nachbarn an der Grenze umgänglich, haben andererseits aber auch mehr Angst vor gewalttätigen Übergriffen als Provinzen in der sicheren

Deutsche Umsiedler aus Litauen im März 1941 auf dem Grenzbahnhof von Eydtkuhnen (Eydtkau). Litauen wurde im Juni 1940 unter Zwang als Sowjetrepublik Teil der Sowjetunion. Nach dem deutschen Überfall am 22. Juni 1941 wird ein Teil der Deutschen wieder zurückkehren.

Mitte. Das war in Elsass-Lothringen und im Saarland ebenso. Wir fürchteten damals die ‚Russen'."[89]

Am 15. Juni 1940 marschiert die Rote Armee in Litauen ein. Die litauische Regierung wird durch moskautreue Politiker ersetzt, die Litauen zur Sozialistischen Republik ausrufen und um Aufnahme der Republik in die Sowjetunion „bitten". Am 3. August 1940 wird das Land als „Litauische Sozialistische Sowjetrepublik" der Union der Sowjetstaaten angeschlossen. Während der kommenden zwölf Monate bis zum Angriff Deutschlands auf die Sowjetunion wird Litauen mit den gleichen Maßnahmen überzogen wie die übrigen sowjetisch besetzten Gebiete. Die Mitglieder der militärischen, politischen und kulturellen Elite werden inhaftiert, in die sowjetischen Arbeitslager deportiert und in vielen Fällen ermordet.

Am 4. September 1940 stehen sowjetische Truppen an der Grenze bei Eydtkuhnen. In den Abendstunden der nächsten Tage singt hinter dem heruntergelassenen Schlagbaum des Landstraßenübergangs, in Sicht- und Hörweite zum nahen Marktplatz, ein Soldatenchor der Roten Armee. Den Einwohnern Eydtkuhnens wird klar, dass an ihrem Flüsschen Lepone über Nacht ein eiserner Vorhang niedergegangen ist.[90]

Ernst-August Brenneisen aus dem Grenzdorf Wabbeln im Kreis Stallupönen südlich von Eydtkuhnen ist seit der Rückkehr aus Polen Hilfsangestellter des Zolls. Aus seiner Grenzschutzkompanie ist er an die Zollverwaltung abgegeben worden und versieht jetzt wie viele Grenzbauern in für eingezogene jüngere Beamte und Reserveoffiziere der Finanzverwaltung in der Nähe zu seinem Hof Dienst im Grenzschutz.[91] Mit der Besetzung Litauens durch die Sowjetunion beobachten die Zöllner an der Grenze eine bemerkenswerte Veränderung. „Wir sahen nämlich auf der anderen Seite des Grenzflusses nach Litauen hin uniformierte Posten patrouillieren. Die Litauer hatten das bisher noch nicht getan. Als wir an einer Stelle bis auf 50 m herankamen, erkannten wir, daß es Russen waren. Wir grüßten militärisch, aber die Russen reagierten nicht. (...) Nun hatten wir die Russen direkt vor der Tür."[92]

Da Hitler-Deutschland und die Sowjetunion offiziell verbündet sind, ist der Grenzdienst beschaulich. Wenn im Herbst 1940 die Tage sonnig sind, kommen Ernst-August Brenneisens Frau Charlotte und die kleine Tochter während seines Dienstes zu einer Bank, die etwa 50 m von ihrem Hof steht. „Hier hatten sich die Zöllner schon vor meiner Zeit eine Bank im Gebüsch gebaut. Hier saßen wir drei oft und genossen die Herbstsonne. Von dieser Bank aus konnte man mit dem Fernglas die Grenze 500 m weit beobachten."[93] Brenneisen kann neben der Tätigkeit im Grenzschutz noch die Ernte einbringen und sich um die Herbstbestellung kümmern.

Im Januar 1941 beginnt nach der Vereinbarung des Deutschen Reichs und der Sowjetunion im Hitler-Stalin-Pakt die Umsiedlung von etwa 52000 Litauendeutschen. Im Gegenzug werden Litauer, Russen und Weißrussen aus dem Memel- und dem Suwalki-Gebiet, dass jetzt als Teil des Regierungsbezirks Gumbinnen zur Provinz Ostpreußen gehört, in die Sowjetunion zwangsumgesiedelt. Die Umsiedler kommen mit Zügen über die Grenzstationen Bajohren–Kretinga, Laugszargen–Tauroggen und Eydtkuhnen–Wirballen zur ostpreußischen Grenze. Ein großer Teil der Litauendeutschen treckt aus der Heimat nach Ostpreußen. Ihre Fuhrwerke passieren nach tagelanger Fahrt in dem sehr kalten, schneereichen Winter bei Memel–Polanga (Polangen), Bajohren–Kretinga (Kretingen), Heydekrug–Naumiestis (Neustadt), Laugszargen–Tauragė (Tauroggen), Schmalleningken–Jurbarkas (Georgenburg), Schillehnen–Burgaiciai, Eydtkuhnen (Eydtkau)–Wirballen, Kallweitschen (Kornberg)–Wysztyten und Schirwindt–Naumiestis (Neustadt) die Grenze zu Ostpreußen. Nicht selten nehmen einige Kilometer vor der deutschen Grenze die sie begleitenden russischen Einheiten den Aussiedlern die Pferdegespanne weg. Einige Trecks der Litauendeutschen wählen die der Provinz 1939 zugeschlagenen neuen Territorien von Sudauen (Suwalki) und Zichenau (Ciechanów) als Anmarschweg. Hier werden viele von ihnen auf Höfen angesiedelt, von denen die polnischen Besitzer zuvor vertrieben wurden.

Zu Beginn des Jahres 1941 tauchen in der Provinz Gerüchte von einem bald beginnenden Krieg gegen die Sowjetunion auf. Der Kantor von Tharau, Paul Boldt, mag daran wie andere Bewohner seines Dorfes zunächst nicht glauben: „Wir Tharauer hielten die Möglichkeit eines solchen ungeheuerlichen Unternehmens für gänzlich ausgeschlossen und hielten die umfangreichen Vorbereitungen nur für Vorsichtsmaßregeln gegen einen etwaigen russischen Überfall. Als sich aber immer mehr Angriffsdivisionen in Ostpreußen versammelten und auch unser Dorf sich mit Truppen füllte, mußte man doch allmählich stutzig werden. Überzeugte Nazis versicherten, die Eroberung der Ukraine würde nur ein paar Wochen in Anspruch nehmen, worauf der russische Koloß zusammenkrachen würde. Irgendein Risiko bestände für uns nicht."[94]

Die konkreten Planungen für den Überfall auf die Sowjetunion datieren vom Dezember 1940; Hitler verwendet die Tarnbezeichnung für den Angriffskrieg, den „Fall Barbarossa" (später „Unternehmen Barbarossa"), erstmals am 18. Dezember 1940. An diesem Tag erteilt er als „Führer und Oberster Befehlshaber der Wehrmacht" durch den Wehrmachtführungsstab im Oberkommando der Wehrmacht (OKW) den Oberkommandos der Luftwaffe, des Heeres und der Marine in der „Weisung Nr. 21" den Auftrag, einen Angriffskrieg gegen die Sowjetunion vorzubereiten. Ende März 1941 eröffnet Hitler den Oberbefehlshabern, dass die Kommissare der Roten Armee im bevorstehenden Feldzug nicht als Soldaten anzusehen und zu liquidieren seien.

Der Deutsch-Sowjetische Krieg wird vom Deutschen Reich am 22. Juni 1941 unter dem Vorwand eines Präventivschlages gegen die bis dahin verbündete Sowjetunion begonnen. Gemäß dem deutschen Aufmarschplan überschreiten 3 000 000 deutsche Soldaten und 600 000 Soldaten aus Finnland und Rumänien die Demarkationslinie zur UdSSR. Ihnen schließen sich bald auch Soldaten der Slowakei, aus Italien und Ungarn an. Der Aufmarschraum erstreckt sich hinter einer etwa 1 600 km breiten Ausgangsfront des deutschen Heeres und seiner Verbündeten. Mit Finnland und Rumänien besteht kein formelles Militärbündnis, sie gelten als „natürliche Verbündete". Beide Länder werden vorweg über den Angriffstermin informiert und treffen ihre eigenen Aufmarschvorbereitungen.

Die aufmarschierenden Truppen gliedern sich in drei Heeresgruppen: Die Heeresgruppe Süd unter Generalfeldmarschall Gerd von Rundstedt, die Heeresgruppe Mitte unter Generalfeldmarschall Fedor von Bock und die Heeresgruppe Nord unter Wilhelm Ritter von Leeb.

Die Heeresgruppe Nord besteht aus der 16. und der 18. Armee und der „Panzergruppe 4", die unter dem Befehl des Generalobersten Erich Hoepner steht. Die 16. Armee wird von Generaloberst Ernst Busch befehligt, die 18. Armee von Generaloberst Georg von Küchler. Zur 18. Armee gehören die Truppen des I. Armee-Korps, unter anderem die 1. Infanteriedivision, die 11. Infanteriedivision und die 21. Infanteriedivision mit ihren Friedensstandorten in Ostpreußen, das XXVI. Armee-Korps mit der Insterburger 61. Infanteriedivision und der Allensteiner 217. Infanteriedivision sowie die in Pommern kasernierte 32. Infanteriedivision. Der Einsatz der Insterburger 1. Kavalleriedivision erfolgt vom besetzen Polen aus bei der Heeresgruppe Mitte. Die 291. Infanteriedivision, im ostpreußischen Wehrkreis 1 als Division der sogenannten „achten Welle" im Februar 1940 auf dem masurischen Truppenübungsplatz Arys aufgestellt, untersteht der 18. Armee direkt.

Überall in den Dörfern und Städten der Provinz gehen mit Beginn des Frühjahrs 1941 Truppen in Privatquartiere. Bald nach Ostern wird in Bischofstein im Kreis Rößel ein Divisionsstab einquartiert, angeblich zur Erholung von der Front im Westen kommt eine Kompanie dieser Infanteriedivision in das Dorf Plausen. Die Soldaten werden in den Familien freundlich aufgenommen. Die Truppenkonzentration erregt hier keine Besorgnis, sondern weckt Illusionen: „Überall herrscht auf einmal Zuversicht, weil es so viele Soldaten gibt, die nicht an der Front eingesetzt werden mussten."[95] Ernst-August Brenneisen dagegen berichtet, dass im April und Mai 1941 jeder in seiner Umgebung wusste, dass es einen Ostfeldzug geben würde, nur Zeit und Stunde seien unbekannt gewesen. Bei Wabbeln hat sich nach seiner Erinnerung die Wehrmacht um den 10. Juni fast bis zur Grenze vorgeschoben. An der Straße von Bilderweitschen nach Eydtkuhnen errichten Pioniere eine 3 bis 4 m hohe Blende, die an den Alleebäumen befestigt wird. So können die Militärwagen bis an die Grenze gelangen, ohne in der flachen Landschaft von den sowjetischen Soldaten auf Beobachtungstürmen gesehen zu werden. Die Wagen bringen Munition und Verpflegung an die Grenze.

Das Oberkommando des Heeres hat für den Angriffsbereich der Heeresgruppe Nord aufgrund des Feindbildes und der weitgehend bekannten Befestigungs- und Geländeverhältnisse eine Überlegenheit über den Gegner errechnet. Den aus Ostpreußen angreifenden Truppen gegenüber würden 29 Schützendivisionen, vier Kavalleriedivisionen, vier Panzerdivisionen und sieben Panzerbrigaden erkannt. Von ihnen würden 18 Schützendivisionen, eine Panzerdivision und vier Panzerbrigaden gegen die Heeresgruppe Nord kämpfen, der Rest gegen die Heeresgruppe Mitte. Man geht davon aus, dass die Bevölkerung in den Baltischen Ländern, die durch den deutschen Angriff von sowjetischer Herrschaft „befreit" werden soll, freundlich gesinnt sei. Nachrichten deuteten darauf hin, dass die Sowjets ihre starken Grenzverteidigungskräfte zurückgezogen hätten.[96]

Ostpreußen ist das Schicksalsland der in Niedersachsen und Westfalen in Garnison liegenden 58. Infanteriedivision – sie wird im April 1945 in der Provinz untergehen. Zwischen dem 24. und dem 26. April 1941 rollt die Division aus Belgien im Eisenbahntransport über Aachen–Duisburg–Münster–Hamburg–Lübeck–Neubrandenburg–Altdamm–Neu-Stettin–Dirschau in den Raum von Elbing. „Drei Tage hat die Fahrt gedauert, und es ist nun Mai geworden, doch zeigen Schnee und Kälte, daß wir uns wirklich in der ‚kalten Heimat' befinden"[97], heißt es in der Geschichte der Division. Ihre Regimenter und Abteilungen werden in Elbing, Stutthof und Umgebung untergebracht. Am 8. Juni treffen bei der 58. Infanteriedivision Befehle zum Abmarsch aus Westpreußen ein, am Abend des nächsten Tages beginnt sie einen Marsch durch Ostpreußen. Die Bewegungen erfolgen nur nachts. Zunächst geht es in Richtung Königsberg: „Bald sehen wir, daß die 58. Div(ision). nicht allein über die Straßen Ostpreußens zieht. Es liegt etwas Entscheidendes in der Luft."[98]

Am 15. Juni lagern Pioniere Holz für eine Brücke über den Grenzfluss Lepone in der Scheune von Ernst-August Brenneisen in Osznaggern ein. „Voller Spannung, Aufregung und großer Sorge warteten wir Grenzbewohner auf den Tag des Feldzugbeginns. Wir stellten uns die bange Frage, ob der Russe den Deutschen Litauen kampflos überlassen wird oder ob die Grenzdörfer beim Kampf zerstört werden würden.“[99]

Durch Bumbeln im Kreis Gumbinnen marschieren Mitte Juni 1941 fast ununterbrochen Einheiten der deutschen Armee auf der Chaussee in Richtung Pillkallen. Die Kolonnen der Marschierenden werden von motorisierten Verbänden mit Schützenpanzerwagen, Panzern, Lastkraftwagen und Krafträdern mit Beiwagen voller Soldaten überholt. Auch im Dorf Bumbeln sind Soldaten einquartiert. Sie stammen aus Bayern, dem Sudetenland, aus Hannover und Berlin, wie sich der Bauernjunge Alfred Schiedat erinnert. „Doch plötzlich hieß es auch für unsere Einquartierung Fertigmachen und Abmarsch.“ [100] Der Angriff steht unmittelbar bevor.

Wilhelm Matull verbringt im Juni 1941 seine Ferien bei einer Fischerfamilie in Groß Kuhren. Auch hier im Samland sind die Orte mit Soldaten überfüllt, die sich dort angeblich zur Sommerfrische aufhalten. „Am frühen Morgen des 21. Juni erwachte ich durch energisches Klopfen. Meine Mutter stand vor der Tür und sagte ganz aufgeregt: ‚Sie sind alle weg!' Gemeint waren die Soldaten, die nachts mit für uns unbekanntem Ziel fortgezogen waren.“[101]

Am Samstag, dem 21. Juni 1941, steigt um 8 Uhr morgens der Oberbefehlshaber der Heeresgruppe Nord, Wilhelm Ritter von Leeb, in Danzig in seinen Dienstwagen und fährt zum Dorf Waldfrieden im Amtsbezirk Buchhof im Kreis Insterburg. Hier im „Moorbad Waldfrieden“, 14 km nördlich der Kreisstadt, ist unter dem Decknamen „Walküre“ das Hauptquartier der Heeresgruppe Nord eingerichtet worden. Ritter von Steeb trifft dort, wie sein persönlicher Adjutant, Major Robert Freiherr von Grießenbeck im Tagebuch der Heeresgruppe vermerkt, um 11 Uhr ein, andere Quellen sprechen von 12 Uhr. [102] Für 11.05 Uhr hat das Kriegstagebuch der Heeresgruppe vermerkt, dass das Stichwort „Dortmund“ in „Walküre“ eingegangen ist. Die Vorbereitungen zum Angriff auf die Sowjetunion laufen damit an. Von Grießenbeck notiert weiter für diesen Tag: „Um 16.00 Uhr erfuhr ich, daß es morgen 3.05 Uhr ‚feierlich‘ wird. – Ab 20.00 Uhr kein Aufschub mehr möglich.“[103]

Im memelländischen Prökuls findet am 21. Juni in der protestantischen Kirche ein ergreifender Gottesdienst statt, wie es Gerhard Jankus in seiner Ortschronik überliefert: „Die Soldaten standen feldmarschmäßig eingekleidet und dicht gedrängt in der Kirche und hörten andächtig der Messe des Divisionspfarrers zu. Für viele von ihnen mag es die letzte gewesen sein.“[104]

Am späten Nachmittag des 21. Juni 1941 marschieren die Wehrmachtseinheiten in ihre Bereitstellungsgebiete in Wabbeln und dem benachbarten Osznaggern ein. Jeder Hof beherbergt eine Kompanie, auch der Hof der Brenneisens. Ernst-August Brenneisen hört, wie der Hauptmann bei der Befehlsausgabe erklärt, dass am nächsten

Tag um 3 Uhr der Russlandfeldzug beginnen würde. Im Grenzgebiet würden keine Kampfhandlungen stattfinden, da die Russen in Litauen keine Verteidigungslinie aufgebaut hätten. [105] Der Zolldienst von Ernst-August Brenneisen beginnt am Abend des 21. Juni um 21 Uhr. „Ich ging mit einem Kollegen unser Grenzgebiet ab. Alles war still. Als wir so in der Nähe des Beobachtungsturmes waren, schallte zu uns der Gesang der Russen herüber. Ob sie etwas zu feiern hatten, oder ob sie sich ihre Einsamkeit vertreiben wollten, konnten wir nicht feststellen." Um 2.30 Uhr trifft Brenneisen wieder in Osznaggern ein. Die deutschen Soldaten stehen schon in Bereitschaft. „Ihre Gesichter spiegelten ihre große Erregung. Sie redeten viel. Einige Stunden vorher hatten die Pioniere die Fußgängerbrücke über den Grenzfluß gebaut, so daß die Infanterie trockenen Fußes in Feindesland einmarschieren konnte. Die letzten Minuten wurden zur Ewigkeit. Dann kam der Befehl: Gewehr mit scharfer Munition laden und sichern. Dabei war ein Soldat so nervös, daß er den Finger am Abzug hielt, während er das Schloß zuklappte. Dabei löste sich ein Schuß, der in die Hauswand einschlug, zwei Meter neben einem Zimmerfenster, wo eine Angestellte wohnte." [106] Der Schütze wird nicht bestraft. Um 3 Uhr fliegt ein deutsches Flugzeug über die Grenze. „Damit hatte der Feldzug begonnen. In der Nähe des Beobachtungsturmes fielen ein paar Schüsse. Ein deutscher Soldat wurde getroffen und starb den Heldentod noch auf deutscher Seite."[107]

Während die Infanterie schon über den Fluss geht, bauen die Pioniere eine große Fahrzeugbrücke. „Sie nahmen unsere Wagen und Pferde und brachten das Holz, was ja schon in unserer Scheune lagerte, bis zum Fluß. Die Strecke war so etwa 300 m von unserem Hof entfernt. Innerhalb von drei Stunden gelang der Brückenbau. Sogar unsere Pferde brachten sie uns zurück, nur die Wagen mußten wir uns selbst suchen." Vier Stunden rollen Fahrzeugkolonnen über die Behelfsbrücke. In Wabbeln wird Artillerie mit großem Kaliber in Stellung gebracht. Als sie zwei Schuss abfeuert, fährt den Dörflern der Schreck in die Knie. „Unser Bürgermeister, der gleichzeitig auch Ortsgruppenleiter war, meinte, als die letzten Truppen den Grenzfluß überschritten hatten: ‚Nun ist für uns der Krieg zu Ende!'"[108] Der Ortsgruppenleiter wird später zur Wehrmacht eingezogen und fällt 1944 bei Warschau. Auch in Gründann in der Elchniederung brechen am 22. Juni die einquartierten Truppen nach Norden auf. „Formation hinter Formation marschierte gen Osten." Die Gründanner schmücken ‚ihre' Soldaten mit Blumen. „Der Abschied fiel schwer, Tränen flossen. Von der Grenze her hörte man das Dröhnen der Artillerie", erinnert sich Wilhelm Packschies im Heimatbuch des Kreises.[109]

Lena Grigoleit ist mit einem katholischen Litauer verheiratet, der bis 1939 beim litauischen Zoll gearbeitet hat. Sie lebt jetzt in Schmalleningken im äußersten Osten des Memellandes, wo sie einen kleinen Laden betreibt. „An Mittsommer 1941 kam der Krieg zu uns. Ich besinn mich noch genau, wie er ausbrach. Abends lagen vor dem Fenster die Soldaten, sprungbereit. Sie hatten Tarnkleider an und mahnten

Einquartierung auf dem Gut Augken, einige Kilometer westlich von Wehlau. In der ganzen Provinz, selbst noch im 250 km entfernten Oberland, sind die Wehrmachtseinheiten in Höfen und Gütern einquartiert. Alle Zeitzeugen berichten vom guten Verhältnis zu den Soldaten.

mich, in den nächsten Tagen auf die Kinder achtzugeben. ‚Paß auf, heute Nacht um drei Uhr geht es los.' Es wurde schon hell, als die Schießerei losging."[110]

Im Lager Friedrichsdorf des weiblichen Arbeitsdienstes im Kreis Ortelsburg erhalten die Mädchen im Sommer 1941 Gasmasken, üben ihren Gebrauch und werden durch nächtliche Alarmappelle aufgeschreckt. Das Lager liegt nicht in Grenznähe, aber auch aus Masuren rücken die Soldaten ab zur Front: „Schließlich zogen an einem Junisonntag lange Kolonnen Soldaten mit ihren Geschützen an unserem Lager vorbei. Stundenlang standen wir schweigend an der Landstraße – in die bleierne Schwere des Tages fielen nur die gleichmäßigen Schritte und das Rollen der Wagen des schier endlosen Zuges. Tiefbewegt verfolgten wir die Kolonnen. Ein Zettel flatterte vor meine Füße: ein Soldat bat, seine Eltern zu benachrichtigen."[111]

Als das Geschütz- und Maschinengewehrfeuer einsetzt, sind fast alle Bewohner von Prökuls auf den Beinen. Die Wehrmacht hat hier in breiter Front die Grenze nach Sowjetlitauen überschritten. Die Dörfer jenseits der Grenze stehen in Flammen. Am frühen Abend des gleichen Tages werden die ersten sowjetischen Soldaten nach Prökuls gebracht. Die Wehrmacht hält sie in einem Stallgebäude auf dem Gut Adlig Prökuls gefangen; später wird nördlich des Gutes an der Minge ein Gefangenenlager für Zehntausende von Kriegsgefangenen eingerichtet. Nur einige Baracken werden aufgebaut, die wohl eher als Verpflegungsküchen und für die Bewacher genutzt werden; die Gefangenen hausen in Zelten und Erdlöchern. Für die Minge flussabwärts des Gefangenenlagers herrscht Badeverbot. Gerhard Jankus: „Es war zum Glück für die Menschen noch Sommer. Die Proküler lebten in dieser Zeit in der Angst, dass die Gefangenen ausbrechen könnten, was auch einzelnen gelungen sein soll. Im Spätherbst wurde das Gefangenenlager aufgelöst."[112]

Das Heerestagebuch verzeichnet für den 22. Juni 1942 knapp: „Beginn des Angriffs. Alle Vorbereitungen sind planmäßig verlaufen." Festgehalten wird auch der genaue Zeitpunkt des Angriffs: „3.05 auf ganzer Heeresgruppenfront Grenze überschritten."[113] Bis 8 Uhr seien die Truppen zunächst nicht auf ernsthaften Widerstand gestoßen, der Gegner verteidige die Grenze nicht unmittelbar. Um 13 Uhr wird Ritter von Leeb in seinem Hauptquartier in Waldfrieden mitgeteilt, dass der rechte Flügel der 16. Armee, das XI. Armee-Korps, seit dem Angriff etwa 12 km vorwärts gekommen sei. Flieger melden die Sowjets auf dem Rückmarsch. Am 22. Juni um 18.30 Uhr steht der rechte Flügel der 16. Armee schon vor Mariampole, 41 km südlich von Eydtkuhnen. Die 18. Armee hat die Jura Richtung Südosten überschritten. Die auf dem äußersten linken Flügel der Heeresgruppe Richtung Libau vorgehende 291. Infanteriedivision ist mit ihren Vorausabteilungen schon 56 km nördlich der reichsdeutschen Grenze bei Nimmersatt vor der Kleinstadt Skuodas. Den Panzerspitzen gelingt der Übergang über den Njemen, seinen Nebenfluss Dubisa und die Venta, weil deren Brücken nicht zerstört werden. Die Ansicht der deutschen Generalität, die gegenüberstehenden Truppen der Roten Armee hätten nur einen geringen Kampfwert, scheint sich zunächst zu bestätigen.[114] Der sich ab 24. Juni verstärkende Widerstand der Roten Armee unter Einsatz von jetzt eingreifenden Panzerverbänden beseitigt dann aber jeden Zweifel der deutschen Befehlshaber an der sowjetischen Absicht, sich schon im Baltikum zu verteidigen.

Die linke Angriffsspitze der Heeresgruppe Nord, das XXXXI. Panzerkorps unter dem General der Infanterie Erich von Manstein, wird vom 23. bis 26. Juni durch Gegenangriffe starker sowjetischer Panzerverbände im Kampf um ihren Brückenkopf auf dem Ostufer der Dubisa aufgehalten, kann aber den sowjetischen Verband mit seinen rund 200 Panzern nach schweren Kämpfen vernichten. Danach setzt es seinen Vormarsch auf die Düna fort. Da sich die Rote Armee auf die Abwehr bei Dünaburg konzentriert, kann das Korps die Düna zwischen Liwenhof (Livani) und Jakobstadt (J kabpils) auf Kriegsbrücken und Fähren überschreiten. Am 1. Juli 1941 ist die Düna im Wesentlichen in der Hand der Deutschen. Riga wird genommen. Es werden neue Brückenköpfe gebildet, die 291. Infanteriedivision besetzt Libau und Windau. Der Krieg hat sich nach fünf Tagen schon weit von der ostpreußischen Grenze entfernt.[115]

Prowehren ist ein ehemaliges Gut im Amtsbezirk Goldschmiede im Kreis Fischhausen, seit dem April 1939 ist es nach Königsberg eingemeindet. In Prowehren ist ein Fliegerhorst für Jagd- und Bombergeschwader entstanden. Die Samlandbahn führt direkt am Flugfeld vorbei, nach dem Beginn des Angriffs auf die Sowjetunion können die Bahninsassen Flugzeuge frei auf dem Feld stehen sehen. Zu ihren Nachteinsätzen werden die Maschinen berußt, so dass ihr Metall bei Anstrahlung durch Suchscheinwerfer nicht blinkt. Auch die Bomben sind auf dem freien Feld gelagert; von Prowehren starten die Bomber zu Nachtangriffen auf Moskau. Die Königsberger sehen, wie Bomberstaffeln bald nach Sonnenuntergang schwer beladen in geringer Höhe den Nordrand von Königsberg überfliegen und erst kurz vor Sonnenaufgang nach Prowehren zurückkehren.[116]

„Der anfänglich deutliche Geschützdonner an der Grenze wurde von Tag zu Tag geringer und erlosch bald ganz und mit ihm Sorge und Furcht in den Gemütern der ostpreußischen Bevölkerung", berichtet Paul Boldt in seiner Dorfchronik von Tharau. Zwar ist der Krieg jetzt weit entfernt, Opfer aber sind überall in der Provinz zu beklagen. „Monate vergingen, der Herbst nahte, und noch immer hörte man nichts von dem Zusammenbruch des Sowjetstaates, wohl aber Nachrichten von vielen schmerzlichen Opfern auch aus unserer Gemeinde und von heißem Ringen, das mit Eintritt des 3. strengen Kriegswinters an Erbitterung noch zunahm. Alle Hoffnungen auf einen Blitzkrieg waren zuschanden geworden, und alle Prophezeiungen eines schnellen Gelingens hatten sich nicht erfüllt. Die 3. Kriegsweihnacht kam heran, und weiter als jemals waren wir von einem ‚Friede auf Erden' entfernt."[117]

Nach Abschluss der Kampfhandlungen im Frontbogen um Białystok wird das eroberte Gebiet am 3. Juli 1941 der Zuständigkeit der Frontverbände entzogen und dem rückwärtigen Heeresgebiet zugeteilt. Der vorläufige Aufbau einer Militärverwaltung wird von Feldkommandanturen vorgenommen. Der Bezirk Białystok, unmittelbar an der östlichen Grenze Ostpreußens gelegen, umfasst zunächst den Stadtkreis Białystok und die Landkreise Augustowo, Bialystok, Bielsk, Grajewo, Lomscha, Pruzana, Sokolka und Wolkowysk. Ein Erlass über die vorläufige Verwaltung des Bezirks vom 15. August überträgt dem ostpreußischen Oberpräsidenten und Gauleiter Koch die Verwaltung im zivilen Bereich. Das Gebiet wird aber dem Reich nicht eingegliedert. Koch als Chef der Zivilverwaltung untersteht unmittelbar Hitler. Ab 1. September 1941 nimmt Koch auch die Funktionen eines Reichskommissars für das Reichskommissariat Ukraine wahr. Damit ist er der mächtigste Mann Osteuropas, sein „Herrschaftsbereich" reicht im September 1942 von Königsberg über Zichenau, Białystok, Kiew und Poltawa bis zum Schwarzen Meer und auf die Ostseite des Dnepr und umfasst deutsches, polnisches, litauisches und ukrainisches Gebiet. Bei der Beschaffung von Zwangsarbeitern für die Wirtschaft des Deutschen Reichs arbeitet der Gauleiter in den nächsten Jahren eng mit Hitlers Generalbevollmächtigten für den Arbeitseinsatz, Fritz Sauckel, zusammen. Koch ist maßgeblich verantwortlich für die Verfolgung der polnischen und ukrainischen Juden. Für die Versorgung der Wehrmacht und der deutschen Zivilbevölkerung werden unter seiner Verantwortung im großen Stil Lebensmittel aus der Ukraine abtransportiert. Die einheimische Bevölkerung hungert und verhungert.

Als der Blitzkrieg gegen die Sowjetunion ins Stocken kommt, beginnen die Tilsiter Hausfrauen, Handschuhe zu stricken. Joachim Kaiser: „Für uns Schüler wurde der ferne Russlandfeldzug eine Art Wochenschau-Ereignis. Wir steckten Fähnchen auf die Landkarte, die den Frontverlauf symbolisierten. Trotz allem aber lebten wir mehr oder weniger unbehelligt vor uns hin. Bis Stalingrad. Dann herrschte nur noch blankes Entsetzen. Wer nach dem 6. Februar 1943, als Stalingrad fiel, nicht gemerkt hatte, dass Hitler Deutschlands Schicksal nicht meistern konnte, dass es ‚aus' war, muss töricht oder blind gewesen sein."[118]

Die Mörder von Garsden und Heydekrug

Am Tag des Überfalls auf die Sowjetunion, am 22. Juni 1941, hat die 61. Infanteriedivision unter Generalleutnant Siegfried Haenicke die Aufgabe, in nordöstlicher Richtung nach Telšiai vorzustoßen. Zu diesem Zweck muss im litauischen Grenzgebiet der Ort Garsden (Gargädai) genommen werden. Von den etwa 3000 Einwohnern des Ortes sind 600 bis 700 Juden. In dem jetzt sowjetischen Grenzort nördlich von Memel liegt eine Kompanie des sowjetischen Geheimdienstes NKWD, und so entwickeln sich hier schwere Kämpfe. Während des Angriffs haben die deutschen Stoßtruppen Verluste von etwa 100 Mann. Erst gegen 15 Uhr bricht in Garsden der sowjetische Widerstand zusammen, auch danach werden noch deutsche Melder aus dem Grenzort heraus, wahrscheinlich von versprengten Rotarmisten, beschossen. Daraufhin durchkämmt das angreifende Infanterie-Regiment 176 der 61. Infanteriedivision, im August 1939 aufgestellt in Braunsberg, Elbing, Mohrungen und Preußisch Eylau, nochmals den Ort. Garsden gerät dabei in Brand.

Hinter der 61. Infanteriedivision rücken Einsatzgruppen der Sicherheitspolizei und des Sicherheitsdienst in die besetzten Gebiete ein. Die Einsatzgruppen haben den Befehl, in Massenerschießungen vor allem kommunistische Funktionsträger und Juden zu liquidieren. Der Heeresgruppe Nord ist die „Einsatzgruppe A" zugeteilt. Sie steht unter Führung des SS-Brigadeführers und Generalmajors der Polizei Dr. Franz Stahlecker. Stahlecker begibt sich am Abend des 22. Juni 1941 nach Tilsit und trifft sich dort mit dem Leiter der dortigen Gestapostelle, dem SS-Sturmbannführer Hans-Joachim Böhme. Der SS-Mann Böhme leitet seit dem 1. Oktober 1940 die Gestapo-Stelle Tilsit.[119]

Stahlecker befiehlt Böhme, in einem etwa 25 km breiten Streifen östlich der Grenze zum früheren Litauen sämtliche Juden und des Kommunismus verdächtige Personen zu liquidieren. Da Böhme hierfür nicht über genügend Personal zu verfügen glaubt, befiehlt Stahlecker, auch die Männer des SD-Abschnitts Tilsit einzusetzen und den Polizeidirektor von Memel um Mithilfe zu bitten. Obwohl die Gestapo Tilsit mit rund 100 Mann personell gut ausgestattet ist, ist Böhme auf „Amtshilfe" durch

Kräfte der Ordnungspolizei angewiesen. Die ist nicht direkt dem Reichssicherheitshauptamt (RSHA) unterstellt. In Memel befindet sich die Polizeidirektion im sogenannten „Hochhaus an der Dange", in dem auch das Kommando der Schutzpolizei untergebracht ist. Polizeidirektor der Stadt ist SA-Oberführer Bernhard Fischer-Schweder. Fischer-Schweder und Stahlecker kennen sich schon lange – was für viele Memeler Ordnungspolizisten fatale Folgen hat. Böhme lässt sich Stahleckers Befehl durch das Reichssicherheitshauptamt in Berlin bestätigen, die Bestätigung trifft vermutlich in den Morgenstunden des 23. Juni 1941 ein. Jetzt wird Böhme aktiv. Das Grenzpolizeikommissariat Memel erhält aus Tilsit den Befehl, sämtliche Juden und Kommunisten in Garsden festzunehmen. Böhme gibt die Anweisung, ein Gerücht über einen angeblichen Widerstand der Zivilbevölkerung in Garsden gegen die deutschen Truppen in die Welt zu setzen.

Am Vormittag des 23. Juni fahren Männer des Grenzpolizeikommissariats Memel in das 17 km entfernte Garsden. Die Wehrmacht hat einen Teil der Zivilbevölkerung wegen des Brandes in den Stadtpark geschickt, aber es halten sich noch Menschen in den Häusern auf. Die Grenzpolizeibeamten sondern im Stadtpark die männlichen Juden aus und durchsuchen die Häuser nach weiteren Juden und „Kommunisten". Rund 200 männliche Personen werden dann in Richtung der Reichsgrenze abgeführt. Sie müssen auf einer Wiese neben dem deutschen Grenzhaus lagern. Nachdem der Leiter der Grenzpolizisten, Frohwann, die „Gefangennahme" der jüdischen Männer nach Tilsit gemeldet hat, wird dort entschieden, für die Absperrung der Hinrichtungsstätte ein Kommando der Memeler Schutzpolizei anzufordern. Hierzu soll Frohwann mit dem Polizeidirektor Memels Kontakt aufnehmen. Bernhard Fischer-Schweder, der Leiter der Memeler Schutzpolizei, informiert Frohwann, dass es sich bei den Juden nicht um Heckenschützen handele, und teilt ihm den wirklichen Befehl Stahleckers und des RSHA mit. Fischer-Schweder, der erst jetzt über die geplante Erschießung der Garsdener Juden informiert wird, soll darauf hin ausgerufen haben: „Donnerwetter, das sind ja Konsequenzen, die der Rußlandfeldzug mit sich bringt, an die man zunächst nicht gedacht hat."[120] Zunächst wohl noch widerwillig erklärt Fischer-Schweder sich dann nicht nur bereit, seine Schutzpolizisten zur Absperrung, sondern auch zur Erschießung der Juden zur Verfügung zu stellen. Der Historiker Joachim Tauber vermutet dahinter „Geltungs- und Karrieresucht"[121].

Am Nachmittag des 23. Juni informiert der Polizeidirektor den Alarmzug der Schupo-Memel über die am nächsten Tag durchzuführenden Exekutionen und gibt als Begründung die Lüge vom Widerstand gegen die Wehrmacht in Garsden weiter. Dem Alarmzug der Schutzpolizei Memel gehören 20 bis 25 von den verschiedenen Memeler Revieren abgestellte Polizisten an; das Kommando hat ein Königsberger Optikermeister, Werner Schmidt-Hammer. Schmidt-Hammer, Leutnant der Reserve im Polizeidienst, ist 34 Jahre alt; vermutlich ist er aufgrund seines Alters zum Polizeidienst und nicht zur Wehrmacht einberufen worden. Er gehört nicht der NSDAP an.

Am Nachmittag des 23. Juni üben die Memeler Schutzpolizisten im Hof des Hochhauses an der Dange die Durchführung einer Exekution. Am 24. Juni gegen 12 Uhr verlassen sie mit einem LKW die Stadt und fahren nach Garsden, wo schon das Kommando der Staatspolizei und des SD aus Tilsit eingetroffen sind. In SA-Uniform sind Fischer-Schweder und der Kreisleiter von Memel, Grau, vor Ort. Der Kreisleiter ist aus Neugier gekommen. Der ehemalige Memeler Oberbürgermeister Wilhelm Brindlinger gibt bei einer Zeugenvernehmung 1956 zur Protokoll: „Ich habe weiter in fester Erinnerung, dass später ein Haufen Juden ... in Nähe einer Straße bei Garsden unter Bewachung gehalten wurde. Ich habe es damals nicht verstanden, wie verschiedene Memeler mit Autos hinfuhren und diese Gefangenen besichtigt haben."[122] Die Memeler Polizisten glauben bis zum Eintreffen in Garsden noch an die Erschießung von Heckenschützen. Allein der Anblick der alten „Heckenschützen" in den schwarzen Kaftanen orthodoxer Juden, der halbwüchsigen Jungen und auch ihre große Zahl dürfte den Polizisten klar machen, dass sie belogen werden.

Die Opfer werden gezwungen, an der Straße ihre Wertsachen in einen Zinkeimer zu werfen. Joachim Tauber hat das Geschehen aus den Gerichtsakten rekonstruiert: „Dann werden sie hinter das sowjetische Grenzhäuschen geführt, wo sie ihre Jacken ablegen müssen. Unter beständigen Drohungen und Schlägen mit Stöcken wird ein Teil der Juden dann gezwungen, gefallene Rotarmisten zu beerdigen. Die übrigen müssen einen sowjetischen Verteidigungsgraben vertiefen und erweitern, mit anderen Worten: sie schaufeln sich das eigene Grab. Besondere psychische Erniedrigungen durch das Tilsiter Kommando haben orthodoxe Juden und insbesondere ein alter Rabbiner zu ertragen. Bereits jetzt erschießt ein Gestapo-Mann einen jungen Juden, der angeblich nicht schnell genug arbeitet. Nachdem die Opfer das Massengrab angelegt haben, werden sie wieder zum sowjetischen Grenzhäuschen zurückgebracht."[123] Spätestens jetzt ahnen die Juden, was ihnen bevorsteht. Sie fassen sich an den Händen und beten. Jeweils zehn Mann werden von der Gestapo im Laufschritt und unter lautem Gebrüll und Schlägen an den Exekutionsgraben getrieben. Die Mörder haben sich inzwischen offenbar mit Prügeln versehen. Sie erniedrigen ihre Opfer mit physischer und psychischer Gewalt.[124] Am Exekutionsort angekommen, müssen die Opfer zunächst die Leichen derjenigen Erschossenen, die durch die Todessalve nicht in den Graben gefallen sind, in das Massengrab werfen. Dann haben sie sich mit dem Gesicht zum Mordkommando der Memeler Schutzpolizei aufzustellen. In etwa 20 m Entfernung stehen ihnen die Polizisten gegenüber. Seitlich versetzt kommandiert Schmidt-Hammer mit gezogenem Degen. Er verkündet den zuvor festgelegten Erschießungsbefehl und kommandiert die Erschießung. Die nicht tödlich Getroffenen ermorden Fischer-Schweder und Gestapo-Angehörige durch Genickschuss.[125]

Der Memeler Seifenfabrikant Max Feinstein steht schon am Exekutionsgraben, als er unter den Polizisten seinen Nachbarn und Freund, den später gefallenen Polizeiwachtmeister der Reserve Knopens, erkennt. Er ruft ihm zu: „Gustav, schieß gut."

Der Polizeiwachtmeister soll daraufhin seine Ablösung erbeten haben.[126] Nach dem Massaker wird an der Hinrichtungsstätte ein Erinnerungsfoto gemacht. Die Schutzpolizisten werden von den Gestapo-Angehörigen mit Schnaps bewirtet.

Garsden ist nur der Anfang. Weitere Massenerschießungen des „Einsatzkommandos Tilsit“, gebildet aus Angehörigen der örtlichen Gestapo, des Sicherheitsdienstes der SS, der Schutzpolizei und bald auch aus litauischen Kollaborateuren folgen. Sie finden in grenznahen Orten wie Krottingen (Kretinga,) Polangen (Palanga) und Darbenai statt. Zeitweilig der „Einsatzgruppe A“ unterstellt, „säubert“ das Einsatzkommando Tilsit den sogenannten „litauischen Grenzstreifen“.[127] Die Taten der Truppe dokumentieren die von ihr verfassten „Einsatzmeldungen UdSSR“, in denen Tatorte und Opferzahlen genau benannt werden. Haben die Täter zunächst noch jüdische Frauen und Kinder verschont, so beginnen sie ab August 1941 Juden jeden Alters und Geschlechts zu ermorden. Insgesamt erschießen das Einsatzkommando Tilsit und seine deutschen und litauischen Helfer bis Ende September 1941 5 502 Männer, Frauen und Kinder, fast ausschließlich Juden.[128] Ende August/Anfang September fallen auch die in Garsden am 23. Juni in eine Scheune gesperrten jüdischen Frauen und Kinder den Mördern zum Opfer. Dieses Blutbad wird vermutlich von litauischen Hilfspolizisten verursacht, Staatspolizei und der SD beaufsichtigten die Aktion.

Im nahen Heydekrug könnten die Berichte aus Garsden und Memel die SS und die lokale Verwaltung zu einem weiteren Verbrechen an Juden motiviert haben, das allein von Einheimischen ausgeht. Ende Juni und Mitte Juli 1941 verschleppen Angehörige der Heydekruger SS, der 20. SS-Reiterstandarte, des SS-Reitersturms 2/20 und des Allgemeinen SS Sturmbann II/105 unter Leitung des SS-Unterscharführers Dr. Werner Scheu litauische und emigrierte memelländische Juden aus Sveksna, Veivirzeniai, Kvėdarna, Laukuva, Naumiestis, Vainutas und anderen grenznahen Orten in eigens eingerichtete Arbeitslager im Landkreis Heydekrug.

Nach der deutschen Besetzung des Memellandes hat die ostpreußische Verwaltung die ländliche Infrastruktur verbessert. In Heydekrug und Umgebung begannen wie überall Eindeichungs-, Trockenlegungs- und Straßenbauarbeiten. Heydekrug, bis dahin nur ein „Flecken“ und – obwohl Sitz einer Kreisverwaltung – noch keine Stadt, bemühte sich, das Stadtrecht zu erhalten. Bald nach Beginn des Krieges gegen Polen werden in der Nähe Heydekrugs mehrere Kriegsgefangenenlager errichtet. Die Kriegsgefangenen werden vorwiegend für Infrastrukturarbeiten eingesetzt. Im Frühsommer 1941 verlegt die Wehrmacht die Kriegsgefangenlager aus Sicherheitsgründen aus dem Grenzgebiet.

Da immer mehr Männer der Region zur Wehrmacht einberufen werden, kommen die Infrastrukturarbeiten im Kreis zum Erliegen. Auch in der Landwirtschaft herrscht ein großer Arbeitskräftemangel, da Saisonarbeiter aus dem sowjetischen Litauen nicht mehr zur Verfügung stehen. Unmittelbar nach dem Einmarsch der Wehrmacht in die Litauische Sowjetrepublik kommt bei den politisch Verantwortlichen in Stadt und Kreis Heydekrug die Idee auf, das eroberte litauische Grenzgebiet auszuplündern.

Der Kinderarzt Dr. Werner Scheu ist eines der führenden Mitglieder der nationalsozialistischen Bewegung im Kreis Heydekrug. Schon im Januar 1939 stellt Scheu eine berittene Staffel des Memelländischen Ordnungsdienstes (MOD) in Heydekrug auf. Diese Staffel wird im Frühjahr 1939 als „Sturm 2 der Reiterstandarte 20" in die SS überführt. Scheu tritt der NSDAP bei, wird zum Ortsbauernführer und Hauptabteilungsleiter der Kreisbauernschaft Heydekrug und wird in der SS zunächst Oberscharführer und bald zum Untersturmführer befördert.

Wie sich in Heydekrug die Idee festsetzt, aus lokaler Initiative ein Arbeitslager für jüdische Zwangsarbeiter zu errichten und dafür auf Menschenjagd zu gehen, rekonstruieren 20 Jahre später die Prozesse gegen die Haupttäter. Entweder unmittelbar vor oder nach dem Angriff auf die Sowjetunion kommen Scheu und der seit 1940 amtierende kommissarische Landrat Schmidt in dessen Dienstzimmer zu einer Unterredung zusammen. Hierbei bringt der von der Bezirksregierung Gumbinnen abgeordnete Regierungsrat seine Idee vor, jüdische Zwangsarbeiter aus Litauen im Kreise einzusetzen; mit ihnen sollen die begonnenen Bauarbeiten fortgesetzt werden. Schmidt fordert Scheu auf, mit der Heydekruger SS bei der Heranschaffung der Juden behilflich zu sein. Scheu ist für den Plan, versichert sich aber noch der Zustimmung seines Standartenführers Karl Struve.[129]

Am 27. Juni, fünf Tage nach dem Beginn des Krieges gegen die Sowjetunion, brechen auf mehreren Lastwagen Angehörige des Heydekruger SS-Reitersturms 2/20 und des SS-Sturmbanns 11/105 zu „Judenbeschaffungsaktionen" in das litauische Grenzgebiet auf. Ziel der SS-Männer an diesem Wochenende sind die nahe gelegenen Orte Švėkšna und Veivirzenai und die etwa 30 km entfernten Orte Kvėdarna und Laukuva. In Švėkšna lässt sich Dr. Scheu von dem deutschen Ortskommandanten Gewehre und Munition aushändigen, mit denen er seine Leute bewaffnet. Mit Unterstützung litauischer Freiwilliger treibt die Heydekruger SS alle männlichen Juden auf dem Hinterhof der Synagoge zusammen. Die etwa 100 bis 200 Juden werden unter Schlägen in die Synagoge geführt. Man nimmt ihnen alle Wertsachen ab. Der litauische Arzt des Städtchens untersucht die Männer flüchtig auf ihre Arbeitsfähigkeit. Die Personalien werden erfasst.

Am Spätnachmittag erscheint der kommissarische Landrat von Heydekrug, Schmidt, in Begleitung eines Kreisbediensteten in der Synagoge. Scheu erstattet ihm Bericht. In der folgenden Nacht kommt Scheu zu den Gefangenen und fragt nach dem Rabbiner. Ihm wird befohlen, den Häftlingen die Bärte zu brennen. Da noch das Sabbath-Gebot gilt, lehnt der Rabbiner zunächst ab. Erst nachdem er misshandelt worden ist, kann man ihn zwingen, die entwürdigende Prozedur durchzuführen. Am 28. Juni befiehlt Scheu die Aufteilung der inhaftierten Männer in zwei Gruppen. Ein Teil wird abtransportiert.

Am 28. Juni 1941 kommen die Heydekruger SS-Leute auch in die grenznahe Ortschaft Veivirzenai. Hier lässt Scheu durch seine Männer und Litauer die männlichen Juden zum Marktplatz bringen. Etwa 150 von ihnen werden festgenommen. Am Sonntag, dem 29. Juni 1941, erreicht das Kommando Kvédarna. Hier treiben die SS-Männer, wieder mit Unterstützung von Litauern, die Juden unter Schlägen auf dem Marktplatz zusammen und nehmen zwischen 20 und 50 von ihnen mit. Die Juden aus Kvédarna werden noch am Tag nach Heydekrug gebracht. Weil es nicht genug Transportmöglichkeiten gibt, wird eine weitere Gruppe erst am nächsten Morgen mit dem LKW abtransportiert.

Das Geschehen wiederholt sich in Laukuva. Hier werden etwa 50 Juden festgenommen. Aba Halperin, ein Jude aus Laukuva, gibt zu Protokoll: „Ich vergaß darauf hinzuweisen, daß der Angeklagte Werner Scheu uns, wenn wir auf dem Lastwagen verladet waren, um aus dem Lager herauszufahren, fragte, ob Kranke unter uns wären. Niemand antwortete. Aber wir hatten drei Kranke. Einer von ihnen hatte seinen Arm verbunden wegen Furunkeln unter dem Arm, der zweite war tuberkulosekrank und der dritte war ein junger Mann, der als Kommunist denunziert war. Als wir die kleine Stadt Sveksna [erreichten], ordnete Scheu an, die „Patienten" und den Kommunisten herunterzunehmen, und mit seinen eigenen Händen erschoß er sie auf der Stelle. Die drei Personen waren Eliah Szapiro, Abraham Gerszon und Zeli Aharonowitz."[130]

Ein Teil der nach Heydekrug verbrachten Häftlinge wird in einer Baracke hinter der Stadtverwaltung untergebracht, die übrigen Juden in ein Barackenlager an der Jahnstraße in der Nähe der Sziesze (Šyša). Im Lager auf dem Hinterhof des Heydekruger Bürgermeisteramtes werden die bei der Stadtverwaltung beschäftigten Juden eingesperrt. Die Stadtverwaltung zieht sie zu Arbeiten auf dem Sportplatz, in der städtischen Gärtnerei, auf dem Stadtgut Heydekrug-Matzicken und zur Reinigung der Straßen und Parkanlagen heran. Später werden die Juden, die bei der Stadtverwaltung beschäftigt waren, in die städtische Markthalle verlegt. Nach ihrer Ankunft werden die jüdischen Männer von Heydekruger Ärzten auf ihre Arbeitsfähigkeit untersucht. Der örtliche Medizinalrat Dr. Radicke lässt dem Landrat eine Liste zukommen, auf der kranke und altersschwache Personen verzeichnet waren. Er empfiehlt, diese Juden aus Gesundheitsgründen wieder abzuschieben.[131] Die Berliner Historikerin Ruth Leiserowitz hat die „Heydekruger Judenaktion" recherchiert: „War dem Arzt klar, daß er den Untersuchten damit schon den Totenschein unterzeichnet hatte?"[132] Auch aus einzelnen Lagern kommen Namenslisten nicht arbeitsfähiger Juden und mit dem Vorschlag zu „deren Abtransport".

Drei Wochen später beraumt Scheu eine zweite „Judenbeschaffungsaktion" an. Ihr Ziel ist das nahe Neustadt (Žemaičių Naumiestis), ein Ort im nördlichen Grenzstreifen des Memellandes. An dieser Aktion sind neben der Heyderkruger Reiter-SS, des dortigen SS-Reitersturms 2/20 und 20. SS Reiterstandarte sowie dem SS Sturmbann II/105 auch die Grenzpolizisten aus Heydekrug-Kolleschen beteiligt.[133]

Mehrere Heydekruger Juden sind 1939 in das grenznahe Neustadt (Žemaičių Naumiestis) gezogen. Jetzt kommen ihre ehemaligen Nachbarn als Mörder zu ihnen. Der Überlebende Esriel Glock berichtet, das sich unter den Juden, die zur Erschießung gebracht werden, auch der Fleischer Ellert befindet, der früher in Heydekrug gelebt hat. Walter Scheu kennt ihn persönlich. Trotzdem lässt er ihn exekutieren.

Insgesamt werden bis Ende Juli etwa 400 jüdische Männer aus Litauen, die Mehrheit von ihnen aus dem grenznahen Gebiet, nach Heydekrug und in andere Lager der Kreise Heydekrug und Tilsit verschleppt. Die meisten von ihnen werden auf verschiedenen Baustellen außerhalb von Heydekrug, so bei den Dörfern Ramutten, Piktaten und bei Paszieszen in Drainage- und Straßenbauarbeiten beschäftigt. Ein großer Teil sticht in den Mooren des Kreises Torf. Die Juden des Lagers Wersmeningken im Kreis Tilsit arbeiten ebenfalls im Straßenbau. In Matzstubbern und Ullosen südlich von Coadjuthen werden etwa 100 jüdische Zwangsarbeiter beim Bau eines Entwässerungskanals eingesetzt. Im Winter müssen sie Schnee von den Landstraßen räumen und auf der Bahnstation Stonischken Güter entladen.

Die Heydekruger SS ist bald nicht mehr in der Lage, ihre Häftlinge zu bewachen. Von den 157 Männern der beiden SS-Stürme 6/105 und 2/R-20 sind 97 zur Wehrmacht eingezogen, 48 befinden sich bei der Waffen-SS. Jetzt sucht der NSDAP-Kreisleiter für die Bewachung der Häftlinge Freiwillige, die sich acht Reichsmark pro Tag verdienen wollen. Die Lagerverwaltung ist noch im Sommer 1941 auf die Verwaltung des Guts Adlig Heydekrug der Familie Scheu übertragen worden. Scheu stellt die Bewacher ein, die sich freiwillig auf dem Landratsamt gemeldet haben, und teilt sie zum Wachdienst auf.[134] Scheu bleibt die treibende Kraft der Aktion und Haupttäter. In Matzstubbern ist im Februar 1942 ein Krankenzimmer eingerichtet worden; arbeitsunfähige Häftlinge werden von ihm persönlich ins besetzte Litauen gebracht und dort kurz hinter der Grenze erschossen.[135] Zwei Jahre bestehen die aus lokaler Initiative entstandenen Arbeitslager weiter; im Sommer 1943 werden sie aufgelöst und die Insassen nach Auschwitz-Birkenau deportiert.

1961 kommt es zu einem Prozess gegen Scheu, der zu dieser Zeit als Kinderarzt auf der Insel Borkum tätig ist, und andere Beteiligte vor dem Landgericht Aurich. Die Angeklagten werden als Mörder verurteilt, erhalten aber in der ersten und auch in einer zweiten Instanz von den Geschworenengerichten milde Urteile. 1965 kassiert der Bundesgerichtshof diese Urteile: Scheu und der Mitangeklagte Struve werden zu lebenslanger Haft verurteilt. Scheu können vier von ihm direkt begangene Morde nachgewiesen werden.

Die Taten in Garsden und anderen litauischen Orten werden mit Urteilen im sogenannten „Ulmer Einsatzgruppen-Prozess“ zumindest teilweise gesühnt. Der „Ulmer Einsatzgruppen-Prozess“ beginnt im April 1958 vor dem Schwurgericht Ulm und richtet sich gegen zehn Gestapo-, SD- und Polizeiangehörige der „Einsatzgruppe Tilsit“: Erstmals steht mit dem Ulmer Prozess in der Bundesrepublik Deutschland

Heinrich Himmler in der Wolfsschanze mit Richard Schulze-Kossens, dem SS-Adjutanten Hitlers und Himmlers Adjutanten Karl Wolff. Die SS hat im nahen Possessern, Kreis Angerburg, in einem Wald die „Feldkommandostelle Hegewald" eingerichtet.

die Vernichtung von Juden im Mittelpunkt eines großen Strafverfahrens gegen nationalsozialistische Täter. Die Urteile, die im August 1958 gesprochen werden, prägen die weitere bundesdeutsche Rechtsprechung. Vor Gericht stehen Hans-Joachim Böhme, der ehemalige Polizeichef von Memel, Bernhard Fischer-Schweder und Werner Schmidt-Hammer sowie sieben weitere Angehörige der Einsatzgruppe (Werner Hersmann, Edwin Sakuth, Werner Kreuzmann, Harm Willms Harms, Gerhard Carsten, Franz Behrendt, Pranas Lukys). 184 Zeugen sagen aus, darunter auch überlebende Augenzeugen.[136] Sämtliche Angeklagten werden wegen Beihilfe zum gemeinschaftlichen Mord zu Haftstrafen zwischen drei und 15 Jahren verurteilt, darunter Böhme in 3 907 Fällen zu 15 Jahren, der Königsberger Optikermeister Werner Schmidt-Hammer zu drei Jahren und sechs Monaten.

Am 1. Mai 1941 wird Walter Frevert aus Rominten als Reserveoffizier zur Insterburger Artillerie eingezogen. Den Angriff auf die Sowjetunion und die erste Woche des Vormarsches macht er als stellvertretender Batterieführer beim Stab des Reitenden Artillerie-Regiments 1 mit. Dann wird er auf Wunsch von Reichsjägermeister Hermann Göring für einen „Sonderauftrag zwecks Befriedung und Evakuierung des Urwaldes Bialowies" beurlaubt. Göring beabsichtigt, in dem Wald im Osten Polens ein riesiges Staatsjagdgebiet und Naturschutzgebiet des Großdeutschen Reiches einzurichten. Auf der Rückfahrt von der Front nach Ostpreußen kann Frevert erstmals das berühmte Hofjagdrevier der russischen Zaren in Augenschein nehmen, das die Deutschen schon 1915 besetzt hatten. Ein Restbestand des europäischen Wisents hat hier in freier Wildbahn überlebt. Göring erteilt den Befehl, das Waldgebiet von Bialowies um 100000 auf 260000 Hektar zu vergrößern.[137]

Der Urwald Bialowies gehört ab August 1941 zu einem unter deutscher Zivilverwaltung gestelltem Territorium, dem „Bezirk Białystok". Nach dem Überfall auf die Sowjetunion wird dieser nunmehr westliche Teil Weißrusslands als „Bezirk Białystok" einer deutschen Zivilverwaltung unterstellt. Der Bezirk liegt südöstlich Ostpreußens, im Nordosten des heutigen Polen und zu einem kleineren Teil im heutigen Weißrussland; er schließt sich an den okkupierten Kreis Sudauen an. Der Bezirk wird nie förmlich in das Großdeutsche Reich eingegliedert, aber verwaltungstechnisch der Provinz Ostpreußen zugeordnet. Als Oberpräsident ist Gauleiter Erich Koch auch zuständig für die Zivilverwaltung.

Walter Frevert beginnt sofort, die ihm erteilten Befehle umzusetzen. Mit Rückendeckung Görings lässt er zur Erweiterung des Jagdreviers zahlreiche Dörfer im Innern und an der Peripherie des Waldes beseitigen. Bei der „Evakuierung" der Walddörfer rückt in den frühen Morgenstunden deutsche Schutzpolizei an, die Göring Frevert unmittelbar unterstellt hat. Die polnischen Bewohner haben eine halbe Stunde Zeit, ihre Sachen zu packen und auf Wagen zu laden, dann werden die Trecks der Dorfbewohner in östlicher Richtung aus ihrer Heimat geführt und nach einigen Kilometern sich selbst überlassen. Das zurückbleibende Vieh wird zusammengetrieben und einer in Bialystok eigens zu diesem Zweck stationierten SS-Schlächterabteilung übergeben, die in Holzbauweise errichteten Dörfer werden niedergebrannt. Vom 25. bis 31. Juli 1941 werden durch die Maßnahmen Freverts 34 Dörfer vernichtet und über 6000 Einwohner vertrieben. Das in Wien aufgestellte „Polizeibataillon 322", das Frevert zur Durchführung seiner Vertreibungen unmittelbar untersteht, erschießt im Rahmen eines „Sonderauftrages" auf Befehl des lokalen Höheren SS- und Polizeiführers in der Zeit vom 23. Juli bis zum 21. August 1941 sämtliche männliche Juden des Gebiets. Die restliche jüdische Bevölkerung wird deportiert.[138]

Bis zum Sommer 1942 werden durch Walter Frevert insgesamt 116 Ortschaften „evakuiert" und dabei etwa 900 Menschen erschossen. Als die Dörfer geräumt und zerstört sind, fällt Frevert und seinen Helfern auf, dass nun keine Treiber für die Staatsjagden mehr zur Verfügung stehen – die weitere Zerstörung von Dörfern wird ausgesetzt, der kleine Rest der noch verbliebenen Ortschaften bleibt bestehen.[139]

Am 27. März 1942 schreibt Frevert an seinen Vorgänger im Forstamt Nassawen, Ferdinand Wallmann, unter dem Briefkopf „Der Oberforstmeister des Reichsjagdgebiets Bialowies". In einer eher beiläufigen Bemerkung äußert er, dass sich „leider immer noch Partisanen und sonstige Banditen in großer Zahl" im Waldgebiet aufhalten würden, die „Strecke" an diesen sei „ganz erheblich größer als an allem Wild".[140] Tatsächlich sind die ostpreußischen Jäger in dem undurchdringlichen Waldgebiet mit Partisanen konfrontiert. Es handelt sich um aus der Luft abgesetzte Trupps der Roten Armee von zumeist acht bis zehn Mann, zu ihnen gehört immer ein Funker oder eine Funkerin. Da die Waldsiedlungen zumeist vernichtet sind, verbergen sich die sowjetischen Partisanen in der Tiefe des Urwaldes. Sie verpflegen sich, da die abgeworfenen Verpflegungsbomben nicht immer gefunden werden, notgedrungen und oft mit Gewalt bei den wenigen verbliebenen polnischen Bauern. Die Partisanenbekämpfungsaktionen der ostpreußischen Förster sollen sich in sogenannten „Partisanen-Streckenmeldungen“ an das Reichsjagdamt niedergeschlagen haben. Die Partisanen sind, wie Revierförster Roegler aus der Rominter Heide in seinen Erinnerungen angibt, „ewig gehetzt und auf sich selbst angewiesen, sie haben Furchtbares ausgehalten. Gefangene Partisanen wurden erschossen, so gaben sie natürlich auch kein Pardon, das wird jeder begreifen. Kollege Weinreis flog mit seinem Kübelwagen durch eine Mine in die Luft, kam wie ein Wunder ziemlich unverletzt davon. Partisanenkrieg ist gnadenlos, und es ist mir ziemlich klar, dass Frevert so manches hat befehlen müssen, was heute besehen gegen die ‚Menschlichkeit‘ verstoßen hat.“[141]

Heimatfront

Kriegsgefangene und Zwangsarbeiter

Im Juni 1943 radelt die Junglehrerin Marianne Günther mit einer Freundin durch den großen Gertlaukener Forst. Mitten im Wald entdecken die jungen Frauen ein russisches Kriegsgefangenenlager, von dem sie beide, obwohl in Nachbarschaft ihres Dorfes gelegen, keine Kenntnis gehabt haben wollen. „Von dort stammt wohl das hübsche Holzspielzeug im Dorf, das die Kinder so lieben, ganz phantasiereiches, bunt bemaltes Holzspielzeug, zum Beispiel ein rundes Brettchen, auf dem ein Hahn, Hühner und Küken stehen, die man von unten bewegen kann. Ich hatte keine Ahnung von diesem Lager – die armen Kerle bessern damit wohl ihre Verpflegung auf. Aber es wurde schon dunkel, da trampelten wir uns in Schweiß, um schnell aus dem finsteren Wald zu kommen.“[142]

In ostpreußischen Lagern sind in den Jahren 1942 bis 1944 zwischen 200 000 und 300 000 Kriegsgefangene untergebracht. Die polnischen, serbischen, vor allem aber die sowjetischen Gefangenen werden unmenschlich behandelt. Der Umgang mit ihnen bedeutet Vernichtung durch Arbeit und Hunger. Die Nummerierung der Gefangenen-Stammlager, „Stalag“ genannt, erfolgt den Wehrkreisen entsprechend mit römischen Ziffern, der Buchstabe hinter der Ziffer bezeichnete die Lager in aufsteigender Folge. So ist das „Stalag IA Stablack“ das erste Stammlager in Ostpreußen.

Neben den Stammlagern für Mannschaften und Offiziere gibt es noch spezielle Offizierslager („Oflags“), in denen Offiziere, nach Nationen getrennt, festgehalten werden. Anfang Januar 1941 wird Oskar von Hindenburg, der Sohn des verstorbenen Reichspräsidenten Paul von Beneckendorff und von Hindenburg, „Kommandeur der Kriegsgefangenen“ im Wehrkreis I.[143] Er hat die Befugnisse eines Divisionskommandeurs und den Befehl über das gesamte Kriegsgefangenenwesen im ostpreußischen Wehrkreis einschließlich der Bewachung der Kriegsgefangenen und Internierten. Er ist drei Jahre lang unmittelbar verantwortlich für die Verhältnisse in den ostpreußischen Lagern.

Das „Stalag IA Stablack“ an der Grenze der Kreise Braunsberg und Heiligenbeil besteht seit der dritten Septemberwoche 1939. Ab dieser Zeit werden Kriegsgefangene der polnischen Armee „Pommerellen“, bald darauf auch die Verteidiger der Danziger Westerplatte hier inhaftiert. Das Lager steht in Verbindung mit der großen Heeres-Munitionsanstalt bei dem Dorf Schlauthienen und dem Truppenübungsplatz Stablack. Auf dem 30 ha großen Gelände nördlich der Bahnlinie und östlich der Bahnstation errichten die polnischen Gefangenen 40 Baracken für sich und zahlreiche Verwaltungsbauten für ihre Bewacher. Bereits Ende September 1939 werden Kriegsgefangene auf die Dörfer der umliegenden Landkreise verteilt, wo sie in der Landwirtschaft die Arbeit der Einberufenen verrichten müssen.[144] Nach der Ankunft von weiteren polnischen Soldaten, die bei Warschau und Modlin in Gefangenschaft geraten sind, ist das Lager Stablack Ende 1939 zunächst mit rund 47 000 polnischen Kriegsgefangenen belegt. Die Gefangenen arbeiten in der Landwirtschaft, dem Gartenbau und auch in der Munitionsfabrik. In den Jahren 1940 und 1941 werden die meisten von ihnen in kleinere Lager in Nachbarschaft ihrer Einsatzplätze, teilweise auch direkt auf den Bauernhöfen und Gütern, untergebracht. Hier arbeiten sie ohne Bewachung.

Im Jahr 1940 erkennt das Deutsche Reich den etwa 400 000 polnischen Kriegsgefangenen den Schutz des Kriegsvölkerrechts ab, sie haben jetzt nicht mehr den Status von Kriegsgefangenen. Die Begründung: Da der polnische Staat nach der Zerschlagung durch das Deutsche Reich und die Sowjetunion nicht mehr existiere, könne er auch nicht mehr über bewaffnete Organe verfügen, somit seien die Polen keine Kriegsgefangenen mehr. Sie werden zu Zivilisten erklärt und als Zwangsarbeiter in der deutschen Industrie oder Landwirtschaft eingesetzt.

Für polnische Kriegsgefangene gelten strengere Bestimmungen als für die Soldaten der westlichen Staaten. Für kleinste Vergehen wird zumeist die Todesstrafe verhäng oder es erfolgt eine Einlieferung in die Konzentrationslager, was in vielen Fällen den Tod bedeutet. Ähnlich ergeht es nach Abschluss des Balkanfeldzugs im April 1941 den rund 100 000 serbischen Soldaten der jugoslawischen Armee. Als sogenannte „Südostgefangene“ werden sie ebenfalls unter schlechtesten Bedingungen in der Industrie, in Ostpreußen vor allem in der Landwirtschaft eingesetzt.

Im Februar 1940 vermelden die Informanten der „Deutschlandberichte" der Exil-SPD aus Ostpreußen: „Es werden jetzt auch alle die Polen, die als Zivilisten zur Arbeitsleistung ins Reich geholt werden, als Gefangene angesehen, und das heißt, auch ihnen gegenüber gilt das Verbot für die deutsche Bevölkerung, irgendwelche Beziehungen aufzunehmen. Nur mit Burschen unter 16 Jahren und Mädchen unter 15 Jahren dürfen die Deutschen außerdienstlich verkehren. Die Bevölkerung findet, daß es gar nicht verwunderlich sei, wenn die Landbevölkerung sich so schnell mit den Polen einlasse. Es wurden doch schon in Friedenszeiten immer Polen auf die Güter zum Arbeiten geholt. Eine große Rolle spielt aber auch die Überlegung, daß Deutschland im Falle einer deutschen Niederlage Ostpreußen an Polen oder Rußland verlieren würde. Daraus entsteht eine gewisse Tendenz, sich rechtzeitig sozusagen polnische Bürgen zu verschaffen."[145]

Auch die Dörfer des Amtsbezirks Stradem im Kreis Rosenberg, der jetzt zum Gau Danzig-Westpreußen gehört, sind arm an Männern geworden. Auf den meisten Höfen arbeiten polnische Zwangsarbeiter und Kriegsgefangene. „Sie wurden mit wenigen Ausnahmen gut behandelt, bekamen reichlich zu essen und leisteten willig ihre Arbeit."[146] Richard Wollschläger berichtet, dass angesichts der vielen Kriegsgefangenen und Zwangsarbeiter die letzten deutschen Männer in den Dörfern Gewehre erhalten, eine „Landwacht" bilden und bei Nacht abwechselnd auf Streife gehen.[147]

Dietmar Willoweit begegnen 1941 in einem Lebensmittelladen in seiner Heimatstadt Memel, in den er zum Einkaufen geschickt worden ist, zwei polnische „Fremdarbeiter". „Sie wollen Brot oder Kartoffeln kaufen, aber mit Lebensmittelmarken, für die man, wie ich wusste, nur Seife erhielt. Weder die Verkäuferin noch eine dort anwesende Hausfrau machten den geringsten Versuch, die Polen über ihren Irrtum aufzuklären. Schweigende, abweisende Gesichter, ich wagte nicht, etwas zu sagen. Das Gift des Rassendünkels begann seine Wirkung zu tun, auch bei ganz einfachen Menschen, denen kein Pole irgendetwas getan hatte."[148] Doch sowohl die Zivilbevölkerung als auch viele Wachleute zeigen gegenüber den polnischen Kriegsgefangenen oft ein „undeutsches" Verhalten; den ostpreußischen Behörden werden zahlreiche Fälle von Hilfsbereitschaft und Freundlichkeit gegenüber den Gefangenen gemeldet. Der letzte Besitzer der Güter von Laukischken und Groß Schmerberg im Kreis Labiau, Ludwig Meyländer, genannt Rogalla von Bieberstein, hat sich seit 1933 schon verschiedener Vergehen gegen nationalsozialistische Lebensgrundsätze schuldig gemacht. Der streng kaiserlich gesinnte Konservative nimmt nicht an den Mai-Umzügen der Nationalsozialisten teil, hört nach Kriegsausbruch Feindsender, lehnt den „deutschen Gruß" ab und hisst die Fahne des Kaiserreichs auf dem Schloss und die Hakenkreuzfahne am Giebel seines Stallgebäudes. Die *Königsberger Zeitung* schreibt am 10. März 1940 in ihrem Lokalteil unter der Überschrift „Reaktionärer Landwirt ins Zuchthaus": „Schon lange war er für sein staatsfeindlichen Verhalten reif, durch die Stimme des Volkes abgeurteilt zu werden." Verurteilt wird Rogalla von Bieberstein auch, weil er seine Kriegsgefangenen mit Braten, Tabakwaren und anderem „reich bewirtet" habe. Am 4. August 1940 findet man ihn in seiner Zelle im Zuchthaus Wartenburg, Kreis Allenstein, aufgehängt. Es wird vermutet, dass er auf Befehl ermordet wurde.

Bei der Verteilung polnischer Gefangener und Zwangsarbeiter tritt in der Provinz Ostpreußen die Volkstumsfrage offen zutage. Gerhard Reifferscheid, Pfarrer der Diözese Ermland, hat erlebt, wie plötzlich Zweifel an der Zuverlässigkeit der Bevölkerungsgruppen mit polnischer Muttersprache aufkommen: „Behaupteten in der Zeit der Kriegsrüstung 1938 die nationalsozialistischen Behörden, es handele sich bei den polnisch sprechenden Einwohnern Masurens und Südostpreußens ausschließlich um bevölkerungspolitische Splittergruppen, so warnten sie in den folgenden Kriegsjahren unter Berufung auf bevölkerungspolitische Gesichtspunkte vor angeblich immensen Gefahrenquellen, die eine Verschickung polnischer Kräfte in den Süden Ostpreußens wegen dessen Bevölkerung in sich berge."[149]

Der Gutsbesitzer von Klein Guja, Walter von Sanden-Guja, wird im Jahr 1943 Zeuge einer drakonischen Abschreckungsmaßnahme der Kreisleitung Angerburg. „Der Endsieg Hitlers begann unsicher zu werden. Ganz nahe an meiner Grenze zu dem Dorf Groß Guja wurde ein Galgen errichtet. An ihm sollte ein Pole aus unserem Kreise erhängt werden."[150] Der Gutsbesitzer erfährt die Gründe der geplanten Hinrichtung nicht. Gerüchte besagen, der Verurteilte hätte sich dem Siedler, dem er zugeteilt war, widersetzt, als dieser ihn geschlagen hätte. Dem Polen wird auch unterstellt, er hätte ein Mädchen vergewaltigt. Sanden-Guja glaubt dem polnischen Zwangsarbeiter, weil er von dem Siedler keine gute Meinung hat. Alle Bauern, Gutsbesitzer und -verwalter, die Polen in der Gemeinde Groß Guja beschäftigen, müssen diese zur Hinrichtung schicken. „Der zum Tode Verurteilte mußte, auf seinem Sarg sitzend, fünfzehn Kilometer weit von Angerburg bis zum Richtplatz – also etwa zwei Stunden lang – mit einem Pferdewagen fahren. Als er durch das Dorf Groß Guja kam, hatte ein Teil der Bauernhäuser die Fensterläden geschlossen. Am Richtplatz wurde der Wagen so an den Galgen gefahren, dass die Schlinge vor dem Polen hing. Er zögerte keinen Augenblick, rief laut: ‚Ich habe das Mädchen nicht vergewaltigt' und sprang in die Schlinge."[151]

Obwohl die obersten Justizbehörden Ostpreußens hart durchgreifen, werden immer wieder Fälle verbotenen „Fraternisierens" mit Kriegsgefangenen gemeldet. In Ostpreußen wird schon Anfang 1940 eine größere Anzahl ostpreußischer Frauen wegen des Umgangs mit Kriegsgefangenen zu hohen Zuchthausstrafen verurteilt. Die Zahl der Verfahren steigt 1941 sprunghaft an. Die ostpreußische Justiz steht in dem Ruf, besonders streng zu sein.

Ende Mai 1940 kommen die ersten belgischen Kriegsgefangenen in das Lager „Stalag IA Stablack". Es handelt es sich ausschließlich um Wallonen, die Flamen werden als Angehörige eines „germanischen Brudervolks" schon kurz nach Ende

In Ostpreußen weiß man, wie hart Winter im östlichen Europa sein können. In der Schule Weidlacken, Kreis Wehlau, werden unter den Porträts von Führer und preußischem Ministerpräsidenten im Winter 1942/43 Strümpfe für die Soldaten an der Front gestrickt.

der Kampfhandlungen wieder entlassen. 1940 sind etwa 23 000 Belgier und um die 35 000 französische Kriegsgefangene in Stablack interniert, 1941 kommen weitere 2 500 Franzosen und im Juni 1941 die ersten etwa 1 000 Russen in das Lager.

Auch auf dem Hof von Ernst-August Brenneisen in Wabbeln arbeitet ein französischer Kriegsgefangener. „Wir bekamen auch einen und hatten viel Glück, denn er war selbständiger Bauer in der Bretagne bei Brest und verstand, mit Pferden und Maschinen umzugehen. Er war auch 1907 geboren, verheiratet und hatte ebenfalls ein Töchterchen im gleichen Alter wie wir. Irmhild und er freundeten sich auch sofort an. Das kam dadurch, daß Joseph aus Frankreich Päckchen geschickt bekam, die viele leckere Süßigkeiten enthielten." Als Brenneisen zu einer Zollübung einberufen wird, ist er beruhigt, dem Bauern aus der Bretagne seinen Hof anvertrauen zu können. „Leider war es keine Zollübung, sondern eine militärische Ausbildung. Ich hatte böse Vorahnungen!"[152] Brenneisen kommt an die Ostfront, wird dort bald schwer verletzt und liegt mehr als zwei Jahre in Lazaretten.

Linus Kather aus Prossitten im katholischen Kreis Rößel hat sich Anfang 1921 in Königsberg als Rechtsanwalt niedergelassen. Er verteidigt ab 1940 um die 1 000 belgische und 2 000 französische Kriegsgefangene, letztere im Auftrag der französischen Republik, vor ostpreußischen Gerichten.[153] Kather merkt in seinen Erinnerungen die relativ gute Behandlung der westlichen Gefangenen habe sich bei Kriegsende für viele Menschen in Ostpreußen ausgezahlt. „Racheakte hat es kaum gegeben, aber als dann die Zeit des großen Trecks gekommen war, da konnte man auf sehr vielen Fuhrwerken die Gefangenen sehen, wie sie einträchtig mit ihren Arbeitgebern gen Westen zogen. Meist lenkten sie in Vertretung der abwesenden Männer, Väter und Brüder das Gespann."[154]

In Ostpreußen, weit weg von ihrer Heimat, sind um die 50 000 französische Kriegsgefangene untergebracht. Marianne Günther berichtet in einem Brief vom 22. Oktober 1943 ihren Eltern, dass sich auch in Gertlauken einige Dörflerinnen und Franzosen nahe gekommen sind: „Auch hörte ich, daß im Dorf einige Frauen verhaftet wurden, die sich mit französischen Kriegsgefangenen eingelassen haben sollen."[155] Die verbotenen und in der Regel denunzierten Liebeleien zwischen belgischen und französischen Kriegsgefangenen bzw. Zivilarbeitern und deutschen Frauen sind das häufigste Delikt, das Kather vor den Kriegsgerichten zu vertreten hat. Staatsanwälte, Gerichte und Verteidiger Kather entwickeln Routine. Was bei Polen mit dem Tode bestraft wird, kann Kather bei Franzosen und Belgiern zu Gefängnisstrafen herunterhandeln. „Mit der Zeit hatten sich feste Sätze eingebürgert, küssen kostete neun Monate, Geschlechtsverkehr drei Jahre Gefängnis."[156] Die ostpreußischen Frauen werden strenger bestraft als die französischen und belgischen Kriegsgefangenen. Bei Verurteilung erhalten sie Zuchthausstrafen."[157]

Dem „Stalag IA Stablack" unterstehen zeitweise etwa 100 000 Kriegsgefangene. Der größte Teil von ihnen lebt jedoch die meiste Zeit des Jahres nicht im Hauptlager, sondern in den 23 über das nördliche Ostpreußen verteilten Zweiglagern. Am Tage verlassen die Kriegsgefangenen diese Lager und arbeiten in der Landwirtschaft und in Fabriken. Das Lager „Stalag IB Hohenstein" ist das größte ostpreußische Kriegsgefangenenlager. Es liegt in unmittelbarer Nähe des Tannenberg-Denkmals zwischen Hohenstein und Königsgut. Ursprünglich als Zeltplatz für die zur Feier des 25. Jahrestags der Tannenbergschlacht im August 1939 erwarteten rund 10 000 ehemaligen Kriegsteilnehmer vorgesehen, nutzt die Wehrmacht mit Beginn des Zweiten Weltkriegs das Lager für die Aufnahme von polnischen Soldaten, später von Franzosen und Russen. Für die Russen werden Baracken, vor allem aber Erdhöhlen angelegt. Bis zu 20 000 Gefangene vegitieren bei jedem Wetter in solchen Erdlöchern. Im „Stalag IB bei Hohenstein" bringt die Wehrmacht im Verlauf der nächsten Jahre 157 000 polnische, 90 000 französische, 800 belgische, ab 1943 auch eine unbekannte Zahl italienischer, vor allem aber sowjetische Kriegsgefangene unter. Etwa 55 000 Menschen, hauptsächlich sowjetische Soldaten, sterben hier an Hunger und Seuchen. Sie werden auf dem erweiterten Friedhof des 270-Einwohner-Dorfes Schwenteinen begraben.

Auch Walter von Sanden-Guja bewirtschaftet die Güter Launingken im Kreis Darkehmen und Klein Guja im Kreis Angerburg neben polnischen Kriegsgefangenen und Zwangsarbeitern ab 1942 mit sowjetischen Kriegsgefangenen: „Auch mir wurden Russen angeboten. Ich nahm etwa zwölf Mann für den Wiesenhof. Sie sollten aus einem Sterbelager bei Tannenberg kommen. Noch vor ihrer Ankunft erfuhr ich, dass sie aus einem mit Fleckfieber verseuchten Lager stammten, in dem sie den letzten Winter in Erdhöhlen verbracht hatten, die sie sich mit Konservenbüchsenblech kratzten. Es wurde uns auch gesagt, man solle ihnen nicht soviel zu essen gebe, ‚sie wären es nicht gewöhnt'."[158] Von Sanden-Guja erwartet halb verhungerte Menschen. Zum Bahnhof Angerburg werden vom Gut Klein Guja zwei von Treckern gezogene Gummiwagen mit Strohschüttung und großen Planen als Wetterschutz geschickt. Es regnet und ist kalt. Auf dem Vorwerk Wiesenhof angekommen, versucht einer der Russen, in dem Sanden-Guja einen Feldwebel vermutet, die Gefangenen in Reih und Glied zu bringen. Er kann sich aber selbst kaum auf den Beinen halten: „An jenem Tage habe ich zum ersten Male gesehen, wie merkwürdig Menschen aussehen, die keine Spur von Waden mehr an ihrem Bein haben, nur Haut und Knochen, mit einer Art von alten Wickelgamaschen umwunden. Vom nächsten Tage an ließ ich den Russen mehrmals Haferschleim in ganz kleinen Portionen geben und sie dann langsam und mit Vorsicht an anderes Essen gewöhnen. Auf einem Nachbargut waren die Russen mit Erbsensuppe und Schweinefleisch empfangen worden. Am anderen Morgen gab es ein Anzahl Tote."[159]

Im Großdeutschen Reich sind im Sommer 1941 etwa 7 Millionen Männer (im Sommer 1944 fast 12 Millionen) zur Armee und Waffen-SS eingezogen. Dem Arbeitskräftemangel begegnet man mit zivilen Arbeitskräften, die vor allem in Osteuropa, aber auch in Westeuropa weniger zwangsverpflichtet als zur Arbeit nach Deutschland verschleppt werden. „Da immer mehr von meinen deutschen Arbeitskräften zum Militär einberufen wurden, erhielten wir weitere Polen, nicht Gefangene, sondern Zivilisten, die – aus Polen zwangsverschickt – überall hinkamen, so auch nach Guja und Launingken. Sie blieben alle ohne Ausnahme bis zum bitteren Ende in Ostpreußen."[160] Auf den Gütern von Sanden-Guja erhalten sie eigene abgeschlossene Wohnungen, von seinem zuverlässigsten Arbeiter, dem Treckerführer August Schwittkowskis, Lebensmittel, von dem Oberschweizer des Gutes täglich Milch. „Bei Kontrollen durch die Partei verhielten sie sich klug und bescheiden. Wenn gute Arbeit von ihnen verlangt werden sollte, mussten diese Menschen satt werden. Es hat niemals Ärger gegeben."[161]

Am 20. Juli 1944 wird Heinrich Himmler Befehlshaber des Ersatzheeres; ihm sind nun alle deutschen Kommando- und Verwaltungsbehörden, Ausbildungseinheiten sowie Wachtruppen im Reichsgebiet unterstellt. Damit ist er auch Kommandant der Landesschützen-Verbände, die zur Bewachung der Kriegsgefangenenlager eingesetzt sind. Am 16. November 1944 wird die Funktion der „Höheren SS- und Polizeiführer", die Himmler direkt unterstehen, zusätzlich mit der Funktion der Höheren Kommandeure der Kriegsgefangenen in den Wehrkreisen ausgestattet. Himmler und nicht mehr dem Oberkommando der Wehrmacht sind nun die Kriegsgefangenenlager im

Reich unmittelbar unterstellt. Oskar von Hindenburg, bis dahin für die Kriegsgefangenen in Ostpreußen und für deren katastrophale Unterbringung und Versorgung verantwortlich, wird im Dezember 1944 abgelöst und in die „Führerreserve" versetzt. Am 28. Februar 1945 wird er endgültig aus dem aktiven Dienst verabschiedet.

Beim Vormarsch der Russen im Oktober 1944 und Januar 1945 befinden sich viele westliche Gefangene der Zweiglager der großen Stalags plötzlich hinter den Frontlinien. Die so befreiten Gefangenen werden von der Roten Armee in das Innere der Sowjetunion gebracht; ein Teil von ihnen gelangt über Weißrussland und die Ukraine nach Odessa und wird von hier nach Marseille verschifft. Die Männer erreichen ihre Heimat erst nach einer oft sechsmonatigen Odyssee durch halb Europa.

Am 25. Januar 1945 wird das Hauptlager „Stalag IA Stablack" evakuiert. Tausende Gefangene werden im Flüchtlingsstrom über das Haff und über die Seehäfen der Danziger Bucht, teilweise von Danzig aus noch mit der Bahn, in den Westen gebracht. Den Ukrainer Maxim Tebenko treiben die Landesschützen im Frühjahr 1945 mit Tausenden anderen sowjetischen Gefangenen des „Stalag IA" bis in das mecklenburgische Neubrandenburg. In den Nächten des Marsches pfercht man die halb verhungerten und erschöpften Gefangenen in Scheunen. Kurz bevor im April 1945 Neubrandenburg erreicht wird, kann Tebenko mit einem Kameraden fliehen und sich eine Nacht lang verstecken. Am nächsten Tag sind die sowjetischen Soldaten da.

Kriegsalltag

Bis zum Herbst 1944 ist Ostpreußen eine Region, in der man gut leben kann. Die letzten Jahre vor dem Krieg haben der Provinz sehr trockene Frühsommer beschert. Der Hochsommer ist heiß und regenarm. [162] Noch einmal entfalten die ostpreußischen Landschaften ihre Reize. Jahrzehntelang werden diese scheinbar friedlichen letzten Jahre der Provinz im Rückblick die verlorene Heimat verklären. Hartmut Boockmann: „Die Versorgung in dem landwirtschaftlich geprägten Gebiet war leichter möglich als in anderen Teilen des Reichs. Von Bombenangriffen hörte man fast nur im Rundfunk, oder man erfuhr von ihnen dadurch, daß Geschädigte und Gefährdete nach Osten evakuiert wurden. Gewiß verklären sich in der Erinnerung die letzten heißen Sommer und verschneiten Winter in den Weiten Ostpreußens, aber es gibt doch genügend Zeugnisse aus dieser Zeit, die einen Eindruck davon vermitteln, wie scheinbar ruhig das Leben hier vor sich ging – in jenen Regionen, wo man als Deutscher unter Deutschen lebte und der Meinung sein konnte, daß Polen weit entfernt war."[163]

Marion Gräfin Dönhoff hat in ihren Büchern ein solches stark von der masurischen Landschaft geprägtes Ostpreußen-Bild hinterlassen: „Die Landschaft ist unvergesslich schön. Echtes Masuren, so wie wir es von unseren Paddeltouren her kennen:

wenig Wald, viel Wasser, sandige Wege in einer unendlich weiten Hügellandschaft, rote Dächer und ein lichtblauer, wolkenloser Himmel darüber. Wir reiten während etwa zwei Stunden am Ufer, eigentlich muß man schon sagen, an der Küste des Spirding entlang. Das ist wirklich ein gewaltiger See und so blau, dass man es kaum glauben kann. Der Weg windet sich langsam durch das Land, manchmal ist es ein Feldweg, dann wieder ein schmaler Pfad und zuweilen eine richtige Straße, die ein Dorf mit dem anderen verbindet und die bald nach Norden, bald nach Süden von unserer eigentlichen Richtung abweicht."[164]. Auf dem Ritt mit ihrer Cousine Sißi von Lehndorff durch Masuren im September 1941 registriert die Gräfin das Ungeheuerliche im scheinbar Alltäglichem: „Überall graben die Leute Kartoffeln, alles, was noch oder schon laufen kann, ist unterwegs: Kinder, Frauen, Greise. Und Gefangene."[165] Die beiden Reiterinnen erreichen an einem Abend Nikolaiken am Spirdingsee, eine Stadt der Frauen: „Das Städtchen ist völlig ausgestorben, man hört keinen Laut. Nirgends ist Licht, niemand auf der Straße. Ja, die Männer sind alle weg, sagt unser Freund, nur ein paar von uns Bauern hat man zur Herbstbestellung beurlaubt."[166]

Gemessen am Westen Deutschlands und Berlin, die fast pausenlosen, immer stärken werdenden Luftangriffen ausgesetzt sind, bleibt Ostpreußen fast fünf Kriegsjahre eine Oase des Friedens. Hin und wieder fliegen aber doch sowjetische Flugzeuge ein, wie Marianne Günther im September 1942 den Eltern nach Köln schreibt: „Übrigens fliegen die Russen auch schon mal nach Königsberg. Unser Dorf liegt auf der Strecke. Hier ist es gut eine Stunde früher dunkel als im Westen. Man hört sie manchmal schon um neun Uhr surren, ein komisches Gefühl, wenn man keine Flak dabei hört."[167]

Die Versorgung der Bevölkerung nach einem Bezugssystem auf Karten funktioniert. Für die an gute, reichliche und fetthaltige Kost gewöhnten Ostpreußen sind es trotzdem magere Jahre, auch auf dem Lande. Drei Jahre lang künden eigentlich nur die Wehrmachtsberichte und die Todesanzeigen in den Heimatzeitungen davon, dass rings um Deutschland heftige Kämpfe toben und dass ab dem Jahr 1943 die Ostfront Kilometer um Kilometer zurückgedrängt wird, dass Mitte 1943 Nordafrika und Süditalien von den Alliierten besetzt werden und Anfang Juni 1944 eine Invasion der Westmächte droht.[168] Die Kreisleiter und Ortsgruppenleiter und damit die NSDAP sind noch Autoritäten, gegen die es keinen offenen und auch nur verborgenen Widerstand gibt. Sie bagatellisieren die Rückschläge an den Fronten, auch wenn die Realität des Krieges die Heimat in der Nachricht vom Soldatentod eines nahen Angehörigen erreicht.

Es gehört es zu den Aufgaben der Junglehrerin Marianne Günther, in gotischer „Kunstschrift" die Ehrenliste der Gefallenen des Dorfes in das „Dorfbuch" von Gertlauken einzutragen. Im März 1943 nennt die Totenliste „23 Namen aus dem jetzigen Krieg, 36 aus dem Ersten Weltkrieg, einer von 1870/71 und keiner von 1813"[169]. „Neulich war ich abends bei der Familie Mauritz. Er hat ein Baugeschäft und ist ein stiller, ruhiger Mensch. Vor zwei Monaten ist sein einziger Sohn gefallen, 19 Jahre, ein fleißiger, freundlicher Junge. Er war Hitlerjugendführer und wurde im April 1942 eingezogen. Ich habe ihn gekannt. Er hatte die Gesellenprüfung und arbeitete im Geschäft des Vaters. Jetzt sind nur noch zwei Töchter, 17 und 6 Jahre alt, da. ‚Das Vaterland darf jedes Opfer fordern', sagte die Mutter ganz still, aber sie und ihr Mann weinten dabei."[170]

In den ostpreußischen Garnisonsstädten werden laufend neue Jahrgänge ausgebildet. Den Ersatz-Bataillonen und -abteilungen weisen die Wehrersatzdienststellen der Landkreise immer mehr bisher als „unabkömmlich" gestellte Männer zu. Nach der Ausbildung, die etwa drei Monate dauert, werden die Männer umgehend den ostpreußischen Frontdivisionen zugeteilt. Zu den Hauptaufgaben des Königsberger Stellvertretenden Generalkommandos gehört zudem die Aufstellung immer neuer Divisionen und Sonderverbände.[171] In Ostpreußen sind aber noch bis in den Herbst 1944 etwa 160 000 wehrfähige Männer „UK", das heißt „unabkömmlich" gestellt.[172]

Noch im Juni 1944 kann es sich Marianne Günther in Ostpreußen gut gehen lassen. Die Eltern tadeln sie wegen ihrer viele Berichte von fröhlichen Feiern mit Alkoholgenuss. Sie sind in Sorge, dass sie ihre Arbeit in der Schule vernachlässigt. Die Tochter schreibt: „Aber die Ostpreußen sind sehr gesellig und lieben Besuche und das Zusammensein mit Verwandten, Freunden und Nachbarn. Das ist hier auf dem Dorf ganz anders wie bei uns in der Stadt, und mir gefällt es, und ich fühle mich irgendwie geborgen, daß ich dazugehöre."[173] In den Ferien im Juli 1942 ist Marianne Günther mit zwei anderen Junglehrerinnen aus dem Kreis Labiau zu einem Ernteeinsatz von BDM-Führerinnen in Hohenstein im Kreis Osterode verpflichtet. Die jungen Frauen treffen sich in Königsberg, wo sie eine Nacht verbringen dürfen. Sie sind privat untergebracht. „Meine Gastleute waren sehr fürsorglich. Abends wollten wir (...) ins Kino, doch alle waren überfüllt, und so landeten wir im Café Alhambra, einem Musikcafe, brechend voll mit Offizieren und eleganten Frauen."[174] Am nächsten Tag geht ihre Reise über Allenstein zu einer Jugendherberge in Hohenstein. „Wir waren insgesamt zweihundert BDM-Führerinnen aus Ostpreußen, sechzehn aus Düsseldorf und dazu wir Junglehrerinnen."[175] Von einem Lager mit Zehntausenden von hungernden Russen in Sichtweite des Tannenberg-Denkmals schreibt Marianne Günther nichts.

Die Königsberger sind angesichts der Schrecken der Zeit nicht nur vergnügungs-, sondern auch bildungssüchtig. Am 25. Mai 1944 schreibt der Kunsthistoriker Wilhelm Worringer an eine Freundin der Familie, Maruschka Jenisch, über die gerade begonnene Vorlesung im Sommersemester: „Vor meinem Kolleg wird immer noch kinomäßig Schlange gestanden und durch die verstopften Gänge komme ich kaum zum Katheder."[176] Am 4. August 1944 hält Worringer von 18 bis 19 Uhr seine letzte Kollegstunde. Er spricht über Rembrandt. In sein Tagebuch notiert er: „Katastrophale Fülle." Einem Freund berichtet er nach Bonn, dass diese Vorlesung die bestbesuchte seiner 35-jährigen Lehrtätigkeit gewesen sei.[177]

Der Markt von Allenburg in der Adventzeit des Jahres 1943. Die Kleinstadt an der Alle im Kreis Wehlau wird wie fast alle Regionen Ostpreußens bis zum Jahr 1944 kaum vom Krieg berührt. Am 21. Januar 1945 muss Allenburg überstürzt von seinen Bewohnern geräumt werden.

Seit 1942 bewirtschaftet Prinz Louis Ferdinand von Preußen, der als Angehöriger eines ehemals regierenden Fürstenhauses auf Befehl Hitlers nach drei Jahren aus der Wehrmacht entlassen wurde, das Gut Cadinen bei Elbing, das sich noch immer im Privatbesitz der Hohenzollern befindet. Mit seiner Frau, Prinzessin Kira, und einer wachsenden Kinderzahl führt er ein zurückgezogenes Landleben, das aber nach Aussage des Prinzen erheblich durch die beiden Gutsverwalter gestört wird. Die beiden sind „heftige“ Nationalsozialisten und auch Amtsträger in der Partei. „Da ich von Hause kein Landwirt war und es mir an Erfahrung fehlte, konnte ich ohne sie nicht auskommen, denn sie waren beide in ihrem Beruf sehr tüchtig. Als ich trotzdem versuchte, mich von ihnen zu trennen, schlug es fehl. Sie terrorisierten unsere Gutsarbeiter und zwangen sie, mit ‚Heil Hitler‘ zu grüßen, was diese immer unterließen, sobald die Verwalter nicht in der Nähe waren.“[178]

Der Anspruch des nationalsozialistischen Herrschaftssystems ist umfassend. Spitzel sind überall und verraten, wohl zumeist aus nationalsozialistischer Überzeugung, Arbeitskollegen, Kameraden und Nachbarn. Mit jedem Kriegsjahr mehr klaffen bei der Justiz das Delikt und das von der nationalsozialistischen Justiz verhängte Strafmaß auseinander. Drakonische Strafen treffen nicht nur Juden, Kriegsgefangene, Zwangsarbeiter, politische und religiöse Gegner des Systems, sondern alle, die nach Maßgabe nationalsozialistischer Gesetze die Wehrkraft „zersetzen“. Zersetzung kann fast alles bedeuten: Schwarzschlachtung, Diebstahl von Wertstoffen, aber auch die „Ausnutzung der Verdunkelung".

Paul Ronge hat 1963 in seinen Erinnerungen eines Strafverteidigers an Fallbeispielen die in Ostpreußen von Staatsanwälten und Richtern besonders brutal ausgeübte Unrechtsjustiz beschrieben: „Ein junger Mann hatte in einer Mondnacht eine Frau belästigt. ‚Ausnutzung der Verdunkelung.' Todesstrafe wurde erkannt und vollstreckt." In diesem Fall wendet sich die belästigte Frau selbst mit Bitte um Gnade an die Staatsanwaltschaft. „Sie wurde nicht müde, zu beteuern: ‚Hätte ich das geahnt, ich hätte den jungen Mann niemals angezeigt.'" In diesem Fall ist der zum Tode Verurteilte ein treuer Anhänger des Führers. Ronge zitiert seine letzten Worte: „‚Es lebe Adolf Hitler und die Leibstandarte!' Trotzdem hatte er sich für seine letzten Tage ein Neues Testament in die Zelle erbeten. Es galt als Vergünstigung, daß ihm seine Schwester ein Paar Pulswärmer stricken durfte, damit die Handschellen nicht zu sehr kühlten. Er hieß Willuda." [179]

Ronge, der zwar am Standort Königsberg zur Wehrmacht eingezogen ist, aber weiter seine Kanzlei betreiben darf, begibt sich beruflich fast täglich zu Mandanten in die „Annahme" des Königsberger Gefängnisses. „Die Annahme ist ein grauer Raum mit grauvergitterten Fenstern. An der grauen Wand Karteikästen, davor eine Theke, hinter ihr drei Beamte und eine Justizangestellte, Frau Abel. Immer, wenn ich in diesen Raum komme, wird mir klar, wieviel unendliches Leid in ihm gewohnt hat. Diesen Raum hat jeder neu eingewiesene ‚Zugang', wie man die Gefangenen nennt, zu passieren. In ihm wird jeder Besuch, auch der Anwälte, notiert." Ronge weiter: „Hier werden die Hingerichteten registriert, über ihre Habseligkeiten und über ihr Begräbnis wird hier verhandelt. Hier ist die Endstation menschlichen Leides."[180] Für den Strafverteidiger ist es ein Ort der Verzweiflung, aber manchmal auch des Heldentums: „Vor der Theke steht ein hochgewachsener, alter Mann, der jüdische Kaufmann Hirschfeld aus Allenstein. Seine Hände liegen auf dem Leib, Fesseln – die bekannte ‚Acht' – umschließen sie. Zwei der Beamten und Frau Abel sehen unsicher zu ihm hinüber, der dritte Beamte wendet ihm den Rücken zu und blättert an einem Pult in einer Akte. Ich kenne den Fall dieses Juden. Er ist wegen ‚Wirtschaftsverbrechens' zum Tode verurteilt worden, weil er eine ihm gehörende Nähmaschine gegen eine Gans eingetauscht hat. Kaum bin ich im Raum, öffnet sich die Tür. Ein Staatsanwalt im Straßenanzug tritt ein, sieht den alten Kaufmann an, blättert in seiner Handakte, sieht dann wieder den alten Mann an und sagt, äußerlich gleichgültig: ‚Der Führer und Reichskanzler hat von seinem Gnadenrecht keinen Gebrauch gemacht. Ich habe Ihnen zu eröffnen, daß Ihre Hinrichtung heute um fünfzehn Uhr stattfindet.' Und mit kühlem Interesse sieht er auf den Todeskandidaten. Der aber hebt ganz langsam seine Hände mit den Fesseln bis zum Herzen, verbeugt sich leicht vor dem Staatsanwalt, sieht durch ihn hindurch in ferne Weiten und sagt nur zwei Worte: ‚Bitte sehr.'"[181]

Der Pfarrer der Bekennenden Kirche Hugo Linck ist gut bekannt mit dem katholischen Propst Meier. Meier ist die katholische Seelsorge im Königsberger Gefängnis übertragen, da er Polnisch spricht und sich seit Kriegsbeginn viele Zwangsarbeiter aus Polen unter den Inhaftierten befinden. „Die zum Tode Verurteilten hatte Meier auf ihre letzte Stunde vorzubereiten, und wöchentlich fanden an einem hierfür feststehenden Tage Hinrichtungen statt, bis zu 17 an einem Tag.“ [182] Linck und Meier haben eine unausgesprochene Absprache. Bei Besprechungen streckt Meier so viele Finger hoch, wie in der vergangenen Woche Menschen in Königsberg durch das Fallbeil ihr Leben haben lassen müssen.[183]

In den Jahren des Zweiten Weltkriegs ist Ostpreußen nicht nur Gefängnis für Kriegsgefangene, Zwangsarbeiter und zivilverpflichtete Ausländer, sondern wie Schlesien, das Sudetenland und Hinterpommern „Luftschutzkeller“ des Reichs. Zudem ist es landwirtschaftliches Überschussgebiet, in dem trotz Zwangsbewirtschaftung auf dem Lande immer irgendwelche Lebensmittel organisiert werden können. Die Provinz nimmt mehr als eine Viertelmillion aus den Großstädten evakuierte Frauen, Kinder und Jugendliche auf. Ab 1943 setzt im Landkreis Elchniederung ein massiver Zustrom von Berlinern ein, deren Heimatstadt in Trümmern versinkt. Jeder größere Bauernhof der Niederung wird mit Ausgebombten und Müttern mit Kindern belegt.

Mit den Berliner Kindern kommen auch Berliner Lehrer in den Kreis. Sie werden auf Veranlassung des Gumbinnener Regierungsschulrats in einer Tagung im „Deutschen Haus“ in Neukirch mit der Eigenart der Landschaft an der Memel, deren Menschen und ihrer Geschichte bekannt gemacht.[184] Auch das Gutshaus von Launingken im Kreis Darkehmen (Angerapp) ist bald überfüllt mit Berliner Bombenflüchtlingen. Walter von Sanden-Guja sieht in der Belegung der Gutshäuser mit Evakuierten eine gezielte Maßnahme der junkerfeindlichen Königsberger Parteileitung um Erich Koch. „Obgleich sie selbst in schwerster Sorge um die eigene Existenz war, vergaß sie nicht, diejenigen zu überlasten, bei denen sie Widerstände vermutete.“[185]

Walter von Sanden-Guja sieht im Sommer 1944 die Anzeichen für den beginnenden Untergang Ostpreußens: „Auf meinen Fahrten nach Launingken sah ich Bilder, wie ich sie mir aus dem Dreißigjährigen Kriege vorstellte.“[186] Dem Gutsherrn begegnen Wagen mit Flüchtlingen aus dem Inneren Russlands und aus den baltischen Ländern. Es sind in die Heimat zurückgekehrte Litauendeutsche und litauische Kollaborateure des Nazi-Regimes und ihre Angehörigen, dazwischen schon Wehrmachtssoldaten der Etappe. „Dem deutschen Militär vorauseilend flohen sie vor den Russen. Schlecht gekleidete, planlos wandernde deutsche Soldaten, mehr noch als Einzelerscheinungen, manchmal auch mit Fuhrwerken mit lebendem Geflügel und anderen Lebensmitteln zogen auf unseren Straßen, scheu, voller schlechtem Gewissens, oder dreist, allem die Stirne bietend. Bedauernswerte Gestalten, demoralisiert durch lange, nicht aufzuhaltende Rückzüge.“[187]

Die Ermordung der ostpreußischen Juden

1944 arbeitet der ehemalige Kommunist Otto A. Schneidereit noch immer in einer Druckerei in Lasdehnen im Kreis Pillkallen als Setzer und Drucker. Eine neu eingestellte Kollegin aus einem Nachbardorf wird von ihrem Bruder besucht, der zur SS-Wachmannschaft eines Konzentrationslagers gehört und Urlaub hat. Der Schwester erzählt er, in dem Lager würden täglich 15000 Menschen, in der Hauptsache Juden, vergast. Sie spricht darüber mit ihren Kollegen. „Wir kannten die Kollegin nicht näher, aber wir zweifelten nicht an ihrer Glaubwürdigkeit, da Gerüchte über solche Verbrechen schon zu uns gedrungen waren."[188] Die Ermordung der europäischen Juden, auch der jüdischen Nachbarn, ist den Ostpreußen bekannt, wenn sie hören und sehen wollen.

Wer als Jude noch irgendwie die Möglichkeit hat, verlässt spätestens mit Kriegsbeginn Ostpreußen. Eine Volkszählung vom 17. Mai 1939 ergibt, dass jetzt nur noch 3169 Juden in Ostpreußen leben, 2911 von ihnen sind Glaubensjuden, der Rest ist getauft. Auch nach dem Krieg gegen Polen und während im Westen die Wehrmacht die Niederlande, Belgien, Luxemburg und Frankreich erobert, verlassen deutsche Juden über Ostpreußen das Land. Da keine Schiffe mehr in den Nordseehäfen nach Übersee ablegen, ist einer der letzten Auswege die Fahrt mit der Transsibirischen Eisenbahn. Die D-Züge, die in Eydtkuhnen (Eydtkau) die Grenze zur Sowjetunion passieren, sind immer voll, wie Heinz Gell in seiner Geschichte des Hauptzollamtes berichtet. „Es waren täglich ein, manchmal auch zwei Transporte mit Juden, die über Sibirien–Wladiwostok nach Nord- und Südamerika ausreisten, weil wegen der Kampfhandlungen im Westen der Reiseweg über den Atlantik versperrt war."[189] Der Zoll kontrolliert das „Übersiedlungsgut" stichprobenartig insbesondere auf nicht deklarierte Wertsachen.

Auch die Anonymität Königbergs bietet der jüdischen Bevölkerung bald keinen Schutz mehr. Mit Ausbruch des Krieges gegen Polen und der britischen Kriegserklärung an Deutschland haben drei jetzt auf der britischen Insel lebende Söhne der Familie Radok, Uwe, Jobst und Rainer, aus Königsberg beschlossen, gemeinsam zu Freunden nach Middlesborough zu ziehen. Am 24. September 1939 werden sie dort als „feindliche Ausländer" interniert und danach in wechselnden Lagern untergebracht.

Am 9. August 1939 erhält der Vater Fritz Radok in Königsberg die Erlaubnis, bis zum 16. Mai 1940 mit der Familie über England nach Australien einzuwandern. Erst jetzt kann er bei den deutschen Behörden einen Pass beantragen.[190] Als alle Hürden überwunden scheinen, beginnt der Zweite Weltkrieg. Fritz Radok, Geschäftsführer der Steinfurter Maschinenfabrik und Teilnehmer des Ersten Weltkriegs, wird als einer der angesehensten noch in Königsberg lebenden Juden am 2. September 1939 verhaftet und in ein Arbeitslager im Kreis Labiau eingewiesen. Am 27. September

1939 erhält Gertrud Radok über Lettland eine Nachricht, dass es ihren Söhnen in England gut gehe und dass sie nach Amerika auszuwandern versuchen. Der Sohn Christoph Radok dient – obwohl nach offizieller Lesart „Halbjude" – noch bei der deutschen Luftwaffe im Westen. Die 18-jährige Tochter Gundula hat gerade ihre Ausbildung in Gernrode im Harz beendet. Der Korridor ist seit Kriegsausbruch gesperrt, sie kann nicht zur Mutter zurückkehren. Erst im Oktober 1939, nach dem Ende des Krieges in Polen, darf sie mit der Bahn nach Königsberg fahren. Die Gestapo informiert die „arische" Gertrud Radok, dass ihr Mann aus dem Lager entlassen werden kann, vorausgesetzt, dass er auswandern wird. An drei aufeinanderfolgenden Sonntagen im November 1939 besucht Gertrud Radok Fritz Radok in Labiau. Dort wäscht der 56-Jährige Kleider, putzt Fußböden und heizt Öfen. Am 23. Dezember 1939 wird er entlassen, um seine Auswanderung zu betreiben und bestehende Visa, Geld- und Pass-Probleme zu lösen. Seine Frau hat schon alle Hebel in Bewegung gesetzt. Rainer Radok: „Es ist mir nie klar geworden wie es zu dieser Entlassung gekommen ist. Hat Mutter von ihrer Jugendfreundin Käthe, der Gemahlin des Luftwaffengenerals Erhard Milch, Hilfe erhalten? Milch selbst war wohl Halbarier. Er ist vielleicht der Grund für die Hermann Göring nachgesagte Bemerkung, daß er in Deutschland entscheide, wer ein Jude ist."[191]

Eine der Schwestern von Gertrud Radok, Helene Leo, ist ebenfalls mit einem Juden verheiratet. Sie ist bereits nach Lateinamerika emigriert. Durch sie erhält die Familie jetzt die Chance, nach Venezuela auszuwandern. Christoph Radok wird im ersten Halbjahr 1940 aus der Luftwaffe entlassen, nachdem ein neues Gesetz Halbjuden die Möglichkeit eröffnet, ihre Entlassung zu beantragen. Er wird mit seiner Familie den ganzen Krieg über in Königsberg bleiben. Nach vielen Verzögerungen machen sich Fritz und Gertrud Radok mit ihrer Tochter Gundula im Mai 1940 von Königsberg auf, über Italien per Schiff nach Venezuela auszureisen. Sie müssen dabei mit der Bahn durch halb Deutschland fahren, um alle Papiere zusammenzubekommen. In Genua überrascht sie der Eintritt Italiens in den Krieg gegen Frankreich. Fritz Radok wird von den Italienern verhaftet und in einem Lager bei Salerno südlich von Neapel interniert. Dort erkrankt er an Typhus. „Mutter nimmt wieder alleine den Kampf für die Flucht aus Europa auf. Sie zieht mit Schwester Gundula in ein noch billigeres Hotel in Nervi, einem Kurort bei Genua. Täglich fährt sie in die Stadt, um Beamte zu treffen und Gelegenheiten für eine Ausreise zu untersuchen."[192] Von Italien gehen keine Schiffe mehr nach Venezuela. Längst haben die Radoks kein Geld mehr. Der in Königsberg zurückgebliebene Sohn Christoph tauscht die letzten 10 000 RM der Familie in Dollar-Devisen und schickt sie den Eltern.

Am 30. Juni 1940 werden die in England lebenden Radok-Söhne auf das Schiff „Arandora Star" gebracht, um nach Kanada deportiert zu werden. Die „Arandora Star" wird auf hoher See von einem deutschen U-Boot torpediert und sinkt. Die Brüder werden mit vielen anderen gerettet und nach Schottland zurücktransportiert.

Am 11. Juli 1940 gehen sie auf die „Dunera", die sie als Deportierte nach Australien bringen soll. In Melbourne angekommen, dürfen diejenigen, denen als „feindliche Ausländer" keine Sympathien für den Nationalsozialismus unterstellt werden, nach Sydney weiterreisen. Die Radoks, obwohl verfolgte Juden, müssen in Melbourne bleiben. Erst im Mai 1942 endet nach fast drei Jahren die Internierung der drei Brüder. Sie treten sofort freiwillig in die australische Armee ein.

Am 2. September 1940 gelangen Fritz, Gertrud und Gundula Radok nach Lissabon. Die portugiesische Grenze wird neun Tage nach ihrer Ankunft für Flüchtlinge geschlossen. Am 13. Februar 1941, 273 Tage nach ihrer Abfahrt von Königsberg, erreichten sie New York. Nach dem Ende des Krieges, zu Jahresbeginn 1947, gelangen Fritz, Gertrud und Gundula Radok über Panama auf einem Transportschiff nach Melbourne in Australien und treffen dort ihre Söhne und Brüder wieder. Wenige Monate später erreicht auch Christoph Radok mit seinem Sohn Uwe auf einem Emigrantenschiff aus Deutschland kommend Melbourne. Alle Radoks haben Verfolgung und Krieg überlebt. Sie gehören damit zu einer Minderheit der ostpreußischen Juden.

Der Bauer Otto Nickel aus Waplitz im Kreis Osterode dient im Krieg als Oberfeldwebel beim Infanterieregiment Nr. 2. Seine Einheit ist in Nowe Miasti (Neustadt) im Bezirk Zichenau (Ciechanów) stationiert. Als Nickel im Frühjahr 1941 seine Kompanie gerade auf eine Inspektion vorbereitet, bemerkt er, dass zwei junge Männer mit erhobenen Händen von der SS abgeführt werden. Auf Nachfrage erklären die SS-Bewacher, die Juden hätten einen Ausbruchsversuch unternommen und würden jetzt erschossen. Oberfeldwebel Nickel befiehlt als Ranghöherer den SS-Männern, darunter einem Unterscharführer, ihm den 15-jährigen Viktor Gonschorrek und den 16-jährigen Jan Lubinetzki zu überlassen. Er würde sie für verschiedene Hilfsarbeiten bei seiner Kompanie einsetzen. Da die SS-Männer keinen schriftlichen Befehl vorweisen können, gehorchen sie dem Oberfeldwebel. Nickel bietet den beiden jüdischen Jungen an, sie als polnische landwirtschaftliche Hilfsarbeiter getarnt auf seinem Hof zu beschäftigen. Er nimmt zwei Tage Sonderurlaub und schmuggelt sie, da sie keine Papiere besitzen, auf der Toilette eines Urlauberzuges durch die Kontrollen an der ehemaligen Reichsgrenze. In Waplitz gibt er die Jungen den Behörden gegenüber als freiwillige polnische Fremdarbeiter aus. Die beiden leben und arbeiten bis Januar 1945 auf Nickels Hof, der Bauer ist all die Jahre über an der Front. Als die Rote Armee den Kreis Osterode erreicht, helfen die jungen Männer beim Packen und begleiten die Familie Nickel auf der Flucht bis Dirschau, dann kehren sie in ihre polnische Heimat zurück. 1948 wandern sie nach Israel aus. Otto Nickel lebt nach dem Krieg in Bardowick bei Lüneburg. Dort machen die Überlebenden ihren Retter in den 1960er Jahren ausfindig. Als Anerkennung für seine Tat erhält er 1969 eine Ehrenurkunde des Staates Israel, wird zum „Gerechten unter den Völkern" ernannt und darf, in Anwesenheit der Geretteten, 1973 im „Garten der Gerechten" in Yad Vashem einen Baum pflanzen.[193]

Ab dem 19. September 1941 müssen alle Juden im deutschen Reich den Judenstern tragen. Der Alltag gerät zum Spießrutenlauf. Juden dürfen keine Bäder, keine Kulturveranstaltungen, keine Kinos und keine gastronomischen Einrichtungen mehr besuchen. Ihnen ist die Benutzung öffentlicher Verkehrsmittel verboten, überall hängt das Schild „Juden unerwünscht". Auf der Wannseekonferenz vom 20. Januar 1942 wird die „Endlösung der Judenfrage" beschlossen. Der aus Königsberg stammende Musiker Michael Wieck, dessen Mutter Jüdin ist, stellt in seinem Buch *Zeugnis vom Untergang Königsbergs* fest: „Im Vergleich zu dem Verhalten anderer Städtebewohner ihren ‚Gezeichneten' gegenüber – zum Beispiel Hamburg, Berlin oder Köln – scheint mir die ostpreußische Bevölkerung besonders erfolgreich aufgehetzt gewesen zu sein."[194] Er beruft sich auch auf die Erfahrungen anderer Königsberger Juden und sieht als Ursache den Gauleiter Erich Koch und seine vielen Hetzreden. Der „Halbjude" Wieck hat aber auch die positiven Erlebnisse nicht vergessen. „Ein freundliches Wort oder ein im unbeobachteten Moment schnell zugestecktes Stück Kuchen, ein Blick, eine Geste. Daß das aber nur selten geschah, lag ganz sicher daran, dass es großer Zivilcourage bedurfte, gegen eine Verfügung zu verstoßen, die mit KZ-Bestrafung drohte, wenn jemand solcherart Mitgefühl zeigte."[195]

Ab 1942 werden die Juden, die Ostpreußen nicht durch Emigration verlassen konnten, in drei großen und einigen kleineren Transporten deportiert.[196] Der erste Transport geht am 24. Juni 1942 mit 465 Juden nach Minsk. In Allenstein ist der Arzt Dr. Heinrich Wolffheim als Vertreter des Reichsverbandes der Juden in Deutschland gezwungen, die Verschleppung der jüdischen Bevölkerung „in den Osten" zu organisieren. Er überlebt das Konzentrationslager Theresienstadt und schreibt im Frühjahr 1947 in Israel seine Erlebnisse auf.[197] Der Transport am 24. Juni 1942 geht noch mit ausreichend Wagenraum der Reichsbahn in einem beschleunigten Güterzug ab. Die Allensteiner Wagen werden in Korschen an den eigentlichen Transportzug von Königsberg in Richtung Prostken, Polen und Weißrussland angehängt. Die SS und das Reichssicherheitshauptamt halten noch die Fassade einer geordneten „Umsiedlung in den Osten" aufrecht: „Die Gepäckrevision hatte in nicht zu beanstandender Form in meiner Gegenwart im Speisesaal des jüdischen Altersheimes, die Leibesvisitation auf der Gestapo (bei den Frauen durch Gefängnisbeamtinnen) stattgefunden. Von der Gestapo ging es abends im Fußmarsch nach 10 Uhr etwa eine kleine halbe Stunde, zur Abfahrtrampe, eskortiert von Polizisten mit, wie einer angab, geladenen Gewehren." Das Gepäck, pro Person ein Rucksack und zwei Handkoffer, wird in von der Gestapo gestellten Lastkraftwagen zur Bahn geschafft. Geld dürfen die „Umsiedler" nicht mitnehmen. „Die vorhandenen Bankkonto-Bücher der Teilnehmer, Grundstücksurkunden, Bargeld und andere Urkunden mußten von mir gesammelt und der Staatspolizei abgeliefert werden."[198]

Auch Michael Wiecks unverheiratete Tante Fanny, die Schwester seiner „jüdischen" Mutter, wird zur „Umsiedlungsaktion" befohlen: „Man hatte viele hundert Menschen zur selben Zeit an eine bestimmte, zentral gelegene Sammelstelle beordert. Jeder hatte genaue Verhaltensvorschriften zugeschickt bekommen. Mitnehmen durfte man nur 30 Kilogramm Gepäck. Alle hatten aber mehr. Unglaublich zu sehen, was man sich für Lasten zumutete. Kein Zweifel: an diesem Tag gab es in Königsberg viele schlechte Gewissen. Man konnte die Betroffenheit einzelner deutlich spüren. Die Vertreibungsaktion war zu umfangreich und blieb niemandem verborgen. Den ganzen Morgen zogen doch die bepackten Juden zu Fuß durch die Stadt. Manche mußten nach wenigen Schritten pausieren, andere behalfen sich mit kleinen Leiterwagen. Ihre Gesichter wirkten leer, resigniert, aber auch angespannt."[199]

Transporte, die zwischen Mai und September 1942 nach Minsk gehen, kommen nicht im dortigen Ghetto an. Die Juden werden direkt zu schon ausgehobenen Gruben in der Nähe von Minsk geführt und von Einsatzkommandos erschossen. Von diesen Transporten gibt es keine Überlebenden. Ein Transport verlässt Ostpreußen am 25./26. August 1942.[200] Mit ihm werden 809 ältere Juden aus Ostpreußen mit Teilen ihrer Familien nach Theresienstadt deportiert. Ihr Weg in die Konzentrations- und Vernichtungslager gilt als „bevorzugter Abtransport", zu ihm gehören neben den Insassen der jüdischen Altersheime der Provinz Ostpreußen Königsberger Juden, die über 65 Jahre alt sind, und auch Kriegsdekorierte des Ersten Weltkrieges, Kriegsverwundete mit Verwundetenabzeichen, Mitarbeiter jüdischer Organisationen und von der Staatspolizei als um „das Deutschtum" besonders verdient bezeichnete Juden. Der Sonderzug „Da 506" wird in Tilsit eingesetzt, geht dann über Königsberg und Allenstein. Sein weiterer Laufweg ist wahrscheinlich Thorn, Posen, Cottbus, Kamenz, Lobositz und Theresienstadt. Alfred Gottwaldt, Direktor des Deutschen Technikmuseums Berlin, und Diana Schulle haben eine kommentierte Dokumentation der Judentransporte aus dem Deutschen Reich verfasst. Sie vermuten, dass in diesem Transport nicht nur Menschen aus Ostpreußen, sondern ebenso aus dem östlichen Pommern und aus dem Osten der Provinz Brandenburg verschleppt werden. Laut den Eingangslisten von Theresienstadt seien neben Königsbergern auch Juden aus Allenstein, Braunsberg, Eydtkuhnen, Insterburg, Lyck und Tilsit aufgenommen worden sowie Bewohner der Städte Bütow in Pommern, Cottbus, Lauenburg und Stolp.

Die zwei- bis dreitägige Fahrt bei großer Sommerhitze schwächt viele der vorwiegend älteren Insassen des Zuges so sehr, dass sie bald nach der Ankunft im Ghetto sterben.[201] Am 27. August 1942 trifft der Sonderzug in Theresienstadt ein, im September/Oktober 1942 überstellt man 252 Personen dieses Transports nach Treblinka. Zu Beginn des Jahres 1943 gelangen 37 und im Laufe des Jahres 1944 weitere 120 nach Auschwitz. Nur 31 Personen des Transports, der in Theresienstadt die Bezeichnung „XIV/1" erhalten hat, erleben die Befreiung im Mai 1945.

Am 5. September 1942 verlässt ein „19. Osttransport" den Güterbahnhof Berlin-Moabit. Das Durchschnittsalter der Deportierten beträgt 50 Jahre. In Insterburg werden dem Transport noch 250 namentlich nicht bekannte Personen, vermutlich aus dem nördlichen Ostpreußen, zugeteilt. Bis auf etwa 80 Männer, die in Riga wegen ihrer handwerklichen Fähigkeiten ausgesondert werden, erschießt die SS alle anderen nach der Ankunft, darunter 25 Kinder bis zum zehnten Lebensjahr. Von den zur Zwangsarbeit selektierten Männern überlebten nur sechs die folgenden Strapazen.[202]

In einem Sonderzug aus Berlin nach Theresienstadt am 17. März 1943 mit mehr als 1 285 Menschen werden neben Gruppen älterer Juden aus Hannover, Frankfurt/M., Trier und Leipzig auch Königsberger Juden nach Theresienstadt transportiert.[203] Diesem Transport gehören Dr. Heinrich Wolffheim aus Allenstein und die letzten zwei noch in der ermländischen Stadt verbliebenen jüdischen Familien an. Die ostpreußischen Juden reisen in D-Zugwagen nach Berlin. „Mit uns fuhren aus Königsberg der dortige Leiter der Bezirksstelle, früherer Rechtsanwalt Josias Eppstein und einige alte Juden, die bei früheren Transporten transportunfähig gewesen waren. Wir durften keinen Pfennig Geld mitnehmen. Dagegen war uns erlaubt, unser Barvermögen, auch das auf der Bank befindliche, über die R.V. auf Heimeinkaufskonto nach Theresienstadt zu überweisen, nicht zur persönlichen, sondern allgemeinen Verwendung dort."[204]

In dem Viehwagen, in dem die Wolffheims weiterreisen, sind ab Berlin 52 Personen eingepfercht. Am Boden liegen Streumatratzen, in der Mitte steht ein Kübel zur Verrichtung der Notdurft. Der Wagen ist dauerhaft verschlossen. Von der Station Bauschowitz müssen die letzten 2,5 km nach Theresienstadt (Theresin) gelaufen werden. „Wir kamen zunächst 2 Tage in die ‚Schleuse Aussiger Kaserne', wurden dort genauest revidiert an Gepäck und Körper. Nach Beendigung der Durchsuchung wurden wir auf unsere Quartiere verteilt."[205] Einem am 19. April 1943 von Berlin und Potsdam abgehenden „37. Osttransport" gehören neben Brandenburgern und deutschen Juden aus Holland, die in den Jahren zuvor dorthin emigriert waren, 52 Personen an, die aus Metgethen im Landkreis Königsberg und aus dem Lager Wasserburg in der Elchniederung hierhergebracht worden waren. Der Zug erreicht am 20. April 1943 Auschwitz.

Ab dem Spätsommer 1942 muss Michael Wieck in der Königsberger chemischen Fabrik Gamm & Sohn, einem Unternehmen, das Waschpulver, Seife, Melkfett, Hautcreme, Reinigungsflüssigkeiten, Glyzerinprodukte und ähnliches herstellt, Zwangsarbeit leisten. Die Fabrik liegt in einer Seitenstraße des Steindamms, hinter dem Kino Alhambra. Die Arbeiterinnen und Arbeiter hier sind ehemalige Prostituierte, Zwangsarbeiterinnen aus der Sowjetunion, französische Kriegsgefangene, Polen, Sinti, Roma und Juden. „Wobei Juden als ‚Untermenschen' oder ‚Ungeziefer' den niedrigsten Rang einnahmen."[206] Die Zwangsarbeiter werden von älteren Vorarbeitern und Aufsehern, die frontuntauglich sind, bewacht. Geschäftsführer und Oberaufseher in einer Person ist der „Gausiedemeister" Täuber. Der Gausiedemeister ist zu allem fähig: „Als einmal ein älterer jüdischer Arbeiter während der Arbeit rauchte, sah dies Herr Täuber. Er rief sofort die Gestapo an, welche den Mann abholte.

Ich stand daneben. Wenig später wurde die Urne dieses freundlichen Mannes an seine nichtjüdische Frau gesandt."[207]

Es sind, wenn überhaupt, schon kleine Gesten des Widerstands, die in Ostpreußen von der Staatspolizei als Widerstand registriert werden. So weigert sich die Klavierlehrerin Maria Pohlmann aus Wormditt, die Noten jüdischer Komponisten zu vernichten.[208] Der katholische Geistliche Franz Schacht, geboren im ermländischen Heilsberg, ist seit 1920 Pfarrer von Heydekrug im Memelgebiet. Der in einer Arbeitskolonne vorübergeführte, ehemals wohlhabende jüdische Textilkaufmann Smoliansky aus Heydekrug bittet den Geistlichen um eine Kartoffel. Dieser überlässt ihm und den anderen Häftlingen trotz Anwesenheit der Polizei das Pfarrland zur Kartoffelernte. Smoliansky und seine jüdischen Mitgefangenen werden nach einigen Monaten ungefähr 13 km von der Pfarrgrenze entfernt erschossen.

Die Berliner Geschichtslehrerin Dr. Elisabeth Abegg stellt ab 1942 Juden ihre Wohnung in Berlin-Tempelhof als zeitweiligen Flucht- und Versammlungsort zur Verfügung. Mit Freunden aus der Quäkerbewegung, der sie seit 1940 angehört, Pastoren und ehemaligen Schülerinnen bildet sie eine Hilfsorganisation und schützt über einen Zeitraum von drei Jahren Dutzende Juden, beschafft ihnen falsche Papiere und hilft ihnen so, der Deportation zu entkommen. 1943 versteckt der Kreis um Elisabeth Abegg auch die damals fünfjährige Evelyn (Evy) Goldstein, deren Eltern untergetaucht sind. Evy Goldstein wird im Juni 1943 als „Eva Holstein" auf dem Gut Blöstau der Baronin Eveline von Meerscheidt-Hüllessem in Kuggen, Kreis Samland, untergebracht. Die Baronin ist Mitglied der Bekennenden Kirche und hat dieser ihren Besitz auch als Predigerseminar zur Verfügung gestellt. In Blöstau verbleibt Evy Goldstein bis zum Kriegsende. Das Verwalterehepaar des Gutes, Adolf und Frieda Bunke, weiß um die wahre Herkunft des Kindes und schützt es all die Jahre. Evy Goldsteins Mutter entkommt ihren Verfolgern in Berlin und kann sich, da sie den Aufenthaltsort der Tochter kennt, noch vor dem Kriegsende nach Blöstau durchschlagen. Den Vater hat die Gestapo in Berlin verhaftet. Er wird in Auschwitz umgebracht.[209] Von der Roten Armee werden Mutter und Tochter nach der Besetzung Ostpreußens im Frühsommer 1945 in die Sowjetunion deportiert, die Mutter zur Zwangsarbeit gezwungen. Beide entkommen aus sowjetischen Arbeitslagern in Litauen, die Mutter verdingt sich als Hausangestellte bei einem jüdischen Richterehepaar in Wilna. 1948 dürfen beide nach Deutschland ausreisen, 1950 emigrieren sie in die USA.[210] 1967 wird Elisabeth Abegg als „Gerechte unter den Völkern" in Yad Vashem geehrt; posthum geehrt werden in Berlin im Januar 2011 auch Adolf und Frieda Bunke. Für seine Eltern nimmt der 77-jährige Klaus Bunke die Auszeichnung entgegen.[211] Evy Goldstein ist anwesend.

Neben dem Attentat auf Hitler am 20. Juli 1944 ist der am schwersten wiegende bekannt gewordene Fall politisch motivierter Opposition in Ostpreußen die individuelle Tat eines Sprengmeisters aus Grünau im Kreis Elchniederung. Anfang August

1944 nimmt Hermann Kurras 13 aus dem nahen Konzentrationslager Wasserburg geflohene Juden bei sich auf. Kurras ist zu dieser Zeit für die Moorverwaltung in Hohenbruch tätig, die ihm hin und wieder jüdische Häftlinge als Hilfskräfte zur Verfügung stellt. Durch diese Kontakte entwickelt sich seit 1943 über den Austausch von Dienstleistungen und Lebensmitteln bei Kurras die Bereitschaft, die kurz vor der Lagerauflösung geplante Flucht der jüdischen Häftlinge zu unterstützen. Auf seinem abgelegenen Gehöft beherbergt und verpflegt Kurras die Geflohenen, die sich in einem eigens angelegten Bunker versteckt halten. Kurras erwartet mit seiner Familie und einem Gehilfen den Einmarsch der Roten Armee, die sich im Oktober 1944 Grünau bis auf 40 km genähert hat. Letztlich werden Kurras abfällige Äußerungen über die Staatsführung zum Verhängnis. Auf ihn aufmerksam geworden, schickt die Polizei im Oktober 1944 als russische Partisanen getarnte ukrainische Hilfspolizisten auf Kurras Gehöft. Um sich als Regimegegner auszuweisen, verrät er den vermeintlichen Partisanen das Versteck der geflohenen Juden. Elf von ihnen werden bei der umgehend eingeleiteten Razzia erschossen. Hermann Kurras, seine Ehefrau und sein Gehilfe werden wegen Feindbegünstigung am 15. Dezember 1944 vom Volksgerichtshof zum Tode verurteilt. Entgegen der Anregung des Gauleiters Erich Kochs, das Urteil zur Abschreckung durch öffentliches Erhängen in Grünau zu vollstrecken, wird das Ehepaar noch vor Weihnachten im Königsberger Gerichtsgefängnis hingerichtet.[212]

Das Jahr 1944

Der Krieg kommt über die Grenze

Hans Graf von Lehndorff glaubt, im traumhaften Sommer 1944 sei die ostpreußische Landschaft beseelt gewesen. Noch einmal habe seine Heimat ihre ganze Pracht entfaltet. „Wer die letzten Monate mit offenen Sinnen erlebte, dem schien es, als sei noch nie vorher das Licht so stark, der Himmel so hoch, die Ferne so mächtig gewesen. Und all das Unbegreifliche, das aus der Landschaft heraus die Seele zum Schweigen bringt, nahm in einer Weise Gestalt an, wie es nur in der Abschiedsstunde Ereignis zu werden vermag."[213] Sigrid Reisch von Wagner schwärmt noch Jahrzehnte später vom Herbst 1944, der dem Sommer nicht nachgestanden hätte: „Die Ernte, eine Rekordernte, war eingebracht. In den weiten Koppeln tummelten sich die verschiedenen Jahrgänge der Pferde, in den wunderbar grünen Wiesen weideten die Kühe – ein Bild tiefsten Friedens."[214] Die Erinnerung trügt sie nicht. Trügerisch war der Friede.

1944 beginnt in Ostpreußen als normales Kriegsjahr. Die Provinz ist noch immer so etwas wie der Luftschutzkeller des Deutschen Reiches, Zehntausende Evakuierte, Mütter mit Kindern und ganze Schulklassen, vor allem aus Berlin, sind in Ostpreußen untergebracht. Die Versorgung mit Lebensmitteln ist ausreichend. Trotz aller Rückschläge des Jahres 1943 ist zu Jahresbeginn die Front im Osten noch weit entfernt: Von Memel aus sind es bis zur Front vor Leningrad über 500 km. Die Kampfzone im Raum Witebsk liegt noch über 400 km weit, selbst die Kämpfe von Brest-Litowsk spielen sich noch etwa 300 km entfernt ab.[215]

In Memel steckt der Bruder von Dietmar Willoweit auf einer Landkarte im Kinderzimmer mit Fähnchen den Verlauf der Ostfront ab. „Danach konnte auch ein Kind erkennen, dass es rückwärts ging. (...) Aber schließlich waren die Fähnchen auf der Landkarte in der Gegend von Goldap nach Ostpreußen hineingerückt. Ein Freund der Familie erschrak vor diesem Anblick zutiefst und meinte, die Russen würden uns abschneiden. Ich hielt das für ausgeschlossen, obwohl mein sich entwickelnder strategischer Verstand dem Mann nicht unrecht geben konnte."[216]

Neuhoff im Kreis Lyck ist eines der beiden östlichsten Lager des weiblichen Arbeitsdienstes im Deutschen Reich. Die Mädchen hören im Radio den Wehrmachtsbericht, in dem die Namen Grodno und Wilna auftauchen. Man weiß nun, dass die Front näher rückt. „Da die Bauern meist keinen Rundfunk besaßen, teilten wir Maiden ihnen die neuesten Nachrichten mit. Sie wurden unruhig, als sie von der nahen Front hörten." Die Mädchen registrieren, dass zunehmend die Feldarbeit vernachlässigt wird. „Es gab nur im Haus zu tun, und ich half der Bäuerin fleißig beim Packen. Selbst die Kinder verstauten ihr Spielzeug im Ranzen. Der Bauer war dabei, einen neuen Leiterwagen zu bauen. Schließlich sah die Wohnung leer und kahl aus, keine Gardine am Fenster, kein Bild mehr an der Wand, die Schränke waren leer bis auf das nötigste Geschirr. Was nicht auf den Leiterwagen passte, wurde vergraben."[217]

Überall in Ostpreußen rücken im Sommer 1944 männliche Arbeitsdienstler, ausländische Zwangsarbeiter, Hitlerjungen, alte Männer und Studenten auf Befehl der Gauleitung zum Ausheben von Panzergräben aus. Oft werden die Stellungen noch jenseits der alten Reichsgrenze angelegt. Auch Studenten und Dozenten der Königsberger Albertina sollen den Feind durch Ausheben von Panzergräben von den Provinzgrenzen fernhalten. In der Geschichte der Albertus-Universität zu Königsberg in Preußen heißt es: „Vorlesungen und überhaupt der akademische Unterrichtsbetrieb wurden fast vollkommen stillgelegt. Man hat dann zweifelsohne wochenlang bis ins litauische Land hinein mit Hingebung an den Gräben gearbeitet."[218]

Die Großmutter, die Tante und die Cousinen von Dietmar Willoweit sind 1944 wegen der Gefahr von Bombenangriffen in das Pfarrhaus des Dorfes Plicken übergesiedelt. Plicken liegt hart an der litauischen Grenze. Im Juli besuchen die Mutter, Dietmar und sein Bruder dort ihre Verwandten. „Das Korn stand schon hoch, es war heiß. Plicken war ein typisch memelländisches Dorf mit der Besonderheit, dass hier eine Kleinbahnlinie endete. Kirche, Pfarrhaus und Schule standen ziemlich allein in der Landschaft, während sich die einzelnen Höfe im größeren Umkreis um dieses

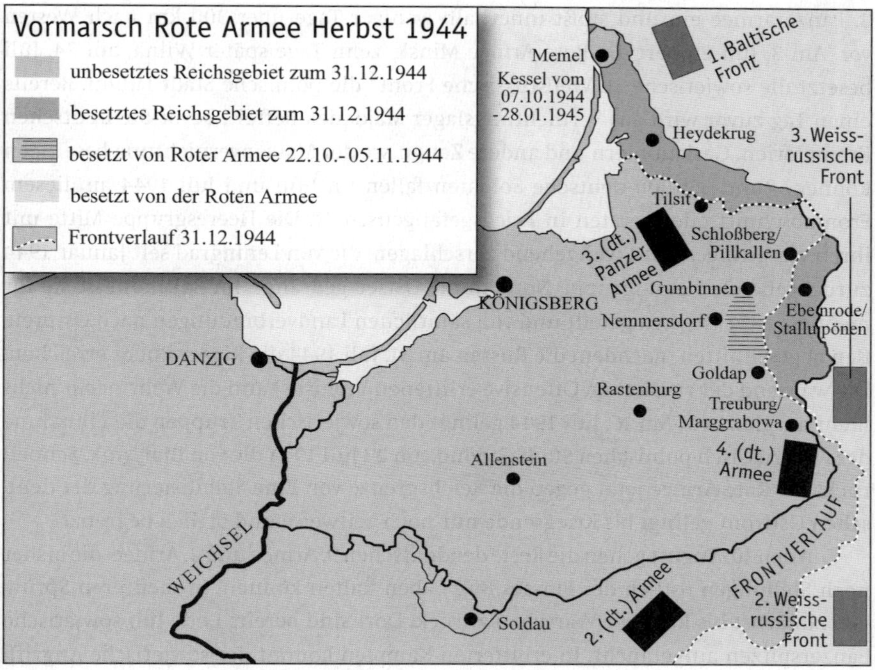

winzige Zentrum verteilten. Ich musste nur wenige Schritte gehen, um im Grase liegend die Stille des Landes zu genießen, das Summen der Insekten und das Gezwitscher der Vögel."[219] Es ist eine Todesstille: „Nach einer Weile aber hörte ich noch ein anderes Geräusch. Wie ein ganz fernes Gewitter hallten Geschützdonner von Osten herüber, an- und abschwellend auch für das Kind."[220] In Insterburg hört der Arzt Hans Graf von Lehndorff das Heranrücken der Kämpfe nicht, er spürt es. „Die Vorboten der Katastrophe machten sich bereits in den letzten Junitagen 1944 bemerkbar – leichte, kaum ins Bewusstsein dringende Stöße, die das sonnendurchglühte Land wie von fernen Erdbeben erzittern ließen. Und dann waren die Straßen auf einmal überfüllt mit Flüchtlingen aus Litauen, und herrenloses Vieh streifte quer durch die erntereifen Felder, dem gleichen unwiderstehlichen Drang nach Westen folgend."[221]

Am 22. Juni 1944, zwei Wochen nach Eröffnung einer Westfront durch die alliierte Invasion in Frankreich, hat die Rote Armee eine Großoffensive gegen die 40 Divisionen mit rund 500 000 Soldaten der Heeresgruppe Mitte begonnen. Adolf Hitler als Oberbefehlshaber erklärt viele Orte zu „Festen Plätzen", die wie Festungen verteidigt werden sollen, auch wenn sie von der Roten Armee eingeschlossen sind. Er unterbindet so eine wendige Führung der vier Armeen der Heeresgruppe, die vielleicht für einige Zeit zu einem Abwehrerfolg hätte führen können.[222] In einer Zangenbewegung kesselt die Rote Armee die deutsche 4. und 9. Armee sowie die

3. Panzerarmee ein und stößt innerhalb weniger Tage über 300 km nach Westen vor. Am 3. Juli erobert die Rote Armee Minsk, zehn Tage später Wilna, am 24. Juli besetzt die sowjetische „1. Weißrussische Front“ die polnische Stadt Lublin. Bereits einen Tag zuvor wird das Vernichtungslager Majdanek befreit, bevor die Deutschen Krematorien, Gaskammern und andere Zeugnisse der Massenvernichtung beseitigen können. Rund 350000 deutsche Soldaten fallen im Juni und Juli 1944 an diesem Frontabschnitt oder geraten in Kriegsgefangenschaft. Die Heeresgruppe Mitte mit ihren vier Armeen wird weitgehend zerschlagen, die von Leningrad seit Januar 1944 zurückgehende Heeresgruppe Nord an die Ostsee gedrängt. Im Baltikum ist sie für mehr als zwei Wochen geteilt und von sämtlichen Landverbindungen nach Ostpreußen abgeschnitten, nachdem die Russen am 31. Juli 1944 die Rigaer Bucht erreichen. Die während der russischen Offensive erlittenen Verluste kann die Wehrmacht nicht mehr ausgleichen. Am 16. Juli 1944 gelingt den sowjetischen Truppen die Einnahme der weißrussisch-polnischen Stadt Grodno, am 27. Juli 1944 die von Białystok. Schnell rückt die Rote Armee jetzt gegen die Reichsgrenze vor. Eine Stabilisierung der deutschen Ostfront gelingt bis Kriegsende nur noch zeitweise und örtlich begrenzt.

Um den 10. August gehen die Reste der deutschen 9. Armee und 2. Armee, die bisher noch Stellungen östlich des Flusses Bug haben halten können, in mehreren Sprüngen zunächst bis kurz vor Warschau zurück. Dort sind bereits Ende Juli sowjetische Panzerspitzen aufgetaucht. In erbitterten Kämpfen kommt der sowjetische Angriff, der einen Einbruch in Ostpreußen zum Ziel hat, bis Mitte September am Narew zum Stehen, doch hält die Rote Armee bereits Brückenköpfe am westlichen Narewufer. Bei der deutschen 2. Armee liegt die Front nur noch 30 bis 70 km von der ostpreußischen Grenze entfernt.[223] Das ist die militärische Lage, als am 20. Juli 1944 in Ostpreußen ein Attentat auf Adolf Hitler verübt wird.

Das Attentat in der Görlitz

Weltpolitische Bedeutung wie mit den Schlachten von Preußisch Eylau, Friedland und Tannenberg erreicht Ostpreußen mit dem gescheiterten Attentat auf Adolf Hitler am 20. Juli 1944. Die Tat ist nicht in der Provinz geplant worden, auch wenn einige der Mitverschwörer wie Heinrich Graf von Lehndorff, Fritz Graf von der Schulenburg und der ehemalige Königsberger Bürgermeister Carl Friedrich Goerdeler aus Ostpreußen stammen oder lange dort gewirkt haben. Es findet in Ostpreußen statt, weil sich Hitler seit Sommer 1941 vornehmlich hier in seinem Hauptquartier im Wald Görlitz bei Rastenburg aufhält.

Ein Attentat auf Hitler soll der Auftakt eines umfassenden Staatsstreichs hochrangiger Militärs werden. Wäre Hitler gestorben, hätte dies mit großer Wahrscheinlichkeit Erfolg gehabt, der Krieg allerdings wäre nicht beendet gewesen. Hitlers Tod ist ein entscheidender Teil des Plans. Seit 1934 schwören alle Soldaten einen Eid auf Hitler. Selbst entschiedene Gegner des Nationalsozialismus unter den Militärs fühlen sich daran gebunden. Die Verschwörer wollen durch den Tod Hitlers einen eidfreien Raum schaffen.

Einige hundert Militärs, Diplomaten, Verwaltungsexperten, Sozialdemokraten und Gewerkschaftsführer sind in die Umsturzpläne, wenn auch nicht in alle Details, eingeweiht. Zu dem Netzwerk der Verschwörer zählen auch Kriegsverbrecher wie der Generalquartiermeister Eduard Wagner, mitverantwortlich für den Tod von Millionen gefangener Rotarmisten, oder der SS-Gruppenführer Arthur Nebe. Er ist als Leiter der Einsatzgruppe B an der Ermordung von 40 000 Juden und unzähligen russischen Geisteskranken beteiligt. Der Zeitpunkt des geplanten Attentats fällt in die Wochen nach der Landung der Alliierten in der Normandie und dem Beginn der großen Sommeroffensive der Roten Armee. Die vornehmlich konservativen und aristokratischen Verschwörer handeln nicht im Entsetzen über den Holocaust und andere Kriegsverbrechen, sondern aus „nationalem Interesse". Sie entschließen sich im Juli 1944 auch deshalb zur Tat, weil der Krieg für jeden mit militärischem Sachverstand offensichtlich verloren ist.

Der als Angehöriger der Führungsgruppe der 10. Panzerdivision in Nordafrika schwer verletzte Generalstabsoffizier Claus Schenk Graf von Stauffenberg wird im Juni 1944 Chef des Stabes des Allgemeinen Heeresamts in Berlin und am 1. Juli 1944 zum Oberst im Generalstab befördert. Er hat damit regelmäßigen Zugang zu den Lagebesprechungen Hitlers. Seine Aktivitäten und seine Rigorosität machen ihn – obwohl militärisch nicht besonders hoch im Rang – zu einem führenden Vertreter des militärischen und bürgerlichen Widerstands.

Stauffenberg plant zunächst, mit einem Bombenattentat Hitler, Göring und Himmler gleichzeitig zu töten. Einen Versuch am 11. Juli auf dem Obersalzberg bricht er vorzeitig ab, weil Himmler und Göring nicht anwesend sind. Am 14. Juli kehrt Adolf Hitler in die Wolfsschanze zurück, am 15. Juli wird Stauffenberg zu einer Besprechung dorthin befohlen. Bei dieser Gelegenheit entsteht das einzige Foto, das Stauffenberg mit Hitler zeigt. Wieder fehlen Himmler und Göring, der Attentatsversuch wird abgebrochen. Ein drittes Mal soll der Anschlag unter keinen Umständen verschoben werden. Stauffenberg entschließt sich jetzt, seine Bomben in jedem Fall bei nächster Gelegenheit zu zünden, ganz gleich, ob Himmler und Göring anwesend sind oder nicht.[224]

Am frühen Donnerstagmorgen des 20. Juli 1944 fliegt der Oberst mit seinem Adjutanten, Oberleutnant von Haeften, von Rangsdorf bei Berlin in das Führerhauptquartier. Haeften führt in einer Aktentasche zwei britische Ein-Kilogramm-Plastiksprengstoffladungen mit lautlosen chemischen Bleistiftzündern mit sich. Das Führerhauptquartier liegt etwa 6 km vom Flugplatz Wilhelmsdorf entfernt. Um 10.30 Uhr treffen Stauffenberg und von Haeften im „Sperrkreis II" ein, werden vom Adjutanten der Kommandantur, Rittmeister von Möllendorf, begrüßt und frühstücken mit anderen Offizieren. Anschließend betritt Stauffenberg den „Sperrkreis I“ und meldet sich gegen 11.30 Uhr bei Feldmarschall Keitel. Er erfährt, dass die Lagebesprechung um eine halbe Stunde vorverlegt worden ist; Hitler erwartet am Nachmittag den Besuch Mussolinis. Stauffenberg verliert so entscheidende Minuten zum Scharfmachen der Bombe. Um 12.20 Uhr begibt sich Keitel zur sogenannten Lagebaracke, in der in der Regel die Lagebesprechungen stattfinden.[225] Die „Baracke“ ist mit Ziegelsteinen ummauert und besitzt eine Betondecke. Stauffenberg bittet Keitels Adjutanten, Major Ernst John von Freyend, um einen Raum, in dem er sich frisch machen und ein Hemd wechseln kann. Der Major stellt ihm das eigene Zimmer zur Verfügung. Um 12.22 Uhr betreten Stauffenberg und Haeften den ihnen zugewiesenen Raum, um dort den Säurezeitzünder der Bombe scharfzumachen. Das ist nicht einfach, gerade für Stauffenberg, der nach seiner Kriegsverletzung nur noch über drei Finger seiner linken Hand verfügt. Er benutzt eine Flachzange, die eigens für diesen Zweck hergerichtet worden ist.

Um 12.27 Uhr betritt der Oberfeldwebel Vogel, vom Major von Freyend geschickt, unerwartet den Raum und stößt dabei Stauffenberg die Tür in den Rücken. Er meldet, dass General Fellgiebel, ein eingeweihter Mitverschwörer, dringend den telefonischen Rückruf des Herrn Oberst erwartet. Er sieht, dass die beiden Offiziere „an derselben Sache hantieren“ und Haeften hastig Papiere einsammelt. Vogel kann sich die Tätigkeiten aber nicht erklären. Der Anruf verhindert, dass Stauffenberg auch die zweite Sprengladung scharfmachen kann. Haeften lässt sie in seiner Aktentasche verschwinden. Wäre das zweite Sprengstoffpaket neben dem ersten in Stauffenbergs Aktentasche platziert worden, hätte es keines eigens geschärften Zünders bedurft, die zweite Sprengladung wäre mit Sicherheit mitexplodiert. Die verdoppelte Sprengladung hätte niemanden in der Baracke am Leben gelassen. Die beiden Generalstabsoffiziere verstehen im Übrigen vom praktischen Umgang mit Sprengstoff nichts.[226]

Stauffenberg bleibt keine Zeit mehr. Bis zur Lagebaracke muss er noch 400 m zu Fuß zurücklegen. Auf die Minute pünktlich beginnt um 12.30 Uhr die Lagebesprechung. Der Chef der Operationsabteilung des Heeres, Generalleutnant Heusinger, berichtet zunächst über die Situation an der Ostfront. Im Raum befinden sich 24 Personen, die sich um einen großen Tisch mit schwerer Holzplatte versammelt haben, auf dem Kartenmaterial ausgebreitet ist. Der Tisch ruht auf zwei massiven Sockeln aus Eichenholz. Stauffenberg betritt um 12.32 Uhr den Raum. Hitler soll kurz zu ihm aufgeblickt und sich dann wieder der Karte zuwendet haben. Stauffenberg schiebt seine Aktentasche unter den Tisch. Dabei bemerkt er nicht, dass sich einer der beiden massiven Sockel zwischen seiner Sprengladung und Hitler befindet. Haeften bestellt inzwischen einen Wagen für die Rückfahrt zum Flughafen. Weil alle im Raum sich auf das konzentrieren, was Heusinger auf dem Kartentisch zeigt, fällt es niemandem auf, dass Stauffenberg – unter dem Vorwand, telefonieren zu müssen –

den Raum nach etwa zwei Minuten wieder verlässt. Auf dem Vorplatz trifft er mit den Mitverschwörern Fellgiebel und von Haeften zusammen.

Um 12.42 Uhr explodiert die Bombe mit einem dröhnenden Knall. Die massive eichene Tischplatte aber fängt die Wucht der Detonation auf und schirmt Hitler von der direkten Wirkung ab. Trotzdem wirbeln überall Trümmer umher, eine Rauchwolke steigt auf, Stichflammen schießen aus der Baracke. Vier der sieben Männer, die sich neben dem Holzsockel auf der Seite der Bombe befinden, werden getötet, die anderen schwer verletzt.[227] Die übrigen Anwesenden tragen nur leichte oder keine Verletzungen davon. Aber alle stürzen zu Boden; es herrscht Verwirrung, es wird geschrien. Als Erster fasst sich Feldmarschall Keitel. Er ruft nach Hitler. Als auch der sich erhebt, schließt er ihn in die Arme. „Mein Führer, Sie leben, Sie leben!“, soll Keitel ausgerufen haben.

Hitlers Luftwaffenadjutant, Oberstleutnant Nicolaus von Below, ist für kurze Zeit bewusstlos. „Als ich wieder zu mir kam, sah ich um mich ein Trümmerfeld von Holz und Glasscherben. Mein erster Gedanke war, so schnell wie möglich den Raum zu verlassen. Ich erhob mich, kletterte durch eines der Fenster und lief draußen um die Baracke herum zum Haupteingang. Mein Kopf brummte, mein Gehör hatte erheblich gelitten, am Hals und Kopf blutete ich. Am Eingang der Baracke bot sich ein furchtbares Bild. Dort lagen einige Schwerverletzte, andere Verwundete taumelten umher und stürzten nieder. Hitler wurde von Feldmarschall Keitel geleitet. Er ging sicher und aufrecht. Sein Rock und seine Hose waren zerrissen, aber sonst schien es mir, dass er keine wesentlichen Verletzungen davongetragen hatte. Er ging sofort in seinen Bunker und wurde von den Ärzten betreut.“[228]

Stauffenberg und Haeften, die die Explosion aus etwa 200 m Entfernung beobachten, steigen in den bereit gestellten Wagen. Im Davonfahren sehen sie, wie jemand auf einer Bahre aus der Baracke getragen wird. Sie schließen fälschlicherweise daraus, dass es der getötete Hitler ist. Inzwischen ist Alarm ausgelöst worden. An einer ersten Sperre lässt der Wachhabende die Attentäter noch passieren. Der an der Außenwache Süd befehlende Feldwebel aber will Stauffenberg zwei Minuten später nicht durchlassen. Stauffenberg ruft den Rittmeister von Möllendorf an, der vom Attentat noch nichts gehört hat und dem Feldwebel befiehlt, den Wagen zu Weiterfahrt freizugeben. Um 13 Uhr treffen Stauffenberg und Haeften auf dem Flugplatz ein. Während der Fahrt hat Haeften die nicht scharf gemachte Bombe aus dem offenen Wagen geworfen. Stauffenberg und von Haeften treten um 13.15 Uhr den Rückflug nach Berlin in der festen Überzeugung an, dass Hitler tot ist.[229]

In Berlin sollen gemäß des Plans unter dem Codewort „Walküre“ bereits alle Gestapo-, Partei- und SS-Dienststellen von der Wehrmacht besetzt worden sein. Es war jedoch nur halbherzig vorgegangen worden. Verunsichert durch erste Meldungen, Hitler sei am Leben, führen die auf der Seite der Verschwörer stehenden Truppenführer vielfach die Befehle nicht aus. Stauffenberg muss bei seiner Ankunft im

Berliner Bendlerblock, Oberkommando des Heeres und Verschwörer-Zentrale, gegen 16:30 Uhr feststellen, dass außer der Alarmierung der Truppen des Ersatzheeres, das die militärische und vollziehende Gewalt in Deutschland übernehmen soll, nichts unternommen worden ist. Wertvolle Zeit verstreicht ungenutzt. Die geplante Besetzung des Reichsfunks unterbleibt. Im Laufe des Tages scheitert der Plan der Putschisten an vielen solcher Pannen. Vor allem aber gelingt er nicht, weil Hitler lebt.

Ab 16 Uhr versucht Keitels Adjutant, die Wehrkreiskommandos vom Scheitern des Attentats zu informieren. Der erste Funkspruch Keitels ergeht um 16.15 Uhr an die Dienststelle in Kassel: „Der Führer lebt! Völlig gesund! Reichsführer SS (Himmler) zum OB (Oberbefehlshaber vom) Ersatzheer (ernannt), nur seine Befehle gelten."[230] Noch vom Attentat gezeichnet, empfängt Hitler wie geplant am Nachmittag den italienischen Diktator Mussolini und besichtigt mit ihm auch den Ort des Attentats. In der Nacht trifft der aus dem 90 km entfernten Königsberg angeforderte Übertragungswagen der Reichs-Rundfunk-Gesellschaft an der Wolfsschanze ein. Er wird sofort betriebsbereit gemacht. Hitler wendet sich in der Nacht aus Ostpreußen über den Rundfunk an die Öffentlichkeit. „Eine ganz kleine Clique ehrgeiziger, gewissenloser und zugleich verbrecherischer, dummer Offiziere hat ein Komplott geschmiedet, um mich zu beseitigen und mit mir den Stab praktisch der deutschen Wehrmachtsführung auszurotten." Er kündigt an: „Diesmal wird so abgerechnet, wie wir das als Nationalsozialisten gewohnt sind."[231] Die deutsche Öffentlichkeit erfährt auch jetzt nicht, wo sich Hitlers Hauptquartier befindet. Aber der Putschversucht bricht überall im Reich und in den besetzten Ländern zusammen. Als Hitlers Leibwächter Rochus Misch am 21. Juli 1944 aus Berlin in der Wolfsschanze eintrifft, geht das Leben dort wieder seinen normalen Gang. „Keine besondere Aufregung." Misch stellt fest, dass sich Hitler jetzt erst recht unbesiegbar wähnte. „Er fühlte sich als Person in seiner unvergleichlich herausragenden Wichtigkeit bestätigt und glaubte an die Vorsehung. Sein Standardsatz: ‚Mir passiert schon nichts' erhielt nun eine ganz neue Bedeutung."[232]

Die vier Toten des Anschlags sind General der Flieger Günther Korten, Chef des Generalstabes der Luftwaffe, Oberst im Generalstab Heinz Brandt, erster Stellvertreter des zum Zeitpunkt der Explosion vortragenden Heusinger, Generalleutnant Rudolf Schmundt, Chefadjutant der Wehrmacht bei Hitler und Chef des Heerespersonalamtes, und der Stenograf Heinrich Berger. Korten stand am rechten Ende des Kartentisches in unmittelbarer Nähe der Aktentasche mit dem Sprengsatz. Er wird bei der Explosion schwer verletzt. Zwei Tage nach dem Attentat erliegt er im Lazarett des Führerhauptquartiers seinen Verletzungen.

Korten wird zunächst bei einem großen Staatsakt am 3. August 1944 in Anwesenheit Hermann Görings im Reichsehrenmal Tannenberg beigesetzt. Sein Sarg wird vor der Sprengung des Ehrenmals am 21. Januar 1945 auf den Friedhof Steglitz in Berlin umgebettet. Das Grab ist erhalten.

In Seckenburg (bis 1923 Groß Kryszahnen), Kreis Elchniederung, fotografiert ein Einwohner Anfang Oktober 1944 heimlich Flüchtlinge aus dem Memelland, die Richtung Marktplatz ziehen. Schon am 10. Oktober müssen auch die Bewohner der Niederung trecken.

Juli 1944 – Die Flucht beginnt

Am 21. Juli 1944 räumt die SS das Außenlager Schaulen des KZ Stutthof. In den letzten Tagen des Juli fällt Schaulen in die Hände der 2. Baltischen Front der Roten Armee. Am 30. Juli wird die Bevölkerung angewiesen, das Memelland und die Stadt Memel zu verlassen. In der Stadt übernimmt das Militär die Befehlshoheit und die Verwaltung. Die frühzeitige Räumung des Gebiets ist einer der wenigen Fälle, in dem Hitler damit einverstanden ist, die Bewohner einer Region rechtzeitig ins Hinterland oder in das Reich zu evakuieren. Von den fast 40 000 Einwohnern der Stadt Memel bleiben kaum 10 % zurück. Sie müssen die Infrastruktur aufrecht erhalten.[233]

Auch die Willoweits verlassen Memel. „Am nächsten Morgen gingen wir mit einigem Gepäck zur Dange, wo ein Motorschiff namens ‚Alte Liebe' auf uns wartete. Eine Musikkapelle intonierte ‚Muß i denn zum Städele hinaus'."[234] Die Fahrt geht über das Kurische Haff nach Labiau. Die Familie Willoweit – der Vater ist eingezogen – setzt sich vom Flüchtlingstransport ab und macht sich mit der Bahn auf den Weg zu einer Tante nach Swinemünde. Beim Umsteigen in Stettin muss sie am 2. August wegen Luftalarms den Luftschutzkeller des Bahnhofs aufsuchen. „Die Menschen dort starrten uns erschreckt an. Sie verstanden, wer wir waren, die ersten dieser Art im Großdeutschen Reich."[235]

Der Königsberger Generalstaatsanwalt berichtet zu dieser Zeit an seinen Oberlandesgerichtspräsidenten, zurückflutende disziplinlose deutsche Heeresteile, die in der Hauptsache Etappenformationen angehören würden, seien durch das nördliche Ostpreußen gezogen. Mit ihren teilweise ausländischen weiblichen Hilfswilligen hätten sie einen überaus schlechten Eindruck auf die Bevölkerung gemacht. Die habe „nicht gerade das Gefühl des standhaften Widerstandes der Front“ vermittelt bekommen. Das Zulange-Verbleiben oder Zurückkehren der bereits evakuierten Bevölkerung sei ein ernstes Problem, das eine ordnungsgemäße Durchführung von Gebietsräumungen praktisch unmöglich gemacht habe.[236]

Tausende Litauer verlassen mit den sich zurückziehenden deutschen Truppen ihre Heimat. Die Gutsherrin von Tharau, Hedwig von Lölhöffel, spritzt – „schweren Herzens“ – im Sommer 1944 die schönen weißen Gebäude von Tharau olivgrün an. Das Gut liegt in der Nähe des Königsberger Fliegerhorstes Jesau und soll russischen Fliegern nicht als Orientierung dienen.[237]

Eines Tages kündigt der Tharauer Bürgermeister Hedwig von Lölhöffel einen Treck mit 2000 Pferden an, für den Grünfutter bereitzuhalten sei. Auf Wunsch des Landratsamtes soll die Gutsbesitzerin ihre größte Wiese, die Au am Flüsschen Frisching, zur Verfügung stellen. Hedwig von Lölhöffel erwartet die Pferdeherden des evakuierten Gestüts Trakehnen. Es kommt aber ein Treck aus Litauen. „Die Birken auf der Landstraße wurden fast verhüllt, so dick war die Staubwolke um den endlosen Zug von Wagen und Pferden. Die Sonne brannte heiß, es hatte wochenlang nicht geregnet. Ich ging (...) neben den Wagen her, bärtige Alte grüßten uns vom Leiterwagen herab, kräftige Bauern nickten uns zu, dazwischen dunkelhaarige, gelbhäutige Jungens, Mädchen mit zerzausten Haaren, Frauen mit schönen Tüchern, alle lenkten ihre kleinen Pferdchen, Fohlen mit Halfter trabten neben den Wagen her. Auf den Fuhrwerken standen schön bemalte Truhen, lagen Flickenteppiche und prachtvoll gewebte Decken, dann wieder schmutzige Lumpen, Heu, Stroh und Hausrat, Hunde, Schweine, Gänse und Schafe. Als wir an den Tannen vorüber waren, welch ein herrlicher Anblick! Die ganze Wiese voller Pferde, großer Warmblüter und Kaltblüter, kleiner Ostlandpferdchen, Fohlen aller Größen, dunkle und helle, braune und falbe, Füchse und Schecken, und hier und da leuchtete es weiß aus der Menge der Tiere heraus: die Schimmel. Am Zaun und am Kleinbahndamm entlang bauten sich die Wagen auf. Kühe und Schafe weideten zwischen den Pferden, irgendwo schrie ein Schwein, das abgestochen wurde.“[238]

Hedwig von Lölhöffel geht den Kleinbahndamm entlang bis auf die Frischingbrücke. Einige Flüchtlinge schlafen unter ihren Wagen, andere baden im Fluss. Sie trifft auf den Arzt, der den Treck begleitet. „Seine Frau saß auf der Wiese, die beiden Kinder, 2 Jahre und 9 Monate alt, krochen im Gras herum. Ich sprach mit dem Treckführer. Er hatte Deutsche und Litauer mit – aus der Gegend von Kauen, Wilna, Kibarty und Wirballen, etwa 800 Männer, 100 Frauen und Kinder.“[239] Die meisten Frauen der

Familien sind mit den kleinen Kindern mit der Bahn nach Dirschau an der Weichsel vorgefahren. Nach einigen Tagen zieht auch der Treck weiter Richtung Westen.

Marta und Wilhelm Worringer werden am 10. Juli 1944 in Königsberg noch einmal von ihrer Tochter Lucinde besucht, die als Schauspielerin am Deutschen Theater in Warschau gearbeitet hat. Am 15. Juli muss sie überraschend abreisen, über Ostpreußen ist eine Reisesperre verhängt worden. Mit einem Rückreise-Erlaubnisschein darf die Tochter Ostpreußen noch Richtung Berlin verlassen, wo sie dann in der Rüstungswirtschaft eingesetzt wird.[240] Durch die Königsberger Freundin Gertrud Philipp, deren Mann in Berlin bei der Abwehr Dienst tut, wissen die Worringers von der militärischen Lage. Wilhelm Worringer erfährt so, dass Königsberg in sowjetische Hände fallen wird. Kurzzeitig beabsichtigt er dort – „wo ihn das Leben nun einmal hingestellt hat" – die Ankunft der Roten Armee zu erwarten und mit seiner Frau einen „stellvertretenden Sühnetod" zu sterben. Dafür ist Marta Worringer nicht zu gewinnen. So besinnt sich auch ihr Mann eines Besseren – auf die Abreise. Renate und Lucinde Worringer, den beiden Töchtern der Familie, gelingt es, für die Eltern eine „Reiseanordnung" zu erhalten. Am 4. August 1944 hält Wilhelm Worringer sein letztes Kolleg, am späten Abend des 8. August fahren Wilhelm und Marta Worringer mit Rucksack und wenig Gepäck mit der Straßenbahn zum Königsberger Hauptbahnhof. Sie erwischen im Zug nach Berlin zwei Fensterplätze in einem Abteil III. Klasse; ihre Koffer haben sie bereits am Tag zuvor aufgegeben, Pakete sind zu ihrer Tochter Renate nach Berlin-Frohnau gesandt worden. „Als wir", so Marta Worringer rückblickend in ihrem Tagebuch, „die ganz gefüllte Wohnung verließen, hatten wir nicht das Gefühl, daß es für immer sei; ohne zu wissen wieso und warum."[241] Die Worringers werden Königsberg nicht wiedersehen.

Vom 28. Juli bis zum 1. August wird der Ostteil des Kreises Treuburg (Oletzko) bis zur Linie Reimannswalde–Treuburg und dann in südlicher Richtung verlaufend von Frauen und Kindern geräumt. Kinderreiche Familien, auch aus dem Westteil des Kreises, werden mit der Eisenbahn nach Rößel oder gleich nach Thüringen und nach Sachsen evakuiert. Den Betrieben im Kreis wird empfohlen, wichtige Maschinen und Rohstoffe auszulagern.[242] Die Ernte in den geräumten Teilen des Kreises wird von Druschkommandos eingeholt; um Zeit zu sparen, drischt man gleich auf den Feldern. Das anfallende Getreide wird zu den Sammelplätzen gebracht und von dort zur Einlagerung abgefahren.

Im Kreis Treuburg (Oletzko) werden derweil Pläne für die Evakuierung der Restbevölkerung erarbeitet. In den schriftlichen Räumungsanweisungen werden die Gemeindetrecks zusammengestellt, die Treckstraßen festgelegt, die Zielorte im Aufnahmegebiet benannt und die Treckleiter bestimmt. Bereits Anfang August veranlasst die Wehrmacht in den Kreisen Stallupönen (Ebenrode) und Pillkallen (Schlossberg) Hals über Kopf die Räumung der Grenzgebiete. Ein Räumungsbefehl gilt auch für das Gebiet nördlich der Memel, das Anfang August in Erwartung eines Großangriffs auf Tilsit-Memel ebenfalls evakuiert wird. Die Memelländer kommen in Nachbarkreisen wie Elchniederung und Labiau unter.[243]

Überall in Ostpreußen registriert man das Näherrücken der Front. Im August 1944 beschließt Prinz Louis Ferdinand, seine Frau und seine Kinder von Cadinen am Frischen Haff aus auf das Gut Golzow im Oderbruch zu schicken. Er fährt in das nahe Elbing und versucht, Fahrkarten zu erhalten und das Gepäck aufzugeben. „Überall herrschte ein gewaltiger Andrang, denn Tausende wollten sich trotz der strengen Reisebestimmungen in Sicherheit bringen. Da die Reichsbahn diesen plötzlichen Ansturm nicht bewältigen konnte, fand ich allenthalben Chaos und Panik vor."[244] Dank der Unterstützung einiger monarchietreuer Elbinger kann er Fahrkarten organisieren. Seine Familie reist ab. Der Prinz bleibt auf dem Gut.

August 1944 – Der Vormarsch der Roten Armee

Nach einem Vormarsch von 500 km durch Weißrussland und Litauen sind im August 1944 Truppenteile der 3. Weißrussischen Front und Verbände der 1. Baltischen Front an die Grenze Ostpreußens herangekommen. Drei Jahre sind seit dem Überfall auf die Sowjetunion vergangen. Die Rote Armee kommt nicht als Befreierin, sie führt „das Schwert der Vergeltung", wie der Autor Michail Alekseev schreibt. Der Kampf um Ostpreußen wird einer der erbittertsten des gesamten Krieges. Er fordert mehr Menschenleben als die Kämpfe bei Stalingrad, die Juli-Offensive 1944 oder die Schlacht um Berlin.

Heinrich Graf von Einsiedel, Sohn von Gräfin Irene von Bismarck-Schönhausen und somit ein Urgroßenkel von Otto von Bismarck, ist als Jagdflieger im August 1942 beim Vormarsch auf Stalingrad abgeschossen worden und in sowjetische Kriegsgefangenschaft geraten. Er schließt sich dem kommunistisch gelenkten „Nationalkomitee Freies Deutschland" an und wird deren „Frontbeauftragter für Propaganda". In seinem in den 1950er Jahren geschriebenen *Tagebuch der Versuchung* gesteht er: „Ich habe immer Angst vor dem Tage gehabt, an dem die Rote Armee kämpfend den deutschen Boden betreten würde."[245] Einsiedel wird Zeuge der befürchteten Orgie der Gewalt: „Aber was sich hier abgespielt hat, übersteigt alles, was ich in meinen pessimistischen Stunden für möglich gehalten habe."[246]

In dem im Auftrag des Militärgeschichtlichen Forschungsamtes der Bundeswehr herausgegebenen Band 8 der Reihe *Das Deutsche Reich und der Zweite Weltkrieg* beschreibt Karl Heinz Frieser die neue Qualität der Kämpfe im Osten, die im August 1944 einsetzt: „Als die Rote Armee deutschen Boden betrat, stieg der Widerstandswille der Wehrmachtsverbände noch einmal sprunghaft an. Gerade Soldaten aus den deutschen Ostgebieten kämpften mit wilder Entschlossenheit."[247] Ostpreußen ist der erste Landesteil des Deutschen Reiches, der zum Kriegsschauplatz wird. Hier, auf deutschem Boden, kann die Wehrmacht nicht mehr allein gemäß ihren militärischen Vorstellungen handeln, wie sie es oft skrupellos mehr als drei Jahre auf den östlichen Kriegsschauplätzen gewohnt war. Sie hat auf die Forderungen der NSDAP, der deutschen Zivilverwaltungen und auch die Bevölkerung Rücksicht zu nehmen.[248] Tatsächlich gelingt es der Wehrmacht aber zunächst, die ersten beiden sowjetischen Anläufe zur Eroberung Ostpreußens zu stoppen.

Am 7. August 1944 um 22.30 Uhr explodiert das erste sowjetische Artilleriegeschoss auf deutschem Boden. Der Kommandeur der Artilleriekräfte der sowjetischen 5. Armee, Petr Petrovič Pelipas, hat diese erste Granate aus einem 152-mm-Geschütz eigenhändig abgefeuert.[249] Aus eigener Initiative lässt der Landrat und NSDAP-Kreisleiter von Stallupönen (Ebenrode), Otto Bochum, jetzt den gesamten Kreis evakuieren. Das unmittelbare Grenzgebiet des Kreises Pillkallen hat Landrat Wichard von Bredow bereits räumen lassen.[250] Am 17. August stößt nördlich von Schirwindt in Höhe von Schillehnen ein kleiner Stoßtrupp der 184. Schützendivision der Roten Armee zur Reichsgrenze vor. Die Grenze bildet hier die durch Grenzpfosten markierte Scheschuppe. Russische Quellen sagen, die Männer unter Führung des Oberleutnants der Garde und „Helden der Sowjetunion" Zajcev, die Gardesoldaten Korzun, Primak und Žubotyrev, hätten als erste Soldaten der Roten Armee die Grenze zum Deutschen Reich überschritten. Ob sie das Wasser durchwaten, schwimmen oder über eine Pionierbrücke stürmen, verraten die Quellen nicht.

Dem kleinen Stoßtrupp folgt mit geringer Zeitverzögerung das Bataillon. Es wird kommandiert von einem Major Drozdov. Drozdov erteilt dem Führer der Komsomolz-Organisation des Bataillons, dem Zugführer Aleksandr Belov, den Auftrag, die rote Staatsflagge der Sowjetunion auf dem deutschen Ufer der Scheschuppe zu hissen. Der Zug Belovs geht zur Scheschuppe vor und gräbt sich am litauischen Ufer ein. Belov hisst die Flagge. Jetzt geht das ganze Bataillon zur Scheschuppe hinaus. Nach deutschen Quellen sollen dann ungefähr 80 Soldaten den Fluss auch überschritten haben. Der 184. Schützendivision folgen kurz darauf noch die 215. und 63. Schützendivision der 5. Armee bis zur Grenze. Überschritten wird sie vorerst nicht mehr.

Seit dem 18. Juli 1944 ist der General der Infanterie Friedrich Hoßbach Oberbefehlshaber der 4. Armee. Während der sowjetischen „Operation Bagration" ist die deutsche 4. Armee in der Kesselschlacht bei Minsk vernichtet, die meisten ihrer Kommandeure sind in sowjetische Gefangenschaft geraten oder getötet worden. Die 4. Armee unter Friedrich Hoßbach ist eine Neuaufstellung aus dem späten Juli und August 1944. Teilweise unter ihren alten Bezeichnungen entstehen bei der 4. Armee und der 3. Panzerarmee neue Bataillone, Regimenter, Divisionen und Armee-Korps. Die Mannschaften kommen aus Ausbildungs- und Feldersatzbataillonen des Ersatzheeres, aus Genesenenkompanien und aus rückwärtigen Diensten. Soldaten, die zum Zeitpunkt der Vernichtung ihrer Einheiten Urlaub hatten oder auf Lehrgängen waren, werden wieder eingegliedert. Die Unteroffiziere sind oft jung und nicht fronterfahren, die Offiziere haben häufig nie zuvor in Stäben und in der Etappe ihren Dienst getan. Nicht wenige Offiziere sind kriegsversehrt. Die 4. Armee verfügt im August 1944 lediglich über 41 einsatzbereite Kampfpanzer. Zwar besitzt sie zusätzlich 277 Sturmgeschütze und Panzerjäger, aber diese Waffen eignen sich für die Verteidigung, weniger für Gegenangriffe.

Dem Abschnitt des deutschen Ufers der Scheschuppe, an dem die sowjetische 184. Schützendivision die Reichsgrenze erreicht, verteidigt die 549. Grenadier-Division. Sie ist am 1. Juli 1944 als sogenannte „Sperr-Division" der „29. Welle" durch den Wehrkreis IV. (Sachsen) aufgestellt worden. Die Division erhält ihren Mannschaftsersatz vom Grenadier Ersatzbataillon 89 in Schwerin, in ihr dürften also viele Mecklenburger gedient haben. Die Division ist, wie alle neuen Divisionen, improvisiert, ihre Männer sind unzureichend ausgebildet. Die Grenadiere haben mit Unterstützung von anderen Sicherungstruppen und „Alarmeinheiten" an der Scheschuppe eine Verteidigungslinie bezogen. Aber schon um 10.30 Uhr am 17. August 1944 erhalten angesichts des sowjetischen Vorstoßes die Elitesoldaten der (ostpreußischen) 1. Infanteriedivision den Befehl, sich mit der ganzen Division dem XXVI. Armee-Korps der 3. Panzerarmee zu unterstellen, da die 549. Grenadier-Divivision „nicht mehr halte".

Anfang August 1944 ist die 1. (ostpreußische) Infanteriedivision nach verlustreichen Rückzugskämpfen über die Karpaten – wobei ihr alle Geschütze verloren gegangen sind – aus der jetzt in Ungarn stehenden 1. Panzerarmee herausgelöst und nach Ostpreußen in den Raum Pillkallen (Schloßberg) verlegt worden. Dort untersteht sie zunächst der 4. Armee, später dann der 3. Panzerarmee.[251] Die 1. Infanteriedivision wird um Pillkallen (Schloßberg) versammelt. Das Oberkommando der 3. Panzer-Armee erteilt ihr den strikten Befehl, die Stellung an der Scheschuppe unbedingt zu halten und im Litauischen verlorenen Boden wiederzugewinnen. Um 6 Uhr am 18. August 1944 übernimmt die 1. Infanteriedivision den gesamten Abschnitt von Sintautai in Litauen bis Kudirkos Naumiestis, der Nachbarstadt von Schirwindt, mit allen dort stehenden Truppen. Sie soll die 4 bis 5 km breite Lücke nördlich und nordostwärts Bajoraiciai schließen, durch die die Rote Armee zur Reichsgrenze vorgestoßen ist. Bajoraiciai, nur eine Ansammlung von wenigen kleinen Höfen, liegt direkt am litauischen Ufer der Scheschuppe. Am 19. August startet die 1. Infanteriedivision nördlich Bajoraiciai einen Gegenangriff, der einen Geländegewinn von 3 km bringt und die Rote Armee noch einmal von der Grenze vertreibt. Mit Verstärkungen muss die Division am 21. August erneut angreifen. Es soll eine neue und günstigere Hauptkampflinie zwischen Sintautai und Naumestis gewonnen werden. Der Vorstoß gelingt nur in Teilen.

Die Truppen der 3. Weißrussischen Front werden durch die deutsche Gegenwehr einige Kilometer vor der Grenze aufgehalten. Auf Befehl der Stawka, des „Hauptquartiers des Kommandos des Obersten Befehlshabers" der Roten Armee", stellt die 3. Weißrussische Front ab dem 29. August ihre erste Offensive gegen Ostpreußen ein.

Auf die Flucht nehmen die Bauernfamilien nur die Wagenpferde und den Hofhund mit. Die anderen Tiere werden aus den Ställen getrieben. Im November 1944 treibt sie die Wehrmacht noch in rückwärtige Gebiete. Schweine und Federvieh schlachten die einquartierten Landser.

Bomben auf Königsberg

Am 30. August 1944 steht Esther Gräfin von Schwerin vor dem Barockschloss der Familie in Wildenhoff im Kreis Preußisch Eylau und schaut in den Himmel: „Was waren das für merkwürdig schwankende, seltsame Vögel, taumelnd und ungelenk mit großen schwarzen Flügeln? Dazwischen kleine Mitflieger von derselben schaukelnden Leichtigkeit, die sich seltsam richtungslos dem kleinsten Luftzug hingaben! Einige sanken auf den Rasen, und ich begriff: Es waren Papierfetzen aus Königsberg, die mir das Ausmaß der Katastrophe klarmachten."[252] Auch Marianne Günther sieht an diesem Tag auf Gertlauken Asche und verkohlte Papierfetzen niederregnen.[253] Die Katastrophe, die die Gräfin meint, ist der zweite britische Bombenangriff auf Königsberg in der Nacht zuvor. In ihm hat Königsberg das gleiche Schicksal wie fast alle deutschen Großstädte ereilt und ist zu großen Teilen zerstört worden.

Von schweren Luftangriffen ist Königsberg, bedingt durch die Distanz zu den Startplätzen der britischen und amerikanischen Bomberflotten auf der britischen Insel und in Italien, bis dahin weitgehend verschont geblieben. Die sowjetische Luftwaffe fliegt zwar schon ab dem 23. Juni 1941 in geringem Umfang Angriffe, die jedoch durch den raschen deutschen Vormarsch bald zum Erliegen kommen. Ab dem Frühjahr 1943 liegt Königsberg wieder in Reichweite sowjetischer Bomber.

Doch die Luftstreitkräfte der Roten Armee konzentrieren sich vor allem auf Nachschubwege und Eisenbahnknotenpunkte, Flächenbombardements auf Städte werden nur selten geflogen. Am 13. April 1943 aber bombardiert die Rote Armee Königsberg mit Spreng- und Brandbomben. Eine Woche später, am 20. April 1943, fliegen sowjetische Flieger einen Großangriff auf Tilsit. 113 Häuser werden vollständig zerstört, weitere 158 beschädigt. 4629 Einwohner sind obdachlos, 104 Menschen kommen um. In Tilsit gibt es keine Luftabwehr.[254]

Allgemein geht man im August 1944 noch davon aus, dass Briten und Amerikaner wegen der Distanz keine Luftangriffe auf Ostpreußen fliegen werden. Den Hafen Pillau haben britische und sowjetische Fliegerverbände zwar mehrmals überflogen, aber nie angegriffen. Auch die zahlreichen Fliegerhorste im Samlandkreis werden nicht ein einziges Mal von der Luft aus bombardiert. Zum einen sind sie gut getarnt, zum anderen erscheint Königsberg letztlich als das lohnendere Ziel.[255]

Einen ersten schweren Luftangriff fliegt die Royal Airforce in der Nacht vom 26. auf den 27. August 1944. Von ihren Flugplätzen in Mittelengland starten 174 viermotorige Avro Lancaster der 5. Gruppe des Bomber Command der Royal Airforce.[256] Ihre Bombenlast laden sie vor allem in dem nördlichen Stadtteil Maraunenhof, auf Teile des Tragheims, der Cranzer Allee und auf Rothenstein ab.[257] Der Angriff fordert etwa 1 000 Todesopfer.[258]

In der wahnsinnigen Hitze des Feuersturms fliehen die Menschen aus den brennenden Häusern und Straßen zum Schlossteich im Herzen der Stadt. Esther Gräfin von Schwerin ist in der Nacht des ersten Bombenangriffs mit ihrem Mann Otto Graf von Schwerin-Wildenhoff in Königsberg. Sie erlebt den Angriff in einem Luftschutzkeller in der Nähe des Schlossteichs. Den Rand des Teiches säumen große und kleine Kähne, die an Sonnentagen zu einer Kahnpartie einladen. Ein Bekannter der Schwerins, bei dem einer der Söhne in Pension lebt, befindet sich in der Bombennacht auf Urlaub bei seiner Frau und seiner Tochter. Im Sommer 1959 gesteht er der Gräfin, in dieser Nacht einen der Kähne für die Seinen gegen andere Ertrinkende mit Schlägen der Ruderblätter verteidigt zu haben: „In dieser Nacht prügelten sich die Menschen um einen Kahn oder wenigstens um einen Platz darauf in dem Wahne, auf dem Wasser Rettung zu finden. Nur fort vom heißen Ufer auf den Teich hinaus! Aber durch den gewaltigen Sog, den das Feuer auslöste, entstand ein Sturm, der gerade die Mitte des Schloßteiches aufpeitschte, so daß die Wellen stiegen, dann brachen und die Kähne wie Nußschalen unter sich begruben. Sobald ein Kahn mit dem Kiel nach oben sich wieder hob, stürzten die Menschen auf das ersehnte Holz, einer den anderen mit unglaublicher Kraft verdrängend. Schlimmer noch war das Drama auf den noch nicht gekenterten Booten, die überladen von Wellenberg zu Wellental schlingerten und versuchten, dem Sog zu entkommen. Ertrinkende faßten den Bootsrand, aber die Insassen verteidigten sich mit Schlägen auf die sich anklammernden Hände, bis diese nachgaben. Dann aber schlug der Kahn nach der anderen Seite aus, weil auch dort Menschen hingen. Ich sah auch Menschen, die sich im Wasser umarmten und so gemeinsam in die Tiefe sanken!"[259]

Drei Tage nach dem ersten schweren Angriff schaut Esther Gräfin von Schwerin im Wildenhoffer Schloss aus dem Fenster. „Ich sah in die Richtung von Königsberg. Über die 65 km Entfernung stand ein rotglühendes Gewölbe über der Stadt. Königsberg brannte." Das Telefon klingelt. Der NSDAP-Kreisleiter von Preußisch Eylau fordert alle Gespanne und Leiterwagen des Guts und seiner Vorwerke an. Sie sollen Menschen aus dem brennenden Königsberg fortbringen. Das Schloss und Gut selbst sollen für die Aufnahme Königsberger Familien vorbereitet werden.[260]

In der Nacht vom 29. auf den 30. August 1944 ist ein zweiter, stärkerer Angriff auf die östlichste deutsche Großstadt erfolgt. Die 189 viermotorigen Lancaster-Bomber der 5. Gruppe des Bomber Command der Royal Airforce können wegen der Flugdistanz nach Königsberg nur 480 Tonnen Bomben tragen. Als sie ihr Ziel erreichen, liegt über Königsberg eine dichte Wolkendecke. Zwanzig Minuten kreisen die Bomber in der Nähe des Ziels, bis die Beobachter in den „Pfadfindern" eine Lücke in der Wolkendecke ausmachen. Geschwader-Kommandant John Woodroffe befiehlt den Angriff. Vier Ziele markieren die Pfadfinder-Maschinen in der Dunkelheit mit „Tannenbäumen", über die dann die Bomber ihre Last entladen. Tausende von Spreng- und Phosporbomben löschen den größten Teil der Innenstadt aus. Die Industrieviertel beiderseits des Pregels, der Hafen und der Hauptbahnhof bleiben verschont. Der Angriff erfolgt im heftigen Flakfeuer und im Luftkampf mit deutschen Abfangjägern. Nach britischen Nachkriegsquellen werden 15 Lancaster-Bomber abgeschossen.[261] Deutsche Stellen nennen 28 durch Abfangjäger und zehn durch die Flak abgeschossene britische Bomber.

Oberlandesgerichtspräsident Dr. Max Draeger schreibt am 9. September 1944 in seinem 47. geheimen Lagebericht: „Nach amtlicher Schätzung sind etwa 40 000 Flammstrahlbomben – 13 kg – und etwa 500 Sprengbomben mittleren Kalibers abgeworfen. Bisher sind als tot geborgen 840 Personen; wahrscheinlich werden weitere 1 000 in den Häusern verschüttet sein; obdachlos wurden 130 000–150 000 Menschen, eine Zahl, die gegen die Einwohnerzahl von Königsberg mit 360 000 – einschl. der entfernten Vororte – erheblich ist. Dadurch ist über die Hälfte der Bewohner des eigentlichen Königsbergs ausgebombt."[262] Später geben die ostpreußischen Behörden an, dass bei den beiden Bombenangriffen ungefähr 4 200 Menschen umgekommen sind oder seitdem vermisst werden. 200 000 Königsberger sind obdachlos.[263] Noch tagelang wüten Brände in der Stadt.[264]

Die historischen Innenstadtteile Altstadt, Löbenicht und Kneiphof brennen durch phosphorgefüllte Stabbrandbomben und Sprengbomben fast vollständig nieder. Zerstört werden in der Nacht des Angriffs der Dom und zwölf weitere Kirchen, das Schloss, die alte und die neue Universität mit vielen Instituten und Kliniken, das Opernhaus, die Staats- und Universitätsbibliothek.

Michael Wieck versucht am nächsten Morgen, durch die brennende Stadt zur Arbeit zu gelangen. Spezialtrupps sammeln die Leichen ein, die verkohlt und von der Hitze geschrumpft auf den Straßen liegen oder in den Kellern erstickt sind. Er sieht die Ausgebombten. Viele sind rußverschmiert, tragen verbrannte Kleider und weinen. Als Träger des Judensterns kann er ihr Elend nachempfinden. „Mit Leiterwagen, Handkarren, Kinderwagen. Schubkarren und allem, was Räder hatte, zogen oder lagerten hunderttausend Obdachlose in den Anlagen. Überall Koffer, Taschen und Gepäckstücke, die Reste der geretteten Habe. Selbstverständlich erinnerte mich dieser Anblick an die vor ihrer Deportation versammelten Juden. Trotzdem war es völlig anders; diese Menschen hatten überlebt und konnten auf Hilfe rechnen.“[265] Die Ausgebombten kommen in die umliegenden Landkreise Samland, Preußisch Eylau und Heiligenbeil. Die Berufstätigen bringt man in der Nähe der Stadt unter.

Der damals neunjährige Hans-Burkhard Sumowski, seine Mutter und Großmutter verlassen nach der zweiten Bombennacht Königsberg und fahren mit der Bahn zu Verwandten ins Sauerland, nach Stemel bei Neheim-Hüsten. Als es zu keinen weiteren Bombenangriffen auf Königsberg mehr kommt und Ende August 1944 der Vormarsch der Roten Armee an den Provinzgrenzen aufgehalten wird, kehren die Drei nach Königsberg in ihre unzerstörte Wohnung zurück. „Mutter und Großmutter ahnten nicht, dass sie damit unser Leben aufs Spiel setzten. Vielleicht wollten sie es einfach nicht wissen.“ Die beiden werden die ersten Monate unter der Sowjetherrschaft nicht überleben.

Ende September bringt man die schon in den Jahren zuvor aus Versorgungsgründen ins ländliche Gertlauken evakuierten Königsberger Frauen mit ihren Kleinkindern nach Sachsen. „Gestern half ich unseren Königsbergerinnen bis zwei Uhr morgens beim Packen. Ihre Möbel, soweit sie sie hier haben und sie nicht noch in Königsberg stehen, müssen sie hier lassen, nur Betten dürfen mitgenommen werden. Da wird also die ganze Habe an Kleidern, Wäsche und Hausrat in Kisten, Säcke und Wannen gepackt und verschnürt. Sechzig Schilder schrieb ich zum Aufkleben und Anhängen. Und heute Morgen zogen sie mit Sack und Pack und Kindern ins Ungewisse. Solch ein Auszug sieht traurig aus. Wer weiß, ob auch wir nicht eines Tages wegziehen müssen. Denn man rechnet mit stärkeren Angriffen der Russen.“[266]

Ein Partisanenkrieg

Die Stäbe der Roten Armee studieren genau das ausgebaute ostpreußische Befestigungssystem – dessen Stärke sie überschätzen – und die besonderen Schwierigkeiten des Terrains. Daneben betreiben sie eine gezielte Aufklärung der deutschen Verteidigungsstellungen und ihrer Bewaffnung. Dies geschieht unter anderem durch über 100 taktische Aufklärungsunternehmen, feste Beobachtungsverstecke in den ostpreußischen Wäldern und mit Funk ausgestattete bewegliche Aufklärungsgruppen vor der eigenen Frontlinie.[267] Die Deutschen sehen in ihnen Partisanen.

Im Altweibersommer des Jahres 1944 tritt der katholischer Priester Gerhard Fittkau am 8. September 1944 in der ermländischen Gemeinde Süßenberg seine erste Stelle als Gemeindepfarrer an. Am Tag seiner Ankunft halten Bewohner einen Herbstbittgang in die Süßenberger Wälder und Flure ab. Zu Beginn der morgendlichen Prozession überfliegt ein sowjetisches Flugzeug die Wallfahrer. Fallschirmjäger springen ab und landen in den Wäldern. Gerhard Fittkau: „Einer von ihnen war abgetrieben worden und gerade vor einer der Prozessionen gelandet. Den Wallfahrern war es in der Aufregung nicht gelungen, den Russen anzuhalten, der in die Wälder floh."[268]

Die sowjetischen Gebiete, die die Rote Armee in den Jahren 1943 und 1944 befreit hat, waren zuvor für die Wehrmacht unsicheres Gelände. Große Teile waren Operationsgebiet von Partisanen und teilweise schon befreite Territorien. Die Partisanen hatten den deutschen Nachschub empfindlich gestört und auch Aufklärung für die vorrückende Rote Armee betrieben. Von einer Unterstützung durch Partisanen kann die Rote Armee im Feindesland Deutschland nicht ausgehen. Deshalb setzen die Sowjets ab dem Sommer 1944 über den ostpreußischen Forsten per Fallschirm eigene Kommandounternehmen ab.

Der Landkreis Johannisburg hat eine Grenze zum unter deutscher Zivilverwaltung stehenden Bezirk Białystok. Hier haben die deutschen Besatzer ein brutales Terrorregime errichtet. „Sie plünderten die polnische Bevölkerung derartig aus, dass diese zwangsläufig den Partisanen in die Hände getrieben wurde", muss selbst der Landrat von Johannisburg, Herbert Ziemer, 20 Jahre später feststellen. Die Partisanen sind national gesinnte Polen; eine aktive Tätigkeit polnischer Partisanen gibt es auch in den der Provinz angegliederten Gebieten Zichenau und Sudauen. Polnische Partisanen dringen schon ab 1942 gelegentlich in den masurischen Süden ein. Die Gruppen sind noch nicht der im Untergrund wirkenden polnischen „Heimatarmee" (Armia Krajowa) unterstellt, dem militärischen Arm der Exilregierung in London. Als Vergeltungsmaßnahme überfallen ihre Mitglieder in den Grenzkreisen einzelne Gehöfte. Sie plündern die Lebensmittelvorräte ganzer Dörfer und stecken Häuser in Brand. Dabei schrecken sie auch nicht vor der Ermordung ganzer Familien zurück. Als Vergeltung für eine brutale deutsche „Befriedungsaktion" in dem polnischen Dorf Janowo bei Iłowo (Soldauer Gebiet) dringen polnische Partisanen am 11. November 1943 in das Dorf Borzymmen (Borschimmen) im Kreis Lyck ein. Sie töten 10 bis 15 deutsche Familien und hinterlassen Zettel mit der Aufschrift „Vergeltung für Janowo".[269]

Die größte und blutigste Vergeltungsmaßnahme des polnischen Widerstandes auf ostpreußischem Boden ist der Angriff einer Abteilung der Stoßbataillone der UBK auf zwei deutsche Siedlungen in Ostpreußen. Die UBK ist der militärische Arm des „Volksbundes" (Konfederacja Narodu) von Bolesław Piasecki. Piasecki war vor dem Krieg Vorsitzender der „Nationalradikalen Bewegung Falange", die mit dem

Faschismus Mussolinis sympathisierte. Der extrem nationalistische Volksbund, dem die Stoßbataillone unterstehen, billigt im Unterschied zu Heimatarmee und Exilregierung Vergeltung gegen Zivilisten.

Als Ziel einer Vergeltungsaktion für die Ermordung von 257 polnischen Einwohnern von Kraszowo-Czestkowo im Juli 1943 werden die Siedlungen Turoscheln (Mittenheide) und Krummenheide im Waldgebiet der Johannisburger Heide ausgewählt. Der Überfall auf die Siedlungen findet in der Nacht vom 14. auf den 15. August 1943 statt. 69 Zivilisten, drei Polizisten und ein ranghohes SA-Mitglied, der Oberförster von Krummenheide, werden ermordet. Verschont wird ein einziges Haus, das einer alten Witwe. Die polnischen Partisanen hinterlassen Flugblätter, die darüber informieren, dass es sich bei der Aktion um Vergeltung für deutsche Verbrechen in Białystok handelt. Zur Zeit des Überfalls sind die UBK-Partisanen noch nicht Teil der Heimatarmee[270] – Exzesse gegen die deutsche Zivilbevölkerung hören in der Regel auf, wenn sich die polnischen Partisanenverbände der straff militärisch organisierten Heimatarmee unterstellen.

Größere sowjetische „Sabotagetrupps" operieren in Ostpreußen etwa seit dem Frühjahr 1944, seit August 1944 werden vermehrt solche „Partisanengruppen" per Fallschirm in den Wäldern Ostpreußens abgesetzt, so in den Waldungen beiderseits der Memel, im Forst Kranichbruch und Forst Astrau südwestlich von Insterburg, im Forst Heydwalde (Skallischer Forst) im Kreise Angerapp (Darkehmen) und im Kreis Neidenburg. Im Kreis Lötzen wird man bis Weihnachten des Jahres 1944 87 mit dem Fallschirm abgesprungene „Partisanen" zählen, die, wie überall, nur ganz vereinzelt abgeschossen bzw. festgesetzt werden können. In Jakunen im Hegewald werden acht Partisanen, darunter eine Frau, erschossen und in Possessern (Großgarten) aufgebahrt. Zwei deutsche Schutzpolizisten verlieren hier im Kampf mit den Partisanen ihr Leben. Sie werden auf dem Friedhof von Possessern mit militärischem Zeremoniell bestattet.[271]

Die biographischen Darstellungen und regionalen Heimatgeschichten, die zahlreich von diesen deutlichen Anzeichen einer näher rückenden Front berichten, gehen nicht auf das Schicksal der gefangen genommenen Partisanen ein.[272] Diese wären – solange sie Uniform getragen hätten – Kombattanten gewesen und als solche zu behandeln. Es darf davon ausgegangen, dass sie als Freischärler nach brutalen Verhören erschossen oder in Konzentrationslager eingeliefert werden.

In Görings Jagdrevier Rominter Heide herrscht im September und Oktober 1944 noch ein reger Jagdbetrieb. Offiziere des Führerhauptquartier und von Görings Stab durchschwärmen das Waldgebiet und schießen willkürlich alles, was ihnen vor die Flinte kommt. Vermutlich gilt die stillschweigende Devise, den Russen möglichst wenig zu überlassen. Göring selbst geht nur noch in der Sicherung seines Begleitregiments und von Gestapo-Beamten auf die Pirsch, denn auch in der Heide landen sowjetische Aufklärer mit Fallschirmen.[273]

Die NSDAP lässt ab August 1944 im litauischen Vorfeld der Provinz die „Ostpreußen-Schutzstellung" ausheben. Der Text zum Propaganda-Bild behauptet, Gauleiter Erich Koch überzeuge sich vor Ort von der Qualität der Verpflegung der eingesetzten Mannschaften.

Oktober 1944 – Die Herbstoffensive

Otto A. Schneidereit wird noch am 1. Oktober 1944 nach Heiligenbeil zum Wehrdienst eingezogen. Er ist zwar erst 32 Jahre alt, war aber lange untauglich geschrieben, da er auf dem linken Ohr taub ist. Männer wie Schneidereit gehören zu Hitlers vorletztem Aufgebot. „Es war eine seltsame Auswahl von Rekruten, die sich in Heiligenbeil einfanden – sozusagen die Spreu vom Weizen. Fast alle hatten gesundheitliche Schäden oder waren wegen Unabkömmlichkeit im Beruf bisher vom Wehrdienst befreit. Altersmäßig überwogen die Jahrgänge zwischen 30 und 40 Jahren, fast alle ohne Militärausbildung. Die Zeit drängte, die Front brauchte Nachschub. Selbst ältere Reservisten wurden schon zum Volkssturm gezogen.[274] Schneidereit wird im April 1945 noch im Samland kämpfen, sich über die Frische Nehrung nach Hela verschiffen und über die Ostsee nach Dänemark gelangen.

Die Front verläuft Anfang Oktober von Warschau die Weichsel entlang bis Modlin, folgt dann dem Lauf des Bug und des Narew bis Wizna. Hier steht die deutsche 2. Armee im Abwehrkampf. Die Front markieren dann bis ostwärts Suwalki (Sudauen) unter Ausnutzung der Seen der Narew-Nebenfluss Bobr und der Augustower Kanal. Sie stößt dann in einem Abstand von 50 bis 70 km ostwärts der Reichsgrenze zwischen Jurbarkas (Georgenburg) und Schmalleningken an die Memel.[275] Hier verteidigt die deutsche 4. Armee. Bis zum neuen russischen Großangriff im Oktober herrscht an der Front im allgemeinen Ruhe.

In ihrem sommerlichen Fluchtdomizil Swinemünde hört die Familie Willoweit, die Stadt Memel sei wieder sicher. Auch der Vater, der als Sanitäter einen Verwundetentransport aus dem Baltikum nach Swinemünde begleitet hat und eines Nachts plötzlich bei der Familie auftaucht, ermutigt seine Frau Anfang Oktober, nach Memel zurückzufahren, um Wintersachen zu holen. Dietmar Willoweit: „Niemand hinderte uns an der Rückkehr. Wir wussten nicht, dass wir passend zum Termin der russischen Herbstoffensive in Memel eintrafen. Die Stadt war viel leerer als gewohnt, aber doch nicht verlassen. Am folgenden Tag fuhren wir hinaus zu einem Besuch bei der Großmutter und den bei ihr lebenden Verwandten in Plicken, also nahe an die litauische Grenze."[276] Nach der ersten Räumung Memels Ende Juli 1944 sind – wie die Willoweits – viele geflohene Frauen und Kinder wieder in die Stadt zurückgekehrt.[277]

Am 5. Oktober geht die 1. Baltische Front im Frontabschnitt Memel zum Angriff über. Sie will der Heeresgruppe Nord den Rückzug auf Ostpreußen abschneiden und versucht, durch zwei fast zeitgleiche Vorstöße die Ostseeküste zu erreichen. Der eine zielt auf Polangen, der andere etwa 30 km südlich davon auf Prökuls am Kurischen Haff. Die Willoweits sind bei Beginn der Offensive am 5. Oktober in Plicken. „Die nächste Nacht muss voller Schlachtenlärm gewesen sein. Ich hatte im Schlaf davon nicht viel mitbekommen. Am Morgen war alles still, aber meine Mutter beschloss, nach Memel zurückzukehren. Der Ortsgruppenleiter stand in Parteiuniform am Bahnhof und hatte den bekannten Satz von der fest stehenden Front auf den Lippen."[278] Die ersten Oktobertage sind Schicksalstage. Dietmar Willoweit: „In diesen Tagen entschieden sich Lebensschicksale. Die Verwandten wurden in alle Winde zerstreut und blieben zum Teil verschollen. Eine Cousine ging im Memelland verloren. Jahrzehnte später tauchte sie wieder auf, Wolfskind, Analphabetin."[279] In Memel angekommen, erleben die Willoweits die Stadt in Auflösung. „Die einen hasteten zum Bahnhof, die anderen zum Hafen. Die SA und weiß Gott wer noch verlud Akten. Die uns ganz neue Botschaft lautete: Die Russen können jeden Augenblick hier sein. Von deutschem Militär war weit und breit nichts zu sehen."[280] Am Mittag des 5. Oktober 1944 geht die Familie an Bord der „Nordland", eines leicht bewaffneten Truppentransporters. In der Nacht zum 6. Oktober legt das Schiff ab. Es bringt die Verwundeten und Flüchtlinge, begleitet von U-Booten als Geleitschutz nach Danzig. Der Vater von Dietmar Willoweit wird Anfang April 1945 bei Fischhausen im Samland fallen.

Memel ist zwar mit Kampfstellungen gut zur Verteidigung ausgebaut, zunächst aber sind keine Munitions- und Verpflegungsbestände vorhanden und der Stadtkommandant hat keine Truppen zur Verfügung. Von Norden schlagen sich aber Teile verschiedener Divisionen in Richtung auf die Stadt durch. Am 6. Oktober treffen auf dem Seeweg Infanteristen der 58. Infanteriedivision als die ersten geschlossenen Verbände in Memel ein und nehmen die Verteidigung auf. Von Osten kommen von der 3. Armee das zersprengte Gros der Panzergrenadierdivision „Großdeutschland" sowie die thüringische 7. Panzerdivision heran. Am 7. Oktober ist Memel von Süden eingeschlossen; bis zum Eintreffen des Stabes der 58. Infanteriedivision gibt es keine einheitliche Führung zur Verteidigung der Stadt. Karten des Gebiets stehen dem aus Libau mit dem Schiff ankommenden Divisionsstab kaum zur Verfügung. Durch das Fehlen sämtlicher schweren Waffen und Fahrzeuge sind die niedersächsischen und westfälischen Infanteristen ganz auf sich gestellt. Die Memel verteidigende 58. Infanteriedivision ist nach dem Rückzug aus Kurland auf Memel nur noch ein Torso, die motorisierten Fahrzeuge des Versorgungs-Regiments sind zum größten Teil in sowjetische Hände gefallen. Die bespannten Kolonnen befinden sich noch im kurländischen Hafen Libau und werden erst später über See zugeführt. In Memel erfasst die Division durch „Greifkommandos" Personal und Fahrzeuge versprengter Einheiten und füllt mit ihnen die Kraftfahrkorps auf. Es ist ein kleines militärisches Wunder, dass Memel nicht schon im Oktober 1944 von der Roten Armee erobert wird.

In Plicken im Memelland verlassen am Sonntag, den 8. Oktober 1944, die Frauen, Kinder und Männer über 65 Jahren das Dorf. Die Männer von 16 bis 65 Jahren bleiben zurück. Der Bauer Michael Tydecks treibt mit seinem Sohn Hans wie alle Bauern das Vieh zum Gut Baugskorallen. Alle Männer sind zum Volkssturm eingezogen, den Tydecks in seinen Erinnerungen und Briefen „Landwacht" nennt. Der Bericht des memelländischen Bauern lässt noch einmal die multiethnischen Charakter des Memellandes durchscheinen: „Der Wachtmeister hatte bestimmt, dass ich, mein Sohn, Erich Putnins, ein Paar Landdienstler, Paetzel, Lismant, Wolfs und Scharkinnis in der Bürgermeisterei bleiben sollten und auf weitere Befehle warten. Nachts sagte die Wehrmacht, auf was wir eigentlich warteten, wir sollten machen, dass wir fortkommen, denn um die Zeit schoß der Russe schon in Ragawischken ein. In der Gruppe beim Kerschies war der Vitauts-Kloschies, der hatte allerlei Kankaline mitgebracht und der Kerschies war die ganze Nacht und auch am anderen Morgen blau, so dass er die Zunge kaum umdrehen konnte."[281] Zum letzten Mal werden einige Volkssturmmänner auf Patrouille zur Grenze geschickt. Dann dürfen sie sich in kleinen Gruppen zur Stadt Memel absetzen. Am 10. Oktober 1944 erreichen sowjetische Panzerspitzen auch bei Polangen die Ostsee. Die in Kurland stehende deutsche Heeresgruppe Nord ist von ihrer Landverbindung nach Ostpreußen endgültig abgeschnitten.

Dem Angriff der 1. Baltischen Front auf das Memelland schließt sich an der rechten Flanke auch die der 3. Weißrussischen Front unterstellte 39. Armee unter Generalleutnant Iwan Ljudnikow an. Sie soll eine Offensive auf Tauroggen ausführen und mit ihren restlichen Kräften eine Angriffsoperation im Abschnitt Gumbinnen vorbereiten. Die 39. Armee geht am 6. Oktober gegen Tauroggen vor, am 9. Oktober erreichen ihre Vorhuten auf ihrem Vormarsch zwischen Tauroggen und Georgenburg (Jurbarkas) die Südostgrenze des Memellandes. Sie besetzen als erste deutsche Ortschaft Augustogallen. Das löst sofort eine starke Fluchtbewegung der noch verbliebenen memelländischen Bevölkerung in die angrenzenden ostpreußischen Kreise aus.[282] Am 10. Oktober nimmt die Rote Armee die litauischen Städte Georgenburg (Jurbarkas) und Tauroggen ein. Memel ist am 10. Oktober eingeschlossen. Hitler erklärt die Stadt zur Festung. Die Front verläuft 7,4 km südlich und ostwärts der Stadt und erreicht bei Karkelbeck die Ostsee.

Fast ein Drittel der memelländischen Landbevölkerung kann nicht frühzeitig fliehen. Gerhard Jankus weist in seinem Buch über das Kirchspiel Prökuls auf eine Besonderheit der Besetzung des Memellandes hin. Von Gräueltaten sowjetischer Soldaten während der Kriegshandlungen im Memelland sei bis heute kaum etwas bekannt geworden. „Ob man den Soldaten gesagt hatte, hier handele es sich um ein sowjetisch-litauisches Gebiet, das es vom deutschen Joch zu befreien galt? Fest steht, daß die nachströmenden Litauer viel mehr bei uns gewütet haben als die Russen. Die Litauer plünderten – die Russen kaum, sie beanspruchten Quartier und nahmen den Deutschen meistens nur die Uhren und den Schmuck ab."[283] In Untereißeln im Kreis Tilsit-Ragnit am südlichen Ufer der Memel beginnt am 10. und 11. Oktober für die Bewohner die Räumung. Wer noch Zeit hat, besucht die Friedhöfe. Der Dorfchronist Ernst Hofer: „Einige Dorfbewohner sind noch in den letzten Tagen in ihrem Dorf neben ihren Angehörigen beerdigt worden und wohl ihnen, denn es blieb ihnen viel erspart an Elend und Leid."[284]

Die 3. Weißrussische Front soll schon jetzt mit allen ihren Kräften einen Vorstoß auf Königsberg vornehmen. Als Angriffstermin ist ihr der 16. Oktober vorgegeben. Sie ist durch Reserven des Oberkommandos verstärkt worden, für den Angriff stehen ihr fünf Armeen mit 40 Schützen-Divisionen, zwei Panzerkorps und fünf Panzerbrigaden zur Verfügung. Von ihren Armeen bilden zwei, die 5. und die 11. Gardearmee, das Zentrum des Angriffs. Die Verbände der Front haben auf einer Breite von 140 km anzugreifen. In einem Abschnitt von 38 km hat der kommandierende General, Iwan Tschernjachowski, 67 % der Schützendivisionen, 76 % der Artillerie und 90 % Panzer und Selbstfahrlafetten seiner „Front" – sie entspricht in etwa einer „Armee" der Wehrmacht – massiert. Vor dem Angriff werden den Soldaten die Aufrufe des Oberkommandos an die „treuen Söhne der Heimat" verlesen: „Merke Dir, Soldat! Dort in Deutschland versteckt sich der Deutsche, der Dein Kind gemordet, Deine Frau, Braut und Schwester vergewaltigt, Deine Mutter, Deinen Vater erschossen, Deinen Herd niedergebrannt hat. Geh mit unauslöschlichem Haß gegen den Feind vor! Deine heilige Pflicht ist es, um der Gerechtigkeit willen und im Namen des Andenkens der von den faschistischen Henkern Hingemordeten, in die Höhle der Bestie zu gehen und die faschistischen Verbrecher zu bestrafen. Das Blut unserer im Kampf gefallenen Kameraden, die Qualen der Gemordeten, das Stöhnen der lebendig Begrabenen, die unstillbaren Tränen der Mütter rufen Euch zu schonungsloser Rache auf."[285]

Die deutsche Verteidigung steht tief gestaffelt. Die Hauptkampfstellung hat bis zu 20 km Tiefe und besteht aus zwei Linien, die zweite Verteidigungslinie verläuft längs der alten Reichsgrenze. In etwa 65 km Entfernung von der vordersten Hauptverteidigungslinie verläuft noch eine dritte Verteidigungsstellung. Vor den Truppen der 3. Weißrussischen Front verteidigen zunächst die sieben Infanteriedivisionen der deutschen 4. Armee. Später wird die 3. Panzer-Armee in die Kämpfe eingreifen.

Am 16. Oktober um 6 Uhr, nach zweistündigem Artilleriefeuer und Bombenabwürfen auf die deutsche Hauptkampflinie, geht die Hauptmacht der 3. Weißrussischen Front zwischen Suwalki (Sudauen) und der Memel zum Angriff über. Außergewöhnlich starkes Trommelfeuer setzt vor allen Dingen in einem 40 km breiten Frontabschnitt beiderseits von Wilkowischken (Vilkavikis) ein. Die Panzerverbände der 3. Weißrussischen Front rollen auf einer Angriffsachse längs der Bahnlinie Wilkowischken–Gumbinnen–Insterburg vor. Gleichzeitig wird die deutsche Artillerie durch sowjetische Luftangriffe von „an der Ostfront noch nie erlebter Stärke"[286] niedergehalten. Am ersten Tag der Operation machen die Einheiten der sowjetischen 5. Armee einen Geländegewinn von 11 km. Sie nehmen die Nachbarstadt von Schirwindt ein, das litauische Kudirkos Naumiestis. Die drei Divisionen des deutschen XXVII. Armee-Korps sind in der Nacht zuvor in eine andere Kampfstellung ausgewichen und entgehen so der Wucht der Granaten und Bomben. Das nordöstlich stehende XXVI. Armee-Korps wird in seinen noch nicht fertigen Verteidigungsstellungen östlich der Scheschuppe und in den Memelwäldern mit voller Schwere getroffen.[287] Die Deutschen geben auch hier ihre erste Verteidigungslinie auf noch litauischem Boden auf. Am 18. Oktober rückt die sowjetische 11. Gardearmee zur Reichsgrenze vor, am Abend ist sie zwischen Eydtkuhnen und den Memelwäldern überall von der Roten Armee genommen. Teile der russischen 184. und der 277. Schützendivision überwinden die Scheschuppe und eröffnen den Kampf um die Stadt Pillkallen. Am 17. Oktober beginnt auch die 31. Armee ihre Offensive. Kurzfristig ergehen am 17. Oktober 1944 Räumungsbefehle an die Einwohner des Kreises Pillkallen und der nördlichen und östlichen Gemeinden des Kreises Goldap.[288] Am 17. Oktober setzen die sowjetischen Korps mit schweren Panzern zum Stoß nördlich und südlich der Stadt Schirwindt an. Sie umgehen Schirwindt und attackieren die Stadt von Nordwesten.

Der kommandierende General des der 4. Armee unterstellten VI. Armee-Korps, Horst Großmann, stammt aus Sybba im Kreis Lyck. Am 11. August hat er das Kommando des Korps übernommen, das zu dieser Zeit eigentlich nur noch aus der in Brandenburg aufgestellten 50. Infanteriedivision besteht. Später wird dem Korps noch die 286. Sicherungs-Division zugewiesen. Großmann betätigt sich nach dem Krieg als Militärschriftsteller. Er schildert die Besetzung der östlichsten deutschen Stadt sachlich: „Die Verteidiger von Schirwindt klammerte sich an jedes Haus. Immer neue Kräfte schoben die Russen nach, und in blutigen Nahkämpfen stürmten sie Haus für Haus. Die Zahl der Verteidiger schmolz zusehends zusammen. Die Stadt war nicht mehr zu halten und ging gegen Abend verloren."[289] Ein Teil dieser sowjetischen Truppen geht jetzt gegen die Kreisstadt Pillkallen (Schloßberg) vor.

Schon am Nachmittag des 2. August ist an die Einwohner von Kallweitschen (Kornberg) östlich der Rominter Heide der Räumungsbefehl ergangen. Sie sind dem Befehl gefolgt und überwiegend in den nördlichen Teil des Kreises Goldap geflüchtet. Nachdem scheinbar keine unmittelbare Gefahr mehr herrscht, sind fast alle Bewohner für einige Wochen auf ihre Anwesen zurückgekehrt und wirtschaften eingeschränkt weiter. In der ersten Oktoberhälfte 1944 werden die ersten Familien des Grenzdorfes mit der Bahn in das Vogtland bzw. in den Raum Chemnitz gebracht. Die verbliebenen Bewohner müssen Kallweitschen am 17. Oktober überstürzt verlassen, Fluchtziel ist nach den Evakuierungsplänen der Kreis Rößel. Mit wenigen Ausnahmen erreichen die letzten Bewohner des Ortes den Kreis und werden auf verschiedene Dörfer verteilt. Als letzter Bewohner verlässt der Dorfpolizist Heinrich Kwauka, der erst im Jahr 1940 von Laugallen im Kreis Memel nach Kallweitschen versetzt worden ist, den Ort. „Heinrich Kwauka flüchtete nach seiner überlieferten Bekundung am 18.10.1944, mittags, mit dem Motorrad aus Kornberg, nachdem er bereits russische Soldaten am Wystiter See beobachtet hatte.“[290] Das schreibt der Kallweitscher Gustav Beyer. Er wird als Angehöriger der 561. Volksgrenadierdivision des XXVII. Armee-Korps alle Kämpfe um Ostpreußen mitmachen und erst bei Kriegsende 1945 in sowjetische Gefangenschaft geraten, die bis 1949 dauern wird.

Am 16. Oktober legt Hermann Göring in der Rominter Heide auf seinen letzten Hirschen an. Zum Ansitz muss er sich an diesem Tag unter Aufsicht der Gestapo in einer gepanzerten Limousine begeben. Der Name des letzten in der Heide unter deutscher Herrschaft geschossenen Hirsches ist unter Jagdhistorikern bekannt – es ist der „Leutnant“, ein ungerader Vierundzwanzigender. Der Reichsmarschall verfehlt ihn. Mit dem „Leutnant“ wollte Göring den letzten seiner insgesamt 55 Rominter Hirsche strecken. Oberforstmeister Walter Frevert lässt das waidwunde Tier am nächsten Tag von seinem Schweißhund aufspüren und bringt es zur Strecke. „Der Schlachtenlärm von der nahen Front, der Kanonendonner und das Heulen der Fliegerbomben dröhnten in den ‚Hirsch tot' hinein, das ich diesem letzten Recken der Rominter Heide blies.“[291] Anschließend setzt Hermann Göring sich in seinen Sonderzug „Asien“, um die Rominter Heide in Richtung Wolfsschanze für immer zu verlassen.[292] Im August hat Göring den schriftlichen Befehl erlassen, beim Vormarsch des Feindes die Anlagen des Reichsjägerhofes und des kaiserlichen Jagdschlosses Rominten zu zerstören. Am Reichsjägerhof werden sieben, im daneben liegenden Forstmeisterhaus zwei und im kaiserlichen Jagdschloss vier Brandsätze angebracht. Als das sowjetische 2. Gardepanzerkorps die Rominte bei Walterkehmen in den frühen Morgenstunden des 20. Oktober 1944 überschreitet, steckt der allein im Haus zurückgelassene Hausmeister den Reichsjägerhof in Brand.[293]

Wolfgang Rothe ist im Jahr 1944 zehn Jahre alt. Das elterliche Gut Samonien in Tollmingkehmen, Kreis Goldap, nur 20 km von der östlich verlaufenden Grenze und nördlich der Rominter Heide gelegen, ist mit Nachschub- und Einsatzeinheiten der Wehrmacht belegt, die Soldaten sind mit Manövern beschäftigt. Wolfgang Rothe erinnert sich, dass die beiden einzigen benachbarten Gutsbesitzer, die nicht im Krieg sind, in kürzeren Abständen zu seiner Mutter, seit einigen Wochen Witwe, kommen und wieder wegfahren. „Meine Mutter hat mir hinterher erzählt, die haben sie bestürmt, sie soll doch endlich die Kinder nehmen und von hier weggehen. Aber sie spürte die Pflicht als Gutsfrau, und das war bei allen so. Keiner wollte weggehen und die Leute zurücklassen.“[294] Auch der später im deutschen Fernsehen oft präsente Dokumentarfilmer Max H. Rehbein ist damals im Range eines Hauptmanns, im Gutshaus der Rothes einquartiert. Am Abend des 18. Oktober fordert Rehbein die Gutsfrau zur Flucht mit ihren Kinder auf. „Jetzt wird es aber Zeit.“ Es ist schon dunkel, als sie Rehbein vor dem Portal die Schlüssel zu ihrem Haus übergibt. „Dann ist sie, ohne sich umzudrehen, über den ganzen Hof zu dem für sie bestimmten Treckwagen gegangen und in der Nacht verschwunden“[295], erinnert sich ihr Sohn an den Abschied von der Heimat. Die Einwohner Tollmingkehmens trecken zehn Tage lang in den Kreis Rößel. Dort bleiben sie bis Januar 1945. Nach der russischen Offensive im Januar 1945 ziehen die Dorfbewohner weiter gen Westen. Manche kommen durch, manche nicht.[296] Nach dem Abzug der Flüchtlinge herrscht auf Gut Samonien Endzeitstimmung. Die Soldaten der Wehrmacht haben sich auf dem Hof eingerichtet und gefunden, was sie vor allem suchen: den Weinkeller. Rehbein berichtet später von einem verzweifelten Trinkgelage. Ein Leutnant der Einheit setzt sich im Festsaal des Gutes an den Flügel und spielt „Für Elise“. „Dann stand er auf, ging in den Garten und erschoss sich mit der Pistole.“[297]

General Iwan Tschernjachowski lässt am 19. Oktober das 2. Gardepanzerkorps mit Ziel Gumbinnen vorrücken. Nur mit Anspannung aller Kräfte kann das Korps als Speerspitze der 11. Gardearmee am 20. Oktober über die Rominte bei Walterkehmen im Kreis Gumbinnen setzen und bis zum späten Abend des 20. Oktobers die deutsche Verteidigungslinie durchbrechen. Entsprechend des Befehls des Frontoberkommandos teilt sich der sowjetische Stoßkeil danach in drei Richtungen auf. Ein nördlicher zielt auf Gumbinnen. Ein mittlerer wird auf das Dorf Nemmersdorf, nordwestlich von Gumbinnen, angesetzt, ein südlicher auf die Kreisstadt Darkehmen (Angerapp). Im Verlauf dieser „Operation Gumbinnen“ dringen die Truppen der 3. Weißrussischen Front in einer Tiefe von 50 km nach Ostpreußen ein.[298]

Der 16-jährige „Halbjude“ Michael Wieck leistet zu dieser Zeit zusammen mit anderen Juden, russischen Fremdarbeiterinnen und „unsozialen“ deutschen Frauen in Königsberg in der Rüstung Zwangsarbeit. Ein älterer Jude, Herr Mendelsohn, gibt sich Ende Oktober (oder Anfang November, genau erinnert sich Wieck nicht) „sehr geheimnisvoll“. Er nimmt Michael Wieck am Arm und sagt: „Du hast doch gute Ohren, komm einmal mit nach oben, ich will dir etwas zeigen.“ Im Obergeschoß der Fabrik öffnet er ein Fenster nach Osten. Mit „leuchtenden Augen“, so Wieck, flüstert Mendelsohn: „’Nun streng dich einmal an und horch in den blauen Himmel hinaus.

Was kannst du hören?' Ich muß mich sehr konzentrieren, aber dann höre ich es deutlich. Wie ein pausenloses Gewitter rollt und rumort es ununterbrochen in großer Ferne. Zwar sehr leise, aber unheimlich drohend. Ich überlege angestrengt, was es sein könnte. Ein solches Gewitter, und dazu bei blauem Himmel, kann es gar nicht geben. Außerdem scheint dieser Donner niemals aufzuhören. ‚Das ist Schlachtenlärm, noch sehr weit weg, doch deutlich zu hören. Hurra, die Russen kommen.'"[299]

Das zwischen Walterkehmen und Gumbinnen liegende Gutsdorf Perkallen wird in der Nacht des 18. Oktober 1944 von endlosen Trecks mit Panjewagen aus Lettland und Litauen aufgesucht. Es regnet in Strömen. Gutsherrin Sigrid Wagner von Reisch hilft den Flüchtlingen, wo sie kann. Den Flüchtenden folgen Soldaten. „Militärische Formationen aller Art überfluteten Hof und Haus. Bleich, müde, abgekämpft baten Offiziere und Soldaten um Quartier, legten sich, wo sie Platz fanden, auf den Fußboden und lagen völlig erschöpft wie tot da."[300] Am Morgen des 19. Oktober herrscht Totenstille auf dem Gut. Die heimlich von den Gutsbewohnern zur Flucht vorbereiteten langen Leiterwagen stehen getarnt in der schattigen Allee und vor den Arbeiterhäusern. „Ich ging noch eiligst zu den einzelnen Familien und trieb sie zur Eile an. Am Abend vorher hatte der Ortsgruppenleiter gedroht: ‚Wenn der Perkaller Major es zulässt, dass die Perkaller trecken, wird er am ersten Alleebaum aufgehängt werden!'"[301] Die sowjetischen Kriegsgefangenen werden von einer Kompanie Landesschützen aus Gumbinnen abgeholt, die Franzosen und Belgier wollen und dürfen mit dem Hoftreck ziehen. Um 11 Uhr am 19. Oktober gerät das Gut in das Visier der sowjetischen Artillerie. Sigrid Wagner von Reisch gibt dem Kämmerer die Order, mit dem Treck abzurücken. Er besteht aus 138 Menschen mit zehn Leiterwagen, zwei Gummiwagen und einem Coupé. „Schwer war es, die Leute zur Eile anzutreiben. Sie weinten und jammerten und waren kaum zu bewegen, die Wagen zu besteigen. Erst ein Machtwort von mir brachte den Treck in Gang, mit lauter schluchzenden Frauen und Kindern, auf ihren letzten Habseligkeiten sitzend."[302] Die Perkaller ziehen Richtung Südwesten, über Nemmersdorf nach Darkehmen (Angerapp), die Gutsherrin folgt dem Treck am späten Nachmittag. Kurz vor Nemmersdorf sieht sie sich um. „Der ganze Horizont über Perkallen war glühend rot, Feuergarben loderten gegen den Abendhimmel, alles bei uns mußte in Flammen stehen."[303]

Erst um 17 Uhr am 19. Oktober dürfen im Dorf Kieselkehmen (Kieselheim) südlich von Nemmersdorf Vorbereitungen zur Flucht getroffen werden. Um 20 Uhr sieht dort der Bauer Egon Matthiae im Osten Walterkehmen und Perkallen brennen. Es wird bekannt, dass die Straße Walterkehmen–Szuskehmen–Kieselkehmen mit Flüchtlingen aus der Gegend Trakehnen verstopft ist und die Russen bereits mit Panzern im nahen Walterkehmen stehen. Doch Egon Matthiae legt sich noch einmal schlafen. „Um 3.00 Uhr am 20. Oktober klopfte es gewaltig an meine Schlafzimmertür. Ich solle sofort aufstehen und anspannen lassen, da die Russen wohl bereits in Angerhöh (Szuskehmen) seien." [304] Aus Richtung der nahen Straße von Buylien

Am 21. Oktober 1944 hat die Rote Armee Nemmersdorf im Kreis Gumbinnen erobert und einige Stunden besetzt. Dieser sowjetische T 34/85-Panzer ist beim überhasteten Rückzug in der Dunkelheit in den Fluss Angerapp gestürzt, weil die Brücke bereits gesprengt war.

(Schulzenwalde) nach Wilken hört der Bauer deutlich Kettenfahrzeuge. Um 6 Uhr stoßen sowjetische Panzer bei Reckeln, 2 km nordöstlich Kieselkehmen, durch, drehen aber nach Norden, nach Nemmersdorf, ab. Infanterie folgt ihnen auf einer für deutsche Grenadiere über die Angerapp geschlagene Fußgängerbrücke. Zur gleichen Zeit kommen sowjetische Panzer auf der von Flüchtlingstrecks überfüllten Straße von Gumbinnen nach Nemmersdorf.[305] Ahnungslos werden die deutschen Zivilisten auf sowjetische Soldaten stoßen, die erstmals im Land des verhassten Feindes stehen. Durch den nahen Gefechtslärm eingeschüchtert, haben die meisten Bewohner Gumbinnens am 20. Oktober auch ohne Räumungsbefehl ihre Stadt verlassen. In der Hast wählt ein Teil der Einwohner statt über Insterburg nach Norden den Weg nach Nordwesten über Nemmersdorf in Richtung Darkehmen (Angerapp) und gerät so in die russische Frontlinie. Eine Anzahl von Gumbinnern wird dort erschossen.[306]

Am zügigsten ist an diesem Tag der mittlere, auf Nemmersdorf gerichtete Vorstoß der 25. Garde-Panzerbrigade der Roten Armee vorangekommen. Am westlichen Flussufer der Angerapp haben die Brigaden rund um die Ortschaft einen Brückenkopf gebildet, der in den folgenden beiden Tagen Ziel heftiger deutscher Gegenangriffe ist.[307] Im südlichen Abschnitt der sowjetischen 2. Gardearmee erobert nach hartem Kampf ein Regiment der 18. Garde-Schützendivision am 22. Oktober die Stadt Goldap. Am Morgen des 20. Oktober 1944 machen sich die meisten Bewohner von Bumbeln, dem Dorf nordöstlich von Gumbinnen, in einem geschlossenen Treck zur großen Flucht auf. Unter ihnen ist der junge Alfred Schiedat: „Unser Bumbelner Treck fuhr zusammen mit vielen anderen über Insterburg, Gerdauen, Rößel, Seeburg, Allenstein, Osterode (Ostpreußen) bis zu dem idyllischen Dorf Tharden am gleichnamigen See. 14 Tage über sonnig herbstliche Landstraßen ging die Fahrt. Vorbei an unberührter Natur, an abgeernteten Feldern und durch stille Dörfer und Städte fuhren wir. Für viele von uns Jungen und Mädchen war diese Fahrt auf dem Leiterwagen die einzige durch unser herrliches Ostpreußen. So, als ob das Land von unserem Abschied wußte, hatte es noch einmal alle Farbenpracht angelegt, die Laubbäume nur hervorzubringen vermögen.“[308]

„Nemmersdorf" – der Name des kleinen Dorfes im Kreis Gumbinnen, bei dem eine Brücke über den Fluss Angerapp führt, wird unter Deutschen zum Synonym für den Vernichtungskrieg, der jetzt auf das eigene Volk zurückschlägt. Die sowjetischen Soldaten haben sich jahrelang durch ihr verwüstetes Territorium bis zur deutschen Reichsgrenze vorgekämpft. Als sie jetzt ein erstes Mal tief auf deutschem Boden stehen, kommt es zu einer Explosion der Gewalt. Auch die Zivilbevölkerung trifft das „Schwert der Vergeltung".[309] Der fanatische Widerstand der deutschen Soldaten – ein „geradezu selbstmörderischer Widerstand"[310], wie ihn der britische Journalist Alexander Werth, der die Rote Armee bei ihrem Vormarsch begleitet, qualifiziert –, dem die Rotarmisten jetzt begegnen, ist Ursache und Wirkung zugleich und hat auf beiden Seiten enorme Verluste zur Folge. Der selbstmörderische Widerstand der Wehrmachtsoldaten ist aus Sicht der sowjetischen Soldaten und Offiziere durch kein Argument gerechtfertigt. Der Krieg ist im Oktober 1944 für Hitlers Wehrmacht längst verloren.

Bei Langkischken (Langenwasser) erlebt am 23. Oktober 1944 der Oberleutnant der Reserve und Bataillonsführer Gerhard Frohn, wie Soldaten seiner Einheit ihre Gräben kampflos verlassen. Keiner der Offiziere hat einen Befehl zum Stellungswechsel gegeben, ein feindlicher Angriff ist nicht erfolgt. Frohn kennt die Ursache für dieses für ihn unsoldatische Verhalten – es sei eine typische Folge des „Iwanschrecks" gewesen, konstatiert er: „Die Tatsache, daß nichts über das Schicksal unserer Kriegsgefangenen in russischer Hand bekannt wird, daß wahrscheinliche oder mögliche Greueltaten ihnen gegenüber durch Verbreitung von Mund zu Mund immer wieder ausgesponnen werden, daß es ein ‚Sibirien' gibt und daß unsere Propaganda diese russischen Rätsel erst recht grauenvoll darzustellen weiß, dies alles hat den Kampfgeist unserer Soldaten in eigenartiger Weise beeinflußt." [311] Frohn sieht keine Feigheit und Angst bei seinen Männern: „Kämpfen wollen sie, das Sterben ist nur ein Teil davon, und darüber spricht man nicht, aber man will nicht verwundet in russische Hand fallen; denn dann kann man nicht arbeiten und wird gewiß auf grausige Art aus dem Leben geschafft. Eine solche Vorstellung lebt in den Ostkämpfern. Und in kritischen Augenblicken wie jetzt, da russische Panzer nur anzurollen brauchen und sofort drei Kampfgruppen abschneiden, genügt der Satz: ‚Man müßte eine bessere Stellung haben', um eine Art von Panik auszulösen."[312] In einem von Generaloberst Hans-Georg Reinhardt, dem Oberbefehlshaber der Heeresgruppe, unterzeichneten Aufruf vom 25. Oktober 1944 werden die Kommandeure aufgefordert, „mit aller Härte (...) gegen das Schielen nach rückwärtigen Stellungen anzugehen" [313]; jedes Absetzen unterliege bei Abschnitten über Regimentsbreite zukünftig der Genehmigung der Armeeoberbefehlshaber. Zu dieser Zeit meldet der Kommandierende General des XXVI. Armeekorps, Generalleutnant Gerhard Matzky, dem Oberbefehlshaber der 3. Panzerarmee, dass sein Korps keine Reserven mehr besitze. Dem Korps sind vier Divisionen unterstellt, je Division seien zur Abschreckung sechs Mann erschossen worden. Der Historiker Richard Lakowski, Dozent am Militärgeschichtlichen Institut der DDR und ab 1990 wissenschaftlicher Mitarbeiter am Militärgeschichtlichen Forschungsamt der Bundeswehr in Potsdam, zitiert einen Eintrag zu den Mitteilungen Matzkys im Kriegstagebuch der 3. Panzerarmee vom 24. Oktober 1944. „Die Leute seien völlig apathisch. Der OB (Oberbefehlshaber, Generaloberst Erhard Raus, der Verf.) weist daraufhin, daß der Zeitpunkt eintreten könne, wo derartige Maßnahmen wirkungslos bleiben würden."[314]

Bei Nemmersdorf rücken die sowjetischen Angriffsverbände des 2. Garde-Panzerkorps am weitesten nach Westen vor. Südlich des Ortes gehen die drei Divisionen des deutschen XXVII. Armee-Korps, die 131. Infanterie-Division, die 547. Grenadier-Division und die 561. Grenadier-Division vor der Wucht des Angriffes zurück. Die militärische Lage ist einige Zeit unübersichtlich. Am 21. Oktober nimmt die Spitze der sowjetischen 25. Garde-Panzerbrigade im Vorausangriff das Dorf im Kreis Gumbinnen. Der Kommandeur Oberst Bulygin erwähnt in seinem Gefechtsbericht, Nemmersdorf sei „von der Infanterie des Gegners und der friedlichen Bevölkerung gesäubert" worden. Diese „Säuberung" von Nemmersdorf wird im deutschen Bewusstsein zum Synonym für sowjetische Gräueltaten. Das Schicksal der hier vom sowjetischen Vorstoß überraschten Menschen gilt als das Vorspiel der Gewaltorgie, die ab Januar 1945 über Ostpreußen hereinbrechen wird.[315] Hier werden, als der Ort von der Wehrmacht zurückerobert wird, zum ersten Male Gräueltaten sowjetischer Soldaten an deutschen Zivilisten öffentlich.[316]

Der Slawist Bernhard Fisch, in Willenberg im Kreis Ortelsburg geboren, widmet sich seit 1990 Publikationen zur ostpreußischen Geschichte und zu Fragen der Vertriebenen in BRD und DDR. 1997 veröffentlicht er das Buch *Nemmersdorf, Oktober 1944. Was in Ostpreußen tatsächlich geschah.*[317] In seinem Buch zeichnet Fisch, der als Wehrmachtssoldat wenige Tage nach der Rückeroberung in Nemmersdorf war, ein völlig anderes Bild von den Ereignissen als jenes, das zuerst aus der Propaganda der deutschen Wochenschau bekannt wird. Fisch dokumentiert und belegt, wie die Morde in Nemmersdorf von der Goebbel'schen Propaganda benutzt wurden, um in der deutschen Bevölkerung eine Atmosphäre der allgemeinen Bedrohung zu erzeugen und dadurch den Widerstandswillen der Heimat und der Soldaten zu stärken. Fisch leugnet die Kriegsverbrechen in Nemmersdorf nicht, er entlarvt die Übertreibungen der Nazi-Propaganda, zeigt Widersprüchliches in den Augenzeugenberichten auf, befragt bisher nicht gehörte Zeugen und erschüttert so den Wahrheitsgehalt einzelner, bisher kaum angezweifelter Berichte. Fischs Buch kommt zu deutlich anderen Ergebnissen als viele Darstellungen des Kriegsendes in Ostpreußen, möglicherweise deshalb, weil sein Autor vor allem auf der Grundlage der Akten und der Logik der Fakten die tradierte Darstellung des Geschehens hinterfragt.

1944 ist Fisch 18 und damit genauso jung wie ein großer Teil der Rotarmisten. Er schreibt: „Unter den 123 000 Männern, die die Zweite Weißrussische Front vor dem Angriff als Ersatz erhalten hatte, befanden sich 53 000 Einberufene aus Weißrussland, die bis zu drei Jahre lang unter den Deutschen gelebt hatten. Die meisten Soldaten hatte Angehörige im Kriege verloren, viele waren nach Deutschland zur Zwangsarbeit verschleppt worden. Dörfer, Siedlungen und Städte, in denen sie vor dem Kriege gewohnt hatten, waren verbrannt."[318] Fisch kommt zu einem Urteil, dass dem deutschen Halbwissen zum Geschehen am 21. Oktober 1944 im Süden des Kreises Gumbinnen widerspricht: „Das Verhalten der Roten Armee in Nemmersdorf reichte von Unversehrtheit und Schutz der Dorfbevölkerung bis hin zu Vergewaltigung und Mord. In Widerspruch zum überlieferten Bild stellen wir fest, dass die große Mehrheit der Deutschen ohne Schaden davongekommen ist."[319] In Nemmersdorf sind, eingerechnet eines beim Übergang über die Angerapp-Brücke überrollten Flüchtlingstrecks, wahrscheinlich 46 Zivilpersonen ermordet werden. Auch in anderen nahe gelegenen Ortschaften, so im Kirchspiel Karklienen (Brauersdorf), werden Massaker verübt.[320] Ungeklärt ist bis heute das Schicksal von Zivilisten in Ortschaften, die im Oktober und November 1944 nicht von der Wehrmacht zurückerobert werden konnten.[321]

Der sowjetischen Panzer-Brigade gelingt es am Morgen des 21. Oktober nicht, die Brücke über die Angerapp einzunehmen und Nemmersdorf zu halten. Nach schweren Verlusten zieht sie sich aus dem Dorf zurück. Nemmersdorf soll bereits um 11 Uhr des 21. Oktober wieder in deutscher Hand gewesen sein, offiziell erfolgt die Rückeroberung des Ortes am 23. Oktober 1944. Die deutschen Soldaten finden 13 Tote in einem Unterstand sowie weitere tote Zivilisten in den Häusern des Dorfes und an der Brücke. Bernhard Fisch: „Eine Gruppe von vierzehn Personen hatte in einem Behelfsbunker Unterschlupf gesucht. Während deutscher Fliegerangriffe erschienen einige Rotarmisten, sie durchwühlten das Handgepäck, einer spielte mit den kleinen Kindern. Gegen Abend wurden die Deutschen von einem anderen Offizier aufgefordert, den Raum zu verlassen. Dabei wurden sie von Sowjetsoldaten erschossen. Ein gleiches Schicksal erlitt der Besitzer von Gut Schrödershof. Er wurde von seinem Treckwagen heruntergeholt und erschossen."[322] Die damals 20-jährige Gerda Meczulat überlebt, schwer verletzt, als Einzige, weil der Soldat, der sie töten wollte,

Die Leichen der Bäuerin und des Bauern auf einem Gehöft in Nemmersdorf, am 21. Oktober nach der Rückeroberung durch die Wehrmacht durch einen Kriegsberichterstatter fotografiert. Das Paar ist vom schnellen Vormarsch der Roten Armee überrascht worden.

ungenau zielt: „Als wir rauskamen, standen zu beiden Seiten des Ausgangs Soldaten mit schussbereiten Gewehren. Ich fiel hin, da ich eine Kinderlähmung habe, wurde hochgerissen und spürte in der Aufregung nichts mehr. Als ich zu mir kam, hörte ich die Kinder schreien und Gewehrschüsse. Dann war alles still."[323]

Anders ergeht es nach Fischs Recherchen Trecks aus den ostwärts gelegenen Dörfern Jodzuhnen und Norgallen. Sie sind von den angreifenden Sowjets vor der Angerapp-Brücke überholt worden. „Sie wurden durchsucht und zurückgeschickt. Russische Infanterie und Panzer marschierten an den Frauen, Kindern und alten Leuten vorbei nach Nemmersdorf. Am Nachmittag konnten sie, mit vielen anderen Flüchtlingen, abziehen. Es wiederholte sich eine Kontrolle nach Waffen, Munition und Radios." Die Trecks aus Jodzuhnen und Norgallen fahren durch die angreifenden sowjetischen Truppenmassen nach Süden, wenden sich später nach Westen und erreichen noch von deutscher Wehrmacht besetztes ostpreußisches Gebiet. „Über Personenverluste enthalten die Berichte keine Angaben."[324]

Nachdem Heinrich Himmlers zufällig in der Gegend anwesende Leibarzt, SS-Gruppenführer und Generalleutnant der Waffen-SS Karl Gebhardt, und Mitarbeiter der Gaupropaganda Nemmersdorf besichtigt haben, erfährt Propagandaminister Josef Goebbels von der Entdeckung der Leichen. Er beschließt, das Geschehen zum Anlass einer internationalen Pressekampagne zu machen. Einige Tage nach der Rückeroberung werden die Toten der Presse präsentiert. Goebbels weist seinen Ministerialrat Eberhard Taubert an, eine öffentliche Untersuchung und Dokumentation vorzubereiten. Taubert beruft einen „Internationalen Ärzte-Ausschuss" ein, dem ausschließlich ausländische Sympathisanten des NS-Regimes angehören. Bevor man die Leichen der Ermordeten fotografieren lässt, werden Veränderungen an ihnen vorgenommen.[325] Die „neutrale" Ärztekommission stellt in einem Bericht fest, dass alle tot aufgefundenen Frauen, deren Alter acht bis 84 Jahre betrug, vergewaltigt worden seien. Zeugen, die in Nemmersdorf anwesend waren, bestreiten das.

Das letzte Aufgebot

Schon Anfang November 1943 denkt das Oberkommando der Wehrmacht über Planungen für ein „letztes Aufgebot" nach. Zu diesem Zeitpunkt sind von den wehrpflichtigen Jahrgängen 1895 bis 1925 noch fünf Millionen „unabkömmlich" gestellt. Ein „Führer-Erlass" vom 25. September 1944 befiehlt die Bildung des „Deutschen Volkssturms", der alle waffenfähigen Männer im Alter von 16 bis 60 Jahren umfassen soll. Die Bildung des Volkssturms wird am 18. Oktober 1944, dem Jahrestag der Völkerschlacht von Leipzig, bekannt gemacht und zwei Tage später offiziell verkündet.

Der Volkssturm ist nicht Teil der Wehrmacht, seine militärische Organisation, Ausbildung, Bewaffnung und Ausrüstung ist vom Ersatzheer sicherzustellen. Das untersteht zu diesem Zeitpunkt dem Reichsleiter SS und jetzt auch Chef der Heeresrüstung Heinrich Himmler. Aufstellung und Führung der Bataillone des Volkssturms werden in die Hände der Gauleiter der NSDAP gelegt, die sich dazu des Führungspersonals aus den lokalen Organisationen der Partei, aus SA, SS, dem Nationalsozialistischen Kraftfahrerkorps und der HJ bedienen sollen. Reichsleiter Martin Bormann erhält die Befugnis, die „politischen und organisatorischen" Ausführungsbestimmungen zu erlassen. Die Erfassung der Männer erfolgt durch die Ortsgruppen der Partei. Zunächst soll auch der Kampfeinsatz durch den Reichsführer SS erfolgen, diese Bestimmung wird jedoch im November 1944 abgeändert: Jetzt kann der Volkssturm im Einsatz der Wehrmacht unterstellt werden. In Ostpreußen ist das die Regel – der Volkssturm wird zwar nie Teil der Wehrmacht, im Verlauf der Kämpfe werden aber in der Provinz viele Volkssturmangehörige in die Wehrmacht eingegliedert.

Die Aufstellung des Volkssturms wird in der deutschen Literatur in der Regel als eine militärisch bedeutungslose Propaganda-Aktion dargestellt. Bei geringer militärischer Wirkung hätte er nur hohe Verluste erlitten. Tatsächlich sind die Verluste in den eingesetzten Volkssturmbataillonen hoch. An der Westfront geben die Männer häufig auch schnell den militärischen Widerstand auf. Dies ist im Osten, ganz besonders in Ostpreußen, aber auch in Schlesien, anders. Oft kämpfen hier die älteren Männer und halb erwachsenen Jungen noch mit dem Mut der Verzweiflung.

Im Kreis Treuburg (Oletzko) beginnt die Aufstellung des Volkssturms schon am 16. Oktober 1944 und ist fünf Tage später abgeschlossen, berichtet der Landrat und NSDAP-Kreisleiter Walter Tubenthal. Wie überall im Reich gliedert sich auch hier der Volkssturm in vier Aufgebote: Nur das „1. Aufgebot" ist für Kampfeinsätze in sogenannten „Einsatzbataillonen" vorgesehen. Es umfasst bei den Mannschaften waffen- und voll einsatzfähige Männer bis zum 55. Lebensjahr der Jahrgänge 1884 bis 1924. Die „Offiziere" sind auch hier oft älter. Die meisten Angehörigen des „1. Aufgebots" haben bereits im letzten Krieg gedient. Die aus ihnen gebildeten Volkssturmbataillone können auch außerhalb des Heimatgaus eingesetzt werden. „Standortbataillonen" gehören Männer des 2. und 3. Aufgebots an. Zum „2. Aufgebot" zählen nicht voll einsatzfähige Männer, die für die Weiterführung der regionalen Wirtschaft benötigt werden und wegen ihres als kriegswichtig erachteten Berufs als unabkömmlich angesehen werden, z.B. Beschäftigte in der Energieversorgung.

Als „3. Aufgebot" zieht die Partei Jugendliche im 16. und 17. Lebensjahr zu den Standortbataillonen ein. Ab dem Geburtsjahrgang 1928 sind diese Jugendliche vollständig während der nationalsozialistischen Herrschaft sozialisiert worden, 70 % dieses Jahrgangs melden sich im Deutschen Reich freiwillig zum Waffendienst. Das 4. Aufgebot umfasst die älteren Männer vom 55. bis zum 60. Lebensjahr. Im Kreis Treuburg (Oletzko) setzt man sie in Druschkommandos ein und kommandiert sie zur Landwacht ab. Diese Landwacht ist Ende 1942 aus geeigneten Männern älterer Jahrgänge aufgestellt worden, die noch nicht anderweitig (z.B. bei Heimatflak-Batterien) verpflichtet waren, und soll als eine Art Miliz die Polizei verstärken. Die ihr Angehörenden gelten als Hilfspolizisten. Der Bataillonskommandeur des Treuburger Volkssturms, NSDAP-Kreisleiter Tubenthal, kritisiert 25 Jahre später die schlechte Bewaffnung seiner Männer: „Die Bewaffnung des Volkssturms bestand aus Panzerfäusten (ausreichend), italienischen Gebirgsstutzen (für einen Stellungs- oder Bewegungskrieg vollkommen ungeeignet), aus leichten MG, aus dem Schnellfeuergewehr, aus Pistolen und aus 8 Feldartillerie-Geschützen mit begrenzter Munition."[326] Oft tragen Volkssturmmänner zu ihrer Zivilkleidung nur eine Armbinde mit der Aufschrift „Deutscher Volkssturm".

Am 19. Oktober 1944 durchbricht die Rote Armee die deutschen Stellungen im Raum Suwalki, am 21. Oktober steht sie an der alten Reichs- und Kreisgrenze von Treuburg (Oletzko). Jetzt sollen die Volkssturmmänner helfen, durchgebrochene Panzer mit Panzerfäusten zu bekämpfen und Fronteinbrüche abzuriegeln. In dieser Situation werden die Einheiten des Treuburger Volkssturms der (norddeutschen) 170. Infanteriedivision der 4. Armee unterstellt und an der Front eingesetzt. Ab dem 22. Oktober räumt Landrat Tubenthal in eigener Verantwortung den Kreis, am 26. Oktober 1944 haben ihn die Zivilisten – etwa 28 000 Menschen – vollständig verlassen. Die Behörden gehen in den Aufnahmekreis Sensburg, nur die wichtigsten Dienststellen wie Post und Eisenbahn unterhalten in Treuburg (Marggrabowa) noch einen Notdienst.

Am 26. Oktober stoppt die 170. Infanteriedivision den Vormarsch von Verbänden der 2. Weißrussischen Front.[327] Bis zum Januar 1945 verläuft im Kreis die Frontlinie 2 bis 3 km jenseits der Reichs- und Kreisgrenze auf Höhe von Garbassen in südlicher Richtung bis zum Dorf Reuß. Abgelöst im wechselnden Turnus bleiben bis zur sowjetischen Januaroffensive die Treuburger Volkssturmmänner in der Hauptkampflinie.

Am 21. Oktober haben sich die Einheiten der sowjetischen 11. Gardearmee aus Nemmersdorf zurückgezogen. Um den bereits merklich abgeebbten Angriffsschwung der Offensive in diesem Hauptabschnitts der Offensive zu beleben, wird am Morgen des 21. Oktober die operative Frontreserve der 3. Weißrussischen Front, die 28. Armee, zwischen dem linken Flügel und der Mitte in die Schlacht geführt. Der Angriff des 3. Gardeschützenkorps dieser 28. Armee bleibt vor Pillkallen (Schloßberg) im erbitterten Widerstand der 1. ostpreußischen Infanteriedivision stecken.[328]

Am 5. Angriffstag, dem 20. Oktober, ist der 11. Gardearmee mit ihren im Zentrum zusammengefassten Panzerbrigaden 10 km südöstlich von Gumbinnen der Durchbruch über die Rominte gelungen. Am 21. Oktober erreicht sie den Stadtrand von Gumbinnen. Im Vorfeld von Gumbinnen stehen zu diesem Zeitpunkt bereits die drei Divisionen des 128. Schützenkorps. Sie haben keine nennenswerten deutschen Kräfte mehr vor sich. General Iwan Tschernjachowski befiehlt am Abend des 22. Oktober seiner 11. Gardearmee die ‚Flucht nach vorn'. Sie soll bis zum Abend des folgenden Tages sowohl Gumbinnen wie auch Darkehmem (Angerapp) einnehmen.[329] Mehrmals versucht die 11. Gardearmee Gumbinnen im Handstreich zu besetzen. Improvisierte deutsche „Alarmeinheiten" halten Stand. Anders als bei Gumbinnen glückt der 3. Weißrussischen Front die Eroberung Stallupönens (Ebenrode) am 23. Oktober 1944.

In der Front der deutschen 4. Armee aber klafft eine etwa 30 km breite Lücke. Die 3. Weißrussische Front könnte durch diese Richtung Insterburg und Königsberg durchbrechen. Die bedrängte deutsche 4. Armee erhält jetzt Verstärkungen. Die 3. Panzerarmee, die teilweise noch nördlich der Memel steht, verkürzt ihre Front, indem sie bis auf den Kessel bei der Stadt Memel hinter die Memel zurückgeht und kann so ihre 5. Panzerdivision abgeben. Der 4. Armee wird zusätzlich die Fallschirm-Panzerdivision „Hermann Göring" und vom Oberkommando des Heeres die in Lötzen als Reserve stehende „Führer-Grenadierbrigade" unterstellt.[330] Die 5. Panzerdivision wird in die Frontlücke bei Gumbinnen geworfen. Aus dem Marsch heraus dringen einige ihrer Truppenteile schon am 20. Oktober südostwärts von Gumbinnen in die rechte Flanke des sowjetischen Einbruchs. Am 21. Oktober nachmittags greift ein Trupp der 5. Panzerdivision Richtung Süden an. Östlich der Rominte geht sie auf Walterkehmen (Groß Waltersdorf) vor, das am Abend des 22. Oktober zurückerobert wird. An der Rominte vereinen sich nach und nach die Einheiten der 5. Panzerdivision. Die Panzersoldaten treffen bei Walterkehmen auf die ersten vom Fallschirm-Panzerkorps „Hermann Göring" eintreffenden Einheiten. Auch die anderen Teile der 5. Panzerdivision kommen heran.

18. Oktober 1944, Rundfunkansprache Heinrich Himmlers als Befehlshaber des deutschen Ersatzheeres zur Errichtung des Volkssturms in Königsberg. Neben Himmler Generaloberst Heinz Guderian, Chef des Generalstabes des Heeres, ganz links Gauleiter Erich Koch.

Das Fallschirm-Panzerkorps Hermann Göring ist der 4. Armee ebenfalls unterstellt worden. Das Korps besteht aus der Fallschirm-Panzerdivision 1. „Hermann Göring" und ihrer Schwesterdivision, der Fallschirm-Panzergrenadier-Division 2. „Hermann Göring". Die beiden Schwester-Divisionen sind zwar formal der deutschen Luftwaffe unterstellt, werden jedoch im Rahmen von Heeresverbänden eingesetzt. Ihre Soldaten sind Freiwillige von NS-Organisationen wie der Hitlerjugend. Von den rund 60000 Soldaten der „HG"-Verbände wird nur jeder vierte Krieg und Gefangenschaft überleben.

Beide Panzerdivisionen und die Fallschirm-Panzergrenadier-Division 2. treten am 21. Oktober südöstlich von Gumbinnen zum Stoß nach Süden in die Flanke der 11. Gardearmee an. Im Verlauf der Rominte soll die 11. Gardearmee abgeschnitten werden. Der deutsche Angriff ist eine Verzweiflungstat, allerdings gegen jede Wahrscheinlichkeit erfolgreich. Am 23. Oktober wird die Verbindung mit der südlich von Groß Tellitzkehmen (Tellrode) schon stark bedrängten Führer-Grenadierbrigade hergestellt. Die Sowjets überschätzen die Stärke der sich im Gegenangriff befindlichen deutschen Verbände.

Den sowjetischen Durchbruchskeil Richtung Gumbinnen soll die Führer-Grenadier-Brigade durch einen Stoß nach Norden abschneiden. Für ihren Einsatz hat das Oberkommando des Heeres überraschend die Zustimmung Adolf Hitlers erhalten. Am 22. und 23. Oktober schließen die deutschen Panzerkräfte in einem „Zangenriff" die sowjetische 11. Gardearmee und das 2. Gardepanzerkorps an der Rominte bei Walterkehmen (Groß Waltersdorf) und Groß Tellitzkehmen (Tellrode) ein. Im Norden des Kessels sichert das Fallschirm-Panzerkorps Hermann Göring, im Westen die (westpreußische) 21. Infanteriedivision und im Süden die Divisionen des XXVII. Armee-Korps. An diesem Abend lässt Joseph Stalin voreilig zu Ehren der 3. Weißrussischen Front, die er auf der Siegerstraße nach Insterburg und Königsberg wähnt, in Moskau aus 224 Geschützen einen Salut von 20 Salven feuern. Sein Tagesbefehl Nr. 203 feiert noch Erfolge auf ostpreußischem Boden, als dort die erste sowjetische Offensive nach Deutschland hinein abgebrochen werden muss.[331] Noch gegen Mitternacht desselben Tages befiehlt Iwan Tschernjachowski der 11. Gardearmee, an der Rominte sofort zur Verteidigung überzugehen. Bis zum Abend des 23. Oktober nimmt die 11. Gardearmee ihren bis zur Angerapp vorgetriebenen Stoßkeil hinter die Rominte in den Raum um Walterkehmen zurück. Sie muss dabei zahlreiches Kriegsmaterial zurücklassen.

Die 3. Weißrussische Front hat ihren Frontvorsprung zwischen Rominter Heide und Nemmersdorf am 23. Oktober geräumt. Ihr 2. Gardepanzerkorps und andere Teile der 11. Gardearmee werden abgezogen. Der sowjetischen 5., 28., 39. und 31. Armee wird jedoch der Auftrag erteilt, ihre Angriffsbemühungen zu verstärken und Linien auf Höhe des westlichen Randes der Rominter Heide zu halten. Diese Armeen rücken aber im Verlauf des 24. bis 27. Oktobers nur 5 bis 10 km vor. Dann erlahmen auch diese sowjetischen Angriffe. Am 27. Oktober gibt Tschernjachowski auch diesen Truppen den Befehl, zur Verteidigung an der erreichten Linie überzugehen.

Oberleutnant Karl Knoblauch vom 1. Fallschirmjägerregiment 16 der Fallschirm-Panzergrenadier-Division „Hermann Göring" führt ein Tagebuch. Am 1. November findet Knoblauch bei Jodschen (Schwarzenau) einen toten sowjetischen Offizier. Mit viel Mühe schleppen Knoblauch und seine Kameraden den Toten über das ansteigende Gelände in das Dorf hinein. „In Deckung einer Hauswand überprüfen wir seine Taschen. Wir finden Photos von Mädchen und Zeitungsausschnitte mit Artikeln, die seinen Namen tragen. Ich erkenne das trotz der kyrillischen Schrift." Der Tote trägt auf seiner Brust verschiedene Orden. Eine „große Nummer" seines Regiments, vermutet Knoblauch: „Nun ist dieser Sowjetmensch irgendwo von der Wolga oder sonstwoher bis nach Ostpreußen gelatscht (wie wir nach Stalingrad), und ein Zufallstreffer setzt seiner Karriere ein Ende. – ‚Berlin wird er nicht sehen', geht mir durch den Kopf. Ich spreche das nicht aus und empfinde auch keinerlei Befriedigung bei dieser Erkenntnis."[332] Die Papiere des toten Offiziers und seine Orden verpackt Knobloch in ein Päckchen und schickt es mit dem nächsten Melder zum Bataillon.

Die im Norden aus dem Einkesselungsring östlich der Rominter Heide herausgezogene 5. Panzerdivision und die im Süden stehende (brandenburgische) 50. Infanteriedivision beginnen am 2. November mit der Rückeroberung der Stadt Goldap. Der

Winter hat früh begonnen; als die 5. Panzerdivision am Abend in ihren Bereitstellungsraum einrückt, herrscht starkes Schneetreiben. „In dieser Nacht geht einiges durcheinander, zum Glück nicht nur bei uns, sondern auch beim Russen. Kommandeure und Chefs haben am Vortage einen Blick ins Gelände getan, aber was nützt das nachts bei starkem Schneetreiben, alle wohlgemerkten Markierungspunkte sind verschwunden", heißt es in der Divisionsgeschichte der 5. Panzerdivision über den erneut beginnenden Winterkrieg.[333]

Bei nur vereinzeltem Widerstand erreichen die deutschen Panzer den Goldaper See im Norden der Kreisstadt und drehen dann nach Süden auf Goldap zu. Als es am 3. November schon früh dämmerig wird, steht die Panzerdivision 2 km vor der Stadt. Am Waldrand baut sie mit Panzern einen Feuerschutz auf. Am Morgen des 4. November fährt die Masse der Panzer der Division auf Goldap zu. „Erst kurz vor Erreichen der Brücke über den Goldapfluß, der hier von West nach Ost durch den nördlichen Stadtrand verläuft, gibt es eine starke Detonation. Vor unserer Nase sprengt der Russe die Brücke. Unter dem Feuerschutz der Panzer und Schützenpanzer sitzen die Grenadiere ab und stürmen über die noch stehen gebliebenen Teile der Brücke nach Goldap hinein. (...) Zum Teil schlafen die Russen noch in den schönen Häusern, zum Teil sind sie sinnlos betrunken."[334] Am 5. November ist die Stadt wieder in deutscher Hand. Damit enden in Ostpreußen die Offensivoperationen beider Seiten im Jahr 1944. Die 3. Weißrussische Front hat im Verlauf der Gumbinnen-Offensive nach sowjetischen Angaben von den 377 300 eingesetzten Soldaten insgesamt 79 427 verloren, davon sind 16 819 Tote und Vermisste. Der Gesamtverlust der deutschen 4. Armee wird mit insgesamt 16 236 Mann angegeben. Nur auf den ersten Blick erscheint er relativ niedrig: „Prozentual gesehen jedoch waren sie höher als die sowjetischen, da die Kampfstärke der Divisionen um mehr als ein Drittel zurückgegangen war und am 30. Oktober nur noch 29 916 Soldaten inklusive der neu unterstellten Verbände betrug. Auch zeigt der hohe Anteil von 6 801 Toten und Vermißten, wie verbissen die Soldaten der 4. Armee gekämpft hatten."[335] Diese Verbissenheit wird die Kämpfe in Ostpreußen bis in den April 1945 prägen.

Ende Oktober lassen überall an der ostpreußischen Front die Angriffe gegen die Heeresgruppe Mitte nach. Es herrscht jetzt eine relative Ruhe. In der etwa 600 km langen Front liegen rund 35 deutsche Divisionen. Sie besetzen pro Division einen Verteidigungsabschnitt von weniger als 20 km. Die meisten haben nicht mehr ihre nominelle Stärke oder sind Neuaufstellungen. Die unerfahrenen neuen Divisionen sind in ihrer Kampfkraft nicht vollwertig. An den Provinzgrenzen stehen den fünf sowjetischen Armeen mit etwa 40 Schützendivisionen und starken Panzerverbänden elf deutsche Infanteriedivisionen, zweieinhalb Panzerdivisionen und zwei Kavallerie-Brigaden gegenüber.[336] Sechs Panzer- und drei Panzer-Grenadier-Divisionen hat die Heeresgruppe nach Abschluss der Kämpfe aus der Front herausgelöst. Sie werden in der Etappe aufgefrischt und sollen für die Zukunft die bewegliche Reserve bilden.

Das Dorf Bumbeln östlich von Gumbinnen ist im Oktober 1944 von der Roten Armee nicht besetzt worden. Alfred Schiedat fährt mit seinem Vater und seinem Bruder Heinz noch einmal von Tharden im Kreis Osterode mit der Bahn nach Gumbinnen. Von dort marschieren die drei zu Fuß über die Chaussee nach Bumbeln. „Wir wollten doch noch dieses oder jenes Stück nachholen, das wir in der Eile der Oktober-Flucht zurückgelassen hatten. Es gab fast nichts mehr im Dorf. Alles Lebende war von den Bauernhöfen Backschat, Serapins und Schiedat verschwunden. Entweder hatten unsere Soldaten die Rinder und Schweine geschlachtet und verzehrt oder es war fortgebracht nach Westen, in vermeintliche Sicherheit."[337]

Martin Bormann, der Leiter der Partei-Kanzlei der NSDAP und Privatsekretär Adolf Hitlers, notiert am 24. Oktober 1944: „Der Führer hat mir gestern nach meinem Bericht gesagt, dass er in keinem Fall von hier fortgehe, solange die Krise in Ostpreußen andauert. (...) Er denkt, dass seine Anwesenheit vielen Ostpreußen die nötige Ruhe und das Vertrauen gibt und die Divisionen zu entsprechenden Anstrengungen zwingt."[338] Bormann, der Hitler gut kennt, scheint die Haltung seines Führers nicht sehr ernst genommen zu haben, denn er schreibt weiter: „Das Führerhauptquartier hier ist jedenfalls schon ‚aufgelöst' worden, wie der Fachausdruck dafür lautet, das heißt alles, was nicht unbedingt nötig ist, wurde weggeschickt. Das galt sowohl für die Ausrüstung als auch für die Leute."[339]

Da sich die Lage an der etwa 90 km entfernten Front nach dem Zangenangriff von Walterkehmen/Groß Tellitzkehmen wieder stabilisiert hat, verzögert sich der Auszug Hitlers und seines unmittelbaren Gefolges aus der Wolfsschanze. Nicolaus von Below, Hitlers persönlicher Luftwaffenadjutant, hält für den 10. November 1944 fest: „Als Jodl vorschlug, das FHQ (Führerhauptquartier) wegen der Ardennenoffensive nach Berlin zu verlegen, sagte er, dass er aus Ostpreußen nicht mehr fortginge. Der Krieg sei verloren."[340] Am 19. November wird dennoch die Abreise beschlossen; auch weil Hitler wegen eines am Tag zuvor diagnostizierten Stimmbandpolypens in der Hauptstadt operiert werden muss. Am Montag, dem 20. November, lässt „der Führer" sich um 11 Uhr wecken. Um 15.15 Uhr fährt er von seinem Bunker zum Bahnhof „Görlitz", wo sein Sonderzug „Brandenburg" bereitsteht. Mit ihm verlässt Adolf Hitler den Wald bei Rastenburg und damit für immer Ostpreußen.[341] Auch die sonstigen Behörden der Reichsregierung räumen jetzt ihre ostpreußischen Quartiere. In der Wolfsschanze beginnen umgehend die Ausräumarbeiten. Die Bunker in der Görlitz übernimmt der Stab der 4. Armee von General Friedrich Hoßbach. Am 22. November ist ein Sprengplan festgelegt worden. Als am 24. Januar 1945 die Rote Armee näher rückt, werden alle Objekte von der zurückweichenden Wehrmacht gesprengt.

In Ostpreußen hat der Winter früh begonnen. In Insterburg herrscht eine Ruhe vor dem Sturm, wie Hans Graf von Lehndorff notiert: „Unheimlich still blieb es auch dann noch, als die Novemberstürme das Land schon kahl gefegt hatten und der Frost das letzte Gras auf den Wiesen erstarren ließ. Meilenweit über die Felder verteilt, an den Straßen und Bahnstrecken sah man jetzt, einzeln oder in kleinen Gruppen, all die verwilderten Kühe stehen, kaum einer Bewegung mehr fähig, mit vertrocknetem Euter und hochgezogenem Rücken, drohend und anklagend. Und als der erste Schnee fiel, sanken sie, eine nach der anderen, lautlos in sich zusammen."[342]

Der Großbauer Richard Wollschläger aus dem Dorf Stradem im Kreis Rosenberg kommt am 23. Dezember 1944 um 19 Uhr auf dem Bahnhof von Deutsch Eylau an. „Pünktlich auf die Minute ist der D-Zug aus Posen eingelaufen, der mich, von der Adria kommend, in die Heimat gebracht hat, nachdem mir ein gütiges Geschick einen vier Wochen langen Urlaub zur Wiederherstellung der Gesundheit geschenkt hat." Er selbst kann es gar nicht fassen, dass es angesichts der Zustände an allen Fronten für Soldaten wie ihn noch Weihnachtsurlaub gibt. „Dt.-Eylau scheint in tiefstem Frieden zu liegen, eine leichte Schneedecke bedeckt die Erde, der Mond scheint, und ich entschließe mich, den Weg nach Stradem zu Fuß zurückzulegen. Ist's die Ahnung, daß es das letzte Mal sein wird? Ich wandere durch die Bahnhofstraße, gelange in die Kaiserstraße, die ziemlich menschenleer ist, komme über die Brücke zum Geserichsee, und biege auf der Rosenberger Chaussee in unseren schönen Wald ein, der bis nach Stradem reicht. Geradezu feierliche Stille umfängt mich. Ich begegne keinem Menschen. Und nun liegt unser Dorf vor mir, rechts und links der Chaussee die verdunkelten Gehöfte, hin und wieder Hundegebell, dann stehe ich vor unserer schönen Schule und gelange ungehört an das Fenster, hinter dem ich meine Familie weiß." Im Haus jault der Hofhund. Auf sein Klopfen ertönt hinter einem Fenster der Ruf einer jungen russischen Zwangsarbeiterin, die der Familie als Arbeitskraft zugeteilt worden ist: „Der Pan!" „Eine glücklichere Heimkehr habe ich nie erlebt!", schreibt Richard Wollschläger 1963.[343] Der Soldat Wollschläger wird nach dem Ende des Urlaubs nicht mehr zu seiner Einheit zurückkehren und einer in Ostpreußen stationierten Einheit zugeteilt werden.

Joachim Kaiser ist im Dezember 1945 17 Jahre alt geworden. Seine Eltern hat man aus dem geräumten Tilsit nach Elbing evakuiert. Zu Silvester 1944/45 fährt er von seinem Internat in Templin nach Elbing. „In Elbing traf sich meine Familie zum letzten Mal. Da alle das Gefühl hatten, dass es zu Ende ging und die Russen gleich da wären, öffneten sich plötzlich die Speicher und Tresoren. Es gab Champagner, es gab viele Dinge zu essen und zu trinken, die wir jahrelang vermisst hatten. Es war also ein rauschendes, absurdes Silvesterfest. (...) Dann setzte ich mich zwei Tage später in den Zug und fuhr eiskalt nach Templin zurück. Von Elbing nach Berlin! Da lag immerhin der ganze polnische Korridor dazwischen, das sind achthundert bis tausend Kilometer gewesen. Aus irgendeinem Grund aber funktionierte die Reichsbahn trotz alledem perfekt. Man kam überall pünktlich hin."[344] Es sind nur 520 km von Elbing nach Berlin. So weit, wie sich der Ostpreuße Joachim Kaiser im Jahr 2008 erinnert, waren West- und Ostpreußen auch am Neujahrstag 1945 nicht von Deutschlands Hauptstadt entfernt.

Königsberg, 1. Februar 1945, Soldat auf Posten auf einer Pregel-Brücke. Die sowjetische 3. Weißrussische Front steht vor der Stadt, in die sich zehntausende Bewohner des nordöstlichen Ostpreußens geflüchtet haben. Zu dieser Zeit ist Königsberg eingeschlossen.

„Das ganze Haffeis ist nicht stark und biegt sich unter fahrenden Lastautos und Treckwagen. Überall stehen verlassene, mit den Rädern durch das Eis gesunkene Militär- und Treckwagen. Auf der weiten Eisfläche unter dem tauweichen, leicht bedeckten Winterhimmel ist eine Stimmung, wie ich sie so gut auf unserem See in Guja kenne. Die Gedanken wollen rückwärts. Nur das nicht!"[1]

Walter von Sanden-Guja

Das Ende einer Provinz

Die Januaroffensive der Roten Armee

Angreifer und Verteidiger

Anfang Dezember 1944 legt das Oberkommando der Roten Armee, die „Stavka", den Beginn der allgemeinen Offensive in Ostpreußen auf den 20. Januar 1945 fest. Es geht davon aus, dass der Vormarsch nur langsam vorankommen wird. In der Endphase der jetzt auf deutschem Boden stattfindenden Kämpfe rechnet die Stavka mit erbittertem Widerstand, sie setzt für die Operation anderthalb Monate an. Dann sollen die deutschen Verteidiger Ostpreußens vernichtet sein oder kapituliert haben. Bis zu ihrer Zerschlagung werden letztlich fast dreieinhalb Monate vergehen.[2]

Der finale Vorstoß nach Ostpreußen ist Teil eines Angriffs der Roten Armee von den Karpaten bis zur Memel. Der Aufmarsch wird von der deutschen Aufklärung zwar erkannt, Adolf Hitler in seinem damaligen oberhessischen Hauptquartier Adlerhorst bei Butzbach ist aber ganz auf die Ardennenoffensive im Westen fixiert. Für ihn ist der sowjetische Aufmarsch im Osten „der größte Bluff seit Dschingis Khan" – so äußert er sich zu Weihnachten 1944 gegenüber seinem Generalstabschef Heinz Guderian.

Um Ostpreußen stehen insgesamt 16 sowjetische Armeen der 2. und der 3. Weißrussischen Front, darunter eine Panzer- und zwei Luftarmeen. Die 1. Baltische Front ist mit der 43. Armee nördlich der Memel aufmarschiert, ihre anderen Armeen belagern den Kurlandkessel. Die Divisionen haben 1,67 Millionen Soldaten unter Waffen, gut 1,2 Millionen davon gehören Kampfeinheiten an. Diese Einheiten verfügen über 3 800 Panzer und Sturmgeschütze sowie rund 25 000 Artilleriegeschütze, Granatwerfer und Stalinorgeln. 3 100 Kampfflugzeuge sichern den Armeen der drei Fronten die totale Lufthoheit.[3] Die Geschichte des Großen Vaterländischen Krieges der Sowjetunion sieht eine deutliche Überlegenheit der eigenen Truppen. „Die sowjetischen Truppen waren den deutschen an Menschen 2,8 fach, an Artillerie 4,6 fach, an Panzern 4,7 fach und an Flugzeugen 5,8 fach überlegen."[4]

Diesem Aufmarsch stehen auf deutscher Seite in Ostpreußen die Heeresgruppe Mitte, geführt von Generaloberst Reinhardt, mit der 3. Panzerarmee unter Generaloberst Erhard Raus, der 4. Armee unter General Hoßbach und der 2. Armee unter Generaloberst Weiß gegenüber. In und um Ostpreußen besitzt die Wehrmacht Ende 1944 noch 35 ½ Infanterie-, sieben Panzer- und neun Panzergrenadierdivisionen mit 1 363 Panzern und 469 Artillerie-Batterien. Sowjetische Quellen geben an, die Luftwaffe hätte in ihrer Luftflotte 6 noch über 515 Flugzeuge verfügt.[5]

Mit 580 000 Mann hat die Heeresgruppe Mitte zu Beginn des Jahres 1945 einen relativ hohen Personalbestand. Doch sind proportional mehr Soldaten in rückwärtigen Stäben und im Tross gebunden als in der Roten Armee, zudem sind die etwa 80 000 Männer des Volkssturms mitgezählt, die eigentlich der NSDAP unterstehen. Den Anforderungen der damaligen Kriegsführung an Bewaffnung, Ausbildung und Beweglichkeit genügt der Volkssturm nicht, „obwohl er, in Ostpreußen bereits im September 1944 aufgerufen, noch gut organisiert"[6] ist, wie der Militärhistoriker Richard Lakowski feststellt. An der Verteidigung Ostpreußens nehmen innerhalb der Wehrmacht auch Ausbildungs-, Reserve-, Festungs-, Wach-, Marine-, Polizei- und Transportformationen der Reichsbahn teil. Am Ende werden auch Hitler-Jungen den Wehrmachtskommandanten unterstellt.

Die deutsche 3. Panzerarmee hat sich am linken Memelufer von der Ostsee bis Sudargas (circa 10 km südöstlich von Schmalleningken) und weiter südlich bis Stallupönen (Ebenrode) zur Verteidigung eingerichtet. Die 4. Armee verschanzt sich östlich der Masurischen Seen auf der Linie Stallupönen (Ebenrode)–Nowogród am Narew. Ab hier, an der Mündung des Westlichen Bugs bis zur Weichsel, hat die 2. Armee Stellung bezogen. Als Reserven hat die Heeresgruppe vier Panzer-, drei Panzergrenadier- und anderthalb Infanteriedivisionen mit fast 100 000 ihrer Männer in rückwärtigen Räumen bereit gestellt. Noch Anfang November hat sie hinter ihrer 560 km langen Front über neun Panzerdivisionen als Reserven verfügt, dann aber auf Befehl des Wehrmachtoberkommandos laufend Verbände für die Ardennenoffensive und zur Verteidigung Westungarns abgeben müssen.

Die deutsche Verteidigung kann sich auf ein in Jahrzehnten entstandenes, tief gestaffeltes ostpreußisches Befestigungssystem stützen. Das Terrain ist mit seinen eingeschnittenen Flussläufen, Seen und Waldgebieten für massive Panzereinsätze ungeeignet. Die Autoren der Geschichte des Großen Vaterländischen Krieges der Sowjetunion stellen fest: „Das dichte Netz tiefgestaffelter Befestigungen bot dem Gegner die Möglichkeit, Ostpreußen mit schwachen Kräften hartnäckig zu verteidigen, zumal die geographischen Bedingungen für die Verteidigung sehr günstig waren."[7]

Die Lage der deutschen 4. Armee und der 3. Panzerarmee hat sich zum Jahreswechsel 1944/45 verschlechtert. Ein harter ostpreußischer Winter hat Einzug gehalten. Flüsse, Seen, Kanäle und Sümpfe sind zu großen Teilen gefroren und damit begeh- und oft auch befahrbar. Das Oberkommando der 4. Armee sucht mit Unterstützung von Wissenschaftlern durch Pioniereinheiten auf den vielen stehenden Gewässern die Bildung einer tragfähigen Eisdecke zu verhindern, doch die Versuche schlagen fehl.

Der Oberkommandierende der 4. Armee, General Friedrich Hoßbach, ist der Meinung, der Winter hätte die geographischen Vorteile der Verteidiger aufgehoben. Angesichts dieser Kenntnisse hätte nach seiner Ansicht die deutsche Heeresleitung Verstärkungen – die es nicht mehr gab – heranbringen oder die Front auf eine engere innere Linie verkürzen müssen. Der Osteuropa-Historiker Manfred Zeidler sieht die Wehrmacht für den erwarteten Großangriff schlecht gerüstet und die Masse der Bevölkerung in den Ostgebieten zur Jahreswende 1944/45 nicht informiert: „Hinter ihren dünnen, durch Reserven kaum geschützten Verteidigungslinien lebte eine über den wahren Ernst der Kriegslage lange im unklaren gehaltene deutsche Zivilbevölkerung, über die der Krieg fast über Nacht wie eine alle Dämme niederreißende Springflut hereinbrechen sollte."[8]

Ostpreußen soll von der 3. Weißrussischen Front erobert werden. Durch einen Angriffskeil in Richtung Königsberg soll sie die deutschen Truppen aufrollen, ab- und zusammendrängen und schließlich vernichten.[9] Der Angriff der 2. Weißrussischen Front zielt bei Beginn der Operation noch vornehmlich auf die Weichsel und damit auf Westpreußen. Er soll eigentlich nach Nordwesten zum Oberlauf der Oder und nicht nach Norden vorgetragen werden. Dass dieser Angriff Ostpreußen vom Rest des Reiches trennen wird, haben seine Planer nicht erwartet.

Der Königsberger Rechtsanwalt Paul Ronge ist im Oktober 1944 aus der Königsberger Etappe in einen Frontabschnitt im Regierungsbezirk Zichenau versetzt worden. Weihnachten 1944 darf er noch einmal bei seiner Frau und den zwei Töchtern in Königsberg verbringen. Dann muss er zurück an die Front: „In der Frühe des 6. Januar 1945, an einem trüben Morgen, stand meine Frau mir gegenüber auf dem Bahnsteig des Hauptbahnhofs in Königsberg, die kleine Katharina auf dem Arm, Valeska, gerade schulpflichtig, an der Hand. Der Zug setzte sich in Bewegung. Wir hatten versucht, tapfer zu sein."[10] Die Familie soll sich in den Westen absetzen. Der Hausherr gibt der Hausfrau für den Tag des Fluchtbeginns einen Rat: „Ich hatte noch gesagt: ‚Vergiß nicht, die Antenne zu erden und den Gashahn zu schließen.'"[11]

Im Kreis Rößel führt der Königsberger Rechtsanwalt Linus Kather in seinem Revier am 12. und 13. Januar 1945 eine Jagd durch. Im nahen Seeburg ist eine Heereswaffenschule stationiert. „Die Offiziere wollten gerne jagen, es gab also keinerlei Schwierigkeiten mit der Heranziehung von Schützen und Bereitstellung von Treibern."[12] Am 12. Januar 1945 beginnt die russische Offensive auf Ostpreußen: „Wir hörten an beiden Tagen von morgens bis abends ohne Pause den fernen, aber deutlich wahrnehmbaren Kanonendonner. Wir konnten uns über die Bedeutung dieses anhaltenden Artilleriefeuers nicht lange im Unklaren sein."[13]

Der Lehrer Willy Hanemann ist Ende 1944 als Soldat im „Generalgouvernement" bei Tschenstochau stationiert. Auch er erhält zu Weihnachten Urlaub und verbringt ihn bei seiner Familie im Schulhaus von Widitten. Als Anfang Januar 1945 der Urlaub zu Ende geht, fällt Hanemann der Abschied schwerer als sonst. Er geht ein letztes Mal durch Schulhaus und Garten und steigt die Treppen zum Obergeschoss hoch. „Als ich dann am hohen Fenster stand und über das Dorf hin zum Walde und Wasser blickte, da kam mir zum Bewußtsein, wie glücklich ich hier gewesen war. Hier wollte ich wieder arbeiten. Die Russen würden wohl arg hausen, aber wir würden alles wieder zurechtbiegen."[14] Der letzte Gang führt Hanemann zur Nachbarin, der Frau seines Freundes. Er hält sie für entschlussfreudig und durchsetzungsstark. Ihr vertraut er seine Familie an: „Ich schilderte ihr schonungslos, was sie bei einer russischen Invasion zu erwarten hatte, und nahm ihr das Versprechen ab, bei einer Flucht meine Frau und meine Tochter mitzunehmen. So fuhr ich etwas beruhigter zur Front nach Tschentstochau zurück." Die Nachbarfamilie hält ihr Versprechen.

Der Angriff im Norden

Am 13. Januar 1945 erleben die deutschen Soldaten in ihren Stellungen an der Scheschuppe einen nebligen Wintermorgen mit leichtem Schnee und Frost. In der Nacht haben einzelne Flugzeuge der sowjetischen 6. Gardebombenfliegerdivision über der vorderen Linie der deutschen Verteidigung gekreist. Mit ihrem Motorenlärm übertönen sie die Anfahrt der sowjetischen Panzer.[15] Am Morgen selbst verhindert die Wetterlage den massiven Einsatz der sowjetischen Flugstaffel. Um 6 Uhr tauchen vor der Front der 3. Panzerarmee sowjetische Vorausbataillone auf, um 7 Uhr erschüttert ein ohrenbetäubendes Krachen die Unterstände. 350 Batterien und Stalinorgeln trommeln zwei Stunden lang auf das Gebiet der beiderseits der Straße Stallupönen (Ebenrode)–Gumbinnen ein. [16] Die deutsche Artillerie antwortet. Nebelgranaten werden zum Feind herübergeschickt. Trotz ungünstiger Witterungsbedingungen mit niedriger, geschlossener Wolkendecke rollen nach eineinhalb Stunden Artillerievorbereitung bei dichtem Nebel und Glatteis zwei sowjetische Panzer-Brigaden heran. Den Panzern folgt Infanterie aus etwa dreizehn Schützendivisionen.[17]

Wachfreie Männer des Goldaper Volkssturm-Bataillon bei der Weihnachtsfeier 1944 in ihrem Kellerbunker. Noch verteidigen die Männer ihren Heimatkreis. Das stimmungsvoll arrangierte Foto eines SS-Kriegsberichterstatters zeigt, wie der Zugführer die Weihnachtspost verteilt.

Am Abend des 15. Januar hat die sowjetische Stoßgruppierung die Front im Hauptverteidigungsstreifen der Deutschen durchbrochen. Sie ist 15 km vorgestoßen und hat sich auch im Raum Lasdehnen (Haselberg) weit in die deutschen Divisionen hineingeschoben. Als das Oberkommando der 3. deutschen Panzerarmee die Hauptstoßrichtung des Gegners erkennt, führt es am 14. und 15. Januar alle Reserven in das Gefecht. Einige Orte wie Pillkallen (Schloßberg) und Kattenau wechseln im Kampfverlauf mehrmals den Besitz.[18] Am 17. Januar gelingt es den Sowjets in Höhe von Schillehnen (Schillfelde) in die deutsche Front einzubrechen. Zwischen Mingstimmen (Wiesenbrück) und Siebenlinden wird eine 3 km breite Lücke gerissen. Sie kann von den Deutschen nicht mehr geschlossen werden, ein sowjetisches Panzerkorps bricht in hohem Vormarschtempo über 60 km zur Inster durch. Am 18. Januar stoßen die sowjetischen Panzerkorps auch 5 km nördlich bei Kraupischken (Breitenstein) im Süden des Kreises Tilsit-Ragnit durch die deutschen Stellungen.

Ab dem 16. Januar ist es im Kreis Labiau Müttern mit kleineren Kindern gestattet, nach Mitteldeutschland abzureisen. Die Freundinnen der Lehrerin Marianne Günther wollen Gertlauken nicht verlassen. Anders entscheiden sich einige Frauen aus den bereits geräumten Grenzkreisen, die in Gertlauken untergekommen sind. „Unserer Flüchtlingsfrau fiel das leichter, sie hatte ja schon ihr Haus im Kreis Elchniederung aufgeben müssen. Die andere Flüchtlingsfrau wollte jedoch nicht mitfahren. Sie war hierher mit Pferd und Wagen gekommen und hätte das Gespann im Stich lassen müssen. Ihr Pole fuhr uns gleich nach dem Unterricht nach Mauern. Am Bahnhof konnte ich nur staunen: Die Abteile des Zuges waren geheizt und sauber, es gab Wagen für Mutter und Kind, Schwestern halfen beim Einsteigen, und der Zug war halb leer.“[19]

Popelken (Markthausen) ist das am östlichsten gelegene Kirchspiel des Kreises Labiau, es hat 1944 etwa 1200 Einwohner. Bis zum Herbst des Jahres war der Ort noch mit vielen Evakuierten aus Königsberg und dem Reich belegt, im Januar 1945 hält sich fast nur noch ansässige Bevölkerung im Dorf auf. Als am 13. Januar die russische Offensive beginnt, sind die nicht sowjetisch besetzen Teile der Kreise Elchniederung, Tilsit, Ragnit, Pillkallen (Schloßberg), Stallupönen (Ebenrode), Goldap und Treuburg (Oletzko) von der Zivilbevölkerung geräumt. Ihre Bewohner befinden sich in Aufnahmekreisen, ein kleinerer Teil ist bereits in den Westen gereist. Etwa 10 km östlich von Popelken (Markthausen) sind alle Dörfer bis zu Scheschuppe und Memel entvölkert. Nur noch Wehrmacht und einige Drusch- und Wirtschaftskommandos halten sich dort auf.

Im Nachlass ihres Vaters Wilhelm Kaiser hat Elsbeth Prütz einen mit Bleistift geschriebenen Bericht über die letzten Tage von Popelken gefunden.[20] Er schließt mit den Worten: „So weit mein Bericht. Er ist nach bestem Wissen und Gewissen von mir aufgestellt worden und kann durch Wilhelm Drückler und den ehemaligen Bürgermeister Lotze jederzeit bestätigt werden. Wilhelm Kaiser“.[21] Am 19. Januar 1945 wird in der Nacht zwischen 3 und 4 Uhr in Popelken der Reserve-Volkssturm alarmiert: Die Rote Armee nähert sich dem Dorf. Die Volkssturmmänner müssen in die Schützengräben, die östlich des Dorfes schon ausgehoben sind. Wilhelm Kaiser ist Kompanieführer. Seine Kompanie wird einer kleinen Wehrmachtseinheit, die in Popelken liegt und auch in die Gräben einzieht, unterstellt. Wehrmacht und Volkssturm sind nur mit Infanteriegewehren der verschiedensten Modelle, darunter Beutewaffen, ausgerüstet.[22] Gegen Mittag kommen der NSDAP-Kreisleiter und der Bürgermeister in die Gräben. Sie berichten, für Popelken sei der Räumungsbefehl gegeben worden, die gesamte Bevölkerung soll am Abend geschlossen unter Führung des Bürgermeisters abrücken. „Alle sollten mitgenommen werden und alle sollten zusammenbleiben. Natürlich wollten nun die meisten der Volkssturmleute zu ihren Familien und denen behilflich sein. Es gelang mir dann auch, nach Verhandlung mit der Wehrmacht, dem Kreisleiter und dem Bürgermeister, den meisten Urlaub zu erteilen. Nur ein Bruchteil meldete sich zurück, fast alle fuhren mit ihren Familien mit.“

Wilhelm Kaiser bleibt auf seinem Posten. Am Abend erhält er den Befehl, unter Zurücklassung von Waffen mit seiner restlichen Mannschaft bei der Räumung behilflich zu sein. „Es war schon dunkel, als wir im Ort ankamen. Die Straßen waren voll von Fuhrwerken und Menschen. Ein Teil war fertig zum Abrücken, andere packten aber immer noch; ein ziemliches Durcheinander; aber im ganzen gesehen war die Bevölkerung trotz allem sehr diszipliniert."[23] Auch aus den anderen Ortschaften des Kirchspiels kommen die Trecks zunächst nach Popelken. Das Gedränge wird größer. „Es ging dann jedoch so etwa um 19.00 Uhr endlich los, auf der Straße nach Liebenfelde–Labiau zu. Von den Seitenstraßen kamen immer neue Trecks dazu, so daß bald der Markthausener Treck in mehrere Teile gespalten war."[24] Bis zur Straßenkreuzung Königsberg-Tilsit begleiten die Männer des Reserve-Volkssturms ihren Treck. Dann kehren sie nach Popelken zurück. Hier treffen sie noch viele zurückgebliebene Alte, Kranke und auch Bewohner, die ihr Hab und Gut einfach nicht verlassen wollen. „Es gelang uns aber im Laufe der Nacht, hauptsächlich noch mit durchkommenden Wehrmachtsautos, die meisten auf den Weg zu bringen." Jetzt ist der Ort ausgestorben und fast ganz verlassen. „Kein Laut, kein Hundegebell; nur das Brüllen des zurückgelassenen Viehs in den Ställen war manchmal zu hören, sonst Niemandsland."[25]

Am 20. Januar beginnt über Popelken der Luftkampf. Jetzt fliehen einige der letzten Bewohner, geraten aber schon in den Granatenbeschuss sowjetischer Panzer. Wilhelm Kaiser: „Zwei Mann von mir hatten in dem Augenblick noch die über 70 Jahre alte Frau Willuhn herangetragen, und wir hofften, sie noch mit der Wehrmacht mitgeben zu können. Bei dem Beschuß konnten wir sie aber nur noch schnell zu Drücklers Keller bringen und mußten sie ihrem Schicksal überlassen. Wir waren nur noch vier Mann Volkssturm: Jakobeit, Prätzas, einer, dessen Namen mir entfallen ist, und ich." Jetzt fahren vier sowjetische Panzer aus östlicher Richtung unter Feuer in Popelken ein. Die wenigen noch im Ort befindlichen Wehrmachtssoldaten ziehen sich zurück, die Volkssturmmänner weichen zu den letzten Gebäuden ihres Heimatdorfes aus. „Es war dunkel geworden und das Gehöft von Wabbels, Rettigs, Alinskis, Schurkus und Lotzes brannte. Ob durch Beschuß oder durch die Russen mutwillig angesteckt, weiß ich nicht."[26]

Die Volkssturmmänner ziehen sich in der Nacht aus ihrem Dorf zurück. Sie kommen bis Groß Schirrau und Damerau im Kreis Wehlau. Die Gräben längs der Straßen sind voll toter Pferde, Vieh und Hausrat. In Damerau treffen sie den Popelker Bürgermeister und einen Teil des Dorftrecks. Er ist in zwei Nächten und einem Tag nur 15 km vorangekommen. „Von einer Straße zur anderen, vorwärts und rückwärts dirigiert; selbst die Fuhrwerke der einzelnen Familien auseinandergerissen und sich verloren, unter Fliegerbeschuß gekommen; teilweise verwundet und die Pferde erschossen (...) Von meiner Frau und Tochter Elfriede, die mit vier Wagen unterwegs waren, wußte niemand etwas."[27] Mutter und Tochter sind getrennt worden, die Tochter wird von der Wehrmacht bis Königsberg mitgenommen und gelangt mit dem letzten Zug ins Reich nach Berlin. Hier trifft sie bei Verwandten ihre Schwester Elsbeth, die aus Elbing geflohen ist. Wilhelm Kaisers Frau ist am 20. Januar mit ihren zwei Wagen bei Tapiau unter Beschuss geraten. Auch sie wird von der Wehrmacht bis

Königsberg gebracht, wo sie im Februar 1945 bei Bekannten ihren Mann wiedertrifft. Die Mutter von Wilhelm Kaiser stirbt in den ersten Tagen der Flucht.

Freitag, der 19. Januar, beginnt für die Schüler von Gertlauken im Kreis Labiau noch wie jeder gewöhnliche Schultag. Als Marianne Günther am Nachmittag vom Unterricht heimkehrt, steht eine verstörte junge Frau im Hausflur: „Haben Sie schon gehört, wir sollen uns bereithalten, das Nötigste packen." Die Lehrerin kann die Nachricht nicht glauben. Im Forstamt, der einzigen staatlichen Behörde im Dorf, wird ihr die Räumungsaufforderung bestätigt. „Schnell sprang ich noch zu Frau Beckmann, ihr die Schreckensbotschaft zu bringen. Sie wurde weiß wie die Wand, und es sah aus, als würde sie ohnmächtig werden. Sie konnte kein Wort sagen."[28] Unterwegs begegnen der Lehrerin aufgeregte Mütter, die ihre Kinder aus der Schule holen. Marianne Günther händigt allen noch angetroffenen Schülern ihre Schulsparbücher aus. Dann werden die Kinder heimgeschickt. Die deutsche Schulgeschichte in Gertlauken ist in diesem Augenblick beendet.[29]

Bei Tagesanbruch ziehen deutsche Soldaten durch den Ort. „Das Schießen von der Front wurde lauter, der Himmel über Kreuzingen färbte sich rot." Mit Bussen der Organisation Todt werden Frauen und Kinder zur Bahnstation nach Labiau gefahren. Auf den Straßen ist schon das Chaos ausgebrochen. „Wir fuhren über hartgefrorene Felder, denn alle Straßen waren verstopft, überwiegend von Wehrmacht. Die Flüchtlingswagen stauten sich an den Einmündungen und versuchten ebenfalls, über die Felder weiter zu ziehen. Auf dem ganzen Weg gab es herrenlose Wagen mit herausgefallenem Gepäck, alleingelassene Tiere und suchende Menschen. Manche bemühten sich, zerbrochene Deichseln zu reparieren. (...) Wohin man sah: Flüchtlinge, Wagen, Gepäck, herrenloses Gut und herumirrende Pferde."[30]

In Labiau fährt kein Zug. Die Flüchtlinge werden für die Nacht notdürftig in Schulen, Kirchen und Privathäusern untergebracht.[31] Am 21. Januar um 5 Uhr rollen zwei Güterwaggons in den Bahnhof. „Die Menschen drängten sich, alles war brechend voll, viele mußten in offenen Wagen stehen. Wir waren mit etwa 50 Personen in einem Gepäckwagen. Zum Sitzen für alle reichte der Platz nicht, und ich war froh, mit Frau Kippar an der Türritze zu stehen." Erst nach Stunden setzt sich der Zug in Bewegung. Am Abend wird der Labiauer Zug in Marienburg zunächst auf ein Abstellgleis rangiert. Nach sieben Stunden fährt er weiter und rollt endlich über die Weichselbrücke. Es ist die Nacht des 21. Januar 1945. „Immer wieder sah ich Menschen in offenen Waggons. Verzweifelt versuchten die Mütter, Milch für ihre Kleinen zu bekommen. Einige Kinder sind erfroren oder vor Schwäche gestorben."[32] Wenige Stunden später werden die Bahnverbindungen ins Reich unterbrochen sein. Am 25. Januar kommt der Labiauer Zug in Penig in Sachsen an. Hier erlebt Marianne Günther, wieder als Lehrerin tätig, im April 1945 das Kriegsende.[33]

In den frühen Morgenstunden des 20. Januar ist Tilsit erobert. Radio Moskau gibt die Einnahme der Stadt in einer Sondermeldung bekannt. Am 21. Januar ist

Gumbinnen besetzt. Am 20. Januar sind die Sowjets auch auf etwa 40 bis 45 km in Richtung Königsberg vorgedrungen. Durch die winterlichen Verhältnisse verlieren die an Flussläufe und Seen angelehnten zahlreichen Auffang-, Zwischen- und Riegelstellungen der deutschen Wehrmacht ihre Wirkung; die schwach ausgebauten Hindernisse können die fehlenden Kräfte und den Mangel an schwerem Kriegsgerät nicht ausgleichen. Die deutsche 3. Panzerarmee ist gezwungen, eine Stellung nach der anderen aufzugeben.

Der Goldaper Volkssturm liegt Mitte Januar im Eichwalder Forst bei Insterburg und ist dort den Regimentern 1098 und 1099 der 549. Volks-Grenadier-Division unterstellt. Den 70 Volkssturmmännern der Goldaper Kompanie liegen fünf sowjetische Infanterie-Bataillone gegenüber. Am 23. Januar werden die Goldaper noch einmal gegen den nachdrängenden Gegner eingesetzt, bis die letzte Munition verschossen ist. Dann beginnt bei Anbruch der Dunkelheit über das brennende Insterburg der Rückzug Richtung Königsberg. Es ein beschwerlicher Marsch auf vereisten Straßen. Der Volkssturmmann Bruno Just und seine Kameraden fliehen im Strom zurückflutender Wehrmachteinheiten aller Waffengattungen. „So ähnlich muß der Rückzug damals gewesen sein, als Napoleon aus Rußland fliehen mußte. Es fror nun auch 15-20 Grad, dazu schneite es. Die Straßen waren außerdem noch angefüllt von den Flüchtlingstrecks. Man hatte den Eindruck, daß die ganze Bevölkerung Ostpreußens unterwegs war.“[34] Die Goldaper marschieren ohne Gepäck und können so an Trecks und noch intakten Wehrmachtseinheiten vorbeiziehen und kommen gut vorwärts, müssen aber den Umweg über Friedland, Bartenstein und Preußisch Eylau gehen. Die direkt nach Königsberg führenden Hauptstraßen sind schon in sowjetischer Hand. Am 27. Januar erreicht Just mit seinen Kameraden Königsberg.[35]

Am 21. Januar nähern sich Verbände der 11. sowjetischen Gardearmee bei ihrem Vorstoß südlich von Königsberg zum Haff auch dem Dorf Tharau. Im Gutshaus von Tharau gibt es kein Licht mehr, der Gartensaal ist mit Kerzen erleuchtet. In den Ecken sind die Möbel aufeinandergeschichtet, auf Strohschütten liegen neben Flüchtlingen dicht gedrängt deutsche Soldaten. Gegen 6 Uhr früh hört die Gutsherrin Hedwig von Lölhöffel Musik. „Ein Soldat saß am Flügel und spielte Beethoven – aber wie schön! Ich setzte mich auf einen der Sessel, die der Urgroßvater schon mit Tharau mitgekauft hatte – es war ihm eine Armlehne abgebrochen – und hörte diesem Schwanengesang zu. Alles war andächtig.“[36] Der Tagesanbruch beginnt mit Kanonendonner. Es ist der letzte Tag in der deutschen Geschichte des Dorfes Tharau. Am nächsten Morgen brechen von Tharau, seinen Vorwerken und Nachbardörfern, verschiedene Trecks auf. Die 69-jährige Schriftstellerin Ermina von Olfers-Batocki, die Mutter von Hedwig von Lolhöffel, zieht mit dem „Hof-Treck“ fort. „Unser kleiner Treck mit den um den Hof wohnenden Familien schlängelte sich um die Scheunenecke hinter dem Rehgarten herum zur Chaussee. Die Insthäuser waren menschenleer, überall lag Stroh, vor den Türen Blut, den Schnee färbend, von eilig abgeschlachteten Tieren. Wir holten bald hinter der Alp andere Trecks ein, auf Seitenwegen nahten weitere. So begann unsere Völkerwanderung."[37]

Aus den östlich der Masurischen Seen gelegenen Kreisen Angerburg, Lötzen, Lyck und Johannisburg ist die Zivilbevölkerung im Oktober 1944 gar nicht oder nur teilweise fortgebracht worden. Hier beginnt die Flucht am 20. Januar. Aus den nicht geräumten nordöstlichen Kreisen Insterburg, Labiau und Wehlau setzt die Flucht der Bevölkerung mit dem 19. Januar ein, die Hauptziele sind Königsberg und das Samland. Nur ein geringer Teil der Bewohner der nördlichen und östlichen Kreise, die am 20., 21. und 22. Januar mit der Bahn flüchten, kann die Provinz noch vor der Einschließung verlassen. Aus Königsberg, wo viele dank der Provinzbehörden und Wehrmachtsstäbe über gute Informationen verfügen, beginnt die Fluchtbewegung am 15. Januar. Ab diesem Tag sind mit der Bahn geschätzte 75 000 Menschen, vor allem Königsberger, aus Ostpreußen herausgekommen. Am 22. Januar fahren die letzten Flüchtlingszüge aus der Stadt ab, von denen einige aber nicht mehr nach Elbing durchkommen. Sie werden von Braunsberg nach Königsberg zurückgeleitet.

Die Massenflucht aus Ostpreußen setzt etwa am 19./20. Januar ein. Ihre erste Phase dauert bis zur Abschnürung Ostpreußens am 26. Januar. In diesem Zeitraum verläuft die Flucht in der Regel von Osten nach Westen.

Es gibt viele Gründe, warum Menschen in den größeren Städten sich nicht auf die Flucht machen, sondern versuchen, ihr gewohntes Leben in der Katastrophe weiterzuleben. Der Historiker Christian Tilitzky: „Die allseits erkennbare bewußte Fortsetzung des Gewohnten läßt ahnen, wie das bevorstehende Abbrechen der jahrhundertealten deutschen Geschichte und Kultur Ostpreußens das Vorstellungsvermögen der meisten seiner Bewohner überforderte."[38]

Die Flucht über die Weichsel

Am 12. Januar tritt die 1. Weißrussische Front mit gewaltiger Überlegenheit aus dem Weichsel-Brückenkopf Baranow gegen die deutsche Heeresgruppe A an, die südlich der Heeresgruppe Mitte verteidigt. Da ein Überläufer den Angriff verrät, kann die Wehrmacht 2 bis 3 km hinter der vordersten Linie eine vorbereitete „Großkampfstellung" beziehen, die das sowjetische Artilleriefeuer um seine Wirkung bringen soll.

Durch den einen Tag zuvor bei der Heeresgruppe A erfolgten Angriff sind die deutsche 2. und 4. Armee gewarnt. Am Morgen des 13. Januar 1945 dauert die Artillerievorbereitung des Angriffs der 2. Weißrussischen Front 85 Minuten. Ihre Truppen greifen unter günstigeren Bedingungen als die der 3. Weißrussischen Front an, sie verfügen schon über Brückenköpfe am westlichen Ufer des Narews und des westlichen Bugs. In ihrem Angriffsstreifen ist das Verteidigungssystem der deutschen Truppen schwächer als vor der 3. Weißrussischen Front.

Am 14. Januar stößt die 2. Weißrussische Front aus ihren Brückenköpfen Narew von Rozan und Pultusk in Richtung Nordwesten vor. Die deutschen Verbände weichen in die vorbereiteten Auffangstellungen zurück. Am 15. Januar wirft das Oberkommando der Heeresgruppe Mitte seine Reserven gegen die Weißrussische Front. Der deutsche Gegenangriff verlangsamt für einige Zeit den sowjetischen Vormarsch und bringt ihn in einigen Abschnitten sogar zum Stehen.

Als am 16. Januar die 2. Weißrussische Front drei Panzerkorps einsetzt, zerreißt die Front der deutschen 2. Armee. Obwohl die Heeresgruppe Mitte ihre letzten Reserven mobilisiert, gelingt es am folgenden Tag den Divisionen des Marschall Rokossowski, beiderseits von Zichenau (Ciechanów) durchzubrechen. Die 2. Armee ist ab diesem Moment in zwei Teile gespalten. Nun setzt Rokossowski die 5. Garde-Panzerarmee, seine Hauptreserve, zum Vorstoß in Richtung Danziger Bucht ein und ändert damit die Richtung. Zu dieser Zeit soll Rokossowskis Heeresgruppe noch eng mit ihrem linken Nachbarn, der 1. Weißrussischen Front Marschall Schukows, zusammenwirken. Sie soll deren Vormarsch nach Norden absichern und ihn beim Vormarsch Richtung Berlin unterstützen.[39]

Als aus den deutschen Reserven die Panzerverbände abgezogen werden, setzten die Verbände der 2. Weißrussischen Front den Angriff fort. Bis zum Morgen des 19. Januar durchbrechen sie die deutsche Verteidigung von Ostrołęka bis Modlin in einem 110 km breiten Streifen und dringen weiter in Richtung Mlawa mit Ziel Elbing vor.

Der 44-jährige Paul Ronge, der Dienst bei einer Instandsetzungseinheit tut, beginnt mit seiner Kompanie den Rückzug: „Der Feldweg vom Lager führte auf die Hauptchaussee. Da war nur Masse und Bewegung. Ein unendlicher Treck wälzte sich nordwärts in Richtung auf das alte Ostpreußen, auf Soldau, Tannenberg und weiter Allenstein zu. Wehrmachtsfahrzeuge aller Art, Tanks noch mit eigener Kraft, aber langsam, Pferdefuhrwerke, dazwischen Rinder, marschierende Landser, mancher am Stock humpelnd. Frauen und Kinder auf Leiterwagen. Goldfasanen saßen auf dem Bock und lenkten Kutschpferde. Noch mochten sie sich vom Glanz der Parteiuniform versprechen, daß sie leichter vorwärtskämen.“[40] Im Chaos des Rückzugs erhalten Ronge und seine Kameraden ständig neue Befehle. So sollen sie sich in Soldau auf dem Marktplatz melden. „Wir lagen hilflos zwischen Mlawa und Soldau. Die Nacht kam, der wolkige Himmel ließ keinen Schimmer durch, eine tiefschwarze Schneedecke. Bei Morgengrauen machte sich der Fahrer auf. Jeden LKW fragte er nach Brennstoff. Vergebens. Was blieb mir übrig, als eine selbständige militärische Entschließung zu fassen? Ich ließ Fahrzeug und Fahrer allein und ließ mich von einem der Fahrzeuge des Trecks mit nach Soldau nehmen, um dem Kommandeur ‚zu melden'.“[41]

Der Rechtsanwalt in Uniform beginnt einen individuellen Rückzug auf Königsberg, ohne Marschbefehl und immer von den Kommandos der Feldpolizei bedroht, die nach „Deserteuren“ suchen.

Wegen des sowjetischen Durchbruchs aus dem Raum Zichenau (Ciechanów)–Soldau erreicht das unmittelbare Kriegsgeschehen ab dem 18. Januar die südwestlichen und westlichen Kreise der Provinz. Ihr schneller Vormarsch bringt die Sowjets bereits am 18. Januar in den am weitesten südlich gelegenen Kreis Neidenburg. Am 19. Januar erobert die Rote Armee die Kreisstadt, einen Tag später das südlichere Soldau, wo sie etwa 15 000 sowjetische Häftlinge aus den dortigen Lagern befreit.[42] Am 19. und 20. Januar stehen sowjetische Truppen in den Kreisen Ortelsburg, Osterode und Deutsch Eylau. Am 21. und 22. Januar dehnt sich das Kriegsgeschehen auf das Gebiet um Allenstein und die Kreise Mohrungen und Preußisch Holland aus.

Im Januar 1945 führt der Artillerist Alexander Solschenizyn im Rang eines Hauptmanns die Schallmessbatterie eines Regiments der schweren Artillerie.[43] Am 15. Januar bricht sein Regiment, das wegen der nicht für den Nahkampf geeigneten Bewaffnung nicht unmittelbar an der Front eingesetzt ist, aus einem Brückenkopf am Narew auf. Fünf Tage geht es unter hartnäckigen Kämpfen durch Polen zur ostpreußischen Grenze. In der Erzählung *Schwenkitten '45*, die der Titel „autobiographisch" nennt, berichtet der Erzähler, jenseits der ostpreußischen Grenze seien die deutschen Einheiten auseinandergefallen. Und ein „Wundervorhang" [44] sei vor der Roten Armee aufgegangen: „Vor uns öffnete sich ein unversehrtes, reiches Land, das uns geradezu in die Hand schwamm. Steinerne Häuser mit hohen, steilen Dächern, Schlaf in weichen Betten, manchmal sogar mit Daunendecken; in den Kellern ungeahnte Köstlichkeiten, Eingemachtes; außerdem unentgeltliche Trinkgelage für den, der findet. Und wir marschierten durch Ostpreußen in halb rauschhafter Euphorie, büßten die Exaktheit von Bewegungen und Gedanken ein. Nun ja, nach so vielen Jahren der Opfer und Entbehrungen darf man wohl etwas locker lassen. Das Gefühl, Belohnung verdient zu haben, hatte alle ergriffen, bis in die allerhöchsten Offiziersränge, und erst recht die einfachen Soldaten. Sie fanden, was sie suchten, und tranken."[45]

Lew Kopelew ist „Instrukteur für Aufklärungsarbeit im Feindesheer" im Offiziersrang und leitet in einer Propagandaabteilung Angehörige des Nationalkomitees Freies Deutschland (NKFD) an, unter anderem Heinrich Graf von Einsiedel. Im Januar 1945 ist er im Bezirk Zichenau (Ciechanów) im südlichen Masuren tätig. „Nördlich von Zichenau ist das Gelände leicht hügelig: sanft abfallende Hänge, unter schütterer Schneedecke rostbraune Grasbüschel; gleichmäßige, dunkle Wege durchschneiden die weißen Felder. Hier und da vereinzelte Ziegeldächer hinter grauem Gespinst kahler Baumgärten. Und auf allen Wegen kreuz und quer zogen Truppen – Panzer, Lkws, Artillerie, Infanterie und Troß. Ihnen entgegen – lange Züge von Gefangenen. Immer öfter schimmerten zwischen den schmutziggrauen Soldatenmänteln andere Farbflecke: dunkle Eisenbahnuniformen, Fahlblau der Flak-Kanoniere, das bräunliche Grau der Arbeitsdienstler, das Räuberzivil des Volkssturms."[46]

Kopelew befindet sich mit seinem Vorgesetzten und drei versprengten Rotarmisten, die sich die beiden Offiziere als eine Art Leibwache unterstellt haben, auf dem

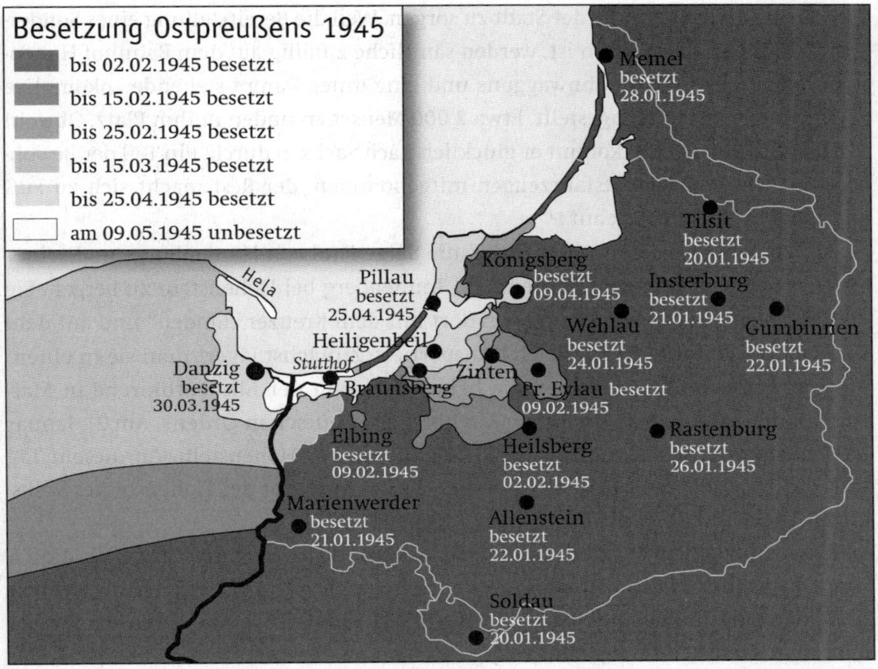

Weg nach Neidenburg. Am 20. Januar 1945 passiert er die ehemalige Reichsgrenze: „Mich hatte eine ganz eigenartige Stimmung gepackt: eine feierlich-fröhliche, eine konzentrierte, erregte Neugier. Was kommt jetzt? Wir hatten vorher verabredet, auf welche Weise wir das Überschreiten der deutschen Grenze gebührend ‚dokumentieren' wollten."[47] Nachdem Kopelew auf seiner Karte genau die Position der Grenze identifiziert hat, kommandiert er bei ihrem Erreichen: „Alles raus zum Pinkeln!" Es wäre ihm damals, so schreibt er in *Aufbewahren für alle Zeit!* besonders geistreich vorgekommen, auf diese Weise, nebeneinander am Straßenrand stehend, den Einmarsch in „das verfluchte Feindesland" zu begehen.[48]

In Hohenstein im Kreis Osterode machen die Behörden am 17. Januar konkrete Pläne für den Abtransport der Mütter mit Kindern, der Alten und Kranken mit einem Sonderzug. Am 18. Januar beginnen die russischen Fliegerangriffe, die Rote Armee steht in Neidenburg, 24 km entfernt. An der Masse der sich in Hohenstein sammelnden Gendarmerie und Feldpolizei erkennen die Verantwortlichen der Stadt Anzeichen unmittelbarer Gefahr. Die Bahnverbindungen sind unterbrochen, Telefonverkehr ist nicht mehr möglich, es gibt keine Anweisungen vorgesetzter Behörden. Am 20. Januar handeln die örtlichen Instanzen selbstständig. Der Hohensteiner Volkssturm ist schon einige Wochen zuvor in den Kreis Goldap kommandiert worden, zurückgeblieben sind nur die unbewaffneten älteren Volkssturmmänner des 4. Aufgebots.

Sie haben für die Räumung der Stadt zu sorgen. Weil die Bereitstellung eines Sonderzug nicht mehr zu erwarten ist, werden sämtliche zufällig auf dem Bahnhof Hohenstein befindlichen Eisenbahnwaggons und eine unter Dampf stehende Lokomotive zu einem Zug zusammengestellt. Etwa 2 000 Menschen finden in ihm Platz. Obwohl er unter Beschuss gerät, kommt er glücklich nach Sachsen durch. Ein Teil der Bewohner wird von Wehrmachtsfahrzeugen mitgenommen, der Rest macht sich zu Fuß mit kleinem Handgepäck auf.[49]

Am 20. Januar befiehlt Adolf Hitler, die Särge Paul von Hindenburgs und seiner Frau Gertrud aus dem Reichsehrenmahl Tannenberg bei Hohenstein zu bergen. Sie werden nach Pillau gebracht und von dort mit dem Kreuzer „Emden" und auf dem Motorschiff „Pretoria" in das Reich transportiert. Zunächst lagert man sie in einem Salzbergwerk ein, heute stehen die beiden Särge in der Elisabethkirche in Marburg an der Lahn, einem gotischen Kirchbau des Deutschen Ordens. Am 21. Januar erreichen sowjetische Truppen Frankenau, 10 km vor Hohenstein. An diesem Tag wird das Tannenberg-Ehrenmal gesprengt. Das 4. Aufgebot des Hohensteiner Volkssturms rückt zu Fuß in Richtung Mohrungen ab.[50]

Einer plötzlichen Anwandlung folgend, begibt sich Hermann Göring in diesen Tagen noch einmal nach Ostpreußen – wahrscheinlich will er mit seiner Anwesenheit die Widerstandskraft seines Panzerkorps stärken. Sein Leibfotograf Lange lichtet den Reichsmarschall letztmalig im Kriegsgeschehen ab. Verloren und mit sorgenvoller Miene sieht man ihn auf dem Foto auf einer ostpreußischen Landstraße im Gespräch mit Einheimischen und Soldaten.[51] Hitler zeigt sich erbost über Görings Ausflug und fordert ihn auf, „diese lächerlichen Frontfahrten" künftig zu unterlassen.[52]

In den letzten Tagen des Januar 1945 schlagen die Truppen des rechten Flügels der 1. Weißrussischen Front unter Marschall Georgi Schukow die Deutschen bei Warschau, befreien die Hauptstadt Polens am 17. Januar 1945 und dringen bis zum Fluss Bzura vor. Nach einem zügigen Vormarsch durch den Raum Bromberg–Posen überschreiten zwei starke Panzerspitzen der 1. Weißrussischen Front am 26. Januar im Raum zwischen Krenz und Unruhstadt in der ehemaligen preußischen Provinz Grenzmark Posen-Westpreußen die Reichsgrenze. Am 30. Januar befindet sich das oberschlesische Revier in sowjetischer Hand, an diesem Tag werden die Städte Schwiebus, Schwerin an der Warthe und Landsberg nahezu kampflos besetzt. Am 31. Januar erreichen Panzer der 219. Tankbrigade bei Kienitz nördlich von Küstrin die Oder. Ein Motorschützenbataillon geht über den Fluss und bildet den ersten kleinen Brückenkopf westlich der Oder. Die Rote Armee steht am 31. Januar 1945 etwa 85 km vor Berlin.

Am 20. Januar nähert sich die 2. Weißrussische Front auf großer Breite der Weichsel. Als sich die Verbände darauf vorbereiten, die Weichsel aus der Bewegung heraus zu überwinden, erhält sie einen Befehl des Moskauer Hauptquartiers, Teile ihrer Truppen sollen nach Norden und Nordosten einschwenken. Die 3. und die

48. Armee, die 2. Stoßarmee sowie die 5. Gardepanzerarmee sollen sich an der Eroberung Ostpreußens beteiligen. Das wird hartnäckiger als erwartet verteidigt.[53]

Die schnellen Vorstöße der Roten Armee führen auf den Bahnhöfen in den Städten der masurischen Kreise zu großen Menschenansammlungen. Vom 19. bis 21. Januar fahren aus den Kreisen Neidenburg, Ortelsburg, Allenstein, Osterode, Mohrungen und Preußisch Holland noch mehrere Flüchtlingszüge entweder über Deutsch Eylau und Thorn nach Südwesten oder über Marienburg und Elbing nach Nordwesten in Richtung Reich. Am 21. Januar ist durch die Einnahme von Allenstein die südliche Bahnstrecke über Thorn nach Westen blockiert. Über andere Eisenbahnverbindungen, wie die von Lötzen über Rastenburg nach Heilsberg und Elbing dürften noch am 22. Januar einige Tausend Menschen Ostpreußen verlassen haben.

Viele Menschen entscheiden sich für die Flucht mit Pferd und Wagen, um so die Pferde – oft neben dem Land der wertvollste Besitz der Familien – und möglichst viel Hab und Gut zu retten. In der Stunde der größten Not soll die Familie im Treckwagen zusammenbleiben. Auf dem Land sind in der Regel die Männer zwischen dem 16. und dem 60. Lebensjahr zur Wehrmacht oder zum Volkssturm eingezogen. So machen sich Frauen, Kinder, alte Menschen und Kranke auf, oftmals von polnischen, französischen oder belgischen Kriegsgefangenen als Fuhrwerkslenker begleitet.

Alle Flüchtlingstrecks versuchen zuerst, möglichst nördlich quer durch Ostpreußen zu kommen, um bei Marienwerder oder Dirschau die Weichsel zu überqueren. Für die Bevölkerung aus den nordöstlichen und östlichen Kreisen der Provinz ist es fast aussichtslos, auf dem Landweg die Weichsel zu erreichen. Schnee und Kälte und die durch Trecks und Wehrmacht verstopften Straßen lassen nur ein langsames Vorwärtskommen zu. Die Wehrmacht hält durch Polizei, Offiziersstreifen und Feldgendarmerie die Straßen für die zur Abwehr der durchgebrochenen Sowjets nach Westen beorderten Divisionen frei. Überall haben militärische Bewegungen Vorrang.[54] Viele Lastkraftwagen können wegen Treibstoffmangels nicht mehr eingesetzt werden, die Wehrmacht wird zunehmend entmotorisiert. Die Truppen greifen deshalb oft rücksichtslos auf jedes brauchbare Pferd zurück und spannen sie selbst von den Leiterwagen der Flüchtlinge ab. Die Flucht der Zivilbevölkerung ist somit auch ein Problem der Transportkapazitäten.[55]

Am 21. Januar um 18 Uhr ist der Räumungsbefehl für Mohrungen gegeben worden. Fahrzeugkolonnen der zurückgehenden Wehrmacht passieren etwa eine Stunde später die Kreisstadt. Die Reichspost hält überall bis kurz vor der Besetzung den Postbetrieb aufrecht. Die Bevölkerung, durchziehende Flüchtlinge und auch die Wehrmachtsangehörigen machen von den Dienstleistungen der Post noch regen Gebrauch. Besonders umfangreich sind die Einzahlungen auf Postsparbücher und Postanweisungen; Paketsendungen werden seit den letzten Januarwochen nicht mehr angenommen. Der Mohrunger Postbeamte Gustav Pukall darf – wie alle Mitarbeiter der Reichspost – seinen Arbeitsplatz nur mit Genehmigung der kommunalen Stellen verlassen. Als schon sowjetische Panzer in die Stadt eindringen und einige Granaten in der Nähe des Postamtes einschlagen, erteilt der Stadtkommandant auf Bitte des Postamtsvorstehers gegen 22 Uhr die Genehmigung zum Verlassen Mohrungens. „Am 22.1.1945 um 22.30 Uhr verließen die letzten noch im Dienst befindlichen Beamten, es waren dies der Postamtsvorsteher, vier Damen des Fernamts, die beiden Leitungsaufseher und ich, zu Fuß das Postamt in Richtung Liebstadt und weiter, wie unsere Anweisung lautete, in das Heilsberger Dreieck."[56] Eineinhalb Stunden später ist ganz Mohrungen von sowjetischen Truppen besetzt.

Am Montag, dem 22. Januar, verstärkt sich in der Stadt Elbing der Strom der Flüchtlinge immer mehr. Beim Oberbürgermeister der Stadt, Dr. Hans Leeser, melden sich einige Bürgermeister bereits geräumter ostpreußischer Städte „auf der Durchreise". „Einer ließ sogar – ich glaube, es war der von Wormditt – seine Stadtkasse, die er mit hatte, in Elbing im Tresor zurück."[57] Trecks aus den Kreisen Rosenberg, Marienwerder, Stuhm, Marienburg, Elbing-Land, Preußisch Holland und aus der westlichen Hälfte des Kreises Mohrungen, die frühzeitig den direkten Weg nach Westen in Richtung Marienburg eingeschlagen haben, werden sich der Einschließung vor dem 23. Januar noch entziehen können.

Am 21. Januar geht an die Mehrzahl der Gemeinden des Kreises Stuhm die Anordnung, die Bevölkerung für kürzere Zeit jenseits der Weichsel in den Nachbarkreis Dirschau zu bringen. Die NSDAP-Verantwortlichen glauben wie ein Teil der Bevölkerung, die Wehrmacht würde die Weichsel für längere Zeit halten. Aus den Orten Christburg, Stuhm, Budisch, Groß Waplitz, Nikolaiken (Niklaskirchen) und Teschendorf können am 21. und 22. Januar noch Teile der Bevölkerung mit der Eisenbahn nach Westen befördert werden. Aus etwa der Hälfte der Gemeinden fahren geschlossene Trecks los. Die polnische Minderheit in den Kreisen des einstigen Bezirks Westpreußen bleibt zumeist zurück. Die internierten Kriegsgefangenen sind vorher ins Reich abtransportiert worden. Max Landowski, nach einer Kriegsverletzung im Jahr 1943 wieder Landarbeiter im Kreis Stuhm, berichtet, dass nicht nur polnisch gesinnte in ihren Heimatorten zurückbleiben: „Wer zurückgeblieben ist, waren nur Leute, die, meine ich, nicht die Möglichkeit hatten, mit irgendeinem Fahrzeug wegzukommen. Also arme Leute. Die Gutsbesitzer sind alle abgehauen. Da blieb nicht einer."[58] Auch alle Bauern, die eigene Pferde und Wagen gehabt hätten, seien geflohen. Am schlimmsten seien die Mütter mit kleinen Kindern vom Chaos der Flucht betroffen gewesen.[59]

Ein Beispiel für die Hilflosigkeit auf sich gestellter Mütter mit Kleinkindern hat der Süßenberger Pfarrer Gerhard Fittkau überliefert: „Eine Mutter aus einem masurischen Dorfe, das in einem geschlossenen Treck unterwegs war, hatte nach stundenlanger Fahrt die Decke aufgehoben, unter der sie ihre vier kranken kleinen Kinder verpackt hatte. Sie wollte ihnen zu essen geben, aber als sie die Decke aufschlug, waren drei der Kleinen bereits erfroren. Sie mußte sie in größter Eile im Schnee längs der Straße beerdigen, um den Anschluß an die übrigen Schlitten zu finden. Denn wer aus dem Treck herausfiel, war verloren."[60]

In einem Ort wie Tillendorf besitzen nach Erinnerung von Max Landowski zwanzig bis dreißig Familien kein Fuhrwerk. Sie wären auf die Mitnahme durch Andere angewiesen gewesen, blieben aber zurück. „Daß Leute zu Fuß auf die Flucht gegangen sind, habe ich nur in Marienburg gesehen. Da sind welche zu Fuß losmarschiert. In den Städten war es ja auch so, wenn die nicht mit den Zügen mitgekommen sind, haben die noch versucht, 'n Rucksack aufn Buckel zu nehmen, noch paar Taschen, dann die Kinder an der Hand, oder, wenn die allein laufen konnten, kriegte jeder so'n kleines Gepäckstück mit, und dann los. Das erste Ziel war immer, hinter die Weichsel zu kommen."[61] Max Landowski selbst geht am ersten Tag seiner Flucht, dem 21. Januar, über die Weichselbrücke bei Dirschau.[62]

Anfang Dezember hat Alexander Fürst zu Dohna-Schlobitten in seinen Besitzungen Schlobitten und Prökelwitz heimlich mit den Fluchtvorbereitungen begonnen. Alle dafür notwendigen Hilfskräfte werden eingeweiht. Die Ackerwagen verlängern die Stellmacher durch einen Langbaum. Die massiven Seitenbretter ersetzen sie durch wesentlich leichtere Leitern mit Sprossen. Zwischen die Leitersprossen wird als wärmende Unterlage Stroh gefüllt.[63] Generalstabsmäßig plant der ehemalige Offizier die Flucht. Er besorgt sich Karten, erkundet die Weichselübergänge und legt Zwischenstationen fest. Am 21. Januar um 14 Uhr bekommt zu Dohna-Schlobitten, der wegen Befehlsverweigerung im besetzten Italien aus der Wehrmacht entlassen worden ist, für sich und die Leute seiner Güter Prökelwitz und Schloditten endlich die Treckerlaubnis. Er weist die Pferdewärter, Oberschweizer, Schaf- und Schweinemeister an, alle angebundenen Kühe loszubinden, die Boxen der Fohlen, Schweine und Schafe und die Türen der Stallungen zu öffnen. „So konnten die Tiere wenigstens ins Freie; der Erfrierungstod war besser, als angekettet und eingeschlossen verhungern oder zu verdursten."[64] Am 22. Januar in aller Frühe rückt der Treck bei etwa 10 Grad Kälte aus Prökelwitz ab. Die Wagen aus Schlobitten sind zu dieser Zeit schon unterwegs. Zu Dohna-Schlobitten eilt mit einem Jagdwagen und einem französischen Kriegsgefangenen als Kutscher dem Treck voraus.[65] Im Dorf Altfelde besorgt er sich beim NSDAP-Bürgermeister ein Schreiben, das ihn ermächtigt, die beiden Trecks nach dem Westen zu führen. Da die Nogatbrücke bei Marienburg schon gesprengt ist, geht der Treck aus Prökelwitz nordwestlich von Altfelde bei aufgehender Sonne über die aneinandergefrorenen Schollen der Nogat. „Alle Spuren waren verweht, kein Mensch war weit und breit zu sehen, wie durch ein Wunder kamen wir herüber. Durch eine telefonische Rückfrage stellte ich unterwegs fest, dass die Dirschaubrücke über die Weichsel (...) schon zerstört war."[66] Weitere telefonische Rückfragen ergeben, dass an der Weichselmündung die Fähren noch in Betrieb sind. Es ist bitterkalt. „Der starke Frost zwang meinen guten Fahrer Jean und mich immer wieder, zur Erwärmung neben dem Wagen herzugehen oder zu laufen, während die Pferde trabten. Beim Kutschieren wechselten wir uns ab, da uns die Hände trotz der Pelzhandschuhe vor Kälte schmerzten."[67] Noch am 22. Januar setzt der Treck über die Weichsel. Am 23. Januar trifft man links der Weichsel beim Gut Sobbowitz (Sobowidz) den Treck aus Schlobitten. Nicht alle aus Schlobitten und seinen Vorwerken sind den Sowjets entkommen, aber die meisten. Nach einem verzögerten Aufbruch sind einige Wagen schon bald von der Roten Armee eingeholt worden.

Aufgrund der Erfahrungen der ersten Tage rüsten die Treckführer in Sobbowitz am 24. Januar die Wagen um. Zahlreiche mitgenommene unnütze Gegenstände werden abgeladen, aus dünnen Schalbrettern lässt zu Dohna-Schlobitten Satteldächer auf alle Fuhrwerke nageln. Ihre Insassen sind jetzt vor Schnee und Regen geschützt. „Eine wichtige Rolle spielte das ‚Scharfmachen' der Pferde; je nach Witterung mussten sie – vor allem in den ersten Wochen – wegen Schnee und Glatteis ständig Stolleneisen tragen, die immer wieder geschärft wurden. War jedoch die aufgeweichte Erde beziehungsweise ein vorübergehendes Nachlassen der Frostperiode in Sicht, mussten die Tiere mit stollenlosen Hufeisen beschlagen werden. Die wenigen Reit- und Kutschpferde hatten abnehmbare Schraubstollen, das war viel einfacher. Jedenfalls waren unsere Schmiede – nach meiner Erinnerung hatten wir zwei dieser unersetzbaren Handwerker – ununterbrochen beschäftigt."[68]

Für seinen Treck entwickelt zu Dohna-Schlobitten einen eigenen Zeitplan. Er sucht, wenn möglich, als Tagesziel große Güter ihm bekannter Familien auf, wo die Pferde untergestellt werden können. Um dem Stau auf den mit Flüchtlingen und Militär verstopften Straßen zu entgehen, zieht man nachts weiter. „Wir rückten gewöhnlich zwischen Mitternacht und 2 Uhr morgens ab, um gegen Mittag die neuen Quartiere zu beziehen. Dort wurde so bald als möglich gegessen. Dann bereitete man für den nächsten Tag irgendwelche Mahlzeiten vor, wusch sich, so gut es ging, machte Toilette, oft sehr flüchtig und ohne sich zu rasieren. Bei einbrechender Dunkelheit schlief man bis gegen 23 Uhr."[69] Die Flüchtlinge lagern zumeist nur noch auf dem nackten Boden, möglichst in der Nähe der Öfen. Auf großen Gütern ist manchmal sogar ein Bett frei. „Zur Zeit der Völkerwanderung kann es nicht viel primitiver gewesen sein. Man aß und trank aus ein und derselben Schüssel, die ebenso wie der Löffel von mehreren gemeinsam benutzt wurde."[70]

Oft sind die angesteuerten Güter schon von anderen Flüchtlingen und Soldaten belegt und deren Gutsherren, Personal und Instleute mit dem eigenen Aufbruch beschäftigt. Auf einer Station in der Kaschubei, dem Gut Klein Klinsch im Kreis Berent, herrscht ein heilloses Durcheinander. „Die Kälte setzte uns arg zu, und die ersten wurden krank. Ganz schlecht stand es um die alte Frau Hanke aus Muttersegen, die Mutter des besonders tüchtigen Schäfers. Da sie nicht mehr gehen konnte, trugen wir sie ins Gutshaus und betteten sie im warmen Wohnzimmer in einen Lehnstuhl in der Nähe des Kamins. Am nächsten Morgen sah ich nach ihr; sie saß mit friedlichem Gesichtsausdruck im Sessel – tot.[71] Der Fürst informiert die Gutherrin

Auf dem Bahnhof von Dirschau bei Danzig steht am 20. Februar 1945 ein Flüchtlingszug aus Güterwagen. Für die Bewohner der westpreußischen und der oberländischen Kreise waren vom 13. bis zum 23. Januar die Weichselbrücken bei Dirschau das erste Fluchtziel.

nicht. „Als ich mich später von Frau Dewitz verabschiedete, klagte sie, wie schlimm es für sie sei, dass Flüchtlinge in ihrem Wohnzimmer eine Tote zurückgelassen hatten, die sie nun noch eilig beerdigen müsse. Ich schwieg. Nachträglich kommt mir das gefühllos, ja eiskalt vor, aber damals dachte ich nur an meine 320 Leute, die ich vor dem jederzeit möglichen Überrollen durch russische Panzer bewahren wollte."[72] Nicht nur die Alten sterben, auch die Kinder. Alexander Fürst zu Dohna-Schlobitten erinnert sich, dass neun Kinder seines Trecks den Strapazen erlagen, fast alles Säuglinge unter einem Jahr. „Da der Boden steinhart gefroren war, wurden die kleinen Leichen in ein Tuch gewickelt und in den Straßengraben gelegt."[73]

Nach neun Wochen erreicht dieser vermutlich größte ostpreußische Treck im März 1945 Thedinghausen und Eystrup in Niedersachen. Er hat mit Umwegen etwa 1 500 km zurückgelegt. Bei der Ankunft besteht er noch aus 330 Personen, 140 Pferden und 38 Wagen.

Ernst-August Brenneisen aus dem Grenzdorf Wabbeln im Kreis Stallupönen ist im Januar 1945, als kriegsverletzt von der Wehrmacht beurlaubt, mit seiner kränkelnden Frau nach Mützenow im pommerschen Kreis Stolp zu Verwandten evakuiert worden. Das einzige Kind der Familie, die Tochter, hat man bei der Schwester der Frau in Ludwigsort, Kreis Heiligenbeil, gelassen. Nach dem Beginn der sowjetischen Offensive beschließt Brenneisen, seine Tochter aus Ostpreußen herauszuholen. Am

22. Januar 1945 besorgt er sich in Stolp Papiere für die Reise. „Bis kurz vor Elbing ging alles zügig, jedoch hier an der großen Elbingflußbrücke war alles in Bewegung: Militär oder Flüchtlinge oder beides; man konnte es nicht klar erkennen."[74] Nach längerer Wartezeit fährt der Zug weiter bis Heiligenbeil. Während zu dieser Zeit Hunderttausende versuchen, mit der Bahn aus Ostpreußen zu entkommen, ist der Bauer aus Wabbeln in die Provinz hereingefahren. „Hier endete er - es war der letzte Zug, der in diesen Kessel hineinfuhr."[75] Mit einem LKW der Wehrmacht gelangt Brenneisen zur Schwägerin nach Ludwigsort. Als er deren Wohnung betritt, sieht diese ihn entgeistert an und sagt: „Nun kommst Du auch noch, wo wir doch schon alle im Kessel sitzen!"[76]

Im Kessel Ostpreußen

Zufluchtswege

Aus Richtung Dambitzen östlich des Drausensees fahren am 23. Januar gegen 17 Uhr elf sowjetische Panzer in Elbing ein, durchqueren die Hindenburgstraße, den Mühlendamm, den Alten Markt und die Ziesestraße. Die Panzergruppe unter ihrem Hauptmann G. L. Djatschenko ist eine Vorausabteilung der 31. Panzerbrigade des 29. Panzerkorps der 5. Gardepanzerarmee. Aus Richtung Preußisch Holland vorstürmend, hat sie die Gleise der Ostbahn zwischen Güldenboden und Schlobitten und, weiter nördlich, die Reichsautobahn passiert.

Niemand in Elbing hat zu diesem Zeitpunkt mit dem Auftauchen der Roten Armee gerechnet. In der Geschichte des Großen Vaterländischen Krieges der Sowjetunion spürt man den Stolz über dieses Husarenstücks einiger weniger sowjetischer Panzerfahrer: „Elbing führte das normale Leben einer rückwärtigen Stadt: Das Kraftwerk war in Betrieb, Straßenbahnen fuhren, auf den Straßen marschierten die Offiziersschüler der Panzerschule. Und plötzlich – sowjetische Panzer. Sie fuhren mit eingeschalteten Scheinwerfern durch die Hauptstraßen und beschossen Kolonnen und Fahrzeuge. Es entstand eine Panik in der Stadt."[77] Flüchtlings- und Wehrmachtsfahrzeuge geraten ins Stocken und verstopfen die Straßen. Sowjetische Granaten töten zahlreiche Zivilisten.

Die Vorausabteilung durchquert Elbing zügig. Ihr Kommandeur hofft, dass seiner Abteilung eigene Truppen folgen, den Angriffserfolg festigen und sichern. Aber das geschieht nicht. Die Hauptkräfte der 3. Panzerbrigade und auch die übrigen Verbände des sowjetischen 29. Panzerkorps rücken erst Stunden später nach.[78] Auf sich gestellt, werden sieben der elf sowjetischen Panzer noch im Stadtgebiet von Elbing abgeschossen. Die übrigen vier fahren Richtung Norden, vorbei an der Brauerei

„Englisch Brunnen“ zum Frischen Haff. Hier richten sie sich bei der Station Groß Röbern der Haffuferbahn zur Verteidigung ein.

Djatschenkos Panzer sind es, die die Eisenbahnstrecke Königsberg-Elbing-Dirschau durchschnitten, das Haff erreicht und damit Ostpreußen Mitte erstmals für kurze Zeit vom restlichen Reichsgebiet getrennt haben. Mit der Bahn kommt jetzt niemand mehr aus der Provinz heraus. Nur noch durch einen kleinen Streifen längs des Haffs und parallel zur Haffuferbahn können Flüchtlinge – allerdings nur noch für einige Tage – Ostpreußen auf der Straße verlassen.

Am 24. Januar erfolgen bei Elbing mit allen verfügbaren Kräften deutsche Gegenangriffe. Es gelingt den Verteidigern, um die Stadt einen Frontbogen zu bilden. Ab dem 25. Januar aber ist die Stromversorgung der Stadt Elbing unterbrochen, im Laufe der Nacht auf den 26. Januar kämpfen sich sowjetische Panzer bis zur Reichsstraße Elbing–Danzig vor und sperren den Fluchtweg über diese Straße. Die Stadt ist von allen Seiten belagert, ab dem 26. Januar versiegt der Flüchtlingsstrom aus Elbing in Richtung Danzig völlig. Es bleibt nur noch ein schmaler Fluchtweg nördlich der Stadt über die Nogat-Brücke beim Dorf Fischerskampe.[79] Aber erst am 10. Februar wird ganz Elbing durch die sowjetische 2. Stoßarmee besetzt werden.[80]

Prinz Louis Ferdinand von Preußen harrt am 23. Januar noch in Cadinen am Ufer des Frischen Haffs aus. „Doch am gleichen Abend erschienen die ersten Wehrmachtskolonnen mit allen Anzeichen der militärischen Auflösung. Ein ununterbrochener Strom von Autos, Pferden und Menschen ergoß sich durch unser sonst so stilles Dorf. Alle hatten nur das eine Ziel. Die rettende Nehrung.“[81] Obwohl die ihn erreichenden Berichte wirr sind, kann sich Louis Ferdinand ein ungefähres Bild von der hoffnungslosen Lage der Provinz machen. Sowjetische Panzer haben sämtliche Ausfallstraßen von Elbing besetzt. Die Telefonverbindung funktioniert nicht mehr. Die Haffuferbahn hat ihren Dienst eingestellt. Damit ist auch der für die Cadiner geplante Fluchtweg versperrt. „Die Parole hieß allein: rette sich, wer kann!“[82] Louis Ferdinand kann die Angestellten des Gutes und der dazu gehörigen Majolikafabrik nicht zur Flucht überreden. „Es standen noch genügend Pferde und Schlitten zur Verfügung – doch der größte Teil unserer Dorfbewohner weigerte sich, die Heimat aufzugeben und die Häuschen zu verlassen, die einst mein Großvater für sie gebaut hatte. Sie meinten, es sei gleich, ob sie den Sowjets in die Hände fielen oder auf der Flucht an Hunger und Kälte stürben. ‚Und wo sollen wir auch hin?‘ sagten sie.[83]

Die einzige Möglichkeit für ein Entkommen ist jetzt der Weg über das zugefrorene Haff. In Cadinen weiß man um die Gefahren des Weges. „Es war absurd, dass auf dem Haff deutsche Eisbrecher hin und her fuhren, um eine Fahrrinne offenzuhalten. (...) Zu unserem Glück herrschte eine derartige Kälte, dass die Fahrrinne immer wieder zufror.“ Bei strahlendem Sonnenschein, in Pferdeschlitten, mit nur wenigen Begleitern, bricht der Enkel des letzten deutschen Kaisers aus dessen einstiger Sommerresidenz auf. Der 25. Januar ist ein bitterkalter Tag. „Ich war im letzten

Treck weggekommen. Eine halbe Stunde später waren die Sowjets am Haff."[84] Das nahe Fischerdorf Tolkemit erreichen sowjetische Panzer am 26. Januar 1944. Jetzt sind alle Landverbindungen nach Westen unterbrochen. Was von Ostpreußen noch nicht besetzt ist, ist bis auf die Frische Nehrung, über die Danzig und dann weiter Pommern erreicht werden können, ein Kessel. Louis Ferdinands Schlitten schlagen sich bis Danzig durch, dort löst sich seinTreck auf.

Mit dem Fall von Allenstein ist am 22. Januar für die Bewohner der südöstlichen Gebiete der direkte Fluchtweg nach Westen endgütig versperrt. Die unterwegs befindlichen Trecks können nur noch nach Norden ausweichen. Der russische Vorstoß aber wird vor allem den Dorf- und Guttrecks zum Verhängnis, die sich seit dem 19. Januar aus den südlichen und südwestlichen Kreisen nach Norden und Nordwesten aufgemacht haben. Sie bewegen sich auf den Straßen in Richtung Elbing/ Frisches Haff vorwärts und damit genau in die Richtung, die die sowjetischen Panzer für ihren Vormarsch gewählt haben. Ein Teil der Trecks aus den Kreisen Ortelsburg, Allenstein und Mohrungen kann noch rechtzeitig nach Norden abschwenken. Der größere Teil aber wird überrollt.

Rosa Labenski aus Zandersdorf im Kreis Rastenburg ist Mitglied der NSDAP und Funktionärin im Reichsnährstand. Auf ihrem Gut sind im Januar 1945 Wehrmachtseinheiten einquartiert. Flüchtlingsnachzügler ziehen durch das Gutsdorf und bitten um Brot, Milch und Unterkunft. „Es sind einzelne Leute oder kleine Gruppen. Das, war ihnen geblieben ist, ziehen sie im Handwagen oder Rodelschlitten nach, oder schieben einen vollbepackten alten Kinderwagen. Manchmal sitzt auch ein altes Leutchen oder ein kleines Kind im Wagen."[85] Rosa Labenski trifft für sich und ihre vier damals acht bis 15 Jahre alten jüngeren Kindern nur halbherzige Vorbereitungen zur Flucht. Die letzten Wehrmachtseinheiten verlassen den Hof. Jetzt erst entschließt sich auch die Gutsbesitzerin zur Flucht. „In Eile reiße ich sämtliche Stalltüren auf, binde die letzten Pferde ab, gebe allen Tieren volle Freiheit. Die Fohlen galoppieren mit freudigem Wiehern durch die verschneite Koppel."[86] Zu Fuß fliehen die Menschen aus Zandersdorf zu einem nahen Einzelhof. Weiter kommen sie nicht, sie sind zu spät aufgebrochen. Von diesem Gehöft aus kann Rosa Labenski das Geschehen überblicken. Wie in einem Film erlebt sie die Besetzung der Heimat. „Von Plössen her kommt, vom Schipperberg herunter, eine dunkle, breite, unabsehbare Schlange. Ja, so sieht es aus! Die Bahnstrecke entlang, etwa 4 Kilometer von uns, erneut ein Ungeheuer. Mir kommt es vor, als sah ich solche Mengen Truppen noch nie. Und da, von Sturmhübel her, auf der Chaussee nach Zandersdorf, kommen fünf russische Panzer; ganz langsam, kriechend kommen sie daher, sind etwa noch 500 Meter von Zandersdorf entfernt."[87]

Mit Treck und Eisenbahn ist der Kreis Treuburg (Oletzko) bis zum 26. Oktober 1944 von Zivilisten geräumt worden. Aufnahmekreis der Treuburger ist der Kreis Sensburg. Viele dortige Einwohner verlassen schon im Laufe des Novembers freiwillig ihren Auffangkreis und lassen sich nach Sachsen evakuieren. Ab dem 24. Januar beginnt die Flucht der Treuburger aus ihrem Aufnahmekreis, niemand kümmert sich um die organisierte Räumung von Sensburg. „Es haben sich dann auch mehrere Wagen zur Flucht entschlossen. Doch alles ist viel zu spät gewesen. Sie werden zum Teil schon in Grünbruch (Lubjewen, der Verf.), zum Teil auf dem Treck von den Russen überholt. Nur einer Frau mit drei Kindern gelingt die Flucht nach dem rettenden Westen."[88] Die Hälfte der Menschen aus dem Kreis Treuburg (Oletzko), die sich jetzt noch aufmachen, werden schon bei Seeburg im Kreis Rößel vom Vormarsch der 3. Weißrussischen Front überrascht.

Angst und Entsetzen angesichts der Berichte von Gräueltaten der feindlichen Soldaten sowie ein zäher Wille, sich und die Seinen zu retten, treibt in diesem Januar die Menschen in Ostpreußen hinaus in den heulenden Sturm und die Schneegestöber. Durch verstopfte Straßen, oft über Nebenwege, und immer nur langsam, langsam geht es voran. Nicht überall ist die Flucht freiwillig. „Aber wer resigniert zurückbleiben wollte, wurde durch eigene zurückflutende Truppen rausgejagt."[89]

Auch die meisten Trecks aus dem Kreis Johannisburg werden Ende Januar im Raum Sensburg–Rößel–Rastenburg von sowjetischen Truppen eingeholt, zersprengt oder vernichtet. Emil Johannes Guttzeit berichtet im Heimatbuch des Kreises von 1964, dass ein Zehntel der treckenden Flüchtlinge noch im Kreisgebiet, vor allem bei den Orten Arys und Weißuhnen, abgefangen wird. Von den restlichen Flüchtlingen seien – ebenfalls noch in der Provinz – etwa die Hälfte überrollt worden. Mit ihren früh aufgebrochenen Wagenkolonnen seien wohl 45 % der Johannisburger aus der Provinz herausgekommen, dann aber im März in Pommern bei der Offensive der 2. Weißrussischen Front in sowjetische Hand gefallen. Nur etwa 5 % sei die Flucht über die Oder gelungen. Die Zahl der mit der Eisenbahn oder mit Wehrmachtsautos Geflüchteten und nach Westen Gelangten hält Guttzeit für erheblich höher.[90]

In den meisten Gemeinden des Kreises Johannisburg bleiben nur wenige alte Leute zurück. Trecks wie der von Weißuhnen und Umgebung, die wenige Kilometer hinter dem Ort wieder umkehren, treffen daheim auf sowjetische Soldaten. Häufig werden die Männer erschlagen, die Frauen, besonders die jüngeren, in die Sowjetunion zur Zwangsarbeit verschleppt.[91] Das deutsche Bundesarchiv und Angehörige der ehemaligen Kreisverwaltung ermitteln nach dem Krieg, dass im Kreis Johannisburg durch das Kriegsgeschehen, die Flucht und die spätere Vertreibung 17,2 % der Bevölkerung ihr Leben verloren.[92] Möglicherweise ist die Zahl zu hoch gegriffen, da polnisch Gesinnte, die in der Heimat geblieben sind, vermutlich als Menschenverlust erfasst wurden. Dennoch belegen sie die Grausamkeit und Härte des Kriegsendes.

In *Schwenkitten '45*, der autobiographischen Erzählung Alexander Solschenizyns, betrinken sich die Männer seines Artillerieregiments am 25. Januar 1945 aus Anlass der Einkesselung Ostpreußens. Am Morgen des 26. Januar sind sieben Schlepper- und LKW-Fahrer der Brigade durch Methylalkohol an Krämpfen gestorben, auch ein paar Männer von der Geschützbedienung. Andere haben ihr Augenlicht verloren. Die Erblindeten bringt man in ein Lazarett.[93] Die Männer werden nicht auf einem deutschen Friedhof in Allenstein, sondern bei einer außerhalb der Stadt bezogenen Feuerstellung begraben. Offiziell heißt es: „Starb für die Verteidigung des Vaterlandes den Tod der Tapferen."[94]

Die nicht vom Methylalkohol Geschädigten in Solschenizyns Erzählung feiern weiter den vorläufigen Sieg: „Und diese Stille, diese eigenartige Taubheit – auch sie sind Zeichen des Sieges. Und der überall verstreute, teils noch warme deutsche Reichtum. Sammel' ihn ein, schick ihn nach Hause. Dem Soldaten sind fünf Kilo erlaubt, dem Offizier zehn, dem General ein Pud. Wie kann man das Beste erwischen? Sich nicht vertun? Und du? Iss, trink, bis zum Überdruss. Jedes Quartier wie ein Wunder. Jedes Nachtlager wie ein Fest."[95] Der Brigadekommissar wählt sich in einem verlassenen Dorf das schönste Haus zum Quartier, einen Gutshof. „Im Erdgeschoss statt eines Zimmers ein großer Saal mit einem Dutzend elektrischer Lampen an den Wänden und an der Decke. Und von irgendwoher kam auch ständig Strom, ebenfalls ein Wunder. Das Radio (wir werden es mitnehmen) dudelt Tanzmusik."[96] Es fließt noch Strom im Ermland, als in Ostpreußen die Lichter ausgehen, und der Reichssender Königsberg sendet noch.

Nachdem schon eine Woche nach Beginn der allgemeinen Flucht der direkte Landweg ins Reich unterbrochen ist, gibt es noch zwei Wege, Ostpreußen zu verlassen: mit Fuhrwerken, Wehrmachts-LKWs oder zu Fuß über das Eis des Frischen Haffs und dann weiter auf der schmalen und schlechten Nehrungsstraße Richtung Danzig und Pommern. Oder man treckt aus den nordöstlichen Teilen der Provinz in das Samland und wird dort von Pillau aus mit dem Schiff nach Westen transportiert. Für die Bevölkerung, die sich in den Landesteilen nördlich des Pregels befindet, ist dies der einzige Fluchtweg mit Aussicht auf Erfolg. Die Masse der aus den südöstlichen und mittleren ostpreußischen Gebieten fliehenden Bevölkerung aber schlägt den Weg zum Frischen Haff ein.

Die Flüchtlingskolonnen aus den östlich der Masurischen Seen gelegenen Kreisen Lötzen, Lyck und Johannisburg, die schon am 20. oder 21. Januar aufgebrochen sind, bewegen sich zunächst in westlicher Richtung. Bei Bekanntwerden des sowjetischen Durchbruchs bei Elbing ziehen sie nach Nordwesten durch die Kreise Sensburg, Rößel und Rastenburg. Zu ihnen gesellen sich die Trecks aus dem Kreis Ortelsburg, die dem sowjetischen Angriff im Süden entkommenen können. So sammelt sich in dem Gebiet unmittelbar westlich der Masurischen Seen bald eine unübersehbare Menge von Flüchtlingen. Als schließlich ab dem 25. Januar auch die Bevölkerung der Kreise Rastenburg, Sensburg, Rößel und Gerdauen vor den nachdrängenden sowjetischen Truppen die Flucht ergreift, sind die Straßen heillos überfüllt. Die Härte des ostpreußischen Winters, die Nachrichten von den Vorstößen bis nach Elbing und bis unmittelbar vor Königsberg nehmen Teilen der Bevölkerung den Mut zum Aufbruch.

Dieses Bild aus einer ostpreußischen Kleinstadt zeigt das Drama der Flucht. Ungeschützt vor eisiger Kälte flieht eine Familie im Leiterwagen. Fast nur Männer über 60 Jahren begleiten die Familien, jüngere hat die Feldpolizei vom Wagen geholt und zum Volkssturm eingezogen.

Die Bewohner mancher Ortschaften aus den Kreisen in der Mitte der Provinz, die seit Tagen das Elend der Durchzüge beobachtet haben, betrachten eine Flucht als aussichtslos und erwarten die Ankunft sowjetischer Truppen zu Hause. Am 26. Januar wird Rastenburg, am 28. Januar werden Sensburg und Rößel von Truppen der Roten Armee eingenommen.

Ende des Monats nähert sich die Front immer mehr dem Dorf Süßenberg im Kreis Heilsberg. In Süßenberg besucht der Pfarrer in den Tagen der Gefahr nach und nach die Familien seiner Gemeinde in deren Häusern. „Ich ging von Gehöft zu Gehöft, um all die Leute aufzusuchen, die nicht imstande waren, zur Kirche zu kommen. Viele der Neuangekommenen, vor allem die Kranken und Alten, die nicht mehr weiter konnten, verlangten nach den heiligen Sakramenten. In den Bauernhäusern fand ich alte Leute, Kinder und verwundete Soldaten Seite an Seite nebeneinander auf dem Stroh liegen.“[97] Eines seiner Gemeindemitglieder trifft Vorbereitungen für das, was kommen mag: „Der Hausherr, ein aufrechter, ruhiger Mann in den besten Jahren, schnitt gerade aus Pappdeckeln Umhängeschilder für seine sieben Kinder. Hänschen, sein Jüngster, war erst vier Tage alt. ‚Wer weiß, ob in ein paar Tagen noch jemand da ist, der weiß, wohin diese Kinder gehören‘, sagte er resigniert und klebte unter die persönlichen Daten noch ein Familienfoto und einen Gebetszettel mit dem Bild des gekreuzigten Heilands.“[98]

Die Flucht der Familie Beyer aus Kallweitschen (Kornberg) im Kreis Goldap beginnt bereits 1944. Am 2. August ziehen die Beyers aufgrund eines Räumungsbefehls mit einem Treck nach Nordenfeld in den nördlichen Zipfel des Kreises Goldap. Am 17. Oktober geht es angesichts der ersten sowjetischen Offensive weiter nach einem Gut am Lichtenhagener See im Westen des Kreises Rößel. In Lichtenhagen versuchen die Beyers in der letzten Januarwoche 1945 zunächst von Heilsberg aus mit der Bahn in den Westen zukommen. Aber die Bahnverbindungen sind schon gekappt. Verzweifelt kehrt man noch einmal nach Lichtenhagen zurück. Am 29. Januar bricht die Familie erneut auf. Vor dem Gut verläuft die Straße von Seeburg nach Heilsberg. Dicht an dicht ziehen Flüchtlings- und Wehrmachtskolonnen vorbei. Erst nach mehr als einem Tag gelingt am 30. Januar das Einfädeln in den Strom der Fahrzeuge und es geht vorbei an Heilsberg nach Frauenburg. Bei bedecktem Wetter und brüchigem Eis begibt sich die Familie auf das Frische Haff. Auf der Frischen Nehrung nehmen die Beyers mit ihrem Fuhrwerk den Weg über den Strand Richtung Danzig; auf dem Danziger Werder wird bei starkem Eisgang nach langer Wartezeit die Weichsel mit der Fähre zwischen Schiewenhorst und Nickelswalde überquert. Über Kolb und Köslin in Pommern geht es weiter zur Oder, die am 4. März auf der Autobahnbrücke unterhalb von Stettin überschritten wird. Über Prenzlau, Neubrandenburg, Stavenhagen, Teterow, Güstrow, Brüel, Schwerin, Bad Schwartau und Preetz gelangen die Beyers am 24. März nach Stein im Kreis Plön in Schleswig-Holstein, 1 100 km von Kallweitschen (Kornberg) entfernt. Hier ist die Flucht beendet. Erhard Beyer hat die Flucht der Familie in nüchterne Zahlen gefasst: „Auf den Teil ab Lichtenhagen entfallen 947 km. Er wurde in 54 Tagen ohne Ruhetag absolviert, so daß sich ein Durchschnitt von täglich 17,5 km ergibt.“[99]

Während der ersten Woche der Kämpfe nördlich von Goldap und am Narew steht die deutsche 4. Armee noch immer in einem vorgewölbten Bogen zwischen Augustow und Lomscha dicht vor der alten Reichsgrenze. Sie darf zur Verkürzung der Front nicht auf die Masurische Seenkette bei Lötzen ausweichen, weil sie so Reichsgebiet freigeben würde. Die deutsche 2. Armee ist in zwei Teile zerrissen worden, die Westflanke der noch immer am weitesten ostwärts stehenden deutschen 4. Armee ist damit ungesichert. Erst am 22. Januar gestattet das deutsche Oberkommando, die 4. Armee auf eine Linie zurückzunehmen, die längs des Masuren-Kanals und der Masurischen Seen verläuft. Damit soll die durch das Vordringen der Sowjets bei der 3. Panzerarmee und der 2. Armee drohende Einschließungsgefahr beseitigt werden.

In Gewaltmärschen müssen die Verbände der 4. Armee zurückgehen. Zwei ihrer Armeekorps gibt sie zur Verlegung in die Kampfzonen der 2. Armee und der 3. Panzerarmee ab, in deren Rücken große Lücken entstanden sind. Der Oberbefehlshaber der 4. Armee, General Friedrich Hoßbach, entschließt sich, entgegen dem Befehl des Oberkommandos nicht im Abschnitt der Masurischen Seen stehen zu bleiben. Er setzt den Rückzug in die Tiefe Ostpreußens fort und will sich auf die befestigte Zone um Heilsberg stützen, um sich dann mit den Nachbararmeen zu vereinigen und starke Kräfte zur Führung eines Gegenschlags in die rechte Flanke der 2. Weißrussischen Front zu führen.

Als die 170. Infanteriedivision auf ihrem Rückzug in den Vormittagsstunden des 23. Januar durch Rastenburg marschiert, herrscht dort tiefster Frieden. „Die Geschäfte waren geöffnet und die Hausfrauen kauften ein. Noch schien die Bevölkerung nicht zu wissen, in welch schwerer Gefahr sie schwebte und welches Schicksal über sie hereinbrechen würde."[100] In der Nacht vom 23. auf den 24. Januar zieht der Treuburger Volkssturm durch den Kreis Rastenburg. „Man glaubt seinen Augen nicht zu trauen: die Bevölkerung geht in diesem Gebietsteil noch ihrer Beschäftigung nach, und man hat den Eindruck, plötzlich in eine Oase des Friedens versetzt zu sein. Es ist die Ruhe vor dem Sturm. In wenigen Stunden müssen die Menschen Haus und Hof verlassen und ziehen in schneidender Kälte die Landstraße der Unendlichkeit entlang."[101]

Am 26. Januar gegen 14.30 Uhr gelangen sowjetische Truppen in das Dorf Kronau bei Groß Stürlack im Kreis Lötzen. Die ersten Gebäude gehen in Flammen auf. Die Besatzer isolieren Frauen und Kinder von den Männern. Die Männer werden sofort erschossen. Nach dem Bericht der Augenzeugin Katharina Göbel sind unter den 52 durch Genickschuss getöteten Männern und Frauen auch französische und russische Kriegsgefangene. Anschließend plündern die sowjetischen Soldaten das Dorf. „Auf der Straße lag alles durcheinander: tote Menschen, totes Vieh, Fleisch, Brot, Mehl, Zucker. Auch die Wohnungen wurden verwüstet. Wir Frauen waren so erschüttert, dass wir nicht einmal weinen konnten und unseren Verstand zu verlieren glaubten."[102] Im Dorf überleben nur vier alte Männer, die sich versteckt haben. Die Frauen wissen nicht, wie sie die Toten beerdigen sollen, sie haben auch keine Pferde zum Abtransport. Nach einigen Tagen verfährt sich ein Flüchtling mit Pferd und Wagen nach Kronau. Katharina Göbel bittet ihn um Hilfe. „Ja, dazu hat mich Gott bestimmt"[103], antwortet der Mann. Die Frauen tragen die Toten zusammen. Sie laden sie auf den Wagen und fahren sie mit Hilfe des Mannes zum Friedhof. Dort graben sie drei Massengräber, für Deutsche, für Franzosen und für Russen. „Wir beteten ein ‚Vaterunser' und übergaben 52 Menschen der Erde."[104]

Flucht über das Eis

Ab dem 22. Januar bis in die letzten Februartage ist die Küste des Frischen Haffs das Ziel der Fliehenden aus dem Süden und der Mitte der Provinz. Das Frische Haff ist ein Gewässer von etwa 80 km Länge. Seine größte Breite beträgt 30 km und die geringste 7,5 km. Von der Ostsee wird es durch die Halbinsel Frische Nehrung getrennt, deren größte Breite nur 1,8 km beträgt. Das Frische Haff ist flach und hat ausgesüßtes Wasser, das einen deutlich höheren Gefrierpunkt hat als etwa das Wasser der Ostsee.

Es friert schneller als Meerwasser. Das bietet Hunderttausenden Ostpreußen eine Möglichkeit zur Flucht.

Das Haff ist der Zugang zum Hafen von Elbing, in dem Schiffbau für die Marine betrieben wird und der dem militärischen Nachschub dient. Deshalb halten Eisbrecher dort eine Fahrrinne frei. Die offene Fahrrinne soll auch ein Übersetzen sowjetischer Truppen auf die Nehrung verhindern, die so nach Danzig und Pillau gelangen könnten. Erst am 26. April 1945 wird die Frische Nehrung in ihrem östlichsten Teil besetzt werden, und auch dann dringen sowjetische Truppen hier nur langsam nach Westen vor. So können in den zwölf Wochen von Januar bis April 1945 hunderttausende ostpreußische Flüchtlinge und Wehrmachtsoldaten in Wagen und zu Fuß über Haff und Nehrung aus Ostpreußen entkommen. Der weitaus größte Teil der Menschen, die glücklich die Nehrung erreichen, zieht nach Danzig und Pommern weiter. Ein geringer Teil – nach Schätzungen etwa 30 000 Personen[105] – wendet sich auf der Landzunge ostwärts. Unter Zurücklassung von Pferden und Wagen versuchen diese Menschen vom Hafen Pillau aus über See in das westliche Reichsgebiet zu gelangen.

Während das Gebiet südlich des Haffs hartnäckig von deutschen Truppen verteidigt und nur langsam in wochenlangen Kämpfen eingeengt wird, ziehen auf abgesteckten Treckwegen Tag und Nacht Tausende von Menschen und hochbeladene Pferdewagen durch diese letzte, gefahrvolle Öffnung des sowjetischen Einschließungsrings. Einbrüche in das Eis, Luftangriffe auf den endlosen Flüchtlingszug und Bombenabwürfe auf die Eisdecke sowie Erfrierungen, Hunger und Überanstrengung kosten Tausende das Leben. Die genaue Zahl der Menschen, die im Eis versinken, auf ihm sterben oder auf der Nehrung verscharrt werden, ist nicht mehr zu ermitteln.

Länger als andere Gebiete der Provinz bleiben neben Teilen des Samlands und Königsberg die Kreise Heilsberg, Braunsberg, Preußisch Eylau, Bartenstein und Heiligenbeil unbesetzt. Hier verteidigen die 4. Armee und der Volkssturm den „Heiligenbeiler Kessel". Getrieben von den Spitzen der sowjetischen Armeen strömen Flüchtlingsmassen von Osten und Süden in das zusehends kleiner werdende unbesetzte Gebiet. Trecks und Flüchtlinge aus nahezu allen ostpreußischen Kreisen treffen hier zusammen. Es ballen sich Menschenmassen, deren Nöten die noch arbeitenden Kreis- und Provinzbehörden, die Organisationen der NSDAP und die Wehrmacht nicht mehr gewachsen sind.

Vorbei am Hof der Familie Langanke in Schönbruch im Kreis Bartenstein führt die Strecke der ostpreußischen Südbahn. Ab Mitte Januar 1945 kann die Familie einen regen militärischen Verkehr auf der Bahn, unter anderem von Panzerzügen, beobachten. Man ahnt, dass die sowjetischen Armeen näher an die Kreisstadt Bartenstein heranrücken. „Auch hörten wir den Kanonendonner, der immer näher kam und an Heftigkeit zunahm. Von den Sprengungen an der Alle scholl der Krach herüber. Am Dorfrand Richtung Friedland wurden Geschütze zur Verteidigung aufgefahren." Von den in den Kämpfen um das nahe Friedland gefallenen Soldaten werden etliche noch auf dem Friedhof in Schönbruch beigesetzt. Die Bewohner von Schönbruch beginnen, ihr Hab und Gut zu packen. Sie warteten auf den Befehl zur Flucht.[106] Am 23. Januar zieht die Bäuerin Erna Langanke ihren fünf Kindern mehrere Lagen wärmende Kleidung an; die damals fünfjährige Ilsa Langanke kann sich wie ihre Geschwister in der Vermummung kaum bewegen. In den Ställen werden alle Tiere losgebunden und auch hier die Türen geöffnet. Die Tante spannt zwei wohlgenährte Pferde vor einen Wagen; sie wird den Zweispänner kutschieren. Die Kinder werden in Betten eingepackt. Das Baby der Familie setzt die Mutter in einen Kinderwagen, die Großmutter und eine weitere ältere Frau steigen mit der Mutter in den Zweispänner. Die Tante und die Hausangestellte Edith setzen sich, beide eingehüllt in dicke Felldecken, auf das Fahrerbrett. Bevor die Mutter auf den Wagen steigt, verspricht sie der Familie: „Wir kommen wieder!“[107] Schon bald werden auf den verlassenen Hof deutsche Soldaten ziehen. Sie finden im Keller und den Scheunen genügend Vorräte und schlachten nach und nach alle Tiere, derer sie habhaft werden können.[108]

Das Fuhrwerk der Langankes reiht sich in die Kolonne der Flüchtlingswagen ein. „Es war ein mühsames Fortbewegen in der hügeligen Landschaft auf den vereisten, spiegelglatten Straßen. Die Pferde rutschten aus, und die Räder der Wagen bekamen keinen Halt, besonders an den Bahnübergängen.“ Ilsa Langanke hat die Eindrücke dieser ersten Tage der Heimatlosigkeit nie vergessen: „Die Erinnerung an beißende Kälte, das unheimliche Krachen des Eises, an Dunkelheit und Angst ist bis heute noch nicht verblichen. Wir Kinder hielten uns fest an den Händen, ja nicht loslassen, damit niemand verloren gehen konnte. Die vertraute Hand zu fassen, tat gut.“[109] Immer wieder erschallt der Befehl: „Rechts ran!“ Durchziehende Militärtransporte haben immer noch Vorrang und verursachen Staus.

Das Eis des Haffs ist an vielen Stellen dünn und brüchig, es steht stellenweise unter Wasser. Nachdem der Zug über das Eis der wichtigste Fluchtweg aus Ostpreußen wird, legen am 30. Januar Wehrmacht, Polizei und NSDAP-Funktionäre die ersten beiden bei Rosenberg beginnenden Eisstraßen an. [110] Sie werden im Eis mit Pflöcken oder Tannen markiert, ebenso Einbruchstellen und offenes Wasser. Auf dem Eis sind Wachposten der Wehrmacht aufgestellt, die Wegstrecke ist bei Nacht mit Laternen ausgeleuchtet. Die Wagen sollen, um ein Einbrechen zu verhindern, mit fünfzig Metern Abstand fahren; jeder Wagen muss sich an die gekennzeichneten Wege halten, um nicht Gefahr zu laufen, in den von Bomben und Granaten geschlagenen Löchern zu versinken. Oft müssen die Fahrabstände wegen Einbruchgefahr erweitert werden, auch dürfen die Wagen in der Nacht nicht halten, die scharrenden Pferde und ihre Last können das Eis allmählich mürbe machen.[111] Jeden Tag wird das Eis auf seine Tragfähigkeit geprüft, werden die Wege notfalls neu abgesteckt. Alle Treckführer sind angewiesen, zu Fuß gehende Kinder und geschwächte Menschen auf den Wagen mitzunehmen. Zuständig für die Ordnung auf Haff und Nehrung ist der General der Pioniere der Heeresgruppe, Hubertus-Maria Ritter von Heigl.[112]

Die Menschen- und Wagenmassen stauen sich an der Küste des Haffs. Die Flüchtlingswagen dürfen wegen der unsicheren Tragfähigkeit und zunehmenden Brüchigkeit nur mit dem Notwendigsten beladen auf das Eis, der Ufersaum ist übersät mit abgeworfenen Dingen. Von Leisuhnen aus sollen, um die Eisstraßen nicht zu sehr zu belasten, täglich höchstens 10 000 Menschen über das Haff ziehen: „Doch das Grauen und die Furcht vor den Russen trieben weit mehr hinüber. Besonders schlimm war es, wenn russische Flieger die leicht erkennbaren Menschenzüge mit ihren Bordwaffen beschossen, das Eis brach, Wagen und Menschen in den eisigen Fluten versanken."[113]

Bis Ende Februar halten die Eisstraßen auf dem Frischen Haff, dann bilden sich große Wasserlachen, die die Risse im Eis verdecken. Mürbe Stellen bessern Wehrmacht und Polizei mit Brettern aus. Am Ende führen sechs Straßen über das Haff zur Nehrung, aber auf dem schmalen Landstreifen dort gibt es nur einen Weg in Richtung Danzig oder Pillau, der die Masse an Fahrzeugen nicht aufnehmen kann. Am Fuß der Nehrung kommt es zu Stockungen, was die Einbuchgefahr erhöht. Um mehr Auffahrtmöglichkeiten zu schaffen und die Nehrungsstraße zu entlasten, wird parallel zur Nehrung, je nach Gelände und Zustand des Eises, ungefähr 300 bis 400 Meter vom Ufer entfernt eine lange Straße auf dem Eis von Pillau bis Stutthof freigegeben. Die meisten Flüchtlinge kennen die chaotischen Straßenverhältnisse auf der Nehrung nicht, sie verstehen nicht, weshalb man sie nicht endlich vom trügerischen Eis mit seinen breiten Rissen auf die Nehrung lässt und sie noch Tage und Nächte lang voller Angst dicht unterhalb des Festlandes auf dem Eis fahren müssen.

Am späten Nachmittag des 1. Februar erreichen auch Walter von Sanden-Guja, seine Frau und sein polnischer Kutscher nach einem Fußmarsch, Fahrräder schiebend, das Ufer der Nehrung: „Aus dunstiger, dunkler werdender Luft taucht die bewaldete Nehrung auf. Westwind hebt an. Es beginnt zu regnen. Auf der Nehrungsstraße werden wir mehr Schutz haben und leichter bis Kahlberg kommen. Auf dem Haff liegt jetzt dicker, nasser Schnee, durch den wir schwer an unseren Rädern schieben müssen. Elf Kilometer liegen hinter uns. Jetzt sind wir auf der Nehrung. Aber wir dürfen nicht herauf. Die Partei hat es verboten. Sie ist dort selber auf der Flucht. Ein blutjunger Posten sagt bedauernd zu meiner Frau, die vorne ist: ‚Gehen Sie nicht weiter, sonst muß ich Sie erschießen.' Wir bleiben auf dem Haff. Wind und Regen nehmen zu. Noch sechzehn Kilometer sind es auf dem Eis bis Kahlberg. Vorher gibt es keine Möglichkeit unterzukommen oder zu rasten."[114]

Es sind nicht nur Flüchtlinge und Soldaten auf der Eisstraße unterwegs. „Wir wandern im Flüchtlingsstrom von Fußgängern, Treckwagen, Soldaten und endlosen Gefangenenzügen, die von ihren Wachleuten westwärts geführt werden. Die Franzosen gehen leicht und ohne Bewachung. Sie wandern der Heimat entgegen, das sieht man ihnen an. Aber von den Russen sind viele zu Tode erschöpft, können nicht weiter und bleiben liegen. Viele von ihnen sind schlecht ernährt. Sie fallen einfach um. Die Wachleute haben den Befehl, keinen zurückzulassen, erreichen aber

Ein Foto, das die den Deutschen eingeprägte Ikonographie der ostpreußischen Flucht widergibt. Auf Leiterwagen und im Schlitten, von Pferden gezogen, zu Fuß, nur ein Bündel des letzten Hab und Gut tragend, ziehen die Ostpreußen in einer Völkerwanderung aus der Heimat.

nichts, weder mit Worten noch mit Gewehrkolben."[115] Selbst im Chaos des Untergangs gehen die Kriegsverbrechen weiter.

Die deutsche 4. Armee geht in den letzten Tagen des Januar organisiert zurück und führt hartnäckige Nachhutgefechte. Ihre zurückweichenden Verbände beziehen ab dem 24. Januar den äußeren östlichen Ring der befestigten Zone Heilsberg und konzentrieren hier starke Reserven. Gauleiter Erich Koch meldet diesen nicht befohlenen Rückzug, Adolf Hitler enthebt den Oberbefehlshaber der Heeresgruppe Mitte, Generaloberst Georg-Hans Reinhardt, der Hoßbach deckt, seiner Funktion. Am 26. Januar wird den militärischen Verhältnissen an der Ostfront auch sprachlich Rechnung getragen. Die bisherige „Heeresgruppe Mitte" wird durch das Oberkommando der Wehrmacht in „Heeresgruppe Nord" umbenannt, die in Kurland stehenden Reste der Heeresgruppe Nord werden zur „Heeresgruppe Kurland". Die Truppen, die sich in Pommern verteidigten, fasst man zu einer „Heeresgruppe Weichsel" zusammen. Zu ihr gehören nun auch die meisten Teile der von Ostpreußen abgedrängten 2. Armee. Sie besteht jetzt noch aus 14 Infanteriedivisionen, einer Panzerdivision, zwei Brigaden und einer Kampfgruppe. Alle diese Einheiten haben schwerste Verluste erlitten.[116] Die neue „Heeresgruppe Nord", bestehend aus der 3. Panzerarme, der 4. Armee sowie aus acht Divisionen der 2. Armee[117], ist von den Landverbindungen in das übrige Reichsgebiet abgeschnitten.

Hoßbach hat erkannt, dass Ostpreußen nicht zu halten ist und will mit seinen noch 300 000 Mann und den Resten der 3. Panzerarmee aus dem Kessel in Richtung Elbing ausbrechen. Ein solcher Ausbruch hätte günstigstenfalls militärisch gelingen können; niemals aber wären die Hunderttausende verängstiger Frauen, Kinder und alten Männer bei Temperaturen von minus 20 Grad auf verschneiten Wegen unter Feinddruck im Gefolge der ausbrechenden Wehrmacht über die Weichsel entkommen. Hoßbach hätte sie vermutlich angesichts eines militärischen Ziels ihrem Schicksal überlassen. Die Vorbereitungszeit zum Ausbruch der 4. Armee ist zudem äußerst kurz bemessen. An vielen Stellen erhalten die Bürgermeister den Räumungsbefehl für ihre Orte erst zur gleichen Zeit wie die Truppen den Rückzugsbefehl. Auch nach der Absetzung des Oberkommandierenden der Heeresgruppe Nord, Reinhardt, wird der Durchbruchsversuch nicht aufgegeben. [118] Für den Ausbruchbeginn ist die Nacht vom 26. auf den 27. Januar festgelegt worden. Den Durchbruch sollen sechs Infanteriedivisionen, eine motorisierte und eine Panzerdivision erzwingen, die noch relativ intakt geblieben sind. Für die Sowjets überraschend gehen sie in der Nacht zum 27. Januar nach einer kurzen, aber intensiven Artillerievorbereitung zum Angriff über. Zwei Infanteriedivisionen, die motorisierte und die Panzerdivision, führen einen Stoß aus dem Raum Wormditt, zwei weitere Divisionen aus dem Raum Mehlsack und zwei aus dem Raum Braunsberg in südwestlicher Richtung.[119]

Am 27. Januar 1945 ist der Artillerieoffizier Alexander Solschenizyn mit seinem Regiment der schweren Artillerie bis nach Adlig Schwenkitten bei Liebstadt gelangt. Der schnelle Vormarsch hat dazu geführt, dass es hier im Kreis Heilsberg keine klaren Fronten gibt. Das sowjetische Artillerieregiment ist vor die eigene Infanterie geraten, und so sind die im Nahkampf kampfunerfahrenen Artilleristen der vorgeschobenen Schallmessbatterie Solschenizyns fast wehrlos, als sie in der Nacht in den deutschen Ausbruchsversuch geraten. Die angreifenden Soldaten in Wehrmachtsuniform sind nach Solschenizyns Angaben Russen, die mit den Deutschen kollaborieren und nichts mehr fürchten als ihre ehemaligen Kameraden. Solschenizyn kehrt im Moment des Angriffs in seine Stellung zurück. Er sieht, wie sich die angreifenden russischen Hilfstruppen der Wehrmacht in Tarnmänteln im Morgengrauen „auf dem Schnee zusammenrotteten, dann plötzlich aufsprangen, mit Hurra gegen die Feuerstellung der 152-Millimeter-Division bei Adlig Schwenkitten losstürmten und die zwölf schweren Geschütze, ehe sie einen einzigen Schuß abgeben konnten, mit Handgranaten außer Gefecht setzten. Von ihren Leuchtkugeln begleitet, floh unser letztes Häuflein drei Kilometer weit über weglose Schneefelder bis zur Brücke über den schmalen Passarge-Fluß.“[120] Das Chaos des Rückzugs wird von Solschenizyns Vorgesetzten später in einen heroischen Widerstand umgedeutet; für das Herausführen seiner eingekesselten Batterie am 27. Januar 1945 bei Liebstadt schlagen seine Vorgesetzten den späteren Nobelpreisträger für die Verleihung des Rotbannerordens vor. Doch am 9. Februar wird Solschenizyn direkt an der Feuerlinie bei Wormditt von

Offizieren des militärischen Nachrichtendienstes der Sowjetunion verhaftet. Grund ist eine kritische Äußerung über Josef Stalin in einem Brief an einen Freund. Solschenizyns Weg in die sowjetischen Arbeitslager beginnt in Ostpreußen.

Am Abend des 27. Januar ist es der 4. Armee gelungen, die Front der sowjetischen 48. Armee zu durchbrechen. Sie ist 10 bis 20 km nach Westen vorgestoßen und hat das am 23. Januar an die Sowjets verlorene Liebstadt im Kreis Mohrungen wieder besetzt. Die sowjetische 17. Schützendivision wird eingeschlossen, wehrt aber alle Angriffe ab. Zurückgeschlagen wird ein Entlastungsangriff der deutschen 2. Armee, die aus dem Raum Elbing der 4. Armee zu Hilfe kommt. Vom 28. bis 30. Januar setzt die deutsche 4. Armee ihren Versuch fort, nach Marienburg durchzubrechen. Nach zahlreichen Angriffen besetzt sie Mühlhausen im Kreis Preußisch Holland und auch die Kreisstadt selbst und dringt 30 km tief in die Verteidigung der 48. Armee ein. Nur 10 km liegen jetzt noch zwischen der Spitze der deutschen Stoßgruppierung und Elbing.[121] Von Allenstein bis ans Frische Haff errichtet die 2. Weißrussische Front nun eine starke Auffanglinie. Die sowjetischen Divisionen gehen entschlossen zum Gegenangriff über und zwingen die 4. Armee am 30. Januar, ihren Durchbruchversuch einzustellen. Daraufhin enthebt, auf Veranlassung von Gauleiter Erich Koch, Hitler auch den Oberbefehlshaber der 4. Armee, General Hoßbach, seiner Funktion und setzt den General der Infanterie Friedrich-Wilhelm Müller als dessen Nachfolger ein.[122]

Ernst-August Brenneisen unternimmt Ende Januar mit Hilfe seines Schwagers verschiedene Versuche, ein Fuhrwerk für die Flucht mit Schwägerin und Tochter zu bekommen. Am 29. Januar 1945 muss Ludwigsort, der Wohnort der Schwägerin, geräumt werden. Bei einem Bauern sammeln sich alle Bewohner des Dorfes. „Da die Bauersleute sehr fromm waren, knieten alle nieder und beteten und beteten. Stunden vergingen, bevor wir endlich starteten. Die Panzer hörte man schon ganz in der Nähe."[123] Ein Fuhrwerk, mit dem Brenneisen Heiligenbeil erreicht hat, wird ihm wieder abgenommen. In Ludwigsort organisiert Ernst-August Brenneisens Schwager Konrad für seine Frau Ida, Brenneisen und dessen Tochter Irmhild eine neue Fahrgelegenheit. Auf einem von seinen Besitzern schon verlassenen Hof findet er zwei Kutschpferde. Der Schwager treibt noch einen Schreiner auf, der ihm auf einen vorgefundenen Wagen aus Sperrholz ein Dach zimmert.[124] Der Schwager bleibt in Ostpreußen zurück.[125] Brenneisen fährt über das schon mürbe Eis. Bei Narmel soll Brenneisens Wagen auf die Frische Nehrung fahren. „Aber was war das? Eine riesige Schlange aus Flüchtlingswagen reichte von einem Ufer zum anderen. Ich war so geschockt, daß wir mit unserem Wagen erst einmal stehen blieben, um zu beraten; denn bis wir zum Auffahren auf die Nehrung kommen könnten, wäre wohl die ganze Nacht vergangen. Es war mir einfach zu gefährlich, so lange auf dem Eis zu bleiben." Brenneisen überlegt, ob er nicht an einer anderen Stelle an Land gehen kann. „Der Kutschwagen wird alle zehn Minuten ein Stück weiter gefahren, damit wir nicht einbrachen; denn man sah eine Delle im Eis, wenn man länger stehen blieb.“ Brenneisen läuft am Ufer des Haffs entlang und sucht eine geeignete Stelle. „Die Nehrung war an der Haffseite bewaldet, was auch Probleme aufwarf wegen unseres Wagens. Endlich fand ich eine geeignete Stelle. Sofort tauchte ein neues Problem auf: 10 m vom Ufer entfernt war eine 10 cm breite Spalte im Eis. Falls ein Pferd da hineintritt, würde es sich das Bein brechen. Es blieb mir keine andere Wahl, ich mußte es versuchen! Unsere Pferde waren noch sehr kräftig, und so bin ich wieder auf den Wagen gestiegen, habe die Leine fest angezogen und die Peitsche locker in der Hand gehalten. Die Pferde bogen die Hälse, als wären sie vor dem Kutschwagen. Es gelang mir, den Spalt zu überwinden. Kurz vor dem Ufer blieb ich wieder stehen, um die Pferde zu beruhigen. Dann faßte ich mir ein Herz, die Nehrung hochzufahren. Man mußte gut aufpassen, um den Wagen heil zwischen den Bäumen hindurch zu balancieren. Es gelang uns, die Nehrung zu erklimmen.“ Brenneisen fährt mit dem Wagen fast bis zur Nehrungsstraße hinauf. Es ist mittlerweile der Abend des 8. Februar. „Uns fiel ein Stein vom Herzen, daß wir das Eis hinter uns gelassen hatten.“[126]

Ernst-August Brenneisen gelangt in fünf Tagen zur Weichselfähre bei Bohnsack. Fast zwei Tage und zwei Nächte wartet er hier, die Pferde mit Steppdecken gegen Schnee und Regen geschützt. Am 15. Februar wird er übergesetzt. Immer sechs Wagen können auf die Fähre fahren. „Am anderen Mündungsarm der Weichsel ging das Übersetzen dann viel schneller. Damit waren wir dem Kessel Ostpreußen entkommen und freuten uns sehr. Daß wir aber gleichzeitig in den Pommernkessel hineinfuhren, ahnten wir damals noch nicht.“ Obwohl die Pferde erkrankt sind, gelangt er zu seiner Frau nach Mützenow in Pommern. In Pommern aber ist die Flucht zu Ende. Die Familie gerät hier beim Vormarsch der Roten Armee hinter die Front.

Hermann Lohmann aus Deutsch Evern gehört der „Panzer-Division Hermann Göring“ an, die im Februar 1945 immer weiter in Richtung Frisches Haff und Ostsee zurückgedrängt wird. „Ich kann mich daran erinnern, dass wir im Bereich Ludwigsort lagen und uns dort aus Baumstämmen einen Bunker gebaut haben. In diesem Bunker bekamen wir alle vorbeugend eine Tetanusspritze gegen Wundstarrkrampf.“ Vom Haffufer aus sieht Hermann Lohmann die letzten Elendszüge der Flüchtlingstrecks über das trügerische Eis des Frischen Haffs ziehen. „Jeden Tag und auch nachts kamen russische Flugzeuge und warfen Bomben auf die Zivilbevölkerung und beschossen sie mit Bordwaffen. Auf dem Eis waren die Menschen den Angriffen schutzlos ausgeliefert. Das Eis war übersät mit toten Menschen, toten Pferden, zerbombten Fluchtwagen und verstreutem Hausrat. Es war ein furchtbarer Anblick. Irgendwann im März 1945 taute das Eis auf dem Haff plötzlich auf und eines Morgens war das ganze schreckliche Elend verschwunden. Die Fluten des Haffs deckten es ‚gnädig‘ zu. Das Wasser des Haffs vermittelte fast einen friedlichen Anblick. Wenn wir nicht mit Grauen hätten daran denken müssen, was darunter verborgen war.“[127]

In vielen Berichten vom Untergang Ostpreußens wird dem hinhaltenden Widerstand der Wehrmacht ein Verdienst am Gelingen der Flucht Tausender Menschen zugesprochen; dieser Widerstand sei die Voraussetzung für das Überleben hunderttausender ostpreußischer Zivilisten gewesen. Der bis zu seinem Tod im Jahr 1993 in Oldenburg lehrende Historiker Erhard Lucas-Busemann hat sich in dem Buch *So fielen Königsberg und Breslau* fast 50 Jahre nach dem Ende des Zweiten Weltkriegs mit der Rolle der Wehrmacht im Kampf in Ostpreußen beschäftigt. In seinem *Nachdenken über eine Katastrophe* wendet er sich gegen die unter anderem von dem Historiker Andreas Hillgruber vertretende Auffassung, die Wehrmacht hätte an der Ostfront im Interesse des Schutzes der Zivilbevölkerung „vor den Racheorgieen der Roten Armee, den Massenvergewaltigungen, den willkürlichen Morden und den wahllosen Deportationen“ [128] keine andere Wahl gehabt, als bis zum bitteren Ende durchzuhalten. Für Lucas-Busemann sind die vermeintlichen Aufopferungstaten der Wehrmacht nach Sichtung der zugänglichen Quellen „und in Anbetracht der unbestreitbaren historischen Fakten eine Legendenbildung“[129]. Er ist – wie unter anderen auch der Slawist Bernhard Fisch – der Meinung, der fanatische Widerstand der deutschen Soldaten angesichts einer sicheren Niederlage, der Hunderttausenden Rotarmisten das Leben gekostet hat, hätte die Kriegsgräuel und Verbrechen der sowjetischen Truppen mit provoziert.

Bis Anfang Februar 1945 haben weder Rote Armee noch Wehrmacht ihre Operationsziele in Ostpreußen realisieren können. Die gegen das nordöstlichste Reichsgebiet eingesetzten sowjetischen Truppen bringen der 3. Panzerarmee, der 4. Armee und der 2. Armee zwar eine schwere Niederlage bei. Allein die Truppen der 2. Weißrussischen Front befreien 67 765 Häftlinge, Zwangsarbeiter und Kriegsgefangene aus vielen europäischen Ländern.[130] Aber es gelingt ihnen nicht, alle gesetzten Ziele zu erreichen. Die deutschen Armeen in Ostpreußen sind geschlagen, aber nicht zerschlagen. Sie haben unter schweren, verlustreichen Kämpfen große Teile der Provinz aufgeben müssen, halten aber zu Beginn des Februar 1945 noch das Gebiet um Königsberg und Teile des Samlandes mit dem lebenswichtigen Seehafen Pillau. Es gelingt für einige Wochen, die Angreifer vor Königsberg zum Stehen zu bringen. Der Widerstand der 4. Armee vor Heilsberg deckt die Zugänge südlich und westlich nach Königsberg. Am 28. Januar wird der Befehlshaber im Wehrkreis 1, der General der Infanterie Otto Lasch, zum Kommandanten der Festung Königsberg ernannt.[131]

Für die Rote Armee wird es zunehmend schwierig, ihre Fronten ausreichend mit Nachschub zu versorgen. Die vielen Durchbruchkämpfe und ein Vormarsch von 150 bis 200 km durch hartnäckig verteidigtes Territorium führen zu einem hohen Verbrauch an Munition, Treibstoff und anderem Kriegsmaterial. Bis zum 10. Februar 1945 hat die 3. Weißrussische Front 3 400 Eisenbahnwaggons Munition verschossen. Der tägliche Bedarf der Front an Vergaserkraftstoff übersteigt 1 100 t. Probleme mit dem Nachschub und die hohen Verluste sind die Hauptursachen für das Nachlassen des sowjetischen Angriffstempos im Februar 1945 und der sich bis Ende April hinziehenden langwierigen Kämpfe.[132] Zwischen dem 14. Januar und dem 10. Februar

1945 verzeichnet die 2. Weißrussische Front im Tagesschnitt fast 5700 Mann an Toten und Verwundeten, bei der 3. Weißrussische Front sind es etwa 4000 Mann. Damit sind die Kämpfe in Ostpreußen für die Rote Armee verlustreicher als für die 1. Weißrussische Front des Marschalls Schukow, die durch Schlesien, die Grenzmark und die Neumark in Richtung Berlin vorgeht – im gleichen Zeitraum verliert Schukow täglich knapp 3400 Mann.[133] Nach sowjetischen Quellen werden von der 2. und der 3. Weißrussischen Front 51867 deutsche Soldaten und Offiziere gefangen genommen. Die deutschen Verluste an Toten und Verwundeten sind noch deutlich höher als die Gefangenenzahlen.[134]

Am 31. Januar schreibt Pfarrer Gerhard Fittkau einen letzten Brief aus Süßenberg. Er hat sich entschieden, bei den Mitgliedern seiner Gemeinde zu bleiben, die nicht fliehen wollen und können. „Die Hauptkampflinie nähert sich unserem Dorfe und wird morgen oder übermorgen über uns hinweggehen. (...) Ich bleibe selbstverständlich bei meiner Gemeinde, die auch hier bleiben muss. Ich habe gesegnete Tage gehabt: Die Ernte ist groß und reif."[135] An den Tagen zuvor hat die Wehrmacht einen Abwehrerfolg beim nahen Städtchen Seeburg errungen. Einige Dorfbewohner sind deshalb wieder zuversichtlich. „Aber wer fort konnte, verschwand jetzt. Nur unsere großen Familien warteten immer noch vergebens auf die Rückkehr ihrer Väter. Stattdessen tauchten neue fragwürdige Gestalten auf, die in den Scheunen übernachteten und deren Schneespuren in die Wälder führten: sowjetische Partisanen, Deserteure, ehemalige Kriegsgefangene, die sich rechtzeitig absetzten; unheimliche Vorboten der unaufhaltsam anrückenden Roten Armee."[136] Am 1. Februar 1945 erreicht die Front Süßenberg. Der Anblick der Chaussee von Süßenberg nach Heilsberg in dem Moment, in dem die letzten Trecks und Wehrmachtskolonnen durchgezogen sind, ist Gerhard Fittkau unvergesslich. Es ist ein Anblick im Vakuum der Macht. „Über dem verlassenen Weg lastete eine unheimliche Stille. Beiderseits der aufgewühlten Straße lagen zurückgelassene Waffen, Wehrmachtsfahrzeuge, umgekippte Schlitten, Betten, Speckseiten, verstreuter Hausrat und Pferdeleichen. Mitten im Schlamm und Schmutz lag ein flachgewalztes altes Wegekreuz, das offenbar vor einem schweren Fahrzeug umgerissen worden war. Wo noch bis vor einigen Stunden ein endloser Elendszug von Verzweifelten nach dem letzten noch passierbaren Flussübergang über die Alle vorwärtsgehastet war, begegneten wir jetzt keinem Menschen mehr."[137]

Bei Anbruch der Dämmerung am 1. Februar erstirbt in Süßenberg das den ganzen Tag heftig hämmernde Artilleriefeuer. Das Dorf liegt zwischen den Fronten. Fittkau hält sich mit anderen in der Küche eines Bauernhauses auf. Er hofft, durch seine Anwesenheit die Frauen schützen zu können. Der Hof liegt in einer Mulde zwischen zwei Anhöhen, von denen sich Deutsche und Sowjets beschießen: „Kleine Gruppen gehetzter Soldaten irrten über die Feld wie verwundete Tiere. Gegen Mitternacht kamen einige von ihnen völlig durchnässt vom tauenden Schnee zu uns und baten um etwas zu essen."[138] Kurze Zeit später sind die ersten sowjetischen Soldaten da.

Im Heiligenbeiler Kessel

Der Ausbruchversuch der 4. Armee bei Preußisch Holland ist gescheitert. Der Armee unter General Friedrich-Wilhelm Müller wird befohlen, sich zu verteidigen, wo sie steht. Ihre sieben Armee-Korps igeln sich daraufhin mit dem Rücken zum Frischen Haff im Raum Braunsberg–Wormditt–Heilsberg–Bartenstein–Domnau–Brandenburg (Opr.) ein.[139] Dieses Gebiet wird zum „Heiligenbeiler Kessel".

Im Raum Zinten östlich von Heiligenbeil liegt als Teil der 4. Armee Ende Januar 1945 das Fallschirmspringer-Panzerkorps Hermann Göring. In seinem Frontabschnitt greift die sowjetische Armee in den letzten Januartagen an. Schon am 29. Januar unterbrechen sowjetische Panzer der 11. Gardearmee aus dem Raum nordwestlich von Tharau nach Kobbelbude vorstoßend die Autobahnverbindung Elbing–Königsberg. Nördlich der Mündung des Flusses Frisching erreichen sie das Haff und schneiden damit Königsberg vom Gebiet des Kessels ab. Die sowjetischen Armeen haben nach der Einkreisung Königsbergs die Wehrmacht in drei voneinander isolierte Gruppen im Samland, im Raum Königsberg und in der Gegend um Heiligenbeil aufgespalten. Das deutsche Fallschirmspringer-Panzerkorps kämpft, aus dem Raum Brandenburg südlich Königsbergs anrückend, ab dem 6. Februar wieder eine schmale Verbindung längs des Haffufers frei, aus Königsberg kommt ihm die 3. Panzerdivision entgegen. Bis etwa zum 14. März wird der schmale Korridor nach Königsberg verteidigt. Immer wieder versuchen die Sowjets, diese Verbindung zu durchstoßen. Wochenlang toben hier erbitterte Kämpfe.

Mitte Februar wird die vorbereitete Überschwemmung der Huntau, der Landschaft südlich der Frischingmündung in das Haff, ausgelöst und verhindert sowjetische Vorstöße mit Panzern und schwerer Artillerie von Nordwesten.[140] Pioniere bauen längs des Haffs eine Behelfsstraße. Die „Haffstraße" führt fast unmittelbar am Ufer entlang. Da sowjetischen Truppen an manchen Stellen nur 500 m von ihr entfernt stehen, kann sie schließlich nur nachts unter großen Gefahren benutzt werden. Jedes Fahrgeräusch wird mit einem sowjetischen Granatwerfer-Überfall beantwortet.[141]

Am 9. Februar befiehlt das sowjetische Oberkommando der 3. Weißrussischen Front, die deutsche 4. Armee bis zum 20. Februar, spätestens dem 1. März zu zerschlagen. Das Wetter behindert die sowjetischen Angriffe. Seit den ersten Februartagen herrschen Temperaturen von minus 15 bis minus 20 Grad. Schneestürme und Schneefälle setzen ein, die Schneedecke ist bis zu einem halben Meter hoch. Mitte Februar folgen auf Frost und Schnee Unwetter. Schnee vermischt sich mit Regen und macht die Landstraßen unpassierbar.[142]

Bei den zermürbenden Kämpfen um jeden Meter nehmen im Heiligenbeiler Kessel die Gefechtsstärken der deutschen Verbände schnell ab. Der Raum zwischen Front und Haff verengt sich Tag für Tag; er füllt sich mit wegen Treibstoffmangel bewegungsunfähigen Fahrzeugen aller Art. Die Soldaten an der Front werden kaum noch abgelöst, sie hocken nicht mehr in Gräben, sondern bei Frost, Schnee und später auch Regen allein oder zu zweit in Schützenlöchern. Übermüdet und oft völlig apathisch, versagen selbst kriegserfahrenen Männern die Nerven. Vielfach wird ohne Befehl zurückgegangen. Es kommt vor, dass Infanteristen in ihrem Loch einschlafen; sie verpassen den Zeitpunkt des befohlenen Zurückgehens und fallen den vorgehenden Sowjets in die Hände.[143]

Der NSDAP-Kreisvorsitzende von Treuburg (Oletzko), Walter Tubenthal, ist aus dem Volkssturm ausgeschieden und als Offizier des Ersten Weltkriegs wieder in seinem alten Rang in die Wehrmacht eingegliedert worden. Er soll jetzt dafür sorgen, dass die Flüchtlinge aus dem immer mehr schrumpfenden Kessel abziehen. „Hinter der Korpslinie in einer Tiefe von etwa 40 km im Raume von Heiligenbeil befanden sich noch etwa 50 000 Menschen mit ihren Treckfahrzeugen. Sie biwackierten in Wäldern und an geschützten Plätzen und weigerten sich, weiterzuziehen. Sie verzögerten immer wieder den Abmarsch, weil sie sich wie Ertrinkende an den letzten Strohhalm klammerten, weil sie es nicht wahrhaben wollten, daß die Provinz verloren war."[144] Es geht das Gerücht, die letzten Eisstraßen über das Haff bei Alt-Passarge, Neu-Passarge und Leyssuhnen seien gesperrt. Häufig, aber nicht immer gelingt es, die biwakierenden Trecks wieder in Marsch zu setzen.

Anfang März 1945 ist der Heiligenbeiler Kessel zu einem flachen Bogen von 50 km Breite mit einer schmalen Landverbindung nach Königsberg und einer Tiefe von 20 km in der Mitte zusammengedrückt. Vier Wochen lang wird verlustreich um diesen schmalen Streifen Ostpreußen gekämpft.[145] Die Hauptgruppierung der Wehrmacht in Ostpreußen ist stark angeschlagen. Sie besteht aber immer noch. Noch führt kein Weg an ihr vorbei nach Königsberg und zum Samland.[146]

Die deutsche biographische Militärgeschichtsschreibung singt vielfach das Heldenlied der in Ostpreußen untergehenden 3. Panzer-Armee und 4. Armee. Der 1922 geborene Iring Fetscher ist Oberleutnant beim in Potsdam aufgestellten 23. Artillerie-Regiment. Im Februar 1945 ist sein Regiment mit der 23. Infanteriedivision der 4. Armee unterstellt. Es kämpft im Heiligenbeiler Kessel.[147] Fetscher, später einer der wichtigsten Politikwissenschaftler in der Bundesrepublik Deutschland, erlebt in den letzten Wochen und Tagen im Kessel von Heiligenbeil Szenen, wie er sie in den fünf Jahren zuvor nicht gesehen hat. Gefallene werden von den Kameraden nicht mehr begraben[148], eine ganze Infanterieeinheit unter Führung ihres Leutnants läuft zur Roten Armee über. „Es handelte sich, wie ich später erfuhr, um Angehörige eines ostpreußischen Regiments. Man hätte annehmen können, dass dessen Soldaten jetzt, da es um die Verteidigung ihres engeren Vaterlandes ging, erst recht todesmutig kämpfen würden, aber als die unvermeidliche Enttäuschung erkennbar geworden war, wie lange die Nazi-Propaganda sie belogen hatte, war ihr Kampfwille zusammengebrochen."[149] Die im Heiligenbeiler Kessel kämpfenden deutschen Soldaten erhalten im März 1945 noch ordnungsgemäß ihren Sold ausgezahlt.

Ein Flüchtlingstreck mit versprengten Wehrmachtsoldaten im Raum von Braunsberg auf einer Landstraße durch einen Wald, wahrscheinlich Mitte März 1945. Im März ist das Eis des nahen Haffes brüchig geworden und viele schrecken vor den Gefahren der Überfahrt zurück.

Zu diesem Zweck verschafft sich – „mit einem gewissen Druck", wie sich der damalige Sparkassendirektor erinnert – die Wehrmachtshauptkasse Einlass in den Tresorraum der Kreissparkasse Heiligenbeil, um dort ihre Bargeldbestände sicher unterbringen zu können. Am 7. März 1945 wird der Räumungsbefehl für die Stadt Heiligenbeil gegeben. Das Gebäude der Kreissparkasse ist da schon ein Lazarett. Der Sparkassendirektor und seine letzte Mitarbeiterin stellen an diesem Tag einen baren Kassenbestand von über 400 000 RM fest. Mit Zustimmung des Landrats wird das Papiergeld in Höhe von 394 000 RM in einen Pappkarton sowie in einen von der Wehrmachtshauptkasse überlassenen Geldbeutel verpackt und am 28. März beim Abtransport über das Haff nach Pillau hinübergerettet. Das Hartgeld in Höhe von 11 000 RM bleibt im Tresor. In Pillau übergibt der flüchtende Sparkassendirektor die Heiligenbeiler Bargeldbestände gegen Empfangsbescheinigung der dortigen Stadtkasse.[150] Die Heiligenbeiler Zeitung erscheint trotz Artillerie- und Fliegerbeschuss ihrer Druckerei bis zum 18. März 1945, bis kurz vor dem Fall der Stadt.[151] Auch die Reichsbahnbeamten versehen im Kessel weiter ihren Dienst. Vom kleinen Haffhafen Rosenberg schaffen sie große Mengen Munition bis zum Bahnhof Heiligenbeil. Von dort wird sie auf der einzigen noch erhaltenen Eisenbahnstrecke nach Zinten an die Front befördert. Auf der Rückfahrt nehmen die Züge Verwundete von den Schlachtfeldern bei Zinten, Guttstadt und Wormditt auf und bringen sie in die Heiligenbeiler

Lazarette. Bis zum 20. März haben die Reichsbahner über 5000 Verwundete nach Heiligenbeil transportiert.[152]

Zwischen dem 22. Januar und dem 22. Februar 1945 sterben in den Heiligenbeiler Lazaretten täglich etwa 50 Zivilisten und etwa 150 Soldaten. Sie werden auf dem Neuen Friedhof beigesetzt. Eine ganze Kompanie ist damit beschäftigt, lange Gräber für die Leichen auszuheben. Am 13. März beginnt die 3. Weißrussische Front den Generalangriff gegen den Kessel. In der zweiten Märzhälfte haben sich in den Lazaretten der Stadt so viele Verwundete angesammelt, dass sie nicht mehr versorgt werden können. Der Heiligenbeiler Kreisbaumeister Knoll wird im Heimatbuch mit dem Hinweis zitiert, „dass der Oberfeldarzt im Einvernehmen mit dem Oberkommando bei den Russen für zwei Nächte je zwei Stunden Waffenruhe erwirkte (vom 21./22. und 22./23. März)." Diese Zeit soll nicht ausgereicht haben, alle Verwundeten nach Rosenberg und weiter nach Pillau zu bringen.[153]

Ende Februar beginnt die Eisdecke des Haffs zu schmelzen und setzt der Massenflucht ein Ende. Die überwiegende Zahl der Menschen, die sich in den Monaten Januar und Februar südlich des Haffs zusammengedrängt hat, ist aber über das Eis entkommen. Ihre Zahl wird vom Bundesministerium für Vertriebene, Flüchtlinge und Kriegsbeschädigte später mit knapp einer halben Million errechnet.

Während des sowjetischen Durchbruchs bei der Heeresgruppe Mitte im Sommer 1944 hat deren General der Pioniere Hubertus-Maria Ritter von Heigl in Peitschenhof Kreis Sensburg erhebliche Mengen von Brückengerät und Treibstoff für etwa notwendige Weichselübergänge einlagern lassen. Beim Rückzug wird dieses Pionierbrücken- und Baugerät an das Haff geschafft. Pontons für 62 Fähren, 52 stark motorisierte Sturmboote, 15 Motorboote und 250 Schlauchboote, in der Wehrmacht „Floßsäcke" genannt, stehen im März für den Übergang über das vom Eis befreite Haff und über das Pillauer Tief zur Verfügung. Zudem setzt die Kriegsmarine acht bis zehn große Fährenprähme mit einer Tragfähigkeit von 140 t oder jeweils je 200 Mann ein. Den Transport über das Pillauer Tief bewältigten die „Seeschlangen", von Schleppern gezogenen Züge von Pioniergerät aller Art. Mit ihnen werden jeweils 600 bis 700 Verwundete auf die Nehrung und dann über das Tief nach Pillau geschleppt. Auf diese Weise werden im März und April 1945 Hunderttausende befördert. Allein mit den Seeschlangen sollen zwischen 200000 und 300000 Menschen übergesetzt haben.[154]

In den hohen und steilen Haffufern westlich des Hafens Rosenberg und bei der Halbinsel Balga haben sich Tausende von versprengten und verwundeten Wehrmachtssoldaten auf eigene Faust eingegraben. Sie haben das Kämpfen aufgegeben und versuchen, irgendwie auf die Nehrung zu gelangen. [155] Vor allem bei zersprengten Einheiten und oft kampfungewohnten Soldaten des letzten Aufgebots und der Etappe greift zunehmend Disziplinlosigkeit um sich. Die Divisionsgeschichte der 21. Infanteriedivision: „Die Reste der noch verantwortungsbewußt geführten Teile, zu denen sich Soldaten der verschiedensten Einheiten gesellen, schließen sich eng zusammen und bleiben auch in den letzten Riegelstellungen weiter am Feind. Die erfahrenen Soldaten wissen, daß sie dort noch einen gewissen Einfluß auf den Ablauf des Geschehens haben, während am scheinbar rettungverheißenden Strand zwischen Rosenberg und Balga das von Panik durchwehte Chaos wütet, das den einzelnen erbarmungslos verschluckt."[156]

Mitte März 1944 verfügt die 4. Armee noch über etwa 150 000 einsatzfähige Männer. Am 20. März gestattet das Oberkommando der Wehrmacht die Evakuierung ihrer Reste in das Samland.[157] Am 24. und 25. März 1945 dringen die sowjetischen Truppen von Heiligenbeil bis nach Rosenberg vor. Sie besetzen die Haffküste bis nach Follendorf, der Küstenstreifen von Balga bis Kahlholz bleibt zunächst noch in deutscher Hand. Die Zerstörung des Ortes Balga beginnt am Nachmittag des 24. März 1945. Hermann Lohmann: „Durch den Beschuss mit Brandgranaten und Phosphorbomben gerieten alle Gebäude in Brand, den der starke Weststurm zu einer Riesenfeuersbrunst anfachte. Was noch stehen blieb, wurde am 25. März 1945 durch Flieger- und Artilleriebeschuss vernichtet."[158]

Das SowInformBüro, der Nachrichtendienst der Sowjetunion meldet am 25. März 1945, dass Truppen der 3. Weißrussischen Front in erfolgreichen Kämpfen zur Liquidierung der Gruppierung des Gegners an der Küste des Frischen Haffs voranschreiten und die Stadt Heiligenbeil erreicht haben. „Häuserblock um Häuserblock von den Hitleristen säubernd, rückten unsere Verbände heute an den nördlichen Stadtrand vor, womit sie Heiligenbeil vollends eingenommen haben. Dies war der letzte Verteidigungsstützpunkt der Deutschen an der Küste des Frischen Haffs."[159] Einen Tag später, am 26. März 1945, verkündet das SowInformBüro, südwestlich von Königsberg hätten die Truppen der 3. Weißrussischen Front die Liquidierung der an das Frische Haff zurückgedrängten „Gruppierung des Gegners" beendet. „Den Erfolg ausbauend, besetzten unsere Verbände den Hafen Rosenberg und verdrängten die Deutschen auf eine kleine sumpfige Landzunge." Die Soldaten und Offiziere der zerschlagenen deutschen Einheiten gäben den Widerstand auf und würden die Waffen strecken.[160] Der Stab der 4. deutschen Armee wird am 25. März nach Pillau evakuiert. Am 26. März beginnen die Reste der 4. Armee mit dem endgültigen Rückzug aus dem Heiligenbeiler Kessel. Zuerst werden die vielen Verwundeten aus den Heiligenbeiler Lazaretten auf die Nehrung und von dort weiter nach Pillau gebracht. Es folgt, was von den einzelnen Divisionen noch übrig ist. Die Soldaten sollen nur Pistolen, Karabiner und einzelne Maschinengewehre mitnehmen.

Am 26. März schweigt die sowjetische Artillerie. Dafür greifen den ganzen Tag über Bomberverbände die letzten deutschen Stellungen an und verwandeln das Gelände in eine Kraterlandschaft. „Als der Abend nahte, gab es keine organisierte Abwehr mehr. Es gab keine Einheit, nur noch Überlebende, die versuchten, ein Deckungsloch zu finden oder zu graben. Mit der Dunkelheit kamen die Nachtflugzeuge, die Rollbahnkrähen, wie sie genannt wurden und belegten mit gut gezielten

Bomben die Haffküste. Als ich mein Deckungsloch westlich von Gr. Hoppenbruch verließ, um in Richtung Balga nach etwaigen Überlebenden der 14. Pionier-Kompanie HG zu suchen, rauscht eine Lawine von Granaten heran (Stalinorgel) und ließ die Erde wie bei einem Erdbeben erzittern." [161] Die Halbinsel Balga sei in diesen Tagen zum Massengrab geworden, berichtet Lohmann. „Die vielen Toten, sie wirkten wie Steine und niemand dachte an eine Bestattung"[162], erinnert sich Hermann Lohmann.

Lohmann gräbt sich ein Deckungsloch unmittelbar an der oberen Kante des Haffsteilufers. Am 25. März 1945 wird der 4. Armee der Rückzug auf die Nehrung gestattet. In der Nacht vom 27. auf den 28. März beginnen Lohmann und seine Kameraden das Absetzen. „Es herrschte totales Chaos am Strand. Der Russe schoss mit allem, was ihm an Artillerie und Stalinorgeln zur Verfügung stand, in die Menschenmassen am Strand hinein und auf die über das Haff mittels Booten und Flößen flüchtenden Soldaten. Verwundete schrien überall. Sie wurden kaum oder gar nicht mehr versorgt. Ich dachte in diesem furchtbaren nächtlichen Chaos nur: Hoffentlich wirst du nicht verwundet, hoffentlich bist du gleich tot, wenn es dich treffen sollte."[163]Die Evakuierung der 4. Armee verläuft chaotisch und ist mehr eine Eigeninitiative der um ihr Überleben kämpfenden Soldaten.

In einer sternklaren Neumondnacht, gespenstisch erleuchtet vom Feuer der Granateinschläge und der Brände am Haffufer, besteigt Lohmann mit neun weiteren Angehörigen seiner Division ein selbstgebautes Floß. Zwei Stunden, der Erschöpfung schon nahe, rudern die zehn Männer durch die dunkle Nacht. Dann naht Rettung. „Ein Seenotboot kam auf uns zu geschossen und nahm uns auf."[164]Am 28. März 1945 meldet das SowInformBüro, dass die Liquidierung des Kessels noch immer nicht abgeschlossen ist. „Deutsche Soldaten und Offiziere versuchen einzeln und in Gruppen, auf Kähnen, Flößen, Baumstämmen und in Fässern über das Haff auf die Frische Nehrung zu gelangen. Unsere Artilleristen und Piloten haben 24 Kähne sowie unzählige Boote und Flöße mit Hitleristen versenkt."[165] Am frühen Morgen des 29. März setzen noch 2 530 kampffähige Soldaten, 2 830 Verwundete und 3 300 „Hilfswillige" aus dem Heiligenbeiler Kessel über das Haff.[166] An diesem Tag herrscht dichter Nebel, der keinen Einsatz der sowjetischen Luftwaffe zulässt. Um 6.30 Uhr legt das letzte Schiff von der Küste ab.[167] Als auf die Nehrung verschlagener Königsberger Volkssturmmann erlebt Wilhelm Matull Ende März den Rückzug dieser letzten deutschen Truppen aus dem Kessel: „Erschütternd war es mitzuerleben, wie die Reste dieser Armee ankamen: auf Scheunentüren, Backtrögen, zusammengebundenen Benzinkanistern und anderen schwimmenden Untersätzen."[168]

Im täglichen Bericht zur „Lage an den Fronten" informiert das SowInformBüro am 29. März 1945 zum letzten Mal über das Geschehen im Kessel. „Die Truppen der 3. Weißrussischen Front beendeten heute die Liquidierung der südwestlich von Königsberg eingekesselten ostpreußischen Gruppierung deutscher Verbände."[169] Am 29. März 1945 wird auch die Innenstadt von Danzig durch die Rote Armee erobert.

Kriegsgräuel

Im Angesicht des Untergangs

In seinem Buch über Ost- und Westpreußen in der Reihe *Deutsche Geschichte im Osten Europas* schreibt der Historiker Hartmut Boockmann: „Trugen die Königsberger, die nun über die vereiste Ostsee flüchteten oder in den Monaten nach der Eroberung der Provinz durch die Rote Armee ein noch schrecklicheres Schicksal zu erdulden hatten, am Nationalsozialismus mehr Schuld als die Konstanzer?"[170] Der Historiker verneint die rhetorische Frage. Sie ist gleichwohl nach 1945 von manchem in Westdeutschland anders beantwortet worden. Das Glück der Konstanzer, Passauer, Trierer und Emdener ist aber allein die geographische Lage ihrer Heimat im Westen. Von dort kommen 1945 Amerikaner, Kanadier, Polen, Briten und Franzosen als Eroberer. „Die Geographie" macht Boockmann als den Katalysator für das schreckliche Drama des Untergangs seiner Heimat aus. Königsberg, Danzig, Schneidemühl und Breslau liegen im Osten. Aus dem Osten kommt die Rote Armee, die bei ihrem Eroberungszug schwerste Kriegsverbrechen begeht. Sie führt „das Schwert der Vergeltung" nicht nur gegen den Nationalsozialismus, seine Protagonisten und Anhänger, sondern gegen alle Deutschen, gegen Erwachsene und Kinder, „Arier" und „Juden", gegen Schuldige und Unschuldige. Der Vormarsch der Roten Armee bringt nur objektiv betrachtet die Befreiung. Für die Betroffenen ist er die Hölle.

Die große Mehrheit der Deutschen macht sich in den Jahren zwischen 1933 und 1945 an den Verbrechen des Nationalsozialismus mitschuldig. Nur wenige verlassen die Heimat, um nicht unter den Tätern zu leben. Noch weniger Deutsche können sich zu einem faktisch selbstmörderischen Widerstand entschließen; einige wenige helfen den Verfolgten, manchmal mit großen, oft nur mit kleinen Taten. Viele „Volksgenossen" machen bis zuletzt oder doch sehr lange mit. Andere schauen weg und ziehen sich in eine Art innere Emigration zurück. Dabei ist die terroristische Zwangsherrschaft der Nationalsozialisten, sind die Morde und Folterungen Unschuldiger bis zuletzt unübersehbar, auch in Ostpreußen. Und auch dort werden sie bis zuletzt fortgesetzt.

Am frühen Morgen des 27. Januar befindet sich der Wehrmachtssoldat Theodor Gehrenbach auf dem Weg von Fischhausen zu seiner Einheit bei Germau im Samland. Als er die Straße beim Gut Polennen erreicht, bemerkt er, dass eine Straßenseite und ebenso die Böschung voller Tote liegt. „Alle Opfer hatten Kopf- bzw. Genickschüsse. Ich begann zu zählen und stellte auf einer Strecke von mehreren hundert Metern 386 Tote fest. Die Toten waren beiderlei Geschlechts, einschließlich größerer Kinder. Sie trugen gestreifte dünne Sträflingsanzüge. Ihre einzige Habe bestand offenbar nur aus notdürftig zurechtgemachten Konservenbüchsen als Essgeschirr, die zum Teil auf dem Boden lag und teilweise noch in den verkrampften Händen gehalten wurde.

Am frühen Nachmittag erreichte ich meine Truppe. Ich erzählte dort auf der Schreibstube das entsetzliche Erlebnis.“ [171] Der Oberzahlmeister bedeutet dem Soldaten, über das Gesehene zu schweigen. Die Toten seien nur die Hälfte, etwa 400 Leichen lägen noch auf der Straße nach Palmnicken. Der Soldat Gehrenbach hat Zurückgebliebene eines Todesmarsches von KZ-Häftlingen von Königsberg nach Palmnicken gesehen. Mit 3000 Getöteten ist er das größte Massaker auf deutschem Boden.[172] Inmitten des Kriegschaos, das in diesen Tagen auch das Samland erreicht, ereignet sich ein Verbrechen, das zeigt, dass unter den Flüchtenden weiter die Mörder sind. „Das Schwert der Vergeltung“ der Roten Armee wird gegen Hunderttausende Unschuldige geführt. Aber auch gegen Verbrecher.

In Auschwitz werden im Herbst 1944 Tausende jüdischer Frauen im Alter von 16 bis 40 Jahren auf ihre Arbeitsfähigkeit untersucht. Die Selektion besteht aus einem Hundertmeterlauf der nackten Frauen. Wer diese Prüfung nicht besteht – zwei Drittel der weiblichen Häftlinge –, wird in den Gaskammern getötet. Die Selektierten werden in das KZ Stutthof bei Danzig überstellt. Am 10. September 1944 trifft der Gefangenentransport mit den arbeitsfähigen Frauen in dem westpreußischen Konzentrationslager ein.[173] Am 21. September 1944 erlässt der Kommandant von Stutthof, SS-Sturmbannführer Paul Werner Hoppe, einen „Sonderbefehl über die Einrichtung der Außenarbeitslager Gerdauen, Schippenbeil, Jesau, Heiligenbeil und Seerappen“. In jedem der fünf Lager sollen um die 1000 jüdische Häftlinge untergebracht werden. Die Frauen, die dort arbeiten, stammen aus Ungarn und Polen; zu ihnen stoßen noch einige hundert männliche jüdische Gefangene aus den im Baltikum aufgelösten Lagern. Neben dem Einsatz beim Bau von Stellungen und Unterständen werden die völlig entkräfteten Häftlinge auch bei Rodungsarbeiten für Feldflugplätze der Luftwaffe und im Straßenbau eingesetzt.[174]

Martin Bergau lebt 1945 als 16-jähriger, zum Volkssturm eingezogener Hitlerjunge in Palmnicken. Das Geschehen jener Tage wird ihn nie wieder loslassen. Obwohl es in den 1950er und 1960er Jahren Untersuchungen der bundesdeutschen Polizei- und Justizbehörden gibt, ist das Verbrechen fast vergessen, als er 1994 seine zunächst für die eigene Familie aufgeschriebenen Erinnerungen an die Vorgänge in einem Heidelberger Verlag veröffentlicht. Nun erhält das Verbrechen, das am 26. Januar 1945 mit dem Abmarsch der Häftlinge aus Königsberg beginnt, eine begrenzte Öffentlichkeit. Nach dem Erscheinen seines Buches *Der Junge von der Bernsteinküste* treffen bei dem Handwerksmeister immer neue Erlebnisberichte von Augenzeugen ein. Ihre Aussagen enthalten zwar Widersprüche, im Kern aber stimmen sie mit Bergaus Erinnerungen und Recherchen überein und addieren sich zum Gesamtbild eines nur schwer beschreibbaren Geschehens.[175]

In den USA liest die in Krakau geborene polnische Jüdin Maria Blitz am 31. Januar 2000 einen Artikel in der New York Times. In diesem Artikel ist von einem Todesmarsch in Ostpreußen die Rede, auf den der ehemalige Hitlerjunge Martin Bergau aus Palmnicken im Samland in Büchern und Artikeln aufmerksam macht. Maria Blitz ist eine der Überlebenden dieses Marsches. Nachdem sie im Krakauer Ghetto sowie in den Lagern Plaszow, Auschwitz und Stutthof inhaftiert war, kam sie im September 1944 in das Arbeitslager Steindorf nahe dem ostpreußischen Heiligenbeil. Nun erfährt sie aus einer US-Tageszeitung vom Schicksal ihrer damals mehr als 3000 jüdischen Mithäftlinge. Sie nimmt Kontakt zu Martin Bergau auf. Es folgt ein Briefwechsel zwischen der Überlebenden und dem ehemals begeisterten Hitlerjungen. Im Alter von 82 Jahren schreibt Maria Blitz zwischen Juli und Oktober 2000 mit Hilfe ihres Sohnes Leo ihre Lebensgeschichte unter dem Titel *My Holocaust* auf.[176]

Angesichts des Durchbruchs der Roten Armee evakuieren SS-Einheiten am 20./21. Januar 1945 in panischer Hast die ostpreußischen Außenkommandos von Stutthof.[177] Bei eisiger Kälte und Schneetreiben werden die Insassen der Außenlager in dürftiger Sommerbekleidung und nur mit Holzschuhen an den Füßen von der SS über die von Militär- und Flüchtlingsfahrzeugen verstopften winterlichen Straßen nach Königsberg getrieben. Vor dem Aufbruch erschießt die SS Kranke oder sprengt sie in ihren Baracken in die Luft. Wer unterwegs zurückbleibt, ist zum Tode verurteilt.[178] Am 21. Januar 1945 kommen ungefähr 3750 Häftlinge in Königsberg an. Die KZ-Häftlinge aus den ostpreußischen Außenlagern bringt man in der stillgelegten Waggonfabrik Steinfurt nahe dem Nordbahnhof, in der Bindfadenfabrik an der Reichsstraße 1 und in einer Kaserne im Stadtteil Ratshof unter. Zunächst wird eine „Desinfektion" durchgeführt. Bei einem Zählappell am 25. Januar 1945 registriert man in ganz Königsberg einschließlich der Neuankömmlinge um die 13000 KZ-Häftlinge. Über das weitere Schicksal der Mehrheit dieser Menschen liegen nur unzuverlässige Informationen vor. Etwa 5000 von ihnen, ganz überwiegend junge polnische, ukrainische und ungarische Frauen, treibt ein SS-Kommando am frühen Morgen des 26. Januar 1945 aus ihren Unterkünften. Sie sollen an die Bernsteinküste nach Palmnicken marschieren. Da es keinen Landweg mehr ins „Reich" gibt, planen SS und Gestapo, die Häftlinge lebend im Stollen der stillgelegten Grube Anna des Bernsteinwerkes einzumauern. Den Befehl zu diesem Todesmarsch gibt wahrscheinlich der Chef der Gestapoleitstelle Königsberg, der SS-Sturmbannführer Gormig. Das Endziel Palmnicken mit seinem Bernsteinbergwerk ist dem Gestapomann vom Chef der staatlichen Bernsteinmanufaktur in Königsberg, Gerhard Raasch, angeraten worden.[179]

Das SS-Kommando steht unter dem Befehl von SS-Oberscharführer Fritz Weber, dem letzten Kommandanten des Stutthofer Außenarbeitslagers in Königsberg. Die Begleitmannschaft kommandiert der SS-Unterscharführer Otto Knott. Sie besteht aus Angehörigen der Organisation Todt, die aus vielen Nationen stammen und kaum Deutsch sprechen. Es sind Ukrainer, Letten, Litauer, Esten, Belgier und wohl auch Franzosen.[180] Sie werden geführt von Knott und von etwa 25 weiteren deutschen SS-Männern. Maria Blitz: „Es war ein bitterkalter Tag, der 26. Januar 1945. Ich werde dieses Datum nie vergessen. Wir hatten eine dreckige Decke, Holzschuhe und irgendeinen Lumpen, den man Kleid nannte. Wer nicht mehr weiter konnte und hinfiel, wurde auf der Stelle erschossen."[181]

Am 25. Januar 1945 steht der damals zehnjährige Eckhard Jander morgens vor der Sternwarte in Königsberg. Er berichtet fünf Jahrzehnte später an Bergau: „Luftwaffenhelferinnen und Frauen von Offizieren sollten in einem Lastwagen zum Seehafen nach Pillau gefahren werden. Mein Vater war dort beim Luftschutzwarndienst tätig und ließ meine Mutter und mich an diesem Transport teilnehmen. Hier nun zog ein schier endloser Zug von KZ-Frauen vorüber ..., die Umstände waren genauso, wie Sie sie beschreiben bei den Fußmärschen nach Palmnicken. Erschießungen, Lumpen und Becher auf der Straße, Leichen im Graben an der Straßenseite usf. Auf jeden Fall handelte es sich um eine der brutalen Verlegungen aus Konzentrationslagern angesichts der vorrückenden Russen."[182]

Den knapp 50 km langen Marsch überleben nur etwas mehr als 3 000 Menschen. Maria Blitz muss mit ansehen, wie ihre Schwägerin Freida erschossen wird. Sie beschließt daraufhin zu fliehen. „Als es wieder Nacht wurde, wartete ich. Ich zog die Decke über meinen Kopf, und mitten in der Nacht lief ich langsam weg von der Gruppe. Ich ging ganz langsam, schaute nicht zurück. (...) Ich wusste, dass ich nicht rennen durfte, weil das Aufmerksamkeit erregt hätte. Beim Gehen hörte ich Schüsse und hatte keine Ahnung, wohin ich lief. Bald konnte ich nicht mehr weiter, ich kroch auf meinen Händen und Knien, bis ich mitten auf einem Feld ein Toilettenhäuschen gefunden habe. Ich ging rein, schloss die Tür und wartete eine Weile." [183] Maria Blitz ist es gelungen, in Kirpehnen, 7 km vor Palmnicken, zu entkommen. Sie versteckt sich bis zur Befreiung bei Deutschen. Neben der Schwägerin werden auch zwei ihrer Schwestern auf dem Weg nach Palmnicken von der SS ermordet.

Das Haus der Bergaus liegt am Südende des lang gestreckten Dorfs Palmnicken. In der Nacht vom 27. zum 28. Januar wecken Martin Bergau gegen 3 Uhr Schüsse und Geschrei. In der Meinung, die Sowjets seien von See her gelandet, stürzt der dem Volkssturm angehörende Hitlerjunge mit seiner aus Beutebeständen stammenden russischen Maschinenpistole aus dem Haus. In diesem Moment kommt eine Frau auf das elterliche Grundstück zu. Von der Waffe erschreckt, dreht sie um. Jetzt fallen Schüsse. Bergau sieht die Frau tot zusammenbrechen. In einer Schneewehe an der Gartenhecke Schutz suchend, erblickt er den nicht enden wollenden Zug zerlumpter Menschen, die von Uniformierten nach Norden zum Bernsteinwerk getrieben werden. Wer aus der Kolonne ausbricht, wird erschossen. Bergau bemerkt aber, dass einigen Häftlingen die Flucht durch die Vorgärten gelingt.[184]

Beim Eintreffen des Zuges in Palmnicken wird der Bergwerksdirektor Landmann aus dem Schlaf geholt. Die SS stößt mit ihrem Plan, die Häftlinge in einem Stollen einzumauern, unerwartet auf Widerstand. Landmann gibt keinen seiner Stollen frei. Sie würden der Wasserversorgung von Palmnicken dienen, argumentiert er. Er lässt das Tor zum Werk öffnen, um die erschöpften und halb erfrorenen Opfer in der großen Werksschlosserei unterzubringen. Den Wächtern wird erlaubt, in den Büros und auf den Korridoren zu schlafen.

Am Morgen des 27. Januar trifft der Güterdirektor Hans Feyerabend im Werk ein. Er leitet als Pächter die drei dem staatlichen Bernsteinwerk gehörenden Staatsgüter, die der Versorgung der Belegschaft dienen. Feyerabend, Reservemajor aus dem Ersten Weltkrieg, ist seit 1934 Vorsitzender der Ostpreußischen Herdbuchgesellschaft, des Zuchtverbandes Friesischer Rinder, und auch Kommandant des Palmnicker Volkssturms; er genießt im Ort ein hohes Ansehen. Nach Aussage des später von den Sowjets eingesetzten Bürgermeisters von Palmnicken, Rudolf Folger, richtet Feyerabend an diesem Morgen an die drei SS-Offiziere die Frage: „Wen haben Sie hierher gebracht, und von wo?" Die Antwort des SS-Obersturmführers Fritz Weber soll nach Folgers gewesen sein: „Ich habe in Königsberg den Befehl erhalten, mich am Freitagnachmittag (26. Januar 1945) am Nordbahnhof, in der Nähe des Polizeipräsidiums, einzufinden, wo ich weitere Befehle erhalten würde. Dort selbst wurde mir gesagt: ‚Sie haben einen Trupp Juden von 5000 Personen nach Palmnicken zu bringen. Dazu erhalten sie eine Begleitmannschaft von noch zwei Sturmführern, eine Abteilung SS-Leute und einen größeren Trupp von OT-Leuten. Entsprechend meines Befehls habe ich den Judentransport am Nordbahnhof in Königsberg übernommen, und in einem Nachtmarsch nach Palmnicken gebracht."[185]

Martin Bergau berichtet: „Es sickerte durch, Feyerabend habe bei der Auseinandersetzung mit allem Nachdruck gesagt, in Palmnicken werde, so lange er lebe, kein weiterer Jude umgebracht. ‚Hier darf es kein zweites Katyn geben!'"[186] Die Erklärung des Volkssturmführers ist vielfach bezeugt. Der SS-Mann Weber muss praktisch das Kommando an Feyerabend abgeben. Feyerabend lässt schlachten und Erbsen und Brot sowie Stroh heranschaffen. Die Werkskantine muss für die völlig erschöpften Frauen kochen. Martin Bergau: „Urplötzlich war das Bernsteinwerk zur Schutzzone für die Juden geworden. Über Palmnicken lag von Stund an gespannte Ungewissheit. Man spürte, hier braut sich im Zeichen der näher rückenden Roten Armee etwas Ungeheuerliches zusammen."

Im Werk kann Feyerabend mit seinen Helfern die Gefangenen versorgen und schützen. Außerhalb hat der Bürgermeister Kurt Friedrichs das Sagen. Friedrichs organisiert Pferdefuhrwerke, mit denen die Leichen aufgesammelt werden. Er aktiviert Trupps von Hitlerjungen, die in den Häusern des Ortes nach geflohenen Juden fragen und auch den Wald durchsuchen. Den Hitlerjungen wird freigestellt, entdeckte KZ-Häftlinge sofort zu erschießen oder sie bei ihm abzuliefern. Die Palmnickerin Bertha Pulver kennt etliche der Jungen und nimmt ihnen selbst ein Opfer unter dem Vorwand ab, sie wolle die Jüdin ausliefern. In einem Artikel in der Zeit vom 2. November 2000 heißt es: „Tatsächlich hat sie die Verfolgte, Dora Hauptmann, bei sich versteckt, bis Mitte April die Russen kamen. Auch eine Reihe anderer namentlich bekannter Palmnicker hat den Mut dazu aufgebracht."[187]

Drei Tage können Feyerabend und Landmann die überlebenden KZ-Häftlinge schützen. Doch um Feyerabend aus dem Weg zu schaffen, wird, wahrscheinlich von Bürgermeister Friedrichs und SS-Obersturmführer Fritz Weber, eine Intrige gesponnen. Vom Sicherheitsdienst (SD) in Königsberg erreicht Feyerabend der Befehl, mit hundert Volkssturmleuten eine Stellung der Wehrmacht bei Kumehnen östlich von Palmnicken zu verstärken. Am 30. Januar rückt Feyerabend mit seinen Volkssturmmännern aus. Vorher beauftragt er seinen Stellvertreter, die KZ-Häftlinge weiter zu versorgen. Nach dem Abrücken des Volkssturms beordert Bürgermeister Friedrichs ein Dutzend bewaffnete Hitlerjungen, darunter Martin Bergau, ins Gemeindeamt. Er schenkt ihnen Schnaps ein und schickt sie dann mit drei SS-Männern an die Küste zur alten Grube Anna. Dort haben sie die jungen Frauen zu bewachen, die nach ihrer Flucht wieder aufgegriffen worden sind. Nach Bergaus Erinnerung sind es 40 bis 50. Paarweise werden sie von SS-Leuten um eine Hausecke geführt. Vor einer offenen Grube müssen sie niederknien und werden mit Pistolenschüssen ins Genick getötet. Wer in dem Graben noch Lebenszeichen von sich gibt, erhält von einigen sich freiwillig meldenden Hitlerjungen den „Gnadenschuss".[188] Bergau meldet sich nicht.

In Kumehnen trifft Hans Feyerabend auf eine Heereseinheit, die ihn und seine Männer weder angefordert hat, noch mit ihnen etwas anfangen kann. Bald darauf findet man die Leiche Feyerabends: Er hat sich mit dem eigenen Gewehr in den Mund geschossen. Ob der Selbstmord vorgetäuscht ist, wird nicht festzustellen sein. Am 31. Januar um 9 Uhr bringt der Kutscher die Leiche Feyerabends mit einem Pferdeschlitten nach Palmnicken. Seine ehemaligen Untergebenen geben den Schutz der Häftlinge auf. Über die verbliebenen 3 000 Gefangenen hat nun wieder die SS die Macht.

Unter dem Vorwand, man wolle sie per Schiff in Sicherheit bringen, werden die Häftlinge auf kürzestem Weg aus dem nördlichen Werkstor den Seeberg hinunter zum Strand geführt. Dort müssen sie in tiefer Dunkelheit an der vereisten Küste der Ostsee entlang Richtung Sogenau marschieren. Die SS-Männer rollen die weit auseinander gezogene Häftlings-Kolonne von hinten her auf. Sie trennen jeweils die letzte Gruppe ab und jagen sie unter Gewehrschüssen aufs Eis und ins Wasser. In der Dunkelheit und Eile ist trotz des Einsatzes von Leuchtgeschossen die systematische Ermordung aller Gefangenen nicht möglich. Viele werden zunächst nur verwundet oder gar nicht getroffen. Manche fallen in Ohnmacht, erfrieren oder geraten zwischen die Eisschollen und ertrinken. Andere sterben nach tagelangen Qualen am Strand.[189] Einige wenige können sich in nahe am Strand liegende Häuser retten.

In den ersten Februartagen 1945 reitet Martin Bergau südlich von Palmnicken beim Fischerdorf Sorgenau den Strand hinunter. „Ich trieb das Pferd zu scharfer Gangart, denn es dunkelte bereits. Plötzlich stutzte das Pferd, schnaubte und war nicht mehr vorwärts zu bewegen. Ich blickte auf das Meer und traute meinen Augen nicht. Zwischen den Eisschollen im Uferbereich trieben zahllose, zumeist nackte Leichen. So weit ich sehen konnte – Leichen. Die Brandung bewegte die leblosen

Körper Schwimmern gleich. ‚Du wirst hier nie wieder schwimmen können', war der erste Gedanke, der mich durchfuhr. Langsam begriff ich. Mich packte kaltes Entsetzen. Auch das Pferd schien das Grauen zu spüren. Es folgte dem Zügel willig und preschte in die enge Wolfsschlucht. Zu Hause angekommen, brachte ich es nicht fertig, meinen Eltern zu erzählen, was ich gesehen hatte. Doch bald wussten alle im Dorf von dem grauenvollen Geschehen. Das Eis hatte die Leichen freigegeben, immer neue Opfer wurden an Land gespült, wochenlang."[190]

Die Pfarrersfrau von Palmnicken, Eva Jänicke, schreibt Tagebuch. Dem Tagebuch ist zu entnehmen, dass gerettete Juden, die an Schwäche und den erlittenen Schussverletzungen sterben, heimlich mit deutschen Verstorbenen beigesetzt werden.[191] 15 Häftlinge überleben, von Palmnickern versteckt.

Zwar verhört Anfang der 1960er Jahre die Zentrale Stelle der Landesjustizverwaltungen in Ludwigsburg im Zuge umfangreicher Vorermittlungen 108 Zeugen, aber das Verbrechen von Palmnicken bleibt ungesühnt. SS-Obersturmführer Fritz Weber nimmt sich 1965 in der Untersuchungshaft das Leben. Noch bevor es in Lüneburg zum Prozess kommt, sterben die anderen Hauptbeschuldigten. Das Verfahren wird mit Verfügung vom 29. Mai 1967 gemäß § 170 Abs. 2 StPO eingestellt. Eine solche Einstellung besagt, „der Täter ist nicht zu ermitteln" bzw. „die Beweismittel reichen nicht mit der erforderlichen Wahrscheinlichkeit zu einer Verurteilung aus".[192]

Terror, Rache und Vergeltung

In Ostpreußen selbst gibt es 1945 keine Sühne für die Verbrechen des Nationalsozialismus. Es gibt eine undifferenzierte Rache. In der Provinz entlädt sich der in dreieinhalb Jahren aufgestaute Hass der sowjetischen Soldaten und Offiziere in einem kathartischen Ausbruch. Die deutschen Gräueltaten an Zivilisten, die brutale Besatzungspolitik, die Verschleppungen von Millionen von Menschen in deutsche Arbeitslager, der Umgang mit den Kriegsgefangenen und die brutale Politik der verbrannten Erde beim Rückzug der Wehrmacht haben bei den sowjetischen Soldaten letzte Hemmungen schwinden lassen. Auch der in Ostpreußen besonders fanatische Widerstand vieler Wehrmachtssoldaten selbst in aussichtslosester Lage speist den jedes Maß verlierenden Hass der Sieger.

Ende 1943 gehört der in Moskau lebende russische Schriftsteller Alexei Graf Tolstoi der „Sonderkommission für die Feststellung und Untersuchung der Gräueltaten der deutsch-faschistischen Eindringlinge und ihrer Komplizen" an. In der Sowjetunion haben die ersten Kriegsverbrecherprozesse gegen Sowjetbürger stattgefunden, die mit der deutschen Besatzungsmacht kollaboriert haben. Ein Verfahren gegen sowjetische Helfer des „Sonderkommandos 10a" in Krasnodar macht den Einsatz deutscher Gaswagen für Massenmorde international bekannt.

Alexei Graf Tolstoi äußert in einem englischsprachigen Presseartikel im Oktober 1943 offen Gedanken der Rache: „Ich klage die deutsche Nation, die deutsche Zivilisation beispielloser Verbrechen an, von den Deutschen kaltblütig begangen, unter Einsatz all ihrer Möglichkeiten. Ich verlange Rache."[193]

„Wir bringen nicht die Rache. Wir bringen das Gericht", schreibt zwar der Schriftsteller Ilja Ehrenburg, der im Westen bekannteste Propagandist des von Stalin ausgerufenen „Großen Vaterländischen Krieges". Er fordert in seinen vor allem in der Armeezeitung *Roter Stern* erscheinenden Artikeln einen Krieg gegen Deutschland ohne jede Rücksichtnahme; Deutschland dürfe unter keinen Umständen seiner gerechten Strafe entgehen. In einem Artikel für die Parteizeitung *Prawda* von Anfang August 1944 äußert er: „Wir wollen mit dem Schwert in der Hand durch Deutschland ziehen, um den Deutschen für ewig die Liebe zum Schwert auszutreiben. Wir wollen zu ihnen kommen, damit sie nie mehr zu uns kommen."[194] An den Grenzen Deutschlands ende für die Rote Armee die Rolle der Befreier, es beginne die des Richters, agitiert Ehrenburg seine Leser, um die sowjetischen Soldaten mit großem Pathos anzufeuern: „Mit uns sind die Schatten der zu Tode Gequälten. Sie erheben sich aus den Gräbern, aus Brunnen, aus Gruben. Es sind Greise und Säuglinge, Russen und Ukrainer, Weißrussen und Juden, Polen und Litauer. Sie alle wollten leben, sie alle liebten die Sonne und die Blumen und schon in Fetzen gerissen riefen sie uns zu: ‚denkt daran!' Und ich weiß es, bald werden wir an der Spree sein, denn ich sah vor mir unser Heer, voll des großen Zornes."[195]

Voll großen Zornes bringt die Rote Armee mit Betreten des Reichsgebiets August 1944 nicht das Gericht, sondern die in den sowjetischen Medien vielfach geforderte Rache. Der Aufruf des Kriegsrates der 2. Weißrussischen Front fordert von seinen Soldaten keine Rolle als Befreier, sondern verkündet eine Zeit der Abrechnung: „Teure Genossen! Kampfgefährten! Treue Söhne der Sowjetheimat – Rotarmisten, Sergeanten, Offiziere, Generale! Die Zeit ist gekommen, mit dem schlimmsten Feind unserer Heimat, den faschistischen Eroberern, für all ihre Grausamkeiten und Untaten, für die Leiden und Qualen unseres Volkes, für das Blut und die Tränen unserer Väter und Mütter, Frauen und Kinder, für die vom Feind vernichteten und ausgeplünderten sowjetischen Städte und Dörfer restlos abzurechnen."[196]

Die Professorin für Zeitgeschichte an der Queen Mary University of London, Catherine Merridale, hat in ihrem Buch *Iwans Krieg* das „Universum des Krieges" aus der Sicht einfacher sowjetischer Soldaten und ehemaliger Offiziere rekonstruiert. Sie hat alle zugänglichen russischen Archivbestände durchforstet, Feldpostbriefe ausgewertet, Tagebücher durchgesehen und mit rund 200 sowjetischen Veteranen Gespräche geführt. Sie kommt zu dem Schluss: „Was die Faschisten taten, war in den Augen der Soldaten weit von allem entfernt, was ‚wir' – sie – jemals anrichten könnten. So hat die sowjetische Propaganda den Feind bis hin zum fast Unmenschlichen herabgewürdigt. Mit ‚uns' war er jedenfalls nicht mehr vergleichbar."[197] Und weiter:

„Binnen weniger Monate beging die Rote Armee in Ostpreußen unter dem Schutz dieser Doppelmoral Gräueltaten wie Morde, Vergewaltigungen und Raubzüge."[198] Als Ursache für die Gewaltorgie der Roten Armee beim Einmarsch in Deutschland sieht Catherine Merridale nicht nur die Schrecken und Verbrechen des von Hitler-Deutschland in die Sowjetunion getragenen Krieges. Sie hält die Gräuel auch für ein Ventil für die jahrzehntelange Unterdrückung der Bevölkerung in der Sowjetunion. „Wie in Reaktion darauf machten die durch Ostpreußen tobenden Männer auch der Enttäuschung Luft, die sich durch jahrelanges Leiden angestaut hatte: ein Schmerz, der nicht erst im Krieg selbst, sondern schon in den Jahrzehnten der Demütigung, Entmündigung und Furcht entstanden war, jene Partei, die ihnen gepredigt und ihre menschlichsten Schwächen getadelt hatte, erteilte ihnen jetzt einen Freibrief, und sie nahmen ihn an, fühlten sich gedeckt, und das zu Recht."[199] Für Merridale steht fest, dass letztlich alles Geschehen an den Fronten von der politischen und militärischen Führung der Sowjetunion verantwortet werden muss: „Ohne Zweifel hat Moskau die Taten der Männer gefördert, wenn nicht gar gesteuert. Bei ihrer Feindwahrnehmung und bei der Rechtfertigung von Rache spielte die Propaganda eine aktive Rolle. Das SowInformBüro schürte den kollektiven Zorn durch vorgefertigte Bilder, die sich so tief einprägen konnten, dass die Männer sie für eigene Erfahrungen hielten."[200] Merridale weist darauf hin, dass Stalin persönlich eingreift, um die Disziplin der Truppen wieder herzustellen. „In den ersten Monaten bis zum Frühjahr 1945 kämpften die Soldaten noch unter dem Befehl, Rache zu üben. Danach erkannte sogar die sowjetische Führung den hohen Preis der unmilitärischen Gewalt und forderte – auf Disziplin und Kampfbereitschaft bezogen – strengere Maßnahmen. Einige Offiziere zogen daraufhin die Zügel an, und es fanden sogar Exekutionen wegen der Übergriffe statt."[201]

Im Bewusstsein der sowjetischen Gesellschaft – und heute noch der russischen – sind die Exzesse nicht präsent. Man kann sie aus Umschreibungen einiger weniger sowjetischer Geschichtswerke herauslesen, aber: „Weder Reden noch Berichte, noch Leitartikel der Prawda erwähnten je die sowjetischen Gräueltaten. Offiziell existierten diese überhaupt nicht und fanden daher auch keinen Eingang in die Aufzeichnungen von Soldaten. Die üblen Szenen mögen sich tief in das Bewusstsein Tausender von Frontkämpfern eingebrannt haben, doch obwohl viele Mord und Vergewaltigung miterlebten, schrieben sie in ihren Briefen nach Hause weiter über das Wetter."[202] Schuld am Elend der Flucht seien allein die Nazi-Herrscher gewesen, behauptet die Geschichte des Großen Vaterländischen Krieges. Die Goebbels-Propaganda habe die Bevölkerung zur Flucht verleitet, die Propagandaberichte und Lügen über die Gräueltaten in Nemmersdorf die ostpreußische Zivilbevölkerung in Panik versetzt. Die Flucht sei die Ursache des Leides und Elends gewesen.[203] In den Gebieten Ostpreußens, die in den ersten Angriffstagen von den sowjetischen Truppen besetzt worden seien, hätten sich nur Greise, Frauen und Kinder befunden. „Das Zusammentreffen mit der Roten Armee machte auf sie einen großen Eindruck. Viele staunten darüber, daß die Soldaten und Offiziere der Roten Armee nicht zerlumpt, ausgemergelt, schlecht bewaffnet und grob waren, sondern entgegen ihren Erwartungen gut gekleidet, gesund, freundlich und kinderlieb auftraten und über erstklassige technische Kampfmittel verfügten."[204] Aber selbst das Autorenkollektiv muss zugeben: „Doch nicht alle Sowjetsoldaten begriffen, worin sich die Rache ausdrücken mußte und wie sie sich in Deutschland verhalten sollten. Während der ersten Kampftage gab es in Ostpreußen einige Verstöße gegen die Verhaltensnormen. Dagegen ergriffen die sowjetischen Kommandostellen strenge Maßnahmen."[205]

Heinrich Graf von Einsiedel, Mitglied des kommunistisch gelenkten „Nationalkomitees Freies Deutschland", ist im Februar 1945 beim Frontstab der 2. Weißrussischen Armee eingesetzt. Hier trifft er Vertreter des Nationalkomitees (NK), die die sowjetischen Divisionen beim Einmarsch in Ostpreußen begleitet haben. „Sie haben den Untergang von Ostpreußen miterlebt – den Hunnensturm. Sie sahen die russische Soldateska Städte und Dörfer niederbrennen. Sie sahen sie Gefangene und Zivilisten erschießen, Frauen vergewaltigen und Lazarette mit dem Kolben in ein Totenhaus verwandeln. Sie sahen sie Spritballone und Parfümflaschen aussaufen, plündern, zerstören, sengen und brennen."[206] Einsiedel erfährt Details der Gräuel. Seine Männer berichten von Flüchtlingstrecks, in die deutsche und russische Artillerie gleichzeitig hineingeschossen hat und die von den sowjetischen Panzern in den Straßengraben gewalzt wurden. „Sie haben eine Vernichtungsorgie erlebt, wie sie noch kein zivilisierter Landstrich über sich hat ergehen lassen müssen. Nur wenige können die Tränen zurückhalten, wenn sie hiervon erzählen."[207]

Der Osteuropa-Historiker Manfred Zeidler hat bei seiner Sichtung der Quellen festgestellt, dass im Einsatzbereich jeder der vier zwischen Ostseeküste und den Sudeten eingesetzten sowjetischen Fronten Massentötungen von Zivilisten durch die Rote Armee vorgekommen sind. „Dennoch wird man bei aller gebotenen Vorsicht in Wertung und Gewichtung des vorliegenden Materials die Feststellung wagen können, daß offenbar im Bereich der 2. Weißrussischen Front, im Gebiet der ermländischen Kreise Ostpreußens sowie westlich und südwestlich davon im westpreußischen, Danziger und ostpommerschen Raum, rein zahlenmäßig die meisten Gewalttaten an der deutschen Zivilbevölkerung geschehen sind."[208]

Im östlichen Teil Ostpreußens sind große Gebiete schon im Herbst 1944 geräumt worden. Im Januar 1945 hält die deutsche 3. Panzerarmee dort dem Ansturm in zähem Zurückweichen etwa eine Woche stand. So können hier weit mehr Menschen im Schutze der Front fliehen als in Masuren und dem Ermland. Das Ermland trifft es besonders, weil durch die Abschnürung Ostpreußens vom Reich ab dem 27. Januar 1945 viele Trecks aus dem Süden Ostpreußens eine andere Richtung nehmen müssen, sich dann in ermländischen Kreisen stauen und wegen der überfüllten Straßen auch viele Ermländer an der Flucht hindern. In die dichten Flüchtlingsmassen stoßen ständig neue in Richtung Weichselmündung angesetzte Staffeln sowjetischer Verbände und treffen dabei auf unerwartet viele deutsche Zivilisten.[209]

Rosa Labenski ist nach der Besetzung Zandersdorfs im Kreis Rastenburg am 24. Januar mit ihren Kindern und einigen Nachbarn geflohen. Die Flüchtlinge irren durch die Wälder der Umgebung, meiden Häuser, Dörfer und feste Wege. Nach zwei Tagen werden sie von sowjetischen Soldaten entdeckt: „Auf der Chaussee stehen vier Russen, große Männer in tadellosen Mänteln und Pelzmützen; das Gewehr hängt über der Schulter. Darüber blitzt ein Bajonett." Die russischen Soldaten sind verwundert, dass die Frauen so viele Kinder bei sich haben. Kinder scheinen sie in ihren Absichten zu stören. „Sie halten eine Rede, eine richtige Propagandarede über Greueltaten der deutschen Soldaten an Kindern und Frauen in Russland und sagen in sehr schlechtem, doch verständlichem Deutsch: ‚Wir sind nicht so wie deutscher Soldat, wir schützen Frauen und Kinder. Ihr kommt zur Kommandantur, da bekommt ihr Essen und Trinken. O nein, so schlecht wie die Deutschen sind wir nicht!'"[210]

In der Kommandantur werden die Frauen mit ihren Kindern eingesperrt und verhört. Mit Anbruch der Dunkelheit beginnen die Vergewaltigungen, die auch die 53-Jährige zu erleiden hat, besonders aber die Mädchen und jungen Frauen: „In der Nacht werden die jüngeren Frauen laufend geholt und gebracht, geholt und gebracht. Hin und wieder halte ich zu meinem Gretchen noch ein 2-jährigens Kind auf den Knien, wenn die jungen Menschen geholt werden. Auch eine stabile 13-jährige wird vom Halse der Mutter gerissen. Die Mutter schreit, das Kind auch, da hält man ihm den Mund zu." Rosa Labenski macht sich mit dem Gedanken vertraut, mit ihren Kindern aus dem Leben zu scheiden. „Doch das Wie, das Wie! Zum Erschießen und Vergiften fehlt das Material, zum Erhängen und Öffnen der Pulsadern der Mut."[211]

Die Dokumentation des Kreises Rastenburg aus dem Jahr 1976 zitiert einen Brief, in dem dem Bauern Wilhelm Reddig aus dem Dorf Podlechen vom Schicksal seiner Familie berichtet wird. Wilhelm Reddig ist zur Zeit des Geschehens Volkssturmmann in Königsberg und gerät dort in sowjetische Kriegsgefangenschaft. Den Bericht verfasste Reddigs Schwester: „Am Sonntag, dem 28. Januar, überfielen die Russen den Hof, nachdem sie den Nachbarhof angezündet und den Besitzer Johann Bludau erschossen hatten. Dessen Frau und vier Kinder flüchteten auf unseren Hof. Die Russen riefen alle Leute heraus. Als unser 80-jähriger Vater dann als erster ging, wurde er auch gleich von den Russen erschossen. Dann ging Frau Bludau, auch sie wurde erschossen. Ihr folgte das Mädchen Minna Koscharski mit dem kleinsten Kind der Frau Bludau auf dem Arm. Sie wurde durch Kopfschuß getötet, das kleine Kind angeschossen. Danach haben die Russen Deine drei Kinder und die übrigen drei Kinder der Bludaus zusammen mit dem verletzten anderthalb Jahre alten kleinen Kind in den Kartoffelkeller gesperrt. Die Kinder haben noch zwei Schüsse gehört, das war, als Deine Frau und unsere Mutter erschossen wurden. Dann blieben sie drei bis fünf Tage im vollkommen dunklen Keller, ohne Licht und ohne Nahrung."[212] Dann, so teilt die Schwester Wilhelm Reddig mit, hätten andere sowjetische Soldaten die Kinder aus dem Keller herausgeholt, ihnen zu essen geben und sie in ein Kinderheim nach Korschen geschafft. Einwohner aus Podlechen, die die Reddigs und Bludaus beerdigt hatten, bestätigen die Aussagen des Briefs.

Morde und Plünderungen sind das eine. Die schlimmsten „Verstöße gegen die Verhaltensnormen", die sowjetische Militärhistoriker, ohne konkret zu werden, in Ostpreußen eingestehen, sind die Massenvergewaltigungen. Sie treffen in der Provinz fast jede Frau, ob Mädchen oder Greisin, die sowjetischen Soldaten in die Hände fällt. Hans Graf von Lehndorff schreibt nach einem Tag schlimmster Erlebnisse am 9. April, dem Tag, an dem die deutschen Verteidiger von Königsberg kapituliert haben, in sein Tagebuch: „Ich mache mir klar, dass ihnen hier zum erstenmal auf ihrem Feldzug Frauen in größerer Zahl in die Hände gefallen sind."[213] Wo niemand jemals Erhebungen angestellt hat, wagt Catherine Merridale eine Quantifizierung. „Zweifellos ereilte Zehn-, höchstwahrscheinlich sogar Hunderttausende deutscher Frauen und Mädchen dieses Schicksal."[214] Der Schriftsteller Ralph Giordano hat den sowjetischen Vormarsch 1945 als Befreiung empfunden. 1994 veröffentlicht er ein melancholisches Reisebuch *Ostpreußen ade*, das unter anderem den Spuren des Zweiten Weltkriegs nachgeht. Darin bezeichnet er die Verbrechen an den ostpreußischen Frauen als „die wahrscheinlich größte Massenvergewaltigung aller Zeiten"[215].

Die Autorin Catherine Merridale berichtet in *Iwans Krieg* von den Erlebnissen eines jungen sowjetischen Offiziers mit Namen Leonid Rabirschew. Er gehört Einheiten der 3. Weißrussischen Front an, die Flüchtlinge aus Goldap und Insterburg einholen. Jahrzehnte später findet er die Kraft, über die miterlebten Taten zu schreiben. „Frauen, Mütter und ihre Kinder liegen rechts und links an der Straße', schreibt Rabirschew, „und vor jeder der Einzelnen stehen graue Mengen von Männern mit heruntergelassenen Hosen." Einige Opfer sind sehr junge Mädchen, die mit diesem Siegerritual die erste sexuelle Erfahrung ihres Lebens machen. „Die blutenden oder ohnmächtigen Frauen schafft man zur Seite", schreibt Rabirschew weiter, „und unsere Männer erschießen all jene, die ihre Kinder zu retten versuchen."[216] Leonid Rabirschew sieht eine Gruppe von sowjetischen Offizieren „grinsend" dabeistehen. Einer von ihnen, so der Zeuge, „leitete – nein, regelte – das Ganze, um sicherzustellen, dass ausnahmslos jeder Soldat daran teilnahm."[217]

Am 9. April 1945 sitzt der 16-jährige Königsberger Michael Wieck, „Halbjude", mit seinem Vater, seiner Mutter, Nachbarn und anderen im Luftschutzkeller seines Hauses. Sie sind bis dahin nur ausgeplündert worden. „Gelernt hatten wir schon, daß kein russischer Soldat sich darum kümmerte, ob jemand Nazi oder Jude war. Sie suchten versteckte Soldaten und Beutegut. Im übrigen haßten sie uns alle abgrundtief und fluchten, Verachtung und Abscheu im Tonfall."[218] Die Familie Wieck bleibt auch in der nächsten Nacht im Keller, da ihre Wohnung ohne Fenster ist. Mehrfach kommen sowjetische Soldaten in den Keller der Wiecks und verdächtigten den Jungen, ein untergetauchter deutscher Soldat zu sein. „Ausweise konnten sie nicht lesen; das russische Alphabet besteht aus kyrillischen Buchstaben. Doch sehr bald wußten wir, daß die Soldatensuche meistens eine Frauensuche war. In unserem Keller gab es keine Frauen unter fünfzig Jahren, und mit Tüchern und Kleidern machten sie sich schnell noch älter. Hilferufe aus den anderen Kellern zeigten aber an, daß die Russen dort fündig geworden waren. Diese Hilferufe gingen mir durch und durch."[219]

Auch die Familie Wieck wird nach der Eroberung Königsbergs – wie wohl alle überlebenden Zivilisten der Stadt – auf einen sogenannten „Propaganda-Marsch" durch das Samland getrieben. Die Spuren der Kämpfe sind noch nicht beseitigt. „Ein alter Volkssturmmann hängt an einem Baum, unweit davon, am nächsten Baum, kauert zusammengesunken ein Erschossener. Nicht nur die Gehöfte deuten auf schwere Kämpfe hin, alles ist von Geschossen zerlöchert, von Granattrichtern übersät, die Bäume zersplittert und geborsten." Zwei „ländliche Frauen" – Wieck vermutet, Mutter und Tochter – sitzen apathisch am Wegrand und starren bewegungslos vor sich hin. Wieck glaubt, dass sie aus ihrem abgelegenen Haus vor den Vergewaltigungen geflohen sind und versucht haben, auf freiem Feld Schutz zu finden. „An der ständig befahrenen Nachschubstraße würde man vielleicht mehr Erbarmen oder Hemmungen haben, ihnen immer wieder Gewalt anzutun. Sie sind ein so bedauernswerter Anblick, niemand von uns wird ihn je wieder vergessen. Neben diesen Frauengestalten kommen mir die zerrissenen oder aufgedunsenen Körper der Gefallenen wie Erlöste vor."[220] Spuren der hemmungslosen Gewalt gegen Frauen findet Michael Wieck auch in Königsberg, wo er mit anderen die Leichen von Zivilisten aus den Trümmern bergen und „beseitigen" soll. „Beerdigen konnte man dazu wirklich nicht sagen. Ich muß mich überwinden, unsere Aktionen zu schildern: Die erste Beseitigung war eine im Untergeschoß eines halbverbrannten Hauses liegende, zum Teil nackte, junge Frau mit getrockneten Blutströmen an Scheide und Mund. Sie hatte ein feines, zartes Gesicht."[221]

Pfarrer Gerhard Fittkau erlebt in Süßenberg in den Wochen nach der Besetzung immer wieder, wie Frauen für Vergewaltigungen aus ihren Familien geholt werden. Manchmal sind die Peiniger wählerisch. „Die übrigen Frauen wurden einer Prüfung unterzogen, bei der niemand anwesend sein durfte. Schließlich wurden drei Frauen ausgewählt, die angeblich ‚zum Kartoffelschälen' mitgehen sollten. Alle drei waren Töchter der Familie Grimm. Die Mutter flehte die Soldaten an, wenigstens die Älteste, deren Mann vermisst sei, dazulassen, damit sie sich um ihre Kinder kümmern könne. Als Frau Grimm die beiden Kleinen nach vorne schob, kam einer der Soldaten, hob die Kinder auf, küsste sie und streichelte ihnen die Wangen. Nachdem er mit ihnen eine Weile gespielt hatte, gab er ihnen die Mutter zurück."[222] Die anderen beiden Töchter müssen mitgehen. Sie kehren nicht zurück.

Fittkau lernt einen sowjetischen Militärarzt kennen, mit dem er oft Gespräche führt. Er bittet ihn, den Frauen des Dorfes Schutz gegen die ständigen Vergewaltigungen zu geben. „‚Nein', war die klare Antwort, ‚deutsche Frauen sind Beute der russischen Soldaten. Hitler: ‚Rasse!', Stalin: ‚Rasse kaputt!' Deutsche Frau und russischer Soldat: gute Rasse!“[223] Auf Fittkau wirkt diese zynische Rechtfertigung besonders niederschmetternd, weil sie von einem offensichtlich gebildeten Russen ausgesprochen wird. Der Arzt erzählt von den brutalen Behandlungen, Verschleppungen und Ausrottungen in seiner Heimatstadt Charkow durch die deutschen Besatzer. Der Theologe sieht im Schicksal seiner Gemeinde eine Gott befohlene Sühne für die von der Rassenpolitik Hitlers durch Deutsche ausgelöste „Kette des Unheils“. „Wie konnte diese Kette anders unterbrochen werden als durch Annahme des uns zugemessenen Leids zu Sühne der gemeinsamen, uns alle verschlingenden Schuld!“[224]

Die Folgen des Krieges treffen alle, besonders aber die Kinder, Alten und Frauen. Und die behinderten Menschen, die von ihren Familien getrennt sind oder allein gelassen werden. Im Gut Neucken der Familie von Braun im Landkreis Preußisch Eylau verbleiben nach der Flucht fast aller Bewohner nur 58 Körperbehinderte einer Anstalt. Das Pflegepersonal hat sie beim Anmarsch der Sowjets am 31. Januar ohne Betreuung zurückgelassen. Die sowjetischen Soldaten verfrachten die hilflosen Kranken auf Wagen und fahren sie auf das 1 ½ km entfernte Vorwerk Palpasch. Dort übergeben sie der dort verbliebenen einzigen Frau, die sechs Kinder zu versorgen hat, die hilflosen Menschen. An Hunger und Entbehrungen sterben zuerst die allein gelassenen Behinderten, später auch die Frau und ihre Kinder.[225]

Der Artillerieoffizier Jurij Uspenskij, Angehöriger des 5. Artilleriekorps, schreibt ein persönliches Tagebuch. Im Dorf Kraussen südlich von Königsberg erlebt Uspenskij einen Elendszug deutscher Zivilisten, die ins rückwärtige sowjetische Frontgebiet geführt werden. „Nun muß Deutschland den Geschmack der Tränen fühlen, die es einst dem russischen Volk gebracht hat. Furchtbare Greueltaten werden auf der Erde begangen. Und Hitler ist derjenige, der sie hervorgerufen hat. Und die Deutschen haben diese Greuel verherrlicht. Eine grausame Strafe ist für Deutschland nur zu gerecht, denn Deutschland ist ja Hitler gefolgt und folgt ihm auch noch weiter.“ Uspenskij billigt die Kriegsverbrechen seiner Kameraden nicht. Er ist über sie entsetzt. Aber er erklärt und rechtfertigt sie. „Vor unseren Panzern hat ein Soldat eine deutsche Frau und ihren Säugling erschossen, weil sie sich weigerte, ihm zu Willen zu sein. Es ist fürchterlich. Aber die Deutschen haben bei uns massenhaft noch viel Schlimmeres verbrochen. Ja, Deutschland wird mit gleicher Münze heimgezahlt.“[226] Jurij Uspenskij fällt am 19. Februar 1945 im Samland bei der deutschen Gegenoffensive, die eine Verbindung von Königsberg nach Pillau freikämpft.

In der vom Bonner Vertriebenenministerium Ende der 1950er Jahre herausgegebenen *Dokumentation der Vertreibung der Deutschen aus Ostmitteleuropa* schätzt das Bundesarchiv in den Gebieten östlich von Oder und Neiße die Gesamtzahl aller unmittelbar infolge des sowjetischen Einmarschs Umgekommenen auf durchschnittlich 2 % bis 3 % der zurückgebliebenen Bevölkerung. Auf Basis der hochgerechneten

Daten aus 455 ostpreußischen und 432 pommerschen Landgemeinden ergibt sich, dass etwa 1 % der 1938 in diesen Gebieten ansässigen reichsdeutschen Bevölkerung getötet werden. Die Berechnung des Bundesarchivs kommt auf insgesamt 90 000 bis 100 000 Getötete. Manfred Zeidler geht davon aus, dass die Opfer allen Alters-, Sozial- und Berufsgruppen der in ihren Heimatorten zurückgebliebenen deutschen Bevölkerung angehört hätten. Häufig sei ihr gewaltsamer Tod die Folge von Widerstand oder versuchter Hilfeleistung bei Vergewaltigungen gewesen. Zeidler widerspricht damit dem Historiker Martin Broszat, der an der Vertreibungsdokumentation des Bundesarchivs mitgearbeitet hat. In der Einleitung zu ihrem ersten Band stellt Broszat im Jahr 1954 fest, die Tötungen hätten „vor allem Personen betroffen, die exponierte Parteistellen innehatten oder bestimmten nationalsozialistischen Organisationen angehörten."[227] Die Vergewaltigungen und Morde sind nach Zeidler die Folge ungezügelter, nicht gezielt befohlener, gleichwohl oft tolerierter Gewalt. Zeidler rückt auch die Behauptungen vieler Publikationen zurecht, in denen behauptet wird, die Gewaltexzesse seien vor allem von sowjetischen Nachschubeinheiten begangen worden. „Die kämpfende Truppe der Roten benahm sich anständig", zitiert beispielsweise Günther Lass im Heimatbuch des Kreises Treuburg einen Zeitzeugen, „aber furchtbar waren die Nachschubeinheiten und Kommissare. Schläge, Vergewaltigungen vom Kind bis zur Greisin."[228] Auch im Zeugenschrifttum der Dokumentationen des Bundesarchivs wird diese Behauptung aufgestellt. Zeidler kritisiert, das Bundesarchiv sei seinen Zeugen unbesehen gefolgt. Die große Masse der Vergewaltigungen und Gewalttaten hätten aber nicht Soldaten und Offiziere der sowjetischen Nachschubformationen verübt. Zum einen sei die Etappe in der Sowjetarmee im Vergleich zur Wehrmacht und zu den Armeen der Westalliierten nicht aufgebläht gewesen und hätte gerade einmal 30 % des Personalbestands innerhalb einer Front-Heeresgruppe ausgemacht. „In den Nachschubeinheiten dienten neben einer Vielzahl von Spezialisten aus Industrie, Verwaltung und aus dem Verkehrssektor vor allem ältere und z.T. aus der unmittelbaren Frontverwendung ausgeschiedene Soldaten und Offiziere. Außerdem befand sich gerade in diesen Einheiten neben dem Sanitätsdienst der Großteil der gut 800 000 sowjetischen Frauen, die während des gesamten Krieges im Fronteinsatz standen, darunter eine halbe Million junger Frauen und Mädchen im Rahmen des Komsomol-Aufgebots, die sogar zu 70 Prozent im logistischen Apparat der Kampftruppen dienten. Daß gerade aus diesem Bereich, d.h. dem der Nachschubtruppen, die Masse der Vergewaltigungs- und Tötungsverbrechen gekommen sein soll, erscheint mehr als unwahrscheinlich."[229]

Auch die erste Angriffsstaffel sei in der Regel nicht für die Kriegsverbrechen verantwortlich gewesen. Die habe fast immer aus Panzerverbänden bestanden, die „am wenigsten in Übergriffe und Verbrechen an der deutschen Bevölkerung verwickelt" gewesen seien. Ebenso wenig die Artillerie, die mit ihrem hohen Anteil an naturwissenschaftlich Ausgebildeten von vielen Sowjetbürgern als die intellektuelle Elite der

Armee angesehen wurde.[230] Zeidler argumentiert bei seiner Aussage auf Basis von Zeugnissen, so von Kommandierenden Generalen der sowjetischen Panzerarmeen, die später das „unwürdige Verhalten" anderer Waffengattungen aus Überlegungen militärisch-operativer Logik heraus kritisieren: „Den mit hoher Vormarschgeschwindigkeit vorauseilenden Panzerverbänden der operativ verwendeten Tankkorps oder Tankarmeen, einschließlich ihrer meist aufgesessenen Infanteriebegleitung, blieb unter dem ständigen Tempodruck des Bewegungskrieges in aller Regel gar nicht die Zeit für mehr als das vielgeschilderte hastige ‚Einsammeln von Uhren'."[231]

Nach Zeidler kamen die Gewalttaten zum ganz überwiegenden Teil aus der Masse der infanteristischen Schützenverbände. Bei der Staffelung der sowjetischen Verbände im Angriff mit vorpreschenden Panzertruppen an der Spitze kommen sie mit deutschen Zivilisten erst relativ spät in Kontakt. Die Heimatchronik des Kreises Treuburg zitiert Zeitzeugen, die behaupten, Kommissare hätten an den Gewaltorgien mitgewirkt. Das mag vorgekommen sein. Immer wieder berichten die Quellen aber, dass die deutsche Bevölkerung besonders bei den politischen Kommissaren Schutz vor Übergriffen gesucht habe.[232] Viele Zeugenberichte, auch die von Gerhard Fittkau, Michael Wieck und Rosa Labenski, beschreiben in ihren Erinnerungen wohl das Verhalten der Soldaten der zweiten und dritten Wellen, die morden, vergewaltigen und plündern. „Dies waren in der Regel jene Schützenverbände, die im Rahmen der großräumigen Bewegungskriegsführung als nachstoßende Staffeln den als Vorausabteilungen agierenden operativen Panzerverbänden folgten und die nach bereits gebrochenem Feindwiderstand das Gelände zu besetzen und zu säubern hatten."[233]

Das Ende des Krieges

Die Festung Königsberg

Michael Wieck, seine jüdische Mutter und sein Vater spüren in Königsberg, dass ein Umschwung in der Luft liegt, als die Rote Armee am 13. Januar 1945 ihre Offensive beginnt und schnell bis Gumbinnen und Insterburg vordringt: „Unverkennbar veränderte sich auch die Einstellung unserer Peiniger, wenigstens einiger unter ihnen. Herr Täuber wurde freundlicher, Blockwart Rogalli unsicherer. Deutlich spürte man ihre aufkommende Angst."[234]

Hans Graf von Lehndorff räumt am späten Abend des 20. Januar 1945 in Insterburg mit engsten Mitarbeitern die Chirurgie des Kreiskrankenhauses. Sein Chefarzt kommt mit einem Wagen, um die letzten Mitarbeiter abzuholen. Hans Graf von Lehndorff und seine Begleiter wählen einen Umweg über Gerdauen. Sie wollen dem Flüchtlingsstrom und den erwarteten entgegenkommenden Militärfahrzeugen ausweichen. Aber die Straße ist leer. „Nicht ein Fahrzeug, nirgends auch nur das ge-

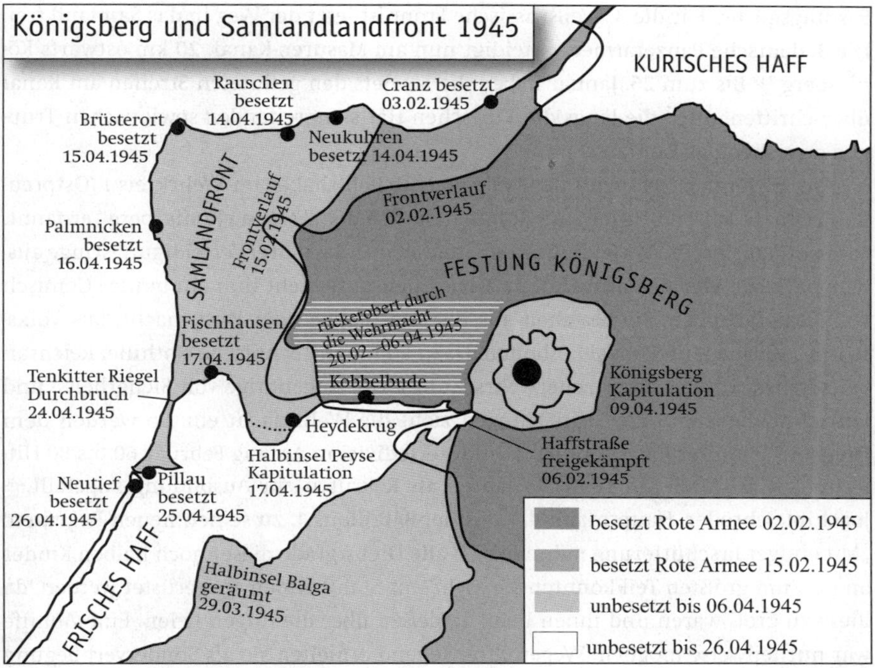

ringste Zeichen dafür, dass noch die Absicht besteht, Ostpreußen auf dieser Seite zu verteidigen. Man fährt schon wie durch Niemandsland."[235]

Am Abend des 21. Januar hat die 3. Weißrussische Front, jetzt verstärkt durch die von der 1. Baltischen Front abgegebene 43. Armee, nordöstlich von Wehlau den Pregel erreicht und steht im Norden vor der vollständig evakuierten Stadt Insterburg. Über deren Ruinen hängt dichter Qualm. Catherine Merridale zitiert in ihrem Buch *Iwans Krieg* einen Brief des sowjetischen Soldaten Ermolenko, der beglückt feststellt, dass die Insterburger ihre Häuser ordentlich zurückgelassen haben: „Wir Funker haben ein Zimmer im ersten Stock bezogen. In der Ecke stehen ein Klavier, zwei Sofas, hübsche Stühle und Sessel sowie Anrichten mit Blumen. Wir haben uns in einer deutschen Küche, auf deutschem Geschirr, ein phantastisches Essen zubereitet."[236]

Am 24. Januar ist die deutsche 3. Panzerarmee bereits auf die „Masurenstellung" längs des Masuren-Kanals zurückgedrängt worden. Südostwärts der Stadt Allenburg finden erbitterte Kämpfe um diese Stellung statt.[237] Bei Wehlau kann die 3. Weißrussische Front am 25. Januar die Alle überschreiten. Südlich von Wehlau dringen sowjetische Truppen in den Forst Frisching ein und überwinden einen Verteidigungsring im Norden des Heilsberger Dreiecks. Bei Tapiau gehen die Sowjets nach Süden über den Pregel.[238] Am 25. Januar überrennen die Angreifer die letzte Sperrstellung an der Deime. Der Fluss ist die letzte natürliche Verteidigungslinie vor dem Königsberger

Festungsgürtel. Für die 3. Weißrussische Front ist jetzt der Weg in das Samland frei. Die 3. deutsche Panzerarmee verteidigt nun am Masuren-Kanal, 20 km ostwärts Königsberg.[239] Bis zum 26. Januar haben die Sowjets den gefluteten Streifen am Kanal überschritten. Auch die längs des Kurischen Haffs angreifenden sowjetischen Truppen erreichen das Samland.

Am 25. Januar 1945 wird der Wehrmachtbefehlshaber im Wehrkreis I (Ostpreußen), Otto Lasch, von Hitler zum Kommandanten der „Festung Königsberg" ernannt. Lasch organisiert die Verteidigung der Stadt neu, er lässt drei Verteidigungsringe ausbauen. Neben vier neu aufgefüllten Divisionen untersteht ihm ein buntes Gemisch von Kampfgruppen. Sie bestehen aus Festungstruppen der Wehrmacht, aus Volkssturm-, Marine- und Polizei-Einheiten. Dazu kommen Technische Nothilfe, Reichsarbeitsdienst, Schüler einer Feuerwehrschule sowie Angehörige von Sicherheits- und Luftschutzdiensten. Auch Hitlerjungen zieht die Wehrmacht ein. So werden dem Divisions-Füssilier-Bataillon der 1. Infanteriedivision Anfang Februar 60 bis 80 Hitlerjungen im Alter von 14 bis 15 Jahren als Rekruten zur Ausbildung zugeteilt.[240] Joachim Schröder, Hauptmann des Füsilier-Bataillons 1, zu seinen neuen Rekruten: „Mit einiger Erschütterung nahmen sich alle Dienstgrade dieser noch halben Kinder an (...) Zum größten Teil konnten sie nicht mit Stahlhelmen ausgerüstet werden, da diese zu groß waren und ihnen beim Schießen über die Augen fielen. Eine Abhilfe war nur teilweise möglich. Wegen ihrer Jugend erhielten sie als Sonderverpflegung weder Alkohol noch Zigaretten, sondern Bonbons und Schokolade!"[241]

Hitler befiehlt schon am 22. Januar 1945 dem noch intakten XXVIII. Armee-Korps, den Brückenkopf Memel zu räumen. Es ist eine seiner wenigen militärisch sinnvollen Entscheidungen in den ostpreußischen Kämpfen. In drei Sprüngen ziehen sich in den Nächten vom 25./26., 26./27. und 27./28. Januar die Verteidiger über die Kurische Nehrung Richtung Königsberg zurück. Bei bitterem Frost bei minus 30 Grad verlässt am 28. Januar um 4 Uhr am Morgen der letzte deutsche Soldat das verminte, brennende Memel.[242] Die beiden Divisionen des XXVIII. Armee-Korps, die (niedersächsische) 58. und die (westfälische) 95. Infanteriedivision sowie eine Sicherungsdivision ziehen rasch über die Nehrung nach Süden, im Wettlauf mit sowjetischen Truppen, die über Labiau gegen Cranz vorgehen und ihnen den Zugang zum Samland absperren könnten. Als die 95. Infanteriedivision das Samland erreicht, greift sie südostwärts Cranz sofort in die dort schon stattfindenden Kämpfe ein.[243]

Der Maler und Hotelier Ernst Mollenhauer verlässt Nidden erst, als die sowjetischen Truppen den Nachbarort Preil erreichen. Am 2. Februar 1945 gegen 13 Uhr marschiert die Rote Armee auf dem Wege nach Königsberg in Nidden ein. Da eine rechtzeitige Auslagerung der Bilder verboten ist, bleibt die Gemäldesammlung des Hauses Hermann Blode und auch das gesamte, bisher geschaffene künstlerische Werk des Malers Ernst Mollenhauers zurück. Die Gemälde werden durch einmarschierende sowjetische Truppen zerstört, die meisten als Heizmaterial einer im Atelier des

Gasthofs eingerichteten Banja für die sowjetischen Soldaten. Die letzten Nachhuten der Memelverteidiger müssen sich am 1. Februar zusammen mit Volkssturmmänner und einigen Zivilisten aus den Nehrungsdörfern nach Süden durchkämpfen.[244] Am 4. Februar 1945 wird Cranz kampflos von sowjetischen Truppen besetzt.

Städter sind nicht so an die Heimat gebunden wie Menschen vom Land. Ein großer Teil der Königsberger gehört deshalb zu den Ersten, die sich zur Flucht entschließen. Bis am Abend des 22. Januar der Zugverkehr in das Reich aufhört, kann die Bevölkerung von Königsberg mit der Bahn die Provinz verlassen. Danach begibt sich ein großer Teil der Einwohner nach Pillau, um von dort aus entweder über die Frische Nehrung nach Westen zu gelangen oder mit dem Schiff über See ins Reich abtransportiert zu werden. Die ersten Flüchtlingsschiffe verlassen Pillau am 25. Januar.

Am 21. Januar erteilt der Oberkommandierende der Deutschen Marine, Großadmiral Karl Dönitz, den Befehl, mit allen verfügbaren deutschen Schiffen Flüchtlinge aus Ost- und Westpreußen zu evakuieren. Schiffe aller Bestimmungen und Größen wie Schul- und Handelsschiffe werden für die Fahrt nach Westen umgerüstet und vorbereitet. Alle Einheiten der Operation unterstehen dem direkten Kommando von Dönitz. Am 22. Januar 1945 beginnt das KdF-Schiff „Wilhelm Gustloff" in Gdingen (Gotenhafen) mit den Vorbereitungen für die Aufnahme von Flüchtlingen. Die sogenannte „Operation Hannibal" wird bis zum 8. Mai 1945 insgesamt 15 Wochen dauern und die größte Evakuierung aller Zeiten über See. Mehr als zwei Millionen Menschen gelangen mit ihr in den Westen des Reichs und in das besetzte Dänemark.

Militärische Anforderungen haben auch jetzt noch Vorrang vor der Rettung der Zivilbevölkerung. Neben verwundeten Soldaten und Truppen, die umgruppiert und an andere Fronten verlegt werden, werden mit den Schiffen auch U-Boot-Kadetten aus Danzig nach Schleswig-Holstein gebracht. Doch in jeden noch freien Winkel der Schiffe werden Flüchtlinge gestopft, allerdings nur Frauen, Kinder und alte Männer. Männer bis zum 60. Lebensjahr werden noch in den Evakuierungshäfen zum Volkssturm eingezogen. Die in den Hafenstädten auf den Abtransport in den Westen wartenden Flüchtlinge werden in Privatquartieren, Schulen, Betrieben oder anderen größeren Unterkünften untergebracht, organisiert noch von der NSDAP mit ihren Unterorganisationen. Sie versorgen die Flüchtlinge mit Essen, kümmern sich vor allem um den Transport von zu Fuß durchziehenden Flüchtlingen und weisen den Menschen die von der Marine gemeldeten Schiffsplätze zu.

Wilhelm Matull hat bis in diese Tage hinein bei schneidend frostigen Temperaturen auf der Schichau-Werft gearbeitet. Am 20. Januar begreift er, dass die sowjetische Offensive auch Königsberg bedroht. „Wie ein reißender Wolf fraß sie sich Tag um Tag näher. In Königsberg brach Panik aus; alle Bande der Ordnung lösten sich auf. Jeder versuchte, einen Eisenbahnzug, ein Schiff oder wenigstens zu Fuß einen rettenden Hafen zu erreichen."[245] Matull muss sich wie alle Männer zwischen 45 und 60 zum Volkssturm melden. „So stand ich – einem mit drakonischen Androhungen plakatierten Aufruf zufolge – am 21. Januar 1945 mitsamt etwa 150 alten Männern und halben Kindern auf einem Appellplatz zwischen unserem gemeinsamen Wohnort Spandienen und Kalgen. Neugierigerweise waren sogar 2 noch nicht fünfzehnjährige dabei, die aber sofort nach Hause geschickt wurden."[246] Die Arbeitskameraden bitten Matull, ihre Führung zu übernehmen. „Im Räuberzivil, nur durch eine Armbinde als Volkssturmangehörige gekennzeichnet, sahen wir wie eine Partisanenbande aus. (...) Die meisten von uns waren überhaupt nicht Soldat gewesen."[247]

Der Volkssturmmann Matull erhält 250 Evakuierungsscheine. Sofort eilt er zu seiner Familie. Sie soll fliehen. „Es gab Heulen und Zähneklappern, als ich ihnen verkündete, in wenigen Minuten müßten wir auf die Flucht gehen. Hastig wurde zusammengerafft, was sich auf zwei Schlitten und in Rucksäcken packen ließ."[248] Jeder ein Kind auf dem Arm und Schlitten mit dem Notwendigsten hinter sich herziehend, marschiert die Familie Matull durch Königsberg zum Sammelpunkt Nordbahnhof. Dort nimmt ein Fuhrwerk alle zur Schichau-Werft mit. „Schaurig dieser letzte Weg durch Königsberg: gespenstisch hastende vermummte Gestalten, Gefährte und Schlitten, Totenstille, dann wieder Bombenwürfe. Auf den Wegen lagen zusammengestürzte Tiere, aber auch Menschen steif gefroren."[249] Erschöpft erreichen die Matulls die Schichau-Kais. „Hier ankerten Schiffe, die unablässig Menschenfracht aufnahmen: Flüchtlinge aus Spandienen und Ponarth, verwundete Soldaten, und aus den Kellern des Verwaltungsgebäudes von Schichau wurden auf Bahren Frauen mit neugeborenen Kindern gebracht, die man in letzter Minute aus Ausweichkrankenhäusern gerettet hatte. An der Pier standen Volkssturmwachen, die meine Arbeitskollegen waren. Sie redeten mir zu, mit aufs Schiff zu kommen." [250] Matull bringt es nicht fertig, die ihm anvertrauten Männer im Stich zu lassen. Das Schiff mit seiner Familie lichtet ohne ihn den Anker. Aber die Menschen, die die Häfen erreichen und an Bord gehen können, sind noch nicht gerettet. Die Schiffe der Marine mit Flüchtlingen, Verwundeten und dem Nachschub an Menschen und Material für die Wehrmacht sind Angriffsziele der „Baltischen Rotbannerflotte". Die ist nach dem Verlust der sowjetischen Basen im Baltikum und von Kotka am Eingang des Finnischen Meerbusens vom 8. September 1941 bis zum 27. Mai 1944 durch eine deutsche Minensperre in der Stadt in Leningrad eingeschlossen gewesen. Erst nach Aufhebung der Blockade Leningrads gewinnt sie ihre Handlungsfreiheit wieder. In der Ostsee nach dem Waffenstillstand mit Finnland und dem Zurückdrängen der Wehrmacht im Baltikum beginnt die Baltische Flotte mit der Räumung der Minen- und U-Bootsperren. 1945 beginnen größere U-Booteinsätze. Sie richten sich gegen die Flüchtlings- und Truppentransporte der deutschen Marine auf der Ostsee.

Am 30. Januar 1945 gegen 13.10 Uhr legt die „Wilhelm Gustloff" vom westpreußischen Hafen Gdingen (Gotenhafen) ab. Die genaue Anzahl der Passagiere und Besatzungsmitglieder lässt sich nicht mit letzter Sicherheit feststellen, offiziell registriert sind 7 956 Menschen. Nach Ende der offiziellen Zählung drängen aber noch ungefähr

Dieses Foto von im vereisten Pillauer Hafen anlegenden Marineschiffen hat ein Angehöriger der Reichsmarine am 26. Januar 1945 von Bord aus geschossen. Am Kai sind die Flüchtlingsmassen zu erkennen. Im Hintergrund der 1813 erbaute Leuchtturm von Pillau.

2 500 weitere Passagiere an Bord. Etwa 8 800 Passagieren sind Zivilisten, etwa 1 500 Wehrmachtsangehörige, darunter 162 Verwundete sowie rund 340 Marinehelferinnen und 918 Marinesoldaten der 2. U-Boot-Lehrdivision. Die U-Bootler sollen von Kiel aus erneut in den Kriegseinsatz gehen. Nach den Gesetzen des Krieges ist das Schiff also auch ein militärisches Ziel. Auf der Höhe von Stolpmünde in Pommern wird die „Wilhelm Gustloff“ gegen 21 Uhr von dem sowjetischen U-Boot S-13 gesichtet. Um 21.16 Uhr lässt der Kommandant der S-13, Alexander Iwanowitsch Marinesko, aus etwa 700 Metern Entfernung vier Torpedos abschießen. Ein Torpedo klemmt. Drei treffen. Gegen 22.15 Uhr sinkt das Schiff etwa 42 km von der pommerschen Küste entfernt. Herbeieilende Schiffe können nur 1 252 Menschen retten.

Am 9. Februar 1945 läuft die „General von Steuben“, ein ehemaligen Luxus-Kreuzfahrtschiff des Norddeutschen Lloyd, von Pillau in Richtung Kiel aus. An Bord befinden sich etwa 2 800 verwundete Soldaten, 300 Personen medizinisches Personal, 150 Mann Besatzung und etwa 900 Flüchtlinge, über die Zahl der eingeschifften Flüchtlinge besteht jedoch große Unsicherheit. Nachdem viele Frauen und Kinder von anderen Schiffen mitgenommen worden sind, haben auch Männer die Erlaubnis erhalten, an Bord zu gehen. Am 10. Februar gegen 0.55 Uhr wird auch die „Steuben“ auf der Höhe von Stolpmünde von Torpedos getroffen. Wieder hat sie das sowjetische U-Boot S-13 abgefeuert. Die „Steuben“ geht innerhalb von nur 15 Minuten unter.

Unter den Flüchtlingen sind auch acht protestantische Pfarrer, darunter der in den Zwangsruhestand versetzte 57-jährige ehemalige Dompfarrer von Königsberg Fritz Ewalt Quittschau. Der überlebende Pfarrer Karl Felgendreher vernimmt im Moment der Detonation die Stimme des Dompfarrers. In die Stille des Schreckens ruft Quittschau:, „Herr erbarme dich!“[251] 660 Schiffbrüchige können von einem Begleitschiff und einem zu Hilfe kommenden Torpedofangboot aufgenommen werden.

Am 15. Februar wird in Pillau registriert, dass bis dahin 204 000 Flüchtlinge mit Schiffen fortgebracht und weitere 50 000 nach Neutief übergesetzt wurden. Nach Pillau strömen weiter Zivilisten. Sie kommen nicht nur über Land, sondern auch immer dann von Neukuhren aus mit kleinen Schiffen an, wenn die Nehrungstrasse Richtung Weichsel einmal mehr hoffnungslos überfüllt ist. Pillau beherbergt an manchen Tagen über 75 000 Menschen; es wird immer wieder von sowjetischen Flugzeugen bombardiert. Allein in der Zeit von Anfang März bis Mitte April werden 13 schwere Luftangriffe auf Pillau geflogen. Gleichzeitig beschießt die sowjetische Artillerie Stadt und Hafen.

Gemäß einer Vortragsnotiz für eine Besprechung der Staatssekretäre der Reichsregierung in Berlin am 15. Februar 1945 und vom 20. Februar 1946 befinden sich von den etwa 2,3 Millionen Bewohnern Ostpreußens bei Beginn der Winteroffensive am 13. Januar 1945 zur Mitte des Februar 1945 bereits 1,4 Millionen außerhalb der Provinz. 400 000 Personen aus Königsberg, dem Samland und dem Heilsberger Dreieck sind zu diesem Zeitpunkt laut der Notiz noch „abzubefördern“. Am 20. Februar glauben die Teilnehmer, die Räumung Ostpreußens „voraussichtlich in 14 Tagen“ beenden zu können.[252]

Das Ende in Königsberg

Bis zum 26. Januar haben die sowjetischen Verbände der 11. Gardearmee von Nordosten her das unmittelbare Vorfeld der ostpreußischen Hauptstadt bei Neuhausen erreicht. Neuhausen fällt am 28. Januar endgültig in sowjetische Hand. Bis Anfang Februar unternimmt die sowjetische 39. Armee über Thierenberg und Germau hinaus einen tiefen Vorstoß bis dicht an die Ostseeküste südlich von Palmnicken. Einige Zehntausend Einwohner und Flüchtlinge werden zuvor in Cranz und anderen Orten des Samlandes vom schnellen Vordringen sowjetischer Einheiten überrascht. Von Norden, die Provinzhauptstadt östlich umgehend, gelangen am 1. Februar bei Groß Heydekrug und dem Gut Caphorn Soldaten der sowjetischen 39. Armee nördlich von Königsberg an das Frische Haff. Damit ist die Landverbindung nach Pillau unterbrochen und Königsberg praktisch eingeschlossen. Die Masse der im Samland zusammengeströmten Flüchtlinge und der einheimischen Bevölkerung rettet sich entweder in die Stadt Königsberg oder in den schmalen Küstenstreifen der Samlandfront von Neukuhren bis nach Pillau und weiter nach Fischhausen. Über 150 000 Menschen befinden sich zu dieser Zeit in Königsberg. Mehr als 200 000 Zivilisten werden im noch nicht von der Roten Armee eingenommenen Gebiet des Samlandes zusammengedrängt. Als Ende Januar 1945 die Einschließung von Königsberg vollendet ist, können noch geringe Teile der Bevölkerung mit Schiffen über das Frische Haff nach Pillau evakuiert werden.

Den beiden angreifenden sowjetischen Armeen ist es nicht gelungen, Königsberg im Zangenangriff zu besetzen. Grund dafür ist der von der deutschen 3. Panzerarmee am 30. Januar mit zwei Panzerdivisionen aus dem Raum Brandenburg gegen den linken Flügel der sowjetischen 11. Gardearmee vorgetragene Gegenangriff längs der Haffküste nach Nordosten. Er hat das Ziel, die verlorengegangene Verbindung zwischen Königsberg und der auf den Raum westlich der Alle zurückgedrängten deutschen 4. Armee wiederherzustellen. Der Vorstoß hält die sowjetische 11. Gardearmee davon ab, die südlichen Stadtteile Königsbergs einzunehmen.[253] Die noch kampffähigen Reste der am 26. Januar unter ihrem neuen Befehlshaber Generaloberst Lothar Rendulic zur „Heeresgruppe Nord“ umbenannten einstigen Heeresgruppe Mitte mit den Hauptkräften der 4. Armee und der 3. Panzerarmee sind zu dieser Zeit in die drei Kessel Samland, Königsberg und Heiligenbeil aufgespalten und an Frisches Haff und Meer gedrückt.[254] Nach Verlust der bisherigen Hauptversorgungsstrecke über Elbing geht seit Ende Januar 1945 der gesamte Nachschub der Heeresgruppe Nord über Pillau. Die Bedeutung des Hafens wächst mit jedem Tag. Über ihn kommen Munition, Betriebsstoff und Versorgungsgüter aller Art. Von ihm gehen die Ströme der Verwundeten- und Flüchtlingstransporte ab.[255]

Drei Wochen nach Beginn des Angriffs endet die „dynamische“ Operationsphase der 3. Weißrussischen Front auf dem Boden Ostpreußens. Im westlichen Samland stabilisiert sich die Front auf einer Linie von Neukuhren über Thierenberg nach Kragau. Das Hauptquartier in Moskau befiehlt Anfang Februar seinen Truppen in Ostpreußen, vorübergehend zur Verteidigung überzugehen. Die Rote Armee begnügt sich mit der weitgehenden Abschnürung der Stadt Königsberg von ihren Landverbindungen ins Samland und der Störung der Verbindungen in den Kessel im Raum Braunsberg-Heiligenbeil. Am 12. Februar wird aus Truppenverbänden der 3. Weißrussischen und der 1. Baltischen Front die sogenannte Samland-Gruppierung gebildet.

Unter der Führung des Stabes des aus Memel abgezogenen XXVIII. Armee-Korps wird am 9. Februar die deutsche „Armee-Abteilung Samland“ gebildet. Sie ist der Heeresgruppe Nord unterstellt. Die Abteilung wird kommandiert vom ehemaligen Festungskommandanten von Memel, dem General Hans Gollnick. Die Divisionen der Armee-Abteilung Samland bilden von Norden nach Süden die 551. Volksgrenadierdivision, die 95. Infanteriedivision, die 93. Infanteriedivision, die 58. Infanteriedivision, die 548. Volksgrenadierdivision, die 5. Panzerdivision, die 561. Volksgrenadierdivision und eine Kampfgruppe unter dem stellvertretenden Kampfkommandanten von Königsberg Hans Mikosch. Zur Armee-Abteilung gehören auch die 1. Infanteriedivision, die in der Festung Pillau stehende „Division zur besonderen Verwendung 607" und die in Königsberg verteidigende 367. und die 69. Infanteriedivision.

Bis Ende Januar 1945 sendet der Reichssender Königsberg noch. Nach der Einschließung Königsbergs herrscht Funkstille. Als die Verbindung ins Samland wieder freigekämpft worden ist, wird beschlossen, den Sender noch einmal in Betrieb zu nehmen. Der Kapellmeister Erich Börschel und seine Frau Ruth ziehen aus einem Notquartier in den Keller des Funkhauses; Ruth Börschel, die bisher für ein Nachrichtenbataillon gekocht hat, wird als Ansagerin eingeteilt. Ende März kommen Mitarbeiter des Soldatensenders Danzig, die aus der kurz vor der Eroberung stehenden Stadt über die Nehrung geflohen sind, nach Königsberg. In den Kellerräumen des Senders richten sie ihr Tonstudio ein.

Am 28. Januar hat der Kurator der Albertina die Königsberger Universität schließen und nach Greifswald verlegen müssen. Nur wenige Vorlesungen werden im Februar noch gehalten, die letzte vom Slawistik-Professor Hans Meyer über Dostojewski. Meyer kommt wenige Wochen später bei einem der erzwungenen „Propaganda-Märsche" im Samland um. Am Vormittag des 12. Februar macht Bruno Schumacher, dem im Jahr zuvor das Amt des „Bohnenkönigs" der „Gesellschaft der Freunde Kants" zugefallen ist, sich auf, an Kants Todestag einen Kranz an dessen Sarkophag niederzulegen. Er wird eskortiert vom Geheimrat Freuß und dem Bibliotheksdirektor Diesch, die der Vereinstradition gemäß dem „Bohnenkönig" als „Minister" assistieren. Die drei älteren Herren begleitet ein junger Neffe Schumachers, der sich als genesender Soldat in Königsberg aufhält. Am Tag der Kranzniederlegung liegt die Königsberger Innenstadt unter Dauerbeschuss.[256] Bis zur Kneiphöfschen Langgasse, der Hauptstraße des Kneiphofs, kommen die vier Männer gut voran. Dann sind unter gelegentlichem Störfeuer zahlreiche Barrikaden zu überklettern. „Schwieriger war es, an das Kenotaph heranzukommen. Das Bronzegitter war natürlich verschlossen; niemand war da, der den Schlüssel hatte. Schließlich trieben wir irgendwo eine kleine Leiter auf, mit deren Hilfe mein Neffe an den Sarkophag herangelangte, wo er den Kranz ordnungsgemäß niederlegte." Durch das Gitter kann die Delegation der „Gesellschaft der Freunde Kants" ihren vorerst letzten Gruß entbieten.[257]

Am 17. Februar befiehlt das deutsche Oberkommando einen Angriff zur Beendigung der Blockade Königsbergs, um eine Verbindung von Königsberg in das Samland zu schaffen. Von der Heeresgruppe Kurland ist zuvor die 93. Infanteriedivision mit dem 271. Grenadier-Regiment „Feldherrnhalle" per Seetransport an die Armeeabteilung Samland abgegeben worden. Aus der blockierten Stadt brechen am 19. Februar zwei Infanteriedivisionen und eine Panzerdivision längs der Eisenbahnlinie und der Straße nach Pillau aus. Aus dem Raum Fischhausen kommen ihr drei deutsche Infanteriedivisionen sowie einige selbständige Infanterieregimenter und Bataillone entgegen. Die Entsatztruppen verfügen noch über etwa siebzig Panzer.[258] Die Königsberger

1. Infanteriedivision nimmt den Vorort Megethen und trifft mit den von außen angreifenden deutschen Truppen zusammen.[259] Die eng an der Küste vorgehenden Truppen werden von der Schiffsartillerie der im Königsberger Seekanal operierenden schweren Kreuzer „Admiral Scheer" und „Lützow", von drei weiteren Zerstörern, zwei schweren Artillerieträgern, mehreren Torpedobooten und dem Artillerieschulboot „Drache" unterstützt. Nach dreitägigen harten Kämpfen wird wieder eine Verbindung vom nördlichen Samland nach Königsberg hergestellt. In weiteren Gefechten gelingt es nach und nach, den Korridor zu erweitern.[260] Die sowjetische 39. Armee ist von dem Angriff völlig überrascht worden[261], er zwingt die sowjetische 43. und die 39. Armee sowie die 11. Gardearmee, zeitweilig jeden eigenen Angriff einzustellen.[262] Nachdem die Verbindung nach Pillau wieder freigekämpft ist, folgt in Königsberg eine Zeit relativer Ruhe. Es gibt Strom, Gas und Lebensmittel auf Karten. Zeitungen erscheinen. Kinovorführungen finden statt. Geschäfte und Gaststätten öffnen selbst angesichts des jederzeit möglichen Artilleriebeschusses.

Nach der Sprengung des Einkesselungsringes werden weitere Teile der Zivilbevölkerung aus Königsberg ins Samland evakuiert. Trotzdem verbleiben immer noch etwa 100 000 Menschen in der Provinzhauptstadt. Viele wähnen sich in der Stadt sicherer als im Samland oder auf dem gefahrvollen Fluchtweg über See. Mancher glaubt noch aus ideologischer Verblendung an den „Endsieg", andere fürchten die Rote Armee weniger als die Strapazen der Flucht. Wieder andere finden allein nicht die Kraft zum Aufbruch, einige bleiben aus Verantwortungsgefühl für transportunfähige Angehörige oder weil sie ihren Arbeitsplatz nicht verlassen können.

Oberstleutnant Bruno Kerwin ist seit 1943 bei der Wehrersatzinspektion I tätig. Er erinnert sich: „Gewiß lag eine bedrückende Atmosphäre über der Stadt, da jeder vernünftige Mensch die verzweifelte Lage kannte, wenn er auch nicht darüber sprach bzw. auch nicht mit jedem sprechen konnte, und die übertriebene Propaganda mit den ‚Wunderwaffen' hatte keinerlei Wirkung, da sie nicht mehr glaubwürdig war. Dazu kamen die unheilvollen Nachrichten über die von den Russen torpedierten Schiffe auf der Ostsee mit Flüchtlingen und Verwundeten."[263] Kerwin schildert die Abwägungen der letzten Bewohner, ob man fliehen oder bleiben soll. „Selbstmorde gab es schon damals genug, teils einzeln, teils in ganzen Familien."[264] Für den Offizier Kerwin ist es unverantwortlich, die Stadt zur Festung zu erklären: „Die Verteidigung einer Großstadt wie Königsberg, dazu mit einer Zivilbevölkerung von über 100 000 Menschen, wo die feindliche Infanterie so nahe an der Stadt heran war, dass man schon z.B. von der Terrasse bzw. dem Turm des Guthauses Kraussenhof mit bloßen Auge das Schloß, den Dom und die anderen Kirchen, Gasanstalt, Schlachthof, die neuen Speicher am Hafen und vieles andere ausmachen konnte, war und bleibt ein Verbrechen."[265] Die Schuld für das Verbrechen weist Kerwin wie viele Ostpreußen der NSDAP und vor allem deren Gauleiter Erich Koch zu. Der Reichsverteidigungskommissar profiliert sich gegenüber Hitler mit der Propagierung eines Kampfes bis zum Endsieg.

Am 9. Februar hat das Hauptquartier in Moskau den Befehl erteilt, bis spätestens zum 25. Februar die drei ostpreußischen Kessel zu liquidieren. Angesichts der erschöpften sowjetischen Truppen führen die erneuten Angriffe jedoch zu schweren Verlusten bei nur geringen Geländegewinnen. Der Samland-Gruppierung wird die Aufgabe übertragen, durch eine Angriffsoperation zwischen dem 20. und 27. Februar den Samlandkessel zu zerschlagen. Mitten in ihren Angriffsaufmarsch hinein und für die Sowjets völlig überraschend erfolgt dann am 19. Februar der erfolgreiche Angriff der deutschen Armeeabteilung Samland Richtung Königsberg.

Die Schriftstellerin Agnes Miegel zögert ihre Flucht aus Königsberg lange hinaus. Erst als die Verbindung nach Pillau wieder freigekämpft ist und der Seekanal nicht unter direktem sowjetischen Beschuss vom Land liegt, entschließt sie sich, die zur Festung gewordene Heimatstadt zu verlassen. Anni Piorreck hat in ihrer Miegel-Biografie den Aufbruch der Schriftstellerin beschrieben. Am 27. Februar 1945 früh um 7.45 Uhr geht sie mit ihrer Haushälterin noch einmal durch alle Zimmer ihrer kleinen Wohnung in der Hornstraße. Dann wandern die beiden Frauen durch die Trümmer und den Schutt der zerstörten Stadt zum Hafen und begeben sich auf das Flüchtlingsschiff. Miegel hat nur ein einziges schriftliches Zeugnis ihrer Flucht hinterlassen. Darin beschreibt sie einen Morgen auf dem Flüchtlingsschiff „Jupiter", einem Frachter: „Ich stand oben auf dem Schiff in dem schmalen Gang. Nur wenige waren außer mir wach in der grauen Frühe. Alle andern schliefen noch nach einem schlimmen Tag, einer schlimmeren Nacht den schweren, bleiernen, traumlosen Erschöpfungsschlaf der vom Schicksal Geschlagenen. Dicht aneinander gedrängt in den Sälen, den Kabinen, den Laderäumen, den Treppen und Gängen des Schiffs – die Menschenfracht der Flüchtlinge, Frauen, Kinder, Greise, Landleute und Städter. Zwei Wochen schon, wie Verdammte, konnten wir nirgends an Land. Pommerland ist abgebrannt."[266] Die „Jupiter" erreicht am 15. März 1945 Kopenhagen.[267]

Ende März 1945, mit der Zerschlagung des Heilsberger Kessels, löst das Oberkommando der Wehrmacht den Stab der Heeresgruppe Nord auf. Die nur noch geringe Stärke der vorhandenen Truppen und das geringe zu verteidigende Territorium machen einen Heeresgruppenstab überflüssig. Der Oberbefehlshaber der 4. Armee, General Friedrich-Wilhelm Müller, übernimmt mit seinem Stab die Führung in Ostpreußen. Ihm werden neben den Resten der Armee die „Festung" Königsberg sowie die Truppen der Armee-Abteilung Samland unterstellt. Müller eilt der Ruf eines starren „Durchhaltegenerals" voraus.

Der äußerste Verteidigungsring Königsbergs ist von den sowjetischen Truppen bereits in den Januarkämpfen eingenommen worden. Jetzt haben die deutschen Verteidiger rund um die Stadt drei Verteidigungsstellungen geschaffen, die mit Festungsanlagen und Panzersperren durchsetzt sind. Die erste Stellung verläuft etwa sechs bis acht Kilometer vom Stadtzentrum entfernt auf der Höhe der in der zweiten Hälfte des 19. Jahrhunderts erbauten zwölf Forts. Die zweite Stellung liegt am Stadt-

Kurzes Verschnaufen der Kampfgruppe des Majors Malotka des Füsilier-Regiments 22 der 1. Infanteriedivision in der Deckung eines Walls. Die Soldaten der Elite-Division haben an diesem 19. Februar 1945 die Verbindung in das westliche Samland freigekämpft.

rand. Sie besteht aus Gebäuden, Barrikaden und Eisen-Beton-Feuerpunkten an den Straßenkreuzungen sowie aus verminten Abschnitten. Das Rückgrat der letzten Stellung innerhalb der Stadt bilden die neun alten Forts der die Altstadt umsäumenden Bastionen und weitere zur Verteidigung eingerichtete große Gebäude. Eines dieser Gebäude ist das Schloss, das einigen tausend Verteidigern Raum bietet.[268]

Die Besatzung der „Festung“ Königsberg unter Festungskommandant Lasch zählt vier Divisionen, sieben Volkssturmbataillone und eine unbestimmte Zahl sogenannter „Alarmeinheiten“. Anfang April 1945 hat die „Festung Königsberg“ eine Gesamtbesatzung von rund 48 000 Mann, darunter 5 000 Angehörige des Volkssturms. Sie verfügt noch über 224 Artilleriegeschütze, 160 schwere Panzerabwehr-Kanonen und 16 Sturmgeschütze. Die Munition für die Artillerie ist knapp. Luftunterstützung gibt es kaum. In der Stadt befinden sich noch etwa 130 000 Zivilisten.

Die Rote Armee plant einen Angriff durch eine Zangenbewegung von Süden durch die 11. und von Norden durch die 43. Gardearmee. Die Stadt soll schnell eingeschlossen und am dritten Operationstag genommen werden. Damit es aus dem Samland nicht zu Entlastungsangriffen kommt, soll die sowjetische 2. Gardearmee von Nordwesten gegen die Samlandfront antreten. In Vorbereitung des Angriffs auf Königsberg lässt der Stab der sowjetischen Samlandgruppe ein Modell der Stadt Königsberg im Maßstab 1:3 000 bauen, das exakt dem Stadtplan entspricht und den Verlauf der aufgeklärten Verteidigungsanlagen und Stellungen zeigt. Mit den Kommandeuren der Truppenteile, die die Stadt stürmen sollen, werden am Modell Übungen durchgeführt. Vor Beginn des Angriffs erhalten alle Kommandeure von den Zugführern aufwärts einen Stadtplan mit einer einheitlichen Nummerierung der Häuserblocks und der wichtigsten Gebäude. Neben den zwei Luftarmeen der 3. Weißrussischen Front werden die Fliegerverbände der Leningrader und der 2. Weißrussischen Front, der 18. Luftarmee und der Baltischen Flotte mit herangezogen. Ein Drittel der gesamten sowjetischen Luftwaffe steht zur Bombardierung Königsberg bereit. Für den Sturm auf die Stadt werden 137250 Mann, mehr als 5000 Geschütze und Granatwerfer sowie 538 Panzer und Selbstfahrlafetten zusammengezogen.[269] Vier Tage vor Angriffbeginn beschießt die sowjetische Artillerie die deutschen Stellungen. Schon zu diesem Zeitpunkt können die Verteidiger wegen des Mangels an Artilleriemunition nicht offensiv reagieren. Nach massiver Feuervorbereitung treten am 6. April um 12 Uhr die sowjetischen Sturmtruppen an. Im Süden gelingt es den Sowjets, bis zum Königsberger Hauptbahnhof vorzudringen, im Norden durchtrennt die sowjetische 39. Armee die Eisenbahnverbindung nach Pillau. Bis zum Abend ist sie 4 km tief in die deutsche Verteidigung eingebrochen.[270] Sowjetische Flugzeuge kreisen über den deutschen Linien und werfen Bomben ab.

Überall in Ostpreußen sitzen die Menschen, solange sie noch Strom und Batterien haben, vor ihren Empfängern und hören den Reichssender Königsberg. Man hat gelernt, die Propaganda zu interpretieren und kann selbst an Erfolgsmeldungen den Vormarsch und Durchbruch der Roten Armee ablesen. Der größte Teil der Orchestermitglieder des Senders ist gegen Kriegsende eingezogen worden, das Tanz- und Unterhaltungsorchester kann in Kriegszeiten nur existieren, weil es seinem Leiter Erich Börschel gelungen ist, aus dem Gefangenenlager Stablack französische und belgische Musiker zu verpflichten. Die letzte Sendung des Senders findet am 7. April 1945 statt. Am gleichen Tag begibt sich die improvisierte Mitarbeiterschaft mit dem Ü-Wagen und drei Lastwagen auf die Flucht. Der Konvoi kann nach Pillau durchkommen.[271]

Um 8.30 Uhr am 6. April 1945 beginnt auch an der Samlandfront ein schwerer Kampf. Die Sowjets wollen die Verbindung nach Königsberg unterbrechen.[272] Die gesamte Front von Königsberg bis zu den Erhebungen des Galtgrabens liegt unter sowjetischem Feuer. Der Schwerpunkt der Kämpfe liegt am Westrand Königsbergs zwischen Charlottenburg und Medenau bei der 548. und 561. Volks-Grenadierdivision sowie der 1. Infanteriedivision. Alle drei Divisionen werden fast auf die Bahnlinie zurückgedrückt. Die Angriffe der sowjetischen Fliegerkräfte auf Königsberg erreichen am 8. April ihren Höhepunkt. An diesem Tag fliegen sowjetische Flugzeuge über 6000 Einsätze.[273]

In den Vormittagsstunden des 8. April erreicht der linke Flügel der 11. Gardearmee den Pregel. Die Gardearmee setzt aus der Bewegung über den Fluss und vereinigt sich mit der von Norden angreifenden 43. Armee bei Amalienau. Damit ist Königsberg eingeschlossen. Der Festungskommandant Lasch lehnt am 8. April die von der Sowjetunion angebotene Kapitulation der Stadt ab.

Am 8. April wacht Michael Wieck im Keller seines Hauses auf, weil er seit langer Zeit wieder einmal, wenn auch in großer Entfernung, das Rasseln von Panzerketten hört. Der Gefechtslärm wandert weiter. In den Straßen ist es jetzt relativ ruhig. „Die Neugier läßt mir keine Ruhe, und so gehe ich wieder in den anderen Keller, von dem man eine gute Sicht auf die Steinmetzstraße hat. Eine Zeitlang rührt sich nichts. Aber dann sehe ich mitten auf der Straße einen russischen Soldaten auf einem Fahrrad, völlig ungedeckt und ungeschützt, langsam, mit der Maschinenpistole im Anschlag – also einhändig fahrend –, die Straße von rechts langsam entlang kommend auf die Kreuzung Schrötterstraße zufahren. Er passiert mein Kellerfenster, unter das ich mich ducke, um nicht gesehen zu werden. Als ich wieder hinausschaue, umfährt er den Bombentrichter und ist meiner Sicht entschwunden."[274]

Der Soldat, den Wieck sieht, handelt gegen die Befehle. Ein aus dem Kommandobereich der sowjetischen 39. Armee im ostpreußischen Samland stammender Befehl vom Februar 1945 schreibt den Sturmgruppen ihr Vorgehen im Straßenkampf vor. Die Sturmtrupps sollen nur mit Artillerieunterstützung vorgehen. Ihre leichte Artillerie soll auf kurze Entfernung die Häuser, Gräben und Mauertrümmer beschießen, in denen sich deutsche Soldaten festgesetzt haben. „Die Geschütze fahren nicht auf offenen Straßen und Kreuzungen, auch nicht auf freien Plätzen auf, damit sie nicht von Scharfschützen und MG-Schützen außer Gefecht gesetzt werden. Man sucht Schutzstellungen auf und durchbricht Wände für das Schußfeld. Durch Artilleriebeschuß werden die Erdgeschosse zuerst zerstört, um den Gegner zu zwingen, die Gewölbe zu verlassen oder sich auf die höheren Etagen zu flüchten."[275] An den Baulücken jeder deutschen Stadt, die die Rote Armee erstürmt, kann besonders an den Eckgrundstücken diese Taktik noch Jahrzehnte später abgelesen werden.

Beim Vorgehen im Inneren von Häusern fordert ein für die am Sturm auf Königsberg beteiligten Gardetruppen bestimmtes Flugblatt, in jeden Raum vor dem Eindringen eine Granate zu werfen. „Die Granate zuerst, Du ihr nach. Die nächste Granate ist schon bereit. Im Hause gibt es viele Zimmer, Korridore, Zwischendecken. Dreh Dich ständig um! In jeden dunklen Winkel – eine Granate! Mit aller Macht voran! Auf jede Zimmerdecke eine MP-Salve und wieder weiter. Ein anderes Zimmer – eine Granate! Drehung – noch eine Granate. Die Korridore durchpflüge mit der Maschinenpistole."[276] Es hätte auch in den Kellern kaum Überlebende unter den Zivilisten gegeben, wenn die Rotarmisten sich an ihre Vorschriften gehalten hätten.

Am Abend des 8. April sind nur noch etwa 10 km2 von Königsberg in den Händen der Verteidiger. Einige Stoßtrupps der Festung Königsberg stellen am 8. April noch einmal eine Verbindung zur 561. Volksgrenadierdivision im Samland her, die von Westen mit Teilen 5. Panzerdivision angreift. Festungskommandeur General Otto Lasch befiehlt für die Nacht einen Ausbruchsversuch: Der Entsatzangriff soll um

23 Uhr beginnen, am 9. April um 4 Uhr soll die 5. Panzerdivision von außen gegen den Einschließungsring vorstoßen. Zwischen den Dienststellen der NSDAP und der militärischen Führung kommt es zu keinem abgestimmten Vorgehen mehr. Ohne Rücksprache mit dem Festungskommandanten ruft die Königsberger NSDAP die Bevölkerung auf, sich am 9. April eine halbe Stunde nach Mitternacht an der nach Pillau führenden Ausfallstraße zu sammeln. Der Zivilbevölkerung soll ein Weg aus der Stadt freigekämpft werden. Eine große Zahl von Bewohnern folgt dem Aufruf zur Flucht, und so bildet sich ein chaotischer Tross hinter den deutschen Stoßtrupps. Auf der Ausfallstraße nach Westen wird die Menschenmenge entdeckt und von sowjetischer Artillerie unter Feuer genommen. Der Ausbruchversuch der Wehrmacht bleibt schnell stecken; der Führer des Ausbruchversuchs, Generalmajor Erich Sudau, fällt, ebenso der stellvertretende NSDAP-Gauleiter Ferdinand Großherr. Zivilbevölkerung und Soldaten fluten in die Stadt zurück.

Nach dem erfolglosen Ausbruchsversuch lösen sich die Kämpfe in der Innenstadt in Einzelgefechte im Norden von Königsberg auf. Am 7. April 1945 hat der Oberjäger Erich Riegner bereits 58 Tage im Lazarettkeller in der Schönstraße verbracht. Er hat alles für eine Flucht vorbereitet, sich einen Essensvorrat angespart, einen Stadtplan und neue Schuhe besorgt. In der Nacht vom 9. zum 10. April eilt ein Sanitätsoberfeldwebel durch alle Gänge des Lazaretts und gibt laut bekannt: „In spätestens zwei Stunden wird der Hauptverbandplatz an die Russen übergeben. Wer sich alleine zutraut, die Küste bei Pillau zu erreichen, kann auf eigene Faust abhauen."[277] Riegner überredet einen neben ihm liegenden Obergefreiten mit ihm zu kommen. „Der wollte partout auf die Russen warten. Er glaubte nicht, was man über sie sagte. ‚Alles Goebbelspropaganda', meinte er. ‚Ich warte hier ab!'" Als die beiden aus dem Keller des Lazaretts treten, beleuchten brennende Ruinen die Straßen. „Eine lang gezogene Kolonne humpelnder Gestalten schleppte sich vorüber, hier und da einer mit umwickeltem Kopf, Blinde, die von nicht so schwer getroffenen Kameraden untergehakt und geführt wurden, dazwischen welche auf Krücken oder mit einem selbst geschnitzten Knüppel." Eine Stunde später erreichen die beiden den Pregel. In Moditten treffen sie im ersten Schimmer der Morgendämmerung des 10. April auf eine große Anzahl anderer Flüchtlinge. Alle wollen nach Pillau.[278] In ihrer Orientierungslosigkeit resignieren die meisten. „Die Straße wäre freigekämpft, hieß es, aber das war nicht die ganze Wahrheit. Ich wusste es besser. Die russischen Kampfeinheiten feierten und betranken ihren Sieg. Königsberg war gefallen! Sollten die Deutschen doch ruhig verschwinden! Je weniger von ihnen zurückblieben, um so besser!"[279] Im Siegestaumel der Rotarmisten finden Riegner und sein Gefährte einen Weg durch die sowjetischen Linien. Gleich hinter Großheydekrug, etwa auf halber Strecke zwischen Königsberg und Fischhausen am Frischen Haff, werden die beiden von deutschen Jagdpanzern überholt. Einer hält an und lässt sie aufsitzen.[280] Sie gelangen nach Pillau und von dort nach einigen Tagen mit einem Lazaretttransport nach Stralsund.

Der Fotograf des Berliner Scherl-Verlages hat bewusst arrangiert, was er Anfang Februar 1945 ablichtet. Ein alter und ein junger Volkssturmmann verteidigen mit Panzerfaust und Karabinern noch den äußersten Verteidigungsring von Königsberg.

General Lasch erkennt die aussichtslose Lage. Er kapituliert am Abend des 9. April 1945[281] und wird dafür von Adolf Hitler in Abwesenheit zum Tode verurteilt. Seine Familie wird in Sippenhaft genommen. Der Oberbefehlshaber der 4. Armee, General Müller, wird durch den General der Panzertruppe Dietrich von Saucken ersetzt.

Nach sowjetischen Angaben fallen bei allen Kämpfen um Königsberg rund 42 000 deutsche Soldaten und Offiziere. 92 000 geraten in Gefangenschaft, über 15 000 Kriegsgefangene verschiedener Nationalitäten werden befreit.[282] Fortgesetzte Bombenabwürfe und Artilleriebeschuss zerstören während der Wochen der Einschließung einen großen Teil der ohnehin durch die früheren Luftangriffe schon schwer mitgenommenen Stadt. Sie bringen der nur noch in Kellern lebenden Zivilbevölkerung hohe Verluste bei. Etwa 2 % der in Königsberg gebliebenen Bevölkerung kommen im Laufe der Kampfhandlungen ums Leben.

Der Königsberger Walther Hubatsch ist einer der renommiertesten konservativen Historiker in den ersten Jahrzehnten der Bundesrepublik. Als Wehrpflichtiger ist er in den letzten Kriegsjahren Mitarbeiter des Kriegstagebuchs des Oberkommandos der Wehrmacht, 1952 schreibt er eine kurze Geschichte der 61. Infanteriedivision. Im Herbst 1944 ist die ostpreußische Division zur 61. Volksgrenadierdivision umbenannt worden. Sie stellt in Königsberg den Kampf erst am Morgen des 10. April ein. Um 6.30 Uhr legt sie in der von ihr gehaltenen Bastion Sternwarte die Waffen nieder.

Die letzten Kämpfer der Division treten an. Ihr Kommandant Generalleutnant Rudolf Sperl wird auf einer Bahre vorangetragen. Dann geht der Marsch bis zum Schauspielhaus. Dort werden die noch etwa 100 Offiziere und 600 bis 800 Unteroffiziere und Mannschaften vom Stab der sowjetischen 18. Garde-Schützendivision empfangen. Hubatsch berichtet: „Die Übergabe erfolgte in ehrenvoller Form, den Offizieren wurden zunächst die Waffen belassen. Die 18. Garde-Schützendivision, die der 61. Div. am Wolchow, an der Narwa und vor Gumbinnen gegenübergelegen hatte, hat ihrem Gegner in soldatischer Weise Anerkennung bezeugt."[283] Dass sich die Wehrmacht gegenüber kapitulierenden sowjetischen Truppen jemals so verhalten hat, ist nicht bekannt.

Das Kriegsende in Samland und Weichselniederung

Königsberg ist gefallen, aber im westlichen Samland wird weitergekämpft. Als nach dem Fall von Königsberg Mitte April der sowjetische Großangriff gegen die Samlandfront beginnt, steht auch das Ende des Zufluchtpunkts Pillau bevor. Der 38-jährige Kommandeur der 3. Weißrussischen Front, General Iwan Tschernjachowski, ist am 18. Februar 1945 bei Mehlsack unter bis heute ungeklärten Umständen gefallen.[284] Seine Nachfolge hat der 50-jährige Alexander Wassilewski angetreten. Armeegeneral Wassilewski benötigt nach der Einnahme von Königsberg nur vier Tage, um den Aufmarsch der gesamten ihm nun unterstellten 3. Weißrussischen Front gegen das westliche Samland zu vollenden.[285] Er beginnt die letzte Offensive in Ostpreußen. Die 3. Weißrussische Front setzt hierbei noch einmal fünf ihrer Armeen gegen die jetzt zur „Armee-Abteilung Samland" zusammengefassten letzten deutschen Truppen in Ostpreußen ein.[286]

Der sowjetische Angriff beginnt am Morgen des 13. April. Wie allen Angriffen geht ihm ein starkes Artilleriefeuer voran. Die 1. und der 3. Luftarmee fliegen Unterstützungsangriffe.[287] Bereits am Abend gerät die deutsche Front in Bewegung; einen Tag später zeichnet sich die Gefahr der Spaltung der Armee-Abteilung Samland ab. Die im Nordwesten stehenden deutschen Verbände werden zurückgenommen. Am 15. April löst das Oberkommando des Heeres die Armee-Abteilung Samland auf und unterstellt die Reste ihrer Truppen einer neu gebildeten Armee „Ostpreußen", zu der auch die verbliebenen deutschen Verbände auf der Halbinsel Hela und im Weichseldelta gehören. Es soll versucht werden, möglichst viele ihrer Soldaten und Offiziere zu retten. Ununterbrochen, Tag und Nacht, wird von Pillau und aus dem Weichsedelta der Abtransport von Verwundeten und frei gewordenen Stäben per Schiff organisiert. Die Schiffe werden permanent von sowjetischen Fliegerverbänden angegriffen.

In der Nacht zum 17. April fällt Fischhausen, etwa zum gleichen Zeitpunkt der Ort Peyse mit der gleichnamigen Halbinsel in die Hand der Roten Armee. Hier ist die 5. Panzerdivision gemeinsam mit der Heeres-Sturm-Pionier-Brigade 627, der 28. Jägerdivision und Teilen der 1. Infanteriedivision eingeschlossen. Am 16. April wird bei einer Besprechung der Kommandeure der Verbände festgestellt, dass kaum jeder zweite Soldat noch ein Gewehr und kaum einer mehr als fünf Schuss Munition hat. Die Divisionsgeschichte der 5. Panzerdivision zitiert die Situation: „Die Kampfmoral ist gebrochen. Nennenswerter Widerstand kann so nicht mehr geleistet werden. Jeder weitere Kampf hier auf der Halbinsel bedeutet nichts als Selbstmord."[288]

Hans-Georg von Tempelhoff, der Divisionskommandeur der 28. Jägerdivision, hat am 16. April 1945 die Verteidiger von Peyse unter seinem Kommando. Er entscheidet, dass die Stellung bis zum Morgen des 17. April zu halten sei, damit über Nacht möglichst viele der auf Peyse eingeschlossenen Soldaten mit Booten der Marine und der Pioniere herausgebracht werden können. Mit Prähmen der Marine gelingt es, rund 2000 der geschätzten 4000 Eingekesselten nach Pillau abzutransportieren. Ein Leutnant des Panzerregiments 31 schildert die Lage in der Nacht des 16. April: „Die Zahl der versammelten Offiziere, Unteroffiziere und Mannschaften läßt sich im ausgedehnten Kiefernwald der Halbinsel Peyse, der letzten Zufluchtstätte der 5. Pz. Div., nicht mehr abschätzen. In unserem Rücken befindet sich das Frische Haff. Eine Nachricht ist durch gesickert, die letzte der drei vom Kamstigaller Steg nach Pillau verkehrenden Fähren ist südlich Fischhausen von russischer Pak versenkt worden. Wie eine Traube haben sich die Männer an diese letzte Möglichkeit geklammert und es ist unwahrscheinlich, daß da noch einer das rettende Land erreicht hat. Unsere Hoffnung ist nun vollends begraben."[289] Auf der Halbinsel gibt es kein Brett, keinen Fahrzeugreifen oder leere Kanister mehr, um ein Floß zu improvisieren. Am 18. April kapitulieren hier die deutschen Truppen.

Auf dem Friedhof von Fischhausen sollen in diesen letzten Tagen aneinandergereiht 2000 unbeerdigte Leichen gelegen haben.[290] Etwa 15000 bis 20000 deutsche Soldaten können sich hinter den „Tenkitter Riegel" zurückzuziehen. Der sicherte, quer über die bis zu 3 km breite Nehrung der Samlandhalbinsel vor Pillau verlaufend, den zu „Festung" und Hafen Pillau führenden Zugang. Widerstand wird von deutschen Truppen jetzt nur noch zeitweise in der Umgebung von Pillau und Fischhausen geleistet. Eine geordnete Führung der in Auflösung befindlichen Truppen gibt es nicht mehr.[291]

Beim systematischen, langsamen Durchbrechen der zahlreichen, wenn auch nur punktuell verteidigten deutschen Stellungen erlahmt zunächst die Kraft der sowjetischen Angriffsverbände. Der Angriff der 2. Gardearmee stockt. Armeegeneral Wassilewski lässt in der Nacht zum 18. April die 2. durch die 11. Gardearmee ablösen. Erst am 20. April kann diese mit einem neuen Angriff auf die Stellungen bei Tenkitten beginnen. Es dauert noch fast sechs weitere Tage bis die deutschen Stellungen vor Pillau durchbrochen sind. Hinter dem Tenkitter Riegel beginnt ein etwa 4 km tiefer Kiefernwald, der bis Neuhäuser am Haff reicht. Er ist voller Fahrzeuge aller

Art, Munitionsvorräte und sonstigem Ausrüstungsgut, die beim Rückzug über das Tief zurückgelassen worden sind.[292] Über das Pillauer Tief ist Pendelverkehr nach der Frischen Nehrung mit allen nur verfügbaren Fahrzeugen eingerichtet. Alles, was zum Kampf um Pillau und sein Vorfeld nicht mehr benötigt wird, soll zur Nehrung übergesetzt werden. Die zurückgebliebenen Soldaten schützen die Flucht der Zivilbevölkerung und ihrer Kameraden.[293] Ihre noch kampffähigen Einheiten, zu denen die Marineküstenbatterien gehören, verteidigen ungeordnet und zunehmend vereinzelt hinhaltend, bis die letzte Granate verschossen ist.[294]

Neun Tage benötigen die beiden sowjetischen Gardearmeen, um die 12 km lange Strecke von Tenkitten bis Neutief aufzurollen, als am Abend des 25. April die Gardisten alle befestigten Abschnitte durchbrochen und die Festungsanlagen von Pillau erobert haben.[295] Auf den mit Verwundeten überfüllten Bunkern werden weiße Flaggen aufgezogen.[296] Mit Pillau geht am 25. April die letzte ostpreußische Stadt an die Sowjets über. Mit der Kapitulation Pillaus ist der Krieg in Ostpreußen immer noch nicht beendet. Auf der 70 km langen Frischen Nehrung ziehen sich unter zähem Widerstand die deutschen Truppen in den nächsten zehn Tagen nur langsam zurück, verfolgt von Einheiten der Roten Armee.

Die Kämpfe im westlichen Samland gehören zu den verlustreichsten des gesamten Krieges. Beim zähen Ausharren der Wehrmacht und den ununterbrochen befohlenen Angriffswellen der sowjetischen Armeen[297] sterben vom 13. bis zum 26. April nach sowjetischen Angaben über 50 000 deutsche Soldaten und Offiziere. Die 3. Weißrussische Front nimmt 30 000 Wehrmachtssoldaten gefangen.[298]

Auf 60 Booten und Tendern der Baltischen Flotte überwinden am 26. April zwei Schützenregimenter der Baltischen Flotte und ein Bataillon der 260. Selbstständigen Marineinfanteriebrigade das Pillauer Tief. Die Einheiten starten von Palmnicken und aus dem Raum Peyse-Zimmerbude. Gleichzeitig gehen mit Luftunterstützung von 300 Flugzeugen am West- und Ostufer der Frischen Nehrung Landungsabteilungen an Land. Auch Truppen der 11. Gardearmee setzen von Pillau aus über das Tief. Da die Wehrmacht auf der Nehrung noch immer erbitterten Widerstand leistet, bilden sie dort zunächst nur im Nordteil einen Brückenkopf.[299] Von Neutief aus drängen die sowjetischen Truppen nach und nach die aus dem Samland entkommenen Truppen in den westlichen Teil der Nehrung und den daran anschließenden nördlichen Teil des Weichseldeltas. Hier halten sich deutsche Verbände mit zeitweise 200 000 Mann bis zum Kriegsende. Dieses Klammern an den letzten verbliebenen west- und ostpreußischen Boden nach 700-jähriger deutscher Geschichte im Osten schafft ein sinnreiches Bild: Am Ausgang der Frischen Nehrung ins Weichseldelta liegt das Konzentrationslager Stutthof. So verteidigen etwa 200 000 deutsche Soldaten der „Armee Ostpreußen“ nicht nur die letzte Fluchtmöglichkeit von Zivilisten, den Abtransport von Verwundeten und die letzte eigene Rückzugschance – sie verteidigen auch das System der Konzentrationslager.

Die Reichsmarine transportiert von den kleinen Fischerhäfen Nickelswalde und Schiewenhorst an der Weichselmündung und den Stränden der Ostsee mit kleinsten Einheiten im Pendelverkehr Flüchtlinge, Verwundete und Soldaten zu den in der Danziger Buch auf Reede liegenden Schiffen, von wo die Menschen zur Halbinsel Hela gebracht werden. Viele dieser Schiffe werden auf der etwa dreistündigen Überfahrt Opfer von Fliegerangriffen.

Die 34 km lange Halbinsel Hela ragt in die Danziger Bucht, sie ist an ihrer schmalsten Stelle 200 m, an ihrer breitesten am östlichen Ende bis 3 km breit. Die in Hela auf ihren Abtransport wartenden Soldaten, Volkssturmmänner und Zivilisten liegen zumeist einige Tage im offenen Hafengelände oder in einem der Forste, die immer wieder das Ziel von Bombenangriffen und von Artilleriebeschuss von der Küste her sind. Der aus Danzig stammende Journalist Friedrich von Wilpert schreibt 1953: „Hela war schließlich mit Menschen so überfüllt, daß die weittragenden Geschütze der Sowjets wahllos die Halbinsel abstreuen konnten und immer Treffer erzielten. Die Ernährungslage auf Hela war kritisch, aber es kam zu keiner Katastrophe, weil unter anderem mehrere Tausend Pferde geschlachtet und aufgegessen wurden."[300] Allein im April 1945 verlassen mit Schiffen der Reichsmarine 387 000 Menschen Hela in Richtung Dänemark und Schleswig-Holstein.[301]

Erich Koch harrt lange in der Provinz aus. Der Gauleiter flieht am 24. April 1945 mit einem Flugzeug von Pillau-Neutief nach Hela, wo der eigens für ihn bereitgehaltene Hochsee-Eisbrecher „Ostpreußen" auf ihn wartet. Koch-Biograph Ralf Meindl konstatiert mehr als 60 Jahre später, die komfortablen Umstände von Kochs Flucht hätten den einst populären Mann „zur verhasstesten Figur in der ostpreußischen Geschichte" gemacht."[302] Kochs Flucht wird in etlichen Quellen dargestellt, als hätte er sich wie auf einer Kreuzfahrt auf den Weg in den rettenden Westen gemacht. Meindl: „Diese Darstellung war in ihren Grundzügen nicht falsch, aber deutlich übertrieben. Von hübschen ukrainischen Studentinnen war die Rede und von obskuren Kisten, die in Pillau verladen worden seien. Außerdem wusste der Volksmund von Windhunden, einem Mercedes und von Unmengen an Spirituosen und Luxusgütern, die die 'Ostpreußen' transportiert habe, zu berichten. Mindestens 400 Flüchtlinge hätten auf dem Schiff noch Platz gehabt, so ein Vorwurf, Koch habe deren Mitnahme aber verboten. Selbst von den Maschinisten habe er verlangt, dass sie ihre Frauen und Kinder wieder von Bord schickten, dem Kapitän habe er mit Erschießen gedroht."[303] Meindl sieht nach seinen Forschungen nicht alle diese Behauptungen bestätigt.

Erich Koch und seine engsten Begleiter schiffen sich am 27. April 1945 in Hela ein. Am 29. April wird Sassnitz auf Rügen angelaufen, das aber schon von der Roten Armee bedroht ist. Die Fahrt geht weiter nach Kopenhagen; am 5. Mai ist Koch in Flensburg, dem Sitz der Regierung Dönitz. Nach Darstellung Meindls verlangt er von der Regierung Dönitz die Bereitstellung eines Unterseebootes, das ihn und den Schleswig-Holsteinischen Gauleiter Lohse nach Südamerika hätte bringen sollen.

Da Koch kein Boot erhält und sich nicht den Briten ausliefern will, taucht er in Schleswig-Holstein unter.[304]

Im Westen der Frischen Nehrung, im Weichseldelta und auf Hela hält die Armee Ostpreußen bis zur deutschen Kapitulation einen deutschen Brückenkopf. Ende April warten auf Hela noch 200 000 Menschen auf ihren Transport nach Westen. Die Regierung Dönitz sendet General Dietrich von Saucken am 8. Mai ein Flugzeug, das er jedoch ebenso wie ein Schiff, das ihn evakuieren soll, zurückschickt. Noch am 7. und 8. Mai verlassen zahlreiche Schiffe Hela Richtung Dänemark und Schleswig-Holstein. Einige von ihnen transportieren bis zu 5 000 Verwundete.

Der für die Kapitulation der Wehrmacht im Osten festgelegte Termin ist so gewählt, dass bis zum 9. Mai ein Uhr nachts Wehrmacht und Marine Flüchtlinge und Soldaten evakuieren können. Laut Kapitulationsbedingungen sind alle Schiffe, die am 8. Mai null Uhr östlich von Bornholm stehen, an die Sowjetunion auszuliefern. Eine verbindliche Anweisung zur militärischen Gesamtkapitulation wird durch einen Funkspruch der Regierung Dönitz an das Armee Oberkommando Ostpreußen (Hela) ergänzt: „Alle bis zum 9. Mai 1945 01.00 gegebenen Möglichkeiten zum Abtransport über See sind unter äußerster Anspannung aller Kräfte auszunutzen. Alle Schiffe müssen bis zu diesem Zeitpunkt ausgelaufen sein."[305] Am Abend des 8. Mai brechen Unruhen unter den Tausenden im Hafen Hela wartenden Wehrmachtsoldaten aus. Sie haben von der bevorstehenden Kapitulation gehört und können nicht mehr mit ihrem Abtransport rechnen. Von Saucken kann durch Ansprachen die Aufrührer besänftigen. In der Nacht vom 8. zum 9. Mai 1945 wird ein bis dahin versiegelter Befehl Sauckens, von ihm unterzeichnet am 8. Mai um 23 Uhr, allen Regimentskommandeuren verlesen. Er regelt die Kapitulationsbedingungen der Armee Ostpreußen gegenüber den Sowjets.

Im letzten deutschen Wehrmachtsbericht vom 9. Mai 1945 heißt es: „In Ostpreußen haben deutsche Divisionen noch gestern die Weichselmündung und den Westteil der Frischen Nehrung tapfer verteidigt, wobei sich die 7. Division besonders auszeichnete. Dem Oberbefehlshaber, General der Panzertruppen von Saucken, wurden in Anerkennung der vorbildlichen Haltung seiner Soldaten die Brillanten mit Schwertern zum Ritterkreuz des Eisernen Kreuzes verliehen."[306] Im Bestreben, möglichst viele Soldaten und Zivilisten noch nach Westen zu transportieren und so in britische Kriegsgefangenschaft kommen zu lassen, verzögert sich bei der Armee Ostpreußen die Umsetzung der Kapitulation. Hierfür werden kommunikationstechnische Schwierigkeiten vorgegeben. Letztlich kapituliert von Saucken mit seinen Soldaten auf der Halbinsel Hela erst befehlswidrig am 14. Mai um 12 Uhr. Bis dahin setzt er entgegen den Kapitulationsbestimmungen mit Hilfe der Marine den Abtransport ins Reich fort. Die Versuche der Roten Armee, den fortgesetzten Abtransport durch den Einsatz von Luftwaffe und mit Granatwerfern zu verhindern, führen von deutscher Seite zu Protesten gegenüber Eisenhower.[307] Zwischen 70 000 und 150000 Wehrmachtsoldaten und Volkssturmmänner der Armee Ostpreußen strecken schließlich auf Hela vor der 2. Weißrussischen Front die Waffen und gehen geordnet in sowjetische Gefangenschaft.

In der sowjetischen und russischen Militärgeschichtsschreibung heißen die Kämpfe des Jahres 1945 um Ostpreußen die „Ostpreußische Operation". Die Rote Armee verliert in der Operation nahezu die Hälfte ihrer eingesetzten Soldaten. In absoluten Zahlen sind das nach sowjetischen Quellen 458314 Tote und Verwundete. Die hohen Angaben über deutsche Verluste, die sowjetische Quellen machen, entsprechen nach Meinung des deutschen Militärhistorikers Richard Lakowskis zwar nicht allein propagandistischen Zwecken, haben aber auch das Ziel, die großen eigenen Verluste und die Dauer der Kämpfe erklärbar zu machen. Die sicher sehr hohen Wehrmachtverluste sind aber nicht mehr eindeutig zu klären.[308]

Während der sowjetischen Offensiven gegen Ostpreußen verlassen über 75 % der ostpreußischen Zivilbevölkerung, die Anfang 1945 noch im Lande sind, die Provinz. Etwa 400000 Menschen sind entweder durch den sowjetischen Vormarsch überrascht und auf der Flucht eingeholt worden oder bleiben aus eigenem Entschluss zurück. Die Autoren der Dokumentation des Bundesministeriums für Vertriebene, Flüchtlinge und Kriegsbeschädigte vermuten in den 1950er Jahren, dass zu den Zurückgebliebenen auch die relativ kleine Gruppe der polnischen Minderheit im südlichen Masuren, dem südlichen Ermland und in den westpreußischen Kreisen Stuhm und Marienburg gehört. Zusammen mit den etwa 100000 Menschen, die schon im Herbst 1944 im Memelland und in den Kreisen Pillkallen, Stallupönen, Gumbinnen und Goldap in die Hände der Russen gefallen sind, leben Ende April 1945 noch eine halbe Million deutsche, litauische und polnische Ostpreußen in der Heimat. Nach Unterlagen der sowjetischen Gebietsverwaltung befinden sich im Herbst 1945 noch 295214 Deutsche auf dem besetzten Territorium.[309] Im Gebiet Königsberg, dem späteren Kaliningrad Oblast, sind es noch 140114 Deutsche. Die erste Personenzählung der polnischen Verwaltung in den späteren Woiwodschaften Olsztyn (Allenstein) und Elbląg (Elbing) ergibt 155100 Deutsche. Zu ihnen werden auch die getrennt gezählten „Masuren" gerechnet. Addiert man zu dieser Zahl die litauischen Memelländer und Polen, die in der Zwischenzeit schon als Sowjetbürger oder Bürger der Polnischen Republik angesehen werden, und zählt man die an Krankheiten und Hunger verstorbenen sowie die in Lager verschleppten hinzu, lassen sich deutsche Berechnungen und sowjetische Statistik annähernd in Übereinstimmung bringen.

Ostpreußen hat unter allen deutschen Regionen im Zweiten Weltkrieg die höchsten Menschenverluste erlitten. Von den fast 2,5 Millionen Einwohnern sterben etwa 310000 Zivilisten durch Kampfeinwirkung, auf der Flucht, bei der Verschleppung und während der Internierung in sowjetischen Lagern, oder sie erfrieren und verhungern in den Jahren 1945 bis 1948 in der Heimat.[310] 200000 in Ostpreußen beheimatete Soldaten und Angehörige des Volkssturms sterben an den Fronten.

Offiziere der deutschen Wehrmacht werden am 12. April 1945 durch die Straßen von Königsberg in die Gefangenschaft geführt. Ihr Kommandeur, der Allensteiner Otto Lasch, wird erst im Oktober 1955 aus der Kriegsgefangenschaft in die Bundesrepublik entlassen.

„Es gibt das Wort, dass ein Volk seine Substanz verliert, wenn es seine Geschichte preisgibt. Ich stimme dem zu und ergänze: Ein Volk verweigert sich seiner Geschichte, wenn es meint, sie mit Wunschträumen fortschreiben zu können."[1]

Willy Brandt

Die Dreiteilung Ostpreußens

Sterben und Überleben in der Heimat

Alwin Mortzfeld aus dem Kreis Marienburg ist im Zweiten Weltkrieg Pilot. Er fliegt Fernaufklärer und bildet auch Piloten aus. Im Rahmen von Ausbildungs- und Übungsflügen hat er sein Elternhaus zwischen Drausensee und Nogat während des Krieges oft überflogen. Seit dem 8. März 1945 ist fast ganz Westpreußen von den Sowjets besetzt. Motzfeld gewährt uns einen Blick auf ein verlassenes Land: „Als ich im April 1945 dieses Land, mein Heimatland, noch einmal überflog, war es Frühlingszeit. Nichts regte sich bei den Häusern, den Höfen und auf den Feldern. Aus den Schornsteinen kam kein Rauch, und der Wind spielte mit den hin- und herschlagenden Türen und Fenstern und zerrte an den flatternden Gardinen. Auf den Feldern blinkten weite Wasserflächen, weil die Gräben das Tauwasser allein nicht fassen konnten und niemand am Deich den Motor der Wassermühle in Gang setzte, um den Wasserüberfluß aus dem Land herauszupumpen. Land ohne Menschen!"[2]

Drei Viertel der Bevölkerung Ostpreußens sind geflohen, doch menschenleer ist die Provinz im Frühling 1945 nicht. Neben etwa 500 000 verbliebenen Zivilisten stehen bei Kriegsende rund eine halbe Million sowjetische Soldaten im Land.

Zunächst hunderttausende, dann zehntausende deutsche Kriegsgefangene sind in Ostpreußen interniert und leisten Zwangsarbeit. Nach und nach werden sie in Lager in der Sowjetunion abtransportiert; einige jedoch bleiben bis 1948. Das Land ist nicht ohne Menschen, aber es ist durch Verschleppungen nach der Besetzung, vor allem aber durch Evakuierungen und Flucht entvölkert. Der Militärhistoriker Richard Lakowski schreibt: „Auf diese Weise hatte man das am Verhandlungstisch zugesprochene Gebiet ohne die Mehrheit der Bevölkerung in Besitz genommen. Der Unterlegene hatte dem Sieger die undankbare Aufgabe der ‚ethnischen Säuberung' zu großen Teilen abgenommen, der erste Schritt zur Verschiebung der östlichen Reichsgrenzen war getan."[3]

Die Besetzung und anschließende Inbesitznahme Ostpreußens bedeutet für die verbleibende deutsche Bevölkerung nicht nur die Gefahr von jederzeitiger Inhaftierung in KZ-ähnlichen Lagern, von langen, fast immer gewalttätigen Verhören, von Vergewaltigung, Deportation und Ermordung – sie führt auch zur vollständigen Enteignung von jedem persönlichen Besitz. Die Sowjetunion errichtet im besetzten Ostpreußen eine Gewaltherrschaft, deren schuldige oder unschuldige Opfer rechtlos sind. Genauso haben auch die Wehrmacht und die ihr folgenden SS-, SD- und Parteistellen beim Einmarsch in die Sowjetunion gehandelt, doch widerspricht ein solches Vorgehen internationalem Recht, vor allem der Haager Landkriegsordnung. Dazu Nemmersdorf-Autor Bernhard Fisch: „Mit dem Moment des Auftauchens der sowjetischen Kampftrupps an einem beliebigen Punkt der Provinz veränderte sich der juristische Status der angetroffenen Deutschen. Aus Staatsbürgern des Deutschen Reiches wurden sie rechtlich um zweitausend Jahre zurück in die Sklaverei gestürzt."[4] Nie werden im sowjetisch besetzten Ostpreußen eigene Vertretungskörperschaften und Selbstverwaltungsorgane der Deutschen von den Siegern und Besatzern initiiert oder geduldet. Die Besiegten sind den Siegern auf Gedeih und Verderb ausgeliefert.

Heinrich Graf von Einsiedel, Angehöriger des Nationalkomitees Freies Deutschland, sieht schon im Februar 1945 die Lager, in denen tatsächliche und angebliche Parteigänger und Sympathisanten des Systems inhaftiert werden. Er kennt die Befehle der sowjetischen Besatzungsmacht. Einsiedel zitiert die Anweisung der 2. Weißrussischen Armee: „Alle Männer zwischen 15 und 55 Jahren, alle Mitglieder der Hitlerjugend und des BDM im Alter über 14 Jahren, alle Mitglieder der NSDAP oder einer ihrer Gliederungen haben sich bei Weigerung unter Androhung des Erschießens sofort mit Verpflegung für zwei Tage auf der Kommandantur zu melden."[5] Schon jeweils wenige Tage nach der Besetzung von Dörfern und Städten beginnen überall in der Provinz die Deportationen in die Arbeitslager in der Sowjetunion.

Die Geheimpolizei der Sowjetunion, der dem Innenministerium unterstellte NKWD, errichtet hinter der Front neue oder funktioniert ehemalige deutsche Lager um. Befehle sagen, dass außer Spionen, Agenten, Diversanten, Terroristen, Partisanen, Betreibern illegaler Sender und Waffenlager, Autoren und Redakteuren antisowjetischer Werke vor allem NS-Funktionäre in die NKWD-Lager einzuweisen sind. In Lager kommen auch leitende Mitarbeiter der kommunalen Verwaltung und natürlich die Angehörigen der Gestapo.[6]

Aus unserer wissenden Perspektive um das, was in den Jahren 1945 bis 1948 geschehen ist, überrascht vor allem ein bislang wenig erforschter Aspekt von Flucht, Vertreibung und Aussiedlung der Deutschen aus Ostmitteleuropa: die freiwillige Rückwanderung. Die Publizistin Ulla Lachauer über die Rückkehr von Tausenden Geflüchteten: „Was uns heute als völlig wahnsinnig erscheint, war seinerzeit, nach Kenntnis der Lage, vernünftig. Wer konnte wissen, was die Alliierten verhandelten und auf ihren Konferenzen in Teheran, Jalta und Potsdam festlegten? Daß Deutschland seine Provinzen im Osten verlieren könnte, dass Millionen Menschen auf immer ihre Heimat verlassen müssten, dass schließlich ein eiserner Vorhang durch Europa gehen würde, das war den meisten Menschen undenkbar."[7] Den in ihren Trecks von der Front überrollten Menschen waren die Wege nach Westen versperrt. „Was lag für die Überlebenden näher, als sich heimwärts zu wenden? An dem vertrauten Ort konnte es nur besser sein als auf der Landstraße und im Flüchtlingslager. Die ‚Russennot' würde vorübergehen wie im Ersten Weltkrieg. Das Frühjahr nahte, die Feldarbeit mußte getan werden."[8]

Das Schicksal der Angehörigen von Trecks, die der Roten Armee in die Hände fallen, ist unterschiedlich. Manchmal erschießen die Soldaten die Menschen; manchmal beschlagnahmen sie nur die Pferde und Lebensmittel und lassen die Menschen unversehrt. Jüngere, in der Regel Frauen und halbwüchsige Jungen, werden fast immer auf LKWs verladen und als „Reparationsverschleppte" mit der Bahn in die Sowjetunion gebracht. In den meisten Fällen lassen die sowjetischen Verbände deutsche Zivilisten nicht hinter der Front in westliche Richtung in das Gebiet jenseits der Oder weiterziehen. Wenn sie nicht zu Zwangsarbeiten rekrutiert werden, müssen die Überlebenden der Trecks in ihre Heimatorte zurück.

Wenn man ihre Arbeitskraft vor Ort nicht benötigt, werden auch nach dem Kriegsende noch zahlreiche Ostpreußen, die sich in Hinterpommern und Mitteldeutschland befinden, von den sowjetischen Militärkommandanturen in die Heimat zurückgeschickt. Andere Flüchtlinge begeben sich aus eigenem Antrieb heimwärts.[9] Ruth Leiserowitz zitiert aus den Memoiren eines thüringischen Kommunisten: „Meistens waren es alles Mütter mit kleinen und kleinsten Kindern gewesen, die in Langensalza natürlich mit Unterstützung von Lastkraftwagen der Sowjetarmee die Güterwagen bezogen." Die einzelnen Güterwagen haben die Ziele Königsberg, Stettin, Breslau, Neusalz, die mit Kreide an die Waggons geschrieben werden. Niemand, auch nicht der kommunistische Aktivist, weiß zu diesem Zeitpunkt, dass diese Gebiete im Osten nicht mehr zu Deutschland gehören sollen. „Dazu muß man bemerken, dass der 17. Juli 1945 der letzte Tag des Transportzuges war, also gerade an dem Tag, als die Konferenz von Potsdam begann."[10]

Die 13-jährige Käthe L. aus Groß Kryszahnen (Seckenburg) im Kreis Elchniederung ist auf der Flucht in Westpreußen von ihrer Mutter getrennt worden. Sie wird mit anderen Flüchtlingen von den Sowjets interniert. „Die Männer nach dort, die Frauen nach dort. Die Männer haben die abgeführt. Was waren das schon für Männer! Alte Männer oder Krüppel und so." Den Frauen und Kindern malen Polen mit gelber Ölfarbe ein Hakenkreuz auf den Rücken.[11] Ruth Leiserowitz, stellvertretende Leiterin des Deutschen Historischen Instituts in Warschau, lässt in ihrem Buch *Wolfskinder*[12] einige ostpreußische Rückkehrer zu Wort kommen. Der damals 10-jährige Gerhard H. geht mit seiner Familie 1945 von Berlin in seine Heimat im Kreis Gerdauen zurück. Der Hof, auf dem die Familie früher lebte, ist schon von Polen besetzt, man quartiert sich im Gutshof ein. Gerhard H. erinnert sich nicht mehr an alle Einzelheiten, weiß aber noch, dass die Familie bald weiter nach Nordosten zieht. „Es kamen immer wieder russische Soldaten, die uns alles wegnahmen. Mit der Mama, der Tante und der Großmutter fuhren wir nach Insterburg. Dort fing die schlimme Zeit an – wir hungerten. Die Großmutter starb, dann die Tante, die erst 18 war. Dann starb Mama. Es blieben nur die Schwester und ich. Wir stiegen in einen Güterzug und fuhren nach Kybartai. Von dort wanderten wir und bettelten."[13] Kybartai liegt in Litauen, damals eine Sowjetrepublik. Gerhard H. wird in Litauen bleiben.

Marion Gräfin Dönhoffs Flucht aus dem von ihr verwalteten Gut Quittainen beginnt in der Nacht vom 22./23. Januar 1945. Noch in der Nacht des Aufbruchs trennt sie sich bei Rogehnen im Kreis Preußisch Holland vom Quittainer Treck. Wegen widriger Umstände und mangelnder Vorbereitung müssen die Quittainer die Flucht abbrechen und zurückkehren. „‚Wenn wir schon unter die Russen fallen, dann schon lieber zu Haus' – das war so etwa die Formel, auf die sich alle geeinigt hatten", schreibt Marion Gräfin Dönhoff.[14]

Seit dem März 1946 gehört die Gräfin zur Redaktion der in Hamburg erscheinenden Wochenzeitung *Die Zeit*. Im Frühjahr 1947 erreicht sie ein Brief aus Ostpreußen, der erste und letzte, den sie aus der Heimat erhält. Durch ihn erfährt sie vom Schicksal der ihr einst anvertrauten Menschen, die nicht als Flüchtlinge in der Fremde leben wollten. Im Juni 1947 zitiert sie in der *Zeit* aus dem Brief, was am 23. Januar 1945 in Quittainen geschah: „Damals, als die Russen kamen, es war ein Dienstag, brannte es an vielen Stellen im Dorf. Als erste wurden die beiden Gespannführer Möhring und Kather, der alte Gärtner Neubert und der Apotheker Wilmar erschossen und auch Frau Lukas von der Klingel."[15] Das Morden geht weiter. „Ein paar Tage später wurden dann Magda Arnheim, Lotte Muss mit Kind und Oma Muss erschossen und in Schönau fünf Arbeiter vom Gut und die Frau vom Förster Schulz, die aber erst nach acht Tagen starb und sich sehr hat quälen müssen. Der alte Muss hat sich damals erhängt." Der Quittainer Oberinspektor Klatt wird in Arm und Bauch geschossen. Es gibt keine kräftigen Männer mehr im Dorf, die ihn bergen können. „Ich habe ihn am nächsten Tag mit dem Handwagen ins Krankenhaus nach Preußisch Holland gebracht. Die Frauen aus Schönau haben geholfen. Es war kein leichtes Werk, den schweren alten Mann, der furchtbare Schmerzen hatte, fortzubewegen."[16] An der Grenze des Gutsdorfs bittet der schwer Verletzte sie, kurz anzuhalten: „Frauen, lasst mich noch mal mein schönes Quittainen sehen." Als die Frauen dann um elf Uhr mit dem Handkarren vor dem Krankenhaus in der 11 km entfernten ehemaligen Kreisstadt ankommen, ist der Oberinspektor gestorben. Klatt wird auf dem Friedhof von Quittainen beerdigt. „Sie sehen, wie der Tod in unserem Dörfchen gehaust hat. Zuerst all die Jungens an der Front, und nun die anderen"[17], fasst die Briefschreiberin das Schicksal der Daheimgebliebenen zusammen. Im Frühjahr ist Ostpreußen auch für sie keine Heimat mehr. „Nun wird uns langsam die Heimat fremd. Man spricht viel, dass wir auch jeden Augenblick raus sollen. Wir warten täglich darauf."[18] Schon im Februar 1945 hätten die Abtransporte in die Arbeitslager am Ural begonnen, berichtet die Briefschreiberin. „Mein Mann war auch dabei, ebenso der Krugwirt Dreher und seine Tochter Ulla, die beiden Töchter vom Stellmacher Jüngst, Frau Prüschmann, Frau Zimmermann, die vier Marxschen Mädels, Chistel und Hertha Hinz und die Tochter von Schmied. Ich erhielt vor ein paar Monaten durch Karl Marx, der mit ihnen zusammen ging, die Nachricht, dass mein Mann und die meisten anderen im Ural gestorben sind."[19]

Am 2. Februar 1945 besetzen sowjetische Soldaten die Dörfer des Kirchspiels Regerteln im Kreis Heilsberg. Sie treiben die nicht geflohene Bevölkerung in zwei Gehöften zusammen. „Die Frauen erlitten Drangsalierungen; Anselm Wagner, Paul Keichel und Frau Hedwig Jonigk wurden erschossen. Die Wohnhäuser und Ställe von F. Rommlau und L. Strehl sowie das Gehöft der Geschwister Wagner gingen in Flammen auf." Robert Teichert berichtet in seiner Geschichte des Kirchspiels, dass schon am 3. Februar 1945 die Verschleppungen beginnen. Sie dauern vier Wochen an. „Weder die Siebzigjährigen noch das Ehepaar Willy Peter, das sieben Kinder, 1 bis 15 Jahre alt, zurückließ und nie mehr wiederkehrte, wurden verschont." [20] Die für den Abtransport Vorgesehenen sperrt die sowjetische Geheimpolizei zuvor in den Keller der Schule. Einige Regertelner sterben schon im jetzt von der NKWD genutzten Lager Ciechanow, andere auf den Eisenbahntransporten. Allein aus dem 350-Einwohner-Dorf Beiswalde werden 66 Personen verschleppt. Von den 24 Männern und 42 Frauen und Mädchen kehren nach Jahren nur drei Männer und 15 Frauen zurück. Bei acht Männern und sieben Frauen kann der Tod auf Transporten und in Lagern durch Zeugen nachgewiesen werden. 13 Männer und 20 Frauen aus Beiswalde bleiben verschollen.[21] Die in den Dörfern des Kirchspiels Zurückgebliebenen werden immer wieder zur Überprüfung auf die im katholischen Pfarrhaus untergebrachte sowjetische Kommandantur befohlen.

Bei einem Arbeitseinsatz in Westpreußen wird Hildegard Mischke aus Dickschen im Kreis Pillkallen von ihren Eltern getrennt. Über Bütow in Pommern kommt die 18-Jährige nach Graudenz in ein Internierungslager. Am 29. März 1945 wird sie von dort mit vielen hundert anderen Frauen auf einen Transport nach Osten geschickt. 21 Tage ist der Zug im März und April 1945 unterwegs. Nach fünf Tagen Fahrt ist die Landschaft schon verschneit, mit jedem Tag wird es kälter in dem ungeheizten Waggon. Am 9. April hält der Zug hinter dem südlichen Uralgebirge im Bezirk Kurgan an der Eisenbahnstrecke Swerdlowsk (Jekaterinburg)–Kurgan. Drei Jahre und fünf Monate bleibt Hildegard Rauschenbach im Arbeitslager. Dort muss sie in der Land- und Forstwirtschaft, vor allem aber in einer Schwermaschinenfabrik harte körperliche Arbeit leisten. „Es wäre alles leichter zu ertragen, wäre nicht der ständige Hunger. Er läßt uns so manchen Abend nicht einschlafen, wir wälzen uns auf den Betten, und Vorstellungen von allen möglichen Gerichten, die wir zu Hause gegessen haben, gehen uns durch den Kopf. Der Hunger macht uns reizbar, wir zanken uns, es gibt auch Schlägereien. Wir streiten uns um Kleinigkeiten und am meisten darum, wer zuerst bzw. in welcher Reihenfolge mal an das Ofenloch zum Kochen darf.“[22]

Rosa Labenski aus Zandersdorf im Kreis Rastenburg irrt, vertrieben von ihrem Gut, im März 1945 mit ihren vier zwischen acht und 15 Jahre alten jüngsten Kindern und anderen Frauen durch den Landkreis. Am 26. März 1945 werden sie und einige Frauen ihrer Gruppe von Rotarmisten festgenommen, von ihren Kindern getrennt und in einen überfüllten Keller gesperrt. Ständig werden Insassen zu Verhören abgeholt. Nicht alle kommen zurück. Die Mitgefangenen im Keller kennen die Gutsbesitzerin von Zankersdorf. Auch ein ebenfalls inhaftierter alter Mann weiß, dass sie eine aktive Nationalsozialistin war. Der Mann sagt seelenruhig – „ohne Haß, nur eine Tatsache feststellend – ‚Na, Se ware doch gliek erschoate, Se ware doch von na Partei!‘ Der Alte wollte mir bestimmt nicht wehe tun, er sagte, was er dachte. Ja, ich war in der Partei, ich konnte es nicht leugnen, nicht beschönigen. Ja, ich war Parteimitglied, und die Hälfte der Menschen, die hier zusammengedrängt standen oder saßen, wussten es. Es würde mir gar nicht nützen, wenn ich es abstreiten wollte. Und wozu auch, wir werden alle sterben, je schneller, je besser.“[23]

Rosa Labenski wird nicht erschossen. Wenn Verhaftete nicht sofort in die Sowjetunion verschleppt werden, hält der NKWD sie unter zahllosen Verhören und Misshandlungen in Gefängnissen, Zuchthäusern und Lagern fest. Im nördlichen Teil Ostpreußens sind das Zuchthaus von Tapiau, das Gefängnis von Insterburg und ein in den ehemaligen Infanterie-Kasernen von Preußisch Eylau errichtetes Lager die Hauptsammelstellen für die Verhafteten. Rosa Labenski kommt für einige Monate nach Insterburg. Das Gefängnis ist völlig überbelegt. Die Gefangenen hungern, es herrschen unbeschreibliche hygienische Zustände. Im Spätsommer wird Rosa Labenski auf einen Bahntransport gebracht. Das Ziel der Reise kennen die Frauen nicht, aber bald merken sie, dass es nicht nach Osten in die Sowjetunion geht. „Die Stationen liegen verwüstet und einsam da, nur ein bekannter Stationsname erinnert uns noch an vergangene Zeiten. Die Wegweiser zeigen die altbekannte Richtung, doch sind die deutschen Namen darauf mit Kalk überstrichen und schwer leserlich.

Die protzenden neuen Tafeln darunter haben Buchstaben, die wir nicht kennen."[24] Ziel des Transports ist das Arbeitslager 7533 in der ehemaligen Infanterie-Kaserne in Preußisch Eylau. Hier leben auf engstem Raum zeitweise über 10 000 Deutsche. Bei schlechtester Ernährung müssen sie harte Zwangsarbeit leisten. Über die Hälfte von ihnen stirbt bis zur Auflösung des Lagers Ende 1945 an Unterernährung, Erschöpfung und Typhus. Dabei gibt es in diesem Lager sogar eine ärztliche Versorgung: „Man fühlt sich durch die Fürsorge der deutschen Ärzte beruhigt, trotzdem die Sterbeziffer täglich zwischen 40 und 50 liegt."[25] Die Toten werden in Massengräbern verscharrt. Nach weiteren Aufenthalten in ostpreußischen Lagern und Zwangsarbeit auf von der Roten Armee betriebenen Gütern wird Rosa Labenski im Jahr 1948 in den Westen entlassen. In Marburg trifft sie ihre Kinder und ihren Mann wieder.

Die Hauptverantwortlichen für den Todesmarsch der jüdischen KZ-Insassen Ende Januar 1945 zur Bernsteinküste und für das Massaker in Palmnicken haben sich in den Westen abgesetzt. Einige der an der „Judenaktion" beteiligten Hitlerjungen werden von den sowjetischen Behörden aufgespürt und verhaftet, zunächst nach Königsberg und dann in das Internierungslager Preußisch Eylau gebracht und dort gefoltert. Erst nach drei Jahren werden sie von einem Militärtribunal verurteilt. Mindestens drei von ihnen werden zu 25 Jahren Zwangsarbeit verurteilt und leisten diese von 1948 bis zu ihrer Freilassung Ende 1953 in Lagern im Ural.[26]

Chitler kaputt!

Die Krakauer Jüdin Maria Blitz, die aus den Kolonnen des Todesmarsches geflohen ist und im Samland als „Volksdeutsche" unter dem Namen Maria Lotkowska überlebt hat, kommt nach der Kapitulation der deutschen Verteidiger nach Königsberg. „Es war eine sehr große Stadt, ziemlich zerstört von Bomben, eher wie eine Geisterstadt." [27] Sie und überlebende Zwangsarbeiterinnen quartieren sich in von Deutschen geräumten Häusern ein. Auch Maria Blitz wird immer wieder von der sowjetischen Geheimpolizei verhört. Die polnische Jüdin hat schon etwas Russisch gelernt und kann es auch schreiben. Sie erhält Arbeit als Buchhalterin und Verkäuferin in einer Bäckerei. „Nach der Arbeit trafen sich einige von uns zum Tanzen. Im Haus, in dem ich wohnte, waren noch zwei Polinnen und ein jüdisches Mädchen, das ebenfalls vom Todesmarsch geflohen war. Sie war Ungarin und hatte sich als Zimmermädchen in einem deutschen Haus versteckt. Wir waren betrunken von der Freiheit, und endlich hatten wir genug zu essen." Immer wieder kommen Deutsche in die Bäckerei, die um Brot betteln. „Ich konnte sie nicht abweisen und dachte nur: ‚Wie sich die Zeiten ändern!'"

In der Regel darf die von den Zwangsmärschen nach Königsberg zurückkehrende Bevölkerung nicht wieder ihre alten Wohnungen beziehen, sondern wird in meist fremde, ausgeplünderte Wohnungen oder in Zimmer in Ruinenhäusern eingewiesen. Die Räume sind fast alle stark beschädigt, oft ohne Fenster und Türen, und sie müssen von ihren neuen Bewohnern zunächst behelfsmäßig hergerichtet werden. Es kommt häufig vor, dass Frauen, Kinder und alte Männer, die sich gerade erst ihre neue Unterkunft in langer, mühevoller Arbeit hergerichtet haben, sofort wieder aus ihnen ausgewiesen werden: Sowjetische Offiziere beanspruchen so gut wie jeglichen noch einigermaßen intakten Wohnraum für sich. Die Anstrengungen bei Wohnraumsuche und Einrichtung bei schlechter Nahrungsversorgung schwächen die Menschen und bringen sie an den Rand des Todes.[28]

Michael Wieck beobachtet, wie sich die Trümmerstadt schon in diesen Wochen wandelt. „Immer mehr Russen kamen nach Königsberg, und wir erlebten, wie Ostpreußen russisch wurde. Zwar hatte ich nichts anderes erwartet, aber die täglichen Erfahrungen verblüfften doch. Fremdartige Kleidung und Uniformen, ihre eigenartigen Holzzäune, die Transparente mit Stalin-, Lenin-, Marx-, Kalinin- und wer weiß was noch für Köpfen, große Lautsprecheranlagen an fast allen wichtigen Kreuzungen, aus denen oft herrliche Musik erklang, wie auch die eindrucksvollen Gesänge russischer Soldatengruppen bestimmten das optische und akustische Straßenbild so stark, daß man glauben konnte, schon in der Sowjetunion zu leben."[29]

Der 47-jährige Volkssturmmann Wilhelm Kaiser gerät am 9. April in Königsberg in sowjetische Kriegsgefangenschaft, kann aber aus dem Kriegsgefangenenlager Karmitten fliehen und geht zurück in sein Heimatdorf Popelken, das er am 19. April erreicht. Dort trifft er noch die nicht geflohenen Familien Schmidt, Kebbedies und Kurschat an. Von ihnen erfährt er, dass beim Einmarsch die Familien Sodeike, Saprautzki und Auschel erschossen worden sind. Eine gehbehinderte Frau ist in ihrem brennenden Haus umgekommen. „Die alte Frau Willuleit fand ich in ihrer Wohnung mit aufgedeckten Kleidern und zwei Schußwunden in der Brust halbverwest vor ihrem Bett liegen." Nach Popelken sind auch andere Familien zurückgekehrt, deren Treck von der Roten Armee eingeholt wurde, so die Hotelbesitzerfamilie Drückler, die sich erst in den letzten Stunden zur Flucht entschlossen hatte. Niemand darf in Popelken auf seinen Besitz, obwohl die meisten Gehöfte leer stehen. Die Häuser sind verdreckt, die Möbel zerschlagen, die Betten aufgeschlitzt. Nur auf einigen größeren Gehöften sind Kolchosen eingerichtet. Alle Maschinen werden von der sowjetischen Besatzungsmacht auf einer Wiese zusammengefahren. Sie verkommen unter freien Himmel, berichtet Kaiser in seinem 1950 aufgesetzten Bericht. „Ganz primitiv wurde hier Landwirtschaft betrieben. Dabei wurden die Grenzen ausgepflügt und neue Wege trotz der bestehenden ausgefahren. Die Russen selbst benutzten nur die kleinsten Gebäude, Siedlungen usw. Die Kirche wurde als Abstellraum und Pferdestall benutzt."[30] Eine ehemalige Gärtnerei ist schon als „Kolchose" eingerichtet. Dort müssen die noch Arbeitsfähigen arbeiten. „Auch aus anderen Ortschaften waren viele da, etwa 100-140 Frauen, Kinder und Männer. Sie wurden

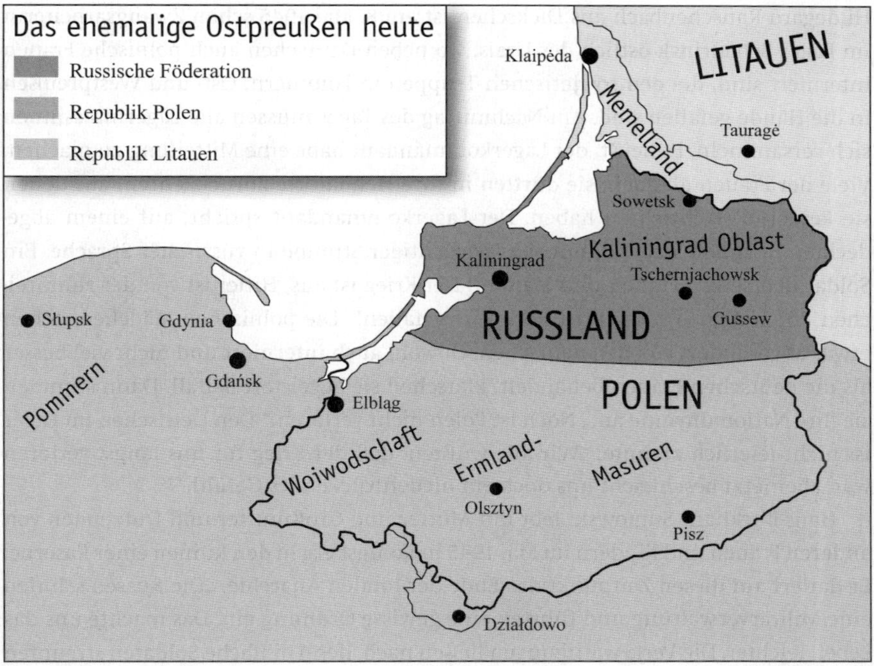

zwangsweise zusammengehalten und waren in den schlechtesten Räumen untergebracht. Alle waren ihrer letzten Habe beraubt und in unbeschreiblichem Zustand. Obwohl keiner mehr etwas besaß, wurden sie alle jeden Tag auf's neue ausgeplündert, vergewaltigt und in Unruhe gehalten."[31] Viele Frauen in Popelken sind schwanger.

Wilhelm Kaiser wird Ende Juni 1945 von der sowjetischen Geheimpolizei verhaftet, verhört und in ein Kriegsgefangenenlager abtransportiert. Da sei es ihm schlecht ergangen, aber: „Gemessen aber an dem, was Kinder, Frauen und Männer in der Heimat erleiden mußten, war es ein Stück vom Himmel."[32] 1950 wird Kaiser aus der sowjetischen Kriegsgefangenschaft in die Bundesrepublik entlassen. Er stirbt 1987 im Alter von 89 Jahren, ohne sein Heimatdorf wiedergesehen zu haben.

Am 8. Mai 1945 hört Hans-Burkhard Sumowski in Königsberg eine wilde Schießerei. Auch die Artillerie feuert. „Die Sowjetsoldaten singen wie so oft ihre Volks- und Soldatenlieder. Diesmal pflegen sie keinen schönen mehrstimmigen Gesang. Sie gröhlen in einem johlendem Ton und rufen dazwischen immer wieder: ‚Wojna Krieg kaputt, Chitler kaputt!'" Der Junge begreift: „Krieg zu Ende, Hitler am Ende." Nazi-Deutschland hat kapituliert. „Dass der Krieg vorbei war, ließ uns erleichtert aufatmen, dass unser Land besiegt worden war, bekümmerte uns sehr. Und doch freuten wir uns, am Leben zu sein." Der Sieg hat für kurze Zeit etwas Gutes: „An diesem Abend und in dieser Nacht wurde keine der Frauen von russischen Soldaten belästigt."[33]

Hildegard Rauschenbach aus Dickschen ist am 8. Mai 1945 schon Zwangsarbeiterin im Lager Schadrinsk östlich des Urals, wo neben Deutschen auch polnische Frauen interniert sind, die den sowjetischen Truppen in Pommern, Ost- und Westpreußen in die Hände gefallen sind. Am Nachmittag des Tages müssen alle Lagerinsassinnen sich versammeln. Es heißt, der Lagerkommandant habe eine Mitteilung zu machen. Viele der Frauen glauben, sie dürften in ihre Heimatorte zurückkehren, aus denen sie keinerlei Nachrichten haben. Der Lagerkommandant spricht, auf einem abgedeckten Brunnen stehend, mit sehr gewichtiger Stimme in russischer Sprache. Ein Soldat übersetzt: „Frauen und Männer! Der Krieg ist aus, Hitler ist von der ruhmreichen Roten Armee vernichtet. Berlin ist gefallen!" Die polnischen Mädchen stehen etwas abgesondert von den deutschen. Obwohl auch interniert und nicht viel besser als die deutschen Frauen behandelt, klatschen sie begeistert Beifall. Dann stimmen sie ihre Nationalhymne an: „Noch ist Polen nicht verloren." Den Deutschen im Lager ist nicht feierlich zumute: „Wir alle wußten, daß der Krieg für uns längst verloren war, aber jetzt beschleicht uns doch ein niederdrückendes Gefühl."[34]

Hans-Burkhard Sumowski lebt mit Mutter und Großmutter und Dutzenden von anderen Frauen und Kindern im Mai 1945 in Königsberg in den Ruinen einer Kaserne. Er datiert auf diesen Zeitpunkt das Ende der totalen Anarchie. „Die Russen schufen eine Militärverwaltung und führten eine gewisse Ordnung ein. Das machte uns das Leben leichter. Die Vergewaltigungen ließen nach, denn einfache Soldaten streunten nicht mehr ungehindert durch die Gegend. Unsere Mütter und die jungen Mädchen konnten nach Wochen endlich auch tagsüber das Haus verlassen. Leider sorgten die Russen aber nicht für Verpflegung."[35] Rücksichtslos wird den verbliebenen Menschen in der Stadt auch immer wieder der mit Mühe geschaffene Wohnraum genommen. Hans Graf von Lehndorff: „Russische Truppen sind gerade dabei, die Menschen herauszusetzen, die sich hier provisorisch eingenistet haben. So geht es ihnen nun schon ein halbes Jahr lang, immer von neuem. Was sie tragen können, dürfen sie mitnehmen. Der Rest bleibt für die Soldaten zurück, die hier einzeln einziehen wollen. Den tödlich erstarrten Gesichtern ist keine Regung mehr anzusehen. Und wer es nicht miterlebt hat, wie die Menschen allmählich so weit heruntergebracht worden sind, dem muß es wohl ganz in der Ordnung erscheinen, sie wie Vieh zu behandeln. Nun stehen sie auf der Straße, Frauen unbestimmten Alters, mit Säcken bekleidet, Beine und Füße unförmig geschwollen und mit Lumpen umwickelt. Es bleibt ihnen nicht anderes übrig, also irgendwo in die Lauben der Schrebergärten zu ziehen, jetzt zum Winter. Die Russen sehen schon gar nicht mehr hin."[36]

Die sowjetischen Militär- und Zivilbehörden bauen keine deutsche Verwaltung auf, zuständig für die deutsche Restbevölkerung sind ihre örtlichen Kommandanturen. Wo sich überhaupt um die Deutschen gekümmert wird, gilt es, ihre Arbeitskraft für die Bedürfnisse der Besatzungsmacht auszubeuten. Für viele allerdings ist das die Rettung vor dem sonst sicheren Hungertod. Deutsche Männer und Frauen arbeiteten für Lebensmittel, später auch gegen Bezahlung, in Bäckereien, Schmieden, Tischlereien, im Elektrizitätswerk, in Mühlen, Räumkommandos auf den Straßen, vor allem aber in den neu errichteten Kolchosen und Sowchosen für die Okkupationsmacht. „Dabei konnte es im Laufe der Zeit, da deutsche Facharbeiter geschätzt waren, zu fast freundschaftlichen Beziehungen zu den russischen Natschalniks kommen, doch waren das Ausnahmen“[37], schreibt der Königsberger Stadtarchivar Fritz Gause, der das Kriegsende nicht in Ostpreußen, sondern in polnischer Kriegsgefangenschaft erlebt.

Der bei seiner Gemeinde in Königsberg gebliebene Pfarrer Hugo Linck erhält vom sowjetischen „Amt für Verpflegung in Königsberg“ mündlich die Auskunft, am Ende der Belagerungszeit Anfang April 1945 hätten sich in der Stadt noch 126 000 Zivilisten aufgehalten, eine erhebliche Zahl davon ist nach Königsberg geflohen und dort geblieben. Nach einer von der sowjetischen Kommandantur vorgenommenen Zählung sind es im Juni 1945 nur noch etwa 73 000 Menschen. Das große Sterben aber beginnt im Herbst 1945 und erreicht im Winter seinen ersten Höhepunkt. Auch der Winter 1946/47 fordert noch viele Opfer. Von den 73 000 Menschen der Zählung von Juni 1945 sind im Sommer 1946 zwei Drittel gestorben, weniger als 25 000 werden in Königsberg überleben.[38] Linck rechnet nach: „Es verstarben also in rund drei Jahren mehr als 100 000 Menschen.“ 75 % von ihnen seien an Hunger gestorben, für die die amtliche russische Bezeichnung „Dystrophie“ gelautet habe, an Epidemien, vor allem an Typhus, weitere 2,6 %. „Die nächst stärkste Todesursache, die aber statistisch nicht erfaßt werden konnte, war Ermordung.“[39]

Die in Ostpreußen verbliebene Bevölkerung gewinnt bald den Eindruck, dass die sowjetische Verwaltung an ihrer ausreichenden Versorgung mit Lebensmitteln nicht interessiert ist und ihren Hungertod billigend in Kauf nimmt. Bernhard Fisch hat die im Staatlichen Archiv des Gebietes Königsberg lagernden Aktenbestände der sowjetischen Kommandantur in den 1990er Jahren einsehen können und ist nach dem Studium der Akten der Ansicht, den beiden sowjetischen Stadtkommandanten des Jahres 1945 sei es mit den von ihnen angewiesenen Maßnahmen zur Verbesserung der Versorgung der deutschen Bevölkerung ernst gewesen. „Aus ihnen ergibt sich, dass die Kommandantur praktisch vom ersten Tag der Übernahme der Macht sich um die Lebensmittelversorgung der Bevölkerung kümmerte. In den Befehlen, die das Leben in der Stadt regelten, finden sich ständig Wendungen wie ‚Zur Versorgung der Garnison und der deutschen Bevölkerung‘, es gehe ‚um die Schaffung der notwendigen Vorräte auch für die deutsche Bevölkerung‘ usw.“ [40] Um den Monatswechsel April/Mai 1945 sei ein ganzes System von Maßnahmen zum Gewinn von „zusätzlichen Verpflegungsreserven“ entstanden. Befohlen worden seien eine Lebensmittelsammlung, eine Kartoffelaktion, die Gründung einer Fangflotte und die Bildung von „Hilfswirtschaften“. Von den übergeordneten militärischen Stäben habe man Lebensmittel angefordert. Helfen wollen heißt in der sowjetkommunistischen Misswirtschaft tragischerweise nicht auch helfen können.

Ständig hätten die Kommandanten im Stil der KPdSU an das „politische Bewusstsein" ihrer Offiziere appelliert. Appelle hätten, so Fisch, aber kein effektives System des tatkräftigen Handelns ermöglicht. „Ständig fielen Worte wie sparsam, geordnet, organisiert, sorgfältig, geplant, auch negative wie nachlässig, unnütz. Konkrete Produktionsergebnisse ließen sich bisher nicht feststellen. Urteilt man nach der Zahl der verhungerten Königsberger und der hungernden russischen Neusiedler, dann können sie nicht gut gewesen sein."[41]

Dass die Ergebnisse völlig unzureichend waren, weiß Hans-Burkhard Sumowski noch Jahrzehnte später. Ein Thema sei für die Deutschen in Königsberg und dem Nordosten Ostpreußens bald beherrschend gewesen: der Hunger: „Die Frage, wie man halbwegs satt werden konnte, bestimmte von nun an mein ganzes Denken und Tun. Nicht nur für ein paar Tage, Wochen oder Monate, sondern für Jahre."[42] Im Mai 1945 begeht Sumowski Großmutter Lina Selbstmord. Seine Mutter kann den Verlust der Schwiegermutter nicht verwinden, sie verlässt der Lebensmut, Hunger und Misshandlungen rauben ihr die Lebenskraft. Sie wird krank. Der Sohn bringt sie in ein von deutschen Ärzten betriebenes Krankenhaus am anderen Ende der Stadt. Alle zwei Tage macht er sich in der Sommerhitze auf den zehn Kilometer langen Weg, um sie im Krankenhaus zu besuchen. Eines Tages teilt man ihm mit, sie sei verstorben, und nennt ihm die Adresse eines von deutschen katholischen Nonnen betriebenen Waisenhauses. Zunächst kehrt Sumowski zurück zu der Kaserne, in der er wohnt. Am nächsten Morgen macht sich der Junge auf zum Krankenhaus, um seine Mutter zu beerdigen. Der letzte Besitz der Familie ist das, was ihn kleidet. Er trägt im Sommer Skihosen, dazu die jetzt viel zu warme Joppe seiner Großmutter und Schnürstiefel. Auf dem Weg zum Krankenhaus beschließt er, sich den Todestag der Mutter zu merken. „Es war der 26. Juli 1945. Ein Jahr zuvor waren wir noch gemeinsam in den Ferien am Meer und auf dem Bauernhof gewesen. Ich hatte noch meine Großmutter und Tante Christel und die Großeltern in Maraunenhof gehabt. Jetzt war ich ganz allein auf der Welt. In einem Monat würde ich neun Jahre alt."[43]

Nachdem er seine Mutter beerdigt hat, läuft er zum Waisenhaus der Nonnen vom Katharinenstift, das in der Villa des ehemaligen Luftgaukommandeurs nicht weit vom Oberteich eingerichtet ist. Das Gebäude ist unversehrt und die Nonnen haben es gemeinsam mit einem katholischen Pfarrer besetzt, um darin ein Auffangheim für elternlose Kinder einzurichten. „Dies war in jener Zeit eine außerordentlich couragierte Tat (...) Ich war das Kind Nr. 28, eine Nummer, die ich nie vergessen werde."[44] Viele der kleinen Kinder im Waisenhaus kennen ihren Namen nicht, sie wissen nicht, wie ihre Mutter hieß, woher sie kommen und wie alt sie sind. Die größeren Kinder geben ihnen Vornamen, damit sie angesprochen werden können. „Manche von ihnen mussten schreckliche Dinge erlebt haben."[45] Im Waisenhaus ist das Sterben alltäglich. „Bald wurde es für uns zur Routine, andere Kinder sterben zu sehen. Wenn wir morgens im Schlafsaal des Gartenpavillons aufwachten und ein

Junge nicht mehr aufstehen konnte, riefen wir die Nonnen.“ [46] Die Nonnen schicken die anderen Kinder fort. Sie wickeln den Kinderleichnam in Verdunkelungspapier und tragen ihn in den Garten hinter dem Haus, um ihn dort zu bestatten.

Auch der Pfarrer Hugo Linck sorgt sich in den unmittelbaren Nachkriegswochen in Königsberg um die vielen Findelkinder. Ihre Lebenserwartung ist gering, da scheint die Spende des Sakraments für das Heil der armen Seele wichtig. Linck berichtet von einem Kind, dass von Deutschen auf dem Weg zur Arbeit in der Morgenfrühe an der Ruine des Doms gefunden wird. Es ist etwa ein halbes Jahr alt. „Von der Mutter war nichts zu entdecken. War sie in Verzweiflung in den nahen Pregel gegangen? War sie von Russen verschleppt worden? Kissen und Wäsche wiesen auf gute, bürgerliche Herkunft hin, es war aber keine Spur einer Zugehörigkeit zu entdecken.“ Der Junge wird in das Krankenhaus der Barmherzigkeit gebracht und dort der Pflege der Diakonissen übergeben. „Peter Dom wurde der Junge genannt, weil Peter Modename war und das Kind am Dom gefunden worden war.“[47]

Christel Faust, ihre Zwillingsschwester Alice, der kleine Bruder Gerhard und die Mutter machen sich im Juni 1945 aus dem Samland auf den Weg in ihr Heimatdorf Groß Pöppeln an der Deime. Die Brücke über die Deime ist gesprengt, im Fluss liegen aufgedunsene Leichen, halb verwest. „Wir waren wie gelähmt und schauten rüber nach Gr. Pöppeln. Alles war still, keinen Laut hörten wir. Kein Mensch, kein einziges Tier. Weder Hund noch Katze, auch sonst kein Tier.“[48] Die Heimkehrer sehen, dass die Häuser auf der anderen Seite der Deime leer und zerschossen sind, und überlegen, ob sie umkehren sollen. Dann rufen sie über den Fluss hinüber. Ein sowjetischer Soldat steht auf der anderen Seite und winkt. Er gibt der Familie zu verstehen, dass er sie herüberholen wird. Der Soldat rudert mit einem alten Kahn, der schon Wasser zieht, über den Fluss. Ängstlich steigen die Fausts ein. Am anderen Ufer angekommen, verschwindet der Fährmann wieder und die vier gehen langsam die Straße hoch. Die meisten Gebäude in Groß Pöppeln sind Ruinen, einige Häuser und Ställe sind aber fast unversehrt, andere von Kugeln durchlöchert. „Von Weitem sahen wir jetzt auch unser Haus. Ängstlich und geschockt näherten wir uns, als wir sahen, dass die eine Hälfte stark beschädigt war. Das musste wohl beim Sprengen der Bunker passiert sein. Wir standen nun vor unserem Haus, die Tür war offen und unsere Möbel lagen zertrümmert vor der Tür.“[49] Die Kinder erkunden das menschenleere Dorf. Auf der nach Labiau führenden Straße, nicht weit von einem aufgeworfenen Panzergraben entfernt, weht ihnen ein widerlicher Gestank entgegen. „Wir wagten uns hin und schauten hinein. Da lagen tote Soldaten und Pferde, schwimmend in einer grünen Brühe, den ganzen Graben entlang.“ Ein anderer Graben liegt voller toter deutscher Soldaten, ihre Uniformen sind auf dem benachbarten Acker verstreut. Die Kinder erkennen unter den Toten einige Soldaten, die seit den Schanzarbeiten im Dorf einquartiert waren. Erst Jahrzehnte später erfährt Christel Faust von einer Schulfreundin, die beim Einmarsch der Roten Armee noch im Dorf war, dass fast alle deutschen

Verteidiger erschossen und in einem Massengrab in ihrem Garten verscharrt worden sind. „Fix und fertig gingen wir heim. Mutter hatte ein bisschen sauber gemacht."[50] Die Fausts entdecken einen Storch, der nicht mehr fliegen kann. Er ist von Sowjetsoldaten angeschossen worden. „Er geht langsam über die Wiese und frisst Frösche. „Die gab es hier genug. Wir haben ihn gefangen und gekocht. Das war das letzte Tier im Dorf, so gingen wir selbst auf die Jagd nach Fröschen." Die Familie verlässt ihr Heimatdorf und geht auf ein nah gelegenes ehemaliges Gut, das jetzt von der Roten Armee als Kolchose bewirtschaftet wird. [51] Dort finden sie zwar Arbeit, die Frauen aber immer noch keinen Schutz vor Vergewaltigungen.

Hugo Linck ist Pfarrer und betreut eine Gemeinde in Königsberg. Damit er in den Genuss der niedrigen Lebensmittelzuteilungen kommt, muss er zusätzlich einer anderen Arbeit nachgehen, denn die Tätigkeit als Seelsorger wird von den sowjetischen Kommandanturen nicht anerkannt. Linck betätigt sich mit anderen, schon älteren Männern als Bestatter. Da keine Standesämter mehr Geburten und Sterbefälle registrieren, legt er für seine vor dem Sackheimer Tor gelegene Kirchengemeinde Löbenicht-Liep ein Register der Beerdigten an. „Da standen die Namen der Toten, die seit Mai 1945 gestorben waren, soweit es ging mit ihren Lebensangaben: also Wohnung, Familiendaten, Beruf, Todesursache."[52] In den Jahren bis zum Krieg werden in der Gemeinde jährlich etwa 180 Verstorbene bestattet. In den zwei Jahren vom April 1945 bis zum Sommer 1947, in dem vielen Überlebenden die Ausreise genehmigt wird, sind es rund 3 500 Bestattete. Dreimal kommt eine Mutter zum Pfarrer und Totengräber, um in kurzen Abständen jeweils eines ihrer Kinder als am Hunger verstorben zu melden. Nach wenigen Wochen kommt der Älteste, der zwölfjährige Sohn, um seine Mutter zu melden. „So starben ganze Familien aus"[53], konstatiert Linck in seinem 1973 erschienenen Buch. Der Pfarrer hat den Hergang der Bestattungen durch sein von der sowjetischen Kommandantur eingesetztes „Bestattungskommando" festgehalten. Ein Angehöriger meldet den Verstorbenen mit seinen Personalien beim Pfarrer an. Das Beerdigungskommando holt auf einem zweirädrigen Karren die Leichen aus den Wohnungen ab. Die Angehörige haben Hilfsdienste zu leisten. Die Toten werden in schlichte, graue Decken gewickelt und mit Bindfaden verschnürt. Fast immer muss der Karren mehrmals am Tag mit seiner Last durch die Straßen gezogen werden. Ein anderer Teil des Kommandos hebt derweil die Gräber aus.

Der Herbst 1945 bringt eine neue Todeswelle nach Königsberg. Im Oktober sterben in der Stadt 768 Personen. Die Kinder, die die Leichname ihrer Angehörigen auf dem Schlitten zum Friedhof bringen, klärt eine Russin auf: „In Leningrad sind während der Blockade mehr von uns gestorben."[54] Die vom Bestattungskommando abzuholenden Toten haben sich häufig dem Hunger und dem Elend durch den Freitod entzogen. Der zum Totengräber gewandelte bürgerliche Rechtsanwalt Paul Ronge notiert: „Jede Zeit bildet ihre Sitten, ihre Umgangsformen. Es galt als guter Ton, sich an einem Baum auf dem Friedhof aufzuhängen, um anderen die Molesten des Transportes zur Grabstätte zu ersparen." Ronge berichtet von einem Mann, der sich in dem verlassenen Torhaus eines Friedhofs einquartiert hat. Halb freiwillig, halb gezwungen hat ihn sein Wohnort zum Friedhofswärter bestimmt. An manchen Tagen muss er acht oder auch zehn Selbstmörder vom Strick abschneiden.[55]

Das Sterben erreicht in diesem Herbst auch das katholische Waisenhaus, in dem Hans-Burkhard Sumowkis lebt. Viele, die es über den Sommer geschafft haben, sterben jetzt an Krankheiten und Unterernährung. „Immer wieder fanden wir sie morgens reglos in ihren Betten, täglich wurden tote Kinder bestattet. Doch nahm die Zahl der Heimkinder nicht ab. Immer mehr Jungen und Mädchen kamen zu uns, die zuvor allein im zerstörten Königsberg gehaust hatten, aber nun ohne die Hilfe des Heims verhungert wären. Hinzu kamen weitere Kinder aus dem östlichen Ostpreußen, die Richtung Königsberg gezogen waren, in der Hoffnung, in der Stadt mehr zu essen zu finden. Sie waren viele Kilometer ganz auf sich gestellt nach Westen geirrt."[56] Auch den jetzt Neunjährigen verlässt manchmal der Mut. Aber: „Irgendwann rappelte ich mich auf und beschloss, mit aller Kraft am Leben zu bleiben, damit Vater wenigstens mich wiedersehen würde, wo doch alle anderen fort waren."[57]

Kenigsbergskaja oblast

Unmittelbar nach Kriegsende ist das nördliche Ostpreußen nur besetztes Territorium, vom sowjetischen Militär verwaltet. Am 27. Juli 1945 einigen sich die Sowjetunion und Polen auf die Teilung der Provinz und verleiben die ihnen zufallenden Gebiete ihrem jeweiligen Staatsgebiet ein. Die Integration des nordöstlichen Ostpreußens in die Sowjetunion vollzieht sich in einem mehrjährigen Prozess. Offiziell wird das „Kenigsbergskaja oblast" genannte Gebiet erst am 7. April 1946 in die „Russische Sozialistische Föderative Sowjetrepublik" und damit die UdSSR aufgenommen.[58] Zur RSFSR hat es keine natürlichen Grenzen, es ist von ihr durch die Territorien der Litauischen Sozialistischen Sowjetrepublik und der Weißrussischen Sozialistischen Sowjetrepublik getrennt. Das nordöstliche Ostpreußen ist nicht das einzige Territorium, das als Kriegsbeute „in den Bestand der UdSSR aufgenommen" wird. Auch das Gebiet um das einst finnische Petsamo und im Fernen Osten der von 1905 bis 1945 japanische Südteil der Insel Sachalin und japanische Inseln der südlichen Kurilen müssen staatlich integriert werden.[59]

Am 1. Juni 1946 übergibt die Rote Armee die Macht in ihrem Teil Ostpreußens in die Hände einer staatlichen Zivilverwaltung. Zu diesem Zeitpunkt stellen die Deutschen noch die Mehrheit der Bevölkerung auf dem Land. Am 4. Juli 1946 wird Königsberg nach Michail Iwanowitsch Kalinin, einem Gefolgsmann Stalins und formell Staatsoberhaupt der Sowjetunion, in „Kaliningrad" („Kalininstadt") umbenannt. Schon kurz vor der Umbenennung der Stadt wird das nun sowjetische Gebiet als „Kaliningradskaja oblast“ bezeichnet. Die Grenze des Oblasts (in etwa mit „Bezirk“ zu übersetzen) wird im Mai 1947 festgelegt und noch 1954 letztmals zugunsten der Sowjetunion korrigiert.

Seit dem Sommer 1945 siedeln sich demobilisierte sowjetische Soldaten vornehmlich in Königsberg, Tilsit und Insterburg an. Die organisierte Besiedlung des nordöstlichen Ostpreußens durch Zivilisten aus der Sowjetunion beruht auf einer besonderen, von Stalin persönlich unterschriebenen Regierungsanordnung. In den Sowjetrepubliken Russland, Ukraine und Weißrussland werden Kreise festgelegt, aus denen die Übersiedler kommen sollen. Anfang August 1946 treffen nach und nach die ersten Neusiedler mit Eisenbahntransporten im nordöstlichen Ostpreußen ein, die Besiedlung endet Mitte der 1950er Jahre. Bis Ende 1953 sind über 42 000 Familien, fast 190 000 Menschen, in das ehemalige Ostpreußen gezogen.[60] Es lassen sich hauptsächlich Ukrainer, Groß- und Weißrussen anwerben; sie haben besonders unter dem Krieg gelitten. Ihre Häuser in den von der Wehrmacht besetzten Gebieten sind zerstört, häufig ist das Familienoberhaupt im Krieg umgekommen. Unter den typischen Übersiedlerfamilien überwiegen die Frauen mit einem oder mehreren Kindern. Diejenigen, die noch ein Haus besitzen und ihre Familie irgendwie ernähren können, haben keinen Grund, in das fremde Land zu kommen. Die sowjetische Propaganda behauptet, die Vorzeigearbeiter und besten Kolchos-Mitglieder hätten sich in den Westen aufgemacht.[61] In das eroberte und annektierte Land kommen neben den Angehörigen der hier jetzt in Garnison liegenden Offiziere auch aus deutscher Kriegsgefangenschaft und Zwangsarbeit entlassene sowjetische Heimkehrer, die die Bestrafung wegen des Vorwurfes der Kollaboration mit dem Feind fürchten. Auch entlassene Strafgefangene werden verpflichtet, sich in der Oblast anzusiedeln. Das Gebiet wird zu einem Militärsperrbezirk, in den selbst Sowjetbürger bis 1969 nur mit Sondergenehmigung einreisen können und den Ausländer erst 1991 betreten dürfen.

1947 wird eine Familie in der Stadt Kirow von Werbern für den Kaliningradskaja oblast angesprochen. Durch den Kontakt mit deutschen Kriegsgefangenen haben sie eine Vorstellung von Königsberg. „Mit einem Hans waren wir etwas näher bekannt. Er stammte aus Königsberg, erzählte uns von seiner Stadt und zeigte uns einige Photos, die er noch besaß. Für uns klang das alles wie Märchen.“ Mit einem Güterzug fährt die Familie mit vielen anderen nach Westen, selbst die Kuh kommt mit. „Zuerst kamen wir nach Tapiau, aber der Vater wollte da nicht bleiben, sondern kümmerte sich darum, dass wir da schnell wieder wegkamen.

Die Familie darf nach Königsberg ziehen. „Als wir 1947 hierherkamen, waren wir von der Stadt fasziniert, obwohl sie schrecklich zerstört war und auch von diesen glatten Straßen. Solche Straßen hatten wir in Kirow nicht. Es war ein blankes Vergnügen, auf diesen Straßen spazierenzugehen.“[62] In Kaliningrad wohnt die Familie über einer Feuerwehrgarage. „Dort quartierten wir die Kuh ein, da stand sie zwischen den Feuerwehren.“[63]

Die Familie Schönborn im Jahr 1933 vor ihrem neuen Haus in Puchallowen (ab 1938: Windau, heute Puchalowo) im Kreis Neidenburg. In der Regel finden polnische und sowjetische Neusiedler die Häuser der geflohenen und vertriebenen Deutschen geplündert vor.

Bis Ende 1946 siedeln 12 235 Bauernfamilien in den neuen Oblast um. Die erste Kolchose entsteht in Pillupönen an der Grenze zur litauischen Sowjetrepublik im einstigen Kreis Stallupönen. Die Neubewohner gründen im Winterhalbjahr 1946/47 insgesamt 295 Kolchosen. Etwa jeder fünfte Umsiedler ist Mitglied der Kommunistischen Partei, jeder vierte Komsomolze, ein Aktivist im Jugendverband. Die Historikerin Ruth Leiserowitz: „Da der Prozentsatz der Parteimitgliedschaft in der UdSSR bei weitem nicht so hoch war, läßt sich aus den Zahlen schließen, dass viele Einwohner gewissermaßen im Auftrag der Partei nach Ostpreußen geschickt wurden.“[64]

Als Erstes bekommen die Neusiedler Häuser zugewiesen. Ein junges Mädchen, das mit ihrer Familie nach Tschístyje Prudý (Tollmingkehmen) kommt, wird von einem Armeelastwagen vom Bahnhof abgeholt. Die Neuankömmlinge werden auf die Häuser aufgeteilt. „Und als wir bei diesem Haus ankamen, war alles zugewachsen, ein einziges Unkraut, man kam da gar nicht voran. Das Auto kam schließlich durch. Es gab keine Fenster, keine Türen. Der Vater und der Bruder sprangen vom Wagen und schauten sich um. Die Öfen waren alle zerstört, der Fußboden aufgebrochen.“ Die Siedler wollen nicht bleiben. „Aber der Soldat, ein junger Mann, sagte: Wo soll ich euch hinbringen? Höchstens in die Kaserne. Also wurden wir ausgeladen. Wir setzten uns erst einmal hin und weinten, während die Männer begannen, die losen Ziegel aus dem Haus zu schleppen.“[65]

Raissa Jeschkowa kommt aus dem Oblast Wladimir nach Tollmingkehmen. Sie findet dort mehr eine Ruine denn ein Haus vor: „Das Haus war ein gutes, deutsches Haus. Es musste natürlich repariert werden. Es fehlten einige Türen und Fenster. ‚Iwan Iwanowitsch' war auf der Suche nach Fenstern und Türen vorbeigekommen. Wir haben alles selbst repariert. In den Nachbardörfern haben wir die nötigen Sachen eingesammelt. So wurde es gemacht: Vor einem Gehöft abgebaut, am andern wieder aufgebaut." Weil das Haus keine Fenster mehr hat, fürchtet sich Raissas Familie in ihrem neuen Zuhause. Man schläft abwechselnd, vor dem Haus hält immer einer mit einer Glocke Wache. Angst haben die Hausbewohner vor den Deutschen: „Wir dachten, dass sie uns angreifen könnten. Über sie wurde alles Mögliche erzählt."[66]

„Iwan Iwanowitsch", der personifizierte Diebstahl, ist oft organisiert. Aus den nahen Regionen Litauens, Weißrusslands und auch aus der Russischen SSR kommen in den ersten Monaten nach dem Kriegsende Delegationen, die vom Gebietskomitee die Überlassung von Dingen fordern, die im Krieg bei ihnen zerstört worden sind. So wird auch schon einmal nachdrücklich um ein Akkordeon, ein Klavier oder einen Spiegel für den Wiederaufbau des Kulturhauses in einem Kolchos gebeten. Ostpreußisches Herdbuch-Rindvieh wird, wenn es den Winter 1944/45 überlebt hat, aufgeteilt und in Herden in verschiedene Kolchosen in die UdSSR getrieben oder mit der Bahn dorthin transportiert. Auch Schafe werden in die Sowjetunion gebracht. Das, was den Neusiedlern in ihren ehemals deutschen Häusern jetzt fehlt, ist offiziell oder halb offiziell in die Sowjetunion gewandert.[67] „Kriegstrophäenkommissionen" durchstreifen das Land. Sie müssen einen Plan erfüllen, und die Vorgaben sind am schnellsten mit Demontagen großer Objekte zu erfüllen. Wichtige Teile der Infrastruktur werden im Nordosten des ehemaligen Ostpreußen, aber auch im polnischen Teil der Provinz demontiert. Nebenstrecken der Bahn und die Kleinbahnstrecken werden abgebaut und mit Lokomotiven und Waggons in die Sowjetunion verbracht. Die Kriegsbeute muss genau abgerechnet werden; nach Planerfüllung können Offiziere und höhere Kader Wertgegenstände behalten und damit ihre requirierten Wohnungen gediegen einrichten. Höhere Kader, wie beispielsweise die Kommandeure der Rayons, fahren deutsche Automarken wie Adler, DKW und Opel.[68]

Über ihre neuen Kolchosen erhalten die angesiedelten Bauern Kredite, um die ihnen zugewiesenen reparaturbedürftigen Häuser instand zu setzen. Ruth Leiserowitz findet in den sowjetischen Akten Klagen der Kolchosvorsitzenden über Neubauern, die ihre Häuser verlassen und bessere besetzen, ohne den ihnen gewährten Kredit für die Reparatur zurückzuerstatten. „An anderen Orten gab es Ärger mit Kolchosvorsitzenden, die ihrer Arbeit nicht nachkamen, sich oft wochenlang unerlaubt entfernten oder die Kolchosmitglieder aufwiegelten, weiterzuziehen."[69]

Alexander Studinskij, in den ersten Nachkriegsjahren Vorsitzender des Bezirksexekutivkomitees von Nesterow (Stallupönen), fragt noch 2006 deutsche Journalisten, die ihn für eine TV-Dokumentation interviewen: „Russische Menschen und hier Ostpreußen, können Sie sich das vorstellen?" Die Fehler, die gleich zu Beginn gemacht und nie richtig korrigiert werden, seien nicht aus Unkultiviertheit geschehen. Es sei einfach Unwissen gewesen. „Hier war alles sehr kultiviert, die Häuser, die Vieh- und Pferdeställe. Eigentlich die gesamte Technik: die Mähmaschinen, die Dreschmaschinen (...) die Traktoren auf Rädern, ‚Lanz Bulldog'. Das war allerdings insgesamt alles so kleinteilige Technik. Und bei uns in der Sowjetunion gab es dafür einfach keine Spezialisten."[70] Studinskij nennt ein Beispiel für die Fehler der ersten Monate: „Damals wurden die Traktoren einfach angeschmissen und der Pflug senkte sich in die Erde. Bei uns in Russland geht man auf eine Tiefe von 60 Zentimeter, aber in Ostpreußen liegt die Drainage bei 40 Zentimeter Tiefe. So wurde alles herausgerissen. (...) Deshalb klappte auch die Ernte nicht."[71]

Eine Mehrheit der sowjetischen Kolonisten im Oblast Kaliningrad versucht, sich in der fremden Umgebung zu akklimatisieren, eine große Minderheit nicht. Nach zwei Jahren Aufenthalt enden die Privilegien von Neuansiedlern. Sie müssen Steuern zahlen, Versicherungsrechnungen begleichen und ihre Kredite bedienen. Viele entscheiden sich, ihr Vieh zu verkaufen und, unter Umgehung der Behörden, in die frühere Heimat zurückzukehren. Andere leisten ihre vereinbarte Vertragszeit ab. „Im Verzeichnis der ‚Helden der Arbeit der Kaliningrader Oblast' kann man in den Lebensläufen der meisten Landwirtschaftsfunktionäre lesen, dass sie nach vollbrachter Aufbauleistung wieder in ihre Heimat zurückkehrten."[72] Zwischen Herbst 1946 und Mai 1951 hörten 17,8 % der bis dahin angesiedelten Bauern auf, in der Landwirtschaft zu arbeiten. Weitere 35,1 % verlassen das Kaliningrader Gebiet, hat Ruth Leiserowitz den Akten entnommen. Die überwiegende Mehrzahl von ihnen kehrt in die Heimatorte zurück.[73]

Im Hass auf alles Deutsche sind sich die Neusiedler aus der Sowjetunion mit den Machthabern der Partei einig. Alles, was mit Deutschland zu tun hat, wird mit Faschismus und deutschem Imperialismus gleichgestellt. Der Kaliningrader Historiker Jurij Kostjaschow: „Vom ersten Tag an sollte die Geschichte hier mit einem weißen Blatt Papier beginnen. Die Geschichte bis 1945 existiert nicht."[74] Diese Haltung betrifft auch die Kultur- und Geschichtsdenkmäler.[75] Sie genießen keinerlei Schutz, werden, wie Kirchen, als Lager- und Pferdeställe zweckentfremdet oder als Baustoffquellen abgetragen. Mit der Löschung aller Namen aus deutscher Zeit soll zumindest vor Ort das Gedächtnis getilgt werden. 2 520 Ortschaften im Kaliningradskaja Oblast erhalten russische Namen, manchmal benachbarte Dörfer gemeinsam einen neuen. Sie haben meist keinen Bezug zu den alten Ortsbezeichnungen mehr, wie die Beispiele Schelesnodoroschny (Eisenbahnstadt) für Gerdauen, Matrossowo (Matrosendorf) für Gilge, Slawsk (ruhmreicher Ort) für Heinrichswalde zeigen. Allenburg wird zu Druschba (Freundschaft). Tapiau heißt jetzt Gwardejsk (Stadt der Garde). Oft geben die Ankömmlinge ihrer neuen Heimat auch vertraute Namen, die später offiziell anerkannt werden. So benennen sie Dörfer nach ihren Heimatorten, wie Tambowsk und Saransk, oder nach dem Monat ihrer Ankunft, etwa Augustowskoje oder Oktjabrskoje. Oder es kommt zu zufälligen Namensgebungen: „Der Sekretär des Gebietskomitees fuhr über die Kolchosen und verliebte sich in eine Melkerin. Die Leute kamen und fragten: Wo ist der Sekretär? Und da sie die deutschen Ortsbezeichnungen nicht aussprechen konnten, sagten die anderen, der Sekretär sei zu Maria der Melkerin gefahren, also nach Marino, zu Maria. So wurde der Ort Marino genannt."[76]

Einen Bezug zum Ort haben immerhin Namen wie Bagrationowsk. Namenspate für das ehemalige Preußisch Eylau ist der georgische Fürst Pjotr Bagration, der 1807 hier mit seinen russischen Truppen dem Angriff Napoleons widerstand. Andere Orte werden nach gefallenen Offizieren der Kämpfe des Zweiten Weltkriegs auf ostpreußischem Boden benannt. Stallupönen (Ebenrode) erhält den Namen Nesterov nach einem in Ostpreußen gefallenen stellvertretenden Korpskommandeur. Aus Heiligenbeil wird Mamonowo nach dem Führer des 331. Schützenregiments Nikolai Mamonow, dem bei der Stadt ein Einbruch in stark befestigte deutsche Stellungen gelungen war. Insterburg wird nach dem Armeegeneral Tschernjachowski genannt, aus Trakehnen wird Jasnaja Poljana, nach dem Gut von Leo Tolstoi bei Tula. Rund 2280 Orte im ehemaligen Ostpreußen werden nicht wieder besiedelt und existieren nicht mehr.

Im Sommer 1946 ist ein Jahr vergangen, seit die Großmutter und Mutter von Hans-Burkhard Sumowski gestorben sind. Er beschließt, per Post Kontakt mit den Verwandten im Sauerland aufzunehmen, die er noch im letzten Spätsommer mit seiner Mutter besucht hat. Der Junge weiß nicht, dass im Mai 1946 wieder ein Postverkehr ins Reich eingerichtet wurde und zu dieser Zeit schon langsam anwächst. Wie auch die erwachsenen Deutschen im sowjetisch besetzten bzw. annektierten Teil Ostpreußens hat er keine Kenntnis davon, dass es ein Deutsches Reich nicht mehr gibt, dass Deutschland mittlerweile in vier Zonen zerteilt ist und auch weite Teile Pommerns sowie fast ganz Schlesien unter der Verwaltung des neuen polnischen Staates stehen. Sumowski will eine Postkarte schreiben. In ganz Königsberg gibt es nur ein Postkartenmotiv zu kaufen: Es zeigt, in Farbe, das abgebrannte, aber noch nicht gesprengte Schloss. Darunter steht „Pobjeda" (Sieg) und das Datum 8. Mai 1945. Mit den wenigen Kopeken, die er sich verdient hat, kauft Sumowski diese Karte und eine Briefmarke. „Ich setzte mich damit in eine Ruine und schrieb mit einem Bleistiftstummel, den ich, wie bei Großvater gesehen, mit einem Messer aufs feinste angespitzt hatte: ‚Ich bin Burkhard, der bei Euch war, und ich lebe noch. Meine Oma ist Lina Sumowski. Lebt mein Vater noch? Mutter ist tot."' Als er mit dem Schreiben fertig ist, weiß er nicht, wie die Verwandten heißen, die er vor zwanzig Monaten besucht hat. Er kennt auch ihre genaue Adresse nicht. Er schreibt: „An den Lehrer in Stemel in der Nähe von Neheim-Hüsten, Deutschland", und setzt in kyrillischen Buchstaben „Njemjetzki" und vorsichtshalber noch „Germanski" hinzu. Die Karte kommt ein halbes Jahr später tatsächlich im Sauerland an. An den Stempeln ist zu erkennen, dass sie einen Umweg über Moskau genommen hat. „Wahrscheinlich musste sie dort erst von der GPU, dem damaligen Geheimdienst, freigegeben werden“[77], vermutet Sumowski später. Sein Vater ist inzwischen aus britischer Kriegsgefangenschaft entlassen worden und bereits im Sauerland gewesen. Als er die Postkarte seines Sohnes in der Hand hält, hat er bereits einen Suchantrag beim Roten Kreuz aufgegeben.

In Königsberg gibt es mit der Postzustellung an die Deutschen große Probleme. Da fast alle Bewohner nicht mehr in den vor 1945 bewohnten Häusern und Straßen wohnen, ist es den deutschen Postbotinnen oft nicht möglich, die Briefpost den Empfängern zuzustellen. Die unzustellbaren Briefe und Karten werden zu den christlichen Gemeinden gebracht, wo man versucht, in Gottesdiensten oder bei Gemeindebesuchen die Adressaten der Postsachen auszurufen. Bei den Zusammenkünften in den Konventen der evangelischen Kirche werden Postsachen von Gemeinde zu Gemeinde ausgetauscht. „Bei der Postzustellung gab es oft ergreifende Erlebnisse, wenn jemand die ersten Lebenszeichen oder andere wichtige Mitteilungen aus dem überall zerstreuten Familienkreis erhielt und dabei besonders der Tröstung bedurfte.“[78]

Die sowjetische Administration eröffnet ab 1946 in Kaliningrad, acht weiteren Rayonstädten sowie in Kreutzburg „Kulturklubs zur Arbeit mit den Deutschen“. Dort werden Vorträge für die deutsche Bevölkerung zu Themen wie „Der Fünfjahresplan und die Entwicklung der Volkswirtschaft der UdSSR“ und „Was jeder über Geschlechtskrankheiten wissen muß“ gehalten. Nur sehr selten werden Schriften auf Deutsch gedruckt, so etwa die „Rede des Genossen Stalin am 9.2.1946 mit der Wahlversammlung des Wahlkreises ‚Stalin' in Moskau'“, der „Befehl des Genossen Stalin zum 1. Mai“, ein „Merkblatt für den deutschen Sowchosarbeiter“ oder ein „Russisch-deutsches Gesprächsbuch für Sowchosen.“[79]

Bereits im Sommer 1945 wird der Kreis Elchniederung in Landkolchosen eingeteilt. Jede Kolchose erhält aus der Kriegsbeute etwa hundert Milchkühe, viel Jungvieh und etliche Pferde. Es gibt Traktoren, aber es herrscht Treibstoffmangel. Die Arbeit erledigen zivile deutsche Zwangsarbeiter.

Immer wieder kommt es zu Diebstählen und Plünderungen durch Umsiedler aus der Sowjetunion, es herrscht Hass zwischen Deutschen und Russen. Erste Neusiedler aus Tschístyje Prudý (Tollmingkehmen) erklären aber noch sechs Jahrzehnte nach der Zwangsaussiedlung der letzten Deutschen, dass dort, wo Russen, Weißrussen und Ukrainer mit Deutschen zusammengearbeitet und gelebt haben, sich die Beziehungen mit der Zeit normalisierten. Sie seien nachbarschaftlich, manchmal sogar freundlich geworden.[80] Helga Sahm ist 1945 nach Reisterbruch in der Nähe von Unter-Eißeln im Dreieck des Zuflusses der Scheschuppe in die Memel zurückgekehrt. Auch sie berichtet von einem guten Verhältnis zu den Russen, mit denen sie in der Landwirtschaft zusammenarbeiten muss. Die Armut verbindet: „Dieselben waren meistens nur mit einem Bündel auf dem Rücken, ab und zu eine elende Kuh an einer Leine führend, in das Land am Memelstrom und der Scheschuppe gekommen“[81].

Das Memelland – daheimgeblieben, heimgekehrt und zugewandert

Die deutschsprachige Bevölkerung des Memellandes flieht im Herbst 1944 vor der Roten Armee. Von den zweisprachigen Memelländern haben ebenfalls über 40 000 die Heimat verlassen. Eine große Anzahl litauischsprachiger Memelländer bleibt auf ihren Höfen, nicht nur, weil sie dort von der Front überrollt werden, sondern weil sie bleiben wollen, statt im ihnen fremden Westen des Reichs zu hungern und zu frieren. Viele verstecken sich an unwegsamen Orten im Wald und im Moor und warten zunächst ab. Nach und nach kehren die Menschen noch 1944 auf ihre verwaisten Höfe zurück. Nach der sowjetischen Besetzung werden viele in Zwangsarbeit zur Erhaltung der Infrastruktur eingesetzt. Als die Rote Armee im Januar 1945 ihre Vorbereitungen für den Angriff auf die deutschen Stellungen trifft, müssen die Bewohner der Memelniederung ihre Höfe verlassen. Sie dürfen im Februar zurückkehren, als sich die Front in das Herz Ostpreußens vorgeschoben hat.

In den Westzonen Deutschlands melden sich nach dem Ende des Krieges Memelländer in den Lagern für litauische „Displaced Persons" zur Repatriierung, oder sie machen sich in kleinen Gruppen durch das verwüstete Ostdeutschland und Ostpreußen auf einen ungewissen Weg in die Heimat. In den Jahren 1945 bis 1949 werden 38 000 Menschen aus den deutschen Besatzungszonen nach Litauen repatriiert. 8 000 von ihnen gehen ins Memelland.[82] In der Annahme, in der Heimat ihre Familie zu finden, lassen sich auch viele kriegsgefangene memelländische Soldaten direkt nach Hause entlassen.[83]

Die Bäuerin Lena Grigoleit berichtet der Journalistin Ulla Lachauer von der vorläufigen Heimkehr in ihr Dorf an der Memel: „Mit der Zeit kamen etliche Bittehner zurück. Wir waren die ersten gewesen. Dann tauchten die Lisbeth und die Cläre auf mit zwei Töchtern. Sie richteten sich im Fabianschen Geschäftshaus ein, aus dem Cläre ihr ermordeter Mann stammt. Trude Ennulat war da und ein Kosgalwies und die Betty Krüger und noch ein paar. Der Pillkuhn kam von der Kriegsgefangenschaft aus der englischen Zone. Und der Rudi Grigoleit, das war der Sohn von Vaters Cousin aus Lompönen, den nahmen wir mit zu uns. Er war vielleicht zwölf und ganz allein."[84] In vielen Dörfern sind die Altbewohner und Rückkehrer noch eine ganze Weile unter sich. Erst nach und nach ziehen überall Großlitauer zu auf der Suche nach Höfen, die ihre Familien ernähren, und vertreiben vielfach die Altbesitzer.[85] Aus dem Memelland werden neben NSDAP-Mitgliedern und Menschen, die Kriegsgefangene und Zwangsarbeiter beschäftigt hatten, auch memelländische Bauernfamilien mit größeren Höfen als „Kulaken" nach Sibirien deportiert. Nordöstlich der Memel sind die Verhältnisse aber geordneter als im Südwesten. Die sowjetischen Behörden sehen in den litauischsprachigen Memelländern Bürger einer Sowjetrepublik.

In Nidden leben nach 1945 noch 22, in Schwarzort acht, in Preil zwölf kurische Familien unter den zugezogenen Russen und Großlitauern. Neben 1 193 litauischen und russischen Neusiedlern gibt es auf der Kurischen Nehrung nur noch 219 Altansässige.[86] Am 25. März 1949 werden alle Kuren im Rahmen der Deportationsaktion „Priboj" (Der Wellenbruch) nach Sibirien deportiert.[87] Die Deportation und Verbannung überlebenden kurischen Familien dürfen in den 1950er Jahren in die Bundesrepublik und die DDR auswandern. Mit dem Exodus dieser Letzten endet die Geschichte der Kuren in Ostpreußen.

Auch einige aus der kleinen litauischen Minderheit Ostpreußens südwestlich der Memel, deren Besitz sich vorwiegend direkt am Fluss Scheschuppe sowie am Kurischen Haff befunden hat, kehren wieder in ihre Heimatorte zurück, ebenso nach Unter- und Ober-Eißeln am südwestlichen Ufer der Memel im Frühjahr 1945. Die Eißelner waren im Oktober 1944 nach Rogitten im Kreis Braunsberg evakuiert und dann auf der Flucht überrollt worden. Zunächst werden sie auf den abgeschieden gelegenen Höfen immer wieder ausgeplündert. Daraufhin hätten sich die letzten Deutschen, so berichtet Hannelore Patzelt aus Unter-Eißeln im Jahr 1965, Fremden gegenüber als Litauer ausgegeben. Litauisch hätten nicht wenige Sowjetsoldaten verstanden: „Viele von uns beherrschen diese Sprache perfekt, andere sprachen etwas und nur ganz wenige – die Jüngeren – sprachen und verstanden nicht. Aber das ließ sich leicht vertuschen. Der Einfall erwies sich jedenfalls als genial. Wir wurden dadurch am Tag vor mancher Plünderei bewahrt. Und auch bei nächtlichen Überfällen half uns unsere Lüge oft genug."[88] Die Rückkehrer leben gemeinsam mit zugezogenen Russen in ihren Dörfern. Im Kaliningrader Gebiet gelten sie jetzt für einige Zeit als Litauer und somit Sowjetbürger. In Litauen, wohin sie auch hätten gehen können, wären sie zu Memelländern, die mit Deutschen kollaboriert hatten, deklariert worden und hätten jederzeit mit der Verschleppung nach Sibirien rechnen müssen. Und sie bleiben verschont von den Wirren des bis 1951 währenden Bürgerkriegs zwischen national gesinnten Litauern und der Sowjetmacht.[89] 1947/48 reisen aber auch diese Familien in den Westen aus.

Litauisch sprechende Ostpreußen kommen – wie ein Mann namens Dwilies aus dem Dorf Wodehnen – wegen der besseren Lebensverhältnisse heimlich über die Memel in das Dorf Bittehnen. Lena Grigoleit erzählt: „Er sprach gut litauisch und fiel nicht so auf, wenn er auf unserer Seite spazierte. Wir gaben ihm zu arbeiten und Brot und alles für seine Familie. Nach ein paar Tagen immer fuhr er zurück mit dem Kahn über den Strom. Sie lebten alle in Ragnit im Getto, vielleicht fünftausend Deutsche, sagte der Dwilies und sogar mehr." Die sowjetische Militärverwaltung hat die Deutschen in der Kreisstadt an der Memel zusammengetrieben und ihnen dort ein besonderes Viertel zugewiesen. „Frau Dwilies war herzkrank, das Kellerloch, wo sie hausen mussten, war eiskalt. Und die Töchter Hilda und Traute waren sehr jung. Hilda arbeitete in einem russischen Krankenhaus auf der Entbindungsstation. Die Traute versteckte sich immer, wenn sie einen Russen sah. Sie war siebzehn."[90] Das Verlassen von Ragnit und Übersetzen über die Memel ist den Deutschen verboten, aber angesichts der Gefahr, in Ragnit verhungern zu müssen, geht dieser Mann das Risiko ein.

Im nördlichen Ostpreußen müssen sich viele Kinder alleine durchschlagen. Tausende fahren ab Herbst 1945 auf abenteuerlichen Wegen regelmäßig in das Baltikum, vor allem aber ins Memelland und nach Litauen, um Lebensmittel einzutauschen, zu erarbeiten oder zu erbetteln. Der Königsberger Pfarrer Hugo Linck berichtet von einer Hausgemeinschaft dreier Königsberger Frauen, die im Jahr 1947 sechs Waisenkinder aufgenommen hat. Als eines der Kinder 14 Jahre alt wird, verliert es das Anrecht auf eine Brotkarte. Weil sich aber keine Arbeitsstelle für das Kind findet, mit der ihm wieder 400 Gramm Brot pro Tag zustehen würden, macht sich eine der Frauen mit den größeren Kindern auf eine sechs Wochen dauernde Betteltour von Königsberg über Tilsit durch das Memelland. „Vor den Bauernhöfen, die man aufsuchte, wurde ein Kirchen- oder ein anderes geistliches Lied gesungen, das die Herzen auftat, und vor dem Weiterziehen ein entsprechendes Lied zum Dank. Ein warmes Getränk – es wurde ja während der Monate Oktober und November 1947 gewandert – wurde gereicht, eine Mahlzeit eingenommen oder etwas auf den Weg mitgegeben. Mit allerlei Arbeit – Nähen, Stricken, Holzhacken – und einem geistlichen Lied bedankte sich die Schar für Unterkunft, Verpflegung und Wegzehrung.“[91] An die hungernden Daheimgebliebenen wird von den Rückkehrern Mitgebrachtes verschenkt. Der Pfarrer erhält zu Weihnachten 1947 von der Gruppe gar ein kleines Stück Speck. Ein ehemaliger Konfirmand, der sich auch auf die Bettelreise durch das Memelland und Litauen gemacht hatte, schenkt ihm eine Tüte mit einem halben Pfund Erbsen.

Viele der zeitweise oder dauerhaft elternlos gewordenen Kinder aus dem Nordosten Ostpreußens machen sich in den Jahren 1945 bis 1947 allein nach Litauen auf; nicht wenige von ihnen bleiben dauerhaft und erarbeiten sich bei Bauern ihren Lebensunterhalt. Ruth Leiserowitz[92] hat in ihrem Buch *Wolfskinder* nachgewiesen, dass es sich nicht um Einzel-, sondern um kollektive Schicksale handelt: „Jeder, der nur irgendwie konnte, fuhr von Kaliningrad nach Litauen, um Lebensmittel zu beschaffen. Familien, die keiner Arbeitsverpflichtung in Nordostpreußen unterlagen, siedelten kurzerhand illegal um. Andere, die in der Woche arbeiten gehen mussten, versuchten, ihre Kinder in Litauen – manchmal gegen Bezahlung – in Pflege zu geben. Einige besuchten ihre Kinder regelmäßig oder ließen ihnen Nachrichten über Bekannte zukommen. Viele Mütter waren aber auch froh, sich auf diese Weise eines Kindes mit relativ ruhigem Gewissen entledigen zu können.“[93]

Die im Baltikum allein ihrem Schicksal und der Fürsorge der Einheimischen überlassenen Kinder werden in Deutschland später als „Wolfskinder“ bezeichnet. Sie folgen dem Vorbild von Erwachsenen, die sich in die Güterzüge, die nach Litauen fahren, schleichen und so illegal nach Litauen gelangen. Von dort bringen die Erwachsenen Lebensmittel mit. „Sie gingen in die litauischen Dörfer und bekamen bei den Bauern

Kinder auf der Dorfstrasse in Tawe in den 1920er Jahren. Der Ort (heute Zalivino) liegt in der Elchniederung am Fluß Tawelle. In den Haffdörfern ist nach 1945 die Versorgung durch die Fischerei besser als in den kollektivierten landwirtschaftlichen Gebieten der Niederung.

Eier, Butter, Brot und Mehl. Etliche besaßen noch verschiedene Dinge, wie Geschirr, Gardinen, Unterwäsche oder ähnliches und tauschten sie in Lebensmittel."[94]

Ab 1946 werben litauische Bauern, die in den ostpreußischen Städten Lebensmittel verkaufen, Kinder und Jugendliche regelrecht als Arbeitskräfte an. Leiserowitz berichtet von Schätzungen, die davon ausgehen, dass sich 1948 etwa 5000 deutsche Kinder und Jugendliche in Litauen aufhalten. Eine Schulbildung erhalten viele von ihnen nicht, sie lernen weder schreiben noch lesen. Da es nicht ratsam ist, sich als „Deutscher" zu erkennen zu geben, werden viele Kinder von litauischen Familien adoptiert, erhalten neue litauische Vor- sowie Nachnamen und werden so zu Litauern. Die Behörden der litauischen Sowjetrepublik machen kaum Schwierigkeiten: „Adoptionen minderjähriger Kinder gleich welcher Nationalität, deren Daten nur unzulänglich bekannt waren oder über deren Herkunft gar keine Angaben existieren, wurden in der Kreisverwaltung quasi mit einem Federstrich erledigt."[95] Ab 1947 zahlen die litauischen Behörden auch Pflegegeld, für die noch als Privatbauern tätigen großlitauischen Kleinlandwirte, die als Selbstversorger wirtschaften und wenig Bargeld haben, eine willkommene Zugabe.

Nachdem die Mutter gestorben ist und zum Vater in Kriegsgefangenschaft kein Kontakt besteht, ziehen die Königsberger Kinder Lothar-Manfred Wegner und seine Schwester im Herbst 1947 zu einem Bauernehepaar unweit von Birzai im äußersten

Norden Litauens. Wegner erinnert sich: „Diese gutwilligen Leute hatten keine eigenen Kinder und nahmen uns auf. Damals gab es in Litauen noch keine Kolchosen und sie bewirtschafteten ihren 18 ha großen Hof. An Arbeit mangelte es nicht. Ob ich wollte oder nicht, ich mußte alle landwirtschaftlichen Tätigkeiten lernen. Nach einigen Monaten molk ich auch die Kühe. Morgens mußte man früh aufstehen und beim Viehfüttern helfen, Kühe melken und alle möglichen anderen Arbeiten verrichten. Da meine Schwester jünger war, durfte sie anfangs weniger arbeiten. Wir waren satt und eingekleidet."[96] Er und seine Schwester hätten das Ehepaar verehrt und geliebt, seien ihnen „grenzenlos" dankbar gewesen. Aber sie hätten dennoch jeden Tag an ihre Angehörigen gedacht. „Am meisten fehlte uns die Mutter – die Liebe einer Mutter zu ihren Kindern läßt sich durch nichts ersetzen. Während des Kriegsendes und in den ersten Jahren danach hatte ich soviel Elend, Not und Tod erlebt, dass ich nicht glaube konnte, dass mein Vater und mein Bruder all das irgendwie überlebt haben könnten. Ich war sicher, dass beide auch tot sind."[97]

Erst 1947 können die alteingesessenen Memelländer die sowjetische Staatsbürgerschaft erwerben. Das gewährt ihnen Rechte wie den Großlitauern, gibt ihnen jedoch nicht ihr Eigentum zurück. Auch in der sowjetisch besetzten Zone nutzen jetzt noch viele die Möglichkeit, nach dem neuen Staatsbürgerschaftsgesetz von 1947 rückwirkend zum 28. Januar die Staatsbürgerschaft der UdSSR anzunehmen. Allen, die sich als „Litauer" bezeichnen und bis zur Rückgliederung im März 1939 als Memelländer auch die litauische Staatsangehörigkeit besessen hatten, steht diese zu. Sie werden als „Sowjetbürger" wie verschleppte Zwangsarbeiter in das Memelland repatriiert.

Um das Jahr 1948 sollen noch ungefähr 30 000 deutsch- und litauischsprachige Memelländer in der Heimat gelebt haben. 1948 wird das Memelland aus dem Oblast Kaliningrad der Russischen Sozialistischen Föderativen Sowjetrepublik entlassen und entsprechend des Status des unabhängigen Litauens vor dem März 1939 der Litauischen Sozialistischen Sowjetrepublik (LiSSR) angegliedert. Ab Herbst 1947 und bis 1949 werden schrittweise die noch im Memelland verbliebenen „Deutschen" in die sowjetische Zone Deutschlands bzw. die DDR ausgewiesen. Im Januar 1946 zählt man im Memelland etwa 55 000 Einwohner, von denen weniger als 8 000 autochthone litauische Muttersprachler sind. Um 1950 leben trotz der Aussiedlung der „Deutschen" durch Rückkehr aus den Zufluchtsorten wieder etwa 15 000 bis 20 000 Memelländer in ihrer Heimat.

National gesinnte Partisanen, die Waldbrüder, bekämpfen in ganz Litauen bis 1951 die sowjetische Besatzung. Im südlichen Litauen, auch im Memelland, kontrollieren diese Partisanengruppen bis 1949 größere Gebiete des ländlichen Raumes. Ihr Kampf kostet mindestens 50 000 Menschen das Leben.

Die ethnische Zusammensetzung der Bevölkerung Litauens hat sich seit Beginn des Zweiten Weltkriegs vollständig gewandelt. Die jüdische Bevölkerung ist von den Deutschen und ihren litauischen Helfern fast vollständig ermordet worden, die Überlebenden sind in den Nachkriegsjahren nach Israel oder auch in andere Sowjetrepubliken abgewandert. 1944 haben die Deutschen das Land verlassen, auch die Litauendeutschen, die Himmler in seiner Funktion als „Reichskommissar für die Festigung des Deutschen Volkstums“ 1942 rückgesiedelt hat. In der Nachkriegszeit nimmt ein Großteil der Einwohner polnischer Nationalität des Gebiets um Wilna – bis 1940 Teil von Polen – wieder die polnische Staatsbürgerschaft an und zieht in die Volksrepublik Polen. Aber auch heute noch sehen sich mehr als 6 % der Litauer als Polen; ihre polnische Sprache allerdings ist nach 35 Jahren Zugehörigkeit zur Sowjetunion mit vielen russischen Wörtern durchsetzt.[98] Litauen wird ab 1945 von einem multinationalen zu einem binationalen Staat, weil viele Russen, Weißrussen und Ukrainer in die Sowjetrepublik, besonders in die Städte, ziehen. Klaipėda / Memel ist noch immer das Zentrum der russischen Minderheit in Litauen, die heute landesweit etwa 8 % der Bevölkerung umfasst.

Im Mai 1951 werden 3 300 elternlose Kinder und Jugendliche aus Litauen in die DDR gebracht und dort in Heimen aufgenommen. Eine bisher nicht genau bezifferte Zahl Memelländer und ehemaliger Ostpreußen erreicht eine Ausreise in den Jahren zwischen 1956 und 1991. Hunderte, wenn nicht Tausende bleiben in ihrer neuen Existenz aber unentdeckt, so auch Lothar-Manfred Wegner und seine Schwester.

Käthe L. ist 1932 in Seckenburg im Kreis Elchniederung geboren. Sie hat in den Wirren der Flucht ihre Mutter verloren und ist 1947 ebenfalls nach Litauen gewandert, dort bei einer litauischen Familie untergekommen, hat dann einen jungen litauischen Mann kennengelernt und 1950 unverheiratet von ihm ein Kind bekommen. Sie erzählt der Autorin Ruth Leiserowitz vierzig Jahre später von einer anerzogenen Scham, die sie darin gehindert habe, schon zu Beginn der 1950er Jahre Kontakt zu ihrer Familie im Westen Deutschlands aufzunehmen: „Den ersten Ausweis bekam ich 1956, da war die Regina schon sechs Jahre alt, da gingen wir aufs Standesamt. Und 1957 habe ich dann wegen der Mutter an das Rote Kreuz geschrieben. Ich habe mich geschämt, ich hätte ja früher schreiben können. Aber wie sollte ich denn schreiben: ‚Ich lebe unverheiratet mit einem Mann und habe ein Kind.‘ Mutter war doch so streng religiös.“ Mutter und Tochter halten ab jetzt schriftlichen Kontakt. 1965 darf Käthe L. das erste Mal in die DDR reisen und dort ihre Familie treffen – „da war schon der Breshnew an der Regierung.“[99] Käthe L. darf mit ihrem litauischen Mann nicht nach Deutschland aussiedeln.

Anderen Memelländern ist das Ende der 1950er Jahre möglich. Zuvor stehen für Memelländer oder Ostpreußen, die zufällig ins Memelland gelangt sind, die Ausreisechancen schlecht. Nach der Auffassung der sowjetischen Behörden sind die Memelländer Litauer, gelten somit als Bürger der Litauischen SSR und damit auch der UdSSR. Rund ein Dreivierteljahr verhandelt Rolf Lahr, bundesdeutscher „Botschafter zur besonderen Verwendung“, 1957 und 1958 in Moskau mit dem sowjetischen stellvertretenden Außenminister Semjonow über den Abschluss mehrerer deutsch-sowjetischer Abkommen. Neben einem Wirtschaftsabkommen und einem Konsularvertrag wird schließlich auch über die Frage der Repatriierung von Deutschen, die noch in der Sowjetunion leben, Einigkeit erzielt. Das heikle Repatriierungsabkommen, das staatsrechtliche Grundsatzfragen und die jeweiligen Geschichtsauffassungen berührt, wird in die Form mündlicher Erklärungen beider Delegationen gekleidet. Zunächst beharren die Sowjets darauf, dass nur solche in der Sowjetunion ansässigen Deutschen repatriiert werden sollen, die im Jahre 1937 die deutsche Staatsangehörigkeit besessen haben. Bei dieser Regelung wären vor allem die Memelländer von der Möglichkeit der Umsiedlung nach Deutschland ausgeschlossen gewesen. In der zweiten Phase der Repatriierungsverhandlungen akzeptieren die Sowjets den 1. September 1939, das Datum des Kriegsausbruchs, als Stichtag für die Anerkenntnis einer deutschen Staatsbürgerschaft. Memelländer hätten so 1939, wenn auch nur für ein halbes Jahr, die deutsche Staatsbürgerschaft besessen.[100]

Bis 1960 siedeln 6 154 Memelländer nach Deutschland um, davon 453 in die DDR und 5 701 in die Bundesrepublik. Etwa ebenso viele bleiben letztlich in Litauen.[101] Sie sind lutherisch, halten aber Distanz zur kleinen Evangelisch-Lutherische Kirche in Litauen, die andere Traditionen pflegt als die Evangelische Kirche der Altpreußischen Union, vor 1945 zuständig für das Memelland. Heute leben im Memelland noch etwa 10 000 Menschen, deren Vorfahren ihre Wurzeln dort schon vor 1939 hatten. Ihre Lituanisierung ist rasch vorangeschritten; die Älteren haben ihr Deutsch verlernt, die Jungen sprachen es schon nicht mehr. Auch das memelländische Litauisch, durchsetzt mit vielen deutschen Lehnwörtern, ist heute fast ausgestorben. 1996 berichtet Lena Grigoleit der Journalistin Lachauer, sie sei die einzige Memelländerin, die in ihrem Dorf geblieben ist: „Die anderen Bittehner sind verstreut in alle Winde. Die meisten sind im Westen, in Deutschland. Manche sind auch in Kanada, manche sind in Amerika. Je nachdem, wie das Schicksal sie verschlagen hat.“[102]

Den Königsberger Lothar-Manfred Wegner hat es nach Nordlitauen verschlagen. Er beginnt erstmals während seines Fortwirtschaftsstudiums in den 1950er Jahren, über das Internationale Rote Kreuz seinen Vater und seinen Bruder zu suchen, erhält aber keine positive Antwort. In den 1960er Jahren liest er die Auslandsillustrierte der DDR *Freie Welt* und erfährt, dass der Chefredakteur des Blattes den gleichen Nachnamen wie er trägt. „Ich schrieb ihm einen höflichen Brief, worin ich fragte, ob wir nicht zufällig verwandt seien. Ich bekam die Antwort, dass wir nicht verwandt sind, dass der Name ‚Wegner' allein in Berlin über 400 Mal vorkommt. Dennoch bat der Redakteur, dass ich ihm noch einmal genau beschreibe, woran ich mich aus meiner Kindheit erinnere.“[103] Lothar-Manfred Wegner schildert dem Chefredakteur, was er noch weiß. Nach etwa zwei Monaten erhält er einen Brief mit der Adresse seines Vaters, im November 1966 einen Brief vom Vater, in dem der auch die Anschrift des Bruders mitteilt. Beide leben in der DDR, der Vater in Mecklenburg, der Bruder mit seiner Familie in der Nähe von Leipzig. „Meine Gefühle waren unbeschreibbar: grenzenlose Freude, Schmerz, Tränen – alles zusammen.“ Im Frühjahr 1967 dürfen Vater und Bruder aus der DDR mit ihren Familien nach Litauen reisen und die dort aufgewachsenen Geschwister besuchen.[104]

Die Familie der in Seckenburg in der Elchniederung geborenen und verheiratet in Litauen lebenden Käthe L. besitzt Mitte der 1970er Jahre ein Auto. Im Jahr 1975, als die Tochter Regina in Litauen bereits ihr Studium abgeschlossen hat und selbst Mutter geworden ist, fährt die Familie mit dem Auto in die Elchniederung im Oblast Kaliningrad. „Da sind wir hingefahren und da mußte ich dort sehr suchen, denn es sah alles ganz anders aus und hieß alles ganz anders“, erinnert sich die damals 43-Jährige. „Das erste Mal kam ich bloß bis an die Grenze, wo unser Land anfängt und da war es naß. Es hat geregnet. Und weiter: da war das ganze Feld, das war besät mit Gerste. Die Gerste, die war so hoch, das war alles naß, da konnte ich nicht mehr weitergehen.“ [105] Einige Jahre später gelangt die Familie auf der Suche nach den familiären Spuren der Mutter bis zu dem Platz, an dem das Gehöft gestanden hatte – „war alles Weideland und Vieh und dort, wo das Gehöft war, war alles Unkrautgestrüpps. Da fand ich noch die Stelle, wo der Kuhstall mal war; der Beton war noch zu sehen.“ Ein Dutzend Jahre vor den „Heimwehtouristen“, die nach der Öffnung des Oblast Kaliningrad 1990 die Heimat wiedersehen dürfen, kann die ostpreußische Litauerin feststellen: „Na ja, man kam dahin, aber das gehört uns alles nicht mehr.“[106]

Im März 1994 besucht der litauische Förster Lothar-Manfred Wegner nach vielen Jahrzehnten seine Geburtsstadt Königsberg (Kaliningrad), die seine Erinnerung zu einer „Stadt voller historischer Sehenswürdigkeiten“ verklärt hat. „Königsberg selbst hat heute nichts mehr mit einer ehemaligen mitteleuropäischen Stadt gemein. Das tut weh, aber mit den Jahren, manchmal mehr, manchmal weniger, ziehen mich unbestimmte Kräfte dorthin. Und ich fahre, wie könnte ich nicht fahren.“[107]

Ermland-Masuren – Umsiedlung und Polonisierung

Ab dem Sommer 1945 teilt sich die Geschichte des ehemaligen Ostpreußens entlang einer willkürlich gezogenen Linie, die historische und geographische Gegebenheiten ignoriert. Der Süden und Westen der ehemaligen Provinz wird polnisch. Allerdings übt die Sowjetunion noch lange im polnischen Teil Macht aus.

Trotz aller Furcht vor der Roten Armee waren viele Ermländer, Masuren und Westpreußen nicht nur gezwungenermaßen in der Heimat geblieben – sie wussten im Januar 1945 nicht, dass die alliierten Sieger ihre „Umsiedlung“ oder ihre Polonisierung beschlossen hatten. Die polnische Exilregierung in London hatte der britischen Führung schon früh Expansionsabsichten nach Ostpreußen, Pommern und Schlesien mitgeteilt. Sie ging trotz des Machtanspruchs der stalinistischen Sowjetunion davon aus, im Osten die Vorkriegsgrenzen ihres Landes weitgehend halten zu können und die Gewinnung neuer Gebiete nicht mit dem Verlust von Territorien im Osten ausgleichen zu müssen.

Viele britische Politiker sind in den Kriegs- und Nachkriegsjahren der Meinung, dass die kriegerische Aggressivität Deutschlands im östlichen Preußen ihre Wurzel hat. Die britische Politik – und die amerikanische, die ihr folgt – ist daher entschlossen, diesen „preußischen Militarismus" an den Wurzeln auszurotten. Zudem gibt sie den Interessen der noch verbündeten Sowjetunion nach, die mehrheitlich von Weißrussen und Ukrainern besiedelten Gebiete Ostpolens der Weißrussischen und der Ukrainischen Sowjetrepublik anzuschließen und das Gebiet um Wilna bei der litauischen SSR zu belassen. So beschließen die Sowjetunion, Großbritannien und die USA in den Konferenzen von Teheran und Jalta 1945 als einen Kompromiss die „Westverschiebung Polens" in ehemalige deutsch-preußische Territorien.[108]

Edward Osóbka-Morawski, der erste Ministerpräsident der provisorischen Regierung Nachkriegspolens, hat geschildert, wie die Grenzen in den preußischen Ostprovinzen neu gezogen wurden. Seine Regierung beansprucht zunächst ganz Ostpreußen für Polen. Darauf reagiert Stalin gereizt, reklamiert doch auch die Sowjetunion das ganze Ostpreußen für sich. Der Diktator erinnert Osóbka-Morawski an das für das Zarenreich schmerzliche Jahr 1914 mit der russischen Niederlage bei Tannenberg. Als Entschädigung für die hohe Opferzahl der Sowjets im Krieg und damit die Sowjetunion neben Klaipėda/Memel einen zweiten eisfreien Hafen erhält, fordert Stalin deutschen Boden. Schließlich zieht er bei einer Verhandlung, so Osóbka-Morawski, quer durch Ostpreußen eine Gerade in West-Ost-Richtung. Diese künstliche Linie, ohne Rücksicht auf geographische, historische und ethnisch-sprachliche Verhältnisse, wird im Norden Polens erst die Demarkations-, dann die Grenzlinie darstellen. Beim selben Treffen wird auch die neue Westgrenze Polens festgelegt.

Der polnische General Michael Rola-Zymierski plädiert aus militärisch-geographischen Gründen für die Grenzziehung entlang von Oder und westlicher Neiße. Die westlichere Neiße-Grenze stellt die kürzeste aller möglichen natürlichen Grenzlinien Polens gegenüber Deutschland dar. Im Unterschied zu einem Grenzverlauf an der östlichen „Glatzer" Neiße wird so kein Keil deutschen Territoriums in polnisches Gebiet getrieben.[109]

Am 27. Juli 1945 werden Stalins Vorstellungen für die Grenzen eines zukünftigen Polens vertraglich festgeschrieben. Artikel 1 des in sechs Artikel gegliederten sowjetisch-polnischen Grenzabkommens legt für die Bestimmung der polnisch-sowjetischen Grenze die sogenannte „Curzon-Linie" aus den Friedensverhandlungen der Jahre 1918/19 in Versailles zugrunde. Zwei östlich davon gelegene kleinere Regionen, darunter das Waldgebiet um Bialowies, bleiben zusätzlich bei Polen. Artikel 2 regelt Polens künftigen Zugang zur Ostsee. In ihm wird bestimmt, „daß der nördliche Teil Ostpreußens mit der Stadt und dem Hafen Königsberg an die UdSSR, der ganze übrige Teil Ostpreußens sowie der Danziger Bezirk mit der Stadt und dem

Masuren in den 1930er Jahren: Die Chaussee von Allenstein nach Passenheim (heute Pasym), Kreis Ortelsburg. Der allgemeine Mangel in der sozialistischen Staatswirtschaft konserviert gerade in Masuren die Kulturlandschaft aus deutscher Zeit bis in das 21. Jahrhundert.

Hafen Danzig dagegen an Polen übergehen". Artikel 3 definiert die Grenze Polens und der Sowjetunion im Gebiet des ehemaligen Ostpreußens genauer; er fixiert den Verlauf „vom Schnittpunkt der Grenzen der Litauischen SSR, der Republik Polen und Ostpreußens in westlicher Richtung nördlich von Goldap-Braunsberg zur Küste der Danziger Bucht". Nach Artikel 5 soll „die örtliche Festlegung der Staatsgrenze zwischen Polen und der UdSSR einer gemischten polnisch-sowjetischen Kommission übertragen" werden.[110] Ein am 30. April 1947 in Warschau geschlossenes Abkommen regelt den Grenzverlauf jedoch in einigen Punkten anders; noch bis 1954 gibt es kleine Grenzkorrekturen. Ministerpräsident Osóbka-Morawski hat vor der Übergabe des Südens Ostpreußens an Polen einen Wunsch: „Bei der Übernahme von Ostpreußen wollen wir dort keine Minderheit haben. Wir hoffen, daß die Rote Armee vorher alle erwachsenen Deutschen zur Arbeit beim Wiederaufbau nach Rußland schickt, so dass wir dort niemanden mehr vorfinden."[111]

Für den Kreis Sensburg, der zu Polen gehören wird, gibt es Aufstellungen über die Zahl der zurückgebliebenen, von der Flucht in ihre Heimatorte zurückgekehrten und der nach Westen entkommenen Bewohner. Jetzt muss differenziert werden, wer von den Gebliebenen „Deutscher" und wer „Pole" ist. Der Kreis hat bei Kriegsende 92 Gemeinden. Der schnelle Vormarsch der Roten Armee im Januar 1945 hat die große Mehrheit der Kreisbewohner überrascht; viele Menschen bleiben in der

Heimat oder machen sich zu spät auf und werden von der Roten Armee überrollt. In den vier Gemeinden Bussen (Bosemb), Langanken, Reuschendorf und Schniedau (Schniodowen) bleiben alle Bewohner im Ort zurück, in weiteren 16 Gemeinden bricht über die Hälfte der Einwohner nicht zur Flucht auf. In 23 Gemeinden kehrt über die Hälfte der Einwohner wieder in den Heimatort zurück. In zehn Gemeinden beträgt die Zahl der Zurückgebliebenen und der von der Flucht Zurückgekehrten zwischen 25 % und 50 % der Vorkriegsbewohner. In 54 Dörfern befindet sich noch über die Hälfte der Bewohner nach der sowjetischen Besetzung in ihrem Heimatort. Aus 24 Gemeinden gelingt mehr als 20 % der Bewohner die Flucht nach Westen, aus zwei Gemeinden sogar über 50 %. Aus neun Gemeinden entkommen zwischen 10 % und 20 % der Bewohner, aus 33 Gemeinden über ein Zehntel über die Oder.[112]

Im Kreis Sensburg plakatiert die Rote Armee in vielen Gemeinden Mitte Februar 1945, dass sich die männlichen Bewohner zwischen 15 (bzw. 17 oder 18) und 60 (bzw. 50 oder 55) unter Mitnahme von Verpflegung und Bekleidung für 14 Tage zu Aufräumarbeiten bei den Kommandanturen in Sensburg und Nikolaiken zu melden hätten. Es wird nicht zwischen „Deutschen" und „Polen" unterschieden; bei Nichterscheinen wird mit Erschießung gedroht. Die Jungen und Männer werden zur Zwangsarbeit in die Sowjetunion gebracht. Weitere sowjetische Aufrufe fordern die Ablieferung aller Schreibmaschinen und Radioapparate; es ist verboten, eine Schusswaffe zu besitzen. Sowjetische Erntekommandos überwachen bis in den Spätherbst 1945 die Durchführung und den Abtransport der Ernte. In mehreren Orten werden eingesessene Deutsche von den Sowjets als Bürgermeister eingesetzt.[113]

Im Kreis Sensburg erfolgt die Übergabe des Gebiets in polnische Verwaltung ab Ende Mai 1945, größtenteils aber in den Monaten Juni und Juli. In manchen Orten übernehmen Polen die Verwaltung erst nach Abzug der russischen Erntekommandos im Spätherbst und im Winter 1945/46. In der Regel wird jetzt ein Pole Bürgermeister, in einzelnen Ortschaften bleibt es aber noch bei deutschen Ortsvorstehern. Und noch bleiben Deutsche teilweise auf ihren Höfen. Werden sie von ihnen vertrieben, arbeiten sie unter polnischen Verwaltern auf neu eingerichteten polnischen Staatsgütern, oder sie finden Arbeit bei polnischen Siedlern, die vermehrt ab Herbst 1945 ins Land kommen und zunächst die leeren Gehöfte besetzen.[114]

Auch in Aweyden im Kreis Sensburg sind die Monate Februar bis Juni 1945 von Willkür, Gewalt, Mord und Totschlag durch sowjetische Besatzer und Plünderer von jenseits der Grenze geprägt. Die neue polnische Administration verbietet ab Juli 1945 Plünderungen und Erschießungen und setzt mit Zustimmung der sowjetischen Kommandantur den kriegsversehrten Bauern Defke als Bürgermeister ein. Die im Sommer 1945 reifen Felder sind im Kreis Sensburg – wie vielfach im ehemaligen Ostpreußen – noch von den Deutschen bestellt worden. Es zeichnet sich eine ungewöhnlich gute Ernte ab. „Das Getreide duftete, das Obst an den Bäumen leuchtete, und die Zweige der Sträucher bogen sich unter der Last der Früchte."[115] Defke organisiert die Ernte.

Die deutschen Bewohner des Dorfes dürfen jeden zehnten Sack für die eigene Versorgung behalten. Irene Piepenbrink ist noch ein junges Mädchen, als in ihrem Heimatdorf die ersten polnischen Neusiedler ankommen. „Im Sommer 1945 kamen die ersten Polen, aus Kurpien stammend, in einem Tagesmarsch von etwa 33 Kilometer in unser Dorf. Meine Großtante sagte zu mir: ‘Schau einmal, da kommen sie, da kommen sie; in Gruppen, zu Scharen, ganze Horden!‘ Ich sah Menschen barfuß den Sandweg entlang kommen, auf dem Rücken ein Bündel, in einer Decke zusammengebunden. Eine Staubwolke folgte ihnen. So betraten sie die ersten Häuser in unserem Dorf und jagten die Deutschen hinaus.“[116]

Im Landkreis Allenstein ist der Anteil der Bewohner, die sich als Polen bekennen, bis 1933 hoch. Deshalb entscheiden sich hier besonders viele Einheimische in den ersten Nachkriegsjahren, als „Polen“ in der Heimat leben zu wollen. Die Übernahme der Verwaltung durch Polen erfolgt in den einzelnen Gemeinden des Kreises in den Monaten Mai bis August, teilweise auch erst im September und Oktober 1945. Ortseingesessene Bewohner, die polnisch sprechen, werden als Bürgermeister eingesetzt. Nach der Verwaltungsübergabe an Polen bleiben Kommandos der Roten Armee teilweise noch bis 1946 im jetzt polnischen Teil Ostpreußens stationiert. Bereits im Sommer 1945 werden im Kreis polnische Schulen eingerichtet. Der Gebrauch der deutschen Sprache ist verboten, deutsche Kinder werden auch unter Zwang zum polnischen Schulunterricht geholt. Die deutsche Bevölkerung wird zu unentgeltlicher Zwangsarbeit herangezogen.

Oda Goerdeler in Klein Tauersee im Amtsbezirk Heinrichsdorf berichtet, wie vertriebene Polen aus der Ukraine und Weißrussland auf der Suche nach einer neuen Heimat in ihr Dorf kommen. Auch die polnischen Landarbeiter, die als „Volksdeutsche“ zur Wehrmacht eingezogen worden waren, und die Zwangsarbeiter, die man, weil sie sich nicht zu „Deutschen“ erklärt hatten, in Munitionsfabriken und Konzentrationslager zur Zwangsarbeit verschleppt hatte, kehren heim. Der Süden des Kreises Neidenburg wird nach sechs Jahren Reichsanschluss wieder polnisch: „Endlich, nach Jahr und Tag, erschien Obrigkeit. Land wurde verteilt. Wieder baute man kleine Höfe mit Wohnhaus, Scheune und Stall, mit Gartenland und Feld und Wiese. Die noch von den Deutschen fast fertiggestellte Überlandleitung lieferte nun Strom auch in die Häuser der Landarbeiter. In den Insthäusern blieben die Arbeiter wohnen für den verkleinerten Gutsbetrieb, zogen auch ins Gutshaus, in dem man Mauern einzog und die riesigen Fenster verkleinerte.“[117]

Im Dorf Sommerau im westpreußischen Kreis Rosenberg sind viele Deutsche geblieben. Die sowjetischen Besatzer organisieren den Alltag. „Im Gasthaus Ottke waren in der Gaststube zwei Kartoffeldämpfer aufgestellt. Hier wurde für Deutsche und Polen gekocht, doch die Polen durften sich nicht an den Tisch der Deutschen setzen, sie mußten gesondert essen, Grund unbekannt. Auch durfte kein Pole in ein von Deutschen bewohntes Haus gehen.“[118] Als die Landmaschinen nicht mehr für die Ernte gebraucht werden, holen die sowjetischen Besatzer sie von den Höfen und bringen sie nach Deutsch Eylau. Am 28. September 1945 wird in Sommerau die sowjetische Kommandantur aufgelöst. Auch hier übernehmen jetzt Polen die Verwaltung. Das Heimatbuch des Kreises berichtet 1963 von einer schlagartigen Wandlung der Verhältnisse: „Hatten wir bis dahin ruhig und unbehelligt gewohnt, so wurde es mit einem Schlage anders. Plünderungen und Raubüberfälle waren an der Tagesordnung. Ehe aber die russische Kommandantur aufgelöst wurde, wurden alle Deutschen dorthin bestellt und ihnen anheimgestellt, nach Deutschland auszuwandern. Es wurde uns gleich gesagt: ‚Bei Polen nix gut.' Wir bekamen einen Ausreise- und einen Freifahrtschein für die Bahn."[119]

In den ersten Wochen nach Kriegsende kommt es vor allem in ehemals grenznahen ostpreußischen Gebieten zu Plünderungen und Abtransport von Hausrat und beweglichen Bauteilen nach Zentralpolen und Pommerellen. Gleichzeitig ziehen die ersten Polen aus den von Besatzung und Krieg zerstörten angrenzenden Gebieten in die im südlichen Ostpreußen erhalten gebliebenen Gebäude. Deutsche, die noch darin leben, werden mit Gewalt vertrieben. In den ländlichen Regionen, in denen bei Kriegsende die bauliche Substanz noch erhalten ist, kommt es nicht zu absichtlichen und bedenkenlosen Zerstörungen wie im nördlichen Ostpreußen. Noch heute prägen deshalb die roten Backsteinbauten des Wiederaufbaus der 1920er Jahre die ländlichen Regionen von Ermland-Masuren.

Im Juli 1944 hat die sowjetische Führung die Bildung des polnischen Nationalen Befreiungskomitees unterstützt. Es ist kommunistisch dominiert. Dieses „Lubliner Komitee" hat sich im Dezember 1944 zur polnischen Regierung ausgerufen. Nach mehreren Versuchen gelingt bei Kriegsende für einige Monate eine Versöhnung zwischen der bürgerlichen Londoner Exilregierung und dem Komitee, im Juni 1945 bildet sich eine polnische Koalitionsregierung der Nationalen Einheit. Diese Regierung wird von Großbritannien und den USA im folgenden Monat anerkannt, nachdem die Sowjetunion auf der Konferenz von Jalta im Februar 1945 freie Wahlen für Polen zusagt. Am 6. Juli 1945, kurz vor Beginn der Konferenz von Potsdam am 17. Juli 1945, entziehen die USA und Großbritannien der polnischen Exilregierung die Anerkennung als staatliche Vertretung Polens. Zu dieser Zeit stehen noch mehr als 200 000 polnische Soldaten unter britischem Kommando.

Der im Juni 1945 gebildeten „Regierung der nationalen Einheit" gehörten außer Stanisław Mikołajczyk von der Bauernpartei fast nur Vertreter der Kommunisten an. Mikołajczyk, geboren in der Provinz Posen, ist während des Zweiten Weltkriegs Premierminister der Exilregierung und dann Vizepremier in der Regierung der nationalen Einheit. Aus den im Januar 1947 abgehaltenen Wahlen, die von Einschüchterung, dem Ausschluss von Wählergruppen und Wahlfälschungen geprägt sind, gehen Sozialisten und Kommunisten, vereint in einem „Demokratischen Block", als Sieger hervor.[120] Mit ihren Stimmen wird im selben Jahr eine erste Übergangsver-

Mehr ist im Jahr 1955 von den Hohen Lauben in Marienburg (Malbork) nicht geblieben: Die Ruinen des Alten Rathauses. Im Vordergrund die Pfarrkirche St. Johannes. Anders als die Stadt wird die Burganlage nach dem Krieg wieder aufgebaut und saniert.

fassung verabschiedet. Als letzte demokratische Partei wird die Polnische Bauernpartei, die sich seit September 1945 Polnische Volkspartei nennt und über 600 000 Mitglieder hat, immer mehr entmachtet. Mikołajczyk flieht 1947 ins amerikanische Exil. Ende 1948 schließen sich unter dem Druck der Sowjetunion die beiden Arbeiterparteien zur „Vereinigten Arbeiterpartei" zusammen, alle anderen Parteien werden Blockparteien, wie sie bis 1989 auch in der DDR existieren. Mit der Vereinigung legislativer und exekutiver Funktionen in der Form von „Nationalräten" wird in Polen die Gewaltenteilung aufhoben und eine „Volksdemokratie" eingeführt. Der große Einfluss der katholischen Kirche und die ausgeprägte polnische Freiheitsliebe erschweren den Kommunisten der Arbeiterpartei die Führung des Landes und geben dem Sozialismus in Polen eine besondere Ausprägung. So wird beispielsweise die bäuerliche Landwirtschaft nie kollektiviert.

Minister für die „Wiedergewonnenen Westgebiete" ist ab 1945 der gelernte Schlosser Władysław Gomułka, zu dieser Zeit auch stellvertretender Ministerpräsident und Generalsekretär der Polnischen Arbeiterpartei (PPR). Gomulkas Aufgabe besteht darin, eine historisch-ideologische Begründung für die „Rückkehr" der gewonnenen Regionen in den polnischen Staatsverband zu liefern und in den Gebieten Vertrauen in die neuen Verhältnisse zu schaffen. Nach Plünderungen und wilder Besiedlung hat er eine geordnete Ansiedlung der zuziehenden polnischen

Bevölkerung zu gewährleisten. Gomulka, der seit 1942 im polnischen Untergrund gewirkt hat, steht für eine nationalpolnische kommunistische Lösung, die Polen zwar sozialistisch, aber nicht zum Vasallen der Sowjetunion machen will. Innerhalb der Arbeiterpartei kommt es zu Streitigkeiten über die politische Ausrichtung, das Lager der engen Stalin-Anhänger kann sich mit Moskauer Unterstützung gegen die Nationalkommunisten durchsetzen. Gomułka stürzt im Herbst 1948 wegen angeblicher rechtsnationalistischer Abweichung. Nach politischen Unruhen im Herbst 1956 kehrt er mit der Unterstützung von weiten Teilen der polnischen Gesellschaft zurück und wird zum Parteichef der Polnischen Vereinigten Arbeiterpartei gewählt.

Die im Lande bleibenden Ermländer und Masuren sind erneut unter die Herrschaft einer Diktatur geraten. Die ersten polnischen Nachkriegsregierungen erklären sie wie Kaschuben zu „Kernpolen", die – über Jahrhunderte unterdrückt – ihre Identität nur vergessen hätten. Polnischsprachige Ermländer, Masuren und Kaschuben gelten als „Autochthone". Ihnen droht keine Vertreibung. Dazu Hartmut Boockmann: „Noch einmal wurden die Illusionen des polnischen Nationalismus wirksam, insbesondere im Falle der Masuren. Sie galten als Polen, wurden nun als solche behandelt und damit aus ihrer herkömmlichen Identität verdrängt."[121] Das aber trägt nicht. Über die folgenden Jahrzehnte hinweg werden die Masuren nach und nach in die Bundesrepublik übersiedeln.

Eine Verwaltungsreform für die neuen polnischen Gebiete schafft Ende Mai 1946 drei neue Wojewodschaften; Teile von ehemals deutschen Gebieten werden schon in vor 1939 bestehende Wojewodschaften eingegliedert. Auch für die katholische Kirche wird eine Anpassung an die neuen Verhältnisse vorgenommen. Der polnische Kardinal Hlond als päpstlicher Legat zwingt die deutschen Amtsträger zur Abdankung und setzt im Auftrag des Vatikans Administratoren ein. Eine endgültige Regelung will der Vatikan erst nach einem Friedensschluss vornehmen, regelt diese administrativen Fragen aber nach dem Abschluss der Ostverträge in den 1970er Jahren.[122]

Breite Unterstützung in der polnischen Gesellschaft, zunächst auch bei Teilen der Betroffenen, finden die Versuche einer ethnischen Homogenisierung – sie soll aus Ukrainern, Schlesiern, Kaschuben, Ermländern und Masuren Polen machen. Die polnische Miliz, die Funktionäre der kommunistischen Partei, die Vertreter des neuen polnischen Geheimdienstes wie auch des sowjetischen NKWD entscheiden nach einfachen Kriterien: Wer Polnisch spricht, ist Pole; wer nur Deutsch spricht, ist Deutscher. Die Umdeutung und dann folgende Umerziehung zu „Polen" wird „Verifikation" genannt. Für sie ist ab 1949 der wegen seiner Brutalität im Umgang mit Gegnern des Kommunismus gefürchtet Mieczyslaw Moczar, ein Gegner Gomulkas, als Wojewode von Allenstein verantwortlich.

Die Familie des Ingenieurs Schoel hat sich am 21. Januar 1945 aus Allenstein auf die Flucht gemacht. Sie schlägt sich unter großen Strapazen bis nach Wittenberge an der Elbe durch. Nach der Eroberung durch die Rote Armee sind in der von Industrie geprägten Stadt in der Altmark die Lebensbedingungen schlecht. „Wir entschlossen uns, zur Heimat zurückzufahren und hier aufbauen zu helfen, im übrigen abzuwarten, bis eine geordnete Regelung der Friedensfrage erfolgt sei." Ende Mai 1945 bricht die Familie an der Elbe auf. Mehrmals wechselt sie die Züge, die, beladen mit Reparationsgut und Militärgerät, gen Osten fahren, und erreicht am 6. Juni Allenstein. „Hier fanden wir noch eine größere Zahl Einheimischer, welche die Flucht aus irgendwelchen Gründen nicht hatten ausführen können. Die Stadt bot ein sehr verändertes Bild, trotz unserer nur viermonatigen Abwesenheit. Die ersten Monate wurden trostlos. Es fuhren keine Eisenbahnzüge, es gab keinen elektrischen Strom, kein Gas, keine Zeitungen, und die Lebensmittelversorgung lag besonders im argen. In den meisten Städten war die Wasserversorgung zerstört, so dass Wasser aus den Tümpeln geschöpft wurde. Als Folge traten Typhus und allerlei Körperschwäche bei vielen auf."[123] Der Familie wird 1951 die Ausreise in den Westen gestattet.

Ruth Wiacek aus Groß Schiemanen am Südostrand der Allensteiner Seenplatte im Kreis Ortelsburg gelegen ist 16 Jahre alt, als sie mit ihren Eltern, ihrer fünf Jahre älteren Schwester und deren gerade geborenem Baby am 19. Januar 1945 auf die Flucht geht.[124] Unter chaotischen Bedingungen geht die Familie über das Frische Haff. Die Flucht endet im März in Pommern, als die Rote Armee das Gebiet erobert. Die Familie wird getrennt; Ruth Wiacek kommt mit ihrer Schwester in ein Lager bei Stolp. Im Lager lebt das Mädchen unter erbärmlichen Verhältnissen, muss aber nicht arbeiten. Nach dem 8. Mai lassen die Sowjetsoldaten sie frei, ihre Schwester, deren Kind auf der Flucht gestorben ist, muss als Köchin weiter im Lager arbeiten. Mit einem pommerschen Mädchen aus Lauenburg geht sie zu deren Familie, die Adresse kann sie beim Verlassen des Lagers noch der Schwester zustecken. „Schweren Herzens ließ ich sie im Lager zurück. Ich hatte es nicht zu hoffen gewagt: Drei Wochen später stand sie tatsächlich in Lauenburg vor der Tür. Inzwischen hatte ich mir eine Arbeit gesucht, meine Schwester fand ebenfalls eine Anstellung. Sie kochte für zwei polnische Postbeamte. So verging der Sommer 1945." Im Oktober 1945 fährt einer der Postbeamten nach Allenstein. Die Schwestern geben ihm einen Brief an die in Groß Schiemanen gebliebene Tante mit. „Nach ungefähr einem Monat bekamen wir eine Antwort von meiner Mutter. Was für eine Überraschung: Wir hatten nicht geahnt, dass meine Eltern wieder Zuhause waren. Sie schrieb, dass sie mit Vater schon seit Juli in Groß Schiemanen sei, wir sollten schnell kommen." Sofort machen sich die Schwestern Anfang Dezember 1945 auf den Weg. Die Eltern sind bis Mecklenburg gelangt, haben sich aber gleich nach Kriegsende mit einem Handwagen zu Fuß auf den Weg zurück in das Heimatdorf gemacht und nach sechs Wochen Fußmarsch Groß Schiemanen erreicht. Ihr Haus ist unbeschädigt und unbewohnt. Ruth Wiaceks Schwester wird 1947 nach Deutschland ausgewiesen. Sie selbst bleibt in Masuren.

Die erste Zählung der polnischen Verwaltung im südlichen Ostpreußen ergibt im Juli 1945 die Anwesenheit von rund 151 000 „Deutschen".[125] Die verbliebene deutsche

Bevölkerung im polnischen Teil Ostpreußens hat jetzt unter Repräsentanten des neuen polnischen Staates zu leiden, die häufig mit Willkür vorgehen. Manchmal entstehen so seltsame Verhältnisse. Hartmut Boockmann: „Deutsche wehrten sich mit Hilfe russischer Unterstützung gegen polnische Willkür. Doch blieben die sowjetischen Soldaten unberechenbar."[126]

Im Kreis Allenstein werden anfangs nur wenige Polen angesiedelt, von Ausweisungen ist dort nur ein kleiner Teil der Bewohner betroffen. Doch bereits im Sommer 1945 beginnt die „Verifizierung" – in der polnischen Politik der Nachkriegsjahre bedeutet dies die „Polonisierung" der autochthonen ermländischen, masurischen und westpreußischen Bevölkerung durch Registrierung und Unterschrift unter eine Urkunde, die den Erwerb der polnischen Staatsbürgerschaft zur Folge hat. Wer unterschreibt, darf auf seinem Besitz bleiben und erhält Lebensmittelzuteilungen. Im Kreis Allenstein unterschreibt ein Teil der Bevölkerung durchaus freiwillig.

Bis zum Sommer 1945 wirtschaftet auch auf dem Gut Grasnitz der Familie Stein von Kamienski im Kreis Rosenberg noch eine sowjetische Einheit. Im Juni lassen die Soldaten Hunderte von toten Kühen, die seit dem sowjetischen Vormarsch auf den Weiden liegen, zu Teichen schleppen und hineinwerfen, bis die Teiche überlaufen. Dann wird Heu und Getreide geerntet. Als die Polen die Verwaltung übernehmen, geschieht zunächst nichts. Nach Grasnitz, auf das ehemalige Gut der Schwester seiner Mutter, hat es Hans Graf von Lehndorff verschlagen. Er teilt das Schicksal seiner Tante, die bei Kriegsende aus dem Gestapo-Gefängnis Allenstein befreit worden ist, und der anderen deutschen Dorfbewohner: Er hungert. Seine Tante arbeitet auf dem Feld und in ihrem ehemaligen Gutshaus für die sowjetische Kommandantur. Sie ist schon einmal von Polen geschlagen worden. „Aber sonst war alles Bisherige eine Erholung gegen das halbe Jahr bei der Gestapo in Allenstein. Und dann war eben das Grasnitz in diesem Herbst so schön wie noch nie. Gar nicht zu fassen, diese Farben! Und das Wild ist derart vertraut. Kürzlich ist eine Bache mit Frischlingen nachts an der Haustür vorbeigekommen und hat sich bei hellem Mondschein längere Zeit auf dem Rasen unter dem Fenster aufgehalten."[127] Hans von Lehndorff über die polnische Planwirtschaft: „Jetzt, seitdem es friert, wird endlich angefangen, Kartoffeln zu graben. Bis dahin wurden alle Frauen in den Wald geschickt, um Pilze für Warschau zu sammeln. Das haben sie sehr gern getan, weil sie bei der Gelegenheit noch alles mögliche für den eigenen Bedarf sammeln konnten. Die Pilze, von denen es immer noch eine Unmenge gibt, wurden mehrere Meter hoch in einem Schuppen gesammelt, um dort zu verfaulen."[128]

Zwischen 1945 und 1947 werden etwa eine Million Menschen mit polnischen Wurzeln aus der Ukrainischen, 300 000 aus der Weißrussischen und 200 000 aus der Litauischen Sowjetrepublik nach Polen „repatriiert". Der Großteil von ihnen wird in den ehemals deutschen Gebieten angesiedelt. Die Bewohner von Lemberg beispielsweise verschlägt es so nach Breslau oder Danzig. Aus den östlichen und südöstlichen

Teilen des heutigen Territoriums Polens werden in den Jahren 1944 bis 1946 etwa 500 000 Ukrainer in die Ukraine zwangsumgesiedelt. In der Öffentlichkeit darf über diese Zwangsmaßnahmen nicht geredet werden. In der Ukraine herrscht nach 1945 ein Bürgerkrieg zwischen der Sowjetmacht und den in den Untergrund gegangenen ukrainischen Nationalisten, von denen einige mit der deutschen Besatzung kollaboriert, andere diese bekämpft hatten. Der nationale ukrainische Untergrund, besonders aktiv im ehemaligen Ostpolen, wird im Sommer 1947 in der Aktion „Weichsel" ausgeschaltet. 150 000 Ukrainer aus dem Südosten Polens, die sich bisher der Ausweisung in die Sowjetunion widersetzt hatten, werden unter Zwang nach Pommern und Masuren verbracht. In die ehemals deutschen Gebiete strömen darüber hinaus etwa drei Millionen Neusiedler aus Zentralpolen und aus Westeuropa zurückkehrende „Displaced Persons" und Emigranten. Nach den Ergebnissen der Volkszählung von 1950 machen die Aussiedler aus den Ostgebieten 30 % der Bevölkerung in den ehemaligen preußisch-deutschen Gebieten aus, 50 % stammen aus Zentralpolen. Immerhin 20 % waren schon 1939 in Schlesien, Hinterpommern, dem Ermland, Masuren und den westpreußischen Kreisen ansässig.[129]

Von den ersten Aussiedlern aus Zentralpolen kehren ganze Familienverbände später in ihre Heimatorte zurück; in einigen Gebieten erfasst diese Rückkehr bis zu 40 % der Neusiedler. Grund dafür könnte auch das willkürliche Verhalten von Soldaten der Roten Armee sein, die im Ermland und Masuren stationiert bleiben oder durchreisen. Bernhard Fisch gibt den Bericht des Starosten von Deutsch Eylau wieder, in dem es heißt, Gruppen von Soldaten aus Einheiten der Roten Armee würden auf dem Heimtransport auch in die Wohnungen polnischer Neusiedler einbrechen. Sie raubten, so der Bericht, deren Eigentum und vergewaltigten die dort angetroffenen Frauen. Auch die Vergewaltigung von Frauen auf dem Bahnhof durch passierende Sowjetsoldaten sei ebenso an der Tagesordnung wie die Ermordung von zufällig anwesenden Menschen.[130]

Die polnischen Behörden verbieten 1945 den Gebrauch der deutschen Sprache. In den Schulen wird nur auf Polnisch unterrichtet, in den katholischen, aber auch den protestantischen Kirchen darf nur polnisch gepredigt werden. Gerichte und Behörden verhandeln ebenfalls nur in dieser Sprache. Alle Anordnungen ergehen auf Polnisch. In vielen Fällen verstehen die Zurückgebliebenen die Sprache, aber die allerwenigsten können sie lesen oder schreiben.[131]

Nicht alle können, die meisten wollen „verifiziert" werden. Manche lassen es sich nur gefallen, um bleiben zu dürfen. Größere Ausweisungstransporte aus dem Kreis Allenstein werden erstmals im Oktober 1945 zusammengestellt und in geringerem Ausmaß noch bis August 1946 fortgesetzt. Die Ausgewiesenen durchlaufen die kleinen Sammellager in Groß Lemkendorf, Diwitten oder Dietrichswalde, von dort machen sie sich in Kolonnen zu Fuß auf den Weg nach Allenstein. Von dort gehen die oft mehrere Wochen dauernden Transporte nach Berlin und in die Sowjetzone ab.

Die Menschen werden unterwegs nicht verpflegt, sie müssen sich auf den Feldern Nahrung suchen.[132]

Am 12. Oktober 1945 ziehen die letzten Deutschen aus Sommerau im ehemaligen Kreis Rosenberg fort. Am Bahnhof werden die Vertriebenen von Polen ausgeplündert. Die Hälfte der Umsiedler muss zurückbleiben, vermutlich weil die polnischen Behörden in ihnen „Polen" sehen. „Es verkehrte damals von und nach Dt.-Eylau ein einziges Zugpaar. Das zweite Gleis war im Laufe des Sommers schon abmontiert worden. Wir fuhren über Dt.-Eylau, und auch dort und während der weiteren Fahrt wurden wir um das wenige, das wir noch hatten, erleichtert. Als wir nach zwei Tagen unter fürchterlichen Schikanen endlich über die Oder fuhren, blieb plötzlich der Zug auf freier Strecke stehen, die Maschine hakte ab, angeblich, um Wasser zu nehmen, und wurde nicht mehr gesehen."[133]

Hans Graf von Lehndorff lebt zwei Jahre im Kreis Rosenberg unter Deutschen, Sowjetrussen und Polen und leitet dort eine Krankenstation. Als die Behörden einen Nachfolger für ihn gefunden haben, darf er Anfang Mai 1947 überraschend ausreisen. Er kommt in ein Abschiebelager in Deutsch Eylau. „Ehe wir schließlich zum Bahnhof geführt werden, geschieht etwas Sonderbares. Wir müssen alle mehr oder weniger in Reih und Glied antreten, etwa vierhundert Menschen, und dann bittet mich der Landrat, in seinem Sinn ein paar Worte zu dem Haufen zu sprechen. Etwas bestürzt frage ich, was er sich ungefähr gedacht hätte. Er meint, es liege ihm daran zu betonen, dass die Art, wie wir hier als Deutsche behandelt würden, keine Schikane sei, sondern Vorschrift. Die Deutschen hätten es mit den Polen auch so gemacht. Dafür müssten wir jetzt mitbüßen, auch wenn der einzelne vielleicht keine Schuld auf sich geladen hätte."[134] Hans Graf von Lehndorff tritt vor seine Schicksalsgenossen. Er kann später noch den ungefähren Wortlaut seiner kurzen Ansprache rekonstruieren. „Liebe Landsleute, hört mal alle her! Hier der Herr Landrat, dem tut es leid, dass wir in diesem Zustand die Heimat verlassen müssen. Aber er kann es auch nicht ändern, weil unsere Leute es früher mit den Polen ebenso gemacht haben, und das ist leider wahr. Wir wollen ihm aber danken für die schöne Suppe, die wir hier im Lager bekommen haben, und bitten ihn, dafür zu sorgen, dass der nächste Transport ebenso gut behandelt wird. Und nun wollen wir hoffen, dass wir auch wirklich nach Deutschland kommen."[135] Über Thorn, Bromberg und Posen geht es im Güterzug nach Kohlfurt im jetzt polnischen Teil der Oberlausitz. Im Lager dort wird der Transport entlaust. Auch dem Arzt aus ältestem ostpreußischen Adel ist der Moment der Ankunft in Restdeutschland, die Fahrt über den Grenzfluss Neiße, unvergesslich: „Und dann fuhren wir, wie im Traum, ganz langsam über einen kleinen Fluß. Und als der Zug wieder hielt, durften wir aussteigen, ohne gleich wieder zurückgeholt zu werden. Wir waren in Deutschland."[136]

An einem Tag im Juni 1947 müssen sich die letzten Deutschen des Kirchspiels Regerteln, die nicht für Polen optieren wollen, im ermländischen Kreis Heilsberg am

Angler in Elbing (Elbląg) im Sommer 1947. Im Hintergrund die zerstörte Elbinger Altstadt. In der Mitte der Turm von St. Nikolai. Die Bevölkerung der Stadt, in der es vor 1945 keine nennenswerte polnische Minderheit gab, ist schon vollständig ausgetauscht.

Dorfausgang nach Altkirch versammeln. Nur die Bäuerin Hinzmann aus Beiswalde hat sich für Polen erklärt. Die sich schon im Dorf befindlichen Polen läuten, so erinnern sich die Abreisenden, zur Feier des Tages die „Engel-des-Herrn-Glocke". Wagen bringen die Aussiedler nach Heilsberg. Dann geht es mit der Bahn bis in den Kreis Pirna in Sachsen. Von dort wechseln die meisten Regertelner nach und nach in die Bundesrepublik über.[137]

Bis zum August 1946 leben vier Geschwister der Familie Dannappel aus Kallweitschen, Kreis Goldap, in Lichtenhagen, Kreis Rößel, wohin sie im Oktober 1944 evakuiert worden sind. Der Bruder Artur ist im Alter von 14 Jahren zur Zwangsarbeit in die Sowjetunion verschleppt worden. Um die Geschwister zu ernähren, muss die 14-jährige Ursula in der Landwirtschaft arbeiten. Im August 1946 übergeben die Sowjets den Gutsbetrieb des Dorfes an Polen, im Februar 1947 werden die Kinder aus ihrem Quartier gewiesen. Sie ziehen bis Heilsberg; dort wird ihnen die letzte Habe gestohlen. 14 Tage warten sie mittellos auf die Abschiebung mit der Bahn in den Westen. Zwei Wochen dauert dann die Zugfahrt bis an die Oder, weil immer wieder die Lokomotiven von den Waggons abgehängt werden, sie endet im März 1947 im Durchgangslager Schönebeck in Sachsen-Anhalt in der sowjetischen Zone. Die Kinder kommen in das katholische Kinderheim in Ilsenburg im Harz. Ursula, jetzt 16 Jahre alt, muss auch hier arbeiten. Sie schreibt einer

Schwester ihres Vaters, und diese erreicht, dass die Kinder zu ihr und ihrem Mann nach Essen/Ruhr kommen dürfen. Sie werden von einer Nonne zur Grenze gebracht und am 20. Oktober 1947 in Bad Harzburg dem Onkel übergeben. Der Bruder Artur Danappel hat die Zwangsarbeit in der Sowjetunion überlebt und trifft in Essen seine Geschwister wieder. Nach der Kriegsgefangenschaft geht auch der Vater Franz Dannapel am 2. Januar 1950 zu seinen Kindern. In Essen wird der ehemalige Bauer in einer Gärtnerei arbeiten.[138]

In Ermland-Masuren wird die Geschichte umgedeutet. In den polnischen Schulen erfahren die Schüler ausführlich von der Unterdrückung der slawischen Merkmale masurischer Kultur in Preußen und im Deutschen Reich sowie den nationalpolnischen Aktivitäten vor und nach der Abstimmung von 1920. Die Erinnerung an Masuren und Ermländer, die sich vor 1945 gegen die Germanisierung und für ihre Sprache engagiert haben, wird selbst in kleinsten Dörfern gepflegt. Im Museum der Schule des kleinen Dorfes Stare Juchy (Alt Jucha, ab 1938 Fließdorf) im Nordwesten des ehemaligen Kreises Lyck hängen Bilder und Lebensläufe dieser „Kämpfer für das Polentum“. Auf dem Dorfplatz steht ein Gedenkstein mit der Inschrift „Zum 1000-jährigen Bestehen des Polnischen Staates den Kämpfern für das Polentum in Ermland und Masuren von der Gemeinschaft Stare Juchy“. Bis in die 1990er Jahre werden hier regelmäßig Blumen und Kränze von Schülern und Pfadfindern niedergelegt.[139]

Nach 1956 verlassen im Ermland und in Masuren zunächst die deutschgesinnten Kleingrundbesitzer und Handwerker ihre Heimat. Die Großbauern warten am längsten ab. In der Volksrepublik Polen ist es zu keiner Kollektivierung der Landwirtschaft gekommen; die Großbauern haben noch etwas zu verlieren. Im Dorf Alt-Wartenburg im Kreis Allenstein gibt es 1950 nur fünf polnisch gesinnte Familien. Heute trifft man in dem Dorf nur noch auf eine deutsche Familie. Aus dem südlichen Ostpreußen und Oberschlesien siedeln zwischen 1968 und 1980 etwa 247000 Menschen nach Deutschland, vor allem in die Bundesrepublik.[140]

Nach der Vereinbarung eines deutschen Milliardenkredits zwischen dem deutschen Bundeskanzler Helmut Schmidt und dem Parteivorsitzenden der polnischen Vereinigten Arbeiterpartei, Edward Gierek, am Rande der Helsinki-Konferenz im Jahr 1973 steigt die Zahl der Ausreisegenehmigungen und der Aussiedler aus dem südlichen Ostpreußen noch einmal sprunghaft an. Zwischen 1971 und 1988 reisen mehr als 55000 Masuren und Ermländer in die Bundesrepublik aus. Nach der Verhängung des Kriegsrechts erhöht sich die Zahl noch einmal und erreicht 1983 einen letzten Höhepunkt.[141] Die hohe Zahl von „Spätaussiedlungen“ aus Polen (1988: 140000, 1989: 250000) geht vor allem auf Oberschlesier zurück.

Im Jahr 1947 gibt es im ehemaligen Ostpreußen noch etwa 80000 Masuren und 40000 Ermländer.[142] Im polnischen Teil Ostpreußens leben im Jahr 1990 noch schätzungsweise 15000 bis 20000 Nachkommen von „Ostpreußen“. Viele Nachkriegsgeborene sind sich lange der Wurzeln ihrer Familien nicht mehr bewusst. Erst nach

1989 entstehen deutsche Minderheitenvereine, die sich 1997 zum „Verband der Deutschen Gesellschaften im ehem. Ostpreußen e.V." zusammenschließen.[143] Für die in das ehemalige Ostpreußen zuziehenden Polen sind die im Land bleibenden protestantischen Masuren schon immer „Deutsche" gewesen, wie der aus Elbing stammende polnische Soziologe Andrzej Sakson feststellt: „Der zahlenmäßig starke Beitritt der Masuren zu den Organisationen der deutschen Minderheit festigte diese Überzeugung."[144] Im Jahr 2000 leben noch etwa 6000 bis 10000 Masuren und 4000 bis 6000 Ermländer und deren Nachkommen in der Woiwodschaft Ermland-Masuren.[145]

Im Jahr 1948 hat die 19-jährige Ruth Wiacek einen polnischen Bahnbeamten kennengelernt und ihn ein Jahr später geheiratet. Bis zum Tod des Mannes ist die Ehe 38 Jahre lang glücklich. Das Paar hat fünf Kinder. Im Jahr 2007 lebt Ruth Petrowski, geborene Wiacek, noch immer in ihrem Elternhaus in Groß Schiemanen. Im Geschichtsportal *eines tages* von *Spiegel Online* sagt sie: „Nie werde ich das Haus aufgeben, das ich nach so vielen Strapazen und Leiden zurück erobert habe. Deswegen bleibe ich für immer hier in Groß Schiemanen."[146]

Die Zwangsausreise der Deutschen

Eine Volkszählung im April 1947 ergibt, dass im Kaliningradskaja Oblast noch 110119 Deutsche, 31112 Männer, 42806 Frauen und 36201 Minderjährige leben. Generalmajor Kruglow, der Vertreter des sowjetischen Innenministeriums und damit auch der Geheimpolizei im Oblast, beschreibt im April 1947 in einem Bericht die Lage der Deutschen im nördlichen Ostpreußen: „Ein bedeutender Teil dieser Deutschen ist infolge einer starken körperlichen Schwäche nicht erwerbsfähig und geht keiner gesellschaftlichen Arbeit nach. Der Rest der 36600 Menschen arbeitet vorwiegend in den Sowchosen des Ministeriums der Streitkräfte, zum Teil in den Sowchosen der Fleisch- und Milchindustrie und in anderen Industriegebieten und wirtschaftlichen Einrichtungen des Gebietes."[147] Nach dem Bericht des Generalmajors des Innenministeriums erhalten die nicht berufstätigen Deutschen keine Lebensmittelzuteilung, sondern nur Kinder und Invalide in den Altersheimen.

Kruglow meldet, die deutsche Bevölkerung sei ausgezehrt, als Folge der Versorgungslage habe in letzter Zeit unter der deutschen Bevölkerung die Kriminalität stark zugenommen. Es habe Lebensmitteldiebstähle, Raubüberfälle und sogar Morde gegeben. Im Oblast sei es allein im ersten Quartal 1947 zu zwölf Fällen von Kannibalismus gekommen. „In Fällen von Kannibalismus verwendeten manche Deutsche nicht nur das Fleisch von Leichen als Nahrung, sondern töteten ihre Kinder und Angehörigen. Es gibt vier durch Kannibalismus verursachte Morde."[148] Der Generalmajor plädiert nicht für eine bessere Versorgung. Er gibt das Stichwort für eine nachhaltige Lösung – die Zwangsaussiedlung: „Da die deutsche Bevölkerung, wie oben aufgeführt, die Erschließung des neuen sowjetischen Gebietes negativ beeinflusst, sehe ich es als zweckmässig an, die Frage einer organisierten Aussiedlung der Deutschen in die Sowjetische Besatzungszone aufzuwerfen."[149] Zwang ist bei der Aussiedlung nicht notwendig. Fast alle wollen fort aus der fremd gewordenen Heimat.[150] Einige Wenige hätten die Heimat ohne Zwang wohl nicht verlassen.[151]

Im Frühling 1947 dürfen erstmals Deutsche aus dem nordöstlichen Ostpreußen zu ihren Familien in der Sowjetischen Besatzungszone (SBZ) ausreisen. Den Genehmigungen für diese Einzelausreisen liegt eine Anweisung des stellvertretenden sowjetischen Innenministers Serow vom 14. Februar 1947 zugrunde, die durch Petitionen der Angehörigen in Deutschland zustande gekommen ist. Zum gleichen Zeitpunkt teilt die Konsularabteilung der Sowjetischen Militäradministration in Deutschland (SMAD) der deutschen Zentralverwaltung für Umsiedler (ZVU) in der SBZ mit, dass Anträge zur Rückführung aus dem Kaliningrader Gebiet nach Deutschland von den betreffenden Personen direkt beim „Innenamt" in Kaliningrad einzureichen seien. Im Juni 1947 treffen 1 641 Personen aus dem sowjetischen Ostpreußen in Brandenburg ein. Diese ersten Ausreisen bewirkten eine Welle von weiteren Anträgen. Sie werden mit dem Wunsch nach Familienzusammenführung oder auch der schlechten wirtschaftlichen Lage begründet.[152]

Am 11. Oktober 1947 beschließt der Ministerrat der UdSSR „die Umsiedlung der Deutschen aus der Kaliningrader Oblast der RSFSR in die Sowjetische Besatzungszone Deutschlands". Drei Tage später folgen Anweisungen des sowjetischen Innenministers zur Durchführung der Transporte. Noch im Oktober sollen 10 000 Deutsche ausgesiedelt werden, im November weitere 20 000 Umsiedlungen folgen. In erster Linie sollen Bewohner von Pillau (Baltijsk) und der Samlandküstenorte ausreisen, aus den anderen Rayons des Oblast werden die Familien der Nichtarbeitsfähigen und der „nicht gesellschaftlich Nützlichen" fortgeschickt, dazu die deutschen Kinder aus den Kinderheimen sowie die Alten, die in Pflegeheimen untergebracht sind. Es ist gestattet, pro Familie bis zu 300 kg persönliche Habe mit sich zu führen. Die Historikerin Ruth Leiserowitz[153] hat hierzu festgestellt: „Dieser Passus war eine bloße Formalität, denn kaum eine Familie besaß mehr, als sie auf dem Leibe trug."[154] Die Aussiedler müssen innerhalb von 24 Stunden nach Erhalt des Bescheids abreisen.

Am 22. Oktober 1947 verlassen die ersten Aussiedlerzüge Königsberg (Kaliningrad); weitere folgen am 24., 26., 28. und 30. Oktober. Insgesamt reisen in diesem Monat 11 352 Personen aus. Im November folgen zehn weitere Züge mit Bewohnern der Küstenorte und Königsbergs sowie Deutschen aus den Gebieten an der Grenze zu Polen. Der erste Haltepunkt in der SBZ ist Pasewalk. Die Deutsche Zentralverwaltung für Umsiedler wie auch die Sowjetische Militäradministration in der SBZ bemühen sich, genaue Zahlen über zu erwartende Umsiedlerkontingente zu erhalten, sowie um Mitteilungen darüber, wann die Umsiedlungen abgeschlossen sein werden. Das geschieht nicht. Bei jeder Ankunft eines Zuges muss improvisiert werden.[155]

Ein Tagungsprotokoll der „Landeskommission für Neubürger des Landes Thüringen" vom 28. Oktober 1947 zeigt die Dimension der Aufgabe, die sich den Behörden der SBZ stellt. „Zu den 12 000 Umsiedlern kommen noch 1 400 elternlose Kinder, denen wir in Thüringen eine neue Heimat geben und die wir auch einmal in Familien unterbringen sollen, damit ihnen das Elternhaus ersetzt werden kann. Außerdem kommt noch ein Lazarettzug von ca. 500, der sehr viele Kranke enthalten wird, von denen 200 ebenfalls Kinder sein werden, so dass nicht nur 1 400, sondern sogar 1 600 Kinder in Thüringen unterzubringen sind. Dazu kommen jetzt noch 600–700 Alte und Gebrechliche, die bisher noch nicht genannt worden sind. (...) Alle diese Männer und Frauen, Kinder und Alte, die zu uns kommen, müssen in unserem Lande eine neue Heimat finden."[156]

Unter den Aussiedlern nach Thüringen im Oktober 1947 ist auch Hans-Burkhard Sumowski. An einem Tag Mitte des Monats werden alle Kinder im großen Saal des russischen Kinderheims in Königsberg zusammengerufen, in dem Sumowski die letzten zwei Jahre gelebt hat. Der Leiter des Heims teilt in Anwesenheit dreier höherer sowjetischer Offiziere feierlich mit: „Der Genosse Josef Stalin, Führer der ruhmreichen Sowjetunion, hat beschlossen; alle deutschen Kinder aus Ostpreußen, die keine Eltern mehr haben, dürfen in der schönen siegreichen Sowjetunion bleiben. Russische Offiziersfamilien werden euch adoptieren, ihr bekommt alle neue Eltern und werdet Bürger der ruhmreichen Sowjetunion." Sumowski schreibt, während der Rede hätte man eine Stecknadel fallen hören können. „Wir waren alle starr vor Schreck und Verblüffung." Die Kinder blicken den Redner stumm an. Der fragt: „Wer neue Eltern bekommen und immer in Russland bleiben will, der soll die Hand heben." Keine Hand regt sich. Dann fragt einer der Offiziere: „'Wer will denn nach Deutschland?' Und in diesem Moment schossen alle Finger dieser verlorenen, verlausten, verkrätzten und unterernährten Kinder zwischen sieben und vierzehn Jahre blitzschnell in die Höhe. Da sahen die russischen Offiziere einander an, und wieder herrschte Stille im Saal." Die Kinder warten gespannt ab, wie die Offiziere reagieren werden. Nach einer Weile sagt einer der Offiziere: „Nu charascho, saftra darnoi, na gut, morgen alle Kinder nach Hause." Die mehr als hundert Kinder brechen in Jubel aus, weinen, jauchzen, schluchzen und lachen. „Voller Begeisterung liefen wir zu den Offizieren hin. Und plötzlich lachten auch sie und wehrten uns Kinder nur ganz sachte ab. Dann verabschiedeten sie sich und gingen."[157]

Nach der Ankunft im Thüringer Durchgangslager muss jedes Kind eine Schultafel vor seine Brust halten, auf dem seine persönlichen Daten und der Name eines Verwandten stehen, von dem es glaubte, er sei noch am Leben. Die Kinder werden gefilmt. Sumowski: „Auf vielen Tafeln stand nicht mehr als der Ort, an dem das Kind nach dem Krieg in Ostpreußen gefunden worden war. Manchmal stand auch gar nichts auf der Tafel und nur das geschätzte Alter. Diese Filmsequenzen liefen wenig später in allen deutschen Kinos in der Wochenschau. Ich hoffte inständig, dass mein

Vater sehr, sehr bald dort hingehen und mich sehen würde."[158] In einem Kinderheim in Thüringen trifft der Junge tatsächlich kurz nach Weihnachten 1947 seinen Vater wieder: „Es konnte keinen Zweifel geben: Der Mann unten in der Halle war mein Vater, ich erkannte ihn sofort. (...) Ich schrie, ich weinte, ich lachte. (...) Mein Vater war wirklich da, ich war bei ihm, niemand würde ihn mir je wieder nehmen können." Sumowski geht mit seinem Vater ins niedersächsische Soltau. „Erst in meinem neuen Heimatort sollte ich merken, wie viele Dinge des Lebens ich besser russisch als deutsch ausdrücken konnte."[159]

Bei Kriegsende leben noch fast 1500 Menschen in Palmnicken im Samland. Über 1200 von ihnen sterben in den nächsten zwei Jahren in Zwangsarbeitslagern, an Hunger und Krankheiten. Die Eltern von Martin Bergau, der damals Kriegsgefangener ist, gehören zu den wenigen Überlebenden. Bis zur Aussiedlung müssen sie zwölfmal ihr Quartier wechseln. Beim Abtransport nach Westen finden ihre Habseligkeiten in einem kleinen Leinentuch Platz, darunter das Gesangbuch von Bergaus Schwester, in dem seine Mutter Eintragungen über die verstorbenen Familienmitglieder gemacht hat. Nur noch 270 Palmnicker werden ab 1947 in die damalige Sowjetische Besatzungszone ausgesiedelt.[160]

Aus Witterungsgründen setzen die sowjetischen Behörden die Aussiedlungen im Winter 1947/48 aus, im Frühjahr 1948 stellen die Behörden im Kaliningrad Oblast die nächsten Transporte zusammen. Anfang März 1948 werden den Behörden der SBZ weitere 25000 Deutsche aus dem Kaliningrader Gebiet avisiert, dann gerät die Ausreise von Neuem ins Stocken. Die Behörden der SBZ mahnen die Fortführung an; sie wissen mittlerweile um die verzweifelte Lage der im Norden Ostpreußens verbliebenen Deutschen. Im Juni 1948 teilt die SMAD mit: „Aus Kaliningrad werden ab Mitte September 1948 die letzten 30–40000 Umsiedler erwartet. Einzeltransporte bzw. Einzelanforderungen von Kaliningrad werden weder angenommen noch durchgeführt."[161] Damit sind Bemühungen, Angehörige oder Verwandte so schnell wie möglich individuell nach Deutschland bringen zu lassen, sinnlos geworden.

Christel Wels, geborene Faust, ist im Frühherbst 1948 noch immer Zwangsarbeiterin auf einem Gut in der Nähe ihres Heimatdorfs. Eines Tages wird sie mit ihrer Familie und anderen Deutschen auf die Pritsche eines LKW verfrachtet und drei Stunden lang zu einem Bahnhof gefahren: „Eigentlich war es gar kein richtiger Bahnhof. Das Gebäude lag in Trümmern, nur ein paar Güterwagen standen da. Die Russen ließen uns vom Wagen und hauten ab. So standen wir da eine ganze Weile und wussten wieder nicht weiter. Plötzlich hörten wir einen weiteren Wagen voller Deutscher herankommen. Auch die wurden ausgeladen und der Wagen verschwand. Wir waren ungefähr 50 Leute, die alle auf einen Personenzug warteten, doch es kam keiner." Plötzlich erscheint ein Russe und fordert die Gruppe auf, einzusteigen. „'Wo?' fragten wir. Er zeigte auf den Güterwagen und schob die Tür auf. Der lag voller Stroh, und wir mussten hineinklettern, alle 50 in einen Güterwagen. Jeder versuchte hier ein Plätz-

Fischer in Karkeln, 1940. Karkeln, heute Mysovka, gehörte bis 1920 zum Kreis Heydekrug. Da der Memelmündungsarm Skirwieth die Grenze des Memellandes wurde, kam der südlich gelegene Ort zum Kreis Niederung. So wurde er nach 1945 nicht litauisch sondern russisch.

chen zu finden. Die Enge war furchtbar. Dann hörten wir einen Zug herankommen. Es war ein Güterzug mit mehreren Waggons voller Leute. Unser Waggon wurde hinten angekoppelt, dann fuhr der Zug los."[162] Die Fahrt endet in Mecklenburg.

Erst im Oktober 1948 dürfen auch die Deutschen aus den Fischerdörfern der Elchniederung die Heimat verlassen. „Fünf Lastwagen holten die Deutschen aus Loye, um sie nach Brittanien zur Bahn zu bringen. Als wir aus dem Wald bei der Försterei Pait herauskamen, hielten die Wagen, und die russischen Fahrer kassierten von jedem zehn Rubel, die sie in Kuckerneese (Kaukehmen) im Magazin in Wodka umsetzten" [163], berichtet der ehemaliger Karkelner Bürgermeister Michael Mainus im Jahr 1967. Ein Güterzug bringt die Fischerfamilien nach Königsberg, wo sie noch einmal gründlich untersucht werden. Streng verboten ist es, schriftliche Aufzeichnungen mitzunehmen. Der Zug mit etwa 2400 Personen wird bis zur Teilungsgrenze von sowjetischen Soldaten begleitet, dann übernehmen Polen die Bewachung. Die neue Heimat bereitet den Heimatlosen keinen warmen Empfang. Die Aussiedler aus der Elchniederung kommen nach langer Fahrt und 14-tägiger Quarantäne in Suhl nach Ilmenau in Thüringen. Auch hier herrschen noch jämmerliche Zustände. Je 24 Personen werden in einem Barackenraum mit zwölf zweistöckigen Holzbettstellen untergebracht.

Dem Pfarrer Gerhard Seebo wird im Herbst 1947 die Ausreise aus Königsberg durch den NKWD zunächst verwehrt. Er ist nun der einzige Pfarrer in Königsberg

– aber ohne Gemeinde, weil die meisten Deutschen aus Königsberg bereits abgeschoben wurden. „Ich begab mich nach Tilsit, wo noch etwa 3000 Deutsche lebten, und wurde von den dortigen Diakonissen der ‚Barmherzigkeit' aufgenommen und fürsorglich betreut. Groß war allgemein die Freude, als ich nun auch hier noch eine kleine Gemeinde sammeln konnte, was mir freilich russischerseits verboten war. Ich hielt jeden Sonntag eine Andacht und führte auch die Beerdigungen durch."[164] Im Herbst 1948 dann wird Seebo mit dem größten Teil der Tilsiter Bevölkerung in Viehwaggons die Ausreise gestattet. „Mit einem Lobgesang auf den Lippen und einem Dank gegen Gott sammelten wir uns im Quarantänelager zu Heiligenstadt/Thüringen zu einem letzten Gottesdienst, nach welchem sich auch diese Gemeinde, wie alle anderen vor ihr, auf die verschiedensten Dörfer zerstreute. Diesen letzten Gottesdienst mit der Tilsiter Gemeinde, ein Abschluss und ein Neuanfang, stellte ich (vor über tausend Umsiedlern aus Tilsit und Umgebung) unter das Prophetenwort, das seine Gültigkeit behalten wird: „Die auf den Herrn harren, kriegen neue Kraft, dass sie auffahren mit Flügeln wie Adler, dass sie laufen und nicht matt werden, dass sie wandeln und nicht müde werden."[165]

Die Ostpreußen, die in Arbeitslager in der Sowjetunion verschleppt worden sind, haben keinen Kontakt zu ihren Familien, vom Geschehen in ihrer Heimat erfahren sie so gut wie nichts. Hildegard Mischke ahnt, wie es zu Hause aussieht, denn ab und zu bringen Neuankömmlinge Informationen mit. „Wie aber, wenn wir nun eines Tages doch nach Hause fahren würden? Nach Hause. Aber wohin? Wohin sollten wir, die wir aus Ostpreußen sind, fahren? Sollten unsere Angehörigen vielleicht zurückgegangen sein in die verlassene Heimat, hatten sie vielleicht neu angefangen? (...) Aber womit sollten sie neu anfangen, es war ja dort nichts mehr vorhanden; kein Pferd, keine Kuh, kein Schwein, Huhn, ja nicht einmal ein Hund oder eine Katze lebte dort mehr. Auf einem Hof, der sonst mit den Geräuschen, die die Tiere von sich geben, erfüllt war." [166] Hildegard Mischke lebt 5 000 km entfernt hinter dem Ural. Im Dezember 1945 erfährt sie im Lager Schadrinsk, dass auf den verlassenen Höfen das Getreide von Dreschkommandos gedroschen und abgefahren wurde, ebenso die Kartoffeln, die noch im Herbst 1944 eingebracht worden waren. „So war also nicht einmal mehr Saatgut vorhanden. Vielleicht auch lebten unsere Angehörigen, genau wie wir, im Lager?"[167] Am 6. August 1948 darf Hildegard Mischke mit den letzten Zwangsarbeitern das Arbeitslager verlassen. Für die Reise nach Deutschland stattet die sowjetische Lagerleitung die Insassen mit dem aus, was sie in den vergangenen Jahren missen mussten: „Wir haben in den letzten Tagen schon die Baracken innen und außen neu weißen müssen, alte Arbeitssachen werden zu großen Haufen verbrannt, ebenso Filzstiefel, Wintermützen. Und nun werden wir gar noch neu eingekleidet, erhalten Jacke und Rock (!), die aus dem gleichen blauen Material geschneidert sind wie unsere Arbeitskombinationen. Was wir in den ganzen dreieinhalb Jahren unseres Hierseins nie bekamen, – man gibt uns Hemden, Schlüpfer und ein Kopftuch. Das

Kopftuch ist rotbunt, die Unterwäsche aus einem rosafarbenen Baumwollstoff. Als wir dann zwei Tage vor der Abfahrt noch jeder 150 Rubel erhalten, werden wir schier kopflos! Dieses Geld erhalten wir, weil wir während der ganzen Zeit keinen Urlaub erhalten haben."[168] Hildegard Mischke, die drei Jahre gehungert und viele Mitinsassinnen hat sterben sehen, kann diesen planwirtschaftlichen Vorgang kaum fassen.

Am 22. August fährt der Transport aus dem sibirischen Schadrinsk über die Oderbrücke bei Frankfurt. Im Grenzlager werden die Ankömmlinge registriert, entlaust, können duschen und erhalten 20 Mark. Die Entlassungsscheine sind noch in russischer Sprache und kyrillischer Schrift ausgestellt. Hildegard Mischke kommt in einem „Heimatlosen-Lager" bei Pirna in Quarantäne. „Hoch über der Elbe liegt die Festung ‚Sonnenstein', was – hoffentlich – unser letztes Lager ist. Wir werden in kleinen Zimmern untergebracht, zu viert. Einmal am Tag bekommen wir warmes Essen, schöne große Pellkartoffeln, als Beilage Kohl. Morgens erhalten wir 200 Gramm Brot, etwas Marmelade, dazu wieder den schönen Malzkaffee. Die 200 Gramm Brot-Portion ist so groß wie unsere 600-Gramm-Portion in Rußland."[169] Am 30. August 1948 ist der Name von Hildegard Mischke am Brett des Lagers angeschlagen. Das bedeutet, dass es Nachrichten für sie gibt. „Ich stürze förmlich zur Kommandantur, bekomme die Rot-Kreuz-Karte ausgehändigt, und mein Blick fällt zuerst auf die Worte ‚Wachfeld 25'. Das ist die Straße, in der meine Tante wohnt. Dann erst lese ich ‚Franz Mischke, Anna Mischke'. Mein Gott – meine Eltern leben und sind bei meiner Tante in Kleinmachnow!"[170] Am 4. September 1948 holt Anna Mischke ihre Tochter in Pirna ab. Hildegard Mischke erfährt erst jetzt, dass ihr Bruder Alfred vermisst und wohl gefallen ist. „Am anderen Morgen fahren wir weiter nach Berlin, vorbei an Gärten, in denen große, gelbe Kürbisse leuchten. Meine Mutter lächelt still, als ich immer wieder ausrufe: ‚Schau doch bloß, Mama, die großen Kürbisse, und da – die Äpfel, Birnen – und die großen Kohlköpfe! Schon am Gartentor erwartet mich meine Tante, mein Vater kommt gelaufen. Beide sind grau geworden, schmal ihre Gesichter. Tantes Mann ist gestorben, wir vier sind übrig geblieben. Tante hat Erbsensuppe gekocht."[171]

Zwischen dem 24. August und dem 26. Oktober 1948 treffen 21 Transporte mit 42 094 Personen aus dem nördlichen Ostpreußen in der SBZ ein. Der letzte, der 48. Zug mit deutschen Aussiedlern, verlässt Königsberg am 21. Oktober 1948. Insgesamt werden nach sowjetischen Statistiken in den Jahren 1947 und 1948 genau 102 125 Personen ausgesiedelt. Nach den Unterlagen der ZVU kommen nur 99 481 Personen an. 48 Menschen sterben während des Transports, 26 von ihnen an Erschöpfung und elf an Altersschwäche. Die Differenz beruht vermutlich auf Rechenfehlern der sowjetischen Seite.[172]

Zum 30. November 1948 teilen die sowjetischen Behörden in Königsberg offiziell mit, dass nun alle Deutschen aus der Oblast ausgereist seien. Zu diesem Zeitpunkt hält die Administration aber noch etliche Facharbeiter, Ingenieure und Angestellte der Bernsteinverarbeitung fest. Diese „Spezialisten" dürften im

November 1949 ausgesiedelt worden sein. In den Akten der ZVU ist noch für den 15. November 1949 ein Transport aus Kaliningrad mit 1 404 Personen verzeichnet.

Einige Hundert Deutsche erhalten keinen Ausweisungsbescheid. Sie sind aus verschiedenen Gründen nirgends registriert. Darunter dürften auch Personen gewesen sein, die von den sowjetischen Behörden wegen „nazistischer Umtriebe“ gesucht wurden und sich nach Litauen abgesetzt hatten. Zwischen dem Spätherbst 1948 und dem Frühjahr 1950 finden wiederholt Transporte aus Litauen in die DDR statt. Über diese Ausweisungen gibt es keine Unterlagen, sie werden 1956 auf Anweisung des litauischen Innenministeriums vernichtet.[173]

Zuflucht und neue Heimat

Der Bruder des Schriftstellers Willy Kramp, der Pfarrer Erich Kramp, ist 1945 Kriegsgefangener der Amerikaner in Belgien. Dort notiert er am 3. Juni 1945 in seinem Tagebuch: „Mehr und mehr mache ich mich mit dem Gedanken vertraut, eines Tages doch wieder nach Ostpreußen zurückzugehen, auch wenn es russisch ist. Die letzten zehn Jahre waren eine gute Schule, um zu lernen, daß man mit völligem Vertrauen auf Gott am weitesten kommt.“[174] Alles Gottvertrauen wird Erich Kramp keine Rückkehr nach Ostpreußen gestatten und mit Ausnahmen der Minderheit der autochthonen Ermländer, Masuren, Polen und Memelländer auch keinem anderen Ostpreußen die Heimkehr in die Heimat. Die ist verloren. Ein eiserner Vorhang fällt nach 1945 auch vor Ostpreußen. Über vier Jahrzehnte wird die Region von einem autoritären Machtapparat mit kommunistisch-totalitärer Ideologie beherrscht. Auch nach dem Zusammenbruch des Kommunismus wird man als Deutscher im einstigen Ostpreußen nur als Ausländer, als Gast unter Litauern, Russen und Polen leben können.

In den Orten ihrer Zuflucht wächst den Bewohnern der Provinz – wenn auch nicht vielen Älteren aus der Generation der Vertriebenen – langsam, über viele Jahrzehnte hinweg, eine neue Heimat zu. Denn wenn sie auch keine Heimat mehr haben, haben sie doch noch ein Heimatland. Dieses neue Heimatland ist 1945 zwar zerstört und geteilt, aber nicht fremd. Die meisten Vertriebenen werden im Westen und der Mitte Deutschlands „Ausgrenzung, Ablehnung und sozialen Abstieg“ erleben, eine Erfahrung, die Andreas Kossert seiner Geschichte der deutschen Vertriebenen nach 1945 den Namen *Kalte Heimat* geben lässt. Aber sie kommen doch schneller in ihr an, als sie es damals erwarten konnten.

Wo ehemalige Ostpreußen nach Flucht, Vertreibung, Rückkehr aus Kriegsgefangenschaft und Zwangsarbeit, Zwangsumsiedlung und Ausreise in den ersten Nachkriegsjahren siedeln, ist oft Zufall. Viele verbringen bis zu drei Jahre in dänischen Flüchtlingslagern, weil die britischen Besatzer glauben, sie in ihrer Zone nicht ernähren zu können. Andere warten in Baracken- und Übergangslagern, dass man ihren

In der neuen Heimat wird das Leben in der alten Heimat oft romantisiert. Das Dorf Strzelzen (1938: Zweischützen, heute Strzelce) bei Lötzen ist 1916 noch ziemlich unberührt von den Neuerungen der Zeit. Seine Bewohner werden das damals als rückschrittlich empfunden haben.

Familien eine Unterkunft zuweist. Viele zerbombte deutsche Großstädte, in denen es für die ostpreußische Landbevölkerung bessere Arbeitsmöglichkeiten gegeben hätte, haben noch bis zu Beginn der 1950er Jahre „Zuzugssperre". Wenn es keine verwandtschaftlichen Verbindungen gibt, ist die Wahl des ersten Aufenthaltsorts Zufall. Paul Ronge, 1947 mit Frau und beiden Töchtern aus Königsberg abgeschoben, hat für seine Wahl eine so allgemein gültige wie persönliche Erklärung: „Ich bin später oft gefragt worden, warum ich nach Berlin gewandert und dort geblieben wäre. Nun, es war zunächst ein rein geographischer Grund. Berlin war, von Königsberg aus gesehen, immer das erste Anlaufziel, wenn man vom Osten zum Westen kam. Wenn ich wirklich ehrlich die Antwort geben soll, warum ich in Berlin blieb, kann ich nur sagen: ‚Ich war physisch und psychisch fertig!' Der Entschluß wurde dadurch erleichtert, daß ich beinahe a tempo wieder als Anwalt zugelassen wurde."[175]

Neben Dänemark und Schleswig-Holstein sind oft Orte in der Mitte Deutschlands, die 1945 dessen Osten und bald Teil einer „Deutschen Demokratischen Republik" werden, die ersten Stationen der heimatlosen Ostpreußen. Hier entsprechen die gesellschaftlichen und naturräumlichen Verhältnisse noch am ehesten den gewohnten. Nachdem die politischen Verhältnisse in der Sowjetischen Besatzungszone und die besonderen Formen der Repression jedem klar geworden sind, geht die Mehrheit der heimatlosen Ostpreußen – häufig illegal – aus Mecklenburg, Vorpommern, Brandenburg, dem Freistaat und der Provinz Sachsen, Anhalt und Thüringen in die Westzonen, häufig über die Westsektoren Berlins. Doch bleiben nicht wenige in Vorpommern, Mecklenburg und dem Norden Brandenburgs, weil diese Regionen landwirtschaftliche Arbeitsplätze anbieten, für die viele Ostpreußen ausgebildet sind. Mit der Bodenreform 1946 werden auch „Aussiedlern“ in der SBZ aus verstaatlichtem Großgrundbesitz Bauernstellen zugewiesen. In der Kollektivierung der späten 1950er Jahre werden diese relativ kleinen Bauernstellen in Landwirtschaftliche Produktionsgenossenschaften eingebracht werden müssen.

Nicht nur Menschen fliehen in den Westen. Es gibt auch Unternehmen, die beim Vormarsch der Roten Armee umgesiedelt werden. Ihre Unternehmenskultur und ihr Sachverstand machen einen Neuanfang im Westen möglich. Auf der Elbinger Schichau-Werft wird noch bis zum 23. Januar 1945, dem Tag des Einbruchs der elf sowjetischen Panzer, gearbeitet. Zu diesem Zeitpunkt hat die Schichau-Unternehmensleitung noch keine Verlagerungserlaubnis erhalten, nur wichtige Geschäfts- und Personalunterlagen dürfen nach Schleswig-Holstein geschafft werden. In Bad Oldesloh werden sie bei einem Bombenangriff vernichtet.[176] Nach der Einkreisung Elbings und dem Näherrücken der 2. Weißrussischen Front zur Danziger Bucht wird dem seit 1929 als Generaldirektor der Werften in Elbing und Danzig amtierenden damals 65-jährigen Hermann Noë von der Kriegsmarine Bremerhaven als Standort zugewiesenen. Der Familie Noë gelingt im März 1945 die Flucht mit einem zur Reparatur in der Werft liegenden Torpedoboot. Mit Kriegsschiffen transportiert die Marine 400 bis 500 Schichau-Mitarbeiter von Danzig nach Bremerhaven; im Februar und März 1945 werden noch einige U-Boot- und Torpedobootrümpfe durch eine von Eisbrechern freigebrochene Fahrrinne des Frischen Haffs an die Weser geschleppt. Doch wird dort in den letzten Kriegsmonaten kein Boot mehr fertiggestellt. Rechtzeitig vor Ende der Einnahme Danzigs wird Ende März 1945 auch noch das große Schwimmdock nach Lübeck überführt. Dort liegt es bei Kriegsende in den Flender-Werken.

Hermann Noë nimmt unmittelbar nach Kriegsende in Bremerhaven am Neuen Hafen auf dem ehemaligen Areal eines Bergungsunternehmens mit der „F. Schichau AG“ die Produktion wieder auf. Schiffbau ist Deutschland allerdings verboten; anfangs werden deshalb mit rund 300 Beschäftigten aus Elbing und Danzig vorwiegend Stahlarbeiten und Reparaturen an Maschinen und Landmaschinen durchgeführt. Schichau baut jetzt auch Fischwagen für den Fischereihafen und repariert Lokomotiven und Straßenbahnen. Besonders gefragt sind selbst konstruierte fotoelektrisch gesteuerte Brennschneidmaschinen, die unter dem Namen „Schichau Monopol“ vertrieben werden.[177] Nach Freigabe des Schiffbaus durch die Alliierten im Jahr 1949 werden vorwiegend kleine Schiffe für die Fischerei gefertigt. Das Schwimmdock in Lübeck wird nach dem Krieg Großbritannien als Reparation zugesprochen. Die Bundesregierung kauft es 1953 mit anderen Schwimmdocks von den Briten zurück. Nach langen und schwierigen Verhandlungen wird es 1953 an Schichau zurückgegeben und erhält seinen Standort im Bremerhavener Kaiserhafen III am Südende der Bananenkaje. Dort dient es besonders für Schiffsreparaturen, wird jedoch auch von anderen Bremerhavener Werften für Schiffsverlängerungen genutzt.

Schichau entwickelt sich zu einer kleinen, aber leistungsfähigen Werft, spezialisiert auf den Bau von Schlepp- und Bergungsschiffen. Die „F. Schichau AG" war bis 1941 Reichseigentum, ihre Aktien sind nun in den Besitz der Bundesrepublik Deutschland übergegangen. Mit Hilfe der Banken kauft die Familie Noë 1958 die Anteile und wandelt das Unternehmen in eine GmbH um. Hermann Noë stirbt 1961, sein Sohn Hermann führt das Unternehmen bis 1982 als Geschäftsführender Gesellschafter der F. Schichau GmbH. Bis 1972 werden in Bremerhaven 123 Schiffe gebaut, darunter die größten Bergungsschlepper der Welt. Ab 1972, nach der Fusion mit der Schiffbau-Unterweser AG, ist Hermann Noë jun. bis 1982 Vorstandssprecher der F. Schichau-Unterweser AG. 1984/85 wird die F. Schichau-Unterweser AG (SUAG) in den Werftenverbund des Bremer Vulkan eingegliedert.

Maximilian Kaller, den Bischof des Ermlandes, haben Gestapo-Beamte am 7. Februar 1945 aus dem Bischofssitz Frauenburg abgeholt und unter Androhung von Gewalt mit seiner Schwester, die ihm den Haushalt führt, zu „seiner eigenen Sicherheit" über das Eis des Haffs nach Danzig gebracht. Hier darf er sein Reiseziel und seinen Reiseweg selbst wählen. Er geht nach Halle, wo er das Kriegsende im Krankenhaus der Grauen Schwestern erlebt.[178] Kaller ist im August 1945 noch einmal auf abenteuerlichen Wegen in seine Diözese zurückgekehrt, der polnische Episkopat aber hat ihn dann aber zur Abreise aus „Polen" gezwungen. Wieder in Halle, wendet er sich im September 1945 in einem Hirtenbrief an seine verstreuten ermländischen „Diözesanen". Er schildert ihnen die Erlebnisse seiner Reise und erklärt in einer für diese Zeit ungewöhnlichen Weitsicht: „Aus tiefer Überzeugung erkläre ich ..., daß ich es nicht für richtig halte, nach Ostpreußen zurückzukehren." Auch er hätte im Ermland keine Gelegenheit zu einer sinnvollen Arbeit mehr gefunden. „Unsere Heimat ist uns verloren. Das ist hart. Aber an harten Tatsachen dürfen wir nicht vorübergehen. Unsere Trauer um die verlorene Heimat muß sich trösten und aufrichten lassen; es ist der Wille Gottes: ‚Wir sind nur Gast auf Erden und wandern ohne Ruh mit mancherlei Beschwerden der ewigen Heimat zu (...) Das Leid, das wir alle durchgemacht haben, ist ein großes Gnadenmittel; das müssen wir begreifen lernen, denn das Leid macht uns in der Leidensgemeinschaft mit Christus groß, stark und reif, frei und gütig! Ohne Heimat kann der Mensch nicht leben; wir wurden aus ihr herausgerissen, nun gilt es, neue Heimat zu suchen, zu finden, zu bilden."[179] Und Kaller gibt den ihm seelsorgerisch Anvertrauten „einige Hinweise", wie sie eine neue Heimat finden können. Seinen ermländischen Bauern sagt er: „Nehmt Neusiedlungen an! Sagt nicht: ‚Das bißchen Acker ist nichts für mich, mein Hof war ganz anders.' Klein anfangen müssen wir wieder; auch das kleinste Stück Land wollen wir ausnutzen, darin wollen wir vorbildlich sein."[180]

Viele Ermländer haben in Schleswig-Holstein Zuflucht gefunden. Die Bauern versuchen unter den schwierigsten Umständen und Entbehrungen ihr mit auf die Flucht genommenes lebendes und totes Inventar für erhoffte Neusiedlungen oder Pachtungen zu erhalten. Auf manchen Höfen in Schleswig-Holstein leben die Eigentümer mit vertriebenen Bauern und ihren Familien, zum Teil mit deren Tieren, in drangvoller Enge. Für die gelernten Landwirte ist keine Arbeit vorhanden und für die Tiere kein ausreichendes Futter. Die mitgebrachten Verpflegungsvorräte sind schnell verbraucht und die Flüchtlinge müssen ihre Pferde verkaufen. Trotzdem geben viele ermländische Bauern den Wunsch nach einem eigenen Hof nicht auf. Sie wollen und nicht wenige werden den Worten ihres Bischofs Taten folgen lassen.

Die Siedlerberatungsstelle des Landwirtschaftsministeriums in Schleswig-Holstein hat im Jahr 1948 etwa 32000 Bewerber für bäuerliche Siedlungen registriert, die meisten Füchtlinge aus Hinterpommern, West- und Ostpreußen. Am 11. Mai 1948 wird zur Betreuung das „Siedlerhilfswerk Schleswig-Holstein e.V." gegründet. Weil nicht annähernd genug Siedlungsland zur Verfügung steht, hält die Geschäftsführung des Siedlerhilfswerks in weniger mit Vertriebenen belegten Ländern der drei Westzonen nach Siedlungsland Ausschau. In der Eifel in Rheinland-Pfalz liegt das Ende der 1930er Jahre eingerichtete Luftwaffenübungsgebiet Ahrbrück. Das Gelände umfasst bei Kriegsende rund 9000 ha mit Höhenunterschieden zwischen 250 und 650 m, darunter etwa 6500 ha Waldflächen. Die Böden sind hauptsächlich für den Kartoffel- und Roggenanbau geeignet. In den Nebentälern der oberen Ahr hat es einst elf Dörfer mit rund 2000 Einwohnern gegeben, Mittelpunkt des Areals war das Dorf Deun. 1938 wird Deun bei der Anlegung des Luftwaffenübungsplatzes Ahrbrück zwangsgeräumt. Der Name „Ahrbrück" anstelle von Deun wird bei der Wiederbesiedlung nach dem Zweiten Weltkrieg beibehalten. Die seit 1940 nicht mehr bewirtschafteten Flächen sind bei Kriegsende stark verunkrautet und verginstert, die Flur leidet unter erheblichem Wildschaden. Das Gebiet ist als Staatseigentum der hier zuständigen französischen Besatzungsmacht zugefallen; der französische Generalgouverneur von „Rheinland-Nassau" nimmt es zunächst als Jagdrevier in Anspruch. Im November 1946 wird das Gelände zur Wiederbesiedlung freigegeben. Da sich bis Anfang 1947 von den ehemaligen Bewohnern nur wenige Familien für eine Rücksiedlung melden, müssen andere Siedler gesucht werden. Das Siedlerhilfswerk Schleswig-Holstein erfährt davon und nimmt mit der Verwaltung für Ernährung, Landwirtschaft und Forsten der Trizone in Frankfurt/Main Kontakt auf. In der Zwischenzeit ist die Landsiedlung Rheinland-Pfalz G.m.b.H. gegründet und mit der Wiederbesiedlung beauftragt worden. Es entsteht der „Siedlungsverband Ahrbrück".

Die Landsiedlungsgesellschaft und der Siedlungsverband entschließen sich, auf dem Übungsplatz zwischen 80 und 160 bäuerliche Stellen zu schaffen. Die besten Teile der einstigen bewirtschafteten Flächen werden als Siedlerstellen in verschiedenen Größenordnungen vermessen und ausgelegt. Land suchende Bauern aus der näheren

Kühe weiden im Jahr 1970 an der ehemaligen Reichsautobahn von Elbing nach Königsberg. 1938 wurde die Teilverbindung der Autobahn 1 einbahnig in Betrieb genommen. Zwischen Braunsberg (Braniewo) und Heiligenbeil (Mamonowo) kreuzt sie die polnisch-russische Grenze.

Umgebung von Ahrbrück lehnen es nach Besichtigung des Geländes fast durchweg ab, diesen besonders rauen Teil der Eifel zu rekultivieren. Aus Schleswig-Holstein empfiehlt man die Ermländer als Neusiedler.[181] „Diese katholische ostpreußische Volksgruppe gilt als besonders zäh und tüchtig“[182], berichtet der Journalist Horst von Zitzewitz im Februar 1951 in der Zeit über diese Wahl. Unter den Ermländern sei drei Jahre nach der Flucht der Zusammenhalt immer noch stark. In Rheinland-Pfalz geht man davon aus, dass die Ermländer gut in die katholische Eifel passen.

Über zwei Jahre zieht sich die Finanzierung der Ansiedlung hin. Am Ende wird sie von vielen Stellen und Haushaltsstellen der jungen Bundesrepublik wie dem Marshall-Plan, dem Flüchtlingssiedlungsgesetz, Lastenausgleich, Arbeitsförderungsfonds und anderem mehr gefördert. Im Februar 1950 besichtigen Vertreter des Siedlerhilfswerks Schleswig-Holstein mit den Bauern Ferdinand Groß und Robert Parschau als Vertreter der Ermländer in Ahrbrück das Gelände. Was sie erfahren, klingt nicht verlockend. Die Neusiedler werden in der bergigen und kargen Eifel mit einem anderen Klima und schlechten Bodenverhältnissen konfrontiert. Die Erträge des Bodens werden bei Höhenlagen von bis zu 600 m deutlich unter den in den letzten Jahrzehnten im Ermland erzielten liegen. Eine Kuh wird hier eine Jahresleistung von gerade einmal 2000 l Milch erreichen; es wird eine Verrentung von 8 bis 10 DM pro 0,25 ha pro Monat verlangt, nach drei Probejahren können die Pächter Eigentümer werden. Jede Familie wird für den Kauf einen Inventarkredit in Höhe von 5000 bis 10000 DM erhalten, es werden drei Freijahre und weitere zwei Schonjahre mit halber Verrentung zugesagt. Angesichts der Notlage der Landsleute in Schleswig-Holstein beschließen Groß, Parschau und die Vertreter des Siedlerhilfswerks die Ahrbrücker Wildnis mit Familien aus dem Ermland zu besiedeln. Die Kommission lädt siedlungswillige Landsleute zu einer Versammlung nach Neumünster ein.

Insgesamt lassen sich über 800 ermländische Bewerber in die Liste des Siedlerhilfswerks eintragen. Bei einer Informationsversammlung werden Qualität und die Ertragskraft der Böden nicht beschönigt, eher sogar negativer dargestellt, doch melden sich am Ende doppelt so viele Siedlungswillige wie berücksichtigt werden können. Das Siedlungswerk kommt zu dem Entschluss, kinderreichen Familien den Vorrang zu geben. Am 13. April 1950 trifft ein Transport mit 65 ermländischen Familien auf dem Bahnhof Brück/Ahr ein; der wenige noch vorhandene Hausrat war in 22 Waggons verladen worden. Jede Familie bezieht zunächst eine möblierte Zweizimmerwohnung mit Küche in einem Lager, das als Zwischenunterkunft dient. Die Möbel werden Eigentum der Umsiedler. In den verstreuten Parzellen entstehen fünfzig Vollbauernhöfe von 8 bis 14 ha und 120 Handwerker- und Waldarbeiterstellen mit 0,5 bis 4 ha Land. Die Bauern beginnen, das Land wieder urbar zu machen, Siedlungshöfe zu errichten und sich eine neue Existenz zu schaffen. Es siedelt sich auch Kleinindustrie an, vor allem von vertriebenen Sudetendeutschen. Die Ermländer schließen sich zu einer Genossenschaft zusammen, die als An- und Verkaufsgenossenschaft im Raiffeisenverband fungiert. „Und heute stehen als Gerippe der neuen, alten Dörfer bereits einige fünfzig schmucke hellgraue Höfe mit den landesüblichen blauen Dächern an den Hängen der dunklen Tannenwälder", berichtet im Februar 1951 die Zeit.[183] Da die Landwirtschaft von den Ermländern anders als von den Eifelbauern betrieben wird und auch die Mentalitäten verschieden sind, organisieren die Ermländer eigene Schulen und Kirchengemeinden und leben in der Gemeinschaft ganz nach ihren ostpreußischen Traditionen. Die einheimische Bevölkerung beobachtete die Tätigkeiten der „Neuen" lange Zeit mit Argwohn. Es dauert lange, bis sich das Verhältnis normalisiert.[184] Am 1. Oktober 1954 wird der erste Einwohnerbeirat von Ahrbrück gewählt. Am 1. September 1960 entsteht durch Aufhebung des Gutsbezirkes Ahrbrück im Zuge der kommunalen Neugliederung die Gemeinde Ahrbrück. Was 1950 als „Ermländische Siedlergemeinschaft Ahrbrück" beginnt, ist seit 2000 ein eingetragener Verein, der auf sein Brauchtum immer noch Wert legt.

Dass die ermländische Gemeinschaft im Land Rheinland-Pfalz in sechs Jahrzehnten von der katholischen Umgebung nicht völlig assimiliert wird, liegt auch an den besonderen kirchenrechtlichen Bindungen der Ermländer in der Diaspora. 1946 hat Papst Pius XII. Maximilian Kaller als päpstlichen Sonderbeauftragten für die Heimatvertriebenen berufen. Am 7. Juli 1947 erliegt der Bischof unerwartet in Frankfurt am Main einem Herzschlag. Nach dem Tode des letzten deutschen Bischofs von Ermland wird ein Kapitularvikar zum Verwalter der Diözese Ermland gewählt und so das Weiterbestehen der kirchlichen Gemeinschaft der Ermländer gewährleistet. Als mit der kirchlichen Neuordnung der ehemaligen deutschen Ostdiözesen das Amt des Kapitularvikars 1972 erlischt, wird der Amtsinhaber vom Papst zum „Apostolischen Visitator“ ernannt. Dieses Amt, der deutschen Bischofskonferenz zugeordnet, gibt es noch heute. Der „Visitator Ermland“ hat seinen Sitz im Ermlandhaus in Münster.

Maximilian Kaller hat seinen Gläubigen schon früh angeraten, nicht mehr von der Rückkehr in die Heimat zu träumen, sondern sich im Westen eine neue Heimat zu schaffen. Die Mehrheit der Ostpreußen kann sich die ersten zwei Jahrzehnte nach Flucht und Vertreibung mit dem Verlust nicht abfinden. Auch nach der faktischen Anerkennung der Oder-Neiße-Grenze in der Ostpolitik der Regierung Brandt/Scheel ist das noch die Haltung einer großen Zahl von Vertriebenen und Aussiedlern.

Am 3. Oktober 1948 ist von geflüchteten und heimatvertriebenen Ostpreußen ein Vertriebenenverband, die Landsmannschaft Ostpreußen e.V., gegründet worden, laut Satzung überkonfessionell und überparteilich. In der Landsmannschaft Ostpreußen finden die aus Heimatortkarteien und Suchdiensten der unmittelbaren Nachkriegsjahre entstandenen Heimatkreisverbände zusammen. In der Satzung heißt es: „Die Landsmannschaft Ostpreußen ist der Zusammenschluß der Ostpreußen und setzt Ostpreußen in seiner Gesamtheit und in seinen Stadt- und Landkreisen fort.“ Die Präambel der Satzung zeigt, dass in der Landsmannschaft zur Gründungszeit nicht der von Maximilian Kaller geforderte Geist von Realismus und Verzicht herrscht. „Sie fordert für die angestammte ostpreußische Heimat, von der die Ostpreußen seit dem Jahre 1945 unter Bruch des Völkerrechts und Verletzung der Menschenrechte getrennt sind, die Wiederherstellung des vor der Vertreibung und Okkupation bestehenden staatlichen Rechtsstandes. Sie erstrebt das Recht auf Selbstbestimmung und das Recht auf die Heimat als ein jedem Volk unantastbares Recht in dem Bewußtsein, daß ein menschenwürdiges und friedliches Zusammenleben der Völker nur auf dem Boden des Rechts, nicht der Gewalt möglich ist.“[185] Die Familien der Mitglieder nicht eingerechnet, ist 1955 etwa jeder Zehnte der gut 1,3 Millionen Ostpreußen in der Bundesrepublik hier aktiv. Geht man davon aus, dass nur die Familienvorstände in der Landsmannschaft organisiert sind, dürfte sie im Westen Deutschlands in den 1950er Jahren tatsächlich die Mehrheit der ehemaligen Ostpreußen repräsentiert haben. Zu ihren Aktivitäten zählen in den ersten Jahren die Erfassung der Vertreibungsverluste sowie die Unterstützung der in Ostpreußen verbliebenen Landsleute.

In der DDR ist jede politische und organisatorische Tätigkeit von „Umsiedlern“ untersagt. Die organisierten Flüchtlinge, Vertriebenen und Aussiedler in der Bundesrepublik sind für die SED und ihre Propagandisten allemal „Revanchisten“, die rechtem Gedankengut anhängen. In der Landsmannschaft seien in der Tat viele ehemalige NSDAP-Funktionäre tätig gewesen, beklagt der aus Willenberg stammende Bernhard Fisch. „Nach der Niederlage ersetzte die zweite Reihe der NS-Aktivisten ihre

Kreisleiter und deren Stab. Niemand aus diesem Kreis hat je ein Wort über ihr NS-Werk verlauten lassen. War es, nachdem die NSDAP uns in Tod, Vergewaltigung und Elend geritten hatte, wirklich notwendig, dass ihre Mitglieder danach auch noch ohne Scham und ohne Bekenntnis zur Führung ihrer Leidensgefährten in der Landsmannschaft antraten?"[186] Fisch, dessen Familie 1945 nach Thüringen geflohen war, lebt und arbeitet bis zu deren Ende in der DDR. In der Wendezeit 1989/1990 gründet er mit Gleichgesinnten den „Verband der Umsiedler der DDR". Er kann sich später im Bund der Vertriebenen, dem sich der Verband anschließt, mit seinen Auffassungen und der Forderung nach jeglichem Verzicht auf Revanchismus nicht durchsetzen.

Michael Mainus hat im Jahr 1967 im Heimatbuch des Kreises Elchniederung eine genaue „Schicksal-Bilanz" seines Heimatdorfes Karkeln am Frischen Haff erstellt. „Karkeln hatte bei der Volkszählung am 17. Mai 1939 885 Einwohner und bei Beginn des Zweiten Weltkrieges 895. Davon sind gefallen an der Front oder vermisst 39; auf der Flucht umgekommen, erschossen oder in einem Lager verstorben, verhungert 47; nach Übersee ausgewandert 15."[187] In der DDR lebten Mitte der 1960er Jahre 135 Karkelner, in der Bundesrepublik 659.[188] Mitte der 1980er Jahre errechnet Hedwig von Lölhöffel eine ähnliche Bilanz für das Dorf Tharau: „Von den etwa 750 Gemeindemitgliedern sind 60 Männer seit 1939 als gefallen oder vermißt gemeldet. 127 Tharauer, besonders Frauen und Kinder, starben auf der Flucht oder, wenn zurückgeblieben, in Ostpreußen. 70 Frauen und Kinder sind in der Sowjetunion gestorben oder verschollen. 9 Frauen kehrten zurück. 90 Tharauer haben nach vielen Jahren Zwangsarbeit in einen der beiden Teile des restlichen Deutschland gefunden und ein neues Leben begonnen, viel später als die andern, die rechtzeitig durchkamen."[189] In der Bundesrepublik hat die ehemalige Gutsbesitzerin 150 alte und junge Tharauer Familien ausgemacht, in der DDR 30 Familien und drei in Amerika. Beide Bilanzen sind typisch für fast alle lokalen Gemeinschaften in der ehemaligen Provinz Ostpreußen.

Was nicht wenige Ostpreußen wie Maximilian Kaller und Marion Gräfin Dönhoff früh sehen, viele von Sehnsucht, Trauer und Heimweh geplagte Flüchtlinge, Vertriebene und Aussiedler aber lange nicht wahrhaben wollen, ist mit dem Kriegsende 1945 Realität geworden. Ostpreußen ist entrückt in Erinnerung und Geschichte. Dort aber ist es noch sehr lebendig, wie viele bis heute erscheinende Autobiographien, Biographien, lokale und regionale Darstellungen, Monographien zu fast jedem Spezialthema, publizistische und wissenschaftliche Arbeiten, wie Heimatstuben, Sammlungen und Museen zeigen – auch ein unleugbares Verdienst der in ihrer Landsmannschaft organisierten Ostpreußen und deren Nachfahren.

Ist Ostpreußen auch Geschichte, sind doch zwischen Weichsel, Nogat, Ostsee, Memel und den Wäldern Masurens Teile der Landschaft im vertrauten Bild erhalten geblieben; nicht alle, vor allem nicht da, wo von Menschen in Generationen geschaffenes Kulturland war, das sorgfältig bewirtschaftet werden musste. Menschen anderer Nationalität und Kultur haben mit ihren Vorstellungen, ihrem Gestaltungsvermögen und ihrer Kultur das Landschaftsbild verändert und werden es weiter verändern.

Der 1934 in Quedlinburg als Sohn eines SS-Standartenführers geborene Volker von Törne war Schriftsteller und seit 1963 Geschäftsführer der Aktion Sühnezeichen, einer deutschen Organisation, die sich vor allem um Aussöhnung mit den Völkern Osteuropas und den Menschen in Israel bemüht. In seiner Funktion als Geschäftsführer reist der Lyriker häufig nach Osteuropa. In dem 1979 erschienenen Gedichtband *Kopfüberhals*[190] widmet von Törne dem polnischen Drehbuchautor Bohdan Czesko als Reminiszenz an ein immer noch geliebtes Stück Heimat ein Sonett, das mit Verlust versöhnen will. Es beschreibt, was geblieben ist.

Masurischer Sommer
Für Bohdan Czesko

Rauch
Überm Haus. Speck
In der Pfanne. Kuhwarm
Kommt die Milch
Auf den Tisch. Sonne
Im schwarzen Gewölk, das fliegt
Überm Wald mit dem Wind. Adler
Im Licht. Der Kuckuck verkündet
Jahre des Friedens. Hier
Möchte ich bleiben
Behütet
Im Holz

Weitab
Die Straße. Über das Wasser
Wandert der Schatten
Der Wälder. Im Himbeerbusch
Singen die Kinder. Strohdach
Im Erlenlicht. In den Himmel ragt
Des Ziehbrunnens Baum. Nach Heu
Und Holunder duftet
Der Abend. Dem Ufer zu
Treibt unser Kahn. Bleib
Sommer, ruf ich, Hand
Die mich
Hält

Anhang

Literatur
Fußnoten
Register
Nachweise

Bäuerin mit Enkelin, Memelland
1920er Jahre

Eine Fotografie aus dem Jahr 1900. Die 1857 fertiggestellte alte Nogatbrücke bei Marienburg, eine Fachwerk-Trägerkonstruktion. Sie dient zunächst dem Eisenbahn- und dem Straßenverkehr. Dahinter die neue Brücke von 1890, eine sog. „Fischbauch-Fachwerkträger"-Konstruktion.

Anmerkungen

Panorama einer Provinz

♦ **1.** Eugen Kalkschmidt, Vom Memelland bis München, Erinnerungen, Hamburg 1947, S. 17 ♦ **2.** Lovis Corinth, Meine frühen Jahre, Hamburg 1954, S. 12 ♦ **3.** Ebd. ♦ **4.** Ebd., S. 9 ♦ **5.** Siegfried Lenz, Im Einklang mit der heimischen Welt. Der Masurische Humor; in: Ruth Maria Wagner und Otto Dikreiter, Ostpreußisches Panorama, Eine Reise nach Hause, München 1968, S. 255 ♦ **6.** Ebd. Seite 255 ♦ **7.** Marianne Peyinghaus, Stille Jahre in Gertlauken, Erinnerungen an Ostpreußen, München 1992, S. 66, Eintrag 10. Oktober 1942 ♦ **8.** Ebd., S. 66 ♦ **9.** Ebd., S. 39 ♦ **10.** Ebd., S. 39 ♦ **11.** Marie Luise Kaschnitz, Orte, Aufzeichnungen, Frankfurt am Main 1973, S. 57 ♦ **12.** Immanuel Birnbaum, Achtzig Jahre dabeigewesen, Erinnerungen eines Journalisten, München 1974, S. 25f ♦ **13.** Ebd., S. 33 ♦ **14.** Paul Fechter, Zwischen Haff und Weichsel; Jahre der Jugend, Berlin und Darmstadt, Gütersloh 1955, S. 281f ♦ **15.** Marion Gräfin Dönhoff, Kindheit in Ostpreußen, Hamburg 2006/2007, S. 38 ♦ **16.** Magnus Freiherr v. Braun, Weg durch vier Zeitepochen, Vom ostpreußischen Gutsleben der Väter bis zur Weltraumforschung des Sohnes, Limburg 1965, S. 33 ♦ **17.** Königsberger Allgemeine Zeitung, 29. August 1929, Gespräch mit Thomas Mann, Lebensbekenntnis: Der Deutsche soll deutsch sein!, zit. nach: Wie auf einem Schiff, Thomas Mann trifft die Presse in Nidden, hrsg. von der Botschaft der Bundesrepublik Deutschland, Vilnius, Thomas Mann Kulturzentrum Nidden, Vilnius 2007, S. 9 ♦ **18.** Ebd., S. 9 ♦ **19.** So zärtlich war Suleyken, Masurische Geschichten von Siegfried Lenz, Hamburg 1979, S. 151 ♦ **20.** Heinrich A. Kurschat, Das Buch vom Memelland, Heimatkunde eines deutschen Grenzlandes, Oldenburg, 1968, Seite 66 ♦ **21.** Erich Pfeiffer-Belli, Junge Jahre im alten Frankfurt und eines langen Lebens Reise, Wiesbaden, München 1986, S. 382ff ♦ **22.** Ebd., S. 382ff ♦ **23.** Rudolf Nadolny, Mein Beitrag, Erinnerungen eines Botschafters des Deutschen Reiches, Köln 1985, Einführung von Günter Wollstein ♦ **24.** Max Fürst, Gefilte Fisch und wie es weiterging, München 2004, S. 333f ♦ **25.** Nachwort von Peter Härtling in: Max Fürst, Gefilte Fisch, S. 764f ♦ **26.** Ebd., S. 764f ♦ **27.** Ebd., S. 764f ♦ **28.** Andreas Kossert, Ostpreußen, Geschichte und Mythos. München 2005, S. 138 ♦ **29.** Ernst Wichert, Richter und Dichter. Ein Lebensausweis, Berlin und Leipzig 1899, S. 204 ♦ **30.** Zit. nach: Hartmut Boockmann, Deutsche Geschichte im Osten Europas, Ostpreußen und Westpreußen, Berlin 1992, S. 330 ♦ **31.** Siehe hierzu: ehgisg-ekompendium, Der elektronische Reiseführer zum historisch-geographischen Informationssystem der Universität Mainz, www.hgisg-ekompendium.ieg-mainz.de/Dokumentation_Datensaetze/Multimedia/Provinzen/Provinz_Ostpreussen.pdf, Stand 27.08.2011 ♦ **32.** Ida Kunigk, Bildnis einer liberalen Stadt, Tilsit; in: Ruth Maria Wagner und Otto Dikreiter, Ostpreußisches Panorama, Eine Reise nach Hause, München 1968, S. 81f ♦ **33.** Ebd., S. 81f ♦ **34.** Ebd., S. 81f ♦ **35.** Ernst Wiechert, Wälder und Menschen, Eine Jugend in Ostpreussen, München 2007, S. 10 ♦ **36.** Ebd., S. 11f ♦ **37.** Lovis Corinth, Meine frühen Jahre, S. 77 ♦ **38.** Hermann Sudermann, Das Bilderbuch meiner Jugend, Stuttgart und Berlin 1922, S. 28 ♦ **39.** Hans-Hermann Steppuhn, Heimat-Kreisbuch Bartenstein/Ostpr., Geschichte und Dokumentation des Kreises Bartenstein, Ostpreußen, München 1983, S. 243 ♦ **40.** Max Fürst, Gefilte Fisch, S. 33 ♦ **41.** Ebd., S. 33 ♦ **42.** Otto A. Schneidereit, Zwischen zwei Weltkriegen, Eine Jugend in Ostpreußen, Berlin 1999, S. 57 ♦ **43.** Fritz Brix, Tilsit-Ragnit, Stadt und Landkreis, Ein ostpreußisches Heimatbuch, hier: Kurt Forstreuter, Sprache und Brauchtum, Würzburg 1971, S. 58 ♦ **44.** Tatjana Hetzel, Verschwunden, Für alle, die das Kirchspiel Bilderweiten im Kreis Ebenrode in Ostpreußen in Erinnerung behalten möchten, Wobbenbüll 2004 (Privatdruck), S. 28 ♦ **45.** Ebd., S. 47 ♦ **46.** Erich Pfeiffer-Belli, Junge Jahre im alten Frankfurt, S. 382ff ♦ **47.** Horst Biernath, Eine Jugend in Ostpreußen, Abschied und Wiederkehr, München 1973, S. 333 ♦ **48.** Lovis Corinth, Meine frühen Jahre, S. 39f ♦ **49.** Der Kreis Lötzen, Ein ostpreußisches Heimatbuch, In Zusammenarbeit mit vielen Sachkennern erarbeitet und gestaltet von Dr. Max Meyhöfer, Ostdeutsche Beiträge, Aus dem Göttinger Arbeitskreis, Band XX, hier: Dr. Max Meyhöfer, Die natürlichen Grundlagen des Wirtschaftslebens, Würzburg 1961, S. 41f ♦ **50.** Erich Pfeiffer-Belli, Junge Jahre, S. 382ff ♦ **51.** Heinrich A. Kurschat, Das Buch vom Memelland, Heimatkunde eines deutschen Grenzlandes, Oldenburg 1968, S. 45 ♦ **52.**Ebd., S. 44 ♦ **53.** Marie Luise Kaschnitz, Tagebücher, 1936–1966, Frankfurt am Main 2000, S. 180f ♦ **54.** Der Kreis Lötzen, Ein ostpreußisches Heimatbuch, S. 41f ♦ **55.** Agnes Harder, Die kleine Stadt, Aus meinen Kindertagen, München 1966, S. 73 ♦ **56.** Alexander Fürst zu Dohna-Schlobitten, Erinnerungen eines alten Ostpreußen, Würzburg 2007, S. 52 ♦ **57.** Alfred Schiedat, Bumbeln, Kreis Gumbinnen, Die Geschichte eines ostpreußischen Dorfes und seiner Bewohner, Hamburg 1978, S. 23 ♦ **58.** Ebd., S. 23 ♦ **59.** Willy Kramp, Der letzte Feind, Aufzeichnung, München 1969, S. 143 ♦ **60.** Der Kreis Lyck, Ein ostpreußisches Heimatbuch, hrsg. von Reinhold Weber, hier: Das Landschaftsbild des Kreises Lyck, Leer 1981, S. 31 ♦ **61.** Der Kreis Lötzen, S. 41f ♦ **62.** Der Kreis Lyck, S. 29 ♦ **63.** Johannes Mignat, Der Kreis Goldap, Ein ostpreußisches Heimatbuch, hier: Ernst Schmidt, Die Eisenbahnen, Würzburg 1965, S. 400 ♦ **64.** Ernst Wichert, Richter und Dichter. Ein Lebensausweis, Berlin und Leipzig 1899, S. 29 ♦ **65.** Linus Kather, Halali in Ostpreußen, Erinnerungen an ein geraubtes Land, Esslingen 1977, S. 53 ♦ **66.**, Ebd., S. 53 ♦ **67.** Ernst Froese, Kahlberger Woche der Nr. 5, 5. Jahrgang, 14. Juni 1930, Vom Winter auf der Frischen Nehrung, zit. nach: http://westpreussen.we.funpic.de/Kahlberg/kahlberg6/kahlberg_6.htm, Stand 21.07.2011 ♦ **68.** Ulla Lachauer, Land der vielen Himmel, Memelländischer Bilderbogen, Die Photosammlung Walter Engelhardt, Berlin 1992, S. 21 ♦ **69.** Kreisgemeinschaft Elchniederung in der Landsmannschaft Ostpreußen e.V. (Hrsg.), Elchniederung, Bd. 1, zusammengestellt von Paul Lenke, hier: Oskar Krueger, Die Wasserstraßen der Elchniederung, S. 31 ♦ **70.** Ebd., S. 31 ♦ **71.**Ebd., S. 31 ♦ **72.** Der Kreis Lötzen, Ein ostpreußisches Heimatbuch, Würzburg 1961, S. 41f ♦ **73.** Ebd., S. 178 ♦ **74.** Dieter Hertz-Eichenrode, Politik und Landwirtschaft in Ostpreußen 1910–1930, Untersuchung eines Strukturproblems in der Weimarer Republik, Köln und Opladen 1969, S. 139 ♦ **75.** Hedwig von Lölhöffel, Tharau liegt woanders, Ein Lied, ein Dorf und seine Menschen, Düsseldorf 1987, S. 196 ♦ **76.** Hermann Sudermann, Das Bilderbuch meiner Jugend, S. 34 ♦ **77.** Das Ostpreußenblatt/Preußische Allgemeine Zeitung, 14. September 2002, zit. nach: http://www.webarchiv-server.de/pin/archiv02/3702ob38.htm, Stand 21.07.2011 ♦ **78.** Zit. nach: http://wafr.lbmv.de/show.php?action=1868-03-17 (Digitale Bibliothek Mecklenburg-Vorpommern) Stand 21.07.2011 ♦ **79.** Ernst Wiechert, Land an der Memel, Aus dem Vorwort zu: Engelhardt, Walter: Ein Memelbilderbuch, Berlin 1936 ♦ **80.** Meyers Konversationslexikon, Verlag des Bibliographischen Instituts, Leipzig und Wien,

4. Auflage, 1885–1892 ♦ **81.** Eugen Kalkschmidt, Vom Memelland bis München, Erinnerungen, S. 16f ♦ **82.** Ernst Hofer, Am Memelstrom und Ostfluss, Düsseldorf 1967, S. 82 ♦ **83.** Ebd., S. 80 ♦ **84.** Heinrich A. Kurschat, Das Buch vom Memelland, Heimatkunde eines deutschen Grenzlandes, Oldenburg, 1968, S. 68 ♦ **85.** Ebd., S. 71 ♦ **86.** Projekt Gutenberg, Litauische Geschichten, Ernst Wichert, 1935 Deutsche Hausbücherei, Der Schaktarp, S. 228–245, zitiert nach: http://gutenberg.spiegel.de/buch/256/1 ♦ **87.** Heinrich A. Kurschat, Das Buch vom Memelland, S. 71 ♦ **88.** Ebd., S. 21 ♦ **89.** Kreisgemeinschaft Elchniederung, hier: Oskar Krueger, Die Wasserstraßen der Elchniederung, S. 29f ♦ **90.** Kreisgemeinschaft Elchniederung, hier: Rauterskrich (Alt-Lappienen) an der Gilge, S. 362f ♦ **91.** Ebd., S. 362f ♦ **92.** Ebd., S. 27 ♦ **93.** Ebd., S. 29 ♦ **94.** Ebd., S. 29 ♦ **95.** Gerhard Willoweit, Die Wirtschaftsgeschichte des Memelgebiets, 1. Band, Marburg (Lahn) 1969, Wissenschaftliche Beiträge zur Geschichte und Landeskunde Ost-Mitteleuropas. Im Auftrage des Johann Gottfried Herder-Instituts, hrsg. von Ernst Bahr, Nr. 85/I., S. 15f ♦ **96.** Der Kreis Marienwerder/Wpr., Landgemeinden und Stadt Garnsee, Ein Heimatbuch, hrsg. vom Heimatkreis Marienwerder mit Dr. Franz Neumann und Otto Gründer, Hamburg 1985, S. 27 ♦ **97.** Der Kreis Marienwerder/Wpr., S. 248 ♦ **98.** Paul Fechter, Zwischen Haff und Weichsel, S. 319 ♦ **99.** Ebd., S. 319 ♦ **100.** Helga Grebing, Die Worringers. Bildungsbürgerlichkeit als Lebenssinn. Wilhelm und Martha Worringer (1881–1965), S. 106 ♦ **101.** Artur Bittens, Führer durch Memel und Umgebung, 1913, Ins Nachbarreich, Nach Russisch-Krottingen, Garsden, Polangen, Memel 1913, Kapitel: Ins Nachbarreich, zit. nach: www.bork-on-line.de/Memel/misc/Memelfuehrer_1913/79.htm, Stand: 23.08.2011 ♦ **102.** Wilhelm Girnus, Aus den Papieren des Germain Tawordschus, Unvollständiger Bericht über eine Lebenserfahrung, Rostock 1982, S. 23ff ♦ **103.** Ebd., S. 23ff ♦ **104.** Franz Mietzner, Der Kreis Schlossberg, Ein ostpreußisches Heimatbuch, Ostdeutsche Beiträge, Aus dem Göttinger Arbeitskreis, Würzburg 1962, S. 26 ♦ **105.** Helmut Welz, In letzter Stunde, Die Entscheidung des Generals Arno von Lenski, Biografie nach umfangreichen Aufzeichnungen Arno von Lenskis, Berlin (Ost) 1978, S. 30 ♦ **106.** Johannes Mignat, Der Kreis Goldap, Ein ostpreußisches Heimatbuch, Würzburg, 1965, hier: Am Ufer des Wystiter Sees, S. 58 ♦ **107.** Der Kreis Lyck, hier: Christel Moczarski, Der Kreis Lyck im Ostpreußischen Wirtschaftsraum, Königsberg 1939, S. 219f ♦ **108.** Der Kreis Lyck, S. 219f ♦ **109.** Tatjana Hetzel, Verschwunden, S. 30 ♦ **110.** Ebd. ♦ **111.** Horst Biernath, Eine Jugend in Ostpreußen, S. 58f ♦ **112.** Die Geschichte des Hauptzollamts Eydtkau (Eydtkuhnen) 1866–1945, Eine Studie von Heinz Gell, Lübeck o. J., S. 48 ♦ **113.** Max Fürst, Gefilte Fisch, S. 299 ♦ **114.** Ebd., S. 307 ♦ **115.** Das Ostpreußenblatt, November/Dezember 1955. Seite unbekannt, zitiert nach „Die Geschichte des Hauptzollamts Eydtkau (Eydtkuhnen) 1866–1945, Eine Studie von Heinz Gell, Lübeck o. J., S. 127f ♦ **116.** Max Fürst, Gefilte Fisch, S. 298 ♦ **117.** Der Kreis Marienwerder/Wpr., S. 386 ♦ **118.** Ebd., S. 386 ♦ **119.** Gerhard Szczesny, Als die Vergangenheit Gegenwart war, Lebenslauf eines Ostpreußen, Berlin, Frankfurt am Main, S. 59 ♦ **120.** Ebd., S. 61f ♦ **121.** Max Fürst, Gefilte Fisch, S. 117 ♦ **122.** Gerhard Szczesny, Als die Vergangenheit Gegenwart war, S. 14 ♦ **123.** Andreas Kossert, Ostpreußen, S. 95 ♦ **124.** Landschaft und Lage, Kreisbuch Pr. Holland, Ein ostpreußisches Heimatbuch, hrsg. von der Kreisgemeinschaft Pr. Holland, Glückstadt 1978, S. 39f ♦ **125.** Ebd., S. 41 ♦ **126.** Kreisbuch Osterode Ostpreussen, hrsg. von der Kreisgemeinschaft Osterode Ostpr.e.V., erarbeitet und zusammengestellt von Klaus Bürger, Osterode 1977, hier: Rudolf Grenz, Aus dem neunzehnten Jahrhundert, S. 251 ♦ **127.** Der Kreis Mohrungen, Ein ostpreußisches Heimatbuch, zusammengestellt von Wolf Frhr. von Wrangel, hier: Walter Raschdorff, Das ostpreußische Weltwunder im Oberland, Würzburg 1967, S. 190 ♦ **128.** Hans Graf von Lehndorff, Ostpreußisches Tagebuch, Aufzeichnungen eines Arztes aus den Jahren 1945–1947, München 2005, S. 189 ♦ **129.** Hartmut Boockmann, Ostpreußen und Westpreußen, Reihe Deutsche Geschichte im Osten Europas, Berlin 1992, S. 273 ♦ **130.** Gerhard Fittkau, Mein Dreiundreissigstes Jahr, München 1957, S. 14f ♦ **131.** Gerhardt Brandtner, Ernst Vogelsang, Die Post in Ostpreußen, Ihre Geschichte von den Anfängen bis ins 20. Jahrhundert, Lüneburg 2000, S. 83 ♦ **132.** Hartmut Boockmann, Ostpreußen und Westpreußen, S. 258ff ♦ **133.** Heimatbuch des Landkreises Allenstein, Hrsg. Kreisgemeinschaft Allenstein, Langenhagen 1968, hier: Emil Hantel, Das Kirchspiel Wuttrienen, S. 286 ♦ **134.** Heimatbuch des Landkreises Allenstein, Hrsg. Kreisgemeinschaft Allenstein, Langenhagen 1968, hier: Prof. Hans Schmauch, Besiedlung und Bevölkerung des südlichen Ermlandes, S. 28f ♦ **135.** Friedrich Salomo Oldenburg, Zur Kunde Masurens, Bericht für den Central-Ausschuß für Angelegenheiten der Inneren Mission aus dem Jahre 1865, Dortmund 2001, S. 164f ♦ **136.** Robert Teichert, Das Kirchspiel Regerteln (Kreis Heilsberg), Pinneberg 1965 (Selbstverlag), S. 35 ♦ **137.** August Ambrassat, Die Provinz Ostpreußen, Frankfurt 1978 (Reprint von 1912) S. 243 ♦ **138.** Informationen nach: Judentum im Spiegel von ostpreußischem Heimatschrifttum aus der Zeit nach 1945, in: Zur Geschichte und Kultur der Juden in Ost- und Westpreußen, hrsg. von Michael Brocke, Margret Heitmann und Harald Lordick, Hildesheim 2000, S. 581 ♦ **139.** Curt Rosenberg, Bilder aus einem Leben, Erinnerungen eines ostpreußischen Juden, Würzburg 1962, S. 76 ♦ **140.** Gerhard Fittkau, Mein Dreiundreissigstes Jahr, S. 9 ♦ **141.** Heimatbuch des Landkreises Allenstein, Hrsg. Kreisgemeinschaft Allenstein, Langenhagen 1968, hier: Franz Diegner, Auch ein wenig Kultur im entlegendsten Dorf des Ermlandes, S. 201 ♦ **142.** Heimatbuch des Landkreises Allenstein, Hrsg. Kreisgemeinschaft Allenstein, Langenhagen 1968, hier: Emil Hantel, Das Kirchspiel Wuttrienen, S. 287 ♦ **143.** Emil Johannes Guttzeit, Der Kreis Johannisburg, Ein ostpreußisches Heimatbuch., Würzburg 1964, S. 196f ♦ **144.** Emil Johannes Guttzeit, Der Kreis Johannisburg, hier: H. Ziemer, Aus der Arbeit der Kreisverwaltung, S. 101 ♦ **145.** Ebd, S. 196f ♦ **146.** Ebd., S. 196f ♦ **147.** Friedrich Krosta, Land und Volk in Masuren, Ein Beitrag zur Geographie Preussens, S. 5f ♦ **148.** Ebd. ♦ **149.** Wilhem Matull, Erlebte Geschichte zwischen Pregel und Rhein, Erinnerungen aus drei Generationen 1845–1980, hier: Wilhelm Matull, Vom Dorf in die Großstadt, Dortmund 1980, S. 27 ♦ **150.** Siehe Meyers Großes Konversations-Lexikon, Verlag des Bibliographischen Instituts (6. Auflage 1905–1909), Masurenland ♦ **151.** Dr. Friedrich Krosta, Land und Volk in Masuren, S. 6 ♦ **152.** Klaus R. Grinda, Grendashoff (Kreis Oletzko) und seine Besitzer 1774–1945, Ein Beitrag zur masurischen Güter- und Familiengeschichte, Göttingen 2005, S. 48 ♦ **153.** Andreas Kossert, Masuren, Ostpreußens vergessener Süden, München 2001, S. 191f ♦ **154.** Friedrich Krosta, Land und Volk in Masuren, S. 7 ♦ **155.** Friedrich Krosta, Land und Volk in Masuren – Ein Beitrag zur Geographie Preussens, S. 7 ♦ **156.** Willy Kramp, Der letzte Feind., Aufzeichnung, München 1969, S. 86 ♦ **157.** Ernst Wiechert, Wälder und Menschen, Eine Jugend in Ostpreussen, München 2007, S. 188f ♦ **158.** Friedrich Krosta: Land und Volk in Masuren, S. 7 ♦ **159.** Rainer Barzel, Ein gewagtes Leben, Erinnerungen, Stuttgart, Leipzig 2001, S. 14 ♦ **160.** Marion Gräfin Dönhoff, Namen die keiner mehr nennt, Ostpreußen – Menschen und Geschichte, München 2004, S. 92 ♦ **161.** Friedrich Krosta, Land und Volk in Masuren, S. 5 ♦ **162.** Der Kreis Lötzen, Ein ostpreußisches Heimatbuch, In Zusammenarbeit mit vielen Sachkennern erarbeitet und gestaltet von Dr. Max Meyhöfer,

Ostdeutsche Beiträge, Aus dem Göttinger Arbeitskreis, Band XX, Würzburg, 1961, hier: Die Sprache der Masuren nach Otto Gerß: Die Sprache der Masuren (Mitt. Der Lit. Gesellschaft ‚Masovia', Heft 9, 1903, S. 70 und 57 ♦ **163.** Friedrich Krosta, Land und Volk in Masuren, S. 7 ♦ **164.** Tilly B. Zachorow, Aweyden, Chronik eines masurischen Dorfes, Berlin-Haifa 2008, S. 16 ♦ **165.** Andreas Kossert, Masuren, S. 174 ♦ **166.** Fritz Tetzner, Die Slawen in Deutschland, Beiträge zur Volkskunde der Preußen, Litauer und Letten, der Masuren und Philipponen, der Tschechen, Mährer und Sorben, Polarben und Slowinzen, Kaschuben und Polen, Braunschweig 1902, S. 238 ff ♦ **167.** Ebd., S. 240 ♦ **168.** Zit. nach: Internetseite Berliner Landesinstitut für Schule und Medien, Abt. Medien – ehemals Landesbildstelle Berlin, Internet: www.schule.de/bics/son/verkehr/eisenbah/augen/amesch/reise4.htm, Stand: 23.08.2011 ♦ **169.** Ebd. ♦ **170.** Albert Zweck, Ostpreußen. Land und Volk, Erster Band Litauen, Eine Landes- und Volkskunde, Stuttgart 1898, S. 3 ♦ **171.** 700 Jahre Deutsch-Litauische Nachbarschaft, Vortrag von Prof. Dr. jur. Dietmar Willoweit gehalten auf den Memelländischen Kulturtagen in Düsseldorf 2006 vom 27. Mai bis 24. Juni ♦ **172.** Ebd. ♦ **173.** Andreas Kossert, Ostpreußen, S. 109 ♦ **174.** Magnus Freiherr von Braun, Weg durch vier Zeitepochen, Vom ostpreußischen Gutsleben der Väter bis zur Weltraumforschung des Sohnes, Limburg 1965, S. 173f ♦ **175.** Ernst Wiechert, Jahre und Zeiten, S. 156 ♦ **176.** Horst F. Zander, Mit klingendem Spiel, S. 21 ♦ **177.** Hans Graf von Lehndorff, Menschen, Pferde, weites Land, Kindheits- und Jugenderinnerungen, München 2004, S. 51 ♦ **178.** S. 51 ♦ **179.** Walter Frevert, Rominten, München 1996, S. 15f ♦ **180.** Ebd., S. 24f ♦ **181.** Ebd., S. 221 ♦ **182.** Ebd., S. 209 ♦ **183.** Ulla Lachauer, Land der vielen Himmel, S. 18 ♦ **184.** Ebd. ♦ **185.** Ebd. ♦ **186.** August Ambrassat, Die Provinz Ostpreußen, Ein Handbuch der Heimatkunde, Reprint der 2. neu bearb. Aufl. Königsberg, 1912 Frankfurt, Main, 1978, 172f ♦ **187.** Ernst Wichert, Richter und Dichter, Ein Lebensausweis, Berlin und Leipzig 1899, S. 113 ♦ **188.** Manfred Klein, Die versäumte Chance zweier Kulturen. Zum deutsch-litauischen Gegensatz im Memelgebiet, in: Zwischen Staatsnation und Minderheit, Litauen, das Memelland und das Wilnagebiet in der Zwischenkriegszeit, Nordost-Archiv, Neue Folge Band II/1993, Heft 2, S. 326 ♦ **189.** Petronėlė Žostautaitė, Klaipėdos kraštas 1923–1939, Wilnius, 1992, zit. nach: http://lietuvos.istorija.net/klein-litauen/zostautaite.htm, Stand 21.07.2011 ♦ **190.** Annaberger Annalen Nr.8, Jahrbuch über Litauen und deutsch-litauische Beziehungen, hier Kap. 9: Kristina Brazaitis, Johannes Bobrowski und seine prophetische Vision der deutsch-litauischen Beziehungen, S. 5 ♦ **191.** Johannis Bobrowski, Litauische Claviere, Leipzig 2002 S. 21 ♦ **192.** www.tilsit-ragnit.de/ragnit/ra_motzischken2.html, Marie Luttkus geb. Buddrus, 1985, eingesandt von Anneliese Schmidt, geb. Luttkus, Stand: 21.07.2011 ♦ **193.** Heinrich A. Kurschaft, S. 113f ♦ **194.** Ebd., S. 100 ♦ **195.** Ernst Wiechert, Jahre und Zeiten, S. 63 ♦ **196.** Ernst Wichert, Richter und Dichter, S. 109 ♦ **197.** Heinrich A. Kurschat, Das Buch vom Memelland, S. 106 ♦ **198.** Ebd., S. 115 ♦ **199.** Der Kreis Elchniederung, Ein ostpreußisches Heimatbuch, Band II., hier: Paul Schnabel, Aus meiner ostpreußischen Heimat, S. 195f ♦ **200.** Ebd., S. 196 ♦ **201.** Ebd., S.207 ♦ **202.** Andreas Kossert, Ostpreußen, S. 192f ♦ **203.** www.memelland-adm.de/Ortschaften/Haffdoerfer/diehaffdoerfer.html, Hans Karallus, Unsere Haffdörfer, Stand: 23.08.2011 ♦ **204.** http://rostock-blog.de/22.08.2008/mein-heimatdorf-karkeln-am-kurischen-haff/Mein Heimatdorf – Karkeln am Kurischen Haff, Stand: 16.12.2010 ♦ **205.** Richard Pietsch, Fischerleben auf der Kurischen Nehrung, dargestellt in kurischer und deutscher Sprache, Berlin 1982, S. 135ff ♦ **206.** Der Kreis Elchniederung, Ein ostpreußisches Heimatbuch, hier: Paul Schnabel, Aus meiner ostpreußischen Heimat, S. 202f ♦ **207.** Ebd., S.198 ♦ **208.** Ernst Wichert, Litauische Geschichten, Deutsche Hausbücherei 1935, Der Schaktarp, Projekt Gutenberg, Seiten 228-245, zitiert nach: http://gutenberg.spiegel.de/buch/256/1, Stand: 23.08.2011 ♦ **209.** Hans Kramer, Elchwald einst und heute, Sulzberg/Allgäu 1985, S. 46ff ♦ **210.** Ebd., S. 46ff ♦ **211.** Der Kreis Elchniederung, hier: Paul Lemke, Der Elch, seine Heger und Jäger, S.179ff ♦ **212.** Der Kreis Elchniederung, Hrsg. Kreisgemeinschaft Elchniederung in der Landsmannschaft Ostpreußen e.V., zusammengestellt von Paul Lenke, hier: Rauterskrich (Alt-Lappienen) an der Gilge, S. 359 ♦ **213.** Käthe Kollwitz, Aus meinem Leben, Ein Testament des Herzens, Freiburg 2006, S. 31f ♦ **214.** Ebd., S. 31f ♦ **215.** Wichert, Ernst: Richter und Dichter, Ein Lebensausweis, Berlin und Leipzig 1899, S. 229ff ♦ **216.** Hermann Sudermann, Das Bilderbuch meiner Jugend, S. 212 ♦ **217.** Andreas Kossert, Ostpreußen, S. 159ff ♦ **218.** Käthe Kollwitz, Aus meinem Leben, S. 19 ♦ **219.** Michael Wieck, Zeugnis vom Untergang Königsbergs, Ein ‚Geltungsjude' berichtet, Mit einem Vorwort von Siegfried Lenz, München 2005, S. 51 ♦ **220.** Willy Kramp, Der letzte Feind, S. 85 ♦ **221.** Ebd., S. 85 ♦ **222.** Ebd. ♦ **223.** Erich Pfeiffer-Belli, Junge Jahre im alten Frankfurt und eines langen Lebens Reise, Wiesbaden, München 1986, S. 382ff ♦ **224.** Martin A. Borrmann, Sieben Hügel, sieben Brücken und die Linie Sieben, Königsberg, in: Ruth Maria Wagner und Otto Dikreiter, Ostpreußisches Panorama, Eine Reise nach Hause, München 1968, S. 15f ♦ **225.** Immanuel Birnbaum, Achtzig Jahre dabeigewesen, Erinnerungen eines Journalisten, München 1974, S. 26 ♦ **226.** Max Fürst, Gefilte Fisch und wie es weiterging, München 2004, S. 90f ♦ **227.** Ebd., S. 245 ♦ **228.** Erich Pfeiffer-Belli, Junge Jahre im alten Frankfurt und eines langen Lebens Reise, S. 382ff ♦ **229.** Fritz Gause, Königsberg in Preußen, Die Geschichte einer europäischen Stadt, München 1968, S. 184 ♦ **230.** Martin A. Borrmann, Sieben Hügel, sieben Brücken und die Linie Sieben, Königsberg, S. 21f ♦ **231.** Marie Luise Kaschnitz, Orte, Aufzeichnungen, Frankfurt am Main 1973, S. 67 ♦ **232.** Ebd., S.67 ♦ **233.** Ebd. S: 67 ♦ **234.** Heinrich A. Kurschat, Das Buch vom Memelland, S. 31 ♦ **235.** Richard Pietsch, Fischerleben auf der Kurischen Nehrung, S. 19 ♦ **236.** Zitiert nach: Heinrich A. Kurschat, S. 48 ♦ **237.** Ludwig (Louis) Passarge, Die Kurische Nehrung, Herausgegeben und eingeleitet von Henning Sietz, Frankfurt am Main. 2002 ♦ **238.** Louis (Ludwig) Passarge, Aus Baltischen Ländern. Studien und Bilder, Glogau / Schlesien 1878, S. 243, zitiert nach Helga Grebing; In Nidden zwischen 1933 und 1944 – gelebte Bildungsbürgerlichkeit als bewußter Protest gegen Nationalsozialismus und Krieg, Vortrag auf dem IX. Internationalen Thomas-Mann-Festival „Künstler und Gesellschaft" in Nida; Juli 2005 ♦ **239.** Richard Pietsch, Fischerleben auf der Kurischen Nehrung, S. 151 ♦ **240.** Ebd., S.193 ♦ **241.** Ebd., S. 305 ♦ **242.** Ebd., S. 203 ♦ **243.** Ebd., S. 165 ♦ **244.** Ebd., S. 59 ♦ **245.** Ebd., S. 183 ♦ **246.** Ebd., S. 263 ♦ **247.** Ebd., S. 25 ♦ **248.** Ebd., S. 19f ♦ **249.** Siehe hierzu: www.ostdeutsche-biographie.de/ephawi04.htm Stand: 21.07.2011 ♦ **250.** Die Kurische Nehrung, Eine Monographie in Bildern, Königsberg 1930, hier: Ludwig Goldstein, Von einem Menschenalter und mehr, S. 11 ♦ **251.** Der Landkreis Samland, Ein Heimatbuch der ehemaligen Landkreise Königsberg und Fischhausen, zusammengestellt von Dr. jur. Paul Gusovius, hier: Die Vogelwarte Rossitten der Max-Planck-Gesellschaft, Gusovius, Würzburg, S. 449 ♦ **252.** Kulturlandschaft Ost- und Westpreußen, Deutsche Kulturforum östliches Europa (Hrsg.), Potsdam 2005, hier: Jörn Barford, Deutschland, Zwischen Haff und Meer – die Künstlerkolonie Nidden, S. 152 ♦ **253.** Kulturlandschaft Ost- und Westpreußen, Deutsche Kulturforum östliches Europa, hier: Jörn Barford, Deutschland, Zwischen Haff und

Meer – die Künstlerkolonie Nidden, S. 153 ♦ **254.** Günter Krüger, Nidden auf der Kurischen Nehrung; in: Deutsche Künstlerkolonien und Künstlerorte, hrsg. von Gerhard Wietek, München 1976, S. 146 ♦ **255.** Walther Heymann, Max Pechstein als Nehrungsmaler, in: Leonard M. Fiedler, Renate Heuer, Walther Heymann, Gedichte, Prosa, Essays, Briefe, Frankfurt 1998, S. 210 ♦ **256.** Günter Krüger, Nidden auf der Kurischen Nehrung, S. 147 ♦ **257.** Ebd., S. 147 ♦ **258.** Max Fürst, Gefilte Fisch und wie es weiterging, S. 304f ♦ **259.** Richard Pietsch, Fischerleben auf der Kurischen Nehrung, S. 85 ♦ **260.** Horst Schulz, Der Natanger Kreis Preußisch Eylau, S. 108 ♦ **261.** Hans-Hermann Steppuhn, Heimat-Kreisbuch Bartenstein/Ostpr., S. 242 ♦ **262.** Paul Fechter, Zwischen Haff und Weichsel, S. 97f ♦ **263.** F. W. F. Schmitt, Land und Leute von/in Westpreußen, Thorn 1870, zit. nach: http://www.studienstelleog.de/download/GQ2.PDF, Seite 5a, zur eigenen Verwendung zusammengestellt von Klaus-Dieter Kreplin, Dortmund 2002, Stand: 21.07.2011 ♦ **264.** Ebd. ♦ **265.** Paul Fechter, Zwischen Haff und Weichsel, S. 98 ♦ **266.** Meyers Konversationslexikon, Leipzig und Wien, Vierte Auflage, 1885–1892 ♦ **267.** Paul Fechter, Zwischen Haff und Weichsel, S. 133f ♦ **268.** Ebd., S. 295f ♦ **269.** Fritz Gause, Die Geschichte der Stadt Königsberg in Preussen, II. Band, Köln Graz 1968, S. 289 ♦ **270.** Louis Ferdinand Prinz von Preußen. Im Strom der Geschichte, Die Heimkehr nach Potsdam, München 1993, S. 288 ♦ **271.** Paul Fechter, Zwischen Haff und Weichsel, S. 222f ♦ **272.** Alexander Fürst zu Dohna-Schlobitten, Erinnerungen eines alten Ostpreußen, Würzburg 2007, S. 70f ♦ **273.** Gerhard Fittkau, Mein Dreiundreissigstes Jahr, S. 77 ♦ **274.** Marion Gräfin Dönhoff, Kindheit in Ostpreußen, Hamburg 2006/2007, S. 32 ♦ **275.** Zit. nach: Schöne, Albrecht, Kürbishütte und Königsberg, Modellversuch einer sozialgeschichtlichen Entzifferung poetischer Texte, München 1975, S. 10, (Barockdichtung übertragen in heutige Orthographie.) ♦ **276.** Erwin Poschmann, Der Kreis Rößel, Ein Ostpreußisches Heimatbuch, hrsg. vom Heimatbund des Kreises Rößel, hier: Artur Andreas Tiedmann, Groß Bößau – Von Land und Leuten am Bößauer See, Kaltenkirchen Holstein 1977, S. 167 ♦ **277.** Ebd. ♦ **278.** Anni Piorreck, Agnes Miegel, Ihr Leben und ihre Dichtung, München 1990, S. 144 ♦ **279.** Stadt und Kreis Gumbinnen, Eine ostpreußische Dokumentation, zusammengestellt und erarbeitet im Auftrage der Kreisgemeinschaft Gumbinnen von Dr. phil Rudolf Grenz, Marburg/Lahn 1971, S. 596 ♦ **280.** Lovis Corinth, Meine frühen Jahre, S. 77f ♦ **281.** Ebd., S. 42 ♦ **282.** Ulla Lachauer, Paradiesstraße, Lebenserinnerungen der ostpreußischen Bäuerin Lena Grigoleit, Reinbek bei Hamburg 1996, S. 13 ♦ **283.** Ebd., S. 13 ♦ **284.** Ebd. ♦ **285.** Der Kreis Mohrungen, Ein ostpreußisches Heimatbuch, Zusammengestellt von Wolf Frhr. von Wrangel, Würzburg 1967, hier: Die Heerzeit, nach Wilhelm Dobbek in ‚Mohrunger Kreiszeitung 1944, hier: Erinnerungen an eine kleine ostpreußische Stadt, Nach Aufzeichnungen von Erwin Gutzeit, S. 41f ♦ **286.** Erwin Poschmann, Der Kreis Rößel, Ein Ostpreußisches Heimatbuch, hier: Artur Andreas Tiedmann, Groß Bößau – Von Land und Leuten am Bößauer See, S. 166f ♦ **287.** Ebd., S. 166f ♦ **288.** Ebd. ♦ **289.** Der Kreis Angerburg, ein ostpreußisches Heimatbuch, Zusammengestellt und erarbeitet von Erich Pfeiffer, Rotenburg, 1973, hier: Alfred Sager, Großgarten (Possessern), S. 162f ♦ **290.** Erhard Riemann, Ein Kapitel ostpreußischer Volkskunde, Sprache und Brauchtum; in: Ruth Maria Wagner und Otto Dikreiter, Ostpreußisches Panorama, Eine Reise nach Hause, München 1968, S. 261 ♦ **291.** Ulla Lachauer, Paradiesstraße, S. 14 ♦ **292.** Ebd., S. 13 ♦ **293.** Kleine Chronik des ostpreußischen Dorfes Roggen im Kreis Neidenburg, zusammengestellt und herausgegeben von Herbert Kalwa und Willi Philipp, Hamburg 1990, S. 20 ♦ **294.** Oda Goerdeler, Leben auf dem Grenzgut T, Erinnerung an das Grenzgebiet zwischen Ostpreußen und Polen, Aufgeschrieben für Kinder und Enkel, eingedenk aller, die diesem Boden ihre Kräfte gaben, Lüneburg 1983, S. 18 ♦ **295.** Heimatbuch des Landkreises Allenstein, Hrsg. Kreisgemeinschaft Allenstein, hier: Franz Diegner, Im Brennpunkt des Minderheitenkampfes, Langenhagen 1968,S. 182 ♦ **296.** Ebd., S. 182 ♦ **297.** Die Durchsetzung der Nationalsprachen in Europa. Lernen für Europa., hier: Ferdinande Knabe, Sprachliche Minderheiten und nationale Schule in Preußen zwischen 1871 und 1933, Eine bildungspolitische Analyse, Bd. 5, Münster 2000, S. 28 ♦ **298.** Ebd., S. 59 ♦ **299.** Ebd., S. 36f ♦ **300.** Hartmut Boockmann, Deutsche Geschichte im Osten Europas, S. 375f ♦ **301.** Andreas Kossert, Ostpreußen, Geschichte und Mythos, München 2005, S. 62 ♦ **302.** Kulturlandschaft Ost- und Westpreußen, Deutsches Kulturforum östliches Europa (Hrsg.), hier: Janusz Mallek, Preußisches Nationalbewusstsein im 19. und 20. Jahrhundert, S. 275 ♦ **303.** Ebd., S. 275 ♦ **304.** Hartmut Boockmann, Deutsche Geschichte im Osten Europas, S. 376 ♦ **305.** Statistik des Deutschen Reichs, Band 150: Die Volkszählung am 1. Dezember 1900 im Deutschen Reich. Berlin, 1903, zitiert nach: www.verwaltungsgeschichte.de/fremdsprachen.html, Stand 23.08.2011 ♦ **306.** Zitiert nach: Hartmut Boockmann, Deutsche Geschichte im Osten Europas, S. 390 ♦ **307.** Ebd., S. 390 ♦ **308.** Jens Boysen, Preußische Armee und polnische Minderheit, Royalistische Streitkräfte im Kontext der Nationalitätenfrage des 19. Jahrhunderts (1815-1914), Marburg 2008, S. 39 ♦ **309.** Zit. nach: Ebd., S. 33 ♦ **310.** Ebd., S. 33 ♦ **311.** Ebd., S. 50 ♦ **312.** Robert Traba, Zwischen katholischer Kirche und Staat. Die nationale und soziale Reaktion der Ermländer auf die gesellschaftliche Modernisierung im 19. Jahrhundert, in: Hans Henning Hahn, Peter Kunze (Hrsg.): Nationale Minderheiten und staatliche Minderheitenpolitik in Deutschland im 19. Jahrhundert, Berlin 1999, S. 110 ♦ **313.** Hartmut Boockmann, Deutsche Geschichte im Osten Europas, S. 385 ♦ **314.** Ebd., S. 387 ♦ **315.** Helmut Welz, In letzter Stunde, Die Entscheidung des Generals Arno von Lenski, Biografie nach umfangreichen Aufzeichnungen Arno von Lenskis, Berlin (Ost) 1978, S. 38 ♦ **316.** Helmut Welz, In letzter Stunde, S. 38 ♦ **317.** Stenographische Berichte über die Verhandlungen des Preußischen Hauses der Abgeordneten, 19 LP, III Sitzung, 1. Band, S. 173–74, zitiert nach: http://germanhistorydocs.ghi-dc.org/sub_document.cfm?document_id=771&language=german, Stand: 21.07.2011 ♦ **318.** Hartmut Boockmann, Deutsche Geschichte im Osten Europas, S. 388 ♦ **319.** Gregorz Jasinski, Zur Problematik der Assimilation der masurischen Bevölkerung im preußischen Staat (1815–1914), in: Hans Henning Hahn, Peter Kunze (Hrsg.): Nationale Minderheiten und staatliche Minderheitenpolitik in Deutschland im 19. Jahrhundert, Berlin 1999, S. 107 ♦ **320.** Kulturlandschaft Ost- und Westpreußen, hier: Janusz Mallek, Preußisches Nationalbewusstsein im 19. und 20. Jahrhundert, S. 280 ♦ **321.** Die Zeit vom 13.10.2005, Nr.42 ♦ **322.** Zit. nach: www.zeit.de/2005/42/P-Kossert-TAB, Stand: 23.08.2011♦ **323.** Die Zeit vom 13.10.2005, Nr.42 ♦ **324.** Kulturlandschaft Ost- und Westpreußen, hier: Janusz Mallek, Preußisches Nationalbewusstsein im 19. und 20. Jahrhundert, S. 275 ♦ **325.** Ernest Renan, Vortrag in der Sorbonne am 11. März 1882, Aus dem Französischen von Henning Ritter, veröffentlicht in: Michael Jeismann, Henning Ritter, Grenzfälle – Über neuen und alten Nationalismus, Leipzig 1993, zit. nach:www.comlink.de/cl-hh/m.blumentritt/agr251s.htm, Stand: 21.07.2011 ♦ **326.** Ebd. ♦ **327.** Ebd. ♦ **328.** Manfred Klein, Die versäumte Chance zweiter Kulturen. Zum deutsch-litauischen Gegensatz im Memelgebiet, in: Zwischen Staatsnation und Minderheit, Litauen, das Memelland und das Wilnagebiet in der Zwischenkriegszeit, Nordost-Archiv, Neue Folge Band II/1993, Heft 2, S: 333f ♦ **329.** Hagen

Mit dem Schlitten zur Sonntagsmesse in Tapiau, Kreis Wehlau im Winter 1930

Schulze, Staat und Nation in der europäischen Geschichte (Europa bauen), München, 2. Auflage 1995, zit. nach: Die Durchsetzung der Nationalsprachen in Europa, Lernen für Europa, Bd. 5, Münster 1997, hier: Ferdinande Knabe, Sprachliche Minderheiten und nationale Schule in Preußen zwischen 1871 und 1933, Eine bildungspolitische Analyse, Münster 2000, S. 110 ♦ **330.** Rainer Radok, Von Königsberg nach Melbourne, Vertreibung aus Ostpreußen im Dritten Reich, Lüneburg 1998, Letzte Revision 15. September 1999, o. S. ♦ **331.** Agnes Harder, Die kleine Stadt, Aus meinen Kindertagen, München 1966, S. 25 ♦ **332.** Heinrich A. Kurschat, Das Buch vom Memelland, S. 158 ♦ **333.** Ebd., S. 158 ♦ **334.** Wolfgang Toerner, Ostpreußen und Litauer – 700 Jahre gemeinsame Geschichte, Festvortrag zum Kreistreffen am 30. März 2003 in Bad Fallingbostel, zit. nach http://www.tilsit-ragnit.de/download/ostprlith700geschichte.pdf, abgerufen am 29.11.2010 ♦ **335.** Ebd. ♦ **336.** Andreas Kossert, Ostpreußen, Geschichte und Mythos, S. 62 ♦ **337.** Wolfgang Toerner, Ostpreußen und Litauer – 700 Jahre gemeinsame Geschichte, ♦ **338.** Zit. nach: http://www.memelland-adm.de/Allgemeine%20Geschichte/deutsch-litauische-nachbarschaft.html, Stand 23.08.2011 ♦ **339.** Fritz Tetzner, Die Slawen in Deutschland, Beiträge zur Volkskunde der Preußen, Litauer und Letten, der Masuren und Philipponne, der Tschechen, Mährer und Sorben, Polarben und Slowinzen, Kaschuben und Polen, Braunschweig 1902, S. 53 ♦ **340.** Wolfgang Toerner, Ostpreußen und Litauer – 700 Jahre gemeinsame Geschichte, ♦ **341.** Heinrich A. Kurschat, Das Buch vom Memelland, S. 123f ♦ **342.** Andreas Kossert, Ostpreußen, S. 134f ♦ **343.** Wolfgang Toerner, Ostpreußen und Litauer – 700 Jahre gemeinsame Geschichte, ♦ **344.** Zit. nach: Dietmar Willoweit, 700 Jahre Deutsch-Litauische Nachbarschaft, Festvortrag, gehalten auf den Memelländischen Kulturtagen in Düsseldorf 2006 vom 27. Mai bis 24 Juni, zit. Nach: http://www.memelland-adm.de/Allgemeine/20.Geschichte deutsch-litauische Nachbarschaft.html, Stand: 22.07.2011 ♦ **345.** Heinrich A. Kurschat, Das Buch vom Memelland, S. 123 ♦ **346.** Fritz Tetzner, Die Slawen in Deutschland, S. 28 ♦ **347.** Andreas Kossert, Ostpreußen, S. 64 ♦ **348.** Hans Masalkis, Kleine Geschichte Litauens. In Zusammenhang mit seinen Nachbarn, Oldenburg, 2005, S. 90 ♦ **349.** Allerley zuverlässige Nachrichten, in: Kristijons Donelaitis, Ras"tai, Vilnius 1977, S. 412-413, zitiert nach: http://www.collasius.org/LITERATUR/KUZBORSKA/donelaitis.htm, Stand: 22.07.2011 ♦ **350.** Fritz Tetzner, Die Slawen in Deutschland, S. 29 ♦ **351.** Zit. nach: Wenau, Lutz, Der Pfarrerdichter von Tollmingkehmen und seine Zeit, Lilienthal 1996, S. 94 ♦ **352.** Fritz Tetzner, Die Slawen in Deutschland, S. 29f ♦ **353.** Ulla Lachauer, Land der vielen Himmel, S. 17 ♦ **354.** Andreas Kossert, Ostpreußen, S. 171 ♦ **355.** Reinhold Bernhard Jachmann, Nachrichten über die Kurische Nehrung, 1825 (ohne Ort), zit. nach: Ludwig Passarge, Die Kurische Nehrung, S. 108f ♦ **356.** Ludwig Passarge, Die Kurische Nehrung, S. 108f ♦ **357.** Ludwig Passarge, Die Kurische Nehrung, Vorwort von Henning Sietz ♦ **358.** Richard Pietsch, Fischerleben auf der Kurischen Nehrung, dargestellt in kurischer und deutscher Sprache, Berlin 1982, S. 1 ♦ **359.** Andreas Kossert, Ostpreußen, S. 192 ♦ **360.** Heinrich A. Kurschat, Das Buch vom Memelland, S. 123 ♦ **361.** Sprachgeschichten, Nur Richard Pietsch beherrscht noch das Kurische, von Henning Sietz, in: Frankfurter Allgemeine Zeitung, 8.2.2002 ♦ **362.** Richard Pietsch, Fischerleben auf der Kurischen Nehrung, S. 6 ♦ **363.** Sprachgeschichten, Nur Richard Pietsch beherrscht noch das Kurische, Von Henning Sietz, in: Frankfurter Allgemeine Zeitung, 8.2.2002

Vom Stammesland zur Provinz

♦ **1.** Zitiert nach Sandor Petöfi, Rede am 15. März 1848 (Nationallied), Hamburg 1993 hier: Essay von Zsuzsanna Gahse, Petöfi, S. 39 ♦ **2.** Lexikon der Sprachen des europäischen Ostens, hier: Rainer Eckert, Altpreußisch, Bd. 10, Klagenfurt 2002, S. 590 ♦ **3.** Der Kreis Rosenberg, Ein westpreußisches Heimatbuch, hrsg. vom Heimatkreis Rosenberg und dem Patenkreis Halle/West., zusammengestellt von Alfred Müsse, hier: Heinz Neumeyer, Zur Geschichte des Kreises Rosenberg, Detmold 1963, S. 19 ♦ **4.** Hans Masalskis, Kleine Geschichte Litauens in Zusammenhang mit seinen Nachbarn, Oldenburg 2005, S. 13 ♦ **5.** Ebd., S. 12 ♦ **6.** Gemeint ist die alte Sprache Kurisch, nicht zu verwechseln mit dem lettischen Dialekt Kurisch, der auf der Kurischen Nehrung gesprochen wurde ♦ **7.** Andreas Kossert, Ostpreußen, Geschichte und Mythos, München 2005, S. 28 ♦ **8.** Hartmut Boockmann, Deutsche Geschichte im Osten Europas, Ostpreußen und Westpreußen, Berlin 1992, S. 82 ♦ **9.** Andreas Kossert, Ostpreußen, S. 32 ♦ **10.** Gisela Graichen, Matthias Gretschel, Die Prussen, Der Untergang eines Volkes und sein preußisches Erbe, Frankfurt am Main 2010, S. 54f ♦ **11.** Reinhard Wenskus, Der deutsche Orden und die nichtdeutsche Bevölkerung des Preussenlandes, in: Schlesinger, Walter (Hrsg.), Die deutsche Ostsiedlung des Mittelalters als Problem der europäischen Geschichte, Sigmaringen 1975, S. 478 ♦ **12.** Christoph Hartknoch, Altes und Neues Preussen, Hallervorden, Frankfurt am Main 1684, zit. nach Bruno Ehrlich, Die alten Preußen, in: Der Ostdeutsche Volksboden, Breslau 1926, S. 266 ♦ **13.** Lexikon der Sprachen des europäischen Ostens, Bd. 10, hier: Rainer Eckert, Altpreußisch, Klagenfurt 2002, S. 591 ♦ **14.** Gerhard Szczesny, Als die Vergangenheit Gegenwart war, Lebenslauf eines Ostpreußen, Berlin, Frankfurt am Main, S. 58 ♦ **15.** Jürgen Heyde, Geschichte Polens, München 2006, S. 10 ♦ **16.** Ebd., Geschichte Polens, S. 11 ♦ **17.** Ebd., S. 13 ♦ **18.** Ebd., S. 15 ♦ **19.** Ebd., S. 18f ♦ **20.** Hartmut Boockmann, Deutsche Geschichte im Osten Europas, S. 90 ♦ **21.** Ebd., S. 91f ♦ **22.** Ebd. ♦ **23.** Ebd., S. 86 ♦ **24.** Ebd., S. 94 ♦ **25.** Ebd., S. 95 ♦ **26.** Ebd. ♦ **27.** Ebd., S. 108f ♦ **28.** Ebd., S. 114f ♦ **29.** Max Melchow, Ost- und Westpreußen in Berlin, Ein Beitrag zur Bevölkerungsgeschichte, Berlin (West) 1975, S. 40 ♦ **30.** Hartmut Boockmann, Deutsche Geschichte im Osten Europas, S. 111ff ♦ **31.** Christian Krollmann, Die Entstehung der Stadt Königsberg (Pr.), Alt-Königsberg/Band 1, Königsberg 1939, S. 14 ♦ **32.** Ebd., S. 27f ♦ **33.** Andreas Kossert, Ostpreußen, S. 33 ♦ **34.** Hans Masalskis, Kleine Geschichte Litauens in Zusammenhang mit seinen Nachbarn, S. 41 ♦ **35.** Klaus-Eberhard Murawski, Grundzüge der staatlichen Entwicklung in Ost- und Westpreußen, In: Zur Geschichte und Kultur der Juden in Ost- und Westpreußen, hrsg. von Michael Brocke, Margret Heitmann und Harald Lordick, Netiva – Wege deutsch-jüdischer Geschichte und Kultur, Studien des Salomon Ludwig Steinheim-Instituts, Hildesheim, Zürich, New York 2000, S. 15 ♦ **36.** Hartmut Boockmann, Deutsche Geschichte im Osten Europas, S. 155 ♦ **37.** Ebd., S. 116 ♦ **38.** Hans Masalskis, Kleine Geschichte Litauens in Zusammenhang mit seinen Nachbarn, S. 25 ♦ **39.** Hartmut Boockmann, Deutsche Geschichte im Osten Europas, S. 81 ♦ **40.** Ebd., S. 138 ♦ **41.** Ebd., S. 125ff ♦ **42.** Ebd. ♦ **43.** Ebd., S. 116 ♦ **44.** Deutscher Orden 1190–1990, Tagungsberichte der Historischen Kommission für Ost- und Westpreußische Landesforschung, Band 11, hier: Klaus Conrad, Der Deutsche Orden und sein Landesausbau in Preußen, S. 94 ♦ **45.** Hartmut Boockmann, Deutsche Geschichte im Osten Europas, S. 125ff ♦ **46.** Ebd., S. 121ff ♦ **47.** Deutscher Orden 1190–1990, hier: Klaus Conrad, Der Deutsche Orden und sein Landesausbau in Preußen, S. 98 ♦ **48.** Ebd., S. 86 ♦ **49.** Ebd., S. 86f ♦ **50.** Hartmut Boockmann, Deutsche Geschichte im Osten Europas, S. 144 ♦ **51.** Ebd., S. 128 ♦ **52.** Ebd. ♦ **53.** Ebd. ♦ **54.** Ebd., S. 132ff ♦ **55.** Ebd. ♦ **56.** Deutscher Orden 1190–1990, hier: Klaus Conrad, Der Deutsche Orden und sein Landesausbau in Preußen, S. 106 ♦ **57.** Hans Masalskis, Kleine Geschichte Litauens in Zusammenhang mit seinen Nachbarn, S. 50 ♦ **58.** Hartmut Boockmann, Deutsche Geschichte im Osten Europas, S. 171 ♦ **59.** Andreas Kossert, Ostpreußen, S. 34 ♦ **60.** Deutscher Orden 1190–1990, Tagungsberichte der Historischen Kommission für Ost- und Westpreußische Landesforschung, Band 11, hier: Hartmut Boockmann, Der Deutsche Orden in der Geschichte des spätmittelalterlichen Ostmitteleuropa, S. 25 ♦ **61.** Hartmut Boockmann, Deutsche Geschichte im Osten Europas, S. 184 ♦ **62.** Hans Masalkis, Kleine Geschichte Litauens in Zusammenhang mit seinen Nachbarn, S. 56 ♦ **63.** Hartmut Boockmann, Deutsche Geschichte im Osten Europas, S. 184 ♦ **64.** Ebd., S. 189ff ♦ **65.** Deutscher Orden 1190–1990, Tagungsberichte der Historischen Kommission für Ost- und Westpreußische Landesforschung, Band 11, hier: Hartmut Boockmann, Der Deutsche Orden in der Geschichte des spätmittelalterlichen Ostmitteleuropa, S. 29 ♦ **66.** Hartmut Boockmann, Deutsche Geschichte im Osten Europas, S. 184f ♦ **67.** Andreas Kossert, Ostpreußen, S. 35 ♦ **68.** Deutscher Orden 1190–1990, Tagungsberichte der Historischen Kommission für Ost- und Westpreußische Landesforschung, Band 11, hier: Hartmut Boockmann, der Deutsche Orden in der Geschichte des spätmittelalterlichen Ostmitteleuropa, S. 23 ♦ **69.** Hartmut Boockmann, Deutsche Geschichte im Osten Europas, S. 186 ♦ **70.** http://de.wikipedia.org/wiki/Preu%C3%9Fischer_Bund, letztmalig abgerufen am 25.06.2011 ♦ **71.** Klaus-Eberhard Murawski, Grundzüge der staatlichen Entwicklung in Ost- und Westpreußen. In: Zur Geschichte und Kultur der Juden in Ost- und Westpreußen, hrsg. von Michael Brocke, Margret Heitmann und Harald Lordick, Netiva – Wege deutsch-jüdischer Geschichte und Kultur, S. 18 ♦ **72.** Hartmut Boockmann, Deutsche Geschichte im Osten Europas, S. 223 ♦ **73.** Hartmut Boockmann, Deutsche Geschichte im Osten Europas, S. 118 ♦ **74.** Ebd., S. 218f ♦ **75.** Ebd., S. 221 ♦ **76.** Ebd., S. 225 ♦ **77.** Hans Masalkis, Kleine Geschichte Litauens in Zusammenhang mit seinen Nachbarn, S. 10 ♦ **78.** Ebd., S. 19 ♦ **79.** Ebd., S. 27 ♦ **80.** Ebd., S. 43 ♦ **81.** Ebd., S. 47 ♦ **82.** Ebd., S. 51 ♦ **83.** Hartmut Boockmann, Deutsche Geschichte im Osten Europas, S. 177 ♦ **84.** Hans Masalskis, Kleine Geschichte Litauens in Zusammenhang mit seinen Nachbarn, S. 63 ♦ **85.** Ebd., S. 58f ♦ **86.** Ebd., S. 83 ♦ **87.** Ebd., S. 92 ♦ **88.** Andreas Kossert, Ostpreußen, S. 67 ♦ **89.** Hartmut Boockmann, Deutsche Geschichte im Osten Europas, S. 255 ♦ **90.** Jürgen Heyde, Geschichte Polens, S. 32f ♦ **91.** Hartmut Boockmann, Deutsche Geschichte im Osten Europas, S. 273 ♦ **92.** Ebd., S. 256 ♦ **93.** Klaus-Eberhard Murawski, Grundzüge der staatlichen Entwicklung in Ost- und Westpreußen. In: Zur Geschichte und Kultur der Juden in Ost- und Westpreußen, S. 25 ♦ **94.** Jürgen Heyde, Geschichte Polens, S. 42 ♦ **95.** Hartmut Boockmann, Deutsche Geschichte im Osten Europas, S. 242 ♦ **96.** Ebd., S. 231 ♦ **97.** Jürgen Manthey, Königsberg, Geschichte einer Weltbürgerrepublik, München 2006, S. 37 ♦ **98.** Ebd., S. 37 ♦ **99.** Andreas Kossert, Ostpreußen, S. 38ff ♦ **100.** Jürgen Manthey. Königsberg, Geschichte einer Weltbürgerrepublik, S. 39 ♦ **101.** Hartmut Boockmann, Deutsche Geschichte im Osten Europas, S. 238 ♦ **102.** Ebd., S. 236 ♦ **103.** Deutscher Orden 1190–1990, Tagungsberichte der Historischen Kommission für Ost- und Westpreußische Landesforschung, Band 11, hier: Hartmut Boockmann, der Deutsche Orden in der Geschichte des spätmittelalterlichen Ostmitteleuropa, S. 31 ♦ **104.** Andreas Kossert, Ostpreußen, Geschichte und Mythos. München 2005, S. 84f ♦ **105.** Hartmut Boockmann, Deutsche Geschichte im Osten Europas, Ostpreußen und Westpreußen, Berlin 1992, S. 253 ♦ **106.** Ebd., S. 296 ♦ **107.** Hans Masalskis, Kleine Geschichte Litauens in Zusammenhang mit seinen Nachbarn. Oldenburg 2005, S. 98 ♦ **108.** Hartmut Boockmann, Deutsche Geschichte im Osten Europas, S. 308 ♦ **109.** Ebd., S. 306 ♦ **110.** Zit. nach: Hedwig von Lölhöffel, Tharau liegt woanders, Ein Lied, ein Dorf und seine Menschen, Düsseldorf 1987, S. 18 ♦ **111.** Ännchen von Tharau, Königsberger Dichtung und Musik aus der Zeit des Barock, von Erhard Riemann, Schriftenreihe zur Förderung der ostdeutschen Kulturarbeit, Heft Nr. 6, hrsg. vom Ministerium für Arbeit, Soziales und Vertriebene des Landes Schleswig-Holstein, Kiel 1963, S. 6 ♦ **112.** Ännchen von Tharau, Königsberger Dichtung und Musik aus der Zeit des Barock, S. 7 ♦ **113.** Albrecht Schöne, Kürbishütte und Königsberg, Modellversuch einer sozialgeschichtlichen Entzifferung poetischer Texte, München 1975, S. 22 ♦ **114.** Ebd., S. 44 ♦ **115.** Ebd., S.23f ♦ **116.** Ebd., S. 26 ♦ **117.** Jürgen Manthey, Königsberg, Geschichte einer Weltbürgerrepublik, München 2005, S. 52 ♦ **118.** Hedwig von Lölhöffel, Tharau liegt woanders, S. 25 ♦ **119.** Günther Grass, Das Treffen in Telgte, Göttingen 1997, S. 24 ♦ **120.** Ännchen von Tharau, Königsberger Dichtung und Musik aus der Zeit des Barock, Seite 58f (Anm. 71) ♦ **121.** Hedwig von Lölhöffel, Tharau liegt woanders, S. 24 ♦ **122.** Ebd., S. 32 ♦ **123.** Ebd., S. 32 ♦ **124.** Ebd., S. 33 ♦ **125.** Horst Schulz (Hrsg.) Der Kreis Preußisch-Eylau, Geschichte und Dokumentation eines ostpreußischen Landkreises, unter Mitarbeit von Emil Johannes Guttzeit, Verden/Aller 1983, S. 169 ♦ **126.** Martin A. Borrmann, Sieben Hügel, sieben Brücken und die Linie Sieben, Königsberg: Ruth Maria Wagner und Otto Dikreiter, Ostpreußisches Panorama, Eine Reise nach Hause, München, 1968, Seite 16 ♦ **127.** Heinrich Heine, Zur Geschichte der Religion und Philosophie in Deutschland, zuerst erschienen in: Revue des deux Mondes, De L'Allemagne depuis Luther (Première Partie: März, Deuxième Partie: November, Troisième Partie: Dezember 1834). In: Der Salon Bd. II (1835), zit. nach: Projekt Gutenberg ♦ **128.** Madame de Staël, Über Deutschland. Vollständige und neu durchgesehene Fassung der deutschen Erstausgabe von 1814 in der Gemeinschaftsfassung von Friedrich Buchholz, Samuel Heinrich Catel und Julius Eduard Hitzig, Frankfurt am Main 2008, S. 536 ♦ **129.** Götz von Selle, Geschichte der Albertus-Universität zu Königsberg in Preußen, Würzburg 1956, S. 176 ♦ **130.** Ludwig Ernst Borowski, Darstellung des Lebens und Charakters Immanuel Kants, Königsberg 1804 (Ausgabe Darmstadt 1980), S. 58 ♦ **131.** Jürgen Manthey, Königsberg, S. 133 ♦ **132.** Zit. nach Karl Vorländer: Immanuel Kant. Der Mann und das Werk, Hamburg 1977, S. 194. ♦ **133.** Reinhold Bernhard Jachmann, Immanuel Kant geschildert in seinen Briefen an einen Freund, Königsberg 1804 (1980): Brief Kants an Hippel vom 9. Juli 1784, Register X : 391 ♦ **134.** Zit. nach: Manfred Kühn, Kant, München 2003, S. 288 ♦ **135.** http://www.michael-klonovsky.de/content/view/30/49/, Stand: 25.07.2011 ♦ **136.** Immanuel Kant, Kritik der praktischen Vernunft, in: Immanuel Kant, Werke in zwölf Bänden, Bd. 7, Frankfurt am Main 1977, S. 300 ♦ **137.** Ebd., S. 54 ♦ **138.** Johann Gottfried Hasse, (1804) Merkwürdige Äusserungen Kant's, von einem seiner Tischgenossen. Zu haben beim Verfasser, Königsberg 1804, gedruckt bei Gottlieb Lebrecht Hering. 50 Seiten Klein-Oktav, Die ältesten Kantbiographien, zitiert nach web.uni-marburg.de/kant/kant/bio_haus.htm ♦ **139.** Jürgen Manthey, Königsberg, S. 146f ♦ **140.** siehe hierzu: Otto Natau, Mundart und Siedlung im nordöstlichen Ostpreußen, Königsberg (Pr.)/Berlin 1937 ♦ **141.** Franz Mietzner, Der Kreis Schlossberg, Ein ostpreußisches Heimatbuch, Ostdeutsche Beiträge, Aus dem Göttinger Arbeitskreis, hier: Dr. Herbert Kirrinnis, Die Besiedlung, Würzburg 1962, S. 81 ♦ **142.** Klaus-Peter Jurkat, Gedanken und Fakten zur Bevölkerungsentwicklung in Ostpreußen, in Tolkemita-Texte 62, Dieburg 2002, Auch unter: www.prussen.org/besiedelung-bevoelkerungsentwicklung-ostpreussen.htm, Stand: 25.07.2011 ♦ **143.** Stadt und Kreis Gumbinnen, Eine ostpreußische Dokumentation, zusammengestellt und erarbeitet im Auftrage der Kreisgemeinschaft Gumbinnen von Dr. phil Rudol Grenz, Marburg/Lahn 1971, S. 232f ♦ **144.** Lothar Berwein, Ansiedlung von Schweizer Kolonisten im Rahmen der Repeuplierung Ostpreußens, Untersuchung einer 1712 ausgewanderten Gruppe aus der Landvogtei Sax-Forstreck, Sonderschriften des Vereins für Familienforschung in Ost- und Westpreußen e.V., Hamburg 2002, S. 58f ♦ **145.** Ebd., S. 62 ♦ **146.** Ebd., S. 58ff ♦ **147.** Ebd., S. 62 ♦ **148.** Wilhelm Sahm, Geschichte der Pest in Ostpreussen, Leipzig 1905, S. 80 ♦ **149.** Zit. nach: www.gossing-family.de/page1.html, abgerufen am 23. April 2011 ♦ **150.** Stadt und Kreis Gumbinnen, Eine ostpreußische Dokumentation, S. 230 ♦ **151.** Lothar Berwein, Ansiedlung von Schweizer Kolonisten im Rahmen der Repeuplierung Ostpreußens, S. 283 ♦ **152.** Zit. nach: Hubert Orlowski, Die Lesbarkeit von Stereotypen. Der deutsche Polendiskurs im Blick historischer Stereotypenforschung und historischer Semanti, Wroclaw 2004, S. 88 ♦ **153.** Stadt und Kreis Gumbinnen, S. 221 ♦ **154.** Lutz Wenau, Der Pfarrerdichter von Tollmingkehmen und seine Zeit, Lilienthal 1996, S. 81 ♦ **155.** Ebd., S. 81 ♦ **156.** www.gossing-family.de ♦ **157.** Mohrungen zur Herderzeit, nach Dr. Wilhelm Dobbek in: Mohrunger Kreiszeitung 1944, in: Der Kreis Mohrungen, Ein ostpreußisches Heimatbuch, zusammengestellt von Wolf Frhr. von Wrangel, hier: Wilhelm Dobbek, Herder und Mohrungen, Würzburg 1967, S. 31f ♦ **158.** Erich Przetak, Das Herderhaus in Mohrungen, Mohrunger Heimatkreis-Nachrichten, 31. Jahrgang 1996 ♦ **159.** Der Kreis Mohrungen, S. 31f ♦ **160.** Ebd., S. 31f ♦ **161.** Ebd., S. 400 ♦ **162.** Andreas Kossert, Ostpreußen, S. 92 ♦ **163.** Hartmut Boockmann, Deutsche Geschichte im Osten Europas, S. 327 ♦ **164.** Hartmut Boockmann, Deutsche Geschichte im Osten Europas, S. 327 ♦ **165.** Ebd., S. 327 ♦ **166.** Zit. nach: Hubert Orlowski, Die Lesbarkeit von Stereotypen, S. 90f ♦ **167.** Zit. nach: Hubert Orłowski, Polnische Wirtschaft, Ausformung eines hartnäckigen Vorurteils, Der Text geht auf einen Beitrag des Autors für das Kompendium „Deutsche und Polen. Geschichte .Kultur . Politik“ (München, 2003) zurück; http://www.kulturforum-ome.de/pdf/1000355a.pdf, Stand: 23.08.2011 ♦ **168.** Zit. nach: Hubert Orłowski, Polnische Wirtschaft ♦ **169.** Zit. nach: Hubert Orlowski, Die Lesbarkeit von Stereotypen, S. 169 ♦ **170.** Hartmut Boockmann, Deutsche Geschichte im Osten Europas, S. 327 ♦ **171.** Georg Kellmann, Groß Kleeberg und Klaukendorf mit allen Ortschaften einschließlich Wiranden und Elisenhof, Mannheim 1993, S. 70 ♦ **172.** Bruno Schumacher, Geschichte Ost- und Westpreussen, Würzburg 1959, S. 217 ♦ **173.** Zit. nach: Hartmut Boockmann, Deutsche Geschichte im Osten Europas, S. 326 ♦ **174.** Hermann Sudermann, Das Bilderbuch meiner Jugend, Stuttgart und Berlin 1922, S. 39f ♦ **175.** Ebd., S. 39f ♦ **176.** Fritz Gause, Die Geschichte der Stadt Königsberg in Preussen, II. Band, Köln, Graz 1968, S. 306 ♦ **177.** Zit. nach: Meret van Taack, Königin Luise, Eine Biografie, Stuttgart 1985, S. 381f. Siehe auch Rudolf Speth, Königin Luise von Preußen als Nationalheldin, Online-Journal zeitenblicke 3 (2004), Nr. 1 (www.zeitenblicke.de) ♦ **178.** Hans Masalskis, Kleine Geschichte Litauens in Zusammenhang mit seinen Nachbarn, Oldenburg 2005, S. 104 ♦ **179.** Hartmut Boockmann, Deutsche Geschichte im Osten Europas, S. 339 ♦ **180.** Vergl. Horst Schulz, Der Natanger Kreis Preußisch Eylau, Die geschichtliche Entwicklung des prussischen Gaues Natangen zum ostpreußischen Kreis Preußisch-Eylau, Bd. 2,

Von der Herzogszeit 1525 bis nach der Schlacht von Pr. Eylau 1807, Köln 1972, S. 221ff ♦ **181.** Ebd., S. 230 ♦ **182.** Horst Schulz (Hrsg.), S. 99 ♦ **183.** Andreas Kossert, Ostpreußen, Geschichte und Mythos, München 2005, S. 114 ♦ **184.** Fritz Gause, Die Geschichte der Stadt Königsberg in Preussen, S. 306 ♦ **185.** Ein Ostpreußisches Pfarrerleben, Aus den Aufzeichnungen Christian Friedrich Müllers 1805–1818, Mit einer Einleitung von Herbert Marzian, Würzberg 1959, S. 9f ♦ **186.** Hans-Hermann Steppuhn, Heimat-Kreisbuch Bartenstein/Ostpr., Geschichte und Dokumentation des Kreises Bartenstein, Ostpreußen, München 1983, S. 175 ♦ **187.** Ein ostpreußisches Pfarrerleben, Aus den Aufzeichnungen Christian Friedrich Müllers 1805–1918, S. 12f ♦ **188.** Manfred Alexander, Kleine Geschichte Polens, Stuttgart 2003, S. 176f ♦ **189.** Hedwig von Lölhöffel, S. 80f ♦ **190.** Robert Teichert, Das Kirchspiel Regerteln (Kreis Heilsberg), Pinneberg 1965 (Selbstverlag), S. 23f ♦ **191.** Ein Ostpreußisches Pfarrerleben, S. 30f ♦ **192.** Stadt und Kreis Gumbinnen, S. 257 ♦ **193.** Anton Greifenberg, Plausen, Erinnerungen an ein ermländisches Kirchdorf, Kisdorf 1969, S. 31 ♦ **194.** Hartmut Boockmann, Deutsche Geschichte im Osten Europas, S. 339 ♦ **195.** Robert Teichert, Das Kirchspiel Regerteln, S. 33 ♦ **196.** Zit. nach: Barbara Wolbring, Neuere Geschichte studieren, Stuttgart 2006, S. 138 ♦ **197.** Hartmut Boockmann, Deutsche Geschichte im Osten Europas, S. 340 ♦ **198.** Oskar-Wilhelm Bachor, Der Kreis Gerdauen, hier: Heinrich Schwarz, Die Landgemeinden des Kreises, Aus der Geschichte des Dorfes Aussaunen, Würzburg 1968, S. 131 ♦ **199.** Hartmut Boockmann, Deutsche Geschichte im Osten Europas, S. 340 ♦ **200.** Heinrich A. Kurschat, Das Buch vom Memelland, Heimatkunde eines deutschen Grenzlandes, Oldenburg 1968, S. 341 ♦ **201.** Ebd., S. 341 ♦ **202.** Robert Teichert, Das Kirchspiel Regerteln, S. 18 ♦ **203.** Fritz Brix, Tilsit-Ragnit, Stadt und Landkreis, Ein ostpreußisches Heimatbuch, hier: Herbert Kirrinnis, Das Landschaftsbild des Landkreises, Würzburg 1971, S. 518f ♦ **204.** Johannes Mignat, Der Kreis Goldap, Ein ostpreußisches Heimatbuch, hier: Helene Wendik, Die Separation, Würzburg 1965, S. 121 ♦ **205.** Anton Greifenberg, Plausen, S. 71f ♦ **206.** Der Kreis Angerburg, Ein ostpreußisches Heimatbuch, zusammengestellt und erarbeitet von Erich Pfeiffer, hier: Erich Gottschewski, Aus Vorzeit und Geschichte, Rotenburg 1973, S. 64 ♦ **207.** F.J. Herrmann (Hrsg.), Das ermländische Bauernvolk, Münster 1862, S. 24, zit. nach: Max Mechow, Ost- und Westpreußen in Berlin, Ein Beitrag zur Bevölkerungsgeschichte, Berlin (West) 1975, S. 22 ♦ **208.** Marion Gräfin Dönhoff, Namen, die keiner mehr nennt, Ostpreußen – Menschen und Geschichte, München 2004, S. 186f ♦ **209.** Robert Stein, Die Umwandlung der Agrarverfassung Ostpreußens durch die Reformen des neunzehnten Jahrhunderts, Bände 1 bis 4, Nachdruck der Ausgaben von 1918 bis 1933, Sonderschriften des Vereins für Familienforschung in Ost- und Westpreußen e.V., Nr.92, Hamburg 1997, S. 523 ♦ **210.** Dieter Hertz-Eichenrode, Politik und Landwirtschaft in Ostpreußen 1910–1930, Untersuchung eines Strukturproblems in der Weimarer Republik, Köln und Opladen 1969, S. 89 ♦ **211.** Dieter Hertz-Eichenrode, Politik und Landwirtschaft in Ostpreußen 1910–1930, S. 89 ♦ **212.** Ebd., S. 91 ♦ **213.** Hartmut Boockmann, Deutsche Geschichte im Osten Europas, S. 340 ♦ **214.** Andreas Kossert, Ostpreußen, S. 137f ♦ **215.** Johannes Schneider, Aus Gumbinnens Vergangenheit (1812–15) Aufzeichnungen des Generalleutnants Robert von Eberstein, Gumbinnen, 1904, zit. nach: Stadt und Kreis Gumbinnen, S. 221 ♦ **216.** Der Kreis Mohrungen, Ein ostpreußisches Heimatbuch, hier: Geschichte der Stadt Saalfeld, nach Ernst Degen, Geschichte der Stadt Saalfeld, Ostpr., Saalfeld 1905–1907, S. 73 ♦ **217.** Horst Schulz (Hrsg.), Der Kreis Preußisch Eylau, S. 100 ♦ **218.** Heimatbuch des Kreises Wehlau, Alle-Pregel-Deime-Gebiet, 1. Band, hier: Hugo Hennig, Aus der Geschichte der Stadt Allenburg, Leer 1975, S. 311 ♦ **219.** Der Landkreis Samland, Ein Heimatbuch der ehemaligen Landkreise Königsberg und Fischhausen, zusammengestellt von Dr. jur. Paul Gusovius, hier: Paul Gusovius, Allgemeine Geschichte, Würzburg 1966 , S. 120 ♦ **220.** Der Kreis Heiligenbeil, Ein ostpreußisches Heimatbuch, zusammengestellt und bearbeitet von Emil Johannes Guttzeit, hier: Der heimatliche Raum und seine Bewohner, Leer 1975, S. 245 ♦ **221.** Stadt und Kreis Gumbinnen, S. 258 ♦ **222.** Der Landkreis Samland, hier: Paul Gusovinus, Allgemeine Geschichte, S. 120 ♦ **223.** Andreas Kossert, Ostpreußen, S. 124 ♦ **224.** Ebd., S. 125 ♦ **225.** Hartmut Boockmann, Deutsche Geschichte im Osten Europas, S. 347 ♦ **226.** N. Jeszulat, Chronik von Ebershagen (Abschernigken), 1954, zit. nach Johannes Mignat, S. 115 ♦ **227.** Oskar-Wilhelm Bachor, Der Kreis Gerdauen, hier: Günther Meinhardt, Das Kreisgebiet in den Befreiungskriegen, Würzburg 1968, S. 38 ♦ **228.** Ein Ostpreußisches Pfarrerleben, S. 42 ♦ **229.** Hartmut Boockmann, Deutsche Geschichte im Osten Europas, S. 348ff ♦ **230.** Manfred Alexander, Kleine Geschichte Polens, Stuttgart 2003, S. 188 ♦ **231.** Ernst Wichert, Richter und Dichter, Ein Lebensausweis, Berlin und Leipzig 1899, S. 270f ♦ **232.** Ernst Wichert, Richter und Dichter, Ebd., S. 270f ♦ **233.** Ebd. ♦ **234.** Hartmut Boockmann, Deutsche Geschichte im Osten Europas, S. 354 ♦ **235.** Ebd., S. 361f ♦ **236.** Jürgen Manthey, Königsberg, Geschichte einer Weltbürgerrepublik, München 2006, S. 430 ♦ **237.** Jürgen Manthey, Königsberg, S. 430 ♦ **238.** Hartmut Boockmann, Deutsche Geschichte im Osten Europas, S. 358ff ♦ **239.** Ebd., S. 358ff ♦ **240.** Ebd., S. 350 ♦ **241.** Ebd., S. 359 ♦ **242.** Manfred Alexander, Kleine Geschichte Polens, Stuttgart 2003, S. 198 ♦ **243.** Ebd., S. 209 ♦ **244.** Der Kreis Rastenburg, Ein ostpreußisches Dokumentarwerk, zusammengestellt und erarbeitet im Auftrage der Kreisgemeinschaft Rastenburg von Rudolf Grenz, hier: Die Entwicklung nach den Freiheitskriegen, Marburg/Lahn 1976, S. 79 ♦ **245.** Manfred Alexander, Kleine Geschichte Polens, S. 211 ♦ **246.** Zit. nach: Jürgen Manthey, Königsberg, S. 427f ♦ **247.** Wilhelm Voigt, Wie ich Hauptmann von Köpenick wurde, Ein Lebensbild, Berlin 2006, S. 1 ♦ **248.** Ebd., S. 2 ♦ **249.** Ebd., S. 1 ♦ **250.** Hartmut Boockmann, Deutsche Geschichte im Osten Europas, S. 361f ♦ **251.** Ebd. ♦ **252.** Helmut Neubach, Jüdische Politiker aus Ost- und Westpreußen, in: Zur Geschichte und Kultur der Juden in Ost- und Westpreußen, S. 462f ♦ **253.** Hartmut Boockmann, Deutsche Geschichte im Osten Europas, S. 361f ♦ **254.** Helmut Neubach, Jüdische Politiker aus Ost- und Westpreußen, in: Zur Geschichte und Kultur der Juden in Ost- und Westpreußen, S. 462f ♦ **255.** Zit. nach: Hartmut Boockmann, Deutsche Geschichte im Osten Europas, S. 364 ♦ **256.** Ebd., S. 361f ♦ **257.** Schulchronik der Burgschule unter http://www.fwkruecken.de/76_24.htm, Stand: 23.08.2011 ♦ **258.** Hartmut Boockmann, Deutsche Geschichte im Osten Europas, S. 364 ♦ **259.** Helmut Neubach, Jüdische Politiker aus Ost- und Westpreußen, in: Zur Geschichte und Kultur der Juden in Ost- und Westpreußen, S. 469 ♦ **260.** Zit. nach: http://de.wikipedia.org/wiki/Schlosskirche_%28K%C3%B6nigsberg%29, abgerufen am 28.4.2011 ♦ **261.** Max Orlop, Geschichte des Kürassier-Regiments Graf Wrangel, Berlin 1892, S. 258, ohne Quellenangabe, zitiert nach: Fritz Gause, Die Geschichte der Stadt Königsberg in Preussen, II. Bd., S. 362f ♦ **262.** Robert Teichert, Das Kirchspiel Regerteln (Kreis Heilsberg), Pinneberg 1965 (Selbstverlag), S. 33 ♦ **263.** Ebd., S. 33 ♦ **264.** Gisela Herrmann-Skrodzki, Pfarrer, Gutsherren und Gelehrte, Historische Skizzen aus der Chronik einer ostpreußischen Familie 1845–1945, München 1991, S. 131 ♦ **265.** Ebd., S. 131 ♦ **266.** Fritz Gause, Die Geschichte der Stadt Königsberg in Preussen, S. 566 ♦ **267.** Lovis Corinth, Meine frühen Jahre, Hamburg 1954, S. 69f ♦ **268.** Kreisbuch

Osterode Ostpreussen, hrsg. von der Kreisgemeinschaft Osterode Ostpr. e.V. erarbeitet und zusammengestellt von Klaus Bürger, hier: Rudolf Grenz, Aus dem neunzehnten Jahrhundert, Osterode 1977, S. 254 ♦ **269.** Kreisbuch Osterode Ostpreussen, hier: Rudolf Grenz, Aus dem neunzehnten Jahrhundert, S. 254 ♦ **270.** Theodor Fontane, Der Krieg gegen Frankreich 1870–1871, Bd. 4, Der Krieg gegen die Republik, Orleans bis zum Einzuge in Berlin, Zürich, 2. Auflage 1988, 653f ♦ **271.** Fritz Gause, Königsberg in Preußen, S. 180 ♦ **272.** Wilhelm Matull, Ostpreußens Arbeiterbewegung, Geschichte und Leistung im Überblick, Würzburg 1970, S. 21 ♦ **273.** Der Kreis Angerburg, hier: Fritz Audirsch, Aus der Volkskunde, Rotenburg 1973, S. 493 ♦ **274.** Ebd.

Die Provinz im Kaiserreich

♦ **1.** Heymann, Walther ,in: Fiedler, Leonard, M.; Heuer, Renate: Walther Heymann. Gedichte, Prosa, Essays, Briefe, Seite 159 ♦ **2.** Magnus Freiherr von Braun, Weg durch vier Zeitepochen, Vom ostpreußischen Gutsleben der Väter bis zur Weltraumforschung des Sohnes, Limburg 1965, S. 19 ♦ **3.** Hermann Sudermann, Das Bilderbuch meiner Jugend, Stuttgart und Berlin, 1922, S. 94 ♦ **4.** Hermann Sudermann, Das Bilderbuch meiner Jugend, Seite 94 ♦ **5.** Fritz Gause, Die Geschichte der Stadt Königsberg in Preussen, II. Bd., Köln, Graz 1968, S. 609 ♦ **6.** Erich Weise (Hrsg.), Handbuch der historischen Stätten, Ost- und Westpreußen, hier: Erich Weise, Grundzüge der geschichtlichen Entwicklung von Ost- und Westpreußen, Stuttgart 1966, S. LX ♦ **7.** Wilhem Matull, Erlebte Geschichte zwischen Pregel und Rhein, Erinnerungen aus drei Generationen 1845–1980, hier: Wilhelm Matull (1903–1980), Ins ‚grandiose' 20. Jahrhundert, Dortmund 1980, S. 48 ♦ **8.** Elard von Oldenburg-Januschau, Erinnerungen. Leipzig 1936, S. 63 ♦ **9.** Ebd. S. 110 ♦ **10.** Felix Dahn, Erinnerungen, Viertes Buch, 2. Abtheilung (1871–1888), Leipzig 1895, S. 62f ♦ **11.** Handbuch der Geschichte Ost- und Westpreußens. Teil III. Von der Reformzeit bis zum Vertrag von Versailles, 1807–1918, herausgegeben von Ernst Opgenoorth, hier: Stefan Hartmann, Die Provinzen Ost- und Westpreußen 1878–1918, Lüneburg, 1998, S. 58, ♦ **12.** Erich Pfeiffer, Der Kreis Angerburg, Ein ostpreußisches Heimatbuch, zusammengestellt und erarbeitet von Erich Pfeiffer, Das politische Leben im Spiegel der Reichstagswahlen, Rotenburg 1973, S. 66 ♦ **13.** Alexander Fürst zu Dohna-Schlobitten, Erinnerungen eines alten Ostpreußen, Würzburg 2007, S. 21f ♦ **14.** Eugen Kalkschmidt, Vom Memelland bis München, Erinnerungen, Hamburg 1947, S. 108 ♦ **15.** Christian Schulz, Ein Klavier für das Gebietskomitee, Russen und Deutsche in Tollmingkehmen, Ostpreußen; in: Adrian von Arburg, Wlodzimierz Borodziej, Jurij Kostjaschow, u.a.: Als die Deutschen weg waren, Was nach der Vertreibung geschah: Ostpreußen, Schlesien, Sudetenland, Reinbek bei Hamburg 2007, S. 234 ♦ **16.** Robert Teichert, Das Kirchspiel Regerteln (Kreis Heilsberg), Pinneberg 1965 (Selbstverlag), S. 69 ♦ **17.** Rudolf Nadolny, Mein Beitrag, Erinnerungen eines Botschafters des Deutschen Reiches, Einführung von Günter Wollstein, Köln 1985, S.37 ♦ **18.** Otto Braun, Von Weimar zu Hitler, Hildesheim 1979, S.24f ♦ **19.** Ein Fideikommiss ist ein adeliger Grundbesitz, der nach dem Vermächtnis eines Erblassers mit Zustimmung des Landesherrn immer nur ungeteilt, in der Regel an den ältesten erbberechtigten Sohn gegen Unterhalts- und Auszahlungen an andere Geschwister, vererbt werden darf. ♦ **20.** Roland Gehrke, Der polnische Westgedanke bis zur Wiedererrichtung des polnischen Staates nach Ende des Ersten Weltkrieges. Genese und Begründung polnischer Gebietsansprüche gegenüber Deutschland im Zeitalter des Nationalismus. Materialien und Studien zur Ostmitteleuropa-Forschung, hrsg. vom Herder-Institut e.V., Marburg 2001, S. 265 ♦ **21.** Handbuch der Geschichte Ost- und Westpreußens, S. 60 ♦ **22.** Hans Masalskis, Das Sprachgenie Georg Sauerwein, Eine Biografie, Oldenburg 2003, S. 130ff ♦ **23.** Ebd. S. 299 ♦ **24.** European History Quarterly, Vol. 31, No. 4, 519-548 (2001) ♦ **25.** Reichstags-Bureau (Hrsg.), Amtliches Reichstags-Handbuch, Zehnte Legislaturperiode 1898/1903, Berlin 1898, S. 265 ♦ **26.** Handbuch der Geschichte Ost- und Westpreußens, S. 60 ♦ **27.** Gregorz Jasinski, Zur Problematik der Assimilation der masurischen Bevölkerung im preußischen Staat (1815–1914), in: Hans Henning Hahn, Peter Kunze (Hrsg.), Nationale Minderheiten und staatliche Minderheitenpolitik in Deutschland im 19. Jahrhundert, Berlin 1999, S. 103 ♦ **28.** Ebd. ♦ **29.** Andreas Kossert, Preußen, Deutsche oder Polen? Die Masuren im Spannungsfeld des ethnischen Nationalismus 1870–1956, Wiesbaden 2001, S. 75 ♦ **30.** Grzegorz Jasinski, Zur Problematik der Assimilation der masurischen Bevölkerung im preußischen Staat (1815–1914), S. 103 ♦ **31.** Roland Gehrke, Der polnische Westgedanke bis zur Wiedererrichtung des polnischen Staates nach Ende des Ersten Weltkrieges, S. 265 ♦ **32.** Andreas Kossert, Preußen, Deutsche oder Polen?, S. 80 ♦ **33.** Der Kreis Angerburg, Ein ostpreußisches Heimatbuch, hier: Das politische Leben im Spiegel der Reichstagswahlen, S. 66 ♦ **34.** Handbuch der Geschichte Ost- und Westpreußens, hier: Friedrich-Wilhelm Hennig, Die wirtschaftliche Entwicklung auf dem Lande, S. 78 ♦ **35.** Frans Ahrens, Über Max Reimann, Streiflichter aus dem Leben eines Kommunisten, Hamburg 1968, S. 7f ♦ **36.** Wilhem Matull, Erlebte Geschichte zwischen Pregel und Rhein, S. 38 ♦ **37.** Felix Dahn, Erinnerungen, Viertes Buch, S. 69 ♦ **38.** Hermann Sudermann, Das Bilderbuch meiner Jugend, S. 187 ♦ **39.** Ebd. S.187 ♦ **40.** Götz von Selle, Geschichte der Albertus-Universität zu Königsberg in Preußen, Würzburg 1956, S. 344f ♦ **41.** Hermann Sudermann, Das Bilderbuch meiner Jugend, S. 185 ♦ **42.** Lovis Corinth, Meine frühen Jahre, Hamburg 1954, S. 88 ♦ **43.** Magnus Freiherr v. Braun, Weg durch vier Zeitepochen, S. 49f ♦ **44.** Wilhem Matull, Erlebte Geschichte zwischen Pregel und Rhein, S. 42 ♦ **45.** Ebd. S. 42 ♦ **46.** Anni Piorreck, Agnes Miegel, Ihr Leben und ihre Dichtung, München 1990, S. 34 ♦ **47.** Andreas Kossert, Ostpreußen, Geschichte und Mythos. München 2005, S. 129 ♦ **48.** Hugo Haase, Sein Leben und Wirken, Mit einer Auswahl von Briefen, Reden und Aufsätzen hrsg. von Ernst Haase, Berlin-Frohnau o. J., S. 5 ♦ **49.** Stefanie Schüler-Springorum, Die jüdische Minderheit in Königsberg/Preußen 1871–1945, Bd. 56 der Schriftenreihe der Historischen Kommission bei der Bayerischen Akademie der Wissenschaften, Göttingen 1996, S. 363f ♦ **50.** Stefanie Schüler-Springorum, Die jüdische Minderheit in Königsberg/Preußen, S. 60 ♦ **51.** Ernst Wiechert, Wälder und Menschen, Eine Jugend in Ostpreussen, München 2007, S. 206 ♦ **52.** Ebd. S. 207 ♦ **53.** Ebd., S. 154 ♦ **54.** Bernhard Heister, Die Jugendbewegung in Ostpreußen, hrsg. von der Landsmannschaft Ostpreußen, Abt. Kultur, Hamburg 1991, S. 6 ♦ **55.** Ebd. S. 8 ♦ **56.** Ernst Wiechert. Jahre und Zeiten, S. 132 ♦ **57.** Paul Fechter, Zwischen Haff und Weichsel; Jahre der Jugend, Berlin und Darmstadt, Gütersloh 1955, S. 325f ♦ **58.** Jens Boysen, Preußische Armee und polnische Minderheit, Royalistische Streitkräfte im Kontext der Nationalitätenfrage des 19. Jahrhunderts (1815-1914), Materialien und Studien zur Ostmitteleuropa-Forschung, hrsg. vom Herderinstitut e.V., Marburg 2008, S. 40f ♦ **59.** Fritz Brix, Tilsit-Ragnit, Stadt und Landkreis, Ein ostpreußisches Heimatbuch, hier: Günther Meinhardt, Das Landwehr-Bataillon Tilsit im Feldzuge von 1870/71, Würzburg 1971, S. 153 ♦ **60.** Eugen Kalkschmidt, Vom Memelland bis München, Erinnerungen, Hamburg 1947, S. 124f ♦ **61.** Jens Boysen, Preußische Armee und polnische Minderheit, Royalistische Streitkräfte im Kontext der Nationalitätenfrage des 19. Jahrhunderts (1815–1914), S. 37 ♦ **62.** Ebd. S. 36 ♦ **63.** Frans Ahrens über Max Reimann, S. 44 ♦ **64.** Robert Teichert, Das Kirchspiel Regerteln (Kreis Heilsberg), Pinneberg 1965 (Selbstverlag), S. 71 ♦ **65.** Anton Greifenberg, Plausen, Erinnerungen an ein ermländisches Kirchdorf, Kisdorf, 1969, Seite 8f ♦ **66.** Rainer Zacharias (Hrsg.), Neues Marienburger Heimatbuch, hier: Günther Meinhardt, Die Geschichte des Kreises Marienburg zwischen 1772 und 1945, Herford 1967, S. 137 ♦ **67.** Paul Glaß, Fritz Bredenberg, Der Kreis Sensburg, hier: Alfred Utsch, Walter Klein, Eduard Merkisch, Vom Verkehr, Würzburg 1960, S. 249 ♦ **68.** Willy Binding, Himmelforth, Ein ostpreußisches Dorf mit den Ortsteilen Pfeilings und Sillehnen, Bergheim 1980, S. 194f ♦ **69.** Paul Boldt, Dorfchronik von Tharau/Ostpreußen, Dortmund 1982, S. 67 ♦ **70.** Wilhelm Voigt, Wie ich Hauptmann von Köpenick wurde, Ein Lebensbild, Berlin 2006, S. 6 ♦ **71.** Andreas Geißler, Konrad Koschinski, 130 Jahre Ostbahn, Berlin-Königsberg-Baltikum, Hrsg. Deutscher Bahnkunden-Verband e.V., hier: Konrad Koschinski, Die Königliche Ostbahn, Preußens erstes großes Staatsbahnnetz, Berlin 1997, S. 15 ♦ **72.** Ebd., S. 10f ♦ **73.** Hartmut Boockmann, Deutsche Geschichte im Osten Europas, Ostpreußen und Westpreußen, Berlin 1992, S. 361f ♦ **74.** Zitiert nach: Marion Gräfin Dönhoff, Namen, die keiner mehr nennt, Ostpreußen – Menschen und Geschichte, München 2004, S. 175 ♦ **75.** Andreas Geißler, Konrad Koschinski, 130 Jahre Ostbahn, hier: Konrad Koschinski, Die Königliche Ostbahn, Preußens erstes großes Staatsbahnnetz, S. 21 ♦ **76.** Ebd. S. 39 ♦ **77.** Ebd., S. 41 ♦ **78.** Fritz Gause, Die Geschichte der Stadt Königsberg in Preussen, S. 577 ♦ **79.** Fritz Brix, Tilsit-Ragnit, hier: Heinrich v. Schlenther, Der Landkreis Pogegen, S. 229 ♦ **80.** Joachim Borchart, Der europäische Eisenbahnkönig Bethel Henry Strousberg, München 1991, S. 92f ♦ **81.** Ebd. S. 109 ♦ **82.** Andreas Geißler, Konrad Koschinski, 130 Jahre Ostbahn, Berlin-Königsberg-Baltikum,. hier: Konrad Koschinski, Die Königliche Ostbahn, S. 49 ♦ **83.** Paul Fechter, Zwischen Haff und Weichsel; S. 96f ♦ **84.** Eugen Kalkschmidt, Vom Memelland bis München, S. 107 ♦ **85.** Andreas Geißler, Konrad Koschinski, 130 Jahre Ostbahn, Berlin-Königsberg-Baltikum, hier Konrad Koschinski, Verkehr auf der Ostbahn, Der Fernverkehr, S. 55 ♦ **86.** Ebd. S. 55f ♦ **87.** Die Geschichte des Hauptzollamts Eydtkau (Eydtkuhnen) 1866–1945, Eine Studie von Heinz Gell, Lübeck o.J., S. 11f ♦ **88.** Das Ostpreußenblatt vom 23. April 1966, S. 11, zit. nach Die Geschichte des Hauptzollamts Eydtkau (Eydtkuhnen) 1866-1945, Eine Studie von Heinz Gell, Lübeck, o. J. (ca. 1982), S. 129 ♦ **89.** Ebd. S. 12 ♦ **90.** Ernst Hartmann, Geschichte der Stadt Hohenstein in Ostpreußen, Würzburg 1959, S. 92 ♦ **91.** Gerhardt Brandtner, Ernst Vogelsang, Die Post in Ostpreußen, Ihre Geschichte von den Anfängen bis ins 20. Jahrhundert, Lüneburg 2000, S. 209 ♦ **92.** Lovis Corinth, Meine frühen Jahre, S. 36 ♦ **93.** Die Geschichte der Stadt Königsberg in Preussen, S. 757 ♦ **94.** Georg Jenkner (Hrsg.), Von Amerika nach Ostpreußen, Die Lebenserinnerungen des Unternehmers Frederick Bartels (1876–1958), Berlin 2002, S. 74f ♦ **95.** Heimatbuch des Landkreises Allenstein, hrsg. von der Kreisgemeinschaft Allenstein, hier: Wilhelm Schäffer, Die Straßen des Kreises, Langenhagen 1968, S. 255 ♦ **96.** Otto A. Schneidereit, Zwischen zwei Weltkriegen, Eine Jugend in Ostpreußen, Berlin 1999, S. 174 ♦ **97.** Paul Glaß, Fritz Bredenberg, Der Kreis Sensburg, hier: Alfred Utsch, Walter Klein, Eduard Merkisch, Vom Verkehr, Würzburg 1960, S. 251 ♦ **98.** Gerhardt Brandtner, Ernst Vogelsang, Die Post in Ostpreußen, IS. 232 ♦ **99.** Marie Luise Kaschnitz, Orte, Aufzeichnungen, Frankfurt am Main 1973, S. 51 ♦ **100.** Alexander Fürst zu Dohna-Schlobitten, Erinnerungen eines alten Ostpreußen, Würzburg 2007, S. 52 ♦ **101.** Robert Teichert, Das Kirchspiel Regerteln (Kreis Heilsberg), S. 64 ♦ **102.** Heimatbuch des Kreises Wehlau, Alle-Pregel-Deime-Gebiet, 1. Band, hier: Hans Schenk, Aus der Geschichte der Stadt Tapiau, Leer 1975, S. 251 ♦ **103.** Hildegard Rauschenbach, Zuhause in Pillkallen, Dorfgeschichten erlebt in Ostpreußen, Würzburg 2003, S. 17 ♦ **104.** Martin Büttner, 50 Jahre Freiwillige Feuerwehr Pr. Holland, Kreisbuch Pr. Holland, Ein ostpreußisches Heimatbuch, hrsg. von der Kreisgemeinschaft Pr. Holland, Glückstadt 1978, S. 205f ♦ **105.** Otto Piepkorn, Die Heimatchronik der westpreußischen Stadt Christburg und des Landes am Sorgefluß. Eine neue Chronik, Detmold 1962, S. 164 ♦ **106.** Anton Greifenberg, Plausen, Erinnerungen an ein ermländisches Kirchdorf, Kisdorf 1969, S. 51 ♦ **107.** Der Kreis Rosenberg, Ein westpreußisches Heimatbuch, hrsg. vom Heimatkreis Rosenberg und dem Patenkreis Halle/West., zusammengestellt von Alfred Müsse, hier: Alfred Müsse, Die Geschichte der Bischofswerder, Detmold 1963, S. 170f ♦ **108.** Der Kreis Neidenburg, Ein ostpreußisches Heimatbuch, hrsg. von der Gemeinschaft, Kreis Neidenburg e.V., hier: Friedrich Skusa, Die Polizei im Kreis Neidenburg, Landshut 1968, S. 154 ♦ **109.** Ebd. S. 153 ♦ **110.** Der Kreis Heiligenbeil, Ein ostpreußisches Heimatbuch, zusammengestellt und bearbeitet von Emil Johannes Guttzeit, hier: Die Verwaltung des heimischen Raumes, Leer 1975, S. 348 ♦ **111.** Johannes Mignat, Der Kreis Goldap, Ein ostpreußisches Heimatbuch, hier: Richard Falk, Die Zollverwaltung, Würzburg, 1965, S. 393 ♦ **112.** Erhard Beyer, Kornberg, Kreis Goldap, Ostpreußen, Die Einwohner, ihre Wege, Wattenbek 2003, S. 175f ♦ **113.** Ernst Hartmann, Geschichte der Stadt Hohenstein in Ostpreußen, Würzburg 1959, S. 92 ♦ **114.** Gerhardt Brandtner, Ernst Vogelsang, Die Post in Ostpreußen, S. 220 ♦ **115.** Gerhardt Brandtner, Ernst Vogelsang, Die Post in Ostpreußen, S. 314 ♦ **116.** entfällt ♦ **117.** Ebd., S. 157 ♦ **118.** Hans-Hermann Steppuhn, Heimat-Kreisbuch Bartenstein/Ostpr., Geschichte und Dokumentation des Kreises Bartenstein, Ostpreußen, München 1983, S. 39 ♦ **119.** Gerhardt Brandtner, Ernst Vogelsang, Die Post in Ostpreußen, S. 172f ♦ **120.** Anton Greifenberg, Plausen, Erinnerungen an ein ermländisches Kirchdorf, S. 8f ♦ **121.** Gerhardt Brandtner, Ernst Vogelsang, Die Post in Ostpreußen, S. 168f ♦ **122.** Geschichte der Zukunft des Verkehrs: Verkehrskonzepte von der frühen Neuzeit bis zum 21. Jahrhundert. Beitrage zur historischen Verkehrsforschung, Frankfurt 1997, S. 51 ♦ **123.** Willy Hanemann, Willy: Woditten 1928 bis 1945, Der Schulmeister erinnert sich, Rodgau 1986, S. 17 ♦ **124.** Ebd., S. 42 ♦ **125.** Hans Masalskis, Kleine Geschichte Litauens im Zusammenhang mit seinen Nachbarn, S. 102 ♦ **126.** Vgl. Allgemeines Landrecht für die Preußischen Staaten, Zweiter Theil, Zwölfter Titel, § 45, zit. nach: Volkmar Wittmütz, Die preußische Elementarschule im 19. Jahrhundert. In: Themenportal Europäische Geschichte (2007), URL: http://www.europa.clio-online.de/2007/Article=263] Stand: 26.07.2011 ♦ **127.** Ebd. ♦ **128.** Wilhem Matull, Erlebte Geschichte zwischen Pregel und Rhein, Erinnerungen aus drei Generationen 1845–1980, hier: Wilhelm Matull (1873-1943), Vom Dorf in die Großstadt, Dortmund 1980, S. 28 ♦ **129.** Andreas Kossert, Ostpreußen, Geschichte und Mythos. München, 2005, S. 140 ♦ **130.** Zit. nach: Franzjörg Baumgart, Erziehungs- und Bildungstheorien, Erläuterungen, Texte, Arbeitsaufgaben, Bad Heilbrunn 2007, S. 113 ♦ **131.** Siehe Meyers Großes Konversations-Lexikon, 6. Auflage, 1905–1909 ♦ **132.** Willy Binding, Himmelforth, S. 123 ♦ **133.** Ebd. ♦ **134.** Max Landowski, Landarbeiter, Ein Leben zwischen Westpreußen und Schleswig-Holstein, hrsg. von Hans Joachim Schröder unter Mitarbeit von Maria Akingunsade, Berlin 2000, S. 10 ♦ **135.** Alfred Schiedat, Bumbeln, Kreis Gumbinnen, Die Geschichte eines ostpreußischen Dorfes und seiner Bewohner, Hamburg, 1978, S. 25 ♦ **136.** Klaus Krech, Unser Leben in Krieg und Frieden, Ein Ostpreuße findet im Westen seinen Weg, Norderstedt 2009, S. 88 ♦ **137.** Eugen Kalkschmidt, Vom Memelland bis München, S. 49 ♦ **138.** Gudrun Nositschka, Die Hoffnung zog mit, Von Ostpreußen ins Ruhrgebiet, Eine Familiengeschichte, Essen 1990, S. 12 ♦ **139.** Hagen Schulze, Otto Braun oder Preußens demokratische Sendung, Eine Biographie, Berlin, Wien 1977, S. 82f ♦ **140.** Paul Glaß, Fritz Bredenberg, Der Kreis Sensburg, hier: Paul Glaß, Der Kreis Sensburg in herzoglicher und königlicher Zeit, Würzburg 1960, S. 102 ♦ **141.** Oskar-Wilhelm Bachor, Der Kreis Gerdauen, hier: Die Landwirtschaft des Kreises, Würzburg 1968, S. 274 ♦ **142.** Handbuch der Geschichte Ost- und Westpreußens, S. 79 ♦ **143.** Ebd. S. 81 ♦ **144.** Oskar-Wilhelm Bachor, Der Kreis Gerdauen, hier: Die Landwirtschaft des Kreises, Würzburg 1968, S. 274 ♦ **145.** Dieter Hertz-Eichenrode, Politik und Landwirtschaft in Ostpreußen 1910-1930, Untersuchung eines Strukturproblems in der Weimarer Republik, Köln und Opladen 1969, S. 155 ♦ **146.** Ebd. S. 145 ♦ **147.** Der Kreis Lyck, Ein ostpreußisches Heimatbuch, hrsg. von Reinhold Weber, hier: Otto Gruber, Die Wirtschaft, Leer 1981, S. 328 ♦ **148.** Dieter Hertz-Eichenrode, Politik und Landwirtschaft in Ostpreußen 1910-1930, S. 155 ♦ **149.** Ebd. S. 148 ♦ **150.** Franz Mietzner, Der Kreis Schlossberg, Ein ostpreußisches Heimatbuch, Ostdeutsche Beiträge, Aus dem Göttinger Arbeitskreis, hier: Otto Kowalzik, Die Rindviehzucht, Würzburg 1962, S. 182 ♦ **151.** Franz Mietzner, Der Kreis Schlossberg, S. 181 ♦ **152.** Der Kreis Lyck, hier: Otto Gruber, Die Wirtschaft, S. 316 ♦ **153.** Oda Goerdeler, Leben auf dem Grenzgut T. Erinnerung an das Grenzgebiet zwischen Ostpreußen und Polen, Aufgeschrieben für Kinder und Enkel, eingedenk aller, die diesem Boden ihre Kräfte gaben, Lüneburg 1983, S. 46 ♦ **154.** Emil Johannes Guttzeit, Der Kreis Johannisburg, Ein ostpreußisches Heimatbuch., hier: Martin Zeuschner, Zwei Beispiele für landwirtschaftliche Betriebe, Würzburg 1964, S. 140 ♦ **155.** Gerhard Jankus, Prökuls, Kirchspiel und Marktort im Memelland, Iserlohn 1989, S. 43 ♦ **156.** Kreisbuch Osterode Ostpreussen, Hrsg. von der Kreisgemeinschaft Osterode Ostpr. e.V., erarbeitet und zusammengestellt von Klaus Bürger, hier: Richard von Negenborn-Klonau, Die Landwirtschaft im Kreis Osterode, Osterode 1977, S. 739f ♦ **157.** Willy Binding, Himmelforth, S. 210f ♦ **158.** Max Landowski, Landarbeiter, S. 14 ♦ **159.** Magnus Freiherr v. Braun, Weg durch vier Zeitepochen, Vom ostpreußischen Gutsleben der Väter bis zur Weltraumforschung des Sohnes. Limburg 1965, S. 19f ♦ **160.** Eugen Kalkschmidt, Vom Memelland bis München, S. 28f ♦ **161.** Georg Jenkner (Hrsg), Von Amerika nach Ostpreußen, Die Lebenserinnerung des Unternehmers Frederick Bartels (1876–1958), Berlin 2002, S. 29 ♦ **162.** Ebd. S. 29 ♦ **163.** Marion Gräfin Dönhoff, Kindheit in Ostpreußen, Hamburg 2006/2007, S. 153f ♦ **164.** Hans Graf von Lehndorff; Menschen, Pferde, weites Land, Kindheits- und Jugenderinnerungen, München 2004, S. 148f ♦ **165.** Zit. nach Hagen Schulze, Otto Braun oder Preußens demokratische Sendung, S. 82f ♦ **166.** Hans Graf von Lehndorff; Menschen, Pferde, weites Land, S. 149 ♦ **167.** Oda Goerdeler, Leben auf dem Grenzgut T., S. 51f ♦ **168.** Ebd. S. 67 ♦ **169.** Ebd., S. 50 ♦ **170.** Der Kreis Rastenburg, Ein ostpreußisches Dokumentarwerk, zusammengestellt und erarbeitet im Auftrage der Kreisgemeinschaft Rastenburg von Rudolf Grenz, Marburg/Lahn 1976, S. 122 ♦ **171.** Oda Goerdeler, Leben auf dem Grenzgut T., S. 60 ♦ **172.** Hedwig von Lölhöffel, Tharau liegt woanders, Ein Lied, ein Dorf und seine Menschen, Düsseldorf 1987, S. 157 ♦ **173.** Gudrun Nositschka, Die Hoffnung zog mit, S. 8f ♦ **174.** Ebd. S. 8f ♦ **175.** Ebd., S. 10 ♦ **176.** Oda Goerdeler, Leben auf dem Grenzgut T., S. 57 ♦ **177.** Hedwig von Lölhöffel, Tharau liegt woanders, S. 153 ♦ **178.** Oskar-Wilhelm Bachor, Der Kreis Gerdauen, hier: Paul Schikowski, Geschichte des kölmischen Dorfes Krölligkeim, S. 148 ♦ **179.** Handbuch der Geschichte Ost- und Westpreußens. Teil III., hier: Die wirtschaftliche Entwicklung auf dem Lande von Friedrich-Wilhelm Hennig, S. 79f ♦ **180.** Rudolf Martin, Jahrbuch des Vermögens und Einkommens der Millionäre in den Provinzen Ost- und Westpreußen, Das Jahrbuch der Millionäre Deutschlands: Band 16, Berlin 1913, zit. nach: http://home.foni.net/~adelsforschung/million.htm, Institut Deutsche Adelsforschung - Ihre Internetplattform zum deutschen Adel, Stand: 27.07.2011 ♦ **181.** Sigrid Reisch von Wagner, Baltisch-ostpreußische Erinnerungen, Baden-Baden o. J., S. 94 ♦ **182.** Der Kreis Heiligenbeil, S. 408f ♦ **183.** Oskar-Wilhelm Bachor, Der Kreis Gerdauen, hier: Die Landwirtschaft des Kreises, S. 276 ♦ **184.** Graf Friedrich von Lehndorff, Ein Leben mit Pferden, Hannover 1956, S. 244 ♦ **185.** Ebd. S. 244 ♦ **186.** Ebd., S. 245 ♦ **187.** Ebd., S. 178 ♦ **188.** Ebd., S. 221 ♦ **189.** Ebd., S., 235 ♦ **190.** Ebd., S. 244 ♦ **191.** Ludwig Passarge, Ein ostpreußisches Jugendleben. Erinnerungen und Kulturbilder, Leipzig 1903, S. 27 ♦ **192.** Fritz Gause, Königsberg in Preußen, Die Geschichte einer europäischen Stadt, München 1968, S. 196 ♦ **193.** Heimann Jolowicz, Geschichte der Juden in Königsberg i. Pr., Posen 1867 ♦ **194.** Zit. nach: Renate Heuer, Rekonstruktion einer Biographie, in: Leonard M. Fiedler, Renate Heuer, Walther Heymann, Gedichte, Prosa, Essays, Briefe, Frankfurt am Main, 1998, S. 10 ♦ **195.** Der Kreis Heiligenbeil, Ein ostpreußisches Heimatbuch, S. 350 ♦ **196.** Jahrbuch des Vermögens und Einkommens der Millionäre in den Provinzen Ost- und Westpreußen von Rudolf Martin, früher Regierungsrat im Reichsamt des Innern, 1912, Berlin, S. 30 ♦ **197.** Ebd., S. 3 ♦ **198.** Hartmut Boockmann, Deutsche Geschichte im Osten Europas, S. 371 ♦ **199.** Eberhard Westphals, Ein ostdeutscher Industriepionier, Ferdinand Schichau in seinem Leben und Schaffen, Essen 1957, S. 33ff ♦ **200.** Eberhard Westphals, Ein ostdeutscher Industriepionier, S. 47 ♦ **201.** Max Reimann, Streiflichter aus dem Leben eines Kommunisten, S. 23 ♦ **202.** Ebd. S. 23 ♦ **203.** Friedrich Richter, Beiträge zur Industrie- und Handwerksgeschichte Ostpreußens 1919-1939, Stuttgart 1986, S. 303 ♦ **204.** Siehe Hans-Jürgen Schuch, Loeser und Wolff, Aus der Geschichte einer Weltfirma, In: Udo Arnold; Mario Glauert, Jürgen Sarnowsky (Hrsg.), Preußische Landesgeschichte, Festschrift für Bernhart Jähnig zum 60. Geburtstag (Einzelschriften der Historischen Kommission für ost- und westpreußische Landesforschung 22), Marburg 2001, S. 405–423 ♦ **205.** Alfred Döblin, Berlin Alexanderplatz, München 1972, 11. Auflage, S. 144f ♦ **206.** Darstellung nach einem Bericht von Erich Lemmel, Mai 1951 (erster Entwurf), ergänzt um 1955, in: Genealogie und Familiengeschichte Lemmel/Lämmel, zit. nach http://geneal.lemmel.at/Uniongiesserei.html, Stand: 27.07.2000 ♦ **207.** Unternehmensgeschichte nach: Peter Falow, Karl Scharfenberg – ein vergessener Eisenbahnpionier aus Mecklenburg, 100 Jahre Scharfenbergkupplung, Schwerin 2004 ♦ **208.** Fritz Brix, Tilsit-Ragnit, hier: Herbert Kirrinnis, Wirtschaft, S. 507 ♦ **209.** Paul Glaß, Fritz Bredenberg, Der Kreis Sensburg, hier: Holz-Industrie, nach einem Bericht von Georg Anders, Würzburg 1960, S. 244 ♦ **210.** Ebd. S. 245 ♦ **211.** Manfred Hübner, Das Herz Preußens, Das Bartnerland im Rahmen der preußisch-deutschen Geschichte von den Anfängen bis zur Gegenwart, Oberschleißheim 1994, S. 164 ♦ **212.** Dieter Hertz-Eichenrode, Politik und Landwirtschaft in Ostpreußen 1910–1930, S. 118 ♦ **213.** Fritz Gause, Königsberg in Preußen, S. 195f ♦ **214.** Fritz Gause, Königsberg in Preußen, S. 185 ♦ **215.** Gerhard Willoweit, Die Wirtschaftsgeschichte des Memelgebiets, I. Bd., Wissenschaftliche Beiträge zur Geschichte und Landeskunde Ost-

Mitteleuropas. Im Auftrage des Johann Gottfried Herder-Instituts hrsg. von Ernst Bahr, Nr. 85/I., Marburg (Lahn) 1969, S. 320ff ♦ **216.** Ulla Lachauer, Land der vielen Himmel, Memelländischer Bilderbogen, Die Photosammlung Walter Engelhardt, Berlin 1992, S. 19 ♦ **217.** Der Kreis Lötzen, Ein ostpreußisches Heimatbuch, in Zusammenarbeit mit vielen Sachkennern erarbeitet und gestaltet von Dr. Max Meyhöfer, Ostdeutsche Beiträge, Aus dem Göttinger Arbeitskreis, Band XX, hier: Die Ladengeschäfte und Gaststätten, Würzburg 1961, S. 233 ♦ **218.** Kreisgemeinschaft Elchniederung in der Landsmannschaft Ostpreußen e.V. (Hrsg.), Der Kreis Elchniederung. Ein ostpreußisches Heimatbuch, Bd I., zusammengestellt von Paul Lenke, hier: Karl Schillak, Kreuzingen (Gr. Skaisgirren), größter Marktflecken der Elchniederung, Leer 1967, S. 235f ♦ **219.** Gisela Herrmann-Skrodzki, Pfarrer, Gutsherren und Gelehrte, Historische Skizzen aus der Chronik einer ostpreußischen Familie 1845–1945, München 1991, S. 132 ♦ **220.** Gerhard Szczesny, Als die Vergangenheit Gegenwart war, Lebenslauf eines Ostpreußen, Berlin, Frankfurt am Main, S. 42f ♦ **221.** Ebd. S. 42f ♦ **222.** Johannes Mignat, Der Kreis Goldap, hier: Helene Wendik, Die Reformierten im Kreise Goldap, Würzburg 1965, Seite 198 ♦ **223.** Ebd. S. 199 ♦ **224.** Lovis Corinth, Meine frühen Jahre, Hamburg 1954, S. 30 ♦ **225.** Lovis Corinth, Meine frühen Jahre, S. 30 ♦ **226.** Ebd., S. 24 ♦ **227.** Ebd., S. 30 ♦ **228.** Franz Tetzner, Die Slawen in Deutschland, Braunschweig 1902, S. 73 ♦ **229.** Ebd. S. 73 ♦ **230.** Ebd., 73f ♦ **231.** Geschichtliche Heimatkunde des Kreises Heydekrug, 1904; hier: Die kirchlichen und sittlichen Zustände im 17. und 18. Jahrhundert im Kreise Heydekrug, S. 75f, zit. nach: Gerhard Bauer, Quellen zur Alltagsgeschichte in Preußisch- Litauen, (18.–20. Jahrhundert), in: Annaberger Analen, Jahrbuch Nr. 15, 2007, http://www.annaberger-annalen.de/jahrbuch/2007/15_02_bauer.pdf, Stand: 23.08.2011 ♦ **232.** Andreas Kossert, Ostpreußen, S. 173 ♦ **233.** Franz Tetzner, Die Slawen in Deutschland, S. 68 ♦ **234.** Grzegorz Jasinski, Anfänge der Gemeinschaftsbewegung in Masuren: Die Gruppe der „Heiligen" (Kreis Ortelsburg) um die Wende vom 18. zum 19.Jahrhundert, in: Beiträge zur ostdeutschen Kirchengeschichte, Hrsg. im Auftrag des Vereins für ostdeutsche Kirchengeschichte und in Verbindung mit dem Ostkirchen-Institut Münster von Peter Maser, Dietrich Meyer und Christian-Erdmann Schott; Folge 6, Der Pietismus und seine Nachwirkungen im östlichen Europa, S. 11 ♦ **235.** Ebd. S. 12 ♦ **236.** Ebd., S. 13 ♦ **237.** Ebd., S. 17 ♦ **238.** Andreas Kossert, Ostpreußen, S. 175 ♦ **239.** Andreas Kossert, Masuren, Ostpreußens vergessener Süden, München 2001, S. 194f ♦ **240.** Andreas Kossert, Masuren, S. 194f ♦ **241.** Hans Preuschoff, Journalist im Dritten Reich, Zeitschrift für die Geschichte und Altertumskunde Ermlands, Beiheft 6, Münster 1987, S. 1 ♦ **242.** Robert Traba, Zwischen katholischer Kirche und Staat. Die nationale und soziale Reaktion der Ermländer auf die gesellschaftliche Modernisierung im 19. Jahrhundert, in: Hans Henning Hahn, Peter Kunze (Hrsg.): Nationale Minderheiten und staatliche Minderheitenpolitik in Deutschland im 19. Jahrhundert, Berlin 1999, S. 110 ♦ **243.** Ebd. S. 88 ♦ **244.** Ebd. ♦ **245.** Nach: http://www.heiligerjosef.de/index.php?/topic/1869-dietrichswalde-gietrzwald-polen/, Stand: 23.08.2011 ♦ **246.** Wilhem Matull, Erlebte Geschichte zwischen Pregel und Rhein, Erinnerungen aus drei Generationen 1845–1980, hier: Wilhelm Matull (1903-1980) Ins ‚grandiose' 20. Jahrhundert, Dortmund 1980, S. 46f ♦ **247.** Der Kreis Lyck, hier: Geschichte, Leer 1981, S. 176 ♦ **248.** Ebd. S. 176 ♦ **249.** Siehe Walter Broszeit, Das Kirchspiel Sandkirchen Kreis Tilsit-Ragnit, hrsg. von der Kreisgemeinschaft Tilsit-Ragnit e.V., Ausgabe 1971, siehe auch: www.tilsit-ragnit.de/ragnit/ra_birkenhain1.html, Stand: 27.07.2011 ♦ **250.** Aloys Sommerfeld, Juden im Ermland, in: Zur Geschichte und Kultur der Juden in Ost- und Westpreußen, hrsg. von Michael Brocke, Margret Heitmann und Harald Lordick, Studien des Salomon Ludwig Steinheim-Instituts, Hildesheim, Zürich, New York 2000, S. 48f ♦ **251.** Ebd. S. 48f ♦ **252.** Der nach Großbritannien geflohene Autor wählt für sein Buch das Pseudonym Curt Rosenberg. ♦ **253.** Curt Rosenberg, Bilder aus einem Leben, Erinnerungen eines ostpreußischen Juden, Würzburg 1962, S. 61f ♦ **254.** Ebd. S. 61f ♦ **255.** Ebd. ♦ **256.** Ebd. ♦ **257.** Otto Piepkorn, Die Heimatchronik der westpreußischen Stadt Christburg und des Landes am Sorgefluß, Eine neue Chronik, Detmold 1962, S. 157 ♦ **258.** Andreas Kossert, Ostpreußen, S. 155 ♦ **259.** Stefanie Schüler-Springorum, Die jüdische Minderheit in Königsberg/Preußen 1871–1945, Bd. 56 der Schriftenreihe der Historischen Kommission bei der Bayerischen Akademie der Wissenschaften, Göttingen 1996, S. 31 ♦ **260.** Bernhard Naunyn, Erinnerungen, Gedanken und Meinungen. München 1925, zit. nach: Fritz Gause, Die Geschichte der Stadt Königsberg in Preussen, II. Bd., Köln, Graz 1968, S. 631 ♦ **261.** Max Fürst, Gefilte Fisch und wie es weiterging, München 2004, S. 80 ♦ **262.** Fritz Gause, Die Geschichte der Stadt Königsberg in Preussen, II. Bd., Köln, Graz 1968, S. 667 ♦ **263.** Ebd. S. 668 ♦ **264.** Ebd., S. 669 ♦ **265.** Stefanie Schüler-Springorum, Die jüdische Minderheit in Königsberg/Preußen 1871–1945, S. 52 ♦ **266.** Götz von Selle, Geschichte der Albertus-Universität zu Königsberg in Preußen, S. 198 („Die neue Ausgabe hält sich im wesentlichen an den Text der früheren. Einige damals zeitbedingte Stellen sind verändert oder gestrichen worden.") ♦ **267.** Ernst Wiechert, Jahre und Zeiten, Erinnerungen, München, Wien, Basel 1955, S. 25 ♦ **268.** Wilhem Matull, Erlebte Geschichte zwischen Pregel und Rhein, S. 54 ♦ **269.** Paul Fechter, Zwischen Haff und Weichsel; Jahre der Jugend, Berlin und Darmstadt, Gütersloh 1955, S. 219f ♦ **270.** Max Reimann, Streiflichter aus dem Leben eines Kommunisten, S. 10 ♦ **271.** Wilhelm Matull, Ostpreußens Arbeiterbewegung, Geschichte und Leistung im Überblick, Würzburg 1970, S. 38 ♦ **272.** Ebd. S. 32 ♦ **273.** Elisabeth Young-Bruehl, Hannah Arendt, Leben, Werk und Zeit, Frankfurt am Main 2004, S. 66 ♦ **274.** Wilhelm Matull, Ostpreußens Arbeiterbewegung, S. 36 ♦ **275.** Hugo Haase, Sein Leben und Wirken, Mit einer Auswahl von Briefen, Reden und Aufsätzen herausgegeben von Ernst Haase, Berlin-Frohnau o. J., S. 10 ♦ **276.** Fritz Gause, Die Geschichte der Stadt Königsberg in Preussen, II. Bd., Köln, Graz 1968, S. 614 ♦ **277.** Max Reimann, Streiflichter aus dem Leben eines Kommunisten, S. 13 ♦ **278.** Fritz Gause, Die Geschichte der Stadt Königsberg in Preussen, II. Bd., S. 615 ♦ **279.** Hugo Haase, Sein Leben und Wirken, S. 1 ♦ **280.** Ebd. ♦ **281.** Ebd., S. 3 ♦ **282.** Gustav Noske, Erlebtes aus Aufstieg und Niedergang einer Demokratie, Offenbach am Main 1947, S. 19f ♦ **283.** Dieter Engelmann, Horst Naumann, Hugo Haase, Lebensweg und politisches Vermächtnis eines streitbaren Sozialisten, Berlin 1999, S. 91 ♦ **284.** Hugo Haase, Sein Leben und Wirken, S. 10 ♦ **285.** Ebd. S. 15 ♦ **286.** Ebd., S. 16 ♦ **287.** Ebd., S. 20 ♦ **288.** Ebd., S. 19 ♦ **289.** Helmut Neubach, Jüdische Politiker aus Ost- und Westpreußen, in: Netiva – Wege deutsch-jüdischer Geschichte und Kultur, Zur Geschichte und Kultur der Juden in Ost- und Westpreußen, S. 479 ♦ **290.** Gustav Noske, Erlebtes aus Aufstieg und Niedergang einer Demokratie, S. 148f ♦ 291. Ebd. S. 15 ♦ **292.** Ebd., S. 19f ♦ **293.** Ebd., S. 20 ♦ **294.** Nachlass Chrispien, Archiv der sozialen Demokratie, Bonn, zit. nach: Hagen Schulze, Otto Braun oder Preußens demokratische Sendung, Eine Biographie, Berlin, Wien 1977, S. 85 ♦ **295.** Ebd. S. 85 ♦ **296.** Karlludwig Rintelen, Ein undemokratischer Demokrat: Gustav Bauer, Gewerkschaftsführer – Freund Friedrich Eberts – Reichskanzler, Eine politische Biographie, Frankfurt am Main 1993, S. 13 ♦ **297.** Gisela Herrmann-Skrodzki, Pfarrer, Gutsherren und Gelehrte, S. 136 ♦ **298.** Agnes Miegel, Die Meinen, Erinnerungen,

Düsseldorf/Köln 1951, S. 33f ♦ **299.** Max Melchow, Ost- und Westpreußen in Berlin, Ein Beitrag zur Bevölkerungsgeschichte, Berlin (West) ca. 1975, S. 28 ♦ **300.** Ebd. S. 37 ♦ **301.** Dieter Hertz-Eichenrode, Politik und Landwirtschaft in Ostpreußen, S. 104 ♦ **302.** Max Melchow, Ost- und Westpreußen in Berlin, S. 25 ♦ **303.** A. Horn, Culturbilder aus Ostpreußen, Leipzig 1886, S. 195, zit. nach: Max Melchow, Ost- und Westpreußen in Berlin, S. 41 ♦ **304.** F. Schaaf, Der Kampf der deutschen Arbeiterbewegung um die Landarbeiter und werktätigen Bauern 1848–1890, Berlin (Ost),1962, S. 163ff, zit. nach: Max Melchow, Ost- und Westpreußen in Berlin, S. 41f ♦ **305.** Kleine Chronik des ostpreußischen Dorfes Roggen im Kreis Neidenburg, zusammengestellt und herausgegeben von Herbert Kalwa und Willi Philipp, Hamburg 1990, S. 36 ♦ **306.** Klaus R. Grinda, Grendashoff (Kreis Oletzko) und seine Besitzer 1774–1945, Ein Beitrag zur masurischen Güter- und Familiengeschichte, Göttingen 2005, S. 48f ♦ **307.** Diettmar Dahlmann, Labert S. Kotowski, Zbigniew Karpus (Hrsg), Schimanski, Kuzorra und andere, Polnische Einwanderer im Ruhrgebiet zwischen der Reichsgründung und dem Zweiten Weltkrieg, hier: Andreas Kossert, Kuzorra, Szepan und Kalwitzki, Polnischsprachige Masuren im Ruhrgebiet, Essen 2005, S. 170 ♦ **308.** Der Kreis Lyck, Ein ostpreußisches Heimatbuch, hier: Otto Gruber, Die Wirtschaft, Leer 1981, S. 319 ♦ **309.** Klaus Tenfelde, Sozialgeschichte der Bergarbeiterschaft an der Ruhr im 19. Jahrhundert, Bonn 1981, S. 240 ♦ **310.** Susanne Peters-Schildgen, Schmelztiegel Ruhrgebiet, Die Geschichte der Zuwanderung am Beispiel Herne bis 1945, Stadt Herne und Kommunalverband Ruhrgebiet (Hrsg.), Essen 1997, S. 39ff ♦ **311.** Wilhelm Brepohl, Der Aufbau des Ruhrvolkes im Zuge der Ost-West-Wanderung, Beiträge zur deutschen Sozialgeschichte des 19. und 20. Jahrhunderts, Recklinghausen 1948, S. 102 ♦ **312.** Zahlen nach Eberhard Franke, Das Ruhrgebiet und Ostpreußen. Essen, 1936, zit. nach: Wilhelm Brepohl, Der Aufbau des Ruhrvolkes im Zuge der Ost-West-Wanderung, Beiträge zur deutschen Sozialgeschichte des 19. und 20. Jahrhunderts, S. 102 ♦ **313.** Gudrun Nositschka, Die Hoffnung zog mit, S. 35 ♦ **314.** Diettmar Dahlmann, Labert S. Kotowski, Zbigniew Karpus (Hrsg.), Schimanski, Kuzorra und andere, Polnische Einwanderer im Ruhrgebiet zwischen der Reichsgründung und dem Zweiten Weltkrieg, hier: Andreas Kossert, Kuzorra, Szepan und Kalwitzki, Polnischsprachige Masuren im Ruhrgebiet, S. 171f ♦ **315.** Ebd. S. 180 ♦ **316.** Susanne Peters-Schildgen, Schmelztiegel Ruhrgebiet, S. 150 ♦ **317.** Ebd. S. 151 ♦ **318.** Wilhelm Brepohl, Der Aufbau des Ruhrvolkes im Zuge der Ost-West-Wanderung, Beiträge zur deutschen Sozialgeschichte des 19. und 20. Jahrhunderts, S. 185 ♦ **319.** http://mitglied.multimania.de/mammen_gen_preussen/baginski.htm, Stand: 23.08.2011 ♦ **320.** Diettmar Dahlmann, Labert S. Kotowski, Zbigniew Karpus (Hrsg.), Schimanski, Kuzorra und andere, hier: Andreas Kossert, Kuzorra, Szepan und Kalwitzki, S. 169 ♦ **321.** Dieter Hertz-Eichenrode, Politik und Landwirtschaft in Ostpreußen, S. 103 ♦ **322.** Christian Rohrer, Nationalsozialistische Macht in Ostpreußen, München 2006, S. 43f ♦ **323.** Der Kreis Neidenburg, Ein ostpreußisches Heimatbuch, hier: Max Meyhöfer, Von Volk und Sprache, Landshut 1968, S. 33 ♦ **324.** http://mitglied.multimania.de/mammen_gen_preussen/baginski.htm, Stand: 23.08.2011 ♦ **325.** Ulla Lachauer, Paradiesstraße, Lebenserinnerungen der ostpreußischen Bäuerin Lena Grigoleit, Reinbek bei Hamburg 1996, S. 19 ♦ **326.** Gudrun Nositschka, Die Hoffnung zog mit, S. 4 ♦ **327.** Ebd. S. 5 ♦ **328.** Eugen Kalkschmidt, Vom Memelland bis München, S. 51 ♦ **329.** Kleine Chronik des ostpreußischen Dorfes Roggen im Kreis Neidenburg, S. 35 ♦ **330.** Friedrich Salomo Oldenburg, Zur Kunde Masurens, Bericht für den Central-Ausschuß für Angelegenheiten der Inneren Mission aus dem Jahre 1865, Dortmund 2001, S. 148 ♦ **331.** Ebd. S. 148f ♦ **332.** Erwin Poschmann, Der Kreis Rößel, Ein Ostpreußisches Heimatbuch, hrsg. vom Heimatbund des Kreises Rössel, hier: Josef Lischewski, Sitten und Gebräuche im Dorfe Robaben, veröffentlicht im ‚Rößeler Tageblatt, April 1939, Kaltenkirchen 1977, S. 375 ♦ **333.** Ebd. S. 376 ♦ **334.** Max Landowski, Landarbeiter, S. 15 ♦ **335.** Ebd. S. 15 ♦ **336.** Agnes Harder, Die kleine Stadt, Aus meinen Kindertagen, München 1966, S. 51 ♦ **337.** Ebd. S. 19 ♦ **338.** Eugen Kalkschmidt, Vom Memelland bis München, Erinnerungen, S. 44 ♦ **339.** Richard Pietsch, Fischerleben auf der Kurischen Nehrung, dargestellt in kurischer und deutscher Sprache, Berlin 1982, S. 303 ♦ **340.** Eugen Kalkschmidt, Vom Memelland bis München, S. 39f ♦ **341.** Horst Biernath, Eine Jugend in Ostpreußen, Abschied und Wiederkehr, München 1973, S. 46 ♦ **342.** Agnes Miegel, Die Meinen, Erinnerungen, S. 26 ♦ **343.** Otto A. Schneidereit, Zwischen zwei Weltkriegen, Eine Jugend in Ostpreußen, Berlin 1999, S. 63 ♦ **344.** Victor von Poser, Max Meyhöfer, Der Kreis Ortelsburg, Ein ostpreußisches Heimatbuch, hier: Max Meyhöfer, Die drei Städte, Würzburg 1957, S.312 ♦ **345.** Ebd., S. 313 ♦ **346.** Oda Goerdeler, Leben auf dem Grenzgut T., S. 51 ♦ **347.** Ebd. S. 78 ♦ **348.** Der Kreis Angerburg, S. 172 ♦ **349.** Paul Fechter, Zwischen Haff und Weichsel, S. 31f ♦ **350.** Rainer Zacharias(Hrsg.), Neues Marienburger Heimatbuch, hier: Alwin Mortzfeld, Wanderungen durch Zeit und Raum im Kreise Marienburg, Herford 1967, S. 36 ♦ **351.** Oda Goerdeler, Leben auf dem Grenzgut T., S. 51 ♦ **352.** Ernst Hartmann, Gross Wolfsdorf und Dönhoffstädt, Ostpreußische Herrensitze im Kreis Rastenburg, Marburg 1966, S. 74 ♦ **353.** Renate Heuer, Rekonstruktion einer Biographie, in: Leonard M. Fiedler, Renate Heuer, Walther Heymann, Gedichte, Prosa, Essays, Briefe, S. 23 ♦ **354.** Hans-Hermann Steppuhn, Heimat-Kreisbuch Bartenstein/Ostpr., S. 242 ♦ **355.** Emil Johannes Guttzeit, Natangen, Landschaft und Geschichte, Marburg/Lahn 1977, Seite 107 ♦ **356.** Gerhardt Freund, Erinnerungen an Angerburger Gaststätten, Rotenburg (Wümme), 1969, Seite x ♦ **357.** Zit. nach: Allensteiner Heimatbrief Nr. 246, 2008 ♦ **358.** Hermann Sudermann, Das Bilderbuch meiner Jugend, S. 151 ♦ **359.** Paul Fechter, Zwischen Haff und Weichsel; Jahre der Jugend, S. 248f ♦ **360.** Paul Boldt, Dorfchronik von Tharau/Ostpreußen, S. 123f ♦ **361.** Ernst Hartmann, Geschichte der Stadt Hohenstein in Ostpreußen, S. 93 ♦ **362.** Heinrich A. Kurschat, Das Buch vom Memelland, Heimatkunde eines deutschen Grenzlandes, Oldenburg 1968, S. 351f ♦ **363.** Walter von Sanden-Guja, Das gute Land, Hannover o. J., 7. Auflage, S. 115 ♦ **364.** Ulla Lachauer, Paradiesstraße, Lebenserinnerungen der ostpreußischen Bäuerin Lena Grigoleit, S. 20 ♦ **365.** Hildegard Rauschenbach, Zuhause in Pillkallen, Dorfgeschichten erlebt in Ostpreußen, Würzburg 2003, S. 17 ♦ **366.** Paul Ronge, Im Namen der Gerechtigkeit, Erinnerungen eines Strafverteidigers, München 1963, S. 18f ♦ **367.** Ebd. S. 18f ♦ **368.** Hildegard Rauschenbach, Zuhause in Pillkallen, S. 53 ♦ **369.** Willy Kramp, Der letzte Feind, Aufzeichnung, München 1969, S. 162 ♦ **370.** Horst Biernath, Eine Jugend in Ostpreußen, Abschied und Wiederkehr, S. 387f ♦ **371.** Der Kreis Lötzen, hier: Über den masurischen Volkscharakter. Nach Dr. Walther Franz, Deutsches Grenzland Ostpreußens, Schlossberg, (Ostpr.) und Leipzig 1936, Würzburg 1961, S. 238 ♦ **372.** Ebd. S. 238f ♦ **373.** Richard Pietsch, Fischerleben auf der Kurischen Nehrung, dargestellt in kurischer und deutscher Sprache, S. 319 ♦ **374.** Ebd. S. 319 ♦ **375.** Ebd., S. 321 ♦ **376.** Willy Kramp, Der letzte Feind, Aufzeichnung, S. 162 ♦ **377.** Der Kreis Angerburg, hier: Fritz Audirsch, Aus der Volkskunde, S. 492

Der Erste Weltkrieg

♦ **1.** Alexander Kluge, Schlachtbeschreibung, Frankfurt am Main 1983, S. 244 ♦ **2.** Tatjana Hetzel, Verschwunden, Für alle, die das Kirchspiel Bilderweiten im Kreis Ebenrode in Ostpreußen in Erinnerung behalten möchten, Wobbenbüll 2004 (Privatdruck), S. 30 ♦ **3.** Ebd. ♦ **4.** Barbara Tuchmann, August 1914, Frankfurt am Main 2007, S. 79f ♦ **5.** Karl Eimermacher, Astrid Volpert, Verführungen der Gewalt, Russen und Deutsche im Ersten und Zweiten Weltkrieg, hier: Peter Jahn, Zarendreck, Barbarendreck, Die russische Besetzung Ostpreußens 1914 in der deutschen Öffentlichkeit, S. 239 ♦ **6.** Barbara Tuchmann, August 1914, S. 64 ♦ **7.** Ebd. S. 74f ♦ **8.** Hartmut Boockmann, Deutsche Geschichte im Osten Europas, Ostpreußen und Westpreußen, Berlin 1992, S. 391 ♦ **9.** Der Weltkrieg 1914 bis 1918, bearbeitet vom Reichsarchiv, Zweiter Band, Die militärischen Operationen zu Lande, Die Befreiung Ostpreußens, Berlin 1929, S. 40 ♦ **10.** Hartmut Boockmann, Deutsche Geschichte im Osten Europas, Ostpreußen, S. 394 ♦ **11.** Der Weltkrieg 1914 bis 1918, Zweiter Band, S. 45 ♦ **12.** Der Weltkrieg 1914 bis 1918, Bearbeitet vom Reichsarchiv, Zweiter Band, S. 45 ♦ **13.** Ebd. ♦ **14.** Theo Schwarzmüller, Zwischen Kaiser und „Führer", Generalfeldmarschall August von Mackensen, Eine politische Biographie, Paderborn 1995, S. 90 ♦ **15.** Ebd. ♦ **16.** Ebd. ♦ **17.** Walter von Sanden-Guja, Das gute Land, Hannover o. J., S. 210 ♦ **18.** Hermann von François, Marneschlacht und Tannenberg, Betrachtungen zur deutschen Kriegsführung der ersten sechs Kriegswochen, Berlin 1920, S. 129 ♦ **19.** Ebd. S. 129 ♦ **20.** Tatjana Hetzel, Verschwunden, S. 30f ♦ **21.** Zit. nach: http://freenet-homepage.de/helmut.ramm/hopa5.htm, Stand 31.07.2011 ♦ **22.** Ernst Wiechert, Jahre und Zeiten, Erinnerungen, München, Wien, Basel 1955, S. 101 ♦ **23.** Georg Jenkner (Hrsg.), Von Amerika nach Ostpreußen, Die Lebenserinnerungen des Unternehmers Frederick Bartels (1876–1958), Berlin 2002, S. 88f ♦ **24.** Karl Strecker, Das Deutsche Ordens-Infanterie-Regiment Nr. 152 im Weltkriege, Nach den amtlichen und privaten Kriegstagebüchern, Berichten, Feldpostbriefen und Zuschriften bearbeitet, Berlin 1933, S. 42 ♦ **25.** Max Colpet, Sag mir, wo die Jahre sind, Erinnerungen eines unverbesserlichen Optimisten, Berlin 1988, S. 9 ♦ **26.** Ebd. S. 16 ♦ **27.** Ebd., S. 18 ♦ **28.** Wilhem Matull, Erlebte Geschichte zwischen Pregel und Rhein, Erinnerungen aus drei Generationen 1845 – 1980, hier: Wilhelm Matull (1903–1980) Ins ‚grandiose' 20. Jahrhundert, Dortmund 1980, S. 49 ♦ **29.** Jens Boysen, Preußische Armee und polnische Minderheit, Royalistische Streitkräfte im Kontext der Nationalitätenfrage des 19. Jahrhunderts (1815-1914), Materialien und Studien zur Ostmitteleuropa-Forschung, hrsg. vom Herderinstitut e.V., Marburg 2008, S. 226 ♦ **30.** Peter März:, Zwischen dem langen 19. Jahrhundert und dem kurzen 20. Jahrhundert: Der Erste Weltkrieg, Beilage der Bayerischen Staatszeitung, Ausgabe 03/2004, Redaktion: Bayerische Landeszentrale für politische Bildungsarbeit, München, Internetausgabe ♦ **31.** http://w.droge.pl/ciekawostka.php?w=N&msg=58, Stand 31.07.2011 ♦ **32.** Der Weltkrieg 1914 bis 1918, bearbeitet vom Reichsarchiv, Zweiter Band, S. 48 ♦ **33.** Fritz Brix, Tilsit-Ragnit, Stadt und Landkreis, Ein ostpreußisches Heimatbuch, hier: Kurt Forstreuter, Realgymnasium und Oberrealschule, Würzburg 1971, S. 432 ♦ **34.** Gemeinschaft der Braunsberber Schulen (Hrsg.), Braunsberg, Ostpreussen, Stadt und Kreis in Bildern aus vergangenen Tagen. Zusammengestellt von Ernst Federau und Ernst Matern. Soest 1986, S. 17 ♦ **35.** Stefanie Schüler-Springorum, Die jüdische Minderheit in Königsberg/Preußen, 1871–1945, Bd. 56 der Schriftenreihe der Historischen Kommission bei der Bayerischen Akademie der Wissenschaften, Göttingen 1996, S. 193 ♦ **36.** Ebd. S. 193 ♦ **37.** Rainer Zacharias (Hrsg), Neues Marienburger Heimatbuch, hier: Walther K. Nehring, Das Deutsch-Ordens-Infanterieregiment Nr. 152, Herford 1967, S. 537f ♦ **38.** Zit. nach: www.Ostpreussen.net, Heinrichswalde, Stand: 26.08.2011 ♦ **39.** Der Weltkrieg 1914 bis 1918, bearbeitet vom Reichsarchiv, Zweiter Band, S. 50 ♦ **40.** Peter März:, Zwischen dem langen 19. Jahrhundert und dem kurzen 20. Jahrhundert ♦ **41.** Barbara Tuchmann, August 1914, S. 282 ♦ **42.** Gerhardt Brandtner, Ernst Vogelsang, Die Post in Ostpreußen, Ihre Geschichte von den Anfängen bis ins 20. Jahrhundert, Lüneburg 2000, S. 319ff ♦ **43.** Rudolf Grenz (Hrsg.), Der Kreis Treuburg, Ein ostpreußisches Heimatbuch, hier: Christian Grigat, Die Kampfhandlungen im Kreisgebiet, Lübeck 1971, S. 99 ♦ **44.** Rudolf Grenz (Hrsg.); Der Kreis Treuburg, Ein ostpreußisches Heimatbuch, hier: Christian Grigat, Die Kampfhandlungen im Kreisgebiet, S. 99 ♦ **45.** Vasilij Iosifovic (Romeiko-) Gurko, Russland 1914–1917, Erinnerungen an Krieg und Revolution, Berlin 1921, S. 31 ♦ **46.** Ebd. ♦ **47.** Zit. nach: http://www.stahlgewitter.com/14_08_15.htm, Stand: 31.07.2011 ♦ **48.** Alfred Bülowius, Bruno Hippler, Das Infanterie-Regiment v. Boyen (5. Ostpreußisches) Nr. 41 im Weltkriege 1914-1817, Berlin 1929, S. 11 ♦ **49.** Barbara Tuchmann, August 1914, S. 287 ♦ **50.** Vasilij Iosifovic (Romeiko-) Gurko, Russland 1914–1914, S. 28 ♦ **51.** Wilhem Matull, Erlebte Geschichte zwischen Pregel und Rhein, S. 16f ♦ **52.** Barbara Tuchmann, August 1914, S. 290f ♦ **53.** Alfred Katschinski, Unser Kampf für die Heimat 1914, Tagebuchblätter zweier ostpreußischer Brüder aus den Kämpfen um Stallupönen, Gumbinnen, Tannenberg, Angerburg, Warschau und Lodz, Tilsit 1917, S. 15 ♦ **54.** Theo Schwarzmüller, Zwischen Kaiser und „Führer", Generalfeldmarschall August von Mackensen, S. 83 ♦ **55.** Walther Grosse, Die Schlacht bei Gumbinnen, Die Kämpfe vom 17. bis 20. August 1914, Berlin 1935, S. 17 ♦ **56.** Leo Liedkte, Das Füsilier-Regiment Graf Roon (Ostpreußisches) Nr. 33 im Weltkrieg 1914/197, Berlin 1935, S. 49 ♦ **57.** Ebd. S. 49 ♦ **58.** Ebd. ♦ **59.** Walter von Seydlitz, Stalingrad, Konflikt und Konsequenz, Erinnerungen, Oldenburg 1977, S. 29 ♦ **60.** Walther von Seydlitz, Stalingrad, Konflikt und Konsequenz, S. 29 ♦ **61.** Ebd., S. 31 ♦ **62.** Ebd., S. 32f ♦ **63.** Barbara Tuchmann, August 1914, Frankfurt am Main 1962, S. 293f ♦ **64.** Walther Grosse, Die Schlacht bei Gumbinnen, S. 55 ♦ **65.** Ebd., S. 65 ♦ **66.** Leo Liedtke, Das Füsilier-Regiment Graf Roon (Ostpreußisches) Nr. 33 im Weltkrieg 1914/1918, S. 52 ♦ **67.** Ebd. ♦ **68.** Ebd. ♦ **69.** Barbara Tuchmann, August 1914, S. 298 ♦ **70.** Der Weltkrieg 1914 bis 1918, Bearbeitet vom Reichsarchiv, Zweiter Band, S. 106 ♦ **71.** Ernst-August Brenneisen, Stationen meines Lebens, Ein ostpreußischer Bauer erzählt, Dortmund 1992, S. 2 ♦ **72.** Ebd. S. 4 ♦ **73.** Franz Mietzner, Der Kreis Schlossberg, Ein ostpreußisches Heimatbuch, Ostdeutsche Beiträge, hier: Fritz Külow, Der erste Weltkrieg, Aus dem Göttinger Arbeitskreis, Würzburg 1962, S. 97 ♦ **74.** Gerhardt Brandtner, Ernst Vogelsang, Die Post in Ostpreußen, S. 319ff ♦ **75.** Oskar-Wilhelm Bachor, Der Kreis Gerdauen, hier: Der Erste Weltkrieg und seine Folgen, Günter Meinhardt, Meine Erlebnisse aus der Russenzeit im August und September 1914, Würzburg 1968, S. 47 veröffentlichlicht in: C. Beutler, Erlebnisse ostpreussischer Lehrer in der Kriegs- und Russenzeit, Bd. 2, Königsberg 1916, S. 191–205 ♦ **76.** Oskar-Wilhelm Bachor, Der Kreis Gerdauen, hier: Günter Meinhard, Der Erste Weltkrieg und seine Folgen, S. 48 ♦ **77.** Max Fürst, Gefilte Fisch und wie es weiterging, München 2004, S. 108f ♦ **78.** Ebd. ♦ **79.** Fritz Gause, Königsberg in Preußen, Die Geschichte einer europäischen Stadt, München 1968, S. 200 ♦ **80.** Andreas Kossert, Ostpreußen,

Geschichte und Mythos. München 2005, S. 202 ♦ **81.** Horst Biernath, Eine Jugend in Ostpreußen, Abschied und Wiederkehr, München 1973, S. 181 ♦ **82.** Der Kreis Lyck, Ein ostpreußisches Heimatbuch, hrsg. von Reinhold Weber,, hier: Geschichte, Leer 1981, S. 181 ♦ **83.** Ebd. ♦ **84.** Karl Eimermacher, Astrid Volpert, Verführungen der Gewalt, Russen und Deutsche im Ersten und Zweiten Weltkrieg, hier: Peter Jahn, Zarendreck, Barbarendreck, S. 229 ♦ **85.** Wolfram Pyta, Hindenburg, Herrschaft zwischen Hohenzollern und Hitler, München 2009, S. 38 ♦ **86.** Der Weltkrieg 1914 bis 1918, bearbeitet vom Reichsarchiv, Zweiter Band, S. 107 ♦ **87.** Wolfram Pyta, Hindenburg, Herrschaft zwischen Hohenzollern und Hitler, S. 44 ♦ **88.** Zit. nach: Barbara Tuchmann, August 1914, Frankfurt am Main 2007, S. 300 ♦ **89.** Wolfram Pyta, Hindenburg, S. 42 ♦ **90.** Der Weltkrieg 1914 bis 1918, Zweiter Band, Die militärischen Operationen zu Lande, S. 114 ♦ **91.** Paul von Hindenburg, Aus meinem Leben, Leipzig 1920, S. 75 ♦ **92.** Erich Ludendorff, Meine Kriegserinnerungen, 1914–1918, Berlin 1919, S. 36 ♦ **93.** Der Weltkrieg 1914 bis 1918, Zweiter Band, S. 120 ♦ **94.** Wolfram Pyta, Hindenburg, S. 48 ♦ **95.** Paul von Hindenburg, Aus meinem Leben, S. 84 ♦ **96.** Heimatbuch des Landkreises Allenstein, Hrsg. Kreisgemeinschaft Allenstein, hier: Georg Graf von Brühl, Ein Pirschgang im Kreiswald, Langenhagen 1968, S. 280 ♦ **97.** Kurt Brix, Die 2. Eskadron Dragoner-Regiments König Albert von Sachsen (Ostpreußisches) Nr. 10. im Weltkriege, Nach den Kriegstagebüchern und Berichten von Mitkämpfern, Oldenburg/Berlin 1923, S. 9 ♦ **98.** Ebd. S. 9 ♦ **99.** Heinrich Plickert, Das 2. Ermländische Infanterie-Regiment Nr. 151 im Weltkriege, Nach den amtlichen Kriegstagebüchern und einigen Aufzeichnungen von Mitkämpfern, Oldenburg i.O./Berlin 1929, S. 26f ♦ **100.** Alexander Solschenizyn, August vierzehn (23. August – 3. September), Erster Knoten, München, Zürich, 1983, S. 138 ♦ **101.** Ebd. ♦ **102.** Karl Friedrich, Die Aufzeichnungen des Generalmajors Max Hoffmann, Berlin 1929, S. 35f ♦ **103.** Ebd. ♦ **104.** Barbara Tuchmann, August 1914, S. 303 ♦ **105.** Paul von Hindenburg, Aus meinem Leben, S. 81f ♦ **106.** Ebd. ♦ **107.** Ebd. ♦ **108.** Ebd. ♦ **109.** Ebd. ♦ **110.** Ebd. ♦ **111.** Hermann von François, Tannenberg, Das Cannae des Weltkrieges in Wort und Bild, Berlin 1926, S. 24 ♦ **112.** Ebd., S. 28 ♦ **113.** Ebd., S. 26 ♦ **114.** Ebd. ♦ **115.** Ebd., S. 34 ♦ **116.** Leo Liedtke, Das Füsilier-Regiment Graf Roon (Ostpreußisches) Nr. 33 im Weltkrieg 1914/18, Berlin, 1935, S. 61 ♦ **117.** Ebd. ♦ **118.** Ebd., S. 45 ♦ **119.** Victor von Poser, Max Meyhöfer, Der Kreis Ortelsburg, Ein ostpreußisches Heimatbuch, hier: Victor von Poser, Das Ende des Generals Samsonow, Würzburg 1957, S. 126f ♦ **120.** Hermann von François, Tannenberg, S. 45 ♦ **121.** Ebd., S. 32 ♦ **122.** Der Weltkrieg 1914 bis 1918, Zweiter Band, S. 217 ♦ **123.** Barbara Tuchmann, August 1914, S. 320 ♦ **124.** Ebd. S. 320f ♦ **125.** Alfred William Fortescue Knox, With the Russian army 1914–1917, Being chiefly extracts from the diary of a military attaché, London 1921, S. 74, übersetzt von Hermann Pölking ♦ **126.** Ebd., S. 74, übersetzt von Hermann Pölking ♦ **127.** Hermann von François, Tannenberg, S. 49f ♦ **128.** Ebd. S. 55 ♦ **129.** Victor von Poser, Max Meyhöfer, Der Kreis Ortelsburg, hier: Victor von Poser, Das Ende des Generals Samsonow, S. 126, und auch S. 127f ♦ **130.** Ebd., S. 126f ♦ **131.** Ebd. ♦ **132.** Ebd. ♦ **133.** Ebd., S. 127 ♦ **134.** Leo Liedtke, Das Füsilier-Regiment Graf Roon (Ostpreußisches) Nr. 33 im Weltkrieg 1914/18, S. 61 ♦ **135.** Ebd. S. 64f ♦ **136.** Ebd. ♦ **137.** Ebd. ♦ **138.** Der Weltkrieg 1914 bis 1918, Zweiter Band, S. 228 ♦ **139.** Hermann v. François, Marneschlacht und Tannenberg, Betrachtungen zur deutschen Kriegsführung der ersten sechs Kriegswochen, Berlin 1920, S. 237f ♦ **140.** Johannes Zachau, 2. Litthauisches Feld-Artillerie-Regiment Nr. 37, Erinnerungsblätter deutscher Regimenter, Oldenburg i.O. 1932, S. 40 ♦ **141.** Vasilij Iosifovic (Romeiko-) Gurko, Russland 1914–1917, S. 51 ♦ **142.** Ebd. ♦ **143.** Hermann von François, Tannenberg, S. 56 ♦ **144.** Peter März, Zwischen dem langen 19. Jahrhundert und dem kurzen 20. Jahrhundert, Der Erste Weltkrieg, ♦ **145.** Victor von Poser, Max Meyhöfer, Der Kreis Ortelsburg, hier: Victor von Poser, Das Ende des Generals Samsonow, S. 127 ♦ **146.** Ebd. S. 127f ♦ **147.** Ebd., S. 128 ♦ **148.** Alfred Katschinski, Unser Kampf für die Heimat 1914, Tagebuchblätter zweier ostpreußischer Brüder aus den Kämpfen um Stallupönen, Gumbinnen, Tannenberg, Angerburg, Warschau und Łódź, Tilsit 1917, S. 33f ♦ **149.** Horst Schulz, Der Natanger Kreis Preußisch Eylau, Die geschichtliche Entwicklung des prussischen Gaues Natangen zum ostpreußischen Kreis Preußisch-Eylau, Band 3, Nach dem unglücklichen Krieg 1807 bis zur Gegenwart, Köln 1972, S. 144 ♦ **150.** Karl Friedrich, Die Aufzeichnungen des Generalmajors Max Hoffmann, S. 46 ♦ **151.** Fritz Wengler, Das Landwehr-Infanterie-Regiment Nr. 48 im Weltkriege, Oldenburg i.O./Berlin 1925, S. 40 ♦ **152.** Leo Liedtke, Das Füsilier-Regiment Graf Roon (Ostpreußisches) Nr. 33 im Weltkrieg 1914/18, Berlin 1935, S. 75 ♦ **153.** Johannes Zachau, 2. Litthauisches Feld-Artillerie-Regiment Nr. 37, S. 46 ♦ **154.** Walter von Sanden-Guja, Das gute Land, S. 227 ♦ **155.** Ebd. ♦ **156.** Der Weltkrieg 1914 bis 1918, bearbeitet vom Reichsarchiv, Zweiter Band, S. 316f ♦ **157.** Peter März, Zwischen dem langen 19. Jahrhundert und dem kurzen 20. Jahrhundert, Der Erste Weltkrieg, ♦ **158.** Der Weltkrieg 1914 bis 1918, bearbeitet vom Reichsarchiv, Sechster Band, Die militärischen Operationen zu Lande, Der Herbst-Feldzug 1914, Berlin 1929, S. 324 ♦ **159.** Ebd. S. 329 ♦ **160.** Ebd., S. 325f ♦ **161.** Ebd., S. 330f ♦ **162.** Ebd. ♦ **163.** Christian Grigat, Die Kampfhandlungen im Kreisgebiet, in: Rudolf Grenz (Hrsg.); Der Kreis Treuburg. Ein ostpreußisches Heimatbuch, Lübeck 1971, S. 104 ♦ **164.** Marion Gräfin Dönhoff, Namen, die keiner mehr nennt, Ostpreußen – Menschen und Geschichte, München 2004, S. 772 ♦ **165.** Der Weltkrieg 1914 bis 1918, bearbeitet vom Reichsarchiv, Sechster Band, S. 350 ♦ **166.** Ebd. S. 338 ♦ **167.** Ebd., Seite 339 ♦ **168.** Leo Liedtke, Das Füsilier-Regiment Graf Roon (Ostpreußisches) Nr. 33 im Weltkrieg 1914/1918, S. 118 ♦ **169.** Karl Eimermacher, Astrid Volpert, Verführungen der Gewalt, hier: Sonja Richter, Der Krieg als Fremderfahrung, Das Russlandbild in den Feldpostbriefen des Soldaten Friedrich Grelle (1914/15), S. 1016 ♦ **170.** Wilhem Matull, Erlebte Geschichte zwischen Pregel und Rhein, Erinnerungen aus drei Generationen 1845–1980, hier: Wilhelm Matull (1873-1943) Vom Dorf in die Großstadt, Dortmund 1980, S. 35 ♦ **171.** Ernst-August Brenneisen, Stationen meines Lebens, S. 5f ♦ **172.** Ebd. S. 5f ♦ **173.** Andreas Kossert, Ostpreußen, S. 200 ♦ **174.** Der deutsche Heeresbericht vom 20. Februar 1914, zit. nach: http://www.stahlgewitter.com/15_02_20.htm, Stand: 23.08.2011 ♦ **175.** Gerhardt Brandtner, Ernst Vogelsang, Die Post in Ostpreußen, S. 325 ♦ **176.** Heinrich A. Kurschat, Das Buch vom Memelland, Heimatkunde eines deutschen Grenzlandes, Oldenburg 1968, S. 354 ♦ **177.** Hartmut Boockmann, Deutsche Geschichte im Osten Europas, Ostpreußen und Westpreußen, Berlin 1992, S. 392 ♦ **178.** Erich Ludendorff, Meine Kriegserinnerungen, S. 105f ♦ **179.** Ewald Freundt, Tannenberg 1914, Führer durch das Schlachtfeld und die Ehrenfriedhöfe, Hohenstein 1927, S. 36 ♦ **180.** Johannes Mignat, Der Kreis Goldap, Ein ostpreußisches Heimatbuch, hier: Max Dehnen, Gefechtshandlungen während des Ersten Weltrkrieges, Würzburg 1965, S. 131 ♦ **181.** Ernst Hofer, Am Memelstrom und Ostfluß, Düsseldorf 1967, S. 109 ♦ **182.** Der Kreis Neidenburg, Ein ostpreußisches Heimatbuch, hrsg. von der Gemeinschaft Kreis Neidenburg e.V., hier: Paul Wagner, Die Kriegsgräber im Kreis Neidenburg, Landshut 1968, S. 120 ♦ **183.** Der Kreis Angerburg, Ein ostpreußisches Heimatbuch, zusammengestellt und erarbeitet von Erich Pfeiffer, hier: Fritz Malessa, Haarschen, Rotenburg

1973, S. 153f ♦ **184.** Der deutsche Heeresbericht vom 31. August 1914, zit. nach: http://www.stahlgewitter.com/15_02_20.htm, Stand: 29.07.2011 ♦ **185.** http://www.stahlgewitter.com/14_09_01.htm, Stand: 31.07.2011 ♦ **186.** Hartmut Boockmann, Deutsche Geschichte im Osten Europas, S. 394 ♦ **187.** Karl Eimermacher, Astrid Volpert, Verführungen der Gewalt, hier: Peter Jahn, Zarendreck, Barbarendreck, Die russische Besetzung Ostpreußens 1914 in der deutschen Öffentlichkeit, S. 232 ♦ **188.** Karl Eimermacher, Astrid Volpert, Verführungen der Gewalt, hier: Peter Jahn, Zarendreck, Barbarendreck, S. 232 ♦ **189.** Etienne François, Hagen Schulze (Hrsg.), Deutsche Erinnerungsorte 1, hier: Frithjof Benjamin Schenk, Tannenberg/Grunwald, München 2009 , S. 448 ♦ **190.** Ebd. S. 447 ♦ **191.** Ignaz Wrobel (d.i. Kurt Tucholsky), Die Schweiz und Hindenburg, Die Weltbühne, 09.08.1927, Nr. 32, S. 211, zit. nach: Kurt Tucholsky, Gesammelte Werke in zehn Bänden, Band 1, Reinbek bei Hamburg 1975, S. 276 ♦ **192.** Götz von Selle, Geschichte der Albertus-Universität zu Königsberg in Preußen, Würzburg 1956, S. 346f ♦ **193.** Horst F. Zander, Mit klingendem Spiel, Insterburg 1919–1939, Eine ostpreußische Garnison zwischen den beiden Weltkriegen, Seesen/Harz 1981, S. 42 ♦ **194.** Christian Grigat, Die Kampfhandlungen im Kreisgebiet, Grenz, Rudolf (Hrsg.), in: Der Kreis Treuburg, S. 105 ♦ **195.** Johannes Mignat, Der Kreis Goldap, hier: Verwüstungen und Aufbau, S. 138 ♦ **196.** Heinrich A. Kurschat, Das Buch vom Memelland, S. 399 ♦ **197.** Der Kreis Mohrungen, Ein ostpreußisches Heimatbuch, zusammengestellt von Wolf Frhr. von Wrangel, Würzburg, 1967, hier: Die Heerzeit, nach Wilhelm Dobbek, in: Mohrunger Kreiszeitung 1944, S. 107 ♦ **198.** Kleine Chronik des ostpreußischen Dorfes Roggen im Kreis Neidenburg, zusammengestellt und herausgegeben von Herbert Kalwa und Willi Philipp, Hamburg 1990, S. 44 ♦ **199.** Hans-Hermann Steppuhn, Heimat-Kreisbuch Bartenstein/Ostpr., Geschichte und Dokumentation des Kreises Bartenstein, Ostpreußen, München 1983, S. 30 ♦ **200.** Max Fürst, Gefilte Fisch und wie es weiterging, S. 41 ♦ **201.** Andreas Kossert, Ostpreußen, S. 202ff ♦ **202.** Horst Schulz (Hrsg.) Der Kreis Preußisch-Eylau, Geschichte und Dokumentation eines ostpreußischen Landkreises, unter Mitarbeit von Emil Johannes Guttzeit, Verden/Aller 1983, S. 120f ♦ **203.** Ebd. ♦ **204.** Anton Greifenberg, Plausen, Erinnerungen an ein ermländisches Kirchdorf, Kisdorf 1969, S. 47f ♦ **205.** Ostpreußisches Landesmuseum Lüneburg, Die Ostpreußenhilfe im Ersten Weltkrieg, Husum 2006, S. 5 ♦ **206.** Ebd. S. 5f ♦ **207.** Ebd., S. 21 ♦ **208.** Ebd., S. 7ff ♦ **209.** Ebd., S. 6 ♦ **210.** Ebd., S. 16 ♦ **211.** Ebd., S. 59f ♦ **212.** Zit. nach: Ostpreußisches Landesmuseum Lüneburg, Die Ostpreußenhilfe im Ersten Weltkrieg, S. 63 ♦ **213.** Ebd. S. 51 ♦ **214.** Nils Aschenbeck, Moderne Architektur in Ostpreußen. Hamburg 1991, zit. nach: Ostpreußisches Landesmuseum Lüneburg, Die Ostpreußenhilfe im Ersten Weltkrieg, S. 62 ♦ **215.** Ostpreußisches Landesmuseum Lüneburg, Die Ostpreußenhilfe im Ersten Weltkrieg, S. 14 ♦ **216.** Horst Biernath, Eine Jugend in Ostpreußen, S. 275f ♦ **217.** Ebd. ♦ **218.** Fritz Gause, Königsberg in Preußen, Die Geschichte einer europäischen Stadt, S. 204 ♦ **219.** Horst Biernath, Eine Jugend in Ostpreußen, S. 277 ♦ **220.** Wilhem Matull, Erlebte Geschichte zwischen Pregel und Rhein, Erinnerungen aus drei Generationen 1845–1980, hier: Wilhelm Matull (1903-1980) Ins ‚grandiose' 20. Jahrhundert, Dortmund 1980, S. 52 ♦ **221.** Zit. nach: Wilhelm Matull, Ostpreußens Arbeiterbewegung, Geschichte und Leistung im Überblick, Würzburg 1970, S. 76f ♦ **222.** Rainer Zacharias,(Hrsg), Neues Marienburger Heimatbuch, hier: Ernst Bahr, Aus der Geschichte von Burg und Stadt, Herford 1967, S. 92 ♦ **223.** Max Bendzko, Heiligenbeil im Weltkrieg, Heiligenbeil 1933, S. 61f, zit. nach: Georg Jenkner, Von Amerika nach Ostpreußen, Die Lebenserinnerung des Unternehmers Frederick Bartels (1876–1958), Berlin 2002, S. 115f ♦ **224.** Wilhelm Matull, Ostpreußens Arbeiterbewegung, S. 76f ♦ **225.** Ebd. S. 77f ♦ **226.** Alexander Fürst zu Dohna-Schlobitten, Erinnerungen eines alten Ostpreußen, Würzburg 2007, S. 175f ♦ **227.** Max Reimann, Streiflichter aus dem Leben eines Kommunisten, bearbeitet von Fritz Ahrens, Hamburg 1968, S. 55 ♦ **228.** Ebd., S. 65 ♦ **229.** Alexander Fürst zu Dohna-Schlobitten, Erinnerungen eines alten Ostpreußen, S. 175f ♦ **230.** Kleine Chronik des ostpreußischen Dorfes Roggen im Kreis Neidenburg, zusammengestellt und herausgegeben von Herbert Kalwa und Willi Philipp, S. 45 ♦ **231.** Elard von Oldenburg-Januschau, Erinnerungen, Leipzig 1937, S. 208f ♦ **232.** Andreas Kossert, Ostpreussen, S. 234 ♦ **233.** Fritz Gause, Königsberg in Preußen, S. 205 ♦ **234.** Wilhelm Matull, Ostpreußens Arbeiterbewegung, S. 78 ♦ **235.** Jürgen Manthey, Königsberg, Geschichte einer Weltbürgerrepublik, München 2005, S. 556f ♦ **236.** Victor von Poser, Max Meyhöfer, Der Kreis Ortelsburg, Ein ostpreußisches Heimatbuch, hier: Victor von Poser, Die Revolution 1918, Würzburg 1957, S. 143f ♦ **237.** Ebd. ♦ **238.** Jürgen Manthey, Königsberg, S. 559 ♦ **239.** August Winnig, Heimkehr, Erinnerungen aus den Jahren 1918–23, Hamburg 1937, S. 168f ♦ **240.** Ebd. S. 169 ♦ **241.** Ebd., S. 173f ♦ **242.** Max Fürst, Gefilte Fisch und wie es weiterging, S. 192 ♦ **243.** August Winnig, Heimkehr, S. 174 ♦ **244.** Ebd., S. 178 ♦ **245.** Jürgen Manthey, Königsberg, S. 558 ♦ **246.** Ernst-August Brenneisen, Stationen meines Lebens, S. 12 ♦ **247.** Otto A. Schneidereit, Zwischen zwei Weltkriegen, Eine Jugend in Ostpreußen, Berlin 1999, S. 77

Königsberger Republik

♦ **1.** Manfred Alexander, Kleine Geschichte Polens, Stuttgart 2003, S. 268 ♦ **2.** Zit. nach: Robert Kempa, Der nordöstliche Teil Masurens im Plebiszit 1920, in: Bernhart Jähnig (Hrsg.), Die Volksabstimmung 1920, Voraussetzungen, Verlauf und Folgen, Marburg 2002, S. 150 ♦ **3.** Manfred Alexander, Kleine Geschichte Polens, S. 276 ♦ **4.** Wojciech Wrzesiński, Das Recht zur Selbstbestimmung oder die Festigung der staatlichen Souveränität, Die ostpreußischen Plebiszite 1920, (ohne Ort) 2002, S. 12f ♦ **5.** Manfred Alexander, Kleine Geschichte Polens, S. 277 ♦ **6.** Handbuch der Geschichte Ost- und Westpreußens, Teil IV, Vom Vertrag von Versailles bis zum Ende des Zweiten Weltkrieges 1918–1945, hrsg. von Ernst Opgenoorth, hier: Stefan Hartmann, Freie Stadt Danzig, S. 47 ♦ **7.** Christian Rohrer, Nationalsozialistische Macht in Ostpreußen, München 2006, S. 119 ♦ **8.** Nach: www.gonschior.de/weimar/Danzig/index.htm, Die Freie Stadt Danzig Überblick, Stand: 20.07.2011 ♦ **9.** Manfred Alexander, Kleine Geschichte Polens, S. 279 ♦ **10.** Richard Blanke, Orphans of Versailles, The German in Western Poland 1918–1939, Lexington, Kentucky 1993, S. 32 ♦ **11.** Manfred Alexander, Kleine Geschichte Polens, S. 284 ♦ **12.** Richard Blanke, Orphans of Versailles, S. 33f ♦ **13.** Ebd. S. 33f ♦ **14.** Fritz Gause, Geschichte des Amtes und der Stadt Soldau, Wissenschaftliche Beiträge zur Geschichte und Landeskunde Ost-Mitteleuropas, hrsg. vom Johann Gottfried Herder-Institut, Nr. 38, Marburg/Lahn 1958, S. 343 ♦ **15.** Evelina Kirilova, Die Masuren in der Republik Polen 1920–1939, Das Soldauer Gebiet, München 2008, S. 15 ♦ **16.** Fritz Gause, Geschichte des Amtes und der Stadt Soldau, Wissenschaftliche Beiträge zur Geschichte und Landeskunde Ost-Mitteleuropas, S. 343 ♦ **17.** Oda Goerdeler, Leben auf dem Grenzgut T., Erinnerung an das Grenzgebiet

Sommergäste aus dem Reich in Rauschen an der Samlandküste, 1930er Jahre

zwischen Ostpreußen und Polen, Aufgeschrieben für Kinder und Enkel, eingedenk aller, die diesem Boden ihre Kräfte gaben, Lüneburg 1983, S. 10 ♦ **18.** Ebd. S. 18 ♦ **19.** Ebd., S. 15 ♦ **20.** Fritz Gause, Geschichte des Amtes und der Stadt Soldau, S. 352 ♦ **21.** Ingrid Laufer, Neidenburg, Köpfe der Heimat, Meppen. o.J., Typoskript ♦ **22.** Oda Goerdeler, Leben auf dem Grenzgut T., S. 20 ♦ **23.** Fritz Gause, Geschichte des Amtes und der Stadt Soldau, S. 359 ♦ **24.** Richard Blanke, Orphans of Versailles, S. 37 ♦ **25.** Kleine Chronik des ostpreußischen Dorfes Roggen im Kreis Neidenburg, zusammengestellt und herausgegeben von Herbert Kalwa und Willi Philipp, Hamburg 1990, S. 46 ♦ **26.** Manfred Alexander, Kleine Geschichte Polens, S. 281 ♦ **27.** Richard Blanke, Orphans of Versailles, S. 37f ♦ **28.** Zit. nach: Piotr Bystzzycki, Die Bedeutung und Rolle des Soldaugebiets, in: Bernhart Jähnig (Hrsg.), Die Volksabstimmung 1920, Voraussetzungen, Verlauf und Folgen, S. 123 ♦ **29.** Evelina Kirilova, Die Masuren in der Republik Polen 1920–1939, S. 15 ♦ **30.** Wojciech Wrzesiński, Das Recht zur Selbstbestimmung oder die Festigung der staatlichen Souveränität, Die ostpreußischen Plebiszite 1920, S. 14f ♦ **31.** Lieselotte Kunigk-Helbing, Stuhm – ein westpreußischer Kreis im Spiegel des Plebiszits, Bernhart Jähnig (Hrsg.), Die Volksabstimmung 1920. Voraussetzungen, Verlauf und Folgen, Marburg 2001. S. 104 ♦ **32.** Lieselotte Kunigk-Helbing, Stuhm – ein westpreußischer Kreis im Spiegel des Plebiszits, S. 106 ♦ **33.** Andreas Kossert, Ostpreußen, Geschichte und Mythos, München 2005, S. 220 ♦ **34.** Stanisław A. Achremczyk, Historia Warmii i Mazur, Olsztyn: 1992, S. 242, zit. nach: Hans-Werner Rautenberg, Die Stimmung der Bevölkerung im masurischen Abstimmungsgebiet, S. 52, in: Bernhart Jähnig, Volksabstimmung 1920, S. 51 ♦ **35.** Hans-Werner Rautenberg, Die Stimmung der Bevölkerung im masurischen Abstimmungsgebiet, S.52, in: Bernhart Jähnig, Volksabstimmung 1920, S. 53 ♦ **36.** Rainer Zacharias (Hrsg.), Neues Marienburger Heimatbuch, hier: Ernst Bahr, Aus der Geschichte von Burg und Stadt, Herford 1967, S. 94f ♦ **37.** Wojciech Wrzesiński,: Das Recht zur Selbstbestimmung oder die Festigung der staatlichen Souveränität., S. 16f ♦ **38.** Zit. nach: Robert Kempa, Der nordöstliche Teil Masurens im Plebizit 1920, in: Bernhart Jähnig (Hrsg.), Die Volksabstimmung 1920, S. 123 ♦ **39.** Andreas Kossert, Ostpreußen, S. 220 ♦ **40.** Heimatbuch des Landkreises Allenstein, hrsg. von der Kreisgemeinschaft Allenstein, hier: Georg Graf von Brühl, Der Kreis Allenstein-Land in den Jahren 1919–1935, Langenhagen 1968, S. 89f ♦ **41.** Anton Funk, Geschichte der Stadt Allentein von 1348 bis 1943, Leer 1955, S. 303 ♦ **42.** Heimatbuch des Landkreises Allenstein, hier: Georg Graf von Brühl, Der Kreis Allenstein-Land in den Jahren 1919–1935, S. 108 ♦ **43.** Hartmut Boockmann, Deutsche Geschichte im Osten Europas, Ostpreußen und Westpreußen, Berlin, 1992, Seite 399 ♦ **44.** Wojciech Wrzesiński, Das Recht zur Selbstbestimmung oder die Festigung der staatlichen Souveränität, S. 24 ♦ **45.** Heimatbuch des Landkreises Allenstein, hier: Georg Graf von Brühl, Der Kreis Allenstein-Land in den Jahren 1919–1935, S. 89f ♦ **46.** Lieselotte Kunigk-Helbing, Stuhm – ein westpreußischer Kreis im Spiegel des Plebiszits, S. 110 ♦ **47.** Ebd. S. 99 ♦ **48.** Ebd., S. 98 ♦ **49.** Pfarrer Bruno Rathke, Sudauen, Folge 44, Seite 164ff, zitiert nach: Der Kreis Lyck, Ein ostpreußisches Heimatbuch, hrsg. von Reinhold Weber, Leer 1981, S. 209f ♦ **50.** Horst Biernath, Eine Jugend in Ostpreußen, Abschied und Wiederkehr, München 1973, S. 363f ♦ **51.** http://www.frapedo.de/garn15.htm, Stand:20.07.2011 ♦ **52.** Rainer Zacharias (Hrsg.), Neues Marienburger Heimatbuch, hier Ernst Bahr, Aus der Geschichte von Burg und Stadt, S. 94f ♦ **53.** Andreas Kossert, Ostpreußen, S. 220 ♦ **54.** Hans Schachschneider (Hrsg.), Stadt Garnsee und Umgebung mit den Gemeinden Dietmarsdorf,

Gubin, Moorgrund (Sarosle), Ottlau, Roggenhausen, Schönbrück und Seubersdorf, Ein Erinnerungsbuch, hrsg. in Zusammenarbeit mit Garnseer Bürgern und Landsleuten des Kirchspiels. Herford, 1970, für das Internet aufbereitet von Franz-Peter Dohmen, zit. nach http://www.frapedo.de/garn15.htm, Stand: 23.08.2011 ♦ **55.** Rudolf Nadolny, Mein Beitrag, Erinnerungen eines Botschafters des Deutschen Reiches, Einführung von Günter Wollstein, Köln 1985, S. 32f ♦ **56.** Anton Greifenberg, Plausen, Erinnerungen an ein ermländisches Kirchdorf, Kisdorf 1969, S. 40 ♦ **57.** Rainer Zacharias (Hrsg.), Neues Marienburger Heimatbuch, hier: Ernst Bahr, Aus der Geschichte von Burg und Stadt, S. 94f ♦ **58.** Der Kreis Rosenberg, Ein westpreußisches Heimatbuch, hrsg. vom Heimatkreis Rosenberg und dem Patenkreis Halle/West., zusammengestellt von Alfred Müsse, hier: E. Gadischke und H. Treichel, Die Geschichte der Stadt Freystadt, Detmold 1963, S.155 ♦ **59.** Angegeben bei: www.kisielice.bil-wm.pl/index.php?inf=1&idsl=1, Stand: 23.08.2011 ♦ **60.** Otto Piepkorn, Die Heimatchronik der westpreußischen Stadt Christburg und des Landes am Sorgefluß, Eine neue Chronik, Detmold 1962, S. 177 ♦ **61.** Lieselotte Kunigk-Helbing, Stuhm, S. 109 ♦ **62.** Ebd., S. 108 ♦ **63.** Andreas Kossert, Ostpreußen, S. 222f ♦ **64.** Lieselotte Kunigk-Helbing, Stuhm, S. 111 ♦ **65.** Dieter Hertz-Eichenrode, Politik und Landwirtschaft in Ostpreußen 1910-1930, Untersuchung eines Strukturproblems in der Weimarer Republik, Köln und Opladen 1969, S. 16 ♦ **66.** Gerhard Szczesny, Als die Vergangenheit Gegenwart war, Lebenslauf eines Ostpreußen, Berlin, Frankfurt am Main, S. 57 ♦ **67.** Rudolf Nadolny, Mein Beitrag, Erinnerungen eines Botschafters des Deutschen Reiches, S.129f ♦ **68.** August Winnig, 400 Tage Ostpreußen, Dresden 1927, S. 36 ♦ **69.** Rudolf Nadolny, Mein Beitrag, S. 129f ♦ **70.** Dieter Hertz-Eichenrode, Politik und Landwirtschaft in Ostpreußen 1910–1930, S. 15f ♦ **71.** Andreas Geißler, Konrad Koschinski, 130 Jahre Ostbahn, Berlin–Königsberg–Baltikum, hrsg. vom Deutschen Bahnkunden-Verband e.V., hier: Andreas Geißler, Grenzen schneiden die Ostbahn, Die Ostbahn in Polen bis 1945, Berlin 1997, S. 87 ♦ **72.** Ebd. S. 88 ♦ **73.** Ebd., S. 88f ♦ **74.** Ebd., S.59 ♦ **75.** Ebd., S. 91 ♦ **76.** Kleine Chronik des ostpreußischen Dorfes Roggen im Kreis Neidenburg, zusammengestellt und herausgegeben von Herbert Kalwa und Willi Philipp, S. 49 ♦ **77.** Otto Braun, Von Weimar zu Hitler, Hamburg 1949, S. 202 ♦ **78.** Lieselotte Kunigk-Helbing, Die Polnischen Minderheitsschulen im südlichen Ermland 1919 bis 1939, in: Zur Bildungs- und Schulgeschichte Preußens, hrsg. von Udo Arnold, Lüneburg 1988, S. 12 ♦ **79.** Ferdinande Knabe, Sprachliche Minderheiten und nationale Schule in Preußen zwischen 1871 und 1933, Eine bildungspolitische Analyse, Münster 2000, S. 64f ♦ **80.** Lieselotte Kunigk-Helbing, Die Polnischen Minderheitsschulen im südlichen Ermland 1919 bis 1939, in: Zur Bildungs- und Schulgeschichte Preußens, S. 103 ♦ **81.** Ebd. S. 107 ♦ **82.** Peter Borowsky, Schlaglichter historischer Forschung, Studien zur deutschen Geschichte im 19. und 20. Jahrhundert, Aus dem Nachlass herausgegeben von Rainer Hering und Rainer Nicolaysen, Hamburg 2005, S. 147 ♦ **83.** Ferdinande Knabe, Sprachliche Minderheiten und nationale Schule in Preußen zwischen 1871 und 1933, S. 219 ♦ **84.** Heimatbuch des Landkreises Allenstein, hier: Franz Diegner, Im Brennpunkt des Minderheitenkampfes, S. 181 ♦ **85.** Lieselotte Kunigk-Helbing, Die Polnischen Minderheitsschulen im südlichen Ermland 1919 bis 1939, in: Zur Bildungs- und Schulgeschichte Preußens, S. 112f ♦ **86.** Ebd. S. 116 ♦ **87.** Ebd., S. 119 ♦ **88.** Helmut Steege, Erinnerungen, Aus dem Spannungsbereich zweier Nationen. Erlebnissnisse im Deutsch-Polnischen Grenzgebiet 1920–140, Lüneburg, 1990, Seite 75 ♦ **89.** Ebd. S. 74f ♦ **90.** Gerhard Szczesny, Als die Vergangenheit Gegenwart war, S. 35 ♦ **91.** Tatjana Hetzel, Verschwunden, Für alle, die das Kirchspiel Bilderweiten im Kreis Ebenrode in Ostpreußen in Erinnerung behalten möchten, Wobbenbüll 2004 (Privatdruck), S. 36 ♦ **92.** Joachim Tauber, Eine Frage der Taktik: Preußisch-Litauen und die litauische Nationalbewegung 1914–1918, in: Navicula litterarum Balicarum, Philologische Baltikum-Studien für Jochen D. Range zum 65. Geburtstag, hrsg. von Stephan Kessler und Christiane Schiller, Wiesbaden 2005, S. 241f ♦ **93.** Zit. nach: Joachim Tauber, Eine Frage der Taktik, in: Navicula litterarum Balicarum, Philologische Baltikum-Studien für Jochen D. Range zum 65. Geburtstag, S. 244 ♦ **94.** Zit. nach: Ebd., S. 245f ♦ **95.** Hans Masalskis, Kleine Geschichte Litauens im Zusammenhang mit seinen Nachbarn, Oldenburg 2005, S. 120 ♦ **96.** Ebd. S. 122 ♦ **97.** Manfred Klein, Die versäumte Chance zweiter Kulturen, Zum deutsch-litauischen Gegensatz im Memelgebiet, in: Zwischen Staatsnation und Minderheit, Litauen, das Memelland und das Wilnagebiet in der Zwischenkriegszeit, Nordost-Archiv, Neue Folge Band II/1993, Heft 2, S. 320 ♦ **98.** Ebd. S. 320 ♦ **99.** Hans Masalskis, Hans: Kleine Geschichte Litauens im Zusammenhang mit seinen Nachbarn, S. 132 ♦ **100.** Nach einer Aktennotiz des Schulrats Kairies, zit. nach: Helmut Jenkis, Die Wandlungen und Wanderungen des Pfarrers Dr. Wilhelm Gaigalat, Versuch eines Psychogramms, in: Annaberger Annalen, Jahrbuch 2006 Nr.14, Bammental 2006, S. 53 ♦ **101.** Manfred Klein, Die versäumte Chance zweier Kulturen, Zum deutsch-litauischen Gegensatz im Memelgebiet, in: Zwischen Staatsnation und Minderheit, S. 333f ♦ **102.** Andreas Kossert, Ostpreußen, S. 225 ♦ **103.** Ulla Lachauer, Land der vielen Himmel, Memelländischer Bilderbogen, Die Photosammlung Walter Engelhardt, Berlin 1992, S. 16 ♦ **104.** Christian-Alexander Schröder, Das „Territoire de Memel", Entwicklung und Entstehung eines völkerrechtlichen Provisoriums, BIAB-Berichte, hrsg. von Manfred Kerner und Denis Hanovs, S. 75 ♦ **105.** Christian-Alexander Schröder, Das „Territoire de Memel", S. 80 ♦ **106.** Heinrich A. Kurschat, Das Buch vom Memelland, Heimatkunde eines deutschen Grenzlandes, Oldenburg 1968, S. 164 ♦ **107.** Karl-Heinz Ruffmann, Deutsche und Litauer in der Zwischenkriegszeit, Erinnerungen eines Memelländers, Überlegungen eines Historikers, Lüneburg 1994, S. 22 ♦ **108.** Dietmar Willoweit, 700 Jahre Deutsch-Litauische Nachbarschaft, Vortrag, gehalten auf den Memelländischen Kulturtagen in Düsseldorf 2006 vom 27. Mai bis 24. Juni, Redemanuskript ♦ **109.** Helmut Jenkis, Die Wandlungen und Wanderungen des Pfarrers Dr. Wilhelm Gaigalat, in: Annaberger Annalen, Jahrbuch 2006, S. 444 ♦ **110.** Christian-Alexander Schröder, Das „Territoire de Memel", BIAB-Berichte, S. 98 ♦ **111.** Deutsches Kulturforum östliches Europa (Hrsg.), Kulturlandschaft Ost- und Westpreußen, hier: Joachim Tauber, Deutschland, Ostpreußen und Litauen in der ersten Hälfte des 20. Jahrhunderts, Potsdam 2005, S. 146 ♦ **112.** Dietmar Willoweit, 700 Jahre Deutsch-Litauische Nachbarschaft, Redemanuskript ♦ **113.** Ebd. ♦ **114.** Heinrich A. Kurschat, Das Buch vom Memelland, S. 180 ♦ **115.** Bernaras Ivanovas, Die Einstellung der regierenden Partei Litauens „Tautininkai" gegenüber den Deutschen im Memelgebiet 1926–1939. Annaberger Annalen, Jahrbuch 2003, Nr. 11, Bammental, Großniedesheim Mössingen, S. 24ff ♦ **116.** Dietmar Willoweit, 700 Jahre Deutsch-Litauische Nachbarschaft ♦ **117.** Karl-Heinz Ruffmann, Deutsche und Litauer in der Zwischenkriegszeit, Erinnerungen eines Memelländers, Überlegungen eines Historikers, S. 17 ♦ **118.** Ebd. S. 18 ♦ **119.** Die Geschichte des Hauptzollamts Eydtkau (Eydtkuhnen) 1866–1945, Eine Studie von Heinz Gell, Lübeck o. J., S. 13 ♦ **120.** Ebd. S. 14f ♦ **121.** Ferdinand Friedensburg, Lebenserinnerungen, Bonn 1969, S. 118 ♦ **122.** Christian Rohrer, Nationalsozialistische Macht in Ostpreußen, S. 56f ♦ **123.** Ferdinand Friedensburg, Lebenserinnerungen, S. 118 ♦ **124.** James Cavallie,

Ludendorff und Kapp in Schweden, Aus dem Leben zweier Verlierer, Frankfurt am Main 1995, S. 115 ♦ **125.** Ebd., S. 114 ♦ **126.** Ebd., S. 115 ♦ **127.** August Winnig, 400 Tage Ostpreußen, Dresden 1927, S. 73 ♦ **128.** Ebd. S. 75 ♦ **129.** Ebd., S. 76 ♦ **130.** Ebd., S. 78 ♦ **131.** James Cavallie, Ludendorff und Kapp in Schweden, S. 138 ♦ **132.** Horst Schulz (Hrsg.) Der Kreis Preußisch-Eylau, Geschichte und Dokumentation eines ostpreußischen Landkreises, unter Mitarbeit von Emil Johannes Guttzeit, hier: Herbert Neumann, Meine Tätigkeit als Landrat des Kreises Pr. Eylau, Verden/Aller 1983, S. 275 ♦ **133.** Andreas Kossert, Ostpreußen, S. 235 ♦ **134.** August Winnig, 400 Tage Ostpreußen, S. 79 ♦ **135.** Klaus Schulz-Sandhof, Radau in Rudau, Geschichte eines ostpreußischen Dorfes, Teil II: Das 20. Jahrhundert, Bausteine zu einer Regionalgeschichte des Samlandes/Ostpreußen, Drethem/Elbe 2008,, S. 202 ♦ **136.** Fritz Gause, Königsberg in Preußen, Die Geschichte einer europäischen Stadt, München 1968, S. 209f ♦ **137.** Ebd. ♦ **138.** Dieter Hertz-Eichenrode, Politik und Landwirtschaft in Ostpreußen, S. 101 ♦ **139.** Ebd. ♦ **140.** Horst Schulz, Der Natanger Kreis Preußisch Eylau, Die geschichtliche Entwicklung des prussischen Gaues Natangen zum ostpreußischen Kreis Preußisch-Eylau, Bd. 3, Nach dem unglücklichen Krieg 1807 bis zur Gegenwart, Köln 1972, S. 161 ♦ **141.** Andreas Kossert, Ostpreußen, S. 266f ♦ **142.** Ebd. S. 246 ♦ **143.** Dieter Hertz-Eichenrode, Politik und Landwirtschaft in Ostpreußen, S. 51 ♦ **144.** Ebd. S. 65f ♦ **145.** Christian Rohrer, Nationalsozialistische Macht in Ostpreußen, S. 38 ♦ **146.** Dieter Hertz-Eichenrode, Politik und Landwirtschaft in Ostpreußen 1910–1930, S. 136 ♦ **147.** Georg Jenkner (Hrsg), Von Amerika nach Ostpreußen, Die Lebenserinnerung des Unternehmers Frederick Bartels (1876–1958), Berlin 2002, S. 117 ♦ **148.** Dieter Hertz-Eichenrode, Politik und Landwirtschaft in Ostpreußen, S. 65f ♦ **149.** Christian Rohrer, Nationalsozialistische Macht in Ostpreußen, S. 103 ♦ **150.** Ferdinand Friedeburg, Lebenserinnerungen, S. 136 ♦ **151.** Friedrich Samel, Mein Lebensbuch, Mit den Stationen Neustadt (Westpreußen), Fischhausen, Stallupönen/Ebenrode (Ostpreußen), Kelkheim 1998, S. 47 ♦ **152.** Zahlen bei Heinrich August Winkler, Der Schein der Normalität, Arbeiter und Arbeiterbewegung in der Weimarer Republik 1924 bis 1930, Bonn 1987, S. 242 ♦ **153.** Otto Braun, Von Weimar zu Hitler, Hamburg 1949, S. 85 ♦ **154.** Dieter Hertz-Eichenrode, Politik und Landwirtschaft in Ostpreußen, S. 67 ♦ **155.** Stefanie Schüler-Springorum, Die jüdische Minderheit in Königsberg/Preußen 1871-1945, Bd. 56 der Schriftenreihe der Historischen Kommission bei der Bayerischen Akademie der Wissenschaften, Göttingen 1996, S. 211 ♦ **156.** Otto A. Schneidereit, Zwischen zwei Weltkriegen, Eine Jugend in Ostpreußen, Berlin 1999, S. 151 ♦ **157.** Werner Horn, Ostpreußens Deutschtum im Spiegel der politischen Wahlen 1921-1933, Ostland-Forschungen, hrsg. vom Ostland-Institut in Danzig, Danzig 1933 (August), S. 9 ♦ **158.** Ebd. ♦ **159.** Ebd., S. 14 ♦ **160.** Ebd., S. 20f ♦ **161.** Ebd., S. 25 ♦ **162.** Ferdinand Friedeburg, Lebenserinnerungen, Bonn 1969, S. 133 ♦ **163.** Ebd. S. 133f ♦ **164.** Ebd., S. 134 ♦ **165.** Ebd. ♦ **166.** Ebd. ♦ **167.** Hans Preuschoff, Journalist im Dritten Reich, Zeitschrift für die Geschichte und Altertumskunde Ermlands, Beiheft 6, Münster 1987, S. 25 ♦ **168.** Ebd. ♦ **169.** Christian Rohrer, Nationalsozialistische Macht in Ostpreußen, S. 58 ♦ **170.** Ebd. S. 65 ♦ **171.** Ebd., S. 64 ♦ **172.** Der Kreis Heiligenbeil, Ein ostpreußisches Heimatbuch, zusammengestellt und bearbeitet von Emil Johannes Guttzeit, hier: Der Kreis als Kulturraum, Leer 1975, S. 631 ♦ **173.** Der Kreis Mohrungen, Ein ostpreußisches Heimatbuch, zusammengestellt von Wolf Frhr. von Wrangel, hier: Herbert Hess, Kreissparkasse und Kreisbank, Würzburg 1967, S. 153 ♦ **174.** Martin A.. Borrmann, Sieben Hügel, sieben Brücken und die Linie Sieben: Königsberg, in: Ruth Maria Wagner und Otto Dikreiter, Ostpreußisches Panorama, Eine Reise nach Hause, München 1968, S. 21f ♦ **175.** Fritz Gause, Königsberg in Preußen, Die Geschichte einer europäischen Stadt, München 1968, S. 211 ♦ **176.** Ebd. S. 210 ♦ **177.** Stefanie Schüler-Springorum, Die jüdische Minderheit in Königsberg/Preußen 1871–1945, Bd. 56 der Schriftenreihe der Historischen Kommission bei der Bayerischen Akademie der Wissenschaften, Göttingen 1996, S. 202 ♦ **178.** Fritz Gause, Königsberg in Preußen, S. 212 ♦ **179.** Stefanie Schüler-Springorum, Die jüdische Minderheit in Königsberg/Preußen 1871–1945, Bd. 56 der Schriftenreihe der Historischen Kommission bei der Bayerischen Akademie der Wissenschaften, S. 202 ♦ **180.** Andreas Kossert, Ostpreussen, S. 240 ♦ **181.** Fritz Gause, Königsberg in Preußen, S. 213 ♦ **182.** Friedrich Richter, Beiträge zur Industrie- und Handwerksgeschichte Ostpreußens 1919–1939, Wiesbaden 1988, S. 94 ♦ **183.** Fritz Gause, Königsberg in Preußen, S. 212 ♦ **184.** Ebd., S. 218 ♦ **185.** Ebd., S. 217 ♦ **186.** Friedrich Richter, Beiträge zur Industrie- und Handwerksgeschichte Ostpreußens 1919–1939, S. 304ff ♦ **187.** Ebd. S. 304ff ♦ **188.** Ebd., S. 310 ♦ **189.** Ebd. ♦ **190.** Hartmut Boockmann, Deutsche Geschichte im Osten Europas, Ostpreußen und Westpreußen, Berlin 1992, S. 407 ♦ **191.** Otto A. Schneidereit, Zwischen zwei Weltkriegen, S. 69 ♦ **192.** Stefanie Schüler-Springorum, Die jüdische Minderheit in Königsberg/Preußen 1871–1945, S. 202 ♦ **193.** Fritz Gause, Königsberg in Preußen, S. 219 ♦ **194.** Hans-Hermann Steppuhn, Heimat-Kreisbuch Bartenstein/Ostpr., Geschichte und Dokumentation des Kreises Bartenstein, Ostpreußen, München 1983, S. 34 ♦ **195.** Christian Rohrer, Nationalsozialistische Macht in Ostpreußen, S. 192 ♦ **196.** Klaus von der Groeben, Verwaltung und Politik 1918–33 am Beispiel Ostpreußens, Kiel 1988, S. 267 ♦ **197.** Sigrid Reisch von Wagner, Baltisch-ostpreußische Erinnerungen, Baden-Baden o. J., S. 99f ♦ **198.** Der Kreis Rosenberg, Ein westpreußisches Heimatbuch, hrsg. vom Heimatkreis Rosenberg und dem Patenkreis Halle/West., zusammengestellt von Alfred Müsse, hier: Cölmisches Dorf Sommerau, Westpr., Detmold 1963, S. 421f ♦ **199.** Klaus von der Groeben, Verwaltung und Politik 1918–33 am Beispiel Ostpreußens, S. 268f ♦ **200.** Ottfried Graf Finckenstein, Nur die Störche sind geblieben, Erinnerungen eines Ostpreußen, München 1994, S. 241 ♦ **201.** Klaus von der Groeben, Verwaltung und Politik 1918-33 am Beispiel Ostpreußens, S. 268f ♦ **202.** Ebd. S. 268f ♦ **203.** Christian Rohrer, Nationalsozialistische Macht in Ostpreußen, S. 136 ♦ **204.** Herbert Crüger, Verschwiegene Zeiten, Vom geheimen Apparat der KPD ins Gefängnis der Staatssicherheit, Berlin 1990, S. 50 ♦ **205.** Ebd., S. 49 ♦ **206.** Ebd., S. 50f ♦ **207.** Ebd., S. 49f ♦ **208.** Ebd., S. 53 ♦ **209.** Otto Braun, Von Weimar zu Hitler, Hamburg 1949, S. 168 ♦ **210.** Ebd., S. 237 ♦ **211.** Der Kreis Mohrungen, Ein ostpreußisches Heimatbuch, hier: Gutzeit, Friedrich und Tischtau, Aus der Geschichte des Kreises und der Kreisverwaltung, S. 116 ♦ **212.** Ilse Langanke, Und die Sehnsucht bleibt, Eine ostpreußische Biographie, Lebenserinnerung, Oldenburg 2007, S. 52 ♦ **213.** Paul Boldt, Dorfchronik von Tharau/Ostpreußen, Dortmund 1982, S. 73 ♦ **214.** Tatjana Hetzel, Verschwunden, Für alle, die das Kirchspiel Bilderweiten im Kreis Ebenrode in Ostpreußen in Erinnerung behalten möchten, Wobbenbüll 2004 (Privatdruck), S. 59 ♦ **215.** Gerhardt Brandtner, Ernst Vogelsang, Die Post in Ostpreußen, Ihre Geschichte von den Anfängen bis ins 20. Jahrhundert, Lüneburg 2000, S. 194f ♦ **216.** www.dra.de/rundfunkgeschichte/radiogeschichte/organisation/pdf/ORAG_1924-1933.pdf, Stand: 20.07.2011 ♦ **217.** Gerhardt Brandtner, Ernst Vogelsang, Die Post in Ostpreußen, Ihre Geschichte von den Anfängen bis ins 20. Jahrhundert, S. 200f ♦ **218.** Ebd., S. 202f ♦ **219.** Erich Pfeiffer-Belli, Junge Jahre im alten Frankfurt und eines langen Lebens Reise, Wiesbaden, München 1986, S. 372f ♦ **220.** Klaus von der Groeben, Im Dienst für Staat und Gemeinschaft,

Erinnerungen, Quellen zur Verwaltungsgeschichte Nr. 9., Lorenz-von-Stein-Institut für Verwaltungswissenschaften an der Christian-Albrechts-Universität zu Kiel, Kiel 1995, S. 77 ♦ **221.** Christian Rohrer, Nationalsozialistische Macht in Ostpreußen, S. 99f ♦ **222.** Claus Leggewie, Von Schneider zu Schwerte, Das ungewöhnliche Leben eines Mannes, der aus der Geschichte lernen wollte, München 1998, S. 36 ♦ **223.** Helga Grebing, Die Worringers, Bildungsbürgerlichkeit als Lebenssinn, Wilhelm und Martha Worringer (1881–1965), Berlin 2004, S.117 ♦ **224.** Götz von Selle, Geschichte der Albertus-Universität zu Königsberg in Preußen, Würzburg 1956, S. 356 ♦ **225.** Helga Grebing, Die Worringers, Bildungsbürgerlichkeit als Lebenssinn, S. 117 ♦ **226.** Stefanie Schüler-Springorum, Die jüdische Minderheit in Königsberg/Preußen 1871–1945, S. 197 ♦ **227.** Max Fürst, Gefilte Fisch und wie es weiterging, München 2004, S. 264 ♦ **228.** Elisabeth Young-Bruehl, Hannah Arendt, Leben, Werk und Zeit, Frankfurt am Main 2004, S. 71 ♦ **229.** Felix Grayeff, Migrant Scholar, edited by Eleonore Engelhardt and Albert Raffelt, Freiburg 2003, S. 14, übersetzt von Hermann Pölking ♦ **230.** Felix Migrant Grayeff, Scholar, Second edition, edited by Eleonore Engelhardt and Albert Raffelt, Freiburg 2003, S. 14, übersetzt von Hermann Pölking ♦ **231.** Stefanie Schüler-Springorum, Die jüdische Minderheit in Königsberg/Preußen 1871–1945, S. 216 ♦ **232.** Gerhard Szczesny, Als die Vergangenheit Gegenwart war, S. 29 ♦ **233.** Fritz Gause, Königsberg in Preußen, Die Geschichte einer europäischen Stadt, S. 215 ♦ **234.** Erich Pfeiffer-Belli, Junge Jahre im alten Frankfurt und eines langen Lebens Reise, S. 375f ♦ **235.** Claus Leggewie, Von Schneider zu Schwerte, Das ungewöhnliche Leben eines Mannes, der aus der Geschichte lernen wollte, München, S. 34f ♦ **236.** Helga Neumann, Manfred Neumann, Agnes Miegel, Die Ehrendoktorwürde und ihre Vorgeschichte im Spiegel zeitgenössischer Literaturkritik, Würzburg 2000, zit. nach: www.verlag-koenigshausen-neumann.de/advanced_search_result.php/language/function.in-array/page/158, Stand: 20.07.2011 ♦ **237.** Jürgen Manthey, Königsberg, Geschichte einer Weltbürgerrepublik, S. 581 ♦ **238.** Ebd. ♦ **239.** Max Fürst, Gefilte Fisch und wie es weiterging, S. 199 ♦ **240.** Ebd. ♦ **241.** Willy Binding, Himmelforth, Ein ostpreußisches Dorf mit den Ortsteilen Pfeilings und Sillehnen, Bergheim 1980, S. 116 ♦ **242.** Ebd. S. 166 ♦ **243.** Ebd., S. 116 ♦ **244.** Willy Hanemann, Widitten 1928 bis 1945, Der Schulmeister erinnert sich, Rodgau 1986, S. 114 ♦ **245.** Der Kreis Mohrungen, Ein ostpreußisches Heimatbuch, hier: Erinnerungen an eine kleine ostpreußische Stadt, Nach Aufzeichnungen von Erwin Gutzeit, S. 41 ♦ **246.** Paul Ronge, Im Namen der Gerechtigkeit, Erinnerungen eines Strafverteidigers, München 1963, S. 70f ♦ **247.** Ebd. ♦ **248.** Horst F. Zander, Mit klingendem Spiel, Insterburg 1919–1939, Eine ostpreußische Garnison zwischen den beiden Weltkriegen, Seesen 1981, S. 167 ♦ **249.** Ebd. ♦ **250.** Ebd., S. 167 ♦ **251.** Tatjana Hetzel, Verschwunden, S. 59 ♦ **252.** Otto A. Schneidereit, Zwischen zwei Weltkriegen, Eine Jugend in Ostpreußen, S. 131 ♦ **253.** Ebd. S. 131 ♦ **254.** Anton Greifenberg, Plausen, Erinnerungen an ein ermländisches Kirchdorf, Kisdorf 1969, S. 47f ♦ **255.** Ilse Langanke, Und die Sehnsucht bleibt, S. 52 ♦ **256.** Helga Grebing, Die Worringers, S. 109 ♦ **257.** Helga Grebing, Die Worringers, S. 109 ♦ **258.** Ebd., 107 ♦ **259.** Marie Luise Kaschnitz, Orte, Aufzeichnungen, Frankfurt am Main 1973, S. 221 ♦ **260.** Ebd. ♦ **261.** Otto Piepkorn, Die Heimatchronik der westpreußischen Stadt Christburg und des Landes am Sorgefluß, Eine neue Chronik, Detmold 1962, S. 184 ♦ **262.** Ebd. S. 179 ♦ **263.** Gerhardt Brandtner, Ernst Vogelsang, Die Post in Ostpreußen, S. 244 ♦ **264.** Ebd. S. 181 ♦ **265.** Ebd., S. 187 ♦ **266.** Gerhard Szczesny, Als die Vergangenheit Gegenwart war, S. 54 ♦ **267.** Der Kreis Elchniederung. Ein ostpreußisches Heimatbuch, Bd. I., Hrsg. Kreisgemeinschaft Elchniederung in der Landsmannschaft Ostpreußen e.V., zusammengestellt von Paul Lenke, hier: Michael Mainus, Haffbad Karkeln, Leer 1967, S. 356 ♦ **268.** Zit. nach: Wie auf einem Schiff, Thomas Mann trifft die Presse in Nidden, hrsg. von der Botschaft der Bundesrepublik Deutschland, Vilnius, Thomas Mann Kulturzentrum Nidden,Vilnius 2007, S. 22f ♦ **269.** Andreas Kossert, Ostpreußen, Geschichte und Mythos, S. 250 ♦ **270.** Ebd. ♦ **271.** Brigitte Jäger-Dabek, Onkel Toms Hütte, Refugium in Nidden, *Freitag*, Ausgabe vom 21. Dezember 2001 ♦ **272.** Zit. nach: Helga Grebing; In Nidden zwischen 1933 und 1944 – gelebte Bildungsbürgerlichkeit als bewußter Protest gegen Nationalsozialismus und Krieg; Vortrag auf dem IX. Internationalen Thomas-Mann-Festival „Künstler und Gesellschaft" in Nida 9.–16. Juli 2005, Vortragsmanuskript ♦ **273.** Ebd. ♦ **274.** Wilhem Matull, Erlebte Geschichte zwischen Pregel und Rhein, Erinnerungen aus drei Generationen 1845–1980, hier: Wilhelm Matull (1903-1980), Ins ‚grandiose' 20. Jahrhundert, Dortmund 1980, S. 57 ♦ **275.** Knut Bergbauer, Sabine Fröhlich, Stefanie Schüler-Springorum, Denkmalsfigur, Biografische Annäherung an Hans Litten 1903–1938, Göttingen 2008, S. 38f, zitiert wird Max Fürst, Gefilte Fisch ♦ **276.** Max Fürst, Gefilte Fisch und wie es weiterging, S. 205

Ostpreußen im Nationalsozialismus

♦ **1.** Helmuth von Glasenapp, Meine Lebensreise, Menschen, Länder und Dinge, die ich sah, Wiesbaden 1964, S. 154f ♦ **2.** Ralf Meindl, Ostpreußens Gauleiter, Erich Koch – eine politische Biografie, Osnabrück 2007, S. 467 ♦ **3.** Ebd. S. 473f ♦ **4.** Ebd., S. 474f ♦ **5.** Ebd. ♦ **6.** Ebd., S. 479 ♦ **7.** Ebd. ♦ **8.** Ebd., S. 482 ♦ **9.** Ebd., S. 485f ♦ **10.** Ebd., S. 459 ♦ **11.** Ebd., S. 496 ♦ **12.** Ebd., S. 499f ♦ **13.** Ebd., S. 493f ♦ **14.** Christian Rohrer, Nationalsozialistische Macht in Ostpreußen, München 2006, S. 301 ♦ **15.** Ebd. S. 66f ♦ **16.** Wilhem Matull, Erlebte Geschichte zwischen Pregel und Rhein, Erinnerungen aus drei Generationen 1845–1980, hier: Wilhelm Matull (1903–1980), Ins ‚grandiose' 20. Jahrhundert, Dortmund 1980, S. 74f ♦ **17.** Ebd. ♦ **18.** Christian Rohrer, Nationalsozialistische Macht in Ostpreußen, S. 83 ♦ **19.** Helga Grebing, Die Worringers, Bildungsbürgerlichkeit als Lebenssinn, Wilhelm und Marta Worringer (1881-1965), Berlin 2004, S. 117 ♦ **20.** Christian Rohrer, Nationalsozialistische Macht in Ostpreußen, S. 108 ♦ **21.**, Ebd. S. 95 ♦ **22.** Siehe www.abgeordneten.info, Stand: 20.07.2011 ♦ **23.** Christian Rohrer, Nationalsozialistische Macht in Ostpreußen, S. 112 ♦ **24.** Ebd. S. 130 ♦ **25.** Otto Braun, Von Weimar zu Hitler, Hamburg 1949, S. 168 ♦ **26.** Alexander Fürst zu Dohna-Schlobitten, Erinnerungen eines alten Ostpreußen, Würzburg 2007, S. 177f ♦ **27.** Christian Rohrer, Nationalsozialistische Macht in Ostpreußen, München, 2006, Seite 141 ♦ **28.** Helga Grebing, Die Worringers, Bildungsbürgerlichkeit als Lebenssinn, S. 117 ♦ **29.** Christian Rohrer, Nationalsozialistische Macht in Ostpreußen, S. 102f ♦ **30.** Ebd. S. 158 ♦ **31.** Ebd., S. 172f ♦ **32.** Ebd. ♦ **33.** Otto A. Schneidereit, Zwischen zwei Weltkriegen, Eine Jugend in Ostpreußen, Berlin 1999, S. 169f ♦ **34.** Ebd. ♦ **35.** Alexander Fürst zu Dohna-Schlobitten, Erinnerungen eines alten Ostpreußen, S. 180 ♦ **36.** Willy Kramp, Der letzte Feind, Aufzeichnung, München 1969, S. 103 ♦ **37.** Klaus von der Groeben, Im Dienst für Staat und Gemeinschaft, Erinnerungen, Quellen zur Verwaltungsgeschichte Nr. 9, Lorenz-von-Stein-Institut für Verwaltungswisschenschaften an der Christian-Albrechts-Universität zu Kiel, Kiel 1995, S. 41 ♦ **38.** Klaus von der Groeben, Im Dienst für Staat und Gemeinschaft, Erinnerungen, S. 43 ♦ **39.** Alexander Fürst zu Dohna-Schlobitten, Erinnerungen eines alten Ostpreußen, S. 181 ♦ **40.** Christian Rohrer, Nationalsozialistische Macht in Ostpreußen, S. 194 ♦ **41.** Zit. nach: Andreas Kossert, Ostpreußen, Geschichte und Mythos, München 2005, S. 258 ♦ **42.** Otto Dietrich, Mit Hitler in die Macht, Persönliche Erlebnisse mit meinem Führer, München 1939, S. 90f ♦ **43.** Ebd. S. 91 ♦ **44.** Ebd. ♦ **45.** Ebd., S. 93 ♦ **46.** Gerhard Szczesny, Als die Vergangenheit Gegenwart war, Lebenslauf eines Ostpreußen, Berlin, Frankfurt am Main 1990, S. 64f ♦ **47.** Dieter Hertz-Eichenrode, Politik und Landwirtschaft in Ostpreußen 1910–1930, Untersuchung eines Strukturproblems in der Weimarer Republik, Köln und Opladen 1969, S. 69 ♦ **48.** Helga Grebing, Die Worringers, S. 131 ♦ **49.** Christian Rohrer, Nationalsozialistische Macht in Ostpreußen, S. 216 ♦ **50.** Stefanie Schüler-Springorum, Die jüdische Minderheit in Königsberg/Preußen, 1871–1945, Bd. 56 der Schriftenreihe der Historischen Kommission bei der Bayerischen Akademie der Wissenschaften, Göttingen 1996, S. 228 ♦ **51.** Wilhem Matull, Erlebte Geschichte zwischen Pregel und Rhein, Erinnerungen aus drei Generationen 1845–1980, Dortmund 1980, hier: Wilhelm Matull, Ins ‚grandiose' 20. Jahrhundert, S. 74f ♦ **52.** Stefanie Schüler-Springorum, Die jüdische Minderheit in Königsberg/Preußen, 1871–1945, Bd. 56 der Schriftenreihe der Historischen Kommission bei der Bayerischen Akademie der Wissenschaften, S. 228 ♦ **53.** Erich Pfeiffer-Belli, Erich: Junge Jahre im alten Frankfurt und eines langen Lebens Reise, Wiesbaden, München 1986, S. 385f ♦ **54.** Alexander Fürst zu Dohna-Schlobitten, Erinnerungen eines alten Ostpreußen, S. 182 ♦ **55.** Christian Rohrer, Nationalsozialistische Macht in Ostpreußen, S. 226 ♦ **56.** Ebd. S. 199 ♦ **57.** Marie Luise Kaschnitz, Orte, Aufzeichnungen, Frankfurt am Main 1973, S. 40 ♦ **58.** Christian Rohrer, Nationalsozialistische Macht in Ostpreußen, S. 257 ♦ **59.** Ebd. ♦ **60.** Ebd., S. 253 ♦ **61.** Max Fürst, Gefilte Fisch und wie es weiterging, München 2004, S. 301 ♦ **62.** Marie Luise Kaschnitz, Tagebücher 1936–1966, Frankfurt am Main 2000, S. 11 ♦ **63.** Alexander Fürst zu Dohna-Schlobitten, Erinnerungen eines alten Ostpreußen, S. 183f ♦ **64.** Klaus von der Groeben, Im Dienst für Staat und Gemeinschaft, Erinnerungen, S. 69 ♦ **65.** Otto A. Schneidereit, Zwischen zwei Weltkriegen, S. 225f ♦ **66.** Ebd. ♦ **67.** Erlebnisbericht von Gustav Rattay unter http://www.rohmanen-ulrichsee.de/rattay10.html ♦ **68.** Christian Rohrer, Nationalsozialistische Macht in Ostpreußen, S. 234f ♦ **69.** Ebd. S. 239 ♦ **70.** Ebd., S. 243 ♦ **71.** Ebd., S. 335 ♦ **72.** Der Kreis Elchniederung, Ein ostpreußisches Heimatbuch, Band II., zusammengestellt im Auftrag der Kreisgemeinschaft Elchniederung von Paul Lemke, hier: Schnabel, Aus meiner ostpreußischen Heimat, Leer 1967 S.197 ♦ **73.** Ebd. ♦ **74.** Ebd., S. 201 ♦ **75.** Ebd., S. 207 ♦ **76.** Christian Rohrer, Nationalsozialistische Macht in Ostpreußen, S. 248f ♦ **77.** Ebd. ♦ **78.** Ebd., S. 340 ♦ **79.** Ebd., S. 286 ♦ **80.** Ebd., S. 287 ♦ **81.** Ebd., S. 289f ♦ **82.** Ebd., S. 309 ♦ **83.** Ebd., S. 307 ♦ **84.** Paul Ronge, Im Namen der Gerechtigkeit, Erinnerungen eines Strafverteidigers, München 1963, S. 195 ♦ **85.** Andreas Kossert, Ostpreußen, Geschichte und Mythos, S. 283 ♦ **86.** Lieselotte Kunigk-Helbing, Die Polnischen Minderheitsschulen im südlichen Ermland, S. 116 ♦ **87.** Andreas Kossert, Ostpreußen, S. 283 ♦ **88.** Ebd. S. 178 ♦ **89.** Walter Frevert, Rominten, München 1996, S. 209 ♦ **90.** Andreas Gautschi, Walter Frevert, Eines Waidmanns Wechsel und Wege, Melsungen 2005, S. 70 ♦ **91.** Ebd. ♦ **92.** Walter Frevert, Rominten, S. 220f ♦ **93.** Ebd. ♦ **94.** Hans Preuschoff, Journalist im Dritten Reich, Zeitschrift für die Geschichte und Altertumskunde Ermlands, Beiheft 6, Münster 1987, S. 30 ♦ **95.** Ebd. ♦ **96.** Gerhard Szczesny, Als die Vergangenheit Gegenwart war, S. 90 ♦ **97.** Sibylle Burghard, Chronik des weiblichen Arbeitsdienstes in Ostpreußen, Berichte, Briefe, Tagebücher, Zeitungsartikel, Burgdorf 1983, S. 61 ♦ **98.** Ebd. S. 60 ♦ **99.** Ebd. ♦ **100.** Max Landowski, Landarbeiter, Ein Leben zwischen Westpreußen und Schleswig-Holstein, hrsg. von Hans Joachim Schröder unter Mitarbeit von Maria Akingunsade, Berlin 2000, S. 12 ♦ **101.** Wilhem Matull, Erlebte Geschichte zwischen Pregel und Rhein, Erinnerungen aus drei Generationen 1845–1980, hier: Wilhelm Matull (1903–1980), Ins ‚grandiose' 20. Jahrhundert, Dortmund 1980, S. 79 ♦ **102.** Helga Kutz-Bauer, Die aufrechten Roten von Königsberg in: http://einestages.spiegel.de/external/ShowTopicAlbumBackground/a4374/l1/l0/F.html#featuredEntry, abgerufen am 7. 1. 2010 ♦ **103.** Wilhem Matull, Erlebte Geschichte zwischen Pregel und Rhein, Erinnerungen aus drei Generationen 1845–1980, S. 80 ♦ **104.** Christian Rohrer, Nationalsozialistische Macht in Ostpreußen, München 2006, S. 232f ♦ **105.** Stefanie Schüler-Springorum, Die jüdische Minderheit in Königsberg/Preußen 1871-1945, Bd. 56 der Schriftenreihe der Historischen Kommission bei der Bayerischen Akademie der Wissenschaften, Göttingen, 1996, S. 296ff ♦ **106.** Christian Tilitzki, Alltag in Ostpreußen 1940–45, Die geheimen Lageberichte der Königsberger Justiz, Würzburg o. J., S. 28 ♦ **107.** Christian Rohrer, Nationalsozialistische Macht in Ostpreußen, S. 261 ♦ **108.** Ebd. S. 253f ♦ **109.** Ebd., S. 313f ♦ **110.** Ebd. ♦ **111.** Helmut Moll (Hrsg.), Zeugen für Christus, Das deutsche Martyrologium des 20. Jahrhunderts, Band II, hrsg. im Auftrag der Deutschen Bischofskonferenz, Paderborn 1990, S. 673 ♦ **112.** Hugo Linck, Im Feuer geprüft als die Sterbenden, und siehe, wir leben ... Berichte aus dem Leben der Restgemeinden nach der Kapitulation in und um Königsberg, Leer 1973, S. 21f ♦ **113.** Ebd., S. 21f ♦ **114.** Zit. nach: http://www.standhaft.org/forschung/biograph/reh.html, Stand: 21.07.2011 ♦ **115.** Zit. nach: Ebd. ♦ **116.** Zit. nach: Ebd. ♦ **117.** Zit. nach: Ebd. ♦ **118.** Der Kreis Rastenburg, Ein ostpreußisches Dokumentarwerk, zusammengestellt und erarbeitet im Auftrage der Kreisgemeinschaft Rastenburg von Rudolf Grenz, hier: Dodo Freiherr von und zu Knyphausen, Die Kreisverwaltung Rastenburg, Marburg/Lahn 1976, S.147 ♦ **119.** Zit. nach: Martin Sieg, Im Schatten der Wolfschanze, Hitlerjunge auf der Suche nach Sinn, Autobiographische Skizze eines Zeitzeugen, Münster 1997, S. 209 ♦ **120.** Andreas Kossert, Ostpreußen, S. 307 ♦ **121.** Marie Luise Kaschnitz, Orte, Aufzeichnungen, Frankfurt am Main 1973, S. 168 ♦ **122.** Marie Luise Kaschnitz, Tagebücher 1936-1966, S. 159 ♦ **123.** Helmut von Glasenapp, Meine Lebensreise, S. 155f ♦ **124.** Ebd. S. 148f ♦ **125.** Der Kreis Angerburg, Ein ostpreußisches Heimatbuch, zusammengestellt und erarbeitet von Erich Pfeiffer, hier: Otto Salack, Unsere jüdischen Mitbürger, Rotenburg 1973, S. 346f ♦ **126.** Ebd. ♦ **127.** Kreisbuch Osterode Ostpreussen, hrsg. von der Kreisgemeinschaft Osterode Ostpr.e.V., erarbeitet und zusammengestellt von Klaus Bürger, hier: Klaus Bürger, Das katholischen Kirchenwesen im Kreis Osterode,, Osterode 1977, S. 601 ♦ **128.** C.V. LV Ostpreußen, Dr. Angerthal an Centrale Berlin, 13.7.1933, CAHJP, HM2/8718, fol. 1223 , (i. e. Sonderarchiv Moskau, 721-1-1107, Bl. 57), zit. nach: Michael Wildt, Gewaltpolitik, Volksgemeinschaft und Judenverfolgung in der deutschen Provinz 1932 bis 1935. In: Werkstatt Geschichte 35, Essen 2003, S. 32 ♦ **129.** Rainer Radok, Von Königsberg nach Melbourne, Vertreibung aus Ostpreußen im Dritten Reich, Lüneburg 1998, zitiert nach: mpec.sc.mahidol.ac.th/radok/life/kap10.htm, Stand: 26.08.2011 ♦ **130.** Rainer Radok, Von Königsberg nach Melbourne, Vertreibung aus Ostpreußen im Dritten Reich, S. 75 ♦ **131.** Paul Ronge, Im Namen der Gerechtigkeit, Erinnerungen eines Strafverteidigers, München 1963, S. 148 ♦ **132.** Ebd. ♦ **133.** Ebd.

♦ **134.** Helga Grebing, Die Worringers, Bildungsbürgerlichkeit als Lebenssinn, Wilhelm und Marta Worringer (1881–1965), Berlin 2004, S. 132 ♦ **135.** Aloys Sommerfeld, Juden im Ermland. In: Zur Geschichte und Kultur der Juden in Ost- und Westpreußen, hrsg. von Michael Brocke, Margret Heitmann und Harald Lordick, Netiva – Wege deutsch-jüdischer Geschichte und Kultur, Studien des Salomon Ludwig Steinheim-Instituts, S. 56 ♦ **136.** Jerry Lindenstrauss, Eine unglaubliche Reise, Von Ostpreußen über Schanghai und Kolumbien nach New York, Jüdische Familiengeschichte 1929-1999, Konstanz 1999, S. 15 ♦ **137.** Ebd. S. 16 ♦ **138.** Ebd., S. 18 ♦ **139.** Schreiben des Centralvereins deutscher Staatsbürger jüdischen Glaubens Landesverband Ostpreußen an Centrale Berlin, vom 22.7.1935, Central Archives for the History of the Jewish People, Jerusalem (CAHJP), HM2/8784, fol. 721–723 (i.e. Sonderarchiv Moskau, 721-1-2808, Bl. 134 f.), zit. nach: Michael Wildt, Gewaltpolitik, Volksgemeinschaft und Judenverfolgung in der deutschen Provinz 1932 bis 1935, In: Werkstatt Geschichte 35, S. 23f ♦ **140.** Ebd. ♦ **141.** Ebd. ♦ **142.** Stapostelle Königsberg, Bericht für Juli 1935, zit. nach: Michael Wildt, Gewaltpolitik. Volksgemeinschaft und Judenverfolgung in der deutschen Provinz 1932 bis 1935, S. 37 ♦ **143.** Aloys Sommerfeld, Juden im Ermland, In: Zur Geschichte und Kultur der Juden in Ost- und Westpreußen, hrsg. von Michael Brocke, Margret Heitmann und Harald Lordick, Netiva – Wege deutsch-jüdischer Geschichte und Kultur, S. 56 ♦ **144.** Zit. nach: http://www.lueders-kunden.net/wildt/download/Wildt%20Gewaltpolitik.pdf, abgerufen am 27.5.2011 ♦ **145.** Stapostelle Königsberg, Bericht für Juli 1935, in: Otto Dov Kulka, Eberhard Jäckel (Hrsg.), Die Juden in den geheimen NS-Stimmungsberichten (Schriften des Bundesarchivs, 62), Düsseldorf, CD-Rom. Dok. Nr. 1015, zit. nach: Michael Wildt, Gewaltpolitik, Volksgemeinschaft und Judenverfolgung in der deutschen Provinz 1932 bis 1935, S. 36 ♦ **146.** Michael Wildt, Gewaltpolitik, Volksgemeinschaft und Judenverfolgung in der deutschen Provinz 1932 bis 1935, S. 35 ♦ **147.** Paul Ronge, Im Namen der Gerechtigkeit, S. 185 ♦ **148.** Hans Preuschoff, Journalist im Dritten Reich, S. 23f ♦ **149.** Kreisbuch Osterode Ostpreussen, hier: Klaus Bürger, Das katholischen Kirchenwesen im Kreis Osterode, S. 597 ♦ **150.** Ebd. ♦ **151.** Ebd. ♦ **152.** Zit. nach: http://www.biegemann.eu/Kinder-undJugendzeit.htm#Osterode_1937, abgerufen am 10.1.2010 ♦ **153.** Zit. nach: Franz Salewsky website http://www.vomhaff.de/44105/9498.html, abgerufen am 21.07.2011 ♦ **154.** Bericht von Frau Salewsky an ihren Sohn Franz Salewsky vom Oktober 1996, wenige Tage vor ihrem Tod, siehe www.vomhaff.de/44105/9498.html, abgerufen am 21.07.2011 ♦ **155.** Klaus-Eberhard Murawski, Grundzüge der staatlichen Entwicklung in Ost- und Westpreußen. In: Zur Geschichte und Kultur der Juden in Ost- und Westpreußen, Hrsg. von Michael Brocke, Margret Heitmann und Harald Lordick, Netiva – Wege deutsch-jüdischer Geschichte und Kultur, S. 33 ♦ **156.** Siehe Tina Frühauf, Orgel und Orgelmusik in deutsch-jüdischer Kultur, Hildesheim 2006, zit. nach: Frankfurter Allgemeine Zeitung, 29.1.2007, S. 37 ♦ **157.** Klaus von der Groeben, Im Dienst für Staat und Gemeinschaft, S. 123 ♦ **158.** Max Landowski, Landarbeiter, Ein Leben zwischen Westpreußen und Schleswig-Holstein, S. 17 ♦ **159.** Zitate aus der Akte, zit. nach: www.vomhaff.de/44105/9498.html, Stand: 21.07.2011 ♦ **160.** http://www.vomhaff.de/44105/index.html, Stand: 21.07.2011 ♦ **161.** Andreas Kossert, Ostpreußen, Geschichte und Mythos, S. 288 ♦ **162.** Rainer Radok, Von Königsberg nach Melbourne, Vertreibung aus Ostpreußen im Dritten Reich, Lüneburg 1998, 1999, S. 78 ♦ **163.** Andreas Kossert, Ostpreußen, S. 290 ♦ **164.** Klaus-Eberhard Murawski, Grundzüge der staatlichen Entwicklung in Ost- und Westpreußen. In: Zur Geschichte und Kultur der Juden in Ost- und Westpreußen, hrsg. von Michael Brocke, Margret Heitmann und Harald Lordick, Netiva – Wege deutsch-jüdischer Geschichte und Kultur, S. 33 ♦ **165.** Andreas Kossert, Ostpreußen, S. 290 ♦ **166.** Walter Broszeit, Das Kirchspiel Sandkirchen, Kreis Tilsit-Ragnit, Beschreibung eines ostpreußischen Kirchspiels im Kreis Tilsit-Ragnit, Regierungsbezirk Gumbinnen, Lüneburg 1975, S. 206 ♦ **167.** Ebd. ♦ **168.** Hildegard Rauschenbach, Zuhause in Pillkallen, Dorfgeschichten erlebt in Ostpreußen, Würzburg 2003, S. 83f ♦ **169.** Klaus von der Groeben, Das Land Ostpreußen, Selbsterhaltung, Selbstgestaltung, Selbstverwaltung 1750 bis 1945, Kiel 1993, S. 271 ♦ **170.** Christian Rohrer, Nationalsozialistische Macht in Ostpreußen, S. 264 ♦ **171.** Klaus von der Groeben, Das Land Ostpreußen, S. 273 ♦ **172.** Ebd., S. 278 ♦ **173.** Christian Rohrer, Nationalsozialistische Macht in Ostpreußen, S. 264f ♦ **174.** Klaus von der Groeben, Das Land Ostpreußen, S. 272 ♦ **175.** Ebd. S. 272 ♦ **176.** Ebd. ♦ **177.** Ebd. ♦ **178.** Ebd. ♦ **179.** Christian Rohrer, Nationalsozialistische Macht in Ostpreußen, S.318f ♦ **180.** Christian Rohrer, Nationalsozialistische Macht in Ostpreußen, S. 318f ♦ **181.** Ilsa Langanke, Und die Sehnsucht bleibt, Eine ostpreußische Biographie, Lebenserinnerung, Oldenburg 2007, S. 42 ♦ **182.** Ebd. S. 49 ♦ **183.** Ebd., S. 47 ♦ **184.** Ebd., S. 45 ♦ **185.** Ebd., S. 46 ♦ **186.** Ebd., S. 46f ♦ **187.** Ebd. ♦ **188.** Ebd., S. 42 ♦ **189.** Ralf Meindl, Ostpreußens Gauleiter, Erich Koch – eine politische Biografie, S. 494f ♦ **190.** Hildegard Rauschenbach, Von Pillkallen nach Schadrinsk, Vergeben ja, Vergessen nie, Ostpreußisches Mosaik, Würzburg 2004, S. 9 ♦ **191.** Otto A. Schneidereit, Zwischen zwei Weltkriegen, S. 217 ♦ **192.** Dieter Hertz-Eichenrode, Politik und Landwirtschaft in Ostpreußen, S. 136 ♦ **193.** Otto Piepkorn, Die Heimatchronik der westpreußischen Stadt Christburg und des Landes am Sorgefluß, S. 187 ♦ **194.** Sibylle Burghard, Chronik des weiblichen Arbeitsdienstes in Ostpreußen, Berichte, Briefe, Tagebücher, Zeitungsartikel, Burgdorf 1983, S. 40f ♦ **195.** Victor von Poser, Max Meyhöfer, Der Kreis Ortelsburg, Ein ostpreußisches Heimatbuch, hier: Max Meyhöfer, Landrat Dr. von Poser und die Aufwärtsentwicklung des Kreises nach dem 1. Weltkriege, , Victor von Poser, Max Meyhöfer, Der Kreis Ortelsburg, Ein ostpreußisches Heimatbuch, Würzburg 1957, S. 181 ♦ **196.** Ebd. S. 182 ♦ **197.** Klaus von der Groeben, Das Land Ostpreußen, S. 274 ♦ **198.** Ebd. S. 275 ♦ **199.** Christian Rohrer, Nationalsozialistische Macht in Ostpreußen, S. 332 ♦ **200.** Andreas Kossert, Ostpreußen, S. 276 ♦ **201.** Klaus von der Groeben, Das Land Ostpreußen, S. 278 ♦ **202.** Zit. nach: www.walendy-r-d.de/docs/Stradem.pdf, abgerufen am 27.5.2010 ♦ **203.** Ebd. ♦ **204.** Klaus von der Groeben, Das Land Ostpreußen, S. 278 ♦ **205.** Siybylle Burghard, Chronik des weiblichen Arbeitsdienstes in Ostpreußen, Berichte, Briefe, Tagebücher, Zeitungsartikel, S. 35f ♦ **206.** Horst F. Zander, Mit klingendem Spiel, Insterburg 1919–1939, Eine ostpreußische Garnison zwischen den beiden Weltkriegen, Seesen 1981, S. 241 ♦ **207.** Marie Luise Kaschnitz, Orte, Aufzeichnungen, S. 174 ♦ **208.** Der Kreis Rastenburg, Ein ostpreußisches Dokumentarwerk, zusammengestellt und erarbeitet im Auftrage der Kreisgemeinschaft Rastenburg von Rudolf Grenz, hier: Die Kreiswohlfahrtsstelle, Marburg/Lahn 1976, S.189 ♦ **209.** Dr. Martin Büttner, Jugend- und Kulturpflege im Kreise Pr. Holland, Kreisbuch Pr. Holland, Ein ostpreußisches Heimatbuch, hrsg. von der Kreisgemeinschaft Pr. Holland, Glückstadt 1978, S. 279f ♦ **210.** http://www.biegemann.eu/Kinder-undJugendzeit.htm#Osterode_1937 (abgerufen, 29. Juli 2010, Seite nicht mehr existent ♦ **211.** Ebd. ♦ **212.** Zit. nach: Ursela Maertin, geb. Weiß, auf: http://rostock-blog.de/22.08.2008/mein-heimatdorf-karkeln-am-kurischen-haff, abgerufen am 7. 1. 2010 ♦ **213.** Leni Riefenstahl, Memoiren 1902–1945, Frankfurt am Main/Berlin 1996, S. 273 ♦ **214.** Ebd. S. 273f ♦ **215.** Ebd., S. 274 ♦ **216.** Ebd. ♦ **217.** Ebd., S. 275 ♦ **218.** Heinz Sielmann, Lockende Wildnis, Mein

Weg zu den Tieren, Wien 1971/1972, S. 11 ♦ **219.** Ebd. S. 20 ♦ **220.** Erwin Stresemann, Einführung, in: Heinz Sielmann, Lockende Wildnis, S. 8 ♦ **221.** Heinz Sielmann, Lockende Wildnis, S. 19 ♦ **222.** Ebd., S. 21 ♦ **223.** Tabellen zum ostpreußischen Fußball unter: http://www.beepworld.de/members87/oliver77fr/, abgerufen am 27.5.2011 ♦ **224.** Diettmar Dahlmann, Lambert S. Kotowski, Zbigniew Karpus (Hrsg.), Schimanski, Kuzorra und andere, Polnische Einwanderer im Ruhrgebiet zwischen der Reichsgründung und dem Zweiten Weltkrieg, hier: Britta Lenz, Polen deutsche Fußballmeister? Polnischsprachige Einwanderer im Ruhrgebietsfußball der Zwischenkriegszeit, Essen 2005, S. 243 ♦ **225.** Diettmar Dahlmann, Lambert S. Kotowski, Zbigniew Karpus (Hrsg.), Schimanski, Kuzorra und andere, Polnische Einwanderer im Ruhrgebiet zwischen der Reichsgründung und dem Zweiten Weltkrieg, hier: Andreas Kossert, Kuzorra, Szepan und Kalwitzki: Polnischsprachige Masuren im Ruhrgebiet, S. 245 ♦ **226.** Ebd. S. 249 ♦ **227.** Helga Grebing, Die Worringers, Bildungsbürgerlichkeit als Lebenssinn, Wilhelm und Marta Worringer (1881–1965), Berlin 2004 ♦ **228.** Zit. nach: http://www.helgagrebing.de/docs/nidden1.html, abgerufen am 27.5.2011 ♦ **229.** Helga Grebing, Die Worringers. Bildungsbürgerlichkeit als Lebenssinn, Wilhelm und Martha Worringer (1881–1965), S. 157 ♦ **230.** Dietmar Willoweit, Im Schatten des Untergangs, Eine Kindheit in Memel, in: Nordost-Archiv, Die Stadt Memel, Lüneburg 2002, S. 394 ♦ **231.** Ebd. S. 395f ♦ **232.** Ebd. ♦ **233.** Karl-Heinz Ruffmann, Deutsche und Litauer in der Zwischenkriegszeit, Erinnerungen eines Memelländers, Überlegungen eines Historikers, Lüneburg 1994, S. 27 ♦ **234.** Joachim Tauber, Das Memelgebiet (1919–1944) in der deutschen und litauischen Historiographie nach 1945, in: Nordost-Archiv, Band X, 2001, S. 11ff ♦ **235.** Karl-Heinz Ruffmann, Deutsche und Litauer in der Zwischenkriegszeit, Erinnerungen eines Memelländers, S. 14 ♦ **236.** annaberger-annalen.de/jahrbuch/2005/AnnabergerAnnalen, Ausgabe13.pdf ♦ **237.** Ernst-Albrecht Plieg, Das Memelland 1920–1939, Deutsche Autonomiebestrebungen im litauischen Gesamtstaat, Würzburg 1962, S. 110 ♦ **238.** Ernst-Albrecht Plieg, Das Memelland 1920–1939, S. 110 ♦ **239.** Ebd., S. 111 ♦ **240.** Ebd. ♦ **241.** Joachim Tauber (Bearb.), Im Wandel der Zeiten: Die Stadt Memel im 20. Jahrhundert. Nordost-Archiv. Das Memelgebiet (1919–1944) in der deutschen und litauischen Historiographie nach 1945 Zeitschrift für Regionalgeschichte. Neue Folge X (2001), Lüneburg 2002, S. 44 ♦ **242.** Ernst-Albrecht Plieg, Das Memelland 1920–1939, S. 115 ♦ **243.** Heinrich A. Kurschat, Das Buch vom Memelland, S. 187 ♦ **244.** *Die Zeit*, 31.3.1989 ♦ **245.** Hans Masalskis, Kleine Geschichte Litauens im Zusammenhang mit seinen Nachbarn, S. 142f ♦ **246.** Ernst-Albrecht Plieg, Das Memelland 1920–1939, S. 117 ♦ **247.** Ebd. S. 119 ♦ **248.** Ebd., S. 121 ♦ **249.** Joachim Tauber, Das Memelgebiet (1919–1944) in der deutschen und litauischen Historiographie nach 1945, in Nordost-Archiv Band X 2001, S. 11ff ♦ **250.** Ernst-Albrecht Plieg, Das Memelland 1920–1939, S. 137 ♦ **251.** Joachim Tauber, Das Memelgebiet (1919–1944), S. 11ff ♦ **252.** Zit. nach: www.jugendzeit-ostpreussen.de/memelland.html, Stand: 24.08.2011 ♦ **253.** Heinrich A. Kurschat, Das Buch vom Memelland, S. 191 ♦ **254.** Karl-Heinz Ruffmann, Deutsche und Litauer in der Zwischenkriegszeit. Erinnerungen eines Memelländers, Überlegungen eines Historikers, S. 29 ♦ **255.** Heinrich A. Kurschat, S. 196f ♦ **256.** Zit. nach: www.jugendzeit-ostpreussen.de/memelland.html, Stand: 26.07.2011 ♦ **257.** Ebd. ♦ **258.** Joachim Tauber, Garsden, 24. Juni 1941, Annaberger Annalen, Jahrbuch 1997, http://www.annaberger-annalen.de/jahrbuch/1997/Annaberg%20Nr.5%20Kap7.pdf, Stand: 27.07.2011 ♦ **259.** Joachim Tauber, Das Memelgebiet (1919-1944) S. 11ff ♦ **260.** Die Tagebücher von Joseph Goebbels, hrsg. von Elke Fröhlich, Sämtliche Fragmente, Teil I. Bd. 3 (1.1.1937–21.12.1939), München u.a. 1987, S. 579f, zit. nach: Karl-Heinz Ruffmann, Deutsche und Litauer in der Zwischenkriegszeit, Erinnerungen eines Memelländers, Überlegungen eines Historikers, Lüneburg 1994, S. 30 ♦ **261.** Zit. nach: www.jugendzeit-ostpreussen.de/memelland.html, Stand: 26.07.2011 ♦ **262.** Hans Masalskis, Kleine Geschichte Litauens im Zusammenhang mit seinen Nachbarn, S. 147 ♦ **263.** Joachim Tauber, Das Memelgebiet (1919–1944) in der deutschen und litauischen Historiographie nach 1945, S. 11ff ♦ **264.** Richard Trotzky, Er suchte das Echte und Zuverlässige, Zum 25. Todestag des Malers Ernst Mollenhauer, Das Ostpreußenblatt, Jahrgang 25 ♦ **265.** Kraft durch Freude-Seebad auf Rügen ♦ **266.** Christian Rohrer, Nationalsozialistische Macht in Ostpreußen, S. 120 ♦ **267.** Horst F. Zander, Mit klingendem Spiel, Insterburg 1919–1939, Eine ostpreußische Garnison zwischen den beiden Weltkriegen, Seesen 1981, S. 50 ♦ **268.** Christian Rohrer, Nationalsozialistische Macht in Ostpreußen, S. 332 ♦ **269.** Karl-Heinz Ruffmann, Deutsche und Litauer in der Zwischenkriegszeit, S. 27 ♦ **270.** Erich Kussau, Junge Memelländer in der Fremde, in: Joachim Tauber (Bearb.), Im Wandel der Zeiten: Die Stadt Memel im 20. Jahrhundert, Nordost-Archiv, Das Memelgebiet (1919–1944) in der deutschen und litauischen Historiographie nach 1945, Zeitschrift für Regionalgeschichte, Neue Folge X (2001), S. 416f ♦ **271.** Ebd. S. 417f ♦ **272.** Ebd., S. 422 ♦ **273.** Ebd., S. 421 ♦ **274.** Christian Rohrer, Nationalsozialistische Macht in Ostpreußen, S. 332 ♦ **275.** Horst F. Zander, Mit klingendem Spiel, S. 48f ♦ **276.** Christian Rohrer, Nationalsozialistische Macht in Ostpreußen, S. 332 ♦ **277.** Horst F. Zander, Mit klingendem Spiel, S. 115 ♦ **278.** Ernst-August Brenneisen, Stationen meines Lebens, Ein ostpreußischer Bauer erzählt, Dortmund 1992, S. 45 ♦ **279.** Kreisbuch Osterode Ostpreussen , hier: Klaus Bürger, Vom Ersten zum Zweiten Weltkrieg (1918–1939), Osterode 1977, S. 336 ♦ **280.** Manfred Hübner, Das Herz Preußens, Das Bartnerland im Rahmen der preußisch-deutschen Geschichte von den Anfängen bis zur Gegenwart, Oberschleißheim 1994, S. 183 ♦ **281.** Ebd. S. 183 ♦ **282.** Ebd. ♦ **283.** Ebd. ♦ **284.** Ernst Payk, Die Geschichte der 206. Infanteriedivision 1939–1944, Bad Nauheim 1952, S. 9 ♦ **285.** Werner Conze, Die Geschichte der 291. Infanteriedivision 1940-1945, Bad Nauheim 1953, S. 7 ♦ **286.** Horst F. Zander, Mit klingendem Spiel, S. 206 ♦ **287.** Ebd. S. 106 ♦ **288.** Ebd., S. 50 ♦ **289.** Ebd., S. 211 ♦ **290.** Ebd. ♦ **291.** Ebd., S. 109 ♦ **292.** Ebd., S. 211 ♦ **293.** Ebd., S. 236 ♦ **294.** Zit. nach: http://mpec.sc.mahidol.ac.th/RADOK/life/KAP8.HTM, abgerufen am 27.5.2011 ♦ **295.** Aus hinterlassenen Aufzeichnungen von Oberst a.D. v. Corvin-Wiersbitzki, zit. nach: Horst F. Zander, Mit klingendem Spiel, S. 119f ♦ **296.** Horst F. Zander, Mit klingendem Spiel, S. 119f ♦ **297.** Ebd. S. 213

Ostpreußen im Zweiten Weltkrieg

♦ **1.** Robert Walser, Die Schlacht von Sembach, in: Robert Walser, Geschichten, Frankfurt am Main 2007, S. 110 ♦ **2.** Horst F. Zander, Mit klingendem Spiel, Insterburg 1919–1939, Eine ostpreußische Garnison zwischen den beiden Weltkriegen, Seesen/Harz 1981, S. 117 ♦ **3.** Ebd. S.118ff ♦ **4.** Ebd. ♦ **5.** Jochen Böhler, Der Überfall, Deutschlands Krieg gegen Polen, Frankfurt am Main 2009, S. 42 ♦ **6.** Lieselotte Kunigk-Helbing, Die Polnischen Minderheitsschulen im südlichen Ermland 1919 bis 1939, in: Zur Bildungs- und Schulgeschichte Preußens, hrsg. von Udo Arnold, Lüneburg

1988, S. 116 ♦ **7.** Ebd. S. 122 ♦ **8.** Der Kreis Marienwerder/Wpr, Landgemeinden und Stadt Garnsee, Ein Heimatbuch, hrsg. vom Heimatkreis Marienwerder mit Dr. Franz Neumann und Otto Gründer, Hamburg 1985, S. 470f ♦ **9.** Ebd. ♦ **10.** Horst Schulz, Der Natanger Kreis Preußisch Eylau, Die geschichtliche Entwicklung des prussischen Gaues Natangen zum ostpreußischen Kreis Preußisch-Eylau, Bd. 3, Nach dem unglücklichen Krieg 1807 bis zur Gegenwart, Köln 1972, S. 191 ♦ **11.** Ernst-August Brenneisen, Stationen meines Lebens, Ein ostpreußischer Bauer erzählt, Dortmund 1992, S. 45 ♦ **12.** Helmut Steege, Erinnerungen, Aus dem Spannungsbereich zweier Nationen, Erlebnisse im Deutsch-Polnischen Grenzgebiet 1920–1940, Lüneburg 1990, S. 89 ♦ **13.** Ebd. S. 90 ♦ **14.** Joachim Böhler, Der Überfall, S. 65ff ♦ **15.** Ebd. ♦ **16.** Ebd. ♦ **17.** Ebd. ♦ **18.** Der Kreis Marienwerder/Wpr, Landgemeinden und Stadt Garnsee, S. 470f ♦ **19.** Der Kreis Rosenberg, Ein westpreußisches Heimatbuch, hrsg. vom Heimatkreis Rosenberg und dem Patenkreis Halle/West., zusammengestellt von Alfred Müsse, hier: Richard Wollschläger, Der Amtsbezirk Stradem, Detmold 1963, S. 497f ♦ **20.** Wilhem Matull, Erlebte Geschichte zwischen Pregel und Rhein, Erinnerungen aus drei Generationen 1845–1980, hier: hier Wilhelm Matull (1903-1980), Ins ‚grandiose' 20. Jahrhundert, Dortmund 1980, S. 87 ♦ **21.** Helmut Steege, Erinnerungen, S. 88 ♦ **22.** Ebd. S. 92 ♦ **23.** Klaus Krech, Unser Leben in Krieg und Frieden, Ein Ostpreuße findet im Westen seinen Weg, Erinnerungen in Wort und Bild, Norderstedt 2009, S. 119f ♦ **24.** Fritz Gause, Geschichte des Amtes und der Stadt Soldau, Wissenschaftliche Beiträge zur Geschichte und Landeskunde Ost-Mitteleuropas, hrsg. vom Johann Gottfried Herder-Institut, Nr. 38, Marburg/Lahn 1958, S. 364 ♦ **25.** Gerhardt Brandtner, Ernst Vogelsang, Die Post in Ostpreußen, Ihre Geschichte von den Anfängen bis ins 20. Jahrhundert, Lüneburg 2000, S. 373f ♦ **26.** Zit. nach: http://forum.axishistory.com/viewtopic.php?f=50&t=158406, übersetzt von Hermann Pölking, abgerufen am 20.07.2011 ♦ **27.** Hugo Linck, Der Kirchenkampf in Ostpreußen 1933 bis 1945, Geschichte und Dokumentation, München 1968, S. 262 oder 264 ♦ **28.** Ebd. ♦ **29.** Helmut Steege, Erinnerungen, S. 102 ♦ **30.** Kriegstagebuch des Infanterieregiments 122, Eintrag vom 5.9. 1939, Bundesarchiv-Militärarchiv Freiburg im Breisgau zitiert nach: Jochen Böhler(Hrsg), „Größte Härte...", Verbrechen der Wehrmacht in Polen, September – Oktober 1939, Osnabrück, 2005, S. 90 ♦ **31.** Hartmut Boockmann, Deutsche Geschichte im Osten Europas, Ostpreußen und Westpreußen, Berlin 1992, S. 418 ♦ **32.** Joachim Reisch, Perkallen, Versunkenes Paradies in Ostpreußen, Landgut und Pferdegestüt zwischen Rominten und Trakehnen, Dokumentation, Biebergemünd 1999, S. 149 ♦ **33.** Sigrid Reisch von Wagner, Baltisch-ostpreußische Erinnerungen, Baden-Baden o. J., S. 110f ♦ **34.** Siegfried Lenz, Selbstversetzung, Über Schreiben und Lesen, Hamburg 2006, S. 13 ♦ **35.** Helmut Steege, Erinnerungen, S. 99 ♦ **36.** Ebd. S. 100 ♦ **37.** Christel Wels, Der unvergessene Weg, Eine ostpreußische Biografie, Berlin 2007, S. 22f ♦ **38.** Ebd. ♦ **39.** Jochen Böhler, Der Überfall, Deutschlands Krieg gegen Polen, Frankfurt am Main 2009, S. 169 ♦ **40.** Kriegstagebuch des Generalstabchefs des Heeres Franz Halber, Eintrag vom 22.8.1939, in: Hans-Adolf Jacobsen (Hrsg.) Franz Halder, Kriegstagebuch, Bd. I, Stuttgart 1962, zit. nach: Jochen Böhler (Hrsg.), Grösste Härte, Verbrechen der Wehrmacht in Polen September/Oktober 1939, Osnabrück 2005, S. 58 ♦ **41.** Kriegstagebuch des Generalstabchefs des Heeres, Franz Halber, Eintrag vom 22.8.1939, in: Hans-Adolf Jacobsen (Hrsg.), Franz Halder, Kriegstagebuch, Bd. I, Stuttgart 1962, zit. nach: Jochen Böhler (Hrsg.), Grösste Härte, S. 58 ♦ **42.** Jochen Böhler (Hrsg.), Größte Härte, S. 141 ♦ **43.** Jochen Böhler, Der Überfall, Deutschlands Krieg gegen Polen, S. 199 ♦ **44.** Alexander B. Rossino, Destructive Impulses, German Soldiers and the Conquest of Poland, in: Holocaust and Genocide Studies 7 (1997), S. 357–358, zit. nach: Jochen Böhler (Hrsg.), Größte Härte, Verbrechen der Wehrmacht in Polen September/Oktober 1939, darin: Hans-Erich Volkmann, Verbrechen der Wehrmacht in Polen – Rahmenbedingungen und deutsche Nachkriegsrezeption, S. 19 ♦ **45.** Oda Goerdeler, Leben auf dem Grenzgut T., Erinnerung an das Grenzgebiet zwischen Ostpreußen und Polen, Aufgeschrieben für Kinder und Enkel, eingedenk aller, die diesem Boden ihre Kräfte gaben, Lüneburg 1983, S. 193 ♦ **46.** Christian Tilitzki, Alltag in Ostpreußen 1940-1945, Die geheimen Lageberichte der Königsberger Justiz 1940–1945, Leer, 1991, Seite 43 ♦ **47.** Hartmut Boockmann, Deutsche Geschichte im Osten Europas, S. 418 ♦ **48.** Tilitzki, Alltag in Ostpreußen 1940–1945, Seite 43ff ♦ **49.** Ebd. Seite 44 ♦ **50.** Ebd. Seite 43ff ♦ **51.** Ebd. Seite 45 ♦ **52.** Marianne Peyinghaus, Stille Jahre in Gertlauken, Erinnerungen an Ostpreußen, München 1992, S. 47f ♦ **53.**, Ebd. S. 48f ♦ **54.** Ebd., S. 47f ♦ **55.** Ebd., S. 50 ♦ **56.** Ebd. ♦ **57.** www.russland.aktuell.ru, abgerufen am 28.4.2011 ♦ **58.** Zit. nach: http://de.wikipedia.org/wiki/Otto_Rasch, abgerufen am 28.5.2011 ♦ **59.** Andreas Kossert, Ostpreußen, Geschichte und Mythos, München 2005, S. 306f ♦ **60.** Christian Tilitzki, Alltag in Ostpreußen 1940 – 1945, S. 57f ♦ **61.** Ebd. S. 58 ♦ **62.** Jens Hoffmann, Das kann man nicht erzählen, „Aktion 1005", Wie die Nazis die Spuren ihrer Massenmorde in Osteuropa beseitigten, Hamburg 2008, S. 405 ♦ **63.** Oda Goerdeler, Leben auf dem Grenzgut T., S. 187 ♦ **64.** Ebd. ♦ **65.** Darstellung weitgehend nach: Brigitte Jäger-Dabek, Gehalten bis zum letzen Tag – Stutthof, ein in Deutschland fast unbekanntes Konzentrationslager, www.shoa.de/holocaust/konzentrationslager/212-kz-stutthof.html, abgerufen am 24.1.2010 ♦ **66.** Zit. nach: http://www.shoa.de/holocaust/konzentrations-und-vernichtungslager/212.html, abgerufen am 28.5.2011 ♦ **67.** Gerhardt Brandtner, Ernst Vogelsang, Die Post in Ostpreußen, S. 390 ♦ **68.** Brigitte Jäger-Dabek, Gehalten bis zum letzten Tag, www.shoa.de/holocaust/konzentrationslager/212-kz-stutthof.html, abgerufen am 24.1.2010 ♦ **69.** Esther Gräfin von Schwerin, Kormorane, Brombeerranken, Erinnerungen an Ostpreußen, München 2009, S. 145 ♦ **70.** Der Kreis Rastenburg, hier: Ernst Pohl, Das Führerhauptquartier, Marburg/Lahn 1976, S. 443 ♦ **71.** Der Kreis Rastenburg, zusammengestellt und erarbeitet im Auftrage der Kreisgemeinschaft Rastenburg von Rudolf Grenz, hier: Dodo Freiherr von und zu Knyphausen, Die Kreisverwaltung Rastenburg, S.148 ♦ **72.** Der Kreis Rastenburg, Ein ostpreußisches Dokumentarwerk, hier: Günther Laas, Flucht und Vertreibung, S. 443 ♦ **73.** Christian Pletzing (Hrsg.), Vorposten des Reichs? Ostpreußen 1933–1945, hier: Uwe Neumärker, Spinnennetz der Macht – die „Wolfsschanze" und andere NS-Hauptquartiere in Ostpreußen 1941 und 1944, München, 2006 S. 177 ♦ **74.** Ebd. Seite 178 ♦ **75.** Ebd. 178f ♦ **76.** Der Kreis Angerburg, Ein ostpreußisches Heimatbuch, zusammengestellt und erarbeitet von Erich Pfeiffer, hier: Alfred Sager, Großgarten (Possessern), Rotenburg 1973, S. 165 ♦ **77.** Gerhardt Brandtner, Ernst Vogelsang, Die Post in Ostpreußen, S. 398f ♦ **78.** Susanne Hagen, Numeiter Geschichten, Erinnerungen an meine Großeltern, an ihr Numeiten und an die Menschen, die mit ihnen dort lebten, Berlin 2006, S. 149 ♦ **79.** Christian Pletzing (Hrsg.), Vorposten des Reichs?, Ostpreußen 1933–1945, hier: Uwe Neumärker, Spinnennetz der Macht – die „Wolfsschanze" und andere NS-Hauptquartiere in Ostpreußen 1941 und 1944, S. 179 ♦ **80.** Rochus Misch, Der letzte Zeuge, Ich war Hitlers Telefonist, Kurier und Leibwächter, München und Zürich 2008, S. 132 ♦ **81.** Christian Pletzing (Hrsg.), Vorposten des Reichs?, hier: Uwe Neumärker, Spinnennetz der Macht, S. 182 ♦ **82.** Der Kreis Rastenburg, hier: Dodo Freiherr von und zu Knyphausen, Die Kreisverwaltung Rastenburg, S.150 ♦ **83.** Der Kreis Angerburg, hier: Der Zweite Weltkrieg und seine Folgen, S. 664 ♦ **84.** Gerhardt Brandtner, Ernst Vogelsang, Die Post in Ostpreußen, S. 401 ♦ **85.** Uwe Neumärker, Volker Knopf, Görings Revier, Jagd und Politik in der Rominter Heide, Berlin 2007, S. 87f ♦ **86.** Christian Pletzing (Hrsg.), Vorposten des Reichs?, hier: Uwe Neumärker, Spinnennetz der Macht, S. 180 ♦ **87.** Sigrid Reisch von Wagner, Baltisch-ostpreußische Erinnerungen, Baden-Baden o. J., S. 109 ♦ **88.** Henriette Kaiser, Joachim Kaiser, Ich bin der letzte Mohikaner, München 2008,S. 362 ♦ **89.** Ebd. S. 362 ♦ **90.** Die Geschichte des Hauptzollamts Eydtkau (Eydtkuhnen) 1866–1945, Eine Studie von Heinz Gell, Lübeck o.J., Seite 122 ♦ **91.** Ernst-August Brenneisen, Stationen meines Lebens, Ein ostpreußischer Bauer erzählt, Dortmund 1992, S. 48 ♦ **92.** Ebd. S. 48f ♦ **93.** Ebd., S. 49 ♦ **94.** Paul Boldt, Dorfchronik von Tharau/Ostpreußen, Dortmund 1982, S. 136f ♦ **95.** Anton Greifenberg, Plausen, Erinnerungen an ein ermländisches Kirchdorf, Kisdorf 1969, S. 115f ♦ **96.** Jürgen Förster, Der Krieg gegen die Sowjetunion bis zur Jahreswende 1941/42, in: Der Angriff auf die Sowjetunion, Das Deutsche Reich und der Zweite Weltkrieg, Bd. 4, Stuttgart 1983, S. 462 ♦ **97.** Kurt von Zydowitz, Die Geschichte der 58. Infanterie-Division 1939–1945, Kiel 1952, S. 24 ♦ **98.** Ebd. S. 24f ♦ **99.** Ernst-August Brenneisen, Stationen meines Lebens, S. 50f ♦ **100.** Alfred Schiedat, Bumbeln, Kreis Gumbinnen, Die Geschichte eines ostpreußischen Dorfes und seiner Bewohner, Hamburg 1978, S. 55 ♦ **101.** Wilhem Matull, Erlebte Geschichte zwischen Pregel und Rhein, Erinnerungen aus drei Generationen 1845 – 1980, hier: hier Wilhelm Matull (1903-1980), Ins ‚grandiose' 20. Jahrhundert, Dortmund 1980, S. 88 ♦ **102.** Generalfeldmarschall Wilhelm Ritter von Leeb, Tagebuchaufzeichnungen und Lagebeurteilungen aus zwei Weltkriegen, Aus dem Nachlaß herausgegeben und mit einem Lebensabriß versehen von Georg Meyer, Stuttgart 1976, S. 274 ♦ **103.** Ebd. ♦ **104.** Gerhard Jankus, Proküls, Kirchspiel und Marktort im Memelland, Iserlohn 1989, S. 81 ♦ **105.** Ernst-August Brenneisen, Stationen meines Lebens, S. 50f ♦ **106.** Ebd. ♦ **107.** Ebd. ♦ **108.** Ebd. ♦ **109.** Kreisgemeinschaft Elchniederung in der Landsmannschaft Ostpreußen e.V. (Hrsg.): Der Kreis Elchniederung. Ein ostpreußisches Heimatbuch, Band I. zusammengestellt von Paul Lenke, Leer, 1967, hier: Wilhelm Packschies, Gowarten, S. 380f ♦ **110.** Ulla Lachauer, Paradiesstraße, Lebenserinnerungen der ostpreußischen Bäuerin Lena Grigoleit, Reinbek bei Hamburg 1996, S. 44 ♦ **111.** Sibylle Burghard, Chronik des weiblichen Arbeitsdienstes in Ostpreußen, Berichte, Briefe, Tagebücher, Zeitungsartikel, Burgdorf 1983, S. 177 ♦ **112.** Gerhard Jankus, Prökuls, S. 68f ♦ **113.** Generalfeldmarschall Wilhelm Ritter von Leeb, Tagebuchaufzeichnungen und Lagebeurteilungen aus zwei Weltkriegen, S. 61ff ♦ **114.** Generalfeldmarschall Wilhelm Ritter von Leeb, Tagebuchaufzeichnungen und Lagebeurteilungen aus zwei Weltkriegen, S. 61ff ♦ **115.** Jürgen Förster, Das Unternehmen ‚Barbarossa" als Eroberungs- und Vernichtungskrieg, in: Der Angriff auf die Sowjetunion, Das Deutsche Reich und der Zweite Weltkrieg, Bd. 4, S. 413ff ♦ **116.** Der Landkreis Samland, Ein Heimatbuch der ehemaligen Landkreise Königsberg und Fischhausen, zusammengestellt von Dr. jug. Paul Gusovius, hier: Paul Gusovius, Das Samland als Festung, S. 680f ♦ **117.** Paul Boldt, Dorfchronik von Tharau/Ostpreußen, S. 136f ♦ **118.** Henriette Kaiser, Joachim Kaiser, Ich bin der letzte Mohikaner, S. 62 ♦ **119.** www.annaberger-annalen.de/jahrbuch/1997/Annaberg Nr.5, Kap7.pdf, S. 129, Stand: 28.07.2011 ♦ **120.** Jörg Friedrich, Die kalte Amnestie: NS-Täter in der Bundesrepublik, München 1994, S. 337 ♦ **121.** www.annaberger-annalen.de/jahrbuch/1997/Annaberg Nr.5, Kap7.pdf, S. 125, Stand: 26.07.2011 ♦ **122.** Zit. nach: www.annaberger-annalen.de/jahrbuch/1997/Annaberg Nr.5, Kap7.pdf, S. 117, Stand: 26.07.2077 ♦ **123.** Ebd., S. 127 ♦ **124.** Ebd. ♦ **125.** Ebd. ♦ **126.** Ebd., S. 129 ♦ **127.** Ebd. ♦ **128.** Ebd. S. 130 ♦ **129.** Christian Pletzing (Hrsg.), Vorposten des Reichs?, Ostpreußen 1933–1945, hier. Ruth Leiserowitz, Grenzregion als Grauzone, Heydekrug – eine Stadt an der Peripherie Ostpreußens,S. 135ff ♦ **130.** Ebd. S. 138ff ♦ **131.** Ebd., S. 143f ♦ **132.** Ebd. ♦ **133.** Ebd., S. 133 ♦ **134.** Ebd., S. 138ff ♦ **135.** Ebd., S. 146 ♦ **136.** Jan Kiepe, Zwischen Ahndungsbemühungen und -behinderung, Das gesellschaftliche und rechtspolitische Umfeld bei Ermittlungen gegen ehemalige Gestapo-Mitarbieter, in: Klaus-Michael Mallmann, Andrej Angrick, Die Gestapo nach 1945, Darmstadt 2009, S. 169f ♦ **137.** Andreas Gautschi, Walter Frevert, Eines Weidmanns Wechsel und Wege, Melsungen 2005, S. 76 ♦ **138.** Ebd. S. 79f ♦ **139.** Ebd., S. 78 ♦ **140.** Zit. nach: Ebd., S. 82 ♦ **141.** Ebd., S. 83ff ♦ **142.** Marianne Peyinghaus, Stille Jahre in Gertlauken, S. 114 ♦ **143.** Kurt Dieckert, Horst Großmann, Der Kampf um Ostpreussen, Ein authentischer Dokumentarbericht, München 1960, S. 25 ♦ **144.** Horst Schulz, Der Natanger Kreis Preußisch Eylau, Bd. 3, Nach dem unglücklichen Krieg 1807 bis zur Gegenwart, Köln 1972, S. 192 ♦ **145.** Deutschland-Berichte der Sozialdemokratischen Partei Deutschlands (Sopade), Siebter Jahrgang 1940, S. 102 (Auszug aus dem Bericht für Februar 1940), zitiert nach www.verwaltungsgeschichte.de/koenigsberg.html, Stand: 26.07.2011 ♦ **146.** Der Kreis Rosenberg, hier: Richard Wollschläger, Der Amtsbezirk Stradem, Detmold 1963, S. 498 ♦ **147.** Ebd. ♦ **148.** Dietmar Willoweit, Im Schatten des Untergangs. Eine Kindheit in Memel, in: Nordost-Archiv, Die Stadt Memel, Lüneburg 2002, S. 400f ♦ **149.** Gerhard Reifferscheid, Das Bistum Ermland und das Dritte Reich, Köln, Wien 1975, S. 240f ♦ **150.** Walter von Sanden-Guja, Schicksal Ostpreußen, Hannover, 1968, S. 173ff ♦ **151.** Ebd ♦ **152.** Ernst-August Brenneisen, Stationen meines Lebens, S. 51f ♦ **153.** Linus Kather, Halali in Ostpreußen, Erinnerungen an ein geraubtes Land, Esslingen 1977, S. 192f ♦ **154.** Ebd. ♦ **155.** Marianne Peyinghaus, Stille Jahre in Gertlauken, S. 132 ♦ **156.** Linus Kather, Halali in Ostpreußen, S. 192f ♦ **157.** Ebd. ♦ **158.** Walter von Sanden-Guja, Schicksal Ostpreußen, Hannover 1968, S. 217f ♦ **159.** Ebd. ♦ **160.** Ebd., S. 169 ♦ **161.** Ebd. ♦ **162.** Oskar-Wilhelm Bachor (Hrsg,), Der Kreis Gerdauen, Ein ostpreußisches Heimatbuch, hier: Paul Schikowski, Geschichte des kölmischen Dorfes Krölligkeim, Würzburg, 1968, S. 150 ♦ **163.** Hartmut Boockmann, Deutsche Geschichte im Osten Europas, Ostpreußen und Westpreußen, Berlin 1992, S. 419 ♦ **164.** Marion Gräfin Dönhoff, Namen die keiner mehr nennt, Ostpreußen – Menschen und Geschichte, München 2004, S. 71f ♦ **165.** Ebd. S. 71f ♦ **166.** Ebd. S. 69 ♦ **167.** Marianne Peyinghaus, Stille Jahre in Gertlauken, S. 56 ♦ **168.** Kurt Dieckert, Horst Großmann,, Der Kampf um Ostpreussen, Ein authentischer Dokumentarbericht, S. 24 ♦ **169.** Marianne Peyinghaus, Stille Jahre in Gertlauken, S. 87 ♦ **170.** Ebd. S. 92 ♦ **171.** Kurt Dieckert, Horst Großmann, Der Kampf um Ostpreussen, S. 25 ♦ **172.** Ebd. ♦ **173.** Marianne Peyinghaus, Stille Jahre in Gertlauken, S. 170 ♦ **174.** Ebd. S. 47 ♦ **175.** Ebd. ♦ **176.** Helga Grebing, Die Worringers, Bildungsbürgerlichkeit als Lebenssinn, Wilhelm und Martha Worringer (1881–1965), Berlin 2004, S. 168 ♦ **177.** Ebd. S. 168 ♦ **178.** Louis Ferdinand Prinz von Preußen, Im Strom der Geschichte, Die Heimkehr nach Potsdam, München 1993, S. 290 ♦ **179.** Paul Ronge, Im Namen der Gerechtigkeit, Erinnerungen eines Strafverteidigers, München 1963, S. 209f ♦ **180.** Hugo Linck, Der Kirchenkampf in Ostpreußen 1933 bis 1945, Geschichte und Dokumentation, München 1968, S. 234 ♦ **181.** Paul Ronge, Im Namen der Gerechtigkeit, S. 214f ♦ **182.** Hugo Linck, Der Kirchenkampf in Ostpreußen 1933 bis 1945, S. 234 ♦ **183.** Ebd. ♦ **184.** Der Kreis Elchniederung, Ein ostpreußisches Heimatbuch, Bd. I, zusammengestellt von Paul Lenke, hier: Wilhelm Packschies, Gowarten,

Leer,1967, S. 383 ♦ **185.** Walter von Sanden-Guja, Schicksal Ostpreußen, S. 201 ♦ **186.** Ebd. S. 199 ♦ **187.** Ebd. ♦ **188.** Otto A. Schneidereit, Zwischen zwei Weltkriegen, Eine Jugend in Ostpreußen, Berlin 1999, S. 265 ♦ **189.** Die Geschichte des Hauptzollamts Eydtkau (Eydtkuhnen) 1866–1945, Eine Studie von Heinz Gell, Lübeck o. J., S. 120 ♦ **190.** Rainer Radok, Von Königsberg nach Melbourne, Vertreibung aus Ostpreußen im Dritten Reich, Lüneburg 1998, mpec.sc.mahidol.ac.th/radok/life/KAP9.HTM, stand 27.07.2011 ♦ **191.** Rainer Radok, Von Königsberg nach Melbourne. Vertreibung aus Ostpreußen im Dritten Reich, S. 94 ♦ **192.** Ebd., S. 98 ♦ **193.** Siehe: Israel Gutmann, Sarah Bender (Hrsg.), Lexikon der Gerechten unter den Völkern, Deutsche und Österreicher, Mit einem Nachwort von Horst Köhler, Göttingen 2005, S. 210 ♦ **194.** Michael Wieck, Zeugnis vom Untergang Königsbergs, Ein ‚Geltungsjude' berichtet, Mit einem Vorwort von Siegfried Lenz, München 2005, S. 101f ♦ **195.** Ebd. ♦ **196.** Klaus-Eberhard Murawski, Grundzüge der staatlichen Entwicklung in Ost- und Westpreußen, in: Zur Geschichte und Kultur der Juden in Ost- und Westpreußen, hrsg. von Michael Brocke, Margret Heitmann und Harald Lordick, Netiva – Wege deutsch-jüdischer Geschichte und Kultur, Studien des Salomon Ludwig Steinheim-Instituts, Hildesheim, Zürich, New York 2000, S. 33 ♦ **197.** Aloys Sommerfeld, Juden im Ermland, in: Zur Geschichte und Kultur der Juden in Ost- und Westpreußen, hrsg. von Michael Brocke, Margret Heitmann und Harald Lordick, Netiva – Wege deutsch-jüdischer Geschichte und Kultur, Studien des Salomon Ludwig Steinheim-Instituts, S. 62f ♦ **198.** Kreisbuch Osterode Ostpreussen, hrsg. von der Kreisgemeinschaft Osterode Ostpr.e.V., erarbeitet und zusammengestellt von Klaus Bürger, hier: Klaus Bürger, Das katholischen Kirchenwesen im Kreis Osterode, Osterode 1977, S. 600 ♦ **199.** Michael Wieck, Zeugnis vom Untergang Königsbergs, S. 30f ♦ **200.** „Für diesen Zug wird in der Literatur als Verkehrstag irrig auch der 2. August 1942 genannt", schreiben Gottwald/Schulle in: Die Judendeportationen aus dem Deutschen Reich 1941–1945, Eine kommentierte Chronologie, Wiesbaden 2005, S. 315 ♦ **201.** Alfred Gottwaldt, Diana Schulle, Die Judendeportationen aus dem Deutschen Reich 1941–1945, Eine kommentierte Chronologie, S. 315 ♦ **202.** Ebd. S. 257 ♦ **203.** Ebd., S. 340 ♦ **204.** Aloys Sommerfeld, Juden im Ermland, in: Zur Geschichte und Kultur der Juden in Ost- und Westpreußen, hrsg. von Michael Brocke, Margret Heitmann und Harald Lordick, S. 45 ♦ **205.** Ebd. S. 62f ♦ **206.** Michael Wieck, Zeugnis vom Untergang Königsbergs, S. 136f ♦ **207.** Ebd. ♦ **208.** Gerhard Reifferscheid, Das Bistum Ermland und das Dritte Reich, S. 240 ♦ **209.** Vgl. *Berliner Morgenpost* vom 25.1.2011, *Jüdische Allgemeine (Jüdische Allgemeine Zeitung)* vom 26.1.2011 ♦ **210.** http://resources.ushmm.org/inquery/uia_doc.php/photos/12046?hr=null, Stand: 26.07.2011 ♦ **211.** *Berliner Morgenpost* vom 25.1.2011 ♦ **212.** Christian Tilitzki, Alltag in Ostpreußen 1940-45, Die geheimen Lageberichte der Königsberger Justiz, Würzburg o. J., S. 62 ♦ **213.** Hans Graf von Lehndorff, Ostpreußisches Tagebuch, Aufzeichnungen eines Arztes aus den Jahren 1945–1947, München 2005, S. 9 ♦ **214.** Sigrid Reisch von Wagner, Baltisch-ostpreußische Erinnerungen, S. 115 ♦ **215.** Gerhardt Brandtner, Ernst Vogelsang, Die Post in Ostpreußen, S. 404 ♦ **216.** Dietmar Willoweit, Im Schatten des Untergangs, in: Nordost-Archiv, Die Stadt Memel, Lüneburg 2002, S. 404f ♦ **217.** Sibylle Burghard, Chronik des weiblichen Arbeitsdienstes in Ostpreußen, Berichte, Briefe, Tagebücher, Zeitungsartikel, Burgdorf 1983, S. 293f ♦ **218.** Götz von Selle, Geschichte der Albertus-Universität zu Königsberg in Preußen, Würzburg 1956, S. 361f ♦ **219.** Dietmar Willoweit, Im Schatten des Untergangs, in: Nordost-Archiv, Die Stadt Memel, Lüneburg 2002, S. 404f ♦ **220.** Ebd. S. 405 ♦ **221.** Hans Graf von Lehndorff, Ostpreußisches Tagebuch, S. 9 ♦ **222.** Kurt Dieckert, Horst Großmann Der Kampf um Ostpreussen, S. 26 ♦ **223.** Ebd. S. 34 ♦ **224.** Christian Graf von Krockow, Eine Frage der Ehre, Stauffenberg und das Hitler-Attentat vom 20. Juli 1944, Berlin 2002, S. 121 ♦ **225.** Ebd. S. 128 ♦ **226.** Ebd., S. 129 ♦ **227.** Ebd., S. 130 ♦ **228.** Ebd., S. 131 ♦ **229.** Ebd., S. 132 ♦ **230.** Zit. nach: *Spiegel* 29/2004 ♦ **231.** Zit. nach: Uwe Neumärker, Robert Conrad, Cord Woywodt, Wolfsschanze, S. 15 ♦ **232.** Rochus Misch, Der letzte Zeuge, S. 174 ♦ **233.** Joachim Tauber (Bearb.), Im Wandel der Zeiten: Die Stadt Memel im 20. Jahrhundert. Nordost-Archiv. Das Memelgebiet (1919–1944) in der deutschen und litauischen Historiographie nach 1945 Zeitschrift für Regionalgeschichte, Neue Folge X (2001), Lüneburg 2002, hier: Klaipeda zwischen der Sowjetunion und der Litauischen SSR, 1945–1990, S. 121 ♦ **234.** Dietmar Willoweit, Im Schatten des Untergangs, in: Nordost-Archiv, Die Stadt Memel, Lüneburg 2002, S. 405f ♦ **235.** Ebd. ♦ **236.** Christian Tilitzki, Alltag in Ostpreußen 1940–45, S. 287 ♦ **237.** Hedwig von Lölhöffel, Tharau liegt woanders, Ein Lied, ein Dorf und seine Menschen, Düsseldorf1987, S. 202 ♦ **238.** Ebd. S. 205ff ♦ **239.** Ebd. ♦ **240.** Helga Grebing, Die Worringers, S. 199 ♦ **241.** Helga Grebing, Die Worringers, Bildungsbürgerlichkeit als Lebenssinn, S. 201 ♦ **242.** Walter Tubenthal, Die Räumung des Kreises Treuburg, in: Rudolf Grenz (Hrsg.); Der Kreis Treuburg, Ein ostpreußisches Heimatbuch, Lübeck 1971, S. 422f ♦ **243.** Edith Ost, Chronik des weiblichen Arbeitsdienstes in Ostpreußen, Berichte, Briefe, Tagebücher, Zeitungsartikel, S. 229f ♦ **244.** Louis Ferdinand Prinz von Preußen, Im Strom der Geschichte, S. 304 ♦ **245.** Zit. Nach Richard Lakowski, Der Zusammenbruch der deutschen Verteidigung zwischen Ostsee und Karpaten, in: Die Eroberung und Besetzung des Deutschen Reiches, in: Der Zusammenbruch des Deutschen Reiches 1945, Erster Halbband: Die militärische Niederwerfung der Wehrmacht, Das Deutsche Reich und der Zweite Weltkrieg, München 2008, S. 529ff ♦ **246.** Ebd. ♦ **247.** Karl-Heinz Frieser, Die erfolgreichen Abwehrkämpfe der Heeresgruppe Mitte im Herbst 1944, in: Der Zusammenbruch im Osten, Die Rückzugskämpfe seit Sommer 1944, in: Die Ostfront 1943/44, Der Krieg im Osten und an den Nebenfronten, Das Deutsche Reich und der Zweite Weltkrieg, Bd. 8, München 2007, S. 619 ♦ **248.** Richard Lakowski, Der Zusammenbruch der deutschen Verteidigung zwischen Ostsee und Karpaten, in: Die Eroberung und Besetzung des Deutschen Reiches, in: Der Zusammenbruch des Deutschen Reiches 1945, Erster Halbband: Die militärische Niederwerfung der Wehrmacht, S. 533 ♦ **249.** E. Z. Vorob'ev Nacalo boes v Vostocnoj Prussii, S. 52 ♦ **250.** Christian Pletzing (Hrsg.), Vorposten des Reichs?, Ostpreußen 1933–1945, hier: Uwe Neumärker, Spinnennetz der Macht – die „Wolfsschanze" und andere NS-Hauptquartiere in Ostpreußen 1941 und 1944, München 2006, S. 193 ♦ **251.** Kurt Dieckert, Horst Großmann, Der Kampf um Ostpreussen, S. 34f ♦ **252.** Esther Gräfin von Schwerin, Kormorane, Brombeerranken, S. 130 ♦ **253.** Marianne Peyinghaus, Stille Jahre in Gertlauken, S. 185 ♦ **254.** Bericht des Generalstaatsanwalts (OLG-Präsident Fritz Szelinski) vom 29. Mai, zit. nach: Christian Tilitzki, Alltag in Ostpreußen 1940–45, Die geheimen Lageberichte der Königsberger Justiz, S. 237f ♦ **255.** Der Landkreis Samland, hier: Paul Gusovius, Das Samland als Festung, Würzburg 1966, S. 682 ♦ **256.** Siehe: http://www.raf.mod.uk/bombercommand/aug44.html, Stand: 27.07.2011 ♦ **257.** Wilhem Matull, Erlebte Geschichte zwischen Pregel und Rhein, hier: Wilhelm Matull (1903–1980), Ins ‚grandiose' 20. Jahrhundert, Dortmund 1980, S. 92 ♦ **258.** Klaus von der Groeben, Im Dienst für Staat und Gemeinschaft, S. 114 ♦ **259.** Esther Gräfin von Schwerin, Kormorane, Brombeerranken, S. 113 ♦ **260.** Ebd. ♦ **261.** Siehe: http://www.raf.mod.uk/bombercommand/aug44.html, Stand: 27.07.2011 ♦ **262.** 47. Bericht des OLG-Präsidenten vom 9.

September 1944, Dr Max Draeger, in: Christian Tilitzki, Alltag in Ostpreußen 1940–45, S. 279 ♦ **263.** Angaben von Fritz Gause, zit. nach: Christian Tilitzki, Alltag in Ostpreußen 1940-45, S. 279 ♦ **264.** Kurt Dieckert, Horst Großmann, Der Kampf um Ostpreussen, S. 34f ♦ **265.** Michael Wieck, Zeugnis vom Untergang Königsbergs, Ein ‚Geltungsjude' berichtet, Mit einem Vorwort von Siegfried Lenz, München 2005, S. 152f ♦ **266.** Marianne Peyinghaus, Stille Jahre in Gertlauken, S. 18f ♦ **267.** Manfred Zeidler, Kriegsende im Osten, Die Rote Armee und die Besetzung Deutschlands östlich von Oder und Neiße 1944/45, München 1996, S. 70 ♦ **268.** Gerhard Fittkau, Mein Dreiundreissigstes Jahr, München 1957, S. 15 ♦ **269.** Janusc Marszalec, Leben unter dem Terror der Besatzer und das Randverhalten von Soldaten der Armia Krajowa, in: Bernhard Chiari (Hrsg.), Die polnische Heimatarmee, Geschichte und Mythos der Armia Krajowa seit dem Zweiten Weltkrieg, München 2003, S. 349 ♦ **270.** Ebd. 348f ♦ **271.** Der Kreis Angerburg, hier: Alfred Sager, Großgarten (Possessern), Rotenburg 1973, S.165 ♦ **272.** Kurt Dieckert, Horst Großmann, Der Kampf um Ostpreussen, S. 79 ♦ **273.** Uwe Neumärker, Volker Knopf, Görings Jagdrevier, Jagd und Politik in der Rominter Heide, Berlin 2007, S. 165ff ♦ **274.** Otto A. Schneidereit, Zwischen zwei Weltkriegen, Eine Jugend in Ostpreußen, Berlin 1999, S. 287 ♦ **275.** Kurt Dieckert, Horst Grossmann, Der Kampf um Ostpreussen, S. 35 ♦ **276.** Dietmar Willoweit, Im Schatten des Untergangs, S. 405f ♦ **277.** Christian Tilitzki, Alltag in Ostpreußen 1940–55, S. 283 ♦ **278.** Dietmar Willoweit, Im Schatten des Untergangs, S. 406 ♦ **279.** Ebd. ♦ **280.** Ebd. ♦ **281.** Zit. nach: www.tydecks.info/online/pers_memel_flucht.html, abgerufen am 23.4.2010 ♦ **282.** Manfred Zeidler, Kriegsende im Osten, S. 68 ♦ **283.** Gerhard Jankus, Prökuls, S. 74 ♦ **284.** Ernst Hofer, Am Memelstrom und Ostfluß, Düsseldorf 1967, S. 126 ♦ **285.** Zit. nach: Manfred Zeidler, Kriegsende im Osten, S. 70f ♦ **286.** Zit. nach: Karl-Heinz Frieser, Die erfolgreichen Abwehrkämpfe der Heeresgruppe Mitte im Herbst 1944, in: Der Zusammenbruch im Osten, Die Rückzugskämpfe seit Sommer 1944, in: Die Ostfront, 1943/44, Der Krieg im Osten und an den Nebenfronten, S. 614 ♦ **287.** Kurt Dieckert, Horst Großmann, Der Kampf um Ostpreussen, S. 59 ♦ **288.** Christian Pletzing (Hrsg.), Vorposten des Reichs?, Ostpreußen 1933-1945, hier: Uwe Neumärker, Spinnennetz der Macht, S. 193 ♦ **289.** Kurt Dieckert, Horst Großmann, Der Kampf um Ostpreußen, Seite 63 ♦ **290.** Erhard Beyer, Kornberg, Kreis Goldap, Ostpreußen, Die Einwohner, ihre Wege, Wattenbek 2003, S. 73a ♦ **291.** Walter Frevert, Rominten, S. 25 ♦ **292.** Christian Pletzing (Hrsg.), Vorposten des Reichs?, Ostpreußen 1933-1945, hier: Uwe Neumärker, Spinnennetz der Macht, S. 193 ♦ **293.** Uwe Neumärker, Volker Knopf, Görings Jagdrevier, S. 165ff ♦ **294.** Christian Schulz, Ein Klavier für das Gebietskomitee, Russen und Deutsche in Tollmingkehmen, Ostpreußen, in: Adrian von Arburg, Borodziej, Wlodzimierz, Kostjaschow, Jurij u.a., Als die Deutschen weg waren, Was nach der Vertreibung geschah: Ostpreußen, Schlesien, Sudetenland, Reinbek bei Hamburg 2007, S. 237 ♦ **295.** Ebd., S. 238 ♦ **296.** Ebd. ♦ **297.** Ebd., S. 240 ♦ **298.** Mikhail Aleksev, Der Anfang der Kämpfe in Ostpreußen, o.J., wahrscheinlich Moskau 1961, Zeitschriftendruck ♦ **299.** Michael Wieck, Zeugnis vom Untergang Königsbergs, Ein ‚Geltungsjude' berichtet, S. 164f ♦ **300.** Sigrid Reisch von Wagner, Baltisch-ostpreußische Erinnerungen, S. 117 ♦ **301.** Ebd. ♦ **302.** Ebd. ♦ **303.** Ebd., S. 122 ♦ **304.** Zit. nach: Kurt Dieckert, Horst Großmann, Der Kampf um Ostpreussen, S. 66 ♦ **305.** Ebd. ♦ **306.** Die Heimatchronik spricht 1971 von 20. Siehe: Stadt und Kreis Gumbinnen, Eine ostpreußische Dokumentation, zusammengestellt und erarbeitet im Auftrage der Kreisgemeinschaft Gumbinnen von Dr. phil Rudol Grenz, Marburg/Lahn 1971, S. 630 ♦ **307.** Manfred Zeidler, Kriegsende im Osten, S. 71f ♦ **308.** Alfred Schiedat, Bumbeln, Kreis Gumbinnen, Die Geschichte eines ostpreußischen Dorfes und seiner Bewohner, Hamburg 1978, S. 61 ♦ **309.** Karl-Heinz Frieser, Die erfolgreichen Abwehrkämpfe der Heeresgruppe Mitte im Herbst 1944, in: Der Zusammenbruch im Osten, Die Rückzugskämpfe seit Sommer 1944, in: Die Ostfront 1943/44, S. 620 ♦ **310.** Vgl. Alexander Werth, Rußland im Krieg 1941–1945, München, 1965, S. 555 ♦ **311.** Der Abwehrkampf im Osten, Notizen aus dem Fronttagebuch eines Bataillonsführers, Am 3. September 1944, dem letzten Urlaubstag vor seiner Fahrt nach Osten, begann der damalige Oberleutnant d. Res. Dr. Gerhard Frohn seine Aufzeichnungen über den Einsatz an der Ostfront, in: Waltraud Schmidt, Der Kampf um Goldap, Erinnerungen an 1944/45. Frontberichte von Offizieren und Soldaten, zusammengestellt von Waltraud Schmidt, Detmold 1997, Seite 174f ♦ **312.** Ebd. ♦ **313.** Zit. nach: Richard Lakowski, Der Zusammenbruch der Heeresgruppe Mitte im Herbst 1944, in: Der Zusammenbruch im Osten. Die Rückzugskämpfe seit Sommer 1944, in: Die Ostfront 1943/44 Der Krieg im Osten und an den Nebenfronten, S. 620f ♦ **316.** Karl-Heinz Frieser, Die erfolgreichen Abwehrkämpfe der Heeresgruppe Mitte im Herbst 1944, in: Der Zusammenbruch im Osten. Die Rückzugskämpfe seit Sommer 1944, in: Die Ostfront 1943/44, S. 620f ♦ **317.** Bernhard Fisch, Nemmersdorf, Oktober 1944, Was in Ostpreußen tatsächlich geschah, Mit einem Nachwort von Ralph Giordano und einem Vorwort von Wolfgang Wünsche, Berlin 1997 ♦ **318.** Christian Pletzing (Hrsg.), Vorposten des Reichs?, Ostpreußen 1933–1945, hier: Bernhard Fisch, Ostpreußen 1944/45, Mythen und Realitäten, S. 222 ♦ **319.** Christian Pletzing (Hrsg.), Vorposten des Reichs?, hier: Bernhard Fisch, Ostpreußen 1944/45, S. 228 ♦ **320.** Vgl. Augenzeugenbericht von Fr. Jaedtke, zit. bei: Anton Detlev von Plato, Die Geschichte der 5. Panzerdivision 1938 bis 1945, Selbstverlag Gemeinschaft der Angehörigen der ehemaligen 5. Panzerdivision, o. Ort. 1978, S. 368 ♦ **321.** Karl-Heinz Frieser, Die erfolgreichen Abwehrkämpfe der Heeresgruppe Mitte im Herbst 1944, in: Der Zusammenbruch im Osten, in: Die Ostfront 1943/44, Der Krieg im Osten und an den Nebenfronten, S. 620 ♦ **322.** Christian Pletzing (Hrsg.), Vorposten des Reichs?, hier: Bernhard Fisch, Ostpreußen 1944/45, S. 226 ♦ **323.** Zit. nach: *Der Spiegel* 13/2002 ♦ **324.** Christian Pletzing (Hrsg.), Vorposten des Reichs?, hier: Bernhard Fisch, Ostpreußen 1944/45, S. 226 ♦ **325.** Ebd., S. 229 ♦ **326.** Der Kreis Treuburg, hier: Walter Tubenthal, Der Volkssturm im Kreise Treuburg, S. 422f ♦ **327.** Ebd. ♦ **328.** Manfred Zeidler, Kriegsende im Osten, S. 72 ♦ **329.** Ebd. S. 75 ♦ **330.** Friedrich Hoßbach, Die Schlacht um Ostpreußen. Aus den Kämpfen der deutschen 4. Armee um Ostpreußen in der Zeit vom 19.7.1944–30.1.1945, Überlingen/Bodensee 1951, S. 32 ♦ **331.** Manfred Zeidler, Kriegsende im Osten, S. 75 ♦ **332.** Tagebuch Olt. Karl Knoblauch beim 1. Fallschirmjägerregiment 16 der Division „Hermann Göring", in: Waltraud Schmidt, Der Kampf um Goldap, Erinnerungen an 1944/45. Frontberichte von Offizieren und Soldaten, S. 159 ♦ **333.** Anton Detlev von Plato, Die Geschichte der 5. Panzerdivision 1938 bis 1945, hrsg. von der Gemeinschaft der Angehörigen der ehemaligen 5.,Panzerdivision, o. O. 1978, S. 370 ♦ **334.** Ebd. ♦ **335.** Karl-Heinz Frieser, Die erfolgreichen Abwehrkämpfe der Heeresgruppe Mitte im Herbst 1944, S. 619 ♦ **336.** Kurt Dieckert, Horst Großmann, Der Kampf um Ostpreussen, S. 70 ♦ **337.** Alfred Schiedat, Bumbeln, S. 63 ♦ **338.** Uwe Neumärker, Robert Conrad, Cord Woywodt, Wolfsschanze, S. 158 ♦ **339.** Ebd. ♦ **340.** Ebd. ♦ **341.** Ebd., S. 159 ♦ **342.** Hans Graf von Lehndorff, Ostpreußisches Tagebuch, S. 10 ♦ **343.** Der Kreis Rosenberg, hier: Richard Wollschläger, Der Amtsbezirk Stradem, Detmold 1963, S. 481 ♦ **344.** Henriette Kaiser, Joachim Kaiser, Ich bin der letzte Mohikaner, München 2008, S. 65f

Das Ende einer Provinz

♦ **1.** Walter von Sanden-Guja, Schicksal Ostpreußen, Hannover 1968, Seite 263ff ♦ **2.** Manfred Zeidler, Kriegsende im Osten, Die Rote Armee und die Besetzung Deutschlands östlich von Oder und Neiße 1944/45, München 1996, S. 77 ♦ **3.** Ebd. S. 80ff ♦ **4.** Autorenkollektiv des Instituts für Marxismus-Leninismus beim Zentralkomitee d. Kommunistischen Partei d. Sowjetunion, Die siegreiche Beendigung des Krieges mit dem faschistischen Deutschland, Die Niederlage des imperialistischen Japans, Geschichte des Großen Vaterländischen Krieges der Sowjetunion Bd. 5, Berlin 1967, S. 115 ♦ **5.** Ebd. S. 112f ♦ **6.** Richard Lakowski, Der Zusammenbruch der deutschen Verteidigung zwischen Ostsee und Karpaten, in: Die Eroberung und Besetzung des Deutschen Reiches, in: Der Zusammenbruch des Deutschen Reiches 1945, Erster Halbband: Die militärische Niederwerfung der Wehrmacht, Band 10, Erster Halbband, Das Deutsche Reich und der Zweite Weltkrieg, München 2008, S. 529ff ♦ **7.** Autorenkollektiv des Institut für Marxismus-Leninismus beim Zentralkomitee der Kommunistischen Partei der Sowjetunion, Die siegreiche Beendigung des Krieges mit dem faschistischen Deutschland, **S. 112f** ♦ **8.** Manfred Zeidler, Kriegsende im Osten, S. 82f ♦ **9.** Kurt Dieckert, Horst Grossmann, Der Kampf um Ostpreussen, Ein authentischer Dokumentarbericht, S. 80 ♦ **10.** Paul Ronge, Im Namen der Gerechtigkeit, Erinnerungen eines Strafverteidigers, München, 1963, Seite 306 ♦ **11.** Ebd. ♦ **12.** Linus Kather, Halali in Ostpreußen, Erinnerungen an ein geraubtes Land, Esslingen, 1977, Seite 65f ♦ **13.** Ebd. ♦ **14.** Willy Hanemann, Widitten, Der Schulmeister erinnert sich, Rodgau 1986, S. 256f ♦ **15.** Autorenkollektiv des Instituts für Marxismus-Leninismus, Die siegreiche Beendigung d. Krieges mit dem faschistischen Deutschland, **S. 127f** ♦ **16.** Richard Lakowski, Der Zusammenbruch der deutschen Verteidigung zwischen Ostsee und Karpaten, in: Die Eroberung und Besetzung des Deutschen Reiches, in: Der Zusammenbruch des Deutschen Reiches 1945, Erster Halbband: Die militärische Niederwerfung der Wehrmacht, Band 10, Erster Halbband, Das Deutsche Reich und der Zweite Weltkrieg, S. 533f ♦ **17.** Kurt Dieckert, Horst Grossmann, Der Kampf um Ostpreussen, S. 82f ♦ **18.** Autorenkollektiv des Instituts für Marxismus-Leninismus, Die siegreiche Beendigung des Krieges mit dem faschistischen Deutschland, **S. 129** ♦ **19.** Marianne Peyinghaus, Stille Jahre in Gertlauken, Erinnerungen an Ostpreußen, München 1992, S. 195 ♦ **20.** Hermann Rettig, Kirchspiel Popelken/Markthausen, Historische Aufarbeitung und Dokumentation der Flucht und Vertreibung bis 1948, Leverkusen o. J. S. 49ff ♦ **21.** Ebd., Seite 50f ♦ **22.** Ebd., S. 49ff ♦ **23.** Ebd. ♦ **24.** Ebd. ♦ **25.** Ebd. ♦ **26.** Ebd. ♦ **27.** Ebd. ♦ **28.** Marianne Peyinghaus, Stille Jahre in Gertlauken, Erinnerungen an Ostpreußen, S. 196f ♦ **29.** Ebd. ♦ **30.** Ebd., S. 199f ♦ **31.** Ebd. ♦ **32.** Ebd. ♦ **33.** Ebd. ♦ **34.** Kriegstagebuch über die Kampfhandlungen des Goldaper Volkssturms, in der Zeit 1944/45 von Bruno Just, früher Goldap, Schuhstraße 4, in: Waltraud Schmidt, Der Kampf um Goldap, Erinnerungen an 1944/45, Frontberichte von Offizieren und Soldaten, Detmold 1997, S. 19 ♦ **35.** Ebd., S. 19 ♦ **36.** Hedwig von Lölhöffel, Tharau liegt woanders, Ein Lied, ein Dorf und seine Menschen, Düsseldorf 1987, S. 212 ♦ **37.** Ebd. S. 213ff ♦ **38.** Christian Tilitzki, Alltag in Ostpreußen 1940–45, Die geheimen Lageberichte der Königsberger Justiz, Würzburg o. J., S. 64 ♦ **39.** Manfred Zeidler, Kriegsende im Osten, S. 86ff ♦ **40.** Paul Ronge, Im Namen der Gerechtigkeit, S. 316 ♦ **41.** Ebd. ♦ **42.** Autorenkollektiv des Instituts für Marxismus-Leninismus, Die siegreiche Beendigung des Krieges mit dem faschistischen Deutschland, **S. 127f** ♦ **43.** Alexander Solschenizyn, Archipel Gulag, Bern 1974, S. 252. ♦ **44.** Alexander Solschenizyn, Schwenkitten '45, Die autobiographischen Erzählungen, München 2004, S. 108 ♦ **45.** Ebd. ♦ **46.** Lew Kopelew, Aufbewahren für alle Zeit!, Autobiographie 2, Göttingen 1996, S. 94f ♦ **47.** Ebd. S. 96 ♦ **48.** Ebd. ♦ **49.** Ernst Hartmann, Geschichte der Stadt Hohenstein in Ostpreußen, Würzburg 1959, S. 109 ♦ **50.** Ebd. S. 108 ♦ **51.** Uwe Neumärker, Volker Knopf, Görings Jagdrevier, Jagd und Politik in der Rominter Heide, Berlin 2007, S. 172 ♦ **52.** Uwe Neumärker, Volker Knopf, Görings Jagdrevier, S. 172 ♦ **53.** Manfred Zeidler, Kriegsende im Osten, S. 86ff ♦ **54.** Kurt Dieckert, Horst Grossmann, Der Kampf um Ostpreussen, S. 111 ♦ **55.** Heimatbuch des Landkreises Allenstein, Hrsg. Kreisgemeinschaft Allenstein, hier: Günther Meinhardt, Die Kriegsereignisse im zweiten Weltkrieg, Langenhagen 1968, S. 318 ♦ **56.** Der Kreis Mohrungen, Ein ostpreußisches Heimatbuch, zusammengestellt von Wolf Frhr. von Wrangel, hier: Die Heerzeit, nach Wilhelm Dobbek in: Mohrunger Kreiszeitung 1944, hier: Gustav Pukall, Das Postamt Mohrungen, von, Würzburg 1967, S. 1126 ♦ **57.** zitiert nach http://www.z-g-v.de/doku/archiv/oderneisse1/kapitel-6-1-1-2, 29. Mai 1952, Stand: 27.07.2011 ♦ **58.** Max Landowski, Landarbeiter, Ein Leben zwischen Westpreußen und Schleswig-Holstein, hrsg. von Hans Joachim Schröder unter Mitarbeit von Maria Akingunsade, Berlin 2000, S. 77 ♦ **59.** Ebd. S. 76 ♦ **60.** Gerhard Fittkau, Mein Dreiundreissigstes Jahr, München 1957, S. 44 ♦ **61.** Max Landowski, Landarbeiter, S. 77 ♦ **62.** Ebd. S. 18 ♦ **63.** Alexander Fürst zu Dohna-Schlobitten, Erinnerungen eines alten Ostpreußen, Würzburg 2007, S. 284f ♦ **64.** Ebd. S. 289f ♦ **65.** Ebd., S. 290 ♦ **66.** Ebd., S. 291 ♦ **67.** Ebd., S. 292 ♦ **68.** Ebd., S. 292f ♦ **69.** Ebd., S. 299f ♦ **70.** Ebd. ♦ **71.** Ebd., S. 295 ♦ **72.** Ebd. ♦ **73.** Ebd., S. 301 ♦ **74.** Ernst-August Brenneisen, Stationen meines Lebens, ein ostpreußischer Bauer erzählt, Dortmund, 1992, Seite 107 ♦ **75.** Ebd. ♦ **76.** Ebd. ♦ **77.** Autorenkollektiv des Instituts für Marxismus-Leninismus beim Zentralkomitee der Kommunistischen Partei der Sowjetunion, Die siegreiche Beendigung des Krieges mit dem faschistischen Deutschland, Die Niederlage des imperialistischen Japans, Geschichte des Großen Vaterländischen Krieges der Sowjetunion, Bd. 5, Berlin 1967, S. 136f ♦ **78.** Ebd. ♦ **79.** Alfred Neubert, Bericht über die Kämpfe um Elbing, 23. Januar bis 10. Februar 1945, Hann.-Münden, den 18.8.1946, digitalisiert von Richard Leopold < rl@wlp.de> - Tergast, den 16.11.1997 ♦ **80.** Manfred Zeidler, Kriegsende im Osten, S. 86ff ♦ **81.** Louis Ferdinand Prinz von Preußen, Im Strom der Geschichte, Die Heimkehr nach Potsdam, München 1993, S. 311f ♦ **82.**, Ebd. S. 311f ♦ **83.** Ebd. ♦ **84.** Ebd. ♦ **85.** Und vergib uns unsere Schuld ... Ein historisches Dokument 1945/48, Die Aufzeichnungen von Frau Rosa Lebenski aus Zandersdorf/Ostpreußen, Mit einer Einführung von Helmut Gollwitzer, Mainz 1965, S. 26 ♦ **86.** Ebd. S. 29 ♦ **87.** Ebd., S. 31 ♦ **88.** Günther Lass, Flucht und Vertreibung, in: Rudolf Grenz (Hrsg.), Der Kreis Treuburg, Ein ostpreußisches Heimatbuch, Lübeck 1971, S. 429f ♦ **89.** Ebd. ♦ **90.** Emil Johannes Guttzeit, Der Kreis Johannisburg, Ein ostpreußisches Heimatbuch., hier: Das Schicksal des Kreises bei Kriegsende 1945, dargestellt nach Dokumentationsberichten im Bundesarchiv Koblenz, Würzburg 1964, S. 350ff ♦ **91.**, Ebd. S. 351 ♦ **92.** Emil Johannes Guttzeit, Der Kreis Johannisburg, hier: H. Ziemer, Aus der Arbeit der Kreisverwaltung, S. 353 ♦ **93.** Alexander Solschenizyn, Schwenkitten '45, S. 109 ♦ **94.** Ebd. S. 115 ♦ **95.** Ebd., S. 121 ♦ **96.** Ebd. ♦ **97.** Gerhard Fittkau, Mein Dreiundreissigstes Jahr, München 1957, S. 35 ♦ **98.** Ebd. S. 48 ♦ **99.** Erhard Beyer, Kornberg, Kreis Goldap, Ostpreußen, Die Einwohner, ihre Wege, Wattenbek 2003, S. 38f ♦ **100.** Kurt Dieckert,

Horst Grossmann, Der Kampf um Ostpreussen, S. 115 ♦ **101.** Der Kreis Treuburg, hier: Walter Tubenthal, Der Volkssturm im Kreise Treuburg, S. 422f ♦ **102.** Der Kreis Lötzen, Ein ostpreußisches Heimatbuch, in Zusammenarbeit mit vielen Sachkennern erarbeitet und gestaltet von Dr. Max Meyhöfer, Ostdeutsche Beiträge, Aus dem Göttinger Arbeitskreis, Band XX,, hier: Der Leidensweg der Zurückgebliebenen, Bericht von Frau Katharina Göbel über das Schicksal des Dorfes Kronau bei Stürlack, Würzburg 1961, S. 360f ♦ **103.** Ebd. ♦ **104.** Ebd. ♦ **105.** Dieckert, Grossmann, Der Kampf um Ostpreussen, S. 137 ♦ **106.** Ilsa Langanke, Und die Sehnsucht bleibt, Eine ostpreußische Biographie, Lebenserinnerung, Oldenburg 2007, S. 81 ♦ **107.** Ebd., S. 83 ♦ **108.** Ebd., S. 84 ♦ **109.** Ebd., S. 90 ♦ **110.** Der Kreis Heiligenbeil, Ein ostpreußisches Heimatbuch, zusammengestellt und bearbeitet von Emil Johannes Guttzeit. hier: Das Schicksal des Kreises und seiner Bewohner am Ende des 2. Weltkrieges, Leer 1975, S. 647 ♦ **111.** Kurt Dieckert, Horst Grossmann, Der Kampf um Ostpreussen, S. 140f ♦ **112.** Ebd. S. 137 ♦ **113.** Der Kreis Heiligenbeil, hier: Das Schicksal des Kreises und seiner Bewohner am Ende des 2. Weltkrieges, S. 647 ♦ **114.** Walter von Sanden-Guja, Schicksal Ostpreußen, Hannover 1968, S. 264f ♦ **115.** Ebd. S. 265 ♦ **116.** Autorenkollektiv des Instituts für Marxismus-Leninismus beim Zentralkomitee der Kommunistischen Partei der Sowjetunion, Die siegreiche Beendigung des Krieges mit dem faschistischen Deutschland, Geschichte des Großen Vaterländischen Krieges der Sowjetunion, Bd. 5, S. 136f ♦ **117.** Ebd. S. 137 ♦ **118.** Hans-Henning Podzun, Weg und Schicksal der 21. Infanteriedivision, Kiel 1951, S. 24f ♦ **119.** Autorenkollektiv des Instituts für Marxismus-Leninismus, Die siegreiche Beendigung des Krieges mit dem faschistischen Deutschland, Geschichte des Großen Vaterländischen Krieges der Sowjetunion, Bd. 5, S. 142 ♦ **120.** Alexander Solschenizyn, Archipel Gulag, S. 252 ♦ **121.** Autorenkollektiv des Instituts für Marxismus-Leninismus, Die siegreiche Beendigung des Krieges mit dem faschistischen Deutschland, Geschichte des Großen Vaterländischen Krieges der Sowjetunion., Bd. 5, S. 143 ♦ **122.** Ebd. ♦ **123.** Ernst-August Brenneisen, Stationen meines Lebens, Seite 108 ♦ **124.** Ebd. ♦ **125.** Ebd. ♦ **126.** Ebd. Seite 110f ♦ **127.** Eintrag Forum Kollektives Gedächnis von Hermann Lohmann aus Deutsch Evern, Februar 2010, Deutsches Historisches Musseum http://www.dhm.de/lemo/forum/kollektives_gedaechtnis/530/, Stand: 8.08.2011 ♦ **128.** Zit. nach: Erhard Lucas-Busemann, So fielen Königsberg und Breslau, Nachdenken über eine Kathastrophe ein halbes Jahrhundert danach, Berlin 1994, S. 8 ♦ **129.** Ebd. ♦ **130.** Autorenkollektiv des Instituts für Marxismus-Leninismus, Die siegreiche Beendigung des Krieges mit dem faschistischen Deutschland, Geschichte des Großen Vaterländischen Krieges der Sowjetunion, Bd. 5, S. 146 ♦ **131.** Richard Lakowski, Der Zusammenbruch der deutschen Verteidigung zwischen Ostsee und Karpaten, in: Die Eroberung und Besetzung des Deutschen Reiches, in: Der Zusammenbruch des Deutschen Reiches 1945, Erster Halbband: Die militärische Niederwerfung der Wehrmacht, Bd. 10, Erster Halbband, Das Deutsche Reich und der Zweite Weltkrieg, München 2008, S. 541 ♦ **132.** Autorenkollektiv des Instituts für Marxismus-Leninismus, Die siegreiche Beendigung des Krieges mit dem faschistischen Deutschland, Geschichte des Großen Vaterländischen Krieges der Sowjetunion, Bd. 5, S. 145 ♦ **133.** Manfred Zeidler, Kriegsende im Osten, S. 152 ♦ **134.** Autorenkollektiv des Instituts für Marxismus-Leninismus, Die siegreiche Beendigung des Krieges mit dem faschistischen Deutschland, Geschichte des Großen Vaterländischen Krieges der Sowjetunion, Bd. 5, S. 146 ♦ **135.** http://webcache.googleusercontent.com/search?q=cache:90WU5Yt7s3gJ:www.visitator-ermland.de/a, Stand: 27.07.2011 ♦ **136.** Gerhard Fittkau, Mein Dreiundreissigstes Jahr, S. 34f ♦ **137.** Ebd. S. 47 ♦ **138.** Ebd., S. 53 ♦ **139.** Kurt Dieckert, Horst Grossmann, Der Kampf um Ostpreussen, S. 133 ♦ **140.** Der Kreis Heiligenbeil, Ein ostpreußisches Heimatbuch, hier: Das Schicksal des Kreises und seiner Bewohner am Ende des 2. Weltkrieges, S. 653 ♦ **141.** Kurt Dieckert, Horst Grossmann, Der Kampf um Ostpreussen, S. 134 ♦ **142.** Autorenkollektiv des Instituts für Marxismus-Leninismus, Die siegreiche Beendigung des Krieges mit dem faschistischen Deutschland, Geschichte des Großen Vaterländischen Krieges der Sowjetunion, Bd. 5, S. 193 ♦ **143.** Kurt Dieckert, Horst Grossmann, Der Kampf um Ostpreussen, S. 147 ♦ **144.** Walter Tubenthal, Der Volkssturm im Kreise Treuburg, in: Rudolf Grenz (Hrsg.), Der Kreis Treuburg, S. 422f ♦ **145.** Kurt Dieckert, Host Grossmann, Der Kampf um Ostpreussen, Seite 142 ♦ **146.** Richard Lakowski, Der Zusammenbruch der deutschen Verteidigung zwischen Ostsee und Karpaten, in: Die Eroberung und Besetzung des Deutschen Reiches, in: Der Zusammenbruch des Deutschen Reiches 1945, Erster Halbband: Die militärische Niederwerfung der Wehrmacht, Bd. 10, Erster Halbband, Das Deutsche Reich und der Zweite Weltkrieg, S. 546 ♦ **147.** Tagebuch Iring Fetscher in: www.fr-online.de/in_und_ausland/politik/zeitgeschichte/60_jahre_nach_kriegsende/das_tagebuch/630627_Der-Untergang-einer-Stadt.html, Stand: 15. Mai 2011 ♦ **148.** Ebd. ♦ **149.** Ebd. ♦ **150.** Der Kreis Heiligenbeil, Ein ostpreußisches Heimatbuch, hier: Die Verwaltung des heimischen Raumes, S. 356 ♦ **151.** Der Kreis Heiligenbeil, Ein ostpreußisches Heimatbuch, zusammengestellt und bearbeitet von Emil Johannes Guttzeit, hier: Der Kreis als Kulturraum, S. 594 ♦ **152.** Der Kreis Heiligenbeil, hier: Das Schicksal des Kreises und seiner Bewohner am Ende des 2. Weltkrieges, S. 647f ♦ **153.** Ebd., S. 648 ♦ **154.** Ebd., S. 699f ♦ **155.** Ebd. ♦ **156.** Hans-Henning Podzun, Weg und Schicksal der 21. Infanteriedivision, S. 32f ♦ **157.** Autorenkollektiv des Instituts für Marxismus-Leninismus, Die siegreiche Beendigung des Krieges mit dem faschistischen Deutschland, Geschichte des Großen Vaterländischen Krieges der Sowjetunion, Bd. 5, **S. 198** ♦ **158.** Eintrag Forum Kollektives Gedächnis von Hermann Lohmann aus Deutsch Evern, Stand: 27.07.2011 ♦ **159.** SowInformBüro http://kriegsende.aktuell.ru/sowinform/107/, Stand: 27.08.2011 ♦ **160.** Ebd. ♦ **161.** Eintrag Forum Kollektives Gedächnis von Hermann Lohmann aus Deutsch Evern, Stand: 27.07.2011 ♦ **162.** Ebd. ♦ **163.** Ebd. ♦ **164.** Ebd. ♦ **165.** Ebd. ♦ **166.** Der Kreis Heiligenbeil, hier: Das Schicksal des Kreises und seiner Bewohner am Ende des 2. Weltkrieges, S. 654 ♦ **167.** Kurt Dieckert, Horst Grossmann, Der Kampf um Ostpreussen, S. 150 ♦ **168.** Wilhem Matull, Erlebte Geschichte zwischen Pregel und Rhein, Erinnerungen aus drei Generationen 1845–1980, hier: Wilhelm Matull (1903–1980), Ins ‚grandiose' 20. Jahrhundert, Dortmund 1980, S. 105 ♦ **169.** Zit. nach: SowInformBüro http://kriegsende.aktuell.ru/sowinform/107/ Stand: 27.07.2011 ♦ **170.** Hartmut Boockmann, Deutsche Geschichte im Osten Europas, Ostpreußen und Westpreußen, Berlin 1992, S. 422 ♦ **171.** Christian Pletzing (Hrsg.), Vorposten des Reichs?, Ostpreußen 1933–1945, hier: Martin Bergau, Das Massaker von Palmnicken 1945, Ein Zeitzeugenbericht, S. 200 ♦ **172.** Maria Blitz, Endzeit in Ostpreußen, Ein Beschwiegenes Kapitel des Holocaust, hrsg. von Uwe Neumärker, Stiftung Denkmal für die ermordeten Juden Europas, Berlin 2010, S. 10 ♦ **173.** Ebd. S. 29 ♦ **174.** Christian Pletzing (Hrsg.), Vorposten des Reichs?, hier: Martin Bergau, Das Massaker von Palmnicken 1945, Ein Zeitzeugenbericht, S. 195f ♦ **175.** Reinhard Henkys in *Die Zeit* vom 2.11.2000, Nr. 45, S. 94 ♦ **176.** Maria Blitz, Endzeit in Ostpreußen, S.9 ♦ **177.** Maria Blitz, Endzeit in Ostpreußen, S. 32 ♦ **178.** Christian Pletzing (Hrsg.), Vorposten des Reichs?, hier: Martin Bergau, Das Massaker von Palmnicken 1945, S. 196f ♦ **179.** Ebd. S. 197 ♦ **180.** Maria Blitz, Endzeit in Ostpreußen, S. 33f ♦ **181.** Ebd. S. 35f ♦ **182.** Christian Pletzing (Hrsg.), Vorposten des Reichs?, hier: Martin Bergau, Das Massaker von Palmnicken 1945, S. 199 ♦ **183.** Maria Blitz, Endzeit in Ostpreußen, S. 36 ♦ **184.** Reinhard Henkys in *Die Zeit* vom 2.11.2000, S. 94 ♦ **185.** Christian Pletzing (Hrsg.), Vorposten des Reichs?, hier: Martin Bergau, Das Massaker von Palmnicken 1945, S. 197f ♦ **186.** Ebd. S. 203 ♦ **187.** Reinhard Henkys in *Die Zeit* vom 2.11.2000, S. 94 ♦ **188.** Ebd. ♦ **189.** Ebd. ♦ **190.** Christian Pletzing (Hrsg.), Vorposten des Reichs?, hier: Martin Bergau, Das Massaker von Palmnicken 1945, S. 206 ♦ **191.** Ebd. S. 210f ♦ **192.** Maria Blitz, Endzeit in Ostpreußen, S. 10 ♦ **193.** Zit. nach: Manfred Zeidler, Kriegsende im Osten, S. 110 ♦ **194.** Zit. Nach Ebd: S. 120f ♦ **195.** Zit. nach: Ebd. ♦ **196.** Autorenkollektiv des Instituts für Marxismus-Leninismus beim Zentralkomitee der Kommunistischen Partei der Sowjetunion, Die siegreiche Beendigung des Krieges mit dem faschistischen Deutschland, Die Niederlage des imperialistischen Japans, Geschichte des Großen Vaterländischen Krieges der Sowjetunion, Bd. 5, Berlin 1967, S. 124 ♦ **197.** Catherine Merridale, Iwans Krieg, Die Rote Armee 1939–1945, Frankfurt am Main, 2008, S. 325 ♦ **198.** Ebd. ♦ **199.** Ebd., S. 333 ♦ **200.** Ebd., S. 342 ♦ **201.** Ebd., S. 350 ♦ **202.** Ebd., S. 333 ♦ **203.** Autorenkollektiv des Instituts für Marxismus-Leninismus beim Zentralkomitee der Kommunistischen Partei der Sowjetunion, Die siegreiche Beendigung des Krieges mit dem faschistischen Deutschland, Die Niederlage des imperialistischen Japans, Geschichte des Großen Vaterländischen Krieges der Sowjetunion, Bd. 5, S.131 ♦ **204.** Ebd., S. 134 ♦ **205.** Ebd., S. 134 ♦ **206.** Heinrich Graf von Einsiedel, Tagebuch der Versuchung, 1942 bis 1950, Berlin 1985, S. 174f ♦ **207.** Ebd. ♦ **208.** Manfred Zeidler, Kriegsende im Osten, S. 151f ♦ **209.** Ebd. ♦ **210.** Und vergib uns unsere Schuld ... Ein historisches Dokument 1945/48, Die Aufzeichnungen von Frau Rosa Lebenski aus Zandersdorf/Ostpreußen, S. 46f ♦ **211.** Ebd. S. 50 ♦ **212.** Der Kreis Rastenburg, Ein ostpreußisches Dokumentarwerk, zusammengestellt und erarbeitet im Auftrage der Kreisgemeinschaft Rastenburg von Rudolf Grenz, hier: Edgar Günther Laas, Flucht und Vertreibung, Marburg/Lahn 1976, S. 451 ♦ **213.** Hans Graf von Lehndorff, Ostpreußisches Tagebuch, Aufzeichnungen eines Arztes aus den Jahren 1945–1947, München 2005, S. 66f ♦ **214.** Catherine Merridale, Iwans Krieg, S. 348 ♦ **215.** Karl-Heinz Frieser, Die erfolgreichen Abwehrkämpfe der Heeresgruppe Mitte im Herbst 1944, in: Der Zusammenbruch im Osten. Die Rückzugskämpfe seit Sommer 1944, in: Die Ostfront 1943/44, Der Krieg im Osten und an den Nebenfronten, Das Deutsche Reich und der Zweite Weltkrieg, Bd. 8, S. 620f ♦ **216.** Catherine Merridale, Iwans Krieg, S. 339 ♦ **217.** Ebd. ♦ **218.** Michael Wieck, Zeugnis vom Untergang Königsbergs, Ein ‚Geltungsjude' berichtet, Mit einem Vorwort von Siegfried Lenz, München 2005, S. 216f ♦ **219.** Ebd. ♦ **220.** Ebd., S. 230f ♦ **221.** Ebd., S. 238 ♦ **222.** Gerhard Fittkau, Mein Dreiundreissigstes Jahr, S. 79 ♦ **223.** Ebd. S. 88f ♦ **224.** Ebd. ♦ **225.** Horst Schulz (Hrsg.), Der Kreis Preußisch-Eylau, Geschichte und Dokumentation eines ostpreußischen Landkreises, unter Mitarbeit von Emil Johannes Guttzeit, Verden/Aller 1983, S. 782 ♦ **226.** Manfred Zeidler, Kriegsende im Osten, S. 139f ♦ **227.** Ebd., S. 145f ♦ **228.** Der Kreis Treuburg, hier: Günther Lass, Flucht und Vertreibung, S. 429f ♦ **229.** Manfred Zeidler, Kriegsende im Osten, S. 146f ♦ **230.**Ebd. S. 147f ♦ **231.** Ebd., S. 147 ♦ **232.** Ebd., S. 150 ♦ **233.** Ebd., S. 147 ♦ **234.** Michael Wieck, Zeugnis vom Untergang Königsbergs, Ein ‚Geltungsjude' berichtet, Mit einem Vorwort von Siegfried Lenz, München 2005, S. 165 ♦ **235.** Hans Graf von Lehndorff, Ostpreußisches Tagebuch, S. 15 ♦ **236.** Zit. nach: Catherine Merridale, Iwans Krieg, S. 337 ♦ **237.** SowInformBüro, http://kriegsende.aktuell.ru/sowinform/107/ Stand: 28.07.2011 ♦ **238.** Kurt Dieckert, Horst Grossmann, Der Kampf um Ostpreussen, S. 94 ♦ **239.** Richard Lakowski, Der Zusammenbruch der deutschen Verteidigung zwischen Ostsee und Karpaten, in: Die Eroberung und Besetzung des Deutschen Reiches, in: Der Zusammenbruch des Deutschen Reiches 1945, Erster Halbband: Die militärische Niederwerfung der Wehrmacht, B.d 10, Erster Halbband, Das Deutsche Reich und der Zweite Weltkrieg, S. 539 ♦ **240.** Kurt Dieckert, Horst Grossmann, Der Kampf um Ostpreussen, S. 173 ♦ **241.** Brief vom Februar 1945, zit. nach: Kurt Dieckert, Horst Grossmann, Der Kampf um Ostpreussen S. 158 ♦ **242.** Ebd. S. 97 ♦ **243.** Ebd., S. 154 ♦ **244.** Heinrich A. Kurschat, Das Buch vom Memelland, Heimatkunde eines deutschen Grenzlandes, Oldenburg 1968, S. 219 ♦ **245.** Wilhem Matull, Erlebte Geschichte zwischen Pregel und Rhein, Erinnerungen aus drei Generationen 1845–1980, hier: Wilhelm Matull (1903–1980), Ins ‚grandiose' 20. Jahrhundert, Dortmund 1980, S. 96f ♦ **246.** Ebd. S. 96 ♦ **247.** Ebd. ♦ **248.** Ebd., S. 98f ♦ **249.** Ebd., S. 98f ♦ **250.** Ebd., S. 99 ♦ **251.** Bericht von Karl Felgendreher, zit. bei: Hugo Linck, Der Kirchenkampf in Ostpreußen 1933 bis 1945, Geschichte und Dokumentation, München 1968, S. 274 ♦ **252.** Vgl. Vortragsnotiz der Staatssekretärbesprechung am 15.2. und vom 20.2.1945, BA-MA, RW 4/V. 703, B1. 131, 133 Cr11 135 f. Seite 535f, zit. nach: Richard Lakowski, Der Zusammenbruch der deutschen Verteidigung zwischen Ostsee und Karpaten, in: Die Eroberung und Besetzung des Deutschen Reiches, in: Der Zusammenbruch des Deutschen Reiches 1945, Erster Halbband: Die militärische Niederwerfung der Wehrmacht, Bd. 10, Erster Halbband, Das Deutsche Reich und der Zweite Weltkrieg, S. 535f ♦ **253.** Manfred Zeidler, Kriegsende im Osten, S. 86ff ♦ **254.** Ebd. ♦ **255.** Kurt Dieckert, Horst Grossmann, Der Kampf um Ostpreussen, Ein authentischer Dokumentarbericht, S. 185 ♦ **256.** Götz von Selle, Geschichte der Albertus-Universität zu Königsberg in Preußen, Würzburg, 1956, S. 364 ♦ **257.** Bruno Schumacher, Der 12. Februar 1945, Jahrbuch der Albertus-Universität zu Königsberg/Pr., Bd. V., Würzburg 1954, S. 5 ♦ **258.** Autorenkollektiv des Instituts für Marxismus-Leninismus beim Zentralkomitee der Kommunistischen Partei der Sowjetunion, Die siegreiche Beendigung des Krieges mit dem faschistischen Deutschland, Die Niederlage des imperialistischen Japans, Geschichte des Großen Vaterländischen Krieges der Sowjetunion, Bd. 5, S. 141 ♦ **259.** Fritz Gause, Königsberg in Preußen, Die Geschichte einer europäischen Stadt, München 1968, S. 228 ♦ **260.** Richard Lakowski, Der Zusammenbruch der deutschen Verteidigung zwischen Ostsee und Karpaten, S. 543 ♦ **261.** Autorenkollektiv des Instituts für Marxismus-Leninismus beim Zentralkomitee der Kommunistischen Partei der Sowjetunion, Die siegreiche Beendigung des Krieges mit dem faschistischen Deutschland, Die Niederlage des imperialistischen Japans, Geschichte des Großen Vaterländischen Krieges der Sowjetunion, Bd. 5, S. 191f ♦ **262.** Manfred Zeidler, Kriegsende im Osten, S. 92f ♦ **263.** Der Landkreis Samland, Ein Heimatbuch der ehemaligen Landkreise Königsberg und Fischhausen, zusammengestellt von Dr. jug. Paul Gusovius, Würzburg, 1966, hier: Oberstleutnant a.D. Bruno Kerwin, Die Kriegsereignisse 1944/1945, Kraussenhof, S. 691 ♦ **264.** Ebd. ♦ **265.** Ebd., S. 686 ♦ **266.** Anni Piorreck, Agnes Miegel, Ihr Leben und ihre Dichtung, München 1990, S. 223 ♦ **267.** Karl-Georg Mix, Deutsche Flüchtlinge in Dänemark 1945–1949, Historische Mitteilungen – Beihefte Bd. 59, Stuttgart 2005, S. 159 ♦ **268.** Autorenkollektiv des Instituts für Marxismus-Leninismus, Die siegreiche Beendigung des Krieges mit dem faschistischen Deutschland, Geschichte des Großen Vaterländischen Krieges der Sowjetunion, Bd. 5, S. 200 ♦ **269.** Autorenkollektiv des Instituts für Marxismus-Leninismus, Die siegreiche Beendigung des Krieges mit dem faschistischen Deutschland, Geschichte des Großen Vaterländischen Krieges der Sowjetunion, Bd. 5, S. 200f ♦ **270.** Ebd., S. 202 ♦ **271.** Ruth Geede, Die Marjell vom Dienst, Geschichte des Reichssenders Königsberg (Teil II), in: Das Ostpreußenblatt/Landsmannschaft Ostpreußen e.V., 1. Januar 2000 ♦ **272.** Anton Detlev von Plato, Die Geschichte der 5. Panzerdivision 1938 bis 1945, hrsg. von der Gemeinschaft der Angehörigen der ehemaligen 5. Panzerdivsion, o.Ort. 1978, S. 392 ♦ **273.** Autorenkollektiv des Instituts für Marxismus-Leninismus, Die siegreiche Beendigung des Krieges mit dem faschistischen Deutschland, Geschichte des Großen Vaterländischen Krieges der Sowjetunion, Bd. 5, S. 203 ♦ **274.** Michael Wieck, Zeugnis vom Untergang Königsbergs, S. 213 ♦ **275.** Manfred Zeidler, Kriegsende im Osten, S. 102 ♦ **276.** Ebd. S. 102f ♦ **277.** Erich Riegner, Dindinha, Mein Schutzengel, Monheim/Rhein 2008 (Privatdruck), S. 213f ♦ **278.** Ebd. S. 214 ♦ **279.** Ebd., S. 214 ♦ **280.** Ebd., S. 215 ♦ **281.** Richard Lakowski, Der Zusammenbruch der deutschen Verteidigung zwischen Ostsee und Karpaten, in: Die Eroberung und Besetzung des Deutschen Reiches, S. 548 ♦ **282.** Autorenkollektiv des Instituts für Marxismus-Leninismus, Die siegreiche Beendigung des Krieges mit dem faschistischen Deutschland, Geschichte des Großen Vaterländischen Krieges der Sowjetunion, Bd. 5, S. 205 ♦ **283.** Walther Hubatsch, 61. Infanteriedivision, Die Deutschen Divisionen 1939/1945, Kiel 1952, S. 79 ♦ **284.** Zit. nach: *Preußische Allgemeine Zeitung*, vom 19. Januar 2008 ♦ **285.** Kurt Dieckert, Horst Grossmann, Der Kampf um Ostpreussen, S. 185 ♦ **286.** Autorenkollektiv des Instituts für Marxismus-Leninismus, Die siegreiche Beendigung des Krieges mit dem faschistischen Deutschland, Geschichte des Großen Vaterländischen Krieges der Sowjetunion, Bd. 5, S. 205f ♦ **287.** Ebd. S. 206 ♦ **288.** Anton Detlev von Plato, Die Geschichte der 5. Panzerdivision 1938 bis 1945, S. 400 ♦ **289.** Zit. Nach Ebd. ♦ **290.** Kurt Dieckert, Horst Grossmann, Der Kampf um Ostpreussen, S. 191 ♦ **291.** Richard Lakowski, Der Zusammenbruch der deutschen Verteidigung zwischen Ostsee und Karpaten, in: Die Eroberung und Besetzung des Deutschen Reiches, in: Der Zusammenbruch des Deutschen Reiches 1945, Erster Halbband: Die militärische Niederwerfung der Wehrmacht, Bd. 10, Erster Halbband, Das Deutsche Reich und der Zweite Weltkrieg, S. 549 ♦ **292.** Kurt Dieckert, Horst Grossmann, Der Kampf um Ostpreussen, S. 194 ♦ **293.** Richard Lakowski, Der Zusammenbruch der deutschen Verteidigung zwischen Ostsee und Karpaten, in: Die Eroberung und Besetzung des Deutschen Reiches, in: Der Zusammenbruch des Deutschen Reiches 1945, Erster Halbband: Die militärische Niederwerfung der Wehrmacht, Bd. 10, Erster Halbband, Das Deutsche Reich und der Zweite Weltkrieg, S. 549 ♦ **294.** Kurt Dieckert, Horst Grossmann, Der Kampf um Ostpreussen, S. 194 ♦ **295.** Autorenkollektiv des Instituts für Marxismus-Leninismus, Die siegreiche Beendigung des Krieges mit dem faschistischen Deutschland, Geschichte des Großen Vaterländischen Krieges der Sowjetunion, Bd. 5, S. 207 ♦ **296.** Kurt Dieckert, Horst Grossmann, Der Kampf um Ostpreussen, S.193 ♦ **297.** Ebd. S. 196 ♦ **298.** Autorenkollektiv des Instituts für Marxismus-Leninismus, Die siegreiche Beendigung des Krieges mit dem faschistischen Deutschland, Geschichte des Großen Vaterländischen Krieges der Sowjetunion, Bd. 5, S. 207 ♦ **299.** Autorenkollektiv des Instituts für Marxismus-Leninismus, Die siegreiche Beendigung d. Krieges mit dem faschistischen Deutschland, Geschichte des Großen Vaterländischen Krieges der Sowjetunion, Bd. 5, S. 207 ♦ **300.** Bericht des Journalisten Friedrich von Wilpert aus Danzig, ehemals Rittmeister und Ordonnanzoffizier des Befehlshabers im Raum Danzig-Gdingen, Original Februar 1953. Der Bericht stützt sich auf Tagebuchaufzeichnungen, zit. nach www.z-g-v.de/doku/archiv/oderneisse1/kapitel-6-1-1-9-1.htm ♦ **301.** Kurt Dieckert, Horst Grossmann, Der Kampf um Ostpreussen, S. 171 ♦ **302.** Ralf Meindl, Ostpreußens Gauleiter, Erich Koch – eine politische Biografie, Osnabrück 2007, S. 459 ♦ **303.** Ebd. ♦ **304.** Ebd., S. 466 ♦ **305.** Zit. nach: Dietrich von Saucken, 4. Panzerdivision Divisionsgeschichte, Teil 2: Der Russlandfeldzug von Mai 1943 bis Mai 1945, Bonn 1968, Band 2, 1943–1945, als Manuskript gedruckt ♦ **306.** Der Landkreis Samland, Ein Heimatbuch der ehemaligen Landkreise Königsberg und Fischhausen, zusammengestellt von Dr. jur. Paul Gusovius, hier: Paul Gusovius, Die Schlußkämpfe auf der Frischen Nehrung, Würzburg 1966, S. 725 ♦ **307.** Richard Lakowski, Der Zusammenbruch der deutschen Verteidigung zwischen Ostsee und Karpaten, in: Die Eroberung und Besetzung des Deutschen Reiches, in: Der Zusammenbruch des Deutschen Reiches 1945, Erster Halbband: Die militärische Niederwerfung der Wehrmacht, Bd. 10, Erster Halbband, Das Deutsche Reich und der Zweite Weltkrieg, S. 476 ♦ **308.** Ebd. S. 549 ♦ **309.** Christian Pletzing (Hrsg.), Vorposten des Reichs?, Ostpreußen 1933–1945, hier: Bernhard Fisch, Ostpreußen 1944/45, Mythen und Realitäten, München, 2006, S. 240 ♦ **310.** Hugo Linck, Im Feuer geprüft als die Sterbenden, und siehe, wir leben ... Berichte aus dem Leben der Restgemeinden nach der Kapitulation in und um Königsberg, Leer 1973, S. 13

Die Dreiteilung Ostpreußens

♦ **1.** Am 11. Mai 1973 im Deutschen Bundestag, zitiert nach: http://einestages.spiegel.de/static/topicalbumbackground/1905/bundestag_nimmt_grundlagenvertrag_an.html, Stand: 24.08.2011 ♦ **2.** Rainer Zacharias, Hrsg, Neues Marienburger Heimatbuch, Herford 1967, hier: Wanderungen durch Zeit und Raum im Kreise Marienburg, Alwin Mortzfeld, Seite 38f ♦ **3.** Richard Lakowski, Der Zusammenbruch der deutschen Verteidigung zwischen Ostsee und Karpaten, in: Die Eroberung und Besetzung des Deutschen Reiches, in: Der Zusammenbruch des Deutschen Reiches 1945, Erster Halbband: Die militärische Niederwerfung der Wehrmacht, Bd. 10, Erster Halbband, Das Deutsche Reich und der Zweite Weltkrieg, München 2008, S. 533f ♦ **4.** Christian Pletzing (Hrsg.), Vorposten des Reichs?, Ostpreußen 1933–1945, hier: Bernhard Fisch, Ostpreußen 1944/45, Mythen und Realitäten, München, 2006, S. 217 ♦ **5.** Heinrich Graf von Einsiedel, Tagebuch der Versuchung 1942 bis 1950, Berlin 1985, S. 174f ♦ **6.** Ruth Kibelka, Wolfskinder, Berlin 1997, S. 14 ♦ **7.** Ulla Lachauer, Paradiesstraße, Lebenserinnerungen der ostpreußischen Bäuerin Lena Grigoleit, Reinbek bei Hamburg 1996, S. 144 ♦ **8.** Ebd. ♦ **9.** Ruth Kibelka, Wolfskinder, S. 7 ♦ **10.** Ebd. S. 30f ♦ **11.** Ebd., S. 193 ♦ **12.** Veröffentlicht unter dem Mädchennamen Ruth Kibelka ♦ **13.** Ruth Kibelka, Wolfskinder, S. 207 ♦ **14.** Marion Gräfin Dönhoff, Namen die keiner mehr nennt, Ostpreußen – Menschen und Geschichte, München 2004, S. 32 ♦ **15.** Ebd., S. 81f ♦ **16.** Ebd., S. 84 ♦ **17.** Ebd., S. 82 ♦ **18.** Ebd., S. 85 ♦ **19.** Ebd., S. 82 ♦ **20.** Robert Teichert, Das Kirchspiel Regerteln (Kreis Heilsberg), Pinneberg 1965 (Selbstverlag), S. 37 ♦ **21.** Ebd. ♦ **22.** Hildegard Rauschenbach, Von Pillkallen nach Schadrinsk, Vergeben ja, Vergessen nie, Ostpreußisches Mosaik, Würzburg 2004, S. 72 ♦ **23.** Und vergib uns unsere Schuld ... Ein historisches Dokument 1945/48, Die Aufzeichnungen von Frau Rosa Labenski aus Zandersdorf/Ostpreußen, Mit einer Einführung von Helmut Gollwitzer, Mainz 1965, S. 87 ♦ **24.** Ebd., S. 159 ♦ **25.** Ebd., S. 187

♦ **26.** Blitz, Maria, Endzeit in Ostpreußen, Ein Beschwiegenes Kapitel des Holocaust, hrsg. von Uwe Neumärker, Stiftung Denkmal für die ermordeten Juden Europas, Berlin 2010, S. 64 ♦ **27.** Ebd. S. 48 ♦ **28.** Hugo Linck, Im Feuer geprüft als die Sterbenden, und siehe, wir leben ... Berichte aus dem Leben der Restgemeinden nach der Kapitulation in und um Königsberg, Leer 1973, S. 17 ♦ **29.** Michael Wieck, Zeugnis vom Untergang Königsbergs, Ein ‚Geltungsjude' berichtet, Mit einem Vorwort von Siegfried Lenz, München 2005, S. 273f ♦ **30.** Hermann Rettig, Kirchspiel Popelken/ Markthausen, Historische Aufarbeitung und Dokumentation der Flucht und Vertreibung bis 1948, Leverkusen o. J., S. 49f ♦ **31.** Ebd. S. 50 ♦ **32.** Ebd. ♦ **33.** Hans-Burkhard Sumowski, Jetzt war ich ganz allein auf der Welt, Erinnerungen an eine Kindheit in Königsberg 1944–1947, München 2007, S. 115 ♦ **34.** Hildegard Rauschenbach, Von Pillkallen nach Schadrinsk, Vergeben ja, Vergessen nie, S. 36 ♦ **35.** Hans-Burkhard Sumowski, Jetzt war ich ganz allein auf der Welt, München 2007, S. 101 ♦ **36.** Hans Graf von Lehndorff, Ostpreußisches Tagebuch, Aufzeichnungen eines Arztes aus den Jahren 1945–1947, München 2005, S. 166 ♦ **37.** Fritz Gause, Königsberg in Preußen, Die Geschichte einer europäischen Stadt, München 1968, S. 231 ♦ **38.** Ebd. S. 232 ♦ **39.** Hugo Linck, Im Feuer geprüft als die Sterbenden, und siehe, wir leben ..., S. 15 ♦ **40.** Christian Pletzing (Hrsg.), Vorposten des Reichs?, Ostpreußen 1933–1945, hier: Bernhard Fisch, Ostpreußen 1944/45, S. 236 ♦ **41.** Ebd. S. 237 ♦ **42.** Hans-Burkhard Sumowski, Jetzt war ich ganz allein auf der Welt, S. 98 ♦ **43.** Ebd. S. 132f ♦ **44.** Ebd., S. 134f ♦ **45.** Ebd., S. 136 ♦ **46.** Ebd. ♦ **47.** Hugo Linck, Im Feuer geprüft als die Sterbenden, und siehe, wir leben ..., S. 25 ♦ **48.** Christel Wels, Der unvergessene Weg, Eine ostpreußische Biografie, Berlin 2007, S. 49f ♦ **49.** Ebd. ♦ **50.** Ebd., S. 52 ♦ **51.** Ebd., S. 53 ♦ **52.** Hugo Linck, Im Feuer geprüft als die Sterbenden, und siehe, wir leben ..., S. 23 ♦ **53.** Ebd. S. 29 ♦ **54.**Rezension von Klaus Meyer, in: Heimat und Ethnizität, Über den Umgang mit Fremdheit in Masuren und Schlesien nach dem Zweiten Weltkrieg, Nordost-Archiv, Zeitschrift für Regionalgeschichte, Lüneburg, Band VIII/1999, S. 401 ♦ **55.** Paul Ronge, Im Namen der Gerechtigkeit, Erinnerungen eines Strafverteidigers, München 1963, S. 320 ♦ **56.** Hans-Burkhard Sumowski, Jetzt war ich ganz allein auf der Welt, S. 151 ♦ **57.** Ebd. S. 146 ♦ **58.** Christian Schulz, Ein Klavier für das Gebietskomitee, Russen und Deutsche in Tollmingkehmen, Ostpreußen, in: Adrian von Arburg, Wlodzimierz Borodziej, Jurij Kostjaschow, u.a.: Als die Deutschen weg waren, Was nach der Vertreibung geschah, Ostpreußen, Schlesien, Sudetenland, Reinbek, 2007, S. 253f ♦ **59.** Sbornik zakonow SSR i ukazwos Prezidium werchownogo Soweta SSSR (1938–1956), Moskau 1956, S. 47, zitiert nach: Ruth Kibelka, Wolfskinder, S. 25 ♦ **60.** Christian Schulz, Ein Klavier für das Gebietskomitee, in: Adrian von Arburg, Wlodzimierz Borodziej, Jurij Kostjaschow, u.a.: Als die Deutschen weg waren, Was nach der Vertreibung geschah, Ostpreußen, Schlesien, Sudetenland, Reinbek, 2007, S. 245 ♦ **61.** Ebd., S. 246 ♦ **62.** Ruth Kibelka, Wolfskinder, S. 69 ♦ **63.** Ebd. ♦ **64.** Ebd., S. 75 ♦ **65.** Christian Schulz, Ein Klavier für das Gebietskomitee, in: Als die Deutschen weg waren, S. 249f ♦ **66.** Ebd., S. 252f ♦ **67.** Ebd. ♦ **68.** Ruth Kibelka, Wolfskinder, S. 43 ♦ **69.** Ebd., S. 79f ♦ **70.** Christian Schulz, Ein Klavier für das Gebietskomitee, in: Als die Deutschen weg waren, S. 266 ♦ **71.** Ebd. S. 267 ♦ **72.** Ruth Kibelka, Wolfskinder, S. 80 ♦ **73.** Ebd. S. 79f ♦ **74.** Christian Schulz, Ein Klavier für das Gebietskomitee, in: Als die Deutschen weg waren, S. 257 ♦ **75.** Ebd., S. 273 ♦ **76.** Ebd., S. 261 ♦ **77.** Hans-Burkhard Sumowski, Jetzt war ich ganz allein auf der Welt, S. 174f ♦ **78.** Hugo Linck, Hugo: Im Feuer geprüft als die Sterbenden, und siehe, wir leben ..., S. 41 ♦ **79.** Ruth Kibelka, Wolfskinder, S. 33 ♦ **80.** Christian Schulz, Ein Klavier für das Gebietskomitee, in: Als die Deutschen weg waren, S. 264 ♦ **81.** Ernst Hofer, Am Memelstrom und Ostfluß, Düsseldorf 1967, S. 71 ♦ **82.** Ruth Kibelka, Wolfskinder, Berlin 1997, S. 52 ♦ **83.** Karl-Heinz Ruffmann, Deutsche und Litauer in der Zwischenkriegszeit, Erinnerungen eines Memelländers, Überlegungen eines Historikers, Lüneburg 1994, S. 31 ♦ **84.** Ulla Lachauer, Paradiesstraße, Lebenserinnerungen der ostpreußischen Bäuerin Lena Grigoleit, Reinbek bei Hamburg 1996, S. 59 ♦ **85.** Ulla Lachauer, Land der vielen Himmel, Memelländischer Bilderbogen, Die Photosammlung Walter Engelhardt, Berlin 1992, S. 25 ♦ **86.** Andreas Kossert, Ostpreussen, Geschichte und Mythos, München 2005, S. 362f ♦ **87.** Ebd. S. 364 ♦ **88.** Ernst Hofer, Am Memelstrom und Ostfluß, S. 152 ♦ **89.** Ruth Kibelka, Wolfskinder, S. 70 ♦ **90.** Ulla Lachauer, Paradiesstraße, S. 64 ♦ **91.** Hugo Linck, Im Feuer geprüft als die Sterbenden, und siehe, wir leben ..., S. 17f ♦ **92.** Die Autorin hieß damals noch Ruth Kibelka ♦ **93.** Ruth Kibelka, Wolfskinder, S. 85 ♦ **94.** Ebd. S. 213 ♦ **95.** Ebd., S. 86 ♦ **96.** Ebd., S. 91 ♦ **97.** Ebd. ♦ **98.** Vygantas Vareikis, Klaipeda zwischen der Sowjetunion und der Litauischen SSR 1945–1990, in: Tauber, Joachim (Bearb.): Im Wandel der Zeiten: Die Stadt Memel im 20. Jahrhundert. Nordost-Archiv. Das Memelgebiet (1919-1944) in der deutschen und litauischen Historiographie nach 1945 Zeitschrift für Regionalgeschichte. Neue Folge X (2001), Lüneburg 2002. S. 124 ♦ **99.** Ruth Kibelka, Wolfskinder, S. 201 ♦ **100.** Der Spiegel 16/1958, zit. nach: http://www.spiegel.de/spiegel/print/d-41761186.html, Stand: 24.08.2011 ♦ **101.** Andreas Kossert, Ostpreussen, S. 366f ♦ **102.** Ulla Lachauer, Paradiesstraße, S. 136 ♦ **103.** Ruth Kibelka, Wolfskinder, S. 216f ♦ **104.** Ebd. ♦ **105.** Ebd., S. 202 ♦ **106.** Ebd. ♦ **107.** Ebd., S. 218 ♦ **108.** Hartmut Boockmann, Deutsche Geschichte im Osten Europas, Ostpreußen und Westpreußen, Berlin 1992, S. 423 ♦ **109.** Manfred Zeidler, Kriegsende im Osten, Die Rote Armee und die Besetzung Deutschlands östlich von Oder und Neiße 1944/45, München 1996, S. 58 ♦ **110.** Ebd. S. 59 ♦ **111.** Lech Przychodzki, Menschliche Tragödien. In: Silesia Superior, 6.032003, http://www.silesiasuperior.com/05/LechPrzychodzki_MenschlicheTragoedien.htm, Stand: 29.07.2011 ♦ **112.** Paul Glaß, Fritz Bredenberg, Der Kreis Sensburg, hier: Herbert G, Marzian, Sensburg 1944/45 und die Vertreibungen, Würzburg 1960, S. 116 ♦ **113.** Ebd. S. 117 ♦ **114.** Ebd. ♦ **115.** Tilly B. Zachorow, Aweyden, Chronik eines masurischen Dorfes, hier: Irene Bierfreund-Piepenbrock erinnert sich, Berlin-Haifa 2008, S. 98 ♦ **116.** Ebd., S. 88 ♦ **117.** Oda Goerdeler, Leben auf dem Grenzgut T., Erinnerung an das Grenzgebiet zwischen Ostpreußen und Polen, Aufgeschrieben für Kinder und Enkel, eingedenk aller, die diesem Boden ihre Kräfte gaben, Lüneburg 1983, S. 209 ♦ **118.** Der Kreis Rosenberg, Ein westpreußisches Heimatbuch, Hrsg. vom Heimatkreis Rosenberg und dem Patenkreis Halle/West., zusammengestellt von Alfred Müsse, Detmold, 1963, hier: Cölmisches Dorf Sommerau, Westpr., Seite 436 ♦ **119.** Ebd. S. 436f ♦ **120.** Manfred Alexander, Kleine Geschichte Polens, Stuttgart 2003, S. 326 ♦ **121.** Hartmut Boockmann, Deutsche Geschichte im Osten Europas, Ostpreußen und Westpreußen, S. 423f ♦ **122.** Manfred Alexander, Manfred: Kleine Geschichte Polens, S. 329 ♦ **123.** Victor von Poser, Max Meyhöfer, Der Kreis Ortelsburg, Ein ostpreußisches Heimatbuch, hier: Schoel, Die heutigen Zustände im Kreise Ortelsburg, Würzburg 1957,, S. 351 f ♦ **124.** Internet: Spiegel online, Eines Tages, Irrfahrt durch ein kaltes Land; http://einestages.spiegel.de/static/authoralbumbackground/512/irrfahrt_durch_ein_kaltes_land.html, Stand 29.07.2011 ♦ **125.** Christian Pletzing (Hrsg.), Vorposten des Reichs?, Ostpreußen 1933–1945, hier: Bernhard Fisch, Ostpreußen 1944/45, Mythen und Realitäten, München, 2006, S. 240 ♦ **126.** Hartmut Boockmann, Deutsche Geschichte im Osten Europas, Ostpreußen und Westpreußen, S. 423f

♦ **127.** Hans Graf von Lehndorff, Ostpreußisches Tagebuch, S. 185 ♦ **128.** Ebd., S. 184 ♦ **129.** Manfred Alexander, Kleine Geschichte Polens, S. 327 ♦ **130.** Christian Pletzing (Hrsg.), Vorposten des Reichs?, Ostpreußen 1933–1945, hier: Bernhard Fisch, Ostpreußen 1944/45, S. 217 ♦ **131.** Victor von Poser, Max Meyhöfer, Der Kreis Ortelsburg, Ein ostpreußisches Heimatbuch, hier: Schoel, Die heutigen Zustände im Kreise Ortelsburg, S. 353 ♦ **132.** Kreisgemeinschaft Allenstein (Hrsg.), Heimatbuch des Landkreises Allenstein, hier: Horst Günter Benkmann, Die letzten Tage in Allenstein, Langenhagen 1968, S. 286 ♦ **133.** Der Kreis Rosenberg, hier: Cölmisches Dorf Sommerau, Westpr., S. 436f ♦ **134.** Hans Graf von Lehndorff, Ostpreußisches Tagebuch, S. 285 ♦ **135.** Ebd. ♦ **136.** Ebd. ♦ **137.** Robert Teichert, Das Kirchspiel Regerteln, S. 38 ♦ **138.** Erhard Beyer, Kornberg, S. 49 ♦ **139.** Barbara Eßer, Deutsches Kriegerdenkmal oder religiöses Schutzmal, in: Heimat und Ethnizität, Über den Umgang mit Fremdheit in Masuren und Schlesien nach dem Zweiten Weltkrieg, Nordost-Archiv, Zeitschrift für Regionalgeschichte, Bd. VIII Lüneburg 1999, S. 80f ♦ **140.** Manfred Alexander, Kleine Geschichte Polens, S.365 ♦ **141.** Andreas Kossert, Ostpreussen, S. 358 ♦ **142.** Andrzej Sakson, Zwischen Polentum und Deutschtum – gibt es noch Masuren und Ermländer, in: Heimat und Ethnizität, Über den Umgang mit Fremdheit in Masuren und Schlesien nach dem Zweiten Weltkrieg, Nordost-Archiv, Zeitschrift für Regionalgeschichte, Bd. VIII 1999, S. 221f ♦ **143.** Andreas Kossert, Ostpreussen, S. 360f ♦ **144.** Andrzej Sakson, Zwischen Polentum und Deutschtum, in: Heimat und Ethnizität, Über den Umgang mit Fremdheit in Masuren und Schlesien nach dem Zweiten Weltkrieg, Nordost-Archiv, Zeitschrift für Regionalgeschichte, Bd. VIII 1999, S. 223 ♦ **145.** Ebd. S. 221f ♦ **146.** Internet: Spiegel online, Eines Tages, Irrfahrt durch ein kaltes Land; http://einestages.spiegel.de/static/authoralbumbackground/512/irrfahrt_durch_ein_kaltes_land.html, Stand: 24.08.2011 ♦ **147.** Christian Schulz, Ein Klavier für das Gebietskomitee, Russen und Deutsche in Tollmingkehmen, Ostpreußen, in: Adrian von Arburg, Wlodzimierz Borodziej, Jurij Kostjaschow, u.a.: Als die Deutschen weg waren, Was nach der Vertreibung geschah, Ostpreußen, Schlesien, Sudetenland, Reinbek, 2007, S. 263 ♦ **148.** Ebd. ♦ **149.** Ebd., S. 263 ♦ **150.** Ebd., S. 262 ♦ **151.** Rezension von Klaus Meyer, in: Heimat und Ethnizität, Seite 402 ♦ **152.** Ruth Kibelka, Wolfskinder, Berlin 1997, S. 113 ♦ **153.** d.i. Ruth Kibelka, verheiratete Leiserowitz ♦ **154.** Ruth Kibelka, Wolfskinder, S. 115f ♦ **155.** Ebd. S. 116 ♦ **156.** Ebd., S. 117 ♦ **157.** Hans-Burkhard Sumowski, Jetzt war ich ganz allein auf der Welt, Erinnerungen an eine Kindheit in Königsberg 1944–1947, München 2007, S. 217f ♦ **158.** Ebd. S. 229 ♦ **159.** Ebd., S. 223f ♦ **160.** Maria Blitz, Endzeit in Ostpreußen, S. 65 ♦ **161.** Ruth Kibelka, Wolfskinder, S. 120 ♦ **162.** Christel Wels, Der unvergessene Weg, S. 78f ♦ **163.** Der Kreis Elchniederung, Ein ostpreußisches Heimatbuch, Bd. I, Hrsg. Kreisgemeinschaft Elchniederung in der Landsmannschaft Ostpreußen e.V., zusammengestellt von Paul Lenke, hier: Michael Mainus, Emil Krüger, Unter den Russen, Leer, 1967, S. 410f ♦ **164.** Tagebuch Seebo ♦ **165.** Tagebuch Seebo ♦ **166.** Hildegard Rauschenbach, Von Pillkallen nach Schadrinsk, Vergeben ja, Vergessen nie, Ostpreußisches Mosaik, Würzburg 2004, S. 93 ♦ **167.** Ebd. S. 93 ♦ **168.** Ebd., S. 125 ♦ **169.** Ebd. ♦ **170.** Ebd., S. 135 ♦ **171.** Ebd., S. 136 ♦ **172.** Ruth Kibelka, Wolfskinder, S. 120 ♦ **173.** Ebd. S. 127 ♦ **174.** Willy Kramp, Der letzte Feind, Aufzeichnung, München 1969, S. 200 ♦ **175.** Paul Ronge, Im Namen der Gerechtigkeit, S. 327 ♦ **176.** Friedrich Richter, Beiträge zur Industrie- und Handwerksgeschichte Ostpreußens 1919–1939, Wiesbaden, 1984, S. 335 ♦ **177.** Lars U. Scholl, Neue Deutsche Biographie 19 (1999), S. 309f zit. nach Onlinefassung, http://www.deutsche-biographie.de/artikelNDB_pnd138252742.html ♦ **178.** Gerhard Reiferscheid, Das Bistum Ermland und das Dritte Reich, Köln, Wien 1975, S. 260f ♦ **179.** Georg Kellmann, Groß Kleeberg und Klaukendorf mit allen Ortschaften einschließlich Wiranden und Elisenhof, Mannheim 1993, S. 108 ♦ **180.** Ebd. ♦ **181.** Petra und Paul Schier (Bearbeiter), Die Ermländersiedlung in der Eifel, zusammengestellt nach Berichten von Ferdinand Groß, Erich Kluckert und Robert Parschau www.ermlandgemeinschaft-heckenbach.de, Stand: 29.07.2011 ♦ **182.** www.zeit.de/1951/07/ermlaender-siedeln-in-der-eifel, Stand: 24.08.2011 ♦ **183.** Ebd. ♦ **184.** Ulrich Tolksdorf, Volksleben in den Ermländersiedlungen in der Eifel, Marburg 1967, S. 72 ♦ **185.** Aus der Präambel der Satzung der Landsmannschaft Ostpreußen e.V. (Fassung von 1994), zit. nach: http://www.deutsche-und-polen.de/frames/popup_zitat_jsp/key=praeost.html (Rundfunk Berlin-Brandenburg RBB), Stand: 29.07.2011 ♦ **186.** Christian Pletzing (Hrsg.), Vorposten des Reichs?, Ostpreußen 1933–1945, hier: Bernhard Fisch, Ostpreußen 1944/45, Mythen und Realitäten, München, 2006, S. 245 ♦ **187.** Kreisgemeinschaft Elchniederung in der Landsmannschaft Ostpreußen e.V. (Hrsg.), zusammengestellt von Paul Lenke, hier: Michael Mainus, Haffbad Karkeln, Leer, 1967 S. 357 ♦ **188.** Ebd. ♦ **189.** Hedwig von Lölhöffel, Tharau liegt woanders, Ein Lied, ein Dorf und seine Menschen, Düsseldorf 1987, S. 218 ♦ **190.** Volker von Törne, Kopfüberhals, Gedichte, Berlin 1979, zit. nach Volker von Törne, Im Lande Vogelfrei, Gesammelte Gedichte, Berlin 1980, S. 154 ♦

Der Feinkosthändler Hans Pfeiffer
in seinem Kontor in Rauschen,
1930er Jahre

Literaturverzeichnis

Adorno, Theodor W., Probleme der Moralphilosophie, Frankfurt a. M.1996

Alekseev, Mikhail, Der Anfang der Kämpfe in Ostpreußen, o.O., o.J. (vermutlich Moskau 1961)

Alexander, Manfred, Kleine Geschichte Polens, Ditzingen 2003

Ambrassat, August, Die Provinz Ostpreußen, Frankfurt a. M. 1978 (Nd. d. Ausg. Königsberg 1912)

Anschütz, Ottomar, Cadinen. Sommeraufenthalt der Deutschen Kaiserfamilie, Berlin 1903

Anz, Thomas, Literatur des Expressionismus. Sammlung Metzler. Bd. 329, Stuttgart 2002

Arburg, Adrian von; Borodziej, Wlodzimierz; Kostjaschow, Jurij u.a., Als die Deutschen weg waren. Was nach der Vertreibung geschah. Ostpreußen, Schlesien, Sudetenland, Reinbek b. Hamburg 2007

Arnold Udo; Glauert, Mario; Sarnowsky, Jürgen (Hrsg.), Preußische Landesgeschichte. Festschrift für Bernhart Jähnig zum 60. Geburtstag. Einzelschriften der Historischen Kommission für ost- und westpreußische Landesforschung 22, Marburg 2001

Arnold, Udo (Hrsg.), Zur Bildungs- und Schulgeschichte Preußens. Tagungsberichte der Historischen Kommission für Ost- und Westpreußische Landesforschung. Bd. 8, Lüneburg 1988

Arnold, Udo; Tumler, Marian, Der Deutsche Orden. Von seinem Ursprung bis zur Gegenwart, Darmstadt 1974

Aschenbeck, Nils, Ostpreußen. Moderne Architektur in Ostpreußen. Arbeitshefte der Landsmannschaft Ostpreußen, Ellingen o.J.

Autorenkollektiv des Instituts für Marxismus-Leninismus beim Zentralkomitee der Kommunistischen Partei der Sowjetunion. Geschichte des Großen Vaterländischen Krieges der Sowjetunion, Bd. 5, Berlin 1967

Baginski, Edelfried, 1945. Als Ortelsburg verloren ging, Bonn 2005

Barfod, Jörn, Nidden. Künstlerort auf der Kurischen Nehrung, Fischerhude 2005

Barran, Fritz R., Ortsnamenverzeichnis Nördliches Ostpreußen. Königsberger Gebiet und Memelland, Leer 1992

Bartels, Frederick, Von Amerika nach Ostpreußen. Die Lebenserinnerungen des Unternehmers Frederick Bartels, hrsg. von Georg Jenkner, Berlin 2003

Barzel, Rainer, Ein gewagtes Leben. Erinnerungen, Stuttgart, Leipzig 2001

Baumgart, Franzjörg, Erziehungs- und Bildungstheorien. Erläuterungen, Texte, Arbeitsaufgaben, Bad Heilbrunn 2007

Beckherrn, Eberhard; Dubatow, Alexej, Die Königsberg-Papiere, München 1994

Behrendt, Herbert, Erlebte Drahtseilakte. Erinnerungen eines Ostpreußen Jahrgang 1923, Berlin 2006

Below, Nicolaus von, Als Hitlers Adjutant 1937–45, Mainz 1980

Bendel, Rainer (Hrsg.), Vertriebene finden Heimat in der Kirche. Forschungen und Quellen zur Kirchen- und Kulturgeschichte Ostdeutschlands, Bd. 38, Wien, Köln, Weimar 2008

Bergau, Martin, Todesmarsch zur Bernsteinküste. Das Massaker an Juden im ostpreußischen Palmnicken im Januar 1945. Zeitzeugen erinnern sich, Heidelberg 2006

Bergbauer, Knut; Fröhlich, Sabine; Schüler-Springorum, Sabine, Denkmalsfigur. Biographische Annäherung an Hans Litten 1903–1938. Göttingen 2008

Berwein, Lothar, Ansiedlung von Schweizer Kolonisten im Rahmen der Repeuplierung Ostpreußens. Untersuchung einer 1712 ausgewanderten Gruppe aus der Landvogtei Sax-Forstreck, Sonderschriften des Vereins für Familienforschung in Ost- und Westpreußen e.V., Hamburg 2002

Beutler, C. (Hrsg.), Erlebnisse ostpreußischer Lehrer in der Kriegs- und Russenzeit. Im Auftrag des Ostpreußischen Provinzial-Lehrervereins, Bd. 1–3, Königsberg 1916

Beyer, Erhard, Kornberg, Kreis Goldap, Ostpreußen. Die Einwohner, ihre Wege, Wattenbek 2003

Bezzenberger, Adalbert, Die Kurische Nehrung und ihre Bewohner, Stuttgart 1889

Biernath, Horst, Eine Jugend in Ostpreußen. Abschied und Wiederkehr, Zwei Romane in einem Band, München 1973

Binding, Willy, Himmelforth. Ein ostpreußisches Dorf mit den Ortsteilen Pfeilings und Sillehnen, Bergheim 1980

Birnbaum, Immanuel, Achtzig Jahre dabeigewesen, München 1974

Bittens, Artur, Führer durch Memel und Umgebung, Memel 1913

Blanke, Richard, Orphans of Versailles. The Germans in western Poland 1918–1939, Lexington 1993

Blankenhorn, Fritz, ...und fahr`n wir ohne Wiederkehr. Von Ostpreußen nach Sibirien 1944–1949, Reinbek b. Hamburg 2005

Blitz, Maria, Endzeit in Ostpreussen. Ein beschwiegenes Kapitel des Holocaust, hrsg. von Uwe Neumärker, Berlin 2010

Bobrowski, Johannes, Litauische Claviere, Leipzig 2002

Boesche-Zacharow, Tilly, Aweyden. Chronik eines masurischen Dorfes, Berlin 2008

Böhler, Jochen (Hrsg.), „Größte Härte...": Verbrechen der Wehrmacht in Polen September–Oktober 1939, Osnabrück 2005

Böhler, Jochen, Der Überfall. Deutschlands Krieg gegen Polen, Frankfurt a. M. 2009

Boldt, Paul, Dorfchronik von Tharau. Ostpreußen. Mit einem Vorwort von Johannes Hoffmann, Dortmund 1982

Boockmann, Hartmut, Der Deutsche Orden. 12 Kapitel aus seiner Geschichte, München 1981

Boockmann, Hartmut, Ostpreußen und Westpreußen. Deutsche Geschichte im Osten Europas, Berlin 1992

Boog, Horst; Förster, Jürgen; Hoffmann, Joachim; Klink, Ernst; Müller, Rolf-Dieter; Ueberschär, Gerd R., Der Angriff auf die Sowjetunion, Stuttgart 1993

Boog, Horst; Rahn, Werner; Stumpf, Reinhard; Wegner, Bernd, Der globale Krieg. Die Ausweitung zum Weltkrieg und der Wechsel der Initiative 1941 bis 1943, Stuttgart 1993

Borchart, Joachim, Der europäische Eisenbahnkönig Bethel Henry Strousberg, München 1991

Boree, Karl Friedrich, Ein Abschied. Wiesbaden 1951

Borngräber, Wilhelm, Wilhelm von Humboldt im Verkehr mit seinen Freunden. Eine Auslese seiner Briefe, Berlin um 1920, zitiert nach Projekt Gutenberg

Borowski, Ludwig Ernst, Darstellung des Lebens und Charakters Immanuel Kants, Königsberg 1804 (Reprint 1980)

Borowsky, Peter, Schlaglichter historischer Forschung. Studien zur deutschen Geschichte im 19. und 20. Jahrhundert. Aus dem Nachlass herausgegeben von Rainer Hering und Rainer Nicolaysen, Hamburg 2005

Boysen, Jens, Preußische Armee und polnische Minderheit. Royalistische Streitkräfte im Kontext der Nationalitätenfrage des 19. Jahrhunderts (1815–1914). Materialien und Studien zur Ostmitteleuropa-Forschung; 18, Marburg 2008

Brandtner, Gerhard ; Vogelsang, Ernst, Die Post in Ostpreußen. Ihre Geschichte von den Anfängen bis ins 20. Jahrhundert, Lüneburg 2000

Braun, Magnus Freiherr von, Wege durch vier Zeitepochen. Vom ostpreußischen Gutsleben der Väter bis zur Weltraumforschung des Sohnes in Amerika, Limburg 1965

Brenneisen, Ernst-August, Stationen eines Lebens. Ein ostpreußischer Bauer erzählt. Mit einem Vorwort von Rudolf Schridde, Dortmund 1994

Brepohl, Wilhelm, Der Aufbau des Ruhrvolks, Recklinghausen 1948

Brix, Kurt, Die 2. Eskadron Dragoner-Regiments König Albert von Sachsen (Ostpr.) Nr. 10 im Weltkriege. Nach den Kriegstagebüchern und Berichten von Mitkämpfern, Oldenburg, Berlin 1923

Brocke, Michael; Heitmann, Margret; Lordick, Harald (Hrsg.), Zur Geschichte und Kultur der Juden in Ost- und Westpreußen, Hildesheim 2000

Broszeit, Walter, Das Kirchspiel Sandkirchen, Kreis Tilsit-Ragnit. Beschreibung eines ostpreußischen Kirchspiels im Kreis Tilsit-Ragnit, Regierungsbezirk Gumbinnen, Lüneburg 1975

Bruhns, Wibke, Meines Vaters Land. Geschichte einer deutschen Familie, München 2004

Brumlik, Micha, Wer Sturm sät. Die Vertreibung der Deutschen, Berlin 2005

Bruyn, Günter de, Die Finckensteins. Eine Familie im Dienste Preußens, Berlin 1999

Budzinski, Robert, Der Mond fällt auf Westpreußen. Als Anhang die Selbstdarstellung, Bremerhaven 1988 (Nd. d. Ausg. Dresden 1928)

Budzinski, Robert, Die Entdeckung Ostpreußens. Bremerhaven 1988 (Nd. d. Ausg. Dresden 1927)

Bufe, Siegfried, Eisenbahnen in West- und Ostpreußen, Eggelham 1986

Bülowius, Alfred; Hippler, Bruno, Das Infanterie-Regiment v. Boyen (5. Ostpreußisches) Nr. 41 im Weltkriege 1914–1918. Auf Grund der amtlichen Kriegsakten, Beitr. von Kriegsteilnehmern und eigenen Erinnerungen bearbeitet. Erinnerungsblätter deutscher Regimenter ehemals preußische Truppenteile, Berlin 1929

Bundesinstitut für ostdeutsche Geschichte (Hrsg.), Berichte und Forschungen, Jahrbuch Bd. 5, München 1997

Bundeszentrale für politische Bildung (Hrsg.), Zwangsumsiedlung, Flucht und Vertreibung 1939–1959. Atlas zur Geschichte Ostmitteleuropas, Redaktion Witold Sienkiewicz; Grzegorz Hryciuk, Bonn 2010

Burghardt, Sibylle, Chronik des weiblichen Arbeitsdienstes in Ostpreußen. Berichte, Briefe, Tagebücher, Zeitungsartikel, Burgdorf 1983

Buxa, Werner, Weg und Schicksal der 11. Infanterie-Division, Kiel 1952

Calkins, Kenneth R., Hugo Haase. Demokrat und Revolutionär, Berlin 1976

Capeller, Carl, Leben und Gebräuche der alten preußischen Litauer, 1925. Jons Adomat, geb. 1812 in Dozuhnen, Kreis Stallupönen, Pr. Holland 1925

Cavallie, James, Ludendorff und Kapp in Schweden. Aus dem Leben zweier Verlierer, Frankfurt a. M. 1995

Chiari, Bernhard (Hrsg.), Die polnische Heimatarmee. Geschichte und Mythos der Armia Krajowa seit dem Zweiten Weltkrieg, München 2003

Cohn, Emil Bernhard, David Wolffsohn, Amsterdam 1939

Colpet, Max, Sag mir, wo die Jahre sind. Erinnerungen eines unverbesserlichen Optimisten, Frankfurt a. M., Berlin 1991

Conze, Werner, Die Geschichte der 291. Infanterie-Division, Kiel 1952

Corinth, Lovis, Meine frühen Jahre. (Posthum veröffentlicht von Charlotte Behrend-Corinth), Hamburg 1954

Crüger, Herbert, Verschwiegene Zeiten. Vom geheimen Apparat der KPD ins Gefängnis der Staatssicherheit, Berlin 1990

Dahlmann, Diettmar; Kotowski, Labert S; Karpus, Zbigniew (Hrsg), Schimanski, Kuzorra und andere. Polnische Einwanderer im Ruhrgebiet zwischen der Reichsgründung und dem Zweiten Weltkrieg, Essen 2005

Dahn, Felix, Erinnerungen. Leipzig 1880–1885

Deutsches Kulturforum östliches Europa (Hrsg.), Kulturlandschaft Ost- und Westpreußen, Potsdam 2005

Dieckert, Kurt; Großmann, Horst, Der Kampf um Ostpreußen. Ein authentischer Dokumentarbericht, München 1960
Dienel, Hans-Liudger; Helmuth Trischler (Hrsg.), Geschichte der Zukunft des Verkehrs. Verkehrskonzepte von der frühen Neuzeit bis zum 21. Jahrhundert. Beitrage zur historischen Verkehrsforschung, Frankfurt a. M. 1997
Dietrich, Otto, Mit Hitler in die Macht. Persönliche Erlebnisse mit meinem Führer, München 1934
Dikreiter, Otto; Wagner, Ruth Maria (Hrsg.), Ostpreußisches Panorama. Eine Reise nach Hause, München 1968
Dobers, Klaus, Ostseebad Kahlberg auf der Frischen Nehrung. Bade- und Fischerleben von Pröbbernau bis Narmeln, Elbinger Hefte Nr. 37, Münster 1985
Döblin, Alfred, Berlin Alexanderplatz, München 1972
Dohna-Schlobitten, Alexander zu, Erinnerungen eines alten Ostpreußen, Würzburg 2006
Dönhoff, Marion Gräfin, Kindheit in Ostpreußen, Hamburg 2006
Dönhoff, Marion Gräfin, Namen die keiner mehr nennt. Ostpreußen, Menschen und Geschichte, München 2004

Ehmer, Josef; Ferdinand, Ursula; Reulecke, Jürgen (Hrsg), Herausforderung Bevölkerung. Zu Entwicklungen des modernen Denkens über die Bevölkerung vor, im und nach dem Dritten Reich, Wiesbaden 2007
Ehrlich, Bruno, Die alten Preußen. In: Der Ostdeutsche Volksboden, Breslau 1926
Eimermacher, Karl; Astrid Volpert (Hrsg.), Verführungen der Gewalt. Russen und Deutsche im Ersten und Zweiten Weltkrieg, München 2005
Einsiedel, Heinrich Graf von, Tagebuch der Versuchung 1942–1950, 1950, Berlin 1985
Engelhardt, Eleonore; Raffelt, Albert (Hrsg.), Grayeff, Felix. Migrant Scholar, Second edition, Freiburg 2003
Engelhardt, Walter, Ein Memelbilderbuch. Mit einer Einführung von Ernst Wiechert, Berlin 1936
Engelmann, Dieter; Naumann, Horst, Hugo Haase. Lebensweg und politisches Vermächtnis eines streitbaren Sozialisten, Berlin 1999
Ewert, Erna; Pollmann, Marga; Müller, Hannelore, Frauen in Königsberg 1945–1948. Kulturstiftung der deutschen Vertriebenen, Bonn 2006

Falow, Peter, Karl Scharfenberg, Ein vergessener Eisenbahnpionier aus Mecklenburg. 100 Jahre Scharfenbergkupplung, Schwerin 2004
Fechter, Paul, Zwischen Haff und Weichsel. Jahre der Jugend, Gütersloh 1954
Fiedler, Leonhard M.; Heuer, Renate (Hrsg.), Heymann, Walther. Gedicht, Prosa, Essays, Briefe. Frankfurt a. M. 1998
Finckenstein, Klaus Graf, Unter den Türmen der alten Burg. Jahre höchster Waidmannsfreude, Hamburg, Berlin 1961
Fisch, Bernhard, Nemmersdorf, Oktober 1944. Was in Ostpreußen tatsächlich geschah. Mit einem Nachwort von Ralph Giordano und einem Vorwort von Wolfgang Wünsche, Berlin 1997
Fittkau, Gerhard, Mein dreiundreissigstes Jahr. München 1978
Fontane, Theodor, Der Krieg gegen Frankreich, 1870–1871. Bd. 4. Der Krieg gegen die Republik, Zürich 1988
François, Etienne; Schulze, Hagen (Hrsg.), Deutsche Erinnerungsorte 1, München 2001
Francois, Hermann von, Gehorsam und Verantwortungspflicht: erläutert an den Befehlsreibungen während der Schlacht bei Tannenberg. Berlin 1932
François, Hermann von, Marneschlacht und Tannenberg. Betrachtungen zur deutschen Kriegsführung der ersten sechs Kriegswochen, Berlin 1920
François, Hermann von, Tannenberg. Das Cannae des Weltkrieges in Wort und Bild, Berlin 1926
François, Hermann von, Zusammenbruch grosser Heere. Erlebnisse an einem kriegsgeschichtl. Beispiel von (Hermann) v. François, Gen. d. Inf. z.D., Berlin 1918
Franke, Eberhard, Das Ruhrgebiet und Ostpreußen, Essen 1936
Freundt, Ewaldt, Tannenberg 1914. Führer durch das Schlachtfeld und die Ehrenfriedhöfe. Hohenstein/Ostpr. 1927
Frevert, Walter, Rominten, München 1996
Friedensburg, Ferdinand, Lebenserinnerungen. Bd. 1. Kaiserreich – Weimarer Republik – Hitlerzeit, Frankfurt a. M. 1969
Frieser, Karl-Heinz (Hrsg.), Die Ostfront 1943/44. Der Krieg im Osten und an den Nebenfronten. Hrsg. im Auftrag des Militärgeschichtlichen Forschungsamtes (MGFA), Stuttgart 2007
Frobarth, Volker, Das Königsberger Gebiet in der Politik der Sowjetunion 1945–1990. Mit einer analytischen Betrachtung des Kaliningrader Gebiets in der Politik Rußlands 1991–2000, Berlin 2001
Funk, Anton, Geschichte der Stadt Allenstein von 1348 bis 1943, hrsg. von Kurt Maeder, Leer 1955
Fürst, Max, Gefilte Fisch und wie es weiterging, München 2004

Gause, Fritz, Die Geschichte der Stadt Königsberg in Preußen. Bd. I., 3.ergänzte Aufl.; Bd. II. und III., 2. ergänzte Aufl., Köln, Weimar, Wien 1996
Gause, Fritz, Geschichte des Amtes und der Stadt Soldau. Wissenschaftliche Beiträge zur Geschichte und Landeskunde Ost-Mitteleuropas, Nr. 38. Hrsg. vom Herder-Institut, Marburg 1958
Gause, Fritz, Königsberg in Preußen. Die Geschichte einer europäischen Stadt, München 1968
Gautschi, Andreas, Walter Frevert. Eines Weidmanns Wechsel und Wege, Melsungen 2005
Gehrke, Roland, Der polnische Westgedanke bis zur Wiedererrichtung des polnischen Staates nach Ende des Ersten Weltkrieges. Genese und Begründung polnischer Gebietsansprüche

gegenüber Deutschland im Zeitalter des Nationalismus. Materialien und Studien zur Ostmitteleuropa-Forschung, Hrsg. vom Herder-Institut e.V., Marburg 2001

Geisler, Walter, Die Sprachen- und Nationalitätenverhältnisse an den deutschen Ostgrenzen und ihre Darstellung. Kritik und Richtigstellung der Spettschen Karte, Gotha 1933

Geißler, Andreas; Koschinski, Konrad, 130 Jahre Ostbahn, Berlin 1997

Gell, Heinz, Die Geschichte des Hauptzollamts Eydtkau (Eydtkuhnen), 1866–1945. Eine Studie, Lübeck, o. J. (ca. 1982)

Gemeinschaft der Braunsberger Schulen (Hrsg.), Braunsberg, Ostpreußen. Stadt und Kreis in Bildern aus vergangenen Tagen, Zusammengestellt von Ernst Federau und Ernst Matern, Soest 1986

Girnius, Wilhelm, Aus den Papieren des Germain Tawordschus. Unvollständiger Bericht über eine Lebenserfahrung, Rostock 1982

Glasenapp, Helmuth von, Meine Lebensreise. Menschen, Länder und Dinge, die ich sah, Wiesbaden 1964

Glück, Helmut, Die preußisch-polnische Sprachenpolitik. Eine Studie zur Theorie und Methodologie der Forschung über Sprachenpolitik, Sprachenbewußtsein und Sozialgeschichte am Beispiel der preußisch-deutschen Politik gegenüber der polnischen Minderheit vor 1914, Hamburg 1979

Goeldel, Herbert, Wohlstandsverhältnisse in Ostpreußen, Jena 1917

Goerdeler, Oda, Leben auf dem Grenzgut T. (Klein Tauernsee). Erinnerung an das Grenzgebiet zwischen Ostpreußen und Polen. Aufgeschrieben für Kinder und Enkel, eingedenk aller, die diesem Boden ihre Kräfte gaben, Lüneburg 1983

Gogan, Wieslaw, Die Volksabstimmung in Ost- und Westpreußen am 11. Juli 1920. Hrsg. vom Kulturzentrum Ostpreußen, Pelpin 2010

Gogan, Wieslaw, Preußisch Holland, Geschichte einer Stadt. Eine Ausstellung des Kulturzentrums Ostpreußen in Ellingen/Bay., Breslau 2007

Gogan, Wieslaw, Susz/Rosenberg. Geschichte der Stadt. Eine Ausstellung des Kulturzentrums Ostpreußen, Ellingen/Bay., Ellingen 2010

Gogan, Wieslaw, Sztum/Stuhm, Geschichte der Stadt bis 1945. Eine Ausstellung des Kulturzentrums Ostpreußen, Ellingen/Bay., Pelpin 2003

Goldstein, Ludwig, Der Wiederaufbau im Osten 1914/1919, Königsberg 1919

Gottwald, Alfred; Schulle, Diana, Die ‚Judendeportationen' aus dem Deutschen Reich 1941–1945. Eine kommentierte Chronologie, Wiesbaden 2005

Graichen, Gisela; Gretschel, Matthias, Die Prussen. Der Untergang eines Volkes und sein preußisches Erbe, Frankfurt a. M. 2010

Grass, Günter, Das Treffen in Telgte, Göttingen 1997

Grebing, Helga, Die Worringers. Bildungsbürgerlichkeit als Lebenssinn. Wilhelm und Marta Worringer, 1881–1965, Berlin 2004

Grebing, Helga, In Nidden zwischen 1933 und 1944 – gelebte Bildungsbürgerlichkeit als bewußter Protest gegen Nationalsozialismus und Krieg. Vortrag auf dem IX. Internationalen Thomas-Mann-Festival „Künstler und Gesellschaft" in Nida; 9.–16. Juli 2005, o.O.

Grinda, Klaus R., Grendashoff (Kreis Oletzko) und seine Besitzer 1774–1945. Ein Beitrag zur masurischen Güter- und Familiengeschichte, Göttingen 2005

Groeben, Klaus von der, Das Land Ostpreußen, Kiel 1993

Groeben, Klaus von der, Im Dienst von Staat und Gemeinschaft. Erinnerungen, Kiel 1995

Groeben, Klaus von der, Verwaltung und Politik 1918 bis 1933 am Beispiel Ostpreußens, Kiel 1986

Gross, Felix, Immanuel Kant. Sein Leben in Darstellungen von Zeitgenossen, Berlin 1912, Nd. Darmstadt 1993

Grosse, Walther, Die Schlacht bei Gumbinnen. Die Kämpfe vom 17. bis 20. August 1914, Tilsit 1939

Gurko (Romeiko-), Vasilij Iosifovic, Russland 1914–1917. Erinnerungen an Krieg und Revolution. Während des Krieges Chef des russischen Generalstabes des Feldheeres (1916/17) und Oberbefehlshaber der Westfront, Berlin 1921

Gutmann, Israel; Bender, Sarah (Hrsg.), Lexikon der Gerechten unter den Völkern. Deutsche und Österreicher. Mit einem Nachwort von Horst Köhler, Göttingen 2005

Guttzeit, Emil Johannes, Natangen. Landschaft und Geschichte, Marburg 1977

Haase, Ernst (Hrsg.), Hugo Haase. Sein Leben und Wirken. Mit einer Auswahl von Briefen, Reden und Aufsätzen, Berlin-Frohnau, o.J. (ca. 1926)

Hagen, Susanne, Numeiter Geschichten. Erinnerungen an meine Grosseltern, an ihr Numeiten und an die Menschen, die mit ihnen dort lebten, Berlin 2006

Hahn, Hans-Henning; Kunze, Peter, Nationale Minderheiten und staatliche Minderheitenpolitik in Deutschland im 19. Jahrhundert, Berlin 1999

Hanemann, Siegfried; Zibner, Karl, Unser Leben am Frischen Haff in der Caporner Heide. Hrsg. von der Heimatgemeinschaft Großheidekrug, Frankfurt a. M. 2004

Hanemann, Willy, Widitten. Der Schulmeister erinnert sich. Hrsg. von Siegfried Hanemann, o.O. 1986

Harder, Agnes, Die kleine Stadt. Liebenswürdige Erinnerungsbilder an die Stadt Pr. Holland, München 1966

Hartmann, Ernst, Geschichte der Stadt Hohenstein in Ostpreußen, Würzburg 1959

Hartmann, Ernst, Gross Wolfsdorf und Dönhoffstädt. Ostpreußische Herrensitze im Kreis Rastenburg, Marburg 1966

Hartmann, Jutta (Hrsg.), Ich heiße jetzt Nechama. Geschichte eines Lebens zwischen Königsberg i.Pr., Moldavien und Israel von Nechama Drober, geborene Hella Markowsky, Stuttgart 2007

Heine, Heinrich, Zur Geschichte der Religion und Philosophie in Deutschland. Zuerst erschienen in: „Revue des deux Mondes", „De L‹Allemagne depuis Luther" (Première Partie, März, Deuxième Partie, November, Troisième Partie, Dezember 1834), in: Der Salon Bd. II (1835), Projekt Gutenberg

Heister, Bernhard, Die Jugendbewegung in Ostpreußen. Arbeitshefte der Landsmannschaft Ostpreußen, Ellingen, o.J.

Helbing, Lieselotte, Die preußisch-deutsche Schulpolitik gegenüber der polnischen Minderheit in der Zwischenkriegszeit und der Aufbau eines polnischen Minderheitsschulwesens in Preußen unter besonderer Berücksichtigung des Regierungsbezirks Allenstein, 1919–1939, Hamburg 1995

Hellmann, Manfred, Grundzüge der Geschichte Litauens und des litauischen Volkes, Darmstadt 1966

Helms, Heinrich, Nun gute Nacht, meine Lieben! Briefe aus dem Zweiten Weltkrieg. Hrsg. Siegmund Helms. Archiv der Zeitzeugen, www.archiv-der-zeitzeugen.com/PDFHelms_GuteNacht.pdf, Köln 2006

Herder-Institut e.V. (Hrsg.), Bibliographie zur Geschichte Ost- und Westpreussens 1998

Herder-Institut e.V. (Hrsg.), Bibliografia historii Pomorza Gdanskiego i Prus Wschodnich. Bearbeitet von Csaba J Kenéz und Urszula Zaborska, Marburg 2006

Hermanowski, Georg, Ostpreußen. Wegweiser durch ein Unvergessenes Land, Augsburg 1996

Herrmann, Franz-Josef (Hrsg.), Das Ermländische Bauernvolk. Sein Erbe und sein Schicksal. Ein Sammelwerk der Bischof-Maximilian-Kaller-Stiftung, Münster 1962

Herrmann-Skrodzki, Gisela, Pfarrer, Gutsherren und Gelehrte. Historische Skizzen aus der Chronik einer ostpreußischen Familie, München 1991

Hertz-Eichenrode, Dieter, Politik und Landwirtschaft in Ostpreußen 1919–1930. Untersuchung eines Strukturproblems in der Weimarer Republik. Schriften des Instituts für politische Wissenschaften, Bd. 23, Köln, Opladen 1969

Hetzel, Tatjana, Verschwunden. Für alle, die das Kirchspiel Bilderweiten im Kreis Ebenrode in Ostpreußen in Erinnerung behalten möchten, Wobbenbüll 2004 (Privatdruck)

Heyde, Jürgen, Geschichte Polens, München 2008

Heymann, Walther, Das Tempelwunder und andere Novellen, München 1916

Hindenburg, Paul von, Aus meinem Leben, Leipzig 1920

Historische Kommission für Ost- und Westpreußische Landesforschung (Hrsg.), Deutscher Orden 1190–1990, Tagungsberichte der Historischen Kommission für Ost- und Westpreußische Landesforschung, Bd. 11, Lüneburg 1997

Historischer Verein für Ermland e.V, (Hrsg.), Zeitschrift für die Geschichte und Altertumskunde Ermlands, Bd. 42, Marburg 1983

Hofer, Ernst, Am Memelstrom und Ostfluß. Hrsg. Kreisgemeinschaft Tilsit-Ragnit e.V., Düsseldorf 1967

Hoffmann, Jens, Das kann man nicht erzählen. Aktion 1005 - Wie die Nazis die Spuren ihrer Massenmorde in Osteuropa beseitigten, Hamburg 2008

Hoffmann, Max, Tannenberg wie es wirklich war, Berlin 1926

Holzer, Jerzy, Polen und Europa. Land, Geschichte, Identität, Bonn 2007

Hoppe, Bert, Auf den Trümmern von Königsberg. Kaliningrad 1946–1970, München 2000 (Schriftenreihe der Viertelsjahreshefte für Zeitgeschichte, Bd. 80)

Horn, Werner, Ostpreußens Deutschtum im Spiegel der politischen Wahlen 1921–1933. Ostland-Forschungen, Hrsg. Ostland-Institut in Danzig, Danzig 1936

Hoßbach, Friedrich, Schlacht um Ostpreußen. Aus den Kämpfen der deutschen 4. Armee um Ostpreußen in der Zeit vom 19.7.1944–30.1.1945, Überlingen 1951

Hubatsch, Walther, Die 61. Infanterie-Division. Kampf und Opfer ostpreußischer Soldaten, Kiel 1952

Hübner, Manfred, Das Herz Preußens. Das Bartnerland im Rahmen der preußisch-deutschen Geschichte von den Anfängen bis zur Gegenwart, Oberschleißheim 1994

Institut für Marxismus-Leninismus beim Zentralkomitee der Kommunistischen Partei der Sowjetunion (Hrsg.), Geschichte des Großen Vaterländischen Krieges der Sowjetunion in sechs Bänden. Bd 2. Die Abwehr des wortbrüchigen Überfalls des faschistischen Deutschlands auf die Sowjetunion. Die Schaffung der Voraussetzungen für den grundlegenden Umschwung im Kriege, (Ost-) Berlin 1963

Jachmann, Reinhold Bernhard, Immanuel Kant geschildert in seinen Briefen an einen Freund, Königsberg 1804 (Nd.1980)

Jäger, Eckhard, Entlang der Weichsel und der Memel. Historische Landkarten und Stadtansichten von Ost- und Westpreußen, Polen und dem Baltikum. Eine Ausstellung des Kulturzentrums Ostpreußen, Ellingen/Bay., Ellingen 2008

Jäger-Dabek, Brigitte, Polen. Eine Nachbarschaftskunde, Berlin 2006

Jähnig, Bernhart (Hrsg.), Die Volksabstimmung 1920. Voraussetzungen, Verlauf und Folgen. Tagungsberichte der Historischen Kommission für Ost- und Westpreussische Landesforschung, Bd. 17, Marburg 2002

Jakubzik, Ulrich, Sensburg. Stadt in Masuren, Leer 1988

Jänicke, Johannes, Ich konnte dabei sein. Autobiographie, Berlin 1984

Jankus, Gerhard, Prökuls. Kirchspiel und Marktort im Memelland, Iserlohn 1989

Janz, Friedrich, Die Entstehung des Memelgebietes. Zugleich ein Beitrag zur Entstehungsgeschichte des Versailler Vertrages, Freiburg i. Br., 1927; Nd. Höxter 1991
Jaworski, Rudolf; Lübke, Christian; Müller, Michael G., Eine kleine Geschichte Polens, Frankfurt a. M. 2000
Jolowicz, Heimann, Geschichte der Juden in Königsberg i. Pr., Posen 1867
Jurkat, Klaus-Peter, Gedanken und Fakten zur Bevölkerungsentwicklung in Ostpreußen. In Tolkemita-Texte 62, Dieburg 2002
Jusserand, Bernard, Les Français à Klaipeda, 1920–1923. Publication du Musée pour l`histoire de Lituanie Mineure. (Die Franzosen in Memel, 1920–1923. Katalog zur Ausstellung im Museum für die Geschichte Klein-Litauens in Memel/Klaipėda), Paris 2007
Just, Bruno, Kriegstagebuch des Volkssturms. Einsatz Bataillon Goldap (25/235) des Bataillons-Adjutanten Bruno Just. Hrsg. von Wolfgang Rothe, Essen 2006

Kabus, Ronny, Juden in Ostpreußen, Husum 1998
Kaiser, Joachim; Kaiser, Henriette, Ich bin der letzte Mohikaner. Biographie, München 2008
Kaiserliches Statistisches Amt, Statistik des Deutschen Reichs. Bd. 150. Die Volkszählung am 1. Dezember 1900 im Deutschen Reich, Berlin 1903 (ND Osnabrück 1976)
Kalkschmidt, Eugen, Vom Memelland bis München. Erinnerungen, Hamburg 1948
Kalwa, Herbert; Philipp, Willi, Kleine Chronik des ostpreußischen Dorfes Roggen im Kreis Neidenburg, Hamburg 1990
Kappstein, Theodor, Wilhelm von Humboldt im Verkehr mit seinen Freunden. Eine Auslese seiner Briefe, Berlin 1917
Karschies, Erich, Der Fischmeister, Würzburg 1959
Kaschnitz, Marie Luise, Orte. Aufzeichnungen, Frankfurt a. M. 1973
Kaschnitz, Marie Luise, Tagebücher aus den Jahren 1936–1966. Hrsg. von Christian Büttrich, Marianne Büttrich und Iris Schnebel-Kaschnitz, Frankfurt a. M. 1999
Kather, Linus, Halali in Ostpreussen. Erinnerung an ein geraubtes Land, Esslingen 1977
Katschinski, Alfred, Unser Kampf für die Heimat 1914. Tagebuchblätter zweier ostpreußischer Brüder aus den Kämpfen um Stallupönen, Gumbinnen, Tannenberg, Angerburg, Warschau und Lodz, Tilsit, o.O., 1917
Kayser, Barbara, Anna und ihre Kinder, Bergisch Gladbach 1988
Kayser, Barbara, Sie nannten sie Anna. Ein ungewöhnliches Frauenleben, Bergisch Gladbach 1989
Keller-Dommasch, Inge, Wir aber mussten es erleben. Erinnerungen an Ostpreußen bis zur Vertreibung 1947, Frankfurt a. M. 2002
Kelletat, Alfred (Hrsg.), Simon Dach und der Königsberger Dichterkreis, Stuttgart 1986
Kellmann, Georg, Kirchspiele Groß Kleeberg & Klaukendorf einschl. Wiranden & Elisenhof, Mannheim 1993
Kessler, Stephan; Schiller, Christiane (Hrsg.), Navicula Literarum Balticarum. Festschrift Jochen Dieter Range zum 65. Geburtstag, Wiesbaden 2006
Kibelka, Ruth, Ostpreußens Schicksalsjahre 1944–1948, Berlin 2001
Kirilova, Evelina, Die Masuren in der Republik Polen 1920–1939. Das Soldauer Gebiet, München 2008
Klecker, Christian, Wie Dohna verlorenging. Katalog Museum Schloß Weesenstein, Müglitztal 1991
Kleßmann, Christoph, Polnische Bergarbeiter im Ruhrgebiet 1870–1945, Göttingen 1978
Kluge, Alexander, Schlachtbeschreibung, Frankfurt a. M. 1983
Knabe, Ferdinande, Sprachliche Minderheiten und nationale Schulen, Münster 2000
Knox, Alfred William Fortescue, With the Russian army 1914–1917. Being chiefly extracts from the diary of a military attaché, London 1921
Kollwitz, Käthe, Aus meinem Leben. Ein Testament des Herzens. Vorwort von Hans Kollwitz, Freiburg, Basel, Wien 2002
Kontakte/KOHTAKTbI e. V. (Hrsg.), Ich werde es nie vergessen.
Briefe sowjetischer Kriegsgefangener 2004–2006, Berlin 2006
Kopelev, Lew, Aufbewahren für alle Zeit!, Göttingen 1996
Kopp, Marianne, Agnes Miegel. Leben und Werk, Husum 2004
Koschorke, Manfred (Hrsg.), Geschichte der Bekennenden Kirche in Ostpreußen 1933–1945. Allein das Wort hat`s getan, Göttingen 1976
Kossert, Andreas, Grenzlandpolitik und Ostforschung an der Peripherie des Reiches. Das ostpreussische Masuren 1919–1945, in: Vierteljahreshefte für Zeitgeschichte, 51. Jg., Heft 2, April 2002
Kossert, Andreas, Kalte Heimat. Die Geschichte der deutschen Vertriebenen nach 1945, München 2009
Kossert, Andreas, Masuren. Ostpreußens vergessener Süden, München 2007
Kossert, Andreas, Ostpreußen. Geschichte und Mythos, München 2005
Kramer, Hans, Elchwald einst und heute, Sulzberg/Allgäu 1985
Kramp, Willy, Der letzte Feind, München 1969
Krech, Klaus, Unser Leben in Krieg und Frieden. Ein Ostpreuße findet im Westen seinen Weg. Erinnerungen in Wort und Bild, Norderstedt 2009
Krockow, Christian Graf von, Eine Frage der Ehre. Stauffenberg und das Hitler-Attentat vom 20. Juli 1944, Berlin 2002
Kroll, Erwin, Musikstadt Königsberg. Geschichte und Erinnerung, Freiburg i. Br. 1966

Krollmann, Christian, Die Entstehung der Stadt Königsberg, Königsberg/Berlin 1941
Krosta, Friedrich, Abhandlung des Gymnasiallehrers Dr. Fr. Krosta. Land und Volk in Masuren. Ein Beitrag zur Geographie Preussens, Königsberg 1875
Kühn, Manfred, Kant, München 2003

Lachauer, Ulla (Hrsg.), Land der vielen Himmel. Memelländischer Bilderbogen. Die Photosammlung Walter Engelhardt, Berlin 1992
Lachauer, Ulla, Ostpreußische Lebensläufe, Hamburg 1998
Lachauer, Ulla, Paradiesstraße. Lebenserinnerungen der ostpreußischen Bäuerin Lena Grigoleit, Reinbek bei Hamburg 1996
Langanke, Ilsa, Und die Sehnsucht bleibt. Eine ostpreußische Biographie. Lebenserinnerung, Oldenburg 2007
Lasch, Otto, So fiel Königsberg, Stuttgart 2002
Laufer, Ingrid (Hrsg.), Flucht und Vertreibung aus den Heimatgebieten Neidenburg und Soldau. Zeitzeugen berichten über ihre persönlichen Erlebnisse, Meppen, o.J.
Laufer, Ingrid, Neidenburg. Köpfe der Heimat, Meppen, o.J.
Lebenski, Rosa, Und vergib uns unsere Schuld. Ein historisches Dokument 1945/48, Die Aufzeichnungen von Frau Rosa Lebenski aus Zandersdorf/ Ostpreußen. Mit einer Einführung von Helmut Gollwitzer, Mainz 1965
Leeb Wilhelm von, Tagebuchaufzeichnungen und Lagebeurteilungen aus zwei Weltkriegen. Aus dem Nachlass herausgegeben und mit einem Lebensabriß versehen von Georg Meyer, Stuttgart 1976
Leggewie, Claus, Von Schneider zu Schwerte. Das ungewöhnliche Leben eines Mannes, der aus der Geschichte lernen wollte, München 1998
Lehndorff, Hans von, Die Insterburger Jahre. Mein Weg zur Bekennenden Kirche, Biederstein 1969
Lehndorff, Hans Graf von, Menschen, Pferde, weites Land. Kindheits- und Jugenderinnerungen, München 1983
Lehndorff, Hans Graf von, Ostpreußisches Tagebuch. Aufzeichnungen eines Arztes aus den Jahren 1945–1947, München 1997
Lehndorff, Siegfried, Ein Leben mit Pferden, Hildesheim 1982
Lenz, Siegfried, Heimatmuseum, München 2006
Lenz, Siegfried, Selbstversetzung. Über Schreiben und Leben, Hamburg 2006
Lenz, Siegfried, So zärtlich war Suleyken, Hamburg 1979
Lexikon der Sprachen des europäischen Ostens, Bd. 10, Klagenfurt 2002Liedtke (Hrsg.), Das Füsilier-Regiment Graf Roon (Ostpreußisches) Nr. 33 im Weltkriege 1914–1918. Nach amtlichen Unterlagen, Berichten von Mitkämpfern und eigenen Erinnerungen verf. und hrsg. (Deutsche Tat im Weltkrieg 1914–1918), Berlin 1935
Linck, Hugo, „Im Feuer geprüft, ... als die Sterbenden, und siehe, wir leben ...". Berichte aus dem Leben der Restgemeinden nach der Kapitulation in und um Königsberg, Leer 1973
Linck, Hugo, Der Kirchenkampf in Ostpreußen 1933–1945, München 1968
Linck, Hugo, Königsberg 1945–1948, Leer 1952
Lindenstrauss, Jerry, Eine unglaubliche Reise. Von Ostpreußen über Schanghai und Kolumbien nach New York. Jüdische Familiengeschichte 1929–1999, Konstanz 1999
Lohmann, Heinrich (Hrsg.), „Und ich bitte meine Sehnsucht, daß sie ohne Klage sei!", Bremens Ostpreußen 1948–2008, Bremen 2008
Lölhöffel, Hedwig von, Tharau liegt woanders. Ein Lied, ein Dorf und seine Menschen, Düsseldorf 1987
Löschburg, Winfried, Ohne Glanz und Gloria. Die Geschichte des Hauptmanns von Köpenick, Berlin 1998
Lucas-Busemann, Erhard, So fielen Königsberg und Breslau. Nachdenken über eine Katastrophe ein halbes Jahrhundert danach, Berlin 1994
Ludendorf, Erich, Meine Kriegserinnerungen 1914–1918. Berlin, Mittler 1919
Luschnat, Gerhild, Die Lage der Deutschen im Königsberger Gebiet 1945–1948. Reihe: Europäische Hochschulschriften, Bd. 231, Frankfurt a. M. u.a.1996

Mackensen, August von, Briefe und Aufzeichnungen des Generalfeldmarschalls aus Krieg und Frieden. Bearb. von Wolfgang Foerster, Leipzig 1938
Mai, Ulrich (Hrsg.), Masuren. Trauma, Sehnsucht, leichtes Leben. Zur Gefühlswelt einer Landschaft. Bielefelder Geographische Arbeiten, Bd. 6, Münster 2005
Maletzke, Erich, Siegfried Lenz. Eine biographische Annäherung, Springe 2006
Mallmann, Klaus-Michael; Angrick, Andrej (Hrsg.), Die Gestapo nach 1945. Karrieren, Konflikte, Konstruktionen, Darmstadt 2009
Manthey, Jürgen, Königsberg. Geschichte einer Weltbürgerrepublik, München 2005
Marßolek, Inge, Die Denunziantin. Helene Schwärzel 1944–47, Bremen 1990
Martin, Rudolf, Jahrbuch des Vermögens und Einkommens der Millionäre in den Provinzen Ost- und Westpreußen. Das Jahrbuch der Millionäre Deutschlands. Bd. 16, Berlin 1913
März, Peter, Zwischen dem langen 19. Jahrhundert und dem kurzen 20. Jahrhundert. Der Erste Weltkrieg. Beilage der Bayerischen Staatszeitung. Redaktion: Bayerische Landeszentrale für politische Bildungsarbeit, Ausgabe 03/2004, München
Masalskis, Hans, Das Sprachgenie Georg Sauerwein. Biographie, Hamburg 2003
Masalskis, Hans, Kleine Geschichte Litauens. Im Zusammenhang mit seinen Nachbarn, Oldenburg 2005
Maser, Peter; Meyer, Dietrich; Erdmann, Chistian (Hrsg.), Beiträge zur ostdeutschen Kirchengeschichte. Hrsg. im Auftrag des Vereins für

ostdeutsche Kirchengeschichte und in Verbindung mit dem Ostkirchen-Institut Münster von Schott, Folge 6, Münster 2004

Matthes, Eckhard (Hrsg.), Als Russe in Ostpreußen. Sowjetische Umsiedler über ihren Neubeginn in Königsberg/Kaliningrad nach 1945, Ostfildern 1999

Matull, Wilhelm, Anfänge der Arbeiterbewegung in Ostpreußen, Würzburg 1964

Matull, Wilhelm, Erlebte Geschichte zwischen Pregel und Rhein, Erinnerungen aus drei Generationen, 1945–1980, Dortmund 1980

Matull, Wilhelm, Ostpreußens Arbeiterbewegung. Geschichte und Leistung im Überblick, Würzburg 1970

Meindl, Ralf, Ostpreußens Gauleiter Erich Koch. Eine politische Biographie, Einzelveröffentlichungen des Deutschen Historischen Instituts Warschau (DHI), Bd. 18, Freiburg 2007

Melchow, Max, Die Ost- und Westpreußen in Berlin, Berlin 1975

Merridale, Catherine, Iwans Krieg. Die Rote Armee 1939–1945, Frankfurt a. M. 2008

Meyers Konversationslexikon, Hrsg. von einem Autorenkollektiv, Leipzig, Wien 1885–1892

Miegel, Agnes, Die Meinen. Erinnerungen, Düsseldorf, Köln 1951

Mielcarczyk, Georg, Narmeln-Neukrug-Vöglers. Ein Kirchspiel auf der Frischen Nehrung, Bremerhaven 1981

Misch, Rochus, Der letzte Zeuge. Ich war Hitlers Telefonist, Kurier und Leibwächter, München, Zürich 2008

Mix, Karl-Georg, Deutsche Flüchtlinge in Dänemark 1945–1949. Historische Mitteilungen. Beihefte, Bd. 59, Stuttgart 2005

Moll, Helmut, Zeugen für Christus. Das deutsche Martyrologium des 20. Jahrhunderts. Hrsg. im Auftrag der Deutschen Bischofskonferenz, Paderborn 1999/2000

Moszeik, Karl, Kriegserlebnisse ostpreußischer Pfarrer, Berlin 1915

Muhlstein, Anka, Der Brand von Moskau. Napoleon in Russland, Frankfurt a. M. 2008

Müller Rolf-Dieter (Hrsg.), Der Zusammenbruch des Deutschen Reiches 1945 und die Folgen des Zweiten Weltkrieges. Teilband 1. Die militärische Niederwerfung der Wehrmacht, hrsg. im Auftrag des MGFA, Stuttgart 2008

Müller, Christian Friedrich, Ein ostpreußisches Pfarrerleben. Aus den Aufzeichnungen von 1805–1818. Mit einer Einleitung von Herbert Marzian, Würzburg 1959

Müller, Rolf-Dieter (Hrsg.), Der Zusammenbruch des Deutschen Reiches 1945 und die Folgen des Zweiten Weltkrieges. Teilband 2. Die Auflösung der Wehrmacht und die Auswirkungen des Krieges, hrsg. im Auftrag des MGFA, Stuttgart 2008

Müller, Sabrina (Hrsg.), Die Mörder sind unter uns. Der Ulmer Einsatzgruppen-Prozeß 1958, Stuttgart 2008

Nadolny, Rudolf, Mein Beitrag. Erinnerungen eines Botschafters des Deutschen Reiches. Hrsg. von Günter Wollstein, Köln 1985

Natau, Otto, Mundart und Siedlung im nordöstlichen Ostpreußen, Königsberg (Pr.)/Berlin 1937

Naunyn, Bernhard, Erinnerungen, Gedanken und Meinungen, München 1925

Nerdinger, Winfried; Hartmannm, Kristiana; Schirren, Kristiana; Speidel, Manfred (Hrsg.) Bruno Taut 1880–1938. Architektur zwischen Tradition und Avantgarde, München 2001

Neumärker, Uwe; Conrad Robert; Woywodt, Cord, Wolfsschanze. Hitlers Machtzentrale im Zweiten Weltkrieg, Berlin 1999

Neumärker, Uwe; Knopf, Volker, Görings Revier. Jagd und Politik in der Rominter Heide, Berlin 2007

Niendorf, Matthias, Minderheiten an der Grenze. Deutsche und Polen in den Kreisen Flatow und Zempelburg 1900–1939, Wiesbaden 1997

Nordostdeutsches Kulturwerk Lüneburg, Hrsg., Heimat und Ethnizität. Über den Umgang mit Fremdheit in Masuren und Schlesien nach dem Zweiten Weltkrieg, Lüneburg 2001

Nositschka, Gudrun, Die Hoffnung zog mit. Von Ostpreußen ins Ruhrgebiet. Eine Familiengeschichte, Essen 1990

Noske, Gustav, Erlebtes aus Aufstieg und Niedergang einer Demokratie, Offenbach 1947

Nowak, Karl Friedrich, Die Aufzeichnungen des Generalmajors Max Hoffmann, Berlin 1929

Oldenburg, Friedrich Salomo, Zur Kunde Masurens. Bericht für den Central-Ausschuß für Angelegenheiten der Inneren Mission aus dem Jahre 1865, Dortmund 2001

Oldenburg-Januschau, Elard von, Erinnerungen, Leipzig 1936

Opgenoorth, Ernst (Hrsg.), Handbuch der Geschichte Ost- und Westpreußens. Teil III. Von der Reformzeit bis zum Vertrag von Versailles 1807–1918, Lüneburg 1998

Opgenoorth, Ernst (Hrsg.), Handbuch der Geschichte Ost- und Westpreußens. Teil IV. Vom Vertrag von Versailles bis zum Ende des Zweiten Weltkrieges 1918–1945, Einzelschriften der Historischen Kommission für Ost- und Westpreussische Landesforschung, Lüneburg 1998

Orłowski, Hubert, Die Lesbarkeit von Stereotypen. Der deutsche Polendiskurs im Blick historischer Stereotypenforschung und historischer Semantik, Wrocław-Görlitz 2005

Ostpreußisches Landesmuseum Lüneburg (Hrsg.), Die Ostpreußenhilfe im Ersten Weltkrieg, Husum 2006

Passarge, Ludwig (Louis), Aus Baltischen Ländern. Studien und Bilder, Glogau 1878

Passarge, Ludwig (Louis), Die Kurische Nehrung. Hrsg. Henning Sietz, Frankfurt a. M. 2002

Passarge, Ludwig (Louis), Ein ostpreußisches Jugendleben. Erinnerungen und Kulturbilder, Leipzig 1903

Payk, Ernst, Die Geschichte der 206. Infanterie-Division, Kiel 1952

Peters-Schildgen, Susanne, Schmelztiegel Ruhrgebiet. Die Geschichte der Zuwanderung am Beispiel Herne bis 1945. Hrsg. von der Stadt Herne und Kommunalverband Ruhrgebiet Essen, Essen 1997

Petronėlė, Žostautaitė, Klaipėdos kraštas 1923–1939, Wilnius 1992

Peyinghaus, Marianne, Stille Jahre in Gertlauken, München 1992

Pfeiffer-Belli, Erich, Junge Jahre im alten Frankfurt und eines langen Lebens Reise, Wiesbaden/München 1986

Piepkorn, Otto, Die Heimatchronik der westpreußischen Stadt Christburg und des Landes am Sorgefluß. Eine neue Chronik, Detmold 1962

Pietsch, Richard, Fischerleben auf der Kurischen Nehrung, Berlin 1982

Piorreck, Anni, Agnes Miegel. Ihr Leben und ihre Dichtung, München 1990

Pistohlkors, Gert von; Weber, Matthias (Hrsg.), Staatliche Einheit und nationale Vielfalt im Baltikum. Festschrift für Prof. Dr. Michael Garleff zum 65. Geburtstag. Hrsg für das Bundesinstitut für Kultur und Geschichte der Deutschen im Östlichen Europa und die Baltische Historische Kommission e.V., München 2005

Plato, Anton Detlev von, Die Geschichte der 5. Panzerdivision 1938–1945. Selbstverlag. Gemeinschaft der Angehörigen der ehemaligen 5. Panzerdivision, o.O. 1978

Pleśniarski, Bolesław Teresa Wróblewska, Gimnazjum polskie i liceum ogólnoształcące w Kwidzynie (1937–1939, 1945–1977). Gdańsk, 1980. [Das Polnische Gymnasium und das allgemeinbilde Lyzeum in Marienwerder (1937–39, 1945–1977)]

Pletzing Christian (Hrsg.), Vorposten des Reichs? Ostpreußen 1933–1945, München 2006

Plickert, Heinrich, Das 2. Ermländische Infanterie-Regiment Nr. 151 im Weltkriege. Nach den amtlichen Kriegstagebüchern und einigen Aufzeichnungen von Mitkämpfern. Bearb. von Heinrich Plickert. Erinnerungsblätter deutscher Regimenter. Ehemals preußische Truppenteile, Berlin 1929

Plieg, Ernst-Albert, Das Memelland 1920–1939. Deutsche Autonomiebestrebungen im litauischen Gesamtstaat, Würzburg 1962

Podzun, Hans-Hennig, 21. Infanterie-Division, Kiel 1951

Preuschoff, Hans, Journalist im Dritten Reich. Schriftenreihe. Zeitschrift für die Geschichte und Altertumskunde Ermlands, Münster 1987

Preußen, Louis Ferdinand Prinz von, Im Strom der Geschichte. Die Heimkehr nach Potsdam, München 1993

Puknus, Heinz, Hans Hellmut Kirst. Der Autor und sein Werk. Information, Zeugnis, Kritik, München 1979

Pyta, Wolfram, Hindenburg. Herrschaft zwischen Hohenzollern und Hitler, München 2009

Rada, Uwe, Die Memel. Kulturgeschichte eines europäischen Stromes, München 2010

Radok, Rainer, Von Königsberg nach Melbourne. Vertreibung aus Ostpreußen im Dritten Reich, Lüneburg 1998

Ratzka, Clara, Urte Kalwis, Berlin 1927

Rauch, Georg von, Geschichte der baltischen Staaten, München, 1977

Rauschenbach, Hildegard, Marjellchen plachandert wieder, Würzburg 2005

Rauschenbach, Hildegard, Von Pillkallen nach Schadrinsk. Vergeben ja, vergessen nie. Ostpreußisches Mosaik, Würzburg 2004

Rauschenbach, Hildegard, Zuhause in Pillkallen. Dorfgeschichten erlebt in Ostpreußen. Ostpreußisches Mosaik, Würzburg 2003

Reichsarchiv (Bearb.), Der Weltkrieg 1914–1918. Die Befreiung Ostpreußens. Die militärische Operation zu Lande, Bd. 2, Berlin 1925

Reichstags-Bureau (Hrsg.), Amtliches Reichstags-Handbuch. Zehnte Legislaturperiode 1898/1903, Berlin 1898

Reifferscheid, Gerhard, Das Bistum Ermland und das Dritte Reich. Bonner Beiträge zur Kirchengeschichte 7, Köln, Wien 1975

Reimann, Max, Streiflichter aus dem Leben eines Kommunisten. Franz Ahrens (Bearb.), Hamburg 1968

Reisch von Wagner, Sigrid, Baltisch-ostpreußische Erinnerungen, Baden-Baden 1970

Reisch, Joachim, Perkallen. Versunkenes Paradies in Ostpreußen. Landgut und Pferdegestüt zwischen Trakehnen und Rominten. Ortenberg, Biebergemünd 1999

Renan, Ernest, Was ist eine Nation? Rede am 11. März 1882 an der Sorbonne, Hamburg 1996

Rettig, Hermann, Kirchspiel Popelken/Markthausen, Leverkusen, o. J. (ca.1990)

Richert, Dominik, Beste Gelegenheit zum Sterben. Meine Erlebnisse im Kriege 1914–1918. Hrsg. v. Bernd Ulrich und Angelika Tramitz, München 1989

Richter, Friedrich, Aspekte der Industrieentwicklung in Ostpreußen 1919–1939, Wiesbaden 1986

Richter, Friedrich, Industriepolitik im agrarischen Osten 1919–1939. Ein Beitrag zur Geschichte Ostpreußens zwischen den Weltkriegen, Wiesbaden 1984

Riefenstahl, Leni, Memoiren 1902–1945, Frankfurt a. M., Berlin 1996

Riegner, Erich; Dindinha, Monheim/Rhein, Privatdruck 2008

Riegner, Erich, Untergang von Ziegelau. Ostpreußisches Tagebuch. 20. Januar bis 9. Februar 1945, unveröffentlichtes Manuskript 2010

Riemann, Erhard, Ännchen von Tharau. Königsberger Dichtung und Musik aus der Zeit des Barock. Schriftenreihe zur Förderung der ostdeutschen Kulturarbeit. Heft Nr. 6. Hrsg. vom Ministerium für Arbeit, Soziales und Vertriebene des Landes Schleswig-Holstein, Kiel 1963

Rintelen, Karlludwig, Ein undemokratischer Demokrat. Gustav Bauer. Gewerkschaftsführer. Freund Friedrich Eberts. Reichskanzler. Eine politische Biographie, Frankfurt a. M. 1993

Rix, Walter T., Gleichnis höchsten Gutes. Königsberg im Werk von Agnes Miegel, Bad Nenndorf 2006

Rohrer, Christian, Nationalsozialistische Macht in Ostpreußen, München 2006

Ronge, Paul, Im Namen der Gerechtigkeit, München 1963

Rosenberg, Curt, Bilder aus einem Leben. Erinnerungen eines ostpreußischen Juden. Würzburg 1962

Ruffmann, Karl-Heinz, Deutsche und Litauer in der Zwischenkriegszeit. Erinnerungen eines Memelländers. Überlegungen eines Historikers, Lüneburg 1994

Ruhrlandmuseum Essen (Hrsg.), Die Erfindung des Ruhrgebiets. Arbeit und Alltag um 1900. Katalog zur sozialhistorischen Dauerausstellung, Essen 2000

Sahm, Wilhelm, Geschichte der Pest in Ostpreußen, Leipzig 1905

Sanden-Guja, Walter von, Das gute Land, Hannover 1969

Sanden-Guja, Walter von, Schicksal Ostpreußen, Hannover 1968.Sarnowsky, Jürgen; Glauert, Mario (Hrsg.), Beiträge zur Geschichte Westpreußens. Zeitschrift der Copernicus-Vereinigung für Geschichte und Landeskunde Westpreußens e.V. (BGW), Bd. 18, Münster 2002

Saucken, Dietrich von, 4. Panzerdivision Divisionsgeschichte. Teil 2. Der Russlandfeldzug von Mai 1943 bis Mai 1945, Bonn, Selbstverlag 1968

Saul, Harald, Unvergessliche Küche Ostpreußens. Traditionelle Familienrezepte und ihre Geschichte, München 2009

Schaaf, Fritz, Der Kampf der deutschen Arbeiterbewegung um die Landarbeiter und werktätigen Bauern 1848–1890, Berlin (Ost) 1962

Schachschneider, Hans, Stadt Garnsee und Umgebung. Ein Erinnerungsbuch, Herford 1970

Schiedat, Alfred, Bumbeln – Kreis Gumbinnen. Die Geschichte eines ostpreußischen Dorfes und seiner Bewohner mit einem Anhang Familienregister aller ehemaligen Dorfbewohner, Hamburg 1980

Schiedat, Karl, Schinken, Schmant und wilde Kirschen. Lebenserinnerungen eines ostpreußischen Bauern aus Eromeiten, Moritzkehmen und Senteinen, Kreis Tilsit und Bumbeln, Kreis Gumbinnen sowie Flucht aus der Heimat 1944/45, dann Ankunft und Neubeginn in Wedel/Holstein ab März 1945, Hamburg 2003

Schieder, Theodor (Bearbeitung), Dokumentation der Vertreibung der Deutschen aus Ost-Mitteleuropa, Bonn 1953–1960

Schillmann, Fritz, Grenadier-Regiment König Friedrich Wilhelm I. (2. Ostpreußisches) Nr. 3 im Weltkriege 1914–1918. Mit einem Geleitw. Generalleutnant von Wedel und der Geschichte der Traditionskompagnie von Neyman. Erinnerungsblätter deutscher Regimenter. Ehemals preußische Truppenteile, Berlin 1924

Schmidt, Hermann, Die Landwirtschaft von Ostpreußen und Pommern. Geschichte, Leistung und Eigenart der Landwirtschaft in den ehemals ostdeutschen Landesteilen seit dem Kriege 1914/18 und bis Ende der dreißiger Jahre, Marburg 1978

Schmidt, Waltraud, Der Kampf um Goldap. Erinnerungen an 1944/45. Frontberichte von Offizieren und Soldat, o.O. 1997

Schmitt, Friedrich Wilhelm Ferdinand, Land und Leute von/in Westpreußen, Thorn 1870

Schneider, Gabriele, Fanny Lewald, Reinbek bei Hamburg 1996

Schneider, Thomas Martin, Reichsbischof Ludwig Müller. Eine Untersuchung zu Leben, Werk und Persönlichkeit. Arbeiten zur Kirchlichen Zeitgeschichte, Reihe B., Bd. 19, Göttingen 1993

Schneidereit, Otto A., Zwischen zwei Weltkriegen. Eine Jugend in Ostpreußen, Berlin 1999

Schöne, Albrecht, Kürbishütte und Königsberg. Modellversuch einer sozialgeschichtlichen Entzifferung poetischer Texte am Beispiel Simon Dach, München 1982

Schramm, Percy E. (Hrsg), Kriegstagebuch. Das Oberkommando der Wehrmacht 1944–1945, Teilband II, München 1982

Schröder, Christian-Alexander, Das „Territoire de Memel". Entwicklung und Entstehung eines völkerrechtlichen Provisoriums. Berliner Interuniversitäre Arbeitsgruppe Baltisc, Berlin 2004

Schuch, Hans-Jürgen, Elbing. Aus 750 Jahren Geschichte der Ordens-, Hanse- und Industriestadt, Berlin/Bonn 1989

Schüler-Springorum, Stefanie, Die Jüdische Minderheit in Königsberg/Preußen 1871–1945. Schriftenreihe der Historischen Kommission bei der Bayerischen Akademie der Wissenschaften. Bd. 56, Göttingen 1996

Schulz, Horst, Der Natanger Kreis. Preußisch-Eylau. Die geschichtliche Entwicklung des prussischen Gaues Natangen zum ostpreußischen Kreis Preußisch Eylau, Band I–III. Köln 1972/1973.

Schumacher, Bruno, Geschichte Ost- und Westpreußens, Würzburg 1957

Schwab-Reinwald, Otila, Komorken und rotes Kopftuch. Erinnerungen an Ostpreußen, Crailsheim 1993

Schwarzmüller, Theo, Zwischen Kaiser und „Führer". Generalfeldmarschall August von Mackensen. Eine politische Biographie, Paderborn 1995

Schwerin, Esther Gräfin von, Kormorane, Brombeerranken. Erinnerungen an Ostpreußen, München 2006

Seebo, Gerhard, Tagebuch, unveröffentlicht

Seils, Ernst-Albert, Hugo Haase 1863–1919. Ein deutscher Politiker aus dem Ermland. In: Zeitschrift für die Geschichte und Altertumskunde Ermlands. Bd. 48, 1996 (Nachdruck)

Selle, Götz von, Geschichte der Albertus-Universität zu Königsberg in Preußen, Würzburg 1956
Senn, Alfred Erich, Die Besetzung Memels im Januar 1923. In: Forschungen zur osteuropäischen Geschichte 10, Berlin 1965
Seydlitz, Walther von, Stalingrad. Konflikt und Konsequenz. Erinnerungen, Oldenburg 1977
Sieg, Martin, Im Schatten der Wolfschanze. Hitlerjunge auf der Suche nach Sinn. Autobiographische Skizze eines Zeitzeugen. Reihe: Anpassung-Selbstbehauptung-Widerstand, Münster 1997
Sielmann, Heinz, Lockende Wildnis. Mein Weg zu den Tieren, München 1975
Silberner, Edmund, Johann Jacoby. Politiker und Mensch, Bonn-Bad Godesberg 1976
Skowronnek, Fritz, Lebensgeschichte eines Ostpreußen. Autobiographie, Leipzig 1925
Smelser, Ronald; Enrico Syring (Hrsg.), Die SS. Elite unter dem Totenkopf. 30 Lebensläufe, Paderborn 2003
Solschenizyn, Alexander, Archipel Gulag, Bern 1974
Solschenizyn, Alexander, Erster Knoten. August vierzehn (23. August–3. September), München, Zürich 1983
Solschenizyn, Alexander, Schwenkitten `45. Die autobiographischen Erzählungen, München 2004
Sprengel, Rita, Der rote Faden. Lebenserinnerungen. Ostpreußen. Weimarer Republik. Ravensbrück. DDR. Die Wende, Berlin 1994
Steege, Helmut, Erinnerungen aus dem Spannungsbereich zweier Nationen. Erlebnisse im deutsch-polnischen Grenzgebiet 1920–1940, Lüneburg 1990
Stein, Robert, Die Umwandlung der Agrarverfassung Ostpreußens durch die Reform des neunzehnten Jahrhunderts. Bd. 1. Die ländliche Verfassung Ostpreußens Ende des achtzehnten Jahrhunderts.
Reprint, Sonderschriften des Vereins für Familienforschung in Ost- und Westpreußen, Gevelsberg 1997
Stockhorst, Erich, 5000 Köpfe. Wer war was im Dritten Reich, Kiel 2000
Strecker, Karl, Das Deutsche Ordens-Infanterie-Regiment Nr. 152 im Weltkriege. Nach den amtlichen und privaten Kriegstagebüchern, Berichten, Feldpostbriefen und Zuschriften bearb. von: Deutsche Tat im Weltkrieg 1914–1918, Berlin 1933
Strohmeyer, Klaus, James Hobrecht (1825–1902) und die Modernisierung der Stadt, Berlin 2000
Stüben, Jens (Hrsg.), Ostpreußen-Westpreußen-Danzig. Eine historische Literaturlandschaft, München 2007
Sudermann, Hermann, Bilderbuch meiner Jugend. Autobiographie, Berlin 1990
Sumowski, Hans-Burkhard, Jetzt war ich ganz allein auf der Welt. Erinnerungen an eine Kindheit in Königsberg 1944–1947, München 2007
Sweetman, John, Tannenberg 1914, London 2002
Szczesny, Gerhard, Als die Vergangenheit Gegenwart war. Lebenslauf eines Ostpreußen, Berlin 1990

Tauber, Joachim (Bearb.), Im Wandel der Zeiten. Die Stadt Memel im 20. Jahrhundert. Nordost-Archiv. Das Memelgebiet 1919–1944 in der deutschen und litauischen Historiographie nach 1945. Zeitschrift für Regionalgeschichte. Neue Folge X (2001), Lüneburg 2002
Tauber, Joachim (Bearb.), Zwischen Staatsnation und Minderheit. Litauen, das Memelland und das Wilnagebiet in der Zwischenkriegszeit. In: Nordost-Archiv. Zeitschrift für Regionalgeschichte. Neue Folge II, Lüneburg 1993
Tautorat, Hans-Georg, Am Memelstrom. Von Tilsit bis Waldheide. Hrsg. von der Landsmannschaft Ostpreußen, Glückstadt 1982
Tenfelde, Klaus, Sozialgeschichte der Bergarbeiterschaft an der Ruhr im 19. Jahrhundert, Bonn 1981
Terpitz, Werner, Wege aus dem Osten. Flucht und Vertreibung einer ostpreußischen Pfarrersfamilie. Bearbeitet von Michael Schwartz, München 1997
Tetzner, Fritz, Die Slawen in Deutschland. Beiträge zur Volkskunde der Preußen, Litauer und Letten, der Masuren und Philipponen, der Tschechen, Mährer und Sorben, Polarben und Slowinzen, Kaschuben und Polen, Braunschweig 1902
Thomas Mann Kulturzentrum (Hrsg.), Wie auf einem Schiff. Thomas Mann trifft die Presse in Nidden, Vilnius 2007
Tilitzki, Christian, Alltag in Ostpreußen 1940–1945. Die geheimen Lageberichte der Königsberger Justiz 1940–1945, Leer 1991
Tolksdorf, Ulrich, Volksleben in den Ermländersiedlungen in der Eifel, Marburg 1967
Törne, Volker von, Im Lande Vogelfrei. Gesammelte Gedichte, Berlin 1980
Traba , Robert, Selbstbewusstsein und Identität. Sozialkultureller Wandel in Preußisch-Litauen vor und nach dem Ersten Weltkrieg, Osnabrück 2000
Tuchmann, Barbara, August 1914. Frankfurt a. M. 1962
Tucholsky, Kurt, Gesammelte Werke in zehn Bänden. Bd. 1, Reinbek b. Hamburg 1975
Tümmler, Holger, Heimatatlas für die Provinz Ostpreußen, Augsburg 2007

Voigt, Wilhelm, Wie ich Hauptmann von Köpenick wurde. Mein Lebensbild, Berlin 2006
Vorländer, Karl, Immanuel Kant. Der Mann und das Werk, Leipzig 1924

Wagner, Wulf D., Die Güter des Kreises Heiligenbeil. Hrsg. Kreisgemeinschaft Heiligenbeil e. V., Leer 2005
Wagner, Wulf D.; Menschen, Geschichte und Güter im Kreis Gerdauen. Hrsg. von der Heimatkreisgemeinschaft Gerdauen e. V., Husum 2009
Walser, Robert, Geschichten, Frankfurt a. M. 2007

Walter, Axel E. (Hrsg.), Simon Dach 1605–1659. Werk und Nachwirken, Tübingen 2008
Weber, Matthias (Hrsg.), Preußen in Ostmitteleuropa. Geschehensgeschichte und Verstehensgeschichte. Schriften des Bundesinstituts für Kultur und Geschichte der Deutschen im östlichen Europa. Bd. 21, München 2003
Wels, Christel, Der unvergessene Weg. Eine ostpreußische Biografie, Berlin 2007
Welz, Helmut, In letzter Stunde. Biographie nach umfangreichen Aufzeichnungen Arno von Lenskis, Berlin 1978
Wenau, Lutz, Der Pfarrerdichter von Tollmingkehmen und seine Zeit, Lilienthal 1996
Wengler, Fritz, Das Landwehr-Infanterie-Regiment Nr. 48 im Weltkriege. Kämpfe und Erlebnisse in Ostpreußen und Russland. Erinnerungsblätter deutscher Regimenter. Ehemals preußische Truppenteile, Berlin 1925
Wenskus, Reinhard, Der deutsche Orden und die nichtdeutsche Bevölkerung des Preussenlandes, in: Schlesinger, Walter (Hrsg.), Die deutsche Ostsiedlung des Mittelalters als Problem der europäischen Geschichte, Sigmaringen 1975
Wernicke, Erich, Kreis Marienwerder, Herford 1968
Werth, Alexander, Russland im Krieg 1941–1945, München 1965
Westphals, Eberhard, Ein ostdeutscher Industriepionier. Ferdinand Schichau in seinem Leben und Schaffen, Essen 1957
Westpreußisches Landesmuseum (Hrsg.), Westpreußens Industrie. Autos, Maschinen, Schiffe, Münster 1998
Wichert, Ernst, Litauische Geschichten, Stuttgart 1935
Wichert, Ernst, Richter und Dichter. Ein Lebensausweis, Berlin, Leipzig 1899
Wiechert, Ernst, Jahre und Zeiten. Erinnerungen, Zürich 1949
Wiechert, Ernst, Wälder und Menschen. Eine Jugend. Roman aus Ostpreußen, München 2007
Wieck, Michael, Zeugnis vom Untergang Königsbergs. Ein Geltungsjude berichtet, Heidelberg 2001
Wietek, Gerhard, Deutsche Künstlerkolonien und Künstlerorte, München 1976
Wildt, Michael (Bearb.), Deutscher Bürger und verfolgter Jude. Novemberpogrom und KZ Sachsenhausen 1937–1939. Hans Reichmann. Biographische Quellen zur Zeitgeschichte, Bd. 21, München 1998
Wildt, Michael, Gewaltpolitik. Volksgemeinschaft und Judenverfolgung in der deutschen Provinz 1932 bis 1935. In: WerkstattGeschichte 35. 12. Jg., Essen 2003
Wildt, Michael, Volksgemeinschaft als Selbstermächtigung. Gewalt gegen Juden in der deutschen Provinz 1919 bis 1939, Hamburg 2007
Willoweit, Dietmar, Im Schatten des Untergangs. Eine Kindheit in Memel. In: Nordost-Archiv. Die Stadt Memel, Lüneburg 2002
Willoweit, Gerhard, Die Wirtschaftsgeschichte des Memelgebiets. 2 Bde. Wissenschaftliche Beiträge zur Geschichte und Landeskunde Ost-Mitteleuropas Nr. 85/1 und 85/2, Marburg 1969
Winnig, August, 400 Tage Ostpreußen, Dresden 1927
Winnig, August, Am Ausgang der deutschen Ostpolitik, Berlin 1921
Winnig, August, Heimkehr. Erinnerungen aus den Jahren 1918–1923, Hamburg 1935
Witt, Gerhard, Unser Heimatort Kornberg in Ostpreußen. Kornberg-Dokumentation, Wattenbek 2002
Woyciechowski, Charlotte; Woyciechowski, Paul, Charlotte und Paul. In Ostpreußen fing es an. Eine Doppelbiographie mit den Lebenswegen des Paares und der Erinnerung an die gemeinsame Heimat Ostpreußen. Königsberg und Schillgallen im Kreis Labiau, Berlin 1998
Wrzesiński, Wojciech, Das Recht zur Selbstbestimmung oder die Festigung der staatlichen Souveränität. Die ostpreußischen Plebiszite 1920, Wroclaw 2002

Young-Bruehl, Elisabeth, Hannah Arendt. Leben, Werk und Zeit, Frankfurt a. M. 2004

Zacharias, Rainer. Hrsg., Neues Marienburger Heimatbuch, Herford 1967
Zachau, Johannes, 2. Litthauisches Feld-Artillerie-Regiment Nr. 37. Nach den amtl. Akten und Kriegstagebüchern und den Aufzeichnungen bearbeitet. Erinnerungsblätter deutscher Regimenter. Ehemals preußische Truppenteile. Oldenburg i.O. 1932
Zachorow, V, Aweyden. Chronik eines masurischen Dorfes, Berlin, Haifa 2008
Zander, Horst F. (Hrsg.), Mit klingendem Spiel. Insterburg 1919–1939. Eine ostpreußische Garnison zwischen den beiden Weltkriegen, Seesen 1981
Zeidler, Manfred, Flucht und Vertreibung der Deutschen aus Ostpreußen, Westpreußen, Danzig, dem Warthegau und Hinterpommern. In: Arno Surminski (Mitarbeiter). Flucht und Vertreibung. Europa zwischen 1939 und 1948, Hamburg 2004
Zeidler, Manfred, Kriegsende im Osten. Die Rote Armee und die Besetzung Deutschlands östlich von Oder und Neiße 1944–55, München 1996
Ziegler, Walter (Hrsg.), Die Vertriebenen vor der Vertreibung. Die Heimatländer der deutschen Vertriebenen im 19. und 20. Jahrhundert. Strukturen. Entwicklungen, Erfahrungen, München 1999
Zweck, Albert, Litauen. Eine Landes- und Volkskunde. Deutsches Land und Leben in Einzelschilderungen 1. Landschaftskunden, Stuttgart 1898
Zweck, Albert, Masuren. Eine Landes- und Volkskunde, Stuttgart 1900
Zweck, Albert, Samland, Pregel- und Frischingthal. Eine Landes- und Volkskunde. Deutsches Land und Leben in Einzelschilderungen 1. Landschaftskunden, Stuttgart 1902
Zydowitz, Kurt von, Die Geschichte der 58. Infanterie-Division 1939–1945, Kiel 1952

Heimatkreis-Chroniken

Kreis Allenstein; Kreisgemeinschaft Allenstein (Hrsg.), Heimatbuch des Landkreises Allenstein, Langenhagen 1968

Kreis Angerburg; Pfeiffer, Erich, Der Kreis Angerburg. Ein ostpreußisches Heimatbuch, Rotenburg 1973

Kreis Bartenstein; Steppuhn, Hans-Hermann, Heimat-Kreisbuch Bartenstein/Ostpreußen. Geschichte und Dokumentation des Kreises Bartenstein, Ostpreußen. München 1983

Kreis Darkehmen/Angerapp; Kommissionsverlag Gerhard Rautenberg (Hrsg.), Stadt und Kreis Darkehmen/Angerapp, Leer 1984

Kreis Elchniederung; Kreisgemeinschaft Elchniederung in der Landsmannschaft Ostpreußen e.V. (Hrsg.), Der Kreis Elchniederung. Ein ostpreußisches Heimatbuch, 2 Bde., zusammengestellt von Paul Lenke, Leer 1967/1969

Kreis Fischhausen; Kreis Königsberg; Samland; Gusovius, Paul (Hrsg.), Der Landkreis Samland. Ein Heimatbuch der ehemaligen Landkreise Königsberg und Fischhausen, Würzburg 1966

Kreis Gerdauen; Bachor, Oskar-Wilhelm (Hrsg.), Der Kreis Gerdauen. Ein ostpreußisches Heimatbuch, Würzburg 1968

Kreis Goldap; Mignat, Johannes (Hrsg.), Der Kreis Goldap. Ein ostpreußisches Heimatbuch, Würzburg 1965

Kreis Heiligenbeil; Guttzeit, Emil Johannes (Hrsg.), Der Kreis Heiligenbeil. Ein ostpreußisches Heimatbuch, Leer 1975

Kreis Heilsberg; Krassuski, Alfred (Red.), Kreis Heilsberg im Ermland. Herausgegeben von der Kreisgemeinschaft Heilsberg in der Landsmannschaft Ostpreussen, Osnabrück 1971

Kreis Insterburg; Henning, Kurt und Charlotte Henning, Der Landkreis Insterburg. Ostpreussen ein Ortsnamen-Lexikon, Grasdorf-Laatzen 1981

Kreis Johannisburg; Guttzeit, Emil Johannes (Hrsg.), Der Kreis Johannisburg. Ein ostpreußisches Heimatbuch, Würzburg 1964

Kreis Labiau; Grenz, Rudolf, Der Kreis Labiau. Ein ostpreußisches Handbuch. Zusammengestellt und erarbeitet im Auftrag der Kreisgemeinschaft Labiau in der Landsmannschaft Ostpreußen e.V., Heide/Holst. 1973

Kreis Lötzen; Meyhöfer, Max, Der Kreis Lötzen. Ein ostpreußisches Heimatbuch, Würzburg 1961

Kreis Lyck; Weber, Reinhold (Hrsg.), Der Kreis Lyck. Ein ostpreußisches Heimatbuch, Leer 1981

Kreis Marienwerder; Heimatkreis Marienwerder Westpreußen (Hrsg.), Der Kreis Marienwerder/Wpr. Landgemeinden und Stadt Garnsee. Ein Heimatbuch. Zusammengestellt durch Dr. Franz Neumann und Otto Gründer, Hamburg 1985

Kreis Marienwerder; Heimatkreis Marienwerder Westpreußen (Hrsg.), Marienwerder. Westpreußen. Aus dem Leben einer deutschen Stadt an der unteren Weichsel. Zusammengestellt durch Otto Gründer; Dr. Franz Neumann, Celle 1983

Kreise Memel, Heydekrug, Stadt Memel, Kreis Pogegen; Memelland; Kurschaft, Heinrich A., Das Buch vom Memelland. Heimatkunde eines deutschen Grenzlandes, Oldenburg 1968

Kreis Mohrungen; Wrangel, Wolf Freiherr von, Der Kreis Mohrungen. Ein ostpreußisches Heimatbuch, Würzburg 1967

Kreis Neidenburg; Meyhöfer, Max, Der Kreis Neidenburg. Ein ostpreußisches Heimatbuch. Hrsg. von der Gemeinschaft Kreis Neidenburg e.V., Landshut 1968

Kreis Oletzko/Treuburg; Grenz, Rudolf (Hrsg.), Der Kreis Treuburg. Ein ostpreußisches Heimatbuch. Zusammengestellt im Auftrag der Kreisgemeinschaft Treuburg, Lübeck 1971

Kreis Ortelsburg; Meyhöfer, Max; von Poser, Victor, Der Kreis Ortelsburg. Ein ostpreußisches Heimatbuch, Würzburg 1957

Kreis Osterode; Kreisgemeinschaft Osterode Ostpr.e.V. (Hrsg.), Kreisbuch Osterode Ostpreussen. Erarbeitet und zusammengestellt von Klaus Bürger, Osterode 1977

Kreis Pillkallen/Schloßberg; Mietzner, Franz (Hrsg.), Der Kreis Schlossberg. Ein ostpreußisches Heimatbuch, Würzburg 1962

Kreis Pogegen; Grentz, Georg (Hrsg.), Der Kreis Pogegen 1919–1939. Die Geschichte eines memelländischen Kreises im ostpreußischen Grenzgebiet, Oldenburg (Oldb.) 1993

Kreis Preußisch Eylau; Schulz, Horst (Hrsg.), Der Kreis Preußisch Eylau. Geschichte und Dokumentation eines ostpreußischen Landkreises. Unter Mitarbeit von Emil Johannes Guttzeit, Verden/Aller 1983

Kreis Preußisch Holland; Büttner, Martin (Hrsg.), Kreisbuch Pr. Holland. Ein ostpreußisches Heimatbuch, Glückstadt 1978

Kreis Rastenburg; Grenz, Rudolf (Hrsg.), Der Kreis Rastenburg. Ein ostpreußisches Dokumentarwerk. Zusammengestellt und erarbeitet im Auftrage der Kreisgemeinschaft Rastenburg, Marburg 1976

Kreis Rosenberg; Heimatkreis Rosenberg. Patenkreis Halle/West (Hrsg.), Der Kreis Rosenberg. Ein westpreußisches Heimatbuch. Zusammengestellt von Alfred Müsse, Detmold 1963

Tilsit, um 1900,
die sog. „Reitbahn"

Kreis Rößel; Poschmann, Erwin (Hrsg.), Der Kreis Rößel. Ein Ostpreußisches Heimatbuch. Hrsg. vom Heimatbund des Kreises Rössel, Kaltenkirchen/Holstein 1977

Kreis Sensburg; Bredenberg, Fritz; Glaß, Paul (Hrsg.), Der Kreis Sensburg. Würzburg, 1960

Kreis Stallupönen/Ebenrode; Grenz, Rudolf (Hrsg.), Die Geschichte des Kreises Stallupönen/ Ebenrode. Dokumentation eines ostpreußischen Grenzkreises, Marburg 1981

Kreis Stuhm; Kreisausschuß des Heimatkreises Stuhm (Hrsg.), Der Kreis Stuhm. Ein westpreußisches Heimatbuch. Unter Mitwirkung von Gottfried Lickfett u.a., Osnabrück 1975

Kreis und Stadt Gumbinnen; Grenz, Rudolf (Hrsg.), Stadt und Kreis Gumbinnen. Eine ostpreußische Dokumentation. Zusammengestellt und erarbeitet im Auftrage der Kreisgemeinschaft Gumbinnen, Marburg 1971

Kreis und Stadt Tilsit; Brix, Fritz (Hrsg.), Tilsit-Ragnit, Stadt und Landkreis. Ein ostpreußisches Heimatbuch, Würzburg 1971

Kreis Wehlau; Grenz, Rudolf; Hermann Fischer; Hans Schenk u. a. (Hrsg.), Heimatbuch des Kreises Wehlau. Alle-Pregel-Deime-Gebiet. 1. Bd., Leer 1975

Internetquellen-Nachweis

www.abgeordneten.info; www.angerapp.de/heimatbrief/heimatbrief.html; www.annaberger-annalen.de; www.biegemann.eu (nicht mehr aufrufbar); www.cinegraph.de; www.collasius.org; www.cranzwestend.de; www.deutsche-biographie.de; www.deutsche-und-polen.de; www.dhm.de/lemo/forum/kollektives_gedaechtnis; www.dra.de; http://einestages.spiegel.de; www.elbing.de; www.europa.clio-online.de; www.familie-loyal.de; www.focus.de; http://forum.axishistory.com; www.frapedo.de/garn15.htm; www.freenet-homepage.de/rohmanen-ulrichsee; www.freenet-homepage.de/braunsberg/kayer.htm (nicht mehr aufrufbar, s.: www.0194.a4a.de/buchholz11.htm); www.fwkruecken.de; www.freenet-homepage.de/helmut.ramm/hopa5.htm, (Seite nicht mehr aufrufbar, s.: www.genealogie-tagebuch.de/2010/07/12/helmut-ramm/); www.russland.aktuell.ru; www.geneal.lemmel.at (nicht mehr aufrufbar); www.gonschior.de/weimar/; www.gossing-family.de; www.kisielice.bil-wm.pl; www.kriegsende.aktuell.ru/sowinform; www.kreisgemeinschaft-wehlau.de; www.loebel-drebolienen-insterburg.com; http://lietuvos.istorija.net/; www.lisum.berlin-brandenburg.de; www.lexikon-der-wehrmacht.de; www.mazoji-lietuva.lt/article.php?article=239; www.memelland-adm.de; www.mennonitegenealogy.com; www.michael-klonovsky.de/; www.ostdeutsche-biographie.de; www.ostpreussen.net; www.ostpreussensport.beepworld.de/arbeitersport.htm; www.prussen.org; www.raf.mod.uk; www.seiten.faz-archiv.de/; www.shoa.de; www.stahlgewitter.com/; www.standhaft.org; www.stiftung-bg.de; www.studienstelleog.de; www.textlog.de; www.tilsit-ragnit.de; www.tczew-witten.de; www.uni-marburg.de; http://resources.ushmm.org/; www.verein-milch-und-kultur.de; www.verwaltungsgeschichte.de; www.visitator-ermland.de; www.vomhaff.de; home.foni.net/~adelsforschung/; www.wahlen-in-deutschland.de; www.walendy-r-d.de; www.wiesbadener-tagblatt.de; http://wiki-de.genealogy.net/Hauptseite, www.wikipedia.de; www.werkstattgeschichte.de; www.zeit.de; www.zeitenblicke.de;

Ortsregister

Vor dem Friseurladen Rebuschat in Groß Goldbach, Kreis Wehlau, 1930er Jahre

Personenregister

Nachweis der Abbildungen

Archiv des Museums der Geschichte Kleinlitauens, Klaipeda 71, 93, 131, 235, 265, 451, 461, 463, 467, 591

Bildarchiv der Kreisgemeinschaft Wehlau e.V. 3, 9, 225, 299, 325, 497, 507, 529, 547, 581, 601, 645, 661, 667, 865, 893, Umschlagrückseite oben

Bildarchiv Foto Marburg, Deutsches Dokumentationszentrum für Kunstgeschichte 61

Bildarchiv Ostpreußen, Landsmannschaft der Ostpreußen e.V., Hamburg 29, 77, 253, 271, 331, 345, 349, 393, 485, 491, 503, 571, 639, 685, 823

bpk/Vinzenz Engel Umschlagvorderseite oben

Bundesarchiv, Bildarchiv 359, Nr. 183-S11452; 393, Nr. 183-S29623; 533, Nr. 183-R34227, Scherl; 539, Nr. 183-2006-0429-502; 587, Plak 002-007-021, Memeler Druckkunstwerkstätten; 595, Nr. 183-E04066, Scherl; 608, Nr. 146-1998-043-23, ohne Angaben, wahrscheinlich Gräfe & Unzer, München; 617, Nr. 101I-012-0002-02, Fotograf Falk; 623, Nr. 183-2008-0415-503, Oberkommando der Wehrmacht; 691, Nr. 146-1980-060-07, Fotograf Brütting; 697, Nr. 146-1976-127-28A, Heinrich Hoffmann. Verlag national-sozialistische Bilder; 705, Nr. 183-J28092, Fotograf Brütting; 709, Nr. 1011 464 -03851-16, Fotograf Kleiner; 713, Nr. 146-1987-125-10, Fotograf SS-PK-Falkowsk; 718, Nr. 183-H26401, Fotograf Wilhelm Engels; 723, Nr. 183-J28377, Scherl, Fotograf Müller; 737, Nr. 146-1996-030-10A, Fotografin Brigitte Höber; 743, Nr. 146-1979-084-06; 749, Nr. 183-R77440; 757, Nr. 146-1976-072-09; 781, Nr. 146-1989-033-33, Fotograf H. Budahn; 787, Nr. 146-1985-129-18, ohne Angaben, wahrscheinlich Gräfe & Unzer, München; 791, Nr. 183-R98401, Scherl; 798, Nr. 183-R94432 ADN Zentralbild

Kulturzentrum Ostpreußen, Schloss Ellingen 241, 247, 439, 445

Library of Congress, Washington D.C. 138, 350, 373, 379, Umschlagfotos unten

Ostpreußisches Landesmuseum, Lüneburg 2, 23, 41, 53, 99, 123, 189, 207, 273, 285, 291, 313, 319, 333, 337, 341, 401, 409, 415, 423, 437, 443, 451, 519, 815, 829, 845, 849, 859, 877, 894, 908, 925

Portal Memelland wiki-de.genealogy.net 259, 305

Postkartenarchiv des Autors 85, 469, 512, 559, 575

United States Holocaust Memorial Museum (USHMM) 553, 655

Westpreußisches Landesmuseum, Kulturstiftung Westpreußen, Münster 10, 107, 215, 228, 279, 329, 428, 433, 477, 565, 633, 833, 839, 853, 860

Verzeichnis der Karten

Die Karten wurden im August 2011 nach Angaben des Autors erstellt von: Diplom Designer Rolf-Andreas Wienbeck, RAW-Design Bremen

Rechtehinweis

Die Stube des Gasthofs Blode in Nidden in den 1920er Jahren. Der Autor hat das zur Künsterkolonie gewordene Fischerdorf beim Anflug auf Kaliningrad 2007/2008 häufig überflogen. Und im Budapester Café Central 2008 bis 2010 über Niddens Künstler und ihren Wirt geschrieben.

Doppelter Dank

Drei Jahre lang hat meine Frau die Arbeit an diesem Buch begleitet. Sie hat viel ertragen müssen, bis es fertig wurde – ertragen im wörtlichen Sinn. Denn begonnen habe ich diese *Biographie einer Provinz* im Jahr 2008 in Perm, Russische Föderation, wo meine Frau an den Universitäten und Oberschulen der Millionenstadt am Ural in der Lehrerfortbildung tätig war. Ich durfte sie begleiten. Mehr als hundert oft dicke Bücher zur Geschichte Ostpreußen haben wir im Speditions- und Handgepäck in den fernen europäischen Osten mitgenommen. Einige der Bücher waren zu Lektüre und Zitat immer dabei, wenn wir mit russischer Bahn, Aeroflot und S7, der Air Sibiria, im Land umher reisten. Meine Frau hatte daran manches Päckchen (Diminutiv!) mitzutragen.

In Perm war Königsberg nicht nur durch die mitgenommene Lektüre präsent. Eine der Bibliothekarinnen in der staatlichen Bibliothek, wo mir manche Studentin des Faches Deutsch im Deutschen Lesesaal bei der Recherche in russischer Lektüre half, stammte aus Kaliningrad. Die Liebe und die Arbeit hatten sie 3 000 Kilometer weit an die asiatische Grenze verschlagen. Sie schwärmte auf Englisch von weißen Sommernächten am Bernsteinstrand und von der Schönheit der Heimatstadt. Die gilt selbst russischen Einheimischen eigentlich als gesichts- und geschichtslos. Gut zu wissen, dass auch junge Frauen aus Kaliningrad Heimatliebe blind machen kann.

Bei unseren Flügen nach Deutschland nahmen wir die Boeings von KD Avia. Diese Fluggesellschaft hat Kaliningrad zum Drehkreuz für Flüge zu den Großstädten der Russischen Föderation und anderen Staaten der ehemaligen Sowjetunion ausgebaut. Beim Anflug auf den Kaliningrader Transitflughafen überflogen die Maschinen, von Klaipėda kommend, ziemlich tief das Kurische Haff, rechterhand zog sich die Nehrung bis nach Selenogradsk (Cranz). Erkennbar warfen Fischer sowohl im litauischen wie auch dem russischen Teil ihre Netze aus. Wenn wir zur Landung ansetzten, sahen wir unter uns in satten grünen Wiesen rote Backsteingehöfte aus deutscher Zeit. Immer bin ich aus dem Transitraum heraus vor das Flughafengebäude getreten, um für wenige Stunden die Luft, die Atmosphäre meiner Lektüre zu atmen. In der nüchternen Umgebung des Kaliningrader Airports brauchte es dafür viel Phantasie.

Im Sommer 2008 folgte ich meiner Frau nach Budapest. Diesmal konnte ich nicht nur neu und antiquarisch erworbene Bücher (ich habe heute eine große Ostpreußen-Bibliothek) auf die An- und Abreisen mitnehmen, jetzt durften es auch Bücher aus wissenschaftlichen Bibliotheken sein. Denn wenigstens alle vier Wochen nahm ich den EuroCity von Budapest nach Berlin, fünfzig und mehr Kilo Buch im Rollkoffer im Abteil verstauend. Auf der Fahrt war ich jeweils über elf Stunden mit Lektüre und Niederschrift beschäftigt. Gelesen wurde in Budapest häufig im Café Central, eine Arbeit, die ein Privileg, wenn nicht sogar ein kurzer Ausflug in den Autorenhimmel ist.

Aus mehr als ein Dutzend Bibliotheken stammen die mehr als 600 Bücher, die ich für dieses Buch ausgewertet habe. Manche musste man detektivisch aufspüren, sie wurden vor vielen Jahrzehnten, manchmal im vorletzten Jahrhundert geschrieben.

Aus der Bibliothek des Bundesinstituts für ostdeutsche Kultur und Geschichte in Oldenburg (Oldb.) entlieh ich 2009 das fast 634 Seiten starke westpreußische Heimatbuch *Der Kreis Rosenberg*, 1961 in Buchdruckerei und Verlag der Hermann Bösmann GmbH in Detmold verlegt. Das Buch zeigte starke Spuren der Benutzung; ein Stempel wies die „Bücherei des deutschen Ostens" der Stadt Herne als ehemalige Besitzerin aus.

Der Besitznachweis war durchgestrichen, in der Ruhrgebietsstadt gehörte das Buch vermutlich nicht mehr in den Kanon nachgefragter oder empfehlenswerter Lektüre. Der Band hatte als Geschenk oder über ein Antiquariat den Weg in die Oldenburger Fachbibliothek gefunden.

Ich schlug das Buch *Der Kreis Rosenberg* erstmals im Budapester Café Central auf. Ein vergilbter, etwa karteikartengroßer linierter Zettel fiel mir entgegen. Ich habe ihn abgeschrieben und gebe ihn auf der folgenden Seite wieder:

Zeitzeuge

Paul Böhm, geb. 7.9.29 in Scheipnitz/Westpr.
Bis Jan. 57 wohnhaft in Riesenburg/Westpr.
Jetzige Anschrift: 5990 Altena, Memeler Str. 26

Mein Vater: Rudolf Böhm, Mutter: Franziska, geb. Lorange

Vater war Elektromonteur beim Westpr. Überlandwerk Marienwerder, † 1952
Nach Vertreibung kam er im Herbst 1945 v. Neubrandenburg zu Fuss nach Riesenburg zurück; die ges. Fam. traf sich dort wieder. Nach der Rückkehr nahm mein Vater die Arbeit b. WÜW wieder auf. Die Stromversorgung wurde aufgebaut über den Turbinensatz b. Prott. (Königswald). Als die Russen die Anlage zerschlugen, aktivierten wir eine Turbine auf den Trümmern der Hausmühle und bauten das Stadtnetz wieder auf. Viele Polen halfen dabei.

Folgende deutsche Familien lebten noch dort, z.B.

Grodotzki, Kosak, Jeschke, Finkel, Brodowski, Garber, Kleiser, Schuster, Metz, Gappa, Kaminski, Reujewski, Witaschek +1951, Jordan, Zymbalski, Wasik, Wiebe, Opitz und einige Familien deren Namen mir entfallen sind.
Vom Ortsbauernführer Mohnwitz verstarb die Ehefrau und die Kinder kamen in ein polnisches Heim. In der Grossen Kirchstr. wurden alle Deutschen zusammengetrieben.
Durch Typhus starben viele Menschen, diese wurden auf dem Kirchplatz begraben.
Das Leben nach dem Krieg war grausam!
Nach Wunsch können weitere Informationen erteilt werden.

In Liebe zur Heimat verbleibe ich

Paul Böhm

**Bitte belassen Sie dieses Schreiben in diesem Buch.*

Dem Westpreußen Rudolf Böhm sind die Worte nicht aus der Feder geflossen. Der Handschrift ersparte er jeden unnötigen Buchstaben. Ein 634 Seiten starkes und nicht billiges Buch über den Kreis seiner Heimatstadt hat sich der tatkräftige Mann in den 1960er oder 1970er Jahren wohl nur aus der Bibliothek entleihen und nicht erwerben können. Aber er hatte den Wunsch, zur Geschichte seiner Heimat beizutragen.

Nach dem Lesen dieser Buchpost empfand ich eine größere Verantwortung zu Fleiß, Sorgfalt und Lesbarkeit bei der Erstellung des Manuskripts als zuvor. Sie ließen den geplanten Zeitraum der Arbeit von 18 auf fast 34 Monate ansteigen. Begonnen in Perm/Russland, fortgeschrieben in Budapest/Ungarn, wurde das Buch im Dezember 2010 in Berlin und Bremen fertiggestellt.

Ich danke vielen, besonders aber jenem Paul Böhm und in Liebe meiner Frau Maria Eiken.

Hermann Pölking-Eiken

Bremen, im Juli 2011

